Werner Ende/Udo Steinbach (Hrsg.)
unter redaktioneller Mitarbeit von Renate Laut

Der Islam in der Gegenwart

bpb:
Bundeszentrale für politische Bildung

Bonn 2005
Lizenzausgabe für die
Bundeszentrale für politische Bildung

5., aktualisierte und erweiterte Auflage
Umschlaggestaltung: Michael Rechl, Kassel
Druck und Bindung: Kösel, Krugzell
ISBN 3-89331-625-6

Werner Ende/Udo Steinbach (Hrsg.)

Der Islam in der Gegenwart

Schriftenreihe Band 501

Inhalt

Zweiter Teil
Die politische Rolle des Islams in der Gegenwart

Dritter Teil
Islamische Kultur und Zivilisation in der Gegenwart

Anhang

Vorwort zur fünften Auflage

Der Kreis derer, die im deutschsprachigen Raum Interesse für den Islam zeigen, sei in den letzten Jahren stetig gewachsen – dies hatten die Herausgeber 1984 im Vorwort der ersten Auflage dieses Buches festgestellt. Mehr als zwanzig Jahre danach ist «der Islam» zu einem der zentralen Themen in der öffentlichen und privaten, gesellschaftlichen wie politischen Debatte in Deutschland geworden. Die Gründe dafür liegen auf der Hand: Einerseits ist der Islam zu einem der bestimmenden Faktoren in der politischen, gesellschaftlichen und wirtschaftlichen Entwicklung sowie in der Diskussion um die Ordnungsvorstellungen in dem von ihm geprägten Raum geworden; der Islam gilt weithin als eine politische Religion, auch wenn Fachleute feststellen müssen, daß es «den Islam» nicht gibt und die Religion zu politischen Zwecken mißbraucht wird. Andererseits ist der Islam im Kontext der Migration nach Deutschland und in andere Teile Europas zu sehen. Die millionenfache Einwanderung von Muslimen in viele Länder der Europäischen Union hat eine Islamophobie entstehen lassen und grundsätzliche Fragen nach der Integration von Muslimen in nicht-muslimische Gesellschaften aufgeworfen. Zwischen beiden Dimensionen, der internen mit Bezug auf die europäischen Gesellschaften und der externen mit Bezug auf die islamische Welt, haben sich seit der zweiten Hälfte der neunziger Jahre des 20. Jahrhunderts mannigfache Querverbindungen ergeben. Mit Blick auf das Interesse einer größeren Leserschaft in Deutschland geht es in vorliegendem Band weniger um religiös-theologische Aspekte des Islams; im Vordergrund stehen vielmehr die Stellung des Islams in Staat und Gesellschaft sowie die konkreten Probleme, die daraus resultieren, daß Individuen oder Gruppen ihr Handeln mit dem Islam rechtfertigen.

Seit mehr als zwei Jahrzehnten behauptet das Handbuch *Der Islam in der Gegenwart* seinen Platz in einer Flut von Veröffentlichungen zum Thema «Islam». Die meisten von ihnen befassen sich damit, Wurzeln und Hintergründe der Interaktion zwischen Religion und Gesellschaft zu analysieren, den Stellenwert des Islams in der neueren Geschichte der islamischen Welt zu bestimmen, den Islam in den Kontext ähnlicher Erscheinungen in anderen Teilen der «Dritten Welt» einzuordnen und ihm einen sozial- bzw. politikwissenschaftlich theoretischen Überbau zu geben. Demgegenüber verfolgen die Herausgeber des vorliegenden Bandes eine bescheidenere, zugleich aber auch weiterreichende Zielsetzung. Es soll nicht eine weitere Lesart des «islamischen Diskurses» vorgelegt werden. Angestrebt wird vielmehr eine umfassendere Information über die Rolle des Islams in der Gegenwart. Stärker als in früheren Auflagen fand zugleich die Stellung muslimischer Migranten in nicht-muslimischen europäischen Mehrheitsgesellschaften Beachtung. Während die meisten Arbeiten zum zeitgenössischen Islam «den Islam» mit seiner Ausprägung im Nahen und Mittleren Osten identifizieren oder sich anderen «islamischen» Regionen zuwenden, haben sich die Herausgeber bemüht, die gesamte islamische Welt zu berücksichtigen und so etwa auch die Rolle des Islams in Schwarzafrika und Ostasien gebührend einzubeziehen.

Mit dem vorliegenden Band haben die Herausgeber nicht eine wissenschaftliche Monographie, sondern ein Handbuch vorlegen wollen. In den Beiträgen sollen also nicht unbedingt neue Erkenntnisse vorgetragen, sondern soll der Forschungs- und Wissensstand in sachlicher Form präsentiert werden. Da sich das Werk an interessierte Laien wendet, die sich aus privatem oder beruflichem Interesse mit dem Islam beschäftigen, aber auch an Studierende, die eine Einführung in die Probleme des modernen Islams suchen, empfahl es sich, die Darstellung möglichst verständlich zu halten, die fachspezifische Terminologie auf ein Minimum zu beschränken und den Anmerkungsapparat auf die notwendigsten Belege zu begrenzen. Ähnliches gilt für die Literaturhinweise: Sie sollen zwar den aktuellen Forschungsstand zu dem jeweiligen Thema umreißen, doch wurde davon Abstand genommen, Einzeluntersuchungen zu allzu speziellen Teilaspekten aufzunehmen. Mit Rücksicht auf eine breite Leserschaft wurde deutschsprachigen Veröffentlichungen im allgemeinen der Vorzug gegeben.

Es versteht sich, daß angesichts der Breite der Thematik Vollständigkeit nicht erstrebt und erreicht werden konnte. Dies gilt insbesondere für die Beiträge des historischen Teils, in denen die Entwicklung des Islams von seinen Anfängen bis in die Gegenwart nachgezeichnet wird. Schwerpunktsetzungen waren allerdings auch bei den Querschnittsartikeln, in denen Aspekte der heutigen Situation des Islams dargestellt werden, und bei den Land-für-Land-Analysen notwendig. So konnte etwa die Verquickung der islamischen Lehre mit vor- und außerislamischen lokalen Traditionen, die für das tägliche Leben der Muslime im weiten Raum zwischen dem Maghreb im Westen, Indonesien im Osten, dem subsaharischen Afrika im Süden und Zentralasien im Norden so charakteristisch ist, nur an dem Fallbeispiel Indonesiens dargestellt werden (zu Nordafrika siehe frühere Auflagen). In den Land-für-Land-Analysen wurden diejenigen Länder berücksichtigt, denen entweder aufgrund ihrer Größe ein besonderes Gewicht in der islamischen Welt zukommt oder die – in welcher Weise auch immer – Sonderentwicklungen aufweisen. Auch mit Blick auf die Lage muslimischer Migranten in Europa konnten nur besonders signifikante Fallbeispiele näher analysiert werden. So wie Überschneidungen nicht in jedem Falle zu vermeiden waren, mußten auch kleinere inhaltliche Lücken in Kauf genommen werden. Im übrigen wird durch das detaillierte Sachregister der Versuch unternommen, dem Leser ein gezieltes Abfragen von Begriffen und Problemen zu ermöglichen, die in den Einzelbeiträgen des Bandes in unterschiedlichen Kontexten enthalten sind.

Kompromisse zwischen dem wissenschaftlich Wünschenswerten und der Verständlichkeit für eine breitere Leserschaft mußten auch im Falle der Umschrift gemacht werden. Im allgemeinen wurde die Transkription zugrunde gelegt, die auch in der vom Deutschen Orient-Institut, Hamburg, herausgegebenen Zeitschrift *Orient* angewandt wird (siehe die Bemerkungen zur Transkription auf S. 989f.). Dieses Verfahren mußte aber in vielen Fällen durchbrochen werden: Zahlreiche Eigennamen wurden so wiedergegeben, wie sie sich in der westlichen Presse eingebürgert haben (wobei bisweilen noch Unterscheidungen zwischen der französisch oder englisch bestimmten Orthographie notwendig waren). Afrikanische, asiatische und amerikanisierte Begriffe und Namen arabischen Ursprungs wurden im allgemeinen durch eine korrekte arabische Transkription ergänzt. Im Falle osmanischer Wörter war bisweilen ein Kompromiß zwischen der korrekten orientalistischen Transkription und der modernen türkischen Schreibung erforderlich. In den meisten Fällen wird die korrekte Transkription nachgestellt, wo der jeweilige Name oder Begriff zum ersten Mal in einem Beitrag auftaucht.

Auf Koranverse wird in folgender Weise Bezug genommen: Auf die Angabe der Nummer der Sure folgt ein Doppelpunkt und darauf die Nummer des Verses bzw. der Verse, etwa «2:100» für «Sure 2, Vers 100». Die Verszählung folgt der offiziellen ägyptischen Koranausgabe. Deutsche Koranzitate sind in der Regel der Übersetzung von Rudi Paret entnommen, die sich ihrerseits hinsichtlich der Verszählung an eben diese Koranausgabe hält.

Ausdrücklich sei auf die generelle Problematik statistischer Angaben zur Verteilung muslimischer Bevölkerungen bzw. Bevölkerungsanteile hingewiesen (vgl. auch die einleitenden Bemerkungen zum Beitrag von P. Heine und R. Spielhaus). Angesichts der schwierigen Quellenlage bzw. der widersprüchlichen, zum Teil unklar formulierten Angaben in den verwendeten Quellen mußte darauf verzichtet werden, eine letztgültige innere Stimmigkeit zu erreichen. In einer Reihe von Fällen handelt es sich wohl eher um Annäherungswerte. Der Anspruch absoluter Zahlengenauigkeit würde etwas vortäuschen, was nicht einzulösen ist.

Habent sua fata libelli. Auch das hier in der fünften Auflage vorgelegte Opus hat sich in zahlreichen Einzelheiten seit seiner ersten Auflage verändert. Waren die zweite und dritte Auflage à jour gebrachte Nachdrucke der ersten, wurden in der vierten Auflage neue Themen und neue Autoren aufgenommen. Für die vorliegende fünfte Auflage wurde das Themenspektrum erneut den veränderten Interessen des Publikums sowie den Erfordernissen der Aktualität angepaßt. Das gilt namentlich für das Kapitel «Der Islam in der Diaspora», das erweitert und teilweise von neuen Autoren verfaßt wurde. Auch der militanten Variante des Islamismus, die durch den Terroranschlag in New York am 11. September 2001 traurige Berühmtheit erlangt hat, haben die Herausgeber bei der Disposition Rechnung getragen. Da die vorliegende Neuauflage weitgehend neu geschrieben wurde, wird empfohlen, bei der Benutzung des Handbuchs nach Möglichkeit auch frühere Auflagen einzusehen. Hinsichtlich des Bezuges zur Aktualität sei darauf hingewiesen, daß die meisten Beiträge des Bandes bereits im späteren Verlaufe des Jahres 2004 abgeschlossen worden sind.

Es ist den Herausgebern ein Bedürfnis, sich bei allen zu bedanken, die einen Anteil am Zustandekommen des vorliegenden Bandes gehabt haben. Ein besonders tief empfundener Dank gilt Frau Renate Laut, die die Hauptlast der redaktionellen Bearbeitung der Manuskripte auf sich genommen hat. Hier waren zunächst – im Rahmen des Möglichen – die teilweise starken formalen Abweichungen auszugleichen, die ungeachtet der durch die Herausgeber vorgegebenen Richtlinien in den Manuskripten auftraten. Darüber hinaus hat sie eine Reihe von Textpassagen neu geschrieben, eine Vielzahl von Anmerkungen überprüft und eine Unzahl von sprachlichen Versehen und Inkonsequenzen bereinigt. Auch hat sie eine erhebliche Zahl von stilistischen Verbesserungen vorgeschlagen – ihre Sorgfalt und ihr Scharfblick haben den Herausgebern bisweilen eigene Unzulänglichkeiten bei der Gestaltung eines so komplexen Manuskripts vor Augen geführt. Schließlich hat sie das Sachregister und das geographische Register neu erstellt, die gegenüber den früheren Auflagen abermals erweitert und übersichtlich strukturiert wurden. Herrn Marcel Behrens sei für die Erstellung des Personenregisters und Frau Sabine Höllmann für die mühevolle Arbeit der Fahnenkorrektur gedankt. Ein besonderer Dank gilt auch Frau Kerstin Gohlke-Kosso vom Deutschen Orient-Institut, die die technische Arbeit an den Manuskripten des Werkes von Anfang an koordiniert und als wirkungsvolle Schaltstelle zwischen Herausgebern, Autoren, Frau Laut und dem Verlag gewirkt hat. Herrn Kollegen Bernd Radtke ist dafür zu danken, daß er den Beitrag über den Islam in Westeuropa aus dem Niederländischen ins Deutsche übertragen hat. Zu guter Letzt, aber nicht zum geringsten möchten die Herausgeber der Robert Bosch Stiftung danken, die es durch eine großzügige finanzielle Zuwendung möglich gemacht hat, auch in der fünften Auflage Anstrengungen zu unternehmen, dem vielfach von Rezensenten früherer Auflagen verliehenen Epitheton zum *Islam in der Gegenwart* als «Standardwerk» Rechnung zu tragen.

Freiburg/Hamburg, im Sommer 2005

Werner Ende
Udo Steinbach

Erster Teil

Historische Ausbreitung, Politik- und Religionsgeschichte

I.
Grundzüge der islamischen Theologie und der Geschichte des islamischen Raumes

(Heribert Busse)

1. Das Wirken des Propheten Muḥammad und die Entstehung des Islams

Der Islam ist auf der Arabischen Halbinsel in den ersten Jahrzehnten des 7. Jahrhunderts entstanden, zu einer Zeit, da sich auf der Bühne der Weltgeschichte entscheidende Veränderungen vollzogen. In Europa waren aus der Unruhe der Völkerwanderung die Reiche der Goten, Langobarden und Merowinger hervorgegangen; Byzanz, Nachfolger des Oströmischen Reiches, mußte sich nach zwei Seiten hin verteidigen, in Syrien und Mesopotamien gegen seinen Erbfeind Persien, auf dem Balkan gegen die von der Steppe andrängenden Awaren. Es übernahm die politischen Traditionen Roms, führte die griechisch-hellenistische Kultur fort und verband sie mit dem Christentum, das seit Konstantins I. Edikt von Mailand 313 in Rom toleriert, von Theodosius I. (379–395) zur Staatsreligion erklärt und zur tragenden Idee von Staat und Gesellschaft geworden war. In Persien herrschten die Sassaniden, die an das achämenidische Großreich anknüpften und sich als Bewahrer und Erneuerer des zur Staatsreligion erhobenen Zoroastrismus verstanden. Im Norden stand Persien in direktem Kontakt mit China, das nach der Einigung unter der Tang-Dynastie seine Macht über ganz Turkestan ausgedehnt hatte. Die Araber lebten noch in den Traditionen einer teils seßhaft gewordenen Stammesgesellschaft. In Südarabien war das Reich Ḥimyar in der ersten Hälfte des 6. Jahrhunderts zusammengebrochen; die Nachfolge trat zunächst Äthiopien an, das auch den Versuch unternahm, seinen Einfluß bis nach Mekka auszudehnen. Dann aber traten die Sassaniden auf den Plan und etablierten sich in Südarabien, das als Drehscheibe des Handelsverkehrs mit Indien und Afrika eine wichtige Rolle spielte.

Mekka lag außerhalb des Horizonts der damaligen Großmächte, war mit dem Kulturland im Norden aber auf mannigfache Weise verbunden. Die Stadt war ein bedeutender Umschlagplatz an der Handelsstraße, die von Südarabien zum «Fruchtbaren Halbmond» führte und in Gaza das Mittelmeer erreichte. Sie wurde von den Quraish beherrscht, mekkanische Kaufleute spielten im Transithandel eine führende Rolle. Im Koran heißt es darüber: «Daß die Quraish die [Karawanen-] Reise des Winters und des Sommers zusammenbringen, [zum Dank dafür] sollen sie dem Herrn dieses Hauses [d.h. der Kaaba] dienen, [dem Herrn] der ihnen zu essen gegeben hat, so daß sie nicht zu hungern, und der ihnen Sicherheit gewährt hat, so daß sie sich nicht zu fürchten brauchen» (Sure 106 «Die Quraish»). Mekka lebte vom Fernhandel, die dafür unerläßliche Sicherheit gewährte die Kaaba *(ka'ba)*, das wohl bedeutendste Heiligtum des heidnischen Arabien. Die Stadt war mit der benachbarten Ebene von 'Arafāt Schauplatz eines jährlichen Pilgerfestes, das mit einem viel besuchten Markt verbunden war. Das Christentum hatte in Arabien noch kaum Fuß gefaßt. Südlich von Mekka, an der Grenze des heutigen Jemen, lag Nadschran (Najrān), wo es eine große, ethnisch bunt gemischte christliche Gemeinde gab. Christliche Anachoreten hatten sich in der Wüste niedergelassen, vereinzelt lebten Christen auch in den wenigen Städten, und sicherlich besuchten christliche Kaufleute und Anhänger anderer Religionen den jährlichen Markt in Mekka. Der Legende nach hat der Apostel Bartholomäus in Arabien gepredigt, eine planmäßige Missionierung hatte dort, außerhalb der Grenzen des byzantinischen Reiches, aber noch nicht stattgefunden. Nur im Norden, in direktem Kontakt mit dem Kulturland, saßen christliche Araberstämme mit einer eigenen kirchlichen Hierarchie. Im arabischen Christentum spiegelten sich die unterschiedlichen Konfessionen der christlichen Kerngebiete, wobei das orientalische Christentum in seinen beiden Hauptformen, dem monophysitischen und nestorianischen Bekenntnis, sicherlich die Oberhand hatte.

Stärker als das Christentum war in Arabien seit Jahrhunderten das Judentum vertreten. Das gilt für Südarabien, aber auch für den Hedschas (Ḥidjāz); dort gab es geschlossene jüdische Gemeinden in Yathrib (Medina), etwa 300 km nördlich von Mekka, ferner in der Oase Khaibar, etwa 150 km nördlich von Medina, um nur die wichtigsten zu nennen. Über dieses Judentum wissen wir nur wenig; es war stark arabisiert, und ob es den Talmud kannte, der in Babylonien gerade abgeschlossen worden war, läßt sich nicht mit Sicherheit sagen, ist aber wahrscheinlich. Die Präsenz von Juden in Arabien hat jedenfalls bei der Entstehung des Islams eine kaum zu überschätzende Rolle gespielt. Das gleiche gilt vom Christentum mit seinen unterschiedlichen Denominationen. Muḥammad hat aus beiden Quellen geschöpft, wobei er das Judentum naturgemäß auch durch die christliche Brille zu sehen gelernt hat. Über den Anteil des jeweiligen Bekenntnisses an der Entstehung und Ausbildung des Islams werden unterschiedliche Meinungen vertreten, doch kann man ohne Einschränkung sagen, daß der Islam ohne die von beiden Religionen auf der Arabischen Halbinsel geleistete Vorarbeit nicht denkbar wäre. Der Zoroastrismus, die Staatsreligion Persiens, war Muḥammad wenigstens dem Namen nach bekannt, doch hat er auf den entstehenden Islam kaum Einfluß ausgeübt. Spuren hat dagegen der Manichäismus hinterlassen, vielleicht auch die im südlichen Zweistromland blühenden Täufersekten. Schließlich darf man nicht übersehen, daß im Islam auch heidnische Traditionen weiterleben, man denke nur an das Pilgerfest *(ḥajj)*, dessen Ritual unverändert beibehalten und lediglich monotheistisch umgedeutet wurde.

Das Arabertum befand sich in einer religiösen Aufbruchsphase, als Muḥammad mit seinem Wirken begann. Dieser wurde um 570 in Mekka als Glied der Familie Hāshim, eines verarmten Zweiges der in der Stadt mächtigen Quraish, geboren.

Es war der Überlieferung nach das «Jahr des Elefanten», genannt nach Abraha, dem äthiopischen Statthalter von Südarabien, der in diesem Jahr mit einem Heer, in dem sich ein Kriegselefant befand, einen Vorstoß nach Mekka unternommen haben soll. Das Unternehmen, das sich aus späterer Sicht der Muslime vornehmlich gegen die Kaaba richtete, scheiterte. Die Episode hat im Koran, Sure 105 «Der Elefant», einen Niederschlag gefunden. Gott schützte sein Heiligtum, obwohl es damals noch nicht vom Götzendienst gereinigt war. Muḥammad, nicht dem Christen Abraha, sollte die Reinigung vorbehalten bleiben. Der Konstruktion dieses Kontrastes zuliebe hat die Überlieferung den Angriff Abrahas auf die Kaaba in das Geburtsjahr des Propheten verlegt. Historisch gesichert scheint, daß der äthiopische Vorstoß um die Mitte des 6. Jahrhunderts stattgefunden hat.

Muḥammads Vater, dem die Überlieferung den Namen ʿAbdallāh, «Diener Allahs», zulegt (später wird er zum bevorzugten Namen von muslimischen Konvertiten), starb vor der Geburt des Propheten; das Kind wurde einem Onkel zur Erziehung übergeben. Als Jüngling trat Muḥammad in den Dienst der reichen Witwe Khadīja, Inhaberin eines Handelshauses, das Fernhandel mit Syrien und Ägypten trieb. Später wurde Khadīja seine erste Frau; aus dieser Ehe stammt Fāṭima, das einzige Kind, das den Propheten überlebte, und aus deren Ehe mit ʿAlī – Muḥammads Vetter und Sohn seines Pflegevaters Abū Ṭālib – Ḥasan und Ḥusain hervorgingen, Stammväter der heute zahlreichen Saiyids oder Scherifen (Sing. *sharīf*), die ihre Genealogie auf den Gründer des Islams zurückführen. Nach Khadījas Tod 619 ging Muḥammad weitere Ehen ein, meist aus politischen Gründen. Khadīja kann für sich den Ehrentitel beanspruchen, die erste Muslimin gewesen zu sein. Die Überlieferung kennt zahlreiche Erzählungen, wie Muḥammad sich zuerst Khadīja anvertraute, von ihr in seiner Überzeugung, Offenbarungen empfangen zu haben, bestärkt und an ihren Vetter Waraqa ibn Naufal verwiesen wurde, der die Schriften der Christen kannte oder sogar selbst Christ war.

Muḥammad war im Heidentum erzogen. Im Koran heißt es, Allah habe ihn «auf dem Irrweg gefunden und rechtgeleitet» (Sure 93, «Der Morgen»). Von seiner frühesten Jugend an war er ein Gottsucher, offen für alle Anregungen, die von mehreren Seiten auf ihn einströmten. Zunächst als Bediensteter, dann als Gemahl Khadījas hat er auf Reisen die angrenzenden Kulturländer kennengelernt, doch fehlen darüber sichere Nachrichten. In Bosra sei er mit dem Mönch Bahīrā zusammengetroffen; dieser habe ihn visionär als den zukünftigen Propheten der Araber erkannt und im Glauben an den einen Gott unterrichtet. Mit der dem Mönch zugeschriebenen Prophezeiung wird eine außerislamische Autorität für die göttliche Herkunft von Muḥammads Sendung gewonnen. Innere und äußere Erfahrungen verdichteten sich zu einem Berufungserlebnis, das er auf dem Berg Ḥirāʾ in der Nähe von Mekka gehabt haben soll, wohin er sich jährlich zur Meditation und zu asketischen Übungen zurückzog. Damit gehörte er zur Gruppe der Hanifen (Sing. *ḥanīf*), die später so genannt wurden, weil sie sich vom Polytheismus abgewandt hatten, ohne im Judentum oder Christentum ihre Heimat zu finden. Als «Prophet und Gesandter Gottes», wie er sich später nannte, sieht er sich in der Nachfolge der biblischen Offenbarungsempfänger. Sein Anliegen war zunächst weniger die

Gründung einer neuen Religion als die Schaffung eines Buches, das der «Schrift» der Juden und Christen entspricht und den Arabern «in deutlicher arabischer Sprache» (Sure 26, Vers 195) die Offenbarung bringt, die ihnen bislang vorenthalten geblieben war. Inhaltlich schließt der Koran in wesentlichen Punkten an das Alte Testament mit seinem unermüdlichen Kampf gegen die Vielgötterei an. Der Botschaft des Neuen Testaments und dem Christentum ist Muḥammad mit seiner Predigt vom Gericht und den letzten Dingen verpflichtet, doch lehnt er die Lehre vom Tod Jesu am Kreuz und die darauf gegründete Heilsökonomie ab. Daher ist die Kluft zwischen Islam und Christentum unüberwindlich. Erlösung geschieht dadurch, daß Gott sich dem Menschen offenbart und ihm den Weg zum Heil zeigt. Jesus war ebenso ein Mensch, Diener und Gesandter Gottes wie Muḥammad selbst und Muslim im vollsten Wortsinn; seine Lehre ist von den Christen entstellt worden, woran entweder der Apostel Paulus oder Kaiser Konstantin I. die Hauptschuld tragen. Ein ähnlicher Vorwurf wird den Juden gemacht, in Wirklichkeit war Abraham der erste Muslim (Sure 2, Vers 131). Steht der Islam mit seiner Gottes- und Erlösungslehre trotz allem dem Judentum näher als dem Christentum, so teilt er mit beiden Religionen das soziale Engagement, die Fürsorge für die Bedürftigen und die Verpflichtung zum ethischen Handeln.

In Mekka stieß Muḥammad mit seiner Predigt und seinem Ruf nach moralischer Erneuerung auf starken Widerstand der reichen Kaufmannschaft, die fürchtete, der Islam werde den Untergang des Heiligtums herbeiführen, das den Wohlstand der Stadt garantierte. Auch stellte die neue Lehre die herkömmliche soziale Ordnung in Frage, die neue Form der Gemeinschaft der Gläubigen (arab. *umma*) überlagerte die Stammesgliederung und machte sie in letzter Konsequenz obsolet. Die Anhängerschaft des Propheten beschränkte sich zunächst auf seine engste Familie und Verwandtschaft. Dann waren es vor allem Arme und Bedrängte, die sich dem Propheten anschlossen. Als ʿUmar ibn al-Khaṭṭāb, ein einflußreicher Mann und strikter Gegner Muḥammads, seine Meinung änderte und Muslim wurde, ließ der Druck der Gegner auf die junge Gemeinde vorübergehend nach. Bald aber sah sich Muḥammad wegen der stetig wachsenden Gegnerschaft in Mekka gezwungen, außerhalb der Stadt Hilfe zu suchen. Eine Gruppe von Anhängern, die besonders gefährdet war, schickte er nach Abessinien; er selbst nahm Verhandlungen mit den Bewohnern des Mekka benachbarten Taif (aṭ-Ṭāʾif) auf. Alle diese Bemühungen fruchteten jedoch nichts. Erfolgreich waren schließlich Verhandlungen mit einer Gruppe von Pilgern aus Yathrib (Medina), die den Islam angenommen hatten und Ausschau nach einem Schiedsrichter hielten, der die in der Stadt ausgebrochenen Streitigkeiten zwischen den verschiedenen Stämmen und Gruppen zu schlichten in der Lage war. Im Sommer 622 verließ Muḥammad, weil er um sein Leben fürchten mußte, seine Heimatstadt und ließ sich in Medina nieder. Mit dieser Übersiedlung, von den Muslimen fortan als Hidschra *(hijra)*, «Auswanderung», bezeichnet und später zum Beginn einer neuen Zeitrechnung erhoben, trat die Entwicklung der islamischen Gemeinde in ein neues Stadium ein. Aus dem Führer einer verfolgten Minderheit wurde ein Politiker und dann auch ein Staatsmann. Mit der sogenannten «Gemeindeordnung von Medina», deren Einzelheiten in der Forschung noch immer umstritten sind, schuf Muḥammad ein Instrument, das die inneren Wirren beendete und zunächst auch Nichtmuslime einschloß, darunter die seit alters her in Medina ansässige zahlreiche Judenschaft. Sie war in mehrere Stämme gegliedert, von denen drei eine besondere Rolle spielten. Bald nach Muḥammads Ankunft in Medina kam es zu Konflikten, die theologische, aber wohl auch andere Ursachen hatten und damit endeten, daß ein Teil der Judenschaft aus der Stadt vertrieben wurde, während ein anderer Teil einem Massaker zum Opfer fiel, das der Prophet wohl nicht anordnete, aber doch billigte.

Durch das Ausscheiden der Juden wurde aus der politischen Gemeinde eine rein religiöse Gemeinschaft auf der Grundlage des Islams. Sie bestand aus Teilnehmern an der Hidschra, die mit Muḥammad von Mekka nach Medina gekommen waren oder im Laufe der Zeit ihm nach dorthin folgten, und aus den «Helfern» *(anṣār),* eingesessenen Medinensern, die sich dem Islam angeschlossen hatten. Neben der Festigung im Innern zielte Muḥammad auf die Gewinnung der Mekkaner für seine Sache. Auch mag der Gedanke der Rückkehr in die Heimat, aus der er mit den Gläubigen vertrieben worden war, eine Rolle gespielt haben. Eine religiöse Begründung lieferte seine Überzeugung, die Kaaba sei ursprünglich ein monotheistisches Heiligtum gewesen, sie sei von Abraham gegründet oder renoviert (vgl. Sure 2, Vers 125 ff.) und von den Mekkanern durch Götzendienst entweiht worden und müsse ihrer ursprünglichen Bestimmung zurückgegeben werden (vgl. Sure 9, Vers 17–18). Symbolhaft fand die Hinwendung zur Kaaba Ausdruck in der Änderung der Gebetsrichtung *(qibla);* an die Stelle Jerusalems, das in Medina, auch um die Juden zu gewinnen, als Gebetsrichtung deklariert worden war, trat nun die Kaaba in Mekka (vgl. Sure 2, Vers 142–145), wodurch die Stadt mit ihrem Heiligtum zum Zentrum des Islams erklärt wurde.

Die Erhebung Mekkas bzw. der Kaaba zur *qibla* bedeutete, daß die Trennung vom Judentum endgültig vollzogen war. Aber wie das Judentum eine militante Religion gewesen war, kämpften nun die Muslime um den Besitz des Heiligtums in Mekka und um das Recht zur Rückkehr in die angestammten Wohnsitze, aus denen sie von den Heiden vertrieben worden waren (vgl. Sure 22, Vers 38–41). Es kam zu einer Reihe von Gefechten und Schlachten mit wechselndem Ausgang; dem Sieg der Muslime bei Badr folgte die Niederlage bei Uḥud. Eine Belagerung Medinas durch die Mekkaner endete mit deren Abzug. Ein bald folgender Versuch Muḥammads, das Heiligtum in Mekka zu besuchen, führte zu dem berühmten Waffenstillstand von al-Ḥudaibiya, benannt nach einem Baum im Weichbild von Mekka, wo die Verhandlungen stattfanden. Im Jahr 630 fiel Mekka ohne Kampf dem Islam zu. Muḥammad zerstörte mit eigener Hand die in der Kaaba aufgestellten Götzenbilder und stellte den von Abraham eingeführten Kult des einen Gottes wieder her. Seine Gegner behandelte er mit Großmut und erleichterte ihnen dadurch den Anschluß an den Islam. Bald war der größte Teil der Arabischen Halbinsel für den Islam gewonnen; schon vor Muḥammads Tod wurden Vorstöße über die nördlichen Grenzen hinaus unternommen. Die späteren Eroberungen konnten so als vom Propheten auf göttlichen Befehl geplant interpretiert werden. Auf dem Höhepunkt seiner Erfolge hat er angeblich an die Herrscher der umliegenden Reiche, den byzantinischen Kaiser, den persischen Großkönig und den Negus von Abessinien, Briefe mit der Aufforderung geschickt, sich zu unterwerfen und den Islam anzunehmen. Nichts verdeutlicht den Anspruch des Islams auf die Weltherrschaft mehr als diese Legende.

Der Koran *(qur'ān)*, «Rezitation» oder «Lesung», ist das wichtigste Vermächtnis des Propheten. In ihm besitzt der Islam eine der Bibel vergleichbare Schrift. In Sure 9, Vers 111 wird er neben die Tora und das Evangelium gestellt. Vom Evangelium unterscheidet er sich freilich in einem wesentlichen Punkt: Ersteres berichtet über Jesus, der Koran enthält das Wort Gottes in reinster Form. Er ist schrittweise im Verlauf von drei Jahrzehnten entstanden, lag beim Tode des Propheten in verstreuter Form vor und hat, wie die Muslime annehmen, unter dem Kalifen ʿUthmān (reg. 644–656) die uns heute vorliegende Gestalt erhalten. Er ist in 114 Suren eingeteilt, die nach dem Prinzip der abnehmenden Länge geordnet sind, und enthält, wenngleich nicht thematisch geordnet und in vielfacher Weise gegenüber den biblischen Erzählungen gebrochen, die Schilderung der wichtigsten Etappen der Heilsgeschichte. Einen breiten Raum nehmen die «letzten Dinge» ein, Gericht und Lohn und Strafe im Jenseits. Neben den erzählenden Passagen stehen die Suren und Verse, durch welche das Leben des Gläubigen bis in viele Einzelheiten hinein geregelt ist. Sie wurden zur Grundlage der islamischen Pflichtenlehre, auch «Gottesdienstliche Handlungen» *(ʿibādāt)* genannt, die in einer Fünfergruppe aufgezählt werden. Man nennt sie auch die «Säulen» *(arkān)* des Islams. Es sind folgende: 1. das Glaubensbekenntnis *(shahāda)*; 2. das Pflichtgebet *ṣalāt)*, fünfmal am Tag zu verrichten; 3. das Fasten im Monat *Ramaḍān (ṣaum)*; 4. die Armensteuer *(zakāt)*; 5. die Pilgerfahrt nach Mekka *(ḥajj)*, die jeder Muslim wenigstens einmal in seinem Leben vollziehen soll. Die Speisegesetze, unter denen das Verbot von Wein (Sure 5, Vers 90) und Schweinefleisch (Sure 2, Vers 173) für den Islam charakteristisch ist, gehören in das Gebiet der rituellen Reinheit; definitiv hat Muḥammad das Zinsnehmen verboten (vgl. Sure 2, Vers 275–277). Fragen des Familien- und Erbrechts werden im Koran relativ ausführlich behandelt.

Der Koran ist das verläßlichste Zeugnis über Muḥammads Leben und den Inhalt seiner Lehre. Wie die Juden eine schriftliche und mündliche Tora unterscheiden, stehen im Islam neben dem Koran die zunächst mündlich überlieferten, später schriftlich fixierten «Erzählungen» (arab. *ḥadīth*) über den Propheten, seine Handlungen und seine Aussagen. Manches davon wird als Offenbarungswort der koranischen Aussage gleichgesetzt (*ḥadīth qudsī*, Heilige Erzählung). Wie im Christentum die Apostel, haben die Prophetengefährten *(aṣḥāb* bzw. *ṣaḥāba)* als Augenzeugen von Muḥammads Wirken beim Aufbau der frühen islamischen Gemeinde eine zentrale Rolle gespielt und sind bei der Überlieferung der Hadithe als Gewährsmänner herangezogen worden. Dies gilt auch für Frauen, besonders die Ehefrauen des Propheten; sie mußten ihn ja am besten kennen. Der Hadith ist ein Mittel der Vergegenwärtigung des Propheten über dessen Tod hinaus geworden. Die Hadith-Rezitation gibt dem gläubigen Muslim Auskunft über Muḥammad und seine Lehre und erhält die Person des Propheten über dessen Tod hinaus lebendig. Der Koran dagegen gilt der Mehrzahl der Muslime als das ungeschaffene Wort Gottes, das durch den Mund des Propheten eine irdische Existenz erlangt hat. Seine Rezitation bewirkt, daß der Gläubige Gottes Gegenwart gewahr wird und sich des Propheten als des Vermittlers erinnert. Durch Koran und Hadith bleibt Muḥammad in der Gemeinde lebendig. Wie die Eucharistie dem Christen, ist die Rezitation des Korans in arabischer Sprache dem Muslim ein Mittel, Gottesnähe zu erfahren, auch wenn er des Arabischen nicht mächtig ist.

Die Gemeinde in Medina ist zur Keimzelle des islamischen Staates geworden. Der Staat und seine Bürger stehen unter Gesetzen, die nicht von Menschen gemacht, sondern von Gott erlassen sind. Sitte und Brauchtum werden an diesen Gesetzen gemessen und für unerlaubt erklärt, wenn sie ihnen widersprechen. Im Gegensatz zur christlichen Kirche, die außerhalb des Staates entstanden und erst sekundär in den Staat hineingewachsen ist – wobei die Eigenständigkeit jeder einzelnen der beiden Institutionen nie aus dem Bewußtsein verschwand – hat der Islam um den religiösen Kern einen Staat aufgebaut, der bei strenger Auslegung mit der religiösen Gemeinde und ihren Institutionen identisch ist. Einen Dualismus von Staat und Kirche gibt es im Islam nicht. Auch wenn es heute in der islamischen Welt Theoretiker gibt, die Muḥammads Absicht, einen Staat im modernen Sinne des Wortes zu gründen, in Frage stellen und einen Dualismus postulieren, wird man dem historischen Befund besser gerecht, wenn man die islamische Gemeinde von Medina als ein Gebilde versteht, in dem Religion und Staat zu einer unauflösbaren Einheit verschmolzen waren.

In Medina sind auch die Voraussetzungen für das islamische Kriegs- und Völkerrecht gelegt worden. Der Prophet hat das Heidentum mit Waffengewalt ausgerottet, wenn er auf Widerstand stieß. Heiden hatten nur die Wahl zwischen Islam oder Tod. Den «Schriftbesitzern», nämlich Juden und Christen, den Besitzern von Offenbarungsschriften, fühlte er sich dagegen soweit verpflichtet, daß er sie unter Auflagen duldete, denn er war ja selbst mit dem Ziel angetreten, den Arabern zur Teilhabe an der Offenbarung zu verhelfen. Im Koran werden die Muslime aufgefordert, gegen diejenigen, «die die Schrift erhalten haben», zu kämpfen, jedoch nicht, bis sie den Islam annehmen, sondern bis sie Tribut, nämlich die Kopfsteuer *(jizya)*, entrichten (Sure 9, Vers 29). Mit den Juden von Khaibar schloß der Prophet einen Vertrag, der ihnen freie Religionsausübung erlaubte und sie gegen die Zahlung einer Grundsteuer *(kharāj)* im Besitz ihrer Ländereien beließ. Im Zuge der späteren Eroberungen sind diese «Privilegien», wenn man sie so nennen will, auf die Christen, dann auf die Zoroastrier, und nach der Errichtung der islamischen Herrschaft in Indien notgedrungen, wegen der schieren Masse der Unterworfenen, auf die Hindus ausgeweitet worden. Doch bleiben die Schriftbesitzer außerhalb des islamischen Staates. Sie sind, da die Muslime das Staatsvolk bilden, keine Staatsbürger – auch nicht Bürger zweiter Klasse, wie oft gesagt wird. Die Gemeinden verwalten sich selbst und stehen gewissermaßen als eigener Staat in einem Vertragsverhältnis *(dhimma)* zum islamischen Staat. Sie sind «Leute des Vertrags» *(ahl adh-dhimma* bzw. *dhimmī[s])*. Der Vertrag kann gekündigt werden, wenn die Schriftbesitzer ihn verletzen. Sie sind vom Wehrdienst befreit, weil sie als Ungläubige wehrunwürdig sind; aus der Sicht der Muslime genießen sie, da sie sich unterworfen haben und deshalb weder getötet noch versklavt worden sind, den Schutz des islamischen Staates. Der Krieg *(jihād)* gegen die Ungläubigen, nach Regeln geführt, die im Koran und Hadith niedergelegt sind, ist eine rein islamische Angelegenheit. Muslimische Theologen vertraten sogar die Ansicht, der *jihād* müsse aus den Steuern der Schriftbesitzer finanziert werden. Aus der Sicht muslimischer Theoretiker, wie sie im Mittelalter entwickelt wurde, ist die Welt zweigeteilt in «Haus des Islams» *(dār al-islām)*, wo die Muslime herrschen, und «Haus des Krieges» *(dār al-ḥarb)*. Gegen die Ungläubigen wird Krieg geführt, bis sie sich unterwerfen. Sind sie in der Übermacht, kann ein Waffenstillstand vereinbart werden, wie der Prophet einst einen Waffenstillstand (*hudna*, «Windstille») mit den Mekkanern geschlossen hatte. Die Muslime können ihn ohne Vorankündigung brechen, wenn sie sich in der Lage fühlen, den Kampf wiederaufzunehmen.

Das skizzierte, in Medina grundgelegte System ist im Zuge der Eroberungen ergänzt und verfeinert worden und wird heute noch (oder wieder) von muslimischen Fundamentalisten («Islamisten») als Ideal propagiert. Es wäre verfehlt, die Haltung gegenüber den Schriftbesitzern als Toleranz zu bezeichnen. In Wahrheit ist es Duldung, im Bewußtsein der absoluten Überlegenheit des Islams gewährt und mit der Hoffnung verbunden, daß die Schriftbesitzer schließlich den Islam annehmen. Die Muslime sind in dieser Hoffnung nicht enttäuscht worden. Anatolien, Syrien, Mesopotamien, Ägypten und andere Gebiete waren einst geschlossen christlich, jetzt sind die Christen dort zu einer Minderheit geworden oder ganz verschwunden. Die Islamisierung ist zweifellos auch dadurch gefördert worden, daß das orientalische Christentum kirchlich gespalten war, sich in konfessionellen Streitigkeiten erschöpfte und im Westen kaum Hilfe fand. Das Judentum hat sich unvergleichlich besser behaupten können, obwohl es im Koran härter beurteilt wird als das Christentum. Der Islam traf bei den Juden auf deren Bewußtsein der eigenen Überlegenheit, das stärker war als das seinige. Auch bot das im Schoß der Familie gepflegte Judentum weniger Angriffsflächen als die christlichen Kirchen mit ihrer Neigung zur Präsenz in der Öffentlichkeit. Christ wird man durch das Bekenntnis, Jude ist man durch Geburt.

2. Die vier «rechtgeleiteten Kalifen»; erste Eroberungswelle

Muḥammad starb nach kurzer Krankheit am 8. Juni 632 im Alter von 63 Jahren. Da er keine Bestimmungen über seine Nachfolge getroffen hatte, die prophetische Funktion ja auch nicht vererbbar war, brachen bald Streitigkeiten aus, die sich zu grundsätzlichen Auseinandersetzungen steigerten und schließlich zur konfessionellen Spaltung des Islams führten. Die Sunniten, die Mehrheit, traten für die Wahl des Kalifen (*khalīfa*, «Nachfolger» oder «Stellvertreter») aus dem Stamm der Quraish, des mekkanischen «Adels», ein. Nach Ansicht der Schiiten, der «Partei *(shīʿa)* ʿAlīs», hatte Muḥammad im März 632 bei der Rückkehr von der «Abschiedswallfahrt», auf dem Weg von Mekka nach Medina, am Teich von Khumm, seinen Vetter und Schwiegersohn ʿAlī zu seinem Nachfolger ernannt. Die leiblichen Nachkommen Muḥammads waren, wie die Schiiten später lehrten, Erben des prophetischen Charismas und daher in besonderer Weise zur Leitung der Gemeinde berufen. Extremistische Schiiten gingen sogar so weit, ʿAlī oder die Erben seines Amtes zu vergotten oder ihnen göttliche Eigenschaften zuzuschreiben.

Aus den Rivalitäten, die nach Muḥammads Tod ausbrachen, ging Abū Bakr, getreuer Anhänger des Propheten seit den frühesten Zeiten und durch seine Tochter ʿĀʾisha dessen Schwiegervater, als Sieger hervor. Ihm waren nur zwei Jahre Regierungszeit vergönnt (632–634), die meistenteils durch die Niederwerfung der arabischen Stämme, die sich nach Muḥammads Tod erhoben hatten, ausgefüllt waren. Diese Kämpfe waren, wie sich bald herausstellen sollte, das Präludium weit ausgreifender Eroberungen, denn es gelang Abū Bakr, die freigesetzten Kräfte nach Norden zu lenken und damit eine Bewegung einzuleiten, die das überkommene politische System weltweit tiefgreifend verändern sollte. Der Islam, einerseits eine Religion des Friedens, besaß seit der Gründung der Gemeinde in Medina eine starke militante Komponente, und die allgemeine politische Lage war für das Heraustreten aus Arabien günstig. Byzanz und Persien waren durch lang andauernde Kämpfe geschwächt. Die Perser hatten 614 die Byzantiner entscheidend geschlagen und waren bis ans Mittelmeer vorgedrungen. Erst eineinhalb Jahrzehnte später gelang es Kaiser Heraklius unter Aufbietung aller Kräfte, das Schicksal noch einmal zu wenden; 630 brachte er das von den Persern geraubte Kreuz im Triumph nach Jerusalem zurück; auf dem Weg dorthin erreichte ihn, wie die arabische Überlieferung zu berichten weiß, der berühmte Brief Muḥammads mit der Aufforderung, sich zu unterwerfen und den Islam anzunehmen. Aus der Rückschau stellt sich den muslimischen Historiographen der Beginn der Eroberungen in der Weise dar, daß Abū Bakr vier Emire (Sing. *amīr*) aussandte. Die Vierzahl drückt Anspruch auf universale Herrschaft aus. Als Abū Bakr nach zweijähriger Regierung im August 634 starb, hatten im Irak und in Syrien siegreiche Kämpfe stattgefunden und waren weite Teile Palästinas besetzt. Nur die Küstenstädte und Jerusalem leisteten noch Widerstand.

Das von Abū Bakr begonnene Werk wurde von ʿUmar ibn al-Khaṭṭāb (reg. 634–644) weitergeführt. Abū Bakr hatte ihn als seinen Nachfolger designiert. Durch seine Tochter Ḥafṣa war er Schwiegervater des Propheten und hatte ihm als Ratgeber gedient. Von Medina aus leitete er die militärischen Operationen und konnte ernten, was Abū Bakr gesät hatte, wobei offen bleiben muß, welcher von den beiden Kalifen der bessere Führer und Organisator war. Unter ʿUmar wurden zwei entscheidende Schlachten geschlagen, zunächst in Syrien im August 636 am Yarmūk (er mündet südlich des Sees von Genezareth in den Jordan). Nach dieser Niederlage waren die Byzantiner gezwungen, Syrien und Palästina aufzugeben; den Arabern stand der Weg nach Ägypten offen. Die zweite entscheidende

Schlacht fand bei al-Qādisīya im Irak, südwestlich von Ḥīra, statt. Die Chronologie ist unsicher; die Datierung schwankt zwischen 635 und 637, auch die unmittelbar vorausgehenden und nachfolgenden Ereignisse bleiben im dunkeln. Die Araber siegten gegen eine persische Übermacht, die durch den Einsatz von Kriegselefanten auch technisch überlegen war; der Sieg öffnete ihnen den Weg in das persische Kernland. Yazdegerd III., der letzte persische Großkönig von Bedeutung, wurde um 640, nach seiner Niederlage in der Schlacht von Nehāwend (südlich von Hamadan), auf der Flucht von eigenen Leuten ermordet.

In Syrien kamen die Eroberungen an der Nordgrenze zum Stehen, so daß Byzanz, nun in seinem asiatischen Teil auf ein Gebiet begrenzt, das in großen Zügen mit der heutigen Türkei identisch ist, noch eine Atempause vergönnt war. Durch die Besetzung Syriens und Palästinas war Ägypten von der Landverbindung mit Byzanz abgeschnitten und wurde nach wechselvollen Kämpfen eine Beute der Muslime.

ʿUmars Leistung als Stratege entsprach sein Geschick, mit dem er das neue Großreich organisierte. Die führenden Stellungen vertraute er den angesehensten Prophetengefährten *(aṣḥāb)* an, gegen eigenmächtige Heerführer, und waren sie noch so tüchtig und verdient, ging er mit harten Disziplinarmaßnahmen vor. Die eroberten Gebiete wurden durch die Anlage von Militärlagern *(amṣār)* gesichert. So entstanden die Städte Kufa und Basra in Mesopotamien und al-Fusṭāṭ («das Zelt») in Ägypten, Vorläuferin des heutigen Kairo. Die Finanzverwaltung wurde im *dīwān* organisiert, der für die Zahlung von Pensionen an Muslime, vor allem die Truppen, zuständig war. Die Einrichtung des Richteramtes *(qāḍī)* wird ʿUmar zugeschrieben, ferner soll er das islamische Strafrecht ausgebaut und die Pflichtenlehre in einigen Punkten ergänzt haben. Durch die Einführung der Zeitrechnung nach der *hijra*, die in der islamischen Welt noch heute gültig ist, machte er die Kontinuität zwischen der Urgemeinde in Medina und dem neuen islamischen Großreich deutlich. Durch die Annahme des Titels «Fürst der Gläubigen» *(amīr al-muʾminīn)* verband er die Autorität eines herkömmlich gewählten arabischen Stammesfürsten mit seiner Stellung als Oberhaupt einer im Glauben geeinten Gemeinschaft.

ʿUmar starb nach zehnjähriger Regierung im November 644 durch die Mörderhand eines unzufriedenen Sklaven. Kurz vor seinem Tod soll er zur Regelung seiner Nachfolge ein Kollegium von sechs Wahlmännern eingesetzt haben. Die Wahl fiel auf ʿUthmān (reg. 644–56). Er war ein reicher Kaufmann, Schwiegersohn des Propheten, und hatte an der Auswanderung nach Abessinien teilgenommen. Die von Abū Bakr eingeleiteten und von ʿUmar im großen Stil weitergeführten Eroberungszüge kamen zu einem Stillstand, wenngleich man nicht vergessen darf, daß Persien in ʿUthmāns Regierungszeit endgültig erobert wurde und von Ägypten aus Bewegungen in Gang kamen, die weitreichende Folgen haben sollten. Dort standen den Arabern beim weiteren Vordringen zwei Wege offen, nilaufwärts einerseits und entlang der nordafrikanischen Küste andererseits. Auf dem Weg nilaufwärts stießen sie auf das christliche Reich von Nubien mit dem Zentrum Dongola. Es kam zu Kämpfen, die für die Araber ungünstig ausgingen und mit einem Vergleich endeten, wobei Muḥammads Waffenstillstand mit Mekka als Vorbild und Rechtfertigung für die vorläufige Einstellung der Feindseligkeiten diente. Der Vertrag mit den Nubiern ist unter der lateinischen Bezeichnung *pactum (baqṭ)* in die Geschichte eingegangen. Er sollte lange Zeit Gültigkeit haben, denn erst 1315 gelang es den Mamluken, das Reich von Dongola zu vernichten und ihren Einflußbereich im Süden über Assuan hinaus auszudehnen. Das an Dongola südlich angrenzende nubische Reich von Aloa konnte sich noch fast zweihundert Jahre länger behaupten.

Nach dem vorläufigen Halt im Süden konzentrierten sich die Bemühungen der Araber in Ägypten auf das Vordringen entlang der Mittelmeerküste. Hier hatten sie mehr Erfolg, da die byzantinische Herrschaft in Nordafrika das Land nie wirklich durchdrungen und keine Resonanz im Berbertum gefunden hatte. Nach den ersten Einfällen, die 647 begannen, dauerte es aber noch fast bis zum Ende des Jahrhunderts, ehe den Arabern der Vorstoß bis zur Atlantikküste gelang und die Berber endgültig niedergeworfen waren. Aus einem 662 in Tunesien gegründeten Lager der Eroberer entwickelte sich die Stadt Kairuan (Qairawān), die das ganze Mittelalter hindurch ein kulturelles Zentrum des Islams in Nordafrika gewesen ist.

Mit dem Vorstoß nach Nordafrika und der Niederwerfung Persiens lief die erste Eroberungswelle aus. Innenpolitisch zeigte sich ʿUthmān wenig geschickt. Als Umaiyade vertrat er die Interessen einer weit verzweigten und einflußreichen mekkanischen Familie, deren Mitglieder sich erst spät dem Islam angeschlossen hatten und mit der Urgemeinde in Medina nur lose verbunden waren. Als Kalif förderte er die Mitglieder seiner engeren Familie mehr, als die Hüter der Tradition zu dulden gesonnen waren, und übertrug ihnen einflußreiche Statthalterposten in den Provinzen; einen unangemessen großen Teil der Beute reservierte er für sich und seine Familie. Die «Koranleser» *(qurrāʾ)*, die den Koran mündlich tradierten und als religiöse (und politische) Autoritäten anerkannt waren, entmachtete er dadurch, daß er aus den gesammelten Bruchstücken eine für alle verbindliche Redaktion des Korans herstellen ließ und damit das «Buch» *(kitāb)* schuf, auf das die von den Koranlesern vertretene Autorität überging. Dabei bediente er sich der Vorarbeiten, die schon unter ʿUmar geleistet worden waren. Die Koranredaktion kann als Teil der von ʿUthmān gewollten Umwandlung des immer noch auf der Stammesgliederung beruhenden Staates in eine absolute Monarchie verstanden werden.

Bei dieser Lage der Dinge konnte es nicht ausbleiben, daß die Einheit der islamischen Gemeinde auf die Probe gestellt wurde. Unruhen brachen zuerst in Kufa unter den Koranlesern aus. Auch in Ägypten regte sich Widerstand, und von allen Seiten zogen Unzufriedene nach Medina, wo sie um das Haus des Kalifen Stellung bezogen und ihre Anklagen, vor allem die des Nepotismus und der Verschleuderung von Staatsgeldern, vorbrachten. Nach langen Verhandlungen drang eine Gruppe in das Haus ein und ermordete den Kalifen. Truppen, die der Umaiyade Muʿāwiya, Statthalter von Syrien, angeblich zum Schutz des Kalifen nach Medina geschickt hatte, kamen zu spät und konnten das Unheil nicht mehr abwenden.

Die Ermordung ʿUthmāns war ein Wendepunkt in der Geschichte des Islams. Die unmittelbaren Folgen in Gestalt von Bürgerkriegen sollten den islamischen Staat noch lange in Atem halten. Der Mord am Kalifen ließ den Ruf nach Blutrache laut werden. Zunächst jedoch einigte man sich in Medina auf die Wahl eines Nachfolgers. Das Kalifat errang ʿAlī (reg. 656–661), der schon Mitglied des von ʿUmar eingesetzten Wahlmännerkollegiums gewesen war. Seine Wahl wurde von Muʿāwiya angefochten, weil sie durch eine Minorität, ohne die Mitwirkung der Notabeln in den Provinzen, erfolgt war. Mit Muḥammad war ʿAlī, wie schon mehrfach gesagt, auf vielerlei Weise eng verbunden gewesen. Wenn auch die schiitische Überlieferung manches an seiner Gestalt in verklärendem Licht sieht, scheint es doch sicher, daß er ein begabter und tatkräftiger Mann war. Mit seinen drei Amtsvorgängern war er in tiefgreifende Streitigkeiten verwickelt gewesen, wobei theologische Probleme eine wichtige Rolle spielten. Nach schiitischer Auffassung – wie sie freilich erst später vertreten wurde – waren sie Usurpatoren, die ʿAlī, dem das Kalifat sofort nach Muḥammads Tod zugestanden hätte, unrechtmäßig vom Amt ferngehalten hatten.

Sogleich nach ʿAlīs Regierungsantritt bildeten sich Fronten mit unterschiedlichen Zielen. Im Vordergrund stand die Frage nach der Wertung des Mordes an ʿUthmān und der angemessenen Bestrafung der Täter. ʿAlī gab Medina als Residenzstadt auf und ließ sich in Kufa nieder, wo er eine starke Anhängerschaft hatte. Medina war nun nicht mehr das Zentrum des islamischen Staates, und zwar endgültig, wie sich bald herausstellen sollte. Von Medina, wo die alten Kampfgefährten des Propheten um ihre Stellung im Staat bangten, ging der erste Versuch aus, den Kalifen mit Waffengewalt aus seinem Amt zu verdrängen. Unter dem Vorwand der Blutrache für die Ermordung ʿUthmāns, die von ʿAlī angeblich nicht energisch genug betrieben wurde, zogen die Medinenser unter Ṭalḥa und Zubair in den Kampf, von ʿĀʾisha, Muḥammads einflußreicher Witwe, begleitet. Im südlichen Mesopotamien kam es zu einer Schlacht, die wegen des Kamels, auf dem ʿĀʾisha den Kampf beobachtete, unter dem Namen «Kamelschlacht» in die Geschichte eingegangen ist und zugunsten ʿAlīs endete.

Auch der Umaiyade Muʿāwiya, Statthalter in Damaskus, vertrat den Gedanken der strengen Blutrache für seinen ermordeten Verwandten ʿUthmān. Gegen ihn ging ʿAlī offensiv vor. Im Sommer 657 traf er mit seinen Truppen bei Ṣiffīn, am oberen Euphrat, östlich von Aleppo, auf das Heer Muʿāwiyas. Nach mehreren Tagen wechselvollen Kampfes wurde in beiderseitigem Einvernehmen ein Schiedsgericht eingesetzt. Ein schlüssiges Ergebnis wurde trotz mehrmaligen Tagens an verschiedenen Orten nicht erreicht, doch war letztlich Muʿāwiya der Sieger, weil seine Macht in Syrien unangetastet blieb.

ʿAlī erwuchsen durch die Einwilligung, ein Schiedsgericht einzusetzen, nur Nachteile, denn ihm erstand ein neuer Gegner von bedrohlicher Stärke in den Kharidschiten. Es waren Leute aus seiner eigenen Anhängerschaft, die das Schiedsgericht aus theologischen Gründen ablehnten und aus seinem Heer «auszogen» (arab. *kharaja*); daher ihr Name. Sie lieferten dem Kalifen mehrere Schlachten und entwickelten sich zu einer eigenen Konfession mit puritanischer Ausrichtung, die sich später in mehrere Richtungen spaltete. Die bedeutendste, die der Ibaditen, lebt noch heute in Oman und Nordafrika fort. Es ist fast in Vergessenheit geraten, daß die Kharidschiten in ihrer Blütezeit neben den Schiiten, die sich ungebrochen behaupten konnten, und neben den Sunniten, die immer in der Mehrheit waren, die dritte große islamische Konfession gebildet haben (vgl. die nachfolgenden Beiträge von W. Ende, B. Radtke, W. Schmucker sowie P. Heine zu den innerislamischen Konfessionen und ihrer Verbreitung). Politisch unterschieden sie sich von der Sunna, die das Kalifat den Quraish vorbehielt, und von der Schia, die das Kalifat als unter den Nachkommen Muḥammads erblich ansah, durch die Betonung der theologischen und moralischen Qualitäten des Führers der islamischen Gemeinde: Der beste Muslim sollte Kalif sein, «und sei er ein abessinischer Sklave».

3. Das arabische Reich der Umaiyaden; zweite Eroberungswelle

Nach ʿAlīs Ermordung durch die Hand eines Kharidschiten am Tor der Moschee von Kufa im Januar 661 war der Weg für Muʿāwiya (reg. 661–680) und die Umaiyaden frei. Hatte jener Medina aufgegeben und das Zentrum des Reiches nach Kufa verlegt, so wurde nun Syrien, die von Muʿāwiya als Statthalter verwaltete Provinz, zum Mittelpunkt des Großreiches, das sich vom Atlantik bis nach Ostpersien erstreckte und Gebiete miteinander verband, die durch die Grenze zwischen Persien und Byzanz jahrhundertelang wie durch einen eisernen Vorhang voneinander getrennt gewesen waren. Syrien war das natürliche Zentrum dieses Staatsgebildes. Die Arabische Halbinsel lag nun abseits der wichtigen Verbindungslinien und fiel in den Zustand der politischen Ereignislosigkeit zurück, in dem sie sich vor dem Aufkommen des Islams befunden hatte. Medina wurde zum «Schmollwinkel» der Frommen, die sich mit der veränderten Situation nicht abfinden konnten und der politischen Dynamik der Umaiyaden in Syrien das Ideal konservativ-islamischer Frömmigkeit entgegenstellten. Mit Muʿāwiyas Antritt kam, wie sie meinten, die Reihe der «rechtgeleiteten Kalifen» zum Abschluß. An die Stelle von engsten Gefährten des Propheten traten als Lenker der islamischen Gemeinschaft Männer, die sich erst nach der Eroberung Mekkas dem Islam aus Opportunismus, nicht aus innerer Überzeugung, angeschlossen hatten.

Das Umaiyadenreich war arabisch dominiert, und noch wirkte Muḥammads ursprüngliche Vorstellung vom Islam als einer Religion der Araber nach. Wenn ʿUmar den Hedschas von Nichtmuslimen «gereinigt» und das Prinzip vertreten hatte, daß die christlichen Araber sich dem Islam anzuschließen hätten, machten die Umaiyaden nun den Übertritt zum Islam von der Zugehörigkeit zum Arabertum abhängig; Nichtaraber mußten sich, um der Vorschrift zu genügen, als Schutzbefohlene (arab. *maulā,* Pl. *mawālī*) einem arabischen Stammesverband anschließen. Aber auch das war eigentlich nicht erwünscht, denn das staatstragende Volk sollten die echten Araber sein. Die Muslime allein durften Waffen tragen; sie sollten keiner Erwerbstätigkeit nachgehen, sondern als Krieger vom Tribut und den Steuern der Unterworfenen leben. Nicht Bekehrung der Unterworfenen war das Ziel der Eroberungen, sondern vielmehr die Aufrichtung der islamischen Herrschaft.

Das zentrale Problem der Umaiyaden war der Ausgleich zwischen den partikularistischen Stammesinteressen und den Ansprüchen eines zentral gelenkten Staates, ferner die Durchsetzung des dynastischen Prinzips. Muʿāwiya gelang es noch zu seinen Lebzeiten, seinem Sohn Yazīd huldigen zu lassen. Gleich nach Yazīds Antritt im Jahre 680 regte sich Widerstand auf der Arabischen Halbinsel und in anderen Teilen des Reiches. Als erster meldete Ḥusain, ʿAlīs Sohn, seine Ansprüche auf das Kalifat an. Mit einer Schar von Anhängern zog er nach dem Irak, wo schon ʿAlī die Unterstützung seiner Anhänger gesucht hatte, und fiel nach kurzem Kampf mit den von Yazīd entsandten Truppen in der Nähe von Kufa. Die Umstände seines Todes sind von der schiitischen Propaganda phantasievoll ausgemalt worden. Der Jahrestag wird als hoher Festtag begangen. In Persien und in vielen anderen Gebieten mit schiitischer Bevölkerung wird dieses Ereignisses traditionell durch die *taʿziya* gedacht, eine Art Passionsspiel, verbunden mit Straßenumzügen und Selbstgeißelung der Teilnehmer nach Art der Flagellanten als Buße dafür, daß Ḥusain von seinen Anhängern im Stich gelassen worden war.

Der Märtyrertod Ḥusains setzte den Hoffnungen der Schiiten auf die Übernahme der Macht fürs erste ein Ende. Sein Bruder Ḥasan verzichtete auf jede politische Betätigung und starb in Medina als Pensionär der Umaiyaden. Nach Ḥusains Tod trat ein anderer Prätendent auf, ʿAbdallāh ibn az-Zubair. Seine Ansprüche gründeten in der gleichen Haltung, die seinen Vater Zubair auf der Seite Ṭalḥas in den Widerstand gegen ʿAlī getrieben hatte. An der Kamelschlacht hatte ʿAbdallāh an der Seite des Vaters teilgenommen. Jetzt gelang es ihm, große Teile der islamischen Welt hinter sich zu sammeln. In Mekka regierte er als Gegenkalif und konnte sich, da die Umaiyaden durch innere Zwistigkeiten geschwächt waren, zwölf Jahre lang behaupten. Erst dem Kalifen ʿAbd al-Malik (685–705) gelang es, die Einheit des Reiches wiederherzustellen. Er beendete den Bürgerkrieg und führte eine Reihe von Verwaltungsreformen durch. Das Arabische trat als offizielle Reichssprache an die Stelle der Landessprachen, das Münzwesen wurde arabisiert und islamisiert, prächtige Bauten in den wichtigsten Städten des Reiches, darunter der Felsendom in Jerusalem, unterstrichen den Herrschaftsanspruch der Umaiyaden.

Das Ende der Bürgerkriege und die sich unter ʿAbd al-Maliks Sohn Walīd (705–715) fortsetzende Konsolidierung des Reiches führten zu einer neuen Eroberungswelle, nachdem die arabische Expansion um die Mitte des 7. Jahrhunderts zum Stehen gekommen war und die Versuche der frühen Umaiyaden, das byzantinische Kerngebiet zu erobern, kein Ergebnis gezeitigt hatten. Unter Ṭāriq ibn Ziyād wagten die Araber 711 den Sprung über die Meerenge von Gibraltar (Jabal Ṭāriq) nach Spanien. Die Westgoten waren durch innere Wirren geschwächt, und es fehlte auch an starken Bundesgenossen, denn im benachbarten Frankreich waren die Herzöge von Aquitanien in Kämpfe mit der fränkischen

Zentralgewalt verwickelt. So ging fast die ganze Pyrenäenhalbinsel relativ schnell an die Araber über; nur im Norden blieb Asturien übrig, das zum Ausgangspunkt der *Reconquista* wurde. Sie begann praktisch im gleichen Augenblick, da die Araber von Spanien Besitz ergriffen. So konnte ihr Ausgreifen nach Südfrankreich und die Besetzung von Narbonne und Toulouse keine lange Dauer haben. Das Erstarken der Karolinger brachte den Vorstoß der Araber in Frankreich zum Stehen (732 Schlacht von Tours und Poitiers) und leitete eine Gegenbewegung ein, in deren Verlauf die Franken die Pyrenäen überschritten und mit der Errichtung der spanischen Mark eine Basis für eine Intensivierung der Reconquista schufen.

Nordafrika wurde später zu einer Basis für arabische Vorstöße nach Südeuropa. Von Tunis aus eroberten die Aghlabiden von 827 an Sizilien, das den Arabern erst durch die Normannen wieder entrissen werden konnte, und fielen in Italien ein. In Bari konnte sich ein arabisches Emirat drei Jahrzehnte lang behaupten (841–871), 868 wurde Malta erobert. Arabische Streifscharen setzten sich in den Alpen fest und wurden zu einer Bedrohung der Verbindungswege zwischen Zentraleuropa und Italien.

Etwa zur gleichen Zeit, da die Araber im Westen die Meerenge von Gibraltar überschritten, drangen sie von Ostpersien aus unter Qutaiba ibn Muslim, dem Statthalter von Khurāsān, nach Transoxanien vor und nahmen nach langen Kämpfen Buchara (Bukhārā) und Samarkand ein. Damit war der Grund gelegt für die Eroberung Zentralasiens und die Islamisierung der Türken. Diese Erfolge waren nicht zuletzt dadurch möglich geworden, daß China durch den Niedergang der Tang-Dynastie geschwächt war und seine Oberhoheit in den entfernteren Teilen Turkestans nicht behaupten konnte.

Von Südpersien aus drangen die Araber durch Belutschistan bis ins Industal vor und gründeten 711 das Emirat von Multan, das zur Keimzelle des islamischen Indiens werden sollte. Allerdings sollte noch eine lange Zeit ins Land gehen, bis die von Afghanistan aus operierenden Ghaznawiden in der ersten Hälfte des 11. Jahrhunderts ihr Augenmerk auf Indien richteten und als Folge einer Serie von – zunächst als reine Raubzüge angelegten – Vorstößen ein islamischer Staat entstand, der große Teile Nordindiens umfaßte und als Grundlage für die weitere, meist friedliche Ausdehnung des Islams in Süd- und Ostasien dienen konnte.

Der Neuaufbruch am Beginn des 8. Jahrhunderts gipfelte im Kalifat des ʿUmar ibn ʿAbd al-ʿAzīz (717–720), zur Unterscheidung von ʿUmar ibn al-Khaṭṭāb auch ʿUmar II. genannt. Sein Name ist mit den Regelungen verbunden, die den rechtlichen Status der im islamischen Staat lebenden Nichtmuslime betreffen. Die Stellung der *mawālī*, der zum Islam übergetretenen Nichtaraber, wurde verbessert; sie wurden von der Zahlung der Grundsteuer *(kharāj)* befreit (was später zurückgenommen wurde) und in das System der staatlichen Pensionen einbezogen, wenn sie sich am Kampf gegen die Ungläubigen beteiligten.

ʿUmars II. Statuten, die praktisch bis heute gültig sind und jederzeit wieder in Kraft gesetzt werden könnten, sind wegen ihrer grundsätzlichen Bedeutung ʿUmar I., dem zweiten der «rechtgeleiteten Kalifen», zugeschrieben worden. ʿUmar II. aber wird wegen seiner Frömmigkeit von denen geschätzt, die sonst die

Umaiyadenkalifen als Usurpatoren und Ungläubige verdammt haben. Erst mit dem Aufkommen des arabischen Nationalismus sind die Umaiyaden, deren Bild in der Geschichte aus religiösen Bedenken lange überschattet war, als Gründer des «arabischen Reiches» rehabilitiert worden.

In Hishām (724–743), ʿAbd al-Maliks Sohn, erstand den Umaiyaden noch einmal ein tatkräftiger Herrscher. Er erbaute den berühmten Palast bei Jericho *(Khirbat al-Mafjar),* zog in jährlichen Feldzügen gegen Byzanz und führte den Kampf gegen die Türken Zentralasiens fort. Jedoch kündigten Unruhen im Innern schon das Ende der Umaiyadenherrschaft an. Im Irak erhoben sich wieder die Schiiten, die Kharidschiten schürten Unruhe, ein Berberaufstand in Nordafrika konnte kaum niedergeworfen werden, und in Khurāsān hatte die abbasidische Propaganda Erfolge unter den dort ansässigen Araberstämmen. Das dynastische Prinzip konnte sich jetzt noch weniger durchsetzen: Im Jahr 744 wechselten drei Herrscher einander ab. Im November 749 wurde dem Abbasiden Abū l-ʿAbbās in Kufa als Kalif gehuldigt. Er ließ die Umaiyaden gnadenlos verfolgen. Marwān II., der letzte Umaiyadenkalif (744–750), ein Vetter Hishāms, unterlag im Januar 750 im nördlichen Mesopotamien den abbasidischen Truppen und wurde auf der Flucht in Ägypten ermordet. ʿAbd ar-Raḥmān, ein Enkel Hishāms, entkam nach Spanien und gründete dort ein Teilreich, das im Kalifat von Cordoba gipfelte und sich bis ins 11. Jahrhundert halten konnte.

4. Die Abbasidenzeit und der Islam als Weltreligion; konfessionelle und politische Spaltungen

Die Bewegung, die der Umaiyadenherrschaft ein Ende setzte, war im Irak entstanden und hatte zunächst im östlichen Persien unter dem Propagandisten Abū Muslim besondere Erfolge. Sie nutzte die überall im Reich spürbare Unzufriedenheit aus und machte vor allem auch den Schiiten Hoffnungen. Das Kalifat kam dann freilich nicht, wie von den Schiiten erhofft, an einen Nachkommen ʿAlīs, sondern an die Familie der Abbasiden, Nachkommen des ʿAbbās, eines Onkels des Propheten. Die Abbasiden hielten eine streng sunnitische Richtung ein. Die Umaiyaden wurden systematisch verunglimpft. Sie galten nun, mit Ausnahme ʿUmars II., als Ungläubige und wurden nicht als Kalifen, sondern als «Könige» bezeichnet, als unrechtmäßige Herrscher, die autonom, nicht nach göttlichem Gesetz, regierten. Aus dieser Sicht kam das Heil von den Abbasiden, die an die vier «rechtgeleiteten Kalifen» anschlossen und zunächst auch chiliastische Erwartungen weckten, wie man an der Wahl der Thronnamen ablesen kann. Später wurden auch hier die Ansprüche zurückgeschraubt, und man begnügte sich damit, im Thronnamen die enge Bindung an den göttlichen Auftrag auszudrücken.

Die neuen Herrscher schlugen ihre Residenz im Irak auf, wo die Bewegung auch entstanden war. Der Kalif Manṣūr (754–775) gründete Bagdad als die neue Hauptstadt, der er den beziehungsreichen Namen «Stadt des Friedens» *(Madīnat as-salām)* gab. Im Zentrum der westlich des Tigris angelegten Stadt stand die

Moschee mit dem Kalifenpalast. Die nahezu kreisrunde Form und die nach den vier Himmelsrichtungen weisenden Tore der Stadt symbolisierten einen kosmischen Bezug und den Anspruch auf universale Herrschaft. Dank ihrer Lage am Kreuzungspunkt wichtiger Straßen entwickelte Bagdad sich schnell zu beachtlicher Größe und wurde das wirtschaftliche und kulturelle Zentrum des Reiches. Durch die Flußschiffahrt auf dem Tigris war sie mit dem Persischen Golf verbunden und stand in Handelsverbindungen mit Ostafrika und Indien, mit Anschluß zur Südsee und nach Ostasien. Aus diesen entfernten Gegenden kamen Waren und Kulturgüter in das Zentrum des Reiches, und der Islam drang über die Handelswege in Gebiete vor, die außerhalb der Reichweite des politischen und militärischen Einflusses der Abbasiden lagen. Während dem Islam der Weg nach Europa durch die christlichen Staaten versperrt war, traf er in Afrika und in Süd- und Südostasien auf Kulturen, die fremden Ideen gegenüber weniger abweisend waren. Der Islam hatte vor allem dort leichtes Spiel, wo mit seiner Annahme Anschluß an eine höhere oder als höherrangig empfundene Kultur erreicht wurde.

Durch die volle Gleichstellung der *mawālī,* die am Sieg der Abbasiden maßgeblichen Anteil gehabt hatten, trat der Islam aus seinen ethnischen Fesseln heraus und wurde erst jetzt zu einer wirklichen Weltreligion. Die Islamisierung der eroberten Gebiete machte nun schnellere Fortschritte, besonders in Persien, wo der Zoroastrismus seine Kraft verlor und bis zum Ende des 10. Jahrhunderts, von Randgebieten abgesehen, fast ganz verschwand. Die geschlossen christlichen Gebiete, Syrien, Mesopotamien und Ägypten, leisteten der Islamisierung dagegen noch starken Widerstand. In den ehemals byzantinischen Reichsteilen mit vorwiegend aramäischer Bevölkerung setzte sich das Arabische als Verkehrssprache durch und faßte auch in der christlichen Liturgie Fuß. Auch die koptische Bevölkerung Ägyptens blieb von der Arabisierung nicht ausgeschlossen; dagegen konnte sich in Nordafrika das Berberische weitgehend behaupten. Die Berber waren vom Christentum, das in Nordafrika als reine Kolonialkirche auftrat, nicht erfaßt worden und nahmen nach langem Sträuben in der Mehrheit den Islam an, ohne sprachlich voll arabisiert zu werden. Einen größeren Einfluß als das Arabische als Sprache des Korans hatte das arabische Alphabet, das überall dort, wo die Bevölkerung sich mehrheitlich zum Islam bekannte, die älteren Alphabete verdrängte. Von den Persern gelangte es zu den Türken Zentralasiens, obwohl es für das Türkische noch weniger geeignet war als für das Persische. Mit der Annahme des Islams und der Übernahme des arabischen Alphabets wurde der Wortschatz des Persischen und Türkischen stark vom Arabischen geprägt, vor allem im Bereich der Religion und der materiellen Kultur. Das Türkische unterlag wiederum einer starken Prägung durch das Persische, da die Türken von Persien aus für den Islam gewonnen wurden.

Für den sunnitischen Islam, wie er von den Abbasiden getragen wurde, war die im 8. Jahrhundert zum Abschluß kommende Entwicklung des religiösen Rechts von besonderer Bedeutung. Vier Quellen des Rechts waren allmählich anerkannt worden: der Koran, die Sunna («Brauch», wie er im Hadith überliefert war), der Konsensus *(ijmāʿ),* die übereinstimmende Meinung der Rechtsgelehrten, und der

Analogieschluß *(qiyās)*. Bei der Ausdehnung des Reiches und der Verbreitung des Islams in Gebieten mit sehr unterschiedlichen Verhältnissen war eine gewisse Flexibilität dadurch gesichert, daß sich vier große, nach ihren Gründern benannte Rechtsschulen (arab. *madhhab*, Pl. *madhāhib*) herausbildeten, nämlich die der Hanbaliten, Hanafiten, Schafiiten und Malikiten. Der Kalif war dem religiösen Recht in der gleichen Weise wie alle Gläubigen unterstellt und hatte nur geringe Möglichkeiten der selbständigen Entscheidung. Die berufenen Interpreten des religiösen Rechts waren die Theologen *(ʿulamāʾ)*, aber auch sie waren nach Abschluß der Entwicklung kaum mehr zu selbständiger Rechtsfindung befugt. Das «Tor der gedanklichen Bemühung» *(bāb al-ijtihād)* auf der Grundlage der durch Offenbarung gewonnenen Satzung war geschlossen, ohne daß es freilich zu einer Kodifizierung des Rechts gekommen wäre. Dabei ist zu bedenken, daß die Offenbarungstexte nur die Rudimente einer Gesetzgebung lieferten. Die fehlende Kodifizierung trug dazu bei, daß die Theologen ihren Einfluß in Staat und Gesellschaft ausbauen und dauernd sichern konnten. Sie wurden die eigentlichen Führer der Gemeinde, und so kam es, daß die Gemeinde überleben konnte, als das Kalifat schließlich verschwand.

Hārūn ar-Rashīd (786–809) ist in Europa besonders bekannt geworden, obwohl er nicht zu den wirklich großen Abbasiden zählt. Mit Karl dem Großen soll er diplomatische Kontakte gehabt haben. Karl hat mit wenig Erfolg in Spanien gekämpft, wo die Umaiyaden, nicht die Abbasiden, regierten, und die Zeit der Kreuzzüge, in der man sich gern auf den großen Karolinger als Vorkämpfer für die Sache der Christenheit berief, war noch längst nicht gekommen. Kulturell war vor allem Maʾmūn (813–833) von Bedeutung. Er gründete in Bagdad eine Akademie und ließ mit Hilfe christlicher Gelehrter wichtige wissenschaftliche Werke des hellenistischen Erbes ins Arabische übersetzen. Auf der Grundlage der Übersetzungen entwickelten sich die arabischen Wissenschaften selbständig weiter und erreichten auf den verschiedensten Gebieten einen hohen Standard. Vieles davon wurde später an Europa weitergegeben und wirkte dort lange fort.

Wegen des Fortbestandes der umaiyadischen Herrschaft in Spanien umfaßte das Abbasidenreich von Anfang an nur einen Teil der islamischen Welt. Die räumliche Ausdehnung des Reiches führte fast zwangsläufig dazu, daß sich Provinzen selbständig machten, die Statthalter ihr Amt als Familienbesitz betrachteten und den Kalifen nur noch nominell anerkannten. So verfuhren in Marokko die Idrisiden (788–895), in Tunis die Aghlabiden (800–909), in Ägypten die Tuluniden (868–903), in Persien die Tahiriden (820–72) und die Saffariden (867–903). Politisch und kulturell bedeutend waren die Samaniden in Ostiran (874–999).

Gefährlicher als die rein politisch motivierten Unabhängigkeitsbestrebungen in den Provinzen waren die religiös begründeten Aufstands- und Abfallbewegungen von Schiiten verschiedener Denominationen, die das Kalifat der Abbasiden überhaupt nicht anerkannten und alidische (angeblich oder tatsächlich von ʿAlī abstammende) Gegenkalifen einsetzten. Nach dem Scheitern Ḥusains im Jahr 680 hatten seine Nachfahren ihre Ansprüche keineswegs aufgegeben. Allerdings traten bald Spaltungen bei der Regelung der Nachfolge ein, und später setzte sich die

Tendenz durch, die Reihe der erblichen «Imame» (arab. Sing. *imām*) zu einem Abschluß kommen zu lassen und die Leitung der Gemeinde auf andere Weise zu regeln. Zur ersten Spaltung kam es nach dem Tod des Zain al-ʿĀbidīn (ca. 712), Ḥusains Sohn. Ein Zweig erkannte seinen Sohn Zaid als den rechtmäßigen Nachfolger an, der andere Zweig Muḥammad al-Bāqir. Die Zaiditen vertraten einen gemäßigt schiitischen Standpunkt. Der Imam mußte aus der Familie Muḥammads stammen, außerdem wurde von ihm theologische Gelehrsamkeit, also eine persönliche Qualifikation, erwartet. Die *Zaidīya* fand Anhänger vor allem in den Randgebieten, am Kaspischen Meer und im Jemen. In Südarabien glückte ihnen zu Beginn des 10. Jahrhunderts die Gründung eines Staates, der sich über viele Fährnisse hinweg bis 1962 halten konnte.

Radikaler und für die Abbasiden gefährlicher als die Zaiditen waren die Ismailiten. Sie leiten sich von Ismāʿīl, einem Sohn des Jaʿfar aṣ-Ṣādiq (gest. 765) und Enkel des eben schon genannten al-Bāqir (gest. 731), her. Jaʿfar hatte nach Ismāʿīls Tod (760) nicht dessen Sohn Muḥammad, sondern Ismāʿīls Bruder Mūsā al-Kāẓim zu seinem Nachfolger bestellt. Die Lehre der Ismailiten ist stark von gnostischen Elementen geprägt; sie geht bis zur Vergottung des Imams, vertritt mit der Erwartung der Wiederkehr des Imams als «Mahdi» (*mahdī,* wörtl.: «Der von Gott Geleitete») messianische Ideen und war in ihren frühen Erscheinungsformen extrem militant. Durch ausgewählte und besonders eingeweihte Werber wurde eine Propaganda betrieben, die zeitweise große Erfolge hatte. Am Anfang des 10. Jahrhunderts ging der aus Syrien stammende ʿUbaid Allāh, der Anspruch auf alidische Abstammung erhob und von seinen Anhängern als Mahdi anerkannt wurde, nach Nordafrika, stürzte die Aghlabiden in Tunis und trat deren Nachfolge an. Von der neu gegründeten Hauptstadt Mahdia aus machte er die Idrisiden in Marokko tributpflichtig und baute ein Machtgebilde auf, das auch die Eroberungen der Aghlabiden im Mittelmeer umfaßte. Nach Fāṭima, Tochter Muḥammads und Stammutter der Aliden, nannte die von ʿUbaid Allāh gegründete Dynastie sich «Fatimiden». Mit der Eroberung Ägyptens 969 lag den Fatimiden der Weg nach Syrien und zur Arabischen Halbinsel offen. Das Vordringen nach Norden begründete die enge Verbindung Syriens mit Ägypten, die mit einer kurzen Unterbrechung in der Kreuzfahrerzeit bis ins 16. Jahrhundert bestand und in der Vereinigten Arabischen Republik (1958–1961) einen letzten Nachhall hatte.

Ein bleibendes Zeugnis der Fatimidenzeit ist die Stadt Kairo (al-Qāhira, Die Mächtige) als Hauptstadt neben dem alten al-Fusṭāṭ, ferner die theologische Lehrstätte al-Azhar (Die Leuchtende), zur Pflege und Verbreitung der ismailitischen Lehre errichtet und nach dem Ende der Fatimiden als sunnitische Hochschule weitergeführt. Von Ägypten aus verstärkten die Ismailiten ihre Propaganda in der östlichen islamischen Welt, doch traten bald innere Spaltungen auf. Aus der Anhängerschaft des Kalifen al-Ḥākim (996–1021), der eine exzentrische Politik betrieb und auf ungeklärte Weise ums Leben kam, gingen die Drusen hervor. Sie haben heute ihr Zentrum im Libanon und sind mit kleineren Gruppen in Syrien (Ḥaurān) und im heutigen Staat Israel (Karmel) vertreten. Je nach der Politik des Gastlandes bekennen sie sich zum Islam oder distanzieren sich von dieser Religion.

Von größerer Bedeutung als der Abfall der Drusen war eine Spaltung, die nach dem Tod des Kalifen Mustanṣir (1036–1094) eintrat. Eine Gruppe folgte Mustanṣirs Sohn Nizār. Daraus entwickelte sich die extremistische Sekte der Assassinen mit dem Hauptsitz in Persien und einem Zweig in Syrien, die beide als militante Gruppen bis ins 13. Jahrhundert bestanden und die islamische Welt, auch die Kreuzfahrerstaaten, durch ihre Aktivitäten, unter denen der Meuchelmord eine besondere Rolle spielte, in Unruhe versetzten. Ihr Name leitet sich vom Gebrauch von Haschisch bei den religiösen Übungen her (arab. *ḥashshāsh*, daraus frz. *assassin*). In Syrien, Ostpersien und Indien sowie in Ostafrika leben die *Nizārīs* unter Verzicht auf politische Ambitionen bis heute fort. Die andere Gruppe folgte Mustanṣirs Sohn Mustaʿlī, der die Nachfolge seines Vaters als Kalif antrat und bis 1101 regierte. Diese Gruppe war weniger militant als die Assassinen und konnte nach dem Untergang der Fatimiden mit ihrem Zentrum im Jemen und dann in Indien (Bombay) in Gestalt der Bohra bis heute überleben.

Etwa zur gleichen Zeit wie die Fatimiden erhoben sich an der Ostküste der Arabischen Halbinsel und in der Syrischen Wüste die Karmaten, eine sozialrevolutionäre Sekte mit extrem schiitischer Lehre, deren Verbindungen zur ismailitischen Schia aber umstritten sind. Ein Zusammenspiel mit den Fatimiden scheint jedenfalls nicht stattgefunden zu haben. An der ostarabischen Küste entstand ein Karmatenstaat mit dem Zentrum in Bahrain, von wo aus Raubzüge nach Arabien und den nördlich angrenzenden Ländern unternommen wurden. Symbolhaft für den Bruch mit dem etablierten Islam steht die Plünderung Mekkas 930 und der Raub des Schwarzen Steines von der Kaaba, der versteckt und erst nach einem Vierteljahrhundert zurückgegeben wurde. Der Staat ging Ende des 11. Jahrhunderts zugrunde, die Ideen lebten in Bahrain noch lange weiter.

Weniger radikal als die Ismailiten mit ihren Splittergruppen waren die Zwölferschiiten. Sie erkannten nicht Ismāʿīl, sondern dessen Bruder Mūsā al-Kāẓim (gest. 799) als rechtmäßigen Imam an; von diesem ging das Imamat jeweils vom Vater auf den Sohn über. Fast alle Imame in der Reihe der Zwölf sind nach zwölferschiitischer Überzeugung im Kampf gegen die Kalifen oder als deren Gefangene eines gewaltsamen Todes gestorben, seit Ḥusain ihnen als Märtyrer vorangegangen war. Ihre Grabstätten sind zu wichtigen schiitischen Heiligtümern geworden. Muḥammad, der zwölfte Imam in dieser Reihe, verschwand 874 auf mysteriöse Weise; er wurde, wie die «Zwölferschiiten» glauben, in die Verborgenheit *(ghaiba)* entrückt und leitet von dort die Gemeinde, zunächst durch «Botschafter» *(safīr)* und dann, als niemand mehr diese Funktion für sich beanspruchte, durch die Theologen, die als die berufenen Interpreten der Lehre fungieren. Es entwickelte sich ein eigenes Rechtssystem, das sich von dem der Sunniten vor allem dadurch unterscheidet, daß der *ijtihād*, Rechtsfindung durch rationales Bemühen, ohne Einschränkung anerkannt wird. Dazu ist der *mujtahid* befähigt; die höchste theologische Autorität hat der Ayatollah inne; er wird nicht formal gewählt, sondern kommt durch Akklamation der Theologen ins Amt. Auch in der Koranexegese *(tafsīr)* geht die Schia eigene Wege, gilt es doch, die Erwählung ʿAlīs, wovon der Koran nach Auffassung der Sunniten nichts weiß, auf eine Grundlage in der Schrift zu stellen. Den Theologen ist die Aufgabe zugefallen, die Gemeinde zu lenken, bis «der Erwartete» *(al-muntaẓar)* am Ende der Zeiten aus der Verborgenheit zurückkehrt und die Gläubigen zum Sieg über die Ungläubigen und zum Weltgericht führen wird. Durch diese Vorstellung ist diese schiitische Richtung auf eine weniger militante Haltung eingestimmt; der Kampf um die gerechte Sache findet erst statt, wenn der Imam aus der Verborgenheit hervortritt, zwischenzeitlich ist es, wenn die Umstände es erforderlich machen, erlaubt, zum Mittel der Glaubensverleugnung *(taqīya)* zu greifen. Zur Erlangung des Heils ist es also nicht notwendig, den Imamen im Leiden nachzufolgen. Es war Khumainī vorbehalten, mit dieser quietistischen Tradition zu brechen, «Die Regierung des Faqīh», wie der Titel seines 1971 erschienenen Buches heißt, zu fordern und dies in dem Umsturz von 1979 in Iran durchzusetzen.

Die Zwölferschia fand Förderer in den Buyiden, die seit der Mitte des 10. Jahrhunderts Persien und den Irak beherrschten. Die Buyiden gehörten ethnisch zu den Dailamiten, einem iranischen Volksstamm an der Südküste des Kaspischen Meeres, wo der Islam erst spät, und dann in heterodoxer Form, Eingang gefunden hatte. Nach der Eroberung Zentral- und Westpersiens griffen sie nach Mesopotamien über und brachten mit der Eroberung Bagdads im Jahre 945 das Kalifat unter ihre Herrschaft. Die Kalifen machten sie zu Marionetten, ließen aber das Kalifat im Prinzip bestehen. Da sie nur einen Teil der islamischen Welt beherrschten und in Ostpersien in den Samaniden mächtige Gegner hatten, waren sie aus außenpolitischen Gründen auf die Abbasiden angewiesen. Es gab ja auch keinen Ersatz für das Kalifat, solange der Imam die Gemeinde aus der Verborgenheit leitete und seine Anhänger zu einer quietistischen Haltung in politischen Fragen verpflichtet waren. So konnte sich die Zwölferschia unter dem Schutz der Buyiden in Ruhe organisieren. Durch eine Reihe von bedeutenden Gelehrten wurden die Grundlagen für die schiitische Theologie gelegt. Als fünf Jahrhunderte später die Zwölferschia zur Staatsreligion Persiens erhoben wurde, konnte man auf den unter den Buyiden gelegten Fundamenten aufbauen.

5. Die Türken; Durchsetzung der sunnitischen Orthodoxie

Die Buyiden waren als Perser nur kurze Zeit berufen, an die Stelle der Araber zu treten und in der Politik eine entscheidende Rolle zu spielen. Die Zukunft gehörte den Türken, und dieser Zustand sollte lange, bis ins 20. Jahrhundert, andauern. Seit dem Antritt der Abbasiden hatten Türken einen Teil der Söldnertruppen gestellt und waren dadurch mit Religion und Kultur des Islams in Berührung gekommen. Die Türken der zentralasiatischen Steppe waren von Persien aus für den Islam gewonnen worden und hatten ihn in Form der hanafitischen Sunna kennengelernt. Nachdem bereits den türkischen Ghaznawiden Ende des 10. Jahrhunderts die Gründung eines Staates mit Zentrum im heutigen Afghanistan gelungen war, eroberten die Seldschuken unter Toghril Beg in der ersten Hälfte des 11. Jahrhunderts ganz Persien; 1055 nahmen sie Bagdad ein und machten auch hier der Buyidenherrschaft ein Ende. An der Situation der Abbasiden änderte sich allerdings nur wenig, da sie unter den Seldschuken genauso machtlos blieben, wie sie unter den Buyiden gewesen waren.

Beim weiteren Vorstoß nach Westen trugen die Seldschuken 1071 bei Malazgird am Vansee einen entscheidenden Sieg über Armenien davon. Die Folge war die Vernichtung des Großarmenischen Reiches; den Türken lag der Weg nach Anatolien offen, der den Arabern jahrhundertelang versperrt geblieben war. Die Armenier fanden in Kilikien im Kleinarmenischen Reich eine neue politische Heimstatt. In der Kreuzfahrerzeit war es eine wichtige Stütze der Franken, erst 1375 wurde es von den von Syrien her vordringenden Mamluken zerstört. Um Konya (Iconium) entwickelte sich das Reich der Rum-Seldschuken (Rum, d.h. ursprünglich Ost-Rom, dann: Kleinasien); nur Trapezunt und der nordwestliche Teil von Anatolien blieben unter byzantinischer Herrschaft.

In Syrien konnten die Seldschuken bis ans Mittelmeer vordringen und die Fatimiden von dort verdrängen; mit Palästina fiel ihnen auch Jerusalem zu. Neben der tödlichen Bedrohung von Byzanz war dies der unmittelbare Anlaß für die Kreuzzüge. Da die Türken sich als Hüter der strengen sunnitischen Orthodoxie verstanden und gegen die Christen weniger liberal waren als die Fatimiden, konnte sich in Europa, sicherlich nicht ganz ohne tendenziöse Propaganda, die Meinung verbreiten, die christlichen Pilger würden von den Muslimen bei der Verehrung der heiligen Stätten behindert. So hatte der päpstliche Aufruf zur «bewaffneten Pilgerfahrt» großen Erfolg, und Jerusalem wurde 1099 nach kurzer Belagerung erobert, obwohl die Stadt zu dieser Zeit bereits wieder in den Besitz der Fatimiden übergegangen war.

Das Großseldschukische Reich erstreckte sich bis in das heutige Afghanistan. Östlich anschließend behaupteten sich die Ghaznawiden, die ihre Herrschaft in Indien ausbauten; später traten die Ghoriden (bis 1215) an ihre Stelle. Ihnen gelang es, gegen die Seldschuken wieder Boden zu gewinnen, als deren Kräfte nachließen. Schon gegen Ende des 11. Jahrhunderts zerfiel das seldschukische Reich in Einzelstaaten, die meist von Atabegs (Prinzenerziehern) regiert wurden. In Ostpersien waren die Seldschuken von Kerman bedeutend. Ein Teilstaat mit dem Zentrum Bagdad umfaßte auch das westliche Persien. Die Kreuzfahrerstaaten schnitten die Seldschuken vom Mittelmeer ab. Anfang des 12. Jahrhunderts eroberte ʿImād ad-Dīn Zengī, der Atabeg von Mossul, Aleppo und kämpfte von Nordsyrien aus gegen Byzantiner und Franken. Die Eroberung von Edessa (Urfa) hatte den zweiten Kreuzzug zur Folge, ohne daß Edessa von den Franken zurückgewonnen werden konnte. Der entscheidende Schlag gegen die Kreuzfahrer kam aber von Ägypten, wo die Aiyubiden, eine Familie von Kriegern kurdischer Abstammung, 1169 die Fatimiden stürzten und die Herrschaft übernahmen. Der berühmte Saladin (Ṣalāḥ ad-Dīn, 1169–1193) eroberte 1187 Jerusalem und leitete damit das Ende der fränkischen Herrschaft am östlichen Mittelmeer ein. Mit der Eroberung eines Teils von Syrien stellte er die Verhältnisse der Zeit vor den Seldschuken und Kreuzfahrern wieder her und griff auch auf die Arabische

Halbinsel über. Die einzelnen Provinzen seines Herrschaftsbereichs vergab er an Mitglieder seiner Familie. Da die Aiyubiden strenge Sunniten waren, wurde auch hier, wie im Osten durch die Seldschuken, die Orthodoxie wiederhergestellt. Das betraf allerdings nur die Regierung, denn die Bevölkerung Ägyptens hatte sich nie für schiitische Ideen interessiert. Bleibende Erinnerung an die Fatimiden sind die Drusen im Libanon und den umliegenden Gebieten. Die ismailitische Schia hatte, wie oben schon bemerkt, eher eine Fernwirkung.

Der Aiyubidenherrschaft war keine lange Dauer beschieden. Die letzten Aiyubiden nahmen gekaufte Sklaven meist türkischer Herkunft («Mamluken») als Söldner in Dienst; diese übernahmen 1250 selbst die Regierung. Ägypten trat nun in eine lange Periode stabiler politischer Verhältnisse ein. Die Mamluken beseitigten mit der Eroberung von Akka 1291 den letzten Rest der Kreuzfahrerherrschaft, wurden auch in Syrien Erben der Aiyubiden und drangen von dort nach Kilikien vor, wo sie das Kleinarmenische Reich vernichteten. Im Süden überwanden sie mit dem Sieg über das nubische Reich von Dongola die seit der frühislamischen Zeit bestehende Barriere, die das Vordringen des Islams nilaufwärts verhindert hatte. Als Durchgangsland für den Gewürzhandel zwischen der Südsee und Europa erfreute Ägypten sich bis zum Ende des 15. Jahrhunderts, als die Portugiesen auf den Plan traten, einer großen wirtschaftlichen Blüte. Auch die Theologie, die Mystik und die schöne Literatur konnten sich unter den günstigen Verhältnissen zu großem Reichtum entfalten. Zahlreiche Bauten in Kairo, Damaskus und Jerusalem erinnern noch heute an den hohen Stand der mamlukischen Architektur. Als privilegierte Gruppe, wenn auch der politischen Macht beraubt, konnten die Mamluken den Sieg der Osmanen 1517 überleben. Es war Muḥammad ʿAlī, dem Begründer des modernen Ägypten, vorbehalten, die Mamluken durch ein Massaker in der Zitadelle von Kairo ganz auszuschalten (1811).

Die Aiyubiden und Mamluken waren die Erben der Fatimiden in Ägypten und am östlichen Mittelmeer sowie auf der Arabischen Halbinsel. In Südarabien konnten sich neben den Zaiditen-Imamen die Sulaihiden (1047–1138) und Rasuliden (1129–1454) behaupten. In Tunis und Ostalgerien waren die Ziriden (972–1148), dann die Hammadiden (1007–1152) die Erben der Fatimiden.

Von Nordafrika aus war der Islam durch die Sahara nach dem Süden vorgedrungen. Die am Ende der durch die Sahara führenden Handelsstraßen liegenden Staaten Ghana, Songhai (Mali) und Kanem (Tschad) wurden im 10./11. Jahrhundert für den Islam gewonnen. Die unter den Berbern entstandene Reformbewegung der Almorawiden (1061–1147), die eine Rückkehr zum Urislam propagierten und, wie ihr Name sagt (*al-murābiṭūn,* von arab. *ribāṭ,* Grenzfestung), in kriegerischen Mönchsgemeinden ursprünglich an den Grenzen des Islams organisiert waren, dehnten ihren Einflußbereich über den ganzen afrikanischen Islam aus. Unter Yūsuf ibn Tāshufīn, dem Begründer der Dynastie, wurden die Berberfürstentümer Marokkos und Westalgeriens erobert. Damit war die Grundlage für das Eingreifen in Spanien geschaffen, wo die Umaiyadenherrschaft 1031 zu Ende gegangen war und zahlreiche Kleinstaaten *(mulūk aṭ-ṭawā'if)* entstanden waren. Sie wurden zum größten Teil zur Beute der Almorawiden; von Norden und Osten her schob sich zur gleichen Zeit die christliche Reconquista vor. Die Almorawiden mußten jedoch bald den Almohaden weichen, den «Bekennern von Gottes Einheit» *(al-muwaḥḥidūn)*. Sie hingen einem Puritanismus an, ließen aber gleichzeitig die Freiheit philosophischer Spekulation zu, so daß bekannte Philosophen wie Ibn Ṭufail (Abubacer) und Ibn Rushd (Averroes) Lehren vertreten konnten, die auch in Europa bekannt wurden und die Gemüter lange bewegen sollten. Die Almohaden eroberten 1147 Marrakesch und traten das Erbe der Almorawiden in Nordafrika und Spanien an. Ihre Macht in Nordafrika wurde geschmälert, als sich in Ostalgerien die Hafsiden (1228–1547) selbständig machten. Marokko war unter den Mariniden (1196–1549) vorangegangen; ihnen folgten ab 1511 die Scherifen von Marokko, deren Dynastie das Land noch heute regiert.

In Spanien konnten sich die Almohaden bis 1269 halten. Nur die Nasriden von Granada leisteten den christlichen Rückeroberern noch Widerstand. Nach dem Fall von Granada 1492 gelang es den christlichen Herrschern von Spanien, nach Nordafrika überzugreifen, was als Kreuzzug deklariert wurde. In wechselvollen Kämpfen mit den Muslimen zeichneten sie vor, was die südeuropäischen Mächte im 19. Jahrhundert verwirklichten.

6. Die Mongolen und Timuriden; das Ende des Kalifats

Am Anfang des 13. Jahrhunderts gelang es den Khwarizm-Schahs, d.h. den Herrschern des heutigen Khiwa am Südufer des Aralsees, unter Ausnutzung der Schwächung der Seldschuken, das ganze Gebiet des östlichen Islams von Indien bis Anatolien unter ihre Herrschaft zu bringen. Aber schon standen die Mongolen bereit; von ihrer Heimat am Baikalsee waren sie aufgebrochen und hatten ihre Eroberungszüge bereits bis nach China ausgedehnt, als sie 1220 Transoxanien eroberten und den letzten Khwarizm-Schah, Jalāl ad-Dīn Mängübärdi (1220–1231), zur Flucht zwangen. Von Transoxanien aus unternahmen sie Raub- und Plünderungszüge durch Persien; 1258 eroberten sie Bagdad, der Abbasidenkalif Mustaʿṣim (ab 1242) fand dabei den Tod. Das Abbasidenkalifat in Bagdad war nun beendet; in Kairo fristete eine Seitenlinie ab 1261, nach erfolglosem Versuch, Bagdad zurückzuerobern, noch ein Schattendasein, einzig zu dem Zweck etabliert, die Regierung der Mamluken zu legalisieren. Mit der Eroberung Ägyptens durch die Osmanen 1517 hörte auch dieses Kalifat auf. Der Titel «Kalif» *(khalīfa)* war hinfort nur noch eine Ehrenbezeichnung; die tatsächlichen Herrscher nannten sich schon seit den Ghaznawiden «Sultan» (*sulṭān,* wörtl.: Herrschaft), ein Titel, der Teil des Protokolls der Abbasiden gewesen war. Der Übergang an den de-facto-Machthaber war nichts anderes als eine Anpassung des Protokolls an die Wirklichkeit. Der Sultan erfüllte in seinem Machtbereich die gleichen Funktionen wie der Kalif für den ganzen Islam: Er war der Führer einer islamischen Teilgemeinde und erkannte den Kalifen lediglich nominell an; durch ihn als den universalen Herrscher des Islams erhielt er die Investitur, und der Name des Kalifen wurde auf die Münzen geprägt und im feierlichen Freitagsgebet auf der Kanzel in den vorgeschriebenen Segensformeln erwähnt. Als das Kalifat wegfiel, hörte auch das auf, und es gab keine offizielle Instanz mehr, in der sich die Einheit des Islams oder wenigstens eines großen Teils der islamischen Welt manifestierte.

Die Zerstörung des Abbasidenkalifats ist nur ein Gesichtspunkt, unter dem man die Beziehung der Mongolen zum Islam betrachten kann. Sie trugen aber auch dazu bei, dem Islam Gebiete zu erschließen, zu denen er bisher keinen Zugang gehabt hatte. Das mongolische Weltreich erstreckte sich von China bis nach Südrußland. Nach Dschingis Khans Tod 1227 fiel die Nachfolge an dessen Sohn Ögeday, der in China residierte. Wenn auch die Mongolenherrscher in China schließlich nicht den Islam annahmen, sondern Buddhisten wurden, so gab es doch einen ständigen Zustrom von Muslimen aus den westlichen Gebieten nach China, wodurch der Islam, bisher nur in den Küstenstädten durch den Handel verbreitet, gestärkt wurde und zu einem wesentlichen Faktor der Religionsgeschichte Chinas bis heute geworden ist. Die anderen Gebiete des Mongolenreiches wurden in der Weise verteilt, daß Dschingis Khans Sohn Dschotschi und dessen Nachkommen den westlichen Teil, nämlich Südrußland und Westturkestan erhielten. Tschagatay, ein anderer Sohn, erhielt Transoxanien und Ostturkestan. Aus der Mongolenlinie in Südrußland ging die Goldene Horde hervor, deren Staat für die Entwicklung Rußlands von größter Bedeutung war. Der Übertritt der Goldenen Horde zum Islam Anfang des 14. Jahrhunderts führte zu einer Entfremdung von der Bevölkerung. Der Aufstieg Polens und Litauens im 15. Jahrhundert besiegelte das Schicksal dieses Staates, in dem die Mongolen und Türken zum Volk der Tataren verschmolzen waren. Es entstanden die tatarischen Fürstentümer Kazan und Astrachan, sowie die Khanate auf der Krim und in Sibirien. Die Giray-Khane auf der Krim konnten sich bis ins 18. Jahrhundert gegen Rußland behaupten; das Krim-Khanat erwies sich somit als der dauerhafteste unter den zahlreichen Nachfolgestaaten des Mongolenreiches.

Die Nachkommen Tschagatays schwankten lange zwischen dem Islam und ihrem angestammten Heidentum. Erst Anfang des 14. Jahrhunderts setzte sich der Islam durch, jedoch schlossen sich die östlichen Gebiete dieses Teilreiches nicht an. Die Mongolei blieb deshalb außerhalb der islamischen Welt. Hülägü, ein Sohn Toluys und Enkel Dschingis Khans, begründete die mongolische Herrschaft der Ilkhane in Persien; er war derjenige, der 1258 Bagdad eroberte und die Abbasiden stürzte. Doch blieb den Ilkhanen das Vordringen ans Mittelmeer verwehrt. In der Schlacht bei ʿAin Jālūt (Goliathsquell, heute En Harod, südöstlich von Haifa) im Jahr 1260 erlitten sie eine Niederlage durch die Mamluken, woraus diesen großes Ansehen erwuchs, die Mongolen aber den Nimbus der Unbesiegbarkeit verloren. In Persien wurden die Ilkhane schnell für die iranische Kultur gewonnen. Nachdem sie lange zwischen Buddhismus und Christentum geschwankt hatten, entschieden sie sich für den Islam, die Religion ihres Gastlandes. Ghāzān Khan (1295–1304) vollzog den Übertritt und schuf ein Gesetzeswerk, in dem das traditionelle Recht der Mongolen mit den islamischen Vorschriften in Einklang gebracht wurde. Schon wenige Jahrzehnte nach Ghāzāns Tod zerfiel das Reich der Ilkhane, das außer Persien den Irak, das Kaukasusgebiet und Anatolien umfaßte, in rivalisierende Kleinstaaten, die erst durch Tīmūr (1370–1405) wieder zu einer Einheit zusammengefaßt wurden.

Tīmūr gehörte einer Familie an, die Anspruch auf die Abstammung von Dschingis Khan erhob. Aus bescheidenen Anfängen gelang es ihm, die großen mongolisch-türkischen Stammesverbände des zerfallenden Mongolenreiches hinter sich zu sammeln. Von Transoxanien aus unternahm er Feldzüge, die ihn nach Südrußland, Anatolien und Indien führten und die Wiederherstellung des Reiches zum Ziel hatten. Diese Unternehmungen mit überdimensional großen Truppenverbänden waren ihrer Natur nach jedoch reine Raub- und Plünderungszüge, die unsagbares Elend über die heimgesuchten Gebiete brachten und mit großen Menschenverlusten verbunden waren. Vor allem die christliche Bevölkerung hatte darunter zu leiden. Wenn die orientalischen Kirchen auch durch den Islam große Verluste erlitten hatten, so hatten sie doch dank der ihnen vom Islam entgegengebrachten Duldung im Kern überleben können und teils sogar eine Nachblüte erlebt, wie die «Syrische Renaissance» zeigt. Nun aber wurde ihnen der Todesstoß versetzt, und von dem einst blühenden kirchlichen Leben im Nahen Osten, selbst in Persien, zeugen heute nur noch kümmerliche Reste; in einigen Gebieten ist es ganz erloschen.

Tīmūr starb, als er im Begriff stand, einen Feldzug nach China zu unternehmen. Das Reich hatte er unter seine Söhne und Enkel aufgeteilt. In den Nachfolgestaaten, vor allem im östlichen Iran und in Transoxanien, wo schon Tīmūr die kulturellen Kräfte in Samarkand gesammelt hatte, entwickelte sich eine glänzende islamische Kultur. Diese Teilstaaten mußten bald größeren Machtgebilden Platz machen. Der Timuride Bābur (gest. 1530) fand Zuflucht in Indien und gründete das Reich der Mogulkaiser, das bis 1858 Bestand hatte und zur Festigung des Islams in Indien wesentlich beitrug.

7. Die islamische Welt vom 16. Jahrhundert bis zur Gegenwart im Zeichen der Großreiche und die Ausbildung der islamischen Nationalstaaten

Das Timuridenreich war das letzte Staatsgebilde auf islamischem Boden, das auf der Herrschaft der Steppenvölker beruhte und nach deren Traditionen aufgebaut war. Die Zukunft gehörte anderen Gruppen mit anderen Idealen; die Einführung von Feuerwaffen brachte auch im Nahen und Mittleren Osten tiefgreifende Änderungen der politischen Landkarte mit sich. Anfang des 16. Jahrhunderts entstanden mit den Reichen der Osmanen am Mittelmeer, der Safawiden in Persien und der Mogulkaiser in Indien drei Großmächte, die in manchem schon die moderne islamische Staatenwelt vorwegnahmen oder doch deren Ausgestaltung nachhaltig beeinflußt haben. Auch das Bild, das die islamische Welt heute konfessionell bietet, ist eine unmittelbare Folge der politischen Entwicklung seit dem 16. Jahrhundert.

Das Safawidenreich ging aus einem *ṣūfī*-Orden hervor, der in Nordwestpersien entstanden war und bereits unter Tīmūr eine politische Rolle gespielt hatte. Am Anfang des 16. Jahrhunderts eroberte Scheich *(shaikh)* Ismāʿīl in Kämpfen mit den Turkmenen im Westen und den Timuriden im Zentrum und im Osten ein Gebiet, das im großen und ganzen mit dem heutigen Staat Iran identisch ist, im Osten aber Teile des heutigen Afghanistan einschloß. Wiederholte Versuche der Safawiden, ihrem Reich den Irak auf Dauer einzuverleiben, scheiterten an den Osmanen. Die Safawiden waren Schiiten, Anhänger der Zwölferschia *(imāmīya)*; schon Schah Ismāʿīl (1501–1524) machte die Schia zur Staatsreligion und setzte dies unter Zwang gegen mancherlei Widerstand durch. Theologen arabischer Herkunft wurden ins Land geholt, und diese entwickelten im Anschluß an die von früheren Gelehrten geleistete Arbeit ein Lehrgebäude von imponierender Einheitlichkeit, das von kraftvoller denkerischer Durchdringung des Gegenstandes zeugt. Die Sunniten wurden verfolgt, viele Theologen emigrierten in das Osmanische Reich, dessen führende Schicht der Schia feindlich gesinnt war. Andersgläubige konnten sich im Safawidenreich nur in den Randgebieten und in kleinen Gruppen halten. Auch die türkische Bevölkerung von Aserbaidschan wurde zur Schia bekehrt und bildet damit eine Ausnahme unter den turksprachigen Völkern, die sich in der weit überwiegenden Mehrzahl zum sunnitischen Islam bekennen.

Der Safawidenstaat beruhte in seinem Ursprung auf der Idee kriegerischen Sufitums und war in Stammesverbänden organisiert; bald schon wandelte er sich zu einem straff verwalteten Zentralstaat iranisch-islamischer Prägung mit einem Söldnerheer. Nach der glanzvollen Regierung Schah ʿAbbās I. (1588–1629), der diplomatische Beziehungen mit den europäischen Mächten unterhielt, die in Persien einen Verbündeten gegen die Osmanen suchten, setzte bald der Niedergang ein. Das Reich wurde in der ersten Hälfte des 18. Jahrhunderts eine leichte Beute afghanischer Stämme, die sich nie in die safawidische Religionspolitik hatten fügen können. Aus den Wirren tauchte schließlich das von Nādir Shāh (1736–1747) begründete Großreich auf, das bis an den Indus reichte. Nādir Shāhs Versuch, die safawidische Schia durch eine gemäßigte Richtung zu ersetzen, scheiterte. Dahinter stand das Bemühen, mit den Osmanen, die als strenge Sunniten seit langem Erbfeinde Persiens gewesen waren, zu paktieren. Nādir Shāh wurde schließlich von innenpolitischen Gegnern ermordet. Das Reich zerfiel, die Macht übernahmen die Zand (1750–1794) in Schiraz und Isfahan. Sie nannten sich nicht Shāh, sondern begnügten sich mit dem Titel Wakīl, «Bevollmächtigter». Noch immer wartete man auf den safawidischen Erneuerer des Staates.

Die Kadscharen, die schließlich an die Macht kamen und Teheran zur Hauptstadt machten, orientierten sich am Safawidenstaat, machten aber mit den Erwartungen einer safawidischen Restauration Schluß und setzten sich selbst die Krone aufs Haupt. Seit Beginn des 19. Jahrhunderts stand Persien im Spannungsfeld der Orientpolitik Englands und Rußlands, die dort unterschiedliche Interessen verfolgten und immer wieder tief in die Geschicke des Landes eingriffen. Die Kadscharen scheiterten mit ihren Plänen, das Land nach westlichen Vorbildern zu erneuern, und gerieten in immer stärkere Abhängigkeit von den westlichen Mächten. In dem Maße, in dem die Macht der Krone sank, wuchs der Einfluß des schiitischen Klerus, der durch reiche Stiftungen unabhängig war und es verstand, das Volk, in dem die Schia als Glaubenshaltung längst fest verankert war, hinter sich zu sammeln. Im Ringen um eine Verfassung, das 1905 einsetzte, spielten die Geistlichen eine wichtige Rolle. So wurde in die Verfassung eine Klausel aufgenommen, die sicherstellen sollte, daß die Gesetzgebung des Staates im Einklang mit dem religiösen Recht des Islams erfolgte. Unter der Pahlawī-Dynastie war davon keine Rede mehr. Sie bemühte sich um die Aneignung der westlichen Technik und moderner Produktionsformen, bekämpfte das Analphabetentum auf dem Land und griff auf altiranische Staatstraditionen zurück, deren Harmonie mit dem Islam behauptet wurde. Der Übergriff auf die Rechte des Klerus, der sich vor allem der Landreform widersetzte, führte 1979 zum Umsturz und zur Proklamierung einer Republik islamisch–fundamentalistischer Prägung. Es gibt demokratische Einrichtungen westlicher Prägung, doch ändert dies nichts an der Tatsache, daß im islamischen Staat der Gesetzgeber und Souverän nicht das Volk, sondern Gott ist.

Während Persien trotz der inneren Schwäche seiner abwechselnden Regime und trotz des massiven Drucks von der Seite Rußlands und Englands seine politische Selbständigkeit behaupten konnte, entwickelte sich in Indien eine ganz andere Situation. Das Mogulkaiserreich geriet in Kämpfe mit inneren und äußeren Feinden und mußte sich zugleich mit den europäischen Kolonialmächten, die in Indien Fuß faßten, auseinandersetzen. Gefahren im Innern drohten von der zahlenmäßig stets überlegenen Hindu-Bevölkerung. Nachdem Kaiser Akbar (1556–1605) versucht hatte, mit der «Göttlichen Religion» *(dīn-i ilāhī)* einen Ausgleich zwischen Islam und Hinduismus herzustellen, kam es unter Aurangzeb (1658–1707) zu einer islamischen Reaktion. Gefahren drohten von Afghanistan her, wo nach Nādir Shāh die Durrānī-Könige (1747–1842), dann die Könige aus dem Stamm Barakzay (1819–1973) einen Staat errichtet hatten, wiederholt in Indien einbrachen und sich erfolgreich gegen Angriffe aus Persien und Indien zur Wehr setzten.

Mit Vasco da Gamas Landung in Calicut 1498 begann die europäische Durchdringung Indiens. Die Rivalität zwischen Frankreich und England wurde 1757 in der Schlacht bei Plassey zugunsten Englands entschieden, der Friede von Paris 1763 setzte den französischen Ambitionen in Indien ein Ende. Ab 1774 wurden britische Generalgouverneure eingesetzt, und die *Ostindische Handelskompanie* baute eine Territorialherrschaft auf, die sich von Bengalen aus auf andere Gebiete ausdehnte. Im 19. Jahrhundert setzten Bemühungen ein, das indische Erziehungswesen zu anglisieren und der christlichen Mission Arbeitsmöglichkeiten zu eröffnen. 1836 wurde das Persische, das als kulturelles Erbe der von Iran ausgehenden Islamisierung Indiens offizielle Verwaltungssprache des Mogulreiches geworden war, durch das Englische ersetzt. Als Folge dieser und anderer Maßnahmen brach 1857 in Nordindien ein Aufstand «anglo-indischer» muslimischer Truppen in Verbindung mit der entmachteten indischen Oberschicht aus. Der Niederwerfung dieser *Mutiny* folgte die Auflösung der Ostindischen Handelskompanie; das

Amt des Generalgouverneurs wurde in das eines Vizekönigs umgewandelt, die Herrschaft der Mogulkaiser war beendet. Das Vizekönigtum hatte bis 1947 Bestand. Es endete mit der Unabhängigkeit Indiens und der Schaffung der Staaten Indien und Pakistan. Der moderne Staat Pakistan ist der erste und bisher einzige islamische Staat, dessen Grenzen nach dem religiösen Bekenntnis seiner Bewohner gezogen worden sind. Er ist das Werk Muḥammad ʿAlī Jināḥs (1876–1948); er hatte im Ersten Weltkrieg in der *Khilāfat*-Bewegung zusammen mit den Hindus gegen das britische Regime gekämpft, sich dann aber von den indischen Nationalisten getrennt und war für die Gründung eines eigenen islamischen Staates eingetreten. Der Gegensatz zwischen Hindus und Muslimen, unter den Mogulkaisern durch eine geschickte Religionspolitik überbrückt, führte in der nationalistisch aufgeheizten Atmosphäre zu einem Massaker unter den Muslimen der von der *Kongreß-Partei* beherrschten Republik Indien. Der Anschluß des vorwiegend von Muslimen bewohnten Bengalen an Pakistan erwies sich auf die Dauer als nicht praktikabel. Es war nur natürlich, daß Bangladesh sich 1971 von Pakistan löste. Im Zuge einer sozialistisch orientierten Politik wurde auf die islamischen Klauseln in der Verfassung, die während der Dauer der Zugehörigkeit zu Pakistan Geltung gehabt hatten, verzichtet, doch versteht Bangladesh sich als islamischer Staat und wird in der islamischen Welt als solcher anerkannt. Durch die Abtrennung Bangladeshs verlor Pakistan seine Stellung als das bevölkerungsreichste Land der islamischen Welt; dieser Rang ging an Indonesien über, wo sich ca. 87% der Bevölkerung, insgesamt 211 Millionen (Stand 2002) zum Islam bekennen, wo neuerdings freilich auch die wachsende Tendenz zu beobachten ist, den Staat zu säkularisieren und die Religion zur Privatsache zu erklären.

Das Osmanische Reich ist in vielfacher Hinsicht das bedeutendste unter den oben genannten drei islamischen Großreichen. Seine Ursprünge liegen in einem kleinen Grenzkämpferstaat in Nordwest-Anatolien, einem der zahlreichen Nachfolgestaaten, die nach dem Niedergang der Rum-Seldschuken entstanden waren. Gründer war Osman I. (1281–ca. 1324), über dessen Wirken nur wenig historisch Gesichertes bekannt ist. In seinen Kriegen mit dem benachbarten Byzanz fand er Unterstützung durch turkmenische Glaubenskämpfer, die ihm von Osten her zuströmten. In der Mitte des 14. Jahrhunderts überquerten die Osmanen die Dardanellen bei Gallipoli und setzten sich unter Ausnutzung der konfessionellen Zerrissenheit der Slawen auf dem Balkan fest. Serbien, das erst kürzlich seine Unabhängigkeit von Byzanz erkämpft hatte, unterlag 1389 in der Schlacht auf dem Amselfeld (Kosovo) und geriet mehr und mehr unter türkische Oberhoheit. Bulgarien wurde Ende des 14. Jahrhunderts türkische Provinz. Die Eroberungen auf dem Balkan wurden zur Provinz Rumelien (von Rum: Ost-Rom) zusammengefaßt, die Hauptstadt von Brussa (Bursa) nach Adrianopel (Edirne) verlegt. Bayezid I. (1389–1402) ließ sich vom Kalifen in Kairo den Titel eines Sultans verleihen, verlor aber Anatolien an Tīmūr. Im Zuge der Wiederherstellung wurden die türkischen Kleinstaaten in Anatolien einer nach dem anderen unterworfen und in den asiatischen Teil des Reiches, die Provinz Anatolien, eingegliedert. Mehmed II. (1444–1446 und 1451–1481) gelang 1453 die Eroberung des schon lange isolierten

Konstantinopel. Es wurde zur Hauptstadt erhoben (Istanbul), der türkische Sultan trat das Erbe von Byzanz an.

Zwar scheiterte die Eroberung von Rhodos (die Insel fiel erst 1522), und von Otranto (Italien) zogen die Türken nach Mehmeds Tod sofort ab, doch waren die Grundlagen für weitere Eroberungen geschaffen. Das 16. Jahrhundert war die große Zeit des Reiches. Ab 1516 wurden Mesopotamien, Syrien und Palästina sowie Ägypten erobert, und die türkische Oberhoheit erstreckte sich auch auf die Arabische Halbinsel mit den heiligen Stätten des Islams. Vom Hedschas aus drangen die Osmanen in der Folge immer wieder bis nach Südarabien vor. Von Ägypten aus erfolgten Vorstöße nach Nordafrika; nur Marokko blieb ständig außerhalb des osmanischen Einflußbereichs. Parallel mit der Einverleibung der arabischen Provinzen erfolgten unter Sulaimān dem Prächtigen (1520–1566), von den Osmanen wegen seiner Kodifizierung der Gesetze auch der «Gesetzgeber» *(qānūnī)* genannt, weitere Eroberungen auf dem Balkan. Das Königreich Ungarn ging 1526 in der Schlacht bei Mohács zugrunde, 1529 folgte die erste Belagerung Wiens.

Das Osmanische Reich war seiner Natur nach ein Militärstaat. Seinen Aufstieg verdankte es einer straff geführten Armee und einer effizienten Verwaltung, beseelt vom Gedanken des Krieges gegen die Ungläubigen (arab. *jihād*) und dem Aufbau eines Staates im Dienste des Islams. Das Rückgrat von Heer und Beamtenschaft bildeten freigelassene Sklaven christlicher Herkunft, die in der regelmäßig in den christlichen Provinzen des Reiches durchgeführten «Knabenlese» *(devshirme)* ausgehoben und entsprechend ihrer Eignung für die verschiedenen Dienste ausgebildet wurden. Gegenüber Nichtmuslimen waren die Osmanen tolerant im Rahmen der islamischen Vorschriften; so fanden die nach Abschluß der Reconquista von den Christen aus Spanien vertriebenen Juden bereitwillig Aufnahme und konnten sich frei entfalten. Die vom Islam als «Buchbesitzer» anerkannten Religionen und Denominationen waren als «Nationen» *(millet)* organisiert und durch ihre Sprecher bei der Hohen Pforte vertreten.

Den Vorteilen für die Minderheiten standen Nachteile für die Muslime nichttürkischer Herkunft gegenüber. Die im 16. Jahrhundert unterworfenen arabischen, d.h. vorwiegend islamischen Provinzen des Reiches wurden in der Praxis nicht anders behandelt als die christlichen Provinzen auf dem Balkan (Rumelien), die zuerst erobert worden waren und in gewisser Weise das Modell für die später hinzugekommenen islamischen Reichsteile lieferten. Die Araber standen als Muslime ihrer Selbsteinschätzung nach zwar über den unterworfenen Nichtmuslimen, das privilegierte Staatsvolk aber blieben die Türken. Die Provinzen wurden von Statthaltern verwaltet, die in regelmäßigem Turnus wechselten und später, in der Zeit des Niedergangs des Reiches, ihre kurze Amtszeit dazu benutzten, sich durch Ausplünderung der ihnen anvertrauten Provinz persönlich zu bereichern. Die islamischen Einrichtungen wurden ihrem Zweck entfremdet und verfielen, die angesammelten Kulturschätze wanderten nach Konstantinopel. So kommt es, daß die bedeutendsten Sammlungen arabischer Handschriften heute in Istanbuler Bibliotheken zu finden sind. Andererseits entwickelte sich eine hochstehende, vor allem am Hof gepflegte literarische Kultur mit einer starken arabisch-persischen

Komponente, in der sich die ursprüngliche Akkulturation der Türken auf iranischem Boden spiegelt. Vom Hof strahlte diese Kultur vor allem auf den Balkan aus, wo bis zum Beginn des vergangenen Jahrhunderts persische Dichtung gepflegt worden ist.

Militärisch und außenpolitisch blieb den Osmanen in der Auseinandersetzung mit den europäischen Mächten ein durchschlagender Erfolg versagt. Sie waren nicht in der Lage, die innere Schwäche Europas auszunutzen und hatten keinen Blick dafür, daß im Laufe der Zeit die politische und wirtschaftliche Situation sich global zu ihren Ungunsten veränderte. Der 1683 begonnene Krieg, der mit der zweiten Belagerung Wiens anhob, endete 1699 mit den Friedensverträgen von Karlowitz, in welchen die Osmanen weite Gebiete an Österreich, Polen und Venedig abtreten mußten. Es begann der Niedergang des Reiches. Der griechische Freiheitskampf 1821–1829 schwächte die Stellung der Osmanen auf dem Balkan. Es dauerte kein Jahrhundert, bis sie fast ganz vom Balkan verdrängt waren.

Jahrhundertelang war der Nahe und Mittlere Osten Durchgangsland für den europäischen Orienthandel gewesen. Seit der Entdeckung Amerikas und der Umschiffung Afrikas war die Seefahrt auf dem Mittelmeer nur noch von sekundärer Bedeutung. Der Handel mit dem Orient verlief nicht mehr zwangsläufig durch islamisches, d.h. osmanisches Gebiet. Auch dies trug zum Niedergang der arabischen Länder bei. Ägypten verlor seine beherrschende Stellung im Orienthandel, der Irak sank zu einer Randprovinz ab. 1571 gingen die Osmanen in der Seeschlacht von Lepanto ihrer Vormachtstellung im Mittelmeer verlustig. In der Folge entstanden in Tripolis, Tunis und Algier die halb selbständigen Barbareskenstaaten, die hauptsächlich von der Piraterie lebten, was zum Eingreifen Frankreichs in Algier 1830 führte; 1882 mußte Tunis das französische Protektorat anerkennen, 1904 grenzten Frankreich und Spanien ihre Interessensphären in Marokko ab, und 1912 errichteten die Italiener ihre Herrschaft über die Cyrenaika und Tripolitanien.

Die Landung Napoleons in Ägypten (1798) markiert den Beginn der Erneuerung der arabischen Welt. Der Albaner Muḥammad ʿAlī ergriff nach Napoleons Abzug die Macht in Ägypten (1805–1848), entmachtete die Mamluken und führte mit Hilfe europäischer Berater und europäischen Kapitals Reformen im Heer, in der Verwaltung und in der Wirtschaft durch. Den griechischen Freiheitskampf benutzte er dazu, sich von der Pforte de facto unabhängig zu machen. Seine Nachfolger gerieten durch ihre ehrgeizigen Pläne, auch durch die Beteiligung am Bau des 1869 vollendeten Suezkanals, in finanzielle Abhängigkeit von den westlichen Großmächten und hatten mit inneren Schwierigkeiten zu kämpfen. Die Durchdringung des Sudan von 1820 an führte zum Aufstand des Mahdi *(mahdī),* der erst 1898 mit englischer Hilfe niedergeworfen werden konnte. England nahm den von nationalistischen Kräften geschürten Aufstand des ʿArābī (oder ʿUrābī) Pascha zum Vorwand, in Ägypten massiv zu intervenieren (1882). Der englische Generalkonsul in Kairo übte danach de facto die Tätigkeit eines Kommissars aus. Im Ersten Weltkrieg wurde Ägypten von den Briten zum Protektorat erklärt und errang nur langsam die volle Unabhängigkeit zurück. Trotz aller Rückschläge wurden aber im 19. Jahrhundert die Grundlagen für die führende Stellung Ägyptens in der arabischen Welt geschaffen.

Durch die Einbußen, die das Osmanische Reich im 19. Jahrhundert erlitt, war seine Stellung schwer erschüttert. Um dem entgegenzuwirken, aber auch und vor allem unter dem Druck der Westmächte, die unter den verschiedensten Begründungen ihre Interessen glaubten verteidigen zu müssen, wurden Reformen geplant und teils auch durchgeführt. Dazu gehört das nach Christenmassakern im Libanon 1860 eingeführte *Règlement Organique,* das den Westmächten weitgehende Mitbestimmung einräumte und den Ansatz für die spätere Schaffung des Staates Libanon bildete. Die osmanischen Verfassungs- und Verwaltungsreformen *(tanẓīmāt)* in der Zeit zwischen 1839 und 1876 sollten u. a. die Gleichberechtigung der Nichtmuslime sichern und ihnen die vollen Bürgerrechte verschaffen, was die Aufhebung der Kopfsteuer *(jizya)* und die Heranziehung zum Wehrdienst bedeutete. Der Bruch mit den traditionellen islamischen Vorschriften wurde von der breiten Masse der Bevölkerung nicht verstanden; fromme Muslime glaubten, zur Selbsthilfe greifen zu dürfen, wenn der Staat sich nicht an die islamischen Vorschriften hielt. Die Armeniermassaker vor dem Ersten Weltkrieg sind unter dieser Voraussetzung zu beurteilen. Sie setzten sich im Ersten Weltkrieg fort, als man die Armenier, zu Recht oder Unrecht, der Kollaboration mit dem feindlichen Rußland bezichtigte.

Der Bewegung der Jungtürken gingen die von der Regierung veranlaßten Reformen nicht weit genug. Ihr Ziel war die Schaffung eines türkischen Nationalstaates mit rein türkischer Bevölkerung. Teils in Zusammenarbeit mit den Jungtürken, teils unabhängig davon regten sich unter den Arabern die nationalen Kräfte. Ihr Ziel war die Schaffung eines arabischen Reiches, das allen Arabern Heimstatt sein sollte. Als die Türkei an der Seite der Mittelmächte in den Ersten Weltkrieg eintrat, wurden den Arabern durch die Alliierten politische Versprechungen gemacht, um sie zum Kampf gegen die Osmanen zu gewinnen. Adressat war vor allem der Scherif von Mekka, Ḥusain ibn ʿAlī. Zugleich aber teilten England und Frankreich sich 1916 im Sykes-Picot-Abkommen gegenseitig die späteren Mandatsgebiete zu, was dem Versprechen der arabischen Einheit diametral entgegengesetzt war. Obendrein gab der britische Außenminister A. J. Balfour die bekannte Erklärung ab, die von den Zionisten als Zusicherung eines jüdischen Staates in Palästina verstanden wurde (2. 11. 1917).

Von allen diesen Plänen, Projekten und Träumen wurde nach dem Ende des Ersten Weltkriegs und dem Zusammenbruch des Osmanischen Reiches nur der türkische Nationalstaat verwirklicht, der unter Mustafa Kemal Pascha (Atatürk) radikal mit den islamisch-arabischen Traditionen brach, und nach Ende des Zweiten Weltkrieges der Staat Israel. An die Stelle des erträumten arabischen Reiches traten Einzelstaaten, deren Grenzen an den europäischen Konferenztischen gezogen wurden, teils mit dem Lineal durch die Wüste, teils entlang von künstlichen Bauwerken wie der Bahnlinie zwischen Aleppo und Mossul, die zur Südgrenze der Türkei wurde. Natürliche Lebensräume wurden zerschnitten und staatliche Institutionen geschaffen, die den Traditionen widersprachen. Der Scherif Ḥusain,

«König der Araber», wurde von den Saudis (arab. Āl Saʿūd), die als Anhänger des Wahhabitentums die Propagierung eines reinen, von allen späteren Zutaten gereinigten Islams vertraten, 1924–1926 aus dem Hedschas vertrieben und starb 1931 im Exil. Sein Sohn Faiṣal (gest. 1933) wurde von den französischen Mandatsträgern aus Damaskus, wo er seine Ansprüche geltend machte, verjagt und errichtete mit britischer Förderung 1921 ein Königtum im Irak, das 1958 durch die Republik ersetzt wurde. ʿAbdallāh, der zweite Sohn Ḥusains, errichtete mit Zustimmung der Engländer das haschimitische Emirat und spätere Königtum von Transjordanien (Jordanien); er wurde 1952 in Jerusalem von einem Fanatiker wegen seines Waffenstillstandes mit Israel ermordet. Sein Urenkel ʿAbdallāh ist der derzeitige König von Jordanien.

Erst der Ausgang des Zweiten Weltkrieges und das Ende des Mandats in Syrien und Palästina brachte den meisten arabischen Staaten die volle Unabhängigkeit. In Nordafrika mußte sie mühsam erkämpft werden. Der 1948 mit dem Konsensus der Vereinten Nationen gegründete Staat Israel mit der seit 1967 anhaltenden, völkerrechtswidrigen Besetzung des Westjordanlandes steht der arabischen Einheit schon aus geopolitischen Gründen im Weg. Die *Arabische Liga* (1945) war als Schritt zur Verwirklichung der arabischen Einheit gedacht. Daneben stehen Zusammenschlüsse einzelner Staaten von meist kurzer Dauer, wie die von Ägypten und Syrien gebildete Vereinigte Arabische Republik 1958–1961. Es ließe sich leicht ein Dutzend solcher Projekte seit 1945 aufzählen; sie blieben meist schon in der Planung stecken. Über die arabische Einheit hinaus sind die Bemühungen um Zusammenschluß der ganzen islamischen Welt ein provisorisch verstandener Ersatz für die seit langem verlorene Einheit unter dem Kalifat. Die erste Organisation dieser Art wurde von den Saudis 1926 in Mekka unter dem Namen *Islamischer Weltkongreß (Muʾtamar al-ʿālam al-islāmī)* gegründet, ein anspruchsvoller Ersatz für das gescheiterte arabische Reich unter dem Scherifen von Mekka (der auch Kalifats-Ansprüche erhoben hatte). Der Gedanke wurde nach 1949 von Pakistan, das nun die Führung in der islamischen Welt beanspruchte, wieder aufgenommen und die Liga in Karatschi erneuert. Später gründeten die Saudis – durch Öl reich geworden, im Besitz der Wahhābīya als der «reinen Lehre» und Hüter der heiligen Stätten mit ständig wachsendem Zustrom von Pilgern – 1962 anläßlich des Pilgerfestes eine neue Organisation unter dem Namen *Liga der Islamischen Welt (Rābiṭat al-ʿālam al-islāmī).* Unter dem Patronat der Liga und mit saudischem Geld ist eine Organisation zur Propagierung des Islams in den nichtislamischen Ländern gegründet worden; vielerorts werden Moscheen errichtet, z.B. auch in Rom, um die islamische Präsenz und den Anspruch auf weltweite Durchsetzung zu demonstrieren.

Die Bewältigung der aus dem Nebeneinander von Islam und moderner Welt erwachsenden Spannung, bereichert um die Problematik der nationalen Identität und der angemessenen Staatsform, ist zu einem Hauptanliegen islamischen Denkens geworden. Die Lösungsangebote sind verschieden und reichen von radikaler Trennung von Religion und Staat bis hin zum islamischen Fundamentalismus und zur Wiederherstellung der vermeintlich idealen Zustände im Urislam mit dem

Ziel universaler Herrschaft. Dies ist freilich nicht der ganze Islam. Neben dem ganz auf das Recht ausgerichteten Scharia-Islam, wie er von den Theologen und muslimischen Staatstheoretikern vertreten wird, gibt es einen volkstümlichen Islam, der u.a. auch von der Mystik geprägt ist. Er findet sich im Sufitum verwirklicht. Das Ziel des Frommen ist die Vereinigung mit Gott, die *unio mystica*, wie sie auch im Christentum eine reiche und lange Tradition hat. Die Anfänge reichen in die Frühzeit des Islams zurück. Die islamische Mystik hat sich seit dem 12. Jahrhundert zu einer volkstümlichen Bewegung mit einem reich entwickelten Vereinsleben in Gestalt der meist streng hierarchisch organisierten Sufiorden mit klosterähnlichen Einrichtungen entwickelt. In dieser Gestalt hat der Islam die breiten Schichten erfaßt. Das Sufitum ist eine echt missionarische Bewegung geworden und hat zur Ausbreitung des Islams vor allem bei den Türken und Persern wesentlich beigetragen. Der Sufi ist fromm im Sinne der Mystik und erfüllt die ihm vom Islam auferlegten Pflichten, der islamische Staat hat für ihn keine erstrangige Bedeutung, Fundamentalismus ist ihm ein fremder Begriff. So tritt der Islam in vielfältiger Gestalt auf und war in seiner Glanzzeit flexibel. Anders hätte er nicht zu einer Weltreligion werden können.

II.
Der sunnitische Islam

(Bernd Radtke)

Das arabische Wort *sunna* bedeutet Herkommen, Brauch. Ein Sunnit (arab. *sunnī*) ist ein Mensch, der danach trachtet, nach Brauch und Herkommen zu leben und zu handeln. Der Inhalt des Brauches ist in den vom Propheten Muḥammad überlieferten Aussprüchen und Lehren gegeben. Diesen nachzueifern, ist Ziel eines jeden gläubigen Muslims, und jeder gläubige Muslim wird behaupten, daß die von ihm gepflogene Praxis und geglaubte Lehre die eigentliche *sunna* des Propheten ist. Auf diese Weise kann auch ein Schiit (arab. *shīʿī*) als Sunnit gelten. Eine genauere Begriffsbestimmung der *sunna* im engeren Sinne, die historisch vorgehen muß, ist deshalb nötig.

1. Historischer Abriß

Daß sich heute in der islamischen Welt sunnitischer und schiitischer Islam gegenüberstehen, ist das Ergebnis eines sich über Jahrhunderte hinziehenden Prozesses. Obwohl *sunna* und *shīʿa* in nuce bereits im 7. Jahrhundert vorhanden sind, kann doch erst vom 9. Jahrhundert an von einem sunnitischen bzw. schiitischen Islam gesprochen werden.

Mit der Ermordung des dritten Nachfolgers des Propheten Muḥammad in der Leitung der Gemeinde und des islamischen Staatswesens, ʿUthmān ibn ʿAffān, im Jahre 656 schwand die Einheit der Gläubigen. Der als Nachfolger ʿUthmāns in Medina gewählte ʿAlī ibn Abī Ṭālib, der Schwiegersohn des Propheten, fand nicht wie seine Vorgänger Abū Bakr (632–634), ʿUmar ibn al-Khaṭṭāb (634–644) und der ermordete ʿUthmān (644–656) die Unterstützung der gesamten Gemeinde. Gegen ʿAlī erhob sich, Rache für seinen Verwandten ʿUthmān fordernd, der Statthalter Syriens, Muʿāwiya ibn Abī Sufyān aus dem Hause der Umaiyaden, einem Patriziergeschlecht Mekkas, das dem Propheten Muḥammad lange Zeit erbitterten Widerstand entgegengesetzt hatte. Ein zweiter Gegner erwuchs dem Kalifen ʿAlī in einem Teil ehemaliger Anhänger, die mit seinem Verhalten in der Auseinandersetzung mit Muʿāwiya nicht einverstanden waren und daher sein Lager verließen. Sie wurden die Ausziehenden, die «Sezessionisten» (arab. *khawārij*, Sing. *khārijī*), «Kharidschiten» genannt. Die militärische Auseinandersetzung zwischen ʿAlī und Muʿāwiya verlief unentschieden, ʿAlī fiel jedoch 661 einem Meuchelmord zum Opfer, so daß sein Rivale ab 661 relativ unangefochten als Kalif herrschen konnte. Das Kalifat verblieb bis zum Jahr 750 beim Haus der Umaiyaden.

Die umaiyadischen Kalifen mußten sich in der gesamten Zeit ihrer Herrschaft, besonders jedoch nach dem Tode Muʿāwiyas im Jahr 680, gegen offene Rebellion behaupten. Es erhoben sich immer wieder gegen die als Usurpatoren angesehenen Umaiyaden leibliche Nachkommen des Kalifen ʿAlī, deren Anhänger sich «die Partei ʿAlīs» (arab. *shīʿat ʿAlī*) nannten. In ihren Reihen bildeten sich die Anschauungen heran, die vom 10. Jahrhundert an den Kern der schiitischen Lehre bildeten. Nach Meinung dieser Gruppe muß die Leitung des islamischen Staatswesens in den Händen eines Mitglieds der Familie des Propheten Muḥammad liegen, die als Trägerin eines besonderen, von Gott verliehenen Charismas angesehen wurde.

Im schärfsten Gegensatz zur Partei ʿAlīs, aber auch zur islamischen Restgemeinde, standen die bereits erwähnten Kharidschiten. Nicht die Abstammung vom Propheten, nicht das persönliche Charisma eines Führers befähigte in ihren Augen zur Führung der Gemeinde, sondern allein seine Moralität. Manche Gruppen der Kharidschiten entwickelten einen fast aberwitzig anmutenden moralischen Rigorismus, der sie zu einer unbedeutenden Randgruppe der islamischen Welt werden lassen sollte.

Neutral bis ablehnend, jedoch nicht offen rebellierend, stand den Umaiyaden auch die den schiitischen bzw. kharidschitischen Extremismus mißbilligende Menge frommer Muslime gegenüber, die als «Gemäßigte» zu bezeichnen sind. Unter ihnen sind die geistigen Stammväter der nachmaligen *sunna* zu suchen. Als ein typischer Vertreter dieser Gruppe kann der 728 gestorbene Ḥasan al-Baṣrī gelten.

Die Dynastie der Umaiyaden erlag 750 dem Ansturm der Opposition und wurde durch die Dynastie der Abbasiden ersetzt. Diese Abkömmlinge des Prophetenonkels ʿAbbās verstanden es, sich durch geschickte Propaganda die verschiedenen Unmutsfaktoren – religiöse, nationale, soziale – nutzbar zu machen und die Herrschaft der Umaiyaden zu beenden, wobei sie sich zum Teil auf nichtarabische Truppen ostiranischer Herkunft stützten. Sie behaupteten das Kalifat bis zum Jahr 1258. Die Abbasiden verlegten die Hauptstadt des muslimischen Reiches von Damaskus nach Bagdad und zogen für die Staatsverwaltung zunehmend nichtarabische Elemente, vornehmlich Perser, heran, die bisher vom Einfluß auf die Leitung des Staatswesens ausgeschlossen waren. Durch die sich bildende Klasse dieser Staatsschreiber iranischer Herkunft (arab. *kuttāb*, Sing. *kātib*) drangen Elemente iranischer Staats- und Geistestradition in die bisher arabisch dominierte islamische Welt ein. Auch das Erbe der griechischen Antike fand Eingang in die islamische Welt durch Übersetzungen aus dem Griechischen und Syrischen, die im 9. Jahrhundert von den abbasidischen Kalifen veranlaßt wurden.

In Konkurrenz mit den *kuttāb* um Einfluß auf Führung und Gestaltung des islamischen Staatswesens standen die in der Tradition der Gemäßigten lebenden gelehrten Theologen und Juristen (arab. *ʿulamāʾ*, Sing. *ʿālim*), in deren Kreisen die genuin islamisch-arabischen Wissensinhalte gepflegt wurden. Während die *kuttāb* einer eher autokratischen Kalifats- und Staatsauffassung das Wort redeten und somit schiitischen Tendenzen nahekamen – als Beispiel ist hier der Sekretär des zweiten abbasidischen Kalifen Manṣūr (754–775), der Perser Ibn al-Muqaffaʿ

(hingerichtet 759) zu nennen, der auch als einer der Schöpfer arabischer Prosa gilt –, verfochten die *ʿulamāʾ* eine mehr konstitutionelle Staatsauffassung. Für sie war nicht die Person des Herrschers das entscheidende Kriterium für Wohl und Wehe des Staates, sondern die Befolgung und Anwendung religiöser Prinzipien, die dem heiligen Buch, dem Koran, und der in der Gemeinde gepflogenen, anerkannten Tradition – *sunna* – zu entnehmen waren.

Der fast ein Jahrhundert währende Kampf der beiden Auffassungen wurde in den Jahren nach 850 mit dem Sieg der *ʿulamāʾ* entschieden. Ihre Lehre, die «sunnitische», war von jetzt an die offiziell anerkannte des Kalifats. Erst jetzt kann von einem «sunnitischen Kalifat» gesprochen werden.

Der Sieg der *ʿulamāʾ* wurde jedoch begleitet vom äußeren Machtverfall des abbasidischen Kalifats, der 945 darin gipfelte, daß das sunnitische Kalifat unter den Einfluß der schiitischen Dynastie der Buyiden geriet, die in Bagdad als eine Art Hausmeier der Abbasiden fungierten. Im selben Jahrhundert machten sich die Randprovinzen des Kalifats – Spanien, Nordafrika, Ostiran – unter einheimischen, zumeist nichtarabischen Dynastien selbständig. Ein Gegenkalifat extrem schiitischer Provenienz entstand in der zweiten Hälfte des 10. Jahrhunderts in Ägypten unter der Dynastie der Fatimiden, die eine zersetzende Propaganda gegen das sunnitische Abbasiden-Kalifat richtete.

Zum Retter des von allen Seiten bedrängten sunnitischen Islams wurden im 11. Jahrhundert die aus Mittelasien stammenden Türken. Sie beseitigten im Jahr 1055 die schiitischen Buyiden als Hausmeier der Abbasiden und eröffneten durch die Gründung von Hochschulen eine sunnitische Gegenoffensive. Die Hochschulen hießen nach ihrem Initiator, dem Wesir Niẓām al-Mulk, *Niẓāmīya*. Hervorragendster Vertreter der an diesen Hochschulen unterrichtenden sunnitischen *ʿulamāʾ* war der Perser Abū Ḥāmid Muḥammad al-Ghazālī (gest. 1111).

Der Mongoleneinfall des 13. Jahrhunderts, der u. a. die Zerstörung Bagdads und damit das Ende des abbasidischen Kalifats zeitigte (1258), wurde aufgehalten durch die sunnitischen türkischen Mamluken, die von der Mitte des 13. bis zum Anfang des 16. Jahrhunderts Ägypten und Syrien beherrschten. Das Mamlukenreich fiel 1517 an die sunnitischen türkischen Osmanen, deren Staat bis ins 20. Jahrhundert Bestand hatte.

Die vielleicht bedeutendste geistige Erscheinung der Mamlukenzeit war der Syrer Ibn Taimīya (gest. 1328), dessen Schriften in der Moderne sehr großen Einfluß gewonnen haben.

2. Theologie

Der Islam ist eine Gesetzesreligion. Gott hat seinem letzten und größten Propheten Muḥammad seinen Willen offenbart, der in der heiligen Schrift, dem Koran *(qurʾān)*, teilweise in Gesetzesform niedergelegt ist. Diese ewigen, heiligen, göttlichen Gesetze müssen in der Welt, in einem Gemeinwesen zur Anwendung kommen, damit Islam als Religion sein kann. Islam ist daher nie allein die private

Angelegenheit des Individuums gegenüber seinem Gott, sondern immer auch Sache der Öffentlichkeit, der Gesellschaft und des Staates. Nach welchen Gesichtspunkten die Gesellschaft organisiert ist und wer in ihr autoritative Funktion ausüben soll, muß somit für einen Muslim von entscheidender Bedeutung sein; vor allem auch, wie er sich zu verhalten hat, wenn die Leiter des Staates sich nicht an die göttlichen Gesetze halten, von deren Anwendung jedoch das Heil des Muslims als Mitglied des Gemeinwesens, außerhalb dessen es, um mit christlicher Terminologie zu sprechen, kein Heil gibt, abhängt: Muß sich der fromme Muslim unter einer nicht mit dem göttlichen Gesetz in Einklang stehenden Führung des Staatswesens sagen, daß sich auch in einer sündigen Staatsführung der göttliche Wille ausdrückt, oder hat er das Recht, ja sogar die Pflicht, sich gegen die frevelnde Autorität aufzulehnen?

Hieran mußten sich die Frage nach der Handlungsfreiheit des Menschen und die Frage nach der Herkunft des Bösen entzünden, und eben diese beiden Fragen stehen am Beginn muslimischer theologischer Diskussion. Die Art der von den Umaiyaden gepflogenen Leitung des islamischen Staatswesens stieß bei vielen auf Ablehnung und wurde als Widerspruch zum göttlichen Gesetz und zur von Muḥammad gestifteten Tradition gesehen – ob zu Recht oder zu Unrecht, sei dahingestellt. Die Umaiyaden machten dagegen geltend, daß ihnen die Leitung des Staates durch göttliche Schicksalsbestimmung anvertraut worden sei, daß daher Widerstand gegen ihre Autorität dem Widerstand gegen den göttlichen Willen gleichzusetzen sei. Diese Selbstlegitimation der Macht stieß, wie bereits angeführt, einerseits auf Widerstand der Vorläufer der späteren Schiiten, andererseits auf den der Kharidschiten. Aber auch in den Kreisen der Gemäßigten fand die umaiyadische Forderung nach Anerkennung ihrer Macht als göttlich legitimiert nur sehr begrenzt Zustimmung, denn allzu deutlich war der Bruch zwischen Wirklichkeit der Handlungen umaiyadischer Kalifen und den Forderungen des göttlichen Gesetzes.

Die über lange Zeit in den Kreisen der Moderaten geführte Diskussion über das Verhältnis von göttlicher Allmacht und menschlicher Handlungsfreiheit stützte sich naturgemäß zunächst auf Aussagen des Korans, die jedoch keine eindeutige Stellungnahme enthalten: Einerseits wird im Koran die göttliche Allmacht betont, andererseits dem Menschen Verantwortlichkeit für seine Handlungen zugeschrieben, für die er dereinst göttlichen Lohn im Paradies oder ewige Strafe in der Hölle ernten wird. Beide Standpunkte, der mehr die göttliche Allmacht betonende und der eher auf die menschliche Verantwortlichkeit blickende, konnten sich durch koranische Aussagen als legitimiert ausweisen. Der erste Standpunkt wird in der islamisch-theologischen Literatur als dschabritisch, der zweite als qadaritisch bezeichnet. Auf eine eingehende Erklärung beider Begriffe sei hier verzichtet. Qadaritisch, den freien Willen und die Verantwortlichkeit des Menschen betonend, waren in vielem die Anschauungen des bereits erwähnten Ḥasan al-Baṣrī (gest. 728). Ḥasan war vor allem Asket und Erweckungsprediger, weniger Theologe. Die mystische Bewegung sieht in ihm einen ihrer Stammväter. Ḥasan rief die Menschen zur Buße und Selbsterziehung auf, tadelte auch die Übergriffe der politischen Machthaber, lehnte jedoch offene Rebellion ab. Basra, die Heimatstadt Ḥasans, scheint eine besonders wichtige Rolle bei der Herausbildung dogmatischer, juristischer und mystischer Schulen gespielt zu haben. Hier, aber auch in den anderen städtischen Zentren des islamischen Reiches wie Kufa, Medina oder Damaskus, bildeten sich bereits im 7. Jahrhundert Diskussionszirkel von frommen, oft asketisch lebenden Mitgliedern der Gemeinde, in denen die interessierenden dogmatischen, juristischen und mystischen Probleme diskutiert wurden.

Zum Kreis der in diesen Diskussionszirkeln Verkehrenden gehörten auch Mitglieder einer dogmatischen Richtung, die den Namen Murdschiiten erhalten haben. Sie standen der Herrschaft der Umaiyaden generell freundlich gegenüber, da sie sich das Urteil über das Schicksal eines Sünders, also auch das eines sündigen umaiyadischen Kalifen, versagten und Gott allein anheimstellten. Aus diesem Verhalten wird ihr Name erklärt: *murjiʾa* kann bedeuten: die Aufschiebenden, d. h. diejenigen, die das Urteil über Errettung oder Verdammnis eines Muslims auf den Jüngsten Tag aufschieben. Zu ihnen wird u. a. auch Abū Ḥanīfa (gest. 767), der Begründer der hanafitischen Rechtsschule, gezählt.

In der murdschiitischen Haltung, den Sünder nicht aus der Heilsgemeinschaft des islamischen Staatswesens zu verstoßen, solange dieser nicht offen vom Islam abfällt, ist die spätere sunnitische Lehre von der Rechtfertigung durch den Glauben bereits in nuce vorhanden. Sie besagt, daß jeder Muslim, insofern er sich zumindest zu den Prinzipien der islamischen Religion bekennt und nach ihnen handelt, trotz etwaiger Übertretungen des göttlichen Gesetzes schließlich des Paradieses, also ewiger Glückseligkeit, teilhaftig wird. Große Sünder verbringen nur eine gewisse Zeit in der Hölle, werden jedoch durch Fürsprache des Propheten Muḥammad bei Gott aus ihr erlöst. Es kann nicht übersehen werden, daß diese Anschauung einer etwas laxen Moralität Vorschub leisten konnte, im Gegensatz zu dem von Ḥasan al-Baṣrī und den ihm nahestehenden Kreisen vertretenen moralischen Rigorismus, der der Aktivität des Menschen alles abverlangte, ohne sich eines einstigen Lohnes gewiß zu sein. Barg die murdschiitische Haltung vielleicht die Gefahr einer allzu großen Gnadengewißheit in sich («trotz meiner Sünde gehöre ich der islamischen Heilsgemeinschaft an und bin daher der göttlichen Gnade gewiß»), so konnte die Anschauung Ḥasans und der Qadariten zu einer Übersteigerung des Selbstwertgefühles führen. Das ist auch etwa von manchen Mystikern, die sich in der geistigen Tradition Ḥasan al-Baṣrīs stehend empfanden, erkannt und bekämpft worden.

Die die Dynastie der Umaiyaden im Jahre 750 ablösenden Abbasiden fanden anfangs die Unterstützung der gemäßigten *ʿulamāʾ*, da sie die Bereitschaft zeigten, das islamische Staatswesen nach göttlichem Gesetz, Brauch und Tradition der Frommen zu leiten, somit die Hauptforderung der Gemäßigten einlösend. Sie verloren die Unterstützung der *ʿulamāʾ* jedoch, als sie die Lehren einer bestimmten theologisch-scholastischen Schule, der Mutaziliten, zum Staatsdogma erhoben. Das geschah in der von den gemäßigten *ʿulamāʾ* als *miḥna* (Heimsuchung) bezeichneten Periode von 833 bis 850. Exponent der Gemäßigten dieser Zeit ist der Begründer der nach ihm so benannten hanbalitischen Rechtsschule, Aḥmad ibn Ḥanbal (gest. 855).

Die Mutaziliten, geistige Erben der Qadariten, verwendeten zum ersten Mal griechische Begriffe in der islamisch-theologischen Diskussion. Ihre Lehre läßt sich in fünf Hauptpunkten beschreiben, von denen jedoch nur die beiden ersten in der Diskussion eine größere Rolle gespielt haben. Der erste Punkt des mutazilitischen Dogmas heißt *tauḥīd,* was als Monotheismus oder «Bewußtsein von der göttlichen Einheit» übersetzt werden kann. Der mutazilitische *tauḥīd* besagt, daß Gottes Wesen einzig und unteilbar ist. Die Gott im Koran zugeschriebenen Eigenschaften (Attribute, arab. *ṣifāt*) müssen, um jedes Element einer Vielheit auszuschließen, als identisch mit Gottes Wesen angesehen werden. Gott ist daher z. B. durch sich, durch sein Wesen wissend oder redend, nicht durch ein Attribut «Wissen» oder «Reden», das von seinem Wesen verschieden wäre. Da der Koran als Gottes Wort, als «Gottes Rede» (arab. *kalām Allāh*) gilt, stellte sich die Frage, wie dieses in der Zeit, in der Schöpfung erschienene, geoffenbarte «Reden» Gottes anzusehen sei. Stellte der Koran das Reden Gottes selbst dar und war daher ewig und göttlich in seiner in der Zeit erschienenen Form, oder war er nur eine in der Zeit erschienene Manifestation der unerschaffenen göttlichen Eigenschaft des «Redens»? Die Mutaziliten mußten sich, bedingt durch ihre Lehre von den göttlichen Eigenschaften, für die Erschaffenheit des Korans entscheiden. Das Dogma von der Erschaffenheit des Korans wurde im Jahr 833 vom abbasidischen Kalifen Maʾmūn (813–833) zum Staatsdogma erhoben. Das zielte gegen die Legitimation der die Abbasiden anfänglich unterstützenden gemäßigten *ʿulamāʾ,* die sich als die berufenen Interpreten und Bewahrer des ewigen göttlichen Gesetzes, das im Koran offenbart ist, verstanden. Wurde ihre Legitimationsquelle, der Koran, in Frage gestellt, wurde ihr der göttliche, d. h. ewige Charakter aberkannt, so waren auch Macht und Einfluß der *ʿulamāʾ* auf die Gestaltung des islamischen Staatswesens in Gefahr. Das Dogma von der Erschaffenheit des Korans wurde daher von den *ʿulamāʾ* scharf abgelehnt.

Der zweite Punkt des mutazilitischen Dogmas (*ʿadl,* Gerechtigkeit) beschreibt das Verhältnis von Gott zum Menschen. Gott kann nicht ungerecht sein, weil Ungerechtigkeit seinem Wesen widersprechen würde. Er wird den Menschen daher, so wie er im Koran versprochen bzw. angedroht hat, gerecht, d. h. nach Maßgabe der Taten des Menschen, für die dieser verantwortlich ist, belohnen bzw. bestrafen. Willkür ist für Gott undenkbar. Das Böse in der Welt ist durch den Menschen entstanden, der dafür verantwortlich ist, nicht etwa Gott. Ist der Mensch für seine Taten verantwortlich, so muß ihm auch eine gewisse Handlungsfreiheit zugestanden werden, d. h. das Wirken der göttlichen Allmacht muß auf dem Gebiet des menschlichen Handelns zumindest eingeschränkt werden.

Die im 9. und 10. Jahrhundert entstandenen Glaubensbekenntnisse (arab. *ʿaqāʾid,* Sing. *ʿaqīda*) der gemäßigten Gruppe, die man jetzt als Sunniten bezeichnen kann (der Grund wird im nächsten Kapitel erläutert), weichen in charakteristischen Punkten vom mutazilitischen Dogma ab. So wird in ihnen die Vorherbestimmtheit aller Dinge durch Gott – also auch die aller menschlichen

Handlungen – betont. Die Verantwortlichkeit des Menschen erscheint von geringerer Bedeutung.

Dem sich in der zweiten Hälfte des 9. Jahrhunderts konsolidierenden sunnitischen Islam erstand am Anfang des 10. Jahrhunderts ein *fidei defensor* in der Gestalt des Abū l-Ḥasan al-Ashʿarī (873–935). Ursprünglich Schüler des Mutaziliten Jubbāʾī (gest. 915) und somit hervorragender Kenner mutazilitischer Denkweise und Dogmatik, erfuhr er ca. 912–915 eine Art Bekehrung und betrachtete sich von nun an als Anhänger der Lehren des Aḥmad ibn Ḥanbal. Al-Ashʿarī verwarf zwar die Inhalte mutazilitischen Denkens, bewahrte jedoch die mutazilitische Methodik des Argumentierens, die als Dialektik (arab. *kalām*) zu bezeichnen ist. Daß er somit nicht sein gesamtes mutazilitisches Erbe verleugnete, ließ ihn und seine Nachfolger lange Zeit in den Augen der sunnitischen *ʿulamāʾ* suspekt erscheinen.

In vier Hauptpunkten wandte sich al-Ashʿarī gegen mutazilitische Auffassungen: (1.) Er bekannte sich zur Unerschaffenheit des Korans. (2.) Die Mutaziliten hatten die im Koran auftretenden Anthropomorphismen metaphorisch gedeutet; so verstanden sie z.B. die «Hand Gottes» als Eigenschaft der Gnade. Al-Ashʿarī setzte dagegen die Auffassung, die koranischen Anthropomorphismen seien ohne Fragen nach dem Wie hinzunehmen, ohne daß man durch Gebrauch der menschlichen Vernunft Aussagen über sie machen könne oder dürfe. Man sprach von einer «Wielosigkeit» *(bi-lā-kaifīya)* der göttlichen Eigenschaften. (3.) Die im Koran den Gläubigen verheißene Gottesschau im Jenseits wurde von den Mutaziliten in der Weise gedeutet, daß die Gläubigen Gott mit dem Herzen als dem Sitz der Erkenntnis, nicht mit den leiblichen Augen sehen würden. Al-Ashʿarī beharrte auf der Anschauung von der Gottesschau mit den leiblichen Augen, aber wiederum im Sinne des «Ohne-Wie». Der (4.) Punkt betraf das menschliche Handeln. Qadariten und in ihrem Gefolge Mutaziliten hatten dem Menschen eine ihm eigene Handlungsbefähigung *(istiṭāʿa)*, die bereits vor dem jeweiligen Handeln existiert *(qabl al-fiʿl)*, zugesprochen und daraus Handlungsfreiheit und Verantwortlichkeit des Menschen abgeleitet. Al-Ashʿarī – jedoch auch schon Vorläufer wie der nichtmutazilitische Theologe Ḍirār ibn ʿAmr (gest. ca. 800), der Theosoph Ḥakīm at-Tirmidhī (gest. ca. 910) und andere – sprach von der Schöpfung *(khalq)* der menschlichen Handlungen durch Gott und ihrer Aneignung *(kasb, iktisāb)* durch den Menschen aufgrund der jeweils nur während des Handelns bestehenden Handlungsbefähigung *(al-istiṭāʿa maʿa l-fiʿl)*. Hier wird ein Grundkonzept ashʿaritisch-sunnitischen Denkens sichtbar: Die Schöpfung mit Einschluß des Menschen ist in jedem Augenblick unmittelbar «zu Gott», wird in jedem Augenblick von Gott geschaffen. Was der Mensch als ewige Gesetze der Schöpfung zu sehen vermeint – wir würden von Naturgesetzlichkeit sprechen –, das ist in Wirklichkeit nur Ausdruck der Schöpfungsgewohnheit *(ʿādat al-khalq)* Gottes, die Gott in seiner Allmacht in jedem Augenblick unterbrechen kann. Das Unterbrechen der Schöpfungsgewohnheit *(khāriq al-khalq, khāriq al-ʿāda)*, für Gott nur eine Möglichkeit der Schöpfung, erlebt der Mensch als Wunder.

Al-Ashʿarī lebte im Zentrum des Kalifats in Basra und Bagdad. An der Peripherie der islamischen Ökumene in Transoxanien wirkte sein Zeitgenosse Māturīdī (gest. 944). Wie al-Ashʿarī bemühte er sich, rationale Methoden in der sunnitischen Theologie heimisch zu machen. Seine Lehren unterschieden sich in manchen Punkten von denen al-Ashʿarīs – so sprach er von einem Handlungsvermögen vor dem Handeln, folgte hier also der qadaritisch-mutazilitischen Tradition. Māturīdī stand der hanafitischen Rechtsschule nahe, al-Ashʿarī, zumindest in seinem Selbstverständnis, folgte der hanbalitischen Schule.

Sunnitische Theologie war in der Folgezeit die Domäne der Anhänger und Nachfolger al-Ashʿarīs. Für das 10. und 11. Jahrhundert sind folgende Persönlichkeiten zu nennen: Bāqillānī (gest. 1013), Ibn Fūrak (gest. 1015), Isfarāʾīnī (gest. 1027), Baghdādī (gest. 1037), Qushairī (gest. 1072), der auch als Schriftsteller über mystische Themen bekannt geworden ist, sowie al-Juwainī (gest. 1085). Al-Juwainī unterrichtete bereits an einer der erwähnten sunnitischen *Niẓāmīyas,* und zwar derjenigen von Nischapur.

Al-Juwainīs Schüler Abū Ḥāmid Muḥammad al-Ghazālī (1058–1111) ist sicherlich eine der hervorragendsten Erscheinungen islamischer Geistesgeschichte. Er wurde in Ostpersien, in Tus (in der Nähe des heutigen Meschhed) geboren, studierte in seiner Heimatstadt sowie in Gorgan am Kaspischen Meer und in Nischapur unter al-Juwainī. 1091 wurde er Professor an der Niẓāmīya von Bagdad. Eine innere Krise führte 1095 zur Aufgabe des Lehramts. Fortan weihte er sich einem mystisch-asketischen Leben bis zu seinem Tode im Jahr 1111.

In seiner Autobiographie «Der Erretter vor dem Irrtum» («al-Munqidh min aḍ-ḍalāl») hat uns al-Ghazālī eine Schilderung seiner Bemühungen um Erfassung der wichtigsten geistig-politischen Strömungen seiner Zeit und um die Auseinandersetzung mit ihnen hinterlassen. Neben der Auseinandersetzung mit der extrem schiitischen Propaganda steht diejenige mit der griechischen Philosophie. Seit früher Zeit, besonders seit Anfang des 9. Jahrhunderts, war griechische Wissenschaft und griechische Philosophie von der islamischen Welt aufgenommen worden. Es hatte sich neben der islamischen Theologie und Scholastik, die zwar auch teilweise griechische Begriffe benutzte, deren Thematik jedoch islamisch blieb, eine islamische Philosophie griechischer Provenienz gebildet, als deren hervorragendste Vertreter Kindī (gest. 870), Fārābī (gest. 950) und Ibn Sīnā (Avicenna, gest. 1037) zu nennen sind. Al-Ghazālī schrieb eine Widerlegung der Lehren der der griechischen Philosophie folgenden islamischen Philosophen («Tahāfut al-falāsifa»), übernahm jedoch teilweise ihre neuplatonisierende Begrifflichkeit – ähnlich wie vor ihm al-Ashʿarī, der die Inhalte der mutazilitischen Lehre in wesentlichen Punkten ablehnte, ihre Methodik jedoch übernahm. Ähnliches wird uns noch einmal bei dem hanbalitischen Theologen Ibn Taimīya begegnen. Durch al-Ghazālī drangen neuplatonische Vorstellungen in die sunnitische Theologie ein, die ihr bisher fremd gewesen waren.

Al-Ghazālī sah die Verdorbenheit seiner Kollegen, der sunnitischen *ʿulamāʾ*, und litt an ihr. Er beobachtete ihre Schwäche der Obrigkeit gegenüber, ihre Heuchelei und ihr Streben nach weltlicher Macht und Anerkennung. Erscheinungen wie Aḥmad ibn Ḥanbal, der trotz massiver staatlicher Pressionsversuche während der Zeit der *miḥna* standhaft und seiner Überzeugung treu geblieben war, waren in der Tat seltene Ausnahmen. Die Gier der *ʿulamāʾ* nach weltlicher Anerkennung seitens der politischen Machthaber, deren Gewalt nur allzu oft keine Legitimation im göttlichen Recht fand, dessen Hüter die *ʿulamāʾ* zu sein beanspruchten, mußte al-Ghazālī als gefährliche Abirrung erscheinen. Die wahre gottgewollte Lehre und Praxis fand er dann unter den Mystikern des Islams, den sogenannten *ṣūfīs*. Ihrer Praxis folgte er in den letzten eineinhalb Jahrzehnten seines Lebens und versuchte, ihre Lehren mit der ashʿaritischen Dogmatik zu verstehen und zu vereinbaren. Davon zeugt sein Hauptwerk «Die Wiederbelebung der Religionswissenschaften» («Iḥyāʾ ʿulūm ad-dīn»). Ähnliche Versuche, Mystik in ashʿaritischer Begrifflichkeit darzustellen, hatte es schon vor al-Ghazālī gegeben – zu nennen wäre Kalābādhī vom Ende des 10. Jahrhunderts –; keiner besaß jedoch die Überzeugungs- und Durchschlagskraft al-Ghazālīs.

In einer Zeit extremer Bedrohung von außen durch den Mongoleneinfall des 13. Jahrhunderts trat in Syrien der hanbalitische Theologe Aḥmad ibn Taimīya (gest. 1328) auf. Er und auch sein Schüler Ibn Qaiyim al-Jauzīya (gest. 1350) stießen zunächst auf erbitterte Ablehnung. Ibn Taimīyas Kritik richtete sich gegen Erscheinungen, die Abweichungen von dem, was er als ursprünglichen Islam auffaßte, waren. Das waren vor allem die theosophische Mystik des Ibn al-ʿArabī (gest. 1240) und seiner Schüler sowie Formen volkstümlicher Frömmigkeit wie etwa die Verehrung von Gräbern von Leuten, die im Geruche der Heiligkeit standen. Weder die Lehre Ibn al-ʿArabīs noch Heiligenverehrung fand Ibn Taimīya im Brauch des ursprünglichen Islams bezeugt. So wurden sie ihm zu verdammenswerten Neuerungen. Ibn Taimīyas Stellung zur Mystik war jedoch nicht diejenige eines absoluten Gegners. Vieles, namentlich von Mystikern der Frühzeit, ließ er gelten, selbst manche Aspekte der Mystik Ibn al-ʿArabīs. Ibn Taimīya, der sich zu seinen Lebzeiten nicht durchsetzen konnte und harter Verfolgung seitens der etablierten Mächte ausgesetzt war – er starb im Gefängnis der Zitadelle von Damaskus –, kam erst zur öffentlichen Wirksamkeit durch Muḥammad ibn ʿAbd al-Wahhāb (1703–1792), den geistigen Stammvater des modernen Saudi-Arabien.

3. Das Recht

In den Kreisen der Gemäßigten wurden neben dogmatischen Fragen und solchen praktischer Religiosität auch Rechtsfragen erörtert, was aufgrund des öffentlichen Charakters der islamischen Religion selbstverständlich ist. Im Laufe des 8. Jahrhunderts bildeten sich in den städtischen Zentren unter Einfluß hervorragender Persönlichkeiten verschiedene Rechtsschulen heraus. In Kufa im Irak entstand die Schule des Abū Ḥanīfa, in Medina die Schule des Mālik ibn Anas, in Syrien die des Auzāʿī. Diese Schulen des 8. Jahrhunderts bezeichnet man als die alten Rechtsschulen. Charakteristisch für diese Zeit ist das Fehlen allgemein anerkannter Normen als Rechtsquellen und der Rechtsfindung. Während die kufische

Rechtsschule der persönlichen Ratio (arab. *raʾy*) des Rechtsfinders einen weiten Spielraum einzuräumen geneigt war, verließ man sich in Medina eher auf den tradierten Rechtsbrauch der Stadt, für den Übereinstimmung herrschte. Als Rechtsquellen galten der Koran und eine sich allmählich bildende städtische oder schulische Tradition. Letztere nannte man im 8. Jahrhundert *sunna*. Es existierten somit eine *sunna* der Schule von Medina, eine *sunna* der Schule von Syrien und andere.

Durch das Wirken des Shāfiʿī (gest. 820) setzte sich eine Normierung der Rechtsquellen durch. Die von Shāfiʿī entwickelte Lehre von den *uṣūl al-fiqh*, den Wurzeln oder Grundlagen des Rechts, intendierte eine Zurückdrängung der persönlichen Entscheidung, des *raʾy*, zugunsten «objektiver» Kriterien. Die vier von Shāfiʿī geforderten Wurzeln des Rechts waren (1.) der Koran *(qurʾān)*, (2.) die *sunna*, (3.) der *consensus doctorum* (arab. *ijmāʿ*) und (4.) der Analogieschluß (arab. *qiyās*). Die persönliche Meinung, der *raʾy*, hatte in diesem System also keinen Platz mehr. Zudem erhielt der Begriff *sunna* durch Shāfiʿī eine neue Bedeutung. Hatte man bis zu Shāfiʿī als *sunna* den Rechtsbrauch bzw. die Rechtstradition der lokalen Rechtsschule verstanden, so erhob dieser nun die Forderung, daß jede *sunna* nur dann anzuerkennen sei, wenn sie als gesichert tradierte *sunna* des Propheten zu belegen sei. Durch und nach Shāfiʿī wurde die *sunna* einer Stadt bzw. lokalen Rechtsschule zur *sunna* des Propheten, die jetzt auch als göttlich inspiriert galt. Die *sunna* des Propheten erhielt den Charakter der ewigen, zeitlosen Norm, während z.B. im 8. Jahrhundert noch Rechtsentscheidungen getroffen wurden, die bewußt im Widerspruch zu Entscheidungen der *sunna* des Propheten standen.

Eine *sunna* des Propheten galt als normativ, wenn sie durch eine gesicherte Kette von Gewährsmännern, die bis zum Propheten zurückreichen mußte, tradiert wurde. Eine Handlungen, Ansprüche oder Lehren des Propheten wiedergebende Tradition heißt Hadith *(ḥadīth)*. Ein Hadith muß aus zwei Teilen bestehen: dem *isnād*, der bis zum Propheten zurückreichenden Gewährsmännerkette, und dem *matn*, der berichteten *sunna* des Propheten. Echtheitskriterium ist nicht der Inhalt, der *matn* des Hadith, sondern der *isnād*, der nur unbescholtene Gewährsmänner enthalten durfte und ohne chronologische Widersprüche sein mußte. Aus der *isnād*-Literatur entwickelte sich die sehr umfangreiche biographische Literatur arabischer Sprache.

Die als echt angesehenen Traditionen über Lehren und Handeln des Propheten wurden vom 9. Jahrhundert an in sechs als kanonisch geltenden Sammlungen zusammengefaßt. Die beiden wichtigsten sind die des Bukhārī (gest. 870) und des Muslim (gest. 875). Das den westlichen Forscher interessierende Problem der historischen Echtheit der kanonischen Sammlungen – handelt es sich bei den Hadithen nur um Projektionen des 9. Jahrhunderts auf Muḥammad, oder haben wir wirklich authentische Berichte, zumindest teilweise, über Muḥammad vor uns? – ist eines der schwierigsten der Islamwissenschaft und bisher nicht entschieden.

Die Forderung nach einem lückenlosen *isnād* bis auf den Propheten bedingte ein Weiteres: die Anerkennung aller Prophetengenossen *(ṣaḥāba)* als Autoritäten, was wiederum die Anerkennung aller ersten vier Kalifen, Abū Bakr, ʿUmar,

ʿUthmān und ʿAlī, als rechtgeleitet *(rāshidūn)* nach sich zog. Ihr Rang untereinander wurde nach ihrem zeitlichen Auftreten bewertet. Beide Anschauungen bildeten und bilden noch immer einen scharfen Gegensatz zur schiitischen Lehre. Unannehmbar für die Schia ist, alle Prophetengenossen als Übermittler der auch von den Schiiten als heilig angesehenen *sunna* zu akzeptieren, da sich viele Prophetengenossen in den Augen der Schiiten durch ihre Hintansetzung ʿAlīs schwer vergangen und versündigt hatten; unannehmbar für die Schia ist auch die Voranstellung von Abū Bakr vor ʿAlī. Beides, die Anerkennung aller Prophetengenossen und die Anerkennung der vier ersten Kalifen als rechtgeleitet, begegnet in den Glaubensbekenntnissen der Gemäßigten des 9. Jahrhunderts als wesentliche Punkte.

Die Lehre des Shāfiʿī von den *uṣūl al-fiqh* setzte sich im Laufe des 9. Jahrhunderts durch. Die alten Rechtsschulen des 8. Jahrhunderts machten entweder eine Wandlung durch oder verschwanden ganz, wie z. B. die Schule des Auzāʿī in Syrien. Übrig blieben vier Schulen, die bis heute Bestand haben:

(1.) Die hanafitische Rechtsschule, ursprünglich die Schule von Kufa, als deren Begründer Abū Ḥanīfa (gest. 767) gilt. Außer den von Shāfiʿī geforderten vier Rechtsgrundlagen Koran, *sunna*, *ijmāʿ* und *qiyās* erkennen die Hanafiten zwei weitere Rechtsfindungsmittel an: den in ihrer Schule von altersher gepflogenen *ra'y,* die persönliche Mitteilung, sowie den *istiḥsān,* das für angemessen Halten einer Lösung in bezug auf die Gesellschaft. Die hanafitische Rechtsschule ist hauptsächlich in der Türkei, in Mittelasien und auf dem indischen Subkontinent verbreitet.

(2.) Aus der alten Schule von Medina entstand die malikitische Rechtsschule, als deren Begründer Mālik ibn Anas gilt (gest. 796). Die Malikiten kennen neben den vier *uṣūl al-fiqh* des Shāfiʿī ein weiteres Rechtsfindungsmittel in Form des *istiṣlāḥ* (Erwägen des öffentlichen Interesses in einer Rechtsentscheidung). Diese Schule ist in Nord-, West- und Zentralafrika verbreitet und war vor der christlichen Wiedereroberung die maßgebende Schule Spaniens.

(3.) Aus denjenigen, die allein die von Shāfiʿī geforderten vier *uṣūl al-fiqh* in der Rechtsfindung anwenden wollten, bildete sich die schafiitische Rechtsschule. Sie ist in Ostafrika, Südarabien und Südostasien verbreitet.

(4.) Mehr noch als in der schafiitischen Rechtsschule wird der Gebrauch rationaler Methoden in der Rechtsfindung in der hanbalitischen Rechtsschule eingeschränkt, die selbst den Analogieschluß (*qiyās*), die vierte Wurzel des Rechts bei Shāfiʿī, weitgehend ausschließt. Diese Schule betrachtet als ihren Gründer Aḥmad ibn Ḥanbal (gest. 855), Verfasser des «Musnad», einer ca. 80 000 Hadithe enthaltenden Sammlung, die mit den sechs erwähnten kanonischen Hadith-Sammlungen als gleichwertig betrachtet wird. Aḥmad ibn Ḥanbal war der erbitterte Gegner der mutazilitischen Dogmatik während der *miḥna* des 9. Jahrhunderts.

Noch weiter als die Hanbaliten in der Ablehnung rationaler Methoden ging die in der zweiten Hälfte des 9. Jahrhunderts entstandene Schule der Zahiriten, die nur den Wortsinn gelten lassen wollte. Sie fand jedoch wenig Anhänger und starb bald aus.

Die Konstituierung der vier Rechtsschulen, die damit verbundene Kanonisierung des Hadith, die Herausbildung einer spezifischen Dogmatik sowie die politische Entwicklung – die gemäßigten *ʿulamāʾ* gingen als Sieger aus der *miḥna* hervor; nach ihren Anschauungen sollte von nun an das islamische Gemeinwesen geleitet und organisiert werden – führten in der zweiten Hälfte des 9. und ersten des 10. Jahrhunderts zur Bildung desjenigen, was wir den sunnitischen Islam zu nennen pflegen. Das arabische Wort für «Sunnit» (als dem Anhänger des sunnitischen Islams), *sunnī,* ist erst für die zweite Hälfte des 10. Jahrhunderts belegt.

Es hieße die islamische Wirklichkeit gründlich mißverstehen, wenn unerwähnt bliebe, daß das islamische Recht, die *sharīʿa,* um den gebräuchlichen Terminus zu benutzen, zu keiner Zeit absolute Anwendung gefunden hat. Die Spannung zwischen idealtypischer *sharīʿa* und materieller Rechtswirklichkeit ist eines der Hauptprobleme islamischer Geschichte. Die Schwäche der *sharīʿa* bei der Bewältigung der Rechtswirklichkeit ist nicht zuletzt in der Erstarrung der Formen der Rechtsfindung im 9. Jahrhundert begründet, als die Sammlung der Rechtsquellen für abgeschlossen erklärt und ihrem Inhalt sakrosankter Charakter zugesprochen wurde. Die Schwäche der *sharīʿa* resultiert jedoch auch aus der angreifbaren Stellung ihrer Träger in der Öffentlichkeit, die immer der Willkür der Machthaber ausgeliefert, oft auch nur allzu schnell bereit waren, den Forderungen der Machthaber nachzukommen. Ausnahmen wie Aḥmad ibn Ḥanbal und Ibn Taimīya waren selten.

Die Frage, wer zur Leitung des islamischen Gemeinwesens berufen ist, hatte bei den Schiiten und Kharidschiten zwei extreme Lösungen gefunden. Die schiitische Lösung machte die Berechtigung zu einer Frage der blutmäßigen Abstammung, die kharidschitische zu einer rein moralischen. Die sunnitische Lösung stellt einen Kompromiß dar: Einerseits soll der Leiter des Staates aus dem Stamme Quraish, dem Stamm des Propheten, sein und somit einen gewissen Verwandtschaftsgrad mit dem Propheten besitzen, andererseits durch einen Rat (arab. *shūrā*) angesehener Männer gewählt und durch öffentliche Huldigung (arab. *baiʿa*) bestätigt werden. Der Leiter der Gemeinde, der Kalif (*khalīfa*), ist gehalten, nach den Prinzipien der *sunna,* d.h. nach den von den *ʿulamāʾ* aufgestellten Regeln, zu handeln. Er ist keine Autorität, die von sich aus Recht setzen kann, sondern allein Diener des von den *ʿulamāʾ* verwalteten göttlichen Rechts.

Die sunnitische Staatsrechtslehre mußte seit dem 11. Jahrhundert mit der Tatsache fertigwerden – zu nennen ist hier als Autor al-Māwardī (gest. 1058) –, daß der legitime abbasidische Kalif nicht mehr die äußere Macht besaß, um die *sharīʿa* im Staate durchzusetzen, weil sich die Macht de facto in den Händen «weltlicher» Dynastien wie der Buyiden, Ghaznawiden oder Seldschuken befand. Man behalf sich, indem man die «weltlichen» Dynastien zu Erfüllungsgehilfen der Kalifen machte und ihnen somit zu einer gewissen Legitimation verhalf.

4. Die Mystik

Manche Mitglieder frommer Zirkel der ersten islamischen Jahrhunderte strebten nach vertiefter Frömmigkeit in Form einer Verinnerlichung der Forderungen der *sharīʿa* und eines asketischen Lebens. Die asketisch-mystischen Bestrebungen lassen sich bis in die Zeit des Propheten zurückverfolgen. Es muß festgehalten werden, daß diese Strömungen in keiner Weise antinomistisch waren. Antinomistische Züge traten hingegen bei Leuten auf, die man *Ṣūfīya* (Sing. *ṣūfī*) nannte. *Ṣūfī* ist abgeleitet von *ṣūf*, Wolle, und spielt auf die Kleidung des Namensträgers an – womöglich ist es ursprünglich ein Spottname gewesen.

Die Ur-*Ṣūfīya*, die seit der Mitte des 8. Jahrhunderts bezeugt sind, scheinen einer Art emotionaler Religiosität gehuldigt zu haben. So pflegten sie sich durch das Anhören von Musik und Dichtung in ungewöhnliche Stimmungen versetzen zu lassen. Die Vertreter der asketisch-mystischen Richtung standen ihnen ablehnend gegenüber. Diese *viri religiosi* (arab. *nussāk*, *ʿubbād*, Sing. *nāsik*, *ʿābid*) formten im 8. und 9. Jahrhundert eine eigene Wissenschaft, die von ihnen *ʿilm al-bāṭin*, die «Wissenschaft des Inneren», genannt wurde, im Gegensatz zu Recht *(fiqh)* und Hadith, die als «Wissenschaft des Äußeren» *(ʿilm aẓ-ẓāhir)* bezeichnet wurden. Inhalt der «Wissenschaft des Inneren» waren die inneren Erfahrungen und Anweisungen zur Seelenführung, Psychagogik. Deutliche Ansätze dieser Art Wissenschaft sind bereits bei Ḥasan al-Baṣrī zu finden. Voll ausgebildet erscheint sie im 9. Jahrhundert bei Muḥāsibī (gest. 857), der, wie viele viri religiosi, aus den Kreisen der *ʿulamāʾ* stammte. Zur Psychagogik gesellten sich im Laufe des 9. Jahrhunderts kosmologische Spekulation, Anthropologie sowie dogmatische Erörterungen. Wie in anderen Kreisen spielte auch in den Erörterungen der religiosi die Beziehung von göttlicher Allmacht und Einheit (arab. *tauḥīd*) zur menschlichen Handlung die zentrale Rolle. Die Lösung der religiosi zielte auf eine vollständige Ausschaltung menschlicher Eigenständigkeit und ganze Hingabe an den als einzig in Wirklichkeit handelnden erlebten Gott. Zeugen dieser Erörterungen sind die Schriften u.a. von Junaid ibn Muḥammad in Bagdad (gest. 910) und Ḥakīm at-Tirmidhī (gest. ca. 910) in Transoxanien.

Im Laufe der zweiten Hälfte des 9. und der ersten des 10. Jahrhunderts muß die Bezeichnung *ṣūfīya*, bisher Name einer Randgruppe, auch auf die religiosi übergegangen sein. Die Gründe dafür sind nicht klar. Auch gab es regionale Unterschiede, denn im Osten der islamischen Welt scheint der Name *ṣūfī* noch um 900 weitgehend unbekannt.

Vom 10. Jahrhundert an heißt die ganze mystische Bewegung «Sufitum» (arab. *taṣawwuf*). In den als klassisch zu bezeichnenden sufischen Lehrbüchern, die nach der Mitte des 10. Jahrhunderts verfaßt sind, werden die ursprünglich geschiedenen *ṣūfīya* und religiosi in einen Topf geworfen. Ein vir religiosus wie z.B. Fuḍail ibn ʿIyāḍ (gest. 803), in Glaubensbekenntnissen des 10. Jahrhunderts als Autorität sunnitischer *ʿulamāʾ* genannt, wird in der sufischen Literatur des 10. Jahrhunderts zu einem Stammvater der *ṣūfīya*. Als Verfasser klassischer sufischer Lehrbücher des 10. und 11. Jahrhunderts sind zu nennen Kalābādhī (gest. 990 oder 994), Abū Naṣr as-Sarrāj (gest. 988), Sulamī (gest. 1021) und Qushairī (gest. 1072), der sich auch als ashʿaritischer Theologe betätigte.

Aufgrund der von den Ur-*ṣūfīya* übernommenen antinomistischen Elemente, die jedoch bei weitem nicht bei allen Anklang gefunden hatten, waren die *ṣūfīya* manchmal Verfolgungen von staatlicher Seite ausgesetzt, die von den *ʿulamāʾ* befürwortet wurden. Diese Verfolgungen taten der Bewegung im Ganzen jedoch keinen Abbruch.

Eine mächtige Ermunterung fand der *taṣawwuf* durch die Autorität des bereits in anderem Zusammenhang genannten al-Ghazālī. Zwar brachte al-Ghazālī nichts grundsätzlich Neues für den *taṣawwuf* – sein Bemühen, *sharīʿa* und Innerlichkeit, *ʿilm aẓ-ẓāhir* und *ʿilm al-bāṭin* zu vereinigen, hat Vorbilder unter den religiosi des 9. Jahrhunderts, deren Schriften ihm bekannt waren –, neu jedoch waren Begriffe und Vorstellungen der griechischen Philosophie, die durch al-Ghazālī in die mystische Bewegung eindrangen. Die Begrifflichkeit der alten religiosi und der Systematiker des 10. und 11. Jahrhunderts entstammte der islamischen Tradition, der Dogmatik, der *sharīʿa* und dem Hadith.

Von der Forderung, Gott in allen Dingen wirksam zu sehen und seine Gebote unter größtmöglicher Ausschaltung des eigenen Ich und dem daraus entspringenden Wollen in allen Handlungen zu beachten – so die *tauḥīd*-Lehre des klassischen *taṣawwuf* –, zur Aussage, daß Gott alles ist, ist es nur ein kleiner Schritt. Er wurde jedoch erst im 13. Jahrhundert von dem aus Spanien stammenden Ibn al-ʿArabī (gest. 1240) vollzogen. Seine Lehre von der Einheit des Seins (arab. *waḥdat al-wujūd*) hatte einen gewaltigen Einfluß auf die weitere Entwicklung der islamischen Mystik. Schärfster Gegner Ibn al-ʿArabīs, vor allem seiner Schüler, war der bereits erwähnte Ibn Taimīya, dessen Kritik jedoch zu seiner Zeit wirkungslos blieb.

Hervorragende Persönlichkeiten haben zu allen Zeiten die Bildung von Schülerkreisen angeregt. Von festen Organisationsformen mystischer Schulen der frühen islamischen Jahrhunderte wissen wir nichts. Ein Autor des 11. Jahrhunderts zählte zwölf Hauptschulen, die zu seiner Zeit bestanden. Es scheint sich dabei eher um Theorie-Strömungen als um feste Organisationsformen gehandelt zu haben. Eine solche Organisationsform, die wir Orden (arab. *ṭarīqa*, Pl. *ṭarāʾiq* od. *ṭuruq*) nennen, erhielten die mystischen Schulen vom 13. Jahrhundert an. Es bildete sich eine Vielzahl von Orden, die teilweise bis heute bestehen. Im Spätmittelalter haben sie – so z. B. bei der Entstehung des Safawidenstaates in Iran und im Osmanischen Reich – eine politisch sehr einflußreiche Rolle gespielt.

Der mystische Pfad steht grundsätzlich jedem Muslim offen. Jeder kann also – wenn auch, besonders in neuerer Zeit, unter der Leitung eines Scheichs *(shaikh)* – zu höheren, wie die *ṣūfīya* meinen, Formen des religiösen Wissens gelangen, die als eine der Früchte des Pfades dem Novizen versprochen werden. Die Schia, für die religiöse Autorität und Wissen immer mit der blutsmäßigen Abstammung vom Propheten Muḥammad über die Imame verbunden sein muß, stand und steht diesem «demokratischen» Wissensverständnis der Sufik feindlich gegenüber. Sie ist ein alter und stets neuer Gegner der Sufik, wie es sich auch jüngst wieder nach der iranischen Revolution von 1978/79 gezeigt hat. Auch die Schiitisierung Persiens nach 1500 nach der safawidischen Eroberung war der in Ordensform organisierten sunnitischen Sufik nicht förderlich. Die Orden wurden unterdrückt. Einige überlebten, aber nur dadurch, daß sie sich selbst schiitisierten. Das Gedanken- und Kulturgut der Sufik jedoch hatte, vor allem durch das Medium der großen persischen Dichtung, die allgemeine geistige Kultur Irans bereits vor der Safawidenzeit so sehr durchdrungen, daß es bis auf den heutigen Tag einen ihrer festen Bestandteile bildet.

Die Erforschung der äußeren und der Ideengeschichte der nichtpersischen sunnitischen Mystik vom 13. Jahrhundert bis auf den heutigen Tag steckt immer noch in den Anfängen. Überragenden Einfluß übte, so viel kann generell festgestellt werden, das theosophische Lehrsystem Ibn al-ʿArabīs aus. Eine Aktivierung der Ordenstätigkeit ist für das 18. und 19. Jahrhundert zu konstatieren. Die englischsprachige Literatur spricht hier sogar von einer Neusufik *(Neo-Sufism)* – ob zu Recht, sei dahingestellt. Besonders die modernen *ṣūfīya* nennen ihre mystische Lehre und Praxis oft *ṭarīqa muḥammadīya* – «Muḥammad-Weg». Aber schon für die ältesten *ṣūfīya* war das Vorbild das Leben *(sīra)* und das Tun *(sunna)* Muḥammads. Ihm sollte der *ṣūfī* nicht nur mit Leib und Seele nacheifern *(imitatio Muḥammadi)*, sondern auch bestrebt sein, Muḥammad selbst immer in Gedanken und Gefühlen gegenwärtig zu haben. Diese Vergegenwärtigung konnte so sehr gesteigert werden, daß die *ṣūfīya* vermeinten, den leiblichen Muḥammad selbst vor Augen zu haben, der sich mit Rat und Belehrung an sie wandte. Sie waren und sind, anders als etwa die Wahhabiten, überzeugt, daß Muḥammad nach seinem Tode in einer leiblichen Form weiterexistiert. Die dazu gehörende Theorie kann hier nicht ausgeführt werden. In dieser extremen Ausformung hat sich das Befolgen der *sunna* des Propheten von der Buchtradition weg zu ihm selbst zurückgewandt.

III.
Der schiitische Islam
(Werner Ende)

1. Die Zwölferschiiten

Etwa 10 bis 15% der muslimischen Weltbevölkerung der Gegenwart gehören zur schiitischen Konfessionsgemeinschaft des Islams. Deren zahlenmäßig bei weitem bedeutendste Gruppe ist die der Zwölferschia (arab. *ithnā ʿasharīya*). Ihre Hochburgen hat sie seit Jahrhunderten im Südirak, in Iran einschließlich Aserbaidschan und in einigen Regionen des indo-pakistanischen Subkontinents (z.B. Lucknow). Bedeutende, religiös-politisch z.T. recht aktive zwölferschiitische Minderheiten gibt es in Afghanistan, im Libanon, auf Bahrain und in den Küstenregionen der arabischen Golfländer.

Hinsichtlich ihrer Theologie steht diese Gruppe innerhalb der Gesamt-Schia zwischen den Zaiditen (s. unten), deren Lehrmeinungen denen der Sunniten alles in allem am nächsten sind, und den von den Zwölfern selbst als Übertreiber *(ghulāt)* bezeichneten Sondergruppen. Letztere sind durch eine mehr oder weniger eindeutige Vergöttlichung ihrer Imame und eine extrem esoterische Auslegung des Korans *(taʾwīl)* gekennzeichnet.[1]

Der Name «Zwölfer» bezieht sich auf eine Reihe von zwölf Führern (Imamen, arab. Sing. *imām*) aus der Familie des Propheten Muḥammad (gest. 632 n. Chr.), die nach der Auffassung der Anhänger dieser Konfession durch Gott bestimmt worden sind. Diese Reihe beginnt mit ʿAlī ibn Abī Ṭālib (gest. 661 n. Chr.), dem Vetter und (durch seine Ehe mit Muḥammads Tochter Fāṭima) Schwiegersohn des Propheten. Andere Bezeichnungen für die Zwölfer sind (mit Bezug auf die zentrale Rolle des Imamats in ihrer Lehre) *Imāmīya* und (aufgrund der besonderen Stellung des sechsten Imams, Jaʿfar aṣ-Ṣādiq [s.u.], für die Ausgestaltung dieser Lehre) *Jaʿfarīya*. In bewußter Betonung ihrer zahlenmäßigen Unterlegenheit gegenüber der sunnitischen Gemeinschaft verwenden Apologeten der Zwölferschia für die eigene Gruppe gern die Bezeichnung «die Besonderen» bzw. «die Ausgezeichneten» *(al-khāṣṣa)* und für die Sunniten den Ausdruck «das (gemeine) Volk» *(al-ʿāmma)*. In polemischen Schriften der Sunniten werden die Zwölfer – zusammen mit den anderen Schiiten – «Abtrünnige» *(rāfiḍī*, Pl. *rawāfiḍ*) genannt. Ein entsprechend polemischer Terminus der Schiiten für die Sunniten ist *nāṣibī* (Pl. *nawāṣib*), etwa: fanatischer ʿAlī- (und damit Schia-) Gegner. Dieser Ausdruck soll auf die (nach schiitischer Auffassung dem Willen Gottes widersprechende) «Einsetzung» (arab. *naṣb*) Abū Bakrs als Leiter der Gemeinde nach dem Tode Muḥammads zurückgehen (s.u.). In der Gegenwart vermeiden die meisten schiitischen und sunnitischen Autoren im Interesse des Konfessionsfriedens und einer möglichen Annäherung die letztgenannten polemischen Bezeichnungen. Diese haben freilich ihre Wurzel in der frühislamischen Geschichte und sind nicht nur in der häresiographischen und sonstigen theologischen bzw. juristischen Literatur der beiden Seiten, sondern auch in ihrer Belletristik jahrhundertelang mit völliger Selbstverständlichkeit (z.T. für unterschiedliche Gruppen der Gegenseite) gebraucht worden.

Ausgangspunkt der Entstehung der schiitischen Konfession im Islam ist der Streit in der frühislamischen Gemeinde nach dem Tode Muḥammads – der selbst keine ihn überlebenden Söhne hatte – um die Leitung der Gemeinde. Es scheint, daß Muḥammad keine eindeutige Verfügung hinsichtlich dieser Frage getroffen hatte. Jedenfalls ist dies bis heute die Ansicht der Sunniten. In Abwesenheit ʿAlīs, der sich der Überlieferung zufolge um die Vorbereitung der Beerdigung des Propheten kümmerte, einigte man sich auf Abū Bakr, einen der frühesten Anhänger Muḥammads. Die tatsächlichen Ereignisse jener Zeit sind für die heutige historisch-kritische Forschung schwer festzustellen. Es geht im folgenden im wesentlichen darum darzulegen, was die Zwölferschiiten für die historische Wahrheit halten.

a) Das schiitische Geschichtsbild

Die Zwölferschia ist mit den anderen (z.T. untergegangenen) schiitischen Strömungen und Schulen durch die Überzeugung verbunden, daß ʿAlī ibn Abī Ṭālib nach dem Willen Gottes der erste Nachfolger (Kalif, von arab. *khalīfa,* vgl. z.B. Koran 2:30 und 38:26) des Propheten in der Leitung der Gemeinde (d.h. aus späterer Sicht: des Staates) hätte sein sollen. Besonders wichtig für die schiitische Argumentation in dieser Sache sind Äußerungen, die Muḥammad auf dem Wege nach Medina, bei der Rückkehr von seiner letzten Wallfahrt nach Mekka, im März 632 n. Chr. am Teich von Khumm (arab. *ghadīr Khumm*) mit Bezug auf ʿAlī getan haben soll. Es geht hier vor allem um den Satz: «Wessen Herr [arab. *maulā*] ich bin, dessen Herr ist auch ʿAlī.» Zur Erinnerung an dieses, für das schiitische Geschichtsverständnis äußerst wichtige Ereignis wird bei den Zwölferschiiten alljährlich das Ghadīr-Fest *(ʿīd al-ghadīr)* – in Iran seit Jahrhunderten als offizieller Feiertag – begangen. Neben denen vom *ghadīr Khumm* kennt die schiitische Überlieferung noch zahlreiche andere Aussprüche des Propheten (Hadithe, von arab. Sing. *ḥadīth*), in denen ʿAlī und die späteren Imame als Leiter der Gemeinde und höchste Autoritäten der islamischen Glaubenslehre nach Muḥammad bezeichnet werden, z.B. «Oh ihr Menschen! Ich hinterlasse euch zwei Kleinodien; an sie haltet euch, dann werdet ihr nach meinem Tode nicht irregehen: das Buch Gottes und meine Nachkommenschaft, die Familie des Hauses [arab. *ahl al-bait*].» Daß mit der «Familie des Hauses» ʿAlī und seine Nachkommen gemeint sind, ergibt sich nach schiitischer Überzeugung eindeutig aus einer Reihe von Koranversen, so besonders 33:33 und 42:23. Die daran anschließende historisch-theologische Rechtfertigung ist das Ergebnis späterer, jahrhundertelanger Entwicklung.[2]

Die Sunniten geben den von den Schiiten als Beweise herangezogenen Koranversen und den entsprechenden Hadithen (soweit sie sie, wie die vom *ghadīr Khumm*, als authentisch anerkennen) eine andere, den Anspruch der Schia negierende Auslegung. Sowohl unter Abū Bakr (reg. 632–634) als auch unter ʿUmar (reg. 634–644 n. Chr.) scheint ʿAlī weder militärische noch (mit einer Ausnahme unter ʿUmar) zivile Posten übernommen zu haben. Die Zahl seiner Anhänger hinsichtlich des Kalifatsanspruchs war – auch und gerade nach schiitischer Überzeugung – sehr klein. Von der arabischen Bezeichnung für diese Parteigänger ʿAlīs, *shīʿat ʿAlī* (Partei ʿAlīs), sind die Termini Schia, Schiit etc. abgeleitet. Auch hier hat die spätere schiitische Lehre es verstanden, den Koran zur Rechtfertigung ihres Standpunktes bzw. ihres Geschichtsverständnisses heranzuziehen: Der Koranvers 37:83, in dem das Wort *shīʿa* vorkommt («Von seiner [d.h. im Zusammenhang: Noahs] Art [od. Partei, *shīʿa*] war auch Abraham»), wird als Beweis für den besonderen Platz dieser, der wahren Gemeinde des Islams in der göttlichen Vorsehung, ja als Beweis für ihre Existenz vor dem Auftreten Muḥammads und für ihre Beziehung zu den Patriarchen (nach muslimischer Auffassung: Propheten) des Alten Testaments gewertet.[3]

Ein typisches Beispiel dafür ist z.B. die Deutung, die einem Koranvers gegeben wird, der dem strengen Monotheismus des Islams zu widersprechen scheint und daher die Theologen immer wieder beschäftigt hat: In Koran 2:34 heißt es, Gott habe den Engeln befohlen, sich vor Adam niederzuwerfen. Dieser Vers erhält in der schiitischen Überlieferung dadurch einen tieferen, alle Zweifel auflösenden Sinn, daß er mit Hadithen über die Präexistenz Muḥammads, ʿAlīs, Fāṭimas, Ḥasans und Ḥusains, d.h. ihre Erschaffung lange Zeit vor Adam, in Verbindung gebracht wird: Als Gott Adam schuf, setzte er diese fünf in dessen Lenden. Der Befehl an die Engel, sich vor Adam niederzuwerfen, war also eine Prüfung ihres Gehorsams gegenüber Gott und zugleich ein Zeichen ihrer Ehrerbietung vor Muḥammad, Fāṭima und den drei ersten Imamen (s.u. S. 81).

Einer der bekanntesten schiitischen Hadithe ist der, wonach ʿAlī bei Muḥammad den gleichen Rang habe wie Aaron bei seinem Bruder Moses (vgl. Koran 25:35 und 2. Mose 4, 14–16).

Hinsichtlich der Frage, welchen Nachkommen ʿAlīs nach ihm die Leitung der Gemeinde hätte zufallen sollen bzw. tatsächlich zugefallen ist, welche besonderen, mehr oder weniger übermenschlichen Eigenschaften diese Leiter und theologischen Autoritäten besaßen, gingen die Meinungen im innerschiitischen Milieu sehr bald auseinander. Gemeinsam ist allen schiitischen Gruppen die Überzeugung, daß Gott selbst entschieden und durch Muḥammad der frühen Gemeinde verkündet hat, wer erster Nachfolger des Propheten in der Leitung der Gemeinde sein sollte – nämlich ʿAlī. Die Wahl Abū Bakrs ist somit nichtig; der bei sunnitischen Theoretikern in der Gegenwart beliebte Hinweis auf den demokratischen Charakter der Herrscher-Findung im frühen Islam, nämlich durch Beratung (arab. *shūrā*), ist, sofern er auf die Imamats-Würde ʿAlīs bezogen wird, aus schiitischer Sicht absurd.

Da die Mehrzahl der Prophetengefährten ʿAlīs Anspruch nicht unterstützt, also Gottes Willen mißachtet hat, hat sie sich nach schiitischer Auffassung schwer versündigt. Schriften über die Missetaten dieser Prophetengefährten einschließlich einiger Gattinnen des Propheten bilden einen nicht unbedeutenden Teil der schiitischen Literatur. In späteren Jahrhunderten wurde es üblich, auf die schriftliche oder mündliche Nennung ihrer Namen eine Fluchformel folgen zu lassen. Dieser Brauch ist durch schiitische Dynastien als demagogisches Mittel im Kampf gegen sunnitische Gemeinschaften bzw. Staaten bewußt gefördert (bzw. initiiert) worden, so etwa von den Safawiden in ihrer Auseinandersetzung mit den Osmanen. Desgleichen wurde – entgegen der Praxis in den ersten Jahrhunderten des Islams – vermieden, schiitischen Kindern die Namen dieser «abtrünnigen» Prophetengefährten zu geben, also Mädchen z.B. den Namen ʿĀʾisha (die Witwe des Propheten, die diesen Namen trug, war im «ersten Bürgerkrieg» des Islams gegen ʿAlī in den Krieg gezogen) und Jungen die Namen Abū Bakr, ʿUmar, ʿUthmān etc. Während schiitische Modernisten heute die Verwendung jener Fluchformeln im allgemeinen vermeiden bzw. sich eindeutig gegen diesen Brauch aussprechen, kommen die Namen der «abtrünnigen» Prophetengefährten bei Schiiten auch in der Gegenwart nicht vor.

Zu den wenigen Prophetengefährten, die nach schiitischer Überzeugung ʿAlī – und damit dem wahren Islam – die Treue gehalten haben, gehören Abū Dharr al-Ghifārī, ʿAmmār ibn Yāsir, Salmān al-Fārisī und Miqdād ibn ʿAmr. Besonders die drei Erstgenannten spielen im Bewußtsein der Masse der schiitischen Gläubigen bis heute eine erhebliche Rolle: Abū Dharr gilt als tapferer Vorkämpfer des Prinzips der sozialen Gerechtigkeit (s.u. S. 86), ʿAmmār wird als historischer Zeuge für die Rechtfertigung der *taqīya* genannt (s.u. S. 85), und Salmān al-Fārisī, ein Mann aus Iran, der als Sklave nach Medina und in das Haus des Propheten gekommen sein soll und Muslim wurde, gilt insbesondere frommen Persern als Beweis für die frühe Verbindung ihrer Nation mit dem Islam.

Die Sunniten akzeptieren den schiitischen Vorwurf gegen die Mehrheit der Prophetengefährten nicht. Sie sehen in ʿAlī einen der verdienstvollsten Mitstreiter Muḥammads und den vierten und letzten der von ihnen hoch verehrten «rechtgeleiteten» Kalifen, nach dessen Tod mit der erblichen Herrschaft der Umaiyaden auch nach sunnitischer Mehrheitsmeinung ein in religiöser Hinsicht kritikwürdiges (wenn auch nicht, wie die Schiiten behaupten, weitgehend unislamisches) Regime einsetzt.

Historisch gesehen ist die Gleichstellung ʿAlīs mit den drei ersten Kalifen das Ergebnis einer gewissen «Schiitisierung» des sunnitischen Geschichtsbildes. Freilich können die Sunniten keinesfalls die zwölferschiitische Auffassung akzeptieren, ʿAlīs drei Vorgänger seien letztlich Usurpatoren gewesen. Schiiten und Sunniten haben ein unterschiedliches Bild von der frühislamischen Geschichte und deren religiöser Bedeutung. Völlige Übereinstimmung wird sich ungeachtet aller Bemühungen um Annäherung nicht herstellen lassen.[4]

Der Streit um die religiös-politische Leitung der Gemeinde, der der konfessionellen Trennung zwischen Schiiten und Sunniten zugrunde liegt, hat in der Folgezeit zu mehr oder weniger unterschiedlichen Entwicklungen ihres jeweiligen Rechtssystems (besonders im Ehe- und Erbrecht) und zu unterschiedlichen Ausprägungen ihres Glaubenslebens geführt. Aber auch innerhalb der religiös-politischen Strömung, die die Leitung der islamischen Gesamtgemeinde *(umma)* bei der Familie des Prophetenhauses sehen wollte, hat es schon bald nach dem Tode ʿAlīs (661 n. Chr.) Spaltungen gegeben. Diese haben ihrerseits zu weiteren Sonderentwicklungen im religiösen Recht und im Glaubensleben geführt. Ausgangspunkt jener innerschiitischen Spaltungen war zunächst die Frage, wer zu den Angehörigen des Prophetenhauses (*ahl al-bait,* s.o. S. 71) zu zählen sei. Ursprünglich scheint die Ansicht weit verbreitet gewesen zu sein, daß potentiell jeder Abkömmling ʿAlīs einen Anspruch auf das Imamat erheben konnte. Die Abstammung aus der Ehe mit Fāṭima (nach deren Tod ʿAlī aus seiner Verbindung mit einer Frau vom Stamme der Banū Ḥanīfa einen Sohn hatte, der nach dem Tode Ḥusains vielen Gläubigen als rechtmäßiger Imam galt) war keineswegs so bedeutsam, wie sie im nachhinein (aus zwölferschiitischer Sicht) erscheint.

b) Die Imamats-Lehre

Das entscheidende Kriterium der Zugehörigkeit zur Zwölferschia ist die Anerkennung ihrer Imam-Reihe und das Bekenntnis zur absoluten Autorität der Imame für das wahre Verständnis des Islams. Vom Standpunkt einer historisch-kritischen, religionswissenschaftlichen Forschung aus gesehen ist die Imam-Reihe der Zwölfer allerdings nicht «logischer» oder anderweitig gerechtfertigter als die anderer schiitischer Gruppen. Im Unterschied zu diesen anderen Fraktionen und Splittergruppen hat die Zwölferschia jedoch durch ihren relativ großen politischen Erfolg (und ihr Überleben bis in die Gegenwart) Gelegenheit gefunden, ihre Theologie und Jurisprudenz zu festigen und in einer umfangreichen Literatur niederzulegen. In dieser Literatur erscheint die Imam-Reihe der Zwölfer natürlich als die einzig richtige, weil gottgewollte. Es gibt bei den Zwölferschiiten eine umfangreiche häresiographische Literatur, in der der Versuch gemacht wird, die Herkunft und die Glaubenslehre der eigenen Gemeinschaft eindeutig von denen der anderen, sich ebenfalls als schiitisch verstehenden Gruppen abzugrenzen. Die Imam-Reihe der Zwölfer hat folgendes Aussehen:

Name und Ehrenname	*gestorben*	*Begräbnisort*
(1.) ʿAlī ibn Abī Ṭālib «Amīr al-muʾminīn» (Fürst der Gläubigen)	661 n. Chr.	Nadschaf/Irak
(2.) al-Ḥasan ibn ʿAlī «al-Mujtabā» (der Auserwählte)	669	Medina/Hedschas
(3.) al-Ḥusain ibn ʿAlī «Saiyid ash-shuhadāʾ» (Haupt der Märtyrer)	680	Kerbela/Irak

Name und Ehrenname	*gestorben*	*Begräbnisort*
(4.) ʿAlī «Zain al-ʿĀbidīn» (Zierde der Frommen)	714	Medina
(5.) Muḥammad «al-Bāqir» (der [Wahrheits-]Spalter)	733	Medina
(6.) Jaʿfar «aṣ-Ṣādiq» (der Aufrichtige)	765	Medina
(7.) Mūsā «al-Kāẓim» (der Ansichhaltende)	799	Kazimiya bei Bagdad/Irak
(8.) ʿAlī «ar-Riḍā» (pers. «Riżā») (Das Wohlgefallen [Gottes])	818	Tus (Meschhed) Iran
(9.) Muḥammad «al-Jawād at-Taqī» (der Großmütige, Fromme)	835	Kazimiya
(10.) ʿAlī «al-Hādī an-Naqī» (der Leitende, Lautere)	868	Samarra/Irak
(11.) al-Ḥasan «az-Zakī al-ʿAskarī» (der Reine, der im Heerlager Lebende)	874	Samarra
(12.) Muḥammad «al-Mahdī al-Muntaẓar» (der erwartete Mahdi)		

Der zwölfte Imam ist nach zwölferschiitischer Lehre nicht gestorben, sondern lebt durch ein göttliches Wunder bis heute in der Verborgenheit (s.u. S. 77). Besonders er, aber auch die anderen Imame haben noch eine Reihe von weiteren Ehrennamen. Fromme Schiiten lassen auf die Nennung des Namens eines Imams stets die Eulogie *ʿalaihi as-salām* (Heil über ihn) folgen – eine Grußformel, die bei den Sunniten hauptsächlich im Zusammenhang mit der Nennung des Namens Jesu (ʿĪsā) gebraucht wird.

Außer ʿAlī und (ganz kurz und mit geringer Reichweite) Ḥasan, dem ältesten seiner beiden Söhne aus der Ehe mit Fāṭima, hat keiner der Imame der Zwölferschia über militärisch-politische Macht verfügt. Der glühenden Verehrung durch die Gläubigen tut dies keinen Abbruch: Der Anspruch der Imame auf die politische Macht blieb zwar bestehen, doch ist nach zwölferschiitischer Auffassung die Imam-Würde von tatsächlicher Machtausübung keineswegs abhängig. Die Tatsache etwa, daß der zweite Imam, Ḥasan ibn ʿAlī, das Kalifat (im Sinne politisch-militärischer Macht) an den bei den Schiiten verhaßten ersten Umaiyaden-Kalifen Muʿāwiya abgetreten hat, kann demnach – so die Auffassung der Zwölferschia – nicht als Verzicht auf die Imamats-Würde aufgefaßt werden. Es ist nicht zuletzt diese Trennung von spiritueller und weltlicher Macht in der Imamats-Lehre der

Zwölfer, die die Flexibilität und damit die Überlebensfähigkeit dieser Konfession durch alle Fährnisse hindurch garantiert hat.

Die ausschlaggebende Funktion der Imame besteht also in der spirituellen Leitung der Gemeinde. Die Erhaltung dieser Gemeinde in einer Welt von Feinden, ja ihre Ausbreitung unter den Bedingungen mehr oder weniger starker Verfolgung durch «weltliche» Machthaber ist ihre oberste Aufgabe. In der Masse der Gläubigen herrscht die Überzeugung vor, daß alle Imame, bis auf den noch lebenden zwölften (s. u. S. 77), als Märtyrer für ihren Glauben gestorben sind. Dies ist zwar nicht die Ansicht aller theologischen Autoritäten der Zwölferschia – besonders hinsichtlich des Todes des sechsten Imams, Jaʿfar aṣ-Ṣādiq –, doch haben entsprechende korrigierende Äußerungen an der tief verwurzelten Überzeugung der Massen wenig ändern können. Besonders der Tod des Prophetenenkels Ḥusain, des dritten Imams, im Kampf gegen eine weit überlegene Truppe der Umaiyaden bei Kerbela am Euphrat (680 n. Chr.), spielt für das Geschichtsbild der Zwölfer eine zentrale Rolle.[5]

Die Imam-Lehre der Zwölfer ist – wenn man von den Spekulationen um den zwölften, den Mahdi, absieht – im wesentlichen bereits zur Zeit des Jaʿfar aṣ-Ṣādiq (gest. 765) entwickelt worden. Kern dieser Lehre ist die Überzeugung, daß die islamische Gemeinde zu allen Zeiten eines von Gott inspirierten, fehlerlosen Leiters bedarf, wenn sie nicht in die Irre gehen soll. Gottes Eigenschaft der Güte impliziert, daß es diesen Leiter zu allen Zeiten gibt. Nach dem Propheten Muḥammad sind dies die Imame. Gott hat ihnen theologische und sittliche Unfehlbarkeit *(ʿiṣma)* gegeben. Was sie von Muḥammad – nach der allgemeinen islamischen Auffassung dem letzten, dem «Siegel» der Propheten – unterscheidet, ist im wesentlichen nur der Umstand, daß sie keine Offenbarung bringen. Sie haben aber volle Kenntnis der Offenbarungs-Bücher der Juden und Christen und verfügen nach dem Propheten Muḥammad allein über das uneingeschränkte Verständnis des Korans sowohl in der äußeren als auch der esoterischen Bedeutung des Textes. Ihr Wissen von den sichtbaren und verborgenen Dingen (auch der Vergangenheit und Zukunft) entspricht dem des Propheten. Dieses ihr Wissen erhalten sie von ihrem jeweiligen Vorgänger in den letzten Augenblicken seines Lebens. Die Nachfolge verläuft vom Vater auf einen der Söhne (nicht unbedingt den ältesten); die Nachfolge von Ḥasan auf seinen jüngeren Bruder Ḥusain ist die einzige Abweichung von dieser Regel. Es kann jeweils nur einen Imam zur selben Zeit geben: Während der Lebenszeit des Vorgängers ist der nachfolgende Imam (den Gott längst bestimmt hat) ein «schweigender». Er kann, wie das Beispiel des neunten Imams Muḥammad al-Jawād zeigt – der beim Tode seines Vaters sieben Jahre alt war –, die Würde des Imams auch als Minderjähriger antreten.

Diese im Hinblick auf Muḥammad al-Jawād getroffene Entscheidung sollte sich als zukunftsträchtig erweisen, als der elfte Imam, Ḥasan al-ʿAskarī, im Jahre 874 n. Chr. in der Residenz- und Garnisonsstadt Samarra im Irak als quasi-Gefangener des Abbasiden-Kalifen al-Muʿtamid starb. Auch in schiitischen Quellen wird zugegeben, daß der Mehrheit der Gemeinde kein Sohn des elften Imams bekannt war, geschweige denn, daß sie von einer Designierung dieses Sohnes als

Nachfolger im Imamat gewußt hätte. Inmitten der Verwirrung der Gemeinde – einer Verwirrung, die zu zahlreichen Spaltungen hinsichtlich der Frage des Imamats nach Ḥasan al-ʿAskarī führte – setzte sich schließlich eine Gruppe durch, die die Existenz eines minderjährigen Sohnes namens Muḥammad behauptete.[6] Der elfte Imam habe ihn, um ihn vor den Verfolgungen der Abbasiden zu schützen, auch vor den meisten der eigenen Anhänger verborgen gehalten. Noch ein Knabe, sei er im Todesjahr seines Vaters von Gott in eine geheimnisvolle Verborgenheit *(ghaiba)* entrückt worden. Von 874 bis 941 n. Chr. soll der zwölfte Imam noch durch vier Sendboten mit der Gemeinde in Verbindung gestanden haben. Seither ist auch diese indirekte Leitung der Gemeinde abgebrochen, doch ist der zwölfte Imam von Zeit zu Zeit von bestimmten Personen angeblich gesehen worden, ist vielen Frommen im Traum erschienen und soll jedes Jahr zur Zeit der Pilgerfahrt in Mekka gewesen sein. Noch im 19. Jahrhundert haben sich einzelne Personen in Iran als Boten und Bevollmächtigte des zwölften Imams ausgegeben, doch ist es keinem gelungen, allgemeine Anerkennung zu finden. Auf den zwölften und letzten Imam haben die Zwölferschiiten die im Islam im 9. Jahrhundert bereits weitgehend ausgebildeten chiliastischen Vorstellungen von einem Messias und Endzeit-Herrscher *(mahdī)* konzentriert, der eines Tages erscheinen, die Herrschaft der Usurpatoren und Tyrannen brechen und ein Reich der Gerechtigkeit aufrichten werde: Der zwölfte Imam ist der Erlöser, der Rechtleitende und Rechtgeleitete, der Herr der Zeit etc. Für das politische Verhalten der Zwölferschiiten hat die Erwartung dieses Mahdi in der Folgezeit, und bis in die unmittelbare Gegenwart, entscheidende Bedeutung gehabt (s. u. S. 84–86).

c) Hadith und Theologie

Der zentralen Stellung der Imame in der Geschichtsauffassung der Zwölferschia entspricht die Autorität, die ihre Äußerungen *(akhbār)* für die Glaubenslehre dieser Gemeinschaft haben: Sie gelten (gegen das Zeugnis der ʿAlī-feindlichen Prophetengefährten und späterer nichtschiitischer Überlieferer) als Beglaubigung der Echtheit des von den Schiiten anerkannten Propheten-Hadith bzw. als dessen verbindliche Erläuterung. Dieser Imam-Hadith bildet die historische Fortsetzung des Propheten-Hadith. Er stellt eine Quelle religiöser Erkenntnis dar – besonders für das tiefere Verständnis des Korans im Sinne der Schia –, über die die Sunniten nicht verfügen. Der bei den Sunniten für die Entscheidung aller Fragen so wichtige Konsens *(ijmāʿ)* der frühislamischen Gemeinde tritt demgegenüber, dem Urteil der Schia über das Verhalten der meisten Prophetengefährten entsprechend, weit in den Hintergrund.

Zwar wird theoretisch zwischen Propheten-Hadith und Imam-Hadith unterschieden, und es trifft auch zu, daß (ebenso theoretisch) dem Propheten-Hadith höhere Autorität zukommt, doch sind in den kanonischen Hadith-Sammlungen der Zwölferschia beide Hadith-Arten innerhalb der einzelnen Sachgebiete, für die sie als Belege dienen, nicht getrennt aufgeführt. In den meisten theologischen Abhandlungen der Zwölferschia werden beide Arten de facto gleichrangig verwendet.

Wie die Sunniten, so gehen auch die Zwölferschiiten davon aus, daß im frühislamischen Parteienstreit Propheten-Hadithe gefälscht bzw. nachträglich frei erfunden worden sind – nur eben nicht, wie die Sunniten meinen, vor allem von Schiiten, sondern überwiegend von deren Gegnern, also ʿAlī-feindlichen Prophetengefährten und später von den Umaiyaden bzw. deren (angeblichen) Soldschreibern vom Schlage eines Abū Huraira (gest. ca. 678 n. Chr.). Wie bei den Sunniten, so hat sich auch bei den Schiiten eine «kritische» Hadith-Wissenschaft entwickelt, deren Ziel es ist, alle die eigene Lehre stützenden Hadithe des Propheten zu sammeln und nach Möglichkeit durch Imam-Hadithe zu beglaubigen. Die Herausbildung dieser Hadith-Wissenschaft ist das hauptsächliche Ergebnis der Phase, die unmittelbar auf die Zeit der direkten Leitung der Gemeinde durch die Imame folgt. Die Tatsache, daß eine Dynastie schiitischer Machthaber iranischer Herkunft, die Buyiden, von 945 bis 1055 de facto das Abbasidenreich beherrschte (ohne das sunnitische Kalifat zu beseitigen), schuf günstige äußere Voraussetzungen für die Tätigkeit einer Reihe von Gelehrten, die bis heute als eine Art «Kirchenväter» der Zwölferschia gelten. Neben den im folgenden genannten Verfassern der «vier Grundlagen-Werke» sind dies Shaikh Mufīd (gest. 1022), ash-Sharīf ar-Raḍī (gest. 1015) und dessen Bruder al-Murtaḍā (gest. 1044).

Was für die Sunniten ihre sechs kanonischen Hadith-Sammlungen sind, findet bei den Zwölfern seine Entsprechung in den «vier Grundlagen-Werken» *(al-uṣūl al-arbaʿa)*. Es handelt sich um die folgenden:

(1.) «al-Kāfī fī ʿilm ad-dīn» des Kulainī (oder Kulīnī), gest. 940,

(2.) «Man lā yaḥḍuruhu al-faqīh» des Muḥammad ibn Bābūyah al-Qummī, genannt «aṣ-Ṣadūq», gest. 991,

(3.) «Tahdhīb al-aḥkām» des Muḥammad aṭ-Ṭūsī, genannt «Shaikh aṭ-Ṭāʾifa», gest. 1067/68, und

(4.) «al-Istibṣār» vom gleichen Verfasser.

Eine Sonderstellung innerhalb der schiitischen (Imam-)Hadith-Literatur nimmt der «Hochpfad der Beredsamkeit» («Nahj al-balāgha») ein, eine Sammlung von Predigten, Gebeten, Sprichwörtern etc., die dem ersten Imam, ʿAlī ibn Abī Ṭālib, zugeschrieben werden. Dieses Werk, das nicht zuletzt wegen seiner literarischen Brillanz auch im sunnitischen Bereich geschätzt wird, ist im 10. Jahrhundert von ash-Sharīf ar-Raḍī zusammengestellt worden. Zitate aus dem «Nahj al-balāgha» finden sich bis in die Gegenwart in den Literaturen islamischer Völker. Desgleichen haben zahlreiche Stücke aus der «Ṣaḥīfa sajjādīya», einer Sammlung von Gebeten, die dem vierten Imam ʿAlī Zain al-ʿĀbidīn (mit dem Beinamen «as-Sajjād», etwa: der eifrige Beter) zugeschrieben werden, ihren Weg in viele sunnitische Gebetbücher gefunden.

Auch nach dem Ende der Buyidenherrschaft, in der Zeit der sunnitischen Restauration unter den Seldschuken-Sultanen, ging die Entwicklung der religiösen Wissenschaften der Zwölferschia weiter. Zu den großen Leistungen dieser Epoche gehören der Korankommentar des Ṭabarsī (gest. 1153?) und der «Tajrīd» des Naṣīr ad-Dīn Ṭūsī (gest. 1273), ein Werk, mit dem die systematische Theologie der Zwölferschia einsetzt.

Im 14. und 15. Jahrhundert kommt es einerseits zu einer Verschmelzung von schiitischer Theologie und dem nahezu pantheistischen Mystizismus des Sunniten Muḥyī ad-Dīn ibn al-ʿArabī (gest. 1240) – so besonders bei Ḥaidar al-Āmulī (gest. nach 1385) –, während andererseits die Entwicklung der Rechtswissenschaft weitergeführt wird und die Verteidigung der zwölferschiitischen Lehre gegen sunnitische Kritik in umfangreichen apologetischen Werken ihren Niederschlag findet, so etwa im «Minhāj al-karāma» des ʿAllāma al-Ḥillī (gest. 1326). Die umfassendste und schärfste sunnitische Entgegnung darauf ist der «Minhāj as-sunna» des Ibn Taimīya (gest. 1328).

Die mystisch-gnostische und philosophisch-theosophische Richtung des zwölferschiitischen Islams, die ihre bedeutendste Ausprägung in den Schriften des Mullā Ṣadrā Shīrāzī (gest. 1640) gefunden hat, ist bis in die Gegenwart im Milieu der schiitischen Derwischorden Irans lebendig erhalten worden.

Im 17. und 18. Jahrhundert sind drei sehr wichtige Hadith-Kompilationen entstanden, in denen das Material der vier Grundlagen-Werke überliefert und z.T. durch weiteres ergänzt, neu geordnet und durch Einleitungen, Kommentare etc. vermehrt worden ist. Es handelt sich um den «Wāfī» des Muḥsin Faiḍ Kāshānī (gest. 1680), die «Wasāʾil ash-shīʿa» des Ḥurr al-ʿĀmilī (gest. 1692) und die «Biḥār al-anwār» des Muḥammad Bāqir al-Majlisī (gest. 1699).

Der Einfluß der vier Grundlagen-Werke und dieser späteren Hadith-Sammlungen erstreckt sich auf das gesamte zwölferschiitische Geistesleben und reicht ungebrochen bis in die Gegenwart. Die Korankommentare sind weitgehend von ihnen abhängig.[7] Weder die spekulative Theologie und Philosophie der Zwölferschia noch ihre Rechtswissenschaft sind ohne den ständigen Rückgriff auf die in diesen Werken niedergelegte Überlieferung verständlich. Freilich ist zu berücksichtigen, daß das gewaltige Hadith-Material, das in diesen Schriften vorliegt, ungeachtet aller Versuche einer kritischen Sichtung (wie schon bei Kulainī) eine große Zahl von widersprüchlichen Äußerungen des Propheten und der Imame enthält und daß sich daraus ein jahrhundertelanger Streit innerhalb der Zwölferschia hinsichtlich der Behandlung dieser Äußerungen ergeben hat.

Die «Kirchenväter» der Buyiden-Zeit hatten unter dem Einfluß der mutazilitischen Theologie rationalistische Prinzipien in die Beurteilung des Propheten-, und besonders des Imam-Hadith (der sog. *akhbār*) eingeführt. Gegen diese Methoden, die die Verwerfung vieler *akhbār* als unecht (und damit als ungeeignet z.B. für die Begründung von Rechtsentscheidungen) zur Folge hatte, erhob sich schon früh Widerspruch. Eine traditionalistische Schule, die *Akhbārīya,* setzte sich dagegen zur Wehr, daß die Vernunft zum Maßstab der Verwendbarkeit von Hadithen gemacht wurde. Diese Schule räumt den *akhbār* der Imame gewissermaßen einen Vorrang gegenüber Koran und Propheten-Hadith ein, indem sie die von den «Kirchenvätern» als echt anerkannten *akhbār* zum alleinigen Schlüssel des Verständnisses des Korans und des Propheten-Hadith erklärt. Eine weitergehende, rationalistische Klassifizierung und Interpretation des in den vier Grundlagen-Werken enthaltenen Materials lehnt die *Akhbārīya* ab.

Sie wendet sich damit, was die Frage des Hadith betrifft, gegen die Anwendung des *ijtihād*. Der *ijtihād* ist eine auf Vernunft gegründete Methode der selbständigen Wahrheitsfindung überall da, wo als echt anerkannte Hadithe einander zu widersprechen oder mit Aussagen des Korans im Widerspruch zu stehen scheinen. Dies ist die Methode der (nach jahrhundertelangen Auseinandersetzungen letztlich siegreichen) Gegner der *Akhbārīya*, nämlich der *Uṣūlīya* oder *Mujtahidīya*. Diese gestehen freilich die Fähigkeit zum *ijtihād* nicht jedem einzelnen Gläubigen zu, ja nicht einmal jedem, der eine theologische Ausbildung hat. Vielmehr betonen sie, daß die Anwendung des Prinzips selbständiger, rationaler, wissenschaftlicher Entscheidung in Fragen des Hadith (und damit verbunden des zwölferschiitischen Rechts) eine umfassende, intensive Schulung erfordere: Nur so werde man *mujtahid* (d.h. zum *ijtihād* berechtigter Religionsgelehrter). Naturgemäß seien nur wenige intellektuell qualifiziert, diesen Rang zu erreichen. Der einfache Gläubige, der hinsichtlich seiner religiösen Praxis und allgemeinen Lebensführung Irrtümer und Schlimmeres vermeiden will, ist der Lehre der *Uṣūlīya* zufolge verpflichtet, einem *mujtahid* seiner Wahl zu folgen. Dieser Auffassung setzen die Anhänger der *Akhbārīya* die Meinung entgegen, daß jeder mit der Überlieferung der Imame vertraute Gläubige in der Lage sei, ohne weitergehende Ausbildung oder ständige Anleitung seine religiösen Pflichten zu erfüllen. Wo er sich nicht in der Lage sehe, den scheinbaren Widerspruch zwischen zwei Hadithen zu lösen, solle er eine Entscheidung unterlassen. Sowohl eigener *ijtihād* als auch die Befolgung *(taqlīd)* eines *mujtahid* seien verboten.

Im 17. und 18. Jahrhundert hatte die *Akhbārīya* durch das Wirken einiger hervorragender Theologen gegenüber den bis dahin überlegenen Anhängern der *Uṣūlīya* an Boden gewonnen. Vom Ende des 18. Jahrhunderts an ging allerdings ihr Einfluß zurück, und heute gibt es nur noch kleine Restgemeinden (besonders im Gebiet von Khorramshahr/Abadan und auf Bahrain).

Der Sieg der *Uṣūlīya* hat die Herausbildung eines aus *mujtahids* bestehenden religiösen Establishments bei den Zwölferschiiten gefördert, für das die Verwendung des Begriffs «Klerus» durchaus eine Berechtigung hat. Allerdings bleibt die Abgrenzung dieses Klerus «nach unten» im Vergleich zu den Verhältnissen etwa in der römisch-katholischen Kirche unscharf. Für die Masse der einfachen Theologen sind heute (jedenfalls im iranischen Bereich) die Bezeichnungen *mullā* oder *ākhūnd* üblich. Unter den *mujtahids*, denen häufig Ehrentitel wie *ḥujjat al-islām* (Autorität [für die Lehre] des Islams) gegeben werden, erlangen einige einen weiteren, höherwertigen, nämlich den eines *āyatullāh* ([wunderbares] Zeichen Gottes). Der oberste *mujtahid*, genannt *marjaʿ at-taqlīd* (letzte theologische Instanz, an der der Gläubige sich zu orientieren hat), heißt dementsprechend auch *al-āyatullāh al-ʿuẓmā* (wörtl.: größtes der [wunderbaren] Zeichen Gottes). Wenn ein *marjaʿ* – wie z.B. Khumainī – auch als «Imam» bezeichnet wird, so hat dies mit einer Gleichstellung mit den zwölf Imamen (s.o.) nichts zu tun. Das Wort (wörtl.: Vorbeter) bedeutet in diesem Zusammenhang etwa «oberster (politisch-) religiöser Führer». Als solcher ist der *marjaʿ at-taqlīd* lediglich «Stellvertreter» des (zwölften, verborgenen) Imams *(nāʾib al-imām)*.

Titel wie die eines *āyatullāh* oder *marjaʿ at-taqlīd* werden nicht formal verliehen. Sie können nicht verliehen werden, denn es gibt hierfür keine Institution, die das tun könnte. Es handelt sich vielmehr um Ehrentitel, die aus der Masse der Gläubigen einem *mujtahid* angetragen und von anderen *mujtahid*s in irgendeiner Form gebilligt werden, wenn dieser (durch zahlreiche Schriften, erfolgreiche Ausbildung vieler Studenten, vorbildliche Lebensführung usw.) überragendes Ansehen erlangt hat. Sehr viele der *āyatullāhs* sind Saiyids, d. h. sie stammen aus Familien, die sich der Abstammung vom Propheten Muḥammad (und damit enger Verwandtschaft mit den Imamen) rühmen können.

d) Orthodoxie und Volksglaube

Die *mujtahids* sehen sich selbst naturgemäß als Hüter der zwölferschiitischen Orthodoxie. Vielen Ausprägungen des Volksglaubens stehen sie ablehnend gegenüber. In ihrem Bemühen, möglichst viele der einfachen Gläubigen auf ihre Seite zu ziehen, sind jedoch nicht wenige *mujtahid*s bereit, auch unorthodoxe Vorstellungen und Praktiken nicht nur nicht zu kritisieren, sondern sogar zu rechtfertigen. Hier spielt nicht zuletzt ihre Rivalität mit anderen *mujtahid*s um Macht und Einfluß eine erhebliche Rolle.

Durch die populäre zwölferschiitische Unterhaltungs- und Erbauungsliteratur sind die in den klassischen Hadith-Sammlungen und Korankommentaren enthaltenen Legenden über die vorislamischen Propheten sowie über Muḥammad und die Imame im Volk verbreitet und dabei weiter ausgeschmückt worden.

Der Märtyrertod der Imame (s. o. S. 76) ist jener populären Überlieferung zufolge bereits Adam, Noah, Abraham, Moses und Jesus verkündet worden, und diese haben ihrer unendlichen Trauer über dieses künftige Geschehen, und hier besonders über die Ereignisse von Kerbela, in bewegten Worten Ausdruck gegeben.

Im zwölferschiitischen Volksglauben und in der entsprechenden Literatur spielt die Verehrung für Fāṭima eine Rolle, die in mancher Hinsicht an die Marien-Verehrung im christlich-katholischen Bereich erinnert. Nicht selten wird sie direkt mit Maryam (Maria), der Mutter Jesu, verglichen. In den Passionsspielen im Monat Muḥarram, in denen die Leidensgeschichte der Imame (auch hier wieder besonders Kampf und Tod Ḥusain ibn ʿAlīs bei Kerbela) und der anderen Märtyrer der Schia theatralisch dargestellt wird, spielt Fāṭima eine wesentliche Rolle.

Diese Passionsspiele[8] enthalten eine große Zahl von Legenden und phantastischen Ausschmückungen, einschließlich frei erfundener Hadithe. Viele der orthodoxen Theologen der Zwölferschia beurteilen die Passionsspiele und die ihnen vorangehenden bzw. folgenden Prozessionen mit Skepsis oder gar eindeutiger Ablehnung. Sie haben es aber nicht vermocht (und auch nicht entschieden versucht), diese Spiele zu unterbinden oder im Sinne der orthodoxen Lehre zu reformieren. Dies gilt auch für ihre ambivalente Haltung gegenüber den Selbstgeißelungen und Selbstverletzungen mit Ketten bzw. Schwertern (als Zeichen der Trauer um die Märtyrer-Imame), die seit Jahrhunderten einen festen Bestandteil der Muḥarram-Feierlichkeiten darstellen.[9]

Die religiöse Erregung, in die alljährlich in den Trauer-Veranstaltungen des Muḥarram *(taʿziya)* Hunderttausende schiitischer Gläubiger geraten, hat sich als äußerst wirksames Mittel erwiesen, schiitische Vorstellungen in der Masse des Volkes zu verbreiten bzw. wachzuhalten und diese Menschen gegen angebliche oder tatsächliche Feinde des schiitischen Islams zu mobilisieren. In der iranischen Revolution von 1978/79 hat sich dies eindrucksvoll erwiesen. Freilich kann die Erregung der Frommen überall dort, wo die *taʿziya*-Veranstaltungen in der Nachbarschaft von Sunniten stattfinden, auch zu Zwischenfällen führen, die den *ʿulamāʾ* (und der jeweiligen Regierung) in der Regel unerwünscht sind. So gibt es z. B. in Indien und Pakistan immer wieder einmal interkonfessionelle Zusammenstöße, wenn Sunniten sich durch die bei den Muḥarram-Prozessionen da und dort allzu laut werdende (manchmal auch nur vermutete) Verfluchung von Prophetengefährten herausgefordert fühlen.

Nach zwölferschiitischer Lehre ist nur der ein wahrer Gläubiger, der den Imam seiner Zeit (seit 874 n. Chr. also den zwölften, verborgenen) kennt und anerkennt. Die Imame können bei Gott für die Mitglieder ihrer Gemeinde Fürsprache einlegen. Der Besuch ihrer Gräber ist ein verdienstvolles, segenverheißendes Werk. Die Ablehnung des Gräberkults (bis hin zur Zerstörung von Grabkuppeln), die in weiten Bereichen der sunnitischen Welt unter dem Einfluß der *Salafīya*-Bewegungen Anhänger gewonnen hat, ist für die Zwölferschiiten unannehmbar. Die Zerstörung der Kuppeln über den Gräbern der Imame in Medina (s. o. S. 74 f.) durch die Wahhabiten (1926, wie schon einmal 1804) ist bis in die Gegenwart in der schiitischen Welt unvergessen und immer wieder einmal Anlaß für schiitische Würdenträger, bei der saudi-arabischen Regierung für eine zumindest partielle Restaurierung zu plädieren. Ein Besuch *(ziyāra)* bei den Gräbern der Imame (z. B. bei ʿAlī ar-Riżā in Meschhed, dem einzigen Imam der Zwölfer, der auf dem Boden Irans begraben liegt) enthebt nach orthodox-zwölferschiitischer Auffassung nicht von der Pflicht zur Pilgerfahrt *(ḥajj)* nach Mekka, gilt aber dem Bewußtsein der frommen Masse als etwas zumindest Vergleichbares. Auch die Gräber der zahllosen Abkömmlinge der Imame (pers. *imām-zādah*) sind Gegenstand der Verehrung. In Iran sind dies vor allem die folgenden: das Grab der Schwester des achten Imams ʿAlī ar-Riżā, Fāṭima, genannt Ḥażrat-i Maʿṣūma (etwa: die Sündlose), in Qum (einem frühen Zentrum der Schia in Iran); Ḥażrat-i ʿAbd al-ʿAẓīm bei Teheran; Shāh Čirāgh in Schiras und Shāh Niʿmatullāh Walī bei Kerman.

Die meisten schiitischen Mekka-Pilger schließen an ihre Pilgerfahrt einen Besuch auf dem Friedhof Baqīʿ al-Gharqad in Medina an, um die Gräber der dort bestatteten vier Imame und anderer Angehöriger des Hauses des Propheten zu besuchen. Vor allem die Pilger aus Iran verbinden ihre Hin- oder Rückreise nach Möglichkeit auch mit einer *ziyāra* zu den Imam-Gräbern im Irak. Um die Gräber der dort bestatteten Imame (s. o. S. 74 f.) sind bedeutende Wallfahrtsorte entstanden. Besonders Kerbela und Nadschaf sind von weitläufigen Friedhöfen umgeben: Seit Jahrhunderten sind die Leichname frommer Schiiten, die im Tode ʿAlī und Ḥusain nahe sein wollten, dorthin überführt worden. Außerdem geschieht es häufig, daß Schiiten sich in höherem Alter in einem der Wallfahrtsorte niederlassen, um die letzten Jahre ihres Lebens in der «Nachbarschaft» *(mujāwara)* eines Imams zu verbringen und dort beerdigt zu werden. Besonders Nadschaf und Kerbela gelten zugleich als Zentren theologischer Gelehrsamkeit, in denen sich Studenten und Gelehrte aus der gesamten schiitischen Welt versammeln.

Jahrhundertelang waren die meisten der führenden Theologen in den schiitischen Wallfahrtsstätten des Irak (den sogenannten *ʿatabāt*) Iraner bzw. verwandtschaftlich eng mit den berühmten Gelehrten-Familien Irans verbunden. Diese Dominanz der Iraner, die im Irak erst in letzter Zeit aus politischen Gründen zurückgegangen ist, steht in einem historischen Zusammenhang mit der Tatsache, daß die zwölferschiitische Richtung des Islams (wie auch andere Strömungen der Schia) schon früh Anhänger in Iran gefunden hat. Es kommt hinzu, daß in Iran – wie sonst in keinem islamischen Land – die Zwölferschia (seit dem 16. Jahrhundert) die offiziell herrschende Konfession ist. Allerdings ist die in populären westlichen und sunnitisch-muslimischen Darstellungen verbreitete Ansicht, daß die Zwölferschia so etwas wie die iranische Variante des Islams sei, eine Verzeichnung des Sachverhalts. Die Schia ist im 7. Jahrhundert im arabischen Milieu des Hedschas und des Irak entstanden. Bis ins 16. Jahrhundert befanden sich die schiitischen Gruppen in Iran den Sunniten gegenüber in der Minderheit. Die historische Wende zugunsten der Schia kam mit dem Sieg turkstämmiger Stammesverbände, die den Führern eines extrem schiitischen Ordens folgten. Die Glaubensvorstellungen dieses Ordens, der *Ṣafawīya,* harmonierten in wesentlichen Punkten nicht mit denen der zwölferschiitischen Orthodoxie. Dies gilt vor allem für die in der *Ṣafawīya* propagierte Vorstellung von der göttlichen Natur des Ordensführers. Im Jahre 1501, nach der Eroberung von Täbris und seiner Thronbesteigung als Schah von Iran, erklärte der Ordensmeister Ismāʿīl die Zwölferschia zur offiziell herrschenden Konfession des Landes. In der Folgezeit hat die aus der Führung der *Ṣafawīya* hervorgegangene Dynastie der Safawiden es verstanden, die fanatischen, extrem schiitischen Stammesverbände, denen sie ihren Sieg verdankte, zu zähmen oder zu liquidieren. Zur Legitimierung ihres Vorgehens stützten sich die Safawiden auch auf orthodox-zwölferschiitische Gelehrte, die von ihnen aus arabischen Zentren der Zwölferschia, und zwar besonders aus dem Libanon und aus Bahrain, ins Land gerufen worden waren. Die Entwicklung der zwölferschiitischen Lehre in Iran ist also auch nach 1500 noch von Theologen arabischer Herkunft (besonders aus dem Jabal ʿĀmil im Südlibanon, daher der häufige Name ʿĀmilī) mitgestaltet worden. Im Laufe der Jahrhunderte ist – nicht zuletzt durch Heirats-Verbindungen – aus einer Reihe von arabisch-iranischen Theologenfamilien eine Art von zwölferschiitischer Gelehrtenaristokratie entstanden, deren religiös-politischer Einfluß auf ihre Gemeinden in Iran, im Irak und im Libanon beträchtlich ist. Ein Beispiel ist die ursprünglich aus dem Südlibanon stammende Familie Ṣadr, die im 20. Jahrhundert in diesen drei Ländern eine Rolle gespielt hat bzw. noch spielt.[10]

Was das «iranische Erbe» in der Zwölferschia betrifft, so zeigt es sich – hauptsächlich in Iran, durch Vermittlung z. T. aber auch im arabischen Bereich –

am ehesten in populären Vorstellungen und Bräuchen sowie in der Art der Wahrnehmung ritueller Pflichten. So mag es durchaus richtig sein zu behaupten, daß die extreme Umsicht, die fromme Zwölferschiiten im Alltag hinsichtlich der vom Islam vorgeschriebenen rituellen Reinheit zeigen, etwas mit entsprechenden zoroastrischen Lehren zu tun hat. In ihrer Selbstdarstellung und historischen Legitimation, in ihren Namen, Titeln und ihrem Hofzeremoniell haben viele Herrscher Irans in islamischer Zeit, und zwar bis in die Gegenwart hinein, bemerkenswerte Verbindungen von Altiranischem und Islamisch-Schiitischem vorgenommen. Mit der Lehre und dem Selbstverständnis der Zwölferschia hat dies aber nur bedingt etwas zu tun.

e) Die Zwölfer, der Mahdi und die weltliche Macht

«Mit der Stirn auf dem heiligen Boden der Gräbergnadenorte liegend; weinend allezeit das Sterben ihrer Herren an ihrem Leibe tragend; bei Verfolgungsgefahr ihr Bekenntnis durch Verstellung verhüllend; vom offiziellen Islam unbefriedigt gelassene Seelenaffekte fein witternd und in leisetretender, aber ebenso geschickter wie unermüdlicher Propaganda ausnutzend; an Fürstenhöfen mit feiner listiger Diplomatie arbeitend; im Eifer um ihre Märtyrer fremden «Ketzern» den Märtyrertod bringend; in den Kriegslagern von Welteroberern brutale Kräfte nach ihren Zielen lenkend – das ist die Schia.» R. Strothmann: «Die Zwölfer-Schīʿa» (Leipzig, 1926), 6.

Mit der Vorstellung vom zwölften Imam als dem zu erwartenden Erlöser und Mahdi (s.o. S. 77) ist in der Zwölferschia aufs engste die Lehre verbunden, daß bis zu seiner Rückkehr aus der Verborgenheit jegliche politische Herrschaft – auch die eines Herrschers, der sich zur Zwölferschia bekennt – nur bedingt legitim sein kann.[11] Die Einstellung der Gläubigen zu einer derartigen Herrschaft hängt davon ab, ob und in welchem Maße sie die Prinzipien des (zwölferschiitischen) Islams respektiert. Die Entscheidung darüber, ob dies der Fall ist, liegt – jedenfalls theoretisch – bei den schiitischen Gelehrten. Diesen kommt insofern eine Autorität zu, die direkt in den Bereich der Politik hineinragt. Die Vorstellung von einem konkreten Wächteramt der obersten *mujtahids* hat sich allerdings erst allmählich herausgebildet, war auch unter Theologen nie unumstritten (es gab stets eine quietistische, ja sogar eine «royalistische» Strömung) und hat erst im 20. Jahrhundert zu eindeutigen Forderungen hinsichtlich der Kontrollfunktion der qualifiziertesten Rechtsgelehrten geführt. Ihre bisher extremste Ausprägung hat diese Vorstellung in der Lehre Khumainīs von der (für den zwölften Imam, den Mahdi) stellvertretenden, direkten Machtausübung des bestqualifizierten Rechtsgelehrten (pers. *wilāyat-i faqīh*) gefunden. Diese Institution ist auch in der Verfassung der Islamischen Republik von 1979 verankert worden, hat aber, was die Auslegung durch Khumainī und seine Anhänger betrifft, inzwischen auch durch schiitische Theologen Kritik erfahren.

Khumainī hat versucht, seine Doktrin aus der Tradition des schiitischen Staatsdenkens herzuleiten. Bei den «Kirchenvätern» des 10. und 11. Jahrhunderts findet sich diese Lehre allerdings noch nicht. Vielmehr hatten diese die Konsequenz aus der Tatsache zu ziehen, daß, vom vierten Imam an, alle Imame, und ganz besonders der sechste Imam Jaʿfar aṣ-Ṣādiq, eine quietistische Haltung eingenommen haben. Die Gemeinde hatte sich, da die Wiederkehr des zwölften Imams auf sich warten ließ, mit der andauernden Realität illegitimer Herrschaft abzufinden. Ihre Rechtsgelehrten mußten somit auch die Frage entscheiden, inwiefern für einen Zwölferschiiten eine Tätigkeit im Dienste eines (unter dem Gesichtspunkt der Abwesenheit des zwölften Imams zwangsläufig) illegitimen Herrschers (sei er nun Sunnit oder Schiit) erlaubt sein könne. Dabei mußte zwischen dem illegitimen, aber gerechten, und dem illegitimen und zugleich ungerechten Herrscher unterschieden werden. Die Antworten der Gelehrten sind im Zusammenhang mit der konkreten historischen Situation zu sehen, in der sie gegeben wurden: Ihr Inhalt reicht von strikter Ablehnung jeglicher Zusammenarbeit bis zu der Entscheidung, daß ein Zwölferschiit selbst einem ungerechten illegitimen Herrscher dienen dürfe, wenn dies der Sicherheit bzw. Stärkung der zwölferschiitischen Gemeinde dienlich sei. Unter bestimmten Umständen könne dieser Dienst sogar zur Pflicht werden.

In der Tat haben Zwölferschiiten nicht nur unter Herrschern ihrer eigenen Konfession, sondern auch unter Sunniten hohe Positionen im Staat eingenommen. In diesem Zusammenhang erwies es sich als vorteilhaft, daß die Gelehrten der Zwölferschia eine spezifische Lehre vom Erlaubtsein des bewußten Verschweigens des eigenen Bekenntnisses (*taqīya* oder *kitmān*) entwickelt haben. *Taqīya* ist erlaubt, ja dringend geboten, wenn dies der persönlichen Sicherheit in einer feindlichen Umwelt oder dem Schutz der zwölferschiitischen Gemeinde und ihrer Interessen dient.

Khumainī hat sich bemüht, die in der soeben skizzierten Lehre angelegte Tendenz zum Quietismus zurückzudrängen. Er geht von der These aus, die Verborgenheit des zwölften Imams könne nicht bedeuten, daß die Gesetze des Islams bis zu dessen Wiederkehr außer Kraft gesetzt seien. Die Gegenwart der islamischen Welt sei aber gerade durch die weitgehende Zurückdrängung der *sharīʿa* gekennzeichnet. In dieser Situation werde Revolution zur Pflicht. Ziel dieser Revolution müsse die Etablierung einer wahrhaft islamischen Ordnung sein, wie sie zur Regierungszeit des Imams ʿAlī (656–661) bestanden habe. Die Regierung dieses islamischen Staates müsse durch einen anerkannten, gerechten Rechtsgelehrten *(faqīh)* oder ein Kollegium solcher Gelehrter kontrolliert werden. Hinsichtlich ihrer *Funktion* als Inhaber von Regierungsgewalt und Herren der Rechtsprechung unterscheiden sich diese Gelehrten, so Khumainī, nicht grundsätzlich vom Propheten oder von den Imamen. In *dieser* Eigenschaft sind sie deren Nachfolger und Erben.

Khumainī untermauert seine Argumentation durch eine sehr weitgehende Auslegung von Koran 4:60 bzw. einer Äußerung des Imams Jaʿfar aṣ-Ṣādiq dazu. Demzufolge ist es den Gläubigen eindeutig verboten, sich zur Entscheidung ihrer strittigen Angelegenheiten an (den oder die) Götzen *(ṭāghūt)* zu wenden – worunter, wie Jaʿfar aṣ-Ṣādiq anläßlich eines bestimmten Falles gesagt haben soll, auch jeder Vertreter der illegitimen Staatsgewalt zu verstehen sei. Khumainī identifiziert nun Regime wie das des Schahs eindeutig mit dem *ṭāghūt*, erklärt also Gehorsam gegenüber diesem und ähnlichen Regimen zu einer Art Götzendienst.[12]

Mit dieser Interpretation und mit dem gleichzeitigen Versuch, den legitimen Anwendungsbereich der *taqīya* zu begrenzen, hat Khumainī einem militanten Fundamentalismus zum Durchbruch verholfen, wie er in dieser Form im zwölferschiitischen Bereich bisher nicht bekannt war. Seine langfristige Wirkung im schiitischen und außerschiitischen Bereich ist noch nicht eindeutig abzuschätzen.[13]

Der von Khumainī repräsentierte schiitische Fundamentalismus ist auch durch ein auffallendes (zumindest verbales) Engagement für die sozial Unterdrückten gekennzeichnet. Er teilt dieses Engagement mit dem, von Intellektuellen mit westlicher Ausbildung beeinflußten, schiitischen Modernismus. Zu ihm bekennen sich große Teile des linken Flügels der islamischen Revolutionsbewegung in Iran sowie entsprechende zwölferschiitische Bewegungen im Irak, im Libanon etc. Ideologische Kultfigur dieser Strömungen ist der 1977 in England verstorbene iranische Religionssoziologe ʿAlī Sharīʿatī. In seinen Schriften findet sich immer wieder der Hinweis auf den Prophetengefährten und Anhänger ʿAlīs, Abū Dharr al-Ghifārī, als Vorkämpfer eines eigenständigen, echt islamischen (schiitischen) Sozialismus.[14]

Die Diskrepanz zwischen dem Islam- und Schia-Verständnis Khumainīs einerseits und Sharīʿatīs andererseits ist offensichtlich. Im Rausch der Revolution wurde sie zeitweilig verdrängt. Inzwischen sind die Gegensätze in praktisch-politischen Fragen, die sich daraus ergeben, offen zutage getreten (s. dazu den Beitrag «Iran» von U. Steinbach im vorliegenden Band).

2. Die Zaiditen

Die Anhänger der *Zaidīya* leben fast ausschließlich im nördlichen Jemen. Sie bildeten ca. 50% der Bevölkerung der Arabischen Republik (Nord-) Jemen. Von 897 bis 1962 verfügten sie in diesem Lande über einen Religionsstaat unter der Herrschaft von Imamen. Eine 864 in der Region südlich des Kaspischen Meeres errichtete zaiditische Herrschaft ist bereits 1126 untergegangen.

Die Geschichte des zaiditischen Imamats im Jemen beginnt mit Yaḥyā ibn al-Ḥusain, der das Oberhaupt einer kleinen Zaiditen-Gemeinde in Medina gewesen war und sich im Jahre 897 in Ṣaʿda (Nordjemen) festsetzte. Unter dem Herrschernamen al-Hādī errichtete er ein unabhängiges Imamat und begann, die zaiditische Konfession unter den Stämmen zu verbreiten. Seither hat das Zaiditentum die politische Geschichte des Jemen entscheidend beeinflußt, wenngleich bis ins 16. Jahrhundert hinein sunnitische Dynastien über große Teile des Landes geherrscht haben und die Imame danach (zeitweilig) gezwungen waren, die Oberhoheit der Osmanen zu akzeptieren. Bis zur Revolution von 1962 haben Nicht-Zaiditen im direkten Machtbereich der Imame nur selten einmal höhere Posten in

Politik und Verwaltung einnehmen können. Die Loyalität der zaiditischen Stämme gegenüber den Imamen mußte freilich immer wieder aufs neue erzwungen werden. Die tatsächliche Macht der Imame war häufig genug auf den engeren Umkreis ihrer Residenzen reduziert.

Die *Zaidīya* geht zurück auf Zaid ibn ʿAlī, einen Urenkel ʿAlī ibn Abī Ṭālibs und Sohn des vierten Imams ʿAlī Zain al-ʿĀbidīn (s.o. S. 75). Dieser Zaid ist 739/40 in Kufa (Irak) während eines Aufstands gegen die Umaiyaden gefallen. Er hat theologische Schriften verfaßt, doch ist die nach ihm benannte zaiditische Lehre erst durch spätere Anführer der Bewegung von anderen schiitischen Strömungen abgegrenzt und zu einem eigenen System gemacht worden, so vor allem durch al-Qāsim ibn Ibrāhīm (gest. 860). Die von al-Qāsim begründete Richtung innerhalb der *Zaidīya* ist die einzige, die noch heute existiert – nämlich im Jemen. Nur von ihr, und nicht von den anderen frühen zaiditischen Gruppen und deren Lehre, ist im folgenden die Rede.

Von allen in der Gegenwart noch bestehenden schiitischen Gemeinschaften steht die *Zaidīya* den Sunniten am nächsten. Ihre Imamatslehre und ihr *fiqh* unterscheiden sich wesentlich von denen der Zwölferschia und noch mehr von denen der Siebener und der *ghulāt*. Die hauptsächlichen Anforderungen, denen ein Kandidat für das Amt des Imams genügen muß, sind nach zaiditischer Lehre folgende:

Er muß zu den *ahl al-bait* gehören, wobei es unerheblich ist, ob er seine Abstammung auf Ḥasan oder Ḥusain ibn ʿAlī zurückführt. (Die Imame des Jemen waren überwiegend Ḥasaniden.) Eine starre Erbfolge wird abgelehnt. Entscheidend ist die Fähigkeit und Bereitschaft, mit Waffengewalt die Herrschaft zu erkämpfen und zu bewahren. Daher ist – im Unterschied zur Lehre der Zwölfer – das Imamat eines Kindes nicht möglich (s.o. S. 76). Desgleichen hat die *Zaidīya* die Lehre vom Erlöser-Imam und Endzeit-Herrscher *(mahdī)* bzw. von dessen zeitweiliger Entrückung *(ghaiba)* und später zu erwartender Wiederkehr nicht mit aufgenommen.

Die Imam-Reihe der Zaiditen ist nicht abgebrochen, sondern hat sich bis in die Gegenwart fortgesetzt. Allerdings wird im Staatsrecht der Zaiditen zugestanden, daß es eine Zeit ohne einen anerkannten, tatsächlich herrschenden Imam geben kann – eine angesichts der Situation im Jemen seit 1962 wichtige Bestimmung. Andererseits dürfen nach zaiditischer Lehre mehrere Imame gleichzeitig auftreten. Die Verdrängung eines Imams durch einen Gegen-Imam wird hingenommen, aber auch seine Wiedereinsetzung in die Würde eines Imams, wenn es ihm gelingt, den oder die Rivalen seinerseits zu verdrängen.

Eine feste dynastische Tradition konnte sich somit nicht entwickeln, und es gibt dementsprechend auch keine lückenlose Reihe von Imamen. In Übereinstimmung mit der Vorstellung von einem unter allen Umständen aktiv kämpfenden Imam wird die *taqīya* (s.o. S. 85) abgelehnt. Dem Imam und darüber hinaus allen Zaiditen ist vielmehr die Pflicht auferlegt, stets und in aller Offenheit für das Richtige einzutreten und das Verwerfliche zu bekämpfen *(al-amr bi-l-maʿrūf wa-n-nahy ʿan al-munkar)*. Ferner werden von einem zaiditischen Imam bedeutende theologische Kenntnisse und literarische Bildung verlangt. Dies hat zur Folge, daß von den zaiditischen Herrschern des Jemen zahlreiche theologische Abhandlungen und literarische Werke (auch Dichtungen) überliefert sind.

Mangelnde militärische Erfolge, Verletzung der religiös-sittlichen Normen, die Aufdeckung gravierender Wissenslücken, Gebrechen etc. können zur Absetzung eines Imams führen. Es ist offenbar, «daß das Imamat bei den Zaiditen ein schlichtes Gottesgnadentum für ein Amt ist, jedoch keinen character indelebilis hat» (R. Strothmann). Geschieht es, daß ein Imam seine beiden hauptsächlichen Pflichten unterschiedlich gut erfüllt, so kann ihm die Anerkennung als Voll-Imam versagt bzw. entzogen werden, d.h. er gilt dann nur als «Imam des Krieges» oder als «Imam des Wissens». Unterhalb des Ranges eines Imams gibt es im übrigen zaiditische Autoritäten wie den *dāʿī,* die evtl. einen Anspruch auf das Imamat anmelden können und dann um Anerkennung kämpfen müssen.

Wie angesichts einer so nüchtern-realpolitischen Imamatslehre zu erwarten, spielt der Glaube an Wundertaten der Imame bei den Zaiditen keine wesentliche Rolle. Mystik und Mystiker-Orden werden weitgehend abgelehnt, wenngleich der asketische Zug des Sufismus manche Zaiditen durchaus angezogen hat

Hinsichtlich des Rechts bietet die *Zaidīya* kein klar abgegrenztes Bild. Sie bekennt sich zum Anspruch ihrer Gelehrten (zu denen natürlich in erster Linie die Imame gehören), sich des *ijtihād* zu bedienen. Einzelne ihrer Rechtslehrer stehen in ihren Entscheidungen sunnitischen Autoritäten näher als anderen zaiditischen. Dies hat dazu beigetragen, daß im heutigen Jemen zaiditische und sunnitische (schafiitische) Gläubige bereit sind, in ein und derselben Moschee hinter einem Vorbeter ihr Gebet zu verrichten.

Was das Bild der Zaiditen von der frühislamischen Geschichte betrifft, so ist es nicht von dem Maße an Unversöhnlichkeit gekennzeichnet, das wir bei den Zwölfern finden (s.o. S. 71ff.). Zwar bestehen die Zaiditen darauf, daß ʿAlī der würdigste Anwärter auf das Imamat gewesen sei, doch lehnen sie es ab, die drei ersten Kalifen als Usurpatoren zu bezeichnen. Freilich haben die zaiditischen Imame sich in bestimmten Situationen, nämlich bei der Mobilisierung der zaiditischen Stämme gegen landfremde Sunniten, nicht gescheut, letztere als Ungläubige zu bezeichnen und einen *jihād* gegen sie auszurufen. Dies gilt noch für die Kämpfe gegen die Osmanen (1872–1914) und für die Agitation der «Royalisten» im Bürgerkrieg von 1962 bis 1967 (bzw. 1970) gegen die Ägypter. Solche *jihād*-Aufrufe richteten sich im Prinzip nicht gegen die einheimischen Sunniten (Schafiiten), soweit diese die landfremden Sunniten nicht unterstützten.

Auch heute noch spielen die Aliden (ʿAlī-Abkömmlinge) eine erhebliche Rolle im öffentlichen Leben. Sie bilden die einflußreiche Schicht der Saiyids *(sāda).* In ihren Kreisen hat die zaiditische Gelehrsamkeit ihre Pflegestätten, und zugleich sind viele Saiyids in wichtigen Verwaltungs-Positionen und als Richter tätig. Die Schicht der zaiditischen *sāda* des Jemen besteht aus etwa 60 Großfamilien. Sie alle kommen für den Anspruch auf das Imamat in Frage. In der neueren Geschichte haben jedoch nur drei von ihnen aus ihrer Mitte Imame hervorgebracht bzw. durchsetzen können (wenn man von einem Gegen-Imam aus der Familie Wazīr im Jahre 1948 absieht), nämlich die Familien Dailamī, Sharaf ad-Dīn und Ḥamīd ad-Dīn. Letztere hat die im 20. Jahrhundert regierenden Imame gestellt: Manṣūr (reg. 1890–1904), Yaḥyā (1904–1948, seit 1926 mit dem zusätzlichen Titel «König»), Aḥmad (1948–1962) und Badr (nur einige Tage im September 1962).

Die 1962 etablierte Staatsform der Republik[15] ist mit der traditionellen Auffassung des zaiditischen Imamats nicht in Übereinstimmung zu bringen. Dennoch führten Stammesrivalitäten und andere Faktoren dazu, daß einige zaiditische Stämme im Bürgerkrieg (1962–1970) zumindest zeitweilig die republikanische, überwiegend von Schafiiten gebildete Zentralregierung unterstützten.[16] Mit einer Anerkennung ihrer Legitimität im *religiösen* Sinne hatte dies freilich nichts zu tun. Dies gilt auch für die Situation seit 1970, doch gibt es inzwischen immerhin Ansätze für eine Reform der zaiditischen Staatslehre im Sinne einer Annäherung an bestimmte Prinzipien der Republik.[17]

Nach der Vereinigung von Nord- und Südjemen im Jahre 1990 dürfte die Frage der Wiedererrichtung eines zaiditischen Imamats allerdings weiter in den Hintergrund gerückt sein. Wenn überhaupt, so wäre es in Zukunft höchstens als religiös-politische Autorität für die zaiditische Minderheit im Jemen durchzusetzen, also nicht als Herrschaft über das gesamte Land. Auch ist keineswegs sicher, daß dieses Imamat wieder der Familie Ḥamīd ad-Dīn zufiele, und wohl ausgeschlossen, daß es sich, was die zaiditische Gemeinschaft betrifft, der archaisch-absolutistischen Methoden der Imame Yaḥyā und Aḥmad bedienen könnte.

IV.
Erneuerungsbewegungen im Islam vom 18. bis zum 20. Jahrhundert und die Rolle des Islams in der neueren Geschichte: Antikolonialismus und Nationalismus

(Rudolph Peters)

1. Erneuerungsbewegungen im 18. Jahrhundert und in der ersten Hälfte des 19. Jahrhunderts

Ein den meisten Offenbarungsreligionen gemeinsames Wesensmerkmal ist es, daß Reform gewöhnlich als Rückkehr zu den Ursprüngen und Wurzeln dargestellt wird, d.h. zur Reinform der Religion auf der Grundlage der offenbarten Texte und der Lehren der jeweiligen Stifter. Die christliche Reformation des 16. und 17. Jahrhunderts ist nur *ein* Beispiel für diese Erscheinung. Innerhalb des Islams hat es keine große Bewegung gegeben, die mit der Reformation vergleichbar wäre. Dennoch sind im Verlauf der islamischen Geschichte häufig geistige Strömungen aufgekommen, die den ursprünglichen, reinen Islam gegenüber der vorherrschenden «verderbten» Form der Religion zu vertreten beanspruchten und oft eng mit politischen Bewegungen verbunden waren. Aus Gründen, die noch nicht vollständig geklärt sind, waren das 18. und 19. Jahrhundert in dieser Hinsicht besonders fruchtbar. Einige Reformdenker machten sich in diesem Zeitabschnitt daran, den Islam zu erneuern. Manche von ihnen gründeten in diesem Zusammenhang politisch-religiöse Bewegungen. Diese Leute sind insofern bedeutsam, als viele ihrer Gedanken den islamischen Modernismus befruchteten, der in der 2. Hälfte des 19. Jahrhunderts entstand.

Jene religiösen Bestrebungen und Bewegungen werden gewöhnlich unter dem Oberbegriff «Fundamentalismus» zusammengefaßt. Dagegen ist nichts einzuwenden, wenn man sich der Tatsache bewußt ist, daß ein großer Unterschied zwischen islamischem und christlichem Fundamentalismus besteht. Da das Hauptelement des christlichen Fundamentalismus in der Schriftfrömmigkeit und der Zurückweisung der Bibelkritik besteht, können die meisten Muslime in dieser Hinsicht fundamentalistisch genannt werden.

Der islamische Fundamentalismus bedeutet aber noch mehr: Er bezeichnet Denkströmungen und Bestrebungen, deren Gottesbegriff eher transzendent als immanent ist, die der Einheit des Islams große Bedeutung beimessen und dessen (heutige) Vielgestaltigkeit verurteilen, die um die Authentizität des Islams bemüht sind und von außen kommenden Einflüssen Widerstand leisten, und die schließlich alle Gläubigen als vor Gott gleich ansehen und daher der Hierarchie abgeneigt sind.

Wie bei anderen monotheistischen Religionen besteht im Islam eine Spannung zwischen jenen, die das Anderssein Gottes und seine Existenz getrennt von der Schöpfung betonen, und jenen, die sagen, die Schöpfung sei Teil Gottes selbst und Gott manifestiere sich überall. Die erstgenannte Tendenz zeigt sich in der durch Schriftfrömmigkeit geprägten Islam-Auffassung der Gelehrten (arab. *ʿālim, Pl. ʿulamāʾ*). Wenn Gott von der Schöpfung getrennt ist, so kann der Mensch nur Kenntnis von Gott und seinen Geboten erlangen über die Offenbarung Gottes durch Muḥammad, also durch den Koran *(qurʾān)* und die Sunna, wie sie im Hadith (arab. *ḥadīth*) überliefert ist, wobei letzterer als mittelbare Offenbarung angesehen wird. Andererseits sehen die meisten Mystiker Gott als seiner Schöpfung innewohnend an und glauben an die Möglichkeit, durch mystische Erfahrung unmittelbar mit ihm in Verbindung treten zu können.

Seit seinem Entstehen im 7. Jahrhundert hat sich der Islam über ein riesiges Gebiet ausgedehnt. Regional wurde er von örtlich vorherrschenden Gebräuchen und Überlieferungen in einem so starken Maße beeinflußt, daß man von einem indonesischen, afrikanischen oder türkischen Islam mit jeweils eigenen Wesenszügen sprechen kann. Doch abgesehen von diesen gebietsmäßigen Unterschieden gibt es auch lehrspezifische: Es gibt Sunniten und Schiiten, bei den Sunniten die vier verschiedenen Rechtsschulen (arab. *madhāhib,* Sing. *madhhab*) und innerhalb der mystischen Richtung die verschiedenen Orden. Die Fundamentalisten streben danach, diese Unterschiede und Teilungen zu überwinden und alle Muslime in *einem* Glauben zu vereinen, in *einer* Lehre und Glaubensausübung. Dies aber kann nur geschehen, wenn man an der authentischen Überlieferung des Islams *(sunna)* festhält und fremde Einflüsse (arab. *bidʿa*) zurückweist.

Zusammen mit der Vorstellung von der Gleichheit aller Gläubigen sind dies die das fundamentalistische Denken kennzeichnenden Wesensmerkmale, was aber nicht heißt, daß alle Fundamentalisten eine völlig übereinstimmende Betrachtungsweise haben. Ordnet man die Vorstellungen eines Autors oder einer Denkschule als fundamentalistisch ein, so ist das kein absolutes Urteil, sondern nur ein bedingtes. Ich meine damit, daß der islamische Fundamentalismus kein genau bestimmter, fest umrissener Standpunkt ist, sondern eine Gegenposition im Verhältnis zu den Ideen anderer Denker. Wenn wir die Autoren und Bewegungen, mit denen wir uns in diesem Abschnitt befassen werden, als fundamentalistisch bezeichnen, so heißt dies nicht, daß sie sich sämtlich zur gleichen Lehrmeinung bekennen. Wir werden sehen, daß eine große Vielfalt an Vorstellungen vorhanden ist. Allen gemeinsam ist indessen die Tatsache, daß sie auf der «fundamentalistischen Bewertungsskala» höher eingestuft werden als die meisten anderen zeitgenössischen Denker innerhalb der Hauptströmung des Islams.

Es gibt nun – abgeleitet von den Grundproblemen, die den Fundamentalismus kennzeichnen – eine Anzahl ganz bestimmter Lehrmeinungen, denen man in den meisten fundamentalistischen Schriften begegnet. Die erste und im Hinblick auf spätere Entwicklungen entscheidende Meinung ist die, daß entsprechend qualifizierte Gelehrte nach wie vor den Koran und den Hadith unabhängig auslegen dürften *(ijtihād)* und nicht verpflichtet seien, sich an die Ansichten allein *einer* Rechtsschule zu halten. Nach der Doktrin, die im Gegensatz dazu im Islam vom 10. Jahrhundert an allmählich bestimmend wurde, war jedermann, wie gelehrt er auch immer sein mochte, verpflichtet, den Lehrmeinungen früherer Gelehrter seiner Rechtsschule zu folgen (arab. *taqlīd,* Nachahmung).

Die erstgenannte Meinung steht in der Tat in enger Beziehung zu sämtlichen Wesenselementen des Fundamentalismus. Die Verbindung zwischen *ijtihād* und Authentizität ist ganz offenkundig. Für den Fundamentalisten bedeutet *ijtihād,* sich unmittelbar den Quellen des Islams zuzuwenden, um auf diese Weise Gottes Gebote so zuverlässig wie möglich zu ermitteln, nämlich so, wie sie durch ihn seinem Propheten Muḥammad offenbart worden waren. Das pflichtgemäße Festhalten an der Lehrmeinung *einer* Rechtsschule führt demgegenüber das Element des verstandesgemäßen Erfassens ein, das dem Irrtum unterworfen sein kann. Daher stellt es für den Gläubigen ein Hindernis dar in seinem Bestreben, die authentischen Vorschriften zu erkennen, deren Kenntnis nur durch Vermittlung des Propheten zu erreichen ist. Mehr noch: Diese Rechtsschulen kamen erst im 3. Jahrhundert des Islams auf und gehören also nicht zum reinen Islam der ersten Generationen von Muslimen. Außerdem sind diese Rechtsschulen einer der Gründe für die Uneinigkeit unter den Muslimen gewesen, indem sie diese nötigten, unterschiedlichen Lehrmeinungen zu folgen.

Das Verhältnis von *ijtihād* und transzendentem Gottesbegriff der Fundamentalisten ist etwas komplizierter. Wie wir gesehen haben, bedeutet Transzendenz in diesem Zusammenhang, daß der Mensch Gottes Gebote ausschließlich über dessen Offenbarungen an die Propheten erfahren kann. Daher bildet das Prophetentum den einzigen Verbindungsstrang zwischen dem Schöpfer und der Menschheit. Nur dann kann ein Muslim wirklicher Gläubiger sein, wenn er Muḥammad folgt und gehorcht. Eben weil die Fundamentalisten der Ansicht sind, daß andere Wege der Verbindung zu Gott unmöglich seien, verurteilen sie auch streng die Auffassung, daß die Gründer der Rechtsschulen als Heilige unmittelbaren Zugang zum göttlichen Wissen hätten und mithin unfehlbar oder nahezu unfehlbar seien – eine Auffassung, die den Verfechtern des *taqlīd* oft dazu diente, ihre Haltung zu rechtfertigen.

Häufig wird behauptet, Fundamentalisten seien unversöhnliche Feinde des Mystizismus. Das ist jedoch falsch. Wie wir sehen werden, hat es fundamentalistische Bewegungen gegeben, die den Mystizismus ausübten, oder – anders ausgedrückt – es hat mystische Orden gegeben, die eine fundamentalistische Lehre besaßen. Richtig ist hingegen, daß die Fundamentalisten im allgemeinen eine feste Position gegenüber dem bezogen haben, was sie als Auswüchse der mystischen Lehre und Praxis ansahen, ohne indessen den Mystizismus selbst zu verurteilen.

Ein wichtiges Ziel ihrer Angriffe war die Lehre von der Einheit des Seins (arab. *waḥdat al-wujūd*), die zuerst von Ibn al-ʿArabī (gest. 1240) formuliert worden war und sich in Mystikerkreisen großer Beliebtheit erfreute. Diese Lehre besagt, daß außer Gott nichts bestehe und daß demzufolge das ganze All – den Menschen eingeschlossen – wesensgleich mit Gott sei. Eine solche Auffassung konnte zu polytheistischen Vorstellungen führen und stand natürlich dem Konzept der Fundamentalisten von der göttlichen Transzendenz ganz entgegen. Aber nach Meinung der Fundamentalisten fiel die Tatsache noch schwerer ins Gewicht, daß eben jene Lehre als Rechtfertigung für gesetzeswidrige (d.h. die *sharīʿa* mißachtende) Bestrebungen benutzt wurde. War einmal, so wurde argumentiert, das Endziel des mystischen Weges erreicht und war man eins mit Gott geworden, so war man auch nicht mehr daran gebunden, dem religiösen Gesetz zu folgen, das nur für normale Sterbliche verbindlich ist.

Ein weiterer Gegenstand der Kritik waren jene Rituale und Praktiken von mystischen Orden, die die Fundamentalisten als im Widerspruch zur Sunna stehend ansahen. Das schloß auf der einen Seite ekstatische Rituale ein, wie etwa Tanzen in Verbindung mit Musik – was nach der Auffassung vieler Muslime verboten ist –, auf der anderen Seite Praktiken wie das Verschlingen lebender Schlangen und brennender Kohle sowie das Durchbohren des Körpers mit Messern und anderen scharfen Gegenständen.

Zum Mystizismus gehört die Heiligenverehrung. Die Gründer und bedeutenden Scheichs (arab. Sing. *shaikh*) der meisten Orden werden von vielen Muslimen als heilige Männer (arab. Sing. *walī*) betrachtet, d.h. man glaubt, Gott habe ihnen wegen ihrer Frömmigkeit die Macht zum Wunderwirken gegeben, um sie auf diese Weise zu ehren. Weiterhin wird geglaubt, daß Gläubige jene Heiligen darum bitten könnten, Mittler bei Gott zu sein. Dies geht einher mit bestimmten Ritualen wie dem Besuch ihrer Grabstätten, dem Abbrennen von Kerzen und anderen frommen Handlungen. Die Fundamentalisten nehmen gewöhnlich Anstoß an der Heiligenverehrung. Sie verurteilen die damit im Zusammenhang stehenden Riten und Feste als im Widerspruch zur Sunna befindlich. Darüber hinaus betrachten sie diese Art von Heiligenverehrung als unvereinbar mit der monotheistischen Vorstellung, welche ihrer Auffassung nach einschließt, daß Gott der einzig zulässige Gegenstand der Verehrung und Anbetung sei. Da nun viele Heilige nur örtlich verehrt werden, fördern diese unterschiedlichen Kulte nach Ansicht der Fundamentalisten auch den Fortbestand der Spaltung der Muslime und verhindern ihre Einigung. Schließlich kritisieren die meisten Fundamentalisten die Vorstellung von einer Fähigkeit der Heiligen zur Mittlerschaft (arab. *tawassul*). Der Glaube daran, daß man mit Erfolg die Vermittlung durch Menschen suchen könne, wie außerordentlich auch deren Eigenschaften seien, schließe ein, daß man diesen Menschen zwischen sich selbst und Gott stelle, und das sei unvereinbar mit Gottes Transzendenz und mit dem Gedanken von der Gleichheit aller Gläubigen.

Dieser letztgenannte Punkt, die Gleichheit aller Gläubigen vor Gott, findet eine unterschiedliche Ausprägung. Fundamentalistische Autoren betonen häufig die Mäßigungsvorschriften, die sich im Koran und in der Sunna finden lassen. Diese Vorschriften untersagen ihren männlichen Anhängern, goldene Teller und Becher zu benutzen, Goldschmuck und seidene Gewänder zu tragen, oder ermahnen sie, die Hochachtung anderen Menschen gegenüber nicht zu übertreiben, etwa durch Küssen ihrer Hand oder durch Anreden mit übertriebenen Ehrentiteln.

Die fundamentalistischen Lehren, die ich soeben beschrieben habe, waren im 18. Jahrhundert nicht neu und ursprünglich. Die fundamentalistische Überlieferung ist wesentlich älter. Die meisten dieser Auffassungen lassen sich auf den bekannten Theologen und Rechtsgelehrten Ibn Taimīya (gest. 1328) und seinen Schüler Ibn Qaiyim al-Jauzīya (gest. 1350) zurückverfolgen; beide waren sehr bekannt durch ihre zahlreichen Schriften über eine Vielzahl religiöser Themen. Häufig beziehen sich spätere Fundamentalisten und sogar modernistische Autoren auf sie, besonders, um Meinungen zu stützen, die sich mit der Rechtsmethodologie (z.B. dem Problem von *ijtihād* und *taqlīd*), der Verurteilung der Praktiken bestimmter Mystikerorden, der Kritik an der Heiligenverehrung und der Frage des Mittlertums befassen.

Oft wird der Fundamentalismus als etwas angesehen, was gleichbedeutend ist mit Konservatismus. Das ist nicht richtig.

Konservatismus ist das Bestreben, die bestehende Ordnung beizubehalten und Änderungen entgegenzutreten. Haupt-Existenzgrund des Fundamentalismus ist es jedoch, die bestehende Ordnung als nicht in Übereinstimmung befindlich mit den reinen und ursprünglichen Grundsätzen des Islams abzulehnen. Er möchte Wandel, nämlich Wandel im Sinne einer Gestaltung der Gesellschaft nach dem Beispiel der Sunna des Propheten. Dies erklärt, warum fundamentalistische Bewegungen häufig aktionistisch und mit politischen Bewegungen verbunden sind. In einer Gesellschaft, in der Politik und Religion keine klar voneinander geschiedenen Begriffe sind, und wo die Religion alle anderen ideologischen Bereiche beherrscht, äußern sich politische und soziale Oppositionen gewöhnlich in der Form religiöser Opposition. Der Ruf nach der Anwendung der wahren islamischen Vorschriften ausschließlich auf der Grundlage des Korans und der Sunna übt Anziehungskraft auf diejenigen aus, die die bestehenden politischen und sozio-ökonomischen Verhältnisse mißbilligen und die bestehende Ordnung zum Besseren hin verändern wollen.

Fundamentalisten befinden sich daher oft im Gegensatz zu ihrer Umgebung und besonders zu den konservativen *ʿulamāʾ*. Bisweilen sind diese Gegensätze in bewaffnete Auseinandersetzungen umgeschlagen. In solchen Fällen nahm man Zuflucht zur Lehre vom *jihād*, dem Heiligen Krieg, und zwar ungeachtet der Tatsache, daß die Gegner nominell Muslime waren. In einem solchen Fall erklärte man die Gegner zu Abtrünnigen und Ungläubigen, gegen die ein Krieg ausgetragen werden müsse, um sie zu zwingen, echte Muslime zu werden.

Im folgenden befassen wir uns mit vier fundamentalistischen Autoren aus dem 18. und der ersten Hälfte des 19. Jahrhunderts. Ihre Bedeutung gründet sich nicht allein auf die Tatsache, daß sie eine wesentliche geistige und zuweilen auch politische Rolle in ihrer eigenen Zeit spielten, sondern auch auf den Einfluß, den sie auf das gegenwärtige islamische Denken ausüben.

Muḥammad ibn ʿAbd al-Wahhāb (1703/04–1792)

Eine der bekanntesten fundamentalistischen Bewegungen, und zwar eine, die auch heute noch von Bedeutung ist, wurde von Muḥammad ibn ʿAbd al-Wahhāb gegründet. Sie wird nach ihm gewöhnlich «Wahhabiten»-Bewegung genannt. Ihre Anhänger jedoch weisen diesen Namen zurück und bezeichnen sich selbst als *muwaḥḥidūn,* d.h. Bekenner der Einheit Gottes.

Muḥammad ibn ʿAbd al-Wahhāb wurde in der kleinen Provinzstadt ʿUyaina im Nadschd, dem Zentralteil der Arabischen Halbinsel, geboren. Nach Studien in Mekka, Medina, Basra und möglicherweise weiteren Städten im Nahen Osten ließ er sich 1739 wieder im Nadschd nieder und begann zu lehren. Seine Ideen brachten ihn jedoch in Gegensatz zum religiösen Establishment in seinem Aufenthaltsort Ḥuraimilāʾ. Er wurde gezwungen, den Ort zu verlassen, und ging in die Stadt zurück, in der er geboren worden war. Dort gewann er ihren Herrscher, ʿUthmān ibn Muʿammar, für seine Ideen. Zusammen zerstörten sie die Kuppeln mehrerer Heiligengräber und fällten einige Bäume, die vom Volk verehrt wurden. Der Herrscher begann, die koranischen Ahndungen für Verbrechen anzuwenden, ein Verfahren, das außer Gebrauch gekommen war. Dieser plötzliche Ausbruch religiösen Eifers verstörte die örtliche Bevölkerung, besonders die Stämme des Gebietes. Letztere drohten damit, ihre Tributzahlungen einzustellen und Kaufleute daran zu hindern, ihr Gebiet zu durchqueren, wenn Ibn Muʿammar diese Politik fortsetzen würde. Ibn Muʿammar gab diesen Drohungen schließlich nach und schickte Ibn ʿAbd al-Wahhāb 1743/44 weg.

Nun begab sich Ibn ʿAbd al-Wahhāb nach Dirʿīya, gleichfalls im Nadschd, über das die Familie Saʿūd herrschte. Nach einer gewissen Zeit nahm er Verbindung zum *amīr* Muḥammad ibn Saʿūd auf, der begriffen hatte, daß eine Partnerschaft mit Ibn ʿAbd al-Wahhāb nutzbringend sein könnte. 1745 traten die beiden Männer durch ein gegenseitiges Gelübde in ein förmliches Verhältnis ein.

Ibn ʿAbd al-Wahhāb versprach, den Emir (arab. *amīr*) nicht zu verlassen, der letztere wiederum gelobte, daß er in Übereinstimmung mit den strengen Regeln des islamischen Rechts nach wahhabitischer Auslegung regieren werde.

Eine der wahhabitischen Lehrmeinungen von entscheidender Bedeutung stellte in diesem Zusammenhang die Forderung dar, jeden, der sich nicht an die strengen Grundsätze des Monotheismus hielt – etwa durch Ausführen bestimmter religiöser Handlungen an Heiligengräbern, durch das Erbitten ihrer Vermittlung oder durch Anbeten von Steinen und Bäumen –, als Ungläubigen (arab. *kāfir*) anzusehen, gegen den Krieg zu führen Pflicht war. Da nun diese Handlungsweisen zur Volksreligion gehörten und weit verbreitet waren, folgte daraus, daß Krieg so lange nahezu gegen jedermann geführt werden konnte, bis diese Leute den Monotheismus wahhabitischer Prägung annahmen und sich selbstverständlich der Herrschaft der Emire aus der Familie Saʿūd unterwarfen.

Gleichzeitig konnten die Krieger der Saudis das Gefühl haben, daß sie einer religiösen Pflicht genügten und unmittelbar ins Paradies eingehen würden, wenn sie auf dem Schlachtfeld umkämen.

Diese Verbindung von religiösem Eifer und Streben nach weltlichem Gewinn erwies sich, wie schon elf Jahrhunderte früher, als erfolgreich. Als Ibn ʿAbd al-Wahhāb 1792 starb, herrschte die Saʿūdī-Dynastie über den größten Teil der Arabischen Halbinsel. 1803 (und nochmals 1806) wurde Mekka und 1805 Medina erobert. In diesen Jahren befand sich der Saʿūdī-Staat auf dem Höhepunkt seiner Macht, und seine Heerscharen griffen Städte außerhalb der Arabischen Halbinsel an, wie Damaskus und Kerbela. Im Osmanischen Reich gab die saudische Expansion Anlaß zu Beunruhigung. Der Sultan (arab. *sulṭān*) wollte diese Bedrohung beseitigen, war aber unfähig, die Heere der Saudis aus eigener Kraft zu besiegen. Deshalb ersuchte er Muḥammad ʿAlī, den osmanischen Statthalter von Ägypten, diese Aufgabe zu erfüllen. In einem sieben Jahre dauernden Krieg drängten die ägyptischen Soldaten die saudischen Streitkräfte zurück. 1818 eroberten sie die Stadt Dirʿīya, die Hauptstadt der Saudis, und zerstörten sie. Damit ging der erste Saʿūdī-Staat unter. Im Verlauf des 19. Jahrhunderts herrschten die Saudis zusammen mit den Abkömmlingen von Ibn ʿAbd al-Wahhāb über ein Fürstentum von wechselnder Ausdehnung im Nadschd. Erst in den zwanziger Jahren des 20. Jahrhunderts machten sie wieder von sich reden, als sie den Hedschas eroberten und das Königreich Saudi-Arabien errichteten, in dem die geistliche Macht in erheblichem Maße noch immer in den Händen der Familie des Ibn ʿAbd al-Wahhāb liegt.

Im Mittelpunkt der wahhabitischen Lehre steht die Erklärung der Einheit Gottes (arab. *tauḥīd*). Nach Ansicht der Wahhabiten hat dieser Begriff zwei Implikationen, nämlich einerseits die Anerkennung Gottes als des Herrn der Schöpfung, zum anderen das Bewußtwerden von Gott als einzig zulässigem Gegenstand der Anbetung und Verehrung. Wie wir gesehen haben, verurteilen sie alle jene Spielarten volkstümlicher religiöser Verhaltensweisen, die sie als unvereinbar mit der letztgenannten Implikation und als Zeichen des Polytheismus (arab. *shirk*) ansehen. In den Auseinandersetzungen zwischen den Wahhabiten und ihren Widersachern ist der Hauptstreitpunkt gewöhnlich der, ob Menschen, seien sie lebend oder tot, für andere bei Gott Mittlerdienste leisten können, ob der Besuch von Gräbern (in der Absicht, von den Toten Vermittlung bei Gott zu erlangen) erlaubt sei, und schließlich, ob Handeln in diesem Sinne gleichbedeutend mit Unglauben und Polytheismus sei.

Im Hinblick auf die Rechtsprechung bestehen die Wahhabiten darauf, daß man dem Koran und der Sunna folgen müsse. Obwohl sie sich als Hanbaliten betrachten, vertreten sie die Auffassung, daß die «Pforten des *ijtihād*» nicht geschlossen seien. Rechtsgelehrte mit ausreichenden Voraussetzungen können demnach weiter *ijtihād* ausüben und den Koran und den Hadith auslegen. Diese Form des *ijtihād* ist jedoch nicht vollkommen frei, wie dies für die Gründer der unterschiedlichen Rechtsschulen in den ersten Jahrhunderten des Islams galt. Heutzutage ist nur eine beschränkte Form des *ijtihād* zugelassen, «*ijtihād* vermengt mit *taqlīd*», wie es ein wahhabitischer Gelehrter bezeichnet hat. Die Wahhabiten meinen damit, daß qualifizierte Gelehrte unter den Lehrmeinungen der verschiedenen Rechtsschulen jene Regeln wählen können, die am besten mit Koran und

Sunna übereinstimmen, und daß es für sie nicht zwingend sei, den Auffassungen einer ganz bestimmten Schule zu folgen. In der Praxis hingegen hängen die Wahhabiten dem hanbalitischen *madhhab* an.

Es gibt jedoch einige Grundsätze, in denen sie von der vorherrschenden hanbalitischen Lehrmeinung abweichen und die daher als eigentlich wahhabitisch bezeichnet werden können. Sie vertreten etwa die Ansicht, daß Rauchen ein strafbares Vergehen sei, und setzen damit Tabak den alkoholischen Getränken gleich. Bartscheren und Benutzen des Rosenkranzes *(subḥa)* stehen nach ihrer Auffassung im Widerspruch zur Sunna des Propheten und seien deshalb zu untersagen. Ihnen zufolge ist es für jedermann Pflicht, am gemeinschaftlichen Freitagsgebet *(ṣalāt)* teilzunehmen, und nicht etwa nur eine Gemeinschaftspflicht, von der die Gemeinde als Ganzes entbunden ist, wenn eine hinreichende Zahl von Menschen tatsächlich daran teilnimmt. Schließlich, und das ist politisch äußerst folgenschwer, sind sie der Auffassung, daß all jene, die die *ṣalāt* nicht ausüben und keine Almosensteuer *(zakāt)* entrichten, schon allein dadurch Ungläubige seien und dafür getötet werden könnten. Dies widerspricht der Ansicht der Mehrheit der Gelehrten, die meinen, das träfe nur dann zu, wenn der Beschuldigte auch die Verpflichtung verneine, die *ṣalāt* zu vollziehen und die *zakāt* zu entrichten.

Shāh Walī Allāh ad-Dihlawī (1703–1762)

Im Unterschied zu seinen arabischen Zeitgenossen erlebte es der indische muslimische Gelehrte Shāh Walī Allāh nicht mehr, daß seine Ideen als geistige Grundlage eines Staates dienten. Das mag etwas damit zu tun haben, daß die Ideen von Shāh Walī Allāh nicht so unerbittlich streng wie die von Ibn ʿAbd al-Wahhāb waren. Letzterer betonte die Einheit Gottes und griff all jene an, die seine Überzeugungen nicht teilten; Shāh Walī Allāh hingegen stellte die Einheit des Islams und aller Muslime in den Vordergrund und war bestrebt, gegensätzliche Anschauungen zu versöhnen. Ungeachtet ihrer unterschiedlichen Verhaltensweisen hatten beide doch eine Anzahl gleicher Vorstellungen.

Diese Ähnlichkeit in der Betrachtungsweise war nicht gänzlich zufällig. Beide Gelehrte studierten etwa zur gleichen Zeit in Medina, und wir wissen, daß sie sich Lehrern anschlossen, die zum gleichen geistigen Kreis gehörten. Obschon die in dieser Gruppe vorherrschenden Gedanken noch nicht im einzelnen untersucht worden sind, läßt sich sagen, daß es gewöhnlich Hadith-Gelehrte waren, die sich mit diesem Gegenstand befaßten, um die Sunna lebendig zu erhalten, und daß sie sich mit Fragen wie der Einheit des Islams und der Einheit Gottes beschäftigten.

Ausgenommen seinen Aufenthalt in Mekka und Medina, der etwas länger als ein Jahr währte, verbrachte Shāh Walī Allāh sein ganzes Leben in Nordindien, dem Indien der Mogulkaiser. Nach dem Tode von Sultan Aurangzeb (reg. 1658–1707), unter dessen Regierung das Reich blühte und sich noch gebietsmäßig vergrößern konnte, war das Mogulreich in mißliche Verhältnisse geraten. Im Innern wurde es durch dynastische Wirren zerrissen und von außen durch Hindus wie die Marathas, die einen großen Teil seines Gebietes eroberten, aber auch durch die Einfälle benachbarter muslimischer Herrscher wie des Iraners Nādir Shāh bedroht.

Shāh Walī Allāh war sich der Schwäche wohl bewußt, die den indischen Islam befallen hatte. Ein wichtiger Teil seines Schrifttums befaßt sich mit dieser Frage und kann als Vorschlag angesehen werden, in dieser Lage Abhilfe zu schaffen. Im Vordergrund seiner Gedanken steht die Überzeugung, daß die Rettung nur durch das Befolgen der Sunna kommen kann, der maßgeblichen Richtschnur für das Verhalten des Menschen. Nach dem Vorbild seiner Lehrer in Medina widmete er dem Studium des Hadith viel Zeit, was in den meisten seiner Schriften erkennbar wird. Sein Suchen nach den Quellen des Islams äußert sich auch in der Tatsache, daß er den Koran ins Persische übersetzte, die Kultursprache der indischen Muslime. Er tat dies ungeachtet des herkömmlichen Widerstandes gegen Übersetzungen des Korans. Sein Anliegen dabei war es, die Kenntnis vom Inhalt des Korans zu verbreiten, so daß nichtarabische Muslime erkennen konnten, daß er mehr als nur arabische Formeln enthält, die ohne wirkliches Verstehen bei Gebeten und zu anderen Gelegenheiten wiedergegeben werden.

Der Versuch der Rückkehr zu den ursprünglichen Quellen bedeutet auch, daß Shāh Walī Allāh die vorherrschende Meinung, «die Tore des *ijtihād*» seien geschlossen, zurückwies. Wie Ibn ʿAbd al-Wahhāb bestand er darauf, daß eine eingeschränkte Form des *ijtihād* nach wie vor von qualifizierten Rechtsgelehrten ausgeübt werden könne. Sie sollten aus den Ansichten der verschiedenen Rechtsschulen diejenige wählen, die am besten mit Koran und Sunna übereinstimme.

Der indische Islam hatte stets einen Sondercharakter. Er war bis zu einem gewissen Grad synkretistisch. Viele Hindubräuche hatten eine oberflächliche islamische Färbung angenommen und wurden auch von Muslimen ausgeübt. Shāh Walī Allāhs Eifer um die Reinheit des Islams bewegte ihn dazu, diese Bräuche scharf als Polytheismus *(shirk)* zu verurteilen. Dennoch ging er nicht so weit wie Ibn ʿAbd al-Wahhāb, der alle Formen der Heiligenverehrung und den Gräberkult verdammte.

Dieses gemäßigte Verhalten entsprang gewiß seinem Wunsch, alle Muslime zu einigen. Hinter vielen seiner Ansichten läßt sich sein Eifer in diesem Punkt erkennen. Er wollte die Muslime eher in Harmonie zueinanderführen als sie voneinander trennen. So erklärte er alle Rechtsschulen für grundsätzlich gleichwertig. Wie al-Ghazālī (gest. 1111) machte er sich eifrig daran, die Kluft zwischen dem gesetzesorientierten und dem mystischen Islam zu überbrücken. Er tadelte heftig die gesetzeswidrige Ausrichtung in vielen Mystikerorden und bestand darauf, daß Gehorsam gegenüber den Vorschriften des islamischen Rechts eine Voraussetzung dafür sei, dem mystischen Pfad zu folgen. Als Mystiker, der er selber war, versuchte er, die grundsätzliche Gleichartigkeit im Handeln und im Anschauungsgefüge der verschiedenen Orden nachzuweisen.

Shāh Walī Allāh war vor allem ein Gelehrter und Lehrer. Einige seiner Werke belegen zwar sein Interesse an Politik, doch ist er nicht politisch aktiv gewesen, abgesehen von gelegentlichen Schreiben, in denen er Staatsmännern politischen Rat anbot. Dennoch – etwa ein halbes Jahrhundert nach seinem Tod, zu Beginn des 19. Jahrhunderts – sollten seine Ideen zur ideologischen Plattform einer aktionistischen religiös-politischen Bewegung werden, der *Ṭarīqa-yi muḥammadī*. Sie wurde angeführt von Saiyid Aḥmad Barelwī (1786–1831), unterstützt durch zwei Gelehrte, Shāh Ismāʿīl und Shāh ʿAbd al-ʿAzīz, ersterer ein Enkel, letzterer der Ehemann einer Enkelin von Shāh Walī Allāh.

Diese Bewegung war eine weitere Reaktion gegen die überaus große Schwäche des indischen Islams zu jener Zeit. Hatte aber Shāh Walī Allāh versucht, diese Lage sozusagen vom Schreibtisch aus zu beheben, so waren die Führer der *Ṭarīqa-yi muḥammadī* in ihren Ansichten mehr aufs Handeln ausgerichtet. Sie zogen aus und reisten durchs ganze Land, um Menschen für ihre Ideen zu gewinnen und einen Verband aufzubauen. Sie verbreiteten im wesentlichen Gedankengut von Shāh Walī Allāh, doch in einer militanteren Ausrichtung. Dies ergab sich aus den politischen Entwicklungen nach dem Tod Shāh Walī Allāhs. Die Erinnerung an Aurangzeb war zu Shāh Walī Allāhs Lebzeiten noch lebendig, und so meinte er, daß dessen Ideal, die Reinigung und Wiederbelebung des Islams, im Rahmen des Mogulreiches geschehen könne. Doch zu Beginn des 19. Jahrhunderts war die Macht der Moguln auf dem Nullpunkt angelangt. Die Briten hatten durch Verträge und Eroberungen ganz Indien unter ihren Einfluß gebracht. Das Mogulreich bestand als Verbündeter der Briten weiter, aber seine Sultane waren nur noch von ihnen bezahlte Marionetten. Die Führer dieser neuen Bewegung hatten also nicht die Illusion, daß ein reiner und starker Islam auf der Grundlage des Mogulreiches entstehen könne. Deshalb strebten sie danach, einen neuen, rein islamischen Staat zu errichten.

Etwa von 1824 an entwickelte die Bewegung Aktivitäten zur Verwirklichung dieses Ideals. Der Raum, wo dieser neue Staat errichtet werden sollte, wurde ausgewählt: das Sikh-Gebiet im Nordwesten Indiens. Angeblich unterdrückten die Sikhs die Muslime, die dort lebten, und so sollten diese Muslime befreit werden. Anschließend würde ein wirklich islamisches Staatswesen in diesem Gebiet geschaffen werden, um von jenem Kern aus seine Macht über ganz Indien auszudehnen.

Zur Vorbereitung dessen wurden Sendboten über das ganze Land ausgeschickt. Jetzt predigten sie nicht nur die Rückkehr zur Reinheit des Islams, indem sie Erscheinungen wie die Heiligenverehrung, den Gräberkult und Gebräuche hinduistischen Ursprungs verwarfen, sondern erklärten darüber hinaus, daß der *jihād*, der Heilige Krieg, unter den gegebenen Umständen zur Pflicht geworden sei. Eifrig versuchten sie, Freiwillige anzuwerben. Es ist zwar unwahrscheinlich, daß es organisatorische Verbindungen zwischen der *Ṭarīqa-yi muḥammadī* und den arabischen Wahhabiten gegeben hat, doch sind die Ähnlichkeiten im Gedankengut beider Bewegungen verblüffend. Daher ist es nicht überraschend, daß die Briten die Mitglieder der *Ṭarīqa-yi muḥammadī* als Wahhabiten zu bezeichnen pflegten.

1830 begann die Bewegung, die Sikhs zu bekämpfen. Dieser Kampf währte indes nicht lange. Die örtlichen muslimischen Stämme zeigten kaum Neigung, für einen islamischen Staat einzutreten, besonders, nachdem Saiyid Aḥmad Barelwī Steuern einzutreiben begann, wie es durch das islamische Gesetz vorgeschrieben war. Daraufhin versagten die Stämme ihre Unterstützung. Das Ergebnis war, daß die Sikhs die *Ṭarīqa-yi muḥammadī* 1831 besiegten. Saiyid Aḥmad Barelwī und Shāh Ismā'īl wurden dabei getötet. Wenn auch der Hauptteil der Bewegung geschlagen wurde – die Bewegung selbst erhielt dadurch nicht den Gnadenstoß. Ihre Mitglieder behelligten die Briten weiter, und erst 1883 gelang es letzteren, die Bewegung gänzlich zu unterdrücken.

Muḥammad ibn 'Alī ash-Shaukānī (1760–1832)

Jemen ist in der Kulturgeschichte immer etwas stiefmütterlich behandelt worden. Seine periphere geographische Lage, seine zerklüfteten Berge und die Tatsache, daß seine Herrscher und viele Bewohner einer kleineren schiitischen Sekte, den Zaiditen, angehörten, brachten das Land in eine gewisse Isolation. Obgleich durch die Türken im 16. Jahrhundert erobert, blieb der Einfluß der Pforte stets schwach bis unwirksam, besonders im Innern.

Der Aufstieg des jemenitischen Gelehrten Muḥammad ibn 'Alī ash-Shaukānī ist kennzeichnend für diese Isolation. Niemals in seinem Leben hat er sein Heimatland verlassen, nicht einmal für die Pilgerfahrt nach Mekka. In seiner Lebensbeschreibung berichtet er uns, daß dies auf entschuldbare Umstände zurückzuführen sei, nämlich, daß seine Eltern ihm nicht erlaubten, seine Heimatstadt Sana (Ṣan'ā') zu verlassen, und darauf, daß er gar zu sehr mit Lernen und Lehren befaßt war. Nachdem er alles gelernt hatte, was es in Sana zu lernen gab, mit allen Lehrern, die dort verfügbar waren, begann er Bücher auf eigene Faust zu lesen, eine Handlungsweise, die ziemlich abwegig war in einer Kultur, die dem alten Wort große Bedeutung beimißt: «Wer keinen Lehrer hat, den lehrt der Teufel».

Bis etwa zu seinem fünfunddreißigsten Lebensjahr führte er das beschauliche Leben eines Gelehrten, lesend, lehrend und schreibend. 1795 ernannte ihn der Imam des Jemen, al-Manṣūr bi-llāh, zum Oberrichter von Sana, ein Amt, das er bis zu seinem Tod innehatte. In dieser Eigenschaft war er auch gelegentlich Sekretär des Imams. Daß ihm trotz seiner unorthodoxen Ideen eine solche hohe Stellung angeboten wurde, kann vielleicht aus der damaligen politischen Lage erklärt werden. Die jemenitischen Imame folgten der zaiditischen Rechtsschule und herrschten ursprünglich über meist zaiditische Gebiete. Unter der Dynastie der Qāsimī-Imame hatte sich im 18. Jahrhundert die Gewalt der Zentralregierung nach Süden ausgebreitet, wo die Mehrheit der Bevölkerung schafiitisch war. Die Ernennung von ash-Shaukānī, der sich nicht zur zaiditischen oder einer anderen einzelnen Rechtsschule bekannte, sondern eher der sunnitischen Rechtslehre zugeneigt war, hatte wahrscheinlich zum Ziel, den ideologischen Widerstand schafiitischer Gebiete gegen die zaiditische Herrschaft zu überwinden.

Ursprünglich ein Anhänger der zaiditischen Rechtsschule, erkannte ash-Shaukānī schon vor dem dreißigsten Lebensjahr, daß das Festhalten an einer einzigen Rechtsschule mit dem wahren Islam in Widerspruch steht. Statt dessen, so führte er an, müsse man den Koran und den Hadith studieren und der Sunna des Propheten unmittelbar folgen. Seiner Ansicht nach ist der *ijtihād* Pflicht für jedermann mit ausreichendem Wissen; unter «ausreichendem Wissen» versteht er die Kenntnis eines kurzgefaßten Lehrbuchs in jedem der fünf Zweige der Gelehrsamkeit, die für das Ausüben des *ijtihād* notwendig sind. Er verwarf die Ansicht, daß lediglich eine beschränkte Form des *ijtihād* zulässig sei. Nach seiner Sicht hatte man den Vorschriften des Korans und der Sunna zu folgen, und zwar unabhängig davon, was die Gelehrten im Laufe der Geschichte über deren Auslegung geschrieben haben. Daher ist sein *ijtihād*-Begriff wesentlich radikaler als der des Ibn ʿAbd al-Wahhāb und des Shāh Walī Allāh. Dennoch scheinen die praktischen Auswirkungen dieses radikalen Herangehens gering gewesen zu sein, und es dürften nur unwesentliche Unterschiede zur vorherrschenden Lehre bestanden haben.

Als Sekretär des Imams führte ash-Shaukānī zwischen 1807 und 1813 einen Briefwechsel mit dem Führer des saudischen Staatswesens. Er war vertraut mit der Lehre der Wahhabiten und hieß sie, da er selber ein Gegner der Heiligenverehrung und der Wallfahrten zu den Gräbern der Verstorbenen war, im allgemeinen gut. Er teilte indessen nicht die wahhabitische Ansicht, daß ein Mensch, der am öffentlichen Freitagsgebet nicht teilnehme, zum Ungläubigen werde und deshalb getötet werden könne.

Muḥammad ibn ʿAlī as-Sanūsī (1787–1859)

Der vierte fundamentalistische Denker, mit dem wir uns in diesem Abschnitt befassen werden, Muḥammad ibn ʿAlī as-Sanūsī, war gleich Ibn ʿAbd al-Wahhāb der Gründer einer aktionistischen Bewegung. Doch im Gegensatz zu den Wahhabiten, die staatlich organisiert waren, war die *Sanūsīya* in erster Linie ein Mystikerorden. Erst nach dem Tode seines Gründers und unter äußeren Einflüssen erlangte der Orden Züge eines Staatswesens. Die Sanūsī-Bewegung ist ideologisch wichtig, macht sie uns doch deutlich, wie Mystizismus und fundamentalistisches Gedankengut zusammengehen können.

Der Aufstieg von as-Sanūsī zeigt uns, daß er – zumindest im Rahmen der islamischen Welt – Kosmopolit war. Sein Leben weist eine gewisse Rastlosigkeit auf, die man häufig bei jenen muslimischen Gebildeten der Vergangenheit antrifft, die auf der Suche nach Wissen von Gebiet zu Gebiet zogen, dem Gebot des Propheten willfahrend, das Wissen zu suchen, und sei es in China.

Geboren in der westalgerischen Stadt Mostaganem, ging er 1804 nach Fes, um seine Studien an der theologischen Hochschule *al-Qarawīyīn* zu vervollkommnen. Dort blieb er bis 1819, zunächst als Lernender, später als Lehrer. In jenen Jahren wurde er zu einem Fachmann in den verschiedenen Zweigen der islamischen Gelehrsamkeit und wurde in mehrere Mystikerorden eingeführt. Das geistige Klima des damaligen Fes muß anregend gewesen sein. In den ersten Jahrzehnten des 19. Jahrhunderts spielten zwei mystische Reformer, at-Tijānī (1737–1815) und ad-Darqāwī (1760–1823), eine bedeutsame Rolle im geistigen und politischen Leben Marokkos. Die Annahme und Anwendung der Wahhabitenlehre durch Sultan Sulaimān (reg. 1793–1822) – eine Entscheidung, hervorgerufen durch seinen Wunsch, die Macht der Mystikerorden zu kontrollieren – muß heftige Auseinandersetzungen hervorgerufen haben. Wenngleich as-Sanūsī diese Denkschulen und Auseinandersetzungen in seinen Schriften nicht behandelt, dürfte er doch von der kulturellen Atmosphäre von Fes in jener Zeit beeinflußt gewesen sein.

1819 verließ er Fes, reiste einige Jahre in Algerien umher und machte sich 1822 nach Mekka auf. 1825 kam er dort an – nach einem Aufenthalt in Kairo, um an der Azhar-Universität zu lernen und zu lehren. Sein mekkanischer Lebensabschnitt, der 15 Jahre währen sollte, hatte hervorragende Bedeutung für seine geistige Entwicklung. Er begegnete dort nicht nur einer Anzahl großer islamischer Gelehrter, sondern kam auch in Verbindung mit dem marokkanischen Mystiker Aḥmad ibn Idrīs (1760–1837). Da er erkannte, wie nahe die Gedanken des Aḥmad ibn Idrīs seinen eigenen waren, begann er diesen als seinen geistigen Lehrmeister anzusehen.

Das Denken von Aḥmad ibn Idrīs war durch drei Punkte bestimmt. Genau wie Shāh Walī Allāh und al-Ghazālī vor ihnen, bestand er darauf, daß all jene, die dem mystischen Pfad folgten, auch die Vorschriften des religiösen Gesetzes befolgten. Zweitens legte er in seinen mystischen Bestrebungen großes Gewicht auf die *Ṭarīqa muḥammadīya*, einen mystischen Pfad, der die Nachahmung und Kontemplation des Propheten als ein Mittel ansah, Ekstase und die Vereinigung mit Gott zu erreichen. Eine solche Lehre ist natürlich sehr gut geeignet für jene, die Gott als transzendent ansehen und glauben, daß er allein durch Propheten mit seiner Schöpfung Verbindung aufnehme. Schließlich wollte er den Mystizismus von Verhaltensweisen läutern, die nicht mit der Sunna übereinstimmen, wie etwa den Gebrauch von Musik, Tanz und allen Spielarten ungebundener ekstatischer Rituale. Diese drei Elemente hat der Sanūsī-Orden *(ṭarīqa)* übernommen, den as-Sanūsī nach dem Tode seines Lehrmeisters gründete.

1840 kam as-Sanūsī wieder nach Nordafrika. Über Kairo, wo er erneut eine Zeitlang blieb, reiste er nach Tunesien und von dort wieder ostwärts in die Cyrenaika. Dort hatten einige seiner Anhänger eine *zāwiya* aufzubauen begonnen, ein Ordenszentrum, bestehend aus einer Moschee, einer Schule und Gästeräumen. Dies sollte der Kern werden, von dem aus sich der Sanūsī-Orden in den folgenden Jahren schnell ausbreitete. Obgleich as-Sanūsī auch etwa acht Jahre im Hedschas wirkte (1846–1854), um seinen Orden zu vergrößern, waren doch die Cyrenaika und ihr saharisches Hinterland die Gebiete, wo der Orden seine hauptsächlichen Aktivitäten entfalten sollte.

Durch den Aufbau weiterer *zāwiya*s unter den Beduinen stattete der Orden diese mit religiösen Zentren aus, wo Bildung zu erwerben war und wo Streitfälle nach islamischem Recht geschlichtet werden konnten. Die Beduinen schätzten diese Dienste hoch und viele Stämme baten darum, daß *zāwiya*s auf ihrem Gebiet errichtet werden sollten. So gelang es den Mitgliedern des Ordens, den *Ikhwān* (wörtl. Brüder), die diese *zāwiyas* bewohnten, die Sanūsī-Ausprägung eines gereinigten Islams unter diesen Beduinen zu verbreiten, die bislang nur dem Namen nach Muslime waren. Einige dieser *zāwiya*s waren strategisch plaziert, entlang den transsaharischen Handelswegen. Sie konnten auch als Karawanenraststätten und Marktplätze dienen. Damit wurde der Orden wirtschaftlich gestärkt. Mehr noch, auf diesen Handelswegen konnte die *Sanūsīya* ihren Einfluß nach Süden ausdehnen. Bezeichnend für diese Entwicklung war, daß um 1858 as-Sanūsī das Ordenszentrum von Baida in der Cyrenaika nach Dschaghbub, einige hundert Kilometer nach Südosten, verlegte.

Als Denker war as-Sanūsī nicht nur am Mystikertum interessiert. Sein Hauptanliegen war die Läuterung des Islams. Im Bereich des Mystikertums geschah das mit Hilfe der Ideen von Aḥmad ibn Idrīs. Doch die Reinigung des religiösen Gesetzes war für ihn ebenso bedeutsam. Er schrieb mehrere Abhandlungen über Rechtsmethodologie, in denen er den Wert des Hadith-Studiums hervorhob. Zu den Fragen *ijtihād* und *taqlīd* vertrat er Anschauungen, die denen von Ibn ʿAbd al-Wahhāb und Shāh Walī Allāh nahekommen. Uneingeschränkter *ijtihād* war ihm zufolge nicht mehr zulässig. Dies bedeutete jedoch nicht, daß man blind die Auffassungen und Regeln eines bestimmten *madhhab* zu akzeptieren habe. Wenn man in ausreichender Weise mit den Grundzweigen der islamischen Gelehrsamkeit vertraut sei, könne man selbständig dem Koran und dem Hadith folgen und beide auslegen. Dabei müsse man aber als Richtschnur die methodologischen Regeln einer Rechtsschule anwenden. Ein solches Vorgehen würde – so argumentierte er – sicherstellen, daß die Vorschriften des Korans und der Sunna wirklich beachtet würden.

Als as-Sanūsī 1859 starb, hatte sich der Einfluß seines Ordens weit verbreitet. Es gab *zāwiya*s im Hedschas und in Ägypten. Sein Schwerpunkt aber lag in Libyen und in den Sahara-Gebieten. Geführt von as-Sanūsīs Sohn und später durch seinen Enkel, nahm der Orden allmählich Züge eines Staatswesens an. Er wurde als solches mehr oder weniger durch die osmanischen Türken anerkannt (die den Küstenstreifen Libyens beherrschten), da den Sanūsīs gestattet wurde, im Namen der Beduinen des Hinterlandes mit ihnen zu verhandeln. Der Prozeß der Staatsbildung wurde intensiver, als die Sanūsīs begannen, der französischen Ausdehnung in die Sahara hinein und von 1912 an der italienischen Besetzung Libyens militärischen Widerstand entgegenzusetzen. Letzterer unterlagen sie schließlich. Doch als nach dem Zweiten Weltkrieg das unabhängige Königreich Libyen errichtet wurde, da war es einer von as-Sanūsīs Enkeln, der zum König ausgerufen wurde.

2. Der Islam und der Westen: Religiöse Entwicklungen im Zeitalter des Kolonialismus und danach

Die Geschichte des Islams ist seit der zweiten Hälfte des 19. Jahrhunderts unauflösbar mit der Geschichte der westlichen Expansion verbunden. Die Beherrschung der islamischen Welt durch den Westen und die einheimische Reaktion darauf sind die Hauptfaktoren gewesen, die den modernen Islam gestaltet haben. Die militärische und technische Überlegenheit des Westens und sein wachsender politischer und kultureller Einfluß haben die meisten muslimischen Denker im modernen Zeitalter bewegt. Das wesentliche Thema zeitgenössischen muslimischen Denkens ist die Stellung des Islams gegenüber dem Westen. Die meisten Gegenstände des modernen muslimischen Denkens berühren direkt oder mittelbar die Frage, ob die geistigen Produkte des Westens zurückgewiesen oder angenommen werden sollen.

Die Ausdehnung der europäischen Kolonialherrschaft über die islamische Welt war ein Prozeß, der über ein Jahrhundert dauerte, nämlich vom ausgehenden 18. Jahrhundert bis zum Ende des Ersten Weltkriegs. Dieser Vorgang lief seit den letzten Jahrzehnten des 19. Jahrhunderts beschleunigt ab. Die europäischen Mächte eigneten sich rasch fast die gesamte islamische Welt an. Was übrigblieb, wurde entweder als wirtschaftlich oder strategisch wertlos erachtet – etwa das Innere der Arabischen Halbinsel – oder es wurde durch eine oder mehrere europäische Mächte auf andere Weise kontrolliert, wie es zum Beispiel mit dem Osmanischen Reich und mit Iran geschah.

Das Gefühl dafür, daß «etwas schiefgegangen» sei mit der islamischen Welt, daß sie dem Westen gegenüber militärisch und politisch ins Hintertreffen geraten war, kam – zumindest im Osmanischen Reich – schon gegen Ende des 18. Jahrhunderts auf. Das Problem wurde als ein militärisches angesehen, das eine technische Lösung notwendig machte. Abhilfe wurde in der Heeresreform und in der Offiziersausbildung durch westliche Fachkräfte angestrebt. Im 19. Jahrhundert – bedingt durch zunehmende Kontakte mit Europa – begriffen einzelne Muslime, daß militärische Reformen allein nicht genügen würden und Reformen in einem größeren Rahmen notwendig seien. In vielen islamischen Ländern, die damals noch unabhängig waren, begannen die Regierungen Reformprogramme auszuarbeiten, hauptsächlich auf den Gebieten der Gesetzgebung, Verwaltung und Erziehung. Im Zusammenhang damit entstand eine wachsende Schicht von Offizieren, Beamten und Lehrern, die mehr Reformen nach westlichem Vorbild wünschten und deren Einfluß auf ihre jeweiligen Regierungen zunahm. Gleichzeitig wurde der westliche Einfluß immer deutlicher erkennbar und zwar durch wachsenden Handel und die zunehmende Präsenz von Ausländern.

Die religiösen Reaktionen auf diese Entwicklung waren unterschiedlich. Es gab Prediger, die heftig gegen alles Westliche wetterten und sämtliche Reformen als *bidʿa* bezeichneten, d. h. als Neuerungen anfechtbaren Charakters. Sie stellten nur eine kleine Minderheit dar. Die Mehrzahl der religiösen Würdenträger schwieg die Reformen entweder tot oder versuchte, sie stillschweigend zu vereiteln. Sehr wenige von ihnen versuchte, diese Reformen in einen islamischen Gesamtzusammenhang einzubetten. Männer wie Khair ad-Dīn at-Tūnisī (1810–1889) und Rifāʿa Rāfiʿ aṭ-Ṭahṭāwī (1801–1873) wollten nachweisen, daß der Islam Reformen gegenüber aufgeschlossen sei. Doch sie waren eine Ausnahme.

In den Gebieten unter unmittelbarer Kolonialverwaltung, hauptsächlich in Indien und Algerien, war die Lage etwas anders. Dort führte die Kolonialverwaltung Reformen durch. Die französische Besetzung Algeriens hatte 1830 begonnen und konnte erst 1848 nach der Niederlage der von ʿAbd al-Qādir geführten

Widerstandsbewegung abgeschlossen werden. Danach wurde der französische Zugriff auf das Land so fest – nicht nur, was die Sicherheit anbetraf, sondern auch in den Bereichen von Erziehung und Kultur –, daß es keinen Spielraum für die Entwicklung eines nichttraditionellen Islams gab. In Indien, seit den ersten Jahrzehnten des 19. Jahrhunderts vollständig unter der Herrschaft der britischen *Raj*s, («Herrscher») war das kulturelle und religiöse Klima viel freier. Überzeugt davon, daß es sinnlos sei, der britischen Herrschaft Widerstand zu leisten – wie es ihrer Ansicht nach der Aufstand von 1857 (die *Mutiny*) bewiesen hatte –, machten sich einige muslimische Denker daran, das Beste aus der gegebenen Lage zu machen und einen probritischen islamischen Reformismus ins Leben zu rufen.

Nach der Eroberung großer Teile des muslimischen Mittelasien durch Rußland, der französischen Besetzung Tunesiens (1881), der britischen Besetzung Ägyptens (1882) und der Errichtung einer festeren Finanzkontrolle im Osmanischen Reich durch die europäischen Mächte wurde den meisten muslimischen Denkern bewußt, daß der europäische Kolonialismus weltweit wirkte und sehr gefährlich war. Auf politischer Ebene ergab das ein Aufwallen panislamischer Gefühle, die der osmanische Sultan Abdülhamit II. (reg. 1876–1909) geschickt ausnutzte. Obschon die Ansprüche der osmanischen Sultane auf das Kalifat von den meisten traditionsbewußten *ʿulamāʾ* abgelehnt wurden, begannen jene doch seit dem Ende des 18. Jahrhunderts, diesen Titel zu verwenden. Indem sie das taten, erwarteten sie, daß die europäischen Mächte sie als Schutzherren aller Muslime, wo auch immer sie lebten, anerkennen würden – eine Politik, die der Frankreichs und Rußlands gegenüber den Christen im Osmanischen Reich ähnelte. 1876 fand diese Politik ihren Niederschlag in der Verfassung des Osmanischen Reiches, wo es in Artikel 4 hieß: «Der Sultan in seiner Eigenschaft als Kalif ist der Schutzherr für die muslimische Religion.» Unterstützt durch die Tatsache, daß in Europa der Einfluß des Panislamismus stark übertrieben wurde – den Panislamismus als organisierte politische Bewegung gab es nur in Ansätzen –, und dadurch, daß bei jeder örtlichen Erhebung in den kolonisierten Gebieten der islamischen Welt panislamische Agitatoren verdächtigt wurden, ihre Hand im Spiel gehabt zu haben, konnte der osmanische Sultan seine Stellung den europäischen Mächten gegenüber mit einer solchen Politik festigen. Der osmanische Panislamismus war aber grundsätzlich defensiv und zielte nicht auf Gebietserweiterung.

Die Ausbreitung panislamischer Gefühle war Ausdruck einer umfassenden und tiefergehenden Bewegung, ausgelöst von der Konfrontation zwischen dem Islam und dem westlichen Kolonialismus. Da die Trennlinie zwischen Kolonisierenden und Kolonisierten zugleich auch durch die religiösen Unterschiede zwischen Christen und Muslimen gekennzeichnet war, erlangte der Islam, oder besser das Muslimsein, eine neue Dimension. Es wurde Bestandteil einer kulturellen Identität, die gegenüber der Kultur der Herrschenden zu verteidigen war. Muslim zu sein bedeutete nicht mehr (nur) eine Weise, an Gott zu glauben und Sinn im Leben zu finden. Für viele schloß es auch eine politische Haltung ein: Sie waren Muslime in einer willensbetonten, bewußten Art und Weise und daher oppositionelle Muslime.

Für die Muslime ergab sich die Notwendigkeit, ihre kulturelle Identität zu verteidigen, nicht nur aus der aktuellen Lage, kolonial beherrscht zu sein, sondern auch aus den unmittelbaren Angriffen auf diese Identität. Als natürliche Folge kolonialer Expansion hatte der Begriff von der umfassenden und inneren Überlegenheit des europäischen Christen, des weißen Mannes und seiner Kultur, Gestalt angenommen. Die Beherrschung außereuropäischer Völker durch Europa wurde durch Begriffe wie die *mission civilisatrice* des Westens bzw. *the White man's burden* gerechtfertigt. Um die Notwendigkeit europäischer Einmischung zu betonen, wurden außereuropäische Völker, Kulturen und Religionen als minderwertig und zurückgeblieben beschrieben. Das galt insbesondere für den Islam und die Muslime.

Das negative Bild vom Islam setzte sich aus einer Anzahl von Bestandteilen zusammen, die den Werten genau gegenüberstanden, die die europäische Bourgeoisie des 19. Jahrhunderts hegte. So wurden der Islam und die muslimische Gesellschaft als starr und unwandelbar, als fortschrittsunfähig beschrieben. Der Islam als Religion wurde als irrational angesehen, als Hindernis für die Suche nach Wahrheit und für das Streben nach Wissenschaft. Wegen der Lehre vom *jihād* hielt man die Muslime für kriegslüstern und fanatisch. Der Glaube an die göttliche Allmacht und die Vorherbestimmung galten als Quelle für die Schicksalshörigkeit der Muslime und für deren Mangel an Aktivität zur Besserung ihrer Lage. Die muslimischen Männer hielt man für sinnlich und ausschweifend. Als Beweis dafür galt die Einrichtung des Harems. Mehr noch: Wegen der Zulässigkeit von Polygamie und der häufigen Verstoßung von Ehefrauen meinte man, es fehle an einem festen und gesunden Familienleben, was zur Schwächung der muslimischen Gesellschaft beitrage. Schließlich konnte in westlichen Augen eine islamische Regierung nicht anders als selbstherrlich und despotisch sein. Dies sind nur einige der zahlreichen Voreingenommenheiten gegenüber dem Islam, die im Westen gang und gäbe waren – und es zum Teil noch sind.

Auf diese geistigen Angriffe hatten die Muslime zwei Arten der Erwiderung. Die eine bestand in der Verteidigung: Man stimmte den Anschuldigungen zu, behauptete aber gleichzeitig, daß die angegriffenen Einrichtungen oder Vorschriften durch Fehlauslegung und Verdrehung des wahren und idealen Islams entstanden seien. Die andere Erwiderung war selbstbewußter. Sie bestand darin, den Islam so zu verteidigen, wie er war, besonders bei den Angriffspunkten, ohne Kompromiß, wobei die Notwendigkeit einer Reinigung des Islams nicht geleugnet wurde. Die unterschiedlichen Erwiderungen auf die westlichen Angriffe wegen der Zulässigkeit von Vielehen im Islam sind in diesem Zusammenhang bezeichnend. Auf der einen Seite steht der ägyptische Rechtsanwalt und Verteidiger der Rechte der Frau, Qāsim Amīn (1863–1908). Er stimmte der westlichen Kritik an der Polygamie völlig zu, doch behauptete er, daß man beim Vergleich der Koranzitate «Und wenn ihr fürchtet, in Sachen der (eurer Obhut anvertrauten weiblichen) Waisen nicht recht zu tun, dann heiratet, was euch an Frauen gut ansteht (?) (oder: beliebt?), (ein jeder) zwei, drei oder vier. Wenn ihr aber fürchtet, (so viele) nicht gerecht zu (be)handeln, dann (nur) eine ...» (Sure 4:3) mit «Und ihr werdet die

Frauen (die ihr zu gleicher Zeit als Ehefrauen habt) nicht (wirklich) gerecht behandeln können, ihr mögt noch so sehr darauf aus sein» (4:129) zu dem Schluß kommen könne, daß der Koran die Polygamie untersagt habe. Gegenüber Einwänden, daß diese Einrichtung durch die Sunna und durch stete Ausübung bestätigt werde, führte er ins Feld, man könne allenfalls sagen, die Polygamie sei erlaubt, aber nicht empfohlen. In einem solchen Fall könne sie der Herrscher illegal machen, wenn das öffentliche Interesse die Abschaffung erfordere – was nach Qāsim Amīns Ansicht der Fall war. Andererseits verteidigte Muḥammad Rashīd Riḍā (1865–1935) die Zulässigkeit der Polygamie mit folgender Begründung: Es sei eine sattsam bekannte Tatsache, daß die Männer in der ganzen Welt ihrem Wesen nach polygam seien. Während aber im Westen die Männer heuchlerisch zu handeln genötigt seien, indem sie nur eine legale Frau nähmen, gleichzeitig aber insgeheim eine oder mehrere Mätressen, seien die islamischen Vorschriften nach seiner Ansicht natürlicher und wohltuend für beide Teile: Der Mann könne seinem natürlichen Wesen folgen, und alle seine Frauen hätten eine legale Stellung. Darüber hinaus sei die Polygamie die Lösung für den Fall, daß eine Frau unfruchtbar oder krank sei. Durch Heiraten einer zweiten Frau könne der Mann seine Fortpflanzung sichern, ohne notwendigerweise seine erste Frau zu verstoßen.

Auf diese Weise wurde aus dem Islam für viele Muslime etwas, was in ihrem Bewußtsein überwiegend – und bei manchen von ihnen sogar ausschließlich – ein Wesenselement ihrer kulturellen Identität darstellt, das gegen äußere Angriffe verteidigt werden muß, und nicht so sehr eine Art des Gottesglaubens, der Entdeckung von Ziel und Sinn des Lebens und eine ideale Gesellschaftsordnung. Um diese neue Aufgabe erfüllen zu können, mußte der Islam zu etwas werden, auf das man stolz sein konnte. Aber wie sollte man auf ihn stolz sein angesichts der gegenwärtigen Schwäche und Unterwerfung der islamischen Welt? Eine Lösung bestand darin, den Blick zurück zu wenden, zu den vergangenen Ruhmeszeiten der mittelalterlichen islamischen Zivilisation. Die andere Lösung – die für die Tatsachen des modernen Zeitalters von größerer Bedeutung ist – ergab sich aus der Diskussion über die Ursachen des Zurückgebliebenseins der islamischen Welt gegenüber dem Westen.

Wie wir gesehen haben, hatte diese Diskussion schon früh begonnen, nämlich schon vor der Errichtung der Kolonialherrschaft. Zunächst schien es sich hier nur um eine Angelegenheit rein technischer Natur zu handeln. Allmählich wurde den Muslimen bewußt, daß das Problem in einem weiteren Rahmen zu sehen war. Die Stärke des Westens wurde nicht nur seiner technologischen Führungsrolle zugeschrieben, sondern auch seinen politischen Einrichtungen, Gesetzen und Werten – wie Streben nach Neuem und Unternehmungsgeist –, die angeblich im Westen mehr im Schwange waren als in islamischen Ländern. Es blieb aber die Frage, welche Rolle die Religion bei diesen Entwicklungen gespielt hatte. War der Islam, wie einige westliche Denker behaupteten, ein Hemmnis für den Fortschritt gewesen? Es war nicht verwunderlich, daß muslimische Intellektuelle diese Frage verneinten, und zwar mit dem Argument, die islamische Welt sei im

Frühmittelalter wirtschaftlich und kulturell viel weiter entwickelt gewesen als das christliche Europa.

Die Tatsache, daß sich nunmehr die Waagschale zugunsten des Westens geneigt habe, hatte nach Ansicht einer Anzahl muslimischer Denker ihren Grund darin, daß die Muslime vom wahren und echten Islam abgewichen seien. Diese ihre Vorstellung war nicht völlig neu. Im Verlauf der islamischen Geschichte wurde stets im strengen Beachten der Sunna die Quelle menschlichen und gesellschaftlichen Gedeihens und politischer Stärke gesehen. Wenn diese nun verlorengegangen seien, so mußten die Muslime dazu bewogen werden, erneut nach der Sunna zu leben. Doch gab es hier ein Problem, denn die Vorstellung von der Sunna, oder vom wahren und echten Islam, war offen für Auslegungen.

Genau wie die Fundamentalisten des 18. und beginnenden 19. Jahrhunderts wandten sich die neuen Denker den Quellen zu, um festzustellen, was echter und wirklicher Islam sei. Deshalb mußten sie die Verpflichtung zum *taqlīd* verwerfen, also zum blinden Anerkennen allein einer Rechtsschule, und statt dessen fordern, zum Ausüben des *ijtihād* berechtigt zu sein, nämlich zur freien Auslegung des Korans und des Hadith. Insoweit stimmt ihre Auffassung mit der fundamentalistischen Haltung überein. Dennoch besteht diese Ähnlichkeit nur im Hinblick auf die formale Seite der Angelegenheit, d.h. auf das Verfahren, festzulegen, was als reiner Islam betrachtet werden muß. Bei den Auslegungen selbst gab es viele Unterschiede. Denn während das Bezugssystem der «alten» Fundamentalisten ausschließlich islamisch war, hatten sich die neuen Denker mit westlichem Denken bekanntgemacht und waren in gewissem Maße durch dieses Denken beeinflußt worden. Bei ihnen erlangte der *ijtihād*-Begriff eine neue Dimension. Statt eines bloßen Mittels zum Erhöhen der Authentizität des Islams wurde er zu einer Methode zweckbestimmter Auslegung, zu einem Mittel, den Islam den neuen Verhältnissen anzupassen.

Das Bestehen auf der Ausübung des *ijtihād* und das Verurteilen des *taqlīd* hatten auch ideologische Bedeutung. Die damit verbundene Absicht war es zu zeigen, daß der Islam keine Religion des Stillstandes und der Verknöcherung sei, sondern eine, die fähig ist zum Wandel und zur Entwicklung. Das war von erstrangiger Bedeutung in einem Zeitalter, in dem die hauptsächlichen Schlagworte – wenigstens im Westen – Fortschritt, Entwicklung und Wandel lauteten. So war denn der Ruf nach *ijtihād* nicht nur ein erster Schritt auf dem Weg der Reform, sondern auch Bestandteil des ideologischen Kampfes zwischen dem Islam und dem Westen.

Für die neuen Denker am Ausgang des 19. Jahrhunderts war die Reform der Religion der Hebel des gesellschaftlichen und politischen Wandels. Das bedeutete einerseits Reinigung, Läuterung des Islams von allen Arten des Verhaltens und des Glaubens, die ins Reich der Volksreligion gehören, wie Heiligenverehrung, ekstatische Handlungen der *ṣūfī*-Orden sowie Aberglauben und Zauberei, und andererseits – außerhalb von Glauben und Ritual – die Suche nach allgemeinen Grundsätzen und deren Auslegung im Sinne des öffentlichen Interesses, *maṣlaḥa*. Bei diesem Vorgang wurden viele westliche Wertvorstellungen des 19. Jahrhunderts stillschweigend aufgenommen und sozusagen islamisiert. So wurde eine Form des Islams geschaffen, die für die europäisierten Eliten annehmbar war. Sie brauchten ihrer Religion wegen nicht länger verlegen zu sein. Im Gegenteil, sie konnten stolz auf sie sein, da sie ja die meisten Grundwerte bejaht, die sie zu schätzen gelernt hatten.

Die Reform des Islams als ein Mittel zur Stärkung der muslimischen Gesellschaft bedurfte jedoch einer Strategie. Die neuen Auslegungen und Begriffe mußten in der Gesellschaft verbreitet werden. Deshalb maßen die Reformdenker der Erziehung große Bedeutung bei und verwandten viel Zeit und Mühe auf praktische Pläne für deren Verbesserung. Kennzeichnenderweise konzentrierten sie sich besonders stark auf die höhere Ausbildung, überzeugt davon, daß Ideen mehr oder weniger im Selbstlauf von der Elite zum einfachen Volk durchsickern würden. Zugleich war das bezeichnend für ihre Schriftfrömmigkeit. Der Islam war für sie in erster Linie eine Angelegenheit von Worten, Texten und Auslegungen. Infolgedessen gingen sie an ihn mehr intellektuell als emotional heran.

In den meisten Büchern über den modernen Islam wird das islamische Reformertum umfassend behandelt. Das ist richtig, wenn man an seinen Einfluß auf die politischen und anderen Eliten in der islamischen Welt denkt. Dennoch sollte dies nicht darüber hinwegtäuschen, daß diese Reformer und deren Anhängerschaft unter der großen Mehrheit der traditionellen *ʿulamāʾ*, die die religiösen Einrichtungen beherrschten, für eine sehr lange Zeit nur eine Minderheit blieben.

Im folgenden Abschnitt werden wir uns näher mit drei Vorreitern der Reform befassen. Sie wurden nicht nur wegen ihrer Bedeutung und ihres Einflusses auf spätere muslimische Denker ausgewählt, sondern auch als Vertreter dreier Reformströmungen. Sir Saiyid Aḥmad Khān vertritt eine Form des Reformertums, die sich auf die kritiklose Übernahme westlichen Denkens und westlicher Einrichtungen gründet. Jamāl ad-Dīn al-Afghānī steht für den islamischen Widerstand gegen den Kolonialismus. Muḥammad ʿAbduh schließlich vertritt die erfolgreichste Form des Reformertums, eine Neuauslegung des Islams, die zwar viel westlichem Gedankengut verdankt, aber dennoch einen gewissen Abstand wahrte und ganz und gar dem Geschmack der liberalen und nationalbewußten Elite entsprach.

Sir Saiyid Aḥmad Khān (1817–1898)

Es ist nicht überraschend, daß Indien das erste islamische Land war, wo Reformgedanken geäußert wurden. Diese ersten Anstöße des Reformertums ergaben sich nicht zuletzt aus der Tatsache, daß Indien relativ früh kolonisiert worden ist. 1820 erstreckte sich die britische Kolonialherrschaft über ganz Indien. Daher hatten die indischen Muslime früher als die in anderen Regionen der islamischen Welt Verbindung zum Westen und westlichen Ideen, und Aḥmad Khān kann als Vater des islamischen Reformertums angesehen werden, wenn sich auch spätere Reformdenker wegen seiner ausgeprägt britenfreundlichen Haltung von seinen Gedanken distanzierten.

Aḥmad Khān wurde in Delhi in einer Familie geboren, die enge Verbindungen zum noch bestehenden Mogulhof hatte. Er erwarb eine gewisse religiöse Grundbildung und trat mit zwanzig Jahren in den Dienst der *East India Company*, die damals Souveränitätsrechte über Indien hatte. Nachdem er eine Zeitlang als Angestellter an einem islamischen Gerichtshof gedient hatte, wurde er zum Richter bestellt. Seine Tätigkeit ließ ihm Zeit für wissenschaftliche Aktivitäten. Er vertiefte sein Wissen über Religion und islamische Geschichte und schrieb einige Abhandlungen über unterschiedliche religiöse und geschichtliche Gegenstände. Diese Schriften sind recht konventionell, abgesehen davon, daß sie in einem gewissen Ausmaß den Einfluß der indischen Fundamentalistenschule des Shāh Walī Allāh verraten.

Die Erhebung von 1857 (die *Mutiny*) bedeutete für ihn einen großen Schock. Muslimische und hinduistische Mitglieder der Streitkräfte der East India Company begehrten gegen die Briten auf, und die Erhebung verbreitete sich über das Land. Mit drakonischen Mitteln gelang es den Briten schließlich, die Erhebung niederzuschlagen. Doch hatten sie schwere Verluste erlitten. Obwohl sowohl Muslime als auch Hindus an der Erhebung teilgenommen hatten, richteten die Briten ihre Strafmaßnahmen doch allein gegen die muslimische Bevölkerung. Sie wurden danach bei Regierungsanstellungen und höheren Posten benachteiligt. Dies ergab sich in erster Linie aus dem Argwohn der Briten, daß die Erhebung ein Versuch der Mogulelite gewesen sein könnte, das britische Joch abzuschütteln und das alte Herrschaftssystem wiederherzustellen. Das war der Anfang einer beharrlichen britischen Kolonialpolitik des *divide et impera*. Diese neue Politik gegenüber den muslimischen Indern wirkte sich hauptsächlich auf die Ober- und Mittelschichten aus.

Die Erhebung mit ihren Folgeereignissen war entscheidend für die Entwicklung Aḥmad Khāns. Im Verlauf der Erhebung hatte er auf seiten der Briten gestanden, und nachdem diese unterdrückt worden war, wurde ihm um so klarer, daß die Zukunft der Inder eng mit der Anwesenheit der Briten verknüpft war. Deshalb widmete er während des folgenden Jahrzehnts den Großteil seiner Aktivitäten der Verbesserung der Beziehung zwischen den indischen Muslimen und den Briten. So hoffte er, das Los der muslimischen Ober- und Mittelschichten zu verbessern.

Er veröffentlichte mehrere Bücher und Artikel, mit denen er ein doppeltes Ziel verfolgte: Erstens die Briten davon zu überzeugen, daß die Muslime nicht die Hauptschuldigen an der Erhebung waren und auch nicht (wie es ein englischer Autor im Titel eines Werkes zu diesem Thema ausgedrückt hatte) «verschworen zur Erhebung gegen die Königin» seien. Zweitens wollte er seine muslimischen Glaubensbrüder gerade in diesem Punkt aufklären und sie von der nach seiner Ansicht nach unbegründeten und gefährlichen Meinung befreien, daß der Islam Feindseligkeit und Krieg gegen die Briten vorschreibe. Zu diesem Zweck entwickelte er eine völlig neue Auslegung der islamischen *jihād*-Pflicht, der Pflicht zum Heiligen Krieg, mit der wir uns sogleich befassen werden. Bezeichnend für seine Haltung ist, daß er eine gesonderte Abhandlung darüber schrieb, ob Muslime mit Christen zusammen essen dürften, eine Frage, die indische Muslime gewöhnlich verneinten. Die Antwort von Aḥmad Khān war natürlich ein uneingeschränktes Ja.

In dieser Zeit beschäftigte er sich auch mit einem Kommentar zur Bibel, einem Plan, den er verfolgte, um mit dem Christentum vertrauter zu werden. Er verwarf die strenggläubige islamische Lehre, wonach die Texte vorausgegangener Offenbarungen – so wie wir sie heute kennen – entstellt worden seien *(taḥrīf)*. Durch den Vergleich der Worte der Bibel und des Korans versuchte er, die Grundverwandtschaft zwischen Islam und Christentum festzustellen.

1869/70 lebte Aḥmad Khān für etwa anderthalb Jahre in England. Dieser Besuch übte einen großen Einfluß auf seine Ideen aus. Bis dahin war er bestrebt, eine Versöhnung und eine politische Annäherung zwischen den indischen Muslimen und den Briten zu erreichen. Nach seinem Europabesuch machte er sich daran, seine muslimischen Glaubensbrüder nicht nur davon zu überzeugen, dem britischen *Raj* gegenüber loyal zu sein, sondern auch die westliche Kultur aufzunehmen. Er war von England so beeindruckt, daß er gesagt haben soll: «Alle guten Dinge in geistlicher und weltlicher Sicht, die man im Menschen finden kann, hat der Allmächtige Europa geschenkt, besonders England.» (zitiert nach J. M. S. Baljon, 1964, 107). Während seines Aufenthalts schrieb er in die Heimat: «Die Eingeborenen Indiens, seien sie hoch oder niedrig, Kaufleute oder kleine Händler, Gebildete oder Analphabeten, sind im Vergleich mit den Engländern nach Bildung, Sitten und Aufrichtigkeit wie ein schmutziges Tier zu einem tüchtigen und stattlichen Menschen.» (zitiert nach W. C. Smith, 1969, 11).

Durch seine Aktivitäten und mit britischer Unterstützung – seine Verdienste um das Empire wurden schließlich durch Erhebung in den Adelsstand vergoldet – wurde er anerkanntermaßen zu einem der bedeutenden Führer der Gemeinschaft der indischen Muslime. Nach seiner Rückkehr aus Europa nahm er politische Funktionen an und begann, eine Zeitschrift herauszugeben, die «Tahdhīb al-akhlāq» hieß, um seine Ideen zu verbreiten. Eines seiner Ideale, für das er viel Mühe aufwandte, war es, eine Universität für die indischen Muslime zu gründen, wo sie sich mit der europäischen Wissenschaft und Kultur bekannt machen konnten. Seine Bemühungen waren von Erfolg gekrönt, als 1878 das *Mohammedan Anglo-Oriental College* in Aligarh eröffnet wurde. Das College wurde nach dem Vorbild von Oxford und Cambridge organisiert und hatte Englisch als Unterrichtssprache.

Die geistigen Aktivitäten Aḥmad Khāns auf religiösem Gebiet dienten bewußt zwei Zielen. Er wollte eine Form des Islams schaffen, die für muslimische junge Menschen mit europäischer Bildung annehmbar war, da er fürchtete, daß diese sich andernfalls vom Islam abwenden und Christen oder Atheisten werden würden. Zweitens wollte er den Islam gegen Angriffe europäischer Denker, und zwar besonders von Orientalisten verteidigen. Das Ergebnis war eine Form des Islams, die durchsetzt ist mit philosophischen Begriffen des 19. Jahrhunderts – hauptsächlich «Vernunft» und «Natur» – und der scharfen Kanten beraubt, die den Europäern nicht behagten.

Die Gegner Aḥmad Khāns unter den Muslimen bezeichneten ihn und seine Anhänger oft als *Naycharīs,* mit einem Wort, das abgeleitet ist vom englischen Wort *nature.* Dies zeigt, welch hervorragenden Platz der Naturbegriff in seinem Denken einnahm. Anders als bei der traditionellen islamischen Theologie, die keinerlei Naturgesetze anerkannte, sondern lediglich Gewohnheiten Gottes, von denen er abweichen kann, vertrat Aḥmad Khān die Ansicht, daß die Naturgesetze fest und unwandelbar seien. Zwischen diesen Gesetzen und dem Koran könne es keinen Widerspruch geben, da nach seiner Auffassung Gottes Wort (der Koran) unbedingt mit seinen Taten (der Natur) übereinstimmt. In Anlehnung an frühere rationalistische Bestrebungen im Islam, etwa die *Muʿtazila,* versuchte er nachzuweisen, daß Abschnitte im Koran, die man traditionell als Bezugnahme auf übernatürliche Erscheinungen ansah, ebenso in einer ganz natürlichen Weise ausgelegt werden könnten. Beim Wort *jinn* zum Beispiel, das wiederholt im Koran vorkommt und gewöhnlich als «Geist» verstanden wird, meinte er, seine wirkliche Bedeutung sei «Wilde, die in Bergen und Wäldern lebten». Nach Aḥmad Khān ist der Islam nicht nur eine natürliche, sondern auch eine rationale Religion. Um das zu beweisen, versuchte er zu zeigen, daß alle Vorschriften einen klaren Grund haben. Das Verbot von Schweinefleisch zum Beispiel ist seiner Ansicht nach notwendig, um die Sittenreinheit der Menschen zu erhalten, da Schweine schlechte Angewohnheiten haben, die menschlicher Ethik zuwiderliefen.

Obwohl Aḥmad Khān die Vernunft sehr hoch schätzte, hielt er sie doch nicht für ausreichend zur Führung der Menschheit. Wie die mittelalterlichen islamischen Philosophen lehrte er, daß die Offenbarung wenigstens ebenso wichtig sei. Er akzeptierte die Lehrmeinung, daß der Koran unmittelbar Gottes Wort enthalte. Infolgedessen konnte er Verfahren der historisch-kritischen Analyse oder der philologischen Textkritik mit Bezug auf den Wortlaut des Korans nicht anwenden. Beim Hadith war seine Haltung freier. Während das strenggläubige Gelehrtentum lediglich bestimmte Hadithe wegen Fehlern im *isnād,* der Überliefererkette, zurückwies, lehnte Aḥmad Khān auch Hadithe ihres Inhalts wegen ab, mit dem Ergebnis, daß er nur eine kleine Anzahl von ihnen als echt akzeptierte.

Indem er diese neue Form des Islams schuf, forderte er das Recht auf *ijtihād* und verwarf den *taqlīd.* Sein *ijtihād* diente nicht nur dazu, zu zeigen, daß der Islam eine vernunftbegründete und natürliche Religion sei, sondern auch, um europäische Angriffe und Anschuldigungen gegen den Islam abzuwehren. So behandelte er eine Anzahl von Gegenständen, die stets Ziel europäischer ideologischer Angriffe gewesen sind, z.B. die Lehre vom *jihād,* die Stellung der Frau, Sklavenhaltung, Körperstrafen und Zinsverbot. Aḥmad Khān betrachtete seine neue Auslegung der Pflicht zum *jihād* als einen wichtigen Bestandteil der Versöhnungspolitik zwischen den indischen Muslimen und den Briten. Nach der klassischen Lehre ist *jihād* ein Krieg, der geführt wird, um das Gebiet des islamischen Staates zu erweitern oder um dessen Gebiet gegen Angriffe zu verteidigen. Im ersten Falle ist er die kollektive Pflicht der ganzen Gemeinschaft, von der diese befreit wird, wenn eine ausreichende Zahl von Männern am *jihād* teilnimmt. Im Verteidigungsfall ist er individuelle Pflicht für jeden, der in dem angegriffenen

Gebiet lebt. Die Neuauslegungen von Aḥmad Khān bei den entsprechenden Koranabschnitten ergaben die Anschauung, daß der *jihād* nur dann Pflicht sei, wenn Muslime in ihrer Eigenschaft als Gläubige unterdrückt und davon abgehalten würden, ihren religiösen Verpflichtungen nachzukommen. Unter fremder, nichtmuslimischer Herrschaft zu leben, war seiner Ansicht nach kein hinreichender Grund für den *jihād,* weil es sich beim *jihād* um ein religiöses Konzept handelte, das nicht für bloße politische Ziele benutzt werden dürfe. Die Auswirkungen dieser Anschauungen reichten weit. Unterschwellig bedeutete es die Feststellung, daß Politik und Religion in zwei verschiedene Bereiche gehörten – eine Feststellung, die den strenggläubigen Richtungen des Islams vollkommen fremd war.

Die Ansichten Aḥmad Khāns zur Stellung der Frau im Islam waren weniger aufsehenerregend. Er betrachtete die Absonderung von Frauen als zulässig und sogar als heilsam. Auch die Polygamie ist seiner Meinung nach erlaubt, doch nur als Ausnahme, wenn die erste Frau krank oder unfruchtbar ist. Der Frage der Sklavenhaltung im Islam widmete Aḥmad Khān eine gesonderte Abhandlung. Auf der Grundlage einer völlig neuartigen Koranauslegung schloß er, daß der Erwerb von Sklaven bereits zu Lebzeiten des Propheten verboten gewesen sei.

Im islamischen Strafrecht sollen einige Verbrechen durch Prügel und Verstümmeln geahndet werden. So ist unter bestimmten Voraussetzungen Diebstahl durch Abtrennung der Hand zu bestrafen. Auf der Grundlage einer geistigen Exegese der betreffenden Koranabschnitte äußerte Aḥmad Khān die Ansicht, daß bei solchen Verbrechen der Islam eine Wahl zwischen körperlicher Züchtigung und Haft anbiete. Wenn ein Land sich nicht den Luxus eines Gefängnissystems leisten könne, habe die Alternative zu gelten. Bezüglich des koranischen Zinsverbots bei Darlehen erklärte Aḥmad Khān, daß die koranischen Verse dazu (Sure 2:275 ff.) im Zusammenhang mit den vorausgehenden Versen zu lesen seien. Dann sei es klar, daß die Zinsnahme nur bei armen Schuldnern, nicht aber bei reichen verboten sei.

Obwohl die Gedanken Aḥmad Khāns niemals vollständig akzeptiert worden sind, waren sie doch insoweit äußerst wichtig, als sie die Diskussion über den Platz des Islams in einer Gesellschaft anregten, die infolge der Einflußnahme durch den Kolonialismus einen raschen Wandlungsprozeß durchlief. Man nahm ihm allerdings seine sehr britenfreundliche Haltung übel. Zunächst taten das jene Muslime, die sich nach den alten Tagen der Mogulherrschaft zurücksehnten, aber später auch jene, die nationalistische Gedanken zu entwickeln begannen.

Jamāl ad-Dīn al-Afghānī (1838/39–1897)

Wenn Aḥmad Khān als Stratege der Niederlage beschrieben werden kann, so ist Jamāl ad-Dīn al-Afghānī als Stratege der Verteidigung zu bezeichnen. Zwar bestehen gewisse Ähnlichkeiten in ihrer beider Auffassung vom Islam, ihre Haltung aber gegenüber Europa und dem europäischen Kolonialismus ist völlig entgegengesetzt. Während Aḥmad Khān nach einer Versöhnung zwischen den indischen Muslimen und den Briten strebte, widmete Jamāl ad-Dīn al-Afghānī fast sein ganzes Leben dem Kampf gegen die europäische koloniale Expansion in der islamischen Welt.

Ungeachtet der Bemühungen einiger Biographen bleiben viele Abschnitte des Lebens von Jamāl ad-Dīn al-Afghānī noch im Dunkeln. Das gilt auch für seine innersten Gedanken und Überzeugungen. Insgesamt gesehen war er eine rätselhafte Persönlichkeit, und zwar nicht zuletzt wegen der zahlreichen Mystifikationen, die er selbst in Umlauf brachte. Deren bekannteste betrifft seinen Geburtsort. Er nannte sich zwar selbst al-Afghānī und deutete damit an, daß er in Afghanistan geboren sei. Die geschichtliche Forschung hat indessen nachgewiesen, daß er tatsächlich in oder in der Nähe der iranischen Stadt Asadabad geboren wurde. Der Grund seiner Verschleierungstaktik in diesem Punkt war, daß die Tatsache seiner Geburt in Iran auf seine schiitische Herkunft hinwies, und das wollte er für sich behalten, da er nahezu sein ganzes Leben in überwiegend sunnitischen Ländern verbrachte. Daher zog er es vor, als ein sunnitischer Afghane betrachtet zu werden.

Seine große Unrast ist einer der Gründe dafür, weshalb es schwierig ist, seinen Lebenslauf genau festzustellen. Im Verlauf der ersten drei Jahrzehnte seines Lebens besuchte er Indien, den Hedschas, den Irak und möglicherweise Istanbul. Eine Zeitlang hielt er sich in Afghanistan auf, wo er Berater des *amīr* war und ihn für eine feste antibritische Haltung zu gewinnen versuchte. Nach seiner Ausweisung 1868 reiste er über Bombay und Kairo nach Istanbul. Dort hatte er Berührungen mit einigen osmanischen Reformern. Ein öffentlicher Vortrag über das Verhältnis von Religion und Philosophie, den er hielt, wurde jedoch als ketzerisch angesehen. Infolge des Drucks der religiösen Behörden wurde er erneut ausgewiesen. Dieses Mal reiste er nach Kairo, wo er 1871 eintraf. Sein Ägypten-Aufenthalt, der acht Jahre währen sollte, war einer der fruchtbarsten Abschnitte seines Lebens. Zusammen mit seinen Anhängern und Schülern, wie Muḥammad ʿAbduh (s.u.) und Saʿd Zaghlūl, der nach dem Ersten Weltkrieg der bekannteste politische Führer in Ägypten wurde, spielte er eine wichtige Rolle in der ägyptischen Politik jener Zeit.

Die siebziger Jahre des 19. Jahrhunderts waren ein unruhiges Jahrzehnt in der ägyptischen Geschichte. In diesen Jahren wuchs der westliche Einfluß auf Ägyptens Wirtschaft, Staatsfinanzen und Politik schnell an. *Deficit spending*, schlechte Kontrolle der Staatsfinanzen und schließlich die Machenschaften der Gläubiger führten 1876 zur Zahlungsunfähigkeit und zur Einsetzung einer britisch-französischen Kommission, die die ägyptischen Staatsfinanzen überwachen sollte. Das bedeutete eine verstärkte ausländische Durchdringung der ägyptischen Politik, mit dem Ziel, die Interessen der überwiegend britischen und französischen Aktionäre zu schützen. Als der Khedive Ismāʿīl (reg. 1863–1879) eine gewisse Zurückhaltung bei der Zusammenarbeit mit den ausländischen Mächten zeigte, sorgten diese dafür, daß er von seinem Sohn Taufīq (reg. 1879–1892) abgelöst wurde.

Diese Entwicklungen verstärkten die antikolonialen Gefühle Jamāl ad-Dīns. Zusammen mit seinen Schülern versuchte er, seine Gedanken durch öffentliche

Reden zu verbreiten – er war ein geschickter und wortgewaltiger Redner – sowie auch durch journalistische Aktivitäten und persönliche Diskussionen. Auch seine Schüler wandten sich journalistischen Tätigkeiten zu. Die kompromißlose Haltung Jamāl ad-Dīns gegenüber der ausländischen Einmischung brachte ihm 1879 erneut die Ausweisung ein, diesmal befohlen vom Khediven Taufīq.

Die folgenden drei Jahre brachte er verhältnismäßig ruhig in Indien zu. Dort veröffentlichte er mehrere Artikel und eine Abhandlung «Die Wahrheit über die Naycharī-Sekte und eine Erläuterung des Wesens der Naycharīs» (auch bekannt als «Die Widerlegung der Materialisten», nach dem Titel der Übersetzung ins Arabische). Diese Abhandlung wandte sich gegen Aḥmad Khān und ist ein Versuch, dessen Lehre von der Natur zu widerlegen. Aḥmad Khān wird zwar überhaupt nicht genannt, doch ist die Abhandlung in Wahrheit ein Angriff auf dessen politische Haltung. Jamāl ad-Dīn bezweckte mit der Abhandlung, Aḥmad Khān als Ketzer zu brandmarken und ihn und seine Ansichten damit bei seinem eigenen Volk, den indischen Muslimen, ins Zwielicht zu setzen.

1882 reiste Jamāl ad-Dīn von Indien nach Europa. Dort verbrachte er die nächsten sieben Jahre seines Lebens. Er besuchte Paris, London und St. Petersburg, stets mit – oft wirklichkeitsfremden – politischen Plänen befaßt. Als Muḥammad ʿAbduh, der wegen seiner Teilnahme an der ʿUrābī-Erhebung (s. u.) aus Ägypten ausgewiesen worden war, nach Europa kam, gründeten sie die Zeitschrift «al-ʿUrwa al-wuthqā» («Das festeste Band», vgl. Sure 2:256 und 31:22), um ihre Ideen in der islamischen Welt zu verbreiten. Zwischen März und Oktober 1884 erschienen achtzehn Nummern. Die Briten verboten die Zeitschrift in Ägypten und Indien wegen ihrer panislamischen und antikolonialistischen Haltung. Dennoch fand sie viele Leser und war unter den reformorientierten Gebildeten der islamischen Welt recht einflußreich.

Auf Einladung von Shāh Nāṣir ad-Dīn (reg. 1848–1896), dem er gewisse diplomatische Dienste erwiesen hatte, kam er 1889 nach Teheran. Kurz nach seiner Ankunft wurde ihm klar, daß der Schah ihm entgegen seiner Hoffnungen keinerlei wichtiges Amt geben würde und daß er keinen Einfluß auf die iranische Regierung hatte. Deshalb mußte er andere Mittel wählen, um seine panislamischen und reformerischen Ziele zu erreichen. Genau wie in Ägypten scharte er eine Anzahl junger Intellektueller um sich, mit denen er nicht nur seine reformerischen und antibritischen Pläne besprach, sondern auch die Möglichkeit, die selbstherrliche Regierung des Schahs zu stürzen.

Schon bald erfuhr der Schah von diesen Zusammenkünften und entschloß sich, Jamāl ad-Dīn aus Teheran in die Stadt Qum zu verbannen. Jamāl ad-Dīn aber gelang es, den Soldaten des Schahs zu entkommen. Er wandte sich zum Heiligtum von Shāhzādah ʿAbd al-ʿAẓīm im Süden von Teheran und suchte dort Zuflucht. Dorthin kamen viele Menschen, um ihn zu besuchen und seine flammenden Reden gegen die Regierung zu hören, bis sich der Schah Anfang 1891 entschloß, den sakrosankten Charakter des Heiligtums zu verletzen und ihn durch seine Reiterei verhaften zu lassen. Sogleich wurde er nach dem Irak deportiert – damals noch osmanisches Gebiet.

Von dort und später von London aus, wo er 1892 eintraf, setzte Jamāl ad-Dīn seine oppositionellen Aktivitäten fort, indem er militante Briefe nicht nur an seine Freunde in Iran, sondern auch an religiöse Würdenträger schrieb. Letztere versuchte er gegen die ständig anwachsenden ausländischen Übergriffe auf die wirtschaftliche und politische Unabhängigkeit Irans in Bewegung zu setzen. Eine kurz zuvor vom Schah einem britischen Unternehmen gewährte Tabakkonzession war zum Symbol ausländischer Einmischung geworden, und Jamāl ad-Dīn richtete seine Bemühungen vor allem auf Aktionen, die den Widerstand gegen diese Konzession anregen sollten. Diese Aktivitäten trugen zu den Wellen des Protestes bei, die das Land zwischen 1891 und 1892 überschwemmten und schließlich zur Aufkündigung der Konzession führten.

In London erhielt er eine Einladung des osmanischen Sultans Abdülhamit II. (s.o.), als sein Gast nach Istanbul zu kommen und dort zu bleiben. Jamāl ad-Dīn hoffte wohl, der Sultan wollte sich seiner Dienste versichern, um seine panislamische Außenpolitik zu verwirklichen. Doch ist es nicht gerade wahrscheinlich, daß der Sultan das wirklich wollte. Es gibt Anzeichen dafür, daß der Sultan ihn nur deswegen in seiner Nähe haben wollte, um seine Aktivitäten besser überwachen zu können. Es scheint, daß der Sultan besorgt war, Jamāl ad-Dīn könne sich möglicherweise an einem Plan beteiligen, ein arabisches Kalifat zu errichten, was die Integrität des Osmanischen Reichs gefährdet hätte. Wie dem auch sei, Jamāl ad-Dīn erhielt nie eine verantwortliche Stellung in Istanbul. Bald kühlten sich die Beziehungen zwischen Jamāl ad-Dīn und dem Sultan ab. Seine letzten Jahre – er starb 1897 an Unterkieferkrebs – verbrachte Jamāl ad-Dīn wie ein Gefangener. Trotz mehrerer Gesuche, ihm das Verlassen des Landes zu gestatten, ließ ihn der Sultan nicht gehen.

Es ist keine leichte Aufgabe, einen zusammenhängenden Überblick über das Denken Jamāl ad-Dīns zu geben, war er doch mehr ein politischer Aktivist als ein systematischer Denker. In seinen wenigen Schriften und in den Äußerungen, die seine Biographen und Bekannten aufgezeichnet haben, gibt es viele widersprüchliche Aussagen. Einige dieser Widersprüche müssen Meinungsänderungen infolge einer gewissen Entwicklung in seinem Denken zugeschrieben werden, wie sie sich wohl in einer Laufbahn von etwa vierzig Jahren zwangsläufig ergeben. Doch es gibt auch Widersprüche, die damit nicht zu erklären sind. Man begründet sie im allgemeinen durch die Tatsache, daß Jamāl ad-Dīn ein politischer Taktiker war, der bestimmte Ziele erreichen wollte und der daher seine Worte und Schriften diesen Zielen unterwarf. Dies könnte zum Beispiel erklären, warum er 1882 zur nationalen Einheit auf sprachlicher Grundlage in Indien aufrief, während er zwei Jahre danach in «al-ʿUrwa al-wuthqā» diese Art von Einheit heftig angriff, da diese Form des Nationalismus die einzig wahre Einheit, die islamische, ernstlich schwächen würde. Er begriff wohl, daß in Indien die nationale Einheit eine stärkere Kraft gegen den britischen Kolonialismus bilden und daß ein Aufruhr zur religiösen Solidarität unter den indischen Verhältnissen die antikolonialen Kräfte spalten würde. Im Mittleren Osten nun war die Lage anders. Dort bildeten die Muslime die überwältigende Mehrheit, und der Gedanke der islamischen Einheit konnte somit eine wesentlich größere Kraft darstellen als der der nationalen Einheit.

Jamāl ad-Dīn neigte stark dazu, die Ausdrücke, die er benutzte, und die Gedanken, für die er eintrat, je nach Zuhörerschaft abzuwandeln. Das könnte durch den Einfluß der islamischen Philosophie auf seine Bildung erklärt werden. Islamische Philosophen haben oft die Haltung verteidigt, ihre Ideen seien nur für wenige Auserwählte da, die große Mehrzahl der Menschen müsse allein mit der Religion auskommen, und dementsprechend sollte man seine Worte und Ausdrücke wählen. So drückte sich Jamāl ad-Dīn in seiner Erwiderung auf Renans berühmte Vorlesung «L'islamisme et la science», die in einer französischen Zeitschrift veröffentlicht wurde, viel freier aus, als er es anderswo zu tun pflegte. Tatsächlich stimmte er mit Renan darin überein, daß der Islam, wie die meisten anderen Religionen, für den Fortschritt der Wissenschaft hinderlich gewesen sei, eine Ansicht, die er in einer muslimischen Umgebung niemals vorgebracht hätte.

Jamāl ad-Dīn wünschte die islamische Welt wieder stark, so daß sie der andauernden europäischen kolonialen Expansion Widerstand leisten könnte. Dieses Motiv beherrschte sein gesamtes Leben und Denken. Erfahrungen in seiner Jugend – er war wahrscheinlich Augenzeuge der brutalen Unterdrückung der indischen Erhebung von 1857 durch die Briten – mochten zu dieser Haltung beigetragen haben. Andererseits begriff er, daß die Quellen der Stärke in Europa gesucht werden müßten. Die Kraft Europas gründete sich – so glaubte er – auf Aktivität, Unternehmungsgeist und Rationalismus. Diese Tugenden hätten zur Entwicklung der europäischen Wissenschaft und Technik geführt. So hatte für ihn und seinesgleichen Europa einen Januskopf. Einerseits stand es für die aggressive koloniale Eroberung, andererseits für wissenschaftlichen und technischen Fortschritt, militärische und politische Stärke, freiheitliche politische Einrichtungen und moderne Erziehung. Muslime könnten also viel von Europa lernen.

Die Übernahme europäischer Technik und europäischer Einrichtungen sollte seiner Auffassung nach nicht gedankenlos geschehen. Europa sollte nicht blind nachgeahmt werden. Der Gesichtspunkt der Vereinbarkeit mit dem Islam sei in gebührender Weise zu beachten. Dennoch bestand er darauf, daß die Tugenden und Werte, die die Grundlage europäischer Stärke bilden, ebenso im Islam zu finden sind. Der heutige Islam aber war in seinen Augen verderbt und von Aberglauben und scholastischer Kasuistik überwuchert. Durch das Ausüben des *ijtihād* und das erneute Durchleuchten der Quellen könnten die wirklichen Grundlagen des Islams wieder freigelegt und könnte der Islam von unechten Auswüchsen gereinigt werden.

Somit ist der wahre Islam seiner Auffassung zufolge eine seinem Wesen nach vernunftbetonte Religion, d.h. eine Religion, die mit der menschlichen Vernunft übereinstimmt und zu deren Gebrauch anregt. Die Quellen sollten rational ausgelegt werden, und sollten einige Texte der Vernunft scheinbar zuwiderlaufen, so seien sie symbolisch zu erklären. Der wahre Islam sei niemals gegen die Suche von Wahrheit und gegen die Pflege der Wissenschaft gerichtet. Tatsächlich nehme der

Koran bereits Bezug auf die verschiedensten modernen wissenschaftlichen und technischen Entdeckungen, wie Elektrizität und Eisenbahn.

Nach Jamāl ad-Dīn ist es ein weiteres Wesensmerkmal des wahren Islams, auf Aktivität und Unternehmungsfreude zu bestehen. Fatalismus und Untätigkeit, so oft als typisch islamische Eigenschaften angesehen, hätten mit dem wirklichen Islam gar nichts gemein. Gott hat gesagt: «Gott verändert nichts an einem Volk, solange sie (d.h. die Angehörigen dieses Volkes) nicht (ihrerseits) verändern, was sie an (?) sich haben» (Sure 13:11). Dieser Passus ist seiner Ansicht nach von grundlegender Bedeutung für ein wirkliches Verstehen des Islams.

Es gibt nach Jamāl ad-Dīns Anschauung nichts, was der Annahme der europäischen Technik und Wissenschaft entgegensteht. Das Gedeihen der europäischen Wissenschaften verdanke den islamischen Denkern der Vergangenheit viel. Im Mittelalter habe Europa die Errungenschaften der islamischen Philosophie und Wissenschaft entliehen. Wenn daher jetzt die Muslime Technik und Wissenschaft vom Westen übernähmen, dann eigneten sie sich nur wieder an, was tatsächlich ihr rechtmäßiges Eigentum sei.

Wir wir gesehen haben, strebte Jamāl ad-Dīn nach der islamischen Einheit, um dem europäischen Kolonialismus entgegenzutreten. Diese Einheit war nicht mit Notwendigkeit politisch. Einheit der *umma*, der islamischen Gemeinschaft, sollte eine Einheit der Herzen, der Geistesverfassung sein. Die verschiedenen Regierungen und politischen Führer in der islamischen Welt sollten im Geist der Zusammenarbeit handeln, um den Angriffen der europäischen Mächte zu widerstehen. Diese panislamische Haltung begrenzte jedoch seine Möglichkeiten, Reformen zu propagieren. Um die Unterstützung einer möglichst großen Gruppe zu gewinnen, mußte er seine Erklärungen zur Neuauslegung des Islams verwässern, damit sie orthodox erschienen. Dennoch ist der Panislamismus niemals eine Massenbewegung geworden. Wie andere Reformer seiner Zeit zog auch Jamāl ad-Dīn es vor, mit Vermittlung von Regierungen und Eliten zu handeln, um seine Ziele zu erreichen.

Wie wir gesehen haben, war Jamāl ad-Dīn kaum ein systematischer Denker. Seine Bedeutung liegt nicht so sehr in den hinterlassenen Werken, sondern eher in dem Einfluß, den er durch persönliche Beziehungen auf eine jüngere Generation reformorientierter muslimischer Intellektueller hatte. Ihnen zeigte er, daß der Islam zu Wandel und Entwicklung fähig sei. Mehr noch, er öffnete ihnen die Augen für die Gefahren des europäischen Kolonialismus.

Muḥammad ʿAbduh (1849–1905)

Muḥammad ʿAbduh kann als der hervorragendste Schüler von Jamāl ad-Dīn angesehen werden. Doch ungeachtet ihres engen Lehrer-Schüler-Verhältnisses, ihrer Freundschaft und Verbindung, die mehr als zehn Jahre währen sollte, bestehen doch wesentliche Unterschiede in ihrem Wesen, ihren Ideen und Laufbahnen. Jamāl ad-Dīn war ein impulsiver Mensch, der zu plötzlichen und oft unerwarteten Handlungen neigte, ein kämpferischer politischer Aktivist, ein Weltbürger, dessen Heimat der ganze Bereich des Islams war. Muḥammad ʿAbduh hingegen hatte ein bedächtigeres Wesen. Er glaubte nicht an plötzlichen Wandel und hielt sich in seinen späteren Lebensjahren fern von Politik. Ihm war bewußt, daß Reform Zeit brauchen würde, und er war bereit, geduldig an langfristigen Vorhaben zu arbeiten. Er war zwar ein weitgereister Mann, doch nicht ganz aus eigenem freien Antrieb. Stets fühlte er sich an sein Vaterland, Ägypten, gebunden.

Muḥammad ʿAbduh wurde 1849 im Nildelta geboren. Sein Vater war Bauer von mittlerem Besitzstand, und in seiner Familie bestand eine Tradition der Bildung. Nach Abschluß einer Grundausbildung – dem Auswendiglernen des Korans – wurde er 1862 in die Moscheeschule von Tanta geschickt. Seine dortigen Erfahrungen haben mit Sicherheit dazu beigetragen, sein späteres Interesse an Erziehungsfragen zu wecken, denn in Tanta lernte er alle schlechten Seiten der herkömmlichen islamischen Erziehung kennen. Die Lernenden sollten sich ihrem Gedächtnis alle möglichen schwierigen Texte einprägen, ganz gleich, ob sie den Inhalt verstanden oder nicht. Lehrer waren im allgemeinen wenig hilfreich, denn ihre Tätigkeit beschränkte sich darauf, unverständlichen Lehrstoff herunterzuleiern, während sie ihren Schülern keine Fragen erlaubten. Bald verließ er enttäuscht Tanta und kehrte nach Hause zurück mit der Absicht, Bauer wie sein Vater zu werden. Durch einen Onkel aber, Scheich Darwīsh al-Khiḍr, wurde er mit dem Mystizismus bekannt. Diese Form von Religion übte auf ihn wesentlich mehr Anziehungskraft aus als die trockene scholastische Gelehrsamkeit, die er in Tanta zu meistern versucht hatte. Sein Onkel führte ihn in den *Shādhilīya*-Orden ein. Wegen dieses neuen Interesses an Religion konnte ihn der Onkel zur Rückkehr nach Tanta bewegen, damit er seine Studien wieder aufnehmen sollte. Er blieb in Tanta bis 1866, als er an die Azhar-Universität in Kairo ging. ʿAbduh war noch Student, als Jamāl ad-Dīn 1871 in Kairo eintraf. Als der junge ʿAbduh von dessen Ankunft erfuhr, besuchte er ihn zusammen mit einigen Freunden. Sogleich war er beeindruckt von der Weise, in der Jamāl ad-Dīn über Religion sprach. Diese Begegnung war der Anfang einer engen Verbindung. Über Jamāl ad-Dīn wurde ʿAbduh mit islamischer Philosophie vertraut, einer Disziplin, die im Lehrbetrieb der Azhar keinen Platz hatte, sowie mit europäischer philosophischer wissenschaftlicher Literatur.

Nach seinem Studienabschluß 1877 begann ʿAbduh an der Azhar-Universität und an der *Dār al-ʿulūm*, einer Art Lehrerbildungsseminar, zu lehren. Als aber der neue Khedive 1879 Jamāl ad-Dīn aus Ägypten auswies, da galt auch ʿAbduh, sein Freund und Gefährte, als ein Sicherheitsrisiko für die Regierung, und er wurde in sein Heimatdorf verbannt. Dort blieb er nicht lange, denn Riyāḍ Pascha, ein einflußreicher Staatsmann, dessen Schützling Jamāl ad-Dīn gewesen war, ermöglichte ihm die Rückkehr in die Hauptstadt. Es wurde ihm nicht gestattet, weiter zu lehren, doch erhielt er eine Anstellung als Mitherausgeber des Staatsanzeigers «al-Waqāʾiʿ al-miṣrīya», die er bis 1882 innehatte.

Der Zeitraum seiner Herausgebertätigkeit war voller politischer Unruhe. Es war die Zeit der ʿUrābī-Erhebung, einer Bewegung von Offizieren und später auch Zivilisten gegen die türkisch-tscherkessische politische und militärische Oberschicht in Ägypten und gegen ausländische Einmischung. Die bewegten Ereignisse führten schließlich zur militärischen Besetzung des Landes durch die Briten, um die Interessen der ausländischen Aktionäre und die Verbindungswege des Empire, d.h. den Suezkanal, zu schützen. ʿUrābī und seine Anhänger wurden im Schnellverfahren abgeurteilt und ausgewiesen. ʿAbduh hatte zwar nicht immer der Taktik und dem Vorgehen von ʿUrābī zugestimmt und des öfteren seine Kritik zum Ausdruck gebracht, doch blieb er der Bewegung verbunden und unterstützte in seiner Zeitschrift deren allgemeine Ziele. Nach der britischen Besetzung wurde auch er vor Gericht gestellt und für eine bestimmte Zeit ausgewiesen. Zunächst begab er sich nach Beirut. Später, Anfang 1884, schloß er sich Jamāl ad-Dīn in Paris an. Zusammen gaben sie «al-ʿUrwa al-wuthqā» heraus. Am Ende dieses Jahres kehrte er über Nordafrika in den Nahen Osten zurück. Er ließ sich erneut in Beirut nieder, wo er als Lehrer arbeitete, bis 1888 seine Verbannung aufgehoben wurde und er nach Ägypten zurückkehren konnte.

Mit seiner Rückkehr fügte er sich praktisch der britischen Besetzung seines Landes und nahm Abschied von der Politik. Er wurde ein Freund Lord Cromers, des britischen Generalkonsuls und tatsächlichen Beherrschers des Landes. Zu dieser Haltung bewegte ihn u.a. die Überzeugung, daß Ägypten viel vom Westen zu lernen habe und in dieser Hinsicht aus der Anwesenheit der Briten Nutzen ziehen könne. Es gab etwas später auch noch praktische Erwägungen: Nachdem er in einem bestimmten Augenblick die Gunst des Khediven verloren hatte, war er von der Unterstützung der Briten abhängig, um sich im Sattel zu halten und seine Pläne ins Werk zu setzen.

Wieder in Ägypten, hätte er gern erneut gelehrt. Dies wurde ihm jedoch nicht gestattet, und zwar aus Furcht davor, daß er seine Studenten mit seinen freidenkerischen Gedanken anstecken würde. Statt dessen erhielt er eine Anstellung als Richter an einem der einheimischen Gerichtshöfe. Später wurde er zum Richter am Appellationsgericht befördert. 1899 erhielt er das höchste religiöse Amt in Ägypten, das des *muftī*. Im gleichen Jahr wurde er Mitglied des *Gesetzgebenden Rates,* einer beratenden Körperschaft, deren Mitglieder in der Mehrzahl durch die Regierung ernannt wurden. Beide Funktionen behielt er bis zu seinem Tode 1905.

Während dieser letzten siebzehn Lebensjahre wandte er seine Bemühungen zwei Gegenständen zu: der Reform des Bildungssystems – besonders der Azhar-Universität, die nach seiner Auffassung das geistige Zentrum der Reform werden sollte – und der Reform der Scheriatsgerichte. Er war die treibende Kraft in verschiedenen für diese Bereiche zuständigen Ausschüssen und veröffentlichte eine Anzahl von Berichten und Empfehlungen. Seine Bemühungen zeitigten einigen Erfolg, wenn auch nicht den von ihm erhofften. ʿAbduhs praktische und geistige Aktivitäten beherrschte der Wunsch, ein allgemeines religiöses Erwachen im Islam zu erreichen, da dies seiner Ansicht nach der einzige Weg war, um die islamische Welt auch in anderen Bereichen zu stärken. Seinen eigenen Worten nach war sein Ziel «die Berichtigung der Glaubensartikel und die Beseitigung der Fehler, die sich durch das Mißverständnis der grundlegenden Texte der Religion in sie eingeschlichen haben, so daß, wenn erst einmal die Glaubensinhalte von schädlichen Neuerungen befreit seien, das Handeln der Muslime als Folge dieser Berichtigung frei von Unordnung und Verworrenheit sein könne, die Lebensbedingungen der einzelnen Muslime gebessert und ihr Verstand erleuchtet werden würde durch die wahren religiösen und weltlichen Wissenschaften, daß heilsame Charakterzüge entwickelt würden und daß dieser wünschenswerte Zustand sich über den einzelnen der gesamten Gemeinschaft der Gläubigen mitteilen werde» (ʿAbduh, zitiert nach C. C. Adams, 1968, 110).

Leben nach den wahren Vorschriften des Islams ist für ʿAbduh der Schlüssel für das Wohlergehen der Menschen, als einzelnen und in der Gesellschaft, denn die Verhaltensweise, die der Islam lehre, sei nicht nur gottgefällig, sondern auch der beste Weg, um gesellschaftliche Stabilität und den Fortschritt der Gemeinschaft zu sichern. Die Suche nach dem wahren Islam sei notwendige Vorbedingung dafür, daß eine solche Verhaltensweise allgemein verbreitet würde. Also diene diese Suche auch noch einem anderen Ziel, nämlich der Einigung der Muslime, denn unbegründete Glaubenspraktiken und falsche Glaubensinhalte wie die Übertreibungen der *ṣūfī*-Orden und der Geist des Sektenübereifers hätten die Muslime gespalten, und diese Spaltung sei einer der Gründe für ihren Niedergang.

Aber auch in einem anderen Zusammenhang spielte die Einheit in ʿAbduhs Denken eine Rolle. Im Verlauf des 19. Jahrhunderts wurde der Einfluß der europäischen Zivilisation und Technik immer augenfälliger. Nicht wenige Muslime, zumal aus den höheren Schichten, hatten die Anziehungskraft Europas wahrgenommen und waren auch mehr oder weniger europäisiert worden. Ihre Zahl nahm noch zu durch die Einführung einer Erziehung nach europäischem Vorbild. Gleichzeitig waren auch europäische politische und wirtschaftliche Einrichtungen und von Europa inspirierte Gesetze eingeführt worden. Zwischen der europäisierten Elite und diesen europäisierten Bereichen auf der einen Seite und der überwiegenden Mehrheit der Bevölkerung und den hergebrachten Einrichtungen auf der anderen Seite weitete sich die Kluft. ʿAbduh sah eine seiner Aufgaben im Überbrücken dieser Kluft.

Um das zu erreichen, hatte er einen Mittelweg zu gehen. Er verurteilte als *taqlīd* sowohl die vorbehaltlose Annahme von Europäischem als auch den blinden Glauben an das Überlieferte. Also versuchte er wie Jamāl ad-Dīn zu zeigen, daß der wahre Islam die Grundlagen dieser neuen und scheinbar fremden Gesetze und Einrichtungen enthalte und daß tatsächlich die Werte der bürgerlichen Gesellschaft im Europa des 19. Jahrhunderts auch die des Islams seien. So machte er sich daran, aus dem Islam eine Rechtfertigung für die Europäisierung herzuleiten.

Der Kernbegriff all dieser Vorhaben und Gedanken ist der des wahren Islams. Daher widmete er einen wesentlichen Teil seiner Bemühungen der Erklärung dessen, was er unter wahrem Islam verstand. Seine Werke auf diesem Gebiet weisen einen gewissen Eklektizismus auf, der sich auf ein breites Wissen von der islamischen und europäischen Kultur gründet. Viele einander widerstrebende Strömungen des islamischen Denkens beeinflußten ihn: die islamischen Philosophen, die *Muʿtazila*, al-Ghazālī und die neohanbalitische fundamentalistische Schule von Ibn Taimīya (gest. 1328). An europäischen Autoren sind es u. a. Darwin, Spencer,

Comte, Guizot und Renan, deren Einfluß in ʿAbduhs Schriften verfolgt werden kann.

Dieser Eklektizismus im Verein mit seiner Neigung, eindeutige Stellungnahmen zu umstrittenen theologischen Fragen zu vermeiden – etwa zur Frage, ob der Koran geschaffen worden sei oder nicht –, diente ihm dazu, eine Form des Islams zu schaffen, die für jedermann annehmbar war, besonders aber für die europäisierte Elite. Um deretwillen hatte er sich jedoch mit einigen philosophischen Fragen auseinanderzusetzen, die in seiner Zeit debattiert wurden, etwa mit der Beziehung zwischen Vernunft und Religion, zwischen Wissenschaft und Religion – also mit zwei Gegenständen, mit denen sich Aḥmad Khān schon etwas früher befaßt hatte.

Tatsächlich unterschieden sich die Ansichten ʿAbduhs dazu nicht grundsätzlich von denen Aḥmad Khāns. Wie jener betonte er, der Islam sei eine Religion, die an die Vernunft appelliere, und daß der Koran den Menschen dazu ermahne, seinen Verstand zu gebrauchen. In der alten Auseinandersetzung um das Verhältnis von Vernunft und Offenbarung vertrat ʿAbduh die Auffassung, der Mensch könne durch den Gebrauch des Verstandes die Existenz Gottes und auch die Notwendigkeit von Propheten und der Offenbarung nachweisen. Da nun einmal die Vernunft festgestellt habe, Muḥammad sei ein Prophet und der Koran eine göttliche Botschaft, habe man den Inhalt des Korans und des Hadith als solche anzuerkennen, selbst wenn ihr Inhalt bisweilen über die Vernunft hinauszugehen scheine. Wenn sie, was zuweilen vorkommt, der Vernunft zu widersprechen scheine, so sei letztere zu bevorzugen, und die Texte seien dann symbolisch auszulegen, um den offenbaren Widerspruch zu lösen.

Beim Verhältnis Religion – Wissenschaft anerkannte ʿAbduh den Begriff von Naturgesetzen, wenn auch mit dem Vorbehalt, Gott bleibe der Urgrund allen Geschehens. Seiner Auffassung nach kann der Koran nicht den Naturgesetzen widersprechen, denn Gott habe – wie er es einmal ausdrückte – zwei Bücher herabgesandt, eines erschaffen, d.h. die Natur, das andere offenbart, d.h. den Koran. Wissenschaft, das Studium der Natur, sei daher empfehlenswert, und zwar nicht nur als Selbstzweck, sondern auch, weil es das Verständnis des Menschen von Gott vertiefe.

In Anlehnung an die *Muʿtazila* versuchte er, den Koran entsprechend zu lesen und hinwegzuerklären, was als übernatürlich erschien. So leugnete er die Wirklichkeit von Zauber, auf den sich manche Verse zu beziehen scheinen. Die im Koran vorkommenden *jinn* seien, so meinte er, Mikroben – eine findige Lösung für das Problem, das Aḥmad Khān vor ihm zu lösen versucht hatte (s.o.).

Auf dem Gebiet der Methodologie des religiösen Gesetzes entsprachen seine Gedanken nahezu vollständig denen der Fundamentalisten des 18. und 19. Jahrhunderts: Er verwarf den *taqlīd* und meinte, daß diejenigen, die hinreichend gebildet seien, zulässigerweise – oder besser als Pflicht – den *ijtihād* ausüben sollten. Ein neues Element in seinem Denken war aber, daß er von der herkömmlichen Unterscheidung zwischen den Teilen der *sharīʿa,* die sich mit den religiösen Pflichten *(ʿibādāt)* und denen, die sich mit den Beziehungen der Menschen untereinander *(muʿāmalāt)* befassen, wichtige Folgerungen ableitete. Er behauptete, im ersten Bereich seien die Vorschriften klar und eindeutig in Koran und Hadith niedergelegt und daher unveränderbar. Bezüglich des anderen Bereichs meinte er, daß Koran und Hadith nur allgemeine Grundsätze enthielten, die den konkreten Umständen entsprechend so ausgelegt werden könnten, daß sie gesellschaftlich und sittlich förderlich *(maṣlaḥa)* seien. Dies genau solle der Wirkungsbereich der Vernunft sein.

Hier bot er allerdings wenig konkrete Lösungen an. Zu Polygamie und Sklavenhaltung stellte er einmal sehr zurückhaltend fest, in der Gegenwart könne gezeigt werden, daß diese Institutionen nicht zu den Wesensmerkmalen des Islams gehörten und demnach den Umständen entsprechend Wandlungen unterworfen seien. Körperstrafen verteidigte er aus rein pragmatischen Erwägungen: Während Haft in Europa als Abschreckungsmittel wirke, könne sie in armen Ländern wie Ägypten diesen ihren Zweck nicht erfüllen, da Verbrecher dort ihre Gefängniszellen den eigenen ärmlichen Behausungen vorziehen würden.

In seiner amtlichen Eigenschaft als Staats-*muftī* war er gehalten, den Regelungen zu folgen, die in den verbindlichen Gesetzeshandbüchern niedergelegt worden waren. Aber als Mann von großem religiösen Ansehen wurde er oft von Privatleuten, auch aus dem Ausland, in Dingen um Rat gebeten, die sich auf religiöse Vorschriften bezogen. Einige dieser *fatwās* (von arab. Sing. *fatwā*) sind sehr bekannt geworden, z. B. diejenige, die es Muslimen gestattet, Kopfbedeckungen im europäischen Stil zu tragen, oder eine andere, die es Muslimen gestattet, Zinsen aus Postsparkonten zu beziehen.

3. Das 20. Jahrhundert: Kampf für den islamischen Staat

Im Verlauf des 19. Jahrhunderts wurden die Grundlagen für eine neue Form des Islams gelegt, eines Islams, der den Bedürfnissen der sich rasch wandelnden Gesellschaft angepaßt war, in der er wirken sollte. Die drei Denker, mit denen wir uns in den vorangegangenen Abschnitten befaßt haben, haben zu dieser Entwicklung beigetragen. Sie schrieben über viele unterschiedliche Gegenstände, indem sie den Islam neu auszulegen und die islamische Gesellschaft neu zu gestalten versuchten. Etwas allerdings fehlt ganz auffällig in ihren Werken, nämlich das Bestreben, einen rein islamischen Staat zu errichten, der die Einheit von Religion und Politik verkörpern sollte. Genau das nun ist eines der deutlichsten Wesensmerkmale des gegenwärtigen islamischen Denkens.

1924 beseitigte der türkische nationalistische Führer Mustafa Kemal, später Atatürk genannt (1881–1938), das Kalifat, das nach der Gründung der türkischen Republik und der Abschaffung des Sultanats zwei Jahre als rein geistliches Amt weiterbestanden hatte, nämlich als die religiöse Führung aller Muslime. Wie wir gesehen haben, hatte die bewußte Verbindung des osmanischen Sultanats mit der Idee der geistlichen Führung der islamischen Welt, durch den Titel «Kalif» symbolisiert, verhältnismäßig spät stattgefunden. Zu Beginn des 20. Jahrhunderts hatte dieser Gedanke an Einfluß gewonnen, mit dem Ergebnis, daß das Ende des Kalifats in der islamischen Welt große Aufregung verursachte. Mehrere Kongresse wurden abgehalten, um die Möglichkeit zu prüfen, ein neues Kalifat zu errichten. Die Frage war jedoch in gewissem Maße mit einander widersprechenden dynastischen Interessen verquickt, und praktische Schritte sind niemals unternommen worden.

1925, als die Erörterung dieser Frage ihren Höhepunkt erreichte, wurde in Ägypten ein Buch veröffentlicht, das zu scharfen Auseinandersetzungen führte. Der Verfasser, ʿAlī ʿAbd ar-Rāziq (1888–1966), war Richter an einem Scheriatsgerichtshof. Er hatte nicht nur an der Azhar-Universität, sondern auch ein Jahr in Oxford studiert. Der Titel des Buches lautete «Der Islam und die Grundlagen der Staatsmacht» («al-Islām wa-uṣūl al-ḥukm»). Die Hauptthese lautete, weder der Koran noch der Hadith hätten das Kalifat als notwendige Einrichtung bezeichnet, die Aufgabe Muḥammads sei eine rein geistliche, seine politischen Handlungen seien lediglich für die Umstände seiner Zeit von Bedeutung und hätten nichts mit dem Wesen des Islams zu tun. Gott habe den Bereich der weltlichen Regierung und der diesseitigen Interessen gänzlich der menschlichen Vernunft überlassen.

Wenn auch diese Betrachtungsweise der Lage entsprach, die in nahezu jedem Land der islamischen Welt vorherrschte, so löste doch die Veröffentlichung des Buches einen Proteststurm aus, denn für die meisten *ʿulamāʾ* machte es einen sehr großen Unterschied, de facto eine tatsächlich bestehende Lage zu akzeptieren oder diese Lage auf der Grundlage der islamischen Theorie für rechtens zu erklären und sie so de jure anzuerkennen. Der Widerstand gegen das Buch führte dazu, daß ein Tribunal von namhaften Scheichs der Azhar ʿAlī ʿAbd ar-Rāziq verurteilte und ihn für ungeeignet erklärte, irgendein öffentliches Amt zu bekleiden. Man entließ ihn aus seinem Amt als Richter, und bis zu seinem Tode lebte er zurückgezogen.

ʿAlī ʿAbd ar-Rāziq gehörte ebenso der Denkschule von ʿAbduh an wie auch, überraschenderweise, einer seiner bekanntesten Widersacher, Muḥammad Rashīd Riḍā (1865–1935), der jahrelang der engste Mitarbeiter von ʿAbduh gewesen war. Er gründete die einflußreiche islamische Zeitschrift «al-Manār». Ihn hatten an ʿAbduhs Denken weniger die freidenkerischen und modernistischen Auslegungen angezogen als vielmehr seine Suche nach einem reinen Islam, der sich nur auf die ursprünglichen Quellen gründen sollte. Rashīd Riḍā war stark beeinflußt von den Fundamentalisten des 18. und 19. Jahrhunderts, und nicht von ungefähr war er dem Staat der Saudis auf der Arabischen Halbinsel sehr gewogen.

Rashīd Riḍā hatte schon ein Buch zur Kalifats-Frage veröffentlicht, als 1922 die Führer der türkischen Republik den Sultan seiner politischen Macht entkleideten. 1925, nach dem Erscheinen des Buches von ʿAlī ʿAbd ar-Rāziq, beteiligte er sich in «al-Manār» eifrig an der Auseinandersetzung. Für ihn war der Begriff Islam unlösbar verbunden mit dem Gedanken einer politischen Gemeinschaft. Seiner Anschauung nach konnte keine wirklich islamische Gesellschaft ohne einen Kalifen bestehen. Neben der Verteidigung der Muslime sollte dessen Hauptaufgabe darin bestehen, durch *ijtihād* die Gesetzgebung auszuüben. Dies sollte er nach Absprache mit einer Körperschaft erfahrener Männer tun, Hütern und Auslegern des Gesetzes. Für diese Aufgabe sollten neue Männer ausgebildet werden, denn nach der Ansicht von Rashīd Riḍā waren die vorhandenen *'ulamā'* für eine solche Aufgabe ungeeignet.

Das osmanische Sultanat-Kalifat war nach Rashīd Riḍās Ansicht nur ein «Not-Kalifat» gewesen, denn der osmanische Sultan, der kein Arabisch konnte, war für den *ijtihād* nicht geeignet. Mehr noch, er stammte nicht von der Sippe der Quraish ab, was nach strenggläubiger Auffassung eine notwendige Voraussetzung dafür war, ein gesetzmäßiger Kalif zu werden. Dennoch hatte er geduldet werden müssen, da es niemanden gab, der besser geeignet gewesen wäre, denn immerhin konnte er die Muslime schützen. Nun, da das osmanische Kalifat zu bestehen aufgehört hatte, sollten nach Ansicht von Rashīd Riḍā Vertreter der Muslime zusammenkommen, um einen neuen Kalifen zu wählen, denn er war davon überzeugt, daß es zur Zeit niemanden gebe, der für das echte Kalifat geeignet sei. Doch er hoffte, in Zukunft würde sich das ändern.

Als Rashīd Riḍā seine Gedanken der Öffentlichkeit zugänglich machte, hatte die europäische koloniale Expansion in der islamischen Welt ihren Höhepunkt erreicht. Dennoch hatte ihr innerer Niedergang bereits begonnen: In vielen Gebieten gingen die kolonial Unterworfenen daran, sich zu organisieren und gegen die koloniale Unterdrückung zu kämpfen. Doch kaum irgendwo spielte der Islam als Ideologie des antikolonialen Widerstandes eine entscheidende Rolle. Die Bemühungen Jamāl ad-Dīns und Rashīd Riḍās hatten wenig Wirkung gezeitigt. Die neuen politischen Kräfte, die für die Unabhängigkeit kämpften, stützten sich ideologisch auf den weltlichen Nationalismus und auf europäische liberale Ideale wie Demokratie und verfassungsgemäße Regierung.

Wenn sie Muslime waren, und nicht z. B. Christen, so waren sie es in ziemlich verschwommener unbestimmter Weise. 'Abduh hatte gezeigt, daß es eigentlich keinen Widerspruch zwischen Islam und moderner Zivilisation gebe und der Islam auch die meisten der Werte beinhalte, die als der europäischen Zivilisation zugehörig angesehen wurden. Die neue politische Elite ging weiter und behauptete, es bestünde eine vollständige Wesensgleichheit zwischen beiden. Der Islam wurde sozusagen im modernen Denken aufgelöst und in eine Anzahl von allgemeingültigen Werten umgesetzt, wie Gleichheit der Menschen, Demokratie, Duldsamkeit, geistige Freiheit, Vernunftbetonung, Fortschritt. Gleichzeitig – wenn es auch nur wenige von ihnen so offen sagten – gründete sich ihre politische Praxis auf dem Prinzip einer tatsächlichen Trennung zwischen Religion und Politik. Für sie spielte der Islam in der Politik kaum eine Rolle. Wenn er überhaupt erwähnt wurde, so gewöhnlich in der Form eines säkularisierten Islams als Bestandteil der nationalen Geschichte und Kultur, seines religiösen Gehalts beraubt, so daß sogar Christen sich mit ihm einverstanden erklären konnten.

Wie schon Jamāl ad-Dīn al-Afghānī, so verhielten sich auch die nationalistischen Führer gegenüber dem Westen widersprüchlich. Einerseits bekämpften sie ihn tatsächlich, um ihre Länder von kolonialer Unterdrückung zu befreien, andererseits sahen sie ihn als Urquell ihrer politischen Ideale an. In ihrer Haltung zeigte sich ein gewisser Widerspruch, und das genau wurde zur Zielscheibe der Angriffe neuer politischer Bewegungen, die behaupteten, sich ausschließlich auf den Islam zu stützen, und die hier deshalb als «neofundamentalistisch» bezeichnet werden sollen.

Die raschen gesellschaftlichen und wirtschaftlichen Umgestaltungen durch den Kolonialismus und die erzwungene Einfügung in den Weltmarkt berührten nicht alle Schichten in der islamischen Welt in gleicher Weise. Kleine Gruppen aus den Ober- und Mittelschichten hatten aus den neuen Entwicklungen Nutzen gezogen. Für große Teile der Bevölkerung waren diese Entwicklungen jedoch nicht günstig gewesen. Die Einführung der Lohnarbeit, die Proletarisierung von großen Teilen der Bauernschaft, die Auflösung der Dorfgemeinschaft und der Großfamilie, die Landflucht in Verbindung mit einer Verwestlichung, die nahezu alle Bereiche der Gesellschaft durchdrang, bewirkten bei vielen Muslimen, daß sie sich entwurzelt, als Fremde in ihrer Heimat fühlten. Sie sehnten sich nach einer Gesellschaft, die aus kleinen, wohlgeordneten Gemeinschaften bestand, wo jedermann und alles seinen festen Platz hatte, wo die Menschen sich umeinander kümmerten und wo man Sicherheit finden konnte. Da nun, nicht ganz ohne Grund, der Westen und die verwestlichte Elite für jene negativen Entwicklungen verantwortlich gemacht wurden, hatte die Anregung für ein Programm zur Berichtigung der üblen Auswirkungen dieser Entwicklungen aus eigenen Quellen zu kommen, d.h. aus dem Islam. So war es ganz selbstverständlich, daß die Ideale vom islamischen Staat und von der wahren islamischen Gesellschaft genau als das angesehen wurden, wonach die Menschen sich sehnten.

Seit den 1930er und 1940er Jahren kamen mehrere neofundamentalistische Bewegungen in verschiedenen Teilen der islamischen Welt auf. Am bekanntesten sind die Gesellschaft der *Muslimbrüder (Jamʿīyat al-ikhwān al-muslimīn)* in Ägypten und Syrien und die *Jamāʿat-i islāmī* unter den indischen Muslimen. Sie wandten sich an die Gefühle der Unzufriedenheit mit den gesellschaftlichen und wirtschaftlichen Entwicklungen und des Grolls gegen den Westen und die verwestlichten Eliten und behaupteten, ein konkretes und wirklichkeitsnahes Programm als Alternative zur bestehenden Lage anzubieten. Sie arbeiteten auf eine islamische Gesellschaft und ein islamisches Staatswesen hin, die geformt sein sollten nach dem Beispiel der islamischen Gemeinde zu Lebzeiten Muḥammads und seiner ersten Nachfolger, der «rechtgeleiteten Kalifen». So wandten sie sich der Vergangenheit zu, um eine Lösung für die gegenwärtigen Schwierigkeiten zu finden. Ihre Idealgesellschaft könne erreicht werden, so behaupteten sie, indem man der Sunna des Propheten und der ersten Generation der Muslime folge.

Abgesehen davon, daß sich diese Bewegungen auf die Sehnsucht nach einer idealisierten Vergangenheit gründen, haben sie ihre Wurzeln auch in antiwestlichen Gefühlen. Sie richten sich grundsätzlich gegen die westliche politische, kulturelle und wirtschaftliche Vorherrschaft. Somit sind sie radikaler als die nationalistischen politischen Führer, die tatsächlich nur gegen die politische Anwesenheit des Westens kämpften. Die neofundamentalistischen Bewegungen weisen alle Ideologien zurück, die sie als vom Westen eingeführt ansehen. Sie sind gegen den Nationalismus, da er die Muslime getrennt halte, wohingegen der Islam sie einigen und ihnen Stärke zurückgeben könne. Sie kritisieren den Grundsatz der Demokratie, da sie davon überzeugt sind, sie führe zu übertriebenem Individualismus und sozialem Chaos (zwei Erscheinungen, die viele Muslime in ihrer eigenen gesellschaftlichen Umgebung wahrnehmen und die sie dazu gebracht haben, ihr Zugehörigkeitsgefühl zu verlieren). Die islamische Staatsform sei, so behaupten sie, weder demokratisch noch diktatorisch, sondern nehme eine Mittelstellung ein und enthalte das Beste aus beiden Systemen. In gleicher Weise sprechen sie von einem islamischen Wirtschaftssystem, das weder kapitalistisch noch sozialistisch sei.

Ziel dieser neofundamentalistischen Organisationen ist es, einen islamischen Staat zu errichten. Das brachte sie in Konflikt nicht nur mit den westlichen Kolonialmächten, sondern auch, besonders nachdem die Entkolonialisierung eingesetzt hatte und in der islamischen Welt unabhängige Staaten entstanden waren, mit den Regierungen und den politisch Etablierten in ihren eigenen Ländern. Jene sind ihrer Auffassung nach gottlose Regime und heidnische Cliquen, da sie dem Islam den rechtmäßigen Platz in der Politik genommen haben, Feinde, gegen die der *jihād* – von ihnen als «permanente Revolution» erklärt – geführt werden muß.

Nachdem die muslimische Welt ihre politische Unabhängigkeit erlangt hatte, begriff eine zunehmende Zahl von Muslimen, daß trotz der formellen Unabhängigkeit die meisten islamischen Länder in wirtschaftlicher und kultureller Hinsicht weiter vom Westen beherrscht werden. Durch die Verdichtung der Massenkommunikation ist der westliche Kultureinfluß sogar noch sichtbarer geworden. Heute wird das Bild vom Westen bei vielen Muslimen durch beliebte Fernsehproduktionen aus dem Westen bestimmt, wie «Dallas», «Charley's Angel» oder «Kojak». Auf den Märkten und in den Geschäften gibt es eine Fülle von westlichen Erzeugnissen, die oft die einheimischen verdrängen. Das – in Verbindung mit der sich weitenden Kluft zwischen entwickelten und unterentwickelten Ländern, zwischen der verwestlichten Elite und der großen Mehrheit der Bevölkerung – liefert einen fruchtbaren Boden für islamische neofundamentalistische Organisationen.

V.
Das Verbreitungsgebiet der islamischen Religion: Zahlen und Informationen zur Situation in der Gegenwart

(Peter Heine und *Riem Spielhaus)*

Der Umgang mit bevölkerungsstatistischen Daten ist immer schwierig. Zu viele konkrete politische Implikationen sind mit ihnen verbunden. Die Probleme sind alt und gelten auch für die Demographie in der Dritten Welt. Nach dem Alten Testament strafte Gott David dafür, daß dieser eine Volkszählung hatte durchführen lassen (2. Samuel, Kap. 24). Und Mißtrauen, Furcht und mancherlei Prestigevorstellungen führen dazu, daß bei Volksbefragungen auch heute noch unpräzise Antworten gegeben werden.[1] Doch auch bei Staaten mit einem elaborierten Personenstandswesen müssen die Zahlen des muslimischen Bevölkerungsanteils als unsicher eingeschätzt werden. Das ist vor allem darauf zurückzuführen, daß Daten zur Religionszugehörigkeit gar nicht oder nur in Ausnahmefällen erhoben werden. Auch hier kann man sich also nur auf Schätzungen stützen, die jeweils auf unzureichenden Daten aus den Herkunftsländern der muslimischen Einwanderer basieren.

Über die individuellen Motive für falsche Angaben bei demographischen Untersuchungen hinaus gibt es in ihrem Resultat schwerwiegende Verfälschungen, deren Motivationen im politischen und wirtschaftlichen Bereich liegen. Bevölkerungszahlen können Argumente für die Vergabe von Hilfsgütern oder Entwicklungsprojekten sein. In manchen Ländern spielt auch die Frage des Bevölkerungsanteils einer Religionsgemeinschaft bei der Besetzung wichtiger Staatsämter eine Rolle. Hier ergeben sich also zahlreiche Probleme. Wenn man die zur Verfügung stehenden Daten nur bis zu einem gewissen Grade ernst nimmt, vermitteln sie doch einen gewissen Eindruck von der jeweiligen Größenordnung der muslimischen Bevölkerung. Vergleicht man die demographischen Daten der ersten Auflage dieses Buches, erstaunen die teilweise erheblichen Bevölkerungszuwächse in den vergangenen 20 Jahren. Sie hängen mit einer rasanten Verjüngung der Bevölkerung der in diesem Beitrag erfaßten Länder zusammen. In vielen beträgt der prozentuale Anteil der Gruppe der 10- bis 24-jährigen bis zu 60% der Gesamtbevölkerung. Dieses Wachstum wird sich in den nächsten Jahren weiter fortsetzen und zu erheblichen sozialen, ökonomischen und politischen Konsequenzen führen.

Es stellt sich im übrigen die grundsätzliche Frage, in welchem Fall ein Individuum als Muslim zu bezeichnen ist. Diese Frage bereitet vor allem in jenen Regionen Kopfzerbrechen, in denen Menschen, die einer animistischen oder ahnenkultlichen Religionsform anhängen, sich dem Islam zuwenden. In der Theorie läßt sich die Frage, von welchem Zeitpunkt an jemand ein Muslim ist, leicht beantworten, und muslimische Theologen und Juristen haben in dieser Hinsicht genaue Feststellungen getroffen: Muslim ist, wer sich zu dem einen Gott bekennt und Muḥammad als den Gesandten Gottes anerkennt, oder noch allgemeiner: Muslim ist, wer sich selbst für einen solchen hält. Auf diese Art umgehen die Theoretiker das Problem der Minoritäten und Sekten im Islam: Auf die Praxis angewandt, versagt diese Definition jedoch weitgehend; denn die religionsgeschichtliche Entwicklung nicht nur in den Randgebieten des Islams hat gezeigt, daß der Konsens darüber, wer ein Muslim ist, unter Muslimen eben nicht so leicht zu erreichen ist, wie das in der Theorie den Anschein hat. Hier sei nur auf die in Westeuropa und Westafrika besonders aktive Gruppe der *Aḥmadīya* hingewiesen, die sich selbst als «Aḥmadīya-Bewegung im Islam» bezeichnet, vor einiger Zeit aber vom pakistanischen Parlament als nicht zur Gemeinschaft der Muslime gehörig erklärt wurde.

Bewegen wir uns hier in einem politischen, juristischen, also definierten oder wenigstens noch definierbaren Rahmen, so ist das Problem in bezug auf die sogenannten Randgebiete des Islams ungleich komplizierter. Nehmen wir als Beispiel Westafrika: In einigen Regionen geht der Beginn der Islamisierung auf das 9. Jahrhundert zurück, und Städte wie Timbuktu oder Djenne waren durch das ganze Mittelalter hindurch Zentren islamischer Studien. Dennoch darf man nicht davon ausgehen, daß diese Regionen islamisch sind. Der Islam, die Substratreligionen und teilweise auch christliche Vorstellungen haben hier vielfach zu einem Synkretismus geführt, der oft seltsame Blüten treibt. So unterwerfen sich z.B. heute in Nordbenin auch solche Angehörige des dort ansässigen Stammes der Bariba dem islamischen Fastengebot im Monat *Ramaḍān,* die keine Muslime sind.[2] Muslime dagegen praktizieren im sozialen wie religiösen Bereich Verhaltensweisen, die schon den marokkanischen Weltreisenden Ibn Baṭṭūṭa im 14. Jahrhundert zu kritischen Bemerkungen veranlaßten.[3] Solche und ähnliche Praktiken haben seit jeher Eiferer und Reformer auf den Plan gerufen, die den westafrikanischen Islam so zu formen oder zu reformieren versuchten, wie sie ihn in den Kernländern dieser Religion kennengelernt hatten.[4] Die Frage also, wann aus synkretistischen Vorstellungen islamische werden, von wann an man jemanden als Muslim bezeichnen kann, läßt sich dort kaum beantworten. Ähnlich kompliziert stellt sich die Situation in der muslimischen Diaspora in Westeuropa und Amerika dar. Dabei rühren die Probleme nicht von der islamisch-rechtlichen Bewertung her, sondern von der Eigen- aber auch von der Fremdwahrnehmung. Seit die Existenz von Muslimen in westlichen Gesellschaften als sicherheitspolitische Frage thematisiert wird, erhalten die demographischen Daten eine unverhältnismäßige Bedeutung. Damit geht eine Stereotypisierung einher, die man als «Ummatisierung» bezeichnen kann. Darunter versteht man die Wahrnehmung der muslimischen Minderheiten als homogene Gruppe unter Vernachlässigung der nationalen, ethnischen oder sozialen Differenzen. Damit wird allein der religiösen Zugehörigkeit eine dominierende identitätsstiftende Funktion zugesprochen.

Muslimischen Demographen ist dieses Problem nicht unbekannt. Sie wissen, daß gerade in den islamischen Randgebieten viele Muslime mit den wichtigsten Grundsätzen ihrer Religion nur rudimentär bekannt sind. Dennoch nehmen sie auch solche Individuen in ihre Berechnungen mit auf.[5]

Die Ausbreitung des Islams als religiöses und kulturelles System ging auf sehr unterschiedliche Weise vor sich. Die Konversion von Nichtmuslimen zur Religion des Propheten aus Mekka war und ist durch vielfältige Motiv-Kombinationen begründet, von denen direkter Zwang in den seltensten Fällen eine Rolle gespielt haben mag. Vielmehr hat die Mahnung des Koran *lā ikrāha fī d-dīn* («Es sei kein Zwang in der Religion», 2:256 [257]) dazu geführt, daß gegenüber Andersgläubigen doch ein erhebliches Maß an Toleranz geübt wurde. Dem steht allerdings gegenüber, daß es kriegerische Eroberungen waren, die den Islam in viele Teile der Welt brachten.

Diese Eroberungszüge unter der grünen Fahne des Propheten haben allerdings nicht, wie häufig dargestellt, den Islam im «Heiligen Krieg mit Feuer und Schwert» verbreitet, sondern dienten der Ausbreitung eines bestimmten staatlichen Gebildes, der Verfolgung wirtschaftlicher und politischer Interessen und auch der Befriedigung der Kampfeslust arabischer, berberischer oder türkischer Stämme. Mit der Verbreitung des Islams als Religion hatten sie erst in zweiter Linie zu tun.

Die Annahme des Islams als Religion durch die Bewohner der unterworfenen Gebiete wurde durch die muslimischen Machthaber in den seltensten Fällen forciert. Oft war das Gegenteil der Fall, da durch die Konversion von Nichtmuslimen zum Islam dem islamischen Staat Steuereinkünfte verlorengingen. Mag nun die Christianisierung weiter Gebiete z. B. des Byzantinischen Reiches längst nicht so weit fortgeschritten gewesen sein, wie es manche Kirchenhistoriker glauben machen wollen, oder mag der Wunsch, sich der herrschenden Schicht religiös anzupassen und sich dadurch vielfältige Vorteile zu verschaffen, übermächtig gewesen sein: Tatsache ist, daß viele Nichtaraber den Islam annahmen. Diese Islamisierung war jedoch kein plötzliches Ereignis, sondern ein Jahrhunderte dauernder Prozeß, der den Islam nur deshalb im Vorteil sah, weil eine Re-Christianisierung oder Re-Judaisierung als Apostasie aufgefaßt und mit dem Tod bestraft wurde.

Neben der Anpassung an die politischen Gegebenheiten hat von der Mitte des 8. Jahrhunderts an die damalige kulturelle Überlegenheit des islamischen Kultursystems in seiner Gesamtheit ein kaum zu unterschätzendes Motiv für die Konversion beigesteuert.

Trotz der kriegerischen Ausbreitung des islamischen *Staates* ist also die Ausbreitung der islamischen *Religion* im großen und ganzen ohne Zwang oder Gewalt vor sich gegangen.

Die Regionen der Welt, in denen heute die zahlenmäßig größten Gemeinschaften von Muslimen leben oder in denen der Islam die größten Missionserfolge zu verzeichnen hat, sind jedoch durch ein völlig anderes Medium der Religion Muḥammads nahegebracht worden.

Ein wichtiges, wenn nicht das wichtigste, Element des Wirtschaftslebens in der islamischen Welt war der Handel. Muslimische Herrscher bemühten sich von jeher, den Warenaustausch auch mit solchen Staaten zu pflegen, die außerhalb der islamischen Welt lagen. Der Handel lag vor allem in der Hand muslimischer Händler, wenngleich der Anteil jüdischer Untertanen der muslimischen Herrscher zumindest für das Mittelalter in dieser Hinsicht nicht unterschätzt werden darf. Aufbauend auf vorhandene Handelswege entstand ein kompliziertes Netz von Handelsbeziehungen, das über den Warenaustausch weit hinausging und auch Geld- und Kredittransfer kannte, vom Austausch von Wirtschaftsinformationen einmal ganz abgesehen.

Der Beruf des Händlers war und ist in der islamischen Welt außerordentlich ehrenvoll, war doch auch der Prophet Händler gewesen, und ihm in allen Lebensbereichen nachzueifern, wird als verdienstlich angesehen. Von daher ist es nicht weiter verwunderlich, daß sich unter den muslimischen Handelsleuten viele Fromme befanden, die sich um die genaue Einhaltung von Koran und *sunna* bemühten. Nun machten die Verkehrsverhältnisse des Mittelalters eine besondere Form des Fernhandels nötig. Geschäftsleute, die sich mit dem Warenaustausch über weite Strecken beschäftigten, hatten an den weit entfernten Handelsplätzen Vertreter – befreundete Händler –, nicht selten Verwandte, die sich dort über lange Jahre aufhielten und die Geschäfte für die in der Heimat gebliebenen Kollegen abwickelten. Die andere Möglichkeit war, daß sich ein Händler mit einem großen Warenvorrat selbst auf die Reise machte und unter Umständen viele Jahre in einem nicht islamisierten Land leben mußte. In beiden Fällen war die Erfüllung der religiösen Pflichten im Vergleich zu den Kernländern des Islams sehr erschwert. Es fehlte an Schulen, Moscheen und allen religiösrechtlichen Einrichtungen, deren der fromme Muslim immer wieder bedarf. So lag es nahe, daß diese Händler für die Etablierung entsprechender religiöser Einrichtungen sorgten. Es entstanden daher an den Haupthandelsplätzen in Westafrika, auf dem indischen Subkontinent oder auf Sri Lanka muslimische Gemeinden mit Moscheen, Schulen und Gerichten, deren Mitglieder zunächst nur fremde Muslime waren. Immerhin ergab sich so für die Masse der autochthonen Bevölkerung zum ersten Male die Gelegenheit, die islamischen Religionspraktiken zur Kenntnis zu nehmen.

Der große Erfolg des Islams resultierte aus folgenden Faktoren: Die muslimischen Händler verfügten über erhebliche Verwaltungserfahrungen und konnten in der Regel schreiben und natürlich rechnen. Sie verfügten auch in vielerlei anderen Bereichen über Kenntnisse, in denen sie ihrer Umgebung weit überlegen waren. Sie waren die Träger einer als überlegen empfundenen Kultur. Aufgrund der speziellen wirtschaftlich-rechtlichen Verhältnisse, z.B. im mittelalterlichen Westafrika, hatten die muslimischen Händler außerordentlich enge Kontakte zu den jeweiligen Häuptlingen und Königen. Wenn es sich um komplexere Herrschaftsformen handelte, konnten sie mit ihren speziellen Verwaltungskenntnissen zusätzlich zu ihren händlerischen Aktivitäten auch bei der Verwaltung solcher Königreiche als Schreiber o.ä. tätig werden.[6] Auf diese Art waren sie in der Lage, erheblichen Einfluß auf ein Herrscherhaus auszuüben. Die mittelalterlichen Quellen über Westafrika berichten denn auch häufig über erfolgreiche Versuche muslimischer Händler, eingeborene Herrscher zum Übertritt zum Islam zu bewegen.[7] Hier wirkte sich die Tatsache positiv aus, daß das islamische Dogma im Grunde nicht allzu kompliziert ist und es keiner speziellen, nur religiösen Funktionsträgern vorbehaltenen Kenntnisse bedarf, um einen Nichtmuslim in die Grundlagen des Islams einzuführen. War einmal ein Herrscherhaus für den Islam gewonnen, war die Übernahme der neuen Religion durch die übrige Bevölkerung in vielen Fällen eine notwendige Konsequenz, auch wenn diese Islamisierung zum Teil zunächst nur sehr oberflächlich war. Die im Islam vorhandenen animistischen Elemente, zu denen es in den westafrikanischen Religionen gewisse Parallelen gibt, erleichterten im übrigen die Annahme des Islams.[8] Die Toleranz des Islams in Glaubensdingen wirkte sich ebenfalls günstig aus: «Consequently as long as traditional beliefs can be adjusted in such a way, that they fall into places within a Muslim scheme in which the absoluteness of Allah remains unquestioned, Islam does not ask his new adherents to abandon their accustomed confidence in all their mystical forces. Far from it. In the voluminous store-house of angels, jinns and devils, whose number is legion, many of these traditional powers find a hospitable home; and passages from the Quran are cited to justify their existence as real phenomena».[9]

Die Tradition der arabischen und berberischen Händler, die den Islam in Westafrika verbreiteten, wurde von Händlern vom Volke der Haussa übernommen, die auf eine vergleichbare Art den Islam weiter bekannt machten.

Die Ausbreitung des Islams nach Osten ging wie in Westafrika weitgehend mit friedlichen Mitteln vor sich. Auch hier waren es vor allem muslimische Händler, die in den Hafenstädten der indonesischen Inseln oder Chinas lebten und kleine und größere Gemeinden bildeten. Während die Verbreitung des Islams in Westafrika aber offenbar fast ausschließlich in den Händen von «Laien» lag und praktisch erst in der Gegenwart durch hauptberufliche Missionare fortgesetzt wird, begannen regelrechte Missionierungsversuche in Ostasien schon im 15. Jahrhundert. Im übrigen hat die Flexibilität des dogmatischen Gebäudes des Islams dazu geführt, daß auch hier viele Aspekte der autochthonen Religionsformen in den Islam aufgenommen worden sind und dem Islam in diesen Ländern ein eigenes Gepräge verleihen.

Nach der wenig organisierten Form der Islamisierung in der Frühzeit des Islams wurde diese Aufgabe mehr und mehr von den Bruderschaften übernommen. Es handelt sich dabei um straff organisierte, von mystischem Gedankengut stark beeinflußte Organisationen, die seit der zweiten Hälfte des Mittelalters in der gesamten islamischen Welt immer mächtiger und einflußreicher geworden waren. Hier entstanden im großen Rahmen religiöse Funktionsträger, die von eben dieser Funktion lebten – ein bis dahin in der islamischen Welt wenig bekanntes Phänomen. Sie übernahmen nun die bisher eher zufällige Form der Missionierung und führten sie systematisch durch, indem sie in kaum islamisierten Gebieten Stützpunkte gründeten, von denen aus die Bekehrungsversuche unternommen wurden.

Es ist sicher kein Zufall, daß in den Regionen der Welt, in denen der Islam erst in jüngster Zeit die bedeutendste Religion geworden ist, die Bruderschaften in prägender Weise das Bild der Religion bestimmen. Sie waren es auch, die den in gewisser Weise oberflächlichen Islam der Randgebiete vertieften und festigten, wobei sie manche aus den Substratreligionen stammende synkretistische Elemente dieses Islams durch mystische, von ihnen als echt islamisch verstandene Elemente ersetzten.

Die Bruderschaften mit ihren relativ einfachen Systemen boten zudem den neuen Muslimen die Möglichkeit starker emotioneller Erfahrungen, wie sie sie aus ihren früheren Religionen kannten, während die relativ kühle und formale Glaubenspraxis des sunnitischen Islams dafür kaum Möglichkeiten bietet.

Daneben stellten die Bruderschaften für die neuen Muslime, die ja zunächst als Individuen neben ihrer angestammten Religion, z. B. einem Ahnenkult, gleichzeitig auch ihr soziales System weitgehend verlassen hatten, ein neues soziales Beziehungssystem dar.

Obwohl sich der Islam schon seit frühester Zeit als eine Weltreligion verstand, kam es Jahrhunderte hindurch nicht zu einem organisierten Missionswesen, wie es das Christentum von Anfang an gekannt hat. Freilich gab es Missionierungsversuche auf breiter, organisierter Basis von seiten verschiedener häretischer islamischer Gruppen, die sich allerdings ausschließlich auf sunnitische Muslime richteten und von straff geordneten, hierarchisch gegliederten Zentralen aus versuchten, eine besondere Form des Islams in der ganzen muslimischen Welt zu verbreiten. Doch hat auch dieser formale Anstoß nicht dazu geführt, daß sich im Islam ein Missionierungsgedanke hinsichtlich Andersgläubiger im Sinne einer langfristig geplanten Aktion ausgebreitet hat. Eine organisierte islamische Mission hat sich erst aus der Konfrontation mit den zahlreichen, im Zeitalter des Kolonialismus entstandenen christlichen Missionsbewegungen und Gesellschaften ergeben, die sich in ihren Aktivitäten auch an Muslime wandten. Mit der Ausbreitung panislamischer Ideen entstand darüber hinaus ein Gefühl der Solidarität mit Muslimen, die sich in Afrika und Asien, aber auch in den mittelmeerischen Zentralländern des Islams, den christlichen Missionierungsversuchen ausgesetzt sahen. Da die christliche Missionierung Hand in Hand ging mit dem wachsenden Einfluß der Kolonialmächte in der islamischen Welt, sahen hier viele Muslime ursächliche Beziehungen, und man glaubte, daß eine Gegenmissionierung auch eine Möglichkeit des Kampfes gegen den Kolonialismus sein könne.

In den Jahren vor dem Ersten Weltkrieg wurden daher in Kairo und Istanbul Pläne für die Gründung einer muslimischen Missionsgesellschaft erwogen, die schließlich 1912 zur Gründung einer Schule für muslimische Missionare in Kairo führten, deren Träger die *Gesellschaft für Mission und geistliche Anleitung* war. In die Missionarsschule wurden bevorzugt Muslime aus den Diasporagebieten aufgenommen, die dann den Islam in ihrer Heimat weiterverbreiten sollten. Die Schule hatte allerdings auch die Aufgabe, die Kenntnis des Islams in den islamischen Kernländern zu vertiefen, den Volksislam zurückzudrängen und auf diese Weise die Muslime in die Lage zu versetzen, sich mit starken Argumenten gegen die christlichen Missionare zur Wehr zu setzen. Die Schule wurde bei Ausbruch des Ersten Weltkriegs geschlossen.[10] Ihre Funktionen übernahm jedoch die

Azhar-Universität in Kairo, an der Studenten aus den islamischen Randgebieten neben dem üblichen und für alle Studenten der Azhar verbindlichen Curriculum noch eine zusätzliche spezielle Ausbildung erhalten, die sie auf ihre spätere Arbeit vorbereiten soll.

Gerade diese Bemühungen um die Studenten aus Schwarzafrika, dem indischen Subkontinent und der indonesischen Inselwelt haben es mit sich gebracht, daß Ägypten als das große zentrale islamische Land angesehen wird und Kairo sozusagen die Hauptstadt der islamischen Welt ist.

In der Gegenwart hat die *Gesellschaft für Mission und geistliche Anleitung* ihre Aktivitäten auf die Verbesserung der religiösen Kenntnisse unter den Muslimen in den islamischen Kernländern, vor allem der arabischen Welt, konzentriert und unterstützt in vielfältiger Form die Bemühungen der offiziellen Stellen um eine tiefere Durchdringung mit islamischen Vorstellungen, vor allem bei den Jugendlichen.

Im Vergleich zum Christentum ist jedoch das Maß an offizieller organisierter Mission noch sehr gering, was sicher auch mit den nicht besonders intensiv entwickelten hierarchischen Strukturen des sunnitischen Islams zusammenhängt. Die schiitische Minderheit des Islams hat dagegen schon aus einer langen Tradition und auf der organisatorischen Basis einer größeren Hierarchisierung sehr viel stärkere Missionsaktivitäten entwickelt.

In neuerer Zeit ist zu den genannten Verbreitungsfaktoren noch ein weiterer hinzugekommen: die Migration großer muslimischer Volksgruppen. Freiwillig oder unfreiwillig wanderten zahlreiche indische und indonesische Muslime auf Veranlassung der jeweiligen Kolonialherren als billige Arbeitskräfte nach Ost- und Südafrika, in die Karibik und nach Südamerika aus. In großen Wellen flohen syrische und libanesische Muslime vor der wirtschaftlichen und politischen Bedrückung in ihrer Heimat Ende des 19. Jahrhunderts nach Nord- und Südamerika und nach Westafrika. Und schließlich bringt der Arbeitskräftebedarf der west- und nordeuropäischen Industrienationen heute große Zahlen von Muslimen in europäische Ballungsgebiete.

Die islamischen Länder – also solche Länder, in denen sich der Bevölkerungsanteil der Muslime deutlich über 50% der Gesamtbevölkerung bewegt – haben sich zu einer losen Staatenorganisation zusammengeschlossen, die in letzter Zeit verstärkt aktiv geworden ist, nämlich der *Islamischen Konferenz*.[11] Ihr Sekretariat in Dschidda, das die Konferenzen organisiert und koordiniert, konnte bei der islamischen Gipfelkonferenz 1979 in Pakistan 39 Mitgliedstaaten konstatieren. Diese Zahl hat sich bis 1995 auf 52 Mitgliedstaaten erhöht.[12] Es ist in diesem Zusammenhang zu bemerken, daß die *Islamische Konferenz* zu ihren Mitgliedern auch Länder wie Gabun zählt, dessen Bevölkerung nach Angaben des Sekretariats der *Islamischen Konferenz* selbst zu 65% christlich ist,[13] oder die Republik Senegal, deren ehemals führender Staatsmann, Präsident Senghor, kaum als Muslim bezeichnet werden kann.[14] Schon aus diesen beiden Beispielen wird deutlich, daß die Definition «islamische Staaten» ähnliche Probleme aufwirft wie die Frage, wer Muslim ist.

Auf das Problem der Verläßlichkeit von demographischen Angaben aus Staaten, deren Personenstands- und Registrierungswesen sich in der Mehrzahl der Fälle noch in einer Aufbauphase befindet, in denen aber häufig Bevölkerungsanteile und politischer Einfluß korrelieren, wurde bereits hingewiesen. Daher sind die im folgenden angegebenen absoluten Zahlen geschätzt und auf das Jahr 2004 hochgerechnet, soweit Daten z.B. des «Demographic Yearbook» der Vereinten Nationen oder des «World Population Data Sheet» des Population Reference Bureau, Washington, D. C., vorlagen.[15]

Von größerem Interesse sind wohl die Zahlen über den prozentualen Anteil der Muslime an der Gesamtbevölkerung der jeweiligen Staaten. In etlichen Fällen besteht die muslimische Bevölkerung aus unterschiedlichen ethnischen Gruppen. Politische Probleme, die zwischen diesen Gruppen entstehen, können auch durch die gemeinsame Religion nicht verhindert werden.

Afrika

Ägypten: 92% der ägyptischen Bevölkerung sind Muslime. In Oberägypten überwiegen die Sunniten der malikitischen Rechtsschule, in Unterägypten gehören sie der schafiitischen Rechtsschule an. Auf Grund des türkischen Einflusses seit 1517 werden zahlreiche Rechtsbereiche allerdings nach hanafitischem Recht geregelt.

Algerien: 99% der Bevölkerung Algeriens sind Muslime. In ihrer weiten Mehrheit sind sie Sunniten der malikitischen Rechtsschule, im Mzab und in den großen Städten des Landes leben einige Ibaditen. 75% der Bevölkerung sind Araber, der Rest Berber.

Äthiopien: 52% der äthiopischen Bevölkerung sind Muslime. Es sind dies vor allem die Volksstämme der Oromo, Somali und Afar. Je nach der Region handelt es sich um Sunniten der hanafitischen, malikitischen oder schafiitischen Rechtsschule.

Benin: 16% der Bewohner Benins werden als Muslime angesehen. Es sind vor allem Angehörige der ethnischen Gruppen der Yoruba, Bariba, Fulani und Songhai. Soweit Definitionen möglich sind, handelt es sich um Sunniten der malikitischen Rechtsschule. Die wichtigsten Bruderschaften sind die *Tijānīya* und die *Qādirīya*.

Burkina Faso: 43% der Bevölkerung sind Muslime. Es handelt sich um die ethnischen Gruppen der Mossi, Fulani und Manding. In ihrer Gesamtheit sind sie Sunniten der malikitischen Rechtsschule.

Dschibuti: 94% der Bevölkerung sind Muslime. Sie sind in ihrer überwiegenden Mehrheit Sunniten. Die Zugehörigkeit zu einer Rechtsschule richtet sich nach der ethnischen Zugehörigkeit. Somali und Afar, die zusammen 60% der Gesamtbevölkerung ausmachen, sind Schafiiten. 23% sind Asiaten, die in ihrer Mehrheit Hanafiten sind, von einigen Schiiten abgesehen.

Elfenbeinküste: 25% der Bevölkerung sind Muslime. Es handelt sich vor allem um die ethnischen Gruppen der Manding, Mossi (Mole-Dagbane), Senufo, Soninke und der nomadischen Fulani. Es sind vor allem Sunniten der malikitischen Rechtsschule; organisiert sind die Muslime in religiösen Bruderschaften, speziell den verschiedenen Richtungen der *Tijānīya* und der *Qādirīya.*

Gambia: 90% der gambischen Bevölkerung sind Muslime. Es sind die ethnischen Gruppen der Manding, Fulani, Wolof, Soninke und Diola. Es sind Sunniten der malikitischen Rechtsschule. Die wichtigsten Bruderschaften sind die der *Qādirīya* und die der *Tijānīya.*

Ghana: 20% der ghanesischen Bevölkerung sind Muslime. Ethnisch gehören sie zu den Gruppen Mole-Dagbane, Akan, Yoruba und Haussa. Sie sind Sunniten der malikitischen Rechtsschule. Die beiden einflußreichsten Bruderschaften sind die *Tijānīya* und die *Qādirīya.* In letzter Zeit hat die *Aḥmadīya*-Mission verstärkte Anstrengungen auch in diesem westafrikanischen Staat unternommen.

Guinea: 70% der Bevölkerung sind Muslime, vor allem der Ethnien der Fulani, Susu, Manding. Es handelt sich um Sunniten der malikitischen Rechtsschule. Die verbreitetste Bruderschaft ist die *Qādirīya.*

Guinea-Bissau: Gut ein Drittel der Bevölkerung sind Muslime. Sie gehören in der Hauptsache den ethnischen Gruppen der Fulani und der Manding an. Alle sind Sunniten der malikitischen Rechtsschule.

Kamerun: Nach vorsichtigen Schätzungen sind 20% der Bevölkerung Muslime. Andere Schätzungen sprechen von 55%. Nach der ethnischen Zugehörigkeit seien es vor allem Fulani. Die sunnitische Rechtsschule der Malikiten ist vorherrschend, wenngleich es einigen «wahhabitischen» (hanbalitischen) Einfluß gibt. Die stärkste Bruderschaft ist die der *Tijānīya.*

Kenia: 10%, nach anderen Schätzungen bis zu 30% der Bevölkerung bekennen sich zum Islam. Ethnisch sind es vor allem Bantu, Somali und Asiaten. Die am weitesten verbreitete Rechtsschule ist die schafiitische. Die stärkste Bruderschaft ist die *Qādirīya.*

Komoren: Die Hälfte der Bevölkerung der Inselgruppe sind Muslime. Sie gehören in ihrer Mehrheit der schafiitischen Rechtsschule an. Ethnisch werden sie zu verschiedenen Bantugruppen von der ostafrikanischen Küste, Arabern und Madagassen gerechnet.

Kongo D. R. (vormals Zaire): 2% der Bevölkerung sind Muslime. In der Regel handelt es sich um Sunniten der schafiitischen Rechtsschule. Die wichtigste Bruderschaft ist die Qādirīya. Es bestehen enge Beziehungen zu den Muslimen in Sansibar.

Liberia: 20%, nach anderen Schätzungen 45% der Bevölkerung sind Muslime. Die stärkste ethnische Gruppe unter ihnen sind die Manding. Wie überall in Westafrika ist auch hier die sunnitische Rechtsschule der Malikiten vorherrschend.

Libyen: 98% der Bevölkerung sind Muslime, in ihrer überwiegenden Mehrheit Araber sowie etwa 5% Berber. Unter letzteren herrschen die Ibaditen vor, während die übrige Bevölkerung Sunniten der malikitischen Rechtsschule sind. Etwa ein Drittel der Bevölkerung gehört der *Sanūsīya*-Bruderschaft an.

Madagaskar: 7% der Bevölkerung werden als Muslime angesehen. Es sind vor allem die ethnischen Gruppen der Bantu, Araber und Malaien. Entsprechend den verschiedenen Einwanderungswellen von Muslimen gibt es Sunniten der schafiitischen und der hanafitischen Rechtsschule, aber auch Anhänger der Zwölferschia.

Malawi: 12% der Bevölkerung sind Muslime. Es handelt sich vor allem um Angehörige der Zentralbantugruppen und Asiaten. In ihrer Mehrheit sind sie schafiitische Muslime. Es gibt auch eine zwölferschiitische Minderheit.

Mali: 75% der Bevölkerung sind Muslime, vor allem der ethnischen Gruppen der Manding, Fulani, Berber und Songhai. Sie sind Sunniten des malikitischen Ritus und vor allem in der *Tijānīya*-Bruderschaft organisiert.

Marokko: 95% der marokkanischen Bevölkerung sind Muslime, die in ihrer überwiegenden Mehrheit Sunniten der malikitischen Rechtsschule sind. Der marokkanische «Volksislam» ist stark von einem berberischen Element geprägt und spielt daher eine Sonderrolle in der islamischen Welt.

Mauretanien: 96% der mauretanischen Bevölkerung sind Muslime. Sie sind in ihrer überwiegenden Mehrheit Sunniten der malikitischen Rechtsschule, und zwar unabhängig davon, ob es sich um Mauren (definiert als *Ḥasānīya*-Sprecher), Tukolor oder Fulani handelt. Bruderschaften, vor allem die *Qādirīya*, spielen eine wichtige Rolle.

Mauritius: 17% der Inselbevölkerung sind Muslime. Sie sind in der überwiegenden Mehrzahl asiatischer Herkunft und entweder Sunniten des hanafitischen Ritus oder Zwölferschiiten.

Mosambik: 14% der Bevölkerung sind Muslime. Sie gehören vor allem zu den Yao, einer Zentralbantugruppe, und sind Sunniten der schafiitischen Rechtsschule.

Niger: 85% der Einwohner sind Muslime. Es sind vor allem die ethnischen Gruppen der Haussa, Songhai, Fulani, Kanuri und Berber. Sie sind in ihrer überwiegenden Mehrheit Sunniten der malikitischen Rechtsschule und in den Bruderschaften der *Tijānīya* und *Qādirīya* organisiert.

Nigeria: Ca. 50% der Bevölkerung sind Muslime. Es handelt sich vor allem um die ethnischen Gruppen der Haussa, Fulani, Yoruba, Kanuri und Nupe. Am stärksten islamisiert ist der Norden des Landes. Die Muslime sind Sunniten der malikitischen Rechtsschule.

Sambia: 1% der sambischen Bevölkerung sind Muslime. In ihrer überwiegenden Mehrheit handelt es sich um asiatische Einwanderer, unter denen die Mehrheit schiitisch ist. Die afrikanischen Muslime sind vor allem Einwanderer aus Malawi.

Senegal: 90% der Einwohner sind Muslime. Senegal ist damit neben Gambia das am intensivsten islamisierte Land Westafrikas. Die islamisierten Gruppen sind vor allem die der Wolof, Fulani, Serer und Tukolor. Alle sind Sunniten der malikitischen Rechtsschule. Wie auch sonst in Westafrika, sind hier die Muslime in Bruderschaften organisiert, deren größte die *Tijānīya* ist. Von beträchtlichem, vor allem wirtschaftlichem Einfluß ist die *Murīdīya*, ein Zweig der *Qādirīya*.

Seychellen: 14% der Einwohner sind Muslime. Es handelt sich vor allem um Einwanderer aus asiatischen Ländern (meist Sunniten).

Sierra Leone: 40% der Bevölkerung von Sierra Leone sind Muslime. Es handelt sich dabei vor allem um die ethnischen Gruppen der Temne, Mende und Manding. Sie sind fast ausschließlich Sunniten der malikitischen Rechtsschule. Die verbreitetste Bruderschaft ist die der *Tijānīya*.

Somalia: 98% der Bevölkerung sind Muslime, vor allem Nordostbantu, Araber und Asiaten unterschiedlicher Rechtsschulen.

Südafrika: 2% der Bevölkerung sind Muslime. Es handelt sich vor allem um Einwanderer aus asiatischen Ländern, z.B. die sogenannten Kap-Malaien.

Sudan: 72% der Bevölkerung, hauptsächlich im Norden des Landes, sind Muslime. Die islamischen Ethnien sind die der Araber, Bedja, Haussa und Nubier. In ihrer Mehrheit sind sie sunnitische Muslime des malikitischen Ritus, wenngleich in einigen Rechtsbereichen auch hanafitisches Recht angewandt wird. Großen Einfluß üben die Bruderschaften aus, vor allem die *Qādirīya*, die *Shādhilīya* und die *Majdhūbīya*.

Tansania: Etwa ein Drittel der tansanischen Bevölkerung bekennt sich zum Islam. Es handelt sich dabei vor allem um Bantu und speziell auf der Insel Sansibar um Araber, die aus Hadramaut eingewandert sind. Daneben gibt es eine große Gruppe von Einwanderern aus Iran, aus Indien und Somalia. Die verbreitetste Rechtsschule ist die schafiitische. Die stärkste Bruderschaft die *Shādhilīya*.

Togo: 12% der togolesischen Bevölkerung sind Muslime, in der Regel sind es Fulani, Mossi und Haussa. Die übliche Rechtsschule ist die der Malikiten. Die wichtigste Bruderschaft ist die der *Tijānīya.*

Tschad: Die Hälfte der Bevölkerung des Tschad ist muslimisch. Die Muslime gehören ethnisch gesehen zu den arabischen Stämmen, zu den Darfur, Maba und Tebu. Sie sind in ihrer überwiegenden Mehrheit Sunniten der malikitischen Rechtsschule.

Tunesien: 92% der tunesischen Bevölkerung sind Muslime – in der Regel Sunniten des malikitischen, daneben auch des hanafitischen Ritus. Ferner gibt es auf der Insel Djerba einige Tausend Ibaditen. Die wichtigsten Bruderschaften sind die *Shādhilīya* und die *Tijānīya.*

Uganda: 6% der ugandischen Bevölkerung sind Muslime. In der Mehrzahl sind es asiatische Einwanderer (in großer Zahl in den 1990er Jahren vertrieben), daneben Angehörige der afrikanischen Gruppen der Busoga und Mbale. Die Sunniten machen die überwiegende Mehrheit der Muslime aus. Unter den Asiaten findet sich eine beträchtliche Anzahl von Schiiten.

Westsahara: 100% der Bevölkerung sind Muslime. Sie sind Sunniten des malikitischen Ritus. Die verbreitetsten Bruderschaften sind die *Tijānīya* und *Qādirīya.*

Betrachtet man die regionale Verteilung der muslimischen Bevölkerung in Afrika, so ist festzustellen, daß die Islamisierung von Süden nach Norden an Intensität zunimmt – oder anders ausgedrückt, daß der Islam auf dem Schwarzen Kontinent von Norden nach Süden voranschreitet. Dabei liegt es nahe, daß der Grad der Islamisierung eines Landes abhängig ist von der Länge der Zeit, in der der Islam auf eine bestimmte Region oder Ethnie Einfluß nehmen konnte.

Der andere Großraum, in dem der Islam eine gewichtige Rolle spielt, ist Asien.

Asien

Afghanistan: 99% der afghanischen Bevölkerung sind Muslime. 80% bekennen sich zum sunnitischen Islam. Das sind vor allem die Bevölkerungsgruppen der Paschtunen, die überwiegende Mehrheit der Tadschiken, die Usbeken und die Turkmenen. Unter ihnen ist die hanafitische Rechtsschule am weitesten verbreitet. Die 19% Schiiten teilen sich auf in die ethnischen Gruppen der mongolischen Hazara und einiger Bergtadschiken. Sie sind in ihrer Mehrheit Anhänger der Zwölferschia. Lediglich in der Provinz Badakhshan finden sich Anhänger der *Ismā῾īlīya.*

Aserbaidschan: 90% der Einwohner bekennen sich zur schiitischen Form des Islams. Hier leben kleine Minderheiten von sunnitischen Aseri und Tataren, 3% sind Daghestani.

Bahrain: 95% der Bevölkerung sind Muslime. Die arabischen Teile der Bevölkerung sind in ihrer überwiegenden Mehrzahl Sunniten der malikitischen, zu einem kleinen Teil auch der hanbalitischen Rechtsschule. Schiiten sind vor allem die Einwohner persischer und indo-pakistanischer Abstammung. Zusammen machen Schiiten etwa 70% der muslimischen Bevölkerung aus. In ihrer Mehrheit sind sie Anhänger der Zwölferschia, eine kleine Gruppe gehört zur *Shaikhīya*.

Bangladesh: 87% der Bevölkerung sind Muslime, ethnisch in ihrer Mehrheit Bengalen. 90% der Muslime sind Sunniten der hanafitischen Rechtsschule, die übrigen Anhänger der Zwölferschia.

China: 2% der Bevölkerung sind Muslime. Regionale Schwerpunkte sind die Provinzen Qinghai mit 99%, Xinjiang mit 80% und Gansu mit 65% Muslimanteil an der Gesamtbevölkerung. Es handelt sich vor allem um die ethnischen Minderheiten der Uiguren, Kirgisen, Kasachen, Tadschiken und Usbeken. Daneben gibt es aber auch chinesische Muslime, die Hui. In ihrer Mehrheit sind sie Sunniten.

Gaza/Westbank: 80% der Bevölkerung sind Muslime, vor allem der hanafitischen und schafiitischen Rechtsschule. In den vergangenen Jahren hat der Einfluß der hanbalitischen Richtung des Islams stark zugenommen.

Indien: 12% der indischen Bevölkerung bekennen sich zum Islam. Etwa 90% von ihnen sind Sunniten der hanafitischen Rechtsschule. Ferner gibt es einige Schafiiten. Etwa 10% sind Schiiten, in ihrer Mehrheit zur Zwölferschia gehörig, aber auch Bohras und einige kleinere Sekten der *Ismāʿīlīya*.

Indonesien: In dem Land mit der zahlenmäßig stärksten muslimischen Gemeinschaft sind (nach offiziellen Angaben) 80–85% der Bevölkerung Muslime, nach inoffiziellen Angaben allerdings nur 73%. Ihre großen ethnischen Gruppen sind die Javaner mit 45%, Sundanesen mit 14,5%, Maduresen und Malaien mit jeweils 7,2% der Gesamtbevölkerung. In ihrer überwiegenden Mehrzahl sind sie Sunniten der schafiitischen Rechtsschule. Synkretismus hat allerdings dazu geführt, daß die Mehrzahl der indonesischen Muslime sich eher mystischen Religionsformen zugewandt hat.

Irak: 96% der Iraker sind Muslime. Die Bevölkerung des Nordens, hauptsächlich Kurden, Araber und Türken, gehört in ihrer Mehrzahl zu den Sunniten der hanafitischen und schafiitischen Rechtsschule. Im Süden des Landes überwiegen die Zwölferschiiten. Sie sind in ihrer Mehrzahl Araber. In den bedeutenden schiitischen Heiligtümern im Irak leben allerdings auch zahlreiche Gläubige anderer Nationalitäten.

Iran: 98% der Iraner sind Muslime. Staatsreligion ist die Zwölferschia. Die Mehrheit der Kurden (6% der Gesamtbevölkerung) und Belutschen (4% der Gesamtbevölkerung) sind sunnitische Muslime.

Israel: 14% der Bevölkerung Israels sind sunnitische Muslime der schafiitischen Rechtsschule.

Jemen: 99% der Bevölkerung sind Muslime. Im Norden des Landes zählen sich gut die Hälfte der Muslime zu den Zaiditen (eine schiitische Gruppe). Dazu kommen noch ca. 50000 Ismailiten. Die übrigen Jemeniten sind Sunniten der schafiitischen Rechtsschule. Ethnisch gesehen überwiegen die Araber. Daneben gibt es die negriden Tihami und die ebenfalls negriden Nachkommen afrikanischer Sklaven. Im Süden des Landes gehören die meisten Muslime der schafiitischen Rechtsschule an, von wenigen Schiiten, meist indischen Ursprungs, abgesehen. Die Mehrheit machen die Angehörigen der verschiedenen arabischen Stämme aus. Daneben gibt es beträchtliche Minderheiten von Somali und Indern, die nicht alle Muslime sind.

Jordanien: 96% der jordanischen Bevölkerung sind sunnitische Muslime. In ihrer überwiegenden Mehrheit gehören sie der schafiitischen Rechtsschule an, wenngleich es auch einige Hanbaliten und Malikiten gibt.

Kambodscha: 3% der Bevölkerung sind Muslime, die, soweit bekannt, in ihrer Mehrheit Sunniten sind. Es gibt allerdings auch Schiiten. Die ethnisch größte Gruppe von Muslimen sind die Cham, ihnen folgen die Malaien.

Kasachstan: 53% der Bevölkerung sind Kasachen, von denen sich die Mehrheit zur sunnitischen Form des Islams bekennt. Ferner gibt es usbekische, tatarische und uigurische Minderheiten.

Kirgisien: 52% der Bevölkerung sind Kirgisen, 13% Usbeken. Es gibt ferner eine Minderheit von Tataren. Alle verstehen sich als sunnitische Muslime.

Kuwait: Die kuwaitischen Staatsbürger sind in ihrer Gesamtheit Muslime. Die Araber sind Sunniten einer gemäßigt wahhabitischen Richtung. Von den in Kuwait ansässigen Iranern und Asiaten ist die große Mehrheit der Schia zuzurechnen. Die nichtkuwaitischen Einwohner machen z.B. in Kuwait-City drei Viertel der Gesamtbevölkerung aus.

Laos: 1% der Bevölkerung werden zu den Muslimen gerechnet. Die religiösen Verhältnisse sind denen in Kambodscha vergleichbar.

Libanon: Die Definition des Anteils der Muslime an der Gesamtbevölkerung des Staates Libanon ist ein Politikum, und zwar aufgrund der Verteilung von Regierungsfunktionen nach einem heute in Frage gestellten Religions- und Konfessionsproporz. Auf Volkszählungen ist aus politischen Gründen seit Jahrzehnten verzichtet worden. Vermutlich sind heute ca. 60% der libanesischen Bevölkerung Muslime. Eine knappe Mehrheit von ihnen sind Sunniten der schafiitischen Rechtsschule. Die Zahl der Schiiten ist allerdings nur wenig geringer. Der Libanon ist auch der Hauptwohnort der Drusen, einer Religionsgemeinschaft, die nichtislamisch ist, sich aber aus dem schiitischen Islam entwickelt hat.

Malaysia: 58% der Bevölkerung sind Malaien und damit Muslime. Bis auf eine kleine Minderheit von Anhängern der hanafitischen Rechtsschule (vor allem Muslime indischer Abstammung) sind die malaysischen Muslime schafiitische Sunniten.

Malediven: Die Bevölkerung der Malediven ist in ihrer Gesamtheit muslimisch. Sie sind Sunniten und folgen der malikitischen Rechtsschule.

Mongolei: 10% der Bevölkerung sind Muslime, wobei deren Mehrheit zu verschiedenen Turkstämmen gehört. Sie sind in ihrer Mehrheit Sunniten der hanafitischen Rechtsschule.

Myanmar (Birma): 4% der Bevölkerung sind Muslime. Weit über die Hälfte von ihnen sind indischen Ursprungs. Ein Drittel sind einheimische Arakanesen. 2% der Muslime sind Chinesen.

Oman: Die Bevölkerung von Oman ist in ihrer Gesamtheit muslimisch. 85%, von denen ca. 15% Nomaden sind, sind Araber. Nachkommen afrikanischer Sklaven, Belutschen und Indo-Pakistaner sind als Minderheiten über das ganze Land verteilt. Eine große Mehrheit (75% der Gesamtbevölkerung) sind Ibaditen. Oman ist die Region mit der größten Ibaditen-Bevölkerung der islamischen Welt. Ein knappes Viertel der Einwohner sind Sunniten, und es finden sich auch Zwölferschiiten.

Pakistan: 97% der Bevölkerung Pakistans sind Muslime. 80% von ihnen sind Sunniten der hanafitischen Rechtsschule, knapp 20% bekennen sich zur Zwölferschia. Pakistan ist auch der Ausgangspunkt der *Aḥmadīya*-Bewegung im Islam, die erhebliche Missionsanstrengungen, vor allem in Westafrika und Europa, unternimmt. Im Herkunftsland sind ihre Mitglieder starkem politischem Druck ausgesetzt.

Philippinen: 5% der Bevölkerung der Philippinen sind Muslime; es sind vor allem die Volksgruppen der Maguindanao, der Maranao und der Tausug auf den südlichen Philippinen. Sie sind in ihrer Mehrheit Sunniten der schafiitischen Rechtsschule.

Qatar: Die Bevölkerung von Qatar ist in ihrer Gesamtheit muslimisch. Es sind Wahhabiten, gehören damit der hanbalitischen Rechtsschule an. Ethnisch dominiert das arabische Element. Daneben finden sich die in die Gesellschaft integrierten Nachkommen afrikanischer Sklaven sowie persische, indische und pakistanische Minderheiten.

Saudi-Arabien: Die gesamte saudische Bevölkerung ist muslimisch. In ihrer überwiegenden Mehrheit sind sie Sunniten (Wahhabiten) der hanbalitischen Rechtsschule. Im Osten des Landes lebt eine größere Gruppe von Zwölferschiiten, und im Süden gibt es Zaiditen. Ethnisch überwiegt das arabische Element. Ca. 500 000 Personen werden zu den negriden Tihami gerechnet.

Singapur: 14% der Bevölkerung sind Muslime. Es handelt sich vor allem um Angehörige der malaiischen Volksgruppe und einige Chinesen. In ihrer Mehrheit sind es Sunniten der schafiitischen Rechtsschule.

Sri Lanka: 8% der Bevölkerung sind Muslime, in ihrer Mehrheit Tamilen. Sie sind in ihrer deutlichen Überzahl Sunniten der schafiitischen Rechtsschule.

Syrien: 87% der syrischen Bevölkerung sind Muslime. Ethnisch handelt es sich in der überwiegenden Mehrheit um Araber. Daneben gibt es Kurden und Türken. 68% sind Sunniten der schafiitischen Rechtsschule, 12% Alawiten, 2% Drusen und 1% Ismailiten.

Tadschikistan: 65% der Einwohner sind Tadschiken, die eine Sonderform des Persischen sprechen, 25% sind turksprachige Usbeken. Alle sind sunnitische Muslime. Ferner gibt es tatarische und kirgisische Minderheiten.

Thailand: Knapp 4% der thailändischen Bevölkerung sind Muslime sunnitischer Glaubensrichtung. Die meisten von ihnen leben in den drei südlichen Provinzen Yala, Pattani und Narathiwat.

Türkei: 98% der Bevölkerung der Türkei sind Muslime. Sie sind in ihrer überwiegenden Mehrheit Sunniten der hanafitischen Rechtsschule. Daneben gibt es Zwölferschiiten und Aleviten (türk. Alevî).

Turkmenistan: 72% der Bevölkerung sind Turkmenen, die sich als sunnitische Muslime verstehen. Gleiches gilt für die 9% der Usbeken. Daneben gibt es noch kleine Gruppen von muslimischen Kasachen, Tataren und Belutschen.

Usbekistan: 69% der Bevölkerung sind Usbeken, 5% Tadschiken, 4% Kasachen, 2% Karakalpak, ferner tatarische und kirgisische Minderheiten. Nahezu alle bekennen sich zur sunnitischen Form des Islams.

Vereinigte Arabische Emirate: 97% der VAE, d.h. der Emirate Abu Dhabi, Dubai, Schardscha, Adschman, Umm al-Qaiwain, Ras al-Khaima und Fudschaira, sind Muslime, in ihrer Mehrheit Sunniten der malikitischen und hanbalitischen Rechtsschule. Eine geringe Zahl, vor allem Perser und Inder, sind Zwölferschiiten. Ca. 10% der Bevölkerung sind noch Nomaden. Wegen der großen Anzahl von Gastarbeitern sind die VAE das Land mit dem geringsten einheimischen Bevölkerungsanteil auf der Welt.

Wenn man von der «islamischen Welt» spricht, hat man in der Regel die geographische Vorstellung vom Nahen und Mittleren Osten. Diese Reaktion beruht auf der Tatsache, daß es diese Region ist, in der der Islam entstand, in der sich die für diese Religion wichtigsten religions- und geistesgeschichtlichen Entwicklungen zugetragen haben und die auch heute noch die Stätten beherbergt, an denen islamisches Geistesleben und religiöse Entwicklung – auch in der Auseinandersetzung mit der modernen Welt – besonders intensiv gepflegt werden. Hinzu kommt, daß die Hauptsprachen der Region – Arabisch, Türkisch, Persisch – auch die Hauptkultursprachen des Islams sind.

Es steckt allerdings auch ein großes Maß an Ethnozentrismus in dieser Reaktion; denn der Nahe und Mittlere Osten ist die Region, mit der Europa historisch, politisch und kulturell die intensivsten Kontakte hatte und auch heute noch hat. Daher ist es wichtig, sich immer wieder vor Augen zu führen, daß die zahlenmäßig größten muslimischen Bevölkerungsgruppen im indischen und indonesischen Raum beheimatet sind, auch wenn von dort bisher noch kein so intensiver Einfluß auf die islamische Welt ausgegangen ist. Daß hier Änderungen möglich sind, zeigt die Bedeutung des Pakistaners al-Maudūdī, eines der Hauptvertreter des islamischen Fundamentalismus.

Europa

Auch in Europa leben zahlreiche Muslime. Man hat hier zu unterscheiden zwischen Anhängern des Islams, die zum Teil schon seit Jahrhunderten in einer bestimmten Region oder einem Staat ansässig sind, und Neueinwanderern, die als Gastarbeiter ihre weitgehend islamisch geprägten Heimatländer verlassen haben und in den europäischen Gastländern eigene, zum Teil subkulturelle, Strukturen entwickeln. Hatten sich die muslimischen Minoritäten in Finnland oder Polen zum Beispiel in vielerlei Hinsicht in einem langen Assimilationsprozeß ihrer andersgläubigen Umgebung angeglichen, so wird die Frage, ob sich auch die Neueinwanderer zu einer solchen Entwicklung bereit finden werden, eine der entscheidenden Fragen hinsichtlich des sozialen Friedens – im weitesten Sinne – in den westeuropäischen Industrieländern schon in naher Zukunft sein.

Albanien: 70% der Albaner sind Muslime. Es handelt sich vor allem um Sunniten der hanafitischen Rechtsschule. Eine bedeutende Rolle spielte früher der Bektaschi-Orden.

Bosnien-Herzegowina: 44% der Bevölkerung sind Muslime der hanafitischen Rechtsschule.

Bulgarien: 12% der bulgarischen Bevölkerung sind Muslime. Es sind ihrer ethnischen Zugehörigkeit nach vor allem Türken und Sinti. Es handelt sich ausschließlich um Sunniten, die vor allem der hanafitischen Rechtsschule angehören. Nach 1989 haben Abwanderungen von Muslimen in die Türkei stattgefunden.

Deutschland: Ca. 3,8% der Gesamtbevölkerung sind Muslime. Lediglich 780000 der 3,2 Millionen Muslime sind deutsche Staatsangehörige. Knapp zwei Millionen haben die türkische Staatsbürgerschaft, 220000 stammen aus dem ehemaligen Jugoslawien, ca. 200000 haben den Paß eines arabischen Staates. Geschätzte 2,4 Millionen Muslime in Deutschland sind Sunniten. Die Anzahl der Aleviten (türk. Alevî) bewegt sich zwischen 400000 und 600000 Personen. Dabei ist anzunehmen, daß ihr Anteil an der türkischstämmigen Bevölkerung in Deutschland höher liegt als in ihrem Herkunftsland Türkei. Die Zahl der in Deutschland lebenden Schiiten wird auf ca. 125000 geschätzt. Nach eigenen Angaben leben in Deutschland rund 60000 Ahmadis.

Frankreich: Etwa 8,6% der Gesamtbevölkerung sind Muslime. Das entspricht einer Gesamtzahl von 5 Millionen. Mehr als die Hälfte von ihnen stammt aus Nordafrika. 315000 kommen aus der Türkei und 250000 aus Westafrika. Weil jeder in Frankreich geborene Muslim die französische Staatsbürgerschaft beanspruchen kann, ist die Zahl der französischen Muslime höher als die mit nicht-französischen Pässen.

Griechenland: 2% der Bevölkerung sind Muslime, vor allem türkischer Herkunft; daneben Pomaken und Albaner. Hauptsiedlungsgebiet ist Thrazien. Alle sind Sunniten des hanafitischen Ritus.

Makedonien: 34% sind Muslime, von ihnen sind 25% Albaner, 3,8% Türken, ferner Roma und slawische Muslime.

Österreich: Der Anteil der Muslime an der Gesamtbevölkerung in Österreich hat sich zuletzt auf 4% mehr als verdoppelt, was laut Volkszählung 339000 Personen entspricht. Ca. 60000 Muslime sind seit den 1990er Jahren eingebürgert worden. Der Großteil stammt aus der Türkei und aus Bosnien. Die weiterhin größte Gruppe ist die mit türkischer Staatsbürgerschaft.

Rußland: Die religiöse Zuordnung kann nur im Zusammenhang mit der ethnischen Zugehörigkeit bestimmt werden. Es ist davon auszugehen, daß Tataren 3,8%, Baschkiren 1%, Tschetschenen und Inguscheten 1% der Gesamtbevölkerung ausmachen. Die Zuordnung weiterer ethnischer Gruppen wie Usbeken, Kasachen, Tadschiken etc. muß als unklar bezeichnet werden.

Serbien und Montenegro: Ca. 19% der Bevölkerung sind Muslime, vor allem Bosnier (d.h. slawische Muslime), Albaner und Roma; in der überwiegenden Mehrheit Sunniten des hanafitischen Ritus.

Zypern: 23% der Bevölkerung, die vor allem im Norden der Insel leben, sind sunnitische Muslime, vor allem Hanafiten. Von ihrer ethnischen Zugehörigkeit her sind es Türken.

Amerika

Schließlich sind noch Australien/Ozeanien und Amerika zu nennen. Während in der erstgenannten Region nur ca. 120000 Muslime leben, ist die Zahl der amerikanischen Anhänger des Islams bedeutend größer.

Der Islam erlebte in Nordamerika, vor allem seit den 1920er Jahren, eine stürmische Entwicklung unter «farbigen» Amerikanern, wobei die Black Muslims des Elijah Muhammad oder die «Nation of Islam» des Louis Farakhan besonders von sich reden machten. Darüber sollte allerdings nicht die Tatsache vergessen werden, daß eine weitaus größere Zahl von Muslimen in den USA von arabischen Einwanderern abstammt. Letzteres galt auch für die Mehrheit der Muslime in Südamerika, die vor allem in einer großen Auswanderungswelle zu Ende des 19. Jahrhunderts ihre Heimat, vor allem Syrien und den Libanon, verlassen haben. Eine andere Gruppe sind hier Asiaten, speziell aus Indien und Indonesien, die als Arbeitskräfte von den Kolonialherren England und Niederlande in diese Region gebracht wurden. Hier ist es in einigen Fällen zu einer ganz erstaunlichen Symbiose mit der ansässigen Bevölkerung gekommen.

Guayana: 10% der Bevölkerung sind Muslime. Es sind fast ausschließlich Einwanderer aus asiatischen Ländern, deren größerer Teil Schiiten sind.

Kanada: 0,5% der kanadischen Bevölkerung sind Muslime der verschiedensten Herkunftsländer.

Surinam: 20% der Bevölkerung sind Muslime, wobei die asiatischen Einwanderer die überwiegende Mehrheit ausmachen. Sie sind in der Mehrheit Schiiten.

Trinidad/Tobago: 7% der Gesamtbevölkerung sind Muslime. Hier, wie in den anderen Ländern der Karibik, handelt es sich vorwiegend um asiatische Einwanderer, unter denen Schiiten vorherrschen.

Vereinigte Staaten von Amerika: 2% der Gesamtbevölkerung sind Muslime. Alle Rechtsschulen sind vertreten. Die stärkste ist wohl die hanafitische. Die eingewanderten Muslime stammen aus Süd- oder Zentralasien (33%), gefolgt von den arabischen Einwanderern (25%). Die Gruppe der afroamerikanischen Muslime macht 30% der muslimischen Gesamtzahl aus.

Schätzungen, die von einer hohen Geburtenrate vor allem bei Muslimen in Minoritätensituationen ausgehen, rechneten für die Jahrtausendwende mit 1,2 bis 1,3 Milliarden Muslimen auf der Welt.

Die im folgenden genannten Bevölkerungszahlen und Anteile von unterschiedlichen ethnischen Gruppen an einer Gesamtbevölkerung beruhen auf Daten aus dem «World Population Data Sheet of the Population Reference Bureau», Washington, D. C. 1992, dem «Demographic Yearbook» der Vereinten Nationen 1993 und den verschiedenen Ausgaben des «Nahost Jahrbuch» des Deutschen Orient-Instituts (herausgegeben seit 1987 von Thomas Koszinowski und Hanspeter Mattes).

Muslimische Weltbevölkerung
(Absolute Zahlen in Tausend)

I. Afrika

Ägypten	66 000	92%
Algerien	32 000	99%
Äthiopien	37 000	52%
Benin	1 100	16%
Burkina Faso	5 700	43%
Burundi	60	1%
Dschibuti	700	94%
Elfenbeinküste	4 300	25%
Eritrea	2 200	50%
Gambia	1 400	90%
Ghana	4 100	20%
Guinea	6 300	70%
Guinea Bissau	460	35%
Kamerun	3 200	20%
Kenia	3 200	10%
Komoren	300	50%
Kongo R. (Brazzaville)	60	1%
Kongo D. R. (vormals Zaire)	566	2%
Liberia	700	20%
Libyen	5 400	98%
Madagaskar	1 200	7%
Malawi	1 400	12%
Mali	8 700	75%
Marokko	29 000	95%
Mauretanien	2 800	96%
Mauritius	200	17%
Mosambik	2 500	14%
Niger	10 000	85%
Nigeria	67 000	50%
Sambia	100	1%
Senegal	9 540	90%
Seychellen	14	14%
Sierra Leone	2 300	40%
Somalia	7 840	98%
Südafrika	880	2%
Sudan	27 400	72%
Tansania	12 400	35%
Togo	650	12%
Tschad	4 650	50%
Tunesien	8 100	92%
Uganda	1 500	6%
Westsahara	300	100%
Zentralafrikanische Republik	260	7%

II. Asien

Afghanistan	28 000	99%
Armenien	200	6%
Aserbaidschan	7 600	93%
Bahrain	670	95%
Bangladesh	128 000	87%
Bhutan	60	3%
Brunei	300	67%
China	26 000	2%
Gaza/Westbank	2 900	80%
Georgien	470	10%

Indien	201 700	12%	Oman	2600	100%
Indonesien	200000	90%[16]	Pakistan	145 000	97%
Irak	23 200	96%	Philippinen	4 100	5%
Iran	65 300	98%	Qatar	600	100%
Israel	940	14%	Rußland	10200	7%
Jemen	19200	99%	Saudi-Arabien	24 100	100%
Jordanien	5 300	96%	Singapur	700	16%
Kambodscha	400	3%	Sri Lanka	1 500	8%
Kasachstan	7000	47%	Syrien	15 000	87%
Kirgisien	3750	75%	Tadschikistan	63 000	95%
Kuwait	2 300	94%	Thailand	2 500	4%
Libanon	2 500	60%	Türkei	70000	98%
Malaysia	15 000	58%	Turkmenistan	5 100	89%
Malediven	300	100%	Usbekistan	20000	80%
Mongolei	250	10%	Vereinigte Arabische Emirate	3780	97%
Myanmar (Birma)	1980	4%			

III. Europa

Albanien	2 170	70%	Makedonien	700	34%
Belgien	310	3%	Niederlande	700	4,4%
Bosnien-Herzegowina	1 700	44%	Norwegen	40	1%
Bulgarien	900	12%	Österreich	340	4,2%
Deutschland	3 200	3,8%[17]	Schweden	250	3%
Frankreich	5 000	8%	Schweiz	300	4%
Griechenland	200	2%	Serbien Montenegro	1 900	19%
Großbritannien	1 600	3%	Spanien	400	3%
Italien	600	1%	Zypern	210	23%
Kroatien	60	1%			

IV. Amerika

Guayana	80	10%	Trinidad/Tobago	90	7%
Kanada	160	0,5%	Venezuela	70	0,3%
Surinam	80	20%	Vereinigte Staaten	6000	2%

Zweiter Teil

Die politische Rolle des Islams in der Gegenwart

I.
Die innerislamische Diskussion zur modernen Wirtschafts- und Sozialordnung

(Johannes Reissner)

Zum Wirken des Propheten Muḥammad gehörte auch sein bewußtes Eingreifen in die zu Beginn des 7. Jahrhunderts auf der Arabischen Halbinsel bestehende Sozial- und Wirtschaftsordnung. Die einem jeden Muslim auferlegte Pflicht der Armensteuer (arab. *zakāt*) und das im Koran ausgesprochene Zinsverbot sind nur die bekanntesten Beispiele. Das später entwickelte islamische Recht nimmt zu vielen Fragen des Wirtschaftslebens Stellung, und mit den frommen Stiftungen (arab. *auqāf*, Pl. von *waqf*) hatte sich der Islam eine Institution geschaffen, die in einigen Ländern der islamischen Welt z.T. noch heute eine große wirtschaftliche und soziale Bedeutung besitzt. In Koran und *sunna* wie auch im Vorbild der ersten Muslime finden sich viele Aussagen zu Fragen der Sozial- und Wirtschaftsethik, und schließlich kennt auch das islamische Mittelalter eine von weltentsagenden Mystikern und städtischen Kaufleuten breit geführte Diskussion über den religiösen Wert wirtschaftlicher Aktivität und des Gewinnstrebens. Zwar kann von einer gar einheitlichen islamischen Wirtschafts- und Soziallehre nicht gesprochen werden, aber es gibt viele Bemühungen, aus Elementen islamischer Sozialethik und Bestimmungen des islamischen Rechts eine islamische Wirtschafts- und Soziallehre zu erstellen. Den Anstoß dazu gaben die ideologische Auseinandersetzung mit Kapitalismus und Kommunismus sowie auch die Verhältnisse der konkreten wirtschaftlichen und sozialen Entwicklung in den islamischen Ländern.

Bei aller Unterschiedlichkeit der Entwicklungen der Länder der islamischen Welt seit Mitte des 19. Jahrhunderts lassen sich folgende gemeinsame Nenner erkennen: das Problem der Suprematie Europas und der Industrienationen im Imperialismus und der späteren wirtschaftlichen und technologischen Abhängigkeit von den Industrienationen. Dies bedeutete die verstärkte Einbeziehung der Länder in den Weltmarkt und die Ausweitung des kapitalistischen Sektors in den einzelnen nationalen Wirtschaften. In der letzten Dekade des 20. Jahrhunderts wurden die Länder der islamischen Welt mit der Globalisierung als dem «zweiten strukturellen Homogenisierungsschub des Weltsystems»[1] überrollt, wobei aufgrund der Strukturäquivalenzen zwischen Imperialismus und Globalisierung Ähnlichkeiten in den Reaktionen auf beide Schübe nicht zu übersehen sind.

Folgende Perioden der innerislamischen Diskussion zur Wirtschafts- und Soziallehre sind erkennbar: Vor dem Ersten Weltkrieg: Wahrnehmung sozialer Probleme und vereinzelte Hinweise auf islamische Konzepte. Zwischen den

Weltkriegen: Beginn der Auseinandersetzung über «Islam und Sozialismus» und erste Bemühungen um eigene Wirtschafts- und Soziallehren. Nach dem Zweiten Weltkrieg: Ausarbeitung islamischer Wirtschaftslehren und Auseinandersetzung mit konkreten Bemühungen, einen eigenständigen Sozialismus aufzubauen. Nach dem Ende des Ost-West-Konflikts: Abklingen des Bedürfnisses, ein eigenes Wirtschafts- und Sozialsystem zu erstellen, dafür aber ein Trend, islamische Wirtschaftspraktiken wie die Armensteuer und zinsloses Bankwesen in das allgemeine Wirtschaftsleben zu integrieren. Geblieben ist der grundlegende Anspruch auf ein ethisch gelenktes Wirtschaftshandeln.

1. Soziale Probleme und das Wort «Sozialismus»

Schon gegen Ende des 19. Jahrhunderts finden sich bei den Vertretern säkularer nationalistischer Ideologien – seien es türkische oder arabische – auch Auseinandersetzungen mit Fragen des Wirtschafts- und Soziallebens und sogar mit dem Sozialismus. Der arabische Begriff für Sozialismus, *ishtirākīya,* der vermutlich von der in türkischen Schriften des 19. Jahrhunderts verwendeten Form *ishtirāk-i emwāl* «Gemeinsamkeit des Besitzes» abgeleitet ist,[2] war vor allem in Ägypten verbreitet, wo 1908 die wenn auch kurzlebige *Gesegnete Sozialistische Partei (al-Ḥizb al-ishtirākī al-mubārak)* entstand. Zwei Jahre später wurde in Istanbul von Hüsein Hilmi die *Osmanische Sozialistische Partei (Osmanlı Sosyalist Fırkası)* gegründet. Es waren vor allem die Schriften des in Kairo lebenden libanesischen Christen Shiblī Shumaiyil (1853–1917) und des ägyptischen Kopten Salāma Mūsā (1887–1958), die zur Verbreitung sozialistischen Gedankengutes beitrugen. Das 1913 veröffentlichte Buch Salāma Mūsās, «Der Sozialismus» («al-Ishtirākīya»), zeigt eine recht ausführliche Kenntnis sozialistischer Lehren einschließlich des Marxismus.[3]

Eine vergleichbare Regsamkeit in der Auseinandersetzung mit der sozialen Frage ist bei den islamischen Reformern nicht zu finden, doch sie nahmen sie durchaus wahr, wie nicht nur eine Aufsatzfolge Muḥammad ʿAbduhs aus den Jahren 1880/81 zeigt,[4] in der er sich mit dem Wirtschafts- und Sozialverhalten der neuen Kapitalistenklasse Ägyptens beschäftigt, sondern auch die Tatsache, daß sich viele der Reformer in muslimischen Wohltätigkeitsvereinen, die in der zweiten Hälfte des 19. Jahrhunderts in Syrien, Libanon und Ägypten entstanden waren, betätigten. Von Jamāl ad-Dīn al-Afghānī liegt sogar eine erste Stellungnahme zum Thema «Islam und Sozialismus» vor, die schon aus dem letzten Jahrzehnt des 19. Jahrhunderts stammt, aber erst 1931 veröffentlicht wurde. Hier ist nicht nur von den «Rechten der Arbeiter» *(ḥuqūq al-ʿummāl)* die Rede – und es wird auch bereits der Begriff «Arbeiterklasse» (*ṭabaqat al-ʿummāl)* benutzt –, sondern es finden sich schon grundlegende Elemente, die spätere islamische Wirtschaftslehren bestimmen sollten. So etwa der Hinweis auf den Prophetengenossen Abū Dharr al-Ghifārī, der vom späteren Umaiyaden-Kalifen Muʿāwiya eine Einschränkung des Luxus der damals neuen herrschenden Klasse gefordert hatte und in späteren Schriften geradezu zu einem frühen Helden eines islamischen oder auch arabischen Sozialismus wurde. Vor allem aber findet sich hier schon die Deutung des Begriffes *ishtirākīya* im Sinne seiner arabischen Wurzel als ein letztlich moralisch begründetes Teilhabenlassen des Armen am Besitz des Reichen.[5]

2. Die Ideologie der Kooperation

Auch für die islamischen Länder brachte die Oktoberrevolution 1917 eine gewisse Zäsur. In Iran entstand mit der *Gerechtigkeitspartei* (*Ḥizb-i ʿadālat*) die erste eindeutig kommunistische Partei. 1924 folgte ihr die Gründung der syrisch-libanesischen KP. Der wichtigste Schüler Muḥammad ʿAbduhs, Rashīd Riḍā, begrüßte den Bolschewismus insofern, als er auf der Seite der Unterdrückten, zu denen auch die Muslime gehörten, stehe, fügte aber hinzu, daß Bolschewismus und islamisches Recht unvereinbar seien.

1929 veröffentlichte der Syrer Muḥsin al-Barāzī seine Pariser Dissertation «Islamisme et Socialisme», in der zum ersten Male ausführlich der Frage nach dem Verhältnis von Islam und Sozialismus nachgegangen wurde. Das Ergebnis ist, daß Islam und Sozialismus zwar unvereinbar seien, der Islam aber durchaus auch das soziale Wohl der muslimischen Gemeinde zum Ziel habe. Im Ansatz findet sich hier schon der später so häufig geäußerte Gedanke, daß die Wirtschafts- und Soziallehre des Islams irgendwie zwischen Kapitalismus und Sozialismus stehe. Ideengeschichtlich reizvoll an dieser Arbeit ist, daß vielen Aspekten der Lehre und der Geschichte des Islams, die später als Beweis für die Existenz eines islamischen Sozialismus gewertet wurden, gerade diese Qualität abgesprochen wird.

Ein Begriff, der für islamische Soziallehren seit den 1920er Jahren erhebliche Bedeutung gewonnen hatte, war der des *taʿāwun*. Mit ihm war sowohl Kooperation im konkreten Sinn von Genossenschaft als auch die Zusammenarbeit aller Glieder der Gesellschaft zum Wohl des Ganzen gemeint. In Ägypten hatte sich vor allem Dr. Yaḥyā ad-Dardīrī in der «Zeitschrift der Muslimischen Jungen Männer» («Majallat ash-shubbān al-muslimīn») in den Jahrgängen 1929 bis 1931 ausführlich mit den Gedanken Charles Fouriers und Friedrich Wilhelm Raiffeisens auseinandergesetzt, war dabei über rein apologetische Bekundungen, daß der Islam Kooperation fordere, hinausgegangen und hatte – Raiffeisen zum Vorbild nehmend – konkrete Vorschläge zur Errichtung von Genossenschaften in Ägypten unterbreitet. Die 1928 von Ḥasan al-Bannā gegründete Organisation der Muslimbrüder besaß eigene, genossenschaftlich geführte Betriebe.

Im arabischen wie auch im indisch-pakistanischen Raum waren es vor allem muslimische Reformer und Anhänger religiös-politischer Organisationen wie etwa der genannten Muslimbrüder, die zwischen den Weltkriegen Fragen einer islamischen Wirtschafts- und Soziallehre erörterten.[6] Die sunnitischen *ʿulamāʾ* reagierten, wie ein Blick in die «Zeitschrift der Universität al-Azhar» («Majallat al-azhar»), der berühmtesten islamischen Universität in Kairo, zeigt, auf die Diskussion über die Wirtschafts- und Sozialordnung erst relativ spät. 1938 (Band 9) erschien in ihr ein Aufsatz mit dem Titel «Der Sozialismus im Islam» («al-Ishtirākīya fī l-islām»). So fortschrittlich der Titel klang, inhaltlich beschränkte sich der Aufsatz auf den Hinweis auf einige Bestimmungen zur *zakāt*. Ein Jahr später erschien ein Aufsatz über den westlichen Sozialismus und den islamischen Kooperatismus, und in weiteren Beiträgen bis zum Jahre 1950 wurden Begriffe wie «Kooperatismus» *(taʿāwunīya)* oder «System der Kooperation» *(niẓām at-taʿāwun)* bevorzugt, um die Wirtschafts- und Soziallehre des Islams zu kennzeichnen. Noch 1947 bestritt der Direktor der Azhar, Muḥammad ash-Shināwī, in der Zeitschrift der Universität (Band 19) jede Ähnlichkeit des Islams mit Kapitalismus oder Sozialismus.

3. Der «islamische Sozialismus»

Ende 1949 hatten die Muslimbrüder Syriens die *Islamische Sozialistische Front (al-Jabha al-ishtirākīya al-islāmīya)* gebildet.[7] Mit ihr und der nun beginnenden öffentlichen Proklamation eines Sozialismus im Islam wurde der Weg dafür bereitet, daß die Begriffe «Sozialismus» und «Islam» als miteinander vereinbar akzeptabel wurden. Was unter dem Anspruch des «islamischen Sozialismus» damals von den Muslimbrüdern an konkreten Maßnahmen gefordert wurde, entspricht dem, was man heute von einem Sozialstaat als Mindestmaß verlangt. Der Grund dafür, soziale Reformen im Namen eines «islamischen Sozialismus» zu fordern, lag erstens darin, daß nichtislamische sozialistische Bewegungen wie etwa die *Baʿth*-Partei mehr und mehr an Boden gewannen, und zweitens wollte man angesichts des kalten Krieges und der weit verbreiteten Bemühungen um eine Politik der Neutralität, die wesentlich auch von den Muslimbrüdern getragen wurde, mit dem Begriff «islamischer Sozialismus» den Islam als eigenen, «Dritten Weg» darstellen.

Eine neue Situation war gegeben, als Ende 1957 in Ägypten unter Nasser (Jamāl ʿAbd an-Nāṣir) der demokratische und kooperative Sozialismus zur offiziellen Ideologie erhoben worden war und man 1961 in der Vereinigten Arabischen Republik, d.h. in Ägypten und Syrien, die ersten Sozialisierungsmaßnahmen getroffen hatte. Um sie als islamisch legitim zu rechtfertigen, benutzte die ägyptische Propaganda vor allem auch das 1959 zum ersten Mal erschienene Buch des langjährigen Führers der syrischen Muslimbrüder, Muṣṭafā as-Sibāʿī, «Der Sozialismus des Islams» («Ishtirākīyat al-islām») – wogegen er wiederum sich wehrte, denn seit 1954 lagen die Muslimbrüder mit Nasser in einem erbitterten Kampf.

In den 1960er Jahren erreichte die Diskussion um Islam und Sozialismus einen Höhepunkt. Hatte es schon vorher einige Werke zum Thema gegeben, wie etwa das ins Englische übersetzte Buch von Saiyid Quṭb, «Soziale Gerechtigkeit im Islam» («al-ʿAdāla al-ijtimāʿīya fī l-islām»), so schwoll in den 1960er Jahren die Literatur über Sozialismus, arabischen Sozialismus und Islam zu einer kaum übersehbaren Fülle an. Sie läßt sich grob in folgende Gruppen gliedern: Erstens die Literatur derjenigen Autoren, die tatsächlich einen Sozialismus anstrebten und sich bemühten, ihn durch Hinweise auf soziale Momente in der Geschichte der Araber und des Islams zu legitimieren. Zweitens gab es diejenigen – vor allem im Kreis der Muslimbrüder –, die zwar den Begriff «Sozialismus» apologetisch auf soziale Züge islamischer Lehre anwandten, im Grunde aber einen kapitalistischen Sozialstaat meinten und die konkreten Bemühungen um Sozialismus in den arabischen Ländern aufs schärfste verdammten.[8] Drittens gab es auch einige Autoren, die jenseits der Auseinandersetzung für und gegen den Sozialismus allein aus den Bestimmungen der *sharīʿa* eine islamische Wirtschaftslehre zu begründen versuchten. Ein bemerkenswertes Beispiel findet sich in dem schon 1953 erschienenen Buch des Begründers der *Islamischen Befreiungspartei (Ḥizb at-taḥrīr al-islāmī),* Taqī ad-Dīn an-Nabhānī, «Die Wirtschaftsordnung im Islam» («an-Niẓām al-iqtiṣādī fī l-islām»).

In den 1970er Jahren ebbte die Sozialismusdiskussion ab. Die eigenen Sozialismusexperimente hatten nicht den versprochenen Segen gebracht, der Begriff «Sozialismus» hatte an Attraktivität verloren. Nach dem Tode Nassers 1970 wurde der ideologische Streit zwischen «progressiven» und «reaktionären» arabischen Staaten mit Hilfe der Petrodollars Saudi-Arabiens eingedämmt. 1975 entstand nach jahrzehntelanger Diskussion über die Möglichkeit islamischer, d.h. ohne Zinsen arbeitender Banken die *Islamische Entwicklungsbank (al-Bank al-islāmī li-t-tanmiya)* unter den Auspizien der *Internationalen Islamischen Konferenz* (der *Islamischen Konferenzorganisation, Munaẓẓamat al-muʾtamar al-islāmī).*[9] Sie ist primär eine Institution zur Verteilung von Ölgeldern an arme islamische Länder.

Historisches Interesse verdient Libyens islamische Sozialismusvariante von Muʿammar al-Qadhdhāfī (Gaddafi). Während der «Kulturrevolution» 1973 hatte er seinen Sozialismus noch mit ähnlichem apologetischen islamischen Beiwerk geschmückt, wie es von den Muslimbrüdern und ihnen nahestehenden Theoretikern bekannt ist. In seinem ab 1977 erscheinenden «Grünen Buch» («al-Kitāb al-akhḍar») aber wird im Kapitel «Die Lösung des wirtschaftlichen Problems – der Sozialismus» mit keinem Wort direkt der Islam angesprochen. Zwar dürfte Qadhdhāfī seine Wirtschafts- und Soziallehre noch irgendwie als islamisch verstehen, doch ebenso gewiß ist, daß ihm hierbei viele Muslime nicht folgen.

In Iran wurden nach der Revolution 1979 eine Reihe von islamischen Prinzipien in der Verfassung der Islamischen Republik Iran festgeschrieben. Es entwickelte sich eine lebendige Diskussion über «islamische Wirtschaft», und schiitische Wirtschaftslehren hatten Konjunktur. Am bekanntesten ist das schon vor der Revolution geschriebene Buch «Unsere Wirtschaft» («Iqtisādunā») des irakischen Gelehrten Muḥammad Bāqir aṣ-Ṣadr.[10] Unter eher sozialistisch-«linkem» Einfluß standen die islamischen Wirtschaftslehren des ersten Staatspräsidenten der Islamischen Republik Iran, Abū l-Ḥasan Banī Ṣadr, und der *Volksmujahidin (mujāhedīn-e khalq).* Letztere sahen im theosophisch weit interpretierten Bekenntnis zur Einheit Gottes *(tauḥīd)* und der darin gegebenen ontologischen Einheit auch die soziale Einheit im Sinne klassenloser Gesellschaft begründet.[11] Auch aus den Reihen des revolutionären Klerus gibt es eine beachtliche Zahl von Schriften zur islamischen Wirtschaftsordnung. Entsprechende Predigtsammlungen der heutigen Führer Saiyid ʿAlī Khāminaʾī und ʿAlī Akbar Rafsanjānī sind auf dem Markt. Trotz des Ayatollah (Āyatullāh) Khumainī zugeschriebenen Diktums, daß Wirtschaft etwas für Esel sei, werden Kongresse über seine Wirtschaftslehre veranstaltet, auf denen unter dem Schutz des großen Namens durchaus relevante und kontroverse Fragen behandelt werden.

4. Theologische Grundpositionen und Gesellschaftsideal

Diesem historischen Überblick zur Entwicklung der Diskussion über Islam und Wirtschaftsordnung soll sich ein systematischer Überblick über die wichtigsten Aspekte dessen anschließen, was heute als islamische Wirtschaftslehre ausgegeben wird. Als Leitfaden dazu kann das 1972 erschienene Buch «Die Ordnung des Islams: Die Wirtschaft» («Niẓām al-islām: al-iqtiṣād») von Muḥammad al-Mubārak dienen, der 1949 im syrischen Parlament Abgeordneter der Islamischen Sozialistischen Front war und später (gest. 1981) in Medina unterrichtete. Seine überschaubare Darstellung, die sich auf frühere Werke ähnlicher Art stützt,[12] repräsentiert in den grundlegenden Fragen den Konsens all derjenigen, die von der Existenz einer spezifisch islamischen, dem Kapitalismus und Sozialismus überlegenen Wirtschafts- und Soziallehre überzeugt sind.[13]

Grundsätzlich handelt es sich um normative Wirtschaftslehren, die folgenden methodischen Grundzug teilen: Theologischen Konstruktionen, ethischen Forderungen, konkreten Rechtsbestimmungen und – wo sie nützlich sind – Beispielen aus der Geschichte des Islams wird die gleiche normative und realitätsbestimmende Kraft zugedacht. Sie werden auf gleicher Ebene stehend als Realität des Islams ausgegeben.

Wirtschaftliches Handeln wird in folgendem theologischen Rahmen gesehen: Der Mensch, wie der Koran (2:30; 6:105; 26:62; 35:39 und 57:7) mehrfach besage, sei zu Gottes Stellvertreter auf Erden bestimmt. Die Erde sei ihm in Dienst gestellt und alle Anstrengungen um des Lebensunterhalts willen geschähen, um aus Gottes Güte Nutzen zu ziehen. Wirtschaftliche Aktivität und Streben nach Gewinn seien im Islam anders als im Kapitalismus nicht Selbstzweck, sondern das Ziel sei, den Lebensunterhalt zu sichern, damit der Mensch Gott durch Tun des Guten, Dank für seine Güte, Beachtung seiner und der Menschen Rechtsansprüche und Hilfe für die Mitmenschen zufriedenstelle.

Die positive Einstellung des Islams aller wirtschaftlichen Aktivität gegenüber wird von Muḥammad al-Mubārak betont. Arbeit gelte nicht wie im Christentum als Strafe für die Ursünde Adams. Die Hervorhebung der positiven Einstellung ist vor dem Hintergrund des von Europäern erhobenen Vorwurfs eines dem Islam prinzipiell eigenen Fatalismus und einer vermeintlichen Wirtschaftsfeindlichkeit zu sehen. Schon in den 1930er Jahren hatten muslimische Aktivisten ein Arbeitsethos gepredigt, das ein wenig dem protestantischen Arbeitsethos, wie es von Max Weber beschrieben wurde, ähnelt.

Mit seiner theologischen Zielsetzung wirtschaftlichen Handelns erteilt Muḥammad al-Mubārak gleichzeitig jeder Art von Materialismus eine Absage; sowohl Kapitalismus als auch Sozialismus werden verworfen. Auch diejenigen Autoren, die von einem «Sozialismus im Islam» gesprochen hatten, haben sich immer wieder gegen einen Sozialismus abgegrenzt, der nur die Befriedigung der materiellen Bedürfnisse zum Ziel habe und zumeist Revolution *(thaura)* oder gar Anarchie *(fauḍā)* brächte. Anders als der Sozialismus kämpfe der Islam nicht nur für das Wohl einer Klasse, der Arbeiter, sondern für das der ganzen Gesellschaft, er suche den gerechten Ausgleich zwischen Arm und Reich, denn im Islam habe der Arme einen Rechtsanspruch *(ḥaqq)* auf den Besitz des Reichen.

Zwar hatte Muḥammad al-Mubārak in politischen Reden wie schon viel früher Jamāl ad-Dīn al-Afghānī auch von der Arbeiterklasse gesprochen, doch in den theoretischen Darstellungen islamischer Wirtschaftslehre findet sie keine Anerkennung; der islamische Begriff vom Arbeiter, so Muḥammad al-Mubārak, erstrecke sich auf jeden, der arbeitet.

Nicht nur Klassenharmonie, sondern Harmonie überhaupt ist das Ziel islamischer Soziallehren. Dies zeigt sich schon in Begriffen wie «islamischer Kooperatismus» *(taʿāwunīya islāmīya)* und vor allem auch im Konzept der «gegenseitigen sozialen Verantwortung» *(at-takāful al-ijtimāʿī)*. Zu diesem Konzept hatte schon Muṣṭafā as-Sibāʿī in seinem berühmt gewordenen Buch über den «Sozialismus des Islams» alle Aspekte des Islams, die auch nur irgendwie einen «sozialen Zug» aufweisen, zusammengetragen und sie zum Kennzeichen des Sozialismus des Islams erhoben.[14] Das Prinzip einer ökonomischen Gleichheit der Menschen wird nicht anerkannt. Zwar haben einige Reformer und auch Muʿammar al-Qadhdhāfī dem Islam die Forderung nach ökonomischer Chancengleichheit zuerkannt, doch in der Regel wird die Gleichheit vor dem Gesetz behauptet. Gemeint ist das islamische Recht, die *sharīʿa*, deren Befolgung zusammen mit der Erfüllung der vielen moralischen Verpflichtungen des Islams zur Schaffung einer solidarischen, harmonischen Gesellschaft führe. Auch hier zeigt sich: Islamische Wirtschaftslehre ist vor allem Sozialethik.

5. Die Lehre vom Besitz

Über den Grundsatz, daß Gott letztendlicher und eigentlicher Besitzer aller Dinge sei, besteht zwar Einigkeit, doch aus ihm werden recht unterschiedliche Schlüsse gezogen. Al-Bahī al-Khūlī schreibt z.B. in seinem Buch «Der Sozialismus in der islamischen Gesellschaft, zwischen Theorie und Praxis» («al-Ishtirākīya fī l-mujtamaʿ al-islāmī, baina n-naẓarīya wa-t-taṭbīq») – ein für die Ära Nasser typisches Werk, in dem der sozialistische Charakter des Islams gepriesen wird –, daß der Mensch nur Treuhänder *(wakīl)* des ihm anvertrauten Besitzes sei. Taqī ad-Dīn an-Nabhānī hingegen leitet aus diesem Grundsatz ab, daß der Mensch zwar einen Rechtsanspruch auf Besitz *(ḥaqq al-milkīya)*, aber eben keinen tatsächlichen Besitz *(milkīya fiʿlīya)* habe. Muḥammad al-Mubārak wiederum argumentiert, daß ursprünglicher Besitz *(milk aṣlī)* Gemeinbesitz aller sei, de facto jedoch in der Regel Privatbesitz sein müsse, da der Mensch als einzelner Gott gegenüber verantwortlich sei. Wie auch immer argumentiert wird, Eigentum in unserem Sinn kann es theoretisch nach islamischer Auffassung nicht geben, de facto aber laufen die meisten Bestimmungen darauf hinaus. Es ist ein Eigentum, das durch Bestimmungen über seinen rechtmäßigen Erwerb *(kasb)* und seine Verwendung *(taṣarruf)* an das Allgemeinwohl gebunden ist. Bei den rechtlichen Bestimmungen über die erlaubten und verbotenen Arten des Erwerbs und der Verwendung von Besitz bestehen zwischen sunnitischem und schiitischem Islam und innerhalb der Rechtsschulen im Detail durchaus Unterschiede, doch die Zusammenfassung von Muḥammad al-Mubārak kann hier als Überblick dienen.

Rechtmäßiger Erwerb von Besitz ist erstens möglich durch eigene Anstrengung *(juhd)* wie Lohnarbeit, Handwerk, Handel oder Jagd. Die Nutzbarmachung brachliegenden Landes und die Bergung von Bodenschätzen nennt Muḥammad al-Mubārak im Unterschied zu anderen nicht als eine Quelle von Privatbesitz, er ist der Ansicht, daß hieraus nur Gemeineigentum entstehen kann. Die zweite erlaubte Erwerbsart ist die aufgrund einer Rechtsbestimmung *(ḥukm ash-sharʿ)* ohne eigene Anstrengung wie im Fall der Erbschaft, des Rechtsanspruches der Frau auf standesgemäßen Unterhalt oder des Rechtsanspruches der Armen auf die *zakāt*.

Unrechtmäßige Arten des Erwerbs sind (1.) Besitz eines anderen zu nehmen, ohne darauf einen gesetzlichen Rechtsanspruch zu haben, also alle Arten von Diebstahl, mag er an Privat- oder Gemeineigentum begangen werden; (2.) Glücksspiel; (3.) Geld für verbotene Tätigkeiten wie Prostitution, Wahrsagerei oder als Bestechung anzunehmen; und (4.) Zinsen zu nehmen. Wichtig ist, daß das Zinsverbot, das als Merkmal islamischer Wirtschaftlehre gilt und Angelpunkt des heute mehr und mehr praktizierten «islamic banking» ist, als unrechtmäßige Erwerbsart konzeptionell in das zentrale Problemfeld «Gerechtigkeit» eingebettet ist.[15]

Für die Verwendung von Besitz gilt der Grundsatz, daß kein anderer oder die Gemeinschaft zu Schaden kommen dürfe. Die grundsätzliche Bindung von Besitz oder Eigentum an das Allgemeinwohl kommt in einer Reihe von Ver- und Geboten zum Ausdruck, die ausführlicher zu behandeln sind.

6. Armensteuer und Almosen

Den Verboten bestimmter Praktiken kapitalistischer Wirtschaften stehen eine Reihe von Geboten gegenüber, von denen das wichtigste das der *zakāt* ist, die zu den fünf grundlegenden Pflichten eines jeden Muslims gehört. Es überwiegt die Ansicht, daß sie nicht nur ein Almosen, sondern eine jährlich zu entrichtende Steuer sei, deren Zahlung zu den *ʿibādāt*, d.h. den Pflichten Gott gegenüber, gehört und von jedem Muslim zu leisten ist *(farḍ al-ʿain)*. Nur über die Frage, ob sie auch von Geisteskranken zu entrichten sei, besteht bei den einzelnen Rechtsschulen ein Meinungsunterschied. Nach islamischem Recht hat der Muslim für

Feldfrüchte, Trauben und Datteln zehn Prozent, im Falle künstlicher Bewässerung fünf Prozent *zakāt* zu zahlen; für Kamele, Ziegen und Schafe bestehen recht komplizierte Regeln, für Gold, Silber und Handelsware werden zweieinhalb Prozent an *zakāt* erhoben. Die Staatskasse *(bait al-māl)* verwaltet das eingenommene Geld, auf das laut Koran (9:60) folgende Personenkreise Anspruch haben: (1.) Die Armen und Bedürftigen. Damit sind diejenigen gemeint, die überhaupt kein Einkommen haben, und diejenigen, deren Einkommen nicht ausreicht. (2.) Diejenigen, die die *zakāt* einsammeln und verwalten. (3.) Zur «Gewinnung der Herzen», womit sowohl gemeint ist, Geld von der *zakāt* an Ungläubige zu geben, um ihnen ihren Übertritt zum Islam zu erleichtern, als auch, es an Muslime zu geben, damit sie sich in ihrer Religion bessern. (4.) Zum Freikauf von Gefangenen oder Sklaven. (5.) Verschuldete, die zur Bezahlung ihrer Schulden nicht in der Lage sind, und zwar vor allem aufgrund von Unglücksfällen oder Naturkatastrophen. (6.) Die für den Islam streiten, und (7.) Reisende, denen Schutz und Unterstützung gewährt werden muß.

Einige dieser Kategorien sind sehr weitgehend interpretiert worden. Nicht nur die Vorwegnahme eines modernen Sozialstaats haben muslimische Apologeten in ihr gesehen, sondern sie geradezu als Inkarnation des Ideals sozialer Gerechtigkeit, die der Islam verwirkliche, gepriesen. Doch dies ist nur Rhetorik, wie das Beispiel Saudi-Arabien zeigt, wo die *zakāt* gesetzlich vorgeschrieben ist. Die Diskussion um die Wiedereinführung der *zakāt* in Pakistan hat deutlich gemacht, daß die einzelnen *zakāt*-Bestimmungen nur in den allgemeinen Darstellungen islamischer Wirtschaftslehre klar und eindeutig sind. Außerdem bedeutet eine Wiedereinführung der *zakāt* eine Hervorhebung des Unterschieds von Muslimen und Nichtmuslimen, da *zakāt* nur von Muslimen gezahlt werden kann.

Neben der rechtlichen Pflicht zur Zahlung der *zakāt* besteht noch die religiösmoralische Pflicht zur Vergabe von Almosen *(ṣadaqa)*. Vers 177 der zweiten Sure des Korans macht deutlich, daß den Verwandten, Waisen, Armen, Reisenden und denen, die darum bitten, Geld zu geben ebenso zur Frömmigkeit des Muslim gehöre wie der Glaube an Gott, das Jüngste Gericht, die Engel und den Koran sowie die Verrichtung des Gebets und die Zahlung der *zakāt*. Auch das Almosen wurde als wesentlicher sozialer Zug des Islams angepriesen, und viele, die von einem «islamischen Sozialismus» sprachen, haben sich den Vorwurf des «Almosensozialismus» gefallen lassen müssen.

Zakāt und Almosen werden von Muḥammad al-Mubārak wie schon zuvor von Muṣṭafā as-Sibāʿī als Institutionen der «gegenseitigen sozialen Verantwortung» *(at-takāful al-ijtimāʿī)* behandelt. Auch die frommen Stiftungen *(auqāf)* rechnet er dazu und hebt die Stiftungen zur Errichtung von Schulen, Kranken- und Waisenhäusern hervor. Ferner wird die *kaffāra*, d.h. die Ausgleichszahlung für eine Sünde, bei der keine andere Person einen Rechtsanspruch hat (wie z.B. beim Fastenbrechen) und welche zumeist in der Speisung von Armen besteht, als soziale Einrichtung des Islams beschrieben. Schließlich wurde in diesem Sinn auch das islamische Erbrecht interpretiert – es sei erlaubt, ein Drittel des Besitzes für gute Werke zu vererben, schreibt Muṣṭafā as-Sibāʿī –, und die koranische Bestimmung, daß von der Kriegsbeute ein Fünftel an den Propheten und die Waisen und Armen zu geben sei, wurde als einzigartig in der Welt hervorgehoben.

7. Die Rolle des Staates

Die grundsätzliche Aufgabe des Staates in der islamischen Gesellschaft ist, für die Anwendung der *sharīʿa* zu sorgen. Für das Wirtschaftsleben – so Muḥammad al-Mubārak – heißt dies, daß das Prinzip der freien Wirtschaft in den von der *sharīʿa* gezogenen Grenzen gilt, der Staat habe über die Rechtmäßigkeit des Erwerbs und der Verwendung von Besitz, über die Zahlung gerechter Löhne, den Abschluß korrekter Verträge etc. zu wachen. Als wichtigste Organe zur Ausübung dieser Aufgabe nennt Muḥammad al-Mubārak die *ḥisba,* d.h. das Amt des Marktaufsehers, der im Mittelalter häufig auch Polizeichef war, und das Richteramt *(qaḍāʾ).*

Doch nicht nur im Falle der Rechtsbrechung kann der Staat in das Wirtschaftsleben eingreifen, sondern auch in Notsituationen, in denen das Wohl der Allgemeinheit bedroht ist. Dann ist es möglich, daß er Löhne oder Preise festsetzt, Personen zu bestimmten Arbeiten zwingt oder Besitz gegen Entschädigung enteignet. Das Recht des Staates zur Nationalisierung *(taʾmīm)* ausländischen Besitzes und zur Begrenzung von Grundbesitz *(taḥdīd al-milkīya)* wird von den Theoretikern islamischer Wirtschaftslehren in der Regel zugestanden, doch in den Einzelfragen besteht kaum Einigkeit. Wegen der in vielen Ländern der islamischen Welt z.T. noch herrschenden semifeudalen Verhältnisse spielt gerade die Frage einer Begrenzung oder gar Aufhebung von Grundbesitz in der Sozialismus-Diskussion eine ganz erhebliche Rolle.

Nach islamischer Lehre greift der Staat in das Wirtschaftsleben auch durch die Erfüllung öffentlicher Aufgaben und Dienstleistungen ein. Welche Bereiche aber unter dem Begriff «öffentliche Dienstleistungen» *(al-khidma al-ʿāmma)* zu fassen sind, läßt Muḥammad al-Mubārak offen. Zwar betont er, daß im mittelalterlichen islamischen Staat Studenten häufig Unterstützung vom Staat erhalten hätten, will sich aber auf ein allgemeines öffentliches Bildungswesen nicht festlegen. Schließlich kommt dem Staat die Verwaltung der Staatskasse, *bait al-māl,* zu. Sie setzt sich aus den eingenommenen Steuern und den beweglichen und unbeweglichen Gütern, die Gemeinbesitz der Muslime sind, zusammen. Zu den Steuern gehört auch die Kopfsteuer *(jizya),* die von nichtmuslimischen Untertanen – in der Regel Christen oder Juden – entrichtet wurde, um vom muslimischen Staat den Schutz *(dhimma)* des Lebens, der persönlichen Freiheiten und des Besitzes garantiert zu bekommen. In den theoretischen Darstellungen islamischer Wirtschaftslehre wird sie häufig noch immer wie selbstverständlich aufgeführt, obgleich sie in der Realität nicht mehr existiert. Taqī ad-Dīn an-Nabhānī geht in seinem Werk über die Wirtschaftsordnung im Islam sogar so weit, nur die vom islamischen Recht anerkannten Abgaben an den Staat für legitim zu erklären, Steuern *(ḍarāʾib),* ob direkte, indirekte oder progressive, wie sie in den meisten Ländern der islamischen Welt erhoben werden, lehnt er ab.

8. Theorie und neue Praktiken

In einem Aufsatz der Zeitschrift der Universität al-Azhar aus dem Jahr 1951 (Band 23) ist zu lesen, daß der Islam Privateigentum fördere, daß die islamische Wirtschaft eine kapitalistische *(iqtiṣād ra'smālī)* sei, und daß im Islam wirtschaftliche Aktivität ebenso wie im Kapitalismus auf dem persönlichen Wohl als Ziel, der Konkurrenz als Mittel und der Freiheit als Bedingung beruhe. Nur besäße die Schaffung von Besitz unter diesen Bedingungen im Islam nicht absolute Gültigkeit, es gäbe noch den moralischen Faktor. Der Titel des Aufsatzes lautet: «Der Sozialismus im Islam!» Damit ist treffend der Kern dessen beschrieben, was bis heute in den theoretischen Abhandlungen als «islamische Wirtschaftsordnung» angeboten wird, nämlich eine kapitalistische Marktwirtschaft, die durch einige Bestimmungen des islamischen Rechts und durch viele moralische Vorschriften auf das Allgemeinwohl hin ausgerichtet ist. Ihr überwiegend normativer Charakter verleiht den meisten allgemeinen Wirtschaftslehren eine gewisse Realitätsferne – nicht zuletzt deshalb, weil der größte Teil ihrer Regelungen und Vorschriften einer vorkapitalistischen, vorindustriellen Gesellschaftsordnung entlehnt wird. Eine Auseinandersetzung mit den konkreten Verhältnissen findet kaum statt; Probleme der Industrialisierung, Urbanisierung, Landflucht, Arbeitslosigkeit etc. werden in den allgemeinen Wirtschaftslehren kaum thematisiert.

Es scheint, als habe mit dem Ende des Ost-West-Konflikts als Konflikt zwischen konkurrierenden Systemen auch für die Muslime der Druck nachgelassen, sich mit der Formulierung eines islamischen Wirtschaftssystems als überlegene Alternative gegenüber Kapitalismus und Kommunismus zu behaupten. Unabhängig davon, inwieweit sich der ideologische Anspruch von einem eigenen islamischen Wirtschaftssystem erhalten haben mag, haben sich in der insbesondere seit den 90er Jahren des letzten Jahrhunderts von Globalisierungsprozessen erfaßten islamischen Welt Nischen islamischer Wirtschaftspraxis herausbilden können. Sichtbarstes Zeichen dessen ist die Entwicklung im islamischen Bankwesen. Internationales «Islamic Banking» soll nach Schätzungen vom August 2004 rund 250 Milliarden US-Dollar umfassen und jährlich um 15 Prozent wachsen.[16] Es ist mittlerweile nicht nur für Reiche interessant, sondern auch für den aufstrebenden muslimischen Mittelstand; vom eher traditionellen Mittelstand weiß man seit längerem, daß er lokale und regionale Einrichtungen des islamischen Bankwesens nutzt.[17] Islamic Banking hat eine Dimension erreicht, bei der es auch für westliche Banken (z.B. auch Commerzbank) reizvoll geworden ist, eigene Produkte des «Islamic Banking» auf den Markt zu bringen, was den Nischencharakter islamischer Wirtschaftspraktiken im Weltmarkt um so plastischer vor Augen führt.

Die Entwicklung im islamischen Bankwesen verdient auch besonderes Interesse als Indikator für einen neuen Typus von Islamisten, nämlich den der «aufstiegsorientierten Pragmatiker, die Lernfähigkeit mit kulturellem Selbstbewußtsein verbinden.»[18] Sie orientieren sich an den eigenständigen nationalen und regionalen Strukturen innerhalb des kapitalistischen Weltwirtschaftssystems, was unternehmerische Qualitäten, wirtschaftspolitische Kenntnisse und internationale Verbindungen erfordert. Sie haben ihre eigene internationale Öffentlichkeit und Medienlandschaft.[19] Ein Blick in die entsprechenden Internetseiten zum Stichwort «Islamic Banking» läßt eine rege internationale Konferenzaktivität zu den relevanten Themen und Problemen erkennen. Weniger die islamistisch «auffälligen» Länder zeigen sich in diesem Feld aktiv, sondern die kleineren Staaten am Persischen Golf, Malaysia, die Türkei und London sind die Zentren.

Diese hier nur angedeutete Entwicklung ist nicht nur als ein weiteres Feld der ohnehin vielfältigen Erscheinungsformen des heutigen praktizierten Islams und Islamismus zu verstehen, sondern, genauer gefaßt, als Zeichen funktionaler Ausdifferenzierung innerhalb des Islamismus im weitesten Sinne des Begriffs. Es sind konstruktive Wege, sich angesichts der Globalisierungsprozesse als dem zweiten Homogenisierungsschub des Weltmarkts nach dem Imperialismus mit und im Namen der eigenen Religion zu arrangieren. Sie lassen sich nicht mehr als bloße Reaktion verstehen, sondern als ein Handeln, das frühere Reaktionen auf den «Ansturm des Westens», sprich: die früheren ideologischen und politischen Diskussionen um eine eigene islamische Wirtschafts- und Soziallehre, in einer neuen Situation aufgreift. Dabei dürften weniger deren theoretische Inhalte wirksam sein, sondern weit mehr ihr moralischer und ideologischer Impuls.

Das Abklingen der Diskussion um islamische Wirtschaftslehre in den 1990er Jahren und die Verbreitung islamischer Wirtschaftspraktiken ist schließlich auch im Zusammenhang mit der dominierenden Diskussion über das Verhältnis zwischen Staat und Gesellschaft zu sehen. Demokratie, Partizipation, Rechtsstaatlichkeit und Zivilgesellschaft sind ihre Kernbegriffe. Es bleibt zu beobachten, was die wirtschaftlich aktiven aufstiegsorientierten Pragmatiker zu dieser Diskussion und den konkreten Entwicklungen beitragen, was sie vom Staat fordern und wie sie in ihre Gesellschaften hineinwirken.

II.
Islamische Ökonomik in der Praxis: Zinslose Finanzwirtschaft

(Volker Nienhaus)

Im Koran und in der Sunna finden sich Grundsätze einer islamischen Wirtschaftsethik, die durch das traditionelle islamische Recht weitere Ausgestaltungen und institutionelle Konkretisierungen erfahren haben. Diese Wirtschaftsethik beeinflußte einerseits das individuelle wirtschaftliche Verhalten von Muslimen und führte andererseits zur Herausbildung besonderer Wirtschaftsformen (z.B. Bildungs- und Sozialeinrichtungen von Moscheen, religiöse Stiftungen). Solche Umsetzungen der von islamischen Theologen und Rechtsgelehrten entwickelten traditionellen Wirtschaftslehre in die Praxis sind nicht Gegenstand dieses Beitrags.[1]

Vielmehr geht es um die zeitgenössische Weiterentwicklung der Lehre in der modernen islamischen Ökonomik und um Ansätze ihrer praktischen Anwendung.[2] Die Theorie befaßt sich heute weniger mit Anleitungen zum individuell richtigen Verhalten der Muslime, sondern vor allem mit gesellschaftlichen Institutionen und Regeln, die in zunehmend arbeitsteilig und komplexer werdenden Wirtschaften die Realisierung islamischer Werte gestatten sollen. Praktische Anwendungen der islamischen Ökonomik finden sich vor allem im Finanzsektor, wo seit Mitte der 1970er Jahre Finanzinstitutionen (Banken, Investmentgesellschaften, Versicherungen) entstanden, die ihren Kunden alle Finanzdienstleistungen auf der Grundlage zinsfreier Transaktionen anbieten wollen. Die meisten der islamischen Finanzinstitutionen operieren in säkularen und auf Zins beruhenden Volkswirtschaften.

In einigen islamischen Ländern werden diese einzelwirtschaftlichen Bemühungen auf gesamtwirtschaftlicher Ebene durch Regierungen und Zentralbanken unterstützt (insbes. Sudan, Bahrain, Malaysia). Demgegenüber ist die in den 1980er Jahren in drei Ländern initiierte Politik einer umfassenden «Islamisierung der Wirtschaft» in Iran steckengeblieben, im Sudan durch wirtschaftliche Krisen, Handelssanktionen und Bürgerkrieg überlagert worden und in Pakistan in wesentlichen Teilen nie implementiert und in der Finanzwirtschaft wieder zurückgenommen worden. Entgegen der Hoffnung vieler islamischer Ökonomen ist es auch nicht zum Aufbau sozialer Sicherungssysteme auf der Grundlage von *zakat* (arab. *zakāt*) gekommen. Nur in wenigen Fällen werden vom Staat Regeln für diese ‹Sozialabgabe› vorgegeben, deren Entrichtung zwar zu den höchsten religiösen Pflichten der Muslime zählt, deren konkrete Bemessung und Zahlung aber zumeist den einzelnen überlassen bleibt.

Vor diesem Hintergrund ist es gerechtfertigt, einen Beitrag zur islamischen Ökonomik in der Praxis auf die privaten und staatlichen Bemühungen um die Etablierung und Entwicklung einer zinslosen Finanzwirtschaft zu konzentrieren.

1. Konzeptionelle Grundlagen

Im Mittelpunkt der Bemühungen um eine zinslose Finanzwirtschaft stehen die Diskussionen um die richtige Interpretation des *riba*-Verbots (arab. *ribā* «Zins») und um die richtige Anwendung und Fortentwicklung des klassischen islamischen Vertragsrechts.[3]

a) riba-Verbot (Zinsverbot)

Der Koran verbietet den Muslimen, bei Gelddarlehen *riba* zu nehmen: Für Befürworter des islamischen Bankwesens bedeutet dies, daß ein Darlehensgeber über die unbedingte (erfolgsunabhängige) Rückzahlung des ausgeliehenen Betrages hinaus keinerlei Vorteile vom Darlehensnehmer verlangen darf. Für welchen Zweck dieser den Darlehensbetrag verwendet (Konsum oder Investition), ist dabei ohne Belang. Grundsätzlich erlaubt sind dagegen Gewinne aus Handelsgeschäften und aus der Vermietung von Gütern. Reine Finanztransaktionen (denen kein Handels- oder Mietgeschäft zugrundeliegt) sind dann zulässig, wenn der Kapitalgeber das Risiko des Kapitalnehmers mitträgt und der Finanzierungsvertrag eine Gewinn- und Verlustbeteiligung vorsieht.

b) Zinslose Banktechniken

Die von islamischen Banken angewandten zinslosen Banktechniken lassen sich auf zwei Grundtypen zurückführen: Finanztransaktionen auf der Basis von Erfolgsbeteiligungstechniken (Finanzierungsverträge mit Gewinn- und Verlustbeteiligungen) und Handelstransaktionen auf der Basis von Aufschlagstechniken (Kauf- bzw. Mietverträgen mit festen Aufschlägen). Hinzu kommen zinslose Wertpapiere, die an Kapitalmärkten gehandelt werden können. Die Zulässigkeit einzelner Techniken ist durchaus umstritten und nicht alle Banken verwenden sämtliche Instrumente; außerdem kann sich die konkrete Ausgestaltung von Instrumenten mit gleichem Namen zwischen Banken durchaus unterscheiden. Schließlich ist darauf hinzuweisen, daß der Katalog möglicher Finanzierungstechniken durch Finanzinnovationen ständig erweitert wird.[4]

Erfolgsbeteiligungsfinanzierung und erfolgsbeteiligte Einlagen

Das Verbot jeglichen Darlehenszinses bedeutet nicht, daß die Produktivität von Kapital in Verbindung mit unternehmerischer Tätigkeit geleugnet würde und ein Kapitalgeber, der einem Unternehmen Geld zur Finanzierung produktiver Tätigkeiten überläßt, keinerlei Möglichkeiten hätte, dafür eine Vergütung zu erhalten:

Bei einer Finanztransaktion ist es zulässig, daß der Kapitalgeber am Erfolg des von ihm (mit)finanzierten Unternehmens bzw. Projekts partizipiert, sofern er sich nicht nur am positiven Erfolg (Gewinn) beteiligt, sondern auch ein mögliches negatives Ergebnis (Verlust) mitträgt, also der Gewinnchance auch ein Verlustrisiko gegenübersteht: Die islamische Alternative zum verzinslichen Gelddarlehen ist die Finanzierung auf der Basis einer Erfolgsbeteiligung (Gewinn- und Verlustbeteiligung). Kapitalgeber und Kapitalnehmer vereinbaren, daß der Kapitalgeber für die Bereitstellung von Finanzmitteln (Liquidität) einen bestimmten Anteil des Gewinns des (mit)finanzierten Unternehmens oder Projekts erhält; da dieser Anteil nur in Prozenten festgelegt wird, ist seine absolute Höhe im voraus unbekannt und steht erst nach Abschluß des finanzierten Vorhabens fest. Sollte sich ein Verlust einstellen, muß der Kapitalgeber ihn im Verhältnis seines Kapitalanteils an der Unternehmung bzw. am finanzierten Projekt mittragen.

Bei der Erfolgsbeteiligungsfinanzierung tritt an die Stelle der Gläubiger/Schuldner-Beziehung mit erfolgsunabhängigen Zinszahlungen eine Partnerschaftsbeziehung mit erfolgsabhängiger Vergütung für beide Partner (die jeweils auch aus Personengruppen bestehen können). Man unterscheidet Partnerschaftsformen danach, ob beide Partner Kapital bereitstellen und ein Recht zur Geschäftsführung haben (arab. *mushāraka,* im folgenden: *musharaka*) oder nur ein Partner Kapital aufbringt und der andere damit arbeitet (arab. *muḍāraba,* im folgenden: *mudaraba*).

Was das Erfolgsbeteiligungsprinzip aus der Sicht muslimischer Theoretiker (und vielleicht auch der Kapitalnachfrager) besonders attraktiv erscheinen läßt – nämlich die Beteiligung der Bank am unternehmerischen (Ertrags-)Risiko – macht es aus der Sicht einer Bank gerade problematisch: Die Bank muß mit erheblichem Aufwand Geschäftspläne prüfen, sich gegen Gewinnmanipulationen schützen und verhindern, daß vor allem jene Unternehmer angezogen werden, die besonders fragwürdige Projekte vorschlagen.

Relativ leicht ist demgegenüber das Prinzip der Gewinn- und Verlustbeteiligung im Einlagengeschäft anzuwenden: Die Kunden der Bank erhalten für Guthaben auf erfolgsbeteiligten Konten (sog. Spar- oder Investitionskonten) keinen festen Zins, sondern einen Anteil am Gewinn (oder Verlust) der Bank bzw. eines Pools, in dem die Einlagen der Kunden zusammengefaßt sind und der zur Finanzierung von Projekten genutzt wird. Da die Bank vom Grundsatz her nicht die volle Rückzahlung der erhaltenen Mittel garantieren kann, handelt es sich bei den Einzahlungen der Kunden im juristischen Sinne zwar nicht um Einlagen, aber im allgemeinen wird auch bei islamischen Banken dieser Begriff verwendet.[5]

Aufschlagsfinanzierungen

Mit den angedeuteten Problemen der Erfolgsbeteiligungsfinanzierung müßten islamische Banken leben, wenn es keine andere Möglichkeit zur Unternehmensfinanzierung gäbe. Wenn man bedenkt, daß Unternehmungen Kredite bei konventionellen Banken i.d.R. nicht um der Liquidität willen aufnehmen, sondern um damit Sachgüter (Rohstoffe, Vorprodukte, Maschinen, Anlagen usw.) zu erwerben, und daß zwar der Zins bei Gelddarlehen verboten, der Handel aber ausdrücklich erlaubt ist und auch gegen die Vermietung von Sachgütern keine Bedenken bestehen, dann zeichnet sich eine Alternative ab: Die Banken stellen den Unternehmungen statt der Finanzmittel zum Erwerb benötigter Sachgüter diese selbst bereit. Islamische Banken können für ihre Kunden die gewünschten Güter zunächst kaufen und dann an sie mit einem im voraus fest vereinbarten Gewinnaufschlag wieder verkaufen (arab. *murābaḥa*, im folgenden *murabaha*) oder sie an sie vermieten (*ijāra*, Leasing, im folgenden: *ijara*). In der Praxis islamischer Banken dominieren solche Aufschlagsfinanzierungen, die der Bank feste und im voraus bekannte (sichere) Erträge bringen.

Umstritten ist die Zulässigkeit von Kaufgeschäften, bei denen das Kaufobjekt noch gar nicht existiert. Das klassische islamische Recht kennt zwei unterschiedliche Vertragstypen, bei denen Güter, die erst noch produziert und zu einem bestimmten künftigen Termin geliefert werden müssen, bereits heute vom Käufer bezahlt werden, der damit die Produktion vorfinanziert:[6]

- *salam* für landwirtschaftliche Güter, die sich in einer standardisierten Qualität nach Art und Menge bestimmen lassen (Gattungsgüter),
- *istisna'* (arab. *istithnā'*) für Güter, die nach der Spezifikation des Käufers hergestellt werden.

Wenngleich es bei diesen Verträgen um den Kauf von Gattungsgütern oder um in Auftragsfertigung hergestellte Güter geht, weisen sie starke Charakterzüge von Finanzierungsverträgen auf. Diese Vertragstypen sind unter islamischen Juristen umstritten, weil Ungewißheit hinsichtlich der künftigen Fähigkeit des Verkäufers zur Vertragserfüllung besteht und weil die Preisgestaltung entweder erhebliche spekulative Elemente oder eine sehr große Nähe zu verzinslichen Krediten aufweist. Trotz solcher Bedenken erfreuen sich beide Vertragstypen bei immer mehr islamischen Banken (ursprünglich vor allem in Malaysia, inzwischen auch im arabischen Raum) wegen ihres deutlicheren Finanzierungscharakters und der großen Flexibilität bei der Gestaltung von Vertragsgegenständen und -konditionen einer zunehmenden Beliebtheit; sie lösen immer häufiger *murabaha*-Konstruktionen ab, die die Existenz von Handelsobjekten voraussetzen und daher nur eingeschränkt zur Unternehmensfinanzierung (insbesondere zur Finanzierung von Dienstleistungsunternehmen) geeignet sind.

Durch den Rückgriff auf *salam*- und *istisna'*-Verträge gelingt es den islamischen Banken immer besser, das Instrumentarium konventioneller Finanzinstitutionen zu emulieren. Islamische Finanzinstitutionen unterscheiden sich immer weniger von ihren konventionellen Konkurrenten (oder Vorbildern?) und verlieren an ideologischer Überzeugungskraft, was vor allem jene islamischen Ökonomen bedauern, für die in einem islamischen Finanzsystem nicht dieselben Projekte derselben Kunden nach denselben ökonomischen Kriterien auf einer lediglich juristisch anderen Grundlage abgewickelt, sondern ein entwicklungsfördernder Finanzsektor aufgebaut und unternehmerische Potentiale entfaltet werden sollten.

c) Zinslose Wertpapiere

Unternehmen, aber auch Staaten können ihren Finanzbedarf nicht nur über Banken, sondern auch durch die Emission von Wertpapieren decken. Aktien sind als Wertpapiere, die ein Teileigentum an einem Unternehmen repräsentieren, inzwischen akzeptiert, obwohl es für sie keine historischen Vorbilder im islamischen Recht gibt. Aktionäre erhalten keine feste Verzinsung, sondern sind durch Dividenden am Gewinn des Unternehmens beteiligt, tragen aber auch ein Risiko, wenn bei Verlusten des Unternehmens der Kurswert der Aktien fällt.

Die meisten Unternehmen in der islamischen Welt sind jedoch keine Aktiengesellschaften, und selbst Aktiengesellschaften greifen sehr begrenzt auf das Instrument der Aktienemission zurück: Einerseits verändert sich dadurch die Eigentümerstruktur, andererseits erwarten Anleger eine Kompensation für Kurs- und Dividendenrisiken, was die Finanzierung über Aktien oft zu einem teuren Instrument machen kann. Da außerdem der Staat als einer der größten Nachfrager am Kapitalmarkt keine Aktien emittieren kann, wurde schon früh nach Alternativen für festverzinsliche Staatsanleihen oder Industrieobligationen gesucht. In den letzten Jahren sind mehrere Wertpapiertypen mit weitgehend festen Erträgen bzw. Kosten entwickelt worden (Bonds), die im Kern wie folgt konstruiert sind:[7]

- Ein Kapitalnachfrager (Unternehmen oder Staat) faßt in seinem Eigentum stehende ertragbringende Vermögensobjekte wirtschaftlich zu einer Einheit zusammen.
- Die Ansprüche auf die Erträge dieser Vermögensobjekte (z.B. Mieteinnahmen oder Handelsgewinne) werden verbrieft.
- Die verbrieften Ansprüche werden als standardisierte Wertpapiere (u.a. mit einem bestimmten Nennwert, einer fixierten Laufzeit und einem festgelegten Anteil am Ertrag des Vermögenspools) am Kapitalmarkt angeboten.

Die Zeichner bzw. Inhaber der Wertpapiere erhalten für die Laufzeit ihres Papiers einen festgelegten Ertragsanteil, dessen absolute Höhe zwar grundsätzlich schwanken kann. Den Charakter festverzinslicher Wertpapiere erhalten solche Ertragsbeteiligungspapiere aber dadurch, daß für die Vermögensobjekte i.d.R. Leasing-, Miet- oder Abnahmeverträge bestehen, die die gesamte Laufzeit des Wertpapiers abdecken und feste Erträge erwarten lassen.[8] Je nach der Art des ertragbringenden Vermögenspools unterscheidet man *mudaraba*-,[9] *musharaka*-, *ijara*-, *murabaha*-, *salam*- und *istisna'*-Bonds.

Die Erfolgsbeteiligungspapiere der ‹ersten Generation› sahen vor, daß die an die Inhaber der Papiere gezahlten Erträge aus ‹echten› Markttransaktionen stammen. Für erfolgsbeteiligte Staatspapiere bedeutete dies, daß der Vermögenspool aus Objekten bzw. Einrichtungen des Staates bestehen mußte, die Entgelte aus dem Verkauf von Leistungen an Dritte erzielen, z.B. Infrastrukturobjekte wie Brücken, die gegen Gebühr genutzt werden, oder staatliche Energieversorgungsunternehmen, die Strom an Private verkaufen. Wenn sich allerdings Staaten im

Zuge von Privatisierungsprogrammen auf hoheitliche Kernaufgaben zurückziehen, wird es immer schwieriger, auf diesem Wege Haushaltsdefizite zu finanzieren.

Dieses Problem wird durch Erfolgsbeteiligungspapiere der ‹zweiten Generation› gelöst, die formal auf der gleichen Grundkonstruktion beruhen, aber ohne ‹echte› Markttransaktionen auskommen:

- Der Kapitalnachfrager (Unternehmen oder Staat) faßt in seinem Eigentum stehende Vermögensobjekte nicht mehr unter seinem Dach zu einer wirtschaftlichen Einheit zusammen, sondern überträgt die Objekte einer rechtlich selbständigen Einrichtung.
- Für die übertragenen Objekte erhält der Staat von der übernehmenden Einrichtung einen Kaufpreis.
- Die übernehmende Einrichtung ‹vermarktet› die Objekte so, daß aus langfristig abgeschlossenen Nutzungsverträgen sichere Erträge zu erwarten sind.
- Die übernehmende Einrichtung verbrieft nun Ansprüche auf diese Erträge und bietet sie als ertragsbeteiligte Wertpapiere am Markt an.
- Aus dem Erlös der Emission dieser Wertpapiere bezahlt die übernehmende Einrichtung den Kaufpreis, den sie an den Staat für die Übernahme der Vermögensobjekte entrichtet.

Der entscheidende Unterschied zur ersten Generation liegt in der Einschaltung einer zusätzlichen, rechtlich selbständigen Einrichtung, durch die es formal möglich wird, auch solche Vermögensobjekte zu ‹vermarkten›, für die es eigentlich gar keinen Markt gibt. Die neugeschaffene Einheit kann nämlich die vom Staat übernommenen Vermögensobjekte ihm direkt wieder gegen Zahlung fest vereinbarter Miet- oder Leasingraten zur Nutzung überlassen. Bei einem solchen Arrangement kann man auch auf staatliche Vermögensobjekte zurückgreifen, die gar keine (Markt-)Erträge erwirtschaften, weil sie ihre Leistungen nicht an Dritte abgeben, sondern vom Staat selbst genutzt werden.

- So kann z.B. der Staat eine rechtlich selbständige Finanzamts-AG – aus optischen und steuerlichen Gründen vielleicht auf den Niederländischen Antillen – gründen, deren einziger Kapitaleigner er selbst ist.
- Die Finanzamts-AG kauft vom Staat alle Finanzämter mit 6 Monaten Zahlungsziel.
- Der Staat mietet von der Finanzamts-AG zu festen jährlichen Raten sämtliche Finanzämter für 20 Jahre. Die Miete wird so kalkuliert, daß die im nächsten Schritt zu konstruierenden Wertpapiere den Zeichnern eine konkurrenzfähige Rendite in Aussicht stellen. Die kalkulierte Miete wird sich also am Marktzins orientieren.
- Die Finanzamts-AG verbrieft die Ansprüche aus dem Mietvertrag und emittiert erfolgsbeteiligte Finanzamts-Wertpapiere am Kapitalmarkt.
- Die Emissionserlöse werden von der Finanzamts-AG zur Bezahlung des Kaufpreises an den Staat überwiesen.

Im Ergebnis stehen dem Staat die Mittel aus der Wertpapieremission zur Verfügung, für die Finanzierungskosten (= Mietzahlungen) anfallen, die denen einer konventionellen Staatsanleihe entsprechen. An der faktischen Nutzung der Finanzämter hat sich nie etwas geändert.

Diese *sukuk* (von arab. *ṣukūk*) genannten erfolgsbeteiligten Wertpapiere der zweiten Generation erfreuen sich einer rasch steigenden Beliebtheit in der islamischen Finanzwelt.[10] Wenngleich jeder Schritt für sich betrachtet nach islamischem Recht zulässig ist (die Gründung von Unternehmen, der Verkauf von Vermögensobjekten, die Verbriefung von Ertragsansprüchen usw.), entsteht durch die Kombination der Elemente eine Konstruktion, die sich ökonomisch kaum noch von klassischen Umgehungsgeschäften unterscheidet.

2. Die Praxis islamischer Banken

Zu den islamischen Finanzinstitutionen zählen nicht nur Banken, sondern insbesondere auch Investmentgesellschaften, Bausparkassen, Kreditgenossenschaften und Versicherungen. Der islamische Finanzsektor wird jedoch von den Banken dominiert, weswegen sich die folgenden Ausführungen darauf beschränken.

a) Entstehung und Entwicklung

Ein erstes Experiment mit zinslosen Sparkassen fand von Mitte der 1960er bis Anfang der 1970er Jahre in Ägypten statt.[11] Nach dem ersten Ölpreisschub wurde 1975 die *Islamische Entwicklungsbank* (*Islamic Development Bank*, IDB) in Dschidda errichtet. Sie ist eine von inzwischen fast 60 Regierungen islamischer Länder getragene internationale Institution der Entwicklungszusammenarbeit, die keine erwerbswirtschaftlichen Ziele verfolgt. Im gleichen Jahr wurde in Dubai von lokalen Kaufleuten die erste private islamische Geschäftsbank gegründet; 1977 folgten weitere Gründungen von islamischen Banken und Investmentgesellschaften in der Golfregion sowie im Sudan und in Ägypten. Immer mehr islamische Finanzinstitutionen entstanden seit den 1980er Jahren auch außerhalb der arabischen Welt (Türkei, Bangladesch, Malaysia usw).

In drei Ländern initiierten die Regierungen Mitte der 1980er Jahre eine vollständige Islamisierung des Bankensystems: in Pakistan, im Sudan und in Iran. Einen anderen Weg beschritt die Regierung von Malaysia mit der Förderung des Aufbaus eines ‹dualen Bankensystems› ab 1993, in dem konventionellen Banken die Möglichkeit eröffnet wird, vom konventionellen Geschäft getrennte islamische Abteilungen einzurichten.

In den 1990er Jahren nahm die Zahl der islamischen Banken weiter zu, u. a. durch einige kapitalstarke Neugründungen in der Golfregion. Die bereits bestehenden Banken setzten ihr Wachstum – oft mit überdurchschnittlichen Raten – fort. Seit den 1990er Jahren findet man immer mehr islamische Finanzinstitutionen (Banken, Versicherungen, Wohnungsbaugesellschaften, Investmentgesellschaften usw.)

auch in nicht-muslimischen Ländern, u.a. in Thailand, den Philippinen, Südafrika, Rußland, Großbritannien und den USA.[12]

Ab Mitte der 1990er Jahre konnte man ein verstärktes Interesse konventioneller Banken am ‹islamischen Markt› beobachten: Sowohl lokale arabische als auch international operierende konventionelle Banken nahmen islamische Produkte in ihr Programm auf, richteten spezielle islamische Abteilungen ein oder gründeten Tochterunternehmen, die als eigenständige islamische Finanzinstitutionen agieren. In den 1990er Jahren verbreiterte sich auch die Palette islamischer Finanzdienstleistungen und Finanzierungstechniken erheblich. Das ‹financial engineering› im islamischen Finanzsektor wurde vor allem von westlichen Banken sowie den islamischen Abteilungen der konventionellen Banken in Malaysia vorangetrieben.

Die letzten Jahre sind durch die Entwicklung von neuen Wertpapiertypen und eine Belebung islamischer Kapitalmärkte gekennzeichnet. Außerdem kam es zu einer Ausdifferenzierung und stärkeren Strukturierung der institutionellen Infrastruktur des islamischen Finanzsektors: Es entstanden Einrichtungen, die sich insbesondere mit Bonitäts- und Risikobewertungen, der Standardisierung von Buchführungs- und Bilanzierungsregeln sowie der Regulierung islamischer Finanzinstitutionen durch die Zentralbanken befassen.

Das islamische Bankwesen hat sich nach rund 30-jähriger Entwicklung internationale Anerkennung verschafft. Dafür spricht, daß sich internationale Institutionen wie *Weltbank* und *Internationaler Währungsfonds,* aber auch Zentralbanken säkularer Staaten um ein vertieftes Verständnis und um eine Berücksichtigung der Besonderheiten des islamischen Bankwesens mit Blick auf Bankenaufsicht und -regulierung (z.B. im Zusammenhang mit den sog. *Basel-II-Richtlinien*) bemühen. Außerdem haben die Zentralbanken in Europa ihre lange Zeit restriktive Haltung gegenüber islamischen Banken aufgegeben; die britischen Behörden erteilten im August 2004 eine Lizenz für die Errichtung der ersten islamischen Bank in Europa: Die *Islamic Bank of Britain* nahm im Oktober 2004 den Geschäftsbetrieb auf.[13]

Die quantitative Dimension des islamischen Finanzsektors ist schwer zu ermitteln:[14] Die Bilanzen islamischer Banken werden bislang nicht nach international vergleichbaren Regeln erstellt. So beziehen manche islamische Banken jene Gelder, die sie im Kundenauftrag anlegen und für die sie wie Fondsmanager agieren, nicht in ihre Bilanzen ein. Die meisten konventionellen Banken veröffentlichen weder Zahlen über ihre islamischen Produkte noch über die Geschäftstätigkeit ihrer islamischen Abteilungen. Es existieren inzwischen über 100 islamische Investmentfonds, über deren Volumina nur lückenhafte Daten vorliegen.

Trotz dieser Schwierigkeiten sind Schätzungen der quantitativen Dimension des islamischen Finanzsektors vorgenommen worden, z.B. vom *International Institute of Islamic Banking and Insurance* (IIBI) in London, das von rund 250 islamischen Finanzinstitutionen weltweit mit einem Finanzvolumen von 200 Mrd. US$ spricht.[15] In einem Bericht der *Islamic Capital Market Task Force* der *International Organization of Securities Commissions* werden ähnliche Zahlen genannt: über 265 islamische Banken mit einer Marktkapitalisierung von mehr als 13 Mrd. US$, Einlagen von über 202 Mrd. US$, einer aggregierten Bilanzsumme von über 262 Mrd. US$ sowie Finanzanlagen von mehr als 400 Mrd. US$.[16] Stellt man die genannten Größenordnungen des islamischen Finanzsektors in Relation zur Dimension des konventionellen Bankensystems, dann wird sehr schnell deutlich, daß es sich im globalen Maßstab nur um einen Nischenmarkt handelt: Allein die Bilanzsumme der Deutschen Bank war 2003 mit rund 800 Mrd. € rund doppelt so hoch wie die geschätzte Summe der islamischen Finanzanlagen.

Dies heißt allerdings nicht, daß die relative Bedeutung in der arabischen oder muslimischen Welt zu vernachlässigen wäre. Die folgenden Zahlen belegen, daß das islamische Marktsegment durchaus sichtbar ist:

- Die von der Zeitschrift *The Banker* veröffentlichte Liste der nach Eigenkapital 100 größten arabischen Banken[17] enthält 6 islamische Banken,[18] deren Kapital mit insgesamt 3,5 Mrd. US$ knapp 7% des gesamten Kapitals und deren Bilanzsumme mit insgesamt 32,4 Mrd. US$ knapp 6% der gesamten Bilanzsumme der 100 größten arabischen Banken entspricht. Das Volumen der im islamischen Sektor verwalteten Mittel ist deutlich höher, weil z.B. auch die größten konventionellen saudi-arabischen Banken[19] islamische Produkte anbieten bzw. islamische Abteilungen und Filialen besitzen.
- Die Zentralbank von Bahrain[20] weist für Mitte 2004 eine konsolidierte Bilanzsumme aller Banken von 107,9 Mrd. US$ auf, wovon 4,6 Mrd. US$ bzw. 4,3% auf die islamischen Banken entfallen. Nicht in dieser Summe enthalten sind von diesen Banken verwaltete Gelder in einer Größenordnung von ca. 2 Mrd. US$ (Ende 2003) sowie die in den islamischen Abteilungen konventioneller Banken verwalteten Mittel.
- In Malaysia betrug Mitte 2004 der Anteil der islamischen Einlagen des privaten Sektors an der Summe aller privaten Einlagen im Bankensystem 9,1% (bzw. 7,9% ohne Einlagen von Finanzinstitutionen).[21]

Angesichts solcher Relationen erscheint ein durchschnittlicher Marktanteil islamischer Finanzinstitutionen bzw. Finanzprodukte von 6 bis 10% plausibel, was höhere Anteile in einzelnen Ländern nicht ausschließt.

b) Geschäftspraxis

Die meisten islamischen Banken verfügen über einen Scharia-Rat *(Shariah Supervisory Board)*, in dem islamische Rechtsexperten die Vereinbarkeit der von der Bank anzuwendenden Finanztechniken und Vertragskonstruktionen mit dem islamischen Recht prüfen.[22] Während sich hinsichtlich der ‹klassischen› Finanzierungstechniken zumindest innerhalb der islamischen Rechtsschulen ein Konsens über Ausgestaltung und Zulässigkeit herausgebildet hat, divergieren die Auffassungen bei neuartigen Finanztechniken nach wie vor. Um auch bei Finanzinnovationen unterschiedliche Rechtsauslegungen und -anwendungen zu vermeiden, wurde in Malaysia ein nationaler Scharia-Rat bei der Zentralbank eingerichtet, dessen Rechtsauffassung für alle islamischen Finanzinstitutionen des Landes verbindlich ist.

Im *Einlagengeschäft* ist zu beobachten, daß die islamischen Banken für Kundeneinlagen auf erfolgsbeteiligten Konten (sog. Investitionskonten) zumeist Ertragsraten zahlen, die der Zinsentwicklung im konventionellen Teil der Wirtschaft folgen. Diese Angleichung können islamische Banken dadurch erreichen, daß sie je nach Marktlage Rücklagen auf- oder abbauen und so den mit den Einlegern zu teilenden Gewinn mindern oder erhöhen. Durch den Auf- oder Abbau von ‹Gewinnausgleichsrücklagen› nähern sich die erfolgsbeteiligten Konten in ihren ökonomischen Charakteristika stark konventionellen verzinslichen Bankeinlagen an, was immer wieder Anlaß für Kritik war.

Im *Finanzierungsgeschäft* dominieren seit jeher kurzfristige Handelsfinanzierungen mit festen Aufschlägen für die Bank. Mittel- oder längerfristige Projektfinanzierungen werden nur selten durchgeführt.[23] Ein wesentlicher Grund liegt in der Fristenstruktur der Einlagen. Die Einleger bevorzugen überwiegend kurzfristige Anlageformen (z. B. Termineinlagen mit einer Laufzeit von 30 Tagen). Aus täglich fälligen oder nur für einen Monat verfügbaren Geldern können Banken nur sehr begrenzt Kredite mit längeren Laufzeiten vergeben. Eine Fristentransformation ist für islamische Banken schwieriger als für konventionelle, weil sie im Falle eines unerwarteten Liquiditätsbedarfs nicht ohne weiteres auf den Interbanken-Markt oder auf Zentralbankkredite zurückgreifen können, für die in konventionellen Systemen Zinsen zu zahlen sind; zinslose Alternativen sind in den meisten Ländern noch nicht verfügbar.[24]

Unabhängig von der Fristigkeit ist festzustellen, daß bei den meisten Banken Gewinn- und Verlustbeteiligungen keine Rolle im Finanzierungsgeschäft spielen. 80% und mehr der Finanzierungen erfolgen mit Techniken, die den Banken sichere Erträge bringen (*murabaha*, *salam*, *istisna'*, Leasing). Bei einigen Banken ist in den letzten Jahren der Anteil von Gewinn- und Verlustbeteiligungen zwar angestiegen, aber das bedeutet nicht, daß diese Banken tatsächlich bereit wären, verstärkt wirtschaftliche Risiken unabhängiger Unternehmen mitzutragen: Zum einen finanzieren Banken auf der Basis von *musharaka*-Verträgen Projekte von Unternehmen, an deren Kapital sie selbst maßgeblich beteiligt sind und deren Geschäftspolitik sie daher (mit)bestimmen. Zum anderen werden bei kurzfristigen Handelsfinanzierungen *murabaha*-Verträge durch *musharaka*- oder *mudaraba*-Konstruktionen ersetzt. Das dabei von der Bank eingegangene Risiko ist minimal, wenn faktisch bereits beim Erwerb der Ware die Konditionen für den Weiterverkauf (einschl. der Preise und der zu erwartenden Erträge) feststehen.

3. Institutionelle Infrastruktur des islamischen Finanzsektors

Bis Mitte der 1990er Jahre gab es weder eine wirkungsvolle Vertretung gemeinsamer Interessen islamischer Banken noch effektive Institutionen, die ihr operatives Geschäft in zinsgeprägten Wirtschaften unterstützten. Diese Situation hat sich seit Anfang der 2000er Jahre gewandelt. Auf der einen Seite ist eine Tendenz zur

Standardisierung islamischer Finanzprodukte und der Regeln für die Kontrolle und Regulierung islamischer Banken festzustellen. Auf der anderen Seite können islamische Banken nun auf spezialisierte Dienstleistungen von Rating-Agenturen, Index-Verlagen und Finanzmaklern zurückgreifen.

a) Accounting and Auditing Organization of Islamic Financial Institutions (AAOIFI)[25]

AAOIFI wurde 1991 in Bahrain errichtet. Ziel war es, Standards für das Rechnungswesen und die Bilanzierung, das Revisions- und Prüfungswesen und für die Unternehmensführung und -ethik sowie insbesondere für die Anwendung der Scharia im Bereich des Finanzwesens zu entwickeln und islamischen Finanzinstitutionen zur Anwendung zu empfehlen.

Mitte 2004 waren 113 Finanzinstitutionen (Banken, Investmentgesellschaften, Versicherungen) aus 25 Ländern Mitglieder bei AAOIFI, darunter die Zentralbanken bzw. Bankenaufsichtsbehörden von Bahrain, Palästina, Indonesien und Katar. In gut 10 Jahren ist es AAOIFI gelungen, eine hohe internationale Reputation aufzubauen und knapp 60 Standards zu entwickeln, die von zahlreichen islamischen Finanzinstitutionen freiwillig angewandt werden. In den letzten Jahren hat AAOIFI darüber hinaus Anerkennung durch die für die Bankenaufsicht und -regulierung zuständigen Instanzen in Bahrain, Sudan, Jordanien, Malaysia, Katar, Saudi-Arabien und Dubai gefunden, die AAOIFI-Standards entweder zur Orientierung für eigene Regelungen heranziehen oder für verbindlich erklärt haben. Durch einheitliche Standards in immer mehr Ländern erhöht sich nicht nur die Transparenz und Vergleichbarkeit islamischer Finanzpraktiken, sondern auch die grenzüberschreitende Vernetzbarkeit islamischer Finanzinstitutionen. Dies ist ein wichtiger Beitrag zur Überwindung der Fragmentierung des islamischen Finanzsektors und zur Entwicklung eines globaleren Marktes mit größerem Volumen und mehr Möglichkeiten zur Arbeitsteilung und Spezialisierung.

b) Islamic Financial Services Board (IFSB)[26]

Während sich die Standards der AAOIFI primär an die im Markt agierenden Finanzinstitutionen richten, wenden sich die Empfehlungen des 2002 in Kuala Lumpur errichteten und seit 2003 dort tätigen IFSB an staatliche Bankenaufsichten und Regulierungsbehörden. Ziel ist es, durch international anwendbare Regulierungs- und Aufsichtsstandards zur Solidität und Stabilität des islamischen Finanzwesens beizutragen.

Im Oktober 2004 gehörten Zentralbanken und Aufsichtsbehörden aus 14 Ländern[27] und die *Islamische Entwicklungsbank* dem IFSB als Vollmitglieder an, der *Internationale Währungsfonds* und die *Weltbank*, die *Bank für Internationalen Zahlungsausgleich* sowie die Zentralbanken der Volksrepublik China und der Philippinen als assoziierte Mitglieder und 40 weitere islamische Banken und nationale Aufsichtsbehörden sowie die *Asiatische Entwicklungsbank* als Beobachter.

Die beiden ersten für 2005 angekündigten Standards werden sich mit den Problemen des angemessenen Eigenkapitals und des Risikomanagements befassen.[28] Darüber hinaus wird an einem Standard zu ‹guter Unternehmensführung› *(corporate governance)* gearbeitet.

c) *Liquidity Management Center (LMC)*[29]

Das LMC wurde 2002 von der *Islamischen Entwicklungsbank* und drei privaten islamischen Banken[30] mit Unterstützung der Zentralbank in Bahrain errichtet. Ziel ist es, mit Hilfe des LMC eine Art zinslosen Geldmarkt zu schaffen, der es den islamischen Banken ermöglicht, ihre Liquidität effizienter zu managen. Dazu soll ein (Sekundär-)Markt für den Handel mit qualitativ hochwertigen, schariakompatiblen Wertpapieren geschaffen werden. Das Risiko/Ertrags-Verhältnis von Wertpapieren hängt von der Bonität der (staatlichen oder privaten) Emittenten und vom Wert- und Ertragspotential der zugrundeliegenden Sachwerte ab; die islamrechtliche Qualität wird durch die angewandte Vertragskonstruktion bestimmt. Als derzeit am besten geeignete Form gelten *sukuks*.

Islamische Finanzinstitutionen, die kurzfristig über mehr Liquidität als rentable eigene Anlagemöglichkeiten verfügen, können *sukuks* kaufen, die eine Mindestrentabilität erwarten lassen. Im umgekehrten Fall eines Liquiditätsbedarfs können *sukuks* aus dem eigenen Bestand verkauft werden.

- Um das erforderliche Volumen an geeigneten Wertpapieren zu erreichen, beteiligt sich das LMC aktiv an der Konstruktion und Emission von *sukuks* staatlicher Institutionen (insbesondere der Regierung von Bahrain) und privater Unternehmen.
- Um den Handel mit *sukuks* zu beleben, bemüht sich das LMC um die Bildung eines Konsortiums von Liquiditätsanbietern, an das islamische Banken jederzeit *sukuks* verkaufen können; das LMC kann aber auch selbst mit dieser Zielsetzung als Wertpapierhändler tätig werden.

Angesichts der aktiven Unterstützung insbesondere der Regierung von Bahrain und der zunehmenden Beliebtheit von *sukuks* bei Regierungen und privaten Unternehmen sowie starker Tendenzen zur Standardisierung dieses scharia-kompatiblen Wertpapiertyps sind die Aussichten nicht schlecht, daß die für das Liquiditätsmanagement über einen ‹zinslosen Geldmarkt› erforderliche kritische Masse und die notwendige Marktaktivität erreicht werden können. Wenn dies gelingt, werden die islamischen Banken in die Lage versetzt, effektiver als bisher Risiko- und Fristentransformationen durchzuführen.

d) International Islamic Financial Market (IIFM)[31]

Mit dem 2001 errichteten und seit 2002 in Bahrain arbeitenden IIFM wurde eine weitere Institution zur Förderung des internationalen Handels mit scharia-kompatiblen Wertpapieren und zur Diversifizierung der Anlagemöglichkeiten islamischer Banken geschaffen. Gründungsmitglieder des IIFM sind die *Islamische Entwicklungsbank*, die Zentralbanken von Bahrain, Sudan und Indonesien, das Finanzministerium von Brunei und die malaysische Regulierungsbehörde für den Offshore-Finanzmarkt in Labuan. Während das LMC operative Funktionen im Markt für scharia-kompatible Wertpapiere wahrnimmt, steht beim IIFM vor allem der rechtliche Rahmen eines internationalen islamischen Wertpapiermarktes im Vordergrund. Dabei geht es insbesondere um die Klärung und Vereinheitlichung der Anforderungen, die aus der Sicht des islamischen Rechts an Wertpapieremissionen und an den Handel mit Wertpapieren zu stellen sind. Daneben soll IIFM die Entwicklung neuer Wertpapiertypen durch eigene Forschung fördern. In der bisherigen Arbeit hat sich IIFM darauf konzentriert, eine Art Scharia-Zertifizierung für Wertpapieremissionen zu entwickeln und anzubieten. Für den neuen Wertpapiertyp der *sukuks* hat IIFM eine Checkliste für Scharia-Kompatibilität entwickelt und nach den dort festgelegten Kriterien bis Ende 2004 fünf *sukuk*-Emissionen zertifiziert.

e) International Islamic Rating Agency (IIRA)[32]

Ende 2002 wurde in Bahrain die IIRA gegründet, die von der *Islamischen Entwicklungsbank*, vier privaten islamischen Banken sowie je einer Rating-Agentur aus Malaysia und Pakistan getragen wird. Ihre Aufgabe ist es, die Bonität von börsennotierten Unternehmen und von islamischen Banken sowie von Wertpapieremissionen zu bewerten, wobei besonders die jeweiligen Scharia-Qualitäten zu beurteilen sind. Da sich derzeit *sukuks* zur wichtigsten scharia-kompatiblen Wertpapierform entwickeln, bleibt abzuwarten, wie sich künftig die Arbeiteilung zwischen IIRA und IIFM darstellen wird.

f) Islamische Börsenindizes: Dow Jones und Financial Times

Dow Jones & Companies bietet seit Anfang der 2000er Jahre eine ständig wachsende Familie von inzwischen über 30 islamischen Börsenindizes an.[33] Sie bilden die Kursentwicklung von Aktien ab, die regional oder branchenbezogen zu Gruppen zusammengefaßt und von einem international hochkarätig besetzten Rat islamischer Rechtsexperten für scharia-kompatibel gehalten werden.[34] Aktien können in einen islamischen Index einbezogen werden, wenn die Unternehmen keine islamisch verbotenen oder unerwünschten Geschäfte tätigen[35] und ihre zinsbasierte Fremdfinanzierung oder Zinseinkünfte nicht für zu hoch gehalten werden.[36] Die numerischen Grenzwerte für zinsbezogene Finanzkennzahlen sind pragmatische (oder willkürliche) Setzungen und aus Grundsätzen des islamischen Rechts nicht abzuleiten. Daß man sich solcher Hilfskonstruktionen bedient, ist dem Umstand geschuldet, daß es derzeit für anlagesuchendes islamisches Kapital weder auf nationalen noch auf internationalen Märkten ausreichende Investitionsmöglichkeiten gibt, bei denen alle Scharia-Vorgaben strikt eingehalten werden.

Mit einer sehr ähnlichen Technik hat auch die *Financial Times* Gruppe eine Familie islamischer Aktienindizes konstruiert:[37] Neben einem globalen islamischen Index gibt es regionale islamische Indizes für Amerika, Europa, den pazifischen Raum und Südafrika.

g) Fazit

Islamische Banken weichen hinsichtlich ihrer Geschäftsergebnisse nicht signifikant von konventionellen Banken ab; sie sind systematisch weder besser noch schlechter. Dies ist insofern nicht überraschend, als die meisten islamischen Banken mit den gleichen Kundengruppen bzw. in den gleichen Wirtschaftszweigen und mit ökonomisch ähnlichen Techniken wie konventionelle Banken arbeiten. Islamische Banken und konventionelle Banken mit islamischen Produkten füllen Marktnischen aus, die einzelwirtschaftlich durchaus lukrativ sein können. Gesamtwirtschaftlich ist es aber bisher lediglich gelungen, eine Minderheit der Muslime von der ökonomischen oder ideologischen Überlegenheit des islamischen Bankwesens zu überzeugen. Mit der fortschreitenden Entwicklung zinsähnlicher Finanztechniken und von Wertpapiertypen mit vorhersehbaren Erträgen mag die ökonomische Effizienz des islamischen Banksektors steigen, aber mit fortschreitender Emulation des konventionellen Finanzsystems verliert der Anspruch auf Unverwechselbarkeit einer islamischen Alternative an Überzeugungskraft. Die Stimmen derjenigen, für die eine «islamische» Bank mehr bieten muß als nur (in rechtlichem Sinne) zinslose Finanzierungstechniken und die von islamischen Banken ein stärkeres soziales Engagement und mehr Entwicklungsorientierung verlangen, sind keineswegs verstummt. Aber es gibt kaum Anzeichen dafür, daß ihre Forderungen in die Praxis eingehen werden.

4. Islamische Finanzwirtschaft ausgewählter Länder

Während in den meisten Staaten der muslimischen Welt islamische Banken in zinsgeprägten Finanzsystemen operieren und von den Regierungen lediglich toleriert werden, haben fünf Staaten mit unterschiedlichen Methoden und Ergebnissen zumindest zeitweilig aktiv die Etablierung eines umfassenderen islamischen Finanzsektors vorangetrieben, nämlich Pakistan, Sudan, Iran, Malaysia und Bahrain. Ein umfassender islamischer Finanzsektor erfordert neben zinslosen Banktechniken und Wertpapieren auch scharia-kompatible geldpolitische Instrumente sowie einen zinslosen Interbanken-Markt. Dies ist in den betreffenden Ländern in unterschiedlicher Weise realisiert worden.

a) Pakistan

Mit der Gründung Pakistans 1947 sollte ein «muslimischer Nationalstaat» auf dem indischen Subkontinent errichtet werden. In der Islamischen Republik Pakistan liegt die Gesetzgebungskompetenz beim demokratisch gewählten Parlament; islamische Institutionen (wie der *Rat für islamische Ideologie* oder der *shari'a-Gerichtshof*) haben keine eigenen legislativen Befugnisse. Sie können zwar auf Konflikte zwischen dem islamischen Recht und der Gesetzgebung des Parlaments hinweisen und Lösungsvorschläge machen, aber die Letztentscheidung bleibt dem Parlament vorbehalten.

Islamisierung der Wirtschaft ‹von oben›

Erst 30 Jahre nach der Staatsgründung Pakistans wurden unter der Militärregierung General Zia ul-Haqs (Żiyā' al-Ḥaqq) ab 1977 konkrete Schritte unternommen, um im Wirtschaftsleben islamischen Vorschriften eine stärkere Geltung zu verschaffen. Die ‹Islamisierung der Wirtschaft› fand im Abgabewesen durch die staatliche Organisation von *zakat* und in der Finanzwirtschaft durch die Eliminierung des Zinses bei Bankgeschäften statt.[38] Letztere begann 1979 mit der Umstellung des Geschäftsbetriebs einiger Spezialbanken und Investmentgesellschaften auf Zinslosigkeit, setzte sich 1981 mit der Schaffung von gewinnbeteiligten Einlage-Konten (PLS Accounts) bei allen Geschäftsbanken fort (die ab 1985 alle verzinslichen Konten ablösten) und fand 1984 mit der Veröffentlichung einer Liste der Zentralbank mit 12 islamisch zulässigen Finanzierungsarten, die ab 1985 verbindlich wurde, einen vorläufigen Abschluß.

Diese Liste der zulässigen Finanzierungsinstrumente unterschied sich in einigen Punkten von jenen Techniken, die islamische Banken in arabischen Ländern anwandten.[39] Sie umfaßte

- als Instrumente der Darlehensfinanzierung *(Financing by Lending)*: (1) zinslose Darlehen mit kostenorientierten Gebühren, (2) zins- und gebührenfreie Darlehen (Qardh Hasan, arab. *qarḍ ḥasan*)
- als Instrumente (primär) der Handelsfinanzierung *(Trade Related Modes of Financing)*: (3) den Ankauf von Gütern und Weiterverkauf mit Aufschlag (mark-up), (4) den Ankauf von Handelswechseln mit Abschlag (mark-down), (5) den Ankauf von Vermögensobjekten (property) mit Rückkaufsvereinbarung (buy-back agreement), (6) Leasing, (7) Mietkauf, (8) die Vermögensverwaltung (development of property) gegen Gebühren,
- als Instrumente der Investitionsfinanzierung *(Investment Type Modes of Financing)*: (9) Gewinn- und Verlustbeteiligungen (*musharaka*, profit and loss sharing) (10) Kapitalbeteiligungen, (11) den Ankauf von erfolgsbeteiligten Wertpapieren (PTCs, *mudaraba* Certificates), (12) die Mietbeteiligung (rent-sharing).

Von einer vollständigen Islamisierung des Finanzsystems konnte 1985 noch keine Rede sein, da insbesondere Staatsschuldtitel vom Zinsverbot ausgenommen waren.

Unislamische Praktiken im ‹islamisierten› Bankwesen

Nachdem Zia ul-Haq im August 1988 bei einem Flugzeugabsturz ums Leben gekommen war, ließen seine Nachfolger Bhutto und Sharif keine eigenen Absichten erkennen, die Islamisierung der Finanzwirtschaft fortzusetzen bzw. zu vollenden. Durch ein Urteil des höchsten Scharia-Gerichts (Federal Shariat Court) wurde dieses Thema dennoch Ende 1991 politisch wieder aktuell: Nach umfangreichen Befragungen von islamischen Gelehrten, Ökonomen, Bankern, Rechtsanwälten und Regierungsbeamten erklärte das Gericht am 14. November 1991, daß 22 Wirtschaftsgesetze des Landes gegen islamisches Recht verstoßen und geändert werden müssen; andernfalls würden sie ab dem 1. Juli 1992 ihre Gültigkeit verlieren. Das Scharia-Gericht betonte vor allem, daß jede Form von Zins unzulässig sei und die Praxis der pakistanischen Banken dem Zinsverbot nicht ausreichend Rechnung trage.[40]

Die Kritik stellt darauf ab, daß die Banken extensiv von jenen Finanzierungsarten (vor allem 3, 4 und 5) Gebrauch machten, die Zinsgeschäften besonders nahekommen. Außerdem wurde die Praxis der Banken kritisiert, zwei ursprünglich für unterschiedliche Transaktionstypen gedachte Finanzierungsarten (3 und 5) zu kombinieren und zur Standardtechnik im Finanzierungsgeschäft zu machen: den An- und Weiterverkauf von Gütern mit Aufschlag und den Ankauf von Vermögensobjekten mit Rückkaufsvereinbarung.

- Die erste Transaktion sollte *murabaha*-Finanzierungen der islamischen Banken im arabischen Raum entsprechen: Kunde A bittet Bank B, von Lieferant C bestimmte Güter zu kaufen und an ihn mit Aufschlag bei späterer Zahlung weiterzuverkaufen.
- An der zweiten Transaktion, dem An- und Rückkauf von Vermögensobjekten, sind nur Kunde A und Bank B beteiligt; von einer Differenz zwischen dem An- und Rückkaufspreis ist in der Liste der Zentralbank explizit nicht die Rede. Sinnvoll sind solche Transaktionen z. B. zur Sicherung von Forderungen insbesondere bei längerfristigen Finanzierungen (z. B. Immobilien); An- und Rückkauf können dabei zu unterschiedlichen Zeitpunkten mit gleichen Preisen erfolgen.

Die Standardtechnik der pakistanischen Banken – mit der ca. 80% des Finanzierungsgeschäfts abgewickelt wurde – sah so aus, daß die Bank vom Kunden A Güter (z. B. seinen Lagerbestand) kauft und sofort mit einem Aufschlag wieder an ihn zurückverkauft.[41] Diese Praxis steht in der Tradition der bereits im klassischen islamischen Recht entwickelten Rechtskniffe zur Umgehung des Zinsverbots. Das Scharia-Gericht hat diese Finanzierungspraxis der pakistanischen Banken als unislamisch abgelehnt.

Die Regierung zeigte keine Neigung, den Status quo zu ändern und blieb zunächst passiv. Dagegen fochten Banken das Urteil des Scharia-Gerichts vor der Scharia-Berufungskammer des Obersten Gerichtshof *(Shari'a Appelate Bench of the Supreme Court)* an. Im Mai 1992 – nur wenige Wochen vor Ablauf der Frist, nach der die unislamischen Wirtschaftsgesetze ihre Gültigkeit verlieren sollten – wandte sich auch die Regierung an dieses Gericht und beantragte, das Urteil des

Scharia-Gerichts aufzuheben. Daraufhin erging eine Verfügung des Obersten Gerichtshofs mit aufschiebender Wirkung bis zu einem Urteil, das erst nach sieben Jahren 1999 verkündet wurde.[42]

In dem sehr ausführlich begründeten Urteil vom 23. Dezember 1999 bestätigte die Scharia-Berufungskammer das Urteil des Scharia-Gerichts von 1991 und wies die Beschwerden und Widersprüche der Banken und der Regierung zurück.[43] Die nicht mit dem islamischen Recht zu vereinbarenden Gesetze sollten spätestens zum 30. Juni 2001 ihre Rechtskraft verlieren. Das Gericht forderte die Einsetzung einer Kommission für die Transformation des Finanzsystems (*Commission for the Transformation of the Financial System,* CTFS) sowie von Arbeitsgruppen (Task Forces) zur Planung und Durchführung des Transformationsprozesses.

Die nach dem Militärputsch von General Pervez Musharraf im Oktober 1999 gerade erst ins Amt gekommene Regierung griff zunächst die Forderungen des Obersten Gerichtshofs auf: Bei der Zentralbank wurde die CTFS eingerichtet, im Finanzministerium eine Task Force zur Eliminierung des Zinses bei Finanztransaktionen der Regierung und im Justizministerium eine Task Force für die Anpassung des Rechtssystems. Die CTFS legte im Oktober 2000 einen ersten und im Mai 2001 einen zweiten Zwischenbericht mit dem Entwurf einer Verordnung zur Islamisierung des Finanzwesens und im August 2001 den Abschlußbericht vor. Die Kommission befaßte sich ausführlich mit den – inzwischen von zahlreichen islamischen Banken in anderen Ländern praktizierten – zinslosen Finanzierungstechniken und anderen Bankdienstleistungen sowie Kapitalmarktinstrumenten. Sie machte auch Vorschläge, wie ein (›echtes‹) islamisches Banksystem sowohl bei den Banken und anderen Finanzmarktakteuren als auch in der breiten Öffentlichkeit bekanntgemacht werden könnte.

Von der vollständigen Islamisierung zum Parallelsystem

Kurz bevor die mit islamischem Recht nicht vereinbaren Gesetze außer Kraft treten sollten, kündigte der Finanzminister Mitte Juni 2001 in der Haushaltsrede für das Budget 2001–2002 eine Reihe von Maßnahmen zur Eliminierung von *riba* und zur Förderung eines islamischen Bankwesens an:[44] Es sollten u. a. ein rechtlicher Rahmen geschaffen werden, um Bankprodukte zu fördern, die Erfahrungen islamischer Banken in anderen Ländern auszuwerten und scharia-kompatible Finanzierungsarten wie *musharaka* und *mudaraba* bekannter zu machen. Auf höchster politischer Ebene wurde im September 2001 entschieden, statt einer vollständigen Islamisierung auf dem Verordnungsweg künftig eine Strategie des schrittweisen (und langfristigen) Übergangs zu einem zinslosen Bankwesen zu verfolgen.[45]

Faktisch bedeutet dies die offizielle Anerkennung eines (in der Praxis nie beseitigten) konventionellen Bankenwesens in Pakistan und damit auch das formale Ende der ‹vollständigen› Islamisierung der Finanzwirtschaft. Pakistan geht zu einem gemischten Finanzsystem über, in dem der islamische Sektor nur noch eine quantitativ und strukturell untergeordnete Nebenrolle spielt. In diesem System können konventionell arbeitende Geschäftsbanken Tochterunternehmen für ihre scharia-kompatiblen Transaktionen gründen oder spezielle Filialen einrichten, die nur islamische Bankprodukte anbieten; außerdem können neue Geschäftsbanken gegründet werden, die ausschließlich nach islamischen Grundsätzen arbeiten. Für zinslose Finanzierungstechniken gilt nicht mehr die Liste der Zentralbank von 1984, sondern man orientiert sich nun an Vertragskonstruktionen und Instrumenten, die von islamischen Banken in anderen Ländern angewandt werden. Finanzinnovationen sind nun leichter möglich.

Ein neuer zinsloser Wertpapiertyp sind die 2002 von einem Unternehmen emittierten *Term Finance Certificates* (TFCs), die von Investmentbanken und islamischen Geschäftsbanken gezeichnet wurden. Bei den TCFs handelt es sich um Papiere mit einer fünfjährigen Laufzeit, deren Ertrag von den Gewinnen (oder Verlusten) des emittierenden Unternehmens abhängt und die sich exakt erst am Ende der Laufzeit ermitteln lassen. Ein Handel mit TCFs ist möglich, wobei der Kurs von den Gewinnerwartungen über die Restlaufzeit abhängt. TFCs liegen Verträge vom *musharaka*-Typ zugrunde.

Anfang 2002 wurde die erste islamische Geschäftsbankenlizenz der Meezan Bank Ltd. erteilt. Zwei weitere Anträge auf Genehmigung der Errichtung neuer islamischer Banken befanden sich Mitte 2004 in der Prüfung, ebenso der Antrag einer konventionellen ausländischen Bank auf Umwandlung in eine islamische Bank. Darüber hinaus wurden bis Mitte 2004 fünf konventionellen Banken Lizenzen für die Errichtung islamischer Zweigstellen erteilt, und Lizenzen für weitere Zweigstellen auch anderer Banken sind in Vorbereitung.

Während die Regierung Mitte 2001 im Grundsatz das Urteil des Obersten Gerichtshofs akzeptiert hatte (allerdings die Islamisierungsstrategie grundlegend änderte), wurde es von der (damals noch staatlichen) United Bank Ltd. wegen Verfahrens- und Argumentationsfehlern prinzipiell angefochten. Mit einem sehr knappen Urteil vom 24. Juni 2002 gab der Oberste Gerichtshof dem Revisionsbegehren statt, hob die Urteile von 1991 und 1999 auf und verwies den Fall zur erneuten Bearbeitung an das Scharia-Gericht zurück. Dieses neue Urteil ist weniger für die faktische Weiterentwicklung des islamischen Bankwesens in Pakistan als vielmehr für die Legitimierung der neuen Strategie der Regierung von Bedeutung. Es hebt mit den früheren Urteilen auch deren drohende Konsequenzen – insbesondere das Außerkrafttreten zahlreicher ‹unislamischer› Wirtschaftsgesetze – auf. Das bisherige Recht kann fortbestehen und im normalen Rechtssetzungsverfahren so weiterentwickelt bzw. ergänzt werden, daß es den Anforderungen der graduellen Islamisierungsstrategie gerecht wird.

Die pakistanische Regierung hat die Islamisierung ‹von oben› aufgegeben und durch ein Parallelsystem ersetzt, in dem konventionelle und islamische Banken nebeneinander arbeiten und miteinander konkurrieren. Die Ausweitung des scharia-kompatiblen Finanzsektors wird nicht mehr primär von der Politik, sondern vom Markt bestimmt, d. h. von der Akzeptanz zinsloser Alternativen durch die Bankkunden (Einleger und Unternehmen).

Flankierung durch Privatisierung und marktkonforme Regulierung
Die strategische Neuausrichtung des islamischen Bankwesens fällt zusammen mit einer grundlegenden Strukturveränderung der gesamten Finanzwirtschaft Pakistans.[46] Bis Ende der 1990er Jahre dominierten wenig effiziente staatliche Banken den Finanzsektor. Erst in den letzten Jahren wurde eine konsequente und erfolgreiche Politik der makroökonomischen Stabilisierung sowie Sanierung und Privatisierung der Banken betrieben. Während noch Anfang der 1990er Jahre der Anteil der staatlichen Banken bei 90% des Bankensektors lag, haben sich nach den großen Privatisierungen der letzten Jahre die Relationen umgedreht, und der Anteil des privaten Sektors erreichte 2004 eine Größenordnung von 80%. Damit entstand ein effizienzsteigernder und qualitätsverbessernder Wettbewerb im Bankensektor, dem die Zentralbank u.a. durch die Weiterentwicklung ihrer geldpolitischen und Kapitalmarktinstrumente und mit marktorientierten Regulierungen sowie einer mittelfristigen Planung weiterer Finanzsektorreformen («Financial Sector Roadmap» für 2005 bis 2010) Rechnung tragen will.[47] Für die künftige Expansion des islamischen Finanzsektors ist u.a. vorgesehen,

- den rechtlichen Rahmen für islamische Transaktionen einschließlich der gerichtlichen Durchsetzung von Ansprüchen aus islamischen Vertragstypen zu verbessern,
- für eine indirekte Geldpolitik und zur weiteren Ausdifferenzierung der Finanzmärkte neue Instrumente auf der Basis von *musharaka*, *mudaraba*, *salam* und Leasing zu entwickeln,
- Sekundärmärkte für scharia-kompatible Wertpapiere zu fördern,
- Bilanzierungs- und Publizitätsregeln nach AAOIFI-Empfehlungen zu modifizieren,
- für islamische Banken Scharia-Aufsichtsräte vorzuschreiben und die Qualifikation von Scharia-Beratern zu verbessern,
- das Personal islamischer Banken, aber auch Mitarbeiter der Zentralbank in islamischen Finanztechniken zu schulen und in der breiten Öffentlichkeit Aufklärungsarbeit über scharia-konforme Transaktionen zu betreiben,
- Steuergesetze zu überprüfen und ggf. zu modifizieren, um Nachteile für islamische Techniken der Handels- und Anlagenfinanzierung zu vermeiden.

Während zu islamischen Techniken im Endkundengeschäft umfangreiche Erfahrungen aus Pakistan selbst und von islamischen Banken in anderen Ländern vorliegen, stellt die Entwicklung von Instrumenten für das kurzfristige Liquiditätsmanagement von Banken und für einen zinslosen Interbanken-Markt nach wie vor eine große Herausforderung dar. Ein weiteres Problem könnte sich dann ergeben, wenn alle Instrumente einer scharia-kompatiblen Kreditfinanzierung des Staatshaushalts letztlich durch einen Pool realer Vermögensobjekte gedeckt sein müssen: In Pakistan ist der Schuldenstand und Kreditbedarf der Regierung so groß, daß der Wert des staatlichen Vermögens zur Deckung scharia-kompatibler Finanzierungsinstrumente nicht ausreicht. Erst wenn der Schuldenstand wesentlich verringert würde, wäre es möglich, die durch verzinsliche Anleihen finanzierten Staatsschulden vollständig in scharia-kompatible Wertpapierformen umzuwandeln. Damit ist aber selbst längerfristig kaum zu rechnen. Dies spricht dafür, daß es für Pakistan (ebenso wie für zahlreiche andere islamische Entwicklungsländer mit hoher interner und externer Verschuldung) bis auf weiteres keine realistische Alternative zu einem Parallelsystem mit einem islamischen und einem konventionellen Finanzsektor geben wird.

b) Iran

Die Islamische Republik Iran liefert Anschauungsmaterial für Versuche, unterschiedliche Konzepte einer islamischen Wirtschaftsordnung in wirtschaftspolitische Praxis umzusetzen.

Verstaatlichungen und Wirtschaftslenkung nach der Revolution
In der Frühphase der Islamischen Revolution wurden weitreichende Maßnahmen zur Verstaatlichung von Dienstleistungs- und Industrieunternehmen sowie zur staatlichen Wirtschaftslenkung ergriffen, die allerdings ursprünglich weniger ideologie- als vielmehr situationsbedingt waren.[48] Obwohl der erste von Khomeini eingesetzte Regierungschef Bazargan ein Wirtschafts- und Staatskonzept entworfen hatte, in dem Privateigentum an Unternehmen einen sehr hohen Stellenwert besaß und der Staat vor allem für eine moralische Erneuerung der Gesellschaft und nicht für eine umfassende Wirtschaftslenkung zuständig sein sollte, kam es in seiner Amtszeit u.a. zu Verstaatlichungen der Erdöl- und Erdgasindustrie, der Finanzinstitutionen (Banken und Versicherungen) sowie der Schlüsselindustrien und der Firmen der 51 größten iranischen Privatunternehmer.

Bazargans Nachfolger Bani Sadr (Banī Ṣadr) – ein von französischen Sozialisten beeinflußter Soziologe – sah darin keine Notlösung mehr. Ihm schwebte eine Wirtschaftsordnung vor, in der private Unternehmen zwar zulässig sein sollten, aber nur im Bereich des Handwerks und der Kleinindustrie. Wichtiger waren ihm Unternehmen in gesellschaftlichem oder staatlichem Eigentum; alle entwicklungsrelevanten Industrien sollten in Gesellschaftseigentum überführt werden. Die Nationalisierung der Banken erleichterte die umfassende Kontrolle der Unternehmen und ermöglichte staatliche Lenkungseingriffe in den privaten Sektor. Seine Ideen kamen nur sehr bedingt zum Tragen in der praktischen Politik, die von internen Machtkämpfen, internationalen Sanktionen nach der Geiselnahme in der amerikanischen Botschaft und dem Beginn des Krieges mit dem Irak (September 1980) beherrscht war.

Nach der faktischen Amtsenthebung des Nichttheologen Bani Sadr Mitte 1981 wurde das Amt des Staatspräsidenten von Vertretern der schiitischen Geistlichkeit übernommen: Rajai (Rajāʾī) 1981, Khamenei (Khāminaʾī) 1981–1989, Rafsanjani (Rafsanjānī) 1989–1997, Khatami (Khātamī) 1997–2005. Dies bedeutete zunächst eine Abkehr von islamisch hinterlegten technokratischen Konzepten und linkssoziologisch inspirierten Islaminterpretationen und eine Hinwendung zu Wirtschaftslehren schiitischer Theologen. Da Khomeini selbst kein Wirtschaftskonzept entwickelt hatte und praktische Wirtschaftsfragen eher für nachrangig hielt, griff man ideologisch vor allem auf das Werk des hochangesehenen Theologen Muhammad Baqir as-Sadr (Bāqir aṣ-Ṣadr) zurück, der 1981 im Irak hingerichtet worden war. In seinem Hauptwerk «Unsere Wirtschaft» (1961) entwickelt er Ideen, die zwar kaum als Entwurf einer funktionsfähigen Wirtschaftsordnung anzusehen sind, aber in der praktischen Politik zur Rechtfertigung staatlicher Lenkungseingriffe (Regulierungen, Preiskontrollen, Kreditrationierungen, Subventionierungen, Außenhandelslizenzen, Devisenbewirtschaftung usw.) und Verstaatlichungen herangezogen wurden. Angesichts des andauernden Krieges mit dem Irak wurde diese dirigistische Politik auch weitgehend hingenommen.

Die mangelnde Effizienz dieser besonderen Form von Staatswirtschaft wurde nach dem Ende des Krieges mit dem Irak 1988 unübersehbar und veranlaßte zu einem wirtschaftspolitischen Kurswechsel in Richtung auf eine Stärkung der Privatinitiative und eine Reduktion des Staatsinterventionismus. Weichenstellungen fanden noch zu Lebzeiten Khomeinis statt, aber erst nach seinem Tod und der Wahl Rafsanjanis zum Staatspräsidenten und zum Regierungschef nahm die neue Politik konkretere Formen an. Auch sein Amtsnachfolger Khatami setzte in der Grundrichtung die Reformpolitik fort. Allerdings blockierten immer wieder konservativ-religiöse Kreise Privatisierungs-, Liberalisierungs- und Deregulierungsmaßnahmen; bei den Parlamentswahlen im Februar 2004 konnten sie die Mehrheit erringen. Die wirtschaftspolitische Praxis der Islamischen Republik Iran löst sich nur langsam von der staatsinterventionistischen Konzeption und von traditionellen Empfehlungen der schiitischen Geistlichkeit.

Islamisiertes Bankwesen

Nach der Revolution 1979 wurden alle Geschäftsbanken verstaatlicht und ausländische Beteiligungen an Banken verboten. Durch Fusionen hat sich die Zahl der Banken deutlich verringert, insbesondere die Zahl der Geschäftsbanken von 36 auf 6. Reformen in den 1990er und 2000er Jahren waren primär auf eine Steigerung der Effizienz der Bankenregulierung und -kontrolle durch die Zentralbank gerichtet und kaum auf eine Stärkung der Privatwirtschaft oder auf die Intensivierung bzw. Schaffung von Wettbewerb im Finanzsektor.[49] Die Struktur des Bankensystems ist seit der Verstaatlichung der Banken im wesentlichen unverändert geblieben. Die wichtigsten Neuerungen sind die Zulassung von vier kleinen Privatbanken 2001 und 2002 sowie die Lizenzierung einer staatlichen Postbank 2004. Auf die staatlichen Geschäftsbanken und vier Spezialbanken (für Wohnungsbau, Landwirtschaft, Exportentwicklung sowie Bergbau und Industrie) entfallen 98% aller Einlagen. Die Privatbanken haben sich in Marktnischen positioniert, wo sie den Staatsbanken zwar punktuell Konkurrenz machen, für die Entwicklung des Finanzsystems insgesamt aber keine besondere Rolle spielen. 1983 wurde das *Gesetz über das zinslose Bankwesen* verabschiedet, das die Grundlage der zinslosen Transaktionen der Geschäftsbanken seit März 1984 bildet, die Beziehungen der Geschäftsbanken untereinander und zur Zentralbank regelt und der Zentralbank neue Instrumente für eine weitreichende selektive Kreditlenkung zur Verfügung stellt.

Das Gesetz sieht Geschäftsarten und -praktiken vor, deren Zulässigkeit nach islamischem Recht außerhalb Irans sehr zweifelhaft erscheint.[50] Dazu gehören u.a.

- die Diskontierung von (Handels-)Wechseln,
- die Erhebung von Bearbeitungsgebühren in Abhängigkeit von der Kredithöhe (1–1,5% des Kreditbetrags),
- die Möglichkeit, bei *mudaraba-* und *musharaka*-Finanzierungen eine Verlustbeteiligung der Bank auszuschließen,
- die Garantie von Mindesterträgen bei Bankeinlagen.

Das Finanzsystem Irans ist nach wie vor unterentwickelt und zeigt die typischen Merkmale eines Landes, das sich (langsam) von einer vom Weltmarkt abgeschotteten Planwirtschaft zu einer gegenüber der Weltwirtschaft offeneren Marktwirtschaft entwickelt.[51] Der Finanzsektor wird nach wie vor von den staatlichen Banken dominiert, die nach internationalen Maßstäben durchweg unterkapitalisiert und ineffizient sind. Trotz fehlenden Wettbewerbs ist die Rentabilität der Banken niedrig, was u.a. auf die zahlreichen Lenkungseingriffe der Zentralbank, ineffiziente Managementmethoden sowie eine politisierte Kreditvergabe mit relativ hohen Forderungsausfällen und in Zeiten steigender Inflationsraten häufig negativer Realverzinsung zurückzuführen ist.

Die Zentralbank betreibt – wie bereits in der Schah-Zeit – eine dirigistische Kreditlenkung mit Finanzierungslinien für prioritäre Sektoren und mit subventionierten Finanzierungskosten. In nicht bevorzugten Sektoren sind Kredite rationiert oder gar nicht verfügbar. In der Geldpolitik herrschen direkte Lenkungseingriffe vor, es fehlen marktbasierte Instrumente. Es existiert auch kein Interbanken-Markt, da die Geschäftsbanken bei Liquiditätsengpässen auf relativ günstige (de facto verzinsliche) Überziehungskredite der Zentralbank zurückgreifen können.

Zu den wenigen finanztechnischen Innovationen zählen die *Participation Papers,* die von der Regierung bzw. der Zentralbank emittiert werden und der Kreditfinanzierung des Staatshaushalts bzw. Offenmarkt-Interventionen der Zentralbank dienen sollen.

- Zur Finanzierung von Infrastruktur-Vorhaben wurden 1998 die *Government Participation Papers* (GPPs) eingeführt. Die Käufer von GPPs erwerben für die Laufzeit des Papiers (i.d.R. fünf Jahre) ein temporäres Teileigentum an den finanzierten Infrastruktur-Objekten. Die Regierung verspricht, bei Fälligkeit des Papiers einen Ertrag zu zahlen, der dem der Infrastruktur-Objekte entspricht und mindestens der Ertragsrate im privaten Sektor gleich sein soll. Da kein Teileigentum an bestimmten Infrastruktur-Projekten, sondern nur an einem Projekt-Pool eingeräumt wird, kann die Regierung durch die Spezifizierung der Projekte in diesem Pool und durch die Festlegung von (kalkulatorischen) Vergütungen für die von ihr oder anderen staatlichen Einrichtungen genutzten Projekte die Erträge der GPPs steuern. Faktisch handelt es sich daher bei GPPs um Wertpapiere mit im voraus festgelegten Erträgen, deren ökonomische Charakteristika denen festverzinslicher Wertpapiere (mit einmaliger Zinszahlung bei Fälligkeit) entsprechen.

- Wichtigstes Instrument der indirekten Geldpolitik sollten die 2001 eingeführten *Central Bank Participation Papers* (CBPPs) werden: Dabei handelt es sich um Papiere mit vorgegebenen Nennwerten (1, 2, 5 und 10 Mio. Rial), festen Laufzeiten (6 oder 12 Monate) und einem vorherbestimmten Ertrag. Der Ertrag beruht auf den Forderungen, die die Zentralbank gegen die Regierung geltend machen kann, weil sie einen Pool von Infrastrukturprojekten für den Staat finanziert hat. Es ist offenkundig, daß die festen Erträge der CBPPs nichts mit Markterträgen zu tun haben, sondern Ergebnis politischer Entscheidungen sind. Wenn man weiter bedenkt, daß die Zentralbank selbst eine staatliche Institution ist, die gegen eine andere staatliche Institution – die Regierung – eine Forderung geltend macht, ist es mit der substantiellen Zinslosigkeit der CBPPs nicht weit her. Um sich zu Instrumenten einer indirekten Geldpolitik (Offenmarktpolitik) zu entwickeln, hätten die CBPPs bei den Banken plaziert und auf einem Interbanken-Markt gehandelt werden müssen. Tatsächlich wurden die CBPPs aber an Nichtbanken abgesetzt und werden nicht auf einem Sekundärmarkt gehandelt.

Es ist bemerkenswert, daß der *Internationale Währungsfonds* Vorschläge zur Weiterentwicklung der CBPPs zu scharia-kompatiblen Instrumenten des Liquiditätsmanagements bzw. der indirekten Geldpolitik Irans macht.[52] Er greift dabei auch auf Überlegungen und Konstruktionen aus Sudan, Malaysia und Bahrain zurück. Er schlägt u. a. vor, den Pool der den CBPPs zugrundeliegenden Objekte quantitativ und hinsichtlich der Art der in den Pool aufgenommenen Objekte zu erweitern, die Transparenz über den Wert und die Ertragskraft der Objekte des Pools zu verbessern und die Entwicklung eines Sekundärmarktes für CBPPs aktiv zu unterstützen.

Die Praxis des islamischen Bankwesens in Iran hat umfangreiche Kritik auf sich gezogen.

- In der Theorie sind die Erträge von Guthaben auf erfolgsbeteiligten Konten vom Gewinn der Bank abhängig und daher in ihrer Höhe ex ante unbestimmt. Faktisch können Kontoinhaber im Iran aber mit sicheren und bekannten Erträgen rechnen. Realisiert wird der im voraus angekündigte Ertrag dadurch, daß das Bankmanagement je nach Geschäftsverlauf sogenannte Ertragsausgleichsreserven aufstockt oder abbaut, was die an die Einleger auszuzahlenden Gewinnanteile verringert oder erhöht.[53]
- Kritiker der iranischen Bankpraxis weisen darauf hin, daß es in keinem einzigen Jahr eine Abweichung zwischen der in Aussicht gestellten vorläufigen Gewinn-Rate und der tatsächlich gezahlten gab, und zwar unabhängig von der Gewinn- oder Verlust-Situation der Bank im jeweiligen Jahr.[54] Außerdem läßt die Entwicklung der Ertragsraten keinen systematischen Zusammenhang mit der allgemeinen Wirtschaftsentwicklung erkennen.

- Es wurde niemals offen dargelegt, wie Ertragsraten und Gewinnanteile der Einleger berechnet werden. Aussagekräftige Gewinn- und Verlustrechnungen werden nicht veröffentlicht, und für Finanzierungen im öffentlichen Sektor hat es nie nachvollziehbare Rentabilitätsrechnungen gegeben.
- Das interventionistische System mit unrealistischen realen Ertragsraten und Finanzierungskosten lädt zu Umweggeschäften und zur Umgehung von Regulierungen ein: Es kann sehr lukrativ sein, sich Kredite mit geringen oder gar negativen Realzinsen von den staatlichen Banken zu beschaffen und diese Mittel mehr oder weniger legal für gewinnbringende Finanzierungen im informellen Finanzsektor zu verwenden.

Im Unterschied zu Pakistan steht in Iran eine durchgreifende Reform des Finanzsektors noch aus. Die zahlreichen Besonderheiten im iranischen Bankenrecht – sowohl hinsichtlich der für zulässig gehaltenen Transaktionen der Geschäftsbanken als auch hinsichtlich des Verhältnisses der Geschäftsbanken zur Zentralbank – implizieren, daß das zinslose iranische Bankensystem keinen Modellcharakter für andere islamische Länder haben kann.

c) Sudan

1969 war Oberst Jaʿafar al-Numairi (Jaʿfar an-Numairī) durch einen Militärputsch an die Macht gekommen. 1971 wurde er formell zum Staatspräsidenten gewählt und in diesem Amt 1977 und 1983 bestätigt. Nach der zweiten Amtsbestätigung begann Numairi mit einer Islamisierung des Landes, die auch die Wirtschaft einbezog. Als Reaktion darauf brach im Süden erneut der Bürgerkrieg mit nicht-muslimischen Bevölkerungsgruppen aus. 1985 wurde Nimeiri durch einen Militärputsch gestürzt; die 1986 gebildete Zivilregierung wurde 1989 durch einen Militärputsch unter General Umar Hassan Ahmad al-Bashir (ʿUmar Ḥasan Aḥmad al-Bashīr) gestürzt. 1993 löste Bashir formal die Militärregierung auf und übernahm das Amt des Staatspräsidenten, in dem er 1996 durch (undemokratische) Wahlen bestätigt wurde. Im Golfkrieg von 1991 hatte Bashir den Irak unterstützt und sich dadurch außenpolitisch isoliert. Die Vereinten Nationen verhängten 1996 wegen Verwicklungen in terroristische Aktivitäten Sanktionen gegen den Sudan, die 2001 aufgehoben wurden. Demgegenüber bestehen die 1997 von den USA verhängten umfassenden Wirtschafts-, Handels- und Finanzsanktionen weiterhin.

Makroökonomischer Hintergrund

Die Wirtschaft des Sudan ist stark vom Agrarsektor abhängig, der großen witterungsbedingten Schwankungen ausgesetzt ist. Daran hat sich auch nach Ölfunden und dem Beginn von Ölexporten in den letzten Jahren nichts Wesentliches geändert. Die Wirtschaft wird zudem durch den Bürgerkrieg im Süden und die Sanktionen der USA belastet. Hohe Auslandsschulden, ein sehr niedriges Pro-Kopf-Einkommen und ein umfassender Staatsinterventionismus in Verbindung mit einer ausgedehnten Bürokratie sind weitere Merkmale.

Seit den 1990er Jahren bemüht sich das Land mit Unterstützung des *Internationalen Währungsfonds* (IWF) um eine makroökonomische Stabilisierung der fragilen Wirtschaft.[55] Die Banken des Landes waren sehr klein und das Bankwesen daher stark fragmentiert. Bis Ende der 1990er Jahre betrieb die Zentralbank (Bank of Sudan) eine sehr stark regulierende und interventionistische Kreditlenkungspolitik. Darüber hinaus war das sudanesische Finanzsystem gekennzeichnet durch das Fehlen indirekter geldpolitischer Instrumente, eine unterentwickelte Bankenaufsicht und unzureichende Buchführungs- und Bilanzierungsregeln. Bei hohen Inflationsraten waren die realen Finanzierungskosten oft negativ, was zu gravierenden Fehlsteuerungen beim Kapitaleinsatz führte, auf die die Zentralbank mit immer mehr Finanzierungsleitlinien und Sonderkonditionen für verschiedene Sektoren der Volkswirtschaft reagierte.

In der ersten Hälfte der 1990er Jahre hatten sich die Beziehungen des Sudan zum IWF kontinuierlich verschlechtert. 1997 konnte ein drohender Ausschluß gerade noch verhindert werden, indem das Land damit begann, seinen Zahlungsverpflichtungen gegenüber dem Fonds nachzukommen und mit ihm zusammen ein erstes Programm zur makroökonomischen Stabilisierung und Liberalisierung des Finanzsektors zu konzipieren und zu implementieren, dem weitere folgten. Es gelang, Haushalts- und Zahlungsbilanzdefizite abzubauen und die Inflationsrate von über 100% in 1996 auf unter 10% ab 2000 zu drücken.

Ein in den Grundzügen vom IWF entworfener Plan zur Stabilisierung des Finanzsektors wurde Ende der 1990er Jahre implementiert und 2000 zu einem umfassenderen Programm zur Liberalisierung und Effizienzsteigerung des Finanzsektors ausgeweitet.[56] Zu den Maßnahmen gehörten u.a. eine striktere Bankenaufsicht, verschärfte Eigenkapitalanforderungen an die Banken und die Einführung von neuen Instrumenten der Geldpolitik sowie die Entwicklung eines Interbanken-Marktes. Bemerkenswert ist, daß bei diesen (und den späteren) vom IWF unterstützen Reformen die Beachtung islamischer Prinzipien und die Anwendung zinsloser Finanzierungstechniken nie in Frage gestellt wurden.

Islamische Banken und Islamisierung des Bankensystems

1977 wurde die *Faisal Islamic Bank of Sudan* (FIBS) auf der Grundlage eines besonderen Gesetzes errichtet, das ihr weitreichende Steuerprivilegien und Ausnahmen von den Regeln der Devisenbewirtschaftung einräumte. Die Bank, die 1978 ihren Geschäftsbetrieb aufnahm, konnte in den ersten Jahren hohe Wachstumsraten bei den Einlagen, überdurchschnittliche Gewinne und eine starke Erhöhung des Eigenkapitals verzeichnen. Der Erfolg der FIBS regte zu weiteren Gründungen islamischer Banken an, die oftmals sowohl hinsichtlich ihrer Eigentümer als auch ihrer Kunden enge Beziehungen zu politischen Gruppen unterhielten, so etwa die FIBS zur *National Islamic Front,* die 1982 errichtete *Sudanese Islamic Bank* zum *Khatmiyyah (Khatmīya)*-Sufiorden und zur *Democratic Unionist Party* und die 1983 eröffnete *Tadamon Islamic Bank* zur Muslimbruderschaft.[57] Die *Tadamon Islamic Bank* entwickelte sich später zu einer der erfolgreichsten Banken im Lande, während die Bedeutung der FIBS zurückging.

Die Islamisierung des Bankensystems begann 1983 mit einem Gesetz, das die Anwendung islamischer Finanzierungstechniken in allen Banken ab September 1984 vorschrieb. Das Management der meisten zuvor konventionellen Banken wandte das neue Instrumentarium aber nur dem Namen nach an, ohne daß sich an der Bankpraxis wesentliches änderte. Nach dem Sturz Numairis kehrten viele dieser Banken zu ihren früheren Praktiken zurück. Unter Bashir wurde ab 1989 der Islamisierungsprozeß jedoch intensiviert. Das 1987 durch die Zulassung von ‹kompensatorischen Sätzen› für Finanzierungen und Einlagen gelockerte Zinsverbot wurde wieder verschärft. Ab 1992 wurden die islamischen Grundsätze für zinslose Finanztransaktionen vom Bankensektor auf das gesamte Finanzsystem des Sudan ausgedehnt. Außerdem geriet die *murabaha*-Praxis der Banken in die Kritik, weil sie ohne feste Gewinnaufschläge der Bank bzw. mit flexiblen Rückzahlungsplänen operierte: Bei solchen Arrangements hängen die Finanzierungskosten von der Dauer der Finanzierung ab, was den Bedingungen für *murabaha*-Verträge nach islamischem Recht widerspricht und wegen des Zeitfaktors bei der Kalkulation der Finanzierungskosten einem Zinsdarlehen gleichkommt. Durch eine 1993 herausgegebene *Fatwa* des Scharia-Rates der Zentralbank sollte diese Praxis unterbunden werden.

Bei Inflationsraten von 50% und mehr hatten Kreditnehmer einen starken Anreiz, Zahlungsfristen zu überschreiten. Wenn es sich bei den säumigen Zahlern um Mitglieder des wirtschaftlichen Establishments des Landes handelte und diese zudem noch mit der Bank verbunden oder gar deren Mehrheitsaktionäre waren, wurde es für die Bank sehr schwierig, ihre Forderungen durchzusetzen. Zusammen mit jenen Kreditnehmern, die tatsächlich zahlungsunfähig geworden waren, ergaben sich Ende der 1990er Jahre außerordentlich hohe Forderungsausfälle für die islamischen Banken. Da die wirtschaftlichen und politischen Eliten des Sudan eng verflochten sind, hatte die Zentralbank lange Zeit gezögert, bis sie sich auch dieses Problems im Rahmen ihres umfassenden und zunächst auf 1999 bis 2002 terminierten, dann aber verlängerten Bankenreformprogramms annahm.

Die wichtigsten Ziele des Reformprogramms waren die Ausweitung und Stärkung des privaten Bankensektors u.a. durch Privatisierung einer staatlichen Bank, den Übergang zu mehr partizipatorischen Finanzierungstechniken (Gewinn- und Verlustbeteiligungen) und eine Reduktion des Anteils von Vertragstypen mit festen Aufschlägen (mark-up) sowie die Entwicklung eines Instrumentariums für eine indirekte, marktorientierte Geld- und Kreditpolitik der Zentralbank (Offenmarkt-Transaktionen mit neuen Wertpapiertypen) statt der bisher dominierenden direkten bürokratischen Lenkungseingriffe.[58] Zu den im Rahmen des fortgeführten Programms zur Reform der sudanesischen Finanzwirtschaft zuletzt ergriffenen Maßnahmen zählen u.a.

- die rechtliche Stärkung der Unabhängigkeit der Zentralbank und eine striktere Bankenaufsicht,
- die Verpflichtung der Banken zur Anwendung der von AAOIFI entwickelten Buchführungs- und Bilanzierungsstandards und die Formulierung und Durch-

setzung von Zentralbankanweisungen über Corporate Governance, Transparenz und Rechnungslegung,
- die Stärkung des Bankensektors durch Kapitalerhöhungen, Bankenfusionen, Privatisierungen und durch die Verringerung des Anteils der uneinbringlichen Forderungen in den Bankbilanzen.

Neue zinslose Zentralbankinstrumente
Der Sudan ist neben Iran das einzige Land, das über ein insgesamt islamisiertes Finanzsystem verfügt. Im Unterschied zu Iran ist der sudanesische Bankensektor dezentraler und (zumindest potentiell) wettbewerblicher organisiert, auch wenn er noch von wenigen großen staatlichen Banken dominiert wird. Daher sind Instrumente der indirekten Geldpolitik und zur Entwicklung zinsloser Interbanken-Märkte in diesem System von größerer Relevanz. Die neuen geldpolitischen Instrumente sind insbesondere[59]

- für Zwecke der Liquiditätssteuerung und Kreditlenkung sogenannte Finanzierungsfenster,
- für Zwecke der Geldmengensteuerung und der staatlichen Haushaltsfinanzierung *musharaka*-Zertifikate.

Durch Finanzierungsfenster stellt die Zentralbank den Geschäftsbanken bei Bedarf Liquidität und Finanztitel zur Verfügung. Seit 2000 können die Banken auf ein Liquiditätsfenster und ein Investitionsfenster zurückgreifen:

- Durch das Liquiditätsfenster *(Liquidity Deficit Financing Window)* können Banken kurzfristige Liquiditätsengpässe überbrücken. Die Zentralbank stellt einer Bank auf deren Anfrage hin eine Art Überziehungskredit für maximal eine Woche zur Verfügung. Wenn die Liquiditätshilfe innerhalb dieser Frist zurückgezahlt wird, ist die Inanspruchnahme kostenlos. Eine Verlängerung der Liquiditätshilfe um maximal eine weitere Woche ist möglich, aber dann muß die Bank 90% ihrer Gewinne, die durch die Inanspruchnahme des Überziehungskredits ermöglicht wurden, an die Zentralbank abführen.[60]
- Durch das Investitionsfenster *(Investment Financing Window)* kann die Zentralbank eine Finanzierungslücke entweder in der Gesamtwirtschaft oder in prioritären Sektoren bzw. bei vorrangigen Projekten schließen. Dazu bietet sie Geschäftsbanken Finanzmittel auf der Grundlage von *mudaraba*- oder *musharaka*-Partnerschaften an, die die Banken für gewinnbringende Finanzierungen entweder in beliebigen oder nur in den besonders ausgewiesenen Bereichen einsetzen können.[61] Durch das Investitionsfenster kann die Zentralbank ihre frühere Politik der selektiven Kreditlenkung auch unter den Bedingungen einer zinslosen Wirtschaft fortführen. Mit zunehmendem Übergang zu einem marktgesteuerten System sollten Instrumente der Strukturlenkung aber immer weniger eingesetzt werden.

Zur gesamtwirtschaftlichen Liquiditätssteuerung mit marktkonformen Mitteln kann die Zentralbank auf Offenmarkt-Operationen zurückgreifen. Durch den

Verkauf von Wertpapieren entzieht sie der Wirtschaft Liquidität, während sie durch einen Ankauf die Liquidität ausweitet. Im Unterschied zu verzinslichen Offenmarkt-Papieren sollen die für islamische Offenmarkt-Operationen verwendeten Wertpapiere zinslos und durch Sachwerte gedeckt sein.

- *Central Bank Musharaka Certificates* (CMCs) wurden von der sudanesischen Zentralbank 1998 zum Zwecke der kurzfristigen Liquiditätssteuerung entwickelt. Es handelt sich um sehr liquide Papiere mit einem Nennwert von 1 Mio. SD ohne Fälligkeit, die ausschließlich zwischen der Zentralbank und den Geschäftsbanken gehandelt werden. Die Zentralbank führt wöchentlich und bei Bedarf Kauf- und Verkaufsauktionen durch. Der Zeitwert der Papiere wird quartalsweise auf der Grundlage der Gewinne errechnet, die sich aus den von der Zentralbank gehaltenen Aktien der Geschäftsbanken ergeben. Diese Aktien bilden die Sachwertdeckung der CMCs.
- *Government Musharaka Certificates* (GMCs) und *Government Investment Certificates* (GICs) wurden demgegenüber als Instrumente zur zinslosen Finanzierung von Defiziten im Staatshaushalt entwickelt. Grundsätzlich könnten auch diese Papiere für Offenmarkt-Operationen genutzt werden. Die 1999 eingeführten GMCs mit einem Volumen von 500 Mio. SD haben eine Laufzeit von einem Jahr und werden in Tranchen über Auktionen verkauft. Die Käufer von GMCs sind am Gewinn von Staatsunternehmen beteiligt, die die Sachwertdeckung darstellen. 2003 wurden GICs mit längeren Laufzeiten eingeführt, die den Käufern außerdem ein Einkommen in Aussicht stellen, das keinen zu starken Schwankungen unterliegen soll.

Die Bewährungsprobe der neuen Zentralbankinstrumente steht noch aus. Der Sudan besitzt keine robuste und dynamisch wachsende Ökonomie, sondern eine fragile und starken Schwankungen ausgesetzte Wirtschaft. Es bleibt abzuwarten, ob sich unter den ungünstigen Rahmenbedingungen ein funktionsfähiges und wettbewerbgesteuertes System islamischer Finanzmärkte (einschließlich Wertpapier- und Interbank-Märkten) herausbilden kann.

d) Bahrain

Die Regierung von Bahrain bemüht sich seit Ende der 1990er Jahre verstärkt, das Land zu einem Zentrum der islamischen Finanzwelt zu machen. Dazu werden sowohl islamische Banken als auch islamische Kapitalmärkte in vielfältiger Weise gefördert.

Bankensektor

Die erste islamische Bank – die *Bahrain Islamic Bank* – wurde 1978 errichtet. Bis Anfang dieses Jahrzehnts ist die Zahl der islamischen Banken auf 23 angestiegen (4 Geschäfts-, 3 Offshore- und 16 Investmentbanken); hinzu kommen 16 islamische Versicherungsunternehmen sowie einige Makler- und Beratungsfirmen.[62] Damit weist das Land die international mit großem Abstand höchste Zahl islamischer Finanzinstitutionen auf. Die konsolidierte Bilanzsumme aller islamischen Banken erreichte Mitte 2004 eine Größenordnung von 4,5 Mrd. US$ (nach 1,3 Mrd. US$ 1998 und 2,5 Mrd. US$ 2001); hinzu kommen etwa 2 bis 3 Mrd. US$, die von den Banken verwaltet werden, aber nicht in die Bilanzsumme eingehen.

Kapitalmärkte

Neben den Banken hat sich ein islamischer Wertpapiermarkt in Bahrain entwickelt. Erste Schritte zur Schaffung handelbarer islamischer Wertpapiere wurden Mitte der 1980er Jahre unternommen, als man Vermögensobjekte in einem Pool zusammenfaßte, darüber standardisierte Eigentumszertifikate ausstellte und diese an Investoren verkaufte, denen die Option eingeräumt wurde, die Zertifikate wieder an den Pool zurückzuverkaufen. Durch diese Option sollte ein liquider Markt geschaffen werden. Das Pool-Konzept wurde von islamischen Finanzinstitutionen rasch aufgegriffen und zur Konstruktion umfangreicher internationaler Konsortialkredite auf der Grundlage von *murabaha*-Verträgen im Außenverhältnis zum finanzierten Unternehmen und von *mudaraba*-Verträgen im Innenverhältnis zwischen den finanzierenden Banken verwendet.[63] Allerdings ließen sich diese Kredite nicht verbriefen, d.h. in eine Wertpapierform transformieren, so daß auch noch kein entsprechender Markt entstehen konnte.

In den letzten Jahren engagierte sich die Zentralbank von Bahrain (*Bahrain Monetary Agency,* BMA) zunehmend im islamischen Finanzsektor mit dem erklärten Ziel, Bahrain zum internationalen Zentrum der islamischen Finanzwelt zu machen. Dazu wurden neue Finanzierungsinstrumente konzipiert und Einrichtungen zur Unterstützung der islamischen Finanzinstitutionen und -märkte gefördert.[64]

- Seit Juni 2001 emittiert die Regierung von Bahrain monatlich scharia-kompatible Schatzwechsel mit einer Laufzeit von drei Monaten und einem Volumen von jeweils 25 Mio. US$. Diesen Schatzwechseln *(sukuks)* liegen *salam*-Verträge zugrunde: Die Regierung verkauft den Banken eine bestimmte Menge Aluminium, die in drei Monaten geliefert werden muß. Dafür bezahlen die Banken heute einen Preis, der unter dem erwarteten Verkaufspreis des Aluminiums am Liefertag liegt. Gleichzeitig beauftragen die Banken die Zentralbank mit der Vermarktung des Aluminiums, wobei die Zentralbank den Banken einen Vermarktungspreis in Aussicht stellt, der eine Rendite der gesamten Transaktion erwarten läßt, welche der von verzinslichen Geldmarktpieren entspricht. Formal tragen die Banken als Käufer der *salam sukuks* ein Lieferrisiko (wenn die Regierung zum vereinbarten Termin das Aluminium nicht liefern kann) und ein Preisrisiko (wenn die Zentralbank das Aluminium nicht zu dem in Aussicht gestellten Preis vermarkten kann); faktisch dürften diese Risiken aber nicht größer sein als das Länderrisiko bei konventionellen Schatzwechseln, welches von der Bonität der Regierung abhängt. Mit den *salam sukuks* steht ein zinsloses Geldmarktpapier zur Verfügung, das die islamischen Banken für ihr einzelwirtschaftliches Liquiditätsmanagement und die Zentralbank für ihre gesamtwirtschaftliche Liquiditätssteuerung nutzen können.

- Im September 2001 wurden von der Zentralbank erstmals *ijara sukuks* mit einer Laufzeit von fünf Jahren und einem Volumen von 100 Mio. US$ emittiert, die alle wesentlichen Charakteristika von Staatsanleihen aufweisen. Diesen Wertpapieren liegen staatliche Vermögensobjekte wie Gebäude, Infrastruktureinrichtungen oder Produktionsanlagen zugrunde, die genau spezifiziert und rechtlich verselbständigt werden. An diesem Pool von Vermögensobjekten erlangt man durch Kauf eines *ijara*-Zertifikats ein Teileigentum. Die Vermögensobjekte des Pools werden den früheren Nutzern weiterhin zur Verfügung gestellt, die dafür langfristig festgelegte Mieten bzw. Leasingraten zahlen, an denen die Zertifikatsinhaber anteilig partizipieren. *ijara sukuks* weisen somit über ihre Laufzeit eine feste Rendite auf. Die standardisierten *sukuks* können während der Laufzeit am Kapitalmarkt gehandelt werden, wobei je nach Marktlage der Kurs über oder unter dem Nennwert liegen kann. Mit *ijara sukuks* sollen den islamischen Finanzinstitutionen sichere mittel- bis längerfristige Anlagemöglichkeiten geboten werden, deren Rendite als Benchmark bei der Preisbildung anderer Finanzprodukte herangezogen werden kann.

Institutionelle Infrastruktur

Die Zentralbank von Bahrain hat sich nicht nur mit der Emission neuer Wertpapiertypen aktiv an der Ausdifferenzierung und Ausweitung des islamischen Finanzsektors beteiligt, sondern auch die Errichtung von Institutionen gefördert, die die Funktionsfähigkeit globaler islamischer Finanzmärkte verbessern und sicherstellen sollen. Diesem Ziel dient das Projekt des *International Islamic Financial Market* (IIFM), der 2001 auf Initiative Bahrains und mit Beteiligung von Brunei, Indonesien, Malaysia und dem Sudan sowie der *Islamischen Entwicklungsbank* errichtet wurde. Das derzeit operativ wichtigste Element des IIFM-Projekts ist das seit 2002 arbeitende *Liquidity Management Centre* (LMC), das die Etablierung eines islamischen Interbank-Geldmarktes voranbringen soll. Über das LMC in Bahrain werden derzeit die meisten *sukuks* staatlicher Stellen sowie privater Unternehmen emittiert. Das Volumen der an der Börse in Bahrain gehandelten *sukuks* hat Ende 2004 1 Mrd. US$ überschritten. Darüber hinaus engagiert sich die Zentralbank von Bahrain im *Islamic Financial Services Board* (IFSB), das sich um adäquate Regulierungen islamischer Finanzinstitutionen bemüht. Die positive Grundhaltung gegenüber der islamischen Finanzwirtschaft macht Bahrain zu einem attraktiven Standort für private Einrichtungen mit speziellen Aufgaben und Zielen, so insbesondere für

- die *Accounting and Auditing Organization for Islamic Financial Institutions* (AAOIFI),
- die *International Islamic Rating Agency* (IIRA),
- das *General Council for Islamic Banks and Financial Institutions* (GCIBFI),[65] welches u.a. über das islamische Finanzwesen informieren, die Zusammenar-

beit zwischen islamischen Finanzinstitutionen fördern und Qualitätsstandards für islamische Finanzprodukte etablieren soll,
- das *Bahrain Institute of Banking and Finance* (BIBF)[66] mit einem speziellen Aus- und Weiterbildungsprogramm für das Personal islamischer Banken.

Die in Bahrain zur Anwendung kommenden Finanztechniken sowie die zugrundeliegenden Scharia-Interpretation dürften in der arabischen Golfregion ein höheres Maß an Zustimmung finden als manche der in Malaysia entwickelten Alternativen (s.u.). Außerdem wächst das Volumen der international plazierten islamischen Anleihen öffentlicher und privater Emittenten stark an, so daß Bahrain in der Tat auf gutem Wege ist, zum Zentrum des internationalen islamischen Finanzmarktes zu werden.

e) Malaysia

Im Unterschied zu einem lange Zeit reaktiven Ansatz in den arabischen Ländern war der Ansatz zur Entwicklung des islamischen Finanzsektors in Malaysia von Anfang an proaktiv: Die Banken dort fragten nicht, welche Finanzierungstechniken im klassischen islamischen Recht in den zurückliegenden Jahrhunderten entwickelt worden waren und wie diese modernisiert werden könnten, sondern vor welchen Finanzierungsproblemen die Wirtschaftsakteure in einem sich dynamisch entwickelnden Schwellenland stehen und welche der existierenden konventionellen Finanztechniken so modifiziert werden können, daß ein Konflikt mit den Grundsätzen des islamischen Rechts vermieden wird. Vereinfacht gesagt lag dem Design des islamischen Finanzsektors in Malaysia die Idee zugrunde, daß im Islam vertragsrechtlich alles erlaubt ist, was nicht ausdrücklich verboten wurde, so daß man bei der Konstruktion zulässiger Finanztechniken auf ein weit größeres Reservoir von Ideen und Vertragstypen zurückgreifen konnte als auf das des klassischen islamischen Rechts, das historisch unter ganz anderen sozialen, ökonomischen und politischen Bedingungen entwickelt worden war. Daß man anschließend neue Finanzprodukte und -techniken wieder auf traditionelle islamische Vertragsfiguren zurückzuführen versucht, ändert am konstruktivistischen Grundansatz nichts.

Islamische Banken und ‹duales Bankensystem›

Das islamische Bankwesen in Malaysia[67] begann 1983 mit der Errichtung der *Bank Islam Malaysia Berhad* (BIMB)[68] und der ersten Emission von zinslosen Wertpapieren (*Government Investment Issues, GII*)[69] durch die Regierung (s.u.). In den ersten 10 Jahren nach ihrer Gründung hat die BIMB über 20 islamische Finanzprodukte und zinslose Finanzierungstechniken für unterschiedliche Kundengruppen und Bedürfnisse entwickelt und am Markt eingeführt.

Um nach dieser erfolgreichen Einführungsphase den islamischen Finanzsektor Malaysias möglichst rasch auszuweiten, förderte die Regierung nicht die Gründung weiterer rein islamischer Banken, sondern ermunterte ab 1993 alle bestehenden konventionellen Banken, in ihren Unternehmen separate islamische Abteilungen einzurichten.[70] Diese Strategie der Schaffung eines ‹dualen Bankensystems›, für das es in der islamischen Welt kein Vorbild gab, hatte mehrere Vorteile:

- Durch die Einrichtung islamischer Abteilungen bei bestehenden Banken konnte relativ rasch eine große Zahl von neuen Akteuren geschaffen und damit eine kritische Masse im islamischen Sektor erreicht werden.
- Die Reputation der konventionellen Banken konnte zumindest teilweise auf ihre islamischen Abteilungen übertragen werden, so daß mit einer rascheren Akzeptanz des islamischen Sektors zu rechnen war.
- Die vorhandene Infrastruktur der konventionellen Banken stand auch den islamischen Abteilungen zur Verfügung, was die Einführungskosten eines islamischen Sektors deutlich reduzierte.
- Die meisten konventionellen Finanzinstitutionen befanden sich im Eigentum und unter Leitung von Nicht-Muslimen; die Errichtung einer größeren Zahl neuer islamischer Banken in bewußter Abgrenzung vom konventionellen Sektor hätte zu unerwünschten ethnischen Spannungen insbesondere zwischen der Bevölkerungsmehrheit der malaysischen Muslime und der wirtschaftlichen Elite der chinesischen Nicht-Muslime führen können. Demgegenüber ermöglichte das duale Bankensystem eine Kooperation von Muslimen und Nicht-Muslimen.

Im Gefolge der Asienkrise 1997 kam es auch in Malaysia zu Umstrukturierungen im Bankensystem. Bei der Fusion von drei ‹dualen› Banken wurden deren islamische Abteilungen herausgelöst und zu einer neuen rein islamischen Bank – der *Bank Muamalat Malaysia Berhad* – verschmolzen. Mitte 2003 bestand der islamische Finanzsektor aus zwei rein islamischen Banken sowie 17 konventionellen Banken und 14 anderen Finanzinstitutionen mit islamischen Abteilungen.[71]

Zur Vereinheitlichung der Scharia-Interpretationen islamischer Finanzinstitutionen wurde 1997 als höchste Instanz in Fragen des islamischen Finanzrechts bei der Zentralbank ein nationaler Scharia-Rat (*National Syariah Advisory Council on Islamic Banking and Takaful,* NSAC) eingerichtet.

Der von der malaysischen Zentralbank 2001 herausgebrachte *Financial Sector Masterplan*[72] sieht u. a. innovative Finanztechniken und Verbesserungen der regulatorischen Rahmenbedingungen für islamische Finanzinstitutionen sowie einen Marktanteil des islamischen Finanzsektors im Jahre 2010 von 20% vor. Daß dies ein durchaus ehrgeiziges Ziel ist, zeigen die Zahlen für die Einlagen bei Banken: Zwar haben die islamischen Einlagen Mitte 2004 einen Anteil von knapp 11% an allen Bankeinlagen erreicht, aber in dieser Gesamtzahl sind u. a. die Einlagen des Staates bei den Banken enthalten. Da der Staat die Expansion des islamischen Finanzsektors fördert, unterhält er ein Drittel seiner Einlagen bei islamischen Banken. Demgegenüber haben im Privatsektor (Haushalte und Unternehmen ohne Banken) die islamischen Einlagen nur einen Anteil von 8% an allen Einlagen und von lediglich 6% an den Einlagen der Privatkunden (ohne Unternehmen). Auffällig ist, daß bei den Privatkunden der Anteil islamischer Einlagen auf Giro-

und Sparkonten mit 15 % und 12 % wesentlich höher ist als auf anlageorientierten Konten[73] mit lediglich 3 %.[74]

Differenzierte Finanzmärkte

Das effiziente Funktionieren eines islamischen Finanzsektors erforderte weitere Maßnahmen. 1993 wurde die bis dahin auf mehrere Stellen verteilte Kapitalmarktaufsicht in einer Institution – der *Securities Commission* (SC) – zusammengefaßt, die auch die Kontrolle über die Entwicklung islamischer Wertpapiertypen und Wertpapiermärkte übernahm. Bereits seit 1990 wurden von Unternehmen des privaten Sektors ‹islamische Schuldverschreibungen› *(Islamic Bonds)* emittiert.[75]

Ein wichtiger und in der islamischen Welt innovativer Schritt war 1994 die Einrichtung des *Islamic Interbank Money Market* (IIMM). Auf diesem Markt für kurzfristiges Kapital werden zinslose Finanzpapiere gehandelt, die teilweise bereits von BIMB, teilweise aber auch erst im Zusammenhang mit dem IIMM entwickelt wurden. Dazu zählen u. a. islamische Bankwechsel, zinslose Hypothekenpfandbriefe und islamische Schuldverschreibungen privater Unternehmen sowie die 1983 eingeführten GII.[76]

- Rechtlich waren die GII bis 2001 als zinslose Darlehen der Banken an den Staat mit einem Rechtsanspruch auf Rückzahlung, aber ohne einen Rechtsanspruch auf Vergütung konzipiert *(Qardh Hasan)*. Der Staat konnte jedoch den darlehengebenden Banken ‹freiwillig› eine Vergütung zahlen, die sich faktisch am Geldmarktzins orientierte. Ab 2001 wurde der rechtliche Charakter verändert: GII repräsentieren nun ein Paket von staatlichen Vermögenswerten mit einem festgelegten Nominalwert, das die Regierung den Banken am Primärmarkt in einem Auktionsverfahren zum Kauf anbietet, wobei sie einen Kaufpreis unter dem Nominalwert akzeptiert. Die Regierung kauft dieses Paket (d. h. die GII) zum Nominalwert zurück und zahlt den Rückkaufspreis an einem festgelegten künftigen Termin. Je größer die Differenz zwischen dem Kaufpreis der GII und dem später fälligen Nominalwert ist, desto rentabler ist der Erwerb von GII für die Banken. Je nach Liquiditätslage bzw. Anlagemöglichkeiten können Banken erworbene GII am Sekundärmarkt an andere Banken (zu einem von Angebot und Nachfrage bestimmten Preis) verkaufen und sich dadurch Liquidität bzw. Finanzmittel für andere Investitionen beschaffen.
- Einen neuen Wertpapiertyp stellen *Mudaraba Interbank Investments* (MII) dar, die es den Banken erlauben, auf der Grundlage von Gewinnbeteiligungen für sehr kurze Fristen (einen Tag bis maximal 12 Monate) Mittel von anderen Banken zu erhalten bzw. diesen zu überlassen.[77]

Mit dem Interbanken-Geldmarkt und dem breiten Spektrum islamischer Wertpapiere sowohl mit Beteiligungs- als auch mit Darlehenscharakter entstand Mitte der 1990er Jahre in Malaysia das ausdifferenzierteste islamische Finanzsystem in der muslimischen Welt, das allerdings konzeptionell nicht unumstritten war und ist (s. u.). Der von der *Securities Commission* 2001 veröffentlichte *Capital Market*

Masterplan Malaysia[78] gibt als Ziel vor, Malaysia zum Zentrum eines internationalen islamischen Kapitalmarktes zu entwickeln. Dem sollen u.a. das Design innovativer Finanzmarktprodukte besonders für ein verbessertes Risikomanagement, der Ausbau der technischen und rechtlichen Marktinfrastruktur, Maßnahmen zur Aus- und Weiterbildung von qualifiziertem Personal sowie die Verbesserung regulatorischer und steuerlicher Rahmenbedingungen dienen.

Umstrittene ‹Islamic Bonds›

Das malaysische Konzept eines islamischen Finanzsektors ist in der übrigen muslimischen Welt auf großes Interesse, oft aber auch auf starke Kritik gestoßen. Im Zentrum der Kritik stehen zwei Vertragstypen, auf die man in Malaysia gern bei zinslosen Bankfinanzierungen zurückgreift und die der Konstruktion fast aller zinslosen Schuldverschreibungen *(Islamic Bonds)* zugrundeliegen.

- Der erste kritische Vertragstyp koppelt ein Kaufgeschäft mit einem unmittelbaren Rückkauf des Objekts durch den Verkäufer *(bayʿ al-ʿinah,* arab. *baiʿ al-ʿīna)*: Ein Unternehmer verkauft einer Bank seinen Warenbestand gegen Barzahlung zum Preis x und kauft ihn sofort wieder zum Preis x + y zurück, wobei er die Summe x + y später bzw. in Raten zahlt. Von vielen Kritikern wird ein Vertrag über Kauf und Rückkauf als klassischer Rechtskniff zur Umgehung des Zinsverbots angesehen. Sie halten y nicht für einen zulässigen Preisaufschlag bzw. erlaubten Handelsgewinn, sondern für einen unzulässigen Darlehenszins. Daß man *bayʿ al-ʿinah* in Malaysia dennoch für scharia-kompatibel hält, läßt sich mit der speziellen Interpretation einer schafiitischen Rechtsposition erklären:[79] Formal bzw. generell ist gegen Kauf und Rückkauf von Objekten nichts einzuwenden; problematisch wird ein entsprechender Vertrag nur dann, wenn damit ein an sich verbotener Zweck – hier: die Gewährung eines verzinslichen Darlehens – verfolgt wird. Dieser Zweck allein macht den Vertrag aber noch nicht ungültig; vielmehr muß er im Vertrag selbst festgehalten sein. Dies ist aber explizit bei *bayʿ al-ʿinah*-Verträgen nicht der Fall.
- Wenn ein Unternehmen ein Vorhaben nicht durch ein Bankdarlehen, sondern durch die Emission von Schuldverschreibungen über den Kapitalmarkt finanzieren will, kann es bestimmte Vermögensobjekte – z.B. seinen Maschinenpark – spezifizieren und mit einem plausiblen Wert belegen. Bei der Emission einer verzinslichen Schuldverschreibung würden diese Vermögensobjekte nur als Sicherheit dienen; bei der Emission einer islamischen Schuldverschreibung muß es demgegenüber einen Handel mit diesen Vermögensobjekten geben, damit die Zeichner der Schuldtitel keine verbotenen Zinsen erhalten, sondern ihnen erlaubte Handelsgewinne zufließen. Um Handelsrisiken und Ertragsunsicherheiten auszuschließen, verbrieft das Unternehmen Forderungen gegen sich in Höhe des Wertes der spezifizierten Vermögensobjekte. Diese Forderungen haben jeweils einen bestimmten Nennwert und einen Fälligkeitstermin; darüber hinaus verpflichtet sich das Unternehmen, seine eigenen Forderungen am Fälligkeitstermin zum Nennwert zurückzukaufen. Auf diese Weise entste-

hen auf der Grundlage eines Kaufvertrags mit Rückkaufsgarantie *(bay' al-'inah)* scharia-kompatible sachwertgedeckte Schuldverschreibungen mit einem festen ‹Nominalertrag› bei der Emission. Die Rendite der Wertpapiere ergibt sich aus der Differenz zwischen dem Nennwert bzw. späteren Rückkaufspreis und dem vom Käufer zu zahlenden niedrigeren Ausgabekurs.[80]

- In Malaysia ist es zulässig, daß der Ersterwerber einer solchen Schuldverschreibung das Wertpapier an der Börse weiterverkauft (Sekundärmarkt). Die Scharia-Kompatibilität dieser Transaktion ist jedoch umstritten, wenn beim Verkauf einer Forderung bzw. eines Schuldtitels *(bay' al-dayn,* arab. *bai' al-dain)* an einen Dritten der Kaufpreis vom Nennwert der Forderung abweicht. Grundsätzlich gelten Finanztransaktionen als unzulässig, wenn damit Zahlungen in Abhängigkeit von einem Zeitfaktor verbunden sind. Eine solche Abhängigkeit ist aber tendenziell anzunehmen: Je näher der Fälligkeitstermin rückt, desto mehr wird sich der Marktpreis unter normalen Bedingungen dem Nennwert annähern. Daß diese Beziehung allerdings nicht eindeutig bestimmt ist, sondern je nach Angebots- und Nachfragekonstellation auf den Finanzmärkten unterschiedliche Verläufe möglich sind, deutet auf das weitere Problem hin, daß der Marktpreis bzw. der Handel mit zinslosen Schuldverschreibungen auf Sekundärmärkten auch eine unzulässige spekulative Komponente aufweisen kann. Schließlich ist zu bedenken, daß der Verkauf eines Wertpapiers unter Nennwert eine reine Finanztransaktion darstellt, bei der es (wegen des Fehlens einer Sachgüter- bzw. Realtransaktion) keinen legitimen Handelsgewinn geben kann. Um *riba*-Elemente zu vermeiden, die sich aus dem Zeitfaktor und dem Spekulationspotential ergeben, lehnen die Scharia-Experten im arabischen Raum überwiegend den Verkauf von Forderungen unter Nennwert und damit auch das malaysische Modell der *Islamic Bonds* ab.

Im arabischen Raum wurden scharia-kompatible Instrumente der risikolosen und ertragssicheren Finanzierung über Kapitalmärkte als *sukuks* konzipiert. Diesen Wertpapieren liegen i.d.R. keine *bay' al-'inah*-Verträge, sondern *murabaha-*, *salam* oder *ijara*-Konstruktionen zugrunde. Der wichtigste Unterschied besteht darin,

- daß sich der Wert der *sukuks* aus dem Ertragspotential der zugrundeliegenden Vermögensobjekte ableiten läßt (Handelsgewinne, Mieteinnahmen usw.) und daher eine Emission zu einem über dem Nennwert liegenden Kurs möglich ist,
- daß der Wert von *Islamic bonds* letztlich nur auf dem Rückkaufsversprechen des Emittenten zum Nennwert beruht und der notwendig unter dem Nennwert liegende Emissionspreis die Knappheitsverhältnisse auf dem Geld- und Kapitalmarkt widerspiegelt.

Beide Wertpapiertypen sind sachwertgedeckt, aber während bei den *Islamic bonds* die Vermögensobjekte nur die Bedeutung einer Kreditsicherheit haben, ist bei den *sukuks* nicht nur der Sicherheit bietende Substanzwert der Vermögensobjekte von Bedeutung, sondern auch ihr Ertragswert. Beide Wertpapiertypen kommen im ökonomischen Ergebnis konventionellen zinsbasierten Finanzierungstechniken sehr nahe, sind aber mit höherem rechtlich-administrativen Aufwand verbunden.

5. Schlußbemerkung

Das islamische Finanzwesen hat sich etabliert und seine betriebswirtschaftliche Funktions- und Überlebensfähigkeit in gemischten Systemen gezeigt. Die Effizienz islamischer Finanzinstitutionen kann durch finanzielle Innovationen, die in den nächsten Jahren zu erwarten sind, weiter gesteigert werden. Aktuelle Diskussionen drehen sich z.B. um islamische Futures und Optionen, Derivate, Risikomanagement und Hedge Funds. Der Beweis der Funktionsfähigkeit vollständig islamisierter Systeme steht allerdings noch aus: Pakistan ist zu einem gemischten System zurückgekehrt, in Iran dominieren die staatlichen Banken den Finanzsektor mir starken ‹Zinsneigungen›, und im Sudan hat der Aufbau von Marktstrukturen und die Reduktion direkter Lenkungseingriffe der Zentralbank in einer fragilen Ökonomie gerade erst begonnen. In den beiden Ländern mit den am weitesten entwickelten islamischen Finanzsektoren – Bahrain und Malaysia – existieren Mischsysteme, in denen konventionelle Banken und Kapitalmärkte nicht nur Benchmarks für den islamischen Sektor liefern, sondern auch eine ständige Herausforderung für die Effizienz zinsloser Techniken darstellen. Es bleibt abzuwarten, ob im Wettbewerb der Systeme die islamische Finanzwirtschaft auf Kosten des konventionellen Finanzsektors weitere Marktanteile gewinnen kann und wie islamische Finanzinstitutionen den Konflikt zwischen ökonomischer Effizienz und ideologischer Identität lösen werden.

III.
Tendenzen der Rechtsentwicklung

(Hans-Georg Ebert)

Die Länder Asiens und Afrikas im Verbreitungsgebiet der islamischen Religion haben auf der Grundlage ihrer historischen, politischen, sozialen und religiösen Entwicklung und unter Berücksichtigung oktroyierter Normen und Prinzipien spezifische Rechtssysteme herausgebildet. In ihrer Mehrheit sind diese durchaus geeignet, die Beziehungen der Menschen untereinander (Privatrecht) sowie die Beziehungen des Einzelnen zur staatlichen Gewalt und das Verhältnis der staatlichen Organe untereinander (öffentliches Recht) zu regeln. Gleichzeitig widerspiegeln die nationalen Rechtsordnungen verschiedene lokale, regionale und islamische Besonderheiten, die sich gegenseitig überlagern und nicht auf die *sharīʿa,* das islamische Recht, reduziert werden können. Wie auch in den westlichen Ländern greift der Staat in den islamischen Ländern durch Gesetze und Verordnungen in immer mehr Lebensbereiche ein und kompliziert dadurch bewußt oder unbewußt den Umgang mit dem Recht. Die Gliederung in einzelne Rechtszweige folgt heute weitgehend dem westlichen Modell, jedoch läßt sich eine solche Gliederung auch prinzipiell aus den «klassischen» Rechtshandbüchern, die vor allem zwischen dem 9. und dem 14. Jahrhundert n. Chr. entstanden sind, herleiten. Die Anerkennung des göttlichen Charakters der *sharīʿa* bedeutet – wie noch zu zeigen ist – keineswegs einen Verzicht auf eine nationale Gesetzgebung. Jedoch bietet das islamische Recht einen gewissen Rahmen, der die Freiheit des Gesetzgebers einschränkt und diesen einem Wertekanon unterordnet, der in erster Linie auf Gerechtigkeit (*ʿadāla*) und die Verrichtung guter Werke (*iḥsān*) abstellt. Ohne Zweifel haben die Islamisierungsbemühungen einzelner Personen, Gruppen oder Staaten der letzten Jahrzehnte den Gesetzgebungsprozeß in allen islamischen Ländern graduell unterschiedlich beeinflußt. Dies führte und führt jedoch nicht zu einer einseitigen Islamisierung der gesamten Rechtsmaterie, sondern eher zur Auseinandersetzung um einzelne islamische Rechtsfiguren und deutet auf innerstaatliche Konflikte zwischen den Akteuren in Rechtsetzung und Rechtsverwirklichung. Die Perspektiven rechtlicher Entwicklung in der islamischen Welt können nicht auf religiöse Aspekte reduziert werden. Vielmehr resultieren sie aus einer Vielzahl innerer und äußerer Faktoren, die im Zuge der Globalisierung und der damit einhergehenden rechtlichen Prozesse eine besondere Prägung erhalten. Neue rechtliche Bereiche (etwa im Immaterialgüterrecht) erfordern neue Lösungen unter Beachtung internationaler Normen und Maßstäbe. Damit erlangt der Diskurs um Inhalt, Quellen und Methoden des Rechts in der islamischen Welt einen herausragenden gesellschaftlichen Stellenwert.[1]

1. Das Recht islamischer Länder – Quellen und Methoden

a) Islamisches Recht

Die Herausbildung der islamischen Religion seit dem 7. Jahrhundert n. Chr. erfolgte im Zusammenhang mit der schrittweisen Etablierung eines Staatswesens auf der Arabischen Halbinsel. Der Islam als eine Staats- und Gesetzesreligion war in der Pflicht, die Beziehungen der Menschen zu regeln und eine funktionierende Verwaltung zu errichten. Neben den Offenbarungen bildeten *ad-hoc*-Entscheidungen Muḥammads zunächst eine ausreichende Basis dafür. Nach dem Tode des Propheten im Jahre 632 änderte sich jedoch diese Situation: Man mußte, um das expandierende Staatswesen legitim zu regieren, auf dem Vorgefundenen *aufbauen*, aber auch das Vorgefundene *ausbauen*. Unter Rückgriff auf die Überlieferungen des Propheten (arab. Sing. *ḥadīth*) und durch die Redaktion des Korans unter dem Kalifen ʿUthmān (gest. 656)[2] waren wichtige Voraussetzungen gegeben, Konflikte in der islamischen Gemeinde zu lösen. Mit dem zunehmenden zeitlichen Abstand zur Lebenszeit des Propheten und durch die territoriale Expansion mußte die Entscheidungsgrundlage objektiviert werden. So entwickelte sich die islamische Jurisprudenz *(fiqh)* im Einklang mit der Sammlung und späteren Verschriftlichung der Überlieferungen, wobei der Zeitpunkt des Beginns dieses Prozesses nach neuesten Forschungen wohl schon um das Jahr 700 n. Chr. angenommen werden kann.[3] In den geistigen Zentren des islamischen Kalifats kristallisierten sich spezifische Rechtsauffassungen heraus, die sich bis ins 10. Jahrhundert als sogenannte Rechtsschulen (Sing. *madhhab*) verfestigten, die nach den Schulgründern benannt wurden. Vier dieser sunnitischen Schulen sind bis heute dominierend: Die hanafitische, malikitische, schafiitische und hanbalitische Rechtsschule. *Fiqh* (im Sinne der Rechtswissenschaft) und Theologie wurden nunmehr zu selbständigen Bereichen innerhalb der islamischen Gelehrsamkeit.[4] Neben der normativen Beschreibung der einzelnen Rechtszweige *(furūʿ al-fiqh)* entstand eine von Muḥammad ibn Idrīs ash-Shāfiʿī (gest. 820) begründete systematische Rechtsquellenlehre *(uṣūl al-fiqh)*, die neben dem Koran und den Überlieferungen auch den Konsens *(ijmāʿ)* der islamischen Rechts- und Religionsgelehrten *(ʿulamāʾ)* sowie die Analogie *(qiyās)* erfaßte. Weder in einzelnen Rechtsnormen (mit Ausnahme der wenigen nicht interpretationsbedürftigen koranischen Bestimmungen) noch in den Rechtsquellen besteht jedoch Übereinstimmung unter den Anhängern der verschiedenen Rechtsschulen, ganz abgesehen von den Differenzen zu schiitischen und anderen nicht-sunnitischen Auffassungen. Diese Unterschiede prägen ganz wesentlich den Charakter des *fiqh*. Sie werden als legitim angesehen und widerlegen die These von der monolithischen Struktur des islamischen Rechts. Die bis heute akzeptierte Existenz der Rechtsschulen hat die freie Rechtsschöpfung *(ijtihād)* zwar erschwert, aber innerhalb der Schulen nicht verhindert. Die «klassischen» *fiqh*-Bücher (s. o.) unterstreichen diese These.[5] Sie sind auch in der modernen Zeit eine wichtige Quelle, wenn islamisches Recht aufgrund von Gesetzeslücken oder aber fehlender Kodifikation zur Anwendung berufen wird. Andererseits beziehen sich die Gesetzgeber auf diese Werke, wenn es formal oder inhaltlich um die Anwendung der *sharīʿa* in der heutigen Zeit geht. Es liegt auf der Hand, daß damit durchaus Unterschiedliches als «islamisches Recht» deklariert werden kann.

b) «Westliches» Recht

Die *sharīʿa* basiert nicht nur auf den im vorislamischen Arabien herrschenden Verhältnissen, sie ist auch durch den Kontakt der Muslime mit Nicht-Muslimen beeinflußt. Allerdings war die Übernahme des römischen oder byzantinischen Rechts zunächst kaum relevant, standen «praktische» Fragen der Administration im Vordergrund. Die geopolitischen Veränderungen im Zuge europäisch-christlicher Expansion, die Krisenhaftigkeit des Kalifats und nicht zuletzt die sich entwickelnde Handelstätigkeit beeinflußten die Kontakte zwischen Muslimen und Christen. Die islamische Konzeption von der Verordnungskompetenz des Herrschers *(siyāsa sharʿīya)* bot zunächst genug Spielraum, «neue» Normen zu verkünden, für die es keinen direkten Bezug auf die islamischen Rechtsquellen gab. Seit dem 16. Jahrhundert waren die osmanischen Sultane gezwungen, durch Verträge den europäischen Kaufleuten Privilegien einzuräumen. Solche späteren Staatsverträge («Kapitulationen») bewirkten eine besondere Rechtsstellung von Ausländern in den Gebieten des Osmanischen Reiches und waren bis zu ihrer vollständigen Abschaffung in Ägypten durch den Vertrag von Montreux 1937 zumindest teilweise in Kraft. Napoleons Ägypten-Feldzug 1798 symbolisiert einen tiefen Einschnitt in die bis dahin rechtlich weitgehend autonome islamische Region: Die technische und technologische Überlegenheit des Westens wurde in der Folgezeit auch im Bereich des Rechts wirksam, da eine von inneren und äußeren Kräften betriebene Modernisierung in einigen Gebieten der islamischen Welt auch eine Reformierung des Rechts erforderlich machte. Technische und infrastrukturelle Veränderungen, neue Erfordernisse in Bildung, Erziehung, Handel und Arbeitswelt stimulierten die Beschäftigung mit «westlichen» Rechtsauffassungen. Die europäischen Mächte beförderten diesen Prozeß in ihrer Kolonialpolitik, indem sie bemüht waren, vor allem die Hemmnisse für ihre wirtschaftliche Tätigkeit zu beseitigen. Das französische Rechtssystem, auf den Prinzipien personeller Gleichheit und wirtschaftlicher Freiheit aufgebaut, fand auch in der islamischen Welt zunehmend Beachtung: Die fünf Gesetzeswerke (Code civil, Code de commerce, Code pénal, Code de procédure civile und Code d'instruction criminelle aus den Jahren 1804–1810) bilden bis heute einen Grundpfeiler des nationalen Rechtssystems in zahlreichen islamischen Ländern, auch wenn der direkte koloniale Einfluß Frankreichs nicht nachhaltig war.

Die rechtlichen Reformen erfaßten das Osmanische Reich, welches – geschwächt aus den Konflikten mit den europäischen Mächten – versuchte, durch die Übernahme französischen Rechts einem fortschreitenden gesellschaftlichen Verfall entgegenzuwirken (Handelsgesetzbuch 1850, Strafgesetzbuch 1858, Handelsprozeßordnung 1861, Strafprozeßordnung und Zivilprozeßordnung 1879).[6] Eine generelle Abschaffung von *sharīʿa*-Normen war damit nicht intendiert: Im strafrechtlichen Bereich wurden einzelne islamische Rechtsfiguren verankert, im Vermögensrecht dominierte mit der *mecelle* (s.u.) hanafitisches Recht. Das Personalstatut (im Sinne des Familien-, Personen- und Erbrechts) verblieb (zumindest bis 1917) unkodifiziert und mit wenigen Ausnahmen islamrechtlich geprägt. Erst die Reformen unter Mustafa Kemal Atatürk in den 20er Jahren des 20. Jahrhunderts eliminierten die islamischen Bestimmungen zugunsten europäischer Rechtsnormen.

Eine ähnliche Entwicklung vollzog sich in Ägypten. Die Bildung von sogenannten Gemischten Gerichten *(maḥākim mukhtaliṭa)* 1876, die für Streitigkeiten unter Beteiligung von Ausländern zuständig waren, ging mit der Annahme von französisch-inspirierten Gesetzen einher (Zivil-, Handels-, Seehandels-, Strafgesetzbuch, Zivil- und Handelsprozeß- sowie Strafprozeßordnung).[7] Diese Gesetze wurden in leicht veränderter Form ab 1883 für Ägypter an den sogenannten Einheimischen Gerichten *(maḥākim ahlīya)* angewendet. Auch in Ägypten wurde die Zuständigkeit der *sharīʿa* im Bereich des Familien-, Personen- und Erbrechts nicht angetastet.

Auf dem indischen Subkontinent favorisierte die britische Herrschaft eine vergleichbare Strategie. Für die Muslime galten die islamischen Bestimmungen des Personalstatuts fort, bestätigt im Shariat Act von 1937. Islamische strafrechtliche Normen wurden mit dem Indian Penal Code und dem Code of Criminal Procedure 1862 abgeschafft. In den anderen Rechtsbereichen setzte sich das Common Law durch.[8] Damit war in Teilen der islamischen Welt das Monopol des islamischen Rechts zugunsten einer Mischung von «westlichen» Normen mit *fiqh*-Bestimmungen in einzelnen Rechtszweigen gebrochen. Bis heute ist diese Mischung – graduell unterschiedlich ausgeprägt – dominierend.

c) Gewohnheitsrecht

Wie in anderen Rechtssystemen gehört ungeschriebenes Recht auch in der islamischen Welt aufgrund seiner Praktizierung und Akzeptanz zur jeweiligen Rechtsordnung. Im Kontext der *sharīʿa* ist dabei auf einige Besonderheiten hinzuweisen. Das Gewohnheitsrecht *(ʿurf)*, d.h. die regionalen oder stammesmäßigen Sitten und Gebräuche *(ʿādāt)*, ist durch das System der islamischen Rechtsquellen zum Teil in das Korpus des islamischen Rechts integriert worden. Besonders die hanafitische und die malikitische Rechtsschule haben wegen ihres Bezuges auf die Rechtsmeinung des Gelehrten bzw. den Nutzen *(maṣlaḥa)* für die Gemeinde gewohnheitsrechtliche Normen «islamisiert».[9] Aber auch der Konsens der Gelehrten vermag Gewohnheitsrecht islamisch zu legitimieren. Andererseits kann Gewohnheitsrecht durchaus islamischen Bestimmungen widersprechen oder diese modifizieren, obgleich theoretisch vorausgesetzt wird, daß *sharīʿa* und *qānūn* (Gesetz im materiellen Sinn) dadurch nicht verletzt werden dürfen (so auch der Shariat Act 1937; s.o.). So belegen etwa Studien zum beduinischen Stammesrecht, daß strafrechtliche oder vertragsrechtliche Normen im Widerspruch zur *sharīʿa* stehen können, von den muslimischen Akteuren aber dennoch angewendet werden. In den islamischen Gebieten Asiens und Afrikas, die besonders durch nicht-islamische Kulturen beeinflußt sind, bietet das Gewohnheitsrecht eine probate Möglichkeit, nicht-islamische rechtliche Traditionen zu bewahren.[10] In Indonesien wird der Begriff *adat* auch für das gesamte nicht-kodifizierte Recht gebraucht und schließt in dieser Interpretation islamische Bestimmungen ein.

d) Methoden der Rechtsetzung

Mit Hilfe des Instrumentariums der islamischen Rechtsquellen können sowohl Regelungen der einzelnen Rechtsgebiete festgelegt als auch Handlungen rechtlich beurteilt werden. Die islamische Rechtsquellenlehre entwickelte sich innerhalb der einzelnen Rechtsschulen und wird daher – ebenso wie die Lehre von den Rechtszweigen – in unterschiedlicher Weise umgesetzt.[11] Auch die Theorie von der «Schließung des Tores des *ijtihād*» aufgrund der Ausformung der Rechtsschulen ist zwar in der Orientalistik häufig beschrieben worden, widerspricht jedoch dem realen Prozeß der Rechtsschöpfung und der partiellen Anpassung von islamischen Normen an gesellschaftliche Erfordernisse. Muslime selbst haben mit der Lehre von den Offenbarungsgründen *(asbāb an-nuzūl)* die historische Bedingtheit von koranischen Vorschriften hervorgehoben. Unter Bezugnahme auf die durch die *sharīʿa* zu schützenden Werte (Religion, Leben, Eigentum, Familie, Vernunft), auf die «Absichten der *sharīʿa*» *(maqāṣid ash-sharīʿa)* oder auf ethische Rechtsprinzipien (etwa: Eine Notlage erlaubt Ausnahmen gemäß Koran 2:173) bemühen sich reformorientierte Muslime, die Entwicklungsfähigkeit des *fiqh* zu demonstrieren.

Für die islamischen Länder stellt sich grundsätzlich die Frage, wie islamisches Recht in nationales Recht unter Beachtung sich verändernder gesellschaftlicher Regelungserfordernisse überführt werden kann. Andererseits hat der staatliche Gesetzgeber auf solche islamischen Bestimmungen zu reagieren, die seinen Interessen entgegenstehen, aber wegen ihrer koranischen Verwurzelung nicht ohne weiteres per Gesetz abgeschafft werden können. Ein wichtiges Mittel, islamisches Recht in angepaßter Form festzuschreiben, ist die Kodifikation *(taqnīn)*, d.h. die Zusammenfassung der hauptsächlichen islamischen Rechtsvorschriften eines Rechtszweiges in einem nach westlichem Muster strukturierten Gesetz, welches in einem formalen Verfahren staatlicherseits angenommen und durchgesetzt wird. Ein solches Gesetz kann sich die Unterschiede (Sing. *ikhtilāf*) zwischen den einzelnen Rechtsschulen und sonstigen Auffassungen (etwa der Zwölferschia) zunutze machen, indem in eklektischer Weise passende Lehrmeinungen ausgewählt *(takhayyur)* und zu einem «neuen islamischen Gesetz» kombiniert werden *(talfīq)*. Besonders im Bereich des Personalstatuts finden sich zahlreiche Beispiele hierfür.[12] Mit der staatlichen Rechtsetzung eröffnen sich vielfältige Möglichkeiten, materielles islamisches Recht – kodifiziert oder nicht-kodifiziert – durch formelles Recht (Verfahrensrecht) *de facto* außer Kraft zu setzen oder subjektive

Rechte in ihrer Anwendbarkeit zu beeinflussen. Die Bandbreite diesbezüglicher Methoden ist groß; sie reicht von der Umwandlung einer fakultativen Regelung in eine obligatorische über die Mitwirkung von staatlichen Gremien oder Gerichten bei der Durchsetzung subjektiver Rechte oder gerichtlicher Entscheidungen bis hin zur Anwendung von Rechtskniffen *(ḥiyal)*, die bereits im mittelalterlichen Handelsrecht der Umgehung von islamischen Bestimmungen dienten. Die Kodifikationen in verschiedenen Rechtsgebieten der islamischen Länder weisen zum Teil Gesetzeslücken auf, die aber nicht oder nicht nur auf eine mangelhafte akribische Tätigkeit des Gesetzgebers zurückzuführen sind, sondern von vornherein Raum für unterschiedliche Interpretationen bieten sollen. Zum einen kann damit intendiert sein, Konflikte zwischen Befürwortern und Gegnern einer Islamisierung oder «Verwestlichung» des Rechts zu entschärfen, zum anderen können mittel- und langfristig Veränderungen zunächst auf dem Wege von verfahrensrechtlichen Bestimmungen, entsprechenden Rechtsgutachten und höchstrichterlichen Entscheidungen realisiert werden. Diese Methode des «Schweigens des Gesetzgebers»[13] bezieht die islamischen Rechts- und Religionsgelehrten in den Prozeß normativer Veränderungen ein, ohne indes Hoheitsrechte des Staates anzutasten. Die Auslegung islamischer Rechtsfiguren ist keineswegs einheitlich und unterliegt gesellschaftlichen Veränderungen, wenn etwa die Verstoßung *(ṭalāq)* als Scheidung mit gerichtlicher Mitwirkung oder das «Pflichttestament» als eine islamrechtlich nicht-existierende Repräsentation (Erbfolge nach Stämmen) umgedeutet werden. Insgesamt läßt sich in der islamischen Welt eine zunehmende Regelungsdichte in allen Rechtszweigen ausmachen. Die nationalen Rechtssysteme orientieren sich – besonders in der arabischen Welt – auch an regionalen Vorbildern (besonders an Ägypten), so daß in einigen Bereichen (Vermögensrecht, Erbrecht u.a.) eine erstaunliche Rechtseinheitlichkeit zu konstatieren ist.

2. Verfassungsrecht

a) Rechtsgeschichte und Rechtslage

Das Verfassungsrecht im Sinne eines höchstrangigen Rechts entspringt weder historisch noch konzeptionell einer islamischen Rechtsauffassung, sondern ist der europäischen Rechtstradition nachgestaltet. Unabhängig davon bemühen sich muslimische Gelehrte, Wurzeln für ein staatliches Grundgesetz in der islamischen Tradition zu suchen, um die diesbezügliche Legitimität zu manifestieren. Die sogenannte «Gemeindeordnung von Medina» *(ṣaḥīfa)* – um das Jahr 624 n. Chr. entstanden – wird nicht selten (auch terminologisch) als erste islamische Verfassung perzipiert, obgleich darin lediglich einzelne Elemente des Zusammenlebens von Muslimen und Juden enthalten sind. Die Schiiten beziehen sich darüber hinaus vor allem auf Anweisungen des 1. Imams (des vierten Kalifen nach sunnitischer Tradition) ʿAlī ibn Abī Ṭālib (gest. 661), der in einem Sendschreiben an seinen ägyptischen Statthalter Prinzipien des Regierens vorgibt.[14] Des weiteren werden Koran (insbesondere 4:58 und 4:59 sowie 3:159 und 42:38) zur Beratung (arab. *shūrā)* und Sunna zum Nachweis der islamischen Legitimität einer Verfassung zitiert. Angeregt durch europäische Vorbilder und unter direkter europäischer Mitwirkung war die Verfassung Tunesiens vom 26. 4. 1861, die der Bey des Landes nach vorheriger Bestätigung durch Napoleon III. in Kraft setzte, das erste Verfassungsdokument in der islamischen Welt. Allerdings bedeutete die Errichtung des französischen Protektorats über Tunesien 1881 bereits das Ende dieser Verfassung. Auch die erste Verfassung des Osmanischen Reiches vom 23. 12. 1876 (Grundgesetz – *qānūn-i esāsī*), nach dem Vorbild der belgischen Verfassung gestaltet, wurde bereits 1878 suspendiert. Die jungtürkische Bewegung erreichte erst 1908 ihre Wiedereinführung. Die erste republikanische Verfassung der kemalistischen Türkei vom 20. 4. 1924 enthielt noch den Passus, daß der Islam Staatsreligion sein solle (Art. 2). Dieser wurde jedoch am 9. 4. 1928 gestrichen. Obwohl Ägypten im 19. Jahrhundert formal Teil des Osmanischen Reiches war, entwickelten sich unter britischem Einfluß erste Formen von Beratungsgremien, die an die islamische *shūrā*-Konzeption anknüpften. Die erste geschriebene Verfassung vom 7. 2. 1882, die *al-lā'iḥa al-asāsīya* genannt wurde und lediglich Regelungen für die Abgeordnetenkammer beinhaltete, wurde mit der britischen Besetzung noch im Jahre 1882 für ungültig erklärt und am 1. 5. 1883 durch ein neues Grunddokument *al-qānūn an-niẓāmī* ersetzt. Erst mit der Verfassung des unabhängigen Ägypten vom 19. 4. 1923 begann eine neue Phase des Verfassungsrechts in der arabisch-islamischen Welt, auch äußerlich durch den bis heute üblichen, aus der persischen Sprache entlehnten Begriff *dustūr* (Verfassung) verdeutlicht.[15] Die konstitutionelle Bewegung in Iran *(mashrūṭiyat)* Ende des 19. Jahrhunderts/Anfang des 20. Jahrhunderts – von Teilen der zwölferschiitischen Geistlichkeit unterstützt – führte zur Unterzeichnung eines Verfassungsgesetzes *(qānūn-e asāsī)* am 30. 12. 1906 und eines Ergänzenden Verfassungsgesetzes *(motammem-e qānūn-e asāsī)* am 7. 10. 1907. Letzteres Dokument enthielt zwei Bestimmungen, die bis heute in ähnlicher Form in einigen Grundgesetzen islamischer Länder erscheinen: Gemäß Art. 1 wurde die Zwölferschia zur Staatsreligion erklärt, laut Art. 2 sollte ein Rat aus fünf islamisch-schiitischen Gelehrten die Übereinstimmung der vom Parlament erlassenen Gesetze mit den Prinzipien des Islams überprüfen.

Die nationale Unabhängigkeit der meisten islamischen Länder nach dem Zweiten Weltkrieg beförderte die Annahme von Verfassungen, die nicht selten jedoch schnell verändert, durch neue ersetzt oder durch eine Ausnahmegesetzgebung in ihrer Wirkung eingeschränkt wurden. Waren in den 1950er und 1960er Jahren die Modernisierung sowie die Suche nach einem «dritten Weg» zwischen westlichem Kapitalismus und osteuropäischem Sozialismus und einer ideologisch-politischen Alternative Bestimmungsfaktoren für Verfassungen und Verfassungsprojekte, so zeigte sich schon in den 1970er Jahren das Scheitern dieser Konzepte und erzeugte den Drang nach Wiederbelebung islamischer Werte und Rechtsvorstellungen. Besonders die Verfassung der Islamischen Republik Iran vom 15. 11. 1979[16] bekräftigte die Auffassung, daß die These von der Priorität der *sharīʿa* keineswegs einem Grundgesetz entgegensteht, in welchem die Grundordnung des Staates und die Rechte seiner Bürger verankert sind. Nicht aber das gewählte Staatsoberhaupt (Präsident), sondern ein schiitischer Gelehrter soll an der Spitze dieses Staates stehen *(velāyat-e faqīh)*. Zwar verzichten die arabischen Länder Saudi-Arabien und Oman auf die Bezeichnung *dustūr* und verwenden dagegen die Termini *an-niẓām al-asāsī li-l-ḥukm* bzw. *an-niẓām al-asāsī li-d-daula,* um die Gültigkeit des islamischen Rechts äußerlich nicht anzutasten. Beide Dokumente sind jedoch inhaltlich als Verfassungen zu charakterisieren. Damit existiert ein breiter Konsens in der islamischen Welt hinsichtlich diesbezüglicher Notwendigkeit und Nützlichkeit. Die aktuellen Verfassungsdokumente der islamischen Länder sowie verfassungsgeschichtliche Aspekte sind sowohl in Textausgaben als auch im Internet verfügbar.[17] Im Zusammenhang mit Demokratisierungsbestrebungen sollen oktroyierte Verfassungen politische Defizite und Instabilität überwinden helfen (Afghanistan Dezember 2003, Law of Administration for the State of Iraq vom 8.3.2004).

b) Sharīʿa-relevante Merkmale von Verfassungen islamischer Länder

Die verfassungsmäßigen Aussagen zum Islam lassen sich – abgesehen von allgemeinen Floskeln – drei hauptsächlichen Bereichen zuordnen: Staatsreligion, Gesetzgebung und *shūrā*. Die meisten Verfassungen der islamischen Länder erkennen den Islam *de jure* oder *de facto* als Staatsreligion *(dīn ad-daula)* an, wobei der Begriff nicht unmittelbar aus der islamischen Tradition zu schließen ist, sondern Bezüge zur europäischen Verfassungsgeschichte erkennen läßt. Die europäische Säkularisierung hat jedoch in der islamischen Welt keine vergleichbare Parallele gefunden. Die von vielen Muslimen bemühte These von der Einheit von Staat und Religion im Islam *(al-islām dīn wa-daula)* war und ist keineswegs unumstritten und mündet daher auch nicht in eine einheitliche islamische Staatstheorie. Staatsreligion bedeutet zunächst die Privilegierung einer Religion oder Religionsgemeinschaft. Historisch geht die Ungleichbehandlung von Muslimen und Nicht-Muslimen auf die Stellung der Anhänger der sogenannten Buchreligionen *(ahl al-kitāb)* zurück. Juden, Christen und andere anerkannte religiöse Minderheiten genießen zwar Rechte, aber keine Gleichberechtigung. Restformen dieser Konzeption können bis heute in mehreren Rechtsgebieten nachgewiesen werden (das Eheverbot zwischen einer Muslimin und einem nicht-muslimischen Mann, der Ausschluß von Nicht-Muslimen von der gesetzlichen Erbfolge, das Verbot des «Abfalls vom islamischen Glauben», *irtidād)*. Auch bei der Vergabe öffentlicher Ämter können religiöse Gesichtspunkte ausschlaggebend sein: So ist auch in der republikanischen Staatsform das Staatsoberhaupt muslimischer Konfession, und die Vergabe hoher öffentlicher Ämter erfolgt nach religiösen Gesichtspunkten (etwa: Ägypten, Jordanien). Andererseits zeigt das Beispiel Libanon, daß diese nicht notwendigerweise an die Fixierung der Staatsreligion gebunden sein muß.

Mit der verfassungsmäßigen Verankerung des Islams als Staatsreligion erklärt sich der Staat selbst zum Sachwalter der Religion und fühlt sich berufen, in islamischen Angelegenheiten zu entscheiden und die Rechts- und Religionsgelehrten in ihrer Tätigkeit zu kontrollieren. Die durch den Staat erzwungene Einhaltung der kultischen Pflichten *(ʿibādāt)* und die öffentlich geförderte Propagierung des Islams *(daʿwa)* nach innen und außen befriedigen vor allem ein staatliches Legitimationsbedürfnis. Die Formen sind von Land zu Land verschieden, umfassen aber vor allem die Errichtung und den Unterhalt von Moscheen und Koranschulen, die Einhaltung der Fast- und Gebetzeiten sowie der religiösen Speise-, Getränke- und Kleidungsvorschriften, die Förderung der Pilgerfahrt, die logistische Unterstützung bei der Erhebung der Almosensteuer, die Verwaltung der Frommen Stiftungen *(auqāf)* oder die Nutzung staatlicher Medien für religiöse Zwecke. Zahlreiche islamische Länder koppeln die Aussage zur Staatsreligion mit der verfassungsmäßigen Festschreibung der Religions- bzw. Glaubensfreiheit als äußere Seite und/oder der Bekenntnisfreiheit/Kultusfreiheit als innere Seite. Die Formulierungen orientieren sich an westlichen Vorbildern, werden jedoch auch auf koranische Quellen zurückgeführt (2:256, 16:125). Tatsächlich bedarf es bei der Einschätzung der Glaubens- und Bekenntnisfreiheit in der islamischen Welt vor allem der Analyse der politischen Verhältnisse. Nicht die *sharīʿa,* sondern in erster Linie mangelnde Demokratie und soziale Mißstände verhindern die Umsetzung verfassungsmäßiger Bestimmungen. Aus der Nicht-Verankerung des Islams als Staatsreligion (Türkei, Indonesien[18], Libanon, Sudan[19], Syrien[20]) resultiert daher nicht automatisch ein höheres Maß an religiöser Freiheit.

In einigen Verfassungen arabisch-islamischer Länder wird die Rolle der *sharīʿa* im Gesetzgebungsprozeß festgeschrieben. Die Verfassungsänderung in Ägypten vom 22.5.1980 (Art. 2), wonach «die Prinzipien der islamischen *sharīʿa* die Hauptquelle der Gesetzgebung sein sollen», hat die Diskussion um eine daraus resultierende Islamisierung der Gesetze angefacht. Jedoch haben verschiedene ägyptische Gerichte – darunter der Verfassungsgerichtshof im Jahre 1985 – entschieden, daß alle Gesetze, die vor dem Jahre 1980 angenommen wurden, grundsätzlich in Kraft bleiben.[21] Dem Verfassungsgerichtshof wird aber das Recht eingeräumt, neue Gesetze auf ihre Übereinstimmung mit den Prinzipien des islamischen Rechts hin zu überprüfen. Ähnliche Formulierungen in anderen Verfassungen (Jemen, Libyen, Oman, Qatar, Saudi-Arabien) basieren vor allem auf einer Bevölkerungsstruktur, die – abgesehen von ausländischen Gastarbeitern – nahezu ausschließlich muslimisch geprägt ist.

Die Beratung *(shūrā)* wird in den «klassischen» Quellen nicht als eine konkrete Institution, sondern als eine allgemeine Methode beschrieben, die auf Muḥammad und die Prophetengenossen *(ṣaḥāba)* zurückgehe. Die Entscheidung *(ḥukm)* des Herrschers steht jedoch über der Beratung. Die von den Reformdenkern des 19. und 20. Jahrhunderts stimulierte Rückbesinnung auf die «wahren» und «authentischen» Quellen des Islams führte zu einer Neubestimmung der *shūrā* als Ausdruck demokratischer Mitwirkung im Rahmen der *sharīʿa*. In den Verfassungen islamischer Länder wird der *shūrā*-Gedanke sowohl als allgemeines staatliches

Prinzip als auch als konkrete Institution (Parlament, «Oberhaus» u. a.) verankert. Auch Länder wie Libyen mit seinem spezifischen System der Volkskongresse oder die einzelnen Emirate der VAE mit ihren jeweiligen Beratungsgremien verwirklichen im Selbstverständnis das *shūrā*-Prinzip. Der in der Verfassung der Islamischen Republik Iran vorgesehene *majles-e shourā-ye eslāmī* versteht sich als Parlament des Landes. Die Veränderungen in der Golf-Region seit den 1990er Jahren werden durch die Bildung von beratenden Organen, die schrittweise in gewählte parlamentarische Organe umgewandelt werden (sollen), begleitet. Die Beratung gehört in diesen Ländern aber auch zu den Traditionen der politischen Kultur. So verfügte der saudische König am 1. 3. 1992 gemäß Art. 68 der Grundordnung die «Ordnung über den Konsultativrat» *(niẓām majlis ash-shūrā)*.[22]

3. Strafrecht

a) Das Strafrecht im Kontext der *sharīʿa*

Auch im Verbreitungsgebiet der islamischen Religion wurde – aufbauend auf dem Vorgefundenen – ein System von Normen entwickelt, um strafbare Handlungen mit Strafe zu belegen (Strafrecht), strafbare Handlungen zu ermitteln und abzuurteilen (Strafverfahrensrecht) sowie Strafurteile zu vollstrecken (Strafvollzugsrecht). Anders als im modernen europäischen Strafrecht sind diese Gebiete gemäß *sharīʿa* jedoch nicht voneinander zu trennen, sondern bilden in drei bzw. vier abgetrennten Bereichen eine Einheit. Die übliche Gliederung in einen Allgemeinen und einen Besonderen Teil des Strafrechts ist ebensowenig islamrechtlich ausgestaltet wie die Entwicklung einer Strafverfolgungsbehörde in Gestalt der Staatsanwaltschaft. Im islamischen Strafrecht *(al-ʿuqūbāt)* stehen den strafbaren Handlungen *(jināyāt)*, die in veränderter Form aus dem vorislamischen Gewohnheitsrecht übernommen wurden, die durch Koran und Sunna festgelegten Straftatbestände und Strafen gegenüber. Während erstere vor allem einen privatrechtlichen Charakter *(ḥaqq al-ʿibād)* tragen, dominiert bei den letzteren der göttliche Charakter *(ḥaqq Allāh)*. Die Strafmündigkeit wird – wie auch im Personenrecht – nicht an einer Altersgrenze, sondern an der biologischen Reife festgemacht. Nur diejenige Person, die *bāligh* (volljährig im Sinne der biologischen Geschlechtsreife) ist, kann strafrechtlich zur Verantwortung gezogen werden. Straffähig ist sie jedoch nur dann, wenn sie im Vollbesitz ihrer Geisteskräfte *(ʿāqil)* handelt. Eine bedingte Strafmündigkeit läßt sich aus den islamischen Quellen nicht direkt ableiten. Im folgenden sollen die Bereiche des islamischen Strafrechts in der gebotenen Kürze dargestellt werden.[23]

1) *Ḥadd*-Delikte: Der Ausdruck deutet auf eine Grenze *(ḥadd, Pl. ḥudūd)*, die Gott dem Menschen setzt, die dieser nicht überschreiten darf. Die so festgeschriebenen Straftatbestände und Strafen basieren auf koranischen Aussagen, die in der Sunna präzisiert werden und in den *furūʿ al-fiqh*-Werken eine rechtsschulspezifische Interpretation erfahren haben. Daher können Strafen für das gleiche Delikt

unterschiedlich sein. Unterschiede lassen sich auch in bezug auf die Strafbarkeit außerhalb der islamisch-territorialen Hoheit und auf die Strafverfolgung nichtmuslimischer Täter konstatieren. Die hanafitische Rechtsschule hat diese Probleme aus praktischen Erwägungen heraus (besonders wegen der Handelskontakte) ausführlich behandelt und eine *ḥadd*-Straffreiheit für Taten außerhalb der islamischen Herrschaft festgestellt.[24] Da es sich in erster Linie um «göttliche Rechte» handelt, kann Reue *(tauba)* *ḥadd*-strafbefreiend wirken. Sie wird allerdings bei den Hanafiten nur auf Wegelagerei und Apostasie (s.u.) bezogen. Die *ḥadd*-Delikte sind die folgenden:

– Der illegitime Geschlechtsverkehr, d.h. Geschlechtsverkehr außerhalb einer legalen Ehe («Unzucht»; *zinā*) gemäß Koran 24:2–3, 17:32 und 4:15: Der Täter – Mann oder Frau – wird mit Steinigung bestraft, wenn er bereits in legaler Ehe geschlechtliche Beziehungen hatte; falls er solche Beziehungen nicht hatte, erhält er 100 Hiebe. Die diesbezüglichen verfahrensrechtlichen Regelungen machen jedoch eine Bestrafung nur in wenigen Fällen – meist nur durch ein Geständnis – möglich, denn die Tat muß durch vier männliche muslimische Zeugen bewiesen werden. Zudem gelten kurze Verjährungsfristen (im allgemeinen nur ein Monat). Wenn ein Zweifelsfall *(shubha)* vorliegt, ist eine *ḥadd*-Strafe nicht anwendbar.
– Die fälschliche Bezichtigung der Unzucht *(qadhf)* gemäß Koran 24:4: Der Verleumder, d.h. derjenige, der seine Anschuldigung nicht beweisen kann, erhält 80 Hiebe. Im Gegensatz zu den anderen *ḥadd*-Delikten setzt dieses aber einen Antrag der verleumdeten Person voraus, so daß hierbei zugleich ein menschlicher Rechtsanspruch deutlich wird.
– Der Genuß berauschender Getränke *(shurb al-khamr)* gemäß Koran 2:219, 4:43 und (als definitives Verbot) 5:90–91: Je nach Rechtsschule beträgt die Strafe 40 oder 80 (Hanafiten, Malikiten) Hiebe. Wie kaum ein anderer *ḥadd*-Straftatbestand ist das Verbot des Alkohols mit den Kontakten zur nicht-islamischen Welt in den Blickpunkt einer breiten Öffentlichkeit gerückt, obgleich nur in wenigen Regionen der islamischen Welt der Alkoholkonsum gesellschaftlich-kulturell akzeptiert war und ist (siehe dazu auch die Ausführungen unten).
– Der Diebstahl werthaltiger Gegenstände *(sariqa)* gemäß Koran 5:38: Dem Dieb ist die rechte Hand, im Wiederholungsfall der linke Fuß abzutrennen. Allerdings kann diese Strafe nur ausgesprochen und vollstreckt werden, wenn der entwendete Gegenstand einen Mindestwert (der zeit- und ortsabhängig ist) besitzt und sich in angemessener Bewahrung befunden hat. Somit gilt der Taschendiebstahl nicht als *ḥadd*-Delikt.
– Der Straßenraub *(qaṭʿ aṭ-ṭarīq; muḥāraba)* gemäß Koran 5:33: Unter dem Tatbestand des Straßenraubs werden unterschiedliche Delikte erfaßt, die mit Wegelagerei beginnen. Der Wegelagerer wird gefangengesetzt. Hat er einen Raub begangen, ist ihm die rechte Hand *und* der linke Fuß abzutrennen. Im Falle einer vorsätzlichen Tötung wird der Wegelagerer selbst getötet. Hat er Raub und Mord begangen, erfolgt Hinrichtung und Kreuzigung.

Neben den in der islamischen Rechtsliteratur weitgehend übereinstimmend dargestellten *ḥadd*-Delikten werden auch der Aufruhr *(baghy)* gegen die Staatsgewalt gemäß Koran 49:9 und der Abfall vom islamischen Glauben *(irtidād)* gemäß Koran 2:217, 4:137–138 und 5:21 des öfteren als solche gewertet. Die Tötung des Aufrührers und des Apostaten berührt dabei insbesondere politisch-staatliche Interessen.

2) *Qiṣāṣ*-(Wiedervergeltungs-)Delikte: Straftaten gegen Leib und Leben orientieren sich zwar grundsätzlich am vorislamischen Prinzip der *Talion* (Gleiches mit Gleichem vergelten – *mumāthala*), jedoch sind in Koran (2:178–179, 17:33) und Sunna Einschränkungen festgehalten, die den Grundsatz der Privatrache modifizieren. Nur bei vorsätzlicher *(ʿamdan)* rechtswidriger Tötung bzw. Verletzung können die Erben des Getöteten bzw. der Verletzte selbst nach gerichtlicher Schuldfeststellung Wiedervergeltung üben. Ein Verzicht auf die Strafe ist ebenso möglich wie ein durch Vergleich *(ṣulḥ)* erfolgendes Ausweichen auf ein bestimmtes Blutgeld (s. u.). Voraussetzung für eine Wiedervergeltung ist die Gleichwertigkeit zwischen Täter und Opfer, die allerdings zwischen Männern und Frauen, Freien und Sklaven, Gesunden und Behinderten sowie – mit Ausnahme der Hanafiten – zwischen Muslimen und Nicht-Muslimen nach herrschender Lehre nicht gegeben ist.[25] So läßt sich ein weitgehendes Zurückdrängen dieser Strafart im islamischen Kontext konstatieren. Andererseits zeigt sich im beduinischen Gewohnheitsrecht, daß praktizierte Wiedervergeltung nicht generell auf islamische Quellen zurückgeführt werden kann.

3) *Diya* (Blutgeld): Diese Strafe bezieht sich ebenso auf Straftaten gegen Leib und Leben und kommt zur Anwendung, wenn Wiedervergeltung aufgrund fehlender Voraussetzungen (Gleichheit; nicht-vorsätzliche *khaṭaʾan* – Tat) unzulässig ist oder der Berechtigte bzw. die Berechtigten ein Blutgeld statt einer *qiṣāṣ*-Strafe bevorzugen. Ein solcher Verzicht gilt als verdienstlich und spiegelt damit einen Wesenszug des islamischen Strafrechts wider. Sowohl die Höhe des Blutgeldes als auch der Kreis der zur Zahlung Verpflichteten differieren in Abhängigkeit von der Tat: Während bei der vorsätzlichen und vorsatzähnlichen *(shibh al-ʿamd)* Tötung, d. h. einer Tötung mit Mitteln, die gewöhnlich nicht zum Tod führen, das volle Blutgeld (im arabischen Milieu traditionell am Wert einer Anzahl von Kamelen gemessen) und zusätzlich eine Sühne *(kaffāra)* gemäß Koran 4:92 fällig sind, ist bei einer nicht-vorsätzlichen Tötung dieses Blutgeld reduziert. Nur bei der vorsätzlichen Tat bleibt die Sippe *(ʿāqila)* – im Laufe der Zeit auf die männlichen agnatischen Verwandten reduziert – von der Zahlungspflicht befreit, das Blutgeld obliegt allein dem Täter. Die Bestimmungen bei Körperverletzungen basieren weitgehend auf dieser Systematik. Ein Schadensersatz für den Verlust von Körperteilen oder -funktionen kann sich aus üblicherweise anzuwendenden Vorschriften oder durch richterliche Entscheidung ergeben.

4) *Taʿzīr*-Delikte: Die sogenannten Züchtigungs-Straftatbestände betreffen alle diejenigen Delikte, die sich auf eine Sünde *(maʿṣiya)* beziehen, für die keine der oben dargestellten Strafen oder eine Sühne vorgesehen sind.[26] Diese Definition orientiert sich am koranischen Prinzip des «Befehlens des Gebotenen und des

Verbietens des Abzulehnenden» (*al-amr bi-l-maʿrūf wa-n-nahy ʿan al-munkar*; 3:104, 3:110, 3:114, 7:199). Die Strafen werden dabei nach islamischer Auffassung nicht als absolut und unveränderlich, sondern als dem Richter oder Herrscher anvertraut aufgefaßt. Sie können sich auf jene vorangegangenen Delikte erstrecken, die aufgrund fehlender Voraussetzungen nicht *ḥadd-*, *qiṣāṣ-* oder *diya*-strafbar (z. B. bestimmte Formen der «Unzucht», Diebstahl nicht angemessen verwahrter Gegenstände) sind oder aber – wie die meisten – keine «Ähnlichkeit» zu den genannten Delikten aufweisen (Untreue, Beleidigung, Bestechung, Glücksspiele, Wucher, Hausfriedensbruch, Ablegung falschen Zeugnisses, Verweigerung der Zeugenaussage, Genuß verbotener Speisen, Tierquälerei;[27] aber auch Unterschlagung, Sachbeschädigung, Betrug). Auch als Nebenstrafe oder – besonders von den Malikiten ausgestaltet – zum «Schutz der Gesellschaft» (als Sicherungsmaßregeln gegen Personen, die als gefährlich eingestuft werden) kann der *taʿzīr* interpretiert werden. Vor dem Hintergrund der *siyāsa*-Kompetenz resultiert daraus eine weitgehende Strafgewalt des Herrschers, dem es obliegt, Straftat und Strafe im einzelnen festzulegen. Lediglich die Steinigung und das Abtrennen von Gliedmaßen sind nicht statthaft. Ansonsten können bei Beachtung des Grundsatzes, daß eine *taʿzīr*-Strafe nicht schwerer als eine vergleichbare *ḥadd*-Strafe sein darf, alle Körper-, Haft- und Vermögensstrafen sowie Tadel, Verwarnung, öffentliche Verkündigung oder Amtsenthebung zur Anwendung gelangen. Der *taʿzīr*-Bereich eröffnet somit auch dem jeweiligen Gesetzgeber die Möglichkeit, allgemeine und besondere Bestimmungen des Strafrechts in Übereinstimmung mit gesellschaftlichen Erfordernissen zu kodifizieren.

b) Rechtsgeschichte und Rechtslage

Das Strafrecht der islamischen Welt war bis ins 19. Jahrhundert hinein durch das Nebeneinanderbestehen von islamrechtlichen Bestimmungen in der jeweiligen Rechtsschulinterpretation einerseits und regional gültigen Normen mit städtischem, ländlichem oder beduinischem Hintergrund andererseits geprägt. Gewohnheitsrecht und Anordnungen des Herrschers sollten die allgemeine Friedensordnung aufrechterhalten. Das islamische Wertesystem wurde alternativlos akzeptiert und mithin waren auch die *ḥadd*-Strafen – wenn sie denn anwendbar waren – legitimiert. Das änderte sich erst mit dem Kontakt zu Europa und dem Vordringen des europäischen Kolonialismus im Verbreitungsgebiet der islamischen Religion. Die europäische Aufklärung bewirkte eine grundlegende Reform und eine Humanisierung des Strafrechts. Der Grundsatz *nulla poena sine lege* (keine Strafe ohne Gesetz), aber auch die Trennung der Ermittlungs- und Anklagebehörde vom Gericht bedeuteten eine Neuorientierung. Damit widersprach das islamische Strafrecht in Theorie und Praxis europäisch-bürgerlichen Grundwerten. Folgerichtig bemühten sich die Europäer (zum Teil im Bündnis mit muslimischen Reformdenkern), islamische strafrechtliche Bestimmungen durch europäische zu ersetzen oder zumindest für Nicht-Muslime als nicht anwendbar zu erklären. War das nach französischem Muster strukturierte osmanische Strafgesetzbuch von 1858, das ab 1863 auch in Ägypten Anwendung fand, noch mit islamischen Vorschriften überfrachtet, markierten der Indian Penal Code und der Code of Criminal Procedure von 1862 den Beginn einer radikalen strafrechtlichen Reform in der islamischen Welt, auch wenn islamisches Strafrecht damit *de facto* nicht vollständig verdrängt wurde. Auf dem Gebiet des heutigen Indonesien wurden durch die niederländische Kolonialverwaltung 1867 ein Strafgesetzbuch für Europäer und 1873 eines für Indonesier verkündet. Das bis heute in veränderter Form gültige Strafgesetzbuch von 1918 (nach dem Muster des niederländischen Strafgesetzbuches von 1886) überwand diese Rechtsspaltung, wobei die geplante Neufassung auch islamische Bezüge herstellen soll.[28] Die im Zusammenhang mit der Neustrukturierung des ägyptischen Gerichtssystems Ende des 19. Jahrhunderts eingeführten strafrechtlichen Veränderungen deuten bereits auf die sich wenige Jahrzehnte später abzeichnende Modernisierung des Strafrechts nach europäischem, vor allem französischem Vorbild. Die französisch-rechtliche Dreigliederung der strafbaren Handlungen in Verbrechen, Vergehen und Übertretungen wurde zur Grundlage der meisten Strafgesetzbücher der islamischen Welt, exemplarisch im türkischen Strafgesetzbuch von 1926 (nach italienischem Vorbild),[29] im iranischen Strafgesetzbuch von 1926[30] und im ägyptischen Strafgesetzbuch vom 1937[31] zum Ausdruck gebracht. Das britisch-indische Modell wurde 1899 in Sudan mit einigen Veränderungen, aber auch auf Sansibar und in den ostafrikanischen Protektoraten eingeführt. Schließlich fand es 1956 in Kuwait (in der sudanesischen Variante) Beachtung.

Die nationale Unabhängigkeit islamischer Länder forcierte die rasche Annahme von Strafgesetzbüchern und Strafprozeßordnungen unter weitgehender Verdrängung des islamischen Rechts.[32] Lediglich Restformen – etwa das auch von den Briten bestätigte Alkoholverbot in den Golf-Emiraten – blieben in Kraft. Auffällig war und ist ferner eine nur schwer überschaubare Fülle an Nebengesetzen und ergänzenden Gesetzen. Auch in Saudi-Arabien werden zahlreiche Straftatbestände durch Gesetz geregelt, obwohl die Bestimmungen zu den *ḥadd*-, *qiṣāṣ*- und *diya*-Delikten den *fiqh*-Werken – vorzugsweise der hanbalitischen Richtung – zu entnehmen sind.[33]

Die Islamisierungstendenzen seit den 70er Jahren des 20. Jahrhunderts haben auch im Strafrecht zum Teil widersprüchliche Spuren hinterlassen, wenngleich nicht in einem Ausmaß, das eine generelle Islamisierung dieses Rechtsgebietes zukünftig erwarten läßt. Einige Islamisierungsprojekte sind sogar im Ansatz gescheitert, so in Ägypten 1982,[34] oder erweisen sich eher als Alibi-Gesetze zur Legitimation der politischen Herrschaft. Die sogenannte «islamische Gesetzgebung» im Libyen der Jahre 1971 bis 1974 – im strafrechtlichen Bereich durch Gesetze zu den *ḥadd*-Strafen relevant – versteht sich als Ergänzung zum Strafgesetzbuch von 1953. Bis auf Strafen wegen Alkoholgenusses sind jedoch die vorgesehenen Körperstrafen nur in Ausnahmefällen (so im Jahre 2002) zur Anwendung gekommen.[35] Auch die *Hudood*-Ordinance in Pakistan aus dem Jahre 1979 hat das gültige Strafgesetzbuch nicht außer Kraft gesetzt, sondern um die *ḥadd*-Strafen erweitert. Im Strafgesetzbuch der VAE von 1987 werden im

Art. 1 bei *ḥadd-*, *qiṣāṣ-* und *diya*-Delikten Strafen gemäß *sharīʿa* ausgesprochen. Das Gesetz versteht sich insofern als eine Kodifikation von *taʿzīr*-Straftatbeständen.

Der Diskurs um die Islamisierung des Strafrechts ist vor allem durch diesbezügliche Gesetze in zwei islamischen Ländern entfacht worden: Sudan und Iran. Mit den «September-Gesetzen» von 1983 erhielt Sudan ein Strafgesetzbuch, welches sich an der Systematik des Gesetzes von 1974 orientierte, aber gleichsam islamische Strafrechtsbestimmungen enthielt. Körperstrafen – vor allem Auspeitschen – wurden den übrigen Strafen hinzugefügt. Das Strafgesetzbuch von 1991 – zunächst in den sechs nördlichen islamischen Bundesstaaten Sudans eingeführt – bestätigt zwar die *ḥadd*-Körperstrafen, bezieht sich jedoch nicht auf eine bestimmte Rechtsschulmeinung, sondern verbindet unterschiedliche Auffassungen zu einem «neuen» islamischen Gesetz. Darüber hinaus werden bestimmte Delikte, so *zinā* und Alkoholkonsum, im Norden und Süden unterschiedlich bzw. nicht bestraft.[36] Die Islamisierungspolitik des neuen religiös-legitimierten Regimes in der Islamischen Republik Iran war darauf gerichtet, die islamischen strafrechtlichen Bestimmungen zur Anwendung zu bringen. Bereits in den Jahren 1982/1983 wurden vier Gesetze zunächst vorläufig in Kraft gesetzt und 1991 mit Ausnahme der *taʿzīr*-Vorschriften zusammengefaßt. Die Novelle von 1996 fügte den *taʿzīr*-Bereich hinzu. Zwar sind die islamischen Strafen im einzelnen aufgeführt, jedoch hat der Gesetzgeber Modifikationen vorgesehen und besonders durch die Änderungen von 1996 in einigen Fällen Auspeitschen durch Geldstrafen ersetzt.[37] Ähnlich wie im Falle Saudi-Arabiens (bei unterschiedlicher Rechtslage) werden auch aus Iran und Nigeria (islamische Nord-Staaten) immer wieder Berichte über die tatsächliche Anwendung von islamischen Körperstrafen bekannt. Menschenrechtsorganisationen weisen auf solche Praktiken und gerichtliche Entscheidungen hin.

c) Strafrechtliche Problemfelder in der islamischen Welt

Ohne Zweifel kommt der Diskussion um die Anwendung oder Einführung von strafrechtlichen Normen des *fiqh* ein entscheidender Stellenwert zu. Obgleich die Mehrheit der Muslime im allgemeinen und der Rechts- und Religionsgelehrten im besonderen durchaus die *sharīʿa* als rechtlich relevant anerkennt, bestehen unterschiedliche Auffassungen zur Notwendigkeit und Realisierbarkeit von strafrechtlichen Bestimmungen unter veränderten inneren und äußeren sozialen und politischen Verhältnissen. Die Methoden, *ḥadd-*, *qiṣāṣ-* und *diya*-Vorschriften zu modifizieren oder gänzlich abzuschaffen, sind ebenso vielfältig wie widersprüchlich. Aus den Quellen selbst können verfahrensrechtliche Bestimmungen erschlossen werden, die die Anwendbarkeit der materiellen Normen einschränken oder verhindern. Weit umfassender ist jedoch der Ansatz, das islamische Strafrecht im historischen Kontext zu interpretieren und aus der Veränderung gesellschaftlicher Bedingungen die faktische Abschaffung islamischer Strafen zu folgern *(ijtihād)*.

Das islamische Strafrecht vermag im 21. Jahrhundert nicht mehr den allgemein akzeptierten Menschenrechtsprinzipien sowie den modernen kriminologischen Erkenntnissen gerecht zu werden. Neben Abschreckung, Vergeltung und Sühne steht die Erziehung und Besserung des Täters als Zweck der Strafe immer mehr im Vordergrund. Nicht nur der Schutz der Gemeinschaft vor weiteren Straftaten, sondern auch die Resozialisierung des Täters findet zunehmend Beachtung. Die diesbezüglichen Defizite im islamischen Strafrecht treten offensichtlich zutage und lassen die Mehrheit der islamischen Staaten trotz Bekenntnisses zum Islam von einer solchen Kodifikation Abstand nehmen. Dennoch ist zu erwarten, daß ein mehr oder weniger formaler Bezug auf die *sharīʿa* auch im Strafrecht erhalten bleibt und in einzelnen Ländern islamrechtliche Vorschriften auch auf längere Sicht als gültig und anwendbar bewertet werden. Islamistische Stimmen sollten dabei aber nicht als einzige wahrgenommen werden. Die Probleme in bezug auf das Strafrecht islamischer Länder lassen sich nicht auf die *sharīʿa* reduzieren. Vielmehr zeigt sich, daß diktatorische Regimes das Strafrecht zur politischen Verfolgung und zum Teil brutalen Unterdrückung von politischen Gegnern mißbrauchen und dabei auch auf islamische Rechtsfiguren wie Aufruhr oder Apostasie (obwohl als *ḥadd*-Strafen umstritten) abstellen. Menschenrechtsverletzungen durch die extensive Ausweitung einer Sonder- und Militärgerichtsbarkeit, die Anwendung von Methoden, die eine freie Willensentscheidung beeinträchtigen (Folter, Drohungen gegen Familienangehörige u. a.), die Mißachtung von Verteidigungs- und Berufungsmöglichkeiten, die Anwendung der Todesstrafe und dergleichen sind – auch unter dem Deckmantel der Terror-Bekämpfung – in den meisten islamischen Ländern zu beklagen. Im Zusammenhang mit islamischen Wertvorstellungen stehen die sogenannten Ehrenmorde, d. h. Tötungsdelikte gegen Frauen wegen einer angeblichen Verletzung der Familienehre. Aus mehreren islamischen Ländern – so aus Ägypten, Jordanien, Pakistan, Syrien und der Türkei – sind solche Fälle bekannt geworden, was nicht heißt, daß dies anderswo nicht geschieht. Zwar berufen sich die Regimes auch auf französisch-rechtliche Bestimmungen, da gemäß Code pénal von 1810 eine Strafmilderung bei solchen Delikten vorgesehen war (die in den meisten arabischen Ländern und Iran bis hin zur Straffreiheit bis heute gültig ist), eine Rechtfertigung kann daraus jedoch nicht abgeleitet werden.[38] In vielen islamischen Ländern sind homosexuelle Handlungen verboten und werden zum Teil – wie etwa im Falle Irans (Art. 108–134) – mit der Todesstrafe geahndet, obwohl diese nicht eindeutig als *ḥadd*-Delikte definiert werden.[39] Die strafrechtliche Verfolgung von Verstößen gegen die islamische Kleiderordnung für Frauen (Iran, Saudi-Arabien u. a.) basiert auf Traditionen, die an Kompetenzen des staatlich bestellten *muḥtasib* (Marktaufsehers) in osmanischer und vorosmanischer Zeit erinnern. In einigen islamischen Gebieten (vor allem Afrikas) wird die «Mädchenbeschneidung» – obwohl wie in Ägypten 1996 und 1997 teilweise offiziell untersagt – nach wie vor praktiziert, und zwar nicht nur bei Muslimen. Diese Genitalverstümmelung wird zwar international angeprangert, ist jedoch in Sudan bis heute nicht strafbar.[40]

4. Personalstatut

a) Rechtsgeschichte und Rechtslage

Der Begriff «Personalstatut» soll in diesem Zusammenhang den Bereich des Familien-, Personen- und Erbrechts erfassen.[41] Dieser Bereich ist wie kein anderer Rechtszweig von der *sharīʿa* geprägt, ohne indes, was den Grad und den Inhalt dieser Prägung anbelangt, in der islamischen Welt homogen zu sein. Die Unterschiede reichen von einer gesetzlichen Ausblendung islamischer Bestimmungen in der Türkei durch die weitgehende Übernahme schweizerischen Rechts im Jahre 1926 und seine Neufassung am 22.11.2001[42] (allerdings werden illegale «*Imām*-Ehen» ohne offizielle Registrierung geschlossen) bis hin zur Fortgeltung der islamrechtlichen Normen unter Rückgriff auf die «klassischen» *fiqh*-Werke (Saudi-Arabien). Daß das Personalstatut im Laufe der Zeit Veränderungen unterworfen wurde, läßt sich auch an der Terminologie verdeutlichen: Die Ausdrücke *munākaḥāt* (Eherecht) und *farāʾiḍ* (Erbrecht) finden in den modernen Gesetzen kaum noch Verwendung und werden durch die Begriffe *aḥwāl shakhṣīya* (Personalstatut), *qānūn al-usra* (Familiengesetz) oder *al-mawārīth* (Erbrecht) ersetzt.

Bis ins 19. Jahrhundert hinein waren die Angelegenheiten des Personalstatuts den jeweiligen Religionsgemeinschaften überlassen und basierten auf einer akzeptierten Ungleichheit der Bürger infolge religiöser Zugehörigkeit. Mit den *Tanẓimāt*-Reformen im Osmanischen Reich, die im Jahre 1839 eingeleitet wurden, sollte zwar unter französischem Einfluß die Ungleichheit beseitigt, nicht jedoch die Zuständigkeit der religiösen Gemeinschaften auf dem Gebiet des Familien- und Erbrechts in Frage gestellt werden. Eine durchgreifende Säkularisierung fand nicht statt, so daß ein dem französischen Code civil vergleichbares Gesetzeswerk weder im türkischen Kernland noch in den abhängigen Gebieten entstehen konnte. Die *sharīʿa*-Gerichte – weiterhin für alle personenrechtlichen Fragen der Muslime zuständig – mußten sich an den *fiqh*-Werken orientieren. Eine Kodifikation (und damit Fixierung bestimmter Normen) dieses Rechtsgebietes war zunächst nicht realisierbar. Erst die durch europäischen Druck erfolgte Veränderung des Gerichtssystems in Ägypten ließ eine solche Kodifikation Wirklichkeit werden: Muḥammad Qadrī Pāshā (gest. 1888) erstellte 1875 das *Kitāb al-aḥkām ash-sharʿīya fi l-aḥwāl ash-shakhṣīya wa-l-mawārīth*, eine 647 Artikel umfassende hanafitische Kompilation, die zwar nie Gesetzeskraft erlangte, aber in Ägypten und den Nachfolgestaaten des Osmanischen Reiches – sofern keine anderen gesetzlichen Regelungen erlassen wurden – bis heute als rechtliche Orientierung oder zur Ausfüllung von Gesetzeslücken dient.[43] Im Verbreitungsgebiet der Zwölferschia hat es ähnliche, aber weniger erfolgreiche Bemühungen gegeben, den Rechtsstoff des Personalstatuts zu kodifizieren. Erst das osmanische Familiengesetzbuch vom 25. 10. 1917 leitete den Prozeß der Kodifikation des Personalstatuts ein. Dieses osmanische Gesetzbuch bildet bis heute in kaum veränderter Form die Rechtsgrundlage für die Muslime in Libanon (jedoch nicht für die Drusen) und in Israel. Wie auch in anderen Rechtsgebieten bewirkte die Gründung von Nationalstaaten einen Schub in Richtung Kodifikation des Familien- und Erbrechts. Vorreiter war auch hier Ägypten mit den beiden familienrechtlichen Gesetzen von 1920 und 1929 (gültig in der Fassung 100/1985). In den Jahren 1943 und 1946 folgten Gesetze zur gesetzlichen Erbfolge bzw. zum Vermächtnis.

Nach dem Zweiten Weltkrieg erließen viele arabische Länder Personalstatutsgesetze unter Einbeziehung des Erbrechts. Sie orientierten sich dabei vor allem am ägyptischen Beispiel sowie an den Bestimmungen der regional dominierenden Rechtsschule (etwa im Maghreb der malikitischen) und nutzten das Instrumentarium der Anpassung an veränderte gesellschaftliche Bedingungen (s. o.). Mit den Kodifikationen in Syrien 1953, Tunesien 1956, Marokko 1957/1958, Irak 1959, Jordanien 1976, Algerien 1984, Kuwait 1984, Libyen 1984 (ohne Erbrecht), Sudan 1991, Jemen 1992, Oman 1997 und Mauretanien 2001 entstanden zwar vergleichbare, jedoch in Umfang und Inhalt keineswegs einheitliche Gesetzesakte.[44] Unterschiede zeigen sich auch in den Möglichkeiten nicht-islamischer Gemeinschaften (besonders Christen und Juden), ihre persönlichen Rechtsbeziehungen autonom zu gestalten, d. h. auf spezifische Gesetze oder interne Kirchenregelungen zurückzugreifen. Während im Familienrecht eine solche religiöse Rechtsspaltung in einigen Ländern mit einem nennenswerten Anteil einheimischer nichtmuslimischer Bevölkerung (Ägypten, Irak, Jordanien, Libanon, Marokko, Sudan, Syrien) akzeptiert wird, ist im Erbrecht eine weitgehende landesweite Gültigkeit der betreffenden islamischen Rechtsnormen festzustellen (Ausnahmen: Libanon, Sudan; mit Einschränkungen Marokko). Damit unterliegen auch Nicht-Muslime zumindest teilweise islamischen Rechtsbestimmungen.

In vielen islamischen Ländern erstreckt sich die Zuständigkeit von *sharīʿa*-Gerichten oder *sharīʿa*-Kammern nationaler Gerichte auf das Personalstatut, während in anderen Rechtsgebieten (nicht-religiöse) Zivilgerichte dominieren. Ein erstes komplexes, nach westlichem Muster strukturiertes Gesetz zum Personalstatut ist außerhalb der arabischen Welt in Gestalt des iranischen Zivilgesetzbuches in den Jahren 1928 bis 1935 entstanden. Dieses Gesetz wurde nach der Islamischen Revolution in Iran verändert und durch weitere Gesetze ergänzt, insgesamt zuungunsten der Rechtsposition der Frau.[45] Auf dem indischen Subkontinent verfolgte die englische Kolonialverwaltung traditionell eine Rechtspolitik der religiösen Zuordnung von Angelegenheiten des Personalstatuts, die auch mit der Gründung der Staaten Indien, Pakistan und (seit 1971) Bangladesh fortgeführt wurde. Abgesehen von einigen landesweit gültigen Vorschriften (etwa: Special Marriage Act von 1872 in der Fassung von 1923) bestimmen der Muslim Personal Law (Shariat) Application Act von 1937, der Dissolution of Muslim Marriages Act von 1939, der Special Marriage Act von 1954 und die Muslim Family Law Ordinance von 1961 die Anwendung von islamischen Rechtsnormen für Muslime in Pakistan. Diese Orientierung wurde mit dem Enforcement of Sharia Act 1991 weiter vertieft.[46] Das als Anglo-Muhammadan Law bezeichnete Rechtssystem weist formale und inhaltliche Unterschiede zum «klassischen» *fiqh* auf. In Indonesien wurde mit dem Gesetz über die Ehe von 1974 ein zunächst säkularer Entwurf durch Intervention muslimischer Kräfte an islamische Rechtsvorstellungen angepaßt. Dieser Prozeß einer verstärkten Bezugnahme auf die *sharīʿa* fand mit der Unterzeichnung der *Kompilasi Hukum Islam* im Juni 1991 durch Präsident Suharto seine Fortsetzung. Die *Kompilasi Hukum Islam* enthält neben den familienrechtlichen Vorschriften auch solche zum Erbrecht, zur Schenkung und zur Frommen Stiftung *(waqf)*.[47]

b) Eheschließung und Ehewirkungen

Nach islamischer Auffassung kommt die Ehe *(zawāj* oder *nikāḥ)* nicht als Sakrament zustande, auch wenn religiöse Zeremonien – regional unterschiedlich – Beachtung finden, sondern durch einen (zivilrechtlichen) Vertrag *(ʿaqd)*, der aufgrund von Angebot und Annahme im Rahmen einer Verhandlung geschlossen wird. Dieser Vertrag ist im allgemeinen durch zwei männliche Muslime zu bezeugen. Er bedarf nach «klassischer» Auffassung zwar nicht der Schriftform, jedoch wird diese heute in allen islamischen Ländern vorausgesetzt, erfolgt eine Registrierung dieser Verträge in den zuständigen Ämtern und Behörden. Damit ist die Beweisbarkeit der Verträge gewährleistet, können eherechtliche Verstöße leichter erkannt und geahndet werden. Unter Umgehung einer staatlichen Registrierung werden jedoch nach wie vor auch Ehen lediglich unter Mitwirkung eines Rechts- und Religionsgelehrten geschlossen (*ʿurfī*-Ehen). Solche Ehen erweisen sich zum Teil als Verschleierung der Prostitution und deuten auf existierende soziale Mißstände.

Die Regelungen zum Personenstand wurden in den letzten Jahren u.a. durch neue technische Möglichkeiten präzisiert. Der Ehevertrag kann die eigentliche Heiratsurkunde umfassen oder aber als eine Art Zusatzvertrag zwischen den Eheleuten ausgestaltet sein. Neben dem Brautgeld *(mahr oder ṣadāq)* enthält er vereinbarte Bedingungen, die jedoch den gesetzlichen und islamrechtlichen Bestimmungen nicht widersprechen dürfen. Über diese Essentialien besteht unter den Muslimen Konsens. Das Brautgeld, welches mit dem Vollzug der Ehe oder aber – gemäß Vertrag – zu einem späteren Zeitpunkt (etwa: bei Scheidung oder Tod) fällig sein kann, wird regional sehr unterschiedlich bemessen: Es schwankt zwischen einer eher symbolischen Zahlung (in einigen Maghreb-Gebieten) bis hin zu einer Summe, die das durchschnittliche Einkommen bei weitem übersteigt (zusammen mit den Kosten für die Hochzeit). Letzteres erschwert oder verhindert nicht selten eine auch im Koran (vgl. 4:3 und 24:32) empfohlene Eheschließung. Als Folge wächst die Zahl der Ehen mit Ausländerinnen, so daß einige islamische Länder versuchen, durch gesetzliche Regelungen (verschärftes Genehmigungsverfahren: Libyen, Saudi-Arabien, Syrien), die Festlegung einer Obergrenze der Kosten (Pakistan) oder aber zinsgünstige Kredite an heiratswillige Männer (VAE) diese Probleme abzumildern.

Die Ehefähigkeit im islamischen Sinne setzt ursprünglich die Volljährigkeit in persönlichen Angelegenheiten (Ehemündigkeit; *bulūgh*), die sich am Kriterium der tatsächlichen biologischen Geschlechtsreife orientiert, nicht voraus. Jedoch ist der Vollzug der Ehe erst mit Erlangung dieser Reife erlaubt. Die Mehrheit der islamischen Länder weicht von diesen Bestimmungen ab, indem nicht nur die biologische Geschlechtsreife, sondern darüber hinaus konkrete Altersgrenzen für eine Eheschließung festgelegt werden.[48] Obgleich das Mindestalter für die Eheschließung in vielen Fällen für Frauen niedriger liegt als für Männer und zuständige Gerichte eine frühere Eheschließung genehmigen können, zeichnet sich insgesamt (trotz gegenläufiger Beispiele – Jemen 1999) eine Erhöhung des Mindestalters für die Ehe ab. Eine solche «Neuerung» berücksichtigt die veränderten sozialen und wirtschaftlichen Lebensverhältnisse. Die Willenserklärung der Frau zur Ehe genügt im allgemeinen nicht, sondern es bedarf der Mitwirkung des männlichen, muslimischen Vormundes *(walī an-nikāḥ)* der Frau (des Vaters, Großvaters oder eines anderen männlichen agnatischen Verwandten), der zumeist auch den Ehevertrag unterzeichnet (oft in Abwesenheit der Braut).[49] Lediglich die hanafitische Rechtsschule ermöglicht der ehemündigen Frau den Abschluß des Ehevertrages ohne vormundschaftliche Mitwirkung, was jedoch eher unüblich ist. Der Vormund darf sein Mündel weder zur Ehe zwingen noch eine Eheschließung ohne nachvollziehbaren Grund verweigern. Im Konfliktfall muß der Richter entscheiden (so u.a. Art. 10 des Gesetzes zum Personalstatut in Oman).

Die in der *sharīʿa* (Koran 4:3, 4:128) tolerierte Praxis der Polygamie *(taʿaddud az-zaujāt)*, im Gegensatz zur vorislamischen Zeit auf maximal vier Ehefrauen eingeschränkt, stößt in der heutigen islamischen Welt auf veränderte soziale Bedingungen und den Einfluß der christlich-monogamen Kultur. Im Mittelpunkt der Polygamie stand historisch die Frage der Versorgung von mittellosen Frauen angesichts fehlender sozialer Netzwerke, nicht jedoch die besonders im Westen populäre Vorstellung orientalischer Sinnlichkeit im «Harem». Bis heute ist die Verbreitung der Mehrehe sehr unterschiedlich. In einigen Ländern am Golf werden noch Anteile von bis zu 10% (an der Gesamtzahl der Ehen) geschätzt.[50] In den meisten islamischen Ländern ist jedoch dieser Anteil sehr gering und tendenziell weiter sinkend. Dennoch ist die Polygamie in den meisten islamischen Ländern zwar eingeschränkt, aber dennoch möglich. Abgesehen von der Türkei (s.o.) war Tunesien das erste und bisher einzige arabische Land, welches die Mehrehe unter der Begründung einer im Sinne des Islams erforderlichen, aber heute nicht mehr realisierbaren Gleichbehandlung der Ehefrauen per Gesetz abschaffte. Viele Länder haben jedoch eine gerichtliche oder notarielle Mitwirkung in den entsprechenden Gesetzen verankert, so daß geprüft werden kann, ob eine Gleichbehandlung möglich erscheint, die erste Ehefrau über die Absicht zur zweiten Eheschließung hinreichend informiert war und gegebenenfalls zugestimmt hat oder aber eine besondere soziale Lage, Unfruchtbarkeit der Ehefrau o.a. die Polygamie rechtfertigen. Damit verbessert sich die Rechtsstellung der Frau, jedoch sind angesichts fehlender sozialer Sicherungssysteme auch Probleme evident: Frauen werden verstoßen, damit Ehemänner neue Ehen eingehen können (vgl. das Beispiel Südjemen). Absolute Ehehindernisse machen die Ehe nichtig *(bāṭil)*. Relative, temporäre und damit zu beseitigende Eheausschließungsgründe bewirken eine fehlerhafte *(fāsid)* Ehe. Die Unterschiede werden jedoch in der *sharīʿa* nicht immer systematisch korrekt erfaßt. Blutsverwandtschaft *(qarāba)*, Schwägerschaft *(muṣāhara)* und Milchverwandtschaft *(riḍāʿ)* – die gedachte Verwandtschaft auf der Basis einer gemeinsamen Stillmutter (heute zumeist auf die unmittelbaren Abkömmlinge eingeschränkt) – sind absolute Ehehindernisse. Die oft praktizierte Eheschließung mit der Cousine (sog. *bint al-ʿamm*-Ehe) bleibt jedoch rechtsgültig *(ṣaḥīḥ)*. Die Ehe zwischen einem Muslim und einer Angehörigen einer Buchreligion (Christin, Jüdin) ist nach sunnitischer Lehre erlaubt, die einer Muslimin mit einem Nicht-Muslim unter Hinweis auf Koran 2:221 jedoch verboten. Eine solche Ungleichheit widerspricht zwar nicht selten verfassungsmäßigen Grundsätzen, wird aber – auch im Hinblick auf die religiöse Entwicklung der in einer solchen Verbindung gezeugten Kinder – weiterhin beachtet. Der Ehevertrag ist nach sunnitischer Auffassung grundsätzlich nicht zu befristen. Lediglich die Zwölferschiiten akzeptieren die sogenannte Zeitehe *(mutʿa*; persisch: *ṣīghe)*, die sowohl mit einer Muslimin als auch mit einer Christin oder Jüdin geschlossen werden kann. Obwohl die Zeitehe den Vorwurf einer legalisierten Prostitution niemals vollständig entkräften konnte, ist sie in einigen schiitischen Gebieten nach wie vor verbreitet, wenn auch mit sinkender Tendenz (vgl. iranisches Zivilgesetzbuch Art. 1075–1077).[51]

Die Ehepartner stehen in der Pflicht, sich zu respektieren und gemeinsam Schaden von der Familie abzuwenden. Die Rechte und Pflichten gründen sich auf die jeweilige Rolle von Mann und Frau in der Gesellschaft. Aus der allgemeinen Fürsorge- und Schutzfunktion des Mannes gegenüber seiner Ehefrau resultiert insbesondere die Pflicht, für den Unterhalt *(nafaqa)* seiner Ehefrau (Nahrung, Kleidung, medizinische Behandlung, Wohnung sowie sonstige lebensnotwendige Erfordernisse) vollständig aufzukommen. Die Höhe des Unterhalts richtet sich nach dem sozialen Milieu der Ehepartner. Die Ehefrau hat insbesondere die häuslichen Pflichten zu erledigen und entsprechend den islamischen Traditionen ihrem Mann gegenüber «gehorsam» zu sein. Gerade das eigenmächtige Verlassen der ehelichen Wohnung (etwa, um einer Arbeitstätigkeit nachzugehen) wurde und wird zum Teil bis heute als ein Verstoß gegen diese Gehorsamspflicht gewertet. Angesichts wirtschaftlicher Erfordernisse ist die Frau jedoch heute mehr denn je gezwungen, zum finanziellen Überleben der Familie durch Arbeitseinkünfte beizutragen. Damit verlieren bislang akzeptierte Normen und Prinzipien an Bedeutung. In den meisten modernen Familienrechtskodifikationen gilt die islamische Vorschrift einer strikten Gütertrennung. In Indonesien wurde jedoch mit den Rechtsakten von 1974 und 1991, basierend auf lokalen Traditionen, erstmals ein eheliches Güterrecht verankert.

c) Scheidung

Auch in bezug auf das Scheidungsrecht basieren die familienrechtlichen Kodifikationen der islamischen Länder auf der *sharīʿa*, ohne indes die «klassischen» Bestimmungen einer Rechtsschule unverändert zu übernehmen. Die in den *fiqh*-Büchern beschriebene hauptsächliche Form der Ehescheidung, die einseitige

Verstoßung der Ehefrau durch den Ehemann *(ṭalāq)* gemäß Koran 2:226–237 und 65:1–6, wird zwar in den Gesetzen begriffsmäßig erfaßt, jedoch an eine Reihe von Wirksamkeitsvoraussetzungen gebunden, die den Willkürcharakter des *ṭalāq* einschränken sollen. Neben der Berücksichtigung von Mängeln persönlicher Art (etwa: Geistesschwäche, fehlende Absicht, Trunkenheit u. ä.), die auch in den Rechtswerken dargestellt werden, sind vor allem auf verfahrensrechtlichem Wege durch eine gerichtliche Mitwirkung (Algerien, Tunesien) oder Bestätigung (Jordanien, Marokko, Syrien) oder aber zumindest durch eine amtliche Bescheinigung und eine amtliche Benachrichtigung der Frau (Ägypten) Veränderungen gegenüber der überlieferten Praxis feststellbar. Daß sich damit die Rechtsstellung der Frau verbessert, liegt auf der Hand. Falls eine gerichtliche Mitwirkung nicht vorgesehen ist und damit die Frau keine Möglichkeit erhält, selbst einen *ṭalāq* zu fordern, wird in einigen islamischen Ländern (Iran, Irak, Jordanien, Marokko, Syrien) eine vom Ehemann erteilte Verstoßungsvollmacht für die Frau im Ehevertrag als legitim, ja sogar als empfohlen bewertet.[52] Der Verstoßung folgt die dreimonatige oder (im Falle einer bestehenden Schwangerschaft) bis zur Entbindung dauernde Wartezeit *(ʿidda)* der Frau, in der sie keine neue Ehe eingehen kann. Zugleich erhält der verstoßende Ehemann das Recht, seine Frau in dieser Zeit in die Ehe «zurückzurufen» *(ṭalāq rajʿī)*, sofern er sie nicht bereits zum dritten Mal verstoßen hat. Erst nach Ablauf der Wartezeit wird die Verstoßung unwiderruflich *(ṭalāq bāʾin)*.

Einer Eindämmung der Verstoßungspraxis durch den Mann dient auch die Festlegung einer Entschädigung an die Frau über den Unterhalt in der Wartezeit hinaus. Besonders in der malikitischen Rechtsschule sind die Gründe für eine gerichtliche Scheidungsklage der Frau erfaßt worden, weswegen sich einige Kodifikationen auf diese Interpretation stützen. Ein der Ehefrau (bzw. dem Ehemann) zugefügter Schaden oder Nachteil *(ḍarar)* wird in vielen islamischen Ländern für eine solche Klage als Grund akzeptiert. Nach ägyptischem Beispiel sind vor dem Scheidungsurteil zwei Schiedsrichter *(ḥakamān)* zu bestellen, um eine Versöhnung herbeizuführen. Gelingt das nicht, kann das Scheidungsurteil (unwiderruflich) gefällt werden. Auch eine längerfristige Abwesenheit (z.B. bei einer mehrjährigen Gefängnisstrafe) oder Verschollenheit des Ehemannes, die Nichtbezahlung des Unterhalts oder aber ein gesundheitlicher Makel (etwa: Impotenz) können zu einer gerichtlichen Eheauflösung führen.

In den letzten Jahren zeigt sich in der islamischen Welt, daß Frauen verstärkt die islamrechtliche Möglichkeit eines Selbstloskaufes aus der Ehe durch eine Entschädigungszahlung an den Mann (vor allem durch den Verzicht auf das noch nicht bezahlte Brautgeld) nutzen *(khulʿ)*. Der ägyptische Gesetzgeber geht sogar einen Schritt weiter: Wenn die Ehefrau auf alle gesetzlichen Vermögensansprüche verzichtet, kann das Gericht auch gegen den Willen des Ehemannes nach einem Versöhnungsversuch die Ehe scheiden (Art. 20 des Gesetzes Nr. 1/2000).[53] Andere in den Kodifikationen genannte Formen der Eheauflösung können als Unterarten des *ṭalāq* oder der gerichtlichen Scheidung eingeordnet werden. Die relativ hohen Scheidungsraten in einigen islamischen Ländern stehen zum Teil im krassen

Gegensatz zu den mangelhaften sozialen Sicherungssystemen und zum laxen Umgang mit finanziellen Forderungen seitens der geschiedenen Ehefrau oder der zu versorgenden Kinder.

d) Verwandtschaft und Vormundschaft

Die Abstammung *(nasab)* eines Kindes von seinem Vater wird in den islamischen Ländern durch die Zeugung in einer legalen Ehe begründet. Die Mutter des Kindes ist selbstverständlich diejenige Frau, die es zur Welt bringt. Die religiöse Orientierung des Kindes richtet sich nach dem Vater. Auch das Kind einer verstoßenen oder verwitweten Frau kann legitim (in bezug auf den Vater) sein, wenn es innerhalb einer bestimmten Frist nach Scheidung oder Tod geboren wurde. Insofern wird in Anlehnung an theoretisch lange maximale Fristen für eine Schwangerschaft in den *fiqh*-Büchern (bis zu vier Jahre!) bei der Geburt eines Kindes innerhalb eines Zeitraumes von einem Jahr nach Eheauflösung (Ägypten, Jordanien, Kuwait, Libyen, Marokko, Syrien, Tunesien) dieses als vom Ehemann abstammend gewertet. Die Abstammungsfrage tangiert die Probleme der Familienplanung und Abtreibung, die in der islamischen Welt – wie in den Debatten auf der Weltbevölkerungskonferenz von Kairo 1994 deutlich geworden – sehr heftig diskutiert werden. Die arabischen Länder weisen die höchste Fruchtbarkeit in der Welt auf.[54] Lediglich in der Türkei und in Tunesien ist jedoch eine Abtreibung bei sozialer Indikation unter bestimmten Voraussetzungen straffrei, obgleich sich aus der islamischen Vorstellung vom «Einhauchen der Seele» (zumeist 120 Tage nach der Empfängnis) ein Ansatz dafür bieten würde. Kulturelle Traditionen und zum Teil politische Ambitionen der Staaten (Streben nach einer hohen Bevölkerungszahl) verhindern bisher weitergehende Regelungen.

Die Adoption *(tabannin)* wird in Übereinstimmung mit Koran 33:4–5 und 33:37 im islamischen Recht nicht akzeptiert. Unter den islamischen Staaten mit Bezug zur *sharīʿa* im Personenrecht hat lediglich Tunesien im Jahre 1958 die Adoption legalisiert. Jedoch kann das Anerkenntnis *(iqrār)* der Vaterschaft adoptionsähnliche Wirkungen entfalten. Die auf die Qadrī-Pāshā-Kodifikation (Art. 350) zurückgeführten Vorschriften zum Anerkenntnis ermöglichen eine legitime Abstammung, auch wenn dabei bewußt oder unbewußt eine neue Zuordnung entstehen kann.[55]

Kinder beanspruchen gegenüber ihrem Vater Unterhalt *(nafaqa)*. Ähnlich wie im Falle des Unterhalts für die Ehefrau richtet sich dieser nach den örtlichen und zeitlichen Gepflogenheiten. Die Maghreb-Länder beteiligen in Übereinstimmung mit der malikitischen Lehre auch die vermögende Mutter an der Unterhaltsleistung. Die Altersgrenzen für den Unterhalt orientieren sich heute vor allem an der Fähigkeit, eigene Einkommensquellen erschließen zu können. Insofern verlängert sich der Unterhaltsanspruch wegen der Erfordernisse von Studium und Ausbildung. Kinder bedürfen bis zu dem Zeitpunkt, der in den sunnitischen *fiqh*-Werken zumeist bei sieben Jahren für Jungen und dem Erreichen der Pubertät für Mädchen festgelegt ist, einer weiblichen Sorgeberechtigten, die sich um die Pflege des Kindes kümmert. Dieses Sorgerecht *(ḥaḍāna)* obliegt zunächst der Mutter bzw. (falls die Mutter dazu nicht in der Lage ist) dem nächsten weiblichen volljährigen Verwandten. Im Interesse des Kindes werden in den modernen Kodifikationen die Altersgrenzen den neuen gesellschaftlichen Bedingungen angepaßt. Im Falle einer Ehescheidung bleibt die Mutter zwar grundsätzlich sorgeberechtigt, jedoch kann sie dieses Recht gemäß *sharīʿa* bei Wohnsitzwechsel oder erneuter Eheschließung verlieren.

Aus einer Vielzahl von veröffentlichten Gerichtsentscheidungen und Gesetzesänderungen der letzten Jahre wird deutlich, daß das Kindeswohl *(maṣlaḥa)* heute erfreulicherweise stärker im Mittelpunkt steht. So kann nicht nur die tatsächliche Personensorge zeitlich ausgeweitet, sondern auch ein Besuchsrecht *(ḥaqq ar-ruʾya)* für beide Elternteile (vgl. Art. 20 des ägyptischen Gesetzes 25/1929 in der Fassung 100/1985 und 1/2000) festgelegt werden. Auch Aussagen über eine gemeinsame Personensorge der Eheleute in einer bestehenden Ehe (Libyen, Marokko, Oman, Tunesien) unterstreichen eine partiell veränderte Sicht auf die Gestaltung familiärer Verhältnisse. Der Minderjährige (im übrigen auch der Entmündigte) bedarf bis zur Volljährigkeit in Vermögenssachen einer gesetzlichen Vertretung *(wilāya)*, die im allgemeinen der Vater oder der nächste männliche volljährige Verwandte wahrnimmt. Dieser gesetzliche Vormund *(walī)* ist berechtigt, einen testamentarischen Vormund *(waṣī)* zu benennen. Die personelle Trennung zwischen *ḥaḍāna* und *wilāya* macht es schwierig, die Vermögenssorge der Mutter zu übertragen. Mit Hilfe von Rechtskniffen (etwa durch die Interpretation der These, wonach die Mutter in Vollmacht des Vaters die Betreuung ausübe) lassen sich jedoch auch Befugnisse des Vaters auf die Mutter gerichtlich übertragen, wenn es das Kindeswohl erfordert.[56] Die Volljährigkeit *(bulūgh)*, die mit Ehe- und Strafmündigkeit und mit der Pflicht, die kultischen Gebote zu erfüllen, zusammenfällt, ist von der Geschäftsfähigkeit in Vermögensangelegenheiten zu unterscheiden. Letztere knüpft laut *sharīʿa* an die Fähigkeit eines verantwortlichen Umgangs mit dem Vermögen an. Jedoch haben fast alle islamischen Länder dieses Kriterium zugunsten einer konkreten Altersbestimmung (zwischen 15 Jahren in Jemen und 21 Jahren in Ägypten; zumeist in den Zivilgesetzbüchern geregelt) aufgegeben.[57]

e) Erbschaft und Vermächtnis

Das Erbrecht der islamischen Länder basiert nahezu vollständig auf der *sharīʿa*, so daß für die Muslime (von wenigen Ausnahmen abgesehen) die in Koran (4:7–12, 4:33, 4:176, 2:180–182, 5:106) und Sunna aufgestellten Rechtssätze und Prinzipien in kodifizierter oder nicht-kodifizierter Form weiterhin Gültigkeit besitzen. Zwar hat es im Osmanischen Reich durch das Landgesetz von 1858 und besonders durch das Gesetz vom 21. 2. 1912, das bis heute in einigen ostarabischen Ländern Anwendung findet, Bemühungen gegeben, Staatsland *(mīrī-Land)* und Stiftungsland davon auszunehmen. Dennoch dominieren islamische Vorschriften mit einigen wenigen Modifikationen.[58]

An die Hinterlassenschaft einer Person, die alle Vermögensgegenstände und vermögenswerten Rechte umfaßt, sind nach islamischer Interpretation vier in der Reihenfolge zu beachtende Rechte gekoppelt: die Kosten für die Bestattung des Toten, die Schulden des Erblassers, die Vermächtnisse und schließlich die Erbfolge. Die hauptsächlichen Gründe für die Erbschaft sind Ehe und Blutsverwandtschaft. Erbberechtigt kann nur derjenige sein, der zum Zeitpunkt des Erbfalls lebt. Muslime und Nicht-Muslime sind gesetzlich nicht gegenseitig erbberechtigt, wohl aber kann ein Muslim ein Vermächtnis zugunsten eines Nicht-Muslims wirksam aussetzen. Dieses Vermächtnis *(waṣīya)* darf ein Drittel des Vermögens (nach Abzug der Bestattungskosten und Schulden) ohne Zustimmung der übrigen Erben nicht übersteigen und soll nicht zugunsten eines Erbberechtigten errichtet werden. Auch sunnitische Länder (so Ägypten) machen sich jedoch die zwölferschiitische Regel zunutze, wonach ein Vermächtnis über maximal ein Drittel des Vermögens für jedermann wirksam ist. Da die islamische gesetzliche Erbfolge die Repräsentation nicht kennt, wurde besonders in der arabischen Welt ein sogenanntes Pflichttestament eingeführt, um zumindest Kinder von vorverstorbenen Abkömmlingen zu berücksichtigen. Verfügungen einer Person im Zustand der Todeskrankheit *(maraḍ al-maut)* gelten im allgemeinen, um die Rechte der Gläubiger und Erben zu schützen, als Vermächtnisse. Die gesetzliche Erbfolge *(mawārīth)* gründet sich auf die Einteilung von Erbklassen mit wesentlichen Unterschieden zwischen sunnitischer und schiitischer Lehre. Daher ist es verständlich, wenn in Gebieten, in denen Sunniten und Schiiten leben (Irak, Libanon, Pakistan), nur allgemeine erbrechtliche Regelungen kodifiziert sind, um die Erbfolge nach der jeweiligen Interpretation zu ermöglichen.

Der Grundsatz, wonach weiblichen Erbberechtigten der halbe Erbteil der männlichen Erbberechtigten auf gleicher Stufe zusteht, wird nur in wenigen Fällen durchbrochen. Das Gesamtsystem der islamischen gesetzlichen Erbfolge stellt sicher, daß Vater und Mutter, Sohn und Tochter, Ehemann und Ehefrau nicht ausgeschlossen werden können, sondern – je nach Konstellation – einen bestimmten Anteil erhalten. Die «koranischen» oder Quotenerben der ersten Erbklasse erhalten festgelegte Quoten *(farā'iḍ*; daher auch die «klassische» Bezeichnung für das islamische Erbrecht *al-farā'iḍ)*. Koranische Erben sind vor allem diejenigen Personen, die in vorislamischer Zeit nicht oder nur sekundär erbberechtigt waren: Ehemann, Ehefrau, Vater, Mutter, Großvater, Großmutter, Tochter, Sohnestochter, vollbürtige Schwester, halbbürtige Schwester väterlicherseits, halbbürtige Geschwister mütterlicherseits. Der Anteil für diese Erben kann jedoch unter bestimmten verwandtschaftlichen Gegebenheiten (insbesondere bei der Existenz von männlichen Abkömmlingen) gekürzt oder gestrichen werden. Auch eine ersatzweise Erbberechtigung in der zweiten Klasse ist möglich. Im Normalfall sind die Einzelbestimmungen so angelegt, daß ein großer Teil der Erbmasse den Erben der zweiten Klasse zufällt. Diese sogenannten Agnaten *('aṣaba)* sind nicht nur die männlichen Deszendenten, Aszendenten und Seitenverwandte des Erblassers der männlichen Linie, sondern auch einige weibliche Verwandte (Tochter, Sohnestochter, vollbürtige Schwester, halbbürtige Schwester väterlicherseits), d.h.

solche, die ohne Sohn, Sohnessohn, vollbürtigen Bruder und halbbürtigen Bruder väterlicherseits des Erblassers in der ersten Klasse erben würden. Die Erben der zweiten Klasse erhalten den Rest (nach Befriedigung der ersten Klasse), wobei Deszendenz vor Aszendenz vor Seitenlinie gilt, der nähere den entfernteren Verwandten vollständig ausschließt. Die über eine oder mehrere Frauen mit dem Erblasser Verwandten (sog. Kognaten) werden in der hanafitischen Schule als dritte nachgeordnete Klasse berücksichtigt, in der malikitischen Auffassung (so in den Maghreb-Ländern) dagegen sind sie erbunwürdig. Bei der Errechnung der Erbteile kann es zu Quotenerhöhung und -kürzung kommen, falls mehrere koranische Erben beteiligt sind. Viele Einzelfälle werden in den *fiqh*-Büchern beschrieben, die jedoch oft nur theoretische Bedeutung haben.

Das System von Vermächtnis und gesetzlicher Erbfolge gemäß der *sharīʿa* vermag sowohl in kodifizierter Form als auch nicht-kodifiziert selbst komplizierte erbrechtliche Fälle zu lösen. Jedoch zeigen sich bis heute vielfältige Probleme in der praktischen Umsetzung. Die Zersplitterung des Eigentums aufgrund der nicht existierenden Universalsukzession und der Bestimmungen der Erbklassen und des Vermächtnisses gehört gerade in Ländern mit kleiner landwirtschaftlicher Nutzfläche und großen Wüstengebieten dazu.[59] Das oben erwähnte osmanische Gesetz vom 21.2.1912 soll das Problem minimieren. Oft werden diesbezügliche Umgehungsgeschäfte getätigt (Schenkung oder Verkauf zu Lebzeiten, Errichtung einer Frommen Stiftung u.a.) oder aber die Bestimmungen des Erbrechts bewußt mißachtet. Auch wenn das islamische Recht Frauen erbrechtlich berücksichtigt (mit dem halben Erbteil), so sind diese Rechte keineswegs selbstverständlich realisierbar. Nicht selten verzichten Frauen durch familiären Druck auf das ihnen zustehende Eigentum oder aber werden genötigt, minderwertige Ersatzleistungen zu akzeptieren. Wegen der zum Teil landesweiten Gültigkeit von erbrechtlichen Kodifikationen unterliegen auch Nicht-Muslime islamischem Recht. Andererseits verzerrt der kurzfristige Wechsel zum Islam durch den Erblasser, aber auch – wie im Falle der Schiiten in Iran – durch einen Erben die gesetzliche Erbfolge aufgrund des gegenseitigen Erbausschlusses bzw. der Bevorzugung von Muslimen. Es zeigt sich, daß Theorie und Wirklichkeit speziell im Erbrecht weit auseinanderklaffen können.

5. Zivil-, Handels- und Wirtschaftsrecht

a) Rechtsgeschichte und Rechtslage

Das Vermögensrecht der heutigen islamischen Länder kann sich nur bedingt auf die *sharīʿa* beziehen, da ein den Erfordernissen des modernen Wirtschaftslebens entsprechendes System von islamischen Rechtsnormen nur teilweise verfügbar ist. Die besondere Orientierung des islamischen Rechts auf das Vertragsrecht und die am Beispiel der Kaufverträge erläuterten Bestimmungen und Prinzipien bieten jedoch immerhin eine gewisse Grundlage für zivilrechtliche Kodifikationen.

Zugleich sind das Verbot von Risikogeschäften *(gharar)* aus Koran 2:219, 5:90–91 und 4:29 sowie das vieldiskutierte Zinsverbot *(ribā)* gemäß Koran 2:275, 2:278–280, 3:130, 4:160 und 30:39 zu beachten, so daß von vornherein Umgehungsgeschäften und Rechtskniffen eine große Bedeutung zukam und weiterhin zukommt.[60] Auf der Grundlage der hanafitischen Rechtslehre wurde in den Jahren 1867 bis 1876 die osmanische *mecelle*, das osmanische Zivilgesetzbuch, erlassen, welches auch zivilprozeßrechtliche Bestimmungen enthält.[61] Seine Wirkung geht bis heute über das türkische Kernland hinaus (in der Türkei wurde 1926 ohnehin das schweizerische Zivilgesetzbuch weitgehend kopiert), da einige Prinzipien in bis heute gültige Zivilgesetzbücher (Irak, Jordanien, VAE) aufgenommen wurden.[62] Das wirtschaftliche und politische Vordringen der europäischen Mächte in große Teile der islamischen Welt bewirkte eine verstärkte Übernahme des französischen Code civil, dessen Regelungen direkt oder indirekt in die Zivilgesetzbücher der islamischen Länder (mit wenigen Ausnahmen) eingeflossen sind. In Ägypten verlief dieser Prozeß über die Beseitigung der Kapitulationen und die Schaffung eines nationalen Gerichtssystems im Jahre 1949. Damit war die Annahme eines neuen einheitlichen Zivilgesetzbuches verbunden. Unter Federführung von ʿAbd ar-Razzāq as-Sanhūrī (gest. 1971) wurde ein modellhaftes Zivilgesetzbuch (Nr. 131/1948) erlassen, welches auf französischem Recht basiert, aber auch einige islamische Rechtsfiguren verankert. Dieses ägyptische Zivilgesetzbuch fand bei der Kodifizierung des Zivilrechts in zahlreichen islamischen Ländern Beachtung: Syrien 1949, Irak 1951, Libyen 1954, Kuwait 1961/1980, Qatar 1971, Somalia 1973, Algerien 1975, Jordanien 1976, Afghanistan 1977, Sudan 1979/1984, VAE 1985, Jemen 1992/2002, Bahrain 2001. Nahezu unverändert wurde es in Syrien, Libyen, Somalia und Algerien übernommen.[63] Damit entsteht in großen Teilen der islamischen Welt eine bemerkenswerte Zivilrechtseinheit.

Dem von as-Sanhūrī verfaßten 10-bändigen Zivilrechtskommentar *Al-wasīṭ fī sharḥ al-qānūn al-madanī al-jadīd* kommt eine weit über Ägypten herausragende Bedeutung zu. Er dient bis heute als wichtige Quelle bei der Lösung zivilrechtlicher Probleme der genannten islamischen Länder. Auch im Handelsrecht haben französisch-rechtliche Bestimmungen weitgehend Eingang gefunden. Das osmanische Handelsgesetzbuch von 1850 und das für die sogenannten Einheimischen Gerichte in Ägypten 1883 erlassene Handelsgesetzbuch markieren den Rahmen für die bis heute erkennbare grundlegende Ausrichtung des Handels- und Gesellschaftsrechts vieler islamischer Länder nach dem französischen Code de commerce. Veränderte wirtschaftsrechtliche Erfordernisse haben in den letzten Jahren dazu geführt, neue handels-, gesellschafts- und handelsvertreterrechtliche Gesetze oder Gesetzesänderungen zu erlassen (so u.a. Ägypten [1999 neues Handelsgesetzbuch], Bahrain, Jemen, Jordanien, Marokko, Oman, VAE).[64] Zudem erfordern wirtschaftliche Globalisierungstendenzen eine Neugestaltung des Urheberrechts und des gewerblichen Rechtsschutzes. Einige islamische Länder versuchen, mit Investitionsförderungsgesetzen, der Schaffung von Sonderzollgebieten, der Liberalisierung des Marktes u.a. vor allem ausländische Investitionen anzuregen. Andererseits sollen islamische Finanzinstitutionen (Banken, Investmentgesellschaften) in einigen Ländern (Pakistan, Iran, Ägypten, Golf-Länder) neue Kunden werben und nach außen die Beachtung islamischer Bestimmungen demonstrieren.

b) Zivilrecht

Die überwiegend französisch-rechtliche Ausgestaltung der Zivilgesetzbücher islamischer Länder widerspricht nach Auffassung vieler muslimischer Rechts- und Religionsgelehrter nicht der *sharīʿa,* da zum einen bestimmte Prinzipien des französischen Rechts bereits im islamischen Recht erkennbar seien, zum anderen einzelne islamische Rechtsfiguren in den Gesetzen durchaus Beachtung fänden. K. Dilger hat für das ägyptische Zivilgesetzbuch – und daher mit einigen Modifikationen auch für die Gesetzbücher des ägyptischen Rechtskreises relevant – die wichtigsten islamischen Einflüsse im ägyptischen Schuld- und Sachenrecht nachgewiesen.[65] Im einzelnen handelt es sich um folgende Rechtsinstitute:

- Die beschränkte Geschäftsfähigkeit *(nāqiṣ al-ahlīya)* in Abhängigkeit von der «Unterscheidungsfähigkeit» *(tamyīz)* gemäß Art. 46 und 110;
- Die Schuldübertragung *(ḥawālat ad-dain)* gemäß Art. 315–322;
- Die Schenkung *(hiba)* gemäß Art. 486–504;
- Die sofortige Annahme eines Angebotes unter Anwesenden in einer (auch telefonischen) Vertragsverhandlung *(majlis al-ʿaqd)* gemäß Art. 94;
- Der Verkauf unter Wert im Zustand der Todeskrankheit (s.o.) gemäß Art. 477–478;
- Die Möglichkeit der Erben eines verstorbenen Mieters oder Pächters, den über den Tod der Parteien hinaus fortdauernden Miet-(Pacht-)Vertrag aufzulösen, gemäß Art. 601;
- Die gemeinsame Mauer *(ḥāʾiṭ mushtarik)* auf der Grenzlinie zweier Grundstücke gemäß Art. 814–818;
- Die Verpachtung von Land gegen einen Anteil an der Ernte *(muzāraʿa)* gemäß Art. 619–627;
- Das Erbbaurecht *(ḥikr)* für *waqf*-Land (Stiftungsland) für maximal 60 Jahre gemäß Art. 999–1014 sowie
- Das gesetzliche Vorkaufsrecht *(shufʿa)* bei Immobilien gemäß Art. 935–948.

Daneben existieren einige islamische Rechtsfiguren (wie z.B. die Rücktrittsmöglichkeit vom Kaufvertrag bis zur Inaugenscheinnahme der Vertragssache), die modernen Erfordernissen angepaßt worden sind. So genügt laut Art. 419 die Bezeichnung und Beschreibung der verkauften Sache im Vertrag, um eine genügende Kenntnis darüber zu erlangen.

In den Zivilgesetzbüchern finden sich aber auch Bestimmungen, die in der *sharīʿa* nicht direkt nachweisbar sind. Die Unterscheidung zwischen einer natürlichen Person *(shakhṣ ṭabīʿī)* und einer juristischen Person *(shakhṣ iʿtibārī)* – so im ägyptischen Zivilgesetzbuch Art. 29–53 – kann nicht unmittelbar aus der Theorie von göttlichem und menschlichem Rechtsanspruch geschlußfolgert werden. Auch die heute üblichen und unverzichtbaren Verjährungsfristen sind nicht aus der *sharīʿa* abzuleiten. Ein immaterieller Schaden wird entgegen islamischen Auffassungen in den Zivilgesetzbüchern im allgemeinen berücksichtigt (vgl. Art. 222 ägyptisches Zivilgesetzbuch; Art. 293 Zivilgesetzbuch der VAE).[66] In der Frage der Vertragsfreiheit bietet die *sharīʿa* ein differenziertes Bild. Während die meisten Rechtsgelehrten von einer eingeschränkten Zahl von Vertragstypen ausgehen (lediglich die Hanbaliten akzeptieren eine faktische Typenfreiheit), stimmen sie jedoch darin überein, Bedingungen, die dem islamischen Recht nicht zuwiderlaufen, als Nebenabreden zu gestatten. Insofern bietet sich die Möglichkeit, «neue» Vertragstypen – etwa den Leasing-Vertrag oder den Versicherungsvertrag – als islamisch korrekt zu perzipieren. Auch der Lebensversicherungsvertrag gilt heute – obwohl von einigen *ʿulamāʾ* als aleatorischer Vertrag abgelehnt – in den meisten islamischen Ländern als legitim.[67] Die in den Zivilgesetzbüchern getroffenen Festlegungen zum Zins sind dagegen weniger einheitlich. Das ägyptische Gesetz geht vom Grundsatz der Verhältnismäßigkeit von Leistung und Gegenleistung aus und bestimmt einen gesetzlichen Zinsfuß in Höhe von 4%, in Handelssachen von 5% (Art. 226). Vertragliche Zinsen können bis zu einer Höhe von 7% vereinbart werden (Art. 227).[68] Zinsen *(fawāʾid)* aufgrund von Darlehen sind in Ägypten (Art. 542) erlaubt, in den VAE dagegen ist die Zinsnahme bei Darlehen im Zivilgesetzbuch (Art. 710–721) untersagt. Jedoch ermöglicht das Handelsgesetzbuch von 1993 Zinsen in Handelsgeschäften von bis zu 12%.[69]

c) Handels- und Wirtschaftsrecht

Der gesamte Komplex des Handels- und Wirtschaftsrechts islamischer Länder kann hier selbstverständlich nicht ausführlich dargestellt werden.[70] Es sollen im folgenden jedoch einige besondere Aspekte beleuchtet werden, die dieses Rechtsgebiet prägen und mit islamischen Rechtsauffassungen zum Teil im Zusammenhang stehen. Während im zivilrechtlichen Bereich – wie gesehen – Zinsen bisweilen untersagt sind, wird im Handel (besonders im internationalen Handel) die Zinswirtschaft bis auf wenige Ausnahmen toleriert. Seit Beginn der 70er Jahre des 20. Jahrhunderts drängen jedoch einige islamische Kräfte und Regimes verstärkt darauf, das Wirtschaftssystem zu «islamisieren», d.h. insbesondere das Bank- und Versicherungswesen auf zinsloser Grundlage zu organisieren. Dieser Bereich des «Islamic Banking»[71] hat sich bis heute als durchaus lebens- und wachstumsfähig erwiesen. Auch in nicht-islamischen Ländern sind solche Banken und Investmentgesellschaften aktiv. Die Gründung einer «zinslosen Sparkasse» in einer ägyptischen Kleinstadt im Jahre 1963 und die Eröffnung der *Islamic Development Bank* in Dschidda (Saudi-Arabien) 1975[72] bereiteten den Weg für diesen Bereich, der nicht zuletzt durch die Islamisierungspolitik in Pakistan unter Zia ul-Haq ab 1979 und die iranische Finanzpolitik seit Mitte der 1980er Jahre wesentlich befördert wurde. Die Geschäftsformen islamischer Finanzinstitutionen lassen sich in drei Grundtypen zusammenfassen: *mushāraka* (Finanzpartnerschaft mit Erfolgsbeteiligung), *muḍāraba* (Kapitalbereitstellung ohne Einflußnahme auf die Geschäftsführung) sowie *murābaḥa* (Kauf mit Wiederverkauf unter Gewinnangabe).[73]

Kernstück des «Islamic Banking» ist ohne Zweifel die *murābaḥa*-Finanzierung. Die in der 1980er Jahren in Ägypten gebildeten Investmentgesellschaften *(sharikāt tauẓīf al-amwāl)* auf der Basis von übertragbaren *muḍāraba*-Zertifikaten – vor allem mit Blick auf die Überweisungen von ägyptischen Gastarbeitern in den Golf-Ländern ins Leben gerufen – haben zwar durch zahlreiche Unregelmäßigkeiten diese Anlageform zunächst in Mißkredit gebracht, grundsätzlich können solche Investmentgesellschaften jedoch wirtschaftlich erfolgreich agieren. Mithin tritt das «Islamic Banking» Schritt für Schritt aus seinem Nischendasein heraus und entwickelt sich zu einer akzeptierten Form des Bankwesens.

Die durch die Intensivierung des internationalen Wirtschaftsverkehrs notwendige Harmonisierung des gewerblichen Rechtsschutzes und des Urheberrechts mit internationalen Standards (etwa: TRIPS – Abkommen über handelsbezogene Aspekte der Rechte des geistigen Eigentums) wurde in vielen islamischen Ländern seit den 1990er Jahren durch neue Gesetze oder Gesetzesänderungen vorangebracht.[74] Dabei gehen die Gesetzgeber davon aus, daß aus der *sharīʿa* zwar keine eigenständige Theorie zum geistigen Eigentum, aber doch aus frühen Schriften islamischer Rechtsgelehrter sowie aus diversen Rechtsgutachten ein solcher Rechtsschutz abgeleitet werden kann.[75] Im Handelsvertreterrecht zeigt sich insbesondere in den arabischen Ländern eine Tendenz, einheimische Vertreter *(wakīl)* sowohl als Eigenhändler als auch als Handelsvertreter gesetzlich zu privilegieren. So ist die Kündigung eines solchen Vertrages nur durch einen Ausgleich des entstandenen Schadens für den Vertreter möglich, für befristete Verträge, die nicht verlängert werden, gilt ähnliches. Auch das neue Handelsgesetzbuch Ägyptens verankert eine solche Regelung. Vom Handelsvertreter ist der besonders in den Golf-Ländern im Handelsverkehr mit öffentlich-rechtlichen Stellen bekannte «Sponsor» *(kafīl)* oder Dienstleistungsvertreter *(wakīl al-khidmāt)* zu unterscheiden. Diese Rechtsfiguren haben jedoch keine direkte islamische Grundlage, sondern resultieren aus dem staatlichen Interesse, durch protektionistische Bestimmungen eigene Staatsanghörige an den Geschäften zu beteiligen.[76] Oft favorisieren islamische Länder die Gründung von Gemeinschaftsunternehmen *(Joint Ventures)* mit Firmen aus westlichen Industriestaaten, um Kapital und *Know-how* zu akquirieren. Im Zuge der internationalen Verflechtung und neuer Möglichkeiten der Telekommunikation haben sich im Zahlungsverkehr auch Formen herausgeprägt, durch die an den Finanz- und Wirtschaftsaufsichtsbehörden vorbei nicht zu vernachlässigende Beträge transferiert werden. Der sich am islamischen Rechtsinstitut der Schuldüberweisung *(ḥawāla)* orientierende Transfer ohne Einbeziehung von Banken birgt die Gefahr des Mißbrauchs und des Aufbaus einer islamischen «Schattenwirtschaft» in sich.

IV.
Die Stellung des Islams und des islamischen Rechts in ausgewählten Staaten

1. Türkei
(Ursula Spuler-Stegemann)

a) Zur gegenwärtigen Situation

Nach Jahrzehnten fast völliger Agonie (1923–1950) ist der Islam in der Türkei zunehmend erstarkt (1950–1980) und gegenwärtig ein machtpolitischer Faktor ersten Ranges. Verfassungsmäßig ist die von Atatürk geprägte Republik nach wie vor laizistisch. Der Religion bleibt der Zugriff auf die Legislative verwehrt. Doch haben religiöse Kräfte institutionell und in der Massenwirkung eine derartige Bedeutung erlangt, daß vielen bereits der Übergang zu einem «Fundamentalistenstaat» vor Augen steht; gleichzeitig wächst die Sorge, wie lange das Militär angesichts dieser von ihm selbst begünstigten Entwicklung noch zusieht, während auch die Hoffnung gedeiht, daß der EU-Beitrittswunsch die islamische Regierung zur dauerhaften Anpassung an europäische Standards von Demokratie und Menschenrechten zwingt.

Schlagworte wie «Re-Islamisierung», «Restauration» und «Fundamentalismus» werden der Gegenwartsbedeutung des Islams in der Türkei allerdings nur bedingt gerecht. Es handelt sich um viel mehr als dies – und zugleich um wesentlich anderes. Die Türkei ist als Nationalstaat auf der Suche nach ihrer Identität und findet diese zunehmend im Islam und in der Wiederbelebung der islamischen Glaubensgemeinschaft, der *umma* (türk.: *ümmet*), deren Teil sie ist. Im Kern geht es um eine grundsätzliche Umstrukturierung des Staates. Dabei wird deklariert, man wolle weiterhin dem Laizismus-Prinzip folgen, während de facto eine Reaktivierung osmanischer Grundvorstellungen in modernem Gewande angestrebt wird. Die wichtigsten Komponenten, teilweise auch Antagonismen dieser Identitätsfindung lassen sich klar benennen. Offiziell gelten 99,2% aller Einwohner der Türkei als Muslime. Die übrigen sind vor allem Christen verschiedener Konfessionen, noch kleinere Minderheiten die Juden, die auch Nusairier genannten arabischen ʿAlawiten und kurdische Yezidi.

Die meisten Türken sind Sunniten. Erst seit Ende der 80er/Anfang der 90er Jahre des 20. Jahrhunderts ist allgemein bewußt geworden, daß tatsächlich aber mindestens 15% der Bevölkerung Aleviten sind[1] – eine völlig eigenständige Religionsgemeinschaft,[2] die sich überwiegend als «islamisch» definiert, jedoch in einem distanzierten Verhältnis sowohl zum sunnitischen Mehrheitsislam wie auch zur Schia steht.

Mit zuletzt (2004) mehr als 72,3 Millionen Einwohnern übertrifft die Türkei alle anderen Anrainerstaaten des Mittelmeers, nicht nur Ägypten, sondern auch Frankreich, Italien und Spanien. Diese demographische Entwicklung läßt sich zurückverfolgen: 1927 waren es nur 13,6 Millionen, 1960 dann 27,7 Millionen und 1980 schon 44,7 Millionen. Das Bruttosozialprodukt ist auf etwa 4100 $ je Einwohner angestiegen. Die Währungsreform, bei der die YTL (Yeni Türk Lirası, Neue Türkische Lira) zum 1. Januar 2005 im Verhältnis 1 000 000 zu 1 abgewertet wurde, verlief reibungslos. Die Inflationsrate, die 1994 noch 156% betrug, ist zum Jahresende 2004 auf unter 10% gefallen. Der Aufschwung so kurz nach dem wirtschaftlichen Zusammenbruch im Jahre 2001 verläuft kontinuierlich, wenn auch gedrosselt. Die Steuerlast drückt zunehmend, und die Preise z. B. für öffentliche Verkehrsmittel steigen. Auch die Arbeitslosigkeit nimmt zu und treibt insbesondere junge Menschen in die offenen Arme fundamentalistischer Gruppen, die ihnen moralische wie materielle Hilfe angedeihen lassen.

Die Türkei ist zugleich der einzige größere von Muslimen bewohnte Staat, der europäisches Territorium einbezieht. Mehr als nur symbolisch ist, daß Straßenschilder an den Verkehrsknotenpunkten Istanbuls einerseits nach *Avrupa*, Europa, andererseits nach *Asya*, Asien, weisen. Die Brückenfunktion zwischen den beiden Kontinenten ist ein zentraler Faktor des Selbstverständnisses der Türkei. Als *NATO*-Mitglied (seit 1952) ist sie dem Westen fest verbunden, für ihre wirtschaftliche und technische Entwicklung dauerhaft auf diesen angewiesen. Der Islam hingegen verbindet sie mit den arabischen Staaten Nordafrikas und des Vorderen Orients, ja über die *Arabische Liga* hinaus mit Iran und insbesondere mit den nach Auflösung der UdSSR neu entstandenen zentralasiatischen Turkrepubliken Kasachstan, Kirgistan, Turkmenistan und Usbekistan sowie dem überwiegend schiitischen Aserbaidschan. Traditionelle sprachliche, kulturelle und religiöse Verbundenheit fördert erhebliche Aktivitäten in diese Richtung, teils in heftiger Konkurrenz mit Iran. Dieser Spagat zwischen der materiellen Hinwendung zum Westen und der ideellen Neigung zur islamischen Welt prägt die Türkei von 2005. Zugleich macht sie erhebliche Anstrengungen, die 1993 formulierten «Kopenhagener Kriterien» zu erfüllen, um Vollmitglied der *Europäischen Union* werden zu können.

Zudem erlebt die Türkei eine Welle eines fast ungezügelten rassistischen Nationalismus. Hitlers «Mein Kampf» ist Bestseller, und Autoren wie Eşref Günaydın, der jüdisch-kurdische Komplott-Theorien schmiedet, oder Söner Yalçın mit seinen anti-jüdischen Verschwörungstheorien, dazu zahllose Schriften mit einem unverhülltem Anti-Amerikanismus überschwemmen den Büchermarkt.[3]

Die Leugnung des Genozids an den Armeniern ist seit Jahren Thema in den türkischen Medien.[4] Gegenwärtig leben nur noch 65 000 Armenier in der Türkei (zum Vergleich: 30 000 in Deutschland, 400 000 in Frankreich). Die Debatte im deutschen Bundestag im April 2005 zur Armenien-Frage und die Gedenkfeier lösten Empörung in der Türkei aus mit dem Resultat, daß der aufgeheizte Nationalismus viele Türken eher zusammenschweißt, so daß Erdoğan diese Situation – teils unter Nutzung des *umma*-Gedankens – zur Überbrückung ethnischer Differenzen und zur Stärkung seiner eigenen Machtposition nutzen kann. Dieser Nationalismus führte zu Demonstrationen zum Gedenken an den damaligen Innenminister Talat Pascha, der im April 1915 die Vertreibung der Armenier angeordnet hatte. Hingegen wurde einer der herausragenden türkischen Dichter der Gegenwart, Orhan Pamuk, wegen seiner Erwähnung der Ermordung von 30000 Kurden und einer Million Armenier «wegen Beleidigung der Türkei und ihrer Staatsorgane» (Art. 159 und 312 StGB) gerichtlich belangt, erhielt Morddrohungen und erlebte öffentliche Verbrennungen seiner Bücher.[5] Der Haß gegen alle, die das türkische Nationalgefühl antasten, schwappt auch nach Deutschland über.[6] Der Nationalismus mitsamt seinen Feindbildern führt zu bislang für unmöglich gehaltenen Gemeinsamkeiten von AKP-Mitgliedern, Aleviten, Linken, Kurden und nichtreligiösen Rechts-Nationalen mit Religiösen unterschiedlicher Couleur. Hier wächst ein Potential heran, das in seiner Wirkkraft derzeit nicht einzuschätzen ist.

Die Türkei hat zwar den rechtlichen Rahmen für eine bessere Handhabung der Menschenrechte geschaffen und verfügt sogar über ein eigenes Ministerium für Menschenrechte; dennoch gibt es nach wie vor viele Menschenrechtsverletzungen und Verstöße gegen die Verfassung, zu denen die Regierung schweigt,[7] was auf mangelhaftes Demokratie-Verständnis schließen läßt.[8] Dabei handelt es sich nicht um die Verbesserung, sondern um eine Einschränkung der Versammlungs- und Pressefreiheit[9] sowie um die Verhinderung der verfassungsmäßig garantierten Religionsfreiheit, die religiösen und ethnischen Minderheiten weiterhin nicht gewährt wird. Die verkündete Religionsfreiheit steht mehr oder weniger nur auf dem Papier.[10] Die einseitige staatliche Förderung des sunnitischen Islams isoliert die Aleviten sowie deren Sondergruppen wie die Tahtacı, die ihr Recht auf religiöse und kulturelle Eigenständigkeit einfordern. Nichtislamische Minderheiten sind weiterhin benachteiligt.[11] Autonomiebestrebungen der Kurden werden nach wie vor militärisch bekämpft; Folter wird weiter angewandt und die Folterer werden kaum bestraft. Nur auf Druck des Westens wurden den Kurden kulturelle Rechte wie der freie Gebrauch ihrer Sprache zugestanden, die jedoch in der Praxis kaum verwirklicht werden.

b) Zum geschichtlichen Hintergrund

Osmanisches Reich

Seit der Eroberung Kairos (1517) erhoben die osmanischen Sultane Anspruch auf den Titel des Kalifen als des alleinigen Herrschers über alle sunnitischen Gläubigen, nahmen ihn aber erst vom 18. Jahrhundert an als politisches Mittel gegen den Zerfall des Imperiums real wahr. Die eigentliche geistliche Macht im Staat verkörperte der Mufti (arab. *muftī,* türk. *müftü*) von Istanbul als *şeyh-ül-islām* (arab. *shaikh al-islām*), seiner Bedeutung nach dem Papst vergleichbar.[12] Einerseits stand er im Dienste des Sultans, wurde von diesem besoldet und (ebenso wie sonst nur der Großwesir) vom Sultan direkt ernannt. Andererseits hatte er als höchste religiöse Autorität darüber zu befinden, ob der Sultan islamgerecht lebte und handelte, und dafür zu sorgen, daß die staatliche Gesetzgebung *sharīʿa*-konform blieb. Unbeschadet seiner Einbindung in das Palastpersonal konnte er sogar den Sultan aus religiösen Gründen absetzen, wenn dies auch wegen der machtpolitischen Verhältnisse nur ganz selten geschah. Die institutionelle Trennung zwischen der staatlichen Macht des Sultans und der religiösen Macht des *şeyh-ül-islām* war der heutigen Republik jedenfalls bereits vom Osmanischen Reich her vorgegeben.

Auch die Entmachtung der zentralen religiösen Instanz begann bereits im 19. Jahrhundert. Der *şeyh-ül-islām* wurde aus der Hohen Pforte ausgegliedert und in das nur noch dem Großwesir unterstellte *fetvahane* verwiesen. Die frommen Stiftungen – bislang wichtigste Finanzierungsquelle für die Geistlichen – wurden ihm entzogen und verstaatlicht. Neben den traditionellen Medresen (von arab. Sing. *madrasa*), den höheren Schulen für religiöse Bildung, wurden die ersten öffentlichen Schulen eingerichtet und einem neu gegründeten Erziehungsministerium unterstellt. Im Rahmen der Verwaltungsreformen während der *Tanẓīmāt*-Zeit (1839–1876) wurden europäische Gesetze übernommen, ohne daß der *şeyh-ül-islām* diese Neuerungen noch beeinflussen konnte.

Die Zeit nach dem Ersten Weltkrieg

Die militärische, technische und wirtschaftliche Überlegenheit des christlichen Abendlandes führte im Zusammenhang mit dem Desaster des Osmanischen Reiches im Ersten Weltkrieg dazu, die Hauptschuld aller bisherigen Niederlagen im Islam als einer hoffnungslos rückständigen Religion zu suchen. Deshalb sah es der 1934 vom Parlament mit dem Ehrentitel *Atatürk* (Vater der Türken) ausgezeichnete Mustafa Kemal Pascha, der Sieger des Befreiungskampfes (1919–1922), als vordringliches Ziel an, den neuen Nationalstaat Türkei als säkulare Republik europäischen Musters zu konstituieren und ihn aus den Fesseln fortschrittshemmender Religionsfunktionäre zu lösen. Die einschlägigen Reformmaßnahmen erstreckten sich ab 1923 über mehr als ein Jahrzehnt und führten dazu, daß in der Türkei die Religion weitgehend zu einer Angelegenheit rein privater Frömmigkeit wurde, wenn auch in den traditionsverhafteten ländlichen Gebieten weniger als in den Städten.

Im November 1922 wurde der Kalif, Sultan Mehmed VI. Vahideddin, durch die Nationalversammlung abgesetzt und verließ das Land. Diese wählte Abdülmecid II. zum Nachfolger, allerdings nur noch als Kalif. Durch die Proklamation der Republik am 29. 10. 1923 erlosch das Sultanat. An die Stelle des Sultans trat der von der Nationalversammlung gewählte, mit erheblichen Machtbefugnissen einschließlich des militärischen Oberbefehls ausgestattete Staatspräsident. Um die osmanischen Traditionslasten besser abschütteln zu können, wurde Ankara zur neuen Hauptstadt der Republik bestimmt. Dort beschloß die Nationalversammlung am 3. 3. 1924 die Abschaffung auch des Kalifats und verwies Abdülmecid II. (gest. 1944) des Landes.

An die Stelle des Amtes des *şeyh-ül-islām* trat am 3.3.1924 das nur noch für die Überwachung religiöser Literatur und die Verwaltung der geistlichen Ämter zuständige Präsidium für Religionsangelegenheiten *(Diyanet İşleri Reisliği)*.

Am 8.4.1924 wurden die Scheriatsgerichte aufgelöst. Die gesamte Gerichtsbarkeit wurde dem Justizministerium zugewiesen und 1926 das teilweise noch auf der *sharīʿa* fußende Zivilrecht vom Bürgerlichen Gesetzbuch der Schweiz abgelöst.

Die Verstaatlichung der noch bestehenden 479 Medresen unterstellte am 3.3.1924 das gesamte Schulsystem einheitlich dem Erziehungsministerium, das 1925 das Prinzip schulischer Koedukation einführte. Arabisch, die Sprache des Korans und der religiösen Gelehrsamkeit, und Persisch, die Sprache der höfischen Dichtung, wichen in den Lehrplänen europäischen Sprachen. An den Gymnasien endete der Religionsunterricht im Herbst 1924, an den Mittelschulen 1927, an den städtischen Volksschulen 1930, schließlich auch an den Dorfschulen 1938.

Die meisten Geistlichen (türk. *ulema* von arab. *ʿulamāʾ*) gingen 1924 in Pension. Die einzige, 1924 mit 284 Studierenden neugegründete Theologische Fakultät des Landes in Istanbul wurde 1933 beim Stande von nur noch 20 Studenten in ein Institut für Orientalistik an der Philosophischen Fakultät mit einem einzigen Arabischlektor umgewandelt.

Der weiteren Ausbildung von Moscheenpersonal (Imame und Freitagsprediger) dienten (1932 mangels Nachfrage wieder aufgelöste) İmam-Hatip-Zweige an staatlichen Schulen. Die meisten Moscheen wurden im Laufe der Zeit geschlossen und verfielen, soweit man sie nicht – wie 1934 die Ayasofya in Istanbul – in Museen umwandelte oder für andere Zwecke nutzte.

Am 30.11.1925 wurden die Konvente *(tekke)* und Mausoleen *(türbe)* der machtvollen Derwischorden (türk. *tarikat*, arab. *ṭarīqāt*) als «Horte der Reaktion» geschlossen, ihre Scheichs pensioniert oder verbannt. Das «Hutgesetz» vom 25.11.1925 verbot Turban wie Fez und machte den Männern das Tragen europäischer Kopfbedeckungen zur Pflicht. 1934 wurden Würdentitel wie Efendi, Bey oder Pascha abgeschafft und das Tragen geistlicher Kleidung in der Öffentlichkeit untersagt.

Wichtige Neuerungen gegenüber der bisher geltenden *sharīʿa* betrafen die Frauen. 1925 wurde die Polygamie verboten und die Scheidung für sie erleichtert. Ein Gesetz vom 17.2.1926 machte die Zivilehe zur Pflicht, hat allerdings die nur religiöse Eheschließung («Imamehe») bis heute nicht gänzlich verdrängen können.[13] Die Jahre 1930 bis 1934 bescherten den Frauen zunächst das aktive, dann auch das passive Wahlrecht. 1925 wurde der europäische (gregorianische) Kalender eingeführt, 1935 der Sonntag zum Wochenfeiertag erklärt, wodurch die islamische Freitagspredigt ihren letzten Rückhalt einbüßte. Am nachhaltigsten ist der Einfluß der Religion dadurch verdrängt worden, daß nach Übernahme der internationalen Ziffern (20.5.1928) die Schriftreform vom 1.11.1928 die arabisch-osmanische Schrift durch die bis heute in der Türkei übliche Lateinschrift ersetzte. Bereits Mitte 1929 wurden alle Bücher und Zeitungen nur noch in Lateinschrift gedruckt. Gefördert wurde diese Neuorientierung durch eine Alphabetisierungskampagne, zumal 1927 erst 17,4% der Männer und 4,7% der

Frauen lesen und schreiben konnten. Somit löste diese Schriftreform die Türkei aus dem islamischen Kulturverbund, weil die Jugend das Traditionsschrifttum nicht mehr zu lesen vermochte. An dessen Stelle trat moderne, zu einem Großteil von Europa übernommene sowie von der nationalen Staatsideologie geprägte Literatur für sämtliche Lebensbereiche.

Dies alles geschah, obgleich Artikel 2 der Verfassung von 1924 den Islam als Staatsreligion vorgesehen hatte. 1928 wurde dieser Artikel ersatzlos gestrichen. Erst 1937 trat an seine Stelle eine Reihe von Normen des Staates, die diesen u. a. als laizistisch beschrieben. Die wichtigsten Reformmaßnahmen Atatürks, der 1938 verstarb, sind in Artikel 174 der Verfassung von 1982 im einzelnen aufgeführt und damit weiterhin Grundlage der Republik Türkei.[14]

Die Entwicklung nach dem Zweiten Weltkrieg

Die islamische Renaissance begann, als Atatürks Nachfolger İsmet İnönü 1946 das heutige Mehrparteiensystem einführte. In Konkurrenz zur bisherigen Einheitspartei, der *Republikanischen Volkspartei (Cumhuriyet Halk Partisi, CHP)*, ließen sich aus dem konservativen islamischen Erbe Stimmen gewinnen. So erhielt 1950 die oppositionelle *Demokratische Partei (Demokrat Partisi, DP)* unter Adnan Menderes die Mehrheit im Parlament, was vielen Religiösen als entscheidende Wende galt. Geschürt wurde die religiöse Rückbesinnung durch die Furcht vor der expandierenden Siegermacht Sowjetunion, gegen deren atheistischen Kommunismus der Islam ein Gegengewicht schaffen sollte.

Im Zuge der Neuorientierung kam der Religionsunterricht wieder in Gang, zunächst nur fakultativ an den Grundschulen, schließlich (1982) obligatorisch in allen Schulen. 1949 wurde in Ankara mit 80 Studenten eine neue Theologische Fakultät eröffnet. Die staatlichen Korankurse kamen zu neuer Blüte, ebenso von religiösen Gruppen illegal veranstaltete. Wie Pilze schossen im ganzen Land Moscheebauvereine aus dem Boden, die alte Gebäude restaurierten und neue errichteten. Von nun an bekam der Staat mehr und mehr Mühe, diese Entwicklung in geordnete Bahnen zu lenken.

1949 hatte die Zerstörung von Atatürk-Büsten durch Anhänger des *Ticaniye*-Ordens (arab. *Tijānīya*) noch zu Gesetzen zum Schutz des Laizismus und des Andenkens Atatürks geführt. 1974, 1975 und 1977 beteiligte sich mit der *Nationalen Heilspartei (Millî Selamet Partisi, MSP)* erstmals eine Partei mit europafeindlichen und islamistischen Tendenzen an Koalitionsregierungen; Parteichef und stellvertretender Ministerpräsident war Necmettin Erbakan, ein Mitglied des *Nakşibendiye*-Ordens (arab. *Naqshbandīya*). Wie die meisten anderen Parteiführer auch, hat er das Parteienverbot durch die Militärs 1980 überstanden und wurde Generalsekretär der 1983 gegründeten fundamentalistischen *Wohlfahrtspartei (Refah Partisi, RP)*. Gemäß Artikel 86–88 des Parteiengesetzes Nr. 18027 vom 23. 4. 1983 sind jedoch alle Parteien auf den Laizismus verpflichtet und müssen die Durchsetzung religiöser Ziele in Rechtswesen, Politik, Wirtschaft und Sozialbereich unterlassen.

Seit den Wahlen von 1983 konnte Turgut Özal, familiär ebenfalls der *Nakşiben-*

diye verbunden, mit 45,15 % der Stimmen für seine *Mutterlandspartei (Anavatan Partisi, ANAP),* nicht zuletzt durch sein persönliches religiöses Engagement den sunnitischen Mehrheitsislam maßgeblich fördern.[15]

Seit ihrem Wahlsieg Ende 1991 unter Süleyman Demirel stellte die konservative *Partei des Rechten Weges* (*Doğru Yol Partisi,* DYP) gemeinsam mit der *Sozialdemokratischen Partei* (*Sosyaldemokrat Halkçı Partisi,* SHP) von Erdal İnönü eine Koalitionsregierung, die 1993 von Ministerpräsidentin Tansu Çiller (DYP) unter Demirel als Staatspräsident fortgeführt wurde. Im Dezember 1995 kam es zu vorgezogenen Wahlen, aus denen die islamistische *Wohlfahrtspartei* RP (*Refah Partisi*) als stärkste Partei hervorging.[16] 1996 wurde ihr Vorsitzender, Necmettin Erbakan, Ministerpräsident; bereits ein Jahr später mußte er aber auf Druck des Militärs wieder zurücktreten. Doch in der kurzen Amtszeit war es ihm gelungen, viele seiner Anhänger im Staatsdienst und an wichtigen Schaltstellen unterzubringen. Seine Partei wurde am 16. 1. 1998 vom Türkischen Verfassungsgericht verboten; Erbakan und sechs weitere führende Funktionäre erhielten mehrjähriges Berufsverbot, ein Urteil, das die Europäische Menschenrechtsorganisation in Straßburg bestätigte. Rechtsnachfolgerin der RP wurde die inhaltlich faktisch identische *Tugendpartei* (FP, *Fazilet Partisi*). Die neue kurzlebige Koalitionsregierung unter Mesut Yılmaz (ANAP) wich nach dessen Sturz im November 1998 am 11. Januar 1999 der Minderheitsregierung unter dem altgedienten Sozialdemokraten Bülent Ecevit (DSP mit MHP und ANAP). Unter Ecevit kam es zu einer dramatischen Regierungs-, Wirtschafts- und Finanzkrise, die in dem sogenannten «Schwarzen Mittwoch» am 19. Februar 2001 gipfelte. Im Juli 2002 wurden wegen der schweren Erkrankung Ecevits Neuwahlen ausgeschrieben. Charakteristisch für diese letzten Jahre ist das Gerangel zwischen Militär und Regierung, insbesondere auch hinsichtlich des Umgangs mit den islamischen Kräften, da sich das politische Gewicht deutlich immer mehr zu deren Gunsten verschob. Weil die FP am 22. Juni 2001 vom Verfassungsgericht verboten wurde, kam es nach altbekanntem Muster zu Neugründungen. Diesmal allerdings spaltete sich die FP auf in die *Saadet Partisi (Partei der Glückseligkeit),* den Erbakan-Flügel, und in den «Reformflügel» der *Adalet ve Kalkınma Partisi* (AKP, *Gerechtigkeits- und Entwicklungspartei*) unter Recep Tayyip Erdoğan, die am 3. November 2002 mit 34,2 % aufgrund eines bemerkenswerten Wahlsystems die Regierung stellen konnte, während die Saadet Partisi in Bedeutungslosigkeit versank. Abdullah Gül wurde zunächst Ministerpräsident. Wegen einer Gefängnisstrafe, die er als Bürgermeister von Istanbul aufgrund eines Zitats national-religiösen Inhalts erhalten hatte, konnte Erdoğan ein Abgeordnetenmandat und später das Amt eines Ministerpräsidenten erst durch Verfassungsänderungen übernehmen.

Erstmals stellte nunmehr in der Türkei eine religiöse Partei – die *AK Partisi* – die absolute Mehrheit.[17] Im April 2005 war – nach etlichen Parteiwechseln – die Sitzverteilung im Parlament wie folgt: AKP 357 Sitze und die CHP 162 Sitze; die restlichen 30 Stimmen verteilten sich auf 5 Parteien. Für Verfassungsänderungen und Amnestiegesetze sowie für das Überstimmen des Vetos des Staatpräsidenten werden 330 Stimmen benötigt, d.h. die meist recht freundlich als islamisch-konservativ oder gemäßigt-islamistisch umschriebene AKP ist mit dem Überhang von 27 Stimmen *absolut* herrschend und nicht überstimmbar; zudem zerfleischt sich die CHP-Opposition unter Deniz Baykal selbst.

Nach jeweils etwa einem Jahrzehnt religiöser Machtausweitung hatte wiederholt das streng an den Reformen Atatürks orientierte Militär die Staatsführung übernommen (1960, 1971, 1980). Offenbar erhoffte es mehr Stabilität durch die Förderung des Islams insbesondere als Gegengewicht gegen wieder aufkommende linke Kräfte. Doch hat sich der Islam mittlerweile zu einem höchst effizienten, innerlich differenzierten Staatsunternehmen entwickelt, einer «sunnitischen Republik», wobei das demokratische Korrelativ zunehmend entschwindet.

c) Religion und Politik

Vor allem seit dem Wegfall des strengen, oft mißbrauchten Paragraphen 163 StGB im April 1993 werden die Islamisten, die einst den «atheistischen» Staat aus dem Untergrund bekämpften, nur noch bei eklatanten Verstößen gegen das Säkularitätsprinzip oder wegen krimineller Vergehen gerichtlich verfolgt.[18] Sie nutzten erfolgreich die vielfältigen Möglichkeiten, Parteien und staatliche Institutionen zu durchdringen, auch ohne ihre religiöse Identität weiterhin zu verbergen.

Die Parteien haben Ideologien aufgegriffen, die den Islam in die türkische Gesellschaft einzubinden trachten. Am bekanntesten ist die *Türkisch-Islamische Synthese (Türk-İslam Sentezi)*, die 2500 Jahre Türkentum, 1000 Jahre Islam und 150 Jahre westlicher Orientierung miteinander verbinden möchte. Ihr ideeller Vorbereiter und Begleiter waren die konservativen Mitglieder des *Intellektuellen-Club (Aydınlar Ocağı)* mit ihren konkreten Vorschlägen zur Gestaltung von Verfassung und Gesetzen. Von den islamistischen Parteien Necmettin Erbakans wird die «gerechte Ordnung» *(adil düzen)* propagiert, die sich durch Einsatz sozialistischen Vokabulars auch linkes Wählerpotential zu erschließen hofft. Anfang der 1990er Jahre ist der «islamische Liberalismus» *(islami liberalizm)* als sogar von einem Teil der Fundamentalisten akzeptierte Ideologie aufgekommen, die Demokratie mitsamt Mehrparteiensystem als «urislamische» Staatsform deutet. Gegenwärtig verbindet sich ein massiver Nationalismus mit diversen Strömungen.

Auch wenn eine offizielle Anerkennung ausgeblieben ist, sind die traditionell volksnahen Orden *(tarikat)* und Religionsgemeinschaften *(cemaat)* wie die *Nakşibendi, Kadiri (Qādirīya), Mevlevi, Rufai, Halveti* mit ihrem Zweig der *Cerrahi, Işıkçı, Süleymancı,*[19] *Nurcu* mit ihren radikalen anti-westlichen und staatsfeindlichen Zweigen *Med-Zehra* bzw. *Hizb-i Kuran* (Partei des Koran) sowie die *Aczmendi* in der türkischen Gesellschaft fest etabliert. Die mächtigste und einflußreichste Gruppierung bilden inzwischen die hochproblematischen, aber von vielen als «liberal-konservativ» eingeschätzten *Fethullahçı,*[20] die sich selbst als *Fethullah Hocanın Talebeleri* (Fethullah Gülen-Schüler) bezeichnen und «deren Weltanschauung Neo-Nationalismus, Neo-Osmanismus und Gedankengut der Nurcus verbindet»; in den *Dershaneler* («Lehrhäuser») und *Işık Evleri* («Leuchthäuser», «Lichthäuser») der *Fethullahçı* wird eine religiös ausgerichtete Kaderelite herangezogen.[21] Regierungsmitglieder sowie Parlamentsabgeordnete, Provinzgouverneure oder Verwaltungsbeamte sind in nicht geringer Zahl diesen religiösen Gruppen zuzuordnen; nur das Militär bemüht sich konsequent um Distanz zu ihnen. In der türkischen Gesellschaft sind sie ansonsten fest etabliert, teils sogar in Vereinen und Stiftungen mit unverfänglichen Bezeichnungen neuorganisiert; sie gründeten eigene Hochschulen, leiten Privatschulen und Förderkurse für Schüler, haben eigene Ladenketten und sonstige Firmen installiert, vermarkten religiöse Musik, besitzen eigene Buch-Verlage und große Tageszeitungen wie «Türkiye», «Zaman» sowie «Tercüman» und zahlreiche Zeitschriften. Sie betreiben private Rundfunk- und Fernsehsender,[22] die bis in die zentralasiatischen Turkrepubliken ausstrahlen. Im Wohlfahrts- und Gesundheitswesen sind sie sehr aktiv. Die Menschenrechtsorganisation *Mazlum-Der* ist religionsgebunden. Diese Gruppierungen führen der Zukunftsgestaltung gewidmete internationale Tagungen durch und sind auf allen Ebenen präsent.

d) Staatliche Förderung des Islams

Gemäß Artikel 10 der Verfassung von 1982 haben alle Staatsbürger unbeschadet ihrer Religionszugehörigkeit gleiche Rechte; Privilegien einzelner Gruppen oder Klassen sind ausdrücklich ausgeschlossen. Dennoch beschränkt sich die staatliche Religionsförderung auf den sunnitischen Islam, der somit faktisch in die Rolle einer Staatsreligion hineingewachsen ist. Den Islam fördern insbesondere vier Institutionen, nämlich das Erziehungsministerium, der Staatsminister für Religion, das Präsidium für Religionsangelegenheiten und die Direktion für das Stiftungswesen.

Das Erziehungsministerium

Verfassungsgemäß hat das Nationale Erziehungsministerium *(Millî Eğitim Bakanlığı, MEB)* seit 1924 das Monopol auf das Ausbildungswesen einschließlich Religionsunterricht und Theologiestudium. Innerhalb des MEB sorgt eine besondere Generaldirektion für religiöse Erziehung *(Din Eğitimi Genel Müdürlüğü)*, für Stellenbesetzungen, Lehrbücher und Lehrpläne. Maßgabe für den Religionsunterricht ist Artikel 24 der Verfassung von 1982: «Erziehung und Unterricht in Religion und Ethik sollen unter staatlicher Aufsicht und Kontrolle durchgeführt werden. Unterricht in religiöser Kultur und Ethik sind Pflichtfach der Grund- und Sekundarschulen. Religiöse Erziehung und Unterweisung außerhalb davon können auf besonderen Antrag hin erfolgen, im Falle der Minoritäten auf Antrag ihres Repräsentanten.»

Dieser Vorgabe gemäß tragen die Lehrbücher den Titel «Religionskultur und Ethikwissen» *(Din Kültürü ve Ahlâk Bilgisi)*. Vorsatzblätter bieten stets ein Farbportrait Atatürks sowie die Nationalfahne samt dem Text des «Unabhängigkeitsmarsches», ein Abschlußblatt zeigt die Landkarte der Türkei mit allen Provinzen, gegebenenfalls gefolgt von einer Karte «Die türkische Welt», die hier von Mitteleuropa über den Vorderen Orient und die zentralasiatischen Turkrepubliken bis hin nach Sacha (Jakutien) reicht. Vermittelt werden nationale Werte wie der Stolz darauf, Türke sein zu dürfen, die Erziehung zum guten Staatsbürger sowie ein vertiefendes Verständnis der «vollkommenen Religion Islam». Informiert wird über Unterschiede zwischen Sunniten und Schiiten wie auch über das Christentum und andere Religionen. Hauptziel des Religionsunterrichts ist das Schaffen nationaler und religiöser Einheit.

Der Bedarf an Fachpersonal für den Betrieb der Moscheen wuchs mit der Besinnung auf die Religion. Die ersten İmam-Hatip-Kurse des Jahres 1949 dauerten zehn Monate und hatten 50 Absolventen. 1951 wurden İmam-Hatip-Schulen *(İmam-Hatip Okulları)* gegründet, um zunächst insbesondere für die Berufe des einfachen Imams und Predigers auszubilden. Seitdem haben sich die Schülerzahlen von Imam-Hatip-Schulen explosionsartig vermehrt. 1997 wurde die Grundschulpflicht von 5 auf 8 Jahre erhöht; 1998 wurden die Mittelstufen abgeschafft. Die Kinder können auf die allgemeinbildenden und berufsbildend-technischen Oberschulen überwechseln; zu letzteren zählen die Imam-Hatip-Schulen. Diese religiösen Schulen haben den gleichen Lernstoff wie die säkularen; ergänzend müssen sie jedoch Arabisch, Koran- und grundlegende Islamkenntnisse vermitteln, wofür ein zusätzliches Unterrichtsjahr eingeplant ist.

Für das Schuljahr 2005/06 gibt es laut Erziehungsministerium 445 Imam-Hatip-Gymnasien mit 43726 Schülern (davon 29837 Mädchen) und 7 Anadolu Imam-Hatip-Gymnasien mit 23288 Schülern (davon 14655 Mädchen), die ein besseres Fremdsprachenangebot erhalten. Die Imam-Hatip-Absolventen machen nur noch ca. 7% der 1,95 Mio. Abiturienten aus; denn die Zahlen waren zeitweise rückläufig, sind aber inzwischen konstant. Dennoch sind es erheblich mehr, als in Theologiestudium und Religionsberufen unterkommen können. Deshalb drängen die Absolventen in andere Studiengänge und direkt in den mittleren Dienst der Behörden, die sie auf diesem Wege massiv religiös unterwandern.

Im Jahre 1990 waren die Imam-Hatip-Schulen wie die anderen berufsbildenden Schulen den allgemeinen Oberschulen gleichgestellt worden. Doch bei der Zulassung zum Studium aufgrund eines unterschiedlichen Berechnungsmodus bei den Bewertungen der Hochschulzugangsprüfungen wurden die Schüler der allgemeinbildenden Gymnasien bevorzugt. Am 13. Mai 2004 setzte die AKP gegen die CHP im Rahmen der sogenannten Hochschul-Reformen durch, daß diese Ungleichbehandlung aufgehoben und somit den Absolventen der Imam-Hatip-Schulen der Zugang zu den Universitäten, den ohnedies nur 28% nutzen dürfen, erleichtert wurde.[23]

Dies konnte nur durch die Reformierung des YÖK *(Yüksek Öğretim Kurulu)* geschehen. Der YÖK ist eine 1982 vom Militär geschaffene, in der Verfassung verankerte und dem Staatspräsidenten unterstellte Institution mit den Kompetenzen, über Lehrinhalte zu wachen sowie die Finanzen und die Personalplanungen zu koordinieren, also auch die Lehrstühle und Dekanate zu besetzen. Gegen den allmächtigen und rigiden YÖK, dem auch Militärs als Mitglieder angehörten, kam es immer wieder zu blutigen Studentenunruhen, zuletzt Anfang November 2004. Das Parlament löste – ohne Gegenwehr – die Militär-Mitglieder durch AKP-

Leute ab. Die Reform des YÖK ist für unabhängige wissenschaftliche Arbeit unabdingbar.

Ebenso rasant wie der Ausbau des İmam-Hatip-Schulsystems gestaltet sich das Wachstum der *Theologischen Fakultäten*. Durch Umwandlung seit 1959 entstandener Hoher Islam-Institute *(Yüksek İslam Enstitüleri)* wuchs ihre Anzahl bis 1982 zunächst auf acht. Im Studienjahr 2003/04 studierten an den 23 Theologischen Fakultäten der 53 (schlecht ausgestatteten) staatlichen Universitäten 7423 Studierende, davon 3475 Frauen und 3948 Männer.[24] Darüber hinaus gibt es 24 staatlich anerkannte private, im übrigen sehr teure Stiftungsuniversitäten. Erdoğan plant die Eröffnung 15 weiterer (möglicherweise privater) Universitäten, über deren Ausstattung nichts Genaues bekannt ist.[25] Einige türkische Theologen haben neuerdings wissenschaftlich-kritische Ansätze zur Koran-Exegese veröffentlicht, die aufhorchen lassen und bislang in der islamischen Welt kaum denkbar waren.[26]

Das Kopftuch-Verbot an staatlichen Bildungsstätten, in öffentlichen Dienststellen und im Parlament war stets von hoher Symbolkraft und Zeichen für den Laizismus des Staates gewesen. Deshalb erregte der Beschluß einer Generalamnestie, den das türkische Parlament in der Nacht zum 24. Februar 2005 faßte, großes Aufsehen. Die Amnestie galt für alle Studierenden – zumeist Kopftuchträgerinnen –, die seit dem Jahre 2000 vor der Abnahme von Examina die Universität verlassen mußten.[27] Das Veto von Staatspräsident Ahmet Necdet Sezer gegen diesen Beschluß wurde mit 349 Stimmen – mehr als die erforderliche Drei-Fünftel-Mehrheit – außer Kraft gesetzt, so daß er letztlich zustimmen mußte. Doch bremst der türkische Hochschulrat YÖK.[28]

Das Staatsministerium für Religionsangelegenheiten

Recep Tayyip Erdoğan hat das Amt eines Staatsministers für Religionsangelegenheiten geschaffen und damit dem Islam Regierungsrang eingeräumt. Ausgerechnet der Religionsvertreter von Staats wegen, Professor Mehmet Aydın von der 29. Oktober-Universität Izmir, erklärte Anfang April 2005, er plane, das Präsidium für Religionsangelegenheiten (DİB, s.u.) – mit Ausnahme seiner Finanzierung – aus der Abhängigkeit von der Regierung zu lösen, um damit die geforderte Trennung von Religion und staatlicher Macht zu erreichen. Die Personalentscheidungen soll das DİB künftig selbst fällen; der Präsident solle in Zukunft nicht mehr vom Staat eingesetzt werden, sondern – wie jetzt schon der Hohe Rat im DİB – von den *ulema*. Damit wäre diese Institution dem Amt des *şeyh-ül-islām* des Osmanischen Reichs wieder weitgehend vergleichbar. Mehmet Aydın beklagte zudem, daß er wegen mangelnder Fremdsprachenkenntnisse zu wenig Religionsattachés nach Europa schicken könne, deren Tätigkeit von kritischen Beobachtern schlicht als «Mission» bezeichnet wird.[29] Auf dieser staatlichen Schiene war es möglich, in der Evangelisch-Theologischen Fakultät an der Johann-Wolfgang-von-Goethe-Universität in Frankfurt a.M. zwei Stiftungsprofessuren des türkischen Staates für Islam mit Prüfungskompetenz einzurichten; weitere Stiftungsprofessuren sind an anderen deutschen Universitäten geplant.

Das Präsidium für Religionsangelegenheiten

Das dem Ministerpräsidenten unterstellte Präsidium für Religionsangelegenheiten *(Diyanet İşleri Başkanlığı, DİB)* mit Sitz in Ankara wurde durch Artikel 154 der Verfassung von 1961, übernommen als Artikel 136 in die Verfassung von 1982, als Staatsorgan der Republik etabliert. Gesetz Nr. 1327 vom 20.9.1971 machte die zentralen Mitarbeiter dieser Behörde zu Staatsbeamten. Der Verfassungsauftrag verpflichtet das DİB dazu, «im Einklang mit dem Prinzip des Laizismus sich jeglicher politischer Stellungnahmen zu enthalten sowie auf nationale Solidarität und Einheitlichkeit hinzuwirken».

Das Verbot politischer Stellungnahmen bedeutet insbesondere, daß das DİB weder die Verfassung noch die staatliche Gesetzgebung vom islamischen Recht her öffentlich kritisieren darf. Dennoch hat sich das DİB aus einer Behörde zur Kontrolle islamischer Aktivitäten zu einer mächtigen Institution der Förderung des Islams in der Türkei durch den laizistischen, religiös also eigentlich neutralen Staat gewandelt, für Staatsrechtsexperten ein nicht unproblematischer Vorgang.[30]

Die Aufgabenbereiche des DİB sind: Erstellung von *fetvas* (arab. Pl. *fatāwā*); Abfassung, Übersetzung und Zensur religiöser Werke; Herausgabe von Musterpredigten; religiöse Propaganda im In- und Ausland; Betreuung und Besoldung des Moscheenpersonals im In- und Ausland; Betreuung von Korankursen samt Ausbildung der Kursleiter; Organisation von *ḥajj* und *ʿumra*; Errichtung und Verwaltung eigener Moscheen.

Präsident des DİB ist seit November 2002 Prof. Dr. Ali Bardakoğlu. Als Etat für das Jahr 2005 wurden 1126041000 YTL bei Ausgaben für das Personal von 970662000 YTL veranschlagt.[31] Die Gesamtzahl der meist männlichen Mitarbeiter hat sich zum 1. Januar 2005 in den letzten zwölf Jahren nur minimal verändert und beträgt 88563; für die offiziellen 77151 Moscheen – meist von den Gläubigen selbst mit Hilfe lokaler Fördervereine errichtet – sind die 49989 Absolventen der Imam-Hatip-Schulen tätig. Sie werden vom DİB mit einem Einheitstext für die Freitagspredigten versorgt. Die bislang größte neue Moschee, die 1987 fertiggestellte Kocatepe Camii in Ankara, bietet Platz für 24000 Gläubige und wird nun übertroffen von der im Jahr 2000 erbauten Sabancı-Moschee in Adana, die 25000 Menschen faßt. Besonders viel Geld investierte die den Moscheebau weltweit fördernde *Islamische Weltliga (Rābiṭat al-ʿālam al-islāmī)* in eine im Park des Parlaments errichtete Moschee.

Nach Angaben des DİB haben 2004 an dessen 4322 mehrmonatigen Korankursen 155285 Schüler teilgenommen, unter ihnen lediglich 17891 Knaben.[32]

Eine vorsichtige Öffnung gegenüber Frauen hatte schon der vormalige Präsident des DİB zu erkennen gegeben. Bardakoğlu gab im Juli 2004 bekannt, daß die neu zu besetzenden 600 Planstellen im Zuge einer «positiven Diskriminierung» ausschließlich an Frauen vergeben werden sollen; gleichzeitig ist allerdings von einer Aufstockung der Planstellen um 15000 Mitarbeiter die Rede, um es weiter zu stärken. 81 Muftis *(müftü)* haben über die Provinzen verteilt *fetva*-Kompetenz, können also religiöse Gutachten ausstellen; Frauen sollen – Stand

April 2005 – auch als stellvertretende Muftis eingesetzt werden können, wobei sie allerdings ausschließlich für Frauenprobleme zuständig sein werden. Sie dürfen auch als Imame in Frauen-Gottesdiensten, unter bestimmten Umständen sogar vor Frauen und Männern, im äußersten Notfall auch allein vor Männern das Freitagsgebet leiten.[33] In dem repräsentativen Verwaltungsgebäude des DİB gibt es eine hochmodern ausgestattete, mit knapp 4,5 Mio. Büchern bestückte Bibliothek und eine eigene Buchhandlung. Außer dem Koran werden hier nur Werke der klassisch-religiösen Tradition, islamwissenschaftliche Literatur und Gegenwartsschrifttum einschließlich antichristlicher Bücher angeboten, zudem die drei Periodica des DİB: eine betriebsinterne Monatsschrift, die auch über das Internet abrufbar ist, ein Kindermagazin und eine wissenschaftliche Vierteljahresschrift.

Das Auslandsengagement des DİB besteht zunächst in der Organisation von Pilgerfahrten nach Mekka, wo eigene Pilgerstationen unterhalten werden. Weil Saudi-Arabien jährlich nur ein Promille der Einwohner jedes islamischen Landes, im Jahre 2004 im Falle der Türkei 96442 Pilger, am *ḥajj* teilnehmen läßt, herrscht beträchtliche Unzufriedenheit. DİB entsendet auch je einen Beauftragten in die fünf zentralasiatischen Turkrepubliken, kümmert sich um die dortige religiöse Ausbildung, sorgte für den Bau je einer «großen Moschee im osmanischen Stil» und verteilte massenweise Koranexemplare, von denen es allein in den Jahren 1983 bis 1992 insgesamt 5225000 Stück drucken ließ. Hochallergisch reagiert das DİB hingegen auf jegliche aus dem Westen kommende humanitäre Hilfe für die Türkei, so etwa bei Erdbebenkatastrophen seitens des DRK oder anderer Hilfsorganisationen, weil es stets Mission dahinter vermutet.

Die angeführten Daten spiegeln den gewaltigen quantitativen Ausbau jener Schrumpfbehörde der Atatürk-Zeit, seit ihr 1950 endgültig wieder die Betreuung des Moscheenpersonals übertragen wurde. Abgesehen vom Verfassungsrang und vom Machtzuwachs des DİB als zentralem Organ der staatlichen Islamförderung sind seitdem aber noch zwei weitere bedeutsame qualitative Veränderungen zu verzeichnen:

(1) Im Rahmen der Direktion für das Stiftungswesen wurde durch das Gründungsgesetz von 1975, ergänzt durch einen Sonderbeschluß von 1986, die üppig dotierte Religionsstiftung der Türkei *(Türkiye Diyanet Vakfı, TDV)* errichtet. Alleiniger Stiftungszweck ist die finanzielle Förderung von Unternehmungen des DİB. Seit 1991 ist der Präsident des DİB in Personalunion auch Präsident dieser Stiftung. Dank dieser neuen Kompetenz kann er nicht nur die Lenkung von Geldern des TDV für Personalstellen, Moscheenbau etc. persönlich bestimmen. Vielmehr hat er die Freiräume, die das Stiftungswesen bietet, pragmatisch dazu genutzt, fast alle islamischen Fraktionen und Gruppen in der Türkei unter seine Obhut zu bringen. Nach außen hin wird dies am deutlichsten erkennbar durch die Einrichtung einer bald flächendeckenden Kette religiöser Buchhandlungen in den größeren Städten der Türkei, in deren Sortiment 354 türkische religiöse Verlage verschiedenster Richtungen vertreten sind, wenn deren Verlagsprogramm meist auch nur wenige Titel umfaßt. Außer dem Koran, Korankommentaren, der

İslam Ansiklopedisi, klassischen Werken, *fetva*-Sammlungen und erbaulicher Literatur findet man hier auch Schriften der offiziell immer noch verbotenen Derwischorden wie solche der *Nakşibendi*-Scheiche Mehmed Zahid Kotku und Esat Coşan. Bücher der anti-laizistischen, anti- jüdischen und anti-christlichen Predigerin Emine Şenlikoğlu, die wegen «religiöser Verführung der Jugend» im Gefängnis saß, haben bis zu 50 Auflagen erreicht. In den Regalen stehen die 130 Werke des Bediüzzaman Said Nursī und die seiner *Nurcu* sowie die zahlreichen Schriften des *Fethullahçı*-Begründers Fethullah Gülen. Werke führender Autoritäten des zeitgenössischen politischen Islams wie der beiden Ägypter Ḥasan al-Bannā und Saiyid Quṭb oder des Pakistaners al-Maudūdī liegen offen aus, daneben Pamphlete gegen christliche Missionare, Zeugen Jehovas, Juden, Bahāʾī und Aleviten. Begehrte Videos algerischer und iranischer Fundamentalisten oder radikaler türkischer Prediger sind neben Kassetten mit Koranlesungen, mit Sufi *(ṣūfī)*-Musik oder mit Arabisch-Kursen ebenso erhältlich wie religiöse Poster und zahllose Zeitschriften. Einige dieser Publikationen treten offen für die *sharīʿa,* und hier besonders für die Geschlechtertrennung in der Gesellschaft ein oder attackieren vehement den Laizismus. Hingegen fehlen die modernen Korandeutungen des ermordeten Turhan Dursun oder die antifundamentalistischen Bücher eines Ruşen Çakır. Dieser breiten publizistischen Öffnung des TDV entspricht die Tatsache, daß das DİB bis in Spitzenpositionen hinein durchsetzt ist mit Angehörigen fundamentalistischer Gruppen wie den *Süleymancı*, die sich auch unumwunden dazu bekennen.

(2) Aufgrund eines Beschlusses vom 30. 1. 1992 hat sich innerhalb des DİB der Hohe Rat, das Leitungsgremium für Religionsangelegenheiten *(Din İşleri Yüksek Kurulu),* nach 13 Jahren Unterbrechung neu konstituiert. Zu den Ratsmitgliedern gehört erstmals eine Frau. Diese Mitglieder sind hochrangige Würdenträger des DİB und namhafte Theologie-Professoren, die regelmäßig unter dem Vorsitz des DİB-Präsidenten tagen und auf höchster Ebene die Religionspolitik bestimmen, vor allem durch die Ausfertigung von *fetvas*. Entscheidend ist, daß dieses für eine Amtsperiode von sieben Jahren unmittelbar seitens der Imame und Theologen gewählte Leitungsgremium durch die staatlichen Autoritäten weder konstituiert wurde noch absetzbar ist, erstmalig seit Gründung der Republik also ein staatsunabhängiges höchstes Religionsgremium darstellt.

Die vom Hohen Rat erstellten *fetvas* dienen islam-internen Klarstellungen. Sie entscheiden paradigmatisch Fragen der Religion aufgrund von *ijmāʿ*, dem Konsens der *ulema*. Die Beschlüsse dienen den Gläubigen der gesamten türkisch-islamischen Welt als «rechte Leitung» *(irşat)*. Ständig gehen in der DİB-Abteilung für das *fetva*-Wesen Delegationen aus dem In- und Ausland ein und aus, um sich auf dem neuesten Stand zu halten und maßgebliche Weisungen zu empfangen. Dabei werden *fetvas* und Auskünfte auf der Basis von Koran, Sunna und der hanafitischen Rechtsschule erteilt, die nicht immer den Rahmenbedingungen des modernen Staates und seiner Gesetzgebung entsprechen. DİB hat sich aus der bloßen Verwaltung der Religion im Staatsauftrag gelöst und den türkischen Islam wie zur Zeit des *şeyh-ül-islām* wieder weitgehend autonom werden lassen.

Was die geplanten, im Mai 2005 allerdings noch ausstehenden Reformen des DİB an weiteren Veränderungen bringen werden, läßt sich nicht vorhersagen.

Die Direktion für das Stiftungswesen

In der Türkei dienen alle Stiftungen öffentlichen Zwecken. Jede ist eine eigenständige juristische Person, konstituiert allein durch den Stifterwillen, der in der Zweckbindung zum Tragen kommt. Anerkannte Förderungszwecke sind Erziehung und Unterricht, Kunst und Kultur, Gesundheitswesen, Sport, Sozialfürsorge, Betriebe und Gewerbe, nationale Verteidigung und Religionsförderung. Sämtliche Stiftungen werden staatlich verwaltet oder – im Falle freier Trägerschaft – nach Art eines Rechnungshofes regelmäßig überprüft durch die personalstarke Direktion für das Stiftungswesen *(Vakıflar Genel Müdürlüğü, VGM)*[34] in Ankara.

Eine der wichtigsten Aufgaben des VGM ist die Pflege aller bedeutenden Bauten, auch der nichtislamischen. Heute dienen etwa drei Viertel aller Stiftungen verschiedenen religiösen Zwecken wie der Errichtung von İmam-Hatip-Schulen und von Moscheen, der Ausstattung religiöser Bibliotheken und der Veranstaltung von Buchmessen, der Vergabe von Stipendien, der Unterstützung des Wallfahrtswesens etc. Besonderes Gewicht hat die Förderung von Aktivitäten des DİB durch das *Türkiye Diyanet Vakfı.* Stiftungen zur Förderung der Wissenschaft, des Gesundheits- und Sozialwesens (Armen- und Waisenfürsorge) oder zur Einrichtung von Kindergärten und Gemeindezentren sind oft ebenfalls religiöser Art bzw. werden von religiösen Gruppen – einschließlich der Fundamentalisten – eigens im Rahmen der Finanzierung ihrer Organisationen errichtet. Auch ausländisches Kapital darf in solche Stiftungen einfließen und dient, derart «türkisiert», kaum kontrollierbar dem jeweiligen Stiftungszweck.[35]

«Wie die Armee verfügt die Religionsbehörde außerdem über eigene Holdings. Diese sichern der zur Behörde gehörenden Religionsstiftung (Diyanet Vakfı) die nötigen Mittel für den Betrieb von Druckereien und Forschungszentren für islamische Geschichte und Gegenwart.»[36] Die neueste Statistik des DİB weist eine Sonderbarkeit auf. Offiziell betreut DİB alle Auslandsvertretungen und Imame, z.B. weit über 500 allein in Deutschland im Rahmen der *Türkisch-Islamischen Union der Anstalt für Religion e.V. (Diyanet İşleri Türk İslam Birliği, DİTİB)* mit Sitz in Köln;[37] doch werden nur noch 34 Auslandsmitarbeiter angegeben. Dies legt die Annahme nahe, daß die im Dritten Religionsrat (III. Din Şûrası vom 20.–24. September 2004) angestrebte Übernahme des Außendienstes durch die Direktion für das Stiftungswesen *(Vakıflar Genel Müdürlüğü, VGM)* bereits erfolgt ist.

So kommt die Förderung des Stiftungswesens durch den Staat (rechtliche Anerkennung und Steuervergünstigungen) praktisch allen religiösen Gruppierungen zugute. Im Rahmen des 1986 speziell zur Unterstützung der Armen erlassenen *Fak-Fuk-Fon*-Gründungsgesetzes (von *Fakir Fukara Fonu* «Fonds für die Armen») gelangen auch staatliche Mittel in entsprechende Stiftungen. Ist der ursprüngliche Stifterwille nicht länger realisierbar, wird das Restvermögen in der

Regel der Armenfürsorge gewidmet, gemäß sunnitischer Tradition eine der fünf Säulen des Islams.

e) Die Aleviten

Ebensowenig wie die Kurden als Ethnie lassen sich auch die anatolischen Aleviten[38] als nichtsunnitische Glaubensgemeinschaft in die Staatsideologie einfügen. Ihre Lehre erkennen weder die Sunniten noch die Schiiten an. Bis in die jüngste Zeit sind die Aleviten Opfer von Pogromen.[39]

Eine aufsehenerregende Artikelserie von Prof. Dr. Fuat Bozkurt, der 1982 eine Textsammlung alevitischer heiliger Texte, «Buyruk» («Das Gebot»), herausgegeben hatte, begonnen in der «Sabah» (22.1.–9.2.1990) und fortgesetzt in der «Cumhuriyet» (6.–21.5.1990),[40] brachte die Aleviten erstmals einer breiten Öffentlichkeit ins Bewußtsein. Seitdem ist eine Fülle von Selbstdarstellungen erschienen, um in einer Art von Selbstfindungsprozeß die fast nur mündlich überlieferte Religion und Kultur zu bewahren.[41]

Hatte das DİB bislang die Existenz der Aleviten völlig negiert, so beschwört es neuerdings die Einheit des Islams in dem Sinne, daß diese auch die Aleviten einschließe und ihnen sogar Positionen im DİB eröffne, sofern sie nur die staatliche (sunnitische) Theologenausbildung durchlaufen. Die Mehrheit der Aleviten, ihrem Namen nach «Anhänger ʿAlīs», des Schwiegersohns des Propheten Muḥammad, den sie in besonderer Weise verehren, verteidigt bei jeder Gelegenheit ihre Zugehörigkeit zum Islam, auch wenn sie die fünf Säulen – außer dem schiitisch erweiterten Glaubensbekenntnis – als nur äußerliche Pflichterfüllung ablehnen, die *sharīʿa* als mit dem Eintritt in die Kultgemeinde überwunden betrachten und den «autonomen Menschen» ins Zentrum ihrer Lehre stellen. Der Orden der *Bektaşi,* mit dem sie viele Glaubensinhalte teilen, gilt als «nationalistisch», ist heute aber politisch unauffällig.

Die Aleviten, teilweise Kurden, organisieren sich zunehmend in Vereinigungen. Auf einer Delegiertenversammlung im Dezember 1994 in Ankara beschlossen sie, einen Zentralrat zu bilden, in dem ihre religiösen Führer, ihr Wissenschaftsrat sowie ihre Jugend- und Frauenorganisationen vertreten sein sollen. Er soll einen privaten Rundfunk- und Fernsehsender gründen und eine zentrale Zeitschrift herausgeben, um dem publizistischen Wildwuchs in den eigenen Reihen entgegenzuwirken, der gelegentlich allzu freimütig Widersprüche zum orthodoxen Islam aufdeckt. Die Aleviten verweisen auf ihren großen Beitrag zur türkischen Kultur, vor allem in Dichtung und Musik, und fordern nachdrücklich ihre Anerkennung als gleichberechtigte Staatsbürger und Steuerzahler ein.

Der türkische Staat ist unverändert nicht dazu bereit, die Aleviten als eigenständige «Religionsgemeinschaft» zu akzeptieren. Ministerpräsident Erdoğan weigert sich, die Spitzen von Organisationen wie *Cem Vakfı* oder *Alevi-Bektaşi Federasyonu* auch nur zu empfangen. Der Name ihrer Vereine darf nach wie vor keinen Bezug zu den Aleviten oder *Bektaşi* aufweisen. Als in Çankaya im Regierungsbezirk Ankara ein Bauantrag für ein *cemevi* (kultisches Gemeinschaftshaus) gestellt wurde, wurde ein Gutachten des DİB eingeholt und das Bauvorhaben abgelehnt. Im Februar 2005 wurde die Klage mit der Begründung abgewiesen, die Aleviten wollten Muslime sein; außer den kleinen Moscheen *(mescit)* und Freitagsmoscheen *(cami)* gebe es im Islam aber keine weiteren Gebetsstätten. Gleichzeitig werden immer mehr große *cem*-Häuser, als «Kulturhäuser» oder «Begegnungsstätten» firmierend, gebaut. Gegenwärtig gibt es von maßgeblicher alevitischer Stelle geschätzte 45 bis 50 solcher Versammlungshäuser, neben vielen sonstigen Gemeinschaftstreffpunkten.[42]

Die Regierung hat zwar zugestimmt, die alevitische Lehre in die Stundenpläne des schulischen Religionsunterrichts aufzunehmen. Doch sind nach den Erkenntnissen der Aleviten die neuen Lehrmaterialien auf die politischen Regierungsinteressen und den sunnitischen Einheitsislam zugeschnitten und zurechtgestutzt und deshalb für sie nicht akzeptabel, sogar schlimmer noch als der vorherige Zustand.[43]

Die diversen alevitischen Gruppierungen und Organisationen verlangen:

- das ausdrückliche Zugeständnis von Meinungs- und Glaubensfreiheit;
- die Durchsetzung des Laizismus;
- Umstrukturierung des DİB in einer dem § 136 angemessenen Weise mit einer eigenen Abteilung für die Aleviten und Mitsprache in allen anderen Abteilungen;
- Eindrittel-Beteiligung am Budget des DİB für «religiöse Dienste» gemäß § 10 der Verfassung;
- Abschaffung des obligatorischen Religionsunterrichts;
- die Errichtung von *cemevleri*, der für sie charakteristischen kultischen Gemeinschaftshäuser, statt weiterer Moscheebauten in ihren Dörfern, und zwar mit staatlicher materieller Unterstützung;[44]
- Beendigung des *sünnileştirme,* des «Zu-Sunniten-Machens»;
- die Rücknahme gegen sie gerichteter Verleumdungen und
- eigene Rundfunk- und Fernsehzeiten.

Großen Einfluß hat in der Türkei das *Cem Vakfı* unter Leitung von Izzettin Doğan, der die verschiedenen alevitischen Traditionen zu bündeln versucht. Am 31. August 2002 fand in Istanbul eine Internationale Tagung des *Cem Vakfı* statt, zu der über 1200 Teilnehmer – Wissenschaftler und Religionsfunktionäre – aus der ganzen Welt gekommen waren, darunter 600 religiöse Würdenträger, Dedeler (türk. Sg. *dede*, eigentl.: Großvater) und Babalar (türk. Sg. *baba*, eigentl.: Vater), die über die Zukunft des Alevitentums zu beraten hatten. Einer der zentralen Punkte war die Ausbildung der Dede; denn die Traditionskenntnisse, die bislang von heiligen Familien weitervererbt wurden, reichen nicht mehr zur Betreuung der ständig wachsenden Gemeinden, zumal die möglicherweise mäßigen Kenntnisse der Altvorderen nicht mehr den Anforderungen der heutigen Zeit genügen. Die *Cem-Stiftung* versteht die Aleviten als eine anatolische Ausformung des Islams und als alevitisch-islamische Religionsgemeinschaft. Sie gibt eine eigene Schriftenreihe heraus.

Die Aleviten sind Verfechter der laizistischen Staatsform. Ihre politische Heimat sind linke Parteien. Der Regierung Erdoğan und deren Zielsetzungen stehen sie skeptisch gegenüber.

f) Ausblick

Die Türkei ist der gegenwärtige Testfall dafür, ob ein islamisches Land mit einer religiös ausgerichteten Regierung dazu in der Lage ist, ein säkulares Demokratieverständnis zu entwickeln und dabei die universalen Menschenrechte nicht nur in vollem Umfang anzuerkennen, sondern sie uneingeschränkt in einem funktionierenden Rechtssystem durchzusetzen. Nach wie vor hat die Türkei die Entwicklung zu einem säkularen Staat nicht nur nicht abschließend vollzogen, sondern ganz im Gegenteil dem Islam einen festen Platz innerhalb der Regierung zugewiesen, so daß sie zwar das weiterhin bestehende mächtige Präsidium für Religionsangelegenheiten in die Scheinfreiheit entlassen kann, es aber weiterhin staatlicherseits finanziert. Der Nationalismus, der die Türkei ethnienübergreifend erfaßt hat, ist zur Zeit der Drucklegung dieses Beitrags ein unberechenbarer Faktor, der schwer wiegt und zu ebenso unheiligen wie brüchigen Allianzen führen kann.

Während in der Türkei den einen die Reformen zu rasch gehen, weil die breite Bevölkerung ebenso wie die Verwaltungen bei deren Umsetzung nicht mitkommen und deshalb einem EU-Beitritt immer skeptischer gegenüberstehen, hoffen andere auf den nachhaltigen Druck der EU, die geforderten Normen zügig durchzusetzen, und sehen in den erfolgten ersten Ansätzen einen Silberstreif am Horizont. Die Schritte der Türkei, um die Anforderungen der EU zu erfüllen, dürfen jedenfalls nicht zu einer Echternacher Springprozession werden: ein paar Schritte vor, ein paar zurück, mit zusätzlichen Tanzeinlagen. Zahlreiche Reformen sind in Angriff genommen, aber keineswegs alle verdienen ihren Namen als positive Entwicklungen. Dieser Prozeß ist noch längst nicht abgeschlossen. Die Türkei befindet sich im Umbruch, und es bleibt abzuwarten, in welche Richtung das Pendel letztendlich ausschlägt.

2. Iran

(Udo Steinbach)

a) Der historische Hintergrund

Mit dem Zusammenbruch des Sassaniden-Reiches (642 n. Chr.) begann sich der Islam auf dem iranischen Hochland auszubreiten. Obwohl dieser Prozeß zunächst relativ langsam verlief, war der Beitrag Irans zur Geschichte und Kulturgeschichte des Islams im Hochmittelalter groß, teilweise sogar bestimmend.

Ein einschneidendes Ereignis in der Geschichte Irans ist die Einführung der Zwölferschia[1] als Staatsreligion durch den Begründer der Dynastie der Safawiden,

Schah Ismāʿīl I. (reg. 1501–1524). Ismāʿīl entstammte einer Familie, die seit etwa 200 Jahren einem mystischen (zunächst sunnitischen) Orden vorstand, der nach seinem Gründer, Scheich (arab. *shaikh*) Ṣafī ad-Dīn (gest. 1334) benannt war und seinen Stammsitz in Ardabil, im Nordwesten Irans, hatte.

Das iranische Hochland ist bis ins 15. Jahrhundert ein mehrheitlich sunnitischer Raum gewesen. Auch die Hinwendung des safawidischen Ordens zur Schia dürfte erst im Verlaufe des 15. Jahrhunderts erfolgt sein. Wenn auch bei Ismāʿīls Tod (1524) nur ein Teil der Bevölkerung schiitisch geworden war (heute sind etwa 85 % der Bevölkerung schiitisch), so haben seine religionspolitischen Maßnahmen doch die Geschichte des Landes in mehrfacher Weise bestimmt:

- Die schiitische Grundorientierung des Staates wurde ein wichtiger Faktor für die Entstehung eines iranischen Nationalgefühls sowie für die Politik Irans gegenüber seinen Nachbarn. Seit dem 16. Jahrhundert begann das Land religiös wie politisch eine eigenständige Rolle zu spielen.[2] So widerstand Iran der Expansion des Osmanischen Reiches, und dem Zugriff der Kolonialmächte, besonders Englands und Rußlands, entzog es sich zumindest insofern erfolgreich, als es nicht der direkten Herrschaft und Verwaltung durch diese ausgesetzt war.
- In Iran ist die Schia (arab. *shīʿa*) zum einzigen Mal in Neuzeit und Gegenwart zur bestimmenden religiösen und religionspolitischen Kraft in einem islamischen Staatswesen geworden. Daraus haben sich im Vergleich zu sunnitischen Ländern andersgeartete Beziehungen zwischen der Religion und den jeweiligen politischen Gegebenheiten herausgebildet. Ausgangspunkt war dabei die Tatsache, daß die schiitischen Theologen im Prinzip die Ausübung weltlicher Macht durch jeden, der nicht die für die Schia kennzeichnende Legitimität besaß,[3] nur bedingt anerkannten oder für unrechtmäßig erachteten. Dies sowie die Tatsache, daß den schiitischen Theologen ein herausragender gesellschaftlicher Rang sowie ein hohes Maß an wirtschaftlicher Unabhängigkeit eingeräumt war, bildete von vornherein den Rahmen einer zeitweise konfliktträchtigen Konstellation. Die Beziehungen zwischen der Geistlichkeit und dem jeweiligen Regime haben seit den Tagen jener Theologen, die die Safawiden – im wesentlichen aus arabischen Ländern – ins Land holten, um in Iran die theologischen Grundlagen für die Verbreitung der orthodox-zwölferschiitischen Lehre zu legen, und Āyatullāh (arab. *āyat allāh*) Khumainīs (Khomeini) Konflikt mit Schah Muḥammad Reżā Pahlawī mannigfache Stadien durchlaufen: Sie reichen von religiös-politischer Hilfestellung für die jeweiligen Regime über Proteste gegen die Einmischung auswärtiger Mächte und allzu enge Beziehungen zum – insbesondere westlichen – Ausland bis zum offenen Widerstand gegen ein «korruptes System», der mit Khumainī seinen bislang militantesten Wortführer gefunden hat. Eine theologisch oder politisch geschlossene Haltung gegenüber weltlicher Macht in ihrer jeweils konkreten Erscheinungsform haben iranisch-schiitische Theologen jedoch nur in wenigen Phasen der Geschichte eingenommen.

Die Revolution in Iran, die 1977 als ein eher säkularer sozialer und politischer Protest begann und im Laufe des Jahres 1978 in eine «Islamische Revolution» überging, hat komplexe Ursachen.[4] Ihre eigentliche Durchschlagskraft aber erhielt sie dadurch, daß sich die Geistlichkeit schließlich an ihre Spitze setzte und – angeführt durch den zunächst im irakischen Nadschaf, ab Oktober 1978 dann in Paris lebenden Āyatullāh Rūḥullāh al-Mūsawī al-Khumainī (1902–1989)[5] – ihre Möglichkeiten zur Mobilisierung der Massen, namentlich auch der Unterschichten, nutzte. Der Protest der Geistlichkeit entzündete sich an dem Versuch des Schahs, ihren Einfluß zurückzudrängen und den Modernisierungsprozeß auf dem Fundament der Trennung von Staat und Religion zu gründen. Die Faktoren, die den Protest auslösten, die Art der Massenmobilisierung, die Beziehungen der Geistlichkeit zu den Führern der nichtreligiösen Opposition sowie schließlich das Dilemma der Geistlichkeit nach der erfolgreichen Revolution sind signifikant für die politische und gesellschaftliche Rolle des Klerus, die sich bereits im 19. Jahrhundert ausgebildet hat.

b) Die Rolle des Klerus im 19. und 20. Jahrhundert

Die Komplexität der Beziehungen zwischen schiitischer Geistlichkeit und weltlicher Gewalt in Iran ist erst im Verlaufe des 19. Jahrhunderts deutlich geworden, nachdem es den Safawiden (sie herrschten bis 1722) gelungen war, den Konflikt mit den Theologen durch eine Reihe von Maßnahmen zu vermeiden. Zwei Elemente sind es, die die Geistlichkeit zum mehr und mehr offenen Widerstand gegen die Dynastie der Kadscharen (1779–1924) aufgebracht haben: die wachsende Einmischung Rußlands und Englands in die iranische Politik – vornehmlich auch der Versuch, die Wirtschaft des Landes unter Kontrolle zu bekommen – auf der einen und die autokratische Machtausübung der Kadscharen auf der anderen Seite. Die Opposition ging in eine Volkserhebung über, als die persische Regierung einem britischen Staatsbürger für Anbau, Vertrieb und Export von Tabak ein vollständiges Monopol einräumte (1890). Auf dem Höhepunkt der Protestbewegung, die einen immer breiteren Teil der städtischen Bevölkerung ergriff, erließ Āyatullāh Ḥasan ash-Shīrāzī 1891 sein berühmtes *fatwā* gegen den Genuß von Tabak, und die Regierung sah sich schließlich gezwungen, die Konzession zurückzunehmen.[6]

Der Tabak-Protest kann als Vorspiel zu der noch folgenschwereren Protestbewegung angesehen werden, die zur Einführung einer Verfassung führte (1906/07). Während sich die Unruhe vornehmlich an der Einmischung von Ausländern in die Wirtschaft und Finanzen des Landes entzündete, nahmen die Forderungen im Laufe der eskalierenden Proteste immer radikalere Formen an und gipfelten schließlich in der Forderung nach Einführung eines Parlaments sowie einer Verfassung. Unter dem Druck der Ereignisse war der Schah gezwungen, dieser nachzugeben (1906).[7]

Die Entwicklungen zwischen 1890 und 1911, dem Ende der konstitutionellen Ära, sind durch ein enges Bündnis der Geistlichkeit (bzw. eines Teils derselben) mit liberal und nationalistisch eingestellten Kreisen des städtischen Bürgertums sowie mit dem Basar *(bāzār)* gekennzeichnet. Dieses Bündnis gründete sich auf eine Reihe gemeinsamer Interessen gegenüber dem Regime, wobei die Teilnahme der Geistlichkeit an jener Protestbewegung zu einer Mobilisierung breiterer Teile der Bevölkerung beitrug. Die Gemeinsamkeit der Interessen des «bürgerlichen» und geistlichen Lagers lag in der Abwehr des ständig wachsenden Einflusses des Westens, der angesichts der Schwäche des Regimes unaufhaltsam zu sein schien. Da viele der Mollas *(mullā)* aus bürgerlichen und kleinbürgerlichen Familien stammten und enge Verbindungen zu den städtischen Basaren und Gilden unterhielten, konnten sie zu Wortführern der städtischen Bevölkerung werden, die sich durch den Westen namentlich auf den Gebieten des Handels und Bankensektors in ihrer Stellung bedroht fühlte. Darüber hinaus traten – wenn auch aus unterschiedlichen Gründen – der städtische Mittelstand ebenso wie die Mehrheit der Geistlichkeit für eine Beschränkung der absolutistischen Befugnisse der Kadscharen-Herrscher ein.

Andererseits freilich ist die Allianz nur bedingt tragfähig gewesen, da sich jenseits dieser Gemeinsamkeiten Unterschiede hinsichtlich der Modernisierung des Landes aufgetan haben. So ist die Teilnahme der *ʿulamāʾ* an der Protestbewegung gegen das kadscharische Regime zumindest mitbestimmt gewesen durch die Furcht um Privilegien (etwa im Bereich des Erziehungswesens), die sie von den zaghaften Reformversuchen der letzten Jahrzehnte des 19. Jahrhunderts bedroht sahen. Mit dem Sieg der Verfassungsbewegung tat sich dann für sie ein Dilemma auf: Auf der einen Seite war ihr weltanschaulicher Ausgangspunkt, daß nämlich das Volk Träger von Souveränität ist, für sie unakzeptabel. (Nach schiitischen Vorstellungen kann Souveränität nur vom Propheten oder von den Imamen delegiert werden.) Dem stand die Überzeugung gegenüber, daß die Willkürherrschaft der Kadscharen nur durch eine Verfassung, die deren Herrschaft von der Zustimmung durch das Volk abhängig machen würde, begrenzt werden könne.[8] Das Ergebnis war ein Verfassungskompromiß, der die Stärke der Geistlichkeit in der Bewegung deutlich reflektiert. In Artikel 1 der Ergänzung zur Verfassung (7. Oktober 1907) wird festgestellt, daß die Zwölferschia die Staatsreligion ist. Artikel 2 sieht die Schaffung eines Gremiums aus mindestens fünf Geistlichen vor, das die vom Parlament erlassenen Gesetze auf ihre Übereinstimmung mit islamischen Prinzipien zu untersuchen habe.

Die politische Rolle der *ʿulamāʾ* in Iran im 20. Jahrhundert erhielt in der Verfassung von 1906/07 eine staatsrechtliche Verankerung. Darüber hinaus stärkte die Wahl von Geistlichen in die ersten Parlamente die Stellung der religiösen Führer als Vertreter des Volkes – ein Anspruch, den sie in der Geschichte vom religiösen Standpunkt aus ohnehin hegten.

Ein dritter Abschnitt in der neueren iranischen Geschichte, in dem die Rolle der Geistlichkeit hervortritt, ist die Phase zwischen der Absetzung der Kadscharen und der Selbsternennung Ministerpräsident Reżā Khāns zum Schah, d.h. der Übergang von der Kadscharen- zur Pahlawī-Dynastie (Oktober 1923–Dezember 1925). Es ist offensichtlich, daß der damalige Ministerpräsident Reżā Khān, beeindruckt von den Vorgängen in der benachbarten Türkei (Ausrufung der Republik, Oktober 1923), mit dem Gedanken spielte, dem türkischen Beispiel zu folgen. Die große Mehrheit der hohen Geistlichkeit verfolgte diese Tendenzen mit wachsendem Mißtrauen und Unmut und trat offen für die Erhaltung der Monarchie ein. Seit 1924 hörte Reżā Khān auf, die republikanische Idee weiter zu verfolgen. Vielmehr suchte er die Allianz mit der Geistlichkeit – nunmehr mit dem Ziel, eine Legitimation für seine eigene Machtübernahme zu erhalten.[9]

Seither ist der tatsächliche Einfluß der Geistlichkeit in der Politik von unterschiedlicher Intensität gewesen. Die guten Beziehungen zwischen Reżā Khān (nun: Reżā Shāh) und der Geistlichkeit waren allerdings nicht von langer Dauer. Die vom Beispiel Kemal Atatürks inspirierten Modernisierungsbemühungen des neuen Herrschers mußten schnell auf Widerstand der *ʿulamāʾ* stoßen. Die Reformen im Erziehungswesen, die Ausweitung der Entscheidungsbefugnis des Staates über die Suspendierung von Theologen vom Militärdienst, die weitere Zurückdrängung der Geltung des religiösen Rechts, die Verstärkung der Kontrolle über die religiösen Schulen, die Einführung westlicher Kleidung und das Verbot des Schleiertragens, die Ausdehnung der Kontrolle seitens der Behörden über religiöse Stiftungen sowie die Einrichtung der Theologischen Fakultät als eine der vier Gründungsfakultäten der säkular orientierten Universität Teheran sind die wichtigsten Elemente, die dabei eine Rolle gespielt haben.

Mit der von Großbritannien erzwungenen Abdankung Reżā Shāhs (1941) begannen die Geistlichen – nicht zuletzt durch die ins Leben tretenden Parteien –, aktiv am politischen Geschehen teilzunehmen. Namentlich mit der *Nationalen Front* unter Muṣaddiq (Mossadegh) arbeiteten einige führende Geistliche zeitweilig eng zusammen.[10]

Die beginnenden 1960er Jahre sahen dann eine Verstärkung der Konfrontation zwischen dem Schah und der Geistlichkeit. Ursache war zum einen die beginnende Landreform, hinter der die Geistlichkeit nicht nur den Versuch des Regimes sah, seine Macht zu stärken, sondern von der sie auch fürchten mußte, daß sie ihre finanzielle Unabhängigkeit weiter unterminieren würde.[11] Zum anderen war mit den Bemühungen des Schahs, die gesellschaftliche und rechtliche Stellung der Frau zu verbessern, vor allem mit der Einführung des aktiven und passiven Wahlrechts der Frau (1962), ein Punkt berührt, der für die Geistlichkeit von besonderer Empfindlichkeit war, da in diesem Bereich die Geltung des islamischen Rechts im großen und ganzen Bestand hatte. (Das «Gesetz zum Schutz der Familie» [1967], das die Scheidung für Männer erschwerte und sie für Frauen erleichterte, Frauen die Möglichkeit gab, das Sorgerecht für Kinder auszuüben, und ganz generell die ungleiche Behandlung der Geschlechter vor dem Gesetz verringerte, war ein weiterer Schritt, die Rechtsstellung der Frau zu verbessern.) 1963 fanden in Teheran, Schiraz und anderen Städten Unruhen statt, an denen die Geistlichkeit nicht nur einen aktiven Anteil hatte, sondern in deren Zusammenhang auch der Name Ayatullāh Khumainīs, als des radikalen Wortführers des auf eine größere politische Rolle drängenden Flügels der Geistlichkeit, in Erscheinung getreten ist.[12] Mit der Niederschlagung dieser Unruhen 1963 (Khumainī wurde 1964 ins Exil geschickt; er ging zuerst in die Türkei, später nach Nadschaf) und voranschreitender Bürokratisierung des Regimes, verbunden mit wirtschaftlicher und politischer Konsolidierung in der zweiten Hälfte der 1960er und der ersten Hälfte der 1970er Jahre, hörte die Geistlichkeit auf, eine an der Oberfläche sichtbare politische Rolle zu spielen. Unter der Oberfläche freilich verstärkte angesichts der wachsenden Despotie, der Korruption sowie des nachhaltigen Einflusses des Auslands (vor allem in den 1970er Jahren) ein Teil der Geistlichkeit seine Bemühungen, für ihre politische Rolle in der Gesellschaft eine neue theologisch-politische Rechtfertigung zu suchen.[13] Khumainī selbst, der im Exil in Nadschaf über noch größere geistige Unabhängigkeit verfügte als seine Kollegen in Iran, hat dort seine radikale Konzeption von der *wilāyat-i faqīh* (Herrschaft des anerkannten Gottesgelehrten) erstmals um das Jahr 1970 öffentlich vorgetragen.[14]

c) Grundlagen geistlicher Macht

Das Ansehen der schiitischen Geistlichkeit in der iranischen Gesellschaft beruht auf ihren Funktionen im Rahmen des privaten und öffentlichen Lebens. Aufbauend auf ihrer Autorität als «Quellen der Nachahmung» sind diese im wesentlichen: die Verwaltung ihnen zur Obhut anvertrauter Vermögensmittel; die Betrauung mit Angelegenheiten sozial Schwacher wie etwa Witwen und Waisen; das Sammeln und Verwalten von Almosen; die Beglaubigung von Dokumenten; die Zuteilung der Mittel an religiöse Einrichtungen (Moscheen, religiöse Schulen [Medresen, arab. Sing. *madrasa*], Stipendiaten etc.) aus Einkünften verschiedener Art sowie die Wahrnehmung zahlreicher Funktionen verwaltungsmäßiger Natur. Eine zentrale Aufgabe war selbstverständlich die Überwachung des islamischen Gesetzes. Jeder Versuch, dessen Geltungsbereich einzuschränken bzw. durch vom Staat geschaffenes weltliches Recht zu ersetzen, ja allein der Versuch, ein auf positivem Recht basierendes «Grund»-Gesetz, also eine Verfassung einzuführen, mußte deshalb zunächst auf Mißtrauen, ja offene Ablehnung seitens der Geistlichkeit stoßen.

Tatsächlich reduzierte der Staat die Einflußsphäre, die die religiösen Führer für sich beanspruchten, kontinuierlich. Gleichwohl ist es dem Staat nur bedingt gelungen, in das religiöse Leben einzugreifen. Zum einen blieb die klassische Tradition der religiösen Erziehung weitgehend unverändert. Ort theologischer Lehre war die *madrasa*, die bereits im frühen Mittelalter Zentrum islamischen Lehrbetriebs gewesen war und die in Iran unter den Safawiden einen Aufschwung erhalten hatte. Wenn auch die Curricula unter der Pahlawī-Dynastie staatlicher Aufsicht unterstanden, so lebten doch deren Inhalt und vor allem der Stil des Unterrichts, die sich seit Jahrhunderten kaum verändert hatten, in ihrer klassischen Form fort. Der einfache Dorfgeistliche *(ākhūnd)* empfing hier ebenso seine Bildung wie der *mujtahid* (zum *ijtihād* berechtigter Theologe). Die Kontrolle des Staates über die Substanz des Unterrichts, vor allem auch im Hinblick auf oppositionelle religiös-politische Propaganda, blieb weitgehend ineffektiv.[15]

Der zweite Faktor, der in bezug auf die Stellung der Geistlichkeit einen bis in die Gegenwart bestimmenden Einfluß hatte, ist die Verfügung über erhebliche Vermögen und damit ein hohes Maß an finanzieller Unabhängigkeit von weltlichen Autoritäten.[16] Die wichtigsten Einkommensquellen waren: (a) Bezüge aus jenen juristischen und klerikalen Akten und Tätigkeiten, die oben genannt worden sind; (b) Vermögen aus religiösen Stiftungen und (c) religiöse Steuern *(khums)*. Zwar sind im Zuge der gesetzlichen Maßnahmen, die die Rolle der Geistlichkeit kontinuierlich eingeengt haben, auch die Einkünfte zurückgegangen. Gleichwohl ist das Vermögen des Klerus auch im Iran der Pahlawī noch erheblich gewesen und hat ihn in die Lage versetzt, seine vielfältigen öffentlichen Aufgaben zu erfüllen. Hinzu kommt, daß eine Reihe führender Geistlicher auch aus eigenen Wirtschaftsaktivitäten ein bisweilen nicht unerhebliches Zubrot verdient hat. Schließlich haben private Spenden, auch und gerade seitens des Basars, zum Vermögen der führenden Geistlichkeit beigetragen. Nicht zuletzt ihre wirtschaftlichen Interessen haben die Geistlichkeit in den Protestbewegungen des 19. und 20. Jahrhunderts wiederholt in eine Allianz mit den Großgrundbesitzern und dem Basar gebracht. Die Protestbewegung von 1960–1963, die gegen die Einleitung einer Bodenreform und die Durchführung der «Weißen Revolution» gerichtet war, beruhte auf einer Allianz der Geistlichkeit mit dem Großgrundbesitz. Und zu Beginn der Revolution in Iran (1977/78) haben Geistlichkeit und Basar – wenn auch letztlich aus unterschiedlichen Motiven – gegen das Regime zusammengestanden.

Das geistliche Zentrum des schiitischen Iran ist Qum. Die Bedeutung der Stadt ist eng verbunden mit der Geschichte der Schia in Iran. In ihr ist die Schwester des achten Imams (ʿAlī ar-Riżā), Fāṭima (genannt Ḥażrat-i Maʿṣūma), begraben. Unter den Safawiden nahm die Entwicklung der Stadt einen weiteren Aufschwung. Mit ihren zahlreichen Moscheen und Medresen, ihren Bibliotheken und sozialen Einrichtungen hat die Stadt eine zentrale Stellung im religiösen Leben. Darüber hinaus hat sie im 19. und 20. Jahrhundert auch als Keimzelle von Spannungen zwischen der Geistlichkeit und den weltlichen Regimen große Bedeutung gehabt.[17]

Die Beziehungen zwischen dem Klerus und dem Regime erhielten auch durch die Tatsache einen besonderen Akzent, daß die heiligsten Stätten der Schia insgesamt, die Städte Nadschaf und Kerbela mit ihren Schreinen des ersten (ʿAlī) und dritten Imams (Ḥusain), außerhalb der iranischen Landesgrenzen liegen. So konnten die iranischen Herrscher nicht nur mißliebige Geistliche dorthin abschieben; vielmehr haben oppositionelle geistliche Führer auch vom Ausland her (so etwa während der Verfassungsrevolution vor dem Ersten Weltkrieg) gegen das jeweilige iranische Regime agitieren können. Khumainī ist im irakischen Nadschaf um 1970 mit seinem Konzept der *wilāyat-i faqīh* an die Öffentlichkeit getreten. Sicher war es nur im Exil möglich, eine Form religiöser Herrschaft zu fordern, die den Sturz der bestehenden Dynastie implizierte. Darüber, ob die geistlich-politische Führung Irans nach dem Sturz des baʿthistischen Regimes unter Ṣaddām Ḥusain (Saddam Husain) den Versuch machen wird, auf die heiligen Stätten im Irak größeren Einfluß auszuüben, kann gegenwärtig (2005) nur spekuliert werden.

d) Der Islam in der Islamischen Republik Iran

Schah Muḥammad Reżā Pahlawī ließ zu Anfang der 1970er Jahre keinen Zweifel an seinem Bestreben, Religion und Politik zu trennen.[18] Wenn er auch keinen direkten Affront gegen die Geistlichkeit wagte (vielmehr hat er durch gelegentliche Besuche von Moscheen, z.B. des Heiligtums in Meschhed, seinen Respekt vor der Religion bekunden wollen), so war er doch bemüht, den Einfluß der Geistlichkeit auf allen Gebieten von öffentlichem Interesse auszuschalten. Zwei Elemente seiner Politik sind in diesem Zusammenhang von besonderem Gewicht:

- Der sich seit dem Beginn der 1970er Jahre beschleunigende Prozeß wirtschaftlicher Entwicklung und sozialer Wandlung zielte auch darauf ab, der Bedeutung der Religion als eines wesentlichen gesellschaftlichen Faktors die Grundlage zu entziehen. Die Ausrichtung der Energien der Iraner auf den Entwicklungs- und Modernisierungsprozeß schien geeignet, die durch den Islam geprägten Traditionen in den Hintergrund treten zu lassen.
- Die Rückorientierung auf die vorislamische Zeit, namentlich der Achämeniden und Sassaniden, sollte den Islam als dominierendes Element der Identität des Iraners zurückdrängen. Dieser Rückgriff, den bereits Reżā Shāh getan hatte, als er den Beinamen «Pahlawī» annahm, sollte den eingeleiteten Entwicklungsprozeß durch die Anspielung auf die Größe der Geschichte rechtfertigen, die Führerrolle des Schahs in diesem Prozeß legitimieren und damit letztlich den Islam als Relikt einer Episode in der iranischen Geschichte und als Entwicklungshindernis erscheinen lassen. Damit wurde den Vertretern der islamischen Gelehrsamkeit ihr Rang im politisch-gesellschaftlichen Gefüge streitig gemacht.

Dieser Prozeß ist von einer Reihe von Symbolen begleitet gewesen: Die Krönung zum Schah (1967), die Feierlichkeiten zum 2500jährigen Jubiläum der Gründung der persischen Monarchie (1971) und die Einführung eines Kalenders, der sich auf dieses Datum bezog, sind in diesem Zusammenhang gleichermaßen aussagekräftig.[19]

Die Revolution in Iran hat mit diesen Entwicklungen zunächst nur indirekt zu tun. Der Anteil der Geistlichkeit, insbesondere Khumainīs, an der Protestbewegung, nahm erst im Verlaufe des Jahres 1978 dramatisch zu. Erst mit dem Massaker auf dem Jāleh-Platz («Schwarzer Freitag», 8. September 1978) war eine Schwelle überschritten worden. Jetzt begannen diejenigen die Führung der Revolution zu übernehmen, die den Sturz der Monarchie anstrebten. Khumainīs Konzept der «Islamischen Republik», dessen konkreter Inhalt den meisten der unterschiedlichen oppositionellen Gruppen unbekannt war, wurde immer mehr zum Kristallisationspunkt der vagen Vorstellungen von der neuen, nach dem Sturz des Schahs aufzubauenden Ordnung.[20]

Es ist letzten Endes die Geistlichkeit gewesen, die mit der Mobilisierung der Massen, namentlich der Unterschichten, den entscheidenden Stoß gegen den Schah geführt hat. Nachdem es keine legale politische Opposition mehr gab, die sich auf parlamentarischem Wege hätte vernehmbar machen können, waren die Kanzeln ein Forum, über das zunächst Protest und Widerstand gegen das Regime wachgehalten und zum gegebenen Zeitpunkt auch die Massen – trotz der Verbote der Regierung – auf die Straße gebracht werden konnten.

Die Geistlichkeit bediente sich dabei ihrer eigenen Sprache, die der allgegenwärtigen Geheimpolizei keine Handhabe bot einzuschreiten. Die religiöse Symbolik, die jeder Gläubige verstand, spielte auf die politischen Mißstände an, ohne sie direkt beim Namen zu nennen. Die Umsetzung in eine politische Sprache geschah dann im Herzen und im Verstand eines jeden der Anwesenden. Während die Regierung alle anderen Kanäle der Nachrichtenübermittlung im Zusammenhang mit der politischen Auflehnung kontrollieren und gegebenenfalls unterbrechen konnte, blieb die Moschee ein Kommunikationsraum, dessen sich Khumainī bedienen konnte, auch wenn er sich in Nadschaf oder schließlich in Paris aufhielt.

Die Resonanz der Geistlichkeit war naturgemäß am nachhaltigsten, wo einerseits die sozialen Mißstände am krassesten waren und andererseits die Kommunikation zwischen ihr und den Gläubigen ungebrochen war. Zwar hatten sich in breiten Kreisen des Mittelstandes Mißstimmung und Protest gegen die autokratische Herrschaft des Schahs und gegen die wirtschaftlichen Fehlentwicklungen angestaut, doch hatten sich in ihnen zugleich auch die Beziehungen zur Religion gelockert; ihre säkularistische Grundhaltung sowie ihre politischen Leitvorstellungen waren das Resultat eines nahezu einhundertjährigen Prozesses der Verwestlichung.[21]

Demgegenüber sind die von den Geistlichen mobilisierten Massen aus jenen Teilen der iranischen Großstädte, insbesondere Teherans, gekommen, in denen die Lebensumstände der Menschen miserabel waren (und sind). Hier lebten in Slumvierteln nicht zuletzt diejenigen, die aus wirtschaftlichen Gründen vom Land abgewandert waren, um in der Stadt eine Beschäftigung zu finden. Ihrem traditionellen sozialen Rahmen entrissen und verelendet, wurde für sie die Religion verstärkt zu einer Zuflucht und Hoffnung. Der *mullā* sprach ihre Sprache. Nicht zufällig hat die Verbesserung der Lage der «Unterdrückten» *(mustaż'afūn)* im Zentrum der sozialpolitischen Propaganda der geistlichen Opposition gestanden.[22]

Der Sturz des Schahs (16. Januar 1979), die Rückkehr Khumainīs nach Iran (1. Februar 1979), der Rücktritt Shāpūr Bakhtiyārs, des letzten Ministerpräsidenten der Pahlawī-Dynastie (12. Februar 1979), und das Referendum über die Islamische Republik (30. März 1979) waren keineswegs Etappen auf einem zielgerichteten Marsch Irans von der Monarchie in eine festumrissene, vom Islam eindeutig bestimmte Struktur eines neuen Staatswesens. Khumainī hatte bereits 1979 deutlich gemacht, daß es sich bei der Islamischen Republik nicht um eine Demokratie westlichen Musters handeln würde. So standen zunächst zwei Ebenen staatlicher Autorität nebeneinander: die formelle Ebene, die durch die Einsetzung Mihdī Bāzārgāns als Ministerpräsident repräsentiert war, auf der einen und die informelle Ebene des im Hintergrund agierenden Revolutionsrates, der Komitees und der revolutionären Gerichte auf der anderen Seite. Die eigentliche Autorität aber war Khumainī, der mit seinem Charisma alle Entscheidungen der Regierung zunichtemachen konnte.[23]

Ein entscheidender Schritt in Richtung auf die Islamisierung des politischen Systems war die Wahl einer «Expertenversammlung», die damit beauftragt war, die Verfassung der Islamischen Republik auszuarbeiten (August 1979).[24] Von den 73 Mitgliedern waren 55 Geistliche (die Masse von ihnen Mitglieder der *Islamisch-Republikanischen Partei, IRP)* oder standen der Geistlichkeit nahe. Die Pole des breitgefächerten Spektrums waren auf der einen Seite die Säkularisten und auf der anderen Seite diejenigen, die für eine «islamische Ordnung» eintraten, welche auf dem Prinzip der «Herrschaft des anerkannten Gottesgelehrten» *(wilāyat-i faqīh)* beruhen würde. Als die treibende Kraft bei der Islamisierung der Verfassungsdiskussion erwies sich mehr und mehr Muḥammad Bihishtī, der zugleich den Aufbau der IRP zur stärksten politischen Kraft in Teheran betrieb.

Die Verfassung, die am 2. 12. 1979 per Referendum angenommen wurde, spiegelt wesentliche Elemente des schiitischen Staats- und Herrschaftsverständnisses wider.[25] Ausdrücklich wird in Artikel 12 festgestellt, daß der zwölferschiitische Islam *(Jaʿfarī ithnā ʿasharī)* die offizielle Religion Irans ist. Zentraler Punkt der politischen Ordnung ist der *faqīh*. Die Verfassung schreibt die beherrschende Rolle der Geistlichkeit über die Institutionen des Staates fest, verankert das islamische Recht als die Grundlage des Rechtswesens und schränkt Rechte und Freiheiten des Einzelnen auf das durch den Islam Erlaubte ein. Einem aus zwölf Geistlichen bestehenden *Wächterrat (Shūrā-yi nigahbān)* ist die Macht verliehen, gegen alle Gesetze des *majlis* Einspruch einzulegen, die gegen das islamische Gesetz oder Verfassungsgrundsätze verstoßen. Artikel 4 bestimmt, daß alle Gesetze und Grundsätze, die Zivil- und Strafsachen, Finanzen, Wirtschaft, Verwaltung, Kultur, Militär, Politik und anderes betreffen, auf islamischen Kriterien beruhen müssen.

Auf die Voraussetzungen zur Bekleidung des Amtes des *faqīh* wie auf seine Rechte und Befugnisse geht die Verfassung relativ detailliert ein.[26] Artikel 5 überträgt «in der Abwesenheit des Herrn der Zeit» *(walī-yi ʿaṣr), Imām Mahdī,* die Führung der Gemeinde auf den «religiösen Führer, der gerecht, gottesfürchtig, mit Bewußtsein für die Probleme der Zeit, Mut und Führungsqualitäten» ausgestattet ist und von der Mehrheit der Bevölkerung in seiner Führung anerkannt ist. Sollte ein solcher nicht gefunden werden, soll die Leitung der Gemeinde auf einen Führungsrat übergehen, der aus qualifizierten Experten des religiösen Rechts besteht. Artikel 107 bis 112 regeln die Wahl des *faqīh* bzw. der Mitglieder des Führungsrats. Der «Führer» hat weitreichende Befugnisse: Er bestimmt die Rechtsexperten des Wächterrats, die obersten Juristen der Judikative, den Generalstabschef der Armee, den Oberkommandierenden der Revolutionsgarden *(pāsdārān),* die Mehrheit der Mitglieder des Obersten Verteidigungsrats und – auf dessen Empfehlung – die Oberkommandierenden der Teilstreitkräfte. Der *faqīh* bestätigt die Kandidaten für das Präsidentenamt und entläßt den Präsidenten, wenn dieser vom Parlament für inkompetent erklärt oder vom Obersten Gericht als seine Pflichten nicht erfüllend befunden wird.

Der Übergang von der de-facto-Alleinherrschaft des charismatischen Revolutionsführers Āyatullāh Khumainī zu dessen Nachfolgern, denen allesamt sowohl sein geistlicher Rang als auch politisches Charisma fehlten, machte eine Änderung der Verfassung erforderlich.[27] Eine entsprechende Kommission schloß ihre Beratungen am 28. Juli 1989 ab. Zusammen mit der Wahl des neuen Präsidenten der Republik am 28. Juli 1989 wurden die Änderungen einer Volksabstimmung vorgelegt und mit einer Mehrheit von 97,3 % gutgeheißen.

Die mit der Verfassungsänderung erfolgten Umgestaltungen waren vor allem pragmatische Reaktionen auf bisherige Erfahrungen und neue Situationen. Auf der einen Seite kam es zu einer Zentralisierung der Macht in führenden Instanzen. Dies kam am deutlichsten in der Zusammenlegung der Ämter des Präsidenten und des Ministerpräsidenten zum Ausdruck; nunmehr hält der Präsident die konzentrierte Macht der Exekutive in Händen. Mit Bezug auf den Führer kann ein Amtsnachfolger Khumainīs kaum noch die überragende Stellung, die diesem als «Islamischer Führer» zukam, einnehmen. Wichtig in diesem Zusammenhang ist die verfassungsmäßige Verankerung des *Rates zur Feststellung des Interesses des Systems (Majmaʿ-i tashkhīṣ-i maṣlaḥat-i niẓām).* Dieser war von Khumainī im Winter 1988 mit der Intention geschaffen worden, dann einzugreifen, wenn sich Parlament und Wächterrat bei einem Gesetzgebungsverfahren nicht einigen konnten. Nach der Verfassungsänderung ist er ein Organ, das den Islamischen Führer beraten und damit auch beeinflussen können soll. Über die Beratung hinaus kann der Islamische Führer dem Rat alle Probleme, die er für geeignet hält, zur Diskussion vorlegen.

Auch die Tatsache, daß der Führer kein *marjaʿ at-taqlīd* mehr zu sein braucht, stellt eine wichtige Veränderung im Gesamtgefüge des Verfassungssystems dar. Die Bipolarität der verfassungsmäßigen Machtstrukturen tritt deutlich hervor. Das Funktionieren des Systems wird zu einem hohen Maße von der Art der – auch persönlichen – Beziehungen zwischen den beiden Polen abhängen.

Daß aus der Trennung von *wilāyat-i faqīh* und *marjaʿīya* für den «Führer» Probleme erwachsen könnten, mußte dieser erfahren, als er sich im Dezember 1994 darum bemühte, Nachfolger von Groß-Āyatullāh *(al-āyatullāh al-ʿuẓmā)* ʿAlī Arākī zu werden, durch dessen Tod am 30. November 1994 die *marjaʿīya* vakant geworden war. Āyatullāh Khāminaʾīs Bewerbung löste eine lebhafte Kontroverse aus, deren Kern das Argument ausmachte, er lasse die notwendigen theologischen Qualifikationen für das Amt vermissen. Prominente Geistliche im Libanon und im Irak sprachen sich für Groß-Āyatullāh Sīstānī aus Nadschaf aus; in Iran selbst traten einige einflußreiche Āyatullāhs an die Seite Groß-Āyatullāh Muntaẓirīs, des Erzrivalen Khāminaʾīs. Dieser war deshalb gut beraten, als er in einer Rede am 14. Dezember 1994 die Debatte erst einmal abbrach.[28]

Entgegen frühen Prognosen, die der *mullā*-Herrschaft ein baldiges Ende voraussagten, hat sich diese doch durch die Jahre erheblich konsolidieren können und erweist sich auch heute (2005) – trotz erheblicher innerer Probleme – als relativ gefestigt. Die Ursachen dafür sind zahlreich. Ein Propagandaapparat – mit dem «Ministerium für Rechtleitung» *(Wizārat-i irshād)* in seinem Zentrum – verbreitet islamische Grundsätze und Verhaltensweisen bis in den letzten Winkel des Landes (und vermittelt das Image der Islamischen Republik im Ausland). Die staatlichen (d.h. von der Geistlichkeit) kontrollierten Massenmedien, die trotz erheblicher Widerstände in großen Zügen auf die Linie des Regimes gebrachte Presse sowie eine Flut von Publikationen über den Islam (wie ihn die *mullās* verstehen), die Islamische Republik sowie die bedeutendsten geistlichen Führer (allen voran naturgemäß Khumainī) haben jahrelang für eine tiefgreifende Mobilisierung der Massen, namentlich der unteren Schichten, gesorgt. Ein zentrales Element der Mobilisierung durch die Regierung sind noch immer Freitagsgebet und -predigt sowie die Pilgerfahrt nach Mekka und deren alljährliche ideologische Vorbereitung.[29] Daß dabei Teheran von besonderer Bedeutung ist, versteht sich von selbst. In wechselnder Folge äußern sich die führenden Männer des Regimes (als Geistliche und Politiker) auf dem Campus der Universität zu allen Fragen und Problemen der Islamischen Republik und vermitteln so die Richtlinien der Entwicklung in Staat, Gesellschaft, auswärtigen Beziehungen etc. Neben Propaganda und Massenmobilisierung sorgt aber ein Apparat der Repression für Observanz der Prinzipien der Islamischen Republik. Besonders hinzuweisen ist in diesem Zusammenhang auf die Revolutionsgarden. 1979 geschaffen als Schutztruppe des neuen Regimes, sind die *pāsdārān* seit Ausbruch des irakisch-iranischen Krieges (September 1980) immer mehr zu einer regelrechten Armee ausgebaut worden, die nicht mehr nur für Ordnung und Stabilität im Inneren sorgt, sondern – neben der regulären Armee – ein dominanter Bestandteil der Streitkräfte Irans ist. Ihre Existenz ist in der Verfassung festgeschrieben (Art. 150).

Die Etablierung eines «islamischen Systems» hat einschneidende Konsequenzen auch für das Rechtswesen in Iran mit sich gebracht.[30] Artikel 4 der Verfassung, nach dem Iran ein Staat sein solle, in dem sämtliche Gesetze und sonstigen Rechtsnormen am Islam ausgerichtet und Islam-konform ausgelegt werden sollen, bedeutete dessen systematische Islamisierung. Naturgemäß erstreckte sich diese in erster Linie auf die Bereiche des Straf- sowie Familien- und Personenstandsrechts.

Höchstes Entscheidungsgremium im Bereich der Justiz war zunächst der Oberste Justizrat (Artikel 157ff.). Er bestand aus fünf Personen, nämlich dem Präsidenten des Obersten Gerichtshofs und dem Generalstaatsanwalt, die beide vom Islamischen Führer ernannt wurden, außerdem aus drei Richtern, die von der Richterschaft selbst gewählt wurden. Reibungsverluste bei der inneren Arbeit des Gremiums machten es jedoch wenig effizient. Mit der Verfassungsänderung wurde die kollektive Leitung aufgegeben und das Amt eines Oberhaupts der Justiz geschaffen, das von einer einzigen Persönlichkeit ausgefüllt wird. Diese wird direkt vom Islamischen Führer ernannt, ohne daß etwa die Richterschaft oder andere Gremien ein Vorschlagsrecht hätten.

Die iranische Gerichtsbarkeit gliedert sich in zwei Bereiche: den der ordentlichen Gerichtsbarkeit, der aus den Zivil- und Strafgerichten besteht und sich bei den Ermittlungen auf die Staatsanwaltschaften, die Polizei und die Sicherheitsbehörden stützt, sowie den der Revolutionsgerichtsbarkeit, die mit den Revolutionsstaatsanwaltschaften zusammenarbeitete und sich bis 1994 auf ihre eigenen Ermittlungsorgane stützen konnte. Nach dem Gesetz vom Juli 1994 zur Errichtung von allgemeinen und Revolutionsgerichten wurden alle Staatsanwaltschaften, einschließlich der Revolutionsstaatsanwaltschaften, abgeschafft. Auch die Revolutionsgerichte müssen sich für Ermittlungen der ordentlichen Justiz- und Sicherheitsbehörden bedienen und können nicht mehr auf Revolutionsstaatsanwaltschaften und deren eigenen Apparat zurückgreifen. Ihre Zuständigkeit liegt u.a. bei Verbrechen gegen die innere und äußere Sicherheit Irans, bei Wirtschaftsvergehen wie z.B. Wucher und Hamstern von Grundbedarfsgütern sowie bei Rauschgift- und Alkoholdelikten oder Schmuggel. Ein Sondergericht für Geistliche wurde 1987 von Khumainī eingerichtet, um Vergehen und Verbrechen, die von Geistlichen begangen wurden, zu untersuchen.

Die wichtigsten Gesetze zur Neuordnung des Strafrechts[31] wurden 1982/83 erlassen. Dabei handelt es sich um das *ḥudūd*- und *qiṣāṣ*-Gesetz, das *diya*-Gesetz und zwei weitere Gesetze, von denen das letztere (9. August 1983) als *taʿzīrāt*-Gesetz bezeichnet wird. Damit war ein Teil der Lücke geschlossen, die mit Khumainīs Verfügung, die aus der Schah-Zeit stammenden säkularen Gesetze nicht anzuwenden, entstanden war. Auffallend (und in der europäischen Presse immer wieder herausgestellt) war die Wiedereinführung der Körperstrafen. An vielen Stellen, an denen das frühere Recht Freiheitsstrafen bis zu zwei Jahren vorsah, wurde jetzt die Auspeitschung vorgeschrieben. Im August 1982 schließlich wurde ein Strafprozeßreformgesetz erlassen, das einen Gerichtsaufbau schuf, der den Grundprinzipien islamischen Gerichtsverfassungsrechts Rechnung trug. Der neue Gerichtsaufbau hielt sich vor allem an das islamische Prinzip, daß Urteile nie von einem Kollegialgericht, sondern nur vom Einzelrichter gefällt werden dürfen. 1996 gab es eine weitere Strafrechtsreform. Bei den Körperschaften ist erwähnenswert, daß das Oberhaupt der Justiz in einer Direktive die Richterschaft anwies, die Strafe der Steinigung nicht auszusprechen, sondern diese in Gefängnis- oder sonstige Strafen umzuwandeln. Eine wichtige Erneuerung ist auch die Wiedereinführung der Institution des Untersuchungsrichters im Januar 2003. Diese Institution ist dem des Strafgerichts vorgeschaltet, um die sachliche Spezialisierung der Gerichte wiedereinzuführen und somit den Arbeitsaufwand der Strafrichter zu vermindern.

Ebenso trat mit der Revolution im Bereich des Familien- und Personenstandsrechts eine Islamisierung ein. Größter Stein des Anstoßes war das Gesetz zum Schutz der Familie, das Vorschriften über Scheidungsgründe, Scheidungsfolgen und Verfahren enthielt, die mehrfach gegen islamische Grundsätze und somit gegen Artikel 4 der Verfassung verstießen. Obwohl dieses aus der Schah-Zeit stammende Gesetz nicht formal widerrufen wurde, können doch wesentliche Elemente desselben spätestens seit Khumainīs Rede vom 23. 8. 1982, in der er forderte, daß alle Gesetze, die gegen die *sharīʿa* verstoßen, «auf den Müll» geworfen werden müssen, als nicht länger fortgeltend betrachtet werden. Weitere seither getroffene gesetzgeberische Maßnahmen unterstreichen dies. Seit 1998 wurden einige wichtige Reformvorhaben umgesetzt: so etwa die Anpassung des Wertes der Brautgabe an die Inflation (1998), Änderungen im Scheidungsrecht zugunsten der Ehefrau (2001), die Erhöhung des Heiratsalters für Mädchen (2002) und die Angleichung des Sorgerechtsalters für Mädchen und Jungen (2003). Im großen und ganzen kann man von einem Trend zu Reformen im Familienrecht sprechen, der insbesondere während der Amtszeiten von Präsident Khātamī (Khatami, 1997–2005) neuen Elan erhalten hat.

Ganz allgemein geht die Diskussion über Rechtsreformen doch recht weit; mancherorts wird auch laut über die Verfassungsstruktur, die ungleichen *diyāt* (Pl. von *diya*) für Frauen und religiöse Minderheiten sowie die Position des *walī-yi faqīh* nachgedacht.

Über den Bereich des Rechts hinaus sind Anstrengungen unternommen worden, das private und öffentliche Leben der «islamischen Moral» zu unterwerfen. Teilnahme am Gemeinschaftsgebet, Verbot von alkoholischen Getränken und Drogen, Bestrafung unerlaubten Geschlechtsverkehrs sind einige ihrer Elemente. Am deutlichsten in der Öffentlichkeit sichtbar ist die rigorose Durchsetzung einer «islamischen» Kleidung der Frauen, d.h. des Tragens des *ḥijāb,* des Kopftuchs, was aber als Bedeckung des gesamten Körpers mit Ausnahme des Gesichts und der Hände interpretiert wird. Strenge Strafen stehen auf Verstöße. Hinzu kommt die Geschlechtertrennung (vor allem in Schulen und an anderen öffentlichen Plätzen). Schließlich hat sich die Stellung der Frau nicht zuletzt auch dadurch verschlechtert, daß Druck auf sie ausgeübt wurde, ihre berufliche Stellung wieder aufzugeben. Die islamischen Machthaber betonen die Rolle der Frau in der Familie, wie u.a. in der langen Einleitung zur Verfassung ausgeführt wird.[32]

Islamische Prinzipien haben auch die Haltung des Regimes zu den Minderheiten bestimmt. Im Falle der religiösen, d.h. nichtislamischen Minderheiten wird die klassische Zweiteilung von Muslim und Nichtmuslim wieder aufgerissen. Die geduldeten Religionen erhalten einen Status, der an denjenigen der «Schutzbefohlenen» (arab. *dhimmī*) angelehnt ist. Die Auswirkungen reichen vom Personenstandsrecht bis hin zur eingeschränkten «Partizipation» der «geduldeten» Minderheiten am politischen Leben, namentlich im Parlament. Andererseits fällt die erst im 19. Jahrhundert entstandene *Bahāʾī*-Sekte nicht in diese Kategorie. Die Verfolgungsmaßnahmen über die Jahre haben gezeigt, daß sie nach Auffassung des Regimes keinen Anspruch auf Duldung besitzt, da man in ihren Anhängern Abtrünnige vom Islam sieht.

Die ausgeprägte Grundeinstellung vom Konsens der Gemeinde und von der Exklusivität der einen «islamischen Staatsbürgerschaft» der Islamischen Republik hat sich früh auch als Barriere zwischen eine Reihe von Minderheiten und die Zentralregierung gestellt. Die Forderung nach Autonomie, deren Erfüllung verschiedene ethnische Gruppen, insbesondere die Kurden, nach dem Sturz des zentralistischen Pahlawī-Regimes erwartet hatten, ist von Khumainī seit August 1979 kategorisch zurückgewiesen worden.

Da die Wirtschaftspolitik des Schahs eines der auslösenden Momente für den Widerstand gegen das Regime gewesen ist, waren der Formulierung neuer «islamischer» wirtschaftspolitischer Prioritäten (Infrastruktur, Landwirtschaft etc.) deshalb die ersten programmatischen Erklärungen der neuen Führer gewidmet.[33] Der erste Staatspräsident der Islamischen Republik, Banī Ṣadr, galt selbst als einer der führenden Theoretiker eines «islamischen Wirtschaftssystems». 1983 wurden alle Banken dem – nicht unumstrittenen – «islamischen Zinsverbot» unterworfen. Einem Flügel pragmatischer Geistlicher, der für die Fortsetzung traditioneller Wirtschaftspraxis und Wirtschaftsethik eintrat, standen Geistliche gegenüber, die sich vehement für eine «sozialistische» Umgestaltung der Wirtschaft unter islamischen Vorzeichen einsetzten. Sie forderten eine weitgehende Landverteilung an die Bauern, die Verstaatlichung der Industrie sowie des Außen- und Binnenhandels. Zu Lebzeiten Āyatullāh Khumainīs waren auch die Aufnahme ausländischer Kredite sowie die Einbindung in – westlich beherrschte – internationale Finanzorganisationen strikt untersagt.[34]

Die Durchsetzung des «islamischen Systems» hat auch die Außenpolitik Irans nachhaltig bestimmt. Bereits die Verfassung stellt fest, daß sich die Islamische Republik die Unterstützung der «Unterdrückten» angelegen lassen sein wird. Bereits 1979 gab es Stimmen, die zwar noch nicht die Ausbreitung der Islamischen Revolution generell, aber doch eine aktive Unterstützung «unterdrückter» Muslime forderten; konkret wurde dabei zunächst auf die Lage der Schiiten im Irak, auf Bahrain sowie auch auf den islamischen Widerstand gegen die sowjetischen Besatzer in Afghanistan abgehoben. Der Überfall des Irak im September 1980 sowie dessen breite Unterstützung durch die Mehrheit der arabischen Regime trugen zu einer Radikalisierung in den Beziehungen zwischen Teheran und nahezu seinem gesamten islamischen Umfeld bei. Mit der Mitte 1982 gefallenen Entscheidung, nach der Zurückschlagung des irakischen Angriffs den Krieg gleichwohl als «Heiligen Krieg» bis zum Sturz des «Satans» Ṣaddām Ḥusain weiterzuführen, begann dieser eine neue Dimension anzunehmen. Zugleich ließen Stimmen aus Teheran, insbesondere diejenige Khumainīs selbst, erkennen, daß die Anstrengungen nunmehr auf die Befreiung aller Muslime in der Region, d.h. den Sturz der Unterdrücker (also der bestehenden Regime, denen die Legitimität zu herrschen abgesprochen wurde) gerichtet seien. Über die Befreiung von Kerbela sei der Kampf schließlich auf die Befreiung Jerusalems gerichtet.[35] Wenn auch den Truppen Irans an der Kriegsfront keine durchschlagenden Erfolge beschieden waren, so waren revolutionäre Kräfte in Teheran doch in zahlreiche – teilweise subversive – Aktionen verwickelt, die darauf zielten, die bestehenden Ordnungen unter Druck zu setzen. Am spektakulärsten wurde die iranische Einmischung im Libanon – in direkter Form durch die Entsendung von *pāsdārān* und indirekt durch die Unterstützung des radikalen Flügels der Schiiten und den Aufbau der *Ḥizbullāh*.[36] Dadurch wurde nicht nur das Gewicht der bisher untergeordneten Schiiten im Libanon erhöht, sondern auch die regionale Balance verändert. Die

Annahme der Resolution 598 des *UNO*-Sicherheitsrats, Grundlage des Waffenstillstandes im irakisch-iranischen Krieg, nannte Khumainī in seiner Rede am 20. Juli 1988 «bitterer als Gift».[37]

Auch dem Aufruf, den britischen Autor Salmān Rushdī wegen der blasphemischen Darstellung des Propheten Muḥammad und der koranischen Offenbarung zu ermorden, liegt das Konzept der islamischen Gemeinde *(umma)*, das mit dem modernen Nationalstaatsdenken unvereinbar ist, zugrunde.[38]

e) Friktionen und Differenzen im geistlichen Establishment

Gerade der Krieg gegen den Irak und seine Zielsetzung sind signifikant für die zum Teil tiefgreifenden Spaltungen zwischen den individuellen Mitgliedern und geistlich-politischen Strömungen innerhalb des islamischen Regimes. Die Entscheidung von 1982, den Krieg fortzuführen, wurde (mit nachdrücklicher Billigung Khumainīs selbst) gegen eine Gruppe durchgesetzt, die sich dagegen ausgesprochen hatte, den Krieg auf irakisches Territorium zu tragen. Stärker verallgemeinernd kann auf die Spaltung zwischen *ḥujjatīye* und *maktabī* hingewiesen werden.[39] So unscharf die Trennlinien zwischen beiden sind, lassen sich doch Unterschiede erkennen: Während erstere eine radikale Islamisierung auf kulturell-rechtlichem Gebiet anstrebt, sich aber tiefgreifenden sozialen und wirtschaftlich-gesellschaftlichen Reformen widersetzt, stellen die *maktabī* gerade den Aspekt der gesellschaftlichen und wirtschaftlichen Revolutionierung in den Vordergrund.

Die Verwerfung zwischen *ḥujjatīye* und *maktabī* öffnet den Blick für die Tatsache, daß die ideologische Grundlage der Islamischen Republik von Anfang an nicht monolithisch gewesen ist. Die im Februar 1979 gegründete «Islamisch-Republikanische Partei» (IRP) wurde 1988 aufgelöst, nachdem sie aufgrund von Flügelkämpfen zwischen ihrem linken und rechten Lager handlungsunfähig geworden war. Aus dem Zerfall der IRP entstanden zwei politische Vereinigungen von Geistlichen, die linksislamische «Gesellschaft der kämpfenden Geistlichen» (*Majmaʿ-i rūḥāniyūn-i mubāriz, MRM)* und ihr konservativer Widerpart, die «Vereinigung der kämpfenden Geistlichkeit» *(Jamʿi-yi rūḥāniyat-i mubāriz, JRM)*. Zu den namhaftesten Mitgliedern der letzteren gehören (2005) u. a. Revolutionsführer ʿAlī Khāminaʾī sowie die ehemaligen Parlamentspräsidenten ʿAlī Akbar Nāṭeq Nūrī und Hāshimī Rafsanjānī. Auch die Mehrheit der Mitglieder im Wächterrat sowie im Expertenrat gehören der JRM an. Auch unter den höheren Offiziersrängen und Spitzenkadern der Revolutionswächterarmee und diverser Nachrichten- und Sicherheitsdienste ist ihre Anhängerschaft besonders groß. Ideologisch tritt die JRM für die islamisch-theokratische Komponente des Systems ein, der sie Vorrang vor der Verfassung oder der Idee der Volkssouveränität einräumt.

Die Linksislamisten zerfallen in drei miteinander kooperierende Gruppierungen, deren wichtigste die Klerikervereinigung der MRM ist. Innerhalb der MRM gibt es neben radikalen – insbesondere antiamerikanischen – auch liberalere

Kräfte wie den früheren Kulturminister Muḥammad Khātamī, der im Mai 1997 zum Präsidenten gewählt wurde. Zunächst verfolgten die Linksislamisten eine strenge wirtschaftliche Austeritätspolitik, unterwarfen die Wirtschaft strikter staatlicher Kontrolle und unterstützten den Revolutionsexport. Nachdem sie 1992 von der Macht verdrängt wurden, rückten sie von ihrer restriktiven Haltung in der Innen- und Kulturpolitik ab und setzten sich ab 1997 für Konzepte der Zivilgesellschaft, des Rechtsstaats und für graduelle Öffnung des Systems ein. Wenige Monate vor der Präsidentschaftswahl von 1997 einigten sich die «demokratisch geläuterten» Linksislamisten und technokratische Rechtsmodernisten auf die Bildung einer Koalition, deren gemeinsamer Kandidat, Muḥammad Khātamī, im Mai 1997 die Wahl gewann.

Im Zuge der – freilich begrenzten – Öffnung des Systems unter Khātamī bildete sich über eine große Zahl von Printmedien eine fast tabufreie intellektuelle Diskussion einer Gegenöffentlichkeit heraus, die die politischen Bastionen der Konservativen – etwa in der Justiz und in den Sicherheitsdiensten – oder der Revolutionswächter unerbittlich kritisierte. Dabei entstand ein öffentlicher kritischer Diskurs, der um die Neubewertung des Verhältnisses von islamischer Tradition in ihrer seit 1979 in Iran dominanten theokratischen Ausprägung einerseits und westlicher Moderne mitsamt ihren Konzepten von Demokratie, Rechtsstaatlichkeit und Menschenrechten andererseits kreiste.[40]

Der führende Kopf der kritischen Intellektuellen ist ʿAbd al-Karīm Surūsh (Sorush). Er vertritt u.a. die Überzeugung, daß die klerikale Nomenklatura die Religion unzulässigerweise auf eine einzige Lesart reduziere. Dadurch hätte sie den Islam in eine tendenziell faschistische Ideologie verwandelt, von der sich eine große Mehrheit des iranischen Volkes abgewendet habe. Als Alternative zur jetzigen Regierung propagierte Surūsh das Konzept einer religiös-demokratischen Regierung, in der liberal-pluralistische Ordnungsvorstellungen mit einer religiösen Weltsicht in Einklang gebracht werden sollten. Andere modernistische Denker, die dem System – in zahlreichen unterschiedlichen Facetten – kritisch gegenüberstehen, sind Saʿīd Ḥajaryān, Muḥsin Kadivar, Māshāʾallāh Shams al-Wāʾiẓīn, Akbar Ganjī, Yūsuf ʿAshqivarī, Ḥabībollah Paimān, Hāshim Aqajārī, Ibrāhīm Yazdī, ʿAlī Reżā ʿAlawī-Ṭabarī, Muḥsin Sāzigārā, Mujtahid Shabistarī und Groß-Āyatullāh Ḥusain ʿAlī Muntaẓirī.

Wie die ideologische Basis des Systems weist auch das politische System Differenzierungen dieses Machtzentrums auf, die durchaus in unterschiedliche Richtung wirken können.[41] Grundsätzlich sind die Staats- und Gesellschaftsstruktur der Islamischen Republik und die in ihr herrschenden Kräfteverhältnisse von einem starken Dualismus geprägt. Dieser ist bereits in der Verfassung vom November 1979 angelegt, die sowohl republikanisch-demokratische als auch theokratisch-islamische Elemente enthält. Bis in die Gegenwart ungelöst – und sich weiter ausprägend – ist das daraus erwachsende Dilemma des doppelten Ursprungs von politischer Autorität in Gestalt eines Präsidenten und eines Parlaments, die direkt vom Volke gewählt werden, einerseits, und eines islamisch legitimierten Revolutionsführers und der von ihm beherrschten staatlichen und revolutionären Institutionen andererseits. Die Machtbefugnisse des Präsidenten werden von denen des «Revolutionsführers» und «Herrschenden Rechtsgelehrten» bei weitem übertroffen. Dies ist auch die Konsequenz aus der Tatsache, daß nach Artikel 56 der Verfassung die Souveränität nicht vom Volke, sondern von Gott beziehungsweise dem verborgenen Imam als dessen rechtmäßigem Stellvertreter ausgeht. Der «Führer» (*rahbar*) kann denn auch Schlüsselpositionen besetzen bzw. ihre Inhaber entlassen. Ferner ernennt er die sechs Klerikaljuristen in dem aus zwölf Mitgliedern bestehenden Wächterrat.

Gerade der Wächterrat als quasi parlamentarisches Oberhaus hat in der knapp zehnjährigen Reformperiode von 1995–2005[42] eine entscheidende Rolle bei der Verhinderung von Reformen gespielt. Wichtige Reformgesetze wurden blockiert oder zu Kompromissen verwässert, die den Reformpräsidenten Muḥammad Khātamī zunehmend an Ansehen verlieren ließen. Sein verfassungsmäßiges Recht, bei Präsidentschafts- und Parlamentswahlen die Kandidaten gemäß ihrer Loyalität zum System und zur Herrschaftstheorie zu selektieren, nahm der Wächterrat im Vorfeld der Parlamentswahlen vom 20. Februar 2004 im Extrem wahr, indem er von über 8000 Bewerbern mehr als 3000, hauptsächlich Reformern, die Kandidatur verweigerte. Die Judikative ließ von 1998 bis Anfang 2003 mehr als 90 reformistische Zeitungen schließen und eine große Anzahl von kritischen Journalisten, Studentenführern, Klerikern, Schriftstellern, Intellektuellen, Rechtsanwälten und sogar höheren Funktionsträgern aus Exekutive und Staatsadministration, die Präsident Khātamī nahestanden, verhaften und unter fadenscheinigen politischen Anklagen verurteilen. Die Tatsache, daß Ex-Präsident Akbar Hāshimī Rafsanjānī, seit 1997 Vorsitzender des Feststellungsrates, der zunächst Khātamī unterstützte, sich seit 1999 auf die Seite der Konservativen schlug und dessen Reformvorhaben zu vereiteln suchte, war eine zusätzliche Belastung für den Reformprozeß. Am Ende (2005) erwiesen sich das verfassungsmäßig verankerte Ungleichgewicht der Machtkompetenzen zwischen Revolutionsführer und Präsident sowie die Komplexität und Vielfalt der unterschiedlichen Machtzentren, deren Mehrheit konservativ dominiert sind und, wie die Justiz, der Wächterrat, der Feststellungsrat, der Expertenrat, die Revolutionswächterarmee und die revolutionären Stiftungen, Vetomächte und politische Enklaven bildeten, als unüberwindbar.

Mehr als 25 Jahre nach der Revolution befinden sich die Herrschenden in der Islamischen Republik in einer Sackgasse, aus der es keinen leichten Ausweg gibt.[43] In dieser Situation, die insbesondere bei weiten Teilen der Jugend Frustration hervorruft,[44] ertönt der Ruf nach der Trennung von Religion und Staat – wenn auch vorerst nur zaghaft und vereinzelt. Die Wahl des konservativen Bürgermeisters von Teheran Mahmud Ahmadinezhad (Maḥmūd Aḥmadīnežād) zum Staatspräsidenten im Juni 2005 hat freilich gezeigt, wie weit die Islamische Republik von einem tiefgreifenden Wandel entfernt ist.

3. Afghanistan

(Abbas Poya)

a) Die Islamisierung Afghanistans

Zehn Jahre nach dem Tod des Propheten gelang es 642 dem zahlenmäßig und militärisch weit unterlegenen muslimischen Heer, die Armeen des persischen Reichs zu besiegen und damit das Ende der Sassaniden-Dynastie zu besiegeln. Arabische Invasoren eroberten ohne große Gegenwehr die Stadt Merw (im heutigen Turkmenistan), benutzten sie als ihr Hauptversorgungslager und drangen immer weiter in Richtung Zentralasiens und des heutigen Afghanistan vor. Bereits im Jahre 664 konnten arabische Muslime bis nach Kabul gelangen. Dabei handelte es sich allerdings weniger um einen Eroberungskrieg als um einen Beutezug, der die Araber teuer zu stehen kam. Die Kabuler überfielen die kleine arabisch-islamische Truppe und metzelten sie nieder. An das Blutbad erinnert die später erbaute, bis in die Gegenwart sehr verehrte Wallfahrtsstätte *ziyārat-i ḥażrat-i tamīm,*[1] das Grab eines Prophetengefährten, der an der Eroberung Kabuls teilgenommen hatte und zusammen mit anderen Besatzern ermordet wurde. Bis Ende des 7. Jahrhunderts dehnte der Islam seine Präsenz über Sistan (Sīstān),[2] Khurasan (Khurāsān)[3] und den Oxus bis nach Zentralasien aus. Die südlichen Gebiete des heutigen Afghanistan blieben jedoch noch zwei Jahrhunderte von islamischem Einfluß unberührt.

Zur Zeit der ersten muslimischen Vorstöße konkurrierten im Gebiet des heutigen Afghanistan neben zahlreichen lokalen Naturreligionen der Buddhismus, der Zoroastrismus und der Hinduismus. Der Buddhismus war die vorherrschende Religion, und von Herat im Westen bis nach Balkh im Norden und Jalalabad (Jalālābād) im Südosten sowie Bamiyan in Zentralafghanistan sind Spuren der buddhistischen Religion nachweisbar. Die zwei monumentalen Buddhastatuen (53 und 35 Meter hoch) in Bamiyan, die von den Taliban fast vollständig zerstört wurden, galten als die größten Buddhaskulpturen der Welt und dokumentierten eine tief verwurzelte buddhistische Geschichte in Afghanistan. Aber auch der Zoroastrismus wurde in einigen Gebieten, vor allem im Norden, praktiziert. In den südlichen und südöstlichen Gebieten, die zum größten Teil von den Hindu-Herrschern in Kabul und Baghram (Baghrām) kontrolliert wurden, war die Bevölkerung hinduistisch geprägt. Es gab darüber hinaus nestorianische Christen sowie auch jüdische Gemeinden.[4]

Die Islamisierung Afghanistans erfolgte insbesondere durch die Bemühungen der aus Sicht des herrschenden orthodoxen Islams ketzerischen und in Kerngebieten des islamischen Reiches verfolgten Sekten wie der Kharidschiten *(khārijīya; khārijī,* Pl. *khawārij)* oder Karmaten *(qarmaṭīya; qarmaṭī,* Pl. *qarāmiṭa)*. In Balkh und Sistan bildeten sich lokal geprägte kharidschitische Sekten, und noch im 10. Jahrhundert formierte sich eine militante kharidschitische Bewegung im Tal des Hari Rud (Harī Rūd) und in der Stadt Gardez.[5] Die Karmaten, Anhänger einer ismailitischen Sekte, fanden u.a. in der Region des heutigen Afghanistan eine große Anhängerschaft. Die Sekte der Karramiya *(karrāmīya)*, die dafür eintrat, daß der Glaube *(īmān)* schon durch einmaliges Aussprechen des Glaubensbekenntnisses erfolge und weder innere Überzeugung noch äußere Taten benötige, war ebenfalls in der Region verbreitet. Damit konnte sich in diesen Gebieten lange keine einheitliche islamische Auffassung etablieren. Neben der sunnitischen Orthodoxie, die durch die offizielle Herrscherreligion repräsentiert war, konkurrierten verschiedene synkretistische, mystische Sekten um die Gunst der Menschen.

Erst die Ghaznawiden waren in der Lage, das heutige Gebiet Afghanistans fast vollständig zu islamisieren. Unter ihrer Herrschaft wurde Zwangsmissionierung betrieben, zahlreiche Beutekriege wurden vor allem in Indien geführt und hinduistische Tempel ruiniert oder zu Moscheen umfunktioniert. Gleichzeitig erblühten Wissenschaft, Literatur und die schönen Künste. In der Herrschaftszeit Maḥmūds (998–1030) brachte das Reich den Philosophen und Arzt Avicenna (Ibn Sīnā), den Polyhistor Bīrūnī und den Dichter Firdausī hervor. Die Ironie des Schicksals wollte es, daß die Nachkommen der Einwohner der Gebirgsgegend von Ghor östlich von Herat, die erst durch Maḥmūd, den Begründer des Ghaznawiden-Reiches, zum Islam bekehrt worden waren, später selbst das Reich erbten. Die Ghoriden setzten die Tradition der ghaznawidischen Beutekriege in Richtung Indien fort. Dabei wurden immer wieder buddhistische und hinduistische Heiligtümer zerstört, da sich die Ghoriden wie ihre ghaznawidischen Vorgänger der Verbreitung des Islams verpflichtet fühlten.

Als ab 1220 der Mongolensturm in die zentralasiatischen Gebiete einbrach, waren die zerstrittenen Fürstentümer der Region zu schwach, um den neuen Eroberern Paroli bieten zu können. Die Mongolen fügten dem kulturellen Erbe schweren Schaden zu. Später machten sie sich die Kultur und Religion der eroberten Region zu eigen und trugen zum Wiederaufbau bei. Der wohl bekannteste und schillerndste mongolische Herrscher war Tīmūr (Tamerlan, 1388–1405), der mit seinen zahlreichen Feldzügen durch Zentralasien bis nach Ägypten, Indien und Rußland viel Zerstörung und Verwüstung hinterließ. Sein Sohn Shāh Rukh Mīrzā (1405–1447) war bemüht, die Zerstörungen seines Vaters wieder gut zu machen. Er unterstützte Wissenschaft, Literatur, Kunst und Architektur. In seiner über vierzig Jahre andauernden Herrschaftszeit, die von der Mitwirkung seiner gebildeten Frau Gauharshād geprägt war, blühte das Reich und insbesondere die Hauptstadt Herat wieder auf. Die künstlerischen und architektonischen Feinheiten, die in den aus dieser Zeit erhaltenen Bauwerken noch zu sehen sind, zeugen von großer Kultiviertheit.

Im 16. und 17. Jahrhundert brachte das Gebiet des heutigen Afghanistan keine großen Herrscher mehr hervor. Die Region wurde von den starken Dynastien, die sich inzwischen in den Anrainerländern gebildet hatten, zerteilt. Der nördliche Teil Afghanistans wurde von usbekischen Fürsten, Nachfolgern der großen Dynastie der Shaibāniden, regiert. Das Shaibāniden-Reich war Anfang des 16. Jahrhunderts in Zentralasien entstanden und hatte sein Herrschaftsgebiet zeitweise bis nach Khurasan ausgedehnt, bevor es zerfiel. Die südlichen und südöstlichen Teile Afghanistans wurden von den Moguln kontrolliert, den Nachfahren von Tamerlan in Nordindien und in Kabulistan. Kabul blieb ein Bestandteil ihres Reiches und fungierte als Sommerresidenz der Mogulherrscher. Westafghanistan mit der Stadt Herat als kulturellem Zentrum des Gebietes Khurasan stand unter safawidischer Herrschaft. Diese iranische Dynastie versuchte, die Zwölferschia in allen Gebieten durchzusetzen, die unter ihrem Einfluß standen. Diese Unternehmungen führten dazu, daß sich in den Gegenden von Sistan, Herat und Kandahar größere schiitisch geprägte Bevölkerungsgruppen formierten.

b) Der Islam im afghanischen Nationalstaat

Die Geschichte des heutigen Afghanistan beginnt mit der Herrschaft von Aḥmad Shāh Durrānī (1747–1772),[6] obgleich sein Imperium über die heutigen Grenzen Afghanistans hinausreichte, im Westen bis nach Meschhed und Nischapur, im Norden bis nach Buchara und Samarkand und im Süden bis nach Sindh. Dem paschtunischen General des iranischen Herrschers Nādir Shāh (1736–1747) gelang es nach dem Tod seines Königs, sich die Unterstützung einiger einflußreicher Armeeoffiziere und vor allem der Stammesführer der paschtunischen Clans zu sichern. Als Gründer Afghanistans wurde er später Aḥmad Shāh Bābā (Väterchen) genannt, ein Titel, den in der Islamischen Republik Afghanistan nun der aus dem italienischen Exil zurückgekommene König Ẓāhir (1933–1973) trägt.[7] Aḥmad Shāh Durrānī hatte Kandahar, das Zentrum der Paschtunen-Region, zur Hauptstadt gemacht. Erst sein Sohn Tīmūr (1773–1793) brachte die Hauptstadt nach Kabul, doch behielten die Paschtunen in Afghanistan die Herrschaft. Nur für neun Monate konnte der Tadschike Ḥabībullāh II, bekannt als Bača-i Saqau (Sohn des Wasserträgers), im Jahre 1929 die Paschtunen-Herrschaft unterbrechen. Die paschtunischen Herrscher hatten aber nicht nur damit Schwierigkeiten, die nicht-paschtunischen Stämme des Landes unter ihrer Kontrolle zu halten. Ihr Problem lag vor allem darin, die verschiedenen paschtunischen Clans unter ihrer Herrschaft zu einen. Schon bald nach dem Tod Tīmūrs entflammte im Land die Konkurrenz der Stämme um die Vorherrschaft. Die Sadūzai-Dynastie, die von Aḥmad Shāh Durrānī gegründet wurde, verlor ihre Macht an die Muḥammadzai. Dūst Muḥammad Khān (1826–1839) sicherte sich die Kontrolle über die Hauptstadt Kabul und gründete die Muḥammadzai-Dynastie. Er hatte allerdings Schwierigkeiten, das ganze Land unter seine Kontrolle zu bringen und sich als Herrscher zu legitimieren. Erst dem *Eisernen Emir* ʿAbdurraḥmān (1880–1901) gelang es durch brutale Unterdrückungspolitik, den Widerstand anderer paschtunischer Clans und ethnischer Minderheiten zu brechen und die Macht der Muḥammadzai-Dynastie zu festigen. Bis zur Machtübernahme der pro-sowjetischen Demokratischen Volkspartei Afghanistans (DVPA) im Jahre 1978 blieb die politische Macht in den Händen der Muḥammadzai. Der letzte König der Familie Muḥammadzai war Ẓāhir Shāh, welcher von einem weiteren Mitglied der Familie, Daud (Dāʾūd, 1973–1978), entthront wurde. Daud rief die Republik aus, fiel jedoch dem blutigen Putsch linksgerichteter Kräfte zum Opfer.

Für die politische Herrschaft in Afghanistan, die ethnisch und tribal geprägt war, hat der Islam als der fast alle afghanischen Volksgruppen einende Identitätsfaktor immer eine entscheidende Rolle gespielt. Die Herrscher mußten stets darauf achten, daß ihre Regierungsbeschlüsse und -praxis als Islam-konform angesehen wurden. Über die Konformität der Herrschaft mit dem Islam entschieden die Ulama (arab. *ʿulamāʾ*). Daher war es für die Herrscher von zentraler Bedeutung, sich deren Gunst zu sichern. Die Ulama ihrerseits blieben allerdings stets abhängig von finanziellen Zuwendungen der Herrscher. Der *Eiserne Emir* ʿAbdurraḥmān etwa konnte seine Unterdrückungspolitik im Namen des Islams durchführen. Legitimiert durch Fatwas (arab. *fatāwā*, Sg. *fatwā*) der Ulama, ging er brutal gegen die religiösen und ethnischen Minderheiten vor, wobei er nicht nur ständig elementarste Bürgerrechte verletzte, sondern in einer Aktion sogar religiöse Stiftungen (arab. *auqāf*) beschlagnahmen ließ, und zwar mit der Billigung der regierungstreuen Ulama.[8] Dem reformfreudigen König Amānullāh (1919–1929) dagegen gelang es nicht, die Ulama hinter seinen liberalen Kurs zu bringen. Er wurde von denselben religiösen Würdenträgern, die seine Herrschaft legitimiert hatten, zehn Jahre später entthront. Nach einer Europareise in Begleitung seiner westlich gekleideten Frau teilte er der *Großen Ratsversammlung (Loya Jirga)* seine Pläne zur Umwandlung des Landes von einer traditionellen zu einer modernen Gesellschaft mit. Die religiösen Vertreter, u. a. der überaus einflußreiche Fażl ʿUmar Mujaddidī, bekannt als Hażrat-i Shūr Bāzār, lehnten die Pläne ab und bezeichneten sie als nicht-islamisch. Der anschließende Volksaufstand gegen sein Vorhaben zur Modernisierung des Landes führte letztlich zum Sturz Amānullāhs.[9] Die Rolle des Islams als politischer Legitimationsfaktor in Afghanistan wird auch daran deutlich, daß in allen Verfassungen, die das Land in seiner jungen Geschichte erlebte, sogar in der des Kommunisten Najībullāh, die Islamität des Landes hervorgehoben wird. Daß sogar im heutigen Afghanistan trotz aller Grausamkeiten, die die Afghanen unter den islamistischen Taliban und Mujahidin erlebt haben, die Islamität des Landes und des Präsidenten nicht außer acht gelassen werden kann und zum ersten Mal in der Geschichte des Landes sogar eine international anerkannte Islamische Republik ausgerufen wird, ist eine Fortsetzung dieser Tradition.

Der hanafitisch-sunnitische Islam stellte immer die offizielle Islamauffassung des Landes dar und ist die Konfession, zu der sich die großen Volksgruppen Paschtunen, Tadschiken, Usbeken und einige kleinere Ethnien wie die Nuristanis und Turkmenen bekennen. Der sunnitische Charakter Afghanistans sollte das junge Land gegenüber dem starken, schiitischen Nachbarland Iran abheben. In allen bisherigen Verfassungen wurde der hanafitisch-sunnitischen Rechtsschule eine zentrale Rolle eingeräumt, nach der sich die Rechtsprechung zu richten hat und zu der sich das Staatsoberhaupt bekennen muß. In der Islamischen Republik Afghanistan wurde allerdings die absolute Souveränität des Sunnitentums relativiert und die Möglichkeit vorgesehen, daß die Schiiten im Bereich des Personenstandsrechts nach ihrem eigenen Rechtsverständnis handeln können. In Afghanistan leben sowohl die imamitischen Zwölferschiiten (Mehrheit) als auch die ismailitischen Siebenerschiiten (Minderheit), die zusammen über 20 Prozent der Gesamtbevölkerung des Landes ausmachen. Kraft ihrer starken Präsenz im öffentlichen Leben in den letzten Jahrzehnten und dank kräftiger Unterstützung Irans seit dem Ausbruch des Afghanistankonflikts können die Interessen der Zwölferschiiten nicht mehr übergangen werden. Die Ismailiten hatten es noch schwieriger. Sie wurden nicht nur von der sunnitischen Mehrheit, sondern auch von den Zwölferschiiten abgelehnt und diskriminiert. Vor Ort hatten traditionell stets die Saiyids von Kayān die politische wie religiöse Führung der Siebenerschia. Sie sehen aber immer mehr auch im Āghā Khān ihren geistigen Führer. Nach den Jahren des Bürgerkrieges und in der Islamischen Republik Afghanistan erreichen auch sie nicht zuletzt wegen großzügiger Spenden und Investitionen des Āghā Khān allmählich gesellschaftliche Anerkennung.

In Afghanistan lebten auch nichtmuslimische Minderheiten. Die Nuristanis im Osten hingen bis Ende des 19. Jahrhunderts Naturreligionen an. Ihr Gebiet hieß bis dahin *Kāfiristān* (Land der Ungläubigen). Sie wurden erst 1895 von ʿAbd-urraḥmān zum Islam bekehrt – eine gewaltsame Antwort auf die missionarischen Bemühungen einiger britischer Religionseiferer, die Menschen in der Region für das Christentum zu gewinnen. Danach wurde das Gebiet in Nuristan (*Nūristān*, Land des Lichts) umbenannt. Die Zahl der Hindus und Sikhs, die meistens in den urbanen Zentren Kabul, Jalalabad, Ghazni und Kandahar lebten, wurde bis vor dem Bürgerkrieg auf ca. 30000 geschätzt. Sie arbeiteten überwiegend als Händler. In der Zeit des Bürgerkriegs wanderten viele von ihnen nach Indien und von dort zum Teil in die europäischen und nordamerikanischen Länder aus. Auch eine kleine jüdische Gemeinde gab es in Afghanistan, die über die Städte Kabul, Herat und Mazar-e Scharif zerstreut lebte. Ihre Gesamtzahl wurde auf einige Tausend geschätzt. Nach der Gründung des Staates Israel wanderten viele afghanische Juden nach Israel aus. Im Jahre 1999 soll nur noch ein einziger afghanischer Jude in Kabul gelebt haben.

Der Islam in Afghanistan ist gekennzeichnet durch eine Vielzahl von heterogenen Prägungen und Eigenheiten, die meistens mystische Züge aufweisen. Zu den wichtigsten Bruderschaften in Afghanistan zählt der *Naqshbandīya*-Orden. Er stammt aus Zentralasien und wird auf Muḥammad Bahāʾud-Dīn an-Naqshbandī (gest. 1389) zurückgeführt. In Afghanistan ist er vor allem unter den Tadschiken der Großstädte verbreitet, er hat aber seine Anhänger auch unter einigen paschtunischen Stämmen im Süden und Südosten. Der Naqshbandīya-Orden wird seit Ende des 19. Jahrhunderts mit der Familie Mujaddidī assoziiert, die sich immer wieder kräftig in die Politik einmischte und u. a. wesentlich dazu beitrug, daß die Modernisierungspläne Amānullāhs scheiterten. Der Begründer des ebenfalls einflußreichen *Qādirīya*-Ordens, ʿAbd al-Qādir al-Gīlānī (gest. 1166) stammte aus Bagdad. Zu Beginn des 20. Jahrhunderts kam die Bruderschaft nach Afghanistan. Im Vergleich zur *Naqshbandīya* hatte die *Qādirīya*-Bruderschaft weniger politische Ambitionen, obgleich einige ihrer Mitglieder später mit der Familie der Muḥammadzai, der königlichen Familie, verschwägert waren und sie dadurch einen Sonderstatus erhielten. Im Gegensatz zu diesen beiden Orden, die in der

Hauptstadt präsent und in der Politik direkt oder indirekt aktiv waren, hatte der *Čishtīya*-Orden seine Anhängerschaft insbesondere in und um Herat und war politisch kaum aktiv. Die *Čishtīya* wurde von Muʿīnud-Dīn Muḥammad Čishtī (gest. 1236) gegründet und hat sich vor allem auf dem indischen Subkontinent verbreitet, während ihr Einfluß in Afghanistan ständig zurückgegangen ist. Erst in der Widerstandszeit machte sich der Orden wieder bemerkbar und arbeitete im Raum Herat mit der *jamʿīyat-i islāmī* unter ihrem örtlichen Führer Ismāʿīl Khān politisch zusammen.

Die vorherrschende Islamauffassung ist jedoch eine orthodoxe, auf der Scharia begründete Vorstellung. Aus diesem Grund spielen die Ulama eine wichtige Rolle im Prozeß der Meinungsbildung und der politischen Orientierung der Herrschaft. Wie in anderen sunnitischen Ländern waren jedoch die sunnitischen Ulama in Afghanistan nie unabhängig von den politischen Herrschern. Aber auch die schiitischen Ulama konnten sich, im Gegensatz etwa zu den iranischen Gelehrten, nicht eigenständig organisieren. Die afghanischen Ulama waren aufgrund der allgemeinen wirtschaftlichen Misere immer von den Zuwendungen der Zentralregierung oder der lokalen Machthaber abhängig. Dafür wurde ihre religiöse Autorität für die politischen Ziele der Herrscherklasse benutzt. Die politisch zentrale Bedeutung, die den Ulama in der Zeit des Widerstandes gegen die sowjetische Usurpation zukam, war allerdings ein neues Phänomen, das u.a. auf die massive finanzielle und militärische Unterstützung durch die USA und andere Länder zurückzuführen ist.

Im Laufe seiner nationalstaatlichen Geschichte hat sich in Afghanistan auch ein islamischer Nationalismus entwickelt. Unter dem Einfluß der panislamischen Bewegung im arabischen Raum und der nationalistischen Bewegung in der Türkei entstand Anfang des 20. Jahrhunderts in Afghanistan die Bewegung der *Jungafghanen (jawānān-i afghān)*. Nach dem Tod des autoritären ʿAbdurraḥmān unternahm sein Sohn Ḥabībullāh I (1901–1919) einige vorsichtige Schritte zur Normalisierung der soziopolitischen Verhältnisse im Land. In seiner Regierungszeit begannen die wegen der repressiven Politik ʿAbdurraḥmāns ins Exil geflohenen afghanischen Händler, Politiker und Intellektuellen ins Land zurückzukommen. Maḥmūd Ṭarzī (1866–1935), der im Ausland aufgewachsen war und sich dort nicht nur neue politische Ideen angeeignet, sondern auch die wichtige Rolle der Presse bei gesellschaftlichen Veränderungen erkannt hatte, gehörte zu dieser neuen afghanischen Elite. Er hat u.a. die vierzehntäglich erscheinende Zeitung *Nachrichtenleuchte (sirāj al-akhbār)* zwischen 1911 und 1918 herausgegeben, in der er und seine Mitdenker ihre Ideen von islamisch-afghanischer Identität, politischer Freiheit und gesellschaftlicher Modernität veröffentlichten. Diese neuen Hoffnungsträger des Landes nannten sich *Jungafghanen*. Insbesondere mit seiner Modernisierungspolitik stand Amānullāh den Vorstellungen der *Jungafghanen* sehr nahe. Nachdem er unter dem massiven Druck der konservativen Ulama abdanken mußte, machten die nachfolgenden Herrscher sämtliche von *Jungafghanen* inspirierten modernistischen Schritte Amānullāhs rückgängig. Zu politischen Erlassen Ḥabībullāhs II (1929) unmittelbar nach der Machtübernahme gehörte die Wiedereinführung der Schleierpflicht für Frauen und die Schließung der Mädchenschulen. Nādir Khān (1930–1933) mußte obendrein dem hanafitisch-sunnitischen Islam eine zentrale Bedeutung in der Politik und Rechtsprechung einräumen.

Es verstrichen einige Jahrzehnte, bis die politische Elite in den 1960er Jahren an die Ideen der Jungafghanen anknüpfte, im Jahr 1964 eine moderne Verfassung einführte und ein inzwischen im Vergleich zum panislamischen Verständnis der Jungafghanen modifiziertes und pragmatisches Islamverständnis etablierte. Diese dem praktischen Nutzen dienende Islamvorstellung hat sich bis in die Gegenwart und bis in den Regierungsstil Karzais durchgesetzt; die Staatsführung ist nicht allein aus machtpolitischem Kalkül, sondern durchaus auch aus eigener traditioneller Überzeugung um die Einbindung der Ulama in die Politik bemüht.

c) Die Rolle des Islams im Afghanistankonflikt

Der 27. April 1978 ist der Tag der sogenannten *Aprilrevolution (inqilāb-i thaur)* in Afghanistan. In einer blutigen Aktion putschte sich die marxistisch-leninistisch geprägte *Demokratische Volkspartei Afghanistans* (DVPA) an die Macht und ermordete Muḥammad Daud, der im Jahre 1973 selbst durch einen von der DVPA unterstützten Militärstreich an die Macht gekommen war. Die DVPA, die aus einem radikalen und überwiegend paschtusprechenden Flügel, *khalq* (Volk), und aus einem vergleichsweise moderaten und mehrheitlich farsisprechenden Flügel, *parčam* (Fahne), bestand, genoß die volle Unterstützung der Sowjetunion. Praktisch am Tage der Machtübernahme kamen tiefgreifende Meinungsunterschiede in der Partei, insbesondere zwischen den beiden Flügeln, an die Oberfläche.[10] Im September 1979 wurde Muḥammad Tarakī, der erste DVPA-Präsident des *khalq*-Flügels, von seinem machtgierigen Mitstreiter und Stellvertreter Ḥafīẓullāh Amīn umgebracht. Drei Monate später, im Dezember 1979, marschierten Sowjetsoldaten in Afghanistan ein. Gestärkt von der Unterstützung der Sowjetunion und unter ihrer Ägide verdrängte der *parčam*-Flügel die *khalqis* aus den Schlüsselpositionen der Kabuler Regierung. Der Führer des *parčam*-Flügels, Babrak Kārmal, wurde neuer Regierungschef. 1986 ordnete die Sowjetunion einen weiteren Machtwechsel in Kabul an. Der bis dato amtierende Geheimdienstchef Najībullāh übernahm die politische Führung, die er bis zur Machtergreifung durch die Mujahidin im Jahre 1992 innehatte.

In der Zeit der sowjetischen Besatzung entfaltete sich auch das Phänomen des Islamismus in Afghanistan,[11] das seinen Ursprung eigentlich viel früher, nämlich im *Jahrzehnt der Verfassung (daha-i qānūn-i asāsī)* 1963–1973 gehabt hatte. Mit dem Inkrafttreten der Verfassung von 1964 und der darauf folgenden politischen Öffnung hatten junge religiöse Studenten an der Universität Kabul in Zusammenarbeit mit einigen Dozenten an der Scharia-Fakultät begonnen, sich politisch zu engagieren. Diese islamistisch motivierten Aktivisten, die sich teils *Jungmuslime (jawānān-i musalmān)* und teils *Islamische Gemeinschaft (jamʿīyat-i islāmī)* nannten, wurden von an der Azhar-Universität in Kairo ausgebildeten und mit dem islamistischen Gedankengut der *Muslimbrüder (ikhwān al-muslimīn)* vertrauten Universitätsdozenten, allen voran Ghulām Muḥammad Niyāzī (gest. 1978), geführt.[12] Ihre Aktivitäten richteten sich zunächst gegen die an der Kabuler Universität und überhaupt unter den Jugendlichen in der Hauptstadt und im Rahmen des Parlaments sehr aktiv gewordenen marxistischen Gruppen, *khalq* (Volk), *parčam* (Fahne), *shuʿla-i jāwīd* (Ewige Flamme) und *sitam-i millī* (Nationale Unterdrückung). Sehr bald richteten sich jedoch die Aktivitäten der Islamisten gegen die politische Herrschaft, die sie für die *nicht-islamischen* Verhältnisse im Land verantwortlich erklärten und die keineswegs ihrer islamistischen Staatsvorstellung entsprach. Zu diesen islamisch motivierten Aktivisten gehörten der Universitätsdozent Burhānuddīn Rabbani (Rabbānī), der Würdenträger Ṣibghatullāh Mujaddidī, die Studenten Gulbuddīn Hekmatyar (Ḥikmatyār) und Aḥmad Shāh Masud (Masʿūd), die später in der Widerstandszeit gegen die sowjetische Besatzung die Führungskader der Mujahidin bildeten.

Die Mujahidin-Parteien vertraten allerdings keine einheitliche Islamauffassung. Ihre Ideologie wurde von verschiedenen politisch motivierten Bewegungen in der islamischen Welt geprägt. Auf der einen Seite sind die mystischen Orden *Qādirīya* und *Naqshbandīya* zu nennen, die im Laufe der Geschichte des Nationalstaats immer mehr politisiert worden waren. Mit den mystischen Orden wurden konkret zwei Parteien in Verbindung gebracht: die *Nationale Rettungsfront (jabha-i millī nijāt)* unter der Führung von Ṣibghatullāh Mujaddidī, der aus der bekannten *Naqshbandīya*-Familie entstammt, und die *Nationale Islamische Front (maḥādh-i millī-i islamī)* unter der Leitung von Pīr Saiyid Aḥmad Gailānī, der gleichzeitig die geistliche Führung des *Qādirīya*-Ordens innehat. Die Bindung dieser Parteien zu den Orden war allerdings eher nominell und weniger spirituell. Sie verfolgten eine realpolitische Strategie und wurden aufgrund ihrer positiven Haltung zur Monarchie als Royalisten bezeichnet.

Auf der anderen Seite hatten die islamistischen Konzepte der ägyptischen Muslimbrüder eine große Wirkung auf die Mujahidin. Die Bücher von Ḥasan al-Bannā (1906–1949), dem Gründer der Muslimbrüder, und Saiyid Quṭb (1906–1966), dem großen Ideologen der Bewegung, wurden quer durch alle Mujahidin-Gruppen gelesen. Ihre Bücher fungierten neben den Werken des indisch-pakistanischen Rechtsgelehrten Abū l-Aʿlā Maudūdī (1903–1979) de facto als ideologische Einführung insbesondere für die Anhänger der *Islamischen Partei (ḥizb-i islāmī)*, geführt von Hekmatyar und der *Islamischen Gemeinschaft (jamʿīyat-i islāmī)* unter der Führung von Rabbani. Die *Islamische Gemeinschaft* konkurrierte in der Phase des Befreiungskampfes mit der *Islamischen Partei* mehr aus strategischen Gründen um einen alleinigen Anspruch auf die islamistische Position. Die *Islamische Gemeinschaft* stand jedoch unter dem großen Einfluß ihres charismatischen und militärischen Führers Masud, der sich nie als religiöser Fanatiker hervortat, sondern vielmehr als Befreiungskämpfer verstand. Die Partei distanzierte sich im Verlauf des Widerstandes immer mehr von den extremen Islamvorstellungen und propagierte eine moderatere Form des Islams. Eine weitere islamistisch gesinnte Mujahidin-Partei war die erst 1980 gegründete *Isla-*

mische Union zur Befreiung Afghanistans (ittiḥād-i islāmī barāy-i āzādī-i afghānistān) unter der Führung von ʿAbd ar-Rasūl Sayyāf. Sie stand allerdings aufgrund enger finanzieller wie auch ideologischer Beziehung zu Saudi-Arabien dem Wahhabismus *(wahhābīya)* sehr nahe. Von Pakistan aus agierten noch zwei andere islamistische Parteien: die *Islamische Revolutionsbewegung (ḥarakat-i inqilāb-i islāmī)*, geführt von Maulawī Muḥammad Nabī Muḥammadī, und eine zweite *Islamische Partei (ḥizb-i islāmī)* des Maulawī Muḥammad Yūnus Khāliṣ, der aus den Kreisen der afghanischen Muslimbrüder stammte und zuerst mit Hekmatyar in der gleichnamigen Partei aktiv war.

Die Islamische Revolution in Iran, die fast zeitgleich mit der Machtübernahme der DVPA und dem Aufflammen des anti-sowjetischen Widerstandes in Afghanistan stattfand, stachelte besonders die islamistische Bewegung in Afghanistan an. Iran hatte vor allem einen großen Einfluß auf die schiitische Bevölkerung des Landes, die Hazara. Dieser ist nicht zuletzt in der großen Achtung begründet, die die Schiiten Afghanistans den iranischen Ulama entgegenbringen. Unter den schiitischen Widerstandsgruppen haben sich folgende Organisationen hervorgetan: der *Revolutionäre Rat der Islamischen Einheit (shūrā-yi inqilābī-yi ittifāq-i islāmī)* unter der Führung des in Nadschaf zum Ayatollah ausgebildeten Saiyid ʿAlī Bihishtī (gest. 1996) und die *Islamische Bewegung (ḥarakat-i islāmī)*, geführt von dem ebenfalls in Nadschaf zum Ayatollah ausgebildeten Shaikh Āṣif Muḥsinī. Beide Parteien führten trotz ihrer religiösen Nähe zu Iran eine selbständige Politik. Die *Organisation des Sieges (sāzmān-i naṣr)* unter der Führung von ʿAbdul-ʿAlī Mazārī (gest. 1994) und die *Wächter des Islamischen Jihād (pāsdārān-i jihād-i islāmī)* unter der Führung von Shaikh Muḥammad Akbarī standen ideologisch und strategisch Iran sehr nahe – was sie nicht daran hinderte, sich wie alle anderen afghanischen Widerstandsgruppen immer wieder gegenseitig kriegerische Auseinandersetzungen zu liefern. Hauptsächlich aus diesen beiden letzten Parteien ging 1989 als Antwort auf den Ausschluß der Schiiten bei der Bildung einer Interimsregierung aus den Reihen der in Pakistan ansässigen sunnitisch geprägten Parteien und unter massivem iranischen Druck die *Einheitspartei (ḥizb-i waḥdat)* hervor, die von Mazārī angeführt wurde und bei den blutigen Kämpfen unter den Mujahidin in Kabul von 1992 bis 1996 die schiitische Front bildete.

Die ganze Phase des Widerstandskampfes gegen die sowjetische Usurpation wurde von dem in der Geschichte Afghanistans immer wiederkehrenden Phänomen des *Bruderkriegs (barādar kushī)*[13] überschattet. Dabei übertrafen die machtpolitischen Interessen bei weitem die ethnischen, konfessionellen oder ideologischen Gesichtspunkte. In diesem Krieg im Krieg führte im Grunde jede Ethnie und Konfession gegen jede andere und auch gegen die eigenen Leute Krieg, um den eigenen Einflußbereich zu erweitern. Der *Bruderkrieg* erreichte seinen Gipfel in den Jahren 1992–1996, in denen überall im Lande, aber besonders heftig in der Hauptstadt Kabul, praktisch jeder gegen jeden Krieg führte. Nach dem Motto, wer Kabul hat, hat die Macht, konzentrierte sich der Machtkampf unter den verschiedenen Mujahidin-Gruppen auf die Hauptstadt. Während es den großen

Konkurrenten Hekmatyar und Masud um die alleinige Kontrolle über Kabul und damit um die zentrale Herrschaft in Afghanistan ging, wollten sich die schiitische *waḥdat* und die neu zu der Allianz der Mujahidin gekommene usbekische *junbish-i millī-i islāmī* (*Nationale Islamische Bewegung*) unter der Führung des ehemaligen pro-kommunistischen Generals Dostum mit ihrer Präsenz in der Hauptstadt einen Platz in der künftigen Regierung sichern.

Die Mujahidin hatten schon längst ihren Ruf in Afghanistan als *heilige Krieger* verspielt, die für die Sache des Islams und für die Verteidigung des Landes kämpften, als die Taliban erstmals im Sommer 1994 in Südafghanistan in Erscheinung traten. Die paschtunischen Gebiete im Süden und Südosten konnten sie ohne nennenswerten Widerstand unter ihre Kontrolle bringen. Sehr bald solidarisierte sich die *ḥizb-i islāmī* von Yūnus Khāliṣ mit den Taliban. Die *ḥarakat-i inqilāb-i islāmī* von Nabī Muḥammadī fungierte ohnehin als Strukturbasis der Taliban-Bewegung. Ihre Mitglieder stellten später die meisten Entscheidungsträger in der Taliban-Regierung und den Taliban-Räten. 1995 drangen die Taliban bis an den Stadtrand Kabuls vor und eroberten gleichzeitig die gut bewaffnete und angeblich sehr widerstandsfähige Hochburg Ismāʿīl Khāns, die Stadt Herat. Angesichts der immer näher rückenden Taliban verbündeten sich nun die verfeindeten Mujahidin-Gruppen *ḥizb-i islāmī, jamʿīyat, ittiḥād, waḥdat, ḥarakat* und *junbish,* die sich bis vor kurzem noch erbittert bekämpft hatten, und gingen eine Allianz gegen die Taliban ein. Die Allianz konnte Kabul jedoch nicht halten und zog sich immer weiter in den Norden zurück. Sie verschanzte sich als Nordallianz in den abgelegenen Gebieten des Nordens und half Ende 2001 ohne Beteiligung der *ḥizb-i islāmī* Hekmatyars den USA und dem westlichen Bündnis bei der Beseitigung der Taliban.

Die Zauberformel, mit der sich die Bewegung der Taliban innerhalb von zwei Jahren über das ganze Land ausgedehnt und große Mujahidin-Gruppen besiegt, vertrieben oder aufgesogen hatte, war wieder der Islam. Die Taliban vertreten einen literalistischen Islam, nach dem der Text des Korans und der Sunna (der Prophetentradition) wörtlich verstanden wird.[14] Die Taliban (Religionsschüler) formierten sich aus den religiösen Schulen *(madrasa,* Pl. *madāris)* in den an Afghanistan angrenzenden pakistanischen Provinzen, die unter dem ideologischen Einfluß der Deobandī-Schule[15] entstanden waren. Die meisten Taliban haben ausschließlich die *madrasa* besucht und verfügen nur über fragmentarische Korankenntnisse. Ihr Wissen über die Scharia, die sie in Afghanistan einführen und mit der sie einen Gottesstaat nach dem Vorbild der islamischen Frühzeit errichten wollten, ist rein oberflächlicher Natur. In der Praxis haben sie sich häufiger nach dem paschtunischen Ehren- und Rechtskodex *Pashtūnwālī*[16] gerichtet als nach der Scharia. Hinter dieser Bewegung standen allerdings politische und wirtschaftliche Interessen von internationaler Dimension. Als nach zwei Jahren blutigen Krieges die Mujahidin keine Sicherheit mehr für das Land und für die geplanten amerikanischen Ölgeschäfte boten, sollten die Taliban mit massiver Unterstützung Pakistans und amerikanischer Ölfirmen für Ruhe und Sicherheit in Afghanistan sorgen. Die innerhalb kürzester Zeit gewaltsam und durch eine rigide und puritanische Islamauslegung erzwungene Ruhe im Land nutzten wiederum viele muslimische Extremisten aus aller Welt als Infrastrukturbasis für die Durchsetzung ihrer islamistischen Ideen aus. Sie hatten im islamischen Emirat der Taliban alle Freiheit, ihre Leute ideologisch sowie militärisch zu trainieren und auf den Heiligen Krieg *(jihād)* gegen die Kreuzritter und ihre Verbündeten vorzubereiten. Ihr Hauptziel war, die amerikanischen Interessen weltweit zu bedrohen. Auch Saudi-Arabien und andere arabische Länder, die sich zunächst glücklich schätzten, daß sich ihre internen islamistischen Unruhestifter weit entfernt, nämlich in Afghanistan, niederließen, mußten sehr bald den Preis für ihre Fehleinschätzung zahlen.

Attentate auf amerikanische Militäreinrichtungen in Dahran im Osten Saudi-Arabiens und auf die amerikanischen Botschaften in Daressalam und Nairobi und deren verheerende Folgen werden als der Beginn eines quasi Weltkriegszustands beschrieben. Ihren Höhepunkt erreichte diese Entwicklung am 11. September 2001, als in Afghanistan ausgebildete islamistische Terroristen mit entführten Passagierflugzeugen in die Türme des World Trade Centers flogen. Zwei Tage zuvor, am 9. September 2001, war Masud, der Führer der Anti-Taliban-Allianz, Opfer eines Attentats geworden. Hinter diesen Attentaten und den vorangegangenen Angriffen stand das inzwischen weltweit agierende Netzwerk al-Qaida *(al-qāʿida)* unter der Führung von Usama bin Ladin (geb. 1959). Die US-Administration reagierte sehr rasch, indem sie in einer internationalen Allianz und mit der Rückendeckung der UNO die Infrastruktur des Netzwerkes al-Qaida in Afghanistan zu zerschlagen begann und dem lange Zeit von den USA unterstützten Taliban-Regime ein Ende setzte.

Nach der schnellen Beseitigung der Taliban durch das massive Bombardement der amerikanischen Streitkräfte aus der Luft marschierten die Truppen der Nordallianz triumphierend in Kabul ein. Diesmal mußten sie sich allerdings an Vorgaben der Amerikaner und ihrer Verbündeten halten, die nicht mehr an einer islamistisch ausgerichteten Regierung interessiert waren. Auf dem Petersberg bei Bonn mußten sich die Mujahidin-Vertreter dem amerikanischen Diktat beugen und auf eine Interimsregierung unter der Führung von Hamed Karzai einigen, der einer anerkannten und einflußreichen paschtunischen Großgrundbesitzerfamilie entstammt. Hamed Karzai soll mit der Unterstützung der USA bzw. der Nato-Friedenstruppen die völlig zerstrittene und verarmte afghanische Gesellschaft zum Frieden und zur Stabilität führen. Unterstützt und gestärkt wird der Kurs Karzais durch einige aus Europa und den USA nach Afghanistan zurückgekehrte afghanische Technokraten und Intellektuelle, die seinen engen Regierungskreis bilden. Mit Karzai bereitet sich im afghanischen Establishment wieder die traditionelle Vorstellung vom Islam aus, die für eine islamische Ethik, aber nicht für eine islamische Politik steht – ähnlich wie zu Beginn des 20. Jahrhunderts, als die *Jungafghanen* die politische Elite mit ihrer Vorstellung vom Islam als einer Identitätsgröße, nicht aber als Staatsform geprägt haben.

d) Die Stellung des Islams in den afghanischen Verfassungen

Initiiert von dem reformfreudigen König Amānullāh trat die erste Verfassung Afghanistans im Jahr 1924 in Kraft. Sie orientierte sich in ihren Grundzügen an den Vorbildern der konstitutionellen Bewegung in Iran zu Beginn des 20. Jahrhunderts und der republikanischen Bewegung in der Türkei unter Atatürk. Mit der Verfassung von 1924 sollte in Afghanistan ein moderner Konstitutionalismus eingeführt werden. Dafür war sie aber zu stark auf die Autorität und Unantastbarkeit des Monarchen zugeschnitten. Obwohl die Verfassung durchaus zeitgemäßen und fortschrittlichen Charakter hatte, wurden die religiösen bzw. ethnischen Minoritäten nur toleriert, aber nicht gleichberechtigt behandelt. Auf der einen Seite wurden alle afghanischen Bürger *(atbāʿ)*[17] vor dem Gesetz gleichgestellt, auf der anderen Seite wurde hervorgehoben, daß die Religion des afghanischen Volkes der Islam sei und die Anhänger anderer Religionen wie Juden oder Hindus unter dem vollen Schutz des Staats stünden. Wahrscheinlich ist dieses Verständnis vom Bürgertum im Verfassungstext auf das damals verbreitete Denkkonzept *dār al-islām* versus *dār al-ḥarb* zurückzuführen, nach dem nur Muslime als Bürger eines islamischen Staats anzusehen sind, während die Nichtmuslime dem gegnerischen Lager zugerechnet und im islamischen Territorium als Geduldete definiert werden.[18] In der Verfassung wurde auch festgeschrieben, daß die Scharia die Grundlage des politischen und rechtlichen Handelns darstellt. Mit der Scharia ist allerdings hier nicht eine von den Ulama, für die in der Verfassung keine politische Funktion vorgesehen war, autorisierte Islamvorstellung gemeint, sondern das traditionelle afghanische Islamverständnis. Mit der Machtübernahme durch Nādir Khān 1930 erfuhr die Verfassung eine konservative Erneuerung. Die freiheitlichen Bürgerrechte und die Minderheitenrechte wurden zurückgenommen. Nun war nicht mehr der Islam Staatsreligion, sondern noch eingeschränkter die hanafitisch-sunnitische Auffassung des Islams. Der inländischen Presse war es untersagt, der Religion bzw. dem Islam zu widersprechen, während Vertreter ausländischer Presse nur unter der Zusage, die Religion und die Regierungspraxis zu achten, Einreiseerlaubnis erhielten. Zur Bezeichnung der Nichtmuslime wurde der überkommene und im Kontext der modernen Staatsform nicht vertretbare Ausdruck *ahl-i dhimma* (arab. *ahl adh-dhimma,* die Schutzbefohlenen) verwendet. Insgesamt zeichnet sich diese Verfassung durch eine autoritäre und intolerante Haltung aus. Nach der Ermordung Nādir Khāns und der Inthronisierung seines Sohnes Muḥammad Ẓāhir 1933 blieb diese autoritäre und intolerante Verfassung noch drei Jahrzehnte in Kraft. Nach dem Zweiten Weltkrieg und im Zuge der allgemeinen freiheitlichen Bewegungen weltweit vor allem in den kolonisierten Ländern kamen auch in Afghanistan neue politische Ideen und Forderungen auf. In dieser Zeit herrschte überall im Lande eine Aufbruchstimmung. Im Parlament wurden heftige Debatten über politische Freiheiten, Bürgerrechte und Einschränkung der politischen Einflußnahme der königlichen Familie geführt, in der Presse äußerten sich politische Aktivisten zu aktuellen Themen, und in der Gesellschaft formierten sich inoffiziell zahlreiche politische Gruppen. 1963 wurde

Dr. Muḥammad Yūsuf, ein nicht aus der Königsfamilie stammender Politiker, zum Premierminister ernannt. Bis zum Sturz der Monarchie 1973 setzte eine Demokratisierungsphase ein, die in der afghanischen Geschichtsschreibung als das Jahrzehnt der Verfassung bekannt ist. 1964 wurde die neue Verfassung von König Muḥammad Ẓāhir verabschiedet, die sorgfältig erarbeitet worden war und modernen Vorstellungen von einer demokratischen und rechtsstaatlichen Grundordnung entsprach. Darin wurden die individuellen Freiheiten, Pressefreiheit und die Freiheit zur Bildung politischer Parteien verankert.[19] Allerdings blieb auch hier die hanafitisch-sunnitische Rechtsschule die dominierende Rechts- und Islamauffassung, zu der sich der König zu bekennen hatte. In den darauffolgenden republikanischen Verfassungen von Muḥammad Daud (1973–1978) und von Najībullāh (1986–1992) blieben viele Elemente der Verfassung von 1964 erhalten, wobei in den beiden letztgenannten Verfassungen die Frauenrechte expliziter zum Ausdruck kamen. Den beiden Verfassungen wurde trotz ihrer fortschrittlichen Züge in der afghanischen Bevölkerung wenig Beachtung geschenkt, da sie zur Legitimierung von Staatsstreichen und somit politischem Mißbrauch benutzt wurden, die dann zu blutigen Unruhen in Afghanistan führten.

Die Verfassung der Islamischen Republik Afghanistan wurde am 4. Januar 2004 durch die traditionelle afghanische *Große Ratsversammlung (Loya Jirga)* nach über anderthalb Jahren Beratung und Vorbereitung verabschiedet. Die Entstehung einer demokratischen Verfassung in einem durch über zwanzig Jahre Bürgerkrieg zerstörten Land war ein Kraftakt, der große nationale und internationale Anstrengungen zusammenführte. Um die Verfassung nach demokratischen Spielregeln entstehen zu lassen, setzte sich die UNO zum Ziel, möglichst viele afghanische Bürger und Bürgerinnen an den Diskussionen zum Inhalt der Verfassung zu beteiligen. Um die Menschen in entlegenen Gebieten des Landes und die in verschiedenen Regionen in Pakistan, Iran und nicht zuletzt in Nordamerika und Europa verstreuten afghanischen Exilanten zu erreichen und mit ihnen sensible Themen wie die künftige Staatsform, die Minderheitenrechte oder die Frauenrechte zu diskutieren, wurde ein gewaltiger personeller, technischer und zeitlicher Aufwand betrieben.

Die Verfassung der Islamischen Republik Afghanistan verspricht den Menschen Demokratie und die Wahrung der Menschenrechte. Hier werden Frauen explizit Männern vor dem Gesetz gleichgestellt. Zum ersten Mal in der Geschichte Afghanistans wird die schiitische Rechtsschule neben der sunnitischen anerkannt. Den Minderheiten im Land wird das Recht eingeräumt, ihre Sprachen zu pflegen. Insgesamt birgt die Verfassung auf diese Weise viele liberale Rechte in sich. Allerdings zeichnet sie sich im Vergleich zu den vorangegangenen Verfassungen durch eine sehr starke Betonung der Islamität des Landes aus. Wie die Nachbarländer Iran und Pakistan ist nun auch Afghanistan eine islamische Republik. Die afghanische Flagge weist jetzt neben dem *miḥrāb* (Gebetsnische) und dem *minbar* (Moscheekanzel) auch das islamische Glaubensbekenntnis, die *shahāda*, auf. Der afghanische Staat wird verpflichtet, die Schulbildung mit dem Islam in Einklang zu bringen und die nicht-islamischen Bräuche zu beseitigen.[20]

Dieser ständige Schwur auf den Islam kann als Zugeständnis an die an der Anti-Taliban-Allianz beteiligten ehemaligen Mudjahidin-Gruppen angesehen werden; er bestätigt aber gleichzeitig den bereits nach dem Zweiten Weltkrieg überall in den muslimischen Ländern verstärkten Trend zur Rückbesinnung auf die eigenen Wurzeln – ungeachtet der Tatsache, daß diese Wurzeln inzwischen durch viele unvermeidbare Einflüsse der westlichen Kultur andere Früchte hervorbringen und somit andere sind.

4. Rußland, islamische Republiken des Kaukasus und Zentralasiens

(Rainer Freitag-Wirminghaus)

Der Islam auf dem Gebiet der ehemaligen Sowjetunion hat im 20. Jahrhundert eine von der übrigen islamischen Welt unterschiedliche und zeitweise abgetrennte Geschichte durchlaufen. Zusammen mit den Entwicklungsprozessen nach dem Zerfall der UdSSR hat ihm dies seine gegenwärtige besondere Erscheinungsform gegeben. Diese beinhaltet nicht eine geschlossene und homogene Welt des Islams innerhalb seines Verbreitungsgebiets in der heutigen GUS. Der Begriff Muslim verweist zunächst lediglich auf die kulturelle Zuordnung der hier lebenden verschiedenen Völker. Allein schon der unterschiedliche Zeitpunkt und die unterschiedliche Intensität ihrer Islamisierung wirken bis heute nach. Das gilt sowohl für die Muslime der Russischen Föderation und des Südkaukasus wie auch für Zentralasien, der mit ca. 55 Mio. Einwohnern größten zusammenhängenden, von Muslimen bewohnten Region mit den fünf postsowjetischen Nachfolgestaaten Kasachstan, Kirgistan, Usbekistan, Tadschikistan und Turkmenistan. Bis zur russischen Eroberung hatten sich die Muslime des Kaukasus und Zentralasiens als Teil eines türkisch-persischen Kulturraumes verstanden, in dem der Islam ein starkes Fundament der Gesellschaft bildete. Dies änderte sich, als im 19. Jahrhundert zunächst der Kaukasus und dann Zentralasien in das Russische Reich eingegliedert wurden. Im späteren Sowjetstaat ging es für den Islam hauptsächlich darum, sich einer feindlichen Umwelt anzupassen, um zu überleben. Mit der Aufteilung des sowjetischen Vielvölkerstaates in Unionsrepubliken wurde in dieser Zeit aber auch der Keim für die Geburt der heutigen, seit 1991 unabhängigen Nationalstaaten gelegt. Im gegenwärtigen konfliktreichen Prozeß der Nations- und Staatswerdung hat die Dynamik der tiefgreifenden gesellschaftlichen Veränderungen auch den Islam erfaßt.

a) Historischer Hintergrund bis zur Sowjetzeit

In vorislamischer Zeit war Zentralasien von religiöser Vielfalt geprägt. Zoroastrismus, Buddhismus, Manichäismus und nestorianisches Christentum hatten große kulturelle Zentren hervorgebracht.[1] Obwohl die arabischen Eroberer den Islam schon innerhalb der ersten 50 Jahre nach der Hidschra nach Zentralasien brachten, war die vollständige Konversion hier wie auch im Kaukasus ein langer Prozeß. Im 9. Jahrhundert wurde der Islam zur dominanten mehrheitlichen Religion. Während der folgenden zwei Jahrhunderte konnten die Städte in das Netzwerk der islamischen Kultur integriert werden. Unter den seßhaften Völkern und in der von den *ulema* (arab. *ʿulamāʾ*) dominierten urbanen Zivilisation war der Islam immer stärker verwurzelt als bei den Nomaden. Die zum Teil erst im 18. Jahrhundert islamisierten Stammeszonen der Kasachen, Kirgisen und Turkmenen bewahrten Elemente schamanistischer Traditionen, während die Missionierung durch Sufiorden ihrem Islam eine eigene Prägung gab.

Die meisten Muslime Zentralasiens und des Kaukasus gehören zur hanafitischen Schule des Islams. Die wichtigsten Ausnahmen bilden die aserbaidschanischen Schiiten und in Zentralasien die ismailitische Gemeinde in Badachschan im heutigen Tadschikistan.[2] Anders als ihre zu den Turkvölkern gehörenden Nachbarn sind die Tadschiken persischsprachig. Zwar waren in Zentralasien die Turksprachen immer vorherrschend, doch als Literatursprache überwog das Persische. Die Sprache der Religion war Arabisch, als Lingua Franca kam später das Russische dazu.

Im 10. Jahrhundert bildete Zentralasien neben dem politischen Zentrum des Kalifats im Irak den zweiten wirtschaftlichen und kulturellen Brennpunkt der islamischen Welt. Chorasan im Nordosten des heutigen Iran und Transoxanien, das Land zwischen Syr-darja und Amu-darja, waren zusammengerückt. Zentralasien galt nicht mehr als periphere, sondern als eine dem islamischen Westen gegenüber gleichwertige, bisweilen sogar überlegene Region, ein Zentrum der islamischen intellektuellen Entwicklung. Die traditionelle Verbindung zwischen religiösen und weltlichen Kräften war von Toleranz geprägt. Das Reich der Samaniden mit seinem Zentrum Buchara wurde um die Jahrtausendwende zur führenden Region der islamischen Welt. Die wirtschaftliche Basis für die kulturelle Hochblüte bildete der Warenverkehr aus dem Osten. Als theologisches, naturwissenschaftliches und philosophisches Zentrum war es die Heimat großer Persönlichkeiten wie der Wissenschaftler und Gelehrten al-Bukhārī (gest. 870), al-Bīrūnī (gest. 1050) oder der Philosophen al-Fārābī (gest. 950) und Ibn Sīnā (Avicenna, gest. 1037); gleichzeitig erlebte der Sufismus in dieser Region eine Blütezeit.

Durch die Einfälle der Mongolen und die Gründung ihres Reiches wurde die östliche islamische Welt von der westlichen abgetrennt, Transoxanien formte mit dem heute westchinesischen Xinjiang das Khanat Tschagatai. Aber noch einmal, unter den Timuriden im 15. Jahrhundert, konnte Samarkand zu einem glanzvollen Mittelpunkt werden. Erst die koloniale Expansion Englands und Rußlands machte Zentralasien zu einer randständigen Region innerhalb der islamischen Welt. Nach dem 16. Jahrhundert geriet es durch eine weltweite Verschiebung der Handelswege und den Verfall der klassischen Seidenstraße in die wirtschaftliche und kulturelle Isolierung und Bedeutungslosigkeit.

Dies war die Situation, die die russischen Eroberer im 19. Jahrhundert vorfanden. Die russische Kolonialisierung änderte nichts an diesem Zustand. Ihr vorrangiges Ziel war die wirtschaftliche Ausbeutung. Anders als später die Sowjetmacht ließ die zaristische Herrschaft den Islam unangetastet.

Erster heftiger Widerstand im Namen der Religion regte sich im frühen 19. Jahrhundert im Kaukasus. Zur zentralen Persönlichkeit der Rebellion wurde das geistliche Oberhaupt des *Naqshbandī-Ordens,* Imam Shāmil (1797–1871), der seine *Muriden* im Heiligen Krieg gegen die Eroberer antrieb. Der zaristischen Armee gelang es erst nach 25 Jahren, den Aufstand niederzukämpfen (1859).

In Zentralasien war zunächst das Khanat Kokand Zentrum des Widerstandes, nach der Niederschlagung verlagerte dieser sich nach Ostturkestan (Xinjiang). In Kazan, das bereits im 16. Jahrhundert ins Großfürstentum Moskau eingegliedert worden war, wurde der Heilige Krieg ohne Waffen geführt, mit den Mitteln des Boykotts von Militärdienst und der Weigerung, Steuern zu zahlen. Die Wolga- und Kazantataren waren stärker russifiziert und besaßen eine höhere Bildung als die Muslime Zentralasiens. Auch unter den Aserbaidschanern entstand – gefördert durch den Ölboom in Baku Ende des 19. Jahrhunderts – eine säkulare Intelligenz.

Als Reaktion auf die Bedrohung der religiösen und kulturellen Identität entwickelte sich in der zweiten Hälfte des 19. Jahrhunderts eine breite islamische Reformbewegung. Die von Tataren und Kaukasiern getragene Bewegung der *Dschadidisten* (Erneuerer, von arab. *jadīd,* neu) widmete sich auf der Grundlage der *uṣūl-i jadīd,* der neuen Erziehungsprinzipien, vor allem dem Bildungssystem. Ihr wichtigster Vertreter Ismail Gaspıralı (Gasprinski, 1851–1914) war gleichzeitig ein Vorkämpfer des Turanismus, der die politische Vereinigung aller Turkvölker zum Ziel hatte. Einen entschiedeneren Widerstand leisteten gut organisierte panislamische Gruppen, die sich unter der Führung von Abdurrashid Ibragimow (gest. 1944) auf geheim abgehaltenen Kongressen 1905–1906 in der *Allrussischen Union der Muslime* zusammenschließen konnten.

b) Der Islam in der Sowjetunion

Gegen den Islam gingen die Sowjets härter als gegen andere Religionen vor, weil sie ihn einerseits als besonders rückständig, antisozial und reaktionär einstuften und ihn andererseits fürchteten. Man erkannte sein zum Widerstand fähiges Potential. Deshalb sollte die islamische Infrastruktur zerstört werden.

Unter der Herrschaft Stalins nahm die Unterdrückung militanten Charakter an. Mit der Einführung des sowjetischen Rechtssystems wurden die Schariatsgerichte abgeschafft.[3] Im Rahmen einer Kampagne gegen den Islam konfiszierte man Stiftungsbesitz und schloß islamische Bildungsinstitutionen. Die *ulema* wurden verfolgt, in Arbeitslager verbannt oder exekutiert. Bis 1942 waren etwa 90% der 1917 registrierten 26000 Moscheen geschlossen oder in profane Einrichtungen und sozial nützliche Gebäude wie Schulen, Warenhäuser usw. umgewandelt worden. 1980 gab es nur noch 200 größere Moscheen, nachdem unter Chruschtschow 1958–1964 noch einmal 25% der offiziellen Moscheen geschlossen worden waren.[4]

Die Kampagne gegen den Islam verbannte islamische Frömmigkeit und Werte aus der allgemeinen Öffentlichkeit. Durch die Abschaffung religiöser Erziehung wurde die öffentliche Vermittlung islamischen Wissens unterbunden. Damit wurde sie in den Untergrund getrieben und war auf mündliche Überlieferung angewiesen. Die Isolation von der übrigen islamischen Welt verstärkte diesen Prozeß.

Unter der Sowjetherrschaft wechselten Jahre brutaler Unterdrückung mit Zeiten relativer Toleranz. Der Zweite Weltkrieg brachte mit der Schaffung einer islamischen Administration – unter strikter staatlicher Kontrolle – eine gewisse Lockerung. Stalin brauchte die Muslime und beschwichtigte sie 1942 durch die Einrichtung von vier *Muslimischen Direktoraten* in Taschkent, Baku, Buinaksk (Dagestan) und Ufa und der gleichzeitigen Installierung einer geistlichen Hierarchie. Die *Geistliche Verwaltung für die Muslime Zentralasiens und Kasachstans* in Taschkent kontrollierte eine beschränkte Anzahl offiziell bestätigter Moscheen und durfte zwei Medressen zur Ausbildung der «offiziellen» *ulema* betreiben. Doch nur ein Dutzend Studenten jährlich wurde zur islamischen Ausbildung an der *Mir-i Arab-Madrasa* in Buchara oder am *Imām al-Bukhārī-Institut* in Taschkent zugelassen. Dem höchsten Kontrollorgan, dem *Rat für Religiöse Angelegenheiten* beim Ministerrat der UdSSR, zugeordnet, wurden die Verwaltungen jedoch nicht wie geplant ausschließlich zu willfährigen Instrumenten der Sowjetführung. Tatsächlich lief ihre Politik auf eine Gratwanderung hinaus, nämlich zwischen dem Bekenntnis zur Staatsmacht einerseits und andererseits dem Bestreben, den Islam zu erhalten, zwischen Anbiederung und vorsichtiger Opposition. Nach den Angriffen auf den Islam in den späten 1920er und frühen 30er Jahren mußte man Techniken und Methoden finden, in einem feindlichen System zu überleben und als politisch unbedrohlich zu erscheinen. Denn das Mißtrauen gegenüber den Führungen der religiösen Verwaltung blieb, war doch im Grunde der Islam nicht mit der Staatsideologie vereinbar.

Zwar liefen atheistische Kampagnen weiter, aber einige formale Elemente des islamischen Brauchtums durften wieder gepflegt werden. Nun konnte man gleichzeitig Muslim und Atheist sein. Die Existenz als Muslim blieb ein essentieller Teil der lokalen und ethnischen Identität, beschränkt auf Bräuche und Traditionen ohne wirkliche religiöse Anbindung und Bedeutung. Man war Muslim, weil man Usbeke oder Kirgise war, egal ob man gläubig war oder nicht. Während der institutionalisierte Islam der offiziellen Geistlichkeit seine Funktionen unter der permanenten Bedrohung von Strafmaßnahmen und dem Beweiszwang der theoretischen und praktischen Kompatibilität von Kommunismus und Islam wahrnehmen konnte – so wurden etwa *fatwa*s herausgegeben, die Muslime vom Fasten befreiten –, wurden die in der Gesellschaft tief verankerten religiösen Praktiken wie z. B. Begräbnisriten auch von Parteimitgliedern weiter ausgeübt. In den 1980er Jahren geschah dies von seiten der Intelligenz mehr aus nationalistischen als aus religiösen Motiven, um eine gewisse Eigenständigkeit gegenüber Moskau zu demonstrieren.

Die Unterdrückungsmechanismen hatten viele *ulema* auf das Land getrieben.

Hier war die antireligiöse Kampagne weniger erfolgreich, in vielen Gegenden existierten inoffizielle und illegale Gemeinden. Die Mullas in den Dörfern konnten nur schwer vom KGB aufgespürt werden. Sie hatten ihre Ausbildung nicht in den Medressen bekommen, sondern als orale Tradition von ihren Vätern und Großvätern, geschützt von der Solidarität ihrer Gruppe. Wandernde Mullas durchquerten ganz Zentralasien. Die Zahl der illegalen Geistlichen in diesem Bereich des inoffiziellen oder «parallelen» Islams, wie er genannt wurde, übertraf bald die der registrierten. In Tadschikistan sollen es 1960 rund 6000 gewesen sein.[5] Ein beträchtlicher Teil von ihnen stammte aus den traditionellen religiösen Dynastien, jedoch gilt dies auch für die offiziellen Geistlichen. 1963 gab es zwar nur 325 offiziell registrierte Gebetshäuser in der Sowjetunion, aber mehr als 2000 unregistrierte, wenn auch in kleinen Gemeinden vorwiegend in Usbekistan und Tadschikistan, die meisten mit eigenem Imam.[6] An den muslimischen Feiertagen kam man unter freiem Himmel zusammen. Synkretistische Traditionen wie die Pilgerreise zu heiligen Orten erfreuten sich großer Beliebtheit. Durch sie konnte die Schließung der Moscheen kompensiert werden. Aber auch die offiziellen Moscheen waren bei religiösen Festen wie *Qurban-Bairam* überfüllt; der Ramadan wurde von vielen eingehalten.

Der unabhängige Islam wurde zum großen Teil durch den Sufismus repräsentiert. Dieser war außerhalb der Kontrolle des institutionalisierten Islams schwer faßbar und nicht mit dem Instrument der Religionspolitik zu bekämpfen.[7] Zu den wichtigsten Orden zählen die *Naqshbandīya,* gegründet von Bahāʾ ud-dīn Naqshband im 14. Jahrhundert in einer persischsprachigen Umgebung in Buchara, und die *Yasawīya* in turksprachiger Tradition, die auf Aḥmad Yasawī (12. Jahrhundert) zurückgeht. Die *Naqshbandīya,* die sich in der gesamten islamischen Welt ausbreiten konnte und besonders großen Einfluß im Nordkaukasus und der Türkei besitzt, spielte eine Hauptrolle bei den Aufständen der *basmachi* (usbek. Banditen, türk. *basmacı*)[8] gegen die Sowjetisierung in Zentralasien. Unter Stalin war sie bevorzugtes Ziel der Verfolgungsmaßnahmen.

«Offiziellen» und «parallelen» Islam sollte man sich aber nicht als voneinander abgegrenzte Bereiche vorstellen. Die in der westlichen Forschung der 1980er Jahre vorgenommene Gegenüberstellung von offiziellem Islam, verkörpert von der institutionalisierten geistlichen Administration, und dem von Sufiorden getragenen parallelen Islam trifft die Realität nur teilweise. Die relative Unkenntnis über den Islam in Zentralasien und die geheimnisvolle Synthese von sowjetischer und islamischer Kultur – bei gleichzeitiger Beschränkung auf sowjetische Quellen und der Unmöglichkeit eigener empirischer Forschung – regten die Phantasie westlicher Beobachter an. Die Rolle der Sufischeichs wurde überschätzt. Auch an ihnen war die Zerstörung des Islams als Glaubenssystem nicht spurlos vorübergegangen. Die ersten westlichen Untersuchungen über die «vergessenen Muslime» zogen bisweilen den voreiligen Schluß, daß die islamischen Bewegungen im Untergrund die stärkste Bedrohung der Sowjetunion darstellten und diese am Ende sprengen könnten. Hier schlug sich die Bewertung durch die sowjetische Forschung nieder: islamische Sufiorden als gefährliche konspirative Kraft.

Die heutigen drei Formen des Islams in Zentralasien – der konservative Islam der *ulema*, der Sufismus wie auch der in postsowjetischer Zeit hinzugekommene radikale Islam – sind keineswegs antagonistisch. Ein Gläubiger kann zu *einer* Richtung gehören, aber auch zu allen dreien. Verbindungen zwischen *ulema* und Sufischeichs sind üblich, die *Naqshbandīya* ist eng mit der Orthodoxie verbunden. Die heutigen offiziellen Muftis in Usbekistan und Tadschikistan sind Naqshbandis, der spirituelle Führer der tadschikischen Opposition, Akbar Turajonsoda, gehört dem Orden der *Qādirīya* an. Die Politik des offiziellen Islams war nicht die Unterdrückung des parallelen Islams, sondern eher seine Kontrolle. Umgekehrt stand der parallele Islam nicht im absoluten Gegensatz zum Regime.

Die von der Regierung angestellten religiösen Führer waren wie die inoffiziellen ein integraler Teil der besonderen Form des «sowjetischen» Islams. Ein Kennzeichen dieses Islams ist das Nebeneinander multipler Identitäten. Es war und ist auch weiterhin kein Problem, sich als Atheist und gleichzeitig Muslim im Sinne einer ethno-kulturellen Zuordnung zu begreifen. So konnten einerseits Muslime früher zu Kommunisten werden und andererseits kommunistische Führer – von denen manche im privaten Bereich schon praktizierende Muslime waren – sich der Öffentlichkeit nach der Wende als Mekkapilger präsentieren.

Im allgemeinen betrachtete die Intelligenz den Islam als nationales Erbe, weniger als spirituellen Wert. Der Islam wurde zu einer Art *way of life*, ein Führer für das tägliche Leben mit instrumentellem Charakter und im Grunde säkularistisch. In anderen Bevölkerungsteilen dagegen wurde er als System religiöser moralischer Grundsätze und täglicher ritueller Übungen durchaus auch als Alternative zum bestehenden System gesehen. Hier kann heute ein radikaler und anti-säkularer Islam anknüpfen, wenn die postsowjetischen Staaten als Weiterführung des antireligiösen Systems gesehen werden. Als sich in den 1970er Jahren der Bankrott der sowjetischen Ideologie abzeichnete, begann man, nach alternativen Ideologien Ausschau zu halten. Unterstützt wurde diese Entwicklung in der Breschnew-Zeit durch die Entsendung von Theologiestudenten ins islamische Ausland, in befreundete Staaten wie Syrien oder Libyen. Die jungen *ulema* standen loyal zur Sowjetunion, trugen aber langfristig zur Wiederbelebung der Bedeutung des Islams bei. Schon in den 1960er Jahren brauchte Moskau für seine Außenpolitik die Unterstützung der islamischen Welt, der man beweisen mußte, daß man den Islam toleriere.

Seit den 1980er Jahren wurde seine Rolle in der Sowjetunion neu diskutiert. Nach 70 Jahren atheistischer Herrschaft war die Region säkularistisch geprägt. Doch Umfragen zeigten eine umfangreiche religiöse Betätigung in allen Bevölkerungsschichten, auch unter der Jugend und den gebildeten Schichten, eng verbunden mit dem täglichen Leben und den nationalen Gefühlen.

Die Entwicklung, die den Islam wieder in den Blickpunkt rückte, wurde von inneren wie auch äußeren Entwicklungen vorangetrieben. In ländlichen Gebieten Usbekistans und Tadschikistans entstanden konservative Bewegungen bzw. Gruppen, die sich um eine lokale Autorität scharten und sich auf traditionelle religiöse Texte bezogen. Mißtrauisch wurden sie von der sowjetischen Presse sogleich als islamische Fundamentalisten gebrandmarkt und von der Staatsmacht verfolgt. Die letzte sowjetische antiislamische Kampagne unter Gorbatschow wies noch einmal auf den Islam als Feind der Modernisierung und als Sammelbecken für antirussische Stimmungen hin. Gleichzeitig mußten Tausende junger Muslime gegen die afghanischen Mujahidin *(mujāhidīn)* kämpfen. Viele waren von deren Hingabe beeindruckt, manche schlossen sich ihnen an.

1988 folgte wiederum eine Welle der Toleranz. Die Wiederbelebung des Islams wurde durch die Perestroika begünstigt. Viele der parallelen Mullas verließen ihre Arbeit in den Kolchosen und übten – jetzt in islamischer Kleidung – ihren Beruf in den wiedererrichteten oder neu gebauten Moscheen aus. Mit einem versöhnlichen Kurs wollte man die erwachende islamische «Gefahr» in ruhige Bahnen lenken. Auch im Westen war bereits die Bedrohung der Stabilität der Sowjetunion durch das hohe Bevölkerungswachstum der sowjetischen Muslime und den Import fundamentalistischer Ideologien aus Iran oder Afghanistan an die Wand gemalt worden. Um diese Ideen nicht das ideologische Vakuum ausfüllen zu lassen, glaubte man die zentralasiatische Orthodoxie mit offiziellen islamischen Institutionen stärken zu müssen. Die Propaganda sollte nun den Stolz auf die besondere eigene islamische Tradition in Zentralasien wecken. Religiöse Führer sollten auch moralisch als Gegengewicht zum sozialen und wirtschaftlichen Verfall wirken, unter Betonung der ethischen Werte des Islams. Zur Verbreitung dieser Botschaft wurden erstmals wieder Koranausgaben gedruckt und neue Moscheen errichtet. Der offiziellen Hierarchie wurde eine breitere Sichtbarkeit und wachsender Einfluß verschafft. Die Mehrheit der Muslime jedoch stand den Reformen Gorbatschows skeptisch gegenüber. Sie war gegen die Auflösung der Sowjetunion und wurde von der Unabhängigkeit mehr oder weniger überrascht. Beim Zusammenbruch der Sowjetunion spielten islamische Bewegungen keine Rolle.

c) Islamische «Wiedergeburt» in Zentralasien

Die Auswirkungen der sowjetischen Repression hatten die Zerstörung der islamischen Infrastruktur zur Folge, was sich in der Bevölkerung in einer erstaunlich großen Unkenntnis der Grundlagen islamischer Glaubenslehren äußerte. Sowjetische Religionspolitik hat die islamischen Bildungsinstitutionen zerstört und den Islam auf Brauchtum und Riten reduziert. Von modernisierenden Formen des Islams war man isoliert. Eine türkische Zeitung islamistischer Couleur veranlaßte dies zu der verzweifelten Frage, was leichter sei, «Wasser aus einem Felsen zu pressen oder den Islam in Zentralasien zu erklären.»[9] Zwar ist das Verständnis der islamischen Lehre nur rudimentär vorhanden, überlebt hat jedoch ein von der bewußten Durchdringung des Glaubens losgelöstes fragmentarisches System religiöser Rituale, das durch Generationen hindurch als historisches und kulturelles Erbe überliefert worden war. Gerade die Formen des unorthodoxen Islams, der sogenannte Volksislam und das Derwischwesen, verbunden mit der Verehrung und dem Kult heiliger Stätten, erwiesen sich als resistent und dienten als wichtigste Mittel zur Abgrenzung von der sowjetischen Kultur und damit zum Überleben der islamischen Identität. Es war der Islam, der in der Privatsphäre dem Individuum zugleich Halt und Schutz bot. Der Lebenszyklus von Geburt, Beschneidung, Heirat und Tod wurde von islamischen Ritualen und Festivitäten begleitet. Das Brauchtum des Alltagsislams sicherte das Fortbestehen einer zentralasiatischen, gleichermaßen religiösen und ethnischen Identität. Die Verbindung von Religion, Patronagesystem und garantierter Solidarität auf der Basis der Dorfgemeinschaft oder der für Usbekistan und Tadschikistan charakteristischen Nachbarschaftsgemeinschaft *(mahalla,* arab. *maḥalla)* konnte dabei gleichzeitig als Kontrollmittel und Abwehrmechanismus dienen.

Der Grad der Frömmigkeit ist von Land zu Land, von Region zu Region unterschiedlich. In Flachländern mit seßhafter Bevölkerung ist sie stärker ausgeprägt als in Gebirgsgegenden mit nomadischer Bevölkerung. Die schwächsten Wurzeln besitzt der Islam in Turkmenistan. Nach einer Umfrage aus den frühen 1990er Jahren betrachten sich Muslime in Zentralasien in erster Linie der Familie und der Nachbarschaft *(mahalla)* sowie der Region verbunden, in zweiter Linie der islamischen Gemeinde. In Usbekistan haben sich danach etwa die Hälfte der Befragten als gläubige Muslime bezeichnet, in Kasachstan noch weniger. Dennoch sehen sich 92% aller Usbeken als Muslime. Über zwei Drittel halten den Ramadan ein, aber über 70% von ihnen beten nicht. Auch fast alle Tadschiken (95%) betrachten sich als Muslime, das gleiche gilt für Kirgistan (94,1% aller Kirgisen, das sind 79,9% der Gesamtbevölkerung).[10]

Die seit den 1970er Jahren zu beobachtende Rückkehr des Islams ins öffentliche Leben, oft als Wiedergeburt des Islams oder Reislamisierung bezeichnet, war der Versuch, sich der eigenen Kultur zu vergewissern. Allerdings sind Wiedergeburt und erst recht Reislamisierung mißverständliche Begriffe, denn eine wirkliche Deislamisierung hatte es aufgrund der Anpassungsfähigkeit des Volksislams in seiner Verbindung mit sufischen Traditionen nicht gegeben.

Eine Renaissance des Islams fand allenfalls im Bereich der orthodoxen Grundlagen des Islams statt, denn infolge der Zerschlagung des islamischen Bildungssystems hatte religiöse Erziehung nur über mündliche Traditionen in Familien oder kleinen Sufigruppen stattgefunden, so daß vor allem die traditionalistischen Elemente überliefert worden waren. Die nun einsetzende Wiederbelebung im Bewußtsein, daß Buchara und Samarkand einst zu den Zentren islamischer Gelehrsamkeit gehört hatten, äußerte sich zunächst im Wiederaufbau eines religiösen Netzwerkes.

In den 1990er Jahren stieg in Kirgistan, Usbekistan und Tadschikistan die Zahl religiöser Organisationen wie auch die Anzahl der Moscheen um ein Vielfaches. 1997 existierten in Kirgistan bereits 1500 Moscheen – 1987 waren es gerade 34 –, in Usbekistan 2000 bis 3000 gegenüber 87 Moscheen im Jahr 1987.[11] In Tadschikistan wurden 1990–1992 um die 1000 neue Moscheen eröffnet.[12] Viele von ihnen wurden durch private Initiative gebaut. Gleichzeitig wurden Koranschulen und islamische Zentren gegründet, zum Teil finanziert aus dem islamischen Ausland. Eine gewisse Sättigung ist ab 1994 zu verzeichnen, als die Anzahl der Moscheen wie auch die der Moscheebesucher leicht zurückgingen.[13]

d) Der Islam im Kaukasus und in Rußland

Aserbaidschan

Die Entwicklung der Erdölindustrie zu Ende des 19. Jahrhunderts hat dazu beigetragen, daß die Muslime in Aserbaidschan – von den drei südkaukasischen Staaten derjenige mit muslimischer Bevölkerung – stärker säkularisiert sind als ihre Glaubensgenossen in Zentralasien. Im westlich geprägten Baku wurde das erste Opernhaus in der muslimischen Welt eröffnet. Die Ursprünge dieser Säkularisierung hängen auch zusammen mit dem *Dschadidismus* der kaukasischen Muslime und der Notwendigkeit für die Aserbaidschaner, ihre Position gegenüber dem armenischen Nationalismus finden zu müssen. Bis heute – bzw. gerade heute – ist das nationale Bewußtsein wesentlich stärker ausgebildet als die Identifikation mit der islamischen Gemeinschaft. Auch der Krieg mit den christlichen Armeniern um Berg-Karabach wurde niemals in irgendeiner Form religiös begründet. Zwar bildet auch der Islam einen Teil der nationalen Identität, die Mehrheit der Bevölkerung befürwortet aber die strikte Trennung von Religion und Politik. Den Stellenwert des Islams erkennt man an der Parole «Turkismus, Modernisierung und Islam». Sie war das Leitbild in der kurzen Zeit der Unabhängigkeit (1918–1920) und wurde von der nationalistischen *Aserbaidschanischen Volksfront,* die von 1992 bis 1993 regierte, wieder aufgegriffen. Der Islam rangiert hier an wichtiger, aber erst an dritter Stelle.

Etwa 87–92% der knapp 8 Mio. Einwohner betrachten sich selbst als Muslime, von ihnen sind 65–75% Schiiten. Als glühende Bekenner sollen sich 7%, als Atheisten lediglich 4% bezeichnen.[14] Beide Zahlen bestätigen die säkulare Ausrichtung der überwiegenden Mehrheit der Bevölkerung, aber auch einen Anstieg der Religiosität. Die Schiiten bilden die Mehrheit in den an Iran angrenzenden Gebieten im Süden, in der Mitte und um Baku, die Sunniten im Norden und Nordwesten. Von einem Gegensatz zwischen Sunniten und Schiiten ist kaum etwas zu spüren, oft beten sie zusammen in der gleichen Moschee. Dies war nicht immer so. In der Vergangenheit war Aserbaidschan nicht selten ein Schlachtfeld für sektiererische Auseinandersetzungen gewesen, mit Herrschern unterschiedlicher Richtungen, die ihre Untertanen zur Übernahme ihrer Konfession zwangen. Erst die Auseinandersetzung mit dem armenischen Nationalismus zu Anfang des 20. Jahrhunderts brachte das Ende der konfessionellen Streitigkeiten.

In der Sowjetzeit war der Islam privatisiert, er zog sich auf die konservativste Institution in Aserbaidschan zurück, den Bereich der Familie. Trotz dieses Rückzugs in eine Sphäre der Bewahrung der Traditionen wuchsen viele ohne klares Bewußtsein davon auf, ob ihre Vorfahren Schiiten oder Sunniten waren. Religion wurde zur «Geheimsache», anknüpfend an die schiitische Tradition der *taqīya,* der Glaubensverleugnung in feindlicher Umgebung, die hier tiefe historische Wurzeln hat.[15]

Schiiten und Sunniten unterstehen beide der *Verwaltung der Kaukasischen Muslime* (aserb. *Qafqaz Müsälmanları İdaräsi*), in die die alte sowjetische *Geistliche Verwaltung der Transkaukasischen Muslime* (*Zaqafqaziya Müsälmanları*

İdaräsi) 1989 umbenannt wurde. Ihr steht seit 1980 der *Şeyhülislam* Hacı Allahşükür Paşazadä vor, der bisher alle Regime überlebt hat. Der Einfluß seines Amtes ist in den letzten Jahren zugunsten des inoffiziellen Klerus gesunken. Man kann dies an den zahlreich besuchten Wallfahrtsstätten feststellen, wo mit Hilfe von Spenden und ausländischen Geldern große Moscheen errichtet wurden. Grabstätten von Heiligen erfreuten sich schon in der Sowjetzeit großer Beliebtheit und erleben seit der Unabhängigkeit eine Renaissance. Nach Angaben Paşazadäs tragen von den 500 Mullas im Land nur 50 ihren Titel zu Recht.[16] Auch gilt sein Anspruch, Autorität für alle Schiiten in der GUS und alle Sunniten im Kaukasus zu sein, nur noch theoretisch. In der Realität ist sein Einfluß außerhalb Aserbaidschans begrenzt auf die sunnitischen Adscharen und die schiitischen Aseris in Georgien.[17]

Auch in Aserbaidschan kündet der Bau zahlreicher neuer Moscheen, die Gründung unzähliger islamischer Schulen und einer Islamischen Universität von einer Wiederbelebung des Islams. Zu Ende der Sowjetzeit gab es etwa 200 Moscheen, im Jahre 2001 waren es ca. 1500, von denen aber vielleicht nur 1000 der *Verwaltung der Kaukasischen Muslime* unterstehen. Der Rest war nicht registriert.[18] Die Moscheen finanzieren sich hauptsächlich aus Spenden der Bevölkerung, ein Teil wurde auch mit iranischer Hilfe gebaut.

Die reiche religiöse Kultur des Schiitentums, wie sie in Iran existiert, hat bisher allerdings nur in der Privatsphäre der Gläubigen eine gewisse Renaissance erlebt. Mitte der 1980er Jahre wurde die Zahl der von den schiitischen Zentren und Lehrinstitutionen im Irak und in Iran nach wie vor abgeschnittenen Mullas auf 50 bis 70 geschätzt. Einige konnten zwischen 1988 und 1993 Machtpositionen in den traditionell fromm ausgerichteten Dörfern um Baku erringen. In diesen Jahren tauchten auch zahlreiche schiitische Missionare aus Iran auf, ohne allerdings großen Erfolg zu verzeichnen. Iran konnte nicht als Modell eines Nationalstaates mit islamischer Ausrichtung dienen, denn in Aserbaidschan fehlt die entsprechende religiöse Hierarchie, wie sie in Iran existiert. Der Nationalismus in Aserbaidschan basiert auf der Idee des Turkismus. Dies schließt ein, daß der iranische Staat als Unterdrücker der iranischen Aseris angesehen wird.

Wichtigster Vertreter iranischer Orientierung ist die *Islamische Partei*, die bei ihrer Gründung 1994 ca. 50000 Mitglieder gehabt haben soll. Wegen der Ausbildung islamischer Garden in Iran wurde sie verboten und ihre Führer verhaftet. Dies schränkte den an sich schon geringen iranischen Einfluß weiter ein. Unter der Oberfläche blieb sie aber weiter aktiv, besonders unter den 700000–800000 Flüchtlingen aus Armenien und Berg-Karabach. Unter einer moderaten Führung wurde sie wieder zugelassen.

Deutlich zum Ausdruck kam die Verbindung islamischer Aktivitäten mit sozialem Protest im Sommer 2002 bei Unruhen in Nardaran, dem Zentrum schiitischer Agitation. Hier konnte sich islamische Rhetorik mit sozio-ökonomischen Problemen vermischen. Es deutete sich das Potential des Islams an, zu einem Sammelbecken der verarmten Bevölkerung zu werden. Die Politisierung des Islams löst bei der Führung des Landes eine deutliche Nervosität aus, die sie auf die

Unruhen nur mit dem Einsatz des staatlichen Sicherheitsapparates reagieren läßt.[19]

Stärker als der iranische ist der türkische Einfluß. Dies ist in erster Linie eine Frage der politischen Ausrichtung, schlägt sich aber auch im religiösen Bereich nieder. Das halboffizielle türkische *Diyanet Vakfı* gründete eine theologische Fakultät und zahlreiche Schulen ähnlich den türkischen *imam-hatip*-Schulen. Dies ist nicht unproblematisch und führt in der Öffentlichkeit zu Vorwürfen, daß sunnitische gegenüber schiitischen Lehrmeinungen dominierten. Auch der Orden der *Fethullahcıs (Nurculuk)* des Predigers Fethullah Gülen ist davon betroffen. Er konnte sich zwar in Aserbaidschan etablieren, doch seine Theologische Fakultät an der privaten Kaukasus-Universität wurde 2002 auf staatliche Intervention hin wieder geschlossen.[20]

Russische Föderation

Auf dem Gebiet der Russischen Föderation stellen die rund 20 Millionen Muslime die zweitgrößte Glaubensgemeinschaft nach der Russisch-Orthodoxen Kirche. Doch bilden sie keine homogene Gemeinschaft, sondern leben in allen Regionen mit zersplitterten islamischen Verwaltungsstrukturen von an die 50, oft miteinander konkurrierenden regionalen und lokalen Muftiämtern. Die Hauptkonfliktlinie verläuft zwischen der *Zentralen Geistlichen Verwaltung der Muslime* und der *Verwaltung der Muslime des europäischen Teils Rußlands* in Moskau mit einem überregionalen *Rat der Muftis.*[21]

Von den etwa 40 muslimischen Völkern – vorwiegend Turkvölker und kaukasische Volksgruppen – sind die Tataren (5,5 Mio.) die zahlenmäßig größte Nationalität. Die Republiken Tatarstan und Baschkortostan in der Wolga-Ural-Region sowie der Nordkaukasus sind die beiden Gebiete mit überwiegend muslimischer Bevölkerung. Beide Regionen haben äußerst unterschiedlichen Charakter. Während sich die Tataren ebenso wie die aserbaidschanischen Muslime immer stärker mit Europa oder dem europäischen Rußland identifiziert haben – nur hier konnte die Bewegung der *Dschadidisten* im 19. Jahrhundert entstehen –, stand das spät islamisierte Dagestan enger in Verbindung zur arabischen Welt. Nirgendwo stieß die russische Kolonialisierung auf so starke Ablehnung wie im Nordkaukasus. Wie der Widerstand der Tschetschenen zeigt, stimmt dies bis heute.

Tatarstan und Baschkortostan sind fest in Rußland integriert, der Nordkaukasus – dazu gehören neben Dagestan und Tschetschenien noch die Republiken Inguschetien, Nordossetien, Kabardino-Balkarien, Karatschai-Tscherkessien, Adygen sowie die russischen Regionen Stawropol und Rostow – gilt dagegen seit der russischen Eroberung immer noch als Peripherie. Dagestan ist die am stärksten vom Islam geprägte Republik, vor allem durch die Sufi-Orden.[22] Das Organisationswesen des sogenannten *Muridismus* reichte bis in die sowjetische Parteibürokratie hinein. Auch der Kampf Shāmils im 19. Jahrhundert gegen die russischen Eroberer hatte sich auf die *Muriden* gestützt, der Sufismus stellte die Ideologie und die formale Struktur der Orden zur Verfügung. Mit seiner strengen Disziplin wurde der *Muridismus* zur politischen Bewegung. Auch die späteren Massendeportationen und die Liquidierung nordkaukasischer Muslime unter Stalin konnten den Orden als Bezugspunkt ethnischer Identität wenig anhaben. Nach der Unabhängigkeit hoffte man, mit Hilfe dieser Identität die soziale Krise zu überwinden. Die Infrastruktur der Orden wurde erneuert und gestärkt. Sie kooperieren heute weitgehend mit dem Staat und dominieren teilweise die religiösen Verwaltungen.

Der Kaukasus – sowohl der zu Rußland gehörende Nordkaukasus als auch der Südkaukasus – ist in Europa die Region mit der größten Dichte gewaltsamer Konflikte. Dies hat Auswirkungen auf das Bild, das sich die russische Bevölkerung vom Islam und den Muslimen macht. Seit dem Ende der Sowjetunion wird der Kaukasus – nicht zuletzt durch die Tschetschenienkriege – mit einer islamischen Krisenperipherie gleichgesetzt. Die Mehrheit der Russen sieht den Islam als aggressive und fanatische Religion.[23] Nicht nur Tschetschenen, sondern generell Kaukasier sowie Zentralasiaten, die als Migranten in Rußland arbeiten – allein in Moskau leben eine Million Muslime –, leiden unter diesem Image und sind wachsenden rassistischen, antimuslimischen Ressentiments ausgesetzt. Dies zeigt sich besonders nach gewaltsamen Ereignissen, die mit dem Krieg in Tschetschenien in Verbindung stehen, wie das Moskauer Geiseldrama vom Oktober 2002. Vor allem Aserbaidschaner und Tadschiken leiden unter der Islamphobie.[24]

Auch in Rußland assoziieren immer mehr junge Muslime ihre Religion mit einem ethnisch-nationalen Verbundenheitsgefühl. Ihre Hinwendung zum Islam ist eine Versicherung der eigenen ethnischen Identität und ihrer kulturellen Besonderheit, zumal der Islam die Religion einer Minderheit ist. Nach Angaben russischer Soziologen haben sich 1993 etwa 76% der Tataren als Gläubige definiert,[25] im Nordkaukasus dürfte diese Zahl noch weit höher liegen.

Doch abgesehen von den beiden Hauptverbreitungsgebieten spielt der Islam im allgemeinen in Rußland nicht die ihm angemessene Rolle im öffentlichen Leben. Ein den Gegebenheiten entsprechendes Bewußtsein über den multikonfessionellen Charakter des Landes ist kaum vorhanden. Der Mangel an gut ausgebildeten Religionslehrern hat zu einem relativ niedrigen Niveau der muslimischen Kultur geführt. Die Versuche ausländischer islamischer Organisationen, das Vakuum zu füllen, führen eher zur Diskreditierung als zu einem profunderen Wissen. Die loyalen muslimischen Zentren haben noch keine umfassende und überzeugende Stellungnahme zu den sozialen und politischen Fragen geäußert.

Die Entwicklung in Tschetschenien stellt einen Sonderfall dar. Hier konnte der Islam durch seine starke Verankerung im Kampf um Unabhängigkeit zur ideologischen Waffe werden. In der vom Sufismus geprägten Republik konnte sich der erste Präsident Dudajew auf den Orden der *Qādirīya* stützen, wobei er zunächst gegen eine Instrumentalisierung des Islams in der Politik war. Jedoch brachte nicht zuletzt die brutale Kriegsführung Moskaus eine Wendung zum Extremismus. 1993 mußte Dudajew die Zusammenarbeit mit radikalen Kräften suchen, im Verfassungsentwurf wurde der Islam zur Staatsreligion. Der politische Islam dehnte sich auf Kosten des auf traditionellen Clanstrukturen basierenden Sufismus aus. Im Laufe des Konflikts gewannen durch Freiwillige aus islamischen

Ländern fremde Einflüsse die Oberhand, und 1996 waren die sogenannten *Wahhabiten* zur dominierenden politischen Kraft geworden.

e) Externe Einflüsse und der «Wahhabismus»

Die Wiedereingliederung Zentralasiens und Aserbaidschans in die islamische Welt manifestierte sich im Beitritt der neuen Staaten zur *Organisation der Islamischen Konferenz*. Umgekehrt waren sie nun auch offen für fremde Einflüsse. Die Vorstellung, der Prozeß der islamischen «Wiedergeburt» sei aus anderen Teilen der islamischen Welt initiiert worden, greift jedoch zu kurz. Auch die Radikalisierung des politischen Islams geht nicht nur auf Importe von außen hereingetragener Ideologien zurück.

Zunächst war man erfreut über die Unterstützung aus dem islamischen Ausland. Anfang der 1990er Jahre schickte Saudi-Arabien Koranausgaben und finanzierte den Neuaufbau von Moscheen. Missionare waren willkommen, es erschienen fremde Prediger aus den Golfstaaten, Saudi-Arabien, Pakistan, Iran und der Türkei. Doch während die einfachen Gläubigen von ihnen erfahren mußten, daß einige ihrer Bräuche angeblich nicht dem authentischen Islam entsprachen, erregten sie schnell den Unwillen der Regierungen, denn sie brachten auch das Gedankengut des Fundamentalismus mit. Bereits 1992/93 wurden 50 saudische Missionare aus Usbekistan ausgewiesen. Daß die tschetschenischen Rebellen finanziell aus verschiedenen arabischen Quellen unterstützt wurden, bedarf keiner besonderen Erwähnung.[26]

Die Einfuhr islamischer Literatur brachte einen gewissen Pluralismus des Islams nach Zentralasien. Es erschienen Sekten und Gruppen, die es hier vorher nicht gegeben hatte. Studenten bekamen die Gelegenheit, in der Türkei, in Ägypten oder Pakistan zu lernen. Reisekosten nach Mekka wurden gelegentlich von Saudi-Arabien übernommen. Auch hier überwog schließlich das Mißtrauen. Usbekistan beorderte schon früh seine Studenten wieder aus der Türkei zurück, auch Kasachstan folgte später mit dem Rückruf seiner Studenten von islamischen Institutionen im Ausland.

Zunächst hatte man erwartet, daß Iran versuchen werde, seine Islamische Revolution zu exportieren. Doch Teheran hat früh erkannt, daß dies keine realistische Perspektive darstellt, schon allein wegen des sunnitisch-schiitischen Gegensatzes. Dagegen haben türkische Missionare nicht nur in Aserbaidschan eine weitaus größere Rolle gespielt. In Kirgistan soll 1999 ein Drittel der dort tätigen Missionare aus der Türkei gekommen sein (55, gegenüber 40 aus Pakistan),[27] größtenteils *Nurcus* aus der Organisation von Fethullah Gülen, welche nicht nur Hunderte von Schulen in Zentralasien, sondern auch Unternehmen betreibt. Ihre Zeitung *Zaman* wurde 1994 in Usbekistan verboten. Auch in der Förderung sufischer Traditionen kommt der türkische Einfluß zum Ausdruck, besonders in Kasachstan und Usbekistan. Zunächst wurde dies von der usbekischen Regierung willkommen geheißen, später wurden Versuche, Bruderschaften neu aufzubauen, unterdrückt.

Die Wiederbelebung des Islams findet vor dem Hintergrund des ökonomischen und sozialen Verfalls in einer Phase schwieriger Transition statt. Der wirtschaftliche Niedergang, die Verschleppung von Reformen, die allumfassende Korruption und das Fehlen von Meinungsfreiheit haben alle Lebensbereiche zunehmend destabilisiert. Dennoch vertraut die Mehrheit der Bevölkerung nach wie vor den offiziellen religiösen Hierarchien. Generell fanden radikale Missionare in den frühen 1990er Jahren wenig Widerhall. Die Vertreter des radikalen Islams sind noch immer eine Minderheit und auf einzelne Regionen begrenzt, allerdings mit einer Tendenz zur weiteren Verbreitung.

Keine einzelne Theorie kann das Phänomen des Islamismus in Zentralasien hinreichend erklären. Viele Faktoren kommen zusammen – die wirtschaftliche Lage, die traditionellen Patronage-Netzwerke, die externen Einflüsse. Die Repressionsmaßnahmen von seiten der Regierung vor allem in Usbekistan treiben auch moderate Kräfte in die Ausbildungslager der extremistischen Organisationen, denen nicht nur ausländische Finanzierung, sondern auch Drogenhandel und Geiselnahme Einnahmequellen bescherten.

In einer Region des Niedergangs und einer 70jährigen Geschichte der Unterdrückung der Religion wirkt sie – als Ideologie – da mobilisierend, wo der Nationalismus der neuen Nationalstaaten als identifizierende Kraft von konkurrierenden subnationalen Identitäten unterminiert war, während gleichzeitig die Idee einer liberalen Demokratie nirgends das Vakuum füllen kann. Dies zeigte sich zum erstenmal im tadschikischen Bürgerkrieg (1992–1997), der 50000 Tote forderte und das Land in den Ruin trieb. Eine der Bürgerkriegsparteien wurde als islamistisch bezeichnet, der Konflikt als religiöser Krieg charakterisiert. Allerdings war der Islam nicht die Ursache des Krieges, der Bürgerkrieg war in erster Linie ein Kampf um Vorherrschaft zwischen verschiedenen regionalen Gruppen und Clans. Hier wurde auch deutlich, daß der politische Islam dann wirksam wird, wenn es seinen Trägern gelingt, ihn für andere Teilinteressen zu instrumentalisieren. In diesem Fall war es die Verbindung mit dem Phänomen des Regionalismus und den Machtinteressen regionaler Eliten.

Der politische Druck auf die Bevölkerung, Landknappheit, Umweltschäden, Arbeitslosigkeit und Drogenhandel verschaffen dem militanten Islam eine soziale Angriffsfläche, an der er mit seinem effektiven Propagandaapparat ansetzen kann, ausgehend von Moscheen und Medressen, geführt von antiwestlichen und orthodoxen Mullas. Er verbindet sich mit einem konservativen Neo-Fundamentalismus, der die postsowjetische Gesellschaft ebenso wie westliche Werte und Lebensformen ablehnt.

Doch Zentralasien ist kein potentielles Afghanistan, wie es manchmal unterstellt wird. Obwohl es Gruppen gibt, die den säkularen Staat in Frage stellen, wird die tatsächliche Bedrohung oft überschätzt. Andererseits ist der Islamismus auch nicht getrennt zu sehen von den *Taliban* (arab. *Ṭālibān*, Sing. *Ṭālib*) in Afghanistan oder – in geringerem Maße – von den Ereignissen in Tschetschenien. Die dortigen Entwicklungen bildeten einen äußeren Rahmen, Ende der 1990er Jahre erweitert durch den Zusammenhang mit *al-Qāʿida*.

International führt dies dazu, daß der Islam im Kaukasus und Zentralasien zunehmend im Kontext von Sicherheits- und Geopolitik betrachtet wird. Die Aufmerksamkeit verengt sich auf den Islamismus oder die «islamistische Bedrohung». Rußland, China und vor allem die USA geben großzügige Militärhilfe für die Bekämpfung von Rebellen und Terroristen – erst recht nach dem Afghanistankrieg –, doch die gravierenden wirtschaftlichen, sozialen und politischen Probleme verringert dies nicht.

Das einschneidende Ereignis, das sowohl Moskau als auch den Westen aufschreckte, war der Einfall islamischer Rebellen der *Islamischen Bewegung Usbekistans* im August 1999 in die Provinz Batken in Südkirgistan im Grenzgebiet zwischen Tadschikistan, Kirgistan und Usbekistan. Das zeitliche Zusammenfallen mit dem erneuten spektakulären Auftreten islamistischer Rebellen im Kaukasus fachte eine Diskussion darüber an, ob sich der Islamismus in die Randgebiete der islamischen Welt verlagert habe. Während in Kirgistan einige Dörfer besetzt wurden, wurde in einem kleinen Gebiet in Dagestan ein «Unabhängiger Islamischer Staat» ausgerufen, was der russischen Führung als Auslöser des zweiten Tschetschenienkrieges diente. Das jetzt wahrgenommene Bedrohungsszenarium von islamistischen Netzwerken, ausgehend von schwer kontrollierbaren Gegenden in Tadschikistan und Afghanistan, ließ die muslimischen Gebiete der ehemaligen Sowjetunion als eine zunehmend gefährdete Region von globaler Bedeutung erscheinen. Die Ereignisse nach dem 11. September 2001 und der anschließende Afghanistankrieg markierten den Höhepunkt dieser Entwicklung.

Bei der Betrachtung des Islams in Zentralasien liegt der Fokus zwangsläufig auf Usbekistan, dem bevölkerungsreichsten und wichtigsten Land der Region. Da es zentral zwischen den anderen Staaten und Afghanistan liegt, hat es auch im Antiterrorismus-Feldzug die wichtigste Rolle gespielt. Zentrum des radikalen politischen Islamismus ist das zwischen Usbekistan, Tadschikistan und Kirgistan aufgeteilte Ferganatal, ein Durchgangsgebiet für Waffen- und Drogenschmuggel und schwer zu kontrollieren. Die 1924 gebildeten künstlichen Republikgrenzen zerstörten nach der Erlangung der Unabhängigkeit die natürliche Integrität und die soziale und kulturelle Einheit des Gebiets und ließen neue Minderheiten in den neuen Staaten entstehen. Das fruchtbare Ferganatal ist immer schon das Zentrum Zentralasiens gewesen, mit 20% der Gesamtbevölkerung Zentralasiens das am dichtesten besiedelte Gebiet. Ausgangspunkt der Aktivitäten im Ferganatal ist vor allem Namangan, eine usbekische Provinz, die unter starkem demographischen Druck und chronischer Landknappheit leidet. Die dortigen Massen von Jugendlichen, die vor allem in den ländlichen Gebieten schlecht ausgebildet, arbeits- und perspektivlos sind, bilden ein günstiges Rekrutierungsfeld für islamistische Agitatoren.

Die nur rudimentär vorhandene Kenntnis des Islams verschafft dem politischen Islam mit seiner fundamentalistischen Auslegung das geeignete Vakuum, in das er leicht stoßen kann. Prediger, die den «reinen Islam» propagieren, traten schon vereinzelt vor und in den 1970er Jahren im Ferganatal auf. Die ersten sogenannten *Salafiten*[28] forderten religiöse Aufklärung, mit politischen Forderungen gingen sie erst Ende der 1980er Jahre in der Periode der Perestroika und des Umbruchs in die Öffentlichkeit. Tonbänder mit ihren Predigten über traditionelle moralische Werte als Elemente eines puritanischen und betont normativen Islams begannen zu kursieren. Bis zum Ende der Sowjetunion konnten sie ihren Einfluß im Untergrund ausdehnen. Einer der einflußreichsten Prediger war Muhammad Rustamow (1892–1989), bekannt geworden als Hindustani (Hindustānī).[29] Er hatte in Deoband studiert, das Gedankengut der *Deobandī-Bewegung* nach Zentralasien importiert und dafür 15 Jahre in Sibirien in der Haft verbracht. Die *Deobandī*-Schule – im 19. Jahrhundert als sunnitische Erweckungsbewegung in Indien gegründet – trug viel zur Wiederbelebung der Idee des *jihād* im 20. Jahrhundert bei, so auch zur *jihād*-Orientierung der islamistischen Bewegungen Zentralasiens. Ende der 1980er Jahre gewährten *Deobandī*-Schulen in Pakistan jungen Muslimen aus Zentralasien eine kostenlose Ausbildung und Stipendien. Die *Salafiten* konnten traditionelle loyale Imame ersetzen und die politische Mobilisierung kanalisieren. Die Postulierung des «reinen Islams» richtete sich vor allem auch gegen den mit dem Sufismus verbundenen, als unislamisch geltenden Volksislam, der ja gerade in sowjetischer Zeit das Überleben islamischer Traditionen gewährleistet hatte.

In den frühen 1990er Jahren begannen sich radikale Gruppen im Ferganatal zu organisieren und einen islamischen Staat zu propagieren. In der allgemeinen chaotischen, gesetzlosen Situation wurde von der Gruppe *Adolat* (arab. *ʿadālat,* Gerechtigkeit), die in Namangan für kurze Zeit die Macht ausüben konnte, die Scharia zur Verbrechensbekämpfung herangezogen. Dies stieß auf eine gewisse Zustimmung. Offenbar sah und sieht ein Teil der Bevölkerung Usbekistans in Elementen der Scharia eine Antwort auf die steigende Kriminalität;[30] das gilt auch für einige der offiziellen und inoffiziellen Geistlichen. Auch in Tschetschenien wollte man ja mit der Einführung des islamischen Gesetzes die aus den Fugen geratene soziale Situation entschärfen.

Während im Ferganatal das Zentrum islamistischer Agitation liegt, ist in jedem der zentralasiatischen Staaten die religiöse Entwicklung anders verlaufen. In Kasachstan war lediglich der Süden, der den traditionellen Stätten des Islams am nächsten liegt und in dem eine starke usbekische Minderheit lebt, ein bevorzugtes Ziel von ausländischen Missionaren, die einen radikalen Islamismus predigten. Grundsätzlich haben sie in Kasachstan weniger Chancen, doch der wirtschaftliche, soziale und demographische Druck schafft auch hier günstige Voraussetzungen für radikale Strömungen. Wurde in Kasachstan der Islamismus erst spät als Bedrohung wahrgenommen, ist aus Turkmenistan, wo der Staat alle gesellschaftlichen Prozesse kontrolliert, in dieser Hinsicht am wenigsten zu hören, obwohl man gerade hier die besten Beziehungen zu den *Taliban* unterhalten hatte.

In Rußland trat der politische Islam mit der Gründung der *Partei der Islamischen Wiedergeburt* im Juni 1990 in Erscheinung. Die unter Gorbatschow geführte letzte antiislamische Kampagne von 1986 richtete sich gegen die sogenannte wahhabitische Unterwanderung. Seitdem wurden alle Erscheinungsformen des radikalen politischen Islams unter dem Terminus *Wahhabismus* subsumiert, sowohl in Zentralasien als auch im Kaukasus werden Islamisten pauschal als *Wahhabiten* bezeichnet. Dieser diffuse Begriff – zunächst für islamische Kritiker der offiziellen Geistlichkeit gebräuchlich – ist zum Symbol des in Rußland verbreiteten Klischees der Gefahr aus dem Süden geworden und wird vielfach auch mit islamistischen Terroristen generell gleichgesetzt. Auch weist der Terminus mit seiner Anlehnung an das in Saudi-Arabien herrschende Regime auf eine gewisse äußere Steuerung, obwohl er wenig mit dem *Wahhabismus* in der übrigen islamischen Welt zu tun hat. *Wahhabismus* wurde zum angstauslösenden Etikett für alle Bewegungen, die als Bedrohung aufgefaßt werden, und damit zum Mittel der Diskreditierung.[31]

Vor allem trifft dies auf islamische Strömungen im Nordkaukasus zu. Während in Tschetschenien der Islam zur ideologischen Grundlage des Unabhängigkeitskampfes und der nationalen Identität erhoben wurde, gilt Dagestan als das eigentliche religiöse Zentrum des Kaukasus. Im Unterschied zu Tschetschenien gibt es in der Vielvölkerrepublik Dagestan keine vergleichbare Nationalbewegung, zudem sind anti-russische Emotionen hier weniger stark ausgeprägt. Der kaukasische *Wahhabismus* ist auch ein Generationenproblem und führt nicht selten zur Spaltung der örtlichen muslimischen Glaubensgemeinschaft. Bereits in den frühen 1990er Jahren haben Hunderte von jungen Männern aus Tschetschenien und Dagestan eine religiöse Unterweisung in Medressen in Usbekistan und Tadschikistan erhalten. Der religiöse Gegensatz geht oft quer durch Sippen und Familien. Während sie die ältere Generation häufig mit einem deformierten Islam identifiziert, sieht sich die junge Generation als Träger des reinen Islams. Die Moschee mit angeschlossener Sporthalle – Ort religiöser Unterweisung und Übung östlicher Kampfsportarten – wurde zum wichtigsten sozialen Treffpunkt. Zusammenhalt und soziales Engagement sind die Grundelemente der Bewegung. Während der Kampf gegen Korruption und Kriminalität propagiert wird, verläuft das Verhältnis zwischen organisierter Kriminalität und puristischer Glaubenspraxis in einer Grauzone. Ein weiterer Widerspruch besteht zwischen dem islamischen Purismus und den religiösen Traditionen der Region, die von den Sufiorden geprägt sind. Letztere hatten die Rebellionen des 19. Jahrhunderts getragen. Obwohl die *Wahhabiten* sich in ungebrochener Tradition des *Muridismus* unter dem legendären Scheich Shāmil sehen, bekämpfen sie den traditionellen Volksislam und seinen Heiligenkult. Auf der anderen Seite gibt es mit der Tradition der *ghazawāt*, des Kampfes gegen ungläubige Aggressoren, und der strikten Befolgung der Scharia, die auch von Sufi-Anhängern befürwortet wird, verbindende Elemente. Die Generation der tschetschenischen Feldkommandeure ist durch die Erfahrung in der Sowjetarmee und den Afghanistankrieg geprägt. Die Militarisierung der Gesellschaft als Erbe der Sowjetgesellschaft, die Rolle, die auffällig viele ehemalige Ringer, Boxer usw. in den Bewegungen spielen, sowie die Möglichkeit, sich leicht Waffen zu beschaffen, sind Elemente, die im Zusammenspiel mit den traditionellen Merkmalen wie Ehrenkodex und Blutrache die Gewalt als Merkmal der postsowjetischen Gesellschaft herausstellen.[32]

1996 wurde nach dem ersten, für die russische Seite verlorenen Tschetschenienkrieg der Islam zur Staatsreligion der «Tschetschenischen Republik *Itschkerija*» erklärt und die Scharia als Rechtssystem eingeführt, und zwar auf der Grundlage des sudanesischen Strafrechts, obwohl dieses auf den Lehren einer dem Nordkaukasus fremden islamischen Rechtsschule basiert und die muslimischen Bergvölker in vorsowjetischer Zeit ihre Rechtsangelegenheiten vor allem nach dem Gewohnheitsrecht *(adat*, arab. *ʿādāt)* anstatt nach der Scharia geregelt hatten.[33] Dies markierte den damaligen Sieg der islamistischen Kräfte im innertschetschenischen Machtkampf in einer Gemengelage staatlicher und mafiöser Strukturen, nationalistischer und islamistischer Elemente. Die tatsächliche Stärke und Verbreitung radikalislamischer Kräfte in der Bevölkerung ist allerdings längst nicht so ausgeprägt, wie dies die Ereignisse und ihre Reaktionen darauf vermuten lassen.[34]

Die islamophobe Darstellung des Tschetschenienkonflikts in der russischen Öffentlichkeit verfestigte den modernen Gebrauch des Begriffs *Wahhabismus*. Durch die militärische Eskalation wurde der Konflikt islamisiert. Dies trug dazu bei, daß in Tschetschenien tatsächlich islamistische Einflüsse von außen durch den Aufbau äußerst effektiver Netzwerke zu einer Bedrohung werden konnten und Rußland damit nach eigenem Verständnis zu einem Frontstaat im Kampf gegen den internationalen Terrorismus wurde. Einheimische Kriegsherren wie Shamil Basajew und importierte *Wahhabiten* wie der aus der tschetschenischen Minderheit Jordaniens stammende Khattab (arab. Khaṭṭāb) bestimmten den weiteren Verlauf. Ihre Übergriffe auf Dagestan lösten den zweiten, für Tschetschenien schrecklich endenden Krieg aus. Unter dem Deckmantel der Terrorismusbekämpfung wirkte die harte Repressionspolitik Moskaus entscheidend auf die Entfaltung von *jihād* und Märtyrertum. Der inflationär verwendete Begriff *Wahhabismus* wurde schlechthin zum Sammelbegriff aller als radikal eingestuften islamischen Strömungen auf dem Gebiet der ehemaligen Sowjetunion.

f) Islamistische Organisationen in Zentralasien

Partei der Islamischen Wiedergeburt

Die erste populistische Erscheinungsform des islamischen Fundamentalismus in Zentralasien in organisierter Form war die *Partei der Islamischen Wiedergeburt* (PIW). Sie wurde im Juni 1990 unionsweit in Astrachan auf Initiative von russischen Muslimen mit dem Ziel der Vereinigung aller Muslime auf sowjetischem Territorium gegründet. Die Bewegung vereinigte verschiedene Richtungen des Islams und erhob damit einen Vertretungsanspruch, der über den anderer Gruppen hinausging. Zu ihr zählten sowohl registrierte Geistliche des offiziellen Islams wie auch inoffizielle *ulema* und Sufischeichs. Ihr ging es nicht um eine Herausforderung der UdSSR. Man identifizierte sich mit den *Dschadidisten*, die allgemeine Ausrichtung war traditionalistisch sunnitisch und anti-nationalistisch und stand somit im Gegensatz zur Zeitströmung. Die Erklärung der Unabhängigkeit der einzelnen Sowjetrepubliken traf sie wie viele andere unvorbereitet. Doch blieb auch sie nicht von nationalen Trennungslinien verschont, ihr tadschikischer Zweig wurde wegen seiner Allianz mit Nationalisten ausgeschlossen.

Trotzdem konnte sie nur in Tadschikistan eine Bedeutung erlangen. Die *Partei der Islamischen Wiedergeburt Tadschikistans* (tadsch. *Rastokhez*) bildete zusammen mit demokratischen Kräften in der unter ihrer Führung 1995 gegründeten *Vereinigten Tadschikischen Opposition* eine Seite im Bürgerkrieg gegen die Kommunisten. Ihre Basis reichte aber nicht über regionale Clanbeziehungen hinaus, in manchen Regionen war sie gar nicht vertreten.

Nach Ende des Bürgerkrieges begann mit ihrer Beteiligung an der Regierung und der Eingliederung ihrer Kämpfer in die offiziellen Sicherheitskräfte eine Kooperation zwischen Säkularisten und Islamisten. Die Partei ist in verschiedenen Regierungsinstitutionen durch ein Abkommen repräsentiert, in dem 30% der Regierungsposten für die Opposition vorgesehen sind. Allerdings wurden wichtige Teile des Friedensabkommens nicht verwirklicht. Ihre Position wurde von der Regierung unterminiert und die Partei dadurch marginalisiert. Bei den Parlamentswahlen von 1999 gewann sie nur 8% der Stimmen und zwei Sitze. Dies führte nicht nur zu Spannungen, sondern schuf auch Raum für radikalere Gruppen.

Als einstige Bürgerkriegspartei hatte die PIW für die Errichtung eines islamischen Staates gekämpft. Seit dem Abschluß des Friedensabkommens von 1997 durchläuft die Partei einen Differenzierungsprozeß. Die Erkenntnis, daß die politische Unterstützung von seiten der Bevölkerung gering war und die Partei sich neben der Regierungsseite auch als Kriegspartei in der Bevölkerung diskreditiert hatte, löste innere Auseinandersetzungen über die strategischen Prioritäten der islamischen Bewegung in Tadschikistan und Zentralasien aus. Schon seit den Anfängen konnte die Partei so unterschiedliche Personen wie Said Abdullo Nuri (geb. 1947), einen Schüler Hindustanis, und Qazi Akbar Turajonsoda (geb. 1954) in ihrer Spitze vereinen. Letzterer war Großmufti der tadschikischen Muslime während der letzten Jahre der Sowjetunion gewesen und wurde aufgrund seiner moderaten Haltung und seiner Beliebtheit im Ausland zum Aushängeschild der PIW. Später wurde er wegen zu enger Beziehungen zu anderen Regierungsmitgliedern in seiner Funktion als Erster Stellvertretender Ministerpräsident aus der Partei ausgeschlossen.

Die Diskussion ist in einen säkular-islamischen Dialog eingebettet, der einen wesentlichen Bestandteil des Friedensprozesses bildet.[35] Bei der Suche nach Kompromissen verzichtete die PIW in der *Kommission für Nationale Aussöhnung* darauf, den säkularen Staatscharakter in Frage zu stellen. Erstmalig bildete sich so in Zentralasien eine Strömung gemäßigter Islamisten heraus, die sich zur Zeit noch inhaltlich und organisatorisch profiliert. Die PIW ist in Zentralasien die einzige legale Partei mit einem religiösen Mandat. Durch ihre Einbindung in die Regierung bewirkt sie, daß eine islamische Bewegung als legitimer Akteur im politischen Leben anerkannt ist. Sie fungiert als Puffer zwischen Regierung, Oppositionellen und radikaleren Muslimen. Durch ihre Legitimierung konnte ein Teil ihres islamistischen Ballastes abgeworfen werden. Während das öffentliche und internationale Image der Führung modern erscheint, besteht ihre Basis aus den frommen unausgebildeten ländlichen Muslimen. Offiziell hat sie sich von den radikalen Organisationen wie der *Hizb ut-Tahrir* (arab. *Ḥizb at-Taḥrīr*) und der *Islamischen Bewegung Usbekistans* distanziert. Da sie aber keine festgefügte Partei mit strikter Agenda ist, sondern immer ein Konglomerat verschiedener Interessen und Ideen von Islamisten bis zu puren Opponenten der Regierung war, wird sie gerade deshalb von vielen nicht mehr als oppositionelle Alternative angesehen.

Die Islamische Bewegung Usbekistans

International am bekanntesten wurde eine Gruppe radikaler Islamisten, deren Einfluß eher als gering einzuschätzen ist. Doch ihre spektakulären Aktionen erregten im Zusammenhang mit dem Antiterrorfeldzug unter Führung der USA und dem Krieg in Afghanistan (2002) weltweite Aufmerksamkeit.

Im September 2000 nahm Washington die *Islamische Bewegung Usbekistans* (IBU, usbek. *Özbekiston Islomiy Harakati*) in die Liste der terroristischen Organisationen auf. Gründe gab es genug: ihre engen Beziehungen zu den *Taliban* und Usāma bin Lādin, die Behauptungen der usbekischen Führung, genügend Beweise für eine großangelegte Verschwörung der IBU und die Existenz eines Netzwerkes radikaler Islamisten über ganz Zentralasien und den Kaukasus zu besitzen, sowie die Eskalation der Gewalt in Zentralasien seit 1999.

Anfang August 1999 drangen rund 1000 Rebellen von Tadschikistan aus in die Region Osch in Kirgistan ein, besetzten drei Dörfer, nahmen 100 Geiseln und lösten die Flucht von 5000 Menschen aus. Man wollte usbekisches Gebiet im Ferganatal erreichen, um dort einen islamischen Staat zu errichten, der die Distrikte Andidschan, Fergana und Namangan in Usbekistan und den Leninabad Oblast in Tadschikistan umfassen sollte. Die Angriffe auf Usbekistan und Kirgistan konnten vom Gebiet der *Taliban* und den unwegsamen Bergregionen Tadschikistans ausgehen und waren Teil einer weit gefaßten strategischen Koordination mit den afghanischen Glaubenskriegern. Während deren Offensiven von der IBU unterstützt wurden, kamen die Angriffe der IBU den *Taliban* zugute, denn die Verbindung von *warlords* und Drogenmafia schuf ein Kuriersystem für afghanisches Opium über Zentralasien nach Rußland und in den Westen. Ein großer Teil der Finanzmittel der IBU stammt aus dem Heroinhandel. Trotz dieser Verbindung – die Kämpfer der IBU waren in den Lagern in Afghanistan und in Pakistan ausgebildet worden – handelte es sich eher um einen Guerillaaufstand gegen das usbekische Regime als um eine transnationale terroristische Aktion. Die IBU war nicht nur ein Produkt der verworrenen Entwicklungen in Tadschikistan und Afghanistan, sondern auch der Unterdrückungspolitik des usbekischen Staates. Unmittelbares Ziel der Aktionen, die sich 2000 und 2001 wiederholten – im Sommer 2000 konnte man sogar bis auf 60 km vor Taschkent vordringen –, war die Freilassung von Muslimen aus den Gefängnissen in Usbekistan, wo nach Anschlägen 1999 eine Verfolgungswelle eingesetzt hatte und eine Reihe von religiösen Führern verschwunden war.

Als Drahtzieher der Angriffe galt der usbekische Islamist Juma Namangoni, der auch für die Bombenanschläge in Taschkent vom Februar 1999 verantwortlich gemacht wurde und angeblich Stellvertretender Verteidigungsminister der *Taliban*-Regierung gewesen sein soll. Er hatte im Ferganatal ein Netz von «Schläfern» aufgebaut und konnte so eine Bewegung erschaffen, die das Regime nervös werden ließ, auch wenn sie niemals eine ernsthafte Gefahr darstellte.

Die Ursprünge der IBU reichen zurück in die frühen 1990er Jahre, als das wiedererwachte Interesse am Islam von einem rapiden Niedergang der staatlichen Kontrolle über alle Gesellschaftsbereiche begleitet wurde. Im Ferganatal wuchsen – oft aus den illegalen Studienzirkeln, die schon in der Sowjetzeit existierten – neue Gruppen aus dem Boden, die die lokalen Bräuche und Traditionen als unislamisch diffamierten. Versuche, eine legale islamische Partei zu gründen, wurden unterbunden. In Namangan bildeten sich aber kleine informelle islamistische Gruppen wie *Islom Lashkarlari* (*Soldaten des Islams*) und *Adolat*, die Keimzelle der späteren IBU. *Adolat* bestand hauptsächlich aus Verbänden *(futuwwat)* junger, in Kampftechniken erprobter Männer, die in den *mahallas* islamische Milizen organisierten und versuchten, mit den Mitteln der Scharia das Sicherheitsvakuum zu füllen. 1991 besetzten sie unter Führung des 24jährigen Imams Tohir Yuldoshew und des oben genannten 22jährigen Afghanistankämpfers Namangoni die Stadt. Finanziell wurden sie unterstützt vom pakistanischen Geheimdienst und aus saudischen Quellen.[36] *Adolat* stand für einen islamischen Puritanismus – Frauen legte man das Tragen des Schleiers nahe. Auf der Grundlage der Scharia versuchte man die öffentliche Ordnung zu regulieren, sprach sich gegen Korruption und für soziale Gerechtigkeit und Gleichheit aus. Damit konnte man eine gewisse Bewunderung der Älteren gewinnen. Andererseits verlor *Adolat* durch die Betonung des bewaffneten Kampfes und das Erstarken ihres militärischen Flügels – der russische Orientalist Naumkin bezeichnet sie deshalb auch als *Dschihadisten*[37] – den Kontakt zu den Massen.

Nach der Übernahme des Hauptquartiers der Kommunistischen Partei und der Regionalverwaltung in Namangan fühlte man sich stark genug, den Kampf gegen das Regime Präsident Karimows aufzunehmen, jedoch wurde die Bewegung niedergeschlagen. Die Führer flohen nach Tadschikistan, wo sie sich den islamistischen Kräften anschlossen und das «Namangan Bataillon» bildeten. Nach Ende des Bürgerkrieges und der Integration der *Vereinigten Tadschikischen Opposition* in die Regierung konnte Namangoni dort keine Rolle mehr spielen, hatte aber mit ihrer Unterstützung 1996 die IBU gründen können. Diese lehnte den tadschikischen Waffenstillstand ab und orientierte sich hin zu den *Taliban*, während die PIW die afghanische *Nordallianz* unter Aḥmad Shāh Masʿūd unterstützte.

Nachdem die *Taliban* die Kontrolle in Kabul übernommen hatten, konnte die IBU im Ferganatal aktiv werden. Sie fand in Kooperation mit *al-Qāʿida* ein sicheres Hinterland: in Afghanistan mit Stützpunkten in Mazar-i Sharif und Kunduz und ungehinderten Zugang in Tadschikistan. Die *Taliban* sollen bis zu 3000 Kämpfern der IBU – darunter angeblich auch Tschetschenen und Uiguren – Zuflucht gewährt haben. Viele sind im Afghanistankrieg beim Fall von Kunduz umgekommen. Die Behauptung der usbekischen Regierung, daß die IBU im Krieg in Afghanistan zerschlagen wurde, muß allerdings mit Vorsicht betrachtet werden.

Die IBU war bei ihrem Versuch, Unterstützung für ihren *jihād* zu bekommen, gescheitert. Ihre größte Wirkung bestand darin, daß der islamische Terrorismus in Zentralasien das internationale Bild des Islams in Zentralasien prägen konnte. Mit den Ereignissen schien sich die Idee von der Bedrohung Zentralasiens durch Islamisten zu materialisieren. Nachfolgende, immer wieder stattfindende Anschläge in Usbekistan wurden als internationale terroristische Verschwörungen gekennzeichnet, auch wenn sie alle Merkmale einer inneren Revolte trugen. Allerdings ist die Gefahr gegeben, daß der internationale «dschihadistische» und der islamisch-nationale Kampf miteinander verschmelzen.

Hizb ut-Tahrir

Größeren Zulauf als die IBU findet die *Hizb ut-Tahrir* (HT, Partei der Befreiung), die sich die Errichtung eines länderübergreifenden Kalifats in Zentralasien mit Osch als Zentrum auf ihre Fahnen geschrieben hat. In der zweiten Hälfte der 1990er Jahre gelang es ihr, ein Netz von Parteizellen aufzubauen. Erste Berichte über ihre Aktivitäten kamen Mitte der 1990er Jahre aus Usbekistan.[38] Nach den dortigen Repressionswellen ab 1997 dehnte sie sich nach Südkirgistan aus, wo die ersten Zellen in Osch und Dschalal-Abad zwischen 1997 und 1998 entstanden. 1998 wurde ein Zweig in Tadschikistan gegründet, seit 2000 ist sie auch in Südkasachstan aktiv. Ihr Einfluß wird zwar oft übertrieben dargestellt, immerhin ist sie aber die am schnellsten wachsende Bewegung der vergangenen Jahre. Man vermutet bis zu 20000 Anhänger in Zentralasien.

Die 1952 von einem palästinensischen Mitglied der *Muslimbruderschaft* gegründete Partei[39] ist eine geheime, kadermäßig aufgebaute, in über 40 Ländern aktive Organisation mit einer Schaltzentrale in London.[40] Über ihre internationale Organisationsstruktur ist wenig bekannt. Seit den frühen 1980er Jahren wird offensichtlich den regionalen Führern unter Wahrung der zentralen ideologischen Basis relative Freiheit bei ihren Aktivitäten gewährt, angepaßt an die jeweiligen lokalen Gegebenheiten.[41]

Die HT ist weniger eine religiöse Organisation als eine politische Partei, deren Ideologie auf dem Islam beruht. Ihre straffe, pyramidenförmige Organisationsstruktur mit Trainingsprogrammen und energischer Rekrutierungspraxis reicht von lokalen Basiseinheiten über regionale Organisationsebenen bis zu einer überregionalen Führung. Auf unterster Ebene besteht ihre Organisation in Zellen *(dāʾira* oder *ḥalqa),* Studienkreisen von fünf bis sieben Mitgliedern, darüber rangiert ein *mahalla*-Komitee. Der Leiter einer Zelle *(mushrif)* stellt den Mitgliedern jede Woche neue Aufgaben, nur er kennt die nächsthöhere Stufe der Organisation, so daß es kaum Bekanntschaft untereinander gibt. Der regionale Repräsentant wird vom Zentralen Politischen Rat auf internationaler Ebene eingesetzt. Die Partei arbeitet hauptsächlich durch die Verbreitung von Literatur und Flugblättern, die allerdings nur wenige erreichen. In Usbekistan kursierten ihre ersten Untergrund-Publikationen seit 1995. Eine Massenbewegung kann durch die Untergrundarbeit kaum entstehen, der Kreis der Aktivitäten ist im allgemeinen eng begrenzt.

Ihre Erklärungen sind in erster Linie antiwestlich,[42] antisemitisch und antischiitisch geprägt. Die weitverbreitete Ansicht, die HT lehne Gewalt ab, ist irreführend. Theoretisch wird Terrorismus abgelehnt, auch gibt es bisher keinen Beweis für die Beteiligung an gewaltsamen Aktionen.[43] Eine gewisse Rechtfertigung von Gewalt läßt sich jedoch in ihrer Literatur finden, auch war die Partei in Staatsstreiche in Jordanien in den 1960er und frühen 1970er Jahren zumindest verwickelt. Charakteristisch ist ihre Lehre von der Zusammenführung aller Muslime in einem erneuerten Kalifat. Die theoretische Basis ihrer Position bildet das historische Beispiel des Propheten. Man plant einen friedlichen politischen Kampf, um die Anhängerzahl zu mehren und einen unblutigen Umsturz durchzuführen. Zentralasien, Xinjiang und später die ganze *umma* werden sich nach friedlichen Demonstrationen erheben, die Regierungen stürzen und zu einem Kalifat vereinigen. Trotz der Propagierung dieses friedlichen *jihāds* schließt man aber letztlich einen Krieg um die Macht nicht aus. Mit der Einführung der Scharia werden alle sozialen und wirtschaftlichen Probleme gelöst werden. Olivier Roy bezeichnet die Partei als neofundamentalistisch, weil sie sich weniger mit der Definition eines echten islamischen Staates befaßt als mit der Einführung der Scharia.[44] Zwar lehnt die HT die westliche Demokratie als antiislamische Erfindung ab, doch anders als die IBU und die *Taliban* erkennt sie den Wert technischer Errungenschaften an und macht von ihnen bei der Verbreitung ihrer Botschaft Gebrauch. Gegenüber Frauen gibt sie sich nicht so radikal wie die *Taliban*, ihnen wird ein Recht auf Bildung zugestanden.

Ihre Absolutheit und ihr Mangel an Realismus lassen die HT wohl kaum zu einer politischen Kraft mit Zukunft werden. Von allen radikalislamischen Bewegungen vertritt sie am entschiedensten anachronistische Ziele. Wie erklärt es sich dann, daß eine geheime panislamische Strömung aus dem Nahen Osten, welche die spezifischen Probleme Zentralasiens kaum konkret anspricht, zur am weitesten verbreiteten Untergrundbewegung in Zentralasien werden konnte?

Die rückwärts gewandte Utopie der HT verbindet sich mit sozialen Gerechtigkeitsappellen, die angesichts des ökonomischen, sozialen und moralischen Verfalls in Zentralasien auf fruchtbaren Boden fallen. Die Motivation ihrer Anhänger beruht auf einer komplexen Mischung psychologischer, politischer und sozialer Ursachen. Die HT findet Zulauf vor allem in den urbanen Zentren, an den Universitäten und bei den gebildeten Schichten; sie ist aber keine exklusive Bewegung von Intellektuellen, sondern besitzt eine soziale Basis auch unter den arbeitslosen und unausgebildeten jungen Männern. Da die meisten kein religiöses Fundament besitzen, ist ihre Rekrutierung relativ einfach. Eine wichtige Rolle spielt das Gefühl, vom Staat und von der Gesellschaft im Stich gelassen zu werden. Gegenüber dem Verlust des sozialen Status, der nicht vorhandenen Perspektive, dem Mangel an sinnvoller Tätigkeit, dem blockierenden System der Korruption und der fortschreitenden Repression offeriert die Idee eines rechtmäßigen Kalifats einen Ausweg aus der trostlosen Realität. Die Vision einer gerechten Vaterfigur kommt den zentralasiatischen patrimonialen Gesellschaften entgegen. Die Antwort auf die chaotische Einführung der Marktwirtschaft mit ihren sozialen Folgen – verantwortlich dafür sind nach Ansicht der HT die gottlosen Regime und Feinde des Islams, die USA und Israel – ist die Aufteilung des Sozialprodukts wie zur Zeit des frühen Islams.

Der Erfolg der HT liegt auch darin, daß sie in Zentralasien – anders als etwa in Pakistan, wo ihr Einfluß gering ist – ohne Konkurrenz agieren kann. Die Unzufriedenheit mit dem usbekischen System bildet die wichtigste Ursache ihres Erfolges. Da die Repressionspolitik der Führung jegliche religiöse Pluralität verhindert, wird konspirativen Gruppen wie der HT ein ideales Umfeld für ihre Propaganda geschaffen. In Usbekistan ist die HT trotz ihrer geschätzten 10000 Mitglieder zwar keine Massenorganisation, aber inzwischen die einzige ernsthafte politische Opposition, die mit mindestens 4000 Mitgliedern auch den größten Teil der politischen Gefangenen stellt.[45] In der Bevölkerung verschafft ihr die Verfolgung durch das ungeliebte Regime eine gewisse Märtyrerrolle. Den konservativen jungen Männern bietet sie eine politische und theologische Rechtfertigung der männlichen Überlegenheit in der Gesellschaft. Andererseits rekrutiert die HT auch Frauen, deren Männer oder Söhne im Gefängnis sitzen. Die Verfolgung in Usbekistan führt zur Ausweitung der Aktivitäten auf Kirgistan. Noch sind nur 10% ihrer Anhänger Kirgisen, doch könnte sie im Ferganatal zu einer vereinigenden Kraft zwischen Kirgisen und Usbeken werden.

In Tadschikistan rührt ein Teil ihres Erfolges auch aus der Unzufriedenheit mit der legalen islamischen Opposition der PIW und der Desillusionierung über deren gewaltlosen Weg her. Die HT konnte eine Protestnische ausfüllen, die der legitimen Opposition immer weniger zugestanden wird. Die PIW wurde von einer bewaffneten Opposition zu einer legalen, am konstitutionellen Aufbau beteiligten Partei. Die IBU mit der Idee des *jihād* in seiner schlichtesten Form wurde dagegen Teil der internationalen militanten islamistischen Bewegung mit einer Verbindung zu den *Taliban*. Sie gewann die größte Aufmerksamkeit durch ihre Aktionen, mit denen sie die Schwäche der zentralasiatischen Militärs aufdeckte. Nach dem 11. September 2001 hat die IBU an Einfluß verloren, die HT aber an Popularität gewonnen. Wenn man zwischen gemäßigtem, radikalem und militantem Islam unterscheidet, wird die HT im Gegensatz zur IBU gerne als radikal, aber als nicht militant gekennzeichnet. Der IBU geht es eher um die kurzfristigeren politischen Ziele wie den Sturz des usbekischen Regimes, während die HT die Betonung auf das utopische Ziel der Errichtung eines Kalifats legt.

Die Verbindungen der HT zur IBU bleiben ebenso wie ihre Finanzierung und das Ausmaß ihrer internationalen Unterstützung im Dunkeln. Die Aktionen der IBU führten aber dazu, daß sie sich offiziell von dieser distanziert hat. Zwar wird der HT immer wieder Unterstützung der IBU und Kooperation mit *al-Qāʿida* unterstellt, doch gibt es keine Anzeichen für ihre Verstrickung in gewaltsame Aktionen, auch wenn sie z.B. Selbstmordanschläge gegen Israel begrüßt.

Der schnelle Aufstieg der HT kam überraschend, hatte man doch dem radikalen Islam nach der Zerschlagung der IBU kaum mehr ernsthaftes Potential in Zentralasien zugetraut. Zwar beruht ihre Ideologie auf importiertem Gedankengut und nicht auf dem in Zentralasien verwurzelten Verständnis des Islams, doch haben ihre Utopien auch ohne wirkliches Konzept für die Ordnung ihres Kalifats immer mehr an Popularität gewonnen. Obwohl viel von einer angeblichen Unterwanderung der Eliten und Institutionen in Zentralasien die Rede ist, bildet die HT als relativ kleine radikale Organisation mit geringem Einfluß außerhalb der Gruppen marginalisierter junger Männer aber noch keine unmittelbare Gefahr für die Staaten Zentralasiens. Dennoch ist deren Angst nicht unbegründet. Man kann nicht ausschließen, daß auch die HT dem Ruf anderer radikalerer Gruppen zu einem bewaffneten Aufstand folgen wird.

g) Staatliche Islampolitik

70 Jahre sowjetischer Herrschaft haben den Islam nicht zerstört, aber erhebliche Folgen für die Säkularisierung der Gesellschaft und der politischen Eliten gehabt. Nach der Unabhängigkeit wurde das Anwachsen des Interesses am Islam bei gleichzeitigem Erscheinen islamistischer Gruppen zu einer Herausforderung für die neuen Nationalstaaten. Die wiederentdeckte Überzeugung von der Zugehörigkeit zum islamischen Kulturraum hat dabei keineswegs zur Vereinheitlichung Zentralasiens beigetragen. Die neuen religiösen Verwaltungen sind wie früher Instrumente des Staates, nur eben heute des Nationalstaates. Zentralasien ist kein monolithischer Block. Subnationale Strukturen wie verwandtschaftliche und tribale Beziehungen besaßen auch in der Sowjetzeit eine wichtige Funktion. Diese Fragmentierung hat in Tadschikistan nach der Auflösung der Sowjetunion den Zusammenhalt des unabhängigen Nationalstaates fast zerstört. Starke Präsidenten und ihre Kontrollapparate können nicht darüber hinwegtäuschen, daß staatliche Strukturen in diesen Transformationsgesellschaften noch schwach ausgebildet sind. In allen muslimischen GUS-Staaten ist die Gesellschaft durch eine Mischkultur aus traditionellen islamischen Werten und Normen, sowjetischer Modernisierung und russisch-westlicher Kultur entstanden. Zu ihren Charakteristika gehören die Autoritätsgläubigkeit der Massen und die nahtlose Wandlung der Parteikader zur nationalistischen Herrschaftselite. Mit ihrem besonderen Verhältnis von Traditionalismus, Modernisierung und Säkularisierung stellt die postsowjetische nationale Identität der Muslime in Zentralasien ein neues Phänomen dar.

Die national-staatliche Aufgliederung der Geistlichen Verwaltungen kommt fast einer Nationalisierung des Islams in den neuen Nationalstaaten gleich. Die ehemals für das gesamte Zentralasien zuständige *Geistliche Verwaltung der Muslime Kasachstans und Zentralasiens* in Taschkent wurde abgelöst durch Verwaltungen in jeder einzelnen der Republiken. Schon 1990 ging Kasachstan damit voran, zusammen mit der Gründung eines Islamischen Instituts in Almaty war dies auch Ausdruck der Emanzipation von der Bevormundung durch Taschkent.

Ihre mangelnde Legitimität versuchten die postsowjetischen Führungen durch eine Hinwendung zum Nationalismus auszugleichen. Dies schloß auch den Islam als Verkörperung des kulturellen Erbes der Nation mit ein. Da der auf den modernen Staat bezogene Nationalismus ein neues Phänomen in der Region ist, knüpften die heutigen Staatsführungen bewußt an die Parole der *Dschadidisten* an, daß die Liebe zum Vaterland aus dem Glauben komme. Der «säkulare» Islam soll die eigentliche islamische Wiedergeburt im Rahmen der Nationen- und Staatsbildung beinhalten.

In Verbindung mit dem jeweiligen Nationalismus der Titularnation griff man bei der nationalen Identitätsbildung auf kulturelle und religiöse Symbole aus der Glanzzeit der islamischen Geschichte Zentralasiens zurück. Vor allem in Usbekistan geschah dies mit dem Hintergedanken, den Oppositionsbewegungen, die den Islam als Mittel der Regimekritik benutzten, das Wasser abzugraben. Die großen islamischen Gelehrten des Mittelalters werden als nationale Helden verehrt, Timur Lenk (Tamerlan, gest. 1405) als Symbol der Einheit von Islam und weltlicher Herrschaft, Sufi-Traditionen werden als nationaler Beitrag zur geistigen Menschheitsentwicklung gefeiert, und die Reformbewegung der *Dschadidisten* wird als Gegenmodell zum religiösen Extremismus dargestellt. In Abgrenzung zu letzterem und zu Varianten wie dem türkischen oder iranischen Islam versuchte man, eine nationale Version des Islams zu schaffen, um ihn als integralen Bestandteil der nationalen Identität zu präsentieren, als Teil einer Staatsideologie, die das ideologische Vakuum nach dem Ende des Kommunismus ausfüllen sollte. In Usbekistan und Kirgistan haben die Präsidenten ihren Eid nicht nur auf die Verfassung, sondern auch auf den Koran geschworen, die Pilgerfahrt nach Mekka gehört zu ihrem Pflichtprogramm. Der Mufti ist in allen Staaten bei den wichtigen offiziellen Anlässen – wie etwa bei der Vereidigung des Präsidenten – zugegen.

Die Förderung des regierungstreuen Islams ist eine Fortsetzung der sowjetischen Politik, die Religion in den Dienst des Staates zu nehmen. Man bekennt sich zur säkularen Trennung von Staat und Religion, gleichwohl ist dies nicht mit Religionsfreiheit verbunden. Mit Ausnahme der *Partei der Islamischen Wiedergeburt* in Tadschikistan sind politische Parteien mit religiöser Orientierung verboten. Die usbekische Regierung propagiert den «guten» Islam, der «schlechte» Islam ist derjenige, der für politische Zwecke «mißbraucht» wird und damit die Stabilität gefährdet. Äußerlich könne man ihn schon durch das Tragen von Bart oder Schleier identifizieren. Auf der anderen Seite ist seine Existenz unter den Bedingungen des Reformdrucks von außen nützlich, die islamistische Bedrohung dient als Rechtfertigung für repressive Maßnahmen und die Verhinderung demokratischer Reformen.

Die in den frühen 1990er Jahren eingeführten nationalen *Muftiämter* sind den *Komitees* oder *Räten für Religiöse Angelegenheiten* untergeordnet. Auch die nicht-muslimischen Gemeinden unterstehen ihnen. Das Muftiamt – nur in Turkmenistan ist es mit dem *Komitee* zusammengelegt – ist verantwortlich für die Zulassung der Geistlichen. In Usbekistan kontrolliert das dem Ministerkabinett unterstellte *Komitee für Religiöse Angelegenheiten* die *Muslimische Geistliche*

Verwaltung, welche wiederum die Geistlichen durch offizielle *fatwa*s und vorgegebene Freitagspredigten beaufsichtigt. Die Ausbildung zum Imam erfolgt durch staatlich kontrollierte Organisationen, zunächst in Medressen, anschließend in Taschkent im *Islamischen al-Bukhārī-Institut* und der *Islamischen Universität.* Wichtigstes Kontrollmittel ist der Registrierungszwang religiöser Organisationen durch das *Komitee.* Zwar garantiert das Gesetz über Gewissensfreiheit und religiöse Organisationen von 1998 formal religiöse Freiheit, doch wurden Tausende von Moscheen geschlossen, welche die Anforderungen einer Registrierung nicht erfüllten. Religiöse Literatur wird zensiert, missionarische Tätigkeit untersagt. Der letzte Mufti aus der sowjetischen Ära mußte nach Anschuldigungen finanzieller Untreue und des *Wahhabismus* sein Amt aufgeben und ins Exil gehen. Seitdem spielt die offizielle muslimische Führung nur noch eine untergeordnete Rolle.

Auch in Aserbaidschan unterstehen trotz verfassungsmäßig verbürgter religiöser Freiheit seit 2001 sämtliche Gemeinden aller Religionen dem Registrierungszwang. Ein extra zu diesem Zweck eingerichtetes *Staatskomitee für die Arbeit mit den religiösen Vereinigungen* versucht mit strikten Bestimmungen missionarische Aktivitäten – sowohl islamische als auch christliche – einzuschränken. Da die angestrebte größere Transparenz der von Moscheen und heiligen Stätten ausgehenden Aktivitäten und ihre strengere Kontrolle von der alten Struktur nicht geleistet werden konnte, wurde die Autorität der *Geistlichen Führung der Kaukasischen Muslime* und des *Şeyhülislam* durch das Komitee zunehmend untergraben. Die Stoßrichtung der Umstrukturierung ist gegen Organisationen mit Verbindungen zu den Golfstaaten und Iran gerichtet.[46]

Je stärker die Bevormundung durch den Staat, desto geringer ist die Autorität der Geistlichen und ihr Respekt bei der Bevölkerung. Die extreme Regulierung religiöser Erziehung treibt in Usbekistan sogar die orthodoxe Erziehung in den Untergrund. In öffentlichen Schulen gibt es keinen Religionsunterricht, formale Erziehung findet lediglich begrenzt in staatlich kontrollierten Institutionen statt, Unterricht in Moscheen aus Angst vor wahhabitischen Imamen nur mit besonderer Erlaubnis. Wenn religiöse Unterweisung trotz Verbots im Untergrund geschieht, besitzt der Staat wenig Kontrolle über das, was gelehrt wird. Die Einschränkungen haben eine alte Tradition des Lernens wieder aufleben lassen, die in der Sowjetzeit praktizierte *ḥujra,* die Unterweisung durch Imame im engen Kreis oder in der Familie. Die Regierungspolitik bereitet damit einen fruchtbaren Boden für islamistische Agitation, denn die religiöse Unkenntnis verschafft Gruppen wie der *Hizb ut-Tahrir* quasi ein Interpretationsmonopol für die religiösen Texte.

Auf der anderen Seite gelang es dem Staat, die stillschweigende Annäherung zwischen religiöser Hierarchie und den Puristen zu Ende der Sowjetzeit durch die Säuberungsmaßnahmen aufzuheben. Entscheidendes Resultat der wiederholten Verfolgungswellen, bei denen zwischen radikalen und gemäßigten Gläubigen nicht unterschieden wurde, war jedoch, daß sie den politischen Islam zum wichtigsten Ausdruck wachsender Opposition machten. Unter den verschärften

Bedingungen einer «gnadenlosen» Marktwirtschaft mit einem Anwachsen verelendeter und perspektivloser Teile der Bevölkerung – bei gleichzeitiger brutaler Repression seitens der Regierung – ist ein Erstarken radikaler islamistischer Strömungen fast unausweichlich. Die Hauptauseinandersetzung in der Gesellschaft verläuft heute zwischen den mit einem islamischen «Anstrich» versehenen, im Grunde aber säkularen Führungseliten und den Vertretern des politischen Islams. Letztlich führt dies zu einer weiteren Delegitimierung des säkularen Systems. Die Strategie der islamistischen Gruppen, den durch ihre Repressionspolitik desavouierten säkularen Eliten islamische Alternativen entgegenzuhalten, könnte damit zumindest in einigen Regionen erfolgreich sein. Die Verfolgung durch die Autoritäten schafft Märtyrer und stärkt damit deren Mythos. Ausländische Beobachter warnen seit langem davor, daß die Unterdrückungspolitik kontraproduktiv sei, weil sie die Bevölkerung erst recht den Extremisten in die Arme treibe.[47]

Alle Regierungen Zentralasiens sehen den politischen Islam als Hauptbedrohung ihrer Machtpositionen an. Das Auftreten der Islamisten dient zur Rechtfertigung des Konzepts «Stabilität um jeden Preis», für das ein autoritäres System der beste Garant sei. Es unterstützt die von den Führungen mehr oder weniger offen vorgebrachten Argumente gegen demokratische Entwicklungen, indem behauptet wird, daß diese der islamistischen Gefahr nicht begegnen können. In Usbekistan konnte unter dieser Prämisse sämtliche Opposition – auch die nichtislamische – ausgemerzt werden. Die Frage, ob langfristig dadurch nicht gerade Instabilität herangezüchtet wird bzw. man den islamischen Fundamentalismus erst stark macht, wird dabei verdrängt.

Die ungelöste Beziehung zwischen Staat und Religion wird noch auf lange Zeit ein Konflikte provozierender Faktor in Zentralasien bleiben. Die Methoden zur Kontrolle des Islams knüpfen an sowjetische Traditionen an, sind in Handhabung und Grad der Restriktionen aber national unterschiedlich.[48] In Usbekistan erscheinen sie am repressivsten, während sie in Kirgistan oder Aserbaidschan subtiler funktionieren. Auch in Tadschikistan verhindert eine liberalere Gesetzgebung oft nicht die staatlichen Übergriffe. Tadschikistan ist zwar das einzige Land mit einer legalen islamistischen Partei, doch die *Partei der Islamischen Wiedergeburt* besaß niemals ein klares Konzept von einem islamischen Staat. Als sie 1997 in die Regierung eingebunden wurde, war die öffentliche Unterstützung für den politischen Islam als Problemlösung gesunken. Während das Friedensabkommen von internationalen Beobachtern als einzigartiger Kompromiß zwischen säkularen und islamistischen Kräften gefeiert wurde und als Beweis für die Möglichkeit einer konstruktiven Rolle islamischer Bewegungen, sieht es in der Praxis eher nach einem Sieg der säkularen Kräfte aus. Die Kontrollstrukturen über die Religion wurden mit der Integration nicht aufgehoben, eine Reihe von unregistrierten Moscheen wurde beispielsweise geschlossen. Tadschikistan besitzt kein Muftiamt, die Verantwortlichkeit liegt beim vom Staat kontrollierten *Islamischen Zentrum von Tadschikistan*. Auch hier spielen die Sicherheitskräfte die Hauptrolle in religiösen Angelegenheiten. Mit Verweis auf die Aktivitäten der verbotenen *Hizb ut-Tahrir* mit ihrer wachsenden Anhängerschaft – vor allem unter den

Usbeken im Norden des Landes und in Duschanbe – versucht die tadschikische Führung, auch die gemäßigten Islamisten zur Seite zu drängen.

In Kirgistan besitzt die HT ihr Potential im stärker islamisch geprägten Süden mit seiner großen usbekischen Minderheit. Kirgistan ist religiös fragmentiert, ein säkularer Lebensstil weiter verbreitet als in Usbekistan. Während ausländische islamische Missionare seit 1999 verbannt sind, verzeichnen neue christliche Gruppen in Kirgistan ihre größten Erfolge. Die theoretisch weitgehende Glaubensfreiheit wird auch hier angesichts der Aktivitäten der HT zunehmend mit den gleichen Mitteln wie in den anderen Ländern eingeschränkt. Die liberalste Politik verfolgt Kasachstan, wo generell der Islam eine geringere Rolle spielt. Bis in die späten 1990er Jahre, als die HT im Süden des Landes, wo die Frömmigkeit am größten ist, an Einfluß gewann, sah man keinen Grund zur Intervention.

Turkmenistan unterscheidet sich wie in vielen anderen Zusammenhängen auch in der Religionspolitik von seinen Nachbarstaaten. Hier existiert in der Praxis keine Trennung von Staat und Religion. Präsident Nijasow hat seine eigene personalisierte Pseudo-Religion als offizielle Ideologie eingeführt. Für den Bau neuer Moscheen wurden Millionen ausgegeben, in erster Linie zur Glorifizierung des Präsidenten. Der *Rat für Religiöse Angelegenheiten* untersteht direkt dem Präsidenten und kontrolliert alle religiösen Aktivitäten.

Westliche Wissenschaftler haben aufgrund mangelnder Informationen im allgemeinen Probleme, das Ausmaß der islamistischen Bedrohung einzuschätzen. Bisher hat es eine wirkliche Bedrohung Usbekistans nicht gegeben. Die Aktionen der IBU verstärkten aber die Überzeugung sowohl in den USA als auch in Rußland, daß Usbekistan eine wichtige Barrikade gegen den islamischen Fundamentalismus darstelle. Die islamistische Bedrohung als vermeintliche Hauptgefahr für die Sicherheit Zentralasiens wird sowohl von Moskau als auch von Taschkent propagandistisch ausgebeutet. Für Rußland ist die «islamistische Verschwörung» der Beweis für die Notwendigkeit eines gemeinsamen Kampfes gegen den transnationalen islamistischen Terrorismus von Tschetschenien bis zum Ferganatal und somit für eine gemeinsame Sicherheitspolitik in Zentralasien, die man gut zur Reintegration des angestammten Einflußgebietes nutzen kann. Den Kampf gegen die neue Gefahr hat Präsident Putin zum wichtigsten Thema russischer Zentralasien- und Kaukasuspolitik erhoben. Daß diese Strategie nur zum Teil aufging, lag auch an Taschkent, das derartige Versuche mit Mißtrauen betrachtet. Es hat deshalb militärische Hilfe sowohl von den USA als auch von China, das den islamischen Extremismus in Form des uigurischen Separatismus fürchtet, angenommen.

Zweifellos wirkt auch das Engagement der USA in Zentralasien im Kampf gegen den internationalen Terrorismus, so etwa durch Einrichtung von militärischen Stützpunkten in Usbekistan und Kirgistan, provozierend auf islamistische Eiferer – erst recht vor dem Hintergrund des Anwachsens antiamerikanischer Ressentiments im Zusammenhang mit der Nahostpolitik der USA. Auf der anderen Seite stellt der Islam für große Teile der Bevölkerung in Zentralasien nicht den zentralen Faktor ihres Lebens dar. Die Tradition des Säkularismus und der harte

Überlebenskampf unterminieren die religiösen Normen. Noch besteht eine Diskrepanz zwischen der Bindung an den Islam und der Bereitschaft, diesen als formbestimmend für das politische System zu akzeptieren. Nach wie vor hat der politische Islam nicht – wie etwa in Afghanistan – den Grad der Wirksamkeit erreicht, der ihn allein aus seiner Kraft und seiner Symbolik mobilisierend wirken läßt, und noch immer ist er auf bestimmte Konfliktkonstellationen angewiesen. Möglicherweise wäre er schnell verschwunden, wenn er im demokratischen politischen Prozeß kanalisiert worden wäre. Generell sind die Möglichkeiten, daß Islamisten in der Region an die Macht kommen, nicht gegeben. Wahrscheinlicher ist, daß die Regierungen weiterhin den Islamismus als Vorwand nehmen, Reformen zu verhindern, womit sie die Bedingungen für die Islamisten verbessern und den Teufelskreis aufrechterhalten.

5. Volksrepublik China

(Thomas Heberer)

Mit ca. 22 Mio. Muslimen beherbergt China die größte muslimische Minderheitenbevölkerung in Ost- und Südostasien. In China leben mehr Muslime als in Malaysia und mehr als in den meisten Ländern des Nahen und Mittleren Ostens.

Erst mit Beginn der Reformpolitik Ende der 1970er Jahre gab es auch wieder mehr Informationen über den Islam, seine Entwicklung und seine Probleme. Die Informationen verstärkten sich mit dem Anwachsen einer Unabhängigkeitsbewegung, die einerseits Folge einer jahrzehntelang verfehlten Minoritäten- und Entwicklungspolitik ist, andererseits mit dem Zerfall der Sowjetunion und der Nationalstaatsbildung in Zentralasien (Westturkestan) sowie der daran geknüpften Hoffnung der Turkvölker im chinesischen Teil (Ostturkestan), vor allem der Uiguren, auf Bildung eines eigenen Staates verbunden ist.

a) Islamische Ethnien in China

Genaue Zahlen über die Größe der muslimischen Gemeinschaften in China gibt es nicht, da Daten über Gläubige nicht veröffentlicht werden. Ausgehend von den Bevölkerungsdaten muslimischer Nationalitäten, zuzüglich eines jährlichen Bevölkerungswachstums von 1,5 bis 2%, dürfte es im Jahre 2004 etwa 22 Mio. Muslime gegeben haben. Sie verteilen sich auf zehn (der insgesamt 56 anerkannten) Nationalitäten.

Der islamische Bevölkerungsteil Chinas, immerhin ein Fünftel der Minoritätenpopulation, setzt sich aus sechs türkischen Gruppen (Uiguren, Kasachen, Kirgisen, Usbeken, Tataren, Salaren), zwei mongolischen (Baoan, Dongxiang), einer iranischen (Tadschiken) sowie den Hui, der größten Gruppe, zusammen. Äußerlich und von der Sprache her unterscheiden sich die Hui nur wenig von der hanchinesischen Bevölkerungsmehrheit. Während die übrigen Völker ethnisch geschlossene Gemeinschaften mit weitgehend einheitlichem Siedlungsgebiet und eigener Sprache bilden, sind die Hui Produkt ganz unterschiedlicher Einwanderungen. Sie bilden eher eine religiöse als eine ethnische Gemeinschaft, wobei das Spektrum von assimilierten städtischen Hui bis zu streng-orthodoxen Muslimen reicht, die Kontakte zu Nicht-Muslimen meiden. Hui finden sich in allen Provinzen, die übrigen muslimischen Ethnien konzentrieren sich in Nordwestchina.[1] Bis auf einige schiitische Tadschiken sind die meisten Muslime in China Sunniten und Anhänger der hanafitischen Rechtsschule. Die Sunniten lassen sich wiederum in Sufi- und nicht-sufistische Strömungen unterteilen, wobei die letzteren rund zwei Drittel ausmachen.

Bevölkerungszahlen muslimischer Gruppen nach der Volkszählung von 2000

Nationalität	Personen	Anteil an allen Minderheiten (%)	Anteil an Gesamtbevölkerung %
Hui	9816800	9,39	0,79
Uiguren	8399200	8,04	0,68
Kasachen	1250500	1,20	0,10
Dongxiang	513800	0,50	0,04
Kirgisen	160800	0,15	0,01
Salaren	104500	0,10	0,01
Tadschiken	41000	0,04	0,00
Baoan	16500	0,02	0,00
Usbeken	12400	0,01	0,00
Tataren	4890	0,00	0,00
Gesamt	20320390	19,44	1,64

Quelle: Eigenberechnung nach Zhongguo Minzu Bao (Zeitung über Chinas Nationalitäten), 7. 1. 2003.

b) Geschichte des chinesischen Islams

Offiziell soll der Islam im Jahre 651 Eingang nach China gefunden haben. Kalif 'Uthmān (644–656) soll einen Botschafter an den Hof des Tang-Kaisers Gao Zong (650–683) entsandt und dort die offizielle Duldung der islamischen Religion erreicht haben.[2] Von da an ließen sich viele Tausend Araber und Perser in den südchinesischen Hafenstädten bzw. von Zentralasien kommend in nordwestchinesischen Marktorten nieder. Nicht nur auf dem Seeweg, auch über Land kamen Muslime, die in China blieben und einheimische Frauen heirateten. Häufig handelte es sich dabei um Soldaten oder Söldner.

Bis zum Ende der Song-Zeit (1279) konnten sich die muslimischen Gemeinschaften in China weitgehend unbehelligt entwickeln. Doch ohne die Mongolenherrschaft (1271–1368), die die Abgeschlossenheit Chinas aufgebrochen hat, wäre die Islamisierung großer Teile Chinas kaum denkbar gewesen. Tausende von Muslimen aus den von den Mongolen eroberten Regionen in Vorder- und Zentralasien wurden nach China geholt, darunter nicht nur Soldaten, sondern auch Gelehrte, Handwerker, Künstler und Geistliche. Sie alle befruchteten die chinesische Kultur. Gleichwohl schränkten die mongolischen Herrscher die religiöse Selbständigkeit ihrer muslimischen Untertanen ein. Ein Erlaß Kublai Khans verbot ihnen u.a. die Schlachtung nach islamischer Vorschrift.

Die Doppelpolitik gegenüber den Muslimen, einerseits Indienstnahme durch den Hof, andererseits eine Politik der Diskriminierung, die immer wieder zu Rebellionen führte, setzte sich während der Ming-Zeit fort. So verbot der erste Ming-Kaiser Taizu (1368–1398) im Zuge der Beseitigung des von den Mongolen geförderten nicht-chinesischen Einflusses gleich zu Beginn seiner Regierungszeit das Tragen fremdländischer Kleidung sowie den Gebrauch fremder Sprachen und Namen. Heiraten zwischen Mongolen und Angehörigen ihrer früheren Verbündeten wurden zugunsten der Förderung von Mischehen mit Han-Chinesen untersagt. Muslime nahmen chinesische Namen an, wie Ma (statt Mohammed), Na (statt Nasir), Sai (statt Sayed), begannen chinesische Kleidung zu tragen und örtliche Dialekte zu übernehmen. Lediglich ihre Religion blieb weitgehend unbehelligt. Der Hof achtete jedoch darauf, daß die muslimischen Gemeinden keine geschlossenen Siedlungsgebiete bildeten, sondern, u.a. durch Umsiedlungen, zerstreut und somit besser kontrollierbar blieben.

Nicht nur durch Zuwanderung und Ausdehnung des chinesischen Reiches nach Zentralasien hinein, sondern auch durch Einheirat von Han in die muslimischen Gemeinden, durch Adoption und Konversion vergrößerte sich die Zahl der Muslime. Erst mit der mandschurischen Qing-Dynastie (1644–1911) begann eine Phase offener Repression, die von permanenten Aufständen mit Millionen von Toten (zehn große Aufstände allein im 18. und 19. Jahrhundert) begleitet war.

Dies hing nicht nur mit dem massiven Widerstand der Hui gegen die neue Dynastie zusammen (erster großer Aufstand 1648), sondern auch mit dem Unruhepotenzial in den Hui-Gebieten. In den Annalen jener Zeit werden die Hui als Unruhestifter, aufsässig und gewalttätig beschrieben. Der mit islamischen Riten nicht vertraute Kaiserhof sah in den Muslimen Gruppen, die sich öffentlicher Kontrolle entzogen, ein internes Brauchtum und internen Gruppenzusammenhalt pflegten und sich dem Kaiserhof nicht unterordneten. In dieser Auffassung mag sich der Hof durch einen weiteren großen Aufstand (1781–1784) bestätigt gesehen haben, der von Anhängern des Jahrīya-Sufiordens in Gang gesetzt worden war. Die Anhänger dieser «neuen Lehre» (s. unten), die von Mekkapilgern mitgebracht und verbreitet worden war, hatten zuvor die «alte Lehre», den Khafīya-Sufiorden, der sich mit der Qing-Dynastie arrangiert hatte, blutig bekämpft. Die Unterdrückung durch den Qing-Hof bewirkte, daß die Jahrīya-Führer zum «Heiligen Krieg» gegen die Ungläubigen aufriefen.[3]

Die zunehmende Unterdrückung und die Sinisierungsversuche der Qing-Herrscher ab den 20er Jahren des 18. Jahrhunderts (so wurde die traditionelle islamische Verwaltung durch chinesische Verwaltungsstrukturen ersetzt, mit konfuzianisch orientierten Beamtenprüfungen), Einschränkungen der Religionsausübung (Verbot der rituellen Tierschlachtungen 1731, des Baus neuer Moscheen sowie der Pilgerfahrten nach Mekka[4]) verstärkten die Unzufriedenheit. Dazu kamen Konflikte mit Han-Migranten über Ackerland, Bergwerke und Wasserrechte, wobei die lokalen Han-Verwaltungen in der Regel gegen die muslimische Bevölkerung entschieden. Die Dispersion der Hui in allen Provinzen und größeren Ortschaften, deren kompaktes Zusammenleben an den einzelnen Orten und ihr religiöses Überlegenheitsgefühl erschwerten allerdings die Sinisierungsbemühungen des Hofes.

Diese Bemühungen verstärkten sich vor dem Hintergrund zunehmender Schwäche der Qing-Dynastie und der gesellschaftlichen Krise in der ersten Hälfte des 19. Jahrhunderts sowie der großen Aufstände der Nian- und Taiping-Rebellen (1850–1864), wobei sich die Unzufriedenheit der Muslime in großen Aufständen in Yunnan (1855–1873) und in Nordwestchina (1864–1877) entlud. Dabei kam es zu blutigen Pogromen unter der lokalen Han-Bevölkerung. Nach der Niederschlagung der Aufstände durch die Qing übten diese grausam Vergeltung. Hartmann zufolge sollen die chinesischen Truppen ein derartiges Gemetzel unter den Hui angerichtet haben, daß sich ihr Anteil um 40–50% verringerte.[5] Allein in der Provinz Yunnan sollen fünf der acht Millionen Einwohner während der Aufstände und ihrer Niederschlagung ums Leben gekommen sein, in Shaanxi neun Zehntel. Durch Deportationen, Vertreibung aus den Städten und ein Verbot größerer Ansiedlungen von Hui versuchte die Qing-Administration den Zusammenhalt der Hui-Gemeinden untereinander zu zerstören. Bitterkeit, Haß und Mißtrauen, die dadurch hervorgerufen wurden, halten als Ergebnis kollektiver Erinnerung bis heute an. Allerdings existierte bei den Hui kein Gefühl nationaler Identität und Solidarität, so daß sie sich nie gemeinsam zur Wehr setzten. Lipman erklärt dies mit der topographischen und ethnischen Vielfalt des nordwestchinesischen Siedlungsgebiets. Die einzelnen Hui-Gemeinden konzentrierten sich nicht in einer Region, sondern lebten in dünn besiedelten, isolierten und zerstreuten Gemeinden, die nur wenig Kontakt miteinander hatten.[6]

Der Beginn der islamischen Bekehrung der Turkvölker in Zentralasien wird in das 8. Jahrhundert datiert, nachdem die Araber die Chinesen am Talas militärisch geschlagen hatten und nach Zentralasien vorstießen. Auf heutigem chinesischen Staatsgebiet soll der Herrscher von Kashgar und Khotan, Satok Bughra Khan, im 10. Jahrhundert den islamischen Glauben angenommen haben. In den folgenden Jahrhunderten erreichte der Islam die Tataren (10. Jahrhundert.), Usbeken (13./14. Jahrhundert), Uiguren (15. Jahrhundert) und Kasachen (16./17. Jahrhundert).[7] Ethnische Differenzen zwischen den Turkvölkern in Xinjiang, vornehmlich Uiguren und Kasachen einerseits und Hui andererseits, verhinderten ein Zusammenwirken, das noch im 19. Jahrhundert zur Entstehung eines gemeinsamen islamischen Staates hätte führen können. Gleichwohl flüchteten zahlreiche Hui im Anschluß an Aufstände bzw. aufgrund von Hungersnöten oder Naturkatastrophen ins heutige Xinjiang. Aufgrund der ethnischen Antagonismen stellte dies für die Zentralregierung keine Bedrohung dar. Hui erwiesen sich vielmehr als

Transporteure han-chinesischer Kulturelemente sowie als Mittler zwischen Turkvölkern und Han. Während der Qing-Zeit wurden Hui als Lokalbeamte in Xinjiang eingesetzt, die meist noch rigider gegenüber den Turkvölkern waren als Han-Beamte.[8] Im Gegensatz zu den Hui blieben die Turkvölker bis in das 20. Jahrhundert hinein weitgehend unbeeinflußt und paßten sich han-chinesischem Einfluß nicht an.

c) Besonderheiten des Islams in China

Es gibt zwei große Stränge des chinesischen Islams: der Islam der Hui, der auf friedlichem Wege, durch Händler und Kaufleute, nach China gelangte und sich konfuzianischem Brauchtum partiell anpaßte, und der Islam der Turkvölker, der zum Teil mit dem Schwert in Zentralasien verbreitet wurde. Während die Hui von den Han-Chinesen nicht als ethnische, sondern primär als religiöse Gemeinschaft begriffen werden, werden die Turkvölker weniger religiös definiert, sondern eher ethnisch.

Religiöse Besonderheiten der Hui

Die nordwestchinesischen Hui unterteilen sich seit dem 18. Jahrhundert in Anhänger der *xinjiao* (neue Lehre) und Anhänger der *laojiao* (alte Lehre, Khafīya). Die Mehrheit bekennt sich zur *laojiao* (mit drei Untersekten) und damit zu einer orthodoxen Form der Wahrung überlieferter Rituale bei gleichzeitiger Übernahme han-chinesischer Einflüsse. Der Begriff «alt» hängt mit der Bezeichnung *gedimu* (vom Arabischen *qadīm* für «alt») zusammen, womit die hanafitische Schule gemeint war, im Unterschied zur «neuen» Sufi-Reformbewegung (Jahrīya).[9] Viele dieser «alten» muslimischen Gemeinden hatten sich der chinesischen Kultur akkulturiert, was u. a. an der Übernahme von Elementen des Ahnenkultes, lokaler Geisterverehrung und von chinesischen Trauerriten deutlich wird.[10] Dies hängt auch mit der Isolierung des chinesischen Islams von der arabischen Welt zusammen. Durch Mekkapilger gelangte die Idee der «reinen Lehre» nach China.

Diese neue Bewegung oder *xinjiao*, was im 18. Jahrhundert *Jahrīya ṭarīqa* bedeutete und als Zweig der *Yasawīya* galt, war eine Sufi-Lehre, die aus Zentralasien nach China gelangte. Über die Salaren (s. o.) kam diese Lehre zu den Hui. Sie stellt keine einheitliche Lehre dar, sondern unterteilt sich in eine Vielzahl von Sekten und umfaßt die verschiedensten Ritualformen wie ekstatische Gebetsverrichtung und Tänze, Weissagung, Gräberkult oder das Schuheausziehen bei Bestattungen. Bis heute existieren zwei Hauptgruppen dieser Bewegung: die der *Jahrīya* und die des Gräberkultes. Letztere weist Verbindungen zum chinesischen Ahnenkult und zum zentralasiatischen *qubba*-Kult[11] auf. Die *xinjiao*-Bewegung ist militanter, sie galt bereits während der Qing-Zeit als Hauptquelle muslimischer Unruhen.[12] Ihre Anhänger lehnen jede Sinisierung des Islams ab und wollen zu dessen geistigen Grundlagen zurückkehren. Die Rolle der Moscheen und die Macht der Geistlichen sollen gestärkt werden. Im Laufe der Geschichte wies *xinjiao* starke panislamische Momente auf.[13] Im Kern war *xinjiao* eine Reaktion auf die zunehmenden chinesischen Eingriffe in das religiöse und soziale Leben der Muslime. Bis in die Gegenwart hinein gab bzw. gibt es blutige Zusammenstöße zwischen den Anhängern der verschiedenen Lehren.[14]

Die Hui besaßen keine institutionalisierte religiöse Organisation bzw. Struktur, sondern waren in weitgehend autarken Gemeinden organisiert. Auf Basis dieser Gemeinden bildeten sich die *menhuan* heraus, Bruderschaften, die ihre Herkunft von einem Sufi-Gründungsheiligen ableiten. Im Kern sind diese *menhuan* eine Verquickung von Sufismus und chinesischem Ahnenkult.[15]

Partiell kam es zu erheblichen Annäherungen an die han-chinesische Kultur, etwa in bezug auf Ahnenkult und Geisterverehrung, Trauerriten und -kleidung sowie konfuzianische Ethik. Auch die Architektur der Moscheen näherte sich in manchen Gebieten dem klassischen chinesischen Baustil an, und eine dem han-chinesischen Privatschulsystem vergleichbare Form des Unterrichts in den Moscheen und zur Ausbildung der Imame wurde übernommen.

Religiöse Besonderheiten der Turkvölker

Die ethnische Identität dieser Völker geht nicht zuletzt auf den Islam zurück. Zugleich war und ist die Religion ein wichtiges Moment für ihr Überleben. Allerdings muß hier zwischen Kasachen und Kirgisen einerseits und Uiguren andererseits unterschieden werden. Bei den Ersteren haben sich animistische und schamanistische Züge mit dem Islam verbunden, so daß sie in ihrem Glauben weniger radikal sind, während Uiguren stärker pantürkischen und panislamischen Einflüssen zuneigen.[16] Unter den Turkvölkern nimmt auch die Rolle des Sufismus wieder zu. An der Seidenstraße tanzen Muslime heute wieder den *dhikr*,[17] der bei ihnen auch die Bedeutung eines Kriegstanzes der Männer annehmen kann. Der Sufismus hat dazu beigetragen, den Islam in China am Leben zu erhalten. Da er nicht unbedingt des Imams als Mittler zwischen Mensch und Gott bedarf, auch nicht formaler Gebete, der Gläubige vielmehr durch Meditation, Yoga und innere Kontemplation in persönlichen Kontakt mit Gott treten kann, konnte sich die Glaubensausübung auch in Zeiten schärfster Repression im Verborgenen am Leben erhalten. Der Sufismus trifft aber, wie in anderen islamischen Ländern auch, auf die Gegnerschaft vieler orthodoxer islamischer Institutionen. Da Sufi-Sekten sich staatlicher Kontrolle weitgehend entziehen und in ihrem Verhalten unorthodox wirken, sind sich die meisten Repräsentanten des offiziellen Islams und die Vertreter von Partei und Staat in ihrer Ablehnung einig.

Gleichwohl gibt es Gemeinsamkeiten zwischen Hui und Turkvölkern: Beide begreifen sich als Teil der *umma,* der übergeordneten Gemeinschaft der Gläubigen, gerade unter Bedingungen, unter denen der Glaube durch Modernisierungs- und Migrationsprozesse bedroht zu sein scheint. Nicht nur sind die religiösen Grundlagen und der religiöse Bezug aller Muslime in China identisch. In den Städten sieht man häufig auch Angehörige unterschiedlicher Ethnien gemeinsam in einer Moschee beten, und in einigen Sufi-Orden gibt es ethnienübergreifende Mitgliedschaft. Örtliche Diskriminierungen lokaler islamischer Gemeinschaften führen schnell zu landesweiter Solidarität muslimischer Gruppen. Die Rückkehr zu Markt und Unternehmertum hat wieder ökonomische Netzwerke von Muslimen entstehen lassen. Solche Netzwerke verfolgen nicht nur ökonomische Zwecke, sondern auch sozial-karitative: Sie unterstützen Moscheen und islamische Schulen und fördern karitative Einrichtungen. Auch private muslimische Bildungs- und Publikationseinrichtungen sind in den letzten Jahren entstanden.[18]

d) Hauptkonfliktregion Ostturkestan (Xinjiang)

In Xinjiang gibt es seit dem 19. Jahrhundert Bestrebungen zur Bildung eines eigenen Staates. Dies hängt nicht zuletzt mit dem Vordringen Rußlands (und Chinas) in Zentralasien zusammen, aufgrund dessen Völker und Stämme durch willkürliche Grenzziehung getrennt wurden. Yakub Bek, ein usbekischer Khan, versuchte Mitte des 19. Jahrhunderts mit Hilfe der Briten, der Russen und des ostturkestanischen Reiches von Kashgar aus einen islamischen Staat zu errichten. Nahezu 16 Jahre lang war diese Region weitgehend unabhängig, ehe sie von chinesischen Truppen 1876–1878 zurückerobert wurde. Nach der chinesischen Revolution von 1911 gab es wiederholt Aufstände zur Schaffung eines unabhängigen Staates. In den 1930er Jahren kam es in Ost- und Süd-Xinjiang zu Rebellionen, die die Errichtung eines islamischen Gemeinwesens zum Ziel hatten. Ende 1933 wurde in Kashgar die *Republik Ostturkestan* proklamiert. Nur mit sowjetischer Unterstützung gelang es, diesen Aufstand niederzuschlagen. Moskau ließ sich diese Hilfe mit Privilegien und Sonderrechten bezahlen. 1944 erhoben sich mit sowjetischer Unterstützung die Kasachen. Der Niederschlagung dieses Aufstandes durch chinesische Truppen folgte im gleichen Jahr eine neuerliche Erhebung, die zur erneuten Gründung einer *Republik Ostturkestan* führte. Den chinesischen Kommunisten gelang es, wiederum nur mit Hilfe der Sowjetunion, Xinjiang in die Volksrepublik zu integrieren.[19] Bis Ende 1951 hatte die neue Zentralregierung jeglichen Widerstand in der Region gebrochen. Es setzte eine Massenflucht ein. Zehntausende von Angehörigen der Uiguren und anderer Turkvölker sollen hingerichtet worden sein.

Bis in die Gegenwart hinein kommt es in Xinjiang in regelmäßigen Abständen zu politisch oder religiös motivierten Unruhen und Aufständen. Mit der Unabhängigkeit der zentralasiatischen Staaten der ehemaligen Sowjetunion und staatlichen Eingrenzungsversuchen hinsichtlich des Einflusses der Religion radikalisierten sich die Proteste. Nach Darstellung des chinesischen Sicherheitsministers waren Mitte der 1990er Jahre in Xinjiang 12 separatistische Bewegungen tätig. Die Verbindungen in die Türkei und zu entsprechenden Organisationen in den zentralasiatischen Republiken sind bekannt. 1998 bezeichnete die Parteiführung von Xinjiang die Lage als äußerst ernst und kritisch.[20] In einem Beitrag im theoretischen Organ der KPCh *Qiushi* zum 40. Jahrestag der Gründung des Autonomen Gebiets hieß es, Separatismus und seine Bekämpfung habe es in Xinjiang durchweg gegeben und werde es weiter geben. Dieser Kampf sei nicht nur «äußerst scharf», sondern sogar «erbittert»[21], was die Bedrohlichkeit der separatistischen

Bewegung unterstreichen sollte. Und tatsächlich wird die Region in den letzten Jahren permanent von Bombenanschlägen, Guerilla-Attacken, Protestdemonstrationen und ihnen folgenden Repressionsmaßnahmen der Behörden erschüttert.[22] Nach anfänglichem Zögern zeigten sich die Vereinigten Staaten 2002 sogar bereit, die «Islamische Bewegung Ostturkestan» in ihre Liste der internationalen terroristischen Bewegungen aufzunehmen.

Bereits 1996 war auf Initiative Chinas die «Shanghaier Organisation für Zusammenarbeit» gegründet worden, der Rußland, China, Usbekistan, Kasachstan, Kirgisien und Tadschikistan angehören, u.a. mit dem Ziel, «Separatismus, Terrorismus und religiösen Extremismus» zu bekämpfen. 2003 fanden zum ersten Mal gemeinsame militärische Manöver von mehreren Mitgliedern dieser Organisation statt, u.a. auch in Xinjiang. Dabei ging es primär um «Terrorismusbekämpfung». Ende 2003 veröffentlichte das Ministerium für Öffentliche Sicherheit eine Liste, die vier Organisationen und elf Einzelpersonen zu terroristischen Organisationen bzw. Personen erklärte.[23] Die Veröffentlichung ging einher mit einem Aufruf an die internationale Staatengemeinschaft, China bei der Bekämpfung seines Terrorismusproblems zu unterstützen. Da keine zuverlässigen Belege für den Terrorismusvorwurf vorgelegt wurden, liegt der Verdacht nahe, daß Peking im Namen der Terrorismusbekämpfung sein eigenes Vorgehen in Xinjiang zu rechtfertigen versucht.

Andererseits fürchtet Peking Proteste seiner Muslime im Hinblick auf internationale Ereignisse. So rief die *Islamische Vereinigung Chinas*, die offizielle Dachorganisation der Muslime, im Zuge des Irak-Krieges im März 2003 die chinesischen Muslime auf, auf Protestaktionen gegen den Krieg zu verzichten. Die chinesische Außenpolitik, die den Krieg ablehne, sei auch im Interesse der Muslime Chinas.[24] Dies war eine Reaktion auf – wenn zunächst auch vereinzelte – Proteste von Muslimen in verschiedenen Teilen Chinas.

e) Renaissance des Islams und wachsende Ethnizität in Xinjiang

Anfang der 1950er Jahre wurden alle muslimischen Organisationen in der staatlich kontrollierten *Islamischen Vereinigung* zusammengefaßt, die als Bindeglied zwischen Gläubigen und Staat fungieren und die jeweiligen Glaubensgemeinschaften nach innen hin kontrollieren soll. Ende jenes Jahrzehnts wurden dann traditionelle Vereinigungen wie Sufi-Bruderschaften oder die oben erwähnten *menhuan* verboten. Schließlich wurden während der Kulturrevolution die Moscheen geschlossen oder zerstört, das Studium des Korans und die Beschneidung wurden untersagt, teilweise wurden Gläubige zur Schweinezucht gezwungen.

Mit Beginn der Reformpolitik Ende der 1970er Jahre können wir von einer Renaissance des Islams in China sprechen. Dazu einige Beispiele: Eine Untersuchung in Dörfern im Bezirk Kashgar (Süd-Xinjiang) in den 1990er Jahren ergab z.B., daß mehr als 90 Prozent der lokalen Bevölkerung regelmäßig an religiösen Aktivitäten teilnehmen, wobei dieser Anteil in ländlichen Regionen höher ist als in urbanen. Eine Studie in kasachischen Dörfern im Bezirk Yili (Nord-Xinjiang) zeigt, daß selbst «Aktivisten» (der KP), «Modell-Arbeiter» und Funktionäre sich an religiösen Aktivitäten beteiligen. In Hui-Dörfern sollen dies bereits Mitte der 1980er Jahre 70–80 Prozent der Parteimitglieder gewesen sein, obgleich religiöse Betätigung von Parteimitgliedern strengstens untersagt ist.

Dies wird durch Druck von Gläubigen auf Nichtgläubige verstärkt. So weigern sich die Ersteren z.T., nichtgläubigen Nationalitätenangehörigen die Hände zu schütteln, sie an Fest- und Feiertagen zu besuchen oder an ihren Bestattungen teilzunehmen. Die Behörden beklagen, daß religiöse Aktivitäten in Süd-Xinjiang kaum noch kontrollierbar seien. Im Bezirk Kasghar habe es 1978 5000 Moscheen gegeben, in den 1990er Jahren bereits 10000 (wobei jede Moschee zugleich Schulfunktionen für die Gläubigen ausübt, also Religionsschule ist). Die Zahl der staatlichen Schulen sei demgegenüber deutlich zurückgegangen.[25] Islamische Rechtsprechung (durch Imame), muslimische Eheschließungen (mehrere Ehefrauen), Predigten gegen die Geburtenplanungspolitik, haben aus chinesischer Sicht bedenkliche Ausmaße angenommen.[26]

Auch die Bedeutung und das Prestige der Imame (*ākhūnd*, persisch: Lehrer, Kleriker) haben sich signifikant erhöht. Eine Umfrage unter Grundschülern in einem Kreis in Xinjiang ergab z.B., daß mehr als 60 Prozent der Befragten als Berufswunsch «akhond» angaben.[27] In den muslimischen Gemeinwesen spielen die *akhond (ākhūnd)* in der Regel eine wichtigere Rolle als lokale Partei- oder Regierungsfunktionäre. Ihre Mitarbeit oder Billigung ist bei allen wichtigen Angelegenheiten (wie Geburtenplanung, Bildung, lokale Wahlen, öffentliche Sicherheit etc.) gefragt, und häufig bitten lokale Regierungsstellen den *akhond*, den Gläubigen nach dem Freitagsgebet wichtige politische Maßnahmen und Entscheidungen zu übermitteln.[28]

Die chinesischen Behörden machen eine «zu liberale Haltung» gegenüber dem Islam in den letzten Jahren für das Anwachsen der separatistischen und islamistischen Bewegungen verantwortlich: Eine wachsende Zahl von Koranschulen propagiere unverhohlen «separatistische Ideen», nämlich die Unabhängigkeit Xinjiangs und die neuerliche Gründung einer Republik Ostturkestan. Zehntausende Angehörige muslimischer Völker hätten diese Schulen in den letzten Jahren durchlaufen. Die Mehrheit der Parteimitglieder, Kader und Lehrer habe sich dem Islam zugewandt, wobei die Zahl der Gläubigen in dieser Gruppe zwischen 50 und 100 Prozent schwanke. In Kashgar gingen vier Fünftel aller pensionierten Parteifunktionäre religiösen Aktivitäten nach, eine größere Anzahl betätige sich als Imame. Ähnlich sehe es bei den Lehrkräften aus. Teilweise würden in den Schulen Jugendliche nur noch dann mit dem Titel «Drei-Gut-Schüler» (eigentlich für Schüler, die nicht nur fleißig lernen, sondern auch dem Sozialismus und dem Volke dienen) ausgezeichnet, wenn sie an den vorgeschriebenen täglichen fünf Gebeten teilnähmen. In manchen Lehranstalten würde regelmäßig gebetet und aus dem Koran vorgelesen.[29]

Daher wurden bereits Anfang der 1990er Jahre religionseinschränkende Maßnahmen verfügt. So hieß es in den *Provisorischen Bestimmungen über die Kontrolle religiöser Aktivitäten in der Autonomen Uigurischen Region Xinjiang*, niemand dürfe «die Religion zum Zwecke des Widerstandes gegen die *Vier Grundprinzipien* [gemeint sind die in der Verfassung verankerten Prinzipien, denen zufolge sich keine Handlung gegen die Führungsrolle der KP, das sozialistische System, die Diktatur des Proletariats bzw. den Marxismus-Leninismus und die Maozedong-Ideen richten darf] und gegen die Einheit des Vaterlandes und der Nationalitäten benutzen. Niemand darf für religiöse Aktivitäten vorgesehene Orte benutzen, um geheime Zusammenschlüsse zu organisieren und zu Unruhen und konterrevolutionären Aktivitäten» aufzurufen. «Feudalistische religiöse Praktiken» wie Abgabenerhebung, Einforderung unentgeltlicher Arbeit, erzwungene Schenkungen und Rechtsprechung durch Geistliche, Missionstätigkeit, privater Religionsunterricht, der Empfang ausländischer religiöser Sendungen sowie Kontakte zu religiösen Organisationen aus dem Ausland wurden ausdrücklich verboten.[30] Die *Provisorischen Bestimmungen über die Kontrolle des religiösen Personals in der Autonomen Uigurischen Region Xinjiang* wiesen religiösen Funktionsträgern und Geistlichen die Aufgaben zu, «am Patriotismus festzuhalten», die Gläubigen «im Sinne der Partei» zu erziehen und den zuständigen Organisationen regelmäßig über die «Aktivitäten der Tempel und Kirchen» zu berichten. Einmal jährlich sollen die Aktivitäten und das Verhalten dieses Personenkreises kontrolliert und entsprechend bestrafende, belobigende oder erzieherische Maßnahmen ergriffen werden. Das Betreiben von Koranschulen und die religiöse Unterweisung von Personen unter 18 Jahren wurden untersagt.[31]

f) Peking und der Islam

Zweifellos bemüht sich Peking seit Ende der 1970er Jahre um eine gemäßigtere Politik gegenüber dem Islam. Dies hängt nicht nur mit der wirtschaftlichen Liberalisierung zusammen, sondern auch mit dem Werben um Investitionen und Entwicklungshilfe aus islamischen Staaten sowie mit dem Bemühen um deren außenpolitische Unterstützung. Überdies ist China in seiner Energieversorgung zunehmend von Ölimporten aus islamischen Ländern abhängig und daher an guten Beziehungen zu diesen Staaten interessiert. Doch die Liberalisierungspolitik führte zu neuen Konfliktkonstellationen: Während die islamischen Nationalitäten sich auf Grundwerte des Islams und des Korans zurückbesinnen, was nicht zuletzt eine Reaktion auf den von außen (von Han-Chinesen) und damit zum Teil als fremdbestimmt empfundenen Modernisierungsprozeß und die Überflutung durch Migration von Han-Chinesen in die von Muslimen bewohnten Gebiete ist, versucht der Zentralstaat, den Islam in den Dienst seines *law-and-order*-Denkens zu stellen: «Der Islam will die Menschen dazu bringen, schlechte Gewohnheiten aufzugeben, sich gut zu betragen und hilfsbereit zu sein. Er lehrt die Menschen, gute Bürger zu sein und sich an die Gesetze zu halten.»[32] Andere Beiträge stellen die Ambivalenz des Islams für ökonomische Entwicklung fest: einerseits vertrauenstiftend, andererseits Förderung einer «schicksalsorientierten» Haltung.[33]

Doch wie wir gezeigt haben, teilen sich die muslimischen Nationalitäten in zwei Großgruppen: eine, die weitgehend in den chinesischen Staatsverband integriert zu sein scheint (Hui und andere nichttürkische Muslime), und eine, bei der separatistische Tendenzen wachsen (Turkvölker). Die letztere bildet für China eine latente Bedrohung, da die chinesische Westregion ohne Loyalität der Muslime strategisch und politisch gesehen eine Krisenzone darstellt. Dazu kommt ein Spezifikum, das beide Gruppen gemeinsam haben: Keine andere ethnische Minorität fühlt sich den Han gegenüber so überlegen wie Teile muslimischer Ethnien, die sich auch heute noch als wahrhaft Gläubige begreifen und in Han-Chinesen «Götzendiener» oder «Unreine» sehen. Dies gilt auch für die Hui, die sich durchaus als Teil der chinesischen Nation begreifen. Aber, wie es ein Hui einmal formulierte, die Han seien «Menschen ohne arabisches und islamisches Blut».[34] Die Han-Chinesen wiederum verachten die Kulturen der muslimischen Minderheiten, weil sie nicht nur konfuzianische Werte wie den Ahnenkult ablehnen, sondern auch zwei Säulen der chinesischen Eßkultur (Schweinefleisch und Alkohol) negieren und sich zudem im religiösen Kontext einer «Geheimsprache», des Arabischen, bedienen.[35] Traditionell steht aber, wer die konfuzianischen Werte ablehnt, außerhalb der (chinesischen) Zivilisation. Gibt es bei den Turkvölkern eine ethnische und islamische Barriere zu den Han, so bei den Hui primär eine islamische. Solange es sich um gläubige Muslime handelt, ist im Alltag ein gemeinschaftliches gesellschaftliches Leben nicht möglich, weil das Verbot, Han-Restaurants zu besuchen, Einladungen zum Essen bei Han (Schweinefleischesser) anzunehmen oder Alkohol zu trinken, voneinander getrennte Lebensweisen und -sphären schafft. Von daher läßt sich feststellen, daß die Assimilierungspolitik gegenüber den islamischen Nationalitäten letztlich als gescheitert anzusehen ist.

Eine neue Entwicklung trat ein, als im Mai 1989 landesweit erstmals Angehörige aller in China vertretenen muslimischen Nationalitäten gemeinsam demonstrierten: gegen ein Buch über muslimische Sexualbräuche, das als Verunglimpfung des Islams angesehen wurde. In dem Buch wurden u. a. Minarette mit Phalli, muslimische Gräber und Kuppeln mit dem «Mund der Venus» oder Pilgerreisen nach Mekka mit «Orgien» verglichen und das Tabu des Schweinefleischgenusses sexuell interpretiert. In Peking gingen 3000 Muslime auf die Straße, in den Hui-starken nordwestchinesischen Städten Hunderttausende. Vor allem im Nordwesten weiteten sich die Proteste zu Unruhen aus, denen die Behörden aus Furcht vor einer Eskalierung auf Anweisung Pekings moderat begegneten. Das Buch wurde verboten und vernichtet, die verantwortlichen Redakteure bestraft.

Zwar sind Proteste dieser Art für China nicht neu. Aber sie haben 1989 eine neue Qualität gewonnen, denn (a) waren alle muslimischen Nationalitäten involviert; (b) fanden radikal-fundamentalistische Aktionen im Ausland (Morddrohung gegen Salman Rushdie)[36] ihre Entsprechung in China, so daß der chinesische Islam erneut eine transnationale Dimension erhielt; (c) weisen Form und Inhalte der Proteste auf eine Radikalisierung der islamischen Bewegung in China hin; (d) legte sich der Staat höchste Zurückhaltung auf, nicht nur aus nationalen, sondern auch aus internationalen Gründen, ging er doch an keinem Ort gegen die Proteste vor; (e) haben die chinesischen Muslime durch ihren Erfolg begriffen, daß sie gemeinsam eine starke Kraft bilden.

g) Fazit

Insgesamt gesehen sind die Konfliktstränge im Wachsen begriffen. Hierbei spielen nicht nur internationale Konstellationen, sondern vor allem soziale, politische und ökonomische Momente wie zunehmende Entwicklungsdisparitäten zwischen Ost- und Westchina, mangelhafte Selbstverwaltungsrechte, unkontrollierte Zuwanderungen von Han-Chinesen, rigide Bevölkerungspolitik oder ökologische Zerstörung eine Rolle. Auch kulturell-religiöse Verwerfungen (Unzufriedenheit über die Einmischung in religiöse Belange und lokales Brauchtum, Gegensatz konfuzianisch-sozialistischer/islamischer Vorstellungen) schlagen sich hier nieder. Auch der kulturelle Kolonialismus, der sich etwa im Erziehungswesen darin äußert, daß die Bildungsinhalte han-chinesische Werte vermitteln, aber so gut wie nichts über Kultur und Geschichte der muslimischen Völker, und sich im Beschäftigungssektor daran zeigt, daß Einstellungen in Behörden und Betrieben gute Kenntnisse der chinesischen Sprache und von den Chinesen anerkannte Verhaltensweisen verlangen – um nur zwei Beispiele zu nennen –, schürt die Unzufriedenheit. So stellt die Titularnation der Uiguren in Xinjiang zwar die größte Nationalität, aber modernere gesellschaftliche Sektoren wie Wissenschaft, Technik, Verwaltung, Industriearbeiterschaft oder Militär werden von Han-Chinesen dominiert. Die wichtigsten Entscheidungskompetenzen (Partei, Militär) obliegen Han, als Leiter oder als entscheidungsberechtigten Stellvertretern, denen formal ein Einheimischer vorgeordnet wurde.

Auch die traditionelle staatliche Haltung gegenüber Religionen mag hier eine Rolle spielen. Religionen galten schon im traditionellen China als suspekt. Zum einen brachten die Chinesen selbst keine Erlösungsreligion hervor, zum anderen setzte der philosophische Konfuzianismus Religion und Aberglaube gleich. Da aus religiösen Aktivitäten häufig parallele Machtstrukturen entstanden, die zur Bedrohung für den Staat wurden, war religiöse Betätigung strengen Kontrollen unterworfen. Erwies sie sich als staatstragend und loyal, wurde sie geduldet – wenn nicht, verfolgt. Die Kommunisten konnten an dieser Haltung, die Religion als etwas Fremdes, von außen Gekommenes, teilweise Staatsbedrohendes begriff, das vor allem in Zeiten innerer Schwäche an Einfluß gewann, anknüpfen. Die Gleichsetzung von Religion und Aberglaube sowie von Religion und staatsfeindlich durchzieht die gesamte Geschichte der Volksrepublik. In einer Wandzeitung aus der Zeit der Kulturrevolution hieß es im Hinblick auf Muslime: «Von jetzt an wird es Euch nicht länger erlaubt sein, Euch hinter Eurer religiösen Maske zu verstecken – wir werden Euch zerstören. Es wird Euch nicht mehr erlaubt sein, Eure Zeit mit Gebeten zu verschwenden; alles, was Ihr da auf Arabisch murmelt, ist anti-chinesisch».[37] Auch wenn die heutige Politik moderater ist, so wirkt diese Grundhaltung gleichwohl nach.

Ein dem Zerfall der Sowjetunion ähnlicher Vorgang ist in China so nicht denkbar. Dazu ist die Lage von der in der ehemaligen UdSSR zu verschieden. Ein unabhängiges Ostturkestan wäre wohl nur unter extremen innenpolitischen Verhältnissen sowie mit massiver äußerer Unterstützung durchsetzbar. Das wissen im Grunde auch die Verfechter der Unabhängigkeit, die der Erfolg der Tschetschenen im ersten Krieg gegen Rußland nach dem Zerfall der Sowjetunion in ihrem Bestreben ermutigt hat. Von daher findet das harte und brutale Vorgehen Moskaus in Tschetschenien den Beifall Pekings, weil ein Sieg des russischen Militärs auch die Unabhängigkeitsbewegung unter den Turkvölkern in China entmutigen könnte.

Xinjiang ist für China von erheblicher Bedeutung. Es besitzt nicht nur riesige und wertvolle Rohstoffvorkommen, sondern macht Peking zugleich zu einem *regional player* in Zentral- und Westasien und erhöht damit die geostrategische Bedeutung Chinas. Solange die politische Lage relativ stabil bleibt, wird Peking von daher jeden Versuch einer Verselbständigung rigoros unterdrücken. Zu groß ist überdies die zahlenmäßige Überlegenheit, zumal China gegenwärtig, anders als Rußland, nicht durch Verfallserscheinungen innenpolitisch geschwächt ist. Andererseits fehlt der politischen Führung jegliches Einfühlungsvermögen in die Nationalitäten- und Religionsproblematik, etwa wenn zum 40. Jahrestag der Gründung des Autonomen Gebietes erklärt wurde: «Ohne Kommunistische Partei hätte es keine Befreiung Xinjiangs gegeben, gäbe es auch kein neues Xinjiang.»[38]

Kurzzeitig hat das Engagement einzelner Uiguren für das Taliban-Regime in Afghanistan, in Tschetschenien oder für Al-Qāʿida von sich reden gemacht. Dies waren allerdings nur kleine Minderheiten und keine Massenbewegungen. Hier mag auch eine Rolle spielen, daß der von Uiguren praktizierte Islam starke Momente des Sufismus enthält und radikale, islamistische Formen des Islams unter Uiguren eher auf Ablehnung stoßen. Gleichwohl instrumentalisierte Peking diese Entwicklung, um diejenigen Kräfte, die friedlich für Unabhängigkeit oder auch nur größere Selbstbestimmung eintreten, zu kriminalisieren und zu verfolgen.[39]

Andererseits scheint eine Änderung der Religions- und Nationalitätenpolitik (mit letzterer ist die Frage des Islams eng verbunden) ohne grundlegende Demokratisierung Chinas kaum möglich zu sein. In einem autoritären Staat kann es keine demokratische Nationalitäten- und Religionspolitik geben. Sollte es zu inneren Wirren kommen, dann könnten sich vor allem die Turkvölker in Xinjiang, primär die Uiguren, von China zu lösen versuchen. Bei den Hui stellt sich die Frage etwas anders. Wo ihr prozentualer Anteil an der Bevölkerung gering und der sie umgebende Modernisierungsdruck groß ist, droht ein Zerfall religiöser Gemeinschaften. Wo dies nicht der Fall ist, radikalisiert sich der Islam, zum Teil in Form von Anti-Modernisierungsideologien. Von daher wird der Islam, trotz seiner Schwäche und partiellen Zersplitterung, auch in Zukunft für jede chinesische Führung eine Herausforderung bleiben.

6. Indien

(Munir D. Ahmed)

Die Muslime der Republik Indien bilden mit einem 12%igen Anteil an der Bevölkerung die größte religiöse Minderheit im Land. Sie stellen mit ihren über 140 Millionen Gläubigen die größte islamische Minorität in einem nichtmuslimischen Staat dar. Sie waren immer schon eine Minderheit, auch als große Teile des indischen Subkontinents jahrhundertelang von muslimischen Herrschern regiert wurden und Indien als ein islamischer Staat galt. Ethnisch sind die meisten von ihnen, etwa 80%, Inder, deren Vorfahren im Laufe der Zeit zum Islam konvertierten. Die restlichen 20% sind Nachfahren von Einwanderern, die im Gefolge der muslimischen Armeen nach Indien gelangten. Unter ihnen befanden sich Araber, Perser, Afghanen und Angehörige von Turkvölkern, die zwar nominell ihre ethnische Identität bewahrt haben, ansonsten aber in der indischen Gesellschaft voll integriert sind.[1]

Die hinduistischen Überbleibsel in der muslimischen Gesellschaft – bis hin zu Aberglaube und Mythologie – sind eine Realität. Für viele Konvertiten änderte sich mit dem Wechsel zum Islam außer dem Namen kaum etwas. Dies zeigt sich in Radschputana in den dreißiger Jahren des 20. Jahrhunderts, als Hindu-Eiferer eine Kampagne zur Rückgewinnung von zum Islam konvertierten Bauern (*Shudhi*-Bewegung) durchführten und große Erfolge verbuchen konnten. Die Konvertiten waren in ihrer Lebensführung Hindu geblieben. Dies trifft mit Einschränkungen mehr oder minder für die meisten indischen Muslime zu. Viele ziehen zum Beispiel beim Erbrecht das Gewohnheitsrecht dem islamischen Recht *(sharīʿa)* vor, um die weiblichen Familienmitglieder vom Realienerbe auszuschließen.

Bei der Konversion dürfte bei vielen das hinduistische Kastensystem eine Rolle gespielt haben. Der Islam muß den rangniederen und benachteiligten Kasten als Rettungsanker vorgekommen sein. Die islamische Gesellschaft ist egalitär, auch wenn sie in Indien gewisse Merkmale eines Kastensystems aufweist. Allerdings sind die Grenzen zwischen den Kasten bei ihr nicht rigide und können gelegentlich übersprungen werden. Vor allen Dingen gibt es keine Unberührbaren und Aussätzigen, die von der sozialen Interaktion ausgeschlossen werden. Die Kastenzugehörigkeit spielt bei der Knüpfung familiärer Bande eine Rolle, zum Teil weil man von der Höherwertigkeit seiner Kaste und Subkaste überzeugt ist, aber noch mehr, um den Zusammenhalt der Sippe, des Klans und der Familie zu sichern. Man geht generell davon aus, daß eine Heirat außerhalb der eigenen Sippe sozial unverträglich ist. Selbst unter den als gleichwertig geltenden Kasten wird auf ungeschriebene, aber dennoch feststehende Regeln geachtet, die es vorschreiben, ob man in die andere Kaste einheiraten darf oder nicht. Manche Kasten lehnen es ab, Angehörigen von anderen Kasten, die ansonsten als gleichwertig angesehen werden, ihre Töchter zur Frau zu geben, obwohl sie selbst durchaus eine Frau aus der betreffenden Kaste als Ehefrau nehmen würden.[2]

Indiens Teilung in die Indische Union und Pakistan im Zuge der Unabhängigkeit 1947 bildete einen Scheidepunkt für die Muslime des Subkontinents. Die Forderung nach einem separaten Staat wurde von der *All India Muslim League (IML)* erhoben, die zwar die wichtigste, aber nicht die einzige Partei der Muslime war. Die traditionelle politische Führung lag in der Hand von Personen, die an eine Integralnation aller Inder glaubten und somit natürliche Verbündete des *Indian National Congress (INC)* waren. Darin stimmten mit ihnen viele muslimische Schriftgelehrte aus Deoband, die im aktiven Widerstand gegen die Kolonialmacht standen, überein. Auch die politische Organisation der Schriftgelehrten, *Jamʿīyat al-ʿulamāʾ-i Hind (JUH)*, war davon überzeugt, daß die Muslime gemeinsam mit dem INC für die Unabhängigkeit kämpfen sollten, statt diesen Kampf durch Teilungsforderung zu unterminieren.[3] Indiens Teilung und die Gründung Pakistans bedeuteten für sie eine herbe Niederlage. Millionen Muslime emigrierten nach Pakistan. Zum Teil befanden sich darunter auch solche Personen, die ursprünglich einen separaten Islam-Staat abgelehnt hatten.[4] Zu ihnen zählte unter anderen der Begründer der *Jamāʿat-i islāmī (JI)*, Abū l-Aʿlā Maudūdī, der sich gegen Indiens Teilung stellte, weil dadurch die Chance zur Islamisierung Indiens verlorenginge. Er mußte nach der Unabhängigkeit seinen Wohnsitz nach Pakistan verlegen. Ebenso blieb der *Majlis aḥrār-i islām*, der hauptsächlich gegen die *Aḥmadīya* agiert hatte, nur noch der Umzug nach Pakistan, wo er religiös verbrämte Agitationspolitik fortsetzte, obschon er sich als politische Partei verabschieden mußte.

a) Das Mißtrauen gegen die Muslime

Die indischen Muslime gerieten nach der Unabhängigkeit in eine schwierige Lage, weil ihre Loyalität der Indischen Union gegenüber vielfach angezweifelt wurde. Sicherlich stand dahinter die «Zwei-Nationen-Theorie» von Muḥammad ʿAlī Jināḥ, die die Muslime als eine von Hindus getrennte Nation definierte. Hatte nicht die überwältigende Mehrheit der Muslime in Britisch-Indien für Pakistan gestimmt? Wie konnte und sollte nach der Unabhängigkeit die Erinnerung daran ausgelöscht werden? Für Hindu-Nationalisten stand fest, daß ein Muslim der Indischen Union gegenüber nicht treu sein könne. Dies veranlaßte muslimische Schriftgelehrte dazu, ihre Glaubensbrüder aufzufordern, nach Pakistan auszuwandern, wenn sie Sympathien für dieses Land hegten. Den anderen wurde geraten, Beziehungen zu Pakistan, auch die familiären Bindungen, abzubrechen. Bereits 1948 faßte eine in Lakhnau zusammengerufene Konferenz aller islamischer Organisationen den Entschluß, keine separate politische islamische Partei mehr zu gründen. Die IML, deren Führung bereits nach Pakistan übergesiedelt war, hatte ohnehin ihre Tätigkeit in Indien eingestellt. Maulānā Abū l-Kalām Āzād,[5] der als Erziehungsminister der Regierung angehörte und darüber hinaus Vizepräsident der regierenden Partei INC war, forderte seine Glaubensbrüder auf, in den INC einzutreten, weil nur er den Muslimen Schutz und Geborgenheit bieten könne. Zur gleichen Zeit beschloß die JUH, sich zukünftig nur noch mit den religiösen Angelegenheiten der Muslime zu befassen und sich im sozialen Bereich zu betätigen. Sie trug zum ersten Mal Nichtklerikalen die Mitgliedschaft an und lud nichtmuslimische Redner zu ihren Versammlungen ein. Sie brach alle Verbindungen zu denjenigen Parteibüros ab, die sich auf pakistanischem Territorium befanden. 1958 forderte sie die Muslime auf, in den nächsten zwei bis fünf Jahren auf jegliche politische Forderungen zu verzichten und sich statt dessen um den Aufbau des Landes zu kümmern. Der Rat zur politischen Abstinenz wurde weitgehend befolgt. Die JI trennte sich von der Mutterpartei in Pakistan und beschloß, sich fortan politisch nicht mehr zu betätigen. Dies erstreckte sich auf die aktive und passive Beteiligung an den Parlamentswahlen.[6]

Die Frage, die nach der Unabhängigkeit die indischen Muslime beschäftigte, betraf ihr Verhältnis zu der Hindu-Mehrheit, mit der sie gemeinsam in einem Staat lebten. Die Schriftgelehrten verglichen diese Situation mit der in Medina zu Muḥammads Zeiten. Damals lebten Muslime und Juden in jenem Stadtstaat zusammen. Zwischen ihnen gab es eine schriftliche Vereinbarung *(mīthāq madīna)*, wonach beiden Religionsgemeinschaften die Ausübung ihrer jeweiligen religiösen Riten und Pflichten freistand. Sie bildeten gemeinsam eine Nation *(qaum)*, an deren Spitze Muḥammad als Oberhaupt stand. Man sprach mit dem Hinweis auf diese Vereinbarung von einem «Abkommen» zwischen der Hindu-Mehrheit und der muslimischen Minderheit in Gestalt der Verfassung, die zudem den Staat auf den Säkularismus und damit in religiösen Angelegenheiten auf Neutralität verpflichtete. Allerdings gab es unter den Muslimen unterschiedliche Meinungen zum Säkularismus. Die erste Gruppe sah den Säkularismus als eine Negation der Religion, weshalb er für sie nicht annehmbar war. Die zweite Gruppe glaubte, daß die Religion eine persönliche Angelegenheit jedes einzelnen sei, die vom Säkularismus als solche respektiert werden würde. Die dritte Gruppe, der auffallend viele Schriftgelehrte angehörten, war der Meinung, daß der Säkularstaat den Religionen gegenüber zur Neutralität verpflichtet sei. Deshalb biete er den Muslimen angesichts der erdrückenden Hindu-Mehrheit im Land die beste Überlebensgarantie.

Auch in der Hindu-Bevölkerung wurde die Diskussion über den Säkularismus leidenschaftlich geführt, zumal der Hindu-Fundamentalismus, der sich lange vor der Unabhängigkeit zu formieren begonnen hatte, neue Entfaltungschancen für sich ausrechnete. Ebenso wie der Islam erfaßt der Hinduismus alle Bereiche des Lebens und kennt ursprünglich keine Trennung zwischen Religion und Politik. Die militante *Rashtra Swayam Sevak Sangh (RSS)* strebt die Umwandlung Indiens in ein Hindu-Reich an. Sie lehnt die Idee einer Integralnation, der verschiedene Völker und Religionsgemeinschaften angehören, ab. Für sie kann die indische Nation nur aus Hindus bestehen. Wer dazugehören will, muß den Hinduismus annehmen. Interessanterweise hatte der spätere Protagonist des islamischen Staates in Pakistan, Maudūdī, den Hindus geraten, die Indische Union als einen Hindu-Staat zu organisieren. Nach den Rechten der Muslime in diesem Staat gefragt, hatte er geantwortet, daß sie als eine religiöse Minderheit behandelt werden sollten und daß sie sich mit den Rechten zufriedengeben sollten, die in einem Hindu-Staat für Nichthindus vorgesehen sind. Er konnte sich vermutlich nicht vorstellen, daß eines Tages der Hindu-Fundamentalismus so weit gehen würde, den religiösen Minderheiten die Grundrechte zu verweigern.

Die größte Sorge bereiten den indischen Muslimen gegenwärtig die häufig stattfindenden Übergriffe von seiten der Hindu-Fanatiker auf ihre Wohnhäuser, Geschäfte, Kultstätten und kulturellen Einrichtungen. Das bisher schlimmste Massaker fand im März 2002 in Gujarat statt, dem mehr als eintausend Muslime zum Opfer fielen und das von der Regierung des Teilstaates Gujarat nicht nur geduldet, sondern tatkräftig unterstützt wurde. Davor hatte es im Anschluß an die Schleifung der *Bābarī*-Moschee in Ajudhia (Ayodhya) am 6. Dezember 1992 Massaker gegeben. Die Folge war, daß die Angst vor dem Hindu-Fundamentalismus um sich griff. Die religiöse Intoleranz trifft auch andere Religionsgemeinschaften, etwa Sikh, Christen und Buddhisten. Aber sie stehen nicht in gleicher Weise im Visier der Fanatiker wie die Muslime, die dafür büßen sollen, was angeblich ihre Vorfahren der Hindu-Bevölkerung während ihrer Herrschaft über Indien angetan hatten.[7]

b) Der Säkularismus und die Muslime

Mehrheitlich bekennen sich die indischen Muslime zum Säkularismus, wobei die Bekenner in zwei Gruppen geteilt sind. Die erste Gruppe bilden diejenigen, die aus dem modernen Erziehungssystem hervorgegangen sind und denen an einer Neuinterpretation des Islams gelegen ist, damit er den Erfordernissen des heutigen Lebens gerecht werden kann. Sie werden wegen ihrer Bejahung des modernen Lebens landläufig als Modernisten bezeichnet, obwohl sie kaum radikale Reformen der islamischen Lehre anstreben. Die zweite Gruppe wird von den Schriftgelehrten angeführt, deren Einfluß auf die breite Masse im Gegensatz zu den Modernisten weitaus größer ist. Traditionell wenden sich die Muslime bei Zweifelsfällen an die bekannten religiösen Schulen und bitten sie um Beistand und Rat, der von diesen in Form von Rechtsgutachten *(fatwā)* erteilt wird. Aus der jüngsten Vergangenheit bieten sich die zahlreichen Anfragen wegen Sterilisation (auch bei Männern) als Mittel zur Familienplanung als Beispiel an. Auch die Diskussion um die Zulässigkeit von Versicherungen aus religiöser Sicht ging auf Anfragen von besorgten Muslimen zurück. Dies kann dahingehend gewertet werden, daß die indisch-islamische Gesellschaft nach wie vor religiös bestimmt ist. Der auf die Traditionen seiner Religion pochende Muslim ist nur bereit, neue Ideen und Veränderungen in seinem Lebensraum zu akzeptieren, wenn sie anhand seiner religiösen Traditionen für zulässig befunden werden. Den Schriftgelehrten gefällt der Säkularismus, auf dem die indische Verfassung aufgebaut ist, nur deshalb, weil er die Interessen der Muslime schützt. Er bietet die Garantie dafür, daß die Hindu-Mehrheit das Land nicht in einen Hindu-Staat umwandeln kann, wo es für Muslime keinen Platz geben dürfte. Ansonsten setzen die islamischen Schriftgelehrten in Pakistan und anderen Muslim-Staaten den Säkularismus mit Areligiosität gleich.[8]

Die Schriftgelehrten sind keinesfalls eine homogene Gruppe. Noch während der englischen Kolonialherrschaft gab es eine Zweiteilung. Diejenigen, die sich aktiv am Freiheitskampf beteiligten und deshalb als rebellisch galten, nannte man «Schriftgelehrte der Wahrheit» *(ʿulamāʾ-i ḥaqq)*. Den anderen wurde wegen ihrer angeblichen Kollaboration mit den Regierenden der Name «Schriftgelehrte des Bösen» *(ʿulamāʾ-i sūʾ)* gegeben. Der Erfinder dieser Etikettierung war kein geringerer als Abū l-Kalām Āzād, der später selbst wegen seines Ministeramtes im Kabinett von Nehru als Kollaborateur beschimpft wurde. Im Gegensatz zu ihm bewahrten viele Schriftgelehrte ihre Unabhängigkeit, indem sie religiöse Schulen *(madrasa)* gründeten, wofür sie keine Unterstützung vom Staat begehrten. Die Verfassung der Indischen Union ließ dies auch nicht zu. Damit avancierten sie in den Augen der Muslim-Bevölkerung zu deren wahren Führern. Paradoxerweise begünstigt der Säkularstaat den Führungsanspruch der Schriftgelehrten, die außerhalb des Parlaments und anderer staatlicher Institutionen arbeiten. Die parlamentarische Betätigung bleibt anderen vorbehalten, die mehr schlecht als recht im Namen der indischen Muslime agieren. Meistens kommen sie aus dem Lager der Modernisten. Das Mißtrauen der Wähler ihnen gegenüber ist im Laufe der Zeit nicht zurückgegangen, sondern weiter gewachsen. Dies zeigte sich bei der Diskussion um die Notwendigkeit einer Anpassung des islamischen Rechts *(sharīʿa)* an das Landesrecht, die von den Modernisten bejaht, aber von den Schriftgelehrten verworfen wird.

c) Das Landesrecht und die sharīʿa

Grundsätzlich sind die Muslime der Auffassung, daß die *sharīʿa* sich auf alle Lebensbereiche erstreckt und daß es ein Bestreben eines jeden Muslims sein sollte, sein Leben nach der *sharīʿa* zu gestalten. Für die indischen Muslime ist das, was in Pakistan im Zuge der Einführung der *sharīʿa* geschehen ist, wichtig und nachahmenswert. Sie können davon nur träumen, weil die indische Verfassung ihnen den Weg versperrt. Lediglich im Bereich des Personenstandsrechts steht ihnen ein separates Recht zu, das zwar nicht in allen Teilen der *sharīʿa* entspricht, aber von ihr inspiriert wurde.[9] Seine Entstehung geht auf die Kolonialzeit zurück (*Muslim Personal Law [Shariat Act]* von 1937), und es wird deshalb von vielen angefeindet. Aber als im Zuge der Verabschiedung des Personenstandsrechts für Hindus *(Hindu Code Bill, 1955)* die Frage aufgeworfen wurde, ob der Staat nicht vielleicht auch das Personenstandsrecht der Muslime neu fassen sollte, gab es heftige Proteste von muslimischer Seite. Die Islamisten waren der Meinung, daß ein mehrheitlich von Hindus besetztes Parlament nicht berechtigt sei, sich mit der *sharīʿa* zu befassen. Daraufhin verzichtete die indische Regierung aus politischen Gründen auf eine Vereinheitlichung des Personenstandsrechts für alle Staatsbürger. Die Diskussion darüber zeigte aber die kategorische Ablehnung des *Muslim Personal Law* durch die Modernisten, weil sie es als rückständig betrachteten. Die Radikalen unter ihnen forderten die Annullierung des separaten Personenstandsrechts für die Muslime, das ihrer Meinung nach ihre Integration in die indische

Gesellschaft behinderte. Sie betrachteten die Erlaubnis der Mehrehe für die Muslime als überholt, weil die Einehe sich längst durchgesetzt hat. Sie traten für eine Besserstellung von Frauen in der Gesellschaft ein, was im Rahmen der *sharīʿa* nur dann möglich ist, wenn einige grundlegende Änderungen vorgenommen werden. Sie wiesen auf entsprechende Bestrebungen in verschiedenen islamischen Ländern hin. Aber die Islamisten hielten an ihrem Standpunkt fest, daß der indische Säkularstaat nicht berechtigt sei, Änderungen im Personenstandsrecht der Muslime vorzunehmen. Sie selbst sahen dazu keine Veranlassung.

Von seiten der Modernisten wurden zwei schriftliche Vorschläge zur Änderung des muslimischen Personenstandsrechts vorgelegt. Aṣaf A. A. Faiżī (Fyzee) schlug die Einsetzung eines Familiengerichts vor, das befugt sein sollte, über Eheschließungen und -scheidungen zu befinden. Zur Eindämmung von Mißbräuchen sollte seiner Meinung nach ein Ehevertrag vorgeschrieben werden, in dem gegenseitig zu beachtende Rechte und Pflichten von Eheleuten festgelegt werden könnten. Dagegen schlug Danīyāl Laṭīfī ein generelles Verbot für Mehrehe und Scheidung sowie die Abschaffung des Schleiers per Gesetz vor. Dies versetzte die Schriftgelehrten in Zugzwang. Die JI nominierte eine Expertenkommission mit dem Auftrag, eine Auflistung aller Bereiche vorzunehmen, in denen unter Berücksichtigung der *sharīʿa* Änderungen als nötig und möglich erachtet werden. Die renommierte Gelehrtenschule *Dār al-ʿulūm* in Deoband verschickte einen Fragenkatalog an Schriftgelehrte und Rechtsexperten, um ihre Meinungen und Wünsche in bezug auf die möglichen Änderungen im Personenstandsrecht zu erfragen. Sie wollten aber, daß eine von muslimischer Seite vorgelegte Gesetzesvorlage ohne irgendwelche Abstriche vom Parlament angenommen werden sollte.

Die Auseinandersetzung verschärfte sich 1985 durch die Gerichtsaffäre um eine Frau namens Shāh Bānō, die nach langjähriger Ehe von ihrem Ehemann verlassen worden war. Er sprach die Scheidung aus und lehnte ihren Anspruch auf Unterhalt mit dem Hinweis auf die *sharīʿa* ab. Shāh Bānō ging vor Gericht und konnte sich mit ihrer Forderung durchsetzen. Das Gericht verurteilte ihren geschiedenen Mann zur Unterhaltszahlung von 25 Rupien monatlich, die später vom Obersten Gericht von Madhya Pradesh auf 179 Rupien erhöht wurde. Der Antrag des Ehemannes auf Revision unter Berufung auf das *Muslim Personal Law* wurde vom Gericht abgewiesen. Dies war in den Augen von Schriftgelehrten ein Eingriff des Staates in die *sharīʿa*-Gesetzgebung. Sie gingen aus Protest auf die Straße und zwangen den Staat zum Nachgeben.

Das Parlament verabschiedete 1986 ein Gesetz *(Muslim Women's Protection of the Right of Divorce Bill)*, wodurch den Musliminnen das Recht versagt wurde, nach dem Strafprozeßrecht *(Criminal Procedure Code)* Unterhaltszahlungen einzuklagen.[10] Der *All India Muslim Personal Law Board*, dem 151 Persönlichkeiten angehören, gab im Oktober 1993 die Schaffung von islamischen Gerichten (arab. *qāḍī*-Courts) bekannt, die von den Muslimen in Personenstandsrechtsfragen eingeschaltet werden können. Auf diese Weise will man versuchen zu unterbinden, daß die ordentlichen Gerichte in Familienrechtsfragen der Muslime tätig werden.

Der Auslöser war eine zuvor bekanntgegebene Feststellung eines Gremiums von *Ahl-i ḥadīth* (wörtl.: Anhänger des Hadith, so genannt wegen ihrer Bevorzugung des Hadith als Hauptrechtsquelle), daß eine dreimal mündlich ausgesprochene Ehescheidung, die auf einmal erfolgt, keine Gültigkeit besitzt. Höchstens kann sie als ein einmaliger Scheidungsspruch angesehen werden, der zurückgenommen werden kann.[11] Unter den indischen Muslimen besteht ein Konsens darüber, daß die Korrektheit jenes Scheidungsspruchs zwar zweifelhaft ist, er aber trotzdem die endgültige Trennung bewirkt.

Der dubiose Sieg der Klerikalen über die Zivilgerichte kann nicht darüber hinwegtäuschen, daß ihre Einwirkungsmöglichkeiten in einigen Bereichen vom Gesetzgeber stark eingeschränkt worden sind. Zum Beispiel dürfen Muslime beiderlei Geschlechts nach einem Sondergesetz aus dem Jahr 1954 mit Angehörigen anderer Religionen eine Ehe eingehen, ohne daß sie oder ihr Ehepartner seine oder ihre Religion wechseln müssen. Die Kinder aus diesen Ehen genießen alle Rechte wie die Kinder aus Ehen zwischen Partnern, die der gleichen Religion angehören. Sie sind in vollem Umfang erbberechtigt. Ehen nach diesem Gesetz unterliegen nicht den Erbschaftsregeln der Religionsgemeinschaften der Eheleute. Sie beerben sich gegenseitig und dürfen den Ehepartner als alleinigen Erben bestimmen. Dies steht aus der Sicht der Schriftgelehrten im Gegensatz zum islamischen Recht, wonach eine Ehe zwischen einem Muslim und einer Nichtmuslimin, sofern diese keiner Schriftreligion angehört, nicht gestattet ist. Auch darf ein Nichtmuslim bzw. eine Nichtmuslimin keinen Muslim beerben. Die Heirat einer Muslimin außerhalb der islamischen Gesellschaft ist nach ihrer Auffassung gemäß der *sharīʿa* absolut verboten. Der Gesetzgeber hat durch die Verabschiedung des obengenannten Sondergesetzes die Einwirkungsmöglichkeiten der jeweiligen Religionsgemeinschaft minimiert und so gegen die durch die Gemeinde zu verhängenden Sanktionen einen Riegel vorgeschoben.

d) Die veränderten sozialen Bedingungen

Die islamische Gesellschaft in Indien ist im sozialen Bereich mit ernsten Problemen und umwälzenden Veränderungen konfrontiert. Der Zusammenhalt der muslimischen Gemeinde bröckelt immer mehr ab. Viele der mobilen und materiell besser gestellten Männer aus ihrer Mitte sind nach Pakistan ausgewandert oder haben das Land verlassen, um ihr Glück im Vorderen Orient oder im Westen zu suchen. Die dadurch entstandene Lücke macht sich überall bemerkbar. Nicht zuletzt darauf wird die Tatsache zurückgeführt, daß in zunehmendem Maße muslimische Frauen sich mit Nichtmuslimen vermählen. In wenigen Fällen gelingt es der Brautfamilie, den Bräutigam zum nominellen Übertritt zum Islam zu bewegen, damit die religiösen Sensibilitäten der Verwandtschaft nicht gereizt werden und der gute Name der Familie keinen Schaden erleidet. Statistiken über Mischehen liegen zwar nicht vor, aber man nimmt an, daß ihre Zahl in die Hunderttausende geht. Kinder aus diesen Ehen entfremden sich in aller Regel beiden Religionsgemeinschaften. Religionsunterricht in den Schulen ist nicht gestattet. Die private Unterweisung unterbleibt allenthalben, und zwar auch in den Familien, wo beide Elternteile Muslime sind.

Traditionell war Urdu in Nordindien und darüber hinaus die verbreitetste Sprache, die gleichermaßen von Muslimen und Hindus gesprochen wurde. Erst durch die Nationalisten wurde Hindi zur Sprache der Freiheitsbewegung und später zur Nationalsprache Indiens. Urdu dagegen avancierte zur Sprache der *Pakistan-Bewegung* und damit zur Sprache der Muslime. Der Unterschied zwischen Urdu und Hindi ist, soweit er das gesprochene Wort betrifft, nicht sehr groß. Er macht sich erst in der schriftlichen Form bemerkbar. Für Urdu wird eine erweiterte arabisch-persische Schrift und für Hindi die Devanagari-Schrift verwendet. Nachdem Hindi zur Nationalsprache erklärt worden war, fiel Urdu in die Kategorie einer Minderheitssprache zurück. Es bedurfte vieler Proteste und langer parlamentarischer Auseinandersetzungen, bis Urdu zu den 18 offiziellen Sprachen des Landes erklärt wurde. Urdu gilt, mit Ausnahme von muslimischen Schulen in einigen Bundesstaaten, nicht als Unterrichtsfach. Die Folge ist, daß die junge Generation der Muslime die Bücher ihrer Vorfahren nicht mehr lesen kann. Die Zahl der Buchpublikationen in Urdu geht unaufhaltsam zurück. Die muslimischen Kinder sind gezwungen, in den Schulen Hindi zu lernen, damit sie später in den Staatsdienst eintreten können. Dies bedeutet eine stete Abnahme der Leser für Urdu-Schrift (nach einer Schätzung aus dem Jahr 1992 können nur 10% von 25 Millionen Muslimen in Uttar Pradesh, deren Muttersprache Urdu ist, die Urdu-Schrift lesen). Die gesprochene Sprache wird zwar weiterleben, ob sich allerdings die Urdu-Schrift halten kann, ist ungewiß.[12] Die Abwendung vom persisch-arabischen Wortschatz und die Hinwendung zum Sanskrit machen sich in der modernen Urdu-Literatur Indiens zunehmend bemerkbar. Hinzu kommt, daß namhafte Urdu-Schriftsteller dazu übergehen, ihre Bücher in der Devanagari-Schrift zu veröffentlichen. Urdu bildet die Brücke zu Pakistan, wo sie zwar nicht beheimatet ist, aber als Nationalsprache gilt.

Auf dem Gebiet der Bildung und Ausbildung ist der Rückstand der Muslime augenfällig.[13] Inwieweit dies durch die unbestreitbar vorhandene Diskriminierung gegen sie verursacht wurde, mag dahingestellt bleiben. Tatsache ist, daß ihre Alphabetenrate – 42% gegenüber 54% der Gesamtbevölkerung, und bei den Frauen 11% gegenüber 39,42% – unproportional niedrig ist. (Gujarat scheint eine Ausnahme zu bilden, wo die Alphabetenrate der Muslime mit 73% höher ist als bei der Gesamtbevölkerung, die 68,3% beträgt. Dort rangieren auch die Muslimfrauen mit 63,5% vor den Hindufrauen, die mit 56% weiter zurückliegen). Geht die höhere Analphabetenrate wirklich auf die Lernunwilligkeit der Muslime zurück, wie es gelegentlich behauptet wird, oder muß man die Gründe dafür woanders suchen? Zum Beispiel in der Tatsache, daß bei der muslimischen Bevölkerung die Sozialsymmetrie gestört ist? Die Oberschicht und der Mittelstand sind durch Auswanderung stark zusammengeschrumpft. Die Muslime sind mehrheitlich Bauern, Handwerker, Tagelöhner und Gewerbetreibende, denen der Überlebenskampf es ratsam erscheinen läßt, früh einen Beruf zu ergreifen. Die Einschulung geschieht selektiv (nur 2% der Schüler sind Muslime, obwohl sie fast

12% der Bevölkerung stellen). Der Schulbesuch erstreckt sich in der Regel auf wenige Jahre. Zudem gibt es unter den Muslimen eine ausgeprägte Präferenz für die religiöse Ausbildung, die meistens in der lokalen Moschee begonnen und in einer *madrasa*, die seit der Gründung der Indischen Union durch Privatinitiative überall verstärkt entstehen, fortgesetzt wird.[14] Die Ausbildung in diesen Schulen ist nicht auf die spätere Berufswahl ausgerichtet, daher kann sie jederzeit abgebrochen werden. Mädchen bleiben von dieser Bildungsmöglichkeit weitgehend ausgeschlossen, weil es für sie entsprechende, getrennte religiöse Schulen nicht gibt, und in den Schulen für Knaben für sie ein Aufnahmeverbot gilt. Der Grund für die relativ niedrige Anzahl muslimischer Akademiker (nur 2% der Ingenieure und 2,5% der Ärzte in Indien sind Muslime) dürfte darin liegen, daß der Anteil der Mittelklasse unter den Muslimen unproportional niedrig ist. Bekanntlich stellt die Mittelklasse einer Gesellschaft das Gros der Akademiker. Entgegen der Entwicklung der Hindu-Gesellschaft seit der Unabhängigkeit, bei der ein starkes Wachstum der Mittelklasse zu verzeichnen ist, hat sich der Mittelstand in der Muslim-Gesellschaft kaum merklich vermehrt. Die untere Mittelklasse hat sehr lange gebraucht, um sich vom Aderlaß nach der Unabhängigkeit zu erholen. Erst in den letzten Jahrzehnten hat sie sich finanziell so weit stabilisiert, daß sie darangehen kann, ihre gesellschaftliche Position zu festigen und auszubauen.

Saiyid Aḥmad Khān (1817–1898), den man wegen seiner aufklärerischen Schriften mit Recht als einen Reformer bezeichnen kann, gründete 1876 das *Mohammedan Anglo-Oriental College* in Aligarh und bemühte sich redlich um die Schaffung des Bewußtseins unter den Muslimen, daß ohne eine Hinwendung zu den modernen Wissenschaften kein Fortschritt möglich sein würde. Aus diesem College erwuchs die heutige *Aligarh Muslim University*, die inzwischen keine reine islamische Hochschule mehr ist. Sie ist finanziell auf staatliche Unterstützung angewiesen und besitzt kaum eine nennenswerte akademische Freiheit. Vor der Unabhängigkeit des Landes war es nicht anders, weshalb die nationalistischen Kräfte sich 1920 von ihr trennten und die *Jāmiʿa millīya islāmīya* gründeten, die später nach Delhi verlegt wurde, wo sie heute als eine angesehene Universität gilt. Allerdings mußte auch sie nach der Unabhängigkeit darauf verzichten, eine rein islamische Institution zu sein. Die dritte islamische Hochschule Indiens war die *Osmaniya University* des Fürstentums Hyderabad. Auch sie büßte nach der Unabhängigkeit ihren islamischen Charakter ein. Somit wurden Indiens Muslime ihrer wichtigsten «Kaderschmieden» beraubt, aus denen der Großteil ihrer Führung hervorgegangen ist. Geblieben sind ihnen lediglich die religiösen Ausbildungsstätten, darunter die berühmteste Hochschule, *Dār al-ʿulūm* in Deoband. Sie wurde 1865 von Maulawi Abū l-Qāsim Nanautawī gegründet, um die Gelehrtentradition von Shāh Walī Allāh weiterzuführen. Sie stand der Kolonialherrschaft ablehnend gegenüber und entwickelte sich zu einem Hort der nationalistischen Schriftgelehrten, die beim Unabhängigkeitskampf an der Seite der INC standen. Sie stellten sich im Gegensatz zur Mehrheit der Muslime Indiens gegen die Forderung nach Teilung des Landes. Auf der anderen Seite waren das Lehrpersonal und die Studierenden der Aligarh Muslim University mehrheitlich

Anhänger der Pakistan-Bewegung. Viele von ihnen verließen Indien nach der Unabhängigkeit und siedelten sich in Pakistan an.

e) Die politischen Organisationen der Muslime

Indiens Muslimen schien nach der Unabhängigkeit nichts anderes übrigzubleiben als, dem Rat Abū l-Kalām Āzāds folgend, darauf zu verzichten, sich politisch getrennt zu organisieren. Angesichts der Abschaffung des getrennten Wahlrechts für Muslime war dies die logische Konsequenz. Allerdings widersprach der namhafte Muslim-Führer Rafīʿ Aḥmad Qidwāʾī dem Rat Āzāds zum Eintritt in den INC, weil er die Interessen der Muslime besser geschützt sah, wenn sie sich an keine politische Partei binden würden. Diese Linie schlug ebenfalls die JUH ein, die ihre eigene politische Tätigkeit einstellte. Sie empfahl ihren Mitgliedern, bei den Wahlen die Interessen der muslimischen Gemeinschaft – die von Region zu Region verschieden sein könnten – zu erwägen und jeweils diejenige Partei zu wählen, die ihre Interessen vertritt. Die JI beschloß völlige Enthaltsamkeit von der Politik bis hin zum Verzicht auf das aktive und passive Wahlrecht. Insgesamt wurde Āzāds Rat wegen seiner prominenten Position in der Regierung von der Mehrheit befolgt, und sie schloß sich dem INC an. Der INC war zwar über die Unterstützung durch die Muslime froh, fürchtete sich aber davor, von ihnen als Wählerblock unter Druck gesetzt zu werden. Deshalb wehrte er alle Forderungen der Muslime von vornherein ab. Dies veranlaßte Dr. Saiyid Maḥmūd 1963 zur Einberufung einer Konferenz führender muslimischer Persönlichkeiten, um über den künftigen Kurs zu befinden. Man beschloß die Gründung einer *Ratsversammlung (Majlis-i mushāwarat),* die von Fall zu Fall zur Beratung zusammentreten sollte. Sie wollte ausdrücklich keine politische Partei sein, ließ es sich aber nicht nehmen, den Muslimen zu raten, anstelle des INC zukünftig andere Parteien zu wählen, die bereit seien, sich um die Probleme der Muslime zu kümmern. In Uttar Pradesh, wo die Muslime 15% der Bevölkerung stellen, wurde eine politische Partei unter der Bezeichnung *Muslim Majlis* gegründet, die 1969 bei den Provinzwahlen mehrere Parlamentssitze gewann. Im Bundesstaat Bihar entstand die *ʿAwāmī Tanẓīm* und in Delhi entstanden gleich zwei Parteien, *Adam Sena* und *Muslim League*. Am erfolgreichsten war die *Indian Union Muslim League,* die in Südindien beheimatet ist. In Kerala, wo die Muslime 19,5% der Bevölkerung ausmachen, stellte sie 1992 vier Minister in der Koalitionsregierung. In diesem Bundesstaat sind 12% der Beamtenstellen und Studienplätze für Muslime reserviert. In Hyderabad dagegen ist der *Majlis ittiḥād al-muslimīn* zur Bedeutungslosigkeit herabgesunken.

Zum Bruch mit der *Congress Party,* die inzwischen gespalten war, kam es, als Premierministerin Indira Gandhi 1975 den Notstand ausrief und somit viele Gesellschaftskreise, darunter auch die Muslime, gegen sich aufbrachte. Die Muslime wechselten zur *Janata Party (JP)* über, die unter der Führung von Jaya Prakash Narayan 1977 zwar die Wahlen gewann, aber die Erwartungen der Muslime nicht erfüllen konnte. Der *Congress (I),* wie die Partei von Indira Gandhi nach der

Abspaltung vom INC hieß, erhielt Unterstützung von der JUH, die durch eine Kampagne 1979 zur «Rettung des Vaterlands und der Gemeinschaft» *(Mulk-o millat bachāo taḥrīk)* wesentlich zur Rückgewinnung der Muslime für den Congress (I) und zu Gandhis Wahlsieg 1980 beitrug. Ob die 474 pogromartigen Übergriffe gegen die Muslime zwischen 1980 und 1982 in verschiedenen Teilen des Landes im Zusammenhang mit ihrer Unterstützung für Frau Gandhi standen, ist schwer zu überprüfen, aber durchaus vorstellbar. Daß die Übergriffe gegen die Muslime sowohl politisch als auch religiös motiviert waren, ist sattsam bekannt.[15] 1983 mündeten die Wahlen zum Provinzparlament von Assam in schwere Ausschreitungen, bei denen über 3000 Muslime den Tod fanden. Seither hat es unzählige Pogrome gegen Muslime gegeben, deren Urheber kein Geheimnis aus ihren langfristigen Plänen zur Hinduisierung Indiens machen. Der Chef der RSS, Balasahib, sagte 1984, daß seine Partei eine aus mehreren Völkern zusammengesetzte Nation ablehne. Für sie gibt es in Indien nur eine Hindu-Nation, und wer dazugehören will, muß sich zum Hinduismus bekennen. Es wird auch davon geredet, daß man muslimische Hindus akzeptieren könnte, wenn sie die spezifisch islamischen Merkmale ablegen und sich sichtbar in die Hindu-Gesellschaft integrieren würden. Wer dazu nicht bereit sei, müsse das Land verlassen und nach Pakistan auswandern.[16] Beide Alternativen sind für die Muslime unannehmbar. Für sie kommt die Aufgabe des Islams ebensowenig in Betracht wie ein Auszug aus Indien. Ein Urdu-Dichter drückte dies in einem Zweizeiler so aus: «Wir werden hier leben und sterben, denn eine zweite Emigration wird es für uns nicht geben.» Häufig wird ein anderer Satz der von Existenzangst geplagten Muslime zitiert: «*Qabristān yā Pākistān* – Wir haben die Wahl zwischen Friedhof oder Pakistan.»

Auch unter den Muslimen gibt es Kräfte, die sich nicht davor scheuen, die RSS herauszufordern. Die in Kerala beheimatete *Islamic Sevak Sangh (ISS)* gilt als extremistisch. Sie wird für zahlreiche kommunale Auseinandersetzungen zwischen Muslimen und Hindus verantwortlich gemacht. Über sie wurde im Zusammenhang mit den blutigen Kämpfen zwischen Hindus und Muslimen um die Bābarī-Moschee im Dezember 1992 – zusammen mit der JI, die von den Behörden ebenfalls als radikal eingestuft wurde – ein Verbot verhängt. Auf hinduistischer Seite wurden die RSS und die *Vishva Hindu Parishad (VHP)*, die die Aktion zur Schleifung der Bābarī-Moschee maßgeblich durchgeführt hatte, ebenfalls verboten. Wenig später wurde allerdings von einem Gericht das Verbot gegen die RSS zurückgewiesen, weil sie für die Schleifaktion formal nicht verantwortlich war. Sie hatte zwar die Aktion gutgeheißen, aber die Schmutzarbeit der VHP überlassen. Die VHP ist in Wirklichkeit eine Schöpfung der RSS mit dem Ziel zur Mobilisierung des Welthinduismus. Sie tritt dafür ein, daß neben der Bābarī-Moschee, die sie als den Geburtsort der hinduistischen Gottheit Rama ansieht, weitere 3000 Moscheen in ganz Indien in Hindu-Tempel verwandelt werden sollten. Unberücksichtigt blieb aber die Rolle der RSS bei den Angriffen auf die Muslime in zahlreichen Städten des Landes, insbesondere beim Massaker in Bombay im Dezember 1992 und Januar 1993, dem Tausende von Muslimen zum Opfer fielen. Wenig später wurde ein Bombenattentat auf die Börse verübt, von dem angenommen wurde, daß dessen Urheber unter den Muslimen zu suchen waren, die auf diese Weise Rache üben wollten. Man brachte wie üblich Pakistan mit dieser Aktion in Verbindung, ohne konkrete Beweise dafür vorzulegen.

Die Auseinandersetzung um die Bābarī-Moschee hatte ein Nachspiel in Pakistan, wo in zahlreichen Städten Hindu-Tempel zerstört wurden. Bei diesen Aktionen kamen auch Menschen zu Schaden. Die pakistanische Regierung wurde angeblich von der Zerstörungswut der Massen überrascht. Sie handelte sehr zögerlich und kam den bedrängten religiösen Minderheiten erst Tage später zur Hilfe. Neben Hindu-Tempeln und Gurdawars der Sikhs wurden auch etliche christliche Kirchen angegriffen. Die Regierung übernahm allerdings die Renovierung der zerstörten Gebetshäuser.

Auch der damalige indische Premierminister Narasimha Rao versprach, daß seine Regierung die Bābarī-Moschee am gleichen Platz wiederaufbauen würde. Es ist ungewiß, ob es je dazu kommen wird. Bisher wurde in dieser Richtung nichts unternommen. Raos Kabinettskollege Arjun Singh konnte im Zentralkomitee der Regierungspartei nicht einmal durchsetzen, daß man als Geste der Versöhnung sich bei den Muslimen entschuldigte. Die Hindu-Fundamentalisten trafen alle Vorbereitungen zum Bau eines Rama-Tempels. Tatsächlich wurde ein Tempelbau errichtet, der allerdings nicht als Ersatz für die Bābarī-Moschee angesehen wird. Damit schwindet die Hoffnung der Muslime, die sie einstmals in den Säkularismus gesetzt hatten.

Im Mai 1992 wurde in Bombay der *All India Milli Council (IMC)* gegründet, der sich als ein Rat von muslimischen Persönlichkeiten aus dem ganzen Land versteht. Um konfessionellen Streitigkeiten aus dem Weg zu gehen, wurde als gemeinsamer Nenner für die Mitgliedschaft das Glaubensbekenntnis *(kalima)* erklärt. Der IMC will sich für das Leben, den Besitz, die Ehre und die kulturelle Identität der Muslime einsetzen. Er will keine politische Partei sein und sich deshalb außerhalb der Parlamente betätigen. Bewußt wurde die Frage offengelassen, ob der IMC an die Stelle der *All India Muslim Majlis Mushawarat (IMMM)* tritt, dem man Untätigkeit vorwirft.

Die Lage der indischen Muslime war nie sehr angenehm.[17] Nicht nur zog man ihre Loyalität dem Staat gegenüber in Zweifel, sondern man warf ihnen auch vor, sich mehr mit der islamischen Welt, speziell mit Pakistan, zu befassen als mit Indien. Es läßt sich nicht von der Hand weisen, daß die indischen Muslime tatsächlich in höherem Maße in Richtung islamische Welt, speziell Golfstaaten, blicken, wo sich lukrative Arbeitsmöglichkeiten anbieten. Oder sie engagieren sich im Nahost-Konflikt auf der Seite der Palästinenser. Jede Regung in der weiten islamischen Welt wird von ihnen registriert. Sie begreifen sich als ein Teil der weltumspannenden islamischen *umma*, in deren Gremien sie aber häufig keinen Einlaß erhalten. Ausgehend von ihrer zahlenmäßigen Stärke – sie sind die viertgrößte islamische Gemeinschaft der Welt – hatte Marokkos König Ḥasan II. Indien 1979 zur Teilnahme an der Sitzung der *OIC (Organization of Islamic Conference)* nach Rabat eingeladen. Statt nun einen Vertreter der muslimischen Bevölkerung dorthin zu schicken, den man wahrscheinlich akzeptiert hätte, schickte Indien seinen dortigen Botschafter, der obendrein ein Sikh war. Pakistans Präsident Żiyāʾ al-Ḥaqq nahm daran Anstoß und provozierte einen Eklat, indem er unter Protest das Tagungslokal verließ. Er wollte verhindern, daß speziell Indien und später eventuell andere nichtmuslimische Länder mit einem namhaften Anteil von muslimischer Bevölkerung, etwa die damalige Sowjetunion, China und Jugoslawien, Zugang zur OIC erhalten. Dadurch wurde zwar die Aufblähung der OIC verhindert, die sie zur Zwillingsschwester der *Organisation der blockfreien Staaten* gemacht hätte, man sperrte aber gleichzeitig einen beträchtlichen Teil der Muslime, die in ihren Ländern als Minderheit leben, von der Mitwirkung aus. Nichtsdestoweniger sind Vertreter der Muslime Indiens in nichtstaatlichen Institutionen, etwa in der *Muslim World League*, vertreten, wo sie in mehreren Gremien mitarbeiten. Dazu zählen die *Islamische Akademie für Jurisprudenz* und die *Kommission für Moscheen*.

f) Kaschmir als Sonderfall

Kaschmir ist der einzige indische Staat, in dem die Muslime mit 80% die Bevölkerungsmehrheit stellen. Sein endgültiger völkerrechtlicher Status ist zwischen Indien und Pakistan strittig.[18] Der im Zuge der Unabhängigkeit Indiens erfolgte Beitritt Kaschmirs zur Indischen Union wird von Pakistan nicht anerkannt, weil er angeblich widerrechtlich geschah. Der damalige Hindu-Herrscher handelte, ohne die Meinung des Volkes zu erkunden, und verletzte somit die Prinzipien der Unabhängigkeitsvereinbarung. Dies war der indischen Regierung bewußt, weshalb sie sich vor der *UNO* zur Abhaltung einer Volksbefragung verpflichtete. Diese hat bislang nicht stattgefunden. Als Folge eines Volksaufstandes (1947–1949), bei dem pakistanische Militärverbände und Kämpfer aus dem Stammesgebiet auf der Seite der Kaschmiris kämpften, wurde Kaschmir entlang der Waffenstillstandslinie zwischen Indien und Pakistan de facto geteilt, behielt aber zunächst in beiden Staaten einen Sonderstatus bei. In Pakistan dauert dieser Zustand an, wobei Āzād-Kaschmir verwaltungsmäßig eine selbständige Einheit bildet und dem Bundesstaat nicht als Mitglied angeschlossen ist. Die indische Verfassung gewährte Kaschmir durch Artikel 370 den Status eines Staates mit Sonderrechten. Die Regierung von Kaschmir steuerte eine von Neu-Delhi gewünschte engere Bindung mit Indien an. Dies kam in der Staatsverfassung von Kaschmir zum Ausdruck, die im Januar 1957 in Kraft trat. Sie erklärte Kaschmir zum integralen Teil der Indischen Union. Bis dahin wurden die kaschmirischen Abgeordneten für das indische Parlament indirekt durch die Volksversammlung von Kaschmir gewählt. Das Staatsoberhaupt von Kaschmir hieß Staatspräsident *(ṣadr-i riyāsat)*, und der Regierungschef wurde Premierminister *(wazīr-e aʿẓam)* genannt. Im Zuge der Angleichung mit anderen Unionsstaaten wurden diese Bezeichnungen in Gouverneur und Ministerpräsident umbenannt. Seither wird Kaschmir in der indischen Nationalversammlung durch Abgeordnete vertreten, die bei den allgemeinen Wahlen direkt vom Volk gewählt werden. Dies wird von Indien mittlerweile als Zustimmung zum Beitritt Kaschmirs zur Indischen Union gewertet, die die Volksabstimmung zu dieser Frage überflüssig gemacht habe. Inzwischen scheint diese Meinung innerhalb der UNO von vielen akzeptiert zu werden. Jedenfalls wird der UN-Beschluß zur Volksbefragung teilweise als obsolet betrachtet.

Die kaschmirischen Muslime bilden die größte geschlossene muslimische Bevölkerungsgruppe innerhalb der Indischen Union. Sie können ungehindert ihr religiöses Leben entfalten und brauchen keine Rücksicht auf die Sensibilitäten von Hindus zu nehmen. In Kaschmir findet die von den Hindus mißbilligte Kuhschlachtung statt, die in anderen Teilen Indiens regelmäßig zu blutigen Unruhen führt. Auf der anderen Seite wird in Kaschmir der Islam als Religion weder herausgefordert, noch muß er sich täglich bewähren. Die geistige Auseinandersetzung mit anderen Religionen und Weltanschauungen, die in der Regel zu neuen Denkanstößen führt, findet dort nicht statt. Dafür hat Kaschmir den Ruf des am meisten von Problemen geplagten und politisch unruhigsten Staates innerhalb der Indischen Union erworben. Die schlimmsten kommunalen Unruhen fanden im Dezember 1963 statt, als eine heilige Reliquie *(ḥażrat bāl)* aus einem Schrein in der Nähe von Srinagar gestohlen wurde. Vermutlich lag hinter dem Diebstahl politisches Kalkül. Jedenfalls führte der Streit innerhalb der regierenden *All Jammu and Kashmir National Conference (JKNC)* zur Polarisierung und Absplitterung.

Die JKNC, die später den Namen *National Conference (NC)* annahm, ist die wichtigste politische Partei Kaschmirs. Sie stammt aus den 1930er Jahren und lehnt jede konfessionelle Bindung ab. Sie war während des Unabhängigkeitskampfes und später mit dem INC eng verbunden. Von ihr spaltete sich die *Muslim National Conference (MNC)* ab, die der IML nahestand und ihre Forderung nach Teilung Indiens unterstützte. Sie trat für Kaschmirs Anschluß an Pakistan ein und bildete im befreiten Āzād-Kaschmir die Regierung. Im indischen Kaschmir entstand als eine weitere Absplitterung die *Jammu and Kashmir Plebiscite Front (PF)*, die Unabhängigkeit für Kaschmir, also keinen Anschluß an Indien oder Pakistan, forderte. Sie wurde von einer radikaleren *Jammu and Kashmir Liberation Front (JKLF)* abgelöst, die seit 1990 zusammen mit anderen muslimischen Gruppen einen Volksaufstand führt. Anders als die JKLF sind die *Ḥizb al-mujāhidīn (HM)* und *al-Jihād* betont islamische Gruppen, die für die Errichtung eines islamischen Staates in Kaschmir kämpfen. Es wird angenommen, daß sie bei ihrem Kampf von Pakistan und den afghanischen Mujāhidīn unterstützt werden. Im September 1993 fand in der *Ḥażrat Bāl-Moschee* die *All Parties Hurriyat Conference* statt, an der folgende Parteien teilnahmen: *ʿAwāmī majlis-i ʿamal, Jamāʿat-i islāmī, Jammu and Kashmir Liberation Front, People's Conference* und *Muslim Conference*. Es wurde ein koordiniertes Vorgehen bei den Bemühungen zur Durchsetzung der Volksbefragung vereinbart. Da einige der beteiligten Parteien einen Anschluß sowohl an Indien als auch an Pakistan ablehnen, dürfte ein Kompromiß darauf hinauslaufen, daß die dritte Wahlmöglichkeit eines unabhängigen Staates Kaschmir in die Volksbefragung aufgenommen werden soll.

Kaschmir wird immer mehr zu einer Überlebensfrage für Indien. In Neu-Delhi befürchtet man, daß eine Sezession Kaschmirs eine Kettenreaktion auslösen und Freiheitsbewegungen in anderen Teilen Indiens ermuntern könnte, dem Weg des Widerstandes zu folgen. Insbesondere der bewaffnete Aufstand der Sikhs, die für ein unabhängiges «Khalistan» kämpfen, würde dadurch Auftrieb erhalten, zumal ihr Heimatstaat Pandschab an Kaschmir und Pakistan grenzt. In den übrigen Teilen Indiens dürfte diese Entwicklung zu einem Blutbad zwischen Muslimen und Hindus führen, das von einem Exodus von Muslimen aus Indien begleitet sein könnte. Auf jeden Fall würde dadurch der Säkularismus als Leitfaden der Verfassung Schaden nehmen. Die Folge wäre *Hindu-Rashtra,* die Hindu-Herrschaft, wie sie von der RSS angestrebt wird. Es ist fraglich, ob angesichts des erstarkten Fundamentalismus sowohl bei den Hindus als auch bei den Muslimen, der die beiden Religionsgemeinschaften nicht zueinander führt, sondern sie gegeneinander aufstachelt, ein einträchtiges Zusammenleben überhaupt möglich sein wird.

Seit Sommer 2004 finden umfassende Gespräche zwischen Indien und Pakistan über bilaterale Fragen auf Staatssekretärsebene statt. Auch die Kaschmirfrage soll Gegenstand der Verhandlungen sein, wozu Indien sich wegen anhaltender Kämpfe mit den Mujahidin seit 1989 schweren Herzens hat durchringen müssen. Als erste vertrauensbildende Maßnahme ist eine Busverbindung zwischen Srinagar (Indien) und Muzaffarabad (Āzād-Kaschmir) vereinbart worden. Dies ist die erste direkte Verbindung zwischen den beiden Teilen Kaschmirs. Die veränderte Weltlage und der Druck aus den USA haben beide Seiten zu diesem Kurswechsel genötigt.

g) Sekten und Richtungen des indischen Islams

Die Mehrheit der indischen Muslime (über 80%) sind Sunniten, die zudem überwiegend der hanafitischen Rechtsschule angehören. Daneben gibt es kleinere Gruppen von Schafiiten in Südindien, sowie Hanbaliten, die zahlenmäßig nicht ins Gewicht fallen. Die sogenannten Wahhabiten sind in Wirklichkeit Angehörige der *Ahl-i ḥadīth,* die sich an keine der Rechtsschulen gebunden fühlen, weshalb sie sich als «Nichtnachahmer» *(ghair muqallid)* bezeichnen und für sich die Freiheit beanspruchen, ohne Rücksicht auf die Entscheidungen der bekannten Rechtsschulen in theologischen und gesetzlichen Fragen im Lichte der Rechtsquellen selbständig zu entscheiden.[19] Anders als die Wahhabiten auf der Arabischen Halbinsel, die die hanbalitische Rechtsschule befolgen, stehen sie im Kern der hanafitischen Rechtsschule nahe. Sie befolgen den Weg von Shāh Walī Allāh, des Reformers aus dem 18. Jahrhundert, dessen Anliegen es war, die Überbleibsel des Hinduismus im indischen Islam zu beseitigen. Seine Lehre beeinflußte fast alle wichtigen islamischen Bewegungen des 19. und 20. Jahrhunderts in Indien. Zu diesen zählt die von Sir Saiyid Aḥmad Khān initiierte Tradition des liberalen Islams (von den Gegnern als *Nīčirī* [naturgläubig] verfemt) ebenso wie die *Aḥmadīya,* deren Begründer Mīrzā Ghulām Aḥmad aus Qādiyān – weshalb seine

Anhänger als *Qādiyānī* bezeichnet werden – in seiner Jugend den *Ahl-i ḥadīth* nahegestanden hatte. Aḥmad Khān hat zwar durch sein Wirken einen Großteil der Bildungsschicht beeinflußt, begründete aber keine organisierte theologische Gruppe oder Bewegung.

Mīrzā Ghulām Aḥmad dagegen organisierte die *Aḥmadīya Jamāʿat,* die 1974 vom pakistanischen Parlament aus dem Islam verstoßen wurde. Seither werden *Aḥmadīs* in Pakistan verfolgt, weshalb sie in großer Zahl ins Ausland emigrierten – darunter ihr Oberhaupt Mīrzā Ṭāhir Aḥmad, der 1984 das Land heimlich verließ, um einer drohenden Verhaftung und einer möglichen Exekution zuvorzukommen. Er residierte bis zu seinem Tod im April 2003 in London. Er soll zeitweise einen Umzug nach Qādiyān (Indien), wo nach wie vor eine kleine Gruppe der *Aḥmadīs* (Darwīsh genannt) ausharrt, die zudem als ewiges Zentrum der *Aḥmadīya Jamāʿat* gilt, erwogen haben. Anläßlich der traditionellen Jahresversammlung besuchte er im Dezember 1991 Qādiyān, wo er angeblich von der dortigen Bevölkerung begeistert aufgenommen und zur Rückkehr ermuntert wurde. Die unbeantwortete Frage war, ob die indische Regierung ihm dies gestatten würde, und wie die Hindu-Fundamentalisten darauf reagieren würden. Er mußte zudem bedenken, daß die Rückkehr in seine Geburtsstadt, die er 1947 zusammen mit seiner Familie verlassen mußte, in Pakistan Argwohn erwecken würde. Dadurch wäre die Loyalität der Aḥmadīs gegenüber Pakistan in Frage gestellt worden, wo man sie ohnehin der Kollaboration mit Israel und anderen Feinden des Islams verdächtigt. Anders als in Pakistan mußte die *Aḥmadīya* bisher in Indien keine Verfolgung erleiden, weder von muslimischer noch von nichtmuslimischer Seite.

Es ist bemerkenswert, aber sicherlich wegen der Minderheitenlage der Muslime in Indien nicht ungewöhnlich, daß zwischen den islamischen Gruppen keine Gewalttätigkeiten vorkommen, wie sie vor der Unabhängigkeit fast zur Routine gehörten und in Pakistan heute noch immer wieder aufflammen. Die Schiiten, die zwischen 15 und 20% der Muslime in Indien ausmachen, werden nach wie vor verbal scharf attackiert. Fast 90% der Schiiten gehören der Richtung der Zwölferschiiten an, die seit jeher militant auftreten und keinem Streit aus dem Wege gehen. Dagegen verhalten sich die Ismailiten und die *Bohra-Khojas* (siehe dazu den Beitrag «Pakistan» im vorliegenden Band) unauffällig, was ihrer vorwiegend kaufmännischen Tätigkeit angemessen ist. Ein wahrer Krieg der Worte tobt zwischen den verschiedenen Richtungen der Sunniten, insbesondere zwischen den Deobandīs und Brailvīs. Die ersteren sind zwar konservativ ausgerichtet, aber wegen ihrer Herkunft aus der Schule von Shāh Walī Allāh keinesfalls rückständig. Die Brailvīs dagegen sind ein Inbegriff des Volksislams, mit einer synkretistischen Mischung aus Aberglaube und Heiligenverehrung. Sie verstehen sich als die wahren Vertreter des Islams, der für sie mehr ist als bloß Religion. Die Fundamentalisten haben diese Begeisterung für ihre Zwecke ausgenutzt und konnten unter ihnen viele Anhänger rekrutieren.

Bemerkenswert ist die Tatsache, daß diejenige Bewegung, die heute in vielen Teilen der Welt als der Motor des Fundamentalismus angesehen wird – nämlich die *Tablīghī jamāʿat* – eine Gründung von Maulawī Muḥammad Ilyās aus der *Deoband*-Schule ist.[20] Er gründete sie in den 1930er Jahren, um die Muslime an die Pflicht zu erinnern, die Ge- und Verbote des Islams gewissenhaft zu befolgen. Ursprünglich war bewußt keine Organisation geschaffen worden. Inzwischen ist jedoch eine solche entstanden, die durchaus in der Lage ist, jährlich stattfindende Treffen durchzuführen, an denen Millionen in Indien, Pakistan und Bangladesh teilnehmen. Sie entsendet Freiwillige, die sich für wenige Tage oder Wochen im Jahr innerhalb und außerhalb ihres Herkunftslandes zur Missionierung (daher die Bezeichnung *Tablīghī jamāʿat*, Missionsgemeinschaft) zur Verfügung stellen. Aus dieser Erweckungsbewegung ist mittlerweile eine weltweit operierende Organisation geworden, die angeblich hinter vielen subversiven Aktionen der Fundamentalisten in Europa und den USA steht. In vielen Ländern hat sie bereits feste Missionsniederlassungen eingerichtet, um Nichtmuslime zum Islam zu bekehren.

In Indien befindet sich der Islam ohne Zweifel auf dem Rückzug, obwohl vor wenigen Jahren spektakuläre Übertritte der *Harijans* aus der Kaste der Unberührbaren zum Islam stattfanden. 1981 traten 180 *Harijan*-Familien aus Meenakshipuram im Bundesstaat Tamil Nadu zum Islam über. Sie nahmen dafür erhebliche Nachteile in Kauf. Zum Beispiel verloren sie dadurch ihr Anrecht auf kostenlose Schulausbildung, auf Stipendien für das Studium, Quotenplätze für Beamtenstellen, billige Kredite für Hausbau und Landschenkungen durch die Regierung. Sie setzten alle diese Privilegien aufs Spiel, die ihnen wegen ihrer Zugehörigkeit zur *Scheduled Caste* zustanden. Als Muslime gehören sie dieser Kategorie nicht an und genießen deshalb auch keinen Schutz durch den Staat. Sie wollten, wie einer ihrer Sprecher es formulierte, nicht länger als «Bürger zweiter Klasse» gelten und ein langsameres Fortkommen dem schnelleren Fortschritt als Bürger zweiter Klasse vorziehen. Diese Aktion rief die Hindu-Fundamentalisten auf den Plan, die mit Drohungen und allerlei Gewaltaktionen verhinderten, daß weitere *Harijans* diesem Beispiel folgten. Der muslimischen Gemeinde wurde vorgeworfen, diese Aktion durch Petrodollars aus den Golfstaaten vorbereitet zu haben. Der Übertritt der *Harijans* in zwei Dörfern war aber nicht von muslimischer Seite inszeniert worden, sondern ging von den betreffenden Dorfbewohnern aus, die nach jahrhundertelanger Knechtschaft aus dem Kastensystem aussteigen wollten. Der Wechsel zum Christentum, der von den Harijans traditionell seit der Kolonialzeit vollzogen wurde, hat aus verschiedenen Gründen seine Attraktivität verloren. Nachdem ihnen der Wechsel zum Islam verübelt wurde, scheinen sie sich neuerdings dem Buddhismus zuzuwenden.

Es ist zwar mit Statistiken nicht belegt, daß die indischen Muslime im Gegensatz zu ihren hinduistischen Nachbarn im Durchschnitt mehr Kinder bekommen. Dennoch malt die *Bharatiya Janata Party (BJP)* ein Horrorszenario für Indien bis Mitte des 21. Jahrhunderts. Demnach soll sich die muslimische Bevölkerung bis dahin vervierfacht haben. Spätestens dann werde sie erneut Indiens Teilung fordern, damit sie ihren eigenen muslimischen Staat gründen könne. Dies müsse dadurch verhindert werden, daß Indien zuvor in einen Hindu-Staat verwandelt würde, der keine andere Nationalität und keine andere Religionsgemeinschaft mehr kenne als die der Hindus.

Die Muslime Indiens gehen schweren Zeiten entgegen, in denen ihnen möglicherweise auch die säkulare Verfassung nicht viel helfen wird.

7. Pakistan

(Khálid Durán und *Munir D. Ahmed)*

a) Die Problematik des muslimischen Selbstverständnisses

Das Identitätsproblem pakistanischer Muslime

Im Gegensatz etwa zu Afghanistan oder Malaysia stellt sich dem Islam in Pakistan und Bangladesh ein bemerkenswertes Identitätsproblem. Pakistan ist ein Schmelztiegel der Kulturen seiner Nachbarn und steht sozusagen mit dem Rücken zu Indien, das Gesicht nach Arabien gewandt. Der Indus, der das Land etwa in der Mitte von Nord nach Süd durchfließt, könnte, grob verallgemeinernd, als Grenze zwischen dem Mittleren Osten und Südasien betrachtet werden. Gleichzeitig ist er aber auch seit ältesten Zeiten (5000–7000 Jahren) Siedlungsgebiet einer Flußkultur (Nil und Euphrat vergleichbar), die sich von den Kulturen westlich und östlich von ihr abhebt.

Nach dem Entstehen des Hinduismus im indischen Herzland (dem heutigen Indien) wurden die Gebiete, die heute Bangladesh und Pakistan ausmachen, zu indischen Randgebieten bzw. zu Pufferstaaten. Nach hinduistischer Auffassung waren sie schon nicht mehr ganz «rein» *(pāk),* sondern allenfalls noch tolerabel. Damit wurde der Grundstein zu einer Art permanenten Revolte dieser beiden Territorien gegen das hinduistische Kernland gelegt. Hinduistische Reformbewegungen und der Buddhismus fanden deshalb in den Gebieten des heutigen Bangladesh und Pakistans eine bereitwilligere Aufnahme als an ihrem Ursprungsort in Indien selbst. Diese Tradition der Auflehnung gegen den Hinduismus kam später dem Islam zugute. Es ist bemerkenswert, daß an den eigentlichen Stätten imperialer Herrschaft der Muslime in Indien (Delhi und Umgebung) die Mehrheit der Bevölkerung hinduistisch blieb, fernab der Verwaltungszentren dagegen, in den oftmals vernachlässigten äußeren Flügeln des Kaiserreiches der Groß-Moguln, die überwiegende Mehrheit der Einwohner den neuen Glauben annahm.

Nur vor diesem Hintergrund ist das Selbstverständnis der Muslime in Bangladesh und Pakistan zu verstehen. Das Vordringen der Araber, Perser, Türken und Afghanen hatte hier einen weitgehend kolonialistischen Charakter, wobei die Verbreitung des Glaubens ein weniger ausschlaggebendes Motiv war als das Plündern der sagenhaften Schätze Indiens. Über Jahrhunderte hinweg war der indische Subkontinent für muslimische Abenteurer aus Bagdad, Buchara, Ghazni und Schiras ein Eldorado – vergleichbar mit der Rolle, die Lateinamerika für die Spanier spielte. Dem leistete die Bevölkerung des heutigen Pakistan in der Regel Vorschub: Oftmals war es so, als warte man nur auf einen Kriegsherren von außen – vorzugsweise mit einer neuen Ideologie –, um gegen Hindustan zu Felde zu ziehen. Das heißt, auf Grund der Ablehnung des als ausbeuterisch, unmenschlich und rassistisch empfundenen Hinduismus zog man es vielfach vor, sich mit rassenfremden Eindringlingen zu identifizieren anstatt mit Verwandten, deren hinduistische Arroganz als unerträglich angesehen wurde. Dieses Grundmuster liegt sowohl der Ausbreitung als auch der partikularistischen Ausformung des Islams auf dem Subkontinent zugrunde. Seine wesentlichen Merkmale gelten auch heute unverändert weiter. Auf Bangladesh läßt es sich jedoch nur mit Abstrichen anwenden, da dort die ausländische Durchdringung nicht so ausgeprägt war wie in Pakistan.

In Bangladesh ist die Zahl der Muslime ausländischer Herkunft kaum nennenswert, in Pakistan dagegen dürfte sie bei bis zu 20% der Bevölkerung liegen. Man kann aber auch dort nicht von geschlossenen Siedlungsgebieten sprechen, sondern findet fast überall versprengt und vermischt mit den Einwohnern indischen Ursprungs Sippen arabischer, persischer oder zentralasiatisch-türkischer Herkunft. Andererseits sind die Pakistaner in den verschiedenen Regionen des Landes mit den jeweiligen Nachbarn außerhalb der Landesgrenzen verwandt. Westlich des Indus sind die Belutschen und Paschtunen mit ihren Stammesgenossen in Afghanistan und Iran verwandt bzw. von ihnen durch eine äußerst künstliche Grenze getrennt. In den beiden großen Regionen östlich des Indus – Panjāb und Sindh – besteht eine enge Verwandtschaft zu den Hindus und Sikhs in Indien. Auch hier ist die Grenze willkürlich gezogen und zerreißt landschaftliche, ethnische und sprachliche Einheiten. Für Belutschen und Paschtunen ist ihre Zugehörigkeit zum Mittleren Osten gegeben. Ihre Volksgenossen in Afghanistan und Iran sind alle Muslime, sie kennen daher abgesehen von der politischen Entscheidungsfrage, ob sie sich von Pakistan lösen und ein eigenes Belutschistan bzw. Paschtunistan errichten sollen, keine schwerwiegenden Identitätsprobleme.

In den beiden volkreichen Provinzen Panjāb und Sindh dagegen (zusammen machen sie mehr als zwei Drittel der pakistanischen Bevölkerung aus) befindet man sich seit der Gründung Pakistans im Jahr 1947 in einer fortwährenden Orientierungskrise. Die Menschen hier gehören den gleichen Sippen, Clans und Stämmen an wie die Andersgläubigen jenseits der Grenze, mit denen man bis zur Teilung des Subkontinents zusammengelebt hatte. Erst der Bevölkerungsaustausch zwischen Indien und Pakistan schuf rein muslimische und rein hinduistische Gebiete. In bezug auf Tradition und Sprache, Namen und Sozialgefüge haben die muslimischen Panjābīs und Sindhīs mehr mit ihren hinduistischen Verwandten gemein als mit Arabern oder Türken. Ein Außenstehender kann weder ihre äußere Erscheinung und Kleidung noch ihre Gerichte und ihre Musik von denen der Hindus und Sikhs unterscheiden. Sogar das Kastenwesen existiert in der muslimischen Gesellschaft weiter, wenngleich in abgewandelter und gemilderter Form.

Für die intellektuelle Führungsschicht ergibt sich daraus ein Dilemma der Selbstdefinierung, das bisweilen pathetischen Ausdruck erhält, wenn z.B. mit Nachdruck behauptet wird, man unterscheide sich total von den Hindus und habe keinerlei Gemeinsamkeiten mit ihnen – als Muslim sei man eins mit den Glaubensbrüdern am Bosporus und in Nordafrika. Zahlreiche Autoren, allen voran Pakistans Nationalphilosoph und Dichter, Muḥammad Iqbāl (1879–1938),[1] entwarfen ein Bild vom Pakistaner als einem Araber in der Diaspora. Dem panindischen Nationalismus, wie er unter Gandhi und Nehru von der *Kongreß-Partei* vertreten wurde, hielten muslimische Denker und Politiker Ende der dreißiger Jahre des 20. Jahrhunderts die «Zwei-Nationen-Theorie» entgegen. Dieser vor allem vom Staatsgründer Muḥammad ʿAlī Jināḥ (1876–1948) propagierten Theorie zufolge unterscheiden sich auf dem Subkontinent Hindus und Muslime in ihrer Lebensweise so stark voneinander, daß man sie nicht als ein Volk betrachten könne; sie stellten vielmehr zwei deutlich gegeneinander abgehobene Nationen dar.[2]

Die historische Gleichsetzung von Islam und politischer Macht im Volksbewußtsein

Es ist bisweilen gesagt worden, die «Zwei-Nationen-Theorie» und die daraus entwickelte «Islamische Ideologie Pakistans» hätten keine Wurzeln in den muslimischen Massen, die früher mit ihren Hindu- und Sikh-Dorfgenossen einträchtig zusammenlebten. Der ganze Pakistan-Gedanke sei das Machwerk einer aufkommenden verwestlichten Mittelklasse der Muslime, die in einem vereinten Indien keine Möglichkeit sah, sich gegen die stärker entwickelte moderne Bildungsschicht der Hindus durchzusetzen. Dieses Urteil trifft zwar in gewissem Umfang zu, ist aber einseitig. Es vernachlässigt den psychologischen Effekt, den die Jahrhunderte muslimischer Herrschaft auch bei einem Großteil der einfachen Massen hinterlassen hatten. Für die Muslime waren dadurch Islam und staatliche Macht gleichbedeutend geworden. Die Vorstellung von den Muslimen als einem «Herrenvolk» wurde nicht erst von jenen Modernisten erfunden, die sich aus weiter Ferne für Hitler und Mussolini begeisterten. Muslimische Bauern konnten wohl mit Hindus gutnachbarlich zusammenleben; in der Regel taten sie dies jedoch in dem Bewußtsein, etwas Besseres darzustellen. Als das Reich verfiel, nährten sich viele von ihnen von der stolzen Erinnerung, ein «Kriegervolk» zu sein. Über fünfhundert Jahre muslimischer Glorie in Indien hatten für einen reichen Sagenschatz gesorgt. So lebten zwar Menschen gleicher Rassen- und Sprachzugehörigkeit überwiegend friedlich nebeneinander, orientierten sich jedoch an antagonistischen Vorbildern und Helden sowie an historischen Erfahrungen, die miteinander in Konflikt standen.

Die Muslime lebten in dem Bewußtsein, die staatstragende Bevölkerungsschicht zu sein, Hindus dagegen sahen im Mogulreich ebenso eine Fremdherrschaft wie im britischen Kolonialismus. Der Gegensatz wurde noch dadurch verschärft, daß, besonders in Bengalen, viele Angehörige der untersten Kasten der Hindus zum Islam konvertierten, für ihre hinduistischen Landsleute also Emporkömmlinge und Usurpatoren waren. Konvertiten aus dem Brahmanentum und der Kriegerkaste, an denen es nicht mangelte, wurden in besonderem Maße als Kollaborateure des Feindes angesehen, so wie Hindus und Muslime gemeinsam die späteren Konvertiten zum Christentum als Kollaborateure der britischen Kolonialmacht ansehen mußten.

Nach der Ablösung islamischer Reichsmacht durch die Briten (1857) blieb den gedemütigten Muslimen wenig anderes als die Emigration oder ein Schmollwinkel. Zehntausende wanderten aus, die meisten nach Afghanistan, wobei viele an den Entbehrungen zugrunde gingen. Insgesamt aber pflegten sie abseits des öffentlichen Lebens ihre Traditionen – mit dem Konservatismus von Menschen, die alles durch Auflösung bedroht sehen. Die Epoche islamischer Herrschaft wurde in ihren Erinnerungen vergoldet, romantisch ausgeschmückt und messianistisch als wiederherzustellende Ordnung gepredigt. Insofern ist die Synonymität von staatlicher Souveränität und islamischer Religion durchaus eine Vorstellung, die auch von einem nicht unerheblichen Teil jener ländlichen Massen geteilt wurde, die später die Bevölkerung Pakistans konstituieren sollte.

Davon zeugen auch die Symbole, die sich nach der Entstehung des eigenen Staates als Sinnbilder des pakistanischen Islams herauskristallisierten. Die prächtigsten Baudenkmäler ebenso wie die wichtigsten theologischen Zentren «blieben zurück», d. h. konnten von den Millionen nach Pakistan auswandernden Muslimen nicht aus Indien mitgenommen werden. Bezeichnenderweise verband sich mit keiner Moschee und keinem Grabmal (nicht einmal dem *Tāj Maḥall*) und auch keinem Heiligtum (nicht einmal *Ajmīr Sharīf*) der Symbolwert, den das «Rote Fort» von Delhi erhielt. Kristallisationspunkt für das Kollektivbewußtsein pakistanischer Muslime wurde nicht die in Indien verbliebene theologische Hochschule von *Deoband*[3] (nach Kairos *al-Azhar* eine der wichtigsten Lehrstätten des orthodoxen Islams in der Welt), sondern das Symbol des Mogulkaiserreiches: Vornehmstes Ziel pakistanischer Soldaten in den Kriegen mit Indien war es, auf dem Roten Fort von Delhi die Fahne mit dem Halbmond zu hissen, ein Heldenakt, dem in Liedern und Gedichten sowie in Schulbuchzeichnungen vorgegriffen wird.

Pakistans «Muslimischer Nationalismus»

Das illustriert auch den Identitätskonflikt des pakistanischen Islams. Auf der einen Seite verherrlichte Iqbāl in seinen Gedichten die Kaaba *(ka'ba)* in Mekka sowie die Mezquita von Cordoba, suchte, wenn auch nur intellektuell, die Bande zur indischen Verwandtschaft zu lösen – und setzte damit ein Beispiel, dem noch immer mit großem Eifer gefolgt wird. Auf der anderen Seite bestand auch bei ihm, so wie bei fast allen pakistanischen Muslimen, ein starkes Bewußtsein der Eigenständigkeit innerhalb des Islams, ein Stolz – bisweilen versteckt oder unbewußt, bisweilen auch aggressiv formuliert – auf die eigene Leistung innerhalb der muslimischen Weltgemeinschaft.

Der Rückgriff auf den spezifischen Beitrag indo-pakistanischer Muslime zur Kultur des Islams kam verständlicherweise stärker bei Intellektuellen zum Durchbruch, die in engere Berührung mit der übrigen Welt des Islams gerieten und dabei in ihrem Werben um panislamische Integration auf Unverständnis oder gar Ablehnung stießen. Speziell im arabischen Raum müssen Pakistaner oft erleben, daß von panislamischer Gleichheit kaum die Rede sein kann und daß man ihren Islam nicht voll anerkennt. Außerdem stellen sie fest, daß andere muslimische Völker, so Marokkaner, Türken und selbst die ihnen benachbarten Afghanen, innerhalb der muslimischen Weltgemeinschaft eine ausgeprägte nationale Identität pflegen – eine Identität, die durch nationalspezifische Eigenheiten der religiösen Auslegung und Praxis unterstrichen wird. Dieses Erlebnis führt bei Pakistanern nicht selten zu einer radikalen Umorientierung: Auf einmal empfinden sie ihre Art der Befolgung des Islams als korrekter, wenn nicht gar als die korrekteste. Dabei besteht die Tendenz, von einem Extrem in das andere zu fallen, d.h. von einer irrationalen Arabienorientiertheit zu einem faschistoiden Nationalislamismus, so etwa wenn ein Religionsgelehrter und führender Beamter die Meinung vertritt, im Grunde genommen gäbe es richtigen Islam nur innerhalb der Grenzen Pakistans; was hinter Wāgah (Grenzübergang zu Indien) oder hinter Zāhedān (Grenzübergang zu Iran) komme, sei alles entstellt. Wie in vielen Dingen macht sich hier bemerkbar, daß sich Konzepte aus dem Hinduismus unmerklich in das muslimische Gedankengefüge einschleichen: Das Eigene ist *Pākistān* (reiner Boden), außerhalb ist alles «unrein» *(nāpāk)*. Damit haben die pakistanischen Muslime häufig ein gebrochenes Verhältnis sowohl zu den Indern als auch zu den Arabern – zu den Iranern ohnehin (soweit es sich nicht um pakistanische Schiiten handelt).

Oft ist es auch so, daß jede Tendenz ihre Protagonisten findet, was dann die starken Spannungen innerhalb des pakistanischen Islams auslöst. Da ist die nach wie vor blindlings nach Mittelost orientierte Gruppe, die beklagt, daß Pakistan keinen Einheitsstaat mit der Türkei bilden könne, weil der Störenfried Iran dazwischenliege. Dann ist da die am indischen Islam orientierte Tendenz, die sich in zwei Gruppen spaltet: zum einen die von den Flüchtlingen aus Indien getragene Nostalgie für Lucknow (Lakhnau) und Hyderabad (Ḥaidarābād), also die Hofkultūr dekadenter muslimischer Fürstentümer; zum anderen die *Aligarh*-Gruppe, die sich im wesentlichen aus dem im heutigen Pakistan beheimateten Landadel, Offizieren und Bürokraten zusammensetzt, die die in Indien gelegene moderne Universität von Aligarh besucht haben. Diese Lehrstätte war eine Wiege der Partei des Staatsgründers Jināḥ, der *Muslim-Liga (All India Muslim League),* und brachte eine Bildungsschicht hervor, die in religiösen Fragen zwar nicht als aufgeklärt bezeichnet werden kann, in der religiösen Praxis jedoch eine vergleichsweise liberale Haltung einnahm und in manchen Fällen auch ein wenig an Freidenkertum erinnerte. In politischer Hinsicht tendierten die Aligarh-Absolventen zu einer Art «Muslim-Demokratie», die sich mit den Christdemokraten Lateinamerikas vergleichen läßt, speziell dort, wo diese mit Militärdiktaturen kooperieren oder aber die Grenze zwischen Christdemokratie und Militärdiktatur nicht mehr erkennbar ist.

Der vielbeschworene Geist von Aligarh bedeutet jedenfalls ein Fortleben jenes Muslim-Chauvinismus, der zwar nicht einmalig in der Welt ist, Pakistan aber stärker kennzeichnet als andere Länder. Auch zu Zeiten der «islamischen Sozialdemokratie»[4] unter dem hingerichteten Ministerpräsidenten Dhū l-fiqār (Zulfikar) ʿAlī Bhuttō wurde von einem führenden Religionsgelehrten, dem Minister für religiöse Angelegenheiten Kauthar Niyāzī gefordert, ganz Pakistan solle in ein Aligarh verwandelt werden. Hier besteht kein religiöses Kriterium im eigentlichen Sinn; ausschlaggebend ist die Wahrung der Privilegien der Muslime, speziell der pakistanischen, als bevorzugtem Volk. Aligarh als Symbol dieser Loyalität liegt in Indien und sorgt für einen gewissen Revanchismus gegenüber jenen Hindus, die «nicht aufzubegehren gewagt hätten, wären sie nicht von den Engländern dazu verleitet worden».

So ist der pakistanische Islam bei aller Orientierung auf Arabien und romantischen Verklärung der muslimischen Weltgemeinschaft bemerkenswert autark, auf jeden Fall autarker, als vielen Pakistanern bewußt ist. Damit steht er auch in Kontrast zum Islam etwa Nigerias oder Indonesiens. Der indonesische Islam ist für seine intellektuelle Regeneration (oder auch Stagnation) in starkem Maße von Ägyptens theologischer Hochschule al-Azhar abhängig, an der zu jeder Zeit Hunderte von Theologen aus diesem Lande ausgebildet werden. Al-Azhar wird ob seiner Berühmtheit von europäischen Islamkennern häufig als wichtigstes geistiges Zentrum des sunnitischen Islams bezeichnet, bisweilen auch als der Vatikan Kairos. In Pakistan aber kennen nicht einmal alle Theologen den Namen von al-Azhar, geschweige denn die allgemeine Bildungsschicht. Dagegen wird man dort kaum jemanden finden, der nicht die theologische Hochschule von Deoband kennt, die 1880 in Indien errichtet wurde. Für die Muslime des Subkontinents ist Deoband das, was al-Azhar für Ägypten und die umliegenden afrikanisch-arabischen Länder bedeutet.

Das Wort *Deobandī* bezeichnet denn auch eine Denkschule, die unter der Orthodoxie Pakistans tonangebend wurde und sich in der *Jamʿīyat al-ʿulamāʾ-i islām (JUI)* einen politischen Arm schuf (obwohl nicht alle JUI-Mitglieder *Deobandīs* sind und es außerdem zahlreiche *Deobandī*-Rechtsgelehrte gibt, die nicht mit der JUI konform gehen). Auf jeden Fall besteht eine starke Parallele zwischen dem, was der Name *Azharī* etwa im Sudan bedeutet, und der Konnotation der Bezeichnung *Deobandī* in Pakistan.

Diese Autarkie des indo-pakistanischen Islams beschränkt sich nicht auf die Lehrstätten, sondern spiegelt sich hauptsächlich gerade in den beiden größten Denkern der letzten Jahrhunderte wider. Shāh Walī Allāh,[5] Erneuerer islamischen Denkens im Delhi des 18. Jahrhunderts, wird von einer – wenn auch kleineren – Denkschule sogar als der «National-Imam» des indo-pakistanischen Islams propagiert. Sein im schwer verständlichen Arabisch khurasanischer Mystiker verfaßtes Hauptwerk «Ḥujjat allāh al-bāligha» gilt ihnen als bedeutendstes Werk der islamischen Geistesgeschichte, entweder neben oder sogar noch über dem «Iḥyāʾ ʿulūm ad-dīn» des al-Ghazālī (gest. 1111). Nach Auffassung ʿUbaid Allāh Sindhīs, des 1945 verstorbenen Hauptpropagandisten dieser nach wie vor lebendigen Denkrichtung, war nach der Zerstörung Bagdads die Elite des Reiches nach Delhi ausgewandert. Er verglich das mit der Auswanderung griechischer Gelehrter aus Konstantinopel nach Italien und der dadurch ausgelösten Renaissance. In dieser Sicht wird Delhi schließlich zum Nabel der Welt – zumindest der islamischen.

Ebenso wie al-Azhar nimmt in den meisten Darstellungen islamischer Erneuerung auch der ägyptische Reformtheologe Muḥammad ʿAbduh (gest. 1905) eine zentrale Stelle ein. Auf den leicht nachweisbaren Einfluß des ihm vorangegangenen indo-muslimischen Reformators Saiyid Aḥmad Khān (1817–1898)[6] wird dabei nicht verwiesen. Für die Pakistaner, von denen nur die wenigsten von ʿAbduh gehört haben, ergibt sich auch nicht die Frage eines Vergleichs, für sie ist Saiyid Aḥmad Khān der große Reformer der Moderne und auch der erste geistige Wegbereiter des Pakistan-Gedankens. Viele Pakistaner, besonders die Fundamentalisten und Orthodoxen, lehnen zwar die Koraninterpretation des Aufklärers Saiyid Aḥmad Khān ab; für die Mehrheit der Bildungsschicht ist er jedoch die überragende Figur moderner islamischer Geistesgeschichte, mehr als jeder arabische, persische oder türkische Denker. Diese Autarkie wird noch deutlicher, wenn man sich vergegenwärtigt, daß nach Saiyid Aḥmad Khān es der einstige indische Erziehungsminister Abū l-Kalām Āzād (1888–1958)[7] ist, der die größte Bewunderung als muslimischer Denker genießt, also wiederum nicht jemand von außerhalb des Subkontinents, sondern sogar ein Muslim, der den Pakistan-Gedanken nicht unterstützte, sondern als indischer Nationalist zu einer Art Martin Buber des Islams wurde. Seine interpretierende Urdu-Übersetzung des Korans, von philosophischer Mystik tief geprägt, gilt den meisten Pakistanern als die beste, obwohl Āzād wegen seines Verbleibens in der indischen Regierung viel geschmäht wurde.[8] Somit ergibt sich das Paradoxon, daß die von manchen Hindus zuweilen als paranoid bezeichnete Arabienbezogenheit der pakistanischen Muslime, die von vielen Arabern selbst mitleidig belächelt wird, vordergründig ist und sich bei genauerer Prüfung eher als das Gegenteil herausstellt, nämlich als religiöse Unabhängigkeit von Arabien und eine islamische Verselbständigung, für die es in der übrigen Welt des Islams nur wenige Parallelen gibt.

b) Die Vielfalt islamischer Richtungen und Sekten

Die Ismailiten

Ein hervorstechendes Phänomen des pakistanischen Islams ist seine schier unüberschaubare Aufsplitterung in Bewegungen, Denkschulen, Sekten, Untersekten, Richtungen und Gemeinschaften, zu denen sich noch die zahlreichen Ordensbruderschaften der *Ṣūfīs* gesellen. Im Falle Pakistans ist es daher auch schwer, von irgendeiner religiösen Mehrheit zu sprechen, da alles in Unterabteilungen zerfällt.

Fest steht, daß rund 75% der Bevölkerung Sunniten sind und zumindest nominell ausschließlich der hanafitischen Rechtsschule angehören, wenngleich manche tatsächlich der hanbalitischen näher stehen und einige gern ein Bekenntnis zu einem über die Rechtsschulen erhabenen islamischen Katholizismus ablegen. Der Anteil der Schiiten ist sehr umstritten. Sie selbst sprechen gern von 20%, und besonders Eifrige nehmen sogar 30% in Anspruch. Sunnitische Regierungsbeamte beharren dagegen auf einem Anteil von 6,5%. 15% oder etwas darüber scheint eine realistischere Annahme zu sein[9]. Ähnlich wie die Sunniten sind aber auch die Schiiten stark zersplittert. Gewiß hängt die große Mehrheit der Zwölferschia an und fühlt sich als Perser in der Diaspora, ähnlich wie viele Sunniten sich als Araber in der Diaspora empfinden. Hinzu kommen aber noch zwei oder eigentlich drei Gruppen von Ismailiten, unter denen die des Āghā Khān die stärkste ist, gefolgt von den *Bohra* unter Leitung des Imām Burhānuddīn (Burhān ad-Dīn). Staatsgründer Jināḥ gehörte einer Zweiggruppe der Bohra-Ismailiten an.

Für die Ismailiten des Āghā Khān ist Pakistan zur wichtigsten Heimstätte geworden, nachdem viele Ostafrika verlassen mußten. Die im wesentlichen in Karatschi konzentrierten Ismailiten stammen, ebenso wie ihre Glaubensbrüder in Ostafrika und in England, von Hindu-Konvertiten aus Gujarat ab. Früher war Mombay ihr stärkstes Zentrum, heute ist es die Tochterstadt Mombays, Karatschi. Ethnisch gehören sie zur selben Gruppe wie die *Parsī* und die islamische Sekte der *Memons*.

Alle drei religiösen Gruppen stehen sprachlich und brauchtumsmäßig ihren Hindu-Ursprüngen noch besonders nahe. Mit der gleichen Eindeutigkeit nehmen aber auch alle drei eine persische bzw. arabische Herkunft in Anspruch. Unter den Muslimen sind sowohl die Memons als auch die Ismailiten als heterodox anzusehen. Mitte des 19. Jahrhunderts wurde die ismailitische Häresie gar nicht mehr als Bestandteil der muslimischen Gemeinschaft betrachtet. Ihre Reintegration war eine der Lebensaufgaben des Sulṭān Muḥammad Āghā Khān[10] (Großvater Karīm Āghā Khāns), der 1906 eine führende Rolle unter den muslimischen Notabeln Indiens zu spielen begann. Diese Rolle eines Fürsprechers muslimischer Interessen wird von seinem Nachfolger, Karīm Āghā Khān, der pakistanischer Staatsbürger ist, fortgesetzt und durch ein weltweites Programm philanthropischer Aktivitäten intensiv untermauert.

Das hat zu dem Paradoxon geführt, daß die Ismailiten in der durch Sektenunruhen geschüttelten pakistanischen Gesellschaft wohlgelitten sind, obwohl sie in ihrer religiösen Praxis nach wie vor die häretischste der bekannten muslimischen Sekten sind. Die Ismailiten unterhalten ihre eigenen Gebetshäuser, die sie in Pakistan «Gemeindehaus» *(jamāʿat khāna)* nennen und in denen der gesamte Ritus nicht auf Arabisch, sondern auf Gujarātī abläuft. Auch der Koran wird auf Gujarātī gelesen. Die fünf täglichen Gebete sind auf drei reduziert, Frauen gehen unverschleiert (auf Grund einer religiösen Entscheidung, nicht aus eigenmächtiger Liberalität), und geheiratet wird in der Regel nur innerhalb der eigenen Gemeinschaft.

Hinsichtlich ihrer religiösen Praxis sind die Ismailiten dem orthodoxen Islam also viel ferner als die exkommunizierte *Aḥmadīya*-Sekte, deren Islam-Auffassung in mancher Hinsicht formalistischer ist als die Khumainīs. Während sich aller Haß gegen die Aḥmadīs als vermeintlich Abtrünnige richtet (ähnlich wie in Iran gegen die *Bahā'īs*), scheint es, als übe man bei den Ismailiten Zurückhaltung, geradezu so wie bei einem verlorenen Sohn, dem man Zeit gibt, sich wieder einzufügen. Ähnlich wie die Aḥmadīs haben die Ismailiten ein effektives System der Sozialfürsorge, wodurch sie leicht den Neid anderer Gruppen erregen. Diese Gefahr ist bei den Ismailiten noch eher gegeben als bei den Aḥmadīs, da die

Anhänger des Āghā Khān wohlhabender und besonders unter reichen Kaufleuten und Industriellen anzutreffen sind. Die Aḥmadīs boten jedoch eine noch stärkere Reibungsfläche, weil sie unter sämtlichen religiösen Gemeinschaften Pakistans diejenige mit dem höchsten Bildungsstand (und der geringsten Analphabeten-Quote) und deshalb gefürchtete Konkurrenten für viele begehrte Plätze in Verwaltung und Wissenschaft waren. Vergleichsweise hatten sich die Ismailiten, ebenso wie ihre «Cousins», die Memons, bis in die 1960er Jahre für kaum etwas außer Handel und Unternehmertum interessiert. Ein Memon, der 1969 mit einem Doktortitel aus der Bundesrepublik nach Karatschi zurückkam, war eine Sensation und mußte überall seine Promotionsurkunde herumreichen. Die Bemühungen des Karīm Āghā Khān um einen höheren Bildungsstand in seiner Gemeinde stellen, so verdienstvoll sie einerseits sind, durchaus auch eine Gefahr für die Zukunft dar; denn Vergleiche zwischen den dynamischen Ismailiten und den Juden sind, aller Duldung ungeachtet, seit langem an der Tagesordnung.

Über die zahlenmäßige Stärke der Ismailiten etwas auszusagen, ist besonders schwer. Zu den *Gujarātī*-Ismailiten in Karatschi müssen noch die kaum zehntausend Seelen zählenden Bewohner des Hunzatals im Himalaya hinzugezählt werden, eine völlig andere Bevölkerungsgruppe. Ob die Ismailiten wirklich über zwei Millionen zählen oder nicht einmal eine, können nur sie selbst mit einiger Genauigkeit beantworten, jedoch sind sie in diesem Punkt nicht sehr entgegenkommend. Ihre wirtschaftliche Macht steht jedenfalls in keinem Verhältnis zu ihrem geringen Anteil an der Gesamtbevölkerung.

Die Zwölferschiiten

Im Gegensatz zu den Ismailiten sind Pakistans Zwölferschiiten alles andere als eine homogene Gemeinde. Sie setzen sich aus fast allen ethnischen Elementen Pakistans zusammen, da die meisten Regionen eine oder mehrere schiitische Enklaven aufweisen. Eine Besonderheit der pakistanischen Entwicklung ist, daß der Islam in weiten Gebieten durch schiitische Prediger verbreitet wurde (hauptsächlich Ismailiten) und man davon ausgehen kann, daß in früheren Jahrhunderten die Mehrheit der Bevölkerung des heutigen Pakistans schiitisch war. Die Entwicklung ist hier insofern im umgekehrten Verhältnis zur iranischen verlaufen, als die afghan-türkischen Kriegsherren und schließlich die Mogulkaiser das Sunnitentum förderten. Das heutige Ismailitentum ist gewissermaßen ein Restbestand, der sich erhalten hat. Religionsgeschichtlich ist es auch insofern interessant, als man an seinem Beispiel den Islam der ersten Generationen von Konvertiten rekonstruieren kann, da in den Kultübungen vielfach nur die hinduistische Nomenklatur durch eine islamische ersetzt worden war. Beispielhaft ist übrigens auch die religiöse Musik der pakistanischen Muslime insgesamt. Speziell bei den Mystikern ist wenig mittelöstlicher Einfluß zu spüren; die Darbietungen sind formell fast unverändert indisch geblieben, nur der Inhalt ist durch einen islamischen ersetzt worden.

Die Zwölferschia dagegen ist im Laufe der Jahrhunderte immer stärker auf persischen Kurs eingeschwenkt, eine Entwicklung, die in der Identifizierung einer

Mehrheit unter Pakistans Schiiten mit Khumainīs neuer Ordnung einen Höhepunkt erlebte. Verantwortlich dafür mag sein, daß die schiitische Führungsschicht tatsächlich überwiegend iranischer Herkunft ist, und zwar aus einer Zeit, in der das Mogulkaiserreich enge Freundschaftsbande zu Persien unterhielt und zahlreiche persische Adlige in Indien zu Rang und Würden gelangten. Ihre nach Pakistan emigrierten Nachkommen stellen dort noch immer die obere Beamtenschaft, so daß der Anteil der Schiiten an der Verwaltung und auch am Bildungswesen höher ist als ihr Anteil an der Bevölkerung – ein für pakistanische Minderheiten typisches Syndrom, denkt man z.B. an die Aḥmadīs bis zu ihrer «Exkommunizierung».

Der verhältnismäßig hohe Anteil von Schiiten unter den Zuwanderern aus Indien, die sich überwiegend in größeren Städten, speziell in Karatschi niederließen, ließ das Schiitentum in Pakistan zu einem hauptsächlich urbanen Phänomen werden. Das trägt wiederum zu den Unruhen bei, die alljährlich Todesopfer fordern, und zwar fast immer anläßlich der von Schiiten veranstalteten religiösen Umzüge, namentlich der *Muḥarram*-Prozessionen. Sie führten 1981 zur kriegsähnlichen Verwüstung mehrerer Straßenzüge in Karatschi. Erschien früher den Sunniten die schiitische Begehung des Martyriums von Ḥusain (dem Prophetenenkel) anstößig, so kam bisweilen seit der iranischen Revolution hinzu, daß schiitische Prozessionen in Demonstrationen für Khumainī ausarteten und entsprechend heftige Reaktionen provozierten. Traditionell ist es jedoch keineswegs so, daß bei diesen Anlässen die Minderheit zum Opfer der Mehrheit wird, sondern daß die Angriffe häufiger noch von den Schiiten ausgehen, deren religiöse Emotionen während der Passionsspiele zur Ekstase hochgepeitscht werden.

Zu einem neuartigen Konflikt ersten Ranges führte 1979 die Einführung der im Koran geforderten *zakāt* als einer Art von Kirchensteuer. Hiergegen erhoben die Schiiten Einspruch und veranstalteten in Islamabad eine Massendemonstration, wie sie die Militärdiktatur bis dahin nicht erlebt hatte und wie sie wohl auch von Schiiten in Pakistan nie zuvor zustandegebracht worden war. (Schätzungen sprechen von bis zu 100000 Demonstranten, die Schiiten selbst fügen noch eine Null hinzu.) Ihrer Argumentation zufolge ist die *zakāt* keine Steuer, sondern eine freiwillige Abgabe, ein Almosen. Zum Verständnis der Auseinandersetzung müßte man sich etwa vorstellen, der französische Staat führte eine Kirchensteuer ein, ohne zwischen katholisch und evangelisch zu unterscheiden.

Das sunnitisch-schiitische Spannungsfeld

Das Verhältnis von Schiiten und Sunniten zueinander ist in Pakistan komplex, weist aber durchaus Parallelen zum Verhältnis von Katholiken und Protestanten in manchen europäischen Ländern auf. Bei der sunnitischen Mehrheit bestehen starke Vorurteile gegen die Schiiten, die man als Abweichler, wenn nicht gar als Verunstalter des wahren Glaubens ansieht. Im Zusammenhang mit der «Exkommunizierung» der Aḥmadīs (1974) ist in extrem orthodoxen und fundamentalistischen Kreisen vielfach frohlockt worden, als nächste seien die Schiiten an der Reihe. Das Ziel mancher sunnitischer Fanatiker ist es, die Schiiten, genau wie die

Aḥmadīs, zu einer nichtmuslimischen Minderheit erklären zu lassen, sie also auf eine Stufe mit Christen, Hindus und Parsīs zu stellen.

Die sunnitischen Volksmassen haben eine Vorstellung von den Schiiten, die derjenigen protestantischer Norddeutscher von den Katholiken ähnelt. Volkstümliche Pauschalurteile wie «alle Katholiken sind falsch» werden in Pakistan wortgetreu auf die Schiiten übertragen. Ihre Striktheit in religiösen Fragen, ihr Formalismus und ihre stärkere Solidarität untereinander rufen bei den Sunniten Argwohn und Mißgunst, aber auch Bewunderung hervor. Sie haben es vermocht, in einer Gesellschaft als besonders fanatisch und intolerant zu gelten, in der viele Gruppen in diesen Eigenschaften Tugenden sehen und darin miteinander wetteifern. Wie auch in europäischen Staaten (Bundesrepublik, England, Frankreich, Niederlande) in der zweiten Hälfte des 20. Jahrhunderts mehr Menschen vom Protestantismus zum Katholizismus übertreten, so treten auch in Pakistan mehr Sunniten zum Schiitentum über als umgekehrt.

Ohnehin hat sich der sunnitische Islam in Pakistan im 20. Jahrhundert teilweise bemüht, den Schiiten nach Möglichkeit entgegenzukommen. So sahen die Sunniten in der Regel kein Problem darin, die Huldigung der auch von ihnen verehrten Prophetenfamilie zu intensivieren, um die Schiiten sich heimisch fühlen zu lassen. Der Trauermonat Muḥarram wurde von den Sunniten zunehmend stärker beachtet, so daß ein ausländischer Sunnit das Gefühl haben konnte, sich in einem ganz und gar schiitischen Land zu befinden. Dieses panislamische Werben der sunnitischen Seite ist jedoch von der Masse der Schiiten wenig honoriert worden. Schließlich gewannen viele Sunniten den Eindruck, daß, je mehr sie sich den Schiiten anzunähern versuchten, diese sich um so mehr entzögen und ihren schiitischen Partikularismus nur noch steigerten.

In der Folge bewiesen sunnitische Konfessionalisten, daß sie auch in Richtung Konfrontation umschlagen können. Dies geschah z. B., indem sie anstelle des ihnen doch nicht ganz legitim erscheinenden Muḥarram lieber einen «Omarstag» *(yaum-i ʿUmar)* einführten. ʿUmar al-Fārūq, der zweite Kalif des Islams (reg. 634–644), gilt bei den Schiiten als Usurpator und wird laut ihrer Tradition stets erneut verflucht. Für sie war daher die Einführung des *yaum-i ʿUmar* in den 1970er Jahren eine unerträgliche Herausforderung. Die gescheiterte Fraternisierung mit den Schiiten führte auch dazu, daß Namen wie ʿUmar und Fārūq bei den Sunniten wieder modisch wurden, nachdem über längere Zeit «schiitische Namen» (wie Dilāwar Ḥusain, Farzand, ʿAlī etc.) gang und gäbe waren. Daß der Chefideologe des Fundamentalismus, Maudūdī,[11] seinen Sohn Fārūq nannte (ebenso sein einstiger Kampfgefährte, der spätere Bhuṭṭō-Minister Kauthar Niyāzī), kam nicht von ungefähr. Namensgebung ist in Pakistan allzu oft Ausdruck eines Bekenntnisses zu einer extrem sunnitischen bzw. einer fanatisch schiitischen Linie. Das war auch einer unter vielen Propagandapunkten der Fundamentalisten gegen den hingerichteten Ministerpräsidenten Bhuṭṭō. Sein eigener – sehr schiitisch anmutender – Vorname Zulfikar Ali (Dhū l-fiqār ʿAlī) konnte auf Grund der geschichtlichen Überlieferung (Dhū l-fiqār ist der Name des legendären Schwertes des ʿAlī ibn Abī Ṭālib) schlecht beanstandet werden; aber daß er sowohl seiner Privatresidenz als auch seinem ältesten Sohn den typisch schiitischen Namen Murtażā gab, wurde als Beweis dafür genommen, daß er seiner Frau zuliebe Schiit geworden sei.

Daß Frau Bhuttō als Schiitin die Nachfolge ihres Mannes als Vorsitzende der *Volkspartei* antreten und in allen Landesteilen große Popularität erlangen konnte, ist wiederum für die religiöse Situation Pakistans kennzeichnend. Politische Führer, die mit Erfolg die Interessen des ganzen Volkes vertraten und offen demonstrierten, daß sie die Belange des Gesamtislams über ihre Sektenzugehörigkeit stellen, haben sich häufig besonderer Popularität erfreut. Das galt für den Āghā Khān und für Jināḥ, für dessen Schwester Fāṭima und für Nuṣrat Bhuttō, sowie anfänglich auch für den schiitischen Präsidenten General Yaḥyā Khān, bevor er den Krieg gegen Indien verlor. Sowohl im Falle der einstmaligen Präsidentschaftskandidatin Fāṭima Jināḥ als auch von Nuṣrat Bhuttō betonte die Gegenpropaganda kaum deren Zugehörigkeit zur schiitischen Konfession, sondern wartete mit dem viel schwerer wiegenden Einwand auf, Frauen dürften kein wichtiges Staatsamt übernehmen.

Das islamische Bewußtsein in Pakistan schwankt somit zwischen gewalttätiger Konfrontation zwischen Schiiten und Sunniten einerseits und kollektiven Bekenntnissen zu einer übergeordneten islamischen Einheit andererseits. In Intellektuellenkreisen gibt es seit den Zeiten des Mogulkaisers Akbar eine Art *Una-Sancta*-Bewegung, die in der Phase der «Aufklärung» unter Einfluß des britischen Liberalismus stark hervortrat und durch die beiden wichtigsten religiösen Reformer illustriert wurde: Saiyid Aḥmad Khān für die Sunniten und Saiyid Amīr ʿAlī für die Schiiten. «The Spirit of Islam», Amīr ʿAlīs in hohen Auflagen verbreitetes Hauptwerk, wurde zu einem Modell für schiitische Kompromißbereitschaft und übte einen nachhaltigen Eindruck auf Persönlichkeiten des politischen und kulturellen Lebens aus, so etwa den Raja von Maḥmūdābād, der als Schiit zum Mäzen zahlreicher sunnitischer Akademiker wurde.

In den Bereich dieser Tendenz zu einem panislamischen Einvernehmen gehörte auch die Einigung über den Religionsunterricht an den Schulen, die Anfang der 1970er Jahre erzielt wurde. Danach sollen die Schüler bis zur achten Klasse nach einem gemeinsamen Lehrplan unterrichtet werden. Erst danach sollte in getrennten Klassen ein spezifisch sunnitischer bzw. schiitischer Religionsunterricht erteilt werden. Diese Einigung erfolgte nach langen Jahren bitteren Ringens, das in vielen Fällen dazu führte, daß überhaupt kein Unterricht stattfand. Die iranische Revolution mit ihren Auswirkungen auf die schiitische Gemeinde Pakistans stellte die mühevoll getroffene Regelung wieder in Frage.

Insgesamt gesehen läßt sich über die pakistanischen Schiiten sagen, daß ihre individuelle Einstellung jeweils um eine Nuance schärfer ist als die ihrer sunnitischen Mitbürger. Die religiös-konservativ ausgerichteten Schiiten (deren Anteil höher ist als bei den Sunniten) sind in der Regel noch orthodoxer bzw. noch fundamentalistischer und fortschrittsfeindlicher. Liberale Schiiten dagegen lassen ihre sunnitischen Freunde meist weit hinter sich und frönen gern einem für pakistanische Verhältnisse geradezu dreisten Freidenkertum. Vor der Teilung des Subkontinents war der Anteil von Muslimen unter den Mitgliedern der *Kommunistischen Partei Indiens* unverhältnismäßig hoch, und zwar dominierten darunter die Schiiten. Berühmtester Vertreter jener starken freigeistigen Strömung unter den schiitischen Intellektuellen war Jōsh Malīḥābādī,[12] der libertinistische Dichterkönig der Urdu-Sprache, dessen Werk die Militärdiktatur Żiyā' al-Ḥaqqs[13] mit dem Bann belegte. Von ihm stammt das ironische Bekenntnis, der Islam, speziell der schiitische, sei wie eine unheilbare Krankheit: Wer einmal davon befallen sei, komme nicht mehr davon los, so sehr er sich auch darum bemühe.

Schiitentum in Pakistan ist synonym mit stärkerem Engagement sowohl in religiösen als auch in politischen Belangen. Dieses Engagement kann reaktionär oder auch revolutionär sein, orthodox oder liberal, kapitalistisch oder sozialistisch; auf jeden Fall ist es in der Regel schriller als bei den Sunniten.

Der Volksglaube oder «inoffizielle» Islam als Mehrheitsreligion

Bei den Sunniten in Pakistan ist die auch anderswo zu beobachtende Differenzierung zwischen einem «offiziellen» Islam der Rechtsgelehrten und einem «inoffiziellen» der Massen besonders kraß. Oberflächlich gesehen erscheint diese wie eine Trennung zwischen städtischem und ländlichem Islam, jedoch gibt es auch Rechtsgelehrtenverbände, die in manchen Landgebieten einflußreich sind, während andererseits die Landflucht auch die Religion der Bauern in die Städte verschlagen hat.

Der Volksglaube der pakistanischen Massen, mit anderen Worten die Religion der Bevölkerungsmehrheit, erinnert in mancher Hinsicht an den Katholizismus Mexikos oder lateinamerikanischer Regionen mit überwiegend indianischer Bevölkerung, in denen es zu einer Synthese zwischen präkolumbianischem und christlichem Brauchtum gekommen ist, wobei bald das eine, bald das andere stärker hervortritt. Verallgemeinernd könnte gesagt werden, daß es sich im Kern um bestimmte Kulthandlungen universalen Charakters handelt. Parallelen könnten z.B. auch zur Volksreligion in marokkanischen Gebieten mit Berber-Mehrheit gezogen werden. In jedem Falle steht Heiligenverehrung im Mittelpunkt, und meist handelt es sich dabei um Mystiker und Prediger, die den jetzigen Glauben in dem jeweiligen Land verbreiteten – und dabei womöglich den Tod fanden, also zu Märtyrern wurden. Ihre Grabstätten sind nicht selten den Tempeln der früheren Religionen ähnlicher als dem Standardmodell der neuen Gotteshäuser. Im Mittelpunkt des Religionskalenders steht der Tag dieses Schutzpatrons, der in Lateinamerika als *feria* und im islamischen Bereich als *moussem (mausim), mevlid (maulid)* oder, so die Bezeichnung in Pakistan, als *'urs* begangen wird. Mitunter wird so gerechnet, daß mehrere Wallfahrten zum Grab bestimmter lokaler Heiliger einer Pilgerfahrt nach Mekka gleichkommen.

Anläßlich des *'urs* bringen die Gläubigen Blumen zum Grab des «Gottesfreund» *(walī)*, breiten eine neue Prunkdecke *(čādor)* über sein Grab, zünden Kerzen und Weihrauch an, beten, singen und tanzen. Gleichzeitig findet ein Jahrmarkt statt, der bisweilen karnevalistische Züge annimmt, einschließlich Alkohol- und Rauschgiftgenuß sowie vor allem Prostitution. Dem Heiligen, an dessen

Grab hauptsächlich um die Erfüllung von Liebeswünschen und um Kindersegen gebetet wird, werden reichlich Spenden gebracht, wodurch die Bauten – im Gegensatz zu den meist sehr schlichten Moscheen – im Laufe der Jahrhunderte erweitert und häufig prunkvoll ausgeschmückt werden konnten. Besondere Aufmerksamkeit wird dem Tor zum Grabmal *(darwāzeh)* geschenkt, das nicht selten aus Gold oder Silber angefertigt wird. Zu den frommen Handlungen der Herrscher, von den Mogulkaisern bis zu General Żiyāʾ al-Ḥaqq, gehört es, einem berühmten Schrein solch eine mit Koranversen kunstvoll verzierte *darwāzeh* zu spenden.

Schreine werden auch *darbār* genannt, weil hier der Heilige sozusagen Hof hält und die Gläubigen in Audienz empfängt. Wichtigster Schrein ist der des Dātā Ganj Bakhsh genannten Mystikers ʿAlī Ḥujwīrī in Lahore, den man als Pakistans Nationalheiligen bezeichnen könnte. Von besonderer Bedeutung sind ferner die Grabmäler des mystischen Dichters Shāh ʿAbd al-Laṭīf Bhitāʾī und des Laʿl Shāhbāz Qalandar genannten persischen Wanderpredigers ʿUthmān Marwandī, beide in der Südprovinz Sindh gelegen.

Mit dem Aufkommen der Filmindustrie erlebte der Heiligenkult eine Art Durchbruch in die Legitimität, insofern als die pakistanische Filmproduktion rein nach kommerziellen Gesichtspunkten arbeitet. Filme, in denen Tränen am Grab eines Heiligen vergossen und Gebete von diesem erhört werden, stellten sich bald als Kassenschlager heraus und regten zur Nachahmung an, so daß derlei Szenen zum festen Repertoire der stereotypen pakistanischen Filme wurden. Außerdem wurde Laʿl Shāhbāz Qalandar von Filmschauspielern zum Schutzpatron ihres Gewerbes erkoren. Attraktive Filmstars vor den dekorativen Torbögen der stilvollen Grabmoschee erscheinen seitdem regelmäßig in den meisten Illustrierten. Schlagersänger singen bei ihren Besuchen dort gratis, und es gibt keinen geeigneteren Ort für einen Fan, seinem Idol nahezukommen, als die Teilnahme am *ʿurs*.

Das Stoßgebet eines verliebten Mädchens an diesem Heiligengrab wurde erst zum Volkslied und dann – als Popmusik in über dreißig Versionen vertont und in allen Regionalsprachen gesungen – zu Pakistans populärstem Schlager der 1970er Jahre: «Dam-ā-dam mast Qalandar» («Laß doch kommen was da will, Qalandar!»). Die *Qalandarīya* ist eine der extravagantesten Bruderschaften von Wanderderwischen, die sich einmal im Jahr in Sindh treffen, um gemeinsam ekstatische Tänze aufzuführen. Sie lehnen jede intellektuelle Auseinandersetzung ab und reden allein von Nächstenliebe, ohne moralische Forderungen zu stellen und ohne soziales Engagement zu praktizieren. Letztlich ist auch die nominelle Religionszugehörigkeit in ihren Augen unerheblich, bisweilen findet sich sogar ein Hindu an ihrer Spitze. Bei ihnen wird kein Sünder gescholten, sondern nur liebevoll umarmt. Daher übten sie schon früher eine große Anziehungskraft auf Prostituierte aus, die von den städtischen Rechtsgelehrten keinerlei Seelsorge erwarten konnten. Daß sie in pakistanischen Diskotheken kopiert werden und man dort nach einem ihrer frommen Lieder tanzt, empfinden die Qalandars nicht als Schande, sondern als Triumph.

Die Politik hat der Volksreligion in Pakistan stets Rechnung tragen müssen. Das kam unter anderem in dem engen Freundschaftsverhältnis zum Ausdruck, das der frühere Präsident Aiyūb Khān[14] längere Zeit zu einem damals hochverehrten Volksheiligen unterhielt. Dennoch fiel es der herrschenden Klasse im großen und ganzen schwer, ihre Bedenken gegen ein Phänomen zu überwinden, das von den Rechtsgelehrten des orthodoxen Islams als Rückfall ins Heidentum verdammt wird. Der erste Politiker, der bewußt die Mehrheitsverhältnisse unter den Gläubigen des Landes in Rechnung stellte und seine Politik allein daran orientierte, was bei den Massen wirklich ankommt, war Bhuttō. Er wurde insofern ein praktizierender Anhänger des «Volksislams», als er keine Gelegenheit ausließ, Heiligengräber zu besuchen, an den verschiedenen *'urs* teilzunehmen und nach Möglichkeit den neuen *čādor* zu stiften und eigenhändig über das Grab auszubreiten. Eines der populären Mystikerlieder aus seiner Heimatprovinz Sindh wurde auf ihn umgemünzt («Unser Bhuttō ist in die Arena getreten, jetzt sollt ihr mal sehen, wie Gott seinem Freund hilft!») und zum Wahlschlager erkoren. Der Erfolg war umwerfend und führte zu einem Erdrutsch bei den ersten freien Wahlen von 1970. Dementsprechend machte auch General Żiyā' al-Ḥaqq später Konzessionen an den Volksislam, indem er z. B. zum Ausbau des «Nationalheiligtums» Dātā Ganj Bakhsh beitrug, obwohl dies seinem Fundamentalismus völlig zuwiderlief.

Nun stellt wohl der mystische Volksislam die Mehrheitsreligion in Pakistan dar, von einem einheitlichen Phänomen kann man jedoch keineswegs sprechen. Die überwältigend hohe Stimmabgabe für die *Volkspartei* war die einzige Demonstration dieses Volksglaubens; denn für den einfachen Wähler, vor allem auf dem Lande, stellte sich nicht die Frage einer Wahl zwischen Glaube und Unglaube, Islam und Kommunismus, sondern zwischen zwei Ausdrucksformen des Islams: dem rigiden Formalismus der ihnen unheimlichen Rechtsgelehrten und dem erlösenden Heiligenkult, der ihr ureigenstes Wesen verkörperte. Von dieser Gelegenheit abgesehen gibt es nichts, was die amorphe Masse der einzelnen Kulte in den verschiedenen Landesteilen mit ihren unterschiedlichen historischen Traditionen und Sprachen auf einen Nenner bringt. Zusammengefaßt werden allein Teilaspekte dieser Volksreligiosität und einzelne Gruppen oder Schichten ihrer Anhänger.

Das sind einmal die Orden der Mystiker, von denen es in Pakistan wiederum fast noch mehr gibt als in anderen Ländern. Am weitesten verbreitet ist auch hier wohl die *Qādirīya,* die seit den 1950er Jahren dadurch noch gefördert wurde, daß das Oberhaupt der Nachkommen des Ordensgründers, Scheich *(shaikh)* 'Abd al-Qādir al-Gailānī, aus Bagdad nach Pakistan übersiedelte. Von großer Bedeutung ist ferner die der Orthodoxie sehr nahestehende *Naqshbandīya,* die eine Brücke zwischen dem Gesetzesislam der Rechtsgelehrten und der Volksfrömmigkeit darstellt. Stärker mystisch ausgeprägt ist die ebenfalls weitverbreitete *Čishtīya.* Das Bild wird verwirrend durch die zahlreichen Abspaltungen und Untergruppen, die sich in ihrem Charakter vom «Mutterorden» oftmals erheblich unterscheiden.

Einen organisatorischen Ausdruck haben einige Bruderschaften und Gräberkulte in der *Vereinigung der Ordensmeister (Jamʿīyat al-mashāyikh)* gefunden, die jedoch bei weitem nicht die Tausende von *Ṣūfī*-Meistern umfaßt, die in Pakistan *pīr* (der «Weise» oder der «Alte», das persische Äquivalent zum arabischen *shaikh*) genannt werden. Die bisweilen auch als politischer Interessenverband auftretende Jamʿīyat al-mashāyikh ist alles andere als eine repräsentative Vertretung des Volksislams in seiner Gesamtheit. Ähnliches gilt für jene Rechtsgelehrtenpartei, *Jamʿīyat al-ʿulamāʾ-i Pākistān (JUP)*, die gegenüber dem Volksglauben eine versöhnlichere Haltung einnimmt als die orthodoxe *Jamʿīyat al-ʿulamāʾ-i islām (JUI)*. Die JUP ist gewissermaßen der politische Arm der manchmal als Sekte bezeichneten *Brailvīs (Barailawī),* so genannt nach einem theologischen Seminar in der im heutigen Indien gelegenen Stadt Rai Baraili (Râê Barêlī). Bei ihnen gehen der Volksglaube und der Gesetzesislam der Rechtsgelehrten ineinander über, d.h. die Brailvī-Rechtsgelehrten begegnen dem Volksislam mit einer religiösen Haltung des Verständnisses und der liebevollen Fürsorge; letztlich sind sie aber doch Propagandisten des Gesetzesislams. Das zeigt sich unter anderem in der indisch-muslimischen Gemeinde Südafrikas, unter der die Brailvīs eine führende Rolle spielen. Da der Volksislam mangels Heiligengräber in der neuen Umgebung weniger relevant ist, geben sich die Brailvīs in Südafrika einen viel orthodoxeren Anstrich. Im Grunde genommen verkörpern sie eine Entwicklungsphase im islamischen Werdegang, wie er in mehreren Teilen der Welt zu beobachten ist. Die Brailvīs knüpfen an die erste Phase nach der Konversion an und bringen die noch gänzlich von «heidnischem Brauchtum» geprägten Neubekehrten dem arabischen Gesetzesislam eine Stufe näher. Auf lange Sicht sind sie eigentlich Zuträger für die strengere Orthodoxie, wenngleich diese selten fähig ist, die Rolle der Brailvīs bei der Ausbreitung des Islams zu würdigen, sondern sie vielmehr als synkretistisch ablehnt.

Die Hauptzentren religiösen Lebens: Karatschi und Lahore

Beide, die Brailvīs und die streng Orthodoxen, d.h. JUP und JUI, haben als politische Organisationen nur einen sehr geringen Anteil der Wählerstimmen auf sich vereinigen können. Nicht besser erging es den Fundamentalisten von der *Islamischen Partei (Jamāʿat-i islāmī, JI).*[15] Keine der drei Parteien, die jede auf ihre Weise den Gesetzesislam der Rechtsgelehrten vertritt, kam auf 10%. Das hängt allerdings auch mit den regionalen Bindungen zusammen. So sind die Orthodoxen von der JUI im Nordwesten konzentriert, wo sich ihr geistiger Mittelpunkt befindet, die theologische Hochschule von *Akoṙa Khaṫṫak*. Außerhalb der heimatlichen Region rekrutiert sich ihre Anhängerschaft überwiegend aus ausgewanderten Paschtunen, von denen es allerdings in Karatschi über eine Million geben soll. Die Brailvīs mit ihrer JUP sind zwar nicht auf die Flüchtlinge aus Indien beschränkt, doch bilden diese ihren Hauptstamm. Ihr Zentrum ist deshalb Karatschi als Flüchtlingsmetropole. Das gleiche gilt für die Fundamentalisten (JI), die zwar auch unter den Panjābīs Anhänger gefunden haben und ihr Hauptquartier (Parteizentrale und religiöse Lehrstätte in Personalunion) in

Lahore aufschlugen, deren eigentliches Ballungszentrum aber dennoch Karatschi blieb.

Karatschi als größte Stadt und Handelszentrale blieb somit auch das wichtigste religiöse Zentrum Pakistans. In der neuen Hauptstadt im Norden des Landes, Islamabad, sind zwar die meisten Religionen, Konfessionen, Sekten, Bewegungen und Orden durch ein Gotteshaus vertreten, diese haben aber den Charakter einer diplomatischen Vertretung, d.h. daß zwar in Islamabad alle Richtungen präsent sind, das religiöse Leben dennoch lange Zeit steril geblieben ist. Karatschi dagegen ist ein Schmelztiegel und eine Bastion nicht nur für Zwölferschiiten, Āghā Khān- und Bohra-Ismailiten, Memons, Brailvī-Sunniten und Jamāʿat-i islāmī-Fundamentalisten, sondern auch für Parsīs und die früher in Goa beheimateten Katholiken sowie für eine Vielzahl kleinerer islamischer Sekten und Gruppen, die zum Teil eine ausgeprägte Selbständigkeit behaupten. So ist Karatschi wohl auch die einzige Stadt, in der man die sonst nur in unzulänglichen Wüstengebieten Belutschistans lebenden *Dhikrīs*[16] antreffen kann, eine kleine Sekte, die entfernte Parallelen mit den *Yazīdīs* oder «Teufelsanbetern» im Irak aufweist. Von den übrigen Muslimen werden die Dhikrīs als religiös ganz und gar abartig empfunden. Auch in ihrem Fall wurde die Forderung erhoben, sie zu einer nichtmuslimischen Minderheit zu erklären. Alles in allem erscheint die Islam-Szene Pakistans, und besonders die Karatschis, einem arabischen Glaubensbruder – zumal wenn er aus einem religiös relativ homogenen Land wie Jordanien oder Tunesien kommt – als ein unergründliches Dickicht.

Lahore als eigentliche Hauptstadt des Nordens und ursprünglich kulturelles Zentrum Pakistans hat gegenüber Karatschi an religiöser Vielfalt verloren, blieb aber dennoch unübersichtlich genug. Es zeichnet sich nach wie vor durch seine Intellektuellenkreise aus, die oftmals die Form religiöser Denkschulen annehmen. Dazu gehörte an prominenter Stelle der Modernist Ghulām Aḥmad Parwaiz mit seinem reichen Schrifttum und seinen Sonntagsversammlungen, die für einen Teil der verwestlichten Bildungsschicht zu einer nicht unbedeutenden Einrichtung wurden und Parwaiz den Spitznamen «Bürokratenimam» eintrugen. Ähnliche Kreise und Debattierclubs sind quer durch das gesamte politische Spektrum zu finden – von extrem rechts bis extrem links. Ein Teil dieser Kreise bildet sich um Persönlichkeiten, die in religiös-kulturellen Einrichtungen wie der *Iqbāl-Akademie*, der *ʿulamāʾ-Akademie*, dem *Institut für islamische Kultur* etc. oder in Literatenkreisen *(ḥalqa arbāb-i dhauq)* tätig bzw. mit religiös orientierten Zeitschriften verbunden sind. Darüber hinaus werden auch Vereine wie der *Educators' Club* oder die *Pakistan Philosophical Society* in einem Maße zu Foren religiöser Auseinandersetzung, das in der übrigen Welt des Islams kaum seinesgleichen hat und auf die meisten mittelöstlichen Glaubensbrüder befremdlich wirkt.

Religiös orientierte Zirkel, und zwar gerade in der Oberschicht, formieren sich auch um Handleser und Wahrsager, die in einigen Fällen außerordentlichen Einfluß – auch politischen – ausüben und in der Regel gerade von den Mächtigen im Lande frequentiert werden. Häufig sind solche Hellseher mit einer der mystischen Bruderschaften verbunden und werden von ihren Klienten als *pīr* oder *murshid* (geistlicher Führer) verehrt. Besonders einflußreich wurde in den 1970er und 1980er Jahren der *Ṣūfī* Żahīr, der in seinem Juwelengeschäft in Lahores Hauptgeschäftsstraße führende Akademiker und Spitzenpolitiker als Jünger um sich scharte. Obwohl selbst Mystiker, verband Ẓahīr mit dem fundamentalistischen General Żiyāʾ al-Ḥaqq das Band der Sippenverwandtschaft, denn beide gehörten der *Arāʾin-barādarī* an. Zu den Voraussagen Żahīrs, die die politischen Entscheidungen mitbeeinflußt haben dürften, gehörte, daß die Russen als Volk ob ihres Frevels ein solches Schicksal treffen werde, daß sie ganz und gar ausgelöscht werden würden. Żahīr veranschaulichte in seiner Person aber auch das Vordringen neosufischer Bruderschaften wie der *Shādhilīya,* die während der 1970er Jahre in der gehobenen Bildungsschicht die Rolle einzunehmen begannen, die früher dem nunmehr verbotenen Freimaurertum zukam.

Der «Islamismus» oder islamischer Fundamentalismus

Den Fundamentalisten von der *Jamāʿat-i islāmī* ist all das ein Greuel. Sie vermögen die seelsorgerischen Notwendigkeiten des Sufismus in seinen mannigfachen Ausformungen nicht einzusehen, ersetzen sie folglich auch nicht durch etwas Vergleichbares. Ihre Weltsicht ist humorlos und kunstfeindlich, antiintellektuell und exklusiv. Mit den Orthodoxen haben sie die Betonung der *sharīʿa* gemeinsam, ein Begriff, mit dem die Mehrzahl der Pakistaner nichts anzufangen weiß, vor allem nicht die analphabetischen Massen auf dem Land. Während aber den traditionellen Orthodoxen das Festhalten an der *sharīʿa* die strikte Erfüllung einer mittelalterlichen Lebensnorm bedeutet, verstehen die Fundamentalisten darunter in Wirklichkeit ein totalitäres System. Dieses System orientiert sich zumindest ebenso stark an Beispielen aus der Moderne wie an den Vorbildern der islamischen Frühzeit. Dabei kommt es der *Jamāʿat-i islāmī* im wesentlichen auf ihre spezielle Nomenklatur an, die ihr erlaubt, den angestrebten Totalitarismus auch wirklich als Selbstausdruck zu erleben und nicht als Abklatsch. Zudem haben die Fundamentalisten ihre spezifischen Kategorien von Bürgern erster, zweiter und dritter Klasse. Ihre Parteiorganisation kennt bereits eine strenge Hierarchie von Mitgliedern, Sympathisanten, Mitläufern usw. Gesamtgesellschaftlich unterscheiden sie die Muslime in verschiedene Grade der Verläßlichkeit, danach kommen nichtmuslimische Minderheiten wie Christen und Parsīs, eine Stufe unter diesen die Hindus. Am Ende rangieren die aus dem Islam Ausgeschlossenen wie Aḥmadīs und Bahāʾīs. Gemäß der islamistischen Ideologie handelt es sich bei diesen um Apostaten, die mit der Todesstrafe zu belegen sind.

Für politische Ideologien außer dem Islamismus besteht nicht der geringste Spielraum. Nicht nur Kommunismus, sondern auch Sozialismus und Liberalismus werden als Subversion angesehen, Demokratie und westlicher Parlamentarismus abgelehnt. Frauen werden vom politischen Leben ausgeschlossen, bestimmte Berufszweige wie etwa das Justizwesen werden ihnen verboten, das gesamte Erziehungssystem wird streng nach Geschlechtern getrennt.

Diese gesellschaftspolitischen Vorstellungen, wie sie unter Khumainī in Iran und zu einem erheblichen Teil auch in Pakistan unter Żiyāʾ al-Ḥaqq seit 1977 zur

Anwendung kamen, wurden von dem in Indien gebürtigen pakistanischen Journalisten Abū l-Aʿlā Maudūdī in zahlreichen auf Urdu verfaßten Schriften entworfen und durch einen modernen *Public-Relations*-Apparat in etliche Sprachen übersetzt und in aller Welt verbreitet. Die von ihm gegründete *Jamāʿat-i islāmī* wurde gegen Ende der 1960er Jahre immer massiver von Saudi-Arabien finanziert; dennoch blieb sie stets eine Kaderpartei des städtischen Kleinbürgertums. Bei der überwiegenden Mehrzahl der Pakistaner stieß sie auf heftige Ablehnung und wird eher als politisch denn als religiös verstanden, da ihre Lehren nicht dem entsprechen, was der unter pakistanischen Muslimen gängigen Vorstellung von Religion entspricht. Maudūdīs Gleichsetzung von Religion und Politik wird allenfalls von Teilen der Orthodoxen geteilt, nicht aber von den breiten Massen. Für den einfachen Gläubigen in Pakistan stellen sich die Doktrinen der *Jamāʿat-i islāmī* und die Lebenshaltung ihrer Kader als wahhabitisch *(wahhābī)* dar. Darunter versteht man in Pakistan einen fanatischen Fundamentalismus, wie er von indischen Bewunderern der arabischen Erneuerungsbewegung der *Wahhābīya* verfochten wurde. Seit jener Zeit ist *wahhābī* ein Schimpfwort und hat in etwa die Bedeutung von «Kirchenschänder» oder «Gotteslästerer». Da die Affinität zwischen Wahhabitentum und Saudi-Arabien bei den pakistanischen Volksmassen jedoch kaum bekannt ist, haben diese keine Schwierigkeiten, die arabischen Herrscher als Hüter der Pilgerstätten wie Heilige zu verehren.

Die traditionellen Orthodoxen stehen den Fundamentalisten gewiß in mancher Hinsicht näher, lehnen sie aber als Emporkömmlinge wegen mangelnder theologischer Kompetenz ab. Nur wenige der Fundamentalisten sind durch die Mühlen der oft Jahrzehnte dauernden Ausbildung an den orthodoxen Lehrstätten des Gesetzesislams gegangen, sondern sind, wie Maudūdī selbst, einem halb traditionellen, halb modernen Bildungsgang gefolgt und vertreten meist das moderne Berufsleben. Die auf ihr Privileg als Hüter der Tradition bedachten orthodoxen Rechtsgelehrten sehen daher in den fundamentalistischen Islam-Gelehrten gefährliche Rivalen und halten Maudūdīs Anspruch auf eine religiöse Führerrolle für eine Anmaßung. Dank seiner besseren Beziehungen zu Saudi-Arabien hatte es der 1979 verstorbene Maudūdī jedoch geschafft, in der arabischen Welt Anerkennung als islamkundliche Autorität zu finden wie kein Pakistaner außer ihm. Obwohl er selbst des Arabischen nicht mächtig war, gelang es Maudūdī, die Pakistaner, die zuvor in arabischen Ländern meist als häretische oder zumindest doch als exzentrische Muslime betrachtet wurden, hoffähig zu machen und ihnen als Islam-Gelehrte Anerkennung zu verschaffen. Maudūdī erhielt als erster den «König-Faisal-Preis für hervorragende Verdienste um den Islam». Nach seinem Tod wurde er als «Erneuerer» *mujaddid* des Islams im 20. Jahrhundert gefeiert. Sein Ansehen unter konservativen Muslimen in zahlreichen Staaten steht in einem deutlichen Mißverhältnis zu der schroffen Ablehnung, auf die er bei der überwiegenden Mehrzahl seiner Landsleute stieß, für die er ein faschistischer Parteiführer und nicht eine religiöse Persönlichkeit war. Im übrigen war und ist bei ihnen unvergessen, daß er lange Zeit die pakistanische Staatsidee abgelehnt hatte.

Der Aḥmadī-Messianismus und das Ringen um eine staatsrechtliche Definition des Muslims

Bis zum Jahre 1974 zählte auch die *Aḥmadīya*[17] zur Palette islamischer Sekten in Pakistan. Sie wurde von dem «verheißenen Messias» Mīrzā Ghulām Aḥmad (gest. 1908) in Qādiyān (Indien) gegründet, daher auch die von den Gegnern meist gebrauchte Bezeichnung *Qādiyānī*. Die Aḥmadīs geben vor, ihren Namen nicht von dem des Sektengründers abzuleiten, sondern von der Verheißung über ihn im Koran. Sie selbst nennen ihre Organisation *Aḥmadīya-Bewegung des Islams* und verstehen sich mehr als Elite der Muslime denn als neue Religion. Obwohl sie aus einer soziologischen und religionsgeschichtlichen Perspektive manches mit den *Bahāʾīs* gemein haben, liegt ihr Fall doch insofern anders, als die Aḥmadīs sich nicht selbst vom Islam losgesagt haben, sondern durch Beschluß der pakistanischen Nationalversammlung aus der Gemeinschaft der Muslime ausgeschlossen und zu einer nichtmuslimischen Minderheit erklärt wurden. Von den Aḥmadīs wird das als Ungerechtigkeit empfunden, aber auch als eine Bestätigung, daß die übrige Anhängerschaft des Islams nicht mehr gläubig ist und sie die einzig wahre Gemeinschaft der Endzeit sind.

Stärker noch als andere muslimische Glaubensgemeinschaften in Pakistan neigen die Aḥmadīs dazu, ihre Anhängerschaft verdoppelt und verdreifacht anzugeben. 1994 dürfte ihre Zahl die Millionengrenze überschritten haben, die Schätzung von 4–5 Millionen dagegen ist sicher zu hoch gegriffen. Sie haben sich in einer ländlichen Gegend zwischen den Städten Lahore und Sargodha ihre «Hauptstadt», die Siedlung Rabwah geschaffen, in der sie lange Zeit eine eigene Gerichtsbarkeit unter Vorsitz ihres Sektenoberhauptes unterhielten. Der dritte «Kalif des Messias», Mīrzā Nāṣir Aḥmad, ein in England ausgebildeter Enkel des Gründers, trug durch seine überheblichen Herausforderungen der Orthodoxen entscheidend zur landesweiten Anti-Aḥmadī-Agitation von 1974 bei, die der Bhuttō-Regierung dann keine andere Wahl ließ, als die Aḥmadīs, ihre treuen Wahlhelfer von 1970, fallen zu lassen. Zahlreiche der *Aḥmadīya* angehörenden Technokraten, darunter nicht wenige Spitzenkräfte, wurden durch die diskriminierenden Maßnahmen gegen sie in die Emigration gedrängt, wobei Kanada und Deutschland zu den begehrtesten Aufnahmeländern wurden – wie schon zuvor für die katholischen Goanesen, die ihre kulturelle Existenz durch die Verstaatlichung der Missionsschulen unter Bhuttō bedroht sahen. Prominentester Vertreter der Aḥmadī-Elite war der Atomphysiker und Nobelpreisträger ʿAbdul Salam (ʿAbd as-Salām), der bis zu seinem Tod 1996 ein Institut in Triest leitete.

Seit der Gründung des Staates Pakistan hat die *Aḥmadīya*-Frage das religiöspolitische Klima des Landes geradezu monopolisiert. Als es 1953 zu organisierten Gewalttätigkeiten gegen die Aḥmadīs kam, wurde das erste Mal Kriegsrecht verhängt. Vordergründig scheint sich der Konflikt um die theologische Streitfrage zu drehen, ob nach Muḥammad, dem «Siegel der Propheten», noch jemand als Prophet auftreten kann oder nicht. Mīrzā Ghulām Aḥmad nahm für sich in Anspruch, ein «Schattenprophet» zu sein, ohne eigene Offenbarungsschrift, aber als Erfüller des Korans. Gleichzeitig behauptete er aber, die Wiederkunft Jesu und des von den Muslimen erwarteten Mahdi *(mahdī)* in einer Person zu verkörpern. Diese und andere Höhenflüge waren kontrovers genug, schwerwiegender aber war der von Mīrzā und seinen Nachkommen im Stile von Feudalherren erhobene Anspruch auf religiös-politische Führung aller Muslime, die durch Missionen in zahlreichen Ländern unterstrichen wurde. Innerhalb Pakistans wurde die *Aḥmadīya* zum Intimfeind der *Jamā'at-i islāmī,* zumal beide sich in ihrer Islam-Interpretation und vor allem in ihrer sozialen Praxis kaum voneinander unterscheiden: Auch die Aḥmadīs sind hanafitische Sunniten mit stark hanbalitischen Tendenzen. Soziologisch gesehen sind *Jamā'at-i aḥmadīya* und *Jamā'at-i islāmī* verfeindete Zwillinge, die sich mit der gleichen Taktik und Intensität bemühten, speziell das Offizierskorps, den Regierungsapparat und die Universitäten zu infiltrieren.

Die Auslandsmissionen der rigiden Aḥmadīya sind im allgemeinen nicht sonderlich erfolgreich gewesen, vor allem nicht in der westlichen Hemisphäre. Eine Ausnahme bildet Westafrika, wo sie in Nigeria, hauptsächlich aber in Ghana festen Fuß fassen konnte. Ihre rege missionarische Aktivität hat jedoch vielerorts bei Muslimen und Nichtmuslimen gleichermaßen dazu geführt, daß die Stärke, die die *Aḥmadīya* in Pakistan hat, erheblich überschätzt wird. Der *Aḥmadīya* kommt religiös gesehen insofern die Rolle eines Katalysators zu, als ihre Missionare die ersten Muslime waren, die der christlichen Mission ernsthaft die Stirn boten. Heutige muslimische Missionstätigkeit, besonders in Afrika, ist durch das Beispiel der Aḥmadīs sowohl angefeuert als auch herausgefordert worden. Nach dem Exodus so vieler Aḥmadīs aus Pakistan erwies sich das Netzwerk ihrer Auslandsmissionen als hilfreich bei der Betreuung der Auswanderer.

Wie alle anderen islamischen Verbände Pakistans ist auch die *Aḥmadīya* gespalten. Der kleineren Gruppe mit ihrem Hauptquartier in Lahore kommt jedoch kaum noch Bedeutung zu. Sie hatte von Anfang an mehr den Charakter eines Intellektuellenzirkels im Umfeld einer Zeitschrift und stand damit ganz in der muslimischen Tradition Lahores. In Nigeria hat sich eine Gruppe von Konvertiten selbständig gemacht, trägt aber weiterhin den Namen *Aḥmadīya.* Weder diese noch die pakistanische *Aḥmadīya* an sich sind mit der hauptsächlich in Ägypten und im Sudan anzutreffenden *Aḥmadīya* zu verwechseln, die dort eine populäre *Ṣūfī*-Bruderschaft ist.

Die «Exkommunizierung» der Aḥmadīs durch Parlamentsbeschluß ist in der islamischen Geschichte einmalig und wird gerade in Pakistan von vielen Intellektuellen als gefährlicher Präzedenzfall angesehen. Für die wenigsten Abgeordneten handelte es sich dabei um eine religiöse Gewissensfrage. Zur Debatte stand vielmehr, wie politischem Druck auf die taktisch klügste Weise begegnet werden konnte. Die Islamisten sahen in der erzwungenen Entscheidung einen Triumph über die Säkularisten. Die Frage, die sich damit der pakistanischen Bildungsschicht stellte, war nicht so sehr die, inwieweit die allgemein belächelten Prophezeiungen, die Mīrzā Ghulām Aḥmad in falschem Arabisch und holprigem Englisch empfing, als göttliche Offenbarung anzuerkennen waren oder nicht. Es stellte sich vielmehr eine Grundsatzfrage, die an Diskussionen in Israel über das Wesen des Judentums erinnert, nämlich «wer ist eigentlich Muslim?» Die Parallele zum Zionismus wurde von den Islamisten nicht einmal geleugnet, ihnen ging es ja gerade darum zu unterstreichen, daß Pakistan ein ideologischer Staat sei. Das jahrzehntelange Bemühen um eine allgemeingültige Definition des Muslims führte jedoch zu keinem Konsensus. Für einen großen Teil der Bildungsschicht ergab sich daraus eine permanente Verunsicherung sowohl religiöser als auch materieller Art.

c) Die «Islamisierung» als Staatsziel

Mit der Machtergreifung durch General Żiyāʾ al-Ḥaqq im Juli 1977 begann in der Geschichte Pakistans ein neuer Abschnitt, der dadurch gekennzeichnet ist, daß die Einführung des «islamischen Systems» zum Staatsziel erklärt wurde. Żiyāʾ war keinesfalls der erste pakistanische Staatschef, der sich in den Dienst der Islamisierung stellte. Die meisten seiner Vorgänger hatten den Islam für die eigenen Zwecke instrumentalisiert, wobei es bemerkenswert ist, daß dem Staatsgründer Jināḥ ein liberal-demokratischer Staat nach dem Vorbild von Westminster vorschwebte. Er starb bereits 13 Monate nach der Staatsgründung, als die Grundlinien der Verfassung noch nicht festgelegt waren.

Jināḥs Nachfolger ließen sich von den Islamisten in der Frage der Souveränität in eine Falle locken. Den Islamisten zufolge gebührt die Souveränität nicht dem Volk, sondern Gott. Die Staatsführung maß dieser Sache keine besondere Bedeutung bei, weil sie ihr ohne praktische Konsequenzen erschien. Man nahm die Souveränität Gottes in die Präambel der Verfassung mit dem Hinweis auf, daß sie von Gott an den Staat und das Volk mit der Maßgabe delegiert wurde, sie innerhalb der von Ihm gesetzten Grenzen auszuüben. Dem Koran und der Sunna des Propheten Muḥammad zollte man Respekt und empfahl sie als Richtschnur für die zu erlassenden Gesetze. Man schlug die Bildung einer Kommission zur Überprüfung der bestehenden Gesetze vor, die Vorschläge unterbreiten sollte, wie sie mit den Lehren des Islams in Einklang gebracht werden könnten. Daneben wurde die Gründung einer Institution für Forschung und Lehre angeregt, die beim Wiederaufbau der islamischen Gesellschaft helfen sollte. Diese als Kosmetik verstandenen Zugeständnisse an die Islamisten, denen es 1953 in der *Aḥmadīya*-Frage gelungen war, die Straße gegen die Regierung zu mobilisieren, wurden von den Regierenden nicht sehr ernst genommen. Dagegen betrachtete Maudūdī die Verfassung von 1956 als einen Etappensieg auf dem Weg zur Islamisierung des Staates, denn die Anerkennung der Souveränität Gottes bedeutete nicht mehr und nicht weniger eine Verpflichtung zur Einführung des von Ihm erlassenen Gesetzes. Man bezeichnete sie fortan als die «islamische Verfassung», der allerdings nur eine Lebensdauer von zwei Jahren vergönnt war. Im Oktober 1958 wurde sie vom ersten Militärmachthaber General Aiyūb Khān kurzerhand außer Kraft gesetzt. Er wollte eine auf seine Person zugeschnittene Verfassung haben, die seiner Vorstellung der «Basisdemokratie» entsprach.

In dieser von ihm 1962 verkündeten Verfassung fehlten nicht nur sämtliche «islamische Paragraphen», sondern es wurde auch aus der Staatsbezeichnung das Adjektiv «islamisch» entfernt; der Staat sollte fortan «Republik Pakistan» heißen. Die Opposition benutzte dies als Knüppel gegen sein Regime und mobilisierte die Straße. Zwei Jahre später sah sich Aiyūb Khān gezwungen, die islamischen Paragraphen wieder einzuführen und den Staatsnamen «Islamische Republik Pakistan» wiederaufleben zu lassen. Darüber hinaus erhielt der *Council of Islamic Ideology*[18] verfassungsmäßigen Status und den Auftrag, dem Parlament beratend zur Seite zu stehen und Auskunft darüber zu erteilen, ob ein zu verabschiedendes Gesetz mit den Lehren des Islams in Einklang stehe oder nicht. Er sollte ferner Vorschläge zur Herbeiführung von Konformität zwischen den existierenden Gesetzen und den Lehren des Islams ausarbeiten. In seinem Eifer erfand das Aiyūb-Regime die «islamische Ideologie», die gelegentlich auch «Pakistan-Ideologie» genannt wird und gegen die keine zugelassene politische Partei gerichtet sein durfte. Sein Versuch, die *Jamāʿat-i islāmī*, die sich vor der Unabhängigkeit gegen Pakistans Gründung ausgesprochen hatte, zu verbieten, wurde vom Obersten Gericht zurückgewiesen, weil ausgerechnet diese Partei in der Vorfront derjenigen Kräfte stand, die Pakistan in einen islamischen Staat umwandeln wollten.

Nach der Sezession von Ostpakistan 1971 (seither Bangladesh) übernahm Dhū l-fiqār ʿAlī Bhuṫṫō die Präsidentschaft Rest-Pakistans. Seine *Pakistan People's Party (PPP)* war ursprünglich links orientiert. Er wollte aber die Islam-Begeisterung im Lande nicht ungenutzt lassen und trat daher für den «Islamischen Sozialismus» ein. Unter dem Druck der Opposition, insbesondere von seiten der Islamisten, blieb in der von seiner Regierung ausgearbeiteten Verfassung von 1973[19] vom Sozialismus nicht viel übrig. Gleichzeitig erhöhte sich die Zahl der islamischen Paragraphen und zum ersten Mal wurde der Islam zur Staatsreligion erklärt. Neben dem Staatspräsidentenamt, das auch in den beiden früheren Verfassungen nur von einem Muslim besetzt werden durfte, sollte dies zukünftig auch für das Amt des Premierministers gelten. Um seine Verdienste für den Islam zu unterstreichen, ließ Bhuṫṫō 1974 die *Aḥmadīya* vom Parlament zu einer nichtislamischen Religionsgemeinschaft erklären.[20] Vor diesem Schritt waren bis dahin alle seine Vorgänger zurückgewichen, weil sie einer verhängnisvollen Entwicklung keinen Vorschub leisten wollten. Seither fordern die Islamisten den Ausschluß von *Dhikrīs* und Schiiten vom Islam. Bhuṫṫōs Versuch, den Islam für sein Regime dienstbar zu machen, wurde von den oppositionellen Parteien, die sich anläßlich der Wahlen im März 1977 in der *Pakistan National Alliance* zusammengeschlossen hatten, damit beantwortet, daß sie den Koran zu ihrem Wahlmanifest erklärten. Sie entlarvten seine pseudo-islamischen Verdienste als Betrug und gaben an, Pakistan in einen echten islamischen Staat verwandeln zu wollen.[21] Die von der PPP-Regierung durchgeführte Wahlfälschung gab Anlaß zu Massendemonstrationen, die den Chef des Heeres, General Żiyāʾ al-Ḥaqq, zur Machtübernahme ermunterten. Es war daher kein Zufall, daß General Żiyāʾ später die Islamisierungspolitik zur Festigung seines Regimes und als Legitimation für seine Herrschaft benutzte.[22]

Żiyāʾ sprach kurz nach der Machtübernahme vom islamischen System, das es einzuführen gelte. Den Grundstein für das Gebäude des islamischen Staates legte er vermeintlich mit der Einführung der Strafe des Handabhackens für Diebstahl und Straßenraub. Die Verordnungen in bezug auf Unzucht, Eigentumsdiebstahl, Verleumdung in Zusammenhang mit Unzucht und Alkoholprohibition traten bereits am 10. Februar 1979 in Kraft. Vom gleichen Datum an wurden *sharīʿa-Kammern (Shariat Benches)* an allen Landesobergerichten *(High Courts)* errichtet. Im Mai 1980 wurde ein *Bundes-Scheriatgericht* gebildet. Später kam eine *Scheriat-Appellationskammer (Shariat Court)* am Obersten Gerichtshof *(Supreme Court)* hinzu. Sie sollen auf Antrag der Provinz- und Bundesregierungen oder auf Petition von Bürgern tätig werden und prüfen, ob ein Gesetz mit der islamischen Lehre in Einklang steht oder nicht. Daneben wurde eine ständige Rechtskommission mit dem Auftrag zur Beratung bei der Islamisierung von Gesetzen errichtet. An der *Quaʾid-i Aʿzam-University* in Islamabad wurde eine *sharīʿa*-Fakultät gegründet, die später in eine islamische Universität umgewandelt wurde. Gleichzeitig wurde ein Fonds zur Eintreibung von *zakāt,* hauptsächlich von den Bankkonten, eingerichtet.[23] Zur Verteilung dieser Gelder unter den Bedürftigen wurden *zakāt*-Komitees ernannt, mit deren Hilfe Żiyāʾ im ganzen Land für sich eine Klientel schuf. Seine Nachfolger haben seither von diesem Instrument regen Gebrauch gemacht, zumal die Gelder im großen und ganzen jeweils nur für die eigenen Anhänger ausgegeben werden.

Die Schiiten rebellierten gegen die Eintreibung und Verwaltung von *zakāt* durch die staatlichen Stellen. Nach dem zwölferschiitischen Recht *(fiqh jaʿfarīya)* muß dieses Geld an die Geistlichen abgeführt werden, denen es freisteht, es nach eigenem Gutdünken unter Bedürftigen zu verteilen. Durch einen mehrtägigen Streik und einen beispiellosen Marsch auf die Regierungsstellen in Islamabad erreichten sie, daß sie von der Zwangseintreibung von *zakāt* durch Behörden freigestellt wurden. Was sie allerdings nicht erringen konnten, war die ihnen unter Bhuttō zugesagte Einführung des getrennten Unterrichts für schiitische Schüler im Lehrfach «Islamische Geschichte und Theologie» (*islāmīyāt*). Żiyāʾ setzte sich über die Vereinbarung hinweg und erklärte, daß es nur einheitlichen Unterricht in diesem Fach geben könne. Auf der anderen Seite sicherte er den Vertretern der Schiiten am 6. Juli 1980 verfassungsrechtliche Garantien für das *fiqh jaʿfarīya* zu. Heraus kam allerdings im September 1980 lediglich ein Zusatz zu einem Verfassungsartikel, wonach das *fiqh jaʿfarīya* für die Schiiten im Personenstandsrecht angewandt werden solle, was der gängigen Praxis entsprach.

Um seiner Herrschaft vermeintlich eine Legitimation zu verschaffen, ließ Żiyāʾ im Dezember 1984 ein Referendum durchführen, bei dem gefragt wurde, ob man mit seiner Islamisierungspolitik einverstanden sei oder nicht. Obwohl kaum 20% der Wähler ihre Stimme abgaben, ließ Żiyāʾ proklamieren, daß das Volk mit überwiegender Mehrheit die Frage bejaht und somit ihn für weitere fünf Jahre in das Amt des Präsidenten gewählt habe. Dieser kuriosen Präsidentenwahl folgte im Februar 1985 die Parlamentswahl, an der die politischen Parteien nicht teilnehmen durften. Noch vor der Regierungsbildung, mit der Muḥammad Khān

Junējō beauftragt wurde, wurde die Verfassung von 1973 in einer stark geänderten Fassung wiederbelebt. In seiner Eröffnungsrede vor dem Parlament am 23. März 1986 forderte Żiyā' zur Fortsetzung der Islamisierungspolitik auf. Kurz darauf legten zwei islamistische Senatoren offensichtlich mit Billigung von Żiyā' eine private Gesetzesvorlage *(Shariat Bill)* vor, die zugleich vom Senat gebilligt wurde, obwohl die Junējō-Regierung sie mit Vorbehalt betrachtete. In der Nationalversammlung stieß sie auf Ablehnung, weshalb die Regierung eine eigene Verfassungsergänzungsvorlage (9th Amendment) einbrachte, die die *Shariat Bill* überflüssig machen sollte. Danach sollte die islamische Lehre, wie sie im Koran und der Sunna des Propheten festgelegt ist, das oberste Recht bilden, der Nationalversammlung und den Provinzparlamenten als Rechtsquelle und für die Regierung als Richtschnur dienen. Die Kompetenz des *Bundes-sharīʿa-Gerichtshofs* sollte sich auch auf die fiskalischen Gesetze erstrecken, und er sollte auch befugt sein, die Verfassung oder Teile davon für ungültig zu erklären, wenn sie zu den Lehren des Islams im Gegensatz stehen sollten. Obwohl dies den Islamisten nicht ausreichte, votierten sie mit der Regierungspartei, die sich inzwischen gebildet hatte, für die Annahme der 9. Verfassungsergänzung. Auf der anderen Seite beharrten sie auf ihrer Forderung, daß auch die *Shariat Bill* angenommen werden sollte, womit sie die Souveränität der Verfassung aufheben wollten. Żiyā' unterstützte sie in ihrem Vorhaben und ermunterte sie zur Ausübung von Druck auf die Regierung, die seiner Meinung nach die Islamisierungspolitik vernachlässigt hatte.

Diesen Grund führte er unter anderen auf, als er am 29. Mai 1988 die Junējō-Regierung entließ. Wenige Tage später wurde die *Shariat Ordinance* erlassen, die zwar fast alles enthielt, was die *Shariat Bill* beabsichtigte, aber nur eine begrenzte Lebensdauer haben konnte und zudem alle vier Monate auf dem Verordnungsweg verlängert werden mußte. Nach dem Tod von Żiyā' am 17. August 1988 verlängerte sein Nachfolger Ghulām Isḥāq Khān am 15. Oktober 1988 ihre Gültigkeit für weitere vier Monate. Aber die inzwischen zur Regierungschefin avancierte Bīnaẓīr (Benazir) Bhuttō war nicht bereit, sie der Nationalversammlung zur Verabschiedung vorzulegen, womit sie am 15. Februar 1989 endgültig ihre Gültigkeit einbüßte. Bīnaẓīr Bhuttō gab mit ihrer Haltung der Opposition die Möglichkeit, ihre Regierung als antiislamisch zu brandmarken. Aber als ihre Regierung am 6. August 1990 von Präsident Ghulām Isḥāq Khān entlassen wurde, tauchte der Vorwurf mangelnder Förderung der Islamisierung als Grund für die Entlassung nicht auf.

Die oppositionelle *Islāmī jumhūrī ittiḥād (IJI)*, in der sich fast alle PPP-Gegner für die anstehenden Parlamentswahlen im Oktober 1990 zusammengefunden hatten, versprach im Wahlkampf die Verabschiedung der *Shariat Bill* als eine der ersten Maßnahmen nach der Regierungsbildung. Sie löste ihr Versprechen aber anders ein, als die Islamisten es sich vorgestellt hatten. Statt der *Shariat Bill* leitete die Nawāz Sharīf-Regierung dem Parlament eine eigene Gesetzesvorlage zu, die anschließend mit Mehrheit angenommen wurde. Sharīf war bereits zuvor mit der Bemerkung hervorgetreten, daß er ein «nichtfundamentalistisches» Gesetz machen wolle. Es war bemerkenswert, daß das verabschiedete Gesetz (*The Enforcement of Shariah Act, ESA*, 1991)[24] anders als die *Shariat Bill* weder die Souveränität der Verfassung antastete, noch den Gerichten anstelle des Parlaments die gesetzgeberische Kompetenz übertrug. Gleichwohl erhob es das *sharīʿa*-Recht zum Landesrecht, obwohl es in der Verfassung bereits als *die* Rechtsquelle vermerkt ist, nach der sich die Gesetzgebung zu richten habe. Überhaupt fällt auf, daß fast alles, was in dieses Gesetz aufgenommen wurde, bereits an hervorragender Stelle in der Verfassung vorhanden ist. So zum Beispiel die Verpflichtung des Staates, Maßnahmen zur Einführung des «islamischen Wirtschaftssystems» zu ergreifen bzw. geeignete Schritte zur Islamisierung der Justiz einzuleiten. Obwohl die Islamisten für die Annahme des ESA stimmten, waren sie im großen und ganzen mit ihm unzufrieden, denn darin war festgelegt worden, daß die parlamentarische Demokratie und das vorhandene Regierungssystem gerichtlich nicht in Frage gestellt werden dürfen. Auch dürfen die in der Verfassung garantierten Rechte der Nichtmuslime und der Frauen nicht angetastet werden.

Die Islamisten betrachteten die Verabschiedung des ESA als einen Etappensieg, weil es zur Islamisierung des Staates beiträgt. Aber sie machten keinen Hehl aus ihrer Enttäuschung über die Sharīf-Regierung, die vor der Kritik aus dem Ausland kapituliert habe. Kurz darauf verließ die *Jamāʿat-i islāmī die* JI, um, wie sie es formulierte, ihren Kampf für den islamischen Staat allein fortzusetzen. Sie präsentierte sich bei den Parlamentswahlen im Oktober 1993 als «die dritte Kraft» neben den Volksparteien PPP und *Pakistan Muslim League (PML)*. Extra dafür wurde die *Pakistan Islamic Front (PIF)* ins Leben gerufen, die in Wirklichkeit eine Tarnorganisation der JI war. In den Wahlen schnitt sie ebenso wie die anderen islamischen Parteien miserabel ab. Ihre Hoffnung, daß der Sieger für die Regierungsbildung auf sie als Koalitionspartner angewiesen sein würde, erfüllte sich nicht. Sie versuchte sich danach als die einzige saubere und demokratische Partei im Land zu präsentieren, die sich zudem für die Belange der muslimischen Freiheitskämpfer im indischen Kaschmir und in Afghanistan einsetzt. Ein zaghafter Vorstoß seitens der Bīnaẓīr Bhuṭṭō-Regierung im Frühjahr 1994 zur Annullierung oder Abmilderung der berüchtigten Strafbestimmung des Paragraphen 295-C des *Pakistan Penal Code (PPC)* vom 12. Oktober 1986, wonach unter Androhung der Todesstrafe untersagt wird, den Namen des Propheten Muḥammad zu verunglimpfen, wurde von den islamischen Parteien zum Anlaß genommen, gegen die Regierung mobil zu machen.

Dieser Paragraph 295-C des PPC wird zunehmend gegen Nichtmuslime angewandt. In mehreren Fällen wurden Christen unter diesem Paragraphen angezeigt. In mindestens einem Fall wurde ein Beschuldigter vom Gericht zum Tode verurteilt, ohne daß die Strafe ausgeführt wurde. Dagegen wurden mehrere beschuldigte Christen von (angeblich oder tatsächlich) aufgebrachten Muslimen ermordet. Ursprünglich wurde dieser Paragraph geschaffen, um die Aḥmadīs zu bestrafen, deren Glaubensbekenntnis per se als eine Beleidigung des Propheten Muḥammad angesehen wird. Dadurch, daß sie den Begründer der *Aḥmadīya* als einen Propheten verehren, verunglimpfen sie nach Ansicht ihrer Gegner Muḥammad, den man als den letzten Propheten ansieht. Diese unter Żiyā' al-Ḥaqq geschaffene Strafbestimmung stellte den Höhepunkt einer Entwicklung dar, die er durch seine Anordnung vom 26. April 1984 eingeleitet hatte. Danach wurde den Aḥmadīs unter Androhung einer Freiheitsstrafe bis zu drei Jahren und/oder Geldstrafe untersagt, bestimmte, nach traditionellem islamischem Verständnis den Kalifen, den Gefährten des Propheten Muḥammad und anderen verehrungswürdigen Personen vorbehaltene Bezeichnungen auf andere Personen anzuwenden, ihre Andachtsstätten Moschee *(masjid)* zu nennen und den Gebetsruf *(adhān)* der Muslime zu verwenden. Ihnen wurde ferner untersagt, sich als Muslime und ihren Glauben als Islam zu bezeichnen, ihren Glauben zu predigen, zu missionieren, andere zur Annahme ihres Glaubens aufzufordern oder die religiösen Gefühle der Muslime zu verletzen. Seither häufen sich Anzeigen gegen die Aḥmadīs wegen der Verwendung der Grußformel «Friede sei mit Euch» *(as-salāmu ʿalaikum)*. Eine Zeitlang provozierten die Aḥmadīs ihre Verhaftung durch das Tragen des Glaubensbekenntnisses «Es gibt keinen Gott außer Allah, und Muḥammad ist sein Prophet» *(lā ilāha illā l'llāhu wa-Muḥammad rasūl allāh)*. Sie wollten damit vor aller Welt demonstrieren, wie unsinnig die betreffende Strafbestimmung war. Wegen dieses Vergehens wurden Tausende von Aḥmadīs von den Gerichten zu mehrjährigen Strafen verurteilt. Zwischenzeitig scheint die *Aḥmadīya* vom Konfrontationskurs, bei dem sie nur verlieren kann, abgewichen zu sein. Sie ist dabei, ein neues Vokabular für religiöse Dinge zu schaffen, um das Überleben der eigenen Gemeinschaft in Pakistan sicherzustellen. Sie hat sich aber bislang strikt geweigert, den Status einer nichtmuslimischen Religionsgemeinschaft zu akzeptieren. Sie lehnt zum Beispiel die Teilnahme an den Parlamentswahlen ab, obwohl für sie in der Nationalversammlung und im Provinzparlament von Panjāb jeweils ein Sitz reserviert wurde. Es war überhaupt dieser Islamisierungstendenz in der pakistanischen Politik zuzuschreiben, daß das getrennte Wahlrecht für Muslime und Nichtmuslime eingeführt wurde. Der Vorteil der Reservierung von Parlamentssitzen für Nichtmuslime stand in keinem Verhältnis zu den Nachteilen, die das getrennte Wahlrecht mit sich brachte. Angehörige nichtislamischer Religionsgemeinschaften wurden vom Volk als Fremdkörper empfunden, deren Loyalität dem Staat und der Gemeinschaft gegenüber als suspekt angesehen wurde.

Das Wahlrecht wurde 2002 erneut geändert. Danach dürfen alle Staatsbürger unabhängig von ihrer Zugehörigkeit zu Religionsgemeinschaften bei den allgemeinen Wahlen sowohl das passive als auch das aktive Wahlrecht ausüben. Gleichzeitig wurden für Frauen 60 Sitze und für Nichtmuslime 10 Sitze in der Nationalversammlung reserviert, über deren Vergabe die gewählten Parlamentarier entscheiden. Unabhängig davon können sowohl Frauen als auch Nichtmuslime bei den allgemeinen Wahlen kandidieren und gewählt werden, ohne daß sich dadurch die jeweilige Quote verringert.

8. Bangladesh

(Hans Harder)

a) *Übersicht*

Das heutige Bangladesh ging 1971/72 nach einem blutigen Unabhängigkeitskrieg aus dem östlichen Teil Pakistans hervor. Für das Verständnis der jüngeren Geschichte des Landes und der Rolle des Islams für seine Entwicklung sind jedoch die indische Teilung von 1947 sowie die pakistanische Periode von entscheidender Bedeutung, weshalb sie hier in die Betrachtung miteinbezogen werden.

Britisch-Indien wurde mit seiner Unabhängigkeit im Jahre 1947 in zwei souveräne Staaten geteilt: Indien und Pakistan. Ausschlaggebend für die Grenzziehung waren dabei in erster Linie die religiösen Mehrheitsverhältnisse in der Bevölkerung; überwiegend hinduistische Gebiete wurden Indien zugeschlagen, überwiegend muslimische gingen an Pakistan. Die größten Konzentrationen muslimischer Bevölkerung befanden sich allerdings nicht in einem einzigen zusammenhängenden Territorium, sondern an den nordwestlichen und nordöstlichen Rändern des Subkontinents. Der Staat ist daher 1947 als ein recht ungleiches Gebilde entstanden: 1500 Kilometer indisches Territorium trennten das große, sprachlich und ethnisch heterogene, doch zu über 90% muslimische Gebiet Westpakistans von Ostpakistan, einem kleinen, extrem bevölkerungsreichen und fast einheitlich bengalischen Block im Gangesdelta, welcher aber große Bevölkerungsanteile von Nichtmuslimen enthielt (bis 1947 über 30%). Die westlichen Teile Bengalens wiesen eine Hindu-Mehrheit auf und fielen als Unionsstaat Westbengalen an Indien. Ostbengalen hatte bis dahin die Rolle eines agrarisch geprägten Hinterlandes inne gehabt; die Teilung Bengalens im Zuge der Unabhängigkeit von 1947 isolierte das nunmehrige Ostpakistan von seinem städtischen und wirtschaftlichen Zentrum Kalkutta und führte zu einer Massenmigration von Angehörigen der jeweiligen religiösen Minderheiten in die entsprechenden Mehrheitsgebiete.

In Gesamtpakistan stellten die Bengalen die Bevölkerungsmehrheit, waren aber in den politischen Gremien stark unterrepräsentiert und wurden wirtschaftlich benachteiligt. Zudem weigerte sich die Regierung anfänglich, das Bengali als zweite Nationalsprache neben dem Urdu anzuerkennen. Hintergrund dieser abwertenden Haltung der Westpakistaner gegenüber den im Durchschnitt kleinwüchsigeren und dunkelhäutigeren Bengalen ist ein aus vormodernen Zeiten stammendes und besonders während der Mogulherrschaft verbreitetes Überlegenheitsgefühl der in der Regel zugewanderten, türkisch- oder persischstämmigen Herrscherschichten gegenüber der lokalen Bevölkerung. Hinzu kamen Zweifel am «islamischen Charakter» der bengalischen Sprache und der bengalischen Muslime überhaupt sowie an ihrer Loyalität zu Pakistan. Dabei waren es die bengalischen Muslime gewesen, die 1906 mit der Gründung der *Muslim League* in Kalkutta die politische Willensbildung der indischen Muslime in Gang gebracht hatten, und die Pakistan-Bewegung war in den folgenden Jahren hier nicht weniger eifrig vorangetrieben worden als in anderen Teilen Indiens. Urdu und Persisch waren hier nur von Teilen der privilegierten *ashrāf*-Schicht (s. u.) gepflegt worden und Mitte des 20. Jahrhunderts zugunsten des Bengali im Schwinden begriffen.

Die ablehnende Haltung Jinnahs und der folgenden westpakistanischen Führung in bezug auf die Anerkennung der bengalischen Sprache führte zur Entstehung der bengalischen Sprachbewegung. Am 21. Februar 1952 wurde eine Demonstration bengalischer Intellektueller und Akademiker in Dhaka mit Waffengewalt gestoppt; dieses (2001 durch die UNO zum internationalen «Tag der Muttersprachen» gekürte) Datum bescherte dem aufkeimenden bengalischen Nationalismus die ersten Märtyrer und wurde zum Kristallisationspunkt der Bewegung, in welcher nach wiederholten Enttäuschungen die Sezessionsbestrebungen immer lauter wurden. 1970 konnte der charismatische bengalische Nationalist Shaikh Mujibur Rahman mit seiner *Awami League* die gesamtpakistanischen Wahlen für sich entscheiden; die Annullierung dieser Wahl durch die westpakistanische Führung des Landes war der Auslöser für den Sezessions- oder «Befreiungskrieg» *(muktiyuddha)* von 1971, der durch extrem grausames, teilweise pogromhaftes Vorgehen der pakistanischen Armee auch gegen die bengalische Zivilbevölkerung gekennzeichnet war und mit militärischer Hilfe Indiens unter Indira Gandhi zugunsten Bangladeshs entschieden werden konnte.

Der junge Staat Bangladesh gab sich eine entschieden säkulare und sozialistisch geprägte Verfassung, die keiner Religionsgemeinschaft einen politischen Status gewährte und unter Artikel 38 die religiös-politischen Parteien verbot, was neben der *Jamāʿat-e islāmī* auch die *Muslim League* betraf. 1976, nach der Ermordung Mujibur Rahmans und während der Militärdiktatur Ziaur Rahmans, wurden religiös orientierte Parteien jedoch wieder zugelassen, und 1988 wurde während der Regierungszeit Muhammad Ershads der Islam zur Staatsreligion erklärt, was auch die 1996–2001 regierende *Awami League* nicht rückgängig machte. Mit der *Jamāʿat-e islāmī* ist seit 2001 eine islamistische Partei an der Regierung beteiligt.

b) Die Islamisierung Bengalens

Auf den ersten Blick scheint sich der Islam in Bangladesh einheitlicher darzustellen als in Pakistan und Indien. Die ca. 120 Mio. bangladeshischen Muslime (d. h. mehr als ein Zehntel der muslimischen Weltbevölkerung) sind fast ausnahmslos Sunniten der hanafitischen Rechtsschule; die Zahl der Schiiten ist verschwindend klein, und Gruppierungen wie die *Aḥmadīya* oder *Ismāʿīlīya* sind – entgegen dem Eindruck, den die jüngsten Übergriffe erzeugt haben mögen – kaum verbreitet. Bei genauerer Betrachtung erweist sich dieses homogene Bild jedoch als trügerisch, denn es existieren bis heute zahlreiche, oftmals kaum bekannte, geschweige denn erforschte lokale Religionsformen, die sich aus der spezifischen Art der Islamisierung Bengalens ergeben haben.

Die Islamisierung Bengalens erfolgte in einem langen und allmählichen Prozeß, der bereits vor der Eroberung des Landes durch den zentralasiatischen Türken Bakhtiyār Khiljī (1201) begann, sich aber erst im 16. und 17. Jahrhundert während der Mogulherrschaft massiv durchsetzte. Der Hauptstrom des Ganges hatte sich etwa zu Beginn des 16. Jahrhunderts in den damals dicht bewaldeten Osten des Deltas verschoben und damit neue Möglichkeiten für den Ackerbau geschaffen. Die Verbreitung des Islams ist im Zusammenhang mit der Rodung, Urbarmachung und Besiedelung dieser Region zu sehen, welche in jener Zeit u.a. durch Landschenkungen vorangetrieben wurden. Immigranten aus dem nordwestlichen Südasien sowie aus dem heutigen Afghanistan und Iran führten diese Siedlungsbewegung an und brachten die nur oberflächlich hinduisierte oder animistische Lokalbevölkerung mit der Hochreligion des Islams in Kontakt. Die kollektiven, oft nur nominellen Konversionen in diesen neu formierten Dorfgemeinschaften sind für den hohen Prozentsatz an Muslimen im östlichen Bengalen verantwortlich zu machen. Andere Faktoren wie etwa durch die muslimischen Herrscher forcierte Religionsübertritte, eine vermeintliche soziale Befreiung aus einer unterdrückerischen Hindu-Gesellschaft oder die Immigration aus islamischen Ursprungsländern werden aus unterschiedlichen ideologischen Motivationen heraus immer wieder hervorgehoben, dürften aber zahlenmäßig eine ungleich kleinere Rolle gespielt haben.[1]

Der Islam, der in dieser Weise in Bengalen Verbreitung fand, fungierte als Agrarreligion und war stark von sufischen Elementen geprägt. Die Pioniere dieser Agrarmigration, von Richard Eaton «Sufi settlers» genannt, wurden vielerorts zu Heiligen und ihre Schreine zu Orten der Verehrung (wie zum Beispiel Khan Jahan Ali in Bagerhat). Des weiteren übernahmen sie Funktionen, die vormals von verschiedenen Volksgottheiten versehen worden waren: Schutz vor der Wildnis, Krankheiten usw. In die bengalischen sufischen Lehrwerke des späten Mittelalters fanden in hohem Maße auch yogische und tantrische Vorstellungen sowie Motive hinduistischer Mythologie ihren Eingang. Formen bengalischer Volksreligiosität, die teils buddhistisch-hinduistischer, teils gänzlich lokaler Herkunft waren, wurden in dieser Weise auch in den bengalischen Islam integriert.[2] Besonders in mystischen Gruppierungen finden sich bis heute starke vishnuitische und yogisch-tantrische Elemente.

Hiervon getrennt sind die frühen städtischen Zentren zu sehen, wo die religiösen Strömungen in engerem Kontakt zu überregionalen Entwicklungen innerhalb des Islams standen und insofern weniger empfänglich für lokale Religionsformen waren. Die Kategorien *ashrāf* (arab. «Edle») und *ātrāp* (von arab. *ajlāf* «Gemeine, Ungebildete»), die in Bangladesh zum Teil bis heute relevant sind, verweisen auf die ausländische bzw. lokale Herkunft der so bezeichneten Schichten, und in bezug auf die religiöse Praxis waren ihnen lange orthodoxe bzw. lokal eingefärbte Versionen des Islams zuzuordnen.

Anfang des 19. Jahrhunderts kam Ostbengalen unter den Einfluß islamisch-reformistischer Bewegungen. Ein Hintergrund für deren Entstehung war unter anderem der Machtverlust der Nawabs (Lokalherrscher) von Bengalen nach dem Sieg der britischen East India Company in der Schlacht von Plassey (1757) und die daraus resultierende Orientierungslosigkeit unter einem Teil der muslimischen Bevölkerung. Man machte teilweise eine vermeintliche Abkehr vom «wahren Glauben» für die Lage verantwortlich und rief zu moralischer Erneuerung auf, was durch Hinwendung zu den «Fundamenten» des Islams und Absage an «hinduisierte» volksreligiöse Praktiken wie die zahlreichen Schreinkulte um Heiligengräber erreicht werden sollte. Mehr als die hauptsächlich im Nordwesten des Subkontinents aktive *Ṭarīqat al-Muḥammadīya*, deren Einfluß im Westen Bengalens zu spüren war, war hier die *Farā'iżī*-Bewegung von Bedeutung, die 1818 durch Shariatullah (Sharī'atullāh, 1781–1840), einen Geistlichen aus Faridpur, gegründet wurde. 1799 kam er in Mekka mit der wahhabitischen Lehre in Kontakt. In Bengalen zog er mit Konzepten wie *shirk* («Allāh ein zweites Heiliges beigesellen») und *bid'a* («unzulässige Neuerung») gegen volkstümliche Praktiken und Heiligenkulte ins Feld. Britisch-Indien erklärte er zum *dār al-ḥarb* («Feindesland») und setzte die Freitags- und *'Īd*-Gebete aus. Durch Druckheftchen zu islamischen Themen vor allem in bengalischer Sprache wurden seine Botschaften auch medial verbreitet und erreichten unter der ostbengalischen Landbevölkerung eine starke Wirkung. Shariatullahs Sohn Dudhu Miya führte die Bewegung nach seinem Tode fort und gab ihr einen sozialrevolutionären Anstrich. Im Zuge der Mutiny von 1857 wurde dieser festgenommen, und die virulente Phase der Bewegung kam zu ihrem Ende. Ihre reformistischen Themen wurden jedoch von verschiedenen Seiten aufgegriffen, und sie bleibt bedeutsam als Vorläufer späterer islamistischer Bewegungen und erstmaliger Kristallisationspunkt einer distinkten religiös-sozialen Identität besonders unter den ländlichen Muslimen Bengalens.[3]

c) Volksislam und Sufi-Traditionen

Trotz solcher Reformbestrebungen sind sufische und volkstümliche Formen des Islams bis heute ausgesprochen verbreitet. Die Todestage der *awliyā'* oder *pīrs* genannten Lokalheiligen, die wie anderswo in Südasien als *'urs* («Hochzeit», d.h. Vereinigung des Heiligen mit Gott) bezeichnet werden, sind nach wie vor beliebte Volksfeiertage. Manche der alten Heiligenkulte zeigen Tendenzen einer Aktualisierung und Umdeutung. Der aus dem Jemen (nach einer anderen Version aus Konya) stammende Shāh Jalāl Mujarrad (verst. 1346) etwa, Lokalpatron von Sylhet und einer der frühen Sufis und Islamisierer in Ostbengalen, wird weiterhin auch von orthodoxen Muslimen an seiner Grabstätte verehrt; es ist aber eine zunehmende «Purifizierung» der devotionalen Praktiken zu beobachten. *Sajda* etwa, die Ganzkörperverbeugung vor dem Heiligengrab, oder *samā'*, die oft von Tanz begleitete Aufführung devotionaler Lieder am Schrein, werden kritisch betrachtet und mehr und mehr sanktioniert; das Bild des Heiligen wandelt sich vom wundertätigen Mystiker hin zum historischen Pionier der Islamisierung. Zugleich verwaisen die Kulte geringerer Heiliger, und die Rolle von lebenden *pīrs* (spirituellen Führern) wird immer stärker an den gesellschaftlichen Rand gedrängt. Dies hängt mit dem in Sylhet besonders starken, aber für ganz Bangladesh zutreffenden Einfluß der bangladeshischen Arbeitsmigranten in Saudi-Arabien, der Golfregion und Großbritannien zusammen, die im Ausland erworbene Konzepte eines bereinigten Islams aus einer wirtschaftlich privilegierten Stellung heraus daheim durchzusetzen streben.[4]

Anderenorts läßt sich aber auch ein entgegengesetzter Trend beobachten. In manchen Regionen Chittagongs zum Beispiel erleben Schreinkulte und lokal geprägte Sufi-Traditionen seit mehreren Jahrzehnten eine veritable Renaissance. Besonders zu erwähnen ist hierbei die Rolle der sogenannten *Maijbhandari*-Bewegung. Durch das Wirken einer Reihe von als Heilige anerkannten Mystikern seit der zweiten Hälfte des 19. Jahrhunderts entstand ein bedeutendes Pilgerzentrum und wurde die *Maijbhandari-ṭarīqa* («Sufi-Bruderschaft») entwickelt, die sich als einzige nennenswerte – eigenständig bengalische – neben den über Bangladesh hinaus in ganz Südasien weitverbreiteten Bruderschaften der *Čishtīya*, *Qādirīya*, *Suhrawardīya* usw. behauptet. Popularität erlangte diese religiöse Bewegung vor allem durch ihre Tradition mystischer Lieder *(mār'phati gān)*, die weiterhin auch mit vishnuitischen und yogisch-tantrischen Bildlichkeiten arbeitet und überregionale Bekanntheit erlangt hat. Im Zuge der *Maijbhandari*-Bewegung haben auch andere Schreinkulte in Chittagong eine Aufwertung erfahren. Alte Schreine sind wiederbelebt worden und neue dazugekommen; Heiligenlieder nach dem Muster der *Maijbhandari*-Tradition werden neuerdings auch anderen muslimischen und sogar Hindu-Heiligen gewidmet.

Es gibt eine Vielzahl solcher (im Hinblick auf ihre Doktrinen) oftmals stark eigenständiger Gruppierungen in verschiedenen Teilen Bangladeshs – z.B. die Sufi-Tradition von Mirzakhil (Chittagong), die Gruppen um den extrem populären Āṭ'rasī Pīr (Faridpur/Dhaka; persönlicher Pīr des ehemaligen Staatschefs Ershad) und den sogenannten Sufi Samrāṭ («Sufi-Herrscher», Dhaka), die *Naqshbandī*-Bewegung von Thakurgaon usw.

Genannt werden müssen hier auch die Bauls, eine eigentlich für sich stehende antiritualistische Gruppe von Mystikern, die sowohl in Bangladesh als auch in Westbengalen beheimatet ist. Sie verbinden esoterische Lehren vishnuitischer, tantrischer und sufischer Provenienz und gelten seit Rabindranath Tagores sympathisierendem Eintreten für diese Religionsform aufgrund ihrer mystischen Lieder als Emblem bengalischer mystischer Volksfrömmigkeit; in Bangladesh werden sie auch einfach und unspezifisch als *phakir* («Fakire») bezeichnet. Immer wieder kommt es zu teilweise gewalttätigen Verfolgungen der vermeintlich häretischen Bauls durch Vertreter der islamischen Orthodoxie; zugleich gibt es aber auch massive Versuche, den berühmtesten Baul-Heiligen Lālan Phakir als Sufi-Meister in den Kanon islamischer Heiliger zu integrieren.[5]

d) Reformislam und Islamismus

Auf der anderen Seite des religiösen Spektrums stehen Gruppierungen, die anstelle lokaler Traditionen den Zugang zum Islam über seine Schriftzeugnisse in den Mittelpunkt stellen. Da auch Sufi-Bewegungen in Bangladesh den Schriftbezug ihrer Lehren ausbauen und verfechten, sind Grenzziehungen oft schwierig, und die Haltung des heutigen «Gesetzesislams» bzw. der Orthodoxie zu den oben genannten sufischen und volksreligiösen Gruppierungen reicht von freundlicher Zuneigung bis hin zu schroffer Ablehnung. Das gilt auch für die sunnitischen Madrassas (Religionsschulen, von arab. *madrasa*) des Landes, die je nach theologischer Ausrichtung ganz unterschiedliche Einschätzungen etwa des Heiligenwesens liefern. Als eigentlicher Antipode des sufischen und des Volksislams müssen darum reformistisch-fundamentalistische Strömungen gelten, die oftmals einen Islam wahhabitischer Prägung vertreten und darin massiv von saudi-arabischen Finanzhilfen gefördert werden. Viele der etwa 7000 Madrassas (Stand 1998; dem stehen 66000 Grund- und 13000 weiterführende Schulen gegenüber) des Landes werden aus solchen Mitteln unterhalten.

Die wichtigste populäre Bewegung aus diesem Spektrum, die auch in anderen Teilen Südasiens verbreitet ist, in Bangladesh aber besonders großen Zulauf verzeichnen kann, ist die *Tablīghī Jamāʿat.* Zu den Pflichten der Mitglieder gehören missionarische Tätigkeiten; im Sinne einer inneren Mission werden Gläubige besucht und zur Befolgung ihrer religiösen Pflichten gemahnt. Politisch ist diese Bewegung nicht aktiv, und ihre Anhänger rekrutieren sich nicht aus einem klar umgrenzten Parteienspektrum.

Radikaler und streitlustiger tritt der *Chātra Śibir* auf, die Studentenorganisation der islamistischen Partei *Jamāʿat-e islāmī* (s.u.), die seit 1976 wieder legal agiert. Berüchtigt sind die oft blutigen Auseinandersetzungen des *Chātra Śibir* mit den entsprechenden Studentenorganisationen säkularer oder linksorientierter Parteien, und auch bei Ausschreitungen gegen Hindus wird der Organisation eine aktive Rolle zugeschrieben. Dinge wie Schutzgelderpressungen und selbst Foltermethoden im Kampf mit ihren Gegnern sind für den *Chātra Śibir* angeblich verbreitete Praktiken; allerdings gilt dies teilweise auch für andere Bereiche der konfliktgeladenen und teilweise mafiös agierenden Studentenpolitik in Bangladesh.

Durch einen rigiden Gesetzesislam, Anhängerschaft der *Jamāʿat-e islāmī* und die klare Parteinahme für Pakistan und gegen den bangladeshischen Nationalismus zeichneten sich auch in der Mehrzahl die Biharis aus, welche 1947 aus dem indischen Unionsstaat Bihar als Teilungsflüchtlinge nach Bangladesh gekommen waren. Im Befreiungskrieg waren viele von ihnen in den paramilitärischen Verbänden namens *al-Badr* vertreten, welche in «Säuberungs»-Aktionen unter anderem gezielt die bengalischen Intellektuellen jener Zeit ins Visier nahmen und durch Morde stark dezimierten. Zahlreiche unter den Biharis sind in den vergangenen Jahrzehnten nach Pakistan ausgewandert, und die Lage der Verbliebenen, die teilweise immer noch in Lagersiedlungen untergebracht sind, hat sich nach anfänglicher Stigmatisierung entschärft.

Es gibt viele weitere lokal begrenzte islamistische Organisationen mit unterschiedlich starkem Potential. Konflikte ergeben sich immer wieder zwischen ihnen und volkstümlichen Religionsformen sowie mit Aspekten der säkularen Stadtgesellschaft und westlichen Nichtregierungsorganisationen. Bekannt wurde eine Organisation namens Saḥāba Sainik Pariṣhad, als sie 1993 eine Fatwa gegen die Schriftstellerin Taslima Nasrin herausbrachte und ein Kopfgeld auf sie aussetzte. Nasrin hatte sich in ihren feministischen Schriften sehr kritisch zur Stellung der Frau in Bangladesh und im Islam insgesamt geäußert; vor allem aber hatte sie es mit ihrem Roman *Lajjā* («Scham», 1993) gewagt, sich nach den Ausschreitungen gegen bangladeshische Hindus in der Folge der Zerstörung der Babri-Moschee im indischen Ayodhya (1992) kompromißlos auf die Seite der Verfolgten zu stellen. Jahre später wurde ein Verleger unter Druck gesetzt, da er eine Kurzgeschichte der Schriftstellerin Selina Hossain abgedruckt hatte, die durch die Schilderung einer Vergewaltigung muslimische Gefühle verletzt habe. Agitiert und demonstriert wurde seit Ende der 1990er Jahre auch gegen Dinge wie das Zelebrieren des Valentinstages. Die Arbeit der in Bangladesh sehr präsenten ausländischen Nichtregierungsorganisationen wurde ebenfalls wiederholt zur Zielscheibe des Zorns islamistischer Kreise, denen besonders die Bemühungen um eine Verbesserung der Stellung der Frau (etwa durch Vergabe von Kleinkrediten, um den Frauen selbständige wirtschaftliche Unternehmungen zu ermöglichen, oder Bildungsinitiativen) als unvereinbar mit dem Islam erscheinen.

Politisch ist der Islamismus hauptsächlich durch die Partei *Jamāʿat-e islāmī* vertreten. Ursprünglich ein unbedeutender Zweig der von Maudūdī gegründeten und hauptsächlich in Westpakistan verankerten Partei, erlangte die bengalische *Jamāʿat* erst in den 1960er Jahren eine ernstzunehmende politische Position. Ihr wichtigstes politisches Ziel ist die Errichtung eines islamischen Staatswesens in Bangladesh. Vor und während des Befreiungskrieges hatte sie in weiten Teilen gegen die Forderung nach einer bangladeshischen Unabhängigkeit opponiert und sich auf die pakistanische Seite gestellt. Besonders ihr Führer Ghulām Aʿẓam war als Kollaborateur über lange Zeit eine *persona non grata* und flüchtete sich ins westpakistanische Exil; die Auseinandersetzungen um seine Person durchziehen noch heute die politischen Debatten. Die Rehabilitierung der *Jamāʿat-e islāmī* im unabhängigen Bangladesh hing nicht zuletzt mit ökonomischen Zwängen und der Angewiesenheit auf Entwicklungshilfen und Kredite aus arabischen Staaten zusammen, von denen insbesondere Saudi-Arabien massiv die Anerkennung des Islams in öffentlichen Dingen zur Grundbedingung für eine Förderung machte. Die Militärregimes unter Ziaur Rahman und Muhammad Ershad suchten die Zusammenarbeit mit der *Jamāʿat* zum Zwecke einer islamischen Legitimierung ihrer Herrschaft im In- und Ausland. 1991 unterstützte die *Jamāʿat* die *Bangladesh National Party* (BNP) unter Führung von Khaleda Zia, der Witwe Ziaur Rahmans, und nutzte nach deren Sieg ihren Einfluß zum Beispiel für einen harten Kurs gegen «Apostaten» wie Taslima Nasrin. Seit 2001 ist die Partei an der Seite von Khaleda Zias BNP an der Regierung beteiligt. Sie hat zwar in Wahlen nie mehr als 12% der Stimmen gewinnen und aufgrund des Mehrheitswahlrechts nur wenige Parlamentssitze erlangen können, hat es aber immer wieder verstanden, den politischen Diskurs in ihrem Sinne zu beeinflussen.[6]

Es ist schwierig, die oben skizzierten religiösen Strömungen und modernistisch-säkularen Haltungen im heutigen Bangladesh quantitativ zu erfassen, da sich einzelne Merkmale durchaus in mehreren von ihnen antreffen lassen und es sich nicht immer um klar abgrenzbare Positionen handelt, sondern oftmals um allmähliche Übergänge in einem Kontinuum. In einer Studie von Razia Akter Banu wird dennoch ein Versuch gewagt; Erhebungen über die aktuelle religiöse Praxis bangladeshischer Muslime werden in drei Typen (modern, orthodox, volkstümlich) eingeteilt. In ländlichen Gebieten ist der moderne Typus mit gerade 1% vertreten, während 50% auf den orthodoxen und 48% auf den volkstümlichen entfallen; im städtischen Raum dagegen kommen 12% auf den modernen, 62% auf den orthodoxen und 25% auf den volkstümlichen Typus.[7]

e) *Islam und Nationalidentität*

Ein Blick auf die Entstehungsgeschichte Bangladeshs offenbart ein gewisses Spannungsverhältnis zwischen islamischen und bengalischen Identitätsmodellen. 1947 entstand Pakistan inklusive seines östlichen Teils – auf der Grundlage religiöser Mehrheitsverhältnisse – als Staat der indischen Muslime; die Unabhängigkeitsbewegung und der Befreiungskrieg von 1971 stellten dagegen ein sprachlich-ethnisches Bengalentum als einigendes Band in den Vordergrund. «Bengalens Hindus, Bengalens Christen, Bengalens Buddhisten, Bengalens Muslime – wir sind alle Bengalen», verkündet beispielsweise ein während des Sezessionskrieges verbreitetes Poster. Die Schwierigkeit mit dieser auf eine gemeinsame Sprache und Kultur verweisenden Neudefinition von Nationalidentität ist jedoch, daß auch das indische Westbengalen von Bengalen bevölkert ist und das Bengalentum darum nicht in Gänze von Bangladesh beansprucht werden kann. Insofern trat bald nach der bangladeshischen Unabhängigkeit die Ratio, die der Teilung Indiens zugrunde gelegen hatte, erneut als identitätsstiftendes Merkmal hervor: der Islam nämlich als Mehrheitsreligion der Bevölkerung.

Das kulturelle Selbstverständnis Bangladeshs schwankt zwischen weiter («bengalischen») und enger gefaßten («bangladeshischen») Formulierungen, wobei letztere in der Regel den Islam als unterscheidendes Kriterium mit einbeziehen. Erschwerend kommt für einen rein sprachlich-kulturell argumentierenden Nationalismus hinzu, daß es gerade bengalische Hindus in Kalkutta gewesen sind, die ein Bengalentum definiert und ihm zu einer kulturellen Blüte verholfen haben. Die sogenannte bengalische Renaissance hatte über lange Strecken des 19. bis zum Beginn des 20. Jahrhunderts die Nationalbewegungen des ganzen Subkontinents maßgeblich beeinflußt und Vorstellungen von kulturellem Erbe und Nationalgeschichte geprägt.

Im bangladeshischen Kulturbetrieb zeigen sich immer wieder kompensatorische Tendenzen, die den Schwerpunkt der bengalischen Kultur in Bangladesh zu verorten und auf das Kulturschaffen bengalischer Muslime zu fokussieren suchen. Eine Schwierigkeit ergibt sich hier auch für die Bewertung des bengalischen Islams, denn lange waren die orthodoxeren Formen dieser Religion hierzulande eine Sache der städtischen, teilweise immigrierten höheren Schichten, während die ländliche Bevölkerung einen volkstümlichen, an lokalen Elementen reichen Islam praktizierte. Bis heute läßt sich die Spannung zwischen Loyalitäten gegenüber dem Hochislam einerseits und den volkstümlichen bengalischen Spielarten andererseits bis in die akademischen Debatten hinein verfolgen. Eine affirmative Bewertung etwa der mittelalterlichen muslimisch-bengalischen Literatur, die stark an lokale Traditionen anknüpft, ist zwar seit langem im Gange, doch ein Konsens über die weiter existierenden volkstümlichen religiösen Kulte steht aus. Immerhin scheint es bedeutsam, wenn selbst in Zeiten einer Regierungsbeteiligung der *Jamā'at-e islāmī* Kurzdarstellungen des Landes von bangladeshischen Botschaften im Ausland verbreitet werden, die den «synkretistischen» Charakter Bangladeshs betonen.

Bemühungen um Ausgleich zwischen den verschiedenen Religionsgruppen in Bangladesh werden in der Regel mit der sozialdemokratisch orientierten Partei *Awami League* assoziiert. Exzessive Gewalttätigkeiten vor allem gegen Hindus seitens der pakistanischen Armee und ihrer Helfer wie die *al-Badr*-Verbände haben sich zwar in diesem Ausmaß nicht wiederholt, doch immer wieder wird von Diskriminierungen und Verfolgungen auf lokaler Ebene berichtet. Dies ist einer der Faktoren, die den Prozentsatz der Hindus in Bangladesh von 22% im Jahre 1951 auf heute noch ca. 11% haben sinken lassen. Neben den schubartigen Abwanderungen bei der Teilung Indiens und während des Sezessionskrieges läßt sich auch eine allmähliche, schleichende Emigration konstatieren. Der gewichtigste Grund für die Auswanderung von bangladeshischen Hindus (hauptsächlich nach Indien) ist aber in der wirtschaftlichen Situation des Landes zu sehen; signifikanterweise gibt es auch unter den bangladeshischen Muslimen eine große Zahl oftmals illegaler Wirtschaftsflüchtlinge, die in den urbanen Zentren Indiens oder in Provinzstädten des benachbarten Westbengalens Arbeit suchen.

Eine beträchtliche Zahl von Bangladeshis ist heute im Ausland (den arabischen Staaten, den Staaten Südostasiens, Japan, Großbritannien – insbesondere London –, den USA u.a.) unter den unterschiedlichsten Bedingungen hauptsächlich als Arbeitsmigranten tätig. Die von ihnen transferierten Gelder machen sie – neben den Nichtregierungsorganisationen – zu einem enormen Wirtschaftsfaktor für das Land. Die Wirkungen dieses Prozesses auf die Situation des Islams in Bangladesh sind erst in Ansätzen untersucht (s.o. zu Sylhet). Es steht zu erwarten, daß die zukünftige Konfiguration von Islam und Nation in Bangladesh nicht zuletzt von den muslimischen Migranten mitbestimmt werden wird und insofern auch ganz direkt mit Entwicklungen in der islamischen Welt insgesamt sowie in Teilen der islamischen Diaspora verknüpft ist.

9. Südostasien

(Olaf Schumann)

a) Indonesien

Die Republik Indonesien ist weder ein säkularer noch ein islamischer Staat. Seit ihrer am 17. August 1945 verkündeten Unabhängigkeit gründet sie ideologisch auf der *Pancasila*, den Fünf Säulen oder Prinzipien, deren erste den Glauben aller Indonesier an die All-Eine Gottheit feststellt, entsprechend den Lehren einer der fünf anerkannten Religionen: (sunnitischer) Islam, Protestantismus, Katholizismus, Hinduismus und Buddhismus. Damit ist Indonesien ein «religiöser» Staat, in dem das religiöse Leben vom Staat geschützt und gefördert wird, doch ist es der Regierung auf Grund der ebenfalls 1945 verabschiedeten Verfassung, in deren Präambel die *Pancasila* verankert ist, untersagt, sich in die internen Angelegenheiten einer Religionsgemeinschaft einzumischen. Für den Staat gilt das «Prinzip der All-Einen Göttlichkeit» *(Ketuhanan Yang Maha Esa)* als Teil des Verfassungsrechts in dem Sinne, daß er selbst nicht religiös fundiert oder legitimiert ist und auch keine Religion zur Staatsreligion erhebt, sondern indem er anerkennt, daß alle seine Bürger/-innen einer der fünf genannten, vom Staat anerkannten Religionen je nach freier Wahl angehören, und daß er ihr religiöses Leben und Glaubensverständnis entsprechend ihrer je eigenen Interpretation zu schützen hat. Er garantiert unparteiisch den Freiraum für das religiöse Leben. Weder der Staat selbst noch seine Organe betreiben eine eigene Theologie; damit unterscheidet er sich von einem sogenannten «Islam-Staat».

Ursprünglich war die Verfassung (das «Grundgesetz») von 1945 als Provisorium gedacht. Nach der Konsolidierung der innenpolitischen Verhältnisse und der völkerrechtlichen Anerkennung der Unabhängigkeit durch die ehemalige Kolonialmacht, die Niederlande, Ende 1949 sollte durch eine frei gewählte *Konstituante* die endgültige Verfassung, und mit ihr die endgültige ideologische Grundlage des Staates, festgesetzt werden. Zur Wahl dieser Konstituante kam es erst 1955. Die islamistischen Parteien, die insgesamt 43,5% der Wählerstimmen erhalten hatten, erstrebten eine Staatsform, in der das islamische Recht, die *sharīʿa*, als Grundlage der Verfassung anerkannt würde. Sie traten damit für eine Ablösung der *Pancasila* ein, die keiner Religionsgemeinschaft Sonderrechte einräumt. Mit ihrem Stimmenanteil konnten die islamistischen Parteien zwar ihre Ziele nicht durchsetzen, doch konnten sie die Bildung einer Zweidrittelmehrheit verhindern, die zur endgültigen Anerkennung der *Pancasila* als Staatsideologie notwendig gewesen wäre. Nach mehrjährigen, in diesem Punkte ergebnislosen Diskussionen erließ der damalige Staatspräsident Sukarno am 5. Juli 1959 ein Dekret, das die Rückkehr zur Verfassung von 1945 und der in ihr formulierten *Pancasila* bestimmte und die Konstituante auflöste. Diesem Dekret stimmten alle Parteien durch Akklamation zu. Zu diesem Dekret hat sich auch die indonesische Regierung unter General Suharto (ab 1967) bekannt. Damit ist die öffentliche

Debatte darüber, ob die *Pancasila* beibehalten werden solle oder nicht, offiziell abgeschlossen; in internen Diskussionen ist sie dies jedoch keineswegs. Nach Suhartos Sturz und den Wahlen von 1999 brachten einige Abgeordnete kleiner islamischer Parteien diese Frage erneut im Parlament zur Sprache, ohne jedoch eine Änderung zu bewirken.

Die indonesische Staatsführung unter Suharto bemühte sich in mehreren Schritten, die *Pancasila* fest im konstitutionellen und gesellschaftlichen Leben zu verankern: 1978 verabschiedete der Volkskongreß den «Leitfaden zur Belebung und Ausführung der Pancasila»[1] und verpflichtete die politischen Organisationen darauf, die *Pancasila* als ideologische Grundlage in ihre jeweiligen Grundordnungen aufzunehmen. Im August 1981 wurde eine Verlautbarung veröffentlicht, nach der jeder Indonesier, der das Grundgesetz von 1945 und damit die *Pancasila* in der Form, in der sie in der Präambel formuliert ist, in Frage stelle, sich der Subversion schuldig mache und die schwersten für solche Vergehen vorgesehenen Strafen zu gewärtigen habe. Gleichzeitig wurden die Vorbereitungen für ein schließlich 1985 erlassenes Gesetz getroffen, das nun auch alle «gesellschaftlichen» Organisationen, zu denen auch die religiösen wie die Kirchen gerechnet werden, zur Aufnahme der *Pancasila* als «einziger Grundlage im gesellschaftlichen, staatlichen und nationalen Leben» in ihre Grundordnungen verpflichtete.[2] Was veranlaßte die indonesische Regierung zu solch massiven Maßnahmen?

Die indonesische Nation umfaßt die zahlenmäßig stärkste islamische Gemeinschaft. Von den gegenwärtig (2005) rund 240 Millionen Einwohnern ihres Landes betrachten sich nach offiziellen Angaben ca. 87% – nach Indiskretionen, die nach dem Zensus von 1980 umliefen, ca. 73% – als Muslime.[3] Viele von ihnen gehören mystischen Bruderschaften an. In der *Partei der Einheit und des Aufbaus (Partai Persatuan Pembangunan, PPP*) sind seit 1973 alle früheren islamischen Parteien verschiedener *couleur*, von den «Modernisten» bis hin zu der «traditionalistischen» *Renaissance der Rechtsgelehrten (Nahdlatul Ulama, NU*), im Zuge einer Parteienreform zusammengefaßt worden. Auch ihre Haltung zum Grundgesetz von 1945 und der *Pancasila* ist ambivalent; zumindest wird sie so von den anderen politischen Gruppen und von der Regierung und dem Militär betrachtet. Ihr ausgesprochenes Ziel ist es, wenn schon nicht über die Verfassung, so zumindest über die Gesetzgebung die Muslime zur Einhaltung der *sharīʿa* zu verpflichten. Hinter diesen Bemühungen sehen ihre Gegner lediglich eine neue Taktik, das alte Ziel zu erreichen, nämlich einen islamischen Staat zu errichten. Denn wenn alle muslimischen Indonesier auf die *sharīʿa* verpflichtet sind, dann werden sich verfassungspolitische Konsequenzen auf die Dauer nicht verhindern lassen. Wie schon zu Zeiten der Konstituante die islamischen Parteien, so beansprucht nun auch die PPP, im Namen aller Muslime in Indonesien zu sprechen und ihre Einheit zu repräsentieren, was sie durch ihr Parteiwappen, die Kaaba *(kaʿba),* zum Ausdruck brachte. Erst unter Druck ersetzte sie vor der Wahl 1987 dieses Emblem durch den Stern, der im *Pancasila*-Wappen die Erste Säule symbolisiert. Zwar haben die Islamisten, d.h. Politiker aus den Kreisen der *santri* (s.u.), ihre Treue zur *Pancasila* wiederholt betont; schließlich haben auch ihre Vertreter 1959 dem Dekret Sukarnos zugestimmt[4]. Doch weisen sie andererseits auch darauf hin, daß sie die *Pancasila* nur deshalb akzeptieren, weil sie die Erste Säule im Sinne des islamischen *tauḥīd,* dem Bekenntnis zur Einheit und Einzigkeit Gottes, verstehen.

Da die Erste Säule selbst keine Theologie enthält, sondern für jede Religionsgemeinschaft von ihrer jeweiligen eigenen Theologie gefüllt werden muß, ist dieses Argument durchaus legitim. Problematisch wird es erst dann, wenn versucht wird, die islamische Interpretation auch für die anderen Religionsgemeinschaften verbindlich zu machen. Damit wecken sie nicht nur den Widerspruch der Nichtmuslime, sondern auch jener muslimischen Nationalisten, die im Interesse der Einheit des gesamten indonesischen Volkes auf die Durchsetzung speziell islamischer Forderungen verzichtet haben und deshalb oft unzutreffend als «säkulare Nationalisten» bezeichnet werden. Sie widersetzen sich dem Anspruch der PPP, im Namen aller Muslime zu sprechen.

Beiden Gruppen, den Islamisten und den Pancasilaisten, geht es also um ein bestimmtes Verständnis von Einheit. An ihm offenbart sich der tiefe weltanschauliche Gegensatz, der beide Gruppen trennt und sich hinter den tagespolitischen Streitereien verbirgt.

Die Islamisten sehen in der Einheit der islamischen *umma*, des Gottesvolkes, die Entsprechung ihres Bekenntnisses zur Einheit Gottes. Die Einheit der *umma* manifestiert sich im gemeinsamen Bekenntnis und in der gemeinsamen Befolgung des Rechts als der Grundlage der gesellschaftlichen Ordnungen. Seine Wurzeln führen sie auf die Offenbarung zurück, die sie über den Propheten von Gott erhalten haben. Rechtliche Unterschiede zwischen verschiedenen islamischen Gruppen sind tragbar, sofern sie sich auf Einzelheiten beziehen. In Prinzipienfragen werden sie jedoch nicht akzeptiert.

In Indonesien, so meinen nun die Islamisten, sei in der Vergangenheit diese Einheit der *umma* ein gutes Stück weit realisiert worden. Allgemein wurde, zumindest bis zum Aufkommen der islamischen Reformbewegungen gegen Ende des 19. Jahrhunderts, die schafiitische Rechtsschule befolgt. Die islamischen Sultanate hatten bereits große Teile des heutigen Indonesien unter ihre Herrschaft gebracht, allen voran Mataram mit seinem Zentrum in Mitteljava. Unter seinem größten Herrscher Sultan Agung (1613–1648) hatte Mataram sich sogar aufgemacht, das ideelle und territoriale Erbe des letzten großen Hindu-Reiches Majapahit (entscheidend geschlagen 1478 durch Raden Patah, den ersten islamischen Fürsten Javas) anzutreten. Lediglich das Eingreifen der europäischen Kolonialmächte, insbesondere der Niederländer, habe die Einigung Indonesiens unter dem Zeichen des Islams verhindert. Später waren es dann vor allem islamische Reiche oder Fürsten, die den Widerstand gegen die Fremdherrschaft angeführt hätten, und auch die erste nationalistische Organisation in diesem Jahrhundert, die *Serikat Islam,* sei unter dem Banner des Islams gegen die Niederländer angetreten.[5]

Nach Meinung der Islamisten haben jedoch die Niederländer entsprechend der Devise *divide et impera* versucht, Zwietracht zwischen den Muslimen zu schüren. Daß sie dabei verschiedene islamische Fürsten oder, in neuerer Zeit, verschiedene islamische Organisationen gegeneinander ausspielten, sei zu erwarten gewesen.

Verhängnisvoller aber sei ihr Bemühen gewesen, die Rechtseinheit der Muslime zu untergraben, wobei sie sich insbesondere der Kenntnisse des Islamwissenschaftlers C. Snouck Hurgronje bedienten. Dies hätten sie getan, indem sie jene Kreise an den Höfen oder in der Bevölkerung unterstützten, die an der *adat* (von arab. *ʿāda,* Gewohnheit, Sitte) und am Adatrecht festhielten und damit das islamische Recht nur soweit übernahmen, als es sich der *adat* anpaßte.[6]

Aus diesem Grunde sahen sich die Islamisten seit den Jahren vor dem Zweiten Weltkrieg in einer Front gegenüber den Vertretern der *adat* stehen, deren Einfluß nicht nur auf die Niederländer bedeutend war, sondern auch, wenn auch aus anderen Motiven, unter den Nationalisten.[7] In ihren Kreisen fanden sich einige Juristen, die ihre Ausbildung in der von dem Leidener Gelehrten C. van Vollenhoven[8] begründeten Adatrechtschule erhalten hatten. Sie bemühten sich, gemeinsame Grundstrukturen in den verschiedenen Adatkreisen herauszuarbeiten, die dann als authentisches indonesisches Kulturerbe zur ideologischen Grundlage der indonesischen Verfassung und des auf ihr ruhenden Rechtssystems werden könnten. Dies führte dazu, daß sie sich für eine Trennung von Religion und Staat einsetzten und damit in Konkurrenz zu den Islamisten traten, für die Religion – d.h. der Islam – und Staat sich gegenseitig durchdringen.

Auch die Argumentation der Pancasilaisten ist von einem bestimmten Konzept über die Einheit des indonesischen Volkes und seines Kosmos getragen. Dabei treten vor allem altjavanisch-mystische Gedanken in den Vordergrund. Für diese Kreise ist der Islam zunächst als Zerstörer der alten hinduistisch orientierten Ordnung aufgetreten. Es sei ihm nicht gelungen, eine neue Ordnung an die Stelle der alten zu setzen, in der sich das ganze Volk «zu Hause» fühlen könne. Bereits innerhalb der islamischen Gemeinschaft kam es zu kontinuierlichen Spannungen zwischen den *santri* (von sanskr. *śāstrī,* Gelehrter), d.h. den fortgeschrittenen Studenten islamischer Internate *(pesantren),* und den *abangan*[9] (den «Rot- bzw. Braunfarbigen», den echten Javanern), die bis in die Gegenwart anhalten. Grund dafür seien die «arabischen» Elemente im Islam.

Diese Elemente entstammen einer partikularen Gemeinschaft von Muslimen, nämlich der arabischen, stehen aber zum Wesen des ewigen Islams in keinem näheren Zusammenhang als etwa indonesische Elemente. Jede Gemeinschaft müsse selbst sehen, wie sie den Islam so in ihren Kosmos einfüge, daß Elemente, die anderen menschlichen Gegebenheiten entstammen wie z.B. die arabischen, nicht zu Störfaktoren bei der Heimischwerdung des Islams im indonesischen Kontext werden. Erst dort, wo sich die Lehren des Islams, etwa der Glaube an den Einen Gott oder die Rechtsnormen, den indonesischen Ausdrucksformen angepaßt haben, sei der Islam «tolerant» geworden. Doch gerade die Vertreter dieses toleranten Islams werden von den *santri* und vielen islamischen Politikern ständig der Häresie verdächtigt. Damit werde deutlich, daß sich ihr Einheitsdenken auf die eigene Gruppe und die in ihr exklusiv gepflegten Überzeugungen bezieht und sich Spannungen nicht nur innerhalb der *umma* gegenüber den *abangan,* sondern auch gegenüber den nichtmuslimischen Indonesiern entwickeln, die schließlich die Einheit der Indonesier in einer Nation unmöglich machen.

Dies ist nach pancasilaistischer Argumentation auch an der Geschichte der *Serikat Islam* deutlich geworden. Als insbesondere nach dem Kongreß von 1921, an dem H. O. S. Tjokroaminoto (s. Anm. 5) nicht teilnehmen konnte, der islamische Charakter der Organisation stärker betont wurde, konnte sie nicht länger die Rolle als Sammelbecken der nationalistischen Gruppen spielen. Sukarno als einer der Wortführer der Nationalisten griff deshalb seit seinem aktiven Eintritt in die Politik 1926 auf die altjavanische Praxis des *gotong royong* zurück, auf die gegenseitige nachbarschaftliche Hilfe und Solidarität, die er mit sozialistischen Ideen verband und als die ideelle Grundlage für das auf Gerechtigkeit und Harmonie ruhende Zusammenleben aller Indonesier propagierte; *gotong royong* sei, nachdem die Unabhängigkeit erst erreicht sei, neu zu beleben, und mit seiner Verwirklichung werde das von vielen Indonesiern ersehnte Reich des *ratu adil* heraufziehen.[10] Neben sozialistischen enthalte *gotong royong* auch demokratische Elemente, auch diese in typisch indonesischer und nicht etwa in westlicher Version: Über gemeinsame Beratung, *musyawarat* (arab. *mushāwara*), an der Vertreter aller Gruppen teilnehmen, komme man zum gemeinsamen, einstimmigen Beschluß, dem *mufakat* (arab. *muwāfaqa,* gegenseitige Zustimmung), auch dieser ein Ausdruck der alle einschließenden Einheit.

Auch hier gibt es eine Affinität zum islamischen Denken, wie die aus dem Arabischen übernommenen Begriffe andeuten. Aber während für die Muslime die Teilnahme an der *musyawarat* auf die Vertreter der *umma* beschränkt ist, ging es Sukarno um die Vertreter der ganzen Nation *(bangsa)*. Somit wird deutlich, daß keine der in Indonesien gelebten Religionen, sofern sie als dogmatische Systeme oder soziologisch in Erscheinung tretende Gruppen sich anderen gegenüber abgrenzen, eine Rolle bei der Verwirklichung der Einheit der Nation übernehmen kann. Damit stand Sukarno mit seinen Anhängern auf der Linie des Leitmotivs der Nationalbewegung, das der indonesische Jugendkongreß 1928 in Form eines «Schwures» verkündete: ein Land, ein Volk, eine Sprache. Das religiöse Band, das alle Indonesier verbinde, liege hinter den empirischen Religionen oder, zeitlich gesprochen, vor ihnen: Es ist der Glaube an die All-Einheit des Göttlichen. Dies werde durch die Lehren der Religionen lediglich auf je verschiedene Weise näher bestimmt. Damit gehöre wohl die Religiosität, nicht jedoch die Befolgung einer festgelegten, bestimmten Religion zu den Wesensmerkmalen der Indonesier, die in der Verfassung zu berücksichtigen seien. Jedem Indonesier müsse freigestellt sein, die Religion, der er folge, selbst und frei zu bestimmen.

Sukarno tendierte also zu einer Trennung von Staat und Religion bzw. Religionen und meinte, daß damit auch dem Islam der beste Dienst im Interesse einer Modernisierung seiner Lehren und seines Selbstverständnisses erwiesen werde, wobei er bewundernd auf das Beispiel Mustafa Kemal Atatürks verwies. Dennoch war sein Konzept vom Staat kein säkulares im westlichen Sinne, wie es ihm seitens der Islamisten vorgeworfen und tatsächlich in anderen Kreisen der Nationalisten auch vertreten wurde.

Dies zeigte sich, als Sukarno in den letzten Monaten vor Kriegsende sein Konzept der *Pancasila* vortrug. Die Verhandlungen über die Verfassung waren in ein akutes Stadium getreten, nachdem die japanische Besatzungsmacht den Indonesiern endlich die Unabhängigkeit versprochen hatte und sich zudem ihre Niederlage im Kriege immer deutlicher abzuzeichnen begann. In einer von ihnen einberufenen Kommission zur Vorbereitung der indonesischen Unabhängigkeit trug Sukarno am 1. Juni 1945 seine als «Geburt der Pancasila» bekannt gewordene Rede vor, in der er die «Seele», die die Verfassung zu beleben habe, in fünf Prinzipien zusammenfaßte:

(1.) *Ketuhanan Yang Maha Esa* (Die All-Eine Göttlichkeit)[11]
(2.) *Kemanusiaan yang adil dan beradab* (Gerechte und zivilisierte Humanität)
(3.) *Persatuan Indonesia* (Die Einheit Indonesiens)
(4.) *Kerakyatan yang dipimpin oleh hikmat kebijaksanaan dalam permusyawaratan/perwakilan* (Volksherrschaft, die durch Weisheit und Klugheit in Beratung und [parlamentarischer] Vertretung geleitet wird)
(5.) *Keadilan sosial untuk seluruh Rakyat Indonesia* (Soziale Gerechtigkeit für das ganze indonesische Volk).

In diesen fünf Prinzipien sah Sukarno die «einheitliche philosophische Grundlage, die ‹Weltanschauung›, in der wir alle übereinstimmen. Ich wiederhole: übereinstimmen!»[12]

Dies war in der Tat der Fall. Auf einer Sitzung am 22. Juni 1945 drängten die Islamisten lediglich auf einen Zusatz zum ersten Prinzip: «mit der Verpflichtung, die islamische *sharīʿa* durch ihre Anhänger einzuhalten».[13] Dieser Zusatz wurde als Kompromiß von den anderen angenommen, und das in jener Sitzung verabschiedete, als Präambel zur Verfassung gedachte Schriftstück wurde später als die *Jakarta-Charta* bekannt.[14]

Aber die Geschichte ist über die Jakarta-Charta hinweggegangen. Sie hätte eben doch zur Sonderstellung einer, eben der in ihr genannten islamischen, Bevölkerungsgruppe geführt. Als am Tage nach der am 17. August 1945 proklamierten Unabhängigkeit das noch von den Japanern eingesetzte verfassunggebende Gremium zusammentrat, um die Präambel der Verfassung zu verabschieden, da fehlten die «sieben Worte» im Text. Auf wessen Initiative hin diese Streichung geschah, ist bis heute ungeklärt. Im Hintergrund stand jedoch eindeutig die Furcht, in den nichtislamischen Gebieten könnten sich bei Annahme der Jakarta-Charta separatistische Tendenzen entwickeln, inspiriert durch die Furcht vor einem Islam-Staat. In einer weiteren Formel, die besagte, daß die Unabhängigkeit «auf Grund der Barmherzigkeit Allahs» erreicht worden sei, strich man auf Vorschlag eines hinduistischen Balinesen das Wort «Allah» und ersetzte es durch *Tuhan Yang Maha Kuasa*, «der allmächtige Gott».[15] Noch an einer weiteren Stelle wurde der Verfassungsentwurf «entislamisiert»: In Paragraph 6 wurde die Bestimmung gestrichen, daß der Staatspräsident ein Muslim sein müsse. Schließlich sei noch ein weiteres Ereignis erwähnt, das die Hoffnungen der Islamisten enttäuschte: Das im Januar 1946 errichtete Religionsministerium enthielt auch Generaldirektorate für die nichtislamischen anerkannten Religionen. Es war also nicht ausschließlich für die Belange der Muslime zuständig, die mit diesem Ministerium außerdem einen festen Sitz in der Regierung erhofft hatten.

Damit hatten die Pancasilaisten im Ringen um die Staatsideologie die Oberhand gewonnen. Einer ihrer führenden Juristen war R. Supomo, der aus der Schule von C. van Vollenhoven hervorgegangen war. Er hatte maßgeblich an der Formulierung der Verfassung von 1945 und an der Grundlegung der indonesischen Rechtsphilosophie nach der Unabhängigkeit mitgewirkt; er starb 1953.

Die Islamisten gaben sich mit dieser Entwicklung nicht zufrieden. Nur die durch das Erscheinen der Alliierten im Herbst 1945 und das nachfolgende Einrücken der Niederländer heraufbeschworenen Gefahren für die Unabhängigkeit des Landes brachten ihren politischen Flügel dazu, die zunächst aufgekündigte Kooperation mit der nationalen Regierung wieder aufzunehmen. Im Blick auf die muslimische Bevölkerungsmehrheit erhofften sie sich vom Ausgang der ersten freien Wahlen – die schließlich 1955 stattfanden – ein Mandat, um die Verfassung auf legale Weise im islamischen Sinne ändern zu können; der *Pancasila*-Staat sollte auf konstitutionellem Wege durch einen Islam-Staat ersetzt werden.

Der militante Flügel der Islamisten versuchte dagegen, dieses Ziel mit militärischen Mitteln zu erreichen. Nach einem noch während der Guerillakämpfe gegen die Niederländer 1948 begonnenen Aufstand gegen die nationale Regierung erklärte S. M. Kartosuwirjo 1949 das von den Sundanesen bewohnte Westjava zum *Darul Islam* (arab. *dār al-islām*)[16] und proklamierte dort den «Islam-Staat Indonesien». Bis zu seiner Gefangennahme 1962 wurde Westjava von blutigen Guerillakämpfen zwischen seinem «Islam-Heer» und der Nationalarmee heimgesucht. Zu einer ähnlichen Darul-Islam-Bewegung, die in der Folgezeit auch unter der Zivilbevölkerung viele Opfer forderte, kam es 1950 in Sulawesi unter Kahar Muzakkar. Dort trat erst 1967 eine allgemeine Befriedung ein. Mit dem Anführer der islamischen Aufständischen in Aceh (Nordsumatra), Daud (Dāʾūd) Beureuèh, konnte 1959 ein Kompromiß ausgehandelt werden. Seither ist Aceh die einzige Provinz in Indonesien, in der die *sharīʿa* offiziell anerkannt ist. Doch ist die Regierung seit einigen Jahren bestrebt, diesen Sonderstatus wieder rückgängig zu machen. Dies hat erneut zur Bildung von Guerillagruppen geführt, wie denn auch in anderen Gegenden periodisch *jihād*-Gruppen auftreten und für lokale Unruhe sorgen. Gegen Ende der Suharto-Ära und danach kam es erneut zu heftigen kriegerischen Auseinandersetzungen zwischen indonesischem Militär und Aufständischen vor allem wegen der reichen Bodenschätze Acehs. Für die Acehnesen selbst ist die Frage der *sharīʿa* zweitrangig.

Die militärischen Auseinandersetzungen mit den militanten Islamisten haben in der indonesischen Armee zu einem Trauma geführt, das sie gegen jeden Versuch, dem Islam eine Sonderrolle im Staate zu verschaffen, hart durchgreifen läßt. Aus diesem Grunde hielt die vom Militär getragene Regierung von Präsident Suharto, trotz aller anderen Kritik am früheren Präsidenten Sukarno, an dessen Dekret von 1959 kompromißlos fest, das die Verfassung von 1945 und die *Pancasila* zur unveränderlichen Grundlage des indonesischen Staates bestimmte. Sie hat deshalb auch nicht erlaubt, daß nach dem Machtwechsel 1967 die von Sukarno 1960 verbotene, an den Ideen des «islamischen Aufbruchs» orientierte *Masyumi*-Partei sich neu formieren konnte, obwohl die islamischen Kräfte auf Grund ihrer tatkräftigen Unterstützung des Militärs bei den antikommunistischen «Säuberungen» nach 1965/66 mit einer solchen Erlaubnis gerechnet hatten. Als schließlich Anfang 1968 die *Partai Muslimin Indonesia* entstand, erhielt diese zur Auflage, daß kein führender Vertreter der früheren Masyumi ein Parteiamt übernehmen dürfe. 1973 hatte auch sie teil an der Fusion zur neuen Islamischen Einheitspartei, der *Partai Persatuan Pembangunan* (PPP).[17]

Insbesondere seit dem Verbot der *Masyumi*, der führende Intellektuelle der Islamisten angehört hatten, setzte sich unter diesen die Einsicht durch, daß ihr Ziel, die Errichtung des Islam-Staates, zumindest gegenwärtig unerreichbar sei: Bei den politischen Gegnern erweckte es Nervosität, bei der breiten Masse der muslimischen Bevölkerung stieß es auf Gleichgültigkeit oder Ablehnung. Diese Einsicht führte seit Beginn der 1960er Jahre zu einer Intensivierung der *daʿwa* (Bewegung zur Verbreitung und Vertiefung des Islams). Über einen Ausbau des islamischen Schulwesens und einen intensivierten islamischen Religionsunterricht in den staatlichen Schulen, über Erwachsenenbildung, die sich besonders auch an die Frauen wendet, und über die Verteilung islamischer Lehr- und Erbauungsschriften soll das islamische Bewußtsein insbesondere der *abangan* gestärkt werden, die erheblich die Wahlniederlagen mit verursachten. Neben dem Erziehungsfaktor finden jedoch auch die sozialen Einrichtungen der seit 1912 bestehenden Bildungs- und Wohltätigkeitsorganisation *Muhammadiyah* (arab. *muḥammadīya*) verstärkt Unterstützung, vor allem ihre Hospitäler und Gesundheitszentren.[18] Indem die Suharto-Regierung ihre 1969 begonnenen Aufbaupläne durchführte, wurden erhebliche Mittel der Staatskasse, die für die Unterstützung religiöser Projekte vorgesehen waren, diesem Programm zur Verfügung gestellt. Außerdem wurde ein umfangreiches Programm zum Bau neuer und zur Erweiterung alter Moscheen durchgeführt.

Auf dem politischen Sektor richtet sich das Interesse vornehmlich darauf, die Gesetzgebung im islamischen Sinne zu beeinflussen, zumindest, daß islamische Überzeugungen berücksichtigt werden. Es gehe, so heißt es, nicht darum, den Staat auf schleichendem Wege zu islamisieren – darüber habe nicht einmal die *Masyumi* konkrete Konzepte gehabt, obwohl sie die Errichtung des Islam-Staates verfocht. Da der Islam ein *way of life* sei und nicht nur Religion in engerem Sinne, müsse der Staat seinen muslimischen Bürgern den Raum schaffen, in dem sie entsprechend ihrer Weltanschauung leben können.

Was damit gemeint ist, zeigte sich beispielhaft an den Ereignissen um das neue Ehegesetz, das Ende 1973 vom Parlament verabschiedet wurde. Die Regierung wollte ursprünglich mit ihrer Vorlage die von den Niederländern geerbten, je nach Bevölkerungsgruppe verschiedenen Bestimmungen durch ein einheitliches, staatliches Eherecht ersetzen. Darin sahen die Islamisten jedoch eine Säkularisierung des Eherechts und protestierten. Im schließlich verabschiedeten Gesetzestext wird nun die Ehe in den Rahmen des Bekenntnisses zur All-Einen Göttlichkeit, d.h. der ersten Säule der *Pancasila*, gestellt, und eine Ehe wird dann als rechtsgültig anerkannt, wenn sie unter Beachtung «des Rechts der Religion und des Glaubens eines jeden (der Ehepartner)» geschlossen wurde (Paragraphen 1 und 2). Sie muß allerdings auch zivilrechtlich eingetragen werden. Für Angelegenheiten der Nichtmuslime sind die staatlichen, für solche der Muslime die islamischen religiösen Gerichte zuständig. Jede Entscheidung durch ein islamisches Gericht, etwa auch in Fragen der Ehescheidung, muß durch ein staatliches Gericht bestätigt werden.[19]

Den Islamisten ging es allerdings nicht nur darum, den islamisch-rechtlichen Charakter der Ehe für die Muslime durch das staatliche Gesetz anerkennen zu lassen. Sie waren auch darum bemüht, die Gültigkeit des Adatrechts zumindest für Muslime soweit wie möglich einschränken zu lassen, um damit zu einer Rechtseinheit für die gesamte islamische Gemeinschaft in Indonesien auf dem Boden der *sharīʿa* zu gelangen. Ob sie dieses Ziel erreichen, hängt von der Interpretation des Zusatzes «und des Glaubens» im oben zitierten Paragraph 2 ab. Für die Islamisten ist «Glaube» lediglich ein interpretatorischer Zusatz zu «Religion». Andere, mit deren Meinung offensichtlich auch die Regierung sympathisiert, möchten «Glaube» *(kepercayaan)* als Hinweis auf die altindonesischen Glaubensströmungen verstehen; damit gäbe es dann auch Raum für das Adatrecht. In der Praxis können tatsächlich Ehen nach dem Adatrecht geschlossen werden, so daß die Ehepartner selbst bestimmen, auf welches Recht sie sich beziehen. Dieser Weg wird vor allem von Partnern gewählt, die verschiedenen Religionsgemeinschaften angehören, denn Mischehen sind in dem Ehegesetz von 1973 nicht vorgesehen.

Somit geht im Bereich der Gesetzgebung der Kampf gegen das Adatrecht, allgemein betrachtet, der Kampf gegen die altindonesischen Glaubensströmungen, weiter. Einen Höhepunkt erreichte er im März 1978, als der neugewählte Volkskongreß eine Regierungsvorlage beriet, der zufolge die Glaubensströmungen zum förderungswürdigen, die Identität der Indonesier prägenden Erbe erklärt werden sollten. Die Vorlage wurde angenommen, allerdings ohne die Stimmen der PPP-Abgeordneten, die zum ersten Male in der Geschichte des unabhängigen Indonesiens bei einer Abstimmung den Saal verlassen und sich damit dem *mufakat* versagt hatten. 1978 wurden die Glaubensströmungen als kulturelles Erbe anerkannt. Die Islamisten befürchten jedoch deren Aufwertung als religiöse Gruppe. In diesem Falle würde sich den Glaubensströmungen wahrscheinlich ein beträchtlicher Teil der *abangan* anschließen und damit die islamische Gruppe verlassen. Eine solche Entwicklung versuchen sie zu verhindern, doch gerade dies führt zu den eingangs erwähnten Spannungen mit der Regierung, unter deren Mitgliedern nicht wenige den Glaubensströmungen anhängen.

Das Parteisymbol der PPP war für lange Jahre die Kaaba. Damit erhob sie den – allerdings selbst von einigen muslimischen Aktivisten kritisierten – Anspruch, mit ihrer Organisation die gesamte muslimische Gemeinschaft in Indonesien zu vertreten. Für ihre Gegner symbolisierte sie dadurch allerdings, daß sie sich nach einem außerindonesischen Zentrum orientiert und sich nicht der Einheit des indonesischen Kosmos einfügen will, wie sie dies auch durch ihre Abwesenheit während der Abstimmungen über die Glaubensströmungen 1978 dokumentiert hatte. In einer Anfang 1981 von der indonesischen Wochenzeitschrift «Tempo» durchgeführten Befragung fand sich kein Befürworter eines Islam-Staates in Indonesien mehr, zumal dieser Begriff nicht nur durch seine Geschichte in Indonesien, sondern auch durch die anfänglich noch wohlwollend verfolgten Ereignisse in Iran zusätzlich diskreditiert wurde.[20] Auch die Bedeutung der Jakarta-Charta wird öffentlich nicht diskutiert. Doch zeigen beispielsweise die Ereignisse um das Ehegesetz, daß sie nicht vergessen ist. Es sei «das Lebensziel eines jeden Muslims, eine islamische Persönlichkeit und Gesellschaft» auch im Horizont des staatlichen Lebens aufzubauen.[21] Diesem Ziel steht jedoch die tiefe Abneigung der meisten Indonesier gegen alles Fremde, auch alle «arabischen» Merkmale des Islams, gegenüber, was allerdings die Islamisten nicht daran hindert, gerade diese als «islamisch» zu deklarieren und als Elemente ihrer gesonderten Identität herauszustellen, was freilich den Entfremdungseffekt weiter fördert. Auf die Frage, wie ihr Ziel auf indonesische Weise zu erreichen sei, haben die Islamisten noch keine Antwort gegeben.

Streitigkeiten zwischen den Anhängern der früheren NU *(Nahdlatul Ulama)* und der früheren *Partai Muslimin Indonesia* innerhalb der PPP, die um 1980 bei der Aufstellung der Kandidatenlisten für die bevorstehenden Wahlen offen zutage traten, führten schließlich dazu, daß die NU 1984 auf einem Kongreß in Situbondo (Ostjava) den Austritt aus der PPP und die Rückkehr zur «Linie» von 1926, ihrem Gründungsjahr, beschloß. Zum neuen Vorsitzenden wurde Abdurrahman Wahid (ʿAbd ar-Raḥmān Wāḥid) gewählt, Sohn des früheren Religionsministers Wahid Hasyim (Wāḥid Hāshim) und Enkel des Mitbegründers der NU, Hasyim Asyʿari (Hāshim Ashʿarī). Damit versteht sich die NU nicht mehr als politische, sondern als soziale Organisation. In Glaubensfragen vertritt sie die Traditionen des *Ahl as-sunna wa-l-jamāʿa,* aber in ihren gesellschaftlichen Tätigkeiten anerkennt sie die *Pancasila* als «alleinige Grundlage» *(satu-satunya asas),* unter Vorwegnahme der Bestimmungen des dann 1985 erlassenen Gesetzes, das alle «gesellschaftlichen» Organisationen auf diese alleinige Grundlage im Rahmen ihrer gesellschaftlichen und nationalen Tätigkeiten verpflichtet.[22] Da bereits vorher auch die politischen Organisationen (Parteien) einem ähnlichen Gesetz unterstellt waren, sah die NU keinen Grund mehr, lediglich die PPP zu unterstützen, denn auch sie hatte ihren Charakter als exklusiv islamische Partei wenigstens formell aufgeben müssen. Mitgliedern der NU steht also die Mitgliedschaft in jeder Partei offen. Ein anderer Grund, der vor allem die NU-Basis zunehmend von der PPP entfremdet hatte, war die dominierende Rolle der Parteibürokraten, die, da sie über keine eigene Basis im Volke verfügen, der Einflußnahme durch andere Kräfte ausgesetzt oder ausgeliefert sind, um sich ihre Position zu erhalten. Der Preis dafür ist eine Entfremdung vom Volke.

Während die Regierung Suharto seit dem Ende der 1970er Jahre die Verankerung der *Pancasila* im öffentlichen Leben betrieb, warb sie gleichzeitig verstärkt um die Sympathie der Anhänger des «islamischen Aufbruchs», die sich in der *Muḥammadiyah*, in der Bürokratie und unter den Intellektuellen fanden. Durch eine Art Koalition zwischen der gesamten Bürokratenschicht und den sogenannten Fundamentalisten erhoffte sich die Regierung eine tragfähige Basis, die die Durchführung ihrer Entwicklungspläne unterstützen würde. Gleichzeitig sollten jene «fanatischen» Gruppen im Islam, die nach wie vor gegen die Regierung agierten, leichter isoliert werden.

Durch die Annäherung der islamischen an die staatlichen Bürokraten, die vor allem in den die Regierung stützenden Berufsgruppen *(Golongan Karya,* abgekürzt *Golkar)* vertreten waren, verlor die PPP zunehmend auch in Kreisen der Islamisten ihre Attraktivität. Somit kam es zu dem überraschenden Phänomen, daß bei den Wahlen im Juni 1992 die PPP dort am besten abschnitt, wo ihre Kandidatenlisten von Vertretern der NU, und damit vor allem gegenüber ihrer eigenen Klientel verantwortlichen Politikern, angeführt wurden.

Die Annäherung der Regierung an die Islamisten wirkte sich bereits darin aus, daß z.B. in der Gesetzgebung ein Trend entstanden war, islamischen Forderungen stärker entgegenzukommen. Dies wurde etwa mit dem Gesetz Nr. 7 vom Jahre 1989 über die «islamische Gerichtsbarkeit» *(Peradilan Agama)* deutlich. Den islamischen Gerichten wurde größere Unabhängigkeit gegenüber den dem Justizministerium unterstehenden staatlichen Gerichtshöfen zuerkannt, vor allem in Eherechtsfragen, Erbschaftsangelegenheiten und den «frommen Stiftungen» (arab. *auqāf,* Pl. von *waqf*).[23] Erst in dritter Instanz wurde der Staatliche Oberste Gerichtshof zuständig. Das Hauptproblem wurde jedoch darin gesehen, daß die Muslime juristisch in wichtigen gesellschaftlichen Lebensbereichen zunehmend von den anderen Bevölkerungsgruppen getrennt wurden; das noch ungelöste Problem religiöser Mischehen unter Partnern mit derselben indonesischen Staatsbürgerschaft ist durch dieses Gesetz noch schwieriger geworden. Auch das 1989 erlassene Gesetz über das «System der Nationalen Erziehung» räumt dem Religionsministerium, das in diesem Falle in der Regel die islamischen Interessen vertritt, erheblichen Einfluß auf den Religionsunterricht in den staatlichen und nichtislamischen konfessionellen Schulen ein.[24]

Um ihrer eigenen Stimme mehr Profil zu verleihen, planten muslimische, den «islamischen Aufbruch» unterstützende Intellektuelle 1990 die Gründung eines *Verbandes muslimischer Intellektueller in Indonesien (Ikatan Cendekiawan Muslim Indonesia, ICMI*). Während der Gründungsversammlung wurde starkes Interesse der Regierung deutlich, so daß zum Vorsitzenden schließlich der in Aachen und München ausgebildete Minister für Wissenschaft und Technologie, B.J. Habibie, gewählt wurde. Auch der Minister für Umweltfragen, Emil Salim (Sālim), und der bekannte frühere studentische Aktivist Nurcholis Madjid (Majīd) gehören zum Führungskreis. Der in den USA promovierte, den «fundamentalistischen» Gesellschaftslehren von A. Maudūdī und Saiyid Quṭb zuneigende Amien Rais wurde für kurze Zeit Generalsekretär und übernahm danach, ebenfalls nur für kurze Zeit, den Vorsitz in der *Muḥammadiyah*. Als Ziel von ICMI wird benannt, der indonesischen Gesellschaft im 21. Jahrhundert ein modernes, islamisch geprägtes Format zu geben.[25]

Das Ziel B.J. Habibies, das er im Namen von ICMI und mit der Unterstützung der Regierung verfolgte, war es, entsprechend der von vielen Indonesiern als manipuliert beargwöhnten Religionsstatistik, der zufolge die muslimische Gemeinschaft 87% der Bevölkerung umfasse, die personelle Besetzung in den staatlichen bzw. vom Staate kontrollierten Organen und Organisationen bis hin zur Zusammensetzung der Regierung durchzusetzen. Damit wiederholte sich, was bereits zu Zeiten der Konstituante die politische Situation vergiftet hatte, daß nämlich eine islamische Organisation mit dem Anspruch auftrat, im Namen der gesamten islamischen Gemeinschaft zu sprechen und «ihre Interessen» zu vertreten, ohne dazu legitimiert zu sein. Erste Erfolge hatte Habibie damit 1993, als die Regierung und das Parlament entsprechend dem Religionsproporz konstituiert wurden. Seither wurden von ICMI Zweigstellen bis in Dörfer hinein gegründet, so daß diese Organisation unter seiner Leitung zunehmend als politische, von der Regierung Suharto geförderte Partei erschien.

Der Sturz Suhartos im Mai 1998 beendete die politische Macht von ICMI. Habibie, als vorheriger Vizepräsident, übernahm die Staatsführung (bis Oktober 1999). Er ließ Neuwahlen durchführen, in denen die islamistischen Parteien insgesamt lediglich ca. 16% der Stimmen erhielten. Die seit den 1980er Jahren, meist im Konflikt mit der autoritären Regierung von vorwiegend muslimischen Intellektuellen geführte Debatte um eine «Zivilgesellschaft» in Indonesien hat zweifellos ein offensichtlich gewordenes stärkeres staatsbürgerliches Bewußtsein in der Bevölkerung bewirkt, wie es sich in diesen seit 1955 erstmals freien Wahlen ausdrückte. Abdurrahman Wahid (ʿAbd ar-Raḥmān Wāḥid), Vorsitzender der NU und an der Bildung einer Zivilgesellschaft maßgeblich interessiert, annullierte als erster frei gewählter Präsident Indonesiens eine Reihe der früheren repressiven Gesetze und bemühte sich, das Militär zu entpolitisieren. Das führte zu seiner von der US-amerikanischen Administration unterstützten Amtsenthebung (Juli 2001). Seiner Nachfolgerin Megawati Sukarnoputri gelang eine weitere Entkrampfung der politischen Atmosphäre, doch war sie weiterhin machtlos gegen das Aufblühen und die Aktionen radikaler islamistischer, international vernetzter und von Teilen des Militärs unterstützter Gruppen wie Laskar Jihad *(laskar jihād)* und *Jamāʿa islāmīya,* die nicht nur in Ostindonesien, sondern selbst auf Bali (2002) und in Jakarta wiederholt Terroranschläge verübten. Die im April 2004 erneut durchgeführten Parlamentswahlen ergaben für die islamistischen Parteien insgesamt einen ähnlichen Anteil der Sitze wie 1999, während der erste, im 2. Wahlgang im September 2004 vom Volk direkt gewählte Präsident, der pensionierte General Susilo Bambang Yudhoyono, als von den javanischen islamisch-mystischen Traditionen tief geprägter Politiker gilt.

b) Malaysia

Im Unterschied zu Indonesien ist in Malaysia der Islam zur offiziellen Religion *im* Staate erklärt worden, wenn auch nicht zur offiziellen Religion *des* Staates. Das geschah bereits bei der Gründung der «Malaiischen Föderation» 1957 und blieb so, als sich 1963 Singapur (bis zu seinem erzwungenen Austritt 1965) sowie die beiden britischen Kronkolonien auf Borneo, Sarawak und Sabah (letzteres vorher Britisch-Nordborneo) mit der Föderation zum neuen Staat «Föderation Malaysia» zusammenschlossen. Dennoch ist auch Malaysia kein islamischer Staat, denn die *sharīʿa* wurde nicht Grundlage der Verfassung und Gesetzgebung.

Für ein Verständnis der Rolle, die der Islam im heutigen Malaysia spielt, ist zunächst ein Blick auf die geschichtliche, wirtschaftliche und ethnische Entwicklung nötig, die sich seit dem 15. Jahrhundert auf der malaiischen Halbinsel vollzogen hat. Anders als im kulturell und ethnisch eng verwandten Indonesien mit seinem Kraftzentrum Java hat sich in Malaya nie ein Großreich gebildet. Die geographischen Verhältnisse – Dschungel und Gebirge, die die Halbinsel längs durchziehen – gestalten die Verbindungen zwischen der West- und Ostküste schwieriger als die mit den jeweils gegenüberliegenden Küsten von Sumatra bzw. Hinterindien.

Der Übertritt des Herrschers von Malakka zum Islam 1413 führte zur Islamisierung der wichtigsten Handelsplätze an den Küsten und Flußläufen, an deren Ufern sich die ältesten Gemeinwesen in Malaya gebildet hatten. Insbesondere nach der Eroberung Malakkas durch die Portugiesen 1511 entfalteten sich einige dieser Flußstaaten zu Sultanaten, von denen sich neun bis ins 19. Jahrhundert verhältnismäßig ungestört durch äußere Einflüsse entwickeln konnten, abgesehen von ihrem Abwehrkampf gegen die immer wieder von Norden her eindringenden buddhistischen Siamesen.

Erst nach ihrem Abkommen mit den Niederländern 1824 und der dabei getroffenen Abgrenzung der beiderseitigen Interessensphären in Südostasien nahmen die Briten stärkeres Interesse an Malaya, nicht zuletzt auch wegen seiner strategischen Lage auf dem Seewege nach China. Britischer Oberhoheit direkt unterstellt waren der Distrikt Malakka sowie die Inseln Penang und Singapur. Aber erst nach 1874 sicherten sich die Briten durch Abkommen mit den neun Sultanen deren Zusammenarbeit in wirtschaftlichen und strategischen Fragen. Doch vermieden es die Briten, in die internen Angelegenheiten ihrer neuen Verbündeten einzugreifen, vor allem im kulturellen, rechtlichen und religiösen Bereich. Das wichtigste Band, das einen Sultan mit seinen Untertanen verband bzw. verbindet, war und ist der Islam. Hinzu kommt nach malaiischer *adat* die absolute Loyalität gegenüber dem Herrscher, geregelt in einem strengen Patronatsverhältnis.

Der Islam hat in Malaya einen ausgesprochen traditionsgebundenen Charakter. Zwar herrscht auch hier offiziell, wie in Indonesien, die schafiitische Rechtsschule. In der Praxis jedoch ist die *adat* weitgehend erhalten geblieben und bestimmt das Hofzeremoniell. Der Sultan ist Oberhaupt des Islams in seinem Gebiet und bestimmt nicht nur die Richter (*kathi*, von arab. Sing. *qāḍī*), sondern auch die Rechtsberater *(muftī)* und die Imame. Die religiösen Abgaben (arab. Sing. *zakāt*) werden von seinen Bediensteten verwaltet, alle juristischen Angelegenheiten über die religiösen Gerichtshöfe abgewickelt, deren enge Bindung an den Hof des Sultans die absolute Herrschaft der Fürsten untermauert. Noch in der Verfassung Malaysias wird festgehalten, daß ein Sultan nicht von der staatlichen Gesetzgebung behaftet werden kann.[26]

In etlichen malaiischen Staaten existieren *Räte für die islamische Religion (Majlis Ugama Islam)*, deren ältester 1916 in Kelantan als *Rat für Religion und malaiisches Brauchtum (Majlis Ugama dan Istaʿadat Melayu)* entstand.[27] Diese Räte genießen unterschiedliche Autorität in den verschiedenen Sultanaten. Sie sollen den Herrscher in allen Angelegenheiten beraten, die die Religion oder das malaiische Brauchtum betreffen, und beides mit den Gesetzen des Staates in Einklang bringen. Sie können Rechtsgutachten (arab. *fatāwā*, Sing. *fatwā*) erteilen und die religiösen Stiftungen *(wakaf*, von arab. Sing. *waqf)* verwalten, oft unterstehen ihnen die Friedhöfe, ferner sind einige von ihnen für die Einteilung der einer Moschee zugehörigen Wohnbezirke *(mukim)* zuständig, und schließlich verwalten sie zumeist die religiösen Abgaben, vor allem *zakat fitrah* (arab. *zakāt al-fiṭr* bzw. *ṣadaqāt al-fiṭr*) am Ende des *Ramaḍān*. Oft überwachen sie auch, in der Regel in Abstimmung mit dem Sultan, die Imame, *kathi*s und den Mufti, der der höchste religiöse Amtsträger in einem Staate ist.

Neben den *Majlis Ugama* gibt es in jedem Staat ein Departement für religiöse Angelegenheiten, das, in der Regel in enger Zusammenarbeit mit den *Majlis Ugama*, vor allem für die Verwaltung des islamischen Rechts zuständig ist. Hauptgebiet seiner Tätigkeit ist das Familienrecht, außerdem registriert es muslimische Heiraten, Ehescheidungen und deren Revokation. Damit ist die Rolle der islamischen Gerichtshöfe und der *kathi*s sehr eingeengt: Sie dürfen lediglich über solche Vergehen von Muslimen richten, für deren Bestrafung nach Bestimmung des staatlichen Rechts höchstens sechs Monate Gefängnis oder M$ 1000,– vorgesehen sind.[28]

In der Bevölkerung sind seit jeher die mystischen Orden weit verbreitet, die durch ihre strenge, in geistigen und körperlichen Übungen trainierte Disziplin und ihre traditionsorientierte Haltung ihren Teil dazu beitrugen, daß der malaiische Islam einen altertümlichen Eindruck macht. Ihre Abneigung gegen moderne Entwicklungen hat gelegentlich zu Gewalttätigkeiten geführt. Als Bauern und Fischer blieben ihre Anhänger den Städten fern oder siedelten an ihren Rändern in eigenen *kampungs*. Diese Haltung führte auch dazu, daß die Briten zur Bearbeitung ihrer Kautschukplantagen und Zinnminen nicht mit malaiischen Arbeitskräften rechnen konnten, sondern dafür ausländische Arbeiter herbeischaffen mußten – vorwiegend aus China, weniger zahlreich aus Südindien. Damit war das Problem geschaffen, das bis heute Malaysia beherrscht: die Spannungen zwischen den ethnischen Gruppen, d.h. den einheimischen «Söhnen des Landes» *(bumiputera)* und den zugewanderten «Fremden».

Die Briten bemühten sich, die Vorrechte der *bumiputer*a hinsichtlich des Landerwerbes zu erhalten. Außerdem halfen sie, ein umfangreiches Schulsystem mit Malaiisch als Unterrichtssprache aufzubauen. Dennoch führte die konservative Haltung der Malaien dazu, daß nur zögernd modernistische Ideen seit Beginn des 20. Jahrhunderts von der «Gruppe der Jungen» *(Kaum Muda)* unter dem Volk verbreitet werden konnten. Diese «Jungen» waren während der Pilgerreise nach Mekka auch mit den von Muḥammad ʿAbduh (1849–1905) und seiner Schule propagierten Ideen bekannt geworden und versuchten nach ihrer Rückkehr, in den Schulen für eine Erneuerung des islamischen Denkens zu werben. In Kairo hatten einige von ihnen versucht, zusammen mit indonesischen Studenten eine panmalaiische nationale, im Islam gründende Bewegung ins Leben zu rufen. Die «Gruppe der Alten» *(Kaum Tua)* wurde, wie auch in dem in enger kultureller Beziehung mit Malaya stehenden Westsumatra (Minangkabau), vor allem in den westlichen Sultanaten in die Defensive gedrängt. Dennoch fanden die Gedanken der «Jungen» im Volk wenig Echo und blieben weitgehend auf eine intellektuelle, aus den Städten oder dem Adel kommende Schicht begrenzt. Außer diesen Malaien waren nicht wenige ihrer Anhänger Araber, Inder oder Indonesier, also Ausländer. Die Zurückhaltung der Briten bei der Regelung interner Angelegenheiten der Sultane entzog einer antikolonialen Bewegung weitgehend die Motivation. Nach 1910 wurden sich die Malaien mehr und mehr ihrer ethnischen und religiösen Identität, gerade auch im Gegensatz zu den nichtmalaiischen Ethnien, bewußt. Ein «nichtmuslimischer Malaie» erscheint als Widerspruch in sich selbst.

Nach der Ankündigung der Briten, ihre Kolonialherrschaft zu beenden, kam es seit 1945 in den «Föderierten Malaiischen Staaten» zu einer heftigen Auseinandersetzung darüber, wer von den nun im Lande Lebenden die Staatsbürgerschaft erhalten solle. Die Malaien, die sich 1946 zur *United Malay National Organization (UMNO)* unter Dato Onn ibn Jaafar (Jaʿfar) zusammenfanden, standen gegen die britischen Vorschläge, denen zufolge jeder, der die letzten 10 Jahre in Malaya gelebt habe, Recht auf die Staatsbürgerschaft habe. Zum Sprachrohr der Chinesen wurde die 1949 gegründete *Malayan Chinese Association (MCA)*. Nachdem Tunku Abdul Rahman (ʿAbd ar-Raḥmān), Sohn des Sultans von Kedah, 1951 den Vorsitz der UMNO übernommen hatte, kam es zu einer Annäherung mit der MCA: Gemeinsam drängten sie die Briten, dem Lande die volle Unabhängigkeit so schnell wie möglich zu geben. Dies Ziel wurde am 31. August 1957 mit der Gründung der «Malaiischen Föderation» erreicht.

Nach der Verfassung konnten die Bürgerrechte[29] erworben werden a) durch einen Gesetzesakt, wobei das Prinzip des *ius soli* maßgebend war, b) durch Registration, z.B. falls einer der Eltern die Bürgerrechte besaß, oder c) durch Naturalisation. Hinter diesen Auseinandersetzungen stand die Furcht der Malaien, durch die zahlenmäßig starken Zuwanderer, die zudem loyal gegenüber ihrer ursprünglichen Heimat blieben, zu einer Minderheit in ihrem eigenen Lande zu werden. Die Möglichkeit einer doppelten Bürgerschaft der Chinesen beispielsweise wurde erst 1974 bei der Wiederaufnahme der diplomatischen Beziehungen zwischen Malaysia und der Volksrepublik China abgeschafft. In der Zwischenzeit kam es wiederholt zu heftigen Rassenunruhen, deren folgenreichste am 13. Mai 1969 in der Bundeshauptstadt Kuala Lumpur ausbrach.[30]

In der Verfassung von 1957 – und ebenso in der Verfassung von Malaysia 1963 – wird der Islam zur offiziellen Religion im Staat erklärt. Prinzipiell herrscht jedoch Religionsfreiheit: «Jede Person hat das Recht, sich zu ihrer Religion zu bekennen und sie auszuüben, sowie sie zu verbreiten, vorbehaltlich Klausel (4)». Diese Klausel lautet: «Gesetze der Bundesstaaten können die Verbreitung einer jeglichen religiösen Lehre oder eines Glaubens unter Personen, die sich zum Islam bekennen, kontrollieren oder einschränken».[31] Vergehen gegen diese Bestimmung werden vom staatlichen, nicht von einem religiösen (islamischen) Gericht geahndet. Das Recht, eigene Schulen zu errichten, wird jeder religiösen Gemeinschaft zuerkannt. «Aber es soll rechtmäßig für den Bund oder einen Staat sein, islamische Institutionen einzurichten oder zu unterhalten oder dabei Unterstützung zu gewähren, oder solche Institutionen zu unterhalten oder zu unterstützen, die in der islamischen Religion unterweisen, und für diesen Zweck die nötigen Finanzmittel zur Verfügung zu stellen».[32]

Ferner bestimmt die Verfassung von 1957, daß das Englische nach einer Übergangszeit von 10 Jahren durch das Malaiische als offizielle Sprache abzulösen sei. Staatsoberhaupt wurde der *Yang di-Pertuan Agong*, den die neun Sultane, die als *Konferenz der Herrscher* eine Art Dritte Kammer bilden, aus ihrer Mitte für die Dauer von fünf Jahren wählen.[33] In dieser Zeit darf er seine Funktionen als Sultan in seinem Staate nicht ausführen, ausgenommen sein Amt als religiöses Oberhaupt der islamischen Gemeinschaft. Als Staatsoberhaupt ist er nicht das Oberhaupt der gesamten islamischen *umma* in der Föderation, sondern lediglich in seinem eigenen Staate, ferner im Bezirk der Bundeshauptstadt Kuala Lumpur sowie in den nicht von einem Sultan regierten früheren *Straits Settlements* Penang und Malakka, in denen allerdings der Islam nicht die offizielle Religion ist; diese Bestimmung wurde 1963 auf Sabah und Sarawak übertragen.

Bei ihrem Beitritt zu Malaysia übernahmen die beiden Territorien in Borneo, Sabah und Sarawak, nicht jene Bestimmungen der Verfassung, die den Islam zur offiziellen Religion erklären und der islamischen Gemeinschaft besonderen Schutz und besondere Rechte einräumen, da die Muslime nur eine Minorität ausmachten. Die Malaien galten hier nicht als *bumiputera*, und die meisten der einheimischen Stämme gehörten weiterhin ihren Stammesreligionen an oder waren Christen. Deshalb sollte auch Englisch auf unbestimmte Zeit die offizielle Sprache bleiben.[34]

Um 1970 trat in Sabah jedoch eine Wende ein. Tun Mustapha ibn Harun (Muṣṭafā ibn Hārūn), *Chief Minister* seit 1967, sah die Zukunft der einheimischen Volksstämme in Sabah in ähnlichen Bahnen laufen wie die der Malaien in Westmalaysia. Eines seiner Ziele war deshalb ihre Islamisierung. Über die *United Sabah Islamic Association (USIA)* intensivierte er ein islamisches Erziehungs- und Kulturprogramm. Die Aufnahme von ca. 90000 muslimischen Flüchtlingen aus den Südphilippinen, bei einer damaligen Bevölkerung von ca. 700000, verstärkte erheblich das islamische Element in Sabah. Durch einen Zusatz zur Verfassung von Sabah wurde 1973 der Islam auch in diesem Gebiet zur offiziellen Religion erhoben, obwohl die Zahl der Muslime noch immer unter 40% lag. Die Diskriminierung der Nichtmuslime hat schließlich zur Abwahl Mustapha ibn Haruns als *Chief Minister* im Jahre 1975 beigetragen, obwohl er in Kuala Lumpur einflußreiche Freunde wie den 1971 als Premier zurückgetretenen Tunku Abdul Rahman besaß.[35] Die Bundesregierung unter Tun Abdul Razak (ʿAbd ar-Razzāq) und später Dato Hussein (Ḥusain) Onn war zurückhaltender und entzog ihm die Unterstützung, nachdem der Verdacht aufkam, er wolle unter Einschluß von

Mindanao und den Sulu-Inseln, woher er stammte, ein eigenständiges islamisches Territorium schaffen.

Seit 1986 regiert in Sabah die in den Wahlen 1990 bestätigte *Partei der Einheit Sabahs (Parti Bersatu Sabah, PBS)* unter dem Katholiken Joseph Pairin Kitingan, die versucht, durch interreligiöse und interethnische Zusammenarbeit die Infrastruktur Sabahs, das den größten Teil seiner Wirtschaftsgewinne an die Bundesregierung abliefern muß, zu verbessern. Nach dem Austritt der PBS aus der von der UMNO geführten *Nationalen Front* kurz vor den Wahlen 1990 beschloß die Führung der UMNO, zum ersten Male einen Zweig ihrer Partei außerhalb der Halbinsel zu gründen. Gleichzeitig versuchte sie, die Zusammenarbeit von Muslimen und Christen in der PBS zu untergraben.[36] Seit 1977 zeigen sich in Sarawak ähnliche Tendenzen wie in Sabah vorher unter Tun Mustapha. Mit ihrem Auftreten in Sabah sieht sich die UMNO erneut vor die Frage gestellt, ob ihre traditionelle Beschränkung auf die Interessen der Malaien ihrer weiteren Entwicklung nicht hinderlich sei. Ihr Mitbegründer, Dato Onn ibn Jaafar, verlor das Vertrauen seiner Partei, als er 1951 die Öffnung auch für nichtmalaiische Muslime vorschlug. Noch 1989 galt es als selbstverständlich, daß nichtmalaiische Muslime, die der UMNO beitreten wollten, die malaiische *adat* annehmen mußten. Diese Haltung wird sich zumindest in Sabah weder in ethnischer noch religiöser noch kultureller Hinsicht halten lassen, falls die UMNO dort wirklich Wurzeln schlagen will.

Gegen die exklusive Verquickung von Malaientum und Islam hat es bereits früh Opposition gegeben. 1955 spaltete sich eine Gruppe an Koran und Sunna orientierter *ʿulamāʾ* mit einigen Gefolgsleuten ab und registrierte die *Parti Islam Se-Malaya* (abgekürzt: *PAS, von einem früheren Namen* Parti Agama Islam). Obwohl auch sie für Malaiisch als Nationalsprache und die malaiische Kultur als Grundelement der nationalen Kultur eintrat, betrachtete sie die von der UMNO betriebene Politik als *ʿaṣabīya* (Chauvinismus) und damit als unislamisch. In der Regel stand die PAS in Opposition zur Nationalen Front, allerdings gelang es ihr, mehrfach in Kelantan aus den Wahlen als stärkste Partei hervorzugehen, so regelmäßig seit 1990, was ihr die Gelegenheit gab, in diesem Staate Vorschriften der *sharīʿa* durchzusetzen, die auch auf Nichtmuslime angewendet wurden (z.B. Alkohol- und Spielverbot, Einschränkung der Bewegungsfreiheit für Frauen). Insbesondere über den Umfang und die Zielsetzung der von beiden propagierten Islamisierung der malaysischen Gesellschaft kommt es zu anhaltenden Auseinandersetzungen zwischen UMNO und PAS.[37]

Nach den ethnischen Zusammenstößen vom Mai 1969 kam es auch unter den malaiischen Studenten zu einer verstärkten Reflexion über die universalen Werte des Islams, die allerdings vornehmlich durch die auf Englisch zugänglichen Werke von Gelehrten «fundamentalistischer» Orientierung wie al-Maudūdī, Saiyid Quṭb, Muṭahharī u.a. bekannt waren. Unter den damals entstandenen Jugendorganisationen wurde die *Islamische Jugendbewegung in Malaysia (Angkatan Belia Islam Malaysia, ABIM)* zur bedeutendsten unter der Führung von Anwar Ibrahim (Ibrāhīm), zeitweise Minister im Kabinett Mahathir ibn Mohamads

(Mahāthir ibn Muḥammad) und dessen Stellvertreter bis zum Bruch zwischen beiden und Anwars Inhaftierung 1998.

Gegen die Bemühungen, die malaysische Gesellschaft zu islamisieren, ohne dabei die Interessen und Befürchtungen der Minoritäten um den Verlust ihrer religiösen und kulturellen Identität zu berücksichtigen, versucht seit 1977 die *Bewegung für Staatsbewußtsein (Aliran Kesadaran Negara,* abgekürzt *Aliran)* unter Chandra Muzaffar (Muẓaffar) zu wirken. Ihr geht es darum, die «universalen Werte des Islams» in einer offenen, pluralistischen Gesellschaft, wie es die malaysische im Unterschied zur malaiischen ist, gemeinsam mit den in anderen Religionen und Kulturen vorhandenen Werten für eine moderne Gesellschaft fruchtbar werden zu lassen.[38] Damit steht Aliran in einer aufreibenden Opposition zur Regierungspolitik, die seit 1981 von Mahathir ibn Mohamad als Premier der Föderation bestimmt wurde. Wie in seinem Buch *The Malay Dilemma* bereits skizziert, versuchte er, durch «Verschmelzung» *(perpaduan)* die ethnischen Gruppen einander näherzubringen. Offensichtlich ist damit ein langfristiges Programm der Malaiisierung und Islamisierung anvisiert, dem sich die anderen Ethnien anzupassen haben, etwa derart wie es Tun Mustapha in Sabah versucht hatte. Die von der Regierung kontrollierten öffentlichen Medien wurden in den Dienst dieses Programms gestellt, Opposition dagegen muß mit der Anwendung des 1960 ursprünglich zur Abwehr der kommunistischen Rebellen erlassenen *Internal Security Act (ISA)* und der Beschuldigung, die Einheit Malaysias zu hintertreiben, rechnen.

Obwohl der 1990 verstorbene «Vater Malaysias», der Tunku Abdul Rahman, gegenüber Befürchtungen der Minoritäten sehr sensibel war, hatte er die Abhaltung einer *Asia-Pazifischen Regionalkonferenz* für die Bewegung zur Verbreitung des Islams, *daʿwa,* die von den Ölstaaten des Vorderen Orients erhebliche Unterstützung erhielt, 1980 in Kuala Lumpur begrüßt. Beschlossen wurde eine Verstärkung der *daʿwa* unter allen Nichtmuslimen dieser Region. Offensichtlich hoffte der Tunku darauf, daß der Islam besonders geeignet sei, die Verschmelzung der Bevölkerung zu beschleunigen und damit Wiederholungen der ethnischen Zusammenstöße in Zukunft zu verhindern. In seinen *Viewpoints* bemerkt er dazu: «Was ich zu tun vorschlage, falls unser Plan gelingt, ist die Regierung zu bitten, den Konvertiten die volle Anerkennung als Muslime und ihnen dieselben Privilegien zu erteilen, deren sich die Malaien erfreuen. Bis dies erreicht ist, werden nicht viele den Islam annehmen».[39] Die Frage ist jedoch, ob der Islam, solange er bewußt oder unterschwellig mit Malaientum identifiziert wird, diese erhoffte integrierende Kraft entwickeln kann.

Das gefährlichste Problem Malaysias ist sein Rassenproblem. Unmittelbar nach den Unruhen im Mai 1969 versuchte die damalige Regierung, eine Solidaritätsbasis für die ganze Nation zu schaffen, indem sie zum Nationalfeiertag 1970 vom *Yang di-Pertuan Agong* die *Rukunegara* (Harmonie im Staate) proklamieren ließ, eine Art Charta, die, ähnlich wie die indonesische *Pancasila,* aus fünf Prinzipien besteht: 1. Glaube an Gott *(Kepercayaan kepada Tuhan),* 2. Treue gegenüber König und Staat *(Kesetiaan kepada Raja dan Negara),* 3. Hoheit der Verfassung

(Keluhuran Perlembagaan), 4. Unabhängigkeit der Gesetzgebung *(Kedaulatan Undang-undang),* 5. Anstand und Sittlichkeit *(Kesopanan dan Kesusilaan).* Insbesondere Oppositionspolitiker und Bürgerrechtsgruppen wie *Aliran* fordern, daß die Rukunegara Teil der Verfassung Malaysias werde.

Seit Beginn der 1990er Jahre ist die *Rukunegara* jedoch zunehmend in den Hintergrund getreten und hat einer an Intensität zunehmenden Debatte über eine Islamisierung Malaysias bzw. die Errichtung einer «islamischen Gesellschaft» Platz gemacht. Dabei wird auch offen über die Möglichkeit der Errichtung eines Islam-Staates diskutiert. Diese Debatte wurde durch die von der Regierung kontrollierten Medien verbreitet und wesentlich von Anwar Ibrahim, der damals zum Stellvertreter Mahathir ibn Mohamads in der UMNO und in der Regierung gewählt wurde, bestimmt. Für ihn galt der von ihm als «Verfassung» bezeichnete «Vertrag von Medina» zwischen Muḥammad und den Arabern von Yathrib als Vorbild für eine moderne Zivilgesellschaft *(masyarakat madani).* Als er diese Auffassung 1996 im Rahmen eines Vortrages auch in Indonesien propagierte, geriet die Debatte um eine Zivilgesellschaft dort ebenfalls ins Stocken. Seine guten persönlichen Beziehungen zu einigen der führenden Persönlichkeiten in der PAS entschärften die Spannungen zu diesem alten Gegner der UMNO. Erst seitdem er als möglicher Nachfolger Mahathir ibn Mohamads als Regierungschef genannt wurde, schien er sich seit dem Frühjahr 1994 auch um ein vertrauensvolles Verhältnis zu den nichtislamischen Gruppen zu bemühen. Doch ist es vor allem seine schillernde islamistische Haltung und damit die Loyalitätsfrage gegenüber UMNO oder PAS, die zu den öffentlich nicht genannten Gründen für seine Verfemung durch Mahathir nach seiner Entlassung aus den Regierungsämtern 1998 verantwortlich gemacht wurden.

Dennoch bleibt das Problem, wie sich die Malaien zu einer solchen Wende, d.h. der Option für einen Islam-Staat, verhalten würden. Die Frage ist also, wie sich die zweifellos anstehenden kulturellen und gesellschaftlichen Veränderungen in der malaiischen Gemeinschaft entwickeln werden. Die Errichtung eines Islam-Staates würde völlig neue Machtstrukturen erfordern und damit einen radikalen Bruch mit der malaiischen Kultur und der an den Sultanen als Rechts-, Adat- und Gemeinschaftshäuptern orientierten Tradition bedeuten. An der Treue zur Tradition hatten auch Mahathirs Versuche, die Macht der Sultane einzugrenzen, prinzipiell wenig verändern können. Das kann sich allerdings ändern. Das Hauptproblem liegt jedoch darin, daß die moderne Idee eines Staates, auch wenn dieser ein Islam-Staat werden soll, über keine Tradition im Islam verfügt. Deshalb ist für die meisten Malaien das Verhältnis zum modernen Staat verhältnismäßig unwichtig, solange sie ungestört im Rahmen ihrer malaiischen, selbstverständlich auch als islamisch verstandenen kulturellen und gesellschaftlichen Identität unter der Beschirmung ihres Herrschers oder einer Autorität ihres Vertrauens leben können, und zwar *neben* den anderen Ethnien.

Als deshalb in einem Schachzug, um seinen Gegnern, die ihm mangelndes Eintreten für die staatlichen Belange des Islams vorwerfen, den Wind aus den Segeln zu nehmen, Mahathir vor einigen Jahren kurzum erklärte, daß Malaysia schon immer ein Islam-Staat gewesen sei und deshalb nicht noch zu werden brauche, weckte er Erstaunen und Widerspruch bei Gegnern und Verbündeten, die ihn nach den Merkmalen für diese neue Einschätzung fragten. Zusammen mit wachsendem Unmut über die zunehmende Korruption kam es schließlich zu einer tiefen Vertrauenskrise in der UMNO und in der Bevölkerung gegenüber der Regierung, nicht zuletzt unter den Nichtmalaien, die sich zwar nicht in die internen Kulturkonflikte der Malaien einmischen wollen, es aber auch nicht hinnehmen, daß sie in eben diese hineingezogen werden.[40]

Um neuerliche Wahlverluste wie die von 1999 zu vermeiden, entschied sich Mahathir schließlich, im Herbst 2003 als Premierminister zurückzutreten. Seinem als integer geschätzten Nachfolger Abdullah Ahmad Badawi gelang dann ein überzeugender Wahlsieg im Frühjahr 2004. Die Wahlergebnisse zeigten auch hier, wie in Indonesien, die Präferenz der Wählerschaft für Vertreter eines gemäßigten, toleranten und modernen Islams. PAS, die 1999 in Trengganu die Regierung übernehmen konnte, verlor nicht nur diesen Staat wieder, sondern hätte auch fast ihre traditionelle Hochburg in Kelantan an die von der UMNO geführte «Nationale Front» abgeben müssen. Als Ursache für ihr schlechtes Abschneiden wird wachsende Unzufriedenheit mit ihrer ständig sich verstärkenden Islamisierungspolitik angesehen, durch die die sozialen Probleme in diesem besonders armen Staat in keiner Weise behoben werden konnten. Derzeit (2005) wird die Bevölkerung Malaysias auf 24 Millionen Einwohner geschätzt, davon sind 58% Malaien. Eine Religionsstatistik wird nicht veröffentlicht.

c) Philippinen

Die Philippinen, der dritte große Staat im malaiischen Raum, sind das einzige Land Asiens mit einer christlichen (katholischen) Majorität. Bei einer Gesamtbevölkerung von ca. 87 Millionen (2005) werden 83% als römisch-katholisch gezählt, die Zahl der Muslime wird mit 5% angegeben. Um 1570–1571 hatten die Spanier Mindoro und die Gegend um Manila erobert. Von dort aus führten sie wiederholt Kriege gegen die Sultane, die sich im Süden der heutigen Philippinen, auf Mindanao und dem Sulu-Archipel, etabliert hatten und ihrerseits eine Ausdehnung ihres Herrschaftsbereichs auf die nördlichen Inseln anstrebten. Kulturell fühlten sie sich den anderen malaiischen Sultanaten im Archipel und auf der malaiischen Halbinsel verwandt. Drei Jahrhunderte lang kam es zu Kriegen zwischen Spaniern und *Moros*, wie die Muslime von den Spaniern, in Anlehnung an deren heimatlichen Sprachgebrauch, genannt wurden. Gleichzeitig etablierten die Spanier in den von ihnen beherrschten Gebieten die christliche Religion und forderten den Gehorsam gegenüber dem spanischen König.

Trotz ihrer engen Verwandtschaft hat sich nie ein Zusammengehörigkeitsgefühl zwischen den auf ihre Unabhängigkeit bedachten *Moros* im Süden und den unter spanischer Hoheit lebenden Filipinos im Norden entwickelt. Für die Spanier und die Filipinos waren die *Moros* unzivilisiert und rückständig, in moralischer wie in sozialer und wirtschaftlicher Hinsicht. Auch als seit dem 19. Jahrhundert nationale Strömungen unter den Filipinos zunächst gegen die Spanier, später (seit 1898) gegen die neue Kolonial- bzw. Mandatsmacht USA entstanden, kam es nur selten zu einer Kooperation zwischen Filipinos und *Moros*, die seit der Niederlage des Sultans von Sulu 1876 endgültig ihre politische Unabhängigkeit verloren hatten. Sie orientierten sich eher nach den anderen malaiischen Sultanaten, mit denen sie geschichtliche, genealogische und vor allem religiöse Gemeinschaft verband.[41]

Die Amerikaner waren in der Zeit ihrer Mandatsherrschaft (1898–1946) darum bemüht, das Bildungswesen und die wirtschaftliche Situation der *Moros* zu heben, nachdem sie einen letzten Aufstand der *Moros* niedergeschlagen und sie endgültig der Verwaltung der Philippinen unterstellt hatten. Allgemein entspannte sich das Verhältnis zwischen US-Amerikanern und *Moros*. Letztere reichten wiederholt Petitionen ein, in denen sie um verfassungsmäßige Garantien dafür nachsuchten, daß der Islam geschützt und nicht verändert werde, daß ihre Sitten und Gebräuche nicht verboten werden dürften, daß die noch unbebauten Landstriche in Mindanao den *Moros* zunächst reserviert bleiben sollten, daß alle Regierungsämter in islamischen Gebieten muslimischen Filipinos übertragen würden, und daß die traditionelle Position der gesellschaftlichen Oberschicht, der *Datus* und Sultane, nicht angetastet werden dürfe.[42]

Mit solchen Vorschlägen stießen sie wohl auf Sympathie der Amerikaner, drangen aber nicht gegen die parlamentarische Majorität der Christen in Manila und deren Lobby durch. Die christlichen Filipinos hatten die Haltung der Spanier geerbt und betrachteten Mindanao und den Sulu-Archipel als Kolonie. Vor allem Mindanao erlebte einen Zustrom christlicher Siedler aus den überbevölkerten nördlichen Inseln, der innerhalb weniger Jahrzehnte die demographische Situation umkehrte. Die Gegend von Cotabatu, Mindanao, beispielsweise wurde 1939 von 55% Muslimen und 45% Christen bewohnt. 1948 waren es 35% Muslime und 65% Christen.

Nach der Unabhängigkeit 1946 verschlechterte sich die Situation. Es kam zu Gewalttaten, bei denen die nationale Regierung mit den Christen sympathisierte. Im Verlauf der Mindanao-Sulu-Krise[43] Ende der 1960er Jahre gründeten die *Moros* das *Muslim* (später *Mindanao*) *Independence Movement (MIM)*, dessen Ziel die Errichtung einer «Islamischen Republik Mindanao und Sulu» war. Eine Gruppe von Studenten und Intellektuellen tat sich zur *Moro National Liberation Front (MNLF)* zusammen, um durch Guerillaaktionen die Forderung nach Unabhängigkeit durchzusetzen. Schließlich erklärte Präsident Fernando E. Marcos im Oktober 1972 den Ausnahmezustand und erkannte damit an, daß die Zustände in Mindanao und Sulu einen bürgerkriegsähnlichen Charakter angenommen hatten; die Situation in den Südphilippinen war allerdings nicht der einzige Anlaß zur Ausrufung des Ausnahmezustandes. Sozialrevolutionäre Bewegungen begannen, gegen die Versäumnisse der nationalen Bewegung aufzustehen. Diese hatte, ähnlich wie der Nationalismus der Malaien, aber im Gegensatz zur indonesischen Nationalbewegung unter Sukarno, die traditionellen Machtstrukturen und vor allem das Machtmonopol der Latifundienbesitzer weitgehend unangetastet gelassen. Die nationale Bewegung war somit gesellschaftspolitisch relativ wirkungslos geblieben.

Kurze Zeit später beauftragte der Präsident jedoch eine Kommission damit, Möglichkeiten zu untersuchen, die es im Rahmen des Nationalen Rechts Muslimen gestattete, Teile des Privatrechts nach der *sharīʿa* zu praktizieren. Durch einen Präsidialerlaß wurde 1977 der *Code of Muslim Personal Laws of the Philippines* veröffentlicht, in dem «das Rechtssystem der Muslime in den Philippinen als Teil des Nationalen Rechts» anerkannt wird, ohne allerdings damit die ganze *sharīʿa* mit einzubeziehen; kodifiziert werden solle nur das Personenstandsrecht. Da auch muslimische Richter an den staatlichen Gerichten über keine Fachkenntnisse im islamischen Recht verfügen, sollen ihnen *ʿulamāʾ* beistehen. Auch solle ein Mufti (arab. *muftī*) vom Präsidenten ernannt und dem Obersten Gerichtshof unterstellt werden.

Diesem Erlaß folgte 1981 die Anordnung, ein Ministerium für die Angelegenheiten der Muslime einzurichten, ebenfalls mit dem Auftrag, Wege zu finden, um die muslimischen Filipinos gleichberechtigt in die philippinische Nation zu integrieren unter Berücksichtigung ihres Glaubens, ihrer *adat* und ihrer traditionellen Institutionen sowie unter gleichzeitigen Bemühungen, ihre wirtschaftliche und edukative Situation zu verbessern.[44]

Trotz dieser administrativen Maßnahmen hatte sich die Situation durch die zunehmenden militärischen Auseinandersetzungen im Süden und parallel zur allgemeinen Verschlechterung der innenpolitischen Situation in den 1970er Jahren erheblich zugespitzt. Auch die internationale Öffentlichkeit war auf die Ereignisse aufmerksam geworden. Die *Konferenz Islamischer Staaten (Muʾtamar al-ʿālam al-islāmī)* und andere islamische Organisationen schickten wiederholt Delegationen, die insbesondere den Vorwurf des «Völkermordes» auf seine Richtigkeit hin untersuchen sollten. Besondere Unterstützung wurde durch Libyen und Sabah während der Regierungszeit von Tun Mustapha gewährt; Sabah hatte zeitweise (nominell bis 1878) dem Sultan von Sulu unterstanden, und es waren wiederholt Spekulationen aufgekommen, daß Tun Mustapha, der selbst aus Sulu stammte, seine Islamisierungspläne in Sabah mit dem Ziel vorantrieb, diese Gebiete aufs neue zu einem islamischen Reich zu vereinen.

Solche Sezessionspläne sind jedoch Illusion. Sie würden auf den entschiedenen Widerstand Malaysias und der Philippinen stoßen. Die Zukunft der *Moros* liegt in den Philippinen, lediglich ihre verfassungsrechtliche Position steht zur Diskussion. In der libyschen Hauptstadt Tripolis wurde im Dezember 1976 ein Abkommen zwischen der philippinischen Regierung und Vertretern der MNLF über die Gewährung einer regionalen Autonomie der vorwiegend von Muslimen bewohnten Regionen im Süden getroffen, deren Regierungen direkt dem Präsidenten unterstehen sollten. Mangels politischen Willens, die in diesem Abkommen liegenden Chancen zu ergreifen, hat dieses Abkommen jedoch nicht zu einer Befriedung beigetragen, und unter der ziellosen Politik der Präsidentin Corazon Aquino hat sich die Situation noch weiter verschlechtert.

Nicht nur die immer noch vorherrschende koloniale Mentalität der christlichen

Filipinos, sondern auch die traditionelle Definition des philippinischen Nationalismus aus der Interessenlage der katholischen Oberschicht heraus macht es den Muslimen schwer, sich als integraler Teil der Nation *(bangsa)* zu verstehen. «Integration» könnte «Assimilation» an diese oft genug gegen sie selbst gerichteten Ziele des Nationalismus und damit ihren Identitätsverlust bedeuten. Durch die geschichtliche Erfahrung und verstärkt durch die Einflüsse des «islamischen Aufbruchs» hat sich unter ihnen ein eigenes Identitätsgefühl als Nation gebildet.[45] Sie empfinden sich als diejenige Bevölkerungsgruppe in den Philippinen, die sich am frühesten ihre Identität geschaffen und gegen fremde Einflüsse bewahrt hat. Dennoch sind sie bereit, sich als kulturelle Minorität der modernen philippinischen Nation anzuschließen, insofern im Rahmen eines gesellschaftlichen Pluralismus ihre Rechte und ihre Würde anerkannt werden. Führende Vertreter unter ihnen bezeichnen sich deshalb immer häufiger als *Muslim Filipinos*; der Ausdruck *Moros* wird wegen seines abschätzigen Beiklanges immer weniger gebraucht. Bisher haben allerdings nur kleine christliche Gruppen die Bereitschaft zu solcher Anerkennung der Muslime als Teil der philippinischen Nation gezeigt.

Erst unter Präsident Fidel Ramos wurden erneut Verhandlungen zwischen der Regierung und der MNLF über die Implementation des Abkommens von Tripoli im Lichte der Verfassungsreform von 1987 aufgenommen, die 1996 mit einem in Jakarta ausgehandelten und am 2. September 1996 in Manila unterzeichneten Abkommen endeten. Vier Provinzen auf Mindanao und Basilan wurde teilweise Autonomie zugestanden. Nur Misuari, Leiter der MNLF, wurde ihr Gouverneur. Allerdings traf das Abkommen auf heftige Reaktionen, sowohl in christlichen Kreisen, denen die Zugeständnisse zu weit gingen, als auch unter den Muslimen, die eine effektivere Stärkung ihrer sozialen Organisationen und vor allem mehr Rechtssicherheit hinsichtlich ihrer ökonomischen Interessen und des Landrechts erhofft hatten. Die *Moro Islamic Liberation Front* (MILF), 1984 von Salamat Hashim aus Gruppen der MNLF und als Protest gegen deren linkssoziale Tendenzen gegründet, verweigerte die Zustimmung und wurde in einen eskalierenden Kampf mit der Nationalen Armee verwickelt.

Radikaler, aber auch in ihren Zielen undefinierbarer, sind die seit Anfang der 1990er Jahre auftretenden Gruppen des *Abu Sayyaf* (*Abū Saiyāf*, Schwertträger bzw. Scharfrichter). Ihr Gründer, Abdurajak Abu Bakar Janjalani, gebürtig aus Basilan als Sohn einer christlichen Mutter und eines muslimischen Vaters und 1998 erschossen, war als Student in Saudi-Arabien mit der *Daʿwa*-Bewegung in Berührung gekommen. Viele ihrer Lehrer kamen aus Pakistan. Über Libyen und Afghanistan, wo er Kontakt mit den vom US-amerikanischen CIA trainierten *Mujahideen (mujāhidīn)* hatte, Ende der 1980er Jahre nach Basilan zurückgekehrt, sammelte er dort seine Anhänger. Geprägt von einer kompromißlosen antiwestlichen («antimaterialistischen») Einstellung wurden sie vor allem durch Entführungen bzw. Erpressung von Lösegeldern – die Entführung der Touristen von Simpadan, Sabah, 2000 war ein besonders ergiebiger *coup* – und brutale Überfälle auf christliche oder staatliche Institutionen bekannt. Ihre Aktionen werden von den anderen islamischen Organisationen einschließlich der MILF als «ideologisch, politisch, psychologisch und kulturell inkorrekt» verurteilt.[46]

Nur Misuari wurde zunehmend der opportunistischen Kollaboration mit den früheren Feinden beschuldigt. Nach dem Verlust seiner Glaubwürdigkeit und einer gescheiterten Revolte floh er 2001 nach Sabah, wo ihn die malaysische Polizei festnahm. Die nach dem 11. September 2001 zwischen der philippinischen Präsidentin Gloria Arroyo und US-Präsident Bush jr. beschlossene Kampfgemeinschaft gegen den Terrorismus hat nun auch in Moroland zur Rückkehr praktisch kriegerischer Verhältnisse zu Lasten der Zivilbevölkerung geführt, die in ihrem muslimischen Sektor seit 2001 ihre Hoffnung auf eine Annäherung zwischen MNLF und MILF und damit auf eine starke Verhandlungsposition mit dem Ziel einer stabilen politischen Lösung setzt, an deren Ende wenn schon nicht die staatliche Unabhängigkeit, so doch eine wirkungsvolle Autonomie als *bangsamoro* (Moro-Nation) steht.

d) Brunei

Das Sultanat «Negara Brunei Darussalam», an der Nordküste der Insel Borneo gelegen, erlangte 1984 seine volle Unabhängigkeit, nachdem es 1888 britisches Protektorat geworden war und 1906 den ersten britischen Residenten akzeptiert hatte. Dieser beriet den Sultan in allen internen und äußeren Angelegenheiten mit Ausnahme solcher, die die islamische Religion oder die malaiische Kultur und Tradition *(adat)* betrafen. 1959 erhielt es seine erste geschriebene Verfassung, durch die u.a. der Resident durch einen Hochkommissar abgelöst und die Einrichtung einer Gesetzgebenden Versammlung vorgesehen wurde. Einflußmöglichkeiten des Hochkommissars wurden durch einen weiteren Vertrag 1971 auf die äußeren und militärischen Angelegenheiten beschränkt. Schließlich sah der auf Drängen der Briten 1979 zustande gekommene Vertrag die möglichst bald zu erreichende völlige Unabhängigkeit vor. Diese wurde am 1. Januar 1984 von Sultan Hassanal Bolkiah Muʿizzaddin Waddaulah (Ḥasan al-Bolkiah Muʿizz ad-Dīn wa ad-Daula), offiziell 29. Sultan in Brunei, proklamiert. Daraufhin wurde Brunei Mitglied der *Association of South-East Asian Nations (ASEAN)*, der *UNO, der* Organisation der Islamischen Konferenz u.a.

Das Staatsgebiet von Brunei (5765 km^2) wird durch das zu Sarawak gehörende Tal des Limbang in zwei Teile geteilt. Von den372000 Einwohnern (2004) zählen ca. 67% als Malaien (Muslime), 15% sind Chinesen, 5,3% Angehörige verschiedener einheimischer Stämme, der Rest sind Inder, Europäer u.a. Die offizielle Religion ist der Islam mit dem Sultan als dem Oberhaupt der Gemeinschaft der Muslime. Christentum (ca. 10%), Buddhismus (ca. 13%) und die Ausübung altvölkischer religiöser Riten, z.B. der Murut und Iban, sind geduldet, wenn auch gelegentlich behindert. Die Hauptstadt ist Bandar Seri Begawan, bis 1970 Bandar Brunei (Brunei Town). Durch die Erschließung der vor seiner Küste liegenden Ölvorkommen seit Ende des 19. Jahrhunderts kam die Sultansfamilie zu großem Reichtum, den sie besonders in der Regierungszeit des vorletzten Sultans, Omar

Ali Saifuddin (ʿUmar ʿAlī Saif ad-Dīn), zur Entwicklung des kleinen Landes einsetzte. Brunei soll wieder etwas von jenem Prestige und Reichtum ausstrahlen, das es einst im Mittelalter als Beherrscherin «der ganzen Insel Borneo» besaß, weswegen die Europäer den Namen der Hauptstadt auf die Insel übertrugen.

Schon Jahrhunderte vor der Ankunft des Islams war Brunei, von den Chinesen Po ni u. ä. genannt, ein wichtiger Umschlaghafen zwischen China und dem westlichen Teil des Malaiischen Archipels. Als in der Mitte des 15. Jahrhunderts der Fürst von Brunei eine Tochter des «Sultans von Johor» – gemeint ist wohl der Sultan von Malakka[47] – heiratete, konvertierte er zum Islam und führte die malaiische *adat* und Sprache an seinem Hofe ein. Auch seine zum Islam übergetretenen Untertanen streiften ihre altvölkische *adat* ab und wurden «Malaien»; dagegen siedelten verhältnismäßig wenig ethnische Malaien in das Sultanat über. Somit wurde auch hier der Begriff «Malaie», wie anderswo auf Borneo, zum Synonym für Islam/Muslim, gegen den sich die Mitglieder der altgläubig gebliebenen autochthonen Volksstämme kulturell, religiös und vor allem auch politisch abzugrenzen versuchten. – Eine Nichte des ersten Sultans von Brunei heiratete einen Araber aus aṭ-Ṭāʾif, Sharif Ali (Sharīf ʿAlī), der als Sultan Berkat (Barakat) der dritte Sultan Bruneis wurde. Er bemühte sich weiter um die Islamisierung der Bevölkerung und straffte die Verwaltung Bruneis nach dem Vorbild Malakkas. Der Sultansfamilie gab er die «arabische Legitimation».

Zur Zeit der Ankunft der Europäer beherrschte Brunei praktisch die gesamte Nordküste Borneos und konnte zeitweilig seine Macht auch über den Sulu-Archipel und Mindanao ausweiten. Dort geriet es mit den Spaniern in Konflikt, nachdem diese 1570 Manila gegründet hatten und bemüht waren, ihren Herrschaftsbereich auch im Süden auszudehnen. Ein weiterer Konkurrent erwuchs Brunei in dem aufstrebenden Sultanat auf den Sulu-Inseln, das zeitweise auch Nordborneo, das heutige Sabah, unter seine Botmäßigkeit brachte und damit den bis in die Gegenwart andauernden Konflikt zwischen Malaysia und den Philippinen um Sabah verursachte. Die zunehmende Piraterie wirkte schließlich so destabilisierend, daß der Sultan von Brunei in verschiedenen Etappen seit 1841 den größten Teil des heutigen Sarawak dem «weißen *raja*» James Brooke zur Befriedung und Entwicklung übertrug. Nordborneo (Sabah) wurde 1865 vom Sultan, der damit seinerseits seine Besitzansprüche auf dieses Gebiet dokumentierte, für 10 Jahre an die *Amerikanische Handelsgesellschaft* verpachtet, die 1875 vom österreichischen Konsul Baron von Overbeck aufgekauft wurde. Ein Vertrag von 1877 besiegelte den Verzicht des Sultans auf dieses Gebiet; als Gegenleistung erhielt er eine jährliche Abfindung. 1881 übernahm Overbecks Geschäftspartner, der Brite Alfred Dent, die Kompanie, die er dank eines königlichen Erlasses in die *British North Borneo Company* umwandelte. Als schließlich 1890 die Stammeshäupter im Limbangtal den weißen *raja* baten, sie von der Mißwirtschaft und Unterdrückung des Sultans zu befreien, beschloß Charles Brooke, dieses Gebiet mit dem Trusantal zur 5. Division Sarawaks zusammenzuschließen, gegen den erfolglosen Widerstand des Sultans. Dessen Hoheitsgebiet war damit schließlich auf das Territorium um die Hauptstadt beschränkt, aufgeteilt zudem in zwei getrennt voneinander liegende Territorien mit einer vornehmlich aus Bauern, Fischern und Jägern bestehenden Bevölkerung und seinem Hofstaat.

Die Bemühungen der Briten nach dem Zweiten Weltkrieg, ihre imperiale Präsenz in Südostasien abzubauen, waren zunächst auf die malaiische Halbinsel gerichtet. Dort waren die ökonomische Entwicklung und das Bildungswesen weiter fortgeschritten als in den Besitzungen im Norden Borneos und in Brunei. Nach der Unabhängigkeit der «Malaiischen Föderation» 1957 verlangte jedoch auch die Frage nach dem Schicksal der drei Territorien auf Borneo nach einer Antwort. 1958 schlugen die Briten die Bildung einer «Föderation Nordborneo» vor mit Brunei, Sarawak und Sabah als Mitgliedstaaten. Sultan Omar Ali Saifuddin, der in den 1950er Jahren den ersten Fünfjahresplan zur Entwicklung Bruneis erlassen hatte, widersetzte sich jedoch diesem Vorhaben. Wahrscheinlich lag seine wesentliche Befürchtung darin, daß mit Bruneis Geldern auch die Entwicklung der anderen, vorwiegend von nichtmuslimischen Völkerstämmen und Chinesen bewohnten Gebiete finanziert werden müßte. Als dagegen 1961 der malaiische Premier, Tunku Abdul Rahman (ʿAbd ar-Raḥmān), mit seiner Idee an die Öffentlichkeit trat, die «Föderation von Malaya» um Singapur und die drei Territorien auf Borneo zur «Föderation Malaysia» zu erweitern, stimmte auch der Sultan von Brunei zu. Für ihn bedeutete dieses eine größere Annäherung an die kulturell verwandten malaiischen Sultanate und die Gewähr, daß die Rolle des Islams als offizielle Religion, die in einer «Nordborneo-Föderation» nicht hätte durchgesetzt werden können, erhalten bleiben würde. Zudem sollte das Malaiische zur nationalen Sprache Malaysias erklärt werden.

Allerdings sah sich der Sultan einer wachsenden innenpolitischen Opposition gegenüber, die durch Indonesien und die Philippinen, beide heftige Gegner des Malaysia-Planes, Unterstützung erhielt. Auch in Sarawak und Sabah regte sich entschiedener und nahezu einhelliger Widerstand gegen den Malaysia-Plan. Man befürchtete, bei seiner Verwirklichung lediglich die britische mit einer malaiischen Kolonialherrschaft einzutauschen und der Ausplünderung der Naturreichtümer durch die Malaien schutzlos preisgegeben zu sein.

Doch auch das Verhältnis zu Singapur war zwiespältig. Einerseits sahen die Nationalisten im Norden Borneos in der Mitgliedschaft Singapurs ein bedeutendes Gegengewicht gegen eine zu starke Dominierung der Malaien, falls es doch zur Gründung Malaysias kommen sollte. Andererseits erlebte der Inselstaat gerade eine wirtschaftliche Rezession mit großer Arbeitslosigkeit, so daß mit einer Immigration von Arbeitslosen, vor allem Chinesen, in Borneo gerechnet werden mußte.

Bei den Wahlen zu den Distrikträten in Brunei Ende August 1962 hatte die oppositionelle *Volkspartei (Party Rakyat Brunei, PRB)* 54 der 55 zu vergebenden Sitze errungen. Das bedeutete, daß die 16 von den Distrikträten zu besetzenden Sitze der im September gebildeten Gesetzgebenden Versammlung alle von der PRB eingenommen wurden; die übrigen Mitglieder des 33 Sitze umfassenden Organs wurden vom Sultan ernannt. Der Vorsitzende der PRB, Scheich (arab. *shaikh*) Aḥmad M. Azahari (Aḥmad Muḥammad Aẓāharī), forderte daraufhin den Sultan auf, seine absoluten Vollmachten als Herrscher aufzugeben, demokratische Reformen im Regierungssystem durchzuführen sowie auf die schnellstmögliche Unabhängigkeit von den Briten im Rahmen einer Föderation mit Sarawak und Sabah hinzuarbeiten. Der Norden Borneos könne erst dann in eine Föderation mit der Halbinsel treten, wenn die ökonomische und politische Position gestärkt und das allgemeine Bildungsniveau gehoben und mit dem auf der Halbinsel erreichten vergleichbar seien.

Der Sultan weigerte sich jedoch, den Forderungen der PRB nachzukommen und unterstrich damit die isolierte Position des Sultanats und seiner Interessen in seiner Umgebung. Im Dezember 1962 unternahm die Party Rakyat einen Putschversuch, in dessen Verlauf sich Azahari, «zufällig» auf einer Reise im für ihn sicheren Manila, zum Premier und den Sultan zum Staatsoberhaupt einer «Föderation Nordborneo» ernannte. Mit Hilfe britischer Truppen wurde die Revolte jedoch niedergeschlagen, die Gesetzgebende Versammlung wieder aufgelöst, die *Party Rakyat* verboten, und ihre Führer wurden, soweit sie nicht hatten fliehen können, inhaftiert. Gleichzeitig wurde der Ausnahmezustand verkündet. Azahari, gebürtig aus Labuan, aber in Indonesien bekannt als Teilnehmer an den Guerilla-Aktionen gegen die Niederländer 1946–1949, fand Zuflucht im Indonesien Sukarnos.[48]

Damit war die innenpolitische Position des Sultans wieder gefestigt. Opposition konnte sich hinfort nicht mehr formieren, jedenfalls nicht im Sultanat. Allerdings wandte sich auch Sultan Omar schließlich gegen den Beitritt Bruneis zur Föderation Malaysia, da er ebenfalls einen zu starken Kapitalfluß nach Kuala Lumpur befürchtete und ihm ein seinen Vorstellungen entsprechender Platz im Kollegium der neun malaiischen Sultane vorenthalten bleiben sollte. 1967 dankte Sultan Omar zugunsten seines damals 21jährigen, u.a. in Sandhurst ausgebildeten Sohnes Hassanal Bolkiah ab, da er sich dem Druck der von den Briten unterstützten Politiker in seinem Lande nicht beugen wollte, die nach des Sultans Weigerung, Malaysia beizutreten, eine zügige innere Demokratisierung des Landes und seine alsbaldige Unabhängigkeit forderten. Als Sultan Hassanal Bolkiah 1984 die Unabhängigkeit proklamierte, war sein Staat nach wie vor ein absolut regiertes Sultanat ohne demokratisch legitimierte Kontrollorgane. Die britische Regierung garantiert weiterhin Bruneis Sicherheit.

Früher delegierte der Sultan wesentliche Regierungsfunktionen an vier auf die alte Regierungsstruktur von Malakka zurückgehende Würdenträger: den *Pengiran Bendahara* (Premier und Schatzmeister), den *Pengiran Digadong* (Finanzen), den *Pengiran Pemancha* (der wohl, ähnlich wie der *Syahbandar*, für die die Ausländer und Händler berührenden Angelegenheiten zuständig war) und den *Pengiran Temenggong* (Sicherheit).[49] Im nach 1959 modernisierten Kabinett, in dessen offizieller Titulatur die alten Begriffe teilweise noch auftauchen, ist die Administration der religiösen Angelegenheiten an den Religionsminister delegiert, dem auch die Verwaltung der religiösen Gerichtshöfe zugeordnet ist. Außerdem wird der Sultan von einem von ihm ernannten *Rat für religiöse Angelegenheiten* unterstützt. Sowohl im Rechtsverständnis als auch in der Rechtsprechung bilden Islam und malaiische *adat* eine Einheit. Da letztere die absolute Treue gegenüber dem

Sultan fordert und der Islam seine Herrschaftsrolle religiös legitimiert, ist er praktisch die oberste Instanz, die über Entwicklung und Anwendung des islamischen Rechts entscheidet. In dieser Rolle wurde er durch die Bestimmungen des britischen Protektorats gestärkt, da der Resident sich nicht in die Administration der religiösen und kulturellen Traditionen *(adat)* hatte einmischen dürfen. Trotzdem kam es unter dem Einfluß des britischen Rechtssystems auch hier zu einer Formalisierung dessen, was von den Rechtsgelehrten und Richtern als traditionelles islamisches, wenn auch bisher nicht kodifiziertes Recht angesehen wurde.

So sind Islam und *adat* die kulturelle Basis und das ideologische Band, die Herrscher und Volk aneinander binden. Deshalb wird nicht nur in der äußeren Repräsentation des Sultanats, sondern auch in den verschiedenen Bereichen der inneren Entwicklung und insbesondere der Erziehung Nachdruck auf die Stärkung eines in die malaiische Tradition inkulturierten islamischen Bewußtseins gelegt, in dessen Dienst vor allem die Medien und die Erziehung gestellt sind. Reformerische, aber auch «fundamentalistische» «Neu»-Interpretationen des Islams finden deshalb kaum Zustimmung, und vor «Irrmeinungen» in religiösen Dingen wird kontinuierlich gewarnt. Auf verschiedenen Treffen des Religionsministers von Brunei mit seinen indonesischen und malaysischen Kollegen während der letzten Jahre wurde eine verstärkte Zusammenarbeit der «malaiischen Nationen» im Bereich der *daʿwa,* der islamischen Erziehung *(tarbiya),* bei der Festsetzung der Daten der islamischen Feiertage u. a. beschlossen.

e) Singapur

In ihrer vorkolonialen Geschichte war die Insel Singapura (Löwenstadt) mit ihrem Hafen Tumasik vor allem als Piratennest bekannt geworden. 1819 schloß Stamford Raffles im (von ihm gesuchten) Auftrage der *East India Company* einen Vertrag mit Hussein (Ḥusain), dem von ihm unterstützten Anwärter auf den Thron des Sultans von Johor, durch den den Briten das exklusive Recht zur Errichtung einer Faktorei gewährt wurde. Mit diesem Vertrag wurde Singapur (Singapore) britisches Territorium, das 1826 mit den anderen britischen Territorien in Malakka und Penang (mit der Provinz Wellesley) zur Verwaltungseinheit der *Straits Settlements* vereinigt wurde. 1832 wurde Singapur ihre Hauptstadt und behauptete diese Rolle als britisches Verwaltungs- und Handelszentrum, nachdem 1867 die *Straits Settlements* aus der indischen Kolonialverwaltung gelöst und dem Londoner Kolonialbüro direkt unterstellt worden waren.

Nach dem Zweiten Weltkrieg wurden die beiden anderen *Straits Settlements* mit den Föderierten und Nichtföderierten Malaiischen Sultanaten 1948 zur «Föderation von Malaya» zusammengeschlossen, die 1957 ihre Unabhängigkeit von Großbritannien erhielt. Singapur war wegen seiner Stellung als Freihafen, besonders aber wegen der problematischen ethnischen Zusammensetzung seiner Bevölkerung mit einer großen chinesischen Mehrheit unter direkter Kolonialverwaltung verblieben und erhielt 1957 den Status eines sich selbst in internen Angelegenheiten regierenden Staates innerhalb des Britischen *Commonwealth.*

Seine Unabhängigkeit von Großbritannien erhielt es 1963, als es mit Sarawak, Sabah und der Föderation von Malaya zur «Föderation Malaysia» vereinigt wurde. Unstimmigkeiten zwischen der politischen Führung in Singapur und der Bundesregierung in Kuala Lumpur führten 1965 zum Ausschluß Singapurs aus der Föderation. Seitdem ist Singapur bemüht, als selbständige Inselrepublik sich politisch, ökonomisch und nicht zuletzt auch kulturell gegenüber den Nachbarstaaten zu profilieren und durchzusetzen.

In der Geschichte Singapurs spiegelt sich auch die Geschichte ihrer muslimischen, vorwiegend aus Malaien bestehenden Bevölkerung. Zur Zeit des Vertragsabschlusses zwischen Raffles und Hussein lebten schätzungsweise nur wenig mehr als 200 Malaien auf der Insel. In der Folgezeit, mit der Entwicklung Singapurs zum «neuen Malakka» als Verwaltungs- und Handelszentrum der Briten, setzte jedoch ein steter Zustrom von vorwiegend chinesischen Arbeitern, aber auch indischen und arabischen Händlern ein. Malaien kamen vor allem aus dem Riau-Archipel und Malakka, später auch aus anderen Gebieten der malaiischen Halbinsel und Sumatras. Zuwanderer aus Java und Bawean sowie anderen Gebieten des damaligen Niederländisch Indien wurden manchmal als besondere ethnische Gruppe registriert, gelegentlich ebenfalls als Malaien betrachtet, zumal dann, wenn sie bereits über mehrere Generationen auf der Insel ansässig waren. Als ethnische Gruppe von den Malaien abgesondert blieben die indischen Muslime und die Araber, von denen nicht wenige (besonders solche aus dem südarabischen Hadramaut) sich als Nachfahren der Familie des Propheten betrachteten und als Saiyids besondere Privilegien und Respekt innerhalb der muslimischen Gemeinschaft forderten. Diese ethnische Absonderung schloß jedoch nicht aus, daß insbesondere die Araber, die in der Regel ohne Familie nach Übersee gingen, in besser situierte malaiische (oder auch chinesische) Familien einheirateten.

Ihr Bildungsstand und auch der der Inder war erheblich höher als der der Malaien. Sie und einige in Singapur verbliebene Mekkapilger aus Java und Sumatra bildeten bereits gegen Ende des 19. Jahrhunderts eine bescheidene intellektuelle Elite, über die u.a. auch die islamischen Reformideen aus dem Orient im Archipel weiter verbreitet wurden. Die von al-Afghānī und Muḥammad ʿAbduh herausgegebene Zeitschrift *al-ʿUrwa al-wuthqā* wurde über Singapur trotz restriktiver Maßnahmen seitens der niederländischen Kolonialregierung nach Indonesien vermittelt, auch *al-Manār* wurde in Singapur gelesen. Seit 1906 erschien für wenige Jahre eine eigene, in Singapur redigierte Zeitschrift namens *al-Imām*, in der auch aus *al-Manār* übersetzte Artikel und Fatwas (arab. *fatāwā*, Pl. von *fatwā*) Aufnahme fanden. Wie auf Java und namentlich in der Minangkabau (Westsumatra), so wurden auch in Singapur einige islamische «Reformschulen» *(madrasa)* gegründet. Ihr Einfluß auf die malaiische Bevölkerung in Singapur und auf der Halbinsel scheint jedoch nur gering gewesen zu sein; dort wurde an den traditionellen Koranschulen festgehalten.

Aber auch im von den Briten unterhaltenen Schulwesen waren malaiische Schüler die Ausnahme, und es wurde auch nichts unternommen, um ihren prozentualen Anteil an der Schülerschaft zu erhöhen. Außer wenigen Bauern und

Fischern verdienten die Malaien ihr Einkommen als Handwerker oder einfache Gehilfen im Bereich des Handels oder der Verwaltung sowie im 20. Jahrhundert zunehmend auch im britischen Heer. Damit waren sie zwar abhängig von ihren Arbeitgebern, aber unabhängig im Blick auf andere gesellschaftliche Bindungen. Nachbarschaftliche Hilfe, die in ihren Heimatdörfern aufgrund der Familienbindungen selbstverständlich war, fehlte weitgehend in Singapur.[50] Und auch in ihrem Erwerbsleben haben sich Malaien nur äußerst selten mit anderen Malaien zu Genossenschaften zusammengeschlossen. Zwar lebten sie auch in Singapur, wie in ihrer malaiischen oder indonesischen Heimat, in Dorfsiedlungen *(kampung)*. Bindeglied war hier jedoch nicht die Familie, sondern die Stammeszugehörigkeit, und soziales Zentrum war die Moschee. In ihrem Umfeld wurden jene Persönlichkeiten bestimmt, denen innerhalb der lokalen Gemeinschaft bestimmte Aufgaben und Funktionen übertragen werden sollten. Dabei war als Kriterium die ausgestrahlte Autorität maßgebend, Prestige konnte also nicht zielstrebig erworben werden. Dies erleichterte für die meisten Malaien häufigen Wechsel des Wohnortes. Gesellschaftliche Kontakte zu anderen ethnischen Gruppen jedoch, eingeschlossen zu Muslimen, waren selten. Diese Eigenart traditionellen Verhaltens der Malaien mag zu ihrer allgemeinen Absenz auf der politischen und ökonomischen Bühne, aber auch im Bereich der höheren Bildung beigetragen haben, zumal es in Singapur, anders als auf der Halbinsel, auch keinen malaiischen Adel gab, auf den im übrigen auch auf der Halbinsel die Elite weithin beschränkt blieb.

Diese Kommunalisierung der malaiischen Gemeinschaft hatte noch einen weiteren Grund. Anders als in den malaiischen Sultanaten, wo die Briten ihre Macht «indirekt» über den Herrscher ausübten, dessen Position als Oberhaupt der islamischen Gemeinschaft in ihrem Staat ausdrücklich anerkannt und respektiert wurde, hatte der Sultan von Johor nach 1824 auf Singapur nichts mehr zu sagen. Damit fehlte den Malaien hier das religiöse Oberhaupt und mit ihm eine Instanz, die ihre Interessen bei der britischen Kolonialverwaltung vertreten konnte, zugleich aber auch eine verbindliche zentrale juristische Instanz in Angelegenheiten, die das religiöse Recht betrafen. Letzteres führte dazu, daß in jedem Streitfall der Richter *(kathi*, von arab. *qāḍī)* aufgesucht werden konnte, der das günstigste Urteil versprach. Erst nachdem 1877 von der Kolonialverwaltung ein Protektor für die chinesische Gemeinschaft berufen worden war, verlangte auch eine Gruppe von Muslimen nach einem *kathi*, der die Eheschließungen ordnungsgemäß registrierte. In der *Mahomedan Marriage Ordinance* von 1880 wurde festgelegt, daß *kathi*s von der Kolonialverwaltung berufen werden sollten, daß sich ihre Tätigkeit jedoch ausschließlich auf die Registrierung von Eheschließungen und Scheidungen innerhalb ihrer eigenen ethnischen Gemeinschaft beschränken solle. Da die Verwaltung die *kathi*s nur auf Vorschlag der islamischen Gemeinschaften ernennen wollte, waren diese immerhin zu größerer Konsultation untereinander gezwungen worden. Ein 1906 errichtetes *Muslim Endowments Board* hatte religiöse und karitative Stiftungen der Muslime zu verwalten.

Malaientum in Singapur definierte sich im wesentlichen durch die Abgrenzung von anderen Ethnien, und diese Haltung wirkte sich auch auf das Gemeinschaftsgefühl innerhalb der islamischen *umma* aus. Der Islam und die malaiische Sprache waren das Band, das die Malaien zusammenfügte, beide Elemente prägten gleichermaßen ihre Identität.

Das bedeutet, daß die islamische Gemeinschaft in Singapur angesichts ihrer ethnischen Komplexität nur mit Vorbehalt als Einheit betrachtet werden kann.[51] Bei einer Bevölkerung von derzeit ca. 4,4 Millionen (2004) machen die Malaien 14% aus. Religionsproporze werden nicht genannt. 1980 galten 16,3% der Bevölkerung als Muslime. Dieser Prozentsatz dürfte auch früher mehr oder weniger gültig gewesen sein. Unter dem Gesichtspunkt ethnischer Zugehörigkeit waren 1980 0,1% der Chinesen, 99,4% der Malaien, 21,8% der Inder und 6,5% der «anderen» – darunter fallen auch die Araber – Muslime. Das bedeutet, daß 90,2% der Muslime in Singapur Malaien sind.[52] Obwohl die Malaien also zahlenmäßig eine imponierende Majorität innerhalb der islamischen Gemeinschaft darstellen, haben nicht sie, sondern arabische und indische Muslime die gesellschaftliche, kulturelle und politische Führung übernommen. Damit waren die Malaien nicht nur allgemein innerhalb der Bevölkerung Singapurs, sondern auch innerhalb der islamischen Gemeinschaft in einer schwachen politischen, gesellschaftlichen und ökonomischen Position, nämlich in einem Zustand, der bereits 1894 in der Zeitung *Bintang Timur* die in ein Wortspiel gefaßte Frage weckte: *Kenapa Melayu layu*? («Warum welken die Malaien so dahin?»).[53]

Neben der oben angedeuteten Haltung der Malaien gehörte zweifelsohne auch die britische Erziehungspolitik zu den Ursachen dieser Entwicklung. Da die Briten generell in ihren die koloniale Abhängigkeit einleitenden Abkommen mit den malaiischen Sultanen strikt darauf bestanden hatten, daß die den Islam und die malaiische Tradition betreffenden Angelegenheiten Sache des Sultans und nicht der Briten seien, waren auch die wenigen auf einen Unterricht in malaiischer Sprache abzielenden Schulpläne der Briten darauf bedacht, zwischen der Unterrichtssprache und den islamischen Inhalten zu trennen. Das galt auch in Singapur und führte deshalb auch hier zu lediglich geringem Interesse an diesen Schulen. Doch auch an den islamischen Reformschulen war, wie bereits vermerkt, das Interesse der Malaien recht gering. So blieben für sie im wesentlichen die Koranschulen, die jedoch ihre Schüler in keiner Hinsicht dazu befähigten, im öffentlichen und wirtschaftlichen Leben Singapurs voranzukommen.

Unter dem Eindruck einer von deutschen Geheimagenten angezettelten Meuterei muslimisch-indischer Soldaten sah sich 1915 die britische Kolonialverwaltung erneut veranlaßt, ihre administrativen Kontakte zu den Muslimen zu verbessern. So richtete sie ein *Muhammadan Advisory Board* ein, durch das die verschiedenen islamischen Organisationen oder Gruppen ihre Anliegen der Regierung vortragen konnten.

Nach dem Ersten Weltkrieg gelang es einem *kathi*, aufgrund seiner persönlichen Autorität als *Chief Kathi* und damit als eine Art Oberhaupt der gesamten islamischen Gemeinschaft in Singapur anerkannt zu werden. Nach seinem Tod setzten die Briten 1936 dann mit Imam Hajji Abbas ibn Taha (Imām Ḥājjī ʿAbbās ibn Ṭāhā) den ersten offiziellen *Chief Kathi* ein, und zwar mit der Auflage, daß sämtliche Eheschließungen und Scheidungen in geordneter Weise registriert werden müßten. Bereits 1922 hatten die Briten einen Malaien in das *Municipal Council* berufen.

Erst nach dem Zweiten Weltkrieg jedoch wurde es den Briten bewußt, daß die Malaien in Singapur ein Grund für politische und soziale Instabilität bleiben würden, solange nicht in ihren drei alten und wichtigsten Problemfeldern eine Besserung einträte: dem Familienleben, dem der Erziehung und der politischen Repräsentanz. Diese Fragen wurden um so dringender, als die Briten ihre Kolonialherrschaft im malaiischen Raum zu beenden trachteten und sich dabei als besonderes Problem die Situation Singapurs stellte. Zunächst einmal wurde das Inselterritorium von den anderen *Straits Settlements* getrennt, und diese wurden, zusammen mit den Sultanaten, 1948 zur «Föderation von Malaya» zusammengeschlossen.

Als besonders kritisches Feld innerhalb der islamischen rechtlichen Ordnungen unter den Malaien hatte sich das lockere Eheverständnis erwiesen. Anfang der 1950er Jahre begannen Diskussionen um die Errichtung eines *Sharīʿa*-Gerichtshofes mit dem Ziel, die islamischen Ehe- und Familienangelegenheiten besser zu organisieren.[54] Nachdem durch die *Muslims Ordinance* von 1957 die Errichtung des *Sharīʿa*-Gerichts verfügt worden war, konnte es 1958 seine Tätigkeit aufnehmen. Eine seiner Hauptaufgaben war wieder die Registrierung von Eheschließungen und Scheidungen, die jedoch erst nach eingehender Beratung vollzogen werden durften. Damit konnte z.B. die Scheidungsrate von 51,7% im Jahre 1957 auf 17,5% im Jahre 1964 reduziert werden. Anders als in den Nachbarstaaten, in denen die Verwaltung der islamischen Gerichtsbarkeit Religionsministerien zugeordnet ist, wurde in Singapur das Ministerium für *Social Affairs and Community Development* mit der Aufsicht über den *Sharīʿa*-Gerichtshof beauftragt.

Im Bereich der Erziehung wurden erst nach der Gewährung interner Selbstverwaltung 1959 durch die von der *People's Action Party (PAP)* unter Lee Kwan Yew geleitete Regierung eingreifendere Reformen durchgesetzt. Da gleichzeitig die Option an Aktualität gewann, innerhalb weniger Jahre die vollkommene Unabhängigkeit im Rahmen einer «Föderation Malaysia» zu erlangen, entstand nicht nur unter den Malaien eine politische Aufbruchstimmung auf Grund der Hoffnung, endlich aus der Minderheitensituation herauszukommen. Auch die PAP-Regierung sah in einem schnellen und wirkungsvollen Aufbau eines malaiischsprachigen Zweiges innerhalb des Erziehungssystems in Singapur – das seit der britischen Verwaltung in sprachlich getrennten Zweigen (Englisch, Chinesisch, weit weniger Tamil und kaum Malaiisch) organisiert war – eine günstigere Ausgangsbasis für ihren Beitritt in die Föderation. Denn auch die PAP hatte inzwischen der Forderung zugestimmt, daß Malaiisch die Nationalsprache in der neuen Föderation und der Islam die offizielle Religion werden sollte.

Die kurze Zeitspanne von zwei Jahren (1963–1965), in der Singapur in der Föderation Malaysia verblieb, war für die Malaien Singapurs eine Zeit gesteigerter Erwartungen, da sie nun, wie die Malaien in den anderen Teilstaaten, zur privilegierten und durch besondere Klauseln in der Verfassung geschützten ethnischen Majorität gehörten. Wie in den anderen Teilstaaten, die nicht durch einen Sultan regiert wurden, übernahm der *Yang di-Pertuan Agong,* das für jeweils fünf Jahre gewählte Staatsoberhaupt aus dem Kreis der Sultane, auch die Rolle eines Oberhauptes der muslimischen Gemeinschaft in Singapur.

Die PAP, nach wie vor stärkste Kraft in Singapur, betrachtete jedoch die Implementation der Sonderrechte der Malaien mit wachsendem Mißvergnügen, da sie ihrer prinzipiellen Vorstellung von einer «multirassischen» und «multikulturellen» Gesellschaft widersprach. Als deshalb 1964 die *Singapore Malays' National Organisation* nachdrücklich auf die «Provisionen» in der Verfassung verwies und ihre Verwirklichung in Singapur einklagte, reagierte die PAP mit der Einberufung einer eigenen *Malay Convention,* in der Lee Kwan Yew lediglich verstärkte Unterstützung bei der Ausbildung der Malaien zugestand.[55] Grundsätzlich sollte es jedoch bei dem «multirassischen» Schulsystem bleiben, in dem verschiedene Sprachgruppen administrativ getrennt bleiben, ansonsten aber den gleichen Zugang zu den Einrichtungen einer Schule haben.

Der 1965 von Tunku Abdul Rahman (ʿAbd ar-Raḥmān) durchgesetzte Ausschluß Singapurs aus der Föderation brachte die auf der Insel ansässigen Malaien zunächst zurück in die gewohnte Rolle als Minderheit, diesmal jedoch einerseits gestärkt in dem Bewußtsein, zur Majorität der im nördlichen Nachbarstaat herrschenden Ethnie zu gehören, zum anderen aber auch mit dem Mißtrauen konfrontiert, das die Regierung Singapurs und die Majorität seiner Bevölkerung hinsichtlich ihrer nationalen Loyalität pflegten.

Der Zwang, den Überlebenskampf aufnehmen zu müssen, führte dazu, daß sich die Arbeitssituation der Malaien rasch verbesserte und sie nicht mehr nur in ihrer großen Mehrheit einfache Handlangerjobs verrichteten, sondern auch zunehmend Arbeitsplätze höherer Gehaltsstufen und in der Produktion einnahmen. Auch die Präsenz malaiischer Frauen in der Arbeitswelt nahm spürbar zu.

Auf dem Unterrichtssektor verlangte die *Vereinigung malaiischer Lehrer in Singapur (Kesatuan Guru-guru Melayu Singapura)* seit 1968 die Unterweisung in der islamischen Religion als Pflichtfach für Malaien, die Errichtung malaiischer Eliteschulen und einer Universität mit Malaiisch als Unterrichtssprache, daran erinnernd, daß auch in Singapur Malaiisch noch in der Verfassung als nationale Sprache anerkannt war. Dies jedoch war nur noch eine Formalität, da die Regierung im Interesse ihrer internationalen Kommunikationsfähigkeit und im Interesse besserer interner Kommunikation und Integration nun das Prinzip der Zweisprachigkeit vertritt: Englisch und die ethnische Muttersprache. Auch der Religionsunterricht – ein Pflichtfach, wenn auch die Wahl der im Unterricht behandelten Religion freisteht – findet für die muslimischen Malaien auf der Basis englischer und malaiischer Textbücher statt.

Seit 1981 bemühte sich der *Rat für die Erziehung muslimischer Kinder* (*Mendaki*, wörtl. «den Berg erklimmen») um eine weitere Verbesserung der Ausbildungs- und Berufschancen der jungen Malaien, unter denen die Zahl der *dropouts*, derjenigen also, die ihre Ausbildung abbrechen, immer noch allzu hoch war. Er wurde von acht islamischen Organisationen unterstützt und vom Minister für Soziales und Umwelt geleitet, der auch der amtierende Minister für islamische Angelegenheiten war.

Mit dem Ausscheiden Singapurs aus der Föderation Malaysia waren auch die administrativen und repräsentativen Bindungen zwischen der muslimischen Gemeinschaft in Singapur und den staatlichen Organen Malaysias zerbrochen. Insbesondere hatten die Muslime Singapurs den *Yang di-Pertuan Agong* als ihr gemeinschaftliches Oberhaupt verloren. Ein regionaler Islam-Rat, der ihm hätte zur Seite stehen sollen, war noch nicht berufen worden. Dies sollte nun aufs schnellste nachgeholt werden. Bereits 1966 erließ das Parlament in Singapur ein *Administration of Muslim Law Act (AMLA)*, um die Verwaltung der islamischen Gemeinschaft zu organisieren. 1968 wurde aufgrund dieses AMLA ein *Rat für die islamische Religion in Singapur (Majlis Ugama Islam Singapura, MUIS)* eingerichtet[56] und ebenfalls dem Ministerium für Soziales und Umwelt zugeordnet. Seine vornehmste Aufgabe sollte es sein, nicht mehr den *Yang di-Pertuan Agong*, also einen islamischen Sultan, sondern den Präsidenten der Republik Singapur in die islamische Gemeinschaft betreffenden Fragen zu beraten. Die Mitglieder sollten aus einem Vorsitzenden, vom Staatspräsidenten auf Vorschlag des Ministers ernannt, sowie wenigstens sieben weiteren, von islamischen Organisationen vorgeschlagenen und vom Staatspräsidenten ernannten Mitgliedern bestehen. Außerdem kam es zur schon in den 1930er Jahren geforderten Ernennung eines Muftis, der jedoch nur in Übereinstimmung mit dem Fatwa-Komitee ein Gutachten erlassen darf. MUIS ist ferner befugt, bei Erbschaften Urkunden über Grundbesitz auszustellen, sofern die Erben einem anderen als dem schafiitischen Rechtsritus angehören. Für Schafiiten ist jedoch der *Sharīʿa*-Gerichtshof zuständig.

Im Verlauf der folgenden Jahre entwickelte sich MUIS zu einer zentralen Verwaltungsstelle, die eine Reihe von Funktionen koordinierte, die früher unabhängig voneinander abgewickelt wurden, wie z.B. die Verwaltung des Zakat (arab. *zakāt*), die Abwicklung der Pilgerfahrten nach Mekka, an der sich jährlich etwa 3000 Pilger beteiligen, die Errichtung von Moscheen in neuen Wohnsiedlungen, in denen nicht, wie früher, lokale Baukomitees tätig werden konnten. Diese neuen Moscheen sind auch soziale und Bildungszentren,[57] in denen eine neue Generation von Muslimen heranwächst, die die in den neuen Wohnsilos ohnehin nicht mehr haltbare ethnische Isolierung überwindet und die Orientierung auf die Tradition durch eine Orientierung auf die *sharīʿa* als Ausdruck ihrer Identität austauscht. Auch unterstützt MUIS Bemühungen um einen einheitlichen Syllabus für den islamischen Religionsunterricht.

Auf Anregung des Ministers wurde 1985 ein «Fonds für die islamische Gemeinschaft» *(Dana Masyarakat Islam, DANAMIS)* mit dem Ziel eingerichtet, Investitionen muslimischer Geschäftsleute zu fördern. Daneben sammelte er auch finanzielle Unterstützung für die Mekkapilger.

Seit Beginn der achtziger Jahre zeigt sich eine zunehmende Kooperation zwischen der PAP-Regierung und einer Anzahl islamischer Organisationen, nicht zuletzt durch die Vermittlung von MUIS und muslimischen Abgeordneten der

PAP, zu denen auch der für die muslimischen Angelegenheiten zuständige Minister gehört. Die Regierung hat, auch durch den Überlebenskampf Singapurs, folgende Prioritäten gesetzt: (1.) wirtschaftliche, technische und technologische Entwicklung, (2.) Schaffung eines von allen getragenen Nationalismus, der die multiethnische und multikulturelle Zusammensetzung der Bevölkerung respektiert, aber zugleich die Privilegierung bestimmter Ethnien vermeidet, (3.) damit zusammenhängend die Favorisierung des «neutralen» Englisch im öffentlichen Gebrauch.

Solange sich die Muslime diesen Prioritäten anpassen, werden sie mit einer breiten Unterstützung zur Bewältigung ihrer Probleme und einer zügigen Integration in die Gesellschaft Singapurs rechnen dürfen.

f) Thailand

Im Königreich Thailand, in dem der Theravada-Buddhismus Staatsreligion ist, bekennen sich bei einer Gesamtbevölkerung von ca. 65,5 Millionen Einwohnern (2005) etwa 3,8 % zum Islam. Zu ihnen gehören vor allem Malaien, aber auch Einwanderer früherer Jahrhunderte aus dem alten hinterindischen Reich der Cham, dazu Chinesen sowie Indonesier und Inder aus verschiedenen Regionen ihrer Heimat. Etwa 800000 der Muslime leben in den südthailändischen Distrikten Pattani, Yala und Narathiwat, die früher das Kerngebiet des malaiischen Fürstentums Patani ausmachten,[58] sowie in Satun, das früher zum malaiischen Sultanat Kedah gehörte. In diesen Provinzen stellen sie ungefähr 73 % der Bevölkerung. Die hier lebenden Malaien, von den Thai oft geringschätzig als *khaek*, als Besucher oder Fremde angesprochen, fühlen sich dem dynastischen und kulturellen Erbe des alten Patani verbunden und verpflichtet. In Erinnerung an die langen kriegerischen Auseinandersetzungen zwischen Patani und den Thai, verstärkt jedoch durch den Druck der nationalen, auf kulturelle und sprachliche Einheit zielenden Politik der thailändischen Regierung, befürchten die Malaien den Verlust ihrer Identität und Geschichte, so daß es unter ihnen zur Gründung von Widerstandsorganisationen kam. Da sich die anderen, im Lande verstreut lebenden und lediglich in den größeren Städten wahrnehmbar organisierten Muslime weithin den gesellschaftlichen Gegebenheiten assimiliert haben, wird im folgenden nur diese malaiische Volksgruppe im Süden Thailands behandelt.

Vor dem 15. Jahrhundert lag in der Gegend von Patani das Zentrum eines der ältesten Reiche auf der malaiischen Halbinsel, nämlich von Langkasuka, dessen Hauptstadt bereits während des Aufstiegs von Śri Vijaya im 7. Jahrhundert ein seit einigen Jahrhunderten frequentierter, indisch dominierter Handelsstützpunkt auf dem Wege nach China war. Seine geographische Lage eben südlich des Isthmus von Kra, durch den eine seit alten Zeiten benutzte Handelsstraße führte und die Straße von Malakka mit dem südchinesischen Meer verband, hatte zu seiner Bedeutung erheblich beigetragen.[59] Śri Vijaya beherrschte es dann für längere Zeit, aber trotzdem wurden auch an den chinesischen Kaiserhof weiterhin Tribute gesandt. Zu Beginn des 16. Jahrhunderts verschwand Langkasuka plötzlich.

Im Schatten Langkasukas muß sich Patani als Fürstentum entwickelt haben, das zu eigener Bedeutung gelangte, nachdem sein Herrscher 1457 unter dem Einfluß von Malakka zum Islam übergetreten war. Da der Islam nach einigen Traditionen bereits vor der Gründung Malakkas in Patani bekannt gewesen sein soll, haben möglicherweise dort ansässige muslimische Händler aus Pasai die ersten Konversionen veranlaßt und damit den Ruf Patanis begründet, eine der Wiegen des Islams in Südostasien zu sein. Bald blühte es erneut als Handelszentrum an der Ostküste auf. Als nördlichstes der malaiischen Königreiche hatte es allerdings auch die Last zu tragen, daß es immer wieder von den nach Süden drängenden Thai angegriffen und besiegt wurde. Trotz der formellen Anerkennung ihrer Vorherrschaft kam es immer wieder zu Rebellionen seitens Patanis, in denen es zeitweise von Kelantan, Trengganu und Kedah unterstützt wurde, so daß auch diese Königreiche gelegentlich unter die Vorherrschaft Siams kamen. Während diese in der Regel lediglich zu Tributzahlungen verpflichtet wurden, griff das Königshaus von Siam, in dem sich 1782 der Wechsel zu einer neuen, bis in die Gegenwart regierenden Dynastie vollzogen hatte, oft direkt in die internen Angelegenheiten Patanis ein und forderte wiederholt neben dem jährlich zu entrichtenden Tribut auch aktive Unterstützung in seinen kriegerischen Unternehmungen. Unter König Rama II. (1809–1824) wurde schließlich das Gebiet von Patani 1816 in sieben Distrikte aufgeteilt und mit deren Verwaltung je ein vom siamesischen König bestellter *raja* beauftragt. Diese waren malaiische Adelige aus Kedah oder Kelantan, die ihrerseits über verwandtschaftliche Beziehungen zur alten Sultansfamilie von Patani verfügten. Patani als Verwaltungseinheit jedoch hörte damit auf zu bestehen.

Das System der verwandtschaftlichen Beziehungen, das zwischen den *raja*s im (ehemaligen) Patani bestand, ähnelte dem in anderen malaiischen Staaten. Somit konnte gegen Ende des 19. Jahrhunderts der *raja* des Distrikts von Patani als Repräsentant der Tradition dieses Königreiches auftreten, als die Regierung Siams erneut daranging, im Interesse einer verstärkten zentralen Kontrolle und gleichzeitig mit dem Ziel einer beschleunigten Modernisierung eine Verwaltungsreform durchzuführen. Diese Reform war auch nötig, um gegenüber den kolonialen Aspirationen der Franzosen im Osten und der Briten im Westen (Birma, heute Myanmar) und Süden (Malaya) jeden Anlaß zu vermeiden, der unter Ausnutzung interner Schwächen dazu hätte verleiten können, diesem letzten noch souveränen Königreich in Hinterindien die «Hilfe» einer Kolonial-Administration aufzuzwingen.

Mit der Ernennung von Prinz Damrong Rajanubhab zum Innenminister 1892 hatte sich König Chulalongkorn (Rama V., 1853–1910, regierte ab 1868) die Persönlichkeit verpflichtet, die seine Reformpläne zielstrebig und effektiv durchsetzte. Die Provinzen wurden in «Kreisen» *(monthon)* zusammengefaßt und einem Gouverneur unterstellt. Dieser war u.a. für die Ausweitung des Schulwesens verantwortlich, in dessen Lehrkörper verstärkt gut ausgebildete buddhistische Mönche eingewiesen wurden; der Reform und Ausbildung des Mönchswesens hat das besondere Interesse der Dynastie seit ihrem ersten König gegolten, da für den vorangegangenen Untergang des Reiches von Ayutthaya nicht zuletzt religiöse Laxheit verantwortlich gemacht worden war. Besonders einschneidend war auch die Reform des Steuerwesens, da nun das Steueraufkommen nicht mehr von den Provinznotablen verwaltet werden durfte, sondern an die Regierung abgeliefert werden mußte und die Beamten durch ein Gehalt entlohnt wurden. Diese praktische Entmachtung der traditionellen Oberschicht in den Provinzen führte, als 1902 die Verwaltungsreform durchgeführt werden sollte, vielerorts zu heftigen sozialen Konflikten.

Zum Konflikt kam es auch in Patani, wo sich *raja* Tunku Abdul Kadir (ʿAbd al-Qādir) der traditionellen Loyalität der malaiischen Bevölkerung gegenüber ihrem Herrscher erfreute. Zum einen stand das alte System der Besteuerung durch die regionale und damit der eigenen Ethnie zugehörigen Nobilität nicht nur im Einklang mit der *adat*, zum andern wurde es von ihr gemeinsam mit ihrem Volke als Ausdruck einer, sei es auch eingeschränkten, Autonomie und damit als Garantie ihrer sozialen Struktur und eigenständigen kulturell-religiösen Identität angesehen. Nun sollte Patani der Provinz Nakhon Si Thammarat (Ligor) angegliedert werden. Dadurch wurde augenscheinlich, daß durch die Verwaltungsreform aus dem militärisch besetzten malaiischen Gebiet Patani nun die siamesische Provinz Pattani werden sollte. Die Allgegenwart und Arroganz der fremden siamesischen Bürokraten in den Amtsstuben und die Schwierigkeiten der sprachlichen Kommunikation verstärkten den Schmerz über die verlorene Unabhängigkeit und das Gefühl, der gesellschaftlichen und kulturellen Entfremdung gegenüber machtlos ausgeliefert zu sein. Ein Aufstandsversuch Tunku Abdul Kadirs 1903, bei dem er vergeblich auf ein Eingreifen der Briten hoffte, endete mit seiner Absetzung und Verbannung. Damit verloren die Malaien in Patani endgültig ihre traditionelle Führung und mit ihr die engen Bindungen an die angrenzenden malaiischen Sultanate. Nicht nur die Nobilität war eng verschwägert, sondern auch die *ʿulamāʾ* hatten durch die Jahrhunderte hindurch enge Kontakte miteinander gepflegt. Mit diesen Bindungen zerbrach auch die Hoffnung auf wirksame Unterstützung seitens der Nachbarn und Verwandten, zumal Kedah, Kelantan, Trengganu und auch Perlis sich erfolgreich den Briten angenähert hatten. Als es 1909 zu einem Vertrag zwischen den Briten und Thai kam, verzichteten die Thai auf die Oberhoheit über die Sultanate. Patani und ein Teil von Kedah dagegen wurden nun auch von den Briten als Teil von Siam anerkannt; die damals festgelegte Grenze gilt bis heute. Patani selbst ist 1906 noch einmal zu einem *monthon* zusammengefaßt und in vier Regierungsbezirke *(changwat)* unterteilt worden – mit einem Thai als Gouverneur. Später wurde das *changwat* Saiburi aufgehoben und zum Teil Patani, zum anderen Teil Narathiwat eingegliedert.

Die Vereinheitlichung des Verwaltungssystems wirkte sich nicht nur im fiskalischen, ökonomischen und edukativen Bereich aus, sondern auch in der Rechtsprechung. Die Rolle der *ʿulamāʾ*, neben der Nobilität die zweite Stütze der malaiischen Gesellschaft, wurde dadurch zurückgedrängt, daß die Anwendung des islamischen Rechts auf Familien- und Erbstreitigkeiten begrenzt wurde. Die streitenden Parteien durften sich einen *qāḍī* suchen, doch konnte sein Urteil durch einen staatlichen Richter bestätigt oder aufgehoben werden.

Das Gefühl, in jeder Hinsicht seitens der Regierung vernachlässigt bzw. als *khaek* vorsätzlich diskriminiert zu werden, führte 1922 zu einer neuen Protestbewegung. Anlaß war ein Gesetz zur Einführung der Grundschulpflicht 1921, durch das auch die malaiischen Kinder zum Besuch der staatlichen Schulen und zum Gebrauch des Thai verpflichtet wurden. Einer der führenden Köpfe des Protests war der letzte *raja* von Patani, Abdul Kadir, der aus seinem Exil in Kelantan Kontakte mit der malaiischen Nobilität und den *ʿulamāʾ* in Patani aufgenommen und sie in ihrem Widerstand gegen die «Thaiisierung» ihrer Heimat finanziell und politisch unterstützte. Abdul Kadir erhielt Zuspruch aus der Nobilität und den *ʿulamāʾ* in den «Nichtföderierten Malaiischen Staaten» – außer den vier bereits genannten, an Thailand grenzenden Sultanaten auch Johor –, die ihrerseits befürchteten, daß die Briten ähnliche Eingriffe in die innere Struktur ihrer Staaten planen könnten wie die Thai in Patani; aus diesem Grunde waren sie auch nicht dem von den Briten 1896 geschaffenen «Verbund der Föderierten Staaten Malayas» beigetreten, nachdem sie im britisch-siamesischen Abkommen von 1909 die Unabhängigkeit von Siam zugesprochen erhalten hatten.[60]

Aus Furcht davor, die nationalistischen Strömungen in den malaiischen Sultanaten könnten nach Patani übergreifen, sah sich die Regierung in Bangkok schließlich veranlaßt, ihre Haltung gegenüber den Malaien in Patani zu ändern. In einem Dekret an den Innenminister verfügte König Vajiravudh (Rama VI.) u.a., daß

- keine Verordnungen mehr erlassen werden dürfen, die dem Islam widersprechen oder ihm schaden,
- die von den Malaien einbezogenen Steuern nicht höher sein dürfen als die in den malaiischen Staaten,
- nur ehrliche und gut erzogene Beamte nach Patani versetzt werden dürfen und keinesfalls Strafversetzte.

Bei diesen Zugeständnissen ging es jedoch keineswegs darum, am Staatsprinzip des Königreiches irgendwelche Abstriche zu machen: an der Entwicklung einer nationalen Identität mit Thai als der nationalen Sprache und dem Theravada-Buddhismus als Grundlage der Kultur. Für die Minoritäten mußte innerhalb dieses Schemas ein Platz gefunden werden, für die Möglichkeit größerer Autonomie gab es keinen Raum. Das für die Muslime weiterhin bestehende akute Problem wird bereits daran deutlich, daß es in Thai als der von buddhistischem Gedankengut belegten Unterrichtssprache an den staatlichen Schulen keine Lehrbücher über den Islam gab und damit die enge Verbindung zwischen islamisch und malaiisch erhalten blieb.

Der unüberbrückbare Gegensatz zwischen thai-buddhistisch(-nationalistisch) und malaiisch-islamisch(-sezessionistisch) änderte sich trotz anfänglicher Hoffnungen auch nicht nach dem Staatsstreich von 1932, der Siam von einer absoluten zu einer parlamentarischen Monarchie verwandelte. Zunächst waren auch in Bangkok ansässige Muslime aktiv an den Ereignissen beteiligt, und selbst der Sohn Abdul Kadirs, der Tengku Mahmud Mahyiddin (Maḥmūd Muḥyī ad-Dīn), kam nach Bangkok, um zu erklären, daß die Malaien von Patani nun, da es eine demokratische Verfassung mit gleichen Rechten für alle gebe, zur Kooperation bereit seien.

Bei den Wahlen von 1933 offenbarte sich jedoch ein grundlegendes Dilemma der Malaien: Nur ein einziger malaiischer Vertreter aus dem (ehedem zu Kedah gehörigen) Distrikt Satun kam ins nationale Parlament, während aus dem ganzen Gebiet Patanis nur buddhistische Thai gewählt wurden oder werden konnten.[61] Die Ablehnung des siamesischen Erziehungssystems durch die Malaien hatte nicht nur den Analphabetismus bestärkt, sondern auch die Ausbildung einer malaiischen Elite verhindert, durch die sie in den politischen Strukturen wirkungsvoll vertreten werden konnten.

Die veränderte Verfassungslage führte allerdings zu einem raschen Wandel. Die Möglichkeit einer sinnvollen Partizipation in der Politik ließ die geistige Elite der Malaien, nämlich die *ʿulamāʾ* und ihre Schüler, rasch aktiv werden. Bereits bei den Wahlen 1937 konnten somit auch aus den drei Provinzen Patanis malaiische Vertreter ins Parlament gewählt werden. Das heißt nicht, daß sich die Malaien bedingungslos auf die neue Situation eingestellt hätten. Ihre Partizipation blieb vielmehr eine eingeschränkte: Wo es zur Besserung der augenblicklichen Situation diente, war Kooperation angesagt. Die Hoffnung auf Autonomie war damit jedoch nicht aufgegeben und richtete sich nach wie vor auf die Rolle und Haltung der alten Nobilität. Der Hoffnungsträger dieser Aspirationen war Tengku Mahyiddin.

Der nationale Geist der Bewegung von 1932 entwickelte sich jedoch bald zum Chauvinismus, und die Programme zur Thaiisierung der Gesellschaft wurden erneut und verstärkt aufgegriffen.

Mit der Ernennung des *Luang* (militärischer Titel) Phibun Songkhram zum Premierminister im Dezember 1938 kam es zu einer völlig neuen Situation.[62] Er hatte im Staatsstreich von 1932 bereits das nationalistische Element vertreten, eine militärische Eliteausbildung genossen und eine besondere Vorliebe für autoritäre, ihren Nationalismus auf das Volk und nicht auf das Land beziehende Führergestalten wie Mussolini und Hitler entwickelt. Unter ihm erhielt der thailändische Nationalismus – auch die Umbenennung des Staates von Siam in Thailand geschah 1939 auf seine Veranlassung hin[63] – einen völkischen Charakter, den allerdings zuerst die im Lande lebenden Chinesen erfuhren. Durch seine Parteinahme für Japan im 1937 ausgebrochenen chinesisch-japanischen Krieg war dann auch die Rolle, die Thailand im Zweiten Weltkrieg an der Seite Dai Nippons («Groß-Japan») spielte, vorgeprägt: Während Japan die Kolonien westlicher Staaten in Südostasien besetzte, konnte «Groß-Thailand» sich einige jener Regionen in Hinterindien wieder einverleiben, auf die es im Laufe der Geschichte Besitzansprüche erhoben und zeitweise durchgesetzt hatte, wie Teile von Laos und Kambodscha (Kampuchea) sowie die Shan-Distrikte in Birma. Auch die vier nordmalaiischen Sultanate wurden erneut besetzt.

Die Politik der völkischen Gleichschaltung wurde vollzogen, indem der Gebrauch des Thai auch als Umgangssprache und die Zugehörigkeit zur buddhistischen Religion als Ausdruck wahrhaftig nationaler Gesinnung propagiert, gleichzeitig aber auch unter einem kulturellen Diktat Vorschriften über die privaten Lebensgewohnheiten wie z. B. das Tragen westlicher Kleidung wie Hosen, Krawatten, Hüte, Handschuhe sowie die Einführung des westlichen Kalenders als Ausdruck für Fortschritt und Zivilisation dekretiert wurden. Dies brachte den Malaien nicht nur Schwierigkeiten beim Tragen ihrer traditionellen Kleidung, sondern nahm ihnen auch das unter Chulalongkorn noch verbriefte Recht, ihre Familien- und Erbschaftsangelegenheiten nach islamischem Recht von einem *qāḍī*, wenn auch unter der Aufsicht staatlicher Richter, regeln zu können.

In dieser zugespitzten Situation sah Tengku Mahyiddin eine Chance zur Wiederherstellung Patanis. Mit britischer Unterstützung organisierte er im Untergrund einen malaiischen Widerstand sowohl gegen die japanische – dieses das besondere britische Interesse – als auch gegen die thailändische Besatzung. Auch wandte er sich an die etwa 3000 in Mekka gestrandeten Malaien aus Patani, die nach ihrer Rückkehr als Lehrer für die Sache Mahyiddins und die Unabhängigkeit Patanis eintreten sollten – eine Unabhängigkeit, die sich nach damaliger britischer Vorstellung im Rahmen einer «Malaiischen Union» vollziehen sollte, in der die Rolle der Sultane noch zu definieren war. Einstweilen brauchten sich Briten und Sultane jedoch noch gegenseitig, und die aktive Rolle Mahyiddins ließ beide Seiten eng zusammenrücken.

Zu Beginn des Jahres 1944 trat in Patani eine Gruppe von *ʿulamāʾ* unter der Leitung von Hajji Sulung ibn Abdul Kadir (Ḥājjī Sulung ibn ʿAbd al-Qādir) hervor, die sich in der Verteidigung des Gehorsams gegenüber der *sharīʿa* gegenseitig unterstützen wollten. Tengku Abdul Jalal (ʿAbd al-Jalāl), ein anderer malaiischer Führer und Parlamentsabgeordneter, verwahrte sich in einem Protestschreiben an die Regierung Phibun Songkhram u. a. dagegen, daß der Gouverneur von Patani die Entweihung des Islams betreibe; dabei bezog er sich besonders auch auf das erzwungene Gebet vor Buddhastatuen. In der Antwort wurde jedoch knapp bestätigt, daß sich der Gouverneur korrekt verhalten hatte.[64] Daraufhin verband sich Tengku Abdul Jalal mit Tengku Mahyiddin und ging ebenfalls nach Kelantan in den Untergrund, wo er mit antijapanischen Guerillas für die Befreiung Patanis kämpfte.

Als sich die japanische Niederlage im pazifischen Krieg abzuzeichnen begann, wurde Phibun im Juli 1944 gestürzt. Die neue Regierung unter dem aus den USA zurückgekehrten Phridi Phanomyong bemühte sich auch um eine Verbesserung ihrer Beziehungen zur malaiischen Minderheit. Anfang 1945 wurde ein *Patronage of Islam Act* erlassen, in dem festgelegt wurde, daß ein Teil des thailändischen Volkes in einer bestimmten Region dem Islam anhänge und ihnen in Verwaltung und Ausübung ihrer Religion Unterstützung zu gewähren sei. Demzufolge wurden die malaiischen Schulen und religiösen Institutionen unter den Schutz der thailändischen Administration gestellt. Gleichzeitig wurde ein zentrales *Büro für islamische Angelegenheiten (Majlis Ugama Islam)* mit einem *shaikh al-islām (Chularajmontri)* an der Spitze und Zweigstellen in den betreffenden Distrikten eingerichtet. Als *shaikh al-islām* wurde der Senator Cham Phromyong berufen.

Die Regierung sah ihn nun als Wortführer der islamischen Gemeinschaft in Thailand an und gleichzeitig als Ratgeber des Königs, der zum obersten Schutzherrn aller religiösen Gemeinschaften in Thailand erklärt wurde.

Mit diesem Schritt versuchte die Regierung, durch das Angebot des Schutzes auch die Kontrolle über die islamischen Institutionen und ihre führenden Köpfe zu gewinnen. Das zur Schau gestellte Interesse an den Beschwerden der Muslime sollte außerdem die Sympathien der malaiischen Bevölkerung von Tengku Mahyiddin und seinen Mitstreitern, die inzwischen von den Briten das Abhalten eines Referendums unter der malaiischen Bevölkerung Thailands nach Kriegsende forderten, ablenken und auf sich ziehen.

Während Tengku Mahyiddin und mit ihm die Führer aus der malaiischen Nobilität ihre Hoffnung auf britische Unterstützung und die Einbeziehung Patanis in die Pläne für eine Malaiische Union setzten und mit diesem Ziel die *Malaiische Vereinigung Groß-Patani (Gabungan Melayu Patani Raya, GAMPAR)* gründeten, blieben auch die *ʿulamāʾ* nicht untätig. Hajji Sulong ibn Abdul Kadir, der inzwischen zum Präsidenten des Distriktbüros für islamische Angelegenheiten ernannt worden war, organisierte mit anderen *ʿulamāʾ* in Patani das *Patani People's Movement (PPM)*, das die Zusammenarbeit mit GAMPAR suchte. Da Tengku Mahyiddin die erhoffte Unterstützung der Briten nicht erhielt, diese vielmehr die Grenzen von 1909 zwischen Thailand und Malaya bestätigten und damit die von der Nobilität geführte Bewegung desavouierten, übernahm die von der religiösen Elite geleitete Bewegung die Führung im Kampf um die Unabhängigkeit Patanis.

Im April 1947 überreichten die muslimischen Malaien unter der Leitung von Hajji Sulung der Regierung ein Memorandum, in dem durch ein Sieben-Punkte-Programm Vorschläge für die Gründung einer autonomen Region Patani Raya unterbreitet wurden:

(1.) Die Ernennung eines Hochkommissars, der mit uneingeschränkter Autorität die Region Patani Raya mit der Vollmacht regieren soll, alle Regierungsbeamten, die in jener Region arbeiten, abzulösen, zu beurlauben oder zu entlassen; jene Person soll aus der Gegend stammen und vom Volk durch direkte Wahlen gewählt werden.
(2.) 80% der Regierungsbeamten müssen malaiische Muslime sein, um den Bevölkerungsproporz widerzuspiegeln.
(3.) Die malaiische und die siamesische Sprache sollen die offiziellen Sprachen sein.
(4.) Die malaiische Sprache soll in den Grundschulen gelehrt werden.
(5.) Das islamische Recht soll in der Region gelten, mit islamischen Gerichtshöfen, die getrennt und unabhängig vom Rechtswesen der Regierung sind.
(6.) Alle Steuereinnahmen sollen ausschließlich für das Wohl des Volkes in dieser Region eingesetzt werden.
(7.) Für diese Provinz soll ein *Islamischer Rat (Majlis Ugama Islam)* alle Vollmachten für die Gesetzgebung entsprechend dem islamischen Recht für alle

die islamische und malaiische Kultur betreffenden Angelegenheiten erhalten, unter der obersten Autorität des Hochkommissars, wie unter Punkt 1 erwähnt.[65]

Möglicherweise kam es in den folgenden Monaten zu einer Annäherung zwischen Ministerpräsident Phridi und Hajji Sulung. Der inzwischen als Direktor des Erziehungsdepartments im benachbarten Kelantan amtierende Tengku Mahyiddin ist anscheinend als Hochkommissar vorgesehen gewesen. Im November 1947 mußte Phridi jedoch nach einem Staatsstreich fliehen und mit ihm der allseits respektierte Cham Phromyong, der ehemalige *Chularajmontri.* Im Januar 1948 wurde Hajji Sulung zusammen mit seinem Sohn und einigen anderen führenden *ʿulamāʾ* verhaftet, nachdem sie zum Boykott der für den 29. Januar 1948 geplanten Wahlen aufgerufen und eine *hijra*-Politik, d.h. die Verweigerung jeglicher Kooperation mit der neuen Regierung, angedroht hatten. Auch der *Islamische Rat* von Patani wurde verboten.

Die Situation verschlimmerte sich weiter, als im April 1948 Phibun Songkhram erneut die Macht ergriff. Er war zwar nach dem Ende des Zweiten Weltkrieges, als Kriegsverbrecher beschuldigt, für einige Zeit von der politischen Bühne verschwunden. Nun jedoch, nach Ausbruch des kalten Krieges, schien er auch von seinen ehemaligen Feinden als starker Mann für nützlich betrachtet zu werden. In Malaya war es bereits zu ersten kommunistischen Guerilla-Aktionen gekommen. Die Briten, die den Schlüssel zur Lösung des Patani-Problems in den Händen hielten, setzten nun auf gute Beziehungen zur thailändischen Regierung. Und diese zögerte natürlich nicht, ihre Aktionen gegen die Malaien mit dem Hinweis auf die Gefahr kommunistischer Infiltration im Süden des Landes zu rechtfertigen. Hajji Sulung wurde 1952 wieder freigelassen, zwei Jahre später verschwanden er und sein Sohn Ahmad (Aḥmad) Toʾmina jedoch auf geheimnisvolle Weise. Es hielt sich das Gerücht, daß sie durch Angehörige der Polizei ertränkt worden seien.[66] Damit war deutlich, daß die von Phibun praktizierte Politik der erzwungenen Assimilation gescheitert war. Das Empfinden der malaiischen Patanis wurde von Hajji Sulung in die Worte gefaßt: «Wir, die Malaien, sind uns bewußt, daß wir deshalb unter die Herrschaft Siams kamen, weil wir besiegt wurden. Der Ausdruck ‹Thai-Islam›, mit dem wir von der Regierung Siams bekannt gemacht werden, erinnert uns an diese Niederlage ... Wir bitten deshalb die Regierung, daß sie uns ‹malaiische Muslime› nennt, damit wir vor der Außenwelt von den Thai unterschieden werden können.»[67]

Somit konnte auch die «weiche Assimilationspolitik», wie sie nach Phibuns Abgang 1957 erneut in die Wege geleitet wurde, zu keinem Erfolg führen. So wie für die Malaien die Einheit von kultureller und religiöser Tradition die Basis ihrer Identität und Grundlage ihrer Solidarität mit ihren politischen und religiösen Führern ist, so sind auch in Thailand die Monarchie, der Buddhismus und die ihnen dienende Bürokratie die Faktoren, die die Integration der Nation formen. Da die traditionellen islamischen Schulen *(pondok)* das Rückgrat der malaiischen Erziehung waren, versuchten die thailändischen Regierungen nach Phibun, sie durch die Verpflichtung auf die für Privatschulen geltenden Curricula unter ihre Kontrolle zu bringen.[68]

Durch ihre Schwächung erhielt jedoch eine andere Gruppe von Muslimen größere Bedeutung, nämlich diejenigen, die an den Universitäten studierten, dort Kenntnisse über Bürgerrechtsbewegungen oder marxistisch oder islamistisch («fundamentalistisch») geprägte Befreiungsbewegungen erhielten und dadurch imstande waren, der malaiischen Bewegung in Patani einen neuen Charakter zu verleihen. Sie gaben auch jenen separatistischen Organisationen, die bereits länger existierten, eine neue Prägung. Unter ihnen seien erwähnt:

- *Nationale Befreiungsfront Patani (Barisan Nasional Pembebasan Patani, BNPP).* Sie wurde von Tengku Mahyiddin in Kelantan gegründet und erhielt nach der Verhaftung von Hajji Sulung großen Zulauf. Seit 1977 gibt es in ihr verstärkte Bemühungen, das Interesse Saudi-Arabiens auf sich zu ziehen. Viele Patanis studieren an arabischen Universitäten und übernehmen nach ihrer Rückkehr Posten in den malaiischen Regierungen der Halbinsel. Ihr Ziel ist die Wiederherstellung der alten Größe von Patani.
- *Nationale Revolutionäre Front (Barisan Revolusion Nasional, BRN)*, mit dem Ziel, gewaltsam eine «Republik Patani» zu gründen. Sie hat Beziehungen zu kommunistischen Gruppen auf beiden Seiten der Grenze, weshalb sie innerhalb der Befreiungsbewegungen Patanis ziemlich isoliert dasteht.
- *Vereinigte Organisation zur Befreiung Patanis (Pertubohan Persatuan Pembibasan Patani, PPPP* oder, nach den Initialen der englischen Bezeichnung, PULO). Diese Organisation wurde 1968 als zentrale Schaltstelle mit dem Sitz in Mekka gegründet und hat zum Ziel, durch Guerilla-Aktivitäten Patani als autonome islamische Region zu restaurieren. Sie gilt als die zielstrebigste der drei Organisationen. Wahrscheinlich wird sie auch von einigen der mystischen Orden (*tarekat*, arab. *ṭarīqāt* oder *ṭuruq)* unterstützt, die auch im malaiischen Raum immer wieder bei politischen oder sozialen Spannungen aktiv eingreifen.[69]
- *Vereinigung junger Muslime in Thailand* (*Persatuan Belia Muslim Thailand, YMAT).* Diese 1964 gegründete Vereinigung scheint ihr Vorbild in der malaysischen ABIM (s. o.) zu sehen. Sie ist offen für die Ideen des islamischen *revival* und aktiv in der *da'wa*. Von daher umfaßt ihr Betätigungsfeld nicht nur Südthailand, sondern schließt auch Nord- und Zentralthailand mit ein.
- 1984 wurde die *Vereinigte Front der Patani Kämpfer (Barisan Bersatu Mujahidin Patani)* gegründet, der enge Kontakte zu radikalen Gruppen in Malaysia und Indonesien, z.B. der *Jama'a Islamiyya (jamā'a islāmīya),* nachgesagt werden, die auch im Moroland präsent sein sollen.

Nach tagelangen Unruhen 1975 haben die nachfolgenden thailändischen Regierungen neben der Fortführung militärischer Aktionen versucht, einerseits durch diplomatische Kontakte jene Länder und Organisationen wie die *Islamic Conference Organization (ICO*), die die separatistische Bewegung unterstützen, zu einer Sinnesänderung zu bewegen, und zum anderen gelegentlich durch größere

«Attraktion», etwa durch Maßnahmen gegen korrupte oder selbstherrliche Regierungsvertreter, die Sympathie der muslimisch-malaiischen Minderheit im Süden zu gewinnen.

Durch einen Ausbau des Schulwesens, durch das auch die traditionellen *pondoks* – allerdings unter der Maßgabe, daß dem Gebrauch des Thai größerer Raum gewährt werde – unterstützt wurden, und eine Verbesserung der weiteren Ausbildungsmöglichkeiten für jene Muslime, die über unzureichende Sprachkenntnisse verfügen, sowie durch Bemühungen, auch die ökonomische Situation der vor allem in der Landwirtschaft arbeitenden Muslime Patanis zu verbessern, versuchen die thailändischen Regierungen seitdem, das vor allem durch Phibuns Maßnahmen verlorene Vertrauen zurückzugewinnen. Auf der nationalen Ebene gibt es Bestrebungen, einerseits den von den Minoritäten als exklusiv empfundenen theravāda-buddhistischen Charakter des Staates zu relativieren und auf den religiösen Pluralismus im Lande zu verweisen, etwa dadurch, daß der König wirkungsvoller als früher als Oberhaupt und Beschützer auch der anderen religiösen Gemeinschaften auftritt. Zum anderen wird versucht, die partikularen, an ihre ethnische Herkunft gebundenen Identitätsverständnisse der verschiedenen muslimischen Gruppen – neben den Malaien die zahlenmäßig sehr viel kleineren Gruppen der chinesischen, indischen und aus Kambodscha geflüchteten Cham-Muslime – zu einer gemeinsamen, in einem Thai-Islam gründenden nationalen Identität zusammenzuführen. Dazu wurde unter anderem Ende der 1970er Jahre in Bangkok ein großes Islamisches Zentrum eingerichtet.

Konzessionen im Bereich des Rechts führten in den 1980er Jahren zur Einführung eines islamischen Familienrechts und dem Angebot einer Amnestie. «Vertrauensbildende Maßnahmen» wurden jedoch stets durch das Militär zunichte gemacht, das sich, ähnlich wie das indonesische Heer in Aceh und Papua, zunehmend repressiver wie eine Besatzungsmacht geriert und damit, insbesondere seit dem Ende der 1990er Jahre, zunehmenden Widerstand provoziert, der sich dank der gefestigten Beziehungen internationaler Terrornetze wie al-Qaida (al-qāʿida), ebenfalls in heftiger werdenden Aktionen des Terrors manifestiert.[70]

10. Maghreb

(Franz Kogelmann)

a) Der Maghreb als geographische und kulturelle Einheit

Der arabische Begriff *maghrib* bedeutet Westen bzw. Ort des Sonnenuntergangs. Während heutzutage unter Maghreb die ehedem unter französischer Herrschaft stehenden Länder Marokko, Algerien sowie Tunesien verstanden werden, war diese Eingrenzung in der Vergangenheit nicht immer eindeutig. In der Regel handelt es sich jedoch um ein Gebiet, das sich von Tripolitanien, d.h. dem westlichen Teil Libyens, über Tunesien und Algerien bis Marokko erstreckt. Im heutigen Sprachgebrauch ist der Begriff *maghrib* auch eine Kurzform für *al-maghrib al-*

aqṣā – der äußerste Westen – als Bezeichnung für das zeitgenössische Marokko. Für die arabischen Geographen des Mittelalters war es unklar, ob das Staatsgebiet des heutigen Mauretanien mit seinen ausgedehnten ariden Regionen dem Maghreb oder Schwarzafrika *(bilād as-sūdān)* zuzurechnen sei. Während in bezug auf Mauretanien die Forderungen marokkanischer Nationalisten im 20. Jahrhundert zwar nie gänzlich verstummt, aber letztendlich folgenlos geblieben sind, dieses Land aus historischen Gründen für Marokko zu reklamieren, hat das marokkanische Militär Gebietsansprüche gegenüber der ehemaligen Spanischen Westsahara auch in die Tat umgesetzt. Dieses Gebiet ist somit seit 1976 völkerrechtswidrig okkupiert.

Selbst wenn der Maghreb im Laufe seiner Geschichte nur selten vollständig unter einer einheitlichen Herrschaft stand, weist diese Region eine Reihe von Gemeinsamkeiten auf. Mit Ausnahme Mauretaniens, dessen Bevölkerung einen beträchtlichen Anteil schwarzafrikanischer Muslime hat, herrschen im Maghreb in ethnischer Hinsicht islamisierte Berber und Araber vor.[1] Kleine autochthone jüdische Minderheiten sind bis zum heutigen Tag vorhanden. Der einst blühende Transsaharahandel stellte eine wichtige Grundlage wirtschaftlicher Prosperität und früher Staatenbildung dar und war Wegbereiter für einen nachhaltigen kulturellen Einfluß auf die Regionen südlich der Sahara.

Eine weitere Gemeinsamkeit ist die Epoche europäischer Fremdherrschaft. Wenn man Libyen – das im vorliegenden Band an anderer Stelle abgehandelt wird – außer acht läßt, stand ein Großteil des Maghreb seit dem 19. Jahrhundert unter französischer Herrschaft. Ausnahmen bildeten die spanischen Einflußzonen im Norden und Süden Marokkos sowie die Spanische Westsahara. Die französische Okkupation fand jedoch in unterschiedlicher Form, Dauer und Intensität statt. Entsprechend vielfältig gestalteten sich auch die Reaktionen auf die europäische Fremdherrschaft und die Ausgestaltung der unabhängigen Staaten.

Ein Blick auf die offiziellen Bezeichnungen, die sich die einzelnen Länder nach Wiedererlangung staatlicher Unabhängigkeit gegeben haben, läßt erkennen, daß es mit den Gemeinsamkeiten auf der Ebene staatlicher Verfaßtheit nicht weit her sein kann. So bezeichnet sich Marokko als Königreich *(al-mamlaka al-maghribīya)*, Mauretanien als islamische Republik *(al-jumhūrīya al-islāmīya al-mūrītānīya)*, Algerien als demokratische Volksrepublik *(al-jumhūrīya al-jazā'irīya ad-dīmuqrāṭīya ash-sha'bīya)* und Tunesien schlicht als Republik *(al-jumhūrīya at-tunisīya)*.

Allen politisch-ideologischen Unterschieden zum Trotz haben diese Maghreb-Staaten jedoch gegenwärtig eine Reihe von Problemen gemeinsam. So wirkt sich u.a. der Verfall der Rohstoffpreise negativ auf die volkswirtschaftlichen Bilanzen aus. Mit einer schwachen Wirtschaft, einem starken Bevölkerungswachstum, einer ausgeprägten Landflucht und einer hohen Analphabetenrate geht eine Reihe von Problemen einher, wie z.B. Arbeitslosigkeit und Perspektivlosigkeit der Jugend. Zudem liefern verkrustete politische und gesellschaftliche Strukturen, enttäuschte politische Hoffnungen, fest im Sattel sitzende Oligarchien, Nepotismus, grassierende Korruption etc. genügend Gründe für eine politische Radikalisierung. Hinzu kommt, daß der jeweilige, dem Machterhalt dienende Sicherheitsapparat von der Bevölkerung häufig als eine der wenigen effizient arbeitenden staatlichen Einrichtungen wahrgenommen wird.[2]

Trotz aller Kämpfe um regionale Vorherrschaft, Einflußzonen und Rohstoffe haben die politischen Führer des Maghreb ihr Fernziel, einen auf einem gemeinsamen Wirtschaftsraum begründeten Staatenbund nach Vorbild der Europäischen Union zu errichten, nicht aus den Augen verloren. Nach gescheiterten Versuchen kam es schließlich 1989 zwischen Libyen, Tunesien, Algerien und Mauretanien zur Gründung der Arabischen Maghreb-Union *(ittiḥād al-maghrib al-ʿarabī).* Bislang hat es jedoch den Anschein, daß der angestrebte freie Austausch von Waren und Personen nur wenig Fortschritte macht, die Zusammenarbeit in der Sicherheitspolitik hingegen recht effizient vonstatten geht. Partikularinteressen haben bislang auch eine dauerhafte Lösung des Konflikts um die ehemalige Spanische Westsahara verhindert.

Die nachhaltigsten Gemeinsamkeiten der Maghrebstaaten sind jedoch die gemeinsame Sprache und Religion. Selbst wenn das Französische in der Öffentlichkeit weiterhin eine wichtige Rolle spielt, auch die Berbersprachen von offizieller Seite nunmehr weitgehend anerkannt sind und im südlichen Bereich Mauretaniens eine Reihe von Niger-Kongo-Sprachen gesprochen werden, fungiert Arabisch als offizielle Amtssprache. In allen Maghrebstaaten wird eine aktive, wenn auch nur teilweise erfolgreiche Arabisierungspolitik betrieben.

Auch im Maghreb ist das Erscheinungsbild des Islams von kultureller Vielfalt und unterschiedlichen individuellen Glaubensausformungen geprägt. Doch was die Zugehörigkeit der Muslime dieser Region zu einer islamischen Rechtsschule angeht, so ist der Maghreb weitgehend einheitlich. Abgesehen von einer ibaditischen Minderheit sowie Anhängern der hanafitischen Rechtsschule – die Präsenz dieser Rechtsschule ist ein Relikt der osmanischen Oberherrschaft über weite Gebiete des Maghreb – ist die überwältigende Mehrheit der maghrebinischen Muslime der malikitischen Rechtsschule zuzuordnen. Im Bewußtsein der einheimischen Bevölkerung sind die intellektuellen und kulturellen Leistungen der bedeutendsten Zentren islamischer Gelehrsamkeit des Maghreb nach wie vor fest verankert. So besaßen die Moschee-Universität von Fes, al-Qarawīyīn, sowie ihr Pendant von Tunis, az-Zaitūna, über Jahrhunderte eine starke überregionale Ausstrahlungskraft. Heutzutage ist von diesem Glanz wenig geblieben, und sie sind Teil des staatlichen Erziehungswesens mit der Aufgabe, den Nachwuchs zur Aufrechterhaltung der religiösen Infrastruktur auszubilden.

Die gleichfalls weitgehend verblaßte Bedeutung Chinguettis (arab. *Shinqīṭ* oder *Shinjīṭ*), gelegen im mauretanischen Teil der Sahara, erklärt sich aus der ehemaligen Brückenfunktion dieser Stadt für die Verbreitung des Islams und der arabischen Sprache in Westafrika. Kulturträger waren in erster Linie Ṣūfī-Bruderschaften *(ṭuruq)* mit ihren transnationalen Netzwerken. Sie waren es auch, die in vielen Regionen des Maghreb zu Beginn der kolonialen Durchdringung den heftigsten Widerstand gegen die drohende Fremdherrschaft organisierten.

Während der Kolonialzeit kam es in den meisten Fällen jedoch zu einer engen

Kooperation der *ṭuruq* mit den europäischen Mächten. Nach Erlangung der staatlichen Unabhängigkeit wurden sie von den nationalistischen Führern mit Kollaborationsvorwürfen konfrontiert und waren lange Zeit diskreditiert. Nichtsdestoweniger stellen Ṣūfī-Bruderschaften auch heute noch eine religiöse und soziale Realität im Maghreb dar, über deren gegenwärtigen gesellschaftlichen, politischen oder auch wirtschaftlichen Einfluß wir allerdings relativ wenig wissen.

b) Der Einfluß der Salafīya-Bewegung auf den Islam im Maghreb

Die Salafīya-Bewegung hatte – wenn auch von Land zu Land mit unterschiedlicher Intensität – einen nicht zu unterschätzenden Einfluß auf das politische Bewußtsein der Muslime des Maghreb. Als islamische Reformbewegung, die ihren Ursprung in erster Linie im Ägypten des ausgehenden 19. Jahrhunderts hatte, reagierte sie auf die direkte Konfrontation zwischen europäischen Mächten und muslimischen Staaten. Die Unterlegenheit der Muslime gegenüber dem Westen erklärten die Anhänger der Salafīya-Bewegung durch ein in überkommenen Traditionen erstarrtes Islamverständnis. Charakteristisch für die Salafīya-Bewegung – die hauptsächlich ein städtisches Phänomen darstellt – war und ist ihre Bekämpfung bestimmter Glaubenspraktiken von *Ṣūfī*-Bruderschaften.

Anhänger der Salafīya-Bewegung hatten unmittelbar nach dem Ende des Ersten Weltkrieges damit begonnen, in den städtischen Zentren des Maghreb sogenannte Reformschulen zu gründen. Ihr Ziel war eine reformierte, mit den Ideen der Salafīya-Bewegung in Einklang stehende islamische und den Zeitanforderungen gerecht werdende Ausbildung, die eine Basis für das Wiedererstarken der maghrebinischen Muslime schaffen sollte.[3] Erst ein reformiertes Bildungswesen würde die Muslime dazu in die Lage versetzen, den ihnen zugedachten Platz in der Welt wieder einzunehmen.

Tunesien

Als erstes Maghreb-Land kam Tunesien in Kontakt mit der Salafīya-Bewegung. Zu den herausragendsten Vertretern des Reform-Islams entwickelte sich ʿAbd al-ʿAzīz ath-Thaʿālibī (1876–1944). Bereits unmittelbar nach der Jahrhundertwende kam es über Fragen religiöser Praxis und der Interpretation des Korans zu Konfrontationen zwischen ihm und dem religiösen Establishment. Mit seiner aktiven Mitarbeit in der Bewegung der Jungtunesier (1907–1912) begann ath-Thaʿālibī seine politische Karriere. 1920 kam es zur Gründung der Destour Partei *(ḥizb al-ḥurr ad-dustūrī,* in etwa: Freiheitliche Verfassungspartei). Diese nationalistische Partei entstand aus einer Allianz von säkular-modernistisch-orientierten Tunesiern sowie Salafīya-Anhängern. Letztendlich kam es 1934 zum Bruch zwischen diesen beiden geistigen Strömungen, und die sogenannte Neo-Destour-Partei konnte sich unter der Führung des in Frankreich ausgebildeten Habib Bourguiba (Ḥabīb Bū Rqība) durchsetzen. Im unabhängigen Tunesien, dessen Politik stark von den Säkularisierungsmaßnahmen Bourguibas gekennzeichnet war, hatten die Anhänger der Salafīya-Bewegung augenscheinlich nur einen relativ geringen Einfluß.[4]

Algerien

In Algerien war der Einfluß der Salafīya-Bewegung nachhaltiger.[5] Durch den intensiven und langanhaltenden Einfluß Frankreichs auf alle Lebensbereiche war ein Großteil der Algerier ihrer eigenen Kultur, Sprache und Religion weitgehend entfremdet. Die Auswirkungen der französischen Assimilierungspolitik zu bekämpfen war ein ureigenes Anliegen der Anhänger der Salafīya-Bewegung. Gerade in Algerien fanden diese Bemühungen einen starken Widerhall. Das Freilegen einer eigenständigen, vom Islam durchdrungenen Kultur – selbstverständlich in der vom Reformislam geprägten Ausformung – entsprach offenbar den Bedürfnissen eines nicht unerheblichen Teils der gebildeten Muslime in Algerien. Zu den Persönlichkeiten, die die Ideologie der Salafīya-Bewegung in Algerien verankerten, zählte ʿAbd al-Ḥamīd Ibn Bādīs (1889–1940). Er gründete mit Gleichgesinnten 1931 die Vereinigung algerischer muslimischer Gelehrter (*jamʿīyat al-ʿulamāʾ al-muslimīn al-jazāʾiriyīn* bzw. AOMA). Selbst wenn diese Vereinigung sich als rein religiös und kulturell definierte, entwickelte sie sich zu einem wichtigen Baustein der nationalistischen Bewegung. Die Hauptforderungen der *jamʿīyat al-ʿulamāʾ al-muslimīn al-jazāʾiriyīn* waren: die Bewahrung des islamischen Personenstandsrechts, die Reform des Gerichtssystems, die Trennung von Religion und Staat, die Rücküberführung des islamischen Stiftungswesens *(waqf*, Pl. *auqāf)* unter die Kontrolle der Muslime sowie die Aufhebung aller die arabische Sprache diskriminierenden Maßnahmen. Diese Forderungen blieben unter französischer Herrschaft unerfüllt. Nach Ausbruch des Unabhängigkeitskampfes im Jahr 1954 solidarisierte sich diese islamische Vereinigung – wenn auch zögerlich – mit der Nationalen Befreiungsfront *(Front de Libération Nationale*, FLN). Die Führung des unabhängigen Algeriens ernannte schließlich den Generalsekretär der AOMA, Aḥmad Taufīq al-Madanī, zum ersten Minister für islamisches Stiftungswesen.

Marokko

In Marokko hatte sich in den Jahren nach dem Ende des Ersten Weltkriegs die sogenannte Neo-Salafīya *(as-salafīya al-jadīda)* herausgebildet, die mittels neu zu errichtender politischer Strukturen eine direkte und uneingeschränkte Mitsprache am gesellschaftlichen und wirtschaftlichen Geschehen des Landes einforderte. Die marokkanische Salafīya-Bewegung gewann rasch an Einfluß. Das lag zum einen daran, daß die beiden prominentesten Salafīya-Vertreter Marokkos, Abū Shuʿaib ad-Dukkālī (1878–1937) und sein Schüler Muḥammad b. al-ʿArabī al-ʿAlawī (1880–1963), lange Zeit auf höchster Ebene in das Protektoratssystem integriert waren. Zum anderen bildete die Doktrin der Neo-Salafīya unter anderem die ideologische Grundlage der nationalistischen Bewegung des Landes.[6] So gab es eine Reihe von Vertretern der nationalistischen Bewegung, die eindeutig vom Salafīya-Reformislam inspiriert waren und auch nach Wiedererlangung staatlicher Unabhängigkeit Einfluß auf die Geschicke des Landes hatten. Ein Beispiel hierfür ist Muḥammad al-Makkī an-Nāṣirī (1906–94), der in den 1970er Jahren Minister für Stiftungswesen, islamische Angelegenheiten und Kultur war.[7]

Der bekannteste und einflußreichste Repräsentant der Salafīya-Bewegung Marokkos war der langjährige Führer der 1943 gegründeten und bis heute bedeutenden Unabhängigkeitspartei *(ḥizb al-istiqlāl)*, ʿAllāl al-Fāsī (1907–1974). Im ersten Kabinett des unabhängigen Marokko war er als Minister für islamisches Stiftungswesen in die Regierungsverantwortung eingebunden – wenn auch nur für kurze Zeit. In seinem 1952 veröffentlichten Werk *an-naqd adh-dhātī* (Die Selbstkritik) – er analysierte darin die Dilemmata der arabischen Welt – stellte er sich eindeutig in die Tradition der Salafīya-Bewegung.[8]

Mauretanien

Der Einfluß des Salafīya-Reformislams in Mauretanien ist bislang nur wenig erforscht. Einerseits läßt die starke Präsenz von Sufi-Bruderschaften in Mauretanien vermuten, daß die Ideen der Salafīya-Bewegung, die bestimmte Praktiken des Sufismus bekämpfte, in dieser Region nur bedingt Zugang fanden. Andererseits war Mauretanien in seiner Brückenfunktion zwischen dem sub-saharischen Afrika und dem Maghreb keineswegs von zeitgenössischen geistigen Strömungen des Islams abgeschnitten. So schwenkte der von den *ṭuruq* organisierte heftige und langwierige Widerstand gegen die französische Fremdherrschaft in vielen Fällen in eine enge Zusammenarbeit mit der Kolonialmacht um, was ab den 1940er Jahren Kritik von seiten reformorientierter Muslime auf sich zog. Der Einfluß mauretanischer Gelehrtenzentren auf das Gebiet von Französisch-Westafrika (*Afrique Occidentale Française*; AOF) war bedeutend und wurde durch die französische Islampolitik gefördert. Die französische Verwaltung bemühte sich zudem, einen direkten Einfluß auf die Ausbildung der Muslime zu gewinnen. So entwickelte sich das *Institut d'Etudes Islamiques* in dem im Süden Mauretaniens gelegenen Boutlimit unter französischer Herrschaft zur zentralen Einrichtung für die Abschlußprüfungen aller *Ecoles Franco-Arabes* von Französisch-Westafrika.[9] Zu den Persönlichkeiten, die durch ihre Reformvorstellungen Einfluß auf die Entwicklung des Islams im Gebiet der AOF ausübten, zählte z.B. der 1940 am *Institut Français d'Afrique Noir* (IFAN) in Dakar tätige Mukhtār Uld Ḥāmidūn. Später wirkte er bis in die 1980er Jahre in Nouakchott am *Institut Mauritanien de Recherches Scientifiques*.[10] Mahmoud Bâ war eine weitere Persönlichkeit, die bereits unter französischer Herrschaft ihre Reformideen in der Region des Senegalflusses zu realisieren versuchte. Durch seine *Ḥarakat al-Falāḥ* (Bewegung des Heils) versuchte er, seine Ideale im Bereich des Bildungswesens umzusetzen. Aber erst nach dem Ende der französischen Kolonialherrschaft konnte er im großen Stil Schulen gründen. Bis zum Jahr 1976 gründete er allein in Mauretanien 30 Schulen. Kurz nach der Wiedererlangung staatlicher Unabhängigkeit ernannte ihn der erste mauretanische Präsident, Mokhtar Ould Daddah, zum *Inspecteur de l'Enseignement Arabe*, und bis 1978 hatte er das Amt des Präsidentenberaters in Erziehungsangelegenheiten inne.[11]

c) Der Islam in den Verfassungen maghrebinischer Staaten

Die Rolle, die der Islam als Ideologie im Kampf um die staatliche Unabhängigkeit in den einzelnen Ländern des Maghreb gespielt hat, war unterschiedlich ausgeprägt, doch stellte er ein wichtiges mobilisierendes und identitätstiftendes Element für die Bevölkerung dar. Allen ideologischen Unterschieden in der Ausformung der nationalen Politik zum Trotz ist der Islam in der einen oder anderen Form in den Verfassungen der vier hier behandelten Staaten verankert.

In Tunesien ist der Islam die Staatsreligion, zugleich garantiert Artikel 5 der Verfassung Glaubensfreiheit. Die Religion des Präsidenten ist der Islam. In Algerien wird in der Präambel der Verfassung u.a. der Islam als eine der Grundlagen der nationalen Identität betont. Der Präsident muß wiederum Muslim sein, ihm ist ein Hoher Islamischer Rat beigeordnet. Die staatlichen Institutionen haben die Aufgabe, Praktiken zu unterbinden, die der islamischen Moral widersprechen. Ferner ist das islamische Stiftungswesen gesetzlich geschützt. In der religiös legitimierten Monarchie von Marokko – der König ist als *amīr al-muʾminīn* (Führer der Gläubigen) auch geistliches Oberhaupt seiner muslimischen Untertanen – ist der Islam Staatsreligion. Der Staat garantiert jedoch eine freie Glaubensausübung. Weder Tunesien noch Algerien oder Marokko haben in ihren Verfassungen einen Hinweis auf das islamische Recht als Quelle ihrer Gesetzgebung verankert.[12] In Mauretanien hingegen findet sich in der Präambel der Hinweis, daß die Grundsätze der islamischen Religion *(aḥkām ad-dīn al-islāmī)* die einzige Quelle des Rechts seien *(al-maṣdar al-waḥīd li-l-qānūn)*. Der Islam ist die Religion des Volkes und des Staates. Die mauretanische Verfassung verfügt über keinen Hinweis auf freie Religionsausübung. Sie garantiert die Anwendung des Erbrechts und den Schutz des islamischen Stiftungswesens. Der Präsident ernennt einen fünfköpfigen Hohen Islamischen Rat *(al-majlis al-islāmī al-aʿlā)*, der ihn in allen Fragen des Islams und der islamischen Kultur zu beraten hat.

d) Die staatlichen islamischen Strukturen

Unabhängig vom Stellenwert des Islams in den jeweiligen Landesverfassungen verfügen die meisten arabisch-muslimischen Staaten heutzutage über ein Ministerium, das für die Aufrechterhaltung und vor allem für eine strikte staatliche Kontrolle der religiösen Infrastruktur verantwortlich ist. In der Regel ist dieses Ministerium auch mit der Verwaltung des islamischen Stiftungswesens betraut.

Tunesien

Tunesien zählt zu den wenigen muslimischen Staaten, die heutzutage über keine islamischen Stiftungen mehr verfügen.[13] Die umfassende Säkularisierungspolitik Bourguibas unmittelbar nach Wiedererlangung der staatlichen Unabhängigkeit mündete in die Abschaffung des islamischen Stiftungswesens. In den Jahren 1956 und 1957 löste der tunesische Gesetzgeber alle Stiftungen auf. Der Staat erklärte sich für die Finanzierung der gesamten religiösen Infrastruktur zuständig, und aus der Auflösung der Stiftungen gewonnene Werte fielen unter Wahrung der einschlägigen Bestimmungen des islamischen Rechts an die Erbberechtigten. Abgesehen von der Abschaffung des islamischen Stiftungswesens veranlaßte der Staat auch die Abschaffung der islamischen, für die Personenstandsangelegenheiten der Muslime zuständigen Gerichte. Der Gesetzgeber hat das tunesische Personenstandsgesetz umfassend überarbeitet, und es ist seither das «westlichste» des gesamten Mittleren und Nahen Ostens. Zudem unterstellte der Staat das gesamte islamische Bildungswesen seiner Kontrolle und Vormundschaft. So ist Tunesien heute einer der wenigen muslimischen Staaten, der über kein spezielles Ministerium für religiöse Angelegenheiten verfügt. Die verstaatlichte religiöse Infrastruktur ist dem Premierminister zugeordnet und wird durch zwei offizielle Stellen – das Amt des Muftis der Republik *(dār al-iftāʾ)* sowie eine Direktion für religiöse Riten *(idārat ash-shaʿāʾir ad-dīnīya)* – verwaltet.

Algerien

In Algerien hatte die langanhaltende französische Kolonialherrschaft für das islamische Stiftungswesen weitreichende Auswirkungen. Die islamischen Stiftungen sind von den Fremdherrschern in die Staatsdomäne eingegliedert worden. Bis zum Ende seiner Herrschaft hatte Frankreich den Forderungen reformorientierter *ʿulamāʾ* nach einer Trennung von Religion und Staat und der damit verbundenen Rücküberführung der islamischen Stiftungen unter die Kontrolle der Muslime nicht stattgegeben. Auch nach der Erlangung staatlicher Unabhängigkeit im Jahre 1962 verwirklichte die Staatsführung diese Forderung nicht, sondern richtete nach dem Vorbild anderer muslimischer Staaten ein Ministerium für islamische Stiftungen ein. Diesem Ministerium kam in einem Staat, der als Staatsideologie – besonders nach der Machtübernahme durch Houari Boumedienne (Hawārī Bū Madyan, 1965–1978) – den sogenannten «islamischen Sozialismus» für sich in Anspruch nimmt, eine besondere Bedeutung zu.[14]

Analog zu den sich wandelnden Aufgaben hat dieses Ministerium im Laufe seines Bestehens eine Reihe unterschiedlicher Bezeichnungen erhalten. Ursprünglich als *Ministère des Habous* gegründet, hatte es 1970 die Bezeichnung *Ministère de l'Enseignement Originel et des Affaires Religieuses* erhalten, seit 1979 war es als *Ministère des Affaires Religieuses* benannt und heutzutage trägt es die Bezeichnung *Ministère des Affaires Religieuses et des Habous*. Ferner war dieses Ministerium von 1977 bis 1979 direkt dem Staatspräsidenten beigeordnet.

Der erste Minister für islamische Stiftungen, Aḥmad Taufīq al-Madanī, war nach kurzer Zeit mit dem ihm anvertrauten Kompetenzbereich unzufrieden und kündigte Anfang 1963 an, daß sein Ministerium sich nicht auf die Verwaltung der religiösen Infrastruktur beschränken wolle, sondern sich mit der Absicht trage, aktiv an der Bildung des algerischen Volkes mitzuwirken. Ein Dekret vom 11. Januar 1964 regelte schließlich das religiöse Bildungswesen und ordnete es dem Stiftungs-Ministerium zu. Obwohl seit 1964 Religionsunterricht an den öffentlichen Schulen ein obligatorisches Unterrichtsfach war, begann das Stiftungs-Ministerium dennoch, parallel zum bestehenden ein islamisches Schulwesen zu errichten. Die Errichtung dieser Parallelstruktur legalisierte der Gesetzgeber jedoch erst 1971. Fünf Jahre später wiederum wurde diese islamische Variante des algerischen Bildungssystems in das nationale Bildungswesen sukzessive eingegliedert. 1979 legte der Staat die politischen Aufgaben des Ministeriums eindeutig fest: es diene der Umsetzung nationaler Politik, die sich durch sozialistische Prinzipien und durch die im Islam verankerte soziale Gerechtigkeit definiere. Das Hauptanliegen des Ministeriums sei die religiöse Erziehung «dans ses dimensions idéologiques et morales.»[15]

Die 1970 erfolgte Tilgung des islamischen Stiftungswesens aus der Bezeichnung des Ministeriums kam nicht von ungefähr. Zwar war 1980 eine Unterabteilung des Ministeriums mit der Verwaltung der islamischen Stiftungen betraut, doch durch die im Zuge der 1971 beschlossenen Agrarrevolution erfolgte «Nationalisierung» der landwirtschaftlich nutzbaren Stiftungsgüter war der vom Ministerium verwaltete Bestand an Stiftungsimmobilien stark eingeschränkt. Lediglich gestiftete Gebäude hatte das Ministerium 1980 noch direkt zu verwalten.

Die Agrarrevolution polarisierte die algerische Gesellschaft, denn sie beabsichtigte, nicht nur Stiftungs-Ländereien sondern auch privaten Großgrundbesitz, kommunale Ländereien oder Stammesland zu nationalisieren. So kam es bereits 1974 zu Demonstrationen islamistisch inspirierter Jugendlicher, die ein Ende der Umverteilung landwirtschaftlicher Liegenschaften verlangten. Im folgenden Jahr kam es zu Zusammenstößen zwischen rivalisierenden Studentengruppen. Ähnlich verhielt es sich 1982 mit den innerhalb der Studentenschaft ausgetragenen Konfrontationen. Studenten, die Anhänger eines politisierten Islams waren, forderten u.a., daß die im Zuge der Agrarrevolution enteigneten Ländereien ihren ursprünglichen Eigentümern wiedergegeben werden sollten. Der Staat reagierte repressiv. Unter den mehr als tausend Verhafteten befand sich auch der spätere Führer der Islamischen Heilsfront (*Front islamique du salut,* FIS), ʿAbbāsī Madanī.

Etwa zeitgleich mit dem Protest gegen die Agrarrevolution fand in Algerien ein Moscheen-Bauboom statt. Der postkoloniale Staat bemühte sich zwar, alle Moscheen – als zentralen Teil der religiösen Infrastruktur – mittels einer Ministerialbürokratie so eng wie möglich zu kontrollieren, viele dieser während der 1970er und 1980er Jahre gegründeten Moscheen entzogen sich jedoch der staatlichen Aufsicht. Neben Prestigeobjekten, die die Machthaber in der Absicht gründeten, ihre religiöse Legitimation zu unterstreichen, sind in diesem Zeitraum mehrheitlich improvisierte Volksmoscheen *(masājid ash-shaʿb),* freie Moscheen *(masājid ḥurra)* sowie private Moscheen entstanden. Ihnen ist gemein, daß sie sich sowohl in den von ihren Imamen propagierten religiösen Inhalten als auch hinsichtlich des Unterhalts der Gebäude staatlichen Zugriffen zu entziehen versuchten.

Der Staat reagierte im Laufe der 1980er Jahre auf die Zunahme autonom verwalteter Moscheen einerseits mit dem Versuch, diese Moscheen der Kontrolle des Ministeriums für religiöse Angelegenheiten zu unterstellen, andererseits investierte er selbst in die religiöse Infrastruktur. Zwar hat der Staat damals begonnen, dem offenkundigen Bedürfnis der Bevölkerung nach mehr Moscheen nachzukommen, war aber nicht in der Lage, in ausreichendem Maße religiös ausgebildetes Personal zum Betrieb dieser Moscheen zur Verfügung zu stellen. Den Mangel an geeigneten Imamen versuchte das Ministerium zu umgehen, indem es bis 1986 sogenannte «imams libres» in staatlich kontrollierten Moscheen zuließ. Diese Entwicklung – die letztendlich den Interessen der Machthaber zuwiderlief – versuchte das Ministerium später jedoch zu stoppen, und auch der damalige Staatspräsident Chadli Bendjedid (ash-Shādhilī Bin Jadīd, 1979–1992) griff in einer programmatischen Rede dieses Phänomen scharf an. Er bezeichnete die freien Imame als «schädliche und dumme Elemente», die die Moscheen für destruktive Zwecke benützen.

Letztendlich waren die 1980er Jahre von einer Entwicklung gekennzeichnet, die besonders nach den Unruhen von 1988 in eine rasche politische Liberalisierung und vor allem in eine Islamisierung des politischen Diskurses mündete. Nach Jahrzehnten der Einparteienherrschaft hatten sich zu Beginn der 1990er Jahre u.a. einige Parteien konstituiert, deren Ziel die Errichtung einer islamischen Gesellschaftsordnung war. Die erfolgreichste und auch am besten organisierte dieser Parteien war die Islamische Heilsfront *(Front Islamique du Salut,* FIS, bzw. *al-jabha al-islāmīya li-l-inqādh).* Obwohl die religiösen Stiftungen eine genuin islamische Institution mit großer Vergangenheit sind, diskutierte der FIS in den zugänglichen Programmen und Veröffentlichungen das Stiftungswesen überraschend wenig. Einzig im Zusammenhang mit den legalen Ressourcen des Staates wurden die islamischen Stiftungen erwähnt.[16]

In der Agenda des FIS fehlte ein Bezug auf das islamische Stiftungswesen. Im Gegensatz dazu versuchte der algerische Staat seit 1991 die Stiftungen auf eine neue rechtliche Basis zu stellen. Dies erfolgte bis zum Jahr 2002 mit mehreren, teilweise sich widersprechenden Maßnahmen. Das Gesetz Nr. 91-10 vom 27. April 1991 definiert das allgemeine Regelwerk zur Verwaltung, Organisation und Bewahrung der islamischen Stiftungen.[17] Es wird betont, daß die einzelnen Gesetzesartikel auf den Bestimmungen des islamischen Rechts beruhen. Die im Rahmen der Agrarrevolution nationalisierten Stiftungen werden an das Ministerium rücküberführt. Allerdings scheint der Gesetzgeber dieses Gesetz zur Neuregulierung des islamischen Stiftungswesens «mit heißer Nadel gestrickt» zu haben. So wurden im Jahre 2002 die Regelungen über die Ausgestaltung privatnütziger Stiftungen gestrichen sowie eine Reihe von ergänzenden Bestimmungen hinsichtlich der wirtschaftlichen Verwertung islamischer Stiftungen abgeändert. Über die Motive dieser Modifikationen und die Hintergründe dieser Verzögerung läßt sich nur spekulieren. Sicherlich hat die krisenhafte innenpolitische Entwicklung während der 1990er Jahre hierbei eine entscheidende Rolle gespielt. Der Staat scheint aber auch ein gewisses Informationsdefizit über den eigentlichen Stiftungsbestand zu haben, sonst wäre das Gesetz Nr. 01-07 des Jahres 2001, das u.a. eine Generalinventarisierung der islamischen Stiftungen veranlaßt, überflüssig gewesen.

Neben den gesetzlichen Grundlagen hat der Gesetzgeber auch eine Reihe von Durchführungsbestimmungen sowie einige die religiöse Infrastruktur betreffende

Verordnungen verabschiedet. So regelt ein Dekret den Bau sowie die Verwaltung und Aufgaben von Moscheen.[18] Unabhängig davon, ob der Moscheengründer eine staatliche oder private Organisation bzw. eine Privatperson ist, gilt die Moschee in jedem Fall als eine islamische Stiftung. Als Haus Gottes ist sie niemandes Eigentum, unterliegt jedoch der alleinigen Zuständigkeit des Staates, der u.a. für die Gewährleistung einer unabhängigen Durchführung der spirituellen, gesellschaftlichen, erzieherischen und bildungsmäßigen Aufgaben der Moschee verantwortlich ist. Ferner ist das Ministerium für die Ernennung der Imame zuständig. Im Jahre 2000 schiebt der Gesetzgeber schließlich ein Dekret nach, das die zentrale Verwaltung und Organisation des Ministeriums für religiöse Angelegenheiten und islamische Stiftungen regelt.[19] Andere Dekrete regeln wiederum die Ausbildung aller in der religiösen Infrastruktur tätigen Angestellten. Das Koranschulwesen steht fortan unter der Aufsicht und im Verantwortungsbereich des Ministeriums.

Nachdem in den 1980er Jahren der Staat offensichtlich die Kontrolle über den religiösen Diskurs verloren hatte, bemühte er sich, in den 1990er Jahren, die Initiative wieder an sich zu reißen. Angesichts der bürgerkriegsähnlichen Zustände bestand in der Tat dringender Handlungsbedarf. Das islamische Bildungswesen, die Ausbildung des Moscheenpersonals, die Verwaltung und den Bau von Moscheen, die Verwertung der islamischen Stiftungen, das Verlegen und die Verbreitung religiöser Schriften etc. unterstellte der Staat dem *Ministerium für religiöse Angelegenheiten und islamische Stiftungen.* Durch eine von den verschiedenen Instanzen des Ministeriums kontrollierte religiöse Infrastruktur versucht der Staat auch, Macht über die religiösen Inhalte zu gewinnen. Das Ministerium dient als Transmissionsriemen für das staatlich sanktionierte, korrekte Islamverständnis.

Marokko

Das Ministerium für Stiftungswesen und islamische Angelegenheiten (wizārat al-auqāf wa-sh-shu'ūn al-islāmīya) bildet das Rückgrat der religiösen Infrastruktur Marokkos, an deren Spitze der König als spirituelles Oberhaupt steht. Im Gegensatz zu vielen anderen muslimischen Ländern war die Wiedererlangung der staatlichen Unabhängigkeit nicht mit einer Zäsur für das islamische Stiftungswesen bzw. mit der Nationalisierung der Stiftungsgüter verbunden. Grundlegende Reformen fanden bereits unmittelbar nach Errichtung des französischen Protektorats statt.[20] So zeichnet sich dieses Schlüsselministerium durch eine hohe Kontinuität aus, die sowohl die personelle Seite – teils waren die jeweiligen Minister bis zu 20 Jahre in Amt und Würden – als auch die Art und Weise der Verwaltung der religiösen Infrastruktur umfaßt. Der Minister zählt neben dem Innen-, Außen- und Justizminister zu den sogenannten *ministres de souverainité,* d.h. über seine Ernennung befindet allein der König.

Erst 1976 kam es zu einer internen Umstrukturierung. Zwei komplementäre Geschäftsbereiche deckten die «spirituellen» und «materiellen» Aufgaben des Ministeriums ab. Die Direktion für islamische Angelegenheiten ist mit allen spirituellen Aspekten der Religionsausübung beschäftigt. Neben der Verbreitung islamischer Kultur im In- und Ausland erstreckt sich ihr Aufgabenbereich von der Rekrutierung kompetenter Imame über die Organisation der Pilgerfahrt nach Mekka bis hin zur Publikation religiöser Schriften. Von diesen Bereichen war die Verwaltung der Stiftungsgüter abgetrennt. Die finanziellen Mittel zur Durchführung seiner Aktivitäten erwirtschaftet das Ministerium aus den islamischen Stiftungen. Unter klar definierten Voraussetzungen ermöglichten die bereits unter französischer Herrschaft durchgeführten Rechtsreformen eine Einbindung gestifteter Immobilien in den freien Warenverkehr. Abgesehen vom Moscheenbau ist das Ministerium auf vielfältige Weise im Immobiliensektor tätig. Pläne, die die Stiftungsländereien im Laufe der 1970er Jahre in eine marokkanische «Agrarrevolution» einbinden sollten, wurden nie umgesetzt.

Erstaunen in der Öffentlichkeit hat im Juni 2000 die Bekanntgabe einer Reihe von Runderlassen durch den Stiftungsminister ʿAbd al-Kabīr Mʾdāghrī (i.e. Madāghrī) al-ʿAlawī hervorgerufen. Am 5. Juni unterzeichnete er vier Runderlasse, die auf den Aufbau des Ministeriums und auf die religiöse Infrastruktur revolutionär gewirkt hätten, und vier Tage später unterfertigte er einen fünften, der die vorhergehenden annullierte.

Im ersten Erlaß forderte er seine Vertreter in den Verwaltungsprovinzen auf, für jede Moschee einen ihnen gegenüber verantwortlichen Verwalter zu ernennen und unter der Aufsicht des regionalen Rates der *ʿulamāʾ* in den Moscheen Alphabetisierungskurse zu organisieren. Der zweite Erlaß rief dazu auf, durch Förderung der Eigeninitiative und mit Hilfe von Mäzenen die Zahl der Moscheen zu erhöhen. Der dritte hätte den Frauen die Moscheen geöffnet, und zwar in einer aktiven Rolle als Predigerinnen oder Rechtsgelehrte. Selbst Vertreterinnen der Zivilgesellschaft, d.h. Frauenaktivistinnen, hätten für ihre soziale Arbeit Zutritt zu den Moscheen bekommen. Der vierte Runderlaß hätte nahezu die Gesamtheit der religiösen Belange, die bislang unter der Ägide des *Ministeriums für islamische Stiftungen und Angelegenheiten* standen, in den Verantwortungsbereich der vierzehn regionalen *ʿulamāʾ*-Räte übertragen. Die ministeriellen Anordnungen hätten den Moscheen die Möglichkeit geboten – unter der Kontrolle der *ʿulamāʾ*-Räte und unter Wahrnehmung zahlreicher sozialer Aufgaben – in ihr natürliches soziokulturelles Umfeld eingebettet zu werden. Mit der Übertragung all dieser Aufgaben an die *ʿulamāʾ*-Räte, die auf nationaler sowie regionaler Ebene organisiert sind und unter dem Vorsitz des Königs stehen, hätten die Aufgabenbereiche und die Verantwortung dieser 1984 gegründeten Verbände eine erhebliche Aufwertung erfahren.

Über die Gründe für die plötzliche Annullierung dieser Reformen, die angeblich einer Initiative des Königs zur Bekämpfung des Islamismus entsprungen waren, läßt sich nur spekulieren. Letztendlich war damit ʿAbd al-Kabīr Mʾdāghrī al-ʿAlawīs politische Karriere nach einem knappen Vierteljahrhundert im November 2002 beendet. Er wurde durch Aḥmad at-Taufīq ersetzt, der ein brillanter Intellektueller und Mitglied der Būshīshīya-Bruderschaft ist. Aḥmad at-Taufīqs vordringlichste Aufgabe war die überfällige Reform der religiösen Institutionen des Landes. Die Ereignisse vom 16. Mai 2003 – islamistische Selbstmordattentäter attackierten Ziele in Casablanca – erschütterten die marokkanische Gesellschaft in ihren Grundfesten und beschleunigten Reformmaßnahmen. Der König erließ im Dezember 2003 sowie im April des folgenden Jahres Gesetze, die einerseits auf die Umstrukturierung des *Ministeriums für Stiftungswesen und islamische Angelegenheiten* abzielten, andererseits den Kompetenzbereich des Obersten Rates Islamischer Gelehrter *(majlis al-ʿulamāʾ al-aʿlā)* sowie dessen lokaler Ableger erweiterte. In einer Ende April 2004 gehaltenen Rede betonte König Muḥammad VI. seine Rolle als spirituelles Oberhaupt des Landes. Ferner mahnte er darin die Dringlichkeit von Reformen im Bereich der religiösen Institutionen an. Letztendlich festigten die seither erfolgten Reformmaßnahmen die Rolle des religiösen Establishments innerhalb der staatlichen und gesellschaftlichen Strukturen und zielten auf eine Stärkung der religiösen Legitimität der Monarchie ab.

Mauretanien

Das Attribut «islamisch» in der offiziellen Staatsbezeichnung Mauretaniens ist nicht als Hinweis auf einen islamisch legitimierten Staat zu verstehen, sondern bezieht sich auf die Religion der Bevölkerungsmehrheit und die einheits- und identitätsstiftende Funktion des Islams.[21] Trotz der eminent wichtigen Bedeutung der Ṣūfī-Bruderschaften für die Entwicklung des Islams auf dem Gebiet des heutigen Mauretanien waren diese unmittelbar nach Erlangung staatlicher Unabhängigkeit von der Staatsführung nicht gerade wohlgelitten und als heterodox und obskurantistisch verpönt. Heute stützt sich der Staat bei der Durchsetzung seiner politischen Ziele jedoch durchaus auf das Netzwerk der *ṭuruq*. So spielte der Niasse-Zweig der Tijānīya-Bruderschaft nach dem Konflikt zwischen Mauretanien und Senegal (1989–1992) ein wichtige Rolle. Durch seine transnationalen Aktivitäten war diese Ṣūfī-Bruderschaft dazu in der Lage, zwischen verfeindeten Volksgruppen zu vermitteln.

Die Verwaltung der religiösen Infrastruktur Mauretaniens erfolgte unmittelbar nach der Staatsgründung durch ein Hochkommissariat. Später richtete die Staatsführung ein Ministerium ein, das stets mit einem anderen Ressort – wie dem Justizministerium oder dem Ministerium für Kultur – verknüpft war. Wie in den meisten muslimischen Staaten dient dieses Ministerium einer zunehmenden Kontrolle aller religiösen Bereiche durch den Staat. So erklärte im Jahre 2003 der mauretanische Gesetzgeber Moscheen zu öffentlichen Gebäuden, die direkter staatlicher Kontrolle unterstehen. Ferner sind Imame dazu angehalten, sich ausschließlich an der Doktrin der malikitischen Rechtsschule zu orientieren. Das ursprünglich in Boutlimit von der französischen Kolonialverwaltung initiierte *Institut d'Etudes Islamiques* wurde 1978 nach Nouakchott verlegt. Als *Institut Supérieur d'Etudes et de Recherches Islamiques* (ISERI) ist es nun in das staatliche Bildungssystem eingegliedert und dient der Ausbildung von Imamen, Religions- und Arabischlehrern. Das islamische Recht spielt in Mauretanien eine wichtige Rolle. Versuche, auch das Strafrecht zu islamisieren, waren jedoch nur kurzlebig.

Internationale Proteste gegen die Anwendung des islamischen Strafrechts in den 1980er Jahren führten zu einer Aussetzung der *ḥadd*-Strafen.

e) Der Islamismus im Maghreb

Seit den 1970er Jahren bedient sich die politische Opposition im Maghreb zunehmend islamischer Rhetorik, die die Legitimität der Staatsführung in Frage stellt. Eine Islamisierung des öffentlichen Lebens soll demnach die mannigfaltigen nationalen Probleme lösen helfen. Selbst wenn diese islamistischen Bewegungen etwa auf dem Gebiet der Sozialarbeit – ein Bereich, in dem die meisten zeitgenössischen muslimischen Staaten weitgehend versagen – in vielen Fällen große Verdienste erwerben konnten (und die zum Teil auch ihren Erfolg erklären), so erschöpft sich ihr konkretes politisches Programm meist in Slogans wie «Der Islam ist die Lösung *(al-islām huwa al-ḥall)*» oder in der Forderung nach Anwendung der Scharia *(taṭbīq ash-sharīʿa)*. Als besonders heikles Thema zeigte sich in den einzelnen Staaten das Personenstandsrecht, das zu den wenigen Bereichen nationaler Gesetzgebung zählt, in denen das islamische Recht noch Gültigkeit hat. Die Machthaber reagierten auf diese Herausforderung auf höchst unterschiedliche Art und Weise. Zeitweise haben sie jedoch versucht, die jeweiligen islamistischen Gruppen für ihren politischen Machterhalt zu instrumentalisieren.

In Tunesien benutzte das Regime den *Mouvement de la Tendance islamique* (*ḥarakat al-ittijāh al-islāmī*, MTI) im Laufe der 1980er Jahre zur Eindämmung linker Strömungen, ehe dieser selbst Opfer staatlicher Repressionen wurde. Gemeinsam mit anderen führenden Persönlichkeiten wurde sein Vordenker Rashīd Ghannouchi (Ghannūshī) 1987 inhaftiert und vor Gericht gestellt. Nach dem im gleichen Jahr erfolgten Sturz Habib Bourguibas zeigte sich das Regime für kurze Zeit konzilianter und organisierte Parlamentswahlen. Obwohl das Parteiengesetz die Bildung politischer Parteien auf religiöser Grundlage untersagte, konstituierte sich der MTI als Partei der tunesischen Wiedergeburt *(ḥizb an-nahda at-tūnisīya)* neu. Ein legaler Status blieb dieser Partei jedoch versagt, und das Regime verfolgte die islamistischen Bewegungen Tunesiens fortan mit aller Härte. Dem Druck der Öffentlichkeit nach einer Islamisierung der Gesellschaft gab das Regime jedoch teilweise nach, indem es den Islam als grundlegenden Bestandteil der tunesischen Identität betonte, staatskonformen *ʿulamāʾ* mehr Einfluß zubilligte oder islamischen Symbolen in der Öffentlichkeit einen höheren Stellenwert einräumte.

Das Lavieren der politischen Führung gegenüber islamistischen Strömungen mündete für Algerien in den 1990er Jahren in einen Bürgerkrieg. Auf gewalttätige Unruhen im Jahr 1988 reagierte der Staat mit einer politischen Liberalisierung, die es auch einer Reihe islamistischer Strömungen ermöglichte, sich legal als politische Parteien zu organisieren. Nach dem sich abzeichnenden Erfolg des FIS bei den Parlamentswahlen im Januar 1992 annullierte die Staatsführung die Wahlen und stürzte die algerische Nation in ihre schwerste Krise seit der Erlangung staatlicher Unabhängigkeit. Der Kampf zwischen dem Staat und diversen bewaffneten islamistischen Gruppen eskalierte und Teile des Landes standen zeitweise unter der Kontrolle militanter Islamisten, wobei die Grenzen zwischen einem (wie auch immer gearteten) islamischen «Staat» und Banditentum selten eindeutig verlaufen sind. Militärisch mag der Staat diese bewaffneten Gruppen – ihre Führer hatten häufig im Afghanistan-Krieg (1979–1989) Kampferfahrung gesammelt – weitgehend besiegt und gleichzeitig dem Islam in der Öffentlichkeit mehr Raum zugebilligt haben, doch die grundlegenden Probleme des Landes sind weiterhin ungelöst.

Im Gegensatz zu den Regierungen in Tunesien und Algerien ist die marokkanische Monarchie religiös legitimiert, was sie allerdings nicht vollständig gegen von Islamisten formulierte Angriffe immunisiert. Seine 1973 an König Ḥasan II. gerichtete Epistel «Der Islam oder die Sintflut» *(al-islām aw aṭ-ṭūfān)* – darin wurde der König als Renegat bezeichnet – brachte ʿAbd as-Salām Yāsīn zwar eine mehrjährige Einweisung in die Psychiatrie ein, konnte aber nicht verhindern, daß die von ihm gegründete *jamāʿat al-ʿadl wa-l-iḥsān* (Vereinigung für Gerechtigkeit und Wohlfahrt) sich zu einer der einflußreichsten islamistischen Bewegungen des Landes entwickelte und heute über einen hohen Mobilisierungsgrad verfügt. Im Gegensatz zu der von ʿAbdallāh Binkīrān geführten und im Parlament vertretenen Partei «Gerechtigkeit und Entwicklung» *(ḥizb al-ʿadāla wa-t-tanmīya)* blieb Yāsīns Bewegung die Anerkennung als politische Partei bislang verwehrt, was ihr jedoch die Kompromisse erspart, die das politische Alltagsgeschäft erfordert. Militante islamistische Bewegungen verfolgt der Staat insbesondere nach den Selbstmordattentaten von Casablanca mit aller Härte.

In Mauretanien sind oppositionelle islamistische Strömungen seit den 1980er Jahren bekannt. Politische Parteien auf der Grundlage von Religion verbietet das Parteiengesetz von 1991. Auf Attentate auf französische Priester und mauretanische Politiker im Jahre 1993 reagierte der Staat repressiv. Es folgten Verhaftungen, Ausweisungen von Ausländern sowie Verbote islamistischer Vereinigungen. Besonders nach dem 11. September 2001 ist die Staatsführung – vor allem auf Druck der USA – hinsichtlich islamistischer Tendenzen sensibilisiert. So kam es zum Verbot islamischer Wohltätigkeitsorganisationen. Saudische Einrichtungen mußten schließen, islamistische Presseerzeugnisse wurden zensiert und unter Islamismusverdacht gefallene Politiker verhaftet.

11. Die unabhängigen Staaten Schwarzafrikas
(*Jamil M. Abun-Nasr* und *Roman Loimeier*)

a) Einführung

Nach den neuesten Schätzungen leben etwa 365 Millionen Muslime in Afrika, davon 140 Millionen in den fünf Ländern des Nordens – Ägypten, Libyen, Tunesien, Algerien und Marokko – und 225 Millionen im subsaharischen Afrika von Mauretanien bis Somalia, von der Republik Sudan bis Südafrika.[1] Das Wachstum der Zahl der Muslime im subsaharischen Afrika war so in den letzten Jahrzehnten möglicherweise das stärkste aller Regionen der islamischen Welt. Diese Zunahme beruht auf dem starken Bevölkerungswachstum der bestehenden muslimischen Gesellschaften sowie auf der Konversion von Angehörigen indigener afrikanischer Religionen. Auch die zahlreichen christlichen Kirchen des subsaharischen Afrika haben in den letzten Jahrzehnten ein enormes Wachstum erfahren. In einigen Gebieten, etwa dem ostafrikanischen Hinterland von Tansania oder Kenia, wuchs die Zahl der Christen sogar stärker als die der Muslime, während in anderen Regionen des subsaharischen Afrika, etwa Mali, Niger und Tschad, die Muslime überproportional zulegten. In Nordafrika hat jedoch die Islamisierung ihre Grenzen erreicht, die Zahl der Nicht-Muslime, vor allem der koptischen Christen in Ägypten, dürfte kaum mehr als sechs Millionen betragen.

Trotz des zahlenmäßigen Wachstums der Muslime in den Ländern des subsaharischen Afrika befand sich der Islam im politischen Leben dieser Länder in den Jahren nach der Unabhängigkeit meist in der Defensive. Obwohl Muslime in West- wie in Ostafrika die nationalistischen Bewegungen in ihren Ländern meist unterstützten, hatten die muslimischen Führer im politischen Leben der meisten unabhängigen Staaten des subsaharischen Afrika nur eine Randstellung. Seit den 1980er Jahren haben sich jedoch in vielen subsaharischen Ländern Afrikas radikale muslimische Bewegungen entwickelt, die nicht mehr bereit sind, die Marginalität des Islams im politischen Leben weiter zu dulden. Auf der politischen Bühne zahlreicher afrikanischer Länder sind so neue muslimische Führer und Gruppierungen erschienen, die sich für eine Stärkung des Islams im politischen und gesellschaftlichen Leben einsetzen. Dennoch wurden die muslimischen Gesellschaften des subsaharischen Afrika von den radikal-islamischen (islamistischen) Strömungen, deren Führer im Nahen Osten und in Nordafrika die Neuordnung der politischen Systeme ihrer Länder im Sinne des Islams fordern – von einigen Ausnahmen wie Nordnigeria einmal abgesehen – bislang wenig beeinflußt. Und weil diese Strömungen von den etablierten religiösen Kräften häufig als «landfremde», von externen Interessen bestimmte Richtungen betrachtet werden, konnten sie bisher auch keinen entscheidenden gesellschaftlichen Einfluß gewinnen. Angesichts des zahlenmäßigen Wachstums der Muslime in Afrika und der damit verbundenen Ansprüche, die sie im öffentlichen Leben ihrer Länder erheben, stellt sich die Frage, warum der Islam im subsaharischen Afrika bisher nicht zur Grundlage eines religiös legitimierten Nationalismus nach dem Muster Irans oder der *Muslimbruderschaft* wurde, und warum bisher keine einzige religiös legitimierte politische Bewegung im subsaharischen Afrika in der Lage war, die politische Macht zu erringen.[2]

In den Ländern Nordafrikas wie auch im subsaharischen Afrika gelangten nach der Unabhängigkeit in den 1950er und 1960er Jahren politische Führer an die Macht, die im Interesse der politischen Integration und wirtschaftlichen Entwicklung ihrer nationalen Staaten das Recht für sich beanspruchten, die politische Richtung ihrer Länder sowie deren Entwicklungspläne und Ausbildungspolitik zu bestimmen. Die einen Wandel anstrebenden Eliten in Nordafrika pflegten sich dabei mit dem Islam zu identifizieren, diejenigen im subsaharischen Afrika mit dem afrikanischen kulturellen Erbe, in Senegal etwa mit der «négritude», in Ghana mit dem «african socialism». Die Vorstellungen, die diese Führer von der Zukunft ihrer Staaten hegten, hatten jedoch ihre Wurzeln letztendlich nicht im islamischen oder afrikanischen, sondern im europäischen Gedankengut. Ein in die vorkoloniale Vergangenheit projiziertes Gesellschaftsbild wurde zum Zweck der Legitimierung der von diesen Führern eingeschlagenen politischen und wirtschaftlichen Richtungen vorgeschoben. Das Muster hierfür ist die in der Kolonialzeit begonnene «invention of tradition»,[3] die auch in der postkolonialen Zeit im Sinne der Entwicklung nationaler Identitäten fortgesetzt wurde. Die noch erhaltenen herkömmlichen politischen und gesellschaftlichen Institutionen wurden jedoch nichtsdestoweniger als Hindernisse angesehen, die dem Aufbau der neuen, nationalen Staaten im Wege standen. Bei der Planung für die Zukunft wurden die herkömmlichen politischen und gesellschaftlichen Institutionen zwar häufig geduldet, zum Teil aber auch, wie im Guinea Sékou Tourés, zerschlagen.[4]

In den letzten Jahrzehnten haben radikale islamische Bewegungen die politische Lage im Nahen Osten und in Nordafrika drastisch verändert. Sie zwangen die nationalen Führer in diesen Gebieten, ihre Stellung zwischen der von ihnen angestrebten Modernisierung und ihrer Identifikation mit dem Islam neu zu überdenken. Auch im subsaharischen Afrika gibt es zahlreiche Länder, in denen der Islam Teil des nationalen kulturellen Erbes ist, dem die politischen Führer Rechnung tragen müssen. Dies gilt nicht nur für Somalia, Djibouti, die Komoren und Mauretanien, wo die gesamte Bevölkerung muslimisch ist, sondern auch für die Länder mit einer großen muslimischen Bevölkerungsmehrheit wie Senegal, Gambia, Guinea (Bissau und Conakry), Mali, Niger und Tschad sowie für diejenigen Länder des subsaharischen Afrika, in denen die Muslime eine beträchtliche Bevölkerungsgruppe, wenn auch nicht notwendigerweise die Mehrheit stellen, so etwa Burkina Faso, Nigeria, Kamerun, Äthiopien, Eritrea, Kenia, Tansania oder Mosambik. Und selbst in denjenigen Ländern des subsaharischen Afrika, in denen die Muslime eine mehr oder weniger einflußreiche Minderheit bilden, kann es zu politischen Konstellationen kommen, in denen sie für die nationale politische Entwicklung wichtig werden, so etwa in Südafrika, Mauritius, Togo, Benin und Ghana. Dennoch scheinen die politischen Führer in den subsaharischen Ländern Afrikas auch dort, wo die Muslime die Mehrheit stellen, nach wie vor in der

Lage zu sein, extremistische Forderungen der Muslime im Zaum zu halten, selbst wenn dies, wie im Falle der Niederschlagung der fanatischen Maitatsine-Bewegung in Nordnigeria in den 1980er Jahren, mit großem Blutvergießen verbunden war.[5] Zu einem größeren Problem hat sich hingegen die in den letzten Jahren insbesondere in Nordnigeria, aber auch in anderen Ländern des subsaharischen Afrika erhobene Forderung nach der Einführung der *sharīʿa* im Bereich des Strafrechts entwickelt.

Die nach wie vor geringe politische Bedeutung radikaler islamischer Gruppierungen scheint nun damit verbunden zu sein, daß das religiöse Bewußtsein der Muslime im subsaharischen Afrika nicht durch die reformistische islamische Bewegung der *Salafīya* geprägt wurde, die im Nahen Osten und in Nordafrika die Muslime dazu brachte, anzunehmen, daß der Islam eine geeignete Grundlage eines modernen nationalen Staates bilden könne. Die Führer des modernen radikalen Islams in Nordafrika und im Nahen Osten propagierten eine Ideologie, die sich auf einige vereinfachte Grundsätze der reformistischen Lehre der *Salafīya* gründete. Für die Verfechter der *Salafīya* wie Muḥammad ʿAbduh in Ägypten und Ibn Bādīs in Algerien war es undenkbar, daß die offensichtliche technologische und soziale Rückständigkeit ihrer Gesellschaften in Zusammenhang mit dem Islam stünde. Diese Rückständigkeit führten sie auf Abweichungen der islamischen Gesellschaften und ihrer politischen Eliten vom «wahren Islam» zurück, die im Laufe der Jahrhunderte entstanden seien und sich durch die Macht der Tradition behauptet hätten. Wenn der Islam aber «richtig» verstanden werde, so behaupteten die Vertreter der *Salafīya* und ihrer Nachfolgebewegungen, insbesondere die ägyptischen *Muslimbrüder*, so könne er eine geeignete Grundlage für den Aufbau moderner und gesellschaftlich progressiver Staaten sein. Dadurch schufen die reformistischen Gelehrten im religiösen Bewußtsein der Muslime die Auffassung, daß der «wahre» Islam etwas anderes sei als seine im überkommenen islamischen Recht verankerte Gestalt, und auch etwas anderes als die bestehende islamische Lebensführung.

Im Gegensatz zu Nordafrika und dem Nahen Osten wurde der Islam im subsaharischen Afrika durch die reformistische Konzeption des «wahren Islams» nicht zu einer abstrakten revolutionären Ideologie umgeformt, obwohl die reformistische Lehre auch im subsaharischen Afrika eine Reihe prominenter Vertreter fand, die zu Begründern moderner afrikanischer reformistischer Traditionen wurden.[6] In Ostafrika war dies insbesondere Shaikh al-Amīn ibn ʿAlī al-Mazrūʿī (1891–1949), der ab 1932 *qāḍī* von Mombasa und später «Chief Kadi» Kenias wurde. Shaikh al-Amīn war durch die Schriften der *Salafīya*-Führer Muḥammad ʿAbduh und Rashīd Riḍā inspiriert und gründete im Jahre 1932 die Wochenzeitung «al-Iṣlāḥ» (Reform) mit dem Ziel, die reformistische Lehre zu propagieren. Obwohl Shaikh al-Amīn darauf beharrte, daß die Beherrschung der arabischen Sprache die Voraussetzung für den Aufbau moderner islamischer Gesellschaften auf der Basis des reformistischen Islams sei, erschien seine Zeitschrift in Arabisch und Kiswahili. Zudem veröffentlichte er eine Reihe von Texten in Kiswahili, in denen er den Muslimen die Kenntnis der islamischen Lehre aus reformistischer

Sicht zu vermitteln versuchte, und er begann mit dem Projekt der Übersetzung des Korans ins Kiswahili – eine Aufgabe, die von seinem Schüler und Nachfolger als Führer der reformistischen Bewegung Ostafrikas, Shaikh ʿAbdallāh Ṣāliḥ al-Farsī (1912–1982), im Jahre 1969 abgeschlossen wurde.[7]

Shaikh al-Amīn genoß großes Ansehen als Gelehrter, Richter und Mitglied der Mazrūʿī-Familie, die in der Vergangenheit Mombasa politisch beherrscht hatte. Dennoch war der Einfluß der von ihm vertretenen reformistischen Lehre lange Zeit sehr gering. Erst seit den 1970er Jahren entwickelte sich in Kenia, Uganda und Tansania unter der Führung von Shaikh ʿAbdallāh Ṣāliḥ al-Farsī, dem «Chief Kadi» von Kenia von 1968 bis 1982, eine jüngere und politisch radikalere Generation muslimischer Reformer, die sich als *ahl as-Sunna* (Leute der Sunna, häufig auch *anṣār as-Sunna*) einen Namen machten. Diese Reformer forderten eine stärkere Berücksichtigung islamischer Normen im gesellschaftlichen und politischen Leben ihrer Länder und griffen die Korruptheit der politischen Eliten an. Zudem wandten sich die unterschiedlichen Gruppierungen der *ahl as-Sunna* gegen bestimmte Praktiken der Muslime in Ostafrika, wie etwa die weit verbreitete Feier des *maulid an-nabī* (Prophetengeburtstages), die *dhikr*-Zeremonien der Sufi-Bruderschaften und den verschwenderischen Charakter von Beerdigungen, Namensgebungszeremonien und Hochzeiten, die sie als *bidaʿ* (unislamische Neuerungen) kritisierten. Daher wurden die *ahl as-Sunna* als «watu wa bidaa» (Leute der *bidaʿ*, d.h. diejenigen, die ständig über die *bidaʿ* sprechen) bezeichnet.

Die Kritik an der Feier des *maulid an-nabī* und dem *dhikr* der Sufi-Bruderschaften bildet in Ostafrika einen Teil reformistischer Bemühungen, die insbesondere in den Städten mit der Gründung moderner islamischer Schulen, häufig *maʿāhid* (Institute) genannt, von immer mehr Muslimen unterstützt werden. Die Auseinandersetzung zwischen der Generation jüngerer muslimischer Reformer mit den etablierten muslimischen Würdenträgern, die häufig die religiöse Politik der Staatsführung vertreten, entzündet sich aber auch an bestimmten prominenten Symbolen, wie etwa der Festlegung des Beginns des Fastenmonats Ramaḍān. Dabei fordern die *ahl as-Sunna* die Einhaltung der Zeitvorgaben von Mekka (also von Saudi-Arabien), während die etablierten religiösen Führer, zum Beispiel der Mufti von Sansibar, auf dem Vorrang der lokalen Sichtung des Neumondes beharren. Die von den unterschiedlichen Gruppierungen vorgetragenen Ansprüche auf religiöse Rechtleitung *(irshād)* stellt sich so letztendlich als ein Kampf um die Deutungshegemonie dar, der die Auseinandersetzungen unter den Muslimen in Ostafrika weiter verschärft.

In Westafrika waren in den Jahren unmittelbar nach dem Zweiten Weltkrieg Reformisten unterschiedlicher Schattierungen unter den Muslimen zu finden. Besonders aktiv waren zwei Gruppen, die in Westafrika auf Grund ihrer vereinsähnlichen Organisationsstruktur als «Assoziationen» bezeichnet werden. Die eine war die *Subbanu*-Assoziation, die lokal als *Wahhābīya* bekannt wurde und ihren Hauptsitz in Bamako (Mali) hatte. Die führenden Persönlichkeiten dieser Assoziation waren Muslime, die an der al-Azhar-Universität in Kairo in den 1930er

Jahren studierten und durch Kontakte mit den ägyptischen Reformgruppierungen geprägt worden waren. Lansiné Kaba, ein Wissenschaftler aus Guinea, der eine detaillierte Arbeit über diese Assoziation verfaßt hat, sagte, daß der größte Teil ihrer Mitgliedschaft aus kleinen und mittleren Händlern bestand, die als Mittelsmänner zwischen den großen europäischen Handelshäusern und den Afrikanern fungierten. Die religiösen Tätigkeiten dieser Assoziationen richteten sich vor allem darauf, die Verbreitung der reformistischen islamischen Lehre und die Kenntnis des Arabischen durch die Gründung moderner islamischer Schulen zu fördern. In den 1950er Jahren hatte die *Subbanu*-Assoziation außer in Mali selbst auch in Guinea, Sierra Leone, an der Elfenbeinküste und in Burkina Faso aktive Mitglieder.[8] Die Anhänger der *Subbanu*-Assoziation bildeten also eine Gemeinschaft, deren ökonomische Verbindungen über die territorialen Grenzen Malis hinausreichten und die durch eine strenge Religiosität gekennzeichnet war. Seit den 1980er Jahren hat sich nun aus den ursprünglichen Keimzellen der *Subbanu*-Gruppierungen eine jüngere Generation muslimischer Reformer entwickelt, die durch die Gründung islamischer Schulen Anhänger in den Städten gewonnen hat. Zudem hat sich in Mali, ähnlich wie auch in anderen Teilen West- und Ostafrikas, ein latenter Konflikt mit den etablierten Vertretern der lokalen Sufi-Bruderschaften ergeben, die die muslimischen Reformer als *Wahhābis* bezeichnen, um sie damit als Gefolgsleute Saudi-Arabiens zu diskreditieren.[9]

Die zweite bedeutende reformistische Gruppe Westafrikas entstand in Senegal und hatte Cheikh Abdoulaye Touré (geb. 1925) zum Führer. Cheikh Touré, Angehöriger einer angesehenen Gelehrtenfamilie der *Tijānīya*-Bruderschaft, der zunächst die Ausbildung zum religiösen Gelehrten durchlief, hatte die Gelegenheit, im Jahre 1952/53 mit einer senegalesischen Studiengruppe nach Algerien zu reisen. In Constantine, damals eines der wichtigsten Zentren der islamischen Reformbewegung in Nordafrika, traf er Schüler von ʿAbd al-Ḥamīd ibn Bādīs (gest. 1940), dem Begründer der algerischen *Jamʿīyat al-ʿUlamāʾ al-Jazāʾirīyīn al-Muslimīn,* die ihn am «Institut Bin Bādīs» in das Gedankengut der *Salafīya* einführten. Nach seiner Rückkehr nach Senegal im Jahre 1953 gründete Cheikh Touré die *Union Culturelle Musulmane* (UCM, *al-Ittiḥād ath-Thaqāfī al-Islāmī*), mit dem Ziel, die reformistische Lehre auch in Senegal zu verbreiten.[10]

Reform bedeutete im Westafrika seit dem 18. Jahrhundert vor allem die Bemühungen gelehrter Muslime, die nicht-islamischen religiösen Praktiken ihrer Gesellschaft zu bekämpfen und die Beachtung der religiös-rechtlichen Normen des Islams, wie sie sie verstanden, durchzusetzen. Diese Reformbemühungen wurden von religiösen Gelehrten der *Qādirīya* und seit dem 19. Jahrhundert auch von Gelehrten der *Tijānīya*-Bruderschaft getragen. In Senegal entwickelten sich bereits seit der Mitte des 19. Jahrhunderts in den sogenannten «Quatre Communes», d.h. in den Küstenorten St. Louis, Dakar, Gorée und Rufisque, die den französischen Kommunen gleichgestellt waren, muslimische Bürgerrechtsbewegungen. Diese bemühten sich, einen angemessenen Platz für die Muslime in der kolonialen Gesellschaft zu sichern. Mit diesem Ziel setzten sie sich für eine moderne Bildung, aber auch für die Anerkennung des islamischen Personenstandsrechts und die Stärkung der Beziehungen zu den anderen Teilen der islamischen Welt, insbesondere durch die Pilgerfahrt nach Mekka, ein. Zudem betonten sie die Notwendigkeit der Verbesserung des arabischen Sprachunterrichts, mit dem Ziel, die eigenständige Lektüre des Korans zu fördern. Dadurch wurde die Grundlage dafür geschaffen, daß sich die islamische Reformbewegung in Senegal zu einer Bildungsbewegung entwickelte. Cheikh Touré ging nun aber noch etwas weiter, indem er hervorhob, daß die Reform des Islams eine Reform des institutionellen Rahmens der islamischen Gesellschaften erfordere.[11] Jedoch konnte er andere westafrikanische reformistische Führer mit seinen Reformideen, die über die Gleichsetzung von Reform mit der Reinigung der lokalen islamischen Glaubenspraxis von anscheinend nicht-islamischen Glaubenspraktiken hinausreichten, kaum beeinflussen.

Im Rahmen eines im Jahre 1957 in Dakar abgehaltenen Kongresses wurden die *Subbanu*-Gruppen in Mali als Zweig der UCM anerkannt und die Gründung neuer Zweige der UCM in Ghana, in der Elfenbeinküste, in Benin, Burkina Faso und Guinea beschlossen.[12] Dennoch konnte sich die nun überregional etablierte UCM nicht zu einer gesamt-westafrikanischen islamischen Reformbewegung entwickeln. Schon in Zusammenhang mit der Unabhängigkeit der westafrikanischen Länder im Jahre 1960 wurde die UCM in diesen Ländern entweder zerschlagen (in Guinea durch Sékou Touré und in Mali durch Modibo Keita) oder, wie in Senegal unter L. S. Senghor, gleichgeschaltet. Erst seit den späten 1970er Jahren hat sich in Senegal eine zweite Generation muslimischer Reformer entwickelt, die sich zwar immer noch auf das Erbe von Cheikh Touré beriefen, aber seine scharfe Ablehnung der in Senegal besonders starken Sufi-Bruderschaften der *Murīdīya* und der *Tijānīya* aufgaben. An Stelle des Kampfes gegen die Sufi-Bruderschaften betonten die neueren senegalesischen Reformgruppierungen, insbesondere die *Jamā'at 'Ibād ar-Raḥmān* und die *Ḥarakat al-Falāḥ*, die Einheit der Muslime beim Kampf gegen den säkularen Staat.[13] Gleichzeitig versuchten die neueren senegalesischen Reformgruppierungen, durch die Gründung und den Unterhalt moderner islamischer Schulen eine stärkere Verankerung in der Bevölkerung zu erlangen.

Etwa zur gleichen Zeit, in der sich dieser Wandel in der Reformbewegung Senegals vollzog, gründete Abubakar Gumi (1922–1992) in Nordnigeria die *Jamā'at Izālat al-Bid'a wa-Iqāmat as-Sunna*, die unmittelbar nach ihrer Gründung im Jahre 1978 einen harten Kampf gegen die beiden großen Sufi-Bruderschaften der *Tijānīya* und der *Qādirīya* aufnahm. Der rasche Erfolg der *'Yan Izala*, wie diese Gruppierung in Nordnigeria genannt wurde, ergab sich nicht nur aus ihrer religiös-dogmatischen Argumentation gegen die sogenannten *bida'*, sondern auch daraus, daß sie sich gegen eine Reihe kostenintensiver religiöser Bräuche wandte, die von den Sufi-Gelehrten sanktioniert wurden und angesichts wirtschaftlicher Probleme insbesondere in den Städten immer schwieriger zu finanzieren waren. Zudem begannen die *'Yan Izala* noch 1978 mit der Gründung zahlreicher neuer islamischer Schulen, die Mädchen und Frauen aufnahmen und neben einigen Fächern des etablierten islamischen Wissenskanons auch die «modernen» Fächer der staatlichen Schulen unterrichteten und somit «marketable skills» vermittelten. Die Kombination von religiösen, wirtschaftlichen und sozialen Reforminitiativen im Programm der *'Yan Izala* erklärt deren Entwicklung in Nordnigeria in den 1980er Jahren zur ersten reformistischen Massenbewegung des subsaharischen Afrika.[14] Der Siegeszug der *'Yan Izala* brach jedoch in den 1990er Jahren aus mehreren Gründen ein: Zum einen verstarb im Jahre 1992 ihr spirituelles Oberhaupt, Abubakar Gumi, und da kein adäquater Nachfolger gefunden werden konnte, zerbrach die Organisation in mehrere rivalisierende Fraktionen. Zum anderen konnten die Sufi-Bruderschaften der *Tijānīya* und der *Qādirīya* das religiöse Ansehen der *'Yan Izala* schwächen, indem sie seit den 1980er Jahren darauf hinwiesen, daß ihre Angriffe gegen andere Muslime zur *fitna* (Streit) unter den Gläubigen führten und damit zur Stärkung der Christen in Nordnigeria beitrügen. Die Spaltung der Muslime kam in den Kommunalwahlen von 1988 zum Ausdruck, als es christlichen Kommunalpolitikern gelang, in Wahlkreisen, die eigentlich eine muslimische Mehrheit hatten, gegenüber den Kandidaten der *'Yan Izala*, der *Tijānīya* und der *Qādirīya* den Sieg zu erringen Dieses politische Signal und das starke Wachstum christlicher Missionsorganisationen in den «middle belt»-Regionen Nordnigerias seit den 1980er Jahren[15] zwangen die *'Yan Izala* Anfang der 1990er Jahre zur Einstellung ihres Kampfes gegen die Sufi-Bruderschaften im Interesse der Einheit der Muslime.

Die Beruhigung der Beziehungen unter den Muslimen in den 1990er Jahren geschah somit zu einer Zeit zunehmender Spannungen mit christlichen Gruppierungen. Diese Spannungen kamen nun aber nicht nur in den bereits erwähnten wiederholten Unruhen im Norden zum Ausdruck, sondern auch in der seit dem Jahre 1999 wieder aufkommenden Diskussion um die Einführung des *Sharīʿa*-Strafrechts. Im Oktober 1999 verfügte der Gouverneur des Bundesstaates Zamfara, Ahmad Sani, die Einführung des *Sharīʿa*-Strafrechts (zusätzlich zum bereits geltenden islamischen Personenstandsrecht) und erregte damit nationale Aufmerksamkeit, denn dieses Vorgehen stellte einen Verstoß gegen die nigerianische Verfassung und somit eine direkte Herausforderung für den 1998 demokratisch gewählten Präsidenten Obasanjo dar. Das *Sharīʿa*-Strafrecht wurde in den Jahren 2000 und 2001 dennoch in weiteren elf nordnigerianischen Bundesstaaten eingeführt. Diese Maßnahme wurde von weiten Teilen der muslimischen Bevölkerung Nordnigerias als ein Versuch begrüßt, Ordnung in das chaotische Leben in dieser Region zu bringen.[16] Die Einführung des *Sharīʿa*-Strafrechts blieb bisher vor allem auf symbolische Maßnahmen beschränkt, so etwa die Trennung von Männern und Frauen im öffentlichen Transportwesen. Die weltweit publik gemachten Todesurteile gegen muslimische Frauen wegen angeblichen Ehebruchs wurden bisher nicht vollstreckt bzw. wieder aufgehoben. Zudem haben muslimische Gelehrte die Einführung des *Sharīʿa*-Strafrechts als ein politisch begründetes und daher unzulässiges Manöver bezeichnet.[17] Eine «Abschaffung» des *Sharīʿa*-Strafrechts wird sich jedoch erheblich schwieriger gestalten als seine Einführung, und zwar nicht zuletzt deshalb, weil mit den Auseinandersetzungen um die *Sharīʿa* in Nordnigeria Strategien des politischen Machterhalts und der politischen (und letztlich ökonomischen) Marginalisierung der Christen in Nordnigeria verbunden sind.

Bis jetzt konnten die muslimischen Reformer in West- und Ostafrika die alten Grundlagen des religiösen Lebens ihrer Gesellschaften nur geringfügig ändern. Obwohl die *Salafīya*-Lehre den Ausgangspunkt ihrer reformistischen Bemühungen darstellt, gelang es ihnen nicht, die starke gesellschaftliche Stellung der Sufi-Bruderschaften wesentlich zu erschüttern. Auch die von ihnen bekämpften populären religiösen Praktiken haben ihre Beliebtheit behalten. Lediglich im Bereich des modernen Bildungswesens haben sie einen gewissen Erfolg erzielt, der sich meistens mit dem Versagen des Staates in diesem Bereich des gesellschaftlichen Lebens erklären läßt. Mit der zunehmenden Urbanisierung und dem Zerfall gemeinschaftlicher Strukturen könnte sich der islamische Reformismus in der dritten oder vierten Generation jedoch auch im subsaharischen Afrika zu einer bedeutenderen gesellschaftlichen und politischen Kraft entwickeln.

b) Islam und nationales Bewußtsein

In Nordafrika trat die Verknüpfung des nationalen Bewußtseins mit dem reformistischen Islam dadurch ein, daß dort die europäische Zivilisation als unmittelbare Herausforderung für die islamische Kultur und Lebensweise empfunden wurde. Die reformistische Lehre der *Salafīya* entwickelte sich in diesem Gebiet zu einer religiös-politischen Antwort auf die Gleichsetzung der islamischen Kultur mit Rückständigkeit sowie auf die Rechtfertigung der Kolonialherrschaft durch den Überlegenheitsanspruch der europäischen gegenüber der islamischen Kultur. Demgegenüber spielte im subsaharischen Afrika der Islam bei der Entstehung des nationalistischen Bewußtseins nur eine sekundäre, unterstützende Rolle. Im 19. Jahrhundert wurde so die Ausdehnung der europäischen Herrschaft im Namen des Islams bekämpft.[18] Der Widerstand gegen die Etablierung der britischen Herrschaft im Norden Somalias und der italienischen Herrschaft in dessen Süden wurde hauptsächlich durch die sogenannten «Derwische» unter der Führung von Saiyid Muḥammad ʿAbdille Ḥasan (gest. 1920) geleitet.[19] Auch im Rahmen der nationalistischen Bewegungen, die den Kampf gegen die Kolonialherrschaft nach dem Zweiten Weltkrieg führten, spielten die Muslime manchmal eine bedeutende Rolle. In Tanganyika unterstützten städtische muslimische Gruppierungen unter der Führung von Shaikh Ḥasan ibn ʿAmeir (1880–1979) die von Julius Nyerere geführte *Tanganyika African National Union* (TANU, ursprünglich als *Tanganyika African Association*) seit ihrer Gründung im Jahre 1954.[20] In Westafrika wurden nationalistische Führer wie Sekou Touré in Guinea und Félix Houphouet-Boigny an der Elfenbeinküste von den *Subbanu*-Reformern unterstützt.[21] Auch die Entstehung organisierter muslimischer Gruppierungen wie der *Subbanu*-Assoziation und der *Union Culturelle Musulmane* könnte als ein Aspekt des Kampfes gegen die Kolonialherrschaft gesehen werden, denn ihre Tätigkeiten waren nicht nur auf die Wiederbelebung des Islams ausgerichtet, sondern auch auf die Bekämpfung der als Marabuts bezeichneten Führer der Sufi-

Bruderschaften, die häufig von den Kolonialherren als religiöse Vertreter der Muslime in ihren Herrschaftsgebieten anerkannt waren. Damit unterstützten die Muslime nationalistische Führer, die meist keine Muslime waren und die die nationale Identität ihrer Länder mit dem afrikanischen und nicht dem islamischen kulturellen Erbe verknüpften.

Zwei Faktoren scheinen dazu beigetragen zu haben, daß der Islam bei der Herausbildung des nationalen Bewußtseins im subsaharischen Afrika keine entscheidende Rolle spielte. Erstens: Die Kolonialherrschaft fußte auf der Betonung der Überlegenheit der Europäer gegenüber den Afrikanern, ob sie nun Muslime waren oder nicht. Die Hautfarbe, nicht wie in Nordafrika die Religion, war ausschlaggebend für die Abgrenzung zwischen den europäischen kolonialen Verwaltungseliten und den einheimischen Völkern. Im subsaharischen Afrika wurden die rechtlichen Vorschriften des Islams in die koloniale Rechtsprechung integriert, aber nur, soweit sie, wie der englische Terminus lautete, Teil des «native law and custom» und dabei zudem nicht «repugnant to good custom» waren.[22] Im Bereich des Rechts- und Bildungswesens sowie in anderen Bereichen reduzierte die Kolonialpolitik den Islam auf seine an die verschiedenen afrikanischen Gemeinschaften angepaßten Züge. Islamische Gelehrte wurden in den Verwaltungsorganen und als Richter beschäftigt. Ihre Betrauung mit offiziellen Ämtern fand auf Grund ihrer Ausbildung und des Ansehens statt, das sie in ihren Herkunftsgruppen hatten, aber zumeist nicht als Vertreter des Islams. Diese Politik führte zwar nicht zum Verschwinden der islamischen Exklusivität in Gebieten wie Sansibar, Somalia, Nordnigeria, Nordkamerun und Senegal, wo die Muslime geschlossene Gesellschaften bildeten und eine Tradition der Herrschaft über Nicht-Muslime hatten. Sie führte jedoch zu einer stärkeren Wahrnehmung der afrikanischen Komponente ihrer Identität bei der Mehrzahl der jüngeren, in der Kolonialzeit herangewachsenen Generation der subsaharischen Muslime.

Der zweite Grund, warum der Islam keine wichtige Rolle bei der Herausbildung des nationalen Bewußtseins im subsaharischen Afrika spielte, bezieht sich auf die Zusammenarbeit zwischen den alten, etablierten muslimischen Familien und den Kolonialbehörden. Um ihre Stellung als Herrscher in beschränktem Rahmen zu behalten, waren die Emire in Nordnigeria und Nordkamerun sowie der Sultan von Sansibar bereit, den politischen und wirtschaftlichen Interessen der Briten, Deutschen und Franzosen nachzugeben. Und in Senegal, Guinea und Mali waren muslimische religiöse Führer, insbesondere die Marabuts, d.h. die Vertreter der Sufi-Bruderschaften, weitgehend willens, mit den Kolonialbehörden zusammenzuarbeiten. Auf diese Weise konnten sie ihren gesellschaftlichen Einfluß und ihre wirtschaftliche Macht konsolidieren oder sogar ausbauen.[23] Dies zeigt sich in Guinea besonders deutlich, wo einige der dortigen Marabuts aus Mauretanien stammten und ihre arabische oder berberische Abstammung betonten. Die Zusammenarbeit der Marabuts mit den Kolonialbehörden wurde von den Nationalisten sowie von den religiösen Reformern heftig angegriffen. In einem Rundschreiben der *Parti Démocratique de Guinée* vom 16. Oktober 1959 wurden die Marabuts als Komplizen des Kolonialismus und die Araber als Rassisten beschrieben.[24] Eine ähnliche Darstellung der aus dem Norden kommenden Muslime als Ausbeuter der Afrikaner wird in dem Roman des ghanaischen Schriftstellers Ayi Kwei Armah, «Two Thousand Seasons», präsentiert.[25] Sie findet sich auch im Diskurs der afrikanischen Unabhängigkeitsbewegung Sansibars, der *Afro-Shirazi-Party* (ASU) wieder sowie in den anti-maurischen Polemiken in Senegal in den 1980er und 1990er Jahren.[26]

Die Anerkennung des Islams nur im Rahmen seiner in Afrika etablierten und entwickelten Formen stellte eine Form kolonialer Traditionskonstruktion dar, die in den französischen Kolonialgebieten zur Entstehung des Konzeptes des «Islam noir» führte. Nach diesem Konzept galt der «Islam noir» im Vergleich zum vorgeblich radikalen und rassistischen «Islam arabe» als «tolerant» und «synkretistisch».[27] Trotz solcher Vorstellungen betrachteten sich die Kolonialbehörden bewußt oder unbewußt häufig als Nachfolger der muslimischen Herrscherdynastien, die die Afrikaner vor ihnen beherrscht, die wirtschaftlichen Ressourcen des subsaharischen Afrika entdeckt und sein politisches Leben entwickelt hatten. In der europäischen historischen Literatur der ersten Hälfte des 20. Jahrhunderts über Afrika, die teilweise von Kolonialbeamten geschrieben wurde, spiegelt sich diese Betrachtungsweise in der Rolle wider, die die Muslime bei der Entstehung der Staaten in Afrika gespielt haben sollen. Demzufolge ist das Staatswesen in Afrika ausschließlich auf das Eindringen arabischer oder berberischer Gruppen aus dem Norden zurückzuführen.[28] Auf diese Konzeption der politischen Geschichte Afrikas und die Zusammenarbeit zwischen den alten führenden muslimischen Familien und den Kolonialbehörden reagierten die Afrikaner bei der Bestimmung ihrer kulturellen Identität zunächst mit einer gewissen Distanzierung vom Islam.

c) Der Islam und die neuen Staatswesen im subsaharischen Afrika

Die unabhängigen Nationalstaaten im subsaharischen Afrika wurden bzw. werden von Staatsoberhäuptern regiert, die ihre Autorität durch die Wiederbelebung des afrikanischen kulturellen Erbes sowie die Modernisierung ihrer Gesellschaften legitimierten. In mehreren subsaharischen Ländern wurde der Sozialismus als sicherer und schneller Weg zur Modernisierung und wirtschaftlichen Entwicklung propagiert. Der Sozialismus wurde vorwiegend als ein gesellschaftliches System dargestellt, das seine Wurzeln in der vorkolonialen afrikanischen, gemeinschaftlichen Solidarität zwischen Angehörigen der gleichen Gruppe sowie in der kollektiven Nutzung des Bodens hat. Von der ideologischen Ausrichtung her, wenn auch nicht immer faktisch, waren die afrikanischen Führer so der Modernisierung und dem Afrikanertum gleichermaßen verpflichtet. Im Zusammenhang mit dieser zweiseitigen politischen Ideologie und im Rahmen der Strukturen, die daraus entstanden sind, befanden sich die subsaharischen Muslime in den 1960er Jahren in einer benachteiligten Situation. Ihre religiöse Loyalität zur gemeinsamen islamischen Welt stand im Widerspruch zur allgemeinen ideologischen Richtung ihrer Gesellschaften, und durch ihr Festhalten am islamischen Bildungswesen in der Kolonialzeit hatten sie sich auf eine Beteiligung am Aufbau der neuen nationalen Staaten weniger vorbereitet als andere gesellschaftliche Gruppen. Aus dieser Situation sowie aus der Tatsache, daß das Bewußtsein der subsaharischen Muslime durch die islamische Reformbewegung zunächst kaum beeinflußt wurde, entwickelten sich unter ihnen zwei Tendenzen, die als Aspekte der gleichen defensiven Haltung gegenüber den neuen politischen und gesellschaftlichen Strukturen anzusehen sind.

Die erste Tendenz liegt darin begründet, daß die alten islamischen Herrschaftseliten versuchen, autonome Enklaven innerhalb der neuen Staaten zu bleiben, für die Ausnahmen beim Aufbau der politischen Strukturen und in der Gesetzgebung gemacht werden. Der defensive Aspekt dieser Tendenz ist darin zu sehen, daß diese Eliten keinen Anspruch erheben, die allgemeine politische und wirtschaftliche Entwicklung ihrer Staaten im Sinne ihrer islamischen Überzeugungen mitzubestimmen. Vielmehr versuchen sie, den ihnen verbliebenen gesellschaftlichen Einfluß im politischen Leben geltend zu machen, um die Berücksichtigung der religiös-kulturellen Besonderheiten ihrer Gruppen durch die nationalen Führer zu gewährleisten. Zur Veranschaulichung dieser Verhältnisse werden im folgenden drei Beispiele aus Senegal, Nordnigeria und Sansibar angeführt.

In Senegal üben die Sufi-Bruderschaften großen Einfluß auf das politische Leben aus, obwohl ihre geistigen Führer, die Marabuts, formal außerhalb der organisierten politischen Gruppierungen stehen. Etwa 95% der Bevölkerung Senegals sind Muslime, und davon sind etwa 90% Angehörige der Sufi-Bruderschaften. Drei Bruderschaften beherrschen das Leben der Muslime in Senegal, die folgende Anteile an der muslimischen Bevölkerung umfassen: die *Tijānīya* mit etwa 50%, die *Murīdīya* mit etwa 25% und die *Qādirīya* mit etwa 15%. Dazu kommt die kleine Bruderschaft der Layènnes, deren Einfluß auf die Region Cap Vert beschränkt ist und die nur wenige Tausend Anhänger zählt.[29] Reformistische städtische Muslime, die bis heute nicht mehr als 5–10% der Gesamtbevölkerung Senegals ansprechen, griffen den Aberglauben und den blinden Gehorsam an, die den Anhängern der Sufi-Bruderschaften zugeschrieben werden. Der muslimische Ministerpräsident Mamadou Dia versuchte Anfang der 1960er Jahre vergeblich, mit Hilfe der muslimischen Reformer den Einfluß der Marabuts zu beschränken. Demgegenüber verstanden der (katholische) Präsident Leopold Sédar Senghor, der 1962 Dia absetzte, sowie sein Nachfolger Abdou Diouf (1980–2000), der Muslim ist, ihre Machtausübung im Rahmen einer engen Kooperation mit den Marabuts abzusichern. Erst in den letzten Regierungsjahren Abdou Dioufs zeichnete sich eine Distanzierung der regierenden sozialistischen Partei von den Marabuts ab.

Der überproportionale Einfluß der *Murīden* gegenüber der in viele Familienverbände zerfallenden *Tijānīya* ergab sich aus dem vergleichsweise starken inneren Zusammenhalt der Familienverbände der *Murīden*, die im Gegensatz zur *Tijānīya* bis heute einen einzigen obersten religiösen Führer, den Khalifa Général in Touba, anerkennen, sowie aus ihrer wirtschaftlichen Macht. Die Marabuts der

Murīden entwickelten dabei einen alten Brauch, der die Koranschüler verpflichtet, für ihre religiösen Lehrer unbezahlte Dienste zu leisten, zu einem umfassenden religiösen Dienst der jungen Anhänger, der *Talibé*. Die *Talibé* der murīdischen Marabuts bewirtschafteten die ausgedehnten Erdnußfelder ihrer Marabuts und erhielten nach einigen Jahren der unentgeltlichen Arbeit eigene Landstücke zugewiesen, so daß sich über mehrere Generationen außerordentlich enge Beziehungen zwischen den religiösen Führern der *Murīden* und ihrer Anhängerschaft aufbauten. Donal Cruise O'Brien, der 1971 eine Studie[30] über diese Bruderschaft veröffentlichte, schrieb 1977, daß die Marabuts der *Murīden* ihre kollektive Macht einsetzten, um Konzessionen von den politischen Führern zu erzwingen. Sie setzten diese kollektive Stärke insbesondere gegen Maßnahmen ein, die ihre Machtstellung hätten unterminieren können, insbesondere gegen die Versuche des Staates, reglementierend in die Landwirtschaft einzugreifen. Ende der 1970er Jahre konnten die Marabuts der *Murīden* sogar erreichen, daß die große senegalesische Erdnuß-Vermarktungsorganisation ONCAD aufgelöst wurde.[31] Ihre große Macht, die auf der Kontrolle eines großen Wählerpotentials beruhte, motivierte in den 1980er und 1990er Jahren Präsident Diouf, der selbst mit der *Tijānīya*-Bruderschaft verbunden war, einerseits eine Politik des staatlichen Rückzugs aus der Landwirtschaftspolitik einzuleiten, sich andererseits aber auch zunehmend von den großen marabutischen Familien zu distanzieren. Diese Politik führte dazu, daß der Khalifa Général der *Murīden* in den Wahlen von 1993 zum ersten Mal keine Wahlempfehlung mehr für den amtierenden Präsidenten aussprach und eine Phase der politischen Umorientierung der Marabuts begann.[32] Die Haltung Abdou Dioufs gegenüber den Marabuts erklärt zum Teil seine Niederlage in den Wahlen und den demokratischen Machtwechsel im Jahre 2000. Sein Nachfolger, Abdoulaye Wade, der Führer der oppositionellen *Parti Démocratique Sénégalais* (PDS), ist mit der Bruderschaft der *Murīden* eng verbunden.[33]

Nordnigeria liefert das beste Beispiel einer traditionellen islamischen Enklave innerhalb eines neuen afrikanischen Staates. Zur Zeit der britischen Eroberung am Anfang des 20. Jahrhunderts bestand der wesentliche Teil Nordnigerias aus zwei großen islamischen Reichen, nämlich dem Sokoto-Kalifat und dem Emirat von Bornu, die zu Beginn des 19. Jahrhunderts aus der religiösen Reformbewegung Usman dan Fodios und dessen *jihād* gegen die Hausa-Fürstentümer und das Reich von Bornu hervorgingen. Die Fulbe, die den größten Teil der Anhängerschaft Usman dan Fodios stellten, bildeten im Sokoto-Kalifat die neue politisch herrschende Schicht. Da das Kalifat aber von Anfang an eine dezentralisierte politische Struktur hatte, entwickelten sich im Laufe der Zeit zahlreiche Dynastien von «Emiren», die die zentrale religiös-politische Autorität des Sultans in Sokoto häufig nur formal anerkannten.[34]

Während der britischen Kolonialzeit behielten die Emire einen beträchtlichen Teil ihrer früheren politischen Autorität sowie auch ihre Stellung als Bewahrer der islamischen Traditionen, während der Sultan von Sokoto seine politische Macht vollständig abgeben mußte und nur noch als religiöser Führer der nordnigerianischen Muslime anerkannt wurde. Auch im unabhängigen Nigeria behielten die Emire im Rahmen des Entgegenkommens des neuen Staates mit Hinblick auf die religiös-politischen Besonderheiten des Nordens zunächst ihre herkömmliche Autorität. Damit wurde den Emiren das Vorrecht eingeräumt, Vertreter in den verschiedenen Distrikten ihrer jeweiligen Gebiete zu ernennen, denen die Dorfältesten unterstanden. Darüber hinaus wurden den Emiren vom Staat Apanagen zugewiesen, um ihnen die Beibehaltung der äußeren Form ihrer traditionellen Autorität – wie Höflinge und Zeremoniengarde – zu ermöglichen. Allerdings kam es unter der politischen Führung von Ahmadu Bello, eines Angehörigen der Sultansfamilie von Sokoto, der 1954 Premierminister der Region Nordnigeria wurde, zu einer Reihe von Absetzungen von Emiren, die sich bestimmten Modernisierungsmaßnahmen widersetzten. Von dieser Zeit an verloren die Emire schrittweise ihre Autorität an die neuen politischen Eliten des Nordens, die ihre Machtbasis in Kaduna, der Hauptstadt Nordnigerias, hatten. Aber erst in den Zeiten der Militärdiktaturen ab 1966 wurden die Emire endgültig zu Marionetten der neuen politischen Herrscher Nigerias, obwohl einzelne Emire, wie etwa der Emir von Kano, weiter einen gewissen Einfluß auf das politische Geschehen ausüben konnten.[35]

Das politische Überleben der Emire in Nordnigeria bis in die Zeit der Unabhängigkeit hinein läßt sich durch ihre religiös-kulturelle Bedeutung für die Muslime in Nigeria erklären sowie dadurch, daß die Interessen von landwirtschaftlichen Großunternehmern, Händlern und Politikern mit denen der Emire verflochten waren. Dennoch standen die Emire seit den 1950er Jahren von zwei seiten her immer mehr unter Druck: erstens von den ständig zahlreicher werdenden Einwanderern aus den ländlichen Gebieten Nordnigerias sowie aus dem christlichen Süden des Landes in die nordnigerianischen Städte; und zweitens von Seiten der modernisierenden muslimischen Eliten, die den Norden als Vertreter der nigerianischen Bundesregierung verwalteten und seine wirtschaftliche Entwicklung steuerten. Die Zuwanderung zahlreicher Migranten aus allen Teilen Nigerias in die städtischen Gebiete hat dazu beigetragen, daß sich die soziale Zusammensetzung dieser Gebiete stark verändert hat. So leben neben den altansässigen Bevölkerungsgruppierungen der Hausa, Kanuri und Fulbe inzwischen auch zahlreiche Angehörige kleiner ethnischer Gruppierungen aus dem sogenannten «middle belt», d.h. den weitgehend nicht-muslimischen Gebieten am Niger und Benue, sowie etliche Yoruba und Igbo aus dem Süden in den nordnigerianischen Städten, die einen immer kosmopolitischeren Charakter angenommen haben und inzwischen beträchtliche christliche Gemeinden beherbergen. Das chaotische Nebeneinander dieser unterschiedlichen Gruppierungen und die häufig religiös aufgeheizten Auseinandersetzungen um Ressourcen sind zum Teil für die in Nordnigeria seit den 1980er Jahren stattfindenden Unruhen verantwortlich.

Ein weiteres Beispiel für den Versuch, muslimische Enklaven aufrechtzuerhalten, stellt die Entwicklung Sansibars dar. Dort hatte die britische Kolonialherrschaft, ähnlich wie in Nordnigeria, dem Sultan und der muslimischen, aus Oman stammenden herrschenden Elite weitgehende Selbstbestimmung zugestanden. So hatte Sansibar nach der Eingliederung ins britische Weltreich im Jahre 1891 den

Status eines Protektorats und nicht den einer britischen Kolonie, und selbst wenn der britische «Resident» die eigentliche Verwaltung des Protektorats Sansibar bestimmte, so lag formalrechtlich die letztendliche Autorität beim Sultan und seinem Kronrat. In der Folge blieb die islamische Rechtsprechung weitgehend unangetastet, und selbst im Erziehungswesen konnten die lokalen religiösen Gelehrten die Gestaltung des Kurrikulums der nach britischen Mustern begründeten «government schools» maßgeblich mitbestimmen. Die politische Stabilität der Herrschaft der aus Oman stammenden Elite war den Briten sogar so wichtig, daß sie in den 1920er und 1930er Jahren die vor dem finanziellen Ruin stehenden omanischen Plantagenbesitzer vor den Ansprüchen meist indischer Kreditgeber schützten. Bis zur Unabhängigkeit des Sultanats im Jahre 1963 wurden so dessen feudale Machtstrukturen konsolidiert, obwohl in den demokratischen Wahlen der Jahre 1957, 1961 und 1963 die *Afro-Shirazi-Party* unter der Führung von Abeid Amani Karume (gest. 1972) stets eine Mehrheit der Stimmen errungen hatte. Die anhaltende ökonomische und politische Marginalisierung der afrikanischen Bevölkerungsmehrheit führte jedoch zu einer wachsenden Unzufriedenheit mit dem bestehenden Regime,[36] und nur einen Monat nach dem Abzug der Briten und der Unabhängigkeit Sansibars am 12. Dezember 1963 kam es am 12. Januar 1964 zu einer gewalttätigen Erhebung gegen den Sultan, in deren Verlauf nicht nur der Sultan gestürzt und vertrieben wurde, sondern auch Zehntausende sansibarischer Bürger arabischer und indischer Herkunft getötet oder vertrieben wurden. In der Folge etablierte sich in Sansibar, das sich im April 1964 mit Tanganyika zur Föderation von Tansania vereinte und dabei weitgehende Autonomierechte[37] behielt, ein sozialistisches Regime unter der Führung von Abeid Amani Karume. Ähnlich wie andere afrikanische Staatschefs dieser Zeit leitete Karume ein radikales Programm der Modernisierung ein. Dabei distanzierte er sich zunächst deutlich von den arabisch-islamischen Wurzeln Sansibars und betonte die afrikanische Identität der Inselrepublik.[38] Nach der Eliminierung bzw. Marginalisierung der alten Gelehrtenfamilien und ihres religiös-gesellschaftlichen Einflusses gestand Karume gegen Ende der 1960er Jahre einen Neubeginn in der islamischen Bildungspolitik zu. Unter seinen Nachfolgern konnte sich der Islam als wichtiger Referenzrahmen der Diskussion über die Identität Sansibars u. a. deshalb behaupten, weil die zunehmende ökonomische und politische Verflechtung Sansibars mit Tansania seit den 1980er Jahren zur Aushöhlung des Autonomiestatus Sansibars führte. Die zunehmende Integration Sansibars in die gesellschaftlichen und politischen Strukturen Tansanias, in denen die Muslime keine tragende Rolle spielten, sowie auch die Mißwirtschaft der Inselregierungen nach der Revolution von 1964 motivierten die Entstehung einer religiösen Opposition, die die «islamische» Identität und Eigenständigkeit Sansibars propagierte und die tansanische Föderation als ein von Christen dominiertes Staatswesen verurteilte. Die Rückbesinnung auf die islamische Identität, die in Sansibar von den muslimischen Reformgruppierungen propagiert wird, findet Rückhalt auch bei den Muslimen des tansanischen Festlandes, die sich von den in den Missionsschulen gut ausgebildeten christlichen Eliten marginalisiert fühlen.[39]

Die Auseinandersetzungen zwischen muslimischen Reformgruppierungen und dem Staat in Sansibar und Tansania haben seit den 1980er Jahren durch das Aufkommen einer Debatte über das Personenstandsrecht der Muslime eine zusätzliche Komponente erhalten. Insbesondere in Sansibar befürchten viele Muslime, daß Sansibar im Zuge einer weiteren Angleichung der staatlichen Systeme die letzten noch bestehenden Autonomierechte im Bereich der Rechtsprechung verlieren wird. Deshalb weisen sie die Forderung muslimischer Frauenverbände zurück, bestimmte Vorschriften der sansibarischen islamischen Personenstandsgesetzgebung, die von diesen Verbänden als unzulässige Diskriminierung muslimischer Frauen dargestellt werden, an das geltende (tansanische) Unionsrecht anzupassen. Die Forderung nach einer Angleichung der nationalen Rechtssysteme wird in Sansibar somit nicht primär als eine Auseinandersetzung um eine bestimmte Auslegung des islamischen Rechts gesehen, sondern vor allem als Versuch, die Autonomie des «islamischen» Sansibar aufzuheben.[40]

Von den zwei unter den subsaharischen Muslimen herrschenden Tendenzen, die ihre Einstellung zu den neuen politischen Strukturen bestimmen, ist eine die soeben geschilderte Neigung der Muslime, in einigen Gebieten Enklaven und Autonomierechte innerhalb der postkolonialen staatlichen Strukturen behaupten zu wollen. Die zweite, auf die Dauer wahrscheinlich bedeutungsvollere Tendenz besteht in dem Auftreten des Islams als einer persönlichen Religion, die das politische Leben nicht auf unmittelbare Weise beeinflußt. Dies ist die herrschende Tendenz unter den gebildeten, seit der Unabhängigkeit herangewachsenen Muslimen in den Städten. Sie bedeutet die Betonung der moralischen Prinzipien des Islams sowie der Pflicht, die rituellen Gebote genau einzuhalten, auf Kosten der Rolle des Islams als Basis für die Gestaltung des gesellschaftlichen Lebens.

Die Wiederbelebung des Islams und seine zunehmende Verbreitung im subsaharischen Afrika, die zu Anfang kurz angedeutet wurde, gehen somit Hand in Hand mit seiner Neugestaltung in der Form einer persönlichen Religion. Bei der Herausbildung dieser neuen Richtung haben Faktoren wie das moderne Schulwesen und die sozial-ökonomische Entwicklung der afrikanischen Gesellschaften eine wichtige Rolle gespielt. Es scheint dennoch, daß diese Faktoren alleine noch keine ausreichende Erklärung für das Aufkommen dieser Tendenz darstellen. Die modernen Schulen und der sozial-ökonomische Wandel übten auch auf die Muslime in Nordafrika und im Nahen Osten eine Wirkung aus. Während aber bei diesen der Versuch der modernisierenden nationalen Führer, zwischen Religion und Staat zu trennen, die radikal-islamistischen Erhebungen und Protestbewegungen hervorgerufen hat, deren Führer, wie etwa ʿAbbās Madanī in Algerien, eine solche Trennung als ein Komplott gegen den Islam zurückgewiesen haben,[41] geschah diese Entwicklung im subsaharischen Afrika ohne großen Widerstand, außer in den Gebieten, wo der Islam das Fundament der traditionellen Enklaven bildete. Das Nichtvorhandensein eines ernsthaften Widerstandes gegen diese Entwicklung steht mit einigen historischen Zügen der Etablierung des Islams im subsaharischen Afrika in Zusammenhang.[42]

Der Islam verbreitete sich im subsaharischen Afrika nicht, wie im Norden, durch militärische Eroberung und führte auch nicht zur Arabisierung. Er trat zunächst als die Religion fremder Händler in Erscheinung und später als die Religion der herrschenden Schichten in Staaten, deren Bevölkerung in ihrer Mehrheit bis ins 19. und 20. Jahrhundert aus Nicht-Muslimen bestand. Deshalb etablierte sich der Islam fast ausschließlich in der Form von Riten und rechtlichen Bestimmungen, die von dem kulturellen arabischen Rahmen, in dem sie entstanden waren, und sogar von ihrer religionsphilosophischen Basis losgelöst waren. Dieser im subsaharischen Afrika somit unterschiedlich in die gesellschaftlichen Kontexte «übersetzte» Islam hatte große Bedeutung als Symbol der sozialen und politischen Differenzierung seiner Anhänger gegenüber anderen Afrikanern, wurde aber dennoch selektiv und an die jeweiligen Rahmenbedingungen angepaßt übernommen und weiterentwickelt. Die inneren Integrationskräfte der subsaharischen afrikanischen Gesellschaften – auch derjenigen, die große Begeisterung für den Islam zeigten – sorgten dafür, daß sich nur diejenigen Kultpraktiken und rechtlichen Bestimmungen des Islams endgültig im gesellschaftlichen Leben etablieren konnten, die man an die afrikanischen Lebensverhältnisse anpassen konnte und die die Gruppensolidarität nicht beeinträchtigten. Diese Basis für die selektive Annahme des Islams zeigte sich insbesondere darin, daß unter den subsaharischen Muslimen, mit Ausnahme der sogenannten Araber und der muslimischen Inder in Ostafrika, die Bestimmungen des islamischen Rechts in Fragen des Sorgerechts für Kinder und des Erbschaftsrechts der Frau, insbesondere in bezug auf Immobilien, außer acht gelassen wurden. Der Islam blieb daher in weiten Teilen des subsaharischen Afrika ein System von Riten und rechtlichen Bestimmungen, die selektiv übernommen und im Rahmen der traditionellen gesellschaftlichen Strukturen integriert wurden. So entstand im Leben der subsaharischen afrikanischen Muslime ein Dualismus, der seit dem 14. Jahrhundert in den schriftlichen Quellen belegt ist.[43]

Durch diesen Dualismus erhielten die afrikanischen Muslime eine Doppelidentität: eine partikularistische, auf eigenen afrikanischen gesellschaftlichen Normen und Institutionen beruhende, und eine universale, mit der Welt des Islams verbundene Identität, die durch die religiösen Gelehrten vermittelt und in die jeweiligen gesellschaftlichen Rahmenbedingungen übersetzt wurde. Im Gegensatz zu den Muslimen in Gesellschaften, deren traditionelle Lebensweise vom Islam durchdrungen ist, wurden die Muslime des subsaharischen Afrika durch diesen Dualismus auf die Anpassung an die moderne Welt in Fragen der Religion vorbereitet. In der Folge haben sich im 20. Jahrhundert im Kontext der umfassenden Modernisierung der subsaharischen afrikanischen Länder, ihrer Urbanisierung und vielschichtigen gesellschaftlichen Transformation muslimische Reformbewegungen gebildet, die etwa für moderne Formen islamischer Bildung eintreten, welche keineswegs in Widerspruch zu staatlichen Bildungsinhalten stehen. Ein wichtiges Kennzeichen der modernen islamischen Reform- und Bildungsbewegungen ist dabei die Übersetzung der «heiligen» Texte aus dem Arabischen in die afrikanischen Verkehrssprachen. Übersetzungen des Korans liegen für das Wolof, das FulFulde, das Bambara, das Hausa und Yoruba, das Kiswahili, das Zulu, das

Afrikaans und das Kikuyu vor.[44] Neben dem Koran werden auch zahlreiche andere religiöse Texte übersetzt. Damit wird den gebildeten, häufig städtischen Muslimen die Möglichkeit gegeben, einen von den etablierten Vermittlern des Glaubens (den religiösen Gelehrten und den Marabuts) unabhängigen Zugang zu den Quellen der Religion zu finden. Zugleich werden diese etablierten Vermittler des Glaubens als Vertreter religiösen Obskurantismus kritisiert. In den reformorientierten Milieus afrikanischer muslimischer Gesellschaften scheint sich somit eine Hinwendung zu einem neuen Verständnis des Glaubens abzuzeichnen, die mit der nachhaltigen Erschütterung des gesellschaftlichen Einflusses der etablierten Vertreter der Religion verbunden ist.

d) Wiederbelebung des Islams im subsaharischen Afrika

Die Bemühungen der afrikanischen muslimischen Reformbewegungen, den Islam wiederzubeleben, stehen nicht im Widerspruch zu seiner nur selektiven Annahme. Auch scheinen sie nicht darauf gerichtet zu sein, ein auf ein islamisches Fundament gegründetes Staatswesen aufzubauen. Ihr Ziel ist vielmehr, den Einfluß der Muslime im Rahmen der vorhandenen politisch-rechtlichen Strukturen zu sichern. Dies ist in der *Sharīʿa*-Debatte in Nigeria zu erkennen und ist auch ein zentrales Leitmotiv des Handelns und des Diskurses der islamischen Opposition in Sansibar und Senegal. Darüber hinaus scheint der Versuch, den Islam zu stärken, damit in Zusammenhang zu stehen, daß der Bezug auf afrikanische Identitäten als politische Ideologie in zahlreichen subsaharischen Staaten Afrikas stark an Bedeutung verloren hat. Es stellt sich also die Frage, ob der Islam in den afrikanischen Ländern, wo die Muslime die Mehrheit bilden, zu einer nationalen Ideologie gemacht werden kann, die afrikanische Identitätsmerkmale auf die gleiche Art und Weise ersetzen wird wie zum Beispiel in Algerien und Iran. Eine solche ideologische Umwandlung ist aber schon deshalb nicht sehr wahrscheinlich, weil der Islam keine so enge Bindung an die afrikanischen Kulturen hat wie an die arabische Kultur.

Die Wiederbelebung des Islams im subsaharischen Afrika ist vor allem ein städtisches Phänomen. Sie wird hauptsächlich durch die Gründung von Vereinigungen vorangetrieben, die die Zusammenarbeit zwischen den Muslimen fördern, moderne islamische Schulen errichten und aus islamischer religiöser Sicht Stellung zu gesellschaftlichen Fragen nehmen. In fast allen großen afrikanischen Ländern sind heute solche Vereinigungen zu finden. In den ehemals von den Franzosen beherrschten Staaten Westafrikas sind diese Vereinigungen, wie die *Jamāʿat ʿIbād ar-Raḥmān* in Senegal, die *Communauté Musulmane de Ouagadougou* in Burkina Faso[45] oder die *Union Musulmane du Togo*[46] aus der früheren *Union Culturelle Musulmane* hervorgegangen. In Nigeria sind seit den 1960er und 1970er Jahren die *'Yan Izala*, die *Muslim Students' Society* und die *Young Muslim Association*, aber auch muslimische Frauenbewegungen wie die *Federation of Muslim Women's Associations in Nigeria* (FOMWAN) entstanden.[47] In Kenia und Tansania gab es in den 1960er und 1970er Jahren eine Reihe staatstreuer islamischer Organisationen, aus denen in den 1980er Jahren neue, und zum Teil oppositionelle Gruppierungen hervorgegangen sind, etwa der Moscheenrat *(Baraza la Miskiti)*, der *Muslim Writers' Workshop (Warsha)*, die Vereinigung der Imame *(Jumuiya ya Maimamu)* oder die «Vereinigung des Erwachens» *(Jumuiya ya Uamsho)*, ein Dachverband besonders radikaler muslimischer Gruppierungen, dazu eine Vielzahl muslimischer Schulvereinigungen und Berufsverbände.[48] Ähnliches gilt auch für die Republik Südafrika, wo die Muslime, trotz ihrer zahlenmäßigen Schwäche, auf Grund ihrer aktiven Teilnahme am Kampf gegen die Apartheid nach den Wahlen von 1994 einen überproportionalen Einfluß ausüben, obwohl sie angesichts ihrer internen Spaltungen ein Kaleidoskop unterschiedlichster Gruppierungen und Orientierungen darstellen.[49] In Südafrika wie auch im subsaharischen Afrika stellen die Tätigkeiten der islamischen Reformbewegungen häufig eine bewußte Reaktion auf Missionsbemühungen christlicher Kirchen dar. So betreibt die von dem aus Indien stammenden Ahmed Deedat (geb. 1918) in Durban (Natal, Südafrika) begründete Organisation des *Islamic Propagation Center International* Formen islamischer Mission *(daʿwa)*, die ein Spiegelbild der von Reinhard Bonnke ebenfalls im südlichen Africa begründeten *Christ for all Nations*-Bewegung darstellen. Ahmed Deedat hatte diese radikal-fundamentalistische christliche Organisation in der Folge auch auf ihrem «Kreuzzug» durch Afrika mit einem eigenen muslimischen Missions- und Gegenpropagandaprogramm begleitet.[50]

Die Aktivitäten dieser und anderer islamischer Vereinigungen können nun zwar auf eine eigene historische Tradition von zum Teil mehreren Generationen von Reformern zurückblicken, ihre wirkliche sozio-politische Bedeutung für die weitere Entwicklung der afrikanischen Gesellschaften ist jedoch nach wie vor nicht deutlich zu erkennen. Es kann über den Charakter dieser neuen islamischen Vereinigungen allgemein gesagt werden, daß ihre Aktivitäten implizit eine sowohl gegen die europäisierten afrikanischen Eliten als auch gegen die etablierten muslimischen religiösen Führer und Gelehrten gerichtete Kritik darstellen. Durch ihre Distanzierung von den alten lokalen islamischen Bräuchen und durch die systematische Darlegung der islamischen Lehre und Hauptgebote in für das einfache Volk bestimmten Veröffentlichungen in den afrikanischen Sprachen wird dem Islam so eine neue «populäre» Bedeutung verliehen. Dennoch bleibt er auf seine Riten und moralischen Prinzipien beschränkt.

Durch die Aktivitäten der neuen Vereinigungen erhält der Islam jedoch eine modernistische Prägung, die es den jüngeren Generationen afrikanischer Muslime ermöglicht, den alten Glauben von der Überlegenheit des Islams gegenüber anderen Religionen ernsthaft zu vertreten und sich gleichzeitig von der historischen Gestalt des Islams in Afrika zu distanzieren. In seiner modernistischen, auf moralische Grundsätze und rituelle Praktiken reduzierten Form hat der Islam gegenüber dem Christentum einen eindeutigen Vorteil. Wie das Christentum wird der erneuerte Islam als eine lebendige, der modernen Welt sich anpassende Religion wahrgenommen und erfahren, ohne – wie das Christentum und die historische Gestalt des Islams – durch Identifizierung mit der kolonialen Herrschaft belastet zu sein. Dies ermöglicht es den Muslimen des subsaharischen Afrika, ihre moralische Bindung an die arabisch-islamische Welt beizubehalten und sich gleichzeitig als Afrikaner zu sehen. Das zahlenmäßige Wachstum des Islams in Schwarzafrika und der neue Elan, mit dem er vertreten wird, werden wahrscheinlich in der Zukunft zu einem größeren Durchsetzungsvermögen der Muslime im öffentlichen Leben führen. Die Wiederbelebung des Islams im subsaharischen Afrika dürfte jedoch kaum seine Umgestaltung in eine militante politische Ideologie bewirken.

12. Die Islamisierung des subsaharischen Afrika

(Hans Müller)

Der Islam ist aus zwei Richtungen in den südlich der Sahara gelegenen Teil Afrikas eingeführt worden: von Norden her auf dem Landweg aus Nordafrika durch die Wüste und das Niltal, von Osten her auf dem Seeweg über das Rote Meer und den Indischen Ozean. Die Bevölkerung, auf die er in diesem riesigen, naturräumlich vielgestaltigen Gebiet im Verlaufe seines Vordringens traf, bestand – und besteht – aus zahlreichen Völkern, großen und kleinen Ethnien, die in geistiger, religiöser, sprachlicher, kultureller, sozialer, wirtschaftlicher und politisch-organisatorischer Hinsicht eine außerordentliche Vielfalt aufweisen. Aber auch die Verbreiter des Islams waren im Hinblick auf ihre Herkunft, Bildung, religiöse Ausrichtung und wirtschaftlichen Interessen recht uneinheitlich. Infolgedessen entstand durch die Kombination des Islams mit den jeweils vorgefundenen religiösen, rechtlichen und sozialen Anschauungen und Praktiken eine kaum überschaubare Vielzahl an Formen, Zügen und Strukturen der vom Islam geprägten Kultur in dem auch «Schwarzafrika» oder «Tropisch-Afrika» genannten Teil des Kontinents.

Trotz dieses verwirrenden Erscheinungsbildes kann man – freilich nur bei stark vergröbernder Betrachtung – einige Wesensmerkmale des «schwarzen Islams» herausschälen und das subsaharische Afrika in größere Regionen gliedern, die jeweils eine eigene Islamisierungsgeschichte und relativ einheitliche islamische Verhältnisse aufweisen. So lassen sich die Gebiete des westlichen und mittleren Sahel-Sudan, von den heutigen Staaten Senegal bis Tschad reichend und in die südlich hiervon gelegenen Waldzonen ausstrahlend, unter der verkürzenden Bezeichnung «Westafrika» zu einer, wenn auch recht differenzierten Region zusammenfassen. Eine zweite Region bildet der östliche, sich um das obere Niltal gruppierende Sudan, der ungefähr dem heutigen Staat Sudan entspricht. Nordostafrika, mit dem Schwerpunkt Äthiopien und dem nördlichen Somalia am Osthorn des Kontinents, ergibt eine dritte Region, Ostafrika, vom südlichen Somalia bis Mosambik sich hinziehend, einschließlich der vorgelagerten Inseln im Indischen Ozean, eine vierte. Alle vier Regionen durchlebten eine jahrhundertelange, in bestimmten Phasen verlaufende Islamisierungsgeschichte, die auch heute noch nicht als abgeschlossen gelten kann.

a) Westafrika

Nach Westafrika kamen die ersten Muslime schon kurz nach der Eroberung des Maghreb durch die Araber. Es waren berberische, bald auch arabische Händler, die auf den alten Karawanenstraßen von Marokko durch die Wüste in bestimmte Gebiete am Senegal und am Nigerbogen und dann auch von Tunesien und Libyen aus in den mittleren Sahel-Sudan westlich und östlich des Tschadsees zogen. Sie waren in erster Linie am Erwerb von Gold und Sklaven interessiert und boten dafür neben Luxusgütern aus dem Norden vor allem das im Sudan dringend benötigte Salz aus den Lagerstätten in der Sahara. Ihre Handelspartner fanden sie in den Hauptstädten bzw. an den Höfen kleiner Negerreiche, die sich in den Savannen südlich der Wüste gebildet hatten und aus denen bald auch größere hervorgingen.

Die Geschichte der mittelalterlichen islamischen Sudanreiche Ghana (Blütezeit 9.–11. Jahrhundert), Mali (13./14. Jahrhundert), Songhai (11.–16. Jahrhundert) und Kanem-Bornu (11.–19. Jahrhundert), um nur die bedeutendsten zu nennen, ist uns durch arabische Geographen und Reisende einigermaßen gut bekannt. Sie läßt uns, bei allen Unterschieden, hinsichtlich der Islamisierung eine ganze Reihe von Parallelen und vergleichbaren Entwicklungen in den einzelnen Reichen erkennen. So waren es zunächst Händler aus dem Norden, die den Islam mitbrachten und praktizierten, sich aber nur wenig mit der Bekehrung befaßten. In der allerersten Zeit überwogen vermutlich Angehörige kharidschitischer Sekten, hierauf, spätestens nach der kriegerischen Ausbreitung der Reformbewegung der Almorawiden (1061–1147), Sunniten mit malikitischem *madhhab*. Die Händler hatten nicht die Absicht, sich auf Dauer niederzulassen, wohl aber, gesicherte Standorte zu unterhalten. Die Fürsten ließen sie hie und da in eigenen Stadtvierteln Häuser und Warenlager sowie Moscheen errichten und behandelten sie gut, da beide Seiten davon profitierten. Sie nutzten auch ihre Kenntnisse und Fähigkeiten, etwa ihre Fernhandelserfahrung sowie Lesen, Schreiben, Rechnen und Sprachkenntnisse, indem sie einige von ihnen als hohe Verwaltungsbeamte, vornehmlich für die Finanzen, in ihre Dienste nahmen.

Das Prestige, das die Händler genossen, übertrug sich auch auf ihre Religion, die von einigen Herrschern und großen Teilen der städtischen Oberschicht als überlegen und zugleich nutzbringend und herrschaftstabilisierend angesehen wurde. Das war für diese Kreise ein wesentlicher Grund, den Islam anzunehmen, zumindest einige sichtbare rituelle Handlungen wie das gemeinsame Freitagsgebet, nicht aber islamisches Erb-, Familien- und Bodenrecht. Zunächst legten sie auch keinen Wert auf die Islamisierung der breiten Bevölkerung, so daß sich in den Städten wie auf dem Lande in der Lebensweise der Menschen kaum etwas änderte. Der Islam lag gewissermaßen wie ein Firnis über der einheimischen animistischen Religion, auf deren Vorstellungen und Praktiken der Herrscher Rücksicht nehmen mußte, wenn er nicht ein Aufbegehren seiner Untertanen riskieren wollte.

Von den islamischen religiösen Grundpflichten scheint freilich manchem Herrscher, insbesondere des Mali- und des Songhai-Reiches, eine ganz besonders am

Herzen gelegen zu haben: die Wallfahrt nach Mekka. In der gesamten islamischen Welt bekannt geworden sind die spektakulären, aufwendigen Pilgerreisen des Mali-Königs Mansā Mūsā 1324 und des Songhai-Herrschers Askia Muḥammad 1496/97. Beide spendeten unterwegs und in Mekka enorme Beträge, brachten zahlreiche Theologen und Gelehrte mit nach Hause – Askia Muḥammad auch seine Ernennung zum Kalifen für den Sudan – und machten Städte wie Timbuktu, Djenne, Walata und Gao zu wirtschaftlichen und geistig-kulturellen Zentren. Auf der anderen Seite haben Westafrikaner auf solchen Pilgerreisen erfahren müssen, daß ihr stark animistisch geprägter Islam durchaus nicht der klassischen islamischen Lehre entsprach. Einige von ihnen begannen nach ihrer Rückkehr, in Verbindung mit zugewanderten Gelehrten, sich für die Durchsetzung der reinen Lehre einzusetzen.

Überhaupt verlagerte sich seit dem 14./15. Jahrhundert die Durchführung der Islamisierung in Westafrika immer mehr auf schwarze muslimische Gelehrte und Händler. Besonders Dyula-Händler und später Fulbe-Gelehrte und Haussa-Händler haben sich in der Verbreitung des Islams hervorgetan. Für dessen speziell afrikanisches Gepräge sind allerdings nicht nur sie, sondern auch die religiösen Bruderschaften verantwortlich, die im 18. Jahrhundert in Westafrika Fuß faßten, sich aber erst im 19. Jahrhundert stark verbreiteten. Vor allem die *Qādirīya* und – später – die *Tijānīya* mit ihren Abzweigungen sind hier zu nennen. Sie kamen aus der westlichen Sahara (Mauretanien) nach Westafrika, hatten aber nicht mehr den betont mystischen Charakter der nordafrikanischen Bruderschaften, sondern boten der inzwischen stärker islamisierten breiten Bevölkerung in erster Linie einen organisatorischen Rahmen, religiöse Führung und soziale wie politische Orientierung, was wiederum die weitere Islamisierung förderte.

Ziemlich gleichzeitig mit der Entfaltung des Bruderschaftswesens in Westafrika – und durchaus auch in Verbindung mit ihm – entstanden im 18. und 19. Jahrhundert *jihād*-Bewegungen, deren Ursachen in manchen Fällen nicht eindeutig geklärt sind, die aber sicherlich vielfältig waren. Die Initiatoren und Führer dieser Bewegungen, in der Hauptsache strenggläubige Gelehrte der Fulbe, wandten sich nicht nur gegen die Animisten, sondern auch gegen muslimische Herrscher und Gruppen, die nach ihrer Meinung nicht der wahren, reinen Lehre folgten. Die relativ hellhäutigen, nomadisierenden und rinderzüchtenden Fulbe waren seit dem 11. Jahrhundert vom heutigen Senegal und Guinea in Schüben teils friedlich, teils kriegerisch langsam nach Osten vorgestoßen, so daß sie heute von Senegal bis in den Staat Sudan verbreitet sind. Trotz ihres ausgeprägten Rassenstolzes und Überlegenheitsgefühls gegenüber den negriden Bauern siedelten sich einige Gruppen von ihnen in Städten und auf dem Lande an und vermischten sich auch teilweise mit der ansässigen Bevölkerung. Auf diese Weise wurden die Fulbe weit verstreut und bildeten fast überall Minderheiten, die in Abhängigkeit zu den jeweiligen Herrschern gerieten. Dies waren sicher Gründe für eine besondere Aufgeschlossenheit der Fulbe einem strengen Islam gegenüber, mit dem sie ihren Überlegenheitsanspruch in einer animistischen Umwelt untermauern konnten. In verschiedenen Gegenden Westafrikas traten Fulbe-Führer und -Gelehrte auf, die zum Teil aus den genannten Bruderschaften hervorgegangen waren und – sofern sie es nicht gar selbst taten – von ihren Gefolgsleuten und Nachfahren als Imam (*almami*, arab. *al-imām*), Erneuerer *(mujaddid)* oder gar als Mahdi *(mahdī)* oder Kalif bezeichnet wurden. In mehreren Heiligen Kriegen gelang es ihnen, Herrscher zu stürzen und neue, staatsähnliche Gebilde zu schaffen, die sich mehr oder weniger bis zur Kolonialzeit halten konnten: so etwa Futa Toro (im heutigen Nordsenegal), Futa Jallon (in Guinea/Senegal), Masina (in Mali/Burkina Faso), das Sokoto-Kalifat (die ehemaligen Haussa-Stadtstaaten in Nordnigeria und Niger) und Adamaua (in Nordkamerun).

Als in der zweiten Hälfte des 19. Jahrhunderts die Kolonialmächte Frankreich und England in Westafrika vordrangen, begann eine neue Phase der Islamisierung. Nachdem erste kriegerische Auseinandersetzungen überstanden waren, arrangierten sich die Kolonialbehörden im großen und ganzen mit den muslimischen Führern – die Franzosen vor allem mit den Marabuts der großen Bruderschaften in Senegal und Mali, die Engländer mit den Emiren des Sokoto-Reiches. Trotz ihrer unterschiedlichen Verwaltungskonzepte nutzten beide Kolonialmächte die bestehenden politischen Strukturen und muslimischen Organisationen für die Stabilisierung ihrer Herrschaft und die Befriedung des Landes. Da letztere sich nunmehr auch nach Süden in die Waldzonen der Guinealänder ausdehnte, in die bis dahin der Islam noch kaum vorgedrungen war, konnten jetzt muslimische Händler und Missionare auf neuen, gesicherten Wegen weitere Gebiete für den Islam erschließen. Der Islamisierung kam auch zugute, daß zum einen die Kolonialbehörden die christliche Missionstätigkeit, die sie oftmals als hinderlich ansahen, in Schranken zu halten suchten, zum anderen Muslime wie Animisten das Christentum als die Religion der ungeliebten Kolonialherren betrachteten, und zum dritten der Islam sich als wesentlich anpassungsfähiger an die animistischen Traditionen, sozialen Verhältnisse und Glaubensvorstellungen erwies als das Christentum. Diese Gesichtspunkte sollten auch in der nachkolonialen Zeit noch eine wichtige Rolle spielen.

b) Ostsudan

Ganz anders als in Westafrika verlief die Islamisierung des Ostsudans – auch «nilotischer Sudan» genannt –, der sich über das Einzugsgebiet des oberen Nils erstreckt und dessen historischer Einfluß, vor allem in den letzten Jahrhunderten, gelegentlich bis zum Tschadsee reichte und die Geschicke der dortigen muslimischen Reiche Kanem-Bornu, Bagirmi und Wadai – deren Territorien heute überwiegend zum Staate Tschad gehören – mitbestimmte.

Bereits kurz nach der Eroberung Ägyptens im 7. Jahrhundert unternahmen die muslimischen Araber kriegerische Expeditionen den Nil entlang nach Süden, wo ihrem Vordringen von christlichen Staaten Einhalt geboten wurde: von Maqurra (Makuria) mit der Hauptstadt Dongola und von ʿAlwa mit der Hauptstadt Suba in der Nähe des heutigen Khartum. Die Araber eroberten Dongola 651/52 und schlossen mit den Nubiern einen Vertrag, der die Handelsbeziehungen regelte und sie unter anderem zur jährlichen Lieferung bestimmter Waren, vor allem Sklaven, verpflichtete. Dieser Vertrag beließ aber im übrigen den Nubiern ihre christliche Eigenständigkeit und bescherte ihnen einen Frieden, der sechshundert Jahre lang andauern sollte, während derer nur geringe islamische Einflüsse spürbar wurden.

Erst im 13. und 14. Jahrhundert, als die ägyptischen Mamluken Feldzüge nach Nubien unternahmen, arabische Beduinenstämme in größerer Zahl auf der Suche nach besseren Weidegründen einwanderten und kurz darauf islamische Gelehrte und Prediger aus dem Norden wie aus dem Hedschas (Ḥijāz) und Jemen herbeikamen, setzte eine verstärkte Islamisierung und Arabisierung ein. Auch das Gebiet südlich Nubiens, in dem seit dem beginnenden 16. Jahrhundert die muslimisch gewordene Dynastie der Fundsch (Funj) in ihrer Hauptstadt Sennar am Blauen Nil herrschte, sowie Teile der westlich anschließenden Regionen Kordofan und Darfur wurden für den Islam gewonnen, doch blieben die noch weiter südlich gelegenen Gebiete animistisch, teilweise auch christlich, und in zahlreiche Völkerschaften und Stämme zersplittert. Die zugewanderten muslimischen Missionare und ihre einheimischen Schüler, die schon bald einflußreiche klerikale Familien gründeten, verbreiteten einen Islam, der sowohl legalistische als auch mystische Züge trug, da diese Rechtsgelehrten einerseits überwiegend der malikitischen Rechtsschule folgten, andererseits zumeist auch religiösen Bruderschaften – vornehmlich der *Qādirīya* – angehörten.

Im 19. Jahrhundert, während der türkisch-ägyptischen Herrschaft und der Zunahme der Sklavenjagden und des Sklavenhandels, erstarkten die Bruderschaften, zu denen nun neue, reformierte wie die *Sammānīya* und die *Khatmīya* hinzukamen, und erfaßten immer breitere Bevölkerungsschichten, denen sie in den Wirren der Zeit Zuflucht und Orientierung boten. Einen Höhepunkt erreichte diese Entwicklung, als sich 1881 der aus Dongola stammende, dem *Sammānīya*-Orden angehörende Rechtsgelehrte Muḥammad Aḥmad zum Mahdi erklärte, sich gegen das türkisch-ägyptische Regime und dessen Religionspolitik auflehnte, strenge Reformen predigte und durchsetzte, gar einen aufmüpfigen Staat mit eigener Armee schuf und 1885, kurz vor seinem Tode, Khartum eroberte. Mit seinen Lehren geriet er freilich auch in Konflikt mit den anderen religiösen Orden, die sich von ihm bedroht sahen – besonders mit der *Khatmīya*. 1898 wurden die Mahdisten von einer britisch-ägyptischen Armee geschlagen, doch besteht ihr Einfluß, trotz der anschließend langjährigen, wechselhaften Bestimmung der Religionspolitik durch die Briten und die recht unterschiedlichen Regierungen seit der Unabhängigkeit des Staates Sudan (1956), bis heute fort. In keinem derzeitigen Staat des subsaharischen Afrika ist die Frage der weiteren Islamisierung und Arabisierung des Landes so aktuell und umstritten wie im Sudan. (Näheres im Beitrag «Sudan» im vorliegenden Band.)

c) Nordostafrika

Auch in Nordostafrika, dem äthiopisch-somalischen Raum, haben wir es mit einer Vielzahl von Völkern zu tun, die sich aber im Hinblick auf ihre Religion in größere Gruppen zusammenfassen lassen. Stark vereinfacht gesagt, leben in den Hochländern im nördlichen und mittleren Westen der Region die ackerbauenden koptisch/monophysitischen Christen, in den weiten Ebenen der Küstengebiete die nomadischen Muslime, im Südwesten vorwiegend animistische Völkerschaften.

Die Islamisierung Nordostafrikas begann von den Hafenstädten aus durch muslimische arabische Händler, die bereits im 7. Jahrhundert von der Arabischen Halbinsel her übersetzten und das Rote Meer kontrollierten. Sie und ihre Nachfolger drangen ins Landesinnere vor und trugen den Islam zu Nomaden wie Seßhaften. Schon bald entstanden nach und nach an den Handelsrouten mitten im Lande, vor allem in der Provinz Schoa, in der die heutige äthiopische Hauptstadt Addis Abeba liegt, kleine muslimische Staatengebilde wie Ifat, Adal, Mora, Hubat und Jidaya sowie südlich davon Fatajar, Dawaro, Hadiya und Bali. Im Osten Dawaros entwickelten muslimische Fürsten etwa seit dem 12. Jahrhundert die Stadt Harar zu einem religiösen, politischen und wirtschaftlichen Zentrum, das es im Grunde auch heute noch ist.

Das Vordringen der Muslime mußte zu einer Konfrontation mit den ansässigen christlichen Völkern führen, und so ist auch die ganze mittelalterliche Geschichte Nordostafrikas beherrscht von ständigen Kriegen zwischen beiden religiösen Gegnern, die sich des öfteren wechselseitig große Gebiete abnehmen konnten. Berühmt geworden ist hierbei der *jihād* des Imām Aḥmad ibn Ibrāhīm (1506–1543), der mit seinen Afar- und Somali-Kriegern sowohl andere islamische Sultanate bekämpfte als auch die Christen bis in ihre zentralen Gebiete verfolgte, dessen Siege und Eroberungen aber doch nicht von Dauer waren.

Von der Islamisierung wurden aber nicht nur die Völkerschaften im Westen der Region, sondern vor allem die nomadischen Stämme der breiten Küstenebenen betroffen, die heute durchweg alle und seit langem muslimisch sind: im Norden in Eritrea und darüber hinaus bis in heutiges sudanisches Staatsgebiet die Bedja, die auch die Verbindung zum Nil herstellen, südlich anschließend die Afar (Danāqil) bis etwa Dschibuti, und von dort die somalische Küste entlang – dabei weit ins Landesinnere reichend – bis über die Grenze zu Kenia hinaus die Somali. Bei ihrem allmählichen Vorrücken nach Süden hatten die Somali die dort ansässigen animistischen Oromo (Galla) vertrieben, die darauf nach Westen und Nordwesten zogen und sich dabei weit in viele Gruppen zerstreuten. Von diesen sind im Laufe der Zeit einige christlich, andere muslimisch geworden, so daß es heute sowohl im Südwesten Äthiopiens um die Stadt Jimma als auch ganz im Norden an der sudanischen Grenze noch größere muslimische Oromo-Gebiete gibt, die freilich starke animistische Züge aufweisen.

Der Islam in Nordostafrika folgt, zumindest in der Theorie, überwiegend der schafiitischen Rechtsschule, im Norden auch der malikitischen, doch spielten seit jeher animistische Glaubens- und Rechtsvorstellungen und -praktiken sowie die religiösen Bruderschaften eine ganz bedeutende Rolle. Letztere, voran die *Qādirīya,* später gefolgt von der *Tijānīya, Mīrghanīya, Aḥmadīya* und anderen, haben einen wesentlichen Anteil an der Islamisierung und sind in Nordostafrika, jeweils regionale Schwerpunkte bildend, weit verbreitet. Im Abendland am besten bekannt wurde allerdings der kämpferische somalische Führer des rigorosen *Ṣāliḥīya*-Ordens, der «Mad Mullah» Muḥammad ibn ʿAbdallāh Ḥasan (ʿAbdille Hassan, 1864–1920), der den christlichen Kolonisatoren sehr zu schaffen machte und bei den Somali neben dem genannten Imām Aḥmad ibn Ibrāhīm als der zweite Nationalheld gilt. (Näheres im Beitrag «Horn von Afrika» im vorliegenden Band.)

d) Ostafrika

Wie in Nordostafrika, so kam auch in Ostafrika der Islam übers Meer. Arabische Händler aus Südarabien, insbesondere aus Hadramaut, pflegten schon in vorislamischer Zeit rege Beziehungen zur afrikanischen Ostküste, die sich in den folgenden islamischen Jahrhunderten immer enger gestalteten und sich im Verbund wie in Konkurrenz mit indischen und indonesischen Seefahrern auf der anderen Seite bis nach Indien und China erstreckten. Im Unterschied zu Nordostafrika beschränkten die Araber bis ins 19. Jahrhundert hinein ihre Kontakte hier auf die Küste und die unmittelbar vorgelagerten Inseln, ohne weiter in das Landesinnere vorzudringen. Sie gründeten an günstigen Küstenplätzen sowie auf gut anzulaufenden und zu verteidigenden nahen Inseln Niederlassungen. Von denen entwickelten sich manche mit wechselndem Glück zu bedeutenden Warenumschlagplätzen und sogar regelrechten Stadtstaaten von unterschiedlicher Lebensdauer. Von Mogadischu und Barawa im heutigen Somalia reicht die Siedlungskette über Pate, Lamu, Malindi und Mombasa in Kenia, Sansibar und Kilwa in Tansania bis nach Sofala in Mosambik.

Die muslimischen Händler, am Erwerb von Elfenbein, Gold, Sklaven, Erzen und bestimmten pflanzlichen Produkten interessiert, vermischten sich mit den ansässigen schwarzen Bantu-Völkern. Daraus sowie aus weiteren Zuwanderern, die den unterschiedlichsten islamischen Strömungen angehörten und deshalb oftmals als Vertriebene ankamen, entstand die sogenannte Swahili-(Suaheli-)Kultur (von arab. *sawāḥilī,* Küstenbewohner). Diese brachte eine auf Strukturen und Elementen von Bantu-Sprachen beruhende, zahlreiche arabische Wörter übernehmende Verkehrssprache hervor, das Kiswahili, die heute am weitesten entwickelte und verbreitete afrikanische Sprache in Ostafrika. Trotz eines beachtlichen Zusammengehörigkeitsgefühls der Swahili, bei dem auch eine Legende über die persischen, speziell Schiraser Ursprünge einiger ihrer Dynastien eine Rolle spielt – manche Swahili bezeichnen sich heute noch stolz als Schirasi –, fanden sie sich nicht zu einem gemeinsamen Staatswesen zusammen.

Als um die Wende vom 15. zum 16. Jahrhundert Vasco da Gama an der ostafrikanischen Küste eintraf, begann für die Muslime Ostafrikas die ständige wirtschaftliche und kriegerische Auseinandersetzung mit den christlichen Portugiesen. Von der zweiten Hälfte des 17. Jahrhunderts an brachten ibaditische Araber aus Oman einen großen Teil der Küste und der Inseln in ihre Hand – ohne allerdings für die *Ibāḍīya* besonders zu werben –, sahen sich jedoch im 19. Jahrhundert, als Briten und Deutsche auf den Plan traten, mit zwei weiteren Kolonialmächten konfrontiert. Durch deren Politik, zu der unter anderem der Eisenbahnbau gehörte, wurde aber auch der Zugang zum Hinterland, dem seit langem großen Sklavenreservoir, erleichtert. So gelangten nunmehr muslimische, vornehmlich von der Küste und aus dem Indischen Subkontinent stammende Händler wie auch muslimische Bedienstete der Kolonialbehörden nach Westen zum Victoria-, Tanganjika- und Njassasee (Malawisee) und darüber hinaus, wobei sie mehr oder weniger nebenbei den Islam in diese Gebiete trugen. Jedoch fand dieser, sieht man vom Königreich Buganda (im heutigen Uganda) und den Stämmen der Nyamwezi und Yao (im Süden Tansanias) ab, nur relativ wenige Anhänger.

Die islamischen Bruderschaften, voran die *Qādirīya* und die *Shādhilīya,* breiteten sich ebenfalls erst in der Kolonialzeit stärker aus, beschränkten sich aber auf die Küste und die Inseln. Vor allem der Küstenstreifen, die Inseln Sansibar und Pemba sowie die Komoren sind diejenigen Gebiete in der Region, in denen heute die Muslime jeweils mehr als die Hälfte der Bevölkerung ausmachen.

Außer in den genannten vier Regionen finden sich Muslime natürlich auch noch in den meisten anderen Staaten des subsaharischen Afrika, doch nur in geringer Zahl und zumeist auf bestimmte Bevölkerungsgruppen beschränkt. So sind etwa die muslimischen Kap-Malaien in Südafrika Mitte des 17. bis Mitte des 18. Jahrhunderts von den Holländern aus Niederländisch-Indien als Sklaven, politische Gefangene oder Verbannte ans Kap gebracht worden. Von 1860 an folgte eine weitere Welle muslimischer und hinduistischer Einwanderer – diesmal als Vertragsarbeiter aus Vorderindien – vorwiegend nach Natal zum Einsatz beim Zuckerrohranbau, doch führten solche Vorgänge nur in geringem Maße zu einer weiteren Verbreitung des Islams.

13. Horn von Afrika

(Hans Müller)

Vier Staaten bilden heute die Region Horn von Afrika: Äthiopien, Somalia, Dschibuti (Djibouti) und Eritrea. (Ob als fünfter Staat die «Republik Somaliland» hinzukommen wird, ist noch ungewiß, da dieser Nordteil Somalias – das ehemalige Britisch-Somaliland – zwar im Mai 1991 seine Unabhängigkeit erklärt, aber bislang keine internationale Anerkennung gefunden hat.) Auf die Region insgesamt bezogen, ist der Islam heute die vorherrschende Religion, allerdings variiert sein Anteil in der Bevölkerung der genannten Länder beträchtlich: Somalia rund 98%, Dschibuti zirka 95%, Eritrea etwa 50% und Äthiopien schätzungsweise

45 %. In Äthiopien und Eritrea ist das schon Mitte des 4. Jahrhunderts n. Chr. eingeführte koptisch-monophysitische Christentum ungefähr ebenso stark vertreten wie der Islam. Die traditionellen afrikanischen Religionen hingegen sind am Horn in reiner Form heute nur noch sporadisch anzutreffen, doch haben sie dort im Laufe der Jahrhunderte die Art, wie der Islam und das Christentum gelebt werden, in vielfältiger Weise geprägt.

Die Staaten am Horn sind ethnisch, historisch und kulturell stark miteinander verflochten. Infolgedessen weisen sie manches Gemeinsame auf, doch gibt es auch erhebliche Unterschiede. Während der Vielvölkerstaat Äthiopien als das älteste noch existierende Staatswesen Afrikas gilt – wenn auch früher nicht mit den heutigen Grenzen –, haben sich die drei anderen Staaten erst in der Kolonialzeit herausgebildet und gar erst vor kurzem ihre volle Unabhängigkeit erlangt: Somalia 1960, Dschibuti 1977, Eritrea 1993. Die Vielzahl der am Horn lebenden und auf ihre Existenzsicherung bedachten nomadischen und seßhaften Völker, das Aufeinandertreffen von Christentum, Islam und traditionellen afrikanischen Religionen und Kulturen, die Expansionsbestrebungen insbesondere äthiopischer Herrscher, das Eingreifen europäischer Kolonialmächte, aber auch Dürreperioden und manches andere mehr haben das Horn seit Jahrhunderten zu einer ständigen Krisenregion werden lassen. Diese hat besonders in den letzten Jahrzehnten zahlreiche inner- und zwischenstaatliche Konflikte mit zum Teil verheerenden Folgen erlebt. Genannt seien hier lediglich als wichtigste der Eritrea-Krieg (1961–1991), der Tigre- (Tigray-) und der Oromo-Krieg (1975–1991), der Ogaden-Krieg zwischen Somalia und Äthiopien (1977/78), der Bürgerkrieg in Somalia seit 1988 und der äthiopisch-eritreische Grenzkrieg (1998–2000). Diese Konflikte können zwar nicht als Religionskriege bezeichnet werden, doch haben bei ihnen auch religiöse Argumente und Motive eine nicht unwesentliche Rolle gespielt. In der unüberschaubaren Zahl kurzlebiger wie länger bestehender «Befreiungsbewegungen» finden sich auch einige mit ausgesprochen islamischem Charakter. Bei der Beurteilung der heutigen Situation des Islams in den vier Horn-Staaten ist zu berücksichtigen, daß die Lebensverhältnisse derzeit äußerst unübersichtlich und verworren sind – haben doch die jüngsten Kriege viel Elend, Zerstörung und Tod verursacht und zu tiefgreifenden Bevölkerungsverschiebungen geführt: Hunderttausende mußten in andere Landesteile oder in die Nachbarländer – darunter auch Sudan und Kenia – fliehen, wurden umgesiedelt oder zerstreut, leben in Lagern oder sind ständig unterwegs, entwurzelt und aus ihren Traditionen und sozialen Zusammenhängen gerissen. Was dies alles für die Glaubenspraxis bedeutet, ist noch nicht abzusehen.

a) Somalia

Die Republik Somalia entstand am 1. 7. 1960 durch die Vereinigung von ehemals Italienisch- und Britisch-Somaliland. Der Staat wurde 1969, nach der Machtergreifung durch die Militärs, in Demokratische Republik Somalia umbenannt. Der Islam ist Staatsreligion. Etwa 98 % der Bevölkerung bekennen sich zum sunnitischen Islam und der schafiitischen Rechtsschule, ca. 95% sind ethnisch Somali (genauer: *Somal*, Sing. *Somali*) mit gemeinsamer Sprache und Kultur. Diese seltene Einheitlichkeit müßte eigentlich eine ideale Voraussetzung für den Aufbau eines stabilen, homogenen Staatswesens sein. Dennoch leistete sich gerade dieses Land in den letzten Jahren einen selbstzerstörerischen Bürgerkrieg, verbunden mit einer Hunger- und Flüchtlingskatastrophe, die umfangreiche internationale Hilfsaktionen auslöste. Der Grund für dieses Desaster ist in erster Linie in der Struktur des somalischen Volkes und den Ambitionen einiger seiner führenden Politiker zu suchen.

Das Siedlungs- und Wandergebiet der Somali reicht weit über Somalia, in dem nur etwa drei Viertel des Volkes leben, hinaus in den Süden Dschibutis, in den Osten Äthiopiens (den Ogaden) und den Norden Kenias. Das gab und gibt immer wieder für nationalistische somalische Politiker Anlaß zu Konflikten mit den Nachbarstaaten und zu Sezessionsbestrebungen in diesen Ländern. Mitte der 1980er Jahre lebte über die Hälfte der auf etwa sieben Millionen geschätzten Bevölkerung Somalias als Nomaden oder Halbnomaden, etwa ein Viertel als Bauern oder Fischer und der Rest in Städten, deren Bevölkerungsanteil inzwischen freilich stark zugenommen hat.

Das somalische Volk diesseits und jenseits der Landesgrenzen bildet eine segmentäre Gesellschaft mit einer egalitär-demokratischen Struktur. Dieses spezielle, auf Nomaden zugeschnittene Gefüge verhinderte bislang, trotz der erwähnten ethnischen, religiösen und kulturellen Homogenität, das Entstehen einer festgefügten politischen Einheit der Somali. Das Volk gliedert sich in die beiden Abstammungslinien der zumeist nomadischen Samaale – den «eigentlichen» Somali, bestehend aus den großen Clan-Konföderationen («Clan-Familien») Darod, Hawiye, Dir und Ishaq – und der überwiegend seßhaften Sab – bestehend aus den Digil und Rahanwein – im Süden des Landes. Diese sechs Clan-Konföderationen setzen sich jeweils aus einer ganzen Reihe von Clans zusammen, die wiederum in Sub-Clans sowie Familien- und Blutzollverbände unterteilt sind, die für den Einzelnen den sozialen Bezugsrahmen abgeben und die maßgebliche Organisationseinheit darstellen. Sind diese kleinen Einheiten im täglichen Kampf ums Dasein wie Wasserstellen und Weideplätze auch Rivalen und oftmals Dauerfeinde, so haben sie doch ein Zusammengehörigkeitsgefühl und – zumindest in den weniger gebildeten Kreisen – den Glauben an ihre gemeinsame Abstammung von den Quraish, dem Stamm des Propheten Muḥammad. Dies war, natürlich neben materiellen und politischen Interessen, auch ein die Bevölkerung überzeugender Grund für den Wunsch Somalias, 1974 der *Arabischen Liga* beizutreten.

Die Betonung der Zusammengehörigkeit aller Somali und ihrer gemeinsamen islamischen Tradition spielte bei der Staatsgründung 1960 eine wesentliche Rolle und war ein wichtiges Mittel, die Integration der beiden Landesteile in einem einheitlichen Staat zu verwirklichen. Das schlug sich auch in der ersten Verfassung des neuen Staates nieder: Der Islam wurde zur Staatsreligion erklärt, der Staatspräsident mußte Muslim sein, alle muslimischen Schüler hatten islamischen Religionsunterricht zu erhalten, der Islam sollte die Hauptquelle des Rechts bilden, und alle Gesetze und Verordnungen hatten mit seinen allgemeinen Prinzipien übereinzustimmen. Der letztgenannte Punkt bereitete insofern erhebliche Schwierigkeiten, als nunmehr vier Rechtstraditionen zu einer einheitlichen Gerichtsbarkeit verschmolzen werden mußten: Der Norden war ja bisher von britischem, der Süden von italienischem Recht bestimmt, während daneben im ganzen Staatsgebiet noch Scheriatrecht und Gewohnheitsrecht praktiziert wurden. Der Versuch der Vereinheitlichung mußte notgedrungen zu Kompromissen führen, die heftige Debatten auslösten. Dabei ist aber zu berücksichtigen, daß in Somalia wie in anderen vom Nomadismus geprägten Staaten die Gesetzgeber in den Städten nur wenig Einfluß auf die Rechtspraxis von Nomaden haben, für die Freiheit, Selbstbestimmung, Gleichheit und wenig Verständnis für eine – wie auch immer geartete – Obrigkeit wesentliche Elemente ihrer Lebensanschauung sind.

Die politische und rechtliche Situation in Somalia änderte sich entscheidend, als 1969 der Generalmajor Muḥammad Ziyād Barre durch einen Staatsstreich ein Militärregime errichtete. Unter ihm wurde das Rechtswesen zunächst vom «Arabischen Sozialismus» und den Rechtsverhältnissen in Ägypten, Sudan und Südjemen beeinflußt. Präsident Barre beschwor in vielen Reden die Übereinstimmung des von ihm propagierten «Wissenschaftlichen Sozialismus» mit dem Islam, die beide in erster Linie die Verwirklichung der Gerechtigkeit im Sinne hätten. Der Islam blieb zwar auch weiterhin Staatsreligion, und das islamische Recht wurde gegenüber dem Gewohnheitsrecht stärker bevorzugt, doch trafen einige neue Gesetzesbestimmungen auf erheblichen Widerstand der islamischen Geistlichkeit: so 1972, als das Somali zur Schriftsprache erhoben und für diese nach längerer Diskussion die lateinische und nicht die arabische Schrift als verbindlich erklärt wurde, und vor allem 1975, als das Familien- und Erbrecht nach dem Gesetzesvorbild der Demokratischen Volksrepublik Jemen (Südjemen) neu kodifiziert wurde, was zu einer wesentlichen Stärkung der Stellung der Frau im Hinblick auf Ehe, Scheidung, Versorgung und ihr Verhältnis zu den Kindern führte. Nach dem Sturz des inzwischen vom Wissenschaftlichen Sozialismus abgekommenen und der westlichen Welt zugeneigten Diktators Barre (1991) wurde die letzte Verfassung von 1979 aufgehoben und infolge der derzeitigen chaotischen Zustände, trotz bestehender Entwürfe, bisher durch keine neue ersetzt.

Was die religiösen Einrichtungen und die Glaubenspraxis betrifft, so muß man grob zwischen den Städten, den agrarischen Siedlungen und den Nomaden unterscheiden. Die meisten größeren Städte Somalias liegen an der Meeresküste und pflegen seit Jahrhunderten Beziehungen mit der überseeischen, vor allem arabischen Welt. In diesen Städten leben auch arabische Händler und Theologen, hier ist der Einfluß des orthodoxen Islams neben den religiösen Orden am größten, und hier findet man die meisten Moscheen und Koranschulen sowie ein höheres Bildungsniveau. Nicht zuletzt manifestierte sich hier auch der stärkste Widerstand gegen die sozialistischen Reformen und Experimente des Präsidenten Barre. Letzterer beschnitt Anfang der 1970er Jahre in fortschreitendem Maße die Rechte und Privilegien der geistlichen Führungsschicht. Er warf ihr vor, im Dienste des Kapitalismus und Neokolonialismus zu stehen und eine reiche, privilegierte und mächtige Klasse darzustellen, die im Grunde den Islam verrate; dessen Prinzipien würden in Wahrheit nur vom Wissenschaftlichen Sozialismus verwirklicht. Er verlangte von den religiösen Führern, sich nicht in die Politik einzumischen, aber doch aktiv am Aufbau eines sozialistischen Staates mitzuarbeiten. Einige von ihnen, die sich besonders gegen die beabsichtigte Gleichberechtigung der Frau im Erbrecht auflehnten, ließ er Ende Januar 1975 hinrichten. Auch die Lehrmethoden und -inhalte der Koranschulen und der geistlichen Ausbildungsstätten kritisierte er. Er versuchte statt dessen, ein modernes, säkulares Schul- und Ausbildungssystem aufzubauen, das von der Grundschule bis zur Universität reichen, Fachschulen und Einrichtungen der Erwachsenenbildung einschließen und im gesamten Land für alle Bevölkerungsschichten, und zwar für Jungen wie Mädchen, zugänglich sein sollte. Den Islam-Unterricht wollte er in das System integriert sehen. Die Erfolge dieser Bemühungen fielen in den einzelnen Landesteilen recht unterschiedlich aus.

Entscheidend für die weitere Entwicklung wurden jedoch der verlorene, teure Ogaden-Krieg 1977/78, die Kehrtwendung der Sowjetunion (die nunmehr Äthiopien Hilfe leistete), der Niedergang der Wirtschaft und das wachsende Aufbegehren verschiedener Clanverbände und Oppositionsgruppen gegen den diktatorischen Präsidenten, der alle wichtigen Posten seines Regimes nach und nach mit Mitgliedern seines Clans besetzt hatte. Allgemeine Unzufriedenheit und Aufmüpfigkeit machten sich breit und mündeten schließlich in einen Bürgerkrieg. Die bereits nach dem Ogaden-Krieg einsetzende Hinwendung zum Westen bis zur anti-irakischen Haltung in der Golfkrise 1990 bescherten Somalia eine verstärkte Unterstützung durch westliche Länder wie auch durch Saudi-Arabien, Kuwait und die *Islamische Entwicklungsbank (al-Bank al-islāmī li-t-tanmiya),* wovon bis zu einem gewissen Grad auch islamische Einrichtungen profitieren konnten. Der Ruin des Landes war allerdings nicht aufzuhalten.

Das religiöse Leben der Nomaden, vor allem im Norden und in der Mitte des Landes, verläuft – von den Kriegswirren abgesehen – anders als in den Städten. Die Nomaden können und wollen die islamischen Grundpflichten nicht in dem Maße erfüllen wie die Städter, was sie freilich nicht daran hindert, sich als besonders gute Muslime zu fühlen. Ständig mit ihren Herden unterwegs, leben sie in kleineren Gruppen, obwohl ihre Clans ziemlich groß sind, ja zum Teil über hunderttausend Angehörige umfassen. Die religiösen Verhältnisse sind in den einzelnen Verbänden recht unterschiedlich. Manche von ihnen entbehren jeglicher religiösen Betreuung; andere verfügen über Religionslehrer oder Prediger, die mit ihnen ziehen, ihre Kinder unterrichten und hier und da die Funktion eines *qāḍī* ausüben. Wieder andere sind auf Wanderprediger angewiesen, von denen sie gelegentlich aufgesucht werden. Auch gibt es nicht wenige, die mit einem Dorf oder einer sonstigen Siedlung eng verbunden sind, in denen sich eventuell eine kleine Moschee, ein *qāḍī* und eine Koranschule befinden. Fast alle jedoch fühlen sich einem religiösen Orden zugehörig, sei es der *Qādirīya,* der *Aḥmadīya/Idrīsīya* oder der *Ṣāliḥīya,* um nur die größten zu nennen. In der Regel gehört ein Clan, Sub-Clan oder Familienverband geschlossen einem bestimmten Orden an, der ihn auch mit Predigern versorgt. Die Orden unterhalten, über das ganze Land verstreut, jeweils in bestimmten Regionen kleinere Niederlassungen. Diese sind zumeist dadurch entstanden, daß sich ein frommer Ordensangehöriger von einem Clan oder Sub-Clan in dessen Gebiet ein Stück bebaubaren Landes zuteilen ließ, das er mit seiner Gefolgschaft bebauen und mit einer Moschee und vielleicht auch einer Koranschule ausstatten konnte. Er trat damit in ein Klientelverhältnis zu seinem Landgeber. Oftmals genoß der Gründer der Niederlassung hohes Ansehen und wurde nach seinem Tode stärker verehrt als die eigentlichen Ordensgründer oder sogar als der Prophet. Eine Wallfahrt zu seinem Grab, von vielen Verbänden jährlich durchgeführt, gilt häufig als vollwertiger Ersatz für die Pilgerfahrt nach Mekka.

Aber nicht nur Ordensmänner konnten bei den Somali zu Heiligen werden. Dieser Rang wurde in vielen Fällen ebenso den Gründern ihrer Clans und Clan-Familien (zumindest bei den Samaale) zuteil. Auch deren Gräber werden verehrt, mit Friedhöfen umgeben und regelmäßig besucht, wobei mitunter auch Zeremonien stattfinden, die auf vorislamische Bräuche zurückgehen, wie Regenopfer und -beschwörung. Gelegentlich übertrug sich die *baraka*, die Segenskraft des Heiligen, auf seine Nachkommen, die seine Nachfolge antraten, seine Grabstätte verwalteten, als *qāḍī* fungierten und predigten. Es gibt auch Heilige, die nicht einer bestimmten Gruppe zuzuordnen sind, sondern allgemein verehrt werden und vielleicht sogar aus vorislamischer Zeit stammen. Von fast allen Somali wird – unabhängig von seiner Zugehörigkeit zum *Ṣāliḥīya*-Orden – ihr Nationalheld Muḥammad ibn ʿAbdallāh Ḥasan (1864–1920), den die Engländer «Mad Mullah» nannten, als Heiliger verehrt. Er führte einen *jihād*, einen zwanzigjährigen antikolonialen Kampf gegen Briten, Italiener und Amharen und war ein gewaltiger Prediger und ein bedeutender Dichter, dessen Verse im Volk auch heute noch verbreitet sind.

Die vier großen Clan-Familien der Samaale – Darod, Hawiye, Dir und Ishaq – machen den Großteil der Bevölkerung in den Städten, Savannen, Steppen und Wüsten insbesondere Nord- und Mittelsomalias aus. Im Süden hingegen leben in den dichtbesiedelten und fruchtbaren Flußtälern des Dschuba (Juba) und Schebeli (Shebelli) sowie zwischen diesen beiden Gebieten die vornehmlich Landwirtschaft und Viehzucht betreibenden seßhaften Digil und Rahanwein. Sie werden unter dem Namen Sab zusammengefaßt und von den nomadischen Samaale als nicht ebenbürtig, d.h. nicht so edel wie sie selbst, angesehen. Die Sab sind mit alteingesessenen Bantu, Oromo und Zuwanderern verschiedener Rassen vermischt, was auch ihre Glaubensvorstellungen beeinflußt hat. Im Vergleich mit den Samaale weisen sie größere Unterschiede auf: Sie sprechen einen anderen somalischen Dialekt; ihre Sozialstruktur ist stärker hierarchisiert und von der seßhaften Lebensweise geprägt; ihre Abstammungsstruktur ist infolge der Vermischung mit Angehörigen anderer Völker weniger klar; sie verehren nicht ihre Clan-Gründer, sondern zahlreiche Lokalheilige mit mystischer Macht, Schutzheilige für die Ernte und ähnliches; ihre geistlichen Führer haben größeren Einfluß auf die Politik der Gemeinden und leben zum Teil in religiösen Siedlungsgemeinschaften; sie gehören fast alle der *Qādirīya* oder der *Aḥmadīya* an; sie verfügen über mehr Moscheen und religiöse Einrichtungen und können ihre Feste und Zeremonien regelmäßiger begehen als die nomadischen Samaale.

Die hier kurz skizzierten religiösen und sozialen Verhältnisse in Somalia sind in den chaotischen 1990er Jahren, die durch erbitterte Clankämpfe, Raub, Mord, Plünderungen, Unabhängigkeitsbestrebungen von Landesteilen (Somaliland, Puntland, dazu 2002 Südwest-Somalia), UNO-Einsätze, Hilfsaktionen, Hunger, Wander- und Flüchtlingsbewegungen usw. gekennzeichnet waren, ziemlich durcheinander geraten, so daß auch heute, Jahre danach, noch kein klares Bild entworfen werden kann. In bezug auf den Islam lassen sich aber immerhin vier Ereignisse hervorheben: 1. Schon der erste Interimspräsident nach Barres Sturz 1991, ʻAlī Mahdī Muḥammad, setzte in Nord-Mogadischu ein Scheriatsgericht ein, das mit drastischen Strafen versuchte, der wachsenden Kriminalität Einhalt zu gebieten. Diesem Vorbild folgten, von der Bevölkerung unterstützt, bald weitere Scheriatsgerichtsgründungen auch in anderen Städten. 2. In ähnlicher Weise und in Verbindung mit diesen Gerichten führten – zumeist von privaten Geschäftsleuten finanzierte – sogenannte Gerichtsmilizen in einigen Teilen des Landes harte Bestrafungen durch. 3. Es betätigten sich im Lande eine ganze Reihe von islamischen Parteien und Bewegungen, die teils clangebunden, teils national, teils international ausgerichtet waren oder es noch sind. Von diesen erscheint aber bis heute nur eine erwähnenswert: *al-Ittiḥād al-islāmī*, die einen alle Somali – also auch die in den Nachbarländern lebenden Somali – umfassenden streng islamischen Staat anstrebt. Diese gewalttätige Organisation ist auch in Äthiopien tätig, wo sie u.a. spektakuläre Anschläge ausführte, was einige Strafexpeditionen des äthiopischen Militärs nach Somalia zur Folge hatte und die Beziehungen beider Länder zueinander ständig belastet. 4. Die nach den Ereignissen vom 11. September 2001 in den USA einsetzende internationale Terrorismusbekämpfung hat auch Somalia scharf ins Visier genommen. Dem Land wird vorgeworfen, als Schlupfwinkel für Terroristen zu dienen und über *al-Ittiḥād al-islāmī* Kontakte mit Usāma b. Lādin und seinem Netzwerk zu unterhalten. Wenn auch bis jetzt (Januar 2004) für diese Behauptungen keine Beweise vorgelegt wurden, ist doch damit zu rechnen, daß in den strategischen Überlegungen insbesondere der USA Somalia wieder eine größere Rolle spielen wird.

b) Äthiopien

Ganz im Gegensatz zu Somalia ist die Bevölkerung Äthiopiens weder religiös noch ethnisch, sprachlich oder kulturell einheitlich. Nach der Abspaltung Eritreas besteht sie immer noch aus etwa 90 Ethnien, von denen die Oromo (früher Galla genannt) wohl gut 40% der über 50 Millionen Einwohner ausmachen. Es folgen die Amharen und Tigreer mit zusammen etwa 30% und als nennenswerte Minderheiten noch Gurage, Kafa, Sidama, Somali und Niloten. Die rund 70 Sprachen Äthiopiens lassen sich in semitische und kuschitische (von je etwa 45% der Bevölkerung gesprochen), omotische und nilo-saharische einteilen. Staatssprache ist das semitische Amharigna (Amharisch), die Sprache einer überwiegend christlichen Bevölkerungsminderheit, die aber politisch und kulturell dominiert. Die beiden größten Religionsgemeinschaften sind die äthiopische (koptisch-monophysitische) Kirche (etwa 40% der Bevölkerung) und der sie – entgegen offiziellen Angaben – seit einigen Jahren überflügelnde sunnitische Islam (ca. 45%). Etwa ein Zehntel der Bevölkerung ist Naturreligionen zuzurechnen. Ferner dürften Protestanten und Katholiken zusammen eine knappe Million Einwohner ergeben. Die Reste der ehemals nördlich des Tanasees siedelnden Juden Äthiopiens, Falascha genannt, sind in den letzten Jahrzehnten fast alle nach Israel evakuiert worden.

Während die Mehrheit der Amharen und Tigreer der äthiopischen Kirche angehört, herrscht der Islam bei den Somali, Harari, Afar und Saho vor sowie bei einigen Tigre sprechenden Gruppen im Norden und größeren Oromo-Gruppen in den mittleren und südlichen Provinzen des Landes. Im großen und ganzen dominiert der Islam in der flachen und hügeligen Osthälfte des Staates und bildet größere und kleinere Inseln in den übrigen Landesteilen, während die islamischen Gebiete im Norden und Nordosten des ehemaligen Staatsgebiets nunmehr zu dem neuen Staat Eritrea gehören. Insgesamt leben also im dichter besiedelten Äthiopien etwa dreimal so viele Muslime wie in dem fast rein muslimischen Somalia.

Wie im Beitrag «Die Islamisierung des subsaharischen Afrika» kurz skizziert, ist die Islamisierungsgeschichte Äthiopiens durch die ständige Auseinandersetzung mit den christlichen Gruppen gekennzeichnet. Nach den vorübergehenden territorialen Erfolgen, die der Imam *(imām)* Aḥmad ibn Ibrāhīm, bekannt als Grāñ, «der Linkshänder» (1506–1543), mit seinem *jihād* errang, wurden zahlreiche der genannten muslimischen Sultanate nach und nach von christlichen Angreifern erobert und ihre Bewohner getötet, zum Christentum bekehrt oder vertrieben. Zwar entstanden in der ersten Hälfte des 19. Jahrhunderts in der Provinz Sidamo neue kleine Sultanate durch zuvor heidnische Oromo, die von muslimischen Händlern zum Islam bekehrt worden waren, aber in der zweiten Hälfte des Jahrhunderts leiteten die Kaiser Theodoros II. (1855–1868) und Yohannes IV. (1872–1889) die Stärkung der christlichen Zentralgewalt im Hochland ein. Danach gelang es Kaiser Menelik II. (1889–1913) nicht nur, die europäischen Kolonialmächte vom Zentrum seines Reiches fernzuhalten, sondern auch sein Herrschaftsgebiet auf ungefähr die heutige Größe zu erweitern. Er erreichte dies dadurch, daß er vor allem nach Süden, in die heutigen Südprovinzen des Landes, vorstieß und die dort ansässigen nichtchristlichen Ethnien durch den nördlichen Feudaladel sowie amharische Siedler und die äthiopische Kirche militärisch, wirtschaftlich und kulturell unterwerfen ließ. Erst unter Haile Selassie, der 1930 zum Kaiser gekrönt wurde, erhielten die Muslime wieder etwas mehr Freiheit und Selbständigkeit. Insbesondere wurde die Stellung der islamischen Scheriatsgerichte, die stets neben den staatlichen Gerichten bestanden hatten, gestärkt. Sie wendeten in erster Linie schafiitisches Recht an, und ihre Kadis (von arab. Sing. *qāḍī)* waren zuständig für Erbangelegenheiten sowie für Fragen der Ehe, Scheidung, Unterhaltsgewährung, elterlichen Gewalt und verwandtschaftlichen Beziehungen unter den Muslimen.

Mit dem Sturz des Kaisers (1974) begann die sozialistische Ära Äthiopiens. Sie führte sogleich zu revolutionären Veränderungen wie der Verstaatlichung von Grund und Boden, Industrien, Banken und Versicherungen. Andererseits entstanden nunmehr auch Widerstands- und Befreiungsbewegungen in Tigre, Eritrea, den Oromo-Gebieten und im Ogaden, die das Land zu spalten drohten. In religiöser Hinsicht war es von großer Bedeutung, daß die neuen Machthaber den vorrangigen Status der äthiopischen Kirche abschafften und die Gleichheit der Religionen unter einem marxistisch-leninistischen Regime verkündeten.

Die Muslime versprachen sich zunächst viel von diesen ihnen demokratisch erscheinenden Grundsätzen, mußten aber bald erkennen, daß ihre Bemühungen, größeren Einfluß auf die Gestaltung des politischen, sozialen und kulturellen Lebens im Lande zu gewinnen, von der Militärregierung immer stärker gebremst wurden. Diese stellte die islamischen Schulen, die zumeist Moscheen angeschlossen waren und wie diese mit Stiftungsgeldern unterhalten wurden, wie alle Privatschulen unter staatliche Kontrolle und konfiszierte zum Teil den Grundbesitz der muslimischen frommen Stiftungen (arab. *auqāf*) ebenso wie den der christlichen Kirchen. Auf der anderen Seite mußte die Regierung, um den Rückhalt in der Bevölkerung nicht zu verlieren, auf deren tiefverwurzelte religiöse Bedürfnisse Rücksicht nehmen. Und so wurden z.B. 1986 bei der Einrichtung einer Kommission zur Erarbeitung einer neuen sozialistischen Verfassung auch die Erzbischöfe der äthiopischen und der katholischen Kirche wie auch die Führer der Muslime und der Lutheraner beteiligt. Das im ursprünglichen Verfassungsentwurf vorgesehene Verbot der Polygamie ließ man mit Rücksicht auf die Muslime fallen. Alles in allem sind aber die Muslime bis heute – also auch noch unter der dem Sturz Mengistu Haile Mariams 1991 folgenden Übergangs- und seit 1995 regulären Regierung unter Meles Zenawi, die ihnen etwas mehr Gestaltungsmöglichkeiten bietet – in der Regierung und im öffentlichen höheren Bildungswesen immer noch unterrepräsentiert und an vielen entscheidenden Stellen überhaupt nicht vertreten, obwohl sie im Wirtschaftsleben unentbehrlich sind. Im November 1994 entlud sich der Frust in einer Massendemonstration in Addis Abeba, an der mehrere hunderttausend Muslime teilnahmen, um eine stärkere Berücksichtigung ihrer Interessen in der Gesellschaft und der neuen Verfassung zu fordern, was unter anderem zu einer Spaltung des Obersten Rats für islamische Angelegenheiten führte und im März 1995 in der Hauptstadt Auseinandersetzungen mit muslimischen Extremisten zur Folge hatte. Die oben genannte *al-Ittiḥād al-islāmī* bekannte sich zu einigen Anschlägen in Äthiopien und wurde und wird von dessen Militär in Südost-Äthiopien und manchmal auch in Somalia verfolgt. Beide Länder beschuldigen sich gegenseitig der Terrorismusunterstützung, fürchten aber auch die islamistische Infiltration aus Sudan.

Muslime bilden den weitaus größten Teil der mehreren Millionen Flüchtlinge, die in den Jahren der Revolution in die Nachbarländer geflohen und bei weitem nicht alle zurückgekehrt sind. In welchem Ausmaß andererseits die Muslime im

Binnenland von den zumeist gewaltsam vorgenommenen großen sozialistischen Umsiedlungs- und Verdorfungsaktionen – die inzwischen zum Teil wieder rückgängig gemacht worden sind – betroffen waren und welche Auswirkungen auf ihre Institutionen und ihre Glaubenspraxis sich daraus ergeben haben, läßt sich bislang weder statistisch erfassen noch qualitativ bewerten. Spürbare dauerhafte Beeinträchtigungen sind aber gewiß entstanden.

Was das religiöse Leben der äthiopischen Muslime grundsätzlich betrifft, so gilt auch bei ihnen, daß die kultischen Pflichten in den Städten eifriger erfüllt werden als in den Dörfern oder bei den Nomaden. Von großer Bedeutung sind in Äthiopien die *ṣūfī*-Orden, die Wallfahrtsstätten und die sonstigen Zentren islamischer Lehre. Hunderte von Niederlassungen der Orden sind über das ganze Land verstreut (mit Ausnahme einiger Gebiete im amharischen Hochland). Die weiteste Verbreitung haben die Niederlassungen der *Qādirīya* gefunden. Die *Tijānīya* ist vorwiegend im Südwesten vertreten, die *Mīrghanīya* in Tigre (und Eritrea), die *Ṣāliḥīya* hat im Ogaden Anhänger, die *Sammānīya* in den südwestlichen Provinzen.

Zahlreiche Niederlassungen sind zu heiligen Stätten geworden, an denen ihre Gründer verehrt werden und zu denen man wallfahrtet. Solche Wallfahrten dienen wie in Somalia und anderswo vielen Gläubigen als Ersatz für die Pilgerreise nach Mekka. An diesen Orten, die zumeist weitab von den Städten in einsameren Gegenden liegen, verweilen junge, lernbegierige Anhänger oft mehrere Jahre lang, um sich von gelehrten Scheichs unterweisen zu lassen, wobei sie in manchen Fällen auch zur Feldarbeit herangezogen werden. An einigen Plätzen sind es regelmäßig über tausend solcher Schüler, die sich auf einen geistlichen Beruf vorbereiten. Das bekannteste und bedeutendste islamische Heiligtum in Äthiopien ist der Ort Scheich (arab. *shaikh*) Ḥusain, ein altes Oromo-Heiligtum, etwa 100 km nordöstlich von Goba in der Provinz Bale, nahe am Schebeli gelegen. Dort soll vor vielen Jahrhunderten Scheich Ḥusain die zu ihrem Heiligtum pilgernden Oromo zum Islam bekehrt haben. Heutzutage kommen jährlich (vor allem im Februar und August) Tausende von Pilgern aus ganz Nordostafrika zu seinem Grab, um zu beten und Heilung, Trost und Rat zu suchen – sofern die unklaren politischen Umstände es gerade erlauben.

c) Eritrea

Seit etwa 1960 entstanden in Äthiopien nach und nach Aufstands- und Befreiungsbewegungen der größeren Bevölkerungsgruppen, die in unterschiedlicher Weise nach Selbständigkeit strebten, oft recht diffuse und utopische Programme entwarfen, sich spalteten, Konkurrenzbewegungen hervorriefen, zum Teil bald wieder verschwanden oder in anderen Organisationen aufgingen, so daß es oft schwierig ist, sie auseinanderzuhalten. Während, grob gesprochen, die Oromo-Bewegungen Selbständigkeit ihres Volkes und gar einen eigenen Staat Oromia innerhalb der Landesgrenzen Äthiopiens forderten, strebte die größte Bewegung der Tigreer, die *Tigre People's Liberation Front (TPLF)*, lediglich die regionale Autonomie Tigres (Tigrays) innerhalb Äthiopiens an. Die bedeutendste muslimische Somali-Bewegung, die *Western Somali Liberation Front (WSLF)*, wünschte wiederum die Vereinigung aller Somali durch Anschluß der Ogaden-Region an Somalia – also einen grenzüberschreitenden Zusammenschluß. Keine dieser Bewegungen hat bisher, trotz gewisser vorübergehender Erfolge, ihr Ziel erreicht.

Die älteste bewaffnete Befreiungsbewegung in Äthiopien ist jedoch die 1960 gegründete *Eritrean Liberation Front (ELF)*, eine vornehmlich – aber nicht ausschließlich – muslimische Organisation, die für die Unabhängigkeit Eritreas kämpfte und von einigen arabisch-islamischen Ländern unterstützt wurde. Als immer mehr christliche Eritreer und Mitglieder der städtischen Intelligenz der Bewegung beitraten, häuften sich die internen Schwierigkeiten und Differenzen, so daß die Partei sich in mehrere Gruppen spaltete. Dabei ging als militärisch wie politisch stärkste Kraft die 1970 gegründete *Eritrean People's Liberation Front (EPLF)* hervor, in der die Christen dominieren, aber auch viele Muslime mitarbeiten. Zuerst sozialrevolutionär eingestellt, wandte sie sich 1987 vom Marxismus-Leninismus ab und stellte ein Mehrparteiensystem in Aussicht. Sie ist bis heute – seit 16. 2. 1994 umbenannt in *People's Front for Democracy and Justice (PFDJ)* – die maßgebende Partei in Eritrea, und ihr Generalsekretär, Issaias Afewerki, ist Staatsoberhaupt und Regierungschef des – nach einem Volksentscheid – seit 24. 5. 1993 formell selbständigen Staates.

Völkerrechtlich gesehen, kann der dreißigjährige eritreische Befreiungskampf nicht als inneräthiopischer Konflikt bezeichnet werden. Eritrea ist im Grunde eine Schöpfung Italiens, war 1890–1941 dessen Kolonie, stand 1941–1952 unter britischer Militärverwaltung, wurde 1952 auf Beschluß der UNO bei innerer Autonomie mit Äthiopien in einer Föderation vereint und 1962 von Haile Selassie völkerrechtswidrig in den äthiopischen Staatsverband eingegliedert. Der letztgenannte Vorgang hatte eine schon zuvor begonnene, nunmehr verstärkte Beeinflussung Eritreas durch das christliche Amharentum zur Folge, die den Widerstand der islamischen und nichtamharischen Bevölkerungsgruppen hervorrufen mußte.

So klein Eritrea mit seinen 3,5 Millionen Einwohnern auf einer Afrika-Landkarte erscheinen mag – es ist ein ethnisch-kulturell wie sozio-ökonomisch heterogener Vielvölkerstaat. Stark vereinfacht gesehen, läßt sich eine Zweiteilung der Bevölkerung vornehmen: Im Tiefland leben die überwiegend muslimischen Nomaden, im Hochland die überwiegend äthiopisch-christlichen Bauern und Städter (deren geistliches Oberhaupt in Addis Abeba residiert). Beide Gruppen sind zahlenmäßig etwa gleich stark. Während die Hochlandbewohner in der Hauptsache Tigrinya oder Tigre sprechen, verwenden die Tieflandbewohner zumeist Tigre oder Afari und Arabisch – freilich alle Sprachen in dialektalen Formen. Tigrinya, gewissermaßen als christliches Symbol, und Arabisch als islamisches – obwohl nur von den wenigsten Muslimen gesprochen – sind die beiden Amtssprachen Eritreas und haben das ungeliebte Amharigna in dieser Funktion abgelöst.

Zu den muslimischen Volksgruppen zählen vor allem im Norden die nomadischen, zum Teil Bedja sprechenden Banū ʿĀmir, die auch die Grenze zu Sudan überschreiten und der *Mīrghanīya* angehören, sowie die meisten der nomadischen und halbnomadischen Tigre sprechenden Gruppen, weiter südlich die halbnomadischen Saho und anschließend die Afar (auch als Danāqil bekannt). Da sich das traditionelle Wandergebiet der letzteren auch nach Dschibuti und in die äthiopischen Provinzen Tigre und Wollo hinein erstreckt – und man somit auch nicht genau angeben kann, wieviele der mehrere hunderttausend Afar zu welchem Land gehören –, ist es nicht verwunderlich, daß auch eine Befreiungsfront der Afar *(Afar Liberation Front, ALF)* entstand, die einen eigenen (muslimischen) Afar-Staat mit der wichtigen Hafenstadt Assab anstrebte. Im übrigen setzen sich Saho wie Afar jeweils aus einer Anzahl kleinerer Ethnien und Stämmen zusammen, die im einzelnen noch nicht genau erforscht sind und von denen sich einige (halb-)seßhafte zum äthiopischen Christentum bekennen. Die muslimische Mehrheit praktiziert – von Gruppe zu Gruppe recht unterschiedlich – einen Islam, der einerseits von der *Qādirīya* beeinflußt, andererseits aber noch stark von kuschitisch-religiösen Elementen wie dem (nunmehr zum bösen Geist herabgestuften) Himmelsgott Zar/Wak, Opferriten, Zauberei, Orakel-Tanz, verdienstvollem Feindtöten und anderem durchsetzt ist.

In den größeren Städten Eritreas trifft man auf alle vier sunnitischen Rechtsschulen, und die religiösen Einrichtungen wie Moscheen, Schulen, Institute und Friedhöfe werden zumeist von frommen Stiftungen *(auqāf)* unterhalten. Die Regierung des neuen Staates zeigt sich bemüht, eine auf Ausgleich bedachte, Kultur und Sprache der einzelnen Volksgruppen respektierende Nationalitätenpolitik zu betreiben. Zwar dominieren an den Schaltstellen der Macht die tigrinya-sprachigen Christen, doch scheint der muslimische Bevölkerungsanteil stärker zu wachsen und mehr Einfluß zu gewinnen. Im August 1992 wurde ein Mufti *(muftī)* als Sprecher der muslimischen Bevölkerung ernannt, nachdem der letzte Mufti bereits 1969 verstorben war. Ein großes Problem bleibt die Rückführung und Integration der über 500000 Flüchtlinge, die in den Kriegsjahren in die Nachbarländer geflohen sind und von denen rund 250000 in Sudan in Lagern untergebracht wurden. Bisher ist nur ein Teil zurückgekehrt. Es ist derzeit noch nicht zu übersehen, inwieweit es sudanesischen Islamisten gelingt, Rückkehrwillige für ihre Interessen zu gewinnen und durch sie die Zukunftsgestaltung Eritreas mitzubestimmen. Jedenfalls bereitete die1988 in Sudan gegründete radikale Oppositionsgruppe *Eritrean Islamic Jihad Movement (EIJM)*, die sich im August 1993 in einen militärischen und einen politischen Flügel spaltete, durch ihre nach Eritrea hineingetragenen gewalttätigen Aktionen mit dem Ziel, die Regierung zu stürzen und einen islamischen Staat zu errichten, der eritreischen Regierung ständig erhebliche Schwierigkeiten. Maßnahmen wie das am 15.7.1995 erlassene Religionsgesetz, das eine strikte Trennung von Religion und Politik festlegt, den Religionsgemeinschaften nur karitative, gottesdienstliche und seelsorgerliche Tätigkeiten erlaubt, und das im Mai 2002 verhängte Verbot von Gottesdiensten durch «Missionskirchen» richteten sich zwar in erster Linie gegen missionierende christliche

Religionsgemeinschaften, doch dienen sie auch zur Bekämpfung regierungsfeindlicher islamistischer Aktivitäten, die vor allem nach dem kostspieligen, unnützen Grenzkrieg mit Äthiopien (1998–2000) verstärkt zugenommen haben.

d) Dschibuti

Mit Abstand der kleinste Staat am Horn ist Dschibuti (Djibouti), etwa noch fünf- bis sechsmal kleiner als Eritrea. Seine Bevölkerung besteht zu etwa 95% aus Muslimen. Sie setzt sich neben vielleicht 6% christlichen Europäern (zumeist Franzosen) und 4% muslimischen Arabern in der Hauptsache aus sunnitischen Somali (etwa 50%) und Afar (etwa 40%) zusammen. Die Afar unterhalten enge, wenn auch nicht immer spannungsfreie Beziehungen zu ihren Verwandten im angrenzenden Eritrea und Äthiopien. Die Somali bestehen zum weitaus größten Teil aus dem Issa-Clan und Angehörigen des Gadabursi- und des Ishaq-Clans, die auch im Norden Somalias siedeln oder umherziehen. Die beiden größten Volksgruppen Dschibutis sind also infolge der kolonialen Grenzziehung durchschnitten, was zu ständigen Spannungen führen muß, im Innern wie nach außen. Potentielle Bedrohungen gehen von Somalia aus, in dem der Wunsch nach Vereinigung aller Somali lebendig ist, und ebenso von Äthiopien, das für den lebensnotwendigen überseeischen Transport nur schwer ohne den international bedeutenden Tiefseehafen Dschibutis auskommen kann. Der Hafen und Addis Abeba sind durch eine 781 km lange Eisenbahnlinie und eine Asphaltstraße miteinander verbunden.

Afar und Somali siedelten und weideten schon in vorkolonialer Zeit auf dem Territorium des heutigen Dschibuti. Die Franzosen erwarben zwischen 1862 und 1885 aus strategischen Gründen (Gegengewicht zu Aden, Suezkanal!) von den dort ansässigen Afar- und Issa-Sultanen und in Verhandlungen mit dem äthiopischen Kaiser Menelik II. Gebiete, die 1896 zu «Französisch-Somaliland» vereinigt wurden. 1967 erhielt die Kolonie die Bezeichnung «Territoire Français des Afars et Issas», und nach Erlangung der Unabhängigkeit 1977 nannte sich der neue Staat «République de Djibouti». Die Franzosen verstanden es, während der langen Kolonialzeit die miteinander verfeindeten Afar und Somali ständig gegeneinander auszuspielen. Auch heute noch tun sich beide Volksgruppen im Umgang miteinander recht schwer, obwohl sie im Grunde genommen gar nicht so verschieden sind: Ihre Religion, ihre stammesmäßige Organisation, ihre egalitär-demokratische Struktur, ihre überwiegend nomadische Lebensweise und überhaupt ihre materielle und geistige Kultur weisen eine weitgehende Gemeinsamkeit auf und stimmen auch mit ihren Verwandten jenseits der Staatsgrenze überein.

Wesentlich größer sind hingegen die Unterschiede zwischen den nomadisierenden Stämmen und der städtischen Bevölkerung – eine Konstellation, die auch die Nachbarstaaten kennen: bei den Nomaden stärkeres Beibehalten traditioneller Verhaltensweisen (Gewohnheitsrecht) und vorislamischer Glaubensvorstellungen und -praktiken, geringere oder fast fehlende Befolgung der islamischen kultischen Pflichten, stärkerer Einfluß der Bruderschaften (hier vor allem der *Qādirīya)*; bei den städtischen Afar und Issa hingegen mehr Moscheen, Koranschulen und Einfluß der Orthodoxie. In Dschibuti kommt jedoch noch ein weiteres Problem hinzu: der krasse soziale Gegensatz innerhalb der städtischen Bevölkerung zwischen den zahlungskräftigen französischen Militär- und Zivilpersonen (mit ihren eigenen Institutionen) sowie den wohlhabenden arabischen und anderen Händlern einerseits und dem aus ehemaligen Nomaden und Flüchtlingen aus den Nachbarländern bestehenden, zum Teil in ärmlichsten Verhältnissen lebenden afrikanischen Bevölkerungsteil andererseits.

Der erste und bis April 1999 noch amtierende Staatspräsident, Hassan (Ḥasan) Gouled Aptidon vom somalischen Issa-Clan, hatte bei seinem Bemühen, die beiden großen Volksgruppen zusammenzuführen, neben der Beteiligung beider an der Regierung, der Schaffung einer – vorübergehenden – Einheitspartei und manchen anderen auf Ausgleich zielenden Maßnahmen auch an den gemeinsamen islamischen Glauben appelliert. Dies konnte freilich einen bewaffneten Aufstand der Afar Ende 1991 und eine weiter andauernde Rivalität der Volksgruppen nicht verhindern, zumal das Vorgehen des Präsidenten zunehmend autoritärer und von den Afar als nicht neutral angesehen wurde.

In der neuen Verfassung, die am 15. September 1992 in Kraft trat, kehrte Dschibuti zum Mehrparteiensystem und einer demokratischeren Ordnung zurück. Politischen Parteien – die festgelegte Beschränkung auf vier wurde erst 2002 wieder rückgängig gemacht – ist es nach dieser Verfassung (Artikel 6) verboten, sich mit einer Rasse, ethnischen Gruppe, einem Geschlecht, einer Religion, Sekte, Sprache oder Region zu identifizieren. Beachtenswert ist, daß die Sprachen der beiden großen Volksgruppen, das Afari und das Somali (zwei miteinander verwandte kuschitische Sprachen), nicht zu Schriftsprachen gemacht und zu Amtssprachen erhoben wurden. Die offiziellen Sprachen sind vielmehr, nach Artikel 1 der Verfassung, Arabisch und Französisch. Dschibuti, das seit seiner Unabhängigkeit 1977 der *Arabischen Liga* angehört, hat mit dieser Sprachenentscheidung zusätzliches Wohlwollen der arabisch-islamischen Staatenwelt erworben. Sein weiteres Schicksal wird aber wohl mehr von der wachsenden strategischen Bedeutung bestimmt werden, die es in jüngster Zeit im Rahmen der internationalen Terrorismusbekämpfung, zu der es sich bekennt, erlangt hat.

14. Libyen

(Hanspeter Mattes)

Die Geschichte des Islams in den drei historischen Provinzen Tripolitanien, Cyrenaika (arab. Barqa) und Fazzān, die heute das Staatsgebiet Libyens bilden, ist eng verknüpft mit der gesamtmaghrebinischen Entwicklung.[1] Das erste Eindringen arabischer Truppen in die Cyrenaika erfolgte 642 n. Chr. Sie stießen nach Tripolitanien vor, doch gelang ihnen erst nach der zweiten Offensive 645 eine permanente Besetzung der Küstenstädte. Ein erster Vorstoß in den Fazzān fand 663 statt. Dem starken berberischen Widerstand gelang es, die arabisch-muslimischen

Eindringlinge 694 bis in die Cyrenaika zurückzudrängen. Anfang des 8. Jahrhunderts konnte sich der Islam durch erfolgreiche Mission unter den Berbern Nordafrikas konsolidieren. Ab Mitte des 8. Jahrhunderts gewann vor allem der Islam kharidschitischer Ausprägung unter ihnen Anhänger. Das Kharidschitentum hatte seine Hochzeit im 9./10. Jahrhundert, konnte sich jedoch bis heute in seiner ibaditischen Ausprägung[2] lediglich in einigen wenigen geographischen Rückzugsgebieten halten (im Wadi Mzab/Algerien, auf der Insel Djerba/Tunesien und in Libyen im tripolitanischen Djebel Nafūsa). Vom 10. Jahrhundert (Einnahme von Tripolis 910) bis zur Invasion der arabischen Stämme der Banū Hilāl und Banū Sulaim 1049 war Tripolitanien Teil des schiitischen Fatimidenreiches. Mit dem Niedergang des fatimidischen Einflusses im Maghreb zersplitterte die Region in mehrere autonome arabisch-berberische Emirate, gehörte im 12. Jahrhundert zum almohadischen, im 13. Jahrhundert zum hafsidischen Reich. Barqa stand größtenteils unter ägyptischer Herrschaft, während der Fazzān, weitgehend arabisiert, bis in die Neuzeit von unabhängigen oder semiabhängigen Staatsgebilden beherrscht wurde, deren ökonomische Grundlage der Transsaharahandel war. Spätestens seit der erfolgreichen Zurückschlagung der *Reconquista* (Rückeroberung von Tripolis durch muslimische Korsaren 1551) und der Unterstellung der Regentschaft Tripolis einschließlich des Verwaltungsbezirks Barqa unter osmanische Suzeränität war Libyen mit Ausnahme des Djebel Nafūsa vollständig sunnitisch (malikitische Rechtsschule). In den folgenden drei Jahrhunderten erfuhr Libyen keine religionspolitischen Veränderungen. Solche ergaben sich erst Mitte des 19. Jahrhunderts durch das Wirken der *Sanūsīya*-Bruderschaft und ab 1975 durch die «religiöse Revolution» Muʿammar al-Qadhdhāfīs. Diese Veränderungen betrafen allerdings nicht den sunnitischen Charakter des Islams, sondern das Religionsverständnis, das Verhältnis Mensch – Gott und die Spaltung der Sunniten in Anhänger der vier traditionellen Rechtsschulen, die sowohl von der *Sanūsīya*-Bruderschaft als auch von Qadhdhāfī abgelehnt wird.

a) Die Sanūsīya und die Gründung des Königreiches

Der Begründer der später nach ihm benannten Bruderschaft war der in der Nähe von Mostaganem (Algerien) am 22. 12. 1787 geborene Muḥammad ibn ʿAlī as-Sanūsī al-Khaṭṭābī. Nach dem Studium in seiner Heimat (bis 1805) und in Fes (1805–1820), wo er Aufnahme in die wichtigsten bestehenden nordafrikanischen Bruderschaften *Shādhilīya, Nāṣirīya, Darqāwīya* und *Tijānīya* fand, begab er sich noch vor der Besetzung Algeriens durch französische Kolonialtruppen via Tripolis, Benghazi und Kairo nach Mekka (1826). Dort schloß er sich dem marokkanischen *ṣūfī* Aḥmad ibn ʿAbdallāh ibn Idrīs al-Fāsī (geb. um 1749, gest. 1837; Begründer der *Aḥmadīya* bzw. *Idrīsīya*) an. Zusammen mit Muḥammad ʿUthmān al-Mīrghanī, dem Begründer der sudanesischen *Khatmīya*-Bruderschaft, und Ibrāhīm ar-Rashīd zählte as-Sanūsī zu den drei wichtigsten Schülern von Aḥmad ibn Idrīs.[3] Dieser war «der vollkommene *ṣūfī*-Meister, den as-Sanūsī stets suchte, aber nie fand, bevor er ihn traf». Die idrisische Tradition machte sich bei as-Sanūsī besonders in den Bereichen *fiqh, taṣawwuf* und Gebet bemerkbar, nahm aber erst nach dem Tode seines Lehrmeisters Profil an. Niedergelegt ist das Gedankengut as-Sanūsīs in neun Büchern, von denen drei als theologische Werke im engeren Sinne bezeichnet werden können.[4] In diesen Schriften setzte sich as-Sanūsī u.a. mit den bestehenden Bruderschaften und ihrer religiösen Praxis auseinander, wobei er statt traditionellem Derwischtanz und ekstatischen Singrufen einen intellektuellen Weg zur mystischen Vereinigung mit dem Propheten Muḥammad predigte; jeder einzelne sollte die geistige Auseinandersetzung mit sich selbst suchen. Der Sufismus *(taṣawwuf)* as-Sanūsīs war ein Sufismus des «kurzen Weges», so benannt, weil er durch Andachtsübungen und spezielle Gebete[5] nicht die mystische Vereinigung mit Gott, sondern mit dem Propheten suchte.

Der zweite wichtige Aspekt seiner Lehre, der in seinen Schriften niedergelegt ist, betrifft die Ablehnung des von den orthodoxen *ʿulamāʾ* praktizierten *taqlīd*, d.h. die stereotype Übernahme seit langem vorliegender (Rechts-)Entscheidungen aus einer der vier anerkannten sunnitischen Rechtsschulen. As-Sanūsī vertrat die Auffassung, daß das «Tor des *ijtihād* » nicht für ewig geschlossen sei, sondern jederzeit die freie Entscheidung von religiös-rechtlichen Fragen auf Grund einer Neuinterpretation von Koran *(qurʾān)* und Sunna erfolgen könne, da nur dies die theologische Erstarrung verhindere. Im Gegensatz zu Muḥammad ibn ʿAbd al-Wahhāb, dem Begründer der *Wahhābīya*, der diesbezüglich zwar die gleiche Auffassung vertrat, jedoch den Rahmen der hanbalitischen Rechtsschule nicht verließ, nahm as-Sanūsī zunehmend für sich in Anspruch, bei seiner Entscheidungsfindung das Beste aus allen Rechtsschulen *(madhhab,* Pl. *madhāhib)* auszuwählen, mit eigenen Erkenntnissen zu durchsetzen und so eine vereinheitlichte neue Richtung zu begründen. Sie sollte die Quintessenz der bestehenden *madhāhib* bilden und an die Zeiten der Prophetengenossen anknüpfen bzw. zu ihnen zurückkehren. As-Sanūsīs Haltung zu den Rechtsschulen brachte ihm sowohl in Kairo als auch in Mekka die Feindschaft der *ʿulamāʾ* ein, die so weit gingen, in einer *fatwā* as-Sanūsī «Irrung, Halluzinationen und Teufelseinfluß» vorzuwerfen.

Institutionelles Zentrum der Lehre as-Sanūsīs war die 1826 gegründete und 1837 aufgewertete erste sanusische *zāwiya* von Abū Qubays östlich der Großen Moschee von Mekka, der bald weitere zur Konsolidierung der sanusischen Autorität folgten. Die starke Opposition der *ʿulamāʾ* von Mekka gegen das sanusische Gedankengut setzte diesen Bestrebungen Grenzen, was Hauptursache für die Suche nach einem neuen Aktionsraum war. Ihn fand as-Sanūsī im nordlibyschen Barqa, wo er im November 1842 die erste *zāwiya* in al-Baiḍāʾ (Baida) gründete. Dank des Vakuums, das der trotz neuerlicher Intervention 1835 schwindende türkische Einfluß in Libyen hinterlassen hatte, gelang es as-Sanūsī bzw. seinen Missionaren, darunter als berühmteste ʿAbdallāh at-Tuātī und Muḥammad as-Sunnī, Anhänger zu gewinnen und ein ganzes Netz von Stützpunkten *(zāwiyas)* bis in die Sahelzone hinein zu gründen. Diese Südausdehnung spiegelte sich in der Verlagerung des Sanūsī-Hauptsitzes von al-Baiḍāʾ in die Oase Jaghbūb (1856) bzw. nach dem Tode des *Groß-Sanūsīs* (7.9.1859) und der Übernahme der Führerschaft der *Sanūsīya* durch seinen Sohn Muḥammad al-Mahdī as-Sanūsī

(1844–1902) in die südcyrenaikische Oase Kufra (1895) wider. Der Missionserfolg der Bruderschaft beruhte anfangs auf dem hohen Ansehen, das der *Groß-Sanūsī* als Religionsgelehrter und Schlichter von Streitfällen zwischen den Stämmen Barqas erlangen konnte. Unter seinem Sohn und Nachfolger wirkten sich zunehmend auch die positiven Effekte der Diesseitsorientierung der Bruderschaft auf die Mitgliederentwicklung und den Einflußgewinn der Bruderschaft aus, waren doch gemäß dem Prinzip «Bete und Arbeite» Landerschließung, Förderung von Handwerk und Handel, Aufbau einer Infrastruktur, Ausbau des Bildungswesens zentrale Aspekte des sanusischen Selbstverständnisses.[6]

Die aus religionspolitisch motivierten Aktivitäten erwachsende staatliche Macht der *Sanūsīya* im Innern Barqas wurde vom osmanischen Staat, der de jure Souverän über das Wilāyat Ṭarābulus war, mit einem *firmān* des Sultans ʿAbd al-Majīd I. 1856 anerkannt. Dem osmanischen Sultan und Kalifen gebührte indes weiterhin die Stellung eines Suzeräns. Der Aufbau eines theokratischen sanusischen Staates auf der Basis von *zāwiya*s erlebte unter Muḥammad al-Mahdī as-Sanūsī seinen Höhepunkt. Unter seinen Nachfolgern Aḥmad ash-Sharīf as-Sanūsī (1902–1916; ägyptisches Exil) und Muḥammad al-Idrīs as-Sanūsī (1916, ab 1922 gleichfalls ägyptisches Exil) wurde die Sanūsīya in der 1911 beginnenden bewaffneten Konfrontation mit der italienischen Kolonialmacht als politischer Ordnungsfaktor zerschlagen und ihrer religiösen Infrastruktur durch gezielte Zerstörung der *zāwiya*s beraubt.[7] Die historische Rolle der Sanūsīya in Barqa, ihre Verankerung im Stammeswesen und die Uneinigkeit der politischen Führer Tripolitaniens bewirkten allerdings nach der Niederlage der Italiener im Zweiten Weltkrieg und während der britischen Militäradministration in Libyen (1943–1951) die Wiederbelebung der *Sanūsīya* als politischer Faktor; zunächst in Barqa, wo die Briten, ihren strategischen Interessen folgend, Idrīs as-Sanūsī als Emir der nominell unabhängigen Cyrenaika anerkannten (Proklamation von Benghazi 1. 6. 1949), ab 1951 in Gesamtlibyen, nachdem die Führer Tripolitaniens Idrīs as-Sanūsī als Herrscher eines «Vereinigten Königreiches» akzeptierten, weil sie darin die einzige Möglichkeit sahen, einen unabhängigen gesamtlibyschen Staat zu schaffen. In dem am 24. 12. 1951 proklamierten Vereinigten Königreich fungierte Idrīs as-Sanūsī jedoch nur als weltlicher Herrscher auf der Basis der am 7. 10. 1951 verabschiedeten Verfassung, wenngleich er als geistiger Führer der *Sanūsīya*-Bruderschaft auch Schritte zur religiösen Revitalisierung der *Sanūsīya*-Bewegung einleitete. Zu diesen zählten erste Versuche 1948/49, zwölf traditionelle religiöse Schulen einzurichten, sowie nach der Unabhängigkeit Libyens 1951 die Begründung des Religionsinstituts as-Saiyid Muḥammad ibn ʿAlī as-Sanūsī (Hauptsitz al-Baiḍāʾ; Zweigstellen in Tripolis und Benghazi), das mit Gesetz vom 29. 10. 1961 zur Islamischen Universität aufgewertet wurde.

b) Die religiöse Revolution Muʿammar al-Qadhdhāfīs

Der Sturz von König Idrīs am 1. 9. 1969 durch den «Bund der Freien Offiziere» unter Führung von Muʿammar al-Qadhdhāfī war eine Reaktion auf die innenpolitischen und ökonomischen Mißstände, die sich in Libyen seit Mitte der 1960er Jahre als Folge des Ölbooms ergeben hatten und die durch die offensichtliche Abhängigkeit von den USA und Großbritannien um eine außenpolitische Komponente ergänzt und verschärft wurden. Die von dem Revolutionsrat als neuem Entscheidungszentrum eingeleitete Politik der politischen, wirtschaftlichen und kulturellen Selbstbefreiung, inhaltlich stark vom Nasserismus inspiriert, brachte zunächst nur beschränkte Eingriffe in den religiösen Bereich. Zur Konsolidierung des neuen Regimes wurde nach der Entwaffnung der königstreuen Sondertruppen (TRIDEF, CYDEF) die Auflösung der *zāwiya*s verfügt und die Sanūsī-Universität als Fakultät in die staatliche libysche Universität integriert. Der unter der Sanūsī-Monarchie eingetretenen Verwestlichung wurde mit einem Rekurs auf den Islam und entsprechenden, mit der Religion begründeten Maßnahmen wie Alkoholverbot, Schließung von Nachtlokalen, Verbot lateinischer Schrift, ausschließlicher Gebrauch des Hidschra *(hijra)*-Kalenders, Umwandlung von Kirchen in Moscheen, Verbot von Prostitution und Glücksspiel gegengesteuert und die Wiederherstellung der arabisch-islamischen Identität propagiert.

Diese Maßnahmen bedeuteten indes keine Aufwertung des Islams als politikbestimmendes Element.[8] Der Anspruch der Revolutionsführung, daß die «Septemberrevolution» auch eine «islamische Revolution» sei (*thaurat al-fātiḥ thaura islāmīya),* konkretisierte sich erst – nach dem Tode von Jamāl ʿAbd an-Nāṣir (Nasser) 1970 – im Jahre 1971, als ein eigens dazu berufenes Komitee die Revision der positiven Gesetzgebung im «Lichte der *sharīʿa*» vornehmen sollte. Die Arbeit des Komitees, in dem aus Gründen der politischen Kontrolle nur zwei Religionsgelehrte saßen, fiel eher dilettantisch aus, wie die offensichtlichen Kohärenzdefizite der beiden am 11. 10. 1972 bzw. am 20. 10. 1973 verabschiedeten, von der Bevölkerung jedoch abgelehnten Gesetzentwürfe bezüglich Diebstahl und Ehebruch zeigten. Diese inhaltliche Re-Islamisierung hatte mit Ausnahme des *zakāt*-Gesetzes und der Umsetzung des *waqf*-Gesetzes vom 16. 9. 1972, das eine Ausdehnung der staatlichen Kontrolle auf den religiösen Stiftungsbereich vorsah, anders als die formale Re-Islamisierung der Jahre 1969/70 keine realen Auswirkungen, wurden doch die kodierten Straf-*(sharīʿa-)*Bestimmungen wie Auspeitschung oder Amputationen wegen der komplizierten Rechtslage nicht angewendet und waren ab 1975 zudem politisch überholt.[9]

Zwei später deutlicher zutage tretende Elemente sanusischen Gedankengutes tauchten indes in dieser frühen Phase der Islampolitik Qadhdhāfīs bereits auf, ohne daß eine direkte Beeinflussung Qadhdhāfīs durch die Schriften des *Groß-Sanūsī* nachgewiesen werden kann: Es handelt sich einmal um die Weisung Qadhdhāfīs an das *Komitee zur Revision der positiven Gesetzgebung,* bei der Gesetzesformulierung nicht nur die malikitische Rechtsprechung, sondern auch die anderen drei sunnitischen Rechtsschulen, ferner die schiitischen *Imāmī-* und

Zaidī-Schulen sowie die ibaditische Rechtsschule zu berücksichtigen; zum anderen handelt es sich um Qadhdhāfīs Haltung zum *ijtihād*. Qadhdhāfī betonte den *ijtihād,* weil er in ihm ein Mittel sah, den Islam im Sinne der revolutionären Ambitionen des politischen und gesellschaftlichen Wandels neu zu interpretieren. Diese anfangs noch ideologisch unstrukturierte Sichtweise Qadhdhāfīs erhielt im Laufe der 1972 gehaltenen Reden des Revolutionsratsvorsitzenden, spätestens ab 15.4.1973 mit der programmatischen Rede von Zuwāra, ein deutlicheres Profil, da der künftige politische Entwicklungsweg und die institutionelle Neuorganisation Libyens eine Neubestimmung des Verhältnisses von Staat und Religion erforderlich machte. Die mit der Rede von Zuwāra eingeleitete «Volksrevolution» *(thaura shaʿbīya)* brachte nicht nur eine Abkehr vom bislang nasseristisch inspirierten Entwicklungsweg, der 1969 zur Übernahme des ägyptischen Verfassungsmodells und im Juni 1971 zur Einführung des Einheitsparteimodells der *Arabischen Sozialistischen Union* geführt hatte, sondern resultierte in einer zunehmenden Kluft zwischen as-Sādāt (Sadat) und Qadhdhāfī in bezug auf den wirtschafts- und außenpolitischen Kurs und in einer Zentralisierung der libyschen Entscheidungsstrukturen in der Person Qadhdhāfīs, der gleichzeitig einen ideologischen Führungsanspruch erhob.

Die seit 1972 als Ausführungen zur «Dritten Theorie» *(an-naẓarīya ath-thālitha)* apostrophierten Diskurse Qadhdhāfīs wurden von ihm selbst, nachdem er sich Ende 1974 von der Ausübung seiner öffentlichen Funktionen zurückgezogen hatte, in einer politischen Handlungsanleitung konkretisiert und am 27.4.1975 der libyschen Öffentlichkeit unter der Bezeichnung «Das Experiment der *jamāhīrīya* – Die Volksherrschaft» *(tajribat al-jamāhīrīya – sulṭat ash-shaʿb)* vorgestellt. Ab Dezember 1975/Januar 1976 wurde diese Konzeption in schriftlicher Form als erster Teil der «Dritten Universalen Theorie» (DUT, *an-naẓarīya al-ʿālamīya ath-thālitha*) in Umlauf gebracht. Der zweite Teil der DUT («Die Lösung des wirtschaftlichen Problems – Der Sozialismus») und «Die Sozialen Grundlagen der DUT» als ihr dritter Teil erschienen sukzessive im November 1978 und im Juni 1979. Alle drei Teile zusammen bilden das sogenannte «Grüne Buch» *(al-Kitāb al-akhḍar)*. Bedeutsam ist, daß in diesem Grundlagendokument an keiner Stelle explizit auf den Islam Bezug genommen wird, wenngleich in der arabischen Version religionsbezogene Textstellen zu finden sind. So wird z.B. der Abschnitt zum «Gesetz der Gesellschaft» im Englischen neutral mit «Law of society» übersetzt, während er im Original in Anlehnung an das islamische Recht mit dem Ausdruck *sharīʿ at al-mujtamaʿ* bezeichnet wird. Darüber hinaus hat sich das beduinische Umfeld, das Qadhdhāfīs Sozialisation zweifellos stark prägte, im hohen Stellenwert niedergeschlagen, den die DUT der Grundbedürfnisbefriedigung und dem politischen und ökonomischen Egalitarismus einräumt. Dies trifft auch auf die reale Ausgestaltung der Frauenpolitik zu, selbst wenn die im Grünen Buch (Teil III) formulierten Passagen auf den ersten Blick den Eindruck eines konservativen Frauenbildes erwecken.

Religionspolitisch bedeutsam wird der erste Teil des Grünen Buches jedoch deshalb, weil das darin zugrundegelegte, zwischen 1973 und 1975 aufgebaute und auf legislativen *Basisvolkskonferenzen (Mu'tamarāt sha'bīya asāsīya)* und exekutiven *Volkskomitees (Lijān sha'bīya)* beruhende politische System formal direktdemokratisch strukturiert ist, d.h. Mittlerinstanzen in Form von Parteien und folglich parlamentarische Regierungssysteme ablehnt. Diese Zurückweisung fand/findet sowohl im militärischen Sektor mit der seit 1976 angestrebten Auflösung der traditionellen Armee durch die allgemeine Militärausbildung von Männern und Frauen gemäß dem Prinzip «Herrschaft, Reichtümer und Waffen in die Hände des Volkes» *(as-sulṭa wa-th-tharwa wa-s-silāḥ fī yad ash-sha'b)* als auch im religiösen Bereich ihre logische und konsequente Fortsetzung. Am 2.5.1975 wurde mit dem Beginn der sogenannten «religiösen Revolution» *(thaura dīnīya)*[10] den Religionsgelehrten und Imamen nicht nur ein Redeverbot zur politischen und ökonomischen Entwicklung des Landes auferlegt – wobei Anlaß für diese Entwicklung die Kritik des Groß-Muftis von Tripolis an der Einbeziehung der weiblichen Staatsbediensteten in die allgemeine Militärausbildung war –, sondern in mehreren Reden von Qadhdhāfī für eine direkte Beziehung zwischen Mensch und Gott, eine Beziehung ohne Mittler und Interpreten in Form von Religionsgelehrten plädiert. Das Komitee zur Revision der positiven Gesetzgebung war zu diesem Zeitpunkt wegen seines unflexiblen Festhaltens am Überlieferten längst aufgelöst.

Indem von Qadhdhāfī einzig der Koran als «Gesetz der Gesellschaft» in den Vordergrund geschoben wurde, durch dessen Studium die Basisvolkskonferenzen mittels *ijtihād* eine an die Gegenwart angepaßte Neuregelung aller gesellschaftlichen Belange vornehmen sollten, war der weitere Konfrontationskurs mit den Religionsgelehrten vorprogrammiert. Hinzu kam, daß die von der *Allgemeinen Volkskonferenz* als nationales Sammlungsorgan aller Basisvolkskonferenzen- und Volkskomiteevertreter am 2.3.1977 auf einer Sondersitzung verabschiedete und Verfassungsrang besitzende «Proklamation der Volksherrschaft» *(i'lān sulṭat ash-sha'b)* im dritten der vier postulierten Punkte einzig den Koran zum Gesetz der Gesellschaft bestimmte; von Sunna und Hadith *(ḥadīth)* war als Quelle für die Gesetzgebung keine Rede. Indem Qadhdhāfī den Koran als «Essenz des Islams» *(jauhar al-islām)* beschreibt, den Propheten Muḥammad aber als vergängliches menschliches Wesen, waren für ihn Sunna und Hadith als prophetengebundene Quellen des Islams zweitrangig. Für Qadhdhāfī ist es Götzendienerei *(shirk)*, wenn einige *'ulamā'* Sunna und Hadith so großes Gewicht beimessen, daß sie – so sein Vorwurf – beide fast auf eine Stufe mit dem Koran stellen und ihnen quasi göttlichen Ursprung zusprechen.

Eine Verschärfung des Konflikts zwischen Qadhdhāfī und den Religionsgelehrten folgte 1978. In einer Predigt in der *Mūlāy-Muḥammad*-Moschee (Tripolis) aus Anlaß des Geburtstages des Propheten (19.2.1978) und erneut am 3.7.1978 anläßlich einer Versammlung von religiösen Würdenträgern in derselben Moschee attackierte er nicht nur die Imame (von arab. Sing. *imām*) persönlich («Der Koran ist in arabischer Sprache verfaßt, wir können ihn folglich alle verstehen, ohne daß wir einen Imam brauchen, der ihn uns erläutert»), sondern griff massiv das gesamte Gebäude sunnitischer Lehre und Rechtsprechung an. Qadhdhāfī stellte die Frage nach dem Wert von Sunna und Hadith und postulierte: Wenn der Koran die einzige Quelle für das islamische Recht ist, könne das islamische Gesetz *(fiqh)* – kompiliert in den klassischen Rechtskompendien und aufgespalten in die vier Rechtsschulen – aufgrund seines Zustandekommens (Rekurs auf Sunna, Hadith, Zurückgreifen auf *qiyās* und *ijmāʿ*) eindeutig *nicht* als islamisches Recht angesehen werden, sondern sei «positives Gesetz» (*qānūn waḍʿī*), nicht mehr und nicht weniger religiös als das *Römische Recht* oder der *Code Napoléon*. Einzig der Koran sei nicht gesetztes (arab. *waḍʿī*), d.h. von Menschenhand geschaffenes Recht, und nur durch die Rückkehr zum Koran könnten die Rechtsschulen und damit die religiöse Spaltung der Muslime überwunden werden.[11]

Damit der Neuerungen aber nicht genug. In der Februar-Rede diffamierte Qadhdhāfī auch die praktizierte Heiligenverehrung und das Pilgern zu den Marabut-Gräbern als «präislamischen Brauch». Zudem stellte er erstmals einen expliziten Bezug zwischen dem *jamāhīrīya-Staatsmodell* und dem Islam her, indem er auf die Koransure 42, Vers 38 (*wa-amruhum shūrā bainahum* / «und ihre Angelegenheiten in Beratung untereinander erledigen») verwies und betonte, daß das Grüne Buch (Teil I) den Weg zur staatsrechtlichen Umsetzung des Korans aufzeige. Im Dezember 1978 schließlich veranlaßte Qadhdhāfī, daß der in muslimischen Ländern übliche Hidschra-Kalender in Libyen durch den auf den Todestag des Propheten bezogenen Kalender ersetzt wurde, sei dieser Tag wegen des damit einhergehenden Endes jeglicher Prophetie doch ungleich wichtiger als die Hidschra von Mekka nach Medina.

Der sich formierenden Opposition der Religionsgelehrten gegen die religiöse Revolution wurde mit einer großangelegten Kampagne im Mai/Juni 1978 (Verhaftung zahlreicher Imame) begegnet, der bis Mitte der 1980er Jahre weitere Kampagnen «zur Reinigung der Häuser Gottes»[12] folgten. Die repressiven Maßnahmen wurden flankiert von der forcierten Ausbildung sogenannter «revolutionärer Imame» – und dies, obwohl der offizielle libysche Diskurs Imame für überflüssig hielt. Mit Saudi-Arabien und der *Islamischen Weltliga* kam es über diese von saudischer Seite als «Ketzerei» bezeichneten qadhdhafischen Neuerungen 1979/80 sogar zu einer außenpolitischen Kontroverse.[13] Gleichwohl hat Qadhdhāfī auch danach an seiner Islam-Politik festgehalten.

c) Die Konfrontation mit den Islamisten

Die Auseinandersetzung der libyschen Revolutionsführung mit den Islamisten datiert nicht erst seit den 1980er Jahren, sondern ist so alt wie die Revolution, wenngleich anfänglich nicht so sehr inhaltliche Divergenzen im Vordergrund standen als vielmehr die konspirativen Tätigkeiten der Islamisten gegen das Regime. Im sogenannten Fünfpunkteprogramm der Zuwāra-Rede von 1973, wo einer der Punkte «die Säuberung des Landes von politisch Kranken» zum Inhalt hatte, bezeichnete Qadhdhāfī namentlich die Anhänger der *Muslimbruderschaft* und der *Islamischen Befreiungspartei* wegen ihrer Aktivitäten gegen die Revolution als «Schädlinge des Volkes». Mit Beginn der religiösen Revolution vertiefte sich der Konflikt, wobei die allgemein zu beobachtende Sensibilisierung der Bevölkerung für islamische Fragen Ende der 1970er Jahre (iranische Revolution) auch in Libyen spürbar wurde und weitere islamistische Gruppierungen wie die Organisation *Heiliger Krieg* oder die *Liga der Daʿwa* Anhänger rekrutieren konnten.[14] Zur offenen Konfrontation kam es jedoch erst ab Mitte der 1980er Jahre, als am 17.4.1984 zwei islamistische Studenten von Revolutionskomitee-Mitgliedern gehängt wurden und am 8.5.1984 Sicherheitskräfte ein infiltriertes Kommando der den *Muslimbrüdern* nahestehenden libyschen Exilopposition *(National Front for the Salvation of Libya, NFSL)* in Tripolis zerschlugen. Sechs überlebende Mitglieder des Kommandos wurden im Juni während des *Ramaḍān* öffentlich gehängt. Weitere Zusammenstöße mit islamistischen Gruppierungen folgten. Einen ersten Höhepunkt gab es am 8.4.1989, als Islamisten auf Moscheebesucher in Benghazi, Misurata und Ajdābiyā schossen, weil jene die offizielle Islam-Version stützten und von den Islamisten folgerichtig als «Häretiker» eingestuft wurden. Ein zweiter Höhepunkt folgte 1992–1996, als aus Afghanistan zurückkehrende libysche Islamisten, die sich dort am Kampf gegen die Sowjets beteiligt hatten, vor allem in Ostlibyen für die Errichtung eines Staates kämpften, dessen Grundlage die *sharīʿa* sein sollte. Dabei machten insbesondere drei Gruppierungen von sich reden: 1. die *Ḥarakat ash-shuhadāʾ al-islāmīya* (Islamische Märtyrerbewegung), 2. die *Jamāʿa al-islāmīya al-muqātila* (Kämpfende islamische Gruppe) und 3. die *Jamāʿa al-islāmīya al-lībīya* (Libysche islamische Gruppe). Zu der massiv einsetzenden Repression der Sicherheitskräfte, die bis 1997 nahezu alle bewaffneten Islamisten liquidieren oder ins Exil vertreiben konnten, lief eine im März 1989 beginnende rhetorische Auseinandersetzung parallel. In über 40 Reden hat seither Qadhdhāfī persönlich zum Problem des «politischen Islams» *(al-islām as-siyāsī)* Stellung bezogen und die «religiöse Tendenz zur Vereinnahmung der Politik» als gefährliche Entwicklung und Desaster bezeichnet. Seine Kritik bezog sich nicht nur auf die *Muslimbrüder*, sondern alle islamistischen Gruppen, die er als «Teufel», «religiöse Mafia», «Scharlatane», «gefährlicher als Aids» brandmarkte.[15] Am 19.7.1990 rief Qadhdhāfī sogar explizit zu ihrer physischen Liquidierung auf, da sie den Islam von innen her zerstörten, sie sich zum «Wächter der Religion» machten und Muslime als Ungläubige bezeichneten. Diese Vermischung von Politik und Religion sei abzulehnen. Eine weitere staatliche Strategie zur Eindämmung der islamistischen Gruppen bestand in der Einführung von *sharīʿa*-Bestimmungen in sieben Gesetzen, um damit die Angriffsfläche für Kritik zu reduzieren. Diese am 29.1.1994 vollzogene Teilislamisierung des Strafrechts bezog sich auf das Verbot des Alkoholkonsums, die Vergeltung von Bluttaten (Einführung des Talionsprinzips), die Strafen für Raub und Diebstahl sowie das Korruptionsbekämpfungsgesetz; hinzu kamen Neuregelungen im Erbrecht sowie im Personenstandsrecht. Die erste Vollstreckung der neu eingeführten *ḥadd*-Strafen erfolgte am 3.7.2002.

Die Stellung des Islams in Libyen ist zu Beginn des 21. Jahrhunderts ambivalent, was sowohl auf das persönliche Auftreten Qadhdhāfīs als auch auf den langwierigen Prozeß der Positionsbestimmung von Staat und Islam zurückzuführen ist. Qadhdhāfī, einerseits Ideologe der DUT, unermüdlicher Propagandist des Grünen Buches und Initiator des *jamāhīrīya*-Staatsmodells, ist andererseits als Missionar seiner undogmatischen Islam-Konzeption in die Rolle eines Imams, eines religiösen Erneuerers geschlüpft. Dem seit 1975 erkennbaren Streben der Revolutionsführung nach einem islamisch legitimierten, aber säkularen Staat, dessen Modernisierung und Transformation nicht durch religiöse Vorschriften eingeengt werden soll, der aber zugleich in allen Bereichen von der arabisch-islamischen Kultur und Zivilisation geprägt ist, steht die seit Ende der 1970er Jahre wachsende Strömung jener gegenüber, die mittels Einführung der *sharī'a* als Grundlage des islamischen Staates *taqlīd* statt *ijtihād* zur Maxime ihres Handelns machen. Aus dieser Kluft resultiert zwangsläufig die unversöhnliche Haltung der Revolutionsführung gegenüber den Islamisten, die auch den Spielraum zur Liberalisierung des politischen Systems bestimmt.

15. Ägypten

(Alexander Flores)

Der Islam dient in Ägypten unter anderem der Sinnstiftung und Orientierung, der Regulierung des Alltagslebens und der Legitimierung politisch-gesellschaftlichen Handelns.[1] Dieser Umstand unterscheidet ihn kaum von anderen Religionen in vergleichbaren Situationen. Unbefragt erfüllte der Islam die genannten Aufgaben aber nur unter vormodernen Verhältnissen. In seiner diesbezüglichen Wirkung ist er von den seit dem 19. Jahrhundert wirkenden Modernisierungsprozessen in Frage gestellt worden. Nur allzu deutlich springt ins Auge, daß die bisher vorherrschenden islamischen Bewußtseinsformen und Verhaltensnormen den sich rasch wandelnden Lebensverhältnissen nicht mehr entsprechen. Allerdings sind sie darum noch keineswegs ganz außer Funktion gesetzt worden – sie wirken immer noch in einem Maß, das bei der angedeuteten Kluft erstaunt. Und nicht nur die Auflehnung gegen das Bestehende wird islamisch legitimiert, wie es eine bei uns verbreitete Vorstellung nahelegt. Vielmehr verdankt sich die Stabilität von Regierungen und gesellschaftlichen Verhältnissen im arabischen Raum zum guten Teil ihrer – spontanen oder bewußt eingesetzten – islamischen Legitimation bzw. der Trost- und Beruhigungsfunktion der Religion.

In Recht und Staatsverfassung wurde die traditionelle Hegemonie islamischer Bestimmungen und Institutionen seit der Mitte des 19. Jahrhunderts ausgehöhlt; einen großen Schritt in diese Richtung tat Ägypten in seiner «liberalen» Phase von 1919 bis 1952. Europäisches Gedankengut wurde im großen Maßstab aufgenommen, und in den Sektoren von Wirtschaft und Gesellschaft, die nach westlichem Vorbild (und zum großen Teil unter westlicher Dominanz) umgestaltet bzw. neu aufgebaut wurden, erwies sich dieses Gedankengut als angemessen, das alte, mit dem Islam identifizierte aber als untauglich. Die entsprechenden Prozesse erhielten breite Wirkung, als moderne Konzeptionen durch die enorme Ausweitung der Schulbildung größere Bevölkerungskreise erfaßten und eine viel effizientere staatliche Beeinflussung und Kontrolle Platz griff.[2]

Im Ergebnis dieser Prozesse wurde die Hegemonie islamischer Vorstellungen und Institutionen in Frage gestellt. Unzweifelhaft war eine gewisse Säkularisierung von Staat und Gesellschaft eingetreten. Dies wurde den Muslimen auch im allgemeinen nicht zum Problem, zumal die Regierungen und die von ihnen abhängigen geistlichen Autoritäten alles taten, die Entwicklung islamisch akzeptabel zu machen. Zum Problem wurde es für die Bevölkerungsschichten, die von der eingetretenen Modernisierung an den Rand gedrängt wurden. Und zum Problem wurde und wird es darüber hinaus dann, wenn der Staat offenkundig nicht in der Lage ist, eine sich verschärfende soziale Krise zu steuern. In solchen Situationen wird klar, daß die de facto eingetretene Säkularisierung der islamischen Gesellschaften auf der Ebene des Massenbewußtseins keine Entsprechung findet, daß Staat und Politik letzten Endes auf islamische Legitimation nicht verzichten können.[3]

Stets war im Bewußtsein breiter Schichten die Annahme lebendig, der Staat müsse oder solle religiös sanktioniert werden; und diese Annahme wurde dann virulent, wenn die «pragmatische» Legitimation des Staates und seiner Politik (nämlich die durch den Erfolg) nicht griff. Diese Situation trat gelegentlich ein, und darum scheuten die Regierungen der islamischen Länder davor zurück, mit der alten islamischen Legitimation offen zu brechen. Die Modernisierung war hier eben nicht so tiefgehend, gründlich und vor allem erfolgreich, daß sie die traditionelle islamische Legitimation des Staates völlig hätte ersetzen können. Welche Folgen das im heutigen Ägypten hat, wird zu zeigen sein.

a) Ein Paradigmenwechsel

Seit den frühen siebziger Jahren des 20. Jahrhunderts kann man in Ägypten ebenso wie in anderen arabischen Ländern eine verstärkte Betonung des Islams konstatieren. Das scheint damit zusammenzuhängen, daß seit jener Zeit soziale Umbrüche im Gang sind, mit deren für große Teile der Bevölkerung mißlichen Folgen der Staat nicht mehr fertig wird, und daß die so erzeugte Verunsicherung die Nostalgie nach der «guten alten Zeit» hervortreibt. Ihr Symbol ist für viele der Islam. Was aber auch immer die Gründe sein mögen – das Phänomen selbst ist unbestreitbar. Die Veränderung, die sich damit in der Atmosphäre des Landes und im politisch-intellektuellen Diskurs vollzogen hat, ist treffend als «Paradigmenwechsel» beschrieben worden.[4] Die bis dahin bestehende Dominanz arabisch-nationalistischer Ideen mit einer Tendenz zum objektiven Marxismus[5] wurde in der ersten Hälfte der 1970er Jahre allmählich von der neuen Betonung des Islams in den Hintergrund gedrängt. Diese Entwicklung fand ihren Höhepunkt (und eine deutlich politische Zuspitzung) gegen Ende des Jahrzehnts mit der Islamischen Revolution in Iran als Katalysator.[6] Sie berührte auch eindeutig säkularistische Intellektuelle und politische Kräfte und läßt sich in solchen Fällen besonders scharf herausarbeiten.[7] Das bedeutet keineswegs das Aufgehen in einer islamisch geprägten Homogenität. Vielmehr werden nach wie vor sehr divergierende Projekte verfolgt. Es ist aber charakteristisch, daß man nach der angedeuteten «Wende» glaubt, sein Anliegen unter Bezugnahme auf den Islam vorbringen zu müssen.

Die stärkere Betonung des Islams und die dadurch bewirkte Veränderung der Atmosphäre in Ägypten lassen sich vornehmlich auf drei Feldern beobachten: (1.) Die Muslime praktizieren ihren Glauben in größerer Zahl in der Öffentlichkeit (vermehrte Teilnahme am Freitagsgottesdienst, «islamische» Barttracht und Kleidungsgebräuche). (2.) In vielen Bereichen werden Bezüge zum Islam hergestellt und artikuliert, wo immer das möglich ist. Insbesondere prägt dieses Phänomen öffentliche Debatten. (3.) Es gibt eine betont islamische politisch-gesellschaftliche Bewegung, die an die unter (1.) und (2.) genannten Erscheinungen anknüpft und sie nach Möglichkeit zu lenken und zu verstärken sucht. Dies ist die Bewegung des politischen Islams, die auch als islamistische oder fundamentalistische Bewegung bezeichnet wird. Sie ist keineswegs einheitlich, sondern besteht aus einer «integristischen» Hauptströmung und vielen radikaleren, meist im Untergrund operierenden kleineren Gruppen.[8]

Alles das hat nicht nur die intellektuelle und kulturelle Atmosphäre in Ägypten, sondern auch die Rahmenbedingungen der politischen Entwicklung beeinflußt. Die islamistische Bewegung wurde zur bestverankerten Oppositionskraft gegen die bestehende Regierung, und wenn vor dieser Veränderung die Hauptlinie der politischen Auseinandersetzung die zwischen konservativ und progressiv, zwischen prowestlich und antiimperialistisch war, so ist sie nun die zwischen einem Wandel von Staat und Gesellschaft in islamischer Richtung einerseits und der Bewahrung des Bestehenden andererseits. Hauptprotagonistin der Veränderung ist die islamistische Opposition – die sich aber über die Methoden des Wandels nicht einig ist –, Hauptkraft der Bewahrung die Regierung. Alle anderen Kräfte sind genötigt, im Hinblick auf diese Auseinandersetzung Position zu beziehen. Die Auseinandersetzung ist einerseits praktisch-politisch, findet aber auch ihren Niederschlag in intensiven intellektuellen Debatten. Für ihren bisherigen Verlauf ist charakteristisch, daß sie im atmosphärisch-kulturellen Bereich erheblich mehr verändert hat als in den politischen und rechtlichen Realitäten.

b) Rechtliche Verankerungen des Islams

Anfang 1956 wurden die religiösen Gerichtshöfe in Ägypten abgeschafft und die ihnen noch verbliebenen Bereiche der Jurisdiktion den weltlichen Gerichten übertragen. Seitdem ist in Ägypten die gesamte Gerichtsbarkeit säkular. Die in Kraft befindlichen Gesetze haben ebenfalls modern-westlichen Charakter, wenn sie sich auch insbesondere hinsichtlich der Personenstandsregelungen an *sharīʿa*-Bestimmungen anlehnen. Dieser Zustand besteht nach wie vor. Allerdings sind im Zuge der Akzentuierung des Islams die nie ganz gekappten Bezüge des Rechts zur *sharīʿa* stärker betont und teilweise auch rechtlich verankert worden.

Die ägyptischen Verfassungen seit 1923 bestimmen den Islam als Religion des Staates – allein in der Verfassung der Vereinigten Arabischen Republik von 1958 fehlt eine solche Festlegung. In Artikel 2 der ägyptischen Verfassung von 1971 heißt es über die alte Bestimmung hinausgehend: «Der Islam ist die Religion des Staates und das Arabische seine offizielle Sprache. Die Prinzipien der *sharīʿa* sind eine Hauptquelle der Gesetzgebung.» Im Mai 1980 trat im Ergebnis eines Referendums eine Verfassungsänderung in Kraft, die unter anderem den Wortlaut des Artikels 2 so verschärfte, daß es nunmehr heißt: «Die Prinzipien der *sharīʿa* sind *die* Hauptquelle der Gesetzgebung.» Dieser Artikel sollte nicht die tatsächliche Herleitung der Gesetze aus *sharīʿa*-Bestimmungen vorschreiben, sondern dokumentieren, daß die faktisch-rechtliche Situation in Ägypten nicht durch offenen Bruch mit der *sharīʿa* entstanden war und das geltende Recht im Einklang mit dem gesehen wird, was man vorsichtig und unverbindlich die Prinzipien *(mabādiʾ)* der *sharīʿa* nannte – worunter man einen wie auch immer aufgefaßten «Geist» der *sharīʿa* verstehen kann, aber auch die *uṣūl al- fiqh,* also die Quellen und Methoden der islamischen Rechtsfindung.[9]

Dieser Verfassungsartikel gibt also der merkwürdigen rechtlichen Situation in Ägypten Ausdruck bzw. trägt ihr Rechnung: Recht und Gerichtsbarkeit haben säkularen Charakter, werden aber in Teilen des öffentlichen Bewußtseins islamisch legitimiert und kommen daher in ihrer allgemeinen Begründung und in manchen Einzelfällen nicht ohne Bezug auf die *sharīʿa* aus. Diese Situation besteht seit langer Zeit, wird aber seit der neuen Akzentuierung des Islams zum Ausgangspunkt für die Forderung der Islamisten nach Wiedereinführung der *sharīʿa*. Der genannte Verfassungsartikel etwa wird da nicht als Bekräftigung der Vereinbarkeit geltenden Rechts mit der *sharīʿa* verstanden, sondern als Aufforderung, das bestehende Recht durch eine Kodifikation der *sharīʿa* zu ersetzen. Diese Forderung wird seit den frühen 1970er Jahren vorgebracht.

Auch die Regierung kam dieser Forderung entgegen und förderte für eine gewisse Zeit Projekte zur Kodifizierung der *sharīʿa*. Verschiedene Gremien – von Regierung, Parlament und al-Azhar – befaßten sich mit diesen Projekten und legten auch tatsächlich Anfang Juli 1982 dem Parlament Entwürfe für sechs *sharīʿa*-konforme Gesetzbücher vor. Diese wurden dem zuständigen Ausschuß zugeleitet, aber nie mehr zutage gefördert, weil der Regierung nicht wirklich an der Wiedereinführung der *sharīʿa* lag. Nachdem sie in den frühen 1970er Jahren islamistische Organisationen zur Bekämpfung des Einflusses von Linken und Nasseristen begünstigt hatte, war sie gegen Ende des Jahrzehnts mit der islamistischen Bewegung in Konflikt geraten und wollte deren Vormarsch aufhalten. Ein Motiv für ihre Befürwortung der Einführung der *sharīʿa* war somit entfallen. Auch aus anderen Gründen (z.B. Bedenken der USA) stand die Regierung dem Projekt «Wiedereinführung der *sharīʿa*» reserviert gegenüber. Sie legte darum die entsprechenden Entwürfe auf Eis und begrub sie 1985 völlig.[10]

Auch in den 1970er Jahren ging die ägyptische Rechtsentwicklung nicht konsequent in eine «islamische» Richtung. 1979 wurde eine Änderung des Personenstandsrechts vorgenommen, die den Frauen z.B. im Fall der Scheidung größere

Rechte und Freiheiten einräumte.[11] Diese Änderung, die von der Frau des Präsidenten initiiert worden war und daher auch *Lex Jīhān* genannt wurde, stieß im Parlament auf so viel Widerstand, daß as-Sādāt sie durch Präsidentialdekret in Kraft setzte. Unter dem Vorwand des verfassungswidrigen Zustandekommens wurde sie denn auch 1985 vom Obersten Gerichtshof für nichtig erklärt. Hintergrund dafür war aber der Inhalt des Gesetzes, der konservativen und islamistischen Kreisen in der Erweiterung der Rechte der Frau zu weit ging.

c) Die sharīʿa-Debatte

Die rechtliche Situation Ägyptens wurde von der Akzentuierung des Islams nur wenig verändert. Die Art und Weise, in der sie sich im öffentlichen Bewußtsein darstellt, änderte sich allerdings dramatisch. Obwohl die Ersetzung des geltenden positiven Rechts durch eine wie auch immer kodifizierte *sharīʿa* nicht nähergerückt und auch für die Zukunft wenig wahrscheinlich ist, steht doch die Forderung danach weit oben auf der nationalen Tagesordnung und wird intensiv diskutiert.

Die Forderung nach der Wiedereinführung der *sharīʿa* war zu Beginn der 1970er Jahre von Vertretern des politischen Islams vorgebracht worden, aber auch staatsnahe Religionsgelehrte hatten sich ihr bald angeschlossen. In den 1970er Jahren widersprachen nur wenige Intellektuelle dieser Forderung, meist nur, indem sie zu Vorsicht und Mäßigung bei der Durchführung der Wiedereinführung aufriefen.[12] In den 1980er Jahren kam eine viel ausführlichere und systematischere Argumentation der Gegner einer Kodifizierung der *sharīʿa* hinzu – die Argumente der Befürworter blieben im wesentlichen gleich.

Die Argumente *für* die Einführung der *sharīʿa* sind in den Augen ihrer Befürworter: ihr Charakter als gottgegebenes Gesetz, das als solches allen von Menschen geschaffenen rechtlichen Bestimmungen überlegen sei und das unbedingt befolgt werden müsse; die in ihr gegebene enge Verbindung von Rechtsvorschrift und Moral; ihre Betonung sozialer Werte, die Gerechtigkeit fördere und eine Gesellschaftsreform erleichtere; und ihre «einheimische» Natur, welche die Bewährung oder Wiedererlangung der Identität und Unabhängigkeit fördere. Die Argumente *gegen* eine sofortige Einführung der *sharīʿa* sind: Zweifel daran, daß diese in der vorliegenden Form, die ja dann auch noch von Menschen in all ihrer Schwäche zur Geltung gebracht werden müsse, wirklich Gottes unverfälschtes Gebot sei; die schon früher weitgehende Einschränkung der tatsächlichen Geltung der *sharīʿa*; ihre Untauglichkeit für die heutigen Verhältnisse bzw. die Schwierigkeit, sie diesen anzupassen; und die Tatsache, daß *sharīʿa*-Prinzipien im Rahmen des Sinnvollen im geltenden Recht schon berücksichtigt seien.[13]

Obwohl diese Argumente oft vorgebracht wurden, geht es doch weder Befürwortern noch Gegnern der Einführung der *sharīʿa* ausschließlich um deren Geltung als Gesetz. Vielmehr liegt den Befürwortern mindestens ebensosehr an der Möglichkeit der Agitation gegen die bestehenden Zustände, die sie mit ihrer Kampagne verbunden sehen und durch die sie ihre Macht und ihren Einfluß vergrößern wollen – letzten Endes im Sinne einer Änderung der Verhältnisse, die weit über den bloßen Austausch von Gesetzen hinausgeht. Und die Gegner – oder jedenfalls manche von ihnen – befürchten genau das und bekämpfen deshalb die Forderung schon aus diesem Grund. Es steht vor allem das *Prinzip* der Einführung der *sharīʿa* zur Debatte, nicht so sehr die Einführung selbst. Es handelt sich im wesentlichen nicht um eine substantiell rechtliche Frage, sondern um einen Kampf zwischen verschiedenen politischen Kräften um die Natur des Staates und die politische Kultur in Ägypten, der mit intellektuellen Mitteln anhand einer rechtlichen Problematik ausgetragen wird.

Vielen Befürwortern einer raschen Einführung der *sharīʿa* liegt an dem Eindruck, das bestehende positive Recht sei mit der *sharīʿa* völlig unvereinbar, es müsse also, wenn man diese wolle, durch sie ersetzt werden. In diesem Sinne kam es in den 1980er Jahren oft vor, daß den Islamisten nahestehende Richter nach den bestehenden Gesetzen urteilten, aber gleichzeitig zu Protokoll gaben, diese gesetzlichen Vorgaben widersprächen den Bestimmungen der *sharīʿa* und sollten daher durch diese ersetzt werden – entsprechend dem Artikel 2 der Verfassung. Einige Richter urteilten auch gleich gemäß *sharīʿa*-Bestimmungen.[14] Die Absicht war in beiden Fällen die gleiche: die Unvereinbarkeit der bestehenden Gesetze mit der *sharīʿa* zu zeigen und damit der Kampagne zu deren Einführung zu dienen. Die Demonstrationsabsicht dieses Vorgehens wurde auch darin deutlich, daß solche Urteile große Aufmerksamkeit in der Presse fanden. Solche Urteile wurden in der Regel von der höheren Instanz aufgehoben, aber dennoch kamen sie sporadisch weiterhin vor. Ein besonders krasser Fall war der des Kairoer Linguistikprofessors Naṣr Ḥāmid Abū Zaid, der im Juni 1995 von einem Familiengericht zwangsweise geschieden wurde, weil er durch die Anwendung moderner linguistischer Forschungsmethoden auf heilige Texte vom Islam abgefallen sei.

Eine andere Gelegenheit, bei der die Spannung zwischen den bestehenden Gesetzen und der *sharīʿa,* aber auch die Berücksichtigung der *sharīʿa* in der heutigen Rechtsordnung beleuchtet wurden, waren einige Fälle von Vergewaltigung, die um die Mitte der 1980er Jahre die ägyptische Öffentlichkeit stark beschäftigten. In einem dieser Fälle wollte das Gericht den Täter zum Tod verurteilen und konsultierte den Mufti *(muftī)* von Ägypten, wie das die Strafprozeßordnung in diesem Fall vorschreibt. Der Mufti nahm die Vergewaltigung für *zināʾ* (Unzucht) und stellte fest, nach den hierbei besonders strengen Vorschriften der *sharīʿa* für die Beweisführung könne das Verbrechen nicht als erwiesen gelten und insofern könne nicht der dafür vorgesehene *ḥadd* (im Koran vorgeschriebene Strafe) verhängt werden. Er versagte also dem Gerichtsurteil seine Zustimmung. Daraufhin wurde er in den Medien heftig gegeißelt, weil er die strenge Bestrafung von Vergewaltigern behindere.[15] In einem bald danach zu behandelnden ähnlich gelagerten Fall beherzigte der Mufti die Kritik. Er nahm das Delikt diesmal nicht für *zināʾ*, sondern für *ḥirāba* (Straßenräuberei) und erklärte diese für hinlänglich bewiesen.[16] Dieser Fall wirft ein Schlaglicht auf den merkwürdigen Zwischenzustand der rechtlichen Situation in Ägypten: Geltung positiven Rechts unter mehr oder weniger fiktiver Berücksichtigung von Erwägungen, die sich auf die *sharīʿa* gründen.

d) Die politische Auseinandersetzung

Die Debatte um die Einführung der *sharīʿa* hatte letztlich nicht nur rechtlichen, sondern auch politischen Charakter. Andere Debatten hatten einen noch engeren Bezug zur Sphäre der Politik und zu der hier stattfindenden großen Auseinandersetzung um den zukünftigen Weg des Landes. Die islamistische Bewegung hat sich als wichtiger Akteur in diese Auseinandersetzung einschalten können. Ihre Präsenz ist fest etabliert. Auch wenn ihre Organisationen zum großen Teil offiziell noch illegal sind, werden sie doch allgemein als wichtige Kraft anerkannt. Die Hauptkraft der islamistischen Bewegung in Ägypten, die *Muslimbruderschaft*, wendet bei der Verfolgung ihrer Ziele legale Mittel an; die radikalen Gruppen griffen – und greifen gelegentlich immer noch – auch zu gewaltsamen Methoden der Auseinandersetzung (Beraubung koptischer Juweliere, Angriffe auf Touristen, Anschläge auf politische Gegner).

Diese Bewegung propagiert die Veränderung der bestehenden Verhältnisse in eine islamische Richtung – nicht wohldefiniert, aber jedenfalls charakterisiert durch die angestrebte Geltung der *sharīʿa*. Gegen diese Forderung nach Veränderung stehen die politischen Kräfte, die den Status quo wenigstens unter einem Aspekt, nämlich in der Autonomie der Politik von institutionalisierter religiöser Beeinflussung, bewahren wollen. Das sind in erster Linie die Regierung und die sie tragende *Nationaldemokratische Partei,* aber auch die nichtislamistische Opposition (vor allem die *Wafd*-Partei und die *Tajammuʿ*-Partei). Einige Oppositionsparteien sind so stark islamistisch beeinflußt und durch Wahlbündnisse an die *Muslimbrüder* gebunden, daß sie als Teil der islamistischen Bewegung gelten können. Dies gilt in besonderem Maß für die *Sozialistische Partei der Arbeit* und die *Liberale Partei.* Auch in das Regierungslager wirken islamistische Sympathien und Einflüsse hinein.

Die unbestrittene Präsenz der islamistischen Bewegung auf der politischen Szene in Ägypten bedeutet jedoch nicht, daß auch ihre Ziele allgemein gutgeheißen würden. Über sie gibt es heftige Auseinandersetzungen. Der Staat versucht, die islamistische Bewegung mit einer Doppelstrategie einzudämmen: teilweise Kooptation der *Muslimbrüder* und stärkere «islamische Färbung» des Staates einerseits, harte Unterdrückung der radikalen Gruppen andererseits.[17]

Die Auseinandersetzung findet unter einem (trotz mancher in den letzten drei Jahrzehnten erfolgten Öffnungen) immer noch autoritären politischen Regime statt. Die Öffnungen wurden nicht in der Rechtsordnung verankert, sondern (oft aus Gründen der Image-Pflege) durch präsidentielles Dekret verordnet. Die Ausnahmegesetze von 1981 sind weiter in Kraft, und das Parteiengesetz verbietet nach wie vor die Bildung von Parteien auf religiöser Grundlage. Die islamistischen Organisationen mit direkt politischem Charakter sind also illegal, wenn auch viele ihrer Aktivitäten – bis hin zur Beteiligung an Wahlen – geduldet werden. Dabei handelt es sich um eine Vergünstigung, die, gnädig gewährt, ungnädig wieder zurückgenommen werden kann.[18] Legal sind dagegen die meisten Wohltätigkeitsorganisationen, die, wenn sie unter islamischem Vorzeichen operieren, sogar einen günstigeren rechtlichen Status haben als ohne einen solchen Bezug.[19] Auch in der Presse – einschließlich der staatlich kontrollierten – hat die islamistische Bewegung große Ausdrucksmöglichkeiten; Radio und Fernsehen behält die Regierung ihrer schärferen Kontrolle vor. Unter diesen Umständen können die Islamisten zwar in der Gesellschaft und im öffentlichen Bewußtsein, aber nicht – jedenfalls nicht legal – bei der politischen Willensbildung ihre Präsenz zur Geltung bringen.

Der Gegensatz links/rechts, prowestlich/antiimperialistisch, der früher die politische Auseinandersetzung in Ägypten prägte, ist nicht bedeutungslos geworden, aber von dem neuen Gegensatz zwischen Kritikern und Verteidigern des Status quo in den Hintergrund gedrängt worden. Daraus haben sich für viele Kräfte neue Optionen und Herausforderungen ergeben, z. B. die Frage, ob sie sich im Sinne der eigenen Popularität der neuen Atmosphäre anpassen oder sich zum Zweck der Verteidigung der zivilen Grundlagen von Staat und Gesellschaft der Veränderung entgegenstellen sollen, ggf. sogar im Bündnis mit der bestehenden Regierung.[20]

e) Kontroversen

Einige in den 1980er Jahren geführte Debatten werfen ein scharfes Licht auf den Status des Islams im heutigen Ägypten und auf die ihn betreffende Auseinandersetzung. Eine dieser Debatten betraf die Frage, ob und unter welcher Bedingung der Islam die Auflehnung gegen eine bestehende Regierung rechtfertigt oder gar gebietet. Nachdem Mitglieder der radikalen islamistischen *Jihād*-Gruppe im Oktober 1981 as-Sādāt ermordet hatten, verteidigten sie sich bei der Gerichtsverhandlung mit dem Argument, sie seien damit einem Gebot des Islams gefolgt, nämlich einen als Unrecht erkannten Zustand zu korrigieren, und zwar notfalls mit Gewalt. As-Sādāt habe durch sein Verhalten gezeigt, daß er vom Islam abgefallen sei, und somit habe man ihn töten müssen.[21] In einem Bericht über die Schrift «al-Farīḍa al-ghā'iba», das wichtigste programmatische Dokument der *Jihād*-Gruppe, sprach sich der Mufti von Ägypten gegen diese Auffassung aus.[22] Er widersprach den Behauptungen, ein Muslim entferne sich durch Fehlverhalten aus dem Islam, der *jihād* sei eine individuelle Verpflichtung für alle Muslime, Ägypten gehöre nicht zur islamischen Welt und müsse durch den *jihād* wiedergewonnen werden sowie anderen derartigen Vorstellungen.

Bemerkenswert ist, daß beide an der Kontroverse beteiligten Seiten die traditionelle islamische Konzeption als angemessenes Beurteilungskriterium für einen modernen Herrscher wie as-Sādāt akzeptierten. Dabei hielt sich der Mufti im Rahmen des traditionellen sunnitischen Konsenses, während seine Gegner in der Traditionslinie der Kharidschiten[23] argumentierten. Im Rahmen des *fiqh*, der islamischen Rechtsgelehrsamkeit, hatte der Mufti sicher recht – und beide Seiten argumentierten ja zumindest offiziell in diesem Rahmen. Eben dies ist aber problematisch: Der traditionelle *fiqh* ist kein angemessenes Instrument zur Beurteilung des Charakters des Sādāt-Regimes oder irgendeines Regimes im heutigen, politisch und gesellschaftlich sehr weitgehend säkularisierten Ägypten.

Der Mufti ging davon aus, das ägyptische Regime sei islamische Herrschaft im traditionellen Sinn, und brachte Argumente vor, die diese Auffassung in den Augen des Publikums plausibel machen sollten – im Sinne und im Auftrag der Regierung, der an einem solchen Image lag. Die radikalen Islamisten hatten wenigstens eine Ahnung davon, daß as-Sādāt kein traditioneller Herrscher war. Sie nahmen aber an, er könne es sein, verstanden seine Politik als Abfall vom Islam, riefen den *jihād* aus und brachten as-Sādāt um. Sie wußten offenbar um die Säkularisiertheit der Zustände, glaubten aber, sie könnten sie auf ihre gewaltsame Weise auf einen vormodernen Stand zurückwerfen.

Ähnliche Debatten zwischen den angeklagten Islamisten und staatsnahen Rechtsgelehrten über die Fragen, um die es in den Prozessen ging, gab es seinerzeit mehrfach – organisiert und breit publiziert von der Regierung, die auf diese Weise ihr «islamisches» Bild in der Öffentlichkeit aufpolieren wollte. Sie schaffte das im allgemeinen nicht, denn wie sehr auch die Gelehrten den jungen Radikalen theologisch überlegen waren, war es doch offensichtlich, daß sie im Einvernehmen mit der Regierung und in ihrem Sinne handelten, während die Islamisten ebenso offensichtlich aus Überzeugung sprachen und gehandelt hatten.

Eine andere Debatte betraf die Konzeption der «Beratung» *(shūrā)* im Islam und ihre Relevanz für die heutige Zeit. Nach der traditionellen politischen Konzeption des Islams ist ein Herrscher gehalten, sich bei seinen politischen Entscheidungen mit geeigneten Leuten zu «beraten». Es ist allerdings nirgendwo eindeutig festgelegt, wer diese geeigneten Leute sind und wie bindend ihr Rat ist. Im Gegensatz zu dem, was apologetisch behauptet wird, läßt sich auch kaum feststellen, daß dieses Prinzip im Verlauf der islamischen Geschichte autokratische Herrschaft verhindert hätte. Heute wird es gern herangezogen, um auf demokratische Elemente im islamischen Politikverständnis hinzuweisen. Oft wird es auch einfach mit Demokratie gleichgesetzt.

Im Sommer 1985 fragte der bekannte Schriftsteller Yūsuf Idrīs in einem offenen Brief Khālid Muḥammad Khālid, warum er in einer so schwierigen Situation, in der es so viele existentielle Probleme gebe, eine so marginale Frage wie die Einführung der *sharīʿa* aufwerfe. Khālid Muḥammad Khālid ist ein an der Azhar ausgebildeter Gelehrter, der 1950 als dezidierter Säkularist hervorgetreten war,[24] sich allerdings im Zuge der neuerlichen Betonung des Islams 1981 zur integralistischen Auffassung des Islams bekannte und seitdem die Notwendigkeit eines islamischen Staates und die Einführung der *sharīʿa* propagiert.[25] Idrīs fragte in seinem offenen Brief weiter, wie der von Khālid geforderte islamische Staat aussehen werde und welche *sharīʿa* eingeführt werden solle.[26] Hierauf antwortete Khālid: «Warum die *sharīʿa* ...? Wir müssen uns darauf einigen, daß der Islam Religion und Staat ist... Wenn der Islam aber Staat ist, braucht er ein Recht und Gesetze, die aus ihm als Religion entspringen! ... Das Herrschaftssystem im Islam ist die *shūrā*. Was ist die *shūrā*? Sie ist die Demokratie, die wir heute in den demokratischen Ländern sehen.» Dann zählte Khālid einige Kennzeichen der Demokratie im modern-westlichen Verständnis auf und behauptete ganz einfach, dies seien auch die wesentlichen Charakteristika der *shūrā*.[27] Khālid will also menschliche, tolerante, fortschrittliche Verhältnisse, die politisch der westlichen Demokratie entsprechen, hält es aber im Sinne ihrer Akzeptanz und Unangreifbarkeit für nötig, diese Verhältnisse mit einem islamischen Vorzeichen zu versehen, ja sie sogar religionsgesetzlich vorzuschreiben, was seiner Auffassung nach dem «eigentlichen» Wesen des Islams entspricht.

In einer Replik auf Khālids Artikel hieß Faraj Fōda – der in den 1980er Jahren vehementeste ägyptische Kritiker der islamistischen Position und Praxis – dessen Ziele ausdrücklich gut, hielt es aber für falsch, daß er sie religionsgesetzlich begründete. Das moderne Konzept der Demokratie, wie es Khālid vorstelle, sei nun einmal außerhalb des islamischen Bereichs entwickelt worden. Das hindere die Muslime nicht daran, es zu übernehmen, denn dem Geist des Islams widerspreche es keineswegs. Es für genuin islamisch zu erklären, widerspreche aber dem historischen Sachverhalt. Und überdies werde mit der Ineinssetzung von Demokratie und islamischem Staat dieser akzeptabel gemacht. Wenn er aber erst einmal akzeptiert sei, hätte damit die Mehrheit seiner Befürworter einen Sieg errungen, die ihn ganz anders konzipiere als Khālid, nämlich rückschrittlich, intolerant und repressiv.[28]

Ganz anders der einflußreiche «Ahrām»-Journalist Fahmī Huwaidī: Wie Khālid plädierte auch er dafür, solche Konzepte, für die man werben wolle, in einen islamischen Begründungszusammenhang zu stellen, und zwar mit dem ganz pragmatischen Argument, nur ein derartiges Vorgehen sichere einem Konzept das Gehör der zutiefst religiösen ägyptischen Massen.[29]

Der bekannte Philosoph Fu'ād Zakarīyā – konsequentester ägyptischer Vertreter eines prinzipiellen Säkularismus, der sich häufig auch publizistisch mit den Auffassungen der Islamisten auseinandersetzt – bezweifelte ähnlich wie Fōda, daß Khālids Interpretationen im Lager der Anhänger des islamischen Staates und der sofortigen Einführung der *sharīʿa* viel Beifall finden würden. Ihm war es aber noch wichtiger, daß es Khālid nicht möglich gewesen sei, diese Interpretationen allein aus der Kenntnis der Grundlagentexte zu entwickeln. Vielmehr seien sie zutiefst von den Bedingungen der heutigen Zeit geprägt. Das unterstreicht einen Gedanken, auf den Zakarīyā auch sonst viel Wert legt, daß nämlich die Entwicklung von *sharīʿa*-Bestimmungen aus den Grundlagen Menschenwerk ist, das nicht losgelöst von den Bedingungen und Einflüssen der jeweiligen Zeit denkbar ist, und daß es daher einen prinzipiellen Unterschied göttliche Gesetzgebung/menschliche Gesetzgebung nicht gibt.[30]

Es fehlte auch nicht an solchen Stimmen, die Khālid seine Ineinssetzung universalistischer Konzepte mit islamischem Staat und *sharīʿa* von einem islamistischen Standpunkt aus vorwarfen. So zitierte etwa Jamāl Sulṭān, ein prominentes Mitglied der *Muslimbruderschaft*, Khālids Gleichsetzung des islamischen Herrschaftssystems mit der westlichen Demokratie und fragte, wann er denn wohl – in seiner Argumentation folgerichtig – die amerikanische und die britische Regierung als islamisch bezeichnen werde.[31]

Hier werden die verschiedenen in der Debatte um Islam und Politik vertretenen Positionen sehr deutlich sichtbar. Dabei ist die Position der «islamischen Mitte», die Khālid und Huwaidī einnehmen, sehr populär. Die säkularistische Position Fōdas und Zakarīyās wird nur von wenigen Intellektuellen offen vertreten, und auch die radikal-islamistische Haltung Sulṭāns findet sich – jedenfalls offen ausgesprochen – weniger häufig und ist beispielsweise für Äußerungen der *Muslimbrüder* nicht typisch.

Wenn man die Bedeutung des Islams für die ägyptische Gesellschaft und Politik behandelt, ist eine der wichtigsten Fragen die nach dem Verhältnis der Muslime zu den Nichtmuslimen. Diese Frage wurde in den 1980er Jahren intensiv diskutiert, und hier lassen sich dieselben prinzipiellen Positionen feststellen wie in der eben behandelten Debatte. Es gibt eine – allerdings nur selten offen geäußerte – radikale islamistische Haltung, die dafür eintritt, auch offiziell die rechtliche Diskriminierung der Nichtmuslime wieder einzuführen.[32] Es gibt auch hier die «islamische Mitte», die volle Bürgerrechte für die Nichtmuslime im Rahmen einer islamisch verfaßten Ordnung befürwortet, aber gleichzeitig die faktische Diskriminierung der Nichtmuslime in der islamischen Geschichte und im heutigen Ägypten herunterspielt.[33] Und es gibt eine säkularistische Position, die sich mit Nachdruck für die Rechte der Nichtmuslime *unabhängig* vom islamischen Verständnis dieser Frage einsetzt und auf die Gefahren hinweist, die stets mit jeder Diskriminierung religiöser Minderheiten notwendig verbunden sind.[34]

f) Ein neuer Säkularismus

Im Zuge der neuerlichen Betonung des Islams war die säkularistische Geistesrichtung in Ägypten wie in anderen islamischen Ländern in den Hintergrund gedrängt worden. Einige prominente Säkularisten hatten sich zum politischen Islam bekannt. Angesichts der Gefahr, die sie in Gestalt der islamistischen Bewegung und ihres wachsenden Einflusses aufziehen sahen, begann sich um die Mitte der 1980er Jahre eine neue Generation von ägyptischen Säkularisten offen zu äußern. Die Bedenken gegen einen institutionalisierten Einfluß der Religion auf die Politik, die im Zusammenhang mit der Debatte um die *sharīʿa* und einigen politischen Kontroversen erhoben worden waren, äußerten sich nun auch umfassend und prinzipiell und wurden in teilweise weit beachteten Kontroversen mit Vertretern eines integralistischen Islam-Verständnisses verteidigt. Diese Kontroversen kreisten bei all ihrer Verschiedenheit doch um die eine große Frage: Ist der Säkularismus mit dem Islam vereinbar, oder muß der Islam notwendigerweise so verstanden werden, daß er säkularistische Vorstellungen ausschließt? Mit anderen Worten: Schreibt das Bekenntnis zum Islam ein bestimmtes politisches Verhalten vor, das dann auch institutionell durchgesetzt wird, oder läßt es den Muslimen die Freiheit, diese Sphäre nach ihrem eigenen Ermessen zu gestalten?

In der öffentlichen Diskussion wurden fünf Autoren aufgrund ihrer meist in Zeitungen publizierten Diskussionsbeiträge besonders mit diesem neuen Säkularismus identifiziert: Faraj Fōda, Ḥusain Aḥmad Amīn, Fuʾād Zakarīyā, Muḥammad Nūr Faraḥāt und Muḥammad Saʿīd al-ʿAshmāwī.[35] Sie alle plädierten, in verschiedener Form und mit unterschiedlicher Begründung, für die Autonomie des menschlichen Lebens gegenüber einem institutionalisierten Hegemonieanspruch der Religion.[36] Sie versuchten im allgemeinen, die Gefährlichkeit der integralistischen Konzeption des Islams durch Heranziehung praktischer Beispiele oder durch prinzipielle Überlegungen nachzuweisen. Ihre Gegner wiederum erklärten, die Gefahren seien entweder nicht vorhanden oder erwüchsen aus der falschen Anwendung des Islams und könnten durch die richtige vermieden werden.

Die Debatte – von 1984 bis 1987 intensiv geführt – stieß recht bald an ihre Grenzen. Es stellte sich heraus, daß keine der beiden Seiten die jeweils andere überzeugen konnte; die beiden unterschiedlichen Auffassungen des Islams blieben unvereinbar nebeneinander stehen. Die Debatte auf der intellektuellen Ebene machte wieder stärker der praktisch-politischen Auseinandersetzung Platz, die den Anstoß zu ihr gegeben hatte. Das zeigte überdeutlich die Ermordung Faraj Fōdas durch eine radikale islamistische Gruppe am 8. Juni 1992.

g) Neuere Entwicklungen

Die großen Linien der politischen Konstellation in Ägypten, in der sich eine autoritäre Regierung und eine islamistische Opposition gegenüberstehen und der säkularen Opposition sowie zivilgesellschaftlichen Bestrebungen wenig Raum lassen, zeigen große Beharrungskraft. Die Regierung hat sich Anfang der 1990er Jahre ein Programm ökonomischer Liberalisierung und Privatisierung gegeben, das sie aber unter den Bedingungen fortgesetzter, ja sogar gesteigerter politischer Illiberalität und damit oft halbherzig, zögerlich und unter Begünstigung ihrer Klienten in die Tat umsetzt. Das ruft naturgemäß verbreitete Unzufriedenheit auf den Plan, deren Einhegung oder Neutralisierung oberstes Gebot der ägyptischen Politik zu sein scheint. Dabei wird gegenüber den *Muslimbrüdern* die alte Linie fortgesetzt: Sie sind immer noch verboten, man läßt sie vielfach gewähren, greift aber gelegentlich auch – im Sinne einer Warnung – gegen sie durch und versucht jedenfalls jede unabhängige politische Bewegung zu verhindern: Keiner der verschiedenen Versuche, aus den Reihen der *Muslimbrüder* heraus legale Parteien zu gründen, wurde zugelassen.

Bei den radikalen Islamisten zeigten sich die deutlichsten Entwicklungen. Hatten sie sich zu Beginn der 1990er Jahre an manchen Orten noch regelrechte bewaffnete Kämpfe mit den Sicherheitskräften geliefert und nach brutaler Unterdrückung seitens der Regierung eine Reihe von regelrechten Massakern an Touristen begangen (das spektakulärste und für lange Zeit letzte im November 1997 in Luxor), begann in ihren Reihen ein Besinnungsprozeß, in dessen Ergebnis die meisten ihrer Führer beschlossen, bewaffnete Aktionen einzustellen. Allem Anschein nach war dieser Beschluß ehrlich gemeint; er wurde durch einige Publikationen untermauert. Die Regierung ging mit Verzögerung auf diesen Prozeß ein, publizierte ihn dann aber prominent im Juni/Juli 2002; viele der Radikalen wurden nach Jahrzehnten der Haft freigelassen. Der Prozeß dürfte auf die «Wiedereingliederung» der bislang Radikalen in die *Muslimbruderschaft* oder ihr Umfeld hinauslaufen.[37]

Es besteht nach wie vor eine Art Modus vivendi der Regierung mit den Islamisten, der für deren Kontrolle und Ruhigstellung sorgt. Gefährdung droht diesem Zustand allerdings von der wachsenden allgemeinen Unzufriedenheit mit der Regierung, die inzwischen recht lautstark artikuliert wird und im Verein mit amerikanischen Forderungen nach Demokratisierung für Unruhe sorgt, deren Ergebnis heute (März 2005) noch nicht abzusehen ist.

16. Sudan

(Hanspeter Mattes)

Der Sudan ist gegenwärtig das einzige Land der *Arabischen Liga,* dessen politische Struktur und inneres Konfliktpotential sich auf die spezifische Form der Islamisierung des Landes seit dem 16. Jahrhundert zurückführen lassen und dessen vier politische Hauptrichtungen hinsichtlich ihrer Programme zur politischen und gesellschaftlichen Ordnung des Staates eng mit bestimmten religiösen Gruppierungen – mit jeweils eigenen islamischen Traditionen – verbunden sind: mit der *Mahdīya*-Bewegung, der *Khatmīya*-Bruderschaft, den *Muslimbrüdern* und den *Republikanischen Brüdern.*

a) Die Ursprünge der Ṭā'ifīya im Sudan

Die Islamisierung des Sudan, eingeleitet im 7. Jahrhundert durch einwandernde Nomaden aus der Arabischen Halbinsel, erhielt 1504 mit der Begründung des ersten islamischen Staatswesens im nordsudanesischen Sennar, dem Fundsch-Sultanat, einen beachtlichen Impuls, da die Fundsch-Dynastien zur religiösen Unterweisung der nomadisierenden Stämme und seßhaften Bevölkerung zahlreiche Religionsgelehrte *('ulamā')* und *ṣūfī*-Führer *(shuyūkh)* aus dem Ḥijāz (Hedschas) ins Land holten. Dabei waren vor allem die methodisch an das soziale Umfeld angepaßten Bemühungen der *ṣūfī*s so erfolgreich, daß der Islam im Sudan nicht nur einen prägenden sufischen Charakter erhielt, ja Sufismus und Islam fortan zu einem Synonym verschmolzen, sondern aus dem Rivalitätsverhältnis zwischen *ṣūfī*s und *'ulamā'* eine die Zukunft des Landes bestimmende Oppositionskonstellation erwuchs.[1]

Bis zum 19. Jahrhundert erlangten zwei im ganzen arabischen Raum verbreitete Bruderschaften auch im sudanesischen Niltal, besonders in der Jazīra-Region, einen dominierenden Einfluß: Es handelte sich erstens um die sich seit Mitte des 16. Jahrhunderts vor allem durch die Lehre des Scheichs (arab. Sing. *shaikh*) Idrīs ibn Muḥammad al-Arbāb (geb. 1507) ausbreitende *Qādirīya*-Bruderschaft, und zweitens um die zu Beginn des 18. Jahrhunderts durch Scheich Khupalī 'Abd ar-Raḥmān (gest. 1743) verbreitete Lehre der *Shādhilīya.* Diese religionspolitische Struktur veränderte sich erst im 19. Jahrhundert durch das Eindringen reformistischen Gedankenguts und durch die auf den Nordsudan einwirkenden Modernisierungsimpulse der türkisch-ägyptischen Administration, die der ägyptische Herrscher Muḥammad ʿAlī 1821 in den unterworfenen Gebieten installiert hatte.[2]

Das reformistische Gedankengut wurde im Sudan in erster Linie durch Anhänger neuer, im Ḥijāz entstandener Bruderschaften verbreitet, unter denen die *Sammānīya* und die Ableger der *Idrīsīya* eine zentrale Rolle spielten. Die Lehre von ʿAbd al-Karīm as-Sammān (1718–1775), die den Propheten Muḥammad und die Doktrin vom Erscheinen eines Mahdi *(mahdī)* in das Zentrum des sufischen Universums stellt, wurde im Nordsudan ab 1800 von dessen wichtigstem Schüler, Aḥmad aṭ-Ṭaiyib ibn al-Bashīr, verbreitet, der zahlreiche Stämme an sich band und seinen Einfluß nach Westkordofan (Kurdufān) ausweitete. Muḥammad Aḥmad ibn ʿAbdallāh (1844–1885), der spätere Mahdi, war Schüler von Nūr ad-Dāʾim (1841–1908), dem Enkel von Aḥmad aṭ-Ṭaiyib. Die Lehre des lange Jahre in Mekka lebenden marokkanischen *ṣūfī*-Scheichs Aḥmad ibn Idrīs (1760–1837) wurde im Sudan durch drei seiner Schüler – wenngleich teilweise in veränderter Version – verbreitet: im Darfur besonders durch die von Muḥammad ibn ʿAlī as-Sanūsī (1787–1859) begründete *Sanūsīya* mit ihrem Hauptsitz in der Cyrenaika, im Gebiet des Roten Meeres und in ad-Damer durch die Bruderschaft von Muḥammad al-Majdhūb aṣ-Ṣughayir (1796–1833). Die dritte Bruderschaft, die sich zugleich zur wichtigsten und personell stärksten im Sudan entwickelte, war die *Mīrghanīya* oder *Khatmīya,* deren Gründer, Saiyid Muḥammad ʿUthmān al-Mīrghanī (1793–1853), einer reichen Scherifenfamilie aus Mekka entstammte.[3]

Alle drei Bruderschaften predigten die Zurückweisung der blinden Übernahme bestehender Rechtsinhalte *(taqlīd),* die Überwindung der vier bestehenden sunnitischen Rechtsschulen sowie die Wiedereröffnung des «Tores des *ijtihād*» und machten den Propheten Muḥammad zur ausschließlichen Referenz ihres unitären «muhammadanischen» Weges *(Ṭarīqa muḥammadīya).*

Der türkisch-ägyptische Einfluß hat während der beiden Phasen starker Präsenz zwischen 1821 und 1849 (Eroberung des Nordsudan und Aufbau einer Zentralverwaltung) und zwischen 1863 und 1879 (Ausdehnung der Verwaltung bis Darfur und Equatoria) die bestehende Dichotomie zwischen *ṣūfī*-Scheichs und *ʿulamāʾ* verschärft. Das Ziel der türkisch-ägyptischen Gouverneure war neben der Anbindung des Sudan an Ägypten die Verminderung der Macht der Stämme. Da die Stämme die meisten Anhänger der *ṣūfī*-Scheichs stellten, intervenierte die türkisch-ägyptische Verwaltung zur Durchsetzung ihrer Ziele primär im religiösen Bereich. Die städtischen orthodoxen *ʿulamāʾ* sollten durch die Neurekrutierung von Azhar-Absolventen, den Bau von Moscheen und die Entsendung von sudanesischen Theologie-Studenten an die Azhar-Universität in Kairo gestärkt werden. Der mangelnde Erfolg dieser Strategie und verschiedene Vermittlungsaktivitäten der *Khatmīya* führten schließlich im Zeitraum 1860–1870 zu einer Annäherung zwischen der sogenannten *Turkīya* als lokalen Machthabern und der *Khatmīya* als der wichtigsten Bruderschaft «im Interesse der Bruderschaft und der Muslime». Diese bis zur Unabhängigkeit des Sudan währende strategisch-politische Allianz von *Khatmīya* und ausländischen politischen Machthabern, in die die *ʿulamāʾ* einbezogen waren, wurde indes von weiten Teilen der Bevölkerung abgelehnt und war eine der Ursachen des Mahdistenaufstandes 1881, der vor allem von den westsudanesischen Stämmen getragen wurde.

Eine weitere, eng damit verknüpfte Ursache war die Ende des 19. Jahrhunderts auch außerhalb des Sudan verbreitete Erwartung eines Mahdi, eines religiösen Führers und Erneuerers, der die Reinheit und Einheit des Islams sowie Gleichheit und Gerechtigkeit auf Erden wiederherstellen sollte. Die Umwälzungen in der sudanesischen Wirtschaft, die Infragestellung der traditionellen Stammes- und Hierarchiestrukturen durch die Modernisierungspolitik der Administration mobilisierten die Bevölkerung unter dem Banner des auch vom idrisischen Gedankengut geprägten Sammānīya-Scheichs Muḥammad Aḥmad ibn ʿAbdallāh aus Dongola. Dieser gab sich 1881 – drei Jahre nach dem Bruch mit seinem *ṣūfī*-Lehrer Nūr ad-Dāʾim – als der erwartete Mahdi aus. Sein politisch-religiöses Programm bestand aus der Propagierung eines Lebens in Austerität, der Rückkehr zum Islam des Propheten Muḥammad und des *jihād* gegen die Ungläubigen (in erster Linie die türkisch-ägyptische Administration). Der xenophobe Züge tragende Mahdistenaufstand war der Höhepunkt der Konfrontation zwischen *ʿulamāʾ* und *ṣūfī*-Scheichs.

Der vom Mahdi etablierte und nach seinem Tod 1885 von seinem Nachfolger *(khalīfa)* ʿAbd Allāhī ibn Muḥammad at-Taʿāʾishī (hingerichtet 1899) geleitete theokratische Staat wurde zwar durch die britische Militärexpedition mit der Schlacht von Omdurman am 2. 9. 1898 ausgelöscht, seine Anhänger *(anṣār)* formierten und formieren sich jedoch bis heute zur zweiten politisch-ideologischen Gruppierung des Sudan, die maßgeblich das politische Geschehen mitbestimmt(e). Die *Khatmīya* und die *anṣār* der *Mahdīya* agierten anfangs ausschließlich als Interessenverbände gegenüber der britischen Kolonialmacht. Das Entstehen der sudanesischen Nationalbewegung, die Säkularisierung des Politikbereichs und die in den vierziger Jahren des 20. Jahrhunderts beginnende Gründung politischer Parteien veranlaßten die *Khatmīya* und *Mahdīya*, konfessionell gebundene Parteien zu bilden. 1945 begründeten die *anṣār* die *Umma-Partei*, 1953 organisierte die *Khatmīya* im Bündnis mit der bereits 1943 legalisierten *Ashiqqāʾ* die *National Union Party* (*NUP*; ab 1967, *Democratic Union Party, DUP*). Beide Parteien standen vor allem in der Endphase des anglo-britischen Kondominiums in einem offenen Rivalitätsverhältnis, war doch die *Khatmīya*/NUP bis hin zum Plädoyer für einen Anschluß *(ittiḥād)* stark an Ägypten orientiert, während die *anṣār*/*Umma-Partei* für eine Monarchie optierte und eine eigenständige Außenpolitik vertrat. Beide Parteien, von denen jede ein traditionelles religiöses Lager vertrat, waren nach der Unabhängigkeit im Januar 1956 in den Phasen ziviler Herrschaft (1956–1958; 1964–1969; 1985–1989) an der Regierungsarbeit und/oder der Politikgestaltung beteiligt und in den Phasen militärischer Herrschaft (ʿAbbūd-Regime 1958–1964; Numairī-Regime 1969–1985; Bashīr-Regime seit 1989, auch wenn seit 1995 formal das militärische Element in den Hintergrund trat) ein im politischen Kräftespiel nicht zu vernachlässigender Machtfaktor. Das politische Agieren von *Mahdīya* und *Khatmīya* war durch Opportunismus, Konzeptionslosigkeit und ideologisches Vakuum gekennzeichnet. Es war auf den kurzfristigen Machtgewinn ausgerichtetes politisches Sektierertum *(ṭā'ifīya)*, das sich immer stärker als politikbestimmender Faktor erweisen sollte, der die sudanesische Politik bis hin zur Unregierbarkeit des Landes belastete.

b) Der dritte politische Faktor: die Muslimbrüder

Die Modernisierungsimpulse der anglo-sudanesischen Administration im Bildungsbereich, beim Aufbau einer effizienten Verwaltung, bei der Einführung moderner Produktionsmethoden in der Landwirtschaft (Baumwollanbau) und im Verkehrs-/Kommunikationssektor führten – konzentriert in den zentralsudanesischen Städten – seit den zwanziger Jahren des 20. Jahrhunderts zur Herausbildung einer Schicht von einheimischen Diplomierten, die in den 1940er Jahren eigene Versuche unternahmen, außerhalb der beiden etablierten politisch-religiösen Strömungen autonome Gruppen zu bilden und politisch-gesellschaftliche Gestaltungskonzepte zu erarbeiten. Dazu zählte zum einen die kommunistische Bewegung, aus der, 1946 gegründet, die einflußreichste kommunistische Partei *(Kommunistische Partei Sudans, KPS)* der arabischen Welt hervorging, bis sie mit dem gescheiterten Putschversuch gegen Numairī 1971 einen bis heute nicht überwundenen Rückschlag erlitt. Zum anderen formierten sich religiös inspirierte politische Bewegungen, deren Konzepte die immobilisierende *ṭā'ifīya* überwinden wollten. Die beiden wichtigsten Gruppierungen dieser Art waren die *Muslimbrüder* und die *Republikanischen Brüder*.

Die sudanesischen Zellen der *Muslimbrüder*,[4] um 1945 als Ableger der 1928 gegründeten ägyptischen Mutterorganisation entstanden, haben sich 1954 mit Zellen der autochthonen *Ḥarakat at-taḥrīr al-islāmī* zur sudanesischen *Muslimbruderschaft (al-Ikhwān al-muslimūn)* zusammengeschlossen, wobei das Programm zunächst stark vom ideologischen Werk Ḥasan al-Bannās geprägt war und als wichtigstes Ziel die Ausarbeitung einer islamischen Verfassung formulierte. Dieses Ziel wurde durch die von den *Muslimbrüdern* 1955 gebildete *Islamische Front für die Verfassung* in die Öffentlichkeit getragen. Nach der Unabhängigkeit beteiligten sich die *Muslimbrüder* vor allem im Anschluß an die Gründung der politisch agierenden *Islamic Charter Front (Jabhat al-mīthāq al-islāmī)* im November 1964 an den Parlamentswahlen, ohne allerdings neben Umma, DUP und KPS eine bedeutende Rolle spielen zu können. Bereits Anfang der 1960er Jahre traten jene beiden Führerpersönlichkeiten der *Muslimbrüder* politisch hervor, die die weitere Entwicklung der Organisation bestimmen sollten. 1962 wurde Ṣādiq ʿAbdallāh ʿAbd al-Majīd als Nachfolger des inhaftierten ar-Rashīd aṭ-Ṭāhir Führer *(al-murshid al-ʿāmm)* der *Muslimbruderschaft*, wenngleich diese seit der Verselbständigung der Fraktion um Ḥasan at-Turābī in der *National Islamic Front (NIF/al-Jabha al-islāmīya al-qaumīya)* im April 1985 politisch bedeutungslos geworden ist.[5] Ḥasan at-Turābī (geb. 1930; seit 1961 verheiratet mit der Schwester Ṣādiq al-Mahdīs), der bereits Ende der 1950er Jahre eine aktive Rolle in der Khartumer Studentenschaft spielte, war 1962 u. a. nach einem Jurastudium an der Sorbonne in den Sudan zurückgekehrt. Wegen seines Charismas, seiner Erfahrung und seines Wissens wurde er zunächst Generalsekretär der neugegründeten *Islamic Charter Front,* deren Programm (Islamische Charta) u.a. die Einführung eines auf Koran, Sunna und *shūrā* der *umma* basierenden Verfassungssystems, die Einführung der *sharīʿa,* im ökonomischen Bereich die Einführung der *zakāt,* des Zinsverbots, des Verbots der Spekulation und des Hortens von Waren *(iḥtikār)* usw. forderte. Ein Zugeständnis wurde an die Bevölkerung («Minderheiten») im nichtislamischen Südsudan gemacht. Sie sollten das sie betreffende Personalstatut selbst ausgestalten dürfen.

Ein erster Erfolg der Bemühungen um die Durchsetzung einer islamischen Verfassung stellte die Berufung Turābīs in die von der Regierung im Januar 1967 eingesetzte 44köpfige *National Commission for the Constitution* sowie in deren 15köpfiges technisches Komitee dar. Der damit eingeleitete Islamisierungsprozeß des sudanesischen Staates wurde mit der zweiten Militärintervention in die Verfassungsstrukturen am 25.5.1969 ausgesetzt, da der «Bund der Freien Offiziere» unter Führung Jaʿfar an-Numairīs sich zunächst an den ägyptischen Präsidenten Jamāl ʿAbd an-Nāṣir (und ab September an den libyschen Revolutionsratsvorsitzenden Qadhdhāfī) anlehnte und entsprechend das ägyptische Verfassungsmodell übernahm, sich am «Arabischen Sozialismus» orientierte und nach ägyptisch-libyschem Vorbild in die religiöse Konfrontation vor allem mit den *Muslimbrüdern* eintrat. Die *Muslimbrüder* wurden im August 1973, im September 1975 und im Juli 1976 wegen ihrer regimefeindlichen Aktivitäten Zielscheibe der Repression. Die offene Opposition der *anṣār* gegen das als kommunistisch apostrophierte Mai-Regime Numairīs wurde ab März 1970 ebenfalls zerschlagen, wobei nicht nur der Führer der *Mahdīya,* Imām al-Hādī al-Mahdī, sowie zahlreiche *anṣār* ums Leben kamen, sondern Hunderte von *anṣār* (einschließlich Ṣādiq al-Mahdī) nach Ägypten zwangsexiliert wurden. Erst die wachsenden inneren Widersprüche der Numairī-Herrschaft, die die Staatsführung veranlaßten, zur innenpolitischen Stabilisierung Koalitionspartner zu suchen, und die – möglicherweise im Zusammenhang mit seiner Krankheit stehende – persönliche Hinwendung Numairīs zum Islam[6] seit Ende der 1970er Jahre brachten nach der 1976 eingeleiteten «nationalen Versöhnung» mit den *anṣār* (Rückkehr Ṣādiq al-Mahdīs aus dem Exil) eine Annäherung an Teile der *Muslimbruderschaft.* Sichtbares Zeichen war die Ernennung Turābīs zum Generalstaatsanwalt (1979).

Damit war der Beginn einer Entwicklung eingeleitet worden, die der Turābī-Fraktion der *Muslimbrüder* nicht nur einen Zuwachs an politischem Einfluß verschaffte, sondern in Form der sogenannten *Septembergesetze* von 1983 die Islamisierung des sudanesischen Staates vorantrieb. Numairī hatte am 8.9.1983 per Präsidialdekret die Auflösung des bestehenden Rechtssystems verfügt, die *sharīʿa* zur Grundlage der Gesetzgebung gemacht und die volle Anwendung der in der *sharīʿa* vorgesehenen *ḥadd*-Strafen für Diebstahl, Raub, Ehebruch usw. per neuem islamischen Strafgesetz angeordnet. Weitere Schritte, u.a. Islamisierungsgesetze für den wirtschaftlichen Bereich und die Einsetzung von Sondergerichtshöfen zur Anwendung des neuen Strafgesetzes, folgten.[7] Wenngleich diese Islamisierung nicht direkt dem Wirken der *Muslimbrüder* zugeschrieben werden kann, sondern eher unter dem Einfluß direkter Berater Numairīs (u.a. an-Naiyil Abū Qurūn, Aḥmad al-Jīd) zustande kam, war es Turābī, der die eingeleitete Islamisierungspolitik als vorbildlich und modellhaft bezeichnete und dem Engagement der *Muslimbrüder* zuschrieb.

Das politische Ergebnis dieser Zwangsislamisierung von oben war hingegen eine Machterosion, bewirkte sie doch sowohl ein erneutes Aufflammen der Auseinandersetzungen mit den für einen säkularen Staat kämpfenden Südsudanesen als auch mit der von den *Republikanischen Brüdern* angeführten Opposition innerhalb der Muslime gegen die massive und inhumane Anwendung der *sharīʿa*. Diese Auseinandersetzungen führten in Verbindung mit den Auswirkungen der desaströsen Wirtschaftsentwicklung schließlich zur Entmachtung Numairīs am 6.4.1985 durch einen militärischen Übergangsrat und zur Suspendierung der Septembergesetze. Das Ende des Islamisierungsdruckes war damit allerdings nicht erreicht. Vielmehr formierten sich die *Muslimbrüder* umgehend um Turābī, nachdem der Übergangsrat unter Führung von General Siwār adh-Dhahab eine Demokratisierung einleitete. Noch im April 1985 gründeten sie die NIF, die bei den Parlamentswahlen im April 1986 mit 51 der 301 Parlamentssitze nach der *Umma-Partei* (99 Sitze) und der DUP (63 Sitze) drittstärkste politische Kraft wurde.

c) Die Republikanischen Brüder

Die 1983 erfolgte Einführung des islamischen Rechts war nicht unumstritten. Während sich allerdings Ṣādiq al-Mahdī als Führer der *Mahdīya* und Saiyid Muḥammad ʿUthmān al-Mīrghanī, das Oberhaupt der *Khatmīya,* sowie weitere Persönlichkeiten traditioneller islamischer Organisationen in Anbetracht der religiösen Heterogenität des Sudan lediglich gegen die Einführung des islamischen Rechts in der vorgesehenen *rigorosen* Form wandten, vor allem auch wegen der damals im Sudan herrschenden wirtschaftlichen und gesellschaftlichen Bedingungen, waren es die *Republikanischen Brüder*, die sich als einzige Organisation offen und mit größter Vehemenz grundsätzlich dagegen aussprachen und die Legitimität dieses Schrittes unter Berufung auf den Islam bestritten.[8]

Die *Republikanischen Brüder* (eigentlich: *Brüder der Republikanischen Partei, Ikhwān al-ḥizb al-jumhūrī),* im Oktober 1945 quasi zeitgleich mit den *Muslimbrüdern* von ihrem spirituellen und politischen Führer, Meister *(ustādh)* Maḥmūd Muḥammad Ṭāhā (1909–1985), gegründet, verstanden sich von Anfang an als islamische Bewegung. Entstanden aus der Auseinandersetzung mit den beiden dominierenden Organisationen der Nationalbewegung, *Mahdīya* und *Khatmīya,* trat Ṭāhā weder für einen Anschluß an Ägypten noch für eine Monarchie, sondern für einen unabhängigen, demokratischen und republikanischen Nationalstaat ein. Nach der Unabhängigkeit bis Anfang der 1960er Jahre konzentrierten sich die Aktivitäten der *Republikanischen Brüder* auf die Auseinandersetzung mit den *ṭāʾifīya*-Kräften und deren programmatisch-ideologischen Defiziten, danach auf die Kritik an den Forderungen nach einem «islamischen System», wie sie die *Muslimbrüder* erhoben. Die beiden zentralen Werke Ṭāhās, «Der Weg Muḥammads» (1966) und «Die zweite Botschaft des Islams» (1967), sind nicht zufällig zu diesem Zeitpunkt verfaßt worden, stellen sie doch das Fundament für die Auseinandersetzung mit den legalistisch orientierten Kräften des politischen Islams, d.h. in erster Linie den *Muslimbrüdern*, und den Bezugspunkt für die Kritik an politischen Maßnahmen der staatlichen Entscheidungsträger dar. Maḥmūd Ṭāhā, der der «Propaganda durch das praktische Vorbild» im individuellen wie im gemeinschaftlichen Verhalten der Bruderschaft einen hohen Stellenwert einräumte, schuf mit der *Republikanischen Partei* eine Organisation, die einerseits funktional in der Tradition der mystischen Bruderschaften steht, andererseits wegen der klaren Bezüge zur sozioökonomischen Realität und den daraus abgeleiteten Handlungsanleitungen – z.B. hinsichtlich der gleichberechtigten Stellung der Frau und der freien Partnerwahl – über ein ideologisches Fundament verfügt, das sie von traditionellen Bruderschaften unterscheidet. Inhaltlich vertrat Ṭāhā u.a. die Botschaft von der Historizität der *sharīʿa* bzw. von der der *sharīʿa* inhärenten Entwicklungsfähigkeit: Da sich Gotteswort «jeden Tag in einer anderen Beschaffenheit» offenbare, bestand Ṭāhā auf der Loslösung von den Einzelbestimmungen der historischen *sharīʿa* zugunsten der Formulierung allgemeinerer Prinzipien, die dazu beitragen sollten, die «tugendhafte Gesellschaft» zu realisieren. Diese beruhe auf den drei Pfeilern der «wirtschaftlichen, politischen und gesellschaftlichen Gleichheit», ergänzt durch das Prinzip einer «toleranten öffentlichen Meinung» *(raʾy ʿāmm samḥ)*. Diese Konzeption stieß ebenso wie Ṭāhās Neudefinition des Sunnabegriffs und seine Ansicht, daß im Koran das Prinzip der Entwicklung angelegt sei, auf scharfe Ablehnung.

Konsequenz dieser Botschaft Ṭāhās war eine unüberwindbare Kluft zunächst nur gegenüber den Positionen der *Muslimbrüder*, die bereits 1968 Ṭāhā vor dem Obersten *sharīʿa*-Gerichtshof in Khartum der Apostasie *(ridda)* anklagten und eine Verurteilung zum Tode erlangten, ohne daß dieses Urteil rechtlich durchgesetzt werden konnte. Als indes die Islamisierungsgesetze Numairīs vom September 1983 die politischen und rechtlichen Rahmenbedingungen veränderten, bedeuteten die Botschaft Ṭāhās und seine Kritik an der Einführung der *sharīʿa* auch eine Herausforderung des Staates, auf die dieser am 5.1.1985 mit Verhaftung und einer Anklage u.a. wegen Volksverhetzung und Untergrabung der verfassungsmäßigen Ordnung reagierte. Das Berufungsgericht befand Ṭāhā – trotz Fehlens dieses Straftatbestandes im Septembergesetz – zusätzlich der Apostasie für schuldig. Am 18.1.1985 wurde Ṭāhā ungeachtet seines hohen Alters von 76 Jahren im Khartumer Kūbar-Gefängnis gehängt. Die Hinrichtung des «atheistischen Ketzers und Feindes Gottes, Maḥmūd Ṭāhā, Präsident der irreführenden und außerhalb des Islams stehenden Gruppe der Republikanischen Brüder» wurde vom obersten saudischen Rechtsgelehrten, Scheich Ibn Bāz, ausdrücklich begrüßt. Darin zeigte sich die Genugtuung derer, die Ṭāhās Kritik an den *ʿulamāʾ*, an den Institutionen des «Gesetzesislams» und an der *sharīʿa* in ihrer tradierten Form ablehnten; die Reaktionen auf Ṭāhās Hinrichtung reflektierten jedoch auch den grundsätzlichen Konflikt zwischen islamischer Mystik und Rechtsislam.

d) Die forcierte Islamisierung unter al-Bashīr

Die dritte parlamentarische Regierungszeit des Sudan seit der Unabhängigkeit, von April 1986 bis zur neuerlichen Militärintervention am 30. 6. 1989, war gekennzeichnet von innen- wie außenpolitischem Stillstand und Taktieren. Zum politischen Gegensatz von Aḥmad ʿAlī al-Mīrghanī *(DUP), dem Vorsitzenden des fünfköpfigen Staatsrates, und von Regierungschef Ṣādiq al-Mahdī* (Umma) bezüglich der Lösung des Südsudankonflikts bzw. der Organisierung der angestrebten Verfassungskonferenz kam das Schwanken zwischen politischer und militärischer Lösung des Krieges. Weiter kompliziert wurde die innenpolitische Lage, als die Regierungsparteien *Umma* und DUP zur Konsolidierung der Regierungsarbeit im April 1988 die *NIF* in die Regierungskoalition aufnahmen. Turābī, in der neuen Regierung Justizminister (und zugleich Generalstaatsanwalt), blokkierte indes durch seine rigide Position hinsichtlich der Wiedereinführung der sharīʿa jegliche Friedenslösung des Südsudankonflikts – mit der Folge, daß die DUP im Dezember 1988 aus der Regierungskoalition austrat, Turābī zusätzlich das Außenministerium übernahm und eine fast hegemoniale Stellung in der Regierung erlangte.

Die Militärführung drang in einem ultimativen Memorandum vom Februar 1989 auf die Verbesserung der außen- und sicherheitspolitischen Lage. Der indirekt angedrohten Militärintervention folgte im März 1989 eine Regierungsneubildung ohne NIF. Diese Regierung, die die Einführung der *sharīʿa* ablehnte, wurde am 30. 6. 1989 vom *Revolutionären Kommandorat zur nationalen Rettung (Revolutionary Command Council for National Salvation RCCNS; Majlis qiyādat ath-thaura li-l-inqādh al-waṭanī)* unter Führung von Brigadier ʿUmar Ḥasan al-Bashīr (seit 1993 Präsident) entmachtet. Vorgeworfen wurde der abgesetzten Regierung «die Verfälschung der Demokratie, der Mißbrauch der Institutionen, der wirtschaftliche Niedergang, der Ruin der öffentlichen Einrichtungen, die Korruption, die außenpolitische Isolation, der Krieg im Süden und die Vernachlässigung der bewaffneten Streitkräfte» (al-Bashīr). Die bisherigen Verfassungsorgane wurden aufgelöst, die Parteien verboten und alle Parteiführer verhaftet oderwie Turābī unter Hausarrest gestellt. Gerade der Turābī trotz Hausarrest eingeräumte Handlungsspielraum hat, zusammen mit ersten Maßnahmen zur Aufwertung des Islams, schnell offenbart, daß der RCCNS nicht autonom agierte, sondern unter dem Einfluß der NIF stand. So wird der bereits am 1. 1. 1990 freigelassene Turābī einhellig als die graue Eminenz bezeichnet, die im Hintergrund die Fäden zog.

Mit der Machtübernahme al-Bashīrs (und damit de facto auch Turābīs) war somit die Wiederaufnahme und Intensivierung des islamistischen Kurses programmiert, der in drei Bereichen bereits ab Herbst 1989 umgesetzt wurde und immer noch politikbestimmend ist.[9] Zum ersten Bereich zählen die Islamisierungsmaßnahmen im engeren Sinne, darunter 1989 die Förderung der internen islamischen Mission, die Anordnung zur Schließung der Geschäfte während des Freitagsgebetes und die Einführung der *zakāt,* 1990 die Trennung von Männern und Frauen im öffentlichen Transportwesen und das Beschäftigungsverbot von Frisören in Damensalons sowie das Verbot von Bankzinsen. 1991 folgten schließlich der Erlaß der islamischen Kleiderordnung für Schülerinnen und andere Frauen, Eingriffe in den Medienbereich, der den «Glanz des Islams» nur unvollkommen verbreite, und als weitreichendste Maßnahme im März 1991 die Einführung des islamischen Strafrechts mit Ausnahme der drei Südprovinzen. Diese Islamisierungsmaßnahmen setzten sich bis heute fort (zuletzt 2003 z.B. Verbot von Modeschauen, die die islamische Moral gefährden). Hinzu kam 1992 nach langem Vorbereitungsprozeß die Neustrukturierung des Staatsaufbaus auf der Basis von Volkskonferenzen bzw. der 1999 gegründeten Staatspartei (National Congress Party), die das koranische *shūrā*-Prinzip umsetzen sollen.

Der zweite Bereich hatte die Lösung des Südsudankonflikts zum Inhalt, wobei entgegen der nach außen propagierten Bereitschaft zu Friedensverhandlungen mit dem *Sudanese People's Liberation Movement (SPLM) rigoros auf die militärische Lösung hingearbeitet wurde. Diese offen als* jihād apostrophierten Kampagnen führten jedoch in eine Sackgasse, weil der SPLM genügend ausländische Unterstützung (u.a. aus Uganda, Israel, den USA) mobilisieren und seinerseits erfolgreiche Militäroperationen durchführen konnte. Nachdem die Regierung 1997 einen Strategiewechsel weg von der militärischen Lösung vollzog, kam es ab Juni 2002 im kenianischen Machakos zu Friedensverhandlungen, die mit der Erklärung von Nairobi im Juni 2004 und dem Friedensvertrag vom Januar 2005 ihren vorläufigen Höhepunkt fanden. Mußte die Regierung an den SPLM auch erhebliche Zugeständnisse machen, so konnte sie sich hinsichtlich der Geltung der *sharīʿa* auch in der Hauptstadt Khartum durchsetzen.

Der dritte Bereich, die Außenpolitik, stand anfänglich ebenfalls im Dienste der allgemeinen Islamisierungspolitik. Enge politische Beziehungen zu Iran, vor allem seit dem Besuch des iranischen Staatspräsidenten Rafsanjānī im Dezember 1991, Kooperation in den Bereichen Militär, Justiz und Erdöl sowie der Aufbau eines Kooperationsnetzes zu anderen islamistischen Organisationen in der arabischen Welt (dem algerischen *Front Islamique du Salut, FIS,* der tunesischen *Nahḍa,* den ägyptischen *Muslimbrüdern*) waren Ausdruck dieser Strategie. Träger dieser Kooperation war neben dem offiziellen ministeriellen Apparat vorrangig die von Turābī im April 1991 begründete *Popular African and Islamic Conference,* zu deren Generalsekretär Turābī gewählt wurde. Aufgabe der Konferenz war es laut verabschiedeter Charta, eine «breite antiimperialistische Front islamischer Organisationen zu bilden mit dem Ziel, die Rückkehr des Kolonialismus in die islamische Welt zu verhindern». In diesem Zusammenhang hat Turābī bzw. die NIF in arabischen und afrikanischen Staaten (Rekrutierungs-)Aktivitäten entfaltet, was Anlaß gab, vom Aufbau einer von Turābī kontrollierten «Islamistischen Internationale» zu sprechen. Erst durch die Entmachtung des inzwischen zum Parlamentspräsidenten aufgestiegenen Ḥasan at-Turābī über machtpolitische Streitereien mit Präsident Bashīr im Dezember 1999 flachte das außenpolitische Islamisierungsprofil ab, um unter US-Druck (Forderung von Friedensverhandlungen mit dem SPLM) und dem Eindruck des 11. September 2001 pragmatische

Züge anzunehmen. Hierzu gehörte auch die Kooperation mit den USA im Kampf gegen den islamistischen Terrorismus. Intern ist der Sudan aber nach wie vor ein Staat mit islamischer Staatsdoktrin.

17. Israel und die Besetzten Gebiete

(Thomas Philipp)

Das Land Palästina erhält durch Jerusalem seine besondere religiöse Bedeutung im Islam. Nach Jerusalem wandten sich die frühen Muslime im Gebet. Erst nach der Hidschra *(hijra)* wurde in Medina die Gebetsrichtung auf Mekka umgeortet. In seiner berühmten nächtlichen Himmelfahrt soll der Prophet mit seinem Pferd al-Burāq nach Jerusalem gereist sein, um von dort gen Himmel zu steigen. Der Felsendom birgt den Felsen, von dem – gemäß dem Glauben – der Prophet seine Himmelfahrt angetreten haben soll. Zusammen mit der *Aqsā*-Moschee bildet der Felsendom den Bereich *al-Ḥaram ash-sharīf,* der Jerusalem zur drittheiligsten Stadt im Islam macht. Dieser Bereich liegt auf dem Gebiet des früheren jüdischen Tempels. Selbst die Westmauer des Bereichs, die Klagemauer der Juden, hat islamische Bedeutung. Ihr Name al-Burāq verweist auf den Umstand, daß an ihr Muḥammad sein Reittier angehalftert haben soll.

In der geschichtlichen Erfahrung der Muslime erhält Palästina eine weitere, religiöse Bedeutung als Zielland der christlichen Kreuzzüge. Der lang andauernde Angriff auf ein islamisches Kernland und damit auf den Islam selbst wurde abgewehrt, und die politische und militärische Kontrolle der Muslime über dieses Gebiet wurde nach 200jährigem Kampf wiederhergestellt. Besonders als Vergleich für die heutige politische Situation des Gebietes erhält die historische Erfahrung der Kreuzzüge ihre Relevanz für die Muslime.

Danach gibt es keine Hervorhebung des Gebietes, das regional als Teil des *Bilād ash-shām,* des geographischen Syrien, gilt. Im Osmanischen Reich wurde es verwaltungstechnisch zwischen dem *wilāyet* von Damaskus und dem von Sidon (später Beirut) aufgeteilt – mit dem zusätzlichen, der Reichsregierung direkt unterstellten Distrikt von Jerusalem.

Erst mit der britischen Besetzung und Einrichtung eines Militärdistrikts «Palästina» am Ende des Ersten Weltkrieges wird eine territoriale Besonderheit des Gebietes hervorgehoben und dann durch die Mandatsverträge als britisches Mandat für Palästina politisch definiert.

Die politischen Entwicklungen des Gebietes seit dem Ersten Weltkrieg stehen ganz im Zeichen der programmatischen Aktivitäten der zionistischen Bewegung für die Errichtung eines jüdischen Staates in Palästina und der arabisch-palästinensischen Reaktion gegen das zionistische Projekt. Die Großmächte – bis zum Ende des Zweiten Weltkrieges Großbritannien, dann zunehmend die USA – sind aktiv in diesem Konflikt involviert, in erster Linie, um durch Ausspielen der beiden Konfliktparteien gegeneinander die eigenen Interessen zu wahren.

Soweit es eine für das Gebiet Palästinas und die Palästinenser spezifische Entwicklung des Islams – sei es in seinen institutionellen Ausformungen, in seinen politischen Organisationsformen oder in seinen inhaltlichen Aussagen – gegeben hat und gibt, so ist sie in der Reaktion auf zionistische Ambitionen und Eingriffe der Großmächte einerseits und in der Auseinandersetzung mit der palästinensisch-arabischen Nationalbewegung andererseits zu finden.

Mit der Einrichtung des britischen Mandates für Palästina und der Abtrennung Transjordaniens wurden die politischen und rechtlichen Rahmenbedingungen geschaffen: Großbritannien beanspruchte für sich die zeitlich unbegrenzte Verwaltung des Gebietes und verpflichtete sich, die «Errichtung einer nationalen Heimstätte für das jüdische Volk» zu fördern, ohne dabei allerdings die «bürgerlichen und religiösen Rechte bestehender nichtjüdischer Gemeinden in Palästina zu beeinträchtigen».[1] Beide Punkte dieses Programms – Errichtung einer jüdischen nationalen Heimstätte und britische Oberhoheit – riefen von Anfang an den Widerstand der einheimischen palästinensisch-arabischen Bevölkerung hervor.

Der palästinensische Widerstand während der Mandatszeit ging durch mehrere Phasen und nahm unterschiedliche Formen an, auf die hier im einzelnen nicht eingegangen werden soll. Führungspersönlichkeiten aus der palästinensischen Gesellschaft, ideologisch orientierte Parteien, soziale und kulturelle Vereinigungen waren die Zentren des Widerstands. Obwohl unterschiedliche Bezugsrahmen gesetzt wurden – die Arabische Nation, Großsyrien oder Palästina – fand der Widerstand seine Ausdrucksformen und Legitimation überwiegend in den Symbolen und Begriffen des säkularen Nationalismus.[2]

Jede Diskussion einer Rolle des Islams in der politischen Entwicklung während der Mandatszeit ist eng mit der Persönlichkeit des Muftis *(muftī)* von Jerusalem, al-Ḥājj Amīn al-Ḥusainī, verbunden.[3] Abkömmling der wohl wichtigsten Jerusalemer Familie, wurde er mit nur 26 Jahren und ohne besondere religiöse Ausbildung 1921 zum Mufti ernannt. Seine Ernennung war in erster Linie Ausdruck des Machtanspruches seiner Familie und der britischen Hoffnung, eine pro-britische Persönlichkeit für die Position des Muftis zu finden. Als Nationalist und antizionistischer Aktivist hatte sich Ḥājj Amīn seit Kriegsende hervorgetan.

Nach dem Zerfall des Osmanischen Reiches wurde der Mufti von Jerusalem de facto Mufti von Palästina und höchste religiöse Autorität für das Gebiet. Diese Position wurde durch den 1921 eingerichteten *Höchsten Muslimischen Rat* untermauert, dem alle Fragen islamischen Rechts, die Verwaltung der Moscheen, die frommen Stiftungen usw. unterstellt wurden. Als Präsident dieses Rates verfügte Ḥājj Amīn über ein geeignetes Instrument, um seine Macht auszubauen. Eine der ersten bedeutenden Unternehmungen war die Restaurierung der beiden Moscheen im Bereich *al-Ḥaram ash-sharīf*. Zur Finanzierung des Projektes veranstaltete Ḥājj Amīn 1923/24 Geldsammlungen bei den Muslimen im Ausland. Es gab ihm Gelegenheit, mit führenden Muslimen anderer Länder Kontakt aufzunehmen und gleichzeitig das Augenmerk der Muslime auf Jerusalem und Palästina zu richten.

Der Kampf gegen den Zionismus wurde in den 1920er Jahren hauptsächlich von Organisationen wie der *Muslimisch-Christlichen Assoziation* und dem *Arabischen Exekutivkomitee* getragen, die allerdings zum Teil in heftige Rivalität mit dem von al-Ḥājj Amīn al-Ḥusainī kontrollierten *Muslimischen Rat* gerieten. Dabei ging es nicht um eine religiöse Ausrichtung der nationalen Bewegung, sondern in erster Linie um die Absicherung der Machtansprüche verschiedener palästinensischer Familien.

Die Vorfälle an der Klagemauer 1928/29 stellten eine gewisse Aufwertung des islamischen Aspekts in der palästinensischen Nationalbewegung dar. Der Disput selbst war alt und für die verschiedenen Religionsgemeinschaften in Jerusalem nicht untypisch. Wie andere heilige Stätten wurde die Klagemauer von zwei verschiedenen Glaubensgruppen beansprucht. Sie war sowohl Teil des muslimischen *al-Ḥaram ash-sharīf* als auch letzter Rest des jüdischen Tempels. Beide Religionsgemeinschaften versuchten, ihren jeweiligen Anspruch auszubauen – ein Versuch, an dem sich zunehmend nationalistisch gesonnene Politiker und deren Anhängerschaft beteiligten. Es kam zu Unruhen, die im August 1929 zu schweren Ausschreitungen mit vielen Toten auf beiden Seiten führten. Durch die Politisierung der religiösen Streitigkeiten hatte die palästinensische Nationalbewegung weite Bevölkerungsteile für sich mobilisieren können, während die Zionisten im Ausland Sympathie auch bei ausdrücklich nichtzionistischen Juden fanden.

Die Rolle des Muftis bei den Unruhen ist unterschiedlich beurteilt worden. Sicher ist, daß er entscheidenden Einfluß in der Nationalbewegung gewann, während er die Zusammenarbeit und Unterstützung der Briten verlor.[4] Die neue Beziehung zwischen Islam und Nationalbewegung und die größere Rolle des Muftis ist beispielhaft dargestellt in seiner *fatwā*, die den Verkauf von Land an Juden verbot und mit Exkommunizierung derer drohte, die das Verbot übertraten.[5]

Der Höhepunkt der Bemühungen des Muftis, den Verlust britischer Unterstützung wettzumachen und die muslimische Welt für den Kampf um Palästina zu mobilisieren, war der von ihm 1931 nach Jerusalem einberufene «Islamische Kongreß». Die vom Kongreß verabschiedeten Resolutionen hatten dann auch hauptsächlich Palästina zum Thema: Jüdische Einwanderung und Landnahme wurden verurteilt. Ein Boykott jüdischer Waren, die Errichtung einer muslimischen Universität (im Gegenzug zu der 1925 gegründeten Hebräischen Universität) und eines Fonds für Landkauf wurden vorgeschlagen.

Mit diesem Kongreß hatte der Mufti endgültig die Aufmerksamkeit der muslimischen Welt auf Palästina richten können. Er selbst gewann an Popularität und Prestige. Der spezifische nationale Kampf der Palästinenser hatte die Unterstützung der muslimischen Religionsgemeinschaft gefunden. Diese Verbindung zwischen säkularer Nationalbewegung und Religionsgemeinschaft war den Zionisten zum Teil schon 1929 gelungen, und zwar mit der Reorganisation der *Zionistischen Weltorganisation* und der *Jüdischen Agentur (Jewish Agency)*.

Während al-Ḥājj Amīn al-Ḥusainī erfolgreich den Einfluß islamischer Organisationen und Institutionen für die Unterstützung der palästinensischen Nationalbewegung instrumentalisieren konnte, ließen sich aber keine konkreten politischen Erfolge für die Ziele der Nationalbewegung verbuchen. Die Kontrolle über die daraus entstehende Radikalisierung verschiedener gesellschaftlicher und politischer Gruppierungen entglitt dem Mufti zunehmend. Eine religiöse Gruppe unter der Führung von Scheich *(shaikh)* ʿIzz ad-Dīn al-Qassām interpretierte den Kampf gegen den Zionismus und die Briten als einen Heiligen Krieg, einen *jihād,* der sofort in die Tat umzusetzen sei. Bevor die offene Revolte ausbrechen konnte, liquidierten 1935 britische Truppen den Scheich und seine Gefolgsleute.

Sein Tod (verstanden als Märtyrertum) wurde zum Symbol des Widerstands und beschleunigte sicherlich den Ausbruch des großen arabischen Aufstands von 1936. Mit dem Zusammenbruch dieses Aufstands verlor die alte palästinensische Führung die Initiative und ihren Zusammenhalt. Seit den 1940er Jahren machten sich zunehmend die arabischen Nachbarländer die Wahrung palästinensischer Interessen zur Aufgabe. So ist es nicht überraschend, daß 1948 auch die spezifisch islamische Anteilnahme am Krieg zur Verhinderung der Errichtung eines jüdischen Staates von außen kam. Die *Muslimbrüder* in Ägypten hatten die Befreiung Palästinas von der Herrschaft der Ungläubigen zum Teil ihres Programms gemacht. Sie hatten bis 1946 in Jerusalem, Nablus, Tulkarem, Haifa und Jaffa Zweige ihrer Organisation eingerichtet. 1948 sandten sie Freiwillige zur Teilnahme an den Kämpfen um Palästina.

Die Aufteilung Palästinas zwischen Ägypten, Jordanien und dem neugegründeten Staat Israel bedeutete zugleich die völlige Auflösung der palästinensischen Nationalbewegung. Eine besondere politische oder kulturelle Ausformung des Islams unter den Palästinensern ist zu dieser Zeit nicht zu beobachten.

Im Gaza-Streifen blieben die *Muslimbrüder* tätig, bis sie 1954 von Jamāl ʿAbd an-Nāṣir (Nasser) in Ägypten unterdrückt wurden. Protest unter den Palästinensern in Israel drückte sich hauptsächlich als Mitgliedschaft in der *Kommunistischen Partei (KP)* aus. Im Westjordanland organisierten die *Muslimbrüder* Gruppen, vor allem in Hebron und anderen Städten. Von der jordanischen Regierung wurden sie 1953 als Verein zugelassen. Sie vermieden sorgfältig politische Aktivitäten und nahmen generell eine pro-haschemitische Haltung ein. Gerade diese Haltung, zusammen mit ihrer Unterdrückung in Ägypten und Syrien, schwächte ihre Position im Westjordanland. Eine weitere islamische Gruppe, *Ḥizb at-taḥrīr al-islāmī,* wurde 1951 von dem Palästinenser Aḥmad Taqī ad-Dīn an-Nabhānī gegründet. Wegen ihres revolutionären Programms (Umsturz des bestehenden Regimes durch Waffengewalt) wurde sie sofort verboten und konnte nur im Untergrund arbeiten.

Allgemein ist für die Periode 1948–1967 zu beobachten, daß politische Auseinandersetzungen in der arabischen Welt sich hauptsächlich der Terminologie säkularer Ideologien, so vor allem des Nationalismus und des Sozialismus, bedienten. Islamische politische Ansätze fanden nur wenig Echo und wurden von den meisten Regimes rigoros unterdrückt. Der Konflikt um Palästina wurde von einer panarabischen Ideologie getragen und durch ihre organisatorischen Ausformungen wie *Arabische Liga,* Vereinigte Arabische Republik (VAR) usw. manipuliert. Ein spezifisch palästinensischer Nationalismus ist erst wieder Mitte der 1960er

Jahre in Ansätzen auszumachen. Eine besonders auf Palästina bezogene islamische Tendenz ist nicht erkennbar.

Der Krieg von 1967 schuf eine politisch grundsätzlich neue Situation: Alle Teile des früheren Mandatsgebietes Palästina unterstehen seitdem der israelischen Oberhoheit. Der schon seit dem Auseinanderfall der VAR 1961 in Frage gestellte Panarabismus verlor mit der arabischen Niederlage von 1967 vollständig seine Gültigkeit als Ansatz zur Lösung des Palästinakonflikts. Der in anderen Beiträgen des vorliegenden Bandes beschriebene Schub von Islamisierungstendenzen im gesellschaftlichen und politischen Bereich seit den 1960er Jahren kann unter den Palästinensern erst mit deutlicher zeitlicher Verzögerung und nur in begrenztem Ausmaß festgestellt werden.[6] Dieser Unterschied erklärt sich aus dem Aufstieg der *Palästinensischen Befreiungsorganisation (Palestine Liberation Organization, PLO)* mit ihrer Suche nach einer spezifisch palästinensisch-nationalen Lösung.[7] Ihren Anspruch, allgemeine legitime Vertreterin der palästinensischen Interessen zu sein, konnte die PLO erfolgreich durchsetzen.

Die Entwicklung islamistischer Tendenzen unter den Palästinensern ist also auch als ein Prozeß der Abgrenzung von und Rivalität mit den bei weitem wichtigsten politischen Gruppierungen, den säkularen, national-palästinensischen Gruppierungen der PLO, zu verstehen. Bei einer Betrachtung der Rolle des Islams in palästinensischer Gesellschaft und Politik muß außerdem bedacht werden, daß die politischen und historischen Umstände in den drei Gebieten – Gaza-Streifen, Israel und Westjordanland – bedeutende Unterschiede aufweisen, was zu sehr differenzierten Entwicklungen und Tendenzen unter den Aktivisten des politischen Islams während der letzten 35 Jahre führte.

Die erste islamische Reaktion auf die israelische Besetzung des Gaza-Streifens und des Westjordanlandes 1967 kam nicht von den dort schon bestehenden islamischen Organisationen, sondern von einer Neugründung: Schon im Juli 1967 konstituierte sich in Jerusalem der *Islamische Rat,* «der die islamischen Angelegenheiten der Westbank und Jerusalems bis zum Ende der Besetzung lenken soll».[8] In diesem Rat war die Elite Ostjerusalems vertreten, und er wurde offiziell von Jordanien unterstützt. Er vertrat die Interessen des Bezirks *al-Ḥaram ash-sharīf* und anderer religiös bedeutsamer Stätten, verteidigte fromme Stiftungen vor dem Zugriff der Israelis, kümmerte sich aber auch um Steuerangelegenheiten, Anwendung israelischer Gesetze usw. Seit Ende der 1970er Jahre versucht der Rat zunehmend, auch die islamischen Angelegenheiten in Israel selbst wahrzunehmen. Als offizieller Vertreter islamischer Belange fand der Rat die massive finanzielle Unterstützung Saudi-Arabiens und die politische Anerkennung durch die PLO. Er beschränkte sich für lange Zeit ausschließlich auf islamische religiöse Angelegenheiten, ohne ihnen eine spezifisch palästinensische Färbung zu geben. Er blieb aber auch das einzige politische Machtzentrum im Westjordanland, bis die PLO dort Ende der 1970er Jahre ihre eigene Infrastruktur ausbaute. Danach erhielt auch der *Islamische Rat* eine eher palästinensische Ausrichtung.[9]

Alle Studien zum Thema «islamischer Aktivismus» stimmen darin überein, daß bis zum Ende der 1970er Jahre davon nichts zu bemerken war. Gerade die *Mus-*

limbrüder und die *Ḥizb at-taḥrīr al-islāmī* beteiligten sich nicht an Anschlägen auf die Besatzungsmacht und wurden daher von ihr toleriert. Spätere Auseinandersetzungen mit nationalistischen und marxistischen Gruppierungen machten die islamistischen Kreise geradezu attraktiv für die Besatzungsmacht. Von den Nationalisten bzw. Marxisten stammen denn auch die nie eindeutig bewiesenen Anschuldigungen, daß diese Kreise durch Israel über lange Zeit geschützt und finanziell gefördert worden seien.[10]

Gleichzeitig führten die islamistischen Gruppen ein Programm der Islamisierung der Gesellschaft durch, das zu einer Verbreitung islamischer Symbole, Begriffe und Argumente führte und eine positivere Atmosphäre für in islamischen Begriffen formulierte politische Programme schuf.

Für die seit Ende der 1970er Jahre deutlich sichtbare Verstärkung islamistischer Aktivitäten werden verschiedene Gründe angegeben: Die politische Erfolglosigkeit der nationalistischen Programme und das Phänomen der iranischen Revolution gelten als wichtigste Faktoren. Der palästinensische Autor E. F. Sahliyeh erwähnt daneben die Parallelität zunehmender islamistischer Tendenzen einerseits und des Aufstiegs des *Likud* mit seiner religiös gefärbten Argumentation für die Einverleibung der Besetzten Gebiete andererseits. Außerdem führt er den Libanonkrieg 1982 an, in dessen Verlauf die unter israelischer Duldung von *Phalangisten* verübten Massaker von Sabra und Shatila bei vielen Muslimen den Eindruck einer «jüdisch-christlichen Verschwörung gegen den Islam» erweckten.[11] Schließlich konnten diese Gruppen auch besser als die nationalistischen Organisationen gedeihen, weil die Besatzungsmacht zögerte, religiöse Stätten wie z.B. Moscheen anzugreifen oder ihrer direkten Kontrolle zu unterstellen.[12]

Angeregt von Entwicklungen in Ägypten, gründeten sich im Gaza-Streifen verschiedene radikale Gruppen wie *at-Takfīr wa-l-hijra* oder *aṭ-Ṭalīʿa al-islāmīya.* Diese und andere radikale Gruppen kamen zu dem Schluß, daß erst die gewaltsame Befreiung Palästinas die Wiederherstellung einer islamischen Gesellschaft ermöglichen würde. Dabei ließ man sich von der islamischen Revolution in Iran und den Aktivitäten der *Ḥizbullāh (Ḥizb Allāh)* im Libanon inspirieren. Gleichzeitig wurde die PLO, die sich in den 1980er Jahren auf einen politischen Kompromiß zubewegte, scharf kritisiert. Nur der Organisation von *al-Fatḥ («Fataḥ»)* gelang es, einige dieser Gruppen in ihren eigenen Wirkungskreis zu ziehen: die *Islamische Vorhut,* den *Islamischen Jihād,* der enge ideologische und personelle Beziehungen mit der PLO hatte,[13] und den direkt von *al-Fatḥ* organisierten *Islamischen Fatḥ.*[14]

Die militanten Gruppen grenzten sich auch deutlich von den *Muslimbrüdern* ab, die sie als zu passiv kritisierten. Im Gaza-Streifen übernahm Scheich Aḥmad Yāsīn die Organisierung der *Muslimbrüder.* Er baute ein Netz von Schulen und Wohlfahrtseinrichtungen auf. Das islamische Zentrum, *al-Mujammaʿ al-islāmī,* wurde 1973 eingerichtet. Von der Besatzungsmacht bald offiziell anerkannt, wurde es zum Zentrum der *Muslimbrüder* in Gaza. Während Aḥmad Yāsīn im Gaza-Streifen größtmögliche Unabhängigkeit genoß, wurden die *Muslimbrüder* im Westjordanland von denen in Jordanien geleitet und zum großen Teil finanziert. Ziel der *Muslimbruderschaft* war es, die palästinensische Gesellschaft durch Erziehung in eine islamische umzuwandeln. Erst danach würde das langfristige Ziel, die Befreiung Palästinas, verwirklicht werden können. Diese Strategie enthob die *Muslimbruderschaft* der Verpflichtung zur konkreten politischen oder kämpferischen Aktion. Gleichzeitig konnte die Erfolglosigkeit nationalistischer und marxistischer Ideologien im Befreiungskampf für Palästina angeprangert werden. Die *Muslimbrüder* grenzten sich von der PLO deutlich ab und boten sich als Alternative, als die «allein richtige Lösung» an.[15]

Der Friedensschluß zwischen Ägypten und Israel bei gleichzeitig fortbestehender Besetzung des Westjordanlandes und des Gaza-Streifens, die Verschlechterung der wirtschaftlichen und sozialen Verhältnisse besonders im Gaza-Streifen und, wahrscheinlich am wichtigsten, der Erfolg der Islamischen Revolution in Iran führten zur Entstehung radikalerer, militanterer islamischer Gruppen, die den bewaffneten Kampf forderten – so z. B. die Gruppe *al-Jihād,* die 1980 von Aḥmad ash-Shiqāqī in Gaza gegründet wurde. Sie beruft sich besonders auf Scheich ʿIzz ad-Dīn al-Qassām, Sayid Quṭb und auf Khomeini als Vorbilder und gehörte zu den ersten, die Selbstmordattentate guthießen.[16]

Vor Ausbruch der ersten *Intifāḍa* Ende 1987 besaßen die PLO und der säkulare nationalistische Befreiungskampf die größte Unterstützung und Anhängerschaft in den Besetzten Gebieten. Die Islamisten stellten eine ernsthafte Herausforderung für die PLO und ihre Macht dar. Die *Muslimbrüder* setzten auf eine langfristige Strategie der Re-Islamisierung der Gesellschaft. Gleichzeitig setzten sie sich damit dem Vorwurf einer zu passiven und kooperativen Haltung gegenüber der Besatzungsmacht aus. Die militanten islamischen Gruppen übten genau diese Kritik an den *Muslimbrüdern* und standen mit ihrem Aktivismus ursprünglich der PLO näher. Hier führte allerdings die zunehmende politische Kompromißwilligkeit der PLO zu Spannungen.

Die *Muslimbruderschaft* und andere Gruppierungen, die sich bisher auf Aufklärungsarbeit, kulturelle und soziale Aktivitäten beschränkt hatten, merkten sehr schnell, daß sie in der neuen Situation des Aufstands entweder aktiv partizipieren mußten oder aber Gefahr liefen, marginalisiert zu werden. Diese Überlegung ließ sich bei den *Muslimbrüdern* in Ansätzen schon vor der *Intifāḍa* erkennen, wurde aber auch nach ihrem Ausbruch nicht sofort voll in die Tat umgesetzt. Besonders im Gaza-Streifen hatte sich die Rivalität zwischen militanten islamistischen Gruppen, den *Muslimbrüdern* und den nationalistischen Elementen im Laufe des Jahres 1987, schon vor der *Intifāḍa*, verschärft.[17] Scheich Yāsīn mußte dem Druck der jüngeren und radikaleren Elemente im Gaza-Streifen nachgeben. Die neue Namensgebung ḤAMĀS[18] für seine Organisation war wohl auch der Versuch, eine Distanz zur *Muslimbruderschaft* zu schaffen, die im Falle eines Fehlschlags dieser Radikalisierung hin zum bewaffneten Kampf nicht mit ḤAMĀS identifiziert werden sollte. Im März 1987 wurde zum ersten Mal ein Flugblatt von der *Islamischen Widerstandsbewegung (ḤAMĀS)* herausgegeben. Ein zweites folgte im November. Nach dem Ausbruch der *Intifāḍa* gab sich ḤAMĀS auf weiteren Flugblättern als die «starke Hand der *Muslimbrüder*» zu erkennen.[19] Allerdings war ḤAMĀS erst im Frühjahr 1988 willens, sich auf einen bewaffneten Kampf gegen Israel einzulassen. Dadurch, daß die *Muslimbrüder* und ḤAMĀS nun bereit waren, dem allgemeinen islamischen Bezug eine aktivistische und spezifisch palästinensische Dimension hinzuzufügen, wurden sie als islamistische Alternative Hauptrivalen der nationalistischen Gruppierungen. Dabei waren regionale Differenzierungen zu erkennen: Die militante Initiative ging von ḤAMĀS im Gaza-Streifen aus, während sich im Westjordanland die *Muslimbruderschaft* auch weiterhin nicht ganz von ihrem jordanischen Organisationszentrum freimachen konnte.[20]

Eine von ḤAMĀS am 18. 8. 1988 veröffentlichte Charta[21] spiegelt die Wende von einem allgemeinen islamistischen Lösungsversuch zu einem spezifisch islamisch-palästinensischen Bezugsrahmen deutlich wider: Sie bezeichnet sich als «spezifisch palästinensische Bewegung», die dafür kämpft, «die Fahne Gottes über jedem Fußbreit Palästinas zu hissen» (§ 6). Gleichzeitig ist sie aber auch eine globale Bewegung, insofern sie die Muslime aller Welt unterstützt. ḤAMĀS leitet sich von ʿIzz ad-Dīn al-Qassām (s. o.) und den *Muslimbrüdern* her, versteht sich aber nur als eine von mehreren Gruppen im Heiligen Krieg gegen den Zionismus (§ 7).

Das Verhältnis zur PLO ist komplex, wird aber ausführlich beschrieben: «In der PLO befindet sich der Vater, der Bruder, der Freund. Würde der Muslim sich von seiner Mutter, seinem Bruder, Verwandten oder Freund abwenden? Unser Vaterland ist dasselbe ... wir haben einen gemeinsamen Feind.» (§ 27) Nur unter dem verwirrenden Einfluß des geistigen Imperialismus, der Orientalistik und der Missionsarbeit habe sich die PLO dem Säkularismus zugewandt. Auf den islamischen Charakter Palästinas allerdings kann ḤAMĀS nicht verzichten: «Am Tage aber, an dem die PLO den Islam als Lebensform annimmt, werden wir (ḤAMĀS) ihre Soldaten werden». Unterdessen bleiben die Beziehungen die von Familienangehörigen (§ 27).

Die Bewegung betont ihren Patriotismus, *waṭanīya,* der für sie Teil des Glaubens ist. Über alle menschlichen und materiellen Bindungen hinaus besitzt der islamische Patriotismus eine Sicht des Göttlichen, die dem Patriotismus überhaupt erst Geist und Leben verleiht (§ 12).

Um sich als spezifisch palästinensische islamische Bewegung auszuweisen, muß sie sich mit dem Problem von spezieller Territorialität auseinandersetzen, die es innerhalb des Islams als Religion eigentlich nicht geben kann. Palästina wird nun als ein islamischer *waqf,* also Land einer «frommen Stiftung», bezeichnet, von dem auch nur einen Fußbreit aufzugeben, Verrat an der Religion bedeutet (§§ 11, 13) – eine deutliche Warnung an die PLO, keine politischen Kompromisse einzugehen.

Die erfolgreiche Kombination von Nationalismus und Islam im Programm der ḤAMĀS gibt ihr größere Legitimität, verringert aber, gerade weil metaphysisch überhöht – wie bei allen Fundamentalisten –, die Kompromißfähigkeit. Gerade das starre Festhalten an der Doktrin auf Kosten real möglicher politischer Gewinne wird allerdings von den Anhängern genauso abgestraft wie die opportunistische Anpassung an jede politische Veränderung. Hier hat sich ḤAMĀS als sehr erfolgreich erwiesen, den schmalen Grat zwischen metahistorischer Doktrin und Rhetorik und konkretem, politisch rationalem Handeln zu bewältigen.[22]

Die Parallelität der Terminologie bei islamischen und israelischen radikal religiös-nationalen Gruppen ist nicht zu übersehen und entsteht auch ungefähr zur gleichen Zeit. In beiden Fällen geht es um das ganze Gebiet (hebr. *Israel haschlema*), und es ist von der religiösen Bedeutung des Landes die Rede, vom islamischen *waqf*, einer religiösen Stiftung oder vom *Erez hakodesch*, dem heiligen Land. In beiden Fällen kommt auch Jerusalem eine überhöhte religiöse Bedeutung zu.

Der arabische Nationalismus in seinen verschiedenen Ausformungen unterschied sorgfältig zwischen Zionismus und Judentum. Während es demzufolge den Zionismus als Teil des europäischen Imperialismus zu bekämpfen galt, wurde ausdrücklich auf das geschichtlich harmonische Verhältnis zwischen muslimischer Gesellschaft und jüdischer Minorität hingewiesen. Das durch den Islam auch legal gesicherte Verhältnis zu nichtmuslimischen, monotheistischen Minoritäten wurde gerade als Argument gegen den Zionismus und gegen die Notwendigkeit eines jüdischen Staates benutzt.

Die Position der Islamisten unterscheidet sich diesbezüglich deutlich von der der Nationalisten. Der Unterschied zwischen Zionisten und Juden wird verwischt, und es ist vielmehr die Rede von den Juden, deren grundsätzliche Feindschaft dem Islam gegenüber mit Koranzitaten belegt wird. Aus der Sicht der Islamisten stellt sich die Lage folgendermaßen dar: Durch Kontrolle der Medien, durch Reichtum und Mithilfe ihrer Geheimorganisationen wie der Freimauer, der Rotarier und des Lions Clubs lenken die Juden die Geschicke der Welt, um ihre zionistischen Ziele zu verwirklichen. Sie verursachten die Französische Revolution, schufen den Bolschewismus, fachten den Ersten und Zweiten Weltkrieg an und kontrollierten die Regierungen der imperialistischen Mächte (§§ 17, 22, 28). Es überrascht nicht, daß als Beweis für diese Behauptungen die «Protokolle der Weisen von Zion» herangezogen werden (§ 32). Der Islam tritt also gegen eine Weltverschwörung der Juden an und kämpft einen Weltenkrieg zwischen Gut und Böse, Wahrheit und Lüge (§ 33). Der Kampf um Palästina ist in diesem Krieg die entscheidende Schlacht, deswegen ist die Befreiung Palästinas die vordringliche Aufgabe.[23]

Die Besetzung des Gaza-Streifens und des Westjordanlandes hat auch die Grenzen zwischen diesen Gebieten und Israel durchlässiger werden lassen. Islamistische Tendenzen, von den Besetzten Gebieten ausgehend, sind auch in Israel erkennbar. Die erste Organisation, die sich als ein all-palästinensisches Instrument verstand, war der *Muslimische Rat*. Finanzielle Unterstützung für muslimische Institutionen, Gebäude usw. in Israel war in den 1970er Jahren der erste Schritt in diese Richtung. Seit 1978 ermöglichte der Rat israelisch-arabischen Staatsbürgern die Pilgerfahrt nach Mekka. Im Oktober 1986 nahmen israelische Araber zum ersten Mal an einer durch den Rat initiierten Protestkundgebung in Jerusalem teil.[24]

In den Kommunalwahlen in Israel im Februar 1989 konnten der ḤAMĀS und den *Muslimbrüdern* nahestehende islamistische Gruppen bemerkenswerte Erfolge für sich verbuchen, die allerdings in der Region des sogenannten «Dreiecks», d.h. in der arabisch besiedelten Gegend westlich der Grünen Linie und nördlich von Petah Tikva, größer waren als in Galiläa. Diesen Erfolgen waren Jahre der Aktivität im sozialen Bereich der Kommunen vorausgegangen. Ähnlich wie bei den *Muslimbrüdern* in Ägypten in den 1930er Jahren wurde durch diese Arbeit eine politische Anhängerschaft in der Bevölkerung geschaffen. Trotz dieser Erfolge unterschied sich die islamistische Bewegung deutlich von ähnlichen Gruppen in den Besetzten Gebieten.[25]

Die Teilnahme an Wahlen selbst bedeutete eine Akzeptanz des bestehenden politischen Systems und die Bereitschaft, an ihm teilzuhaben. Ein bewaffneter Widerstand stand nicht zur Debatte. In ihren politischen Zielen lehnt sich die islamische Bewegung in Israel viel enger an die Vorstellungen der PLO an. Der von ḤAMĀS postulierte islamische Staat wird hier nicht als mögliche Alternative zum Nationalstaat betrachtet. Die Bewegung leistet Basisarbeit, um möglichst breite Unterstützung zu finden. Im Unterschied zu den Besetzten Gebieten ist ihre Machtbasis nicht in der Studentenschaft oder bei den Intellektuellen zu finden. Hieraus ist wohl auch zu erklären, daß die Bewegung ihre ideologische Artikulation vernachlässigt und bewußt spezifische Stellungnahmen vermeidet. Ihr Aktionsprogramm ist fast ausschließlich auf Sozial- und Gemeindearbeit ausgerichtet, und ihre ideologische Diskussion bleibt unverbindlich bzw. allgemein islamisch gehalten. Die Erfolge bei den Wahlen werden weniger als «islamische Bedrohung» des israelischen Staates, sondern eher als eine Niederlage für die alte Kommunistische Partei unter den Arabern gewertet. Wie weit die islamische Bewegung nun auch ihre tatsächliche Teilnahme an Kommunalpolitik und -verwaltung in politische Erfolge für sich ummünzen kann, bleibt abzuwarten.

ḤAMĀS hatte sich während der Intifāḍa durch ihren kompromißlosen bewaffneten Kampf gegen die israelische Besatzungsmacht Legitimation erworben und stieg zur zweitgrößten palästinensischen Organisation nach *al-Fataḥ* auf. Die erste Reaktion von ḤAMĀS auf die Verhandlungswilligkeit der PLO war der Versuch, mit syrischer Absegnung eine Ablehnungsfront zu gründen, in der als «Allianz der palästinensischen Kräfte» die marxistischen Gruppierungen *Volksfront zur Befreiung Palästinas (PFLP)* und *Demokratische Volksfront zur Befreiung Palästinas (DFLP)* und die islamistischen Gruppen *Jihād* und ḤAMĀS vereint wurden. ḤAMĀS bestand auf der Fortführung des bewaffneten Kampfes und lehnte jede Art von Verhandlungen ab. Es gelang ihr aber nicht, diese Allianz in ein wirksames politisches Instrument und in eine programmatische Alternative auszubauen. Wie prekär die Position von ḤAMĀS werden kann, zeigte sich im zweiten Golfkrieg (1990/91): Während die Sympathien der meisten Palästinenser dem Irak galten, mußte sie auf die Position ihres wichtigsten Geldgebers, Kuwait, Rücksicht nehmen.[26] Die Verbannung der 415 ḤAMĀS-Mitglieder im Dezember 1992 durch die israelischen Militärbehörden gab ḤAMĀS erneut Legitimation, schwächte sie aber auch organisatorisch.

Die Erkenntnis der PLO nach dem zweiten Golfkrieg, daß sie fast alle Unterstützung in der arabischen Welt verloren hatte und der Kalte Krieg endgültig beendet war, zwang sie, ernsthaft auf Verhandlungsvorschläge mit Israel einzugehen. Die Konferenz von Madrid im Herbst 1991 brachte zum ersten Mal Israelis und Palästinenser direkt und offiziell an einen Verhandlungstisch.

Schon im März 1993 waren die ersten Stimmen in ḤAMĀS zu hören, die eine partielle Souveränität in Gaza und dem Westjordanland akzeptieren wollten, ohne allerdings den bewaffneten Kampf aufzugeben.[27] Spätestens mit den Vereinbarungen von Oslo zwischen PLO und Israel im September 1993 wurde deutlich, daß der einmal eingeschlagene Kurs von Verhandlungen trotz aller Rückschläge der entscheidende politische Kurs blieb und schließlich zu palästinensischer Autonomie in den Besetzten Gebieten führen würde. Einerseits verursachte diese Einsicht verstärkte extremistische Reaktionen auf beiden Seiten, wie z.B. das Massaker an Palästinensern in der Moschee in Hebron durch einen israelischen Siedler und die wiederholten Sprengstoffattentate von islamistischen Todeskommandos in Israel. Andererseits mußte sich ḤAMĀS die Frage stellen, ob sie sich durch ihre völlige Kompromißlosigkeit nicht selbst marginalisieren würde.

Mit der Einrichtung der Autonomiebehörde 1994 in Gaza und Jericho konnte – mindestens aus der Sicht der PLO – der weitere bewaffnete Kampf die neuen Institutionen der Autonomie nur gefährden und wurde zunehmend eine direkte Herausforderung der Autorität Yasir Arafats (Yāsir ʿArafāt). Es kam zu Massenfestnahmen von Islamisten durch die palästinensische Autonomiebehörde. Diese Situation führte zu einem Abrücken besonders der jüngeren, in der Intifāḍa aufgewachsenen Generation von starren ideologischen Vorgaben aus Sorge, die durch bewaffneten Kampf gewonnene Stärke durch Selbstausschließung vom politischen Prozeß wieder zu verlieren. Tatsächlich fiel die Popularität der ḤAMĀS von 30% auf 15%. Während des Sommers 1995 tastete sich ḤAMĀS vorsichtig an eine Redefinition der eigenen Rolle heran.[28]

Sie begann sich als «loyale Opposition» der palästinensischen Autonomiebehörde zu verstehen, gab im September 1995 den bewaffneten Kampf auf und gründete im Dezember eine eigene politische Partei, die *Islamische Heilspartei*. Selbst die *Jihād*-Gruppe ließ im Frühjahr 1995 verlauten, daß sie sich eine Aufhebung des bewaffneten Kampfes vorstellen könnte, wenn Israel jedwede Aggression vermiede. Diese Veränderung des Programms wurde innerhalb der ḤAMĀS von einer scharfen Auseinandersetzung zwischen Mitgliedern in Jordanien und Libanon einerseits und denen in den Besetzten Gebieten andererseits begleitet. Die jüngeren Pragmatiker, besonders im Gaza-Streifen, konnten sich durchaus die endgültige Einstellung des bewaffneten Kampfs vorstellen – vorausgesetzt, daß Israel sich hinter die Grenzen von 1967 zurückzöge. Demgegenüber wollten sich die Exilanten nicht mit der Aufgabe des größeren Teils Palästinas abfinden. Hier zeigte sich ein Konflikt, der während der ersten *Intifāḍa* schon einmal zwischen der Exil-PLO in Tunesien und ihren Anhängern im Westjordanland und in Gaza stattgefunden hatte. Nachdem die Autonomiebehörde zum festen politischen Faktor geworden war, gewannen die Pragmatiker an Gewicht und konnten sich durchsetzen. Obwohl sie die Behörde ablehnten und sich nicht der PLO unterordnen wollten, wollten sie gleichzeitig aber nicht einen innerpalästinensischen Bruderkrieg anfangen oder marginalisiert werden. Im Oktober 1995 wurden in Malta Fathi Shiqaqi, der Anführer des *Jihād,* und im Januar 1996 Yaḥyā Ayyāshī, «der Ingenieur», ein wichtiges Mitglied der ḤAMĀS, ermordet. Beide Liquidierungen wurden, wohl nicht ohne Grund, den israelischen Geheimdiensten angelastet. Im Gegenschlag führte ḤAMĀS Selbstmordattentate durch, die 56 Todesopfer forderten. Die Rückkehr zum bewaffneten Kampf war damit aber noch nicht endgültig beschlossen. Besonders die Wahl Netanyahus zum Ministerpräsidenten, die durch die palästinensischen Attentate sichtlich gefördert wurde, und die von ihm betriebene Blockierung jeder weiteren Umsetzung der Osloer Verträge führten zu einem erneuten Nachdenken über den bewaffneten Kampf.

Im April 2000, nach der Wahl Baraks zum israelischen Ministerpräsidenten, schlug ḤAMĀS einen begrenzten Vertrag mit Israel auf der Grundlage eines künftigen israelischen Rückzugs hinter die Grenzen von 1967 vor. Zum ersten Mal entsandte die *Islamische Heilspartei*, der politische Flügel von ḤAMĀS, nun auch Vertreter in den *Zentralen Palästinensischen Rat*. Seit dem Ausbruch der zweiten *Intifāḍa* und unter dem Eindruck des provokativen und brutalen Vorgehens der israelischen Armee scheint ḤAMĀS nun wieder zu ihrer frühesten Position zurückgekehrt zu sein, nämlich den bewaffneten Kampf bis zur «Vernichtung Israels» weiterzuführen. Wichtig bleibt, daß ḤAMĀS immer innerhalb eines Mindestkonsenses der Palästinenser zu bleiben bemüht war. Auch wenn sie die Autorität der PLO und Arafats nicht anerkannte, machte sie nie von dem Instrument anderer radikal-islamistischer Gruppen, der Exkommunikation des Gegners, Gebrauch. Alle ihre politischen programmatischen Formulierungen, z.B. hinsichtlich des Gebrauchs von Waffen, der Gründung einer politischen Partei usw., bezogen sich immer direkt auf ihre Deutung der palästinensischen Situation und nicht auf irgendwelche abstrakten Formulierungen über das Wesen des Islams.

Diese These scheint auch durch die Ereignisse seit dem Tod von Arafat (11. 11. 2004) belegt zu werden. Noch im Frühjahr 2004 wurden in kurzer Folge zwei Führer der ḤAMĀS, Yāsīn und Rantīsī, durch gezielte Raketenangriffe der Israelis getötet, und ḤAMĀS war dementsprechend zu keinen Kompromissen bereit. Als ein Jahr später Mahmud Abbas (Maḥmūd ʿAbbās), der Nachfolger Arafats, Verhandlungsbereitschaft mit den Israelis zu erkennen gab und reguläre Wahlen für das palästinensische Parlament ankündigte, war auch ḤAMĀS bereit, sich auf einen im März 2005 mit Abbas ausgehandelten Waffenstillstand mit den Israelis einzulassen. Außerdem erklärte ḤAMĀS die Absicht, an den Parlamentswahlen im Juli teilzunehmen und deutete die Möglichkeit einer politischen Kooperation mit Abbas an. ḤAMĀS nahm schon an den Gemeinderatswahlen Anfang Mai 2005 teil und gewann die Mehrheit in 24 von 84 Gemeinderäten, während *Fataḥ* 52 gewann.

18. Syrien

(Andreas Christmann)

a) Offizielles Recht und sharīʿa

Der seit 1973 geltenden Verfassung zufolge ist Syrien ein säkularer Staat. Dort heißt es, daß die Syrische Arabische Republik ein «sozialistischer und volksdemokratischer Staat» sei (Art. 1/1). Der Präsident der Republik müsse zwar Muslim sein (Art. 3/1), aber der Islam gelte weder als Staatsreligion noch als alleinige Grundlage der staatlichen Gesetzgebung. Es wird lediglich eingeräumt, daß die islamische Rechtswissenschaft *(al-fiqh al-islāmī)* «eine» Quelle der Gesetzgebung sein dürfe (Art. 3/2). Ein Hinweis auf die *sharīʿa,* die göttliche Rechtsquelle des Islams, fehlt hingegen gänzlich. Während die Verfassungen von 1950, 1953 und 1962 Artikel zum «Schutz der Religionsfreiheit» und zur «Beibehaltung des Personenstandsrechts religiöser Gemeinschaften» enthielten (Art. 3/3; 3/4), sieht der Text von 1973 eine verfassungsmäßige Verankerung des religiösen Rechts nicht mehr vor. Als verfassungskonform gilt vielmehr die Ideologie der seit 1963 herrschenden *Baʿth*-Partei, deren Bekenntnis zur nationalen Einheit des arabischen Volkes eine privilegierte Stellung des islamischen Gesetzes ausschließt. So gilt heute der 1965 nach dem Machtantritt der *Baʿth*-Partei eingeführte Rechtskodex *(qānūn as-sulṭa al-qaḍāʾīya),* der die staatlichen Rechtsbereiche mehrheitlich dem – der Herkunft nach – europäischen Zivilrecht *(al-qānūn al-madanī)* unterstellt. Einzige Ausnahme ist der Bereich des Personenstands-, Familien- und *waqf*-Rechts, in dem trotz Säkularisierung weiterhin die *sharīʿa* gilt.

Laut Rechtskodex wird die syrische Bevölkerung in drei Religionsgruppen *(ṭawāʾif)* eingeteilt: 1) Muslime, 2) Drusen, 3) Christen und Juden. Diese Einteilung entspricht der Religionslandschaft Syriens, jedoch ist der Anteil sunnitischer und schiitischer Muslime (einschließlich von Alawiten, Zwölferschiiten und Ismailiten) mit ca. 82% der syrischen Bevölkerung (heute ca. 14 Mio.) ungleich höher als der Anteil von Drusen (lediglich ca. 3%), Christen (ca. 14% – unterteilt in 11 verschiedene christliche Kirchen) und Juden (weniger als 1%).[1] In der heutigen Rechtspraxis in Syrien überrascht aber doch, daß trotz der unternommenen Differenzierung das islamische Personenstandsrecht für *alle* religiösen Minderheiten gilt (z.B. in bezug auf Erbschafts- und Vormundschaftsfragen). Nur in familienrechtlichen Angelegenheiten (d.h. Heirat, Scheidung, Brautgabe, Adoption, Erziehungsrecht usw.) verfügen die drei Religionsgruppen über eine eigene Gerichtsbarkeit: Für Muslime sind die *sharīʿa*-Gerichte zuständig, für Drusen die *madhhabī*-Gerichte und für Christen und Juden die *rūḥī*-Gerichte.[2] Praktisch bedeutet diese Rechtslage, daß im Bereich des Personenstandsrechts alle Syrer ausnahmslos als Muslime behandelt werden, während im Familienrecht die jeweilige Konfession ausschlaggebend ist. In allen übrigen Bereichen des staatlichen Rechts wird dagegen keine Rücksicht auf die Religionszugehörigkeit genommen. Der durch die Verfassung vermittelte Eindruck, daß die islamische Rechtsprechung nur «eine» Quelle der Rechtsprechung sei, stimmt demnach weder für das syrische Zivilgesetz (dort spielt das islamische Recht keine Rolle) noch für das Personenstandsgesetz, in dem sie die *einzige* Rechtsquelle überhaupt ist.

An dieser Rechtspraxis wird aber auch eine Spannung ersichtlich zwischen offiziell säkularer Staats- und Parteidoktrin einerseits und religiöser Gesellschaftspraxis andererseits, in der eindeutig islamische Rechtsnormen dominieren. Zwei Aspekte bestimmten daher die Entwicklung im islamischen Rechtswesen Syriens seit der Etablierung des *Baʿth*-Regimes: erstens eine immer straffere Regulierung und Kontrolle der islamischen Rechtsprechung, und zweitens die forcierte Zentralisierung der Verwaltung des *auqāf*-Besitzes, der finanziellen Grundlage eines jeden islamischen Gemeinwesens.

b) Fatwawesen und auqāf-Verwaltung

Die Zentralisierung des Fatwawesens und der *auqāf*-Verwaltung begann bereits Mitte des 19. Jahrhunderts im Osmanischen Reich. Infolge der *Tanẓīmāt*-Reformen wurde um 1840 eine *auqāf*-Direktion in Istanbul eingerichtet und 1875 dem damaligen Finanzministerium unterstellt. Als faktischer Rechtsnachfolger der osmanischen *auqāf*-Behörde fungierte ab 1921 die von der französischen Mandatsregierung eingesetzte «Contrôle Général des Waqfs Musulmans» (mit Sitz in Beirut). 1930 erfolgte der Aufbau einer eigenständigen syrischen *auqāf*-Behörde in Damaskus, mit der ein staatlicher Zugriff auf syrische *waqf*-Ländereien besser koordiniert werden konnte. Nach dem Zweiten Weltkrieg fielen zahlreiche Stiftungen unter ziviles Finanzrecht, wodurch ihre staatliche Besteuerung (ab 1947) ermöglicht wurde. Mit Erlangung der Unabhängigkeit 1947 geriet unter der Federführung Shukrī al-Qūwatlīs (reg. 1947–1949) und Ḥuṣnī az-Zaʿīms (April – August 1949) der gesamte Bereich des *auqāf*- und Fatwawesens unter staatliche Kontrolle. Auf Anordnung von Adīb ash-Shīshaklī (reg. 1949–1954) wurden das Muftiamt und die *auqāf*-Behörde sogar kurzzeitig dem Justizministerium zugeordnet, später aber dem Ministerrat unterstellt. Nach dem Ende der Union mit Ägypten (1958–1961) verabschiedete die syrische Regierung unter der Ägide von Generaloberst ʿAbd al-Karīm al-Naḥlawī 1961 die Legislativdekrete Nr. 204 und Nr. 185, mit denen sie die Grundlagen des späteren *auqāf*-Ministeriums schuf. Laut Gesetz fielen nunmehr alle Aktivitäten, die sich aus der Verwaltung des Stiftungsvermögens ergaben (z.B. Moscheebau, Spendenverwaltung, Betreuung von Wohlfahrtsorganisationen) in den Zuständigkeitsbereich des staatlichen Ministeriums. Gleiches trat für die Gestaltung des Fatwawesens ein (z.B. für die Ausbildung von *ʿulamāʾ* und Predigern, die Verwaltung der Schariat- und Koranschulen, die Besetzung des Muftiamts), für das man eine eigenständige Direktion im Ministerium einrichtete. Bereits damals war mit diesen Maßnahmen die Intention – nach kemalistischem Vorbild – verbunden, die sunnitische Elite zu entmachten und die syrische Gesellschaft weitestgehend zu laizisieren.

Die neue *Baʿth*-Regierung (ab 1963) übernahm die alten Verwaltungsstrukturen, besetzte aber zentrale Positionen neu und stellte sie unter die direkte Aufsicht der Partei- und Sicherheitsbehörden. Der «Hohe auqāf-Rat» *(majlis al-auqāf al-aʿlā)*, eingerichtet als mächtiges Kontrollorgan des Ministeriums, wurde 1965 dem Präsidentschaftsrat unterstellt und damit faktisch entmachtet. Ähnliches ereilte den «Hohen Fatwa-Rat» *(majlis al-iftāʾ al-aʿlā)*, das Kontrollorgan des Muftiamts, dessen Befugnisse 1971 an den damals neu eingesetzten *auqāf*-Minister übergingen. Im Jahre 1964 fand auf kontroverse Weise die Wahl Aḥmad Kuftaros (Aḥmad Muḥammad Amīn Kaftārū, 1915–2004) zum Obermufti Syriens statt. Der Wunschkandidat der neuen Machthaber besaß – zum ersten Mal in der jüngeren Geschichte Syriens – nicht die breite Unterstützung der sunnitischen *ʿulamāʾ* (die genoß der Gegenkandidat, Shaikh Ḥasan Ḥabannakah), doch setzte er sich überraschend durch. Die 1971 erfolgte «Ernennung» Kuftaros zum Parlamentsabgeordneten diskreditierte dann endgültig die Autorität des Großmuftis und verschaffte ihm den Ruf eines Erfüllungsgehilfen der syrischen Staatsmacht.

Als vorläufiger End- bzw. Höhepunkt der Zentralisierung gilt die Enteignungswelle in den 1990er Jahren, bei der noch verbliebene private *waqf*-Immobilien verstaatlicht bzw. per Dekret vom Schariatrecht in positives Recht überführt und damit endgültig dem Zugriff des Fiskus ausgeliefert wurden. Eine solche Entwicklung verdeutlicht, wie einschneidend die Veränderungen im islamischen Rechtswesen gewesen sind. Doch wird ein Blick auf die bisherige baʿthistische Islampolitik klären müssen, welche Bedeutung dem Islam im allgemeinen eingeräumt wurde.

c) Die Islampolitik der Baʿth-Partei

Die baʿthistische Islampolitik hat sich in mehreren Etappen vollzogen. In der ersten Etappe – von der Machtübernahme 1963 bis 1970 – wurden die legislativen Grundlagen der allgemeinen Religionsgesetzgebung geschaffen, die das Machtmonopol der sunnitisch-städtischen Mittelschicht brechen sollten. Gleichzeitig mußte der politische Einfluß der äußerst populären syrischen *Muslimbruderschaft* zurückgedrängt werden. Nach dem Militärputsch 1963 wurden alle unabhängigen Zeitungen verboten, eine repressive Pressezensur eingeführt und der allgemeine Ausnahmezustand ausgerufen, der bezeichnenderweise noch heute besteht. Die bereits unter den Vorgängerregierungen begonnene Verstaatlichung des *waqf*-Besitzes wurde forciert und seine Verwaltung stärker zentralisiert. Personelle Umbesetzungen an der Damaszener *sharīʿa*-Fakultät und dem *auqāf* Ministerium sowie die umstrittene Wahl Kuftaros zum Obermufti Syriens führten geradezu plangemäß zum Bedeutungs- und Autoritätsverlust dieser Institutionen. Daß dies nicht ohne Widerstand seitens der islamischen Opposition geschah, zeigen die zahlreichen Unruhen und Aufstände in dieser Zeit: 1964 in Hama, 1965 in Damaskus und Aleppo, 1967 in ganz Syrien. Mit dem innerparteilichen Machtwechsel 1970 und dem neuen Präsidenten Ḥāfiẓ al-Asad (1970–2000) wurde eine gemäßigtere Etappe eingeleitet, die aber aufgrund des Widerstandes der sunnitisch-islamistischen Bewegung gegen die pro-schiitische Religionspolitik Asads, eines alawitischen Muslims, bereits 1976 wieder endete.

Die dritte Phase zwischen 1976 und 1984 war geprägt von militanten Anschlägen der Islamisten gegen Regierungsinstitutionen und von brutalen Gegenaktionen der Staats- und Sicherheitsorgane. Das Massaker der syrischen Armee an der Zivilbevölkerung in der islamistischen Hochburg Hama 1982 und die darauffolgenden Repressionen gegen jegliche Form öffentlicher Islamsymbolik (u.a. Kopftuch, Barttragen, Koranrezitation etc.) beendeten diese gewaltreiche Etappe eindeutig zugunsten des *Baʿth*-Regimes.[3] Mitte der 1980er Jahre, aber vor allem seit dem Ende der Sowjetunion 1991, begann schließlich eine bis heute anhaltende Re-Islamisierung. Diese Renaissance umfaßte zum einen den Neubau von Moscheen, Koran- und Schariatschulen sowie eine stark islamisierte äußere Erscheinung der Bevölkerung. Zum anderen fand eine «verbale Islamisierung» im öffentlichen Diskurs statt, die etwa seit 1994 auch die bisher staatlich-säkularen Massenmedien erfaßte. Zu dieser Tendenz paßt es, daß durch zwei Amnestien, 1995 und 2002, Angehörige der seit 1980 verbotenen *Muslimbruderschaft* rehabilitiert wurden und diese z.T. wieder im Erziehungsbereich arbeiten dürfen.

Die hier dargelegte Entwicklung macht zweierlei deutlich: (1.) Die Islampolitik der gegenwärtigen syrischen Staatsmacht war von Anfang an mit dem Problem konfrontiert, eine Minderheitsposition (zunächst die baʿthistische, ab 1970 die alawitische) gegenüber einer sunnitischen Mehrheit legitimieren und machterhaltend durchsetzen zu müssen. (2.) Die Ausschaltung der konsensverweigernden Opposition und eine zunehmende Baʿthisierung der sunnitischen Bevölkerung gestatteten dem Regime etwa seit Mitte der 1980er Jahre einen Strategiewechsel, bei dem der Übergang von gezielter Marginalisierung zu kontrollierter Vereinnahmung der islamischen Religion vollzogen werden konnte.[4] Die Lancierung eines sogenannten «offiziellen Islam» *(al-islām ar-rasmī)* war dafür eine wichtige Voraussetzung.

d) Offizieller «Staatsislam»

Die säkular-sozialistische *Baʿth*-Ideologie ist grundsätzlich weder anti-religiös noch anti-islamisch. Sie wertet jedoch Religion, speziell den Islam, als moralisches Kulturgut um. Michel ʿAflaq, der Begründer der *Baʿth*-Partei, betrachtete den Islam als Vehikel einer geistig-moralischen Wiedererweckung *(al-baʿth)* des Arabertums, während er im Propheten Muḥammad «die Inkarnation des wahren und edlen arabischen Geistes» sah.[5] Eine solche Interpretation reduzierte freilich die göttliche Offenbarung des Islams auf einen kulturell-ethischen Aspekt des Arabertums und negierte jeglichen Anspruch auf die Existenz eines islamischen Staatswesens. Sie signalisierte aber auch die Möglichkeit, mit einem Islamverständnis, das dieser Ideologie nicht widerspricht, den öffentlichen Diskurs im baʿthistischen Syrien beeinflussen zu können. Dies unter der Voraussetzung, daß der Konsens über die marginalisierte Stellung des islamischen Rechts (sog. «Rumpf-*sharīʿa*») nicht gefährdet und die sensiblen Bereiche der syrischen Wirtschaft und Politik unangetastet blieben.

Eine besondere Rolle spielte hierbei erneut die Person des Obermuftis Aḥmad Kuftaro.[6] Unter seiner Leitung wurde der Orden der *Naqshbandīya-Khalidīya-Kaftarīya* zu einer der größten islamischen Bewegungen, mit Netzwerken im gesamten Nahen Osten. Das von ihm 1972 gegründete Islamzentrum Abū Nūr *(Majmaʿ Abī ʾn-Nūr al-Islāmī),* das über Zweigstellen in fast allen syrischen Großstädten verfügt, gilt mittlerweile als eines der aktivsten und einflußreichsten sunnitischen Lehrzentren Syriens. Die dort vermittelte Islamlehre ist eine leicht spiritualisierte Version des durch das *auqāf*-Ministerium vorgegebenen, offiziellen Islambildes. Schwerpunkte sind Themen wie interreligiöse Toleranz, Glaube und Rationalität sowie die Einheit der arabisch-islamischen Religionsgemeinschaft. Die Charakterisierung dieses Islamverständnisses als politisch opportun bzw. konformistisch trifft sicherlich zu. Die von Kuftaro verbreiteten Lehren sind in der Tat so formuliert, daß sie mit der staatstragenden *Baʿth*-Doktrin stets im Einklang stehen. Ohne Zweifel war dies der Grund für staatliche Privilegien für den *Kaftarīya*-Orden in Form von finanzieller Unterstützung und der Gewährung einer beispiellosen Handlungsfreiheit. Es überrascht daher nicht, daß die *Kaftarīya*-Bewegung unaufhörlich expandiert, während die Anhängerzahl der traditionell in Syrien ansässigen, aber vorwiegend quietistischen Sufiorden stagniert *(Shādhilīya, Qādirīya)* bzw. existenzbedrohlich sinkt *(Maulawīya; Rifāʿīya).*

Gleichzeitig ist der Orden aber auch Nutznießer der besagten Islamisierungstendenz innerhalb der syrischen Bevölkerung. Das bisherige säkulare Weltbild vieler «neukonvertierter» Muslime ließ sich leicht mit der konturlosen Islamlehre Kuftaros vereinbaren. Auch konnte unter dem Dach des Islamzentrums die Kritik an der Regierung und der immensen Korruption in Staats- und Parteiapparat ungestraft mittels einer verstärkten Hinwendung zum Islam zum Ausdruck gebracht werden. Die bauliche Erweiterung des Islamzentrums (1994), und zwar mit staatlicher Förderung, und die Erlaubnis zur Gründung einer islamischen Privatuniversität in Damaskus unter Leitung des regimenahen Shaikhs Muḥammad ʿAbd al-Laṭīf al-Farfūr (geb. 1945) zeigt deutlich den Versuch der Regierung, der islamischen Renaissance Herr zu werden, indem angesichts islamisch geprägter Verweigerungshaltungen regierungsfreundliche Institutionen als Auffangbecken und Domestizierungsinstanzen kreiert werden.

Der staatliche Dirigismus konnte jedoch nicht verhindern, daß sich jenseits des offiziellen Islams eine Art «Untergrund»-Islam entwickelte. Dieser artikulierte sich bisher entweder in informellen Studienzirkeln, die von Studenten schariatrechtlicher Institute organisiert werden, oder in Form von «Privatmeinungen» untergetauchter *ʿulamāʾ*. Seine Kritik richtet sich nicht direkt gegen staatstragende Personen und Institutionen. Indem aber in diesen Kreisen z.B. Fragen des Handelsrechts, des Steuerrechts, ja sogar des islamischen Strafrechts erörtert werden, indem die wahhabitische Kritik am Sufismus und am schiitischen Islam propagiert wird, und indem schon einmal eigenständige *jihād*-Definitionen zu hören sind, werden die verordneten Tabus in der Islaminterpretation und -anwendung geschickt unterlaufen. Das Ausmaß der Verbreitung eines solchen Alternativ-

Islams ist naturgemäß schwer festzustellen, doch weisen häufige Verhaftungen, langjährige Gefängnisstrafen oder gar Ausweisungen[7] regimekritischer Gelehrter darauf hin, daß der von oben verabreichte «Staatsislam» die öffentliche Meinung nur ungenügend beeinflussen kann.

e) Liberaler Intellektuellen-Islam

Dieser Umstand und die alarmierenden Nachrichten aus Ländern wie Algerien, Sudan und Afghanistan, in denen radikale Islamisten zeitweilig die Oberhand gewannen, führten dazu, daß sich seit Beginn der 1990er Jahre immer wieder muslimische Intellektuelle zu Wort meldeten, um die islamistische Bewegung zu kritisieren bzw. um liberale Islamvorstellungen vorzutragen. Beispielsweise veröffentlichte im Jahre 1990 der sunnitische Muslim und Ingenieur Muḥammad Shaḥrūr sein Buch «*Kitāb und Qur'an: Eine zeitgenössische Interpretation*», in dem er eine eigenwillige, strikt modernistisch geprägte Koranexegese vortrug und die islamistische Lesart des Korans als regressiv und untauglich für jede moderne Gesellschaft kritisierte.[8] Sein Buch wurde Gegenstand einer etwa 10 Jahre andauernden Debatte, in der Shaḥrūrs Werk als Stümperei abgelehnt, aber auch – ganz didaktisch im Sinne der Kritik am ebenso nonkonformistischen Islamismus – die Kriterien der traditionellen Koraninterpretation vorexerziert wurden. Mitte der 1990er Jahre sorgte ein Interview des Journalisten und freischaffenden Schriftstellers Nabīl Fayyāḍ mit dem konservativen Rechtsgelehrten Muḥammad Sa'īd Ramaḍān al-Būṭī für einen Sturm der Entrüstung, dem eine etwa zwei Jahre andauernde «Buchschlacht» folgte, an der später auch andere Islamgelehrte teilnahmen. Fayyāḍ hatte den Gelehrtenislam angegriffen und ihn bezichtigt, mit einem mittelalterlichen Rechtsverständnis und einer idealisierten Betrachtung der islamischen Frühzeit dem Islamismus das Wort zu reden, was in mehreren Repliken tunlichst zu widerlegen versucht wurde. Schließlich kam es 1998 zu einem mit großem Pomp ausgetragenen Duell zwischen Shaikh al-Būṭī und dem Philosophieprofessor Ṭayyib Tīzīnī, bei dem Tīzīnī das Dogmatische und Verkürzende des islamistischen Diskurses angriff und von Gelehrten wie al-Būṭī ein pluralistisches Koranverständnis, eine flexible Anwendung der *sharī'a* sowie eine historisch-kritische Erforschung der islamischen Frühzeit einforderte. Eine solch direkte Herausforderung zwang al-Būṭī dann dazu, die kritischen und flexiblen Auslegungsmethoden, so wie sie die traditionellen islamischen Rechtsschulen lehrten, zu verteidigen und zu betonen, daß die Ausformung des islamischen Rechts seit jeher dynamisch und realitätsbezogen erfolgt sei.

Nach dem Tod Ḥāfiẓ al-Asads im Juni 2000 ist die erhoffte umfassende Umgestaltung des syrischen Staates ausgeblieben. Der Machtwechsel von Vater zu Sohn (Bashshār al-Asad, geb. 1965) bewirkte vielmehr innen- wie auch islampolitisch eine nahezu identische Übernahme bewährter Modelle. Offiziell wurde verlautbart, daß die Furcht vor einem «zweiten Algerien» und das plötzlich hektische Agieren der *Muslimbrüder* im britischen Exil die *Ba'th*-Macht veranlaßt haben, die begonnenen radikalen Reformen zu stoppen und diesen einen zähen, langsamen, dafür aber kontrollierbaren Wandel vorzuziehen. Der kurze «Damaszener Frühling» (zwischen August 2000 und Februar 2001), in dem syrische Intellektuelle in zahlreichen Petitionen und in sogenannten Dialogklubs Reformen angemahnt hatten, [9] erwies sich als Strohfeuer und hatte auch für den syrischen Islam nur geringe Auswirkungen.

19. Irak

(Henner Fürtig)

Das Territorium des Irak zählt zu den wichtigsten und traditionsreichsten Zentren der beiden Hauptkonfessionen des Islams. Bagdad war die Hauptstadt des sunnitischen Abbasidenkalifats. Eine der Ursprungsregionen der Schia und deren bedeutendste Heiligtümer liegen im südlichen Irak: die Gräber ʿAlīs und Ḥusains in Nadschaf bzw. Kerbela sowie die von vier weiteren Imamen in Samarra und Kazimiya.[1] Die Jahrhunderte der Zugehörigkeit zum sunnitisch dominierten Osmanischen Reich sahen den Irak zumeist am vernachlässigten Rand des Reiches. Die städtischen Wallfahrtsorte der Schiiten waren immer Zentren ihres Glaubenslebens geblieben, aber die verstärkte Konversion der im Süden des Irak siedelnden Stämme zum Schiitentum, die sich im 19. Jahrhundert vollzog, war nicht zuletzt auch ein Ausdruck der Auflehnung gegen Bevormundung durch die Hohe Pforte. Angesichts der traditionellen Rivalität der Osmanen zu den benachbarten schiitischen Persern gerieten die irakischen Schiiten häufig in den Ruch einer «5. Kolonne» und wurden von höheren Positionen im osmanischen Beamten- und Militärapparat weitgehend ausgeschlossen.[2] Im Ersten Weltkrieg entsprachen die Schiiten den osmanischen Vorurteilen aber nur teilweise: Zwar kam es 1915 und 1916 – vor allem in Nadschaf und Kerbela – zu anti-osmanischen Unruhen, aber keinesfalls zugunsten der gleichfalls zu den Kriegsopfern zählenden Perser und auch nicht als Verbündete des britischen Expeditionsheeres. Im Gegenteil, die meisten schiitischen Geistlichen riefen zum Widerstand gegen die «ungläubigen Invasoren» auf.[3] Ihr antibritischer Impetus überstand auch das Ende des Ersten Weltkriegs und des Osmanischen Reiches. 1919 erklärte der namhafte Ayatollah Muḥammad Taqī ash-Shīrāzī in einer *fatwā*, daß «nur Muslime das Recht haben, über Muslime zu herrschen.»[4] Das Urteil richtete sich zweifellos gegen die sich abzeichnende Ersetzung der osmanischen Oberhoheit über den Irak durch die britische.

a) Der islamische Faktor bei der Geburt des modernen Irak

Aus der Ahnung wurde am 20.4.1920 Gewißheit, als Großbritannien in San Remo vom Völkerbund das Mandat über den aus den osmanischen Provinzen Mossul, Bagdad und Basra geschaffenen Staat Irak übertragen wurde. In der Ablehnung der Fremdherrschaft waren sich sunnitische und schiitische Bewohner des Mandatsgebiets einig. Muslime beider Konfessionen erhoben sich zwischen Juli und November 1920 gegen die britische Besatzungsmacht. In den blutigen Kämpfen ließen fast 10000 Aufständische ihr Leben, aber auch über 400 britische Soldaten. Die Niederschlagung der Rebellion kostete London überdies 40 Millionen Pfund.[5] Diese Erfahrungen veranlaßten die britische Regierung, zukünftig einer indirekten Herrschaft über Irak den Vorzug zu geben. Als Personifizierung der neuen Strategie bot sich der im italienischen Exil ausharrende Verbündete aus dem Ersten Weltkrieg, der (sunnitische) Haschemit Faiṣal Ibn Ḥusain, an, der am 27. 8. 1921 den eigens für ihn geschaffenen Thron des Königreichs Irak bestieg. Dieser britische «Kunstgriff» bestimmt das Verhältnis der verschiedenen Konfessionen und Ethnien Iraks zueinander de facto bis in die Gegenwart.

Bis zu ihrer Zusammenfügung in San Remo war der politische, soziale und wirtschaftliche Zusammenhalt bzw. Austausch zwischen den Provinzen Mossul, Bagdad und Basra außerordentlich gering. Alle drei waren auf Istanbul und nicht aufeinander ausgerichtet. Neben dem britischen Druck existierte daher zunächst kein wesentlicher indigener Faktor, der den neuen Staat Irak zusammenhielt. Seine Fragilität wurde durch die große konfessionelle und ethnische Heterogenität noch verstärkt. 1932, im Jahr der formalen Unabhängigkeit des Landes, lebte im Irak eine Mehrheit (54%) arabischer Schiiten zusammen mit Minderheiten sunnitischer Araber (21%), sunnitischer Kurden (14%), nichtmuslimischer Araber (5%) und anderer religiös-sprachlicher Gruppen (6%) aus sunnitischen Turkmenen, christlichen Assyrern und anderen.[6] Ihrer erprobten «Teile-und-Herrsche-Politik» folgend, setzten die Briten in diesem Szenario auf die Schwächeren, d.h. die Sunniten. Da deren kurdischer Teil mehrheitlich die Realisierung der im Vertrag von Sèvres versprochenen Unabhängigkeit erhoffte und daher nur geringe Affinität zum Irak zeigte, blieben die sunnitischen Araber als Pfeiler der indirekten Herrschaft. Sunnitische Stammesführer und städtische Notabeln wurden durch Privilegien einerseits an der Perpetuierung der britischen Dominanz interessiert, andererseits blieben sie, und vor allem der landesfremde König, angesichts ihres faktischen Minderheitenstatus auf britischen Schutz angewiesen. Der vom Hof und den rasch wechselnden Regierungen propagierte irakische Patriotismus wurde deshalb von der Mehrheitsbevölkerung, insbesondere den Schiiten, lange als dünner Firnis über sunnitisch-arabischem Vormachtstreben angesehen, zumal sie von höheren Ämtern in Staat und Militär weitgehend ausgeschlossen blieb.[7] Da andererseits aber auch der Unabhängigkeitskampf mehrheitlich unter nationalistischen Losungen stattfand, traten konfessionelle Aspekte der Politik bis zum Sturz der Monarchie (1958) in den Hintergrund.

b) Politischer Islam unter dem Primat des Nationalismus

Insbesondere die hohe schiitische Geistlichkeit enthielt sich angesichts der Erfahrungen von 1920 politischer Stellungnahmen. Bei gleichzeitiger Zunahme staatlicher Bildungschancen in einem Umfeld nationaler Aufbruchstimmung sank die

Attraktivität religiöser Ausbildung. Zwischen 1918 und 1958 verringerte sich die Zahl der Studenten in Nadschaf von 6000 auf 2000.[8] Die konfessionellen und ethnischen Bindungen blieben zwar stark, ihre Wirkung wurde aber zunehmend durch soziale und ideologische Positionen von Individuen und Gruppen überlagert. Radikale Oppositionelle, ob Kurden, sunnitische oder schiitische Araber, drückten ihre Haltung durch Mitgliedschaft in nationalistischen und/oder linken Parteien aus. Die Mehrheitsverhältnisse in der Bevölkerung spiegelten sich dabei auch in der Mitgliedschaft der Parteien wider. Sei es die seit 1950 im Irak aktive *Baʿth*-Partei oder die 1934 gegründete Kommunistische Partei (IKP): in beiden stellten Schiiten die Mehrheit der Mitglieder und Führer. IKP-Chef Ḥusain ar-Rāḍī war *saiyid* und Sohn eines schiitischen Rechtsgelehrten aus Nadschaf.[9]

Viele schiitische Geistliche sahen im Abwandern erheblicher Teile ihrer Gefolgschaft eine elementare Herausforderung. Der Rechtsgelehrte Muḥammad Bāqir aṣ-Ṣadr gründete deshalb 1958 *ad-daʿwa al-islāmīya* («Der islamische Ruf») als politische Partei der Schiiten. Mit seinen beiden Hauptwerken «*Falsafatunā*» (Unsere Philosophie, 1959) und «*Iqtiṣādunā*» (Unsere Wirtschaft, 1961) gab er dem Wirken der Partei eine theoretische Grundlage, die auf die Errichtung eines islamischen Staates zielte. Ohne grundsätzlich vom Quietismus abzuweichen, unterstützte der namhafteste schiitische Geistliche seiner Zeit, Großayatollah Muḥsin al-Ḥakīm, die Ziele der Partei zumindest indirekt; er untersagte 1960 in einer *fatwā* den Beitritt der Gläubigen zur IKP und rief sie gleichzeitig zur Unterstützung der *daʿwa*-Partei auf.[10] Angesichts der politischen Situation ging die Partei jedoch schon unmittelbar nach der Gründung in den Untergrund. Mitte der 1960er Jahre gesellte sich die von den Ayatollahs Ḥasan ash-Shīrāzī und Muḥammad al-Mudarrisī in Kerbela gegründete *Munaẓẓamat al-ʿamal al-islāmī* («Organisation der islamischen Aktion») zu ihr.[11]

Säkularistische und nationalistische Tendenzen beunruhigten in den 1950er Jahren auch die Sunniten. 1951 etablierte sich die *Muslimbruderschaft* (MB) formal im Irak. In ihrer Ablehnung von Kommunismus und Nationalismus war sie sich mit den schiitischen Geistlichen einig. 1959 vereinbarte MB-Chef Muḥammad Maḥmūd aṣ-Ṣawwāf mit Großayatollah Muḥsin al-Ḥakīm die Möglichkeit wechselseitiger Mitgliedschaft ihrer Anhänger in MB und *daʿwa*-Partei.[12] 1960 benannte sich die MB in «Irakische Islamische Partei (IIP)» um. Wie alle islamistischen Parteien sah sie sich nach 1968 der Ächtung und Verfolgung durch die regierende *Baʿth*-Partei ausgesetzt.[13]

Deren pan-arabischer Nationalismus machte im Irak die nicht-arabischen Kurden und Islamisten aller Couleur als Gegner aus. Der zweite Aspekt betraf allerdings in erster Linie die Schiiten. Dazu mag beigetragen haben, daß sich die *Baʿth*-Partei in dem Maße von einer «Schiiten»- in eine «Sunniten»-Partei entwickelte, wie sie aus der Oppositions- zur Regierungspartei wurde. Waren bis zum ersten *Baʿth*-Putsch 1963 noch 54% der führenden Mitglieder Schiiten, so sank deren Anteil zwischen 1963 und 1968 auf 6%.[14] Bei den Kurden führte die neue Frontstellung zu verstärktem Kampf um Selbstbestimmung, bei den Schiiten zu wachsender Politisierung. Zwar setzte der Nachfolger des 1970 verstorbenen Muḥsin al-Ḥakīm, Großayatollah Abū l-Qāsim al-Khū'ī, dessen quietistische Tradition fort, doch nahm islamistischer Aktionismus, geführt durch die al-Ḥakīms in Nadschaf, die aṣ-Ṣadrs in Kufa und Bagdad, sowie die al-Mudarrisīs in Kerbela, erheblich zu. Im Dezember 1974 und Februar 1977 kam es jeweils im Zusammenhang mit den *'āshūra*-Feiern zu spontanen Schiitenunruhen, die brutal niedergeschlagen wurden.

c) Die Diktatur Ṣaddām Ḥusains: Zuckerbrot und Peitsche

Wenige Monate bevor Ṣaddām Ḥusain im Juli 1979 die Macht in Bagdad an sich riß, hatte im schiitischen Nachbarstaat Iran die Islamische Revolution gesiegt. Es hätte kaum der Ermutigung aus Teheran bedurft, um die schiitischen Oppositionellen im Irak zu einer erheblichen Verstärkung ihrer Aktivitäten anzuhalten. Bis zum Sommer 1980 kam es zu zahlreichen Angriffen auf Symbole und Personen des verhaßten *Ba'th*-Regimes. Spätestens nachdem am 1.4.1980 ein Anschlag auf den damaligen Außenminister Ṭāriq 'Azīz fehlgeschlagen war, schlug Ṣaddām Ḥusains Sicherheitsapparat massiv zurück. Hunderte schiitische Aktivisten wurden umgebracht, darunter am 13.4. auch *da'wa*-Gründer Muḥammad Bāqir aṣ-Ṣadr. Zehntausende «iranischstämmige» Schiiten wurden, zusammen mit schiitischen Kurden (sogenannte Faili-Kurden), deportiert. Die Strafaktion kulminierte am 22.9.1980 im Überfall auf Iran; von Ṣaddām Ḥusain wurde er zum «Präventivkrieg» erklärt.[15] Im iranischen Exil entstand 1982 mit dem «Hohen Rat der islamischen Revolution in Irak» (engl. SCIRI) eine dritte politische Organisation der irakischen Schiiten, die zwar als Dachorganisation konzipiert war, sich aber im Laufe des achtjährigen Krieges zwischen Irak und Iran (Erster Golfkrieg) de facto zu einem Machtorgan der al-Ḥakīm-Familie entwickelte: genau wie die *da'wa*-Partei stets als Partei der aṣ-Ṣadrs und die *'Amal*-Organisation als Gremium der al-Mudarrisīs wahrgenommen wurde.

Während sich die Mehrzahl der schiitischen Mannschaftsdienstgrade der Armee während des Krieges als engagierte irakische Patrioten entpuppte, machten viele (sunnitische) Kurden gemeinsame Sache mit dem iranischen Kriegsgegner.[16] Das setzte sie gegen Ende des Krieges einem besonders grausamen Rachefeldzug des *Ba'th*-Regimes aus (Operation *Anfāl* mit Zehntausenden toten und vermißten Kurden). Der Versuch der Kurden, sich ihres Peinigers nach dessen Niederlage im Zweiten Golfkrieg zu entledigen, endete im März 1991 – auch auf Grund irreführender Hilfszusagen der Alliierten – in einem Fiasko. Ein ähnliches Schicksal erlitt im gleichen Monat der Aufstand der Schiiten im Süden Iraks. Die Aufschriften auf den Panzern der Republikanischen Garde «ab heute gibt es keinen Schiiten mehr *(lā shī'ī ba'd al-yaum)*»[17] waren quasi Programm. Zwischen 30000 und 60000 Schiiten, darunter auch geistliche Führer, wurden umgebracht, Großayatollah al-Khū'ī unter Hausarrest gestellt, wo er 1992 starb.[18]

Nach der Peitsche hielt es Ṣaddām Ḥusain für angezeigt, auf das Zuckerbrot zu setzen. Im Sommer 1993 initiierte er eine «Nationale Kampagne für den Glauben», die den sunnitischen Islam für die Legitimierung seines Regimes instrumentalisieren sollte. Bis 1997 wurden eine theologische Universität (Ṣaddām-Universität) und Hunderte Moscheen sowie weitere Lehreinrichtungen eröffnet.[19] Staatlichen Angaben zufolge studierten darin 5 Millionen Schüler.[20] Die Regierung druckte die entsprechende Anzahl an Koranexemplaren und richtete im September 1997 ein «Radio Heiliger Koran» ein. Gleichzeitig übertrug das staatliche Fernsehen (sunnitische) Freitagspredigten. Das islamische Glaubensbekenntnis wurde 1994 in die Staatsflagge integriert, zwölf Geistliche in das Parlament aufgenommen und einige – der Säkularisierung geschuldete – Rechtsnormen, die zu stark von der *sharīʿa* abwichen, zurückgenommen.[21]

Gestützt auf diese Maßnahmen ging Ṣaddām Ḥusain nun wieder rigide gegen die Schiiten vor. Seine planmäßige Trockenlegung der Marschlandschaft im Südirak entzog Zehntausenden Schiiten die Lebensgrundlage. Ihre geistlichen Führer wurden verfolgt, sobald sie sich politisch äußerten oder betätigten. Im Februar 1999 ermordete der Geheimdienst den Cousin Muḥammad Bāqir aṣ-Ṣadrs und dessen Nachfolger im Amt des *daʿwa*-Führers, Ayatollah Muḥammad Ṣādiq aṣ-Ṣadr, zusammen mit zweien seiner Söhne in Nadschaf. Ein dritter Sohn, Muqtadā, überlebte im Untergrund. Bis zu seinem Sturz im April 2003 hatte Ṣaddām Ḥusain den politischen Islam im Irak fast vollständig eliminiert. Der Islam zeigte sich selbst in seinen religiösen Aspekten außerordentlich stark eingeschränkt. Die Zahl der schiitischen Geistlichen war auf knapp 300 (für 15 Millionen Gläubige) zurückgegangen, ihr faktisches Oberhaupt, Großayatollah ʿAlī as-Sīstānī, enthielt sich wie sein verstorbener Mentor, al-Khūʾī, jeglicher politischer Stellungnahme und stand trotzdem unter Predigtverbot. Die Wirksamkeit des nominell höchsten sunnitischen Geistlichen, des *qāḍī*s von Bagdad, ʿAbd al-Karīm al-Mudarris, beschränkte sich auf zeremonielle Fragen, z.B. Festlegung von Beginn und Ende des Fastenmonats.[22]

d) Neue Konstellationen nach dem Sturz des Baʿth-Regimes

Der von außen herbeigeführte, gewaltsame Sturz Ṣaddām Ḥusains und des *Baʿth*-Regimes bedeutete für den Irak einen Neubeginn, der in seiner Konsequenz an die Staatsgründung von 1920/21 erinnert. Schon um den radikalen Wandel zu belegen, setzte die neue Besatzungsmacht konfessionell zwar nicht länger auf die arabischen Sunniten, sie folgte bei ihrem Plan der politischen Rekonstruktion des Landes aber ebenfalls – sowohl strukturell als auch institutionell – einem strikt nach ethnischen und konfessionellen Trennlinien ausgerichteten Muster. Damit versäumte sie nicht nur eine große Chance, den auf dem «Reißbrett» entstandenen Staat Irak von einer gravierenden Kinderkrankheit zu befreien, sondern sie zwang gesellschaftlichen und politischen Akteuren ein Verhalten auf, das von einer konfessionellen oder ethnischen Identität gesteuert wurde, die sie selbst längst nicht mehr als ausschließliche ansahen. In dieser Konstellation waren die Kurden primär daran interessiert, in jedem der möglichen Neuordnungsmodelle zumindest das Niveau an Selbstbestimmung beizubehalten, das sie unter den Bedingungen des UN-Sanktionsregimes seit 1991 erreicht hatten. Die arabischen

Sunniten setzten dagegen alles daran, nicht von der dominanten zur diskriminierten Minderheit zu werden. In dem nach dem Irakkrieg entstandenen, außerordentlich heterogenen Parteienspektrum in diesem Bevölkerungssegment sehen sich religiös definierende Parteien, wie die wieder aktive Irakische Islamische Partei (IIP) unter Usāma at-Takrītī, die «Islamische Patriotische Front Iraks» unter Scheich Muḥammad Nadīm oder die «Assoziation Muslimischer Geistlicher» unter ʿAbd as-Salām Kubaisī, vor einer besonders schweren Aufgabe.[23]

Für die Bevölkerungsmehrheit der arabischen Schiiten hätte es nicht einmal des verordneten Konfessionsproporzes bedurft, um die neue Situation als kollektive Befreiung wahrzunehmen: Schon wenige Tage nach dem Sturz des Regimes wurde sie millionenfach während des *arbaʿīn*-Festes gefeiert. Allerdings erwies sich jetzt auch, daß die Selbstwahrnehmung als Schiit noch keinerlei politische Aussage impliziert. Die 15 Millionen Schiiten zeigen sich politisch, sozial und wirtschaftlich außerordentlich heterogen. Interimspremierminister ʿAllāwī ist genauso Schiit wie IKP-Chef Ḥamīd Majīd Mūsā und Taufīq al-Yāsirī, der Führer der multikonfessionellen «Irakischen Patriotischen Allianz», sowie Ghālib ar-Rikābī, der Sprecher des am 8.7.2003 gebildeten «Verbandes schiitischer Stammesführer» oder ʿAbd al-Karīm Maḥmūd al-Muḥammadawī, der Führer der 1991 gegründeten Selbstverteidigungsgruppen der Marschlandbewohner (bekannt als irakische Ḥizbullāh).[24] Schätzungen zufolge motiviert nur etwa ein Drittel der Schiiten ihre Haltungen und Taten primär religiös.[25] Die eminente politische Bedeutung der religiösen Lehreinrichtungen in Nadschaf *(ḥauza ʿilmīya)* und des hier als *primus inter pares* wirkenden Großayatollahs ʿAlī as-Sīstānī erklärt sich aus deren in der Diktatur erprobten Integrität und Überparteilichkeit. Sīstānī hat wiederholt deutlich gemacht, daß er die zukünftige politische Rolle der Geistlichkeit in Beratung und Kontrolle staatlicher Instanzen sieht, keinesfalls aber in der direkten Machtausübung wie in der benachbarten Islamischen Republik Iran.[26]

20. Jordanien

(Renate Dieterich)

a) Religion

In Jordanien ist der Islam durch die Verfassung als Staatsreligion festgeschrieben. Die überwiegende Mehrheit der jordanischen Bevölkerung sind sunnitische Muslime, der Anteil der Christen liegt bei weniger als 3% der Einwohner.[1] Die traditionelle, fest in tribalen Zusammenhängen beheimatete jordanische Gesellschaft bekennt sich zu einem konservativen, aber nicht fundamentalistischen Islamverständnis. Auch der große palästinensische Bevölkerungsteil, der weniger enge Stammesbindungen pflegt, bildet davon keine Ausnahme.

Das religiöse Zusammenleben von muslimisch-arabischer Mehrheitsgesellschaft und christlicher Minderheit ist von Toleranz gekennzeichnet, und die Christen genießen eine stabile Stellung im Lande. Im Parlament verfügen sie über quotierte Minderheitensitze. Dasselbe gilt für die ethnischen Sondergruppen der Tscherkessen und Tschetschenen (zusammen ca. 0,5 %), die ebenfalls zu den sunnitischen Muslimen zählen und im späten 19. bzw. frühen 20. Jahrhundert vom osmanischen Sultan auf dem Gebiet des heutigen Jordanien angesiedelt wurden. Rechtliche Diskriminierungen der Minderheiten oder interreligiöse Spannungen sind bislang weitgehend unbekannt.

b) Religiöse Legitimation der haschemitischen Herrschaft

Das Gebiet des heutigen Jordanien, das bis zu dessen Zusammenbruch zum Osmanischen Reich gehörte, war lange Zeit nur relativ dünn besiedelt und hatte keine nennenswerte ökonomische oder politische Bedeutung. Es entwickelten sich auch keine Zentren religiöser Gelehrsamkeit, auf deren Traditionen der transjordanische Nationalstaat hätte aufbauen können. Statt dessen wurden seit der Emiratsgründung 1921 neue zentralstaatliche Institutionen geschaffen, die die Kontrolle über die Ausübung der Religion übernommen haben. Analog zu den Entwicklungen in anderen arabischen Ländern versucht der jordanische Staat, seine Version des Islams zur allgemeinverbindlichen zu machen und die Herausbildung eines eigenständigen politischen Islams, der sich in Opposition zum Herrschaftssystem begeben könnte, zu unterbinden.

Die Stellung des Islams in Jordanien wird in besonderer Weise durch die religiöse Legitimation der Haschemiten mitbestimmt. Das Königshaus beruft sich auf die Abstammung aus dem Stamm der Banī Hāshim und damit auf die Familie des Propheten Muḥammad. Über Jahrhunderte hinweg bis zum Jahr 1925 waren die Haschemiten Hüter der Heiligen Stätten in Mekka und Medina, bis der Vater des ersten transjordanischen Amirs ʿAbdallāh von dort vertrieben wurde. Auf diese Abstammung aus dem Hause des Propheten haben sich die jordanischen Herrscher stets berufen und damit die Legitimität ihrer Herrschaft in Jordanien untermauert. Diese religiöse Bindung hat das Prestige der jordanischen Monarchen in den Augen der lokalen Bevölkerung beträchtlich erhöht. Mit dem völkerrechtlich nicht anerkannten Anschluß der Westbank im Jahr 1949 erlangte Jordanien die Kontrolle über Jerusalem. Dies stützte das religiöse Ansehen der Monarchie, führte aber auch zu vielfältigen finanziellen und administrativen Verpflichtungen. Auch nach dem Beschluß zur Aufgabe des Anspruchs auf das Westufer 1988 bekennt sich Jordanien zu seiner Verantwortung für die religiösen Stätten Jerusalems.

König Hussein (Ḥusain), der das Land von 1953 bis zu seinem Tod 1999 regierte, hat sich in vielfältiger Weise auf das religiöse Erbe der haschemitischen Familie und die daraus resultierende Verantwortung berufen. Geschickt verstand er es stets, in seinen Äußerungen an die starken religiösen Bindungen der Bevölkerung zu appellieren und politische Konzepte unter Berufung auf religiöse Pflichten und Gebote umzusetzen. Erst durch die Amtsübernahme des jungen Königs ʿAbdallāh II. im Jahr 1999 ändert sich dieser stete Rekurs auf die religiösen Wurzeln der Monarchie allmählich. König ʿAbdallāh II. versteht sich als ein westlich orientierter, aufgeklärter Monarch, der sein Land modernisieren und wirtschaftlich wie gesellschaftlich entwickeln will. Damit stößt er zum Teil auf erheblichen Widerstand aus den Reihen traditioneller Kreise, die sich in islamischen Werten verwurzelt sehen, aber auch aus einer technokratisch-islamistischen Politikerriege, die vehement Anspruch darauf erhebt, an der politischen Entscheidungsfindung beteiligt zu werden.

c) Das Verhältnis zwischen Staat, islamischer Geistlichkeit und islamistischer Opposition

Das Herrscherhaus mit dem König an der Spitze betrachtet den Islam zwar als Teil seiner Herrschaftslegitimation und ist deshalb an der Aufrechterhaltung der vom Islam bestimmten Ordnung und der Einhaltung der islamischen Gesetze interessiert. Es ist aber nicht gewillt, sich seinen Handlungsspielraum von islamischen Rechtsgelehrten und Theologen einengen zu lassen. Diese werden daher von der Regierung überwacht. Das *Ministerium für religiöse Angelegenheiten* ist das zentrale Instrument für die Kontrolle der Religionsausübung. Das Ministerium stellt die Imame der Moscheen ein und kontrolliert die Inhalte der Predigten. Die Regierung bezahlt die Religionslehrer und Theologen und finanziert die Unterhaltung und Instandsetzung der Moscheen und anderer islamischer Gebäude. Aufgrund eines Gesetzes aus dem Jahr 1955 benötigen die Freitagsprediger die Erlaubnis des Ministeriums zur Amtsausübung. Unliebsame Prediger, die Kritik am Königshaus oder fundamentale Kritik an der Regierung üben, werden aus dem Amt entlassen und gegebenenfalls auch strafrechtlich verfolgt, wenn sie in den Moscheen gegen die Grundfeste des Systems zu Felde ziehen.[2] Die Ausbildung der Imame und anderer Religionsgelehrter wiederum findet an staatlichen Universitäten statt, deren Lehrplan entsprechend abgestimmt ist. Die staatlich besoldete Geistlichkeit, wie der oberste Mufti *(muftī)* des Landes, verhält sich demzufolge systemkonform und gibt – wenn notwendig – sogar Rechtsgutachten (arab. Sing. *fatwā*) heraus, um die Haltung von Regierung und Königshaus in kritischen Situationen zu stützen.[3]

Dennoch hat sich auch in Jordanien eine nicht zu unterschätzende islamistische Opposition herausgebildet, die dem Regime die alleinige Definitionsmacht nicht nur in religiösen Angelegenheiten, sondern auch in allgemeinpolitischen Fragen streitig macht. Die Träger dieser Opposition sind einerseits die *Muslimbrüder* und zum anderen die im Untergrund agierende, zum Teil militante *Salafīya*-Bewegung. Obwohl beide Strömungen einen «islamischen Staat» fordern, handeln sie bei der Verfolgung dieses Zieles und im Umgang mit Regierung und Königshaus unterschiedlich. Die *Muslimbrüder* präsentieren sich sehr viel pragmatischer und moderater als die *Salafīya*-Bewegung, die in Teilen gewaltsam agiert und sich dabei auf vielfältige transnationale Kontakte stützen kann.

Die *Muslimbruderschaft* in Jordanien wurde 1945 mit ausdrücklicher Zustimmung des Amirs ʿAbdallāh Ibn Ḥusain gegründet. In den 1950er Jahren erhielt sie besonderen Aufschwung, da sie nach dem Verbot aller politischen Parteien unter dem Banner einer Wohlfahrtseinrichtung weiter existieren durfte. Als Gegengewicht zu linken und nationalistischen Kräften wurde sie vom Königshaus bis in die 1980er Jahre hinein besonders gefördert. Im Gegenzug erwies sich die Bruderschaft stets als loyal gegenüber dem Königshaus. Erst durch das Erstarken revolutionärer islamistischer Kräfte in der Region setzte ein allmählicher Wandel der Beziehungen zwischen *Muslimbrüdern* und Regime ein. Aufgrund der langjährigen Förderung durch das Herrscherhaus, aber auch wegen ihrer engagierten karitativen Tätigkeit verfügt die *Muslimbruderschaft* über eine breite Anhängerschaft. Sie besitzt weiten gesellschaftlichen Einfluß in allen sozialen Schichten und ist auch im Bildungswesen stark vertreten. Seit der Rückkehr zum demokratischen Leben 1989 haben sich die *Muslimbrüder* an drei von vier Parlamentswahlen beteiligt und jedes Mal bedeutende Gewinne verzeichnen können. 1991 stellten sie sogar kurzzeitig fünf Minister. Die sechsmonatige Phase suchten sie zu nutzen, um ihre Vorstellungen einer islamisierten Gesellschaft mit Alkoholverbot und einer strengen Geschlechtertrennung im öffentlichen Raum umzusetzen. Diese Pläne, die das Bemühen der Monarchie um ein modernes und westliches Image konterkarierten, blieben allerdings im Ansatz stecken, und das jordanische Regime hat seither eine weitere Beteiligung der Bruderschaft an der Regierung verhindert. 1992 gründeten die *Muslimbrüder* mit der *Islamischen Aktionsfront* eine eigene Partei, die als ihr politischer Arm fungiert.

Seit dem Friedensschluß Jordaniens mit Israel 1994 ist das Verhältnis zwischen Monarchie und *Muslimbruderschaft* deutlich abgekühlt. Für die islamistische Bewegung stellt die Übereinkunft mit dem Nachbarstaat nicht nur eine politische Fehlentscheidung dar, sondern auch religiöses Unrecht, da ihr das gesamte Gebiet des historischen Palästina als ewiges und unveräußerliches muslimisches Besitztum *(waqf)* gilt. Jeglicher Versuch einer Normalisierung der Beziehungen zu Israel oder auch nur zu einzelnen Bürgern Israels wird kategorisch abgelehnt. Die Bruderschaft bewegt sich aber trotz aller Kritik ihrerseits stets innerhalb legaler Bahnen und beteiligt sich nicht an Gewaltakten.

Die im Untergrund unter dem Repressionsdruck des Sicherheitsapparates agierende *Salafīya*-Bewegung dagegen hat sich nicht mit den herrschenden Verhältnissen arrangiert und lehnt die jordanische Staatsform ab. Sie betrachtet sowohl die haschemitische Monarchie als auch demokratische Herrschaftsformen als «unislamisch». Eine Teilnahme am politischen Prozeß kommt für diese lose und netzwerkartig strukturierte Bewegung – anders als für die *Muslimbrüder* – daher nicht in Frage. Vielmehr haben sich Teile sogar dem gewaltsamen Kampf verschrieben. Diese Strömung findet Zulauf von ehemaligen Afghanistankämpfern *(mujāhidūn)*, die sich in den Lagern des antisowjetischen Widerstands ausbilden ließen und nun nach der Rückkehr in die Heimat ihre fundamentalistische Islaminterpretation gewaltsam umsetzen wollen. Eine Reihe von Prozessen vor dem Staatssicherheitsgericht seit den 1990er Jahren zeigt die Entschlossenheit des Regimes, diesen Widerstand zu brechen, bislang jedoch nicht mit durchschlagendem Erfolg.

d) Die Stellung des islamischen Rechts

Nach der Entstehung des Emirats Transjordanien blieben die osmanischen Gesetze zunächst in Kraft. Erst sukzessive wurden sie unter der Ägide der englischen Mandatsmacht verändert. Weite Teile des Rechtssystems sind heute von europäischen, vor allem britischen Einflüssen geprägt. Islamisches, also *sharīʿa*-gemäßes Recht wird nur in Personenstandsangelegenheiten angewendet und basiert in Teilen noch immer auf der osmanischen *Majalla*. Doch auch hier sind zahlreiche Veränderungen vonstatten gegangen. 1976 wurde das Familienrecht aus dem Jahr 1951 neu gefaßt und eine vorsichtige Annäherung an moderne Standards vollzogen. So wurde beispielsweise bei der Regelung des Sorgerechts festgelegt, daß die Kinder bis zur Pubertät bei der Mutter bleiben können, was deutlich über die Regelung der hanafitischen Rechtsschule, der man in Jordanien folgt, hinausgeht.[4]

Insbesondere frauendiskriminierende Teile der Rechtsprechung im Zivil- und Strafrecht, die ihre Wurzel in der *sharīʿa* haben, sind in den letzten Jahren scharf in die Kritik geraten. Frauenrechtlerinnen machen sich dafür stark, Frauen ein eigenständiges und unabhängiges Recht auf Scheidung zuzubilligen und ihnen die Möglichkeit zu geben, ihre (jordanische) Staatsangehörigkeit an die Kinder weiterzugeben. Besonders heftig diskutiert werden auch die erheblich strafmildernden Bestimmungen bezüglich der sogenannten «Ehrenmorde» an Frauen, die die strengen jordanischen Moralvorstellungen verletzt und damit die «Ehre der Familie» befleckt haben. Gegenwärtig gehen die Täter, meist männliche Verwandte der Opfer, nahezu straffrei aus. Während die islamistische Bewegung, allen voran die *Muslimbruderschaft*, die Anwendung solcher strafmildernden Umstände für geboten hält, setzt sich das Königshaus vehement für eine Novellierung der entsprechenden Gesetze ein.

21. Libanon

(Axel Havemann)

Über Stellung und Bedeutung des Islams im Libanon zu reden ist nur möglich, wenn man gleichzeitig auf die nichtislamischen Kräfte schaut und sich klarmacht, daß das eine von dem anderen nicht zu trennen ist. Kein anderes Land des Nahen und Mittleren Ostens wurde und wird in vergleichbarer Weise vom Zusammenleben der Muslime und Nichtmuslime geprägt. Und nirgends hängt die Entwicklung in einem derartigen Ausmaß von der Koexistenz der verschiedenen Religionsgemeinschaften ab. Deshalb wird im folgenden auch immer wieder von den Christen die Rede sein, soweit dies für den Zusammenhang notwendig ist.

a) Bevölkerung und Religionsgemeinschaften

Präzise Angaben über die Zahl der Gesamtbevölkerung sind ebensowenig möglich wie über die Größenordnung der einzelnen Religionsgemeinschaften *(ṭāʾifa, Pl. ṭawāʾif)*. Seit 1932 fand keine Volkszählung mehr statt, um Forderungen nach Anpassung des seit Mitte des 19. Jahrhunderts praktizierten Systems eines politisch-administrativen Konfessionalismus *(ṭāʾifīya)*[1] an das veränderte zahlenmäßige Verhältnis von christlichen zu muslimischen Gemeinschaften nicht erfüllen zu müssen. Zu den demographischen Verschiebungen hatten Faktoren wie unterschiedliche Geburten- und Sterblichkeitsraten innerhalb der Gemeinschaften sowie die seit Anfang des 20. Jahrhunderts stark zunehmende Emigration, zunächst mehrheitlich christlicher Libanesen, wesentlich beigetragen.[2] Wichtigster Streitpunkt, der einem neuen Zensus bis heute entgegenstand, war die Forderung der Christen, besonders der Maroniten, die Auslandslibanesen miteinzubeziehen, was die Muslime permanent ablehnten. Einige von ihnen gingen so weit, die Einbeziehung der Palästinenser im Libanon in eine neue Volkszählung zu verlangen; abgesehen von der Forderung nach Einbürgerung der im Lande lebenden muslimischen Kurden und Beduinen. Deshalb sind alle Angaben zur demographischen Entwicklung nach 1932 lediglich Schätzungen, die zum Teil stark differieren, je nachdem, wer sie vornimmt.

Die gesamte Bevölkerung dürfte sich gegenwärtig auf ca. 4,35 Millionen Einwohner belaufen; es gibt aber auch höhere und niedrigere Zahlen.[3] Mit noch stärkerem Vorbehalt sind Angaben über die Größe der einzelnen konfessionellen Gruppen zu betrachten. Von den 17 staatlich anerkannten Religionsgemeinschaften (11 christlichen, 5 muslimischen bzw. aus dem Islam hervorgegangenen sowie der – verschwindend kleinen – jüdischen) sind die wichtigsten christlichen Gruppen die Maroniten, die Griechisch-Orthodoxen und die Griechisch-Katholischen; die wichtigsten muslimischen Gruppen sind die Sunniten und die Schiiten sowie die esoterische Sekte der Drusen. Aus einem Vergleich der Ergebnisse der Volkszählung von 1932 mit späteren Registrierungs- und Schätzungsdaten (1943, 1953, 1973, 1984, 1988) ergibt sich folgendes Bild: (1.) Vor dem Ausbruch des Bürgerkrieges 1975 scheinen Mehrheiten hauchdünn gewesen zu sein (1932: Christen 50%, Muslime 49%; 1973: Christen 49%, Muslime 51%); darüber hinaus besaß keine der christlichen oder muslimischen Gruppen die absolute Mehrheit, und die jeweils größte – ob Maroniten oder Schiiten – erreichte nicht ein Drittel der Gesamtbevölkerung. (2.) In den Kriegsjahren hat sich das Verhältnis von Christen zu Muslimen deutlich zugunsten der Muslime umgekehrt (1984: Christen 43%, Muslime 57%; 1988: Christen 40%, Muslime 60%; die Tendenz ist seitdem weiter steigend). (3.) Die Schiiten sind zur größten Gemeinschaft geworden (schon 1988, bei einer Annahme von gut 4 Millionen Einwohnern insgesamt, über 1,3 Millionen Schiiten, also fast ein Drittel).[4]

Bei aller Vorsicht gegenüber den Zahlen im einzelnen kann man insgesamt sagen, daß sich Größe und Bedeutung der wichtigsten Religionsgemeinschaften entscheidend verändert haben. Das erklärt sich aber keineswegs nur aus dem Verlauf und den Auswirkungen des Krieges, sondern hat weiter zurückreichende Wurzeln, die in der unterschiedlichen historischen, politisch-ideologischen, sozialen, kulturellen und wirtschaftlichen Entwicklung der einzelnen Gemeinschaften liegen. Im folgenden gilt das besondere Augenmerk den Sunniten, den Schiiten und den Drusen.

b) Die Sunniten

Nach der Auflösung des Osmanischen Reiches am Ende des Ersten Weltkrieges proklamierte die Mandatsmacht Frankreich 1920 den «Groß-Libanon»; durch die Verfassung von 1926 wurde er in Libanesische Republik *(al-Jumhūrīya al-lubnānīya)* umbenannt, blieb allerdings bis zu seiner Unabhängigkeit 1943 weiter unter französischem Mandat. Zuvor hatte sich das gesamte Gebiet fast 13 Jahrhunderte nahezu ununterbrochen unter muslimischer Oberhoheit befunden, davon die letzten 400 Jahre (seit 1516) als Bestandteil verschiedener Provinzen des Osmanischen Reiches; die Region bildete also keine administrative Einheit. Seit 1861 gab es jedoch einen gesonderten Distrikt «Libanon-Gebirge» *(Jabal Lubnān, Mont Liban),* beschränkt auf das zentrale Bergland ungefähr zwischen Tripolis im Norden, Ṣaidā im Süden und Zaḥle im Osten, aber unter Ausschluß der drei Hafenstädte Beirut, Ṣaidā und Tripolis.[5]

Aufgrund von natürlichen Faktoren (schwer zugängliches Gebirgsland und geographische Lage), teilweise aber auch wegen der Politik der muslimischen Oberherren, bot sich das Gebiet für verschiedenste Minderheiten – christliche wie heterodox-muslimische – an, sich dort niederzulassen und im Rahmen einer begrenzten Autonomie auch politisch zu behaupten. Die wichtigsten dieser Gruppen waren die maronitischen Christen im Norden und die Drusen im Süden. Ob man deshalb das Libanon-Gebirge als «Refugium» im Sinne eines Zufluchtsortes für Verfolgte charakterisieren kann, ist allerdings problematisch und neuerdings in Frage gestellt worden.[6]

Fest steht jedoch, daß die Gemeinschaft der Sunniten – der absoluten Mehrheit der Muslime im Osmanischen Reich – nicht im zentralen Bergland ansässig war, sondern in den Städten an der Küste (und zum Teil im äußersten Norden) lebte. Die Sunniten bildeten die alleinige staatstragende Gruppe – auch für die Gebiete, in denen die Minderheiten wohnten. Diese wurden von der osmanischen Obrigkeit nicht nur als religiöse, sondern auch als «nationale» Gemeinschaften (arab. *milla*, türk. *millet*) behandelt, die ihre zivilrechtlichen Angelegenheiten selbständig regeln durften; zu unterschiedlichen Zeitpunkten erhielten sie einen formalen Status und waren fortan auch de jure anerkannt.

Mit der Errichtung des Groß-Libanon 1920 verloren die Sunniten ihre Funktion als einzige staatstragende Gruppe. Zwar waren sie in dem neuen Staat, der in etwa die heutigen Grenzen besaß – nachdem man dem Kerngebiet Libanon-Gebirge die Küstenstädte und die Randzonen im Norden, Süden und Osten (vor allem die Biqāʿ-Hochebene) angegliedert hatte –, numerisch die zweitstärkste Gruppe, doch alles andere als zufrieden. Aus ihrer Sicht bedeutete die Loslösung von Syrien und die Eingliederung in den künstlich geschaffenen, maronitisch-französisch dominierten Staat die permanente Trennung von der arabisch-muslimischen Welt und die Gefahr einer Beherrschung durch Nichtmuslime. Ähnlich, obschon in geringerem Maße, empfanden die Schiiten und die Drusen.

Während die christlichen Gemeinschaften sich auf kirchliche Institutionen stützen konnten, mußten für die Sunniten vergleichbare Instanzen erst geschaffen werden: das Amt des Muftis *(muftī)* der Republik und ein ihn unterstützender *Oberster Islamischer Gesetzesrat (al-Majlis ash-sharʿī al-islāmī al-aʿlā),* 1932 durch Gesetz verordnet. Längere Zeit war der Mufti kaum mehr als der Träger eines ehrenvollen Titels. Erst 1955 wurden seine wesentlichen Aufgaben gesetzlich festgelegt: auf Lebenszeit gewählter geistlicher Führer der Sunniten und ihr Vertreter gegenüber dem Staat; direkter Vorgesetzter der Inhaber von religiösen Ämtern; Überwachung aller religiösen Belange, wie Stiftungen *(auqāf)* und Erteilung von Rechtsgutachten *(fatāwā).*[7] In der Person des Muftis Ḥasan Khālid (seit 1968 bis zu seiner Ermordung 1989) gewann das Amt auch eminente politische Bedeutung.[8] Trotz weitgehender Befugnisse erstreckte sich die Autorität des Muftis jedoch nicht auf die *sharīʿa*-Gerichtshöfe. Deren Richter wurden vom Staat eingesetzt und kontrolliert, was auf den Unmut der Sunniten stieß. Die richterlichen Kompetenzen beschränkten sich, wie auch bei den übrigen Religionsgemeinschaften, auf das Personenstandsrecht.[9]

Die obenerwähnten Befürchtungen der Muslime, in einem christlich dominierten Staat leben zu müssen, sollten vor allem durch die Fortsetzung des Konfessionalismus zerstreut werden. Dazu legte Artikel 95 der Verfassung fest, «als vorläufige Maßnahme» die verschiedenen Religionsgemeinschaften bei der Besetzung politischer und administrativer Ämter angemessen, d.h. entsprechend ihrer demographischen Größe, zu berücksichtigen.[10] Zunächst konnte damit keine nationale Orientierung erreicht werden – zu unterschiedlich waren die politischen Ideologien über Identität und Bestimmung des Libanon.[11] Aber allmählich entwickelte sich auch bei den Muslimen, vor allem dem sunnitischen Großbürgertum, die Bereitschaft, den Staat zu akzeptieren; schließlich sogar, auf seine Unabhängigkeit hinzuarbeiten. Als diese dann 1943 formal errungen wurde, glaubte man, außen- und innenpolitische Formeln gefunden zu haben, mit denen die divergierenden Loyalitäten der Bewohner des Landes harmonisiert bzw. überwunden werden könnten. In einem ungeschriebenen Abkommen zwischen dem maronitischen Staatspräsidenten und dem sunnitischen Ministerpräsidenten, bekannt als *Nationalpakt (al-mīthāq al-waṭanī),* wurde vereinbart, sowohl den arabischen Charakter des Libanon als auch seine Offenheit gegenüber dem Westen zu bewahren. Ferner sollte an der Verfassung, und damit auch am Prinzip des Konfessionalismus, festgehalten werden.[12]

Beides erwies sich als Bumerang. Das außenpolitische Prinzip von Integrität und Souveränität wurde immer wieder erschüttert. Und der Konfessionalismus – abgesehen davon, daß er politische Machtverhältnisse auf der Basis irrealer Bevölkerungsangaben festschrieb – trug viel dazu bei, daß sich kein echtes nationales Zusammengehörigkeitsgefühl bei den Bewohnern des Landes entwickeln konnte.

Für die Sunniten – doch keineswegs nur für sie – waren die Ergebnisse von 1943 langfristig unbefriedigend. Zwar hatten sie das zweitwichtigste Staatsamt (das des Ministerpräsidenten) für ihre Gemeinschaft sichern können, aber ihre Gleichstellung mit allen anderen konfessionellen Gruppen und die begrenzte außenpolitische Bewegungsfreiheit (etwa in Richtung auf eine eindeutige «arabische Politik») bewirkten mit der Zeit, daß viele Sunniten nur in der eigenen Gemeinschaft Rückhalt zu finden glaubten. Dazu kamen eine nur mangelhaft entwickelte politische Kultur, ferner soziale, kulturelle und zum Teil auch wirtschaftliche Benachteiligung im Vergleich zu den Christen sowie eine wachsende ideologische Radikalisierung.[13] Nach dem Scheitern des *Shihābismus* (der sogenannten «Reformperiode» unter Präsident Fuʾād Shihāb 1958–1964) und angesichts des Versagens der Ordnungs- und Integrationsfunktionen des Staates blieb vielen Sunniten keine andere Orientierung als die auf ihre traditionellen Führer *(zaʿīm,* Pl. *zuʿamāʾ),* die renommierten Familien entstammten. Die Beziehung zueinander war eher die von «Klienten» zu ihren «Patronen» als von Wählern zu Parteipolitikern.[14]

Ein Beispiel hierfür ist die Beiruter *Maqāṣid*-Gesellschaft *(Jamʿīyat al-maqāṣid al-khairīya al-islāmīya fī Bairūt),* die wichtigste unter etlichen muslimischen Vereinen, deren Ursprünge im 19. Jahrhundert liegen.[15] 1878 von sunnitischen Notabeln in Beirut gegründet, bildete die *Maqāṣid* eine Art Wohlfahrtsorganisation mit eigenen kostenlosen Schulen, Krankenhäusern und anderen karitativen Einrichtungen. Bis in die Gegenwart spielt die Gesellschaft eine wichtige Rolle als Ausdruck des Selbstverständnisses und der Selbstbehauptung der Sunniten im Libanon. Von Anfang an lagen Leitung und Kontrolle der *Maqāṣid* in den Händen weniger einflußreicher Personen, insbesondere aus der Familie Salām. Von diesen wurde die *Maqāṣid* häufig dazu verwendet, ihre politischen Zwecke durchzusetzen und eine möglichst große Klientel an sich zu binden.[16]

Ungeachtet der Bestrebungen, sich als religiöse Gemeinschaft stärker zu profilieren, wurde auch von den Sunniten immer wieder die Forderung erhoben, den Konfessionalismus zu überwinden. Doch zeigten sich nur wenige bereit, eine völlige Säkularisierung mitzutragen – diese war gegen die religiösen Würdenträger nicht durchzusetzen.[17] Schließlich einigte man sich auf die Formel «politische Säkularisierung», d. h. (nur) Abschaffung des Konfessionsproporzes. Damit wurde deutlich, daß es den Muslimen primär um eine Neuverteilung der Machtpositionen ging.[18] Der 1976 vorgeschlagene *Neue Nationalpakt* versuchte diesen Interessen entgegenzukommen: Aufteilung der Parlamentssitze und höchsten Verwaltungsämter im Verhältnis 1:1 (statt bisher 6:5) unter Christen und Muslimen sowie eine Stärkung der Position des sunnitischen Ministerpräsidenten.[19] Doch der allein für die traditionellen *zuʿamāʾ* akzeptable Plan scheiterte.

Im Verlauf des Krieges hatten sich breite Schichten der muslimischen Bevölkerung (Schiiten freilich stärker als Sunniten) immer mehr von der ausschließlichen Führung durch die *zuʿamāʾ* distanziert. Zum großen Teil dafür ausschlaggebend war die rapide Verschlechterung der wirtschaftlichen und sozialen Lage. Wie die übrigen Gruppen suchten auch die Sunniten nach neuen Vorstellungen und

Führungsinstanzen; das hieß angesichts des Krieges: Milizen. Doch die einzige nennenswerte sunnitische Miliz, die *Murābiṭūn*,[20] erwies sich weder als ausreichende Basis noch als Ersatz für die *zuʿamāʾ*. 1985 wurde sie von Drusen und Schiiten zerschlagen. Schon im Jahr davor hatten deren Milizen das sunnitische West-Beirut eingenommen. Auch der Versuch von militanten sunnitisch-fundamentalistischen Gruppen (*al-Jamāʿa al-islāmīya* und *Ḥarakat at-tauḥīd*, vor allem in Tripolis), die Stellung der Sunniten wieder politisch und ideologisch aufzuwerten, scheiterte, nicht zuletzt an der übergroßen Konkurrenz von seiten der Schiiten.[21]

c) Die Schiiten

Die schiitischen Muslime – fast ausschließlich Zwölferschiiten – lebten im Gegensatz zu den Sunniten in ländlichen Gebieten im Süden (Jabal ʿĀmil) und Osten (Biqāʿ) des Libanon-Gebirges. Bis heute sind die Schiiten hauptsächlich Bauern in den wirtschaftlich, kulturell und sozial am stärksten vernachlässigten Regionen des Libanon; für den Süden kommt seit Ausbruch des Krieges die besonders schwere politisch-militärische Belastung hinzu.[22] Diese Faktoren haben in den letzten Jahrzehnten zu einer starken Landflucht und Ansiedlung in den südlichen Vororten von Beirut geführt, wo große Slumviertel entstanden und wo gegenwärtig wohl rund 30% der Schiiten (vielleicht auch mehr) leben.[23]

Lange Zeit blieben die Schiiten vom allgemeinen Fortschritt des Landes ausgeschlossen. Die große Mehrheit konnte sich nur in der Abhängigkeit von wenigen Großgrundbesitzerfamilien als verschuldete Pächter oder Landarbeiter behaupten. Nirgends waren die Infrastruktur schlechter, das Sozial- und Gesundheitswesen mangelhafter und die Bildungseinrichtungen weniger ausgebaut; unter den Schiiten fanden sich die meisten Analphabeten. Infolgedessen hatte sich kaum ein politisches und soziales Bewußtsein entwickeln können. Bei keiner der übrigen Religionsgemeinschaften war die Bindung an die *zuʿamāʾ*, die als Großgrundbesitzer gleichzeitig die politische Kontrolle ausübten, stärker verbreitet. Ein Instrument dieser politischen Patronage war die Schaffung der schiitischen Wohlfahrtsorganisation *ʿĀmilīya* (vergleichbar der sunnitischen *Maqāṣid*), deren Leitung in den Händen der *zaʿīm*-Familie Baiḍūn lag.[24] Veränderungen zeichneten sich erst zögernd in der Reformperiode unter Präsident Shihāb ab. Die sprunghafte demographische Entwicklung, die Öffnung von Bildungsmöglichkeiten sowie die verstärkte Emigration nach Übersee – dies alles ließ eine neue soziale Schicht entstehen und förderte auch unter den Schiiten ein größeres Maß an politischem Bewußtsein, mit der Bereitschaft, die Zukunft der eigenen Gemeinschaft aktiv mitzugestalten.

Wie die Sunniten waren auch die Schiiten anfangs nicht mit der Eingliederung in den neuen Staat Groß-Libanon einverstanden. Aber ihr Widerstand legte sich bald, da sie erkannten, daß sie mit dem Status einer großen Minderheit im Libanon sicherer waren als mit dem einer kleinen Minderheit in einem sunnitisch dominierten Syrien. Dazu kam der Umstand, daß die Schiiten 1926 offiziell als eigene Religionsgemeinschaft anerkannt wurden, womit ihnen erstmals eine selbständige Gerichtsbarkeit im Personenstandsrecht zugebilligt wurde. Indessen blieb ihre Autonomie noch längere Zeit stark eingeschränkt (z. B. bei der Einsetzung von Richtern oder bei der Wahl des sunnitischen Muftis der Republik, der auch die Schiiten vertreten sollte). Erst 1967 erhielten sie per Gesetz einen *Obersten Schiitisch-Islamischen Rat (al-Majlis al-islāmī ash-shīʿī al-aʿlā)*, der sich zwei Jahre später konstituierte. Dieser Rat – bestehend aus Generalversammlung, Rechtsausschuß für die *sharīʿa*-Rechtsprechung und Exekutivausschuß für soziale, edukative und religiöse Aufgaben (dem neben Religionsgelehrten automatisch auch die schiitischen Parlamentsabgeordneten angehörten) – stellt das Organ für die allumfassende Interessenvertretung der Schiiten dar. An seiner Spitze steht ein Präsident, der aber bei seinen Entscheidungen den Rat konsultieren muß. Insofern erscheint seine Autorität begrenzter als die des sunnitischen Muftis. Andererseits steht der Präsident auch der *sharīʿa*-Gerichtsbarkeit vor, wozu wiederum der Mufti nicht befugt ist.[25]

Zum ersten Präsidenten des Rates wählte man Mūsā aṣ-Ṣadr, einen religiösen Gelehrten aus Iran – jedoch mit libanesischen Vorfahren –, der seit 1959 als Mufti von Tyros im Libanon wirkte und sich darum bemühte, die mißliche Situation der Schiiten deutlich ins Bewußtsein der Öffentlichkeit zu rücken. Neben der sozialen Arbeit setzte sich Mūsā aṣ-Ṣadr in Pressekonferenzen, Vorträgen und Aufsätzen über das Menschenbild und die Soziallehren des Islams für Verbesserungen zugunsten seiner Religionsgemeinschaft ein und profilierte sich allmählich als Repräsentant einer neuen libanesischen Schia *(shīʿa)*. Indem er als Sozialreformer auftrat, fand er im schiitischen Bürgertum einen natürlichen Verbündeten und versuchte deshalb, die Masse seiner Glaubensgenossen von nach seiner Auffassung extremen Ideologien (wie Panarabismus, Marxismus, Kommunismus) fernzuhalten. Seine Hoffnungen setzte er dabei hauptsächlich auf den libanesischen Staat.[26]

Mūsā aṣ-Ṣadr machte das Amt des Präsidenten im Schiitischen Rat zu seinem politischen Instrument. Gestützt auf die Zielsetzungen des Rates forderte er immer wieder gleiche politische, ökonomische und soziale Chancen für die Schiiten, Konsolidierung der nationalen Einheit, Zusammenarbeit mit den anderen Religionsgemeinschaften, Schutz und Verteidigung des Südlibanon gegen israelische Angriffe, Unterstützung der Palästinenser und Solidarität mit den arabischen Staaten. Angesichts der konkreten politischen Situation erzielte er mit seinen Appellen beachtliche Erfolge. Dabei spielte auch sein äußerst gespanntes Verhältnis zu den schiitischen *zuʿamāʾ*, besonders zu Kāmil al-Asʿad, eine wesentliche Rolle; deren politisches Verhalten hatte viel dazu beigetragen, daß große Teile der Schiiten den *zuʿamāʾ* nicht mehr untertan sein wollten und sich von Mūsā aṣ-Ṣadrs Appellen anziehen ließen. Diese gipfelten darin, daß er 1974 die *Bewegung der Entrechteten (Ḥarakat al-maḥrūmīn)* ins Leben rief, wobei er mit religiöser Sprache und religiösen Symbolen die schiitischen Massen mobilisierte.[27]

Im Sommer 1975 ging aus dieser Massenbewegung eine Miliz hervor, die unter dem Namen *Amal* (Hoffnung) operierte. Bis 1978 – dem Jahr, in dem Mūsā aṣ-Ṣadr während einer Reise nach Libyen unter bisher nicht geklärten Umständen verschwand – gab sich *Amal* eher reformerisch als militant-revolutionär. Ihr Statut *(mīthāq ḥarakat amal)* betonte u.a. das «große libanesische Erbe», die nationale Einheit, die soziale und ökonomische Gerechtigkeit als Aufgabe des Staates sowie den nationalen, nichtkonfessionellen Charakter der Bewegung; mit anderen Worten: ein Bekenntnis zur nationalen Souveränität und territorialen Integrität des Libanon.[28] Das Programm reflektierte die Überzeugungen von Mūsā aṣ-Ṣadr, der es verstand, geschickt zwischen den Kriegsparteien zu lavieren. So bemühte er sich um einen Dialog mit den übrigen Gemeinschaften, einschließ-lich den christlichen, für den Erhalt der Nation und erteilte «arabischen» und «panarabischen» Vorstellungen (vor allem der Sunniten und Drusen) ebenso eine Absage wie der Forderung nach völliger Abschaffung des konfessionellen Systems und der Errichtung einer säkularen, laizistischen Ordnung. Ihm ging es vor allem um Verbesserungen für die Schiiten. Diesem Ziel diente auch das vorübergehende Zweckbündnis von *Amal* mit der *Nationalen Bewegung* und den Palästinensern.[29]

Unter dem Einfluß der weiteren Kriegsereignisse und besonders nach der iranischen Revolution 1979 wurde auch bei den libanesischen Schiiten der Ruf nach radikalen Veränderungen lauter. Der damalige Führer von *Amal*, Nabīh Birrī (Berrī) – Sohn von schiitischen Emigranten in Westafrika und weder ein Vertreter der *zuʿamāʾ* noch der Geistlichkeit –, sah sich mehrfach veranlaßt, Sympathien für die Vorgänge in Iran zu bekunden, um seine Stellung gegenüber weniger gemäßigten Personen und Kräften innerhalb der Schia behaupten zu können. Dennoch spaltete sich 1982 eine Gruppe unter dem Namen *Islamische Amal* von der Hauptbewegung ab, die stark auf die islamisch-iranischen Konzepte von Religion, Herrschaft und Politik abstellte. Ihre Führung betonte, daß früher oder später die islamische Revolution auch den Libanon erfassen und dort zu einem islamischen Staat führen würde; das bestehende politische System lehnte man entschieden ab.[30]

Am schärfsten wurden derartige Positionen von *Ḥizb Allāh (Ḥizbullāh)*, der *Partei Gottes*, vertreten – einer Bewegung, unter deren Deckmantel bzw. in deren Namen unterschiedliche militante Organisationen operierten.[31] *Ḥizb Allāh*, seit 1982 die große Rivalin von *Amal*, artikulierte die Unzufriedenheit derjenigen, die sich mit einer kompromißbereiten Politik nicht länger abfinden wollten. Ihre Ideen gehen unmittelbar auf die Vorstellungen von Khumainī zurück und lassen sich in mehreren Schriften ihrer religösen Führer, vor allem ihres Chef-Ideologen Muḥammad Ḥusain Faḍlallāh, nachlesen. Trotz divergierender Ansichten in Einzelpunkten propagieren alle die Errichtung einer «Islamischen Republik Libanon», mehr oder weniger an dem Vorbild Iran orientiert. Dazu wurde auch ein Verfassungsentwurf vorgelegt.[32] In einem 1985 von *Ḥizb Allāh* veröffentlichten «Offenen Brief», einer Art Parteiprogramm, ist explizit davon die Rede, dem «rechtgeleiteten Imam» (d.h. Khumainī) bedingungslos zu folgen, die islamische Herrschaft im Libanon zu errichten und alle Gegner dieses Ziels, innere wie äußere (vor allem die USA und Israel), zu vernichten.[33] Die fundamentalen ideologischen Differenzen zwischen *Ḥizb Allāh* und *Amal*, aus denen beide den

Anspruch auf alleinige Vorherrschaft ableiteten, führten immer wieder zu schweren militärischen Zusammenstößen. Da beide Seiten von Syrien (oft in Zusammenarbeit mit Iran) unterstützt wurden, konnte keine die Oberhand gewinnen.

d) Die Drusen

Im Verlauf des Krieges im Libanon, der keine religiösen Ursachen hatte, nahmen die Auseinandersetzungen seit Anfang der 1980er Jahre immer stärker konfessionelle Züge an. Der Staat als konfessionsübergreifende Instanz hatte versagt; die beiden nichtlibanesischen Hauptakteure Syrien und Iran waren selbst stark sektiererisch geprägt. Alle Gemeinschaften zogen sich mehr oder minder auf ihre Konfession zurück, selbst diejenigen, die, wie die Drusen, lange Zeit eindeutig für eine säkulare Ordnung plädiert hatten.

Im frühen 11. Jahrhundert aus der *ismailitischen Schia* hervorgegangen, bekennen sich die Drusen zu einer Geheimreligion, die sich weit vom sunnitischen und schiitischen Islam entfernt hat. Seit einigen Jahrzehnten treten unter den Drusen Intellektuelle auf, die sich um eine Öffnung der Gemeinschaft bemühen, zum einen im Hinblick auf die Glaubensgrundsätze, zum anderen die Zugehörigkeit des Drusentums zum Islam und zum «Arabertum» *(ʿurūba)* betreffend. Aus politischen Gründen zählen sich die Drusen heute oft zu den Muslimen oder werden zu ihnen gerechnet. Dennoch hält man strikt daran fest, das Wesentliche und Besondere der eigenen Glaubensgemeinschaft nicht um einer größeren Einheit willen zu opfern.[34] Charakteristisch für die Struktur der drusischen Gemeinschaft ist ein Spannungsverhältnis von Dualität und Einheit, das sich durch ihre gesamte Geschichte zieht: auf der einen Seite religiöse, politische und sozio-ökonomische Zweiteilung («Wissende» und «Unwissende», arab. *ʿuqqāl/juhhāl*; Fraktionenbildung: *Jumblāṭīya/Yazbakīya*; «Landaristokratie», arab. *muqāṭaʿajīya*, und Bauern), auf der anderen Seite soziale und politische Geschlossenheit bzw. ein hohes Maß an Zentralisierung, gestützt auf eine geschickte Bündnispolitik.[35]

Die libanesischen Drusen leben ganz überwiegend im südlichen Zentral-Libanon, vor allem im Shūf-Gebirge. Ihre Zahl beträgt heute ungefähr 10% der Gesamtbevölkerung. Ferner existieren sehr viel größere drusische Gemeinschaften in Teilen Syriens und, zahlenmäßig am kleinsten, eine Gruppe in Israel. Im Libanon sind die Drusen meist Bergbauern, die relativ bescheiden und zurückgezogen in Dörfern leben – abgesehen von wenigen, die es nach längeren Auslandsaufenthalten oder durch intellektuelles und politisches Engagement in der Heimat zu Ansehen und Reichtum gebracht haben.[36]

Bis ins 19. Jahrhundert waren die Drusen zusammen mit den Maroniten die Hauptakteure der libanesischen Geschichte; gemeinsam wurden sie Träger des autonomen «Libanon-Gebirges». Aufgrund ihrer historischen Bedeutung schon damals de facto anerkannte Religionsgemeinschaft, wurde den Drusen – wie den Schiiten – in der Verfassung von 1926 offizieller Status zugebilligt. Gesetze von 1948, 1960 und 1962 regelten dann ihr Personenstandsrecht, ihre Gerichtsbarkeit und Gemeinschaftsinstitutionen (Wahl des *shaikh al-ʿaql*, des Repräsentanten der Drusen gegenüber dem Staat).[37]

Trotz der offiziellen Anerkennung als Religionsgemeinschaft war die herausragende Rolle, welche die Drusen vom 16. bis 19. Jahrhundert gespielt hatten, in der französischen Mandatszeit verlorengegangen, als sie sich in dem größeren Libanon zahlenmäßig nur noch an fünfter Stelle (statt bisher an zweiter) wiederfanden. Doch dank ihrer großen Fähigkeit zu Flexibilität in Zeiten der Krise konnte die Gefahr der politischen Marginalisierung damit aufgefangen werden, daß die *Jumblāṭīya* – die von der alten Feudalfamilie Jumblāṭ geführte Faktion – ihre traditionelle probritische Haltung durch eine profranzösische ersetzte.[38] Dieser Kurswechsel erwies sich jedoch nach der Unabhängigkeit 1943 als wenig hilfreich, da eher probritisch orientierte Politiker an die Spitze des Staates gelangten und der *Nationalpakt* die Sunniten als zweitstärkste politische Gruppe bestätigte. Damit waren die Drusen definitiv von ihrem alten Platz verdrängt.

Um so bemerkenswerter ist das politische Gewicht, das die Drusen bis heute in die Waagschale werfen konnten. Diese Tatsache rührte in erster Linie daher, daß die Gemeinschaft mehr als drei Jahrzehnte von einer Persönlichkeit geführt wurde, die zu den interessantesten der jüngeren libanesischen Geschichte gehört: Kamāl Jumblāṭ.[39] Seit der Unabhängigkeit auf zahlreichen Ebenen und in verschiedensten Ämtern politisch aktiv, vereinigte Jumblāṭ zwei für libanesische Verhältnisse ungewöhnliche Rollen in seiner Person: einerseits traditioneller Führer *(zaʿīm)* seiner Gemeinschaft (mindestens der *Jumblāṭīya*-Faktion), verstärkt durch den Anspruch auf spirituelle Führung der Drusen, andererseits libanesischer Nationalpolitiker mit einem überkonfessionellen bzw. säkularen Programm. Ausdruck dieser Politik waren die Gründung der *Sozialistischen Fortschrittlichen Partei*, die Beteiligung an verschiedenen, zum Teil über den Libanon hinausgehenden Oppositionsbündnissen (so mit den Nasseristen und später den Palästinensern) sowie die permanente und kompromißlose Forderung nach Abschaffung des Konfessionalismus und Errichtung (bzw. in Jumblāṭs Sicht: Wiedererrichtung) einer säkularen libanesischen Gesellschaft. Zur Lösung dieser Aufgaben war Jumblāṭ nicht nur in der Tagespolitik ungewöhnlich aktiv, sondern entwickelte auch eine historisch-politische Konzeption, die er in zahlreichen Schriften erläuterte.[40] Die wichtigsten Aspekte dieser Konzeption waren: der Aufruf zum Bekenntnis zum Arabertum und arabisch-islamischen Erbe als einigendem Band für alle Libanesen; die Präsentation der Drusengemeinschaft als ausschlaggebenden Faktor für die libanesische Einheit und die arabische Unabhängigkeit; ferner die Bedeutung des Drusentums als Brennpunkt aller Religionen; schließlich ein humaner, harmoniestiftender «Arabischer Nationalismus», unter Beibehaltung der nationalstaatlichen Souveränität und der Rolle des Libanon als Avantgarde für die übrigen arabischen Staaten.

Weder mit seinen Theorien noch mit seiner praktischen Politik, einschließlich der militärischen Option 1975–1976, konnte Jumblāṭ das politische System seines Landes verändern und «die libanesische Krise» durch eine säkulare Ordnung – wie sie nach seiner Auffassung schon einmal vom 16. bis zum 19. Jahrhundert, im

«Goldenen Zeitalter», bestanden hatte – lösen. Aber es war ihm gelungen, den Drusen als politischer und militärischer Größe innerhalb des bestehenden konfessionellen Systems mehr Anerkennung zu verschaffen.

Nach der Ermordung Jumblāṭs (1977) entwickelten die Drusen unter der Führung seines Sohnes Walīd erneut einen Grad von Zentralisierung und Geschlossenheit, mit dem sie sich militärisch behaupten konnten; etwa als sie 1983–1984 die christlichen Milizen aus dem Shūf-Gebirge vertrieben. Dabei erwies sich durch eine geschickte Politik der Anlehnung sowohl an Syrien als auch an Israel das alte Prinzip drusischer Bündnisstrategie von neuem als erfolgreich. Im Shūf, ihrem alten Hauptsiedlungsgebiet, richteten sich die Drusen nach 1984 eine «homogene Nische» ein, mit Ansätzen zu einer eigenen kommunalen Verwaltung, Wirtschaft und Infrastruktur.[41] Dieser «Rückzug» förderte auch bei den Drusen (analog zu den übrigen Gemeinschaften) die verstärkt auftretende Tendenz, auf die eigene Konfession zurückzufallen.

e) Ausblick

Im Herbst 1989 einigte sich in der saudi-arabischen Stadt Taif (aṭ-Ṭā'if) eine Mehrzahl der noch lebenden libanesischen Abgeordneten (seit 1972 war kein neues Parlament mehr gewählt worden) über den Text für ein *Dokument der nationalen Verständigung*.[42] Das Ziel dieses Abkommens, das auf Druck der *Arabischen Liga* zustande kam, bestand darin, einen Prozeß der Befriedung und der Reformen im Libanon in Gang zu setzen.

Der innenpolitische Teil der Vereinbarung stellte in mehrerer Hinsicht etwas Neues dar. Zwar wurde am *Nationalpakt* von 1943, also am Prinzip des Konfessionalismus, weiter auf unbestimmte Zeit festgehalten, aber die bisherige Formel der Machtverteilung geändert. Die Sitze im Parlament sollten statt bisher im Verhältnis 6:5 nun paritätisch an Christen und Muslime vergeben werden – ein Vorschlag, der schon 1976 aufgetaucht war (s.o.); dazu wurde die Anzahl der Sitze von 99 auf 108 erhöht. Die Rolle des sunnitischen Ministerpräsidenten und die Funktionen des Ministerrats (Kabinetts) wurden erheblich gestärkt, ebenso erhielt der schiitische Parlamentspräsident mehr Kompetenzen. Die Verschiebung der Machtbefugnisse ging vor allem zu Lasten des christlichen Staatspräsidenten, der nicht länger Chef der Exekutive blieb, sondern sich mit einer weitgehend repräsentativen Rolle begnügen mußte. Insgesamt stellten die Beschlüsse eine wesentliche Verbesserung der politischen Stellung der Muslime, besonders der Sunniten, dar. Die Umsetzung des Reformprogramms dauerte ein Jahr: Erst im Herbst 1990 stimmte das Parlament über die notwendigen Verfassungsänderungen ab.[43]

Hinsichtlich der Befriedung des Libanon sah das Abkommen von Taif die Bildung einer neuen Regierung vor, deren erste Aufgabe darin bestehen sollte, alle Milizen aufzulösen und eine durch den Staat kontrollierte öffentliche Sicherheit und Ordnung zu errichten. Die Ausführung dieses Beschlusses kam nur schleppend in Gang und ist bis heute nicht abgeschlossen: vor allem wegen der Auffassung der schiitischen Organisation *Ḥizb Allāh,* bis zur Befreiung des gesamten Landes von fremden Truppen bewaffnet bleiben zu müssen.[44] Ende 1990 konstituierte sich eine – de facto von Syrien bestimmte – neue Regierung, der es gelang, die Milizen weitgehend zu entwaffnen und deren Territorium zu übernehmen. Seitdem gilt der Krieg im Libanon offiziell als beendet.

Der Ausgang der libanesischen Parlamentswahlen vom Herbst 1992 ließ indessen deutlich werden, daß auch mehr als drei Jahre nach Taif von einer baldigen nationalen Einheit nicht die Rede sein konnte. Im neuen Parlament waren Muslime aller religiösen und politischen Schattierungen vertreten, darunter zum ersten Mal auch schiitische und sunnitische Fundamentalisten.[45] Immerhin wurde damit die alte Forderung nach stärkerer politischer Repräsentanz der Muslime, auch und gerade solcher aus sozial schwächeren Schichten, zumindest teilweise eingelöst. Diese Entwicklungen setzten sich bei den nächsten Wahlen 1996 und 2000 im wesentlichen fort.[46] Demgegenüber wurde der allgemeine Rückgang des ehemaligen christlichen, vor allem maronitischen Einflusses unübersehbar. Daraus entwickelte sich eine deutliche Unzufriedenheit bzw. ein Gefühl der Entfremdung vieler Christen gegenüber diesem «neuen Libanon», diesem «Staat von Taif».

Überhaupt gab das Abkommen von Taif Anlaß zu vielfacher und anhaltender Kritik. Dazu gehörte u.a. die Befürchtung, konfessionelle Strukturen im sozialen und kulturellen Bereich würden durch die geänderte Verfassung letzten Endes nur noch verstärkt und festgeschrieben. Tatsache ist, daß das private, konfessionelle Schulwesen heute wie nie zuvor blüht, die Libanesische Universität weiterhin nach konfessionellen Kriterien geteilt bleibt und neue, konfessionell orientierte Bildungseinrichtungen entstanden sind. Auch das seit Kriegsende diskutierte Projekt, national einheitliche Geschichtslehrbücher zu verfassen und generell die Geschichtswissenschaft methodisch und inhaltlich zu erneuern, steckt nach wie vor in den Anfängen. Die Aufrufe von namhaften libanesischen Historikern zu einer Überwindung bzw. Harmonisierung der verschiedenen, konfessionell und politisch bestimmten Sichtweisen stehen in krassem Gegensatz zu den meisten historischen Darstellungen. Bis auf wenige Ausnahmen ist die libanesische Historiographie ein klares Spiegelbild der libanesischen Realität: des Dilemmas der noch nicht überwundenen Spannung zwischen konfessioneller und nationaler (d.h. säkularer, überkonfessioneller) Identität.[47]

Unbestritten sind die erheblichen Anstrengungen, die seit den 1990er Jahren von den libanesischen Regierungen (fast immer unter Ministerpräsident Rafīq al-Ḥarīrī) zur Überwindung der Kriegsschäden unternommen wurden: Verwaltungsreformen, Wiederaufbau und Modernisierung der physischen Infrastruktur (gigantische Baumaßnahmen im Zentrum von Beirut, Neubau des Flughafens u.a.), Wiederherstellung internationaler Kreditfähigkeit und Schaffung einer lebensfähigen Wirtschaft. Auch auf der politischen Bühne, regional und international, hat der Libanon wieder ein gewisses Gewicht gewonnen. Allerdings sind die außenpolitischen Probleme unverändert: das «besondere Verhältnis» zu Syrien und die gespannte Situation an der Grenze zu Israel. Und im sozialen und ökonomischen Bereich bestehen weiterhin große ungelöste Strukturprobleme: das chronische Defizit der Staatsfinanzen, die Vernachlässigung der lebensnotwendigen Bedürfnisse der Bevölkerung, vor allem in den peripheren Gebieten im Süden und Norden des Landes, und die mangelnde Effizienz von sozialen Dienstleistungen und Sicherungssystemen. Diese werden, so wie zu Kriegszeiten, weiterhin von den einzelnen (konfessionellen) Gemeinschaften für ihre Mitglieder erbracht – die alten, auf Patronage und Klientelismus gegründeten Machtstrukturen bestehen fort, trotz der Aufnahme einiger moderner Elemente.[48]

Ebenso wird die Innenpolitik weiter von dem konfessionellen Muster bestimmt: durch die Machtkonstellation der «Troika» aus maronitischem Staats-, sunnitischem Minister- und schiitischem Parlamentspräsidenten. Politisch gemäßigte Christen versuchen, einen Teil ihres alten Einflusses zurückzugewinnen, und die Muslime nutzen alle Chancen, sich als politische und gesellschaftliche Kraft weiter zu etablieren. Besonders erfolgreich sind dabei die Schiiten unter der Führung von *Ḥizb Allāh*.

Das wichtigste und schwierigste Problem, mit dem der Libanon konfrontiert ist, bleibt ungelöst bestehen: die Frage des politischen Konfessionalismus bzw. der Säkularisierung des politischen und gesellschaftlichen Systems. Das Abkommen von Taif hatte die Lösung dieser Frage zu einer zentralen Aufgabe erklärt, ohne aber genauere Vorgaben und einen konkreten Zeitplan zu nennen. Von einem inneren Konsens, einem tiefgreifenden Gefühl nationaler säkularer Identität und einer klaren positiven Haltung gegenüber dem Staat ist die libanesische Gesellschaft noch ein gutes Stück entfernt.

22. Saudi-Arabien

(Guido Steinberg)

a) Die Wahhābīya und die Entstehung des saudischen Staates

Die Gründung des saudischen Staates geht auf das Jahr 1744/45 zurück, als der Herrscher des kleinen zentralarabischen Stadtstaates Dirʿīya, Muḥammad ibn Saʿūd (gest. 1765), ein Bündnis mit dem islamischen Reformgelehrten Muḥammad ibn ʿAbd al-Wahhāb (ca. 1704–1792) schloß. Gemäß ihrer informellen Übereinkunft unterstützte Muḥammad ibn Saʿūd die Verbreitung der Lehre Ibn ʿAbd al-Wahhābs. Im Gegenzug verschaffte der Gelehrte dem Herrscher die religiöse Legitimation durch eine militant-puristische Ideologie, die nach ihrem Begründer als «Wahhābīya» bekannt ist.[1] Mit der Überzeugung, daß nicht-wahhabitische Muslime im *jihād* bekämpft werden müßten, lieferte die *Wahhābīya* die ideologische Grundlage für die Expansion des saudischen Staates.[2] Seither kontrollieren die Gelehrten das gesamte religiöse Leben sowie die Justiz und das Erziehungswesen im saudischen Staat. Die Herrscher der Familie Saud hingegen verbreiteten die *Wahhābīya* mit militärischen und politischen Mitteln und profitierten von der religiösen Legitimität, die ihnen das Bündnis verschaffte. Diese Allianz zwischen

Herrscherfamilie und Gelehrten besteht bis heute und prägt die saudi-arabische Gesellschaft tief.

Mehrere schwere Krisen, die zunächst zum Zusammenbruch des ersten (1744/45–1818) und anschließend auch des zweiten saudischen Staates (1824–1891) führten, bestimmten das Verhältnis der Herrscherfamilie zu den Gelehrten. Nach 1744/45 eroberte die wahhabitisch-saudische Allianz innerhalb weniger Jahrzehnte weite Teile der Arabischen Halbinsel einschließlich der Heiligen Stätten von Mekka und Medina. Damit provozierte sie eine Gegenreaktion des Osmanischen Reiches, zu dem der Ḥijāz damals gehörte. Die Hohe Pforte beauftragte ihren Statthalter in Ägypten, Muḥammad ʿAlī Pascha, mit der Rückeroberung der Provinz. Nachdem der Ḥijāz schnell gefallen war, zerstörten ägyptische Truppen 1818 Dirʿīya. Zwar gelang es der Familie Saud, schon 1824 wieder in der Nachbarstadt Riad Fuß zu fassen, doch zog sie ihre Lehre aus den Geschehnissen: Während des 19. Jahrhunderts unternahmen die saudischen Herrscher keine Angriffe mehr auf osmanisches Territorium, obwohl die wahhabitischen Gelehrten weiterhin den *jihād* gegen die Ungläubigen in den muslimischen Nachbarterritorien forderten. Fortan hatten realpolitische Erwägungen deutlichen Vorrang vor der expansiven Ideologie der *Wahhābīya*.[3]

Die zweite Krise setzte im Jahre 1865 ein, als ein Bürgerkrieg zwischen den Söhnen des verstorbenen Imam Faiṣal ibn Turkī ausbrach, der 1891 damit endete, daß Truppen des rivalisierenden Emirats der Āl Rashīd aus Ḥāʾil die saudische Hauptstadt Riad besetzten und damit die Reste des zweiten saudischen Staates beseitigten. Der Bruderzwist war weit mehr als eine politische Krise: er stellte auch den Fortbestand der *Wahhābīya* selbst in Frage, da innerhalb der Gelehrtenschaft heftige Konflikte ausbrachen. Sie entzündeten sich zunächst an der Parteinahme für die konkurrierenden Brüder, anschließend jedoch vor allem daran, daß einer von ihnen, ʿAbdallāh ibn Faiṣal (reg. 1865–1871), sich mit der Bitte um Hilfe an den osmanischen Gouverneur von Bagdad wandte. Unter den Gelehrten entspann sich eine heftige Debatte, galten die Osmanen ihnen doch als ungläubig und war es verbreitete Meinung, wer mit ihnen zusammenarbeite, werde selbst zum Ungläubigen. Erstmals in der Geschichte der *Wahhābīya* bezichtigten ihre Gelehrten einzelne Kollegen als «ungläubig», so daß die Reformbewegung insgesamt zu zerfallen drohte. Erst nach lang anhaltenden Konflikten fanden sie zu Beginn des 20. Jahrhunderts zu alter Einigkeit – in Kooperation mit dem Begründer des dritten saudischen Staates, ʿAbd al-ʿAzīz ibn ʿAbd ar-Raḥmān Āl Saʿūd, genannt Ibn Saʿūd (reg. 1902–1953). Die Erfahrung der Bürgerkriege hatte den Gelehrten gezeigt, daß sie ihre weitreichenden Kompetenzen nur in einem stabilen Staat bewahren konnten. Deshalb ordneten sie sich den Herrschern fortan unter.

b) Politik und Religion in der Frühphase des dritten saudischen Staates

Innerhalb weniger Jahre gelang es Ibn Saʿūd, Zentral- und Ostarabien zurückzuerobern. Um allerdings die Stabilität (und zunächst auch die weitere Expansion) seines jungen Staates zu gewährleisten, mußte er die großen Beduinenstämme unter seine Kontrolle bringen. Zwischen diesen und den Städtern der Region bestand eine ausgeprägte Konkurrenz, und beide versuchten, den Lebensbereich des anderen politisch und wirtschaftlich zu kontrollieren. Die ersten beiden saudischen Staaten waren unter anderem daran gescheitert, daß es ihnen nicht gelungen war, die militärisch unzuverlässigen Beduinen einer dauerhaften Kontrolle zu unterwerfen. Ibn Saʿūd, der selbst aus dem kleinstädtischen Milieu des südlichen Najd (arab. für Zentralarabien) stammte, versuchte deshalb, die Beduinenstämme anzusiedeln, um ihre militärischen Energien im Dienste des Staates zu kanalisieren. Ab 1911/12 ließen sich die *Ikhwān* (wörtl. Brüder im Geiste) genannten Beduinen in landwirtschaftlichen Siedlungen nieder, die sie *hijar* (Sing. *hijra*) nannten, nieder. Mit dem Begriff *hijra* verwiesen sie auf die Flucht des Propheten Muḥammad aus Mekka nach Medina im Jahre 622 und deuteten damit an, daß sie das Reich des (nomadischen) Unglaubens verlassen und sich nun den wahren (seßhaften) Muslimen angeschlossen hatten. Es gibt allerdings Belege, daß die Rolle Ibn Saʿūds in der offiziellen Darstellung überbetont wird.[4]

Die saudische Regierung förderte die Seßhaftwerdung der Beduinen, indem sie ihnen Land zuwies und beim Bau von Dörfern half. Die Gelehrten unterstützten diesen Prozeß, indem sie Prediger entsandten, die den Beduinen die Lehren der *Wahhābīya* nahebrachten. Dabei konzentrierten sie sich auf ihre Grundzüge, wie Muḥammad ibn ʿAbd al-Wahhāb sie in seinen Kurztraktaten *(mukhtaṣarāt)* dargelegt hatte, und betonten die Bedeutung des *jihād* gegen Nicht-Wahhabiten.[5] Die im Kampf Gefallenen würden ins Paradies einziehen, das die Prediger in den leuchtendsten Farben schilderten. Unter dem Einfluß der Gelehrten wandelten sich die zuvor religiös oft indifferenten Beduinen zu fanatischen Glaubenskriegern. Gemeinsam mit ihren Lehrern bildeten sie fortan eine starke Interessengemeinschaft, die eine stärkere Wahhabisierung der saudischen Politik forderte.[6]

Mit Hilfe der *Ikhwān* gelang es Ibn Saʿūd in den folgenden zwei Jahrzehnten, fast alle Provinzen zu erobern, die schon der erste saudische Staat umfaßt hatte. Zwischen 1913 und 1932 nahmen saudische Truppen die osmanische Provinz al-Ḥasā im Osten der Halbinsel, das Emirat der Rashīdis, den Ḥijāz und die im Südwesten gelegene Region ʿAsīr ein. Die wahhabitischen Gelehrten forderten mit Unterstützung der *Ikhwān* jeweils eine möglichst vollständige «Wahhabisierung» dieser Provinzen, d.h. eine religiöse und religionspolitische Anpassung an die Verhältnisse im Najd. Ibn Saʿūd hingegen mußte daran gelegen sein, diese Provinzen möglichst rasch und vollständig in seinen entstehenden Staat zu integrieren. Allzu drastische Maßnahmen konnten Unruhen verursachen und die mühsam aufrechterhaltene saudische Kontrolle gefährden. Da Ibn Saʿūd zunächst noch auf die Gelehrten und die *Ikhwān* angewiesen war, ließ er Kompromißlösungen zu, die sie zumindest zeitweilig zufriedenstellten, ohne die Bevölkerung der Provinzen zu sehr zu entfremden. Dennoch verstetigte die Wahhabisierungspolitik dieser Jahrzehnte Konflikte zwischen den Bewohnern der Provinzen und dem Staatsvolk aus dem Najd.

In besonders verheerender Weise betraf diese Politik die Schiiten, die in der Ostprovinz eine knappe Mehrheit der Bevölkerung stellten. Da sie den Wahhabiten als die Ungläubigen *par excellence* galten, konnte auch ein pragmatisch handelnder Herrscher, wollte er die Legitimität seiner Herrschaft nicht gefährden, die Schiiten nicht wie sunnitische Muslime behandeln. Schon kurz nach der Eroberung konfiszierte der saudische Staat große Ländereien, ließ politische Führer exekutieren oder ins Exil treiben und führte neue, ruinöse Steuern für die schiitische Bevölkerung ein. Außerdem setzten Gelehrte und *Ikhwān* ab 1915/16 eine besonders repressive Religionspolitik durch: Schiitische religiöse Zeremonien wie *ʿĀshūrāʾ* und die Feiern zu den Geburtstagen der Imame wurden verboten. Häufig kam es zu gewaltsamen Übergriffen. Als der Einfluß des Bündnisses von Gelehrten und *Ikhwān* im Jahr 1926/27 seinen Höhepunkt erreichte, forderten sie öffentlich die Bekehrung aller Schiiten im Königreich «zum Islam». Wer sich nicht beugte, sollte ausgewiesen werden.[7]

Ganz ähnlich – wenn auch deutlich rücksichtsvoller – gingen die Eroberer im Ḥijāz vor. *Ikhwān* und Gelehrte versuchten sofort nach der Einnahme, wahhabitische Verhaltensvorschriften durchzusetzen. Zu diesem Zweck ließen sie zunächst die Geburtsplätze des Propheten und einiger seiner Gefährten, vor allem aber Gräber und Grabaufbauten auf den Notablen-Friedhöfen in Mekka und Medina zerstören. Die saudischen Behörden sorgten durch bauliche Maßnahmen und, je nach politischer Konjunktur, durch strenge Kontrollen auch fortan dafür, daß niemand mehr an den dortigen Gräbern von Prophetengefährten, Imamen und Heiligen betete. Ibn Saʿūd verhinderte jedoch weitergehende Zerstörungen oder Restriktionen, um einen drohenden Boykott der Pilgerfahrt durch Muslime aus Übersee zu verhindern. Die tatsächlich getroffenen Maßnahmen waren dennoch höchst problematisch, da sie weltweit Proteste hervorriefen. Weil Ibn Saʿūd auf die Einnahmen aus der Pilgerfahrt angewiesen war und Unruhen befürchtete, mußte er die *Ikhwān* und Gelehrten in die Schranken weisen.

Als die *Ikhwān* während der Pilgerfahrt des Jahres 1925 Unruhen provozierten, schickte Ibn Saʿūd ihre Kontingente in den Najd zurück. Außerdem gründete er die sogenannte Religionspolizei, unter der offiziellen Bezeichnung «Komitees zum Gebieten des Rechten und zur Verhinderung des Verwerflichen» *(haiʾāt al-amr bi-l-maʿrūf wa-n-nahy ʿan al-munkar)*. Im Najd hatte eine solche Einrichtung schon seit 1918/19 bestanden. Es handelte sich dabei um Komitees wahhabitischer Gelehrter, denen «Religionspolizisten» zugeordnet wurden. Im Ḥijāz hatten sie zunächst eine doppelte Funktion. Zum einen sollten sie die Bevölkerung zwingen, wahhabitische Verhaltensnormen zu befolgen. Zum anderen sollten sie helfen, die Truppen der *Ikhwān* zu disziplinieren, die in den ḥijāzischen Städten außer Kontrolle zu geraten drohten. Eine religiös-politische Doppelfunktion hat die Religionspolizei bis heute bewahrt.[8]

In den folgenden Jahren wurde den *Ikhwān* schrittweise deutlich, daß Ibn Saʿūd den entstehenden saudischen Staat nicht nach ihren Vorstellungen gestalten würde. Vielmehr versuchte er nun, seine Herrschaft in den eroberten Gebieten zu konsolidieren und einen staatlichen Zentralisierungsprozeß in Gang zu setzen. Während Ibn Saʿūd an stabilen Beziehungen zu den Nachbarstaaten, vor allem aber den britischen Mandatsgebieten Irak und Transjordanien interessiert war, setzten die *Ikhwān* ihre Raubzüge in diese Gebiete fort und drohten so, einen Konflikt mit der Mandatsmacht zu provozieren. Nachdem verschiedene Vermittlungsversuche gescheitert waren, rebellierten sie, wurden aber 1929 in der Schlacht von Sibilla von loyalen Truppen Ibn Saʿūds geschlagen.

Die Niederlage der *Ikhwān* war für das Verhältnis von Herrscher und Gelehrten im dritten saudischen Staat richtungweisend. Einerseits teilten letztere die Forderungen der *Ikhwān* nach einer streng an wahhabitischen Prinzipien ausgerichteten Innen- und Außenpolitik. Andererseits hatten sie in den Wirren des ausgehenden 19. Jahrhunderts gelernt, daß sie ihre starke Stellung nur dem Bündnis mit den saudischen Herrschern verdankten. Deshalb versuchten sie im Konflikt zwischen den *Ikhwān* und Ibn Saʿūd zu vermitteln. Erst als die Rebellion sich abzeichnete, stellten sie sich auf die Seite des Herrschers. Nur wenige jüngere Gelehrte und Studenten standen weiterhin hinter den *Ikhwān*. In mehreren innenpolitischen Krisen des 20. Jahrhunderts traten ähnliche Konflikte auf. Die wahhabitischen Gelehrten zeigten Sympathien für die Forderungen ihrer radikaleren Schüler, stellten sich im Konfliktfall jedoch auf die Seite des Staates und verloren so an Sympathien in islamistischen Kreisen. So geschah es beispielsweise 1979, als militante Islamisten die Große Moschee von Mekka besetzten und Pilger als Geiseln nahmen.[9]

c) Religion und politisches System

Bis heute haben die wahhabitischen Gelehrten keine umfassende politische Theorie entwickelt. Sie orientierten sich zunächst an Ibn ʿAbd al-Wahhāb, der lediglich einige Vorstellungen des mittelalterlichen Damaszener Gelehrten Ibn Taimīya (gest. 1328) zum Verhältnis zwischen Herrscher, Gelehrten und Volk und deren jeweiligen Aufgaben übernommen hatte.[10] An erster Stelle stand die Überzeugung, daß nur eine enge Kooperation zwischen Herrschern *(umarāʾ/aʾimma)* und Gelehrten *(ʿulamāʾ)* ein islamisches Gemeinwesen schaffen konnte. Der Herrscher nahm in diesem Modell eine sehr starke Stellung ein. Seine wichtigste Aufgabe war die Anwendung des göttlichen Gesetzes *(ash-sharʿ)* im wahhabitischen Sinne. Darüber hinaus war (und ist) er für alle im engeren Sinne politischen Fragen, insbesondere jedoch die Herstellung und Wahrung der inneren und äußeren Sicherheit, die Aufsicht über die Verwaltung der Finanzen und die Rechtsprechung sowie für die Führung des *jihād* zuständig.

Die starke Stellung der Gelehrten spiegelte in diesem Konzept die des Herrschers wider. Ihre wichtigste Aufgabe war es, sicherzustellen, daß im wahhabitischen Gemeinwesen alle Aspekte des Lebens gemäß der *sharīʿa* und dem Vorbild der frommen Altvordern *(as-salaf aṣ-ṣaliḥ)* geregelt wurden. Sie sollten dem Herrscher in allen Fragen, die ihnen wichtig erschienen, mit «gutem Rat» *(naṣīḥa)* zur Seite stehen. Dieser war seinerseits verpflichtet, ihren Rat zu suchen. So sollte gewährleistet werden, daß der Herrscher nicht gegen die *sharīʿa* verstieß und, falls dies doch vorkam, er seine Anordnungen korrigieren konnte. Eingeschränkt wurde dieses Konzept nur durch die Gehorsamspflicht gegenüber dem Imam.

Eine Aufkündigung des Gehorsams sei nur dann statthaft, wenn der Herrscher versuchte, seine Untertanen zu zwingen, der *sharīʿa* zuwiderzuhandeln.

Die Notwendigkeit des Erhalts der Gemeinschaft *(jamāʿa)* der Muslime wurde nach den Bürgerkriegen zum dominanten Thema wahhabitischer politischer Schriften. Und auch in der politischen Praxis versuchten die Gelehrten in den folgenden Jahrzehnten, Konflikte mit dem Herrscher zu vermeiden. Im Streitfall ließ sie die Angst vor *fitna* (wörtl. Heimsuchung), d. h. Unordnung in oder Sezession von der islamischen Gemeinschaft, als dem der *jamāʿa* diametral entgegengesetzten Konzept vor ernsthaften Konfrontationen mit der Machtelite zurückschrecken. Als *fitna* bezeichnen sie bis heute alles, was den Bestand der Gemeinschaft der (wahren) Muslime bedroht, also ein Überhandnehmen von Sünden, Uneinigkeit unter den Muslimen im allgemeinen und innerhalb der Herrscherfamilie sowie unter den Gelehrten im besonderen. Deshalb gelang es Ibn Saʿūd nach 1902, eine verstärkte Zentralisierung politischer und judikativer Funktionen des Herrschers voranzutreiben, ohne auf entschiedenen Widerstand der Gelehrten zu stoßen.

Die politische Theorie der *Wahhābīya* beeinflußte auch die saudi-arabische Verfassungsentwicklung. Zwar behaupten offizielle Stellen bis heute immer wieder, der Koran sei die saudi-arabische Verfassung, doch entstanden im Verlauf des 20. Jahrhunderts mehrere Dokumente mit Grundgesetzcharakter. Am 28. August 1926 erließ Ibn Saʿūd die «grundlegenden Instruktionen für das Königreich Ḥijāz» *(at-taʿlīmāt al-asāsīya li-l-mamlaka al-ḥijāzīya)*, die nur für den Ḥijāz und auch nur bis zur Gründung des «Königreichs Saudi-Arabien» 1932 gültig waren. Auch die saudische Ministerratsordnung von 1953 enthielt einige Verfassungselemente. Dennoch zeigte das Herrscherhaus keinerlei Neigung, ein umfassendes Grundgesetz zu formulieren. Der dahingehende Druck wuchs in den 1950er Jahren, als sich unter dem Einfluß des Nasserismus auch in Saudi-Arabien panarabische und linksnationalistische Tendenzen bemerkbar machten. Bezeichnenderweise waren es liberale Mitglieder der Königsfamilie, die unter der Führung von Prinz Ṭalāl ibn ʿAbd al-ʿAzīz (geb. 1931) eine Verfassung einforderten. Es gelang ihnen jedoch nicht, die politische Entwicklung des Landes nachhaltig zu beeinflussen.[11] Vielmehr begann König Faiṣal (reg. 1964–1975) noch während der Regierungszeit seines Bruders Saʿūd, die Missionstätigkeit der *Wahhābīya* zu fördern, vor allem im Rahmen der 1962 gegründeten Islamischen Weltliga *(Rābiṭat al-ʿĀlam al-Islāmī)*.[12] Während seiner Regierungszeit betonte er die religiöse Prägung des Königreiches. Auch sein Nachfolger, Khālid (reg. 1975–1982), reagierte auf die Moscheebesetzung und die Unruhen des Jahres 1979, indem er die wahhabitischen Kritiker der saudischen Modernisierungspolitik durch eine konservative Religionspolitik beschwichtigte.

Seit Anfang der 1960er Jahre versprachen die saudischen Könige mehrmals den Erlaß eines Grundgesetzes. Aber erst nach dem Ende des Zweiten Golfkrieges 1991 reichte der außen- und innenpolitische Druck aus, die Familie Saud zu diesem Schritt zu bewegen. Am 1. März 1992 veröffentlichte König Fahd (reg. seit 1982) in einem königlichen Dekret das «Grundgesetz der Herrschaftsausübung» *(an-niẓām al-asāsī li-l-ḥukm)*. Schon Artikel 1 des Textes bezeichnete Koran und Sunna als die «Verfassung» *(dustūr)* Saudi-Arabiens und verdeutlichte damit, daß das Grundgesetz nicht als solche zu verstehen sei. Dennoch enthält der Text die wichtigsten Elemente eines Verfassungstextes. So ist der Islam Staatsreligion (Art. 1), die Monarchie wird als Staatsform festgelegt, und König können nur die Söhne und Enkel des Staatsgründers Ibn Saʿūd werden (Art. 5). Entsprechend der klassischen wahhabitischen Lehre wird die Herrschaftsgewalt einzig durch das islamische Recht *(ash-sharīʿa al-islāmīya)* eingeschränkt.[13]

Zeitgleich kündigte König Fahd die Gründung einer Beratenden Versammlung *(Majlis ash-Shūra)* an und knüpfte damit an Art. 8 des Grundgesetzes an, in dem die Beratung *(shūra)* als ein zentraler Aspekt der Herrschaftslegitimation genannt wird. Dieser Konsultativrat, ein parlamentsähnliches Repräsentativorgan, bildete das Kernstück des Reformprogramms. Um diesen Schritt zu legitimieren, knüpfte der König in seiner Rede zur Proklamation des Grundgesetzes an die Einrichtung älterer Räte an, die 1953/54 in den saudischen Ministerrat übergegangen waren. Dabei hatte es sich jedoch um Organe der ḥijāzischen Selbstverwaltung gehandelt, deren Benennung mehrmals wechselte und mit denen die sozioökonomische Stellung der dortigen Notabeln anerkannt wurde, ohne daß dies politische Folgen hatte. Insofern war der nunmehrige Anschluß an diese Institutionen weitgehend fiktiv.[14]

Alle Mitglieder des Rates wurden und werden bis heute vom König ernannt. Auch Schiiten sind vertreten, nicht aber die islamistische Opposition. Ratsmitglieder sind mehrheitlich Angehörige der «neuen Mittelklasse», also zumeist im Westen ausgebildete Personen, darunter Geschäftsleute, Technokraten, Diplomaten und pensionierte hohe Offiziere. Da der Konsultativrat rein beratende Funktion hat, blieb seine Wirkung auf das politische System Saudi-Arabiens begrenzt.

Saudi-Arabien ist bis heute eine absolute Monarchie geblieben. Seit dem Tode Ibn Saʿūds 1953 werden jedoch alle politisch wichtigen Entscheidungen nicht mehr vom König allein, sondern von einer Auswahl von Mitgliedern der Herrscherfamilie getroffen. Mit der Entdeckung und Förderung des Erdöls gingen die hohen Exporterlöse direkt an den Staat und damit an die Herrscherfamilie. Sie erwirtschaftete so von der Fiskalpolitik unabhängige Einnahmen, was zu einer enormen Stärkung der Machtelite und einem Einflußverlust aller anderen politisch relevanten sozialen Gruppen führte. Saudi-Arabien wird deshalb als Prototyp des sogenannten «Rentierstaates» behandelt, als ein Staat also, in dem die Machtelite Einkünfte in Form einer «Rente» erhält und deshalb nicht von den Steuerzahlungen der eigenen Bürger abhängig ist.[15]

Die wichtigste Funktion der Gelehrten ist weiterhin die Legitimierung der Herrschaft der Familie Saud im allgemeinen und einzelner Entscheidungen im besonderen. Ihre wichtigsten Persönlichkeiten sind heute in zwei Institutionen organisiert: Im 1971 gegründeten Rat der hochrangigen Gelehrten *(Haiʾat Kibār al-ʿUlamāʾ)*, dem wichtigsten religionspolitischen Gremium im Lande, sind die bedeutendsten Gelehrten der *Wahhābīya* vertreten.[16] Die 1953 eingerichtete «Verwaltung des religiösen Gutachterwesens *(iftāʾ)* und der Aufsicht über die religiösen Angelegenheiten» *(Dār al-iftāʾ wa-l-ishrāf ʿalā sh-shuʾūn ad-dīnīya)* dient vor allem der zentralen Kontrolle des Gutachterwesens. Beide Institutionen werden heute vom staatlich ernannten Großmufti geleitet, dem einflußreichsten Gelehrten Saudi-Arabiens.

d) Recht und Justiz

Auf der Grundlage der Doktrin der *siyāsa sharʿīya,* Ibn Taimīyas Konzept «einer an die *sharīʿa* gebundenen Politik», nahm der Herrscher von jeher eine zentrale Position im staatlichen Rechtssystem ein. Ihr gemäß ist der Herrscher befugt, jede Maßnahme zu ergreifen, die erstens nicht einer klaren Bestimmung oder einem Prinzip der *sharīʿa* widerspricht und zweitens, gemäß der Einschätzung des Herrschers selbst, für das Wohl der Gemeinschaft *(maṣlaḥat al-ʿumūm)* notwendig ist. Hierauf beruhte seine Vollmacht, Ermessensstrafen *(taʿzīr)* bis hin zur Todesstrafe aufzuerlegen. In der Praxis führte dies zu häufigen Kompetenzüberschneidungen zwischen Herrscher und Gelehrten, die sich für Rechtsprechung jeder Art zuständig glaubten. Die starke Stellung des Herrschers prägt die Rechtsentwicklung in Saudi-Arabien bis zum heutigen Tag.[17]

Die starke Position des Herrschers zeigte sich während des 20. Jahrhunderts in der Entstehung eines nichtreligiösen, parallelen Justizsektors, der erstmals nicht von den Gelehrten dominiert wurde und politischen Einflüssen offener steht als die von den Religionsgelehrten ausgeübte Gerichtsbarkeit. Diese Entwicklung setzte nach der Eroberung des Ḥijāz ein, als sich zeigte, daß Ibn Saʿūd das Justizsystem des Najd nicht auf den Ḥijāz übertragen konnte, wollte er ein Funktionieren des für die Provinz und auch für den Gesamtstaat lebenswichtigen Handels gewährleisten. So ließ er, trotz heftigen Widerstands der wahhabitischen Gelehrten – die weiterhin auf der ausschließlichen Anwendung der *sharīʿa* bestanden – osmanische Gesetze, hauptsächlich im Handel, in Kraft. 1926 wurde in Dschidda der Handelsrat *(Majlis at-Tujjār)* geschaffen, eine Schiedskommission mit Justizvollmacht, die bereits in osmanischer Zeit existiert hatte. Im August 1931 schließlich veröffentlichte die Regierung des Ḥijāz ein überarbeitetes Handelsgesetz, in dem sie die Einrichtung dieser Institution sanktionierte.

In der Praxis der folgenden Jahrzehnte richteten die saudischen Herrscher nichtreligiöse Institutionen der Rechtsprechung ein, wann immer dies geboten erschien. Dies wurde in erster Linie deshalb notwendig, weil die Gesetzgebung in Form von Verordnungen ausgeweitet wurde. Allerdings nannten die saudischen Herrscher diese Texte nicht Gesetze *(qawānīn,* Sing. *qānūn),* weil die Wahhabiten überzeugt sind, daß Gott der alleinige Gesetzgeber ist. Vielmehr erlassen sie lediglich königliche Dekrete (arab. Sing. *niẓām* oder *marsūm),* die der *sharīʿa* zumindest in der Theorie nicht zuwiderlaufen dürfen. Hier handelt es sich offensichtlich um einen Kompromiß zwischen religiösem Anspruch und der praktischen Notwendigkeit, gesetzgeberisch tätig zu werden.

Vor allem die ab 1945 einsetzende kommerzielle Ölförderung zwang die Regierung, neue rechtsprechende Institutionen zu gründen, in erster Linie für Handels-

und Verwaltungsrecht. In der Regel folgte auf den Erlaß einer neuen Verordnung die Einrichtung einer entsprechenden Rechtsprechungsinstanz. So wurde 1954 ein Ausschuß eingerichtet, der die Anwendung eines neuen Gesetzes über ausländische Kapitalinvestitionen kontrollierte und in diesem Rahmen auch in Streitfällen weitgehende justitielle Kompetenzen übernahm. 1965 folgte die Einsetzung einer Kommission, die Konflikte zwischen Handelsgesellschaften regeln sollte, 1969 die einer entsprechenden Institution für die Auslegung des neuen Arbeitsrechtes.[18] Diese Einrichtungen begrenzten den Geltungsbereich des islamischen Rechts in der gesellschaftlichen Praxis.

Auch im religiösen Rechtsbereich versuchte die Regierung seit der ersten Hälfte des 20. Jahrhunderts, Einfluß zu nehmen und die Rechtsprechung insgesamt zu vereinheitlichen und zu zentralisieren. Dieser Prozeß setzte nach der Eroberung des Ḥijāz ein. Obwohl die wahhabitischen Gelehrten immer wieder betont hatten, daß sie eigentlich keiner spezifischen Rechtsschule folgten, sich vielmehr strikt an Koran und Sunna orientierten, dominierte in Zentralarabien die *Ḥanbalīya*. Im Ḥijāz hingegen waren alle kanonischen sunnitischen Rechtsschulen vertreten, wobei die *Hanafīya*, als offizielle Rechtsschule des Osmanischen Reiches, neben der populäreren *Shāfiʿīya* dominierte. Im Juni 1928 wies Ibn Saʿūd alle Richter im Ḥijāz an, gemäß den innerhalb der hanbalitischen Rechtsschule akzeptierten Positionen zu urteilen. Fortan hatten die Richter sich an diejenigen hanbalitischen Kompendien zu halten, die auch im Najd die Grundlage der Rechtsprechung bildeten. Nur in Ausnahmefällen durften sie auf die Lehrmeinungen einer der anderen drei Rechtsschulen zurückgreifen. Bis heute bestimmt die *Ḥanbalīya* die Rechtsprechung des gesamten Landes.[19]

Seit Beginn des 20. Jahrhunderts nahmen die saudischen Herrscher auch zunehmend Einfluß auf die Justizorganisation. Auch hier gab die Eroberung des Ḥijāz den Anstoß zu weitergehenden Änderungen. Die Gerichte dort waren in der Organisation ihrer Arbeitsabläufe wesentlich weiter entwickelt als diejenigen im Najd. An der Spitze einer rudimentären Hierarchie stand schon vor der saudischen Eroberung ein hanafitischer Oberster Richter *(Raʾīs al-quḍāt)*. Ibn Saʿūd ließ die ḥijāzische Gerichtsorganisation, die im Gerichtsverfassungsgesetz vom 12. August 1927 festgelegt wurde, weitgehend intakt. In den sogenannten Schnellgerichten *(Maḥākim mustaʿjila)* wurden nur minderschwere Fälle behandelt, wobei der Streitwert eine bestimmte Summe nicht übersteigen und die Straffälle keine Amputationen oder Hinrichtungen implizieren durften. In den «Großen Gerichten» *(al-Maḥākim al-kubrā)* wurden all diejenigen Fälle behandelt, die nicht in den Kompetenzbereich der Schnellgerichte fielen, also alle schwerwiegenden Strafsachen, zivilrechtliche Streitfälle oberhalb eines bestimmten Streitwerts, Immobilienfragen, Testamente sowie erb- und eherechtliche Probleme. Schließlich ließ Ibn Saʿūd eine Justizkontrollkommission *(Haiʾat al-Murāqaba al-Qaḍāʾīya)* einrichten, die die gesamte Gerichtsbarkeit kontrollieren und Revisionsaufgaben übernehmen sollte. Ihr saß der wahhabitische Oberste Richter des Ḥijāz vor, der so die Justiz überwachen konnte.

Die Reorganisation der Gerichte im Ḥijāz wirkte sich auch im Najd aus, wo ab den 1930er Jahren schrittweise bürokratisch organisierte Gerichte eingerichtet wurden. Die funktionale und hierarchische Ausdifferenzierung der Justiz begann jedoch erst 1949/50 mit der Gründung eines Schnellgerichts in Riad, an dem lediglich Fälle untergeordneter Bedeutung verhandelt wurden, um die eigentlichen Gerichtshöfe zu entlasten. In den 1950er und 1960er Jahren setzten sich Neuerungen wie Kollegialgerichte, Urteile durch Mehrheitsbeschluß und die Einrichtung einer Rechtsmittelinstanz allmählich auch im Najd durch. Schrittweise glichen sich die Justizsysteme im Ḥijāz und im Najd einander an. Doch erst der Tod des mächtigen Großmuftis und Obersten Richters des Königreiches, Muḥammad ibn Ibrāhīm Āl ash-Shaikh im Jahre 1969 ermöglichte der Regierung, die Reform der Justizorganisation abzuschließen. 1970 wurde ein Justizministerium eingerichtet; der Justizminister, der ebenfalls ein hochrangiger Gelehrter sein mußte, ersetzte faktisch den Obersten Richter. Ihm unterstehen die heute über 300 Gerichte des Landes. Gemäß dem Gerichtsverfassungsgesetz von 1975 kontrolliert der dem Ministerium untergeordnete Oberste Justizrat *(Majlis al-qaḍā' al-a'lā)* die nachgeordneten Gerichte, äußert sich zu Grundsatz- und Detailfragen des islamischen Rechts und überprüft Gerichtsentscheidungen, darunter vor allem diejenigen, die Todesurteile, Steinigungen oder Amputationen implizieren. In der Hierarchie folgt auf den Obersten Justizrat das Revisionsgericht *(Maḥkamat at-tamyīz)* mit einem Sitz in Mekka und einem in Riad. Darauf folgen die allgemeinen Gerichte *(al-Maḥākim al-ʿāmma)* und schließlich die Untergerichte *(al-Maḥākim al-juz'īya)*. Der Zuständigkeitsbereich der beiden letztgenannten entspricht dabei weitgehend dem der früheren Großen Gerichte und Schnellgerichte im Ḥijāz.

e) Islamismus in einem islamistischen Staat?

Die enge Beziehung zwischen Gelehrten und Herrscherfamilie brachte im Verlauf der saudischen Geschichte mehrfach Probleme mit sich. Da sich die «offiziellen» Gelehrten im Konfliktfall meist dem Verlangen der Regierung nach einer Legitimation umstrittener politischer Entscheidungen beugten, warfen ihnen die Anhänger der reinen wahhabitischen Lehre vor, den wahren Islam zu verraten. So geschah es auch nach August 1990, als der Irak das Emirat Kuwait besetzte und drohte, auch nach Saudi-Arabien einzumarschieren. Damals verfaßte der Rat der hochrangigen Gelehrten nach einigem Zögern ein Rechtsgutachten *(fatwā*, Pl. *fatāwā)*, in dem er die Entscheidung der Herrscherfamilie, amerikanische Truppen ins Land zu rufen, legitimierte. Weite Teile der Bevölkerung lehnten dies ab, und der Widerspruch zwischen prowestlicher Sicherheitspolitik und religiös orientierter Innenpolitik führte zur Entstehung einer islamistischen Oppositionsbewegung.

Junge Gelehrte und Prediger versuchten während der Golfkrise, das ideologische Vakuum zu füllen, das der politische Pragmatismus der Gelehrten ihnen bot. Die religiöse Opposition formulierte ihre Forderungen im Memorandum des Guten Rates *(Mudhakkirat an-naṣīḥa)* vom Juli 1992, das die Unterzeichner an den Vorsitzenden des Rates der hochrangigen Gelehrten, den späteren Großmufti ʿAbd al-ʿAzīz ibn Bāz (1912–1999), adressierten. Die Opposition zielte auf eine umfassende Islamisierung des Staates ab, die durch Religionsgelehrte, deren Stellung ganz erheblich aufgewertet werden sollte, überwacht würde. Unter anderem forderten sie die Neuaufstellung einer saudischen Armee, die stark genug sei, das Land zu verteidigen, und die Aufkündigung jeglicher militärischer Zusammenarbeit mit nichtmuslimischen Mächten.[20] Das Memorandum wurde in den folgenden Jahren zum Grundsatzpapier der oppositionellen Islamisten. Die äußerst gespannte Lage im Land beruhigte sich erst, als die Regierung viele Oppositionelle im Jahr 1994 verhaften ließ, darunter die populären jüngeren Gelehrten Safar al-Ḥawālī und Salmān al-ʿAuda. Während ein Teil der Opposition nun aus ihrem Londoner Exil antisaudische Propaganda betrieb, besannen sich militante Gruppen rund um Usāma Bin Lādin auf terroristische Mittel zum Sturz der Herrscherfamilie. Doch die innenpolitische Situation beruhigte sich in den folgenden Jahren.

Die meisten der 1994 verhafteten Oppositionellen wurden 1999 freigelassen. Sie scheinen sich mit dem saudischen Staat arrangiert zu haben. Erst nach den Attentaten des 11. September 2001 meldete sich eine weitere Gruppe regimekritischer Gelehrter und Intellektueller zu Wort, die die pro-westliche Politik der Regierung im «Kampf gegen den Terror» kritisierten. Einige von ihnen unterstützten offen Usāma Bin Lādin und die Taliban. So gebiert die enge Bindung der wahhabitischen Gelehrten an den saudischen Staat immer wieder neue wahhabitische Oppositionsgruppen.

23. Kleinere Golfstaaten

(Christian Koch)

Der Islam ist in der gesellschaftlichen, politischen und wirtschaftlichen Struktur der kleineren Golfstaaten – hier sind Bahrain, Kuwait, Oman, Qatar und die Vereinigten Arabischen Emirate (VAE) gemeint – stark verankert und prägt durchgehend das tägliche Leben. Durch ihren Erdölreichtum haben diese Länder eine rasante Entwicklung vollzogen. Dort, wo jahrhundertelang nomadisierende Beduinenstämme (mit all ihren Konflikten untereinander) das Bild der Arabischen Halbinsel dominierten, sind heute Nationalstaaten, ausgestattet mit modernster Infrastruktur, zu finden. Dieser Wandel hat zwar die praktische Ausübung des Islams verändert, nicht aber seine Präsenz im täglichen Leben.

Im Verlaufe der Geschichte kann in den kleineren Golfstaaten eine zweigleisige Entwicklung in bezug auf die Rolle des Islams festgestellt werden. Aus dem Inneren der Arabischen Halbinsel konnte sich die sehr konservative wahhabitische Lehre verbreiten, unterstützt durch die bestehenden Stammesstrukturen. So ist auch noch heute der Einfluß des Wahhabismus in Qatar, Kuwait und einzelnen Emiraten (wie Raʾs al-Khaimah in den Vereinigten Arabischen Emiraten) zu beobachten. Zur gleichen Zeit aber waren diese Staaten durch ihre langgezogenen Küstenregionen mit der Außenwelt verbunden. Durch weitreichende Handelsbeziehungen und regelmäßige Wanderbewegungen konnte sich eine liberalere Variante des Islams verankern, die bis heute für den Pragmatismus innerhalb der Politik und Gesellschaft dieser Länder ausschlaggebend ist.[1]

Verbunden mit lokalen Stammestraditionen spiegeln sich islamische Grundsätze in der Struktur der einzelnen Staaten wider. Auch bildet der Islam weiterhin die ideologische Basis nicht nur für den Staat selbst, sondern auch für die jeweiligen sozialen Wohlfahrtskonzepte. Er hat somit direkte Auswirkungen z.B. auf die Erziehungs- und Gesundheitspolitik. Im Zeichen der Globalisierung, die in den kleineren Golfstaaten stärker wirksam ist als in anderen Teilen des Nahen Ostens, hat die Identifizierung mit dem Islam aber auch an Bedeutung gewonnen. So kann das Engagement der Golfstaaten zur Stärkung des Islams in Staat und Gesellschaft, z.B. durch die Rechtfertigung von Herrschaft oder die weitreichende finanzielle Unterstützung religiöser Bewegungen und Stiftungen, auch als eine Verteidigung des Islams gegenüber säkularen Tendenzen sowie gegen den Einfluß westlicher Kultur gewertet werden. Es sollte allerdings auf unterschiedliche Auslegungen hingewiesen werden, da sich der Islam in den Golfstaaten durchaus auch pragmatisch darstellt und nicht ausschließlich auf die religiöse Orthodoxie beschränkt, die jegliche Veränderung innerhalb der Gesellschaft ablehnt. Am Beispiel der Situation von Frauen ist eine solche Entwicklung besonders gut zu beobachten: Anders als in Saudi-Arabien ist in den Emiraten eine größere Teilnahme von Frauen am öffentlichen Leben festzustellen. So wird innerhalb dieser Staaten zunehmend akzeptiert, daß es auf Grund demographischer Entwicklungen sowie zunehmender Bildungsmöglichkeiten nur noch beschränkt möglich ist, das System männlicher Dominanz aufrechtzuerhalten. Weiterhin ausschlaggebend bleibt der Islam bei der Wahrung der Tradition und der Identifizierung mit dem eigenen Glauben. Dies zeigt sich insbesondere bei der ibaditischen Strömung, die in Oman vorzufinden ist.

Mit dieser Synthese von Tradition und Moderne haben es die kleineren Golfstaaten auf bemerkenswerte Weise geschafft, die regionalen Krisen der letzten Jahrzehnte zu meistern – hiermit sind gemeint die iranische Revolution von 1979, die die Legitimität der einzelnen Golfstaaten in Frage stellte, die irakische Invasion in Kuwait von 1990/1991 sowie der amerikanische Irakfeldzug von 2003. Zudem war es möglich – unterstützt vom Ölreichtum –, die Gesellschaften langsam und schrittweise zu verändern und wenigstens teilweise an die Erfordernisse der Globalisierung anzupassen. Im Vergleich zu Saudi-Arabien findet in diesen Staaten ein noch ausgeprägterer Transformationsprozeß statt, der sowohl soziale Veränderungen als auch Forderungen nach Ausweitung politischer Partizipationsrechte beinhaltet. Reformprozesse finden inzwischen in allen diesen Ländern statt und haben im Verlauf der letzten Jahre auch ihre eigene Dynamik entwickelt. Angesichts der Tatsache, daß es sich bei diesen Staaten aber um absolute Monarchien mit autokratischen Regierungen handelt, besteht eine wachsende Diskrepanz zwischen der geforderten politischen Liberalisierung von seiten der Gesellschaft der einzelnen Länder und der ausgeprägten Entschlossenheit der Herrscherhäuser, ihre Macht nicht aus den Händen zu geben. Der bestehende gesellschaftliche Vertrag, in dem die Ansprüche der Bevölkerung durch die Teilhabe an der allgemeinen wirtschaftlichen Prosperität zunächst befriedigt wurden und durch den die Monarchien sich einer politischen Öffnung entziehen konnten, erweist sich in dieser Hinsicht als zunehmend unzureichend.[2]

Die mangelnde Partizipation der Gesellschaft am politischen Entscheidungsprozeß hat auch in den kleineren Golfstaaten zu einer Stärkung des politischen Islams geführt, so daß diese Staaten weiterhin einer Legitimierung durch islamische Strömungen bedürfen. Das religiöse Establishment spielt in dieser Hinsicht eine gewichtige Rolle bei der Vergabe politischer Legitimität; diese Tatsache ist den jeweiligen Regierungen durchaus bewußt. Allerdings unterscheidet sich das Ausmaß der Macht der *ʿulamāʾ* in den kleineren Golfstaaten von Emirat zu Emirat. Hinzu kommt, daß der Islam in diesen Staaten nicht die gleiche zentrale ideologisch-politische Stütze darstellt wie etwa in Saudi-Arabien. Aufgrund der eigenen historischen Entwicklung dieser Länder, d.h. nicht zuletzt ihrer schon lange bestehenden handelspolitischen Öffnung nach außen, ist hier eine pragmatische Auslegung des Islams vorzufinden; dies spiegelt sich auch in der allgemeinen gesellschaftspolitischen Diskussion wider. Fragen zum Verhältnis von Staat und Gesellschaft, persönlichen Rechten sowie zur Beteiligung am staatlichen Entscheidungsprozeß stehen zwar ebenfalls im Mittelpunkt der derzeitigen Reformdebatte; sie sind aber nicht so eng mit den gegebenen Herrschaftsstrukturen verbunden wie im Falle von Saudi-Arabien, wo eine solche Diskussion auch die Stellung der königlichen Familie selbst in Frage stellen würde.

In bezug auf die politische Rolle des Islams sollte ausdrücklich darauf hingewiesen werden, daß innerhalb der einzelnen Staaten der Umgang mit den jeweiligen islamischen Strömungen durchaus auf unterschiedliche Weise stattfindet. Dies hat einmal damit zu tun, daß die politischen und sozio-ökonomischen Strukturen der fünf kleineren Golfstaaten nicht völlig identisch sind. Generalisierungen sind nur bedingt zulässig. In Kuwait und Bahrain z.B. sind die Regierungen bemüht, Islamisten in die staatlichen Institutionen einzubinden und sie damit auch für Regierungsentscheidungen mitverantwortlich zu machen. So stellen sie Minister oder sitzen im Parlament und sind gezwungen, ihre Forderungen innerhalb des bestehenden Systems zu artikulieren. Das Herrschaftssystem wird im allgemeinen nicht in Frage gestellt. Islamistische Gruppierungen in Kuwait z.B. haben die Geltung und Bedeutung der Verfassung bekräftigt und argumentieren lediglich zugunsten einer Erweiterung des konstitutionellen Verfahrens. In Oman and Qatar hingegen erlaubt sich die Regierung eine härtere Gangart und sieht sich nicht verpflichtet, dem stets möglichen Druck von islamischen bzw. islamistischen Gruppen nachzugeben. In diesen Staaten soll demonstriert werden, daß das Recht auf Mitsprache allein vom Herrscher gewährt wird und Reformzusagen nicht das Resultat gesellschaftlichen Drucks sind.[3] In den VAE sind aufgrund der föderalistischen Staatsstruktur unterschiedliche Vorgehensweisen innerhalb des Staatssystems zu beobachten.

Religiöse Minderheiten spielen durchaus eine wichtige Rolle. Dies gilt vor allem in Bahrain, wo die Schiiten mit – jedenfalls nach eigenen Angaben – 70% gegenüber den Sunniten eine deutliche Mehrheit darstellen, aber auch in Kuwait und Saudi-Arabien, wo sie angeblich bis zu 30% bzw. 20% der Gesamtbevölkerung ausmachen. In allen diesen Fällen sind die jeweiligen Regierungen gezwungen, die besondere Situation zu berücksichtigen und ihre Politik entsprechend zu gestalten.

Es sollte allerdings nicht der Eindruck entstehen, das Druckpotential islamischer Strömungen sei in den kleineren Golfstaaten im Vergleich zu Saudi-Arabien unbedeutend. Der Einfluß ist weiterhin beträchtlich. Der Islam ist die Grundlage des öffentlichen Diskurses und wird in der gesellschaftlichen Diskussion als Heilmittel gegen Unrecht, Korruption und Gewaltherrschaft der regierenden Oligarchen dargestellt. Die zum Teil offene Westbindung der Golfstaaten ist ein weiterer Faktor, der dem Gewalt- und Rekrutierungspotential diverser Gruppierungen einen Nährboden verleiht.

Der Islam bleibt somit auch für die kleineren Golfstaaten in Zukunft von Bedeutung. Die weitere Entwicklung wird weitgehend davon abhängen, inwiefern sich wirtschaftlicher Fortschritt, getragen von Ölreichtum und Globalisierung, mit der konservativen sozialen Ausrichtung dieser Staaten vereinbaren läßt.

24. Jemen

(Iris Glosemeyer)

Die Legende der Königin von Saba, von deren Besuch bei König Salomon das Alte Testament berichtet, hat Generationen von Forschern und Künstlern inspiriert. Noch heute zeugen zahlreiche Ruinen und archäologische Fundstätten von der Existenz großer Reiche wie die der Sabäer und der Himyariten, deren Geschichte weit in das 1. Jahrtausend v. Chr. zurückreicht. Vor allem Weihrauchhandel und ausgeklügelte Bewässerungssysteme bildeten die wirtschaftliche Grundlage dieser Zivilisationen.[1] In den letzten 2000 Jahren hinterließen auch viele der großen mittelöstlichen Mächte ihre Spuren im Jemen, darunter die Abbessinier und die Sassaniden im ersten christlichen Jahrtausend, und die Osmanen 1538 bis 1636 und 1872 bis 1918.

Der Jemen zeichnet sich wie kaum ein anderes arabisches Land durch verschiedenste Klimazonen und Landschaften aus. Im Westen, am Roten Meer, liegt die feuchtheiße Küstenregion der Tihama (Tihāma), die sich im Norden bis nach Saudi-Arabien, im Süden bis hinunter zum ehemaligen Kaffee-Exporthafen Mocha (al-Mukhāʾ) erstreckt. Weiter östlich, im jemenitischen Bergland, in dem auch die Hauptstadt Sanaa (Ṣanʿāʾ) liegt, bestimmt noch immer Terrassenfeldbau das Landschaftsbild. Bis zur omanischen Grenze prägen Ausläufer der arabischen Wüste Rub al-Khali (ar-Rubʿ al-Khālī, «das Leere Viertel»), durchzogen von Wadis, insbesondere dem Wadi Hadramaut (Ḥaḍramaut), das Land. Im Süden, am Arabischen Meer (Indischer Ozean), liegt Aden (ʿAdan), die ehemalige

Hauptstadt des Südjemens und heutige «Wirtschaftshauptstadt» des gesamten Landes.[2] Entsprechend ihrer geographisch-klimatischen Möglichkeiten haben einzelne Regionen spezifische Wirtschaftsformen (Terrassenfeldbau, Viehzucht, Oasenwirtschaft, Fischfang, Handel etc.) hervorgebracht und waren in unterschiedlicher Weise äußeren Einflüssen ausgesetzt. Dies hat sich auch in der Verbreitung und Verankerung verschiedener islamischer Glaubensrichtungen niedergeschlagen.

Jemeniten gehörten zu den ersten Gefolgsleuten des Propheten Muḥammad, und früh etablierten sich verschiedene islamische Richtungen im Jemen. Die langlebigste religiös-politische Kraft war jedoch das Imamat der Zaiditen, das der aus Medina stammende Prophetennachkomme *(saiyid,* Pl. *sāda)* al-Hadi ila al-Haqq Yahya bin al-Husain (al-Hādī ilā l-Ḥaqq Yaḥyā ibn al-Ḥusain) 897 erstmals errichtete.[3] Während der folgenden Jahrhunderte stellten etwa 60 zaiditische *saiyid*-Familien und die Familien der gelehrten *quḍāt* (Sing. *qāḍī,* wörtl. Richter) hohe Verwaltungsbeamte, militärische Kommandeure und Lehrer. Lokale Eliten wie Stammesführer *(mashā'ikh,* Sing. *shaikh)* waren von führenden Positionen ausgeschlossen, jedoch standen die Stämme in enger Verbindung mit den *sāda,* deren Siedlungen *(hijar,* Sing. *hijra)* – oftmals Stätten zaiditischer Gelehrsamkeit – innerhalb tribaler Gebiete lagen und von den jeweiligen Stämmen geschützt wurden.

Versuche, das Gewohnheitsrecht der Stämme *(ʿurf,* Pl. *'aʿrāf)* durch das zaiditische Recht zu ersetzen und die Stämme dauerhaft zu kontrollieren, hatten nur begrenzten Erfolg. Vor allem in den nördlichen Regionen des Berglandes und den östlich angrenzenden Gebieten spielen tribale Strukturen noch heute eine große Rolle für das gemeinschaftliche und politische Leben.[4] Ausgehend von der heutigen Provinz Saʿda (Ṣaʿda) im Norden des Landes dehnten die Imame ihren Herrschaftsbereich zeitweise auch auf von Schafiiten, Ismailiten und Juden bewohnte Regionen aus, ohne sich in deren religiöse Angelegenheiten einzumischen. Die Ernennung der Richter blieb allerdings dem Imam vorbehalten.[5]

Nachdem 1635 zaiditische Imame ihren Herrschaftsbereich erneut auf südjemenitische Gebiete hatten ausdehnen können, entzogen sich um 1730 das Sultanat Lahj (Laḥj), wozu damals auch Aden gehörte, und der Hadramaut (das quʿaitische und das kathirische Sultanat) der zaiditischen Oberhoheit. 1839 besetzte Großbritannien Aden, um es zu einer Versorgungsstation für die Schiffahrt nach Indien auszubauen. Einige Jahrzehnte später eroberte das Osmanische Reich zum zweiten Mal Teile des Nordjemen. Angefangen von der Küstenregion dehnten die Osmanen ihre Herrschaft in den Norden aus, bis sie 1872 auch Sanaa besetzten. Gegen die osmanische Herrschaft wandten sich Imame aus der Familie Hamid ad-Din (Ḥamīd ad-Dīn).

a) Nordjemen

Das Imamat im 20. Jahrhundert

Bereits 1911 hatte Imam Yaḥyā Ḥamīd ad-Dīn (reg. 1904–1948) im Vertrag von Daʿan (Daʿān) durchsetzen können, daß die zaiditische Gemeinschaft allein seiner

Jurisdiktion unterstellt wurde und damit nicht mehr dem osmanischen (hanafitischen) Recht unterstand.[6] Mit dem Ende des Osmanischen Reiches übernahm er 1918 ein Gebiet, das neben dem Territorium der späteren ARJ auch Gebiete umfaßte, die heute zu Saudi-Arabien gehören. Außerdem beanspruchte er den unter britischer Kolonialherrschaft stehenden Südjemen und proklamierte 1920 das Mutawakkilitische Königreich. Seine Versuche, das Territorium der kurzlebigen Dynastie der Idrisiden[7] dem eigenen Staat einzuverleiben, führten 1933 zu einem Krieg mit Saudi-Arabien. Imam Yaḥyā verlor 1934 nicht nur die Gebiete, die er zwischenzeitlich besetzt hatte, sondern auch jemenitisches Territorium. Diese militärische Niederlage und der im selben Jahr mit Großbritannien geschlossene Grenzvertrag schwächten seine innenpolitische Stellung.

Um sich und ihr Herrschaftsgebiet gegen den europäischen Kolonialismus und neue politische Strömungen wie den Reformislam und den arabischen Nationalismus zu schützen, versuchte die Dynastie der Ḥamīd ad-Dīn, sich durch eine nationalistische Herrschaftslegitimation, die Betonung der Einheit des Jemen oder den Aufbau einer modernen Armee den neuen Entwicklungen anzupassen. Damit verschaffte sie allerdings einer Opposition Auftrieb, die sich nicht mehr nur aus konkurrierenden *saiyid*-Familien rekrutierte.

Wie in anderen arabischen Gesellschaften – etwa Ägypten oder Syrien – bot erst in der ersten Hälfte des 20. Jahrhunderts das jemenitische Militär auch weniger privilegierten Gruppen eine Aufstiegschance. Bereits nach der Niederlage gegen Saudi-Arabien 1934 hatte Imam Yaḥyā junge Männer zur Ausbildung nach Bagdad geschickt, um eine moderne Armee aufzubauen. Allerdings gewannen sie dort nicht nur militärische Kenntnisse, sondern auch neue politische Ansichten, so daß der Imam das Programm bald wieder einstellte.[8]

Die Aktivitäten junger städtischer reformorientierter Intellektueller, später bekannt unter dem Namen «Freie Jemeniten», signalisierten ebenfalls seit den 1930er Jahren den Anbruch einer neuen Epoche. Sie versäumten jedoch, Rückhalt in der ländlichen Bevölkerung zu suchen, und auch mit Unterstützung der *Muslimbruderschaft* konnten sie ihre politischen Reformvorstellungen nicht durchsetzen, die sie Ende der 1940er Jahre in einem Verfassungsentwurf niederlegten. Diese «Heilige Nationale Charta» verlangte ein mit der *sharīʿa* konformes konstitutionelles Imamat und erkannte implizit die Souveränität Gottes an. Gleichzeitig sahen sich die Freien Jemeniten als Repräsentanten der verschiedenen Schichten des Volkes, für das sie ein Mitspracherecht forderten. Eine strategische Koalition mit Mitgliedern der *saiyid*-Familie al-Wazir (al-Wazīr), die einen Machtwechsel zu ihren Gunsten anstrebten, verwickelte die Freien Jemeniten in für sie unkontrollierbare Machtkämpfe, und im Jahr 1948 scheiterte ein überstürzter Putsch, bei dem Imam Yaḥyā getötet wurde. Sein Sohn, Imam Aḥmad, schlug den Aufstand nieder und setzte die Innenpolitik seines Vaters fort, während der Widerstand gegen das Imamat nun auch von wichtigen Shaikh-Familien getragen wurde.

Die Arabische Republik Jemen (ARJ)

Im September 1962 trat Muḥammad al-Badr die Nachfolge seines Vaters Aḥmad an, aber binnen einer Woche, am 26. September 1962, putschten Teile des Militärs. In Anlehnung an ihre ägyptischen Vorbilder bezeichnete sich die Gruppe als das «Komitee der Freien Offiziere». In der Annahme, Muḥammad al-Badr sei getötet worden, rief das Komitee die Arabische Republik Jemen (ARJ) aus. Der junge Imam war jedoch nach Saudi-Arabien entkommen, und so wurden die ersten acht Jahre der ARJ von einem Bürgerkrieg zwischen den Vertretern der Republik und denen des Imamats geprägt. Vermittlungsversuche tribaler Führer und angesehener Gelehrter scheiterten.

Die verschiedenen Verfassungen, die im Laufe der 1960er Jahre verabschiedet wurden, spiegeln die Konflikte der verschiedenen politischen Kräfte auch innerhalb des republikanischen Lagers – einschließlich der ägyptischen Regierung – wider. Erst nachdem Ägypten bzw. Saudi-Arabien 1967 ihre Unterstützung der beiden Bürgerkriegsparteien eingestellt hatten, gelang einem von Freien Jemeniten dominierten Republikanischen Rat unter Vorsitz von *qāḍī* Abd ar-Rahman al-Iryani (ʿAbd ar-Raḥmān al-Iryānī) 1970 die Aussöhnung. Ausgeschlossen waren nur Mitglieder der Familie Hamid ad-Din. Im selben Jahr konnte eine republikanische Verfassung verabschiedet werden, die im wesentlichen bis 1990 unverändert blieb. Darin wurde dem Parlament eine starke Rolle zugeschrieben und die *sharīʿa* zur Quelle aller Gesetzgebung erklärt. Innenpolitisch bewegte sich die ARJ damit auf einem entgegengesetzten Kurs zur inzwischen auf dem südjemenitischen Territorium entstandenen Demokratischen Volksrepublik Jemen (DVRJ). Bereits 1972 kam es zu einem ersten Krieg zwischen der ARJ und der DVRJ, den beide Seiten mit der Ankündigung beendeten, die beiden Staaten vereinigen zu wollen.

Mit Billigung tribaler Führer übernahm im Juni 1974 ein militärischer Kommandorat unter dem Offizier Ibrahim al-Hamdi (Ibrāhīm al-Ḥamdī) die Exekutive, setzte die Verfassung außer Kraft und löste das gewählte Parlament 1975 auf. Damit übte die Exekutive die volle Kontrolle über die Gesetzgebung aus, und die in al-Ḥamdīs Regierungszeit fallende Ausweitung von gesetzlichen Bestimmungen wurde zwar als Kodifizierung der *sharīʿa* bezeichnet, bedeutete aber in einigen Bereichen die Übernahme von Gesetzen – oft europäischen Ursprungs – aus anderen arabischen Staaten.[9] Al-Ḥamdī sorgte für die gleiche Repräsentanz von Zaiditen und Schafiiten in hohen Funktionen, reduzierte den Einfluß der Offiziere mit tribalem Hintergrund und duldete, daß sich mehrere linke Parteien mit Unterstützung der DVRJ in der *Nationalen Demokratischen Front* (NDF) organisierten. Diese Politik bedrohte die Interessen konservativer Kräfte innerhalb der ARJ. Ob diese aber an der Ermordung al-Ḥamdīs im Oktober 1977 beteiligt waren, bleibt Spekulation.

Mit dem Offizier Ahmad al-Ghashmi (Aḥmad al-Ghashmī) übernahm ein weiteres Mitglied des Kommandorates die Staatsführung. Er ernannte anstelle des Parlaments einen «Gründungsrat des Volkes», dem nun formell die Gesetzgebung oblag und dessen Präsidium nach der Ermordung al-Ghashmīs – noch im ersten

Jahr seiner Amtszeit – im Juni 1978 auch die Staatsführung übernahm. Der Rat wählte im Juli 1978 Ali Abdallah Salih (ʿAlī ʿAbdallāh Ṣāliḥ) zum Staatspräsidenten. Tribaler Herkunft und ebenso wie seine beiden Vorgänger ein zaiditischer Offizier aus der Provinz Sanaa, verdankte der heutige Staatspräsident der Republik Jemen seinen Aufstieg einer militärischen Karriere unter al-Hamdī. ʿAlī ʿAbdallāh Ṣāliḥ orientierte sich an al-Hamdīs für die 1970er Jahre typischen Vorstellungen einer arabischen Republik, allerdings ohne die tribalen Shaikhs zu konfrontieren. Er wurde zum einzigen Präsidenten der ARJ, der nicht aus einer Familie der traditionellen Eliten stammte und sich ohne externe militärische Unterstützung an der Macht halten konnte. Ministerämter wurden zunehmend an zivile Fachleute übergeben und die Gouverneure zunächst aus den Reihen der tribalen Shaikhs, später aus der Armee (häufig Offiziere mit tribalem Hintergrund) rekrutiert. Angehörige der Justiz stammten dagegen nach wie vor vor allem aus den *saiyid*- und *qāḍī*-Familien. Zwar hatten – nicht zuletzt seit der Gründung der Universität Sanaa 1970 – nun auch andere gesellschaftliche Gruppen Zugang zu diesen Ämtern, aber ihre Ausbildung im *fiqh* und ihr Interesse am Richteramt waren begrenzt. Die traditionellen Ausbildungsstätten in den *hijar* hatten dagegen seit den 1960er Jahren an Bedeutung verloren. Statt dessen entstanden sunnitisch-salafitische «wissenschaftliche Institute» *(madāris ʿilmīya)* parallel zum staatlichen Schulwesen.[10]

Die politische Funktion des Islams

In den 1970er Jahren etablierte sich – mit Unterstützung aus Saudi-Arabien – eine neue religiös-politische Richtung: Sowohl im Norden des Landes als auch in von der NDF kontrollierten Gebieten wurde der seit den 1940er Jahren nachweisbare Einfluß der *Muslimbruderschaft* durch eine zunehmend von der wahhabitischen Lehre beeinflußte salafitische Bewegung überlagert. Sie sollte einerseits ein Vordringen des Sozialismus verhindern und andererseits die für die junge Republik als bedrohlich empfundene Bedeutung der zaiditischen Lehre unterminieren.[11]

Erst 1982 wurde die NDF besiegt und viele ihrer Mitglieder in den *Allgemeinen Volkskongreß* (*al-muʾtamar ash-shaʿbī al-ʿāmm*, AVK) kooptiert. Diese politische Organisation ermöglichte Präsident Ṣāliḥ ab 1982 nicht nur die Kontrolle politischer Partizipation, sondern eröffnete auch neue Möglichkeiten der Kooptation und Mobilisierung. Zwar nach ägyptischem Vorbild modelliert, bedeutete allerdings das Verfahren zur Bestimmung der Mitglieder die Einbindung bereits existierender gesellschaftlicher Institutionen in das politische System.

In der 1983 vom AVK verabschiedeten Nationalcharta wird die Rolle der *ʿulamāʾ* im Kampf gegen das Imamat gewürdigt. Auch obliegt ihnen die Entscheidung darüber, was der *sharīʿa* entspricht und was nicht. Eine Herrschaft der Religionsgelehrten wird jedoch explizit als eine dem Islam fremde Herrschaftsform abgelehnt. Diese Haltung dürfte sich einerseits auf die Erfahrungen mit dem Imamat gründen, andererseits wurde das Modell der wenige Jahre zuvor entstandenen Islamischen Republik Iran abgelehnt. Inhaltlich kann die vom AVK verabschiedete Nationalcharta dennoch als eine Synthese aus Islam und jemenitischem

Nationalismus bezeichnet werden.[12] Entsprechend waren im AVK fast alle politischen Strömungen des Vorderen Orients – von der *Muslimbruderschaft* bis zu den Nasseristen – repräsentiert, ohne daß Parteien offiziell zugelassen waren.

b) Südjemen

Auch wenn die Entwicklungen in Nord- und Südjemen sich gegenseitig beeinflußten, bestimmten doch völlig andere strukturelle Bedingungen, vor allem Kolonialisierung, regionale Fragmentierung und Binnenmigration, die Geschicke des Südjemen.

Aden erlebte seit den 1950er Jahren einen wirtschaftlichen Aufschwung, der Folgen für die Sozialstruktur der Stadt hatte. Migration, vor allem aus Indien/Pakistan, Ostafrika, aber auch aus den Protektoraten und dem Nordjemen, brachte eine urbane Bevölkerung hervor. Mit dem Ausbau des Hafens, der bis zur Schließung des Suez-Kanals 1967 zu den bedeutendsten Häfen der Welt gehörte, und der Eröffnung einer Ölraffinerie 1954 nahm die Zahl der Arbeiter und Angestellten zu, die sich nun gewerkschaftlich organisierten.

Über das Adener Hinterland erlangten die britischen Kolonialherren eine begrenzte Kontrolle mit Hilfe von Subsidienzahlungen und Protektoratsverträgen, die nur insofern eine Einmischung in die internen Angelegenheiten der Kleinstaaten bedeuteten, als sie die herrschenden Familien stützten. So blieb die regionale Fragmentierung erhalten, und die politische, wirtschaftliche und soziale Entwicklung stagnierte.[13] Versuche der britischen Kolonialmacht, Aden und die Protektorate in einem Staatswesen zusammenzufassen, mündeten 1959 in eine Südarabische Föderation, der mehr als ein Dutzend lokale Herrscher beitraten, die jedoch eher Konkurrenten um britische Subsidien als Verbündete waren.

Die regionale Fragmentierung des Südjemen drückte sich auch im Rechtswesen aus: In den Protektoraten galt schafiitisches Recht oder Gewohnheitsrecht, in Aden wurde nach britischem Recht entschieden. Als die Briten im November 1967 das Land verließen, übergaben sie die Regierung nicht an die von ihnen geförderte südarabische Föderation, sondern an die sozialistisch inspirierte *National Liberation Front* (NLF), die sich in teilweise gewaltsamen Konfrontationen gegen konkurrierende Organisationen durchgesetzt hatte. Die NLF-Führung proklamierte die Volksrepublik Südjemen, die 1970 in Demokratische Volksrepublik Jemen (DVRJ) umbenannt wurde, um ihren Anspruch auf das gesamte jemenitische Territorium zu demonstrieren.

Finanzhilfen – vor allem aus dem Ostblock, aber auch aus den Golfstaaten – ermöglichten dem Staat seit Anfang der 1970er Jahre den Aufbau eines Militär- und Sicherheitsapparates sowie wohlfahrts- und bildungspolitische Leistungen, die weit über den eigenen wirtschaftlichen Ressourcen lagen. Gezielt zerstörte die NLF die bestehenden gesellschaftlichen Strukturen, drängte den Einfluß religiöser Eliten zurück und versuchte (mit begrenztem Erfolg), lokales Recht durch zum Teil aus dem sozialistischen Ostblock inspirierte Gesetze zu ersetzen.[14]

Während sich die NLF zur marxistischen Einheitspartei wandelte, waren die 1970er und 1980er Jahre durch interne Machtkämpfe gekennzeichnet. Am 13. Januar 1986 versuchte Präsident Ali Nasir Muhammad (ʿAlī Nāṣir Muḥammad), seine Konkurrenten gewaltsam auszuschalten und löste damit einen Bürgerkrieg aus. Die Kämpfe endeten innerhalb weniger Tage mit der Besetzung Adens durch die Aufständischen und der Flucht von etwa 20000 Militärs und Zivilisten – einschließlich des Präsidenten – in den Nordjemen.

Dem durch den Bürgerkrieg verursachten Legitimitätsverlust begegnete die neue Staatsführung der DVRJ noch im Herbst des Jahres mit Wahlen zum Obersten Volksrat. Ohne den Zusammenbruch der UdSSR hätte die DVRJ vielleicht auch diese Krise überstanden, das Ausbleiben der Unterstützung aus dem Ostblock zwang die politische Führung 1989 jedoch auf einen neuen Kurs. Das Ende des Kalten Krieges, die weltweite Demokratisierungswelle und Ölfunde im gemeinsamen Grenzgebiet schufen günstige Voraussetzungen für die Vereinigung der beiden Staaten und eine politische und wirtschaftliche Öffnung.

c) Republik Jemen

Die sharīʿa *als politisches Symbol*

Im November 1989 unterzeichneten der ARJ-Präsident ʿAlī ʿAbdallāh Ṣāliḥ und der JSP-Generalsekretär Ali Salim al-Baidh (ʿAlī Sālim al-Baiḍ) in Aden ein Abkommen, das erneut die Vereinigung von ARJ und DVRJ vorsah. Nun versuchten konservative Kräfte in der ARJ, offenkundig von Saudi-Arabien unterstützt, wie auch schon in den 1970er Jahren eine Vereinigung mit dem als «atheistisch» oder «kommunistisch» perzipierten Süden zu verhindern. Ihr Widerstand beschleunigte jedoch nur die Vereinigung, und am 22. Mai 1990 wurde die Republik Jemen (RJ) proklamiert, die sich durch ein für die Verhältnisse auf der Arabischen Halbinsel ungewöhnliches Ausmaß an politischer Freiheit auszeichnete. Die beiden früheren Einheitsparteien teilten die Macht paritätisch untereinander auf, obwohl die Bevölkerung der ARJ um ein Mehrfaches größer war als die der DVRJ. Die in den beiden Staaten vor der Vereinigung geltenden Gesetze behielten zunächst ihre Gültigkeit.

Vor dem Hintergrund der zu erwartenden Öleinnahmen schien die innenpolitische Liberalisierung den Anbruch eines neuen Zeitalters in einem wohlhabenden, vereinigten und demokratischen Jemen zu signalisieren. Das Angebot, sich in politischen Parteien zu organisieren, wurde von allen politischen Akteuren angenommen, und zwar auch von den Gegnern der Vereinigung: von linken und liberalen ebenso wie von konservativen Kräften, Anhängern der *Muslimbruderschaft* oder anderer salafitischer Richtungen. Selbst eine von zaiditischen *sāda* dominierte Partei entstand, die sich allerdings von der Wiedererrichtung des Imamats distanzierte.

Der Widerstand gegen den innenpolitischen Kurs der neuen Republik setzte sich dennoch fort, und er machte sich an der Bedeutung der *sharīʿa* für die Gesetzgebung fest. So opponierte die im Sommer 1990 unter Vorsitz von Shaikh

ʿAbdallah Husain al-Ahmar (ʿAbdallāh Ḥusain al-Aḥmar) gegründete konservativ-islamistische *Reformpartei (at-Tajammuʿ al-Yamanī li-l-Iṣlāḥ)* – vergeblich – gegen das im April 1991 abgehaltene Verfassungsreferendum. Anders als in der Verfassung der ARJ sollte nun die *sharīʿa* nicht mehr die einzige, sondern die Hauptquelle der Gesetzgebung sein. Der Boykottaufruf war – wie schon die Kontroversen um die Vereinigung – ein Machtkampf zwischen konservativen pro-saudischen und liberalen bzw. linken Kräften. Darüber hinaus waren seit Ende der 1980er Jahre mehrere Tausend Jemeniten zurückgekehrt, die in Afghanistan gegen die sowjetische Besatzung gekämpft hatten. Manche versuchten, ihre in Afghanistan erworbenen politischen Vorstellungen im Jemen zu verwirklichen. Andere dürften angesichts der inzwischen desolaten wirtschaftlichen Situation das Land Anfang der 1990er Jahre auch wieder verlassen haben, denn die Golfstaaten reagierten auf die als pro-irakisch verstandene Haltung der jemenitischen Regierung im Zweiten Golfkrieg 1990/91 mit der Ausweisung jemenitischer Arbeitsmigranten und der radikalen Kürzung der finanziellen Unterstützung für den jemenitischen Staat. Gastarbeiterüberweisungen blieben aus, die ohnehin hohe Arbeitslosenquote der neuen Republik stieg dramatisch an und die jemenitische Währung verfiel. Die Ölproduktion und der entstehende Tourismussektor konnten diese Entwicklung nicht kompensieren.[15]

Die Parlamentswahlen am 27. April 1993 veränderten die Machtverhältnisse gründlich – die JSP gewann nur etwa ein Fünftel der Sitze, während mit der *Reformpartei* eine etwa gleich starke neue politische Kraft in das Parlament einzog. Dieses Wahlergebnis legte erstmals offen, wie erfolgreich islamistische Ideologien beim Kampf gegen den Sozialismus vor allem in der Grenzregion zwischen den beiden Staaten gewesen waren. Um die Unterstellung ihres Staats- und Parteiapparats unter eine von Nordjemeniten dominierte Regierung zu verhindern, trat die JSP einer Koalition aus AVK und *Reformpartei* bei. Das nordjemenitische Bündnis aus Shaikhs, Militärs und Technokraten stieß nun direkt auf südjemenitische Parteikader, und das nächste Jahr war von heftigen – nicht nur verbalen – Konflikten gekennzeichnet. Nachdem der Machtkampf Anfang Mai 1994 zu einem Krieg eskaliert war, erklärte eine Gruppe von Südjemeniten – zumeist Mitglieder der JSP-Führung – am 21. Mai 1994 den Südjemen zur Demokratischen Republik Jemen (DRJ). Die internationale Anerkennung blieb der DRJ allerdings sogar von Saudi-Arabien versagt, das die Sezession angeblich unterstützt hatte. Eine Koalition aus nordjemenitischen Truppen, tribalen Milizen, einzelnen südjemenitischen Armeeverbänden und ehemaligen Afghanistankämpfern vertrieb Anfang Juli 1994 die neuen Staatsoberhäupter. Die JSP hatte jeglichen Anteil an der Macht verloren, und schon im Herbst 1994 änderte das Parlament die Verfassung – die *sharīʿa* wurde nun offiziell wieder zur Quelle aller Gesetzgebung. Im Herbst 1994 wurde das lange geplante Strafrecht eingeführt, das nun für den gesamten Jemen galt und unter anderem Körperstrafen für Alkoholkonsum, außereheliche Beziehungen und Diebstahl vorsah. Am Prozeßrecht wurde allerdings deutlich, daß für eine Verhängung dieser Strafen hohe Beweisanforderungen gelten.

Entführungen von Ausländern, der Krieg 1994 und Auseinandersetzungen zwischen der Regierung und einzelnen Stämmen ruinierten schließlich auch das Tourismusgeschäft. Mitte der 1990er Jahre begann die Regierung mit der Umsetzung eines Strukturanpassungsprogramms, das zwar inzwischen die makroökonomischen Daten verbessert, aber auch die Verarmung weiter Teile der Bevölkerung zur Folge hat. Dennoch brachten die von der JSP und einigen kleineren Parteien boykottierten Parlamentswahlen vom 27. April 1997 dem AVK eine Zweidrittel-Mehrheit und damit die Rolle einer parlamentarischen Opposition für die *Reformpartei*. Sie wurde entschädigt, indem ihr Vorsitzender, Shaikh ʿAbdallāh al-Aḥmar, mit Unterstützung des AVK erneut zum Parlamentspräsidenten gewählt wurde und damit die Kontrolle über die Legislative behielt. Die *Reformpartei* revanchierte sich im Herbst 1999 mit der Unterstützung für Präsident ʿAlī ʿAbdallāh Ṣāliḥ, als dieser sich zum ersten Mal direkt wählen ließ. Die erstmals 2001 durchgeführten Lokalwahlen änderten die Machtverhältnisse ebensowenig wie die Parlamentswahlen 2003, und von dem politischen Enthusiasmus Anfang der 1990er Jahre war kaum noch etwas übrig. Auch in der inzwischen erneut (2001) veränderten Verfassung ist die *sharīʿa* offiziell die Quelle aller Gesetzgebung.

Der Islam als moderne politische Ausdrucksform

Die Beziehungen zu Kuwait und Saudi-Arabien blieben bis Ende der 1990er Jahre gespannt. Angeblich hatte Saudi-Arabien 1994 die Sezessionisten unterstützt, was eine Annäherung weiter erschwerte. Die aus Saudi-Arabien unterstützte Verbreitung der salafitischen Lehre sorgte in einigen Regionen für Unruhe,[16] und immer wieder wurde vermutet, Saudi-Arabien sei für Anschläge in der Grenzregion mitverantwortlich. Nach langwierigen Verhandlungen und kleineren Gefechten wurde schließlich am 12. Juni 2000 ein Grenzvertrag abgeschlossen. Die Beziehungen zu Saudi-Arabien und auch zu Kuwait verbesserten sich merklich.[17]

Dennoch blieb die innenpolitische Entwicklung von äußeren Ereignissen geprägt. Die Anschläge vom 11. 9. 2001 in den USA sowie die Kriege gegen Afghanistan und den Irak zogen auch den Jemen in Mitleidenschaft. Auch wenn sich unter den Attentätern des 11. September keine Jemeniten befanden, waren doch etliche an den Vorbereitungen beteiligt gewesen, und auch im Jemen selbst hatte es Anschläge gegen westliche Ziele gegeben. Um nicht als Unterstützer des internationalen Terrorismus zu gelten, kooperierte die jemenitische Regierung im Sicherheitsbereich mit den USA. Dies brachte sie jedoch innenpolitisch in Bedrängnis – nicht nur durch salafitische oder nationalistische Kritiker. Im Sommer 2004 kam es im Südwesten der Provinz Saʿda erstmals seit dem Bürgerkrieg in den 1960er Jahren wieder zu gewaltsamen Auseinandersetzungen zwischen Sicherheitskräften und Anhängern eines zaiditischen Gelehrten, bei denen Hunderte Menschen getötet wurden. Der *saiyid* Husain Badr ad-Din al-Huthi (Ḥusain Badr ad-Dīn al-Ḥūthī) soll angeblich mit Billigung der Regierung versucht haben, im zaiditischen Kernland den seit den 1980er Jahren zunehmenden Einfluß der salafitisch-wahhabitischen Lehre zurückzudrängen, unter anderem durch die (Wieder-)

Einrichtung zaiditischer Lehranstalten. Letztlich scheint er aber bezüglich der Außenpolitik seiner Regierung zum gleichen Ergebnis gekommen zu sein wie die salafitischen Gelehrten, welche die islamische Welt durch eine amerikanisch-israelische Koalition bedroht sahen.[18] Anfang September 2004 schien die militärische Pattsituation mit al-Ḥūthīs Tod beendet. Ob sich seine Gefolgschaft wirklich aus Anhängern seiner Lehre oder aus Stammesangehörigen zusammensetzte, die sich durch den massiven Aufmarsch der Sicherheitskräfte bedroht sahen, oder – den lokalen Traditionen folgend – einen unter ihrem Schutz stehenden *saiyid* gegen die Sicherheitskräfte verteidigten, wird sich wohl niemals feststellen lassen. Wie dieses Beispiel jedoch zeigt, ist der Islam – in seinen vielfältigen Ausprägungen – bis heute im Jemen mindestens so sehr eine Form des politischen Ausdrucks wie eine Grundlage der Gesetzgebung.

d) Fazit

Trotz seiner eher peripheren Lage am Rande der arabischen Welt haben die dortigen wirtschaftlichen und politischen Entwicklungen auch den Jemen geprägt. Nicht alle diese Einflüsse haben ihre Spuren in der jemenitischen Gesetzgebung und Rechtsprechung hinterlassen. Die Ära der Osmanen im Nordjemen und die Jahrzehnte sozialistischer Herrschaft im Südjemen dürften in der heutigen Gesetzgebung kaum noch nachzuweisen sein. Auch wenn die *sharīʿa* laut Verfassung Quelle aller Gesetzgebung ist – in der Praxis konkurrieren nach wie vor staatlich gesetztes Recht aus unterschiedlichen Quellen, religiöses Recht und Gewohnheitsrecht. Das bisher kaum erforschte Gewohnheitsrecht der Stämme hat sich damit seit fast 1400 Jahren in vielen Gegenden gegen die verschiedenen Ausprägungen des islamischen und staatlichen Rechts behauptet, auch wenn sich die jeweiligen Herrscher nicht zuletzt durch ihre Kontrolle über die Gesetzgebung durchzusetzen versuchten.

Die unterschiedliche Geschichte verschiedener Landesteile und der gesellschaftliche und religiöse Pluralismus des Jemen schlägt sich nicht nur in der Pluralität des Rechts nieder, sondern wird auch im politischen System reflektiert. Zwar ist seit dem Machtverlust der JSP ein wichtiger Akteur – und Gegenspieler radikaler Islamisten – de facto von der politischen Bühne verschwunden, dennoch konkurrieren nach wie vor verschiedene politische Richtungen, von denen die meisten im Parteienspektrum des Landes vertreten sind. Nicht zuletzt die Autonomie der Stämme konnte bisher verhindern, daß sich der Jemen zu einem autoritären Staatswesen entwickelt – wie andere arabische Republiken, die den jemenitischen Präsidenten als Vorbild dienten.

V.
Der Islam in der Diaspora: Europa und Amerika

1. Westeuropa[1]

(Nico Landman)

a) Einleitung

Zu Beginn des 21. Jahrhunderts verändert sich die Stellung von muslimischen Gemeinschaften in Westeuropa sehr schnell. Sie bestehen zunehmend aus gebürtigen Europäern, die sich besser in Englisch, Französisch oder Deutsch als in Türkisch oder Arabisch ausdrücken können. Sie unterhalten jedoch auch als Gemeinschaften der Diaspora enge Bande mit ihren Glaubensgenossen außerhalb Europas. Die islamische Diaspora stellt sowohl die Muslime als auch Westeuropa vor neue Herausforderungen. Muslime stehen vor der Frage, wie ihre Religion gestaltet und an die nachwachsenden Generationen weitergegeben werden kann, die in einer stark säkularisierten Gesellschaft leben. Westeuropäische Länder stehen vor der Herausforderung, den Islam in ihre religiöse Infrastruktur zu integrieren. Weiter werden sie mit gesellschaftlichen Spannungen konfrontiert, weil ein Teil ihrer Bevölkerung auf die wachsende Sichtbarkeit des Islams feindselig reagiert. Es muß nicht weiter dargelegt werden, daß diese Spannungen durch die terroristischen Anschläge vom 11. September 2001 in New York und vom 11. März 2004 in Madrid zugenommen haben.

Hinsichtlich dieser Entwicklungen hat jedes westeuropäische Land seine eigene Geschichte. Es gibt bedeutende Unterschiede zwischen den westeuropäischen Ländern, was die ethnische Zusammensetzung und Migrationsgeschichte ihrer muslimischen Bevölkerung, den rechtlichen Status der Immigranten, die Integrationspolitik und die Stellung der Religion im öffentlichen Leben betrifft. Es ist darum riskant, generalisierende Äußerungen über *die* Muslime in Westeuropa zu machen. Aber auf der anderen Seite sind auch die Gemeinsamkeiten zwischen Muslimen in den verschiedenen Regionen Westeuropas groß. Es gibt zahlreiche Verbindungen und gegenseitige Einflüsse. Überall sind Muslime in den sozial und ökonomisch schwachen Gruppen überrepräsentiert. Das Verhältnis zu ihrer nichtislamischen Umgebung wird teilweise bestimmt durch internationale Ereignisse, die alle westeuropäischen Länder im gleichen Maße treffen. Auch die europäische Einigung trägt zum Informationsaustausch und dadurch zur Konvergenz der Stellung des Islams bei. Das «Kopftuchverbot» z. B., das Frankreich Anfang 2004 erließ, führte in anderen Ländern sofort zu Diskussionen über dasselbe Problem. Unter den Muslimen selbst wird über Formen von Zusammenarbeit gesprochen, die die nationalen Grenzen überschreiten.

Ohne die Unterschiede zwischen den einzelnen Ländern außer acht zu lassen, wird in diesem Kapitel eine Skizze der Stellung des Islams in ganz Westeuropa gegeben. In den nächsten Kapiteln wird auf einige dieser Länder näher eingegangen.

b) Demographisches: Die muslimische Bevölkerung in Westeuropa

In der ersten Hälfte des 20. Jahrhunderts beschränkte sich die Anwesenheit von Muslimen in Westeuropa zum größten Teil auf Studenten aus islamischen Ländern und auf Europäer, die sich, meistens nach Reisen in die islamische Welt, zum Islam bekehrt hatten und nicht selten zum Mittelpunkt einer islamischen Gemeinschaft oder Studiengruppe wurden.[2] Das änderte sich in den 1960er Jahren.

Die Entstehung unabhängiger Staaten in den ehemaligen Kolonien brachte tiefgreifende politische Veränderungen mit sich, die einige Bevölkerungsgruppen veranlaßten, sich in Westeuropa niederzulassen: Pakistaner und Inder in Großbritannien, Algerier und Tunesier in Frankreich, Surinamesen in den Niederlanden. Weiter sollte die Arbeitsimmigration eine zunehmend größere Rolle spielen. Vor allem durch Anwerbung in Nordafrika und in der Türkei nahm die Zahl von Arbeitern mit islamischem Hintergrund zu. In den achtziger Jahren des 20. Jahrhunderts ist der Asylantenstrom eine wichtige Ursache für die wachsende Anzahl von Muslimen in Westeuropa geworden. Dadurch nimmt auch die Zahl der Länder zu, aus denen die verschiedenen Gruppen der muslimischen Immigranten stammen.

Schätzungen über die Anzahl der Muslime in Westeuropa werden im allgemeinen aus statistischen Angaben über Einwohner mit ausländischer Nationalität oder ausländischem Geburtsort erschlossen. Diese Angaben sagen zwar etwas über den kulturellen und religiösen Hintergrund der betreffenden Personen aus, aber nichts über ihre persönliche Stellung zur Religion. Verläßliche Daten über etwaige Übertritte zum Islam gibt es fast gar nicht, und selbstverständlich auch keine über Muslime ohne Aufenthaltsgenehmigung, die sogenannten Illegalen. Mit diesem Vorbehalt wird im folgenden eine Schätzung der Zahl von Muslimen pro Land gegeben und die Herkunft genannt (siehe Tabelle).

Für ganz Westeuropa kann die Zahl der Muslime auf zwischen 11 und 12 Millionen geschätzt werden. Das sind ungefähr drei Prozent der Bevölkerung. Die wichtigsten Herkunftsländer sind die Maghrebstaaten (33,6%) und die Türkei (28,3%), aber auch die Migration vom indischen Subkontinent (12,0%) ist ein wichtiger Faktor, während die Migration aus dem Mittleren Osten statistisch eine weniger wichtige Rolle spielt.

Geographisch sind die Muslime ungleich über die westeuropäischen Staaten verteilt. Die stärkste Konzentration weisen Frankreich (6,8%) und die Niederlande (5,3%) auf. Weiter fällt auf, daß die übergroße Mehrzahl der Muslime in Westeuropa in den großen Städten wohnt, zudem noch in ganz bestimmten

Islam in Westeuropa
(Geschätzte Zahl der Muslime im Jahr 2000/2001 (in Tausend)

	Türkei	Balkan	Ind.Subkont. und Afghanistan	Arabischer Mittlerer Osten	Maghrebländer	Übriges Afrika	Iran	Übrige/Unbekannt	Muslime (geschätzt)	Bevölkerung (in Millionen)	Prozent der Bevölkerung
Frankreich	350		125	100	2900	350		175	4000	59	6,8%
Deutschland	2300	167	100	110	100		116	107	3000	82,1	3,7%
Großbritannien			1100	220		115		165	1600	59,8	2,7%
Niederlande	299		35	60	264	35	24	127	844	16	5,3%
Italien		120	35	30	230	50		135	600	57,8	1,0%
Belgien	154	2	2	2	221		1	18	400	10,3	3,9%
Spanien			15	5	270	20	2	38	350	39,5	0,9%
Schweiz	59	164			5			82	310	7,4	4,2%
Österreich	134	120		8	2		7	29	300	8,1	3,7%
Schweden	30	69	8	52	8	21	48	14	250	8,8	2,8%
Dänemark	38	26	10	27	6	15	5	23	150	5,3	2,8%
Norwegen	21	16	5	8	5	7	9	3	74	4,2	1,8%
Portugal						35		0	35	10	0,4%
Finnland						6		14	20	5,1	0,4%
Irland								7	7	3,8	0,2%
Luxemburg								5	5	0,4	1,3%
Total	3385	684	1435	622	4011	654	212	942	11945	377,6	3,2%
Prozent Muslime Westeuropas	28,3	5,7	12,0	5,2	33,6	5,5	1,8	7,9	100,0		

In dieser Tabelle sind Daten aus drei Quellen kombiniert:

1. Die Untersuchungen zu den einzelnen Ländern in *S. T. Hunter* (ed.): Islam, Europe's Second Religion, London, Westport/Connecticut, 2002.
2. Die Untersuchungen zu den einzelnen Ländern in: *B. Maréchal* (ed.): L'islam et les musulmans dans l'Europe élargie: radioscopie, Louvain-la-Neuve, 2002.
3. *F. Dassetto:* The Muslim Populations of Europe. In: *B. Maréchal, S. Allievi, F. Dassetto, J. S. Nielsen* (eds.): Muslims in the Enlarged Europe, Religion and Society, Leiden/Boston, 2003.

Vierteln dieser Städte. Die Folge dieser ungleichen geographischen Verteilung ist, daß die islamische Diaspora in einigen Städten oder Stadtvierteln ein bestimmender Faktor geworden, während sie in anderen Gebieten marginal oder nichtexistent geblieben ist.

c) Auf dem Weg zu einer islamischen Infrastruktur

Gründung von Moscheen

Im Zusammenhang mit der Einwanderung aus der islamischen Welt nahm in den siebziger und achtziger Jahren des 20. Jahrhunderts die Zahl islamischer Gebetshäuser stark zu – besonders nach Familienzusammenführungen, die für viele Immigranten die Bedeutung hatte, daß man sich auf einen längeren Aufenthalt in Westeuropa einstellte. Diese veränderten Zukunftsperspektiven und das Bewußtsein, daß die Kinder in Europa aufwachsen würden, weckten einen Bedarf an Institutionen, die die Kontinuität religiöser Traditionen garantieren konnten. Diesem Bedürfnis wurde auf unterschiedliche Weise entsprochen: durch inoffizielle Leiter lokaler Immigrantengruppen, durch nationale oder internationale islamische Organisationen und durch islamische Staaten.

Das dominante Muster der Moscheegründung in den 1970er und 1980er Jahren spiegelte die marginale gesellschaftliche Stellung der meisten muslimischen Immigranten wider. Der Erfolg von Gründungsinitiativen war einmal abhängig vom Organisationstalent der Initiatoren, weiter von den finanziellen Möglichkeiten der Gefolgschaft, die sie mobilisieren konnten, und schließlich von der Mitwirkung der Behörden. Im allgemeinen verlief der Prozeß der Geldbeschaffung und der Moscheegründung äußerst mühsam, und die Resultate waren bescheiden. Viele islamische Zentren hatten und haben immer noch einen sehr provisorischen Charakter. Sie liegen oft in den ärmeren Stadtvierteln, wo die meisten Immigranten wohnen, und sind in schlechtem baulichen Zustand. Manchmal kaufte oder mietete man ein leerstehendes Schulgebäude, eine alte Fabrikhalle, ein aufgegebenes Geschäft oder eine überflüssig gewordene Kirche. Kleinere Gemeinschaften benutzen nicht selten ein umgebautes Wohnhaus als Ort für religiöse Zusammenkünfte. Die Zahl dieser zumeist provisorischen Moscheen betrug im Jahr 2000 schätzungsweise zwischen 3500 und 4000.[3]

In den 1990er Jahren machten in vielen europäischen Städten diese provisorischen Gebetshäuser allmählich Platz für Neubauten, die meistens auch mit einem Minarett ausgestattet sind.[4] Manche kann man durch ihren Baustil sofort als türkische oder nordafrikanische Moschee erkennen, andere sind das Ergebnis neuer architektonischer Entwürfe. Der Grundriß der Süleymaniye in Tilburg (Niederlande) hat z. B. die Form eines Sterns und eines Halbmonds.

Die Gelder für diese Moscheegründungen werden in der Regel durch die örtliche Gefolgschaft der verantwortlichen Organisation aufgebracht. Weiter gehören Sammlungen bei den Besuchern bereits bestehender Moscheen oder bei nahestehenden Gemeinschaften in der Region, manchmal sogar in anderen Ländern, zu den Methoden der Geldbeschaffung. Schenkungen aus Ölländern und von kapitalkräftigen Organisationen oder Personen der islamischen Welt haben ebenfalls zum Bau einiger Moscheen in Westeuropa beigetragen. So haben die in Dschidda beheimatete *Islamische Weltliga* und die *Jāmiʿat ad-daʿwa al-islāmīya* aus Libyen in verschiedenen europäischen Ländern Moscheeprojekte unterstützt. In den 1980er Jahren wurden türkische Moscheegründungen durch den türkischen *Rat für Religiöse Angelegenheiten (Diyanet)* gefördert.

Organisationen, die mit Moscheen verbunden sind

Trotz der oft bescheidenen räumlichen Bedingungen entwickelten sich die meisten Moscheen zu Zentren religiöser und erzieherischer Aktivitäten und zu lokalen Kristallisationspunkten der Bildung von Organisationen. Ferner sind sie die Basis für nationale und internationale muslimische Organisationen.

Kernaktivitäten sind die rituellen Gebete und der Koranunterricht für die Kinder. In den meisten Moscheen richtet sich der Koranunterricht auf korrektes Lesen und Auswendiglernen von Koranabschnitten. Teilnehmer sind vor allem Jungen und Mädchen im frühen Schulalter. Das Ritualgebet in der Moschee wird überwiegend von erwachsenen Männern verrichtet. Damit wird das Muster der Herkunftsländer reproduziert, aber in westeuropäischen Moscheen wird die Anwesenheit von Frauen noch weiter durch unzureichende Raumverhältnisse beschränkt. Besondere Gebetsräume für Frauen sind zumeist nicht vorhanden. Das religiöse Leben der muslimischen Frauen spielt sich daher größtenteils innerhalb der Familie ab.[5]

Neben diesen Kernaktivitäten entwickeln sich immer mehr Moscheen zu multifunktionalen islamischen Zentren, in denen zahlreiche erzieherische und soziale Aktivitäten stattfinden, die wenig oder nichts mit dem Islam als Religion zu tun haben, obwohl sie durchaus zur Formung einer religiösen Gemeinschaft beitragen. Es gibt Moscheen, wo Sprachkurse abgehalten werden, das Abfassen von Bewerbungsschreiben gelehrt und Computerunterricht gegeben wird. Weil diesen Nebenaktivitäten, zumindest in einem Teil der Moscheen, eine ständig wachsende Bedeutung zukommt, unterscheidet eine Untersuchung aus Rotterdam zwischen «religiösen» und «gesellschaftlichen» Moscheen.[6] Diese Ausweitung der Interessen geht oft zusammen mit neuen Aktivitäten für und durch Frauen.[7]

Soziale, wirtschaftliche und kulturelle Aktivitäten

Neben der Errichtung von Moscheen und islamischen Zentren kann in den achtziger und neunziger Jahren des 20. Jahrhunderts eine große Anzahl von Initiativen auf dem Gebiet des islamischen Unterrichts, der Presse, der *ḥalāl*-Ernährung (von arab. *ḥalāl*, ‹erlaubt›), der Beerdigung und anderer Dienstleistungen, die mit den islamischen Vorschriften zusammenhängen, beobachtet werden. Ein Teil dieser Initiativen entstand in den Moscheeorganisationen, andere haben sich unabhängig davon entwickelt. Daß Einwanderer aus Pakistan, Algerien oder der Türkei in westeuropäischen Stadtvierteln mit einer großen Konzentration von Landsleuten eigene Geschäfte mit Waren aus dem Herkunftsland betreiben, hat an sich wenig mit dem Islam zu tun. Aber die islamischen Speisevorschriften, insbesondere das Gebot, daß Fleisch aus ritueller Schlachtung stammen muß, haben zu einem umfangreichen Netzwerk von islamischen Schlachtereien geführt, und zwar mit einem zuliefernden Großhandel und Schlachthäusern. Der westeuropäische Handel ist inzwischen um Reklamesprüche wie «100% ḥalāl!» bereichert worden. In verschiedenen westeuropäischen Ländern sind zudem Institutionen entstanden, die den *ḥalāl*-Charakter des Fleisches überprüfen und dafür ein Markenzeichen verleihen.[8]

Eine weitere islamische Vorschrift, die der Anlaß für eine besondere wirtschaftliche Infrastruktur bildet, ist das Zinsverbot. Obwohl es umstritten ist, ob das koranische Wort *ribā* etwas zu tun hat mit dem begrenzten Zins, der im modernen Bankverkehr üblich ist, haben viele Muslime, auch in Westeuropa, Probleme mit Hypothekarzinsen oder Zinserträgen aus Sparkonten. Islamisches *banking* ist daher auch in Westeuropa auf dem Vormarsch.[9]

Eine Dienstleistung, die zu Beginn des 21. Jahrhunderts noch in den Kinderschuhen steckt, sind besondere islamische Friedhöfe. Es ist für die meisten islamischen Einwanderergruppen noch die Norm, daß die sterblichen Überreste ihrer Toten in das Geburtsland überführt werden, um dort begraben zu werden. Mit der Zunahme der Zahl von Muslimen, die ihre Angehörigen in Westeuropa begraben möchten, scheint auch das Bedürfnis größer zu werden, das nicht auf öffentlichen Friedhöfen zu tun, sondern auf besonderen islamischen. Es gibt bereits die ersten muslimischen Beerdigungsunternehmer.

Die Entwicklung des islamischen Unterrichts verläuft in den einzelnen westeuropäischen Ländern unterschiedlich. Sie ist vor allem von den von Land zu Land variierenden gesetzlichen Möglichkeiten abhängig.[10] In einigen Ländern, wie z. B. in den Niederlanden, in Dänemark und England, ist es relativ einfach, besondere islamische Grundschulen zu gründen und durch den Staat völlig oder teilweise finanzieren zu lassen. In anderen Ländern gibt es die Möglichkeit, in öffentlichen Schulen Räume für die Abhaltung von islamischem Religionsunterricht zu bekommen (Deutschland, England, Österreich, Belgien). In wieder anderen Ländern entwickelt sich der islamische Unterricht völlig außerhalb des Staates. Die Zunahme islamischen Religionsunterrichts wird begleitet von unterstützenden Aktivitäten. So werden Lehrmaterialien in der Sprache des jeweiligen Landes entwickelt, die den didaktischen Konzepten des Landes entsprechen, und es werden Dozenten ausgebildet.

Schließlich spielen auch islamische Medien eine immer wichtigere Rolle. Neben dem Import von religiöser Literatur aus den Herkunftsländern, der für die 1970er und 1980er Jahre charakteristisch war, entstand in zahlreichen westeuropäischen Ländern in den vergangenen Jahrzehnten eine islamische Presse. Viele islamische Verlage begannen ihre Aktivitäten mit Schriften, die aus dem Arabischen oder Türkischen übersetzt worden waren. Immer mehr veröffentlichen sie jetzt aber Bücher, die von Muslimen geschrieben sind, die in Europa leben. Zeitungen wie *Q-news* und *Islam de France* haben die Funktion von Diskussionsforen für Muslime in England bzw. Frankreich.[11] Zahlreiche muslimische Organisationen in Westeuropa haben Zugang zum Äther oder zum Kabel und bedienen Radio- und

Fernsehsendungen. Ob die Entstehung dieser europäisch-islamischen Medien auch die Entstehung eines *europäischen Islams* mit sich bringen wird, ist eine Frage, die in einem folgenden Kapitel behandelt wird.

Heterogenität und Zusammengehörigkeit

Die beschriebenen Infrastrukturen sind nur möglich, weil Kräfte gebündelt werden und geistesverwandte muslimische Organisationen zusammenarbeiten. Diese Zusammenarbeit auf nationaler und internationaler Ebene hat unter verschiedenen muslimischen Gemeinschaften auf sehr unterschiedliche Weise Gestalt gewonnen. Besonders bei türkischen muslimischen Organisationen sind hierarchisch gegliederte Organisationsstrukturen geschaffen worden. In ihnen sind die lokalen Mitgliederorganisationen gleichförmig (uniform) strukturiert und nationalen Dachverbänden unterstellt. Sonst sind informelle islamische Netzwerke entstanden, die von der britischen Anthropologin Pnina Werbner «*chaordisch*» genannt werden.[12] Mit der Verbindung der Wörter «Chaos» und «Ordnung» will sie darauf hinweisen, daß geistesverwandte lokale Organisationen zwar autonom funktionieren, aber doch nach festen Modellen zusammenarbeiten.

Auf dem Niveau der Dachverbände gilt, daß die Herkunft ein wichtiges verbindendes Element darstellt, gleichzeitig jedoch Hindernisse für eine breitere Zusammenarbeit der ethnischen Gruppen schafft. Die innereuropäischen Grenzen sind hier von geringerer Bedeutung, weil die religiöse Organisationsbildung einer bestimmten ethnischen Gruppe in den verschiedenen westeuropäischen Ländern dieselben Entwicklungsmuster und dieselben Auseinandersetzungen religiöser und/oder politischer Art aufweist. So findet man z. B. alle wichtigen türkisch-islamischen Strömungen in Deutschland, in den Niederlanden, in Belgien, Frankreich, in der Schweiz, in Österreich und in Dänemark. Unter den Marokkanern in Frankreich, Belgien und den Niederlanden wird die Organisationsform u. a. dadurch bestimmt, daß der marokkanische Staat versucht, Kontrolle über die Moscheen auszuüben. Lehrmeister der Mystik, die aus Pakistan oder Indien stammen, reisen hin und her zwischen den Gemeinschaften ihrer Schüler in Großbritannien, in den Niederlanden und Dänemark. Diese Schüler stammen fast alle aus Süd- und Südostasien.[13]

Die Trennungslinien zwischen den verschiedenen muslimischen Netzwerken in Westeuropa werden immer wieder als der islamischen Einheit widersprechend kritisiert. Diese Anschauung wird besonders von westeuropäischen Konvertiten zum Islam vertreten, aber auch durch Muslime der «zweiten Generation», und zwar vor allem von solchen, die sich von islamistischen Bewegungen angezogen fühlen. Nicht erstaunen kann daher, daß Organisationen, die von Anhängern der *Muslimbruderschaft* oder der *Jamāʿat-i Islāmī* gegründet worden sind, Verbände zustandegebracht haben, die zusammenarbeiten und sowohl die europäischen Staatsgrenzen als auch die Grenzen der ethnischen Gruppen überschreiten.

Die große ethnische und politisch-religiöse Heterogenität der muslimischen Gemeinschaften hat in fast allen westeuropäischen Ländern Probleme verursacht, die im Zusammenhang mit der öffentlichen Repräsentation und Interessenvertretung dieser Gemeinschaften stehen. An selbsternannten Wortführern für *die* Muslime ist kein Mangel, desto mehr an repräsentativen Organen. Eine Hierarchie, die, wie in der römisch-katholischen Kirche, die Basis für eine Art von Repräsentativität bilden könnte, ist im sunnitischen Islam nicht vorhanden. Eine durch den Staat verordnete religiöse Infrastruktur ist für die westeuropäischen Islamgemeinschaften schwer vorstellbar. Die Entstehung von islamischen Räten, in denen muslimische Organisationen auf nationaler Ebene strukturell zusammenarbeiten, geht nur langsam voran.

Es werden jedoch in den meisten westeuropäischen Ländern Versuche unternommen, solche Räte ins Leben zu rufen – zum Teil als Reaktion auf staatliche Vorstellungen, zum anderen sogar mit aktivem Einsatz staatlicher Stellen. Die staatlichen Organe haben zwar repräsentative Gesprächspartner aus einer religiösen Gemeinschaft nötig, können aber nichts mit einem Gemengsel von «chaordisch» strukturierten, heterogenen Gruppen und Grüppchen anfangen, die sehr verschiedene Meinungen vertreten. In Österreich fungiert die *Islamische Religiöse Gemeinschaft* seit 1979 erfolgreich als ein repräsentativer Dachverband von diversen muslimischen Organisationen.[14] In Spanien hat die *Comición Islamica de España,* eine Vereinigung von zwei muslimischen Verbänden, eine ähnliche Stellung, obwohl es die Frage gibt, inwieweit die Verschiedenheit der Muslime in dieser Kommission reflektiert wird.[15] Belgien hat seit 1999 ein islamisches Organ, in dem verschiedene ethnische muslimische Gemeinschaften vertreten sind, nämlich das *Exécutif des Musulmans de Belgique.* Obwohl dieses Organ durch den Staat anerkannt wird, scheint es doch eher als eine Institution für einige besondere Aufgaben zu fungieren – z.B. für die Organisation des islamischen Religionsunterrichts in den Schulen –, als daß es als ein Dachverband verschiedener muslimischer Gruppen angesehen wird.[16] In den meisten westeuropäischen Ländern wird das Bild jedoch durch mehrere, manchmal rivalisierende islamische Räte bestimmt, deren Repräsentativität zweifelhaft ist.

Die Bedeutung von Dachorganisationen und der Einheit der verschiedenen islamischen Strömungen wird sowohl in gesellschaftlichen Debatten als auch in der Fachliteratur immer wieder betont. Der britische Forscher Dilwar Hussain relativiert jedoch diese Bedeutung und weist darauf hin, daß britische Muslime mit informellen Lobby-Aktivitäten ihre Interessen sehr viel erfolgreicher durchzusetzen wissen als die offiziell durch den Staat anerkannte islamische Organisation in Belgien.[17] Hussein spricht sich dafür aus, die Forderung nach Einheit nicht zu verabsolutieren, sondern sie konkreten Zielen unterzuordnen, die oft – und in hervorragender Weise – durch eine Zusammenarbeit *ad hoc* erreicht werden können. Angesichts der großen Heterogenität der Muslime in Westeuropa sowohl auf ethnischem als auch religiösem Gebiet ist es tatsächlich die Frage, wie realistisch die Erwartung ist, daß ein einziges Organ im Namen aller legitim auftreten könnte.

d) Integration und Anpassung: die Reaktion der Mehrheitsgesellschaft

Durch die Bildung islamischer Organisationen auf einer Anzahl von Gebieten ist der Islam in den vergangenen Jahrzehnten in der Öffentlichkeit sichtbarer geworden. Diese vergrößerte Sichtbarkeit bedeutet für Westeuropa eine gesellschaftliche und kulturelle Veränderung, die Spannungen und politische Gegensätze hervorgerufen hat. Es stellt sich die Frage, wie westeuropäische Länder die islamischen Neuankömmlinge in das Ganze der Gesellschaft integrieren und inwieweit sie den besonderen Wünschen der Muslime entgegenkommen können und wollen. Bei der Beantwortung dieser Frage muß sowohl die Stellung von Religion im öffentlichen Leben dieser Länder näher betrachtet werden als auch die staatliche Politik hinsichtlich der individuellen und kollektiven Integration von Immigranten.

Staat und Religion

Während Religionsfreiheit in allen westeuropäischen Staaten als ein Grundrecht gilt, unterscheiden sich diese Staaten durchaus darin, wie und wie weit religiöse Organisationen mit öffentlichen Mitteln unterstützt werden können.[18] Wo einige Länder das Gehalt religiöser Amtsträger bezahlen, betrachten andere Länder jegliche religiöse Aktivität als alleinige Verantwortlichkeit der religiösen Organisationen selbst. Folgt man Messner,[19] so ist es sinnvoll, die historisch gewachsenen Unterschiede zwischen den westeuropäischen Staaten in drei Typen zu klassifizieren. Zum einen gibt es Länder, die einer einzigen Kirche besondere Privilegien geben: Großbritannien, Dänemark, Finnland und Portugal. Das muß für eine Anerkennung und mögliche Unterstützung islamischer Organisationen nicht ungünstig sein. So hat die Church of England ihre besondere Stellung in der britischen Gesellschaft immer wieder dazu benutzt, um auch die Interessen der muslimischen Gemeinschaften gegenüber dem Staat zu verteidigen.

Zweitens gibt es eine Gruppe von Ländern, die eine formelle Prozedur für die Anerkennung religiöser Gemeinschaften haben: Deutschland, Österreich, Schweiz, Italien, Spanien, Belgien. Diese Anerkennung gewährt Privilegien, die die nicht anerkannten Religionen nicht besitzen, darunter Religionsunterricht an den öffentlichen Schulen. Für die Entwicklung islamischer Infrastrukturen hatten diese Prozeduren große Folgen. Solange die islamischen Organisationen die juristischen Bedingungen nicht erfüllen, die für eine Anerkennung gestellt werden, wie in Deutschland und Italien, entgehen ihnen nicht nur bestimmte Formen materieller Unterstützung. Auch immateriell hält und verstärkt sich sogar ein Denken aus einer untergeordneten Position heraus. Dagegen bestimmt die Anerkennung des Islams in Österreich, Spanien und Belgien die islamische Infrastruktur in hohem Maße. Ein vom Staat anerkanntes islamisches Organ hat in diesen Ländern innerhalb der heterogenen Gemeinschaft von Muslimen eine dominante Stellung erobert. Dieses Modell führt also zu einer Formalisierung der religiösen Organisation und fördert in gewisser Weise eine hierarchische Struktur.

Eine dritte Gruppe westeuropäischer Länder – Frankreich, die Niederlande, Irland und Schweden – kennt keine besondere Anerkennungsprozedur, sondern geht aus von der Gleichbehandlung aller religiösen Gemeinschaften. Insoweit der Staat religiöse Einrichtungen unterstützt – in den Niederlanden ist mehr als die Hälfte des vom Staat finanzierten Erziehungswesens in den Händen von religiösen Organisationen –, muß diese Unterstützung auf allgemeinen, für jede Weltanschauung geltenden Regeln beruhen. Islamische Organisationen machen selbstverständlich von den gebotenen Möglichkeiten Gebrauch. So bilden z.B. in den Niederlanden islamische Grundschulen einen festen Teil des Unterrichtsangebots in den größeren Städten. Da aber eine formelle Anerkennung von Religion in diesen Ländern fehlt, geht von diesem Modell kein Stimulans aus, zu einem repräsentativen Organ der Muslime zu kommen.

Akzeptanz und Ablehnung der islamischen Präsenz

Anpassung der islamischen Organisationen und Erfüllung ihrer Forderungen wird in Westeuropa allerdings nicht nur durch die Stellung von Religion im öffentlichen Leben bestimmt. Es ist vielmehr auch die Tatsache wichtig, daß der Islam als Religion von Immigranten ein relativer Neuankömmling in der sozialen und religiösen Arena ist.

Die gesellschaftliche Akzeptanz bzw. Abweisung der islamischen Präsenz in Westeuropa folgt daher bis zu einem gewissen Grad Mustern von Akzeptanz und Abweisung von Immigranten. Vielerorts sieht man zunächst eine problemlose Toleranz gegenüber einer beschränkten Anzahl von Ausländern, dann jedoch zunehmende Spannungen, wenn diese Neuankömmlinge anfangen, ihren Platz in der Gesellschaft einzufordern; später sieht man wieder Gewöhnungsprozesse an eine veränderte Bevölkerungszusammensetzung und religiöse Verhältnisse. In einigen britischen Städten, die bereits länger als eine Generation eine bedeutende muslimische Bevölkerung haben, besitzt ihre Präsenz und Sichtbarkeit als religiöse Gemeinschaft inzwischen eine Selbstverständlichkeit, die in Gebieten mit kleinerer oder später gekommener muslimischer Bevölkerung kaum vorstellbar ist. Die örtlichen Unterrichtseinrichtungen haben schon lange gelernt, die besonderen Essenswünsche muslimischer Schüler zu berücksichtigen, und Muslime nehmen individuell und kollektiv als anerkannte Interessengruppe an der Gemeindepolitik teil.[20]

Aber die Akzeptierung dieser Situation durch die nichtmuslimische Umgebung ist unsicher. Auch wo die permanente Anwesenheit von Immigranten aus islamischen Ländern eine kaum umstrittene Tatsache ist, wird ihr kultureller Hintergrund und besonders ihre Religion noch immer (und, vielleicht müssen wir sogar sagen, in zunehmendem Maße) als ein fremdes Element angesehen, das ein Hindernis für ihr Funktionieren als Bürger eines westeuropäischen Staates sein kann.

Diese weitverbreitete Meinung hängt zusammen mit dem überwiegend negativen Bild des Islams in der westeuropäischen Öffentlichkeit, die diese Religion vor allem mit Fanatismus und Intoleranz gegenüber Andersdenkenden assoziiert. Dieses Bild hat sehr alte Wurzeln,[21] wurde aber durch rezente internationale politische Entwicklungen gestärkt: durch die Auflösung der Sowjetunion, dann durch den zunehmenden Einfluß revolutionärer islamischer Bewegungen (Iran, arabische Welt) und neuerdings durch den internationalen islamistischen Terrorismus.

Rechtsextremistische Gruppen und Parteien in Westeuropa, so der *Front National* in Frankreich und der *Vlaams Blok* in Belgien, haben sich in ihrer Agitation immer wieder auf die Existenz von radikal-islamistischen und antiwestlichen Tendenzen berufen, obwohl die übergroße Mehrheit der in Westeuropa lebenden Muslime keine Affinität mit diesen Tendenzen hat. Das Bild der islamischen Minderheit als einer fünften Kolonne und Bedrohung des Westens ist in den vergangenen fünfzehn Jahren immer «salonfähiger» geworden. Der antiislamische Diskurs nahm an Schärfe zu – aber durch Ereignisse, die sich nicht in der islamischen Welt ereigneten, sondern im Westen. Der Streit über das Buch *Die satanischen Verse* von Salman Rushdie, das im Herbst 1988 erschien, ist dafür ein frühes Beispiel. Radikal antiwestliche Prediger in vielen europäischen Ländern scheinen immer wieder das Bild von der «fünften Kolonne» zu bestätigen. Und selbstverständlich haben die Anschläge vom 11. September 2001 auch in Westeuropa einen geradezu verheerenden Eindruck auf die öffentliche Meinung ausgeübt. Der antiislamische Diskurs ist nicht mehr die Angelegenheit rechtsextremer Obskuranten, sondern hat sich durch populistische Politiker einen Platz im *mainstream* des politischen Lebens erworben.

In diesem Klima fühlen sich Gruppen junger Muslime, die sowieso schon zu den sozial und wirtschaftlich chancenlosen Gruppen gehören, so sehr ausgeschlossen, daß sie anfangen, die Gesellschaft, in der sie leben, zu hassen. Sie werden ein leichtes Ziel von Werbern für den internationalen islamistischen Kampf.[22] Es besteht die große Gefahr, daß die antiislamische Agitation, die vor islamischem Radikalismus in Westeuropa warnt, zu einer *self-fulfilling prophecy* wird.

e) Vom Fremdkörper zu einer europäischen Religion?

Trotz der jüngsten Polarisierung der gesellschaftlichen Debatte über den Islam wird es immer problematischer, die muslimischen Gemeinschaften in Westeuropa als eine Gemeinschaft von Fremden zu sehen. Immer mehr besteht die muslimische Bevölkerung in Westeuropa aus Personen, die nicht Immigranten sind, sondern gebürtige Franzosen, Briten oder Niederländer. Die religiösen und politischen Entscheidungen, die sie treffen, werden durch ihre hiesigen Erfahrungen bestimmt. Selbst die Verachtung, die einige jüngere Muslime gegenüber der westeuropäischen Gesellschaft empfinden, kann nicht einfach als ein Import fremder Kultur abgetan werden, sondern ist eine der Schattenseiten der modernen westlichen Metropolen.[23]

In zahlreichen Untersuchungen über die religiöse und ethnische Identität der Immigranten der zweiten Generation wird auf die kulturellen und religiösen Veränderungen hingewiesen, die sich unter den in Westeuropa aufwachsenden Generationen von Immigranten aus der islamischen Welt zeigen. Die Situation der Diaspora weist entscheidende Abweichungen gegenüber der Situation des Herkunftslandes auf, denn hier, in Westeuropa, ist der Islam nicht ein mehr oder minder selbstverständlicher Teil der herrschenden Kultur, sondern unterscheidet den Muslim gerade von der dominanten, stark säkularisierten Kultur.[24] Die Religiosität wird Teil einer Subkultur. Die Diaspora-Situation zwingt den Gläubigen, die Beziehung zwischen seiner Religion und der dominierenden Kultur neu zu bestimmen. Besonders unter der zweiten und den weiteren Generationen sieht man neue Formen von Religiosität entstehen, die weniger durch einen Konformismus mit Normen und Werten von Familie und ethnischer Gruppe bestimmt sind, sondern vielmehr durch bewußte Entscheidungen auf dem Gebiet der Glaubensausübung. Es zeigt sich eine Individualisierung des Islamerlebens.[25]

Eine Seite dieser Veränderung betrifft die Beziehung zwischen ethnischen und religiösen Loyalitäten. Für die erste Generation waren diese miteinander verflochten. Die religiösen Organisationen, die sie gegründet hatten, spiegelten nicht selten die religiös-politischen Gegensätze in ihren Herkunftsländern wider. Ihre religiöse Praxis war z.B. stark gefärbt durch türkische, südasiatische oder arabische Varianten des Islams. Die religiösen Führer, die importiert wurden, bekräftigten oft diese regionalen Varianten der Glaubenspraxis. Obwohl Bande mit der Heimat, vornehmlich Familienbande, noch generationenlang erhalten bleiben können, suchen viele junge Muslime in Westeuropa nach einer Erfahrung des Islams, die über die ethnischen Bindungen ihrer Eltern hinausgeht.[26]

Ein anderer Aspekt ist die Rolle der islamischen Vorschriften im täglichen Leben. Eine kleine, aber wachsende Minderheit unter den jungen Muslimen in Westeuropa nimmt die islamischen Vorschriften sehr viel ernster als ihre Eltern es jemals getan haben. Sie studieren bewußt die Quellen des Islams, um feststellen zu können, was der «wahre Islam» ist. Die Anziehungskraft «islamistischer» Bewegungen auf diese jungen Muslime ist nicht zu verkennen. Ihre religiösen Führer weigern sich, den Islam auf eine persönliche Glaubenspraxis zu reduzieren, sondern betonen, daß der Islam auch ein gesellschaftliches System darstellt und politische Implikationen hat.[27] Über die Art dieser sozialen und politischen Implikationen im westeuropäischen Kontext wird lebhaft diskutiert. Diese Diskussion dreht sich vor allem um die Art und den Inhalt eines *fiqh al-aqallīyāt,* eines Rechts für islamische Minderheiten.[28] Zum Teil wenden sich junge Muslime, die religiöse Anleitung suchen, an maßgebliche islamische Rechtsgelehrte aus dem Mittleren Osten, die in Sendungen im Satellitenfernsehen oder über «online-fatwa-websites» mit vielen Fragen aus Westeuropa geradezu überschüttet werden. Daneben treten auch immer mehr in Europa lebende junge muslimische Führer auf, unter ihnen der Schweizer Philosophieprofessor Tariq Ramadan, der in seinen Schriften dem Unterschied zwischen den universellen und den zeitlichen und lokalen Aspekten der islamischen Quellen nachspürt.[29]

Die bewußte Suche nach dem «wahren Islam», um diesen dann so weit wie möglich zu praktizieren, ist jedoch nur bei einer begrenzten Anzahl junger Muslime in Westeuropa anzutreffen. Sehr viel öfter sieht man, daß sie sich wohl mit dem Islam und der islamischen Gemeinschaft identifizieren, im täglichen Leben jedoch nicht oder kaum in Übereinstimmung mit den islamischen Vorschriften leben. Diese symbolische Identifizierung kann manchmal als eine Trotzreaktion auf die Erfahrung von Diskriminierung verstanden werden.[30]

Die angesprochenen Tendenzen von Individualisierung, Klärung und Standortbestimmung gegenüber der nichtislamischen Umgebung bilden den Hintergrund der Diskussion über das Entstehen eines europäischen Islams oder «Euro-Islams». Dieser Begriff beinhaltet in hohem Maße eine Art Wunschdenken. «Euro-Islam» steht oft für eine moderne und liberale Variante des Islams, die sich den Basisnormen der westeuropäischen Gesellschaft anpaßt. Andererseits kann der Begriff auch analytisch gebraucht werden, d. h. als Ausdruck für Formen des Islams, die durch die Interaktion mit der westeuropäischen Gesellschaft bestimmt werden. Wegen der Verwickeltheit dieser Interaktion ist der europäische Islam alles andere als uniform, sondern besitzt sehr unterschiedliche Erscheinungsformen.[31] Wichtig sind dabei sowohl die Diaspora-Situation und der Einfluß der jeweils umgebenden Kultur als auch die zwar latente, aber seit dem 11. September 2001 verstärkt in Erscheinung tretende Feindseligkeit gegenüber dem Islam. Die Diaspora-Situation führt zu viel bewußteren religiösen Entscheidungen, aber auch zu einem selektiven Umgehen mit Elementen der religiösen Lehren und Vorschriften und zur Beeinflussung durch die nichtislamische Umgebung. Der Prediger muß versuchen, die Gläubigen, die täglich mit unterschiedlichen Auffassungen von Moral konfrontiert werden, wirklich zu überzeugen. Wie gestiegene Angst vor islamischem Terrorismus und Feindseligkeit gegen den Islam in Westeuropa sich auf längere Sicht auf die Identität der hier wohnenden Muslime auswirken werden, muß abgewartet werden.

2. Frankreich, Großbritannien, Niederlande, Deutschland

(Nico Landman)

Im vorigen Kapitel wurde eine Skizze der Entstehung muslimischer Gemeinschaften im Zusammenhang mit den Migrationsbewegungen des 20. Jahrhunderts in den verschiedenen europäischen Ländern gegeben. Im folgenden werden wir näher auf die individuelle Situation in europäischen Ländern mit größeren muslimischen Minderheiten eingehen: Frankreich, Großbritannien, die Niederlande und Deutschland.

In vielen Untersuchungen über den Islam in Europa werden Frankreich und England als Gegenpole hinsichtlich der Reaktion auf die muslimische Präsenz geschildert.[1] Diese unterschiedlichen Reaktionen sind vor allem auf das Verhältnis von Staat und religiösen Organisationen im öffentlichen Leben zurückzuführen. Während in Frankreich der Staat die führende Rolle innehat und danach trachtet, die Rolle der Religion im öffentlichen Leben so stark wie möglich einzuschränken, wird in Großbritannien den religiösen Organisationen ein viel größerer Platz im öffentlichen Leben eingeräumt. Die Niederlande und Deutschland nehmen in dieser Hinsicht eine Mittelposition ein.

Wir werden, Land für Land, zuerst eine typische Entwicklung in rezenten Debatten über den Islam skizzieren, dann die Unterschiedlichkeit der muslimischen Gemeinschaft des jeweiligen Landes zeigen, und schließlich werden wir die Institutionalisierung und Vertretung des Islams in den verschiedenen Teilen der Gesellschaft beschreiben.

a) Frankreich

Die laïcité erneut bekräftigt.

2004 war für die französischen Muslime ein bewegtes Jahr. Es begann mit Empfehlungen der *Stasi-Kommission* – so genannt nach ihrem Vorsitzenden Bernard Stasi – «über die Anwendung der Prinzipien des Säkularismus in der Republik». Unter den Maßnahmen, die die Kommission vorschlug, erregte vor allem der Vorschlag internationale Aufmerksamkeit, auffällige religiöse Symbole (lies: islamische Kopftücher) in staatlichen Schulen zu verbieten, besonders, als Präsident Chirac sich hinter diesen Vorschlag stellte. Groß war die Empörung über diese Beschränkung der Ausdrucksmöglichkeiten muslimischer Mädchen unter den eher konservativen Schichten der muslimischen Bevölkerung Frankreichs und außerhalb Frankreichs. Die darüber manchmal heftig geführten Debatten bekamen jedoch eine tragische Wende, als im Irak zwei französische Journalisten durch eine islamistische Gruppe entführt wurden, die die Aufhebung des Kopftuchverbotes verlangte.[2] Während das Kopftuchverbot eine polarisierende Wirkung auf das Verhältnis von Muslimen und Nichtmuslimen zu haben schien, führte das Geiseldrama zu fieberhafter und einträchtiger Aktivität von muslimischen Autoritäten und Organisationen des Landes, um zusammen mit den Regierungsstellen zu versuchen, eine Freilassung der Geiseln zu erreichen. Dies veranlaßte den französischen Arabisten Gilles Kepel zu dem Satz, die Muslime hätten sich als «gute Republikaner» erwiesen.[3]

Das Geiseldrama machte wieder einmal deutlich, daß wir in einem «globalen Dorf» leben: Der Zusammenhang dieser Aktion mit der Diskussion in Frankreich ist evident. Aber das französische Kopftuchverbot, wie von der Kommission Stasi vorgeschlagen, hat vor allem einen internen Hintergrund. Das Verbot ist völlig aus dem zentralen Ort heraus zu verstehen, den der Begriff *laïcité* in der französischen Staatsideologie einnimmt. So beginnt der Bericht der Kommission Stasi mit einer ausführlichen Auseinandersetzung über *laïcité*.[4] Nach Stasi impliziert der Begriff, der im Gesetz über die Trennung von Kirche und Staat vom 9. Dezember 1905 juristisch ausgeführt ist, einerseits vollständige Gewissensfreiheit für jedes Individuum und andererseits die Neutralität des Staates. Letztere bedeutet, daß der Staat die gleiche Behandlung aller Bewohner garantiert, ohne Ansehung der Religion. Weiter bedeutet dies, daß der Staat keine Religion anerkennt oder subsidiiert. Die Maßregel, auffällige religiöse Äußerungen (d.h. Kopftücher) in öffentlichen Schulen zu verbieten, ist zurückzuführen auf die Auffassung, daß die *laïcité* durch religiösen *Kommunautarismus* bedroht wird. Damit ist die Bildung von Subgruppen in der Gesellschaft gemeint, die ihren Willen den Mitgliedern auferlegen und somit die individuelle Freiheit der Bürger einschränken. Muslimische Mädchen müssen nach Ansicht der *Kommission Stasi* vor dem Druck einer religiösen Gemeinschaft, sich dem islamischen Verhaltenskodex anzupassen, geschützt werden.

Das Kopftuchverbot ist nur die konkrete Äußerung eines dominanten Trends in der französischen Einstellung zum Islam. Die Bildung islamischer Organisationen wird von der intellektuellen und politischen Elite immer mehr mit Sorge beobachtet, nämlich als eine Bedrohung für die über alles geschätzte *laïcité*.

Die Muslime und ihre religiösen Organisationen

Die Geschichte der Muslime in Frankreich ist stark mit der kolonialen Vergangenheit verflochten. Es gab bereits während des Ersten Weltkrieges und dem Wiederaufbau in den 1920er Jahren eine organisierte Arbeitsmigration aus Algerien und Marokko. Auch in den 1950er und 1960er Jahren wurden Arbeiter aus Algerien eingesetzt, um dem Arbeitskräftemangel in der wachsenden französischen Industrie zu begegnen. Es handelte sich vor allem um unverheiratete Männer, die für eine begrenzte Zeit nach Frankreich kamen. Die wichtigste Ausnahme bildeten die *harkis* – Algerier, die im Unabhängigkeitskrieg die Seite der Kolonialherren gewählt hatten, daher vom neuen algerischen Regime als Verräter betrachtet wurden und in Frankreich Zuflucht fanden. In den 1970er Jahren fand zwar die organisierte Arbeitsmigration ein Ende, aber die Zahl der Muslime wuchs weiter. Auch die soziale Struktur der muslimischen Bevölkerung Frankreichs veränderte sich, die von jetzt an aus Familien mit in Frankreich selbst aufwachsenden Kindern bestand. Auch die ethnische Verschiedenheit nahm zu, nämlich durch neue Migrationswellen aus ehemaligen französischen Kolonien und der Türkei (s. Tabelle). Die meisten dieser Immigranten sind naturalisierte französische Staatsbürger geworden, und ihre in Frankreich geborenen Kinder können aufgrund des *ius solis* die französische Nationalität erwerben. Die soziale und ökonomische Position dieser Gruppen ist gekennzeichnet durch schlechte Ausbildung, große Arbeitslosigkeit und Ghettobildung in den Außenbezirken der großen Städte.

Zu Recht haben viele darauf hingewiesen, daß die Lebensweise der Neuankömmlinge nicht allein aus ihrer Religion verstanden werden kann – die *RAI-Musik* (traditionelle algerische Musik vermischt mit Rock, Reggae, Funk und Soul) ist nur eines von mehreren Beispielen einer sehr populären Äußerung von Kultur unter Nordafrikanern, die kaum als islamisch zu bezeichnen ist. Aber dennoch hat die Anwesenheit dieser Immigranten zur Gründung von ca. 1500 Gebetsräumen und lokalen Zentren geführt sowie zur Entstehung von islamischen Organisationen auf nationaler Ebene.

Eine Schlüsselrolle spielt dabei die *Mosquée de Paris*, die 1926 als eine Geste des kolonialistischen französischen Staates gegenüber seinen muslimischen Untertanen gegründet wurde. In der postkolonialen Zeit suchte diese Moschee sich eine führende Rolle für alle Muslime in Frankreich zu verschaffen. Durch die Anerkennung und Unterstützung der staatlichen Autoritäten – so verlieh der damalige Innenminister Pasqua eine Zeitlang dieser Institution das Monopol für die Anerkennung von *ḥalāl*-Schlachtern – konnte diese Moschee eine Machtstellung aufbauen. Der Direktor der Moschee ernennt die Imame von ca. 100 Moscheen in Frankreich.[5] Die starke Verbindung mit der algerischen Staatsführung macht diese Institution jedoch in den Augen von algerischen Oppositionsgruppen, darunter Sympathisanten der FIS, verdächtig.

Die größte und am besten organisierte Rivalin der *Mosquée de Paris* ist die *Union des organisations islamiques de France (UOIF)*, die 1983 gegründet wurde. Diese Organisation vereinigt ca. 200 Moscheen und steht den syrischen und ägyptischen *Muslimbrüdern* nahe.[6] Zusammen mit geistesverwandten Organisationen in Westeuropa und unterstützt von international bekannten Theologen wie dem Ägypter Yūsuf al-Qaraḍāwī bemüht sich diese Organisation um den *fiqh al-aqallīyāt,* eine Sonderform des islamischen Rechts für die Stellung der Muslime unter nichtislamischer Herrschaft, und allgemeiner um Formen des Zusammenlebens von Islam und dem säkularistischen französischen Staat. Aus dem Kreis der *UOIF* sind andere Organisationen entstanden, so die *Jeunes Musulmans de France (JMF)* und die *Union de la Jeunesse Musulmane (UJM*, 1987). Sie verbreitet vor allem das Gedankengut von Tariq Ramadan.

Eine weitere Institution, die als Reaktion auf die Machtstellung der *Mosquée de Paris* entstanden ist, ist die *Fédération nationale des musulmans de France (FNMF)*. Sie brachte 1985 heterogene muslimische Gruppen zusammen, nämlich Marokkaner, Türken und französische Konvertiten zum Islam. Zur Zeit hat sie jedoch vor allem marokkanische Zweigorganisationen. Türkische Muslime, die vor allem im Nordosten Frankreichs wohnen, haben eigene überlokale Verbände gegründet. Unter ihnen gilt die *Milli Görüş (Tendance nationale union islamique de France)* als die größte. Muslime, die aus den Gebieten südlich der Sahara stammen, haben eine eigene nationale Organisation: *La Fédération d'Associations Islamiques d'Afrique, des Comores et des Antilles (FAICA)*.

Neben diesen föderativen Verbänden gibt es in Frankreich diverse islamische Bewegungen, die manchmal ihre eigenen Netzwerke aus islamischen Zentren kontrollieren, wie z.B. der Orden der *Murīdīya,* der vor allem viele Anhänger unter den Senegalesen hat. Ferner der Orden *Les Amis de l'Islam,* der aus den Anhängern des algerischen Scheichs Aḥmad b. Muṣṭafā al-ʿAlawī (1869–1934) besteht, und andere mystische Orden.

Eine weitere Organisation, die über viel Einfluß auf die Moscheen verfügt, ist *Foi et Pratique*. Das ist der französische Zweig der *Tablīgh*-Bewegung von Muḥammad Ilyās (1885–1944, Nordindien). Zu Beginn der 1970er Jahre begannen tunesische Anhänger dieser Bewegung, durch herumreisende Prediger ihre Botschaft unter den französischen Muslimen zu verbreiten. Die Botschaft von der Nachfolge des Propheten bis in die Einzelheiten des täglichen Lebens hinein bot Tausenden von Immigranten der ersten Generation einen moralischen und emotionalen Halt. Die Bewegung ist auch an der Islamisierung nordafrikanischer Jugendlicher beteiligt. Es geschieht jedoch häufig, daß die Jugendlichen, die durch die *Tablīgh*-Bewegung zum Islam gefunden haben, später die pietistische und unpolitische Haltung der Bewegung kritisieren und sich radikaleren Gruppen anschließen.[7]

Institutionalisierung und Vertretung

Im Geiste der *laïcité* vollzog sich diese Formung religiöser Institutionen ohne finanzielle oder organisatorische Unterstützung des französischen Staates. Sie blieb großenteils auf private Institute von Muslimen beschränkt, die gar nicht oder kaum mit staatlichen Instanzen verbunden sind. Es gibt einerseits keinen islamischen Unterricht in den Staatsschulen und andererseits nur wenige islamische Schulen, die jedoch kein Geld vom Staat bekommen.

Die formale Scheidung von «Kirche» und Staat kann jedoch nicht verhindern, daß staatliche Instanzen es auf verschiedenen Ebenen mit den islamischen Organisationen und der religiösen Identität der Muslime zu tun bekommen. In einer Studie des Hohen Rates für die Integration *(Haut Conseil à l'Intégration)*[8] werden Engpässe der Institutionalisierung des Islams aufgeführt und mögliche Lösungen vorgeschlagen. So stellt der Rat fest, daß sowohl der technische Zustand als auch die Anzahl und die Kapazität der islamischen Gebetshäuser sehr hinter denen anderer religiöser Gruppen zurückbleiben. Minarette sind in französischen Städten noch die Ausnahme. Die Gemeinschaftsgebete werden meist in stillgelegten Warenhäusern oder Industriebauten abgehalten. Der rechtliche Status vieler Moscheeorganisationen ist schwach. In ca. 400 Fällen hat die Verwaltung der Moschee überhaupt keinen gesetzlich anerkannten Status. Der Rat konstatiert ferner, daß sich die lokalen Behörden oft der Errichtung islamischer Gebetsräume widersetzen und die Muslime dagegen machtlos sind. Der Rat gibt den lokalen Behörden eine Reihe von Empfehlungen, den Muslimen zu ordentlichen Gebetsräumen zu verhelfen, ohne dabei gegen den Grundsatz der Trennung von Kirche und Staat zu verstoßen. Hinsichtlich der Anstellung vom Imamen ist die Rolle des Staates beschränkt. Der Rat stellt jedoch mit einiger Sorge fest, daß nur 4% der in Frankreich aktiven Imame die französische Nationalität haben. Auch konstatiert er, daß nur eine sehr kleine Anzahl muslimischer Sozialarbeiter in Gefängnissen, im Heer und im Gesundheitswesen beschäftigt ist. Man gibt u.a. als Grund an, daß keine offizielle Instanz vorhanden ist, die geeignete Kandidaten vorschlagen könnte.

Das rituelle Schlachten nach islamischem Ritus ist in Frankreich erlaubt, darf aber nur durch anerkannte Schlachter ausgeführt werden. Bei der Erteilung dieser Anerkennung arbeitet der Staat mit den Moscheen von Paris, Lyon und Evry zusammen. Schwierigkeiten sieht der Rat im Zusammenhang mit dem Opferfest, weil dann die Organisation und die Kapazität der anerkannten Schlachthäuser nicht ausreichen.

Auch im Zusammenhang mit der Bestattung von Muslimen sieht der Hohe Rat zwar keine grundsätzlichen, aber einige praktische Probleme sowie ungenügende Kapazitäten.

Schulen, die ihren Schülern Mittagsmahlzeiten anbieten, werden um *ḥalāl*-Mahlzeiten gebeten. Der Rat sieht keinerlei juristische Probleme, die hier einer pragmatischen Lösung entgegenstehen könnten.

Die Empfehlungen, die der Rat für Integration im Jahr 2000 gab, um eine pragmatische Antwort auf islamische Forderungen zu geben, unterstreichen die

Zurückhaltung, die die nationalen und lokalen Behörden bis zu diesem Zeitpunkt gezeigt hatten, mit Hinweis auf das Gesetz über die Trennung von Kirche und Staat aus dem Jahr 1905. Die Zurückhaltung der französischen Behörden gegenüber islamischen Organisationsversuchen und die schwache sozialökonomische Stellung der größeren muslimischen Gruppen scheinen die Sichtbarkeit des Islams in der Öffentlichkeit einzuschränken.

Als Reaktion auf soziale Probleme in den Vorstädten und auf die Radikalisierung unter muslimischen Jugendlichen sucht der französische Staat jedoch nach Formen von Zusammenarbeit mit islamischen Organisationen. Auf nationaler Ebene hat dieses Bemühen genau wie in anderen westeuropäischen Ländern die Frage aufgeworfen, welche islamische Organisation als repräsentativ für die Gemeinschaft der Muslime angesehen werden kann. Eine Zeitlang wurde die *Mosquée de Paris* als Vertreter der Muslime behandelt, aber 1999 begann Innenminister J. P. Chevènement damit, nationale und lokale islamische Organisationen zu konsultieren. Dies führte 2001 zu der Vereinbarung, Wahlen für einen *Conseil Français du Culte Musulman (CFCM)* abzuhalten. Diese Wahlen fanden im April 2003 statt. Seitdem wird der *CFCM* als offizieller Gesprächspartner der Regierung anerkannt. Die größten französischen muslimischen Organisationen sind in der Leitung des *CFCM* vertreten. Vorsitzender ist Dalil Boubakeur, gleichzeitig Leiter der *Mosquée de Paris*. Vizepräsident ist Fouad Alaoui, gleichzeitig Generalsekretär des *UOIF*. Ein Jahr nach der Gründung wurde deutlich, daß sich diese Organisation auf einem viel breiteren Terrain als dem des «Kultus» bewegen muß. Aktuelle Entwicklungen wie die Kopftuchfrage und das Geiseldrama im Irak zwingen die Organisation, sich mit sensiblen politischen Gegenständen zu beschäftigen. Unvermeidlich führt das zu Spannungen innerhalb des *CFCM*, und es muß abgewartet werden, ob die Organisation die Spannungen bewältigen kann.

Die Institutionalisierung des Islams in Frankreich wird begleitet vom Wiederauflodern der Diskussion über den Ort der Religion im öffentlichen Leben. Im Jahre 1905 war diese Diskussion durch ein Gesetz beendet worden, das die Trennung von Kirche und Staat betonte und die Kirche auf das deutlich abgesteckte Gebiet des religiösen Lebens beschränkte. Das im Jahre 2004 erlassene Verbot von Kopftüchern in öffentlichen Schulen betont erneut die säkularistische Auffassung von Öffentlichkeit, in der die Religion nicht allzusehr auffallen sollte. Aber die Debatte über den Platz des Islams in der säkularen Französischen Republik ist noch weit davon entfernt, abgeschlossen zu sein.

b) Großbritannien

Säkularer Multikulturalismus und Islam

Während die französische politische Elite über das Kopftuch von muslimischen Mädchen als eine problematische Äußerung religiöser Gruppenformung und als einen Angriff auf die nationale Einheit diskutierte, begann die britische Politik, den islamischen Wähler zu entdecken. So lobte der Labourkandidat Robert Evans im Londoner Wahlbezirk Brent-East in einem Rundbrief, der unter den muslimischen

Einwohnern des Stadtteils verteilt wurde, die Arbeit der lokalen Moscheen und versprach: «I will work for a solution to the issue of parking during Friday prayers. I am a strong supporter of the Islamic Primary School, set up thanks to Labour legislation, which for the first time puts Islam on an equal footing with every other religion in Britain...» Zwei Jahre früher, im Jahr 2001, hatte Labour den Wahlkreis an die Liberal Democrats verloren, u. a. durch das Stimmverhalten der Muslime, die ungefähr 12% der Wähler stellten. In Frankreich würde ein derartiges Eingehen auf die religiösen Gefühle bei Wahlen als Verrat an den republikanischen Prinzipien aufgefaßt werden. In England hingegen paßt es in eine Tradition von Multikulturalismus, die die Existenz unterschiedlicher Ethnien akzeptiert und es begrüßt, daß Minderheiten ihre Identität in der Öffentlichkeit zeigen. Nichtsdestoweniger bedeutet der Labour-Aufruf an die Muslime den Übergang zu einer expliziteren Anerkennung des politischen Einflusses der Muslime.

Bereits in den sechziger Jahren des 20. Jahrhunderts, als Großbritannien mit einem großen Einwanderungsstrom aus den ehemaligen Kolonien konfrontiert wurde, definierte Roy Jenkins Multikulturalismus als «cultural diversity coupled with equal opportunity in an atmosphere of mutual tolerance».[9] Diese Gedanken von kultureller Diversität haben seitdem an Popularität gewonnen – trotz Bedenken in Teilen der Konservativen Partei. Die Tatsache, daß Immigranten aus den Commonwealth-Ländern in Großbritannien aktives und passives Wahlrecht haben, hat ebenfalls dazu beigetragen, daß diese Immigranten im öffentlichen Leben sichtbar sind.

In den 1980er Jahren wurde der Multikulturalismus vor allem durch einen antirassistischen Kampf charakterisiert. Der Ausgangspunkt war das Aufkommen von Minderheiten, die aufgrund ihrer Hautfarbe diskriminiert wurden. Religiöse Identität wurde in diesem Zusammenhang weniger als die ethnische betont. Muslime wurden vor allem als Teil einer asiatischen Bevölkerungsgruppe gesehen. Die Rushdie-Affäre sorgte jedoch 1989 dafür, daß die religiöse Identität in den Mittelpunkt des Interesses rückte. Die vergeblichen Versuche von muslimischen Aktivisten, ein Verbot der *Satanischen Verse* zu erreichen, sowie die demonstrativen Bücherverbrennungen verursachten eine Krise des britischen Multikulturalismus. In Debatten über kulturelle Unterschiede wurden die Kategorien «schwarz» oder «asiatisch» immer mehr durch den Begriff «Muslim» ersetzt. Nach den Worten von Tariq Modood ist der Islam «eine prominente Minderheitenidentität geworden, die von links und rechts anerkannt wird, von intoleranten und von vorurteilslosen Menschen, von den Medien und durch den Staat.»[10]

Die Muslime und ihre religiösen Organisationen

Eine Studie mit dem Titel *Islam in Britain 1558–1685* nennt einige britische Konvertiten zum Islam, aber vor allem erzählt sie die Geschichte der britischen Beziehungen zur islamischen Welt und der Studien über sie.[11] Die Entstehung des britischen Kolonialreiches brachte zugleich größere Gruppen von Muslimen in die britischen Städte, darunter Seeleute und Studenten, u.a. aus dem Jemen. Im Jahre 1860 bestand schon eine Moschee in Cardiff, und im Lauf des 19. Jahrhunderts wurden diverse islamische Vereinigungen gegründet. Ein größerer Migrationsstrom erfolgte in den fünfziger und sechziger Jahren des 20. Jahrhunderts zuerst aus Zypern, dann aus Indien, Pakistan und Bangladesh, später aus ostafrikanischen Ländern. Bis 1962 bestanden keine Einwanderungsbeschränkungen für Einwohner von Commonwealth-Staaten, später blieb familienzusammenführende Migration möglich. Eine geringe Zahl von Muslimen kam in den letzten Jahrzehnten des 20. Jahrhunderts aus verschiedenen Gebieten der islamischen Welt, so aus Malaysia, arabischen Ländern und aus Iran. Den Ergebnissen der Volkszählung von 2001 zufolge lebten damals 1,6 Millionen Muslime in Großbritannien.[12] Die Mehrheit (69%) sind Immigranten aus Indien, Pakistan und Bangladesh und deren Abkömmlinge. Ebenso wie andere, die aus Commonwealth-Staaten stammen, haben sie fast alle die britische Nationalität.

Die britischen Muslime sind ungleich über das Land verstreut. Ungefähr die Hälfte wohnt im Raum Groß-London, wobei der Distrikt Tower Hamletts im Osten des Stadtzentrums mit 36,4% Muslimen unter der Bevölkerung die stärkste Konzentration aufweist. Ferner ist Birmingham als Stadt mit einer umfangreichen muslimischen Bevölkerung zu nennen sowie Bradford, das international als die Stadt bekannt wurde, in der die Agitation gegen die *Satanischen Verse* am heftigsten war, und das in Philip Lewis' Buch *Islamic Britain* den Beinamen *Britain's Islamabad* bekam.

Bezüglich der sozialen und ökonomischen Stellung der Einwanderer aus islamischen Staaten sehen wir dieselben Muster wie sonst in Westeuropa. Besonders unter Pakistanern und Bangladeshis ist die Arbeitslosigkeit hoch und das Ausbildungsniveau unter dem nationalen Durchschnitt. Auf der anderen Seite beherbergt London als internationale Metropole viele Immigranten, die zur politischen, ökonomischen und intellektuellen Elite ihres jeweiligen Herkunftslandes gehören.

Sowohl ethnisch wie auch sozial-ökonomisch und religiös zeigen die Muslime in Großbritannien eine große Verschiedenheit, die sich in den religiösen Organisationen widerspiegelt, die unter ihnen entstanden sind. Unter den Muslimen aus Pakistan, Iran, dem Irak und Ostafrika sind zahlreiche Schiiten vertreten. Zwölferschiitische Organisationen, die eine führende Rolle spielen, sind das iranisch orientierte *Institute of Islamic Studies* in London und die irakische *Al-Khoei Foundation,* die das Blatt *Dialogue* herausgibt.

Die Mehrheit der britischen Muslime sind Sunniten. Unter ihnen haben verschiedene islamische Bewegungen, deren Wurzeln auf dem indischen Subkontinent zu suchen sind, großen Anhang. Besonders ist hier die Brailvī Bewegung zu nennen – mit ihrer Akzeptierung der Heiligenverehrung und der spirituellen Macht der Pirs. Die Tatsache, daß europäische Brailvīs immer noch Heiligengräber auf dem indischen Subkontinent besuchen, die für sie eine große spirituelle Bedeutung haben, zeigt deutlich den Diasporacharakter dieser Form des Islams. Aber seit 1994 hat Coventry als erste britische Stadt das Grab eines islamischen Heiligen, nämlich von Pir ʿAbd al-Wahhāb aṣ-Ṣiddīqī. Der *mazār* von ʿAbd al-Wahhāb ist inzwischen eine Pilgerstätte, die mit Geschichten über wunderbare

Heilungen neue Besucher anzuziehen versucht. Die Brailvī-Bewegung wird durch persönliche Beziehungen und ein gemeinschaftliches religiöses Ethos zusammengehalten, wie es aus Lobversen zum Gedenken an verstorbene Heilige hervorgeht. Die Bewegung ist jedoch nicht hierarchisch gegliedert.

Eine andere große Gruppe bildet die Deobandī-Bewegung, die puritanischer ist und Heiligenverehrung kritisiert. Konflikte in britischen Moscheen wurden oft als Konflikte zwischen Deobandīs und Brailvīs dargestellt, auch wenn sich dahinter in Wirklichkeit Auseinandersetzungen zwischen Clans verbergen. Die pietistische *Jamāʿat-i Tablīgh*-Bewegung mit ihren umherreisenden Predigern, die im Zusammenhang mit Frankreich bereits genannt wurde, ist in Großbritannien vor allem im Zusammenhang mit dem Deobandī-Netzwerk organisiert. Die wichtigsten Zentren sind die islamischen Schulen in Dewsbury (Yorkshire) und Bury (Lancastershire). Hier werden die Prediger ausgebildet, die dann ihr Missionswerk in denjenigen Moscheen verrichten, die mit der Bewegung verbunden sind. Andere Bewegungen indischen Ursprungs sind die *Ahl-i ḥadīth* und die *Aḥmadīya*. Besondere Beachtung verdient die *UK Islamic Mission*. Sie wurde 1962 von Anhängern der *Jamāʿat-i Islāmī* von Abū l-Aʿlā al-Maudūdī gegründet. Letzterer ist einer der wichtigsten Ideologen des politischen Islams. Die *UK Islamic Mission* und ihr Forschungs- und Publikationsinstitut *The Islamic Foundation* (Leicestershire) hat seit ihrer Gründung 1972 ungefähr 300 englische Bücher über den Islam veröffentlicht, darunter Übersetzungen von Maudūdīs Werken; ferner gibt sie einige Zeitschriften heraus wie *Muslim World Book Review, Review of Islamic Economics* und *Encounters*.[13] Durch ihren Aktivismus und ihre Publikationsaktivität hat diese Organisation viel Einfluß auf die britischen Sunniten ausgeübt.

Seit 1984 sind zwei Organisationen damit beschäftigt, die britischen Moscheeorganisationen über die Grenzen der verschiedenen Strömungen hinweg zusammenzubringen. Das ist einmal der *Imams and Mosques Council of Great Britain*, der mit der libyschen *Islamic Call Society* zusammenhängt; zum anderen *The Council of Mosques in the UK and Eire*, die eine Tochtergesellschaft der *Muslim World League* ist. Es war jedoch die Rushdie-Affäre, die 1988 den Impuls zu Initiativen für gemeinschaftliche Aktionen gab. Das *UK Action Committee on Islamic Affairs (UKACIA)* vereinigte viele Organisationen im Kampf gegen die *Satanischen Verse*. Im Jahr 1992 wurde das *Muslim Parliament* gegründet. Der Initiator, Kalim Siddiqi, erschien durch seinen islamischen Radikalismus und seine auf Konfrontation zielende Rhetorik regelmäßig in den Schlagzeilen, aber durch eben diesen Radikalismus wurde er für die gemäßigte Mehrheit marginal. Erfolgreicher war der 1997 gegründete *Muslim Council of Britain (MCB)*, der zur Zeit mit 250 Organisationen als der größte Dachverband von Muslimen in Großbritannien gilt.

Institutionalisierung und Vertretung

Die relativ lange Zeit, die seit den großen Migrationswellen vergangen ist, und die breite Anerkennung von kulturellen Unterschieden haben in Großbritannien für einen Grad von Institutionalisierung des religiösen Lebens von Muslimen und von Verankerung in größeren Institutionen der Gesellschaft gesorgt, der bedeutend höher ist als in den meisten anderen westeuropäischen Ländern. Viele Konflikte, die sich woanders um die Akzeptanz des Islams im öffentlichen Leben entzünden, sind in Großbritannien Vergangenheit. Formen von Anerkennung, die in Großbritannien gang und gäbe sind, sind für viele andere Länder indiskutabel. Während in Frankreich, Deutschland und den Niederlanden die Frage der Erlaubnis von islamischen Kopftüchern in Schulen oder in staatlichen Funktionen zu heftigen Debatten führt, hat die *Metropolitan Police* in London ihre Uniformen so angepaßt, daß der *ḥijāb* weiblicher Polizisten eine Variante darstellt. Islamische Modelle für zinslose ökonomische Aktivitäten werden nicht nur durch die Filialen von saudischen Banken erprobt, sondern auch durch die *Bank of England*. Das Verteidigungsministerium hat seine Vorschriften für das Tragen von Bärten angepaßt, um den Muslimen unter seinen Mitarbeitern entgegenzukommen. Sowohl in Gefängnissen als auch in Krankenhäusern gibt es islamische Geistliche. Mit Unterstützung des Außenministeriums und des Gesundheitsministeriums ist eine *ḥajj*-Organisation gegründet worden, die britische Muslime auf der Pilgerfahrt medizinisch betreut, u.a. durch das Konsulat in Mekka.

Auch im Erziehungswesen haben die Muslime Erfolge aufzuweisen. Die britischen Schulen kennen keinen konfessionellen Religionsunterricht für bestimmte religiöse Gruppen, aber seit 30 Jahren «multi-faith»-Unterricht. Lokale Schulbehörden arbeiten für die Entwicklung von Unterrichtsmethoden mit religiösen Organisationen zusammen, auch mit Moscheen. Es gibt ca. 50 islamische Schulen für Hauptschul- und weiterführenden Unterricht. Einige davon werden vom Staat unterhalten. Ferner gibt es einige universitäre Einrichtungen, die mit Staatsuniversitäten verbunden sind und deren Bachelor und Master anerkannt werden – so das *Oxford Centre for Islamic Studies*, das 1985 gegründet wurde.

In London, Bradford, Birmingham und einigen weiteren Städten gibt es muslimische Gemeinderatsmitglieder, überwiegend von der Labour Party, die über viel Einfluß in der lokalen Politik verfügen. Im Parlament gibt es bisher (2004) nur zwei muslimische Vertreter im Unterhaus und einen im Oberhaus.

Dieser hohe Grad von Institutionalisierung im öffentlichen Leben ist nicht die Folge einer formellen Anerkennung des Islams auf zentraler Ebene. Es gibt Unterschiede zwischen England, Schottland, Wales und Nordirland, und darüber hinaus auch lokale Besonderheiten. «Errungenschaften» sind daher meistens nicht die Folge gesetzlicher Maßnahmen, sondern von Verhandlungen zwischen islamischen Lobbyisten und verschiedenen Behörden. Dadurch ist das Fehlen eines einzigen Vertretungsorgans kein Hindernis gewesen, um den von Muslimen geäußerten Wünschen entgegenzukommen. Andererseits ist der *MCB* kein formal anerkannter Gesprächspartner, der im Namen der muslimischen Gemeinschaft mit der Regierung spricht.

Aber selbst die erfolgreiche Institutionalisierung kann nicht verhindern, daß auch in Großbritannien die Existenz einer muslimischen Minderheit Spannungen erzeugt hat. Die Rushdie-Affäre war das erste international sichtbare Symptom für diese Spannungen. Radikale Prediger wie ʿUmar al-Bakrī bestimmen dasjenige Gesicht des britischen Islams mit, welches der britische Fernsehzuschauer zu sehen bekommt. Die Geheimdienste haben schon vor Jahren besorgt auf die Tatsache reagiert, daß junge britische Muslime am Krieg in Palästina, Afghanistan, Tschetschenien und anderen Konfliktherden teilnehmen. Der 11. September 2001 und die britische Beteiligung an der Invasion im Irak (2003) haben die Angst vor islamischem Radikalismus noch zunehmen lassen. Andererseits gibt es genug Gründe für Muslime, sich über eine zunehmend feindliche Einstellung zum Islam Sorgen zu machen, die durch die *British National Party* mobilisiert wird.

Ungeachtet dieser Spannungen kann jedoch festgestellt werden, daß die britischen Muslime, sowohl individuell als auch als Gruppe, ein wichtiger Faktor im gesellschaftlichen und politischen Leben Großbritanniens geworden sind.

c) Niederlande

Ende der niederländischen Toleranz?

Bis vor kurzem galten die Niederlande in Europa als ein Land mit einem hohen Grad an Toleranz gegenüber Fremden und mit einem freundlichen Klima für Muslime u.a. Kosmopolitische Städte wie Amsterdam und Rotterdam nahmen, wie es schien, ohne große Probleme ansehnliche Mengen von Migranten aus der islamischen Welt auf und ließen ihnen viel Raum, um ihre eigenen religiösen Institutionen aufzubauen. 2002 erhielt dieses Bild eine erste Schramme, als der populistische Politiker Pim Fortuyn durch seine antiislamische Rhetorik («Der Islam ist eine zurückgebliebene Religion» oder «Wenn es nach mir ginge, käme kein einziger Muslim mehr in das Land») einen aufsehenerregenden Sieg bei Lokalwahlen in Rotterdam errang. Darauf schien er auch mit seiner neuen Partei *(Lijst Pim Fortuyn)* bei der Parlamentswahl auf einen Sieg zuzusteuern, wurde dann jedoch von einem Umweltaktivisten ermordet. Der Erfolg von Fortuyn verursachte, trotz seines Todes und des schnellen Zerfalls seiner Partei, eine Verschiebung in der politischen Landschaft der Niederlande und im Ton der Debatte über den Islam. Besonders die Liberale Partei (VVD) übernahm die Kritik Fortuyns an der zu großen Nachgiebigkeit gegenüber den Muslimen. Die Partei machte nicht nur den Kampf gegen den islamischen Radikalismus zu einem Hauptpunkt ihrer Politik, sondern setzte auch die Integration als ein wichtiges gesellschaftliches Problem (und den Islam als ein Hindernis dafür) an die Spitze der politischen Agenda.

Auch die meisten anderen Politiker und Meinungsführer sahen sich genötigt, schärfer als früher gegen das multikulturelle Zusammenleben im allgemeinen und den politischen Islam im besonderen Stellung zu nehmen. Die Verschärfung der Islamdebatte, die seit dem 11. September 2001 in ganz Europa zu beobachten ist, war in den Niederlanden besonders auffällig, weil antiislamische Töne, die von rechtsextremen Splitterparteien zu hören waren, früher durch die «anständigen» Parteien der Mitte und die Medien erstickt oder marginalisiert, jetzt jedoch zum erstenmal salonfähig wurden. Die Integration ist gescheitert, weil die Muslime sich ungenügend «unseren westlichen Normen und Werten» anpassen, lautete eine schnell an Popularität gewinnende Auffassung.

Eine neue Quelle von Spannungen um den Islam war der Mord an dem Regisseur Theo van Gogh durch einen islamischen Extremisten am 2. November 2004. Der Täter, ein in den Niederlanden aufgewachsener junger Mann marokkanischer Herkunft, bedrohte in einem Brief, den er auf dem Leichnam des Opfers hinterließ, auch die Parlamentarierin Ayaan Hirsi Ali. Sie ist die prominenteste Kritikerin des Islams in der VVD und hatte mit van Gogh einen Film über Frauenmißhandlung im Islam produziert. Van Gogh war wegen seiner äußerst beleidigenden Äußerungen gegen die Muslime sehr umstritten, und dies nicht allein in islamischen Kreisen. Aber nach seinem Tod wurde er zu einem «Märtyrer des freien Wortes», und eine Gruppe von Sympathisanten schwor, die scharfen Angriffe gegen den Islam im Interesse der Meinungsfreiheit fortzusetzen. Gleichzeitig wurden Moscheen und islamische Schulen in vielen niederländischen Städten Ziele von Brandstiftung und Vandalismus. Auf der anderen Seite werden Signale einer Radikalisierung unter jungen Muslimen immer deutlicher. Die Niederlande scheinen über die Stellung des Islams innerhalb ihres Staates verwirrt zu sein.

Die Muslime und ihre religiösen Organisationen

Aufgrund von Einwanderungsstatistiken wurde die Zahl der Muslime in den Niederlanden zu Beginn des Jahres 2004 auf 944 000 geschätzt, d. h. 5,8 % der niederländischen Bevölkerung.[14] Während in Großbritannien und Frankreich Immigranten aus den ehemaligen Kolonien das Bild bestimmen, sind in den Niederlanden Arbeitsimmigranten aus der Türkei und Marokko die weitaus größten Gruppen von Muslimen. Die Arbeitsmigration aus diesen Ländern begann in den 1960er Jahren, in den 1970ern fortgesetzt durch Familienzusammenführung. Im Jahr 2004 stellen diese beiden Gruppen ungefähr 75 % der muslimischen Bevölkerung der Niederlande dar. Mehr als die Hälfte davon sind inzwischen naturalisierte Niederländer geworden, obwohl viele ihre ursprüngliche Nationalität ebenfalls behalten. Das ist bei Marokkanern regelmäßig der Fall, weil es kein Verfahren gibt, um die marokkanische Nationalität aufzugeben.

Nach dem Ende der niederländischen Kolonialherrschaft über Indonesien (1949) kamen nur einige hundert Muslime aus diesem überwiegend islamischen Gebiet in die Niederlande. Anders war es bei der Entkolonialisierung von Surinam im Jahr 1975, die von einer massenhaften Migration in die Niederlande begleitet wurde. In der ethnisch und religiös sehr heterogenen surinamischen Gesellschaft können zwei Gruppen von Muslimen unterschieden werden: die hindustanischen Muslime, die vom Ende des 19. Jahrhunderts an als Kontraktarbeiter aus Indien nach Surinam gekommen waren, und die javanischen Muslime, die sich besonders von Beginn des 20. Jahrhunderts an in Surinam niedergelassen hatten.

Schließlich wird die ethnische Zusammensetzung der muslimischen Bevölkerung der Niederlande seit den 1980er und 1990er Jahren immer mehr durch Asylanten aus verschiedenen Teilen der islamischen Welt bestimmt, u.a. aus dem Irak, aus Afghanistan und Somalia. Sie wird dadurch immer heterogener.

Die zum größten Teil voneinander getrennten Netzwerke der Türken und Marokkaner dominieren die islamische Infrastruktur der Niederlande.[15] Auch die hindustanischen Muslime aus Surinam haben ihre eigenen lokalen und nationalen Organisationen gegründet, die mit den internationalen Bewegungen, die aus Indien und Pakistan stammen, verbunden sind. Andere ethnische Gruppen unter den Muslimen haben häufig wohl eigene Vereinigungen, aber nur im Ausnahmefall eine eigene Moschee. Von den 436 registrierten Moscheen wird mehr als die Hälfte (225) von türkischen Organisationen betrieben, 139 von Marokkanern und 47 von Surinamern und Pakistanern.[16]

Unter den türkischen Organisationen finden wir dieselben religiös-politischen Strömungen wie in Deutschland.[17] Die größte Vereinigung von muslimischen Organisationen in den Niederlanden ist das *Diyanet*-Netzwerk, das 140 Moscheen umfaßt, davon 30 neu gebaute. Auf nationaler Ebene ist in diesem Netzwerk die *Islamische Stichting Nederland (Hollanda Diyanet Vakfı)* für die Verwaltung der Moscheen und für die Imame verantwortlich, während die *Turks-Islamitische Culturele Federatie* sich um die sozialen und kulturellen Interessen der Mitglieder kümmert. Der niederländische Zweig der *Milli Görüş*-Bewegung kontrolliert ungefähr 35 islamische Zentren, die gewöhnlich viele Jugendliche anziehen. *Milli Görüş*-Führer in den Niederlanden haben sich dank ihrer sehr liberalen Ansichten, die nicht selten ihren eigenen konservativen Anhängern zu weit gehen, einen respektierten und geschätzten Platz in öffentlichen Debatten erworben. Auch die *Stichting Islamitisch Centrum,* eine niederländische Gründung der *Süleymanlıs*, hat mit ungefähr 40 Zentren ein weitverzweigtes Netzwerk. Diese Bewegung bemüht sich vor allem um die Errichtung von Studienzentren, in denen ältere Schüler aufgefangen und betreut werden.

Während diese türkischen islamischen Netzwerke durch einen großen Zusammenhalt gekennzeichnet sind – teils durch eine hierarchische Organisationsstruktur, teils aufgrund ideologischer Verwandtschaft –, ist das marokkanische islamische Netzwerk viel loser. Auf nationaler Ebene tritt vor allem die *Unie van Marokkaanse Moslim Organisaties in Nederland (UMMON)* als Vertreter auf. Sie behauptet, 90 Moscheen als Mitglieder zu haben, aber die wirkliche Zahl ist wegen des autonomen Charakters der lokalen marokkanischen Moscheen vermutlich kleiner. Aufgrund ihrer loyalen Haltung gegenüber der marokkanischen Regierung wurde diese Organisation in den 1990er Jahren durch Gegner des Regimes von König Hasan II. heftig kritisiert. Seit der Thronbesteigung von König Mohammed VI. ist diese Kritik schwächer geworden, und die *UMMON* ist als nationale Organisation der marokkanischen Moscheen nicht mehr umstritten.

Neben der *UMMON* sind innerhalb des marokkanischen Moscheennetzwerkes auch einige internationale Organisationen und Bewegungen aktiv. So kontrolliert die *Jamāʿat-i Tablīgh* (siehe die Kapitel über Frankreich und Großbritannien) die Moschee *Ar-Rahman* in Amsterdam und sendet von dort ihre Prediger aus. Ferner ist in den letzten Jahren eine Gruppe von islamistischen Moscheen bekannt geworden, darunter die *Tawheed*-Moschee in Amsterdam, die *As-Soenna*-Moschee in Den Haag und die *Faroek*-Moschee in Eindhoven. Diese Moscheen und ihre Prediger orientieren sich am Gedankengut wahhabitischer Scheichs in Saudiarabien und geraten durch radikale politische Äußerungen regelmäßig in die Schlagzeilen, so u.a. über die Palästinafrage und die amerikanische Mittelostpolitik, oder durch äußerst konservative Äußerungen zum Verhältnis von Mann und Frau.

Das surinamische islamische Netzwerk wird durch die *Brailvī*-Bewegung (vgl. Großbritannien) dominiert und damit durch einige international operierende Führer *(pirs)*. Die wichtigste Organisation ist die *World Islamic Mission,* die in den Niederlanden über zehn Moscheen verfügt. Geistlicher Führer der *WIM* war der pakistanische Politiker Shah Ahmad Noorani (gest. 2002), der vor allem durch seine heftige Polemik gegen die *Aḥmadīya* bekannt geworden ist. Die *Aḥmadīya* ist unter den surinamischen Muslimen stark vertreten. Sie verfügt in den Niederlanden über sieben Moscheen.

Institutionalisierung und Vertretung

Die Art und Weise, wie sich das islamische Netzwerk in den Institutionen der niederländischen Gesellschaft entwickeln konnte, kann nicht getrennt werden vom institutionalisierten Pluralismus («verzuiling»), der für die Niederlande der 1960er Jahre charakteristisch war, aber seitdem durch Säkularisierung verwässert worden ist.[18]

Das «verzuilte» System bot religiösen Gemeinschaften viel Platz, um – teils mit Unterstützung des Staates – ihre Organisation im öffentlichen Bereich zu verwalten, so in Schulen, Krankenhäusern und subventionierten Wohlfahrtseinrichtungen. Besonders auf dem Gebiet der Ausbildung hat das auch Muslimen die Chance geboten, durch die Gründung von eigenen Schulen an die Öffentlichkeit zu treten. Zur Zeit gibt es 41 islamische Grundschulen und zwei weiterführende Schulen in den Niederlanden. Diese Entwicklung wird besonders von Kreisen der konfessionellen Politik unterstützt, die das Entstehen einer eigenen religiösen Infrastruktur der Muslime als eine Art kollektiver Emanzipation ansehen.

Auf der anderen Seite wird die «verzuiling» als ein überholtes Modell angesehen, das Gruppen der Gesellschaft gegeneinander aufbringt und die Emanzipation von Individuen aus den drückenden Banden der Tradition behindert. Von diesem Standpunkt aus gesehen, bedeutet die Gründung von islamischen Schulen einen Rückschritt. Die doppelte Bewegung von «ontzuiling», d.h. die Auflösung des konfessionell bestimmten Gesellschaftsaufbaus, und das Streben nach einer neuen «zuil», nämlich einer islamischen, bestimmt die niederländische Diskussion über die Institutionalisierung des Islams.

Seit Beginn der 1970er Jahre hat der Islam im öffentlichen Sektor der Niederlande beträchtlich an Terrain gewonnen. Von den 436 Moscheen sind 60 Neubauten. Es ist ihnen, innerhalb bestimmter Grenzen, erlaubt, den Aufruf zum Gebet durch Lautsprecher ertönen zu lassen. Es gibt ein durch den Staat subventioniertes islamisches Programm in den öffentlichen Rundfunk- und Fernsehnetzen. Über die islamischen Schulen wurde hier schon gesprochen. Übrigens schicken die meisten muslimischen Eltern ihre Kinder in staatliche oder christliche Schulen, und zwar vor allem aus praktischen Erwägungen – man wählt die nächste Grundschule. In staatlichen Schulen wird nur in ganz wenigen Ausnahmen ein konfessioneller islamischer Unterricht gegeben, auch wenn die gesetzliche Möglichkeit durchaus besteht. An Universitäten werden zunehmend Unterrichtsprogramme angeboten, die sich primär an muslimische Studenten richten. Das geschieht teilweise an bestehenden Universitäten, und zwar sowohl an den konfessionellen als auch an den staatlichen. Ferner streben zwei islamische Gründungen für universitäre Ausbildung, nämlich die *Islamitische Universiteit Rotterdam* und die *Islamitische Universiteit Europa* in Schiedam, nach staatlicher Anerkennung. In Gefängnissen und im Gesundheitswesen gibt es neuerdings muslimische Betreuer.

Die Teilnahme der Muslime an der Politik wurde in den 1980er Jahren dadurch gefördert, daß man Ausländern, die sich drei Jahre legal im Land aufgehalten hatten, das Stimmrecht für Gemeinderäte gab. Die Folge war, daß in fast allen größeren Städten türkische oder marokkanische Muslime in den Gemeinderat gewählt wurden und in einigen Fällen auch einen Platz in der Exekutive erhielten. Darüber hinaus nahmen türkische und marokkanische Muslime an der nationalen Politik teil, und zwar auch als Volksvertreter in der Zweiten Kammer (entspricht dem deutschen Bundestag).

Obwohl diese Formen von Institutionalisierung erkennen lassen, daß die Muslime eine wichtige religiöse Minderheit in den Niederlanden geworden sind, sind diese Institutionen doch zu klein und fragmentarisch, um mit den protestantischen oder katholischen «zuilen» der 1950er und 1960er Jahre verglichen werden zu können. Die muslimischen Politiker haben Karriere *innerhalb* der etablierten Parteien gemacht und propagieren viel mehr die Ideen der jeweiligen Partei, als daß sie den Islam in der niederländischen Politik vertreten. Es wird erwogen, eine islamische politische Partei zu gründen, aber ob so eine Partei die sehr heterogene islamische Bevölkerung an sich binden könnte, ist durchaus fraglich.

Die Heterogenität ist, wie in den meisten anderen europäischen Ländern, bis vor kurzem auch das Hindernis für die Gründung eines repräsentativen Organs für die Muslime gewesen. In den 1990er Jahren gab es zwei islamische Räte, den *Islamitische Raad Nederland* und den *Nederlandse Moslimraad*, die jedoch in ihrer Rivalität die Uneinigkeit nur noch betonten. Nach zwei Jahren interner Diplomatie kam jedoch 2004 das *Contactorgaan Moslims en Overheid (CMO)* zustande, in dem alle großen türkischen, marokkanischen und surinamischen Moscheevereinigungen zusammenarbeiten. Nach einer Untersuchung, inwieweit diese Vereinigung als repräsentativ gelten könnte, wurde das *CMO* vom Staat formell als Gesprächspartner anerkannt. Obwohl der Verband sich in der Praxis noch beweisen muß, ist er nun in der Position, eine zentrale Rolle in der Kommunikation zwischen Staat und muslimischen Gruppen zu spielen.[19]

Ein Gegenstand der Kommunikation wird zweifellos der Kampf gegen die Radikalisierung junger Muslime sein – etwas, worüber sich der Staat große Sorgen macht. Andererseits kann man erwarten, daß das *CMO* sich über die abnehmende gesellschaftliche Toleranz gegenüber den Muslimen und ihrer Religion beklagen wird. Die Zukunft des *CMO* hängt von der Frage ab, ob die Organisation in einem polarisierenden gesellschaftlichen Klima die Unzufriedenheit der Muslime auf eine Art mobilisieren und kanalisieren kann, die auch für den Staat akzeptabel ist.

d) Deutschland

Fremde Menschen, gemischte Gefühle

In einer Analyse der wissenschaftlichen Untersuchungen über die Muslime in Deutschland stellt der Soziologe Levent Tezcan fest, daß sich sowohl die politischen als auch die akademischen Debatten um Fragen drehen wie: «Sind die Muslime integrierbar»? oder «Inwiefern sind sie verträglich für unsere moderne Lebensweise»?[20] Die Verbindung der Debatten über den Islam mit der Immigrations- und Integrationsproblematik kann in ganz Westeuropa beobachtet werden und ist sicherlich nicht für Deutschland typisch. Aber auffallend ist doch, daß in Deutschland der Gegensatz von Koran und Grundgesetz schon jahrzehntelang die Diskussion mitbestimmt hat, in einer Zeit also, als in Großbritannien und in den Niederlanden der Multikulturalismus den Ton angab und in Frankreich die Akzeptierung des laizistischen Staatsmodells als selbstverständlich angesehen wurde. In deutschen Untersuchungen wird regelmäßig der Begriff *taqīya* (Verheimlichung der wahren Absicht) angeführt, um auszudrücken, daß sich die Muslime womöglich äußerlich an die Normen der deutschen Gesellschaft anpassen könnten, diese Anpassung aber mehr taktisch als prinzipiell zu verstehen sei.[21] Diese Haltung wird auch durch Enthüllungsjournalistik von türkischen Journalisten u. a. inspiriert. Sie verweisen auf die Unterschiede zwischen deutschsprachigen Publikationen türkischer muslimischer Organisation, die die Hinwendung zur deutschen Gesellschaft in das Zentrum stellen, und türkischsprachigen Predigten und Schriften, in denen in einer triumphalistischen Sprache von der islamischen Überlegenheit über die verdorbene und gottlose westliche Gesellschaft gesprochen wird. Typisch für die deutsche Debatte über die multikulturelle Gesellschaft ist der Tumult über den Begriff «Leitkultur». Der ehemalige CDU-Fraktionsvorsitzende Friedrich Merz gebrauchte 2000 diesen Begriff, um die Anpassung von Ausländern an die deutsche Kultur zu verlangen. Der Gebrauch dieses Wortes wurde angegriffen: Geht es dabei um die Liebe zum Vaterland oder um Bier und Bratwurst oder um christliche Werte? Aber auch weil der Begriff Assoziationen mit dem Gedankengut der extremen Rechten erweckt, blieb er umstritten. Die Debatte um die «Leitkultur» weist auf stark abwehrende Reaktionen gegen die immer sichtbarer werdende muslimische Gemeinschaft hin. Andererseits ergibt sich aus den heftigen Reaktionen, die der Gebrauch des Wortes hervorgerufen hat, daß auch multikulturalistische Ideale stark in der Gesellschaft verankert sind.

Die Ansiedlung der Muslime

Anders als Frankreich und Großbritannien hat Deutschland keine – oder kaum eine – Vergangenheit als Kolonialmacht, die die Entwicklung von muslimischen Gemeinschaften mitbestimmt. Dadurch ist der sprachliche Rückstand der islamischen Immigranten beim Gebrauch des Deutschen größer und ihre Rechtsposition schwächer. Die schätzungsweise drei Millionen zählende muslimische Gemeinschaft in Deutschland besteht zum größten Teil (2,3 Millionen, 76%) aus Türken. Ihre Einwanderung nach Deutschland ist mit anderen Modellen in Europa zu vergleichen: zeitlich beschränkter Aufenthalt männlicher Arbeitskräfte in den 1960er Jahren, dann Familienzusammenführung und dauernder Aufenthalt in den 1970er Jahren, später vollständige Migration durch Heirat mit Partnern aus dem Herkunftsland. Die Anwerbung von Arbeitskräften wurde jedoch erst 1993 beendet. 40 Jahre nach der ersten großen Einwanderungswelle wurde über diese Gemeinschaft noch immer als «Ausländer» gesprochen, wenn diese Qualifizierung auch immer häufiger als «unfair» bezeichnet wird. In der Tat haben erst 340000 Türken die deutsche Staatsbürgerschaft erhalten, so daß zwei Millionen von ihnen juristisch den Status von Ausländern haben. Die Staatsbürgerschaft ist in Deutschland traditionell auf das *ius sanguinis* gegründet. Erst seit 2000 bekommen in Deutschland geborene Kinder von ausländischen Eltern automatisch die deutsche Staatsbürgerschaft, wenn ein Elternteil acht Jahre in Deutschland gewohnt hat.[22]

Gegen das Bild eines ziemlich rezenten, vor allem türkischen Einwanderungsstroms als wichtigsten Faktor für die islamische Präsenz möchte Muhammad Salim Abdullah den Islam stärker in der deutschen Geschichte verankern.[23] Er führt zwanzig Türken an, die im Dienst des preußischen Königs Friedrich Wilhelm I. standen und 1732 einen eigenen Gebetsraum bei Potsdam erhielten: Weiter nennt er die Moschee in Wünsdorf, die 1915 auf Befehl von Kaiser Wilhelm II. für Muslime gebaut wurde, die in deutsche Kriegsgefangenschaft geraten waren.[24] Ferner führt er eine Berliner Muslimorganisation an, die während der Weimarer Republik aktiv war und u.a. das Blatt *Moslemische Revue* herausgab. Nach dem Zweiten Weltkrieg sind u.a. folgende Immigrantengruppen zu nennen: eine recht große Gruppe von iranischen Geschäftsleuten, die sich um 1950 in Hamburg niederließ. Dann die Arbeitsimmigranten aus den 1960er Jahren, die neben den bereits genannten Türken auch Marokkaner und Tunesier umfaßten. Vor allem in den 1980er Jahren kamen etliche Asylsuchende aus Iran, Afghanistan und dem Irak hinzu. Der Bürgerkrieg brachte in den 1990er Jahren viele Bosnier nach Deutschland, und eine Zeitlang bildeten sie nach den Türken die umfangreichste Gruppe von Muslimen. Aber ihre Zahl schrumpfte nach dem Ende des Bürgerkrieges durch Rückwanderung. Schließlich schätzt man die Zahl der zum Islam übergetretenen Deutschen auf ca. 50000. Die meisten sind Frauen, die mit einem Muslim verheiratet sind.

Bis zur Wende von 1989 war die muslimische Bevölkerung ein rein westdeutsches Phänomen und außerdem in den industriellen Zentren konzentriert. Nach 1990 haben auch die Neuen Bundesländer mit einer steigenden Zahl von Muslimen zu tun, vor allem weil Asylanten über die Bundesländer verteilt werden. Ihre Zahl ist jedoch gering, so daß die Präsenz in den Neuen Bundesländern nicht auffällt.[25]

Die schwache soziale und ökonomische Stellung der Arbeitsmigranten und ihrer Kinder – relativ schlechte Ausbildung, Überpräsenz bei unqualifizierten Arbeiten, hohe Arbeitslosigkeit – verändert sich nur allmählich. Allerdings nimmt unter den Immigranten die Anzahl kleiner und mittlerer Selbständiger zu. So gibt es mehr als 55 000 türkische Kleinbetriebe.[26]

Religiöse Strömungen und Organisationen

Das zahlenmäßige Übergewicht von Türken unten den Muslimen in Deutschland drückt sich auch in den islamischen Strömungen und Organisationen aus. Die größten Organisationen haben nicht nur mehrheitlich türkische Mitglieder, sondern spiegeln auch die religiösen und politischen Verhältnisse in der Türkei selbst wider.

Türkische muslimische Organisationen

Der Streit innerhalb der Türkei zwischen Laizismus und Islamisierung und zwischen dem Präsidium für religiöse Angelegenheiten *(Diyanet)* und oppositionellen islamischen Gruppen hat eine «europäische Front» bekommen. An dieser europäischen Front liegen jedoch die Kräfteverhältnisse anders als in der Türkei selbst, weil islamische Gruppen, die in der Türkei in der Illegalität wirkten oder nur eine begrenzte Bewegungsfreiheit hatten, unter den Türken in Westeuropa in aller Freiheit eine Organisation aufbauen, finanzielle Mittel zusammenbringen und ihren Anhang vergrößern können.

In den 1970er Jahren bauten z.B. die Schüler von Süleyman Hilmi Tunahan, einem 1960 gestorbenen Naqshbandī-Scheich, in Deutschland und anderen westeuropäischen Ländern ein umfangreiches Netzwerk islamischer Zentren auf. Dieses Netzwerk wurde hierarchisch strukturiert, mit einem Hauptquartier in Köln (*Verband der Islamischen Kulturzentren* – VIKZ) und mit Niederlassungen unter der Leitung eines «Hauptimams» in den einzelnen Bundesländern und den Nachbarländern, die ihrerseits lokale Zweige kontrollieren. Nach eigener Angabe sind in Deutschland ca. 300 Gemeinden dem VIKZ angeschlossen.[27] Der VIKZ kümmert sich u.a. um den Unterricht von Kindern im frühen und mittleren Schulalter. Es sind «Koranschulen», in denen besonders in den Schulferien und an Wochenenden Arabisch und religiöse Elementarkenntnisse gelehrt werden. Älteren Schülern wird bei der Hausarbeit geholfen. Diese Aktivitäten werden an einigen Orten heftig als Integrationshindernis bekämpft, aber von den Eltern selbst als ein nützlicher Beitrag für die Schullaufbahn von türkischen Kindern angesehen. In einer tiefschürfenden Untersuchung über diese Bewegung zeigt die Religionswissenschaftlerin Gerdien Jonker, wie die Spiritualität dieser Bewegung in der mystischen Tradition der *Naqshbandīya* wurzelt, aber daß die persönliche Beziehung zum Scheich *(rābiṭa)* verschwunden ist, weil Tunahan keinen Nachfolger ernannte. Kemal Kacar, der die Bewegung von 1959 bis zu seinem Tod 2000 leitete, wird in der Lehre der Süleymanlıs nicht als mystischer Lehrer angesehen, sondern als «weltlicher» Führer – obwohl auch in theologischen Angelegenheiten seine Autorität nahezu unangreifbar war. Weiter macht diese Untersuchung deutlich, daß der europäische Zweig der Bewegung am Ende der 1990er Jahre die Kommunikation mit der nichtislamischen Umwelt immer wichtiger nahm. Das geschah u. a. durch die Eröffnung einer islamischen Akademie mit dem Namen *Islah* und der Teilnahme an interreligiösen Dialoggruppen. Aber diese nach außen gewandte Haltung wurde im Jahr 2000 durch einen neuen Leiter in der Türkei, Arif Ahmet Denizolgun, mit dem Ziel abgelehnt, die religiöse Vertiefung der eigenen Gemeinschaft von neuem in den Mittelpunkt zu stellen.[28]

Die zweite türkische islamische Bewegung, die unter den Türken in Deutschland viel Erfolg hatte, ist die *Milli Görüş*-Bewegung. Sie vereinigt Sympathisanten des Gedankenguts von Necmettin Erbakan, der in der Türkei auf dem Weg der Parteipolitik nach der Islamisierung der Türkischen Republik strebt. Vor allem nach dem Staatsstreich von 1980, der die politische Karriere von Erbakan und seiner Nationalen Heilspartei vorläufig beendete, bauten seine Anhänger in Westeuropa eine weitverzweigte Organisation auf, die *Avrupa Milli Görüş Teşkilatları*, die seit 1995 unter dem Namen *Islamische Gemeinschaft Milli Görüş* (IGMG) firmiert.[29] Europaweit sind der IGMG ca. 500 Moscheengemeinschaften angeschlossen, davon ungefähr 300 in Deutschland. Organisatorisch sind die lokalen Gemeinschaften zu Regionalverbänden zusammengefaßt. Es bestehen zur Zeit 16 deutsche (Hamburg, Bremen, Berlin, Hannover, Nördliches Ruhrgebiet, Ruhrgebiet, Düsseldorf, Köln, Hessen, Rhein-Saar, Stuttgart, Schwaben, Freiburg, Nördliches Bayern, Südliches Bayern und Schwaben) und 14 europäische Regionen (Dänemark, Schweden, Nördliche Niederlande, Südliche Niederlande, Belgien, Paris, Straßburg, Lyon, Annecy, Schweiz, Österreich 1 und 2, Norwegen und England). Die Zentrale des Europaverbandes befindet sich in Deutschland.[30] Obwohl die *Milli Görüş*-Bewegung zweifellos aus dem politischen Islam kommt, gehen die Meinungen über die Frage, wie weit sich ihre europäischen Abteilungen an die säkularisierte und pluralistische Gesellschaft angepaßt haben, weit auseinander. Besonders in den 1990er Jahren hat eine in Deutschland aufgewachsene Generation innerhalb der Bewegung versucht, mehr Abstand von den politischen Verhältnissen in der Türkei zu bekommen, und sich auf die Orientierung nach Europa konzentriert. Ein Aspekt dieser europäischen Orientierung ist die Akzeptierung von religiösem Pluralismus und das Streben nach einem guten Einvernehmen mit der nichtislamischen Umgebung. Andererseits wurde bei Massenversammlungen in Fußballstadien die Unterstützung für Erbakan und andere Parteiführer als Teil der kollektiven Identität erneut bekräftigt, und Bekehrungsrhetorik war ein fester Bestandteil der Reden.[31] Insofern Entwicklungen in der Türkei mitbestimmend für den Kurs des europäischen Zweiges der *Milli Görüş*-Bewegung bleiben, ist es von Bedeutung, daß in der Türkei die letzte von Erbakan geführte Partei (*Saadet Partisi,* die Partei des Wohlergehens) bei den Wahlen von 2002 weggefegt wurde durch die *Adalet ve Kalkınma Partisi* (Partei der Gerechtigkeit und des Fortschritts) von Receb Tayyip Erdoğan, die zwar auch aus der *Milli Görüş*-Bewegung kommt, aber viel stärker proeuropäisch ausgerichtet ist.

Ein radikaler Flügel der *Milli Görüş*-Bewegung, der sich am revolutionären Iran orientierte, spaltete sich 1983 unter der Leitung von Cemaleddin Kaplan (gest. 1995) ab. Die durch ihn geleitete *İslami Cemaat ve Cemiyetler Birliği* (ICCB, Verband der Islamischen Vereine und Gemeinden e.V.) strebt einen islamischen Staat in der Türkei an, und dies als ersten Schritt auf dem Weg zur Vereinigung der islamischen Welt unter einem Kalifen. Teilnahme an einem parteipolitischen System als Mittel, dieses Ziel zu erreichen, wird abgelehnt. Im Jahre 1994 gründete Kaplan einen (fiktiven) Kalifatsstaat und rief sich selber zum Kalifen aus. Der ICCB verbreitete seine Ideen über einige Dutzend islamische Zentren, über die Zeitung *Ümmet-i Muhammad* und einen Privatsender mit dem Namen Hakk-TV. Eine Fallstudie des Anthropologen Werner Schiffauer über diese Bewegung zeigt, wie sie sich von einer revolutionären politischen islamischen Bewegung zu einer Sekte entwickelte, in der die Person des Führers, nach Analogie des Platzes des Scheichs in einem Sufiorden, immer mehr in den Mittelpunkt rückte. Durch den Streit um diese Führerschaft nach dem Tod von Kaplan im Jahr 1995 bröckelte der Anhang ab, und die Kaplan-Bewegung wurde zu einer marginalen Gruppe mit weniger als 1000 Anhängern, die jedoch durch ihren Radikalismus viel Aufmerksamkeit auf sich zog. Der Sohn von Kaplan, Metin, saß einige Zeit im Gefängnis, weil er mitschuldig am Mord an einem Rivalen war. Er wurde Ende 2004 an die Türkei ausgeliefert und ist dort im Juni 2005 zu lebenslanger Haft verurteilt worden. Schon früher, seit Dezember 2001, waren sein Kalifatsstaat und die mit ihm verbundenen Organisationen vom Bundesinnenminister verboten worden.

Die *Nurcu*-Bewegung geht zurück auf den 1960 gestorbenen Said Nursi, der gegen die Säkularisierung der Türkei unter Atatürk Widerstand leistete, indem er eine Reihe von meditativen Korankommentaren publizierte und verbreitete, die *Risale-i Nur*. In diesen Kommentaren wird versucht, die Anständigkeit des Islams und die Unanständigkeit des umsichgreifenden Unglaubens aufzuzeigen. Trotz vielen Widerstandes seitens der kemalistischen Elite, die Nursi und seine Bewegung als reaktionär betrachtete, fand die Nurcu-Bewegung einige Millionen Anhänger, die sich vor allem als Studiengruppen um die *Risale-i Nur* organisierten. Ein Zweig der Bewegung, geleitet von Fethullah Gülen, baute in den letzten Jahrzehnten des 20. Jahrhunderts ein internationales Netzwerk mit Unterrichtsinstituten – inklusive Privatuniversitäten – auf. In Deutschland wird die Zahl von lokalen Nurcu-Gemeinschaften auf 120 mit einigen tausend Mitgliedern angegeben.[32]

Auch die «Türkisch-islamische Synthese» hat sich unter den Türken in Deutschland organisiert. Sie ist in den 1970er Jahren aus dem äußersten rechten Segment des türkischen politischen Spektrums entstanden und will den türkischen Nationalismus mit den islamischen Lehren versöhnen, indem sie den Türken eine führende Rolle in der islamischen *umma*, der Weltgemeinde, zuerkennt. In Deutschland bekam diese Bewegung Profil, als 1978 die *Avrupa Demokratik-*

Ülkücü Federasyonu (ADÜTDF, Föderation der Türkisch-Demokratischen Idealistenvereine in Europa) gegründet wurde, die wie andere in Deutschland gegründete türkische Dachverbände eine grenzüberschreitende Funktion hatte. Europaweit wird die Anzahl von Mitgliedsorganisationen auf 200 geschätzt. Im Jahr 1987 spaltete sich eine Gruppe ab, die mehr Nachdruck auf die religiöse Identität legt und weniger auf den türkischen Nationalismus. Diese Gruppe trägt seit 1993 den Namen *Avrupa Türk-İslam Birliği* (ATİB, Türkisch-Islamische Union Europa). Auch die ATİB soll ca. 200 Mitgliedsorganisationen haben.

Angesichts dieser religiösen Strömungen ergriff *Diyanet*, das Direktorat für religiöse Angelegenheiten des türkischen Staates, in den 1980er Jahren die Gegenoffensive, indem es eine eigene Infrastruktur unter den türkischen Moscheen in Westeuropa aufbaute. Das wichtigste Instrument war dabei die Aussendung von «Religionsfunktionären», deren Aktivitäten von Religionsattachés an den türkischen Botschaften und Konsulaten koordiniert wurden. Ferner wurden Moscheeorganisationen angeregt, sich hinsichtlich ihrer Statuten an *Diyanet* zu binden und die Verwaltung der Moschee an eine Organisation zu übertragen, die durch *Diyanet* kontrolliert wurde. In den Niederlanden war diese Politik so erfolgreich, daß die niederländische *Diyanet*-Organisation *(Islamitische Stichtung Nederland)* die Kontrolle über ca. 70% der türkischen Moscheeorganisationen erlangte und rivalisierende türkisch-islamische Organisationen an den Rand gedrängt wurden. In Deutschland leisteten konkurrierende Organisationen mehr Widerstand, aber der *Diyanet İşleri Türk-İslam Birliği* (DİTİB, Türkisch-islamische Union der Anstalt für Religion) ist mit 870 Mitgliedsorganisationen eindeutig die größte der Bundesrepublik.[33]

Um diesen Prozeß zu erklären, müssen verschiedene Faktoren genannt werden: der Druck, den türkische Staatsbeamte auf ihre Landsleute in der Fremde ausüben können; der finanzielle und organisatorische Vorteil, den ein vom türkischen Staat bezahlter Imam mit sich bringt, und schließlich die Überzeugungskraft der Propaganda, in der Konkurrenzorganisationen als Extremisten und als Feinde des geliebten türkischen Vaterlandes dargestellt werden. Anders als die besprochenen religiösen Strömungen vertritt DİTİB keine deutliche religiöse Richtung. In seinen Publikationen wird eine sunnitische Orthodoxie präsentiert, die der hanafitischen Rechtsschule folgt und prinzipiell für freundschaftliche Beziehungen mit der nichtislamischen Umwelt und für Loyalität gegenüber der nichtislamischen Regierung eintritt. Gleichzeitig wird die Zusammengehörigkeit der türkisch-islamischen Gemeinschaft in Deutschland betont, und zwar auf eine Weise, die sowohl die islamische als auch die türkische nationale Identität betont.[34]

Eine neuere Entwicklung unter den Türken ist schließlich das Wiederaufleben und die Institutionalisierung des alevitischen Islams. Diese religiöse Strömung, deren Anhänger ungefähr 20% der türkischen Bevölkerung ausmachen, wird oft wegen der zentralen Rolle, die ʿAlī ibn Abī Ṭālib in ihren Überzeugungen spielt, zum schiitischen Islam gerechnet. Sie ist aber stark durch eigenständige liturgische und soziale Traditionen gekennzeichnet. Darunter ist der *cem* zu nennen, ein liturgisches Gedenken an ein mythisches Mahl von vierzig Männern und Frauen in der Frühzeit des Islams, und das *musahiplik*, ein Bund zwischen zwei Männern und ihren Frauen, der sie zu lebenslanger Solidarität und Gütergemeinschaft verpflichtet. Das Wiederaufleben des alevitischen Islams unter den Türken in Westeuropa läuft parallel zu einer Entwicklung in der Türkei der 1980er Jahre. Sie ist eine Reaktion auf rechtsextreme Gewalt gegen diese Gruppe am Ende der 1970er Jahre, wurde jedoch auch durch die Repression gegen linke Organisationen verursacht, in denen Aleviten sehr aktiv waren. Verschiedene alevitische Organisationen, die in den 1980er Jahren gegründet wurden, vereinigten sich 1990 in der *Alevi Cemaatleri Federasyonu* (Föderation der alevitischen Gemeinschaften). Diese wurde 1993 umbenannt in *Avrupa Alevi Birlikleri Federasyonu* (AABF, Föderation alevitischer Vereinigungen in Europa), um die Zusammenarbeit mit anderen Organisationen in Europa sichtbar zu machen. Nach eigenen Angaben hat die AABF ungefähr 140 Mitgliedsorganisationen, davon 90 in Deutschland.[35]

Im Wiederaufleben des alevitischen Islams können zwei Richtungen unterschieden werden: Einerseits gibt es eine Richtung, die im Alevitentum eine mystische Lehre sieht, die im Islam wurzelt. Andere wollen die alevitische Lehre so weit wie möglich vom Islam loskoppeln und sehen ihn als eine humanistische Philosophie an. Die europäischen Zweige des alevitischen Netzwerkes richten sich stark an der Türkei aus und sehen als ihre Hauptaufgabe die Emanzipation ihrer Geistesverwandten in der Türkei an.

Andere muslimische Organisationen

Gegenüber diesen weitverzweigten türkischen islamischen Organisationen, die fast alle über einige hundert lokale Zentren verfügen, spielen die muslimischen Organisationen, die aus anderen ethnischen Gruppen bestehen, auf den ersten Blick keine große Rolle. Dennoch müssen hier einige nichttürkische Netzwerke angeführt werden, die das Gesicht des Islams in Deutschland mitbestimmen. Da sind zuerst die Organisationen zu nennen, die vor allem durch arabische Muslime geleitet werden. Es ist dies z.B. die *Islamische Gemeinschaft in Deutschland* (IGD) mit Zentren in München, Stuttgart, Frankfurt, Münster, Nürnberg, Marburg, Braunschweig und Köln. Sie arbeitet nach eigenen Angaben mit 28 anderen lokalen muslimischen Vereinigungen zusammen.[36] Die älteste dieser Organisationen, das *Islamische Zentrum München*, das zwischen 1967 und 1973 aufgebaut wurde, gibt bereits seit vielen Jahren die Vierteljahresschrift *Al-Islam* heraus. Die IGD – oder korrekter, die Vorläuferin der heutigen IGD – wurde in den 1960er Jahren durch Saʿīd Ramaḍān geleitet, einen Schwager von Ḥasan al-Bannā, dem Gründer der *Muslimbrüder* in Ägypten. Auch darum wird die IGD oft in einen Zusammenhang mit den *Muslimbrüdern* gebracht,[37] obwohl dieser von anderen bezweifelt wird.[38]

Ein zweites Netzwerk arabischer Muslime in Deutschland ist um das seit 1970 aktive *Islamische Zentrum in Aachen* (Bilal Moschee, IZA) entstanden, das durch den syrischen Muslimbruder ʿIṣām ad-Dīn al-ʿAṭṭār gegründet und lange Zeit geleitet wurde.

Für die schiitischen Muslime in Deutschland besitzt das *Islamische Zentrum in Hamburg* seit seiner Gründung 1966 eine führende Funktion und gibt das Blatt *al-Fadschr* heraus. Das Zentrum repräsentiert die Zwölferschia und unterhält enge Verbindungen mit den Führern der Islamischen Republik Iran.[39]

Bosnische muslimische Organisationen haben einen eigenen Dachverband auf Bundesebene gegründet (*Vereinigung Islamischer Gemeinden der Bosniaken in Deutschland,* 55 Gemeinden). Schließlich gibt es diverse kleine, aber aktive Organisationen deutschstämmiger Muslime.[40]

Aus dieser Übersicht wird die Heterogenität und Kompliziertheit des organisierten Islams in Deutschland deutlich. Der Eindruck der Heterogenität wäre noch viel größer, wenn wir die vielen kleinen Gruppen in Betracht ziehen würden, variierend von Sufigemeinschaften bis zu radikal-islamistischen Splittergruppen, die in den Verfassungsschutzberichten des Bundes besprochen werden. Diese Diversität läßt die Frage stellen, wie der Islam in der Öffentlichkeit repräsentiert wird und wie weit muslimische Organisationen vom Staat anerkannt werden.

Institutionalisierung und Vertretung

Von allen westeuropäischen Ländern hat Deutschland die größte Anzahl an Moscheen (2200, d.h. eine Moschee für 1364 Muslime). Darüber hinaus sind diese Moscheen oft nicht nur Zentren für religiöse Aktivitäten, sondern es ist ein ganzes System von religiösen, publizistischen, erzieherischen und selbst wirtschaftlichen Aktivitäten um sie herum gewachsen. Verschiedene der genannten Dachverbände geben eine Zeitschrift heraus. Neben den schon erwähnten Vierteljahreszeitschriften *Al-Islam* und *al-Fadschr* sind weiter zu nennen: *Milli Görüş – Perspektive* von IGMG und das DİTİB-Nachrichtenbulletin *Haber Bülteni.* Das «Zentralinstitut Islam Archiv Deutschland» in Soest gibt eine Vierteljahreszeitschrift mit dem Titel *Moslemische Revue* heraus, die als Fortsetzung eines gleichnamigen Blattes präsentiert wird, das in den Jahren 1924–1942 existierte. In der Frauenzeitschrift *Huda* wird versucht, die islamischen Quellen frauenfreundlich auszulegen. Verschiedene Sufigruppen geben deutschsprachige Zeitschriften heraus, darunter das Wochenblatt *Lichtblicke* und die Vierteljahresschrift *Morgenstern*, beide aus Kreisen von Anhängern von Scheich Nazim al-Kubrusi. Auch nimmt die Zahl der von Muslimen herausgegebenen Bücher stetig zu, entweder in Übersetzungen von arabischen oder türkischen Originalen oder in Deutsch geschrieben. Zunehmend wird auch das Internet ein Medium, in dem gleichgesinnte Muslime ihre Gedanken austauschen.[41]

Islamische Unterrichtsinstitutionen gibt es, abgesehen von überall verbreiteten Koranschulen und den Dutzenden Internaten, noch wenige: eine anerkannte und durch den Staat geförderte islamische Grundschule in Berlin, eine islamische höhere Schule in München und diverse kleinere Institute, die eine weitergehende Ausbildung anbieten, u. a. das Institut für Internationale Pädagogik und Didaktik, das eine zweijährige Ausbildung anbietet, und die schiitische theologische Ausbildung am *Islamischen Zentrum Hamburg.*[42] Seit 2004 gibt es an der Westfälischen Wilhelms-Universität Münster einen Lehrstuhl, an dem Lehrer für den islamischen Religionsunterricht an deutschen Schulen ausgebildet werden sollen.[43]

Im wirtschaftlichen Bereich muß zuerst auf die Filialen von Banken aus der islamischen Welt hingewiesen werden, wozu die *Islam Tekaful Kurumu* gehört. Ferner haben alle größeren islamischen Dachverbände eigene Betriebe, von Lebensmittelbetrieben bis zu Immobiliengeschäften.[44]

Die Vielfalt dieser religiösen, schulischen und wirtschaftlichen Aktivitäten läßt manchen Beobachter seufzen, daß «sich in fast allen Lebensbereichen eine autarke muslimische Parallelgesellschaft entwickelt hat».[45] Andererseits fällt auf, daß die Verankerung des Islams in den Institutionen der deutschen Gesellschaft schwach ist. Formelle Anerkennung, die mit der Behandlung schon länger in Deutschland beheimateter Religionen vergleichbar wäre, steht noch aus. Wie Belgien, Österreich und einige andere westeuropäische Länder besitzt Deutschland ein System der Anerkennung von religiösen Gemeinschaften als Körperschaft des öffentlichen Rechts. Diese Anerkennung verschafft wichtige Rechte, darunter die sogenannte Kirchensteuer, die durch den Staat bei den Mitgliedern der religiösen Gemeinschaften eingezogen und an ihre Kirche abgeführt wird. Ferner verschafft diese Anerkennung Teilhaberrechte im öffentlichen Leben: Rundfunkrecht, Jugendfürsorge, das Parochialrecht (Inanspruchnahme zuziehender Angehöriger der Religionsgemeinschaft als Mitglied).[46] Neben diesen konkreten Vorteilen hat die öffentlich-rechtliche Anerkennung auch einen symbolischen, statuserhöhenden Wert – und das Nichtvorhandensein dieser Anerkennung unterstreicht für viele Muslime, daß sie als Glaubensgemeinschaft nur eine zweitrangige Stellung haben.[47] Seit 1977 haben muslimische Organisationen Versuche unternommen, als Körperschaft des öffentlichen Rechts anerkannt zu werden, aber diese Versuche scheiterten, weil keiner der Antragsteller als repräsentativ für die heterogene muslimische Gemeinschaft gelten konnte. Ferner ist für diese Anerkennung eine stabile Organisation notwendig.

Die Forderung von Repräsentativität ist in Deutschland ein wichtiges Stimulans für die Koalitionsbildung zwischen muslimischen Organisationen geworden. So wurde 1986 der *Islamrat für die Bundesrepublik Deutschland* gegründet, in dem *Milli Görüş*, die Süleymanlıs und die Nurcus mit einigen kleineren muslimischen Organisationen, sowohl sunnitischen als auch schiitischen, aus verschiedenen ethnischen Gemeinschaften zusammenarbeiteten. Der *Islamrat* strebt, bisher ohne Erfolg, die Anerkennung als Körperschaft des öffentlichen Rechts an. Nachdem 1988 die Süleymanlıs den *Islamrat* verließen, wurde er von Organisationen dominiert, die mit *Milli Görüş* verbunden sind. 1994 bekam dieser Rat einen Gegenspieler im *Zentralrat der Muslime in Deutschland.* Auch dieser verbindet islamische Organisationen aus verschiedenen ethnischen Gruppen und unterschiedlichen konfessionellen Richtungen, aber in der Liste der Mitglieder fehlen die größeren türkischen Verbände – die Süleymanlıs gehörten zwar zu den Mitgründern, verließen aber den *Zentralrat* im Jahre 2000. Organisationen, die Mitglieder des *Zentralrats* sind, sind die genannten Islamischen Zentren von München, Aachen und Hamburg.

Obwohl beide Organisationen einen Beitrag für die Zusammenarbeit und den inneren Zusammenhang der heterogenen und fragmentierten islamischen Gemeinschaft in Deutschland leisteten, ist es doch auch deutlich, daß beide nur eine Fraktion der muslimischen Organisationen darstellen. Der 870 Mitgliedsorganisationen zählende türkische islamische Dachverband DİTİB geht seinen eigenen Weg, und auch der VIKZ, die Süleymanlıs, ist nur für einige Zeit in beiden Räten vertreten gewesen. Damit scheint 2004 ein repräsentatives Organ für die Muslime in Deutschland weiter entfernt als jemals. Ein weiteres Problem ist, daß die genaue Zahl der Anhänger schwierig festzustellen ist, weil nur eine beschränkte Anzahl der Muslime in Deutschland als Mitglied einer islamischen Organisation registriert ist.[48]

Neben der Frage der Anhängerschaft taucht in den Diskussionen über die staatliche Anerkennung stets die Frage auf, ob die betreffenden Organisationen ideologisch genügend in die pluralistische Gesellschaft passen. Sie werden beschuldigt, daß sie die westliche Demokratie, die Religionsfreiheit und die Toleranz mißbrauchen, um ein im Wesen undemokratisches und intolerantes Gesellschaftsmodell zu propagieren. In der Reaktion auf diese Kritik werden die muslimischen Organisationen nicht müde, ihre Loyalität gegenüber dem deutschen Grundgesetz zu betonen und terroristische Anschläge, die im Namen des Islams ausgeführt werden, unumwunden zu verurteilen. Ein Beispiel ist die *Islamische Charta,* die Anfang 2002 vom Zentralrat publiziert wurde. Darin wird u.a. gesagt: «Die vom Grundgesetz garantierte gewaltenteilige, rechtsstaatliche und demokratische Grundordnung der Bundesrepublik Deutschland, einschließlich des Parteienpluralismus, des aktiven und passiven Wahlrechts der Frau sowie der Religionsfreiheit» wird bejaht und «das Recht, die Religion zu wechseln, eine andere oder gar keine Religion zu haben», wird anerkannt. Solcherart Loyalitätserklärungen richten jedoch gegen das Mißtrauen, das gegenüber den Intentionen islamischer Organisationen besteht, wenig aus.

Die Diskussion über die staatliche Anerkennung des Islams hat jedoch in den vergangenen Jahren eine Wende genommen, weil verschiedene Bundesländer eine Lösung für den islamischen Unterricht an öffentlichen Schulen gesucht haben, indem sie nicht so sehr mit den islamischen Dachverbänden auf Bundesebene verhandelt haben, sondern mit Länderverbänden. Um diesen Religionsunterricht abhalten zu können, ist ein islamischer Ansprechpartner nötig, der allerdings nicht notwendig den Status einer Körperschaft des öffentlichen Rechts haben muß.[49] Berlin hat im Jahre 2000 die *Islamische Föderation Berlin* – einen Verband, in dem *Milli Görüş* großen Einfluß hat – als Instanz anerkannt, die den islamischen Religionsunterricht erteilen darf. In den Jahren 2004–2005 wird das an 37 Schulen getan.[50] Der Unterricht wird auf Deutsch erteilt. Diese Anerkennung ist vor allem eine Niederlage für DİTİB, der wollte, daß der Religionsunterricht auf türkisch gehalten wird.[51]

In Hessen hat die *Islamische Religionsgemeinschaft Hessen* (IRH) das Recht erworben, den islamischen Religionsunterricht abzuhalten, und in verschiedenen anderen Bundesländern wird zwischen staatlichen Behörden und islamischen

Verbänden verhandelt. Da sich jetzt der islamische Religionsunterricht an den staatlichen deutschen Schulen ausbreitet, wäre ein weiterer logischer Schritt die Institutionalisierung, um zu einem pädagogischen und didaktischen Unterricht zu kommen und den zunehmenden Bedarf an qualifizierten Religionslehrern zu befriedigen.

Am Beispiel des Religionsunterrichtes wird die Bereitschaft staatlicher Stellen deutlich, dem Islam einen Platz innerhalb der deutschen gesellschaftlichen Strukturen zu geben und dafür mit den größeren muslimischen Organisationen zusammenzuarbeiten. Auf anderen Gebieten verläuft die Integration des Islams in die Gesellschaft schwierig. So ist das Schlachten nach islamischem Ritus in Deutschland illegal, wenn keine Betäubung vorausgegangen ist, was impliziert, daß die Muslime in diesem Fall anders als die jüdische Gemeinschaft behandelt werden. Dinge wie das Recht auf einen freien Tag an islamischen Festtagen sind noch nicht angemessen behandelt. Auch die Entwicklung der Kopftuchdebatte, die zu einem allgemeinen Verbot für das Tragen eines *ḥijāb* für Frauen im staatlichen Dienst tendiert, ist ein Zeichen für die noch beschränkte Akzeptierung des Islams in Deutschland.

3. Südost- und Osteuropa

(Hermann Kandler)

Seit den ersten Berichten über Auseinandersetzungen zwischen muslimischen Albanern und christlichen Serben im Kosovo 1981 scheint Südost- und Osteuropa ein Wiedererstarken des Islams zu erleben. Ständige Unruhen und Kämpfe zwischen Muslimen und Christen, besonders nach dem Ende der kommunistischen Herrschaft und dem Zusammenbruch der Vielvölkerstaaten Jugoslawien und Sowjetunion, scheinen die Bruchlinienkriege Huntingtons zu sein, die seinen «Kampf der Kulturen» charakterisieren.[1] Der Balkan[2] ist Kernregion des geopolitischen Grenzsaums zwischen islamischer und westlicher Welt, «zwischen Wien und Mekka»[3]. Der islamisch-christliche Antagonismus fußt dabei auf der Vorstellung statischer Religionskörper. Die regionalen Prozesse zeigen aber vielmehr, daß das Streben nach nationaler und ethnischer Uniformität gewichtiger wird und sogar religiöses Gemeinschaftsgefühl diskordant schneiden kann. Es existiert zwar ein religiöser Antagonismus; er ist jedoch nicht die Triebfeder. Das *nation-building* bedient sich vielmehr historisch-religiöser Komponenten,[4] ist doch vor allem in den islamischen Randbereichen eine weitgehende Überlappung von Islam und Nationalempfinden festzustellen.[5] Im Ergebnis wird in Südosteuropa nicht mehr vom Widerstreit der Religionsgemeinschaften, sondern von Konflikten zwischen ethnischen Gruppen gesprochen.

Die Geschichte des Islams, der den südost- und osteuropäischen Raum im Zusammenspiel mit dem Christentum prägte, ist verknüpft mit der Expansion des Osmanischen Reiches auf den europäischen Kontinent. Der Islam breitete sich dabei nicht flächendeckend aus, sondern konzentrierte sich seit dem 15. Jahrhundert auf die von den Städten beherrschten Senken *(ova)* und Gebirgsrandzonen *(yaka)*[6]. Nur selten konnte sich der Islam auch in den Gebirgsregionen (Rhodopen) oder Grenzgebieten des Osmanischen Reiches behaupten.[7] Das Zurückdrängen des Osmanischen Reiches aus Europa seit dem 17. Jahrhundert ist in einem seiner staatsorganisatorischen Prinzipien, dem *millet*[8]-Gedanken, begründet, der heute gerne als ein frühes Beispiel toleranter Minderheitenpolitik angesehen wird. Die Osmanen gewährten den nicht-muslimischen bzw. nicht-türkischen Bevölkerungsgruppen durch ihre Anerkennung als *millet* das Recht auf Regelung ihrer internen Angelegenheiten, z. B. in Glaubens- und Rechtsfragen. Diese *millet*s wurden oftmals zu Zellen des seit dem 16. Jahrhundert aufkommenden Nationalismus, aus dem sich der ethnische Partikularismus entwickelte, dessen grausame Folgen man im Ethnizismus der Gegenwart miterlebt, oder des religiösen Partikularismus, auf den sich z. B. die Autokephalie der orthodoxen Kirche gründete. Schon seit dem 17. Jahrhundert unterstützten europäische Mächte die nationalen Kräfte in den *sancak*s gegen das Osmanische Reich.[9] Das Nebeneinander unterschiedlicher Machtstrukturen führte zum Begriff der «Balkanisierung» als «Synonym des Stammeshaften, Rückständigen, Primitiven, Barbarischen»[10].

Durch die starken politisch-regionalen Verschiebungen und das Fehlen einheitlicher Richtlinien bei Volkszählungen nach 1990 sind die Bevölkerungszahlen, insbesondere die der muslimischen Gruppen, nur bedingt zuverlässig: in Albanien 2,275 Millionen (1982), in Bulgarien mindestens 1,2 Millionen (1992), in Bosnien-Herzegowina 1,8 Millionen, im autonomen Gebiet Kosovo 1,9 Millionen (2000), im Sandžak[11] ca. 200000, in Mazedonien[12] 480000 (1995), in Griechenland 150000 (1993), im jugoslawischen Teilstaat Montenegro 50000 (2000), in Polen 3000 (1992), in Rumänien 50000 (1993) und einige Tausend in Tschechien, der Slowakei[13] und Ungarn. In Albanien (70% der Gesamtbevölkerung), Bosnien-Herzegowina (43,7%) und im Kosovo (ca. 85%) stellen die Muslime dabei die Mehrheitsbevölkerung.

Die Kriege und Unruhen in Südost- und Osteuropa seit den 1980er Jahren sowie die politische Umstrukturierung ließen in dem Raum zwischen Ostsee, Tschechien, Zypern und der Ukraine vier Gruppen von Staaten unterschiedlicher national-territorialer Entwicklung, einhergehend mit dementsprechender bi- und multikommunaler[14] Interaktion, hervortreten. Die daraus resultierende Zuordnung der einzelnen Staaten ist – abweichend von Beiträgen in früheren Auflagen dieses Werks – Grundlage dieses Aufsatzes. So weist das Kosovo zur Zeit noch die stärkste innere Zerrissenheit auf. Hier ringt ein großer Teil der Bevölkerung um staatliche Autonomie. In Zypern und Montenegro bleibt abzuwarten, welches Maß und welche Form der gesellschaftlichen Beteiligung den Muslimen in beiden Ländern zugestanden werden. Mazedonien und Bosnien-Herzegowina sind auf dem Weg des *nation-building* und der Wiederbelebung des Vielvölkerstaates auf der Basis bestehender Verfassungen. Albanien, Griechenland und Bulgarien sind in sich gefestigte Nationalstaaten auf dem Weg zu einer internationalen Ansprüchen genügenden Minderheitenpolitik. In den anderen osteuropäischen

Staaten sind die muslimischen Gruppen in die Gesamtbevölkerung integriert oder haben sich an sie angepaßt.

a) Gemischtreligiöse räumliche Entitäten

Infolge von Flucht und Vertreibung im Verlauf der Kriege in Bosnien (1992–1995) und im Kosovo (1998–1999) konzentrieren sich die Muslime in *Serbien* sowie im autonomen Sandžak in Montenegro.

Grundproblem des Kosovo ist seine bi-kommunale Struktur, gebildet aus Serben und Albanern, die nie ein Miteinander pflegen konnten, sondern immer als Hegemonial-Vertretung äußerer Mächte benutzt wurden.[15] Die Serben leiten ihren territorialen Anspruch auf das Kosovo als ehemaligen Bestandteil des serbischen Reichs Raska ab, das so zur Wiege der serbischen Nationalkirche wurde. In der von vielen Mythen begleiteten «Schlacht auf dem Amselfeld» (Kosovo polje 1389) unterlagen jedoch die Serben den Osmanen. Diese Niederlage wird insbesondere seit dem im 19. Jahrhundert aufkommenden serbischen Nationalismus als ein die Nation einendes Stigma empfunden. Diesem Streben stehen die Ansprüche der Kosovo-Albaner gegenüber, die das Gebiet als ihr angestammtes Ursprungsland proklamieren, doch im Gegensatz zu den umliegenden Herrschaftsbereichen dieses niemals in eigener Verantwortung oder gar als Teil eines Groß-Albanien führen konnten.

Die Bevölkerung des Kosovo setzte sich zu etwa gleichen Hälften aus Serben und Albanern zusammen, als Serbien die Provinz 1912 vom Osmanischen Reich übernahm. Abgesehen von ca. 50000 Katholiken sind die Albaner Muslime. Im Gegensatz dazu sind die Serben vorwiegend orthodoxe Christen, und nur ein kleiner Teil, die *Goranci*, bekennen sich zum Islam. Im Laufe der Zeit änderte sich das Bevölkerungsverhältnis entscheidend. Um 2000 waren im Kosovo fast 90% der Bevölkerung muslimische Albaner. Grund hierfür sind der natürliche Geburtenzuwachs (hohe Fertilität) und der Zuzug von Albanern während des Zweiten Weltkriegs, als das Kosovo zu Albanien gehörte, was zusätzlich viele Serben veranlaßte, das Gebiet zu verlassen. Dieser zahlenmäßig wachsenden Dominanz der albanischen Bevölkerung versuchte man zwischen den Weltkriegen durch Assimilationskampagnen und die Unterdrückung der albanischen Sprache und damit islamischer Kultur zu begegnen. 1937 entwarf der serbische Historiker V. Čubrilović ein Programm zur Aussiedlung der Albaner in die Türkei, das bis 1997 gedankliches Werkzeug serbischer Nationalisten blieb. Zwar wurden in kommunistischer Zeit die Minderheitenrechte der Albaner, u.a. das Recht auf Ausbildung in Albanisch oder auf eine territoriale Selbstverwaltung, wiederhergestellt, doch gestand Jugoslawien dem Kosovo nie den Status einer Republik zu, da die Kosovo-Albaner – nach jugoslawischer Auffassung – einerseits keine Südslawen waren und andererseits mit Albanien ein Nationalstaat als externer Vertreter existierte. Der Streit um die Unterrichtssprache löste Anfang der 1980er Jahre im Kosovo die ersten Unruhen zwischen Albanern und Serben aus. Da gewaltloser Widerstand keinen Erfolg hatte, konnte sich seit 1986 die UCK[16] organisieren, die einen bewaffneten Widerstand in Form der *intifāḍa* begann. 1989 wurde den Kosovo-Albanern die Autonomie aberkannt, das Parlament 1990 durch Milošević aufgelöst. Damit einher gingen Polizeiwillkür, Menschenrechtsverletzungen und Entlassungen von albanischen Lehrern und Professoren. Es herrschte eine Form von «Apartheid»[17]. 1990 organisierte die gemäßigte LDK[18] ein Referendum über die Abspaltung der Region von Serbien, was in einem parallelen Ausbildungs- und Verwaltungssystem 1992 Ausdruck finden sollte. Auch wenn pro-nationale Bestrebungen und nicht etwa islamischer Fundamentalismus der Motor der inneren kosovarischen Spaltung sind, bleiben religiöse Differenzen Hauptquelle kollektiven Hasses.[19] Das Massaker von Drenica an 80 muslimischen Albanern (September 1998) bedeutete den Auftakt serbischer Übergriffe auf muslimische Siedlungen zur Schaffung eines «cordon sanitaire» gegen Albanien. Nach Zerschlagung der UCK wurde die Zivilbevölkerung weiterhin terrorisiert. Bis Oktober 1998 stieg die Zahl der Binnenflüchtlinge aus anderen Kriegsgebieten – unter ihnen 400000 Kosovaren –, was die Siedlungsverhältnisse radikal verschob. Danach, bis in den Februar 1999, wurde trotz der gleichzeitigen Verhandlungen in Rambouillet das Kosovo systematisch «ethnisch gesäubert». Erst die NATO-Luftangriffe seit März 1999 setzten dem serbischen Vormarsch ein Ende.[20] Auffallend ist, daß die Kosovo-Albaner ihre nationale Identität stets eher durch Sprache als durch Religion definieren, was durch ein Fehlen fundamentalistischer Bestrebungen während des achtjährigen gewaltlosen Widerstandes gegen Serbien und auch während der Besetzung 1998–1999 belegt wird. Weder islamistische Führer noch eine durch die Bedrängung provozierte Hinwendung zu einem radikalen Islam bestimmten das Leben der Kosovaren in dieser Phase.[21]

Gegenwärtig birgt das Streben nach nationaler Eigenständigkeit für die Kosovo-Albaner die Möglichkeit einer Vereinigung mit dem albanischen Nationalstaat, was die internationale Gemeinschaft – als faktische Schutzmacht des Kosovo – ablehnt. Im Herbst 2000 wurden im Kosovo erstmals seit dem Krieg international überwachte Kommunalwahlen abgehalten, aus denen Rugova, der Führer der LDK, als Sieger hervorging. 2003 verhandelten in Wien erstmals serbische und kosovarische Vertreter über die Zukunft der Provinz – unter Ausklammerung staatsrechtlicher Fragen, was ein Zeichen für eine Entschärfung der Kontroversen sein mag. Es zeigt sich jedoch, daß selbst geringste Anlässe zur Störung der Ruhe führen, so als es im Frühjahr 2004 in der geteilten Stadt Mitrovica zu albanischen Übergriffen auf Serben (und auch auf KFOR-Soldaten) kam. Eine fast logische Folge waren serbische Brandanschläge auf Moscheen in Belgrad und Niš.

Noch unklar ist die zukünftige Situation der Muslime in *Montenegro*. Das Fürstentum bewahrte auch im Osmanischen Reich eine gewisse Autonomie und wurde nach dem 1. Weltkrieg auf Grund seiner sprachlichen Verwandtschaft in das Königreich Jugoslawien eingeordnet. In der Teilrepublik Montenegro leben heute etwa 200000 Muslime. Diese sind Albaner (6,6%), die im Grenzbereich zu Albanien leben, und bosnisch-muslimische Slawen (14,6%), die vor allem in dem zwischen Serbien und Montenegro aufgeteilten Sandžak von Novi Pazar beheimatet sind. Seit Ende 1990 werden die Autonomiebestrebungen der slawischen Muslime mit massivem Druck bekämpft. Ähnlich wie die muslimischen Albaner im Kosovo definieren sich im Sandžak die slawischen Muslime national, d.h. weniger durch die Religion als durch ihre gemeinsame Sprache. Auch hier spielten während der Konflikte 1989–1999 islamische Führer keine bedeutende Rolle. Islamischer politischer und sozialer Fundamentalismus fand selbst in Kriegszeiten kaum große Beachtung.

Ähnliches gilt für Zypern. Der Nordteil Zyperns wurde 1974 durch die Türken besetzt. 1960, zur Zeit seiner Unabhängigkeitserklärung, verfügte Zypern über 393 «griechische» und 120 «türkische» Dörfer sowie 106 Ortschaften mit gemischter Bevölkerung. Seit 1974 wandelte sich die ethnische Struktur vor allem Nordzyperns einschneidend. 50000 türkische Zyprioten flohen aus dem Süden, 80000 Türken aus Anatolien wurden in der späteren, 1983 ausgerufenen KKTC[22], die nur von der Türkei anerkannt wurde, angesiedelt und 30000 türkische Soldaten stationiert. Wenige Griechen blieben. Seit 2003 ist die bis dahin für Zyprioten undurchlässige, von der UNFICYP[23] bewachte Grenze wieder geöffnet. Am 26.4.2004 hat das geteilte Land durch ein Referendum die Möglichkeit vertan, eine Wiedervereinigung der südzyprischen, hauptsächlich griechisch-christlichen Republik mit dem türkisch besetzten, vorwiegend muslimischen Nordzypern (200000 = 26% der gesamtzyprischen Bevölkerung) herbeizuführen. Damit ist zunächst nur der Südteil EU-Mitgliedsland. Während die türkischen Zyprer mit 64,9% für die Vereinigung votierten, lehnten 75,8% der südzyprischen Bevölkerung eine Vereinigung ab. Somit war die Möglichkeit eines «doppelten Ja» vertan. Gründe hierfür waren der nicht garantierte Abzug der türkischen Besatzungstruppen im Nordteil Zyperns, der UN-Plan von Kofi Annan, der eine nur beschränkte Rücksiedlung der Griechen in den Norden vorsah, sowie die Angst vor dem Verlust erworbenen Besitzstandes und den anfallenden Kosten zur Förderung Nordzyperns. Auf nordzyprischer Seite wurde der zu erwartende Zuzug der Griechen und ihre wirtschaftliche Dominanz befürchtet. Auffällig jedoch ist, daß in der Diskussion um eine mögliche Wiedervereinigung religiöse Vorbehalte nicht zum Tragen kamen. Letztlich waren der EU die Hände gebunden, größeren Druck auf Südzypern auszuüben, da sie sich der Auffassung der UN anschloß, die Nachfolgeregierungen im Südteil seit 1964 als legitime Repräsentanz Zyperns anzuerkennen, und somit keine offiziellen Kontakte zu Vertretern Nordzyperns unterhalten konnte. Brüssel wird gegenüber Nordzypern wegen dessen positiver Haltung zur EU Entgegenkommen (z.B. durch die Aufhebung des Handelsembargos) zeigen. Am 28.4.2004 wurde beschlossen, ungeachtet der allgemeinen Maßgabe des Schutzes der EU-Außengrenze die freizügigen Regelungen des Grenzverkehrs zwischen Nord- und Südzypern beizubehalten. Das läßt einen Austausch auf allen Ebenen erhoffen.[24] Zukünftig wird das Augenmerk auf die Intensivierung der gruppenübergreifenden Kontakte gerichtet sein[25], wie sie bislang nur in zwei Ortschaften (Potamia und Pyla) aktiv gepflegt werden. Insbesondere in Potamia wird zur Zeit aktiv an einer Zusammenführung von türkischen und griechischen Zyprioten gearbeitet. So wurde bislang ein doppelter Ortsvorstand aus den Reihen griechischer und türkischer Zyprer etabliert und ein gemeinsamer Radiosender gegründet.

b) Staaten im Prozeß des nation-building

Bosnien-Herzegowina und Mazedonien gemein sind eine gültige Verfassung und in international anerkannten Grenzen liegende Territorien. Allerdings kann in keinem der beiden Länder von einem Staatsvolk gesprochen werden, das eine gemeinsame Verwaltung akzeptiert und bereit ist, aktiv in ihr mitzuwirken.

Bosnien und Herzegowina (Bosna i Hercegovina, 4,5 Mio. Einwohner 1991) ist mit seiner in der Verfassung verankerten ethnischen Dreiteilung in Bosnier (überwiegend muslimisch = 49%), Serben (überwiegend orthodox = 31%) und Kroaten (überwiegend katholisch = 17% und 3% andere) der eigentliche Erbe des früheren jugoslawischen Vielvölkerstaates. 1990 fanden die ersten freien Wahlen (18.11./2.12.1990) in Bosnien und Herzegowina statt. Von 240 Sitzen fielen ein Drittel an die SDA[26] der bosnischen Muslime, die mit der kroatischen HDZ[27] eine Koalition einging und damit die SDS[28] und die Serben bedrohte. 1992 folgte ein Referendum über ein unabhängiges Bosnien. 67% der Bevölkerung, nämlich überwiegend Kroaten und Bosnier, sprachen sich für die Unabhängigkeit aus, während die bosnischen Serben einen Verbleib in Jugoslawien wünschten. Die daraus folgende Unabhängigkeitserklärung von Jugoslawien löste den von 1992–1995 dauernden Krieg aus, den schwersten in Europa seit 1945. Die Ursprünge des jüngsten Krieges dokumentieren sich u.a. in einem Pamphlet *(islamci deklarasyon)* des späteren Staatspräsidenten Alija Izzetbegović, der in den 1990er Jahren mit dem pakistanischen Staatsgründer Jinnah verglichen wurde.[29] In diesem Schriftstück pries Izzetbegović die Überlegenheit der islamischen Kultur und sah die damalige jugoslawische Teilrepublik als Teil der islamischen Welt an. Er und seine Weggefährten wurden daraufhin wegen konterrevolutionärer Aktivitäten verhaftet.[30] Die großserbische Propaganda erkannte dies als Versuch zur Errichtung eines islamischen Gottesstaates mit Hilfe von Glaubenskämpfern aus arabischen Ländern.

Zwischen 2,5 und 4,1 Millionen Menschen flüchteten vor dem Krieg, und 250000 kamen ums Leben. Ein großer Teil davon wurde Opfer von Massentötungen wie bei der Ermordung von ca. 7000 muslimischen Bosniern durch Serben in Srebrenica 1995.[31]

Der Krieg der 1990er Jahre war der dritte auf dem Gebiet Bosniens und Herzegowinas im 20. Jahrhundert, nach der Verstrickung in die Balkankriege 1912–1923 sowie in den Zweiten Weltkrieg. Das Abkommen von Dayton (21.11.1995), das drei Wochen später in Paris unterzeichnet wurde, beendete den Krieg. Das Ergebnis war ein Kompromiß. Der Friedensvertrag garantierte den Fortbestand des Staates Bosnien-Herzegowina, aufgeteilt in zwei Entitäten, die bosnisch-kroatische Föderation und das autonome Gebiet Srpska.[32]

Danach konnten Fortschritte erzielt werden. Ab 1996 ging der wirtschaftliche Aufschwung mittels 600 Millionen US-$ Aufbauhilfe zügig voran. Ab 1997 wurden die Zivilprogramme durch die SFOR[33] unterstützt, die ersten Kriegsverbrecher festgenommen. Der agitatorische bosnisch-serbische Sender Srpska wurde beschlagnahmt und gleichzeitig wurden bosnische Reformkräfte gestützt. 1998 trat das Staatsbürgergesetz in Kraft sowie weitere Staatsgesetze, die zuvor durch Serben niedergestimmt worden waren. Das Land erhielt eine eigene Flagge, Wappen, Hymne und Kraftfahrzeugkennzeichen.

Allgemein festigte sich das politische System. Die Medien entzogen sich inzwischen der nationalistischen Rhetorik, die eigene Gerichtsbarkeit gewann an Durchschlagskraft. Bis 2000 kehrten ca. 60000 Angehörige von Minderheiten zurück, da die okkupierten Immobilien unter Strafandrohung zurückgegeben werden mußten. Diese Erfolge sind das Ergebnis des Prinzips der Übereignung nationaler und internationaler Aufgaben in die Eigenverantwortlichkeit Bosnien-Herzegowinas.

Die Wahlen von 2000 zeigten dann aber, daß, obwohl die alten Schutzherren Franjo Tudjman (gest. 1999), Slobodan Milošević (geb. 1941) und Alija Izzetbegović (gest. 2003) nicht mehr die Macht ausübten, die politischen Strukturen weiterhin ethnisch ausgerichtet waren. Dies zeigt sich sowohl in den nationalistisch ausgerichteten kroatischen und serbischen Parteien[34] als auch an der bosnisch-muslimischen Führung, die sich teilweise als Vorposten von aus dem Nahen Osten heraus operierenden Organisationen benutzen läßt.

Die *Bosnische Frage* zielt de facto auf die Eigenstaatlichkeit von Bosnien-Herzegowina. Dieses Ziel wird jedoch nur von bosnischer Seite anvisiert, während die Organisationen der bosnischen Kroaten und der bosnischen Serben ungeachtet der Festlegungen des Daytoner Vertrages Sonderbeziehungen zu ihrem jeweiligen Titularstaat reklamieren und somit die vertragswidrige Parallelstruktur unabhängiger Entitäten innerhalb Bosniens am Leben erhalten, so daß der Wunsch nach einer formellen Teilung des Landes nicht verstummt ist. Rufe nach einer «sanften Dreiteilung» durch die Vereinigung des kroatisch dominierten Teils der Föderation mit Kroatien, der Vereinigung der Republika Srpska mit Serbien und einem bosnischen Rumpfstaat bestehen auf Grund des allseits vorhandenen Mißtrauens weiterhin.[35]

Die seit 1991 bestehende Republik *Mazedonien* ging aus der jugoslawischen Teilrepublik Makedonija hervor. Das Land ist seit der Antike ein strategisch wichtiger Brennpunkt zwischen dem Mittelmeer und den Donauländern. Allerdings ist der heutige Staat nur ein Teil des historischen Makedoniens, an dessen Gebiet heute die Staaten Griechenland, Bulgarien, Serbien und Albanien Anteil haben. Dadurch hat Mazedonien seit seiner Eigenständigkeit immer wieder territoriale Konflikte mit den Nachbarländern, insbesondere Griechenland. Die Mehrheit der 2,1 Millionen Einwohner (1991) ist slawisch-orthodox (66%). 400000 (23%) sind ethnische Albaner, zum größten Teil muslimisch. 70000–80000 (4%) sind ethnische Türken, darunter etwa die Hälfte slawisch sprechende Muslime *(Torbeşi,* Pomaken oder *Potur)* bzw. ethnische Roma und Vlachen.

Die ethnischen Albaner als stärkste muslimische Gruppe bewohnen die an Albanien grenzenden Gebiete Mazedoniens um Tetovo. Sie sind durch Sprache,

Geschichte und Tradition von den slawisch oder türkisch sprechenden Muslimen getrennt. Im Gegensatz zu den ethnischen Türken empfinden sich die Albaner nicht als Teil des mazedonischen Staatsvolkes.

Die *Torbeşi* stehen den türkisch sprechenden Muslimen Mazedoniens sehr nahe, unterliegen aber politisch dem Einfluß der albanischen Muslime, vor allem in Gestalt albanischer *Hocas*. Die Zahl der *Torbeşi* stieg von 1591 (1953) auf 39555 (1981). Darunter befinden sich viele ehemals türkisch sprechende Muslime. Diese Entwicklung steht wohl im Zusammenhang mit der ersten 1970 im Kloster St. Jovan Bigorski abgehaltenen Konferenz der slawischen Muslime, auf der sich die Teilnehmer wieder offen zu ihrer muslimisch-slawischen Identität bekannten. Dem Beispiel folgte ein Großteil der insgesamt auf ca. 70000 geschätzten *Torbeşi*, die seit dem Zweiten Weltkrieg in anderen ethnischen Gruppen, vor allem den albanischen Muslimen, aufgingen.[36]

Mazedonien steht beispielhaft für eine Region, in der der Prozeß des *nation-building* immer wieder durch ethnisch-nationale Bewußtseinsmanipulation unterbrochen wurde. Die Bürgerkriegskonflikte 1998/99 sind nur der Endpunkt einer historischen Entwicklung, die viele Staaten Südosteuropas seit 1912/13 genommen haben, daß nämlich ein Staat trotz ethnischer Gemengelage in einen monoethnischen Nationalstaat umgedeutet wird. Der Verfassungsentwurf von 1988, der noch von einem «Staat des mazedonischen Volkes und der albanischen und türkischen Minderheit» sprach, wurde unter dem Druck Miloševićs am 21. 11. 1991 als «Nationalstaat des mazedonischen Volkes, in dem Albanern, Türken, Vlachen, Roma und anderen Nationalitäten Gleichberechtigung zuteil werde», deklariert. Darin impliziert ist die bewußte Ignorierung der albanischen Minderheit im mazedonischen «Verfassungsegoismus».[37] Die 1990er Jahre waren gekennzeichnet durch den Wechsel zwischen Spannung und Annäherung. Die latenten Spannungen entwickelten sich zwischen 1995 und 1997 zum ethnischen Konflikt zwischen slawischen Mazedoniern und den ethnischen Albanern. Erste Unruhen mit Todesfällen ereigneten sich im überwiegend albanischen Tetovo trotz Einbindung der albanisch-muslimischen PDSh[38] von A. Xhaferi 1998 in die Regierungsarbeit mit L. Georgievskis VMRO-DPMNE[39]. Der Aufbau des Staates wurde durch den Flüchtlingsstrom aus dem Kosovo seit dem Frühjahr 1999 erheblich gestört. Er gefährdete das fragile albanisch-mazedonische Gleichgewicht und führte im Frühjahr 2001 in Tanuševci/Tetovo zum kriegerischen Konflikt zwischen orthodoxen Slawen, vertreten durch die mazedonischen Sicherheitskräfte, und muslimischen Albanern, geführt von den mazedonischen UCK[40]-Truppen.[41] Dieser Konflikt wurde mit dem Friedensabkommen von Ohrid (13. 8. 2001) unter Mitwirkung slawischer und albanisch-mazedonischer Parteivertreter unter Aufsicht der EU und der USA beigelegt. Wesentliche Kernpunkte des Abkommens sind u. a. die Gleichberechtigung der albanischen Sprache in Gebieten mit mehr als 20% Bevölkerungsanteil, Besetzung öffentlicher Stellen gemäß dem vorgegebenen Proporz und die Stärkung der lokalen Selbstverwaltungen.[42] Das Abkommen von Ohrid ist aber noch lange keine Garantie für ein erfolgreiches *nation-building*. Im Frühjahr 2003 hat der Vorsitzende der slawischmazedonischen VMRO-DPMNE, Georgievski, die Diskussion um eine territoriale Aufteilung des Staates nach ethnischen Gesichtspunkten wieder angeregt; u.a. schlägt er einen Austausch der mazedonischen und albanischen Bevölkerung vor, um mono-ethnische Siedlungsgebiete zu schaffen[43]. Diesen Separationsbestrebungen stehen Kooperationsprojekte wie z.B. die gemeinsame Nutzung der albanischen Universität durch Albaner und Mazedonier in Tetovo gegenüber.[44]

c) Etablierte Staaten mit ethnisch-religiösen Minderheiten

Griechenland, Bulgarien, die Ukraine und Albanien gehören zu den spätestens seit dem Anfang des 20. Jahrhunderts etablierten Staaten, in denen auf Grund historischer Gegebenheiten verfassungsrechtlich anerkannte Minderheiten leben, deren Status der bürgerrechtlichen Gleichberechtigung faktisch bis heute nicht vollzogen ist. Während in Griechenland und Bulgarien muslimische Minderheiten leben, stellen im überwiegend von Muslimen bewohnten Albanien christlich-orthodoxe und katholische Gruppen die Minoritäten.

Das Geschick der muslimisch-türkischen Minderheit in *Griechenland* wurde zumindest bis zum Ende des 20. Jahrhunderts von der Rivalität zwischen Griechenland und der Türkei bestimmt. Die Muslime im griechischen Teil Thrakiens wurden seit den 1920er Jahren zum Spielball der kontroversen Außenpolitik benutzt. 1923 wurde den Muslimen im griechischen Teil Thrakiens im Vertrag von Lausanne das Bleiberecht zugesichert, genauso wie den griechisch-orthodoxen Christen in Istanbul und auf den ägäischen Inseln Tenedos/Bozcaada und Imbros/Gökçeada, während alle anderen Minderheitenangehörigen Griechenlands und der Türkei vom vertraglich geregelten Bevölkerungsaustausch betroffen waren.[45] Nach Jahren der Repressionen gegenüber der muslimischen Bevölkerung Thrakiens durch zugezogene bzw. selbst ausgesiedelte Christen, die noch unter dem Eindruck der als Schmach empfundenen Niederlage gegen die Türken (1922) standen, entspannte sich die Lage um 1930 in der Phase der Verständigung zwischen Atatürk und Venizelos. Sie verstanden ihre jeweiligen Minderheiten als Brücke zwischen den Völkern. Griechenland unterstützte dabei weniger die islamische Tradition seiner thrakischen Minderheit, sondern förderte – ganz im Sinne Atatürks – mehr die Entwicklung einer türkischen Identität. Nach dem Ende des griechischen Bürgerkriegs (1949), in dem die Muslime trotz Werbung der Kommunisten auf seiten der Regierung standen, wurde ihre Loyalität durch weitreichende Freiheiten belohnt (Gründung von weiterführenden Minderheitenschulen, z.B. des Celal Bayar-Gymnasiums in Komotini, Gewährung der im Vertrag von Lausanne verbrieften Minderheitenrechte in vollem Umfang). Diese Zeit wird in der Erinnerung der Minderheit als die der «goldenen Fünfziger» bezeichnet. Nach 1955 kam es zur Rücknahme der gewährten Freiheiten, ausgehend von den Unruhen auf Zypern und der Vertreibung großer Teile der griechischen Minderheit aus Istanbul Mitte der 1950er Jahre.[46]

Mit der Machtübernahme der griechischen Militärjunta 1967 kam es zur radikalen Beschneidung der Minderheitenrechte, insbesondere der Freiheit, sich als türkische Minderheit bezeichnen zu dürfen. Zeugnisse vertragswidriger Verletzungen waren die Umsetzung repressiver Gesetze zur Zeit der Militärregierung wie die Aberkennung der griechischen Staatsbürgerschaft bei Verlassen Thrakiens, der Entzug des Kauf- und Verkaufsrechts von Immobilien, der Entzug der Kontrolle und Verwaltung der religiösen Stiftungen *(vakıflar)* und der freien Wahl der Muftis in Komotini und Xanthi durch die Minderheit.

Die Beibehaltung und Verschärfung der Gesetze trotz des einsetzenden Demokratisierungsprozesses seit 1974 gilt vor allem als Reaktion auf die Besetzung Nordzyperns durch die Türken im selben Jahr. Die Geschehnisse dieser Zeit sind verbunden mit dem Aufstieg des Minderheitenpolitikers Sadık Ahmet (1947–1995), der als Antwort auf die Repressionen die Minderheit zum Widerstand aufrief und ihre Probleme der Weltöffentlichkeit bekannt machte. Dies tat er vor allem seit Eintritt Griechenlands in die damalige EG, so daß er auf dem Höhepunkt seiner Karriere als «Batı Trakya Türklerinin lideri»[47] bejubelt wurde. Sein politisches Engagement war gekennzeichnet durch seinen hohen politischen Einsatz für die Minderheit als Abgeordneter im griechischen Parlament, erschwert durch teilweise zweifelhafte Verfahren gegen ihn und seine Mitstreiter, aber auch durch seine Schwäche, sich von den außerthrakischen politischen Mächten als Spielball benutzen zu lassen. Gedenktag der muslimisch-türkischen Erinnerungsgemeinschaft und Auftakt ernster Auseinandersetzungen zwischen der Minderheit einerseits und dem griechischen Staat sowie der christlichen Bevölkerung Thrakiens andererseits war der 29. 1. 1988, als sich Tausende thrakische Muslime in Komotini zu einer Protestkundgebung trafen.[48] Diese Veranstaltung löste Übergriffe griechisch-nationalistischer Kreise auf Personen und Geschäfte der Minderheit aus. Zu ähnlichen Zusammenstößen kam es Anfang 1990 in Folge einer Gerichtsverhandlung gegen Ahmet und 1991, als die Minderheit gegen die Absetzung des von ihr gewählten Muftis von Xanthi protestierte. Nach 1991 bemühte man sich auch unter Druck der EU um eine Aufhebung der scharfen Restriktionen – allerdings immer in Relation zur jeweiligen atmosphärischen Lage zwischen Athen und Ankara. Eine Annäherung zwischen den Gruppen wurde in Gang gesetzt. Seitdem wird zumindest auf staatlicher Ebene an der Wiederherstellung und Realisierung der minderheitlichen Rechte gearbeitet, während in Thrakien selbst die neuen Maßgaben Athens nur langsam umgesetzt werden. Ein «Opfer» der politischen Annäherung zwischen Griechenland und der Türkei war letztendlich auch Ahmet. Dies wurde vor allem bei seiner Beerdigung nach einem Autounfall deutlich, als die meisten türkischen Politiker einer Verschwörungstheorie, die den Unfall als politischen Mord darstellen sollte, eine Absage erteilten. In einer öffentlichen Rede in Thrakien 1997 gestand Staatspräsident Kostis Stefanopoulos jedem Minderheitenmitglied das Recht zu, sich öffentlich in individueller Form als Türke bezeichnen zu dürfen,[49] was zuvor unter Androhung von Strafe verboten war. Seit den Erdbeben in der Türkei und Griechenland 1999 und der daraus hervorgehenden, vor allem von den Außenministern Griechenlands, Giorgos Papandreou, und der Türkei, Ismail Cem, erfolgreich betriebenen Erdbebendiplomatie steht der Streitpunkt Thrakien nicht mehr auf der Tagesordnung der bilateralen Kontakte.[50] Es zeigt sich jedoch wiederum, daß politischem Fortschritt nicht unbedingt schnelle Normalisierung der Beziehungen folgt, da fest verankerte Vorstellungen des Selbst- und Fremdverständnisses den Alltag des Miteinanders im griechisch-christlichen und türkisch-muslimischen Thrakien stören.

Die Identität der ca. 150000 Personen zählenden Minderheit (= 50% der Region Griechisch-Thrakien) basiert im wesentlichen auf einem eher türkischen als muslimischen Geschichtsbewußtsein. Dieses beginnt erst mit der Gründung der ersten von vier westthrakischen Republiken im Sommer 1913. Sie bestand zwar nur 55 Tage, war aber somit die erste türkische Republik. Bis Ende der 1980er Jahre empfand sich die muslimische Bevölkerung – auch als Reaktion auf die griechischen Repressalien – geschlossen als türkische Minderheit mit deutlicher Hinwendung zur Türkei. Erst seit der Entspannungspolitik in den 1990er Jahren lebt die Rückbesinnung auf unterschiedliche ethnische Wurzeln, die nicht mehr ausschließlich im Einklang mit dem von der Türkei geprägten Türkentum stehen, wieder auf. 1993 waren nach griechischen Quellen von den 114000 Muslimen 45% türkisch sprechende Muslime, auch *Osmanlı* genannt, 36% Pomaken, also slawophone Muslime, und 18% Athinganen, türkischsprachige Roma. Jeder dieser Gruppen wird in der Fremd- und auch Selbstsicht ein spezifisches Umfeld zugeordnet, das vor allem in der räumlichen Komponente mit der Realität kongruent ist. So typisiert man den *Osmanlı* als den Tabak- und Kirschenbauern, der die monoethnischen Siedlungen der rhodopischen Gebirgsrandzone *(yaka)* bewohnt. Seine Lebensweise und Haltung erinnert am ehesten an die osmanisch-türkische Tradition, die in Thrakien ohne kemalistische Reformen konserviert werden konnte. Anders gestaltet sich das Alltagsleben der im Mittelland *(orta kışla)* lebenden türkischen Muslime, die – vorwiegend Baumwollbauern – zusammen mit christlichen Griechen bikommunale Gemeinden besiedeln. Die Athinganen bewohnen Gemeinden nahe der Provinzstädte, sind Händler, Musiker, Gaukler. Die Zentren der Pomaken liegen in den lange Zeit unzugänglichen Rhodopen. Seit der Öffnung der Grenze zu Bulgarien in den 1990er Jahren fördert der griechische Staat die Infrastruktur des rückständigen Siedlungsraums. Auch wenn zu vermuten ist, daß das steigende Interesse an Kultur und Sprache der Pomaken und deren Dokumentation seitens der griechischen Politik u.a. auf die Stärkung einer pomakischen Identität zu Ungunsten eines türkischen Gemeingedankens zielt, ist diese Entwicklung ein Zeichen für den Beginn der Realisierung der zugesicherten Minderheitenrechte. Daß dieser Prozeß noch längst nicht abgeschlossen ist, zeigen immer wieder einzelne Fälle von individuellen Benachteiligungen, besonders beim Immobilienkauf.

Wo Mehr- und Minderheit Tür an Tür nebeneinander wohnen, zeigt sich in der Regel die Bereitschaft zur Bewältigung des täglichen Miteinanders. Akzeptanz und Koexistenzbereitschaft zeigen sich hier z.B. im Gebrauch der jeweils anderen Alltagssprache. Der größte Teil der Christen verfügt über Sprech- oder zumindest Verständnisfähigkeit im Türkischen. Umgekehrt beherrscht ein Großteil der Türken das Griechische mehr oder weniger gut.

Ein Blick auf die Altersverteilung zeigt Trends, die typisch für die thrakische Gesellschaft sind. Der muslimische Überschuß an jüngeren Jahrgängen bestätigt zunächst die Angst der Christen vor einer Islamisierung Thrakiens, die durch rechtsnationale Kreise und die religiöse Führung geschürt wird. Das relative Absinken des christlichen Bevölkerungsanteils bei den über 20jährigen in weiten Teilen Thrakiens hängt mit dem Wegzug der besser ausgebildeten Christen in die wohlhabenderen, überwiegend von Christen bewohnten Wohnviertel der Städte oder in andere Teile Griechenlands zusammen. Aber auch die muslimische Bevölkerung verzeichnet den Wegzug der Jungen ins europäische Ausland (vor allem Deutschland) oder in die Türkei. Allein in Deutschland konnten sich rund 25 Gemeinden etablieren.

Nationalistische Haltungen auf beiden Seiten wecken immer wieder Mißtrauen. Latente Grundlage für dieses Mißtrauen ist vorrangig das griechisch-türkische Verhältnis. Zwar wird in den griechischen und türkischen Zeitungen oft von den Muslimen und Christen gesprochen, gemeint sind aber Türken und Griechen. Dagegen bestehen auf religiösem Gebiet die geringsten Ressentiments: Selbstverständlich lädt die verwitwete Christin ihre muslimischen Nachbarinnen zum Gedenktag an ihren verstorbenen Gatten ein, werden Christen genauso wie die eigenen Religionsangehörigen an islamischen Festtagen mit Kuchen bedacht und bestehen enge Geschäftsbeziehungen untereinander.

Reibungspunkt ist aber vor allem der soziale Unterschied zwischen Christen und Muslimen. Ganz deutlich wird der überproportionale Anteil an höher Qualifizierten bei den Christen, was vor allem auf den Mangel adäquater Griechischkenntnisse der Türken zurückzuführen ist. Dies wirkt sich besonders in der türkischen Landbevölkerung aus. Grund hierfür sind bislang fehlende Ausbildungsprogramme, die speziell der Minderheit die Möglichkeit böten, das seit dem Kindergartenalter bestehende Handikap gegenüber den griechischen Muttersprachlern aufzuholen.

Daß sich dies in der Berufswelt fortsetzt, liegt auf der Hand. Besonders der fehlende Proporz im öffentlichen Dienst ist bedrückend. Hier spielen natürlich auch politische Gründe im Zusammenhang mit dem Verhältnis zur Türkei eine Rolle. Erst in jüngster Vergangenheit bemüht man sich durch Schaffung von Stellen auf allen Ebenen des öffentlichen Dienstes, insbesondere der Verwaltung, der Unterrepräsentierung der Minderheit entgegenzuwirken.[51]

Die Struktur der muslimischen Bevölkerung in *Bulgarien* ähnelt der Griechenlands. Auch hier gibt es eine Dreiteilung in ethnische Türken (700000:1996), muslimische Roma (300000) und Pomaken oder «bulgarische», also slawischsprachige Muslime (200000).[52] Insgesamt sind dies ca. 14% der Gesamtbevölkerung, die sich auf bestimmte Distrikte innerhalb Bulgariens verteilen. 99% der Muslime Bulgariens sind Sunniten, 1% Schiiten, letztere vor allem unter den Pomaken. Ethnische Türken haben eine Bevölkerungsmehrheit in den Distrikten Razgrad (NO-Bulgarien) und Kardžali (SO-Bulgarien). Starke Gruppen gibt es auch in den Distrikten Shumen, Burgaz und Silistra. In diesen Gebieten bewohnen die ethnischen Türken vorwiegend die städtischen Bereiche. Die Pomaken besiedeln vor allem die Gebirgsregionen des Balkans und der Rhodopen und den Distrikt Lovech als Tabakbauern. Sie stammen von Bulgaren ab, die zwischen dem 17. und 19. Jahrhundert zum Islam konvertierten.

Die Roma, die vor allem im ländlichen Bereich zu finden sind, stellen die sozial schwächste muslimische Gruppe dar, mit hoher Geburten- und Sterberate, schlechten Lebensbedingungen und hoher Arbeitslosigkeit bei geringer öffentlicher Repräsentanz.

Die Muslime waren seit 1913 und besonders nach 1984 Ziel einer repressiven bulgarischen Assimilierungskampagne, die sich im Zuge der vom Staat betriebenen nationalen Revitalisierungsbewegung vollzog. Hintergrund dieser Kampagne war das im Vergleich zu den slawischen Bulgaren schnellere Wachstum der muslimischen Bevölkerung, wie es sich aus den Volkszählungen ergab. Daraus resultierte die Angst der christlich-bulgarischen Mehrheit vor der Infiltration eines islamischen Fundamentalismus.[53] Ein ganzer Katalog einschränkender Maßnahmen wurde eingesetzt. Türkische Literatur wurde aus dem Schulunterricht verbannt, türkische Kleidung verboten, türkische Feiertage durften nicht begangen werden, und die Muslime wurden gezwungen, bulgarische Nachnamen anzunehmen. Mit diesem Instrumentarium sollte die ethnische Homogenisierung Bulgariens angestrebt werden. Nach gewalttätigen Demonstrationen in Nordost-Bulgarien kulminierten die Repressalien im Exodus von ca. 350000 Türken in die Türkei. Die Tragödie gipfelte in der Schließung der Grenzen durch die Türkei angesichts der hohen Flüchtlingszahlen. Bis 2004 sind zwischen 120000 und 180000 Türken wieder nach Bulgarien zurückgekehrt. Seit dem Ende der kommunistischen Herrschaft 1990 keimte das ethnisch-religiöse Bewußtsein der Muslime auf und manifestierte sich in der von ethnischen Türken betriebenen Gründung der DPS[54]. Ihr gelang es, auch die Pomaken zu integrieren. Dies mehrte wiederum die Ängste auf seiten der christlichen Mehrheit. Die Tatsache, daß in der Rila-Gemeinde Jakoruda ein Großteil der dort lebenden Pomaken Türkisch als ihre Muttersprache angaben, obwohl das Türkische dort nicht verbreitet ist, nährte erneut den Verdacht eines in Bulgarien Fuß fassenden Fundamentalismus. Besonders in dem überwiegend türkischsprachigen Distrikt Kardžali, der nach dem Kollaps des staatlichen Tabakhandels über eine besonders hohe Arbeitslosigkeit klagte, konnte die DPS politische Macht gewinnen. So kam es folgerichtig in Kardžali und Razgrad 1991 zu Unruhen, als bulgarische Nationalisten die Schulwege türkischsprachiger Kinder verbarrikadierten.[55] Insgesamt stellte die DPS zwischen 1990 und 1992 653 Bürgermeister und 1114 Räte. Im Distrikt Ruse war Güner Taher sogar der erste stellvertretende Distriktsgouverneur. Bei den Nationalwahlen 1992 errang die DPS 10% der Sitze. Seit 1993 wurde sie unter Führung A. Doğans zusehends zu einer ethnischen Partei nationalen Typs, was der nationalen Verfassung zwar widersprach, mit Rücksicht auf die Türkei aber geduldet wurde. Wechselnde Koalitionen, Korruption und Skandale ließen das Vertrauen der Bevölkerung in die DPS schwinden. Die engen Beziehungen Bulgariens zur Türkei seit Mitte der 1990er Jahre entzogen die Minderheitenfrage letztendlich der bilateralen Diskussion. Die Türkei verzichtete in der Folgezeit auf eine Einflußnahme auf die bulgarische Minderheitenpolitik.[56] Allerdings zeigt der 2003 erstellte Report des bulgarischen Helsinki-Komitees, daß der Staat bis heute nur geringes Interesse an einer wirtschaftlichen Förderung der strukturschwachen, von Muslimen besiedelten Regionen zeigt. Gerade das aber würde die Gleichbehandlung der Religionen durch den bulgarischen Staat bezeugen.[57]

In der *Ukraine* leben 2004 ca. 250000 sunnitische Muslime in 391 Gemeinden. Die islamische Kultur wurde in der Ukraine vor allem von den Krimtataren geprägt und überliefert. Ihre Wurzeln liegen im Krim-Khanat (seit dem 15. Jahrhundert), das zunächst ein Vasallenstaat des Osmanischen Reiches war, ehe es 1783 von Rußland annektiert wurde. Ende des 19. Jahrhunderts lebten 161000 Muslime auf der Krim, 1917 bildeten sie 11% der Gesamtbevölkerung der Insel. Der Kollaboration mit dem Dritten Reich beschuldigt, deportierten die Sowjets ca. 190000 Krimtataren in die asiatischen Teile der Sowjetunion. Obwohl offiziell seit 1967 ein Erlaß die Rücksiedlung erlaubte, wurde sie nicht wirklich gefördert. Erst mit der Erlangung der Selbständigkeit setzte in der Ukraine eine verstärkte Rückwanderung der Krimtataren ein. Auf der Krim wie in Kiew entwickelten sich große muslimische Gemeinden. Der Großteil der Muslime organisiert sich in regionalen Verbänden auf der Krim, in Kiew und im Donezk-Becken. Wohltätige Institutionen (z.B. «Leben nach Černobyl») sind weitere Stützen der muslimischen Gemeinschaft in der Ukraine.[58] Allerdings zeigt sich auch hier wie in den anderen überwiegend von Christen bewohnten Staaten, daß das Streben nach Gleichberechtigung und Anerkennung der muslimischen Gemeinschaft von Mißtrauen und Widerstand begleitet wird. Am Rande der Gedenkfeiern zum 60. Jahrestag der Deportation kam es im Februar 2004 in Sudak zu Demonstrationen der Krimtataren gegen anti-islamische Kampagnen seitens der russischen Kosaken. Der Patriarch der ukrainisch-orthodoxen Kirche in Simferopol und der Mufti der Krim verurteilten einhellig die Agitation russischer Politiker und die einseitige Darstellung interethnischer Konflikte in den Massenmedien[59].

Im Gegensatz zu den mehrheitlich christlichen Ländern ist *Albanien* derjenige der südosteuropäischen Staaten, in dem eine christliche Minderheitsbevölkerung einer muslimischen Mehrheit gegenübersteht. Doch das albanische Selbstverständnis ist eher national als muslimisch-religiös geprägt, was letztlich in den Taten Skanderbegs Ausdruck findet, der an der Spitze der Liga von Lezha gegen die Osmanen zog und sich der Belagerung Krujas durch Mehmet II. erfolgreich widersetzte (1450–1457).

Erst 1913 erhielt Albanien als letzter Staat Südosteuropas seine Unabhängigkeit. Ab 1946 regierte Enver Hoxha. Sein stalinistischer Staat richtete sich vor allem gegen jede Art der Religion. 1967 erklärte Enver Hoxha Albanien zum «ersten atheistischen Staat der Welt»[60] und ließ über 2000 Kirchen und Moscheen schließen. Jegliche Religionsausübung wurde verboten. Nach Schätzungen wurden etwa 700000 Albaner, Muslime wie Christen, aus religiösen Gründen inhaftiert oder hingerichtet. Im Zuge der Auflösung des kommunistischen Blocks im Dezember 1989 demonstrierten die Studenten in Tirana für politische Änderungen und Aufhebung des Religionsverbotes. Eine Massenflucht Tausender von Albanern ins Ausland begann.[61]

Seit dem Zusammenbruch des kommunistischen Regimes 1991 bekennen sich 70% der 3,3 Millionen Einwohner wieder zum Islam. Allerdings ist das religiöse Bekenntnis in Albanien dem nationalen Zugehörigkeitsgefühl untergeordnet. Der Satz des albanischen Dichters Pashko Vasa: «Die Religion des Albaners ist das Albanertum!» (1880) scheint bis heute Gültigkeit zu haben.[62] So besteht in weiten Kreisen Albaniens keine strenge religiöse Affiliation. Dem leistet auch Artikel 7 der Verfassung «Recht auf Freiheit der Religion... schließt Freiheit ein, die Religion zu wechseln» Vorschub. So kam es in den 1990er Jahren zu Massenkonversionen von muslimischen Jugendlichen zum katholischen Christentum oder zur Religion der Bahāʾī – in vielen Fällen zum persönlichen Vorteil. Die familiäre Tradition bestimmt jedoch auch heute noch weitgehend das Bekenntnis. Und auch öffentliche Einrichtungen verzeichnen ein Anwachsen religiöser Aktivitäten. So werden religiöse Handlungen in Staatsinstitutionen eingeführt, islamische Kurse in säkularen Schulen eingerichtet, religiöse Spartenkanäle etablieren sich in den Medien, die Religionszugehörigkeit wird zum beruflichen Einstellungskriterium, und es werden sportliche Wettkämpfe zwischen muslimischen und christlichen Teams ausgetragen. Im Gesamtbild wird dies als Beginn einer Fundamentalisierung der albanischen Gesellschaft angesehen.[63]

Auf politischer Ebene nähert sich Albanien der islamischen Welt an. Auf Betreiben des ehemaligen Staatspräsidenten Sali Berisha ist Albanien seit Ende 1992 Mitglied der «Organisation Islamischer Länder». 1993 arbeiteten bereits 17 islamische Hilfsorganisationen in Albanien, wurden Koranschulen eröffnet und Stipendien für das islamische Ausland vergeben. Während die Sozialisten diese Entwicklung als Hinwendung zum Orient ansahen und der albanische Autor Kadarë Albaniens christliches Erbe mehr betont sehen wollte, empfand dies die politische Führung als Gewinn. Wirtschaftlich unterhält man Kontakte zur *Islamischen Entwicklungsbank* und fand in der Türkei einen politischen Partner. Dies hatte sich schon in türkischen Lebensmittelhilfen 1991–1992, regulären Flügen zwischen Tirana und Istanbul und in der Vergabe von Stipendien für Zivilisten und Militärs in der Türkei angebahnt. Trotz allem erteilt die politische Führung jeglicher Form des Fundamentalismus eine Absage. Man sucht die Nähe aller Religionsführer, was sich z.B. im Empfang Papst Johannes Pauls II. durch Berisha (25.4.1993) zeigte.[64] Tatsächlich finden sich unter den Vorschlägen der ICG[65] 2003 für Albanien keine direkten Mahnungen zur Einhaltung der Religionsfreiheit. Der innenpolitische Reformprozeß wird jedoch auch gegenwärtig durch sozio-ökonomische Probleme, Korruption und ineffiziente öffentliche Verwaltung sowie weitere Faktoren wie organisierte Kriminalität, schwache Gerichtsbarkeit, hohe Arbeitslosenzahlen und niedrige Produktion gehemmt.[66] Außenpolitisch bleibt Albanien auf Grund seiner Schutzfunktion für die Albaner im benachbarten Kosovo (1,9 Mio.), Mazedonien (443000), Montenegro (50000), Serbien (80000) und Griechenland (50000) verflochten mit der problembeladenen Innenpolitik der genannten Länder, was Konfliktpotential birgt. Besonders der

Pan-Albanismus, der über die Grenzen Albaniens hinaus die Autonomie aller albanischer Gruppen in den benachbarten Ländern zum Ziel hat, wird heute als die größte Bedrohung für die Stabilität auf dem Balkan angesehen.[67]

d) Staaten mit integrierter oder überprägter muslimischer Kultur

In den übrigen Staaten Ost- und Südosteuropas wie Rumänien (ca. 50000:1993), Ungarn (3000:1993), Slowakei (ca. 5000:2003), Moldawien (3000:2002), Polen (3000:1992) leben nur noch kleine Gruppen von Muslimen. Es handelt sich entweder um neu entstehende Gemeinden wie in der Slowakei[68] oder in Moldawien, die dort um ihr Recht auf Anerkennung kämpfen müssen,[69] oder um Reste historisch gewachsener Einheiten, die meist nur noch in kulturell-traditionalistischer Hinsicht den Islam repräsentieren. Ein besonderes Augenmerk gilt hier den Tataren in Polen. Sie sind Nachfahren der aus dem Wolga-Gebiet stammenden Tataren, die als Kriegsgefangene des litauischen Fürsten Witold (1397) nach Polen verschleppt wurden und über 300 Jahre den Zuzug weiterer Tataren vor allem in die Räume Vilnius, Lublin und die Tatra begünstigten. 1631 sollen ca. 100000 Tataren in Polen beheimatet gewesen sein. Seit der dritten Teilung Polens kämpften die Muslime in den Reihen polnischer Armeen. Von den 19 muslimischen Gemeinden, die 1936 noch existierten, blieben nach dem Zweiten Weltkrieg nur Bohoniki und Kruszniany in der Wojewodschaft Białystok erhalten. Seit 1969 tagt alle fünf Jahre ein Kongreß der polnischen Muslime. Heute gibt es außerdem muslimische Gemeinden in Danzig-Oliwa, Stettin und Warschau. Der religiöse Ritus fußt auf koranischen Texten in Polnisch und Weißrussisch mit türkischen Elementen, teilweise in modifizierter osmanischer Schrift. Das Fehlen von Koranschulen oder auch die Selbstverständlichkeit von Ehen mit nichtmuslimischen Partnern zeigt, daß der Islam in der Tradition der muslimischen Gemeinden und in der Privatsphäre ihrer Gläubigen weiterlebt, aber kaum einen aktiven Einfluß auf das öffentliche, geschweige denn politische Leben in Polen nimmt.[70]

4. Amerika

(Monika Wohlrab-Sahr)

Auf dem amerikanischen Kontinent sind Muslime meist kleine Minderheiten, in der Regel Migranten, während – auch auf Grund der spezifischen Missionsgeschichte – die große Mehrzahl der Bevölkerung christlichen Konfessionen angehört. Ausnahmen bilden die kleinen Länder Surinam, Guyana und Trinidad mit ihren ethnisch und religiös sehr stark gemischten Bevölkerungen. In Surinam etwa machen die Muslime 20% der Bevölkerung (neben Christen und Hindus als weiteren großen Einwohnergruppen) aus. Es handelt sich dabei um Nachfahren der indischen und indonesischen Arbeiter, die unter der niederländischen Kolonialherrschaft ins Land gebracht wurden.

Zwar gibt es kleinere muslimische Gemeinden in Argentinien, Venezuela und Mexiko, die jedoch kulturell ohne größeren Einfluß bleiben. Ähnliches gilt für Brasilien.[1]

Für die Vereinigten Staaten[2] fehlen genaue Informationen über die Zahl der Muslime. Die Religionsstatistiken des Landes stützen sich auf die Angaben der Religionsgemeinschaften und erfassen daher vor allem diejenigen, die kirchlich organisiert sind und deshalb exakte Mitgliederzahlen nennen können. Repräsentative Bevölkerungsumfragen, die Angaben zur Religionszugehörigkeit einschließen, hat es seit langem nicht mehr gegeben, die Ergebnisse telefonischer Befragungen in einzelnen Gebieten variieren sehr stark. Schätzungen über die Gesamtzahl der Muslime in den Vereinigten Staaten bewegen sich zwischen drei und sieben Millionen.[3]

Die USA haben damit im Vergleich zu vielen europäischen Ländern einen relativ kleinen Anteil muslimischer Bevölkerung. Darunter allerdings befindet sich ein vergleichsweise großer Prozentsatz amerikanischer Konvertiten. Yvonne Haddad ging 1986 davon aus, daß etwa ein Drittel der von ihr damals geschätzten drei Millionen amerikanischer Muslime afroamerikanische Konvertiten waren.[4] Im Jahr 1992 veröffentlichte der «American Muslim Council» eine Schätzung, der zufolge 42% der Muslime in den USA Afroamerikaner, 24,4% Südasiaten, 12,4% Araber und 2% weiße Amerikaner sind.[5] Man kann diese Schätzungen sicherlich nicht wie exakte Zahlen behandeln, sie geben jedoch einen Eindruck von der großen Bedeutung afroamerikanischer Konversion im US-amerikanischen Islam. Dies zeigt gleichzeitig, daß Konversion hier nicht primär Ausdruck interkultureller Kontakte ist, wie in anderen Ländern, sondern ein Phänomen, das sich überwiegend innerhalb der schwarzen Bevölkerungsgruppe vollzieht. Die – zahlenmäßig deutlich geringeren – weißen Konvertiten konzentrieren sich weitgehend auf den Sufismus.

Unter den afroamerikanischen Konvertiten ist eine spezifisch amerikanische Variante des Islams entstanden, die eng verbunden ist mit nationalistischen und messianischen Bewegungen unter den Schwarzen Amerikas. Diese Gruppen sind – trotz des fremdartigen Eindrucks, den sie hervorrufen – als genuiner Ausdruck der amerikanischen Kultur anzusehen.[6]

Die Tatsache, daß Konversion zum Islam eng verbunden ist mit der größten (und mit den meisten Problemen beladenen) Minderheitengruppe in den USA deutet bereits darauf hin, daß zwischen beidem ein unmittelbarer Zusammenhang besteht. Die Probleme dieses Bevölkerungsteils – insbesondere junger afroamerikanischer Männer in den urbanen Zentren – werden von den muslimischen Gruppen in den USA direkt adressiert, und auch die Missionierungsstrategien – beispielsweise in den Gefängnissen – sind darauf eingestellt. Nicht zuletzt vor diesem Hintergrund bekommt Konversion in den USA kollektiven Charakter. Eine Konsequenz daraus ist, daß prominente Konvertiten, wie Malcolm X (al-Hajj Malik Shabazz), aber auch Muhammad Ali und andere bekannte Sportler der jüngeren Zeit in den Vereinigten Staaten wichtige, auch über den Kreis der Muslime hinaus bekannte Rollenvorbilder sind.

Der kollektive Charakter, den die Konversion zum Islam in den USA hat, kommt auch darin zum Ausdruck, daß es dort eine lange Geschichte von Schwarzen gibt, die zum Islam konvertiert sind, oft einhergehend mit nationalistischen Ideen. Es mag sein, wie in muslimischen Kreisen oft betont wird, daß sich die Geschichte der Muslime in den Vereinigten Staaten bis zu den nach Amerika verschleppten afrikanischen Sklaven zurückverfolgen läßt.[7] Eine Rolle für die Etablierung des Islams in der «Neuen Welt» haben diese Sklaven allerdings nicht gespielt. Vielmehr ist die Betonung dieses «afrikanischen» Ursprungs des Islams in Amerika als Teil eines kollektiven Mythos unter den Schwarzen Amerikas anzusehen,[8] bei dem die Frage nach eigenständigen Wurzeln und Ausdrucksformen dieser Bevölkerungsgruppe von zentraler Bedeutung ist. Dieser afroamerikanische Authentizitätsdiskurs hat während der «Black-Power»-Bewegung der 1960er Jahre und in den kulturellen Nachfolgebewegungen der 70er und 80er Jahre einen besonderen Höhepunkt erlangt. Er reicht jedoch historisch sehr viel weiter zurück, nämlich bis zu den zahlreichen separatistischen und nationalistischen Bestrebungen unter den Schwarzen Amerikas. Angesichts des Rassismus in Amerika verfolgten diese das Programm einer kollektiven Emigration der schwarzen Bevölkerung, häufig mit dem Ziel «Back to Africa», teils aber auch mit anderen Zielen. Dem Islam kam innerhalb dieses afroamerikanischen Authentizitätsdiskurses wohl nicht zuletzt deshalb Bedeutung zu, weil er dem «euroamerikanischen» Christentum als eigenständiges afrikanisches Erbe der Schwarzen gegenübergestellt werden konnte und später zusätzlich eine ideologische Verbindung mit den antikolonialen und antiimperialistischen Kämpfen in der Dritten Welt ermöglichte.

Wirklich in Erscheinung tritt der Islam in den USA erst seit Ende des 19. Jahrhunderts im Zuge mehrerer Einwanderungswellen. Die zahlenmäßig stärksten Gruppen, die als muslimische Einwanderer ins Land kamen, waren Indo-Pakistaner, Albaner und Jugoslawen, Ägypter, Syrer und Palästinenser, und seit der iranischen Revolution zunehmend Iraner.

Zu Beginn des 20. Jahrhunderts kam es in den USA aber nicht nur zur Einwanderung von Muslimen. Aufgrund des Arbeitskräftebedarfs einer expandierenden Industrie vollzog sich auch innerhalb der Vereinigten Staaten eine große Migrationsbewegung von schwarzen Arbeitern aus dem agrarischen Süden in die Industriestädte des Nordens, verbunden mit massiven psychosozialen Konsequenzen für die Migranten. Im Zuge dieser Entwicklung entstand unter den Migranten eine Fülle von Vereinigungen, auch religiöser Natur,[9] und es entwickelte sich in diesem Kontext ein eigenständiger amerikanischer Islam. Dieser verbindet sich vor allem mit der *Nation of Islam*, die im Jahr 1930 von Wallace Fard Muhammad in Detroit gegründet wurde und 1934 in die Führung von Elijah Muhammad überging, womit auch ihr Sitz nach Chicago wechselte.

Die Gründung der *Nation of Islam* kann nicht losgelöst von zwei nationalistischen Bewegungen zu Beginn des Jahrhunderts gesehen werden: dem *Moorish Science Temple*, einer Gruppierung, die 1913 von dem Amerikaner Noble Drew Ali in Newark, New Jersey, gegründet wurde,[10] und der *Universal Negro*

Improvement Association (UNIA) um Marcus Garvey, der 1916 aus Jamaika in die Vereinigten Staaten gekommen war und innerhalb eines Jahres Harlem zum Zentrum der UNIA-Aktivitäten machte.[11] In dieser Bewegung kam der schwarze Nationalismus, der bis in das 18. Jahrhundert zurückreicht, zu einem seiner Höhepunkte. Beide Bewegungen waren insofern nationalistisch, als sie die Gründung eines autonomen Staates auf afrikanischem Boden anstrebten. Offenkundig sind dabei Parallelen zu anderen nationalistischen Bewegungen in der ersten Hälfte des 20. Jahrhunderts, wie etwa dem Zionismus. Die Zugehörigkeit zur Nation war durch die miteinander geteilte Erfahrung der Unterdrückung durch die Weißen, durch eine gemeinsame Geschichte, vor allem aber durch Rassenzugehörigkeit definiert, und die Reinheit der Rasse galt es durch entsprechende soziale Regeln, wie ein striktes Endogamiegebot, zu bewahren.

Im Unterschied zu Garvey, der sich im Kontext der Orthodoxen Kirche bewegte und reichen Gebrauch von der christlichen Symbolik machte, verstand sich Noble Drew Ali expressis verbis als «Prophet» des Islams und war überzeugt davon, daß der Islam das einzige Instrument sei, das den Schwarzen Einheit und eine Verbesserung ihrer Lebensverhältnisse bringen konnte. Er lehrte seine Anhänger, daß sie keine «Neger», sondern Mauren (Moors) seien, deren Vorfahren aus Marokko stammten, ehe sie als Sklaven nach Nordamerika gebracht worden seien. Über den mythologischen Bezug auf das antike Reich Marokko (Mauretanien) wurde ideologisch eine Vergangenheit (und Zukunft) neu erfunden und damit ein Substitut für das Abschneiden der Vergangenheit durch die Sklaverei geschaffen. Nach Führungskämpfen in der Bewegung, in deren Verlauf ein Kontrahent ermordet wurde, kam schließlich auch Noble Drew Ali auf mysteriöse Weise ums Leben. So kam es 1930 zur endgültigen Spaltung der Bewegung. Ein Teil wurde von W. D. Fard angeführt, der sich als Reinkarnation von Noble Drew Ali bezeichnete. Aus dieser Abspaltung ging schließlich die *Nation of Islam* hervor, die seit 1934 ihren Sitz in Chicago hatte und von Elijah Muhammad angeführt wurde, der sich als «Apostel Allahs» bezeichnete.

Die *Nation of Islam* profitierte einerseits von der Spaltung und Schwächung der Garvey-Bewegung und des *Moorish Science Temple*, beerbte diese Bewegungen aber gleichzeitig in zentralen Inhalten. Nach einem Einbruch während der Kriegsjahre, während derer Elijah Muhammad und andere Mitglieder der *Nation of Islam* wegen Fahnenflucht in Haft waren, wuchs die Bewegung kontinuierlich an.

Während der 1950er und 60er Jahre wurde die *Nation of Islam* mit ihrer separatistischen und nationalistischen Politik zu einem wichtigen Kontrahenten der Bürgerrechtsbewegung um Martin Luther King. Dessen wesentlicher persönlicher und nicht weniger charismatischer Gegenspieler wurde Malcolm X, der als Agitator zunehmend in den Vordergrund der *Nation of Islam* rückte.

Charakteristisch für die *Nation of Islam* war ein rhetorischer Radikalismus, der die Akteure in der Bürgerrechtsbewegung als «Uncle Toms» verunglimpfte und verbal mit der Möglichkeit bewaffneten Widerstands spielte. Auch die bis heute aufrechterhaltene Vorstellung, auf dem Boden der USA (oder anderswo) einen autonomen afroamerikanischen Staat zu gründen, enthielt auf der symbolischen Ebene eine radikale Absage an die Gesellschaft der Vereinigten Staaten. Gleichwohl wurden die Anhänger der *Nation of Islam* nie in der Weise in konkrete Auseinandersetzungen mit dem Staat verwickelt, wie dies für die Bürgerrechtsbewegung galt, und sie präsentieren sich bis heute in ihrem Auftreten betont bürgerlich.

Die separatistische Ideologie ist in einem offenen Rassismus fundiert. Die weiße Rasse wird in den Schriften Elijah Muhammads als die Rasse des Teufels angesehen, entsprechend werden Eheschließungen mit Weißen und die Adoption schwarzer Kinder durch weiße Eltern als illegitim erachtet. Die Vorstellung von der Überlegenheit der schwarzen Rasse wird außerdem mit einem eigenen Mythos untermauert: Ursprünglich, so der Mythos, habe es nur die schwarze Rasse gegeben. Ein verrückter schwarzer Wissenschaftler, Yakub, habe dann erst die weiße – kaukasische – Rasse erfunden: die Rasse der Teufel. Diese sollten 6000 Jahre lang die schwarze Rasse regieren, bis aus dieser einer hervorginge, der Yakubs Welt zerstören würde.[12] Die Verehrung, die Elijah Muhammad zuteil wurde, und die Terminologie, die auf ihn angewendet wurde, legten es nahe, in ihm diesen «Retter» zu erblicken. Darin zeigt sich auch eine charakteristische Verschiebung der Transzendenzdimension: Während die *Nation of Islam* die transzendenten Bezüge des Islams, etwa die Vorstellung eines Lebens nach dem Tode, kappte, nahm das utopische Ziel einer eigenen Nation die Stelle der «Transzendenz» ein und fungierte so als Gegenpol zur «Immanenz» der Realität der Vereinigten Staaten. Mit diesem utopischen Nationalismus verbanden sich apokalyptische Vorstellungen, denen zufolge ein endzeitlicher Himmelskrieg bevorstand, in dem «die Welt des Bösen», exemplarisch verkörpert durch das weiße Amerika, mit Hilfe eines göttlichen Raumschiffs vernichtet würde.

1964 kam es nach einem bereits länger gärenden Konflikt zum offenen Bruch zwischen der *Nation of Islam* und Malcolm X. Dieser versuchte daraufhin, eine alternative Organisation aufzubauen, bekannte sich stärker zu politischen Aktionen und wandte sich im Zuge längerer Reisen in den Nahen Osten dem orthodoxen Islam zu. Nach diesen Reisen nahm er öffentlich von früheren rassistischen Positionen Abstand. 1964 veröffentlichte er seine Autobiographie, an deren Ende er seine eigene Ermordung antizipierte und so die Autobiographie als eine Art Vermächtnis hinterließ. Dies wurde durch den Gang der Ereignisse noch unterstrichen, die aus Malcolm X einen Märtyrer werden ließen: Am 21. Februar 1965 wurde er während einer öffentlichen Veranstaltung erschossen. Man vermutete, daß die Mörder aus dem Umfeld der *Nation of Islam* kamen, jedoch konnte dieser Verdacht nicht bewiesen werden. Einer derjenigen allerdings, die Malcolm X vor seinem Tod immer wieder öffentlich angegriffen und sogar des Todes würdig erklärt hatten, war Louis Farrakhan, der heutige Führer der *Nation of Islam*.

Nach dem Tod Elijah Muhammads im Jahr 1975 kam es innerhalb der *Nation of Islam* zum Richtungskampf und schließlich zur Spaltung. Warith Deen Mohammed, einer der Söhne Elijah Muhammads, band den von ihm angeführten Zweig der ehemaligen «Nation» an den orthodoxen Islam an und kappte die häretischen

Bestandteile sowie die nationalistische Orientierung. Was vom alten Programm blieb, war die starke Betonung schwarzer Autonomie und Selbsthilfe im geschäftlichen Bereich.[13] Louis Farrakhan vertrat weiter die alte Linie der *Nation of Islam*[14] und vertrieb nach wie vor die Schriften Elijah Muhammads. Dennoch ist die «nationalistische» Position in noch offenkundigerer Weise zum bloßen Symbolismus geworden. Während die Anhänger der *Nation of Islam* früher den Militärdienst verweigerten und Wahlen als lächerlich ansahen, rief Louis Farrakhan 1996 öffentlich zum «Register to Vote» auf. Gleichzeitig veranstaltete er mit dem «Million Man March» nach Washington im Oktober 1995, an dem mehrere Hunderttausend schwarze Männer teilnahmen, eine höchst publikumswirksame Aktion, die, was die öffentliche Aufmerksamkeit, aber auch, was die Teilnahme an der Demonstration anging, weit über den Kreis der Organisationsmitglieder hinausging.

Das Geschlechterthema spielte in Doktrin und Praxis der *Nation of Islam* von Anfang an eine wichtige Rolle. Der schlechte Zustand der «schwarzen Rasse» – so die Vorstellung – findet seinen symbolischen Ausdruck darin, daß der «schwarze Mann» nicht in der Lage ist, die schwarze Frau zu schützen und zu kontrollieren. Dadurch seien schwarze Frauen ständiger sexueller Belästigung ausgesetzt, bis hin zu sexuellen Verbindungen mit weißen Männern. Diese Vermischung aber zerstöre die schwarze Rasse. Nach dieser Logik wurden der Schutz und die Kontrolle der Frau gleichbedeutend mit der Erhaltung der Rasse. Das utopische Ziel der Errichtung einer separaten Nation war insofern mit der Geschlechterordnung unmittelbar verknüpft: «The woman is man's field to produce his nation».[15] Demgemäß wurde die Rolle des Mannes als Ernährer und Beschützer hervorgehoben, während man die Frauen zu Zurückhaltung und Bescheidenheit anhielt und ihre Zuständigkeit für Haus und Familie betonte. In den Versammlungen saßen Männer und Frauen getrennt, beide Geschlechter auf ihre Weise uniformiert: die Frauen in einer Art weißem Ornat, mit langen Kopftüchern, die Männer in dunklen Anzügen und Krawatte.

Während in der jüngsten Zeit das «nationale Thema» in den Hintergrund tritt, wenn es auch symbolisch immer noch repräsentiert ist, tritt das Geschlechterthema stärker in den Vordergrund. Der «Million Man March» brachte dies demonstrativ zum Ausdruck. Gegen das öffentliche Bild schwarzer Männer als Kriminelle, Drogenabhängige, Promiske und Gewalttätige wurde hier das Bild von Solidarität, männlicher Verantwortung für die Familie und Leistungswillen gestellt. Auch hier gelang wieder die Verbindung eines allgemeinen Themas, in diesem Falle des breit diskutierten und von diversen religiösen und politischen Bewegungen auf ihre Fahnen geschriebenen Themas der «family values» mit dem Gedanken der Separation: Es versammelten sich nur Schwarze, und es versammelten sich nur Männer. Der Gedanke nationaler Separation allerdings war damit faktisch ad acta gelegt.

Es scheint insgesamt charakteristisch für die *Nation of Islam* und ein Grund für die öffentliche Aufmerksamkeit, die ihr zuteil wird, daß es ihr gelingt, das für den amerikanischen Kontext Fremde des Islams mit typischen Ausdrucksformen der amerikanischen Kultur zu verbinden. Sie schafft so ein Amalgam, das radikale Differenz und Anschluß gleichermaßen zum Ausdruck bringt. Religionssoziologisch ausgedrückt: Die *Nation of Islam* ist eine schwarze nationalistische Sekte, die jedoch die Verbindung zur Zivilreligion herzustellen vermag.

Mittlerweile bekennen sich viele schwarze Muslime zu dem, was sie als «orthodoxen» Islam bezeichnen und lehnen aus dieser Perspektive die *Nation of Islam* als häretisch ab. Gleichwohl ist die Gruppe für viele Muslime im Verlauf ihrer Lebensgeschichte einmal relevant gewesen, oder sie halten sie doch zumindest für ein wichtiges Sprachrohr schwarzer Belange. Vor allem Malcolm X, von dessen Autobiographie mehrere Millionen Exemplare verkauft wurden, ist für zahlreiche Schwarze nach wie vor von großer Bedeutung. Diese Autobiographie ist eine Art politisch-religiöser Bildungsroman. Sie spannt den Bogen vom Aufwachsen in der Armut einer kinderreichen und von den Traumatisierungen der Sklaverei geprägten Familie, den rassistischen Gewalttaten des Ku-Klux-Klan und dem Widerstand der Garvey-Bewegung im Amerika der 1920er Jahre über die Erfahrung der Migration und des Lebens in den Großstädten des Nordens bis hin zum Abgleiten in die Kriminalität und die Konfrontation mit einer rassistischen Justiz. Die Entwicklung nimmt ihre Wendung über die politische und religiöse Bewußtwerdung im Gefängnis und die Bürgerrechtskämpfe der 1960er Jahre hin zur schließlichen Abkehr von der *Nation of Islam* und zur Bekehrung zum «wahren Islam». Sie endet mit der Antizipation des politischen Märtyrertums, die sich kurze Zeit später auf dramatische Weise bewahrheiten sollte. Damit repräsentiert die Geschichte selbst einen kollektiven Mythos und bietet Identifikationsangebote auch dort, wo die Lebensgeschichten der Leser faktisch sehr weit entfernt sind vom schwarzen Ghetto, dem Leben des «Hustlers» und dem politischen Aktivismus der 1960er Jahre.

Obwohl der Islam in den USA quantitativ – also im Hinblick auf den Anteil der Muslime an der Gesamtbevölkerung – nur eine geringe Rolle spielt, hat er doch über den Umweg seiner afroamerikanischen Variante beträchtliche öffentliche Aufmerksamkeit erlangt. Diese Bedeutung ist nur zu verstehen, wenn man den Hintergrund des schwarzen Nationalismus sowie die polare Spannung zwischen dem nationalistischen Islam und der christlich beeinflußten Bürgerrechtsbewegung und den darin artikulierten Konflikt zwischen Separation und Integration mit in die Betrachtung einbezieht. Der afroamerikanische Islam gewinnt seine Bedeutung aus dieser spezifischen Konstellation, aber auch daraus, daß er es ermöglicht, zentrale Themen und Mythen der amerikanischen Kultur zu beerben und doch gleichzeitig eine Abgrenzung von der amerikanischen Gesellschaft zu vollziehen. Diese Leistung scheint er auch heute noch zu erbringen, selbst wenn die nationalistische Ideologie mehr denn je auf eine rein symbolische Funktion reduziert ist und statt dessen das Geschlechter- und Familienthema in den Vordergrund rückt. Diese alte Funktion des nationalistischen Islams ist heute auch auf die «orthodoxen» muslimischen Gruppen der Afroamerikaner übergegangen und erlaubt auf einer neuen Ebene die Symbolisierung von Distanz im Inneren des Systems. Damit nimmt der afroamerikanische Islam eine Stelle ein, die seit den

Auseinandersetzungen um die Bürgerrechtsbewegung im öffentlichen Raum unbesetzt geblieben ist.

Während für die 1950er und 60er Jahre die nationalistische Ausdrucksform – gerade in der polaren Spannung zur Bürgerrechtsbewegung – offenbar ein adäquater Ausdruck für die Thematisierung kollektiver Identität war, hat sich diese Situation allerdings mittlerweile verändert. An die Stelle nationalistischer Artikulationsformen ist ein zunehmend ethnisch definierter Identitätsdiskurs mit Bezugnahme auf einen «afrikanischen» Ursprung getreten. Aber auch daran ist der Islam insofern anschlußfähig, als er durch Ursprungsmythen mit den afrikanischen Vorfahren verknüpft werden kann, neben diesem ethnischen Partikularismus aber gleichzeitig auch einen universalistischen Rahmen bietet.

Die am 11. September 2001 von islamistischen Selbstmordattentätern verübten Anschläge auf das New Yorker World Trade Center und weitere Ziele in den USA mit Tausenden von Opfern stellten das Zusammenleben von Muslimen und Nicht-Muslimen im Land auf eine harte Bewährungsprobe. Es kam in der Folge zu Verhaftungen und gewalttätigen Übergriffen auf tatsächliche oder vermeintliche Muslime. Dennoch stellte die große Trauerfeier im New Yorker Yankee-Stadion kurze Zeit nach den Attentaten in eindrucksvoller Weise eine typisch US-amerikanische Mischung von interreligiöser Vielfalt und Patriotismus unter Beweis, so daß die Veranstaltung insgesamt zu einer Dokumentation amerikanischer Zivilreligion unter Einschluß der Muslime wurde.

VI.
Die innerislamische Diskussion zu Säkularismus, Demokratie und Menschenrechten

(Alexander Flores)

Bei den Politikern und Intellektuellen der islamischen Welt, die sich nachhaltig Gedanken über die sozialen und politischen Probleme sowie über die Perspektiven ihrer Gesellschaften machen, ist deren Verhältnis zur Moderne ein, wenn nicht *das* zentrale Thema der Debatte. Dabei hat man mit bestimmten Aspekten der Moderne – etwa der materiell-technischen Modernisierung oder dem Gebrauch rationaler Denkmethoden – im allgemeinen wenig Probleme. Dagegen erscheinen die Aspekte, welche die Akzeptierung eines «westlichen» Wertekatalogs implizieren, als problematischer und sind denn auch in der Diskussion heftig umstritten. Über die Themenkomplexe Demokratie, Menschenrechte (nicht zuletzt die von Frauen) und Säkularismus setzt man sich häufig auseinander. Besonders strittig ist der Komplex des Säkularismus, denn hier prallen unterschiedliche Wertvorstellungen heftig aufeinander: auf der einen Seite der anthropozentrische Wertekatalog, der sich im Westen längst durchgesetzt hat und der sich in der Bejahung menschlicher Autonomie gegenüber religiöser Dominanz, also in einer säkularistischen Haltung, zuspitzt, auf der anderen das Festhalten an der Rolle der Religion als umfassendes Regulativ, auf das viele moderne Muslime Wert legen.

1. Der Kontext

Der Kontext der Auseinandersetzung ist die europäische bzw. westliche Überlegenheit, die sich seit dem 19. Jahrhundert in weiten Teilen der islamischen Welt bemerkbar gemacht und diese durch Penetration, direkte Herrschaft und fortbestehende Abhängigkeiten gründlich umgestaltet hat. Damit wurde auch sie von Säkularisierungsprozessen erfaßt: Die Umgestaltung mancher Sektoren der Gesellschaft und die damit einhergehende Mobilität, die Ablösung traditioneller (meist unter dem Begriff der Scharia firmierender) Rechtsvorschriften durch positives Recht, die Einführung eines Erziehungswesens nach europäischem Vorbild, die Ausbreitung naturwissenschaftlicher Erkenntnisse und die Entstehung eines modernistischen Islams, der sich nun mit anderen islamischen Schulen auseinandersetzte – alles das stellte den traditionellen Zustand der selbstverständlichen Dominanz des Islams in Frage.[1] Dabei erschienen die modernen Errungenschaften unter einem Doppelaspekt. Vielfach wurden ihre positiven Möglichkeiten (materiell-technischer Fortschritt, geordnete politische Verhältnisse und Rechtssicherheit, Ausweitung menschlicher Freiheiten) wahrgenommen und geschätzt. Andererseits kamen sie von den Europäern, die wegen ihrer rücksichtslos ausgespielten Überlegenheit und wegen der für viele Muslime negativen Folgen der unvollständigen Modernisierung verhaßt waren.

Vor dem Hintergrund dieses zwiespältigen Verhältnisses zur Moderne ist auch die Auseinandersetzung unter muslimischen Intellektuellen über die Frage des Säkularismus zu verstehen. Den einen erscheint die Säkularisierung als notwendige Voraussetzung des Fortschritts und menschenwürdiger gesellschaftlicher Verhältnisse, andere sehen sie als planvollen Angriff des Westens auf die Vorherrschaft des Islams in den islamischen Gesellschaften, welche die letzte Bastion der eigenen Identität und Stärke sei. In der Situation der Schwäche gegenüber dem Westen erscheint das als besonders gefährlich. Viele Muslime, die sich in der modernen Welt an den Rand gedrängt fühlen, sehen im Festhalten an ihrer Religion einen Halt, den sie um so stärker betonen, je prekärer sie ihre Lage beurteilen. Nun greift die Säkularisierung der islamischen Gesellschaften zwar nicht den Islam als Religion an, wohl aber stellt sie ihn in seiner Funktion als übergreifendes Regulativ der Gesellschaft in Frage. Der Säkularismus als die Haltung, welche die Säkularisierung bejaht und sie konsequent fortsetzen möchte, erscheint darum vielen Muslimen als besonders anstößig.[2] Die Auseinandersetzung zwischen muslimischen Säkularisten (also denjenigen Muslimen, welche auch für den islamischen Bereich die Freiheit des menschlichen Lebens von institutionell abgesicherter religiöser Dominanz befürworten) und ihren integralistischen Gegnern – Integralismus verstanden als Befürwortung der gesellschaftlichen Regulativfunktion der Religion – ist wichtiger Bestandteil der Auseinandersetzung über die richtige Orientierung der islamischen Gesellschaften.

Die in dieser Auseinandersetzung eingenommenen Positionen waren keineswegs von ihrem Beginn im 19. Jahrhundert an ganz klar und explizit formuliert. Säkularismus bei modernen Muslimen wird meist implizit vertreten, d.h. als eine solche Haltung, die in der Praxis auf die Autonomie weiter Bereiche des Lebens von religiöser Dominanz hinausläuft, ohne daß sie diese offen und ausdrücklich in Frage stellt. Nur bei bestimmten Gelegenheiten und einigen ihrer Vertreter wurde diese Position explizit gemacht und zugespitzt. Auch die gegnerische Position war zunächst implizit. Sie bestand in der Überzeugung, der Islam sei wesentliches Regulativ der Gesellschaft, symbolisiert vor allem in der nominellen Geltung der Scharia, wie immer fiktiv das auch schon unter vormodernen Verhältnissen war. Erst als unter dem Einfluß europäischer Penetration diese Umstände auch ganz offiziell verändert wurden, formulierte man den entsprechenden Anspruch explizit und vertrat ihn immer offensiver. Die Formel, unter der das im allgemeinen geschieht, «Der Islam ist Religion und Staat», ist keineswegs uralt, wie das die Vertreter dieser Position gern glauben machen, sondern entstammt dem späten 19. Jahrhundert.[3] Mit der Entstehung einer islamistischen Bewegung, die diese Konzeption gegen die säkularisierte Realität durchsetzen will, und ihrer Verbreitung im Laufe des 20. Jahrhunderts wurde die integralistische Position stark und klar erkennbar. Sie entwickelte eine intensive antisäkularistische Polemik, und umgekehrt schärfte sich an dieser Position und der Auseinandersetzung mit ihr die – implizit oder explizit – säkularistische Literatur.

2. Stationen

Im Verlauf des 19. Jahrhunderts wurde die institutionell abgesicherte Dominanz des Islams in praktisch allen islamischen Ländern in Frage gestellt. Gründe waren die Modernisierung der Gesellschaft durch die europäische Penetration, die Ablösung traditioneller Institutionen und Vorschriften sowie die Übernahme westlich inspirierter Denkweisen und Modelle auf geistigem Gebiet. Diese Säkularisierungsprozesse wurden in der Regel nicht bewußt nachvollzogen, sondern ignoriert bzw. in ihrer Bedeutung heruntergespielt. Nur gelegentlich wurden sie – und damit dann auch ihr geistiges Pendant, der Säkularismus – Gegenstand von Kontroversen.[4]

Eine der ersten dieser Gelegenheiten war die Kontroverse zwischen dem christlichen libanesischen Intellektuellen Faraḥ Anṭūn (1874–1922) und dem großen islamischen Reformer Muḥammad ʿAbduh (1849–1905). Anṭūn, der in seiner Zeitschrift «al-Ǧāmiʿa» rigoros aufklärerisches und rationalistisches Gedankengut propagierte, führte in einem Aufsatz über Averroes en passant die seiner Meinung nach im Verhältnis zur islamischen Welt größere Gedankenfreiheit in Europa auf die Trennung von ziviler und religiöser Autorität im Christentum zurück, während sie im Islam «aufgrund religionsgesetzlicher Vorschrift» vereint seien.[5] Dem widersprach Muḥammad ʿAbduh heftig. Erstens stellte er Anṭūns Begründung in Frage. Wenn freies Denken sich in Europa durchgesetzt habe, dann nicht aufgrund bestimmter Qualitäten der christlichen Religion, sondern *gegen* ihre kirchlich durchgesetzte Dominanz. Zweitens behauptete er emphatisch, der Islam sei wesensmäßig eine Religion der Rationalität und der Befürwortung ziviler (d.h. nicht theokratischer) Herrschaft im politischen Bereich, schränke also von daher geistige und politische Freiheit nicht ein. Und drittens wandte er sich entschieden gegen eine Trennung beider Autoritäten, die schon aufgrund der menschlichen Natur nicht möglich sei, die er aber wohl auch ablehnte, weil sie die heilsame Wirkung des Islams, wie er ihn verstand, beschränken könnte.[6] Anṭūn überdachte nach dieser Kritik seine Position und veröffentlichte ein ausführliches Plädoyer für einen universalistisch formulierten und naturrechtlich begründeten Säkularismus – wohl das erste so rückhaltlos und explizit formulierte in der islamischen Welt.[7]

In dieser Kontroverse wurden zwei grundsätzliche Positionen umrissen, die seitdem immer wieder in dieser Frage eingenommen wurden: expliziter Säkularismus, der die Autonomie des menschlichen Lebens von religiöser Dominanz befürwortet und diese Position naturrechtlich begründet, und impliziter Säkularismus, der ebenfalls auf die Autonomie weiter Bereiche hinauswill, das aber religiös begründet und ganz ausdrücklich auf einen religiösen Dominanzanspruch nicht verzichten will. Dieser Dominanzanspruch soll aber nicht mittels starrer Vorschriften durchgesetzt werden, sondern mittels der Durchdringung des Lebens mit dem «Geist» des Islams bzw. der Scharia. Dies war, wie gesagt, die Position von Muḥammad ʿAbduh, der als islamischer Reformist für den arabischen Bereich eine ähnlich große Wirkung hatte wie Sir Saiyid Aḥmad Khān für den indischen Islam. Die Schule von ʿAbduh entwickelte sich und ihre unterschiedlichen Möglichkeiten weiter – einerseits Entfaltung der säkularistischen Implikationen durch Qāsim Amīn, ʿAlī ʿAbdarrāziq und andere, andererseits Verstärkung des religiösen Dominanzanspruchs bei den salafitischen Gefolgsleuten ʿAbduhs, den *Muslimbrüdern* und anderen Islamisten.

1925 veröffentlichte der ʿAbduh-Schüler und Azhar-Absolvent ʿAlī ʿAbdarrāziq in Kairo das Buch «Der Islam und die Grundlagen der Macht». In ihm behauptete er nachdrücklich, der Islam schreibe keine bestimmte Organisationsform von Staat und Gesellschaft vor, sei vielmehr eine Botschaft wesentlich innerlicher Religiosität. Anderslautende Überzeugungen seien eine nachträgliche Verfälschung der ursprünglichen islamischen Mission. Er plädierte also für Säkularismus, allerdings mit ausdrücklich religiöser Begründung. Und das machte ihn, anders als Faraḥ Anṭūn, der ausdrücklich nicht religiös argumentiert hatte, gefährlich. Die Autoritäten von al-Azhar und einige Schriftsteller widersprachen ihm darum heftig. Er wurde aus dem Kreis der Gelehrten von al-Azhar ausgeschlossen und verlor sein Amt als Richter an einem Scharia-Gericht.

«Als Scheich ʿAlī ʿAbdarrāziq (...) im Jahr 1925 das Buch ‹Der Islam und die Grundlagen der Macht› herausbrachte, rührten Bedeutung und Gefährlichkeit des Buchs nicht daher, daß es ein Plädoyer für Säkularismus und die Trennung der Religion vom Staat war (...), sondern daher, daß es der erste Versuch der ‹Islamisierung des Säkularismus› war, die Behauptung, der Islam sei säkularistisch, weil seine Grundlagen – Koran, Sunna und Konsens – nicht sagen, daß er ‹Religion und Staat› ist. Vielmehr sei er Religion, nicht Staat, und spirituelle Mission, die sich nicht um die Politik kümmert, keine bestimmte Regierung fordert und nichts mit der Organisation der Gesellschaft und der Festlegung einer besonderen Form des Zusammenlebens zu schaffen hat!»[8]

Muḥammad ʿAmāra, von dem diese Charakterisierung stammt, wirft aber nicht nur ʿAbdarrāziq seine «islamisch-säkularistische» Position vor, sondern auch dem Azhar-Gremium, das ihn verurteilte, die seinige. Dieses behaupte nämlich, die religiöse Regierung sei integraler Bestandteil der Scharia. Mit dieser Auffassung, wenn sie richtig sei oder sich verbreite, werde ein Säkularismus westlicher Prägung gerechtfertigt, der im islamischen Bereich wie im mittelalterlichen Europa Theokratie sehe, die es säkularistisch zu überwinden gelte![9] ʿAbdarrāziqs offener Ausdruck von Säkularismus wurde jedenfalls zurückgewiesen und aus dem öffentlichen Diskurs verbannt; selbst diejenigen, die in der Praxis klare Parteigänger der säkularisierten Verhältnisse waren, wollten dies vielfach nicht theoretisch expliziert wissen.

Ein anderer Exponent säkularistischer Auffassungen im Islam war Khālid Muḥammad Khālid, der 1950 in Kairo ein Buch mit dem Titel «Von hier gehen wir aus» publizierte. Darin kritisierte er von sozialkritischer Warte das «Priestertum» in der islamischen Realität, womit er deutlich die Indienstnahme der Religion und des religiösen Personals im Interesse des Staates und der ihn beherrschenden Schichten meinte. Davon sei die Religion in ihrem grundsätzlich menschenfreundlichen Wesen zu unterscheiden und wieder zu befreien. Der Staat brauche keine besondere religiöse Qualität; deren einzige *raison d'être* – den Vollzug der koranischen Strafen zu gewährleisten – sei schon darum zweifelhaft, weil man von deren Vollzug ohnehin längst abgekommen sei.

Dies war ein zumindest implizit säkularistisches Programm. Es wurde denn auch von den Autoritäten von al-Azhar (und der ägyptischen Staatsanwaltschaft!) verboten, aber ein Gericht hob diesen Beschluß wieder auf. Das Buch konnte weiterhin erscheinen (bis 1959 in neun Auflagen) und spielte wie die anderen Schriften des Autors während der Nasser-Zeit eine bedeutende Rolle.[10] Es stellte seinen Inhalt ausdrücklich in einen islamischen Begründungszusammenhang und stand damit in der Tradition ʿAbdarrāziqs.

Vom Säkularismus als einem umfassenden Konzept war weder bei ʿAbdarrāziq noch bei Khālid die Rede, und auch andere Säkularisten stellten ihn nicht explizit heraus. Säkularistische Konzepte wurden zwar in der Praxis verfolgt, aber in der Regel nicht explizit verfochten. Explizit und umfassend war erst in der antisäkularistischen Polemik vom Säkularismus die Rede; für den arabischen Raum etwa in den Schriften von Anwar al-Jundī, Muḥammad al-Bahī, Yūsuf al-Qaraḍāwī und Muḥammad Mahdī Shamsaddīn. Die entsprechenden Schriften begannen in den späten 50er Jahren des 20. Jahrhunderts zu erscheinen; die Reihe der Veröffentlichungen ist seitdem nicht abgerissen. In dieser polemischen Literatur erhält der Säkularismus eine größere Dimension und einen bedeutenderen Status, als ihm gemeinhin zugesprochen wird. Er ist hier nicht einfach die Befürwortung der Autonomie des Lebens von institutionalisierter religiöser Hegemonie, sondern wird zur zusammenfassenden Bezeichnung für alles, was den Autoren an der westlichen Zivilisation verurteilenswert erscheint. Aus einem Aspekt, einer bestimmten Idee des westlichen Denkens wird ein umfassendes Programm; säkularistische Entwicklungen in der islamischen Welt werden auf die Absicht des Westens zurückgeführt, den Islam und die Muslime zu schwächen. Auf die Argumentationslinien dieser antisäkularistischen Polemik komme ich noch zurück.

Es bleibt festzuhalten, daß der Säkularismus in der islamischen Welt zuerst in der Polemik gegen ihn scharfe Konturen erhielt. Das ist auch wenig verwunderlich: Säkularistische Entwicklungen waren hier eine beinahe notwendige Folgeerscheinung der Modernisierung, die von weiten Kreisen begrüßt und aktiv betrieben wurde. Gerade die säkularisierenden Begleiterscheinungen der Modernisierung wollten aber deren Befürworter nicht deutlich hervorheben, denn sie schienen die Religion bzw. ihren privilegierten Platz anzugreifen, an denen vielen gerade in einer Situation der Schwäche viel lag, und sie waren der am deutlichsten «westliche» Aspekt der Modernisierung und daher angesichts der westlichen Dominanz höchst problematisch. Also wurden sie von ihren Befürwortern heruntergespielt, von ihren Gegnern dagegen um so schärfer herausgehoben.

Die nachdrücklichere Forderung nach Islamisierung, die von der stärker werdenden islamistischen Bewegung ausging, führte vielfach zur Anpassung an die gewandelte Atmosphäre,[11] in einigen Fällen aber auch zur deutlichen und offenen Formulierung säkularistischer Positionen. Besonders heftig waren die entsprechenden Debatten im Ägypten der 1980er Jahre. Hier hatte es die islamistische Bewegung vermocht, den öffentlichen Diskurs so weit islamisch «aufzuladen», daß die Forderung nach Wiedereinführung der Scharia weithin erhoben wurde und kaum jemand ihr offen zu widersprechen wagte. Als die Regierung 1985 klar machte, daß diese Forderung keine Chance auf Realisierung hatte, war der Protest der Islamisten so vehement, daß er manche ihrer Gegner zur offeneren Äußerung ihrer Auffassungen veranlaßte. Darunter waren dann auch Säkularisten, explizite wie implizite, d.h. sowohl solche, die offen als Säkularisten auftraten und ihre Position universalistisch begründeten, als auch solche, die den Begriff vermieden und dann in der Regel auch ihre Auffassung islamisch begründeten.[12] Relativ häufig oszillierten die betreffenden Autoren zwischen den Positionen und Argumentationsweisen.

Die intellektuelle Atmosphäre war so aufgeladen, die Vorbehalte gegen Begriff und Konzeption des Säkularismus so stark, daß große Teile der Auseinandersetzung sich nicht um die Vorzüge bzw. die Gefahren des Säkularismus drehten, sondern um den Versuch, die prinzipielle Berechtigung säkularistischer Äußerungen überhaupt nachzuweisen oder zu bestreiten. Sehr charakteristisch ist in diesem Zusammenhang der Verlauf einer langen Round-Table-Diskussion, die im Frühjahr 1989 in Kairo stattfand und einige Vertreter islamistischer Positionen mit einigen «gemäßigten» Säkularisten («extreme», d.h. explizite Säkularisten waren bewußt von vornherein nicht eingeladen) zusammenbrachte. Hier war von der grundsätzlichen Problematik des Säkularismus in einem islamischen Zusammenhang praktisch nicht die Rede; vielmehr ging es lange um die Forderung der anwesenden Säkularisten, nicht als solche, sondern als Vertreter der «weltlichen Strömung» angesprochen zu werden, und um die Diskussion dieser Forderung. Das zeigt, als wie diskreditiert der Begriff des Säkularismus empfunden wurde: «Es ist eine historische Tatsache, daß sich niemand mit dem Wort ‹Säkularisten› bezeichnet. Vielmehr benutzen es die islamischen Strömungen, wenn sie ihre Gegner verächtlich machen wollen, und bezeichnen sie als Säkularisten. ... Die anderen nennen sich anders: Nationalisten, Liberale, Demokraten, Sozialisten oder Nasseristen. ... Ich kenne keine einzige politische Strömung, die sich selbst säkularistisch nennt.»[13] Aber auch der anderen Seite ging es nicht um grundsätzliche und inhaltliche Fragen, sondern um den beinahe krampfhaften Versuch, angesichts der zu lösenden dringenden sozialen und politischen Probleme (also unter Berufung auf praktische Notwendigkeiten!) alle auf eine gemeinsame islamische maßgebliche Instanz *(marjiʿīya)* zu verpflichten, wie symbolisch auch immer.

In aller Regel sind neuere Auseinandersetzungen um den Säkularismus in islamischen Milieus keine ruhigen, sachlichen Debatten, sondern heftige Kämpfe mit der dementsprechenden Tonart und Argumentationsweise. Das rührt daher, daß säkularistische Positionen mit der Hypothek ihrer Assoziation mit westlicher Dominanz über die islamische Welt leben müssen und daß die Gegner des Säkularismus heute meist mit der islamistischen Bewegung verbunden sind, die sich in heftiger Auseinandersetzung mit anderen Kräften befindet – von daher ergibt sich dann fast notwendig ein polemischer Ton.

3. Argumente

Muslimische Integralisten weisen in ihren Beiträgen gern auf die Umstände hin, unter denen sich Säkularisierungsprozesse in Europa vollzogen haben, in deren Verlauf dann auch der Säkularismus als Position entstand. Sie sehen sie weitgehend durch die Existenz der christlichen Kirche bestimmt, in der sich der Dominanzanspruch der Religion über das menschliche Leben verkörperte, die zeitweise Weisungsbefugnis gegenüber weltlichen Herrschern beanspruchte und die den Gläubigen nicht nur ihr Verhalten, sondern auch ihr Weltbild strikt vorschrieb. Darum mußte – immer dieser Interpretation zufolge – jeder geistige und soziale Fortschritt an die so gesetzten engen Grenzen stoßen, er war gegen die Kirche und damit gegen den Dominanzanspruch der Religion durchzusetzen. Eben dies war die Säkularisierung. Sie war im christlichen Bereich insofern ohne allzu große Schwierigkeiten zu vollziehen, als hier mit der in den Glaubensinhalten schon enthaltenen Trennung geistlicher und weltlicher Sphäre eine Sollbruchstelle vorgegeben war, aufgrund derer Religiosität und Kirche aus dem öffentlichen Leben verdrängt werden konnten, ohne damit ihre Existenz aufzugeben.[14]

Im islamischen Bereich ist es – immer nach dieser Auffassung! – anders. Dort bilden Staat und Religion eine Einheit; es gibt keine vom Staat unterschiedene religiöse Organisation. Der Gesetzgeber ist Gott; Staat und Individuen stehen gleichermaßen unter seiner Autorität. Die religiöse Hegemonie über das Leben wird dort nicht durch die Kirche gesichert, sondern durch die Scharia. Deren Befolgung und Durchsetzung ist die wichtigste Garantie für die islamische Qualität des Lebens; sie zur Geltung zu bringen ist daher auch die vornehmste Aufgabe des islamischen Staates und sein wichtigstes Kennzeichen. Im islamischen Bereich gibt es keine Konstellation, wie sie die Säkularisierung im mittelalterlichen Europa erfordert und gerechtfertigt hatte, denn der Islam ruft zum Vernunftgebrauch auf und stellt sich seinem Wesen nach weder wissenschaftlichem noch sozialem Fortschritt entgegen. Säkularismus im islamischen Bereich ist also nicht nötig, aber auch nicht zulässig, denn im Islam gibt es, anders als im Christentum, keine im Dogma schon angelegte oder von ihm ermöglichte Rückzugsposition für das Religiöse: Ein aufs Innerliche beschränkter, um die Anwendung der Scharia amputierter Islam ist kein Islam mehr.[15]

Unabhängig von der sachlichen Richtigkeit der hier vorgebrachten Behauptungen sind dies zwei Hauptargumente der Integralisten gegen die Säkularisten: Von den Entstehungsbedingungen und dem Charakter der jeweiligen Religion her paßt der Säkularismus ins christliche Europa, aber nicht in die islamische Welt. Sein «Import» in diese läuft dem Anspruch des Islams auf umfassende Geltung zuwider.

Ein weiteres Motiv, das immer wieder in diesem Zusammenhang anklingt, ist das von der historischen Größe des Islams, der in der Zeit seiner unangefochtenen Hegemonie (oft mit der Geltung der Scharia in eins gesetzt) Überlegenheit, zivilisatorische Blüte und Wohlergehen der islamischen Gesellschaften gesichert habe und eben deshalb in dieser Funktion von den westlichen Kolonisatoren angegriffen worden sei – mit den bekannten mißlichen Folgen. Muḥammad ʿAmāra – diesmal in seiner Eigenschaft als Sprachrohr der integralistischen Auffassung – hat das folgendermaßen formuliert: «Im Rahmen der islamischen Zivilisation ist der Ruf nach der Herrschaft des Säkularismus viel seltsamer und anomaler, als wenn wir den Westen bloß nachahmten, von seiner Zivilisation abhängig wären und von ihm eine Lösung für ein Problem entliehen, das wir in Wahrheit gar nicht haben! ... Wenn die europäische Renaissance mit dem Säkularismus verbunden war oder sogar auf ihm beruhte, nachdem der Niedergang Europas mit der Hegemonie von Religion und Kirche über Staat und Gesellschaft verbunden gewesen war .. dann verlief die Entwicklung unserer arabisch-islamischen Zivilisation in dieser Hinsicht genau umgekehrt. Denn die arabisch-islamische Renaissance war eng mit der Hegemonie der islamischen Scharia über einen gleichzeitig zivilen und islamischen Staat verbunden, während das Abgehen vom islamischen Charakter des Gesetzes der Beginn des Wegs unserer Nation in Stagnation und Niedergang gewesen ist.»[16]

Darüber hinaus sei der Säkularismus abzulehnen, weil er sich negativ auf Gesellschaft und Individuum auswirke, und zwar sowohl in der westlichen als auch in der islamisch-orientalischen Zivilisation. Indem er die religiöse Orientierung der Gesellschaft zerstöre oder zumindest unterhöhle sowie den Menschen und seine Bedürfnisse in den Mittelpunkt stelle, führe er zur kulturellen Desorientierung, zur Zerstörung der Werte und der Familie, zur ungezügelten Herrschaft des Lustprinzips, zu vorehelicher Sexualität, Pornographie, Homosexualität, Alkohol- und Drogenmißbrauch, ungehemmtem Materialismus und einer Fülle von anderen schädlichen Erscheinungen. Dies gelte zunächst für den Westen, aber da der islamische Orient den Westen nachahme, auch dort.[17] Mit dem Islam und seinen Werten sei das nicht zu vereinbaren. Dieser lehre die Notwendigkeit der Einheit von Religion und Staat und der religiösen Anleitung des Menschen.[18] Wissenschaftliche Errungenschaften, auch vom Westen übernommene, seien mit dem Islam durchaus vereinbar, er lehne aber die materialistische Philosophie, mit der sie oft einhergehen und die ein Aspekt des Säkularismus sei, heftig ab.[19]

Muslimische Säkularisten – und zwar weitgehend unabhängig davon, ob sie sich selbst als solche bezeichnen oder nicht – haben im Hinblick auf die genannten Komplexe ganz andere Auffassungen. Was die angeblich spezifisch europäischen Entstehungsbedingungen des Säkularismus angeht, meinen viele von ihnen, im islamischen Bereich habe es nicht nur ähnliche Probleme gegeben wie im mittelalterlichen Europa, sondern es gebe sie immer noch: problematische weltliche

Herrschaft, die sich um so leichter in den Mantel der Religion hüllen könne, als eine bei Muslimen weit verbreitete Auffassung die enge Verbindung von Staat und Religion postuliere. Das Fehlen einer Kirche und einer Priesterkaste im islamischen Bereich sei eher Anspruch und Ideal als Realität.

Für die schädlichen Auswirkungen enger Verbindung von Religion und Staat auch im Islam führen die Säkularisten zahlreiche Fälle aus der islamischen Geschichte und Gegenwart an.[20] Fu'ād Zakarīyā geht so weit, den Hintergrund der Entstehung des Säkularismus für eine jederzeit und überall latente Gefahr zu erklären – im islamischen Bereich nicht anders als im mittelalterlichen Europa: «Wenn der Anspruch umfassender Hegemonie eine unbestreitbare Tatsache in der Geschichte des Christentums war, ... dann waren doch die Verhältnisse im mittelalterlichen Christentum nicht grundsätzlich verschieden von denen, die im Islam vorherrschen. ... Das Mittelalter ist nicht nur eine zeitlich festgelegte Epoche, sondern es ist eine Geisteshaltung, die in vielen Gesellschaften und zu verschiedenen Zeiten wieder auftauchen kann, und es gibt deutliche Beispiele dafür gerade in unserer Gegenwart. ... Und das heißt, daß die Gründe, die Europa dazu brachten, das Prinzip des Säkularismus anzunehmen, auch in unserer heutigen islamischen Welt eindeutig vorhanden sind, und es heißt auch, daß der Gedanke, den fast alle im Mund führen, daß nämlich der Säkularismus das Ergebnis ausschließlich europäischer Bedingungen in einem bestimmten Stadium seiner Entwicklung ist – daß dieser Gedanke der Grundlage entbehrt.»[21]

Auch das Hauptargument der früheren «impliziten» Säkularisten, nämlich die Behauptung, die islamische Mission sei wesentlich ethisch-spiritueller Natur und von daher rühre der vehemente, mit Hinweis auf die Grundlagen vorgebrachte Widerspruch gegen die integralistische Konzeption des Islams, taucht in der neueren Debatte wieder auf. Ein prominenter muslimischer Säkularist (der diese Selbstbezeichnung vermeidet!) formuliert das so: «Gott wollte den Islam als Religion, aber die Leute wollten ihn als Politik. Die Religion ist allgemein, menschlich und umfassend, aber die Politik ist unvollständig, beschränkt, tribal, regional und ephemer. Wenn man die Religion in die Grenzen der Politik zwingt, beschränkt man sie auf einen bestimmten Rahmen, eine besondere Region, eine gegebene Gruppe von Leuten und eine bestimmte Zeit. ... Muḥammads Mission ist nicht wie die von Moses eine legislative, sondern im Grunde eine Sendung von Gnade und Ethik, und zwar so, daß ihr legislativer Charakter als zeitlich später, sekundär und nicht wesentlich angesehen werden muß.»[22]

Die Argumentation dieser Säkularisten ähnelt der von ʿAbdarrāziq: Man stellt fest, daß weder im Koran noch im Ḥadith präzise Aussagen über das Verhältnis von Staat und Religion gemacht werden, und erklärt die später anhand der frühen Geschichte des Kalifats gewonnene Konzeption von der religiösen Funktion des Staates für sekundär und damit entbehrlich, ja sogar wegen der dabei gemachten Erfahrungen für schädlich. Das erscheint angesichts der Grundlagentexte und der islamischen Geschichte als eine mögliche Position, ändert aber nichts an der Tatsache, daß viele – unter den Gelehrten und Intellektuellen, die ihre Auffassung publizieren, sicher die große Mehrheit – eine ganz andere Position beziehen.

Davon ist oben schon die Rede gewesen; einige Vertreter dieser Gruppe widersprachen auch den «impliziten» Säkularisten heftig;[23] nach intensivem Schlagabtausch bleiben diese Positionen in aller Regel unversöhnlich gegeneinander stehen.

Auf die Vorwürfe der Integralisten, der Säkularismus betreibe die Destruktion der Werte und begünstige alle Formen verwerflichen Verhaltens und kultureller Dekadenz – Vorwürfe, die einer Karikatur der westlichen Zivilisation gleichen – antworten die Säkularisten in der Regel nicht. Allerdings machte sich Zakarīyā einmal darüber lustig: «Alle glauben, daß der europäische Mensch in einem Zustand fortwährender moralischer Zerrüttung lebt, an nichts anderes als an völlig freizügig praktizierte Sexualität denkt und in seinem Leben keinen Raum für irgendwelche moralischen Werte hat, daß die Gesetzgebung in den europäischen Staaten auf den Schutz Perverser abzielt und die Unzucht verteidigt; und dergleichen Wahnvorstellungen und falsche Bilder, die das ganze intellektuelle Marschgepäck von Millionen von Leuten bilden.»[24]

Die Argumente der beiden Seiten betreffen im wesentlichen drei Ebenen der Auseinandersetzung. Einmal geht es ganz grundsätzlich um die Religion und die Frage, ob sie eine besondere gesellschaftliche, ggf. auch mit Zwangsmitteln durchgesetzte Rolle spielen oder auf den privaten Bereich beschränkt bleiben soll. Zweitens geht es speziell um den Islam und die Frage, wieweit säkularistische Haltungen in seinem Bereich praktisch sinnvoll und religiös zulässig sind. Und drittens wird immer wieder deutlich, daß die Auseinandersetzung um den Säkularismus ihre Schärfe auch daher erhält, daß sie einen Zankapfel im Verhältnis des islamischen Orients mit dem Westen bildet.

Es wird immer wieder gefordert bzw. als Möglichkeit in Aussicht gestellt, daß sich die beiden Seiten der hier behandelten Kontroverse auf einem gemeinsamen Grund treffen. Dieser Gedanke kann grundsätzlich und pragmatisch begründet werden. Soweit es sich bei den Gegensätzen lediglich um unterschiedliche theoretische Optionen handelt, läßt sich über Gemeinsamkeiten sicherlich sinnvoll reden. Wo sie aber die zusätzliche Schärfe harter politischer Auseinandersetzung erhalten, dürfte mit Dialog wenig auszurichten sein. Nachhaltige Versöhnung im Verhältnis des Westens zum islamischen Orient steht nicht in Sicht. Insofern dürfte auch die vorliegende Kontroverse in einigen ihrer Aspekte andauern.

4. Demokratie

Wie andere moderne Konzepte wird auch die Demokratie in einem westlichen Verständnis von den meisten heutigen Muslimen in ausgesprochen positivem Licht gesehen; sie bietet vielfach den Maßstab, unter dem sie ihre eigenen Gesellschaften beurteilen. Westliche Kritiker behaupten vielfach, Demokratie und Islam seien nicht zu vereinbaren; auch viele Muslime, vor allem solche, die an islamische Traditionen anknüpfen wollen, machen sich Gedanken um die Vereinbarkeit.

Traditionelle islamische Herrschaftstheorie und -praxis sind in der Tat mit modernen Demokratievorstellungen nicht vereinbar. Dies ist ein Befund, der für die vormoderne nichtislamische Welt selbstredend ebenfalls gilt und nur darum eigens konstatiert werden muß, weil manche islamische Apologeten etwas anderes behaupten. Traditionelle islamische Herrschaft ist Autokratie, die durch die Fiktion der Theokratie bzw. Theonomie legitimiert wird. Nach der Theorie wird der Herrscher, ursprünglich der Kalif, durch eine Art von Wahl aus dem Kreis der Befugten ausgewählt und durch eine Huldigungszeremonie *(baiʿa)* in sein Amt eingeführt, was zugleich eine Art von Vertragsschluß zwischen ihm und den «Untertanen» beinhaltet. Er ist gehalten, sich nach dem Prinzip der *shūrā* bei seiner Amtsführung mit geeigneten Leuten zu «beraten». Er hat eine Rechenschaftspflicht gegenüber Gott, die durch die Gemeinschaft der Gläubigen gleichsam angemahnt werden kann. Dem göttlichen Gesetz ist er ebenso unterworfen wie die anderen Gläubigen; wenn er dieses Gesetz verletzt oder seine Aufgaben vernachlässigt, kann er zur Ordnung gerufen und im Grenzfall sogar abgesetzt werden. Diese «Widerstandspflicht» muslimischer Untertanen wird bis heute gern als Mechanismus demokratischer Kontrolle hingestellt, ist aber äußerst selten praktiziert worden. Diese Anknüpfungspunkte demokratischer Vorstellungen sind bereits in der Theorie zurückhaltend und vage formuliert; in der Praxis sind sie in aller Regel der Hinnahme autokratischer Herrschaft gewichen, die dann auch noch in der Entwicklung einer quietistischen Konzeption durch die Rechtsgelehrten legitimiert wurde.[25]

Der soeben skizzierte Sachverhalt wird von den meisten muslimischen Autoren nicht in aller Schärfe konstatiert. Soweit sie ihn sehen, erklären sie den mißlichen Gang der Dinge mit einer Abweichung von der wahren islamischen Konzeption – nach dem Motto «Nicht die Muslime sind ein Argument gegen den Islam, sondern der Islam ist ein Argument gegen die Muslime.» Im Hinblick auf das moderne Konzept der Demokratie nimmt man unterschiedliche Haltungen ein.

Manche Autoren erkennen den Konflikt zwischen der Demokratie und der traditionellen Konzeption des Islams. Sie halten letztere für so überlegen, daß die Muslime auf die «westliche» Demokratie verzichten sollten. Die Übernahme solcher Konzepte fremden Ursprungs und nichtreligiösen Charakters in Fragen der politischen Ordnung wie der westlichen Demokratie ist nach Meinung eines dieser Autoren eine «politische Krankheit», denn «sie macht das Volk zum Ursprung der Gewalten und damit zum Gesetzgeber und Souverän.»[26] Hier ist also eine Position, welche die demokratische Konzeption von der Herrschaft des Volkes offen ablehnt, da sie der islamischen Auffassung von der alleinigen Rolle Gottes als Gesetzgeber und Souverän widerspreche.

Auf der anderen Seite gibt es die Auffassung, angesichts des Konflikts zwischen Demokratie und hergebrachter islamischer Politikkonzeption sollten die Muslime die Demokratie übernehmen und die traditionelle Konzeption souverän beiseite schieben – das widerspreche wohl dem Buchstaben dieser Konzeption, nicht aber dem *Geist* des Islams, denn der fördere das Gemeinwohl, und das verlange die Einführung der Demokratie. Damit wird dann auf jede spezifisch islamische

Begründung der Demokratie verzichtet – ein Vorgehen, das bei der in den letzten Jahrzehnten festzustellenden Akzentuierung des Islams kaum auf breite Zustimmung hoffen kann und daher selten ist.[27]

Viel häufiger ist der Versuch, die Demokratie in ihrem heute üblichen Verständnis zu propagieren, sie aber an bestimmte Elemente der islamischen Tradition anzubinden bzw. sie manchmal unter Benutzung solcher Elemente vollkommen umzubenennen. In diesem Zusammenhang wird gern an die in der ursprünglichen Konzeption vorgesehene «Wahl» des Kalifen, an den mit der *baiʿa* assoziierten «Vertrag» und an die der Gemeinschaft zukommende Aufgabe der Ermahnung und ggf. Absetzung des Herrschers erinnert, die hier als Widerstandsrecht verstanden wird. Besonders gern werden hier Begriff und Konzept der *shūrā* herangezogen. Der Begriff ist koranisch (42:38) und beinhaltet allgemein das Gutheißen von Beratung. Es ist oft als Verpflichtung der Herrscher verstanden worden, sich beraten zu lassen, ohne daß man sich in der Praxis und in der Jurisprudenz, in der diese ihren Niederschlag fand, auf den Charakter dieser Berater und die Verbindlichkeit ihres Rats irgend präzis hätte einigen können. Das hatte den Nachteil, daß das Konzept in der islamischen Geschichte kaum je für eine auch nur entfernt demokratische Einbindung von Herrschaft sorgen konnte, worauf Kritiker dieses Vorgehens gelegentlich hinweisen. Es hat aber den Vorteil, daß das Konzept sich gerade wegen seiner Unbestimmtheit in gewissem Umfang eignet, inhaltlich neu gefüllt zu werden. Da gibt es denn durchaus Autoren, die *shūrā* so definieren, daß sie dem westlichen Konzept der Demokratie entspricht; andere legen Wert darauf, daß Unterschiede erkennbar werden, um dem Odium der Übernahme vom Westen zu entgehen. Es gibt da im einzelnen viele Varianten. Auch die Motive eines solchen Vorgehens sind vielfältig. Da ist der Wunsch, auch in der Partizipation an positiven modernen Errungenschaften die eigene Identität zu bekräftigen, da ist die Absicht, ein als heilsam erkanntes Konzept den breiten Massen schmackhaft zu machen, denen man nicht zutraut, es auch in «fremder» Verpackung zu akzeptieren, da ist der Wunsch, traditionelle Konzepte möglichst menschenfreundlich zu formulieren, um den Islamisten ihren Gebrauch zu erschweren. Andererseits beteiligen sich an der angedeuteten Bewegung durchaus auch Islamisten, die demokratische Inhalte und die damit auch in ihren Augen verbundene Aufwertung nicht ihren Gegnern überlassen wollen – einmal ganz abgesehen von dem Versuch der Islamisten, in ihrer Konfrontation mit den autokratischen Regimes demokratische Spielräume und Ansprüche ganz pragmatisch zu nutzen. Andere Islamisten werfen der ganzen Bewegung, auch ihren islamistischen Teilen, ihr Liebäugeln mit westlichen Konzepten heftig vor.

Jedenfalls zeigen sowohl das Bestreben, unter islamischem Vorzeichen demokratische Konzepte – darunter solche, die einem westlichen Verständnis von Demokratie entsprechen – zu propagieren bzw. einzuführen, als auch die ganze Bandbreite solcher Positionen und des Widerspruchs dagegen, daß es in diesem wie in anderen Bereichen keine islamischen Glaubensinhalte oder Regelwerke gibt, die den Muslimen die positive Aufnahme der Demokratie von vornherein versperren würden.[28]

5. Menschenrechte

Auch die Auseinandersetzung um die Stellung der Muslime zu den Menschenrechten steht im Spannungsfeld zwischen der Herausforderung des Westens und der Antwort, welche die verschiedenen Strömungen des modernen Islams darauf geben. Die Herausforderung besteht darin, daß die heute vorwiegende Konzeption der Menschenrechte, wie sie etwa in der 1948 verabschiedeten Allgemeinen Erklärung der Menschenrechte und in den ihr folgenden «Pakten» von 1966 vorliegt, Menschenrechte als universell versteht, daß diese Konzeption aber zuerst im Westen entwickelt wurde und auf diese Herkunft gelegentlich starker Nachdruck gelegt wird. Das Konzept in seinem universellen Anspruch ist jung, und so ist es auch unter Muslimen noch nicht sehr lange in der Diskussion. Nebenbei sei hier aber gesagt, daß der oben erwähnte Faraḥ Anṭūn in seinem ausgedehnten Plädoyer für eine säkularistische Konzeption bereits 1903 einige Menschenrechte naturrechtlich begründete: «Der Mensch ist in seiner alleinigen Eigenschaft als Mensch, d.h. unter Absehung von seiner Religion oder Konfession, Besitzer des Rechts auf alle Wohltaten und Güter sowie große und kleine Ämter, bis hin zur Präsidentschaft der Nation.»[29]

Wie bei anderen Konzepten, so haben auch hier westliche Vorstellungen den Beurteilungshorizont der Muslime stark geprägt, und zwar auch bei denen, welche den westlichen Einfluß heftig ablehnen. Das gilt in der vorliegenden Frage um so mehr, als die universelle Konzeption der Menschenrechte, die ja naturrechtlich und damit ohne religiöse Bezüge begründet wird, oft mit großem Nachdruck gegenüber nichtwestlichen, darunter auch den islamischen, Gesellschaften geltend gemacht wird – mit den entsprechenden Abwehrreaktionen von diesen.[30]

Eine gute Illustration des genannten Sachverhalts bieten die verschiedenen «islamischen Menschenrechtserklärungen». Sie sind ohne Zweifel unter dem Druck formuliert worden, den die Allgemeine Erklärung von 1948 und die mit ihr evozierte verstärkte weltweite Aufmerksamkeit für Menschenrechtsfragen konstituierten. Hierauf mußte man reagieren, wenn man in der Diskussion bleiben wollte. Die Akzeptierung der Erklärung in Bausch und Bogen war aber angesichts ihres universellen Anspruchs und ihrer naturrechtlichen Begründung für viele Muslime kaum möglich. Einige betroffene Kreise und Institutionen reagierten mit eigenen Menschenrechtskatalogen, so etwa der *Islamrat für Europa* und die Organisation der *Islamischen Konferenz*. Hier wurden durchaus parallel zur Allgemeinen Erklärung im wesentlichen die gleichen Menschenrechte eingefordert – mit dem allerdings wesentlichen Unterschied, daß in ausführlichen Präambeln ein islamischer Begründungszusammenhang gegeben wurde und die Absolutheit einiger der Rechte durch die Stipulation «im Rahmen der Scharia» eingeschränkt wurde.[31] Die islamische Begründung widerspricht der Universalität der Menschenrechte, die offenbar vorausgesetzte, stets betonte Geltung der Scharia aber auch einigen der in den islamischen Erklärungen ausdrücklich genannten Forderungen wie Freiheit der Religion und Gleichheit der Religionen und Geschlechter. Die Frage des – in der traditionellen Konzeption der Scharia enthaltenen – Apostasieverbots wird beispielsweise in der Erklärung des Islamrats, als offenbar besonders kritisch, nicht erwähnt, die Frage der Minderheiten salomonisch so gelöst, daß sie in religiöser Hinsicht nach dem koranischen Prinzip «Es gibt keinen Zwang in der Religion», in zivilen und Personenstandsangelegenheiten nach der Scharia bzw. ihrem eigenen religiösen Recht behandelt werden.[32] Diese Erklärung – und andere vergleichbare – setzen also Verhältnisse voraus, die gar nicht bestehen, und machen so deutlich, daß sie weniger Orientierung für die Realität als vielmehr Wortmeldungen in einem kontroversen Dialog mit dem Westen sind, in dem man gegen dessen Dominanzanspruch auch in Fragen der Werte auf die eigene kulturelle Identität pocht.

Dieser ganze Komplex – Universalität der Menschenrechte gegen Kulturrelativismus – wird insbesondere in westlich-islamischen interkulturellen Dialogveranstaltungen häufig thematisiert.[33] Er ist aber auch Gegenstand heftiger innerislamischer Auseinandersetzungen. Da gibt es einmal die Vertreter einer harten Linie in dieser Frage, die an der traditionellen islamischen Auffassung festhalten bzw. sie gegen die heutige Realität wieder zur Geltung bringen wollen. Sie sind im allgemeinen radikale Islamisten, die sich ja auch in anderen Belangen für eine Wiedereinführung der Scharia einschließlich der Körperstrafen einsetzen. Sie sehen in der Regel keinen Anlaß zur Apologie, nehmen oft nicht einmal auf die Menschenrechte als Konzept Bezug und stellen ganz einseitig die Scharia als göttliches Recht, das nicht durch Rücksicht auf menschliche Belange relativiert werden dürfe, in den Vordergrund.[34] Ein ziemlich breites «Mittelfeld» von muslimischen Intellektuellen bemüht sich zu zeigen, daß der Islam auch mit einem modernen Verständnis der Menschenrechte zu vereinbaren ist, wenn man ihn nur richtig versteht. Bei diesen Autoren überwiegt Apologetik. Vielfach findet sich zudem die Behauptung, der Islam sei auch im Hinblick auf den Schutz der Menschenrechte anderen Konzeptionen überlegen. Die heiklen Fragen der Vereinbarkeit des Islams mit universalistisch verstandenen Menschenrechten, also vor allem die nach der Diskriminierung von Frauen, der Behandlung religiöser Minderheiten und der Durchsetzung völliger Religionsfreiheit, werden hier in der Regel umgangen oder als weitgehend unproblematisch dargestellt. Im übrigen umfaßt dieses Feld ganz unterschiedliche Positionen von gemäßigten Islamisten bis zu ausgesprochen offen argumentierenden Autoren. Eine grundsätzliche Verpflichtung auf einen islamischen Rahmen sozialer Organisation wird allerdings hier nie in Frage gestellt. Vertreter einer dritten grundsätzlichen Position erkennen, daß eben dies mit einer konsequent universalistischen Konzeption der Menschenrechte, der sie sich verpflichtet sehen, in Konflikt geraten muß, und stellen daher diesen islamischen Rahmen (nicht aber den Islam als Religion!) in Frage. So weist z. B. Faraj Fōda darauf hin, daß das Gleichheitsgebot der ägyptischen Verfassung der Stipulierung des Islams als Staatsreligion in dieser Verfassung ebenso widerspricht wie die Diskriminierung von Nichtmuslimen der universellen Deklaration der Menschenrechte, die Ägypten doch unterschrieben habe.[35] Ähnlich offen haben der Sudanese ʿAbdullāhī Aḥmed An-Naʿim und der Tunesier Mohamed-

Chérif Ferjani auf die Widersprüche zwischen der Scharia und den universell konzipierten Menschenrechten hingewiesen; sie haben daher der Forderung nach Inkraftsetzung der Scharia vehement widersprochen.[36]

Auch in der Diskussion um die Menschenrechte und ihre Grundlegung finden wir also ein breites Meinungsspektrum nicht nur zwischen Vertretern islamischer und «westlicher» Positionen, sondern auch in der diesbezüglichen Auseinandersetzung unter den Muslimen selber – wobei hier nur ganz wenige Beispiele angesprochen werden konnten. Es zeigt sich einmal mehr, daß es sich bei den heute stattfindenden, oft sehr scharfen Auseinandersetzungen allenfalls auf den ersten Blick um einen intellektuellen «Clash of civilizations» handelt. Die sich gegenüberstehenden Positionen haben in aller Regel globale Reichweite. Der vermeintliche «Clash of civilizations» stellt sich oft als ein «Clash *within* civilizations» heraus.[37]

VII.
Die Situation von Frauen in islamischen Ländern

(Wiebke Walther)

1. Einführung

Der Status von Frauen im Islam ist seit über zweihundert Jahren ein aktuelles Thema und heute eines der weltweit strittigsten. Letzteres ist es inter-, aber auch innerkulturell, also unter Muslimen und Musliminnen unterschiedlicher Richtungen und Regionen selbst. Tatsächlich ist die Situation der derzeit über 500 Millionen Musliminnen in der Welt von Nord- und Schwarzafrika über den arabischen Raum, die Türkei, den Balkan, Iran, Pakistan, Indien, Afghanistan, China, Südostasien, die USA bis zu den europäischen Einwanderungsregionen so vielgestaltig, daß ich hier nur einige wesentliche Fakten ansprechen kann. Die Konzentration erfolgt auf den Vorderen Orient, also die arabischen Länder von Nordafrika bis zum Irak, die Türkei und Iran. Auch dies sind Länder mit unterschiedlichen Sprachen, historischen Entwicklungen und ökonomischen, politischen und sozialen Rahmenbedingungen. Doch sind sie – pluralistisch – geprägt durch den Islam.[1]

Zunächst: Im Gegensatz zu ökonomisch höher entwickelten Regionen liegt der Frauenanteil in vielen Ländern des Vorderen Orients – wie auch in anderen Entwicklungsländern – größerenteils prozentual etwas unter dem der Männer.[2] Es ist dies eine Folge der Gebärfreudigkeit einerseits und unzureichender medizinischer Versorgung – besonders der Landbevölkerung – sowie mangelnder Hygienekenntnisse und harter körperlicher Arbeit von Frauen dieser Region andererseits.

Wohl alle Länder des Vorderen Orients (selbst die, die das noch vor wenigen Jahren ablehnten wie Iran bis 1990, Saudi-Arabien und Golfländer, die auf Gastarbeiter verzichten wollen), propagieren heute angesichts eines bedrohlichen Bevölkerungszuwachses Familienplanung. Sie gestatten Schwangerschaftsabbrüche zumindest bei eugenischer und auch bei medizinischer Indikation, wenn der Ehemann zustimmt. Man beruft sich dabei bewußt auf die Familienfreundlichkeit und Kinderliebe des Islams, ist dies doch dem Lebensniveau der Familien, der Situation von Frauen und Kindern förderlich. Die Länder geben in ihren Statistiken Geburtenrückgänge und die steigenden Prozentzahlen ärztlicher Versorgung bei Entbindungen an. Doch betrifft dies die städtischen Mittel- und Oberschichten weitaus mehr als die ländliche und die nomadische Bevölkerung (etwa der Arabischen Halbinsel). Statistiken sind in Entwicklungsländern und solchen mit diktatorischen Regimen oft unter Vorbehalt zu benutzen, können sie doch lückenhaft oder auch im Interesse einer positiven Selbstdarstellung geschönt sein.

In allen Gesellschaften gab und gibt es Unterschiede in der Position von Frauen, je nach familiärer, sozialer, regionaler, kommunaler und ethnischer Zugehörigkeit und natürlich individuellen Faktoren wie Begabung, Bildung, Lebensalter und -erfahrungen. Moderne Massenkommunikationsmittel wie Transistorradios und das (Satelliten-)Fernsehen bieten schon länger auch für Analphabeten Informationsmöglichkeiten über andere Länder und Kulturen. Allerdings bestimmt die staatliche Zensur die Auswahl der Sendungen. Trotzdem sind jahrhundertealte Bräuche, Traditionen und Denkweisen besonders in ländlichen Kommunen und städtischen Armutsschichten nicht durch Reformgesetze und/oder staatliche Dekrete von heute auf morgen zu überwinden.

Jüngeren relevant Gebildeten gibt das Internet passive wie aktive Informations- und Kommunikationspotentiale, die sie über regionale und andere Begrenzungen hinweg global vernetzen. Es kann gerade Frauen, die nach konventionellen muslimischen Vorstellungen als die Familienehre indizierend aufs Haus beschränkt und segregiert leben sollten, aus dieser Isolierung lösen. Allerdings wird der Internet-Zugang für den arabischen Raum prozentual als gering angegeben: Den Anfang machte Tunesien 1991, den Schluß bildete Saudi-Arabien 1997 nach Widerständen und dann Kontrollversuchen religiöser Autoritäten. Heute ist es das arabische Land mit den meisten Anschlüssen. Außenministerien, Herrscherhäuser, Frauenorganisationen dieser Länder haben ihre Websites zur Information und Selbstdarstellung. Frauenpolitik, Staatsfeminismus unterschiedlicher Prägung, ist mehr denn je zum Demonstrationsmedium der Progressivität und anscheinend auch einer Art Joker der Machtsysteme geworden, verhilft sie doch dort, wo Frauen wahlberechtigt sind, zu Wählerstimmen – auf die Dauer allerdings nur, wenn Wahlversprechen eingelöst werden. Im Internet wird an der Frauenpolitik einiger Länder von innen und/oder außen oft deutlich Kritik geübt. Unterschiedlich von Land zu Land, aber bezeichnend sind hier die Relationen von Eigenwerbung bis -propaganda und Apologie der Systeme und möglicher Kritik von innen. So rühmen bestimmte Kreise in Saudi-Arabien die Polygynie nicht nur als die Geburt von Söhnen fördernd, sondern als der Monogynie sozial überlegen, da diese die westlichen Gesellschaften zerstört habe.

Für große Teile der muslimischen Bevölkerung und orthodox-religiöse Führer sind Frauen bis heute die Verkörperung islamischer Moral und Ethik gegenüber einer zunehmend degenerierenden westlichen Welt. Männer haben sie zu behüten, ohne daß ihre Moral zur Debatte stünde. Frauenpolitik ist also immer auch eine Gratwanderung zwischen Säkularisierung nach «westlichen», oft links orientierten Vorbildern einerseits und der Orthodoxie im jeweiligen Land andererseits, wobei es schon länger einen islamischen im Gegensatz zum säkularisierten, eher linken Feminismus gibt, die beide wiederum in verschiedene Gruppen zerfallen können.

Zu betonen ist, daß längst nicht alles, was das Leben von Musliminnen bis heute existentiell bestimmt oder doch berührt, im Islam begründet ist, auch wenn dieser beansprucht, das ganze Leben seiner Gläubigen zu prägen. Der Koran erteilt den Muslimen und Musliminnen Weisungen und gibt ihnen Empfehlungen für viele

Lebensbereiche. Er wendet sich stets zuerst an die Männer, läßt aber in einigen Versen die Gleichwertigkeit von Mann und Frau (z.B. Sure 33: 35; 2: 187; 4: 1; 4: 32), in anderen deutlich die Unterordnung oder doch Zweitrangigkeit der Frau erkennen (z.B. 4: 34; 2: 228). Aus der Ḥadīth-Literatur, die mit ihren Sammlungen dessen, was Muḥammad, das «schöne Vorbild», gesagt, getan oder auch schweigend geduldet haben soll, den Koran ergänzt oder auch variiert, bedienen sich bis heute Vertreter und Vertreterinnen unterschiedlicher Tendenzen zur Rechtfertigung ihrer Ansichten, auch in der Frauenpolitik.

Obwohl «das andere Geschlecht» wohl überall stärker sozialen Zwängen unterstand und untersteht als «das eine» oder «erste», gab es immer wieder Frauen in islamischen Ländern, die – infolge sozialer wie individueller Prämissen – den Alltag überragten. Innerhalb der (oder auch gegen die) ihnen von ihrer Umgebung auferlegten soziokulturellen Grenzen wurden sie zu Persönlichkeiten, denen Historiker und Biographen Beachtung schenkten.[3] Schon die Entstehung des Islams ist ohne Frauen wie Khadīja und ʿĀʾisha, die beiden bekanntesten Ehefrauen Muḥammads, da sie ihm am nächsten standen, nicht denkbar.

Seit Beginn des Modernisierungsprozesses besann sich die vorderorientalische, zunächst stark religiös geprägte Bildungselite in der Konfrontation mit einer anfangs überwältigend erscheinenden fremden Kultur, der «westlichen», auf die Glanzzeiten ihrer eigenen Geschichte. Etwa seit 1870 in Ägypten, in anderen Ländern später, wird hier auch die vorislamische Geschichte als identitätsstiftend einbegriffen. Intellektuelle überdenken kritisch, was für die jeweilige Gegenwart als vorbildlich, soziokulturell stabilisierend und zugleich vielleicht als Vorläufer «westlicher» Lebens- und Denkweisen und auch als diesen überlegen gelten kann. Die seit der Mitte des 19. Jahrhunderts vielfach gewachsene, immer kontroverser werdende Stimmenvielfalt zu diesem Thema spricht für die Pluralität des Islams.

2. Umdenken – Modernisierung – Neubelebung von Traditionen seit dem 19. Jahrhundert – Erneuerung

Der ägyptische Historiker al-Jabartī (1753–1825/26) läßt im dritten und vierten Band seiner Chronik *ʿAjāʾib al-āthār* über die Zeit der französischen Besetzung Kairos 1798–1801, die am Beginn der Modernisierung steht, erkennen, daß Ägypterinnen der Ober- und der Unterschichten damals in ihren Mobilitäts-, Entscheidungs- und Einflußmöglichkeiten nicht so eingeschränkt waren, wie manche europäische Reisende im 19. Jahrhundert sie gern darstellten.[4]

Frauen, speziell aus Elitefamilien, besaßen eigenes Vermögen, denn nach Sure 2:12 sind Frauen je zur Hälfte der ihnen im Verwandtschaftsgrad gleichen männlichen Erben erbberechtigt. Laut *sharīʿa* gibt es weder Güter-, noch Zugewinngemeinschaft in der islamischen Ehe. So konnten Frauen trotz der traditionellen Geschlechtertrennung und des Ausschlusses, besonders hochrangiger Frauen, aus der Öffentlichkeit, Einfluß ausüben. Allerdings mußten sie, jedenfalls solange sie jünger waren, Mittelsmänner in Anspruch nehmen (wie bis heute saudi-arabische

Unternehmensgründerinnen, z.B. um eine staatliche Lizenz zu erhalten). Türkische Frauen der Oberschichten im 19. Jahrhundert kauften, begleitet von Dienerinnen, die das Sozialprestige demonstrierten (und eine Schutzfunktion ähnlich der von Haremsmauern hatten),[5] auf dem Basar ein. Sie nutzten die im 17. Jahrhundert eingeführten Kutschen zu Ausflügen. Der Verkehr von Straßenbahnen in Istanbul seit ca. 1870 mit vorhangverhüllten Frauenabteilen gab ihnen größere Mobilität. Als Ende der 1920er Jahre Damen der Oberschicht in offenen Kutschen durch Istanbul fuhren, wurden sie mit Steinen beworfen – ebenso wie die ersten Hutträger, nachdem Atatürk traditionelle Kopfbedeckungen für Männer und Frauen verboten hatte.[6]

Die Frauenbewegung und der Kampf führender Vertreter der sozio-kulturellen Erneuerungsbewegung (arab. *Nahḍa,* türk. *Nahzet*) im Vorderen Orient gingen von der Oberschicht aus, die Kontakte zu Vertretern der Kolonialmächte im jeweiligen Land und die Möglichkeiten zu Europa- und auch USA-Reisen hatte. Sie kann von der Frauenbewegung in den USA und Westeuropa ebensowenig getrennt gesehen werden wie von der politischen, administrativen, wirtschaftlichen und kulturellen Modernisierung, die im 19. Jahrhundert in der Türkei, dann in Ägypten, später in Iran als machtbedingte Reformbewegung «von oben» einsetzte.

Angehörige verschiedener christlicher Missionen wirkten, besonders im Raum Syrien/Libanon, stark als soziokulturelle Mittler. Natürlich bauten sie zuerst Beziehungen zu christlichen Elitefamilien auf. Sie gründeten Schulen nach damaligen westeuropäischen Vorbildern, darunter Mädchenschulen. Buṭrus al-Bustānī (1819–1883), führender Vertreter der *Nahḍa* in Beirut, hielt bereits 1849 in der ein Jahr zuvor auf Initiative des amerikanischen Missionars Eli Smith gegründeten «Syrischen Gesellschaft für Wissenschaften und Künste» einen Vortrag zum Thema «Frauenbildung».[7] Wohl die erste Araberin, die sich öffentlich zu Frauenfragen äußerte, war die aleppinische Christin Maryānā Marrāsh (1848–1914) aus einer literarisch engagierten Familie.[8] Sie forderte (sicher nach dem Vorbild amerikanischer und westeuropäischer Damen der Oberschicht) 1870 in einem Artikel in der Zeitschrift *al-Jinān* (Die Gärten) ihres Landsmanns Salīm al-Bustānī (1848–1884), eines Sohnes von Buṭrus al-Bustānī, ihre (reichen) Mitbürgerinnen auf, sich mit Wissen statt mit Gold, Juwelen und Prunkgewändern zu schmücken.

In der Türkei begannen Debatten um Schulbildung für Mädchen, die Ersetzung der islamischen Kleidung durch europäische – und das heißt auch um die Frage der Verschleierung der Frau um 1850.[9] In der noch jungen Presse gab es Kritik an einigen Satzungen der *sharīʿa,* besonders am Recht des Mannes auf eine polygyne Ehe und die willkürliche Verstoßung der Frau *(ṭalāq).*

In Ägypten publizierte Rifāʿa aṭ-Ṭahṭāwī (1801–1873) in seinem Todesjahr seinen umfangreichen *al-Murshid al-amīn li-l-banāt wa-l-banīn* (Der verläßliche Führer für Mädchen und Jungen) zur Eröffnung der ersten staatlichen Mädchenschule in Kairo. Aṭ-Ṭahṭāwī, ein Absolvent der Azhar, hatte als religiöser Betreuer die erste große ägyptische Studiendelegation nach Paris (1826–1831) begleitet und dort bereits begonnen, französische Sachbücher über Geographie,

Geschichte und Ethnographie ins Arabische zu übersetzen oder zu adaptieren. Später wurde er Leiter der ersten Übersetzerschule in Kairo und dann Berater des Khediven Ismāʿīl bei dessen Reform- und Bildungspolitik. Anhand vieler Zitate aus der klassischen arabischen Literatur und sicher beeinflußt von (ungenannten) französischen Schriften, zu denen Fénelons «De l'éducation des filles» (1687), Rousseaus «Émile» und Späteres gehört haben dürften, betont er weibliche Begabungen und Talente in dialektischer Auseinandersetzung mit Gegnern der Frauenbildung. Mädchenbildung (auf Primarschulen) sei die Basis der Partnerschaft in einer harmonischen muslimischen Ehe als Keimzelle des Staates und Voraussetzung für eine gute Kindererziehung. Er wirbt auch für die Teilnahme von Frauen am öffentlichen Leben, für ihr Recht auf eine Arbeit, geht also über Fénelon hinaus.[10]

Als erste muslimische Frau forderte die ägyptische Dichterin ʿĀʾisha Taimūrīya (ʿĀʾisha ʿIṣmat Taimūr, 1840–1902) seit 1892 in den jungen ägyptischen Zeitschriften und Zeitungen mehr Frauenbildung sowie die Reform familienrechtlicher Bestimmungen und Bräuche, die Frauen in das «häusliche Gefängnis» sperrten. Weibliche pädagogische und psychologische Talente betonte sie ebenso wie das Recht von Frauen auf eigene Entscheidungen bei ihrer Lebensgestaltung und besonders die Abkehr von der familiär arrangierten Ehe.[11]

Umfassender als sie, aber ebenfalls angeregt durch westliche Vorbilder und im Geist des jungen arabischen Nationalismus, kämpfte Zainab Fawwāz (ca. 1860–1914) für Frauenemanzipation. Geboren als Schiitin im Südlibanon, ging sie, wohl nach der Lösung aus einer arrangierten Frühehe, sehr jung mit ihrem Bruder, einem Rechtsanwalt, nach Kairo.[12] Ihr Lexikon mit 456 Viten berühmter Frauen des Vorderen Orients und Europas mit dem Ziertitel «Die Prosaperlen: Über die Klassen der vornehmen Damen» (*ad-Durr al-manthūr fī ṭabaqāt rabbāt al-khuḍūr*, 1893/94 (1311)[13], knüpft an ein unvollendet gebliebenes Werk der syro-libanesischen Christin Maryam an-Naḥḥās (1856–88) von 1879 an. Sie stellt sie hier in einem langen Artikel vor.[14] Zainab Fawwāz wollte auch zeigen, daß Araberinnen bzw. Orientalinnen schon vor Europäerinnen einen Platz in ihrer Gesellschaft und Kultur einnahmen. Im Vorwort spricht sie über die Schwierigkeiten, die sie als verschleierte, in Segregation lebende Frau hatte, dieses Werk aus den vielen von ihr genannten arabischen Quellen, die meisten sicher Handschriften, zusammenzustellen.[15] Europäische Werke nennt sie nicht, aber sie muß einige benutzt haben. Daß sie mehr Araberinnen aus vorislamischer und islamischer Zeit aufführt als Europäerinnen, ist ebenso bezeichnend wie die Tatsache, daß sie dem Lexikon Ausschnitte aus Artikeln und Reden der libanesischen Immigrantinnen Hanā Kūrānī (1870–1898), Sāra Naufal,[16] Maryam Khālid und Esther Azharī Moyyāl (1873–1948) voranstellt, die ersteren Christinnen, die vierte Jüdin. Sāra Naufal, eine Tochter von Maryam an-Naḥḥās, arbeitete für die von ihrer Schwester Hind und ihrem Vater Salīm Naufal in Alexandria 1892 gegründete erste ägyptische Frauenzeitschrift *al-Fatāt* «Das junge Mädchen». Esther Moyyāl[17] gründete nach ihrer Mitarbeit an *al-Fatāt* 1899 eine eigene Frauenzeitschrift *al-ʿĀʾila* «Die Familie» und war nacheinander Lehrerin an zwei christlichen, einer jüdischen und einer muslimischen Mädchenschule. Sie und Hanā Kūrānī legten wohl das Manuskript des Frauenlexikons von Zainab Fawwāz im *Women's Department* der Weltausstellung in Chicago 1893 vor.[18] Der Autorin als alleinstehender Muslimin war diese Reise nicht möglich, was sie in einem Brief an Berta Honoré Palmer, die Initiatorin und Schirmherrin der Ausstellung, sehr bedauerte.[19] Hanā Kūrānī reiste dann, nach der Trennung von ihrem Mann, drei Jahre, Vorträge haltend, durch nordamerikanische Großstädte. Nach ihrer Rückkehr in den Libanon wirkte sie bis zu ihrem frühen Tod als Lehrerin, Buchautorin und Übersetzerin aus der englischen Literatur.[20]

Zainab Fawwāz veröffentlichte 1892 unter Pseudonym ein Lesedrama «Die Geschichte von Leidenschaft und Treue» *(Riwāyat al-hawā wa-l-wafā)*, mit dem sie ein realistisches Bild (reiner, keuscher) orientalischer Sitten geben wollte – sicher als Gegenbild zu Familien- und Geschlechterbeziehungen, die sich unter europäischen Einflüssen änderten. Sie wagte sich ebenfalls an andere, damals im Arabischen neue Literaturgattungen: 1899 an einen Familienroman «Gutes Ende»,[21] der im Südlibanon spielt, und 1905 an einen historischen Roman «König Kyros, der erste Perserkönig» zum Ruhm des Monotheismus, beide in anspruchsvoller Sprache und mit turbulenter Handlung. In ihren 1909 von ihr selbst edierten «Briefen» *(Rasā'il)* bzw. Essays zu Zeit- und vor allem Frauenfragen aus ägyptischen Zeitungen seit 1892 setzt sie sich sehr für Frauenbildung, die Gleichberechtigung und -stellung von Mann und Frau und die Teilnahme von Frauen am politischen Leben ein.[22]

Die Konfrontation mit den europäischen Kolonialmächten regte auch Neuinterpretationen der Koranverse an, die die soziale Situation von Frauen betreffen. Muḥammad ʿAbduh (1849–1905), von 1899 bis zu seinem Tod ägyptischer Groß-Mufti, teilte den Koran in ewig gültige und zeitgebundene Passagen. Er wurde damit Vorbild für Spätere. Sure 4: 34, in der Koranübersetzung von Rudi Paret: «Die Männer stehen über den Frauen...», und Sure 2: 228 «...und die Männer stehen [bei alledem] eine Stufe über ihnen [den Frauen]» interpretierte er als Bestätigung der Rolle des Mannes als Familienoberhaupt und sozialer Beschützer der Frau. Diese sei ihm zwar an geistigen Kräften gleich erschaffen, aber wegen ihrer Emotionalität sozial schwächer als er – ein auch in Europa und den USA lange beliebtes Stereotyp.[23] So wie jeder Staat sein Oberhaupt brauche, benötige dies die Familie ebenfalls, und dafür sei nur der Mann geeignet. Sure 4: 3, den Vers, der bis heute zur religiösen Rechtfertigung der Polygynie gilt, begründete er mit der Situation der jungen muslimischen Gemeinde nach der Schlacht bei Uḥud. Viele Muslime waren damals gefallen, deren Frauen und Kinder versorgt werden mußten. Er rechtfertigte ihn aber auch mit der Zeugungskraft des Mannes und der Versorgung kranker, älterer und unfruchtbarer Frauen, die dann nicht, wie das «im Westen» üblich sei, wegen einer anderen Frau verlassen würden. In Vers 4: 129, der Männern die Fähigkeit abspricht, mehrere Ehefrauen gleichmäßig gerecht zu behandeln, sah er aber die religiöse Verpflichtung zur Einehe. Nur historische Zwänge hätten jahrhundertelang Mehrehen begünstigt.[24] Das Thema ist bis heute Streitobjekt zwischen Konservativen und Vertreterinnen vor allem der säkular orientierten Frauenorganisationen, die in den Ländern, in denen die Polygynie bis heute legal ist – schließlich hatte der Prophet sie vorgelebt –, deren Verbot fordern.

Qāsim Amīn (1863–1908) studierte nach dem Abschluß seines Rechtsstudiums in Kairo von 1881 bis 1885 in Montpellier Jura. Während dieser Zeit hatte er gute Kontakte zu Muḥammad ʿAbduh und erlebte die Geschlechterdebatten in Frankreich. Er verteidigte in seiner Schrift *Les Égyptiens* (1894) die sozialen Verhältnisse in Ägypten gegen das Negativbild, das der Franzose Duc d'Harcourt in seinem Buch *L'Égypte et les Égyptiens* (1893) gezeichnet hatte. Wenige Jahre später übte er in seinem Buch «Die Befreiung der Frau» *(Taḥrīr al-marʾa,* 1899)[25] und dessen 1901 publizierter Überarbeitung «Die neue Frau» *(al-Marʾa al-jadīda)* selbst heftig Kritik. Für seine Reformvorschläge stützte er sich auf Neuinterpretationen des Korans und der *sharīʿa* Muḥammad ʿAbduhs. Der politische Despotismus im Vorderen Orient habe die jahrhundertelange Unterdrückung der Frau bewirkt. Er veranlasse Männer als die sozial Stärkeren, die Tyrannei, unter der sie litten, an ihre Frauen als die sozial Schwächeren weiterzugeben. Die (an der Ausbildung «höherer Töchter» in Europa orientierte) Bildung von Mädchen (aus Oberschichtfamilien) im damaligen Kairo (Lese- und Schreibkenntnisse in Arabisch und einer Fremdsprache; Nähen, Sticken, europäische Musik) bemängelte er und forderte eine am praktischen Leben mit seinen Verantwortlichkeiten orientierte Mädchenbildung. Mann und Frau seien gleich erschaffen. Ein Volk könne sich nur progressiv entwickeln, wenn es Frauen nicht nahezu alle Bildungsmöglichkeiten und die Teilnahme am öffentlichen Leben versage. Dies sowie die Geschlechtertrennung und die Verschleierung der Frau seien die Hauptgründe für die Rückständigkeit der islamischen Welt. Seine Gegner muslimischer Provenienz warfen ihm vor, daß er sich zu dieser These durch das sozialkritische Drama des koptischen Rechtsanwalts Marquṣ Fahmī (1870–1955) «Die Frau im Orient» *(al-Marʾa fī sh-Sharq)* über das tragische Ende einer Zwangsheirat (hier im arabisch-christlichen Bereich) habe anregen lassen.

Qāsim Amīn zufolge sollte die Verschleierung, wie in Sure 24: 31 formuliert, als «Bedeckung des Busens» realisiert werden. Eine bessere ethische Bildung für Frau und Mann werde auch zur Durchsetzung der Einehe mit der in Sure 30: 21 definierten liebevollen Beziehung zwischen Mann und Frau und zu den notwendigen sozialen Reformen führen. Er charakterisiert die Rivalitäten zwischen Ehefrauen und deren Kindern in polygynen Ehen als sozial destruktiv.

Qāsim Amīn wurde damals von der islamischen Orthodoxie heftig angegriffen. «Westliche» Orientalisten sahen in ihm Generationen lang *den* Kämpfer für Frauenemanzipation im arabischen Raum, denn er hat seine Darlegungen klar, scharf und logisch formuliert. Auf die seinen beiden Büchern vorausgehenden Kämpfe arabischer Frauen um ihre Emanzipation stieß man erst später. Manche Vertreter und Vertreterinnen des ägyptisch-arabischen Nationalismus seit ca. 1990 sehen ihn wegen seiner harten Sozialkritik sogar als einen Verfechter kolonialistischen Denkens. Sie lasten die damalige soziale und mentale Situation in Ägypten der durch koloniale Einflüsse bedingten Politik der Khediven an.[26]

Seine Landsmännin Malak Ḥifnī Nāṣif (1886–1918) war in ihren Schriften[27] vor allem hinsichtlich der Verschleierung konservativer, sicher, weil ihr als Frau das Schamgefühl von Frauen vertraut war, die ihr Gesicht von der Pubertät an verschleiern mußten. Man solle es den Frauen selbst überlassen, sich für oder gegen den Gesichtsschleier und die Verhüllung zu entscheiden und keinen Zwang ausüben, forderte sie und nahm damit die Meinung moderner Feministinnen wie der iranischen Rechtsanwältin Schirin Ebadi (Shīrīn ʿIbādī), die am 10. 10. 2003 als erste Muslimin den Friedensnobelpreis erhielt,[28] voraus. Malak Ḥifnī Nāṣif rief ihre Mitbürgerinnen in Artikeln und Reden auf, sich prominente Araberinnen aus der Frühzeit des Islams und die soziale Aktivität und Dynamik «westlicher Frauen» zum Vorbild zu nehmen.

Daß arabische, christliche und muslimische Frauen schreibend an die Öffentlichkeit gingen, war damals neu. Sie taten es zunächst anonym oder unter Pseudonym. Doch druckten Zeitungen und Zeitschriften bald auch Debatten namhafter Autorinnen zur Frauenfrage ab, etwa zwischen der syro-libanesischen christlichen Immigrantin in Kairo Maiy Ziyāda (1886–1941), Gründerin eines der ersten «Salons» für Männer und Frauen im Haus ihres Vaters in Kairo (1914), und Malak Ḥifnī Nāṣif. Die junge Presse blieb also nicht Männermedium, und Konfessionsschranken wurden überwunden.[29]

3. Bildungs- und Ausbildungsmöglichkeiten

Töchter muslimischer Elitefamilien genossen jahrhundertelang meist eine Ausbildung in der Familie. Mädchen ärmerer Schichten lernten wohl gelegentlich, wie Jungen, in Koranschulen den Koran auswendig und ein wenig Schreiben, Lesen und Rechnen. Mädchenschulen wurden seit etwa der Mitte des 19. Jahrhunderts im Raum Syrien/Libanon durch Vertreter christlicher Missionen gegründet. Die Eröffnung der ersten staatlichen Mädchenschule in Kairo 1873 stieß – wie spätere in anderen islamischen Ländern – zunächst auf starke Widerstände der Orthodoxie, die den Bewegungsradius der Mädchen weiterhin auf das Haus beschränken wollte. Die ersten Schülerinnen waren in Kairo Sklavinnen von Oberschichtfamilien (bis zum Verbot der Sklaverei 1877), und dann, ähnlich wie vorher in Europa, Töchter (staatsnaher) Ober- und oberer Mittelschichtfamilien, denen dies nahezu verordnet wurde.

Amerikanische Presbyterianermissionare gründeten 1835 eine Mädchenschule in Reżaʾīye (Iran) für Armenierinnen, 1875 eine weitere in Teheran. Seit etwa 1895 wurden sie auch von Musliminnen besucht.[30] Die von französischen Missionaren nach 1860 in Mossul und Bagdad gegründeten Mädchenschulen hatten zunächst nur christliche Schülerinnen. Zeitliche Unterschiede der regionalen Entwicklungen werden aus einigen Zahlen deutlich: In der Türkei wurde die erste staatliche Mädchenschule mit Zweijahreskursen 1858/59, also vor dem Gesetz über die Säkularisierung der Ausbildung (1869), eröffnet.[31] Das erste staatliche Lehrerinnenseminar wurde 1863 in Istanbul gegründet, damit Oberschichtfamilien ihre

Töchter nicht mehr von europäischen Hauslehrerinnen ausbilden ließen. Im Zuge der sich entwickelnden Nationalismen sollten einheimische Lehrerinnen (die mit beiden Kulturen vertraut sein mußten) die Erziehung von Mädchen in autochthonen Werten und in ihrer Muttersprache übernehmen.

Seit 1998 hat die Türkei zur Vorbereitung auf eine eventuelle EU-Mitgliedschaft umfassende Aktionen zur Verbesserung der Situation der Frauen im Land gestartet. Zur Stärkung der Literarisierung ihrer Bevölkerung will sie den Grundschulbesuch von Kindern finanzschwacher Familien finanziell unterstützen, besonders den von Mädchen.[32] Unterschichtfamilien bedürfen dazu immer noch, und trotz einer seit den 1920er Jahren gesetzlichen Allgemeinen Schulpflicht, eines ideellen und materiellen Anreizes, für Mädchen mehr als für Jungen.

Der ersten staatlichen Mädchenschule in Kairo 1873 folgte eine in Bagdad 1898 (eine türkische Schule mit viel Handarbeitsunterricht),[33] in Teheran 1918,[34] in Bahrain 1928. In Maskat, der Hauptstadt Omans, eröffnete Sultan Qābūs nach seinem Machtantritt 1970 die erste staatliche omanische Knaben-, 1971 die erste staatliche Mädchenschule.

In der Hauptstadt Saudi-Arabiens, Riad, wurde 1953 ein Erziehungsministerium gegründet, das im selben Jahr die erste staatliche Knabenschule eröffnete. Infolge des wachsenden Wohlstands, der sich aus dem Erdölexport ergab, konnten viele Familien ihre Söhne im arabischen oder auch europäischen Ausland studieren und ihre Töchter in Internatsschulen in Kairo oder Beirut ausbilden lassen. Nicht wenige junge Saudis brachten nach einem Auslandsstudium ihre Ehefrauen von dort mit und sagten, sie fänden daheim keine Frau, die ihren Bildungsansprüchen genügte. Junge Saudierinnen blieben also unverheiratet. Beides wurde in der Presse bemängelt. Das veranlaßte die in Istanbul aufgewachsene Königin ʿIffat, die Ehefrau von König Faiṣal, zur Gründung einer privaten Mädchenschule in Dschidda 1956. Die ersten Schülerinnen waren Sklavinnen und Töchter von Palastdienern. Heute ist sie eine Eliteschule mit einer Abteilung für weibliche Erwachsenenbildung. In Riad wurde die erste staatliche Mädchenschule mit stark religiöser Ausrichtung 1960 eröffnet. Wegen des Protests orthodoxer Kreise geschah dies unter militärischem Schutz.[35]

Während ein Frauenstudium vor 1900 in Europa offiziell nur in Österreich und der Schweiz (sowie in Deutschland seit 1900) möglich war,[36] öffneten sich die später gegründeten Universitäten im Vorderen Orient erst nach 1920 für Studentinnen. Doch wurden in Istanbul seit 1893 Frauen als Gasthörerinnen an der Medizinischen Fakultät der Universität und seit 1899 als reguläre Medizinstudentinnen zugelassen, weil Türkinnen eine Behandlung durch Ärztinnen der durch Ärzte vorzogen. Im Oktober 1913 wurde in Istanbul eine «Frauenuniversität» gegründet, im Februar 1914 führte man regelmäßige «Frauenkurse» an der Universität Istanbul ein. Seit 1921 durften Studentinnen und Studenten in Istanbul gemeinsame Hörsäle benutzen.

Die staatliche Förderung des Frauenstudiums, nicht nur durch offizielle Ermutigungen, sondern auch durch Stipendien, begann in Ägypten 1925, dem Jahr der Eröffnung der ersten staatlichen höheren Schule für Mädchen (37 Jahre nach der ersten höheren Schule für Knaben), mit der Entsendung von sechs Studentinnen, darunter zwei Christinnen, zum Medizinstudium nach London. Die 1908 gegründete Staatliche Ägyptische Universität weigerte sich damals noch, Frauen zu immatrikulieren, da dies Koedukation bedeutete.[37]

Über die Anfangsschwierigkeiten des gemeinsamen Studiums von Studenten und Studentinnen, das in Ägypten 1929 genehmigt und zunächst nur von wenigen Töchtern von Oberschichtfamilien realisiert wurde, berichtet der ägyptische Literaturnobelpreisträger Najīb Maḥfūẓ (geb. 1911) aus männlicher Sicht leicht ironisch.[38] Eine iranische Autorin,[39] die zu den ersten zwölf Studentinnen der 1935 gegründeten Universität Teheran gehörte, ist eher sarkastisch. In Teheran wurden nach einem Erlaß des Schahs seit 1938 Studentinnen zugelassen. Dasselbe Dekret erzwang für Frauen den Zugang zu Berufen, einschließlich Regierungsämtern. Die ersten Studentinnen der Universität Teheran waren ebenso Todesdrohungen ausgesetzt wie vor ihnen die privaten Gründerinnen und die Lehrerinnen der ersten Mädchenschulen in Iran.[40] Bereits Rifāʿa aṭ-Ṭahṭāwī hatte in seinem *Murshid*, beeinflußt von zeitgenössischen französischen Schriften, auf männliches Konkurrenzdenken als Barriere für eine Frauenbildung hingewiesen, die der Berufstätigkeit dienen sollte (nicht nur einer guten Ehe und Kindererziehung), aber auch auf mögliche Rivalitäten von Frauen untereinander.[41]

In Saudi-Arabien sind an den heute auf acht Universitäten angewachsenen akademischen Lehranstalten – als erste wurde 1959 die Universität Riad gegründet – Frauen zum Studium zugelassen. Wie auch an den jungen Universitäten einiger Golfstaaten ist die Zahl der Studentinnen höher als die der Studenten, denn Männern ist ein Auslandsstudium, also die längere Trennung von der Familie, gestattet, Frauen selten oder gar nicht. Bahrainische Frauen aus Oberschichtfamilien wurden vor der Gründung der dortigen Universität um 1982 zum Auslandsstudium delegiert,[42] in Iran, wo heute 63 % der Studierenden Frauen sind, können sie seit 1995 ein Auslandsstipendium erhalten, auch im Jemen ist dies seit den 1990er Jahren möglich.

Da die Wahrung der Geschlechtertrennung weibliche Lehrkräfte für die wachsende Zahl der Studentinnen erforderlich macht, gibt es heute in Saudi-Arabien relativ viele Professorinnen. Den Vorlesungen männlicher Professoren folgen Studentinnen über Videogeräte und stellen Fragen telefonisch. Die Benutzung der Universitätsbibliotheken erfolgt in Geschlechtertrennung.[43] Für manche Fächer, etwa Architektur und Pharmazie, sind Studentinnen bisher nicht zugelassen, wohl weil, wie in Iran nach der Wiedereröffnung der dortigen Universitäten 1983, sich für sie zu wenige Studentinnen fanden, als daß sich weibliche Studiengänge lohnten.

An der traditionsreichen islamischen Azhar-Universität in Kairo, an der bis zu den Reformen von 1960 nur Männer studieren konnten, besteht bis heute eine Studienmöglichkeit für Frauen nur an einer eigens für sie geschaffenen Fakultät. Koedukation an staatlichen Schulen gab es in Iran bis 1979, besonders in kleinen Ortschaften mit nur einer Schule. Danach, d.h. nach der Revolution, durften diese Schulen zunächst nur von Jungen besucht werden, denn die Islamische

Republik forderte Geschlechtertrennung. Von der Mitte der 1980er Jahre an wurden angesichts einer ständig wachsenden Bevölkerungszahl mehr Mädchenschulen gegründet. Sie brauchten weibliche Lehrkräfte, boten also Frauen Berufschancen. An staatlichen Schulen in Tunesien, der Türkei, seit kurzem auch in Marokko ist Koedukation üblich, in anderen Ländern des Vorderen Orients meist nur bis zur Pubertät, also maximal zur vierten Klasse. In Kuwait wurde gegen starke studentische Proteste die Geschlechtertrennung an der Universität 2003 wieder eingeführt.

Rifāʿa aṭ-Ṭahṭāwī hatte Koedukation bereits 1873 in seinem *Murshid* gefordert. Das sei die beste Voraussetzung für eine gute Ehe und ein harmonisches Familienleben als Basis eines gesunden Staatswesens.[44] Sie war in amerikanischen Schulen seit dem frühen 19. Jahrhundert Regelerziehung und wurde nach langen Debatten in Europa seit 1876, zunächst in skandinavischen Ländern, eingeführt.

Die leicht variierenden Statistiken im Internet[45] weisen seit 1975 und bis heute für die Länder des Vorderen Orients ständig steigende Einschulungsquoten für Mädchen aus, natürlich mit Unterschieden. Ein Anwachsen auf über 90% geben Saudi-Arabien und einige Golfländer an, Dubai und Bahrain ein höheres als für Jungen. Auch die Wachstumsraten für die zweite und dritte Ausbildungsebene und die Zahl der Lehrerinnen, besonders an Grundschulen, sind hoch. Der Alphabetisierungsgrad der arabischen Länder betrug zwischen 2000 und 2004 insgesamt 56%, darunter 67% bei Männern, 44% bei Frauen. An der Spitze liegen Jordanien mit 89,7% (1990: 80%) und Bahrain mit 87% (1990: ohne Angabe). Marokko gibt 52,6% (1990: 50%), Ägypten 58,5% (1990: 48%) an, mit einer Männer-Frauen-Relation von 64,9% zu 40,5% (1990: 61 zu 38%) und 68,9% zu 47,9% (1990: 63 zu 34%). Am niedrigsten ist der Alphabetisierungsgrad im Armutsland Jemen: insgesamt 49% (1990: 36%), davon 28% (1990: 26%) bei Frauen, 69% (1990: 53%) bei Männern. Die Regierung Saddam Hussein (Ṣaddām Ḥusain) versuchte seit 1978 per Dekret und nicht ohne Erfolg, eine Zwangsalphabetisierung in der urbanen Bevölkerung durchzusetzen. Wenn seit einigen Jahren die Analphabetenzahlen im Irak stark gestiegen sind, so ist das eine Folge des Niedergangs seit dem ersten Golfkrieg (1980–1988). Regierungen der Golfstaaten, einschließlich Saudi-Arabiens, setzten, meist unterstützt von Frauen der jeweiligen Herrscherfamilie, in jüngster Zeit eine starke Alphabetisierung durch. Nach offiziellen Statistiken sind die Analphabetenzahlen dort bei der jungen Generation auf ein Minimum gesunken.

Wenn es in städtischen und ländlichen Unterschichten Vorbehalte gegen Mädchenbildung gibt, so sind soziale Not und die Konservierung eines traditionellen Frauenbildes die Ursache. Die nomadischen Lebensverhältnisse von Beduinen lassen Schuldbildung kaum zu. Mit dem Islam ist diese Haltung ebensowenig zu begründen wie Kinderarbeit von Jungen, prozentual seltener von Mädchen, die dann auch keine Schule besuchen können. Es gibt sie fast im ganzen Vorderen Orient bis heute, je nach wirtschaftlicher Lage und politischem System des Landes in unterschiedlicher, aber generell, den offiziellen Statistiken zufolge, abnehmender Häufigkeit. Sie artet nicht selten in schamlose Ausnutzung durch

Erwachsene, in Bettelei, Kinderkriminalität und auch -prostitution (vorwiegend bei Jungen) aus, obwohl fast alle Länder des Vorderen Orients die UNO-Konvention zum Schutz von Kindern unterzeichnet haben. Kinderarbeit von Mädchen findet meist im Haus, in Haushalten, oft an Teppichwebstühlen statt und soll in Armutsfamilien dazu beitragen, das Lebensminimum – auch für das Mädchen selbst – zu sichern.[46]

Mißbrauch von Kindern, auch sexueller, ist seit den 1950er Jahren ein Thema der sozialkritischen Literaturen vorderorientalischer Länder.[47] Er wird seit einigen Jahren ebenfalls in kritischen Frauenzeitschriften und -zeitungen, etwa den iranischen *Zenān* (Frauen) und *Zan-e rūz* (Die Frau von heute) und auf Konferenzen öffentlich gemacht. Rechtsanwältinnen wie die Iranerinnen Mahrangīz Kār, die 1999 nach einer üblen Pressekampagne gegen sie inhaftiert wurde,[48] und Schirin Ebadi boten bzw. bieten Beistand im Kampf gegen ein lange tabuisiertes Verbrechen an. Jordanien machte es 2003 zum Thema einer interarabischen Konferenz. Die Türkei hat 2002 Gesetze für diese Straftat mit strengerer Strafandrohung als bisher erlassen. Sie schließen die schon lange verbotene Zwangsverheiratung sehr junger Mädchen ein. Im Hinblick auf den Kindesmißbrauch der Frühverheiratung von Mädchen hat Schirin Ebadi, die seit der Friedensnobelpreisverleihung mehr Feinde hat als vorher, kürzlich die Heraufsetzung des Heiratsalters von 9 auf 13 Jahre für Mädchen (von 14 auf 15 Jahre für Jungen) erreicht. Verheiratungen in noch jüngerem Alter sind bei Zustimmung eines Gerichts weiter möglich und dürften auf dem Land noch vorkommen. Daß Richter bzw. Gerichte je nach lokaler oder regionaler Situation unterschiedlich entscheiden, in Kleinstädten und Armutsvierteln der Großstädte traditionsgebundener als in Metropolen, daß Richter bestechlich oder jedenfalls beeinflußbar sind, wird von verschiedenen Autoren berichtet.[49] Die – eingeschränkt – weiter bestehende gesetzliche Möglichkeit der Frühverheiratung in Iran ist ein Zugeständnis an das Gewohnheits«recht», verstößt aber gegen das Gesetz zur Allgemeinen Schulpflicht für Jungen und Mädchen von 7 Jahren an. Jahrhundertelang gab es Ehen von älteren bis alten Männern mit Kindmädchen, meist aus Armutsfamilien, letztlich also legale Päderastie aus sozialer Not der Familie des Mädchens.

Das tatsächliche durchschnittliche Heiratsalter für Frauen und Männer in Iran liegt in den Städten seit Jahren relativ hoch. Grund ist einmal die wirtschaftliche Unsicherheit bei hoher Arbeitslosigkeit, die (teure) Familiengründungen erschwert. Viele junge Frauen ziehen zudem eine Berufsausbildung der Frühverheiratung, öfter auch der Heirat generell, vor und verstehen das bei ihren (städtischen Mittelschicht-)Familien taktisch durchzusetzen.[50]

4. Frauen im Beruf

Mit der Gründung einer Hebammenschule 1832 in Ägypten schuf Muḥammad ʿAlī die erste Ausbildungsstätte für einen Frauenberuf im Vorderen Orient. Erst 1836 konnten acht Sklavinnen und Waisenmädchen als Schülerinnen für sie zwangsrekrutiert werden. Ihnen wurde, um Traditionen entgegenzukommen, ein Ehemann, eine Wohnung sowie ein Esel als Transportmittel zugesagt.[51] Händlerinnen, oft Christinnen oder Jüdinnen, die die Harems mit Waren wie Parfüms, Duftwässern, Stoffen usw. belieferten, mitarbeitende Fellachinnen und Frauen, die daheim kunstvolle Handarbeiten zum Verkauf anfertigten, gab es seit Jahrhunderten ebenso wie Frauen, die Gebärenden beistanden, die Badefrau für Frauenbäder und die Leichenwäscherin für weibliche Tote. Die Heiratsvermittlerin war durch die Geschlechtertrennung notwendig.

Die Modernisierung erforderte bei Wahrung der Geschlechtertrennung neue Berufe. Beides bestimmte, je nach Sektor, auch die Arbeitsbedingungen. Für die neu gegründeten Mädchenschulen wurden Lehrerinnen notwendig. Sie kamen zunächst aus Europa. Die ersten Kurse für Lehrerinnen gab es in Kairo 1903. Nabawīya Mūsā (1886–1951),[52] die erste Frau, die in Ägypten auf eine Sondergenehmigung hin und mit sehr guten Noten 1907 das Abitur ablegte, versuchte 1908 vergeblich, sich an der neuen Staatlichen Ägyptischen Universität immatrikulieren zu lassen. Sie wurde aber kurz darauf gebeten, als Lehrkraft an den 1909 eingerichteten Frauenkursen dieser Universität mitzuwirken. Die große, halb offiziöse ägyptische Tageszeitung *Al-Ahrām* druckte diese Lektionen 1912. 1920 publizierte Nabawīya Mūsā das erste arabische Buch zum Thema «Die Frau und die Arbeit» *(al-Marʾa wa-l-ʿAmal),*[53] eine knappe, kämpferisch-feministische und klug national geprägte soziale Analyse mit der Forderung, Ägypterinnen der Mittel- und Oberschichten mehr Bildung und besonders eine Ausbildung zur Ärztin, Rechtsanwältin, zur Sekretärin (für Frauen dieser Berufe) und zur Schneiderin zu ermöglichen, weil Frauen auch allein, ohne Ehemann und/oder familiäre Unterstützung, durchs Leben kommen müßten und dabei andere Frauen im Sinn der islamischen Ethik unterstützen sollten. Die alleinstehende, unverheiratete, eigenverantwortliche Frau als neues soziales Phänomen bot aber schon um 1890 das Problem der Anrede: Im Vorwort zu Zainab Fawwāzʾ Frauenlexikon wird (das bis heute übliche) *al-Ānisa* «Die Freundliche, Gesellige» vorgeschlagen. Allerdings geben bis heute in vielen vorderorientalischen Ländern, abhängig auch vom Arbeitsmarkt, berufstätige Frauen mit der Heirat den Beruf auf. Eine gebildete Frau, sagt N. Mūsā, werde ihrem Mann eine gleichwertige Partnerin sein, dadurch würden soziale Fehlentwicklungen wie die Polygynie beseitigt, und das nationale Selbstwertgefühl werde gesunden. Sie wurde die erste ägyptische Schuldirektorin einer Mädchenschule im Fayyūm und 1924 Inspektorin für Mädchenschulen, aber bereits 1926 wegen ihrer kritischen Haltung auch gegenüber staatlichen Beamten aus dem Ministerium entlassen und gründete dann zwei Privatschulen.

In der Türkei wurde weibliche Berufstätigkeit im Ersten Weltkrieg (wie auch etwa in Deutschland im Ersten und mehr noch im Zweiten Weltkrieg) notwendig. 1916 wurde die «Islamische Gesellschaft zur Beschäftigung der osmanischen Frau» gegründet, die muslimischen Türkinnen den Weg ins Arbeitsleben bahnen sollte. Um diese Zeit zwang die «Gesellschaft zur Verteidigung der Frauenrechte», die am intensivsten für bezahlte Frauenarbeit kämpfte, staatliche türkische Postämter durch öffentliche Protestaktionen, Frauen einzustellen. Voraussetzung dafür war die Herausbildung einer Mittelschicht, deren Töchter eine Ausbildung genossen hatten und nun zum Familieneinkommen beitragen sollten. Töchter dieser Schicht wurden vom «Osmanischen Roten Halbmond» zu Krankenschwestern ausgebildet, engagierten sich karitativ, arbeiteten in Postämtern, Banken und Büros.[54]

1910 erregte die Sekretärin der «Osmanischen Gesellschaft für Frauen» unliebsames Aufsehen, weil sie sich fotografieren ließ.[55] Bis heute erhalten Frauen in Saudi-Arabien (und erhielten bis vor kurzem in einigen Golfstaaten) nur dann einen Personalausweis, mit dem sie z.B. vor Gericht und in einer Bank agieren oder ins Ausland reisen können, wenn ein naher männlicher Verwandter ihre Identität bestätigt (dies aber auch erst seit dem Jahre 2001). Saudierinnen protestieren im Internet gegen diese Ignorierung ihrer eigenen Identität. Die Bildmedien einschließlich des Internets anderer arabischer Länder nutzen die optische Wirksamkeit attraktiver Frauen in Prestigepositionen, etwa die Republik Jemen mit ihrer 2003 berufenen Ministerin für Menschenrechte. *Al-Qabas,* eine der größten Zeitungen Kuwaits, macht mit einem Foto von der Debatte des Schriftstellerbundes über das Frauenwahlrecht am 17. 3. 2005, auf dem neben einer jungen, hübschen, promovierten Kopftuchträgerin drei Universitätsprofessorinnen ihr Haar unverhüllt auf dem Podium präsentieren, die optischen Unterschiede deutlich.[56] Dabei spiegelt diese Debatte inhaltliche Einigkeit mit teils differierenden Begründungen.

In den meisten Ländern des Vorderen Orients, unter säkularisierten ebenso wie unter islamischen Regierungen, erfolgt Fabrikarbeit in Geschlechtertrennung. Frauen aus Unterschichtfamilien, die ein zusätzliches Einkommen brauchen, sind nur so zu Industriearbeit bereit, bzw. erhalten von männlichen Angehörigen die Erlaubnis dazu. Ein Mann, der weibliche Angehörige unter Aufsicht fremder Männer arbeiten läßt, galt nach konventionellen Ehrbegriffen lange als eine Art Zuhälter. Im sozialen Wertesystem, wohl nicht nur der Unterschichten, steht bis heute die verheiratete, nicht berufstätige Frau höher als die ledige Berufstätige. Doch führte weibliche Fabrikarbeit in Riad dazu, daß sich Anwohner langsam an Frauen ohne männliche Begleitung auf den Zugangsstraßen gewöhnten.[57]

Atatürks Reformen eröffneten Frauen in der Türkei Bildungs- und Berufschancen, die sie damals in anderen Ländern des Vorderen Orients kaum oder gar nicht hatten. 1922 eröffnete die erste türkische Ärztin, 1927 die erste Rechtsanwältin ihre Praxis in Istanbul, 1930 gab es dort die erste Richterin, 1932 die erste Staatsanwältin. Mit der Übernahme des Schweizer Zivilrechts 1926 wurde Türkinnen das Recht auf einen Beruf, auch eine Beamtenlaufbahn, zugesprochen. Aber erst ein Erlaß im Jahr 1932, der staatliche Institutionen zwang, Frauen einzustellen, ermöglichte ihnen dort eine berufliche Tätigkeit. Die ersten Frauen in der akademischen Hierarchie gab es an türkischen Universitäten bald nach 1930. Auch wenn sich in der Türkei seit 1949 zunehmende Tendenzen einer Re-Islamisierung abzeichnen, war 1978 bei einer weiblichen Berufstätigkeitsrate von 10% der gesamten erwerbstätigen städtischen Bevölkerung jeder fünfte praktizierende Rechtsanwalt und jeder sechste Arzt eine Frau.[58] Heute ist die Zahl von Frauen in akademischen Berufen erheblich gewachsen, und die Türkei will bessere Möglichkeiten zur Versorgung von Kindern berufstätiger Mütter schaffen,[59] da viele Akademikerinnen nach der Heirat den Beruf aus familiären Gründen aufgeben. Die erste Irakerin promovierte 1937 an der Amerikanischen Universität Beirut zum Doktor der Medizin.

Die weibliche Berufstätigkeitsrate wird gegenwärtig mit 29% für den arabischen Raum insgesamt, mit unter 25% für die Golfregion angegeben. Unbezahlte Arbeit von Familienmitgliedern in der Landwirtschaft wird dabei ebensowenig erfaßt wie Hausarbeit. In Iran fordern einige Rechtsanwältinnen seit ca. 1995 eine Bezahlung für Hausarbeit. Frauen mit höherer Bildung bevorzugen den Lehrerinnenberuf und Tätigkeiten im staatlichen Sektor. Auch dort trifft man – selbst in säkularisierten Ländern wie etwa im Irak zur Zeit Saddam Husseins – auf «segregierte» Büros bzw. Aufenthaltsräume, ebenfalls an Universitäten.

Dienstleistungsberufe, die in Europa vom Ersten Weltkrieg an zu Frauenberufen wurden (etwa Verkäufer, Sekretär, Buchhalter, Kellner) sind in islamischen Ländern aufgrund weiterhin vorherrschender Rollenbilder bis heute meist Männern vorbehalten. Staatliche Institutionen setzen aber in den Ländern, die auf ein moderneres Image bedacht sind, gemeinsam mit Vertreterinnen der Frauenorganisationen, demonstrativ Änderungen durch.

Der Einsatz von Frauen in Berufen, die für Musliminnen traditionsbedingt tabuisiert sind, gilt zunehmend als Indiz für Progressivität. Das war zunächst in den Ländern der Fall, die einen wie auch immer gestalteten Sozialismus propagierten. Zu solchen für Frauen zunächst ungewohnten Tätigkeiten zählten die der Verkehrspolizistinnen in Tunis ebenso wie der Einsatz von weiblichen Angestellten an Tankstellen im Irak Ende der 1970er Jahre. Neuerdings gibt es Verkehrspolizistinnen in Iran sowie in al-Ain in den Vereinigten Arabischen Emiraten – hier in eigens entworfenen Uniformen mit langen Röcken[60] – sowie in Oman. Seit 1998 werden in Iran Polizistinnen für den Umgang mit weiblichen Kriminellen und deren Bewachung eingesetzt. In Irak, Syrien und Libyen wurde die (segregierte) Wehrpflicht für Frauen ca. 1980 eingeführt, in Oman vor kurzem. Der Irak setzte im Ersten und Zweiten Golfkrieg Frauenregimenter ein, Kuwait nach diesem Vorbild im Zweiten Golfkrieg – wie natürlich dieser Krieg zur Einigung differierender nationaler Kräfte, besonders unter den Frauen, führte, die aber bald zerfiel.[61] Der libysche Staatschef Muʿammar al-Qadhdhāfī umgibt sich seit längerem mit attraktivem weiblichen Wachpersonal, was durchaus nicht auf die generelle Billigung seiner Umgebung trifft, denn es verstößt zu sehr gegen traditionelle Vorstellungen, auch in der westlichen Welt.

Vom Beruf des Richters sind Frauen inzwischen nur noch in wenigen islamischen Ländern ausgeschlossen, etwa im Jemen. Dies war eine Position im System des religiösen Rechts, also Männern vorbehalten. Regierungen, die Progressivität beweisen wollen, setzen Familienrichterinnen ein, etwa die syrische seit ca. 1985. 1979 wurden im Irak drei Rechtsanwältinnen zu (Familien-) Richterinnen ernannt. In Iran eroberten Frauen nach Einschränkungen im Gefolge der Revolution von 1979, die sie in die traditionelle Rolle zurückdrängten und viele zur Emigration veranlaßten, besonders nach den durch den Golfkrieg 1980–1988 veränderten ökonomischen und sozialen Verhältnissen zahlreiche Positionen zurück. Ende der 90er Jahre gab es mehr Journalistinnen in Iran als Ende der 1970er Jahre vor dem Sturz des Schahregimes. Im Jahr 2000 tagte zum ersten Mal der iranische Unternehmerinnenverband.[62] Seit 1995 gibt es Familienrichterinnen. Jedes iranische Gericht muß zudem seit Mitte der 1990er Jahre Rechtsanwältinnen für frauenspezifische Fälle einsetzen. In Ägypten wurde die erste Richterin (gegen erhebliche Widerstände orthodoxer Kreise) 1995 berufen. Algerien nennt gegenwärtig (April 2005) 34 Frauen als Gerichtspräsidentinnen, im diplomatischen Dienst zwei weibliche Gesandte und als weitere neue Position die Präsidentin der Zentralbank.

Daß staatlich verordnete Segregation weibliche Berufstätigkeit fördern kann, beweist Saudi-Arabien, wo es einige Banken und andere Unternehmen mit rein weiblicher Belegschaft und ebensolcher Kundschaft sowie einen (kleinen) Unternehmerinnenverband gibt. Dennoch finden die saudischen Universitätsabsolventinnen zunehmend schwerer Stellen, und dasselbe dürfte auf andere Golfstaaten zukommen oder ist dort bereits der Fall. Oft wird weiter die Auffassung gepflegt, daß ein Studium eher die Voraussetzung für die Ehe mit einem gut situierten Mann sei als für eine Berufstätigkeit. In der heutigen Türkei zeichnet sich diese Tendenz ebenfalls ab.[63]

In Saudi-Arabien wie in Iran führte die Geschlechtertrennung nach 1979 auch zum Beruf der Theologin. In Qum gibt es eine durch die «Märtyrerstiftung» finanzierte theologische Hochschule für Frauen, die Zahrāʾ-Universität, deren Studentinnen größerenteils aus ärmeren Familien stammen. Sie bildet Vorbeterinnen, Religionslehrerinnen und Theologinnen für ein weibliches Publikum aus. Eine entsprechend qualifizierte Frau darf *mujtahid* werden, also religiösrechtliche Urteile abgeben. Ob sie allgemein verbindliche religiöse Rechtsgutachten abgeben und die hierarchisch hohe Stufe des *marjaʿ*, der «verbindlichen Instanz», beanspruchen darf, ist sehr umstritten.[64]

Im Libyen Qadhdhāfīs gibt es einerseits Abteilungen mit rein weiblicher Belegschaft in Banken, andererseits aber weibliche Verwaltungskräfte an Universitäten und anderen Behörden, die für männliche Vorgesetzte tätig sind, also nicht unter Bedingungen strikter Geschlechtertrennung. Kuwaitische Frauen kritisieren, daß man sie nur als Indiz einer (scheinbaren) Modernisierung in bestimmte, scheinbar leitende Positionen setze. In Wirklichkeit würden ihnen keine Entscheidungsbefugnisse gewährt.[65] Hier wie auch anderswo waren und sind es meist Frauen aus Elitefamilien, die herausragende Positionen erhielten.[66]

5. Frauenorganisationen – Frauenzeitschriften – Frauenwahlrecht – Frauen in der Politik[67]

Generell setzt eine Pluralität von Frauenorganisationen, darunter NGOs, ein gewisses Maß an Demokratisierung im Land voraus. Autoritäre Regierungen rufen oft, nicht nur im Vorderen Orient, *eine* staatliche Organisation ins Leben, die ihre Frauenpolitik zu propagieren und durchzusetzen hat. Im Vorderen Orient steht an deren Spitze oft eine Angehörige des Regenten, etwa die Schwester von Muḥammad Reżā Shāh Pahlawī in Iran bis 1979, Jīhān Sādāt in Ägypten bis zur Ermordung von Präsident Sādāt 1981. Suzan Mubārak ist Präsidentin des ägyptischen «Nationalrats für Frauenrechte», der direkt dem Staatsoberhaupt untersteht, und beruft z.B. interarabische Frauenkonferenzen ein. Die jordanische Königin Rāniya, die in England studiert hat, übt, wie bereits ihre Vorgängerin, als Regentengattin eine vergleichbare Position aus. Jordanien und Ägypten sind nach Internetangaben von 2003 die Länder mit der größten Vielfalt an Frauenorganisationen.

Frauenvereine mit vorwiegend karitativer Zielsetzung wurden von Oberschichtfrauen seit etwa 1880 gegründet. Der Kampf von Frauenorganisationen für soziale und politische Rechte von Frauen begann später. Als Malak Ḥifnī Nāṣif (s.o. S. 642) 1911 in der ägyptischen Gesetzgebenden Versammlung ihre Forderungen nach stärkerem Rechtsschutz für Frauen, vor allem in den Familien, vortrug, wurde sie abgewiesen. Auf Initiative von Hudā Shaʿrāwī (1879–1924) wurde 1914 ein Verein in Kairo gegründet, der Bildungsveranstaltungen für Frauen der Oberschicht organisierte.[68]

Für die Parteienarbeit nach dem Ersten Weltkrieg wurde die Einbeziehung emanzipierter, interessierter Frauen wichtig. Hudā Shaʿrāwī führte im März 1919 Demonstrationen verhüllter Frauen an, die Spruchbänder mit nationalen Forderungen durch Kairo trugen.[69] Sie wurde 1923 Vorsitzende der Frauenunion der nationalistischen Wafd-Partei und auch Mitarbeiterin von deren französischsprachiger (!) Zeitschrift «L'Égyptienne», die von 1925 bis 1940 erschien.

Als die Ägyptische Frauenunion 1932 nach längeren Kämpfen mit der Regierung aus eigenen Mitteln im Zentrum Kairos ein neues, großes Gebäude als Sitz der Organisation eröffnete, das bald «Das Haus der Frau» hieß, wollte sie diesen Namen an der Fassade anbringen. Dagegen erhob sich aber Protest, was Sāʾiza Nabarāwī als Sekretärin der Frauenunion mit den Worten kommentierte: «Das Geheimwort ‹Frau› an einem Gebäude, allen sichtbar, anzubringen! Offen zu verkünden, daß dieses Geschöpf eine soziale Existenz besitzt, Integrität, eine Persönlichkeit ist und aufgehört hat, die Verpuppung kollektiver Anonymität zu sein, oh!»[70]

Zainab al-Ghazālī (geb. 1917), Tochter eines Azhar-Absolventen, der ihr Lehrer war, gründete 1937 «Die Gesellschaft der muslimischen Damen» und wurde deren Vorsitzende. Ihrer nahezu hagiographischen Statusbiographie zufolge lernte sie Ḥasan al-Bannā, der 1928 die *Muslimbrüder* gegründet hatte, ein halbes

Jahr später kennen und unterstellte sich ihm sofort mit ihrer Organisation. In Predigten in Moscheen, vielen Artikeln in mehreren Büchern, darunter einem Tagebuch über einen längeren Gefängnisaufenthalt während der Nasserzeit, und einem umfangreichen Korankommentar (Band 1, 1994)[71] propagierte sie die Lebensprinzipien der *Muslimbrüder* für orthodoxe Musliminnen.

In der Türkei gab es während der zweiten Verfassungsperiode 1908–1916 zwölf Frauenvereinigungen, von denen einige prononciert die soziale und legale Gleichstellung von Mann und Frau forderten.[72] In Iran hatten sich Frauengruppen bereits *vor* der Verfassungsbewegung von 1906 zusammengefunden, aber eine organisierte Frauenrechtsbewegung entstand erst nach dem Ersten Weltkrieg.[73] Nach dem Machtantritt Präsident Khātamīs 1998 gab es in Iran 24 Frauenorganisationen mit unterschiedlichen Zielen, darunter die der Zoroastrierinnen, der Jüdinnen und der Christinnen, also Andersgläubiger.[74] Doch ging die Zahl bald zurück. Im Jahr 2003 gab es, Angaben im Internet zufolge, zwei Frauenzentren: Das «Center for Women's Studies» in Teheran und das «Office for Women's and Research Studies» in Qum, das z.B. 2004 zu einer intermuslimischen Frauenkonferenz für die Länder Afrikas und Asiens einlud.

Die ersten Frauenzeitschriften entstanden im Zuge der Zeitschriftengründungen, die in einigen Ländern des Vorderen Orients vor 1890 einsetzten. Die erste arabische Frauenzeitschrift war die 1892 in Alexandria von der libanesischen Christin Hind Naufal unter Mitarbeit ihres Vaters Nasīm und ihrer Schwester Sāra gegründete «Das Mädchen» *(al-Fatāt)*. Sie wollte literarische, sozialhistorische und pädagogische Kenntnisse ebenso vermitteln wie solche in Haushaltsführung, Hygiene, Malen und Handarbeiten, sich aber laut Vorwort im ersten Heft von Politik und Religion fernhalten (wie andere Zeitschriften christlich-libanesischer Immigranten in Ägypten). Mit der Verheiratung von Hind Naufal stellte die Zeitschrift im Januar 1894 ihr Erscheinen ein. Die erste von einer ägyptisch-muslimischen Herausgeberin publizierte arabische Frauenzeitschrift war 1908 «Die Zeitschrift für den Fortschritt der Frau» *(Majallat tarqiyat al-marʾa)* von Fāṭima Rāshid.[75] Die Redaktion der 1910 gegründeten ägyptischen Halbmonatsschrift «Tugend» *(ʿAfāf)* achtete bei ihrer journalistischen Arbeit streng auf Geschlechtertrennung – ähnlich wie die von iranischen Theologen in Qum seit 1990 publizierte Frauenzeitschrift *Paiyām-e Zan* (Die Botschaft der Frau), die nur von Männern «gemacht» wird. Später gegründete arabischsprachige Zeitschriften wie Balsam ʿAbd al-Maliks «Die ägyptische Frau» (*al-Marʾa al-Miṣrīya*, 1920–1923) betonten den nationalen Standpunkt im Gegensatz zu den seit 1892 publizierten Frauenzeitschriften, die nur den Frauenaspekt in den Titel nahmen. Die erste ägyptische Zeitschrift mit prononciert feministischer und nationaler Zielsetzung, *L'Égyptienne* (1925–1940), ließ schon durch ihre Sprache erkennen, an wen sie sich richtete: Leserinnen aus der Oberschicht, die, anders als die Generation davor, von französischen Gouvernanten, auf französischen Schulen oder in Frankreich ausgebildet worden waren. Die Herausgeberin, Sāʾiza Nabarāwī (1897–1984), und Hudā Shaʿrāwī (s. S. 651) als Autorin beherrschten das Schriftarabische nicht so, daß sie Artikel darin hätten abfassen können. Hudā Shaʿrāwī spricht in ihren Erinnerungen von ihrem Versuch, sich heimlich und fast nur autodidaktisch Kenntnisse im Schriftarabischen anzueignen.[76]

Die erste iranische Frauenzeitschrift, gegründet 1910, nannte sich programmatisch «Wissen» *(Dānish)*.[77] In der Türkei gab es zwischen 1908 und 1918 mehrere Frauenzeitschriften unterschiedlicher Tendenzen wie «Schönheit» *(Maḥāsin)*, «Die Frau» *(Kadın)* und «Die Welt der Frauen» *(Kadınlar ʿĀlemi)*.[78] In beiden Ländern kam die Betonung des nationalen Aspekts ebenfalls erst nach dem Ersten Weltkrieg auf.

Angehörige der Oberschicht, Frauen wie Männer, setzten sich zunächst vorwiegend für die Verbesserung der Position von Frauen ihrer Schicht ein, wollten aber auch historische und literarische Bildung sowie pädagogische, neuere medizinische und Hygienekenntnisse weitergegeben. Bis heute vermitteln staatliche Organisationen besonders an Frauen vorwiegend der städtischen Unterschichten Kenntnisse in hygienischer Kindererziehung, Haushaltsführung und in Handarbeiten. Sie boten früher für Interessentinnen Schreibmaschinenkurse und bieten heute PC-Kurse an. Saudi-arabischen Universitätsabsolventinnen werden von Frauen im Internet Kurse im Management offeriert, damit sie leichter eine Arbeitsstelle finden.

Die Möglichkeit zu wählen und die Art der Wahlen setzt eine parlamentarische Demokratie oder eine konstitutionelle Monarchie, jedenfalls die Existenz eines Parlaments voraus. Und auch dann kann ein autoritäres Regime willkürlich Wahlen verschieben, entfallen lassen oder doch stark beeinflussen.

Zum Vergleich: In Deutschland und Österreich erhielten Frauen 1919 das aktive und das passive Wahlrecht, in der Schweiz als letztem Land Europas 1971. Dies hatte jeweils auch die Wahl bzw. die Akklamation von (wenigen) Parlamentarierinnen zur Folge.

In der Türkei, seit der Verfassung von 1924 ein laizistischer Staat, erhielten Frauen 1930 das aktive Wahlrecht und konnten seit 1933 in den Ältestenrat und seit 1934 in die Große Nationalversammlung gewählt werden. 1935 zogen zum ersten Mal 18 weibliche Abgeordnete (darunter 13 Lehrerinnen) in die Nationalversammlung ein. 1950 waren nur noch drei Frauen im Parlament. Zwischen 1954 und 1983 schwankte die Zahl zwischen vier und zwölf weiblichen Abgeordneten von 400 Angehörigen der Nationalversammlung.[79] Gegenwärtig (2005) sind 4,4% der Parlamentsmitglieder Frauen.

Da politische Aktivitäten meist mit öffentlichen Auftritten einhergehen, sind sie in einer männerdominierten Gesellschaft angesichts der immer noch verbreiteten Rollenvorstellung der Frau als Hausfrau und Mutter für Frauen nicht sehr angesehen.

Das aktive Wahlrecht erhielten Frauen in Ägypten 1956, vier Jahre nach der ägyptischen Revolution. 1957 wurden die beiden ersten Frauen ins ägyptische Parlament gewählt, das damals insgesamt 360 Mitglieder zählte.[80] Die Frauenrate blieb viele Jahre, mit geringen Schwankungen, sehr niedrig. In der Volksversammlung betrug sie 1977–1984 0,9%, 1984–1987 8,3%, 1987–1990 3,9%, 1990–1995 2,2%, 1995–2000 1,6%, 2000–2005 2,4%. Aber nach derselben Statistik des

Human Development Report 2004 sind 6,1% Frauen auf Ministerebene tätig, und Vizepräsident der Nationalversammlung ist eine Frau.

Das aktive Wahlrecht haben Frauen in den meisten Ländern des Vorderen Orients seit den 1960er Jahren, in Iran z.B. seit 1963. Allerdings finden mancherorts – abhängig von der Stabilität oder Instabilität der jeweiligen Regierungen – Wahlen nur in großen Abständen und oft unter stark einengenden Bedingungen statt.

Zu den Kommunalwahlen in Saudi-Arabien, die im Winter 2004/05 etappenweise in den verschiedenen Regionen des Landes durchgeführt wurden, waren Frauen entgegen den Hoffnungen bzw. Protesten vieler ihrer Wortführerinnen nicht zugelassen. Seitens der Regierung wurden sie auf das Jahr 2009 vertröstet. Begründet wurde dies mit der strikten Geschlechtertrennung, die das aktive und mehr noch das passive Frauenwahlrecht erschwere. Als Befürworter des Frauenwahlrechts auf positive Präzedenzfälle in anderen islamischen Ländern verwiesen, führten ihre Gegner die erfolglose Kandidatur von Frauen bei den Kommunalwahlen 2003 in Oman und Bahrain ins Feld. In Kuwait, einer konstitutionellen Monarchie, forderte die seit 1963 bestehende Frauenbewegung von 1965 an das aktive und passive Wahlrecht. Nach jahrelangen, auch öffentlich ausgetragenen Kämpfen wurde beides den Frauen per Parlamentsbeschluß vom 16. Mai 2005 zugestanden.

Dem iranischen Parlament gehören seit 1990 weibliche Abgeordnete an, wennschon erheblich weniger, als viele Frauen anstreben. Bei den Wahlen im April 2005 durften Frauen (segregiert) wählen und auch kandidieren.

Das neue irakische Parlament besteht (April 2005) zu knapp einem Drittel aus Frauen, und von den 32 Ministerien wurden sieben Frauen übergeben. Das ist der höchste Prozentsatz in einem vorderorientalischen Land. Frauen verschiedener politischer und religiöser Richtungen fordern weitere soziale und politische Rechte.[81] Die Regierung Saddam Hussein hatte Frauen in relativ hohem Maß gefördert.

In Algerien erhielten Frauen nach der politischen Unabhängigkeit (1962), an deren Erringung sie maßgeblich beteiligt gewesen waren, 1964 das Wahlrecht. Die Zahl der Kandidatinnen für die drei Kammern war bei den Wahlen 1997 und 2002 jeweils zehn- bis zwanzigmal höher als die der gewählten Abgeordneten. Heute gibt es im algerischen Parlament 31 weibliche Abgeordnete.

In den meisten Ländern des Vorderen Orients finden Wahlen, wie z.B. im Irak im Februar 2005, in getrennten Wahllokalen für Wählerinnen und Wähler statt. Dies geschieht, um traditionsverhafteten Bevölkerungsschichten entgegenzukommen.

Palästinenserinnen beteiligten sich nach dem Ersten Weltkrieg an der Arbeit diverser Wohltätigkeitsorganisationen. Nach 1948 engagierten sie sich auch stärker politisch, besonders in der Palästinensischen Frauenorganisation. Ins Zentralkomitee der *PLO* wurde 1980 eine Frau gewählt. Seit Ende der 1980er Jahre sind Frauen zunehmend im Palästinensischen Nationalrat und in den unterschiedlichen Palästinenserorganisationen im In- und Ausland vertreten.[82] In Paris ist Palästina derzeit durch eine Botschafterin vertreten.

Die erste arabische Ministerin war 1959 eine Irakerin an der Spitze des Landwirtschaftsministeriums. Seit den 1970er Jahren und mehr noch dem Beginn des 21. Jahrhunderts hat die Zahl der Ministerinnen zugenommen. So gibt es seit kurzem in Jordanien und Marokko sowie in Oman je eine Ministerin für Tourismus. In Jordanien und Marokko sind weitere Ministerinnen tätig.

Zunächst überließ man Frauen gern Kabinettsposten, die dem weiblichen Rollenbild entsprechen: das Sozialministerium (in Ägypten seit 1962),[83] aber auch das Hochschulministerium. Die iranische Hochschulministerin der Jahre 1968–1978, also unter dem Schah-Regime, wurde von den Revolutionären 1979 hingerichtet, weil sie Prostitution und Korruption gefördert[84] – was wohl hieß, daß sie die Geschlechtertrennung an den Universitäten abgeschafft hatte – und Krieg gegen Gott geführt habe. Für das iranische Kabinett von 1997 waren zunächst zwei Frauen als Ministerinnen vorgesehen, doch entschloß sich Präsident Khātamī auf Grund des Widerstands orthodoxer Kreise dazu, nur *eine* Frau, Masume Ebtikar (Maʿṣūme Ibtikār), als Vizepräsidentin, zuständig für Umweltfragen, einzusetzen. Eine weitere, Zahra Shudjai (Shujāʿī), wurde zur Vorsitzenden des «Zentrums für die Beteiligung von Frauen» ernannt.[85] Töchter bekannter Theologen wie Shahla Habibi (Ḥabībī), Tochter von Āyatullāh Habibi, Azam Taleghani (Aʿẓam-i Ṭāliqānī), Tochter von Āyatullāh Taleghani (in ihrer Frauenzeitschrift *Payyām-e Hājar* «Hagars Botschaft», die zwischen 1996 und 1999 verboten war), und Fatima und Faizeh Haschimi (Fāʾizah Hāshimī), Töchter des früheren Präsidenten Rafsanjānī, setzen sich im Staatsapparat und den Medien für eine Neuinterpretation von Koranversen ein, um Frauen mehr Chancen in Wirtschaft und Politik zu schaffen.[86]

In Syrien ist seit 1980 eine Frau Kulturministerin. Darüber hinaus gibt es dort schon seit längerem eine zweite Ministerin für wechselnde Ressorts – gegenwärtig für «Emigranten», also Syrer im Ausland, ein Ressort, das in anderen arabischen Ländern ebenfalls kürzlich geschaffen und meist Frauen überantwortet wurde, z. B. in Marokko und im Jemen.

Die beiden ersten Ministerinnen im Libanon wurden 2004 für «frauenunübliche» Ressorts berufen. In Marokko sind seit 2004 vier, in Jordanien seit 2003 drei Ministerinnen tätig. In Algerien, das 2004 die «UN-Konvention über politische Rechte von Frauen» unterzeichnet hat, wurden im selben Jahr vier Ministerinnen berufen. Ihre Ressorts sind «Kultur», «Familie und Frauenfragen», «Emigranten» und «Entwicklung der Landwirtschaft». Auch in weiteren wichtigen politischen Positionen finden sich Frauen: drei Gouverneure, davon zwei außerordentliche, drei Generalsekretäre von Gouvernoraten und sieben Kreisvorsitzende sowie zwei Parteivorsitzende sind weiblich.[87]

Erheblichen Widerstand konservativer Kreise gab es 1989 in Pakistan gegen Bīnaẓīr Bhuṭṭō als Ministerpräsidentin. 1993 wählte man sie wieder, und sie amtierte bis 1996. Sie wurde jedoch während ihrer Amtszeit und danach wiederholt heftig angegriffen. Vom Juni 1993 bis zum Oktober 1995 war Tansu Çiller erste türkische Ministerpräsidentin. Auch sie wurde stark kritisiert. Obwohl Atatürk Frauen früh das Wahlrecht gab und ihren Zugang zu politischen Ämtern förderte, hat die Zahl von Frauen in solchen Positionen in jüngerer und jüngster Zeit abgenommen.

In Iran lassen sich Frauen bereits seit 1997, in Ägypten seit 2002, aus einer feministischen Protesthaltung heraus, als Kandidatinnen für das Präsidentenamt aufstellen. In beiden Ländern folgten darauf sofort *Fatwās* (Rechtsgutachten) religiöser Autoritäten, darunter (wenige) zustimmende.[88] In den Golfländern versuchen die bisher als konservativ geltenden Emire, Frauen parlamentarische Möglichkeiten zu schaffen, scheiterten bislang jedoch an der ablehnenden Haltung der Wähler.

Wie Parlamentarierinnen auf Lebensverhältnisse Einfluß zu nehmen versuchen, zeigten zwei neu ins Parlament gewählte Iranerinnen im März 2000: Sie kündigten an, als Angehörige der Revolutionsgeneration nur mit Mantel und Kopftuch, der inzwischen zulässigen weiblichen Straßenbekleidung, im Parlament erscheinen zu wollen. Doch der heftige Protest anderer Parlamentarierinnen hinderte sie daran. In der Türkei andererseits durfte 2002 eine ins Parlament gewählte Frau, die mit Kopftuch erschien, diese Funktion nicht antreten. [89]

6. Kopftuch oder Schleier – Kleidung als Indiz für Lebenshaltungen

Das Kopftuch muslimischer Frauen, «islamische Kleidung», für viele Nichtmuslime Symbol der Rückständigkeit, oft jedoch als *das* Indiz politisch-ideologischer Haltung oder der (islamischen) «kulturellen Identität» zu werten, ist zum heiß umstrittenen Thema geworden. Der Koran gebietet in Sure 33: 59 und 24: 31 den Frauen Muḥammads die Bedeckung des Haars und des Halsausschnitts als züchtige Verhüllung, nicht aber einen Gesichtsschleier oder ein Kopftuch.

Daß Kopftuch und Umhang nicht Ausdruck von Rückständigkeit sein müssen, betont die Frauenrechtlerin Schirin Ebadi, die beides in Iran tragen muß, im Ausland aber darauf verzichten darf. Türkische muslimische Feministinnen sind derselben Ansicht.[90] Sich zu verschleiern oder nicht zu verschleiern konnte und kann in verschiedenen Regionen differierende Haltungen symbolisieren. In der Türkei etwa wurde nach der in der Verfassung von 1924 verankerten Laizität des Staates das Tragen religiös konnotierter Kopfbedeckungen und Verhüllungen in allen staatlichen Institutionen 1929 verboten, und das gilt bis heute. Protestdemonstrationen zu Beginn der 1980er Jahre gegen die Nichtzulassung von Kopftuchträgerinnen zum Universitätsstudium erreichten nichts. Die Töchter des derzeitigen Ministerpräsidenten Erdoğan, des Vorsitzenden der (religiösen) Wohlstandspartei, studieren in den USA, weil sie dort Kopftuch tragen dürfen. Wenn seine Frau ihn auf dienstlichen Auslandsreisen begleitet, verhüllt sie ihr Haar ebenfalls.

Iran hat 1979 nach dem Machtantritt Khumainīs allen Frauen den Umhang (der dort Tschador heißt), aber nicht den Gesichtsschleier zur Pflicht gemacht und 1980 Gesetze erlassen, die eine mangelhafte Verhüllung und starkes Schminken kriminalisieren. Diese Gesetze wurden 1989 bekräftigt, sicher weil regierende

Kreise das für nötig hielten.[91] Weibliche Proteste blieben auch hier erfolglos. Ein scheinbar verspieltes Lockern der Verhüllung bei Iranerinnen im eigenen Land oder bei saudischen Frauen im Ausland ebenso wie die dezente Verwendung von Dekorativkosmetika zeigen das Aufbegehren gegen staatliche Zwänge.

Das, was bei uns meist «Schleier» genannt wird, ist der die Figur und das Haar verhüllende Umhang. Er ist oft schwarz, kann aber regional unterschiedliche Farben haben – etwa in Marokko – und hat regional verschiedene Bezeichnungen ebenso wie andere, einander sehr ähnliche traditionelle Bekleidungsstücke.

Der Schleier an sich ist der Gesichtsschleier. Auch er war jahrhundertelang regional von unterschiedlicher Form, Farbe[92] und Bezeichnung. Besonders rigide etwa wirkt der *burquʿ* in Afghanistan, den Frauen langsam abzulegen, in Bahrain dagegen wieder anzulegen beginnen. Einen Gesichtsschleier trugen in der islamischen Geschichte gelegentlich auch Männer. Berber der Oase Ghadames in Libyen tragen bis heute, im Gegensatz zu ihren Frauen, einen Gesichtsschleier, der die Augen freiläßt. Muḥammad und seine Familienangehörigen werden als geheiligte Personen auf türkischen Miniaturen vom 16. Jahrhundert an mit ganz verhülltem Gesicht dargestellt.[93]

Generell setzte sich in der Neuzeit in allen vorderorientalischen Ländern Kleidung nach europäischen Vorbildern durch. Das begann zunächst bei der männlichen urbanen Elite, später auch bei den städtischen oberen Mittelschichten und galt dann ebenfalls für die Ehefrauen und mehr noch für die Töchter.

Im Ersten Weltkrieg, als türkische Frauen kriegsbedingt erstmals stärker berufliche Tätigkeiten übernahmen, begannen sie, sich der wohl als kleidsamer und praktischer empfundenen europäischen Mode anzupassen, also z.B. kürzere Röcke zu tragen. 1917 forderte ein polizeiliches Dekret die Musliminnen auf, längere Röcke und einen dicken Tscharschaf *(çarşaf)*, den schwarzen Umhang, zu tragen sowie auf (figurbetonende) Korsetts zu verzichten, ein Erlaß, der aber bald zurückgenommen wurde. Bereits 1915 hatte ein Dekret berufstätigen Frauen gestattet, im Dienst den Schleier abzulegen, wenn er dort hinderlich war.[94] Zwar hatte bereits der Khedive Ismāʿīl anläßlich der Gründung der ersten staatlichen Mädchenschule in Kairo 1873 angeordnet, daß alle Mädchen – auch die, die in die Pubertät eingetreten waren – unverschleiert zur Schule kommen sollten. Doch erwies sich dies als verfrüht, erregte doch diese Schule ohnehin schon den Zorn der Orthodoxie.

Die ersten Frauen, die auf den Schleier verzichteten, waren Christinnen aus Elitefamilien. Nabawīya Mūsā (s.o. S. 647) erzählt in ihren Memoiren, daß sie 1909 mit unverschleiertem Gesicht in einer Kairoer Straßenbahn saß und von einer Frau, vermutlich vorwurfsvoll, gefragt wurde, ob sie Christin sei. Sie entgegnete ihr, daß sie selbst nur ihr Gesicht zeige, die Frau aber Arme und Oberkörper mehr enthülle als schicklich und daß deren Gesichtsschleier lediglich ihre Furchtsamkeit bedecke. Zarte, durchsichtige Schleier und stärker figurbetonende Straßenkleidung waren damals nicht mehr ungewohnt.[95] Erst nach dem Ersten Weltkrieg legten Frauen der Oberschichten in islamischen Ländern ostentativ den Gesichtsschleier ab. Hudā Shaʿrāwī (s.o. S. 651), und die jüngere Sāʾiza Nabarāwī nahmen nach der Rückkehr von einer internationalen Frauenkonferenz in Rom im Mai 1923 bei der Ankunft auf dem Kairoer Hauptbahnhof demonstrativ ihren Gesichtsschleier (nicht den Umhang) ab.[96] Sie fanden sofort einige begeisterte Gleichgesinnte. In den 1920er/30er Jahren dauerte die Debatte um die Ver- oder Entschleierung weiter an. Im Irak betonten Befürworter des Schleiers, daß er Frauen nicht daran hindere und hindern solle, sich Bildung anzueignen.[97] Die junge Drusin Naẓīra Zain ad-Dīn (1908–1976), Tochter eines hochrangigen Juristen, publizierte 1928 in Beirut das mutige Buch *As-Sufūr wa-l-ḥijāb* (Die Ent- und die Verschleierung. Lektionen und Ansichten zum Thema Frauenbefreiung und gesellschaftliche Erneuerung in der islamischen Welt) und nach heftiger konservativer Kritik männlicher Autoren, die dieses Buch ihrem Vater zuschrieben, 1929 *Al-Fatāt wa-sh-Shuyūkh* (Das Mädchen und die alten Männer. Ansichten und Streitreden über die Ent- und die Verschleierung, die Befreiung des Verstandes, die Befreiung der Frau und die gesellschaftliche Erneuerung in der islamischen Welt).[98] *Fatwās* von Azhar-Gelehrten unterstützten und legitimierten schließlich die Entschleierungsbewegung. Doch gehörte der Gesichtsschleier in Ägypten bis zum Sturz der Monarchie 1952 zum Hofzeremoniell.[99]

Der Schah des Iran erließ am 7. 1. 1936 ein Schleierverbot. Lehrerinnen und Schülerinnen wurden seit 1934 ermutigt, unverschleiert in der Öffentlichkeit zu erscheinen. In Begleitung seiner Frau und seiner beiden ältesten Töchter – die letzteren unverschleiert und europäisch gekleidet – besuchte der Schah die neu gegründete Universität Teheran.[100] Nach seiner Abdankung 1941 wurde das Schleierverbot zurückgenommen, weil der Widerstand dagegen zu stark war. Viele Frauen der mittleren und älteren Generation hatten das Haus nicht mehr verlassen, und auch Männer sollen aus Furcht davor, unverschleierten Frauen zu begegnen, jahrelang kaum noch aus dem Haus gegangen sein.[101]

In Algerien, das jahrzehntelang «administrativ Frankreich war, aber ein Frankreich, das von einer Mehrheit von Bürgern zweiter Klasse bevölkert wurde»,[102] trugen Frauen im schwarzen Umhang wesentlich zum Sieg der Revolution 1962 bei. Sie transportierten, auf diese Weise «getarnt», Waffen und Flugblätter. Wenn Palästinenserinnen der Mittelschichten, ob religiös oder eher säkular geprägt, seit einigen Jahrzehnten zunehmend die sogenannte «*sharīʿa*-Kleidung» tragen, d.h. einen langen, taillierten dunklen Mantel, dann ist das Ausdruck ihres Protests gegen die herrschenden Verhältnisse sowie ihres Bekenntnisses zu einer (mehr oder weniger erfundenen) Tradition.

Der Minirock löste Ende der 1960er Jahre heiße Debatten über «westliche Unmoral» aus. In Bagdad und Mossul führte das zu polizeilichen Verfolgungskampagnen gegen junge Frauen, die diese Mode mitmachten.

Seit etwa 1980 ist im Gefolge der zunehmenden «Re-Islamisierung» bei Frauen und jungen Mädchen der Oberschicht ein Trend zu «islamischer» Kleidung zu beobachten. Man trägt den Körper verhüllende, meist einfarbige, dunkle, lange Gewänder, für die es keine Vorbilder auf den farbenfrohen Miniaturen der islamischen (höfischen) Buchkunst vom 13. bis ins 19. Jahrhundert gibt.[103] Während in den 1920/30er Jahren arabische, türkische und persische Schriftsteller und

Schriftstellerinnen die Verhüllung der Frau gern als Zeichen der Heuchelei verpönten, da äußerliche Anonymität jede Art sozial nicht konformen Verhaltens, also auch Unmoral, «decken» kann – mit Umhang und Schleier tarnten sich jahrhundertelang flüchtige Männer sowie Schwindler und Schelme[104] – gilt heute in vielen islamischen Ländern die Verhüllung der Frau durch einen langen Umhang als Ausdruck ihres Bekenntnisses zu moralischer Integrität und kultureller Identität. Frauen von Abgeordneten im relativ säkularisierten Syrien bevorzugten vor Wahlen bereits um 1970 «islamische» Kleidung», die sie sonst nicht trugen.

Ihre Entscheidung für «islamische» Kleidung begründen berufstätige junge Frauen in manchen Ländern seit ca. 1980 damit, daß sie mehr soziale Dynamik und Mobilität zulasse und ihnen gestatte, in männerdominierten Berufsbereichen tätig zu sein, ohne zum Sexualobjekt degradiert zu werden.[105]

Am 6. März 1979, bald nach seinem Machtantritt und zwei Tage vor dem Internationalen Frauentag, ordnete Khumainī als Präsident der neu gegründeten Islamischen Republik Iran an, daß berufstätige Frauen sich islamisch zu kleiden, d.h. den schwarzen Tschador (nicht den Schleier!) zu tragen hätten. Trotz der Protestdemonstrationen betroffener Frauen wurde die Verhüllung im Sommer 1980 für alle Mitarbeiterinnen und Besucherinnen öffentlicher Institutionen und seit April 1983 auch für alle Ausländerinnen obligatorisch. Sie ist es bis heute. Seit 1990 haben jedoch energische Vertreterinnen der Frauenrechte hier wie auf anderen Gebieten gewisse Liberalisierungen erreicht.[106] Seit Ende der 1990er Jahre ist ein (leichter zu tragender, da mit Knöpfen versehener) Mantel über moderner, ja modischer Kleidung zulässig, für junge Mädchen sogar ein kürzeres Modell. Der Unterschied zwischen Mantel- und Tschadorträgerinnen ist oft auch ein ideologischer. Kleine Mädchen dürfen jetzt, sicher auch aus psychologischen Gründen, farbige Schulkleider unter dem Tschador tragen.

Iranische Sportlerinnen fühlen sich natürlich in «islamischer» Sportkleidung international nicht konkurrenzfähig, so froh sie sind, seit 1990 wieder – segregiert – trainieren zu können und an Wettkämpfen teilnehmen zu dürfen.[107] Faizeh Haschemi, Tochter des Präsidenten Rafsanjānī, selbst Sportlerin, initiierte seit 1993 «Olympiaden» für muslimische Sportlerinnen mit rein weiblichem Publikum, die es den Akteurinnen gestatten, normale Sportkleidung zu tragen.[108] Möglichkeiten zu schwimmen, zu rudern, Rad zu fahren, Ski zu laufen, zu joggen, Berg zu steigen, haben iranische Frauen in segregierten Regionen, da die für diese Sportarten übliche Kleidung zu sehr die weiblichen Körperformen betont.[109]

In der Türkei wird die Tendenz zur Re-Islamisierung in manchen Vierteln der größeren Städte durch die Zunahme von Kopftuchträgerinnen bzw. Frauen in schwarzen Umhängen deutlich. Der Gegensatz zwischen der Frauengeneration, die Atatürks Säkularisierungsmaßnahmen begrüßte und von ihnen profitierte, und denjenigen unter den Jüngeren, die diese Bewegung als gescheitert ansehen, wächst. Modern gekleidete jüngere Türkinnen setzen sich nicht gern neben solche in islamischer Kleidung – aus Furcht, für Sympathisantinnen gehalten zu werden. Die letzteren sehen sich aber oft als die eigentlich Emanzipierten in islamischem

Sinn und fühlen sich durch das Kopftuchverbot für alle staatlichen Behörden in ihrer Freiheit beschnitten.[110]

Der Gesichtsschleier ist für saudische Frauen im Lande selbst obligatorisch, nicht aber auf Reisen. In einigen Golfstaaten ist der Umhang bei einheimischen Frauen üblich. In Bahrain verzichteten die ersten Frauen in den 1950er Jahren auf die Verhüllung, taten es stärker nach der Erringung der nationalen Unabhängigkeit 1971, kehrten aber seit etwa 1980 wieder zum Umhang zurück. Heute dominiert er gerade bei Studentinnen und gilt als Zeichen der kulturellen Identität. Dies besonders bei den Frauen, die als erste nach 1971 an Universitäten im arabischen Ausland studierten und von dort enttäuscht zurückkehrten. Wenige Frauen tragen dort inzwischen auch den *burquʿ*, den Gesichtsschleier, ebenfalls in bewußtem Protest gegen westliche «dekadente» Lebenseinstellungen.[111]

Daß auch individuelle, ja modisch verspielte Verhüllungen möglich sind, beweisen junge Frauen in modernen Vierteln Kairos, besonders in Heliopolis. Dort gibt es Boutiquen, die auch im Internet mit Modellen modischer, darunter farbiger «muslimischer» Kleidung für alle Gelegenheiten werben und passende Dekorativkosmetika anbieten. Das in Paris «gestylte» Kopftuch kann letzter modischer Schrei sein, so wie bereits Kopftüchlein auf persischen Miniaturen des 16. Jahrhunderts geradezu kokett wirken können.[112]

Damen der Oberschicht in Ländern, die die Verhüllung gebieten, tragen oft teure, hochmodische Kleidung unter dem Umhang, während Unterschichtfrauen ihre Armut mit ihm verbergen können. Der Umhang ist also auch eine Form der (äußerlichen) Sozialdisziplinierung.

7. Das islamische Familienrecht.[113] Reformen – Konservierung – Restaurierungen

Die Frauenorganisationen kämpften seit ihrem Entstehen für Änderungen des islamischen Familienrechts, wie sie Reformer wie Qāsim Amīn und Muḥammad ʿAbduh (s. o. S. 640f.) etwa seit 1900 vorschlugen. Auch hier sind die Länder unterschiedlich vorgegangen. Das erste islamische Familiengesetzbuch, das türkische vom 25. 10. 1917, erklärte die jeweils für Frauen günstigsten Bestimmungen der vier Rechtsschulen für verbindlich, tastete aber koranische Satzungen als «geoffenbartes Wort Gottes» nicht an.[114]

In Saudi-Arabien gilt bis heute die *sharīʿa*, allerdings mit dem Prinzip des *ijtihād*, der «freien Meinungsfindung», in strittigen Fällen.[115] In Libyen hat Qadhdhāfī (Gaddafi) sie nach seinem Machtantritt 1969 wieder eingeführt. Es folgten Modifizierungen zugunsten der Frau, etwa die Festsetzung eines Mindestalters bei der Eheschließung für beide Geschlechter (das die *sharīʿa* nicht vorsieht) sowie die Betonung des Rechts der Frau, unter bestimmten Umständen die Scheidung zu fordern. In Iran erklärte die Regierung Khumainī 1980 die *sharīʿa* zur Grundlage islamischer sozialer Gerechtigkeit und annullierte die «Familienschutzgesetze» der Schah-Regierung von 1967 und 1975. Damit wurden das nahezu absolute Scheidungsrecht des Mannes, ein weibliches Heiratsalter von 9 Jahren und die sogenannten *ḥadd*-Strafen für Diebstahl, nichteheliche sexuelle Beziehungen usw. wieder legal.[116] Khumainīs Werken ist zu entnehmen, daß er die *sharīʿa* wörtlich begriff.[117] Der 1979 von radikalen Kräften ermordete Āyatullāh Muṭahharī (geb. 1920), der die iranische Revolution geistig mit vorbereitete, interpretierte die *sharīʿa* hinsichtlich der Geschlechterbeziehungen etwas liberaler.[118] Seine Schriften sind inzwischen mindestens 20mal neu aufgelegt worden. Besonders zwischen 1996 und 1999 erließ die iranische Regierung, bedingt durch gewandelte soziale Verhältnisse und den Machtantritt einer jüngeren Generation, gegen den heftigen Widerstand konservativer Kreise, 20 Reformgesetze zum Familienrecht und zur Situation der Frau (s.u.). Iranische Kriegswitwen klagten nach dem 1. Golfkrieg eine staatliche Versorgung für sich und ihre Kinder ein, um von der Familie des Mannes unabhängig zu sein.

Auch das koranische Zeugenrecht, demzufolge in bestimmten Rechtsfällen *zwei* weibliche Zeugen *einen* fehlenden männlichen ersetzen können (Sure 2: 282),[119] und die Bestimmungen über das «Blutgeld» bei Tötungsdelikten wurden reinstituiert, aber inzwischen leicht gelockert. Wird der Mörder einer Frau hingerichtet, hat die Familie des Mordopfers der Familie des Mörders das volle «Blutgeld», also eine finanzielle Entschädigung, zu zahlen. Das gilt nicht für die Hinrichtung einer Mörderin, entsprechend vorislamischen geschlechterspezifischen Wertvorstellungen. Generell ist die Kriminalitätsrate bei Frauen seit 1980 mit der weiblichen Armut gewachsen, eine Folge der heute geringeren Berufstätigkeit von Frauen und der leichteren Scheidungsmöglichkeiten für Männer. Prostitution und Drogenhandel haben, obwohl gesetzlich verboten, bei Frauen zugenommen. Auch die Strafe der *sharīʿa* für nichteheliche sexuelle Beziehungen, laut Sure 24: 2 hundert Peitschenhiebe vor Zeugen für beide Partner, falls vier glaubwürdige männliche Zeugen bestätigen, daß sie den Akt gesehen haben, gilt wieder (Sure 24: 3 verfügt aber 80 Peitschenhiebe für Verleumder). Zu den Neuerungen in Iran gehört inzwischen, daß ein oder zwei Männer als Zeugen durch zwei bzw. vier Frauen ersetzt werden können. Die Bestrafung wird als öffentliche Steinigung, öfter nach erzwungenem Geständnis und ohne Rechtsbeistand verhängt und vollzogen. Nach erzwungenem Geständnis hat der Richter den ersten Stein zu werfen, ansonsten die Menge. Ein iranischer Exilautor verzeichnet zwischen 1980 und 1997 50 Fälle von Steinigungen, davon neun bei Männern, 41 bei Frauen. Anklagepunkte sind auch Prostitution, «unmoralisches Verhalten», Vergewaltigung und Mord.[120] 2003 wurden 9 Fälle von Steinigungen bzw. öffentlichem Erhängen junger Frauen wegen «Unmoral» bekannt.

Über bestimmte, im Koran definierte, Satzungen hat sich bisher kaum ein islamisches Land hinweggesetzt. Nach Sure 2: 221 und 60: 10 ist die Ehe mit Ungläubigen verboten. Nach Sure 5: 5 darf ein Muslim eine Christin oder Jüdin heiraten, nicht aber eine Muslimin einen Christen oder Juden. Nur der Irak änderte das 1978 per Gesetz. Trotzdem blieb ein solches Paar, selbst an Universitäten, isoliert. Erst die beiden Golfkriege führten hier zu mehr Toleranz. Wie die Entwicklung weitergeht, bleibt abzuwarten. Begründet wird dieses Verbot u.a. damit, daß

Frauen schwach und beeinflußbar seien und sich überreden lassen könnten, zum Christentum überzutreten (was verboten ist), und daß die Kinder in der Religion ihres Vaters zu erziehen seien, also im Falle der Ehe einer Muslimin mit einem andersgläubigen Mann nicht Muslime würden.[121] Frauenrechtlerinnen islamischer Länder gehen dagegen an und bezeichnen diese Verbote als Verstoß gegen die UN-Resolution gegen die Diskriminierung von Frauen von 1985. Diese ist von mehreren islamischen Ländern unterzeichnet worden. Einige äußerten allerdings Vorbehalte gegen etliche Paragraphen.

Die Türkei hat als einziges Land des Vorderen Orients die *sharīʿa* annulliert und 1926 das Schweizer Zivilrecht, damals das konservativste Rechtssystem Europas, *en bloc* mit wenigen Änderungen, sowie 1928 das italienische Strafrecht in der französischen Kommentierung eingeführt. Die soziale Rezeption dieses völlig anderen Rechts verlief nicht problemlos. Zwischen 1935 und 1981 wurden acht «Amnestiegesetze» zur Legalisierung von Kindern aus «Imam-Ehen» erlassen, d.h. aus der Ehe eines Mannes mit einer Frau, die er ohne standesamtliche Registrierung, nur mit dem «Segen» eines Imams, heiratet – meist neben der ihm offiziell erlaubten Ehefrau. Ein Urteil des türkischen Verfassungsgerichts vom 11.9. 1987 führte zur Aufhebung eines Paragraphen, der Kinder aus Imam-Ehen gegenüber denen aus staatlich registrierten Ehen erbrechtlich benachteiligte, und machte so weitere Amnestiegesetze unnötig.[122] Seit 1998 wurden, im Hinblick auf die Bewerbung der Türkei um die EU-Mitgliedschaft, sicher auch auf Grund der stärkeren Beteiligung von Frauen in der türkischen Justiz, weitere Reformgesetze erlassen, etwa zur erbrechtlichen Gleichstellung von ehelichen und «unehelichen» Kindern, d.h. Kindern aus Imam-Ehen. Diese Eheform besteht also, vorwiegend auf dem Land, weiter, doch geht sie zahlenmäßig zurück. Weitere Rechtsreformen zugunsten von Frauen betreffen ihre finanzielle Besserstellung nach einer Scheidung, gleiche Erbanteile für Männer und Frauen und die (in der *sharīʿa* vorgesehene) eheliche Gütertrennung sowie die Zugewinngemeinschaft. Gegen die Wiedereinführung der harten Strafe für nichteheliche sexuelle Beziehungen (nach dem Vorbild der *sharīʿa*) protestierten Frauen erfolgreich mit der Begründung, sie würden davon angesichts der vorherrschenden männlichen Dominanz mehr betroffen als Männer, die sich freier bewegen könnten.

Tunesien und der Südjemen (bis zum Umsturz 1990) begrenzten das nach Sure 4: 4 vom Bräutigam der Braut zu überreichende Brautgeld *(mahr)*, dessen Höhe im Ehevertrag fixiert wird, gesetzlich auf einen (symbolischen) Dinar. Man wollte unterbinden, daß Eltern einen hohen *mahr* verlangen, um die Ehe ihrer Tochter mit einem ihnen unliebsamen Partner zu verhindern. In Tunesien wurde nach der gesetzlichen Begrenzung des *mahr* an dessen Stelle das vom Bräutigam traditionsgemäß der Braut zu übergebende Geschenk Verhandlungspunkt vor Heiraten.

In den meisten Ländern wurde schon aus demographischen Gründen, spätestens seit der Erringung der nationalen Unabhängigkeit nach dem Zweiten Weltkrieg, ein Mindestalter für die Eheschließung, meist von 18 Jahren für einen Mann und 16 Jahren für ein Mädchen, festgesetzt. Länder mit hohem Geburtenzuwachs bei wirtschaftlicher Unterentwicklung wie Tunesien (1959) und Iran (1974) haben die Grenze auf 20 Jahre angehoben, Algerien (1984) auf 21 Jahre für den Mann und 17 bzw. 18 für das Mädchen. Die nach langen Kämpfen 2004 erlassene und als progressiv gefeierte marokkanische *Mudawwana* setzt die Mindestalter-Grenze für Mann und Frau auf 19 Jahre an und legt fest, daß die Partner in der Ehe gleichberechtigt sind, die Frau also nicht mehr, wie bisher in fast allen vorderorientalischen Personalstatuten und der *sharīʿa*, dem Mann Gehorsam schuldet.[123] Das letztere betont auch die Türkei in ihren Reformbestimmungen seit 1999. Frauen haben im Fall der Nichteinhaltung das Recht, die Scheidung zu verlangen. Aber Traditionen werden wohl noch weiterwirken.

Der *jabr*, das Recht des Vaters oder Vormunds, eine Minderjährige zur Ehe zu zwingen, also die seit kurzem auch in Deutschland bekämpfte «Zwangsehe», wurde in den meisten Ländern des Vorderen Orients seit den 1960/70er Jahren gesetzlich verboten. Städtische, mehr noch ländliche Armuts- und Unterschichtfamilien in Deutschland halten an ihr fest, um die Töchter versorgt zu sehen[124] und sie in ererbte Traditionen zu zwingen.

Bis heute ist Tunesien das einzige arabische Land, das die Polygynie verboten hat: 1956, im Jahr der Unabhängigkeit. Daß eine Zusatzbestimmung 1959 demjenigen eine strenge Strafe androht, der eine solche Mehrehe zu schließen versucht, beweist, daß das weiterhin geschah.

In anderen Ländern, auch gemäß der marokkanischen *Mudawwana* von 2004, muß der Mann seine Ehefrau informieren und ihre Zustimmung erbitten, wenn er eine zweite Frau dazuheiraten will, sowie vor Gericht nachweisen, daß er einen zweiten Hausstand finanziell unterhalten kann. Schreibt doch die *sharīʿa* dem Mann vor, jeder Ehefrau einen eigenen Haushalt einzurichten – früher meist gesonderte Räume oder Stockwerke in einem Haus, heute eher getrennte Wohnungen. Daß Frauen oft als die sozial und körperlich Schwächeren einer Zweitehe ihres Mannes zuzustimmen gezwungen sind (besonders, wenn sie kinderlos bleiben), wird auch aus den sozialkritischen modernen Literaturen des Vorderen Orients deutlich.

Die *sharīʿa* kennt weder Güter- noch Zugewinngemeinschaft in der Ehe. Die Frau hat das Recht auf eigenen Besitz und ist theoretisch nicht verpflichtet, zum Familienunterhalt *(nafaqa)* beizutragen. Für diesen hat der Ehemann aufzukommen, solange die Frau die ihr vorgeschriebenen Pflichten erfüllt, zu denen besonders der Gehorsam gegenüber dem Mann gehört. Da bei fast allen Rechtsschulen der Grundsatz der sozialen Ebenbürtigkeit *(kafāʾa)* gilt, muß der Mann (theoretisch) der Frau eine Bedienung stellen, wenn sie diese gewohnt ist. Das Personalstatut weniger Länder, etwa Tunesiens, des Südjemen bis 1990, Algeriens von 1984 sieht, wenn notwendig und möglich, auch einen Beitrag der Frau zum Familienunterhalt vor. Das wurde mit ihrer hier zum ersten Mal postulierten finanziellen (und damit generellen) Mitverantwortung begründet.

Auch die Familienschutzgesetze des Schahs von 1967 und 1975 verboten, trotz heftigsten Protests der iranischen Frauenorganisation, nicht die *(mutʿa)*, die «Ehe auf Zeit» oder «Genußehe», die theoretisch nur im Recht der Zwölferschia anerkannt ist. Beide Gesetze forderten aber die Zustimmung eines Gerichts zu dieser Ehe und ihre offizielle Registrierung. Tatsächlich soll die Zahl der *mutʿa*-Ehen nach dem Erlaß des Familienschutzgesetzes von 1967 mit seinem größeren Zwang zur Einehe gestiegen sein.[125] Gestattet sie doch eine sexuelle oder jedenfalls freiere Beziehung zwischen Mann und Frau für eine vertraglich festgelegte Zeit von 24 Stunden bis zu 99 Jahren, ohne daß der Mann ein Brautgeld zu zahlen und Versorgungspflichten zu übernehmen hat. Das letztere kann aber, ebenso wie die Anzahl der sexuellen Begegnungen, nach iranischem Recht vertraglich fixiert werden, wie die Frau auch Anspruch auf ein Entgelt hat. Ein zwölferschiitischer Mann kann neben seiner oder seinen Ehefrauen so viele Zeitehen eingehen, wie er will, auch mit Andersgläubigen.[126] Ideologen der iranischen Revolution idealisierten sie besonders seit dem Golfkrieg als Weg zur Lösung sexueller Probleme der jungen Generation, auch zur emotionalen und sexuellen «Versorgung» alleinstehender Frauen und als tolerante Regelung im ansonsten strengen islamischen Eherecht. Die aus einer bekannten schiitischen Familie stammende Anthropologin Shahla Haeri (Ḥāʾirī) veröffentlichte 1989 das Ergebnis ihrer Feldforschungen in Iran zur *mutʿa*: Deren Legitimität nach der Gründung der Islamischen Republik ermöglichte Gefängnisaufsehern während der rigiden Abrechnung mit oppositionellen Kräften, junge Mädchen aus Oppositionellenfamilien vor ihrer Hinrichtung zu einer *mutʿa* zu zwingen. Als Jungfrauen wären sie gemäß islamischer Vorstellung nach dem Tod ins Paradies eingegangen. Dies sollte verhindert werden, da sich ihre Familien der Islamischen Republik entgegengestellt hatten.[127] S. Haeri legt aber mit Fallstudien ebenfalls dar, daß die Zeitehe ein Weg sein kann, die Ehe- und Sexualmoral des Islams mit der strengen Bestrafung nichtehelicher sexueller Beziehungen durch die Legalisierung kürzerer Verbindungen zu umgehen. Für Frauen sei die *mutʿa* jedoch meist eher nachteilig, da sie oft ihre Rechte nicht kennen bzw. sich gegen männliche Zwänge nicht wehren können. Generell sähen geschiedene Frauen die *mutʿa* gern als Weg aus dem sozialen Stigma, auch wenn sie sich in dieser Situation einer «normalen» Ehefrau sozial unterlegen fühlten. Das 1990 erlassene Reformgesetz zur *mutʿa* wurde von Präsident Rafsandjani auch angesichts der Bekräftigung der koranischen Strafe für nichteheliche sexuelle Beziehungen begrüßt, da es der Sexualität von Mann und Frau Rechnung trage. In den Medien war es heftig umstritten und wurde als Legalisierung der Prostitution bezeichnet, denn es verfügte zunächst den Verzicht auf einen Vertrag, den Imam und auf Zeugen, die bis dahin eine solche Ehe legalisierten. Es genügte nun, wenn Mann und Frau voreinander die notwendige Formel zitierten, sogar in Persisch, falls sie Arabisch nicht beherrschten. Frauen wurden ermutigt, eine *mutʿa* zu initiieren, da Frauen hier, wenn sie nicht minderjährig sind, sich selbst vertreten, also keinen Vormund brauchen. Da Jungfrauen alle Chancen auf eine «normale» Ehe verlieren würden, wenn sie das täten, wurde ihnen von der Regierung vorgeschlagen, vertraglich eine Beziehung mit Wahrung der Jungfräulichkeit festzulegen – also vielleicht etwas, was wir als kürzere voreheliche Freundschaft bezeichnen würden in einem Land, in dem es immer noch tabuisiert ist, daß ein Paar Hand in Hand plaudernd spazierengeht.

Der ägyptische (sunnitische) Schriftsteller ʿAbbās Maḥmūd al-ʿAqqād (1889 bis 1964) sah 1947 in der *mutʿa* ein legitimes Mittel für arabische Studenten in Europa und den USA, ihre Sexualität auszuleben.[128] Seit mehreren Jahren ist in Ägypten, besonders bei Studenten, da eine Heirat teuer ist und freiere Geschlechterbeziehungen tabuisiert sind, die «Ehe nach dem Gewohnheitsrecht» *(zawāj ʿurfī)* recht beliebt, eine nur von einem Religionsvertreter in Gegenwart zweier Zeugen vertraglich bestätigte «Ehe» ohne materielle Verpflichtungen für den Mann. Der konnte bis vor kurzem diese Beziehung jederzeit durch Zerreißen des Vertrags beenden und eine neue Ehe eingehen. Wollte die Frau wieder heiraten, wurde sie der Polyandrie bezichtigt. Seit 2002 hat auch die Frau das Recht, sich aus einer solchen Ehe zu lösen, und kann erneut heiraten.[129] Manche Länder, z. B. der Libanon mit seinem relativ hohen Anteil an Schiiten und Libyen, verbieten die *mutʿa* in ihrem Personalstatut.

Gegen den «Ehrenmord» gehen Vertreter und Vertreterinnen der modernen Literaturen des Vorderen Orients seit den 30er Jahren des 20. Jahrhunderts in Erzählungen, Romanen und Gedichten an. Er ist nicht mit dem Islam begründbar, sondern beruht auf jahrhundertealten Keuschheitsbegriffen, denen Frauen zu folgen haben und für deren Wahrung ihre männlichen Angehörigen verantwortlich gemacht werden. Bis heute versucht die Umgebung, die männlichen «Hüter der Familienehre» zu decken. Juristen und Frauenrechtlerinnen, etwa in Iran und Libanon, kritisieren staatliche Gesetze scharf, die für solche Morde geringe Strafen vorsehen, also dem Gewohnheits«recht» Vorschub leisten. Schließlich sind die Gerichte weiterhin stark männlich dominiert, und die Richter stammen aus Elitefamilien, in denen es solche Verhältnisse nicht gibt.[130] Die Türkei droht in ihrem am 1. 6. 2005 ratifizierten Strafgesetzbuch Ehrenmördern «lebenslängliche Haft unter erschwerten Bedingungen» an und erklärt zudem Vergewaltigung in der Ehe zum Strafbestand.[131] Die Situation der Diaspora kann konservative muslimische (Unterschicht-) Familien in Europa in kulturellen Identitätskomplexen bestärken. Gleiches gilt für andere Formen identitätsbedrohter Existentialität, etwa bei den Palästinensern in Israel oder in Lagern seit Beginn der 1980er Jahre.[132]

Weder für die besonders in Ägypten und dem Sudan trotz Verboten vor allem bei den unteren Schichten der Bevölkerung weiterhin übliche Mädchenbeschneidung noch für den auch in anderen Mittelmeerländern verbreiteten Jungfräulichkeitskult läßt sich eine Satzung oder Empfehlung im Koran oder der frühen Ḥadīth-Literatur finden.

Ägypten untersagte die Mädchenbeschneidung (durch Ärzte) 1959 mit Ministerialbeschluß, der 1979 zum Gesetz erhoben wurde. Dieses wurde 1997 nach heftigen kontroversen Debatten noch einmal bestätigt.[133] Trotzdem kommt sie als Klitorisbeschneidung bis heute vor. Auch im Sudan, wo in einigen Regionen die «pharaonische Beschneidung», d. h. die Entfernung des gesamten äußeren weiblichen Sexualorgans, Brauch ist, sind es konservativ-islamische Kräfte und Angehörige der Unterschichten, die sie befürworten und mit späten Ḥadīthen als einer guten Ehe und dem Aussehen der Frau förderlich begründen. Ägyptische und sudanesische Christinnen und Jüdinnen dieser Schichten werden ebenfalls beschnitten. Junge Mädchen erhoffen sich, unterstützt von ihren Familien, dadurch bessere Heiratschancen, da die Beschneidung das (moralische) Ansehen der Frau stärke, ihrer Fruchtbarkeit und Mütterlichkeit aber nicht schade. Hier handelt es sich also nicht um religiös, sondern um regional verwurzelte Traditionen, für die später religiöse Begründungen ge- oder besser: erfunden wurden.

Indiz für die Wertschätzung der Jungfräulichkeit durch Muḥammad ist die koranische Vorstellung, daß den männlichen Muslim im Paradies gute, schöne, schwarzäugige junge Frauen *(ḥūrīs)* erwarten, «in Zelten zurückgezogen, die weder Mensch noch *jinn* vor ihnen (d.h. den Gläubigen) defloriert haben» (Sure 55: 72 ff.). Der männliche Wunschtraum von einer ständig neu erwachsenden Virginität der *ḥūrīs* entstammt erst späterer Zeit. Islamische Mystiker und modernere Interpreten deuten die *ḥūrīs* esoterisch als Glücksverheißung für beide Geschlechter im Jenseits.[134]

Bis heute registriert aber der Ehevertrag im allgemeinen die Jungfräulichkeit der Braut. Ist sie *thayyib* (defloriert), setzt das voraus, daß sie Witwe ist oder geschieden. Stellt der Mann in der Hochzeitsnacht fest, daß seine (ihm vermittelte) Braut nicht mehr Jungfrau ist, obwohl der Ehevertrag das ausweist, hat er das Recht, sie zu verstoßen, und dies bedeutet Schande für sie und ihre Familie. Bald nach der iranischen Revolution wurden alle unverheirateten Staatsbeamtinnen zwangsweise auf ihre Virginität untersucht. Bei Verlust erfolgte die Entlassung. Schon die volkstümliche arabische Literatur zur «Prophetenmedizin» bietet Rezepte zur Restaurierung des Jungfernhäutchens. Geschichten aus «Tausendundeiner Nacht» kennen Täuschungstricks, und großstädtische Arztpraxen offerieren seit den 1930er Jahren chirurgische Hilfe.

Modernere Rechtsreformen schränkten das laut *sharīʿa* nahezu unbegrenzte Recht des Ehemanns, seine Frau ohne Angabe von stichhaltigen Gründen und Hinzuziehung eines Richters zu verstoßen, den in Koranversen häufiger erwähnten *ṭalāq*, ein. Der Koran rät zunächst zur Schlichtung, und schon die frühe Ḥadīth-Literatur definiert den *ṭalāq* als das Gott am meisten Verhaßte. Daß der Mann nach einer Verstoßung seiner Frau den (meist noch hohen, einklagbaren) Rest des Brautgeldes zu zahlen hat, sollte ihn vor übereilten Schritten bewahren. Frauen konnten durch ihren *walī*, ihren familiären Vormund, im Ehevertrag – der jeder Ehe zugrunde liegen muß – Bedingungen definieren lassen, die ihnen die Scheidung ermöglichten. Dazu konnte gehören, daß der Mann sie schlug oder eine zweite Frau dazuheiratete (obwohl der Koran beides gestattet). Außerdem gab es Faktoren wie Geisteskrankheit, längere Abwesenheit, (nachweisbare!) Impotenz des Mannes oder seine Unfähigkeit, den Unterhalt aufzubringen. Eine «Maqāme» des berühmten arabischen Dichters al-Ḥarīrī (gest. 1111) zeigt, wie eine Frau vor Gericht ihren gealterten Mann wegen seiner Impotenz verklagt, um geschieden zu werden. Dies ist eine auch in arabischen Miniaturen seit dem 13. Jahrhundert gern dargestellte Szene.[135] Solches schien nach der Begegnung mit den Rechtssystemen der Kolonialmächte vergessen. Das mag ein Grund dafür sein, daß manche muslimische Feministinnen meinen, die modernen Rechtsreformen stellten Frauen schlechter als die *sharīʿa*.[136]

Ob eine Frau ihr zustehende Scheidungsrechte wahrnimmt, hängt von ihrer sozialen Situation und von ihrem Selbstbewußtsein ab. Musliminnen im Vorderen Orient sagen oft, das Familienleben sei für sie so wichtig, daß sie eine unglückliche Ehe einer Scheidung vorzögen. Allerdings sehen auch die reformierten Familiengesetze bisher kaum Versorgungspflichten des Mannes für die Geschiedene vor. Da sie meist keinen Beruf ausüben kann, muß sie mit ihren Kindern zu ihrem Vater oder einem ihrer Brüder ziehen und von diesen versorgt werden. Die Novelle zum ägyptischen Personalstatut von 1985 legt fest, daß der Mann bei einer Scheidung nach mehrjähriger Ehe seiner Frau die Wohnung (wichtig angesichts der generellen Wohnungsknappheit) zu überlassen und bis zu einem gewissen Grad für ihren und den Unterhalt der Kinder zu sorgen hat.[137]

Heute werden Reformen, die Scheidungsmöglichkeiten der *sharīʿa* für Frauen restaurieren, von den jeweiligen Regierungen gern als progressiv charakterisiert. So können Iranerinnen seit den 1990er Jahren in ihren Heiratsvertrag einen Hinweis auf das «Heiratsgesetz» aufnehmen lassen, um zu verhindern, daß ihr Mann eine zweite Frau dazuheiratet. Neu ist, daß auch der Mann eine Scheidungsklage gerichtskundig zu machen und zu begründen hat. Bei «ungerechtem» Scheidungsverlangen ist er zu einer angemessenen Versorgung seiner Frau gemäß der Zahl der Ehejahre verpflichtet. Der eventuell im Ehevertrag fixierte, bei der Scheidung fällige «aufgeschobene *mahr*» wird der Inflation entsprechend angehoben.

Anwar as-Sadat erließ 1979 ein Gesetz, das einer Frau gestattete, ihren Mann zu verlassen, wenn er eine zweite Frau dazuheiratete. Es wurde später aus verfahrensrechtlichen Gründen für ungültig erklärt. Präsident Husni Mubarak versuchte nicht, es zu restituieren, annullierte jedoch ein aus der Osmanenzeit stammendes Gesetz, das eine Frau kriminalisierte, die ihren Mann verließ. Die Novelle zum ägyptischen Personalstatut von 2000 wurde als schockierend für Konservative in allen islamischen Ländern bezeichnet, weil sie das aus vorislamischer Zeit in die *sharīʿa* übernommene Recht der Frau, sich durch die Rückgabe des Brautgeldes aus einer Ehe freizukaufen, den *khulʿ*, dahingehend ändert, daß die Frau das auch ohne die Zustimmung ihres Mannes, die ansonsten erforderlich war und ist, tun kann. Damit schließt sie allerdings auch die Versorgung nach der Trennung aus. Es ist also ein Recht für Wohlhabende, auch wenn ein anderer Mann sich bereit erklärt, die Loskaufsumme zu zahlen.[138] Nach dieser Novelle wird einem Mann, der seiner geschiedenen Frau den Unterhalt verweigert, diese Summe vom Einkommen abgezogen. Ist er ohne Einkommen oder «unbekannt verzogen», kann die Frau den Lebensunterhalt für sich und die Kinder von einer staatlichen Bank erhalten.

Generell hat bis heute meist die Mutter das Sorgerecht, bei Söhnen bis zum Alter von sieben, in Algerien seit 1984 von zehn Jahren, bei Töchtern bis zur Volljährigkeit, sofern sie keine neue Ehe eingeht und ihr nicht «Unmoral» nachgewiesen wird.

8. Beispiele: Das algerische Familiengesetz vom 9. Juni 1984 und die marokkanische *Mudawwana* vom Januar 2004

Das algerische Familiengesetz vom 9. Juni 1984, im folgenden CFA,[139] eine Revision des CFA vom September 1981, forderte als Beispiel dafür, wie unbefriedigend für Frauen die Symbiose aus zu vorsichtigen Reformen und Wahrung der *sharīʿa* ausfallen kann, den Kampf um weitere Reformen heraus.

Der Richter kann nach § 7 «aus Gründen eines Interesses oder der Notwendigkeit» das legale Heiratsalter «aussetzen», also eine Minderjährige für heiratsfähig erklären, wobei die Gründe nicht definiert werden.

Nach § 8 hat der Mann das Recht zur Ehe mit mehr als einer Frau in den Grenzen der *sharīʿa,* wenn ein berechtigter Grund vorliegt, die Bedingungen und die Absicht der Gerechtigkeit garantiert sind und er zuvor die bisherige und die künftige Gattin informiert. Eine Zusatzbestimmung vom 23. 12. 1984 definierte (ärztlich attestierte) Krankheit oder Sterilität der Frau als «berechtigte Gründe». Der Standesbeamte muß zudem das schriftliche Einverständnis beider Frauen einfordern. Für die Eheschließung sind die Zustimmung beider Partner, die Anwesenheit des «Vormunds der Braut» *(walī),* meist der Vater, und zweier Zeugen sowie die Brautgabe erforderlich. Über diese, deren Höhe nicht definiert wird, hat die Frau (nach Sure 4: 4) frei zu verfügen. Nach hanafitischem Recht – in Nordafrika war das malikitische Recht verbindlich – hat eine schon einmal verheiratete Frau das Recht, selbständig, ohne Vormund, eine Ehe einzugehen. Hier ist aber der Vormund unabdingbar. Für die Zustimmung der Braut wird nicht, wie in Marokko seit 1993, eine notariell beglaubigte schriftliche Erklärung verlangt, doch sehen die Kommentare die Anwesenheit der Braut und ihre persönliche Zustimmung neben der ihres Vormunds vor.

Nach § 12 ist der Vater berechtigt, die Heirat seiner jungfräulichen Tochter (unabhängig von ihrem Alter) «zu ihrem Wohl» zu verhindern, ohne Gründe angeben zu müssen. Sie kann aber seine Einwände vor Gericht zu widerlegen suchen, und der Richter ist befugt, sie gegen den Willen ihres Vormunds zu verheiraten.

In § 36 formuliert der CFA gemeinsame Aufgaben für Mann und Frau in der Ehe als Ideal – ein Novum, das von konservativen Kommentatoren kritisiert wurde. Nach § 37 ist der Ehemann vom Vollzug der Ehe an zum Unterhalt seiner Frau und der späteren Kinder im Rahmen seiner Möglichkeiten verpflichtet (Nahrung, Kleidung, medizinische Versorgung, Wohnung und alles, was nach Sitte und Brauch als notwendig gilt), unabhängig von ihrem Besitz und Einkommen. Falls er das nicht kann, obliegt es der Ehefrau, wenn ihr das möglich ist. Sie hat dafür ihre ehelichen Pflichten zu erfüllen: Gehorsam und Respekt gegenüber dem Mann als Familienoberhaupt, die Erziehung seiner Nachkommen, die sie, wenn möglich, stillen muß, falls sie nicht in einer sozialen Position ist, in der Frauen nicht selbst stillen. Ist er mit mehreren Frauen verheiratet, muß er diese gleich und gerecht behandeln, ein Bezug auf Sure 4: 3. Die Frau ist nach § 38 berechtigt, «gemäß den Sitten und Gebräuchen ihre Eltern (auch an einem anderen Ort) zu besuchen und zu empfangen», wobei der Mann die Zahl und Länge der Besuche festlegen kann und das Recht auf Anwesenheit hat. Über ihr Vermögen darf sie frei verfügen. Der in § 39 verlangte Gehorsam relativiert § 38. Sie hat einmal im Monat ein Recht auf sexuellen Verkehr, darf sich aber dem Mann nur unter bestimmten Voraussetzungen verweigern. Der Mann kann von ihr verlangen, daß sie den Haushalt führt, die Kinder versorgt sowie seine Eltern und Verwandten respektiert. Das kann bedeuten, daß sie sich seinen Eltern, seiner Mutter, zu fügen hat, wenn diese mit dem Paar zusammenleben bzw. wenn die Frau bei der Familie ihres Mannes lebt (die traditionelle patrilokale Ehe).

Das in Sure 4: 34 formulierte Züchtigungsrecht des Mannes (im äußersten Fall) bei «Auflehnung» der Frau wird im CFA nicht erwähnt. Es wird zwar von allen Kommentaren bestätigt, aber mit der Aufforderung zu der im Koran genannten Reihenfolge (Ermahnen, Meiden im Ehebett, Schlagen) und zum Vermeiden von (körperlicher) Gewalt. Diese berechtigt die Frau dazu, die Scheidung zu verlangen.

Nach § 48 kann eine Scheidung auf Wunsch des Mannes, in beiderseitigem Einverständnis (s. unten § 54) oder auf Forderung der Frau erfolgen. Diese hat allerdings gesetzlich akzeptierte Gründe anzugeben, während der Mann keinen Grund nennen muß. Nach § 51 ist ihm die von der *sharīʿa* moralisch mißbilligte, aber doch erlaubte Verstoßung, bei der er die entsprechende Formel dreimal hintereinander ausspricht, gestattet. Neu ist, daß jede Scheidung nach einem maximal dreimonatigen Versöhnungsversuch des Gerichts gerichtlich bestätigt werden muß. Der Mann kann seine Frau nur erneut heiraten, wenn sie zwischenzeitlich mit einem anderen Mann (*muḥallil*, «Löser») verheiratet war, der sie verstoßen muß (nach Sure 2: 230). Nach § 52 kann der Richter der Frau den Anspruch auf angemessenen (aber nicht definierten) Schadensersatz zuerkennen, wenn «Willkür, Härte» *(taʿassuf)* des Mannes nachweisbar ist. Im Jahre 2000 wurde festgelegt, daß der Mann seiner Frau, wenn sie mehrere Kinder aufzuziehen hat, nach der Scheidung die eheliche Wohnung überlassen, ansonsten für eine geeignete Unterbringung für sie sorgen muß. Sie verliert nach § 52 dieses Recht bei einer Wiederheirat oder beim Nachweis «des Vergehens ständiger Unmoral» (das kann die nichteheliche Beziehung zu einem anderen Mann sein). Eine Frau muß für ein Scheidungsverlangen nach § 53 einen der folgenden Gründe geltend machen können: 1. daß der Mann seiner Unterhaltspflicht nicht nachkommt, es sei denn, sie wußte bei der Heirat von seiner Armut; 2. bei physischen und psychischen Mängeln des Mannes, die sie vor der Heirat nicht kannte, besonders bei Impotenz; 3. wenn ihr Mann ihr länger als 4 Monate den sexuellen Verkehr verweigert; 4. wenn er zu einer Freiheitsstrafe von über einem Jahr verurteilt wird, die «die Familienehre verletzt» und ein weiteres Zusammenleben unmöglich macht; 5. wenn er über ein Jahr ohne stichhaltigen Grund und ohne Unterhaltszahlung abwesend ist; 6. bei jedem gesetzlich anerkannten Schaden, besonders bei Verletzung der Paragraphen 8 und 37 durch den Mann hinsichtlich der Informationspflicht über eine zweite Eheschließung und die Unterhaltspflicht; 7. bei jedem als schwer anerkannten Moralverstoß des Mannes. «Scheidung in beiderseitigem Einvernehmen» meint nach § 54 den bereits in vorislamischer Zeit bekannten «Freikauf» der Frau vom Mann *(khulʿ)* mit seinem Einverständnis durch einen Betrag, der die Brautgabe nicht überschreiten, auch niedriger sein darf. Die durch den Koran (zur Versorgung der Frau bei eventueller Schwangerschaft) eingeführte Wartezeit der Frau von drei Monaten *(ʿidda)* nach einer Scheidung oder dem Tod ihres Mannes bis zu einer Wiederheirat wird beibehalten. In dieser Zeit hat die Frau Unterhaltsanspruch. Die Höhe wird jedoch nicht definiert. Die Erziehung *(ḥaḍāna)* der Kinder in der Religion des Vaters obliegt der Mutter, bei Söhnen bis zum Alter von zehn Jahren, bei Töchtern bis zur Heiratsfähigkeit. Die Vormundschaft über die Kinder hat aber der Vater. Der CFA widerspricht dem Grundsatz der algerischen Verfassung, der die Gleichberechtigung aller Bürger, also auch von Mann und Frau, vor dem Gesetz festlegt. Das trifft aber, schon im Hinblick auf die Möglichkeit zur Polygynie, für fast alle Staaten des Vorderen Orients zu. Präsident Bouteflika beauftragte im Frühjahr 2003 eine Kommission mit der Revision dieses Gesetzes (diese sollte Ende 2003 zur Abstimmung vorliegen), die zwar an der Polygynie weiter festhalten, aber die Gehorsamspflicht der Frau gegenüber dem Mann, seinen Status als alleiniges Familienoberhaupt und den Vormund für erwachsene Frauen abschaffen sowie das Heiratsalter einheitlich auf 18 Jahre festsetzen sollte. Das letztere ist erfolgt.

Marokko hat im Januar 2004 eine erheblich reformierte *Mudawwana* (das Personalstatut) publiziert, nachdem die bisherige von den Frauenorganisationen seit Jahren heftig kritisiert wurde. Danach sind Mann und Frau Familienoberhaupt. Die Gehorsamspflicht der Frau gegenüber dem Mann entfällt. Ihr Recht, ohne seine Zustimmung zu reisen und berufstätig zu sein, ist verankert. Ihre Rechte, eine Scheidung zu verlangen, wurden erweitert. Das Recht des Mannes auf eine Mehrehe allerdings bleibt mit gewissen Einschränkungen erhalten.[140]

9. Großfamilie – Kernfamilie. Geschlechtertrennung

Wie das Christentum und Judentum ist auch der Islam eine familienfreundliche Religion. Obwohl die Ehe generell auf einem zivilrechtlichen Vertrag beruht, dessen Details zwischen dem Bräutigam und meist einem männlichen Angehörigen einerseits und dem Vater oder anderen nahen Verwandten der Braut andererseits ausgehandelt werden, ist die Ehe sehr stark religiös konnotiert. Ḥadīthe, die zu Redensarten wurden, bezeichnen sie bis heute als die «halbe Religion». Der Koran gebietet sie (Sure 24: 32) und bezeichnet es als Zeichen Gottes, daß «er euch aus euch selber Gattinnen geschaffen hat, damit ihr bei ihnen wohnt (oder Ruhe findet)». Er spricht von der von Gott zwischen den Ehegatten gesetzten Liebe und Barmherzigkeit (Sure 30: 21). Sure 25: 74f. verheißt denen, die Gott darum bitten, er solle ihnen ihre Gattinnen und Kinder zum Augentrost machen, das Paradies. Ḥadīthe verpflichten zum Respekt vor den Eltern *(birr al-wālidain)*, preisen die Mutter und versprechen Vätern, die ihre Töchter lieben, sie gut erziehen, ausbilden und verheiraten, das Paradies.[141] Allerdings gibt es auch relativ viele frauenfeindliche Ḥadīthe.

Jahrhundertelang lebten Familien, besonders in sunnitischen Regionen,[142] in größeren Verbänden zusammen, die der Vater nach außen vertrat und innerhalb derer er den Ton angab. Die Mutter, besonders die von Söhnen, wurde in allen sozialen Schichten respektiert, verehrt und konnte innerhalb des Hauses gegenüber der jüngeren Generation eine Machtposition haben. Der Stolz auf Söhne spielt bis heute, besonders bei einfachen Frauen, eine große Rolle. Söhnen, vor allem dem ältesten Sohn, kommt die Verantwortung für die jüngeren Geschwister, die Verheiratung der Schwestern, die Sorge für die Mutter im Alter und für unverheiratete Schwestern zu, wenn der Vater vor der Mutter stirbt. Da Männer oft erheblich älter sind als ihre Frauen, ist das nicht selten. In der älteren arabischen Literatur gibt es Schmähverse von Männern auf Frauen, die nur Töchter gebären, und stolze Antwortverse von Müttern, die die Schuld dafür dem Vater geben, sowie Lobverse von Müttern wie auch Vätern auf ihre Töchter.[143]

Die Begegnung mit Europa, mit anderen Lebensformen und der folgende starke ökonomische Wandel führten zu Veränderungen im familiären und im sozialen Leben generell, vorwiegend in den urbanen Mittel- und Oberschichten. Bäuerliche und auch beduinische Sozialstrukturen blieben länger erhalten. In den meisten Verfassungen wird die Familie als die Keimzelle oder Basis des Staates definiert und der Mann als deren Oberhaupt. Erst jüngste Reformparagraphen in der Türkei und Marokko bezeichnen Mann *und* Frau als Familienvorstand. Die Umsetzung in die Realität wird Zeit brauchen. Doch beansprucht auch in anderen Kulturen der Mann, besonders in seiner Rolle als Ernährer, die Führung.

In den Groß- und Mittelstädten ist heute meist die Kern- oder Kleinfamilie die übliche Form des Zusammenlebens. Frauen können dann allerdings einem autoritären Ehemann stärker unterworfen sein als in der Großfamilie, in der das «Frauennetzwerk» ihnen eher Schutz bot bzw. bietet. Dieses war in Vierteln des urbanen Proletariats und des Kleinbürgertums für ein internes Informationssystem wichtig und kann es bis heute sein.[144] Die jahrhundertelange Geschlechtertrennung und die sich aus ihnen ergebenden sozialen Netzwerke leben in den unteren und mittleren Schichten vieler Regionen weiter.

Nach Beobachtungen der französischen Anthropologin C. Lacoste-Dujardin in Nordafrika wurden Mütter von Söhnen bis in die 80er Jahre des 20. Jahrhunderts in der Großfamilie zu «Hohepriesterinnen der Männerherrschaft». Sie unterdrückten jüngere Frauen, also ihre Töchter und Schwiegertöchter. Mütter erzogen ihre Töchter in patriarchalischen Traditionen und manipulierten ihre Söhne, auch sexuell.[145] Die Iranerin Z. Mir-Hosseini stellte bei vergleichenden Feldforschungen in Marokko und Iran um 1990 fest, daß in Marokko, trotz des patriarchalischen malikitischen Familienrechts, Unterschichtfamilien stärker matriarchalisch orientiert sind, weil Frauen dieser Schicht, bei häufiger männlicher Arbeitslosigkeit, als Wäscherinnen, Dienstmädchen, Verkäuferinnen u. ä. ein eigenes Einkommen erbringen und der Mann nicht mehr Alleinverdiener und Versorger der Familie ist. Das führt vermehrt zu Scheidungen, zumal das Sorgerecht für die Kinder hier nicht automatisch früh dem Mann zufällt, sondern der Mutter oder Schwester der Geschiedenen.[146] Ein generell patriarchalisches Rechtssystem wie die *sharīʿa* kann also, je nach den wirtschaftlichen Prämissen, divergierende soziale Auswirkungen auf die Familien und die Individuen haben. Daß gebildete junge Frauen heute die Großfamilie mit ihrer sozialen Kontrolle, ihren patriarchalischen wie matriarchalischen Zwängen als einengend empfinden, wird auch aus Werken der modernen Literaturen deutlich. So beschreibt die christliche Palästinenserin Raymonda Tawil (Ṭawīl) in ihrer Autobiographie «Mein Gefängnis hat viele Mauern» (1979) ihre Familie, ihren Vater als bedrückender als die israelische Besatzung. Die Exilirakerin Alija Mamduch (ʿĀliya Mamdūḥ, geb. 1944) zeichnet in ihrem Roman «Mottenkugeln»[147] ein vielschichtiges Bild spannungsreicher Beziehungen zwischen den Generationen, auch den Frauen, einer Bagdader größeren Mittelstandsfamilie.

Ehen wurden und werden meist familiär arrangiert, besonders in ärmeren Stadtvierteln,[148] wobei das Frauennetzwerk wichtig ist. Die Anthropologin Homa Hoodfar beobachtete in einem Kairoer Mittelstandsviertel zwischen 1983 und 1994, daß Eltern von Töchtern, durchaus mit deren Einverständnis und für deren glückliche Zukunft, nach einem sozial wie menschlich für sie geeigneten Ehemann suchen. Liebesehen endeten für Frauen eher unglücklich als auf Vernunft und gegenseitiger Sympathie basierende, sei die Ansicht auch der jungen Frauen (trotz vieler romantischer Liebesfilme im Kino und Fernsehen). Über den Ehevertrag mit Details bis zur zeitlichen Begrenzung der Einnahme der Pille, der Verhüllung oder Nichtverhüllung, ja der wöchentlichen Fleischportionen, die der Ehemann besorgt, würde in diversen langen Runden zwischen dem Bräutigam und meist einem seiner Freunde sowie männlichen Angehörigen der Braut verhandelt. Die Mutter der Braut wirkt im Hintergrund mit. Da für eine Ehe (mit Brautpreis, Mitgift, meist aufwendiger Hochzeitsfeier und einer Wohnung mit Ausstattung) beträchtliche finanzielle Mittel erforderlich sind, dauerte die Wartezeit oft einige Jahre, während derer der Bräutigam vielleicht in einem Ölland besser bezahlte Arbeit sucht. Der geeignete Bewerber sei ohnehin meist 10 bis 15 Jahre älter als die Braut und in gesicherter Position. So steigt das Heiratsalter, aber ein Mädchen über 20 hat schwindende Heiratschancen. Zu einer Ehe mit einem bereits verheirateten (wohlhabenden) Mann fänden sich ärmere Frauen oder auch kinderlos Geschiedene mit Kinderwunsch bereit, dann meist mit Billigung der Umgebung. Ansonsten schätzten Frauen die Position der zweiten Ehefrau nicht sehr.[149]

Mit der Zunahme des Frauenstudiums und der größeren sozialen Mobilität von (studierten) Frauen wachsen die Möglichkeiten zu individuellen Liebes- und Geschlechterbeziehungen, die eine junge Generation heute verlangt, besonders in der städtischen Bildungsgesellschaft, auch dies jedoch regional unterschiedlich. Da aber Familiengründungen teuer sind, könnte die jetzt in Ägypten aufgekommene «Ehe nach dem Gewohnheitsrecht» (s. o. S. 665) Nachahmung in anderen sunnitischen Ländern finden.

Allein lebende Frauen sind bis heute selten, selbst in Megapolen wie Kairo,

Istanbul und Teheran. Meist sind sie Geschiedene oder Witwen mittleren, auch höheren Alters in Prestigeberufen. Jüngere unverheiratete Frauen leben in Metropolen gern in Wohngemeinschaften zusammen, wenn ihre Familien in anderen Städten wohnen.

Bei arabischen Ehepaaren der mittleren bis älteren Generation hat man den Eindruck, daß gebildete, selbstbewußte, berufstätige Ehefrauen in der Kleinfamilie Ansichten und Lebenseinstellungen ihrer Ehemänner und Kinder, Söhne wie Töchter, beeinflussen, ja steuern können. Ebenso können kluge, gebildete Frauen als Kolleginnen oder beruflich unmittelbar Unterstellte erheblichen Einfluß auf männliche Vorgesetzte nehmen.

Bis heute dominieren oft Männer im Straßenbild, selbst in Regionen, auf die europäische Touristen und besonders Touristinnen prägend eingewirkt haben könnten – eine Folge des jahrhundertelangen Ausschlusses von Frauen aus der Öffentlichkeit. Doch gibt es auch hier regionale, lokale und innerstädtische, schichtenspezifische Unterschiede. Das einzige Land des Vorderen Orients, in dem Frauen ohne die Begleitung naher männlicher Verwandter das Haus kaum verlassen und nicht Auto fahren dürfen, ist Saudi-Arabien. Eine Protestdemonstration von 45 autofahrenden, gebildeten Frauen aus Elitefamilien im Stadtzentrum von Riad am 6. 11. 1990 endete mit deren Abführung und Befragung in einer Polizeidienststelle. Da männliche Familienangehörige für sie garantierten, ließ man sie frei, doch verloren die Berufstätigen unter ihnen ihre Stelle. In Libyen, das seinen Reichtum dem Erdöl verdankt und wo Muʿammar al-Qadhdhāfī seit 1972 mit seinem «Grünen Buch» einen islamischen Sozialismus propagiert und realisiert, gehören Frauen im weißen oder bunten Umhang, meist ohne Schleier, in Kleinstädten zum Straßenbild – im Gegensatz zu den Großstädten Tripolis und Benghazi. Hier sieht man Frauen allein am Steuer großer Wagen. Einen Verhüllungszwang gibt es genausowenig wie eine strikte Geschlechtertrennung. Letztere wurde zunächst auch bei der Einführung moderner Verkehrsmittel mit getrennten Abteilen für Männer und Frauen in Straßenbahnen und Bussen realisiert. In Iran wurde sie 1980/81 wieder eingeführt. Andere Länder folgten, um Frauen in überfüllten öffentlichen Verkehrsmitteln vor Belästigungen zu schützen. Angehörige der Oberschicht benutzen ohnehin das eigene Auto. Da berufstätige Frauen häufig in den meist kleineren, hinteren Frauenabteilen ihre Kinder zu Schulen oder Tagesstätten mitzunehmen haben, kann die Segregation jedoch oft nicht realisiert werden. In der Eisenbahn wird sie eigenständig gewählt, in Flugzeugen meist von den Stewardessen so geregelt, daß eine alleinreisende Frau, auch eine Europäerin, nicht neben einen Mann plaziert wird.

Die Vorschrift der *sharīʿa*, daß eine Frau, wenn überhaupt, nur in Begleitung eines Verwandten oder anderer Frauen verreist, gilt in manchen Ländern bis heute, selbst für Frauen in Prestigeberufen. Von einer ägyptischen Ministerin wurde 1988 die Genehmigung ihres Ehemannes für eine dienstliche Ausreise verlangt. Marokko hat dies in der *Mudawwana* von 2004 für ungültig erklärt. Iran ist seit Mitte der 1990er Jahre toleranter. Golfländer wie Bahrain und Jemen entsandten in neuerer Zeit Frauen ohne männliche Begleitung, aber in der von Kommilitoninnen, zum Studium an Universitäten in anderen arabischen Ländern und Europa. Einige nehmen heute Elitepositionen ein.

Bis heute werden Frauen – wie vielerorts auch in Europa – sozial oft nach ihrer Bindung an einen Mann – den Ehemann, Vater oder Bruder – definiert. Allerdings legen junge Frauen in jüngerer Zeit, etwa in Iran, Wert auf eine Berufsausbildung vor der Ehe, und oft ist ihr zusätzliches Einkommen unerläßlich für den familiären Lebensstandard. Jedoch stellen sie eigene Karrierewünsche, wie das anderswo ebenfalls geschieht, oft zugunsten derer ihres Mannes und der Fürsorge für die Kinder zurück, und die Umgebung erwartet das auch von ihnen. Nur selten wurden Versorgungsmöglichkeiten für Kinder geschaffen, und Haushaltshilfen sind inzwischen vielerorts teuer geworden, etwa in Teheran.[150]

Ein 2001 in Beirut publizierter Band mit Artikeln mehrerer Autorinnen zum Thema «Intime Selbstformung in arabischen Familien» vermittelt den Eindruck, daß es hier kaum Unterschiede zwischen arabischen Christen und Muslimen und mitteleuropäischen Verhältnissen im Hinblick auf Spannungs- und/oder Sympathiebeziehungen zwischen weiblichen Familienmitgliedern gibt. Die Autorität von Vätern und Brüdern über Töchter und Schwestern allerdings, also das generationsgebundene familiäre Patriarchat, scheint kaum gebrochen, obwohl es sich hier durchgängig um Frauen aus Oberschichtfamilien handelt.[151]

Für Familienplanung werben Länder, die eine bedrohliche Bevölkerungsexplosion erleben, etwa Ägypten oder Tunesien, seit ca. 40 Jahren. In Ägypten gibt es derzeit neun Organisationen mit dieser Aufgabe. Die Werbung wendet sich an die Frauen und hat vorwiegend bei Frauen der urbanen Ober- und Mittelschichten Erfolg. In einigen Ländern, etwa Libyen, Tunesien, Ägypten und Algerien, ist Schwangerschaftsabbruch bei eugenischer, auch medizinischer Indikation und der Zustimmung des Ehemannes gestattet. Die religiöse Rechtfertigung bieten frühe Ḥadīthe über den Coitus Interruptus *(ʿazl)* als empfohlenes Mittel der Schwangerschaftsverhütung (bei Sklavinnen; die freie Frau als erwünschte Gebärerin konnte ihn ablehnen).[152] In der Türkei gilt seit 1983 die Fristenregelung, wenn der Ehemann, bei Minderjährigen die Eltern, zustimmen.[153] In Iran wurde, gemäß dem Islamischen Recht, wie bei Körperverletzungen für Abtreibung eine Geldstrafe («Blutgeld») auferlegt. Die hatte die Frau je nach Entwicklungsstand des Fötus zu zahlen, beim «beseelten Fötus» betrug sie für Mädchen die Hälfte.[154] Nach dem Ende des Golfkriegs 1988 und dem Tod Khumainīs 1989 begann die neue Regierung, in den Medien Familienplanung zu propagieren. Die iranische Bevölkerung war trotz des Krieges von über 39 Millionen 1980 auf nahezu 60 Millionen im Jahre 1990 gewachsen.[155] Verhütungsmittel für Mann und Frau wurden kostenlos bereitgestellt. Trotzdem gab es viele illegale Abtreibungen. Seit Ende der 1990er Jahre ist Schwangerschaftsabbruch bei medizinischer, seit neuestem auch bei eugenischer Indikation gestattet, und zwar dann, wenn drei Ärzte und ein Untersuchungsrichter bestätigen, daß der Fötus geschädigt ist, und beide Elternteile zustimmen. Auf illegalen Abort steht jetzt eine Haftstrafe von drei bis zehn Jahren, doch kommt er, besonders bei Armutsfamilien, weiterhin vor.

Alle Länder des Vorderen Orients verzeichnen heute geringere Geburtenzuwachsraten als noch vor wenigen Jahren. An der Fertilitätsspitze liegen laut *UNDP Human Development Report 2004* (für das Jahr 2002) Oman, Saudi-Arabien, Libyen und die Vereinigten Arabischen Emirate. Kinderreichtum ist weiterhin bei Unterschichtfamilien geschätzt.

Schiitische Theologen wie Sharīʿatī, Ṭabāṭabāʾī und Muṭahharī als Wegbereiter der iranischen Revolution stellten Muḥammads Tochter Fāṭima in ihrer asketischen, arbeitsamen und familienorientierten Lebenshaltung iranischen Frauen als Vorbild dar. Muḥammads Enkelin Zainab wurde im Golfkrieg 1980–1988 als religiöse Kämpferin zur zweiten historischen Vorbildfigur. Der (vermutete) Geburtstag Fāṭimas nach dem Mondjahr (am 22. Jumādā II), schon zur Fatimidenzeit Volksfest, wurde in Iran seit 1977 und auch in anderen islamischen Ländern, etwa für fromme türkische Musliminnen, zum «intermuslimischen» Frauentag.[156] Beide wurden zu Identifikationsmodellen sowohl gegen eine oberflächliche Verwestlichung (d.h. ein konsumorientiertes Leben) als auch gegen ein pseudomuslimisches Frauenbild der materiellen und sozialen Versklavung zunächst durch den Vater, dann durch den Ehemann. Fāṭima ist liebende, aufopferungsvolle Tochter, Ehefrau und Mutter, aber auch Symbol für Freiheit, Gleichberechtigung von Mann und Frau und moralische Integrität. Sie ist wichtiges Glied einer Kette, die von Abraham über Noah, Moses, Jesus, Muḥammad zu Ḥusain als religiösen Führergestalten und Kämpfern für soziale Gerechtigkeit führt.[157]

10. Künstlerinnen, Schriftstellerinnen, Theologinnen

Künstlerisch begabte Frauen konnten im mittelalterlichen Islam als Sängerinnen, Musikerinnen, Kalligraphinnen, auch Dichterinnen erheblichen Einfluß ausüben.[158] Poetisch und schriftstellerisch begabte Frauen spielten in der Emanzipationsbewegung seit etwa 1890 zunehmend eine Rolle (s.o. S. 639ff.).

Noch 1920 wurde die Türkin Afife Hanum verhaftet, weil sie es wagte, als Bühnenschauspielerin aufzutreten. Das war damals in islamischen Ländern nur Christinnen und Jüdinnen erlaubt, in der Türkei also meist Armenierinnen. Erst nach dem Befreiungskrieg wurde sie zur ersten gefeierten türkischen Schauspielerin.[159] Die erste ägyptische Schauspielerin war die Koptin Mary Ibrāhīm. 1869 war das erste Opernhaus in einem arabischen Land, in Kairo, eröffnet worden. Anfangs traten dort nur europäische Künstler auf.

Das 1925 gegründete staatliche ägyptische Konservatorium war Frauen zunächst verschlossen, obwohl es inzwischen zum guten Ton gehörte, daß Töchter aus Oberschichtfamilien von europäischen Erzieherinnen das Klavierspiel erlernten. Orientalische Musik erlebte ihre Wiederentdeckung und -belebung zuerst durch Männer. Die berühmte ägyptische Sängerin Umm Kulthūm (gest. 1975) war die Tochter eines Dorf-Imams und Koranrezitators aus dem Delta, der auch auf Hochzeiten sang und ihre Begabung förderte, indem er sie religiöse Lieder lehrte. Sie sang anfangs als Junge verkleidet bei Hochzeiten in der Provinz. Nachdem ihre Familie um 1923 nach Kairo gegangen war, wurde sie dort auch zu Veranstaltungen der ägyptischen Frauenunion geladen und trat im 1932 gegründeten «Haus der Frau» auf. Sie feierte ihre größten Erfolge während des Zweiten Weltkriegs und nach der nationalen Unabhängigkeit in den 1950er Jahren. Ihr Repertoire umfaßte religiöse, nationale und Liebeslieder. Der ägyptische Rundfunk würdigte ihren Tod – wie bis dahin nur den von Staatsoberhäuptern – mit Koranrezitationen. Sängerinnen wie ʿAsmaḥān (eigentlich Amal al-Aṭrash, 1912–1944) und die Libanesin Fairūz (eigentlich Nihād Ḥaddād, geb. 1934) sind in der ganzen arabischen Welt bekannt – besonders Fairūz mit ihren Liedern über Palästina und die palästinensische Befreiungsbewegung.

Die erste muslimische Schauspielerin in Ägypten, Fāṭima Yūsuf, kam als Waise mit einer christlichen Familie von Theaterleuten nach Alexandria, trat als Rūz al-Yūsuf auf Bühnen auf, wechselte dann zur Journalistik und gründete als erste arabische Frau eine satirische Zeitschrift dieses Namens.[160]

In der Islamischen Republik Iran entstand vor wenigen Jahren nach langer Pause eine mutige junge Theatertruppe mit Schauspielerinnen und Schauspielern. Seit 1995 sind wenigstens zwei Regisseurinnen guter kritischer Spielfilme bekannt. Dokumentarfilmerinnen führen harte Realitäten vor Augen. Die marokkanische Feministin Fatima Mernissi (Fāṭima Marnīsī, geb. 1940, s. u. S. 677) ironisiert in Kurzfilmen traditionelle Geschlechterrollen.

Malerinnen und Graphikerinnen, die die traditionelle Kunst der Kalligraphie mit unterschiedlichen inhaltlichen Botschaften, darunter allegorisch zu deutenden Koranversen, modern variieren, veranstalten heute in diversen Ländern eigene Ausstellungen. Museen für Moderne Kunst im Vorderen Orient erwerben ihre Werke und stellen sie aus.

Seit etwa 1950 hat die Zahl der schreibenden Frauen ebenso wie die Qualität ihrer Werke in nahezu allen literarischen Gattungen in den Ländern des Vorderen Orients so zugenommen, daß hier nur auf sehr wenige eingegangen werden kann.[161] Die irakische Dichterin Nāzik al-Malāʾika (geb. 1923) machte sich mit ihrem Landsmann Badr Shākir as-Saiyāb (1926–1963) seit 1948 die Pionierrolle bei der Kreation der freien Dichtung streitig, die gegenüber der klassischen arabischen Dichtung als revolutionär empfunden wird. Sie widmete diese auch ungewohnten Themen wie der Auflehnung gegen erstarrten Glauben, dem «Schande-Wegwaschen (durch Blut)» *(ghusl al-ʿār)*, also dem «Ehrenmord», und sehr subtil der Liebe.[162] Seit den frühen 1970er Jahren fand sie zur Mystik und verstummte dann, schwer krank.

Viele Werke von Prosaschriftstellerinnen sind durch autobiographische Erlebnisse geprägt. Sie lassen Frauen- und Familienwelten aus weiblicher Sicht erkennen, Verletzungen, die Frauen unter patriarchalischen Verhältnissen im familiären und außerfamiliären Bereich erfahren. Eine der ersten war Laṭīfa az-Zaiyāt (1924–1996), Professorin für Anglistik an der ʿAin-Shams-Universität in Kairo, mit ihrem Roman «Die geöffnete Tür» (*al-Bāb al-maftūḥ*, 1959) und später mit der moderner gestalteten Autobiographie «Durchsuchungen» (1992).[163] Die Ägypterin Alīfa Rifʿat (1931–1996) begann früh heimlich zu schreiben, konnte sich aber mit ihren sensiblen Erzählungen erst nach zwei unglücklichen Ehen entfalten. Zu ihren Themen gehören etwa die Beschneidung bei einem kleinen Mädchen als lebenslanges Trauma ebenso wie die Qualen und Träume einer Frau in ihrer Ehe mit einem ungeliebten, ihr von der Familie bestimmten Mann.[164] Die ägyptische Ärztin Nawal El Saadawi (Nawāl as-Saʿdāwī, geb. 1931) erregte 1971 durch ihre Monographie «Die Frau und die Sexualität» *(al-Marʾa wa-l-jins)* Aufsehen. Sie vergleicht hier Resultate der Freudschen Psychoanalyse sowie der Werke der Anthropologin Margaret Mead und anderer Autoren mit dem Sexualverhalten in Ägypten und verteidigt und relativiert wiederholt, bei aller scharfen Kritik, die Verhältnisse in Ägypten. Trotzdem verlor sie nach der Publikation des Buches ihre Stelle als Direktorin des Kairoer Gesundheitsamts. Das Thema etwa der physiologischen Voraussetzungen für den Orgasmus der Frau war tabuisiert. Ihre nächsten Bücher mußte sie im Libanon publizieren. In Kairo erschien wieder seit 1977 eines über die Sexualität des Mannes, ein weiteres über die psychischen Folgen der sexuellen Repression bei Frauen (inklusive der Mädchenbeschneidung) und die jahrhundertelange Unterdrückung der arabischen Frau in Familie und Gesellschaft *(al-Wajh al-ʿārī li-l-marʾa al-ʿarabīya),* wörtlich «Das nackte Gesicht der arabischen Frau» (deutsch: «Tschador. Frauen im Islam», 1980).[165] Ihre Erzählungen und Romane seit 1961, größerenteils von subtiler, aber harter Sozial- und Religionskritik, sind Lektüre für Intellektuelle, etwa «Eine Frau am Punkt Null» (*Firdaus. Imraʾa ʿinda nuqṭat ṣifr,* 1977) und «Der Sturz des Imams» (*Suqūṭ al-Imām,* 1987).[166] Im allegorisch-satirischen Roman *Jannāt wa-Iblīs,* 1992 («Die Unschuld des Teufels»)[167] wird das Irrenhaus zum Zerrspiegel der Welt mit ihren generell patriarchalischen, von männlichen Vertretern der Religionen, autoritärer Staaten und Institutionen zu verantwortenden destruktiven Machtverhältnissen. In ihrer Autobiographie *Aurāqī – Ḥayātī* («Meine Schriften – mein Leben», 1995, 1998),[168] zeichnet sie Szenen aus ihrem lebenslangen Kampf gegen autoritäre patriarchalische Machtverhältnisse in Familie, Schule, Staat und Gesellschaft, aber auch Bilder voller Liebe und Verständnis für einfache Menschen.[169]

Ähnlich kritisch ist die marokkanische Soziologin Fatima Mernissi (s. S. 676). In mehreren Sachbüchern will sie unter Nutzung von Werken der arabischen historischen Literatur zeigen, daß arabische Frauen früher mehr Selbstbewußtsein besaßen als heute. Ausgehend vom Status und Verhalten gebildeter, stolzer Frauen im frühen Islam sollten Araberinnen heute für Verbesserungen ihrer Lebensverhältnisse kämpfen. Ihre heiter-ironischen Erinnerungen an ihre Kindheit in Fez «Der Harem in uns» (1994) geben intime Einblicke in Frauenschicksale und Familienbeziehungen der Zeit.[170]

Die Kuwaiterin Lailā al-ʿUthmān (geb. 1945)[171] läßt in handlungsintensiven Erzählungen öfter Frauen und junge Mädchen tödliche Rache gegen männliche Gewalt, gegen aufgezwungene Sexualität einsetzen. Das ist nicht mehr nur gedankliches Ventil in der modernen arabischen Literatur, sondern eine neue, auffällige Form des Versuchs zur Wirklichkeitsbewältigung. Ihr jüngster Titel *Yaumīyāt aṣ-ṣabr wa-l-murr. Maqṭaʿ min sīrat al-wāqiʿ* («Tagebücher der Geduld und der Bitterkeit. Ein Abschnitt aus dem realen Leben», 2003) spricht für sich.

Der Debütroman der Libanesin Lailā Baʿlabakkī (geb. 1936) «Ich lebe» (*Anā aḥyā,* 1958) ist vom Existentialismus beeinflußt.[172] Līnā, die Protagonistin, Tochter eines Großkaufmanns, rebelliert gegen das ihr von Elternhaus und sozialem Umfeld vorgegebene Werte- und Rollenbild, ohne jedoch zu einem realisierbaren Glückskonzept für sich zu finden. Eine Geschichte ihres Erzählbandes «Schiff der Zärtlichkeit zum Mond» *(Safīnat ḥanān ilā l-qamar),* in der sie die leidenschaftlichen Gefühle eines jungen Paars für einander darstellt, trug ihr 1964, neun Monate nach Erscheinen, einen Prozeß wegen «Verstoßes gegen die öffentliche Moral» und die Androhung einer sechsmonatigen Haft ein. Der Anklagepunkt meinte die Erregung sexueller Gefühle durch eine zu offene Gestaltung von Liebesszenen.[173] Lailā Baʿlabakkī wurde zwar freigesprochen, aber der Band eingezogen.

Hanan asch-Scheich (Ḥanān ash-Shaikh, geb. 1945), wie Lailā Baʿlabakkī südlibanesischer schiitischer Herkunft, lebt seit ca. 1984 in London. Sie erregte durch ihre Romane «Zahras Geschichte» (*Ḥikāyat Zahra,* 1980)[174] und «Gazellenmoschus» (*Ghazal al-misk,* 1988) Aufsehen.[175] Im ersten Roman zeichnet sie Liebe und Traumata einer Frau in einer Welt der Männergewalt während des Bürgerkriegs im Libanon. Im zweiten Roman, der aus ihrem Aufenthalt in Saudi-Arabien 1977–1982 erwuchs, schildert sie anhand von vier Frauenfiguren in einer namenlosen Stadt der Golfregion Frustration und Doppelmoral in einem Land, in dem Frauen aus der Öffentlichkeit verbannt sind. Weil sie hier auch eine lesbische Beziehung schildert, wurde das Buch in einigen arabischen Ländern verboten. Im Roman «Post aus Beirut» (*Barīd Bairūt,* 1993) erlebt die Protagonistin, eine Londoner Exillibanesin, bei einem Besuch in ihrem Heimatland soziale Verhältnisse, Familien- und Geschlechterbeziehungen nach dem Bürgerkrieg und vergleicht sie reflektierend mit ihren Erinnerungen. Ihr jüngster Roman «Das ist London, mein Lieber» (*Innahā Lundun, yā Ḥabībī,* 2001) gilt dem Leben libanesischer Emigranten im multikulturellen London aus weiblich-ironischer Sicht.

Aspekte des Bürgerkriegs im Libanon wurden auch von anderen Erzählerinnen dargestellt. Die Christin Emily Naṣrallāh (geb. 1931) schildert in ihrem Roman «Septembervögel» (*Ṭuyūr Aylūl,* 1962) die problematische Rückkehr einer jungen Frau aus der Stadt in die Welt des Dorfes, aus der sie (wie die Autorin selbst) stammt. In «Flug gegen die Zeit» (*al-Iqlāʿ ʿaksa z-zamān,* 1981) findet ein Bauer, der mit seiner Frau seine Kinder in Kanada besuchte, bei der Rückkehr den Tod.[176]

Die sehr produktive Ghāda as-Sammān (geb. 1942) zog 1969 nach Beirut, gründete dort 1977 einen Verlag für die Publikation ihrer Werke, lebt aber derzeit in Paris. In ihren Romanen *Bairūt 75* (1975)[177] und «Alptraum in Beirut» (*Kawābīs Bairūt,* 1977)[178] fängt sie die Unmenschlichkeit des libanesischen Bürgerkriegs und seine Auswirkungen ein. Ihre Erzählungen, Romane und (in jüngerer Zeit) Prosagedichte kreisen oft um Probleme gebildeter, berufstätiger Araberinnen in einer männlich-chauvinistischen Umgebung, um Liebe, Resignation und weibliche Selbstfindung durch eigenbestimmte Arbeit. In Interviews erklärte sie, sie wolle die Menschheit nicht geteilt in Männer und Frauen sehen, sondern in Arbeitende und Nichtarbeitende.

Die Algerierin Assia Djebbar (geb. 1936) hat viele Preise, darunter 2003 den Friedenspreis des Deutschen Buchhandels, für ihre Romane erhalten, die seit *Le soif* («Der Durst») (1956) in Paris auf Französisch[179] erscheinen. Eindrucksvoll etwa ist die Kontrastierung zweier ganz verschiedener Frauengestalten, der Intellektuellen und der einfachen Frau, als der zwei Ehefrauen eines Mannes in «Die Schattenkönigin» (*Ombre Sultan,* 1987). Seit 1978 dreht Assia Djebbar auch Dokumentarfilme, die um Frauenschicksale vor dem Hintergrund der kolonialen und postkolonialen Geschichte ihres Heimatlandes kreisen.

Als erste Autorin eines großen algerischen Romans auf Arabisch – 1998 wurde zum zweiten oder dritten Mal seit 1972 Arabisch zur algerischen Nationalsprache erklärt – erregte Aḥlām al-Mutaghānimī (geb. 1953) mit *Dhākirat al-jasad,* 1993 («Die Erinnerung des Körpers») so viel Beifall, daß manche Kritiker meinten, eine so junge Autorin könnte einen solch vielschichtigen Roman nicht geschrieben haben, sondern der Autor müsse ein Mann sein. Der Roman erlebte, trotz mancher Kritik, inzwischen die für moderne arabische Romane ungewohnte Auflagenhöhe von 50000 sowie Übersetzungen ins Französische und Englische.[180] Al-Mutaghānimī verschränkt Erinnerungen an die koloniale und die enttäuschende postkoloniale Geschichte ihres Landes mit realen und erträumten Liebesgeschichten eines älteren Exilanten und einer jungen Algerierin, in deren Gestalt manche arabische Literaturwissenschaftler ein Symbol für Algerien sehen.

Frauengestalten zu literarischen Symbolen für nationale Hoffnungen, auch Enttäuschungen zu machen, ist ein Novum der arabischen Literatur seit etwa dem Ersten Weltkrieg und erinnert ein wenig an Frauengestalten als Allegorien in der europäischen Kunstgeschichte. Aber auch arabische Bildhauer – Bildhauerei ist eine neue Kunstgattung – schufen seit den 1930er Jahren in Ägypten und dem Irak Frauengestalten als Symbole nationaler Stärke und Hoffnungen.

Moderne türkische und persische Autorinnen behandeln oft ähnliche Probleme wie arabische, wobei auch hier der Realismus der frühen Jahre seit etwa 1980 meist zugunsten allegorisch reflektierender, stärker verinnerlichter, sehr bewußter Darstellungen weiblicher Gefühle in männerdominierten sozialen Geflechten zurückgetreten ist. Dies geschieht auch und gerade in Iran nach der Islamischen Revolution von 1978/79 mit ihren strengen Reglements für Frauen. Während z.B. Sīmīn Dānishwar (geb. 1921), eine Universitätsprofessorin, in ihren frühen Romanen seit 1961 die Frauenfrage der Darstellung allgemeiner harter sozialer und politischer Zwänge unterstellt, läßt sie in «Jalāls Sonnenuntergang» (*Ghurūb-e Jalāl,* 1982) ihre spannungsreiche eheliche Liebe zu dem eigenwilligen, sehr bekannten Schriftsteller Jalāl Āl-e Aḥmad (1923–1969) deutlich werden. Die erheblich jüngere Shāhīn Ḥannāneh gibt in «Hinter den Fenstern: Gespräche mit Künstlergattinnen» (*Pusht-e derechehā: guftegū be-hamsarān-e hunarmandān,* 1992) Einblicke in private Beziehungen und intime Empfindungen von durchgehend eher auf die westliche Welt gerichteten, gebildeten, frustrierten Frauen. Man könnte allerdings auch sagen, daß dieser Rückzug ins Private, Intime, so ungewohnte Aspekte er bietet, auch eine – vielleicht kaum vermeidbare – Art Flucht aus den herrschenden politischen Verhältnissen darstellt. Fattaneh Hajj Seyed Javadi (geb. 1945), Sharnush Pārsipūr (geb. 1946), Munīra Rawānipūr (geb. 1954) und andere stellen die Frauen-, Familien- und Generationsprobleme einer Gesellschaft im Umbruch in Romanen und Erzählungen vielseitig dar. Daß die Zahl der Leserinnen erheblich zugenommen hat, führt zu höheren Auflagenzahlen und zu Nachauflagen solcher Werke.[181]

Riffat Hassan (Rifʿat Ḥasan), pakistanischer Herkunft, die um 1985 mit Neuinterpretationen des Korans hinsichtlich der sozialen Situation der Frau begann, hat mit anderen muslimischen Feministinnen in den USA eine «Menschenrechtsordnung aus koranischer Perspektive» ausgearbeitet, zu der z.B. auch das Recht auf ein gutes Leben gehört.[182] Daß solche Aktivitäten in den Ländern des Vorderen Orients ein Echo finden, zeigt sich etwa in Iran, wo auch Töchter bekannter Āyatullāhs mit Neuinterpretationen des Korans mehr politische, soziale und ökonomische Rechte für Frauen erkämpfen.

VIII.
Islamistische Gruppen und Bewegungen

(Guido Steinberg und *Jan-Peter Hartung)*

1. Islamismus

Islamistische Gruppen und Bewegungen haben die Geschichte der islamischen Welt seit der ersten Hälfte des 20. Jahrhunderts geprägt und wurden in seinen letzten zwei Jahrzehnten sogar zu Akteuren der Weltgeschichte. Sie sind überall dort vertreten, wo Muslime leben, das heißt heute auch in der großen Diaspora in Europa, Nord- und Südamerika und Australien. Die unterschiedlichen Gruppierungen sind mittlerweile auch für Spezialisten kaum noch zu überblicken. Deshalb kann hier nicht der Anspruch auf Vollständigkeit erhoben werden. Vielmehr geht es darum, die wichtigsten Gruppierungen vorzustellen sowie ihre Charakteristika und die Entwicklungstendenzen des Islamismus insgesamt aufzuzeigen.

Islamismus bezeichnet in diesem Zusammenhang dasselbe wie die ebenfalls verbreiteten Begriffe «politischer Islam», «Fundamentalismus» oder – meist im französischen Sprachraum verwandt – «Integrismus». Islamisten fordern, das gesamte private und öffentliche Leben müsse durch den Islam bestimmt werden, ja sie behaupten sogar, für jedes in einer Gesellschaft auftretende Problem eine religiös fundierte Lösung bereitstellen zu können. Ihren prägnantesten Ausdruck findet diese Denkweise in ihrer Forderung nach der «Einführung der *sharīʿa*», in der sie eine allumfassende Rechts- und Werteordnung sehen, die unmittelbar auf den Texten der Offenbarung (Koran und Sunna) gründet. Islamisten unterscheiden sich von nichtislamistischen Muslimen in der Regel dadurch, daß sie ihre eigene Interpretation des Islams als politisches Programm verkünden und die Positionen Andersdenkender zumindest implizit mit Unglauben gleichsetzen.[1]

Islamistische Bewegungen weisen einen starken Rückbezug auf eine idealisierte Frühzeit des Islams, die Zeit der «frommen Altvorderen» *(as-salaf aṣ-ṣāliḥ)* auf. Hiermit schließen sie an die «klassische» *Salafīya* an, die Ende des 19. Jahrhunderts im Vorderen Orient entstand. Mit der europäischen Expansion setzte damals eine Debatte über die Ursachen der Schwäche der Muslime ein, die bis heute andauert. Die bestehende Diskrepanz zwischen fremder, christlicher Herrschaft und dem Bewußtsein, im Besitz von Gottes abschließender und unverfälschter Offenbarung zu sein, nahmen viele Muslime als erklärungs- und änderungsbedürftig wahr. Während säkular orientierte Muslime damals eine vollständige Modernisierung nach dem Muster westlicher Staaten forderten, entstand mit der *Salafīya* eine Gegenbewegung. Ihre Protagonisten, wie Jamāl ad-Dīn al-Afghānī (1839–1897), Muḥammad ʿAbduh (1849–1905) und ʿAbd ar-Raḥmān Kawākibī

(1849–1902), vertraten die Meinung, nur eine Rückbesinnung auf den Islam werde die Muslime wieder zu alter Stärke führen.[2] Zu diesem Zweck entwickelten sie die Vision einer stark idealisierten Urgesellschaft in Medina, deren ethischem Vorbild die Muslime nacheifern müßten, wollten sie dem Islam wieder zu seiner alten Stellung in der Welt verhelfen. Sie folgten damit einem in der islamischen Geschichte häufig wiederkehrenden Motto vieler Erneuerungsbewegungen.[3]

Ging es den Salafīs vorwiegend um die friedliche Erneuerung der Gesellschaft aus der Kraft der eigenen, wiederbelebten Tradition, existierte aber auch eine der *Salafīya* eng verbundene und in vielen Fällen nur analytisch trennbare Strömung, die Reform weniger geistig-moralisch als vielmehr politisch auffaßte. Diese hatte ihren Ursprung in mehreren Bewegungen, die im 18. und 19. Jahrhundert in Zentralarabien, Nordwestindien, im Jemen, in Nordnigeria und der nördlichen Sahara entstanden waren. Die «Schule» von Deoband in Indien und die arabische *Wahhābīya* sind prominente Beispiele. Während die Deobandīs gemeinsam mit weiteren gelehrten Reformbewegungen das geistige Rüstzeug für viele südasiatische Islamisten lieferten, nahm die *Wahhābīya* im arabischen Raum Einfluß auf viele Islamisten des 20. Jahrhunderts. Einer von ihnen war der Libanese Rashīd Riḍā (1865–1935), der oft in einem Atemzug mit den bereits erwähnten Vertretern der klassischen *Salafīya* genannt wird, jedoch eher eine Synthese aus *Wahhābīya* und *Salafīya* verkörpert. Er war zwar Schüler Muḥammad ʿAbduhs, im Vergleich zu diesem aber eher ein geschickter «Ideologie-Unternehmer», der von Kairo aus ein transnationales Netzwerk verschiedener reformislamischer und islamistischer Gruppierungen unterhielt. Riḍā wurde so zum wichtigsten geistigen Ziehvater Ḥasan al-Bannās (1906–1949), des Begründers der ägyptischen *Muslimbruderschaft*.

Trotz seines starken Vergangenheitsbezuges entwickelte sich der Islamismus in erster Linie als Reaktion auf die Herausforderungen der Moderne, meist als Protestbewegung gegen die eigenen, als «tyrannisch» wahrgenommenen Regierungen, die für sozioökonomische Probleme, kulturelle Entfremdung und politische Ohnmacht der islamischen Welt verantwortlich gemacht werden. Daß er ein durchweg modernes Phänomen ist, zeigt sich auch an der islamistischen Rezeption moderner Ideen, wie beispielsweise dem Konzept der Revolution,[4] Organisationsformen und Techniken. Darüber hinaus setzen sich diese Gruppierungen mit dem als übermächtig wahrgenommenen Westen auseinander, den sie für einen Großteil der Probleme der muslimischen Welt verantwortlich machen. Diese Kritik blieb bis zu den 1990er Jahren allerdings vorwiegend rhetorisch, da die Islamisten in erster Linie auf die Machtübernahme in ihren Heimatstaaten hinarbeiteten und sich gegen nichtreligiös fundierte indigene Deutungsangebote wehrten.

In den letzten beiden Dekaden des 20. Jahrhunderts setzte sich unter den islamistischen Gruppen eine Tendenz zur transnationalen Kommunikation und Organisation durch, die die weltweit zu beobachtende verstärkte Interaktion widerspiegelte, die als «Globalisierung» bezeichnet wird. Das erleichterte es auch islamistischen Gruppierungen, die in ihren Heimatländern nicht in der Lage waren, eine wichtige politische Rolle zu spielen, durch transnationale Vernetzung

Unterstützung und Rückzugsräume zu gewinnen. Dies war in besonderem Maße unter den militanten Gruppierungen zu beobachten, wobei Usama Bin Ladins (Usāma b. Lādin; geb. 1957) *al-Qāʿida* das bekannteste Beispiel ist. Aber auch nicht-gewalttätige islamistische Organisationen wie die ursprünglich palästinensische *Islamische Befreiungspartei (Ḥizb at-taḥrīr)* und die südasiatische *Predigergemeinschaft (Tablīghī Jamāʿat)* nutzten die durch die verstärkte internationale Vernetzung sich bietenden Möglichkeiten. Das betrifft hauptsächlich die Möglichkeit, über das Internet zu kommunizieren, das in den 1990er Jahren auch in den meisten islamisch geprägten Ländern weiteren Kreisen zugänglich wurde.[5]

2. Die Muslimbruderschaft

Die ersten islamistischen Bewegungen entstanden ab den 1920er Jahren. In Ägypten gründete der Volksschullehrer Ḥasan al-Bannā im Jahr 1928 die ägyptische Muslimbruderschaft (*al-Ikhwān al-muslimūn*; MB) und wurde neben Abū l-Aʿlā al-Maudūdī (1903–1979) zum wichtigsten Wegbereiter des politischen Islams im 20. Jahrhundert.[6] Er und seine Anhänger strebten eine Erneuerung, Einigung und damit Stärkung (vor allem gegenüber westlichen Einflüssen) der ägyptischen Gesellschaft und der muslimischen *umma* auf der Grundlage einer politischen Interpretation des Islams an, deren Kernstück die *sharīʿa* sein sollte.[7] Bannā entwickelte die ideologischen Maximen der Gruppierung in seinen Sendschreiben *(rasāʾil),* wobei er jedoch eher als charismatischer Führer *(al-murshid al-ʿāmm)* der strikt hierarchischen Organisation[8] denn als systematischer Vordenker Bedeutung gewann. Mitte der 1940er Jahre verfügte die Organisation bereits über eine breite Massenbasis. Die Mitglieder entstammten allen Teilen der Gesellschaft, auch wenn Angehörige der städtischen Mittelschichten und Bauern überwogen. Darüber hinaus gehörten ihr jedoch auch Gelehrte der Kairiner al-Azhar-Universität wie Muḥammad al-Ghazālī (1917–1996) und Yūsuf al-Qaraḍāwī (geb. 1921) an, die zu den Muslimbrüdern der ersten Stunde zählten.

Bis Ende der 1930er Jahre zielten die Muslimbrüder auf schrittweise Veränderungen ab, die sie in erster Linie durch Erziehung der Jugend, Öffentlichkeitsarbeit und sozialkaritative Dienstleistungen erreichen wollten. Dabei lehnte Bannā den ägyptischen Staat als solchen nicht ab, sondern setzte darauf, ihn schrittweise zu verändern. Neben der Aufhebung aller Gesetze, die der *sharīʿa* widersprachen, verlangte er die Abschaffung des Parteiensystems, das nach seiner Ansicht eher zur Spaltung der Nation statt zu ihrer Einigung beitrug. Die Muslimbrüder forderten also keine bewaffnete Revolution, lehnten Gewaltanwendung jedoch nicht prinzipiell ab. Ihr Verhältnis zu anderen politischen Gruppierungen wechselte je nach politischer Gesamtlage. Wann immer die Muslimbrüder unter Druck gerieten, wie beispielsweise in der Phase der Auseinandersetzung mit Nasser (Jamāl ʿAbd an-Nāṣir; 1918–1970) suchten sie die Kooperation mit ihnen, ansonsten blieb ihr Verhältnis zu den Nichtislamisten gespannt, vor allem zu linken Kräften. Sie zeigten bereits damals eine ausgesprochene Intoleranz gegenüber denjenigen Muslimen, die ihre Vorstellungen von Religion und Staat nicht teilten. Im Jahr 1939 formulierte Bannā auf der 5. Generalkonferenz der MB in Kairo ein Stufenmodell, indem er sagte, die Phase der graduellen geistig-moralischen Vorbereitung sei beendet, er werde fortan eine intensivierte Ausbreitung der Botschaft der MB betreiben. Obwohl er Gewaltanwendung immer noch als letzten Ausweg definierte, setzten Teile der Organisation fortan vermehrt auf Militanz. Anfang der 1940er Jahre baute die MB den sogenannten «geheimen Apparat» *(al-jihāz as-sirrī)* auf, dessen Angehörige in den folgenden Jahren für Gewaltakte gegen ägyptische Politiker, aber auch gegen ausländische Institutionen verantwortlich gemacht wurden.[9] Als ein Muslimbruder 1948 den ägyptischen Ministerpräsidenten ermordete, schlug der Staat erstmals zurück: Im Februar 1949 wurde Bannā – angeblich vom ägyptischen Geheimdienst – ermordet.

Seit Ende der 1930er Jahre breitete sich die MB auch in den Nachbarländern aus. Neben Sudan, Jordanien, Libanon, Palästina und dem Irak spielte sie vor allem in Syrien unter der Führung von Muṣṭafā as-Sibāʿī (1915–1964) eine wichtige politische Rolle: Namhafte Mitglieder nahmen zeitweilig Regierungsverantwortung wahr. Erst mit dem Beginn der Herrschaft der *Baʿth*-Partei 1963 setzten Jahre der Repression ein, die zunächst in der Revolte von Hama 1964 mündeten. Zwischen 1979 und 1982 tobte in Syrien ein Kleinkrieg zwischen islamistischen Gruppierungen und dem Staat. Die Bombardierung Hamas durch Regierungstruppen im Februar 1982 besiegelte die Niederlage der Islamisten. Eine wichtige Persönlichkeit bei der Internationalisierung der MB war der palästinensische *muftī* Muḥammad Amīn al-Ḥusainī (1895–1974), der so versuchte, die «Befreiung» Palästinas zu einem zentralen Anliegen islamistischer Gruppierungen zu machen.[10]

Den entscheidenden Wendepunkt in der Geschichte der ägyptischen MB bildete die Unterdrückung ihrer Aktivitäten ab 1954 durch das Regime der Freien Offiziere, nachdem ein Anschlag eines Muslimbruders auf Präsident Nasser gescheitert war. Ihr Verhältnis zum Staat wurde fortan durch Repression bestimmt. 1965 folgte eine zweite Verhaftungswelle, in deren Folge Saiyid Quṭb (1906–1966), der wichtigste Vordenker der militanten Muslimbrüder, hingerichtet wurde. Daß die ägyptische Regierung Quṭb, der seit 1954 mit Unterbrechungen im Gefängnis gesessen hatte, exekutieren ließ, weist darauf hin, für wie gefährlich sie das von ihm ausgehende Gedankengut hielt. Quṭbs Erfahrung in der Haft scheint maßgeblich zu einer Radikalisierung beigetragen zu haben, die anhand seiner im Gefängnis entstandenen Schriften rekonstruiert werden kann. Sein Buch *Maʿālim fī ṭ-ṭarīq (Wegzeichen)*[11] wurde zum Manifest des militanten Islamismus in der zweiten Hälfte des 20. Jahrhunderts. Quṭb faßte darin in prägnanter Form eine revolutionäre Ideologie zusammen, die sich weitestgehend vom Kurs Ḥasan al-Bannās abwandte. Er erklärte das ägyptische Regime für ungläubig und rief zum gewaltsamen Kampf *(jihād bi-s-saif)* gegen Nasser auf. Hierauf beriefen sich dann zahlreiche ägyptische Militante der 1970er Jahre, und bis heute prägen die Werke Saiyid Quṭbs die Ideologie der gewaltbereiten Islamisten. Die Entstehung radikaler Gruppierungen innerhalb der MB verlief parallel zur Mäßigung der Kernorganisation. Letztere machte ihren Frieden mit dem ägyptischen Staat, der ihr unter Präsident Anwar as-Sādāt (1918–1981) die Möglichkeit zur Reorganisation bot. Bis heute jedoch ist die MB verboten, auch wenn sie in einem eng gesteckten Rahmen politisch agieren kann und einige ihrer Mitglieder bei Parlamentswahlen kandidieren.

Aufgrund der staatlichen Repressionen gegen die Muslimbrüder in Ägypten und Syrien verlagerten sie Teile ihrer Aktivitäten nach Europa. Das *Islamische Zentrum* in Genf beispielsweise, das der ägyptische Muslimbruder Saʿīd Ramaḍān (1926–1994) nach seiner Flucht aus dem syrischen Exil 1958 begründet hatte, befindet sich heute im Zentrum eines Netzwerkes, das islamistische Persönlichkeiten und Gruppierungen aus dem Nahen Osten und Südasien mit Europa und auch Nordamerika verbindet. In diesem Zusammenhang kommt auch westlichen Konvertiten wie dem früher als Leopold Weiss bekannten Muhammad Asad (1900–1992) oder der früher Margret Marcus genannten US-Amerikanerin Maryam Jamīla (geb. 1934) eine wichtige Rolle zu.[12]

Seither haben Ableger der MB auch in anderen arabischen Ländern die politische Entwicklung der Region beeinflußt. Zu nennen ist hier an erster Stelle Ḥasan at-Turābī (geb. 1932), der Vorsitzende der sudanesischen *Nationalen Islamischen Front (al-Jabha al-islāmīya al-qaumīya)* und einer der führenden islamistischen Denker weltweit, dem es 1989 gemeinsam mit dem Militär in einem Staatsstreich gelang, die Macht in Khartum zu übernehmen. Schon im Verlauf der 1990er Jahre jedoch zeigte sich, daß die MB hier nur der Juniorpartner des Militärs war. So blieb die Machtübernahme im Sudan denn auch nur eine Episode, die 2001 mit at-Turābīs Inhaftierung endete. Viele Muslimbrüder ließen sich statt dessen – wie in Kuwait, vor allem aber in Jordanien – in das politische System ihrer Heimatländer einbinden und versuchten, durch politische Partizipation ihren Forderungen Nachdruck zu verleihen. In Jordanien nimmt die MB, beziehungsweise die von ihr gegründete *Islamische Aktionsfront (Jabhat al-ʿamal al-islāmī),* regelmäßig an Wahlen teil und unterstützt die Herrschaft des haschemitischen Königshauses.[13] Inwieweit es sich hier um taktische Manöver oder eine tatsächliche Mäßigung handelt, bleibt in der Forschung weiterhin umstritten.

3. Gruppierungen in Südasien

Seit dem Zusammenbruch des Mogulreiches im 18. Jahrhundert nahmen einige muslimische Denker die Situation der dortigen Muslime als problematisch wahr. Dieser Eindruck verstärkte sich infolge der Niederschlagung des Aufstandes von 1857 durch die Truppen der britischen *East India Company* in dramatischer Weise. In dieser Zeit formierten sich verschiedene Gelehrtenbewegungen, die alle ihre Aufgabe darin sahen, die muslimischen Gemeinschaften des Subkontinents durch eine Reform der religiösen Bildung zu wahrer Frömmigkeit zurückzuführen und damit ihre kulturelle und politische Vorrangstellung wiederherzustellen, die sie insbesondere während der Mogulzeit innegehabt hatten. Die erste wichtige Bewegung sind die puristischen, der zentralarabischen *Wahhābīya* nahestehenden *Ahl-i ḥadīth,* deren zentrale Programmpunke in der strikten Ablehnung aller bestehenden Rechtsschulen und jeglicher populärer religiöser Praxis, hier vor allem die Wallfahrt zu Gräbern und der damit verbundene Heiligenkult, bestehen. Eine ihrer Hauptkontrahentinnen ist eine hanafitische Gelehrtenbewegung, die, ausgehend vom 1867 im nordindischen Deoband gegründeten Seminar *(dār al-ʿulūm),* in kurzer Zeit ein Netzwerk von religiösen Schulen auf dem gesamten Subkontinent zu errichten vermochte. Die rechtsdogmatischen Auseinandersetzungen zwischen beiden Bewegungen führten im Laufe der Zeit dazu, daß sich auf beiden Seiten im Bestreben, eine möglichst große Klientel zu werben, Untergruppierungen radikalisierten.[14]

Drei solcher Untergruppen der Deoband-Bewegung, die unmittelbar nach dem Zusammenbruch der Kalifatsbewegung im Jahre 1924 entstanden sind, bedürfen hier besonderer Erwähnung. Die erste ist die *Gemeinschaft der indischen Gelehrten* (*Jamʿīyat-i ʿulamāʾ-i Hind*; JUH), eine Organisation, die den von Gandhi und Nehru geführten *Indian National Congress* gegen die separatistischen Pläne muslimischer Interessenvertreter im Zuge der indischen Unabhängigkeitsbewegung unterstützte – darunter prominent die von Muḥammad ʿAlī Jinnāḥ (1876–1947) angeführte *All-India Muslim League*.[15] Die zweite Bewegung ist die in den frühen 1920er Jahren durch Muḥammad Ilyās Kāndhalawī (1885–1944) ins Leben gerufene *Tablīghī Jamāʿat* (TJ) mit dem Deobandī-Seminar *Maẓāhir al-ʿulūm* im nordindischen Saharanpur als ihrem intellektuellen Zentrum. Diese sich betont apolitisch gebende Laienbewegung gilt heute als eine der erfolgreichsten transnationalen muslimischen Bewegungen weltweit, deren straffe netzwerkartige Organisationsstruktur und ihr missionarisches Anliegen, Muslime zu einer ursprünglichen Frömmigkeit zurückzuführen, auf islamistische Gruppen eine beachtliche Attraktivität ausübt.[16]

Es war denn auch diese Bewegung, die Abū l-Aʿlā al-Maudūdī bei einem Besuch in deren organisatorischem Hauptquartier in Delhi im Jahre 1939 im Hinblick auf die nur zwei Jahre später erfolgte Gründung der *Islamischen Gemeinschaft* (*Jamāʿat-i islāmī*; JiI) beeindruckt hatte. Der sowohl an eher modernistischen Bildungsinstitutionen als auch an einer Deobandī-Einrichtung ausgebildete Maudūdī war der systematische Vordenker des Islamismus: Sein in den 1930er Jahren entwickeltes Verständnis von «Islam» als einem allumfassenden «Lebenssystem» *(niẓām-i zindagī)* beruht auf einer eigenwilligen Interpretation von vier koranischen Begrifflichkeiten, die Maudūdī als Axiome einer islamischen Weltanschauung galten. In deduktiver Weise begründete er die «islamische Herrschaft» *(ḥukūmat-i islāmī)* als eine «Theo-Demokratie» *(jumhūrīyat-i ilāhī),* die für ihn – und hierin unterschied er sich maßgeblich von der TJ – die Bedingung dafür darstellte, daß eine normkonforme religiöse Lebensführung möglich sei. Diese «Theo-Demokratie» müsse auf dem Wege einer «Islamischen Revolution» *(inqilāb-i islāmī)* durchgesetzt werden. Als Modell für seine Gesellschaftskonzeption diente Maudūdī die maßgeblich von ihm inspirierte und über nahezu vier Jahrzehnte angeführte JiI, deren Mitglieder zu großen Teilen der in den Städten entstehenden gebildeten unteren Mittelschicht entstammten. Die JiI sollte ein Gegengewicht zur nationalistischen Ideologie der *Muslim League* bilden, die 1947 in der Islamischen Republik Pakistan verwirklicht wurde. Nationalismen verschiedenster Couleur sind bis heute ein zentrales Feindbild in Pakistan und Bangladesh; nur während der Militärdiktatur von General Zia ul-Haq (Żiyāʾ al-Ḥaqq) zwischen 1977 und 1988 wurde die JiI vom Staat gefördert. Ihre Organisationsstruktur ist stark hierarchisch und ähnelt derjenigen der MB.

Die Strategie der JiI in Pakistan bestand insbesondere in der Organisation von Massenkampagnen, die allerdings häufig in gewaltsamen Auseinandersetzungen mit anderen Gruppierungen und dem Sicherheitsapparat der Regierung mündeten. Seit 1970 nimmt die JiI, wenn auch nur mit mäßigem Erfolg, als politische Partei an Wahlen teil. Während der Ära Zia ul-Haqs verlagerte die JiI ihre Aktivitäten zunehmend auf den Bildungsbereich und begründete ein landesweites Netzwerk von Schulen, die religiöse Inhalte mit der Handhabung moderner Kommunikationstechnologie verbanden.[17]

Für die Verbreitung der Ideologie Maudūdīs, vor allem im arabischsprachigen Raum, war wiederum die TJ von instrumenteller Bedeutung: Einzelne Gründerpersönlichkeiten der JiI aus dem gelehrten Milieu, insbesondere der spätere Vorsitzende des *(Nationalen) Rates der Gelehrten (Nadwat al-ʿulamāʾ),* Saiyid Abū l-Ḥasan ʿAlī Nadwī (1914–1999), hatten sich schon nach kurzer Zeit von der politikorientierten JiI ab- und der eher ethisch orientierten TJ zugewandt. Im Zuge der Transnationalisierungsbestrebungen dieser Missionsbewegung nutzten sie ihre vielfältigen Kontakte zur arabischsprachigen Welt, machten diese aber zugleich auch mit Maudūdīs Ideen bekannt. Auf diese Weise kam zu Beginn der 1950er Jahre auch Saiyid Quṭb in Berührung mit Aspekten von Maudūdīs Denken, die er in seine eigenen Überlegungen nachweislich einbezog.[18]

Die dritte hier zu besprechende Untergruppe, die aus der Deoband-Gelehrsamkeit im Zuge der indischen Unabhängigkeitsbewegung hervorgegangen ist, ist die *Gemeinschaft der Gelehrten des Islams* (*Jamʿīyat-i ʿulamāʾ-i islām*; JUI). Sie konstituierte sich aus einer recht kleinen Gruppe von Deobandī-Gelehrten, die, in Opposition zur in der JUH organisierten Mehrheit der Deobandīs, den Separatismus von Jinnahs *Muslim League* unterstützte. In der nachfolgenden Verfassungsdebatte in Pakistan vertrat sie jedoch ähnlich radikale Positionen wie die JiI. Die Spaltung der JUI in der Endphase der Bürgerproteste gegen das Regime des General Muḥammad Aiyūb Khān (reg. 1958–1969) brachte eine stark im paschtunischen Milieu der Nordwestlichen Grenzprovinz und Belutschistans verwurzelte politische Partei hervor, die nach den Wahlen 1970 die Regierungen zweier Provinzen führte. Wechselnde politische Allianzen verhalfen der heute von Maulānā Fażl ar-Raḥmān (geb. 1953) geführten JUI jedoch erst 1993 zu einer kurzzeitigen Beteiligung an der Zentralregierung. Nichtsdestoweniger gilt die ultrakonservative JUI als eine einflußreiche Kraft in den paschtunischen Stammesgebieten und kontrolliert heute die Mehrheit der Moscheen und religiösen Bildungsstätten in Pakistan.[19]

4. Militante Gruppierungen in den 1970er und 1980er Jahren

Im arabischen Raum machten sich Radikalisierungstendenzen zunächst unter jungen ägyptischen Islamisten der 1960er und 1970er Jahre bemerkbar, die sich der Lehre Saiyid Quṭbs begeistert anschlossen. Sie gingen jedoch noch einen Schritt weiter als ihr Lehrer und erklärten auch diejenigen Muslime für ungläubig, die in der angeblich unislamischen ägyptischen Gesellschaft lebten. Saiyid Quṭb hatte auf der strengen Unterscheidung von *islām* und *jāhilīya* (wörtl. Unwissenheit, Ignoranz) beharrt, wobei letzterer Begriff im religiösen Sprachgebrauch das vorislamische Arabien bezeichnet. Quṭbs Auffassung zufolge lebten die Muslime in Ägypten in einer «neuen *jāhilīya*». Obwohl er damit den ägyptischen Staat als ungläubig bezeichnete, umging er die Beantwortung der Frage, inwieweit auch Individuen für ungläubig und damit für vogelfrei erklärt werden dürften. Seine Schüler gingen diesen Schritt. Viele von ihnen hielten den bewaffneten *jihād* gegen den Staat, seine Herrscher und Bewohner für eine grundlegende religiöse Pflicht.[20] Ihre Radikalisierung wurde vor allem durch die Erfahrung brutaler staatlicher Repression und lange Gefängnisaufenthalte gefördert. Während der *mainstream* der MB der Gewalt abschwor, spalteten sich militante Gruppierungen von ihr ab. Hier machte sich auch der Einfluß der *Wahhābīya* bemerkbar, in deren Ideologie die Exkommunizierung von Muslimen *(takfīr)* bereits seit dem 18. Jahrhundert eine wichtige Rolle spielt. Mit Unterstützung des saudi-arabischen Staates gelang es dieser, ihre Ideologie seit den 1960er Jahren zu verbreiten.[21]

In den frühen 1970er Jahren begannen militante Islamisten in Ägypten, Anschläge auf staatliche Einrichtungen und Regierungsangehörige zu verüben. Bekannt wurde vor allem die *Gemeinschaft der Exkommunizierung und der Auswanderung (Jamāʿat at-takfīr wa-l-hijra)* unter der Führung des ehemaligen Muslimbruders Shukrī Aḥmad Muṣṭafā (1942–1978). Sie zeichnete 1977 für die Entführung und Ermordung des damaligen ägyptischen Religionsministers verantwortlich. Die führenden Mitglieder der Gruppe einschließlich Muṣṭafās wurden verhaftet und 1978 hingerichtet.[22] Obwohl sie sich selbst einfach *Gemeinschaft der Muslime (Jamāʿat al-muslimīn)* nannte und erst die ägyptische Öffentlichkeit sie mit dem Namen *at-Takfīr wa-l-hijra* bezeichnete, greifen militante Islamisten diesen immer wieder auf, denn die beiden Begriffe beschreiben die Geisteshaltung der militanten Islamisten nur zu deutlich. Sie bezichtigen nämlich diejenigen Muslime, die sich gegen sie stellen, des Unglaubens *(takfīr)*, ziehen sich aus ihrer Gesellschaft zurück *(hijra)* und führen anschließend den *jihād* gegen sie: *Takfīrī* ist heute eine gängige arabische Bezeichnung für die militantesten Anhänger eines weltweiten *jihād* gegen den Westen geworden.[23]

Im Verlauf der 1970er Jahre entstanden weitere militante Gruppen, die gewaltsam gegen ihre Regierungen kämpften. In Ägypten waren dies die *Jamāʿa islāmīya (Islamische Gemeinschaft)*, vor allem aber die *Jihād*-Gruppe, die mit der Ermordung des Präsidenten Anwar as-Sādāt im Oktober 1981 weltweites Aufsehen erregte. Ihr damaliger Vordenker war Muḥammad ʿAbd as-Salām Faraj

(1952–1982), der in seiner Schrift *al-Farīḍa al-ghā'iba (Die vergessene Pflicht)* den (bewaffneten) *jihād* gegen eine Regierung, die nicht islamischer Grundsätze entsprechend regierte, als religiöses Gebot bezeichnete.[24]

Im Jahr 1979 erfaßte der militante Islamismus auch Saudi-Arabien. Im November, am ersten Tag des islamischen 15. Jahrhunderts (1. *Muḥarram* 1400), besetzte eine Gruppe von mehreren hundert vorwiegend saudischen Islamisten die Große Moschee von Mekka *(al-ḥaram ash-sharīf)* und nahm zahlreiche Pilger als Geiseln.[25] Sie forderten eine Rückkehr der saudischen Gesellschaft zur Lebensweise der «frommen Altvorderen» und kritisierten das Bündnis des Herrscherhauses mit den USA scharf. Ihre Aktion hatte darüber hinaus eine starke millenaristische Komponente, da ihr Anführer Juhaimān al-ʿUtaibī behauptete, einer seiner Gefährten, Muḥammad ibn ʿAbdallāh al-Qahṭānī, sei der erwartete *mahdī* oder «Rechtgeleitete». Erst nach zwei Wochen gelang es saudischen Truppen mit Hilfe französischer Spezialeinheiten, die Besetzer zu überwältigen. Qahṭānī wurde während des Kampfes getötet, ʿUtaibī und 63 seiner Gefolgsleute wurden im Januar 1980 hingerichtet.

5. Schiitischer Islamismus

Daß die Schia ursprünglich eine religiös-politische Bewegung war, scheint sie für staatsorientierten Aktivismus zu prädestinieren. So taucht der Topos des Kampfes für die im Koran verheißene soziale Gerechtigkeit, d. h. für eine Überwindung der tatsächlich bestehenden Verhältnisse, bei den Schiiten recht früh auf, wie bei der südirakischen Sekte der *Qarmaṭīya* im 9. Jahrhundert und der *Ismāʿīlīya*. Letztere machte im Mittelalter durch den gewalttätigen Aktivismus der sogenannten *Assassinen* von sich reden.

An diese radikalen und zuweilen militanten Protesttraditionen knüpften einige Gruppierungen im Iran der frühen 1960er Jahre an, die sich gegen die Herrschaft von Moḥammed Reżā Shāh Pahlavī (reg. 1944–1979) in der *Befreiungsbewegung des Iran (Nahżat-i āzādī-yi īrān)* zusammengeschlossen hatten. Unter dem Einfluß marxistisch-leninistischer Ideologien, wie er sich nicht zuletzt in den Schriften ʿAlī Sharīʿatīs (1933–1977) findet, spalteten sich von hier Gruppen wie die *Organisation der Volksmujahidin des Iran (Sāzmān-i mujāhidīn-i khalq-i īrān)* ab und optierten zwischen 1963 und 1977 für militanten Aktivismus.[26]

Aber auch der vormals staatstragende schiitische Klerus begann sich gegen die Pahlavī-Herrschaft aufzulehnen: Schon in den 1940er Jahren äußerte Āyatollāh Ruḥollāh Mūsāvī Khumainī (1902–1989) in seinen Schriften scharfe Kritik an der antiklerikalen Politik des Schah. Sein wirkmächtiges Hauptwerk *Ḥukūmat-i islāmī yā vilāyat-i faqīh (Der islamische Staat oder die Regierungsausübung des Rechtsgelehrten)* entstand aus einer Vorlesungsreihe, die er 1970 während seines langjährigen Exils im irakischen Najaf vor Religionsstudenten hielt. Nach der Revolution von 1979 diente diese Schrift als Programm für die Islamische Republik Iran. Die weltweite Euphorie islamistischer Kreise über den Sieg der Islamischen Revolution ebbte jedoch schnell ab, zu groß war die Kluft zwischen den beiden großen muslimischen Denominationen. Nachhaltigen Einfluß übte sie nur auf schiitische Minderheiten im Nahen Osten aus.[27]

Etwa zur gleichen Zeit wie in Iran formierten sich schiitische Protestbewegungen auch im Libanon, um in Zeiten zunehmend rascheren sozialen Wandels gegen ihre gesellschaftliche Unterprivilegierung, durch den Bürgerkrieg (1975–1990) verschärft, vorzugehen. Die bekannteste unter ihnen war zunächst die 1974 unter Federführung des seit 1978 in Libyen verschollenen Āyatollāh Mūsā aṣ-Ṣadr (geb. 1928) gegründete *Bewegung der Benachteiligten (Ḥarakat al-maḥrūmīn)* mit ihrem bewaffneten Arm *Amal* («Hoffnung»). Es waren insbesondere die israelische Invasion im Südlibanon und die siegreiche Revolution in Iran, aufgrund derer 1982 eine Gruppe schiitischer Geistlicher in der Bekaa-Ebene die *Partei Gottes* (Hizbullah, arab. *Ḥizb Allāh*) gründete. Deren erklärtes Ziel war eine islamische Revolution nach iranischem Vorbild, die aus dem 1985 verkündeten heiligen Verteidigungskrieg *(al-jihād ad-difāʿī)* gegen Israel erwachsen sollte.[28] Mittlerweile hat sich die Hizbullah mit dem von Syrien dominierten politischen System im Nachkriegslibanon arrangiert, nimmt an Wahlen teil und stellt Abgeordnete. Inwieweit sie an ihrem Ziel, der Errichtung eines islamischen Staates, festhält, bleibt umstritten.

Der in den 1970er Jahren verbreitete Trend zur Politisierung erfaßte auch die irakischen Schiiten. Die Grenzen der Mobilisierungskraft des schiitischen Islamismus zeigten sich im Irak jedoch während des Ersten Golfkrieges (1980–1988), als die dortigen Schiiten mehrheitlich auf der Seite des Regimes Saddam Husains (Ṣaddām Ḥusain; geb. 1937) gegen Iran kämpften. Es gelang Saddam Husain auch deshalb, die Schiiten unter Kontrolle zu halten, weil er 1980 den wichtigsten islamistischen Gelehrten der Schiiten im Irak und erklärten Gegner der *Baʿth*-Partei, Muḥammad Bāqir aṣ-Ṣadr (1935–1980), hinrichten ließ. Ṣadr hatte gemeinsam mit mehreren Gleichgesinnten Ende der 1950er die *Daʿwa*-Partei gegründet und wurde im Najaf der 1960er und 1970er Jahre zu deren Vordenker.[29] Nach ihrer blutigen Unterdrückung durch das Saddam-Regime spielte sie erst wieder während des Aufstandes 1991 eine Rolle, als sich schiitische Gruppierungen im Südirak infolge des Zweiten Golfkriegs (1991) erhoben hatten, ihre Rebellion jedoch niedergeschlagen wurde. Welche Folgen die «Befreiung» der irakischen Schiiten nach dem Krieg der USA gegen den Irak 2003 haben wird, ist noch nicht abzusehen. Die *Daʿwa*-Partei arbeitet in den von den USA kontrollierten Regierungsgremien mit, muß aber mittlerweile mit anderen schiitischen Gruppen konkurrieren. Ebensowenig ist abzusehen, inwiefern sich die Ereignisse im Irak auf die Situation ihrer Glaubensbrüder in Saudi-Arabien und Bahrain auswirken werden. Dort hatten islamistische Bewegungen, die seit den 1970er Jahren ebenfalls vom Trend zur Mobilisierung erfaßt wurden und sich dem Khomainismus verschrieben hatten, in den 1990er Jahren gemäßigte Positionen bezogen und sich mit den Regimen ihrer Heimatländer ausgesöhnt.[30] Da Schiiten dort jedoch sozioökonomisch wie auch kulturell diskriminiert werden, bestehen weiterhin Spannungen zwischen ihnen und den sunnitischen Herrschern.

6. Kaschmir, Afghanistan und die Taliban

Die Vorgeschichte der heutigen islamisch motivierten Militanz in Kaschmir, die 1989 mit einem Aufruf der *Jammu and Kashmir Liberation Front* (JKLF) zum bewaffneten Aufstand gegen die indische Truppenpräsenz einsetzte, geht bis ins späte 19. Jahrhundert zurück, als die ersten *Ahl-i ḥadīth* das von volksreligiösen Traditionen stark geprägte Tal erreichten. Ihr radikales Agitieren für einen von diesen Traditionen gereinigten Islam setzte einen Prozeß der kulturellen Selbstvergewisserung unter den kaschmirischen Muslimen in Gang und führte zu einem Wettbewerb um religiöse Führerschaft im Tal, der sich um das Amt des in Srinagar ansässigen Hauptpredigers *(mīr wāʿiẓ)* drehte. Um 1910 beanspruchten zwei Persönlichkeiten gleichzeitig dieses Amt: Der hanafitische *Mīr Wāʿiẓ-i Hamadānī* repräsentierte die indigenen religiösen Traditionen, während der *Mīr Wāʿiẓ-i Kashmīr* für die von außen kommenden reformistischen Strömungen eintrat. Bis heute sind alle Auseinandersetzungen in und um Kaschmir auch Ausdruck dieses religiösen Spannungsverhältnisses.[31]

Die militärischen Auseinandersetzungen um Kaschmir zwischen Indien und Pakistan seit 1947 polarisierten die Kaschmiris auch politisch: Während ein Verbleiben in der Indischen Republik kaum als Alternative diskutiert wurde, schieden sich die Meinungen an der Frage, ob entweder die Selbstverwaltung oder der Anschluß an Pakistan vorzuziehen sei. Die Eingliederung des nördlichen Tals und paschtunischer Stammesgebiete in den pakistanischen Staat nach 1947, das Aufkommen weiterer Gruppierungen wie der JiI *(Jamāʿat-i islāmī)* im Tal sowie die Unterstützung der afghanischen *mujāhidīn* gegen die sowjetische Besatzung durch die Regierung Zia ul-Haqs verschärften auch die internen Streitigkeiten um die Zukunft des Kaschmirtals. Der Rückzug der sowjetischen Truppen aus Afghanistan 1988/89 und der Beginn des Bürgerkrieges wirkten sich auch auf Kaschmir aus: Der lange Zeit durch die JKLF getragene Widerstand gegen die andauernde indische Truppenpräsenz in Kaschmir, der 1989 in dem Aufruf zum bewaffneten Aufstand gipfelte, wurde zunehmend durch von Pakistan aus operierende militante Gruppierungen abgelöst, die vielfach im Zuge des *jihād* gegen die sowjetische Besatzung Afghanistans entstanden waren und deren Mitglieder oft während der alljährlichen Massenzusammenkünfte der TJ *(Tablīghī Jamāʿat)* im nahe Lahore gelegenen Raiwind rekrutiert werden.[32] Die seit 1993 bedeutendste dieser militanten Gruppierungen ist die *Vorzügliche Armee (Lashkar-i ṭayyiba)*, bewaffneter Arm des 1986 im pakistanischen Panjab von *Ahl-i ḥadīth* begründeten *Zentrums für Mission und Rechtleitung (Markaz-i daʿwat wa irshād)*.[33] Ihr gegenüber steht die im gleichen Jahr ins Leben gerufene und lange Zeit vom jetzigen *Mīr Wāʿiẓ-i Kashmīr* angeführte *All Parties Ḥurrīyat Conference*, die indigene Gruppierungen wie die JKLF und die JiI (Jammū wa Kashmīr) einschließt und um eine gewaltfreie Lösung des Konfliktes mit der indischen Regierung bemüht ist.

Während der bewaffnete Kampf in Kaschmir also stark vom Einfluß pakistanischer *Ahl-i ḥadīth* geprägt ist, bildete sich in Koranschulen der aus der Deoband-

Tradition stammenden JUI *(Jamʿīyat-i ʿulamāʾ-i islām)* in Pakistan eine einflußreiche islamistische Kraft heraus, die ab 1994 dem afghanischen Bürgerkrieg ein Ende bereitete und zwischen 1995 und 2002 das «Islamische Emirat Afghanistan» errichtet hatte: die *Taliban (ṭālibān)*.

Wie an anderer Stelle ausgeführt, verfügte die JUI vor allem in den paschtunischen Stammesgebieten über erheblichen Einfluß. Ihre besonders in der nordwestlichen Grenzprovinz gelegenen Koranschulen, unter denen das Seminar *Dār al-ʿulūm al-ḥaqqānīya* in Akora Khattak besondere Prominenz erlangt hatte,[34] erhielten nach 1979 wachsenden Zulauf auch von afghanischen Flüchtlingen und wurden während des afghanischen Bürgerkrieges nach 1989 schließlich zur Kaderschmiede der *Taliban*. Ihr ideologisches Zentrum, in dem die Deobandī-Gelehrsamkeit an die spezifisch afghanische Situation angepaßt wurde, ist allerdings im *Haus für Gutachterwesen und Rechtleitung (Dār al-iftāʾ wa-l-irshād)* in Karachi zu finden. Sein Leiter, Muftī Rashīd Aḥmad (geb. 1922), gilt zugleich als Lehrer des enigmatischen Führers der *Taliban*, Mullā Muḥammad ʿUmar (geb. ca. 1959).

Der militärische Erfolg der *Taliban* in Afghanistan ist jedoch nur bedingt auf ihre puristische Doktrin zurückzuführen. Ihr anfänglich starker Zulauf erklärt sich zum einen daraus, daß sie als eine Kraft angesehen wurden, die den anarchischen Zuständen im Land Einhalt gebieten konnte, zum anderen, daß sie eine ethnisch recht homogene paschtunische Bewegung waren und besonders in Südafghanistan auf tribale Solidarität zählen konnten. Ihr repressives Regime nach der Eroberung Kabuls im September 1996 und ihre Allianz mit dem *al-Qāʿida*-Netzwerk Bin Ladins mehrten jedoch den Widerstand im In- und Ausland und führten schließlich im Dezember 2001 dazu, daß US-amerikanische Truppen und deren Alliierte ihre Herrschaft beendeten.[35]

7. Al-Qāʿida und die internationalen Netzwerke der Araber

Arabische Freiwillige hatten an den Kampfhandlungen gegen die sowjetischen Truppen in Afghanistan teilgenommen, und im nordwest-pakistanischen Peschawar bildete sich eine große Exilgemeinde, in der islamistische Aktivisten aus dem gesamten arabischsprachigen Raum zusammenkamen. Ihre wichtigste Persönlichkeit, der Palästinenser ʿAbdallāh ʿAẓẓām (1941–1989), hatte in seinem Werk *ad-Difāʿ ʿan arāḍī l-muslimīn ahamm furūḍ al-aʿyān (Die Verteidigung der Länder der Muslime ist die wichtigste der individuellen Glaubenspflichten)* die theoretische Grundlage für den bewaffneten *jihād* gegen die sowjetischen Besatzungstruppen erarbeitet. Wenn Feinde in das Gebiet des Islams eindringen, wird demnach der *jihād* zur Pflicht jedes einzelnen Muslims *(farḍ ʿain)*. ʿAẓẓām bezog dies ausdrücklich auch auf Palästina und andere (vorgeblich oder tatsächlich) besetzte muslimische Länder. In Afghanistan bildeten sich – zunächst unter der Führung ʿAẓẓāms, dann Bin Ladins – die ersten internationalen Netzwerke von Islamisten, welche die Grundlage für die spätere Entstehung von *al-Qāʿida* bildeten. Für die «Islamistische Internationale» nahmen zunehmend aktuelle Konflikte, wie die Kriege um Kaschmir, Afghanistan, Bosnien, Tschetschenien und seit 2003 auch um den Irak sowie der palästinensisch-israelische Konflikt, die Stelle handlungsleitender transnationaler Symbole ein. Gerade die sowjetische Invasion in Afghanistan konnte Islamisten aus aller Welt zur aktiven Teilnahme am bewaffneten Widerstand mobilisieren.

Nach dem sowjetischen Abzug kehrten viele «arabische Afghanen» in ihre Heimatländer zurück, die meisten von ihnen nach Saudi-Arabien, Ägypten, Jemen und Algerien. In Ägypten und Algerien nahmen viele an den dort im Jahr 1992 ausgebrochenen Kämpfen gegen die Regierungen teil. Andere beteiligten sich als Söldner oder Freiwillige an Kriegen in Bosnien, im Kosovo, in Tschetschenien, Tadschikistan, Aserbeidschan, auf den Philippinen und in Kaschmir.

Seit Anfang der 1990er Jahre begann der damalige saudische Staatsangehörige Usama Bin Ladin, aus den verstreuten Afghanistan-Veteranen eine internationale Organisation zu formen. Bin Ladin hatte selbst einen großen Teil der 1980er Jahre in Pakistan und Afghanistan verbracht und dort in enger Abstimmung mit ʿAẓẓām logistische Hilfe für die Glaubenskämpfer organisiert. Als Sohn einer prominenten saudischen Bauunternehmerfamilie mit jemenitischem Hintergrund verfügte er über hervorragende Kontakte zu reichen Geschäftsleuten in den Golfstaaten, die maßgeblich zur Finanzierung des Kampfes beitrugen. Nach seiner Rückkehr nach Saudi-Arabien geriet er in Konflikt mit der dortigen Herrscherfamilie, denn nachdem irakische Truppen im August 1990 Kuwait besetzt hatten, beschloß die Regierung zum Schutz vor einem möglichen irakischen Vormarsch, amerikanische Truppen ins Land zu rufen. Dies wertete Bin Ladin als Sakrileg. Aufgrund seines Protestes mußte er Saudi-Arabien verlassen und ging in den Sudan. Nachdem er im Frühjahr 1996 auf Druck der USA auch von dort ausgewiesen worden war, begab er sich nach Afghanistan, wo die *Taliban* in einem beispiellosen Siegeszug fast das gesamte Land erobert hatten. Unter ihrem Schutz gelang es ihm, mit der *al-Qāʿida* eine internationale Organisation aufzubauen. Er definierte sein primäres Ziel, den Sturz der saudischen Herrscherfamilie, in einer programmatischen *Jihād*-Erklärung vom 23. August 1996, in der er darüber hinaus den USA den Krieg erklärte, weil sie das «Land der beiden Heiligen Stätten» besetzt hielten.[36]

1997/98 schließlich erhielt *al-Qāʿida* diejenige Form, in der sie sich bis Ende 2001 präsentierte. Damals schloß sich der Ägypter Aiman aẓ-Ẓawāhirī (geb. 1951) mit Teilen der ägyptischen *Jihād*-Gruppe und der *Jamāʿa islāmīya* der saudisch dominierten Organisation Bin Ladins an, die sich nunmehr dem internationalen Kampf gegen den Westen verschrieb. Programmatische Grundlage des Strategiewechsels war der Aufruf der *Islamischen Weltfront für den Jihād gegen Juden und Kreuzzügler* vom Februar 1998.[37] Ab 1997/98 konzentrierte sich die neue Gruppierung auf amerikanische Ziele und einigte sich auf eine antiamerikanische Strategie. Sie fand ihren praktischen Niederschlag zunächst in den Attentaten auf die US-Botschaften in Daressalam und Nairobi im August 1998. Die Anschläge des 11. September 2001 auf World Trade Center und Pentagon waren eine logische Folge dieses Strategiewechsels, der darauf abzielte, die USA zum Rückzug aus der islamischen Welt zu veranlassen, um dann die dortigen Regierungen – in erster Linie in Ägypten und Saudi-Arabien – leichter stürzen zu können. Viele Ägypter nahmen seit Mitte der 1990er Jahre Führungspositionen innerhalb der *al-Qāʿida* ein, auch weil der Aufstandsversuch in Ägypten im Jahr 1997 scheiterte.[38] Die USA schlugen sofort zurück, so daß *al-Qāʿida* schon im Winter 2001/02 ihre Basis in Afghanistan verlor. Zwei Entwicklungstendenzen zeichneten sich in der Folgezeit ab:

Erstens hatte *al-Qāʿida* in den Jahren seit 1996 versucht, einzelne militante Organisationen und Persönlichkeiten unter ihre Kontrolle zu bringen und in die entstehende transnationale Organisation einzubinden. Das prominenteste Beispiel für einen solchen Versuch war der Kuwaiti balutschischer Abstammung Khālid Shaikh Muḥammad (geb. 1965), der Chefplaner der Attentate des 11. September, der bereits in den ersten Anschlag auf das World Trade Center 1993 verwickelt war und 1994/95 auf den Philippinen plante, möglichst viele in Südost- und Ostasien gestartete amerikanische Flugzeuge über dem Pazifik zu sprengen. Es war *al-Qāʿida* jedoch nur beschränkt gelungen, die einzelnen Gruppen zu integrieren, so daß sie ab 2002 die Kontrolle verlor, als ihre Anhänger flüchteten und sich teilweise in ihre Heimatländer zurückzogen. Ohne zentrale Koordination war es ihnen nicht möglich, große Anschläge im Maßstab derjenigen des 11. September zu organisieren. Vielmehr wandten sie sich verstärkt regionalen Zielen zu, wie die Anschläge in Saudi-Arabien, Marokko und der Türkei im Jahr 2003 zeigten. Durch diese Dezentralisierung wurde der militante Islamismus wieder – wie schon vor 1997 – zu einem primär regionalen Problem.

Zweitens verschaffte die nachlassende Kontrolle der Führungsspitze einzelnen Gruppen auch die Möglichkeit, konkurrierende Netzwerke bei gleichzeitiger ideologischer Anlehnung an *al-Qāʿida* zu schaffen. Der wichtigste Akteur in diesem Zusammenhang war der Jordanier Abū Muṣʿab az-Zarqāwī (geb. 1966), der mit seiner *Gemeinschaft der Einheit* [Gottes] *und des Heiligen Krieges (Jamāʿat at-tauḥīd wa-l-jihād)* im Irak in der zweiten Jahreshälfte 2003 zum weltweit gefährlichsten militanten Islamisten wurde. Er teilt die grobe Zielrichtung von *al-Qāʿida,* betont aber den Kampf gegen die jordanische Herrscherfamilie sowie gegen Israelis im besonderen und Juden im allgemeinen. So meldete er sich am 30. April 2004 mit einer Audiobotschaft zu Wort, in der er sich zu einem gescheiterten Anschlag auf die Zentrale des jordanischen Geheimdienstes bekannte. Er bestritt jedoch den Vorwurf, versucht zu haben, Chemiewaffen zu verwenden: «Gott weiß, daß, wenn wir eine solche Bombe besäßen, wir nicht zögern würden, sie gegen Eilat, Tel Aviv oder andere Städte einzusetzen.»[39]

8. Ein Niedergang des Islamismus?

Seit Mitte der 1990er Jahre traten in islamistischen Kreisen vermehrt gemäßigte Stimmen auf. Zu deutlich waren Islamisten seit 1989 in ihrem Bestreben, die Macht zu übernehmen, gescheitert. Am offensichtlichsten war dies in Ägypten und Algerien, wo die islamistischen Aufständischen sich nicht gegen die staatlichen Sicherheitskräfte durchzusetzen vermochten und statt dessen zunehmend ziellose und brutale Gewalt anwandten. Damit verloren sie jegliche Unterstützung seitens der Bevölkerungsmehrheit, so daß sie ab 1996/97 keine nennenswerte militärische Kraft mehr darstellten. Auch die Wahl des reformorientierten Moḥammed Khātamī (geb. 1943) zum Präsidenten des Iran im Jahr 1997 zeigte, daß die Mehrheit des iranischen Volkes nur noch bedingt an die Islamische Revolution und ihren Protagonisten glaubte. Aufgrund dieser Tendenzen konstatierte Gilles Kepel in seinem populären Buch *Jihad. Expansion et déclin de l'islamisme* das baldige Ende des Islamismus. Allerdings hatte Olivier Roy diese These bereits in einer älteren Arbeit von 1992 formuliert.

Kepel erklärte sogar nach den Anschlägen des 11. September noch, daß sie nur vor dem Hintergrund der schwindenden Mobilisierungskraft des Islamismus verständlich seien, da es sich um einen ebenso verzweifelten wie sinnlosen Versuch handele, seinen Niedergang aufzuhalten. Roys Argumentation ist demgegenüber differenzierter, denn sie hat nicht den «Islamismus» im anfangs zitierten Sinne zum Gegenstand. Vielmehr unterscheidet er zwei Formen des politischen Islams, nämlich «Islamismus» einerseits und «Neofundamentalismus» andererseits. Islamismus ist ihm zufolge eine Variante des politischen Aktivismus, die nach politischer Macht strebe und auf die Errichtung eines islamischen Staates abziele. Der «Islamismus» der Islamischen Republik Iran sei solch ein Fall, der einzige – so Roy – bisher erfolgreiche. «Neo-Fundamentalismus» (oder «Salafismus») bezeichne hingegen den Versuch, islamische Idealgesellschaften nach dem Vorbild der Frühzeit der Muslime im Mekka und Medina des 7. Jahrhunderts zu schaffen, dies aber in der Regel nicht durch den Versuch der politischen Machtübernahme, sondern durch einen Wandel der übrigen Lebensbereiche. Er schaffe keine neuen «Politikformen», sondern beschränke sich auf die Durchsetzung der *sharīʿa*. Das wichtigste Beispiel sei die TJ *(Tablīghī Jamāʿat)*. Die zunehmende Attraktivität des «Neo-Fundamentalismus» schwäche daher den «Islamismus», der mittlerweile an Wirkungsmacht deutlich verloren habe. Er sei an seinem wichtigsten Ziel, der Errichtung islamischer Staaten, gescheitert und werde nun immer mehr durch den «Neo-Fundamentalismus» abgelöst. Der sozio-kulturelle Erfolg der heutigen Islamisten, der wieder in politische Programme umgesetzt werden könnte, spricht u. E. jedoch gegen Roys und Kepels These vom Niedergang des Islamismus.

IX.
Die mystischen Bruderschaften und der Volksislam

(Frederick De Jong)

1. Mystische Bruderschaften

Islamische mystische Bruderschaften (Derwisch- oder *ṣūfī*-Orden; arab. *ṭarīqa*, Pl. *ṭuruq*) sind zu definieren als hierarchisch organisierte initiatorische Verbände, die auf einem mystischen Konzept des Islams beruhen.[1] Grundlegend für dieses Konzept ist die implizite oder explizite axiomatische Einstellung, daß der Mensch zu einem Stadium direkter Erkenntnis Gottes oder einer Einheit mit Gott kommen kann. Dieses mystische Konzept des Islams findet seinen Ausdruck in zahlreichen Bruderschaften und strukturiert deren Lehre und religiöse Praxis.

An der Spitze der Hierarchie einer Bruderschaft steht der mystische Lehrer (*shaikh, murshid, pīr*). Dieser rechtfertigt im allgemeinen seine Ansprüche als Lehrer und Leiter durch die Tatsache, daß er selber von einem mystischen Lehrer in eine bestimmte mystische Tradition eingeweiht und von ihm unterrichtet wurde und schließlich die Erlaubnis erhalten hat, seinerseits als Lehrer aufzutreten. Es ist für einen mystischen Lehrer notwendig, nachweisen zu können, daß er in einer möglichst ununterbrochenen Nachfolge mystischer Lehrer steht. Diese Kette mystischer Nachfolge soll möglichst auf den Propheten zurückführen, in dessen Lebensweise und Äußerungen, neben dem Koran, die verschiedenen Strömungen innerhalb der islamischen Mystik die letzte Rechtfertigung für einen Großteil ihrer Lehre und Praxis finden.

Das Maß der formellen Organisation mystischer Bruderschaften scheint eine Funktion des Umfangs des Mitgliederbestandes zu sein. Sie kann variieren von einem mystischen Lehrer mit einer kleinen örtlichen Gruppe von Anhängern, die nicht selten in einer Art von Klostergemeinschaft (*khānaqāh, tekke, zāwiya, dargāh*) und ohne formalisierte Funktionen zusammenwohnen, bis zu einer supranationalen hierarchischen Struktur mit allen Merkmalen einer bürokratischen Organisation. Gleiche Namen von Bruderschaften (die oft auf den mehr oder weniger fiktiven Gründer verweisen)[2] geben keine Sicherheit hinsichtlich der Identität ihrer theologischen Systeme, ihres Rituals und ihrer mystischen Methoden. Bei manchen Gruppen von Mystikern, die unter dem gleichen Namen auftreten, läßt sich beobachten, daß sie aufgrund verschiedener mystischer Methoden praktizieren. Dies kann auch dann vorkommen, wenn diese Gruppen im Hinblick auf Zeit und Ort nicht weit voneinander entfernt sind. Die Grundelemente sind für fast alle Bruderschaften gleich und enthalten das Rezitieren oder das Lesen von Gebetsformeln und Texten (*aurād, aḥzāb*), liturgische Zusammenkünfte mit Gesang und Tanz (*ḥaḍra*), allgemeine Lebensregeln – zugespitzt auf die Ethik der sozialen Interaktion *(ādāb)* – und manchmal Vorschriften in bezug auf periodische Fastenzeiten und Exerzitien (*khalwa*).

In der westlichen Islamliteratur wurden und werden die mystischen Bruderschaften oft als Organisationsformen gesehen, die die primäre Funktion haben, bestimmte geistige Bedürfnisse zu befriedigen, denen die zentrale Tradition innerhalb des Islams nicht entgegenkommt. Eine derartige Deutung des Phänomens der mystischen Bruderschaften scheint allerdings aus einer ganz bestimmten philosophisch-anthropologischen Haltung in bezug auf die Existenz grundsätzlicher religiöser Bedürfnisse des Menschen zu stammen. Neuere Studien ergeben ein etwas anderes Bild von diesen Funktionen und der Bedeutung dieser Bruderschaften: Es hat sich gezeigt, daß diese in Vergangenheit und Gegenwart neben ihrer rein religiösen Funktion auch soziale und politische Funktionen haben. Die Beziehung dieser Gruppen und ihrer Führer, die bisweilen um weltliche Macht, Prestige und Besitz konkurrieren, scheint oft von entscheidendem Einfluß auf ihre historische Entwicklung gewesen zu sein.

Führer von mystischen Bruderschaften haben an verschiedenen Orten und zu verschiedenen Zeiten Positionen von großer Macht und großem Einfluß bekleidet, und in einigen Fällen haben sich von mystischen Bruderschaften kontrollierte Gebiete zu politischen Einheiten und sogar zu selbständigen Staaten entwickelt. Beispiele aus neuerer Zeit sind der Idrisidenstaat im ʿAsīr (1909–1928) und das Königreich Libyen (1951–1969), das aus der *Sanūsīya* entstanden ist.

Nur in einem einzigen Fall – dem der *Mevlevīye*[3] – verfügen wir über Unterlagen, aus denen sich ergibt, daß eine mystische Bruderschaft mit mehr als lokaler Bedeutung während einer Periode von einem Jahrhundert oder länger eine in gewissem Sinne zentralisierte Autorität gekannt hat. Eine andere mystische Gruppierung, bei der dies auf den ersten Blick der Fall zu sein scheint, ist die *Bektāshīye* (Bektaşiye).[4] Durch ihre organischen Beziehungen mit dem Korps der Janitscharen konnte diese Gruppierung im Osmanischen Reich sehr einflußreich werden, bis sie im Jahre 1826 zusammen mit dem erwähnten Korps aufgelöst wurde. Vor 1826 und erneut von der Mitte des 19. Jahrhunderts an stellen die Bektāshīs eine zentral geführte Organisation dar, die nach dem Ende des Osmanischen Reiches einen supranationalen Charakter bekam. Innerhalb dieser Gruppierung finden sich aber spezifische theologische Konzepte, die mit dem Dogma von der göttlichen Natur des ʿAlī ibn Abī Ṭālib (des Schwiegersohns des Propheten und vierten Kalifen gemäß der sunnitischen Lehre) verbunden sind. Diese Konzepte sowie die liturgische Praxis dieser Gruppe und ihre sowohl vom sunnitischen als auch vom schiitischen Islam stark abweichenden Auffassungen der islamischen Pflichtenlehre lassen es richtiger erscheinen, das Bektaschitum als eine besondere mystische Sekte oder sogar als eine selbständige Religion zu qualifizieren. Deshalb ist es auch nicht richtig, in dieser Gruppierung eine mit der Mevlevīye vergleichbare mystische Bruderschaft zu sehen.

Im allgemeinen scheinen die verschiedenen islamischen mystischen Bruderschaften ein sehr geringes Maß interner Kohäsion aufzuweisen. Hierzu muß das

Fehlen der Autoritätsstrukturen – welches seinen Ursprung in dem unvermeidlichen Konflikt zwischen dem zu effizienter mystischer Führung notwendigen Charisma und der für die Kontinuität dieser Führung notwendigen Institutionalisierung findet – in erheblichem Maße beigetragen haben. Paradox ist die Erscheinung, daß schismatische Gruppierungen innerhalb einer mystischen Bruderschaft oft in der Region auftreten, in der diese Bruderschaft ihr Zentrum hat, während Abteilungen derselben Bruderschaft in den Randgebieten der Welt des Islams davon unberührt bleiben und oft mit diesem Zentrum intensive Kontakte pflegen. Die Erklärung für dieses Phänomen scheint darin zu liegen, daß eine Bruderschaft in dem Gebiet, wo sich ihr spirituelles Zentrum befindet, oft die größte Anhängerschaft hat, wobei eine Vergrößerung der Mitgliederzahl die Durchsetzung der persönlichen Autorität erschwert und eine Delegation der (Führungs-)Funktionen notwendig wird, wodurch (semi-)autonome Machtpositionen entstehen können, die in eine schismatische Bewegung münden.

Ein Beispiel hierfür ist die *Saʿdīya,* eine Bruderschaft mit ihrem Zentrum in Damaskus, wo das spirituelle Oberhaupt residierte. In Syrien selbst hat sich diese Bruderschaft im Laufe des neunzehnten Jahrhunderts in zahlreiche autonome Sektionen gespalten, während sich zum Beispiel Abteilungen in Mazedonien und Albanien weiterhin als der Autorität des ursprünglichen Zentrums in Damaskus untergeordnet betrachteten. Auch die Dokumente, in denen innerhalb dieser Abteilungen mystische Lehrbefugnisse übertragen wurden und durch die man bestimmte Führerschaftsfunktionen delegierte, wurden manchmal zur Beglaubigung oder zur Redaktion nach Damaskus geschickt.[5]

2. Volksislam

Der problematische Charakter des Ausdrucks «Volksislam» als soziologische Kategorie geht unter anderem aus den verschiedenen Bedeutungen hervor, in denen er sowohl in der populärwissenschaftlichen als auch in der Fachliteratur verwendet wird, und weist zur gleichen Zeit auf den noch sehr unterentwickelten Stand der religionssoziologisch orientierten Islamwissenschaft hin. In der Literatur wird der Begriff Volksislam in mindestens fünf unterschiedlichen Bedeutungen verwendet. Diese werden häufig in unzulässiger Weise nebeneinander bzw. im falschen Zusammenhang gebraucht. Es handelt sich um die folgenden:

(1.) regionale Varianten des Islams;
(2.) die Art und Weise, wie die breite, zum größten Teil analphabetische Masse den Islam versteht;
(3.) sich im Heiligenkult und in mystischen Bruderschaften manifestierende Formen von Frömmigkeit;
(4.) Ideen und Praktiken, die identisch mit der Mystik sind;
(5.) Aberglaube und Häresie.

In allen Fällen steht der Ausdruck Volksislam als Begriff für den nichtkanonischen Islam, also eine Form des Islams, die mehr oder weniger in Opposition zum «offiziellen» Islam steht und auch entsprechende negative Konnotationen hat.

In der Welt des Islams wird der Ausdruck Volksislam in der Regel nicht verwendet. Vielmehr werden die Phänomene, die in der europäischen Literatur so bezeichnet werden, unter die Kategorien *ʿādāt* und *taqālīd* (Gewohnheiten und Traditionen), *bidʿa* und *kufr* (ungesetzliche Erneuerung und Polytheismus) eingeordnet. Hierbei muß bemerkt werden, daß die beiden erstgenannten Begriffe ziemlich frei von Werturteilen sind und sich mehr oder weniger unter dem Ausdruck Volksbrauchtum erfassen lassen, während dies bei den beiden zuletzt genannten Ausdrücken nicht der Fall ist: Sie implizieren eine direkte Verurteilung der so bezeichneten Phänomene.

Der Unterschied zwischen Volksislam und Hochislam wird dadurch weiter kompliziert, daß es im Islam in bezug auf die als *bidʿa* und *kufr* zu qualifizierenden Phänomene nur ein relatives Maß an Konsensus gibt, wodurch man sich als Außenstehender bei jedem Versuch einer Klassifikation implizit fast immer für oder gegen ein bestimmtes Konzept des Islams ausspricht: Man stellt sich zwangsläufig entweder auf die Seite der Apologeten oder der Kritiker der jeweiligen Konzepte.

Ferner ist die Kategorie Volksislam auch deshalb problematisch, weil Beziehungen zu religiösen Institutionen wie dem *zār* und dem Heiligenkult (die in der westlichen Literatur meistens, und im allgemeinen zutreffend, als Manifestationen einer Volksreligion gesehen werden) bis zu einem gewissen Grade auch bei den gebildeten Schichten bestehen. Dies gilt auch für die formell ausgebildeten religiösen Spezialisten *(ʿulamāʾ)*, die gewöhnlich als Träger der zentralen Tradition des sunnitischen Islams gesehen werden, aber oft an der Heiligenverehrung und an der Magie teilnehmen und zu ihrer Kontinuität beitragen können.[6]

Trotzdem werden die Ideen und die Praktiken, um die es sich hier handelt – unabhängig davon, wie sie bezeichnet werden –, bei den gebildeten Schichten meistens als Manifestationen der Rückständigkeit und der Unterentwicklung angesehen, die deswegen lieber nicht studiert werden sollten, und schon gar nicht von westlichen Forschern, die, so meint man, mit der Veröffentlichung ihrer Forschungsergebnisse nur zur Verbreitung von «unrichtigen» Vorstellungen über den Islam beitrügen. Aufgrund dieser oder ähnlicher Überlegungen machen es die Behörden in den entsprechenden Ländern den Forschern, auch wenn es sich um Einheimische handelt, oft schwer oder unmöglich, wissenschaftliche Untersuchungen auf dem Gebiet des Volksislams zu betreiben.

In bezug auf die verschiedenen Ideen und Praktiken, die unter die vorher genannten Bedeutungen des Ausdrucks Volksislam fallen, wollen wir uns hier mehr oder weniger auf eine Behandlung von Ideen und Praktiken im Zusammenhang mit der islamischen Mystik beschränken. Dabei geht es um die Erscheinungsformen, die sich in den mystischen Bruderschaften manifestieren. Wir verzichten auf die Behandlung der Kategorien regionaler Varianten des Islams. Diese werden an anderer Stelle in diesem Band behandelt. Dabei machen Komplexität und Vielfalt dieses Gedankengutes und dieser Praktiken eine gewisse Simplifikation und Generalisierung im Rahmen des vorliegenden Beitrages unumgänglich.

Der Einfluß des mystischen Islams ist deutlich erkennbar in den gängigen Vorstellungen vom Wesen und vom Rang Muḥammads. Ihm wird eine Stellung zuerkannt, die über die im Glaubensbekenntnis genannte Eigenschaft des Propheten Gottes hinausgeht. Manchmal wird auf ihn mit dem Ausdruck *aṣl al-wujūd*, «Grund alles Seienden», verwiesen. Dies entspricht der Auffassung, daß alles Seiende mittels eines stufenweise verlaufenden Prozesses aus dem Licht des Propheten *(an-nūr al-muḥammadī)*, das in der ersten Schöpfungstat durch Gott selber von seinem Licht abgetrennt wurde, geschaffen worden ist. Dieser weitverbreitete Glaube an die Präexistenz Muḥammads[7] findet seinen literarischen Ausdruck unter anderem in den unzähligen *maulid*s. Es sind dies Berichte in Gedichtform über die Geschehnisse vor, während und kurz nach der Geburt des Propheten, die bei verschiedenen festlichen Anlässen (vor allem beim *maulid an-nabī* und beim *miʿrāj*) sowie bei liturgischen Zusammenkünften rezitiert werden.[8] Daneben lebt die weitverbreitete Auffassung von Muḥammad als dem Erlöser und Vermittler aller Gnaden, der bei Gott im Himmel für seine Gemeinde eintritt und dessen Geist auf wunderbare Weise beim liturgischen Ritual der Bruderschaften *(ḥaḍra)* und beim Lesen bestimmter Stellen aus den *maulid*s anwesend ist.[9]

Für die breite Masse aber scheinen die Heiligen im alltäglichen Leben von größerer Wichtigkeit als der Prophet zu sein. Es sind lokale oder regionale Heilige, die man anruft, um die herum sich ein wichtiger Teil des religiösen Lebens konzentriert und die man sich neben Muḥammad als ethische Vorbilder wählt.[10] Auch muß auf die weitverbreiteten, mehr oder weniger explizit monistischen bzw. pantheistischen Konzepte Gottes hingewiesen werden, die sich in Versuchen manifestieren, Gott durch die Buchstabenformen des arabischen Alphabets oder mittels Berechnungen aufgrund des Ziffernwertes von Buchstaben zu deuten.[11] Außerdem werden den Buchstaben des arabisch-persischen Alphabets, einzeln oder in Kombination, besondere Kräfte beigemessen. Dies erklärt zum Teil den weitverbreiteten Gebrauch geschriebener Texte in der Magie, unter anderem auf oder als Teil von Amuletten und Talismanen. Hiermit haben wir auf zwei weitverbreitete Komplexe von Ideen und Praktiken hingewiesen, die von der Mystik getragen werden bzw. mit ihr verknüpft sind und die mehr oder weniger mit einem System kosmologischer Konzepte zusammenhängen.[12]

Auf diese beiden Komplexe richtet der nichtmystische Islam seine hauptsächliche Kritik.

3. Magie und Verwandtes

Das Problem, einen adäquaten Unterschied zwischen Religion und Magie zu machen, ist in der anthropologischen/ethnographischen Literatur schon viele Male zur Diskussion gestellt worden. Auch im Islam ist es problematisch, diesen Unterschied zu machen. Im Rahmen des vorliegenden Kapitels scheint es uns nicht angebracht, einen Beitrag zur Lösung dieses Problems leisten zu wollen. Deswegen beschränken wir uns nach dem Vorbild von Kriss[13] auf den Hinweis, daß Religion und Magie sich im Islam überschneiden: Man trifft Magie als Teil der Religion an, während Teile der Religion mit der Magie verknüpft sind. Wir werden uns auf eine Darlegung der Phänomene beschränken, die sich im allgemeinen als Magie klassifizieren lassen.

In bezug auf die Formen der Magie wird im Islam ein Unterschied zwischen erlaubter *(ruqya)* und unerlaubter Magie *(siḥr)* gemacht. Letztere wird ausgeübt von (und als bekannt vorausgesetzt bei) einigen Spezialisten, obschon es in dieser Hinsicht implizite und explizite Verbote im Koran und in der Tradition gibt. Die unerlaubte Magie soll es möglich machen, Menschen Schaden zuzufügen und Macht zu erteilen über Leben und Tod. Die Kenntnis dieser Form der Magie soll seit (und durch) Salomo ununterbrochen bis auf die Zauberer unserer Tage übertragen worden sein, während sie nach einer anderen Version von Hārūt und Mārūt und vom Teufel stammt, die die Zauberer in dieser Geheimwissenschaft unterrichtet haben sollen.[14] Zur Ausübung der erlaubten Magie wird unter anderem das Schreiben von Amuletten gerechnet *(ḥijāb,* Pl. *aḥjiba),* so lange sich hierin kein *shirk* (Beigesellung, Götzendienst) manifestiert oder ein Fall von *daʿwa* (hier: Invokation zum Schutz und/oder Exorzismus mittels der Verwendung von rezitierten oder geschriebenen Texten oder Gebeten) vorliegt. Muḥammad selber soll die Verwendung von bestimmten Formeln gegen den bösen Blick empfohlen haben.[15] Trotzdem wird dies von vielen abgelehnt, weil es *shirk* sei oder weil es im Widerspruch zu der Forderung nach Gottvertrauen *(tawakkul)* stehe.

Viele Amulette sind primär dafür gedacht, Schutz gegen das böse Auge *(al-ʿain, an-naẓra, al-ḥasad),* die *jinn* und die *ʿafārīt* zu bieten. Für den weitverbreiteten Glauben an die Existenz der erstgenannten geheimnisvollen Kraft des Bösen wird sowohl im Koran wie in den prophetischen Traditionen *(ḥadīth)*[16] eine Grundlage gefunden. Dies gilt ebenfalls für die *jinn.* Diese werden meist als luftige Wesen mit durchsichtigen Körpern beschrieben, die verschiedene Gestalten annehmen können, aus Feuer erschaffen sind und Zwischenwesen zwischen Menschen und Engeln darstellen.[17] Der Glaube an die Existenz der *ʿafārīt*[18] dagegen ist vom Koran und vom Hadith her schwer zu rechtfertigen und befindet sich nicht in Übereinstimmung mit den meisten gängigen Konzepten über das Schicksal der Geister der Verstorbenen zwischen Tod und Auferstehung. Bei dieser Kategorie handelt es sich namentlich um böse Geister, die aus dem Blut eines Menschen geschaffen wurden, der eines gewaltsamen Todes gestorben ist, das heißt also Totengeister. Daneben gibt es einen weitverbreiteten Glauben, vor allem im Niltal, daß jeder

Mensch von Geburt an ein Duplikat in der Welt des Unsichtbaren *(ʿālam al-ghaib)* hat. Dieser Zwillingsbruder *(qarīn)* oder diese Zwillingsschwester *(qarīna)* kann, zum Beispiel aus Eifersucht, das Leben seines Bruders oder seiner Schwester in der Welt des Diesseits erschweren.[19] Vor all diesen drohenden, potentiell bösartigen und also gefährlichen Kräften schützt man sich unter anderem, indem man Amulette trägt, auf denen bestimmte Verse des Korans, Teile prophetischer Traditionen, bestimmte Gebete oder magische Formeln und Zeichen – manchmal in bestimmten Mustern und mit anderen Substanzen als normaler Tinte – geschrieben sind. Zu diesen magischen Formeln und Zeichen gehören unter anderem die «sieben Siegel Salomos», die sogenannten «Ringbuchstaben» sowie Kombinationen der sieben Buchstaben des arabischen Alphabets, die nicht im ersten Kapitel des Korans vorkommen.[20] Diese sieben Buchstaben weisen auf die sieben Könige der *jinn* und weiter auf ein kosmologisches System hin, das hier nicht weiter erörtert werden kann und auch nicht erläutert zu werden braucht, weil dessen Kenntnis kein Gemeingut ist und einigen Spezialisten vorbehalten bleibt.[21]

Diese Spezialisten finden sich zum Teil unter den Mitgliedern und Führern mystischer Bruderschaften, die im allgemeinen als besonders sachverständig für das Schreiben von Amuletten angesehen werden, zumal die Überzeugung besteht, daß sie in die Geheimnisse der *jinn* eingeweiht sind, sie sehen und sogar einen *jinn* als Diener haben können. Manchmal wird von einem derartigen Spezialisten sogar behauptet, daß er einen *jinn* als *shaikh* gehabt habe und von diesem in eine mystische Bruderschaft initiiert worden sei.[22] Daneben befassen sich diese Spezialisten mit Wahrsagerei und Divination. Je nach den verwendeten Techniken wird dabei meistens ein Unterschied gemacht zwischen *istikhāra, ḍarb ar-raml, fatḥ al-kitāb* und *ḍarb al-mandal,*[23] während die Vermischung von magischen Praktiken und volksmedizinischen Kenntnissen dazu führt, daß sie sich auch oft mit Praktiken der Vermittlung durch ein Medium beschäftigen. Dies läßt sich in erheblichem Maße aus dem Glauben heraus erklären, daß viele Krankheiten und Leiden von den *jinn* verursacht werden. Außerdem steht dahinter die gängige Überzeugung, daß die Heiligkeit des koranischen Arabisch auf die Tinte (oder eine andere Substanz) übergeht, mit der die Korantexte oder die Formeln in arabischen Buchstaben geschrieben werden. Gelöst in Wasser wird diese Tinte als Medizin getrunken in der Annahme, daß dies zur Heilung führen oder beitragen werde.

Um sich gegen die bösen Kräfte eines *jinn* o. ä. zu schützen, ist man nicht ausschließlich auf die Dienste der bereits erwähnten Spezialisten in Magie und Volksmedizin (die oft mit Bruderschaften verbunden sind) angewiesen. Man kann sich auch selber zu helfen versuchen, und das ist es, was man in den meisten Fällen zunächst auch tun wird: Namentlich geschieht dies durch die Verwendung von Amuletten (darunter die «Hand der Fāṭima» und blaue Glasperlen in der Form eines Auges), die fertig gekauft werden können, und von Stoffen (unter anderem Salz, Eisen und Stahl), von denen bekannt ist, daß sie «das Auge brechen» und *jinn* abschrecken. Dasselbe Ziel wird angestrebt, wenn Blutopfer gebracht werden: Ein Tier wird geschlachtet (meistens im Kontext eines umfangreichen Rituals), und das ausströmende Blut wird an Stellen (Haus, Grab, Getreidelager) angebracht, die man gegen *jinn* (oder *ʿafārīt*) zu schützen oder aus denen man *jinn* zu vertreiben wünscht.[24] In Vergangenheit und Gegenwart sind diese vor allem auf dem Lande weitverbreiteten Blutopfer[25] meist von denjenigen als potentielle Quelle des *shirk* verurteilt worden, die sich zu Verteidigern des wahren Islams aufwerfen, und zwar deshalb, weil dieses Opfer als ein Opfer an den *jinn* aufgefaßt werden kann.

Die zentrale Stellung des *jinn*-Glaubens im allgemeinen ist von Zbinden zutreffend charakterisiert worden als die «via regia, auf der das ganze Wesen der orientalischen Magie und Divination im Verein mit dem ganzen Volksaberglauben in der mohammedanischen Religion eine Heimstätte gefunden hat».[26] Die zahlreichen Volkserzählungen, in denen *jinn* eine Rolle spielen, die vielen im Druck erschienenen Abhandlungen über *jinn* und auch die vielen Seiten, die in den meisten der gängigen Magie-Handbücher auf die Identifikation, Klassifikation, Neutralisierung oder sonstige Beeinflussung der *jinn* verwendet werden, beweisen die Richtigkeit dieser These.[27]

Eine besondere Form der Beschwörung der *jinn* findet im *zār*-Kultus statt, der in Äthiopien, Eritrea, Dschibuti, Somalia, auf der Arabischen Halbinsel, in Süd- und Südwestpersien, Ägypten und dem Sudan verbreitet ist. Bei diesem Kultus, der in verschiedenen Veröffentlichungen detailliert beschrieben worden ist,[28] handelt es sich um einen oder mehrere *jinn*, die *zār*-Geister, von denen man glaubt, daß sie den Körper eines Menschen als Wohnort gewählt haben und diesen Menschen krank machen. Es geht nun darum, den oder die *jinn* zu beruhigen und dazu zu bewegen, daß der Mensch, in dem sie wohnen, nicht mehr belästigt wird. Art und Zahl dieser *jinn* werden festgestellt von einer Person, von der man annimmt, daß sie über die erforderlichen Kenntnisse verfügt und auch selber mit dem oder den entsprechenden *jinn* Kontakt aufnehmen kann.

Eine derartige Person ist meistens eine Frau, die zur gleichen Zeit Führerin *(kūdīya)* einer *zār*-Gruppe ist, welche aus Sängern, Musikern und gelegentlich aus weiteren Mitwirkenden besteht. Im Einklang mit den Forderungen und Instruktionen des oder der *jinn* werden zunächst die Einzelheiten für das Ritual – vor allem in bezug auf die Kleidung, die vom «Patienten» getragen werden soll, und die Art und die Zahl der Tiere, die geopfert werden sollen – festgelegt. Der wichtigste Teil des Rituals ist ein ekstatischer, meistens gemeinsamer Tanz mit dem Patienten als Mittelpunkt. Diese *zār*-Sessionen können bei dem Patienten zu Hause oder in speziell hierfür eingerichteten Räumen in Privathäusern, wo regelmäßig Sessionen ein und derselben *zār*-Gruppe abgehalten werden, stattfinden. An der Organisation dieser *zār*-Sessionen, an denen sich oft ausschließlich Frauen beteiligen, die aber auch gemischt sein können, sind häufig lokale Führer mystischer Bruderschaften beteiligt, die eine regulierende, koordinierende und/oder allgemein organisierende Rolle erfüllen.

Trotz der vielfachen Kritik, die seit den achtziger Jahren des 19. Jahrhunderts am *zār* als einer Manifestation des *shirk* und als überhaupt unislamisch geübt worden ist, hat dieser nichts an Bedeutung eingebüßt. Besonders nach dem arabisch-israelischen Krieg von 1967 scheint in Kairo eine Zunahme der *zār*-Sessionen stattgefunden zu haben. Sie wurden zu festgelegten Zeiten und in Räumen abgehalten, die dazu eigens hergerichtet waren. Es war notwendig, hierfür die Erlaubnis der Verwaltung einzuholen, die wahrscheinlich damit beabsichtigte, diese Entwicklung unter Kontrolle zu halten und, wenn möglich, einzudämmen. Es kommt oft vor – vor allem auf dem Lande –, daß *zār*-Sessionen in Heiligengräbern abgehalten werden, obwohl dies verboten ist. Dies kann zum Beispiel gemäß den Instruktionen des *jinn* geschehen, der beruhigt werden muß. Vielfach jedoch scheint dies in der Hoffnung und Erwartung zu geschehen, daß die mysteriöse heilsame Kraft *(baraka)* des Heiligen auf den Patienten übergehen und zugleich den *jinn* beruhigen werde. Nahezu überall in der islamischen Welt begegnet man Heiligengräbern, wovon eine Anzahl eine überregionale, ja sogar übernationale Bedeutung als Pilgerzentrum hat. Die Leistung mehrerer Pilgerfahrten *(ziyāra,* Pl. *ziyārāt)* zu einem der Gräber dieser Kategorie wird manchmal als der Leistung einer Pilgerfahrt *(ḥajj)* nach Mekka gleichwertig angesehen,[29] und im allgemeinen weisen bestimmte Elemente des *ziyāra*-Rituals eine gewisse Übereinstimmung mit dem *ḥajj* auf.[30] Daneben kennt man auch lebende Heilige, deren Ruf auf die Vollbringung von Wundern *(karāmāt)* gegründet ist und die meistens (lokale) Führer einer mystischen Bruderschaft sind. Es sind diese Wunder, die zur Kanonisierung führen. Weder findet dazu vorher eine formelle Prozedur statt, noch gibt es allgemein akzeptierte Kriterien für die endgültige Zuerkennung des Status eines Heiligen. Dieser kann aber auch wieder verlorengehen, wenn sich keine Wunder mehr einstellen.[31] In bezug auf die *baraka* eines Heiligen – dies kann auch eine Frau sein, obwohl es seltener vorkommt – ist man überzeugt, daß sie in gewissem Maße vererbt wird, d.h. daß sie auf die biologische oder spirituelle Nachkommenschaft übergeht. Außerdem glaubt man, daß ein Teil dieser *baraka* mehr oder weniger ständig auf andere Personen oder Gegenstände übergehen kann.[32] Der Wunsch oder die Erwartung, eines Teils dieser *baraka* teilhaftig zu werden, ist wohl eines der wichtigsten Motive für den Besuch eines Heiligengrabes. Darin liegt auch die Motivation, Orte (Bergspitzen, Grotten, Bäume, Quellen) aufzusuchen, die mit Heiligen in Verbindung gebracht werden. Daneben werden Heiligengräber mit dem Ziel besucht, den Schutz des Heiligen anzurufen und ihn um Hilfe oder Schlichtung bei der Lösung von Problemen verschiedener Art zu bitten.

Baraka wird auch allem zugeschrieben, was sich kürzere oder längere Zeit am Grab befunden hat, wie etwa der Tuchbedeckung über dem Grab *(kiswa).* Diese wird in vielen Fällen jährlich während der Festlichkeiten anläßlich des Geburtstages des Heiligen *(maulid, mausim, ʿurs, ḥaulīya)* erneuert. Stückchen der alten Bedeckung werden bei dieser Gelegenheit häufig unter die Anwesenden verteilt, die diese Stückchen anschließend als Amulett verwenden. Letzteres geschieht bisweilen auch mit Staub, der beim Grab gesammelt wird, und mit der Erde um das Grab.[33] Diesem Staub und dieser Erde, wie auch anderen Sachen (z.B. Olivenöl, das man einige Zeit am Grab hinstellt) schreibt man gleichfalls *baraka* zu, und diese werden deshalb oft in der Magie und in der Volksmedizin verwendet. Bei letzterer spielen die Heiligen(-gräber) auch deshalb eine Rolle, weil man durch

Übertragung von oder Kontakt mit der *baraka* Schutz vor – oder Heilung von – Krankheiten erwartet. Neben einer Kategorie von Heiligen(-gräbern), die aufgesucht werden in der Hoffnung auf Heilung von Krankheiten im allgemeinen, wird eine andere Kategorie von Heiligen aufgrund des Rufes besucht, den sie für erwiesene Heilung von ganz bestimmten Krankheiten oder Gebrechen (darunter Unfruchtbarkeit) erworben haben.[34]

Bei den *maulids* wie bei der Verwaltung der Heiligengräber spielen die Bruderschaften eine wichtige Rolle. Dies kann sich aus der Tatsache ergeben, daß der Heilige selber – wie es oft der Fall ist – eine Bruderschaft gegründet oder einer solchen angehört hat, oder es resultiert daraus, daß das Grab von jemandem verwaltet wird, der einer bestimmten Bruderschaft angehört. Von einer großen Anzahl von Heiligengräbern ist bekannt, daß der betreffende Heilige in Wirklichkeit irgendwo anders begraben liegt. In diesen Fällen handelt es sich um ein Grab, das an einer Stelle errichtet wurde, wo der Heilige sich irgendwann einmal auf wunderbare Weise manifestiert hat,[35] oder das errichtet wurde, nachdem jemand in einem Traum oder in einer Erscheinung des Heiligen hierzu den Auftrag erhielt. Bei Heiligengräbern beider Kategorien trifft man oft eine breite Skala von frommen Gaben *(ṣadaqāt)* und Votivgaben *(nadhr,* Pl. *nudhūr)* an, die von Eßwaren bis zu Gegenständen zur Verschönerung des Grabes reichen.[36] In einigen Fällen weist die Art der Geschenke – wie Schiffsmodelle, die man bei Gräbern in Ägypten antreffen kann – auf den Fortbestand von Restelementen religiöser Gebräuche aus vorislamischen Zeiten hin. Soziologisch interessant ist das Phänomen, daß der Komplex der Heiligenverehrung eine Anzahl sozialer Kontexte strukturiert, an denen sich Männer und Frauen in gleicher Weise und gleichzeitig beteiligen können.[37]

Soweit die Wunder der Heiligen nicht als das Ergebnis göttlicher Gnade aufgefaßt werden, sondern als die Manifestierung wunderwirkender Kräfte des Heiligen selber, soweit Kontakt mit seiner *baraka* nicht als Mittel zu indirekter Kommunikation mit Gott gesucht wird, sondern als Ziel an sich, und auch soweit Votiv- und fromme Gaben, einschließlich des Opferns von Tieren, als für den Heiligen bestimmt oder als Ehrung des Heiligen und nicht für Gott aufgefaßt werden, wird die Heiligenverehrung vom Gesichtspunkt des orthodoxen Islams her als *shirk* verurteilt.

Im Zusammenhang mit dem Glauben an die Fähigkeit der Heiligen, auf wunderbare Weise bei Gott zugunsten eines Gläubigen zu intervenieren oder selbständig in der Welt tätig zu sein, gibt es auch den Glauben an eine Hierarchie der Heiligen in der Welt des Verborgenen. An der Spitze der Hierarchie steht der *quṭb*, um den herum das Universum evolviert. Diese Heiligen sollen ein inneres Konzil *(dīwān bāṭinī)* in der Welt des Verborgenen bilden, durch das sich Gott in der Welt aktualisieren soll. Diese Konzepte findet man in einer Reihe von mystischen Traktaten mit vielen Einzelheiten dargestellt.[38]

Außerhalb der Zeit der *maulids* treten die Bruderschaften in einer Anzahl von Ländern (unter anderem in Ägypten, im Sudan, in Syrien) bei den verschiedenen allgemeinen muslimischen Feier- und Gedenktagen und in den Nächten des

Monats *Ramaḍān* an die Öffentlichkeit. Bei diesen Gelegenheiten veranstaltet man eine Prozession *(maukib)* der Bruderschaften und unter Umständen auch öffentliche liturgische Zusammenkünfte *(ḥaḍra/dhikr)*.

In der arabischen Welt zeigen sich die Bruderschaften seit eh und je in Prozessionen anläßlich der Beschneidung und der Bestattung in der Öffentlichkeit. Bei diesen Gelegenheiten bezahlt man Mitglieder der Bruderschaften dafür, daß sie sich mit Fahnen und Musikinstrumenten an Beschneidungsprozessionen beteiligen, um diese feierlicher zu gestalten. Bei Begräbnisprozessionen treten sie nur mit Fahnen auf. Durch die Rezitation von Gebeten während der Prozession und durch das Abhalten eines *dhikr* am Grabe des Toten sollen sie die Qual des Begrabenseins und die endgültige Trennung von Körper und Seele erleichtern. In Ägypten ist es auf dem Lande ferner üblich, einem Toten ein Exemplar des Korans und manchmal auch noch andere Gegenstände mit ins Grab zu geben und auch das Tuch, in das die Leiche eingewickelt worden ist, mit Koranversen zu beschreiben, und zwar vor allem mit *sūrat al-kahf* und *sūrat yāsīn*,[39] obwohl diese Gebräuche von der orthodoxen Tradition her verurteilt werden. Auf Wunsch der Hinterbliebenen wird manchmal am Ende der Trauerzeit, am vierzigsten Tage nach dem Ableben, am Grab ein *dhikr* abgehalten.

4. Die mystischen Bruderschaften im heutigen Islam

In den letzten Jahrzehnten sind überall in der islamischen Welt die mystischen Bruderschaften mehr und mehr aus der Öffentlichkeit verschwunden, und auch ihre Teilnahme an Übergangsriten ist selten geworden. Eine Anzahl mystischer Bruderschaften hat sogar ganz aufgehört zu existieren, und obwohl auch neue Bruderschaften aufgetreten sind, ist seit der Periode zwischen den zwei Weltkriegen von einem Verfall der organisierten islamischen Mystik die Rede. Im allgemeinen scheint es gerechtfertigt, diesen Verfall in erster Linie dem Säkularisierungsprozeß zuzuschreiben, und zwar als Ergebnis von – und zusammenhängend mit – Prozessen sozialer und wirtschaftlicher Entwicklung, die sich zum Teil unter dem Einfluß des Westens vollzogen haben. Dies hat sich in einer wachsenden Autonomie der verschiedenen Lebenssphären, der Kunst und der Wissenschaft, der Politik und der Wirtschaft, der Moralität und der Religion manifestiert – wobei Religion als solche eine Änderung erfuhr, und zwar von «gelebter Religion» zu «gewollter Religion».[40] Daneben dürften auch die Kritik und die Aktivitäten der nicht- oder antimystischen Strömungen innerhalb des Islams von Bedeutung für den Verfall der organisierten Mystik gewesen sein.

Seit dem Ende des vorigen Jahrhunderts ist die islamische Mystik vor allem Angriffen seitens reformistisch gesinnter, entweder traditionalistisch oder modernistisch orientierter Personen und Organisationen ausgesetzt gewesen. Indem sie den sunnitischen nichtmystischen Islam so darstellten, als befinde er sich optimal in Übereinstimmung mit der menschlichen Natur, und indem sie einen gewissen Nachdruck auf den logischen Charakter dieser Religion legten, bildeten die Ablehnung mystischer Konzepte des Islams und die hiergegen geführte Opposition ein notwendiges Korrelat.

Außer diesem islamischen antimystischen Aktivismus haben sich noch einige laizistische Strömungen gegen die islamische Mystik gewendet, und zwar aufgrund eines von ihnen behaupteten kausalen Zusammenhangs zwischen Unterentwicklung und mystischen Konzepten des Islams – vor allem dort, wo diese die oben behandelten Komplexe der Magie und der Heiligenverehrung bestimmen. Weil sich diese Konzepte am deutlichsten in den mystischen Bruderschaften manifestieren, werden diese als Hindernisse auf dem Wege einer sozial-wirtschaftlichen Entwicklung angesehen. Unter anderem während des kommunistischen Regimes in Albanien und im ehemaligen Jugoslawien[41] sowie in Tunesien und in der Türkei haben diese und ähnliche Gedanken im Zusammenhang mit den in diesen Ländern jeweils gegebenen politischen Ideologien zu einem allgemeinen, obwohl nicht immer und überall gleich eingehaltenen, gesetzlichen Verbot geführt. In einigen islamischen Ländern, so u.a. in Syrien und Südjemen, ist auf indirekte und vielleicht nicht einmal beabsichtigte Weise der Existenz bzw. der bedeutenden sozialen Rolle der Bruderschaften ein Ende gemacht worden. Dies geschah dadurch, daß die frommen Stiftungen *(auqāf)* saniert oder aufgelöst wurden, wodurch die Einnahmen der Bruderschaften erheblich reduziert wurden und die Autoritätspositionen innerhalb dieser Organisationen viel von ihrer finanziellen Basis verloren. Nichtsdestoweniger gibt es nur wenige Regionen sowohl in der islamischen Welt[42] als auch in den nichtislamischen Ländern mit einer muslimischen Minderheit,[43] in denen keine Anhänger mystischer Konzepte des Islams im Kontext einer mystischen Bruderschaft tätig wären. Auch in den Ländern, in denen das Abhalten mystischer liturgischer Zusammenkünfte ausdrücklich verboten ist und wo mystische Bruderschaften als Organisationsform nicht auftreten dürfen, lebt der mystische Islam in der Form solcher Bruderschaften weiter, und es werden mehr oder weniger geheime Zusammenkünfte abgehalten.

Die Vitalität der mystischen Bruderschaften, auch in einer Situation der Verfolgung und Unterdrückung, wird u.a. deutlich aus dem, was über die Kontinuität der Bruderschaften während der kommunistischen Herrschaft in Zentralasien, im Kaukasus und in der Region von Kasan jüngst bekannt geworden ist. Hier haben sich große Orden wie die *Naqshbandīya* und die *Qādirīya* behauptet – trotz atheistischer Propaganda und vieler Maßnahmen, die das Ziel hatten, die Bruderschaften zu vernichten.[44] Im Zusammenhang mit den Re-Islamisierungsbewegungen in den genannten Gebieten scheint jetzt auch ein Wiederaufleben des mystischen Islams stattzufinden. In einigen Ländern, wie z.B. im Sudan, kann man neben direkter und weniger planmäßiger Intervention der Behörden in einzelnen Fällen auch deren Versuche beobachten, zu einer zentralisierten, von ihnen direkt oder indirekt kontrollierten Organisationsform der mystischen Bruderschaften zu gelangen. Diese Versuche scheinen auch dem Wunsch und der Notwendigkeit zu entspringen, sich die Unterstützung der Massen mittels der Stimulierung und Privilegierung von Organisationen zu sichern, die auf bei dieser Masse weitverbreitete Konzepte des Islams gegründet sind und die einen wichtigen Teil dieser Massen als Anhänger haben.

5. Der Sonderfall Ägypten

Einem der frühesten Versuche seitens der Behörden eines islamischen Landes, zu einer zentralisierten Kontrolle mystischer Bruderschaften zu gelangen, begegnen wir im osmanischen Ägypten am Anfang des 19. Jahrhunderts. In den folgenden Jahrzehnten entwickelte sich ein in der islamischen Welt einzigartiger organisatorischer Rahmen. Sein wichtigstes strukturelles Merkmal war eine Zweiteilung in vom Staat offiziell anerkannte und nicht offiziell anerkannte Bruderschaften. Weiter wurde dieser Rahmen durch zwei Verordnungen bestimmt, die seit 1903 beziehungsweise von 1905 bis 1976 in Kraft gewesen sind. Obiges hat auch in den in neuerer Zeit erfolgten Reformen der Verwaltung und der Verwaltungspraxis der mystischen Bruderschaften in diesem Lande weitergewirkt.

Diese Reformen haben den juristischen Rahmen eines Gesetzes gebildet, das im September 1976 vom ägyptischen Parlament genehmigt wurde. Im Januar 1978 wurde als präsidentielles Dekret eine ergänzende «Verwaltungsordnung» erlassen. Damit ist die Bedeutung des mystischen Islams innerhalb des organisatorischen Rahmens dieser Bruderschaften betont worden. Bereits in den 1950er Jahren war die organisierte Mystik in Ägypten in erheblichem Umfang aufgelebt. Unter den Auspizien des *ṣūfī*-Rates wurden Kolloquien über die Mystik organisiert, wurde eine Zeitschrift gegründet («al-Islām wa-t-taṣawwuf») und wurden verschiedene neue Bruderschaften anerkannt. Die Mitgliederzahl der Bruderschaften nahm generell zu. Bei dem erwähnten *ṣūfī*-Rat handelte es sich um eine zentrale, koordinierende Instanz, die aus einem permanenten Vorsitzenden und vier für die Dauer von vier Jahren amtierenden Mitgliedern bestand. Dieses Gremium wurde aus der Mitte der Leiter der anerkannten Bruderschaften gewählt und hatte Entscheidungsbefugnisse für die meisten der die Bruderschaften betreffenden Angelegenheiten.

Ferner erhielt die organisierte Mystik eine prominente Rolle anläßlich der verschiedenen religiösen Festlichkeiten. Auch wurden mehr *maulids* abgehalten; diese Festlichkeiten fanden sogar in größerem Umfang als in den Jahrzehnten vor der Revolution statt. An der Organisation der *maulids* war fast immer die «Arabische Sozialistische Union» beteiligt, und bei dieser Gelegenheit wurde zugleich Propaganda für das Regime mittels Pamphleten, Transparenten und politischer Ansprachen gemacht. Auch dienten die Bruderschaften und der Dachverband ihrer Organisation in zunehmendem Maße als Kanäle für die Verbreitung von politischer und ideologischer Propaganda. Die Arabische Sozialistische Union trat auch auf andere Weise verstärkt in Erscheinung: So wurde es zum Beispiel bei der Ernennung für eines der Ämter innerhalb der Hierarchie der offiziell anerkannten Bruderschaften notwendig, ein Führungszeugnis vorzulegen, das von einem Mitglied des örtlichen Ausschusses der Partei unterschrieben war. Auch wurden die

Bruderschaften dazu verpflichtet, einen Antrag auf Anerkennung beim Ministerium für Religionsangelegenheiten *(Wizārat al-auqāf)* zu stellen, und in einigen Fällen mischten sich die Behörden in Ernennungsprozeduren von Leitern der Bruderschaften ein.[45] Zweifelsohne wurde diese aktive Einmischung des Regimes einerseits von dem Wunsch bestimmt, die Entstehung oder den Fortbestand unkontrollierter Machtkonzentration unmöglich zu machen, und andererseits davon, die weitverbreiteten mystischen Bruderschaften an sich zu binden. Eine offizielle Schätzung nimmt an, daß deren Mitgliederzahl am Anfang der 1970er Jahre drei Millionen betrug.[46] Diese Popularität hat ihre Wurzeln in einer traditionellen, einzigartigen Form des Islam-Erlebens, und der Regierung war daran gelegen, die Institutionen zu kontrollieren, in denen dieses Erleben zum Ausdruck kommt. Die zunehmende Einmischung der Behörden, einschließlich der Arabischen Sozialistischen Union, in die Angelegenheiten der Bruderschaften hat jedoch eine – wohl unerwartete – Nebenwirkung gehabt, nämlich ein Wachstum derjenigen Bruderschaften, die offiziell nicht anerkannt worden waren, sowie die Entstehung einiger neuer nicht anerkannter Bruderschaften.

6. Die neue Gesetzgebung

Auffällig an dem oben erwähnten neuen Gesetz des Jahres 1976 ist, daß der aus vier Mitgliedern und einem Vorsitzenden bestehende *ṣūfī*-Rat durch einen Ausschuß ersetzt wird, der aus 15 Mitgliedern besteht. Diesem Ausschuß sollen vier Vertreter verschiedener Ministerien (darunter ein Vertreter des Ministeriums für Religionsangelegenheiten) und ein vom Rektor der Azhar-Universität ernannter Vertreter angehören.

Ferner gehören dem Ausschuß zehn Mitglieder an, die Leiter einer offiziell anerkannten Bruderschaft sind. Diese Erweiterung gegenüber dem früheren *ṣūfī*-Rat dürfte die Folge der neuerlichen Zunahme der Zahl offiziell anerkannter Bruderschaften sein, die 1994 bereits 67 betrug.[47] Die Aufnahme von fünf «externen» Mitgliedern, die nahezu die gleichen Befugnisse haben wie die Leiter der Bruderschaften, impliziert tatsächlich eine Minderung der Autonomie der offiziell anerkannten organisierten Mystik. Gleichzeitig jedoch bedeutet die neue Zusammensetzung des Rates einen Schritt auf dem Wege der Integration der Organisation der Bruderschaften und der Azhar im Zusammenhang mit der Organisation des Ministeriums für Religionsangelegenheiten. Da die organisatorischen Aspekte des Islams in Ägypten in erheblichem Maße, direkt oder indirekt, von Organisationen bestimmt werden, die Teile dieser beiden Institutionen sind, könnte der *ṣūfī*-Rat in seiner neuen Form bewirken, daß die Bedeutung der Bruderschaften für die Art und Weise, wie sich der Islam in Ägypten manifestiert, zunehmen wird. Daneben beinhalten das Gesetz und die Verwaltungsordnung von 1978 noch verschiedene Artikel, die auf eine Minderung der Autonomie der Leiter der Bruderschaften hinauslaufen. So sollen sie unter anderem sämtliche Einkünfte in Geld oder Naturalien dem *ṣūfī*-Rat melden und werden verpflichtet, jährlich über das

Tun und Lassen der von ihnen geleiteten Bruderschaft zu berichten. Auch wird der *ṣūfī*-Rat eine jährliche Kontrolle sämtlicher Verwaltungsunterlagen der Bruderschaft vornehmen.

Diese Maßnahmen scheinen primär dazu gedacht zu sein, mehr Einsicht in die Aktivitäten der Bruderschaften zu ermöglichen, um diese Organisationen besser in den Griff zu bekommen. Diesem Ziel entsprechen auch die vielen Formulierungen im Gesetz und in der Verwaltungsordnung, in denen die Absicht bekundet wird, das Niveau zu erhöhen und die Kontinuität der organisierten Mystik zu sichern: Auch dies ermöglicht eine gewisse Überwachung der Führungskader und der Aktivitäten der Bruderschaften. Was diese Aktivitäten betrifft, so schreibt die Verwaltungsordnung unter anderem den lokalen Führern der Bruderschaften vor, wöchentlich eine rituelle Versammlung abzuhalten. Über diese Versammlung soll schriftlich vom Leiter der Bruderschaft an die Inspektion berichtet werden. Neben den Artikeln, die gewisse Qualifikationen der verschiedenen Kaderpositionen in den Bruderschaften stipulieren und vorschreiben, enthalten das Gesetz und die Verwaltungsordnung die gesetzliche Grundlage für Institute mystischer Studien. Ein Diplom eines derartigen Instituts wird, so heißt es in der Verwaltungsordnung, bei Ernennungen für Ämter innerhalb der Verwaltungshierarchie der Organisation der Bruderschaften einen Vorteil verschaffen vor Kandidaten, die nicht im Besitz eines solchen Diploms sind. Der *ṣūfī*-Rat begann seine Aktivitäten 1981 mit einem sehr bescheidenen Institut. Jetzt werden dort regelmäßig mehrwöchige Kurse angeboten, die von 20 bis 40 Teilnehmern besucht werden.

7. Wiederbelebung der islamischen Mystik – Ziele und Implikationen

Die Gründung von Instituten für mystische Studien steht noch immer auf der Agenda des ägyptischen *ṣūfī*-Rates, und noch immer sind es die Regelungen in bezug auf die formelle, spezialisierte Ausbildung in der islamischen Mystik – deren Diplom Aussicht auf eine Karriere in einer Bruderschaft bietet –, die den wohl bemerkenswertesten Teil des neuen Gesetzes und der Verwaltungsordnung bilden. Von den zu schaffenden Lehrinstituten dürfte ein Beitrag zur Wiederbelebung, zur Kultivierung und zur Verbreitung der islamischen Mystik im allgemeinen und zur Konsolidierung der Position der Bruderschaften in Ägypten im besonderen zu erwarten sein. Diese Stärkung der Position der Anhänger eines mystischen Konzeptes des Islams wird wahrscheinlich zu einer Verschärfung der Gegensätze zwischen diesen Strömungen und jenen Gruppierungen führen, die mystische Konzepte ablehnen und bekämpfen, weil sie als eine korrumpierte Form des Islams, ja sogar als Unglaube *(kufr)* oder Polytheismus *(shirk)* aufgefaßt werden.

Die gegen die Mystik eingestellten Gruppierungen sind weitgehend identisch mit den Kreisen, in denen sich bis heute die von religiösen Überzeugungen her argumentierende Opposition gegen die Mubārak-Regierung konzentriert (und wohl auch in Zukunft konzentrieren wird). Der seit 1978 in Ägypten bestehende gesetzliche Rahmen der Mystik hat einen institutionellen Kontext geschaffen, in dem der mystische Islam sich in Loyalität zu dem Regime, das dies ermöglicht hat, entwickeln kann und somit dessen Interessen dient. Auf diese Weise kann das Regime zur Verstärkung seiner eigenen Position beitragen, weil die Mystik auf den weithin anerkannten Elementen des Weltbildes des Volksislams fußt und zum Teil mit ihm identisch ist. Daß eine derartige Entwicklung beabsichtigt ist, wird auch durch die Tatsache bestätigt, daß in das Gesetz und in die Verwaltungsordnung weder spezifische Regeln in bezug auf die mystischen Praktiken und das Ritual noch in bezug auf die *maulids* aufgenommen worden sind. Im Hinblick auf diese Praktiken beschränkt man sich auf einen Passus, in dem verordnet wird, daß diese und alles andere, was während der *maulids* stattfindet, in Übereinstimmung mit den Verhaltensvorschriften des Islams stehen müsse, ohne daß diesbezüglich eine nähere Spezifikation gegeben wird. Die Ordnung enthält allerdings einen Hinweis auf eine künftige Prüfung der Möglichkeiten zur Korrektur und zur Bestrafung eines nicht vom Islam sanktionierten Verhaltens. Dies weist darauf hin, daß man versucht hat, die meist ekstatischen und weitverbreiteten mystischen Bruderschaften *(ar-Rifāʿīya* und *al-Aḥmadīya)* zu schonen.

Nach dem vorstehend Gesagten kann man die jüngsten Reformen als eine Fortsetzung der während der Regierung Jamāl ʿAbd an-Nāṣirs (Nasser) eingeschlagenen Politik sehen, die darauf ausgerichtet war, die mystischen Bruderschaften zu kontrollieren mit dem Ziel, diese Organisationen dem Regime dienstbar zu machen, und zwar mit der Absicht, mittels einer Privilegierung der im Volksislam verwurzelten mystischen Bruderschaften ein Höchstmaß an Legitimität zu erhalten.

Die Wiederbelebung des mystischen Islams in Ägypten hat in der Periode an-Nāṣirs am Ende der 1950er Jahre angefangen und sich ein Vierteljahrhundert später im Ägypten as-Sādāts fortgesetzt, wo das Regime sich anscheinend mit Hilfe des mystischen Islams gegen die religiös inspirierte Opposition wappnen wollte. Im Ägypten Mubāraks wird diese Politik weiter fortgesetzt und intensiviert. Das geschieht als Reaktion auf die gegen das Regime agierende islamische Opposition, u.a. im Rahmen von Tagungen zur Korrektur und Bekämpfung abweichender religiöser Meinungen, wie sie in der Verordnung von 1978 vorgesehen wurden. Die Leiter und Mitglieder der Bruderschaften werden ideologisch gegen die radikale islamische Opposition mobilisiert. Dieser Opposition, die sich vor allem im Milieu des nicht- oder antimystischen Islams konzentriert, werden hierdurch allerdings zusätzliche Argumente zur Rechtfertigung ihrer Ablehnung dieser Regierung und ihrer Legitimität geliefert. Deswegen wird die Fortsetzung einer auf weitere Belebung, Konsolidierung und Stimulierung der Mystik ausgerichteten Politik zu einer Verschärfung des Konflikts zwischen Regime und islamischer Opposition beitragen. Auch wenn das Regime diese Politik ändern und seine Unterstützung der Bruderschaften vermindern sollte, werden sie, schon aufgrund ihrer vielen Mitglieder und ihrer Verankerung in der ägyptischen Gesellschaft, ein bedeutendes konstitutives Element der ägyptischen Politik bleiben.

X.
Sekten und Sondergruppen

(Werner Schmucker)

Eine fiktive Prophetenüberlieferung, welche Traditionssammlungen und Häresiographien mitteilen, läßt Muḥammad vorhersagen, seine eigene Gemeinde werde sich in einundsiebzig Sekten spalten. Mochte dies eine grobe literarische Richtzahl gewesen sein, die historische Wirklichkeit war noch vielgestaltiger. Der muslimische Zeitgenosse darf nun aber zufrieden konstatieren, daß das unübersehbare Spektrum der klassischen Sekten bis auf eine Handvoll zusammengeschmolzen ist und daß in der Neuzeit nur ein paar wenige, z.B. *Bahā'īs* und *Aḥmadīs,* hinzukamen. Angesichts der sonstigen Zerrissenheit der *umma* mag ihn dieser Zugewinn des Einheitsgedankens trösten, ihn vielleicht sogar zum Schlusse führen, es sei also doch die Sunna, auf welche sich die Anschlußworte der genannten Prophezeiung, nämlich «nur eine einzige Gemeinschaft werde der Erlösung teilhaftig», bezögen. In diesem Sinne mag er dies denn auch als Niederlage der islamischen Mitbewerber um diesen Titel auslegen.

Tatsächlich behaupten nahezu alle Sekten, die erwähnte Gruppe zu sein. Deren Erwähltheitsgedanken, deren Anspruch, *die* islamische Heimstätte zu verkörpern, die Neigung bei ihnen, die anderen Muslime für ungläubig zu erklären, folglich mit Heiligem Krieg überziehen zu müssen, dies und anderes weisen eben darauf hin. Ihre Militanz, ihren Zelotismus haben sie äußerlich längst fallenlassen. Sie kehrten zurück zu Quietismus, Verbergung ihrer Lehren und Riten, leben ruhig und in sich gekehrt.

Die vergangenen Jahrzehnte standen fast ausschließlich im Zeichen der beiden «Großen», Sunna und Zwölferschia, die den Islam heute erneut polarisieren. Die überlebenden «Kleinen» mit teilweise ruhmreicher (bzw. berüchtigter) Vergangenheit, die Ibaditen, Ismailiten, Alawiten, Drusen sowie die ziemlich altertümlichen Synkretisten – etwa die *Ahl-i ḥaqq* und die Yeziden – waren weniger im Gespräch als die neueren Islamabspaltungen der *Bahā'īs* und *Aḥmadīs.* Gelegentlich beleuchten Schlagzeilen noch ihre Existenz, wie in den Nahostkriegen oder im libanesischen Bürgerkrieg diejenige der Drusen (Kamāl Jumblāṭ war ein herausragender Vertreter). Den Ismailiten Āghā Khān erwähnt die Presse gelegentlich. Die *Aḥmadīya*-Bewegung macht durch ihre Missionsarbeit in Europa von sich reden. Den Büchermarkt auch hierzulande bereichern seit längerem Erzeugnisse der unaufdringlich missionierenden *Bahā'ī*-Universalreligion, die der schiitischen Gedankenwelt entstammt. Die innere Krise Syriens machte auf die angeblichen Mitverschwörer des *Ba'th,* die Alawiten oder Nusairier, aufmerksam, wobei die Tiraden der unduldsamen *Muslimbrüder* für zusätzliche «Presse» sorgen.

Daß sich *Bahāʾīs* und *Aḥmadīs* so aktiv gebärden, liegt unter anderem daran, daß sie, an den sechs übrigen Gruppen gemessen, junge, aktuelle Bewegungen, im Schwunge ihrer Sendung und ziemlich unverbraucht sind. Sie fußen bereits auf dem islamischen Modernismus bzw., wie die *Bahāʾīs*, suchen die Friktionen und Frustrationen des Schiismus zu überwinden, um schließlich universale Horizonte neben und außerhalb des Islams zu gewinnen. Beider Sendung machte sie von Beginn an zu aktivistischen, aufständischen, reformistischen Eroberern.

Das ist nicht mehr so bei den übrigen: Ehemals eingeschworene – bzw. von den anderen zu solchen erklärte – Feinde des herrschenden Islams, bereits historisch gescheitert in der Durchsetzung ihrer religiös-politischen Ideale, durch freie Wahl und durch Verfolgung in den Untergrund gegangen bzw. in die Abschließung gedrängt, (außer den Ibaditen) Geheimreligionen mit Arkandisziplin, wurden Mission und Werbung illusorisch, wenn nicht gar ausdrücklich untersagt. Werden sie nun überhaupt an die Öffentlichkeit gezwungen, sind weniger Polemik als Apologetik, Selbstrechtfertigung und eine äußerst heikle Selbstverteidigung (weniger wieder bei den Ibaditen) gefragt. Noch immer bilden sie nämlich eine hoffnungslose, geächtete oder doch belächelte Minderheit in einer Mehrheit, die ihre historischen (damals von ihrem Standpunkt aus teilweise berechtigten) Vorurteile aufrechterhielt. Die *Ibāḍīya* ist bei ihrer genuinen Nähe zum Islam und dank ihrer Anpassungsfähigkeit weit weniger betroffen und vermag im Islam ihren Sondergeist ungefährdet zu bewahren. Bei den anderen, den Extremisten der Geschichte, hat es den Anschein, als sollte sie weniger der Zeitgeist als vielmehr eine neue Herausforderung seitens der Majorität zum Handeln, d.h. zu aktueller Selbstdarstellung oder gar zu Reform und Erneuerung veranlassen. Allenfalls auf Drusen, Ismailiten und Alawiten mochte der Druck der Moderne einwirken. Ansonsten ist auch bei ihnen der Hang zur Bewahrung und Verschwiegenheit so mächtig, daß eine Bewegung im Innern schwerlich zustande gekommen wäre, hätte nicht eine von außen an sie herangetragene herausfordernde Polemik zunächst eine Gruppe von Intellektuellen unter ihnen aufgestört. Eine Beharrungs-, wenn nicht gar Erstarrungsneigung findet sich vollends bei den *Ahl-i ḥaqq* und Yeziden. Die Reibung an der Realität von heute, Mitgliederschwund etc., blieben bislang, wie es scheint, ohne Gegenreaktion von ihrer Seite.

Ob es nun ein Selbsterwachen oder ein Gewecktwerden von außen ist, beides ist sehr problematisch. Sie treffen diese – so ihre Kritiker – «Gralshüter der Geheimnisse», der starren, altertümlichen Vorstellungen und Strukturen beinahe wehrlos an. Das Beispiel der eben jetzt beunruhigten Alawiten, welchen die *Muslimbruderschaft* sogar ihr Schriftengeheimnis entriß, ist lehrreich. Die urplötzliche Konfrontation mit der Moderne, die leichtfertige Bloßlegung ihrer religiösen und sozialen Innenwelt, ihres sozialen Selbst, der Verlust der Identität können nicht wiedergutzumachenden Schaden anrichten. Sofern überhaupt vorhanden, sind die Bemühungen, die Gegenwart zu bewältigen, von Gruppe zu Gruppe nicht völlig einheitlich.

Verhältnismäßig einfach ist diese Aufgabe für die älteste Sekte, die *Ibāḍīya* (oder *Abāḍīya*), einen Zweig der unversöhnlichen, extremistischen *Khārijīya* des

Frühislams. In ihrer relativen Mäßigung gelingt es ihr sogar, die Beziehungen zum sunnitischen Islam zu festigen, ja sunnitisch zu erscheinen, von ein paar bemerkenswerten Zeichen eines neuen Selbstbewußtseins abgesehen. Seit einigen Jahrzehnten bemühen sich einige ibaditische Autoren aus Libyen und dem Maghreb sogar nachzuweisen, daß die *Ibāḍīya* mit den frühislamischen Kharidschiten – die sowohl den Sunniten als auch den Schiiten als anarchistische Fanatiker gelten – nichts zu tun habe. Es handle sich bei dieser (unter den anderen Muslimen üblichen) Identifizierung um ein Mißverständnis, das auf diffamierende Äußerungen der alten sunnitischen Häresiographen zurückgehe.

Kleinere Inseln der geschichtlich bedeutsamen Ibaditen hielten sich in Tripolitanien, Südalgerien, auf der Insel Djerba, auf Sansibar, in Oman. Seit der Umaiyadenzeit (661–750) in Nordafrika währte ihre aktivistische Phase bis ca. 960. Als Krieger, Missionare und Kaufleute verbreiteten sie ihre Islamlehre, aber auch den Islam, bis nach Schwarzafrika hinein, und in dessen Gefolge auch die sakrale islamische Baukunst. Großen Erfolg hatte unter den (Berber-)Stämmen ihre kharidschitische egalitäre Werbung, die soziale Erschütterungen bis nach Südspanien nach sich zog, und ihre Predigt eines schlichten Volksislams.

Eine religiös-geistige Einheit des Ibadismus von Ost bis West leuchtete kurzfristig während der eindrucksvollen Machtentfaltung der Rustamiden in Tahert (777–909) auf. Die Etablierung der Fatimiden in Nordafrika (909) wie innere Spaltungen – Untersekten existieren bis heute – entpolitisierten sie allmählich, ohne daß sie in ihren Rückzugsoasen (Wargla, Mzab) die innere Dynamik gänzlich einbüßten. Gerade heute gibt es Anzeichen für ein wiedererwachendes Gemeindeleben. Es basiert auf neuerschlossenen religiösen Sektenschriften, einer Intensivierung kharidschitisch-ibaditischen Koranunterrichts und auf einer Verlebendigung der rigorosen Pflichtenlehre.

Das religiöse Gemeindeleben formiert sich wohl, zumindest im Mzab, noch immer um die *ḥalqa*-Einrichtung, die als «Kirchenrat» die politische Entmachtung von 1882 seitens der Franzosen überlebte, bis heute *die* religiöse und moralische Instanz bildet und noch immer vom historischen Zwölferrat mit offenbar auch sozialen Funktionen angeführt wird. Es ist durchaus denkbar, daß von diesen ehemaligen Keimzellen einer religiösen Renaissance (spätestens 14. Jahrhundert) Anstöße für eine ibaditische Erneuerung ausgehen könnten. Es wäre leicht möglich, sie auf Varianten jener zugleich theokratischen und demokratischen Führungskörperschaften, den Rätekollektiven, aufzubauen, welche ja in sich die ibaditische Gemeinde verkörperten: Gemeinde als Heilsgemeinde mit Selbstverwaltung, die sich kraft ihrer Gottesweihe selbst konstituiert, und dazu nicht unbedingt eines Imamats bedarf. Es existierte ja sogar im Falle des Übermächtigwerdens eines Führers (Scheichs [*shaikh*] oder Imams [*imām*]) ein beaufsichtigendes Vertretungselement, eben der Rat der (12) Scheichs. Das Ganze gewann so etwas Demokratisches, bot der Gemeinde gewisse Mitspracherechte.

Auch die moderne Literatur formt sich ein Bild von ihnen und stattet sie teils mit bald eindeutigen, bald durchscheinenden ibaditischen, teils auch mit legenden- und romanhaften Zügen aus: in der Fremde schuftende, heimatverbundene

Mzabiter, scheinbare Knauser und Krämerseelen aus den fünf Städten und puritanische Vollstrecker eines häretischen, asketischen Islams, die ein «reduziertes Leben» voller Härte führen und dennoch höhere Ziele anstreben und «auf Unterhaltung ihrer Schöpfung des Geistes und nur des Geistes» sinnen (Albert Camus, «Der erste Mensch»); Mzabiterinnen, die einerseits ihre aus dem Norden sehnsüchtig zurückerwarteten Männer oder Geliebten mit träumerischen berberischen Liebesgesängen empfangen und andererseits als Repräsentantinnen einer halbarchaischen, matriarchalischen Gesellschaft dargestellt werden, an deren Spitze charismatische Priesterinnen (eigentlich Totenwäscherinnen) stehen, welche, mit Straf- und Fluchvermögen ausgestattet, ihre gefürchtete Autorität im Ausschluß von Sichauflehnenden geltend machen und gleichzeitig – wie vormals auch die Protagonistin Mamma Sliman –, mit «Wissen, Gerechtigkeit und Mäßigung» dienen und Straffreiheit gewähren (Assia Djebar, «Oran-Algerische Nacht»). Auch hier findet sich wieder eine Mischung von ibaditischem Anderssein, eventuell freierer, gelebter Spiritualität und strenger Observanz.

Auch bei den östlichen Ibaditen, in Oman, vollzieht sich eine Neuorientierung. Die *Ibāḍīya* vertritt dortzulande sozusagen den Islam, rekrutiert ihre Anhänger zuallererst aus den einflußreichsten Hināwī- und Ghāfirī-Stämmen. Es ist die vielleicht älteste südarabische Bastion der *Ibāḍīya*, die vom Lehr- und Missionszentrum Basra aus errichtet wurde. Die geschichtliche Bedeutung der *Ibāḍīya* für dieses Land scheint sich trotz des Übergangs vom Imamat zum weltlichen Sultanat fortzusetzen. Zwar wurde der Imam 1959 vollends entmachtet. Gleichwohl verfügt das abwesende geistliche Oberhaupt der Ibaditen bei den landeinwärts siedelnden Stämmen über beträchtlichen, den Sultan fast täglich herausfordernden Rückhalt. Infrastrukturverbesserungen vermögen die Stammesleute zu besänftigen, nicht aber mit der staatlichen Macht ohne weiteres auszusöhnen.

Der Sultan und seine Umgebung hegen deshalb, scheint es, umfassendere Pläne. Sie werben nicht nur Anhänger des Imamrivalen ab, suchen sich vielmehr dessen Gewalten anzueignen, vielleicht sogar ein quasi-imamitisches Sultanat zu inaugurieren. Die noch halbverdeckten Vorgänge lassen einiges davon ahnen, wohin die Entwicklung gehen soll. Omanische Medien erneuern das ibaditische Erbe, wobei sie freilich auf dessen Mäßigung und Nähe zum sunnitischen Islam bauen. Es ist die Rede davon, daß man eine «altehrwürdige islamische Gemeinschaft» wiedererwecken wolle; man fühlt sich auch den nordafrikanischen Glaubensbrüdern verbunden, betont aber vorab die unversehrbaren Bindungen zum Islam. Implizite, in Libyen gar ausdrücklich, wird darauf verwiesen, die historische *Ibāḍīya* sei ein gemäßigter Sproß der *Khārijīya*, Bannerträger der Sunna, der Prophetentradition, auf zeitweiligen Ausgleich mit den Umaiyaden bedacht; auch sei sie der *Muʿtazila* nahegewesen, ohne das unversöhnliche Feindbild anderer *Khārijīya*-Zweige in ihrer Theorie, ferner austauschfähig mit anderen, deren Besitzstand sie achtete. Demgegenüber soll aber das Eigene nicht zu kurz kommen.

Zugeständnisse an die herrschende religiöse Mehrheitsrichtung sind notwendig; auch die Landestradition erfordert dies. Die traditionellen Widersacher des Sultanats, mit dem Überlieferungsstrom der *Ibāḍīya* verhaftet, sollen ihren Teil bekommen, ohne daß das Sultanat selbst dabei leer ausgeht! Eine Re-Ibadisierungswelle überflutet so das Land. Ungewöhnlich ernst, pedantisch bis skrupulös stimuliert man die islamische Pflichtenlehre, insbesondere den sozialen «Pfeiler» des Almosengebens, dessen bewußt altertümliche Handhabung hervorsticht; unzeitgemäß erscheinende Regelungen fast urislamischen Geistes (Beuteverteilung, Blutgeld, *lex talionis* etc.) werden eingeschärft; kriegerische und sozialethische Werte (*jihād,* Selbstopferung) werden gepredigt. Die Sensibilität der Kharidschiten gegenüber «leichten/schweren Sünden» ist allgegenwärtig! Editionen von ibaditischen Quellentexten begleiten diese Kampagne. Die Neuschreibung der Geschichte weist warnend auf die verhängnisvolle, zählebige Zwietracht mit Stammesfehden und Imamatsnachfolgestreitigkeiten, führt «böswillige» Imamatsprätendenten vor, wirbt aber auch für den Eigenstolz und ein Nationalgefühl der Omanis.

Die offiziöse Auswertung der Landesgeschichte ist aber noch hintergründiger. In der monarchistischen Verherrlichung Aḥmad ibn Saʿīds, des Begründers der Āl Bū Saʿīd-Dynastie, liegt mehr als Ahnenstolz: Sein Verhalten setzt einen historischen Präzedenzfall, der es seinen dynastischen Nachfahren gestattet, ihre eigene Usurpation der Macht zu rechtfertigen. Auch der Urahn stützte sich bereits auf das ibaditische Prinzip der Absetzbarkeit eines «sündigenden» Imam. Das geschah angeblich im Jahre 1741. Alles deutet auf eine gewollte Verbindung zwischen Ahnherr und Sproß Qābūs; denn beide lassen sich feiern als die Bewahrer der muslimischen Herrschaft – d.h.: sie sind die getreuen Ibaditen –, die Zerbrecher der Macht der «Scheinheiligen», die Reformatoren, die Glaubenskämpfer schlechthin. Es geht offensichtlich darum, Qābūs' gerechte Anwartschaft auf die Nachfolge im geistlichen Imamat glaubhaft zu machen. Qābūs soll wie sein Ahn als politisch-religiöser Einiger, Überwinder des Stammesdenkens, Förderer der Religion in die Geschichte eingehen. Die *Ibāḍīya* spielt so eine zentrale religiöse, soziale, integrierende, aber auch machtpolitische Rolle im heutigen Oman und mag eine nicht zu unterschätzende Zukunft haben. Sie dient der Regierung wie der Opposition als Waffe, könnte die eine wie die andere zu vernichten helfen. Ein islamisches Verdammungsurteil hat sie obendrein kaum zu erwarten bei ihrem «Standpunkt der Mitte» im theologischen Spektrum.

1. Ismailiten, Alawiten, Drusen

Weniger glimpflich ereignet sich der Übergang aus der heilen inneren Welt in die stets als «heillos» betrachtete äußere für Ismailiten, Alawiten und Drusen. Ihre Islamität ist bis heute verdächtig, wenngleich der religiös-politische Radikalismus (besonders der Ismailiten, ismailitischen Assassinen, Karmaten), der ihr Verhältnis zum Islam und ihre Beziehungen zueinander prägte, abgelegt ist. Beargwöhnt werden immer noch ihre Geheimlehren und -riten, ebenso wie, zumal in arabischer Umgebung, ihre religiös-soziale Isolation, die entweder (als elitäre Absonderung) von ihnen selbst gewählt oder ihnen (durch Verfolgungen) aufgezwungen worden war. Dies verlieh ihrer Existenz einen gewissen Volkscharakter oder sah jedenfalls nach Eigenbrötelei und Araberfeindlichkeit aus. Während sich die Zwölferschia stolz als der Sunna gleichwertige Macht und als ein genuiner Teil des Islams ausgibt und Anerkennung findet, haftet diesen drei extremeren Absplitterungen der Schia *(shīʿa),* welche in der Geschichte den institutionalisierten Islam, das Kalifat, dogmatisch und politisch-militärisch (Ismailiten) offen und versteckt bekämpft hatten, das Mal des Verräters, Todfeindes, Zerstörers der Sunna an.

Ihre heutigen Siedlungsgebiete sind, abgesehen von den Ismailiten mit dem syrischen Salamiya und im Jemen, nicht die Entstehungsregionen. Die Bewegungen der Proto-*Ismāʿīlīya* und der Karmaten setzten ab dem ausgehenden 8. Jahrhundert im Irak, in Westiran und Ostsyrien ein, die der Alawitenvorfahren um die nämliche Zeit, wobei sich ihre Doktrin in Stufen und Schichten aus kufischen extremschiitischen Lehrpositionen erst bis Mitte des 11. Jahrhunderts vorläufig festigte. Die Drusen erscheinen als Dissidenten der ismailitischen Fatimiden 1018 in Ägypten. Am meisten beeindruckt die seit dem 9. Jahrhundert betriebene ismailitische Ausdehnung, die von einer hierarchisch gestuften, wendigen, universalen Werbung gefördert wurde. Ismailiten leben heute noch, zum Teil mit mehreren Untersekten, in Ost- und Westsyrien, im Jemen, in Nadschran (Saudi-Arabien), versprengt in Indien allenthalben, in Ostafrika, Iran, Afghanistan, Zentralasien. Die Alawiten kommen hauptsächlich im sogenannten Ansariergebirge zwischen Orontes und Mittelmeerküste in Westsyrien, im Küstengebiet von Antakya und Iskenderun, über Adana, Tarsus bis Mersin in der Türkei, in und um Hama sowie Aleppo vor. Drusen befinden sich schließlich im Libanon, in Syrien, Israel und Jordanien. Alle drei Gruppen haben eine vitale Diaspora in der Neuen Welt.

Seit geraumer Zeit bemühen sich auch diese drei Sekten um eine zeitgemäße Selbstdarstellung im islamischen und/oder arabischen Verbund. Die führenden Interpreten sind fast ausnahmslos Syrer und Libanesen.

In der *Ismāʿīlīya*, seit 1096 in die später wieder unterteilten Hauptlinien der *Mustaʿlīs* und der *Nizārīs* gespalten, sind es überhaupt weniger die ersteren, theologisch konservativeren bis wissenschaftsfeindlichen als die ehemals religiös-politisch radikalen (Assassinen), zu Imamapotheose, Abrogierung der *sharīʿa* und (besonders in Indien) zu Synkretismus neigenden, aufgeschlossenen *Nizārīs* (Anhänger Āghā Khāns) in Syrien, die, vertreten durch einige Literaten, eine Neudeutung ihrer historischen Sendung versuchen. Wie bei Drusen und Alawiten handelt es sich um einheimische «Orientalisten» oder um gläubige kritische Laien. Diese neoismailitischen Intellektuellen verstehen sich zunächst als Lehrmeister ihrer zurückgebliebenen Gemeinde. Ihre Ansichten sind nicht unbedingt mit denen der konservativen Scheichs identisch. Auf jeden Fall sind sie problembewußter und engagieren sich breiter. Gewisse Sozial- und Bildungsprogramme, die in Syrien mit Geldern der wohlhabenden indischen Gemeinden auf Betreiben Āghā Khāns gefördert wurden, trugen, wie sie zugeben, schon erste Früchte. Sie beklagen indes das Vorherrschen des ökonomischen, administrativen und karitativen Reformkonzepts der *Nizārīs*, unter denen zunächst die Leute der Wirtschaft das Sagen hätten. Dadurch wurde angeblich die Behebung der Misere im Institutionellen, mehr noch im Erziehungssektor verschleppt. Hauptleidtragender sei die richtungslose Jugend, die es zu erwecken und mit dem ismailitischen Erbe zu ertüchtigen gelte. Sie behaupten, es stehe nicht besser um den Zusammenhalt der Gesellschaft überhaupt: Tribal-familiäre Instinkte dominierten dort, nicht der versöhnlich-brüderliche Umgangsstil der alten Ismailiten; unsoziale Besitzgier, nicht der traditionelle ismailitische Güteraustausch und die finanzielle Opferbereitschaft.

Besagte Kritik an den «Ökonomisten» meint natürlich nicht den hochgeschätzten Imam Āghā Khān, der weiterhin als der inspirierte unfehlbare Weisungsgeber gilt, der in seiner «unfaßlichen Weisheit» seinerseits bereits die Umrisse einer der Ismailiten würdigen Reform zeichnete und darin von den erwähnten Intellektuellen voll unterstützt wird. Sein bekanntlich fortschrittliches, humanitäres Trachten gelte demnach auch dort, wo Ökonomisches betroffen sei, dem Wesen ismailitischer Existenz; seine wirtschaftlich-sozialen Förderungsmaßnahmen sind Ausdruck idealistischen Opfersinns, Mahnung an die Mitbrüder, es ihm gleichzutun, das Wohl und Wehe der Gemeinschaft nicht an Steuern zu binden, sondern an engagiertes, freiwillig-karitatives und solidarisches Tun, um so das Groschenopfer und das Liebesmahl der Vergangenheit nachzuahmen. Wie der Imam selbst sagt, will er keine bloßen Almosenempfänger. Pragmatisch, wie er ist, wenngleich mit religiösem Unterton, erinnert er an Initiative, Schöpfergeist und Eigenverantwortlichkeit der syrischen Anhänger, denen, wie einst den Vorfahren, untätiges Schmarotzertum das Unangemessenste wäre. Weiter sollten sie – wieder wie ihre Väter – das Geschick ihrer Gruppe in die eigene Hand nehmen, aber dabei nicht sektiererisch vorgehen und andere verdammen, sondern in Brüderlichkeit und Menschlichkeit mit den Andersgläubigen verkehren. Als Schrittmacher der «Liga für Islamische Einheit» liegt dem Āghā Khān natürlich sehr daran, den Dienst am Ganzen (Islam) oder an einem «Teilganzen», dem Vaterland (Syrien) und Arabertum, zu betonen, um so den Anschuldigungen eines ismailitischen Alleingangs entgegenzutreten.

Hier wie bei den Drusen und Alawiten fällt jedoch auf, daß die Idee der Einheit des Islams so gefaßt wird, daß sie nicht den Sondercharakter der Sekte verwischt, also nicht zum Diktat einer Majoritätsreligion über alle anderen wird; jede Gruppe soll darin selbständig, geachtet, aktiv existieren. Philanthrop, der er ist, verbindet Āghā Khān seine Rassen-, Hautfarbe- und Besitzstandsschranken mißbilligenden Ideale gerne mit Hinweisen auf den Verbrüderungseffekt der geschichtlichen *Ismāʿīlīya*. Auf diesen universellen Zug ist er ebenso stolz wie auf die essentielle Geistigkeit der Bewegung, deren geschichtliche Vitalität er gleich den anderen Interpreten, getreu dem Hauptmerkmal der *Ismāʿīlīya* überhaupt, dem nach der überzeitlichen Substanz, nicht nach der oberflächlichen starren Tradition gerichteten Sinnen zuschreibt. Gerade hieraus und aus dem Selbstvertrauen sowie aus der Solidarität und aus der unbedingten Loyalität an den/die Führer leitet er die Befähigung der Ismailiten zur Erneuerung her.

Die Intellektuellen füllen mit ihrer Neuschreibung der Geschichte der *Ismāʿīlīya* und über eine Kommentierung ismailitischer Texteditionen den vom Āghā Khān skizzierten Plan aus. Es ist eine beispiellos idealisierende, suggestiv-doktrinäre Historiographie – will sie doch Idealnormen für heute in modernen Begriffen vermitteln. Überdies verrät sie eine totale schiitische Geschichtsauffassung, wobei sie ihre eigene Bewegung allenfalls als genuines Bestreben der Schia nach Verwirklichung ihrer legitim geglaubten Islamherrschaft und nach Reform eines von einem Machtkartell der Reaktion entstellten Islams darstellt.

Die innerschiitischen Querelen verblassen in der Rückschau angesichts eines gemeinsamen schiitischen Reformanliegens. Man umwirbt die Nichtismailiten, indem man die Nachfolgerechte Ismāʿīls, des Sohnes des sechsten Imam Jaʿfar aṣ-Ṣādiq (gest. 765) zwar stützt, aber nicht überbetont, dafür gerade Jaʿfar, der allen Richtungen heilig ist, als geistigen Ahn und Vater der esoterischen Bewegungen im Islam (sogenannte *Bāṭinīya*) feiert. Die Ruhmesworte der Neoismailiten überstürzen sich förmlich, wenn sie «diese unbegreifliche, übermenschliche Persönlichkeit», welcher die *Bāṭinīya* die wesentlichen Impulse verdanke, zu definieren suchen. Was die Jünger seiner Geistesschule dann lehrten, ist angeblich nichts anderes als seine systematisierte, «progressive Ideologie», die man mit den «Ismen» wie Idealismus, Humanismus, Rationalismus, gläubigem angewandten Sozialismus und revolutionärem Radikalismus umschreibt.

Der einstmals großartige, freilich sehr spekulative Versuch ihrer besten Denker, eine stimmige und maßgebliche heilsgeschichtliche Seinserklärung zu liefern, und zwar als provokatives und jedem intellektuellen Niveau angepaßtes Pendant der bestehenden Geisteskultur, Herrschafts- und Gesellschaftsordnung, verführt die Neoismailiten zu maßloser Übertreibung und Einseitigkeit bei sich selbst, zu Abwertung, ja Diffamierung der ebenso grandiosen und seriösen Bestrebungen der sunnitischen Gegenseite. Die zwangsweise so sehr auf islamische Integration bedachte, zu einem Ausgleich zwischen dieser und der Erhaltung ihrer Sonderexistenz gerufene Gemeinschaft der syrischen Ismailiten wird sich schwertun, ihren zerbrechlichen Standpunkt in der Majorität auf diese Weise zu behaupten, wenn sie nun, den wissenschaftlichen Aufwind für ihre Rehabilitierung nutzend, in haltlose Polemik verfällt. Die wiederbelebende Kraft, die der eigenen Gesellschaft zunächst zugute kommt, könnte in der Beziehung zur immer noch argwöhnischen Außenwelt wie ein Bumerang wirken. Es bedarf da schon des Augenmaßes eines souveränen Āghā Khāns, die neue Orientierung zu präzisieren.

Die Erhöhung des Imamats hielt sich bei Ismailiten, besonders in der Theologie der Fatimiden (909–1171), im allgemeinen in Grenzen – anders bei den Alawiten oder Nusairiern. Ursprünglich Zwölferschiiten, kam es infolge eines Konfluxes extremschiitischer Lehranschauungen zur Überhöhung, ja Vergöttlichung der Imame. Wie bei Ismailiten und Drusen ideenhaft präexistent, treten diese, wie eine gnostisch-spekulative Kosmogenese lehrt, in Abstufungen in die körperhafte Welt hinab, die eigentlich ihr, der demiurgischen Inkarnationen, Werk ist und wo sie ihren in mehreren Zyklen und Perioden sich wiederholenden Erlösungsauftrag wahrnehmen. Dem Sinne nach eine einheitliche Manifestation, erscheinen sie einzeln oder in Gruppen (z. B. Pentaden) unter verschiedenen Namen, gefolgt von weiteren Verkörperungen kosmisch-geistiger Unterprinzipien, zu welchen auch zahlreiche Persönlichkeiten der früheren Sektengeschichte der Alawiten zählen.

Die Erscheinung des Göttlichen in ʿAlī bzw. unter dem Namen «ʿAlī» beherrschte früh das übermächtige (Re-)Inkarnationsdenken, welches naturgemäß zum wichtigsten literarischen Topos wurde. Was aus ihrem Geheimglauben an die Vergöttlichung der Schia-Heiligen und -Imame an die Öffentlichkeit sickerte, empörte die Andersgläubigen ebenso wie die Gerüchte um ihren Kultus, etwa die symbolreiche dreistufige Initiation der Mysten wie alles Ritual in seiner krausen ultraschiitischen Allegorese der kanonischen Riten des Islams, ferner ihr synkretistischer Festkalender, überhaupt ihr bizarres religiös-soziales Brauchtum, die fremdartigen Wiedergeburtsvorstellungen, ganz zu schweigen von einem nusairischen «Koran» in ihrer Liturgie.

Nicht allein Sunniten, auch die ihnen geistesverwandten Drusen und *Nizārī*-Ismailiten befeindeten diese – wie sie sagen – «Erzketzer» bis in die Gegenwart. Nach einer kurzen Atempause umbrandet sie nun eine neue Hetzwelle, von den *Muslimbrüdern* aufgewühlt, welche die komplexen Hintergründe der alawitisch-baʿthistischen Klientel und ihrer Interaktion verzerren. Sie sprechen nur von «unheiliger Allianz» und führen eine Kampagne mit Aufklärungsschriften, die Wahres und Erdichtetes wahllos mischen, wodurch sie eine gefährliche Pogromstimmung erzeugen. Die Preisgabe ihrer Mysterien trifft die Geheimsekte völlig unvorbereitet.

Die Bewußtseinslage ist noch nicht so reif, noch nicht so souverän wie bei Ismailiten oder Drusen, um die heiklen dogmatischen Positionen in abstrakter philosophischer Gewandung und entmythologisiert darzustellen. Eine sufisch allegorisierende Deutung wie bei den Drusen ist allenfalls im Ansatz vorhanden; aber auch diese wird, nicht ganz zu Recht, von den *Muslimbrüdern* als hermeneutische Finesse attackiert. Ansonsten beschränkt man sich auf naive Ableugnung dessen, was wesenhaft nusairisch ist. Diese Einstellung kommt objektiv einer «Selbstverleugnung» gleich. Das Abstreiten von Tatsachen verstärkt nun gerade wieder die Brisanz des Konflikts; die *Muslimbrüder* weisen nämlich inzwischen gesicherte wissenschaftliche Fakten über die Natur des Alawitentums vor. In die als naiv bezeichnete alawitische Rechtfertigung fallen beispielsweise: die Darstellung ihres geschichtlichen Arabertums, ihres zwölferschiitischen Alidentums, ihres Koranglaubens, Prophetenschafts- und Imamatsverständnisses. Das (wie sie sagen) «natürliche Anderssein in wenigen Punkten», die beargwöhnte Heimlichkeit erklären sie mit der angeborenen Innerlichkeit ihrer batinitischen Religiosität, aber auch mit der geschichtlich erzwungenen Introversion: Eine aus Verfolgungstraumata entstandene Untergrundsmentalität führte demnach zu sufisch-meditativen und passivistischen Einstellungen sowie innere und äußere Knechtung zu Leidens-, Unterwürfigkeits- und Demutshaltungen mit religiössozialen Erlösungserwartungen.

Dieses nicht so wie bei den Drusen vertiefte Motiv trägt allerdings bis in die Gegenwart hinein eine reale Explosivkraft, nämlich in merkwürdiger Vermengung von alawitischen Imam- und Mahdierwartungen, also religiösen Parusieerwartungen einerseits und sozialen Befreiungssehnsüchten andererseits. Neuere Deutungen der Dogmata scheinen sich der Anziehungskraft des sufisch-mahdistischen Erlösungsgedankens in Verbindung mit der Idee göttlicher Vergegenwärtigung zur Erneuerung der Minderheit zu bedienen. Nicht von ungefähr rückt die große Gestalt des Dichterfürsten Ḥasan al-Makzūn (gest. um 1240) mit seiner mystischen Symbolpoesie wieder mehr in den Vordergrund. Dies sollte nicht nur eine Geste der Tarnung unter sufischem Deckmantel sein!

Schließlich befindet sich auch das Drusentum, auf seine Islamität und «Arabität» angesprochen, in der peinlichen Zwangslage, seine geschichtliche Mission verbrämen zu müssen. Einwandfreie wissenschaftliche Forschungsergebnisse werden größtenteils zurückgewiesen, und das auch mit der Begründung, daß nur «Wissende», das sind Eingeweihte, verstünden, worum es im Drusentum gehe. Gewiß, es ist vieles erdichtet und verleumderisch behauptet worden. Tatsachen bleiben jedoch fürs anfängliche und fürs mittelalterliche Drusentum: Es richtete sich gegen die religiösen und politischen Grundfesten des Islams, was man etwa aus der Selbsterklärung der Initiatoren der Bewegung 1018 in Kairo entnehmen kann. Das bedeutete den Bruch der religiös-politischen Loyalität gegenüber Sunna und Schia, die Aufkündigung der Gesetze beider (Sunna, Schia) und die Errichtung einer eigenen «geistigen Gesetzgebung». Darauf hin weist auch die Selbstbezeichnung als «Dritter Weg» mit dem Ausschließlichkeitsstandpunkt einer alleinseligmachenden Heilsgemeinschaft und einem «geistigen Imamat» an der Spitze, das absolute Unterordnung unter sein Gesetz fordert. Wohin man zielte, zeigen ferner die Lossagungsformeln von der alten Ordnung und die vertragliche Verpflichtung auf eine neue Ordnung und die Selbstisolierung nach der Einstellung der Missionierung schon 1043. Die Unmöglichkeit des Übertritts und das Beschränken der Möglichkeit des Heilsgewinns ab jetzt nur auf die schon Übergetretenen sowie – bei der Teilung in «Wissende» und «Unwissende» (15. Jahrhundert) – die Begrenzung der «wahren Zugehörigkeit» auf den innersten Sektenkreis weisen in dieselbe Richtung.

Der Islam, das heißt die Sunna, nimmt an, daß diese grundsätzliche Einstellung eine von der Geschichte noch nicht überlebte, ewige der Drusen sei. Von den Kreuzzügen bis zu den Nahostkriegen will man bezüglich Islam und Arabertum drusische Desintegrationsneigungen, sektiererischen Egoismus, nationalen Verrat erkennen. Die drusische Erwiderung, in der sich fast gesetzmäßig Faktoren moderner schiitischer Apologetik wiederholen, ist sehr komplex und die reifste unter allen gegebenen Antworten. Im Grunde mehr als bloße Rechtfertigung, ist sie schon Neuorientierung, ein Versuch der Erneuerung, am weitesten im Libanon und in der amerikanischen Drusendiaspora vorangeschritten.

Aus leidenschaftlich geführten Debatten schälten sich sogar mehrere Richtungen heraus, während die strenggläubige Orthodoxie im Drusentum noch zögert und sehr skeptisch bleibt. Zuoberst steht die Frage nach der Beibehaltung oder Preisgabe des Arkancharakters. Die Verfechter des gnostischen Weges und die Strenggläubigen sind für, Diasporadrusen und sozial engagierte Pragmatiker etwa gegen die Geheimhaltung. Die Gegner berühren entscheidende Punkte: Eine Religion in der Religion ist undenkbar; man schließt damit die Massen aus, die sich von den «Abfällen» des Glaubens ernähren dürfen; man diskriminiert die Mehrheit («Unwissende»), fördert die Ungleichheit und entfremdet sich vollends die schwankende Jugend. Die Klagen über Ungleichheit und Ungerechtigkeit münden häufig in eine Kritik des Systems ein. Das letztere wünscht man sich demokratischer, weniger absolutistisch regiert durch eine Oberste Geistliche Leitung, die sich gerne als Nachfolgerin des Imamats bezeichnet.

Alles dies, ferner die Selbstgefälligkeit der «Wissensträger», die aus Angst vor irdischer Befleckung ausschließlich dem «Himmlischen» zugeneigt sind, erbringt vielfache Vorstöße bis ins Herz der drusischen Doktrin: Diese besteht in den Dogmata der Gottmenschlichkeit des fatimidischen Imam-Kalifen al-Ḥākim (reg. 996–1021), der übrigen neun Manifestationen vor ihm, der zyklisch sich verkörpernden göttlichen Prinzipien und der himmlischen Urbilder in der Propagandahierarchie mit ihrer in Kosmogonie wie in der Heilsgeschichte schöpferisch-erlöserhaften unersetzlichen Mittlerfunktion.

Nicht nur Strenggläubige, auch «Liberale» im Dienste der Orthodoxie wollen die Essenz der Glaubenssätze retten. Die letzteren suchen mittels philosophischer und gnostisch-mystischer Überdeutungen das Skandalon der Apotheose abzuschwächen, die verspielte esoterische Allegorese der Heiligen Schriften zu versachlichen, die meditative Versenkung der «Wissenden» als gnostischen Pfad der Läuterung (Katharsis), Selbstverwirklichung in der Einsamkeit mit dem Heiligen zu erklären, Mystenweihe und Schweigepflicht als Postulat der Gnostiker aller Zeiten zu erläutern. Das sittliche Element bei den «Wissenden» ist allen Erneuerungsrichtungen ein Kernanliegen: Seit den Reformen im mittelalterlichen Drusentum (15.–17. Jahrhundert) spätestens gilt nämlich die individuelle Selbstverwirklichung als Schritt zur Erkenntnis des Göttlichen.

Aber der rigorosen Selbstheiligung der «Wissenden» bescheinigen nun manche Kritiker, sie sei selbstsüchtig und undemokratisch; sie verlangen statt dessen die kollektive Sozialreform zur Erbauung der Massen. Deren Grundwerte erschließen auch sie aus den klassischen drusischen Glaubens- und Sittlichkeitsnormen, einem durch Allegorese aus den «Säulen des Islams» *(arkān al-islām)* gewonnenen sieben- bis zehnfältigen Gebots-/Verbotskatalog, den man unter anderem für die Erreichung des innergesellschaftlichen Friedens (der durch familienpolitische Streitigkeiten seit Jahrhunderten gestört ist) einsetzen will.

Die genannten Werte, die sich bei der *Ismāʿīlīya* übrigens auch finden, sollen nun als drusische Integrations- und Disziplinierungskräfte vollends entschränkt werden, nachdem sie vom Mittelalter bis heute nur im innersten Kreis der «Wissenden» geübt wurden, sollen zu Gemeinschaftsnormen der heutigen Gesamtgesellschaft werden. In den Kreisen, wo diese Veräußerlichung der Drusenbotschaft empfohlen wird, beobachtet man eine gewisse Abkehr vom Buchstaben ihrer aus der Gründerzeit stammenden Heiligen Schriften, eine Profanisierung des Imamats, damit die Rehabilitierung der ismailitischen Fatimiden, eine gewisse Koranaufwertung. Die in neuester Zeit lange umstrittene Oberste Geistliche Leitung in

Beirut ist, eher konservativ, nicht unbedingt die Wortführerin der diversen Reformbestrebungen, wirkt aber koordinierend durch ihre Ratszusammensetzung. Sie ist bzw. sie sieht sich gerne als Sprecherin des Drusentums, auch nach Syrien und Israel hinein, vertritt so auch die politische Dimension.

Politisch erfahren und national engagiert durch die Teilnahme von Drusenrepräsentanten am libanesischen Proporz, fand das Drusentum im Libanon eine Plattform, um seine historische, religiöse und politische Rolle, wie seine Vertreter sie sahen, von oben herab zu verkündigen. Wortgewaltige Botschafter eines – wider alle Gerüchte – national-arabischen, islamischen und propalästinensischen Drusentums, verwiesen sie die Zweifler auf seine Verwicklung in die oft mit seinem Blut geschriebene syrisch-libanesische Geschichte, um die Vorwürfe, man sei unpatriotisch, zu widerlegen.

Dennoch – eine Parallele zu Ismailiten und Alawiten – sind die Drusensprecher peinlichst darauf bedacht, das behauptete Engagement für die größere Einheit nicht zu Lasten der Eigenpersönlichkeit ihrer Sekte gehen zu lassen. Sie fordern die Erhaltung ihrer traditionellen oder ihnen übertragenen Sonderrechte und die Würdigung ihrer geschichtlich gewachsenen Besonderheiten, was, mit ersterem im Bunde, auf einen gefahrvollen Balanceakt zwischen Selbstbehauptung und Austausch mit der höheren Einheit (Regionalstaat, Arabertum, Islam) hinausläuft.

Der für islamische Minderheiten beispiellose Prozeß dortzulande ist allerdings heute gefährdet: Die religiösen und politischen Überreizungen im Islam und im Arabertum ihrer Umwelt sind so gravierend, der Verlust an Reformerpersönlichkeiten im Bürgerkrieg so schwer, die Tradition so mächtig, daß es fraglich ist, ob dieses einmalige und hochstehende Experiment, welches die monistische Leitidee drusischer Geistigkeit in immer neuen Varianten ausführt und in die Gegenwart philosophisch und gesellschaftspolitisch hineinwebt, auf Dauer bestehen und eine geistig-moralische wie politisch-religiöse Standortfindung in der Moderne markieren kann. Die Tatsache, daß ein nicht geringer Teil der in Israel lebenden Drusen sich dem jüdischen Staat gegenüber loyal verhält und sogar der Wehrpflicht nachkommt, belastet die Situation der in arabischen Staaten lebenden Drusen.

2. Ahl-i ḥaqq

Gleich den vorhergehenden drei Sekten bekunden die *Ahl-i ḥaqq* («Besitzer der Wahrheit») a priori die soteriologische Exklusivität ihres Glaubens. Bekenner einer nicht ganz gleichförmigen, über keine kanonische Heilige Schrift verfügenden Geheimreligion, verbindet sie die Akkulturation extremschiitischen Gedankenguts mit den obigen: Sie zählen sieben aufeinanderfolgende göttliche Manifestationen sowie in deren Gefolge je fünf Epiphanien göttlicher Hypostasen, Engel oder Minister geheißen, dem Göttlichen entflossen und jeweils eine einzige Wesenheit bildend. Wenn im zweiten Zyklus islamische Vertreter – allerdings in extremschiitischer Gewichtung: ʿAlī-Prophetengenosse Salmān al-Fārisī-

Muḥammad – überwiegen, ist dies für das Gesamtsystem unmaßgeblich, da die Ausfüllung mit muslimischen Namen nur der in solchen Religionstypen notorischen «islamischen Ära» (neben anderen) Rechnung trägt. Besagte Ära ist in der Tat nur eine Vorstufe auf dem Weg zur vollkommenen Erkenntnis, da diese, zwar in der Vorewigkeit durch die Gottheit potentiell angelegt, gleichwohl – das ist wieder Gedankenteil der Extremschia – der Reife entgegenwächst. Ebensowenig darf die Auffüllung früherer Zyklen mit Gestalten der islamischen, jüdischen, christlichen und muslimisch/arabischen Volks- bzw. Religionsgeschichte so gewertet werden, als beherrschten diese Namen die Gesamtheit der Manifestationsformen (der Seelenwanderungsglaube gestattet ja jede beliebige Versetzung und Vermehrung der Hypostasen!). Der Schwerpunkt liegt vielmehr im vierten Zyklus, den die Manifestation Sultan Ṣuhāks, wohl des eigentlichen Stifters der Religion, überstrahlt.

Das bedeutet aber, daß gerade im Geschichtsumfeld der *Ahl-i ḥaqq* der Glaube, die eine Wahrheit zur Reife gelangt. Bereits etliche Weltentstehungsmythen reflektieren diese Tatsache; erst recht regionalbedingt und urtümlich wirken die Legenden, welche sich um die Manifestationen ab dem dritten Zyklus ranken. Ja, wenn die Erscheinungen der Gottheit und die Nebenerscheinungen vom dritten Zyklus an «wandern», scheint diese Verschiebung eben die Entwicklung und die Ausbreitung dieses Glaubens zu markieren: von Luristan über Gūrān (vierter Zyklus. Heilige Sprache des Gūrānī!) nach Aserbaidschan (spätestens Beginn des 18. Jahrhunderts). Dem entspricht etwa ihre heutige Verteilung: Westiran (Luristan; Kurdistan, besonders Gūrān; Aserbaidschan) und Nordirak.

Das auffällige Lokalkolorit ihres Pantheons, ihre schillernde schiitische Religiosität, der urwüchsige Synkretismus ihrer Riten, ihre Eschatologie (der ersehnte Messias veranstaltet sein Endgericht in ihrer Heimat!) verweisen für die Herausbildung dieses Glaubens unter anderem ins Milieu der turkmenischen schiitischen Heterodoxie, in Safawiden- und *Kızılbaş*-Nähe und in Richtung der *Kara-Koyunlu* zurück. In ihren religiös-sozialen Zusammenkünften finden sich so originelle Praktiken wie der *dhikr* der Sufis (von arab. *ṣūfī*), ekstatische Derwischpraktiken, unverzichtbare regulierte Gaben- und Opferdarreichungen, ausdrucksstarke Einführungsriten mit «geistigen Hochzeiten» und dergleichen. Die im übrigen mehr von den unteren Sozialschichten getragene Religion zeigt in ihren wuchernden Wundergeschichts- und Folkloreelementen in den Überlieferungen einen sehr volkstümlichen Charakter.

Fast alles, was die *Ahl-i ḥaqq* in ihrer Volksgeschichte berührte, scheint religiös-sozial assimiliert, ohne daß sich in einigen Fällen die Vorzeichen geändert hätten: Die ersten drei islamischen Kalifen und auch Muʿāwiya und ʿĀʾisha bleiben wie in der Extremschia negativ, der teuflischen Finsternis verbunden; sie haben nämlich eine «Schwarzlehmnatur», d. h. eine negative Urqualität. Muḥammad, obzwar sonst keineswegs hervorragend, besitzt eine «Gelblehmnatur», d. h. eine positive Urqualität.

Im Zusammenhang mit dem Bösen begegnet noch ein auffälliges – bei den Yeziden dann noch mehr dominierendes – Phänomen: Dieses scheint seinen «Stachel» zu verlieren, wodurch vielleicht eine ewige Hölle entfällt, während auch das Paradies unstofflicher Natur sein könnte.

Zumindest der geschichtliche Befund machte es nicht unwahrscheinlich, daß diese so vieles verkraftende und absorbierende, letztlich dem Islam ferne Religion in Zukunft weiter anpassungsfähig bleibt. Eine neuere Theologie eines Angehörigen der *Khāmūshī*-Gruppe (gest. 1920) läßt hierüber keine Prognosen zu. Andererseits schufen phänomenologische Ähnlichkeiten mit anderen Gemeinschaften, etwa die millenarische Erwartung der (oder weiterer) Manifestation, Verbindungen zu völlig Milieufremden: Man weiß von Übertritten von *Ahl-i ḥaqq* zu den *Bahāʾīs,* in deren Mitte sie gerade die Erfüllung ihrer Erwartungen suchten, fanden und folgerichtig ihre ehemaligen Glaubensgenossen aufforderten, die «Zeichen der Zeit» ihrerseits zu erkennen.

3. Yeziden

Vom Islam noch weniger gezeichnet sind schließlich die Yeziden. Sie siedeln vom Jabal Sinjār im Westen von Mossul bis Aleppo, nordöstlich über Armenien bis Transkaukasien, in der Osttürkei, am dichtesten aber nördlich von Mossul im Shaikhān-Gebiet, wo ihr kultisches Zentrum mit dem Grabmal ihres Nationalheiligen, Shaikh ʿAdī, liegt. Straff nach Stämmen und Sippen gegliedert, verteilen sie sich außerdem auf fünf Diözesen. Obwohl sie bevorzugt ein kurdisches Idiom sprechen, ist ihr rassisches und soziales Gepräge längst nicht eindeutig kurdisch. Sie hängen wieder einer exklusiven Geheimreligion an, die allein aufgrund ihres Abstammungsmythos die Vermischung mit Nichtyeziden unter Exkommunikationsstrafe verbietet. Der Exklusivität nach außen entspricht auch eine innere: Es ist nämlich kein Übergang von Laien zu Geistlichen möglich. Letztere bilden ihrerseits wiederum unverwechselbare Kasten, die jeweils streng endogam sind.

Es herrscht strikte Geheimzucht mit der üblichen schiitischen Konsequenz: äußerliche Anpassung an Nachbarreligionen zur Deckung. Auch die Yeziden traf nämlich, allein wegen ihrer Verehrung des sonst meistgehaßten Umaiyaden, Yazīd (die Herleitung ihres Namens von diesem Kalifen ist noch ungeklärt), der Bannfluch der Sunna. Ihr war bis zu den Osmanen einschließlich jedes Mittel recht, ihre Bekehrungs- und Ausrottungsmaßnahmen zu rechtfertigen. Nicht umsonst kennen die Yeziden selbst einen (Gegen-)*jihād,* den ihr höchster Geistlicher, Shaikh Nāṣir, auszurufen befugt ist.

Der religiös-kulturelle Wildwuchs, noch üppiger als bei den *Ahl-i ḥaqq,* verleitete förmlich zu üblen Nachreden. In Wahrheit sind sie weder «Teufelsanbeter» noch «Sittenstrolche», verehren auch keine Gestirne. Es handelt sich bei allem inhaltlichen Gemengsel sogar um eine lichtvoll-optimistische Religion, der das Gute und Sittsame alles bedeutet. Allein das ist aufschlußreich, daß die in der extremen Schia präexistent angelegten, sich in den Zyklen als Widersacher der guten Mächte reproduzierenden bösen Mächtigkeiten bzw. ihre Inkarnationen hier kaum existent sind! Das imposante Pfau/Hahnensymbol («Engel Pfau», *malak ṭāʾūs*) ist gänzlich positiv geworden.

Unerhört nicht nur für die extreme Schia ist ferner die «Umpolung» des satanischen Sinnbilds im Kalifen Yazīd ins Undämonische. Hinter dem überragenden Pfauensymbol versteckt sich zwar der gefallene, dafür zeitweilig «satanisierte» Engel. Seine Reue und Gottes Gnade brechen indes die Souveränität des Bösen, überwinden das Böse, die Hölle und Höllenstrafe grundsätzlich. Entsprechend sollte auch die Wiedergeburt, als Läuterungsweg aufgefaßt, nur zum Adel der Seele gereichen und zum Paradies hinführen. Die Vernichtung des Bösen im *malak ṭāʾūs* ist so vollständig, daß er gar zum eigentlichen Vollstrecker des göttlichen Willens, zum Schöpfer und Erhalter des Alls wird.

Wie die Welt im einzelnen entsteht, lehren die sinnreichen Perl-Weltei-Vogelmythen. Eigentlich sind es bereits beim Schöpfungswerk die sieben Gottengel, mit *malak ṭāʾūs*, die demiurgenhaft, Gott ablösend, im Bunde tätig werden, so daß der Hochgott schließlich über allem Kult steht, *malak ṭāʾūs* und den Engeln alles Gedenken und liturgische Handeln zukommt. Gleich den Hypostasen bei den extremen Schiiten und bei den *Ahl-i ḥaqq* gebären sich die sieben Gottengel ins Raum-Zeitliche hinein oder es läutern sich gewisse (7) den Yeziden hochheilige Persönlichkeiten durch Wiedergeburt zu Gottheiten, dargestellt im Kultus durch die sieben Pfau/Hahnenfiguren *(sanjaqs),* allerheiligste Symbole und Gegenstände allgemeiner Andacht. Darunter befinden sich, bunt gemischt, jüdische (David), islamisch-arabische (Yazīd ibn Muʿāwiya; Ḥasan al-Baṣrī; der Mystiker Manṣūr al-Ḥallāj), aber auch regionale (Shaikh ʿAdī), d.h. dem eigenen Milieu einverleibte (denn hinter Shaikh ʿAdī steht der historische *ṣūfī*-Scheich ʿAdī ibn Musāfir aus dem 12. Jahrhundert) Namensträger. Ihre zwischen Göttlichem und Menschlichem vermittelnde Stellung ist heilswichtig, wobei – selbst bei Shaikh ʿAdī – ihre gottmenschliche Natur nur vage bestimmt bleibt.

Schließlich erscheinen auch bei den Yeziden im Gefolge der zyklischen Manifestationen sekundäre Heilsgaranten, z.B. «Propheten» wie Muḥammad und Jesus (das Jesusbild des Islams herrscht vor). Seien es islamische, seien es christliche Gestalten, der Dualismus ist wieder aufgelöst; das Licht dominiert klar. Wie schon gesehen, verliert selbst Yazīd in «sufyānischer» (Sufyānī: umaiyadische Mahdi [*mahdī*]-Figur) Verklärung und dem *malak ṭāʾūs* paralleler Umwertung das Un-Engelhafte: Das Böse ist lediglich eine Phase im Verlaufe des Guten gewesen; letzteres kehrt auf seinen angestammten Platz, faktisch alleinherrschend, zurück. So etwa verhält es sich auch mit jenen Nebengestalten!

Der aus Vorstellungen und Brauchtum vieler Kulturen gemischte Wildwuchs setzt sich in den religiösen Feierlichkeiten fort, in denen sich wiederum keine abfälligen Äußerungen gegen andere Religionen und ihre Rituale, wie behauptet wurde, feststellen lassen. Eine weihevolle Würde dominiert, ob in den Hauptgebeten, Engelanrufungen, ob bei den feierlichen *sanjaq*-Prozessionen, bei der Wallfahrt zum Grabe Shaikh ʿAdīs, beim Neujahrsfest oder in den von hohem Sozialethos geprägten Initiationsriten. Altorientalische, iranische Mythenvorstellungen, muslimische und christliche Überlieferung sind stark, noch beherrschender im Falle engen Zusammenlebens mit den Muslimen oder Christen. Überhaupt überschattet die vielschichtige mündliche Überlieferung oftmals ihre zwei Heiligen Bücher, deren Inhalte von ersterer erheblich abweichen können.

Wenn sich Glaube und Ritual der Yeziden bis in Einzelheiten der Lebensführung erstrecken, rührt das daher, daß sie gleichsam ein einziges Gottesvolk bilden, in welchem die Laien, obschon von den Klerikern kastenhaft geschieden, individuell als Novizen mystisch den *pīrs* oder Scheichs der Geistlichkeit verbunden sind. Neben den eigentlichen, nicht selten zölibatär-asketisch lebenden Geistlichen und Seelsorgern verdienen gewisse, nach Art der Derwische oder sogar der Schamanen agierende Kleriker, besonders die *faqīre, qawwāle* und *kočaks*, zum Teil in Bruderschaften freiwillig dienend, hervorgehoben zu werden. Manche, wie die *kočaks*, lassen auch mit veränderten Funktionen ihre unheimliche schamanistische Vergangenheit ahnen oder erinnern wenigstens an die mahdistische sozioreligiöse und politische Kraft, über welche ihre (nun ausgestorbenen) Namensvettern im meist nomadenhaften Milieu «verfügten».

Trotz zahlloser islamischer Details ist das Yezidentum der größte Außenseiter der hier beschriebenen Sondergruppen. Sein religiöser Eigenstatus, durch die artspezifische soziale Entität noch verstärkt, bietet kaum Austauschmöglichkeiten, während die Toleranz dieser Religion eine Kommunikation mit ihr fördern könnte. Bei der Verquickung von Religiösem und Sozialem dürfte freilich jeder gesellschaftliche Wandel im Innern die Gesamtsubstanz der Minorität berühren und die einmalige Harmonie aller Elemente beenden.

4. Bahāʾīs

Die weltweit missionierende Universalreligion der *Bahāʾīs* steht im Grunde der Schia gedanklich näher, als manche ihrer Publikationen in primärer Vorstellung der universalistischen Tendenzen oder des fertigen Systems erkennen lassen. Eine *Bahāʾī*-Religion ist schwerlich ohne zwei Vorbewegungen gänzlich schiitisch-mahdistischen und reformistischen Charakters denkbar, die wiederum nicht hätten zwangsläufig ineinander übergehen und im *Bahāʾī*-Glauben kulminieren müssen! Eine nonkonformistische innerschiitische Gruppe, die *Shaikhīs*, wollte mit der Suche nach dem geheimen Vertrauensmann des verborgenen 12. Imam, *bāb* (Tor) genannt, Zugang zum verheißenen Mahdi *(mahdī)* selbst erlangen. Die Umstände ließen die Wahl auf Saiyid ʿAlī Muḥammad als *bāb* fallen; der *Babismus*, die zweite Vorbewegung, war geboren.

Das Selbstverständnis dieses *bāb* ist indes nicht so klar zu ersehen, wie es die *Bābīs* selbst und wie es die Folgebewegung der *Bahāʾīs* darstellen. Dieser bezeichnete sich 1844 in Schiras zwar als *bāb,* also Vorläufer eines anderen, könnte aber später mit dem Gedanken gespielt haben, selbst ein endzeitlicher Imam, ein Mahdi, zu sein. Daß ein «Mittler» *(bāb)* oder ein «Zeugnis» *(ḥujja)* zum Imam aufrückte, wäre in der Schiageschichte gar nichts Neues. Wie dem auch sei, des *bāb* dunkles Anspielen auf einen «von Gott noch zu offenbarenden» Größeren, welcher weltweit eine neue Zeit einleiten, einen neuen Hauptzyklus im Weltgeschehen eröffnen würde, diese Prophezeiung, auf wen immer sie zutraf, stand provozierend im Raum. Als ob der *bāb* selbst in mahdistischem Anflug gewaltsam den neuen Äon herbeiführen wollte, sagte er sich auf dem Konvent von Badasht (1848) vom Islam los und abrogierte die *sharīʿa*, das Gesetz: eine totale Aufkündigungsgeste, wie sie die Extremschia seit langem kennt, also noch keine universalistische Orientierung im späteren *Bahāʾī*-Sinne.

Mit seinem mahdistisch-reformatorischen Programm machte der *bāb* konsequent ernst. Die realen Mißstände im geistlichen und weltlichen Bereich prangerte er schonungslos an und bekundete zugleich unerhört fortschrittliche Absichten für eine umfassende Neuordnung. Grausame Unterdrückungsmaßnahmen der iranischen Behörden zwischen 1849 und 1852 trafen eine noch selbst militante Minderheit. In der folgenden Verbannung (Bagdad, Konstantinopel, Edirne, Haifa) formte sich aus den Exil-*Bābīs* der jetzt pazifistische, klar universalistisch werdende Bahaismus.

Der Übergang geschah nicht völlig reibungslos und hat etwas Willkürliches an sich, weil er unter Spannungen um die *bāb*-Nachfolge sich vollzog (1863/64). Um den Titel des vom *bāb* Verheißenen, «dessen, den Gott offenbaren wird», bewarben sich die *Bābīs* Bahāʾ Allāh und sein Halbbruder Ṣubḥ-i Azal. Die Mehrheit entschied sich für Bahāʾ Allāh, die sogenannten *Azalīs* blieben eine Minderheit. Die von der Schia überkommene Legitimationsproblematik sollte sich nach Bahāʾ Allāhs Tod erneut zeigen: Testamentsanfechtungen, Aufhetzung und Verleumdung trübten die Eintracht, bis sich ʿAbd al-Bahāʾ, Bahāʾ Allāhs ältester Sohn, durchsetzte und durch seine überragenden Leistungen im Theologischen, Administrativen und in der Mission jedenfalls bewies, daß er des höchsten geistlichen Amtes überaus würdig war. Ähnliches gilt für seinen Nachfolger Shogi Efendi (Shauqī), der offenbar unangefochten die Leitung übernahm.

Der *Bahāʾī*-Glaube übernahm modifiziert die Theologie des *Babismus*. Natürlich steht nun die Manifestation, der Prophet des neuen Zeitalters im Mittelpunkt; der Zug zum Universalen verstärkt sich, während schiitische Terminologie und Symbolik nachwirken; die Organisation und Administration des *Bahāʾī*-Systems bilden sich rasch heraus.

Im Religiösen wird der *bāb*, als sei es eine Bestätigung von dessen eigenem späteren Anspruch, als die wahre, unabhängige, wenn auch zeitlich begrenzte Manifestation anerkannt. Bahāʾ Allāh wird die überragende Heilspersönlichkeit. Der völlig transzendente Gott veräußerlicht sich gewissermaßen in kontinuierlichen Schöpfungsakten, offenbart oder «spiegelt sich» am reinsten in den Propheten, die, zwar Menschen, die in der Schia diesen und den Imamen vorbehaltene übernatürliche Erhöhung erfahren. Bahāʾ Allāhs Vorgänger sind die im Islam gezählten Propheten des Judentums und Christentums und Muḥammad. Hinzu kommt neu Zoroaster. Das bedeutet, die früheren Religionen sind wesenhaft wahr, aber nicht mehr zeitgerecht. Der jetzt zeitgemäße ist der *Bahāʾī*-Glaube. Diesem können nach seinem Millennium durchaus andere, dann angemessenere, Manifestationen folgen.

Der Hereinbruch der Ewigkeit ins Zeitliche in der körperhaften Manifestation fördert das Spirituelle; der Geist des Glaubens wird zum wirklichen Lebensstrom, überschüttet das ganze Dasein mit Licht. Es bedarf wie in der Schia jedoch des existentiellen Erfaßtseins von der Manifestation, des einzigen Unterpfands des Glücks und der Erlösung. Die eschatologische Welt verliert an Selbstwert; das künftige geistige Geschick beginnt sich unter dem Eindruck des erschienenen Göttlichen vorwegzuformen. So gibt es keine leibliche Auferstehung (auch keine Wiedergeburt), kein Paradies, keine Hölle, einzig ein der Vollendung Entgegenwachsen im Geiste, durch göttliche Gnade nach dem Tode weiterbewirkt.

Trotz der Hervorhebung des Spirituellen rühmen sich die *Bahā'īs* mit Recht der «horizontalen Dimension» ihres Glaubens mit seinem Diesseits- und Gesellschaftsbezug. Sie teilen mit ihrem Vorläufer *bāb* das hohe und rigorose Ethos in der Sitten- und Pflichtenlehre, universalisieren allerdings dessen schiitischen innergesellschaftlichen Reformismus und geben die Kleinlichkeit vieler Regelungen des *bāb* auf. ʿAbd al-Bahāʾ und Shogi Efendi drangen auf die Einheit der Menschen wie auf die wesenhafte Einheit aller Religionen, die völlige nationale, religiöse, rassische, politische Vorurteilslosigkeit, die Förderung des Weltfriedens, die Verbesserung universeller Erziehung u. a. Es ist sicherlich Ausfluß ihrer Vorbewegung, des *Babismus*, wenn die *Bahā'īs* mit der Selbstheiligung das Laienapostolat unterstreichen, den Klerikalismus (nach den Erfahrungen des *bāb* mit den schiitischen Theologen), öffentliche Zeremonien ablehnen, ihre Versammlungen aber als eine Art von Gottesdienst betrachten und als solchen vollziehen. Überhaupt sind ihre wohlgeordneten komplexen Führungs- und Verwaltungskörperschaften, gleichsam von Gott gestiftet, bereits als ein Vorgriff auf eine künftige ideale Weltordnung bzw. -regierung gedacht.

Die Zugehörigkeit zu diesem «Idealstaat» im Kleinen schließt übrigens eine Parteimitgliedschaft aus. Sie missionieren für ihre Sache oder, besser, werben für sie, indem sie ihre Ideale vorleben. Dank ihrer religiösen Duldsamkeit gegen Andersgläubige stehen auch ihre Tempel allen Bekenntnissen offen, und da ihre Mission in hohem Maße eine erzieherische ist, sollten Gotteshäuser von Lehr- und Sozialeinrichtungen umgeben sein. Eine gewisse Vorzugsstellung nehmen ihre heiligen Stätten, besonders am Berge Karmel in Haifa, mit dem Weltzentrum und den Gründergräbern ein. Dies ist symbolisch in sich für diese universell gewordene Bewegung, die in der religiösen und nationalen Enge ihrer iranischen Heimat nicht gedeihen konnte, die dem Islam, vor allem der Schia, als abtrünnig gilt, die bis in die späten 1950er Jahre in Iran nicht drucken durfte und nach der Revolution erneut Repressalien ausgesetzt ist. Ihr beispielhafter Idealismus und Einsatzeifer scheinen jedoch überall ungebrochen zu sein.

5. Aḥmadīs

Millenarische Bewegungen, vielfach von den Schiiten ausgelöst, lassen sich durch die gesamte Geschichte des Islams bis in die Gegenwart verfolgen. Das 19. Jahrhundert brachte einen neuen Höhepunkt des Mahdismus sogar in der Sunna. Die *Aḥmadīs* liefern dafür ein östliches Beweisstück, genauer ein solches des indischen Islams, in dessen Umfeld hinduistische *avatāra*-Ideen und spätindische *ṣūfī*-Vorstellungen ein zusätzliches Stimulans erbringen konnten.

Der Stifter dieser innerislamischen Erneuerungsbewegung ist Ghulām Aḥmad aus Qādiyān im Pandschab (ca. 1839–1908). Eine religiöse und beschauliche Natur, wohl seherisch und «auditiv» veranlagt, beruft er sich ab 1889 auf göttliche Offenbarungen, die er empfangen habe. Verstärkter Widerstand regt sich gegen ihn und seine Schüler ab 1891, als er von sich selbst behauptet, der Messias oder Mahdi *(mahdī)* zu sein, ein Vorherwissen zu besitzen, Wunder vollbringen zu können, ein herabgestiegener Kṛṣṇa, wiedergekehrter Jesus, wiedererschienener Muḥammad zu sein.

Ein Dissens, der wohl schon unter seinem Nachfolger, «Kalif» genannt, geschwelt hatte, brach beim Tode dieses «Kalifen» 1914 offen in der Bewegung aus: Eine Minderheit wurde mit Sitz in Lahore aktiv. Der Auszug der Dissidenten beraubte die Bewegung zunächst ihrer administrativen Elite, auch – trotz ihrer westlichen Bildung – eines mäßigenden Elements, das überdies panislamisch und antiimperialistisch gesinnt war. Ihr theologischer Haupteinwand gegen die Majorität war wohl der, daß ihnen Ghulām Aḥmad nicht als Prophet, sondern lediglich als Erneuerer galt. Sie eiferten, wie es scheint, mehr für den Islam an sich, für den sie auch eher als für sich selbst nach ihrer intellektualistischen Konzeption warben. Mit weltweitem Publizieren, Missionieren, besonders im englischsprachigen Islam, blieben sie bis heute aktiv.

Die Mehrheit verweilte auch nach dem Schisma von 1914 zunächst noch in Qādiyān, bekundete so vielleicht selbst äußerlich ihre Anhänglichkeit an ihre Prophetenfamilie und an das Nachfolgeprinzip des «Kalifats». Sie zählte damals (1914) den 25 jährigen Sohn Ghulām Aḥmads als «Zweiten Kalifen des Verheißenen Messias», das «Oberhaupt der Aḥmadīya-Bewegung des Islams». Zumeist meint man ebendiese Majorität, wenn von der *Aḥmadīya*-Bewegung die Rede ist. Sie ist heute neben Indien und Pakistan in Westafrika, Südostasien, eigentlich im ganzen Islam – wenngleich in einigen (arabischen) Ländern verboten bzw. sehr umstritten – sowie in Europa und Amerika verbreitet. Das Hauptquartier befindet sich seit 1947 in Rabwah/Pakistan.

Die Mitgliederzahl von über einer Million und das aufwendige Werbenetz deuten auf eine beträchtliche Finanzkraft und besonders auf eine straffe, zentralistische Organisation hin. Letztere ist sozusagen der Kitt der Gemeinschaft, wobei die Regsamkeit des korporativen Lebens, Schulungs- und Bildungsprogramme in eigens dafür geschaffenen Einrichtungen, ihr Eigenprofil ebenso betonen, wie dies ihre Ausübung eigener rechtlicher Souveränität tut. Die Bewegung ist so, wie sie sich heute darstellt, fast noch die Schöpfung des Gründersohns Ḥażrat Mīrzā Bashīr ad-Dīn Maḥmūd Aḥmad und des Gründerenkels Mīrzā Nāṣir Aḥmad (geb. 1909).

Die Gestalt des Stifters und die ersten «Kalifen» leben denn auch weiter im Lehr- und Gemeindevermächtnis; die «Kalifen» wirken jeweils als Oberste Gewalt und als Interpreten der Schriften. Der Erben Anspruch liegt nicht weit unter jenem des Stifters, dessen Gemeinschaft – wie bei den vorausgegangenen sechs Gruppen – von der gewagten Prätention des Gründers zehrt: Sie betrachtet sich als die einzige wahre Verkörperung des Islams, den «Aḥmad» (wohl das Synonym Muḥammads: Aḥmad!) wiederbelebte und neu offenbarte und den die «Kalifen» im Geiste des «Gottesgesandten» weiterleiteten.

Das Selbstverständnis eines solchen «Kalifen», der vielleicht auch die politische Implikation des «Kalifats» nicht gänzlich aus den Augen verlor, spricht für sich selbst: Es spiegelt sich am sogenannten «Heiligen Propheten», Muḥammad, grenzt sich mühevoll von ihm ab. Der Koran ist alles, endgültige Offenbarung. Man leitet jedoch aus bestimmten Koranstellen die Möglichkeit bzw. sogar die Notwendigkeit ab, daß, um die vergeßliche, irrige, widersetzliche Menschheit neu aufzurichten, weitere erleuchtete heilige Männer erscheinen, die ihr geistiges Licht vom Heiligen Propheten (Muḥammad) empfangen: Reformatoren oder Propheten, die aber nach den strengen Weisungen des Heiligen Propheten vorgehen. Man liest des weiteren aus dem Koran wie aus anderen Heiligen Schriften das Erscheinen eines «Überpropheten», des geistigen Ebenbildes des Heiligen Propheten, dem er fast gleichwertig ist. Das Ebenbild ist bald der Messias, bald der Mahdi der kanonischen Traditionssammlungen des Islams, bald ein anderer «Herabkömmling». Er soll der lebendige Beweis für die Wahrheit des Korans werden, von Gott dazu berufen, die Herrschaft des Islams wiederherzustellen.

Ghulām Aḥmad wurde nach dem Glauben der Majorität (die Minderheit sprach ja, wie gesehen, nur vom «Erneuerer») von Gott ebendiese Prophetenschaft verliehen, freilich – schwächt man ab – unter der Bedingung, als vollkommener Nachfolger des Heiligen Propheten den Koran zu befolgen. Er erläßt auch kein neues Gesetz. Gleichwohl steht er über allem Menschlichen: Ähnlich dem Heiligen Propheten weist er durch gewaltige Beglaubigungswunder auf seine einmalige Würde, durch Beweise seines Vorherwissens, durch Weissagungen auf sein «Wissen» hin. Selbst sein allseitiges Verfolgtwerden ist – Erbe aller Propheten – Zeichen seiner Erwähltheit. Und genauso wie einst die Väter des Drusentums in ihren Schriften den gottmenschlichen Jüngling al-Ḥākim gegen eine sophistische Welt der Bosheit und Intrigen triumphieren ließen, erscheinen die Erben, «Kalifen» des Propheten Aḥmad als gottgeleitete, unerschrockene Helden: Die Lahore-Gruppe, von westlichen Ideen beeinflußt, wollte angeblich das «Kalifat» abgeschafft wissen. Die ausführenden Organe der Gemeinschaft waren ja gerade von diesen «Kalifatsgegnern», sagt man, kontrolliert. Es grenzt nun ans Wundersame für die Nachkommenschaft des Propheten Aḥmad, wie die ihres intellektuellen, exekutiven und administrativen Elitepotentials entblößte Gruppe unter der Führung eines unerfahrenen Jünglings, nämlich des Sohnes (zweiten Kalifen) des

«Verheißenen Messias», sich erhob und – siegte. Dieser Sohn, der zweite Kalif, gibt seinerseits vor, weitere Offenbarungen empfangen zu haben. Er wertet sich selbst auf, bezeichnet sich als den «Verheißenen Sohn», da er bereits fünf Jahre vor seiner Geburt (1884) durch den (visionären) Verheißenen Messias, seinen Vater Aḥmad also, angekündigt worden sei. Er nennt sich «autorisierter Interpretationsquell des ewig recht behaltenden Korans», dessen Stimmigkeit mit neuen Wissenschaftstheorien er jeweils nachweist.

Er verficht ein echt mahdistisches Programm, konzentriert es jedoch ganz auf den Koran, will und wird «die absolute Herrschaft des Korans aufrichten», die paradiesische Ordnung und den innerweltlichen Idealzustand damit herbeiführen, «Gottes Königreich initiieren». Auch diese Behauptung ist eine Vision; sie ist in eine Prophezeiung gekleidet, wiederholt den Anspruch des schiitischen oder allgemein-mahdistischen Heils- und Gerechtigkeitsbringers. Dies alles soll im Dienste und kraft des Korans geschehen.

Man verteidigt in der Tat fast fanatisch eine neue Einzigartigkeitstheorie des Korans, die die klassische theologische Formel (arab. *iʿjāz*) verwendet, aber zu einer grotesken Überhebung führt. Es ist da nur folgerichtig, wenn die *Aḥmadīs* größte Mühe darauf verwenden, die Minderwertigkeit, Fehlerhaftigkeit und Widersprüchlichkeit anderer Heiliger Schriften wie des Alten und des Neuen Testaments oder der Veden aufzuzeigen. Ihre Mängel sind indessen nicht so schwerwiegend, da ebenjene anderen Heiligen Bücher der *Aḥmadīya* «wahre Prophezeiungen» auf den Islam als *die* Wahrheit, auf den Koran als das Buch der Bücher liefern!

Ihre verstiegene Koranglaubigkeit, das parallele unbändige missionarische Sendungsbewußtsein, eingeflößt vom überspannten prophetischen Mahdismus des Stifters und der «Kalifen», erklären die Missionserfolge der *Aḥmadīya*, aber auch, wie unheimlich den anderen Muslimen, die von den *Aḥmadīs* obendrein als «Ungläubige» bezeichnet werden, dieser Übereifer wird. Die Assoziation an die schiitischen Schwärmer, zu welchen einige der oben erwähnten Sekten nach der Terminologie der alten Häresiographen zählen, liegt da nicht allzu fern.

XI.
Der Islam und die nichtislamischen Minderheiten

(Johanna Pink)

Die Frage des Status religiöser Minderheiten in der islamischen Welt birgt reichlichen Sprengstoff. Allein die Verwendung des Begriffs der Minderheit ist nicht unproblematisch. In vielen Ländern der islamischen Welt gehört zur politischen Rhetorik sowohl von Muslimen als auch von Nichtmuslimen die Behauptung, die gedankliche Aufteilung der Bevölkerung in Mehrheit und Minderheiten negiere die grundlegende Einheit der Nation. Die Verfechter dieser Ansicht weisen die Tendenz auf, jeglichen Versuch, die Lage von Minderheiten zu erörtern, als Bedrohung der nationalen Einheit zu betrachten, sowie als Versuch, Sektierertum und Spaltung zu fördern. In Ägypten zum Beispiel wird regelmäßig die Existenz von Minderheiten mit der Begründung geleugnet, es handele sich bei den Angehörigen aller Religionsgruppen einfach um Ägypter, zwischen denen nicht unterschieden werden dürfe.[1] Diese Abwehrhaltung geht zum Teil auf historische Sensibilitäten zurück. Religiöse Minderheiten in der islamischen Welt genossen zur Zeit des Kolonialismus die besondere Protektion westlicher Staaten, und noch heute rufen Forderungen nach einer Aufwertung des Status dieser Minderheiten Ängste vor westlicher Einflußnahme hervor. In ähnlich apologetischer Weise wird immer wieder auf die historisch gesehen bemerkenswerte Toleranz[2] des Islams gegenüber anderen Religionen – etwa im mittelalterlichen Andalusien – verwiesen, um Vorwürfen bezüglich Mängeln in der Einhaltung der Menschenrechte zu begegnen.

Nicht nur im politischen, sondern auch im muslimischen religiösen Diskurs ist der Begriff der Minderheit unbeliebt. So erklärt ein zeitgenössischer muslimischer Theologe, der Begriff sei «dem Islam und dem Geist dieses Glaubens fremd», denn der Islam erkenne «im wesentlichen diesen westlichen Gegensatz von ‹Mehrheit› und ‹Minderheit› nicht»[3] an, sondern gehe von der Einheit der *umma*, der islamischen Nation, aus, der auch die nicht feindselig gesonnenen Nichtmuslime zugehörig seien. Eine nüchternere Sichtweise betrachtet die Zahlenverhältnisse in diesem Zusammenhang schlicht als unerheblich. Es geht im islamischen Recht nicht um das Verhältnis der Mehrheit zu einer Minderheit, sondern um das Verhältnis des Islams in einem von Muslimen beherrschten Staat zur nichtmuslimischen Bevölkerung, selbst wenn diese – wie es nach den islamischen Eroberungen oft für lange Zeit der Fall war – die Mehrheit der Bevölkerung stellt. In der Auseinandersetzung mit dem Status von Nichtmuslimen stehen die Juden und Christen im Mittelpunkt. Der Status anderer Religionen wird vergleichsweise selten diskutiert.[4]

Das klassische islamische Recht unterscheidet grundsätzlich zwischen Polytheisten einerseits und Anhängern von Schriftreligionen *(ahl al-kitāb)* andererseits. Zu den *ahl al-kitāb* zählt der Koran Juden, Christen und Sabäer. Im Zuge der Eroberungen wurde diese Kategorie zunehmend auf andere Religionen wie das Zoroastriertum, den Buddhismus und den Hinduismus ausgeweitet. Während die Polytheisten von den Muslimen bekämpft werden sollten, bis sie sich zum Islam bekehrten oder getötet oder versklavt waren, hatten die *ahl al-kitāb* Anspruch auf den Schutz des muslimischen Herrschers im Rahmen eines Vertragsverhältnisses *(dhimma),* das sie unter anderem zur Zahlung einer Kopfsteuer *(jizya)* verpflichtete. Die islamische Rechtstheorie erlegte ihnen verschiedene weitere Einschränkungen auf. Einige dieser Vorschriften zielten auf die Herstellung einer äußerlichen Abgrenzung und Rangordnung zwischen Muslimen und Nichtmuslimen ab, so etwa das Verbot, Pferde zu reiten, Seide zu tragen und Waffen mit sich zu führen. Religiöse Prozessionen oder Kulthandlungen, die das Potential besaßen, auf Muslime anstößig zu wirken, waren ebenfalls untersagt. Weiterhin war es verboten, Kirchen neu zu bauen oder zu renovieren. In der Realität wurden viele dieser Einschränkungen häufig nicht durchgesetzt, doch blieben sie der normative Maßstab der Rechtspraxis.

Dhimmīs hatten Anspruch auf Schutz durch den Herrscher und genossen im Bereich des Familien- und Erbrechts, in der Gemeindeverwaltung und in religiösen Angelegenheiten weitgehende Autonomie – ein Prinzip, das seine deutlichste Ausprägung in der Spätphase des Osmanischen Reiches fand, wo es eine Anzahl von staatlich anerkannten Religionsgruppen *(millet)* gab, die gegenüber dem Staat durch ihr geistliches Oberhaupt repräsentiert wurden.[5]

Im 19. Jahrhundert beeinflußten die zunehmende Dominanz westlicher Staaten, die Modernisierungsbemühungen in der islamischen Welt und die entstehenden Nationalbewegungen den Status religiöser Minderheiten stark. Das Osmanische Reich proklamierte in der Tanẓīmāt-Ära in der Mitte des 19. Jahrhunderts die Gleichstellung von Muslimen und Nichtmuslimen und schaffte die Kopfsteuer zugunsten der Wehrpflicht bzw. der ersatzweisen Zahlung einer Abgabe ab. Das Personenstandsrecht blieb jedoch weiterhin von der Konfession abhängig.

Westliche Staaten versuchten, durch die Protektion religiöser Minderheiten Einfluß im Nahen Osten zu gewinnen. So fühlte sich Rußland für die orthodoxen Christen und Frankreich für die Katholiken zuständig. England nahm sich angesichts der geringen Zahl von Protestanten der Juden an. Die Protektion schlug sich unter anderem in einem verbesserten Zugang der Nichtmuslime zu Bildungseinrichtungen westlichen Stils nieder; der enge Kontakt zu westlichen Staaten führte für sie zu neuen ökonomischen Möglichkeiten. Dadurch entstand innerhalb der religiösen Minderheiten eine gebildete Mittel- und Oberschicht, die nicht selten in Konflikt mit der eigenen traditionellen Geistlichkeit geriet. Doch brachten diese für die Nichtmuslime positiven Entwicklungen auch interreligiöse Konflikte mit sich. Die westliche Dominanz löste bei vielen Muslimen Angst und Ablehnung aus, die sich nicht selten in Feindseligkeiten gegen die von den westlichen Staaten protegierten *dhimmī*s entlud.[6]

Im folgenden soll zunächst kurz die demographische Situation der Christen und Juden in den Kernländern der islamischen Welt umrissen werden, um dann auf ihre Rechtsstellung, ihre politische Rolle und aktuelle Debatten in den zeitgenössischen muslimischen Staaten einzugehen.

Das Ende des Osmanischen Reiches wirkte sich auf die demographische Entwicklung der Nichtmuslime in seinen Nachfolgestaaten unterschiedlich aus. Der türkische Nationalismus, der schließlich zur Grundlage des türkischen Nationalstaats wurde, schloß faktisch die Nichtmuslime – vor allem Griechen, Armenier und Juden – aus. Mit dem Ende des Osmanischen Reiches und der Entstehung der Türkischen Republik wurde die christliche und jüdische Bevölkerung in der Türkei durch Massaker, Vertreibungen, Bevölkerungsaustausch und Auswanderung stark dezimiert. Der Anteil der nichtmuslimischen Bevölkerung sank zwischen 1914 und 1927 von 19,1% auf 2,5%. Der türkische Nationalismus und Laizismus hatten Maßnahmen zur Folge, die auch in den späteren Jahrzehnten der Türkischen Republik die Auswanderungstendenzen verstärkten, etwa die Unterdrükkung griechischsprachiger Kultur- und Bildungsaktivitäten und die Schließung der theologischen Ausbildungsstätten. 1942 wurde eine Kapitalsteuer eingeführt, die Nichtmuslime deutlich stärker belastete als Muslime. In den folgenden Jahrzehnten verringerte sich die hauptsächlich in Istanbul verbliebene griechische Bevölkerung in Folge von öffentlichen Anfeindungen, insbesondere im Zuge der Zypernkrise, noch einmal deutlich. 1991 hatte die Türkei nur noch ca. 145000 nichtmuslimische Bürger, was ca. 0,2% der Bevölkerung entspricht.[7]

In der arabischen Welt stellten in der Spätzeit des Osmanischen Reiches Christen vor allem in der Levante (Syrien, Palästina und Libanon) und in Ägypten bedeutende Bevölkerungsgruppen. Mit dem Niedergang des Kalifats und des *dhimma*-Systems eröffneten sich ihnen neue Freiheiten und Chancen. Ein vergleichsweise hoher sozialer Status sowie relativ niedrige Sterblichkeitsraten wirkten sich in der Zeit vor dem Ersten Weltkrieg positiv auf den christlichen Bevölkerungsanteil aus, der in der Levante 25% überschritt und in Ägypten um 8% – möglicherweise höher – lag. Im Laufe des 20. Jahrhunderts glichen sich allerdings im Zuge der verbesserten Lebensbedingungen die Sterblichkeitsraten der muslimischen Bevölkerung denen der Christen an, während die Geburtenraten in christlichen Familien wegen ihres höheren Bildungsniveaus überproportional sanken. Besonders stark divergierten die Geburtenraten von Christen und Muslimen in Palästina, insbesondere in den besetzten Gebieten. Schließlich trug Auswanderung – vor allem aus Syrien, Jordanien und Palästina in den Libanon sowie aus dem Libanon in das nicht-arabische Ausland – zum starken Rückgang des christlichen Bevölkerungsanteils bei, der an der Levante heute nur noch um 10% liegt. Der Bürgerkrieg im Libanon lieferte einen besonders starken Anreiz für die überwiegend gebildeten und wohlhabenden Christen, die Region zu verlassen. In Ägypten ergab der Zensus von 1986 einen christlichen Bevölkerungsanteil von ca. 5,9%, wobei diese Zahl von koptischer Seite als zu niedrig betrachtet wird.[8]

In Iran stellen Armenier die Mehrheit der christlichen Bevölkerung. Ihr Verhältnis zur muslimischen Bevölkerungsmehrheit war weitgehend unproblematisch. In den dreißiger Jahren des 20. Jahrhunderts führte die nationalistische Politik Reza Schahs zur Schließung armenischer Schulen und Iranisierung armenischer Ortsnamen. In der Regierungszeit Mohammed Reza Schahs (1941–1979) wurde die innere Autonomie der armenischen Gemeinden wiederhergestellt. In den 1970er Jahren lebten ca. 250000 Armenier in Iran; nach der Islamischen Revolution ging ihre Zahl auf 150000 bis 200000 zurück. Die kleineren Gruppen der assyrischen und chaldäischen Christen litten in der zweiten Hälfte des neunzehnten und zu Beginn des zwanzigsten Jahrhunderts unter inneren Spaltungen, die durch die Tätigkeit ausländischer Missionare ausgelöst worden waren; der Entschluß der iranischen Nestorianer, sich an die russisch-orthodoxe Kirche zu binden, und die daraus resultierende russische Protektion führten zu christlich-muslimischen Spannungen, die sich nach dem Wegfall des russischen Schutzes in der Folge der Oktoberrevolution 1917/18 in Gewalttätigkeiten entluden. Ein erheblicher Teil der Assyrer und Chaldäer verließ das Land. In den 1970er Jahren lebten noch ca. 30000 Mitglieder dieser christlichen Gemeinschaften im Land; auch für sie gilt, daß sich ihre Zahl nach der Islamischen Revolution deutlich reduzierte.[9]

Was die Juden im Osmanischen Reich und in Iran angeht, so blieben ihr sozialer Status und ihr Bildungsniveau überwiegend deutlich hinter denen der Christen zurück. Seit dem späten achtzehnten Jahrhundert war die jüdische Bevölkerung zunehmend Feindseligkeiten ausgesetzt, die erkennbar durch antijüdische Stereotypen westlichen Stils motiviert waren. Ritualmordverdächtigungen, die in dieser Zeit häufig aufkamen, gingen meist von einheimischen Christen aus, wurden in manchen Fällen von diplomatischen Vertretern westlicher Staaten unterstützt und führten nicht selten zum Ausbruch von Gewalt gegen Juden. Die osmanischen Behörden bemühten sich im Regelfall darum, diese Gewalttätigkeiten zu unterbinden; in Iran hingegen war dies kaum je der Fall. Bildung westlichen Typs und ökonomischer Aufstieg erreichten die Juden in Iran, in Anatolien und im europäischen Teil der Türkei nur in geringem Ausmaß. In der arabischen Welt war dies anders; dort bildete sich in einigen Ländern, etwa im Irak und in Ägypten, durchaus eine jüdische Elite heraus, die sich, wenn auch weitaus weniger als die Christen, am kulturellen und politischen Leben ihrer Heimatländer beteiligte.

Die jüdische Besiedlung Palästinas und schließlich die Gründung des Staates Israel markierten den entscheidenden Umbruch für die jüdischen Gemeinden in der islamischen Welt. Antisemitische Anfeindungen, die aus der europäischen antijüdischen Propaganda entstammten, fanden seit dem Ende des 19. Jahrhunderts unter nahöstlichen Christen und Muslimen immer stärkere Verbreitung. Unter dem Einfluß des arabischen Nationalismus kam es in den 1940er Jahren zu Ausschreitungen gegen die jüdische Bevölkerung, die sich nach der Gründung des Staates Israel intensivierten und zu einer relativ raschen Auswanderung des Großteils der orientalischen Juden nach Israel führten, obwohl die Ideologie des Zionismus den meisten von ihnen kaum bekannt war, geschweige denn die Motivation für die Auswanderung darstellte.[10] Wo sich die Möglichkeit ergab, wählten die Emigranten auch andere Zielländer – so wanderte etwa nur ein relativ kleiner

Teil der algerischen, tunesischen, syrischen und libanesischen Juden nach Israel aus.[11] Die algerischen Juden zum Beispiel hatten zum größten Teil einen französischen Paß und emigrierten deswegen lieber nach Frankreich als in das ihnen kulturell viel weniger nahestehende Israel. Von den ägyptischen Juden wählte ungefähr die Hälfte andere Zielländer als Israel, wobei vor allem die Oberschicht sich für europäische Staaten und die USA entschied.[12] Die irakischen und libyschen Juden hingegen emigrierten innerhalb weniger Jahre nach dessen Gründung fast vollständig in den jüdischen Staat, und fast alle der 55000 jemenitischen Juden wurden in einer groß angelegten Transferaktion der Jewish Agency nach Israel verbracht. Die mindestens 250000 marokkanischen Juden wandten sich ebenfalls überwiegend nach Israel; heute leben in Marokko immerhin noch einige tausend Juden, hauptsächlich in Casablanca.[13] Aus Iran wanderte in den Jahren nach der Gründung des Staates Israel etwa ein Drittel der Juden aus. Während der Regierungszeit Mohammed Reza Schahs verbesserten sich ökonomischer Status und Bildungsniveau der iranischen Juden entscheidend, so daß die nächste Auswanderungswelle erst nach der Islamischen Revolution stattfand, als ca. zwei Drittel der verbliebenen 80000 Juden das Land verließen – die frühere Förderung durch den Schah sowie die aktuelle Feindseligkeit gegen den Staat Israel hatten ihre Situation stark erschwert.[14]

Die Situation der heute in muslimischen Ländern lebenden religiösen Minderheiten wird von verschiedenen Faktoren bestimmt: ihrer Rechtsstellung, ihrer politischen Einbindung, ihrer empfundenen oder tatsächlichen ethnischen Zugehörigkeit zur «Nation» sowie den Kontroversen um die Einführung eines islamischen Staats, um die Einhaltung der Menschenrechte und um «westliche Einmischung». Hier können nur einige zentrale Aspekte dieses komplexen Themas umrissen werden.

Obwohl die Religionszugehörigkeit in keinem Staat der islamischen Welt rechtlich bedeutungslos ist, so sind andererseits nationalistische Ideen weit verbreitet, die den Nichtmuslim zumindest auf rhetorischer Ebene vorrangig als Bürger einer ungeteilten Nation betrachten und erst nachrangig als Angehörigen einer anderen Religionsgemeinschaft. Gerade von Nichtmuslimen wurden solche Ideen seit ihrem Aufkommen im 19. Jahrhundert bereitwillig aufgegriffen, um den *dhimma*-Status durch volle rechtliche Gleichberechtigung und politische Partizipation zu ersetzen.

In der arabischen Welt waren die westlich gebildeten nichtmuslimischen – insbesondere christlichen – Eliten von den Ideen des Nationalismus stark beeinflußt und begannen, ihren Status als *dhimmis* in Frage zu stellen und die Idee einer gleichberechtigten Gemeinschaft von Bürgern einer Nation zu propagieren. In vielen Ländern waren die Christen geradezu Protagonisten der Nationalbewegung, die zunächst eine panarabische war. Der Panarabismus stützte sich auf die arabische Sprache als gemeinsames Merkmal. Seine nichtmuslimischen Vertreter waren jedoch mit Strömungen konfrontiert, die eine Verbindung von Arabertum und Islam vornahmen oder im Zuge der neuen Kalifatsbewegung panislamische Ideale propagierten.[15] Der Rückgriff auf vorislamische Elemente, die als konstitutiv für die Nationalgeschichte gesehen wurden und eine starke historische Verwurzelung der Nichtmuslime im eigenen Land begründen sollten, war unter vielen Angehörigen nichtmuslimischer Minderheiten verbreitet – für die Kopten war dies zum Beispiel das alte Ägypten, im Libanon waren es die Phönizier. Gerade nach dem Scheitern des Panarabismus und mit dem Aufstieg des politischen Islamismus wurden solche Bezüge zunehmend betont. In Iran betraf dies vor allem die Minderheit der Zoroastrier, die vor der Islamischen Revolution von dem Bestreben des Schahs profitierten, das Nationalbewußtsein aus der vorislamischen Geschichte Persiens zu speisen. Obwohl diese Politik nach der Islamischen Revolution in ihr Gegenteil verkehrt wurde und nun die islamische Geschichte die alleinige Grundlage des Nationalbewußtseins darstellen sollte, gehören die ca. 50000 in Iran lebenden Zoroastrier auch heute zu den staatlich anerkannten religiösen Minderheiten.[16]

So weite Verbreitung nationalistische Ideen auch fanden, sie verdrängten in der islamischen Welt die Bedeutung der Religionszugehörigkeit nie. Zwar wird der Rechtsstatus von Nichtmuslimen heute in keinem muslimischen Staat mehr von den Regeln des klassischen islamischen Rechts bestimmt. Dies bedeutet jedoch nicht zwingend eine völlige Gleichstellung von Muslimen und Nichtmuslimen. Die Religionszugehörigkeit der Einwohner muslimischer Staaten wird – auch in der laizistischen Türkei – staatlicherseits registriert und hat mehr oder weniger bedeutende Rechtsfolgen. Die Kopfsteuer *(jizya)* für Anhänger von Schriftreligionen wird heute in der islamischen Welt nicht mehr erhoben. Die meisten Verfassungen gewähren Religionsfreiheit und sehen die Gleichstellung von Muslimen, Juden und Christen vor. Tatsächlich gibt es jedoch Unterschiede; so steht in den meisten Staaten das Amt des Staatsoberhaupts nur Muslimen offen, und häufig gilt dies auch für das Richteramt, da in bestimmten Rechtsbereichen islamisches Recht angewandt wird. Einige Staaten – darunter Jordanien und die Islamische Republik Iran – sehen für jede anerkannte Religionsgemeinschaft eine feste Zahl von Parlamentsabgeordneten vor. Die Vorschrift des klassischen islamischen Rechts, die den Neubau und die Renovierung nichtmuslimischer Kultstätten verbietet, wird zwar – außer in Saudi-Arabien, das ohnehin keine nichtmuslimischen Minderheiten anerkennt – normalerweise nicht umgesetzt, hat aber in vielen Staaten zu Restriktionen oder besonderen Genehmigungsverfahren für den Bau von Kirchen und Synagogen geführt.

Die größte praktische Bedeutung hat die Religions- und Konfessionszugehörigkeit im Familienrecht. Dies unterliegt in den meisten muslimischen Staaten, mit Ausnahme der Türkei, religiösem Recht. In Fällen, die Angehörige ein und derselben staatlich anerkannten Konfession betreffen, gilt das Recht dieser Konfession; in anderen Fällen gilt üblicherweise islamisches Recht. Daher finden auch die Ehehindernisse des islamischen Rechts Anwendung, die es einem nichtmuslimischen Mann untersagen, eine muslimische Frau zu heiraten, während der umgekehrte Fall – zumindest soweit es jüdische oder christliche Frauen betrifft – möglich ist.

Unabhängig von diesen juristischen Aspekten ist im Alltagsleben das Verhältnis zwischen der muslimischen Mehrheit und den nichtmuslimischen Minderheiten nicht immer spannungsfrei, so sehr in der öffentlichen Rhetorik die jahrhundertelange Tradition des friedlichen Zusammenlebens betont werden mag. In Oberägypten etwa kommt es immer wieder zu gewalttätigen Auseinandersetzungen zwischen Muslimen und Christen. Die Reaktionen auf solche Vorfälle folgen meist einem ähnlichen Muster: Organisationen von Exilkopten, vor allem in den USA, erheben heftige Vorwürfe gegen die ägyptische Regierung; ägyptische Muslime verweisen auf die traditionelle Toleranz des Islams; die Regierung warnt vor einer Minderheitendebatte als Versuch, die nationale Einheit zu unterminieren und Spaltung zwischen den Religionsgruppen zu säen; ein Teil der in Ägypten lebenden Kopten stellt sich dabei hinter die Regierung, ein anderer Teil protestiert gegen das Vorgehen von Sicherheitskräften und Gerichten, wobei kaum jemand das Risiko eingehen möchte, mit den koptischen Exilorganisationen assoziiert zu werden, die als Sprachrohr der USA gelten.

Immer wieder wird anhand solcher Debatten deutlich, daß die Klärung der Rolle und des Status nichtmuslimischer Minderheiten in den Ländern der islamischen Welt erschwert wird durch das zwiespältige Verhältnis, das die meisten Regierungen zur Frage der Anwendung der *sharīʿa* haben. Zwar werden heute in keinem Staat die Vorgaben des klassischen Rechts für den Umgang mit *dhimmi*s angewandt, und es besteht auch kein Interesse an ihrer Umsetzung. Andererseits läßt sich keine Bereitschaft feststellen, diese fehlende Relevanz der *sharīʿa* für die Gestaltung des Umgangs mit religiösen Minderheiten öffentlich einzugestehen – als zu heikel erscheint dies angesichts des Einflusses des politischen Islamismus und angesichts der Sensibilitäten im Hinblick auf die frühere Machtpolitik westlicher Mächte, die sich zum Teil auf religiöse Minderheiten stützte. Stattdessen ist die politische Rhetorik geprägt von vagen Bekenntnissen zu der dem Islam eigenen Toleranz, ohne die theologischen und religiös-rechtlichen Probleme näher zu erörtern, geschweige denn die realen Konflikte zwischen den Religionsgruppen anzusprechen.

Diese eher ausweichende Haltung zur Frage der zeitgenössischen Stellung von Nichtmuslimen ist auch den Theoretikern des politischen Islamismus zu eigen. Das Thema spielt in den meisten islamistischen Staatskonzeptionen keine große Rolle und wird oft gar nicht behandelt oder nur vage umrissen. Nicht selten wird dahinter eine apologetische Grundhaltung angesichts der diskriminierenden Vorschriften des klassischen islamischen Rechts deutlich.

Die Universelle Islamische Erklärung der Menschenrechte, 1981 in Paris verabschiedet, spricht in ihrer Präambel davon, daß niemand auf der Grundlage von Rasse, Hautfarbe, Geschlecht, Herkunft oder Sprache benachteiligt oder bevorzugt werden solle; in dieser Auflistung ist die Religion auffälligerweise nicht enthalten. Absatz XIII gewährt das Recht auf Gewissensfreiheit und Religionsausübung; Absatz X stellt den Status religiöser Minderheiten unter das koranische Motto «Kein Zwang in der Religion» und räumt den Minderheiten das Recht ein, ihr eigenes Zivil- und Personenstandsrecht anzuwenden. Von einer Gleichstellung der Religionen ist jedoch keine Rede. Die Kairoer Erklärung über Menschenrechte im Islam von 1990 geht gar nicht auf die Stellung von Minderheiten ein und enthält ein Diskriminierungsverbot nur mit Bezug auf «grundlegende Menschenwürde» und «grundlegende Verpflichtungen und Verantwortlichkeiten», ohne deren Umfang näher zu definieren.

Eine Reihe konservativer islamistischer Autoren hat die Institution der *dhimma* zum Teil einer islamischen Staatskonzeption gemacht, dabei jedoch betont, daß es nicht um eine Unterordnung der Nichtmuslime gehe. Die *jizya* zum Beispiel diene lediglich dazu, die Nichtmuslime an den Kosten der Verteidigung des Staates zu beteiligen und die Teilnahme am Militärdienst zu ersetzen, denn eine aktive Unterstützung des islamischen *jihād* könne von ihnen nicht verlangt werden. Außerdem müßten *dhimmis* keine Almosensteuer *(zakāt)* zahlen. Aus den Ausführungen der Autoren wird allerdings deutlich, daß ihr Staatsmodell keineswegs auf eine völlige Gleichstellung von Muslimen und Nichtmuslimen abzielt. So dürfen Nichtmuslime z.B. keine Ämter einnehmen, die religiöse Belange betreffen, was unter anderem den Posten des Staatsoberhaupts, die Armee und das Richteramt beinhaltet. In Fragen, die die rechtliche Autonomie ihrer Gemeinschaften nicht berühren, sind sie islamischem Recht unterworfen, und sie sind verpflichtet, in der Ausübung ihrer Religion Rücksicht auf muslimische Sensibilitäten zu nehmen, ohne daß explizit von den Muslimen ebensolche Rücksichtnahme verlangt wird. Die Details dieser rechtlichen Regelungen bleiben jedoch unklar; stattdessen nimmt bei den Autoren in der Regel die Abwehr westlicher Vorwürfe hinsichtlich einer Benachteiligung von Minderheiten breiten Raum ein. Die Toleranz historischer islamischer Gesellschaften stellen sie der Intoleranz des Europas der Kreuzzüge und der Judenverfolgung gegenüber, und sie heben das koranische Prinzip «Kein Zwang in der Religion» hervor, unterlassen aber meist eine Auseinandersetzung mit problematischeren Koranversen.[17]

Gemäßigte islamistische Autoren hingegen neigen dazu, die Anwendung der Institution der *dhimma* in der heutigen Zeit auszuschließen. Es handele sich um ein Regelwerk, das einer bestimmten historischen Situation angemessen gewesen sei, aber nicht um ein unabänderliches Grundprinzip des islamischen Rechts. Heute habe sich der Fokus vom Vertragsverhältnis zwischen den verschiedenen Gemeinschaften hin zu einem Verfassungsstaat, und von der Vorstellung des *dhimmi* zu der des Bürgers *(muwāṭin)* verschoben. Daraus leiten einige modernistische islamische Theoretiker die volle politische und rechtliche Gleichheit von Muslimen und Nichtsmuslimen ab. Die Anwendung dieser grundsätzlichen Umorientierung auf die konkreten Einzelfragen wird allerdings von den modernistischen Autoren oft vernachlässigt. So wäre zu fragen, ob in einem islamischen Staat, der der Vorstellung dieser Theoretiker entspricht, das Verbot der Eheschließung zwischen einem Nichtmuslim und einer Muslimin oder die Anwendung islamischen Rechts auf gemischtkonfessionelle Ehen zwischen Nichtmuslimen aufrechterhalten werden oder ob ein Nichtmuslim als Staatsoberhaupt vorstellbar ist.[18] Der islamistische Mainstream, der sich zwischen den Konservativen und den Modernisten bewegt, vermeidet es ohnehin, von Gleichheit zwischen Muslimen und Nichtmuslimen zu reden. Zwar betrachtet er die Nichtmuslime durchaus als Bürger *(muwāṭinūn)*, aber damit ist eher der Wortsinn des arabischen Begriffs gemeint, nämlich diejenigen, die ein gemeinsames Heimatland haben und somit Anspruch auf den Schutz des Gesetzes und auf gerechte Behandlung genießen. Dieses Verständnis von Gerechtigkeit zielt jedoch nicht auf Gleichbehandlung ab, sondern auf die Behandlung jedes einzelnen entsprechend dem ihm zustehenden Status.[19] Dies beinhaltet auch, daß Nichtmuslime zwar ihre Religion praktizieren, nicht aber Muslime zum Übertritt bewegen dürfen, während die islamische Mission und der Übertritt zum Islam gefördert werden.

Ist schon die Stellung von Nichtmuslimen im allgemeinen ein Problem im Menschenrechtsdiskurs mit Muslimen und Vertretern muslimischer Staaten, so gilt dies um so mehr für den Status von Religionslosen, Apostaten[20] und Anhängern nachkoranischer Religionen. Während Christen und Juden – in asiatischen Ländern auch Hindus und Buddhisten – einen klar definierten Rechtsstatus haben, ist dies für jene, die keiner der staatlich anerkannten Religionsgemeinschaften angehören, nicht der Fall. Besonders deutlich stellt sich dieses Problem im Zusammenhang mit der Bahāʾī-Religion.[21]

Obwohl in Iran wahrscheinlich mehrere hunderttausend Bahāʾīs leben und auch ihre zahlenmäßig deutlich schwächere Präsenz in der arabischen Welt zu einer Reihe von Konflikten geführt hat, ist ihre Rechtsstellung – sowohl im religiösen als auch im geltenden Recht – kaum je systematisch diskutiert worden. In der öffentlichen Wahrnehmung wird das Thema vom Problem der Apostasie überlagert; Bahāʾīs werden schlicht als abtrünnige Muslime betrachtet. Das wird jedoch der Tatsache nicht gerecht, daß es in der islamischen Welt eine nicht geringe Anzahl von Bahāʾīs christlicher und jüdischer Abstammung gibt, für die der Vorwurf der Apostasie nicht greift. Lediglich der bekannte, aus Ägypten stammende Islamist Yūsuf al-Qaraḍāwī hat sich in einer Fatwa mit der Frage der Einordnung von Bahāʾīs nichtmuslimischer Abstammung befaßt und kommt zu dem Ergebnis, es handele sich um Polytheisten, da sie einen Propheten verehrten, den der Islam nicht als Prophet anerkennt, und an eine Schrift glaubten, die aus Sicht des Islams nicht göttlichen Ursprungs ist.[22]

Oft wird in der innerislamischen öffentlichen Diskussion die Ansicht vertreten, daß es sich bei dem Bahāʾī-Glauben gar nicht um eine Religion handele, sondern um eine Irrlehre, die dazu diene, die Muslime von ihrem Glauben abzubringen, oder die politische Ziele verfolge. Regelmäßig wird der Bahāʾī-Religion eine enge Verbindung zum Zionismus unterstellt. Beide Argumente dienen dazu, die Situation der Bahāʾī-Religion aus der Debatte um die Religionsfreiheit herauszuhalten. So argumentierte etwa das ägyptische Oberste Gericht – ein Vorläufer des Obersten Verfassungsgerichts – im Jahr 1975, das Gesetz, mit dem die Bahāʾī-Gemeinden fünfzehn Jahre zuvor aufgelöst worden seien, verstoße nicht gegen die Freiheit der Religionsausübung, denn diese stehe nach dem Willen der Verfassunggebenden Versammlung nur Juden, Christen und Muslimen zu. Die Religionsfreiheit sei ebenfalls nicht berührt, denn jeder Mensch habe die Freiheit, innerlich zu glauben, was er für richtig halte, sofern er diesen Glauben nicht nach außen trage. Auch liege kein Verstoß gegen das Diskriminierungsgebot vor, denn dieses verbiete lediglich die Diskriminierung von Personen mit vergleichbarer Rechtsstellung, gebiete aber nicht die Gleichbehandlung von Personen mit unterschiedlicher Rechtsstellung.[23] Als das Menschenrechtskomitee des Internationalen Pakts über Bürgerliche und Politische Rechte im Jahr 1993 die Situation der Religionsfreiheit in Ägypten kritisierte und dabei ausdrücklich auf die Lage der ägyptischen Bahāʾīs Bezug nahm, vermied die Regierung in ihrer Stellungnahme eine Äußerung zu diesem Thema, sondern betonte die Toleranz gegenüber Offenbarungsreligionen sowie die Tatsache, daß die Verfassung Glaubensfreiheit gewährleiste.[24]

In Iran nahm die Verfolgung der Bahāʾīs nach der Islamischen Revolution weitaus offenere und massivere Ausmaße an als in Ägypten. In den ersten Jahren nach Khomeinis Machtübernahme wurden zahlreiche Bahāʾīs getötet oder «verschwanden» nach ihrer Verhaftung. Entlassungen, Plünderungen und Gewalttätigkeiten gegen Bahāʾīs waren üblich, wobei die Verfolgung oft damit begründet wurde, daß die Bahāʾīs ausländische Agenten seien. In einer Stellungnahme gegenüber der Menschenrechtskommission der Vereinten Nationen zur Situation der Bahāʾīs vertrat die iranische Regierung die Auffassung, die Bahāʾīs seien eine von den Kolonialmächten gegründete und von Israel unterstützte politische Organisation mit antiislamischen Zielen und seien zudem eine wichtige Stütze des Schah-Regimes gewesen, wodurch sie ihrerseits die Mitschuld an damals verübten Menschenrechtsverletzungen trügen. Obwohl sich die Situation in den 1990er Jahren etwas verbesserte und es nach Khomeinis Tod nicht mehr zu Massenhinrichtungen kam, leiden Bahāʾīs auch heute noch unter zahlreichen Einschränkungen – von der Ungültigkeit ihrer Ehen bis hin zum Ausschluß von den Universitäten – und sind ständig von willkürlichen Verhaftungen aufgrund ihrer Religionszugehörigkeit bedroht.[25]

Die nachkoranischen Religionsgemeinschaften in der islamischen Welt – deren größte die Bahāʾī-Religion ist – sind zahlenmäßig bei weitem nicht so bedeutend wie die christlichen Minderheiten. Eine Darstellung der Situation religiöser Minderheiten, die die im muslimischen Diskurs übliche Beschränkung auf christliche und jüdische Minderheiten übernähme, würde allerdings kritiklos einen islamisch geprägten Religionsbegriff zugrundelegen und damit einen besonders schwierigen Aspekt der Minderheitenfrage unbeachtet lassen. Die häufig vorgenommene apologetische Berufung auf das Bild eines toleranten Islams und auf das Ideal einer geeinten Nation blendet eine Reihe solcher schwierigen Aspekte aus und ist der Klärung des Status von Minderheiten in der islamischen Welt daher wenig dienlich.

XII.
Internationale islamische Organisationen

(Johannes Reissner)

Am Anfang der Entwicklung, die zur Bildung heutiger internationaler Organisationen führte, stand die Idee eines allislamischen Kongresses. Sie war schon in der zweiten Hälfte des 19. Jahrhunderts von Vertretern des Reformislams wie Muḥammad ʿAbduh und Jamāl ad-Dīn al-Afghānī ins Auge gefaßt worden. Motor dieser Idee war die Ideologie des Panislamismus. Sie aber wurde vom osmanischen Sultan, dessen Stellung als Kalif und damit als «Bewahrer der islamischen Religion» in der osmanischen Verfassung von 1876 bekräftigt worden war, politisch mit dem Ziel genutzt, die Einheit des Osmanischen Reiches gegenüber aufsteigenden Nationalbewegungen, von denen vor allem die arabische zu nennen ist, zu bewahren. Doch auch der antiosmanische Panarabismus war von der Ideologie des Panislamismus geprägt. ʿAbd ar-Raḥmān al-Kawākibī z. B. hatte in seinem Buch «Umm al-qurā» (ein anderer Name für Mekka) das Protokoll einer fiktiven panarabischen Konferenz niedergelegt, das die Schaffung eines Kalifats unter der Führung eines Arabers aus dem Stamm der Quraish mit rein «spirituellem» Wirkungsbereich vorsah. Da der Panislamismus sich politisch in proosmanische und antiosmanische Tendenzen teilte, verliefen die ersten Bemühungen um einen allislamischen Kongreß – zu nennen sind vor allem diejenigen zu Beginn des 20. Jahrhunderts von Ismāʿīl Gaspıralı – im Sande.[1] Erst nach dem Zusammenbruch des Osmanischen Reiches 1920 und insbesondere nach der Abschaffung des Kalifats durch Kemal Atatürk 1924, wodurch die Muslime diejenige Institution verloren, die den Gedanken der prinzipiellen Einheit der Muslime wenigstens noch hätte symbolisieren können, war der Weg für islamische Konferenzen geebnet. Die Beseitigung des Kalifats haben die Muslime im Grunde leicht verwunden, nur die heute vor allem in Zentralasien aktive Ḥizb at-Taḥrīr fordert seine Wiedereinführung. Keine der heutigen internationalen islamischen Organisationen hat den Status erringen können, als zeitgemäßes Symbol der Einheit der muslimischen Gemeinde, der *umma*, wirklich Anerkennung zu finden.

1. Die ersten internationalen islamischen Konferenzen

Noch im Jahr der Abschaffung des Kalifats hatte König Ḥusain vom Hedschas eine *Konferenz der Pilgerfahrt (Muʾtamar al-ḥajj)* einberufen. Sein Ziel war, als Nachfolger des Propheten und Beherrschers der heiligen Städte Mekka und Medina für seinen Anspruch auf das Kalifat Unterstützung zu erhalten. Doch wenige

Monate danach wurden Mekka und Medina von den Wahhabiten unter Ibn Saud (ʿAbd al-ʿAzīz Āl Saʿūd), dem Begründer des heutigen Königreiches Saudi-Arabien, erobert.

In Kairo fand im Mai 1926 ein Kalifats-Kongreß statt. Seine Initiatoren hatten ursprünglich beabsichtigt, den ägyptischen König Fuʾād als Kalifen auszurufen, doch im Verlauf des Kongresses sahen sich seine Teilnehmer gezwungen, die Frage des staatsrechtlichen Charakters des Kalifats generell zu klären, und selbst die Behandlung dieser Frage mußte wegen bestehender Meinungsverschiedenheiten aufgeschoben werden.

Während der Monate Juni und Juli des gleichen Jahres fand in dem nun saudischen Mekka der *Islamische Weltkongreß (Muʾtamar al-ʿālam al-islāmī)* statt. Es ging darum, Fragen der Organisation der Pilgerfahrt und der Verwaltung der heiligen Städte nach der wahhabitischen Eroberung zu klären. Denn zwischen den Wahhabiten und anderen islamischen Richtungen – insbesondere der Schia *(shīʿa)* in Iran – war es zu erheblichen Konflikten gekommen.[2]

Fragen der Pilgerfahrt wurden während und im Anschluß an diesen Kongreß geklärt. Das Kalifat bildete seit dem Kongreß in Kairo in der internationalen Politik der jungen Nationalstaaten der islamischen Welt keinen ernsthaften Gegenstand mehr. Doch bei dem 1931 in Jerusalem abgehaltenen und vom Mufti *(muftī)* der Stadt, al-Ḥājj Amīn al-Ḥusainī, einberufenen *Allgemeinen Islamischen Kongreß (al-Muʾtamar al-islāmī al-ʿāmm)* stand ein Problem im Mittelpunkt der Beratungen, das bis heute als Katalysator internationaler islamischer Kongresse und Organisationen wirkt: das Palästinaproblem.

Auf diesem Kongreß wurde erreicht, was auf denen von 1926 schon angestrebt worden war, die Schaffung einer ständigen Organisation, des Exekutivkomitees; 1932 folgte die Errichtung eines Zentralbüros.[3] Auch wenn es nur für drei oder vier Jahre tätig war, brachte es den Wunsch zum Ausdruck, eine zentrale Institution für die Belange der Muslime in aller Welt über die Grenzen der Nationalstaaten hinaus zu besitzen. Ein weiteres Novum dieses Kongresses war, daß zu ihm bewußt Vertreter neuer, mittelständischer muslimischer Vereine wie etwa der *Gesellschaft der Muslimischen Jungen Männer* aus Ägypten geladen worden waren; d.h. Vertreter jener Gruppen, die – wie später vor allem die *Muslimbrüder* – an der Entwicklung internationaler islamischer Organisationen wesentlich Anteil hatten.

M. Kramer, der den ersten zusammenhängenden Überblick der jungen Geschichte internationaler islamischer Organisationen geschrieben hat, sieht in ihnen vor allem auch ein Ersatzbetätigungsfeld für *ʿulamāʾ* und «muslimische Aktivisten des *Salafīya*-Islams» wie z.B. Rashīd Riḍā. Denn der traditionelle Aktionsbereich der *ʿulamāʾ*, das Erziehungs- und Rechtswesen, war durch die Reformen im Osmanischen Reich im 19. Jahrhundert und die Entwicklung der säkularen Nationalstaaten erheblich eingeschränkt.

Es ist wohl generell richtig, wie M. Kramer ausführt, daß die bisher genannten Kongresse mehr die Uneinigkeit der Muslime zutage brachten als ihre beschworene Einheit. Doch der Wille, trotz der noch neuen Gliederung der islamischen

Welt in Nationalstaaten nach neuen Formen der Einheit der Muslime zu suchen, bestand weiter.

Die durch den Kolonialismus bedingte Stärkung nationalistischen Gedankenguts in den 1930er und 1940er Jahren ließ den panislamischen Gedanken in den Hintergrund treten. Außer dem von Shakīb Arslān 1937 in Genf abgehaltenen Kongreß gab es zwischen 1931 und 1949 keine internationalen islamischen Konferenzen. Es war das 1947 als islamischer Staat gegründete Pakistan, das neue Initiativen in die Bemühungen um internationale islamische Organisationen brachte. 1949 fand in Karatschi ein internationaler Kongreß statt, der nun auch wesentlich von den *Muslimbrüdern* aus den arabischen Ländern mitgetragen wurde. Auf ihm wurde der *Islamische Weltkongreß* gegründet, der 1951 ebenfalls in Karatschi einen nationalen und 1962 in Kuala Lumpur einen regionalen Kongreß veranstaltete. Der Kongreß ist die erste, heute noch bestehende internationale islamische Organisation. Seine treibende Kraft war sein langjähriger Generalsekretär, Inʿāmullāh Khān. 1962 war al-Ḥājj Amīn al-Ḥusainī zum Präsidenten des Kongresses gewählt worden, danach war es Maʿrūf ad-Dawālībī, ein früher bedeutender syrischer Politiker und ehemals Mitglied der syrischen *Muslimbrüder*.

Doch die Bedeutung des *Islamischen Weltkongresses* ist seit der Gründung der *Liga der Islamischen Welt* 1962 und der sich ab 1969 formierenden *Organisation der Islamischen Konferenz* sekundär geworden.

2. Die Liga der Islamischen Welt

Während des Pilgermonats 1962 war in Mekka die *Liga der Islamischen Welt (Rābiṭat al-ʿālam al-islāmī)* im Verlauf einer internationalen islamischen Konferenz gegründet worden. 26 prominente muslimische Gelehrte aus 22 Ländern, darunter auch *ʿulamāʾ* aus Ceylon und China, bildeten das Gründungskomitee. Auch wenn einige der Gründungsmitglieder offizielle Positionen innehatten, wie etwa Muḥammad ibn Ibrāhīm Āl ash-Shaikh, Großmufti von Saudi-Arabien, oder der damalige Premierminister Nordnigerias, al-Ḥājj Ahmadu Bello, so ist die *Liga der Islamischen Welt* dennoch keine Organisation auf staatlicher Ebene, sondern wird von Individuen und islamischen Vereinen getragen. Sie hat in Saudi-Arabien den Status einer Nicht-Regierungsorganisation, fungiert de facto aber als eine Art religiös-politischer Missionsorganisation des saudischen Staats.

Ziel der Liga laut ihrer Satzung ist: «In Erfüllung der Pflicht, die Gott uns auferlegt hat, die Botschaft *(daʿwa)* des Islams zu verbreiten, seine Prinzipien und Lehren zu erläutern, die Zweifel an ihm zu zerstreuen und die gefährliche Verschwörung, durch die die Feinde des Islams die Muslime von ihrer Religion fortlocken und ihre Einheit und brüderliche Verbundenheit *(ukhūwa)* zerstören wollen, zu bekämpfen; ferner ist auf die Angelegenheiten der Muslime in einer Weise zu achten, die ihre Interessen *(maṣāliḥ)* und ihre Hoffnungen wahrt und zur Lösung ihrer Probleme beiträgt.»

Als Mittel zur Erreichung dieses Ziels wird laut Satzung die jährliche Pilgerfahrt nach Mekka, die als eine Art natürliche internationale islamische Konferenz angesehen wird, genannt, um Seminare abzuhalten und die Pilger zu belehren. Ferner waren die Errichtung eines islamischen Rundfunksenders, das Drucken von Büchern und die Errichtung eines permanenten Büros (das heute in Mekka besteht) vorgesehen.

Die allgemeine Politik der Liga bestimmt das Gründungskomitee, an dessen Spitze der Generalsekretär steht. Dieser, der laut Satzung für fünf Jahre gewählt wird, soll immer zu den «Söhnen des Landes» gehören, d.h. aus Saudi-Arabien stammen.

Nicht nur diese Bestimmung, sondern auch die ideologische Richtung mancher Gründungsmitglieder der Liga, wie etwa Abū l-Aʿlā al-Maudūdī aus Pakistan und die ehemals führenden *Muslimbrüder* Saʿīd Ramaḍān (Ägypten) und Maḥmūd aṣ-Ṣawwāf (Irak), lassen erkennen, daß diese Organisation von Saudi-Arabien als panislamisches Gegengewicht zum «revolutionären» Arabismus Jamāl ʿAbd an-Nāṣirs (Nasser) gedacht war. Dieser hatte versucht, die schon seit 1961 in Kairo bestehende *Akademie für Islamische Forschung (Majmaʿ al-buḥūth al-islāmīya)* als Gegenpol der Liga aufzubauen, und ließ sie 1964 eine eigene, von ihr einberufene internationale islamische Konferenz abhalten. Für die offiziöse ägyptische Zeitung «al-Ahrām» galt damals die Liga nur als Mittel, um die Religion für die «reaktionären, imperialistischen und kapitalistischen Kräfte» zu nutzen; die Konferenz der ägyptischen Akademie der islamischen Wissenschaften hingegen sei allein zu dem Zweck einberufen, «Gott und der Wissenschaft zu dienen».[4]

Doch der Kampf zwischen «progressiven» und «reaktionären» arabischen Staaten begann schon nach dem Juni-Krieg 1967 an Schärfe zu verlieren. Infolge seiner Niederlage war Nasser auf Gelder aus Saudi-Arabien angewiesen, während König Faiṣal sein Konzept der islamischen Solidarität mehr und mehr in die Politik einbrachte.

Heute ist die Liga die wichtigste internationale islamische Organisation, die nicht auf staatlicher Ebene operiert. In den Vereinten Nationen besitzt sie Beobachterstatus; ihr langjähriger Generalsekretär war Shaikh Muḥammad ʿAlī al-Ḥarakān (gest. 1983). Der Liga angeschlossen ist der *Internationale Oberste Rat für Moscheen (al-Majlis al-aʿlā al-ʿālamī li-l-masājid)*. Die monatliche Zeitschrift der Liga – «Majallat rābiṭat al-ʿālam al-islāmī» – erscheint auch in englischer Sprache. Die politischen Aktivitäten der Liga gelten in erster Linie dem Palästinaproblem und der Unterstützung muslimischer Minderheiten und Widerstandsgruppen wie etwa auf den Philippinen. Auch missionarische Tätigkeit in Europa und den USA spielt eine beachtliche Rolle.

Der Islam kennt keine Institution, die gewissermaßen ex cathedra verkünden könnte, was die rechte Lehre sei. Infolge ihrer mit der Zeit gewachsenen Funktion, sich zu Fragen der Lehre des Islams zu äußern – und dies überwiegend im Sinne des islamischen Integralismus –, verdient die Liga Interesse. Im Februar 1979 z.B. wurde Muʿammar al-Qadhdhāfī (Gaddafi), der die Gültigkeit der Sunna *(sunna)*, so wie sie in den Hadith *(ḥadīth)*-Sammlungen festgeschrieben ist, leugnet, von einer internationalen Delegation von *ʿulamāʾ*, der führende Persönlichkeiten der Liga angehörten, zu einem öffentlichen Bekenntnis der Reue aufgefordert.

Ihre satzungsmäßige Verpflichtung, die Botschaft zu verbreiten, führt die Liga auch in politische Konflikte, so etwa aufgrund der erheblichen finanziellen Unterstützung islamistischer Gruppen in der Türkei, die gegen die laizistische Verfassung kämpfen. Im ganzen gesehen ist die Liga nach wie vor als ein Organ des konservativen, saudisch geprägten Islamismus zu sehen. Die Spannungen zwischen Sunniten und Schiiten, die besonders nach der Islamischen Revolution im politisch-ideologischen Konflikt zwischen Iran und Saudi-Arabien unterschwellig eine wichtige Rolle spielten, wenigstens abbauen zu helfen – daran hat die Liga bislang wenig Interesse gezeigt.[5]

Nach dem Terroranschlag auf das World Trade Center am 11. September 2001 geriet die Liga unter starken Verdacht, an der Finanzierung terroristischer Gruppen beteiligt zu sein. Um das Ansehen der Liga international aufzubessern, besuchte ihr Generalsekretär ʿAbdullāh at-Turkī im Sommer 2002 die USA und Europa.

3. Die Organisation der Islamischen Konferenz

Die etwa seit den 1930er Jahren bestehende ideologische Vorherrschaft der Idee der arabischen Nation über den Anspruch der prinzipiellen Einheit der Muslime läßt sich äußerlich auch daran erkennen, daß zwar 1945 die *Arabische Liga* gegründet werden konnte, eine vergleichbare islamische Organisation auf Regierungsebene aber erst Anfang der 1970er Jahre entstand. Es ist die *Organisation der Islamischen Konferenz (Munaẓẓamat al-muʾtamar al-islāmī)* – oft nach der englischen Bezeichnung *Organization of Islamic Conference* mit *OIC* übersetzt und abgekürzt.[6]

Der entscheidende Katalysator für die Gründung der Organisation war der Brand der *Aqṣā*-Moschee am 21. August 1969 in Jerusalem, der dritten der heiligen Städte des Islams nach Mekka und Medina. Im Anschluß auf den Anschlag auf die Moschee hatten im Herbst desselben Jahres Saudi-Arabien und Marokko zur ersten Islamischen Gipfelkonferenz in Rabat (22.–25. September) eingeladen. Während dieser Konferenz wurde für das kommende Jahr eine Islamische Außenministerkonferenz, auf der die Errichtung eines ständigen Sekretariats erörtert werden sollte, geplant. Doch erst auf der dritten Islamischen Außenministerkonferenz in Dschidda (29. 2.–4. 3. 1972) gelang es, einen entsprechenden Entschluß zu fassen. Vor allem Syrien und der Irak hatten sich zuvor gegen die Schaffung einer ständigen Einrichtung mit der Begründung gewehrt, daß die Islamische Konferenz nichts für Jerusalem und die arabische Sache bewirken könne und sie letztlich nur einem Machtzuwachs der konservativen arabischen Staaten diene.

Der entscheidende Durchbruch gelang der Islamischen Konferenzorganisation mit der zweiten Gipfelkonferenz in Lahore vom 22. bis 24. Februar 1974. Der

Teilsieg der Araber im Oktoberkrieg 1973 und der sich anschließende Ölboykott hatten dazu beigetragen, die Differenzen zwischen «progressiven» und «konservativen» arabischen Staaten abzubauen. Zwar waren Syrien und der Irak in Lahore nur als Beobachter anwesend, dennoch war die Gipfelkonferenz, an der 36 Staaten teilnahmen, ein Erfolg, insbesondere für Saudi-Arabien. Hatten doch Anwar as-Sādāt, Muʿammar al-Qadhdhāfī und der damalige Ministerpräsident des Nordjemen, al-Iryānī, König Faiṣal von Saudi-Arabien sogar den Titel eines Kalifen, «Beherrscher der Gläubigen» *(amīr al-muʾminīn)* angetragen, was er jedoch wohlweislich ablehnte. Glaubt man einem Bericht des Berliner Tagesspiegels vom 27. Januar 1981, gab es am Rande der dritten Islamischen Gipfelkonferenz in Taif (aṭ-Ṭāʾif, Saudi-Arabien) vom 26. bis 28. Januar 1981 Gerüchte, daß der damalige saudische Monarch, König Khālid, zum Kalifen ausgerufen werden sollte. Die Faszination des Kalifats als Symbol der Einheit der Muslime läßt sich auch diplomatisch nutzen.

Abgesehen von spektakulären Islamischen Gipfelkonferenzen haben sich wohl die Errichtung eines ständigen Sekretariats der Konferenz in Dschidda und die jährliche Abhaltung von Außenministerkonferenzen der islamischen Länder als wichtigste Gremien zur Verwirklichung des hochgesteckten Zieles erwiesen, der Einheit der islamischen Welt einen Schritt näherzukommen.

Laut Artikel III der auf der dritten Islamischen Außenministerkonferenz in Dschidda (29. 2.–4. 3. 1972) von dreißig Staaten verabschiedeten Charta der *OIC* setzt sich diese zusammen aus (a) der Konferenz der Könige und Staats- und Regierungsoberhäupter, (b) der Konferenz der Außenminister, die laut Artikel V jährlich abgehalten werden soll, und (c) dem Generalsekretariat und seinen ihm angeschlossenen Organen. Den Gipfelkonferenzen kommt die höchste Autorität zu. Sie werden einberufen, wann immer es als notwendig erachtet wird (Art. IV). Die Aufgaben der Außenministerkonferenz sind: (1.) Maßnahmen zur Verwirklichung der Politik der Konferenz zu erwägen, (2.) auf die Verwirklichung der Beschlüsse vorangegangener Konferenzen zu achten und (3.) Resolutionen von gemeinsamem Interesse zu verfassen. Die Beratung des Finanzplanes und die Wahl des Generalsekretärs sind die wichtigsten organisatorischen Aufgaben der Außenministerkonferenz (Art. V). Der Generalsekretär wird für zwei Jahre gewählt und kann maximal für zwei weitere Jahre mit diesem Amt betraut werden (Art. VI). Seine Hauptaufgabe ist die Organisation der Gipfel- und Außenministerkonferenzen und die Koordination der Arbeiten des politischen, kulturellen, sozialen und wirtschaftlichen Ausschusses. Die Finanzen der *OIC* werden von den Mitgliedsstaaten entsprechend ihrem nationalen Einkommen getragen (Art. VII), wodurch die arabischen Ölstaaten ein erhebliches Gewicht besitzen. Zur Mitgliedschaft fähig ist laut Art. VIII jeder islamische Staat. Da auch Libanon, wo offiziell die Christen in der Mehrheit sind, und Senegal, dessen Staatsoberhaupt bis Januar 1981 der Christ Leopold Senghor war, Mitglieder der *OIC* sind, ist der Begriff «islamischer Staat» also recht weit gefaßt.

Als wichtigste Einrichtungen der Islamischen Konferenzorganisation sind der «Islamische Solidaritätsfonds» und die «Islamische Entwicklungsbank» zu nennen. Die Schaffung des Islamischen Solidaritätsfonds *(Ṣandūq at-taḍāmun al-islāmī)* war auf der fünften Islamischen Außenministerkonferenz in Kuala Lumpur 1974 beschlossen worden. Sein Zweck ist, im Falle von Krisen und Naturkatastrophen finanzielle Hilfe zu gewähren, islamische Länder, muslimische Minoritäten und Gemeinschaften beim Bau von Moscheen, Krankenhäusern und Schulen zu unterstützen, islamische Universitäten und Jugendgruppen zu fördern und der Mission *(daʿwa)* zu dienen. Saudi-Arabien trägt ein Drittel des Gesamtbudgets des Fonds.

Die Islamische Entwicklungsbank *(al-Bank al-islāmī li-t-tanmiya)* ist am 20. Oktober 1975 in Dschidda eröffnet worden. Es ist die wichtigste der heute bestehenden islamischen Banken, die gemäß der *sharīʿa* keine Zinsen für Darlehen nehmen. Das laut Satzung autorisierte Kapital der Bank beträgt zwei Milliarden Islamische Dinare, wobei ein Dinar einem Sonderziehungsrecht der Weltbank (1977: 1,92 US Dollar) entspricht. Mit 21,88% Anteilen ist Saudi-Arabien vor Libyen (13,87%), den VAE (12,27%) und Kuwait (11,20%) der wichtigste Anteilseigner. Darlehen an arme islamische Länder in Asien und Afrika, nicht zuletzt zur Deckung der gestiegenen Ölpreise, machen den Löwenanteil der Projekte der Bank aus.

Ferner gehört zur *OIC* noch der in Dschidda 1975 geschaffene «Jerusalem-Fonds». Seine Aufgabe ist es, den islamischen Charakter der dritten der heiligen Städte des Islams zu bewahren. Die Deposita dieses Fonds bei der Islamischen Entwicklungsbank betrugen 1976/77 fast 4 Millionen Islamische Dinare.

Neben den monetären Organen der *OIC* gibt es noch die *Internationale Islamische Nachrichtenagentur (IINA)*. Sie war auf der Außenministerkonferenz in Dschidda 1972 ins Leben gerufen und 1974 mit einem Etat von 2,5 Millionen US Dollar ausgestattet worden; erste Versuchssendungen einer «islamischen Radiostation» wurden laut saudischen Pressemeldungen am 11. Mai 1979 in Dschidda ausgestrahlt.

Politischen Konsens in der heute 57 Mitgliedstaaten umfassenden Organisation zu erzielen, ist außerordentlich schwierig. Größte Geschlossenheit hat die Konferenz bisher in der Palästinafrage zeigen können. Es ist die einzige politische Frage, die in der Charta der Konferenz direkt angesprochen wird. In Artikel II, 5 wird die Koordinierung der Anstrengungen zur Bewahrung der heiligen Städte und die Unterstützung des Kampfes des palästinensischen Volkes als Ziel der Konferenz genannt. Die *PLO* besitzt in der Konferenz Beobachterstatus. Wie aber die Appelle der Konferenz und der Liga der Islamischen Welt, Palästina sei wegen Jerusalem eine Angelegenheit aller Muslime, indirekt zeigen, ist für Staaten wie z.B. Senegal oder Malaysia das Problem weniger drängend als für Israels arabische Anrainer. Die Tatsache, daß die Türkei seit langem diplomatische Beziehungen zu Israel unterhält – Iran pflegte sie bis zum Sturz des Schah –, war ein wichtiger Punkt der Auseinandersetzung auf der dritten islamischen Gipfelkonferenz in Taif Anfang 1981.

Als schwierigstes Problem innerhalb der *OIC* hat sich das der Dominanz der arabischen Staaten über die asiatischen und schwarzafrikanischen Mitglieder erwiesen. Es kam schon früh in den ersten Jahren nach Gründung der Organisation im Zusammenhang mit der bislang wohl wichtigsten Entscheidung ihrer Mitglieder, nämlich der Suspendierung der Mitgliedschaft Ägyptens, die auf der Außenministerkonferenz in Fes vom 8. bis 12. Mai 1979 beschlossen worden war, zum Tragen. Die Außen- und Wirtschaftsministerkonferenz der Arabischen Liga vom 27. bis 31. März 1979 in Bagdad hatte der *OIC* und der *OAU (Organization of African Unity)* die Suspendierung Ägyptens für den Fall eines Friedensschlusses mit Israel anempfohlen. Nach dem Friedensschluß am 26. April stimmte die *OIC* zwar in diesem Sinne ab, doch Oman, Sudan, Somalia und Nordjemen hatten sich der Debatte enthalten. Indonesien und Malaysia hatten zuvor in der Öffentlichkeit den Friedensvertrag begrüßt, dann aber zugestimmt. Senegal, Gabun, Gambia, Niger, Obervolta (heute Burkina Faso) und Guinea-Bissau übten Stimmenthaltung, was – so die Zeitschrift «The Middle East» vom 11. Mai 1979 – dahingehend gewertet wurde, daß sie mit den Hilfeleistungen durch die Islamische Konferenzorganisation unzufrieden seien.

Bei der Wahl eines neuen Generalsekretärs im gleichen Jahr wurde das arabische Übergewicht erneut zum Problem. Die asiatischen Mitgliedstaaten forderten, daß der Generalsekretär abwechselnd aus den Reihen der asiatischen, der arabischen und der schwarzafrikanischen Mitgliedstaaten gewählt werde. Die Annahme dieses Vorschlages hätte die Anerkennung regional bedingter Sonderinteressen bedeutet. Er wurde von Libyen und Kuwait mit dem Hinweis auf die Einheit der islamischen *umma*, die keine geographische Trennung kenne, zu Fall gebracht.

In der Tat hat es die *OIC* in den nunmehr dreißig Jahren ihres offiziellen Bestehens verstanden, trotz der zum Teil ganz erheblichen ideologischen und politischen Differenzen zwischen den Mitgliedstaaten, die insbesondere während des irakisch-iranischen Krieges zum Ausdruck kamen, Blockbildungen zu vermeiden. Gewisse Koalitionen sind gleichwohl zu erkennen, grob gesprochen besteht eine saudi-arabische und eine schwarzafrikanische Fraktion. Nach dem Zerfall der Sowjetunion wurden 1992 sechs ehemalige sowjetische Republiken mit muslimischer Bevölkerungsmehrheit in die *OIC* aufgenommen.[7]

Als Block in der internationalen Politik hat sich die *OIC* nicht erweisen können, ihre konkrete Bedeutung liegt mehr in der Förderung von Süd-Süd-Kooperation, und zwar vor allem durch die ihr angegliederten Organisationen. In ihrer politischen Wirkung auf ihre Mitgliedstaaten hat sich die *OIC* als status quo-Organisation erwiesen. So stand im Hintergrund des Scheiterns der Vermittlungsbemühungen zu Beginn des irakisch-iranischen Krieges der Gegensatz zwischen dem pro-westlichen, sunnitischen Saudi-Arabien und dem anti-westlichen, revolutionären und schiitischen Iran. Erst der *OIC*-Gipfel im Dezember 1997 in Teheran, ein halbes Jahr nach der Wahl Khatamis zum Staatspräsidenten Irans, zeigte, daß auch der islamisch-revolutionäre Iran wieder in die Reihen der «etablierten» islamischen Staaten aufgenommen war. Es war ein erstes Anzeichen der Annäherung zwischen Iran und Saudi-Arabien, zur offiziellen Aussöhnung zwischen beiden Staaten kam es im April 1999.

Politische Einigung kommt in der *OIC* am ehesten dann zustande, wenn der islamischen *umma* Gefahr von außen droht. An erster Stelle steht nach wie vor das Palästinaproblem. Auch für die Muslime in Bosnien-Herzegowina konnte man geschlossen Solidarität zeigen, und in der Tschetschenien-Frage versuchte eine offizielle *OIC*-Delegation in Moskau zu intervenieren.

Doktrinäre Fragen sind in der Regel nicht Gegenstand dessen, womit sich die *OIC* beschäftigt. Umso bemerkenswerter war die Resolution des Gipfeltreffens vom Januar 1981, die den *jihād* zur Rettung Jerusalems, zur Unterstützung des palästinensischen Volkes und zur Erreichung des Abzugs aus den besetzten arabischen Gebieten allen Muslimen und Musliminnen zur Pflicht machte.[8] Damit gaben sich die Staatsoberhäupter der *OIC* die Autorität, verbindlich zu sagen, was Pflicht der Muslime sei; mit Blick auf die nach dem Terroranschlag vom 11. September 2001 auch in der islamischen Welt entfachte *jihād*-Diskussion ein bemerkenswerter Schritt.

Bei Vermittlungsbemühungen innerhalb des islamischen Lagers zeigte sich die *OIC* im ganzen gesehen verständlicherweise weniger erfolgreich; die endgültige Vermittlung im Jemen-Konflikt 1991 sowie die Vermittlungsbemühungen in den 1970er Jahren im philippinischen Moro-Konflikt sind eher die Ausnahme. Konflikte von der Größenordnung der Kuwait-Krise 1990 und des ersten Golfkrieges oder gar des von den USA angeführten Krieges gegen den Irak 2003 übersteigen die Kräfte der Organisation völlig.

An der Islamischen Konferenzorganisation ist oft ähnliche Kritik geäußert worden wie an der *Arabischen Liga:* Das Ausmaß an konkret erreichter Einheit stehe weit hinter der benutzten Rhetorik von Einigkeit bzw. im Falle der *OIC* von islamischer Solidarität zurück. Historisch gesehen bleibt wichtig, daß mit der Organisation unter Anerkennung des Prinzips des territorialen Nationalstaates (was für die Muslime nach wie vor nur bedingte Selbstverständlichkeit ist) ein allislamisches Gremium der Konsultation auf höchster Staatsebene geschaffen worden ist. Es ist die einzige zwischenstaatliche internationale Organisation, die einer Religion verpflichtet ist. Sie steht unter der übergeordneten Prämisse, daß die Religion nicht durch einseitige politische Positionierung Schaden nehmen darf.

Dritter Teil

Islamische Kultur und Zivilisation in der Gegenwart

I.
Orientalistik und Orientalismus

(Reinhard Schulze)

1.

Obwohl das «Orientalische» schon im 17. und 18. Jahrhundert als eine vom Okzident unterschiedliche kulturelle Tradition verstanden und auch in der akademischen Forschung und Lehre gesondert betrachtet wurde, zeichnete sich erst im 19. Jahrhundert die Auffassung ab, daß die Forschung zum «Orient» eine eigenständige akademische Disziplin darstelle. Der deutsche Name für diese Disziplin, «Orientalistik», ist dabei jüngeren, der englische Begriff «Orientalism» hingegen älteren Datums. Letzterer verwies nicht nur auf die akademische Beschäftigung mit dem Orient selbst, sondern bezeichnete eigentlich jegliche Denk- und Lebensart, die explizit auf den Orient Bezug nimmt. Entsprechend bezeichnete der Inhalt dieses Begriffs ursprünglich die Haltung und Tätigkeit eines solchen Menschen, der dann zu einem «Orientalisten» wurde. Dieser Sprachgebrauch ist erstmals um 1779 im Englischen und 1799 im Französischen belegt.[1] Um den akademischen Umgang mit Texten aus orientalischen Traditionen auszudrücken, verwandte man meist den Begriff «orientalische» oder «semitische Studien», wobei das «Orientalische» noch bis in das frühe 19. Jahrhundert hinein fast ausschließlich mit den Sprachen des Vorderen Orients verknüpft wurde (zum Beispiel mit Arabisch, Persisch, Osmanisch-Türkisch, Äthiopisch und Syrisch-Aramäisch). Über die Sprachen wurden aber auch schon früh historische und kulturelle Traditionen erschlossen. In der berühmten «bibliothèque orientale», die von Barthélemy d'Herbelot (1625–1695) zusammengestellt und von Antoine Galland (1646–1715) 1697 abgeschlossen wurde, finden sich schon eine Vielzahl solcher Verweise.[2]

Neben dieser Tradition existierte seit dem 15. Jahrhundert noch ein weiterer Kontext für den Gebrauch des Begriffs «Orientalisten»: Er meinte diejenigen, die im Unterschied zu den «Klassizisten» in den Texten der orientalischen Traditionen einen Gegenwert zu den durch die Humanisten restituierten lateinischen und griechischen Texttraditionen sahen. Hierdurch entstand ein gewisser Gegensatz zwischen «Klassizisten» und «Orientalisten»: Zum einen schrieb dieser Gegensatz die ältere Trennung zwischen den spätscholastischen sogenannten «Arabisten», die explizit auf die arabischen Texttraditionen im Bereich Philosophie und Medizin zurückgriffen, und den «Gräzisten», die von der ursprünglichen griechischen Tradition (vor allem des Aristoteles) ausgingen, fort.[3] Zum anderen wurde dieser Gegensatz bis in das 19. Jahrhundert durch die Umdeutung der «Klassik» zu «Okzident» neu ausgewiesen und weitergeführt.[4] Die Festschreibung des

«Orients» auf die kulturellen Traditionen des «Vorderen Orients» wurde erst im Laufe des 19. Jahrhunderts aufgegeben. Neu traten nun auch jene Traditionen hinzu, die zum Beispiel auf China, Indien oder Japan bezogen waren.

Schon im 19. Jahrhundert wurden erste Studien zur Geschichte der Orientalistik verfaßt[5], die dann vor allem seit der Mitte des 20. Jahrhunderts fortgeführt wurden.[6] In diesen Studien wurde die Orientalistik vornehmlich als biographisch bestimmte Werkschau betrachtet:[7] Demnach war das Studium der orientalischen Sprachen zunächst eine der Theologie verpflichtete Hilfswissenschaft, die seit dem Konzil von Vienne 1311/12 an den Universitäten unter anderem von Paris und Oxford eingerichtet wurde. Um 1600 erst begann sich ein akademischer Diskurs zu entfalten, der auch orientalische Sprachen einschloß; in Leiden, der Hochburg der Arabisten, wurde 1599, in Cambridge 1631 und in Oxford 1635 jeweils ein Lehrstuhl für Arabisch eingerichtet. Doch die Verpflichtung für die Theologie blieb weiterhin bestehen. Johann Fück verknüpfte die Emanzipation der orientalistischen Disziplinen von der Theologie, die um 1730 begann, eng mit der «europäischen Aufklärung»: Tatsächlich setzte sich im 18. Jahrhundert allmählich ein «neues Orientbild» durch, das zum einen von einem allgemeinen exotischen Verlangen des Bürgertums und der Fürstenhöfe getragen wurde und zum anderen durch die grundsätzlichen theologischen Auseinandersetzungen vor allem um den Deismus bestimmt war, was eine spezifische Beschäftigung mit dem Koran und der Person Muḥammads nach sich zog.[8] Der islamische Orient wurde nicht nur zum exotischen Idyll, das Antoine Galland durch seine recht eigenwillige Paraphrase der Erzählungen aus 1001 Nacht mitgeschaffen hatte und das schon wenig früher in der Bibliothèque orientale zusammengestellt worden war; er wurde auch zum Ort einer doppeldeutigen Kultur: Einerseits galt er als Ort einer perfekten, rationalen Gesellschaft, feierte doch gar manch einer, wie der französische Romancier Henry Boulainvilliers (1658–1722), den Propheten Muḥammad als den Künder einer dem Christentum überlegenen, vernünftigen Religion und als Prototypen eines Philosophenpropheten.[9] Andererseits aber wurde er auch verdammt: Voltaire ließ es sich nicht nehmen, in seiner am 10. April 1741 in Lille uraufgeführten Verstragödie «Mahomet» den Propheten als Inbegriff des Despoten zu charakterisieren[10], und auch der Dramatiker James Miller (1706–1744) brachte im Jahr seines Todes seine Version von Voltaires «Mahomet» auf die Bühne.[11]

Um 1740 setzte auch an den deutschsprachigen Universitäten ein Sinneswandel ein, der dieser mehrdeutigen orientalischen *imagerie* gerecht werden sollte.[12] An der 1738 gegründeten Universität Göttingen wurden die arabischen Studien der philosophischen Fakultät zugeordnet. Damit wuchs ein völlig anderes Legitimationsgerüst für die akademische Beschäftigung mit dem Orient, die Johann Jacob Reiske (1716–1774) in «didaktischen Vorreden» zur «mohammedanischen» Geschichte auf den Punkt zu bringen versuchte:

«Kurz, im Studium der mohammedanischen Geschichte wird genug und reichlich finden, um sich zu beschäftigen und zu ergötzen, wer immer die verschiedenen Glaubensartikel der Völker über Gott und göttliche Dinge und die Geschichte der Religion kennenlernen will oder die Sitten, Gesetze und Rechtsordnungen der Geschlechter und Staaten und die Formen der Regierung, jeder auch, den die Geschichte der Naturgegenstände, der Krankheiten und Heilmittel fesselt, oder der die Gestalt des Erdkreises im Wandel der Zeiten und den Aufstieg und Untergang der Städte zu betrachten liebt.»[13]

Die Welt durch den Orient zu betrachten war das ungestüme Programm Reiskes; dieser Universalismus war auch bei anderen Schriftstellern und Gelehrten des 18. Jahrhunderts deutlich verzeichnet. Die Traditionen, die dieser Orientalistik zugrunde lagen, waren vielfältig und widersprüchlich. Im 18. Jahrhundert basierte das Wissen von der islamisch-orientalischen Welt vornehmlich auf folgenden Traditionen:

a. Auf der Fortschreibung der spanischen Islamrezeption aus dem 13. Jahrhundert (vor allem Ximenes)
b. Auf der Koranrezeption des 13. Jahrhunderts, tradiert durch die Korandrucke im 16. Jahrhundert (Ketenensis, Bibliander)
c. Auf der «Arabistik» der Spätscholastik (Medizin, Philosophie etc.)
d. Auf den Werken der Renaissance-Philologie (Philosophie, Sprache, Wissenschaften)
e. Auf der Flut von Texten aus dem Umfeld der Türkenkriege inklusive der entsprechenden polemischen Literatur (17. Jh., Abraham a Santa Clara)
f. Auf der Tradition der philologischen Theologie und der Sacra Philologia in England (Pococke, Ockley) und Deutschland (17./18. Jh.)
g. Auf der neuen «wissenschaftlichen» anglikanischen, katholischen und protestantischen Apologetik (spätes 17. u. 18. Jh., u.a. Prideaux, Marracci, Reelant)
h. Auf der Bezugnahme auf den Islam in der Frühaufklärung (Pascal, Spinoza) und in der Deismus- und Wunderdebatte (18. Jh., Locke, Hume, Stubbe, *de tribus impostoribus*)
i. Auf dem französischen Enzyklopädismus und Orientalismus (17. Jh., Bayle, d'Herbelot, Galland)
j. Auf der Einbeziehung der islamischen Geschichte in die französischen postdeistischen Aufklärungsschriften (18. Jh., Boulainvilliers, Montesquieu, Voltaire)
k. Auf der akademischen Orientalistik und Historik seit ca. 1730 (Gagnier, Sale, Reiske, Reimarus, Niebuhr)[14]

Die akademische Beschäftigung mit dem islamischen Orient bedeutete im 18. Jahrhundert zunächst Kritik an überkommenen Auffassungen und Urteilen; den methodologischen Schliff aber erhielt die neue Orientalistik im frühen 19. Jahrhundert, als die Philologie als Grundlage der Orientalistik festgeschrieben wurde. Jetzt, wo sich die Orientalistik als unabhängige Disziplin an den Universitäten eingerichtet hatte, bestimmten mehr und mehr das akademische Weltbild und das hiermit eng verknüpfte Lehrer-Schüler-Verhältnis die Entwicklung des Fachs. Da waren die Mentoren wie Josef von Hammer-Purgstall (1774–1856) und Antoine Silvestre de Sacy (1758–1838), die den Gelehrten des 19. Jahrhunderts den Weg bahnten: Der Philologe Georg Wilhelm Freytag (1788–1861) kam an die

Universität Bonn, der Romantiker Friedrich Rückert (1788–1866) wurde an die Universität Erlangen berufen. Ein anderer Schüler de Sacys, Heinrich Leberecht Fleischer (1801–1888), brach schließlich mit der romantischen Tradition und führte die damals hochmodernen kritischen Methoden der Philologie in die Orientalistik ein. Auch der Historismus, beherrscht von Leopold von Ranke, wurde in der zweiten Hälfte des 19. Jahrhunderts zum Leitbild der orientalistischen Historiker in den deutschen Ländern.[15] Der Orientalist geriet zum Kritiker des Orients: Als Philologe und Historist entwarf er ein nüchternes, ja im Verhältnis zu den Romantikern trockenes Bild der islamischen Frühgeschichte, immer mit dem Ziel vor Augen, gemäß der historistischen Dogmatik die Einzigartigkeit des Einen und des Anderen herauszustellen. Die Forscher arbeiteten, ja gruben sich immer tiefer in die Textgeschichte ein; dort wähnten sie sich auch sicher vor dem alles beherrschenden Zugriff der historischen Generalisten um von Ranke, die sich der politischen Ordre gemäß gerade auch zu zeitgeschichtlichen Fragen äußerten und dabei den Orient als «ihr» Terrain betrachteten. Die orientalistischen Studien sollten weg vom «Völkergeschehen» hin zu einer «essentialistischen» Betrachtung des Orients führen.[16] Auch wenn verschiedentlich Anwälte einer Betrachtung des zeitgenössischen Orients das Wort redeten und dies sogar schon in die Aufgabenstellung der 1845 gegründeten *Deutschen Morgenländischen Gesellschaft* aufgenommen hatten, waren doch der Rückzug in die orientalische Frühgeschichte und die kritische Sichtung des textlichen und sprachlichen Materials zur Hauptaufgabe der Orientalistik geworden, die sich so von der orientalischen Realienkunde abgrenzte.[17] Als Philologen und Historisten hatten sich die Orientalisten zwischenzeitlich ganz dem Relativismus der Zeit verschrieben: Die orientalischen Gesellschaften wurden nicht mit Hilfe eines dynamischen Entwicklungsbegriffs betrachtet, sondern in ihrer Individualität festgeschrieben. Das wissenschaftliche Terrain der Orientalistik schien damit gesichert, denn kaum ein Historiker der Zeit konnte mit den philologischen Kenntnissen der Orientalisten konkurrieren. Als Kritiker vermochten die Orientalisten des späten 19. Jahrhunderts folglich zwischen der «Blüte des Islams» (dem Gegenstand ihrer Forschungen) und dessen «Verfall» (dem Grund für die Nichterforschung) zu unterscheiden; August Dillmann (1823–1894), Ordinarius in Kiel und später Rektor der Friedrich-Wilhelms-Universität zu Berlin, sagte 1876: «Historische Kritik, die Chemie der Geisteswissenschaften, die Kunst, Wahrheit von Dichtung zu scheiden, niemals gekannt im Orient, am wenigsten in der islāmischen Welt, ist mit eine Frucht des neuen Geistes unserer Zeit.»[18]

Damit hatten sich die Orientalisten von der romantischen Tradition und dem Universalismus der Aufklärung endgültig losgesagt; der Orient wie der Islam waren zu einem Objekt reduziert, dessen «wahre Tatsachen» kritisch zu erarbeiten fortan die Aufgabe des Faches sein sollte. Dillmann verheimlichte auch nicht die eigentliche Zweckbestimmung der historischen Kritik: «Erst das durch sie gereinigte Christenthum wird seine weltüberwindende Kraft ganz bewähren, bewähren einst auch an der Welt, die ihm bis jetzt am zähesten widerstand, den Völkern des Islām.»[19]

Die historische Kritik wirkte wie eine Zensur: Das «Wahre» des Orients wurde durch die Orientalistik bestimmt; der Islam der Frühzeit wurde als Totalität gesehen, welche – ganz im Anschluß an Wilhelm Dilthey (1833–1911) – als «zentrierende Bedeutung» der islamischen Geschichte überhaupt zu verstehen sei.[20]

Als zu Beginn des 20. Jahrhunderts der Historismus u. a. durch Ernst Troeltsch (1865–1923) und die Brüder Max und Alfred Weber kritisch gesichtet[21] und durch ein spezifisches Kulturverständnis erweitert wurde, paßten sich Orientalisten wie Carl Heinrich Becker (1876–1933) oder sein Schüler Hans-Heinrich Schaeder (1896–1957) dieser Strömung an und lösten die Islamwissenschaft allmählich aus dem Bereich der orientalischen Philologie, die, meist noch unter der Bezeichnung «Semitische Philologie», die wissenschaftliche Erörterung des Orients dominiert hatte.[22] Zeitgleich entstanden an über 20 deutschsprachigen Universitäten neue wissenschaftliche Einrichtungen, die nun überwiegend als «Orientalische Seminare» bezeichnet wurden. «Islamkunde» war noch nicht die den Wissenschaftsbetrieb in einem solchen Seminar kennzeichnende Benennung. Erstmals tauchte sie in dem 1929 unter Federführung von Becker gegründeten «Seminar für Semitistik und Islamkunde» der Universität Berlin auf.[23] Der Historismus hatte nun in der Orientalistik zwei Standbeine: das eine stellte die kritische Philologie, das andere die Religions- oder Kulturgeschichte dar. Hatte die Philologie die «objektive Eigentümlichkeit» der orientalischen Geschichten und Sprachen herausgestellt, arbeiteten die Islamwissenschaftler nun an einer Bestimmung der Individualität der islamischen Kultur; sie sahen diese fest verankert in den von den Philologen akribisch herausgearbeiteten «Tatsachen» der Frühgeschichte, aus der es kein Entrinnen gebe.

Durch die Aufnahme der Islamwissenschaft in den Kanon der orientalistischen Fächer hatte die orientalische Philologie keineswegs ihr Selbstbewußtsein eingebüßt: Für die Philologen stellte gerade auch der Koran eine außerordentliche Herausforderung dar. Zwar hatten sich schon im 19. Jahrhundert verschiedene berühmte Orientalisten dem Koran philologisch genähert; doch sah man sich noch nicht in der Lage, eine «kritische Ausgabe des Korans» herstellen zu können. Erst 1930 wagte der Philologe Gotthelf Bergsträsser (1886–1933) den Versuch, einen Plan für eine kritische Edition des Korans vorzulegen; nach seinem frühen Tod führte sein Schüler Otto Pretzl (1893–1941) diesen Plan – allerdings ohne Erfolg – weiter.[24] Eine «kritische Ausgabe» des Korans hätte den Sieg der Philologie über die Religion bedeutet.

2.

Mit Theodor Nöldeke (1836–1930) und Julius Wellhausen (1844–1918) hatte die kritische Philologie und Quellenkritik, mit Ignaz Goldziher (1850–1921), dem genannten C. H. Becker, mit C. Snouck Hurgronje (1857–1936) und Martin Hartmann (1851–1918) die Islamwissenschaft ihren Höhepunkt erreicht und erste Reflexionen über das Fach ausgelöst.[25] Allerdings dominierten im Westen die auf die klassischen Gebiete der Orientalistik bezogenen Forschungen dieser Orientalisten bei weitem nicht die Breite der Publikationen zum islamischen Orient überhaupt: Über drei Viertel aller Publikationen des 19. Jahrhunderts beschäftigten sich – als Realienkunde verstanden – mit Forschungen zu einzelnen Ländern oder mit Sprache und Literaturen. Knapp 7% der Publikationen waren der islamischen Religion im engeren Sinne, ja sogar nur 1,5% dem islamischen Recht und etwa 1% der islamischen Frühgeschichte gewidmet. Im 20. Jahrhundert änderte sich dieses Profil nicht grundsätzlich: Bis auf ein stetig wachsendes Interesse am islamischen Recht und an islamischer Kunst blieb es bei dieser Verteilung; offenkundig ist nur der Rückgang der Publikationen zur Türkei, die nach 1924 mehr und mehr aus dem Blickfeld der Orientalisten zu verschwinden drohte; im Gegensatz dazu gab es ein wachsendes Interesse an den Ländern des Fruchtbaren Halbmonds. Dieses Profil spiegelte sich aber in den Forschungen an den deutschsprachigen Universitäten: Hier standen genau die Themen im Mittelpunkt der akademischen Forschung, die weltweit weniger Beobachtung gefunden hatten, nämlich die islamische Religion selbst, das islamische Recht, die islamische Philosophie und die islamische Geschichte vor 1258. Diese philologisch orientierte Schwerpunktbildung sollte noch bis in die siebziger Jahre des 20. Jahrhunderts die deutschsprachige Orientalistik auszeichnen. So machten bis dahin Beiträge zur islamischen Religion ca. 12% und zur islamischen Geschichte bis 1258 ca. 15% aller orientalistischen Publikationen aus. Diese Spezifität der deutschsprachigen Orientalistik war auch damit verknüpft, daß anders als in Frankreich, den Niederlanden oder Großbritannien die Berührungspunkte zu kolonialwissenschaftlichen Interessen relativ schwach entwickelt waren und allenfalls das Osmanische Reich betrafen.[26]

Bis in die frühen sechziger Jahre des 20. Jahrhunderts bildeten die Werke von Gelehrten wie Nöldeke, Wellhausen und Goldziher das Arbeitsmodell für die meisten Orientalisten. Diese blieben meist sehr viel länger als andere Geschichts- oder Religionswissenschaftler dem philologisch begründeten Historismus verhaftet; die mit Nietzsche einsetzende Kritik am Historismus und nachfolgend der Philologie[27] wurde von den Orientalisten praktisch nicht nachvollzogen, so daß zwischen den systematischen Wissenschaften und den Orientalisten allmählich eine tiefe Kluft entstand. Die «hermeneutische Besinnung», die in den 1920er Jahren in der Geschichtswissenschaft und Philosophie zu beobachten war und die zu einer allmählichen Verdrängung des Historismus führte, ließ die Orientalistik ebenso unberührt[28] wie der Positivismusstreit, der die deutschen Sozialwissenschaften ab 1961 prägte. Noch 1966 schrieb der Tübinger Orientalist Rudi Paret: «Ziel und Zweck unserer Gelehrtenarbeit ist es, den durch die eigene Umwelt gesetzten geistigen Horizont zu durchbrechen und einen Blick in die Welt des Morgenlandes zu werfen, um am fremden Wesen die Möglichkeiten menschlichen Daseins und damit letzten Endes auch unser eigenes Selbst besser verstehen zu lernen.»[29]

Die Zeit der nationalsozialistischen Herrschaft[30] bedeutete einerseits einen tiefen Einschnitt in die Forschungstradition der Orientalistik. Neun der siebzehn orientalistischen Ordinarien wurden aus rassistischen oder politischen Gründen entlassen beziehungsweise emigrierten[31], fünf Assistentinnen und Assistenten mußten die Universität verlassen, die Zahl der abgeschlossenen orientalistischen Dissertationen schrumpfte auf fast die Hälfte.[32] Andererseits bemühten sich die verbliebenen Professoren um fachliche Kontinuität; thematisch blieben sie ihren Traditionen treu, wobei allerdings ein deutlicher Rückgang des Interesses an islamischer Theologie und am islamischen Recht zu vermerken war. Die Restauration der Orientalistik nach 1945 brachte keine nennenswerte Neuorientierung der Disziplin.[33] In der DDR behielt die Orientalistik ihr philologisches Profil bei, gleichzeitig aber wurde sie durch den Aufbau einer politikabhängigen «Nahost-Wissenschaft» stark beeinträchtigt.[34]

Anfang der 1960er Jahre zeichnete sich ein erster Sinneswandel ab. In Ägypten hatte 1961 der in Hamburg ausgebildete Orientalist Muḥammad al-Bahī (1905–1982) eine kleine Schrift publiziert[35], in der er die wissenschaftlichen Interessen der Orientalisten direkt mit den kolonialen Ambitionen christlicher Missionare verband. Die Verknüpfung des Kolonialismus mit der christlichen Mission war schon länger ein Leitmotiv islamischer Intellektueller gewesen; nun aber wurde die Orientalistik selbst als Magd der Mission und mithin des Kolonialismus identifiziert. Im gleichen Jahr wies der den *Muslimbrüdern* nahestehende ägyptische Gelehrte Muḥammad al-Ghazālī (geb. 1917) die Ergebnisse der historischen Kritik Goldzihers an der islamischen Religionsgeschichte vehement zurück.[36] Dies, so schrieb Paret, hätten die Orientalisten «gelassen hingenommen.»[37] Als aber 1963 zwei arabische Wissenschaftler, der ägyptische Soziologe Anouar Abdel-Malek (Anwar ʿAbd al-Malik, geb. 1924) und der palästinensische Historiker ʿAbd al-Laṭīf aṭ-Ṭībāwī (1910–1981) die Ergebnisse der orientalistischen Forschung kritisch hinterfragten[38], kam Unbehagen auf, schrieben doch beide für eine westliche Öffentlichkeit und suchten sie die direkte Berührung mit den Orientalisten. Ṭībāwīs These, daß der Islam – wie jede Religion – im Grunde nur von den Muslimen verstanden werden könne, berührte unmittelbar das orientalistische Monopol über die Islamwissenschaft; Abdel-Malek stellte die Orientalistik in einen direkten Bezug zum Imperialismus, welcher den «Orientalen» als Studienobjekt ansah, und polemisierte heftig gegen den Geist des kritischen Historismus in der Orientalistik, der es verhindert habe, die Entwicklungslinien der orientalischen Gesellschaften zu sehen. Auch aus Nachbardisziplinen wurde Kritik an der Orientalistik laut: Norman Daniel hatte sich zwischenzeitlich intensiv mit dem Islambild im europäischen Mittelalter und in der Neuzeit auseinandergesetzt und gezeigt, daß dieses eng mit der europäischen Kulturgeschichte verknüpft war und auch den wissenschaftlichen Diskurs der Orientalisten geprägt hat.[39] Der Religionswissenschaftler Jacques Waardenburg griff die Idee der Spiegelung der europäischen Identität in der orientalistischen Forschung auf und widmete sich intensiv fünf Exponenten der europäischen Orientalistik.[40]

Diese kritischen Stimmen lassen sich auf drei Thesen konzentrieren: Erstens habe die Orientalistik nicht ihre politische Abhängigkeit vom Kolonialzeitalter erkannt; zweitens habe sie einen eigenen, fundamentalistischen Diskurs über den

Islam begründet, indem sie die islamische Frühzeit zum Mittelpunkt des Verstehens erklärte und somit jeden Entwicklungsgedanken und insbesondere jede Erörterung der Gegenwart als Ergebnis historischer Kontinuität oder Diskontinuität mißachte; und drittens schließlich habe sie nicht erkannt, daß ihr eigenes Islambild durchweg dem exotischen Verlangen des europäischen Bürgertums verhaftet war.

In den frühen 1970er Jahren war zumindest ein Kritikpunkt von vielen Orientalisten aufgegriffen worden: Wie selbstverständlich wurde nun auch dafür plädiert, gegenwartsbezogene Fragestellungen in den Aufgabenbereich der Orientalistik mit aufzunehmen.[41] Allerdings trennte man sich hierbei nicht von den Grundthesen des Historismus: Denn die Gegenwart der orientalischen Länder wurde als Spannungsgefüge zwischen dem sinnstiftenden Islam, wie ihn die Orientalisten im Hinblick auf dessen Frühzeit herausgearbeitet hatten, und der europäischen Moderne gesehen.[42] Eine Gegenthese, die von einer gesetzmäßigen Entwicklung der orientalischen Gesellschaften bis zur Gegenwart ausging, wurde zwar vor allem von marxistischen Historikern versucht; doch konnten sie hierbei kaum auf die Forschungsergebnisse der klassischen Periode der Orientalistik verzichten, so daß die einmal festgelegte Betrachtung der islamischen Frühzeit erhalten blieb und nun durch eine deutliche Betonung der Gegenwart ergänzt wurde.[43]

Die gegenwartsbezogene Orientforschung konnte daher auch nicht als logische Fortschreibung der klassischen Orientalistik angesehen werden, auch wenn, wie schon bemerkt, sporadisch gegenwartsbezogene Fragestellungen bei den Orientalisten zu finden waren. Vielmehr spielte die Öffnung der systematischen Wissenschaften zu nichteuropäischen Ländern eine entscheidende Rolle, wobei der Geographie, der Politologie und der Sozialanthropologie eine wichtige Funktion zukam.[44] Eine erste Bestandsaufnahme 1972 und 1974 aber zeigte, daß von einer wirklich gegenwartsbezogenen Orientforschung noch nicht die Rede sein konnte.[45]

Orientalistik und Orientforschung unterscheiden sich, so die gängige Meinung, auf Grund der Frage, welche Quellenart bzw. Textsorte in den Vordergrund gestellt wird. Die Orientalistik als eine auf den geschriebenen Text bezogene philologische Wissenschaft wird immer historische, literatur- und sprachwissenschaftliche, religions- und wissenschaftsgeschichtliche Fragestellungen betonen. Da aber die Methoden der kritischen Philologie für viele Orientalisten den Entwicklungsprozeß einer Kultur nicht hinreichend erfassen können, ist die Orientalistik immer auch auf eine Erweiterung ihrer methodologischen Grundlagen angewiesen.[46] Einen entscheidenden Impuls hierfür hatte sie in den späten 1960er Jahren durch die Sozialwissenschaften erhalten. Die idealtypischen Modelle Max Webers hatten ja auch, wenn auch im recht beschränkten Umfang, die islamischen Gesellschaften berührt[47] und waren unter anderem schon von C. H. Becker positiv rezipiert worden.[48] In den achtziger Jahren des 20. Jahrhunderts mehrten sich Stellungnahmen der Orientalisten zu der Anwendbarkeit der Weberschen Kategorien auf islamische Gesellschaften.[49] Das Ergebnis war durchweg negativ: im Zusammenhang mit der Eurozentrismusdiskussion wurde immer wieder darauf verwiesen, daß die

Orientalistik nicht europäische Idealtypen auf «andere» Kulturen übertragen dürfte, wolle sie verhindern, daß europäische Deutungsmodelle «fremden» Kulturen übergestülpt würden. Dennoch blieb der Anspruch auf eine Einbettung der Orientalistik in einen übergeordneten sozialwissenschaftlichen Diskurs bestehen und prägte vor allem die gegenwartsbezogene Orientalistik, die naturgemäß einen recht schweren Stand gegen die Orientforschung der systematischen Disziplinen wie der Geographie, Soziologie oder Politologie hatte.

Die wissenschaftsinterne Kritik an der Orientalistik ging zögerlich weiter; Maxime Rodinson (1920–2003) verwies auf das historisch gewachsene theoretische Defizit und forderte das Ende der Vorherrschaft der Philologie und des auf die islamische «Klassik» bezogenen «Kulturessentialismus».[50] Andere versuchten, das Islambild einiger Orientalisten zu hinterfragen, und nahmen sich hierbei besonders des österreichisch-amerikanischen Gelehrten Gustav von Grunebaum an, dessen Werk lange im Mittelpunkt der Kritik stand.[51]

3.

1978 verschärfte der (palästinensisch-) amerikanische Literaturwissenschaftler Edward Said (Saʿīd, 1920–2003) die Debatte um die Orientalistik mit seinem berühmten Buch *Orientalism*[52]: Said versuchte nachzuweisen, daß das, was sich selbst Orientalistik nennt, in einen weitreichenden europäischen Diskurs einzugliedern sei, den er «Orientalism» nannte. Saids Kritik gründete auf Michel Foucaults vor allem zwischen 1966 und 1975 ausgearbeiteter Diskursanalyse.[53] Mit ihm sieht Said den Orientalismus als ein kulturspezifisches System der Machtausübung, das sich in der Kreation eines europäischen Orients darstellt; dieser wurde durch die Wissenschaft und Kunst so bewahrheitet, daß er als Zwang den «Orientalen» auferlegt werden konnte («Orientalisierung des Orients»). Die Dekonstruktion des Orients drohte in eine Dekonstruktion der Orientalistik umzuschlagen. Erstmals waren die Orientalisten direkt mit einer neuen kritischen Sicht aus einer externen Perspektive konfrontiert; in den zahlreichen Repliken auf Edward Said[54] wurde versucht, die orientalistischen Studien aus dem Diskurs des Orientalismus herauszuhalten. Doch die jahrelang vernachlässigte theoretische und methodologische Diskussion innerhalb der Orientalistik rächte sich: Es waren vor allem die Vertreter der am Orient interessierten Nachbardisziplinen, die einer allzu breiten Verallgemeinerung der Saidschen Thesen entgegentraten. Ihre Kritik lastete Said einen Hang zum Reduktionismus an und hielt ihm in der Auswahl seiner Belege einen Hang zur Bestätigung seiner vorgefertigten Meinung vor.[55] Der Damaszener Philosoph Ṣādiq al-ʿAẓm (geb. 1934) verwies auf den «umgekehrten» Orientalismus von Said, da dieser nun im Gegenzug das Wesen eines antiorientalisch eingestellten Westlers kreiert habe.[56]

Das Thema wurde nun vielfach aufgegriffen und regte innerhalb der Orientalistik eine sehr verspätete Kritik der erkenntnistheoretischen und methodologischen Grundlagen des Faches an. Die Kritik aber wurde kaum von Edward Saids

Thesen geprägt: Seinem Konzept der Dekonstruktion fehlte, da es sich eng an Michel Foucault anlehnte, ein konstruktives Element; Foucaults früher Tod hatte eine Ausarbeitung seiner Philosophie verhindert, die «das Suchen nach anderen Spielregeln» im Umgang mit dem Orient ermöglicht hätte.

Mit Edward Said konnte die Orientalistik, nun selbst zum Objekt eines wissenschaftlichen Diskurses geworden, einen erzwungenen Blick in die zeitgenössische philosophische Diskussion werfen; was sie erfuhr, schien manchen Orientalisten problematisch, denn hätten sie sich erst einmal auf die Spielregeln der Diskurstheorien eingelassen, wäre ihnen kaum noch ein Raum für ihre unbefangenen orientalistischen Studien geblieben. Der philosophisch-soziologische Diskurs, der auf Foucault aufbaute, verlangte mehr als die Orientalistik insgesamt zu leisten bereit war. Die Wiederentdeckung Nietzsches und Heideggers[57], die Umdeutungen des Wahrheitsbegriffs im Rahmen einer neubestimmten Hermeneutik und die Kritik am «going native» – einem anthropologischen Pendant zum Orientalismus innerhalb der Sozialwissenschaften[58] – berührten die Orientalistik nur wenig. Ausnahmen sollen genannt werden: So versuchte der Pariser Islamwissenschaftler Mohammed Arkoun (Muḥammad Arkūn, geb. 1928), die historische Hermeneutik in die Orientalistik einzuarbeiten;[59] ähnliche Wege wies auch der türkisch-amerikanische Historiker Şerif Mardin. Das «neue Verstehen des Islams» zum Beispiel durch eine «Neulesung [relecture] des Korans» aber, das Arkoun forderte, war unter den Orientalisten kaum vermittelbar, da «die damit verknüpften Erwartungen (...) kaum erfüllt werden dürften.»[60]

In gewisser Weise hat die Auseinandersetzung um Saids Thesen den alten Kulturpluralismus von Ernst Troeltsch, wie ihn vor allem der Orientalist Jörg Kraemer rezipiert hatte[61], wiederbelebt: Die Theoriedebatte wurde auf die Frage reduziert, ob die von der Orientalistik erarbeiteten oder bestätigten Verstehenskategorien universeller Art seien oder einen Eurozentrismus spiegelten. 1980 publizierte der französische Soziologe und Islamwissenschaftler Jean-Paul Charnay eine ausführliche Studie, in der er den Werdegang des Eurozentrismus in der Orientalistik nachzeichnete.[62] «Wir sind vorsichtiger geworden», sagte 1980 auch Jacques Waardenburg und meinte die bislang gängigen Versuche, den Sinngehalt des Islams zu bestimmen und auf dieser Grundlage die islamischen Gesellschaften zu vergleichen, und plädierte für eine semiotische Deutung des Islams «als Netzwerk von Zeichen».[63] Diese Vorsicht bezieht sich auch auf den Umgang mit dem «Anderen», um nicht in den Verdacht des Eurozentrismus oder des Orientalismus zu geraten.

Aber schon wieder wies Maxime Rodinson auf die Gefahren eines Ethnozentrismus («Xenozentrismus») in der Orientalistik hin, der nur eine Umkehrung des Eurozentrismus darstelle und im wesentlichen mit ihm parallel verlaufe.[64]

Das Problem des Eurozentrismus hat in jüngerer Zeit die Orientalistik mehr beschäftigt als der Vorwurf, Teil eines westlichen Diskurses über den Orient zu sein. Waren erst einmal die europäischen wissenschaftlichen Diskurse als Macht gegenüber den studierten Objekten enttarnt, stellte sich sofort die Frage, wie über das Andere gesprochen werden könne, ohne diese Macht auszuüben. Dieses

Dilemma haben islamische politische Kreise bald gesehen und noch Salz in die Wunden gestreut. Denn die zeitgemäße Forderung der Orientalisten, «Respekt vor der historisch gewachsenen Eigenart der Partner im Orient [zu] vermittel[n] und zugleich die tiefen Bindungen gemeinsamer geistiger Voraussetzungen und geschichtlicher Erfahrungen zwischen der islamischen Welt und Europa bewußt [zu] mach[en]»[65], verstärkte ihre Hoffnung, daß endlich ihre eigenen, «islamischen» Kategorien und ihre eigenen gelebten Bedeutungen zur Geltung kommen könnten.

Manche Orientalisten und Ethnologen drehten nun den Spieß um und konstruierten einen «Gegen-Orient» auf der Grundlage dessen, was sie als die Sicht des «Anderen» annahmen. Die Relativität, die schon die Historisten in Extremfällen auf ihre Fahnen geschrieben hatten, erlebte in einem Kulturrelativismus eine neue Blüte. Ganz gleich ob Euro- oder Ethnozentrismus, das Andere blieb das Andere, das «fremde Wesen».

4.

Trotz allen theoretischen Verlangens ist die Orientalistik eine Textwissenschaft geblieben. Daß eine Quelle philologisch zu erschließen ist, stand außerhalb der Debatte; insofern zielte die Orientalismus-Kritik auch nicht auf die philologische Orientalistik als solche; vielmehr ging es vorrangig um die Deutung eines historischen Geschehens, in deren Mittelpunkt ein auch neben der Wissenschaft konstruierter Orient gerückt wurde, der Montesquieu fasziniert, Voltaire aber bisweilen abgestoßen hatte, der den Phantasien des Nichtorientalen Raum zu einer Metamorphose ließ, zu einem verkleideten, aber «wahren», «besseren» Orientalen zu werden, und der gleichzeitig der Ort sein konnte, der das genaue, abschreckende Gegenteil des Okzidents, eben der Osten war. Die historische Kritik hat diese Zuordnungen nicht verhindern können: Es ist auffällig, daß die ältere Orientalistik eine gewisse Vorliebe für den «letzten Vertreter» einer rationalen islamischen Philosophie Ibn Rushd (Averroes, gest. 1198), für den Historiker Ibn Khaldūn (gest. 1406) und den mystischen Rebellen al-Ḥallāj (hingerichtet 922) entwickelte und zu Merkmalen eines anderen Orients machte, dessen Erbe sie im Gegensatz zu den Muslimen selbst verwaltete. Deren Bevorzugung des Philosophen Ibn Sīnā (Avicenna, gest 1037), des Moralisten al-Ghazālī (gest. 1111) und des Mystikers Ibn ʿArabī (gest. 1240) teilten anfänglich nur wenige westliche Orientalisten.[66] Die orientalistische Lesart des Orients entsprach sicherlich in weiten Bereichen den Selbstsichten der europäischen Forscher, die in ihren Studienobjekten die Spiegelung eigener Identitäten sahen; sie deckte sich nur selten mit der islamischen Geschichtsrezeption, die genau das Gegenteil dessen zu tradieren schien, was die Orientalisten kreiert hatten. Schließlich wurde ein solchermaßen kritisch erarbeiteter Orient zum Mittelpunkt des Verstehens erhoben. Der orientalistische Diskurs verfügte so genau über jene «Prozeduren», die Michel Foucault für alle Diskurse herausgestellt hat.[67]

1973, als gegenwartsbezogene Fragestellungen mehr und mehr in die orientalistischen Forschungen drängten, vermerkte Maxime Rodinson, daß für manche Betrachter die Orientalistik «am Ende» sei.[68] Sie schienen davon überzeugt, daß der sozialwissenschaftliche Diskurs zu einer «Amerikanisierung» des Faches führen würde, das heißt zu einer Aufgliederung der Orientalistik auf die systematischen Disziplinen. Tatsächlich wurde, auch auf Drängen der UNESCO hin, nun der Begriff «Orientalistik» aus dem Namen des Weltkongresses aller orientalistischen Disziplinen getilgt; trotzdem gelang es dem Fach, seine akademische Unabhängigkeit zu bewahren und im Gegenzug verstärkt sozialwissenschaftliche Modelle in die eigenen Forschungen zu integrieren. Die hierbei angestrebte Verbindung von philologischer Tradition und Sozialwissenschaften im weitesten Sinne förderte neue Fragestellungen, die auch das alte Orientbild der Orientalistik zunehmend kritisierten. Immer deutlicher wurde, daß der «frühe Islam» nicht mehr als Mittelpunkt des Verstehens der islamischen Welt angesehen werden kann; auch rückte die Forschung mehr und mehr von den essentialistischen Deutungen ab, durch die das Wesen des «anderen», alles bestimmenden Islams festgeschrieben worden war. Hierdurch wurde Raum geschaffen, die islamische Kultur als dynamischen, historischen Prozeß zu verstehen.

In den frühen 1980er Jahren hatte die Orientalismus-Debatte[69] erneut Zweifel an der Berechtigung einer unabhängigen akademischen Orientalistik aufkommen lassen. Unbestreitbar war die Einsicht, daß der europäische Orientalismus auch die wissenschaftliche Beschäftigung mit den orientalischen Gesellschaften geprägt hatte. Diesmal wurden nicht, wie in der Debatte um die Sozialwissenschaften in den 1970er Jahren, die philologischen Methoden und ihre Forschungsergebnisse kritisiert;[70] jetzt ging es um den generellen Deutungshorizont, in den die Forschungsergebnisse «eingepaßt» wurden. Bryan Turner war wohl einer der ersten, der auf die verheerende «Defizitthese» der Orientalistik hinwies. Dieser These zufolge verfügte der islamische Orient eben wegen seiner «islamischen Essenz» nicht über die Merkmale der europäischen Identität. Turner bezog sich vor allem auf das Konzept der «Zivilgesellschaft», das als Eigentümlichkeit der europäischen Moderne angesehen wurde und die – wie viele andere Erscheinungen der Moderne auch – dem islamischen Orient vorenthalten wird.[71] Tatsächlich zeigte sich nun, daß in der Orientalistik allgemein genau jene Epochen und Themen ausgespart worden waren, welche die Eigenart, ja Singularität der europäischen Moderne kennzeichnen: Historische Forschungen zur frühen Neuzeit in den islamischen Gesellschaften, zu geistesgeschichtlichen Entwicklungen im 17. und 18. Jahrhundert und zu sozialgeschichtlichen Fragen im Übergang zur Zeit des europäischen Kolonialismus wurden kaum in Angriff genommen.[72] Noch heute ist die Gegenüberstellung des dynamischen, auf Individualität basierenden Westens einerseits und des statischen, auf das Kollektiv ausgerichteten islamischen Ostens andererseits sehr populär. Immer deutlicher trat nun aber heraus, daß der Westen auch mittels der klassischen Orientalistik sich seine eigene, fortschrittliche Identität gegenüber dem «anderen», «rückständigen» Orient zu beweisen versuchte. In dem Moment, wo die Funktionalität des Orientalismus in der

Selbstdefinition Europas erkannt worden ist, sei, so die Meinung vieler Kritiker im Anschluß an Edward Said, «das Ende der Orientalistik» erreicht. Der Arabist und Islamwissenschaftler Aziz (ʿAzīz) al-Azmeh resümierte, daß «der Beitrag der Orientalistik für die [allgemeine] wissenschaftliche Erkenntnis sehr gering [gewesen] ist».[73]

5.

In der Positionsbestimmung der Orientalistik nach dem Orientalismus traten zum Ende des 20. Jahrhunderts zwei Tendenzen deutlich zutage: Zum einen wurde die disziplinäre Eigenständigkeit der Orientalistik – jetzt meist als Islamwissenschaft gefaßt – durch Betonung ihrer philologischen Grundlagen hervorgehoben. Die Philologie galt vielen als die Basis der Forschungstätigkeit und als eigentlicher Auftrag überhaupt, durch die eine objektive Kritik der islamischen Texttraditionen und damit eine islamische Geistesgeschichte erst möglich würde.[74] Andere betonten, daß die Philologie als geisteswissenschaftliche Hilfswissenschaft für die Analyse islamischer Texttraditionen zwar unabdingbar sei, aber erst durch andere geistes- und sozialwissenschaftliche Methoden und Fragestellungen die Historizität der islamischen Traditionen erkennbar würde.[75] Anders als in früheren Jahrzehnten ging es nun nicht um die Gegenüberstellung von philologischer Orientalistik und gegenwartsbezogener Orientforschung, sondern um die Frage, was Zweck und Gegenstand orientalistischer Forschung sein könne und welche Bedeutung der Methodologie und der Theoriebildung in einer als Kulturwissenschaft neu gefaßten Islamwissenschaft zukomme. Die Verwissenschaftlichung des Lesens und Deutens von Texten gilt weiterhin als Hauptaufgabe der Philologie; dies als Auftrag der Orientalistik festzuschreiben ist Standpunkt jener Kritiker, die sich – teils vehement – gegen eine kulturtheoretische Neubestimmung der Islamwissenschaft wenden. Damit teilt die Orientalistik heute mit allen wissenschaftlichen Disziplinen, die aus der klassisch-philologischen Tradition des 19. Jahrhunderts stammen, die Grundsatzdiskussion um die Frage der Autonomie der Philologie innerhalb der Geistes- und Sozialwissenschaften.

II.
Islam und kulturelle Selbstbehauptung

(Rotraud Wielandt)

Kulturelle Selbstbehauptung ist kein menschliches Grundbedürfnis, das überall und zu jeder Zeit empfunden würde. Der Wunsch nach ihr ist vielmehr Symptom einer Krise: Menschen verspüren ihn nur dann, wenn sie die tragenden Werte ihrer angestammten Kultur durch eine fremde, für sie neuartige bedroht sehen. Für das Gefühl heutiger Muslime geht eine solche Bedrohung von der technisch-industriellen Zivilisation des modernen Europa aus. Das Bewußtsein, man werde von ihr in der eigenen kulturellen Existenz gefährdet, hat sich in der islamischen Welt weit verbreitet, seit dort im Zeichen der politischen und ökonomischen Übermacht europäischer Staaten die Verwestlichung der hergebrachten Lebensformen begann. Gegenwärtig erfüllt es zudem nicht wenige Muslime in der mittel- und westeuropäischen Diaspora, so zum Beispiel türkische Gastarbeiter in Deutschland, denen der Gedanke einer weitgehenden Anpassung an ihre neue Umwelt Unbehagen bereitet.

Muslime stehen – genau wie etwa Christen – in einer komplexen Kulturtradition, an deren Herausbildung nicht allein die Religion, sondern eine Vielzahl geschichtlicher Kräfte mitgewirkt hat. Ihre kulturellen Gruppenmerkmale ergeben sich darum objektiv betrachtet nicht nur aus ihrer Religionszugehörigkeit, sondern aus der Teilhabe an einem ganzen Bündel verschiedener kulturprägender Faktoren. In der Selbsteinschätzung der meisten Muslime kommt dem Islam unter diesen Faktoren eine besondere Bedeutung zu. Dabei wird allerdings das genaue Verhältnis zwischen Islam und Kultur recht unterschiedlich aufgefaßt. Die einen halten die Kultur, in der sie leben oder doch leben möchten, in allem Entscheidenden für eine Frucht des islamischen Glaubens und der von ihm inspirierten menschlichen Kreativität. Die anderen sind zwar überzeugt, daß vom Islam wichtige kulturelle Impulse ausgegangen sind oder daß er sogar die integrierende Mitte des geistigen Lebens ihrer Gesellschaft ist, erkennen in der eigenen Kultur aber auch noch ganz andere Komponenten, denen sie Wesentliches zu verdanken meinen. Über Eigenart und Herkunft dieser Komponenten gehen die Anschauungen auseinander, und ebenso variiert der Stellenwert, den man ihnen innerhalb der Gesamtkultur zuschreibt.

Daß Muslime von den Grundlagen ihrer Kultur so unterschiedliche Vorstellungen haben, ist nicht verwunderlich: Zunächst einmal sind die historischen Voraussetzungen, von denen aus man sich beispielsweise in Indonesien, in der Türkei, in Saudi-Arabien, in Ägypten, in Marokko und in Nigeria zur Botschaft des Propheten bekennt, so uneinheitlich, daß der Islam den Bewohnern all dieser Länder tatsächlich in stark divergierenden kulturellen Kontexten vor Augen steht und darum von ihnen auch nicht durchweg in genau demselben Sinne als für die eigene Identität bedeutsam erfahren werden kann. Wenn einzelne oder Gruppen die Leistung des Islams für ihre Kultur unterschiedlich beurteilen, so liegt das weiter daran, daß man sich bald mehr an einem zeitlosen Ideal dieser Religion, bald mehr an ihrem historischen Erscheinungsbild orientiert; viele muslimische Aussagen über die kulturstiftende Kraft des Islams beruhen auf gläubiger Begeisterung, nicht auf empirischen Feststellungen. Im übrigen hat sich im Laufe der letzten anderthalb Jahrhunderte unter Muslimen der Begriff davon, was Kultur überhaupt ist und wodurch die Einheit der sie tragenden Menschen konstituiert wird, aufgrund europäischer Einflüsse zum Teil erheblich gewandelt und insgesamt sehr differenziert. Das hatte wiederum unterschiedliche Deutungen der Relation zwischen Islam und Kultur zur Folge.

Noch in den sechziger und siebziger Jahren des 19. Jahrhunderts, als der Transfer europäischer Bildungsgüter in die islamische Welt auf breiter Front in Gang kam, war für Muslime die primäre kulturelle Bezugsgruppe im allgemeinen ganz selbstverständlich die eigene Glaubensgemeinschaft und der kostbarste Kulturbesitz die islamische Offenbarung. Unter solchen Prämissen stand für sie Wert und Zukunft ihrer Kultur noch außer Frage, auch wenn sie sehr wohl wahrnahmen, daß sich diese Kultur momentan im Vergleich zur europäischen auf einigen Gebieten von großer praktischer Relevanz in einem bedenklichen Entwicklungsrückstand befand. Die Frage war nur, wie man in diesen Rückstand geraten war und wie man auf dem schnellsten Wege wieder aus ihm herauskommen konnte. Sie erhob sich um so dringlicher, als die faktischen Machtverhältnisse die gottgewollte historische Rollenverteilung in ihr Gegenteil zu verkehren schienen: Nach islamischem Staatsrecht und nach der in Jahrhunderten zivilisatorischer Hochblüte verfestigten frommen Volksmeinung war der Herrschaftsbereich der Gläubigen dazu bestimmt, sich immer weiter über die bewohnte Erde auszubreiten. Statt dessen schoben nun die ungläubigen Europäer den ihren durch überlegenes Wissen und Können ständig weiter in das «Haus des Islams» vor; das Osmanische Reich, die Vormacht des Islams, mußte unter ihrem Druck eine Position um die andere räumen, und vielerorts in der islamischen Welt hatten sie politisch und wirtschaftlich das Sagen, vereinzelt sogar schon die Kolonialherrschaft, deren Ausweitung man befürchten mußte. Wie war das möglich geworden?

Gläubige Muslime konnten die Ursachen für Rückständigkeit und äußere Schwäche ihrer Glaubensgemeinschaft nicht im Wesen der islamischen Religion suchen. Oft wollten sie sie nicht einmal bei deren Anhängern suchen. Darum erfreut sich seit dem späten 19. Jahrhundert ein Erklärungsmodell großer Beliebtheit, das ihnen dieses peinliche Unternehmen erspart: die Rückführung des Niedergangs der islamischen Zivilisation auf den verderblichen Einfluß äußerer Mächte. Jüdische Spaltungsbemühungen, eingeschleuste iranische Glaubenslehren oder griechische Philosopheme, destruktive Verhaltensweisen nicht wirklich bekehrter Mongolen oder Türken, das barbarische Wüten der Kreuzfahrer, ja schließlich sogar der europäische Kolonialismus – der in Wirklichkeit erst nach der Entstehung eines Zivilisationsgefälles Erfolg haben konnte – werden dafür verantwortlich gemacht, daß die islamische Glaubensgemeinschaft ihre kulturelle Lebenskraft und ihre machtvolle politische Stellung eingebüßt hat. Neben diesem Schema bequemer Selbstrechtfertigung standen und stehen allerdings selbstkritische Diagnosen. Eine von ihnen, die bereits der Ägypter at-Ṭahṭāwī (1801–1873) formulierte, lautet, daß die Muslime ihre Unterlegenheit durch jahrhundertelange Vernachlässigung bestimmter nützlicher Wissensgebiete, die ihnen durchaus offengestanden hätten, ja zu deren Pflege sie an sich sogar durch ihre Religion verpflichtet gewesen wären, selbst verschuldet haben. Eine andere Diagnose, die durch den aus Persien stammenden Agitator Jamāl ad-Dīn al-Afghānī (1839–1897) und den ägyptischen Reformtheologen Muḥammad ʿAbduh (1849–1905) populär geworden ist, macht für die Rückständigkeit der islamischen Welt den Umstand verantwortlich, daß muslimische Gelehrte schon im 9. Jahrhundert willkürlich «das Tor des *ijtihād* für geschlossen», d.h. die Möglichkeit eigenständiger Normenfindung durch Analogieschlüsse zu den Aussagen von Koran *(qurʾān)* und Hadith *(ḥadīth)* für beendet erklärten und damit die Fortentwicklung des Rechtswesens blockierten. Die salafitische Bewegung Ägyptens, von der zahlreiche fundamentalistische Gruppierungen der Gegenwart bis hin nach Westafrika und zum Malaiischen Archipel beeinflußt sind, setzte eine Generation nach Muḥammad ʿAbduh den Sündenfall der islamischen Zivilisation noch früher und noch umfassender an: Sie erklärte die Denk- und Lebensweise der «rechtschaffenen Vorfahren», d. h. der ersten vier Kalifen und ihrer Zeitgenossen, zur vollkommenen historischen Verwirklichung des Islams und jede spätere Abweichung von diesem Vorbild zur Degeneration.

Je weniger Muslime ihr Selbstbewußtsein angesichts der Übermacht Europas auf die neuere Geschichte gründen konnten, desto freudiger besannen sich viele von ihnen auf die mittelalterliche. Diese lieferte nämlich, wie sie glaubten, den Beweis dafür, daß Islam und zivilisatorische Höchstleistungen nicht nur vereinbar sind, sondern eigentlich sogar fest zusammengehören. Die Erinnerung an die glanzvollen zivilisatorischen Errungenschaften des islamischen Mittelalters ist ein wirksamer Schutz gegen Minderwertigkeitsgefühle. Eben deshalb nimmt sie im muslimischen Schrifttum des 19. und 20. Jahrhunderts breiten Raum ein. Damals, so kann man sich sagen, war die islamische Welt Europa weit voraus, damals gingen Europäer bei Muslimen in die Schule, beispielsweise auf den Gebieten der Philosophie und der Medizin. Durch die Tatsache, daß ein solcher Kulturzusammenhang in einigen Bereichen zweifellos besteht, glaubte man sich häufig zu der viel weitergehenden Schlußfolgerung berechtigt, die moderne europäische Zivilisation sei in allen ihren positiven Aspekten aus der mittelalterlichen islamischen Kultur hervorgegangen. Diese These wurde erstmals 1867 in einem Werk Khair ad-Dīn at-Tūnisīs ausführlich entwickelt und seither an vielen Stellen wiederholt. Die Theorie, der Aufschwung der europäischen Zivilisation in der Neuzeit beruhe ganz und gar auf Anregungen aus dem mittelalterlichen Islam, hat, so irrig sie auch ist, für Muslime, die in bestimmten Hinsichten von Europa lernen möchten, die positive Funktion, die psychische Hemmschwelle, die dem entgegensteht, herabzusetzen: Sie nimmt Arbeitsmethoden und Zivilisationsgütern, die man sich aneignen will, das Odium des Fremdartigen und potentiell Bedrohlichen; denn holt man sich mit Anleihen aus Europa nur zurück, was ursprünglich ohnehin von einem selbst stammt, dann mischt man der eigenen Kulturtradition nichts bei, was ihrem Wesen zuwiderlaufen und sie vielleicht gar zerstören könnte.

Die Assimilierung europäischer Kulturelemente wird insgesamt so lange als verhältnismäßig unproblematisch erlebt, wie man glauben kann, sie berühre nur Randbezirke des eigenen Lebensvollzugs, nicht aber den Kern des Weltverständnisses und der Verhaltensnormen. Dieser Meinung waren im 19. Jahrhundert noch prominente muslimische Fürsprecher einer Modernisierung nach europäischem Muster, so etwa in Ägypten Rifāʿa Rāfiʿ aṭ-Ṭahṭāwī und ʿAlī Mubārak (1823–1892), in Tunesien Khair ad-Dīn at-Tūnisī (1810–1890). Ihrem Urteil nach wurde die Mitte der heimischen Kulturtradition, die islamische Glaubenslehre mit den auf ihr aufbauenden Wissenszweigen und Verhaltensmustern, durch die erstrebte Anpassung an die Europäer überhaupt nicht tangiert, sondern nur äußerlich ergänzt, und zwar durch auf diesseitigen Nutzen gerichtetes Wissen und Können. Der Kulturwandel erschien also als ein rein additiver Vorgang, der nach Inhalt und Ausmaß das Wesentliche an der bisherigen Kultur nicht veränderte.

Diese Sicht der Dinge setzte allerdings voraus, daß die betroffenen Muslime in der Lage seien, den europäischen Kultureinfluß von sich aus auf einige von der Religion nicht normierte Teilbereiche ihres Denkens und Handelns zu beschränken. Und wie sich alsbald zeigte, war ihnen gerade das nicht möglich. Schon wenn man sich um des praktischen Nutzens willen erfolgreich mit moderner Naturwissenschaft befassen wollte, mußte man sein Weltbild so weit an demjenigen zeitgenössischer Europäer ausrichten, daß Konflikte mit dem islamischen Dogma zu gewärtigen waren. Außerdem brachten die Modernisierungsbemühungen, die europäische Kolonialpolitik und die fortschreitende wirtschaftliche Verflechtung der Kontinente einen immer größeren Personenkreis mit europäischen Lebensformen in Kontakt; und viele Menschen reflektierten nicht erst über deren Verträglichkeit mit den hergebrachten Wertmaßstäben, sondern imitierten sie ganz einfach, zumal die europäische Zivilisation durch Macht und Wohlstand beeindruckte. Im übrigen entfaltete der Verwestlichungsprozeß eine Eigendynamik, die nicht zu bremsen war: Gewiß, man mochte die Kenntnis europäischer Sprachen, den Besuch europäisch organisierter Bildungseinrichtungen oder das Studium im europäischen Ausland zunächst nur zum Zweck des Erwerbs nützlicher Fähigkeiten etwa in der Medizin oder im Ingenieurwesen erstrebt haben; doch sie eröffneten Menschen, die nun einmal nicht nur auf solchen Gebieten interessiert und begabt waren, unweigerlich zugleich den Zugang zu ganz anderen Bereichen europäischer Kultur, etwa der Philosophie, dem Literaturschaffen, der Kunst und dem politischen Denken. Und hier gab es Möglichkeiten der Realitätsdeutung und Wertung zu entdecken, die mitunter den herkömmlichen islamischen Vorstellungen und Grundsätzen klar widersprachen, die aber trotzdem auch manchen gläubigen Muslim unmittelbar faszinierten. Unter diesen Umständen ließ sich das Prinzip, das eigene religiös fundierte Weltverständnis und Wertsystem hermetisch gegen europäisches Gedankengut abzuriegeln, nicht durchhalten.

Mit der Einsicht in diesen Tatbestand, die bei ägyptischen Autoren bereits um die Jahrhundertwende anzutreffen ist, trat der Prozeß der Annäherung an die europäische Zivilisation in ein kritisches Stadium. Fortan wurde die Ambivalenz des an Europa orientierten Fortschritts deutlich empfunden: Wenn es keine festen Grenzen für den westlichen Kultureinfluß gibt, besteht dann nicht das Risiko, daß man bei allem, was man durch den Modernisierungsvorgang an politischer Stärke und materieller Wohlfahrt gewinnen mag, Entscheidendes verliert – seine Religion, sein ganzes geschichtliches Erbe und damit seine kulturelle Identität? Seit man sich dieser Gefahr bewußt geworden ist, hat das Problem der kulturellen Selbstbehauptung nicht aufgehört, Muslime zu beschäftigen. Am klarsten manifestiert sich dieses Problem bei Intellektuellen: Sie setzen sich explizit mit ihm auseinander und können es dabei auch besonders tief ausloten, denn sie sind sowohl über die islamische Tradition als auch über ihre möglichen europäischen Alternativen besser unterrichtet als die Mehrzahl ihrer Glaubensgenossen und wissen darum genauer, was auf dem Spiel steht. Doch handelt es sich nicht nur um ein Intellektuellenproblem: Die Masse der weniger geschulten Gläubigen äußert ihre Sorge um die eigene kulturelle Identität zwar nicht in subtilen Gedankengängen, wohl aber in Neuerungsängsten und manchmal auch in pauschalen antiwestlichen Ressentiments, wie man sie in jüngster Vergangenheit vor allem in Iran aufbranden sah.

Für die wenigsten Muslime ist das Dilemma des Eingespanntseins zwischen eigener Tradition und der modernen westlichen Zivilisation so lösbar wie für den ägyptischen Schriftsteller und Gelehrten Ṭāhā Ḥusain (1889–1973), der in den 1930er Jahren in einer vielbeachteten bildungspolitischen Programmschrift erklärte, sein Vaterland sei von Europa eigentlich gar nicht durch einen Kulturunterschied getrennt, ja es sei sogar in gewissem Sinne kulturell immer Teil Europas gewesen, insofern es nämlich ebenso wie Europa seit jeher zu der einen «mittelmeerischen» Kultur gehört habe.[1] Gewöhnlich bleibt Europas Kultur, so sehr man sie auch in einzelnen Zügen schätzen mag, immer die fremde Kultur, gegenüber der man sich auf das Spezifische der eigenen Kultur besinnen muß. Dem Kulturdilemma durch die Flucht ins andere Extrem, d.h. durch die schlichte Leugnung jeglicher kultureller Gemeinsamkeit zwischen der eigenen Bezugsgruppe und den neuzeitlichen Europäern zu entkommen, ist von fundamentalistisch gesonnenen Individuen und Gruppierungen gelegentlich versucht worden. Aber auch diese Lösung ist in den Augen der meisten heutigen Muslime nicht gangbar, denn sie vertauscht die jedermann sichtbare Realität gegen eine romantische Utopie: Angehörige der *Muslimbruderschaft* oder Anhänger Khumainīs mögen noch so sehr wünschen, in einer «rein» islamischen Kultur zu leben – in Wahrheit ist auch ihre Gesellschaft bereits in vielen Hinsichten irreversibel verwestlicht, und wenn sie unter menschenwürdigen Bedingungen überleben will, wird sie vorerst nicht darum herumkommen, noch mehr vom Westen zu lernen. Muslime, und insbesondere die Intellektuellen unter ihnen, wissen in der Regel sehr wohl, daß ihre Gegenwartskultur – wie alle anderen Kulturen von größerer Reichweite auch – bis zu einem gewissen Grade synkretistischen Charakter hat. Was aber die meisten von ihnen nicht wollen, ist ein Synkretismus, der durch einen unbesonnenen Bruch mit der Vergangenheit jegliches islamische Proprium ihrer Kultur zunichte macht und gänzlich unkontrolliert dahinwuchert. Aus diesem Grunde sind im 20. Jahrhundert vielfältige gedankliche Anstrengungen unternommen worden, um eine Strukturformel für eine moderne Kultur zu finden, die ihre Bindung an die islamische Geschichte nicht verleugnet, dabei aber zur schöpferischen Bewältigung aller Gegenwartsaufgaben fähig ist, insbesondere der Aufgabe, an den Zivilisationsstandard des modernen Europa Anschluß zu suchen.

Eine solche Formel muß, damit sie das Gewünschte leisten kann, so beschaffen sein, daß sie dem Zusammenwirken heterogener Kulturfaktoren Raum gibt, aber gerade in ihm doch immer etwas Unverwechselbares und Unverwischbares am Werk sieht. Beides läßt sich besonders gut durch Zuhilfenahme des Begriffes der Nation erreichen, der um die Mitte des 19. Jahrhunderts aus Europa in die islamische Welt übernommen wurde. Eine Nation kann recht unterschiedlich definiert werden: Man kann sie als ethnische Einheit auffassen oder auch nicht; man kann für sie die Gemeinsamkeit der Sprache oder auch der Religion als konstitutiv deklarieren, muß es aber nicht; man kann für sie einen fest umrissenen, gleichbleibenden geographischen Lebensrahmen postulieren, aber auch darauf verzichten. Unabdingbar ist jedoch die Annahme eines wie immer beschaffenen spezifischen gemeinsamen historischen Erbes aller ihrer Angehörigen, das sich mit seinen wesentlichen Komponenten durch die Zeiten hält. Gerade weil das Konzept eines solchen nationalen Erbes mit ganz verschiedenen inhaltlichen Komponenten ausgefüllt werden kann und zugleich in allem Variablen etwas Konstantes voraussetzt, ist es in der gesamten islamischen Welt oft und gern für den Versuch benutzt worden, das Problem, wie man in dem mit der Verwestlichung gegebenen Kulturwandel sein geschichtlich gewordenes Selbst behaupten könne, analytisch zu durchdringen.

Seit dem späten 19. Jahrhundert gehen viele Muslime ganz selbstverständlich von dem Axiom aus, daß ihre Kultur eine Nationalkultur ist. Dieses Konzept besagte noch nicht immer, daß man jetzt anstelle der Glaubensgemeinschaft eine anders definierte Einheit als kulturtragend betrachtete: Der Panislamismus – ob nun zum Beispiel in der Spielart des türkischen Dichters Namık Kemal (1840–1888) oder in der Jamāl ad-Dīn al-Afghānīs – setzte die Gemeinschaft der Gläubigen als ganze mit einer Nation gleich; für ihn war also die Nationalkultur nach wie vor identisch mit der islamischen Kultur. Von der Jahrhundertwende an dominierten allerdings andere Begriffe der Nation, die nicht mehr einseitig auf die islamische Komponente des geschichtlichen Erbes gegründet waren. Bis zum Zweiten Weltkrieg war Nationalismus in der islamischen Welt, soweit es ihn gab, vor allem ein territorial bestimmter Nationalismus: Man faßte die Nation als die Bevölkerung eines geographisch genau umgrenzten Vaterlands auf, das seit langem eine historische Einheit bildete und sich von benachbarten Ländern durch die spezifische Zusammensetzung seiner Traditionen abhob. Dieses Verständnis der Nation dominierte seinerzeit etwa in Ägypten, im Irak und – seit Gründung der Republik – auch in der Türkei. Vor seinem Hintergrund bedeutete kulturelle Selbstbehauptung das Bewahren sämtlicher auf dem Territorium zusammengeflossener Traditionen, die man als für sich besonders relevant empfand. Zu diesen Traditionen wurde überwiegend auch der Islam gezählt. Aber er bildete für die Intellektuellen nicht in jedem Falle den Angelpunkt ihres nationalen Kulturbewußtseins. Denn sie waren häufig vor allem an dem interessiert, was ihr Vaterland von anderen Ländern unterschied, und dies war eben nicht der Islam, sondern primär die weiter zurückliegende Vergangenheit. So war der ägyptische Nationalismus jener Epoche «pharaonistisch» bestimmt, d. h. er betonte einen aus dem alten Ägypten stammenden unverlierbaren Kern der Nationalkultur, an den sich die verschiedensten anderen Kulturelemente angelagert hatten, die islamische Tradition des Landes ebenso wie neuerdings einige Züge der modernen europäischen Zivilisation. Seine kulturelle Identität gegenüber Europa zu behaupten, hieß unter diesen Prämissen in erster Linie, sich stets des «pharaonischen» Erbes bewußt zu bleiben, und erst in zweiter, auch das islamische zu wahren.

Vom Zweiten Weltkrieg an setzte sich in den arabischen Ländern weithin ein umfassenderes Nationalitätskonzept durch, das bis heute sehr einflußreich ist: das des Panarabismus. An die Stelle der territorial definierten kleineren Nationen trat nun die durch gemeinsame Sprache, Geschichte und nach Meinung mancher auch Rasse konstituierte große «arabische Nation». Der Glaube an sie hat dem Islam im Bemühen um kulturelle Selbstbehauptung wieder einen höheren Stellenwert verschafft. Die islamische Religion nämlich und die in ihrem Zeichen entstandenen Kulturschöpfungen nehmen in der arabischen Geschichte zweifellos einen hervorragenden Platz ein, und darum muß es sich jeder, der seine kulturelle Identität primär aus dieser Geschichte beziehen will, angelegen sein lassen, ihnen dauerhafte Anerkennung zu verschaffen. Der panarabische Nationalismus hat den Islam übrigens nicht nur für arabische Muslime, sondern mitunter auch für arabische Christen zu einem erstrangigen Gegenstand kultureller Selbstbesinnung gemacht. Denn wenn er auch nicht ihre Religion ist, so ist er doch, sofern sie sich als Glieder der einen arabischen Nation verstehen, ein zentrales Stück ihres geschichtlichen Erbes. Im Bewußtsein dieser Tatsache hatte schon zu Beginn dieses Jahrhunderts der libanesische Christ Jurjī Zaidān, einer der geistigen Vorläufer des Panarabismus, eine fünfbändige «Geschichte der islamischen Zivilisation» verfaßt, und 1943 hielt Michel ʿAflaq, der Gründer der *Baʿth*-Partei und gleichfalls ein Christ, eine berühmt gewordene Rede zum Geburtstag des Propheten Muḥammad, in der er den Islam als Manifestation eines weltumspannenden arabischen Humanismus und seinen Stifter als Verkörperung des arabischen Genius feierte.[2]

In den letzten beiden Jahrzehnten ist freilich der Begriff der Nation gerade arabischen Autoren als Instrument zur Erfassung der Selbstbehauptungsproblematik wieder zunehmend fragwürdig geworden. Dies hauptsächlich aus zwei Gründen: Zum einen stehen in der arabischen Welt heute immer noch bis zu einem gewissen Grade Panarabismus und territorial begrenzte Nationalismen unversöhnt neben- und gegeneinander, so daß es schwer ist, die Leser auf einen einheitlichen Begriff von Umfang und konstituierenden Merkmalen ihrer Nationalkultur festzulegen. Zum anderen sehen arabische Intellektuelle jetzt vielfach klarer als vor hundert Jahren, daß auch Nationalbewußtsein nicht einfach eine durch die Zeiten hin feststehende historische Realität erfaßt, sondern seinerseits eine geschichtsbedingte und nur begrenzt sinnvolle Denkform europäischen Ursprungs ist. Beides hat – zusammen mit einem neueren Ergebnis des Verwestlichungsprozesses, nämlich der Aneignung moderner kulturpsychologischer Beschreibungskategorien – dazu geführt, daß man in Diskussionen über die Schwierigkeit kultureller Selbstbehauptung seit einiger Zeit das zu wahrende Eigene häufig nicht mehr als nationale Identität, sondern lieber als kollektive «Persönlichkeit» *(shakhṣīya)* bezeichnet. Diese «Persönlichkeit» wird je nachdem, welche äußere Eingrenzung und welche inhaltliche Akzentuierung seines kulturellen Selbst man für richtig befindet, mit Attributen wie «islamisch», «arabisch-islamisch» oder «ägyptisch» versehen.

Heute koexistieren in der islamischen Welt all die besprochenen Grundmuster kultureller Identifikation: Nach wie vor begreifen sich zahlreiche Muslime, vor allem solche aus von der Verwestlichung relativ wenig erfaßten Bevölkerungskreisen und Regionen, primär von der Religion her; andere, die an den durch Europa angeregten ideologischen Entwicklungen stärker partizipieren, betrachten sich als Träger der einen oder anderen Form von Nationalkultur; einige Intellektuelle schließlich sind auf der Suche nach ihrer kulturellen «Persönlichkeit». Welche dieser Bezugsgrößen auch jeweils im Zentrum des Selbstverständnisses und damit zugleich des Selbstbehauptungsstrebens stehen mag: sie verbindet sich zumindest unausgesprochen mit einem Urteil darüber, wie man es überhaupt macht, im Fluß der Zeit und unter wechselnden äußeren Einflüssen «man selbst» zu bleiben. Erhält eine Kulturgemeinschaft ihr Selbst, indem sie so bleibt, wie sie anfangs war? Oder wenigstens, indem sie immer dieselben Normen zu verwirklichen sucht, an denen sie sich in ihren Ursprüngen orientierte? Anhänger des Wahhabismus Saudi-Arabiens, des salafitischen Reformismus und neuerer fundamentalistischer Strömungen würden für sich entweder beide Fragen oder mindestens die zweite positiv beantworten. Für sie ist kulturelle Selbstbehauptung immer ein Weg zurück: Rückbesinnung auf die Prinzipien des «reinen» Urislams, Rückkehr zu ihrer möglichst konsequenten Anwendung, Wiederentdeckung derjenigen Phasen der eigenen Vergangenheit, in denen sie angeblich vollkommen verwirklicht waren. Die Kultur, die auf diese Weise gegenüber der europäischen durchgehalten werden soll, ist also in ihrem Wertsystem gänzlich statisch. Doch vertreten auch etliche Muslime unserer Zeit einen dynamischeren Kulturbegriff. Sie sind der Überzeugung, daß Kulturgemeinschaften ebenso wie Individuen nicht von Anfang an ein für allemal «sie selbst» sind, sondern daß sie ihr Wesen verwirklichen, indem sie die ihnen innewohnenden Möglichkeiten in der Auseinandersetzung mit neuen Situationen und Gedanken ständig weiter entfalten. Von daher ist für sie kulturelle Selbstbehauptung ein Weg nach vorn: Ergründung und Erprobung dessen, was das islamische Erbe unter veränderten historischen Bedingungen und in einem neuen Bildungshorizont fürderhin bedeuten kann. Es geht nach ihrem Empfinden nicht um die Bewahrung eines immer Gleichen, sondern um die Bewährung der Tragfähigkeit einer sich kontinuierlich fortentwickelnden Tradition. Eine solche Vorstellung von der Zukunft arabisch-islamischer Kultur haben während der letzten dreißig Jahre vor allem Denker des arabischen Westens verfochten, so zum Beispiel die Tunesier Maḥjūb ibn Mīlad[3] und Hishām Juʿaiyiṭ (Hichem Djait), ferner der Marokkaner ʿAbdallāh al-ʿArwī (Abdallah Laroui).[4]

Der Prozeß, den man vereinfachend als «Re-Islamisierung» zu bezeichnen pflegt, hat dafür gesorgt, daß gegenwärtig Anhänger einer statisch verstandenen islamischen Kultur viel Beachtung finden. Doch bleibt abzuwarten, ob nicht Muslime, die eine Neuinterpretation ihres geistigen Erbes im Lichte der Intellektualität des 20. Jahrhunderts für legitim und notwendig halten, auf die Dauer für die Lösung konkreter Zeitprobleme Besseres zu leisten vermögen.

III.
Der Islam und lokale Traditionen – synkretistische Ideen und Praktiken

1. Der Begriff des Synkretismus

(Olaf Schumann)

Der Begriff «Synkretismus» entstammt der Antike, läßt sich allerdings nur selten belegen. Plutarch berichtet in seiner Schrift «Über die brüderliche Liebe» vom Brauch der sonst häufig untereinander zerstrittenen Kreter, sich angesichts eines gemeinsamen Feindes schnell zu versöhnen und zu vereinen. Dies werde von ihnen *synkretismos* genannt. In verallgemeinerter Form nahm Erasmus von Rotterdam diesen Begriff auf, als er 1519 Melanchthon zu einem friedfertigen Verhalten gegenüber den Humanisten ermahnte. Er leitete das Wort vom griechischen *synkeránnymi* «zusammenmischen» ab. Die von ihm intendierte positive Bedeutung wandte sich später im Zeitalter der lutherischen und calvinistischen Orthodoxie ins Negative: Als synkretistisch wurden Versuche eines Brückenschlags zwischen den sich befehdenden protestantischen Richtungen disqualifiziert. Ähnlich verhielt es sich innerhalb der katholischen Theologie zwischen verschiedenen Schulmeinungen.

In der Religionswissenschaft wurde der Begriff Synkretismus zuerst und vor allem auf die Phänomene der spätantiken Religionsgeschichte angewandt. Seit Alexander dem Großen breitete sich die Tendenz aus, Götter, Kulte usw., die sich ursprünglich voneinander getrennt in verschiedenen Kulturkreisen entwickelt hatten, miteinander zu verbinden oder gar zu identifizieren.

Die stärkere Beschäftigung mit den außerantiken, teilweise noch lebenden Religionen seit der 2. Hälfte des 19. Jahrhunderts ließ dort ähnliche Phänomene und Prozesse synkretistischer Art entdecken, wie sie aus der spätantiken Religionsgeschichte bekannt sind. Allerdings stellte sich damit auch die Forderung ein, den Begriff des Synkretismus strenger zu definieren und verschiedene Arten des Synkretismus voneinander zu unterscheiden, die gegebenenfalls mit verschiedenen Unterbegriffen wie Assimilierung, Symbiose, Parallelismus, Relationierung u.ä. bezeichnet werden können.

In den letzten Jahren hat sich vor allem der Göttinger «Sonderforschungsbereich 13» mit einer Klärung und Systematisierung dessen beschäftigt, was als synkretistisch zu bezeichnen sei. Ulrich Berner stellt in einem ersten Anlauf fest, daß Synkretismus stets auf einen Prozeß hinweist, der entweder durch die Begegnung verschiedener Religionen oder auch durch eine sich entwickelnde Konkurrenzsituation verschiedener Traditionen innerhalb derselben Religion entsteht. Bei der Begegnung von zwei Religionen kann sich dieser Prozeß auf zwei Ebenen vollziehen: auf der Ebene der Systeme beider Religionen, durch die ihre Grenzen gegeneinander aufgehoben werden, oder auf der Ebene einzelner Elemente bzw. einzelner religiöser Vorstellungen, die miteinander verbunden werden. Als Ergebnis dieses Prozesses bieten sich verschiedene Möglichkeiten an: Es kann ein neues System entstehen, das sich von denen seiner Umwelt unterscheidet, aber selbst keine neuen Elemente enthält; oder es vollzieht sich ein schöpferischer Prozeß, an dessen Ende eine Synthese steht, die neue Elemente enthält. Schließlich gibt es eine Reihe möglicher Relationierungen, die die verschiedenen Systeme oder bestimmte Elemente zueinander in Beziehung setzen (etwa nach dem Schema «alt – neu», «vorläufig – endgültig»), sei es in der Absicht zu harmonisieren, zu distanzieren oder zu differenzieren.

Berner geht es zunächst um die Erstellung eines heuristischen Modells. Die folgenden Beispiele synkretistischer Erscheinungen aus Indonesien lassen deutlich werden, daß es im Lebensvollzug einer Religion stets zu einer Varietät verschiedener Prozesse von der Harmonisierung bis zur Distanzierung kommt.

2. Das Fallbeispiel Indonesien

(Lode Frank Brakel)

In der Zeit, als der Islam zur Weltreligion wurde, war Indonesien schon längst in das internationale Handelsnetz einbezogen worden. Weil nun muslimische Kaufleute sich in immer wachsendem Maße an diesem Handelsnetz beteiligten, liegt die Vermutung nahe, sie seien bald auch an die indonesischen Küsten verschlagen worden. Tatsächlich bestätigt eine lange Reihe von Reiseberichten arabischer und persischer Kapitäne und Kaufleute die Richtigkeit dieser Annahme.[1] Trotzdem sollten noch Jahrhunderte verstreichen, bis endlich zum ersten Male – gegen Ende des dreizehnten Jahrhunderts – ein islamisches Königreich in unseren Regionen erwähnt wird.

Dieser paradox anmutende Sachverhalt läßt auf zweierlei schließen: Erstens haben wir es in Indonesien mit einem langsamen, äußerst allmählichen Prozeß der individuellen, friedlichen Penetration des Islams zu tun, wobei es den Muslimen erst nach sehr langer Zeit gelang, sich als politische, wenn auch nicht unbedingt faktische Majorität durchzusetzen. Und zweitens besteht offenbar ein – noch zu wenig erforschter – Zusammenhang mit den Entwicklungen in Indien selbst, dem Stammland der bis dahin im indonesischen Bereich vorherrschenden Hochreligionen, dem Hinduismus und dem Buddhismus. Erst nachdem sich nämlich die islamische Vorherrschaft bis nach Gujarat und Bengalen durchgesetzt hatte, nachdem zumal im 13. Jahrhundert die große buddhistische Universität von Nalānda (im heutigen Bihar), zu welcher das sumatraische Großreich Śri Vijaya von jeher enge Beziehungen gepflegt hatte, zerstört worden war, war offenbar auch in Indonesien, und besonders in den ehemaligen buddhistischen Zentren an der Nordost-Küste Sumatras, dem Islam der Weg zum politischen Sieg geebnet worden.

Hierauf folgten bis ca. 1600 drei Jahrhunderte reger Islamisierung, nachdem auch die Staaten von Südcelebes sich zur «neuen» Religion bekannt hatten[2] und ein sehr großer und wichtiger Teil des Archipels wenigstens nominell unter islamische Vorherrschaft geraten war. Dabei sind zwei Gesichtspunkte besonders zu betrachten: Erstens fiel diese Periode zusammen mit einer Intensivierung des internationalen Gewürzhandels, die immer mehr Fremdstämmige anzog – darunter auch in steigendem Maße Europäer, welche sich 1511 mit der Eroberung Malakkas durch die Portugiesen hier eine Machtbasis schufen. Laut einer Theorie soll sogar das «Wettrennen mit den Portugiesen» eine wesentliche Rolle bei der weiteren Verbreitung des Islams über große Teile des Inselreiches gerade im 16. Jahrhundert gespielt haben. Nicht weniger wichtig erscheinen wiederum die Entwicklungen in Indien, und zwar diesmal in Südindien, von wo aus die Inseln Java und Bali ihren shivaitisch gefärbten Hinduismus entliehen hatten. Mit dem Fall des letzten hinduistischen Großreiches Vijayanagaram war das Ende der HinduStaaten Javas gleichsam vorweggenommen. Der Islam, welcher erstmals im 14. Jahrhundert in der Form einer kleinen, von den offiziellen Dichtern und Chronisten nicht beachteten Glaubensgemeinschaft in der Hauptstadt des javanischen Hindu-Reiches Majapahit Fuß gefaßt[3] und sich anschließend einiger wichtiger Hafenstädte an der Nordküste bemächtigt hatte, wurde schließlich im neugegründeten Reiche Mataram (Mitteljava) zur Staatsreligion.

Diese historische Übersicht, wie schematisch sie auch anmuten mag, ist insofern nicht unwichtig, als sie uns zum Verständnis der noch heute im indonesischen Islam obwaltenden Divergenzen und Probleme Hilfe leisten kann. Grob gesprochen sehen wir uns also einer Religion gegenüber, die sich ein Gebiet erkämpfen mußte, in dem synkretistische Tendenzen schon längst gang und gäbe waren: Einerseits hatten sich schon die beiden indischen Hochreligionen mit den angestammten «Altreligionen» auseinanderzusetzen gehabt, andererseits waren, zumal in Java und Bali, vielleicht auch in Minangkabau (Mittelwestsumatra), die beiden Hochreligionen selbst schon weitgehend miteinander verschmolzen, oder besser: eng verbunden.[4] Dabei vermochte sich aus den Altreligionen vielleicht weniger das Glaubenssystem als vielmehr das (mit einem aus dem Arabischen stammenden Ausdruck) meistens *adat* (arab. *ʿāda*) genannte, überlieferte normierende Verhaltens- und Benehmenssystem zu behaupten, welches als Satzungen der gottähnlichen Ahnen aufgefaßt wurde.

Man wird deshalb wohl nicht fehlgehen, wenn man aufgrund des oben Gesagten den indonesischen Islam nach drei Gruppen gliedert. Am intensivsten hat er sich durchsetzen können, wo der Boden gleichsam schon von mahayanistisch-buddhistischen Vorstellungen vorbereitet worden war, d. h. hauptsächlich in den alten Handelszentren an den Küsten. In den alten shivaitischen Zentren Mitteljava und Ostjava ist seine Rezeption nur teilweise gelungen, in Bali ist sie sogar fast vollständig ausgeblieben. Noch weniger Erfolg war dem Islam anfangs bei den von den indischen Hochreligionen weitgehend unberührt gebliebenen Altvölkern im meist noch primitiven und nur schwer zugänglichen Inland beschieden. Erst nachdem die Holländer im Laufe des 19. und während der ersten Jahrzehnte des 20. Jahrhunderts ihre Herrschaft auch bis dahin ausgedehnt hatten, hat der Islam hier wesentliche Fortschritte gemacht, allerdings im scharfen Konkurrenzkampf mit dem Christentum. In unserer Darstellung werden wir uns auf die ersten zwei Gruppen beschränken.

Eine weitere, für das Verständnis des indonesischen Islams wichtige Tatsache soll hier noch hervorgehoben werden: daß er nämlich vorwiegend über ein Gebiet (Indien) kam, wo er selbst schon synkretistische Züge aufwies, und dies nicht nur in bezug auf die indischen Religionen, sondern auch innerlich, da sunnitische und schiitische Elemente sich dort mehr als anderswo miteinander vermischt hatten. Das ältere indonesisch-islamische Schrifttum sowie einige beibehaltene Bräuche lassen vermuten, daß es einmal in Indonesien nicht viel anders bestellt war. Zudem haben sich im religiösen Vokabular noch einzelne Ausdrücke erhalten, welche eindeutig auf persisch-indische Provenienz hinweisen, so wie *abdas* (pers. *ābdast*) für: «rituelle Waschung» *(wuḍū')*, *bang* (pers. *idem*) für: «Aufruf zum Gottesdienst» *(ādhān)* und *kanduri* (pers. *kandūrī*) für: «zeremonielle Heilmahlzeit» *(walīma)*. Allmählich aber ist dieser indisch-persische Einfluß von einem arabischen (besonders von Mekka, Medina, Kairo und Hadramaut ausgehenden) abgelöst worden, wobei, ähnlich wie in Südindien, die schafiitische Richtung zur maßgebenden wurde. Besondere Beachtung verdient weiter der Umstand, daß der Islam sich in Indonesien erst zu einer Zeit durchsetzen konnte, da er schon ein weitgehend festgefügtes Lehrgebäude aufwies, so daß er in schon ziemlich abgeschlossenem Zustand rezipiert wurde. Weit und breit wurde dabei Abū Ḥāmid al-Ghazālī (1058–1111) als der autoritative und maßgebende Lehrer anerkannt.

Uns aber geht es jetzt an erster Stelle darum, den Unterschied zwischen dem javanischen und dem nichtjavanischen Islam zu umreißen. Dieser Unterschied ist inzwischen derart gravierend, daß weitgehend verfehlt wäre, von einem einheitlichen «indonesischen» Islam (der übrigens auch das heutige Malaysia und die südlichen Philippinen mit einschließen sollte) reden zu wollen. Während der Islam sich nämlich außerhalb Ost- und Mitteljavas nur mit dem angestammten Brauchtum auseinanderzusetzen hatte, unterlag er in Java einer weitgehenden Umdeutung in spekulativmystischem Sinne.

a) Der Islam außerhalb Javas

Betrachten wir zunächst einmal den Islam, wie er sich in den wichtigsten Zentren außerhalb der Insel Java (wozu ohne Zweifel die Küstengebiete Sumatras und Kalimantans [Indonesisch-Borneo] sowie die Inseln Madura und Südcelebes gehören) entwickelt hat. Im wesentlichen unterscheidet er sich hier nicht allzusehr von dem, was man überall dort antreffen kann, wo er ältere, teilweise angestammte Kulturen überlagert hat. Es herrscht nämlich ein fortwährender Kampf zwischen dem islamischen Pflichtgesetz *(sharīʿa)* und dem angestammten Brauch, wobei in der Praxis der letztere meistens obsiegt, ohne daß die *sharīʿa,* die ja idealtheoretisch ausgerichtet ist, auf ihre allgemein anerkannte Vorrangstellung verzichtet. Verbunden damit wird das Fortbestehen alter Kulturelemente (wie Musik, Tanz usw.) von den Schriftgelehrten *(ʿulamāʾ)* teilweise scharf abgelehnt und angegriffen. Es gibt darunter schwerwiegende Fälle, wie z. B. das bekannte mutterrechtliche System der Minangkabau, dem zufolge sowohl Erbschaft als auch Abstammung matrilinear verlaufen, sich also scharf von dem patrilinearen islamischen System abheben, während es außerdem auch noch matrilokale Züge aufweist.[5] Ebenfalls existierte eine *bissu* (wohl vom buddhistischen *bhikṣu/bhikku,* «Bettelmönch» abgeleitet) genannte Priestergruppe unter den in Südcelebes beheimateten Bugis.[6]

Erstaunlich dabei ist immer wieder das Streben nach Harmonie, das dazu führt, daß die Divergenzen aufgehoben oder, besser gesagt, miteinander ausgeglichen werden. Dieses Streben hat sich auch in der Sprache niedergeschlagen. Zu den in den indonesischen Sprachen beliebtesten Ausdrücken gehören die arabischen Fremdwörter *musyawarat (mushāwara)* und *mufakat (muwāfaqa),* welche «Beratung» und «Übereinstimmung» bedeuten. Das arabische Wort *rukn* hat eine Umwandlung in *rukun* erfahren und bedeutet «Harmonie». Nur in einigen isolierten Fällen, welche meistens einen (zumindest teilweise) politischen Anlaß hatten, ist es manchmal zu gewaltsamen Entwicklungen gekommen. So wurde während des sogenannten Padri-Krieges (erste Hälfte des 19. Jahrhunderts) in Westsumatra der Versuch gemacht, das alte Brauchtum mit Stumpf und Stiel auszurotten und somit dem islamischen Gesetz zum Siege zu verhelfen. Und in Aceh (Nordsumatra) führte der langjährige Kampf gegen die Holländer (dieser fing 1873 an und dauerte mit Unterbrechungen bis zur japanischen Invasion 1941) zu einer Auseinandersetzung zwischen Schriftgelehrten und traditionellen Häuptlingen. Schließlich ist es in der unruhigen Nachkriegsperiode in Nordsumatra und Südcelebes wiederholt zu schweren Zusammenstößen zwischen islamischen Eiferern und ihren Widersachern gekommen.[7]

Dieser Kampf gegen den angestammten Brauch findet auch in den Schriften der islamischen Gelehrten seinen Widerhall. In einem interessanten Artikel[8] hat Drewes darauf hingewiesen, wie sich bei dem bedeutenden südsumatraischen Gelehrten des 18. Jahrhunderts ʿAbd aṣ-Ṣamad al-Palimbānī polemische Äußerungen gegen bestimmte vor- und nichtislamische Gepflogenheiten wiederfinden. Dazu gehören das Transvestitentum, das Darbringen kleiner Opfer zur Beschwichtigung gefährlicher Mächte und das Aufrichten von Puppen, die als Stellvertreter für den vom Unheil Bedrohten eingesetzt werden. Auch der große mystische Dichter Hamza Fansūrī (Ende des 16. Jahrhunderts, Nordsumatra) wehrt sich energisch gegen das Überleben hinduistischer Yogapraktiken.[9] Von ihm gibt es ein großartiges Gedicht, in welchem er den von derartigen Praktiken durchsetzten Wäldern des Inlands das weltoffene Meer und die islamisierten Küsten entgegenstellt, eine Einteilung also, welche fast genau der geographischen Verbreitung des indonesischen Islams entspricht.[10]

Solchen Fällen zum Trotz läßt sich kaum daran zweifeln, daß das Bewußtsein der nichtjavanischen islamisierten Völkerschaften sowohl ethnisch wie ethisch vom Islam ausgefüllt wird. Minangkabau, Aceher, Madurese oder Makassare zu sein schließt zwangsläufig auch die Angehörigkeit zum Islam mit ein. Man ruft sich mit islamischen Namen, die Moschee prägt (wenn auch oft in einer Form, die noch deutlich vorislamischen Ursprung verrät) den Dorfplatz und die traditionelle Literatur wird vorwiegend mit arabischen Schriftzeichen geschrieben. Es gibt zwar Bräuche, welche einem nichtindonesischen Muslim als dem Islam ziemlich wesensfremd erscheinen mögen (wie die schon oben erwähnte *kanduri*, die bei jedem festlichen oder feierlichen Anlaß abgehaltenen religiösen Mahlzeiten, wobei es darum geht, des den Speisen innewohnenden, durch Gebete hervorgerufenen Segens teilhaftig zu werden). Dabei macht sich doch immer wieder der Versuch bemerkbar, solche Bräuche durch Annäherung an in den islamischen Gesetzbüchern erwähnte Rituale (in unserem Falle also die *walīma*) in den Islam einzugliedern. Hierbei weisen gerade die ausgesprochenen Wünsche, Sprüche und Heilbitten (*mantera* genannt) eine eigenartige Mischung auf, wie sie für den Synkretismus bezeichnend ist.[11] Der Medizinmann, bei vielen islamisierten Völkerschaften noch immer eine überaus angesehene Persönlichkeit, bezieht sein Wissen sowohl aus einheimischen als auch aus hinduistischen Quellen und ruft in ausgeglichener Harmonie Geister und Götter dreier Kulturen und Religionen an.

b) Java

Von der Lage in den nichtjavanischen Gebieten hebt sich diejenige auf Java bedeutend ab. Tatsächlich bekennt sich zwar der weitaus größte Teil der javanischen Landesbevölkerung seit Jahrhunderten zum Islam, und es besteht, wie Snouck Hurgronje richtig hervorgehoben hat, grundsätzlich kein Anlaß dazu, dieses Bekenntnis anzuzweifeln. Betrachtet man aber den javanischen Islam im Rahmen des Gesamt-Islams, so fällt es nicht leicht, über einzelne, zum Teil sogar gravierende Unterschiede hinwegzusehen, welche gerade die Eigenart dieser Glaubensform bestimmen. Am stärksten zeigt sich dies wohl in der Tatsache, daß wesentliche Teile des javanischen Volkes die völlige Identität ihrer Völkerschaftszugehörigkeit und des Islams nicht unbedingt wahrhaben wollen, sondern letzterer eine *agama Jawa* genannte Variante gegenüberstellen, welche ein hohes Ausmaß shivaitischen Gedankengutes aufweist. Dies hat Soziologen dazu geführt, die von den Javanen selbst empfundene Zweiteilung in eine streng-islamische (*putihan*, «Die Weißfarbigen» genannte) Minorität und eine *abangan* («Rot»- oder «Braunfarbige», also die echten Javanen) genannte Mehrheit als empirische Wirklichkeit anzunehmen. Tatsächlich aber sind die *putihan* zugleich auch Javanen, während sich die meisten *abangan* nach wie vor zum Islam bekennen, obwohl ihre typische Grundhaltung sich nur durch Bezugnahme auf das altjavanische und shivaitische Erbe verstehen läßt. Vielmehr ist hier also von einem Kontinuum die Rede, wobei es darauf ankommt, ob man bei den immer wieder aufbrechenden Konflikten die «javanischen» oder die «islamischen» Werte vorzieht.[12]

Man kann dem sich daraus ergebenden, überaus komplizierten Sachverhalt vielleicht am besten dadurch gerecht werden, daß man einerseits zwischen Brauchtum und Schrifttum unterscheidet, andererseits beim letzteren zwischen rein-, synkretistisch- und antiislamischen Bestandteilen differenziert.

Bräuche

Beispiele für die Halbheit, mit der islamisches Kulturgut rezipiert wurde, findet man bereits während der Herrschaft Sultan Agungs (1613–1645), Javas größtem islamischen Fürsten und König des Reiches Mataram. Zwar wurde der islamische Mondkalender eingeführt, dabei aber zugleich die alte hinduistische *Shaka*-Ära beibehalten. Auch konnte sich die *pegon* genannte arabische Schrift gegen eine Variante der hinduistischen Schrift nicht endgültig durchsetzen, und sie wurde nunmehr vorwiegend nur in den *pesantren* (religiösen Internaten) weiter gepflegt.

Auch in der Terminologie des javanischen Islams kommt das alte Erbe noch klar zum Ausdruck. So wird der Fastenmonat *Ramaḍān* meistens *wulan puasa* (oder *pasa*) genannt, eine Reminiszenz an die *upawāsa* geheißenen hinduistischen Fastenriten. Der diesem Monat vorausgehende achte Monat *Shaʿbān* heißt *ruah* (arab. *arwāḥ,* Seelen [der Verstorbenen]). Während dieses Monats huldigt der Javane nämlich dem altindonesischen Ahnenkult, indem er die Gräber der Verstorbenen besucht, um sie mit Blumen zu schmücken. Letzterer Brauch heißt *nyadran*, ein Ausdruck, der sich vom Sanskrit *shraddhā* ableitet, einem Wort, das im alten Java die Zeremonien der großen Todesfeier bezeichnete. Studenten eines islamischen Internats für fortgeschrittene religiöse Studien heißen *santri* (ein Ausdruck, der wohl dem Sanskrit *shāstri,* Doktor der heiligen Lehre, entstammt); ihre Schule wird allgemein *pesantren* (Ort der *santri*) genannt.

Unter den synkretistisch angehauchten Bräuchen verdienen die nachfolgenden besondere Erwähnung:

Viele der älteren Gottheiten leben noch immer fort, zumal auf dem Lande, wo der Jahreskreislauf weitgehend von weit zurückreichenden Ackerbräuchen geprägt wird. Wir nennen Dewi Sri (Sanskrit Shrī, die *shakti* oder Gattin des Hindugottes Wishṇu), welche als Göttin des Reisbaus besondere Verehrung genießt; die Göttin der Südsee Nyai Lara Kidul und den geheimnisvollen «großen Jäger» Bau Reksa, welcher um Schutz und Hilfe angefleht wird. Auch die Göttin Umā oder Durgā genießt im Krendawahana-Wald, unweit der alten Hauptstadt Surakarta, noch immer Verehrung. Weiter hat sich das herkömmliche Schattenspiel *(wayang)* wie auch das Orchester *(gamelan)* und der Tanz *(beksa)* trotz Bedenken orthodoxislamischer Kreise behaupten können. Das Schattenspiel ist noch immer weitgehend den altindischen, aus den Epen «Mahābhārata» und «Rāmāyaṇa» geschöpften Sagen gewidmet, wobei aber das typisch Javanische in der den Helden zugesellten Dienerschaft zum Ausdruck kommt. Da findet man z. B. den alten ungeschlechtlichen Semar, hinter dem sich der javanische Stammesahne verbergen soll, mit seinen beiden Söhnen: Petruk (aus Sanskrit, *pitara*, Geister der Ahnen?) und Nalagareng. Besonders klar kommt aber der hergebrachte religiöse Charakter des *wayang* bei den *ngruwat* genannten exorzistischen Aufführungen zum Ausdruck, wobei es darum geht, den zerstörerischen Gott Kāla (einen Sohn des Hindu-Gottes Shiva) zu beschwichtigen.

Auf Dorfebene treten diese vorislamischen Bräuche am klarsten beim jährlichen Ritual des *mbersih desa* (Dorfreinigung) an den Tag, das an erster Stelle der Ehrung der Seele des verstorbenen Dorfgründers *(cakal bakal)* gewidmet ist, zugleich aber den Charakter einer Lustration trägt. Es enthält neben zahlreichen Ritualen wie wayang, Maskentänzen, Tranceaufführungen usw. auch die üblichen *slametan* (Heilmahlzeiten). An den Königshöfen findet es in den dreimal jährlich stattfindenden *gerebeg* sein Gegenstück.[13] Diese Paraden, wie sie allen politischen Änderungen zum Trotz in den alten Residenzstädten wie Cirebon, Surakarta, Ngayogjakarta und Demak noch immer stattfinden, richten sich nach dem muslimischen Kalender und markieren die wichtigsten Feste von *muludan* (arab. *maulid*), nämlich den Geburts- und Todestag des Propheten Muḥammad am *12. Rabīʿ al-auwal,* das am Ende des Fastenmonats, am ersten *Shawwāl* stattfindende «Kleine Fest» sowie das «Große Fest» anläßlich der Pilgerfahrt nach Mekka am *10. Dhū l-ḥijja.* Ihr islamischer Bestandteil bleibt jedoch hauptsächlich darauf beschränkt, daß große, als «männlich» und «weiblich» eingestufte Reisberge *(gunungan)* vom Palast in die Moschee getragen werden, bevor sie an die wartende Masse weiterverteilt werden, die sich davon, ähnlich wie beim *slametan*, Segen verspricht. Ansonsten besteht das Ritual hauptsächlich aus zwei Teilen: Erstens aus dem *sekaten* genannten Abendmarkt, der eine Woche vor dem Prophetenfest anfängt und sich dadurch auszeichnet, daß während seiner Dauer anhaltend die Töne des fürstlichen gamelan erklingen. Dieser Brauch wird dem Apostel des Islams im Inland Javas, Sunan Kalijaga, zugeschrieben, einem der *wālī sanga* oder neun Heiligen des Islams, denen die Verbreitung des Glaubens in Java zu verdanken sei. Es heißt, er habe damit beabsichtigt, die Javanen allmählich für die neue Religion zu gewinnen.

Und am Festtage selbst erfolgt dann eine Parade, wobei die Reisberge feierlich herumgeführt werden, begleitet von kriegerisch ausgestatteten Korps. Vor der Revolution von 1945 nahmen die Fürsten selbst an diesen Umzügen teil, wobei sie die Gottheit gleichsam in sich versinken ließen.

Pigeaud[14] hat versucht, die *gerebeg* mit den großen Hoffesten der Hindu-Zeit, *Caitra-Phālguna* und *Shrāwaṇa-Bhādra,* zu identifizieren. Darüber hinaus ließe sich auch an die jährlichen «Großen Feste» denken, wie sie noch heute bei den «primitiven» Völkerschaften Indonesiens begangen werden, wo sich der ganze Stamm zeremoniell vereinigt, um im Ritual die Selbsterneuerung der Welt nachzuvollziehen.

Pigeaud[15] erinnert ferner daran, wie sich im *pesantren* manche Züge der *āshrama* oder *maṇḍala* genannten shivaitischen Siedlungen wiederfinden. Merkwürdig ist es auch, daß die fünf *pancamakāra* (mit M anfangend) genannten Tabus des indischen Tantrismus sich im heutigen Java noch immer nachweisen lassen, und zwar als: *minum* (trinken), *madon* (Umgang mit Frauen), *main* (spielen), *madat* (Opium schieben) und *maling* (stehlen).

Resümierend darf man wohl behaupten, daß der Islam nur mangelhaft in das javanische Geistesleben integriert worden ist und zugleich eine gewisse Abwandlung erfahren hat. Es nimmt daher nicht wunder, daß viele Javanen statt islamischer noch immer hinduistische Namen tragen (oder auch eine Kombination beider), daß Übertritte zu einer anderen Religion, obwohl nicht häufig, doch keineswegs als so durchaus verpönt gelten wie sonst in der islamischen Welt, und daß auch Ehen javanisch-islamischer Frauen mit Angehörigen anderer Religionen nicht unbedingt den Übertritt des nichtislamischen Partners voraussetzen. Für den Durchschnittsjavanen stellt der Islam nur einen von vielen Wegen dar, deren man sich bedienen kann, um das Ziel, das Aufgehen in das Göttliche, die Aufhebung des Unterschiedes zwischen Herr und Diener, zu erlangen. Damit huldigt er einer religiösen Toleranz, wie sie sonst in der islamischen Welt – auch in Indonesien – eher zu den Ausnahmeerscheinungen gehören dürfte. Von den formellen Vorschriften und Pflichten «seiner» Religion hält er verhältnismäßig wenig, wobei freilich der Pilgerfahrt und der Abgabe der religiösen Steuern mehr Bedeutung zukommt als etwa dem Fasten oder dem fünftäglichen Pflichtgebet.

Vor manchmal an ihn ergehenden Aufforderungen zur strengeren Einhaltung der Gebote flüchtet er sich in die mystisch-theosophisch ausgerichtete, *kebatinan* genannte religiöse Bewegung, wo die «Reinigung des Herzens» der Befolgung des Ritualgesetzes vorgezogen wird. Während der letzten Jahre hat diese Bewegung sogar die Anerkennung als besondere Religion neben dem Islam erringen können. Nicht umsonst hat Indonesien, der Bevölkerungszahl nach das größte islamische Land der Welt, es bis jetzt immer abgelehnt, den Islam zur Staatsreligion zu proklamieren. Damit nimmt dieser Staat eine Ausnahmestellung innerhalb der islamischen Welt ein. Diese Weigerung ist wohl weniger der Rücksicht auf die christlichen und hinduistischen Minderheiten als vielmehr dem Einfluß der synkretistisch-javanischen Mehrheit zuzuschreiben, welcher ja auch die zwei bisherigen Staatspräsidenten Sukarno und Suharto angehörten. Vieles deutet darauf hin, daß die Rolle des Islams im heutigen Java sich mit der des Buddhismus im vorislamischen Zeitalter vergleichen läßt. In beiden Fällen steht eine «fremde» Religion, welche stark doktrinär ausgerichtet ist, einer synkretistischen Volksreligion gegenüber, verschmilzt aber zugleich mit ihr.

Das Schrifttum

Das rein-islamische Schrifttum, wie es sich in den *pesantren* entwickelt hat, unterscheidet sich nur geringfügig von demjenigen außerhalb Javas und ist vor allem stark durch die malaiische Sprache und Literatur beeinflußt worden. Ähnlich wie dieses ist es interessant wegen der polemischen Stellen, in denen mit dem «reinen» Islam nicht eben in Einklang stehende Lehren und Bräuche gerügt werden. Als Beispiel dafür mögen zwei von Drewes herausgegebene Fragmente dienen,[16] welche aus dem 16. Jahrhundert datieren mögen. Darin heißt es u.a., es sei Unglaube zu behaupten, es gebe in dieser Welt keine Ge- und Verbote, weil Gott gibt, und ich esse und trinke, ohne zwischen Verbotenem und Erlaubtem einen Unterschied zu machen. Sollte weiter ein Muslim sich weigern, sich den Kopf zu rasieren, sich einen Tulband (Turban) aufzusetzen und sich die Nägel zu schneiden und damit dem Beispiel des Propheten zu folgen, so sei er ein *kāfir* (ein Ungläubiger). Auch sei es Unglaube, danach zu fragen, ob der javanische oder der islamische Glaube der bessere sei usw.

Für das javanische Ethos ist indes die Literaturgruppe, die wir als synkretistisch-islamisch werten, bezeichnender. Es handelt sich hier um ein größeres Schrifttum, welches metrisch verfaßt ist und dem Vortrag dient. Es ist öfters in Dialogform gestaltet. Dabei fallen zwei Themen ins Auge: Erstens wird Wert darauf gelegt, daß der Javane sich in seinem Brauchtum nicht zu sehr islamisch-arabischen Sitten anpassen soll. Er soll ja an erster Stelle Javane bleiben! Zweitens wird versucht, über die Mystik eine Brücke zwischen dem alten und dem neuen Glauben zu schlagen. Über die vier auch aus der sumatraischen Mystik bekannten Stufen der *sharīʿa, ṭarīqa, ḥaqīqa* und *maʿrifa* versucht man, einen Zustand zu erreichen, in dem der dualistische Unterschied zwischen Gott und Diener aufgehoben wird, wo es in einem Zustand des Nichtbewußtseins keinen Herrn und keinen Knecht mehr gibt:

> «Es besteht kein Unterschied
> zwischen Verehrer und Verehrtem,
> beide sind Er allein,
> weil das Sein des Universums
> unteilbar ist.
> Ob jetzt oder in aller Ewigkeit
> ist es wie immer schon.»[17]

Eine hervorragende Rolle spielt dabei der Begriff des *suksma*. Damit wird, laut Zoetmulder, das göttliche Unstoffliche gemeint. Dieser Begriff ist dem Shivaismus entnommen (Sanskrit, *sūkṣma*). Er bezeichnet sowohl die höchste Gottheit *(Hyang Suksma)* als auch «jenen Teil des Menschen, der mit der Gottheit verbunden und ihr wesensgleich ist». Er ermöglicht dem Menschen erst die göttliche Immanenz, die Einheit und das Aufgehen. Er wird durch *rasa* (intuitives Empfinden) ermittelt.

Für beide oben erwähnten Sätze nun ist ein Text aus der zweiten Hälfte des 19. Jahrhunderts, der «Serat Wedatama»[18] («Schrift der höchsten Erkenntnis») besonders aufschlußreich. Dieser Text (wohl zu unrecht dem Fürsten Mangkunegara IV. aus Surakarta zugeschrieben) soll dem jungen javanischen Adelsmann gleichsam ein Wegweiser auf seinem Lebenspfad sein. Bei den Javanen selbst gilt er als eine Art Credo. Man findet darin (II, 7):

> Solltest Du danach streben,
> des Propheten Beispiel zu folgen,
> so wirst Du, Junge, Dein Ziel nicht erreichen.
> Du bist doch eben ein Javane!

und weiter (II, 10, 11):

> Weil ich ein Adliger bin,
> würde es um mich als frommem Muslim schlimm bestellt sein.
> ... Besser sei es, die Gesetze der Ahnen ehrfürchtig zu befolgen
> von den ältesten Zeiten an bis heute.

Und im letzten, vierten Sang versucht der Dichter, den Weg zur mystischen Erfahrung zu zeigen, welche im folgenden gipfelt:

> Jetzt möchte ich mitteilen
> die vierte Weise der Verehrung.
> Die Verehrung des *rasa*, in dem man das
> tiefste Geheimnis des Daseins erfährt.
> Ihr Werdegang läßt sich nicht lehren;
> er spielt sich im Innerlichen ab.

Der denselben Kreisen entstammende «Serat Centini»[19] enthält ebenfalls viele Beispiele für diese islamisch-javanische Geisteshaltung. Der Sohn des Heiligen von Girl (Nordjava, unweit von Surabaya), Amongraga genannt, wandert quer durch Java und heiratet Tabangraras. Ihr gibt er Religionsunterricht, und seine Lehre macht den Hauptbestandteil des langen Textes aus. Seine Lehre verführt aber viele seiner Anhänger zu einem betonten Antinomismus, worauf der Sultan ihn ins Meer werfen läßt. Seine Witwe widmet sich der Askese, bis auch sie stirbt. Beide erscheinen aber denjenigen Gläubigen, welchen es gelingt, durch mystische Übungen *(dhikr)* und Ekstase sich zur Bewußtseinsvernichtung zu steigern. Sie werden dann des höchsten Unterrichts teilhaftig. Darin sind alle Unterschiede aufgehoben; wie beim *wayang*-Spiel erblickt man nicht mehr die Figuren an sich, sondern empfindet sie wesentlich vermischt. Trotzdem sollte man nicht so weit gehen, sich als Gott zu betrachten. Denn Gottes Wesen sei nur im Nichtbewußtsein, in der Stille und Leere, zu fassen.[20] Obwohl das Gesetz keine Verachtung verdient und für die Massen seine Gültigkeit behält, entzieht sich ihm der wahre Mystiker, «weil es ja ohne Diener keinen Gottesdienst geben kann».

Hatten wir es bis jetzt noch mit eher gemäßigten Formen der Auseinandersetzung zwischen hergebrachtem javanischen und neueingeführtem islamischen Gedankengut zu tun, so wird im antiislamischen Bereich die Grenze überschritten und der Islam im Namen der angestammten Religion geradezu bekämpft. Für diese Richtung sind zwei Schriften bezeichnend, welche miteinander in Zusammenhang stehen und welche beide aus den siebziger Jahren des neunzehnten Jahrhunderts datieren mögen: der «Serat Dermagandul»[21] und der «Serat Gatoloco».[22] Im ersteren wird dem Studenten Dermagandul (wie den meisten Namen in diesen Schriften kommt auch diesem phallische Bedeutung zu) von seinem Lehrer Kalamwadi erklärt, wie die *walī* aus dem Norden 1478 dem hindu-buddhistischen Reich Majapahit ein Ende setzten und der Bevölkerung ihre Religion aufzwangen. Mit Hilfe der holländischen Wissenschaft (in der ostjavanischen Stadt Probolinggo wurde 1879 eine Ausbildungsstelle für die Söhne indonesischer Häuptlinge eröffnet) sollen sich aber die Javanen nach vier Jahrhunderten von Arabien abwenden und zum Glauben ihrer Vorväter zurückfinden. Dabei spart der Verfasser keineswegs mit Gehässigkeiten gegen die Muslime. Die Javanen sollten sich zunächst ihrer angestammten Weisheit zuwenden, für arabische Studien seien sie sowieso ungeeignet. Deshalb würden sie sich niemals zu wahren Muslimen entwickeln. Die arabische Erde sei verwünscht. Man halte sich dort Sklaven und wohne Sklavinnen bei ohne Eheschließung. Die Muslime seien verachtenswert wegen ihrer bizarren Gebetsbewegungen und ihrer widerlichen Speisegesetze. Ihre Prediger seien Heuchler. Sie bewährten sich besser beim *ṣalāt* und *dhikr* als im Kampf, weil ihr höchstes Streben dem Kochtopf gelte. Dem walī Sunan Kalijaga werden Äußerungen phallischen Charakters zugeschrieben: so müsse die *shahāda* als Sexualakt aufgefaßt werden. Die *santri* werden mit Fröschen verglichen, die Mekkapilger sollen Grillen ähneln. Arabische Muslime seien wie Ratten, welche das javanische Reich unterwühlt haben, während die Muslime im allgemeinen wegen ihrer Stachel (Gier) mit Bienen gleichzusetzen seien. Sowohl *santri* wie auch Chinesen glichen den Reihern wegen ihrer Habsüchtigkeit.

In der zweiten Schrift vereinigt sich das Monster Gatoloco in einer Höhle mit der Einsiedlerin Perjiwati, nachdem er im Streitgespräch mit einigen *santri* den Sieg davongetragen hat. Dabei scheut er sich nicht, den Gottesnamen *Allāh* mit dem javanischen Wort *ala* (häßlich) in Zusammenhang zu bringen, die *santri* des Unglaubens zu bezichtigen, weil sie die Religion der Väter verleugnet haben, und den Islam *(sarak Rasul)* als *larasan unsul* (einer falschen Lehre folgend) umzudeuten.

Sicher handelt es sich in den beiden Fällen um extreme Ausnahmeerscheinungen, welche zugleich auch politisch-ökonomisch bedingt sein mögen. Andererseits aber lassen sich die Ereignisse seit 1965, als Millionen Javanen – vor die Wahl gestellt, sich zu einer anerkannten Religion zu bekennen – sich statt für den Islam für das Christentum oder gar für den Hinduismus entschieden, sich doch nur aus der unter breiten Schichten der javanischen Bevölkerung lebenden Abneigung gegen den Islam erklären.

In den 1920er Jahren besuchte der indische Dichter Tagore die Insel Bali, wobei er bemerkte, daß er Indien zwar überall wahrnahm, es aber nirgendwo wiedererkennen konnte.

Ein Jahrzehnt später wurde Java von dem französischen Islamkundler Bousquet bereist. Zu seinem Erstaunen fand er den javanischen Fürsten Mangkunegara VII. außerstande, seine Frage, in wessen Namen in seinem Reiche die *khuṭba* (Freitagspredigt) verlesen werde, zu beantworten.

Beide Fälle mögen den eigenartigen, durch die Fähigkeit zum Synkretismus bedingten Charakter illustrieren, welchen die Hochreligionen im indonesischen Bereich angenommen haben.

IV.
Ein islamischer Sprachraum? Islamische Idiome in den Sprachen muslimischer Völker

(Otto Jastrow)

Nach muslimischem Verständnis stellt der Koran ein sprachliches Wunder dar. Sein einzigartiger Charakter verbietet von vornherein eine Übersetzung in andere Sprachen, ja läßt einen solchen Gedanken unsinnig erscheinen. Der Koran kann allenfalls in anderen Sprachen erläutert und erklärt werden – so wie ja auch der arabischsprachige Muslim durchaus auf die Erklärung vieler Stellen angewiesen ist –, doch gelesen und öffentlich rezitiert werden kann der Koran nur im arabischen Urtext. Das gleiche gilt vom rituellen Gebet *(ṣalāt)*, beginnend mit dem Gebetsruf, den der Muezzin auf arabisch erschallen läßt, über die während des Gebets rezitierten Koranverse bis hin zur Schlußformel *as-salāmu ʿalaikum wa-raḥmatu llāh*, «Friede sei mit euch und Gottes Erbarmen!» Von daher bedeutet Muslim zu sein zugleich einen ständigen Kontakt mit der arabischen Sprache, und sei es auch nur in der Form von unverstandenen Koranrezitationen.

Die arabisch-islamische Kultur des Mittelalters entwickelte eine enorme Sogwirkung, die nicht auf die religiöse Sphäre beschränkt blieb, sondern die Sprachen der islamisierten Völker tiefgreifend beeinflußt hat. Ein beträchtlicher Teil der für den Islam gewonnenen Gebiete wurde ohnehin auch in sprachlicher Hinsicht völlig arabisiert. Man möge bedenken, daß bis zur Entstehung des Islams die arabische Sprache auf die Arabische Halbinsel und die angrenzenden Gebiete Syriens und des Irak, also die Ränder des sogenannten Fruchtbaren Halbmonds, beschränkt war; das restliche Syrien und Mesopotamien, Ägypten und Nordafrika wurden erst im Zuge der Islamisierung zu Gebieten arabischer Sprache. Wenn auch die übrigen islamischen Kulturräume – der iranische, der indische, der indonesische, der türkische und der schwarzafrikanische – von einem völligen Aufgehen im Arabischen bewahrt blieben, so hat nichtsdestoweniger das Arabische auch auf diese Sprachgruppen einen tiefgreifenden Einfluß ausgeübt.

Das zeigt sich bereits darin, daß die wichtigsten Sprachen aller dieser islamischen Kulturräume das arabische Schriftsystem übernahmen – ohne Rücksicht auf etwa bereits bestehende Schrifttraditionen und ohne Rücksicht darauf, daß das arabische Alphabet sich zur Wiedergabe etwa des Türkischen, Urdu oder Haussa mehr schlecht als recht eignete und oft durch Zusatzzeichen mühsam an das Lautsystem der betreffenden Sprachen angepaßt werden mußte. Namentlich die defektive Vokalschreibung des Arabischen wirkte sich für all diese Sprachen als sehr hinderlich aus. Dennoch wurde das arabische Alphabet für die meisten

Islamsprachen erst im 20. Jahrhundert abgeschafft und durch das lateinische Alphabet ersetzt, so beim Türkischen, beim Swahili und Indonesischen (Malaiischen). Für die in der Sowjetunion gesprochenen Turksprachen (wie Aserbaidschanisch, Usbekisch, Turkmenisch, Tatarisch etc.) wurde ein modifiziertes kyrillisches Alphabet eingeführt; nach dem Zusammenbruch der Sowjetunion haben Usbekistan und Aserbaidschan den Übergang zum lateinischen Alphabet beschlossen. Neben dem Arabischen selbst haben jedoch Persisch, Urdu und Paschto, eine der nationalen Sprachen Afghanistans, bis heute an der arabischen Schrift festgehalten. Die Ablösung des arabischen Alphabets hatte neben dem reinen Zweckmäßigkeitsgedanken meist auch einen nationalistischen und – wie z. B. im Falle der Türkei – laizistischen Zug; deshalb stieß die Einführung der Lateinschrift in der Türkei auch auf die feindselige Ablehnung weiter muslimischer Kreise, eine Ablehnung, die noch heute, mehr als 70 Jahre nach der Schriftreform, bei einzelnen Gruppen fortbesteht.

Neben der arabischen Schrift war es vor allem der arabische Wortschatz, der massiv in die Sprachen der islamisierten Völker eindrang. Beginnend bei den Ausdrücken des religiösen Lebens über das islamische Recht bis hin zur Sprache der Philologie, der Philosophie, der Medizin und der Naturwissenschaften, ja darüber hinaus bis in die Alltagssprache drangen zahllose Ausdrücke des Arabischen in die übrigen Islamsprachen ein. Für die Sprachen des türkischen und indischen Raumes wirkte dabei das Persische als Vermittler, d. h. diese Sprachen schöpften nicht direkt aus dem Arabischen, sondern übernahmen die Ausdrücke aus dem Persischen, das für den türkischen und indischen Raum jahrhundertelang die überragende Kultursprache darstellte. Das läßt sich leicht an der persischen Lautgestalt zeigen, die bei vielen dieser Lehnwörter noch durchschimmert. So wurde etwa die arabische Femininendung *-ah* im Persischen häufig *-at* gesprochen und findet sich in dieser Form auch in Lehnwörtern des Türkischen, Urdu, Paschto etc., z. B. arab. *ḥaqīqah* «Wahrheit» → pers., Paschto *haqīqat,* türk. *hakikat*; arab. *ḍarūrah* «Notwendigkeit» → pers., Urdu, Paschto *ẓarūrat,* türk. *zaruret*; arab. *barakah* «Segen» → pers. *barakat*, türk. *bereket*, Urdu *barkat*; arab. *ḥukūmah* «Regierung» → pers., Paschto *hukūmat,* türk. *hükümet*. Bei Entlehnung ins Persische wurde das komplexe Konsonantensystem des Arabischen an das einfachere des Persischen angepaßt; so fielen etwa arab. *s*, *ṣ* und *th* mit pers. *s* zusammen, arab. *z, dh, ḍ* und *ẓ* mit pers. z, arab. *h* und *ḥ* mit pers. *h*. Diese vereinfachte Aussprache wurde in die indischen und Turksprachen übernommen, wie aus dem vorausgegangenen Beispiel erkennbar ist.

Im Bereich des afrikanischen Islams fehlt eine vermittelnde Sprache wie das Persische im Osten; die afrikanischen Sprachen haben ihre arabischen Elemente vielmehr überwiegend direkt aus dem Arabischen selbst entlehnt. Dennoch haben einzelne der bedeutenderen afrikanischen Islamsprachen in einem kleineren geographischen Rahmen als Vermittler arabischen Wortguts gewirkt, so namentlich Haussa und Swahili sowie Tamasheq, die südlichste Berbersprache. Als Beispiel für die Entlehnung arabischen Wortguts in die islamischen Sprachen sei ein kleiner Ausschnitt des Wortschatzes, nämlich die Namen der Wochentage, vorgestellt und kurz kommentiert. Die Tabelle (s. u. S. 796) zeigt die arabischen Bezeichnungen der Wochentage und ihre Entsprechungen in den wichtigsten Islamsprachen (Persisch, Urdu, Türkisch, Haussa und Indonesisch). Wir können beobachten, daß diese Wortserie in unterschiedlichem Umfang übernommen worden ist, doch haben alle Islamsprachen die arabische Bezeichnung für den Freitag, den muslimischen Feiertag, eingeführt. Das Haussa hat die ganze Serie übernommen, ebenso auch das Indonesische, doch hat hier der Sonntag, der Feiertag der Christen, seinen Namen aus einer europäischen Sprache erhalten, nämlich aus portugiesisch *domingo*. Im Persischen existieren für alle Tage außer Freitag einheimische Bezeichnungen, und gleiches gilt auch für Urdu. (Interessant, obgleich nicht unbedingt hierhin gehörig, ist die Feststellung, daß im Persischen die Wochentage durch ein einfaches Zählsystem ausgedrückt werden: *yak* bis *panj* sind die Zahlen von eins bis fünf; vergleichbar damit im europäischen Raum ist das Portugiesische mit *segunda feira, terça feira* etc.) Das interessanteste System von Wochentagsbezeichnungen findet sich zweifellos im Türkischen. Es zeigt besonders schön den Mischcharakter dieser kosmopolitischen einstigen Weltsprache, denn es kombiniert einheimische Bezeichnungen mit arabischen und persischen Entlehnungen. Einheimisch ist das Wort *salı* «Dienstag» sowie *ertesi* «folgender Tag», mit dem die Bezeichnung *cumartesi* «auf Freitag folgender Tag», d. h. Samstag und *pazartesi* «Montag» gebildet sind. Auch hier ist der Name für Freitag dem Arabischen entnommen: *cuma* (*c* = *j*, d. h. dsch zu sprechen), während die übrigen Bezeichnungen aus dem Persischen stammen.

Das Eindringen arabischen Lehnguts in die Islamsprachen ist nicht als zeitlich begrenzter einmaliger Vorgang zu sehen, vielmehr handelt es sich um einen lange andauernden Prozeß der fortschreitenden Anreicherung. Das Arabische wurde ja nicht nur von der Schicht der religiösen Gelehrten weiter gepflegt, sondern gehörte zum Bildungsgut des akademisch erzogenen Muslims. Ähnlich wie das Latein für die Sprachen Europas stellte das Arabische einen Fundus dar, aus dem immer wieder neue Fremdwörter für den wissenschaftlichen, aber auch für den administrativen Gebrauch geschöpft werden konnten. Dabei wurde es, ähnlich wie das mittelalterliche Latein, von den nichtarabischen Benutzern weiterentwickelt, so daß wir im Persischen und Türkischen nicht selten arabische Neubildungen finden, die im Arabischen selber gar nicht vorkommen; ebenso können arabische Termini neue Bedeutungen erhalten, die sie im Arabischen selbst nie gehabt haben. Als Beispiel möge die im Persischen und Osmanisch-Türkischen sehr beliebte Ableitungsendung *-īyāt* erwähnt werden, die eigentlich einen Plural bezeichnet, häufig aber auch als Singular aufgefaßt wird, z. B. pers. *nashrīyāt*, türk. neşriyat, «Veröffentlichung(en)» zu arab. *nashr* «Veröffentlichen», oder pers. *naqlīyat*, türk. *nakliyat* «Transport(e)», zu arab. *naql* «Transport(ieren)». Als Beispiel aus der osmanischen Staats- und Verwaltungssprache sei die Bezeichnung für den Großwesir genannt: *ṣadr-ı aʿẓam*. Diese setzt sich aus zwei arabischen Wörtern zusammen, *ṣadr* «Brust, Vorderteil; Führer» und *aʿẓam* «bedeutendster, gewaltigster», der daraus gebildete Fachausdruck ist jedoch eine rein osmanische Prägung. Zu *ṣadr-ı aʿẓam* wiederum ist das Abstraktum *ṣadāret* «Großwesirschaft» gebildet worden, eine zwar auch im Arabischen mögliche Ableitung, die jedoch dort nicht diese Bedeutung hat. Aus dem Osmanischen sind solche neugeschaffenen oder mit neuer Bedeutung versehenen Ausdrücke bisweilen in die moderne arabische Schriftsprache zurückentlehnt worden, z.B. *qaḍāʾ*, das im klassischen Arabisch das Amt des Richters *(qāḍī)* bedeutet; im Osmanischen erhielt das Wort zusätzlich die Bedeutung einer territorialen Verwaltungseinheit (Gerichtsbezirk, Landkreis, Distrikt) und wird in dieser Bedeutung heute im arabischen Sprachgebrauch Syriens und des Irak verwendet.

Die Staatssprache des Osmanischen Reiches, das Osmanisch-Türkische, speiste sich mithin aus einer Anzahl verschiedener Quellen (darin durchaus der Sprache eines anderen Weltreichs, dem Englischen, vergleichbar) und erreichte dadurch einen hohen Grad von Komplexität, von sprachlicher Vielschichtigkeit, die den Ausdruck der feinsten Nuancen erlaubte. Der stets für Neuentlehnungen verfügbare persisch-arabische Wortschatz ermöglichte die Bildung neuer Fachtermini, wann immer diese benötigt wurden; dies ist vergleichbar mit dem lateinisch-griechischen Wortschatz, der für die europäischen Sprachen als Quelle von Fachausdrücken diente und dient. In den vergangenen Jahrzehnten hat die von Atatürk initiierte Sprachreform jedoch zu einer weitgehenden Eliminierung der persisch-arabischen Lehnwörter geführt, und da zugleich der persische und arabische Sprachunterricht abgeschafft wurde, fanden sich die nachwachsenden Generationen vom kulturellen Erbe ihrer Väter völlig abgeschnitten. Es wurde versucht, das entstandene lexikalische Vakuum durch türkische Neuprägungen zu füllen. Die türkische Sprache hat dadurch jedoch ihre kulturelle Vielschichtigkeit und ihren Nuancenreichtum weitgehend eingebüßt. Paradoxerweise führte diese sogenannte Sprachreinigung, d.h. das Zurückdrängen der persisch-arabischen Elemente, zu einem massiven Einströmen von Lehnwörtern aus dem Französischen, um das entstandene terminologische Vakuum wieder aufzufüllen. So sagt man für «gesunden Menschenverstand» nicht mehr *aklıselim* (arab.), sondern *bonsans* (franz. *bon sens*), für die Sphinx von Gizeh nicht mehr *ebülhevil* (arab.), sondern *sfenks* (franz. *sphinx*). – (Die französischen Fremdwörter werden, wie aus diesen Beispielen ersichtlich, mit türkischen Lautwerten phonetisch wiedergegeben, was zu sehr abweichenden Schriftbildern führen kann, vgl. z.B. noch *mayo* «Badeanzug» aus franz. *maillot*). Diese europäischen Lehnwörter im französischen Gewand tun der Sprache jedoch in viel stärkerem Maße Gewalt an als die persisch-arabischen Bestandteile, da sie sich schlechter als diese in die türkische Laut- und Silbenstruktur integrieren lassen.

Es ist oft und mit Recht hervorgehoben worden, daß der Islam nicht nur eine Religion, sondern ein *way of life* ist, d.h. daß die Religion das ganze Leben durchdringt. Dies zeigt sich auch sprachlich in der Verwendung religiöser Formeln in vielen stereotypen Alltagssituationen. Der Name Gottes – *Allāh* – oder Formeln wie *yā Allāh* «Oh Gott!», *yā rabb* «Oh Herr!» werden sehr häufig von den Gläubigen ausgerufen und können je nach Tonfall die verschiedensten Emotionen, von Entzücken, Freude, Überraschung bis zu Schrecken und Wut ausdrücken. *bi-smillāh* «im Namen Gottes» sagt man zu Beginn einer Tätigkeit, bei Antritt einer

Reise, am Anfang einer Ansprache und in vielen vergleichbaren Situationen. Wenn der Muslim eine Absicht äußert, vergißt er nie, ein *in shā'a-llāh* «wenn Gott will» hinzuzufügen; eine Feststellung wie «Morgen werde ich in die Hauptstadt fahren» ohne ein angefügtes *in shā'a-llāh* müßte wie eine Ketzerei klingen. Als Ausdruck der Bewunderung verwendet man *mā shā'a-llāh,* wörtlich «was Gott will». Freude, Dankbarkeit und Erstaunen werden durch den Ausdruck *al-ḥamdu li-llāh* «Preis sei Gott!» ausgedrückt, Gottes Vergebung erfleht man mit den Worten *astaghfiru-llāh* «ich bitte Gott um Verzeihung». Dankbarkeit einem anderen gegenüber artikuliert man durch Formeln wie *bāraka-llāhu fīk* «Gott segne dich!», Gottes Schutz ruft man an mit den Worten *a'ūdhu bi-llāhi (min ash-shaiṭāni r-rajīm)* «ich suche Schutz bei Gott (vor dem verfluchten Satan)!»

Diese Formeln, die in die Frühzeit des Islams zurückgehen, gehören zum Grundbestand muslimischer Ausdrucksweisen und werden überall in der islamischen Welt in ihrer (klassisch-)arabischen Form gebraucht, natürlich jeweils in der landesüblichen Aussprache. Darüber hinaus gibt es einen großen Fundus an Formeln und mehr oder weniger standardisierten Redensarten, die gleichfalls eine religiöse Konnotation haben und bei bestimmten Anlässen verwendet bzw. vom Gesprächspartner erwartet werden, z.B. Gruß- und Abschiedsformeln, Glückwunsch- und Beileidsformeln, feststehende Wendungen, die man gebraucht, wenn z.B. jemand eine Reise antritt, von der Pilgerfahrt zurückkehrt, soeben ein Bad genommen hat oder vom Friseur kommt, wenn man einen Todesfall mitteilt, wenn man jemanden bei der Arbeit antrifft und bei vielen anderen Anlässen. Dieser zweite, sehr viel umfangreichere Fundus von Redensarten ist nicht im klassischen Arabisch gehalten, sondern in der jeweiligen Landessprache; im arabischsprachigen Raum sind diese Ausdrücke gleichfalls nicht klassisch-arabisch, sondern entstammen dem jeweiligen Dialekt. Inhaltlich und formal sind diese Ausdrücke jedoch sehr ähnlich und können meist wortwörtlich von einer Sprache in die andere transponiert werden. Zu dieser zweiten Gruppe gehören beispielsweise die Grußformeln. Neben der klassisch-arabischen Formel *as-salāmu 'alaikum* «Friede sei über euch!» – Antwort: *(wa-)'alaikum as-salām* «(Und) über euch sei Friede!» – existieren überall einheimische Wendungen, die oft verbreiteter sind als die klassische Formel. So verwendet man in der Türkei meist das volkstümliche *merhaba* (ein gleichfalls aus dem Arabischen stammendes Wort) oder das etwas förmlichere, nach europäischen Vorbildern geschaffene *günaydın* «Guten Tag!» Auch die moderne arabische Schriftsprache und die arabischen Dialekte kennen neben *as-salāmu 'alaikum* eine nichtreligiöse, auf die Tageszeit bezügliche Grußformel, die durchaus nicht selten verwendet wird: *ṣabāḥ al-khair* «Guten Morgen!», *masā' al-khair* «Guten Abend!». In Persien verwendet man zwar am häufigsten *salām 'alaikom,* doch lautet die Antwort identisch, nicht wie im Arabischen mit Umstellung der beiden Satzteile. Etwas komplizierter sind die Abschiedsformeln. Der Weggehende sagt sinngemäß: «Gott befohlen!», der Zurückbleibende: «Gott sei mit dir!» Im Türkischen lauten diese beiden Formeln *Allaha ısmarladık* «Ich empfehle (dich) Gott», die Antwort *güle güle* «Mit Lachen (d.h. möge es dir gut gehen)!» Im Persischen sagt man ganz analog *khodā ḥāfeẓ* «Gott sei (dein) Beschützer!» oder *be-khodā sepordamat* «Ich habe dich Gott empfohlen» – Antwort: *be-amāne khodā* «In der Sicherheit Gottes!» Der arabische Raum kennt regional unterschiedliche Formeln. Im Irak verabschiedet man sich mit *fī amāni-llāh* (meist *fīmāllā* gesprochen) «In Gottes Sicherheit!», die Antwort lautet *aḷḷa wiyyāk* «Gott sei mit dir!» In Syrien ist die übliche Formel *khāṭrak*, etwa «Bleib mir gewogen!», Antwort *maʿis-salāme* «mit Wohlbehaltenheit!» In Ägypten und Marokko verabschiedet man den Weggehenden mit *maʿ is-salāma* bzw. *be-s-slāma*, worauf die Antwort *aḷḷa ysallimak* bzw. *ḷḷāh isellmek* «Gott erhalte dich wohl!» gegeben wird.

Wie aus den vorausgegangenen Beispielen ersichtlich, werden Höflichkeitsformeln häufig in Form eines Dialogs ausgetauscht, der gewissermaßen automatisch abläuft, sobald die entsprechende soziale Situation eintritt. Die vom ersten Sprecher gewählte Formel löst automatisch eine feststehende Antwortformel aus. Charles A. Ferguson hat in einem Aufsatz über Höflichkeitsformeln im syrischen Arabisch (der analog für den ganzen arabischen Raum gilt) sehr schön gezeigt, wie die verbale oder nominale Wurzel (d.h. die sinntragenden drei Konsonanten, die einem Nomen oder Verb zugrundeliegen), die im ersten Teil eines formelhaften Dialogs verwendet wird, im darauf bezüglichen Antwortteil wieder auftauchen muß. Wenn man z.B. jemandem, den man beim Arbeiten antrifft, die Formel *aḷḷa yaʿṭik ilʿāfye* «Gott gebe dir Kraft!» zuruft, so ist die Antwort darauf nicht einfach «Dankeschön!», sondern unweigerlich *aḷḷa yʿāfīk* «Gott kräftige dich!» Das Substantiv *ʿāfye* «Kraft» und das Verb *yʿāfīk* «er kräftige dich» (dich = *-k*) zeigen deutlich die gleiche Wurzel. Bei freudigen Ereignissen wie Hochzeit und Geburt, aber auch zu neugekauften Kleidungsstücken und dergleichen gratuliert man in Syrien mit *mabrūk* «gesegnet!» Die Antwort muß lauten: *aḷḷa ybārek fīk* «Gott segne dich!»; auch hier wiederholt sich in beiden Formeln die Wurzel *brk*, die «segnen» bedeutet. Schwieriger zu übersetzen ist *naʿīman*; es wird zu jemandem gesagt, der gerade vom Friseur oder aus dem Bad kommt. Es bedeutet etwa: «Mögest du dich wohlfühlen!», und die Antwort darauf ist: *aḷḷa yinʿam ʿalēk* «Gott schenke dir Wohlgefühl!» Ähnliche Formeln begegnen auch außerhalb des arabischen Sprachraums, doch entfällt das «echoartige» Wiederaufgreifen der Wortwurzel, das nur im Arabischen möglich ist. In den anderen Islamsprachen folgt diesen unterschiedlichen Wünschen meist eine unveränderte Dankesformel. So sagt man etwa in der Türkei zu einem Arbeitenden *kolay gelsin* «möge es leicht fallen!» oder *allah kuvvet versin* «Gott möge Kraft geben!», in Persien *khodā qovvet dehad* «Gott möge Kraft geben!» Gratulieren kann man in Persien mit *mobārak-ast,* in der Türkei mit *tebrik ederim,* und zu einem frisch Rasierten oder dem Bade Entstiegenen sagt man in der Türkei *sıhhatlar olsun* «es gereiche zur Gesundheit!» Für diese und ähnliche Wünsche dient in Persien *motashakker-am* als Dankesformel, in der Türkei *teşekkür ederim* «ich danke», *sağ olunuz* «Seien Sie gesund!» oder *eksik olmayınız* «möge es Ihnen an nichts fehlen!»

Wer zum Islam übertritt, nimmt in der Regel einen islamischen, d.h. überwiegend einen aus dem Klassisch-Arabischen stammenden Namen an. Typisch arabische Personennamen wie (männlich) *ʿUmar, ʿAlī, ʿUthmān* oder (weiblich)

Zainab, Fāṭima, ʿĀʾisha haben sich deshalb mit dem Islam von Schwarzafrika bis Indonesien verbreitet. Der wohl häufigste und beliebteste Namen ist der des Propheten selbst – *Muḥammad,* wörtlich «der Gepriesene». Der Glaube an die Segenskraft dieses Namens hat zu allen Zeiten Eltern dazu bewogen, ihren Söhnen diesen Namen zu geben; namentlich der Erstgeborene wurde sehr gerne *Muḥammad* benannt. Daran änderte auch die gleichfalls verbreitete Gegenansicht nichts, der Name des Propheten müsse für die Späteren tabu bleiben, um Lästerungen des Propheten zu vermeiden (etwa wenn ein *Muḥammad* genannter Mensch sich als Verbrecher entpuppt). Häufig allerdings begegnen wir der Tendenz, den Namen des Propheten *Muḥammad* anders auszusprechen als die entsprechende profane Namensform, wobei die Aussprache des Prophetennamens sich stärker an der klassisch-arabischen Norm orientierte als die des profanen Namens. Am charakteristischsten ausgeprägt ist diese Erscheinung in der Türkei, wo sie seit dem Mittelalter belegt ist. Während der Name des Propheten als *Muhammed* ausgesprochen wurde, galt für den Profannamen die Form *Mehemmed,* woraus sich die volkstümliche Form *Mehmed* entwickelte. Diese ist bis heute – unter der Form *Mehmet, Memet* – die in der Türkei allein übliche geblieben.

Eine bedeutende Gruppe innerhalb der islamischen Namen stellen die sogenannten theophoren, d.h. mit dem Namen *Allāh* zusammengesetzten Personennamen dar. Der Urtyp dieser Namen ist *ʿAbdallāh* bzw. *ʿAbdullah,* entstanden aus *ʿabd Allāh* «Diener Gottes». Indem man nun für *Allāh* einen der übrigen 99 Namen Gottes (der «schönen Namen») einsetzte, z.B. *ar-Raḥmān* «der Barmherzige», *al-Ghafūr* «der Verzeihende», *al-ʿAzīz* «der Starke», *al-Qādir* «der Mächtige», *al-Karīm* «der Edle», entstanden so weitverbreitete Namen wie *ʿAbdurraḥmān, ʿAbdulghafūr, ʿAbdulʿazīz, ʿAbdulqādir, ʿAbdulkarīm* etc. Herrscher legten sich nicht selten Namen bei, die mit *dīn* «Religion» oder *daula* «Staat» als zweitem Bestandteil gebildet sind, wie *Saifaddīn* «Schwert der Religion» oder *Saifaddaulah* «Schwert des Staates». Gleichfalls erwähnt werden sollten Namen, die mit *nūr* oder *ḍiyāʾ (ziyāʾ)* – beides bedeutet «Licht, Glanz» – als erstem Bestandteil gebildet sind, z.B. *Nūraddīn* (türk. *Nurettin*) «Licht der Religion», *Ẓiyāʾ al-Ḥaqq (Zia ul-Haq)* «Glanz Gottes». In westlichen Medien werden zusammengesetzte Namen dieses Typs gerne verkürzt, dabei aber nicht selten falsch abgetrennt – einen «Abdul» oder «Abdur» kann es nicht geben, denn *-l-* und *-r-* sind verkürzte Formen des Artikels und gehören bereits zum folgenden Wort *(ʿAbdur-Raḥmān = ʿAbd ar-Raḥmān)*!

Obgleich sich die wichtigsten Namen wohl in allen islamischen Ländern finden, lassen sich doch gewisse regionale Besonderheiten beobachten. So erfreuen sich in schiitischen Gebieten die Namen *ʿAlīs* sowie seiner beiden Söhne *Ḥasan* und *Ḥusain* großer Beliebtheit. Typisch iranisch sind Namen wie *Reżā* und *Mīrzā*. Typisch osmanisch sind männliche Personennamen mit der Femininendung *-at, -et* (arabische Femininendung, die im Arabischen selbst *-ah* gesprochen wird, s.o.), z.B. *Ismet, Şevket, Behcet, Saffet* etc. Auch dieser Namenstyp wurde ins Arabische zurückentlehnt und ist heute vor allem noch in Ägypten anzutreffen,

z. B. *'Iṣmat, Shaukat, Bahğat, Ṣafwat* etc. Gleichfalls in Ägypten beliebt sind männliche Personennamen mit der Endung *-ī*, z. B. *Fauzī, Ramzī.*

Die Namen der Wochentage in einigen wichtigen islamischen Sprachen

	Arabisch	*Persisch*	*Urdu*	*Türkisch*	*Haussa*	*Bahasa Indonésia*
Freitag	al-jumʿah	jomʾe	jumʾa	cuma	júmmâʾa:	djumaʾat
Samstag	as-sabt	shambe	sanīchar	cumartesi	asábat	sabtu
Sonntag	al-aḥad	yak shambe	itwār	pazar	láhadi:	minggu
Montag	al-ithnain	do shambe	somwār	pazartesi	littinīn	senin
Dienstag	ath-thalāthāʾ	seshambe	mangal(wār)	salı	talá:ta	selasa
Mittwoch	al-arbaʿāʾ	chahār shambe	budh(wār)	çarşamba	lá:rabá:	rebu
Donnerstag	al-khamīs	panj shambe	jumʾa rāt	perşembe	alhamīs	kemis

V.
Der Islam im Spiegel zeitgenössischer Literatur islamischer Völker

(Johann Christoph Bürgel)

1. Einleitung

Wie einst die islamische Expansion große Teile Asiens sowie beträchtliche Randgebiete Afrikas und Europas erfaßte und für immer verwandelte, so hat in der Neuzeit die europäische Zivilisation praktisch die gesamte Welt überschwemmt und verändert. Dies gilt auch für die Literatur. Die in Europa entstandenen literarischen Formen und Ausdrucksmittel sind zum Modell der Literaturen der sogenannten Entwicklungsländer geworden, freilich nicht ohne ein Weiterwirken autochthoner literarischer Traditionen, die, sich mit westlichem Einfluß verschmelzend, neue eigene Ausdrucksformen hervorzubringen vermochten. Der Prozeß der literarischen Erneuerung in den nichteuropäischen Ländern weist in der Regel einige große gemeinsame Züge auf: Einführung von Druckerei und Zeitung, dadurch veränderte soziale Basis des Schriftstellers – er kann sich aus der Hofabhängigkeit lösen und zur Stimme des Volkes werden –, Übersetzungen aus der europäischen Literatur und erste eigene Versuche nach diesem Vorbild, wachsende kritische Selbstreflexion in bezug auf Vergangenheit und Gegenwart, kritisches Engagement für nationale Unabhängigkeit und geistig-soziale Erneuerung.

Für die islamische Welt, wo die ungeheuren Anfangserfolge, die sich mit wechselnder Trägerschaft über nahezu ein Jahrtausend fortsetzten, ein triumphales Überlegenheitsgefühl erzeugt hatten, bedeutete die plötzliche Konfrontation mit dem technisch und in mancherlei Hinsicht auch zivilisatorisch fortgeschrittenen Abendland einen enormen Schock. Die Reaktion war anfangs vielfach Bewunderung für die in Europa anscheinend verwirklichten Ideale von Freiheit und Gleichheit, die Garantie der menschlichen Grundrechte in den Verfassungen europäischer Staaten, die europäische Wissenschaft und Technik. Neben Befürwortern radikaler Verwestlichung erhoben sich freilich bald auch skeptische Stimmen, und die imperialistische Praxis mußte oft gerade bei denen, die an die abendländischen Ideale geglaubt hatten, bittere Enttäuschung auslösen. Drei Zeugnisse mögen dies belegen:

Sadullah (Saʿd Allāh) Pascha, ein einflußreicher türkischer Intellektueller (1838–1891), dichtete eine Ode auf das 19. Jahrhundert, in der es u. a. heißt:

Die Rechte der Person und des Besitzes sind vor Übergriffen geschützt.
Eine neue Ordnung ist der zivilisierten Welt verliehen worden.
Ein klares unumstößliches Gesetz bildet die Grundlage für die Gleichheit aller.
Die Verbreitung der Wissenschaft hat die Geister der Menschen erleuchtet.
Die Druckerpresse hat vollendet, was noch fehlte.
Im Abendland ist die Sonne des Wissens aufgegangen.
Nichts ist verblieben vom Ruhm Anatoliens und Ägyptens, der Araber und der Perser.
Die Zeit ist eine Zeit des Fortschritts, die Welt eine Welt der Wissenschaft.
Kann ein Volk überleben, wenn es in Unwissenheit verharrt?[1]

Dagegen warnt Żiya (Ḍiyā) Pascha (1825–1880), einer der Pioniere literarischer Erneuerung und alles andere als ein konservativer Obskurant, vor sklavischer Imitation des Westens:

Denen, die für den Glauben eifern, Fanatismus vorzuwerfen
und Männern ohne Glauben Weisheit beizulegen, das ist heute Mode!
Islam, sagen sie, ist ein Hemmschuh für den Fortschritt der Gesellschaft.
Diese Rede war früher unbekannt, jetzt ist sie Mode!
Unsere Treupflicht gegenüber dem Glauben zu vergessen
und in allen Dingen den «fränkischen» Ideen zu folgen, das ist jetzt Mode![2]

Und hier noch drei bittere Verse des ägyptischen «Dichterfürsten» Aḥmad Shauqī aus seiner Antwort auf die Abschiedsrede Lord Cromers von 1907:

Heute hat ihr Versprechen gebrochen eine Regierung, deren Versprechen wir für das Evangelium hielten,
die Ägypten betrat im Zeichen von Freundschaft und Verpflichtung, die sie uns auferlegte; doch diese Ankunft glich der Schwindsucht.
Sie zerstörte Ägyptens Wegzeichen, stürzte seine Säulen um und raubte die erhoffte Unabhängigkeit.[3]

Der Konflikt, in den die islamische Welt durch die Begegnung mit Europa gestürzt wurde, ist damit angedeutet. Er führte zu einer schweren Identitätskrise, aus der nach und nach, gestützt auf die eigene glorreiche – und oft zusätzlich verklärte – Vergangenheit sowie auf den Glauben an die Werte der eigenen Tradition, ein neues Selbstbewußtsein hervorwuchs. Schriftsteller der gesamten islamischen Welt haben, ihrer Verpflichtung bewußt, mit Lob und Kritik, Erinnerung und Appell an dieser Entwicklung mitgewirkt; sie läßt sich daher nun auch an ihrem Werk ablesen.

Aus der Fülle des Materials kann in diesem Rahmen nur einiges Wenige ausgewählt werden. Riesige islamische Gebiete wie Indonesien und Malaysia müssen zudem außer Betracht bleiben, weil sie außerhalb des Kompetenzbereichs des Schreibenden liegen. Ziel der Darstellung ist, den Überblick möglichst ausgewogen, facettenreich und repräsentativ zu gestalten.

Der Stoff ist wie folgt gegliedert:
(I.) Die Auseinandersetzung mit der Vergangenheit: Koranische Stoffe. Muḥammad. Die islamische Geschichte.
(II.) Die Auseinandersetzung mit der Gegenwart: Kritik an islamisch bedingten Erscheinungen. Bejahung der lebendigen Tradition.

2. Koranische Stoffe

Beginnen wir mit einem Drama des in der arabischen und wohl auch in der islamischen Welt bedeutendsten Vertreters dieser von Europa übernommenen Gattung, Taufīq al-Ḥakīms (1898–1987), mit dem Titel «Der Weise Salomo», ein Stück, das zeigt, wie man einen Stoff der islamischen Tradition sehr frei umgestalten kann, ohne dabei typisch islamische Anliegen aus dem Auge zu verlieren. Eigenen Angaben zufolge stützt al-Ḥakīm sich auf drei Quellen: Koran (Sure 27: 17–44), Bibel und «Tausendundeine Nacht» (es handelt sich um Motive aus den Märchen «Der Fischer und der Geist» sowie «Die Messingstadt»).

Die Personen des Stückes sind Salomo, sein Wesir Āṣif, sein Priester Ṣadūq, ein Fischer und ein Geist, Bilqīs, die Königin von Saba, deren Wesir und Generäle sowie ihre Zofe Shahbāʾ und ihr Gefangener Mundhir. Zwischen diesen Personen entwickelt sich ein kompliziertes Beziehungsgeflecht im Zeichen von Macht und Liebe. Salomo liebt Bilqīs, diese Mundhir, Mundhir aber liebt die Zofe. Die Verknüpfung der um Fischer und Dämon kreisenden Handlung mit der Figur Salomos beruht auf der jüdisch-islamischen Tradition – die auch in der «Messingstadt» begegnet –, wonach Salomo die ihm nicht botmäßigen Geister in Flaschen eingesperrt habe. Eine solche Flasche gerät zu Beginn des Dramas dem Fischer ins Netz. Der Geist bedroht ihn zunächst, läßt sich aber, als Salomos Schiffe am Horizont auftauchen, wieder in die Flasche sperren und bittet den Fischer, Fürsprache bei Salomo für ihn einzulegen. Salomo willfahrt diesem Anliegen unter der Bedingung, daß der Fischer die Konsequenzen tragen müsse – so, wie der Körper die Konsequenzen des in ihm wohnenden Geistes trage. Eine Symbolfunktion dieses Dramas wird hier also explizit gemacht: Der Dämon steht für menschlichen Geist, Verstand und Erfindung. Er wird später eingesetzt, um Bilqīs zur Hingabe zu zwingen. Als Salomo, gewohnt, daß die Frauen sich ihm zu Füßen werfen, bei Bilqīs auf Widerstand stößt, wendet er sich an den Dämon. Und dieser rät, mit Tat und Kampf zum Ziel zu gelangen. «Glaubst du wirklich, daß man mit Tat und Kampf den Schlüssel eines menschlichen Herzens erobern kann?» zweifelt Salomo, und ähnlich der Fischer: «Ist das erlaubt in der *sharīʿa* des Herzens und der Liebe?» Doch schließlich geht Salomo auf den Vorschlag des Dämons ein: Mundhir wird in eine Statue verwandelt und in ein Marmorbecken gestellt. Um ihn zu erlösen, muß Bilqīs so lange weinen, bis ihre Tränen das Becken füllen und zum Herzen der Statue reichen. Allabendlich erscheint der König und lacht die Weinende aus. Als nur noch wenige Tropfen fehlen, lockt er sie mit einem Vorwand vom Becken. Ihre Zofe weint die letzten Tropfen, Mundhir ist erlöst, und die Liebenden sinken sich in die Arme. Als Salomo und Bilqīs hinzutreten, lacht er nochmals, sie aber erstarrt und bricht zusammen. Doch die Reue folgt auf dem Fuß. «Wie konnte ich das tun?» fragt Salomo. Ṣadūq sucht ihm einzureden, er habe keine Sünde begangen, da er als Prophet – Salomo gehört nach koranischer Lehre zu den Propheten – ja unfehlbar sei. Doch der König ist anderer Ansicht. Und nun setzt der Dichter zu einem zentralen Dialog über das Wesen der Religion und namentlich der Propheten an. Gegenüber der Unfehlbarkeitstheorie des Priesters, seiner Sorge, wie denn das Eingeständnis der Fehlbarkeit auf die Menge wirken müsse, läßt er Salomo mit Vehemenz seine Sündigkeit bekennen, betonen, «daß ich in nichts besser bin als sie, es sei denn in dem Schmerz, der mich quält, sooft ich an meine Verfehlung denke!» Für den Priester ist Religion eine Kunst, deren Prinzipien es zu meistern gilt, für Salomo dagegen ist sie «das Eigentliche *(ḥaqīqa)* des menschlichen Herzens mit seinen guten und bösen Anlagen; sie ist das sichere Empfinden, daß wir Menschen Vollkommenheit nicht zu erreichen vermögen, und unser unablässiges Bemühen zum Guten, wobei wir so manchesmal über die Schleppen unserer schlechten Anlagen stolpern ... Die Religion ist Hoffnung und Trost».

In wenigen Szenen führt nun der Autor das Drama zu Ende. Der Geist wird wieder in seine Flasche gesperrt und ins Meer geworfen, Salomo und Bilqīs versöhnen sich, wobei das menschliche Herz als «das größte Wunder» gepriesen wird. Salomo erkennt, daß es aller irdischen Macht überlegen ist, daß nur Gott es zu öffnen vermag, und Bilqīs bemerkt daraufhin: «Es erschreckt mich, daß du das nicht wußtest, Salomo!» Die letzte Szene schildert den Tod des Titelhelden in Übereinstimmung mit der koranischen Legende (vgl. Koran 34:14).

Zwei Dinge zumindest sind eminent islamisch in diesem Stück. Einmal die betonte Fehlbarkeit des Propheten. Muḥammad pflegte ja, wie wir aus dem Koran (18:110) wissen, zu bekennen: «Ich bin ein Mensch wie ihr.» Insofern freilich, als schon das Mittelalter aus ihm eine überirdische Lichtgestalt machte, ist hier auch innerislamische Polemik im Spiel. Das zweite ist die Bedeutung des Herzens, die vor allem in der islamischen Mystik seit eh und je im Mittelpunkt steht.

Taufīq al-Ḥakīm hat auch einen weiteren Stoff aus dem Koran, die «Siebenschläferlegende» (Sure 18: 9–22), in einem Drama behandelt und darin den vergeblichen Kampf des Menschen gegen die Zeit entwickelt.[4] Zu erwähnen ist schließlich sein Muḥammad-Drama, ein Gegenstand, der uns zu einem neuen Abschnitt, der Behandlung des islamischen Propheten in der Gegenwartsliteratur, führt.[5]

3. Muḥammad

Die Verehrung Muḥammads, ein zentrales Element islamischer Frömmigkeit, hat bis in unsere Tage nichts von ihrer Bedeutung eingebüßt und einige der namhaftesten Schriftsteller zu wichtigen Werken inspiriert. Nicht näher eingehen wollen wir auf traditionelle Lobgedichte im Stil der berühmten «Mantelode» al-Buṣīrīs,[6] wie sie in jüngerer Zeit u. a. von al-Bārūdī (1839–1904) und dem «Dichterfürsten» Aḥmad Shauqī (1868–1932) verfaßt wurden. Sie zeichnen das traditionelle Bild eines in jeder Beziehung vollkommenen, überirdischen Menschen. In Shauqīs «Burda»-Gedicht kommt jedoch als neues Element der Versuch hinzu, Muḥammad als friedliebenden Propheten zu zeichnen, der nur notgedrungen zum Schwert griff – eine wohl durch Angriffe christlicher Missionare oder auch die objektiven Darstellungen der Islamwissenschaft provozierte polemische Reaktion. Der kriegerische Geist Muḥammads und des frühen Islams wird dagegen unbedenklich verherrlicht in einem 450 Seiten starken Versepos mit dem Titel «Diwan des islamischen Ruhms oder islamische Ilias» von Aḥmad Muḥarram (1877–1945).[7] Wie stark die Persönlichkeit des Propheten auch auf aufgeklärte Schriftsteller, ja solche, die den Islam oder einzelne seiner Institutionen kritisch beleuchtet haben, noch immer wirkt, möge der folgende Überblick zeigen.

Einer der fruchtbarsten ägyptischen Schriftsteller des 20. Jahrhunderts, Maḥmūd Taimūr (1894–1973), der, wie wir noch sehen werden, im einzelnen herbe bis sarkastische Kritik an islamisch bedingten Erscheinungen geübt hat, widmete dem Gesandten Gottes eine Reihe von Aufsätzen, die unter dem Titel «Der menschliche Prophet und andere Abhandlungen» erschien. Das Buch enthält einen autobiographischen Abriß, der die spirituelle Entwicklung des Autors von blindem Glauben über zermürbenden Zweifel zu einem aufgeklärten und gefestigten Glauben dartut. Bei dieser Bekehrung hat das Bild des Propheten eine wichtige Rolle gespielt. Er schreibt: «Der Schlüssel für das Verständnis der islamischen Botschaft wurde mir zuteil, als ich mich mit dem Leben des Propheten in all seinen Aspekten vertraut machte. Hier fand ich eine Persönlichkeit, reich ausgestattet mit all jenen Tugenden, die nötig sind, um eine Nation aufzubauen, ebenso aber auch für die moralische Disziplin des Individuums, für eine richtige Lebensführung von Menschen jeglicher Art. Diese hervorragende Persönlichkeit nahm mich bei der Hand und führte mich zum Weg der Wahrheit und des Glaubens, mit dem Ergebnis, daß ich diese Religion und die von ihr übermittelte Botschaft der Rechtleitung und Barmherzigkeit zu lieben begann. Die Persönlichkeit des Propheten ist eine lebendige Ausdeutung des Buches Gottes ... Gott wollte offenbar, daß der in seinem Buch vorgezeichnete Glaubensweg seine praktische Anwendung finden sollte im Leben Muḥammads, und daß dieser ein Modell für alle Menschen werde.»[8]

Taimūr beeindruckte, daß Muḥammad gleichzeitig ein Mensch des Glaubens und ein Mensch dieser Welt war:

«Muḥammad liebte die guten Freuden des Lebens, erstrebte sie wie ein guter Mensch auf gute Weise, denn er sah Gott in allem, was er tat, indem er sein Gewissen als wachsamen Zensor einsetzte ... das ist das wahre Wesen der Religion ... das ist Islam. Der Islam nämlich ermuntert dich, dein Leben hier voll und nach Herzenslust zu genießen ... zu genießen, wonach dich verlangt an Speise und Trank und Kleidung, und überhaupt jedes Vergnügen im Rahmen des Statthaften auszukosten ... solange du dabei nicht das Maß überschreitest und anderen Schaden zufügst ...

Muḥammad liebte und haßte, belohnte und strafte, behandelte jeden wie es ihm zukam, ohne übermäßig barmherzig oder grausam zu sein, außer wo Weisheit Härte erforderte ... So lebte Muḥammad in dieser Welt als ein Teil von ihr; weder löste er sich ab von ihr noch verhielt er sich gegen die Menschheit wie einer, der nicht dazugehört. Wie Muḥammad, so ist auch seine Religion menschlich. Wer ihre Geheimnisse begreift, wird in ihr die Wurzeln des menschlichen Wesens finden mit all seinen Trieben und Entwicklungsstufen bis zur höchsten Vollendung.»[9]

Wie Taimūr, so hat auch ein anderer sehr bekannter ägyptischer Autor, bei dem indessen im Unterschied zu jenem das essayistische Werk überwiegt, ʿAbbās Maḥmūd al-ʿAqqād (1889–1964), dem Propheten ein Buch gewidmet mit dem Titel «Das Genie Muḥammads». Es enthält Kapitel über die beiden am stärksten kritisierten Eigenschaften des Propheten, seinen kriegerischen Sinn und sein Verhältnis zu Frauen, und sucht zu beweisen, daß Muḥammad, obwohl er kämpfte, den Glauben nicht durch das Schwert verbreitete und daß seine neun Frauen nicht der Befriedigung fleischlicher Lust gedient hätten. Al-ʿAqqād bemüht sich, Muḥammads Größe als Prediger, Staatsmann, Administrator, Feldherr, Mensch, Gatte und Vater zu zeigen. In allen diesen Bereichen habe er die Grenzen menschlicher Vollkommenheit erreicht, «ein Mensch, der nicht seinesgleichen hat unter den Menschen.»[10]

Im Unterschied zu Taimūrs und al-ʿAqqāds essayistischen Muḥammad-Büchern tragen die im folgenden zu besprechenden vier Werke stärker literarischen Charakter.

Al-Ḥakīms schon erwähntes Theaterstück beschreibt Badawī, auf den wir uns hier stützen, als im schlechten Sinne brechtisch. Es besteht in einem losen Gefüge von fast 200 Szenen, die der Biographie des Propheten folgen. Der Autor hält sich eng an die Quellen und übernimmt z. T. sogar wörtliche Zitate. Das Schwergewicht liegt auf Muḥammads Verhältnis zu den Menschen, nicht auf seinem Verhältnis zu Gott. Al-Ḥakīm zeigt uns den Propheten auch in seinen menschlich-allzumenschlichen Zügen – die häuslichen Schwierigkeiten mit eigenwilligen Frauen, die eine strenge Ermahnung im Koran zur Erfolgung hatten, nicht ausgenommen. Sogar das Massaker an den Banū Quraiẓa, dem mehrere hundert jüdische Männer zum Opfer fielen, während Muḥammad eine der hinterbliebenen Witwen, Raiḥāna, für seinen Harem wählte, wird weder verschwiegen noch entschuldigt, und der Autor führt einen der Juden vor, wie er mit Mut und Würde in den Tod geht. Bemerkenswert objektiv wirkt auch der kurze Dialog zwischen Muḥammad und jener Jüdin, die versucht hatte, ihn zu vergiften.

> Muḥammad (zu der Frau): «Was hat dich veranlaßt zu tun, was du getan hast?»
> Die Jüdin: «Du hast nicht wenig Not über mein Volk gebracht. Du hast meinen Vater, meinen Onkel und meinen Gatten getötet. So sagte ich mir: Ist er wirklich ein Prophet, so wird's ihm nicht schaden, ist er aber ein Lügner, so werde ich mein Volk von ihm befreit haben.»
> Muḥammad (zu den Umstehenden): «Tötet die Frau!»[11]

Echter, offener ist in unserem Jahrhundert die Atmosphäre der Anfänge des Islams wohl selten von islamischer Seite geschildert worden.

Im Unterschied zu al-Ḥakīms um die Gestalt des Propheten kreisendem Drama hält sich ein anderer großer ägyptischer Schriftsteller, Ṭāhā Ḥusain (1889–1973), «Am Rande der Biographie» (Muḥammads), wie es der Titel seiner Sammlung von erfundenen Skizzen und Erzählungen andeutet.

«Diese Blätter», schreibt Ṭāhā Ḥusain in der Einleitung, «wurden nicht für Gelehrte und Historiker geschrieben ... sie geben ein Bild wieder, das sich in meinem Geiste formte, während ich über das Leben des Propheten nachlas ... Ich wurde durch einen inneren Zwang genötigt, dieses Buch zu schreiben. Als ich über das Leben Muḥammads las, fühlte ich meine Seele schwellen, mein Herz überfließen und meine Zunge sich lösen.»

Wie al-Ḥakīm schließt auch Ḥusain das Wunderbare, Übernatürliche ein, und zwar ganz bewußt, weil es Herz und Gefühl anspreche. Im wesentlichen lassen sich die Geschichten in zwei Kategorien einteilen – nämlich solche, deren Helden schlichte, hingebungsbereite Gläubige sind, und solche, in denen ruhelose, zweifelgeplagte Geister, wie z.B. «der irrende Philosoph», nach Wahrheit suchen. Der Prophet erscheint dabei als ein Mensch mit tiefer geistlicher Erfahrung, der eine neue Beziehung zwischen Gott und Mensch begründet. Von seinen kriegerischen Unternehmungen ist kaum die Rede.[12]

Zwei weitere Werke tragen den Stempel moderner politischer Ideologie. Muḥammad wird darin, wie zuvor schon von einzelnen westlichen Forschern, als Sozialrevolutionär porträtiert. In Fatḥī Raḍwāns «Der größte Rebell» kommt dieses Moment allerdings weniger zum Ausdruck als der Titel erwarten lassen würde. Dagegen ist ein anderer Aspekt bemerkenswert, nämlich das Bemühen des Autors, die Jugendlichkeit der meisten Anhänger des Propheten herauszustellen. Bei ihrer Bekehrung sind viele der später führenden Köpfe des Islams noch sehr jung: ʿUmar ist 26 Jahre alt, ʿAlī 14, Saʿd ibn Abī Waqqāṣ, einer der großen Heerführer des frühen Islams, 17 etc. Wörtlich schreibt der Autor: «Der Prophet segnete auf dem Totenbett die Jugend, und Gott wählte als Verteidiger seines Glaubens junge Leute. Möge man also überall den Jungen Platz machen!» Hier wird offensichtlich durch das Medium der Historie eine aktuelle Lehre erteilt für diejenigen, die die Offiziere der ägyptischen Revolution wegen ihrer Jugend und Unerfahrenheit kritisieren.[13]

Schließlich ist der Roman «Muḥammad, Apostel der Freiheit» des marxistischen Autors ash-Sharqāwī (geb. 1920) zu nennen. Was er schreiben wollte, ist «die Geschichte eines Menschen von beträchtlichem Heldenmut, der gegen brutale Mächte der Unterdrückung und für universale Brüderlichkeit, Gerechtigkeit, Freiheit und Würde der Bedrückten, für Liebe, Barmherzigkeit und eine bessere Zukunft für alle ohne Ausnahme kämpfte – für jene, die an ihn glaubten und jene, die nicht an ihn glaubten.»[14]

Ash-Sharqāwī zeichnet das Bild eines menschlichen Revolutionärs, eine säkularisierte Muḥammad-Figur. Selbst dessen Offenbarungen erscheinen als bloße Träume, die üblichen Wunder und übernatürlichen Vorgänge fehlen völlig. Der

Autor sieht den Kampf des entstehenden Islams als einen Klassenkampf, einen Kampf zwischen den kapitalistischen Kaufleuten und Geldleihern von Mekka, unterstützt von der Priesterschaft der mekkanischen Götter, und den Habenichtsen, die aller Rechte beraubt waren, die Männer meist Sklaven, die Frauen zur Prostitution gezwungen (was ideologische Überzeichnung ist). Ash-Sharqāwīs Muḥammad kämpft nicht nur für die Armen, er setzt sich auch ein für Sklavenbefreiung, freie wissenschaftliche Forschung und den «Arabischen Nationalismus», er glorifiziert die Handarbeit und greift das Mönchtum an, weil es die Unterstützung der Ausbeuterklasse impliziere. Mit historischer Realität hat das alles nur noch wenig zu tun. Denken wir nur daran, daß der Islam die Sklaverei keineswegs abschaffte, ihr vielmehr durch die Institution des Heiligen Krieges, dessen Gefangene nach islamischem Recht Sklaven sind (die Männer dürfen, wenn die Umstände es nahelegen, auch getötet werden), ganz neuen Auftrieb verlieh.

4. Die islamische Geschichte

Muḥammad und die Frühzeit des Islams bis etwa zu Hārūn ar-Rashīd, manchmal aber nur noch bis zum Tode ʿAlīs, also dem letzten der vier sogenannten «rechtgeleiteten» Kalifen, sind in der Auseinandersetzung mit der eigenen Geschichte heute vielfach das letzte Tabu, das letzte Bollwerk, an dessen Erhabenheit über jede Kritik nicht gerührt werden darf. Die spätere islamische Geschichte dagegen erscheint zwar bei manchen Autoren wie etwa Ḥālī und Iqbāl (vgl. unten) auch stark idealisiert, wurde andererseits aber auch schon im vorigen Jahrhundert kritisch reflektiert.[15]

Das hier vor allem zu nennende Romanwerk von Jurjī Zaidān (1861–1914) stellt allerdings die Reflexion eines christlichen Autors dar. Es durfte sich aber auch in islamischen Kreisen lange Zeit hoher Wertschätzung rühmen. Als Beispiel für die «aufklärerischen» Tendenzen Zaidāns sei sein Roman «al-ʿAbbāsa, die Schwester Hārūn ar-Rashīds» genannt. Die Handlung des Romans beruht auf der alten Überlieferung, wonach Hārūn, um gleichzeitig mit seinem ständigen Gesellschafter, Berater und Wesir, dem Barmakiden Jaʿfar, und mit seiner Lieblingsschwester al-ʿAbbāsa zusammensein zu können, die beiden eine Scheinehe schließen ließ, aus der dann aber eine wirkliche wurde – auch Kinder kamen –, was ihn zur Rettung der Familienehre gezwungen habe, Jaʿfar – und mit ihm das Geschlecht der Barmakiden – hinzurichten. Zwar gab es Historiker, die die Wahrheit dieser Geschichte anzweifelten, und andere, die glaubten, Hārūn selber habe sie erfunden zur Rechtfertigung seines Mordes, der sonst Anstoß erregt hätte, als Ahndung einer der Familienehre angetanen Schmach dagegen entschuldbar erschien. Zaidān aber läßt die Ereignisse in einem völlig anderen Licht erscheinen. Ihm dient der Stoff zur Anprangerung der Despotie, die er in der Gestalt des Kalifen symbolisiert und durch den Mund al-ʿAbbāsas verurteilt. Doch geht es dabei weniger um persönliche Eigenschaften Hārūns als um die despotische Ordnung selber, die die menschliche Natur verstümmelt. Der Mensch Hārūn, das Menschliche in ihm, wird durch den Kalifen überdeckt und schließlich verdrängt. Der Mensch Hārūn wäre bereit, mit dem einstigen Freund Mitleid zu haben, der Schwester zu verzeihen. Der Kalif vermag es nicht. Warum – das erklärt Zaidān mit den Worten: «Von Jugend an an die Ausführung des Kalifenbefehls gewöhnt, war ihm der Despotismus zur zweiten Natur geworden, die sich Verstand und gesundes Empfinden unterordnete, namentlich in Augenblicken des Zorns.»[16]

Die Deutung Zaidāns ist um so kühner, als sie im Widerspruch steht zu der Auffassung des großen Historikers und Geschichtsphilosophen Ibn Khaldūn (1332–1406), der die Erzählung von der illegalen Verbindung einer Abbasiden-Prinzessin mit dem Abkömmling eines persischen Freigelassenen für unvereinbar hält mit dem Adel und der Frömmigkeit jener frühen Kalifen und daher nach dem Prinzip, daß nicht sein kann, was nicht sein darf, die Überlieferung als Fälschung zurückweist.[17]

a) Die Glorie der Vergangenheit

Die Anprangerung der Despotie im Medium historischer Romane, die Zaidān sicherlich nicht ohne Seitenblick auf das damals noch bestehende osmanische Sultanat vorgenommen hat, ist nur eine Möglichkeit, die Gegenwart vermittels der Historie kritisch zu beleuchten. Auch das moderne arabische Theater hat sich mehrfach historischer Stoffe bedient, um solchermaßen indirekt Kritik an der Gegenwart zu üben, namentlich dann, wenn Eingriffe oder Verbote der Zensurbehörde zu befürchten waren.

Gegenwartskritik kann sich jedoch auch mit der Verklärung der Vergangenheit verbinden, wobei diese dann die doppelte Funktion hat, der düsteren Darstellung gegenwärtiger Mängel als helle Folie zu dienen und das darob empfundene Unbehagen, ja Minderwertigkeitsgefühl, durch ein neues historisch begründetes Selbstbewußtsein zu ersetzen.[18] Dies geschieht in besonders typischer Weise bei den beiden hindustanischen Dichtern Ḥālī (1837–1914) und Muḥammad Iqbāl (1877–1938). In seinem berühmten, in sechsversigen Strophen *(musaddas)* gehaltenen langen Lehrgedicht «Ebbe und Flut des Islams» konfrontiert Ḥālī die ihm durchaus negativ erscheinende islamische Gegenwart seiner Epoche einmal mit der verklärten eigenen Vergangenheit, zum anderen mit der glanzvollen Gegenwart des Westens, die er den muslimischen Zeitgenossen als verlorenes Ideal und nacheifernswertes Vorbild vor Augen hält. Der Islam, und namentlich die Araber, erscheinen darin als Retter verirrter Völker und verkommener Kulturen, ein Segen für die gesamte Menschheit:

> Die Christen nahmen von ihnen Wissenschaft und Kunst,
> die Geistlichen erwarben Ethik,
> die Isfahaner (Perser) lernten von ihnen Bildung.
> Die Monotheisten kamen herbei und riefen «labbaik!»
> Aus allen Herzen wurde die Wurzel der Unwissenheit herausgerissen,
> kein Haus in der Welt im Dunkel gelassen.[19]

Die Blüte der europäischen Wissenschaft wird also eigentlich den Arabern verdankt:

> Die Historiker, die heute Forschung treiben
> und deren wissenschaftliche Methoden großartig sind,
> die die Archive der Welt ausloten
> und die Oberfläche der Erde ergründen,
> die Araber haben ihr Herz angefeuert,
> von den Arabern haben sie die rasche Gangart gelernt.
>
> Kurz, welche Kunst auch immer mit Religion und Staat zu tun hat,
> Naturwissenschaft, Theologie, Mathematik, Philosophie,
> Medizin und Chemie, Geometrie und Astronomie,
> Politik, Handel, Architektur, Landwirtschaft,
> wo immer ihr ihnen nachforscht,
> werdet ihr auf ihre Spuren treffen.
>
> Zwar ist zertrampelt der Garten der Araber,
> aber eine Welt besingt noch die Araber,
> alles hat zum Grünen gebracht der Regen der Araber,
> auf allen Menschen ruht der Segen der Araber.
> Jene Völker, die heute die Krone von allem sind,
> werden den Arabern immer verpflichtet bleiben.[20]

Das Motiv des zertrampelten Gartens wird dann schonungslos entfaltet. Der Autor läßt den Leser von einem hohen imaginären Berg auf die Welt herabblicken. Er sieht viele blühende Felder und Gärten. Ein Garten jedoch ist gänzlich verwüstet: die islamische Welt, «wo durch Entschlußlosigkeit alles in Trümmern liegt».[21] Ḥālīs Selbstkritik an den indischen Muslimen erreicht kaum vorstellbare, wahrhaft vernichtende Ausmaße in Strophen wie den folgenden:

> Kein Ansehen bei den Völkern, kein Gewicht in den Sitzungen,
> kein Vertrauen untereinander, kein Zusammenhalt gegenüber Fremden,
> Schlaffheit in den Temperamenten, Dünkel in den Hirnen,
> Niedrigkeit in der Phantasie, Abscheu vor den Tugenden,
> Feindschaft verhüllt, Freundschaft zur Schau getragen,
> berechnende Demut, berechnende Schmeicheleien.
>
> Wir sind weder vertrauenswürdige Regierungsbeamte
> noch stolz gegenüber Hofleuten,
> weder verdienen wir Achtung in den Wissenschaften,
> noch sind wir in Handwerk und Industrie ausgezeichnet.
> (Selbst) dem Dienertum haben wir keinen Rang gelassen.
> Unser Handel erzielt keinen Profit.[22]

Es ist gut, solche Zeilen nicht ganz zu vergessen, zeigen sie doch, welchen Schock die plötzliche Begegnung mit der damals überlegenen westlichen Zivilisation ausgelöst hat und – was mehr ist – in welchem Maß es den Muslimen inzwischen gelungen ist, Versäumtes aufzuholen. Ḥālīs in mitreißendem Pathos vorgetragene Predigt, die ungeschminkte Darstellung der gegenwärtigen Misere und die Beschwörung der glorreichen Vergangenheit, verbunden mit dem Appell zu neuem Selbstbewußtsein und dynamischer Erneuerung, haben dazu einen ersten wesentlichen Beitrag geleistet. Dieses sein Verdienst gilt es festzuhalten, auch wenn Ḥālī heute weithin im Schatten Iqbāls steht. Was Ḥālī in einigen hundert *musaddas*-Strophen entwickelt, hat Iqbāl[23] in zwei längeren, je nur einige dreißig Strophen der gleichen Form umfassenden Gedichten entfaltet, die seinen frühen Ruhm begründen halfen, den Gedichten «Klage» und «Antwort auf die Klage». Das Provozierende dieser beiden Gedichte lag einmal darin, daß hier die Selbstverklärung sich verbindet mit dem an Gott gerichteten Vorwurf, weshalb denn die Muslime trotz all ihrer Verdienste um die Ausbreitung des wahren Glaubens in der Gegenwart soviel schlechter als die Ungläubigen dastünden, und zum anderen darin, daß die Kritik am zeitgenössischen Islam, aber auch der Aufruf zur Erneuerung, Gott in den Mund gelegt wird. In der Klage heißt es u. a.:

Sag doch, wer riß die Pforte von Khaibar heraus?
Wer nahm die Stadt ein, die des Kaisers war?
Wer zerbrach die Figuren erschaffener Götter?
Wer zersprengte der Ungläubigen Heer?
Wer hat den Feuertempel Irans zum Erkalten gebracht?
Wer Gottes Gedenken wieder lebendig gemacht?

Welches Volk hat lediglich Dich gesucht?
Für Dich die Mühe des Kampfes erduldet?
Wessen Schwert war welterobernd, weltbeherrschend?
Wessen *Allāhu akbar* erweckte Deine Welt?
Vor wessen Gewalt erstarrten die Götzen in Furcht?
fielen auf ihr Antlitz und riefen: «Gott ist Einer!»

Wenn mitten in der Schlacht Gebetszeit war,
küßte, nach Mekka gewandt, den Boden das Volk von Hedschas;
in einer Reihe standen Maḥmūd und Ayās,
keiner war Knecht, keiner Gönner von Knechten!
Knecht und Herr, Reicher und Armer waren eins;
in Deiner Botmäßigkeit waren alle eins.
(...)

Vom Pergament der Zeit tilgten wir das Nichtige,
den Menschen erlösten wir aus Sklaverei,
Deine Kaaba bevölkerten wir mit unsern Stirnen,
Deinen Koran hefteten wir an unsere Brust.
Und dennoch klagst Du, wir seien nicht treu.
Sind wir nicht treu, so bist Du herzlos![24]

In späteren Versen wird geklagt, «... daß die Ungläubigen Huris und Schlösser haben/Die armen Muslime dagegen nur die Verheißung der Huris.»[25]

Warum findet sich bei den Muslimen kein irdisches Glück?
Deine Macht ist doch unbegrenzt und unermeßlich!
Willst Du's, so sprudelt Wasser aus dem Herzen der Wüste hervor
und den Wüstenwanderer überschwemmt die Flut gewordene Fata Morgana.
Hier aber ist nur Spott der Feinde, Schmach und Entbehrung.
Ist denn der Lohn für das Sterben um Deinetwillen das Elend?

Die Feinde haben sich jetzt die Welt dienstbar gemacht.
Für sie ist die Welt zu einem Traumland geworden.
Wir sind entlassen, andere verwalten die Welt.[26]
(...)

Es klingt stellenweise wie ein alttestamentlicher Psalm. In Gottes «Antwort auf die Klage» aber lesen wir u. a. (hier einmal in Verse gebracht, zur Verdeutlichung der Strophenform):

Wer war es, der das Nichtige getilgt vom Pergament der Zeit?
Wer hat das menschliche Geschlecht von seiner Sklaverei befreit?
Wer hat sich mit geneigter Stirn dem Dienst im Heiligtum geweiht?
Wer heftete sich den Koran an seine Brust in Freud und Leid?
Es waren eure Väter doch! Was aber seh' ich euch besorgen?
Die Hände in den Schoß gelegt, harrt ihr der Gunst von morgen![27]

Ḥālīs «Ebbe und Flut» hatte auf einem eher pessimistischen Ton geschlossen; mit einem Gebet, dessen letzte Strophe lautet:

Rette sie vor dem beklemmenden Unglück,
daß Wanderer und Führer den Weg verlieren,
daß keine Hilfe mehr ist zwischen Freund und Gefährten,
daß Hand und Stab keine Stütze mehr versprechen!
Daß rechts und links die Finsternis hereinbricht,
und in den Herzen Kummer wohnt statt Hoffnung!

Iqbāls «Antwort auf die Klage» schließt dagegen mit einer Apotheose Muḥammads und einem damit verknüpften Appell, sein Licht in der ganzen Welt zu verbreiten. Hier nur noch eine Strophe als Muster des beschwörend-prophetischen Tons, den Iqbāl so oft in seinen Gedichten anschlägt:

Wie Duft in der Knospe bist du gebunden, zerstreu dich!
Werde zum unbehausten Wind der Gartenbeete!
Bist du auch arm an Mitteln, werde vom Atom zur Wüste!
Werde vom Lied der Woge zum Tosen des Taifuns!
Erhöhe alles Niedrige durch die Kraft der Liebe!
Mach licht die Zeit durch den Namen Muḥammads![28]

Was uns bei Iqbāl begegnet, ist eine neue Form des islamischen Triumphalismus, der zum Charakter dieser Religion gehört wie zum Charakter des Christentums ursprünglich der leidensbereite Pazifismus, so daß hier im Grunde einer der Wesensunterschiede der beiden Religionen vorhanden ist, den allerdings die Geschichte allzu oft verwischt hat. Iqbāls ganzes Bemühen als Dichter und Denker zielt darauf ab, den Idealtyp des muslimischen Gläubigen aus der Vergangenheit herzuleiten, ihn als die anthropologische Vorbedingung islamischer Größe zu postulieren und als den eigentlichen Inhalt islamischer Botschaft immer neu zu beschwören. Iqbāl, der islamische Tradition und koranische Offenbarung, von ihm oft kühn und textfern interpretiert, mit Elementen islamischer Mystik sowie Einflüssen europäischen Denkens – Goethes Persönlichkeitsbegriff und faustischer Tatendrang, Nietzsches Übermenschentum und Bergsons *élan vital* sind vor allem zu nennen – auf geniale Weise verschmolz, schwebt ein vollkommener Mensch mit kosmischen Dimensionen vor, und er sieht ihn in großen Gestalten der islamischen Geschichte – Muḥammad, ʿAlī, dem Mystiker al-Ḥallāj u.a. – verwirklicht. Er arbeitet mit einem aus dem Neuplatonismus stammenden, dynamischen Liebesbegriff: Liebe entfacht sich an Schönem, und Schönes ist Erscheinung des Göttlichen in Schöpfung und Geschichte. So kann Iqbāl sagen, daß die islamischen Heere, die die Welt eroberten (und die, neutral gesprochen, eines der größten Kolonialreiche der Geschichte gründeten), von Liebe getrieben wurden. Liebe ist Tatendrang aus Glauben, und Pflicht des Glaubenden ist es, dem göttlichen Schönen zur vollen Erscheinung zu verhelfen, an der Vollendung der noch unvollkommenen Schöpfung mitzuwirken. Der Aufruf, eine neue Welt zu erbauen, zieht sich denn auch durch seine Dichtung, und er selber versteht sich als Prophet dieser neuen, im Geist des Islams zu errichtenden Welt. Voraussetzung dafür ist die Abkehr von der auf Selbstaufgabe, auf Askese und Entwerden ausgerichteten mystischen Tradition und die Ausbildung des Selbst, des Ego, der Persönlichkeit, eben jenes islamischen Idealtyps, der, obwohl arm, stolz ist und die Könige zittern macht, der, statt sein Schicksal von den Sternen regieren zu lassen, selber auf die Gestirne einwirkt. Prototyp dieses kosmischen Menschen ist natürlich vor allem Muḥammad, und zwar aufgrund seiner nicht im Koran, wohl aber in der Tradition verankerten Himmelfahrt *(miʿrāj)*. Das zeigt etwa das folgende «Miʿrāj» überschriebene Gedicht:

> Jenes Sonnenstäubchen, dem das Brodeln der Sehnsucht die Lust
> des Fluges verleiht, vermag Mond und Sonne zu plündern.
> Nicht schwierig ist, Gefährten der Aue, der Kampf mit dem Falken,
> sofern in der Brust des Rebhuhns eine glühende Seele wohnt!
> Der Muslim ist eine Lanze, ihr Ziel die Plejaden!
> Das Geheimnis des Königszeltes der Seele ist die Himmelfahrt.
> Hast du den Sinn von «Und bei dem Stern»[28a] nicht begriffen, was Wunders!
> Deine Gezeiten sind jetzt des Mondes bedürftig![29]

b) Iqbāls Ewigkeitsbuch

Iqbāls Dichtung ist mitreißend und beschwörend. Sie leidet jedoch an einem Gebrechen, das ihm auch von muslimischer Seite Kritik eingebracht hat: Sie ist utopisch und idealistisch-abstrakt, vermeidet das konkrete historische Detail ebenso wie realistische Vorschläge für die Gegenwart. In Iqbāls Dichtung erscheinen die Gestalten der Geschichte als Typen, als Symbole von Ideen oder Verhaltensweisen. Fārābī (gest. 950) und Ibn Sīnā (gest. 1037) etwa, die großen Philosophen, deren Denken (wie das der gesamten islamischen Philosophie, von wenigen Ausnahmen abgesehen) im Zeichen der Bemühung stand, Religion und Philosophie, Vernunft und Offenbarung zu versöhnen, sind in seiner Dichtung bloße Chiffren für den der Liebe entgegengesetzten Verstand, die kalte, der «Narrheit» des Rausches und der Begeisterung unfähige *ratio*. Typenhafte Repräsentanten von Ideen sind auch die Gestalten in Iqbāls vielgerühmtem Hauptwerk, dem genialen «Ewigkeitsbuch», das in Anlehnung an mittelalterliche Beschreibungen von Muḥammads Himmelfahrt und andere Seelenreisen – zu denken ist namentlich an das Versepos «Reise der Gottesknechte ins Jenseits» des persischen mystischen Dichters Sanāʾī (gest. 1141), die parodistische Jenseitsvision des arabischen Skeptikers Abū l-ʿAlāʾ al-Maʿarrī (gest. 1057), aber natürlich auch an Dantes «Divina Commedia» – eine visionäre Reise durch den von Geistern Verstorbener bewohnten Planetenhimmel beschreibt. Bemerkenswert ist, daß diese dichterische Deutung und Verarbeitung der Geschichte nicht nur bis in die jüngste Vergangenheit reicht, so daß etwa der Mahdi des Sudan oder Reformer wie Jamāl ad-Dīn al-Afghānī und Saʾīd Ḥalīm Pascha auftreten, sondern daß sie den islamischen Rahmen sprengt und Gestalten wie Nietzsche und Lord Kitchener, indische Weise und die Bahāʾī-Dichterin Ṭāhira Qurrat al-ʿAin einbezieht. Zusammen mit Iblīs, dem koranischen Satan, mit dem 922 von der Bagdader Obrigkeit als Ketzer hingerichteten Mystiker al-Ḥallāj und mit dem hindustanischen Dichter Ghālib (1797–1869), einem Minnesänger von morbider Süße, bewohnt Ṭāhira die Jupitersphäre und repräsentiert mit jenen zusammen die Gruppe der großen Liebenden.[30] Iqbāls Liebesbegriff, sonst häufig mit «Islam» gleichgesetzt, wird hier also deutlich weiter gefaßt und mit einem Geruch von Ketzerei versehen, wie ja die Liebe in der islamischen Mystik und der von ihr beeinflußten persischen Ghaselendichtung schon früh begann, sich als eine Art Häresie gegenüber der Orthodoxie abzusetzen, und sich rühmte, den «Gürtel» (arab. *zunnār* von gr. *zonarion*), das vorgeschriebene Merkmal der monotheistischen Nichtmuslime, zu tragen.[31] Es ist hier nicht der Ort, auf diesen Fragenkomplex näher einzugehen. Halten wir aber fest, daß weder das sozialrevolutionäre Engagement von al-Ḥallāj noch Ṭāhiras Eintreten für die Emanzipation der iranischen Frau, noch der genußsüchtige Egoismus Ghālibs ihn beschäftigen.[32] Jqbāls Dichtung schwebt, auch wenn er die moderne Erziehung, den Kapitalismus, die Frauenbefreiung geißelt, stets über den konkreten Details mit rhetorischem Schwung dahin.

c) Die Tragödie des al-Ḥallāj

Betrachten wir nun aber noch ein Werk neueren Datums, das eine der auch von Iqbāl thematisierten Gestalten, den Mystiker al-Ḥallāj, in den Mittelpunkt stellt und seine Anliegen deutlich zur Sprache bringt: das Drama «Die Tragödie des al-Ḥallāj» des ägyptischen Dichters Ṣalāḥ ʿAbd aṣ-Ṣabūr (gest. 1981).[33] Al-Ḥallāj wurde, wie wir bereits sagten, als Ketzer hingerichtet. Er hatte Obrigkeit und Orthodoxie mehrfach provoziert, einmal durch seinen in mystischer Ekstase ausgestoßenen Ruf «Ich bin die Wahrheit (Gott)!», der die Identifikation von Gott und Mensch zu beinhalten schien, nach mystischer Lehre freilich nur den Zustand völligen Entwerdens anzeigt; sodann durch seine Kritik an Steuererlässen der Abbasiden-Regierung, durch sein Eintreten für die Armen, seine Wundertaten und schließlich – dieses Delikt spielte beim Prozeß, der zu seiner Verurteilung führte, eine wichtige Rolle – seinen Vorschlag, die Pilgerfahrt nach Mekka durch eine einfache häusliche Zeremonie zu ersetzen und das so eingesparte Geld für die Speisung von Waisenkindern zu verwenden.[34] Ohne auf diesen letzten, noch immer heiklen Punkt einzugehen, arbeitet ʿAbd aṣ-Ṣabūr doch klar das soziale Engagement und den charismatischen Charakter des großen Mystikers heraus, dessen geistige Verwandtschaft mit Jesus in der ihm gewogenen Tradition seit je gesehen wurde, während ihn die Orthodoxie als Ketzer, Aufrührer und Betrüger einzustufen pflegte.

In einem durchaus modern anmutenden Stück entwickelt der Autor in nur fünf Szenen den dramatischen Ablauf des Geschehens, wobei die erste Szene das Ende vorwegnimmt: Auf einem öffentlichen Platz sieht man im Hintergrund al-Ḥallāj an einem Baum hängen. Ein Bauer, ein Kaufmann und ein Prediger unterhalten sich über ihn und fragen nach der Ursache seiner Hinrichtung. Eine Gruppe von Handwerkern, die «die Menge» repräsentiert, gibt Auskunft. Die folgenden vier Szenen zeigen in Rückblende die wichtigsten Stationen des Geschehens: al-Ḥallāj im Gespräch mit dem Mystiker Shiblī (einer historischen Figur), den er vergeblich von der Notwendigkeit konkreten Kampfes gegen die Armut zu überzeugen sucht. Al-Ḥallāj, der während einer öffentlichen Predigt gegen die Armut als der Mutter aller Verbrechen verhaftet wird. Al-Ḥallāj im Gefängnis, im Gespräch mit dem Mitgefangenen, das um Jesus und um die Frage des gerechten Herrschers kreist. Im Unterschied zu Jesus, der als einziger fähig gewesen sei, Tote lebendig zu machen, nimmt al-Ḥallāj für sich lediglich in Anspruch, tote Seelen durch seine Worte erwecken zu können. Die letzte Szene schließlich zeigt uns den Helden vor seinen Richtern und vor der Menge, die befragt wird wie einst im Prozeß um Jesus. Der Richter fragt nur, und die Menge ist es, die ruft: «Ketzer, Ketzer!» – «Tod, Tod!» und: «Sein Blut komme über uns!» So prangert das Stück die Verquickung von Religion und Macht, die Korrumpierbarkeit der Richter, die Ängstlichkeit der Frommen – Shiblī verweigert die Zeugenaussage vor Gericht – und die Verführbarkeit der Menge an.[35]

5. Kritik an islamisch bedingten Erscheinungen

a) Grundsätzliches

ʿAbd aṣ-Ṣabūrs Drama, das einen großen Erfolg hatte, führt uns zu einem weiteren Aspekt unseres Themas, der konkreten Kritik zeitgenössischer Autoren an islamischen Institutionen und Traditionen ihrer Gesellschaft. Während generelle Kritik am Islam als Religion selten begegnet und wohl auch eher ein Gegenstand für philosophische Abhandlungen ist, sind einzelne auf dem islamischen Recht oder auf islamischer Tradition beruhende gesellschaftliche Erscheinungen – zumal solche, die der heutige aufgeklärte Betrachter geneigt ist als Mißstand zu deuten – beliebter und häufig aufgegriffener Erzählstoff. Dabei haben einerseits die literarische Ergiebigkeit – sei es aufgrund von Emotionen und Sentimenten, wie beim Frauenthema, sei es infolge kriminalistischen Einschlags wie in den Blutrache-Erzählungen, sei es dank pittoresker Details wie bei der Schilderung von Volksglauben, Heiligenkult und mystischen Zeremonien –, andererseits aber auch das eingangs erwähnte sozialkritische Engagement als Antrieb gewirkt und wirken noch immer. Nicht alle in der sozialkritischen Gegenwartsliteratur behandelten Themen sollen und können also hier behandelt werden, vielmehr nur solche, bei denen ein Bezug zum Islam deutlich erkennbar ist.

Grundsätzliche Kritik am Islam ist freilich auch deswegen selten, weil dies ein heikles und für den Urheber womöglich nicht ungefährliches Unterfangen ist. Solche Kritik pflegt sich daher, wo sie sich überhaupt hervorwagt, in ein symbolisches Gewand zu hüllen, in verschlüsselter Form aufzutreten, andere Religionen einzubeziehen oder offen zu lassen, ob der Islam oder vielleicht eine andere Religion gemeint sei.[36] Zwei bekannte und literarisch bedeutende Beispiele seien im folgenden kurz beleuchtet.

Im Jahre 1955 veröffentlichte der spätere tunesische Kultusminister Maḥmūd al-Misʿadī ein Drama mit dem Titel «Der Damm», das gleich nach seinem Erscheinen eine lebhafte, ja erregte Diskussion auslöste, an der u.a. kein Geringerer als Ṭāhā Ḥusain teilnahm. Das Drama, von allen arabischen Kritikern einhellig als Meisterwerk moderner arabischer Prosa gerühmt, von manchen als Grundstein einer neuen literarischen Schule gefeiert, für die u.a. der Name «islamischer Existentialismus» gefunden wurde, hat folgenden Inhalt: Im Mittelpunkt steht Ghailān, ein Einzelgänger, ein religiös emanzipierter, von leidenschaftlichem Willen zur großen Tat erfüllter Intellektueller, der begonnen hat, die Dürre und Unfruchtbarkeit eines Wüstentals durch die Errichtung eines Dammes zu beseitigen. Die Schwierigkeiten, die er zu überwinden hat, sind nicht nur praktischer, sondern stärker noch ideologischer Art. Die Bewohner des Wadis verehren nämlich Ṣahabbā, die Göttin der Hitze und Dürre; ihre Priester verfluchen den Dammbau, und die Stimmen ihres Propheten warnen vor Auflehnung gegen die Göttin, gegen das Schicksal. Maimūna, die Frau Ghailāns, schenkt diesen Warnungen mehr und mehr Gehör. Sie ist nicht bereit, die gesicherte Wirklichkeit für eine gefährliche Möglichkeit aufs Spiel zu setzen. Ghailān dagegen läßt sich in seinem Glauben an die Tat durch keinen Rückschlag erschüttern. «Es geht darum, Gesetze, Grenzen und Hindernisse zu leugnen, Schwäche und Ergebung nicht hinzunehmen, das Nichts nicht gelten zu lassen, kurz, um den Glauben an die Tat!» Dies ist seine Devise. Maimūna dagegen sagt von den Stimmen des Propheten: «Sie verkündigen jedem Lebendigen, was ihm bestimmt ist im Leben und warnen und setzen ihm Grenzen.» Maimūna kehrt sich von Ghailān ab – gleichzeitig ein symbolischer Vorgang, denn sie verkörpert seine Zweifel. An ihre Stelle tritt eine feenhafte Schönheit, die seinen Wunschtraum personifiziert. Sie ermutigt ihn nicht nur, die Arbeit am Damm fortzusetzen, vielmehr schwärmen sie beide gemeinsam davon, Stürme zu erschaffen und selbst die Götter menschlichen Zielen dienstbar zu machen. Doch als der Damm vollendet scheint, zieht ein Unwetter apokalyptischen Zuschnitts auf, zerstört das Bauwerk und reißt die kühnen Utopisten mit sich in die Lüfte.[37]

Man sieht, der Autor ergreift nicht einseitig Partei, vielmehr scheint er den Leser – das Stück ist auf dem Theater nicht darstellbar, wurde aber als Hörspiel in mehreren Sprachen gesendet – vor eine Aporie zu stellen: Die traditionelle Religion lähmt den Fortschritt, obwohl dieser für das Wohl der Gemeinschaft bitter erforderlich wäre; aber die Protagonisten des Fortschritts verfallen der Hybris und schließlich vernichtet sie die Natur, als vollzöge sie die Rache der beleidigten Religion. Doch auch diese Festlegung geht nicht auf, denn der Held und seine enthusiastische Gefährtin erleben den Untergang als Vollendung, als Aufbruch in neue, der irdischen Drangsal entrückte Bereiche. Der Autor steht sichtlich auf ihrer Seite. Was nun aber die Relevanz des Stückes für unser Thema und seine Anstößigkeit für den traditionellen muslimischen Leser ausmacht, ist der Umstand, daß der Autor, wenn Ghailān die dem Dammbau im Wege stehende Schicksalsergebenheit angreift, mehrfach das Wort *islām* verwendet, daß er die Priester der Ṣahabbā eine Zeremonie vollführen läßt, die deutlich an die Meditationsveranstaltungen mystischer islamischer Orden erinnert, und daß er auch sonst den Ṣahabbā-Kult in einer Weise präsentiert, die dem Leser die Gleichsetzung mit dem Islam zumindest nahelegt. Ṭāhā Ḥusains These, daß die triste Dürftigkeit und lähmende Unfreiheit dieser Dürre-Religion die Zeit des französischen Kolonialismus symbolisiere, ist denn auch von al-Misʿadī selber zurückgewiesen worden.

Doch überlassen wir anderen den Streit um die Deutung und wenden wir uns nun einem symbolischen Roman zu, dessen Chiffrierung so durchsichtig ist, daß über das Gemeinte kein Zweifel bestehen kann. In ihm jedoch geht es nicht nur um den Islam, sondern die drei großen monotheistischen Religionen werden in Frage gestellt. Es handelt sich um ein Werk des unumstritten bekanntesten ägyptischen Erzählers des 20. Jahrhunderts, Najīb Maḥfūẓ (geb. 1911), den Roman «Die Kinder unseres Viertels», der 1959 als Fortsetzungsserie in der Zeitschrift «al-Ahrām» veröffentlicht wurde und ein geradezu sensationelles Aufsehen erregte. Konservative Kräfte, vor allem an der altehrwürdigen religiösen Azhar-Universität, empörten sich über das «freche Antasten heiliger Dinge», und die Ablehnung wurde so scharf, daß die Regierung sich veranlaßt sah, nicht nur ein

Erscheinen in Buchform, sondern jede weitere öffentliche Diskussion zu unterbinden. Die geniale Idee des Buches besteht darin, die Geschichte des Monotheismus mit seinen drei großen Stifterfiguren in den Alltag eines Kairoer Stadtviertels zu projizieren, d.h. Religionsgeschichte wird hier vom Konzept her vor allem als Sozialgeschichte gewürdigt und kritisch «hinterfragt».

Im «leeren Raum» zwischen dem alten Kairo und der Bergwüste des Muqaṭṭam hat sich ein alter Mann unklarer Herkunft namens al-Jabalāwī (= Gott) einen umfangreichen Besitz geschaffen, den er als *waqf*, als (im islamischen Recht verankerte) Stiftung seiner Familie hinterlassen will. Doch er hat wenig Freude an seinen Söhnen. Idrīs (= Iblīs, Satan) will sich nicht damit abfinden, daß der Vater die Verwaltung des *waqf* dem jüngeren Adham (= Adam) überträgt, und Adham versucht, die vom Vater streng geheimgehaltene Stiftungsurkunde zu lesen. Er verstößt daher beide und sucht einen Sohn Adhams namens Humām (= Abel) wieder ins Haus zu holen, doch auch dieser Plan scheitert, weil Humām von seinem Bruder Qadrī (= Kain) aus Eifersucht erschlagen wird. Nach diesen trüben Erfahrungen zieht sich al-Jabalāwī ganz in die Einsamkeit seines großen Hauses zurück und überläßt die Verwaltung einem Aufseher, Symbol des irdischen Machthabers, der denn auch bald die Einwohner des inzwischen auf dem Grundstück entstandenen Stadtviertels um den Ertrag der Stiftung betrügt, ohne daß der Alte eingreift.

Schlägertrupps machen sich breit, vom Aufseher geduldet, ja benutzt. Doch als die Zustände unerträglich werden, erhebt sich ein gewisser Jabal (= Mose) und erkämpft mit seinen Anhängern den ihnen zustehenden Anteil am Stiftungsgut. Nicht lange danach tritt Rifāʿa (= Jesus) auf, der jedoch nicht am *waqf*-Ertrag interessiert, sondern nur darauf bedacht ist, die Leute von den bösen Geistern ihrer Begierden zu erlösen. Da er jedoch Anhänger gewinnt und beansprucht, im Namen al-Jabalāwīs zu sprechen, betrachten ihn der Aufseher und die Schlägertrupps als Gefahr und bringen ihn um. Wieder verschlechtert sich die Lage; da erscheint eine weitere Führerfigur, Qāsim (= Muḥammad), bricht, abermals mit Gewalt, den Terror der Halbstarkenbanden und läßt nun erstmals den Ertrag der Stiftung allen Bewohnern des Viertels ohne Unterschied von Sippe und Geschlecht zukommen. Doch auch nach seinem Tod währt es nicht lange, bis die alten Mißstände wieder einreißen, weil die Bewohner die Lehren ihrer Führer vergessen. Nun aber nimmt der Gang der Handlung eine für Maḥfūẓ typische Wendung. Ein Zauberer namens ʿArafa (der Name ist von der arabischen Wurzel *ʿrf* «wissen» abgeleitet) folgt auf die Epoche der Propheten, und es kann kein Zweifel bestehen, daß er die Wissenschaft symbolisiert. Obwohl keiner der drei Gruppen zugehörig, siedelt er sich im Unterbezirk der Rifāʿīya (= Christen) an. Er nimmt den Kampf gegen den Terror der Banden und für gerechte Verteilung des *waqf* auf. Doch um sich Klarheit über den Inhalt der Urkunde zu verschaffen, dringt er in das Haus des Alten ein, im Zweifel, ob dieser überhaupt noch am Leben sei. Er tötet unbeabsichtigt den die Urkunde bewachenden Diener, flieht und begibt sich in die Dienste des Aufsehers, dem er eine gefährliche Waffe zur Verfügung stellt, die dieser benutzt, um die Schlägertrupps zu beseitigen. Als der Aufseher nun aber mit Hilfe des Zauberers wiederum die Bewohner des Viertels zu unterdrücken beabsichtigt, rafft dieser sich auf und entflieht, wird aber von den Häschern des Aufsehers gefaßt und getötet. Die Hoffnung der Bevölkerung richtet sich nun auf Ḥanash, den Bruder ʿArafas, der mit dem Zauberbuch entkommen ist. Die Leute, die ʿArafa anfangs der Ermordung al-Jabalāwīs beschuldigt hatten, finden sich bald damit ab, daß der Alte, wohl aus Schreck über den Tod seines Dieners, gestorben ist. «Die Vergangenheit kümmert uns nicht. Unsere Hoffnung liegt allein in der Zauberkunst ʿArafas. Wenn wir zwischen al-Jabalāwī und der Zauberkunst wählen sollen, dann wählen wir die Zauberkunst.»[38]

Maḥfūẓ' in späteren Werken durch Skepsis und eine Hinneigung zur Mystik gedämpfter Glaube an die Wissenschaft erscheint in diesem Roman noch nahezu ungebrochen. Die Religionen werden geschildert als höchst menschliche, wenig wirksame Versuche gerechter Verteilung des Sozialprodukts. Marxistisches Gedankengut verrät auch die Idee, daß Jabal und Qāsim sowie der Vater Rifāʿas – Rifāʿa selber verträgt es nicht – eifrige Haschisch-Raucher sind, während der Zauberer es ablehnt, da seine Arbeit Wachheit und Aufmerksamkeit verlange. Dabei werden aber die Unterschiede im Charakter der Religionsstifter sorgfältig und gerecht nuanciert, und die Rolle der Wissenschaft wird insofern relativiert, als der Zauberer in die Dienste des Aufsehers tritt (eine Anfälligkeit, die freilich in kaum minderem Maß auch für die Religionen gilt!).

b) Kritik an einzelnen Mißständen

Betrachten wir nun aber Kritik einzelner Phänomene anhand einiger weniger ausgewählter Beispiele.

Geistlichkeit: Eine häufige Zielscheibe literarischer Kritik ist, was kaum überraschen kann, der Stand der Mullahs, Imame, Moscheeprediger. Vorgeworfen wird ihnen vor allem Obskurantismus und Unterstützung der herrschenden und besitzenden Schichten. So steht etwa in dem großen Bauern-Roman «Die Erde» des schon erwähnten ägyptischen Autors ash-Sharqāwī der Moscheeprediger auf seiten der Herrschenden.[39] Wie sehr diesem engagierten Erzähler die sozialen Probleme am Herzen liegen und wie schonungslos er die Verquickung von Religion und Gesellschaftsstruktur aufdeckt, vermag jedoch schon eine Kurzgeschichte wie «Skorpione» zu zeigen. Die Handlung spielt in einer kleinen Ortschaft während des Zweiten Weltkriegs. Ein junger Mann verdingt sich nach mehreren vergeblichen Versuchen, Arbeit zu finden, beim Moscheeprediger als Skorpionenjäger. Es ist derselbe Imam, der ihn kürzlich davongejagt hatte, weil er, als Wasserträger für monatlich fünf Piaster beschäftigt, sich beim Bürgermeister über den Hungerlohn beschwert und eine Verdoppelung des «Gehalts» verlangt hatte. Der Imam ist mit dem «Effendi», dem Gutsbesitzer, auf gutem Fuß, einem Mann, der die Teuerung skrupellos ausnützt, Mais und Dünger zu stark überhöhten Preisen verkauft. Vor Ḥasan aber, dem Helden der Erzählung, spuckt unser Prediger aus. Die Moschee wimmelt indessen von Skorpionen, und Ḥasan geht an einem tödlichen Stich zugrunde.[40] Eine Erzählung von zugespitzter Sozialkritik und symbolischer Dichte, die das Versagen der religiösen Instanz im Hinblick auf die gerechte Verteilung des *waqf*-Ertrags akzentuiert.

Najīb Maḥfūẓ, der uns in seinem oben behandelten symbolistischen Roman Mose und Muḥammad als Haschisch-Raucher vorführt, läßt es an aktuellen Ergänzungen dieses Bildes ebenfalls nicht fehlen: In seinem Roman «Geschwätz auf dem Nil», der das Problem der Flucht in die Droge behandelt, wird ein Kreis von Künstlern, Journalisten und Beamten, Männern und Frauen, die sich allabendlich auf einem Hausboot zum Plaudern zusammenfinden, vom Wächter des Bootes, der gleichzeitig der Imam des nahegelegenen Gebetsplatzes ist, mit Haschisch versorgt, und einer der Teilnehmer überdies nach Wunsch mit Prostituierten.[41]

In der persischen Literatur hat vor allem Ṣādiq Hidāyat mehrfach die Figur des heuchlerischen, hinterhältigen *ākhūnd* gezeichnet. Doch mag es mit diesen wenigen Beispielen sein Bewenden haben.

Eng verwandt mit der Kritik an den Geistlichen ist jene an bestimmten Erscheinungen der Volksfrömmigkeit und der Mystik. Wie den Imamen und Moscheepredigern, so wird auch den Mystikern oft vorgeworfen, ihren Einfluß zu mißbrauchen. Schon um die Wende zum 20. Jahrhundert dichtete der persische Schriftsteller S. A. Gīlānī (1871–1934):

> Als ich eine Waise war, hat ein Scheich mir das Haus geraubt,
> Grundbesitz und Vermögen an sich gerissen und aufgegessen.
> Die ‹Asketen› haben schon viele Häuser verschlungen,
> den Hilflosen ihren Lebensunterhalt genommen.[42]

Und in dem literarisch geformten tagebuchartigen Dokumentarbericht über ein ostanatolisches Dorf, den der türkische Schriftsteller Mahmut Makal unter dem Titel «Unser Dorf» 1950 erscheinen ließ, ist es eine mystische Bewegung, die die Frömmigkeit und die Einfalt der Bauern gleichermaßen ausnutzt.[43] Und hier noch ein persisches Beispiel: Nach der Losung «Die Welt will betrogen werden» verschafft sich ein durch bittere politische Erfahrungen desillusionierter und innerlich gebrochener Intellektueller den einträglichen Aufseherposten in einem persischen Heiligengrab, indem er durch ein vorgetäuschtes Heilungswunder selber in den Geruch der Heiligkeit gerät. Der Stoff dieser «Gesinnungswandel» betitelten Erzählung stammt bezeichnenderweise von dem Islam-kritischen Hidāyat, der aber nicht mehr dazu kam, ihn auszuarbeiten, so daß Jamālzādah ihn dann gestaltete.[44] Auch Maḥfūẓ hat in einer Erzählung die Figur eines despotischen Ordensführers, der, unberührt von der ihn umgebenden Armut, in Luxus sein Leben genießt, gezeichnet. Hier jedoch schreitet eine Gruppe Jugendlicher zum Aufstand, und als sich herausstellt, daß ihr Anführer ein unehelicher Sohn des Mystikers ist, muß dieser einlenken, und am Ende stehen Einsicht und Versöhnung.[45]

Sind es in den angeführten Beispielen Heuchelei, Machtgier, Irreführung und Ausbeutung der Menge, die kritisiert werden, so nehmen andere Autoren den Obskurantismus aufs Korn. Iqbāl etwa kritisiert die zeitgenössische Sufik (arab.

taṣawwuf) als eine des alten wahren Geistes der Mystik ermangelnde Verfallsform:

Im *ṣūfī*-Zirkel schwand die Glut der Sehnsucht,
übrig sind nur die Wunderlegenden.
Sultanspalast und Derwischkloster sind zerstört.
Wehe! Thron und Betplatz sind reine Heuchelei!
Einst wird den Richter des jüngsten Tages in Scham versetzen
das Buch des Ṣūfī und die Banalität des Mullā![46]

Was uns an diesen Versen freilich wieder stört, ist jener oben schon kritisch beleuchtete Grundzug der Iqbālschen Dichtung – die Generalisierung und damit Klischeehaftigkeit vieler seiner Aussagen. Es gibt noch heute eine lebendige Mystik und Volksfrömmigkeit, und es gibt gerade in mystischen Kreisen oft soziales Engagement und Impulse karitativen und politischen Handelns, wie ja in der islamischen Geschichte Aufstände sozial benachteiligter Gruppen nicht selten von Mystikern angeführt wurden.

Mutig ist die Kritik, die der bedeutende ägyptische Autor ʿAbd al-Ḥakīm Qāsim in einer seiner Erzählungen an den *Muslimbrüdern* geübt hat. Beitritt zu dieser Vereinigung, aus welchen Gründen auch immer, laufe immer auf eine Erziehung zum Fanatismus hinaus.[47]

Blutrache: Ein mehrfach aufgegriffenes brisantes Thema ist die Blutrache, die im Koran (2:179) verankert und Teil des islamischen Rechtes ist, wobei allerdings heute muslimischerseits betont wird, daß der Koran empfehle, sich friedlich zu einigen. Als Selbstjustiz-Instrument in einer nomadischen Gesellschaft entstanden, war die Institution der *talio* im Koran wohl als einmaliger Racheakt am Mörder zur Wiederherstellung der Gerechtigkeit gedacht, pflegte aber im Sinne einer Sippenhaft gehandhabt zu werden und oft über Generationen hin fortzudauern. Genau diesen Tatbestand schildern zwei «Blutrache» betitelte Novellen, die eine von dem syrischen Schriftsteller Ḥabīb Jamātī,[48] die andere von dem bekannten ägyptischen Erzähler Iḥsān ʿAbd al-Quddūs (geb. 1922). Jamātī schildert die Ausrottung einer ganzen Familie bis auf den letzten Sproß, der dem gleichen Schicksal nur dadurch entgeht, daß er sich palästinensischen Freischärlern anschließt und bei einem Gefecht fällt. ʿAbd al-Quddūs schildert den Versuch eines jungen aufgeklärten Ägypters, der, als die Reihe an ihn kommt, die Blutrache zu vollziehen, sich weigert, seiner Pflicht nachzukommen, dafür aber von seiner Familie geächtet wird.[49] Daß Blutrache auch im heutigen Beirut noch eine Rolle spielen kann, läßt sich dem realistischen Roman «Im Taxi nach Beirut» der Syrerin Ghāda as-Sammān entnehmen.

Die *Frauenproblematik:* Eines der heikelsten Themen in der Auseinandersetzung nicht nur zwischen Muslimen und Kritikern des Islams, sondern auch in der innerislamischen Diskussion zwischen Konservativen und Modernisten ist das Thema «Frau». Zwar nimmt die islamische Apologetik schon seit Jahrzehnten den Standpunkt ein, keine Religion habe mehr für die Befreiung und Würde der Frau getan als eben der Islam, und moderner Exegese ist es gelungen, nicht nur so ziemlich alle anstößigen Stellen im Koran umzudeuten, sondern auch Muḥammads Mehrehe damit zu rechtfertigen, daß ihn andere als sinnliche Motive dazu bewegt hätten.[50]

Tatsächlich haben sich modernisierende Tendenzen teils in praxi, teils in den Verfassungen und Gesetzgebungen einzelner islamischer Staaten weitgehend durchgesetzt. Das traditionelle islamische Recht hat jedoch noch immer (bzw. erneut) erheblichen Einfluß auf die Situation der Frau in der Gesellschaft. Was in Koran und Recht nicht verankert ist, findet seine Stütze oft in überlieferten Aussprüchen des Propheten, die, auch wenn sie nicht selten später erfunden sind, kaum weniger stark sanktionierend gewirkt haben. Eines jedenfalls belegt die kritisch engagierte Belletristik zu diesem Thema: Es gibt im islamischen Recht, in islamischer Tradition verwurzelte Frauenprobleme, auch wenn die muslimischen Apologeten dies nicht wahrhaben wollen.

Ich übergehe hier Erzählungen, die das Thema der sogenannten «Schande», d.h. des vorehelichen Verkehrs, behandeln und wende mich gleich dem spezifisch islamischen Thema der Mehrehe zu, deren Probleme und, namentlich für die Frau, mißliche Folgen in zahlreichen Romanen und Erzählungen beleuchtet werden. Dies geschieht etwa in einer Kurzgeschichte des international angesehenen Völkerrechtlers Maḥmūd Kāmil mit dem Titel «Scheich Mursī heiratet das Feld».[51] Da wird ein junger, glücklich verheirateter Mann von seinem Vater gedrängt, noch seine Tante und seine Schwägerin zu ehelichen, um auf diese Weise den Landbesitz der verstorbenen Verwandten in der Familie zu erhalten. Der junge Mann leistet dem väterlichen Gebot Folge, tut es jedoch widerwillig und sogar gegen sein muslimisches Gewissen, da er, wie heute die moderne Exegetik allgemein, den Vers «So nehmt zu Weibern, die euch gut dünken, zwei oder drei oder vier, und so ihr fürchtet, (sie) nicht gerecht zu behandeln, dann nur eine ...» als eine Aufforderung zur Einehe begreift.[52]

Noch schärfer in der sozialen Kritik ist eine Erzählung des ebenfalls ägyptischen Autors A. Rushdī Ṣāliḥ (geb. 1920) mit dem Titel «Die zweite Frau.» Ein reicher, aber kinderloser Geizkragen sieht sich genötigt, um der Erhaltung des Besitzes willen eine zweite Frau zu nehmen. Da diese jedoch gegenüber der ersten nur die Stellung einer Magd haben, nichts kosten und garantiert fruchtbar sein soll, kommt nur die Frau eines armen Dörflers, die schon Kinder geboren hat, in Frage. Das Opfer ist ein glückliches Paar mit drei Kindern. Als der Mann das Ansinnen des reichen ʿUthmān erfährt, ist er verzweifelt, wagt aber weder, sich zu weigern, noch erlaubt ihm sein Stolz, das Problem offen mit seiner Frau zu besprechen. Statt dessen bricht er einen Streit vom Zaun, der zur Verstoßung führt. Fāṭima wird ʿUthmāns zweite Frau und gebiert ihm den erhofften Sohn. Aber ihr und ihrer Familie Glück ist zerstört.[53]

Das Ausbleiben von Kindern, genauer: von Söhnen, war oft der Grund für das Heiraten einer zweiten Frau. In «Wallfahrt der Sühne» schildert der schon erwähnte große persische Erzähler Hidāyat (1903–1951) ebenfalls einen solchen Fall; doch stellt er nicht den Mann, sondern die betroffene erste Frau und ihre Gefühle in den Mittelpunkt seiner Erzählung. In dem Maße, wie die Liebe des

Mannes sich von ihr ab- und der neuen Frau zukehrt, wächst in ihr die Eifersucht und treibt sie schließlich ins Verbrechen. Sie ermordet das Kind der beiden, und dann auch das zweite und dritte, ohne daß ein Verdacht auf sie fällt. Dann aber wird sie von Reue gepackt und tritt die «Wallfahrt der Sühne» nach Meschhed an, wo sie einer Reisegefährtin ihre Schandtaten beichtet. Doch auch diese hat einen Mord auf dem Gewissen: Sie hat die erste Frau ihres Mannes beseitigt. Beide aber fühlen sich nun entsühnt, denn: «Hast du's nicht unter der Kanzel gehört: Sobald der Pilger seine Absicht erklärt und die Reise antritt, mögen dann seine Sünden auch so zahlreich sein wie die Blätter an den Bäumen, er ist geläutert und so rein wie ein Heiliger!»[54]

Hidāyats Erzählung wirkt etwas dick aufgetragen, ist aber doch wohl eine realistische Verdichtung zahlloser Frauenschicksale in seiner Heimat.

Wenden wir uns nun noch literarischen Gestaltungen eines Aspekts der islamischen Scheidungsgesetze zu, der den modernen Betrachter kaum anders als skurril, ja grotesk und mit menschlicher Würde schwer vereinbar anmuten kann, weshalb wir gut begreifen, daß zwei berühmte Erzähler dieses Motiv satirisch beleuchtet haben, während ein dritter, ebenfalls sehr berühmter Erzähler versucht hat, ihm doch eine menschliche, ja idyllisch-romantische Spielart abzugewinnen.

Es handelt sich um den sogenannten *taḥlīl,* was man mit «Zwischenheirat» übersetzen kann. Bekanntlich konnte der Mann nach islamischem Scheidungsgesetz seine Frau durch Aussprechen einer einfachen Formel verstoßen, sie dann aber, wenn er den Schritt bereute, ohne weiteres wieder zurücknehmen. Damit sich nun dies Spiel nicht endlos wiederhole, hat der Koran (2:229–30) einen Riegel vorgeschoben, zugleich aber wieder einen Durchschlupf offen gelassen mit einer Bestimmung, die vorschreibt, daß ein Mann, der seine Frau zum dritten Mal verstoßen (oder die dreifache Verstoßungsformel gesprochen) hat, sie nicht mehr zurücknehmen darf, es sei denn, sie habe inzwischen einen anderen Mann geheiratet und sei auch von diesem wiederum verstoßen worden. Aus dieser Vorschrift entstand die Institution des «Zwischengatten» *(muḥallil).*

In seiner diesbezüglichen Erzählung «Scheich Naʿīm oder der Heiratsmeister» schildert Maḥmūd Taimūr einen frommen, nicht mehr ganz jungen Dorfgeistlichen, an den eines Tages ein bedrückter Fellache mit dem Ansinnen herantritt, er, der Scheich, möge ihm als Zwischengatte dienen. Der Scheich läßt sich nach einigem Widerstreben schließlich überreden, diese Bitte zu erfüllen, da er glaubt, sich dem frommen Dienst nicht entziehen zu dürfen. Bald aber erscheint ein zweiter Bittsteller mit dem gleichen Anliegen, und so entwickelt sich der schüchterne Scheich in Kürze zu einem Zwischengatten von Gottes Gnaden. Das geht so eine Weile gut, bis folgendes passiert: Der Interimsgatte verliebt sich in eine der ihm auf Abruf Angetrauten so unsterblich, daß er sie nicht wieder herausrücken will; und da der Klient auf sein Recht pocht, verteidigt der Scheich sogar von der Kanzel herab sein Handeln und wiegelt die ihm treu ergebene Gemeinde auf, den Nebenbuhler mit Schimpf und Schande aus dem Dorfe zu jagen, während der Held «aufgeplustert wie ein Truthahn aus der Moschee und in Richtung seines Hauses davonschritt, umwoben und umwallt von einer Aura von Ehrfurcht und Würde, und umringt von einer gewaltigen Traube ihm gläubig ergebener Jünger».[55]

In Hidāyats Erzählung «Der Zwischengatte» begegnen sich zwei ältere Männer in einem Kaffeehaus; sie kommen ins Plaudern, und bald beginnt der eine aus seinem Leben zu erzählen. Nach zwei kurzen «Genußehen» (bei den Zwölferschiiten erlaubte Ehen auf Zeit) hat er ein neunjähriges Mädchen geheiratet, drei Jahre lang glücklich mit ihr gelebt, dann aber durch die Absicht, eine reiche Witwe als zweite Frau zu ehelichen, die Liebe der ersten verscherzt und, durch ihren Zornesausbruch herausgefordert, sie dreifach verstoßen. Alsbald von Reue geplagt, sucht er nach einem Zwischengatten und glaubt ihn in einem Tölpel von Krämer gefunden zu haben. Eine Abfindungssumme wird vereinbart, der Krämer heiratet die Verstoßene, doch als der frühere Gatte sie am nächsten Tag abholen will, sagt ihm der Krämer lachend, er werde sie auch für tausend Tuman nicht mehr hergeben. Seitdem habe er ein ruheloses, freudloses Leben geführt. Wahrscheinlich sei es Rache jener beiden früher genossenen Frauen. Der Erzähler ist so in seine Beichte vertieft, daß er die zunehmende Unruhe seines Gegenübers gar nicht bemerkt. Dieser ist jedoch kein anderer als der «Tölpel von Krämer», dem die einst Ergatterte auch längst davongelaufen ist.[56]

Die dritte das Motiv des Interimsgatten behandelnde Erzählung entstammt dem Spätwerk Jamālzādahs, das sichtlich das Bemühen verrät, die eigene Tradition wieder positiver zu zeichnen, als er das in früheren Werken, vor allem seinem berühmten Erstling, der Novellensammlung «Es war einmal», getan hat.[57] Das Problem der Zwischenheirat stellt sich hier für einen jungen Mann aus herrschaftlichem Hause, dessen aufbrausendes Temperament ihn verleitet, seine Frau, die er eigentlich liebt und verehrt, wegen einer Lappalie mit der dreifachen Formel zu verstoßen. Nun wird ein möglichst harmloser Zwischengatte gesucht, und die Wahl fällt auf den alten Schuster des Hauses, eine Seele von Mensch, der diesen Dienst ehrfurchtsvoll auf sich nimmt und die Hochzeitszeremonie mit der jungen vornehmen Frau wie einen paradiesischen Traum durchlebt.[58]

Das führt uns zum letzten Abschnitt: Erzählungen, in denen die Tradition ohne utopische Selbstverklärung bejaht und in ihrem Wesen – nicht feindlich, aber deutlich – gegenüber dem Westlich-Abendländischen abgesetzt wird.

6. Bejahung der lebendigen Tradition

Ein weitverbreitetes Klischee bei der Charakterisierung von Orient und Okzident lautet, daß im Morgenland der Spiritualismus, im Abendland dagegen der Materialismus beheimatet ist. Daß dies nicht zutrifft, hat Ṭāhā Ḥusain in seiner programmatischen Schrift «Die Zukunft der Kultur in Ägypten» in aller Klarheit festgestellt. «Es gibt gewiß ziemlich viel Materialismus in der europäischen Zivilisation, aber es wäre absurd zu leugnen, daß sie geistigen Gehalt besitzt», und er betont, daß der Nahe Osten «ja die Quelle jener Offenbarungsreligionen war, die sowohl von Europäern wie von Orientalen, Christen, Juden und Muslimen, angenommen wurden. Können diese Religionen im Osten Geist, im Westen dagegen Materie sein?»[59] Diese Kritik trifft auch Iqbāls – wiederum klischeehafte – Zuordnung der alten, in der islamischen Mystik seit je betonten Polarität von Liebe und Verstand auf Orient und Okzident, wobei nochmals daran erinnert sei, daß für Iqbāl auch die Eroberungen islamischer Heere ein Akt der Liebe waren. Nehmen wir aber «Liebe» im christlichen Verständnis, so ist Iqbāl der Vorwurf nicht zu ersparen, daß er dem christlichen Abendland genau jene historische Dimension verweigert, mittels derer er die Ehrenrettung der eigenen Religion vollzieht und auf die das neue islamische Selbstbewußtsein sich gründet. Reduziert man indessen das Blickfeld auf die Gegenwart, so scheint etwas Wahres an seiner These zu sein. Jeder, der im islamischen Orient gereist ist, hat Erfahrungen mit jener spezifischen Herzlichkeit und Wärme, die einem dort begegnen kann und die der Orientale in Europa oft bitter vermissen mag. Jene Erzählungen, die die eigene Tradition bejahen, ohne, wie Iqbāl, in utopische Zukunftsvisionen zu verfallen, legen denn auch Wert auf jene Kraft des Herzens, in der einst Jörg Krämer das Besondere, den eigentlichen Wesenskern des Islams erblicken wollte,[60] während es sich hier doch um ein Erbe vor allem der Mystik handelt, in deren Kreisen *mullā* und *faqīh,* also die Vertreter des Rechtes und der Theologie, seit je als zur Partei des kalten Verstandes gehörig betrachtet wurden.

Mystik und Volksfrömmigkeit sind es denn auch, die in den drei nun noch kurz zu behandelnden Erzählungen als positive islamische Kraft im Mittelpunkt stehen.

Da ist zunächst ein Roman des persischen Schriftstellers Jalāl Āl-i Aḥmad zu nennen (1924–1970), der zusammen mit Jamālzādah und Hidāyat in die Reihe der großen persischen Prosaisten dieses Jahrhunderts gehört. Seine manifestartige Schrift über die «Westliche Krankheit» oder «Okzidentalitis» *(gharbzadegī)* hat für die Rückbesinnung auf die Werte der eigenen Tradition eine wichtige Rolle gespielt, und Āl-i Aḥmad hat, nach seiner Abkehr vom Marxismus, sein Werk bewußt in den Dienst dieser Rückbesinnung gestellt und in einem fiktiven «Brief des Heiligen Paulus an die Schriftsteller und die Dichter» die Verantwortung des Schreibenden für Wahrheit und Menschlichkeit als eine heilige Pflicht ins Bewußtsein gerufen.[61] Auf diese Verpflichtung spielt auch der Titel seines Romanes «Nūn wa-l-qalam» an; das ist der Anfang von Sure 68, dessen erste Verse u.a. dazu auffordern, keine schönen Worte zu machen, nicht dem Verleumder zu gehorchen, der das Gute verhindert, Übertretungen begeht und sich versündigt. Āl-i Aḥmad war ein dezidierter Gegner des Schah-Regimes, und sein frühzeitiger Tod, offiziell infolge eines Herzinfarkts, wird in Iran weithin als ein kaschierter Mord der Sawak betrachtet. In seinem 1952 erschienenen Roman, dessen Inhalt heute wie eine Weissagung wirkt, schildert er den Aufstand einer Gruppe von Qalandar-Derwischen gegen die Schah-Regierung einer nicht näher bestimmten Vergangenheit. Der Aufstand gelingt; der Schah muß fliehen, und die Derwische errichten eine Selbstverwaltung, ein Gemeinwesen, zu dem jeder das Seine beiträgt, die Frauen z.B. durch Heimarbeit. Das Militär jedoch hält dem Schah die Treue, und als es zum Gegenschlag ausholt, ist der Derwischtraum zu Ende.[62]

Volksfrömmigkeit als beharrende Kraft und Hüterin humanistischer Werte aufzuzeigen ist auch das Anliegen des sehr bekannt gewordenen sudanesischen Autors aṭ-Ṭaiyib Ṣāliḥ (geb. 1929).[63] Seine Erzählungen spielen fast alle im Wad Ḥāmid, einem Dorf am Ufer des Nil im nördlichen Sudan, dessen Name sich auf einen Heiligen bezieht. Symbol dieses Heiligen und seines Dorfes ist eine Doum-Palme, Symbol auch der Dauer (*doum* bedeutet «Dauer»). Doch es gibt nicht nur das Gedenken an einen toten, es gibt im Dorf auch einen lebenden Heiligen, al-Ḥanīn, dem Wunderkräfte, z.B. die Fähigkeit der Bilokation, zugeschrieben werden. Und die Dorfbewohner leben einfach wie ihre Heiligen – «wir sind Menschen, die von dem leben, was Gott uns zu geben für gut hält!»; sie sind glücklich und zufrieden. Al-Ḥanīns Freund und besonderer Schützling ist der zu Streichen aufgelegte az-Zain, der Held der Erzählung «Die Hochzeit az-Zains», der im Dorf beliebt ist, weil er sich der Kranken und der Krüppel annimmt. Der einzige, den az-Zain nicht ausstehen kann, ist der mürrische, arrogante Imam, ein *Azhar*-Absolvent, der an den Problemen der Dorfbewohner kaum Anteil nimmt. Im Vordergrund steht jedoch nicht der Gegensatz zwischen Volksfrömmigkeit und Orthodoxie – wenn auch der Autor keinen Hehl daraus macht, von wo er das Heil für die Zukunft erwartet –, sondern zwischen Land und Stadt, Tradition und Moderne. Der Konflikt bricht auf, als eine Haltestelle für den Dampfer angelegt und dafür die Palme gefällt werden soll. Die Dorfbewohner widersetzen sich gewaltsam und erfolgreich, und das noch ein weiteres Mal, als die Regierung eine Wasserpumpe für ein landwirtschaftliches Projekt errichten lassen will. Das ganze Land folgt diesmal dem Aufruf des Heiligen, und die Regierung stürzt an ihrem Widerstand. Der Autor ist aber nicht gegen den Fortschritt, er plädiert nur dafür, daß er die überkommenen Werte nicht zerstöre. Er läßt den Erzähler sagen: «Es wird nicht notwendig sein, die Palme zu fällen, und es besteht auch keine Veranlassung, das Heiligengrab zu beseitigen. Das Problem besteht vielmehr darin, daß all den Leuten bisher entgangen ist, daß für alle diese Dinge genug Platz vorhanden ist – für die Palme, für das Grab, für die Pumpe und für die Anlegestelle.»

Eine der gelungensten arabischen Erzählungen zum Thema «Tradition und Moderne» ist ohne Zweifel «Die Lampe der Umm Hāshim» des Ägypters Yaḥyā Ḥaqqī (1905–1993). Leidenschaftliches Engagement, menschliche Wärme und reife Erfahrung sowie eine meisterhafte Schilderungskunst machen dieses Stück Prosa zu einem Juwel der modernen arabischen Literatur.[64]

Ismāʿīl, Sohn eines kleinen Krämers in einem Kairoer Altstadtviertel, hat in England Medizin studiert und kehrt nun, erfüllt vom Bewußtsein der Überlegenheit westlicher Zivilisation im allgemeinen und Medizin im besonderen, in seine Heimat zurück. Armut und Rückständigkeit schockieren ihn sogleich bei der Ankunft, aber noch entsetzter ist er, als er erleben muß, wie seine Mutter der im Haus lebenden Base Fāṭima die kranken Augen mit dem Öl aus der Lampe der nahen Moschee der Umm Hāshim behandelt, das als heilkräftig gilt, besonders für Augenleiden. Es kommt zu einem erregten Dialog, in welchem er der Mutter Aberglauben und ihm der hinzutretende Vater Unglauben vorwirft. Schließlich schleudert er das Ölkännchen aus dem Fenster, stürzt aus dem Haus, kommt in die

Moschee der Umm Hāshim, wo er eine Zeitlang dem ihn abstoßenden Treiben der Gläubigen um die Ampel herum zuschaut, und zerschlägt diese dann in höchster Wut. Fast gelyncht von der rasenden Menge, wird er im letzten Moment erkannt und blutüberströmt nach Hause getragen. Wieder genesen, geht er mit Energie an die Behandlung seiner Base. Doch vergeblich. Obwohl ihm die Professoren der Augenklinik die Richtigkeit seiner Methode bestätigen, verschlimmert sich das Leiden, und eines Morgens scheint Fāṭima erblindet. Der Mißerfolg löst bei Ismāʿīl eine innere Krise aus. Wochenlang irrt er tatenlos umher und fragt sich, warum er gescheitert ist. Die Antwort auf diese Frage findet er zugleich mit der Lösung seines persönlichen, in der Entfremdung vom Ursprung beruhenden Konflikts. Er beginnt, Ägypten wieder mit anderen Augen und Europa distanzierter zu sehen. Am nächsten Fest der Umm Hāshim leuchtet auch ihm erneut das Licht der Wunderampel; er erkennt, daß es keine Wissenschaft ohne Glauben geben kann. Aus dieser neuen Haltung heraus gelingt ihm nun auch die Heilung seiner Base, er heiratet sie und eröffnet eine Praxis in einem Kairoer Armenviertel.[65]

Der Reiz der Erzählung, der stark im Atmosphärischen ruht, läßt sich mit wenigen Worten nicht wiedergeben; doch mag der Leser wenigstens ahnen, wie hier ein ganz im Wirklichen verankertes Geschehen sich zum Symbol verdichtet. Die Ampel und ihr Öl stehen dabei, das muß kaum betont werden, nicht für die Aufrechterhaltung abergläubischer Praktiken – allenfalls mögen sie die Ambivalenz religiöser Potenzen andeuten –, sie sind aber doch vor allem, und zwar in den Traditionen aller drei Abrahamsreligionen, bekannte Symbole des Heiligen. Es geht also Ḥaqqī um die Bewahrung spiritueller Werte, die die *ratio* ergänzen müssen, soll es nicht zu einer Verkümmerung und Verödung des menschlichen Wesens kommen.

7. Fundamentalistische Belletristik

Das wichtigste, oder jedenfalls augenfälligste Phänomen in der Belletristik der islamischen Länder seit 1980 ist zweifellos die Entwicklung einer sogenannten «islamischen» (wir würden eher sagen «islamistischen») Belletristik, deren Titel inzwischen nach hunderten zählen. Die Selbstbezeichnung *adab islāmī* erinnert an jene im Mittelalter entstandene medizinische Richtung, die sich als «islamische» oder «prophetische Medizin» *(ṭibb islāmī, ṭibb nabawī)* bezeichnete und deren erklärtes Ziel es war, die von den Griechen ererbte galenische, die den Fundamentalisten von damals als heidnisch galt, zu verdrängen.[66] Der Vorgang erscheint logisch und ordnet sich zwanglos ein in jenes Konzept, das die islamische Kulturgeschichte als eine nie endende Geschichte der Islamisierung kultureller Phänomene betrachtet, deren (pagane) Mächtigkeit der Allmacht Gottes zu unterwerfen ist.[67] Die westliche Literatur, ebenso wie die westlich orientierte im eigenen Land, gilt diesen Autoren als moralisch korrupt und zersetzend. Es sei daher höchste Zeit, ihr islamische Werte entgegenzustellen. Diese Bewegung, hinter der eindeutig fundamentalistische Kreise, Gesellschaften und mystische Orden wie

z. B. die Naqshbandīya etc. stehen, verfügt inzwischen über zahlreiche eigene Verlage, Zeitschriften, ja eine Weltliga für islamische Belletristik hat sich konstituiert und bereits zwei Kongresse abgehalten.[68] «Das Hauptziel dieser islamischen Belletristik ist es, das islamische Weltbild zu propagieren und die Etablierung einer islamischen Gesellschaft zu fördern», so einer ihrer maßgeblichen Protagonisten, der ägyptische Autor al-Kīlānī.[69] Was diese Literatur sein will, ist nach Ansicht al-Kīlānīs *littérature engagée* in islamisierter Form. Al-Kīlānī hat neben zahlreichen theoretischen Schriften allein an die 30 Romane veröffentlicht, deren Helden den Lebensmustern Muḥammads und anderer koranischer Propheten folgen.[70]

Bezeichnend ist aber auch eine Allegorie aus der Feder von Ali Nar, dem Sekretär des türkischen Büros der erwähnten Weltliga für islamische Belletristik. Sie trägt den Namen «Das Land der Bienen» *(Arılar ülkesi)* und erinnert in ihrer Struktur von ferne an jene bezaubernde, von den «Lauteren Brüdern», einem religiös-philosophischen Intellektuellenkreis, im 10. Jahrhundert überlieferte Erzählung «Mensch und Tier vor dem König der Genien» (deutsch von A. Giese), deren Witz, Ironie und vielschichtige Lebensklugheit ihr allerdings abgeht. Die Allegorie von Ali Nar ist eine simple, allzu durchsichtige Parabel: Auf einer menschenleeren Insel im Persischen Golf leben die Bienen und die Ameisen friedlich miteinander, bis dieses Eldorado den Neid der auf einer Nachbarinsel lebenden Schlangen erweckt, die nun mit Hilfe einer List – sie bekleben ihre Körper mit toten Bienen – das Paradies erobern, die Insekten unterwerfen und ausbeuten. Doch schließlich erwachen die Bienen aus ihrer Betäubung. Es gelingt ihnen, heimlich ein riesiges Bienenheer aufzustellen, jede bereit, ihr Leben im Kampf mit den Feinden zu opfern. Sie vernichten die Schlangen und stellen den von den Schlangen gestörten und zerstörten *niẓām*, die göttliche Ordnung, wieder her, die für den gläubigen Muslim ein Synonym für Islam und die Gewähr darstellt, in Frieden und Gerechtigkeit zu leben. Der Parabel fehlt, wie man sieht, jeder Anhauch von kritischer Selbstsicht: Es gibt nur die Guten und die Bösen, die den Frieden der Guten stören wollen, alles Unheil verschuldet haben und daher zu vernichten sind.[71]

Weniger militant sind zwei der Gattung Science Fiction angehörige Werke, deren eines – «Die Raumfarmer» *(uzay çiftliklileri)* – von demselben Ali Nar stammt, also auf Türkisch verfaßt ist, während das andere, ein utopisches Drama mit dem Titel «Die fünfte Dimension», von dem *Muslimbruder* Aḥmad Rā'if in einem Kairoer Gefängnis auf Arabisch verfaßt wurde.

In beiden Werken geht es um die Ausbreitung eines idealen Islams im Weltraum. Die Helden der «Fünften Dimension» treffen ihn auf dem Mars bereits an; die «Raumfarmer» bringen ihn auf den von ihnen entdeckten Planeten. Auch diese Werke leiden an ähnlichen unrealistischen Klischees wie das «Bienenland», auch wenn die Handlungen etwas einfallsreicher sind.[72]

In das Heer fundamentalistischer Autoren reihen sich seit einiger Zeit auch mehr und mehr engagierte Frauen ein. Sie sind bestrebt, das Leben nach den strengen Vorschriften der Scharia als die einzige wahre Erfüllung für eine muslimische Frau zu schildern. Da werden junge Frauen vorgeführt, die, auf die eine oder andere Weise ihrer Abweichung von den islamischen Normen bewußt geworden, sich von ihren säkularisierten Familien und deren korrupter Moral abwenden und – erster bekenntnishafter und unumgänglicher Schritt – islamische Tracht und vor allem das Kopftuch anlegen. Dann geben sie ihre Arbeit bzw. ihr Studium auf, vermeiden geselliges Beisammensein mit Männern und kehren zu der vom Islam vorgeschriebenen, auf den Haushalt beschränkten Rolle der Frau zurück, um dort das wahre Glück zu finden und sich notfalls mit «sauberer Arbeit», das heißt Heimarbeit, durchzubringen. Sogar das islamische Bilderverbot wird in einem dieser Romane hervorgeholt und am Beispiel von Standbildern besprochen: Es sei Sünde, solche zu errichten. Und in einem der Romane entfernt die Heldin die europäischen Möbel, die sie «ersticken», hängt Bilder von der Kaaba und islamische Kalligraphie auf und entfernt auch das Fernsehgerät, das «mit christlichen Filmen Gift verbreitet». Diese Frauen wollen endlich wieder große muslimische Gelehrte, große muslimische Kämpfer heranziehen; sie sind bereit und entschlossen, Religionskämpferinnen *(mücahide)* zu werden, ja den «Wehrdienst» *(askerlik)* für ihre Religion zu leisten.[73]

Einer der von Priska Furrer untersuchten türkischen Romane nennt sogar empfehlenswerte (zur Entstehungszeit des Werkes noch lebende) Prediger und Autoren,[74] darunter solche der militant fundamentalistischen Richtung wie Sayid Quṭb und Abū l-Aʿlā al-Mawdūdī sowie die – im Gefängnis verfaßte – Autobiographie der Muslim-Aktivistin Zainab al-Ghazālī, «Tage aus meinem Leben», in der sich «fromme und feministische Züge» vereinen.[75]

Von der offiziellen türkischen Literaturkritik wurden solche Romane, deren literarische Qualität über billige Propaganda kaum hinausgeht, bisher nicht zur Kenntnis genommen. Dagegen erfreuen sie sich einer breiten Leserschaft und erfüllen offensichtlich ein Leserbedürfnis, das die offizielle, ganz an westlichen Vorbildern ausgerichtete Literatur kaum zu stillen vermag.[76]

8. Schlußbemerkung

Wir stehen am Ende unseres kurzen Rundgangs durch zeitgenössische Literatur islamischer Länder. Der Islam hat sich dabei in den verschiedensten Brechungen und Einschätzungen gezeigt, vom überholten, fortschrittshemmenden, gegen Erfordernisse der Menschenwürde verstoßenden System bis zum bewährten wie zukunftsträchtigen Ideal-Modell für die gesamte menschliche Gesellschaft. In der Regel freilich nimmt der engagierte Schriftsteller einen einzelnen Mißstand (der auch literarisch attraktiv sein sollte) aufs Korn, ohne über die Frage, wie weit die islamische Tradition dafür verantwortlich ist, sonderlich nachzugrübeln. Im allgemeinen jedenfalls steht er auf seiten der Erneuerung, macht sich, wie weithin auch die islamische Apologetik, zum Sprecher von Anliegen, die der Abendländer gewohnt war, als christlich-humanistische Ideale zu betrachten, während sie nun muslimischerseits als Teil und Auftrag der eigenen Tradition empfunden werden. Achtung, ja warme Verehrung gegenüber den spirituellen und emotionalen Werten des eigenen Erbes macht sich denn auch bei einer wachsenden Zahl maßgeblicher muslimischer Autoren schon seit einiger Zeit bemerkbar. Die Erneuerungsfähigkeit des Islam, dessen Gesicht der Umbruch unserer Epoche verwandelt hat, aber auch seine bewahrende Kraft zeigen sich u. a. im Spiegel seiner Literatur, die an diesem Prozeß nicht nur als Berichterstatter, sondern weithin auch als Weichensteller beteiligt ist.

VI.
Zeitgenössische Malerei und Graphik in der islamischen Welt

(Peter Heine)

1. Zur Vorgeschichte der modernen bildenden Kunst

Zwei künstlerische Bereiche sind es, in denen sich die heutige islamische Welt nur in einem sehr geringen Maß auf ihre eigenen Traditionen beziehen kann, nämlich die verschiedenen Formen des Musik- und des Sprechtheaters einerseits und die bildende Kunst andererseits. Gewiß kennt die mittelalterliche islamische Welt Ansätze zu verschiedenen dramatischen Formen, aber eine umfassende Übernahme aus der Antike, wie sie sich doch in den Bereichen der Naturwissenschaften und der Medizin abspielte, hat im Fall der griechischen Tragödie und Komödie nur in einem ganz geringen Maß stattgefunden. Nicht viel anders verhält es sich mit der bildenden Kunst. Antike Plastiken an Tempel- und Palastanlagen waren dem islamischen Mittelalter noch aus der Anschauung bekannt, fanden aber keinen Niederschlag in entsprechenden Werken islamischer Künstler. Eine vergleichbare Entwicklung läßt sich auch für die Teile der islamischen Welt feststellen, die in Kontakt mit den Hochkulturen des indischen Subkontinents oder der indonesischen Inselwelt waren, in denen sich ebenfalls alte Traditionen bildlicher Darstellung finden. Allerdings haben die entsprechenden hellenistischen, indischen oder javanischen Traditionen und Techniken in Malerei und Graphik ihre Nachahmung und Weiterentwicklung im islamischen Mittelalter gefunden. Doch handelte es sich dabei nur um einen quantitativ sehr geringen Umfang an künstlerischen Aktivitäten, wenn man bedenkt, wie groß der zeitliche und geographische Rahmen ist, mit dem wir es hier zu tun haben. Den bildenden Künstlern und ihren Werken fehlte das Moment einer weitergehenden gesellschaftlichen Relevanz, da ihnen ein größeres Publikum für befruchtende Auseinandersetzungen fehlte. Es waren immer nur die Eliten der islamischen Welt, die die Produkte der bildenden Kunst zur Kenntnis nehmen konnten. In der Regel handelte es sich bei diesen Produktionen um Miniaturmalerei und Buchillustrationen, die den Malern die Möglichkeit des künstlerischen Ausdrucks boten, also sehr intime Formen, die nur für eine kleine Zahl von Betrachtern gedacht waren. Dadurch war ein Teil der formalen Möglichkeiten bildnerischer Darstellung, die größere Formate bieten, von vornherein ausgeschlossen. Monumentale Arbeiten waren nahezu unmöglich. Experimente formaler Art ließen sich ebenfalls nur schwer durchführen. Die Künstler waren zudem durch die zu illustrierenden Texte in der Auswahl ihrer Motive eingeschränkt.

Ursache für diese Einschränkung der künstlerischen Möglichkeiten war das sogenannte «Bilderverbot» im Islam. Es handelte sich dabei um ein generelles Verbot bildlicher Darstellung. Lediglich die Darstellung von lebenden Wesen, vor allem aber Menschen, hatte lange Zeit den Beigeschmack des Unerlaubten und Unseriösen. Zwar finden sich im Koran, im Gegensatz zum Alten Testament (Exodus 20,4), keine Hinweise auf eine derartige Prohibition. Doch zahlreiche Prophetentraditionen (Hadithe, von arab. Sing. *ḥadīth)*, in denen aus Furcht vor Idolatrie gegen die Erstellung von Bildern polemisiert wurde, haben für eine sehr reduzierte Entwicklung der bildenden Kunst in der islamischen Welt gesorgt.[1] Die sich im Laufe der Jahrhunderte entwickelnden Reaktionen künstlerisch begabter Muslime auf diese Situation lassen sich als sehr unterschiedlich beschreiben. Einerseits findet sich die schon angesprochene Buch- und Miniaturmalerei, andererseits aber auch die Hinwendung zu einer besonderen Form der Abstraktion, nämlich der Kalligraphie.[2] Die arabische Schrift, die auch auf die persische und die türkische Sprache sowie auf die Sprachen anderer islamischer Völker angewendet wurde, bot den Künstlern dafür reiche Entfaltungsmöglichkeiten, die zudem die Aura religiösen Verdienstes hatten, da es sich bei den zu gestaltenden Texten vor allem um das Glaubensbekenntnis, den Namen Gottes oder Koranzitate handelte. Und das Schreiben des Wortes Gottes ist ein *Allāh* wohlgefälliges Werk.[3] Von der Kalligraphie aus war es dann kein weiter Weg mehr hin zu einer in sich verschlungenen, mäandrierenden Abstraktion, die als Arabeske auch Eingang in die europäische Kunst der verschiedenen Epochen gefunden hat.[4] Eine derartige künstlerische Ausdrucksform hatte den Vorteil der gesellschaftlichen Anerkennung, sie war öffentliche Kunst an Moscheen und staatlichen Gebäuden, konnte jedoch auch in Privathäusern Verwendung finden, ohne daß diese Kunstwerke vor Besuchern versteckt werden mußten. Ein solcher Umgang mit der Kalligraphie und ihren Weiterentwicklungen hat in einigen Ländern der islamischen Welt, nicht zuletzt durch staatliche Hilfe, im Rahmen eines eindrucksvollen Kunsthandwerks bis heute bewahrt werden können und hier auch einige Modernisierungen erfahren.

Entlang den zwei Linien der gegenständlichen und der aus der Kalligraphie entwickelten abstrakten Kunst des islamischen Mittelalters entwickelte sich eine bildnerische Ausdrucksweise, die man auch in der Gegenwart als eigenständige islamische Kunst bezeichnen kann. Diese islamische Kunst stellt sich trotz der Größe des geographischen Raumes und der unterschiedlichen gesellschaftlichen und wirtschaftlichen Bedingungen in den einzelnen modernen Staaten der islamischen Welt in einer bemerkenswerten Einheitlichkeit dar, auch wenn die Faktoren, die auf die einzelnen Künstler einwirken, zahlreiche Unterschiede aufweisen.[5] Die grundlegende Differenzierung, die man innerhalb der modernen islamischen Kunst vornehmen kann, liegt in dem Maß, in dem die Kunstwerke einer gegenständlichen oder aber einer abstrakten Tradition verbunden sind. Dabei läßt sich in der aktuellen Situation ein gewisser Unterschied ausmachen zwischen Ländern, in denen entweder der sunnitische oder der schiitische Islam vorherrschend ist: Der schiitische Islam weist vor allem in seinen volksreligiösen

Ausprägungen bilderfreundlichere Tendenzen auf,[6] wie dort ja auch in den Passionsspielen des Trauermonats *Muḥarram* einer der wenigen Belege für eine dramatische Tradition in der islamischen Literatur festzustellen ist. Auf zahlreichen wohlfeilen Drucken wird seit langer Zeit das Martyrium der verschiedenen Heiligengestalten der schiitischen Religionsgemeinschaft bildhaft dargestellt, die als Illustrationen eben dieser Geschichte dienen und mit der *Biblia Pauperum* des mittelalterlichen christlichen Abendlandes zu vergleichen sind. Die aus der Volksreligion entwickelten künstlerischen Ausdrucksformen haben einerseits eine Fortsetzung in den Produkten der Volkskunst Irans, Afghanistans und Pakistans gefunden, wie sie in der *lorry-art*, der Ausschmückung von Lastkraftwagen mit religiösen und nichtreligiösen populären Motiven, zu finden ist.[7] Andererseits haben sich nationale Malerschulen entwickelt, die – wie die der Kadscharenzeit (1779–1924) – einen speziellen und deutlich erkennbaren eigenen künstlerischen Stil entwickelten.[8]

In der Folge der direkten Konfrontation der islamischen Welt mit dem modernen Westen zu Beginn des 19. Jahrhunderts wurden die Muslime auch mit dessen verschiedenen künstlerischen Ausdrucksformen und der Organisation des Kunstlebens konfrontiert. Völlig neutral verhält sich dabei das Mitglied einer ersten ägyptischen Studienmission in Frankreich, Rifāʿa aṭ-Ṭahṭāwī, wenn er bei der Aufzählung der verschiedenen Akademien in Paris feststellt: «Ferner ist da die königliche Akademie, genannt ‹Akademie der schönen Künste› *(Académie des Beaux-Arts)*. Sie besteht aus fünf Abteilungen: 1. Graphik; 2. Bildhauerei; 3. Architektur; 4. Malerei; 5. Kompositionslehre. Ihr angeschlossen ist die ‹*École des Beaux-Arts*›; das ist eine Schule, die auf den Unterricht in Zeichnen und verwandten Fächern ausgerichtet ist. Da lernt man Graphik, Malerei und Baukunst.»[9] Diese eher lakonische Katalogisierung macht eine gewisse Distanz zur bildenden Kunst deutlich, dokumentiert aber gleichzeitig die Zurkenntnisnahme dieses westlichen Phänomens durch einen muslimischen Besucher. Zunächst blieben Werke muslimischer Künstler jedoch weiterhin auf die traditionellen Bereiche, vor allem die der Kalligraphie, beschränkt, wenn sich auch eine größere Öffentlichkeit für die gegenständliche Kunst entwickelte. Das geschah durch die Illustrierung von Büchern, die vor allem seit dem späten 18. Jahrhundert in der islamischen Welt gedruckt wurden. Speziell die verschiedenen Volksromane und Märchensammlungen wurden mit Illustrationen versehen, die sichtlich in der Tradition der Miniaturmalerei standen. Natürlich fand sich das Publikum auch mit den Darstellungen der jeweiligen Helden auf den Buchumschlägen konfrontiert. Diese Form der Begegnung mit künstlerischen Ausdrucksformen der bildenden Kunst wurde von der Öffentlichkeit in den islamischen Ländern weitgehend akzeptiert. Hier bot sich ein Bereich der angewandten Kunst, in dem sich der Betrachter inzwischen einer reißerischen und häufig kaum auf die Inhalte der Bücher eingehenden Gebrauchsgraphik gegenübersah. Der Weg von der mittelalterlichen Miniaturmalerei bis zu den modernen Buchillustrationen verlief also durchaus konsequent, wenn auch unter qualitativen Gesichtspunkten nicht unbedingt aufwärts. Wichtig in diesem Zusammenhang ist jedoch die Tatsache, daß die islamische Welt hier zum ersten Male mit Gebrauchsgraphik bekannt gemacht wurde, die in der Folgezeit für die Sehgewohnheiten der Muslime eine erhebliche Rolle spielen sollte.

2. Die Entwicklung der modernen Kunst[10]

Die Geschichte großer Teile der islamischen Welt des 19. und frühen 20. Jahrhunderts ist durch zwei Tendenzen gekennzeichnet. Es herrscht einerseits in politischer und religiöser Hinsicht eine deutliche Ablehnung des Westens vor, die sich bis in die Gegenwart forgesetzt hat. Andererseits kann man aber auch eine große Bewunderung für die technischen und sozialen Errungenschaften des Westens im Vergleich mit der islamischen Welt feststellen. Aus dieser Faszination resultierte dann die mehr oder weniger kritiklose Übernahme von westlichen Technologien, wirtschaftlichen Praktiken und ideologischen Systemen. Daher kann es nicht erstaunen, daß auch die verschiedenen bildenden Künste des Westens auf manche Muslime nicht ohne Eindruck blieben. Als Zeichen von Aufgeschlossenheit gegenüber dem Westen und dessen Modernität wurde von manchen politischen Kräften seit der zweiten Hälfte des 19. Jahrhunderts neben dem Bau von Opernhäusern die Einrichtung von Kunstmuseen betrieben. In diesen wurden dann allerdings vornehmlich die Werke europäischer Künstler ausgestellt. In den zwanziger und dreißiger Jahren des 20. Jahrhunderts entstanden in einigen Hauptstädten der islamischen Staaten Kunstakademien, deren Lehrpersonal entweder aus Europäern bestand oder aber aus Einheimischen, die ihrerseits an europäischen Akademien ihre Ausbildung erhalten hatten. Daher ist für diese Zeit und bis in die späten 1950er Jahre in der islamischen Welt eine deutlich europäisch geprägte akademische Maltradition festzustellen, wobei die vorislamischen Maltraditionen in den östlichen Regionen der islamischen Welt, z.B. in Indien oder Indonesien, nicht vernachlässigt wurden. Diese Generation von Künstlern sah sich nicht zuletzt mit den technischen Problemen bildnerischer Darstellungen konfrontiert. Man muß sich dabei immer vor Augen halten, daß es sich bei jenen Künstlern um junge Menschen handelte, die sich auch mit der «Bilderfeindlichkeit» ihrer Kultur auseinandersetzen mußten, für die die Wiedergabe von Menschen und anderen Lebewesen also auch ein emanzipatorischer Akt gegenüber religiös geprägten ästhetischen Normen darstellte.[11] Die öffentliche Förderung, die bildende Künstler in Ländern der islamischen Welt mit säkularen Staatsideologien erfahren, hat nicht zuletzt mit der Distanz dieser Ideologien zum Islam zu tun.[12]

3. Die «Staatskunst»

Inhaltlich und formal ist die Kunst der islamischen Welt seit dem 19. Jahrhundert und bis weit in die Mitte des 20. Jahrhunderts hinein geprägt von den Vorbildern der europäischen Kunstszene. Zunächst spielt dabei die Tatsache eine Rolle, daß in der westlichen Kunst vor allem des 19. und frühen 20. Jahrhunderts der Orientalismus von einiger Bedeutung war. Künstler der verschiedensten Stilrichtungen, von J. A. D. Ingres über E. Orlik bis zu P. A. Renoir, A. Macke und P. Klee hatten sich durch Reisen nach Nordafrika oder in die Länder der Levante inspirieren lassen und orientalische Sujets verwendet. Diese Kunstwerke stießen vor allem bei den entstehenden neuen Eliten in der islamischen Welt auf deutliches Interesse, ein Interesse, das bis auf den heutigen Tag anhält. Bei der Umsetzung der westlichen Vorbilder durch muslimische Künstler ist in stilistischer Hinsicht zunächst eine gewisse Nachzeitigkeit gegenüber den europäischen Entwicklungen festzustellen. So malten syrische und libanesische Künstler noch in den 1950er Jahren in einem Stil, den man mit dem europäischen Impressionismus der Jahrhundertwende vergleichen kann. Andere setzten sich in ihren Werken mit den Arbeiten von P. Picasso, G. Braque, J. Gris und anderen aus den ersten Jahrzehnten dieses Jahrhunderts auseinander.

Mit einer Verbesserung der Kommunikationswege seit den 1960er Jahren nahm auch bei den Künstlern in der islamischen Welt die Kenntnis der künstlerischen Entwicklungen in Europa und Amerika deutlich zu. Die größeren formalen Freiheiten, die sich die westlichen Künstler erarbeiteten, blieben bei den muslimischen Künstlern nicht ohne Eindruck. Die verbesserte Kenntnis der künstlerischen Situation im Westen (einschließlich des Ostblocks) hatte allerdings in Verbindung mit der wachsenden Bedeutung europäischer Ideologien wie des Nationalismus und des Sozialismus in einigen Staaten der islamischen Welt die Übernahme von ideologisch geprägten Stilformen, so etwa des «Sozialistischen Realismus», zur Folge. Das lag einerseits an der engen politischen und wirtschaftlichen Zusammenarbeit der entsprechenden Länder mit den sozialistischen Staaten, andererseits aber auch an der aus dieser Zusammenarbeit resultierenden Tatsache, daß zahlreiche Künstler aus der islamischen Welt in Moskau, Prag oder Warschau ihre Ausbildung erhalten hatten. Vor allem in der Staats- und Propagandakunst feierte – und feiert zum Teil auch noch heute – diese Schule fröhliche Urständ. Dabei vereinigen sich einerseits oft die Naivität der Motive mit technischen Unzulänglichkeiten zu schwer erträglichen Machwerken, andererseits finden sich aber auch beeindruckende Monumentalwerke der «Staatskunst» von internationalem Rang. Als Beispiel sei auf die Reliefs von Jawād Sālim aus den 1960er Jahren am *Bāb sharqī* in Bagdad hingewiesen. Arbeiter und Bauern, aber auch Soldaten und Freiheitskämpfer sind die bevorzugten Sujets dieser Kunstrichtung. Parallel dazu läßt sich eine deutliche Tendenz zur Historienmalerei feststellen, die häufig auch vorislamische Darstellungsformen und Themen heranzieht und zur Legitimierung der aktuellen politischen Machtverhältnisse beitragen soll.

In gleicher Weise hat die Gebrauchsgraphik vor allem für Zwecke der politischen Agitation und Propaganda ein durchaus international vergleichbares Niveau erlangt. Wie in den einstigen sozialistischen Ländern läßt sich auch in diesem Bereich formal und inhaltlich nur ein geringes Maß an Experimentierfreude feststellen. Besonders beliebt und häufig von hoher Qualität ist die Arbeit der Karikaturisten in vielen Ländern der islamischen Welt. Als angewandte Kunst bietet sie den Graphikern zahlreiche Möglichkeiten zu formalen Experimenten und stellt zugleich eine Möglichkeit subtiler oder offener Kritik an den herrschenden sozialen, wirtschaftlichen und politischen Verhältnissen dar. Sie erfreut sich daher weiter Beliebtheit.[13] Auch die in den autoritären Staaten der islamischen Welt übliche Allgegenwart der Portraits der jeweiligen Staatschefs hat sich auf die Kunstszene der jeweiligen Länder ausgewirkt. Einerseits verschafft sie den Künstlern eine Existenzgrundlage, andererseits hat das Interesse der politischen Führung an der bildenden Kunst eine Vorbildfunktion für bestimmte Kreise der politischen, wirtschaftlichen und intellektuellen Eliten dieser Länder. Die Tatsache, daß einflußreiche Persönlichkeiten des politischen Lebens Kunstausstellungen eröffnen oder an Vernissagen teilnehmen, führt dazu, daß sich auch Angehörige solcher gesellschaftlicher Gruppen für die Gegenwartskunst ihres Landes zu interessieren beginnen, die ihr zuvor eher fern standen. Typisch für diese Konstellation war der Irak, wo sich unter der Herrschaft der sozialistischen *Baʿth*-Partei eine besonders lebhafte Kunstszene entwickelt hatte.[14] Dabei spielte die besondere Situation des Landes, in dem eine Vielzahl von unterschiedlichen Ethnien und Religionsgemeinschaften leben, eine wichtige Rolle. Mit der staatlichen Förderung eines künstlerischen Bezugs auf die altorientalischen Kulturen wurde versucht, eine Ethnien übergreifende irakische nationale Identität zu schaffen.[15] In Ländern, in denen die Kunstförderung durch den Staat ein Schattendasein führt, haben es die Künstler dagegen sehr viel schwerer.[16]

Es liegt in der Natur der genannten unterschiedlichen Formen der angewandten Kunst, Malerei und Graphik/Karikatur, daß Gegenständlichkeit die erste Forderung an den Künstler darstellt, auch wenn bestimmte Symbole wie z. B. die Taube, die Kalaschnikow oder die Tulpe sehr abstrahiert erscheinen können. Die Erkennbarkeit des jeweiligen Symbols muß gegeben sein, um die gewünschte Wirkung beim Betrachter zu erzielen. Außer dieser Voraussetzung jeder «Staatskunst» lassen sich allerdings kaum außerkünstlerische Normen festellen, die von den politischen Führungen in einer Vielzahl der islamischen Länder an die Kunstschaffenden herangetragen werden. Es muß in diesem Zusammenhang darauf aufmerksam gemacht werden, daß auch in den hinsichtlich der persönlichen Freiheit der Bürger rigideren Staaten der islamischen Welt die Freiheit der bildenden Künstler nie so weit eingeschränkt wurde, daß nicht auch andere als die offiziell geförderten Stile möglich waren und sind. Ferner ist die Gründung von zahlreichen Künstlervereinigungen nicht behindert worden, so daß Maler, Graphiker oder Bildhauer die Möglichkeit der Kooperation und der gegenseitigen Anregung finden können.

4. Die islamischen Abstrakten

Gerade diese Künstlervereinigungen haben auch eine wichtige Rolle bei der Auseinandersetzung der Künstler mit den sich immer schneller vollziehenden Entwicklungen in der westeuropäischen und nordamerikanischen Kunstszene gespielt. Dabei haben die verschiedenen abstrakten Richtungen auf die muslimischen Künstler einen besonders starken Einfluß gehabt, während Pop-Art und Fotorealismus auf ein geringeres Interesse stießen. Bei der Umsetzung derartiger westlicher Vorbilder in die eigene Bild-/Formensprache und Ausdrucksweise lassen sich in so unterschiedlichen Staaten wie Saudi-Arabien und Senegal erstaunliche Übereinstimmungen feststellen. Zum Beispiel sind Formen der Aktions-Kunst oder eines besonders expressionistischen, abstrakten Malens in beiden Staaten, aber auch in den anderen vielfältigen Kunstszenen der islamischen Welt, kaum auf Gegenliebe gestoßen. Die in diesen Kunstrichtungen zum Ausdruck kommende individuelle Exaltiertheit und der damit zusammenhängende Nonkonformismus sind Lebenshaltungen, die den islamischen Gesellschaften wohl zu fremd sind, als daß sie von den Künstlern hätten rezipiert werden können. Statt dessen finden sich Werke, die in ihrer formalen Ausdrucksweise mit denen von Klee oder Bagheer zu vergleichen sind, also Arbeiten, bei denen die Künstler in häufig spielerischer, aber doch sehr bewußter und disziplinierter Weise Landschaften oder architektonische Szenarien immer weiter abstrahieren, bis sich der optische Eindruck der Kunstwerke von der Vorlage völlig gelöst hat. Ungeachtet der Abhängigkeit von den westlichen Vorbildern ist dabei – von den Besonderheiten der Landschaften und der spezifischen Architektur der islamischen Welt ausgehend – eine eigene, ganz typische Formensprache entstanden, die trotz der verschiedenen Kunstszenen in den einzelnen Staaten überraschend einheitlich erscheint. Auch der Umgang mit Farben, vor allem die Bevorzugung von Grün- und Blautönen, kann als ein typisches Merkmal dieser Kunstrichtung angesehen werden. Die Vermeidung von lebenden Wesen als Motiven dieser Kunst reflektiert zugleich das islamische «Bilderverbot» auch in dieser abstrahierenden und abstrakten Kunst. Die Produkte dieser Kunstrichtung erfreuen sich anscheinend einer gewissen Beliebtheit beim Publikum, jedenfalls wenn man von der Zahl der Vernissagen und den entsprechenden Reaktionen in Zeitungen und Zeitschriften in der islamischen Welt ausgehen darf.

5. Die arabische Kalligraphie und die moderne Kunst

Seit den 1970er Jahren macht sich eine gewisse Lösung der Kunstproduktion islamischer Künstler von europäischen und amerikanischen Vorbildern bemerkbar. Die künstlerische Entwicklung in den westlichen Ländern wird von den Künstlern allerdings weiter genau beobachtet. Neue Verfahren wie Spritz- und Bürsttechniken und der Umgang mit neuen Werkstoffen wie Acryl werden im Experiment ausprobiert und von einigen Künstlern übernommen. Doch im inhaltlichen Bereich stellen sich eine Reihe von Besonderheiten heraus, die sich aus der kulturellen Tradition der islamischen Welt ergeben und die islamische Kunst mehr und mehr beherrschen. Dabei spielt zunächst der Umgang mit der Linie eine entscheidende Rolle. In diesem Zusammenhang ist immer wieder das Vorbild von Paul Klee festzustellen. Verwendung findet dabei vor allem die arabische Schrift, die als graphische Fixierung des Korans in der gesamten islamischen Welt besondere Verehrung genießt und in einigen kulturellen Kontexten nicht ohne eine gewisse magische Kraft erscheint. Die Übereinstimmung in der Bewertung der arabischen Schrift in der gesamten islamischen Welt (bis zu einem gewissen Grade sogar in der laizistischen Türkei) hat in der modernen Kunst dieser Länder ein gemeinsam akzeptiertes künstlerisches Ausdrucksmittel hervorgebracht, das zu dem Eindruck der Einheitlichkeit der aktuellen islamischen Kunst durchaus beiträgt. Aus der spielerischen Gegenständlichkeit entwickelt sich diese Kunst hin zur Verwendung von kalligraphischen Signalen, die zwischen einer traditionellen islamischen Schriftkunst und experimentellen Graphemen oszillieren. So finden sich Stadtansichten, die auf der graphischen Basis von arabischen Buchstaben wie *kāf*, *lām*, *bā* oder *alif* konstruiert worden sind. Auch Lebewesen werden aus einzelnen arabischen Schriftzeichen zusammengesetzt. Dabei bilden die Buchstaben keine sinnvollen Wortzusammenhänge, sondern sind ganz auf ihren graphischen Wert reduziert. Übrigens findet sich diese Verwendung der arabischen Schrift nicht nur in Graphik und Malerei, sondern besonders häufig auch im Bereich der künstlerischen Keramik, die in einigen islamischen Ländern in den letzten Jahren einen erfreulichen Aufschwung genommen hat. Doch nicht nur die einzelnen Buchstaben finden in diesem Zusammenhang Verwendung. Auch Worte mit konkreter Bedeutung wie *Allāh* in arabischer Schrift werden durch die Verwendung verschiedener Schriftgrößen und graphischer Intensität auf ihren visuellen Eindruck hin überprüft.[17] Von dieser Technik der Verwendung arabischer Buchstaben oder von einzelnen Worten zur Darstellung von Gegenständen und Personen ist es dann nurmehr ein Schritt zu einer Abstraktion, die auf den visuellen Eindruck der arabischen Schrift verkürzt wird. Hier geht es den Künstlern offensichtlich nicht um die Vermittlung einer konkreten, aus der Schrift und ihrer inhaltlichen Bedeutung resultierenden Information. Vielmehr bleibt die Erfahrung des graphischen Werts eines einzelnen Buchstabens im Vordergrund, so wenn der Buchstabe *wāw* in unterschiedlicher Dichte und Größe oder in verschiedenen Farben variiert und abgewandelt wird. Man könnte hier von einem gewissen Minimalismus der islamischen Kunst sprechen. Ob es – zumindest auf theoretischer Ebene – Beziehungen zu westlichen Formen der Verwendung von Schrift im graphischen Bereich gibt, wie sie in den 1960er Jahren üblich waren, müßte in einer genaueren Untersuchung festgestellt werden. Immerhin bietet sich hier eine Ausdrucksform, deren islamischer Charakter aufgrund der Verwendung der arabischen Schrift nicht ohne weiteres in Frage gestellt werden kann. Die öffentliche Akzeptanz dieser künstlerischen Form ist sehr hoch, zumal einige der Künstler sich auch als echte Kalligraphen einen Namen gemacht haben. Typisch für diese Phase der künstlerischen Entwicklung in der islamischen Welt ist ein deutliches Beharren in der Schrift als einem als solches erkennbaren graphischen System.

In den 1990er Jahren läßt sich nun eine noch weiter gehende Abstraktion feststellen, in der aus der (aus Linien und Punkten bestehenden) arabischen Schrift die Punkte getilgt werden, so daß nur noch die Linie, der sogenannte *rasm*, eines Buchstabens erhalten bleibt. Diese Entwicklung ermöglicht dem Künstler einen sehr viel freieren und expressiveren Umgang mit dem graphischen Material der Schrift. Aus dem Schriftduktus heraus entwickelten die Künstler eine floreale und vegetative Formsprache, die der traditionellen Kalligraphie nurmehr ähnlich ist. Aber es finden sich auch an architektonische Formen erinnernde Ausdrucksweisen, die auf der altarabischen Schrift des *kūfī* zu beruhen scheinen. Die Konsequenz aus der Konzentration auf den *rasm* für die künstlerische Ausdrucksweise ist vielschichtig. So wird in diesem Kontext hohe Emotionalität im Ausdruck zum ersten Mal möglich. Ein Identität stiftender Rückbezug auf traditionelle Formen bleibt aber gleichermaßen gegeben. Natürlich ist deshalb auch die Kombination von traditioneller Kalligraphie mit den modernen Reduktionen aus der arabischen Schrift leicht möglich, wodurch nicht selten eine beeindruckende Ausdrucksform erreicht wird.

6. Die moderne islamische Kunst als Reflex der ideologischen Entwicklung

Die Entwicklung einer modernen Kunst – zumal einer Kunst, die einer Gesellschaft traditionell nur zum Teil vertraut ist – steht in einem schwierigen Wechselverhältnis zum sozialen, politischen und kulturellen Wandel in eben dieser Gesellschaft. Da die bildende Kunst, von der Kalligraphie abgesehen, an sich als unislamisch beschrieben werden kann, waren Maler und Graphiker seit dem verstärkten westlichen Einfluß auf die islamische Welt zunächst in einem höheren Maße gesellschaftlich marginalisiert als z.B. muslimische Schriftsteller, die sich bei westlichen Vorbildern Anregungen holten, oder Musiker, die in einem ganz erheblichen Maße den traditionellen Formen verhaftet blieben und von den modernen Musikformen und Schulen kaum Kenntnis nahmen. Produzenten von bildender Kunst stellten daher sehr häufig die Avantgarde der gesamten Kulturszene der islamischen Welt dar. Von Ausnahmen abgesehen ist das säkulare Moment in Malerei, Graphik und Plastik in höherem Maße vorhanden als in anderen künstlerischen Ausdrucksformen. Mehr als andere Kunstarten waren Malerei und Graphik auf die Bewegungen in der westlichen Kunstentwicklung ausgerichtet. Die gesellschaftliche Akzeptanz ihrer Werke war abhängig von der Haltung der führenden Schichten gegenüber dem Westen. So lassen sich Parallelen zwischen der künstlerischen Entwicklung und den die Gesellschaft bestimmenden ideologischen Strömungen in der islamischen Welt aufzeigen.

Die frühe Geschichte der modernen islamischen Kunst ist gekennzeichnet durch eine Nachahmung der westlichen Kunstströmungen, wobei sich eine bis zu fünf Generationen zurückreichende Nachzeitigkeit festellen läßt. Hier spiegelt sich die – häufig vergebliche – Bemühung von Politikern und Ideologen um eine Modernisierung ihrer Gesellschaften, die durch eine Verwestlichung erreicht werden sollte, wider. Die staatlicherseits – so besonders durch den Kemalismus in der Türkei – versuchte Zurückdrängung der Religion aus der Gesellschaft in den privaten Bereich verschaffte der gegenständlichen Kunst einen Freiraum, den sie nutzen konnte. Ihre Akzeptanz bleibt jedoch auf die sogenannten neuen Eliten beschränkt, wenn sie überhaupt auf ein Echo stößt. Die relative Erfolglosigkeit der Modernisierung im Sinne von Verwestlichung einerseits und die «Re-Islamisierung», wie sie seit der Mitte der 1960er Jahre festzustellen ist, andererseits, können Malerei und Graphik allerdings nicht völlig marginalisieren. Diese Kunstform ist nicht zuletzt durch ihre angewandten Formen aus dem gesellschaftlichen Kontext kaum mehr wegzudenken. Die Suche nach einer islamischen Identität hat im übrigen zur Zeit der beginnenden Re-Islamisierung auch in der bildenden Kunst begonnen. Die Parallelität der künstlerischen und gesellschaftlich-politischen Entwicklung wird hier ganz deutlich. Die Rezeption von Traditionen islamischer Kalligraphie führt zu einer eigenständigen, von westlichen Vorbildern weitgehend unabhängigen Kunst. Sie hat jedoch auch einen universalen Charakter, weil sie eine Formensprache und einen künstlerischen Ausdruck entwickelt hat, zu dem auch der im Umgang mit moderner westlicher Kunst geschulte Betrachter, der aus einer anderen Kultur kommt, Zugang finden kann.

VII.
«Islamische» Architektur und darstellende Kunst der Gegenwart

(Mohamed Scharabi)

Die Fragestellung: gibt es eine «islamische» Architektur und darstellende Kunst der Gegenwart? zwingt zu einer weiteren, nämlich: gab es überhaupt eine «islamische» Architektur und darstellende Kunst? Folglich ist es notwendig, auf die Bau- und Kunstgeschichte des angesprochenen Kulturraums in der Zeit vor dem Eindringen europäischer bzw. westlicher Lebens- und Wirtschaftsformen, d.h. auf die eigentliche lokale Tradition, einzugehen, bevor die gegenwärtige Situation erörtert wird.

1. Die Tradition

Der frühislamische Städtebau sowie die damit verbundene Architektur und bildende Kunst wurden von der Auseinandersetzung mit den vorgefundenen Kulturen geprägt. Für die neugegründeten «Residenzstädte» boten sich z.B. der Typus des römischen *Castrums* (z.B. ʿAnjar) oder der mesopotamisch-iranischen Rundstadt an.

Aber obwohl die islamische Kultur zum Teil auf Grundlagen der griechischen und römischen Antike beruht, sind z.B. die *Agora*, das *Forum* und das *Theater* als öffentliche und offene Plätze dem Wesen der Stadt im traditionell islamischen Raum in der Regel fremd geblieben. Da der öffentliche und offene Platz schon während der byzantinischen Zeit an Bedeutung verlor, ergab sich zunehmend die Verwendung der Straße als Grundelement für die Gliederung des Stadtzentrums. Begünstigt wurde diese Veränderung nicht nur durch die Einführung der Kirche und später der Moschee als Gotteshaus und öffentlicher Versammlungsraum – im Gegensatz zum antiken Tempel –, sondern auch durch die klimatischen Verhältnisse. Die antike Bauform der Agora und des Forums eignen sich offensichtlich eher für den nördlichen Mittelmeerraum. Dagegen werden die Innenhöfe, Arkadengänge, Säulenhallen und überdachten Straßen des *sūq* bzw. *bāzār* der islamisch-orientalischen Stadt dem Klima des östlichen und südlichen Mittelmeerraumes und der an ihn angrenzenden Gebiete eher gerecht. Die klimatischen Verhältnisse allein können aber nicht ausschlaggebend gewesen sein. Wir wissen aus der Überlieferung und von der heutigen Bausubstanz mancher Bauwerke, daß die städtischen Märkte in Spanien während der islamischen Ära ähnlich konzipiert waren wie die der marokkanischen bzw. arabischen *sūq*-Anlagen. Dagegen haben die heutigen *Mercados* bzw. *Zoccos* z.B. in Cordoba, Malaga und Toledo, einst Hochburgen des islamischen Westens, keinerlei Parallelen mehr im Orient, vielmehr aber in Frankreich oder Italien. Der Untergang der althergebrachten Bauform des *bāzārs* in Spanien ist der Beweis dafür, wie diese Form von bestimmten ethischen, sozialen, wirtschaftlichen und rechtlichen Faktoren, nämlich denen des alten Orients und des Islams, abhängig ist. Sobald sich diese verändern, verändert sich auch die Bauform.

Eine gewisse kulturelle Kontinuität im Städtebau hat es mit sich gebracht, daß man nur langsam zu gewachsenen und eigenständigen Leistungen gelangen konnte. Dies zeigt sich auch bei der Betrachtung der Stadtelemente wie z.B. des Wohn- und Palastbaus, des Gotteshauses, der Handelsanlagen und sonstigen Zentraleinrichtungen sowie bei der Entfaltung der bildenden Künste.[1]

Die zahllosen Agglutinate im Nahen und Mittleren Osten, deren Hofhäuser die Öffnung nach außen scheuen und eine fast schmucklose, massive und geschlossene Bauweise anstreben, haben ihre unmittelbaren Vorläufer insbesondere im syrisch-mesopotamischen Raum. Die sogenannten Wüstenschlösser im syrischen Raum, so z.B. das im Jahre 727 erbaute *Qaṣr al-Ḥair al-Gharbī* und das im Jahre 744 erbaute Schloß *Mshatta*, sind quadratische, von Rundtürmen umgebene Paläste mit um einen Hof angeordneten Wohntrakten nach dem Vorbild der römischen Limeskastelle.

Der im Jahre 691 vollendete Felsendom in Jerusalem, ein oktogonaler Zentralbau mit konzentrisch eingestelltem kreisrundem und achtseitigem Arkadenkranz, hat sich offensichtlich an lokalen christlichen Vorläufern orientiert. Die christlichen *Xenodochia* oder *Pandocheia*, die seit dem 4. Jahrhundert im griechischen Osten und im lateinischen Westen errichtet wurden, können zu den Vorläufern der *khān*-Anlagen gezählt werden. Ihnen lagen bisweilen den *khān*-Anlagen ähnliche Planschemata zugrunde.

Die kulturelle Kontinuität zeigt sich nicht nur in bautypologischer, sondern auch in stilistischer Hinsicht. Die syrisch-umaiyadischen und mesopotamisch-abbasidischen Architekturformen wurden in die jeweiligen, von den Machtzentren abhängigen lokalen Residenzen getragen. Die umaiyadische Formensprache fand in Spanien eine von der gleichzeitigen Abbasiden-Architektur unabhängige Fortsetzung. Bei der großen Moschee in Cordoba (gebaut im Jahre 785) und der Palaststadt *Madīnat az-zahrāʾ* (gebaut im Jahre 936) hat sich ein Lokalstil entwickelt, der sowohl von den umaiyadischen als auch von den örtlichen Bautraditionen (z.B. Hufeisenform) beeinflußt war. Dagegen zeigt sich der enge Kontakt mit dem Irak in Kairuan (große Moschee) und Kairo (*Ibn Ṭūlūn*-Moschee). Zur Fatimidenzeit blieben die abbasidischen Architekturformen (z.B. die große Moschee in Mahdia und die *Azhar*-Moschee in Kairo) mit einigen lokalen Interpretationen vorbildlich. Mit zunehmender Ausdehnung und Etablierung des Fatimiden-Reiches unter dem Kalifen Mustanṣir (1036–1094) wurde auch die Austauschbarkeit von lokalen Bauformen möglich. Diese Austauschbarkeit, verbunden mit lokalen Traditionen, begünstigte die Entwicklung von eigenständigen Formen, die aber immer an das Vorislamische erinnern. Nicht viel anders vollzog sich die Entwicklung im Osmanischen Reich, ganz besonders nach der Eroberung von Konstantinopel.

Durch ihre menschen- und tierbildfeindliche Einstellung hat die islamische Religion figürliche Darstellungen erschwert. Die allgemein erlaubten Themen sind Pflanzen und Dinge, die keinen «Lebensodem» haben. Eine gelegentlich sich durchsetzende liberale Auslegung des Korans und des Hadith *(ḥadīth)* trug jedoch dazu bei, die Wiedergabe von Menschen und Tieren zu gewissen Zeiten und an manchen Orten zu ermöglichen.[2] Die dogmatische Einstellung wurde jedoch mit der Zeit stärker. Sie bot immer weniger Möglichkeiten für die Entfaltung von Figurenmalern. Das künstlerische Wollen konzentrierte sich in vegetabilischen und geometrischen Ornamentformen, aber auch in einer besonderen Art der Schriftgestaltung (Kalligraphie), die sich im gesamten islamischen Raum nachweisen läßt.[3] Allen Ornamenten und Kalligraphien ist die Tendenz zur Abstraktion, zur rhythmischen Gliederung und zur vollkommenen Füllung der Flächen eigen, wobei die Möglichkeit besteht, Glieder des Ornaments und der Schrift in alle Richtungen beliebig zu erweitern. Das Ornament und die Kalligraphie nehmen nicht immer direkten Bezug zum Objekt. Sie unterliegen einer eigenständigen Gesetzmäßigkeit.

Die islamische Kultur kennt ursprünglich keine Heiligenbilder, weil die göttliche Botschaft selbst durch einen gewöhnlichen Menschen, den Propheten, in ihrer verbalen Form übertragen wurde. Anstelle von Heiligenbildern verwendete man die Schrift und das Ornament zum Schmuck von Bauwerken und Gegenständen. Ihrem Wesen nach hatte diese Kunst weder eine religiöse Funktion, noch konnte sie für die epische oder dramatische Dichtung verwendet werden wie in der byzantinischen Welt. Diese Kunst hatte weder historische Schilderungen, Legenden oder Allegorien zu illustrieren, noch wollte sie lyrischem oder visionärem Fühlen Ausdruck verleihen. Das Porträt lag nicht in ihrem Wirkungsbereich. Und der menschliche Körper, die Grundlage der klassischen Kunst, wurde in der Regel außer acht gelassen. Ausnahmen finden wir jedoch in einigen islamischen Kulturräumen, und zwar besonders in Iran und Indien. Hier gab es während des islamischen Mittelalters und bis in die Gegenwart hinein Malerei mit durchaus religiösen Themen, z. B. Darstellungen Muḥammads und der schiitischen Imame.[4]

Zusammenfassend können wir feststellen, daß der Islam nicht wenige Elemente der älteren Kulturen Asiens und Afrikas bewahrt und nur bis zu einem gewissen Grad den Städtebau, die Architektur und die bildende Kunst durch seine Lehre beeinflußt hat. Es wäre jedoch nicht richtig zu behaupten, daß es dadurch zu einem einheitlichen Städtebau oder zu einer einheitlichen Architektur und darstellenden Kunst gekommen sei. Dazu waren die kulturellen Voraussetzungen und späteren Einflüsse in den einzelnen Regionen der islamischen Welt im Laufe der Geschichte zu unterschiedlich. Als letzte bedeutende Epoche der islamischen Bau- und Kunstgeschichte hat die der Osmanen große Tragweite gehabt. Dennoch kann man auch in dieser Phase nicht von einer einheitlichen Entwicklung sprechen, d. h. man kann die osmanische keineswegs mit der gesamten islamischen Architektur und Kunst dieser Epoche gleichsetzen.

Vielleicht sollte man abschließend fragen: Was ist «islamisch» und was ist «orientalisch»? Gibt es eine orientalische Architektur, bei der sich Geometrie und vor allem Dekoration in typischer Weise entwickelten? Denken wir an die glasierten Ziegel in Babylon mit ganzen Bilderwänden, an die mit Erzählungen überzogenen altägyptischen Bauten und an die charakteristische Gestaltung von Wänden mit Kacheln vom 13. bis zum 19. Jahrhundert im ganzen islamischen Orient. Ist diese Tradition eigentlich gebrochen? (Im abendländisch-griechischen Raum ist dagegen der Dekor immer etwas, was die Tektonik unterstreicht, wobei sicherlich in neuerer Zeit der Jugendstil herausfällt.) Dabei spielt das «Zeitgefühl» im Orient und damit auch im Islam eine bedeutende Rolle. Die altägyptische, altiranische und mesopotamische Kunst kennt keine «Entwicklung» im abendländisch-neuzeitlichen Sinne. So hat man ein anderes historisches Bewußtsein, bei dem die Vergangenheit als Teil der Gegenwart angesehen wird. Ist es im islamischen Orient von heute dabei geblieben? Oder hat sich etwas geändert?

2. Verwestlichung, Klassizismus, Neobarock, Jugendstil und Neoklassizismus

Der große Einbruch, der deutliche Verzicht auf Erfahrungen, Fähigkeiten, Kenntnisse und Einsichten der Vorfahren fand im Zeitalter des Barock und Rokoko statt. Als neues Stadtzentrum entstand in der safawidischen Stadt Isfahan der *Maidān-i Shāh*. Dieser ist ein etwa 500 × 150 m großer Platz, an dem fast alle Zentraleinrichtungen einer traditionellen islamischen Stadt angelegt sind. Die Überdimensionierung sowie die einheitliche und klare Gliederung des Platzes erinnern an europäische städtebauliche Konzepte. Auch die Wandmalereien des Palastes des *ʿĀlī Qāpū* am *Maidān-i Shāh* zeigen deutliche Züge der gleichzeitigen niederländischen Schule. Der Perser Muḥammad Zamān studierte im späten 17. Jahrhundert in Italien. Durch sein Wirken gewann der damals schon vorhandene Einfluß Europas auf die Malerei an Breite.

Im Jahre 1774 unterzeichneten die Osmanen einen Friedensvertrag mit den Russen. Die Osmanen verloren weite Gebiete am Schwarzen Meer und in Europa. Das war der Anfang vom Ende der Großmacht Türkei und somit auch des letzten kosmopolitischen islamischen Staates. Auf seinem Territorium entstanden unabhängige Nationalstaaten. Im Laufe des 19. und 20. Jahrhunderts vollzog sich eine weitere politische und kulturelle Aufspaltung des islamischen Raums. Im Osten wurden Afghanistan, das Reich der Sikhs und Persien britischer Einflußbereich. Im Westen brachte Frankreich die nordafrikanischen Länder Algerien (1830), Tunesien (1881) und (zusammen mit Spanien) Marokko (1912) unter seine Kontrolle. Libyen wurde 1911 Kolonie Italiens. Nach dem Ersten Weltkrieg wurden Syrien/Libanon, Palästina und Irak Mandatsgebiete Frankreichs bzw. Großbritanniens. Von 1882 an hielt Großbritannien Ägypten für einige Jahrzehnte besetzt.[5]

Diese politische Entwicklung war für die Entfaltung des Städtebaus, der Architektur und der Kunst maßgebend, und zwar im Sinne einer tiefgreifenden *Ver-*

westlichung. In Ägypten zeigt sie sich bereits nach der Eroberung des Landes durch die Franzosen im Jahre 1798 und nach dem Abfall Ägyptens vom Osmanischen Reich unter Muḥammad ʿAlī (1805–1848). Als die Engländer Ägypten im Jahr 1882 besetzten, war das Land schon seit Jahrzehnten fremden Einflüssen ausgesetzt gewesen, und die kulturelle Landschaft Ägyptens hatte sich bereits stark verändert. In der Stadt Kairo, Heimstätte der in der ganzen islamischen Welt angesehenen al-Azhar-Universität, hatte die französische Armee überdimensionale, geradlinige Geschäfts- und Wohnstraßen und offene Plätze nach Pariser Muster geschaffen. Muḥammad ʿAlī selbst wollte das Werk der Franzosen vollenden, indem er mehrere *bāzār*-Anlagen abreißen und «modernisieren» ließ. Einige Stadtviertel, wie z.B. al-Azbakīya, zeigen den Einfluß des französischen Städtebaus. Selbst die Moschee Muḥammad ʿAlīs, die im Jahr 1830 gebaut wurde und in ihrer Konzeption noch osmanisch blieb, verrät in den Einzelheiten deutlich barockes Formengut. Neue, importierte Bautypen, wie die des Hotels, veränderten das funktionale Gefüge der traditionellen Stadt. Die alten *khān*-Anlagen verloren schnell ihre Bedeutung als Handelsanlagen mit Übernachtungsmöglichkeit, sie zerfielen zugunsten der neuerbauten Hotels, die in den neugeschaffenen Stadtvierteln entstanden, wie z.B. Shepheard's Hotel (erbaut 1845). Parallel zu den *khān*-Anlagen zerfielen, wenn auch langsamer, die traditionellen Wohnbauten, deren Bewohner, sobald sie es sich leisten konnten, in die neuerrichteten «Apartmenthäuser» der «modernen» Stadtviertel zogen. Der Prozeß der Verwestlichung verstärkte sich zur Zeit des Khediven Ismāʿīl (reg. 1863–1879). Er versuchte, das Land und seine Städte mit der in seinen Augen bedeutenderen, an technischen Erfahrungen reicheren westeuropäischen Kultur in Einklang und Übereinstimmung zu bringen. Zur feierlichen Eröffnung des Suezkanals ließ Ismāʿīl ein Opernhaus in Kairo in klassizistischen Formen nach dem Vorbild der Scala in Mailand erbauen. Er ließ sein Schloß von einem deutschen Baumeister und seinen Park von französischen Architekten anlegen.[6]

Ebenfalls klassizistisch (und nach etwa 1915 neoklassizistisch) ist die Bauform anderer neuer Bautypen, die während der zweiten Hälfte des 19. Jahrhunderts und der ersten Hälfte des 20. Jahrhunderts z.B. in Aleppo oder Kairo eingeführt wurden. Das Wohnhaus an der Shāriʿ al-Mutanabbī in Aleppo aus dem Jahr 1933 in seiner neoklassizistischen mediterranen Erscheinungsform erinnert in keiner Weise an das traditionelle Formenvokabular Syriens (Abb. 1).

Das Ägyptische Museum in Kairo, das in seiner heutigen Form aus dem Jahr 1911 stammt, aber als Bauaufgabe schon 1858 eingeführt wurde, erinnert nicht im geringsten an altägyptische oder islamische Bauformen. Es könnte in seiner ausgesprochen klassizistischen Ausformung in Italien, Frankreich oder in Deutschland stehen (Abb. 2). Kaufhäuser (z.B. Sednaoui und Omer Efendi) und Banken (z.B. Bank Miṣr), die um die Jahrhundertwende und später entstanden, sind sowohl ihrer inneren Struktur als auch ihrer äußeren Gestalt nach mit den Pariser *magasins* und Bankgebäuden identisch; sie zeigen den Einfluß der Pariser *École des Beaux-Arts,* wie wir ihn auch in Mitteleuropa kennen, sehr deutlich.[7] Aber auch die Architektur der neuerbauten Markthallen am *Maidān al-ʿAtaba* verrät

1. Aleppo-Wohnhaus an der Shāriʿ al-Mutanabbī (1933), Architekt Ṣubḥī Kabāba.

die Affinität zu den Pariser Markthallen aus der Mitte des 19. Jahrhunderts. Dagegen zeigt sich der britische Einfluß u.a. bei den Hauptgebäuden der Post und der Feuerwehr, ebenfalls am *Maidān al-ʿAtaba*, die in einer Art Kastell-Architektur englischer Prägung gestaltet wurden. Die Form zahlloser Wohn-, Geschäfts- und Verwaltungsbauten nicht nur in den neuen Stadtvierteln, sondern auch in der Altstadt von Kairo (z.B. Darb Qirmiz Nr. 4), folgte den Strömungen europäischer Architektur des 19. Jahrhunderts und veränderte damit die gebaute Umwelt für eine Gesellschaft, die selbst durch neue Wirtschafts- und Bildungssysteme der eigenen Tradition den Rücken kehrte.[8]

Die Entwicklung in Kairo ist nur als Musterbeispiel anzusehen. In der Metropole des Osmanischen Reiches, in Istanbul, vollzog sich das Geschehen auf dem Gebiet der Stadtplanung und der Architektur nicht viel anders, allerdings mit einiger Zeitverschiebung. Auch hier, wie in Kairo, wurden lange und geradlinige Straßen (Boulevards) sowie offene Plätze innerhalb und außerhalb der traditionellen Stadt durchgebrochen, die den Stadtgrundriß und das Stadtbild zunehmend veränderten. Für die Architektur des Neobarock liefern die Beispiele der *Ortaköy*-Moschee (erbaut 1854) und des *Beylerbey Sarayı* (erbaut 1865) einen guten Beleg. In Bagdad wurde im Jahr 1916 Shāriʿ ar-Rashīd, eine Wohn- und Geschäftsstraße, angelegt, die sich am europäischen Vorbild des «Kolonnadenstils» orientiert (Abb. 3). In Damaskus wurde *Sūq al-Ḥamīdīya* in den siebziger Jahren

2. Kairo: Ägyptisches Museum, 1911. Ein klassizistischer Bau, der auch in Italien, Frankreich oder Deutschland stehen könnte.

des 19. Jahrhunderts neu angelegt. Seine Seitenbebauung ist zweigeschossig – im Gegensatz zur traditionellen Norm des eingeschossigen Ladenbaus im *sūq*-Bezirk; die Einzelheiten sind klassizistisch gefärbt. Die Stahlüberdachung von *Sūq al-Ḥamīdīya* erfolgte im Jahre 1878, d.h. gleichzeitig mit der Überdachung der Galleria Vittorio Emanuele II. in Mailand, die ähnlich konzipiert ist.[9]

Die Beispiele für die Verwestlichung der Stadt- und Bauform sind zahllos und können im Rahmen dieser Abhandlung nur angedeutet werden. Es sei jedoch darauf hingewiesen, daß der europäische Klassizismus nicht nur in Ägypten, der Türkei und im syrischen Raum sowie in den benachbarten Gebieten weite Verbreitung gefunden hat, sondern auch im islamischen Osten (z.B. der königliche Palast in Kabul) und Westen (z.B. das Opernhaus in Algier). Er wurde allmählich, wie in Europa, vom Jugendstil abgelöst. Charakteristische Beispiele des Jugendstils finden wir u.a. in Kairo (Synagoge an der Shāriʿ ʿAbd al-Khāliq Tharwat) sowie bei vielen Bauten im Stadtteil «Garden City», in Alexandria (Pastroudis Cake

3. Bagdad. Der linke Teil des Bildes gehört zu Shāriʿ ar-Rashīd (1916), einer Wohn- und Geschäftsstraße. Die Bauten einer quer zu dieser gelegenen Straße stammen aus etwa derselben Zeit. Auch diese zeigen – allerdings in abgeschwächter Form – die Tendenz zur Verwestlichung der Architekturaussage.

Shop) und in Istanbul (ägyptisches Konsulat in Bebek, das als Sommerhaus des ägyptischen Khediven diente).

Auf dem Gebiet der darstellenden Kunst weitete sich der Hang zum Porträtieren aus. Fast alle Herrscher und Großbürger ließen sich – und manchmal auch ihre Frauen – malen (z.B. Ismāʿīl Pascha in Ägypten). Das traditionelle Kunstgewerbe blieb zwar weiterhin lebendig, aber die Vorbilder kamen zunehmend aus Europa. Sämtliche Stilrichtungen Europas des 19. Jahrhunderts wurden nachgeahmt, und es fällt dem Betrachter heute in einem Land wie Ägypten schwer zu erkennen, ob die vorgefundenen kunstgewerblichen Gegenstände von damals aus Europa importierte oder im Lande selbst hergestellte sind.

3. Nationalismus, Übernationalismus (Islamismus) und Internationalismus

Die Gefahr der kulturellen Entwurzelung wurde vielen bewußt. Ein unverkennbarer Nationalismus weitete sich aus und wirkte sowohl in der Politik als auch im Kulturbereich. Auch hier liefert Ägypten mit der von Aḥmad ʿUrābī geführten Bewegung ein lehrreiches, in mancher Hinsicht wegweisendes Beispiel.[10]

Mit der Durchsetzung des Nationalismus veränderte sich der historische Horizont, verlagerte sich das Interesse eines Teils der Kunstschaffenden. Manche wandten sich bewußt der Darstellung vorislamischer Stilmethoden zu. Die Vertreter dieser Richtung sahen in der Verherrlichung der altägyptischen Kultur (und außerhalb Ägyptens in der Leistung z.B. der Perser, Phönizier oder Türken) das Heilmittel gegen die Hilflosigkeit und Ratlosigkeit angesichts eines für sie übermächtigen und fremden Einflusses. Andere sahen im Nationalismus eine aus Europa importierte Rassenvorstellung und versuchten zum Schutz vor Überfremdung und vor Unterbrechung der kulturellen Kontinuität die für sie noch gültigen «islamischen» Formen zu verwenden.

Vertreter des «nationalen» Stils bauten für König Fārūq sein Rasthaus am Fuße der Pyramiden in Gize in Anlehnung an altägyptische Bau- und Dekorationsformen. Der ägyptische Bildhauer und Maler Maḥmūd Mukhtār modellierte in den 1920er Jahren «Nahḍat Miṣr» («Das Erwachen Ägyptens») als freistehende Plastik einer Frau, die eine auferstehende Sphinx mit ihrem Kopftuch schirmt, im Sinne und im Formenrepertoire Altägyptens. Derartige Kunstleistungen verkörpern nicht nur den Bruch mit der islamischen Tradition, die freistehende Plastik nicht kennt; sie verkörpern darüber hinaus die Politisierung der Kunst – eine Erscheinung, die der traditionellen islamischen Kultur in dieser direkten Form bis dahin unbekannt war. Maḥmūd Mukhtār schuf Reliefs, die sowohl ihrem Inhalt als auch ihrer Technik und ihrer Gestaltungsweise nach altägyptisch anmuten, wie z.B. sein Relief der Gewerbetreibenden (Abb. 4). Dagegen waren die Vertreter des Übernationalismus (Islamismus) während der ersten Hälfte des 20. Jahrhunderts mit der Verarbeitung althergebrachter islamischer Bau- und Kunstformen für die neue Zeit beschäftigt. In Kairo z.B. wurden ganze Wohn- und Geschäftsblöcke (u.a. in Heliopolis-Roxy und Zamalek) in pseudoislamischen Formen gestaltet (Abb. 5), und selbstverständlich wurden die gleichen Formen für die Gestaltung des «Islamischen Museums» verwendet. In Istanbul wurde der *Vakıf Hanı* im Jahre 1918 gebaut. Es handelt sich dabei um ein sechsgeschossiges Wohn- und Geschäftshaus, das in seiner Organisation sowie seinem Aufbau mitteleuropäischen Wohn- und Geschäftshäusern der zweiten Hälfte des 19. Jahrhunderts nahesteht und weniger dem eigentlichen *khān*-Typus. Aber seine äußere Form lehnt sich an islamische Vorbilder an. Ebenfalls in Istanbul entstand die Bebauung der *Fuat Paşa Caddesi* Anfang des 20. Jahrhunderts. Ihre äußere Gestalt verrät die Absicht, «islamisch» bauen zu wollen, wenn auch dabei ein klassizistischer Hauch nicht zu verleugnen ist. Fast gleichzeitig entstand in Fes al-Jedīd die Bebauung der Shāriʿ Abū Khusaisāt. Ihre Form stellt den Versuch dar, die eigene islamische bzw. maurische Tradition wieder zu beleben. Parallel dazu setzte sich – insbesondere seit den 1930er Jahren – nahezu in allen islamischen Ländern die Orientierung an der Entwicklung der Architektur Europas und Amerikas fort. Die Architektur der «Sachlichkeit», des «Internationalen Stils» und des «Bauhauses» gewann an Einfluß. Auch die «organische» Architektur Frank Lloyd Wrights, dessen unmittelbare Schüler im Nahen Osten und besonders in Ägypten wirkten, breitete sich aus. Beispiele für diese Bauformen und Stile sind mühelos in allen Städten aufzufinden. Aber auch Bauformen des Expressionismus, wie wir ihn in Mitteleuropa kennen, fanden ihre Entsprechung, z.B. im Haus Corm (Abb. 6) an der Shāriʿ al-Mathaf in Beirut.[11]

4. Maḥmūd Mukhtār: Gewerbetreibende, Relief. Sowohl Inhalt als auch Gestaltungsweise erinnern an altägyptische Reliefs.

Auch die darstellende Kunst war und ist primär von den europäischen Strömungen und Richtungen geprägt.[12] In eingerahmten «Gemälden» und nicht mehr in der Strukturierung der Wände, Decken und Fußböden, wie wir sie aus der Tradition kennen, konzentriert sich das Schaffen der neuen Künstler. Impressionistisch malten die Ägypter Aḥmad Ṣabrī («Nach dem Lesen», 1926), kubistisch Gadibiya (Jādhibīya) Sirrī («Nilpanorama», 1950?) sowie Ṣalāḥ ʿAbd al-Karīm («Der Kolonialismus», 1962), dem Formenkanon der «Neuen Sachlichkeit» folgend Maḥmūd Saʿīd («Aktmodell», 1943). Kann man da noch von einer islamischen Kunst sprechen?

4. Der Industriebau

Gewiß wurde die Veränderung der Gesellschaft, ihrer Stadtstruktur und ihrer Architektur nicht nur formal vollzogen, sondern auch inhaltlich. Hauptsächlich in Ägypten (aber auch anderswo im Nahen Osten, so z.B. in Syrien) wurden große Anstrengungen unternommen, um eine Industriewirtschaft einzuführen.

5. *Kairo-Heliopolis, Roxy: Wohn- und Geschäftshäuser. Die pseudoislamische Architektur ist unverkennbar.*

Muḥammad ʿAlī, der Herrscher über Ägypten während der ersten Hälfte des 19. Jahrhunderts, beschäftigte eine große Anzahl von Europäern, um ihn und sein Regime bei der angestrebten Industrialisierung Ägyptens beratend zu unterstützen. Er begünstigte den Anbau bestimmter landwirtschaftlicher Erzeugnisse, um Rohstoffe für die Textilindustrie zu gewinnen. Neue Manufakturen und Werkstätten entstanden nicht nur in Kairo und Umgebung, sondern auch an vielen Orten in Ober- und Unterägypten, und zwar für die Herstellung von Textilien aus Wolle, Baumwolle und Seide, sowie für Chemikalien, Waffen, Munition u.a.m. Die Bausubstanz dieser Anlagen ist weitgehend zerstört worden, einerseits weil die Industrieunternehmen Muḥammad ʿAlīs nach der Niederschlagung seiner Armee im Jahr 1841 weitgehend untergingen, andererseits weil der Industriebau naturgemäß auf die schnellen Veränderungen der wirtschaftlichen Zusammenhänge in seiner Substanz ebenso schnell reagiert. Trotzdem gibt es heute noch einige Anlagen, so z.B. die Papierfabrik in Būlāq, die zur Zeit Muḥammad ʿAlīs errichtet wurde, welche die Bedeutung jener Industrieunternehmen eindrucksvoll vermitteln (Abb. 7). Industrieanlagen dieser Größenordnung wurden während der zweiten Hälfte des 19. Jahrhunderts so gut wie gar nicht mehr gebaut, weil die Briten als Kolonialherren eine feindliche Einstellung

6. Beirut. Haus Corm an der Shāriʿ al-Matḥaf. Ein Beispiel einer importierten expressionistischen Architekturform (vom Bürgerkrieg stark zerstört).

gegenüber der Industrialisierung Ägyptens zeigten. – Seit den zwanziger Jahren des vergangenen Jahrhunderts (hauptsächlich seit der Gründung von Bank Miṣr), aber eigentlich erst nach 1936, als Ägypten eine gewisse fiskalische Autonomie erhielt, begann die Industrie Ägyptens auf breiter Basis zu wachsen. Der Zweite Weltkrieg wirkte in dieser Hinsicht sozusagen «stimulierend». Nach dem großen Einschnitt in die Wirtschafts- und somit in die Industriegeschichte Ägyptens, den der Militärputsch des Jahres 1952 verursachte, aber insbesondere seit etwa 1970 und im Zusammenhang mit der Liberalisierung der Wirtschaft Ägyptens zur Zeit as-Sādāts, machte die Industrialisierung des Landes große Fortschritte. Ihre Baugebiete und Baulichkeiten unterscheiden sich von denen Europas und Nordamerikas kaum (Abb. 8). Ihre Architektur ist anonym, und anonym sind auch ihre Werktätigen geworden, die sich nunmehr seit 1899 in der *niqāba* (Gewerkschaft) organisieren und nicht mehr durch die *ḥirfa* (Zunft) vertreten lassen.[13]

7. Kairo-Bulāq. Im Vordergrund Papierfabrik, 1. Hälfte des 19. Jahrhunderts. Im Hintergrund neuere Verwaltungsbauten anstelle älterer Industrieanlagen und der Fachhochschule aus demselben Zeitraum.

8. Al-Ismāʿīlīya. Getränkefabrik Schweppes, 1985. Die Bauform unterscheidet sich von denen Europas und Nordamerikas nicht.

5. Ortsbezogene Architektur und Stadtplanung

Das Gefühl, im Übergang zu stehen, nur Halbgültiges vorzuweisen zu haben, ist einigen Stadtplanern und Architekten, die im «islamischen» Raum beheimatet sind oder waren, aber auch einigen Ausländern, insbesondere in den letzten zwei Jahrzehnten, bewußt geworden. Ihnen ist klar geworden, daß der Nationalstaat gesiegt hat, die Nation jedoch nicht. Ihnen ist unklar geblieben, ob der Islam, die Einzelnation, die islamische Übernation *(umma)* oder die sprachliche Verbundenheit von Einzelstaaten der Rahmen des Morgen werden soll. Ihnen erscheint es als die eigentliche Aufgabe, ortsbezogen, d.h. den geographischen, gesellschaftlichen und wirtschaftlichen Gegebenheiten der Gegenwart entsprechend zu planen und zu bauen, um die kulturelle Kontinuität zu wahren und eine Entfremdung der gebauten Umwelt zu vermeiden.

Der ägyptische Architekt Hassan Fathy (Ḥasan Fatḥī) kritisiert die Beengtheit und die Gleichförmigkeit der importierten Grundrisse. Er plädiert dafür, überlieferte Erfahrungen der Bautechnik zu übernehmen und lokale Baumaterialien zu benutzen. Das «Gourna village» vom Ende der 1940er Jahre ist der Versuch, seinen theoretischen Ansatz in die Praxis umzusetzen.[14] Auch Omar Azzam (ʿUmar Aẓẓām), ebenfalls ägyptischer Architekt, tritt dafür ein, daß die Erkenntnisse und Lebensformen der einheimischen Bevölkerung der Ausgangspunkt für jede neue Entwicklung sein müssen. Er bezweifelt, daß die Einführung neuer Technologien, die Nachahmung der Industrialisierung des Westens in geraffter Form eine Lösung der Probleme bringen können.[15]

Der irakische Architekt Rifʿat al-Jādarjī geht auf die Bedeutung des Begriffs «Stil» ein. Er hält die Wiederholung von Formen, die jahrhunderte –, wenn nicht jahrtausendelang erprobt worden sind, für notwendig (ohne dabei formalistisch zu werden), um das formale Chaos zu vermeiden. Seine Entwürfe und Bauten zeigen die Vorliebe für die Verwendung von Backstein, das Licht-Schatten-Spiel, die kleinteilige, aber einheitliche Gliederung und die Wechselbeziehung zwischen Innenraum und Außenraum (Abb. 9).[16]

Unter den auswärtigen Architekten, die im islamischen Raum tätig sind und sich ernsthaft mit der lokalen Tradition auseinandersetzen, ist der Deutsche Rolf Gutbrod zu nennen. Gutbrod und Partner bauten während der Zeit zwischen 1969 und 1974 ein Hotel- und Konferenzzentrum in Mekka. Obwohl die Bauaufgabe keine traditionelle, sondern eine neuzeitliche ist, ist ihre Lösung nach den lokalen Gegebenheiten orientiert (Abb. 10). Die Nähe der Kaaba und die schönen Berge des Wadis verlangten nach einem Bauwerk, das sich unaufdringlich und harmonisch in die Landschaft einpaßt. Offensichtlich konnten sich die Architekten dieses Bauwerks die Hitze, die Wüste und somit den großen Wert von Oasen, also von Wasser, Pflanzen und Schatten, vorstellen. Ihnen war bewußt, daß man nicht einfach westliche Architektur, Architektur des «Bauhauses», des «Brutalismus» oder etwa des «Rationalismus», dorthin verpflanzen sollte. Die geplanten Oasen sind mit Kafessen, die auf spinnennetzartig gespannten Draht-

9. Rifʿat al-Jādarjī: Bagdad, ʿImārat al-Auqāf, sechziger Jahre des 20. Jahrhunderts. Bewußte Wiederholung von Formen und Techniken, die jahrhundertelang im mesopotamischen Raum erprobt worden sind.

10. Rolf Gutbrod u. a.: Mekka, Hotel- und Konferenzzentrum, 1969–74. Ortsbezogene Architektur, an deren Verwirklichung lokale Künstler tätig waren.

seilen lagern, beschattet. Die Fensterwände erhielten senkrechte Kafesse. Diese Kafesse sind Holzgitter, die wir im Hedschas (z. B. in Mekka, Medina, Dschidda und Taif) an traditionellen Häusern finden. Für die Hauptsäule des Konferenzzentrums wurden in Anlehnung an den traditionellen Zeltbau Hängedächer aus Drahtseilen und aus wärmeisolierenden Baustoffen verwendet. Lokale Holzschnitzer schnitzten Schrifttafeln. Es wurden arabische Schrifttafeln auch aus Aluminium entwickelt, die z.B. die großflächigen Treppenhäuser gliedern.[17]

Zwei weitere Projekte sollen dieses Kapitel abschließend behandeln. Es sind dies das «Civic Centre» in Dschidda und die Siedlung Klein-Jubail. Beide wurden von der Arbeitsgemeinschaft Omar Azzam, David und Hiram (Hirām) Corm und Mohamed Scharabi (Muḥammad Sharābī) u.a. zwischen 1972 und 1978 konzipiert. Nach einer eingehenden Bedarfsuntersuchung haben die Architekten für das Civic Centre ein differenziertes Raum- und Bauprogramm entwickelt, das ein Kultur- und Geschäftszentrum vorsieht und sich an dem *bāzār,* d.h. an dem eigentlichen Zentrum der traditionellen Stadt im islamischen Raum, orientiert. Die durchgehende Ladenstraße, die Halle als absperrbare Erweiterung und die Hofanlage als abgeschiedener Privatraum oder Lagerhaus sind die eigentlichen Handelseinrichtungen des *bāzār*. Weder das Warenangebot noch die Branchensortierung haben sich auf die Typenentwicklung der drei genannten Elemente – Ladenstraße, Halle und Hofanlage – ausgewirkt. Vielmehr sind der *bāzār* und seine Einrichtungen durch ein hohes Maß an Nutzungsanonymität gekennzeichnet, welche Austauschbarkeit der Branchen und überhaupt der Nutzungen erlaubt. Darüber hinaus und bedingt durch seine Lage im Stadtgefüge sowie die Additionsmöglichkeit von Bauanlagen ist der *bāzār* ein flexibles Gebilde, welches Ausdehnung und Schrumpfung ohne weiteres erlaubt.[18] Diese Aspekte u.a. waren bei der Planung des Civic Centre in Dschidda maßgebend. Die Konzeption war darauf angelegt, eine gewisse Kontinuität zum alten *sūq,* d.h. zum alten *bāzār* von Dschidda, herzustellen. Sie sieht eine überdachte Ladenstraße vor, die verschiedene Kultur- und Geschäftsbauten miteinander verbindet. Diese Bauten sind in der Mehrzahl Hofanlagen, die multifunktional dienen sollen. Die Anlage kann stufenweise ausgebaut werden und läßt sich beinahe beliebig ausdehnen (Abb. 11).[19]

Das zweite Projekt ist quasi eine kleine Stadt für etwa 16000 Einwohner. Sie liegt in der Nähe von Jubail am Arabisch-Persischen Golf. Die Planer machten es sich zum Ziel, eine Konzeption zu entwickeln, die den natürlichen Gegebenheiten des Baugeländes, dem Klima und einer neuen «islamischen Gesellschaft» entspricht. Um diese islamische Gesellschaft zu verstehen, sollte man sich an die städtische Gesellschaft Mitteleuropas im 19. Jahrhundert erinnern. Hier entstand eine relativ breite Schicht von Akademikern und Halbakademikern, die sich privilegiert fühlten und es tatsächlich auch waren. Diese Gesellschaftsgruppe strebte das Ideal und die Lebensform des Adels und des Großbürgertums an. Sie war sich des neuen Industriezeitalters bewußt, gleichzeitig aber der Tradition verhaftet. Sie konnte und wollte die alte Denk- und Lebensweise nicht aufgeben und schloß einen Kompromiß mit der neuen Zeit. Dieser Kompromiß bestand darin, die althergebrachte Grundordnung der Familie zu pflegen, die traditionelle Gesellschaftsstruktur zu wahren und ein Nationalgefühl zu entwickeln. Dabei hat man sich der modernen technischen Errungenschaften bedient. Gewollt oder ungewollt hat man die Gesetze der sich schnell entwickelnden Zeit- und Arbeitsteilung über sich ergehen lassen. Es entstand ein neuer Lebensrhythmus, der von

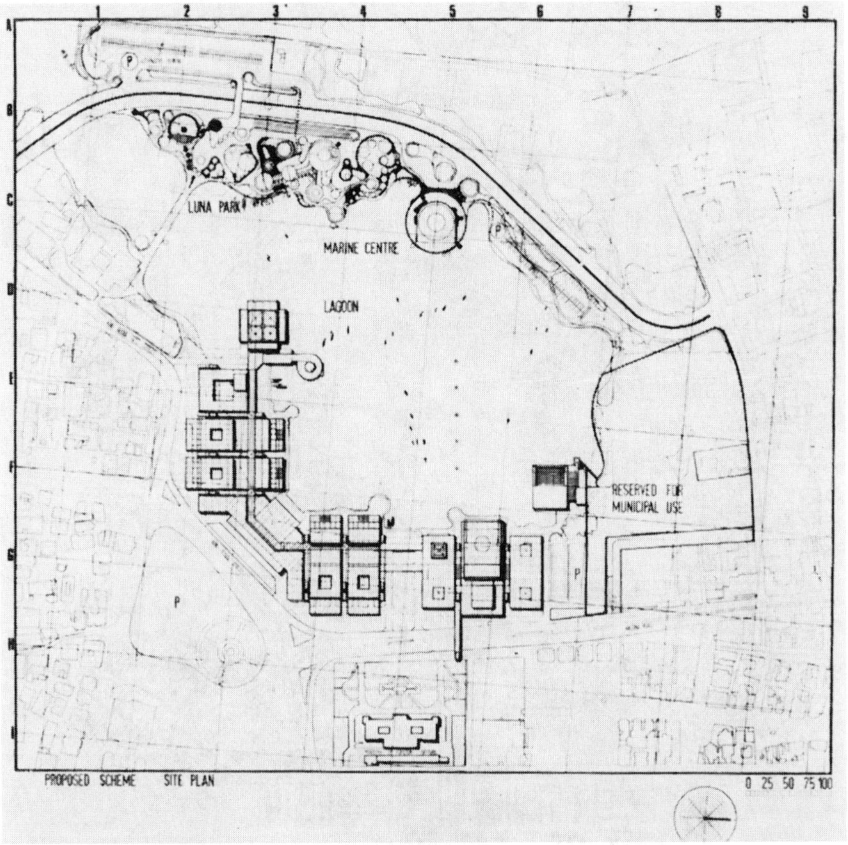

11. Arbeitsgemeinschaft Omar Azzam, David und Hiram Corm, Mohamed Scharabi u. a.: Dschidda, Civic Centre, 1973. In Anlehnung an den bāzār sieht die Planung eine überdachte Ladenstraße vor, die verschiedene Kultur- und Geschäftsbauten miteinander verbindet.

den industriellen Produktionsbedingungen bestimmt war. Eine ähnliche Entwicklung vollzieht sich in der heutigen islamischen Gesellschaft. Für diese Gesellschaft wurde Klein-Jubail geplant.

Es ist bekannt, daß die traditionelle Stadt im Nahen Osten normalerweise dicht bebaut ist. Ihre Struktur ist überwiegend vom Typus des Hofbaues geprägt. Dem meist unregelmäßigen Straßenraum gegenüber steht der ruhige, rechteckig angelegte Innenhof. Die Bauten zeigen in der Regel keine große Mannigfaltigkeit an Grundrißformen, sondern die wenig veränderte Wiederholung einer bestimmten Anzahl von Varianten. Die klimatischen und gesellschaftlichen Hintergründe für die Bildung von Innenhöfen liegen auf der Hand. Auffallend bei den traditionellen Wohnhäusern ist die reiche Gestaltung des Innenhofes, aber auch der Innenräume überhaupt. Die äußere Gestalt der Häuser ist dagegen meistens schlicht. Es fällt dem Betrachter dieser Häuser vom Äußeren her schwer zu erkennen, ob die

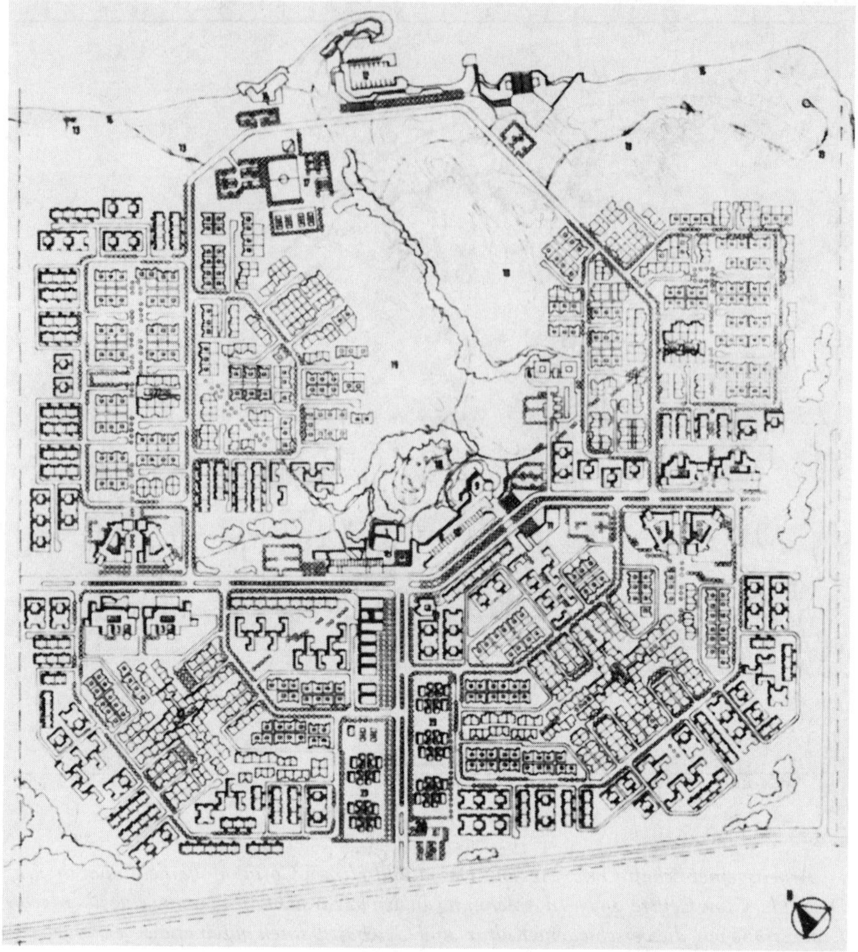

12. Arbeitsgemeinschaft Omar Azzam, David und Hiram Corm, Mohamed Scharabi u. a.: Klein Jubail, Gesamtanlage. Die Bildung von Innenhöfen wurde sowohl für die städtebauliche Konzeption als auch für die Einzelbauten zum obersten Planungsziel erhoben.

Seite 855: 13a (oben) und 13b (unten). Arbeitsgemeinschaft Omar Azzam, David und Hiram Corm und Mohamed Scharabi: Klein Jubail, Ein- und Mehrfamilienhäuser. Bei ortsbezogener Architektur kommt es darauf an, von der traditionellen Form zu schöpfen, sie aber keineswegs zu kopieren.

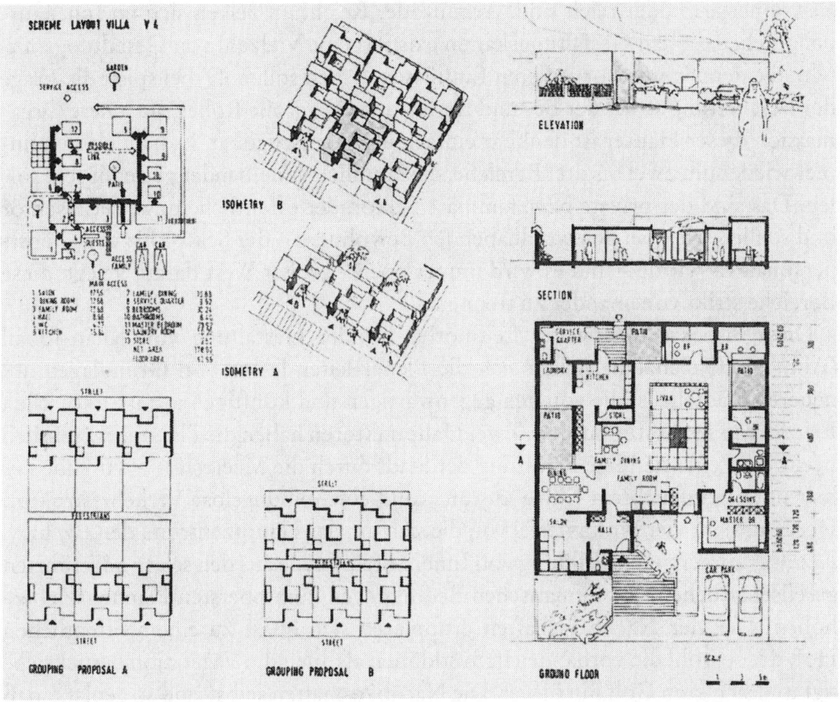
SCHEME LAYOUT VILLA V 4
ISOMETRY B
ISOMETRY A
ELEVATION
SECTION
GROUPING PROPOSAL A
GROUPING PROPOSAL B
GROUND FLOOR

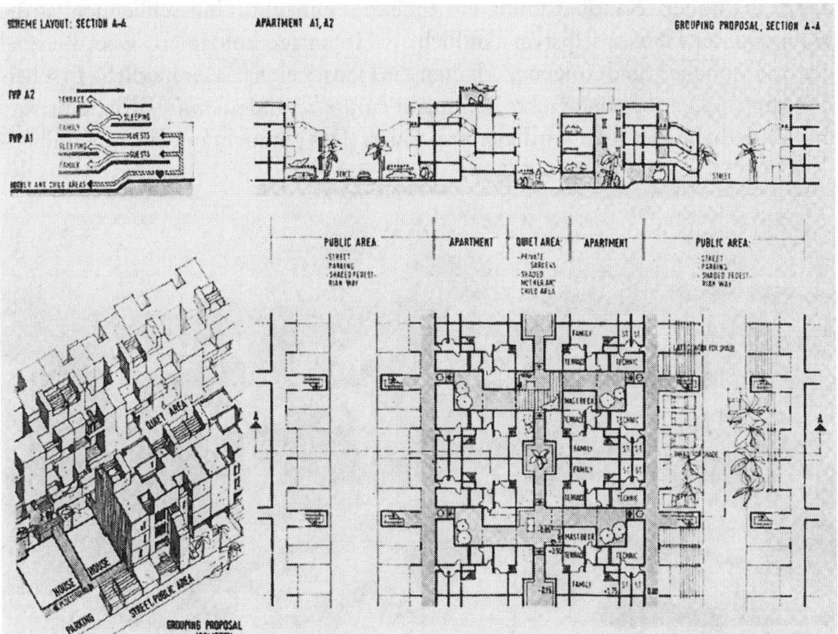
SCHEME LAYOUT: SECTION A-A
APARTMENT A1, A2
GROUPING PROPOSAL, SECTION A-A
PUBLIC AREA
APARTMENT
QUIET AREA
APARTMENT
PUBLIC AREA
GROUPING PROPOSAL ISOMETRY
APARTMENT A1, A2
GROUPING PROPOSAL

Bewohner arm oder reich sind. Armut oder Reichtum zeigen sich im Innenausbau. Neben diesem Gestaltungskanon existiert eine Vielzahl von Gestaltungsmitteln, die dem Schutz vor äußeren Einflüssen dienen sollen. Dabei spielt die Frage der Beschattung sowie der Be- und Entlüftung eine große Rolle. Die innere Organisation dieser Häuser ist denkbar einfach und überschaubar. Es handelt sich immer wieder um zwei bis drei Bereiche, die räumlich voneinander getrennt sein sollen. Das sind der private bzw. familiäre Sektor, der öffentliche bzw. Gästesektor und schließlich – bei den wohlhabenden Bewohnern – der Sektor für das Dienstpersonal. Es wurde – und es wird immer noch – großer Wert darauf gelegt, diese Bereiche strikt voneinander zu trennen.

Diese Aspekte u.a. waren Leitmotive bei der Gestaltung von Klein-Jubail (Abb. 12). Gleichzeitig haben sich die Planer leiten lassen von Grundlagen des neueren Städtebaus, die von den gegenwärtigen und künftigen infrastrukturellen Erfordernissen bestimmt sind. Zwei Hauptfaktoren haben die Planung wesentlich beeinflußt: eine ständige Belüftung der Stadt durch die Meeresluft – wir haben es hier mit warmfeuchtem Klima zu tun – und eine reibungslose Verkehrsstruktur. Der Plan sieht vier Wohnviertel vor, die sich um das Hauptzentrum, den *sūq* bzw. *bāzār*, gruppieren. Die Bildung von Innenhöfen wurde aus den schon angeführten gesellschaftlichen und klimatischen Bedingungen zum obersten Planungsziel erhoben. Die vier Nachbarschaften gruppieren sich quasi zu einem öffentlichen Hof, der sowohl die vorhandenen Sanddünen als auch die Vegetation berücksichtigt und sich zum Golf hin öffnet. Die Nachbarschaften selbst sind so geplant, daß durch die höhere Randbebauung ein Innenhof entsteht. Und schließlich ist die Mehrzahl der Häuser selbstverständlich als Hofanlage konzipiert. Dem Beispiel der traditionellen Stadt folgend, erhalten die Häuser eine fast einheitliche Erscheinungsform. Die althergebrachte Teilung in *ḥarāmlik* und *salāmlik*, d.h. in private und öffentliche Bereiche, wird hier praktiziert. Das gilt nicht nur für Einfamilien-

14. Klein-Jubail (1989). Arbeitsgemeinschaft Omar Azzam, David und Hiram Corm, Mohamed Scharabi.

15. Aleppo. Villa im Neubaugebiet ash-Shahbā' (1992).

häuser, sondern auch für Wohnungen in Mehrfamilienhäusern (Abb. 13). Die Einfamilienhäuser sind überwiegend Flachbauten, die Mehrfamilienhäuser bestehen aus vier Etagen, so daß nirgends ein Fahrstuhl benötigt wird.

Die Anwendung alter Bauregeln führt dazu, keine einzeln stehenden «Villen» einzuplanen. Gemeinsame Wände, Rück- und Vorsprünge in horizontaler und vertikaler Ebene, Bildung von kleinen Höfen sowie Orientierung der Räume zu denselben machen eine mechanisierte Klimaanlage beinahe überflüssig. Auch die Anwendung von Ziegeln als Hauptbaustoff ist in dieser Hinsicht wichtig. Die wenigen Öffnungen an den Außenfronten sind so klein gehalten, daß ein zusätzlicher Sonnenschutz nicht notwendig wird. Alle Häuser sind weiß gekalkt, damit die Sonnenstrahlen mehr reflektiert und weniger absorbiert werden (Abb. 14).

Mit obigen Ausführungen sollte zum Ausdruck gebracht werden, daß es bei ortsbezogener Stadtplanung, Architektur und darstellender Kunst darauf ankommt, aus dem Wesen der traditionellen Bauformen zu schöpfen, sie aber keineswegs zu kopieren. Das Entscheidende an diesen Bemühungen ist, daß man versucht, in sinnvoller Weise an die traditionellen Formen von Architektur und Kunst anzuknüpfen, ohne dabei den weitgespannten Anspruch zu erheben, «islamisch» gestalten zu wollen.

Dennoch bleibt die Versuchung groß, doch «islamisch» gestalten zu können. Dafür bietet die im Nahen Osten mißverstandene Kultur der «Postmoderne» viele Möglichkeiten. In Aleppo z.B. entstanden Bauten unterschiedlicher Gattungen, welche an die Architektur längst vergangener Epochen anknüpfen sollen (Abb. 15). Eine Art Historismus ist wiedererstanden, dem es an innerem Gehalt und an Kraft fehlt.

Anhang

Anmerkungen

Erster Teil
Historische Ausbreitung, Politik- und Religionsgeschichte

III. Der schiitische Islam *(Werner Ende)*

1. S. dazu den Art. «Ghulāt» in: The Encyclopaedia of Islam, II, Leiden 1965, 1093–1095 (*M. G. S. Hodgson*) sowie *H. Halm* 1988, 186–192. Vgl. ferner den Beitrag «Sekten und Sondergruppen» von *W. Schmucker* im vorliegenden Band.
2. *M. G. S. Hodgson:* How did the early Shiʿa become sectarian? In: Journal of the American Oriental Society 75 (1955) 1–13. Zum weiteren religiös-politischen Zusammenhang s. *T. Nagel:* Staat und Glaubensgemeinschaft im Islam, I, Zürich u. München, 1981, bes. 81–109 u. 131–279.
3. *E. Kohlberg:* Some Shīʿī views of the antediluvian world. In: Studia Islamica (Paris) 52 (1980) 41–66.
4. *W. Ende:* Sunniten und Schiiten im 20. Jh. In: Saeculum (Freiburg/München) 36 (1985) 187–200, und *R. Brunner:* Islamic Ecumenism in the 20th Century, Leiden u. Boston, 2004 (mit ausgezeichneter Bibliographie). – Zu einem besonders brisanten Streitpunkt s. *R. Brunner:* Die Schia und die Koranfälschung, Würzburg, 2001.
5. *M. M. Ayoub:* Redemptive Suffering in Islam. A Study of the Devotional Aspects of ʿĀshūrā in Twelver Shiʿism, Den Haag (etc.), 1978.
6. Zur frühen Entwicklung der zwölferschiitischen Imamatstheorie s. *H. Modarresi:* Crisis and Consolidation in the Formative Period of Shiʿite Islam, Princeton, 1993.
7. Zum klassischen schiitischen *tafsīr* s. *H. Gätje:* Koran und Koranexegese, Zürich u. Stuttgart, 1971, 313–323.
8. *D. Monchi-Zadeh:* Taʿziya, das persische Passionsspiel, Stockholm, 1967; *P. Chelkowski* (ed.): Taʿziyeh. Ritual and Drama in Iran, New York, 1979, und den Art. «ʿAzādārī» (v. *J. Calmard*). In: Encyclopaedia Iranica, ed. by *E. Yarshater,* III, London u. New York, 1989, 174–177.
9. *W. Ende:* The Flagellations of Muḥarram and the Shiʿite ʿUlamāʾ. In: Der Islam 55 (1978) 19–36.
10. S. Art. «Mūsā al-Ṣadr». In: The Encyclopaedia of Islam, XII (Supplement), Leiden, 2004, 641 f. (*W. Ende*), und *C. Mallat:* The Renewal of Islamic Law. Muhammad Baqer as-Sadr (...), Cambridge 1993. – Der 1981 abgesetzte iranische Staatspräsident Abū l-Ḥasan Banī Ṣadr gehört nicht zu dieser Familie.
11. Dazu mehrere Beiträge in: *S. A. Arjomand* (ed.): Authority and Political Culture in Shiʿism, Albany/New York, 1988; s. auch *H. Halm* 1994, 47–50.
12. *Ayatollah Chomeini:* Der islamische Staat, Berlin 1983, 102–106 u. passim; vgl. *K.-H. Göbel*: Moderne schiitische Politik und Staatsidee, Opladen, 1984, bes. 206–219.
13. Aus der Fülle der Literatur zu diesem Thema s. etwa *D. Menashri* (ed.): The Iranian Revolution and the Muslim World, Boulder/Colorado, 1990.

14. S. dazu: On the Sociology of Islam. Lectures by *Ali Shariati*, translated by H. Algar, Berkeley, 1979. – Über den Autor s. Art. «Sharīʿatī, ʿAlī». In: The Encyclopaedia of Islam, IX, Leiden, 1997, 328 f. (J. G. J. ter Haar).
15. S. dazu *M. El-Azzazi:* Die Entwicklung der Arabischen Republik Jemen, Tübingen u. Basel, 1978, und *M. W. Wenner:* The Yemen Arab Republic. Development and Change in an Ancient Land, Boulder/Colorado, 1991, sowie *R. Leveau et al.* (eds.): Le Yemen contemporain, Paris 1999. – Zur neueren Entwicklung s. den Beitrag von I. Glosemeyer im vorliegenden Band.
16. Zur Rolle der Stämme in Geschichte und Gegenwart s. *P. Dresch:* Tribes, Government, and History in Yemen, Oxford, 1989.
17. *G. vom Bruck:* Being a Zaydi in the absence of an Imam (...). In *R. Leveau et al.:* op. cit., 169–192; *B. Haykel:* Rebellion, Migration or Consultative Democracy? The Zaydis and their detractors in Yemen, ibid., 193–201.

V. Das Verbreitungsgebiet der islamischen Religion: Zahlen und Informationen zur Situation in der Gegenwart
(Peter Heine und *Riem Spielhaus)*

1. *G. Baer* 1964, 36.
2. *H. Adrian* 1975, 25.
3. *Ibn Baṭṭūṭa* [4]1922, 422.
4. *B. G. Martin* 1976, 17, 73, 82.
5. *I. A. G. Panjwani* 1979/80, 158–168, hier 167.
6. *I. Wilks* 1966, 328.
7. *ʿUmarī* 1927, 60; *Bakrī* 1913, 178 f.
8. *J. S. Trimingham* 1959, 31.
9. *I. M. Lewis* 1966, 60.
10. *C. C. Adams* 1968, 195 f.
11. Vgl. den Beitrag «Internationale islamische Organisationen», Abschnitt «Die Organisation der Islamischen Konferenz», von *J. Reissner* im vorliegenden Band.
12. *A. Alkazaz:* Regionalorganisationen. In: Nahost Jahrbuch, herausgegeben vom *Deutschen Orient-Institut* (*Koszinowski, T.* u. *H. Mattes*), Opladen, 1994, 177–186, besonders 181 f.
13. *The Muslim World.* Basic Informations about the Member Countries of the Islamic Secretariat, Karatchi, 1974.
14. Von 1960–1981 war mit Senghor ein Christ Staatspräsident des Senegal, vgl. den Beitrag «Die unabhängigen Staaten Schwarzafrikas» von *J. M. Abun-Nasr* u. *R. Loimeier* im vorliegenden Band.
15. Die Bevölkerungsangaben in einigen Beiträgen des vorliegenden Bandes weichen zum Teil von den hier genannten ab. In der Tabelle «Muslimische Weltbevölkerung» wird in Fußnoten auf die differierenden Angaben hingewiesen. Zusätzliche Quelle für Bevölkerungszahlen, aus denen die Zahlen der muslimischen Bevölkerung hochgerechnet wurden, sind die betreffenden Länderbeiträge in: Nahost Jahrbuch, herausgegeben vom *Deutschen Orient-Institut* (*Koszinowski, T.* u. *H. Mattes*), Opladen/Wiesbaden, 1987 ff.
16. Nach *Vincent J. H. Houben* 2003, 149–170.
17. Nach *Bundestagsdrucksache 14/4530*, 2000.

Zweiter Teil
Die politische Rolle des Islams in der Gegenwart

I. Die innerislamische Diskussion zur modernen Wirtschafts- und Sozialordnung *(Johannes Reissner)*

1. *P. Pawelka* 2003, 86.
2. Vgl. den Artikel «Sozialismus» von *W. Ende*. In: *K. Kreiser* u. a. (Hrsg.): Lexikon der islamischen Welt, Stuttgart, 1974, III, 115–117.
3. Englische Übersetzung in: *S. A. Hanna* u. *G. H. Gardner* 1969, 275–288.
4. Auszugsweise englische Übersetzung in: *S. A. Hanna* u. *G. H. Gardner 1969*, 205–216.
5. Englische Übersetzung in: *S. A. Hanna* und *G. H. Gardner 1969*, 266–274. – Zu Abū Dharr s. *U. Haarmann:* Abū Dharr – Muḥammad's Revolutionary Companion. In: Muslim World (Hartford/Connecticut) 68 (1978) 285–289.
6. Für den indisch-pakistanischen Raum vgl. das Kapitel «Three Theories of Islamic Socialism». In: *A. Aḥmad* 1967, 195–207.
7. Vgl. *J. Reissner* 1980, 316–321.
8. Zu diesen beiden Gruppen vgl. die Kapitel A II und III bei *W. Ule* 1969, 58–103. Zur marxistischen Sicht s. *N. Balluz:* Nichtkapitalistische Entwicklung und Islam, in: Mitteilungen des Instituts für Orientforschung (Berlin), 16 (1970), 521–540.
9. Zu der Islamischen Entwicklungsbank und der Islamischen Konferenz vgl. den Beitrag von *J. Reissner* «Internationale islamische Organisationen» im vorliegenden Band.
10. Vgl. *A. Rieck:* Unsere Wirtschaft. Eine gekürzte kommentierte Übersetzung des Buches «Iqtiṣādunā» von Muḥammad Bāqir aṣ-Ṣadr, Berlin, 1984.
11. Von Banī Ṣadr liegt nicht nur ein Buch mit dem allgemein gehaltenen, «üblichen» Titel «Wirtschaft gemäß dem Islam» («Eqteṣād dar maktab-e eslām»), aus dem Arabischen übersetzt von Ali Hojjati-Kermāni, Teheran, 1350 (1971) vor, sondern auch ein nach der Revolution verfaßtes über die Arbeiterfrage: «Arbeit und Arbeiter im Islam» («Kār wa kārgār dar eslām»), Teheran, 1359 (1980). Zu den Volksmujahidin und der sozialen Einheit, die aus der ontologischen resultiert, vgl. *K. Rajavi:* La Révolution iranienne et les Moudjahedines, Paris, 1983, 111.
12. Außer den hier schon erwähnten Werken von Saiyid Quṭb und Muṣṭafā as-Sibāʿī nennt Muḥammad al-Mubārak noch «Der Islam und die gegenwärtigen Wirtschaftsordnungen» («al-Islām wa-n-nuẓum al-iqtiṣādīya al-muʿāṣira») von Abū l-Aʿlā al-Maudūdī und «Iqtiṣādunā» von Muḥammad Bāqir aṣ-Ṣadr, vgl. *A. Rieck 1983*.
13. Neuere wichtige Zusammenfassungen der Grundprinzipien islamischer Wirtschaftslehre bei *H. Müller* 2002, 43–45; *V. Nienhaus*: Kulturelle Prägungen und wirtschaftspolitisches Handeln im Nahen Osten. In: *Th. Eger* (Hrsg.): Kulturelle Prägungen wirtschaftlicher Institutionen und wirtschaftspolitischer Reformen, Berlin, 2002, 131–134.
14. Englische Übersetzung des entsprechenden Kapitels in: *S. A. Hanna* u. *G. H. Gardner* 1969, 149–179.
15. Zum Zinsverbot vgl. auch den Beitrag von *V. Nienhaus* im vorliegenden Band.
16. «Großbritannien testet den Markt für ‹Islamic Banking›». In: Frankfurter Allgemeine Zeitung, 17. 8. 2004, 16.
17. *V. Perthes:* Die Fiktion des Fundamentalismus. Von der Normalität islamistischer Be-

wegungen. In: Blätter für deutsche und internationale Politik (Februar 1993) 2, 188–200.
18. *P. Pawelka,* 2003, 94.
19. Vgl. *H. Müller* 2002, 50–53.

II. Islamische Ökonomik in der Praxis: Zinslose Finanzwirtschaft *(Volker Nienhaus)*

1. Vgl. *M. Ahmad:* Business Ethics in Islam, New Delhi, 1999; *N. M. A. B. N. Yusoff:* Islam and Business, Subang Yaya, 2002.
2. Vgl. *M. A. Haneef:* Contemporary Islamic Economic Thought, Kuala Lumpur, 1995.
3. Vgl. *N. Saleh:* Unlawful Gain and Legitimate Profit in Islamic Law, Cambridge u.a. 1986; *S. Haron, B. Shanmugam:* Islamic Banking System – Concepts and Applications, Subang Jaya, 1997.
4. Für eine Beschreibung der Finanzierungstechniken mit Musterverträgen vgl. *State Bank of Pakistan:* Essentials and Model Agreements for Islamic Modes of Financing, Karachi, 16. April 2004, http://www.sbp.org.pk/press/Essentials/Essentials-Mod-Agreement.htm; vgl. ferner *M. Iqbal (ed.):* Islamic Banking and Finance – Current Developments in Theory and Practice, Leicester, 2001; *S. Archer, R. A. A. Karim (eds.):* Islamic Finance – Innovation and Growth, London, 2002.
5. Neben den erfolgsbeteiligten Einlagen auf sog. Investitionskonten gibt es auch Einlagen, die – analog zu den Girokonten konventioneller Banken – primär dem Zahlungsverkehr dienen; die Einleger erhalten für Guthaben keinerlei Vergütung, sind aber auch nicht an Risiken beteiligt, und die Bank garantiert den jederzeitigen Zugriff auf die Einlagen und ihre volle Rückzahlung.
6. Vgl. *M. A. M. Al-Amine:* Istisna' (Manufacturing Contract) in Islamic Banking and Finance – Law and Practice, Kuala Lumpur, 2001.
7. Vgl. *M. A. M. Al-Amine:* The Islamic Bonds Market – Possibilities and Challenges, in: International Journal of Islamic Financial Services, Vol. 3 No. 1, 2001, http://islamic-finance.net/journals/journal9/albashir.pdf.
8. Ertragbringende Vermögensobjekte können auch Handelswaren sein, die mit festem Aufschlag weiterverkauft werden und bei denen Käufer und Weiterverkaufspreis bereits feststehen.
9. *mudaraba*-bonds werden auch als *muqarada*-bonds bezeichnet.
10. *sukuks* wurden u.a. von der Islamischen Entwicklungsbank, den Regierungen Bahrains und Malaysias und neuerdings auch von privaten Unternehmen emittiert. Besondere Aufmerksamkeit erregte im Herbst 2004 die erste europäische *sukuk*-Emission durch das deutsche Bundesland Sachsen-Anhalt (Volumen 100 Mio. Euro, Laufzeit 5 Jahre); vgl. *o. V.:* Germany Launches Europe's First Sukuk, in: The Banker, September 2004, S. 23.
11. In der Literatur finden sich gelegentlich Hinweise auf ein noch früheres kurzlebiges Experiment Ende der 1950er Jahre in Pakistan; vgl. *R. Wilson:* The Evolution of the Islamic Financial System, in: *S. Archer, R. A. A. Karim (eds.):* Islamic Finance – Innovation and Growth, London, 2002, S. 29ff.
12. Fallstudien zu islamischen Finanzinstitutionen u.a. in Australien, Großbritannien, Bangladesch, Indonesien, Palästina, Südafrika, Thailand und der Türkei finden sich in *B. Shanmugam, V. Perumal, A. H. Ridzwa (eds.):* Islamic Banking – An International Perspective, Serdang, 2004.

13. Es gab zwar bereits früher islamische Finanzinstitutionen mit einer Banklizenz – z.B. in Großbritannien und Dänemark –, aber dabei handelte es sich um ursprünglich konventionelle Banken, die von muslimischen Investoren übernommen und in ihrem Geschäftsbetrieb so weit wie möglich auf islamische Grundsätze umgestellt wurden. Diese ‹islamisierten› konventionellen Banken haben in den 1990er Jahren ihren Geschäftsbetrieb eingestellt. Andere Finanzinstitutionen bieten seit einigen Jahren *shari'a*-kompatible Finanzprodukte an – z.B. hypothekarisch gesicherte Wohnungsfinanzierungen –, aber sie verfügen über keine vollen Banklizenzen und sind in ihrem Leistungsspektrum deutlich eingeschränkt. Die *Islamic Bank of Britain* ist die erste Bank, die mit einem Geschäftsplan lizenziert wurde, der einen vollständigen Bankbetrieb auf der Grundlage *shari'a*-kompatabiler Techniken vorsieht; vgl. *o.V.:* Europe's First Islamic Bank Opens Its Doors, in: The Banker, September 2004, S. 23.
14. Vgl. *o.V.:* Islamic Finance in the Middle East – Surveying the Landscape, in: HSBC Economic Bulletin 4/2002, wiedergegeben unter http://www.econresearch.com/Datapak/Industry/hs02q4a.html.
15. Diese Zahlen finden sich 2004 auf den Webseiten des IIBI: http://www.islamic-banking.com. Dort wird auch eine Liste islamischer Finanzinstitutionen veröffentlicht; eine genauere Betrachtung zeigt jedoch, daß man mit dem Begriff ‹islamische Finanzinstitution› recht großzügig umgegangen ist: So werden z.B. Holdinggesellschaften, die kein eigenes operatives Geschäft betreiben, einbezogen, unselbständige Repräsentanzen und Auslandsniederlassungen wie lizenzierte Banken behandelt, mindestens zwei nicht mehr existente Finanzinstitution (Ihlas Finance House in der Türkei und Faisal Finance in Dänemark) aufgezählt und mehrere konventionelle Banken wie Société Géneral oder die Deutsche Bank sowie zwei staatliche malaysische Regulierungseinrichtungen in der Liste der islamischen Finanzinstitutionen geführt.
16. Vgl. *Islamic Capital Market Task Force of the International Organization of Securities Commissions:* Islamic Capital Market – Fact Finding Report, o.O. (Kuala Lumpur), July 2004, S. 20, http://www.iasplus.com/resource/ioscoislamiccapitalmarkets.pdf.
17. Vgl. *o.V.:* Top 100 Arab Banks, The Banker, November 2003, S. 90, http://www.thebanker.com/news/get_file.php3/id/12/file/090_BKR_1103.pdf; Bilanzzahlen für 2002.
18. Al Rajhi Banking & Investment Corp., Saudi-Arabien (Rang 6, Kapital: 1,8 Mrd. US$, Bilanzsumme: 15,8 Mrd. US$); Kuwait Finance House, Kuwait (Rang 21, Kapital: 0,8 Mrd. US$, Bilanzsumme: 8,5 Mrd. US$); Dubai Islamic Bank, Vereinigte Arabische Emirate (Rang 38, Kapital: 0,4 Mrd. US$, Bilanzsumme: 5,3 Mrd. US$); Shamil Bank of Bahrain, Bahrain (Rang 58, Kapital: 0,3 Mrd. US$, Bilanzsumme: 1,2 Mrd. US$); Qatar Islamic Bank, Katar (Rang 90, Kapital: 0,1 Mrd. US$, Bilanzsumme: 1,4 Mrd. US$); Bahrain Islamic Bank, Bahrain (Rang 97, Kapital: 0,1 Mrd. US$, Bilanzsumme: 0,6 Mrd. US$).
19. National Commercial Bank (Rang 1 der Top 100 Arab Banks, Bilanzsumme 28,5 Mrd. US$), Saudi American Bank (Rang 2, 20,4 Mrd. US$), Riyad Bank (Rang 4, 17,9 Mrd. US$).
20. Vgl. *Bahrain Monetary Agency:* Quarterly Statistical Bulletin, August 2004, http://www.bma.gov.bh/cms/media/pdf/statistics/bulletin/Aug2004.pdf.
21. Berechnet nach *Bank Negara Malaysia:* Monthly Statistical Bulletin, September 2004, http://www.bnm.gov.my/index.php?ch=109&pg=294&mth=9&yr=2004.
22. Vgl. *M.D. Baker:* The Shari'a Supervisory Board and Issues of Shari'a Rulings and their Harmonisation in Islamic Banking and Finance, in: *S. Archer, R.A.A. Karim (eds.):* Islamic Finance, S. 74ff.

23. Hierin unterscheiden sich die islamischen allerdings nicht wesentlich von den konventionellen Banken in islamischen Ländern, die auch die kurzfristige und risikoarme Handelsfinanzierung bevorzugen.
24. Um Ressourcen für mittel- bis längerfristige Finanzierungen zu mobilisieren, bieten islamische Banken ihren Kunden die Zeichnung von Anteilen an Fonds an, welche die Kundengelder für spezifische Einzelprojekte oder für bestimmte Projektarten (z.B. für Immobiliengeschäfte) verwenden.
25. http://www.aaoifi.com/index.html.
26. http://www.ifsb.org/index.php.
27. Ägypten, Bahrain, Bangladesch, Brunei, Indonesien, Iran, Jordanien, Katar, Kuwait, Malaysia, Pakistan, Saudi-Arabien, Sudan, Vereinigte Arabische Emirate.
28. Diese Probleme werden für konventionelle Banken im Zusammenhang mit den sog. ‹Basel-II-Richtlinien› der Bank für Internationalen Zahlungsausgleich diskutiert.
29. Vgl. *Bahrain Monetary Authority:* Islamic Banking and Finance in the Kingdom of Bahrain, Manama, 2002, S. 79f; http://www.bma.gov.bh/cms/media/Agency/Plbns/islamic_fi/ISLAMI_bank_2002.pdf.
30. Bahrain Islamic Bank, Dubai Islamic Bank, Kuwait Finance House.
31. http://www.iifm.net/index.php; vgl. auch *Bahrain Monetary Authority:* Islamic Banking, S. 80–83.
32. Vgl. *Bahrain Monetary Authority:* Islamic Banking, S. 92f.
33. http://www.djindexes.com/jsp/islamicMarket.jsp?sideMenu=true.
34. So gibt es z.B. neben einem globalen islamischen Börsenindex regionale islamische Indizes für Europa und den Pazifik sowie länderspezifische Indizes für die USA, Kanada, Großbritannien, Japan und neuerdings die Türkei. Branchenbezogen sind z.B. die islamischen Indizes für Grundstoffe, Konsumgüter, Energiewirtschaft und Telekommunikation.
35. Dies betrifft die Produktion von und den Handel mit Alkohol, Schweinefleisch, Tabak und Rüstungsgütern sowie konventionelle Finanzdienstleistungen und Unterhaltungsdienstleistungen (insbes. Kinos, Musik, Glücksspiel, Pornographie).
36. Als Grenzwerte gelten ein Verhältnis von Schulden zur Marktkapitalisierung (gleitender 12-Monats-Durchschnitt) von 33% und mehr, von Kassenbeständen und verzinslichen Wertpapieren zur Marktkapitalisierung von 33% und mehr sowie von Außenständen zu den gesamten Aktiva von 45% und mehr.
37. http://www.ftse.com/indices_marketdata/global_islamic/index_home.jsp.
38. Vgl. *N.A. Zaidi:* Eliminating Interest from Banks in Pakistan, Karachi, 1987.
39. Vgl. *C. Gieraths:* Pakistan – Main Participants and Final Financial Products of the Islamization Process, in: *R. Wilson (ed.):* Islamic Financial Markets, London, New York 1990, S. 171ff.
40. Vgl. *Pakistan Federal Shariat Court:* Judgement on Interest (Riba), in: The All Pakistan Legal Decisions, Vol. XLIV, 1992: Nachdruck mit Übersetzung der Textpassagen in Arabisch und Urdu als No. 8 der «Islamic Economics Translation Series» des *Islamic Research and Training Institute* der *Islamic Development Bank,* Jeddah, 1995.
41. Die Formulierung im üblichen *Agreement for Financing* lautete: «The Customer has agreed to sell the Bank raw materials/finished goods/spares/machinery, etc.... (and) to purchase the same from the Bank on the basis of mark-up and terms and conditions hereinafter appearing.» *A.R. Akhtar:* The Law and Practice of Interest-Free Banking with Banking Tribunals Ordinance, Lahore, 1988, S. 185.
42. Zur neueren Geschichte des islamischen Bankwesens in Pakistan vgl. Kapitel 10 (Islamization of Financial System in Pakistan) in *State Bank of Pakistan:* Annual Report FY 2002, Karachi 2002. http://www.sbp.org.pk/reports/annual/arFY02/index.htm.

43. Vgl. The Text of the Historic Judgement on Riba (Interest), Given by The Supreme Court of Pakistan, 23rd December 1999, Section Written by Maulana Justice Muhammad Taqi Usmani, Petaling Jaya, 2001.
44. Vgl. *Shaukat Aziz:* Federal Budget 2001–2002 – Budget Speech, http://www.cbr.gov.pk/budg2002/speech.htm.
45. Vgl. zum folgenden *State Bank of Pakistan:* Frequently Asked Questions (FAQs) on Islamic Banking. http://www.sbp.org.pk/ibd/faqs.pdf.
46. Vgl. *K. Enders u. a.:* Pakistan – Selected Issues and Statistical Appendix, IMF Country Report No. 02/247, Washington, November 2002.
47. Vgl. *Ishrat Husain:* Pakistan's Financial Sector – A Roadmap for 2005–2010. Keynote address delivered at the 54th Annual General Meeting of the Institute of Bankers, Pakistan held in Karachi on October 14, 2004. http://www.sbp.org.pk/about/speech/financial_sector/2004/ROADMAP_2005_2010_14_OCT_04.pdf.
48. Vgl. *J. Kooroshy:* Wirtschaftsordnung der Islamischen Republik Iran, Hamburg, 1990; *I. Hetsch:* Islam und Unterentwicklung: Konzeptionelle Ansätze zur Überwindung der Unterentwicklung in islamischen Wirtschaftstheorien – Das Beispiel Iran, Berlin, 1992; *W. Buchta:* Ein Vierteljahrhundert Islamische Republik Iran, in: Aus Politik und Zeitgeschichte, B 9/ 2004, S. 6ff.
49. Vgl. *S. Timewell:* Change is Coming, in: The Banker, December, 2003, S. 104; *A. Jbili, V. Kramarenko, J. Bailén:* Islamic Republic of Iran – Selected Issues. IMF Country Report No. 04/308, Washington, September 2004.
50. Vgl. *H. Aryan:* Iran – The Impact of Islamization on the Financial System, in: *R. Wilson (ed.):* Islamic Financial Markets, S. 155ff.; *M. R. Taheri:* A Comparison of Islamic Banking in Iran with Other Islamic Countries, in: *B. Shanmungan, V. Perumal, A. H. Ridzwa (eds.):* Islamic Banking, S. 63ff.
51. Vgl. *A. Jbili, V. Kramarenko, J. Bailén:* Islamic Republic of Iran, insbesondere S. 55ff.
52. Vgl. ebenda, S. 66ff.
53. Faktisch werden damit die Bankeinlagen festverzinslich, und inzwischen wird auch in der (Internet-)Werbung von Banken der Begriff «Zins» ohne die frühere erklärende Fußnote verwendet, wonach er nur als Kürzel für «vorläufige Gewinn-Rate» zu verstehen sei. Mit dem Zinsbegriff wird analog bei Finanzierungen umgegangen, wo offiziell von der «minimal erwarteten Gewinn-Rate für die gewährte Finanzierung» zu sprechen wäre.
54. Vgl. *J. Amouzgar:* Iran's New Banking Direction, in: Iran Financial News, 2002, wiedergegeben in: Payvand's Iran News, 1. April 2002, http://www.payvand.com/news/02/apr/1000.html. Amouzgar bezieht sich auf den Zeitraum 1994 bis 2001; lediglich eine Spezialbank hat in einem Jahr einmalig einen kleinen Zusatzbonus wegen außergewöhnlicher Erfolge gezahlt.
55. Vgl. *G. Shabsigh:* Sudan – Final Review Under the 2002 Staff-Monitored Program and the 2003 Program, IMF Country Report No. 03/273, Washington, September 2003.
56. Vgl. *A. Kireyev:* Financial Reforms in Sudan – Streamlining Bank Intermediation, IMF Working Paper WP/01/53, Washington 2001; *Bank of Sudan:* Annual Report 2003, http://www.bankofsudan.org.
57. Vgl. *E. Stiansen:* Interest Politics – Islamic Finance in the Sudan, 1977–2001, in: *C. Henry, R. Wilson (eds.):* The Politics of Islamic Finance, Edinburgh, 2004, S. 155ff.
58. Vgl. *G. Shabsigh u. a.:* Sudan – Staff Report for the 2003 Article IV Consultation and First Review of the 2003 Staff-Monitored Program, IMF Country Report No. 03/390, Washington, December 2003.
59. Vgl. *A. Kireyev:* Financial Reforms in Sudan, S. 48ff.

60. Eine finanzierende Bank verlangt üblicherweise nur etwa 30% der Gewinne aus einer Finanzierung; dies zeigt, daß die Liquiditätshilfe der Zentralbank nach der ersten Woche sehr teuer ist und der Gewinnabführungssatz von 90% abschreckende Wirkung haben soll.
61. Die Zentralbank bietet den Geschäftsbanken diese Finanzmittel im Wege einer Auktion an, bei der jene Bank den Zuschlag erhält, die der Zentralbank den höchsten prozentualen Anteil an dem aus der Verwendung der Mittel entstehenden Gewinn bietet.
62. Vgl. *Bahrain Monetary Agency:* Islamic Banking, S. 43.
63. Es ist bemerkenswert, daß sich an solchen Konsortialkrediten auch konventionelle Banken beteiligt haben.
64. Vgl. *Bahrain Monetary Agency:* Islamic Banking, S. 72 ff.
65. http://www.islamicfi.com.
66. http://www.bibf.com/home.html.
67. Vgl. zum islamischen Finanzwesen in Malaysia allgemein *Bank Negara Malaysia:* Islamic Banking, http://www.bnm.gov.my/index.php?ch=174.
68. Die Regierung unterstützte die Gründung und beteiligte sich am Kapital der Bank, deren Aktien seit 1992 an der Börse von Kuala Lumpur gehandelt werden.
69. In manchen Publikationen wird auch der Begriff *Government Investment Certificates (GICs)* verwendet.
70. Seit 1997 können konventionelle Banken auch exklusiv islamische Zweigstellen errichten. Zur Entwicklung des islamischen Bankwesens in Malaysia vgl. *H. Salamon:* The Islamic Banking System in Malaysia – Concept, Operation, Challenges and Prospects, in: *B. Shanmungan, V. Perumal, A. H. Ridzwa (eds.):* Islamic Banking, S. 75 ff.; *N. M. N. Hassan, M. Musa:* An Evaluation of Islamic Banking Development in Malaysia, in: *B. Shanmungan, V. Perumal, A. H. Ridzwa (eds.):* Islamic Banking, S. 95 ff.
71. Darunter befinden sich die malaysischen Töchter internationaler Bankengruppen wie der Citibank, der HSBC oder der Standard Chartered.
72. Vgl. *Bank Negara Malaysia:* Financial Sector Stability – The Masterplan: Building a Secure Future, o. O. (Kuala Lumpur), o. J. (2001), http://www.bnm.gov.my/index.php?ch=20.
73. Termineinlagen im konventionellen System plus Einlagen auf Investitionskonten im islamischen System.
74. Errechnet aus dem von *Bank Negara Malaysia* im Internet veröffentlichten «Monthly Statistical Bulletin», October 2004, http://www.bnm.gov.my/index.php?ch=109&pg=294&mth=10&yr=2004.
75. Ihr Volumen und Anteil an den gesamten Neuemission von Schuldtiteln des privaten Sektors unterliegt von Jahr zu Jahr sehr starken Schwankungen (zwischen 0 und knapp 40%).
76. Ausführlichere Informationen finden sich auf den Webseiten des IIMM: http://iimm.bnm.gov.my.
77. Da zwar ein Gewinnbeteiligungssatz zwischen den Banken vereinbart wird, aber die absolute Höhe des Gewinns nicht im voraus bekannt ist, ist die mögliche Rentabilität der MII unbekannt. Um diese Ungewißheit zu reduzieren, werden seit 1996 von der Zentralbank Mindesterträge für MII vorgeschrieben, die 0,5% über den Ertragssätzen der GII liegen.
78. Vgl. *Securities Commission:* Capital Market Masterplan Malaysia, Kuala Lumpur, 2001, http://www.sc.com.my/html/cmp/cmpmainpage.html.
79. Die Argumentation folgt hier *S. A. Rosly, M. M. Sanusi:* The Application of bay' al-'inah and bay' al-dayn in Malaysian Islamic Bonds – An Islamic Analysis, in: Interna-

tional Journal of Islamic Financial Services Vol. 1 No. 2, 1999, http://islamic-finance.net/journals/journal2/art1.pdf.

80. Wäre der Ausgabekurs nicht niedriger als der Nennwert, gäbe es keinen Anreiz, ansonsten ertraglose Wertpapiere zu kaufen. Technisch kann dies auch so ausgestaltet werden, daß Zeichner der zinslosen Schuldverschreibung nicht erst bei Fälligkeit des Nennwertes einen Ertrag erhalten, sondern schon während der Laufzeit der Finanzierung. Dazu könnte z. B. nicht ein Wertpapier mit einem Nennwert von 1000 und einer Laufzeit von 4 Jahren geschaffen werden, das heute zu 800 emittiert wird (woraus sich ein Ertrag von 200 ergibt), sondern ein Wertpapierbündel, das aus einem Papier mit einen Nennwert von 800 und einer Laufzeit von 4 Jahren und je einem Papier mit einem Nennwert von 50 und einer Laufzeit von 1, 2, 3 und 4 Jahren besteht. Durch den Rückkauf der Papiere mit dem Nennwert von 50 verteilt sich der Ertrag von 4 × 50 = 200 über die Laufzeit und fällt nicht erst an deren Ende an.

III. Tendenzen der Rechtsentwicklung
(Hans-Georg Ebert)

1. Die folgenden Ausführungen berücksichtigen die von K. Dilger in den vorangegangenen Auflagen getroffenen Aussagen. Herrn Kollegen Professor Dilger bin ich dafür zu Dank verpflichtet.
2. Vgl. *Bobzin, H.*: Der Koran. Eine Einführung, München, 1999, 102–109.
3. *Motzki, H.* 1991, 1–49, dagegen *Schacht, J.* 1964, 15–22.
4. *Nagel, T.* 2001, 8.
5. Eine übersichtliche Zusammenstellung wichtiger *fiqh*-Werke und Sammlungen von Rechtsgutachten (arab. Sing. *fatwā*) findet sich bei *Spies, O.*, *Pritsch, E.* 1964, 237–270.
6. *Elwan, O.* 1988, 227–228.
7. *Hoyle, M. S. W.*: Mixed Courts of Egypt, London, Dordrecht/Boston, 1991, 12–30.
8. Vgl. *Fyzee, A. A. A.* 1974, 48–64.
9. *Schacht, J.* 1964, 2.
10. Siehe dazu ausführlich: The Encyclopaedia of Islam. CD-ROM Edition v. 1.0, Leiden, 1999, I:170a (ʿĀDA).
11. Vgl. *Krawietz, B.* 2002.
12. Dazu Punkt 4 dieses Abschnittes. Siehe *Ebert, H.-G.*: Wider die Schließung des «Tores des *ijtihād*»: Zur Reform der *šarīʿa* am Beispiel des Familien- und Erbrechts. In: Orient 43 (2002) 367–370.
13. *Dilger, K.* 1979, 81–93.
14. Dieses Sendschreiben findet sich im sog. *nahj al-balāgha,* einem auch von Sunniten geschätzten Werk mit später aufgezeichneten Reden, Briefen und Weisheiten ʿAlīs.
15. Vgl. zu den Etappen der Verfassungsentwicklung in der arabischen Welt: *Tworuschka, M.* 1976, 18–32.
16. Gültig i. d. F. vom 28. 7. 1989; Quelle: Kejhān, Ṭehrān 17. 11. 1979, 1–4, Tehran Times 3. 8. 1989. Zur Verfassung vgl. *Schirazi, A.*: The Constitution of Iran. Politics and the State in the Islamic Republic, London/New York, 1997.
17. *Baumann, H., Ebert, M.* (Hrsg.): Die Verfassungen der Mitgliedsländer der Liga der Arabischen Staaten, Berlin, 1995. Gemäß dem Stand dieser Publikation sind die Verfassungsänderungen bzw. neuen Texte in Algerien (28. 11. 1996), Bahrain (14. 2. 2002), Jemen (20. 2. 2001), Libanon (13. 10. 1998), Qatar (29. 4. 2003), Sudan (1. 7. 1998) und Syrien 11. 6. 2000) noch nicht berücksichtigt. *Ebert, H.-G.* 1991, 97–108. Die Verfas-

sungstexte sind im Internet über den Link-Katalog www.islamkatalog.uni-leipzig.de/ (Stand: 15.6.2004) erschließbar. Zur Verfassungsgeschichte vgl. *Renesse, E.-A. v., Krawietz, W., Bierkämper, C.*: Unvollendete Demokratien. Organisationsformen und Herrschaftsstrukturen in nichtkommunistischen Entwicklungsländern in Asien, Afrika und im Nahen Osten, Köln/Opladen, 1965.

18. Eine der fünf Säulen der Pancasila lautet: Glauben an den Einen Gott. Darunter können unterschiedliche monotheistische Religionen gefaßt werden. Vgl. *Hanstein, Th.*: Islamisches Recht und Nationales Recht. Eine Untersuchung zum Einfluß des Islamischen Rechts auf die Entwicklung des modernen Familienrechts am Beispiel Indonesiens, Leipziger Beiträge zur Orientforschung 11, Frankfurt am Main (etc.), 2001, Teil 1, 86.
19. Gemäß Art. 1 der Verfassung vom 1.7.1998 ist der Islam «die Religion der Mehrheit der Bevölkerung, das Christentum und traditionelle Religionen verfügen über eine große Anhängerschaft». Diese Formulierung orientiert sich im wesentlichen an vorangegangenen Verfassungsdokumenten.
20. Laut Art. 3 (1) ist der Islam die Religion des Präsidenten.
21. *Bälz, K.*: Islamisches Recht, staatliche Rechtsetzung und verfassungsgerichtliche Kontrolle. In: Zeitschrift für ausländisches und öffentliches Recht und Völkerrecht 57 (1997) 233–234.
22. Vgl. weiterführend *Badry, R.*: Die zeitgenössische Diskussion um den islamischen Beratungsgedanken *(šūrā)* unter dem besonderen Aspekt ideengeschichtlicher Kontinuitäten und Diskontinuitäten, Freiburger Islamstudien, herausgegeben von *H. R. Roemer* und *W. Ende*, Band XIX, Stuttgart, 1998.
23. Ausführlich zu den Strafen und Straftatbeständen: *El Baradie, A.* 1983.
24. Vgl. *Johansen, B.*: Der *ʿiṣma*-Begriff im hanafitischen Recht. In: Johansen, B. 1998, 238–262.
25. Vgl. *Johansen, B.*: Eigentum, Familie und Obrigkeit im hanafitischen Strafrecht. Das Verhältnis der privaten Rechte zu den Forderungen der Allgemeinheit in hanafitischen Rechtskommentaren. In: Johansen, B. 1998, 360–367. Ausgangspunkt der Beurteilung ist danach die Wertfestsetzung für eine freie Person.
26. Vgl. zu diesem wie auch zu anderen islamrechtlichen Begriffen das konzise Rechtswörterbuch *Abū Jaib, S.*: Al-qāmūs al-fiqhī. Lughatan wa-ṭ-ṭilāḥan, Dimashq, [2]1988, 250.
27. *El Baradie, A.* 1983, 162.
28. Diese Informationen verdanke ich Herrn Dr. Th. Hanstein, Leipzig.
29. Das türkische Strafgesetzbuch Türk Ceza Kanunu vom 1.3.1926 nach dem Stand vom 31.10.1998: Zweisprachige Ausgabe. Deutsche Übersetzung und Einführung von *S. Tellenbach*, Freiburg i. Br., 1998.
30. Zunächst noch mit einer salvatorischen Klausel zugunsten des islamischen Rechts: Vgl. *Tellenbach, S.* 1996, 3.
31. Veröffentlicht im Gesetzblatt *(al-waqāʾiʿ al-miṣrīya)* Nr. 71 vom 5.8.1937.
32. Dazu umfassend *Dilger, K.* 1976.
33. Vgl. *Vogel, F. E.*: Islamic Law and Legal System. Studies in Saudi Arabia, Leiden/Boston/Köln, 2000.
34. *Botiveau, B.*: Islamiser le droit? L'exemple égyptien. In: Maghreb-Machrek 126 (1989) 13–14.
35. *Ebert, H.-G.*: Zur Anwendung der šarīʿa in Libyen. In: ZDMG 143 (1993) 366–367; *Mattes, H.*: Libyen 2002. In: Nahost Jahrbuch 2002. Politik, Wirtschaft und Gesellschaft in Nordafrika und dem Nahen und Mittleren Osten. Herausgeber: Deutsches Orient-Institut, Opladen, 2004, 125–126.
36. The Criminal Act of 1991. In: Arab Law Quarterly 9 (1994) 32–80. Vgl. *Scholz, P.*: Die

koranischen Delikte (ḥudūd) im sudanesischen Strafrecht. In: Zeitschrift für die gesamte Strafrechtswissenschaft 112 (2000) 431–460.

37. *Tellenbach, S.*1996; *dies.*: Neues zum iranischen Strafrecht. In: Zeitschrift für Ausländerrecht und Ausländerpolitik 1 (1998) 38–42.

38. Vgl. *Faqir, F.*: Intrafamily femicide in defence of Honour: the case of Jordan. In: Third World Quarterly 22 (2001) 65–82; *Tellenbach, S.*: Ehrenmorde an Frauen in der arabischen Welt. In: Wuqûf 13 (2003) 74–89.

39. Dazu im Internet unter der URL http://gaystation.de/law/asien.html (Stand: 3. 12. 2001) vergleichende Aussagen.

40. Vgl. *Badry, R.*: Zur ‹Mädchenbeschneidung› in islamischen Ländern: religiös-rechtliche Aspekte und feministische Kritik, Freiburger Frauen Studien 2/99, Freiburg i. Br., 1999, 211–232.

41. Zum Kollisionsrecht islamischer Länder, das hier nicht Gegenstand der Betrachtungen ist, vgl. die umfangreiche Quellensammlung: Außereuropäische IPR-Gesetze, Textausgabe von *J. Kropholler, H. Krüger, W. Riering, J. Samtleben, K. Siehr,* Hamburg/Würzburg, 1999.

42. Türkei: Das neue Zivilgesetzbuch – Personen- und familienrechtliche Bestimmungen – mit Einführungsgesetz. Übersetzung und Anmerkung von RA *H. Odendahl,* Köln, und RA *Chr. Rumpf,* Stuttgart. In: Das Standesamt 4 (2002) 100–122.

43. Eine deutsche Übersetzung der Qadrī-Pāshā-Kodifikation erfolgte 1883. Auszüge daraus in einem überarbeiteten Nachdruck des I. Buches: Das Eherecht nach der hanafitischen Rechtsschule, Trebbus, 1997 und *Bergmann, A., Ferid, M.*: Internationales Ehe- und Kindschaftsrecht, Frankfurt a.M., 15.2.1969, 38. Lieferung VAR – 1. Ägypten, 32–74.

44. Zu den Textquellen dieser Gesetze siehe *Ebert, H.-G.* 1996, 59–88; *ders.* 2004, 29–72. Veränderungen der «Ausgangsgesetze» sind ebenfalls angegeben. Das neue marokkanische Personalstatut wurde durch königlichen Erlaß Nr. 1.04.22 vom 3. 2. 2004 in Kraft gesetzt.

45. The Civil Code of Iran. Translated by *M. A. R. Taleghany,* London, 1994. Zu in Iran gültigen familienrechtlichen Bestimmungen vgl. *Yassari, N.*: Die Brautgabe nach iranischem Recht. In: Das Standesamt 7 (2003) 199.

46. Vgl. *Fyzee, A. A. A.* 1974, 468–484; Nahost Jahrbuch 1991. Politik, Wirtschaft und Gesellschaft in Nordafrika und dem Nahen und Mittleren Osten. Hrsg.: Deutsches Orient-Institut, *Th. Koszinowski, H. Mattes,* Opladen, 1992, 129; *Bergmann, A., Ferid, M., Henrich, D.*: Internationales Ehe- und Kindschaftsrecht, Frankfurt a.M., 153. Lieferung, bearbeitet von *A. Weishaupt,* 1–84f (Stand: 1. 1. 2003), 135. Lieferung (1999) 85–116.

47. *Hanstein, Th.*: Islamisches Recht, Teil 1, 269–327, 365–431, 581–594, 616–683.

48. Vgl. *Ebert, H.-G.* 1996, 94–95.

49. Dazu ausführlich *Rauscher, Th.*: Sharīʿa. Islamisches Familienrecht der sunna und shīʿa, Frankfurt am Main, 1987, 34–39.

50. *Courbage, Y.*: Péninsule arabique. Les surprises de la démographie. In: Maghreb-Machrek 144 (1994) 9.

51. Vgl. The Encyclopaedia of Islam. CD-ROM Edition v. 1.0, Leiden, 1999, VII: 757a–759a (MUTʿA; *W. Heffening*).

52. Vgl. *Yassari, N.* 2002, 1092–1093.

53. Das Gesetz wurde – um Konflikte von vornherein zu minimieren – im Verfahrensrecht angesiedelt, obgleich seine materiell-rechtlichen Auswirkungen deutlich sind. Vgl. *Rohe, M.*: Das neue ägyptische Familienrecht: Auf dem Weg zu einem zeitgemäßen Islamischen Recht. In: Das Standesamt 7 (2001) 193–207; *Denker, H.*: Die Wiederein-

führung des *khul'* und die Stärkung der Frauenrechte. Eine Studie zur Reform des Personalstatutsrechts im islamischen Rechtskreis am Beispiel des ägyptischen Gesetzes Nr. 1. von 2000. In: Beiträge zum Islamischen Recht IV. Hrsg. von *S. Tellenbach* und *Th. Hanstein,* Leipziger Beiträge zur Orientforschung 15, Frankfurt am Main (etc.), 2004, 125–209. Die diesbezüglichen Bestimmungen in Jordanien und Marokko orientieren sich an der ägyptischen Regelung.

54. *Tellenbach, S.* 1989, 1125. Zu den *sharī'a*-rechtlichen Bestimmungen in bezug auf die Abtreibung vgl. *Omran, A. R.*: Family Planning in the Legacy of Islam, London/New York, 1992.
55. H. Krüger klassifiziert zu Recht das Anerkenntnis als eine «Rechtsfigur eigener Art», die «nicht nur Beweisfunktionen (hat); ... sondern auch zur Begründung von Rechtsverhältnissen (dient)». *Krüger, H.*: Anerkenntnis der Vaterschaft im tunesischen Recht. In: Das Standesamt 9 (1977) 247.
56. Vgl. *Rieck, A.*: Die Rolle des Islam bei Eheverträgen mit einem nichtmoslemischen Ehepartner. In: Beiträge zum Islamischen Recht. Hrsg. von *H.-G. Ebert,* Leipziger Beiträge zur Orientforschung 9, Frankfurt am Main (etc.), 2000, 80–85.
57. *Ebert, H.-G.* 2004, 137.
58. Zu den Bestimmungen des Erbrechts vgl. *Coulson, N. J.* 1971; *Ebert, H.-G.* 2004; *Cilardo, A.*: Diritto ereditario islamico delle scuole giuridiche sunnite (ḥanafita, mālikita, šāfi'ita e ḥanbalita) e delle scuole giuridiche zaydita, ẓāhirita e ibāḍita, Roma, Napoli, 1994; *ders.*: Diritto ereditario islamico delle scuole giuridiche ismailita e imamita, Roma, Napoli 1993; *Scholz, P.*: Internationales Erbrecht. Quellensammlung mit systematischen Darstellungen des materiellen Erbrechts sowie des Kollisionsrechts der wichtigsten Staaten, hrsg. von *H. Dörner* und *R. Hausmann*, München, Lfg. LI: Ägypten (Stand: 1. 1. 2003), Lfg. XLIV: Marokko (Stand: 1. 1. 2001), Lfg. XLVII: Tunesien (Stand: 1. 1. 2002).
59. Vgl. *Barham, N.*: Landfragmentation in Jordanien – Ursachen und Konsequenzen. In: Orient 35 (1994) 273–277.
60. Vgl. *Wichard, J. Chr.*: Zwischen Markt und Moschee. Wirtschaftliche Bedürfnisse und religiöse Anforderungen im frühen islamischen Vertragsrecht, Rechts- und Staatswissenschaftliche Veröffentlichungen der Görres-Gesellschaft Band 75, Paderborn (etc.), 1995.
61. Text in englischer Sprache: The Mejelle: being an English translation of Majallah el-Ahkam-i-Adliya and a complete code on Islamic civil law. Transl. by *C. R. Tyser,* Kuala Lumpur, 2001.
62. H. Krüger hat dieses Thema umfassend dargestellt: *Krüger, H.*: Zum Geltungsbereich der osmanischen Mejelle. In: Liber amicorum Gerhard Kegel, München, 2002, 43–63.
63. Vgl. *ders.:* Überblick über das Zivilrecht der Staaten des ägyptischen Rechtskreises. In: Recht van de Islam 14 (1997) 67–131.
64. Eine Übersicht über die gültigen Gesetze im Zivil-, Wirtschafts- und Handelsrecht der arabischen Länder in: *Ders.:* Arabische Staaten. Gesetzesübersichten. Internationales und ausländisches Wirtschafts- und Steuerrecht, Köln, Bundesstelle für Außenhandelsinformation, 1999.
65. Ich folge hier der Darstellung von *K. Dilger* in den vorangegangenen Auflagen des Werkes «Der Islam in der Gegenwart», zuletzt [4]1996, 197–200.
66. Vgl. *Krüger, H.*: Vermögensrechtliches Privatrecht und Shari'a am Beispiel der Vereinigten Arabischen Emirate. In: Zeitschrift für Vergleichende Rechtswissenschaft 97 (1998) 370–380.
67. Dazu weiterführend: *Bälz, K.* 1997; *Lohlker, R.*: Schari'a und Moderne. Diskussionen

über Schwangerschaftsabbruch, Versicherung und Zinsen, Abhandlungen für die Kunde des Morgenlandes Band LI/3, Stuttgart, 1996, 47–105.

68. Siehe Anm. 65, 199.
69. *Krüger, H.*: Vermögensrechtliches Privatrecht, 364–365, 382. Zum islamischen Zinsverbot vgl. *ders.*: Zum islamischen Zinsverbot in Vergangenheit und Gegenwart. Festschrift Rudolf Welser zum 65. Geburtstag. Hrsg. von *C. Fischer-Czermak, A. Kletečka, M. Schauer, W. Zankl,* Wien, 2004, 579–595.
70. Vgl. die Beiträge von J. Reissner und V. Nienhaus in diesem Band.
71. Weiterführend dazu *Amereller, Fl.*: Hintergründe des «Islamic Banking», Berlin, 1995; *Dalkusu, I. N.*: Grundlagen des zinslosen Wirtschaftens. Eigentum, Geld, *Riba* und Unternehmungsformen nach den Lehren des Islam, St. Gallen, 1999; Islamic Law and Finance. Edited by *Ch. Mallat,* London/Dordrecht/Boston, 1988.
72. Vgl. *Bälz, K.*: Islamic Banking. In: Projekte und Projektfinanzierung. Handbuch der Vertragsgestaltung und Risikoabsicherung bei deutschen und internationalen Projekten. Hrsg. von *U. R. Siebel,* München, 2001, 242–250.
73. Vgl. ebenda; weiterhin *Grabau, Fr.-R.* 1990, 345–357.
74. *Hamadeh, S.*: Urheberrecht in Ägypten. In: Beiträge zum Islamischen Recht II. Hrsg. von *H.-G. Ebert* und *Th. Hanstein,* Leipziger Beiträge zur Orientforschung 12, Frankfurt am Main (etc.), 2003, 137–164; *Al-Ahmar, K.*: Recent Development in Intellectual Property Laws in Syria. In: Beiträge zum Islamischen Recht II, 165–174; Intellectual Property Laws of the Arab Countries. By Abu-Ghazaleh Intellectual Property (TMP Agents), The Hague/London/Boston, 2000.
75. Vgl. *Loutfi, M. H.*: The Protection of Intellectual Property Rights. In: Beiträge zum Islamischen Recht III. Hrsg. von *H.-G. Ebert* und *Th. Hanstein,* Leipziger Beiträge zur Orientforschung 13, Frankfurt am Main (etc.), 2003, 205–223.
76. Vor allem H. Krüger hat in zahlreichen Veröffentlichungen diese Problematik dargestellt, so u.a. *Krüger, H.*: Rechtliche Aspekte im Geschäftsverkehr mit Partnern im Nahen und Mittleren Osten. In: Recht & Steuern international. Internationales und ausländisches Wirtschafts- und Steuerrecht, Köln, Bundesstelle für Außenhandelsinformation, 3/2001, 47–64; *ders.* 2003, 52–66; *ders.*: Neues Handelsrecht in Ägypten. In: Beiträge zum Islamischen Recht, 29–33; vgl. auch *Saleh, S.*: Commercial Agency and Distributatorship in the Arab Middle East. Volume I: A Study in Sharīʿa and Statute Law, London/Dordrecht/Boston, 1989.

IV. Die Stellung des Islams und des islamischen Rechts in ausgewählten Staaten

1. Türkei *(Ursula Spuler-Stegemann)*

1. Statistische Daten liegen nicht vor. Schätzungen liegen zwischen 15 und 20%. Die Aleviten selbst nennen – völlig überzogen – Zahlen von bis zu 25 Millionen (= 35%).
2. Die anatolischen Aleviten oder Alevi dürfen nicht mit den syrischen ʿAlawiten oder Nuṣairi verwechselt werden, die auch in der 1939 an die Türkei übergegangenen Provinz Hatay mit der Hauptstadt Antakya – unter oft schwierigen Bedingungen – leben. Die Bezeichnung «Aleviten» wurde übernommen, weil sich die in Deutschland lebenden Alevi selbst «Aleviten» nennen.
3. Siehe z.B. *J. Keetman:* Appell an den Sozialneid, in der Schweizer «Wochenzeitung» WOZ vom 14. 04. 2005.

4. *J. H. Schoeps:* Der verdrängte Genozid; http://www.d-armenier.de/cms/html/index.php?module=pagesette (Home-Page des Zentralrats der Armenier in Deutschland); ferner der auch für die Frage der Religionsfreiheit für andere christliche Minderheiten grundlegende Beitrag von *O. Luchterhandt:* Der türkisch-armenische Konflikt, die Deutschen und Europa In: ifsh (Hrsg.), Heft 132, Mai 2003, vergriffen, aber abrufbar unter http://www.ifsh.de/pdf/publikationen/hb/hb132.pdf, zuletzt abgerufen am 27.04.2005; ferner: *R. Hosfeld*: Operation Nemesis. Die Türkei, Deutschland und der Völkermord an den Armeniern, Köln 2005, und *W. Gust:* Der Völkermord an den Armeniern – Die Tragödie des ältesten Christenvolkes der Welt, herunterzuladen als ZIP-Datei unter http://home.t-online.de/home/wolfgang.gust/inhalt.htm.
5. z.B. *Ö. Erzeren:* Buchverbrennung in der Türkei. Die Stunde der Nationalisten. In: Qantara: http://www.qantara.de/webcom/show_artivle.php?wc_c=468&wc_id=317&printmode=1, abgerufen am 20.4.2005.
6. Er richtet sich z.B. gegen drei in Deutschland lebende Frauen – Seyran Ateş, Necla Kelek und Serap Čileli –, die selbst über ihre Zwangsverheiratung und ihnen angedrohte Ehrenmorde Bücher verfaßten und die, abgebildet in der «Hürriyet» vom 27. Februar und 10. u. 11. März 2005, als Nestbeschmutzer verleumdet werden.
7. Als z.B. am 20.12.2004 die UNO Iran wegen seiner Menschenrechtsverletzungen – Folter, Diskriminierungen, Auspeitschen auch von Kindern etc. – verurteilte, war der Vertreter der Türkei vor der Abstimmung bereits gegangen.
8. Konkrete Beispiele lassen sich zuhauf anführen, wie das Niederknüppeln von Beteiligten, darunter Frauen, einer nicht-genehmigten Frauen-Demonstration zum Weltfrauentag 2005 mit folgendem Gerichtsverfahren, oder wie der von der EU vereitelte Versuch, Ehebruch als Straftatbestand einzuführen, oder wie Jungfräulichkeitstests, die nunmehr bei Gericht beantragt werden müssen, während Ärzte keine Genehmigung einholen müssen.
9. Die Gesetzesvorlage zur Strafrechtsreform, die zum 1. Juni 2005 in Kraft treten soll, bietet der Regierung auch weiterhin die Handhabe, unerwünschte Kommentare nicht nur zu unterbinden, sondern mit massiven Gefängnisstrafen zu belegen.
10. Darüber kann auch nicht der «Garten der Religionen» hinwegtäuschen, der binnen 4 Jahren in Urfa fertiggestellt sein soll und an dessen Grundsteinlegung Erdoğan teilgenommen hat. So «Milliyet» vom 15.05.05.
11. Siehe dazu *O. Oehring*, Lit.-Verz. und laufend http:www.missio-aachen.de; ferner zur Situation der Christen *G. Duncker:* Zwischen Konstantinopel und Istanbul, In: *U. Spuler-Stegemann* (Hrsg.): Feindbild Christentum im Islam, Freiburg 2004, 75–86.
12. Siehe *R. C. Repp:* The Müftü of Istanbul. A Study in the Development of the Ottoman Learned Hierarchy, Oxford, 1986, XIX; ferner 115 f., 120 f.
13. Seit dem Inkrafttreten des Gesetzes Nr. 3716 vom 16.5.1991 zur Legalisierung eheähnlicher Verhältnisse mit mindestens einem Kind (fast ausnahmslos Imamehen) bis zum 30.12.1993 sind 67 074 Ehen mit 239 979 Kindern standesamtlich mit dem Geburtstag 1. Januar des entsprechenden Jahres registriert worden. Die Anzahl der weiterhin nicht registrierten Imamehen ist unbekannt. Man geht aber für das Jahr 2004 insgesamt von etwa 1 Mio. Türkinnen und höchstens der Hälfte von Männern aus, die in polygamen Verhältnissen leben. Entsprechende «Amnestie-Gesetze» wurden seit 1933 im Abstand von etwa 5 Jahren erlassen.
14. Die anderen Staatsnormen des Artikels 2 der Verfassung von 1937 waren Republikanismus *(cumhuriyetçilik)*, Nationalismus *(milliyetçilik)*, Populismus *(halkçılık)*, Etatismus *(devletçilik)* und «Revolutionärer Reformismus» *(inkılāpçılık)*. Artikel 2 der Verfassung von 1982 hat sie modifiziert. Zu letzterem s. *E. Hirsch:* Die Verfassung der Türki-

schen Republik vom 9. November 1982. In: Jahrbuch des Öffentlichen Rechts der Gegenwart, Neue Folge, 32 (1983), 507–623.

15. Siehe dazu *K. Kreiser:* Die Religionspolitik der Türkei im Jahre 1985. Re-Islamisierung – Osmanismus – Özalismus. Beiträge zu einer Begriffsbestimmung. In: *J. Lähnemann* (Hrsg.): Erziehung zur Kulturbegegnung. Pädagogische Beiträge zur Kulturbegegnung, Band 3, Hamburg, 1986, 216–229.

16. Die Geschichte der Parteien unter dem Vorsitz Necmettin Erbakans ist wechselvoll: Nach dem Verbot der MNP 1979 wurde die MSP im Zusammenhang mit dem Militärputsch vom 12. 09. 1980 aufgehoben.

17. Nach Wahlerfolgen bei Kommunalwahlen ist davon auszugehen, daß etwa 43 % der türkischen Bevölkerung die AK Partei unterstützen.

18. Ausführlich zu § 163 und den gemäßigten §§ 141 und 142 s. *Ch. Rumpf:* Laizismus (s. Literaturverzeichnis), 61. Nach Ansicht hochrangiger Juristen fehlt nunmehr jede rechtliche Handhabe, die Verfassung gegen Islamisten durchzusetzen. Türkische Zweige der Terror-Organisationen wie der *Ḥizbullāh,* des *İslāmī jihād,* der *Ḥizb at-taḥrīr* oder die *İBDA-C (İslāmī Büyük Doğu Akıncılar Cephesi)* werben nicht nur in eigenen Periodika («Tahkim», «Taraf», «Selam» etc.), sondern auch in anderen islamistischen Blättern.

19. *M. van Bruinessen* weist in seinem Aufsatz «Die Türkische Republik, ein säkularisierter Staat?» in: Jahrbuch (s. Literaturverzeichnis), 47, Anm. 7, auf den unter Insidern üblichen Gebrauch von *Süleymanlı* anstelle von *Süleymancı* hin.

20. Siehe dazu: *M. Emin Değer:* Bir Cumhuriyet Düşmanının Portresi ya da Fethullah Gülen Hocaefendi'nin Derin Misyonu, Istanbul, 2000.

21. *O. Oehring:* s. Lit.-Verz., 13. Ferner *B. Agai:* Zwischen Netzwerk und Diskurs. Das Bildungsnetzwerk um Fethullah Gülen (geb. 1938): Die flexible Umsetzung modernen islamischen Gedankenguts (Bonner Islamstudien Bd. 2), Schenefeld, 2000, 246–254. Die Sympathie Agais für seinen Forschungsgegenstand ist seiner ansonsten informativen Dissertation anzumerken, die zentrale Aspekte ignoriert. Er ermahnt indes: «Anstatt nach ‹der Ideologie› Gülens und seinen ‹verborgenen Absichten› zu suchen, sollte sich das Augenmerk vielmehr auf die Erwartungen richten, welche für die einzelnen Beteiligten in verschiedenen Teilen des Gesamtnetzwerks mit seinen verschiedenen Diskursvarianten erfüllt werden», S. 363 f.

22. Das ZDF hat im April 2005 sogar einen Kooperationsvertrag mit der Fethullahçı-Fernsehanstalt «Samanyolu» unterzeichnet, nachzulesen unter http://www.eurozaman.com/2005/04/26/avrupahaber/h3.htm, abgerufen am 30. 4. 2005.

23. Unerläßlich für genaue Informationen ist die Lektüre des von der Türkischen Stiftung für ökonomische und soziale Studien TESEV herausgegebenen 201 seitigen Berichts von *Ruşen Čakır, Irfan Bozan, Balkan Talu* vom 14. Juni 2004 mit dem Titel: Imam-Hatip Liseleri. Efsaneler ve Gerçekler (Die Imam-Hatip Oberschulen. Märchen und Wahrheiten).

24. Absolventen Theologischer Fakultäten werden – mit pädagogischer Zusatzausbildung – Religionslehrer an den Schulen, bekommen Stellen in der Religionsverwaltung, z. B. als *müftü* oder *vaiz* (Prediger an großen Moscheen), im Medienbereich oder in Bibliotheken.

25. Es ist nur allgemein von der geplanten Erhöhung der Anzahl Theologischer Fakultäten die Rede.

26. *F. Körner* hat in seinem Buch (Lit.-Verzeichnis) die Schriften der vier Reform-Theologen Mehmet Paçacı, Adil Çiftçi, Ömer Özsoy und İlhami Güler analysiert.

27. Anzumerken ist, daß Ministerpräsident Recep Tayyip Erdoğan ebenso wie sein Außenminister Abdullah Gül in der Öffentlichkeit mit seiner Frau auftritt, die «türban», die

religiöse Kopfbedeckung, trägt, während die Töchter in den USA studieren, weil sie dort das Kopftuch tragen dürfen.

28. Zur Einschätzung des YÖK seitens der islamistischen Milli Görüş-Bewegung siehe z.B. «Milli Gazete» vom 5. Mai 2005.
29. Bücher und Zeitungsartikel über die Bedrohung der Türkei durch christliche Missionare sind Legion, siehe z.B. die Titel-Sammlung von *Osman Kılıç*: Sanal Âlemden Misyonerlik Bibliografyası, in dem 36seitigen Dossier der «Hisar Gazetesi» vom 01.02.2005; *Şinasi Gündüz*, «Misyonerlik» (hrsg. von DİB), Ankara 2005.
30. Dazu *U. Spuler-Stegemann:* Islam (s. Literaturverzeichnis), 594 f.
31. Quelle: www.diyanet.gov.tr/turkish/tanitimistatistik.asp vom 27.01.05, abgerufen am 20.05.2005.
32. Für den Erwerb eines *Hafız*-Diploms als Nachweis dafür, daß man den gesamten Koran auswendig gelernt hat, werden zwei Jahre veranschlagt.
33. Siehe «Birgün» vom 11. Juli 2004. Bardakoğlu begründet dort seine Einstellung: «Die Botschaft der Religion unterscheidet niemals zwischen Geschlechtern und Klassen» und bezieht sich dabei auf den Koran, der schon vor 14 Jahrhunderten die «Gleichheit» der Geschlechter zum Ausdruck gebracht habe. Sogar in deutscher Sprache nachzulesen sind einige, auch Frauen als Imame betreffende Fatwas – hier Beschlüsse genannt – des Hohen Rates unter http://www.diyanet.gov.tr/german.asp?id=23&sorgu=I.
34. Vgl. *U. Spuler-Stegemann:* Islam (s. Literaturverzeichnis), 602 f.
35. So hat die saudi-arabische *al-Baraka Türk Özel Finans Kurumu* ein *bereket vakfı* gestiftet, dessen Zwecke – Moscheenbau, Korankurse etc. – im Grunde auf die Islamisierung der Türkei hinauslaufen. Auch die *Faisal Finans* unterhält enge Geschäftsverbindungen zur *Vakıf Bank*. Parlamentarische Anfragen nach dem Kapital der zinslosen Banken wiegelte die Regierung stets mit dem Hinweis auf das Bankgeheimnis ab. Unkontrollierbaren Geschäften und Verflechtungen mit der Wirtschaft, ebenso der «Geldwäsche» – noch dazu mit Steuervergünstigungen – wird faktisch Tür und Tor geöffnet.
36. *E. Aydın*: Diyanet'i ne yapmalı? (Wie weiter mit der Religionsbehörde?), Radikal-iki 23. März 2003, zitiert nach *G. Seufert:* Die AKP – eine islamisch-konservative oder islamistische Partei, am 8.5.2005 abgerufen unter http://www.konrad.org.tr index.php?id =625.
37. In den Jahren 1982–1984 bezahlte die *Islamische Weltliga* Auslandspersonal des DİB mit monatlich 1100 Dollar, und zwar mit Wissen des damaligen Staatspräsidenten Kenan Evren, der maßgeblich am Putsch von 1980 beteiligt gewesen war und letztlich aufgrund fundamentalistischer Aktivitäten ausgelöst wurde. Die Dokumentation des Skandals in «Rabıta» (Istanbul), [13]1994, bezahlte der «Cumhuriyet»-Chefredakteur Uğur Mumcu 1993 mit dem Leben.
38. *S. K. Kehl-Bodrogi:* Die «Wiederfindung» des Alevitentums in der Türkei. Geschichtsmythos und kollektive Identität. In: Orient 2 (1993), 267–282, mit Literaturangaben, sowie *G. Väth:* Zur Diskussion über das Alevitentum. In: Zeitschrift für Türkeistudien 6 (1993) 2, 213–222.
39. In diesen Zusammenhang gehören die Pogrome in Kahramanmaraş, Çorum und Sivas 1978, das auf den Dichter Aziz Nesin abzielende Attentat in Sivas 1993, dem 37 alevitische Dichter und Sänger zum Opfer fielen, oder die blutigen Ausschreitungen vor allem in Istanbul und Ankara im März 1995.
40. *M. F. Bozkurt:* Das Gebot. Mystischer Weg mit einem Freund, Hamburg, 1988, «orientiert sich» an dieser einen von mehreren unterschiedlichen Ausgaben.
41. Die Literatur ist umfangreich, z.B. *Ismail Engin* u. *Havva Engin* (Hrsg.): Alevilik, Istanbul, 2004; *I. Kaplan:* Das Alevitentum – eine Glaubens- und Lebensgemeinschaft in Deutschland, Köln, 2004.

42. Z. B. in Mersin, wo am 20. März 2005 die Eröffnung des ersten Kultzentrums von 35 000 Aleviten stürmisch gefeiert worden ist.
43. Eine Unterschriften-Aktion gegen diese Tendenzen wird gegenwärtig durchgeführt. *K. Yeşilgül:* Laik Cumhuriyet'te zorunlu din derslerinin rolü Eğitim dinselleştirmek (Die Rolle des obligatorischen Religionsunterrichts der laizistischen Republik ist, die Erziehung «zu verreligiösizieren»). In: «alevilerin sesi, Die Stimme der Aleviten in Europa», 04/2005, 5–7.
44. Unterschriften-Listen waren der türkischen Regierung 2004 überreicht worden mit der Forderung, die *cemevleri* (Cem-Häuser) als Gebetsstätten anzuerkennen.

2. Iran *(Udo Steinbach)*

1. Siehe dazu den Beitrag von *W. Ende*: Der schiitische Islam, im vorliegenden Band.
2. S. dazu *H. R. Roemer*: Persien auf dem Weg in die Neuzeit. Iranische Geschichte von 1350–1750, Beirut/Stuttgart, 1989.
3. *H. Algar*: Religion and State in Iran 1785–1906, Berkeley, 1969; *H. Busse:* Der persische Staatsgedanke im Wandel der Geschichte. In: Saeculum (Freiburg/München) 28 (1977), 53–74; *N. R. Keddie*: Iran: Islam and Revolution. In: Iran in der Krise. Weichenstellungen für die Zukunft (s. u. Anm. 4), 37–50.
4. Zu den vielfältigen Aspekten der iranischen Revolution s. die Beiträge in dem Sammelband: Iran in der Krise. Weichenstellungen für die Zukunft, herausgegeben vom Forschungsinstitut der Friedrich-Ebert-Stiftung, Bonn, 1980.
5. Kurzbiographie in: Orient 19 (1978) 4, 10–13 *(K.-H. Göbel)*; umfassendere Darstellungen bieten *A. Taheri*: Khomeini und die Islamische Revolution, Hamburg, 1985, und *B. Moin*: Khomeini: Life of the Ayatollah, London, 1999.
6. Zu den Ereignissen s. *P. Avery*: Modern Iran, London, 1965, 95–105; *N. R. Keddie:* Religion and Rebellion in Iran: the Tobacco Protest of 1891–1892, London, 1966; *A. K. S. Lambton:* The Tobacco Regie: Prelude to Revolution. In: Studia Islamica 22 (1965), 119–157; 23 (1965), 71–91; vgl. auch *M. Gronke*: Geschichte Irans von der Islamisierung bis zur Gegenwart, München, 2003, 85 ff.; sowie *H. Halm*: Die Schia, Darmstadt, 1988, 142–149.
7. *P. Avery*: op. cit., 106–139; noch immer lesenswert ist *E. G. Browne*: The Persian Revolution of 1905–1909, Cambridge, 1910.
8. Vgl. *Sh. Akhavi*: Religion and Politics in Contemporary Iran. Clergy-State Relations in the Pahlavi Period, Albany, 1980, 15 f.; im Kontext der neueren iranischen Geschichte s. *Y. Richard*: Die Geschichte der Schia in Iran. Grundlagen einer Religion, Berlin, 1983.
9. *Sh. Akhavi*: op. cit., 25–32.
10. *Y. Richard*: Ayatollah Kashani – ein Wegbereiter der Islamischen Republik? In: Religion und Politik im Iran. Jahrbuch zur Geschichte und Gesellschaft des Mittleren Orients, hrsg. vom Berliner Institut für Vergleichende Sozialforschung, Frankfurt/Main, 1981, 277–305; *W. Floor*: Iranische Geistliche als Revolutionäre. Wunschdenken oder Wirklichkeit?, ibid., 306–336.
11. *A. K. S. Lambton*: The Persian Land Reform 1962–1966, Oxford, 1969; *H. Algar*: The Oppositional Role of the Ulama in Twentieth-Century Iran. In: *N. R. Keddie* (ed.): Scholars, Saints and Sufis, Berkeley, 1972, 231–255.
12. *Sh. Akhavi*: op. cit., 91–116.
13. *Sh. Akhavi*: op. cit., 117–129; vgl. auch *D. Brumberg*: Reinventing Khomeini. The Struggle for Reform in Iran, Chicago/London, 2001, 55–97.
14. *Ajatollah Chomeini*: Der islamische Staat. Aus dem Persischen übersetzt und herausgegeben von *N. Hassan* u. *I. Itscherenska,* Berlin, 1983. Zum Hintergrund vgl. den Bei-

trag von *W. Ende*: Der schiitische Islam, im vorliegenden Band; zu Khumainis Denken im Kontext seiner Zeit s. *K.-H. Göbel*: Moderne schiitische Politik und Staatsidee, Opladen, 1984; s. auch *N. Calder:* Accomodation and Revolution in Imami Shiʿi Jurisprudence: Khumayni and the Classical Tradition. In: Middle Eastern Studies 18 (1982) 1, 3–20.

15. Eine ebenso informierte wie lebendige Darstellung des Lehrbetriebs an der *madrasa* im heutigen Iran gibt *M. M. J. Fischer*: Iran. From Religious Dispute to Revolution, Cambridge, Mass./London, 1980, 61–103; *R. Mottahedeh*: Der Mantel des Propheten oder Das Leben eines persischen Mullah zwischen Religion und Politik, München, 1987.
16. *N. R. Keddie*: The Roots of the Ulama's Power in Modern Iran. In: Studia Islamica 29 (1963), 31–53; s. auch *M. Naficy:* Klerus, Basar und die iranische Revolution, Hamburg, 1993.
17. Vgl. *M. Fischer*: op. cit., 104–135.
18. *Sh. Akhavi*: op. cit., 23.
19. Bücher des Schahs: *Mohammed Reza Pahlevi:* Im Dienste meines Landes, Stuttgart, o.J.; *Ders.:* Antwort an die Geschichte. Die Schah-Memoiren, München, 1980.
20. Zum Verlauf der iranischen Revolution unter diesem Aspekt s. *M. Fischer*: op. cit., 181–231.
21. Typisch für die Kritik dieses Prozesses aus religiöser Sicht ist die Darstellung durch *A. Falaturi*: Die iranische Gesellschaft unter dem Einfluss der westlichen Kultur. In: Iran in der Krise (s.o. Anm. 4), 51–75.
22. Einzelheiten bei *M. Fischer*: op. cit., 213ff. Detailliertere Untersuchungen zu diesen Entwicklungen durch *Sh. Bakhash*: The Reign of the Ayatollahs. Iran and the Islamic Revolution, New York, 1984. Informativ auch *S. Zabih*: Iran since the Revolution, London, 1982.
23. *U. Steinbach:* Die Entwicklung des politischen Systems in Iran seit der Revolution. In: Iran in der Krise (s.o. Anm. 4), 105–118; *Ders.*: Iran – Halbzeit der islamischen Revolution? In: Außenpolitik 31 (1980) 1, 52–69; *Sh. Bakhash*: op. cit., 52–70; *G. Thoß* u. *H.-H. Richter*: Ayatollah Khomeini. Zur Biographie und Hagiographie eines islamischen Revolutionsführers, Münster, 1991; vgl. *D. Brumberg* (s.o. Anm. 13), 98ff.
24. *Sh. Bakhash*: op. cit., 71–91; umfassend die Arbeit von *S. Tellenbach:* Untersuchungen zur Verfassung der Islamischen Republik Iran vom 15. November 1979, Berlin, 1985; kritischer in der Darstellung ist *A. Schirazi*: The Constitution of Iran. Politics and the State in the Islamic Republic, London/New York, 1997.
25. *M. Milani*: Shiʿism and the State in the Constitution of the Islamic Republic of Iran. In: *S.K. Farsoun* (ed.): Iran: Political Culture in the Islamic Republic, London, 1992, 133–159; *H.E. Chehabi*: Klerus und Staat in der Islamischen Republik Iran. In: Aus Politik und Zeitgeschichte (Beilage zur Wochenzeitung «Das Parlament»), B 33/93 (13. August 1993), 17–23.
26. Zu neueren Entwicklungen s. *A.K. Moussavi*: A New Interpretation of the Theory of «vilayat-i faqih». In: Middle Eastern Studies 28 (January 1992) 1, 101–107.
27. Siehe dazu *S. Tellenbach*: Zur Änderung der Verfassung der Islamischen Republik Iran vom 28. Juli 1989. In: Orient 31 (1990) 1, 45–66; *A. Schirazi*: Die neuere Entwicklung der Verfassung in der Islamischen Republik Iran. In: Verfassung und Recht in Übersee 24 (1991) 2, 105–122.
28. Zu dem Vorgang s. Iran Press Digest (Teheran), Vol. 7 (1994), Nr. 48, 50, 80 und 81; *W. Buchta*: Die Islamische Republik Iran und die religiös-politische Kontroverse um die marjaʿiyyat. In: Orient 36 (1995) 3, 449–474.
29. Zur Politisierung der Wallfahrt s. *M. Glünz*: Das Manifest der Islamischen Revolution: Ayatollāh Khomeinīs Botschaft an die Mekkapilger des Jahres 1407/1987. In: Die Welt des Islams 33 (1993), 235–255.

30. Siehe dazu Yearbook Iran 1988 (by Moini-Biontino Verlagsgesellschaft mbH, Bonn), 116–119. Das Jahrbuch enthält auch sonst zu Länderkunde, Politik, Gesellschaft und Wirtschaft der Islamischen Republik sehr nützliche Informationen.
31. *S. Tellenbach*: Zur Re-Islamisierung des Strafrechts in Iran. In: Zeitschrift für die gesamte Strafrechtswissenschaft 101 (1989) 1, 188–205; Yearbook Iran 1988, a.a.O., 92–107. Ich danke Frau N. Yassari vom Max-Planck-Institut für Ausländisches und Internationales Privatrecht in Hamburg für ihre Hilfestellung bei einigen das Rechtssystem betreffenden Ausführungen.
32. *N. Ramazani*: Women in Iran. The Revolutionary Ebb and Flow. In: The Middle East Journal 47 (Summer 1993) 3, 409–428.
33. Siehe die Beiträge von *J. Reissner* «Die innerislamische Diskussion zur modernen Wirtschafts- und Sozialordnung» und *V. Nienhaus* «Islamische Ökonomik in der Praxis: Zinslose Finanzwirtschaft» im vorliegenden Band. Darüber hinaus vgl. *A.-H. Banisadr* u. *P. Vieille*: Quelle révolution pour l'Iran?, Paris, 1980; *V. Nienhaus:* Islamische Ökonomik. Entwicklungen, Inhalte und Probleme. In: Zeitschrift für Wirtschaftspolitik 30 (1981) 3, 245–300; *Ders.*: Literature on Islamic Economics in English and German, Köln, 1982; *A. Rieck*: Unsere Wirtschaft. Eine gekürzte, kommentierte Übersetzung des Buches «Iqtiṣādunā» von Muḥammad Bāqir aṣ-Ṣadr, Berlin, 1984.
34. *A. Schirazi*: The Problem of Land Reform in the Islamic Republic of Iran. Complications and Consequences of an Islamic Reform Policy, Berlin, 1987; *Ders.:* Texte zur Agrargesetzgebung in der Islamischen Republik Iran, Berlin, 1988; *Sh. Bakhash*: The Politics of Land, Law, and Social Justice in Iran. In: The Middle East Journal 43 (Spring 1989) 2, 186–201; *A. A. Kiafar*: Urban Land Policies in Post-revolutionary Iran. In: *C. Bina* (ed.): Modern Absolutism and Islamic Ideology in Iran, London, 1992.
35. *U. Steinbach* (Hrsg.): Der Golfkrieg. Ursachen, Verlauf, Auswirkungen, Hamburg, Landeszentrale für politische Bildung, 1988; *D. Menashri*: The Iranian Revolution and the Muslim World, San Francisco/Oxford, 1992.
36. Siehe ausführlich *A. Rieck*: Die Schiiten und der Kampf um den Libanon. Politische Chronik 1958–1988, Hamburg, 1989; zur ideologischen Dimension s. *Ch. Mallat:* Shiʿi Thought from the South of Lebanon, Oxford, 1988; *Asʿad A. Khalil*: Ideology and Practice of Hizballah in Lebanon. In: Middle Eastern Studies 27 (1991) 3; *A. R. Norton*: Amal and the Shiʿa: Struggle for the Soul of Lebanon, Austin, 1987.
37. Summary of World Broadcast (SWB)/Middle East/0210/A/2ff., 22.7.1988.
38. Zum Text des Aufrufs s. SWB/ME/0385/A/2, 15.02.1989; ferner *H. Busse*: Salman Rushdie und der Islam. In: Geschichte in Wissenschaft und Unterricht 4 (1990), 193–215; zum politischen Hintergrund in Iran sowie zum internationalen Echo s. *R. Schulze:* The Forgotten Honor of Islam, und *M. Kramer*: The Invasion of Islam. In: Middle East Contemporary Survey, edited by *A. Ayalon*, Boulder, Colorado/Oxford, vol. XIII (1989), 173–180, bzw. vol. XIV (1990), 177–180.
39. S. dazu *N. R. Keddie* u. *E. Hooglund* (eds.): The Iranian Revolution and the Islamic Republic, Syracuse/New York, 1986, 67–90.
40. *U. Steinbach*: Die «zweite Islamische Revolution». Der Gottesstaat auf dem Weg in die Normalität. In: Außenpolitik 41 (1990) 1, 73–90; *M. Kamrava*: The Civil Society Discourse in Iran. In: British Journal of Middle Eastern Studies (Durham) 28 (2001) 2, 165–185; *A. Gheissari*: Iran's Democracy Debate. In: Middle East Policy (Washington D. C.) 11 (2004), 94–106; *W. Buchta*: Fundamentalkritik von Radikalreformern in Iran. In: *S. Faath* (Hrsg.): Politische und gesellschaftliche Debatten in Nordafrika, Nah- und Mittelost, Hamburg, 2004, 241–244.
41. Ausführlicher dazu s. *W. Buchta*: Who Rules Iran? The Structure of Power in the Islamic Republic, Washington, 2000. Dieser Publikation sowie: *Ders.:* Ideologische Frak-

tionen in Irans Machtelite. Reformer vs. Konservative. In: Orient-Journal 5 (Frühjahr 2004) 1, 10–11, verdanke ich zahlreiche der hier übermittelten Informationen.

42. S. jeweils das Kapitel «Iran», in: Nahost Jahrbuch. Politik, Wirtschaft und Gesellschaft in Nordafrika und dem Nahen und Mittleren Osten, herausgegeben vom *Deutschen Orient-Institut (T. Koszinowski* u. *H. Mattes),* Opladen, 1992 ff.; *M. P. Amineh*: Demokratisierung und ihre Feinde im Iran. In: Aus Politik und Zeitgeschichte (Bonn), Februar 2004, B 9, 25–28; *K. Amirpur*: Gibt es in Iran noch einen Reformprozess? In: Ibid., 18–24.
43. Siehe die prägnante Bewertung durch *W. Buchta*: Ein Vierteljahrhundert Islamische Republik Iran. Eine vorläufige Bilanz. In: Ibid., 6–17.
44. Siehe dazu *N. Kermani*: Iran. Die Revolution der Kinder, München, [2]2005.

3. Afghanistan *(Abbas Poya)*

1. *Tamīm* ist der Name eines arabischen Stammes, der maßgeblich an der Eroberung Afghanistans beteiligt war. Es ist davon auszugehen, daß es sich bei diesem Heiligtum um das Grab eines Angehörigen dieses Stammes handelt. Vgl. *H. Einzmann* 1977, 194–196.
2. Sistan umfaßte große Teile der heutigen afghanischen Provinzen Nīmrūz, Hilmand und Farāh sowie das gleichnamige ostiranische Gebiet Sistan.
3. Khurasan umfaßte u.a. die heutigen afghanischen Gebiete Herat, Bādghīs, Fāryāb und Balkh.
4. Vgl. *Kh. Durán* [3]1984, 236.
5. Diese kharidschitische Bewegung trug mit zu Unruhen in dieser Region und letztlich zum Aufstand Abū Muslims (747) bei, der dann zum Sieg der Abbasiden führte. Vgl. *W. Kraus* 1972, 113.
6. Während die westlichen Forscher einer Zurückführung der Geschichte des heutigen Afghanistan bis in das antike Aryana skeptisch gegenüberstehen, gehen die afghanischen Autoren von der Kontinuität der afghanischen Geschichte vom antiken Aryana über Khurasan bis zum heutigen Staatsgebiet Afghanistans aus. Auch über die Frage, wann die Anfänge des afghanischen Nationalstaats zu datieren sind, scheiden sich die Geister. Vgl. *C. Schetter* 2003, 163 ff.
7. Die Bezeichnung des Aḥmad Shāh Durrānī als *bābā* entsprach keinem offiziellen Titel. Als Respekt gegenüber seinen Verdiensten als Gründer des Staates Afghanistan wird er immer noch im – zumindest paschtunischen – Volksmund als Aḥmad Shāh *bābā* bezeichnet. Ẓāhir Shāh wurde jedoch wegen seines Verzichts auf die Herrschaft als eine Art Gegenleistung offiziell der Titel *bābā-i millat* verliehen.
8. Vgl. *Ghubār, M. Gh.*: Afghānistān dar masīr-i tārīkh, Qum, [2]1980, S. 647.
9. Wie in allen anderen Situationen von historischer Bedeutung in Afghanistan spielten die Paschtunen auch in dieser Rebellion und beim Sturz des Königs Amānullāh die wesentliche Rolle. Die Reformpläne Amānullāhs unterstützten die Interessen anderer religiöser und ethnischer Minderheiten. Es waren sunnitisch-paschtunische Ulama, die zuerst zum Aufstand gegen die *anti-islamischen* Modernisierungspläne Amānullāhs aufriefen. Die anderen Volksgruppen wurden dann mit hineingezogen. Vgl. *Shahrani, M. N.*: State Building and Social Fragmentation in Afghanistan. A Historical Perspective. In: *Banuazzi, A./Myron Weiner, M.* (Hrsg.): The State, Religion and Ethnic Politics: Afghanistan, Iran and Pakistan, Syracuse, 1986, 45–50.
10. Die Differenzen waren nicht nur ideologischer Natur, sie waren vor allem ethnisch und sozial bedingt. Während der *khalq*-Flügel seine Anhängerschaft zumeist aus den Reihen der paschtunischen Binnenmigranten rekrutierte, die aus den ländlichen Gebieten

in Süd- und Ostafghanistan zum Studium nach Kabul kamen, stammten die Mitglieder des *parčam*-Flügels mehrheitlich aus Kabul und den Großstädten und verfügten aus familiären und beruflichen Gründen über gute Beziehungen zum traditionellen Establishment. Die sozial-ethnischen Hintergründe hatten schon einmal zu einer Spaltung innerhalb der DVPA geführt. Ṭāhir Badakhshī, ein schiitischer Tadschike und Mitglied des Zentralkomitees der DVPA, trennte sich im Jahre 1978 von der Partei und gründete eine eigene unter dem bezeichnenden Namen *Nationale Unterdrückung* (*sitam-i millī*). Seine Anhängerschaft bestand fast ausschließlich aus Tadschiken und Usbeken und einigen wenigen Hazara. Badakhshī sah die Machtstruktur innerhalb der DVPA von Paschtunen dominiert und trat mit seiner eigenen Partei *sitam-i millī* für die Gleichberechtigung aller Volksgruppen ein. Die DVPA-Regierung ließ ihn am 6. Dezember 1979 im Gefängnis erschießen. Vgl. *Kakar, M. H.:* Afghanistan. The Soviet Invasion and the Afghan Response, 1979–1982, Berkeley, 1997, 56ff.; *Ḥaqshinās, Sh. N.*: Dasāyis wa jināyāt-i rūs dar afghānistān, Teheran, 1984, 314.

11. Es gab innerhalb der Widerstandsbewegung zeitweilig Gruppen, die keine islamistischen Ziele verfolgten. In der Anfangsphase des Widerstandes führte die links orientierte Gruppe der *sitam-i millī* in Panjshīr Kämpfe gegen die Zentralregierung. Sie wurde aber sehr bald zwischen den staatstreuen Truppen und den Mujahidin der *jamʿīyat-i islāmī* zerrieben. Unter den schiitischen Widerstandsgruppen agierte die Organisation *mujāhidīn-i khalq* aus einer islamisch-sozialistischen Motivation heraus. Sie hatte wie die gleichnamige Organisation in Iran straff organisierte Kader und rekrutierte ihre Anhänger unter den Schülern und Studenten. Als die *mujāhidīn-i khalq* in der Islamischen Republik Iran verfolgt und als anti-islamisch diffamiert wurden, mußte sich die gleichnamige und wohl gleichgesinnte Organisation in Afghanistan in *mujāhidīn-i mustażʿafīn* umbenennen. Sie waren insbesondere in Bamiyan, im Zentrum des schiitischen Hazara-Gebiets, aktiv und schlossen sich später der *ḥizb-i waḥdat* an, in der sie keine bedeutende Rolle mehr spielten.
12. Diese islamistische Bewegung war sunnitisch geprägt, wenn sie auch einige schiitische Mitläufer hatte. Der schiitische Islamismus trat erst nach 1979 mit der Bildung eigenständiger schiitischer Widerstandsparteien, die ideologisch wie auch finanziell eine starke Bindung zum islamischen Staat Iran pflegten, in Erscheinung. Der charismatische schiitische Prediger Saiyid Ismāʿīl Balkhī hatte schon in den 1950er Jahren seine Anhängerschaft zur Errichtung einer islamischen Gesellschaft aufgefordert und Initiativen in diese Richtung unternommen. Seine Bemühungen hatten allerdings eher traditionell-religiösen Charakter als islamistischen. Er wurde verdächtigt, mit seinen Komplizen einen Staatsstreich zu planen, und war von 1950 bis 1964 inhaftiert. Er starb später angeblich an den Folgen seines Gefängnisaufenthalts. Balkhīs charismatische Aura hat seinen Tod überlebt. Bis in die Gegenwart hinein stellt er eine wichtige Figur für die schiitische Bevölkerung dar und wird als Gründer der schiitisch-islamischen Bewegung in Afghanistan bezeichnet. Vgl. *Muʾassisa-i farhangī-yi thaqalain* (Hrsg.), Afghānistān dar sih daha-i akhīr, Qum, 2002, 92–96.
13. Der Ausdruck *Bruderkrieg* (*barādar kushī*) wird insbesondere im Zusammenhang mit den Ereignissen des 19. Jahrhunderts verwendet. In jener Zeit wurden nicht nur Jahrzehnte lange Thronkriege zwischen den beiden paschtunischen Clans Sadūzai und Muḥammadzai geführt; das Land war außerdem mit den Sikh-Aufständen, die unter Randjit Singh (1801–1839) stattfanden, konfrontiert. In dieser Zeit mußten sich die Afghanen zweimal (1839–1842 u. 1878–1880) gegen die Invasionen Britisch-Indiens zur Wehr setzen. Vgl. *C. Schetter/A. Wieland-Karimi* 1999, 29.
14. Vgl. *P. Heine* 2001, 115.
15. Die indisch-islamische Reformbewegung Deobandī, die in der 2. Hälfte des 19. Jahr-

hunderts entstanden ist, vertritt einen strengen, auf den Text des Korans und der Prophetentradition bezogenen Islam und lehnt jede Form des Volksislams ab.

16. *Pashtūnwālī* beschreibt ein mündlich tradiertes Normen- und Wertesystem, nach dem sich die Paschtunen zu richten haben, wobei die einzelnen Inhalte des *Pashtūnwālī* unter den verschiedenen Stämmen variieren. Zu dieser tribalen Ehren- und Moralvorstellung zählen Werte wie *nang/nāmūs* (Ehre), *nanawāt* (Schutz der Schwächeren) und *turah* (Heldenmut). Vgl. *C. Schetter* 2003, 137–143.
17. Der Begriff *atbā'* bedeutet im Persischen sowohl Staatsbürger als auch Untertanen. Dieser Begriff findet in allen bisherigen Verfassungstexten, einschließlich der Verfassung der Islamischen Republik Afghanistan, Verwendung, wenn die Rede von den afghanischen Bürgern ist. Man weigert sich, den im modernen iranischen Persisch eingebürgerten Terminus für Bürger, *shahrwand* (Pl. *shahrwandān*), zu gebrauchen. Die Anwendung dieses alten und auf jeden Fall mißverständlichen Begriffs führte in den aktuellen Debatten über die neue Verfassung zu kontroversen Diskussionen.
18. Vgl. *A. Poya* 2003, 369.
19. Die Verfassung sah zwar vor, daß ein Parteiengesetz vorbereitet und dem Parlament zur Beschlußfassung vorgelegt werden sollte. Dieser wichtige Schritt zur parlamentarischen Demokratie wurde allerdings sehr schleppend unternommen. Erst im Jahre 1968 wurde das genannte Gesetz verabschiedet und dem König vorgelegt. Er ließ sich aber mit der Ratifizierung Zeit, bis es schließlich 1973 zu seinem Sturz kam. Vgl. *G. Moltmann* 1981, 12.
20. Zu einer eingehenden Untersuchung der Verfassung der Islamischen Republik Afghanistan vgl. *A. Poya* 2003.

4. Rußland, islamische Republiken des Kaukasus und Zentralasiens
(Rainer Freitag-Wirminghaus)

1. Vgl. *B. Fragner*: Der Islam in Zentralasien: Viel mehr als eine Religion. In: *A. Strasser, S. Haas, G. Mangott, V. Heuberger* (ed.) 2003, 21–29.
2. Die etwa 300 000 bis 400 000 Ismailiten des Pamir werden als Häretiker angesehen und gelten als relativ säkular eingestellt.
3. 1922 wurden sie zeitweise unter sowjetischer Leitung wieder eingeführt.
4. *O. Roy* 2000, 150.
5. *A. Rashid* 2002, 63.
6. *Y. Ro'i*: The Secularization of Islam and the USSR's Muslim Areas. In: *Y. Ro'i* (ed.) 1995, 13. Nach *Rashid* 2002, 62 soll es in Usbekistan 1945 etwa 600, in Tadschikistan 500 inoffizielle Moscheen gegeben haben.
7. Zum Sufismus in der Sowjetunion s. *A. Bennigsen/S. E. Wimbush* 1985, 157f.
8. Ursprüngl. nach dem türk. Wort für Unterdrücker. Die Aufstände der *basmachi* begannen zur Zeit des 1. Weltkrieges und konnten endgültig erst in den 1930er Jahren unterdrückt werden. Zur Geschichte der *Naqshbandīya* in Zentralasien s. *E. Özdalda* (ed.): Naqshbandis in Western and Central Asia. Change and Continuity, Istanbul, 1997.
9. Yeni Şafak, 10. Oktober 1995. Vgl. auch *U. Halbach*: Islam im nachsowjetischen Zentralasien: Eine Wiedergeburt? In: *A. Strasser, S. Haas, G. Mangott, V. Heuberger (ed.)* 2003, 9–20.
10. Is Radical Islam Inevitable in Central Asia? Priorities for Engagement, International Crisis Group (ICG), Asia Report No. 72, Osh/Brussels, 2003, 4.
11. *S. Akiner*: Islam in Post-Soviet Central Asia: Contested Territory. In: *A. Strasser, S. Haas, G. Mangott, V. Heuberger (ed.)* 2003, 78.

12. *A. Rashid* 2002, 129.
13. Dies gilt nicht für alle Gegenden. Im Ferganatal stieg die Zahl der Moscheebesucher weiter an, vor allem unter den männlichen Jugendlichen. Vgl. unten in Kapitel f) Islamistische Organisationen in Zentralasien.
14. *T. Faradov*: Religiosity in Post-Soviet Azerbaijan: A Sociological Survey, International Institute for the Study of Islam in the Modern World (ISIM), Newsletter, August 2001, 28.
15. *T. Swietochowski* 2002.
16. *I. Husseinova*: Azerbaijani Muslims Lose Faith, IWPR'S Caucasus Reporting Service, No. 27, 1999.
17. *R. Motika*: Islam in Post-Soviet Azerbaijan. In: Archives de Sciences Sociales des Religions, 2001, 115, (juillet-septembre 2001), 111–124.
18. Zahlenangaben schwanken wie immer auch hier.
19. Eine andere Gefahr sehen die Autoritäten im sogenannten Wahhabismus, der vor allem im Norden unter den Lesginen Anhänger findet. Die Anhänger der Wahhabiten werden auf ca. 7000 geschätzt. Im Zusammenhang mit dem 11. September 2001 gab es eine Reihe von Spekulationen über Verbindungen islamischer Organisationen zu al-Qāʿida.
20. Vgl. *R. Motika*: Islam in Post-Soviet Azerbaijan; *R. Motika* 2005. Zum Einfluß der Fethullahcıs in Zentralasien vgl. *Bayram Balci:* Fethullah Gülen's Missionary Schools in Central Asia and their Role in the Spreading of Turkism and Islam. In: Religion, State and Society, Vol. 31, No. 2, 2003.
21. Vgl. *U. Halbach* 2003, 29.
22. In Dagestan ist die Zahl der Moscheen seit dem Ende der Sowjetunion von 18 auf etwa 1500 gestiegen, in Tatarstan von 18 auf rund 1000. *U. Halbach* 2003, 31, 42.
23. U. Halbach spricht im Zusammenhang mit der zunehmenden Islamisierung des Tschetschenienkonflikts von einer Tschetschenisierung der russischen Islamperzeption. *U. Halbach* 2003, 6.
24. Vgl. dazu *M. Atkin*: The Rhetoric of Islamophobia. In: Central Asia and the Caucasus, No. 1, 2000, 123–132.
25. *A. Malashenko*: Islam and Politics in Russia in the 1990s. In: *S. A. Dudoignon, H. Komatsu* (eds.) 2001, 308. Zum Islam in Rußland vgl. auch *A. Malashenko*: Does Islamic Fundamentalism Exist in Russia? In: *Y. Ro'i* (ed.) 1995; *A. Malashenko*: Islamkoe vozrozdenie v sovremennoj Rossii, Moskau 1998; *U. Halbach*: Rußlands muslimische Ethnien und Nachbarn 2003, 39–46.
26. S. dazu *B. Mirkasymov:* Salafism in Central Asia and the Northern Caucasus. Central Asia and the Caucasus. No. 3 (21), 2003, 35–43.
27. *S. Akine* 1995, 90.
28. Vgl. *Mirkasymov*: Salafism in Central Asia and the Northern Caucasus; zur Reformbewegung der Salafīya des frühen 20. Jahrhunderts s. Encyclopaedia of Islam, 2. Aufl., VIII, 900–909.
29. Vgl. *V. Naumkin* 2003; *Rashid* 2002, 131.
30. Ein Fünftel der Bevölkerung soll dies befürworten. Vgl. Is Radical Islam Inevitable in Central Asia?, 14.
31. Zur Problematik der Verwendung des Begriffs *Wahhabismus* in russischen Medien und Literatur als analytisches und rhetorisches Konzept s. *A. Knysh*: A Clear and Present Danger: «Wahhabism» as Rhetorical Foil. In: Die Welt des Islams 44 (2004) 3–26.
32. Vgl. *V. Naumkin* 2003.
33. Auch in Dagestan stellten seit 1997 eine Reihe von Gemeinden ihre Gerichtsbarkeit auf die Grundlage der Scharia. Sie begründeten dies mit der Korruption der lokalen Behörden.

34. Nach einer Studie des Moskauer Carnegie-Instituts aus dem Jahre 2002 beträgt der Anteil der Islamisten oder *Wahhabiten* unter der muslimischen Bevölkerung der Region lediglich zwischen 5 Prozent und 20 Prozent. *A. Malašenko/D. Trenin*: Vremja Juga. Rossija v Čečne. Čečnja v Rossii, Moskau, 2002, 87. Vgl. *Halbach* 2003, 35.
35. Vgl. *A. Seifert*: Der islamische Faktor und die Stabilitätsstrategie der OSZE in ihrer euro-asiatischen Region, Zentrum für OSZE-Forschung (CORE), Institut für Friedensforschung und Sicherheitspolitik, Hamburg, Working Paper 4, 2001.
36. Die Unterstützung kam von nach dem Aufstand der *basmachi* nach Saudi-Arabien ausgewanderten Usbeken. *Rashid* 2002, 180.
37. *V. Naumkin* 2003.
38. Laut usbekischen Regierungsbeamten wurde die Bewegung 1995 von einem Jordanier nach Usbekistan eingeführt. *Rashid* 2002, 156.
39. Gegründet im damals von Jordanien kontrollierten Teil von Jerusalem durch Scheich Taqī ad-Dīn an-Nabhānī (1909–1977). S. dazu EI², X, 133. Die Organisation besaß einigen Einfluß in Jordanien, der Westbank sowie in Beirut. Vgl. Radical Islam in Central Asia: Responding to Hizb ut-Tahrir. ICG Asia Report No. 58, 30 June 2003, Osh/Brussels, 17.
40. In Deutschland seit Januar 2003 wegen antiisraelischer Propaganda, nicht wegen terroristischer Verbindungen verboten.
41. Radical Islam in Central Asia: Responding to Hizb ut-Tahrir, 10.
42. Nach dem 11. 9. 2001 wurde behauptet, daß die USA der gesamten *umma* den Krieg erklärt und die Hand nach Zentralasien ausgestreckt hätten.
43. Die usbekische Führung versucht, die HT für blutige Anschläge in Taschkent und Buchara im Frühjahr und Sommer 2004 verantwortlich zu machen. Ihr werden Kontakte zu *al-Qāʿida* nachgesagt. Nach Meinung von Menschenrechtsorganisationen ist dies Teil der Propaganda. Für Olivier Roy wurden die Anschläge von familiären Netzwerken ausgeführt. Eurasia Insight: Expert: US Failure to Comprehend Islamic Radical Motivations Undermines Democratization Hopes for Middle East, Central Asia, 5/13/04.
44. *O. Roy*: Changing Patterns among Radical Islamic Movements. In: Brown Journal of World Affairs, Winter/Spring 1999. Vgl. auch *O. Roy* 2000.
45. 2003 gab es ca. 6000 religiöse Häftlinge. Central Asia: Islam and the State, ICG Asia Report No. 59, 10 July 2003, p. i.
46. Alle Moscheen unterstehen jetzt der Geistlichen Führung. Nach Angaben des *Komitees* waren von 2000 religiösen Organisationen im Land nur 410 registriert, darunter staatsfeindliche Organisationen, die von Iran oder arabischen Ländern finanziert werden. Zwischen 5000 und 6000 Menschen sollen zum Christentum (Protestantische Richtungen, Adventisten, Zeugen Jehovas), Hinduismus oder Bahaismus konvertiert sein, was offensichtlich als staatsfeindlich interpretiert wird. 22 von Iran finanzierte religiöse Schulen wurden inzwischen geschlossen. Aktivitäten ausländischer Missionare sind seit 1996 verboten. Vgl. RFE/RL Caucasus Report August 16, 2001. Azerbaijan Moves to Impose Tighter Control over Religious Organizations. Auch Medressen unterliegen heute dem Registrierungszwang. Zum *Komitee* und zur staatlichen Religionspolitik s. *R. Motika* 2005.
47. Präsident Karimow ließ 1992, 1993 und nach 1997 Hunderte einfacher Muslime wegen angeblicher Verbindungen zu Islamisten verhaften, als *Wahhabiten* anklagen, schloß Moscheen, trieb Mullas ins Exil oder ließ sie verschwinden. Bombenanschläge in Taschkent im Februar 1999, die Karimow galten, wurden von der Regierung dazu ausgenutzt, nicht nur Tausende von oppositionellen Muslimen, sondern auch die Opposition als ganze auszulöschen.
48. Zur Islampolitik der zentralasiatischen Staaten vgl. Central Asia: Islam and the State.

5. Volksrepublik China *(Thomas Heberer)*

1. Dazu: *D. C. Gladney* 1996. Einen ausführlichen Überblick über die ethnischen Gruppen Xinjiangs gibt *T. Hoppe* 1995.
2. *H. Y. Chang* 1981, 31. Einige Quellen behaupten, ein Onkel Muḥammads, Saʿd Ibn Abī Waqqāṣ, habe diese Mission geführt. Aber dies ist, wie viele andere Nachrichten über Saʿd, eine Legende.
3. *J. N. Lipman* 1997, 107ff.; *F. Aubin* 2003, 351f.
4. *R. Israeli* 1984, 275f.
5. *M. Hartmann* 1913, 183.
6. *J. N. Lipman* 1984, 251ff.
7. *L. J. Newby* 1988, 927.
8. Vgl. ibid., 934.
9. Vgl. *D. C. Gladney* 1987, 502.
10. Vgl. *R. Israeli* 1984, 298f.
11. Dabei handelt es sich um die volksreligiöse Verehrung von verstorbenen Führern der Sufiorden. Der Name entstammt dem arabischen Begriff *qubba* (Kuppelgrab).
12. Ibid., 257f.
13. *J. M. H. Lindbeck* 1950, 480.
14. Zu den verschiedenen Sekten und Untersekten vgl. *D. C. Gladney* 1987, 502ff.; *S. Iwamura* 1948, 42ff.; *J. N. Lipman* 1984, 257ff.
15. Vgl u. a. *D. C. Gladney* 1987, 502f.
16. Darauf weist auch *T. Hoppe* 1992, 362, hin.
17. Tanz der Derwische, bei dem der Oberkörper vorwärts und rückwärts bis zum Zustand der Trance bewegt wird und kurze Koranverse rezitiert werden.
18. Vgl. u. a. *J. Wang* 2003, 230.
19. Dazu: *H. Ziemann* 1984; *L. Benson* 1990.
20. Xinjiang Ribao (Tageszeitung von Xinjiang), 16. 1. 98 und 22. 1. 99.
21. *L. Wang*: Zai dang de minzu quyu zizhi zhengce yinxia jianshe jinrong, fuyu, wenming de Xinjiang (Unter der Anleitung durch die Gebietsautonomiepolitik der Partei für die Nationalitäten ein blühendes, reiches, zivilisiertes Xinjiang aufbauen). In: Qiushi (Wahrheit), 19 (1995) 31. Die Ursachen für separatistische Bewegungen in Xinjiang analysiert *C. Mackerras* 2001.
22. Vgl. dazu u. a. *M. Winchester* 1997; *T. Razak*, Gaoju minzu tuanjie he zuguo tongyi de qizhi shenru chijiude kaizhan fan fenlie douzheng (Das Banner der ethnischen Solidarität und der Einheit des Vaterlandes hochhalten und vertiefen, dauerhaft den Kampf gegen den Separatismus entfalten). In: Xinjiang Shehui Kexue 2 (2002) 51–59, nennt für den Zeitraum 1990–2001 über 200 «terroristische Gewaltakte ostturkestanischer Terroristen» mit 162 Toten und 440 Verletzten.
23. Dazu ausführlich: China aktuell 12 (2003) 1442–1444.
24. Vgl. China aktuell März (2003) 287f.
25. *S. Dongsheng*: Yao qieshi zhongshi dui qing shaonian fandui minzu fenliezhuyi de jiaoyu (Man muß gewissenhaft auf die Erziehung der Jugend zur Bekämpfung des ethnischen Separatismus achten). In: Xinjiang Shehui Jingji (Gesellschaft und Wirtschaft Xinjiangs) 4 (1992) 94.
26. Eine entsprechende Entwicklung vollzieht sich in den Hui-Gebieten, vgl. *D. C. Gladney* 1996, 160ff.
27. *X. Xu*: Guanyu Xinjiang minzu fenliezhuyi wenti de shehuixue sikao (Soziologische Überlegungen zum Problem des Separatismus in Xinjiang). In: Xinjiang Daxue Xuebao 2 (1992) 15ff.

28. Vgl. dazu auch *J. Wang* 2003, 228.
29. Weitere Beispiele finden sich bei *E. Allès* 2003.
30. Vgl. die Übersetzung von *B. Staiger* 1991, 12f.
31. Ibid., 13/14.
32. *D. E. MacInnis* 1989, 256.
33. *Q. Long*: Lun zongjiao dui Xinjiang jingji fazhan de yingxiang (Der Einfluß der Religion auf die Wirtschaftsentwicklung Xinjiangs). In: Xinjiang Shehui Kexue (Sozialwissenschaften Xinjiangs) 7 (2003) 74ff.
34. *B. L. K. Pillsbury* 1981b, 51.
35. Ibid., 50.
36. Vgl. *D. C. Gladney* 1994.
37. *R. C. Bush* 1970, 294.
38. *L. Wang*, 1995, 31.
39. Vgl. den Bericht des Staatsrats über die Verbindungen Xinjianger «Terroristen» zu Usama Bin Ladin. In: China aktuell Januar (2002) 12–13.

6. Indien *(Munir D. Ahmed)*

1. S. dazu *K. S. Lal*: Growth of Muslim Population in Medieval India: A. D. 1000–1800, Delhi, 1973; *Ders.*: Indian Muslims: Who are they?, New Delhi, 1993; *Amani, Kh. Z., L. Siddiqui*: Trend of growth of Muslim population in India, 1951, 1991. In: Asian Profile (Hong Kong) 27 (October 1999) 5, 409–426.
2. *I. Ahmad*: Caste and Social Stratification among the Muslims, New Delhi, 1973; *S. P. Jain*: The Social Structure of Hindu-Muslim Community, Delhi, 1975.
3. *Y. Friedmann*: The Attitude of the Jamʿīyat al-ʿulamāʾ-i Hind to the Indian National Movement and the Establishment of Pakistan. In: Asian and African Studies (Jerusalem) 7 (1971), 157–180; *ders.*: The Jamʿīyyat al-ʿulamāʾi Hind in the Wake of Partition. In: Asian and African Studies (Jerusalem) 11 (1976), 181–211.
4. Für eine eingehende Studie siehe: *P. Hardy*: Partners in Freedom – and True Muslims. The Political Thought of Some Muslim Scholars in British India: 1912–1947, Lund, 1991; *Z. ul-H. Faruqi*: The Deoband School and the Demand for Pakistan, Bombay, 1963.
5. Abū l-Kalām Āzād war ein gefeierter Koranexeget und Autor. S. dazu: *H. Kabir:* Maulana Abul Kalam Azad: A Memorial Volume, London, 1959; Vgl. den Artikel «Āzād», in: The Encyclopaedia of Islam, supplement, Fasc. 1–2, Leiden (1980), 106f., vol. 12 (2004).
6. Der Rückzug aus der Politik dauert an. Nach der Schleifung der Bābarī-Moschee im Dezember 1992 wurde die *Jarmāʿat-i islāmī* von den Behörden als radikale Gruppe eingestuft und ihr wurde politische Betätigung gerichtlich untersagt.
7. S. dazu *K. R. Malkani*: The Politics of Ayodhya and Hindu-Muslim Relations, New Delhi, 1993.; *U. Rao*: Kommunalismus in Indien: eine Darstellung der wissenschaftlichen Diskussion über Hindu-Muslim-Konflikte, Halle/Saale, 2003; *Zakaria, R.*: Communal rage in secular India: With reference to Gujarat 2002, Mumbai, 2002; *Ch. Wagner*: Kommunalismus in Indien: Die Entstehung und innenpolitische Bedeutung des Hindu-Muslim-Gegensatzes. In: Asien 44 (Hamburg, Juli 1993), 59–74.
8. Die Diskussion über den Säkularismus hat inzwischen etwas nachgelassen. Für eine ausführliche Darstellung s. *H. Dalwai*: Muslim Politics in Secular India, New Delhi, 1972.
9. S. dazu *T. Mahmood*: Muslim Personal Law: The Role of the State in the Subcontinent, New Delhi, 1977; *I. A. Ansari*: Muslim Personal Law in India. In: Journal Institute of

Muslim Minority Affairs (JIMMA), London, 1/2 (1979/80) 1, 86–96; *P. Risso*: Indian Muslim Legal Status (1964–1986). In: Journal of South Asian and Middle Eastern Studies 16 (1992), 55–74; *Engineer, A. A.* (ed.): Islam, Women and Gender Justice, New Delhi, 2001.

10. Die Affäre um Shāh Banos Recht auf Unterhalt entfachte eine Diskussion über die Notwendigkeit einer Reform des *sharīʿa*-Rechts. S. dazu: *S. J. Hussain:* Shariʿah, Shah Bano and the Supreme Court of India. In: Islamic and Comparative Law Review (New Delhi) 12 (1992) 1, 13–24; *K. Zaromba-Radziwill*: L'affaire Shah Bano: ses implications juridiques, politiques et sociales. In: Hemispheres Studies on Cultures and Societies, Semper, 7 (Contributions 1990), 53–64.
11. Eine Entscheidung des *Allahabad High Court* (Lucknow Bench) im April 1994 in diesem Sinne führte zu landesweiten Protesten.
12. Das Überleben der Urdu-Sprache hat sich zu einem zentralen Problem für die indischen Muslime entwickelt. S. dazu *O. Khalidi*: Urdu Language and the Future of Muslim Identity in India. In: JIMMA (London) 7 (1986), 395–403; *K. Schwerin:* Die indischen Muslime und die Hindi-Urdu-Kontroverse in den United Provinces, Wiesbaden, 1972.
13. S. dazu *I. Ahmad*: The Problem of Muslim Educational Backwardness in Contemporary India: an inferential analysis. In: JIMMA (London) 2/3 (1980–81), 55–71.
14. S. dazu *O. Fahad*: The Role of India's Madrasa System in Islamic Revival. In: The Muslim World League Journal (Jeddah) 21 (1994) 11, 47–54.
15. Ausschreitungen gegen die Muslime haben sich zum Kardinalproblem für sie entwickelt. S. dazu *Riyāḍ ar-Rahmān Shīrwānī*: Musalmanān-i hind se waqt ke muṭālabāt (Die Forderungen der Zeit von Indiens Muslimen), Neu Delhi, 1987.
16. S. dazu *J. G. Tiwari*: R. S. S. Policy Toward Indian Muslims: Origins and Development. In: JIMMA (London) 8 (1987) 1, 79–87.
17. *M. R. A. Baig*: The Muslim Dilemma in India, New Delhi, 1974; The Muslim Situation in India, hrsg. von *I. A. Ansari*, New Delhi, 1990; *M. K. A. Siddiqui*: Hindu-Muslim Relations, Calcutta, 1993.
18. Für eine ausführliche Darstellung dieses Konflikts siehe: *M. S. Chaudhry:* Der Kaschmirkonflikt. Seine Ursachen, sein Wesen sowie Rolle und Bemühungen der Vereinten Nationen, München, 1976.
19. Die Zentrale der indischen *Tablīghī jamāʿat* befindet sich in Delhi. Der namhafte Autor und Schriftgelehrte Abū l-Ḥasan ʿAlī Nadwī soll ihr angeblich angehört haben. Über ihr Wirken in Frankreich s. *G. Kepel*: Die Rache Gottes. Radikale Moslems, Christen und Juden auf dem Vormarsch, München, 1991; *Faust, E.*: Islam on tour: die indo-pakistanische Bewegung Tablighi Jamaʿat. In: Orient (Opladen) 39 (Juni 1998), 219–234; *Reetz, D.*: Keeping busy on the path of Allah: the self-organisation (intizam) of the Tablighi Jamaʿat. In: Oriente Moderno (Roma), N. S. 23 (2004), 295–305.
20. S. dazu *M. A. Kalam:* Religious Conversion in Tamil Nadu (India). In: JIMMA (London) 10 (1989), 343–350.

7. Pakistan *(Khálid Durán* und *Munir D. Ahmed)*

1. Iqbāls Leben und Werk ist in zahlreichen Publikationen dokumentiert. S. dazu: *Masud-ul-Hasan*: Life of Iqbal. General Account of his Life, Lahore, 1978; *W. Köhler* (Hrsg.): Muhammad Iqbal und die drei Reiche des Geistes/Muhammad Iqbal and the Three Realms of the Spirit, Hamburg, 1977; eine gute Einführung zu seinen religiösen Ideen bietet *A. Schimmel*: Gabriel's Wing. A Study of the Religious Ideas of Sir Muhammad Iqbal, Leiden, 1963; sie hat auch einige poetische Werke Iqbāls übersetzt:

Muhammad Ikbal/Das Buch der Ewigkeit (Jāwīd-nāma), München, 1957; Muhammad Iqbal. Botschaft des Ostens (als Antwort auf Goethes West-Östlichen Diwan), Wiesbaden, 1963.

2. Iqbāls Idee eines separaten muslimischen Staates in Nordindien wurde später von Jinnah (Jināḥ) mit seiner «Zwei-Nationen-Theorie» untermauert. S. dazu *Sh. A. Khan*: Two Nations Theory – as a Concept, Strategy and Ideology, Karachi, 1985; *M. Ahmed*: Iqbal and Jinnah and the «Two-Nations-Theory». In: *K. J. Newman* (ed.): Pakistan. 35 Jahre nach der Staatsgründung/Pakistan. 35 years after Independence, Hamburg, 1983, 83–113 (deutsche Zusammenfassung 115–124); *A. Salim*: Pakistan of Jinnah: The hidden face, Lahore, 1993; zu Leben und Werk von Jinnah s. *A. Jalal*: The Sole Spokesman. Jinnah, the Muslim League and the Demand for Pakistan, Cambridge, 1985; *M. H. Saiyid*: Muhammad Ali Jinnah. A Political Study, Chicago, 1978; *H. Bolitho*: Jinnah. Creator of Pakistan, London, 1964; *G. Allana*: Quaid-e-Azam Jinnah. The Story of a Nation, Lahore, 1967; *S. Wolpert*: Jinnah of Pakistan, New York, 1984.
3. S. dazu *B. D. Metcalf*: Islamic Revival in British India, Deoband, 1860–1900, Princeton, 1982; *Dies.*: «Traditionalist» Islamic activism: Deoband, Tablighis and Talibs, Leiden, 2002.
4. Jamāl ad-Dīn al-Afghānī soll diese Bezeichnung bereits 1890 in Istanbul benutzt haben. S. dazu *F. Rahman*: Sources and Meaning of Islamic Socialism. In: *D. E. Smith* (ed.): Religion and Political Modernization, Princeton, 1974; zu Leben und Werk von Bhuttō s. *K. Niyāzī*: Dīdawar (Der Sehende), Lahore, 1977; *S. Wolpert*: Zulfi of Pakistan. His Life and Times, New York, 1993; *A. H. Syed*: The Discourse and Politics of Zulfikar Ali Bhutto, New York, 1992.
5. S. den Beitrag «Indien» im vorliegenden Band.
6. S. den Beitrag «Indien» im vorliegenden Band.
7. S. den Beitrag «Indien» im vorliegenden Band.
8. *I. H. Douglas*: Abul Kalam Azad. An Intellectual and Religious Biography, Delhi, 1993 (edited by *Minault, G.* u. *C. W. Troll*).
9. Näheres dazu in *M. D. Ahmed*: The Shi'is of Pakistan. In: *M. Kramer* (ed.): Shiism, Resistance and Revolution, Boulder, 1987, 275–287; *M. K. Jalalzai*: The Sunni-Shia conflict in Pakistan, Lahore, 1998; *A. Rieck*: Sectarianism as a political problem in Pakistan: The case of the Northern Areas. In: Orient (Opladen) 36/3, 1995, 429–448; *Ders.*: A stronghold of Shi'a orthodoxy in northern Pakistan. In: *R. Brunner* (ed.): Islamstudien ohne Ende, Würzburg, 2002, 383–408.
10. Siehe seine Autobiographie: The Memoirs of Agha Khan: World Enough and Times, London, 1954. Die deutsche Ausgabe: Die Memoiren des Agha Khan: Menschen und Zeiten, Wien, 1954.
11. Abū l-Aʿlā Maudūdī (1903–1979), Gründer der *Jamāʿat-i islāmī* und Autor zahlreicher Schriften über den Islam, gilt als der wichtigste Theoretiker des «Islamischen Staates». S. dazu *S. R. Ahmad*: Maulana Maududi and the Islamic State, Lahore, 1976; *Ders.*: Maududi's Concept of the Islamic State, Lahore, 1976; *Ch. Adams*: The Ideology of Maulana Mawdudi. In: *D. E. Smith* (ed.): South Asian Politics and Religion, Princeton, 1966, 371–397; *E. Lerman*: Mawdudi's Concept of Islam. In: Middle Eastern Studies 17 (1981), 492–509; *S. A. Araghchi*: Islamic theo-democracy: The political ideas of Abul Aʿla Mawdudi. In: The Iranian Journal of International Affairs 8 (1996–97), 772–797.
12. Jōsh Malīḥābādī wurde wegen seiner antiimperialistischen Verse «Dichter der Revolution» genannt. Seine Autobiographie erregte ob der Offenheit, mit der er über seinen Lebenswandel berichtet, großes Aufsehen: Yādūn kī barāat (Hochzeitszug der Erinnerungen), New Delhi, 1988.

13. S. dazu *Żiyā' al-Islām Anṣārī*: Janaral Muḥammad Żiyā' al-Ḥaqq: Shakhṣiyat aur kārnāme (General Muhammad Zia ul-Haq: Persönlichkeit und Heldentaten), Lahore, 1990.
14. S. dazu *M. A. Khan*: Friends not Masters: A Political Autobiography, London, 1967 (Deutsche Ausgabe: Erinnerungen und Bekenntnisse. Eine politische Autobiographie, Tübingen, 1968).
15. Literatur der *Jamā'at-i islāmī* ist in vielen Sprachen erhältlich. S. dazu: *S. A. Gailānī*: Jamā'at-i islāmī: 1941 tā 1947 (Jama'at-i islami: von 1941 bis 1947), Lahore, 1992; *K. Bahadur*: The Jama'at-i Islami of Pakistan. Political Thought and Political Action, Lahore, 1978; *S. V. R. Nasr*: The vanguard of the Islamic revolution: The Jama'at-i Islami of Pakistan, Berkeley, 1994; *Ders.*: Islamic opposition to the Islamic state: The Jama'at-i Islami. In: International Journal of Middle East Studies 25 (1993), 261–283; *Ders.*: Students, Islam and Politics: Islami Jami'at-i Tulaba in Pakistan. In: Middle East Journal 46 (1992), 59–76; *F. Grare*: Political Islam in the Indian subcontinent: The Jamaat-i Islami, New Delhi, 2001.
16. *Dhikrīs*, ursprünglich *mahdawīya*, sind Anhänger von Muḥammad Jaunpūrī (1443 bis 1505), der sich zum Mahdi *(mahdī)* proklamierte. Er und später seine Anhänger waren staatlicher Verfolgung ausgesetzt. Durch die Verheimlichung der Lehre und ihre mündliche Weitergabe sowie den Rückzug in entlegene Gebiete konnte nur mühsam ein Überleben der Gruppe sichergestellt werden. Der Verlust an Schrifttum hat bewirkt, daß die *dhikrīs* auf die Stufe des Naturglaubens zurückgefallen sind. Lediglich in Daccan (Indien) soll es noch gebildete *dhikrīs* geben. Einer davon brachte es in British-Indien bis zum Premierminister des Fürstentums Hyderabad-Daccan. Näheres über deren Geschichte und Lehre bei *S. A. A. Rizvi*: Muslim Revivalist Movements in Modern India in Sixteenth and Seventeenth Centuries, Agra, 1965, 68–134.
17. Zur Lektüre werden empfohlen: *M. B. M. Ahmad:* Ahmadiyya or the True Islam, Rabwah, 1959; *M. Z. Khan*: Ahmadiyyat. The Renaissance of Islam, London, 1978; *L. Spencer:* The Ahmadiyya Movement. A History and Perspective, Delhi, 1974; *Y Friedmann*: Prophecy Continuous. Aspects of Ahmadiyya Religious Thought and its Medieval Background, Berkeley, 1988; *M. D. Ahmed*: Ahmadiyya. Geschichte und Lehre. In: *A. Schimmel* u. a. (Hrsg.): Der Islam III, Stuttgart, 1990 (Die Religionen der Welt, Band 25, 3, 415–422).
18. S. dazu *S. J. Malik*: Legitimizing Islamization. The Case of the «Council of Islamic Ideology» in Pakistan, 1962–1981. In: Orient 30 (1989), 251–268.
19. S. dazu *M. D. Ahmed*: The Permanent Constitution of Pakistan. In: Orient 18 (1977), 8–126.
20. S. dazu *M. D. Ahmed*: Ausschluß der Ahmadiyya aus dem Islam. Eine umstrittene Entscheidung des pakistanischen Parlaments. In: Orient 16 (1975), 112–143.
21. S. dazu *M. D. Ahmed*: Die Wahlen in Pakistan im März 1977. Eine erste Bilanz. In: Orient 18 (1977), 102–127.
22. S. dazu *Kh. Durán*: The Final Replacement of Parliamentary Democracy by the «Islamic System» in Pakistan. In: *W.-P. Zingel* (ed.): Pakistan in its Fourth Decade, Hamburg, 1983, 147–174.
23. S. dazu *C. Gieraths* u. *J. Malik:* Die Islamisierung der Wirtschaft unter Zia-ul-Haq, Bad Honnef, 1986; *I. D. Pal*: Pakistan and the question of riba. In: Middle Eastern Studies 30, 1994), 64–78; *C. Gieraths*: Pakistan: main participants and final financial products of the Islamization process. In: *R. Wilson* (ed.): Islamic financial markets. London, 1990, 171–195.
24. Näheres dazu bei *M. D. Ahmed:* Islamisierung in Pakistan. In: *D. Conrad* u. *W.-P. Zingel* (Hrsg.): Pakistan, Wiesbaden, 1992, 69–76 (Zweite Heidelberger Südasiengesprä-

che); *S. S. Bindra*: Politics of Islamisation: With special reference to Pakistan, New Delhi, 1990; *L. A. Delvoie*: The Islamization of Pakistan's foreign policy, Kingston, 1994; *C. H. Kennedy*: Islamization and legal reform in Pakistan 1979–1989. In: Pacific Affairs 63 (1990), 62–77.

8. Bangladesh *(Hans Harder)*

1. Vgl. hierzu *Eaton, R. M.* 1993, besonders Kap. 5.
2. Vgl. *Roy, A.* 1983; *Cashin, D.* 1995.
3. Vgl. *Ahmed, R.* 1981, besonders Kap. 2; *Maitra, J.* 1984, 9ff.
4. *Gardner, K.* 1995.
5. Zu den Bauls existiert mittlerweile eine umfangreiche Sekundärliteratur, und sie können als besterforschte, wenn auch schwer faßbare volksreligiöse Gruppierung Bengalens gelten.
6. Vgl. etwa *Rahim, E.*: Bengali Muslims and Islamic Fundamentalism: The Jamaʿat-i-Islami in Bangladesh. In: *Ahmed, R.* (Hrsg.) 2001, 236–261.
7. Vgl. *Razia Akter Banu, U.A.B.* 1991, 63.

9. Südostasien *(Olaf Schumann)*

1. *Wandelt, I.*: Der Weg zum Pancasila-Menschen. Die Pancasila-Lehre unter dem P4-Beschluß vom Jahre 1978, Frankfurt am Main, 1989. – Indonesische und malaiische Begriffe werden in der 1973 in beiden Ländern eingeführten offiziellen Orthographie geschrieben.
2. *Schumann, O.*: Herausgefordert durch die Pancasila: Die Religionen in Indonesien. In: *Tworuschka, U.* (Hrsg.): Gottes ist der Orient – Gottes ist der Okzident, (Festschrift A. Falaturi), Köln/Wien, 1991, 322–343.
3. Diese Indiskretionen erschienen Anfang 1981 in der indonesischen Presse.
4. Die muslimischen und nichtmuslimischen Politiker, die seit 1945 die *Pancasila* unterstützen, werden als «Pancasilaisten» bezeichnet, um den ungenauen, aber anderswo gebrauchten Begriff «säkulare Nationalisten» zu vermeiden. Wo dieser gebraucht wird, wird er den «islamischen Nationalisten» gegenübergestellt, um zu betonen, daß beide Gruppen «Nationalisten» waren bzw. sind.
5. Die *Serikat Islam* wurde 1911 als Nachfolgerin einer Vereinigung islamischer Batikhändler in Solo gegründet. 1929 formierte sie sich endgültig zu einer Partei. Ihr bedeutendster Vorsitzender (von 1912–1934) war Hajji Oemar Said Tjokroaminoto, der einer javanischen *adat*-Familie entstammte. Dem Islam fühlte er sich weniger aus religiösen denn aus politisch-ideologischen, d.h. antiwestlichen Gründen verbunden; für sozialistische Gedanken war er sehr aufgeschlossen. Der junge Sukarno, später erster indonesischer Staatspräsident, verbrachte einige Jahre seiner Jugend in Tjokroaminotos Haus in Surabaya.
6. *Adat* ist die althergebrachte Lebensordnung und wird als Setzung der Ahnen verstanden.
7. Diese Front war freilich nicht neu, sondern zieht sich durch die gesamte Geschichte Indonesiens seit Ankunft des Islams. In den gelegentlich blutigen Auseinandersetzungen ergriffen die Niederländer in der Regel die Partei der *adat*-Gruppen.
8. *C. van Vollenhoven:* Het Adatrecht van Nederlandsch Indië, 3 Bände, Leiden, 1911–1933.
9. Vgl. dazu auch den Beitrag von F. L. Brakel im vorliegenden Band: Der Islam und lokale Traditionen – synkretistische Ideen und Praktiken: Indonesien.

10. Der *ratu adil* (gerechter König) gilt seit dem 17. Jahrhundert in der javanischen Bevölkerung als messianischer Herrscher, der aus dem Chaos die neue Weltordnung hervorbringt. Die aus dieser Erwartung entstandenen Strömungen vereinen in sich islamisch-schiitische, hinduistische und buddhistische Elemente, die auf die Ankunft des Mahdi, des 10. *avatāra* Vishnus oder des Buddha Maitreya gerichtet sind. Schon Tjokroaminoto hatte früher gelegentlich auf diese Erwartung angespielt; in seinem Namen ist das Element *cokro* (sanskr. *cakra*), der Gerechtigkeit bewirkende radförmige Pfeil Vishnus, enthalten; vgl. *Korver, A. P. E.*: Sarekat Islam, 1912–1916, Amsterdam, Hist. Seminarium van de Universiteit te Amsterdam, 1982. – Es ist das bleibende Verdienst Bernhard Dahms, auf die zentrale Bedeutung der javanischen Mythologie und der *ratu-adil*-Erwartungen für Sukarnos politisch-gesellschaftliche Ideologie hingewiesen zu haben. *Dahm, B.* 1966, passim.
11. Vgl. *Boland, B. J.* 1971, 17–27; *Dahm, B.* 1966, 255–261; *Wawer, W.* 1974, 100–111.
12. *Dahm, B.* 1966, 256.
13. Im indonesischen Text sind dies die berühmten «sieben Worte»: «*dengan kewajiban menjalankan syariʿat Islam bagi pemeluk-pemeluk-nya*».
14. Der indonesische Text bei *Boland, B. J.* 1971, 243. Vgl. *Anshari, E. S.*: Piagam Jakarta 22 Juni 1945, Bandung, 1981.
15. Der Text der schließlich festgesetzten Präambel zum Grundgesetz von 1945 übersetzt in *Simatupang, T. B.*: Gelebte Theologie in Indonesien, Göttingen, 1992, 168–169.
16. *Dijk, C. van* 1981; *Jackson, K. D.*: Traditional Authority, Islam and Rebellion, Berkeley, 1980; *Dengel, H. H.* 1986; *Sillars Harvey, B.*: Tradition, Islam and Rebellion: South Sulawesi 1950–1965, 1987 (indonesische Übersetzung: Pemberontakan Kahar Muzakkar, Dari Tradisi ke DI/TII, Jakarta, 1989).
17. *Ward, K. E.*: The Foundation of the Partai Muslimin in Indonesia, Ithaca, 1970.
18. *Alfian*: Muhammadiyah. The Political Behavior of a Muslim Modernist Organization under Dutch Colonialism, Yogyakarta, 1989. – Der Gründer der *Muhammadiyah*, K. H. Ahmad Dahlan, stand den Gedanken der von Muḥammad ʿAbduh in Ägypten ins Leben gerufenen *Salafīya*-Bewegung nahe.
19. Diese Bestimmung wurde durch das 1989 verabschiedete Gesetz über die «Religiöse Gerichtsbarkeit» aufgehoben (s. u.).
20. Die Wochenzeitschrift *Tempo* (Jakarta) vom 2. 5. 1981, 12–17: «Soal ‹Negara Islam›» (Problem: «Islam-Staat»).
21. *Anshary, H. E. S.*: In: *Tempo* (Jakarta) vom 2. 5. 1981, 16.
22. Vgl. *Sitompul, E.*: NU dan Pancasila, Jakarta, 1989.
23. *Abdullah A. G.* (Hrsg.): Himpunan Perundang-undangan dan Peraturan Peradilan Agama, Jakarta, 1991.
24. Sistem Pendidikan Nasional (UU RI Nomor 2 tahun 1989) beserta Peraturan Pelaksanaannya 1990, Jakarta, 1990.
25. *Muhammad, A.* (Hrsg.): ICMI dan harapan umat, Jakarta, 1991.
26. Dieses Sonderrecht wurde erst 1993 auf Initiative des Premierministers Mahathir ibn Mohamed (Mahāthir ibn Muḥammad) durch ein Gesetz abgeschafft.
27. *Ibrahim, A.*: The Position of Islam in the Constitution of Malaysia. In: *Tun M. Suffian* u. a. (ed.) [3]1979, 41–68, 53.
28. Ebd., 59.
29. *Venturini, V.*: Politik und Verfassungsrecht in Malaysia. In: *Grossman, B.* (Hrsg.) 1966, 19–64, bes. 52 ff.; *Sinnadurai V.*: The Citizenship Laws of Malaysia. In: *Tun M. Suffian* u. a. (ed.) 1979, 69–100. – Zur *MCA* vgl. *Heng Pek Koon*: Chinese Politics in Malaysia. A History of the Malaysian Chinese Association (East Asian Historical Monographs), Singapore, 1988.

30. Dazu *Mahathir ibn Mohamad* [4]1979. Der Verfasser war malaysischer Premierminister vom Sommer 1981 bis Herbst 2003.
31. *Gowing, P. G.* 1978, 56; *Ibrahim, A.* The Position of Islam in the Constitution of Malaysia, 41–68, besonders 51–52.
32. Ebd.
33. *Azlan Shah, Y. A. M. Raja:* The Role of Constitutional Rulers in Malaysia. In: *F. A. Trinidade, H. P. Lee* (eds.) 1986, 76–91.
34. *Ongkili, J. P.* 1972, 102; *Luping, H.*: The Formation of Malaysia Revisited. In: *Kitingan, J. G.* u. *M. J. Ongkili* (eds.) 1989, 1–59, bes. 31 ff.
35. *Abdul Rahman, T.* 1978, 142–145; *Means, P.* 1991, 40ff.
36. Auch 1994 gewann die PBS die Wahlen zum Regionalparlament. Durch den finanziell schmackhaft gemachten Übertritt einiger ihrer Abgeordneten zu Parteien der «Nationalen Front» wurde sie jedoch um den Sieg betrogen.
37. *Ahmad, J.*: Konflik UMNO-PAS dalam isu islamisasi, Petaling Jaya, 1989, bes. 51ff.; *Muzaffar, Ch.* 1987, 55–97.
38. Dazu *Muzaffar, Ch.* 1987, passim; *Ders.* 1989.
39. *Abdul Rahman, T.* 1978, 157.
40. Eine kritische Analyse der gegenwärtigen Diskussion legte *Mutalib, H.* 1993 vor.
41. Zu den «Moro-Kriegen» während der Kolonialzeit als Muster für die gegenseitigen Beziehungen vgl. *Larousse, W.* 2001, 182–186; *Werning, R.*: Regulierte Anarchie in Basilanistan. Abu Sayyaf: Antikoloniale Revolte oder organisierter Terror? In: Südostasien 17 No. 4 (2001) 72–75.
42. *Gowing, P. G.* [2]1979, 173.
43. Ebd., 191–198.
44. Zur Erziehung vgl. die beiden Beiträge von *Macawaris, A. G.* u. *A. T. Madale*: Muslim Society. Higher Education and Development: The Case of the Philippines (1) und (2). In: *Ahmat, Sh., Sh. Siddique* (eds.) 1987, 78–127.
45. *Mandale, N.*: Kebangkitan Kembali Islam dan Nasionalisme di Filipina. In: *Abdullah, T., Sh. Siddique* (eds.): Tradisi dan Kebangkitan Islam di Asia Tenggara, Jakarta, 1989, 341–384, bes. 342ff.
46. *Larousse, W.* 2001, 186.
47. Johor war damals Vasall Malakkas und kam erst nach dem Fall Malakkas in die Hände der Portugiesen 1511 zu größerer Bedeutung; vgl. *Turnbull, C. M.* 1989, 53. Obwohl auch die offizielle Überlieferung in Brunei von einer Prinzessin aus Johor spricht, ist doch eine Beziehung zu Malakka wahrscheinlicher; so auch zu ergänzen Artikel «Brunei» in EI[2] (The Encyclopaedia of Islam, second edition; Supplement).
48. Zur Rolle Azaharis und der PRB siehe ausführlich *Ranjit Singh, D. S.* 1991, 130ff.
49. *Liau Yock Fang*: Undang-undang Melaka, The Laws of Malaka, The Hague, 1976, 62ff.
50. Vgl. *Li, T.* 1989, z.B. 130.
51. Vgl. *Siddique, Sh.*: Administration of Islam in Singapore. In: *Abdullah, T.* u. *Sh. Siddique* (eds.) 1986, 315–331, bes. 317ff.
52. *Siddique, Sh., Y. R. Kassim*: Muslim Society, Higher Education and Development: The Case of Singapore. In: *Ahmat, Sh., Sh. Siddique* (eds.) 1987, 128–176, bes. 128; vgl. *Siddique, Sh.*: Der Einfluß von Politik, Wirtschaft und Gesellschaft auf den Islam in Singapore. In: *Draguhn, W.* (Hrsg.) 1983, 141–153.
53. Zitiert bei *Siddique, Sh.* u. *Y. R. Kassim:* Muslim Society, Higher Education and Development, 128.
54. Dazu die ausführliche Arbeit von *Djamour, J.* 1966.
55. *Siddique, Sh.* u. *Y. R. Kassim:* Muslim Society, Higher Education and Development, 141.

56. *Siddique, Sh.*: Administration of Islam in Singapore, 326f.
57. Dazu *Siddique, Sh.*: Der Einfluß von Politik, 149f.
58. Pattani ist die thai, Patani die malaiische Schreibweise.
59. Zu den Quellen vgl. *Wheatly, P.*: The Golden Khersonese, Kuala Lumpur, 1980, 252–267; *Teeuw, A., D. K. Wyatt* 1970, volume I, 1–3.
60. Dazu ausführlicher *Pitsuwan, S.* 1989, 49ff.
61. *Ders.* 1989, 59; Vgl. zum Problem der parlamentarischen Vertretung auch ebd., 64.
62. Vgl. *Wyatt, D. K.*: Thailand: A Short History, London/Bangkok, 1981, 252ff.
63. *Pitsuwan, S.* 1989, 69; *Wyatt, D. K.*: 1981, 253f.; *Hall, D. G.* [3]1968, 813.
64. Wie malaiische Zeitzeugen die Politik Phibuns empfanden, ist nachzulesen in der unter dem Pseudonym Ibrahim Syukri um 1950 in Kelantan veröffentlichten Schrift *Sejarah Kerajaan Melayu Patani*. Ihre Verbreitung wurde kurz nach ihrer Veröffentlichung sowohl in Thailand als auch in der Malaiischen Föderation verboten. Englische Übersetzung mit Einleitung von *Bailey, C.* und *J. N. Miksic*: History of the Malay Kingdom of Patani, by *Shukri, Ibrahim*, (Monographs in International Studies, Southeast Asia Series, No. 68), Athens, Ohio, 1985, dort besonders 63–77. Zu Shukris Schrift vgl. auch *Teeuw, A., D. K. Wyatt* 1970 Volume 1, 46–49.
65. Vgl. *Pitsuwan, S.* 1989, 117f.; *Shukri, I.*: (s. Anm. 64), 71f.; *Farouk, O.*: Malay Muslim Nationalism, Southern Thailand. In: *Abdullah, T.* u. *Sh. Siddique* (eds.) 1986, 250–281, bes. 262–263.
66. *Pitsuwan, S.* 1989, 127.
67. Ebd., 133.
68. *Kham, P. Thim, D. Baka, P. Petkla*: Muslim Society, Higher Education and Development: The Case of Thailand. In: *Ahmat, Sh., Sh. Siddique* (eds.) 1987, 177–219.
69. *Dulyakasem, U.*: Emergence and Escalation of Ethnic Nationalism: Southern Siam. In: *Ahmat, Sh., Sh. Siddique* (eds.) 1987, 208–249, bes. 229; vgl. auch *Forbes, A. D. W.*: Thailand's Muslim Minorities: Assimilation, Secession or Co-existence? In: *Ders.* (ed.) Volume 2, 1989, 167–182, bes. 173–174.
70. *Platz, Roland*: Aufruhr im Königreich. Die islamische Minderheit im Süden von Thailand. In: Südostasien 20 Nr. 2 (Juni 2004) 35–38.

10. Maghreb *(Franz Kogelmann)*

1. Allgemeine Einführungen in die Geschichte des Maghreb bieten *J. M. Abun-Nasr*: A History of the Maghrib in the Islamic Period, Cambridge etc., 1987; *A. Laroui*: L'Histoire du Maghreb: Un essai de synthèse, Paris, 1970; für die Geschichte Mauretaniens s. *G. Désiré-Vuillemin*: Histoire de la Mauritanie. Des origines à l'indépendance, Paris, 1997.
2. Zu den politischen Entwicklungen des Maghreb siehe die entsprechenden seit 1987 jährlich vom Deutschen Orient-Institut publizierten Länderberichte in: Nahost Jahrbuch. Politik, Wirtschaft und Gesellschaft in Nordafrika und dem Nahen und Mittleren Osten, Leske + Budrich, Opladen, ab 2002: VS Verlag für Sozialwissenschaften, Wiesbaden.
3. *J. Damis*: The Free School Phenomenon: The Cases of Tunisia and Algeria. In: International Journal of Middle East Studies 5 (1975), 434–449; *Ders.*: The Origins and Significance of the Free School Movement in Morocco, 1919–1931. In: Revue de l'Occident musulman et de la Méditerranée 19 (1975), 75–99.
4. Zur Salafīya-Bewegung Tunesiens s. *M. El Hadi Cherif*: Die nationale Bewegung und die Emanzipation Tunesiens. In: *K. Schliephake* (Hrsg.): Tunesien, Stuttgart, 1984, 149–168.

5. Zur Salafīya-Bewegung Algeriens *A. Merad*: Le réformisme musulman en Algérie de 1925 à 1940. Essai d'histoire religieuse et sociale, Paris etc., 1967.
6. Zur Salafīya-Bewegung Marokkos *R. Elger*: Zentralismus und Autonomie: Gelehrte und Staat in Marokko, 1900–1931, Berlin, 1994.
7. Siehe *F. Kogelmann*: Muḥammad al-Makkī an-Nāṣirī alias Sindbad der Seefahrer. Networking eines marokkanischen Nationalisten in den dreißiger Jahren des 20. Jahrhunderts. In: *R. Loimeier* (Hrsg.): Die islamische Welt als Netzwerk. Möglichkeiten und Grenzen des Netzwerkansatzes im islamischen Kontext, Würzburg, 2000, 257–286.
8. Siehe *Th. Kerkloh*: Islamischer Reformismus in der marokkanischen Nationalbewegung: ʿAllāl al-Fāsī und seine «Selbstkritik» *(an-Naqd adh-Dhātī)*, unveröffentlichte Magisterarbeit der Ruhr-Universität Bochum, 1995.
9. Siehe *R. Loimeier*: Säkularer Staat und islamische Gesellschaft. Die Beziehungen zwischen Staat, Sufi-Bruderschaften und islamischer Reformbewegung in Senegal im 20. Jahrhundert, Münster etc., 2001, 104, 177.
10. Ibid., 176–177.
11. Ibid., 276–278; *M. M. Kane*: La vie et l'œuvre d'Al-Hajj Mahmoud Ba Diowol (1905–1978). Du pâtre au patron de la «Révolution Al-Fatah». In: *D. Robinson, J.-L. Triaud* (Hrsg.): Le temps des marabouts. Itinéraires et stratégies islamiques en Afrique occidentale française 1880–1960, Paris, 431–465.
12. Siehe *H.-G. Ebert*: Die Interdependenz von Staat, Verfassung und Islam im Nahen und Mittleren Osten in der Gegenwart, Frankfurt am Main etc., 1991, 148–149.
13. *A. Bouslama*: La réforme du régime des Habous en Tunisie. In: Revue juridique et politique 24,4 (1970), 1113–1118.
14. Zum algerischen Stiftungsministerium siehe *F. Kogelmann*: Islamische Stiftungen und «religiöse Angelegenheiten» im Algerien des 20. Jahrhunderts. In: Orient 42,4 (2001), 639–658; *Ders.*: Islamische Stiftungen und andere wohltätige Einrichtungen in Nordafrika. Algerien. In: *S. Faath* (Hrsg.) Islamische Stiftungen und wohltätige Einrichtungen mit entwicklungspolitischen Zielsetzungen in arabischen Staaten, Deutsches Orient-Institut, Hamburg, 2003, 121–133.
15. Décret n° 80–30, 09. 02. 1980, JORA, 12. 02. 1980.
16. Siehe *M. al-Ahnaf, B. Botiveau, F. Frégosi*: L'Algérie par ses islamistes, 1991, 186.
17. Journal Officiel de la République Algérienne (JORA) 21 (1991), 23 Shawwāl 1411, 690–693.
18. JORA 16 (1991) 25 Ramaḍān 1411, 535–543.
19. JORA 38 (2000) 29 Rabīʿ al-Awwal 1421, 13–17.
20. Siehe *F. Kogelmann*: Islamische Stiftungen und Staat. Der Wandel in den Beziehungen zwischen einer religiösen Institution und dem marokkanischen Staat seit dem 19. Jahrhundert bis 1937, Würzburg, 1999.
21. Zu den Ausführungen zum zeitgenössischen Islam in Mauretanien siehe *U. Clausen*: Islam und nationale Religionspolitik: Das Fallbeispiel Mauretanien. Sonderforschungsprogramm «menavision2010», Deutsches Orient-Institut, Hamburg, Januar 2005 (www.menavision2010.de).

11. Die unabhängigen Staaten Schwarzafrikas
(Jamil M. Abun-Nasr und *Roman Loimeier)*

1. Die vorhandenen Zahlenangaben für das subsaharische Afrika beruhen auf dem kritischen Vergleich von Schätzungen und Volkszählungen, stellen jedoch auf Grund der aus politischen Gründen häufig manipulierten nationalen Statistiken, in denen manchmal mehr, manchmal weniger Muslime angegeben werden, nur Annäherungen dar.

Einigkeit besteht darüber, daß die Zahl der Muslime im subsaharischen Afrika ständig wächst: So belief sich die Zahlenangabe für die Muslime im subsaharischen Afrika für die zweite Auflage des vorliegenden Sammelbandes, beruhend auf den statistischen Angaben der 1960er und 1970er Jahre, auf 99 Millionen Menschen. S. hierzu die früheren Auflagen sowie *Loimeier, R.* 2002.

2. Die besondere Entwicklung in der Republik Sudan wird in diesem Beitrag ausgespart.
3. Ein Begriff, der von Terence Ranger geprägt wurde, in: *Ranger, T.* 1983, 211–262.
4. S. hierzu *Rivière, C.* 1977, 235.
5. Zur Maitatsine-Bewegung s. die 1. Auflage des vorliegenden Sammelbandes (1984), S. 393 f.
6. S. hierzu *Loimeier, R.* 2003.
7. S. hierzu *Lacunza Balda, J.* 1997, 95–126.
8. *Kaba, L.* 1974, 64–72 u. 135–154.
9. S. zur jüngeren Entwicklung der *Subbanu*-Gruppierungen und der malischen Schulbewegung insbesondere die Arbeit von *Brenner, L.* 2001.
10. S. hierzu *Loimeier, R.* 2001, 175 ff.
11. *Monteil, V.* ³1980, 272–275.
12. *Kaba, L.* 1974, 234–243.
13. S. hierzu *Loimeier, R.* 2001, 257 ff.
14. S. allgemein zur Geschichte der *'Yan Izala: Loimeier, R.* 1997.
15. S. hierzu besonders *Hock, K.* 1996.
16. Allgemein zur historischen Entwicklung der *Šarīʿa*-Debatte s. *Abun-Nasr, J. M.* (Hrsg.) 1993; zur aktuellen Diskussion s. *Peters, R.* 2003.
17. S. hierzu die Interviews mit Ibrāhīm az-Zakzakī in Thisday (14. 3. 2000) und Africa Today (Dez. 1999).
18. S. u. a. *Klein, M.* 1968 und *Holt, P. M.* 1958.
19. S. hierzu *Lewis, I. M.* 1988, 63–91.
20. *Bates, M.* 1976, 168–169.
21. *Kaba L.* 1974, 184–194.
22. *Anderson, J. N. D.* 1978, 3–7 und passim.
23. *Behrman, L.* 1970, 48–54 und *Monteil, V.* 1980, 163–183.
24. *Froelich, J. C.* 1962, 292 und *Monteil, V.* 1980, 404–408.
25. *Armah, Ayi Kwei* 1973, insbes. Kap. 2 und 3.
26. S. hierzu etwa *Mrina, B. F., Matoke, W. T.* 1980 und *Wegemund, R.* 1989.
27. Zum Konzept des «Islam Noir» s. *Harrison, C.* 1988.
28. Für eine Analyse dieser Einstellung zur Geschichte Afrikas s. *Fage, J. D.* 1979, 61 ff.
29. S. zu Senegal allgemein *Loimeier, R.* 2001 und *Villalon, L. A.* 1995.
30. *Cruise O'Brien, D. B.* 1971, insbes. Kap. 8 und 9.
31. *Loimeier, R.* 2001, 311.
32. *Loimeier, R.* 2001, 329
33. *Loimeier, R.* 2001, 309.
34. *Adeleye, R. A.* 1974.
35. S. hierzu allgemein *Abun-Nasr, J. M.* (Hrsg.) 1993, bes. Kap. 1 und 2.
36. Zur politischen und ökonomischen Entwicklung Sansibars in der Kolonialzeit s. insbesondere Sheriff, A. Ferguson, E. (eds.) 1991.
37. Lediglich Verteidigung und Außenpolitik sowie die Währung wurden als Unionsangelegenheiten definiert.
38. S. hierzu *Clayton, A.* 1981.
39. S. hierzu *Ludwig, F.* 1996.

40. S. hierzu die entsprechenden Auseinandersetzungen in den tansanischen Zeitungen The Guardian, an-Nuur, Dira und Maarifa.
41. Zur Entwicklung in Algerien s. *Faath, S.* 1990 sowie *Mattes, H.* 1992.
42. Die nachfolgende Analyse des Etablierungsprozesses des Islams im subsaharanischen Afrika ergibt sich aus den Arbeiten zahlreicher Wissenschaftler. Hier wird nur auf eine umfassende Darstellung dieser Prozesse hingewiesen, nämlich auf den von *Pouwels, R.* und *Levtzion, N.* herausgegebenen Sammelband The History of Islam in Africa, Oxford, 2000.
43. S. die Übersetzung des Reiseberichts von Ibn Battuta (gest. 1368). In: *Hopkins, J. F. P., N. Levtzion* 1981.
44. S. *Loimeier, R.* 2003, 256.
45. *Skinner, E. P.* 1974, 302.
46. *Delval, R.* 1980.
47. S. hierzu *Abun-Nasr, J. M.* 1993 sowie *Bosaller, A., Loimeier, R.* 1995.
48. S. hierzu *Ludwig, F.* 1996.
49. S. hierzu *Günther, U.* 2002.
50. Zu Ahmed Deedat s. vor allem *Westerlund, D.* 2003; zu Reinhard Bonnke und der Konfrontation mit Ahmed Deedat s. *Loimeier, R.:* Die Dynamik religiöser Unruhen in Nordnigeria. In: Afrika Spektrum 27 (1992) 59–80 sowie *Kane, O.* 2003, 199.

14. Libyen *(Hanspeter Mattes)*

1. Vgl. hierzu das ältere Standardwerk von *E. F. Gautier:* L'Islamisation de l'Afrique du Nord. Les siècles obscurs du Maghreb, Paris, 1927, oder *J. Abun-Nasr:* A History of the Maghrib, Cambridge, [1]1975.
2. Vgl. hierzu den Beitrag von *G. Steinberg* «Saudi-Arabien» im vorliegenden Band.
3. Zum Einfluß von Aḥmad ibn Idrīs auf seine Schüler vgl. *R. S. O'Fahey:* Enigmatic Saint. Ahmad Ibn Idrīs and the Idrisi Tradition, London, 1990.
4. Gemeint sind die drei Werke: as-Salsabīl al-maʿīn fī ṭ-ṭarāʾiq al-arbaʿīn; Bughyat al-maqāṣid fī khulāṣat al-marāṣid; Īqāz al-washnān fī l-ʿamal bi-l-ḥadīth wa-l-qurʾān. Vgl. zu den Inhalten dieser drei Werke *N. A. Ziadeh* 1968, 73–98.
5. Zum Beispiel das «aṣ-Ṣalāḥ al-ʿazīmīya» von Ibn Idrīs, dem angeblich «besten Gebet für den Propheten», das in das sansische «al-Wird al-kabīr» vollständig integriert wurde.
6. Vgl. zu dieser Funktionsweise der *zāwiyas* die Details bei *H. Klopfer:* Aspekte der Bewegung des Muhammad Ben ʿAlī as-Sanūsī, Wiesbaden, 1967, 40–53.
7. Vgl. zur Entwicklung der *Sanūsīya* als politischer Ordnungsfaktor das Standardwerk von *E. E. Evans-Pritchard:* The Sanusi of Cyrenaica, Oxford, 1949.
8. Vgl. zu diesen frühen Maßnahmen *H. Mattes* 1986, 24–28.
9. Vgl. zur Islamisierung von oben ebd., 28–52 u. *A. E. Mayer* 1975–1976, 53–55. Aus libyscher Sicht ist grundlegend *ʿA. ʿA. Manṣūr:* Khuṭwa rāʾida naḥwa taṭbīq aḥkām ash-sharīʿa al-islāmīya fī l-jumhūrīya al-ʿarabīya al-lībīya, Beirut, 1972.
10. Vgl. zu den Inhalten der religiösen Revolution *H. Mattes* 1982.
11. Vgl. hierzu *Y. M. ʿUraybī:* al-Islām bidūni madhāhib, Tripolis, o. J. (1981).
12. Vgl. z.B. die Ausgabe der Zeitung der Revolutionskomitees, az-Zaḥf al-akhḍar vom 21. 5. 1984: Daʿwa li-taṭhīr buyūt allāh.
13. Vgl. zu den saudischen Vorwürfen *H. Mattes* 1986, 78ff., und die saudische Streitschrift: Die entscheidende Antwort auf die Lügen al-Qadhdhāfīs (ar-Radd ash-shāfī ʿalā muftarayāt al-Qadhdhāfī), Dschidda, 1980. Eine libysche Erwiderung stammt von *K. Jawād:* ar-Radd al-wāfīʿ alā ar-radd ash-shāfī, Tripolis, 1983.

14. Vgl. hierzu den Überblick von *G. Joffé:* Islamic Opposition in Libya. In: Third World Quarterly 2 (1988) 615–631; *H. Mattes* 1995.
15. Vgl. hierzu auch «The statement on Islam's judgement and the heresy of Al-Takfir wa Al-Hijra delivered by Muslim Imam Muammar Qaddafi», abgedruckt in der Monatszeitschrift der Libyschen Missionsgesellschaft: Rissalat al-Jihad, La Valletta/Malta 75 (1991) 90–100 (Judgement). Vgl. auch: Qadhafi criticises islamic extremist groups, in: BBC-London. Summary of World Broadcasts, ME/1670, A9–13, 23.4.1993.

15. Ägypten *(Alexander Flores)*

1. S. auch den Ägypten-Beitrag von *M. Muranyi* in den ersten drei Auflagen des «Islam in der Gegenwart» und die dort angegebene Literatur.
2. *A. Schölch:* Säkularistische Traditionen im Vorderen Orient. In: Jahrbuch 1985/86 des Wissenschaftskollegs zu Berlin, Berlin, 1987, 191–201; *D. Crecelius* 1980.
3. *A. Schölch:* Säkularistische Traditionen, 198–200.
4. So etwa von *G. Krämer:* The Change of Paradigm. Political Pluralism in Contemporary Egypt. In: Peuples méditerranéens 41–42 (oct. 1987 – mars 1988) 283–302.
5. Damit sind Elemente der marxistischen Analyse und Programmatik gemeint, die sich in der Dritten Welt unabweislich aufdrängen sollen; s. *A. Laroui:* L'idéologie arabe contemporaine, Paris, 1973, 139–155.
6. *M. Arkoun:* La pensée arabe, Paris, [3]1985, 4.
7. So geschehen etwa von *S. J. al-ʿAzm:* Orientalism and Orientalism in Reverse. In: Khamsin 8 (1981) 22–25; u. *E. Sivan* 1985, 153–190.
8. Zusammenfassende Darstellungen der islamistischen Bewegung in Ägypten bei *R. P. Mitchell* 1969; *G. Kepel* 1984; in deutscher Übersetzung von *G. Deja*: Der Prophet und der Pharao. Das Beispiel Ägypten: Die Entwicklung des muslimischen Extremismus, München/Zürich, 1995; *E. Sivan* 1985.
9. *M. Saʿīd al-ʿAshmāwī:* Uṣūl ash-sharīʿa, Beirut, o.J., 183–195.
10. *M. Martin* u. *R. M. Masʿad:* Return to Islamic Legislation in Egypt. In: CEMAM Reports 1976 (Beirut) 1978, 47–78; *R. Peters:* Divine Law or Man-Made Law? Egypt and the Application of the Sharīʿa. In: Arab Law Quarterly vol. 3, part 3 (August 1988) 3, 231–253.
11. Der Text der Gesetzesänderung und ein Kommentar dazu in: CEMAM Reports 1978–79 (Beirut) 1981, 203–219.
12. *E. S. Sabanegh:* Débats autour de l'application de la loi islamique (sharīʿa) en Égypte. In: MIDEO 14 (1980) 329–384.
13. Zu der Debatte s. *E. S. Sabanegh:* Débats autour de l'application de la loi islamique; *R. Peters:* Divine Law or Man-Made Law?; *A. Flores:* Secularism, Integralism and Political Islam. The Egyptian Debate. In: Middle East Report 183 (July–August 1993) 34f.
14. *R. Peters:* Divine Law or Man-Made Law?, 240–243.
15. Revue de la presse égyptienne 19, 2–85, 81–91, 98–100.
16. Revue de la presse égyptienne 19, 2–85, 102–104.
17. *G. Krämer:* The Integration of the Integrists: a comparative study of Egypt, Jordan and Tunisia. In: *Gh. Salamé* (ed.): Democracy Without Democrats? The Renewal of Politics in the Muslim World, London/New York, 1994, 200–226.
18. Diese Formulierung entlehne ich von *W. Grab:* Der deutsche Weg der Judenemanzipation 1789–1938, München, 1991, 8.
19. *S. Zubaida:* Islam, the State & Democracy: Contrasting Conceptions of Society in Egypt. In: Middle East Report 179 (Nov.–Dec. 1992) 2–10.
20. *A. Flores:* Secularism, Integralism and Political Islam, 36–38.
21. Aussagen der Angeklagten in dem Prozeß sowie der Text ihres programmatischen

Dokuments «al-Farīḍa al-ghā'iba» finden sich im Anhang zu *N. Jinīna*: Tanẓīm al-jihād. Hal huwa al-badīl al-islāmī fī Miṣr? Kairo, 1988, 147–273. Englische Übersetzung von «al-Farīḍa...» in: *J. J. G. Jansen* 1986.

22. Der Text des Berichts in *Jinīna:* Tanẓīm al-jihād, 275–311; englische Übersetzung in: CEMAM Reports 1981, Beirut, 1985, 55–86.
23. Vgl. den Beitrag von *H. Busse* im vorliegenden Band.
24. *Kh. M. Khālid:* Min hunā nabda', Kairo, 1950. Englische Übersetzung: *Kh. M. Khalid:* From here we start, Washington, 1953.
25. *Kh. M. Khālid:* ad-Daula fī l-islām, Kairo, 1981. Zu seiner «Wandlung» s. *R. Wielandt:* Zeitgenössische ägyptische Stimmen zur Säkularisierungsproblematik. In: Die Welt des Islams xxii, 1982 (erschienen 1984) 129f.
26. al-Ahrām, 17.6.1985.
27. al-Ahrām, 24.6.1985.
28. al-Ahrām, 1.7.1985. Zu Fōda s. *A. Flores:* Egypt: A New Secularism? In: Middle East Report 153 (July–August 1988) 27–30.
29. al-Ahrām, 25.11.1986.
30. al-Ahrām, 12.8.1985. Zu Zakarīyās Positionen s. *F. Zakariya:* Laïcité ou islamisme. Les arabes à l'heure du choix, Paris, 1991; *ders.:* Das kulturelle Erbe historisch sehen. In: Kopfbahnhof. Almanach 4. Orient-Express. Ansichten zum Islam, Leipzig, 1991, 167–179; *ders.:* Säkularisierung – eine historische Notwendigkeit. In: *M. Lüders* (Hrsg.) 1992, 228–245. Beim letztgenannten, sehr wichtigen Aufsatz ist allerdings durchweg «Säkularisierung» übersetzt, wo es «Säkularismus» heißen müßte.
31. *J. Sulṭān:* Ghazw min ad-dākhil, Kairo, 1988, 38f.
32. So z.B. *ʿAbdaljawād Yāsīn:* Muqaddima fī fiqh al-jāhilīya al-muʿāṣira, Kairo, 1986, 53–64, 97–102.
33. Auch unter diesem Aspekt ist Fahmī Huwaidī der geschickte Vertreter einer «islamischen Mittelposition»: *F. Huwaidī:* Muwāṭinūn lā dhimmīyūn, Beirut u. Kairo, 1985. Zu der Debatte um die Problematik insgesamt s. *Th. Philipp:* Nation State and Religious Community in Egypt – The Continuing Debate. In: Die Welt des Islams xxviii (1988) 379–391; sowie *F. Rasoul:* Die Gemeinschaft der Kopten in ihrer Beziehung zu Staat und Gesellschaft. In: *Ders.:* Kultureller Dialog und Gewalt. Aufsätze zu Ethnizität, Religion und Staat im Orient, Wien, 1991, 67–104.
34. Eine typische Publikation: *F. Fōda, Y. Labīb* u. *Kh. ʿAbdalkarīm:* aṭ-Ṭā'ifīya (...) ilā aina!? Kairo, 1987.
35. Al-ʿAshmāwī war Richter am ägyptischen Obersten Gericht für Staatssicherheit und hat sich insbesondere mit der Forderung nach der unmittelbaren Einführung der *sharīʿa* kritisch auseinandergesetzt; zu seinen Auffassungen s. *M. S. al-Ashmawy:* L'islamisme contre l'islam, Paris, 1989; *R. Wielandt:* Zeitgenössische ägyptische Stimmen zur Säkularisierungsproblematik, 125–133; *D. Sagiv:* Judge Ashmawi and Militant Islam in Egypt. In: Middle Eastern Studies 28.3 (July 1992) 531–546.
36. Zur Säkularismusdebatte in Ägypten s. *A. Flores:* Egypt: A New Secularism?, 32–38; *A. Roussillon:* Islam, islamisme et démocratie: recomposition du champ politique. In: Peuples méditerranéens 41–42 (oct. 1987 – mars 1988), 320–329. Wichtige Beiträge der Debatte finden sich in dem Dossier «Islam, islamisme et politique». In: Revue de la presse égyptienne 23, 2–86, 6–105. Die Aufzeichnung einer im Frühjahr 1989 in Kairo geführten Debatte um Islam und Säkularismus, bei der von säkularistischer Seite eher gemäßigte Stimmen zu Wort kamen, findet sich in: *F. Rasoul:* Kultureller Dialog und Gewalt, 139–201.
37. Vgl. *L. Rogler:* al-Jamaʿa al-islamiyya: Reuevoll in eine ungewisse Zukunft. In: inamo 31 (Herbst 2002) 14–17.

16. Sudan *(Hanspeter Mattes)*

1. Vgl. zur Entstehung der Bruderschaften im Sudan *A. S. Karrar* 1992.
2. Die religiöse Entwicklung analysiert zusammenfassend *N. Grandin:* Traditions religieuses et politiques au Soudan contemporain. In: *M. Lavergne* (Hrsg.): Le Soudan contemporain, Paris, 1989, 227–270; vgl. ebenfalls *J. S. Trimingham* 1965.
3. Vgl. *R. S. O'Fahey:* Enigmatic Saint. Ahmad Ibn Idris and the Idrisi Tradition, London, 1990, besonders 130ff. (zu as-Sanūsī und al-Mīrghanī).
4. Zu den Muslimbrüdern im Sudan vgl. *Ḥ. M. M. Aḥmad:* Ḥarakat al-ikhwān al-muslimīn fī s-Sūdān 1944–1969, Khartūm, 1982; *ders.:* al-Ḥaraka al-islāmīya fī s-Sūdān, Khartūm, 1988; *G. Prunier:* Les frères musulmans au Soudan: un islamisme tacticien. In: *M. Lavergne* (Hrsg.): Le Soudan contemporain, Paris, 1989, 359–380.
5. Zu at-Turābī bzw. zur *NIF* vgl. *A. El-Affendi* 1991; *P. N. Kok:* Hasan Abdallah al-Turabi (Kurzbiographie). In: Orient 2 (1992) 185–192; *Ḥ. at-Turābī:* al-Ḥaraka al-islāmīya fī s-Sūdān. At-Taṭawwur, al-kasb, al-minhāj, Khartūm, 1989.
6. Vgl. hierzu die beiden Publikationen *Numairīs:* The Islamic Way: Why? Khartum, 1978 u. The Islamic Way: How? Khartum, 1982.
7. Vgl. zur Islampolitik Numairīs: *G. R. Warburg:* The Shari'a in Sudan: Implementation and Repercussions, 1983–1989. In: The Middle East Journal 4 (1990) 624–637; *C. Fluehr-Lobban* 1987; *H. Bleuchot:* Kadhafi, Numeiri et l'Islam. In: Annuaire de l'Afrique du Nord 1987 (Paris) 1989, 477–490.
8. Zu den *Republikanischen Brüdern* vgl. *M. M. Taha* 1987; *J. Rogalski:* Die Republikanischen Brüder im Sudan. Ein Beitrag zur Ideologiegeschichte des Islam in der Gegenwart, Berlin, Magisterarbeit 1990; *M. Khayati:* Introduction à la pensée de Mahmud Muhammad Taha. In: *H. Bleuchot* u.a.: Sūdān. History, Identity, Ideology, London, 1991, 287–298.
9. Zur Islamisierungspolitik unter al-Bashīr vgl. *R. Marchal:* Le Soudan entre islamisme et dictature militaire. In: Monde Arabe. Maghreb-Machrek 137 (1992) 56–79; *G. Prunier:* Soudan: Les «frères» et l'armée. In: Les Cahiers de l'Orient 27 (1992) 53–70; *H. Mattes:* Sudan. In: Nahost-Jahrbuch 1989 und folgende Jahrgänge, herausgegeben vom *Deutschen Orient-Institut (T. Koszinowski* u. *H. Mattes),* Opladen, 1990ff.

17. Israel und die Besetzten Gebiete *(Thomas Philipp)*

1. Balfour Declaration.
2. S. dazu *Y. Porath:* The Emergence of the Palestinian-Arab National Movement 1918–1929, London, 1974; *Ders.:* The Palestinian Arab National Movement 1929–1939, London, 1977; *A. Moseley Lesch:* Arab Politics in Palestine 1917–1939, Ithaca, 1979; *Muḥammad 'Izza Darwaza:* al-Qaḍīya al-filasṭīnīya fī mukhtalif marāḥilihā, 2 Bände, Sidon, 1951; *J. S. Migdal:* Palestinian Society and Politics, Princeton, 1980; *Ch. D. Smith:* Palestine and the Arab-Israeli Conflict, New York, 1988.
3. *S. P. Mattar:* The Mufti of Jerusalem, New York, 1988.
4. Ebd., 49; *Ch. D. Smith:* Palestine and the Arab Israeli Conflict, 90.
5. *Y. Porath:* The Emergence of the Palestinian-Arab National Movement, 205.
6. *Y. 'Abd al-Qādir:* ḤAMĀS-Ḥarakat al-muqāwama al-islāmīya fī Filasṭīn, Kairo, 1990; *I. Barghouti:* Religion and Politics among the Students of the Najah National University. In: Middle Eastern Studies 27/2 (April 1991) 203–218; *J.-F. Legrain* 1986; *Ders.* 1988; *T. Mayer* 1990; *A. Navarro:* Palestiniens: L'expansion islamiste. In: Les Cahiers de l'Orient 7 (1987) 51–65; *E. F. Sahliyeh* 1988; *M. K. Shadid* 1988.
7. *E. F. Sahliyeh* 1988, 90.

8. Zitiert in *R. Paz:* Islamic Radicalism in the Westbank and Gaza, unpublished paper, 1987.
9. Siehe ebd.
10. *E. F. Sahliyeh* 1988, 91; *Z. Schiff, E. Ya'ari:* The Intifada, New York, 1990, 223 ff.; *J.-F. Legrain* 1986, 246; *M. K. Shadid* 1988, 648.
11. *E. F. Sahliyeh* 1988, 90; *M. K. Shadid* 1988, 662 und *R. Paz:* Islamic Radicalism in the Westbank and Gaza.
12. *J.-F. Legrain* 1986, 242.
13. Für eine ausführliche Diskussion dieser Beziehungen s. *H. Muṣṭafā:* at-Tayyār al-islāmī fī l-arḍ muḥtalla. In: al-Mustaqbal al-ʿArabī (Juli 1988) 75–90.
14. *R. Paz:* Islamic Radicalism in the Westbank and Gaza; *M. K. Shadid* 1988, 667.
15. *J.-F. Legrain* 1986, 229; *M. K. Shadid* 1988, 679.
16. *Ziad Abu Amr* 1994, 103.
17. Zur Intifada s. auch: *J. R. Nasser, R. Heacock* (eds.): Intifada. Palestine at the crossroads, New York, 1990.
18. *Ḥarakat al-muqāwama al-islāmīya*, mit dem Akronym ḤAMĀS, was soviel bedeutet wie «Begeisterung, Eifer, Enthusiasmus».
19. *R. Paz:* Hagorem ha-islāmī be-intifāda. In: *G. Gilbar* (ed.): Beʿayīn ha-sikh sūkh: ha-intifāda, Tel Aviv, 1992, 11.
20. Ebd., 84–87.
21. «Mīthāq ḥarakat al-muqāwama al-islāmīya: Filasṭīn», Muḥarram 1409, 18. August 1988.
22. *Sh. Mishal, A. Sela* 2000, 44–48.
23. «Mīthāq ḥarakat al-muqāwama al-islāmīya».
24. *R. Paz* 1987, 15.
25. Für die folgenden Ausführungen s. besonders *R. Paz:* The Islamic Movement in Israel and the Municipal Elections of 1989. In: The Jerusalem Quarterly 53 (Winter 1990) 1–26; vgl. auch *E. Zureik, A. Haider:* The Impact of the Intifada on the Palestinians in Israel. In: International Journal of the Sociology of Law 19 (1991) 475–495.
26. Zu diesen Schwierigkeiten siehe *J.-F. Legrain:* A Defining Moment: Palestinian Islamic Fundamentalism. In: *J. Piscatori* (ed.): Islamic Fundamentalism and the Gulf Crisis, Boston, 1991, 70–87. Im Jahre 1989 hatte Kuwait ḤAMĀS anscheinend mit 60 Millionen Dollar unterstützt, ebd., 75.
27. *W. Kristianasen Levitt* 1993; *dies.* 1994.
28. *W. Kristianasen Levitt* 1995.

18. Syrien *(Andreas Christmann)*

1. Angaben aus *N. van Dam*: The Struggle for Power in Syria. Politics and Society under Assad and the Baʿth Party, London, 1996, 1, 167. Prozentangaben dieser Art können jedoch nicht zuverlässig belegt werden, da bei den offiziell durchgeführten Erhebungen nicht nach der Religionszugehörigkeit gefragt wird.
2. Zu Rechtspraxis und Zuständigkeit familienrechtlicher Gerichte vgl. *M. S. Berger*: The Legal System of Family Law in Syria. In: Bulletin d'Études Orientales 44 (1997) 115–127.
3. Vgl. hierzu die beiden Publikationen *U. F. Abd-Allah*: The Islamic Struggle, Berkeley, 1983 und *R. Hinnebush*: The Islamic Movement in Syria. In: *A. Dessouki* (ed.): Islamic Resurgence in the Arab World, New York, 1982, 138–169.
4. Zur Religions- und Minderheitenpolitik der *Baʿth*-Macht vgl. *H. G. Lobmeyer*: Opposition und Widerstand in Syrien, Hamburg, 1995.

5. *K. A. Jaber*: The Arab Baʿth Socialist Party. History, Ideology and Organization, Syracuse, 1966, 129; zum weiteren Zusammenhang *W. Schmucker*: Studien zur Baath-Ideologie. In: Die Welt des Islams 14 (1973) 47–80 und 15 (1974) 146–182.
6. Für die folgenden Ausführungen siehe besonders *A. Böttcher* 1998, 147–224; vgl. auch *L. Steinberg*: Naqshbandīya in Damascus: Strategies to Establish and Strengthen the Order in a Changing Society. In: *E. Özdalga* (ed.): Naqshbandis in Western and Central Asia. Change and Continuity, Istanbul, 1999, 101–116.
7. Prominentes Beispiel war die Ausweisung des im jordanischen Exil verstorbenen Hadith-Gelehrten Nāṣir ad-Dīn al-Albānī (1914–1999), dessen kompromißlose Anfeindung sowohl der islamischen Sufik als auch der traditionellen sunnitischen Rechtsschulen bereits in den 1960er und 1970er Jahren für mehrere Eklats gesorgt hatte; vgl. *S. Wild*: Muslim und Madhhab. Ein Brief von Tokio nach Mekka und seine Folgen in Damaskus. In: *U. Haarmann/P. Bachmann* (Hrsg.): Die islamische Welt zwischen Mittelalter und Neuzeit, Beirut, 1979, 674–689.
8. Zu Werk und Anliegen Shaḥrūrs vgl. *A. Christmann*: The Form is Permanent, but the Content Moves: The Qurʾanic Text and its Interpretation(s) in Mohamad Shahrour's Al-Kitāb wa-l Qurʾān. In: Die Welt des Islams 43/2 (2003) 143–172.
9. Eine Zusammenfassung der wichtigsten Ereignisse gibt *E. Zisser*: A False Spring in Damascus. In: Orient 44/1 (2003) 39–61.

19. Irak *(Henner Fürtig)*

1. Vgl. *W. Ende*: Der schiitische Islam, im vorliegenden Band.
2. Vgl. *Nakash, Y.* 1994, 6–7, 13–48; *Soeterik, R.* 1991, 4–5. Ausführlich vgl. *Deringil, S.*: The Struggle against Shiism in Hamidian Iraq. In: Die Welt des Islams 30 (1990) 45–62.
3. Vgl. *Baram, A.*: The Radical Shiite Opposition Movements in Iraq. In: *Sivan, E./Friedman, M.* (Hrsg.): Religious Radicalism and Politics in the Middle East, New York, 1990, 110.
4. Zit. in *Ajami, F.*: The Vanished Imam: Musa Sadr and the Shia of Lebanon, Ithaca/London, 1986, 38.
5. Vgl. *Longrigg, S.*: Iraq 1900–1950, London, 1950, 123.
6. Vgl. *Makiya, K.*: Republic of Fear. The Politics of Modern Iraq, Berkeley, 1998, 215. Die ethno-konfessionellen Mehrheitsverhältnisse haben sich seit 1932 nicht grundsätzlich geändert. Tendenziell haben jedoch die arabischen Schiiten am meisten zugelegt. Sie machen gegenwärtig 60–65% der Gesamt- und 80% der arabischen Bevölkerung Iraks aus (Vgl. *Terrill, W. A.*: Nationalism, Sectarianism, and the Future of the U. S. Presence in Post-Saddam Iraq, Carlisle, Strategic Studies Institute, 2003, 17). Teilweise forcierte Binnenmigration beschränkt die Schiiten auch nicht mehr auf den Süden des Landes. Einige Experten sehen den schiitischen Anteil an der Hauptstadtbevölkerung bei 50% (Vgl. *Nakash, Y.*: The Shi'ites and the Future of Iraq. In: Foreign Affairs 58 [2003, 7/8] 18).
7. Nur vier der 23 bis 1958 amtierenden Ministerpräsidenten waren Schiiten (Vgl. *Batatu, H.* 1978, 176, 186). 1936, ein Jahr nach der Einführung der allgemeinen Wehrpflicht, waren nur zwei der 60 höchsten Offiziere Schiiten (Vgl. *Makiya, K.*: Republic, 215).
8. Vgl. *Jamali, F.*: The Theological Colleges of Najaf. In: The Muslim World 50 (1960) 15–22.
9. Vgl. *Batatu, H.* 1978, 999.
10. Vgl. *Moin, B.*: Khomeini: Life of the Ayatollah, New York, 1999, 144; Text der *fatwā* in deutscher Übersetzung von O. Spies in: Die Welt des Islams 6 (1959–1961) 264–265.
11. Vgl. *Baram, A.*: The Impact of Khomeini's Revolution on the Radical Shii Movement of

Iraq. In: *Menashri, D.* (Hrsg.): The Iranian Revolution and the Muslim World, Boulder, 1990, 132.

12. Schiiten und Sunniten sollten demnach dort der jeweils anderen Partei beitreten, wo deren Anhänger sich in der Mehrheit befanden (vgl. *Wiley, J. N.*: The Position of the Iraqi Clergy. In: *Kechichian, J. A.* (Hrsg.): Iran, Iraq, and the Arab Gulf States, New York, 2001, 57–58).
13. Der geistige Führer der sunnitischen Islamisten, Scheich ʿAbd al-ʿAzīz al-Badrī, wurde 1969 im Gefängnis ermordet, unabhängige Gebetshäuser und Moscheen wurden geschlossen. Die meisten Führer der IIP gingen ins Exil, die im Lande verbleibenden sunnitischen Geistlichen standen unter der strikten Kuratel des *Baʿth*-Regimes (vgl. *Wiley, J. N.*: The Position, 58).
14. Vgl. *Batatu, H.* 1978, 1080.
15. Vgl. *Kubba, L.*: Domestic Politics in a Post-Saddam Iraq. In: *Kechichian, J. A.* (Hrsg.): Iran, 79.
16. Zu den bekanntesten kurdischen Islamisten gehörte Mullā ʿUthmān ʿAbd al-ʿAzīz, der 1983 mit 5000 Mann auf die iranische Seite wechselte (vgl. *Wiley, J. N.*: The Position, 59).
17. Vgl. *Baram A.*: Broken Promises. In: Wilson Quarterly (2003, Spring) 48.
18. Vgl. ebenda.
19. Ṣaddām Ḥusain machte es sich zur Gewohnheit, jeweils zu seinem Geburtstag am 28.4. eine neue Moschee zu eröffnen. Zudem untersagte er ab 1996 den Ausschank von Alkohol in Restaurants (Vgl. *Terrill, W. A.*: The United States and Iraq's Shi'ite Clergy: Partners or Adversaries? Carlisle, Strategic Studies Institute, 2004, 10).
20. Vgl. *ath-Thaura*, 25.9.1997.
21. Vgl. *Fuller, G. E.*: Islamist Politics in Iraq after Saddam Hussein, Washington D. C., United States Institute of Peace, 2003, 10.
22. Vgl. *Wiley, J. N.*: The Position, 60.
23. Vgl. *Fuller, G. E.*: Islamist, 10–13.
24. Vgl. *Cole, J.* 2003, 548.
25. Vgl. ebenda, 544.
26. Vgl. *Jabar, F. A.*: Postconflict Iraq. A Race for Stability, Reconstruction, and Legitimacy, Washington D. C., United States Institute of Peace, 2004, 10–12.

20. Jordanien *(Renate Dieterich)*

1. *Chatelard, G.:* Jordanie: entre appartenance communautaire et identité nationale. 119f. In: Les Cahiers de l'Orient 4 (1997), 117–122.
2. Ein Beispiel ist der *Muslimbruder* Munʿim Abū Zanṭ, der wegen seiner harschen Kritik am jordanisch-israelischen Friedensschluß keine Freitagspredigten mehr halten darf.
3. So z. B. bei den Parlamentswahlen 2003, als es um die Frage ging, ob Frauen im Wahllokal zur Identitätsfeststellung den Gesichtsschleier lüften müssen. Dies wurde vom obersten Mufti bejaht, was den Widerspruch der radikalen Kräfte hervorrief.
4. Vgl. *Köndgen, O.:* Jordanien, München 1999, 195.

21. Libanon *(Axel Havemann)*

1. Seit 1861 wurde das System zur Grundlage von Politik und Verwaltung; Ansätze dazu gab es schon in den 1940er Jahren: *J. P. Spagnolo*: France and Ottoman Lebanon 1861–1914, London, 1977; *E. D. Akarli*: The Long Peace. Ottoman Lebanon, 1861–1920, Berkeley/California, 1993.

2. Vgl. die Beiträge im ersten Teil von *A. Hourani* u. *N. Shehadi* (eds.): The Lebanese in the World. A Century of Emigration, London, 1992.
3. *M. Halawi* 1992, 50 schätzte schon für 1988: 4,04 Millionen; *M. Jansen* dagegen für 1991: 2,9 Millionen (s. The Middle East Review 1992).
4. *Th. Hanf* 1990, 117–121; *M. Johnson* 1986, 24 u. 226; *M. Halawi* 1992, 50; andere Autoren geben schon für frühere Jahre eine viel stärkere Dominanz der Muslime an, z. B. in: Maghreb-Machrek 73 (1976) 69.
5. *K. S. Salibi* 1965; *T. Touma*: Paysans et institutions féodales chez les druses et les maronites du Liban du XVIIe siècle à 1914, 2 Bde., Beirut, 1971–1972; *J. P. Spagnolo*: France and Ottoman Lebanon; *E. D. Akarli:* The Long Peace.
6. *K. S. Salibi* 1988, 130–150.
7. *H. Bartels*: Das Waqfrecht und seine Entwicklung in der libanesischen Republik, Berlin, 1967, 110; al-Fikr al-islāmī (Sondernummer Juli-August 1974) 46 f.; *L.-H. de Bar* 1983, 28 f.
8. Vgl. die Haltung des Muftis in der «Affäre al-ʿAẓm»: *S. Wild*: Gott und Mensch im Libanon. In: Der Islam 48 (1972) 206–253, besonders 229 ff.; nach 1970 Kooperation mit den libanesischen arabisch-nationalistischen Kräften und den Palästinensern (nach Khālid «die Armee des Islams»), vgl. *Th. Hanf,* 1990, 425; Konfrontation mit Ṣāʾib Salām, dem Chef der *Maqāṣid*: s. Anm. 16.
9. al-Fikr al-islāmī (1974) 93 f.
10. Text in: *H. Miller Davis:* Constitutions, Electoral Laws, Treaties of States in the Near and Middle East, New York, 1970 (Reprint), 291–305.
11. Zur Haltung der Sunniten vgl. ausführlich *R. El-Solh*: Lebanon and Arabism: National Identity and State Formation, London 2004; *ders.*: The Attitude of the Arab Nationalists towards Greater Lebanon during the 1930s. In: *N. Shehadi* u. *D. H. Mills* (eds.): Lebanon, a History of Conflict and Consensus, London, 1988, 149–165; zur Haltung der maronitischen Christen vgl. *F. Kiwan,* ebd., 124–148.
12. *F. el-Khazen*: The Communal Pact of National Identities: The Making and Politics of the 1943 National Pact, Oxford, 1991.
13. Zur Wirtschaft vgl. *de Bar* 1983, 34–36; zu Kultur und Bildung s. *Th. Hanf* 1969; zur jüngeren Entwicklung s. *B. Labaki*: Education et mobilité sociale dans la société multicommunautaire du Liban, Frankfurt/M., 1988.
14. *M. Johnson* 1986, besonders 45 ff., 82 ff.; *A. Hottinger*: Zuʿamaʾ in Historical Perspective. In: *L. Binder* (ed.): Politics in Lebanon, New York, 1966, 85–105.
15. *L. Schatkowski*: The Islamic Maqased of Beirut: A Case Study of Modernization in Lebanon, M. A. thesis American University of Beirut, 1969.
16. Ṣāʾib Salām war über zwanzig Jahre Präsident der *Maqāṣid*; allerdings wurde ihm dieses Amt mehrfach streitig gemacht, zwar ohne Erfolg, aber mit brisanten politischen Implikationen; dazu *M. Johnson*: Factional Politics in Lebanon: The Case of the ‹Islamic Society of Benevolent Institutions› (Al-Maqasid) in Beirut. In: Middle Eastern Studies 14 (1978) 56–75; *de Bar* 1983, 30 f.
17. *J. Reissner*: Säkularisierung des Libanon? Äußerungen von Muslimen zum neuen Schlagwort ʿAlmana. In: Orient 17 (1976) 13–37.
18. *Th. Hanf* 1990, 175 ff., besonders 181–183.
19. Text in: Maghreb-Machrek 72 (1976) 81–83.
20. *P. Sluglett* u. *M. Farouk-Sluglett*: Aspects of the Changing Nature of Lebanese Confessional Politics: Al-Murabitun, 1958–1979. In: *E. Gellner* (ed.): Islamic Dilemmas: Reformers, Nationalists and Industrialization, Berlin, 1985, 267–283.
21. *M. Humphrey*: Islam, Sect and State: The Lebanese Case, Oxford, 1989; *M. Deeb*: Militant Islamic Movements in Lebanon, Washington, 1986.

22. *F. Nasrallah*: The Questions of South Lebanon, Oxford 1992.
23. *F. Khuri*: From Village to Suburb. Order and Change in Greater Beirut, Chicago, 1975; *A. R. Norton*, 1987, 13ff.; *M. Pohl-Schöberlein*: Die schiitische Gemeinschaft des Südlibanon (Ǧabal ʿĀmil) innerhalb des libanesischen konfessionellen Systems, Berlin, 1986, 86ff.
24. *E. A. Early*: The Amiliyya Society of Beirut: A Case Study of an Emerging Urban Zaʿim, M. A. thesis American University of Beirut, 1971; *Th. Hanf* 1969, 212–214.
25. *F. Ajami* 1986, 113ff.; *A. R. Norton* 1987, 44.
26. Vgl. die Darstellungen von *Norton*, *Ajami* und *Halawi*.
27. *M. Halawi* 1992, 163–199.
28. Englische Übersetzung des Statuts in *A. R. Norton* 1987, 144–166.
29. *A. R. Norton* 1987, 42–44; *F. Ajami* 1986, 161–164; *Th. Hanf* 1990, 244–247.
30. *M. Deeb:* Militant Islamic Movements, 12f.
31. Dazu ausführlich *S. Rosiny* 1996.
32. *M. Deeb*: Militant Islamic Movements, 13–17; *Ch. Mallat*: Shiʿi Thought from the South of Lebanon, Oxford, 1988, besonders 37ff.; *A. Hottinger*: Verfassungsentwurf Teherans für Libanon – über die Ausbreitung der iranischen Revolution. In: Neue Zürcher Zeitung, 6. 5. 1987.
33. Englische Übersetzung in *A. R. Norton* 1987, 167–187. Im Sommer 2001 wurde beschlossen, diesen Brief zu überarbeiten und an die veränderten Bedingungen anzupassen: Ausdruck einer realpolitischen, pragmatischen Haltung (?).
34. Die umfassendste moderne Studie über die Drusen ist von *B. Schenk* 2002; ferner s. *K. M. Firro* 1992.
35. *A. Havemann*: Rurale Bewegungen im Libanongebirge des 19. Jahrhunderts, Berlin, 1983, 38–41, 48–65; *N. M. Abu-Izzeddin* 1984, 223–226; *T. Touma*: Paysans et institutions féodales, 78ff.
36. *R. B. Betts* 1988, 37f., 52–54, 57ff.
37. *R. B. Betts* 1988, 91, 96f.; *de Bar* 1983, 131; *W. Schmucker*: Krise und Erneuerung im libanesischen Drusentum, Bonn, 1979, 117ff.
38. *W. R. Goria* 1985, 30.
39. *F. al-Khazen*: Kamal Jumblatt, the Uncrowned Druze Prince of the Left. In: Middle Eastern Studies 24 (1988) 178–205; *W. R. Goria* 1985, 30ff. u. passim; vgl. auch die Autobiographie von Jumblāṭ (*Joumblatt, K.*: I Speak for Lebanon, London, 1982).
40. Dazu ausführlich *B. Schenk* 1994.
41. *J. P. Harik*: Change and Continuity among the Lebanese Druze Community: The Civil Administration of the Mountains, 1983–90. In: Middle Eastern Studies 29 (1993) 377–398; *B. Schenk* 2002, 240ff.
42. Text in: Les Cahiers de l'Orient 16–17 (1990) 115–128; dazu ein ausführlicher kritischer Kommentar von *J. Maila*, ebd., 135–217 (englisch in: Prospects for Lebanon 4, Oxford, 1992); zum politischen Zusammenhang vgl. *V. Perthes* 1994; A. *R. Norton*: Lebanon after Taʾif: Is the Civil War Over? In: Middle East Journal 45 (1991) 457–473; *Th. Hanf* 1990, 704ff., besonders 725–734.
43. Der neue Verfassungstext in: as-Safīr (Beirut), 22. 8. 1990; englische Übersetzung in: The Beirut Review 1 (1991).
44. Auch nach dem Abzug Israels aus dem Südlibanon (2000) stehen weiterhin syrische Truppen auf libanesischem Territorium. In dem Abkommen von Taʾif wurde diese syrische Präsenz «bis auf weiteres» ausdrücklich legalisiert.
45. Vgl. Wahlberichte und -analysen in: The Lebanon Report 3 (Oktober 1992): New Parliament, New Policies?; *V. Perthes*: Problems with Peace: Post-war Politics and Parliamentary Elections in Lebanon. In: Orient 33/3 (1992) 409–432, besonders 419ff.; *F. el-*

Khazen: Lebanon's First Postwar-Parliamentary Election, 1992: An Imposed Choice, Oxford, 1998.

46. *V. Perthes*: Die libanesischen Parlamentswahlen von 1996: Akzeptanz des Faktischen, Ebenhausen, 1996; *Th. Scheffler*: Abschied vom Konfessionalismus? Die Parlamentswahlen im Libanon. In: Informationsprojekt Naher und Mittlerer Osten (INAMO) 8 (1996) 31–34; *ders.*: 1989–1999: Zehn Jahre Ta'if-Abkommen. In: a. a. O., 20 (1999) 4–8.
47. *A. Havemann* 2002, 188ff., 216ff., 248ff.; s. auch *K. M. Firro* 2003, 42–67.
48. *B. Rieger*: Rentiers, Patrone und Gemeinschaft: soziale Sicherung im Libanon, Frankfurt, 2003.

22. Saudi-Arabien *(Guido Steinberg)*

1. Viele ihrer Anhänger lehnen diese Bezeichnung ab. Sie selbst nennen sich «Bekenner der Einheit Gottes» (*al-muwaḥḥidūn, ahl at-tauḥīd*), Gefolgsleute der *salaf aṣ-ṣāliḥ (as-salafiyūn),* der «frommen Altvordern», d. h. der frühen Muslime in Mekka und Medina, oder ganz einfach «die Muslime» (*al-muslimūn*). Die eigene Bewegung nennen sie häufig «Aufruf zum Bekenntnis der Einheit Gottes» (*ad-da'wa ilā t-tauḥīd*).
2. Zur Frühgeschichte der *Wahhābīya* vg. *E. Peskes* 1993.
3. Das Standardwerk zu dieser Periode ist: *R. B. Winder* 1965.
4. *G. Steinberg* 2002, 433–436.
5. Zu den sechs Kurztraktaten vgl. *G. Steinberg* 2002, 87f.
6. *J. S. Habib* 1978.
7. Sie äußerten diese Forderungen in einem Rechtsgutachten vom 11. Februar 1927. Vgl. den kommentierten Text des Dokuments in englischer Übersetzung in: *Amin, C. M./B. C. Fortna/E. B. Frierson* (eds.): The Modern Middle East: A Sourcebook, Oxford, 2005 (im Druck).
8. Zum *amr bi-l-ma'rūf* allgemein vgl. *Cook, Michael*: Commanding Right and Forbidding Wrong in Islamic Thought, Cambridge, 2000.
9. Zu diesem Thema vgl. den Beitrag von *J.-P. Hartung* und *G. Steinberg* in diesem Band.
10. Vgl. hierzu und im folgenden: *G. Steinberg* 2002, 423–431.
11. Zu den «freien Prinzen» vgl. *Yizraeli, S.*: The Remaking of Saudi Arabia: The Struggle between King Sa'ud and Crown Prince Faysal, 1953–1962, Tel Aviv, 1997.
12. Zum islamischen Internationalismus vgl. den Beitrag von *J. Reissner* in diesem Band.
13. *Ibrahim, F.:* Die neue saudische «Verfassung»: Eine kontrollierte «Öffnung» des saudischen Systems? In: Verfassung und Recht in Übersee 25 (1992) 4, 446–454.
14. Zum Konsultativrat im einzelnen vgl. *I. Glosemeyer* 2002.
15. Zum Konzept des Rentierstaates vgl. *Pawelka, P.*: Der Vordere Orient und die Internationale Politik, Stuttgart (u. a.), 1993. *Schmid, C.*: Das Konzept des Rentier-Staates. Ein sozialwissenschaftliches Paradigma zur Analyse von Entwicklungsgesellschaften und seine Bedeutung für den Vorderen Orient, Hamburg, 1991.
16. Zur *Hai'at Kibār al-'Ulamā'* vgl. *R. Schulze* 1990, 296f.
17. Vgl. hierzu und im folgenden: *G. Steinberg* 2002, 356–395.
18. *J. Reissner* 1996, 539.
19. *Vogel, F. E.*: Islamic Law and Legal System: Studies of Saudi Arabia, (Diss. Harvard 1993), Ann Arbor, 1997, 256ff.
20. *Dekmejian, R. H.*: Political Islamism in Saudi Arabia. In: Middle East Journal 48, No. 4 (Autumn 1994), 627–643 (633–635).

23. Kleinere Golfstaaten *(Christian Koch)*

1. Vgl. *Al-Fahim, M.*: From Rags to Riches: A Story of Abu Dhabi, London, 1995; *Kanoo, K. M.*: The House of Kanoo: A Century of Arabian Family Business, London, 1997.
2. Vgl. *Zanoyan, V.*: Time for Making Historic Decisions in the Middle East, Kuwait, Center for Strategic and Future Studies, 1999; *Kapiszewski, A.*: Democratizing the Arab States: The Case of the Monarchies of the Gulf, 1991–2004, Krakowskie Studia Miedzynarodowe, 2003.
3. Oman spielt hinsichtlich der religiösen Verhältnisse eine Sonderrolle, da sich hier die Ibāḍīya, ein Zweig der extremistischen Khārijīya aus der Frühzeit des Islams, behaupten konnte. Vgl. *Reissner, J.*: Saudi-Arabien und die kleineren Golfstaaten. In: Der Islam in der Gegenwart, 4. Aufl., München, 1996, 542; s. auch *Rothholz, W.*: Sakrale und profane Ambivalenzen. Zum Problem der politischen Legitimation im modernen Oman. In: Orient 27 (1986), 206–227.

24. Jemen *(Iris Glosemeyer)*

1. Siehe dazu diverse Beiträge in *W. Daum* 1987.
2. Die Begriffe Nordjemen und Südjemen für die Territorien der ARJ und der DVRJ sind geographisch nicht korrekt, aber gebräuchlich und werden daher hier verwendet. Im folgenden beziehe ich mich, soweit nicht anders angegeben, auf *I. Glosemeyer* 2001. Dort auch weitere Literaturhinweise.
3. Bis 1990 bestand innerhalb der Zaidīya (nach al-Hadi ila al-Haqq vor allem von ihren Gegnern auch Hadawīya genannt) der Konsens, daß der religiöse und weltliche Anführer, der Imam, ein *saiyid* sein müsse.
4. Nahezu alle jemenitischen Stämme, teilweise in losen Föderationen organisiert wie die Stämme der Hashid (Ḥāshid) und der Bakil (Bakīl), sind seßhaft. Wissenschaftliche Publikationen zu den Stämmen, vor allem im Osten und im Süden, sind rar. Zu einigen nordjemenitischen Stämmen siehe *P. Dresch* 1989 und *S. Weir* (im Druck).
5. Der schafiitische unterscheidet sich vom zaiditischen *fiqh* vor allem in kultischen Angelegenheiten, aber auch in einigen zivilrechtlichen Fragen. Die *Zaidīya* steht den sunnitischen Richtungen dennoch in mancher Hinsicht näher als den übrigen Richtungen der Schia. Das bedeutet nicht, daß das Verhältnis zwischen Zaiditen und anderen Gruppen spannungsfrei war. Siehe dazu *W. Madelung*: «Zaydiyya». In: EI[2] XI, 477–481. Dort auch ein Überblick über die verschiedenen Richtungen innerhalb der *Zaidīya*. Siehe dazu auch die Beiträge von *W. Ende* und *B. Radtke* im vorliegenden Band.
6. Siehe *M. W. Wenner* 1967, 47–48.
7. Siehe dazu *Reissner, J.*: Die Idrisiden in Asir. In: WI XXI, 1–4 (1981) 164–192.
8. *A. K. Al-Saidi* 1981; *J. E. Peterson* 1982; *L. Douglas* 1987.
9. *A. Würth* 2000, 44–46.
10. ibid., 62–63; *Haykel, B.*: Rebellion, Migration or Consultative Democracy? Zaydis and their Detractors in Yemen. In: *Leveau, R.*, *F. Mermier* und *U. Steinbach* (Hrsg.) 1997, 193–201.
11. *Bruck, G. v.*: Being a Zaydi in the Absence of an Imam: Doctrinal Revisions, Religious Instruction, and the (Re-)Intervention of Rituals. In: *Leveau, R.*, *F. Mermier* und *U. Steinbach* (Hrsg.) 1997, 169–192.
12. Eine ähnliche Argumentation ist auch aus Ägypten und Iran bekannt.
13. Für die politische Entwicklung im Südjemen siehe z.B. *H. Lackner* 1985; *Scheider, C.*: Der südliche Jemen und die Sowjetunion. Großmachtengagement und politische Radikalisierung in der Dritten Welt, Hamburg, 1989.

14. *Würth, A.* und *Worm, I.*: Frauen im Jemen: Opfer der Vereinigung? In: Der Überblick 4.32 (1996) 42–45.
15. Auch die Öleinkünfte, die inzwischen zwei Drittel des Staatshaushalts finanzieren, haben aus dem Jemen kein reiches Land gemacht: Bei etwa gleicher Einwohnerzahl entspricht die jemenitische Ölproduktion nur etwa 1/20 der saudischen. Nach wie vor arbeiten viele Jemeniten im Ausland, und die Regierung ist auf ausländische Unterstützung angewiesen.
16. *Weir, S.*: A Clash of Fundamentalisms: Wahhabism in Yemen. In: MERIP 204/27.3 (1997) 22–23, 26; *G. v. Bruck*: Being a Zaydi, 169–192.
17. Siehe dazu *Glosemeyer, I.*: Der Vertrag von Jidda. In: Jemen-Report 32.1 (2001) 5–11.
18. *Glosemeyer, I.*: Local Conflict, Global Spin: An Uprising in the Yemeni Highlands, in: MERIP 232 (2004) 44–46.

V. Der Islam in der Diaspora: Europa und Amerika

1. Westeuropa *(Nico Landman)*

1. Ich danke Bernd Radtke für die Übersetzung dieses Textes aus dem Niederländischen.
2. In den meisten Studien über den Islam in Westeuropa wird die Periode vor 1900 nur in einem einleitenden Abschnitt behandelt. Eine umfassendere Untersuchung ist *H. Ansari* 2004; für Deutschland s. *M. S. Abdullah* 1981.
3. In Deutschland ist die Anzahl islamischer Gebetshäuser weitaus am größten: 2200. Dann kommen Großbritannien (1200), Frankreich (1150), die Niederlande (450), Spanien (320), Belgien (310). In den übrigen Ländern liegt die Zahl bei hundert oder niedriger (Quelle: *B. Maréchal* (ed.) 2002).
4. Das gilt besonders für die Niederlande (55), Deutschland (66) und Großbritannien (100). Mit acht Moscheeneubauten bleibt Frankreich in dieser Hinsicht etwas zurück. Quelle: Ibid.; für Großbritannien *P. Clark* 2001.
5. *S. Andézian* 1988.
6. *K. Canatan, C.H. Oudijk, A. Ljamai* 2003. Marokkanische Moscheen in der Stadt scheinen vor allem zum Typ der religiösen Moschee zu gehören, während besonders türkische Moscheen den gesellschaftlichen Typ repräsentieren.
7. Vgl. *A. S. Roald* 2001; *G. Jonker* 1999.
8. *B. Maréchal* 2003b.
9. Ibid.; vgl. den Beitrag von V. Nienhaus im vorliegenden Band.
10. *B. Maréchal:* Modalities of Islamic Instruction. In: *B. Maréchal, S. Allievi, F. Dasseto, J. S. Nielsen* (eds.) 2003, 19–78.
11. Siehe vor allem den Bericht über islamische Periodika von *Stefano Allievi* 2003.
12. *P. Werbner* 2002.
13. *S. Allievi, J. S. Nielsen* (eds.) 2003.
14. *S. Kroissenbrunner* 2002.
15. *B. Lopez Garcia, A. Planet Contreras* 2002.
16. *U. Manço, M. Renaerts* 2000.
17. *D. Hussain* 2003.
18. *D. Hussain* 2003, und *B. Maréchal* 2003a.
19. *F. Messner:* L'organisation du culte musulman dans certains pays de l'Union européenne. In: Revue de Droit Canonique 46/2 (1996) 195–213.
20. Vor allem seit der Rushdie-Affäre ist muslimischer politischer Aktivismus in der Öffentlichkeit sichtbar. S. *P. Werbner* 1996.

21. *N. Daniel:* Islam and the West: the Making of an Image, Revised Edition, Oxford, 1993.
22. *F. Khosrokhavar* 2004.
23. *M. Khedimellah* 2002, der darlegt, daß militante junge Muslime oft aus der hip-hop-Subkultur stammen.
24. *W. Schiffauer* 1991.
25. *O. Roy* 1999 und 2002. *J. Cesari* 2003.
26. *T. Sunier* 1995. *S. Vertovec, A. Rogers* (eds.) 1998.
27. *Cesari* 2003, 264.
28. *M. K. Masud* 2002.
29. S. u. a. sein Etre Musulman Europeen – Etude des Sources Islamique à la Lumière du Contexte Européen, Lyon, 1999. (Englische Ausgabe: To Be a European Muslim: A Study of Islamic Sources in the European Context, Leicester, 2000).
30. *Cesari* 2003, S. 261.
31. *F. Dasseto* 1996 unterscheidet neun mögliche Formen, die die Interaktion zwischen europäischem Islam und seiner Umgebung annehmen kann. Sie variieren von Assimilation bis Protest (S. 325–329).

2. Frankreich, Großbritannien, Niederlande, Deutschland *(Nico Landman)*

1. *G. Kepel* 1994.
2. Ende Dezember 2004 wurde bekannt, daß die Geiseln freigelassen worden waren.
3. Interview auf www.algerie-dz.com/article1082.html (7. September 2004).
4. Le rapport de la commission Stasi sur la laïcité. In: Le Monde (Paris), 12. Dezember 2003.
5. *A. Boyer* 1998, 284.
6. A. a. O., 289.
7. *M. Khedimellah* 2002.
8. *Haut Conseil à l'Intégration:* L'Islam dans la République, s. l. 2000 (http://islamlaicite.org/IMG/pdf/isl_repu_Ht_conseil.pdf).
9. *J. Rex* 2002, 72.
10. *T. Modood* 2001, 64.
11. *N. Matar* 1998.
12. Diese Volkszählung war die erste, in der gefragt wurde, zu welcher Religion man gehört. Vor 2001 beruhten alle Schätzungen über die Zahl der Muslime auf den Immigrationsstatistiken.
13. http://www.islamic-foundation.org.uk/.
14. www.cbs.nl, Dezember 2004.
15. Eine detaillierte Übersicht über die islamische Infrastruktur ist zu finden bei *N. Landman* 1992. Für die jüngste Zeit kann als Ergänzung konsultiert werden: *K. Canatan, M. Popovic et al.* 2005.
16. Es gibt auf nationaler Ebene keine offizielle Registrierung von Moscheen. Diese Zahlen beruhen auf einer Datensammlung des Autors über islamische Organisationen.
17. Dafür vgl. das Kapitel über Deutschland.
18. Die beste Studie über die Verankerung des Islams in der niederländischen Infrastruktur ist *J. Rath, R. Penninx, et al.* 1996.
19. Es gibt jedoch bereits wieder eine Konkurrenzorganisation: die *Contactgroep Islam en Overheid*. Hierin sind u. a. die *Aḥmadīya* vertreten, die im CMO nicht willkommen ist, und die türkischen Aleviten, die keine ausreichenden gemeinsamen Interessen mit den Mitgliedsorganisationen des CMO sahen. Die Anhängerschaft dieser Kontaktgruppe ist jedoch klein.
20. *L. Tezcan* 2003.

21. Z.B. *U. Spuler-Stegemann* 1998. Spuler-Stegemann fragt unter Hinweis auf das *taqīya*-Prinzip auf S. 65: «Kann man den Aussagen von Muslimen trauen?» Vgl. *K. Binswanger* u. *F. Sipahioglu* 1988. Binswanger betont die antiwestliche Eroberungsrhetorik in den türkischsprachigen Publikationen der türkischen islamischen Vereine. Auch in einer Studie von *B. Johansen* (1987) werden Islam und westliche Demokratie als Gegensatz aufgefaßt. Johansen kommt jedoch zu dem Schluß, daß individuelle Muslime offensichtlich kein Problem haben, unter nichtislamischer Herrschaft zu leben und das religiös zu legitimieren.
22. *A. Goldberg* 2002.
23. *M. S. Abdullah* 1995.
24. Vgl. *G. Höpp:* Die Wünsdorfer Moschee. Eine Episode islamischen Lebens in Deutschland, 1915–1930. In: Die Welt des Islams 36 (1996) 204–218.
25. *Goldberg*, Islam in Germany.
26. Ibid.
27. http://www.vikz.de/, Dezember 2004. Nach *T. Lemmen* (2000) gab es 1997 weitere 125 angeschlossene Gemeinden in anderen Ländern.
28. *G. Jonker* 2002.
29. Neben der IGMG ist die *Europäische Moscheebau- und Unterstützungsgesellschaft* e.V. aktiv, die sich dem Immobiliengeschäft widmet. Vgl. *T. Lemmen 2000.*
30. So www.igmg.de, Dezember 2004. *U. Spuler-Stegemann* (2001) nennt eine gut zweimal so hohe Anzahl von angeschlossenen Organisationen, nämlich 1094, wobei vermutlich andere als Moscheeorganisationen mitgezählt werden. Auf lokaler Ebene gibt es häufig eine Überlappung mit islamischen Vereinigungen, in denen aber auch nicht-*Milli Görüş*-Organisationen beteiligt sind. Die islamischen Vereinigungen setzen sich manchmal gegen Berichte zur Wehr, die sie mit *Milli Görüş* identifizieren. Die *Islamische Föderation Berlin e. V.* hat solche Berichte selbst vor Gericht als falsch angefochten. Die Schärfe dieses Widerstands ist aus dem negativen Bild von *Milli Görüş* in der deutschen öffentlichen Debatte zu erklären.
31. *L. Tezcan* 2002.
32. *Lemmen* 2000, 52.
33. http://www.diyanet.org/de/, Dezember 2004. Die Behauptung auf derselben Site, daß die DITIB 70% der deutschen Muslime repräsentiere, wird nicht untermauert und muß mit Vorsicht aufgenommen werden.
34. *G. Seufert* 1999.
35. www.alevi.com, Dezember 2004.
36. http://www.i-g-d.com/, Dezember 2004.
37. So z.B. *N. Feindt-Riggers, U. Steinbach* 1997, 46.
38. *Lemmen* 2000, 61.
39. *Lemmen* 2000, 64–65.
40. Für eine Übersicht s. *Lemmen* 2000, 69.
41. S. *A. Azimi, M. Brückner:* Muslim Communities in German Webspace, o.J. [2003], http://www.ped.gu.se/learnit/diaspora/docs/Azimi_Bruckner.doc.
42. *U. Spuler-Stegemann* 1998, 245–249.
43. *Das Parlament,* 52–53 (20. Dezember 2004).
44. Siehe dazu *E. Seidel, C. Dantschke, A. Yildirim* ^{2}2001.
45. *U. Spuler-Stegemann* 2001, s. 1.
46. *M. Rohe* 2001.
47. Diese symbolische Bedeutung wird u. a. auf der Website des Islamrates (http://www.islamrat.de, Dezember 2004) deutlich, wo gesagt wird: Der Islamrat strebt Anerkennung als Körperschaft des öffentlichen Rechts für den Islam in Deutschland und seine

Gleichstellung mit den beiden christlichen Großkirchen und der griechisch-orthodoxen Kirche an.

48. *U. Spuler-Stegemann* (2001) schätzt diesen Teil auf 10 bis 15 %.
49. *M. Rohe* 2001.
50. http://www.islamische-foederation.de/Dezember 2004.
51. *E. Seidel, C. Dantschke, A. Yildirim* 2001, 103.

3. Südost- und Osteuropa *(Hermann Kandler)*

1. *S. Huntington*: Der Kampf der Kulturen, München, [6]1997, 416.
2. Balkan und Südosteuropa werden im folgenden synonym gebraucht.
3. *M. Apostolov*: The Christian-Muslim Frontier, London/New York, 2003, 94.
4. *M. Apostolov:* The Christian-Muslim Frontier, 42.
5. *B. Szajkowski, T. Niblock, G. Nonneman*: Muslim communities in the New Europe, 1997, 16.
6. Die türkischen Begriffe *ova* und *yaka* gelten in der Geographie als Fachbegriffe für die genannten Raumeinheiten.
7. *X. de Planhol*: Kulturgeographische Grundlagen der islamischen Geschichte, Zürich/München, 1975, 332.
8. Der Begriff *millet* wurde in der osmanischen Zeit im Sinne von Religionsgemeinschaft, Nation verwendet und bezeichnete minderheitliche (meist nichtmuslimische) Gruppierungen, denen die Hohe Pforte einen gewissen Selbstverwaltungsstatus zusicherte.
9. *E. C. Suttner* 1997, hier 8–9.
10. *M. Todorova* 1999, 17.
11. Autonome Region in Südjugoslawien, serb. *Metohija.*
12. Im folgenden «Mazedonien» nach der Konvention des Auswärtigen Amtes.
13. Im folgenden «Slowakei» nach der Konvention des Auswärtigen Amtes.
14. Kommunal im Sinne von lat. «communis» = Gemeinschaft.
15. *Z. Lutovac*: Serbisch-albanische Beziehungen in Kosovo-Metohija. In: *G. Seewann*: Minderheiten als Konfliktpotential in Ostmittel- und Südosteuropa, 1995, 140.
16. *Ushtria Clirimtare e Kosovës* = Befreiungsarmee Kosovos.
17. *L. Steindorff* 1997, 194–196.
18. *Lidhja Demokratike Kosovës* = Demokratische Liga des Kosovo.
19. *M. Apostolov*: The Christian-Muslim Frontier, 2003, 75.
20. *L. Steindorff* 1997,198–200.
21. http://www.crisisweb.org/home/index.cfm?id=1591&1=1.
22. Kuzey Kıbrıs Türk Cumhuriyeti = Türkische Republik Nordzypern.
23. United Nations Peacekeeping Force in Cyprus.
24. *H.-J. Axt* 2004, 65–66.
25. *J. Asmussen* 2000, 407–408.
26. *Stranka Demokratske Akcije* = Partei der demokratischen Aktion.
27. *Hrvatska Demokratska Zajednica* = Kroatisch-demokratische Union.
28. *Srpska Demokratska Stranka* = Serbisch-demokratische Partei.
29. *C. Wieland*: Izzetbegović und Jinnah – die selektive Vereinnahmung zweier «Muslim-Führer». In: Südosteuropa-Mitteilungen 39 (1999) 351–368.
30. *A. Lopasic*: The Muslims in Bosnia. In: *G. Nonneman et al.* 1997, 99–114, hier 107.
31. *M.-J. Calic*: Ethnische Konflikte in Bosnien-Hercegovina. Eine strukturelle Analyse. In: *G. Seewann* 1995, 166.
32. *W. Petritsch*: Bosnien und Herzegowina fünf Jahre nach Dayton. In: Südosteuropa-Mitteilungen 40 (2000) 299–312.

33. Stabilization Force in Bosnia and Herzegovina.
34. *W. Petritsch*: Bosnien und Herzegowina fünf Jahre nach Dayton. In: Südosteuropa-Mitteilungen 40 (2000) 305.
35. *M. Ignatieff*: The Warrior's honour. Ethnic war and modern conscience, London, 1998, 174–175.
36. *H. Poulton* 1994, 54.
37. *Ch. Voss* 2001, 277.
38. *Partia Demokratike Shqiptare* = Demokratische Partei der Albaner.
39. *Vnatresna makedonska revolucionerna organizacija – Demokratska partija za makedonsko nacionalno edinstvo* = Innermakedonische revolutionäre Organisation – Demokratische Partei für die makedonische nationale Einheit.
40. Die mazedonische UCK, *Ushtria Clirimtare Kombetare* (Nationale Befreiungsarmee), drückte durch ihre Namensähnlichkeit ihre Nähe zum kosovarischen Vorbild aus.
41. *Ch. Voss* 2001, 279.
42. Säen und Ernten. NATO moderiert die ethnische Spaltung Mazedoniens. In: ak – analyse + kritik – Zeitung für linke Debatte und Praxis, Nr. 453 vom 30. 08. 2001.
43. Mazedonien: Opposition stellt Ohrid-Abkommen in Frage. In: Länderberichte der Konrad-Adenauer-Stiftung 28. 4. 2003.
44. *St. Troebst* 1999, 228.
45. Gemäß Artikel 2 der Anlage A der am 30. Januar 1923 von der Großen Nationalversammlung der Türkei und der griechischen Regierung unterzeichneten Konvention, bezieht sich der «verbindliche Austausch von türkischen Bürgern griechisch-orthodoxer Religion, die auf türkischem Territorium leben und griechischen Bürgern muslimischer Religion, die auf griechischem Territorium leben» (Art. 1) nicht auf «die griechischen Einwohner von Konstantinopel ... und die muslimischen Bewohner von West-Thrazien».
46. *R. Meinardus*: Die türkisch-griechische Minderheitenfrage. In: Orient 26 (1985) 58.
47. *H. Kandler* 1998, 285–307.
48. Der westthrakische Journalist Haki beschrieb dieses Ereignis in folgenden Versen: «Mein Volksfreund Löwe, der als Bewohner der Berge zwischen Meriç und Karasu ... herauskommt, der für sein Türkentum die Barrikaden überwinden und zuallererst in die Stadt laufen will, zu denen, die am Freitag den 29. 1. 1988 das westthrakische Türkentum vernichten und verleugnen wollten. Von 7 bis 70 gaben sie eine historische Lektion ...» Auszug aus: *Haki*: Güller dererek. In: Ileri 829 (1996) 2.
49. Stefanopoulos: «Einige ... glauben, ich sei nicht aufrichtig, wenn ich keine Unterschiede zwischen griechischen Muslimen und griechischen Christen mache ... Doch ich weiß sehr gut: Außer diesem ... Unterschied gibt es auch einen ethnischen (= millî) und ich habe ihn ... erkannt ... Jeder Mensch hat das Recht, sich selbst zu bezeichnen. Ich bezeichne mich selbst als Grieche. Ein anderer kann sich als Türke bezeichnen» (*A. Dede*: Trakya'nın Sesi, 1997, 1).
50. *H. Kandler* 2000, 65–82.
51. *H. Kandler*: Muslime in Griechisch-Thrakien. Zur heutigen Situation einer muslimischen Minderheit in Südosteuropa und ihre Beziehungen zu ihrer christlichen Mitbevölkerung (unveröffentl. Habilschrift).
52. *B. Szajkowski et al*: Islam and ethnicity in Eastern Europe: Concepts, statistics, and a note on the Polish case. In: *G. Nonneman et al.* 1997, 27–42.
53. *R. Dimitrov*: Sicherheitspolitik und ethnische Konflikte aus bulgarischer Sicht. In: *G. Seewann* 1995, 176.
54. *Dvišenie za prava i svobodi* = Bewegung für Rechte und Freiheit.

55. *R. Dimitrov*: Sicherheitspolitik und ethnische Konflikte aus bulgarischer Sicht, 1995, 181–183.
56. *I. Ilchev/D. Perry*: The Muslims of Bulgaria. In: *G. Nonneman et al.* 1997, 115–137.
57. Bulgarian Helsinki Committee (2003): The Human rights of Muslims in Bulgaria in Law and Politics since 1878, 138.
58. Religious Information Service of Ukraine – Muslims. In: www.risu.org.ua/content.php?page_id=64&l=en, 2004.
59. Two Religious Leaders Condemn Fomenting of Interreligious Conflicts in Crimea. In: www.risu.org.ua/article.php?sid=1174&l=en, 2004.
60. de.wikipedia.org/wiki/Geschichte_Albaniens.
61. *C. Kohl*. In: www.toms-place.de/albanien-geschichte.htm.
62. *St. Troebst* 2000, 124.
63. *E. Cela*: Albanian Muslims, human rights, and relations with the Islamic world. In: *Nonneman, G. et al.* 1997, 140–144.
64. Dies.: 146.
65. International Crisis Group.
66. ICG (2003): Albania-State of the Nation 2003. Executive summary and recommendations, Brussels.
67. ICG (25. 2. 2004): Pan-Albanianism: How Big a Threat to Balkan Stability? Europe report n. 153.
68. Human Rights without frontiers (3. 7. 2003): Why can't smaller Protestant Churches or Muslims gain legal status? In: http://www.hrwf.net/html/slovakia_2003.html
69. Religioscope (2002): Moldova. Problems of registration for various groups. In: www.religioscope.com/notes/2002/012_moldova.htm
70. *G. Nonneman et al.* 1997, 34–39.

4. Amerika *(Monika Wohlrab-Sahr)*

1. S. dazu *P. Heine* und *R. Spielhaus:* Das Verbreitungsgebiet der islamischen Religion: Zahlen und Informationen zur Situation in der Gegenwart im vorliegenden Band. Vgl. auch den Beitrag von *D. Khalid:* Amerika, in der 4. Auflage.
2. S. zum folgenden *M. Wohlrab-Sahr* 1999, 23–45.
3. S. dazu *M. Siddiqi:* Preface. In: *M. A. Köszegi, G. Melton* (eds.): Islam in North America: A Sourcebook. New York/London, 1992, vii–viii; *Bagby, I.* et al.: The Mosque in America: A National Portrait. A Report from the Mosque Study Project, Washington D. C., 2001; *G. Schmidt* 2004, 1–15, u. a. m.
4. *Y. Y. Haddad* 1986.
5. *G. Schmidt* 2004, 2.
6. *W. J. Moses* ²1993.
7. *L. Kaba:* Americans Discover Islam through the Black Muslim Experience. In: *M. A. Köszegi, G. Melton:* Islam in North America, 25.
8. Eine wichtige Rolle bei der Reaktualisierung dieses Mythos spielten Alex Haleys Buch «Roots» (*A. Haley:* Roots, New York, 1976) und die darauf basierende Fernsehserie, die beide in den 1970er Jahren in den Vereinigten Staaten durchschlagenden Erfolg hatten. Der nach Amerika verschleppte Sklave, von dem die Geschichte ihren Ausgang nimmt, ist Muslim. In Zusammenarbeit mit Alex Haley entstand im übrigen auch die Autobiographie von Malcolm X: Malcolm X, 1966.
9. *H. Baer:* The Black Spiritual Movement: a Religious Response to Racism, Knoxville, 1984.
10. *S. E. U. Essien-Udom* 1962, 9–40.

11. *W. L. Van Deburg:* Introduction. In: *Ders.* (ed.): Modern Black Nationalism. From Marcus Garvey to Louis Farrakhan, New York, 1977, 1–20; *W. J. Moses* 1993, 124–141.
12. *E. Muhammad* 1965.
13. *W. D. Mohammed:* Islam's Climate for Business Success, Chicago, 1995.
14. *L. Farrakhan:* A Torchlight for America, Chicago, 1993.
15. *E. Muhammad* 1965, 58.

VI. Die innerislamische Diskussion zu Säkularismus, Demokratie und Menschenrechten *(Alexander Flores)*

1. Vgl. *Schölch, A.* 1987.
2. Vgl. *Flores, A.* 1987, 44–47.
3. Vgl. *Schulze, R.* 1987, 7–11.
4. Vgl. *Flores, A.* 1987.
5. Vgl. *Anṭūn, F.:* Ibn Rushd wa-falsafatuhū, Beirut, 1981, 215f.
6. Vgl. *ʿAbduh, M.:* Al-islām wa-n-naṣrānīya maʿa l-ʿilm wa-l-madanīya, Beirut, ²1983, 184–192, 65–133, 59–61.
7. Vgl. *Anṭūn, F.:* Ibn Rushd, 137–184.
8. *ʿAmāra, M.:* Maʿrakat al-islām wa-uṣūl al-ḥukm, Kairo/Beirut, 1989, 8.
9. Vgl. *ʿAmāra, M.:* Maʿrakat, 8f.
10. Siehe zu diesem Komplex den Wiederabdruck des Buchs als Sonderausgabe der Kairoer Wochenzeitung «Al-Ahālī», 4. 5. 1996, mit einigen Dokumenten zu dem Fall und seiner Nachwirkung.
11. Vgl. *Flores, A.* 2003.
12. Vgl. *Flores, A.* 1997.
13. Nadwat al-ḥiwār ḥaula l-islāmīya wa-l-ʿalmānīya. In: Minbar al-Ḥiwār Nr. 15 (Herbst 1989), 32; deutsche Übersetzung: Islam und Säkularismus – Protokoll einer Diskussion. In: *Rasoul, F.:* Kultureller Dialog und Gewalt, Wien, 1991, 159.
14. Beispiele für diese Argumentation bei integralistischen Autoren sind angeführt bei *Khoury, P.* 1998, 77–82.
15. Vgl. *ʿAmāra, M.:* Al-ʿalmānīya wa-nahḍatunā al-ḥadītha, Kairo/Beirut, 1986, 19–31.
16. *ʿAmāra, M.:* Al-ʿalmānīya, 28f.
17. Entsprechende Zitate und Zusammenfassungen gibt *Khoury* 1998, 83–88.
18. Vgl. ebd., 88–93.
19. Vgl. ebd., 93–99.
20. Die wohl ausführlichste Abhandlung in diesem Geist ist *Fōda, F.:* Al-ḥaqīqa al-ġāʾiba, Kairo/Paris, 1986.
21. *Zakarīyā, F.:* Aṣ-ṣaḥwa al-islāmīya fī mīzān al-ʿaql, Kairo, ²1989, 71f.
22. *al-ʿAshmāwī, M. S.:* Al-islām as-siyāsī, Kairo, 1987, 7, 35; frz. Übers.: *Al-Ashmawy, M. S.:* L'islamisme contre l'islam, Paris/Kairo, 1989, 11, 37.
23. So z.B. Fahmī Huwaidī gegen al-ʿAshmāwī, vgl. *Flores, A.* 1994. Einige der von Huwaidī in diesem Zusammenhang publizierten Artikel sind nachgedruckt in *Huwaidī, F.:* Al-muftarūn. Khiṭāb at-taṭarruf al-ʿalmānī fī l-mīzān, Kairo/Beirut, 1996, 132–169.
24. *Zakarīyā, F.:* Aṣ-ṣaḥwa, 79; frz. Übers.: *Zakariya, F.:* Laïcité ou islamisme. Les Arabes à l'heure du choix, Paris/Kairo, 1991, 45.
25. Vgl. *Steppat, F.* 2001.
26. *Ḥasanain, ʿA.:* Ḥattā la taẓalla ash-sharīʿa naṣṣan shaklīyan fī d-dustūr, Kairo, 1985, 27.

27. Vgl. hierzu den Abschnitt «Kontroversen» in meinem Ägypten-Beitrag im vorliegenden Band.
28. Zur weitaus ausführlicheren Darstellung der Auseinandersetzung um diesen Komplex vgl. *Krämer, G.* 1999, passim. Dazu und zum historischen Hintergrund s. auch *Badry, R.:* Die zeitgenössische Diskussion um den islamischen Beratungsgedanken (...), Stuttgart, 1998.
29. *Anṭūn, F.:* Ibn Rushd, 142.
30. Vgl. *Krämer, G.* 1999, 147.
31. Vgl. auch *Schulze, R.* 1991.
32. Der arabische Text der Erklärung findet sich in Minbar al-Ḥiwār, Nr. 9, Frühjahr 1988, 92–106. Zur Frage der religiösen Minderheiten s. auch den Beitrag von J. Pink im vorliegenden Band.
33. Vgl. *Bielefeldt, H.* 1997.
34. Vgl. etwa das Buch des ägyptischen Juristen ʿAbdaljawād Yāsīn, der ohne irgendwelche apologetischen Gesten die Rückkehr zur traditionellen Behandlung religiöser Minderheiten in islamischen Staaten und zur Todesstrafe für den Abfall vom Islam als wünschenswert hinstellt: *Yāsīn, ʿA.:* Muqaddima fī fiqh al-ǧāhilīya al-muʿāṣira, Kairo, 1986, 97–102, 130–132.
35. *Fōda, F./Rizq, Y. L./ʿAbdalkarīm, Kh.:* Aṭ-ṭāʾifīya (...) ilā aina?, Kairo, 1987, 40, 44.
36. *an-Naʿim, A. A.:* Toward an Islamic Reform, Kairo, 1992, 161–187; *Ferjani, M.-Ch.:* Islamisme, laicité, et droits de l'homme, Paris, 1991, 227–251.
37. Ich entlehne die mit diesem Gedankengang verbundene Formulierung Bernhard Trautner, vgl. *Trautner, B. J.* 1999.

VII. Die Situation von Frauen in islamischen Ländern *(Wiebke Walther)*

1. In der Bibliographie aufgeführte Titel erscheinen hier nur mit dem Namen des Autors, bei mehreren Titeln eines Autors auch mit dem Erscheinungsjahr. Das neueste große Nachschlagewerk zu sachlich, regional und chronologisch aufgeschlüsselten Themenkomplexen (nach englischen Termini) mit guten Bibliographien ist *S. Joseph* et al. (eds.): The Encyclopedia of Women & Islamic Cultures, Leiden, Bd. 1, 2 (2003/2004), geplant auf 6 Bände. Konzentrierter Überblick für den Vorderen Orient: *W. Walther* (1991). Für mündliche und schriftliche Informationen zu jüngsten Entwicklungen danke ich den Vertretern mehrerer Botschaften in Berlin, der marokkanischen für die Übersendung der arabischen Fassung der *Mudawwana* von 2004, der türkischen für neuestes Informationsmaterial zu Änderungen des Personalstatuts von 1998 bis heute, der iranischen, der jemenitischen, der kuwaitischen und der algerischen für Auskünfte, Hinweise und Material.
2. Vgl. *V. M. Moghadam*: Human Development Indicators for the Arab Region. In: *N. F. Khoury/V. M. Moghadam*: Gender and Development in the Arab World. London, 1996, 182, für 1990.
3. Vgl. *Walther* (1997), 90ff.; *N. R. Keddie/B. Baron* (eds.): Women in Middle Eastern History, New Haven, 1999; *G. R. G. Hambly* (ed.): Women in the Medieval Islamic World, Basingstoke, 1998; *G. Nashat/J. Tucker* (eds.): Women in the Middle East and North Africa, Bloomington/Indiana, 1999; *S. Guthrie*: Arab Women in the Middle Ages, London, 2001, 162ff.

4. Vgl. *Al-Jabartī*: Al-Mukhtār min ta'rīkh al-Jabartī, Ikhtiyār Muḥammad Qindīl al-Baqalī, Bd. 2, o. O. u. J., (1957) 300, 8. 3. 1799; 28. 7. 1798; vgl. *Th. Philipp/M. Perlman* (eds.): 'Abd al-Raḥmān al-Jabartī's History of Egypt, Bd. 1–4, Stuttgart, 1994. Vgl. auch z. B.: *J. Mabro* (ed.): Veiled Half-Truths. Western Travellers› Perceptions of Middle Eastern Women, London/New York, 1991.
5. Diese Deutung bei *L. P. Peirce*: The Imperial Harem, New York, Oxford, 1993. Vgl. auch *Davis*, 131 ff.
6. *A. L. as-Saiyid Marsot*: Women and Men in Late Eighteenth Century Egypt, Austin, 1995, und *M. Z. Zilfi* (ed.): Women in the Ottoman Empire, Leiden etc., 1997, Introduction, und die Beiträge von *M. A. Fay, C. Imber* und *M. L. Meriwether*.
7. *B. al-Bustānī*: al-Jam'īya as-sūrīya li-l-'ulūm wa-l-funūn 1848–1952, Beirut, o. J. (1990), 45 ff.
8. Nach *F. de Ṭarrāzī*: Ta'rīkh aṣ-'ṣaḥḥāfa al-'arabīīya, Bd. 2, Beirut, 1913, 241; Kurzvita und Literatur über sie bei *Zaidān*, 1999, 630f.; ihr Bruder Firansīs Marrāsh publizierte aufklärerische Romane, vgl. *N. Tomiche* in: EI², Bd. 6 (1991) s. v.
9. Vgl. *N. Seni*: Symbolische Bedeutung der Frauenkleidung um die Jahrhundertwende. In: *A. Neusel/S. Tekeli/M. Akkent*, 49 ff.
10. Zum Autor *K. Öhrnberg* in EI², Bd. 8 (1995), 523 f.; zum *Murshid* s. *W. Walther*: Ein Wegbereiter der Frauenbildung im 19. Jahrhundert: Rifā' a aṭ-Ṭahṭāwī›. In: *M.-E. Enay* (Hrsg.): Schuld sind die Frauen, nicht der Koran, Saanenmöser-Gstaad, 2000, 29–42.
11. Englische Übersetzungen bei *Badran/Cooke* (ed.): Opening the Gates, London, 1990, 125 ff.; zu ihrer Vita: *J. Zaidān*: Ta'rīkh ādāb al-lugha al-'arabīya, hrsg. v. *Sh. Ḍaif*, Kairo, o. J., Bd. 4, 224; *Zaidān* (1999), 161–163.
12. Vgl. zu ihr: S. *Bräkelmann*: «Wir sind die Hälfte der Welt!». Zaynab Fawwāz (1860–1914) und Malak Ḥifnī Nāṣif (1886–1918), zwei Publizistinnen der frühen ägyptischen Frauenbewegung, Beirut, Würzburg, 2004. Kurzvita, Werke und Literatur bei *Zaidān* (1999), 571 ff.; Engl. Übersetzung eines Artikels, in dem sie H. Kūrānī kritisiert, bei *Badran/Cooke* (Anm. 11), 220f.
13. So S. 4, das Titelblatt trägt die muslimische Jahreszahl 1312, d. i. 1894/95; vgl. auch *Baron* (1994); *Badran* (1995), beide Index s. v. Fawwaz, Zaynab.
14. ad-Durr al-manthūr, Būlāq, 1312, 497–510 (Miryam Makāriyus).
15. Ebda., 6.
16. Nach *az-Ziriklī*: al-A'lām, Beirut, 71987, Bd. 8, 19, gründete Nasīm Naufal unter dem Namen seiner Tochter Hind 1892 in Alexandria die Zeitschrift «al-Fatāt». Tatsächlich publizierte sie Hind Naufal bis zu ihrer Heirat 1893 gemeinsam mit ihrem Vater, vgl. *Baron* (1994), Index s. v. Naufal. Zu den frauenspezifischen Themen der Zeit vgl. *Bräkelmann* (Anm. 12), «Themenkatalog», 215–267.
17. Vgl. zu ihr: *Encyclopedia Judaica*, Jerusalem, 1977, s. v. Moyal, Esther; *Zaidān* (1999), s. v. Mūyyāl; Baron (1994), Index s. v. Moyal, Ester.
18. Nach *Bräkelmann* (Anm. 12) konnte das Lexikon nicht vorgelegt werden, denn es war zur Ausstellungseröffnung nicht fertig.
19. So *F. Fawwāz* im Vorwort zu «Ḥusn al-'Awāqib au ghādat az-zāhira», hrsg. v. *F. Fawwāz*, Beirut, 1984, 15, die hier eine Passage aus Zainabs Brief zitiert.
20. Vgl. *Kaḥḥāla* (Anm. 11), Bd. 5, 213 ff.; Badran (1995), Index.
21. Vgl. Anm. 19. *Bräkelmann* (Anm. 12), 55, Anm. 86, verweist auf *B. Shaabans* Meinung, dies sei der erste arabische Roman überhaupt, die Gattung wäre also im Arabischen von Frauen begründet worden. Die ersten arabischen Romane stammen aber von *Firānsīs Marrāsh* (Ghābat al-Ḥaqq, 1866) und später *Salīm al-Bustānī* (1848–1984).
22. ar-Rasā'il az-Zainabīya, J. 1, al-Qāhira, 1322 (1904/5); ein zweiter Teil ist nie erschie-

nen. Zitate in: *Kaḥḥāla* (Anm. 20), Bd. 2, 82ff. und *F. Fawwāz* (Anm. 19), 16ff.; vgl. den «Themenkatalog» bei *Bräkelmann* (Anm. 12), 215–267.

23. Vgl. *U. Weckel*: Zwischen Häuslichkeit und Öffentlichkeit: Die ersten deutschen Frauenzeitschriften im späten 18. Jahrhundert und ihr Publikum, Tübingen, 1998.
24. Nach *Muḥammad ʿImāra* (Hrsg.): al-Muʾallafāt al-kāmila li-Muḥammad ʿAbduh, Kairo, 1972, Bd. 2, 78–95. Vgl. auch *H. Gätje:* Koran und Koranexegese, Zürich/Stuttgart, 1971, 324ff.
25. Deutsch von *O. Rescher,* bearb. u. mit einer Einführung v. *S. Balić,* Würzburg, 1992.
26. Vgl. *M. J. Kishk*: Jahālat ʿaṣr at-tanwīr. Qirāʾāt fī fikr Qāsim Amīn wa-ʿAlī ʿAbd ar-Rāziq, Kairo, 1990; auch z.B. *A. L. as-Saiyid Marsot*: Women and Modernization. In: *A. El Azhary Sonbol* (ed.): Women, the Family, and Divorce Laws in Islamic History, Syracuse, 1996, 39ff., und *El Azhari Sonbol,* Introduction, ebda, 1ff.
27. *Bāḥithat al-bādiya:* an-Nisāʾiyyāt. Majmūʿat maqālāt nushirat fī l-Jarīda fī mauḍūʿ al-marʾa al-miṣrīya, Bd. 1, [2]Miṣr, o. J. Zu ihrer Vita *Bräkelmann* (Anm. 12), 69ff.
28. Vgl. zu ihr: *Amirpur* (2003).
29. Vgl. dazu *Badran* (1995) und *D. Glaß*: Der Muqtaṭaf und seine Öffentlichkeit. Bd. 1, 2, Würzburg, 2004, Index; auch s. v. «Frauen», u. Bd. 1, 173–180, «Frauenpresse» usw.
30. Nach *Nashat* (1983), 23.
31. Nach *R. Haerkötter:* Maḥāsin. Ein Beispiel für die osmanische Frauenpresse in der zweiten konstitutionellen Periode, Wiesbaden, 1992, 31.
32. Material der Botschaft der Republik Türkei, März 2005. Ich danke Herrn T. Bacinoglu, Tübingen, für die Vermittlung.
33. Nach *ʿAbd ar-Razzāq al-Hilālī:* Tārīkh at-taʿlīm fī l-ʿIrāq fī l-ʿahd al-ʿuthmānī 1638–1917, Baghdād, 1959, 158ff.; vgl. auch *W. Ende*: Sollen Frauen schreiben lernen? Eine innerislamische Debatte und ihre Widerspiegelung in al-Manār. In: *D. Bellmann* (Hrsg.): Gedenkschrift Wolfgang Reuschel, Stuttgart, 1994, 49–58.
34. Nach *Sanasarian*, 39.
35. Nach *AlMonajjed* (1997), 59ff.; vgl. auch *M. Al-Rasheed*: A History of Saudi Arabia, Cambridge, 2002, 153f.
36. Vgl. *M. Böhmer*: Wissenschaft. In: *A. Lissner/R. Süssmuth/K. Walter:* Frauenlexikon, Freiburg (etc.), 1988, Sp. 1175ff.
37. Nach *Badran* (1995), 148f.
38. Vgl. das Zitat aus *N. Maḥfūẓ:* al-Marāyā. In: *Walther* (1997), 205.
39. *Milani*, 25f.
40. Vgl. *Sanasarian*, 39, ausführlicher *Milani*, 55ff., 26.
41. Vgl. Walther (2000, Anm. 10).
42. Nach *M. Seikaly*: Women and Religion in Bahrain. An Emerging Identity. In: *Yazbeck Haddad/Esposito,* 169–189.
43. Nach *AlMunajjed*, 68ff.
44. *Walther* (2000, Anm. 10).
45. World Bank, CIA Factbook, UNDP, Human Development Report. Die Zahlen für 1990 stammen aus: *V. M. Moghadam* (Anm. 2), 178ff.
46. *E. W. Fernea* (ed.): Children in the Muslim Middle East, Austin, 1995, 227ff.
47. Vgl. z.B. die Geschichte «Die Lampe erlischt» (1956) des Irakers *F. at-Takarli* (geb. 1927), der als Richter die Situation im Land kennen mußte. In: *W. Walther* (Hrsg.): Erkundungen. 28 Erzähler aus dem Irak, Berlin, 1986, und «Der Allmächtige». In: *Dies.* (Hrsg. und Übers.): *N. Machfus*: Die Moschee in der Gasse, Leipzig, [2]1989, auch Zürich, 1990, 1992.
48. Vgl. *Shahidian*, Voices (2002), 28, und Index, sowie das Interview, das sie in Paris am 28. 5. 2004 der iranischen Journalistin Esfandiari für *Iran.Dokht TV* gab (Internet); vgl.

auch ihre konzisen Forderungen in: *Ḥuqūq-e siyāsiyy-e zanān-e Īrān* (Political Rights of Iranian Women), Teheran, 1376.

49. *A. Würth*: Ash-Sharīʿa fī Bāb al-Yaman. Recht, Richter und Rechtspraxis an der familienrechtlichen Kammer des Gerichts Süd-Sanaa (Republik Jemen) 1983–1995, Berlin, 2000; für den Iran: *Shahidian* (2002).
50. Nach *Poya*, 107, lag das durchschnittliche Heiratsalter in Stadt und Land laut dem Iran Statistical Yearbook 1996/97, 62, bei 22 Jahren.
51. Nach *S. Galal:* Emanzipationsversuche der ägyptischen Frau, o. O., 1977, 22.
52. Vgl. zu ihr *Badran* (1995), 238–246, und Index.
53. *Al- Marʾa wa-l-ʿamal*, Alexandria, 1920. *N. Mūsā* war damals, laut Titelblatt, Direktorin der Amīrīyya-Mädchenschule in Alexandria.
54. Nach *S. Küper-Başgöl*: Frauen in der Türkei zwischen Feminismus und Reislamisierung, Münster/Hamburg, 1992, 108, 110.
55. Ebda., 110.
56. *Al-Qabas,* 18. 3. 2005, 4; für die Zusendung danke ich Herrn Prof. Dr. D. Blohm als Vertreter der Botschaft des Staates Kuwait.
57. Vgl. dazu *S. Shukri*: Social Changes and Women in the Middle East, Aldershot (etc.), 1999, 93–104, die nur auf die Gründe der Frauen eingeht, eine solche Arbeit anzunehmen, nicht auf die Arbeitsbedingungen.
58. *A. Öncü*: Die türkische Frau in qualifizierten Berufen. In: *N. Abadan-Unat* (1985), 183, und *F. Acar*: Frauen und akademische Bildung in der Türkei. In: Zeitschrift für Türkeistudien 3 (1990), 77–91.
59. Laut Informationsmaterial der türkischen Botschaft in Berlin, März 2005.
60. Laut Umschlag einer arabischen Informationsbroschüre der VAE zur Frankfurter Buchmesse, Oktober 2004.
61. *M. Badran*: Gender, Islam and the State: Kuweiti Women in Struggle: Pre-invasion to Postliberation. In: *Yazbeck Haddad/Esposito,* 190–208.
62. Nach *S. Aawani*: Musliminnen zwischen Tradition und Moderne. In: Spektrum Iran 14 (2001) 4, 105 ff. Für die Zusendung dieses und weiterer Hefte danke ich Herrn Ali Tareqhat, Kulturattaché der Botschaft der Islamischen Republik Iran, Berlin.
63. Vgl. *A. Saktanber*: Living Islam. Women, Religion, and the Politization of Culture in Turkey, London/New York, 2002, die *N. Göle*: Republik und Schleier. Die muslimische Frau in der Moderne, Berlin, 1995, widerspricht.
64. Nach *K. Amirpur*: Reformen an theologischen Hochschulen? Tendenzen der heutigen Diskussion im Iran, Köln, 2002, 58ff.; zur Terminologie vgl. *H. Halm*: Die Schia, Darmstadt, 1988, Index.
65. *K. Nath:* Education and Employment among Kuweiti Women. In: *Beck/Keddie,* 172ff.
66. Vgl. *Badran* (Anm. 61), 190–208.
67. Vgl. die politologische Überblicksdarstellung von vorislamischer Zeit bis ca. 1994 von *R. Kreile*: Politische Herrschaft, Frauenpolitik und Frauenmacht im Vorderen Orient, Pfaffenweiler, 1997.
68. *Sullivan*,171; vgl. *Shaarawi*, 98f.
69. *Shaarawi*, 112f.
70. *Badran* (1995), 102, 100.
71. Vgl. *W. Walther*: Islamischer Fundamentalismus und Frauenglück. Die Ägypterin Sainab al-Ghasālī als Propagandistin fundamentalistischer Sozialethik. In: *D. Pahnke* (Hrsg.): Blickwechsel. Frauen in Religion und Wissenschaft, Marburg, 1993, 273–298.
72. Nach *Küper-Başgöl* (Anm. 54), 1992, 108ff.
73. *Sanasarian*, 15ff.

74. Nach *Poya*, 40–43, 146.
75. *Sullivan*, 171.
76. *Shaarawi*, 39ff.
77. *Sanasarian*, 32.
78. *Haerkötter* (Anm. 31), 2.
79. Nach *M. Ileri*: Türkei. In: *U. Steinbach/R. Robert*: Der Nahe Osten, Band II, Opladen, 1988, 442.
80. *Sullivan*, 39.
81. Nach: *R. F. Worth*: Iraq's Political Women in Jeans or Veils. Süddeutsche Zeitung/New York Times 25.4.2005, 6.
82. Vgl. *A. Kawar*: Daughters of Palestine. Leading Women of the Palestinian National Movement, New York, 1996.
83. Vgl. *Sullivan*, 49.
84. *Milani*, 57.
85. Nach *Poya*, 146.
86. Ebda., 147.
87. Nach *Risālat al-Usra*, 2005, Milaff al-ʿadad, 26.
88. Vgl. die nahezu schizophrene Fatwā des iranischen Theologen *Najafābādī* in: *L. Abed*: Journalistinnen im Tschador, Frankfurt/M., 2001, 88.
89. *Amirpur* (2003), 98f.; *Saktanbar* (Anm. 63), 88.
90. Vgl. *Amirpur* (2003), 58; *N. Göle* (Anm. 63), 195; außerdem *F. El Guindi*: Veil. Modesty, Privacy, and Resistance, Oxford/New York, 1998.
91. Vgl. *H. R. Kusha:* The Sacred Law of Islam, Aldershot, 2002, 246ff.
92. Vgl. die arabischen, persischen und türkischen Miniaturen in: *Walther* (1997).
93. Vgl. die Miniaturen in *Walther*: Die Frau im Islam, Leipzig (auch Stuttgart), 1980, Abb. 51, und *Dies.*: Kleine Geschichte der arabischen Literatur, München, 2004, 257.
94. *Küper-Başgöl* (Anm. 54), 112.
95. Die Fotos bei *Shaarawi* zeigen Huda, auch als Kind, und andere Ägypterinnen aus Elitefamilien in gänzlich französisierter, eleganter Hausgarderobe um 1885.
96. *Shaarawi*, 131.
97. Vgl. *W. Walther*: From Women's Problems to Images of Women in Modern Iraqi Poetry. In: Die Welt des Islams 36 (1996) 2, 219–241.
98. Vgl. die scharfe Kritik von Shaikh *Muṣṭafā al-Ghalāyinī,* Professor für Korankommentierung und Arabische Literatur an der Islamischen Fakultät in Beirut: *Naẓarāt fī kitāb as-Sufūr wa-l-ḥijāb al-mansūb ilā al-Ānisa Naẓīra Zain ad-Dīn,* Beirut, 1928, beim selben Verlag erschienen wie das kritisierte Buch.
99. Nach *Badran* (1995), Index s. v. veiling.
100. Nach *P. Avery:* Modern Iran, London, 1965, 292; vgl. auch *Milani*, 33.
101. Ausführlicher mit den soziokulturellen Implikationen: *Milani*, 38ff.
102. *F. El Guindi* (Anm. 90), 169ff.
103. Viele Beispiele bei *Walther* (1997).
104. Vgl. *W. Walther*: Komik als Kontrast. Schwänke, Ränke und Rollenspiele in schiitischen Städten des Irak. In: *U. Stehli-Werbeck, Th. Bauer* (Hrsg.): Festschrift Heinz Grotzfeld. Im Druck.
105. *Hijab*, 52f.
106. *Amirpur* (2003), 98f.
107. Vgl. dazu *Abed* (Anm. 88), 147f.
108. *Amirpur* (2003), 69; Abbildungen «islamischer» Sportkleidung bei *Abed* (Anm. 88), 144.

109. *Abed* (Anm. 88), 90.
110. Vgl. die Beiträge von *S. Eraslan, F. Berktay, Y. Ramazanoglu, B. Pusch* und *N. Šišman* in: *B. Pusch* (Hrsg.): Die neue muslimische Frau, Istanbul/Würzburg, 2001.
111. Nach *M. Seikaly* (Anm. 42), 169–198.
112. Vgl. z.B. *Walther* (1997), Abb. 13, 27, 29 u. a. m.
113. Ausführliche Darlegung bei *Schirrmacher/Spuler-Stegemann* (2004).
114. Zur Vorgeschichte *S. Tellenbach* (2003), Einleitung; ferner: *H.-G. Ebert* (1996); *D. S. El Alami/D. Hinchcliffe*: Islamic Marriage and Divorce Laws of the Arab World, London, 1996; zur Heirat aus islamischer Sicht: *Sheikh M. R. Uthman*: The Laws of Marriage in Islam, London, 1995.
115. Vgl. *F. E. Vogel*: Islamic Law and Legal System. Studies of Saudi-Arabia, Leiden (etc.), 2000, für die Zeit bis 1987.
116. Vgl. *Sh. Mahdevi*: Women and Shii Ulama in Iran. In: Middle Eastern Studies 3 (1983), 26ff.; aktueller sind *Poya, Shahidian, Amirpur*. Zu Afghanistan, auf das hier nicht eingegangen werden kann: *I. Schneider*: The Position of Women in the Islamic and Afghan Judiciary (im Druck).
117. Vgl. *Ayatollah S. Ruhollah Mousavi Khomeini*: A Clarification of Questions. Translated by *J. Borujerdi*, Boulder/London, 1984, 315ff., 331.
118. Vgl. *M. Mutahhari:* The Rights of Women in Islam, Teheran, 1981/1401, 147ff.; vgl. auch *H. Algar*: Muṭaharrī. In: EI², Bd. 7 (1993), s. v.
119. Vgl. zu fallspezifischen und regionalen Unterschieden *I. Schneider* (Anm. 116).
120. *Kusha* (Anm. 91), 279; vgl. auch *Tellenbach* (1996), Einleitung.
121. Nach *Kuske*, 76.
122. Vgl. *S. Tellenbach,* Rezension zu: *A. Zevkliler:* Nichteheliche Lebensgemeinschaften nach deutschem und nach türkischem Recht, Würzburg, 1989. In: Orient 33 (1992).
123. Vgl. den Vorschlag für einen modernen Ehevertrag, ausgearbeitet von einer islamischen Rechtsakademie in Indien, bei: *S. Tabassom*: Waiting for the New Dawn. Muslim Women's Perception of Muslim Personal Law and its Practices, New Delhi, 2003, 153. Hier hat die Frau das Recht, die Scheidung zu fordern, wenn ihr Mann «illegale Beziehungen zu anderen Frauen aufnimmt», und eine andere Wohnung zu verlangen, wenn er eine zweite Frau dazuheiratet.
124. Vgl. die von *Würth* (Anm. 49) aufgeführten Fälle aus Süd-Sanaa 1983–1995.
125. Nach *D. v. Denffer:* Mutʿa – Ehe oder Prostitution? In: Zeitschr. d. Dt. Morgenländ. Gesellschaft 128 (1978), 299–325, besonders 317.
126. Vgl. *A. Gribetz*: Strange Bedfellows: Mutʿat an-nisāʾ and Mutʿat al-ḥajj, Berlin, 1994.
127. *Haeri*, 100.
128. Nach *W. Ende:* Ehe auf Zeit (mutʿa) in der innerislamischen Diskussion der Gegenwart. In: Die Welt des Islams 20 (1980), 1ff. u. bes. 24.
129. Internet: www.discardedlies.com 13. 3. 2005.
130. Vgl. *N. Hamadeh*: Islamic Family Legislation: The Authoritarian Discourse of Silence. In: *Yamani*, 331–349.
131. Nach *C. Schlötzer*: Türkei stärkt die Rechte von Frauen. Süddeutsche Zeitung 124, 2. 6. 2005, 7.
132. Vgl. *N. Abdo*: Nationalism and Feminism: Palestinian Women and the Intifada. No Going Back? In: *V. Moghadam* (Anm. 2), 148–170; *R. Sayegh*: Researching Gender in a Palestinian Group. In: *D. Kandiyoti* (ed.): Gendering the Middle East, London/New York, 1996, 145–168.
133. Vgl. dazu *E. W. Fernea* (1995, Anm. 46), 168–175, und *Dies.*, 1998.
134. Vgl. *E. J. Wensinck* u. *Ch. Pellat:* «Ḥūr». In: EI², Bd. 3 (1986), 581f..
135. Die 40. «*Maqāma*», deutsche Adaption von *F. Rückert*: al-Ḥarīrī, Die Verwandlungen

des Abu Seid von Serug, hrsg. v. *W. Walther*, Leipzig, 1989, 187ff. Bei Rückert ist es die 33. «Maqāma», denn er hat nicht alles übersetzt. Vgl. auch die Abbildung bei Walther (1997), 27.

136. *A. El Azhary Sonbol* (Anm. 26), Introduction.
137. Nach *Hijab*, 30.
138. *Schirrmacher/Spuler-Stegemann* (2004), 152f.
139. Das folgende im wesentlichen nach *Kuske* (1996); s. auch *H.-G. Ebert:* Familiengesetze im Maghrib. Das Spannungsverhältnis von islamrechtlicher Position und soziokulturellem Wandel. In: Orient 33 (1992) 1, 61–79.
140. Mir liegt dank der Freundlichkeit des Kulturattachés der marokkanischen Botschaft in Berlin, Herrn Dr. Qindil, die arabische Fassung vor.
141. Vgl. *Walther* (1991), (1997).
142. *Z. Mir-Hosseini* fand bei ihrer Feldforschung in Marokko und Iran *Coulsons* These bestätigt, daß das schiitische Familienrecht die Kernfamilie voraussetzte: Marriage on Trial, London/New York, 1993, 195ff.
143. Vgl. *Walther* (1997), 62f.
144. Vgl. *S. el-Messiri*: Self-lmages of Traditional Urban Women in Cairo. In: *Beck/ Keddie*, 522–540; *S. Joseph*: Women and the Neighbourhood Street in Borj Hammoud, Lebanon. In: Ebda., 541–557.
145. Vgl. *C. Lacoste-Dujardin*: Mütter gegen Frauen. Mutterherrschaft im Maghreb, Zürich, 1991, 13f.
146. *Mir-Hosseini* (Anm. 142), 191ff.
147. *Ḥabbāt an-Nafṭālīn*, 1986; deutsch von *R. Karachouli*, Basel, 1998.
148. Vgl. z.B. *Saktanbar* (Anm. 63), 99f.
149. *H. Hoodfar*: Between Marriage and the Market, Berkeley (etc.), 1998, 51–79.
150. *H. Afshar*: Islam and Feminisms. An Iranian Case-Study, Houndmills, 1998, 150ff.
151. *S. Joseph* (1999); vgl. meine Rezension in: Bibliotheca Orientalis LX (2003), 765–768.
152. Vgl. *Walther* (1997), 75. Zur religiösen Debatte der 80er Jahre vgl. *R. Lohlker*: Schariʿa und Moderne, Stuttgart, 1996, 13–38.
153. Vgl. *Tellenbach* (2003), 219f.
154. Vgl. *Dies*. (1996), 136f.
155. *Shahidian* (2002, Gender Politics), 189.
156. Nach *Küper-Başgöl* (Anm. 54), 1992, 243ff.; *B. Beinhauer-Köhler*: Fāṭima Bint Muḥammad. Metamorphosen einer frühislamischen Frauengestalt, Wiesbaden, 2002, 298–304.
157. *A. Firdaus*: Women and the Islamic Revolution. In: International Journal of Middle East Studies 15 (1983), 283–98; guter religionshistorischer Überblick: *B. Beinhauer-Köhler* (Anm. 156), 238–264.
158. Vgl. *Walther* (1997), 124ff.; *Guthrie* (Anm. 3), Index s. v. singing girl at court.
159. *Küper-Başgöl* (Anm. 54), 112.
160. Nach *Badran* (1995), 189, 191, sowie Index Umm Kalthum (so!) und *Danielson,* EI², Bd. 10 (2000), s. v. Umm Kulthūm.
161. Vgl. für die Frühzeit die Anthologie *Badran/Cooke* (Anm. 11), sowie *Milani.*
162. Vgl. *W. Walther*: Eine Liebende der Nacht. Nāzik al-Malāʾika; sowie *Dies.*: Worte wie Hände aus Rosen: Die irakische Dichterin Nāzik al-Malāʾika. In: Edith Stein Jahrbuch, Würzburg, 1996, 294–297; 1998, 297–312.
163. Ḥamlat taftīsh – aurāq shakhṣīya. Deutsch von *H. Fähndrich,* Basel, 1996. Vita und Schriften bei *Naggar/Al-Maaly*, Heidelberg, 2004, 282f.; *Donohue/Tramontini,* Bd. 2, 1204–1207.
164. Vgl. «Meine unbekannte Welt» (ʿĀlamī al-majhūl), deutsch von *W. Walther*. In:

D. Kilias (Hrsg.): Erkundungen. 32 ägyptische Erzähler, Berlin, 1989, 5ff.; *N. Naguib*: Zeit der Jasminblüte, Zürich, 1988; *S. Taufik* (Hrsg.): Erste Liebe – letzte Liebe, Berlin, 1989; Die Mädchen von Burdain, deutsch von *R. Karachouli*, Zürich, 2003.

165. Die Verwendung des persischen Begriffs «Tschador» ist irreführend. Der Titel der englischen Übersetzung lautet «The Hidden Face of Eve», sicher, weil das besser in das europäische Bild der islamischen Frau paßt als die Übersetzung des provozierenden arabischen Originaltitels.
166. Vgl. *F. Malti-Douglas*: Men, Women and God(s). Nawal El Saadawi and Arab Feminist Poetics, Berkeley (etc.), 1995.
167. Bisher nur Englisch «The Innocence of the Devil»; vgl. *W. Walther* in: Kindlers Neues Literatur Lexikon. Suppl.-Bd. 22 (1998), 404–406. Vita und Schriften bei *Naggar/Al-Maaly*, 225f.; *Donohue/Tramontini*, Bd. 2, 968–973.
168. Engl. Teilübersetzungen von *S. Hetata*: A Daughter of Isis, London, 1999 und: Walking Through Fire, London, 2002.
169. Weitere Werke auf Deutsch u.a.: Gott stirbt am Nil, München, 1986; Ein vergessener Liebesbrief und andere Stories, Reinbek bei Hamburg, 1987; Ringelreihen, München, 1990; She has no Place in Paradise, London, 1987; Eine Frau auf der Suche, München, 1992 u.ö.
170. Auch u. d. T. «Dreams of Trespass», vgl. *W. Walther* in: Kindlers Neues Literatur Lexikon. Suppl.-Bd. 22, München, 1998, 131f.; Werke auf Deutsch: Geschlecht, Ideologie, Islam, München, 1987; Der politische Harem. Mohammed und die Frauen, Frankfurt/M., 1989; Die Sultanin. Die Macht der Frauen in der Welt des Islams, Frankfurt/M., 1991; (Hrsg.): Die Angst vor der Moderne. Frauen und Männer zwischen Demokratie und Islam, Berlin, 1992 u. ö.; Die vergessene Macht. Frauen im Wandel der islamischen Welt, Berlin, 1993.
171. Vgl. *W. Walther*: Weibliche Verhaltensweisen, Geschlechter- und Familienbeziehungen im Werk der Kuwaiterin Lailā al-ʿUthmān. In: *M. Übelhör* u.a. (Hrsg.): Darstellung der Probleme der Frau in der Literatur des 20. Jahrhunderts, Marburg, 1991, 133ff.; und die Übersetzungen: *S. Taufik*: Laila al-Osman: Die Wände zerreißen, Berlin, 1988; Zahra kommt ins Viertel, deutsch von *A. Rahmer*, Berlin, 1993. Vita und Schriften bei *Donohue/Tramontini*, Bd. 2, 1147–1150.
172. «Ich lebe. Ein Roman aus dem Libanon», deutsch von *L. Chamaa*, Basel, 1994.
173. Vgl. auch: *U. Stehli-Werbeck:* Rebellion und Relativität der Maßstäbe. Zwei libanesische Autorinnen zur Situation der Frau. In: *M. Übelhör* (Anm. 171), 131ff. Zum Prozeß: *E. W. Fernea/B. Q. Bezirgan* (eds.): Middle Eastern Muslim Women Speak, Austin/London, 1977, 280ff.
174. Deutsch von *V. Theiß*, Basel, 1989.
175. Deutsch von *I. Rumler*: Im Banne der High-Tech-Harems, Reinbek bei Hamburg, 1991; vgl. *Stehli-Werbeck* (Anm. 173), 119ff.
176. Zu Vita und Schriften: *Donohue/Tramontini*, Bd. 2, 851–855; «Septembervögel», deutsch von *V. Theiß*, Basel, 1988; «Flug gegen die Zeit», deutsch von *H. Fähndrich*, Basel, 2001; «Das Pfand», deutsch von *D. Kilias*, Basel, 2001.
177. Deutsch: «Mit dem Taxi nach Beirut» von *S. Taufik*, Berlin, 1990.
178. Deutsch: «Alptraum in Beirut» von *V. Theiß*, Bornheim Merten, 1988.
179. Vgl. zu ihr: *B. Winkler*, in: *Naggar/Al Maaly*, s. v.; zur frankophonen Frauenliteratur Nordafrikas bis ca. 1991: *N. al-Baghdadi*: Schreibende Töchter. Autobiographie und Familie in arabischer Frauenliteratur. In: *E. Laudowicz* (Hrsg.): Fatimas Töchter. Frauen im Islam, Köln, 1992, 181–197.
180. Vgl. *Faryāl Jubūrī Ghazūl*: Dhākirat (al-) adab fī Dhākirat al-jasad. In: Alif 24 (2004), 166–181.

181. Die Anthologie von *T. Rahnema* (Hrsg.): Frauen in Persien, München, 1986, enthält mehr Geschichten von Autoren als von Autorinnen; letztere führt *M. H. Allafi* (Hrsg.): Nima mit dem blauen Kleid, Frankfurt/M., 1999; vgl. auch *F. H. S. Javadi*: Der Morgen der Trunkenheit, Frankfurt/M., 2000 («*Bāmdād-e Khumār*», 1995), deutsch von *S. Baghestani*; *Dies.*: In der Abgeschiedenheit des Schlafs, deutsch von *S. Baghestani*, Frankfurt/M., 2002; sowie *K. Talattoff*: The Politics of Writing in Iran. A History of Modern Persian Literature, Syracuse, 2000, besonders 135ff. Zu Shahrnūsh Pārsīpūr: *I. Stümpel*: Zeugin, Chronistin, Aufklärerin? Zum Selbstverständnis einer persischen Autorin. In: *S. Guth, P. Furrer* (Hrsg.): Conscious Voices. Concepts of Writing in the Middle East, Beirut, 1999, 197–220.
182. In: *Webb*, 241–248.

VIII. Islamistische Gruppen und Bewegungen
(*Guido Steinberg* und *Jan-Peter Hartung*)

1. Vgl. *G. Krämer* 1994, 44.
2. Zur *Salafīya* vgl. *P. Shinar/W. Ende:* Salafiyya. In: Encyclopaedia of Islam. New Edition, VIII, 1995, 900–909.
3. Vgl. *G. Krämer* 1994, 48.
4. Vgl. *J.-P. Hartung* 2001, 112–115.
5. Vgl. *R. Lohlker,* Cybermuslim – Islamisches und Arabisches im Internet. In: Orient 38/2 (1997) 236–244.
6. Als Standardwerk zu den MB gilt weiterhin: *R. P. Mitchell* 1993. Vgl. jedoch auch *B. Lia* 1998.
7. Der *sharīʿa*-Begriff ist insofern problematisch, als sich Islamisten immer wieder auf ihn berufen, ohne daß ein Konsens darüber besteht, was diesen eigentlich ausmacht. Dennoch teilen fast alle Islamisten die Forderung nach einer kompromißlosen und vollständigen Implementierung der *sharīʿa*.
8. Die Organisation der MB ähnelt sowohl strukturell als auch terminologisch derjenigen einer Sufibruderschaft. Hierin gleicht sie der südasiatischen *Jamāʿat-i islāmī:* An deren Spitze steht der Befehlshaber *(amīr)*, dem eine Beratende Versammlung *(majlis-i shūrā)* beigeordnet ist. Das Gros der *Jamāʿat-i islāmī* machen jedoch nicht ihre ordentlichen Mitglieder *(arkān)* aus, sondern eine bis 45 mal höhere Zahl von Aktivisten *(kārkun)* und Sympathisanten *(muttafiqān)*.
9. Vgl. *G. Krämer* 1999, 190.
10. Vgl. *R. Schulze* 1990, 93–122.
11. Eine englische Übersetzung des Werkes liegt vor: *S. Qutb:* Milestones, Chicago, 1993.
12. In diesem Zusammenhang ist auch Aḥmad Huber as-Swīsrī (geb. 1927) von Bedeutung, der seit mehreren Jahren versucht, islamistische Persönlichkeiten mit der ‹Neuen Rechten› in Europa zusammenzuführen. Vgl. *K. Coogan:* Achmed Huber, The Avalon Gemeinschaft, and the Swiss ‹New Right›. In: www.oraclesyndicate.org/pub_e/k.coo_e/publ_08-02_1.htm.
13. Vgl. *G. E. Robinson:* Can Islamists be Democrats? The Case of Jordan. In: MEJ 51 (1997) 373–378.
14. Vgl. *B. D. Metcalf* 1982, 268–296.
15. Vgl. u.a. *Y. Friedmann:* The Attitude of the *Jamʿiyyat-i ʿUlamāʾ-i Hind* to the Indian National Movement and the Establishment of Pakistan. In: AAS 7 (1971) 157–180.
16. Vgl. *M. K. Masud,* (eds.): Travellers in Faith. Studies of the Tablīghī Jamāʿat as a Transnational Islamic Movement for Faith Renewal, Leiden, 2000.

17. Vgl. *S. V. R. Nasr* 1994; *Ders.* 1996; *J.-P. Hartung* 2001.
18. Vgl. *J.-P. Hartung:* ʿUlamāʾ of Contemporary South Asia – Globalizing the Local by Localizing the Global. In: Oriente Moderno 23 n. s. 83/1 (2004) 83–101.
19. Vgl. *S. A. S. Pirzada* 2000; *B. D. Metcalf:* ‹Traditionalist› Islamic Activism: Deoband, Tablighis, and Talibs. In: ISIM-Papers 4 (2002) 12–17.
20. Vgl. *G. Krämer* 1994, 18.
21. Wichtigstes Instrument dieser Politik wurde die 1962 in Mekka gegründete *Islamische Weltliga* (*Rābiṭat al-ʿālam al-islāmī*; RAI). Vgl. *R. Schulze* 1990, 181–456.
22. Vgl. *G. Kepel* 1995, 71–108.
23. Vgl. z.B. Plusieurs personnes interpellées seraient membres du Takfir. In: Le Monde (26. September 2001).
24. Vgl. *E. Sivan*, 1990, 103f.
25. Vgl. *J. Reissner:* Die Besetzung der Großen Moschee in Mekka. In: Orient 21 (1980) 193–203.
26. Vgl. *E. Abrahamian:* Die Guerilla-Bewegung im Iran von 1963 bis 1977. In: *K. Greussing/J.-H. Grevemeyer* (Hrsg.): Religion und Politik im Iran, Frankfurt a.M., 1981, 337–360.
27. Vgl. *S. A. Arjomand* 1988, 91–174.
28. Vgl. *S. Rosiny* 1996.
29. Vgl. *H. Batatu:* Shi'i Organisations in Iraq: Al-Da'wah al-Islamiyah and al-Mujahidin. In: *J. R. I. Cole/N. R. Keddie* (eds.): Shi'ism and Social Protest, New Haven (u.a.), 1986, 179–200.
30. Zu den saudi-arabischen Schiiten vgl. *G. Steinberg:* Die innenpolitische Lage Saudi-Arabiens nach dem 11. September 2001, (DOI-Focus 8), Hamburg, 2003, 20f.
31. Vgl. *C. Zutshi:* Religion, State, and Community: Contested Identities in the Kashmir Valley, c. 1880–1920. In: South Asia 23/1 (2000) 109–128; *B. A. Khan:* The Ahl-i-Ḥadīth: A Socio-Religious Reform Movement in Kashmir. In: The Muslim World 90 (2000) 133–157.
32. Vgl. *N. Chadha-Behera:* State, Identity and Violence: Jammu, Kashmir and Ladakh, New Delhi, 2000.
33. Vgl. *Y. Sikand:* Islamist Militancy: The Lashkar-i-Tayyeba. In: ISIM Newsletter 9 (2002) 14.
34. Ausführlich zu dieser Schule vgl. *S. J. Malik:* Islamisierung in Pakistan 1977–84: Untersuchungen zur Auflösung autochthoner Strukturen, Stuttgart, 1989, 290–301.
35. Vgl. *B. Glatzer:* Zum politischen Islam der afghanischen Taliban. In: *D. Reetz* (Hrsg.), Sendungsbewußtsein und Eigennutz: Zu Motivation und Selbstverständnis islamischer Mobilisierung, Berlin, 2001, 173–182; *A. Rashid* 2000.
36. Die englische Übersetzung des Textes wurde als *The Ladenese Epistle* bekannt und findet sich auf zahlreichen Webseiten. (z.B.: www.washingtonpost.com/ac2/wp-dyn/A4342–2001Sep21) Die Überschrift des arabischen Originaltextes lautet: «*Jihād*-Erklärung gegen die Amerikaner, die das Land der Heiligen Stätten besetzt halten». Der Untertitel lautet unter Rückgriff auf einen Ausspruch des Propheten Muḥammad: «Vertreibt die Polytheisten von der Arabischen Halbinsel».
37. Unterzeichnet, neben den beiden Führern, von Rifāʿī Aḥmad Ṭāhā (*Jamāʿa islāmīya*, Ägypten), Mīr Ḥamza (*Jamʿīyat al-ʿulamāʾ*, Pakistan) und Fażl ar-Raḥmān (*Ḥarakat al-jihād*, Bangladesch). Vgl. The 9/11 Commission Report, Washington, July 2003.
38. Zur *al-Qāʿida* vgl. *R. Gunaratna:* Inside Al Qaeda: Global Network of Terror, London, (erweiterte Neuauflage) 2003.
39. Vgl. New Tape is Attributed to Wanted Qaeda Figure. In: New York Times (1. Mai 2004).

IX. Die mystischen Bruderschaften und der Volksislam *(Frederick De Jong)*

1. Bei den meisten mystischen Bruderschaften sind Frauen von der Möglichkeit der Teilnahme und/oder Initiierung ausgeschlossen. In einer Anzahl von Fällen aber ist es auch für Frauen möglich, initiiert zu werden. Dies geschieht gewöhnlich nach einem Ritual, das vom Initiierungsritual der Männer abweicht. Bruderschaften, in denen man gemischte liturgische Zusammenkünfte kennt, sind eine große Ausnahme. Wenn eine Bruderschaft weibliche Mitglieder aufnimmt, organisiert man in der Regel Zusammenkünfte, die nur für diese zugänglich sind. In Abweichung von der *ḥaḍra* der männlichen Mitglieder bestehen diese meist nur aus Koranrezitation, Gebet, einer Lehrpredigt und manchmal aus einem (ausschließlich im Sitzen abgehaltenen) *dhikr*. Da es *ṭarīqas* gibt, bei denen auch Frauen Mitglied werden können, und da außerdem bei vielen *ṭarīqas* Frauen und Kinder, die nicht formell Mitglied werden können, wegen der *baraka* initiiert werden können, scheint es nicht richtig, *ṭarīqas* im allgemeinen als zum soziologischen Komplex der Männerbünde gehörig zu betrachten; vgl. *H. J. Kissling:* Die soziologische und pädagogische Rolle der Derwischorden im Osmanischen Reich. In: ZDMG 103 (1953) 18–28.
2. Einige Namen der heutzutage am meisten bekannten und weitverbreiteten mystischen Bruderschaften und ihrer (mutmaßlichen) Gründer sind: *al-Aḥmadīya* – Aḥmad al-Badawī (gest. 1276); *al-Burhānīya* (oder *ad-Disūqīya*) – Ibrāhīm ad-Disūqī (gest. 1288); *al-Čishtīya* – Muʿīn ad-Dīn al-Čishtī (gest. 1236); *al-Khalwatīya* – ʿUmar al-Khalwatī (gest. 1397); *an-Naqshbandīya* – Muḥammad Bahāʾ ad-Dīn Naqshband (gest. 1389); *al-Qādirīya* – ʿAbd al-Qādir al-Jīlānī (gest. 1166); *ar-Rifāʿīya* – Aḥmad ar-Rifāʿī (gest. 1182); *ash-Shādhilīya* – Abū l-Ḥasan ʿAlī ash-Shādhilī (gest. 1258); *as-Suhrawardīya* – Ḍiyāʾ ad-Dīn Abū Najīb as-Suhrawardī (gest. 1168); *at-Tijānīya* – Aḥmad at-Tijānī (gest. 1815). Fast alle mystischen Bruderschaften haben eine *silsila*, die auf einen der hier erwähnten Mystiker zurückgeht.
3. Gegründet von Jalāl ad-Dīn ar-Rūmī (gest. 1273), bekannt als *Mevlāna* (unser Herr). Die alljährlichen Mevlāna-Feiern im Monat Dezember in Konya, wo sich das ehemalige Zentrum befindet, das jetzt als Museum dient, haben primär den Charakter einer touristischen Attraktion; vgl. *H. Ritter:* Die Mevlānafeier in Konya vom 11.–17. Dezember 1960. In: Oriens 15 (1962) 249–270.
4. Genannt nach Ḥājjī Bektāsh Velī (gest. 1335). Das Zentrum dieser Sekte liegt in dem gleichfalls nach ihm benannten Dorf Hacıbektaş in Zentral-Anatolien (Kappadozien). Dieses Zentrum, in dem sich sein Grab befindet, ist für die zahlreichen Anhänger des Bektaschitums in der Türkei und auf dem Balkan ein Pilgerzentrum geblieben, und zwar trotz des Verbots der mystischen Bruderschaften in der Türkei im Jahre 1925 und der Zweckentfremdung des Zentrums als Museum. Die klassische Studie über Geschichte und Lehre des Bektaschitums ist *J. K. Birge:* The Bektashi Order of Dervishes, London, ²1965.
5. Über die *Saʿdīya* in Syrien s. *F. De Jong:* Les confréries mystiques musulmanes du Machreq arabe: centres de gravité, signes de déclin et de renaissance. In: *A. Popovic* u. *G. Veinstein* (Hrsg.): Les ordres mystiques dans l'Islam. Cheminements et situation actuelle, Paris 1986, 212–213.
6. *S. F. De Jong* 1976–1977, 41f.
7. *M. Horten* 1917–1918, Band 1, 6ff.
8. Der heutzutage wahrscheinlich bekannteste und am meisten gelesene *maulid* wurde von Jaʿfar ibn Ḥasan al-Barzanjī (gest. 1764) geschrieben.

9. Über die Entstehung des Prophetenkultes siehe die grundlegende Arbeit von *T. Andrae:* Die Person Muhammeds in Lehre und Glauben seiner Gemeinde, Stockholm, 1918, 290–390. Vgl. dazu *A. Schimmel* 1981.
10. *M. Horten* 1917–1918, Band 2, 268.
11. Vgl. *F. Dornseiff:* Das Alphabet in Mystik und Magie, Leipzig/Berlin, 1925, 142–145; *J. K. Birge:* The Bektashi Order of Dervishes, 148–158.
12. Für einige konkrete Fälle der Kritik und für Literaturhinweise s. *F. De Jong* 1975, 84–96.
13. *R. Kriss*, 1960–1962 X.
14. Vgl. *M. Horten:* 1917–1918, Band 1, 81; *E. Diez:* Glaube und Welt des Islams, Stuttgart, 1941, 68; siehe auch Koran 2:96.
15. *E. Zbinden* 1953, 95.
16. *H. A. Winkler* 1934, 150ff.; *B. A. Donaldson* 1938, 13; und auch *R. Loeffler* 1988, passim.
17. *E. Zbinden:* 1953, 95.
18. In der Alltagssprache werden die Termini *jinn* und *ʿifrīt* (Pl. *ʿafārīt*) nebeneinander gebraucht; vgl. *E. Zbinden:* 1953, 60.
19. *W. S. Blackman* 1927, 69ff. Für Propheten-Traditionen über *qarīna* und *qarīn* siehe *E. Zbinden* 1953, 144; vgl. ebd., 41.
20. Für die benutzten Koranverse s. *E. Zbinden:* 1953, 97; *S. Seligmann* 1910, Band 1, 340; *B. A. Donaldson* 1938, 14. Für sonstige Texte, benutzte Substanzen, verwendete Materialien, Formen von Amuletten und weitere Einzelheiten s. *H. A. Winkler* 1930, passim, und *R. Kriss* 1960–1962, Band 1, 1–57; vgl. *S. Seligmann* 1910, Band 2, 342, und *M. Horten:* 1917–1918, Band 1, 109. Über Amulette aus dem schiitischen Bereich s. *A. Fodor* 1992, 118–143.
21. Vgl. *F. Dornseiff:* Das Alphabet Mystik und Magie, 142; *H. A. Winkler* 1930, 96–97.
22. Vgl. *S. Seligmann* 1910, Band 2, 341; *E. Zbinden* 1953, 42, 147; *J. S. Trimingham* 1949, 172; *H. Granqvist:* Muslim Death and Burial. Arab Customs and Traditions Studied in a Village in Jordan, Helsinki-Helsingfors, 1965 (Societas Scientiarum Fennica Commentationes Humanorum Litterarum, XXXIV) 1, 1965, 28.
23. Vgl. *J. S. Trimingham* 1965, 177 f.; *B. A. Donaldson* 1938, 194ff.
24. *W. S. Blackman* 1927, 236.
25. Über Blutopfer und sonstige Opfer s. *S. I. Curtiss* 1903, 206–260; vgl. *E. Dermenghem* 1954, 152–161.
26. *E. Zbinden* 1953, 135.
27. Ebd., 70, 152–153. Für Namen und Kategorien der *jinn* s. ebd., 64–65; vgl. *J. S. Trimingham* 1965, 171–174.
28. Erwähnt in *R. Kriss* 1960–1962, Band 2, 140ff. Dem *zār* ist manchmal äthiopische Herkunft zugeschrieben worden. S. auch darüber *R. Kriss:* ebd.; und *R. Natvig:* Oromos, Slaves, and the Zar Spirits. A Contribution to the History of the Zar Cult. In: International Journal of African Historical Studies 20 (1987) 4, 243–256. Für weitere Literatur zum Thema s. *R. Khouri:* Contribution à une bibliographie du «zār». In: Annales Islamologiques (Kairo) XVI (1980) 359–374 (und 2 Abbildungen).
29. Für Beispiele siehe *H. Einzmann* 1977, 103; *B. A. Donaldson* 1938, 61.
30. Vgl. *E. Bannerth* 1973, 5; *R. Paret:* Symbolik des Islam. Symbolik der Religionen II (herausgegeben von *F. Hermann*), Stuttgart, 1958, 61; *F. De Jong* 1976–1977, 27.
31. Für eine Klassifikation von Wundern siehe z. B. *J. S. Trimingham* 1965, 136ff.
32. *J. S. Trimingham* 1965, 128; *R. Kriss* 1960–1962, Band 1, 4–5.
33. *B. A. Donaldson* 1938, 33.
34. *S. I. Curtiss* 1903, 179; *Einzmann* 1977, 94.

35. Es gibt auch Gräber, wo nur ein Teil des Körpers begraben liegt. Z. B. befindet sich im Grab des Abū Madyan Shuʿaib in Jerusalem der Überlieferung zufolge nur dessen Hand, und im Grab des Ḥusain ibn ʿAlī in Kairo soll sich nur sein Haupt befinden.
36. Weit verbreitet ist der Brauch, bei den Heiligengräbern Kerzen anzuzünden. Für eine Spezifikation der Kategorien *ṣadaqāt* und *nudhūr* siehe *H. A. Winkler* 1936, 119f.; *R. Kriss* 1960–1962, Band 1, 32–43.
37. Dies scheint in weit geringerem Maße für die wichtigsten Heiligengräber der islamischen Welt (unter denen eine Anzahl von Gräbern von Verwandten und Nachkommen des Propheten ist) und für die Gräber der Gründer der großen mystischen Traditionen und Bruderschaften zu gelten. Diesen Gräbern einen Besuch abzustatten ist Frauen nur an bestimmten Tagen und/oder Zeiten möglich, es sei denn, der Raum beim Grab besteht aus zwei voneinander getrennten Teilen, wovon ein Teil, oft mit eigenem Eingang, für die weiblichen Besucher reserviert ist.
38. S. dazu meinen Artikel «*Ḳuṭb*» in der Encyclopaedia of Islam (EI^2), volume V (fasc. 87–88).
39. *H. A. Winkler* 1934, 130–131.
40. Diese Konzepte sind *C. Geertz:* Islam Observed. Religious Development in Morocco and Indonesia, New Haven/London, 1968, entnommen.
41. Mit Ausnahme von Mazedonien und Kosovo; vgl. *A. Popović:* L'Islam balkanique. Les musulmans du sud-est européen dans la période post-ottomane, Berlin/Wiesbaden, 1986, 217f. (Balkanologische Veröffentlichungen, 11).
42. Das von Schafiiten bewohnte Gebiet im Hochland Jemens z. B. ist ein solches Gebiet.
43. Eine Ausnahme ist z. B. West-Thrakien, wo keine Bruderschaften unter der muslimischen Minderheit (etwa 120000 Seelen) aktiv sind.
44. Vgl. *A. Bennigsen/C. Lemercier-Quelquejay:* Le soufi et le commissaire. Les confréries musulmanes en URSS, Paris, 1986, passim.
45. Vgl. *F. De Jong* 1975, 91.
46. Für Namen, Einzelheiten und weitere Literaturangaben siehe idem, passim.
47. Zwischen 1976 und 1981 war die Anzahl der offiziell anerkannten Bruderschaften von 67 auf 70 gestiegen. Einige Bruderschaften sind aber nicht mehr aktiv und haben darum ihren offiziellen Status verloren, während andere offizielle Anerkennung erlangt haben. Somit ist die Zahl der offiziell anerkannten Bruderschaften zwischen 1981 und Ende 1993 gleich geblieben.

XI. Der Islam und die nichtislamischen Minderheiten *(Johanna Pink)*

1. Zur Debatte in Ägypten vgl. *T. Philipp:* National State and Religious Community in Egypt – The Continuing Debate. In: Die Welt des Islams 28 (1988) 379–391. Einen interessanten Aspekt beleuchtet *V. Shafik:* Variety or unity? Minorities in Egyptian cinema. In: Orient 39 (1998) 627–648.
2. Der Toleranzbegriff soll hier ebensowenig näher erörtert werden wie die Frage, ob er auf das islamische Recht oder die historische Wirklichkeit in der islamischen Welt zutrifft. Es sei verwiesen auf *A. Noth* 1978, und *B. Radtke:* Auserwähltheitsbewußtsein und Toleranz im Islam. In: Saeculum 49 (1989) 70–79.
3. Vgl. *N. El-Assad,* Minderheiten im Islam. In: *S. Batzli, F. Kissling* u. *R. Zihlmann* (Hrsg.): Menschenbilder – Menschenrechte, Zürich, 1994, 154.
4. Vgl. *U. Furman:* Minorities in Contemporary Islamist Discourse. In: Middle Eastern Studies 36 (2000) 1–20.

5. Zur frühislamischen Epoche vgl. *W. Kallfelz*: Nichtmuslimische Untertanen im Islam: Grundlage, Ideologie und Praxis der Politik frühislamischer Herrscher gegenüber ihren nichtmuslimischen Untertanen mit besonderem Blick auf die Dynastie der Abbasiden (749–1248), Wiesbaden 1995. Vgl. auch *G. Krämer* 1995, 108–110.
6. Vgl. *B. Lewis* 1987, 152–157; *G. Krämer* 1995, 110; *Y. Courbage* u. *P. Fargues* 1997, 72–80.
7. Vgl. *Y. Courbage* u. *P. Fargues* 1997, 109–115.
8. Vgl. *Y. Courbage* u. *P. Fargues* 1997, 174–209.
9. Vgl. *E. Sanasarian* 2000, 34–43.
10. Vgl. *B. Lewis* 1987, 140–170.
11. Vgl. *Y. Courbage* u. *P. Fargues* 1997, 171.
12. Vgl. *G. Krämer* 1982, 425.
13. Vgl. *B. Lewis* 1987, 170.
14. Vgl. *E. Sanasarian* 2000, 44–48.
15. Vgl. *A. Noth:* Der Islam und die nichtislamischen Minderheiten. In: Der Islam in der Gegenwart, München, ^{4}1996, 689ff.
16. Vgl. *E. Sanasarian* 2000, 50.
17. Vgl. *U. Furman* 2000, 4–13.
18. Vgl. *J. S. Nielsen:* Contemporary Discussions on Religious Minorities in Muslim Countries. In: Islam and Christian-Muslim Relations 14 (2003) 325–333.
19. Vgl. *G. Krämer* 1995, 111.
20. Zur Apostasiediskussion vgl. *R. Peters/ G. J. J. de Vries:* Apostasy in Islam. In: Die Welt des Islams 17 (1977) 1–25; *A. Hasemann:* Zur Apostasiediskussion im modernen Ägypten. In: Die Welt des Islams 42 (2002) 72–121.
21. Zu den Ursprüngen und Glaubenslehren dieser Religion vgl. das Unterkapitel über die Bahāʾis im Beitrag «Sekten und Sondergruppen» in diesem Band sowie *P. Smith:* The Babi and Baha'i Religions: from Messianic Shiʿism to World Religion, Cambridge, 1987.
22. Vgl. *Y. al-Qaraḍāwī*: Zawāj al-Muslim bi-ghair al-Muslima. In: *Ders.*: Hudā l-Islām: Fatāwā Muʿāṣira, Bd. 1, Kairo, 1981, 405f.
23. Vgl. *J. Pink* 2003, 179f.
24. Vgl. *K. Boyle:* Human Rights in Egypt: International Commitments. In: *K. Boyle* u. *A. O. Sharif* (Hrsg.): Human Rights and Democracy: The Role of the Supreme Constitutional Court of Egypt, London/Den Haag/Boston, 1996, 103.
25. Vgl. *E. Sanasarian* 2000, 114–123.

XII. Internationale islamische Organisationen *(Johannes Reissner)*

1. Vgl. *M. S. Kramer* 1978, 11.
2. Die ausführlichste Darstellung der beiden Kongresse bei *A. Sékaly* 1926; auch *M. S. Kramer* 1978, 12–15 und *R. Hartmann* 1941, 128–131.
3. Vgl. *H. A. R. Gibb* 1935, 105.
4. Vgl. *M. S. Kramer* 1978, 23.
5. Vgl. *R. Schulze* 1990, 356–362.
6. Vgl. die offizielle Webseite: www.oic-oci.org. Früher war auch Islamic Conference Organization (ICO) in Gebrauch; Englisch ist neben Arabisch offizielle Geschäftssprache.
7. Zur fortlaufenden Entwicklung der OIC und ihren politischen Aktivitäten vgl.: Nahost Jahrbuch, herausgegeben vom *Deutschen Orient-Institut (T. Koszinowski* u. *H. Mattes),* Opladen, seit 1987.
8. *E. Schöne* 1997, 267–269.

Dritter Teil
Islamische Kultur und Zivilisation in der Gegenwart

I. Orientalistik und Orientalismus *(Reinhard Schulze)*

1. *G. Endreß*: Der Islam. Eine Einführung in seine Geschichte, München, 1991, 20, merkt an, daß 1779 der britische Forscher Pococke erstmals als «Orientalist» bezeichnet wurde und daß im Zuge der Restauration der orientalischen Forschung in der französischen Republik 1794/5 auch von dem «orientaliste» gesprochen wurde. Johann Jakob Bachofen (1815–1887) sprach 1870 erstmals von Orientalismus (im Rahmen der Tanaquil-Sage).
2. Der Zürcher Theologe Johann Heinrich Hottinger (1620–1667) verstand unter «bibliotheca orientalis» noch einen Handschriftenkatalog; 1660 aber betitelte er seine Quellenkompilation zur islamischen Geschichte schon mit «historia orientalis».
3. *H. Schipperges*: Ideologie und Historiographie des Arabismus, Wiesbaden, 1961.
4. Hierzu die ausgezeichnete Darlegung über die Orientalistik von *J. D. J. Waardenburg* 1993, 739.
5. Frühere Abhandlungen sind *G. Dugat*: Histoire des orientalistes de l'Europe du XIIe au XIXe siècle précédée d'une esquisse historique des études orientales, I–II, Paris, 1868–1870; *J. Darmesteter:* De la part de la France dans les grandes découvertes de l'orientalisme moderne (1879). In: *Ders.:* Essais orientaux, Paris, 1883, 1–103; *Th. Benfey:* Geschichte der Sprachwissenschaft und orientalischen Philologie in Deutschland seit dem Anfang des 19. Jahrhunderts mit einem Rückblick auf die früheren Zeiten, München, 1896; *G. Behrmann:* Hamburgs Orientalisten, Hamburg, 1901.
6. Z. B.: *A. J. Arberry:* British Orientalists, London, 1943; *J. Fück:* Die arabischen Studien in Europa vom 12. bis in den Anfang des 19. Jahrhunderts. In: *R. Hartmann* u. *H. Scheel* (Hrsg.): Beiträge zur Arabistik, Semitistik und lslamwissenschaft, Leipzig, 1944, 85–253; *I. J. Kratschkowski:* Die russische Arabistik. Umrisse ihrer Entwicklung, Leipzig, 1957; *J. Fück:* Die arabischen Studien in Europa bis in den Anfang des 20. Jahrhunderts, Leipzig, 1955 (darin Kapitel 2–29, *Fück*: Studien, passim); vgl. außerdem *V. V. Bartol'd:* La découverte de l'Asie: Histoire de l'orientalisme en Europe et en Russie, Paris, 1947.
7. Vgl. auch die materialreiche Darstellung von *H. Bobzin:* Geschichte der arabischen Philologie in Europa bis zum Ausgang des achtzehnten Jahrhunderts. In: Grundriß der arabischen Philologie, Band III, Supplement, Wiesbaden, 1992, 155–187.
8. *R. Schulze*: Gibbons Muhammad. In: *E. Gibbon*: Der Sieg des Islam, Frankfurt am Main, 2003, 321–363, hier 336f.
9. La vie de Mahomet; avec des réflections sur la religion des Musulmans, London, 1730; *J. Fück:* Die arabischen Studien in Europa, 103 nach *C. S. Hurgronje:* Verspreide Geschriften I, Bonn, 1923, 324; *J. Waardenburg* in EI^2, 741 verweist noch auf die anonyme Schrift «Mahomet no imposter or a defence of Mahomet» von 1720.
10. Deutsche Übersetzungen: Die Schwärmerey oder Mohamet der Prophet, Braunschweig/Hamburg, 1748; Mohamet der Lügenprophet, Wien, 1749; Mohamet der Prophet, Leipzig, 1768. So auch noch J. W. von Goethes Nachdichtung «Mahomet. Ein Trauerspiel in fünf Aufzügen nach Voltaire» (1799), Tübingen, 1802.
11. *J. Miller* [zusammen mit *J. Hoadly* (?)]: Mahomet the imposter: a tragedy as it is acted at

the Theatre-Royal in Drury Lane, Dublin, 1745, rev. London, 1778. Die Literatur zur orientalischen *imagerie* in Europa ist umfangreich; eine schöne Einführung bietet *K. U. Syndram:* Der erfundene Orient in der europäischen Literatur vom 18. bis zum Beginn des 20. Jahrhunderts. In: *G. Sievernich* u. *H. Budde* (Hrsg.): Europa und der Orient, 800–1900, Gütersloh/München, 1989, 324–341; zum Muḥammad-Bild vgl. *M. Reeves*: Muhammad in Europe. A Thousand Years of Myth Making, with a biographical contribution by *P. J. Stewart*, Reading, 2000.

12. *D. Bourel* 1988, 113–126.
13. *J. J. Reiske:* Prodidagmata ad Hagji Chalifae librum memorialem rerum a Muhammedanis gestarium exhibentia introductionem generalem in historiam sic dictam orientalem. In: *J. Koehler:* Abulfedae tabulae Syriae, Leipzig, ²1766, 239–240, hier zitiert nach *Endreß:* Der Islam, 13; hierzu auch *J. Fück:* Die arabischen Studien in Europa, 112.
14. *R. S. Schulze*: Gibbon's Muhammad, 344f.
15. Die Zahl der akademischen Orientalisten insgesamt war um 1845 klein: Insgesamt lehrten in dieser Zeit nur etwa 20 Orientalisten an deutschsprachigen Universitäten (1856: 26), siehe *H. Preissler:* Deutsche Orientalisten und die Öffentlichkeit um die Mitte des 19. Jahrhunderts. In: *S. Wild*, *H. Schild* (Hrsg.): Norm und Abweichung. Akten des 27. Deutschen Orientalistentages (Bonn, 28. Sept. bis 2. Okt. 1998), Würzburg, 2001, 777–784. Zum deutschen Orientbild in der ersten Hälfte des 19. Jahrhunderts siehe *L. Ammann*: Östliche Spiegel. Ansichten vom Orient im Zeitalter seiner Entdeckung durch den deutschen Leser 1800–1850, Hildesheim, 1989.
16. Hierzu *B. Johansen:* Politics and Scholarship: The Development of Islamic Studies in the Federal Republic of Germany. In: *T. Y. Ismael* (ed.): Middle East Studies: International Perspectives of the State of the Art, New York, 1990, 71–130, besonders 79ff.
17. Hier sei vor allem auf Alfred von Kremer (1828–1889) verwiesen, der mit anderen die Bedeutung einer solchen, durch Forschungsreisen untermauerten «Realienkunde» herausstellte.
18. *A. Dillmann:* Der Verfall des Islam. Rede zur Gedächtnisfeier der Friedrich-Wilhelms-Universität zu Berlin am 3. August 1876, Berlin, 1876, 16. Zum Begründer der äthiopischen Philologie s. *E. Littmann:* Ein Jahrhundert Orientalistik. Lebensbilder aus der Feder von Enno Littmann und Verzeichnis seiner Schriften, zusammengestellt von Rudi Paret und Anton Schall, Wiesbaden, 1955, 1–10.
19. Ebd. 17.
20. *H.-G. Gadamer:* Das Problem der Geschichte (1943). In: *Ders.:* Wahrheit und Methode, II, Tübingen, 1986, 27–36, hier 29.
21. *E. Troeltsch:* Der Historismus und seine Probleme, 1. Band. Das logische Problem der Geschichtsphilosophie, Tübingen, 1992; und *Ders.:* Der Historismus und seine Überwindung, 5 Vorlesungen, Berlin, 1924.
22. *B. Johansen:* Politics and Scholarship, 86f.
23. *L. Hanisch:* Die Nachfolge der Exegeten. Deutschsprachige Erforschung des Vorderen Orients in der ersten Hälfte des 20. Jahrhunderts, Wiesbaden 2003, 46–58. Gut 100 Jahre nach den ersten Gründungen von «Orientalischen Seminaren» führen heute nur vier solche Einrichtungen explizit den Begriff Islamwissenschaft oder Islamkunde in ihren Namen an. 19 Institutsnamen von insgesamt 29 wissenschaftlichen Einrichtungen verweisen auf den Orient bzw. auf die Orientalistik.
24. *R. Paret:* Arabistik und Islamkunde an deutschen Universitäten. Deutsche Orientalisten seit Theodor Nöldeke, Wiesbaden, 1966, 25f.
25. *M. Horten:* Die Probleme der Orientalistik. In: Beiträge zur Kenntnis des Orients 13 (1916) 143–161.
26. *Preissler:* Deutsche Orientalisten und die Öffentlichkeit, 777–784.

27. Die Kritik an der Philologie begann schon mit der Etablierung der Philologie als unabhängige akademische Disziplin im 18. Jahrhundert und wurde vornehmlich in einer Vielzahl von Gelehrtensatiren geäußert.
28. Hierzu *H.-G. Gadamer:* Hermeneutik und Historismus (1965). In: *Ders.:* Wahrheit und Methode, II, Tübingen, 1986, 387–424, hier 391; *B. Johansen:* Politics and Scholarship, 92, nennt als Ausnahme von allem den «antihistoristischen» Berliner Orientalisten Walther Braune. Hierzu s. *U. Haarmann:* Die islamische Moderne bei den deutschen Orientalisten. In: *F. H. Kochwasser* u. *H. R. Roemer* (Hrsg.): Araber und Deutsche. Begegnungen in einem Jahrtausend, Tübingen/Basel, 1974, 56–69.
29. *R. Paret:* Arabistik und Islamkunde, 5.
30. *L. Hanisch:* Die Nachfolge der Exegeten, 114–173.
31. Albrecht Goetze (Marburg 1933), Julius Lewy (Gießen 1933), Eugen Mittwoch (Berlin 1933/35), Gotthold Weil (Frankfurt 1934), Anton Baumstark (Münster 1935), Benno Landsberger (Leipzig 1935), Theodor Menzel (Kiel 1937), Paul Kahle (Bonn, emigrierte 1939), Josef Schacht (Königsberg, emigrierte 1939).
32. Über das Schicksal der orientalistischen Studentinnen und Studenten ist wenig bekannt. Zu erwähnen ist u. a. Heinz Kucharski, Student der Philosophie und Orientalistik, der 1943 Traute Lafrenz half, Flugblätter der «Weißen Rose» in Hamburg zu verteilen. Kucharski konnte nach der Verurteilung durch den 1. Senat des Volksgerichtshofs in Hamburg am 17. April 1945 auf dem Weg zur Hinrichtung fliehen. Zum Schicksal der jüdischen Doktorandin H. Klein s. *P. Freimark*: Promotion Hedwig Klein – zugleich ein Beitrag zum Seminar für Geschichte und Kultur des Vorderen Orients. In: *E. Krause, L. Huber* u. *H. Fischer* (Hrsg.): Hochschulalltag im «Dritten Reich». Die Hamburger Universität 1933–1945, Berlin u. Hamburg, 1991 (Hamburger Beiträge zur Wissenschaftsgeschichte), 851–864.
33. *A. Mahrad:* Wiederbelebung der Orientalistik an deutschen Hochschulen nach dem Zweiten Weltkrieg. In: Hannoversche Studien über den Mittleren Osten 4 (1987) 227–279.
34. *K. Hafez:* Orientwissenschaft in der DDR. Zwischen Dogma und Anpassung, 1969–1989, Hamburg, 1995.
35. al-Mubashshirūn wa-l-mustashriqūn fī mauqifihim min al-Islām, Kairo, 1961.
36. ad-Difāʿ ʿan al-ʿaqīda wa-sh-sharīʿa ḍidda maṭāʿin al-mustashriqīn, Kairo, 1961; hierzu s. ausführlich *E. Rudolph:* Westliche Islamwissenschaft im Spiegel muslimischer Kritik. Grundzüge und aktuelle Merkmale einer innerislamischen Kritik, Berlin, 1991, 29ff. Für frühere muslimische Kritiken an orientalistischen Forschern (al-Afghānī gegen Renan, ʿAbduh gegen Hanotaux, Riḍā gegen Dermenghem, Muṣṭafā as-Sibāʿi und Muḥammad al-Ghazzālī gegen Goldziher etc.) sei auf diese Arbeit verwiesen.
37. *R. Paret:* Arabistik und Islamkunde, 3.
38. *A. Abdel-Malek:* L'orientalisme en crise. In: Diogène 44 (1963) 109–142 = *Ders.:* La dialectique sociale, Paris, 1972, 79–113; und *A.-L. Tibawi:* Englishspeaking Orientalists: a Critique of their approach to Islam and Arab Nationalism. In: Muslim World 53 (1963) 185–204, 298–313. Separat gedruckt auch in deutsch: Islamisches Zentrum, Genf, 1384/1965. Auf Abdel-Malek antwortete u. a. *F. Gabrieli:* Apologie de l'orientalisme. In: Diogène 50 (1965) 128–136.
39. *N. Daniel:* Islam and the West; the Making of an Image, Edinburgh, 1960 und *Ders.:* Islam, Europe and the Empire, Edinburgh, 1966.
40. *J. Waardenburg:* L'Islam dans le miroir de l'Occident. Comment quelques orientalistes se sont penchés sur l'Islam et se sont formés une image de cette religion: I. Goldziher, C. S. Hurgronje, C. H. Becker, D. B. Macdonald, L. Massignon, Paris/La Haye, 1962, [3]1970.

41. *F. Steppat* (Hrsg.): Der moderne Vordere Orient als Aufgabe an deutschen Universitäten. In: Zeitschrift der Deutschen Morgenländischen Gesellschaft (ZDMG) 126 (1976) 1–34.
42. Ironischerweise ist das Konzept der Moderne gerade auch aus einer Kritik am Historismus entstanden, s. *R. Koselleck:* Vergangene Zukunft: zur Semantik geschichtlicher Zeichen, Frankfurt am Main, 1979; *Ders.:* Neuzeit. Zur Semantik moderner Bewegungsbegriffe. In: *R. Koselleck* (Hrsg.): Studien zum Beginn der modernen Welt, Stuttgart, 1977, 266; *J. Habermas:* Der philosophische Diskurs zur Moderne. Zwölf Vorlesungen, Frankfurt am Main, 1988, 9–33; *W. Welsch:* Unsere postmoderne Moderne, Weinheim, ^{2}1988, 66–77.
43. Ein erhellendes Beispiel ist die «Geschichte der Araber», herausgegeben von einem Autorenkollektiv der Universität Leipzig, Band I–VII, Berlin, 1971–1983: Die Bände I–II umfassen die Geschichte von etwa 600 bis 1918, die Bände III–VII den Zeitraum von 1918 bis ca. 1980.
44. *E. Wirth:* Orientalistik und Orientforschung. Aufgaben und Probleme aus der Sicht der Nachbarwissenschaften. In: *W. Voigt* (Hrsg.): Deutscher Orientalistentag 1975 in Freiburg im Breisgau: Vorträge, Wiesbaden, 1977, LV–LXXXII (ZDMG, Supplement III) und *F. Büttner* (u.a.): Die Entdeckung des Nahen Ostens durch die deutsche Politikwissenschaft. In: *F. Nuscheler* (Hrsg.): Dritte Welt-Forschung. Entwicklungstheorie und Entwicklungspolitik, Opladen, 1985, 416–435.
45. *H. R. Roemer* (Hrsg.): Deutsche Orientalistik der siebziger Jahre – Thesen, Zustandsanalyse, Perspektiven, Wiesbaden o.J. (1972, Manuskriptdruck der Deutschen Morgenländischen Gesellschaft); *R. Büren:* Gegenwartsbezogene Orientwissenschaft in der Bundesrepublik Deutschland, Göttingen, 1974.
46. *J. Waardenburg:* «Islamforschung aus religionswissenschaftlicher Sicht». In: *Fritz Steppat* (Hrsg.): XXI. Deutscher Orientalistentag vom 24. bis 29. März 1980 in Berlin, Wiesbaden 1983, 197–211 (ZDMG, Suppl. V).
47. *B. S. Turner:* Weber and Islam, London, 1974.
48. *A. Salvatore:* Beyond Orientalism? Max Weber and the displacements of ‹essentialism› in the study of Islam. In: Arabica 43 (1996) 457–485.
49. *W. Schluchter* (Hrsg.): Max Webers Sicht des Islams, Frankfurt am Main, 1987.
50. *M. Rodinson:* Das Bild im Westen und westliche Islamstudien. In: *J. Schacht* u. *C. E. Bosworth* (Hrsg.): Das Vermächtnis des Islam, 1–2, München/Zürich, 1980, 1, 24–81, hier 80f. Rodinson wandte sich schon damals gegen einen auf die Muslime bezogenen Ethnozentrismus, der nur eine Kehrseite des Eurozentrismus darstelle; ein solcher Ethnozentrismus durchziehe gerade auch das sonst so reichhaltige Werk von *N. Daniel:* ebd., 73ff.
51. Vgl. schon *M. Arkoun:* L'Islam moderne vu par le professeur G. E. von Grunebaum. In: Arabica 11 (1964) 113–124; außerdem *A. Laroui:* For a Methodology of Islamic Studies. Islam as seen by G. von Grunebaum. In: Diogenes 81–84 (1973) 12–39.
52. New York, 1978, als Taschenbuch New York, 1979.
53. Said nennt vor allem *M. Foucault:* L'archéologie du savoir, Paris, 1969 und Surveiller et punir: Naissances de la prison, Paris, 1975.
54. S. z.B. *R. A. Kapp, M. Dalb, D. Kopf:* Review Symposium: Edward Said's Orientalism. In: Journal of Asian Studies 39 (1989) 481–506; außerdem *E. Rudolph:* Westliche Islamwissenschaft, 61, Anm. 2; *J. Osterhammel*: Edward W. Said und die ‹Orientalismus›-Debatte: ein Rückblick. In: Asien, Afrika, Lateinamerika 25 (1997) 596–607; *U. Freitag*: The critique of Orientalism. In: *M. Bentley* (Hrsg.): Companion to historiography, London 1997, 620–638.
55. S. z.B. *H. Fähndrich:* Orientalismus und *Orientalismus*: Überlegungen zu Edward

Said, Michel Foucault und westlichen ‹Islamstudien›. In: Die Welt des Islams 28 (1988) 178–186. Ausführlich nimmt Stellung *L. Binder* im Kapitel «Deconstructing Orientalism» in seinem Buch Islamic Liberalism. A Critique of Development Ideologies, Chicago/London, 1988, 85–127. Er verweist auch auf die bisweilen unzureichende Rezeption von Foucault durch Said.

56. *Ṣ. J. al-ʿAẓm:* al-Istishrāq wa-l-istishrāq maʿkūsan. In: al-Ḥayāt al-jadīda, Beirut, I (1981) 3, 7–51. Kürzere englische Fassung in: Khamsin 8 (1981) 5–26.
57. Für unseren Kontext s. *G. Stauth* u. *B. Turner:* Nietzsche's Dance: Resentment, Reciprocity and Resistance in Social Life, Oxford, 1988.
58. Hierzu *M. Abaza, G. Stauth*: Occidental Reason, Orientalism, Islamic Fundamentalism: A Critique. In: International Sociology 3 (1988) 4, 343–364.
59. *M. Arkoun:* Pour une critique de la raison islamique, I–II, Paris, 1984. Der Titel erinnert natürlich an W. Diltheys «Kritik der historischen Vernunft». Mehr als anderswo neigte die französische Orientalistik dazu, «fachfremde» theoretische Modelle zu diskutieren und zu übernehmen (vor allem J. Sauvaget, C. Cahen u. a.).
60. *J. C. Bürgel:* Allmacht und Mächtigkeit. Religion und Welt im Islam, München, 1991, 19.
61. *J. Kraemer:* Das Problem der islamischen Kulturgeschichte, Tübingen, 1959.
62. *J.-P. Charnay:* Les Contre-Orients ou Comment penser l'Autrui selon soi, Paris, 1980.
63. *J. Waardenburg:* Islamforschung aus religionswissenschaftlicher Sicht, 204.
64. *M. Rodinson:* Orientalisme et ethnocentrisme. In: *F. Steppat* (Hrsg.): XXI. Deutscher Orientalistentag vom 24. 3. bis zum 29. 3. 1980 in Berlin: Vorträge, Wiesbaden, 1983, 77–86 (ZDMG Supplement V).
65. *G. Endreß:* Der Islam, 31.
66. Hierzu *J.-P. Charnay*: Les Contre-Orients, 250.
67. *M. Foucault:* L'ordre du discours. Leçon inaugurale au Collège de France prononcée le 2 décembre 1970, Paris, 1986.
68. *M. Rodinson:* Orientalisme et ethnocentrisme, 81.
69. *F. Rosenthal:* Die Krise der Orientalistik. In: *F. Steppat* (Hrsg): XXI. Deutscher Orientalistentag vom 24. 3. bis zum 29. 3. 1980 in Berlin: Vorträge, Wiesbaden, 1983, 10–21 (ZDMG Supplement V).
70. Einen anderen Kritikstrang beschreibt *H. R. Roemer*: Spezialisierung, Integration und Innovation in der deutschen Orientalistik. In: Die Welt des Islams 28 (1988) 475–495.
71. *B. S. Turner:* Orientalism and the Problem of Civil Society in Islam. In: *A. Hussein u. a.* (eds.): Orientalism, Islam and Islamists, Brattleboro, 1984, 23–42.
72. Eine erste Sichtung europäischer Arbeiten zur islamischen Welt zeigt, daß diplomatie- und wirtschaftsgeschichtliche Abhandlungen insbesondere zum Osmanischen Reich, zum persischen Safawidenreich und zum indischen Reich der Moguln die Forschungsinteressen bestimmten.
73. *A. al-Azmeh:* The Articulation of Orientalism. In: *A. Hussain u. a.* (eds.): op. cit., 89–124 (angesprochen schon in Arab Studies Quarterly 3 (1981) 384–402, hier 115 ff).
74. Extrem ausformuliert durch *T. Nagel*: Die Ebenbürtigkeit des Fremden – Über die Aufgaben arabistischer Lehre und Forschung in der Gegenwart. In: ZDMG 148 (1998) 367–378.
75. Der Versuch einer ersten Standortbestimmung findet sich bei *M. Schöller*: Methode und Wahrheit in der Islamwissenschaft. Prolegomena, Wiesbaden, 2000; *L. Ammann*: Islamwissenschaften. In: *E. Klaus* (Hrsg.): Phänomen Kultur. Perspektiven und Aufgaben der Kulturwissenschaften, Bielefeld, 2003, 71–96.

II. Islam und kulturelle Selbstbehauptung *(Rotraud Wielandt)*

1. Zu dieser Theorie Ṭāhā Ḥusains und ihrer Stellung innerhalb der zeitgenössischen Diskussionen über die kulturelle Identität Ägyptens s. *R. Wielandt:* Das Bild der Europäer in der modernen arabischen Erzähl- und Theaterliteratur, Beirut/Wiesbaden 1980, 273 f. und 380–382, jeweils mit Kontext (Beiruter Texte und Studien, XXIII).
2. Zur Bedeutung des Islams für das nationale Kulturbewußtsein christlicher Araber s. besonders *W. Ende:* Arabische Nation und islamische Geschichte. Die Umayyaden im Urteil arabischer Autoren des 20. Jahrhunderts, Beirut/Wiesbaden, 1977, 171–189 (Beiruter Texte und Studien, XX).
3. Zu den Anschauungen dieses Autors im einzelnen s. *R. Wielandt:* Offenbarung und Geschichte im Denken moderner Muslime, Wiesbaden, 1971, 163 f. (Veröffentlichungen der Orientalischen Kommission, XXV).
4. Werke der beiden letztgenannten Autoren im Literaturverzeichnis. Zu ihren kulturtheoretischen Ansichten ausführlich *T. Nagel:* Identitätskrise und Selbstfindung. In: Die Welt des Islams, Neue Serie, 19 (1979) 84–97.

III. Der Islam und lokale Traditionen – synkretistische Ideen und Praktiken

2. Das Fallbeispiel Indonesien *(Lode Frank Brakel)*

1. S. *G. Ferrand:* Relation de Voyages et Textes Géographiques Arabes, Paris, 1913.
2. *S. J. Noorduyn:* De islamisering van Makasar. In: B. K. I. 112 (1956) 247–266.
3. *C. Damais:* Études javanaises: Les tombes musulmans datés de Tralaya. In: BEFEO 48 (1956), 353–415; *G. W. J. Drewes:* New Light on the Coming of Islam to Indonesia? In: B. K. I. 124 (1968) 433–460.
4. *J. Ensink* unter Berücksichtigung der älteren Literatur. In: *H. Bechert* (ed.): Buddhism in Ceylon and Studies on Religious Syncretism in Buddhist Countries, Göttingen, 1978.
5. Nützliche Darstellungen des indonesischen Islams und seiner besonderen Sitten und Bräuche, bei *C. Snouck Hurgronje:* The Achehnese, Leiden, 1906; *Th. W. Juynboll:* Handleiding…, Leiden, 1935 und *Zoetmulder* (In: *W. Stöhr* u. *P. Zoetmulder:* Die Religionen Indonesiens, Stuttgart u. a., 1965).
6. *S. G. Harnonic:* Travestissement et bisexualité chez les bissu des Pays Bugis, 1975.
7. Übersichten der Geschichte des indonesischen Islams in unserem Jahrhundert findet man in *Noer:* The Modernist Muslim Movement in Indonesia 1900–1942, London, 1973, *Benda:* The Crescent and the Rising Sun…, The Hague, 1958 und *Boland:* The Struggle of Islam in Modern Indonesia, The Hague, 1971.
8. *G. W. J. Drewes:* Further Data…, 1976.
9. *Naguib al-Attas:* The Mysticism of Ḥamzah Fansūrī, Kuala Lumpur, 1972.
10. *J. Doorenbos:* De Geschriften van Ḥamzah Pansoeri, Leiden, 1933, 42–43.
11. *S. W. W. Skeat:* Malay Magie, New York, 1967, und *Winstedt*: The Malay Magician…, London, 1961.
12. Der Versuch von *C. Geertz:* The Religion of Java, Glencoe, Illinois, 1960, die javanische Gesellschaft, laut westlichem Muster, in drei Klassen aufzuteilen, wobei neben dem Adel die *santri* den Mittelstand und die *abangan* die Unterschicht darstellen sollten, muß daher als gescheitert betrachtet werden.
13. *S. M. Bonneff:* Le renouveau d'un rituel royal…, 1974.

14. *Pigeaud:* Java in the 14th Century, The Hague, IV, 1962, 267.
15. Ebd., 95.
16. *G. W. J. Drewes:* An Early Javanese Code ot Muslim Ethics, The Hague, 1978.
17. *M. C. Rickleffs:* Islamization in Java..., unveröffentlichtes Papier, 1976; *G. W. J. Drewes:* Javanese Poems..., 1968.
18. *P. Zoetmulder:* Bekroonde Vertaling «Sērat Weḍatama», 1941.
19. *P. Zoetmulder:* Iets omtrent de naam «Sērat Tjenṭini, 1939, und Een merkwaardige passage in de onuitgegeven Tjenṭini, 1941.
20. Dieser Begriff geht auf die shivaitischen und buddhistischen Vorstellungen des *shunyatā* und *nirvāṇa* zurück; s. *K. A. H. Hidding:* Besprechung von Zoetmulder, 1936.
21. *G. W. J. Drewes:* The Struggle between Javanism and Islam..., 1966.
22. *Ph. van Akkeren:* Een gedrocht en toch de volmaakte mens, 's Gravenhage, 1951.

V. Der Islam im Spiegel zeitgenössischer Literatur islamischer Völker *(Johann Christoph Bürgel)*

1. *B. Lewis* ²1968, 133f.
2. Ebd., 139.
3. *M. Khoury* 1971, 661.
4. Vgl. *P. Starkey:* Philosophical Themes in Tawfīq al-Hakim's Drama. In: Journal of Arabic Literature (im folgenden zitiert als JAL) 8 (1977) 136–52. Den koranischen Josephsstoff hat der bedeutende türkische Lyriker Nazim Hikmet (1902–1963) verwendet, um atheistische Gedanken zu vermitteln, vgl. *C. U. Spuler:* Das türkische Drama der Gegenwart. In: Die Welt des Islams, N. S., 11 (1968) 127.
5. Die folgenden Ausführungen über Muḥammad-Literatur beruhen auf *M. M. Badawi:* Islam in Modern Egyptian Literature. In: JAL 2 (1971) 154–77.
6. Es handelt sich um ein Lobgedicht, das al-Buṣīrī dichtete, nachdem der Prophet ihm seinen Mantel *(burda)* über die Schultern geworfen und dadurch von einer Lähmung geheilt hatte.
7. Die Lebensdaten beruhen auf *N. K. Kotsarev:* Pisateli Egipta – XX vek, Moskva, 1975, einem äußerst nützlichen Nachschlagewerk, das auch im folgenden reichlich benutzt ist.
8. an-Nabī al-insān wa-maqālāt ukhar, Kairo, o. J., 11–13; *M. M. Badawi:* Islam in Modern Egyptian Literature, 162.
9. an-Nabī, a. a. O., 13–15; *M. M. Badawi:* Islam in Modern Egyptian Literature, 162.
10. ʿAbqarīyat Muḥammad, Kairo, 1957, 313; *M. M. Badawi:* Islam in Modern Egyptian Literature, 166.
11. *P. Cachia:* Themes Related to Christianity and Judaism in Modern Egyptian Drama and Fiction. In: JAL 2 (1971) 179–194 besonders 187.
12. ʿAlā hāmish as-sīra, Kairo, o. J.; *M. M. Badawi:* Islam in Modern Egyptian Literature, 169.
13. ath-Thāʾir al-aʿẓam, Kairo, 1954, 185–186; *M. M. Badawi:* Islam in Modern Egyptian Literature, 171–172.
14. Muḥammad rasūl al-ḥurrīya, Kairo, 1962; *M. M. Badawi:* Islam in Modern Egyptian Literature, 172.
15. Über ihn vgl. *C. Brockelmann,* GAL, Supplement III, 186ff.
16. Inhalt und Zitat nach *A. A. Dolinina:* Očerki istorii arabskoj literatury novogo vremeni-Egipet i Sirija, Moskva, 1973, 142–148.

17. The Muqaddimah – An Introduction to History, Translated from the Arabic by *F. Rosenthal,* Princeton, 1967, I, 28 (Bollingen Series, XLIII).
18. Zur Fiktionalisierung der Vergangenheit vgl. *G. E. von Grunebaum:* Das geistige Problem der Verwestlichung in der Selbstsicht der arabischen Welt. In: *Ders.:* Studien zum Kulturbild und Selbstverständnis des Islams, Zürich u. Stuttgart, 1969, 229–272.
19. Nach dem Urdutext übertragen: *I. A. Ṣiddīqī* (Hrsg.): Kullīyāt-i naẓm-i Ḥālī, Lahore, o. J., 2. Band, 57–136, Strophe 72.
20. Ebd., Strophen 92, 103, 104.
21. Ebd., Strophe 112, Vers 3.
22. Ebd., Strophen 122 u. 123.
23. Über ihn vgl. das Standardwerk von *A. Schimmel:* Gabriel's Wing. A Study into the Religious Ideas of Sir Muhammad Iqbal, Leiden, 1963 (Studies in the History of Religions – Supplements to Numen VI) und die Anthologie M. Iqbal, Botschaft des Ostens. Herausgegeben (und übersetzt!) von *A. Schimmel,* Tübingen/Basel, 1977. Ferner *J. C. Bürgel* (Hrsg.): Iqbal und Europa. Vier Vorträge, Bern etc., 1980 (Schweizer Gesellschaft für Asienkunde, Studienhefte 5) und Steppe im Staubkorn. Texte aus der Urdu-Dichtung Muhammad Iqbals. Ausgewählt, übersetzt und erläutert von *J. C. Bürgel.* Universitätsverlag Freiburg (Schweiz) 1982.
24. Shikwa, im Urdu-Zyklus Bāng-i Darā, Strophen 9–11 u. 13. In: *J. Iqbāl* (Hrsg.): Kullīyāt-i Iqbāl, Urdū/Labore/Hyderabad/Karachi, 1973.
25. Ebd., Strophe 16.
26. Ebd., Strophen 17 u. 18.
27. Jawāb-i Shikwa, Strophe 11.
28. Ebd., Strophe 32. Teilübersetzung der beiden Gedichte in *A. Schimmel:* Botschaft des Ostens 70–77; Vollständige Übersetzung in: *J. C. Bürgel,* Steppe im Staubkorn 48–60.
28a. Anfang von Sure 53, in der eine Jenseitsvision Muhammads berichtet wird.
29. Im Zyklus Ẓarb-i Kalīm, in Kullīyāt-i Iqbāl, Urdū, 469.
30. Deutsche Übersetzung von *A. Schimmel,* in: Botschaft des Ostens.
31. Vgl. hierzu: «Verstand und Liebe bei Hafis». In: *J. C. Bürgel:* Drei Hafisstudien, Bern/ Frankfurt am Main, 1975 (Europäische Hochschulschriften, Reihe I, 113).
32. Vgl. *M. Sadiq* 1964, 1931.
33. Vgl. *K. Semaan:* Islamic Mysticism in Modern Arabic Poetry and Drama. In: Journal of Middle East Studies 10 (1979) 517–531. Über al-Ḥallāj vgl. *A. Schimmel:* Al-Halladsch, Märtyrer der Gottesliebe, Köln, 1968.
34. *L. Massignon:* La passion de Hallaj, Paris, 1975, 1, 594ff. (Bibliothèque des Idées).
35. Inhalt nach der englischen Übersetzung von *K. Semaan:* Murder in Baghdad, Leiden, 1972 (Arabic Translation Series of the JAL, I).
36. Als Beispiel sei Hidāyats blasphemisch-satirische «Legende von der Schöpfung» genannt.
37. Der Damm *(as-Sudd).* Ein modernes arabisches Drama von Maḥmūd al-Masʿadī, ins Deutsche übertragen von *J. C. Bürgel.* In: Die Welt des Islams XXI (1983) 30–79. Vgl. auch *J. C. Bürgel:* Tradition and Modernity in the Work of the Tunesian Writer al-Masʿadi, in: *J. R. Smart* (ed.): Tradition and Modernity in Arabic Language and Literature, Richmond 1996, 165–185.
38. Inhalt nach *F. Steppat:* Gott, die Futuwwāt und die Wissenschaft. Zu Najīb Maḥfūẓ: Aulād ḥāratnā. In: Mélanges d'islamologie dédiés à la mémoire de A. Abel, Brüssel, 1975 (Correspondance d'Orient, 13). *A. Wessels:* Najīb Maḥfūẓ and the Secular Man. In: Humaniora Islamica II, 105–120. *S. Somekh:* The Changing Rhythm – A Study of Najīb Maḥfūẓ's Novels, Leiden, 1973, 137–155 (Studies in Arabic Literature, Supplement to the JAL, II).

39. Vgl. die Zusammenfassung von *N. Baladi,* in: Mélanges de l'Institut Dominicain d'Études Orientales du Caire 2 (1955) 307–310.
40. In: Erkundungen, 87–99. *M. Manzaloui* 1968, 180–192.
41. Nach *W. Walther:* Das Bild der ägyptischen Gesellschaft in einigen Werken von Najīb Maḥfūẓ aus den sechziger Jahren. In: Asien in Vergangenheit und Gegenwart – Beiträge der Asienwissenschaftler der DDR zum XXIX. Internationalen Orientalistenkongress 1973 in Paris, Berlin, 1974, 239–258, besonders 251 und *dies.:* Mittel der Darstellungskunst und des Stils in einigen Romanen von Najīb Maḥfūẓ aus den sechziger Jahren. In: Problemy literatur orientalnych. Materialy II Międzynarodowego Sympozjum Warszawa-Kraków 22–26 (maja 1972) Warschau, 1974, 199–213, besonders 209.
42. *B. Alavi* 1964, 52.
43. Bizim Köy, Istanbul, [6]1957 (Varlık cep kitapları 12) und die Fortsetzung: Hayal Ve Gerçek, Istanbul, 1957 (Varlık cep kitapları 37). Der erste Teil erschien unter dem Titel «Unser Dorf in Anatolien» auch in deutscher Sprache beim Inselverlag, Frankfurt am Main, 1971.
44. Qalb-i māhīyat. Deutsch unter dem Titel «Gesinnungswandel», in: Moderne Erzähler der Welt – Iran (im folgenden als MEWI zitiert).
45. Nach *M. N. Mikhail:* Broken Idols, The Death of Religion in Two Stories by Idris and Mahfuz. In: JAL 5 (1974) 147–57.
46. Kullīyāt-i Urdū, Bāng-i Darā, 65.
47. Festschrift für Muṣṭafā Badāwī von *H. Waardenburg-Kilpatrick.*
48. Text und kurze Angaben über den Autor in: *J. A. Bellamy, E. N. McCarus, A. I. Yacoub* (eds.): Contemporary Arabic Reader IV. Short Stories, Ann Arbour, 1963/64.
49. Deutsch in: Der Tod des Wasserträgers. Eine Blutrachefehde und der scheiternde Versuch, sie durch eine Ehe zwischen den feindlichen Sippen beizulegen, steht auch im Mittelpunkt des erfolgreichen türkischen Films «Sürü», «Die Herde», Drehbuch von *Yılmaz Güney,* Hamburg, 1980.
50. Vgl. dazu *R. Paret:* Zur Frauenfrage in der arabisch-islamischen Welt, Stuttgart u. Berlin, 1914, wiederabgedruckt in: *J. van Ess* (Hrsg.): R. Paret, Schriften zum Islam, Stuttgart etc., 1980.
51. Deutsch in: Der Tod des Wasserträgers, 59–74.
52. Vgl. dazu *J. M. S. Baljon:* Modern Muslim Koran Interpretation (1880–1960), Leiden, 1961, 115.
53. Deutsch in: Erkundungen, 69–86.
54. Deutsch in: MEWI, 52–64.
55. Zusammengefaßt nach dem arabischen Text «ash-Shaikh Naʿīm al-imām au al-mizwāj», vgl. *C. Brockelmann* 1942, 221.
56. Zusammenfassend nach dem persischen Text «Muḥallil» in der Sammlung «Sih Qaṭreh khūn», Majmūʿe-i dāstān, Teheran, 1311/1933. Deutsche Übersetzung von *T. Rahnema* u. *W. Bönzli,* in: die horen 122/1981, 61–67.
57. Vgl. daraus die rührende Erzählung «Der Herzenserguß des Molla Qorbān ʿAlī», deutsch in: MEWI, 24–39, sowie «Begegnung im Gefängnis» (persischer Titel «Fārsī shakar ast»). In: Orient 6 (1965), 54–56.
58. Zusammengefaßt nach dem persischen Text «Pīnedūz-i Shīrāz». In: Djamālzādeh, Qiṣṣehā-i kutāh barā-i bachchehā-i rīshdār, Teheran, 1353/1975, 177–200.
59. *T. Hussein:* The Future of Culture in Egypt, Washington, 1954, Abschnitt 12.
60. *J. Kraemer:* Das Problem der islamischen Kulturgeschichte, Tübingen, 1959.
61. Text in der zweiten Auflage von Zan-i ziyādī, Teheran, 1331/1975.
62. Nūn wa-l-qalam, Teheran, [5]1357–1980.
63. Über ihn vgl. *A. A. Nasr:* Popular Islam in Al-Ṭayyib Ṣāliḥ. In: JAL 11 (1980) 88–104.

64. Vgl. *M. M. Badawi:* The Lamp of Umm Hāshim: The Egyptian Intellectual Between East and West. In: JAL I (1970) 145–161.
65. Deutsch in: Erkundungen, 13–50. Zum Motiv vgl. noch *J. C. Bürgel:* Rückkehr aus Europa. Zu einem zentralen Motiv im Werk Djamalzadehs. In: Zeitschrift der Deutschen Morgenländischen Gesellschaft, Supplement III, 2; XIX. Deutscher Orientalistentag etc., Wiesbaden, 1977, 1042–1048.
66. Vgl. *J. C. Bürgel:* Muhammad oder Galen. Das Doppelgesicht der Heilkunst in der islamischen Kultur. In: *H. Balmer/B. Glarus* (eds.): Die Blütezeit der arabischen Wissenschaft, Zürich, 41–68.
67. *J. C. Bürgel:* Allmacht und Mächtigkeit. Religion und Welt im Islam, München 1991.
68. *Guth, S./Szyska, C.:* Das «geordnete System» der Fleißigen Bienen. Belletristik im Geiste des Islam. In: Neue Zürcher Zeitung Nr. 35, 11/12, Febr. 1998, 70.
69. *Szyska, C.:* Najib al-Kilani on his career, or: How to become the ideal Muslim author. In: *Bürgel, J.C., Furrer, P., Guth, S.* (eds.): Conscious Voices.– Concepts of Writing in the Middle East. Proceedings of the Berne Symposium July 1977 (Beiruter Texte und Studien Band 72, 1999), 221–235, spez. 222.
70. Ibid., 234.
71. *Guth, S./Szyska, C.*: Das «geordnete System»...
72. *Szyska, C.*: On Utopian Writing in Nasserist Prison and Laicist Turkey. In: Die Welt des Islams 35 (1995), 95–125.
73. *Furrer, P.*: Propaganda in Geschichtenform – Erzählstrukturen und Handlungsanweisungen in islamischen Frauenromanen aus der Türkei. In: Die Welt des Islams 37 (1997), 88–111.
74. *Ebd.* 108.
75. *Cooke, M.*: Zaynab al –Ghazali, Saint or Subversive. In: Die Welt des Islams 34 (1997), 1–20.
76. *Guth, S./Szyska, C.*: Das «geordnete System»...

VII. «Islamische» Architektur und darstellende Kunst der Gegenwart *(Mohamed Scharabi)*

1. Näheres darüber in *M. Scharabi* 1985. Für den weiteren Zusammenhang s. *E. Wirth* 2002.
2. Der Koran bietet keine direkte Stütze für das Verbot der Darstellung von Menschen und Tieren. Er wendet sich gegen gewisse «heidnische» Bräuche, welche die Verwendung von Bildwerken als Idole erlauben. Vgl. *R. Ettinghausen* 1979, 12–15. Zur Entwicklung des «Bilderverbots» bis in die Gegenwart s. *S. Naef*: Y a-t-il une «question de l'image» en Islam?, Paris, 2004.
3. Näheres darüber in *Ettinghausen* 1979; *B. Gray*: Persische Malerei, Genf, 1961; *D. Talbot Rice* 1971.
4. Vgl. *R. Ettinghausen* 1979, 187.
5. Vgl. dazu die Beiträge von *A. Schölch* und *H. Mejcher* in: *U. Haarmann* (Hrsg.): Geschichte der arabischen Welt, 4. Aufl. München, 2001, S. 365 ff.
6. Näheres darüber in *M. Scharabi* 1989.
7. Vgl. *M. Scharabi*: Einfluß der Pariser École des Beaux-Arts (...,) Berlin, 1968, und *C. Myntti*: Paris along the Nile. Architecture in Cairo from the Belle Epoque, Kairo, 2003.
8. Vgl. *Scharabi* 1989, und *S. Raafat*: Cairo, the Glory Years. A guide, Alexandria, 2003.

9. Näheres darüber in *Scharabi* 1985.
10. Vgl. dazu *A. Schölch*: Ägypten den Ägyptern!, Zürich, 1972.
11. Näheres über Architektur des Expressionismus in *M. Scharabi:* Die deutsche Architektur des Expressionismus. In: architectura 11 (1981) 1, 66–82.
12. Vgl. *E. Naguib*: Themen der ägyptischen Malerei des 20. Jahrhunderts, Köln/Wien, 1980; ausführlicher zur modernen arabischen Kunst in Ägypten, im Libanon und im Irak *S. Naef* 1996; s. auch den entsprechenden Beitrag von *P. Heine* im vorliegenden Band.
13. Näheres darüber in *M. Scharabi* 1992.
14. Vgl. *H. Fathy* 1973.
15. Vgl. *O. A. Azzam* 1962, 108.
16. Vgl. *R. K. Jadarji*: Naḥw uslūb ʿarabī fī fann al-ʿimāra. In: Ḥiwār 4 (24/25) 6 und 5 (Sept.–Dez. 1966) 1, 88–100.
17. Näheres darüber in einer Broschüre der Arbeitsgruppe *Rolf Gutbrod, Frei Otto, Oveurup + Partners,* London: Konferenzzentrum und Hotel in Mekka, o. J.
18. Näheres darüber in *M. Scharabi* 1985.
19. Näheres darüber in *M. Scharabi*: Civic Center Djeddah, Saudi-Arabien. In: db Deutsche Bauzeitung 7 (1974) 653–656.

Bildnachweis

Abb. 1, 3, 6, 7, 8, 14, 15: Archiv M. Scharabi
Abb. 2: Al-Qāhira fī alf ʿām, Kairo 1969
Abb. 4: E. Naguib: Themen der ägyptischen Malerei des 20. Jahrhunderts, Köln/Wien 1980
Abb. 5: Janet L. Abu-Lughod: Cairo, Princeton 1971
Abb. 9: R. K. Jādarjī: Naḥw uslūb ʿarabī fī fann al-ʿimāra. In: Ḥiwār 24/25 (1966)
Abb. 10: Architekturbüro Gutbrod und Partner
Abb. 11: M. Scharabi: Civic Centre in Djeddah, Saudi Arabien. In: Deutsche Bauzeitung 7 (1974)
Abb. 12, 13: Azzam/Corm/Scharabi

Literaturverzeichnis

Erster Teil
Historische Ausbreitung, Politik- und Religionsgeschichte

I. Grundzüge der islamischen Theologie und der Geschichte des islamischen Raumes *(Heribert Busse)*

Bat Ye'or: Der Niedergang des orientalischen Christentums unter dem Islam, 7.–20. Jahrhundert, zwischen Dschihad und Dhimmitude, aus dem Französischen übersetzt von Kurt Maier, Gräfelfing, 2002.

Bosworth, C. E.: The Islamic dynasties. A chronological and genealogical handbook, Edinburgh, 1967.

Brockelmann, C.: Geschichte der arabischen Litteratur, Leiden, 1898–1902. Supplementband I–III, Leiden, 1937–1942. Zweite, den Supplementbänden angepaßte Auflage, Leiden, 1943–1949.

The Cambridge History of Islam. Edited by *P. M. Holt, A. K. S. Lambton, B. Lewis.* 1 A The central Islamic lands from pre-Islamic times to the First World War. 1 B The central Islamic lands since 1918. 2 A The Indian sub-continent, South East Asia, Africa and the Muslim West. 2 B Islamic society and civilisation, Cambridge u. a., 1970.

Cleveland, W. L.: A history of the modern Middle East, Boulder u. a., 1994.

Der Nahe und der Mittlere Osten. Politik, Gesellschaft, Wirtschaft, Geschichte, Kultur, hrsg. von *U. Steinbach* u. *R. Robert,* 2 Bde., Opladen, 1988.

Donner, F. M.: The early Islamic conquests, Princeton, NJ, 1981.

Endress, G.: Der Islam. Eine Einführung in seine Geschichte, München, [3]1997.

Enzyklopaedie des Islam. Geographisches, ethnographisches und biographisches Wörterbuch der muhammedanischen Völker. Herausgegeben von *M. Th. Houtsma* u. a.: 4 Bände und 1 Ergänzungsband, Leiden, 1913–1938. – *The Encyclopaedia of Islam,* second edition (EI[2]). Prepared by a number of leading Orientalists. Edited by an Editorial Committee, consisting of *H. A. R. Gibb et al.,* 11 Bände, Leiden/London, 1960–2002. Supplement fasc. 1–4 (al-Abbas ibn Ahmad – Djawhar), Leiden, 1980–1981. *Index of proper names to vols. I–X,* compiled by *E. van Donzel,* Leiden u. a., 2002. *Index of subjects to vols. I–XI,* compiled by *P. J. Bearman,* Leiden u. a., 2003. – CD ROM Edition, Leiden 1999–2003.

Fischer Weltgeschichte. Band 14: Der Islam I. Vom Ursprung bis zu den Anfängen des Osmanenreiches, herausgegeben u. verfaßt von *Cl. Cahen,* Frankfurt am Main/Hamburg, 1968. – Band 15: Der Islam II. Die islamischen Reiche nach dem Fall von Konstantinopel, herausgegeben von *G. E. von Grunebaum,* Frankfurt am Main, 1971. – Band 16: Zentralasien, herausgegeben von *G. Hambly,* Frankfurt am Main, 1966.

Haarmann, U. (Hrsg.): Geschichte der arabischen Welt, München, [4]2001.

Handbuch der Orientalistik, herausgegeben von *B. Spuler.* Erste Abteilung: Der Nahe und der Mittlere Osten, herausgegeben von *B. Spuler,* Band VI Geschichte der Islamischen Länder. 1: *B. Spuler:* Die Chalifenzeit (1952); 2: *B. Spuler:* Die Mongolenzeit (1953);

3: Neuzeit, mit Beiträgen von *H. J. Kissling, H. Scheel, G. Jäschke, H. Braun, E. Klingmüller, H. Härtel* (1959). – Band VIII Religion. 2: Religionsgeschichte des Orients in der Zeit der Weltreligionen, mit Beiträgen von *J. Leipoldt, G. Widengren, A. Adam, B. Spuler, E. L. Dietrich, J. W. Fück, A. J. Arberry, R. Strothmann, A. von Gabain* (1961). – Ergänzungsbände: III *Orientalisches Recht,* mit Beiträgen von *E. Seidl, V. Korosec, E. Pritsch, O. Spies, E. Tyan, J. Baz, Ch. Chehata, Ch. Samran, J. Roussier, J. Lapane-Joinville, S. Ansay* (1964). – VII *I. Gomaa:* A historical chart of the Muslim world (1972). – VIII *H.-J. Kornrumpf:* Osmanische Bibliographie mit besonderer Berücksichtigung der Türkei in Europa (1973), Leiden, 1973.

Hawting, G. R.: The first dynasty of Islam. The Umayyad caliphate AD 661–750, London etc., 1986.

Hourani, A.: Die Geschichte der arabischen Völker, Frankfurt a. M., [5]1992 (als Taschenbuch [4]2003).

Index Islamicus 1665–1905. Bibliography of articles on Islamic subjects in periodicals and other collective publications compiled by *W. H. Behn,* Millersville, PA, 1989. – 1906–2002, compiled by *D. J. Pearson, W. H. Behn, G. J. Roper, C. H. Bleaney,* London/Leiden, 1958–2003. – Quarterly Index Islamicus 1–17, 1977–1998, ed. by *J. D. Pearson,* compiled by *G. J. Roper,* London, Mansell, Bowker Saur. – *H. G. Majer*: Osmanistische Nachträge zum Index Islamicus (1906–1965). In: Südost–Forschungen 27 (1968) 242–291.

Kennedy, H.: The Prophet and the age of the caliphates. Islamic Near East from the sixth to the eleventh century, London, 1986.

Kennedy, H.: An historical atlas of Islam, Leiden u. a., [2]2002.

Kreiser, K., W. Diem, H. G. Majer: Lexikon der Islamischen Welt, 3 Bände, Stuttgart u. a., 1974.

Lapidus, Ira M.: A History of Islamic Societies, Cambridge a. o., [2]2002.

Lewis, B.: Die Araber, München, 2002.

Matuz, J.: Das Osmanische Reich. Grundlinien seiner Geschichte, Darmstadt, [3]1994.

Morony, M. G.: Iraq after the Muslim conquest, Princeton, NJ, 1984.

Muslim Peoples. A world ethnographic survey, editor–in–chief *R. V. Weeks,* Westport, 1978.

Schulze, R.: Geschichte der islamischen Welt im 20. Jahrhundert, München, 2001.

Serauky, E.: Geschichte des Islam. Entstehung, Entwicklung und Wirkung von den Anfängen bis zur Mitte des XX. Jahrhunderts, Berlin, 2003.

Sezgin, F.: Geschichte des arabischen Schrifttums, Leiden, 1967ff. (Bisher sind 11 Bände und 1 Kartenband erschienen, das Gesamtwerk soll 20 Bände umfassen).

Shaw, S.: History of the Ottoman Empire and modern Turkey, 2 vols., Cambridge, 1976.

Spuler, B.: Die Mongolen in Iran. Politik, Verwaltung und Kultur der Ilchanzeit 1220–1350, Berlin, [4]1985.

Spuler, B.: Die goldene Horde. Die Mongolen in Rußland 1223–1502, Wiesbaden, [2]1965.

Trimingham, J. S.: The Sufi orders in Islam, Oxford, 1971.

Watt, W. M. u. a.: Der Islam. I Mohammed und die Frühzeit – Islamisches Recht – Religiöses Leben, von *W. M. Watt* u. *A. T. Welch.* II Politische Entwicklungen und theologische Konzepte, von *W. M. Watt* u. *M. Marmura.* III Islamische Kultur – zeitgenössische Strömungen – Volksfrömmigkeit, von *M. D. Ahmed, J. Chr. Bürgel, K. Dilger, Kh. Durán, P. Heine, T. Nagel, B. S. Amoretti, A. Schimmel, W. Walther,* Stuttgart u. a., 1980–1990.

II. Der sunnitische Islam *(Bernd Radtke)*

Coulson, N. J.: A History of Islamic Law, Edinburgh, 1964.
De Jong, F. u. *B. Radtke* : Islamic Mysticism Contested, Leiden, 1999.
Ess, J. van: Theologie und Gesellschaft im 2. und 3. Jahrhundert Hidschra. Eine Geschichte des religiösen Denkens im frühen Islam, 6 Bände, Berlin/New York, 1991–1997.
Fück, J.: Die Religion des sunnitischen Islams. In: Handbuch der Orientalistik, Erste Abteilung, Band VIII, 2. Abschnitt, 404–448.
Gramlich, R.: Die schiitischen Derwischorden Persiens. 3 Bände, Teil 2: Glaube und Lehre, Abhandlungen für die Kunde des Morgenlandes XXXVI, 2–4, Wiesbaden, 1976.
Massignon, L.: Essai sur les origines du lexique technique de la mystique musulmane, Paris, [2]1968.
Meier, F.: Das sauberste über die vorherbestimmung. Ein stück Ibn Taimīya. In: Saeculum 32 (1981) 74ff.
Ders.: Der mystische Weg. In: *B. Lewis* (Hrsg.): Die Welt des Islams, Braunschweig, 1976, 117–140.
Ders.: Eine Auferstehung Mohammeds bei Suyuti. In: Der Islam 62 (1985) 20–57.
Motzki, H.: Die Anfänge der islamischen Jurisprudenz, Stuttgart, 1991 (AKM 50, 2).
Popovic, A. u. *G. Veinstein* (Hrsg.): Les voies d' Allāh, Paris, 1996.
Schacht, J.: The Origins of Muḥammadan Jurisprudence, Oxford, 1967.
Spies, O. u. *E. Pritsch*: Klassisches islamisches Recht. In: Handbuch der Orientalistik, Erste Abteilung, Ergänzungsband III, Orientalisches Recht, 1964, 220ff.
Trimingham, J. S.: The Sufi Orders in Islam, London, 1971.
Watt, W. M.: Islamic Philosophy and Theology, Edinburgh, 1973.
Ders.: Islamic Political Thought, Edinburgh, 1968.
Ders.: The Formative Period of Islamic Thought, Edinburgh, 1973.
Watt, W. M. u. *A. T. Welch*: Der Islam, Band I, Stuttgart/Berlin/Köln/Mainz, 1980.

III. Der schiitische Islam *(Werner Ende)*

Zwölferschiiten

Brunner, R. und *W. Ende* (eds.): The Twelver Shia in Modern Times. Religious Culture and Political History, Leiden (etc.), 2001. (Dort ausführl. Bibliographie 365–382).
Buchta, W.: Schiiten, Kreuzlingen u. München, 2004.
Donaldson, D.: The Shi'ite Religion, London, 1933.
Falaturi, A.: Die Zwölferschia aus der Sicht eines Schiiten. In: Festschrift Werner Caskel, herausgegeben von *E. Gräf*, Leiden, 1968, 63–95.
Gramlich, R.: Die schiitischen Derwischorden Persiens, 3 Bände, Wiesbaden, 1965–1981.
Halm, H.: Die Schia, Darmstadt, 1988.
Ders.: Der schiitische Islam. Von der Religion zur Revolution, München, 1994.
Madelung, W.: Artikel «Shīʿa» in: The Encyclopaedia of Islam, IX, Leiden 1997, 420–424.
Mervin, S.: Un réformisme chiite, Paris (etc.), 2000.
Momen, M.: An Introduction to Shiʿi Islam, New Haven u. London, 1985.
Mottahedeh, R.: Der Mantel des Propheten, oder Das Leben eines persischen Mullah zwischen Religion und Politik, München, 1987.
Nakash, Y.: The Shiʿis of Iraq, Princeton, N. J., 1994.

Richard, Y.: L'islam chi'ite. Croyances et idéologies, Paris, 1991.
Pinault, D.: The Shiites. Ritual and Popular Piety in a Muslim Community, New York, 1992.

Zaiditen

Arendonk, C. van: Les débuts de l'imamat zaidite au Yemen, Leiden, 1960.
Haykel, B.: Revival and reform in Islam. The Legacy of Muhammad al-Shawkani, Cambridge, 2003.
Madelung, W.: Der Imam al-Qāsim ibn Ibrāhīm und die Glaubenslehre der Zaiditen, Berlin, 1965.
Ders.: Zaydi Attitudes to Sufism. In: *F. de Jong* u. *B. Radtke* (eds.): Islamic Mysticism Contested, Leiden (etc.), 1999, 124–144.
Ders.: Art. «Zaydiyya» in: The Encyclopaedia of Islam, XI, Leiden, 2002, 477–481.
Strothmann, R.: Das Staatsrecht der Zaiditen, Straßburg, 1912.
Ders.: Kultus der Zaiditen, Straßburg, 1912.

IV. Erneuerungsbewegungen im Islam *(Rudolph Peters)*

Adams, C. C.: Islam and Modernism in Egypt: A Study of the Modern Reform Movement Inaugurated by Muḥammad 'Abduh, New York, [2]1968.
Ahmad, A.: Islam and Modernism in India and Pakistan, 1857–1964, London, 1967.
'Amri, H. b. A., al-: The Yemen in the 18th and 19th Centuries. A Political and Intellectual History, London, 1985.
Badawi, Z.: The Reformers of Egypt: A Critique of Al-Afghani, 'Abduh and Rida, Slough Berks, 1976 (The Muslim Institute Papers, 2).
Bahadur, K.: The Jama'at-i Islami of Pakistan: Political Thought and Political Action, New Delhi/Lahore, 1977.
Baljon, J. M. S.: Modern Muslim Koran Interpretation, 1880–1960, Leiden, 1961.
Ders.: Religion and Thought of Shah Wali Allah Dihlawi, 1703–1762, Leiden, 1986.
Ders.: The Reforms and Religious Ideas of Sir Sayyid Aḥmad Khan, Lahore, [3]1970.
Berkes, N.: The Development of Secularism in Turkey, Montreal, 1966.
Binder, L.: 'Ali 'Abd al-Raziq and Islamic Liberalism. In: Asian and African Studies 16 (1982) 31–57.
Commins, D. D.: Islamic Reform: Politics and Social Change in Late Ottoman Syria, New York etc., 1990.
Cragg, K.: Counsels in Contemporary Islam, Edinburgh, 1967 (Islamic Surveys, 3).
Crecelius, D.: Nonideological Responses of the Egyptian Ulama to Modernization. In: *Keddie, N. R.* (ed.): Scholars, Saints and Sufis, Berkeley etc., 1978, 167–211.
Dallal, A.: The Origins and Objectives of Islamic Revivalist Thought, 1750–1850. In: Journal of the American Oriental Society (JAOS) 113 (1993) 341–360.
Delanoue, G.: Moralistes et politiques musulmans dans l'Égypte du XIXme siècle (1789–1882), 2 volumes, Kairo, 1982.
Enayat, H.: Modern Islamic Political Thought: The Response of the Shi'i and Sunni Muslims to the Twentieth Century, London, 1982.
Ghazi, M. A.: Islamic Renaissance in South Asia, 1707–1867: the role of Shāh Walī Allāh and his successors, Islamabad, 2002.
Haddad, M.: Arab Religious Nationalism in the Colonial Era: Rereading Rashid Rida's Ideas on the Caliphate. In: Journal of the American Oriental Society 117 (1997) 253–77.

Haddad, Y. Y.: Muhammad Abduh: pioneer of Islamic reform. In: *Ali Rahnema* (ed.): Pioneers of Islamic revival, London, 1994, 30–63.
Haykel, B.: Revival and reform in Islam: the legacy of Muhammad al-Shawkānī, Cambridge, 2003.
Hermann, R.: Kulturkrise und konservative Erneuerung. Muḥammad Kurd ʿAlī (1876–1953) und das geistige Leben in Damaskus zu Beginn des 20. Jahrhunderts, Frankfurt am Main etc., 1990.
Hourani, A.: Arabic Thought in the Liberal Age, 1798–1939, London etc., 1962.
Jansen, J. J. G.: The Interpretation of the Koran in Modern Egypt, Leiden, 1974, Reprint 1980.
Jomier, J.: Le commentaire coranique du Manār. Tendences modernes de l'exégèse coranique en Égypte, Paris, 1954.
Keddie, N. R.: An Islamic Response to Imperialism: Political and Religious Writings of Sayyid Jamāl ad-Dīn «al-Afghānī», Berkeley etc., 1968.
Ders.: Sayyid Jamāl ad-Din «al-Afghānī»: A Political Biography, Berkeley etc., 1972.
Kemke, A. H. E.: Stiftungen im muslimischen Rechtsleben des neuzeitlichen Ägypten. Die schariatrechtlichen Gutachten (Fatwas) von Muhammad Abduh (st. 1905) zum Wakf, Frankfurt am Main, 1991.
Kerr, M.: Islamic Reform: The Political and Legal Theories of Muḥammad ʿAbduh and Rashīd Riḍā, Berkeley etc., 1966.
Khan, S. A. und *F. Robinson* (Übers.): The causes of the Indian revolt, Karachi, 2000.
Klopfer, H.: Aspekte der Bewegung des Muḥammad ben Ali as-Sanusi, Kairo, 1967.
Martin, B. G.: Muslim Brotherhoods in 19th Century Africa, Cambridge, 1976.
May, L. S.: The Evolution of Indo-Muslim Thought after 1857, Lahore, 1970.
Mitchell, R. P.: The Society of Muslim Brothers, London, 1969.
Nagel, T.: Staat und Glaubensgemeinschaft im Islam. Geschichte der politischen Ordnungsvorstellungen der Muslime, Band II: Vom Spätmittelalter bis zur Neuzeit, Zürich/München, 1981 (Bibliothek des Morgenlandes).
O'Fahey, R. S.: Enigmatic Saint: Ahmad ibn Idris and the Idrisi Tradition, Evanston, vol. III, 1990.
O'Fahey, R. S. und *B. Radtke:* Neo-sufism reconsidered. In: Der Islam 70 (1993) 52–87.
Peskes, E.: Muḥammad b. ʿAbdalwahhāb (1703–92) im Widerstreit: Untersuchungen zur Rekonstruktion der Frühgeschichte der Wahhābīya, Beirut, 1993.
Peters, R.: Islam and Colonialism: The Doctrine of Jihad in Modern History, The Hague etc., 1979.
Ders.: Idjtihād and taqlīd in 18th and 19th Century Islam. In: Die Welt des Islams 20 (1980) 132–145.
Ramadan, Tariq: Aux sources du renouveau musulman d'al-Afghani à Hassan al-Banna: un siècle de réformisme islamique, Paris, 1998.
Rizvi, S. A. A.: Shāh Walī-Allāh and his Times, Canberra, 1980.
Smith, W. C.: Modern Islam in India: A Social Analysis, Lahore, ³1969.
Ders.: Islam in Modern History, 1957. (Deutsche Übersetzung: Der Islam in der Gegenwart, Frankfurt am Main, 1963).
Srour, H.: Die Staats- und Gesellschaftstheorie bei Sayyid Jamāladdīn «Al-Afghānī» als Beitrag zur Reform der islamischen Gesellschaften in der zweiten Hälfte des 19. Jahrhunderts, Freiburg, 1977.
Troll, C. W.: Sayyid Ahmad Khan: A Reinterpretation of Muslim Theology, New Delhi, 1978.
Vikør, K.: Sufi and Scholar on the Desert Edge: Muhammad b. ʿAli al-Sanusi (1787–1859), Dissertation, Bergen, 1991.
Voll, J. O.: Islam: continuity and change in the modern world, Syracuse, N. Y., 1994

Wielandt, R.: Offenbarung und Geschichte im Denken moderner Muslime, Wiesbaden, 1971.
Dies.: Das Bild der Europäer in der modernen arabischen Erzähl- und Theaterliteratur, Beirut/Wiesbaden, 1980 (Beiruter Texte und Studien, 23).

V. Das Verbreitungsgebiet der islamischen Religion: Zahlen und Informationen zur Situation in der Gegenwart (*Peter Heine* und *Riem Spielhaus*)

Abedin, S. M.: Demographic Consequences of Minority Consciousness: An Analysis. In: Journal Institute of Muslim Minority Affairs 1/2–2/1 (1979/80) 97–114.
Adams, C. C : Islam and Modernism in Egypt, London, 1933, Reprint New York, 1968.
Adrian, H.: Ethnologische Fragen der Entwicklungsplanung. Gbeniki- Die ethnologische Erforschung eines Bariba-Dorfes, Meisenheim, 1975.
Baer, G.: Population and Society in the Middle East, London, 1964.
Bakrī: Description de L'Afrique Septentrionale par el-Bekri, traduite par M. de Slane, Alger/Paris, 1913.
Benda, H. J. : Continuity and Change in Indonesian Islam. In: Asian and African Studies 1, Jerusalem, (1965) 123–138
Bourges, H. u. *Wauthier, C.*: Les 50 Afriques, 2 Bände, Paris 1979.
Bundestagsdrucksache 14/4530: Antwort der Bundesregierung auf die Große Anfrage der Abgeordneten Dr. Jürgen Rüttgers, Erwin Marschewski (Recklinghausen), Wolfgang Zeitlmann, weiterer Abgeordneter und der Fraktion der CDU/CSU. Islam in Deutschland, Berlin, 2000.
Chishti, S. K. : Muslim Population of Mainland China: An Estimate. In: Journal Institute of Muslim Minority Affairs 1/2–2/1 (1979/80) 75–85.
Geertz, C.: Islam Observed. Religious Development in Morocco and Indonesia, New Haven/London, 1968.
Houben, Vincent J. H.: Southeast Asia and Islam. In: *Syed, Aslam* (ed.): Islam. Enduring Myths and Changing Realities. The Annals of the American Academy of Political and Social Science. Vol. 588, London (July 2003) 149–170.
Ibn Baṭṭūṭa: Voyages d'Ibn Battuta, Texte Arabe, accompagné d'une traduction par C. Defremery et B. R. Sanguinetti, Paris, 41922.
Kasozi, A.: The Spread of Islam in Uganda, Santa Cruz, 1974.
Kettani, M. A.: Muslims in Southern Europe. In: Journal Institute of Muslim Minority Affairs 1/2–2/1 (1979/80) 145–157.
Lewis, I. M. (ed.): Islam in Tropical Africa, London, 1966.
Martin, B. G.: Muslim Brotherhoods in Nineteenth-Century Africa, London, 1976.
Mauroof, M.: Muslims in Sri Lanka. Historical, Demographic and Political Aspects. In: Journal Institute of Muslim Minority Affairs 1/2–2/1 (1979/80) 183–193.
Nahost Jahrbuch, herausgegeben vom *Deutschen Orient-Institut* (*Koszinowski, T.* u. *Mattes, H.*), Opladen, 1987ff.
Panjwani, I. A. G.: Muslims in Malawi. In: Journal of Muslim Minority Affairs 1/2–2/2 (1979/80) 158–168.
Smajlović, A.: Muslims in Yugoslavia. In: Journal Institute of Muslim Minority Affairs 1/2–2/2 (1979/80) 132–144.
Smith, R. (ed).: Muslim East Indians in Trinidad: Retention of Ethnic Identity under Acculturative Conditions, Pittsburgh, 1963.

Trimingham, J. S.: Islam in West-Africa, Oxford, 1959.
ʿUmarī: L'Afrique moins l'Égypte, traduite par M. Gaudefroy-Demombynes, Paris, 1927.
Weekes, R. : Muslim Peoples. A World Ethnographic Survey, Westport/London, 1978 (2. Aufl. in 2 Bänden 1984).
Wilks, I.: The Position of Muslims in Metropolitan Ashanti in the Early 19th Century. In: *Lewis, I. M.* (ed.): Islam in Tropical Africa, London, 1966.
Yegar, M.: The Muslims of Burma, Wiesbaden, 1972.

Zweiter Teil
Die politische Rolle des Islams in der Gegenwart

I. Die innerislamische Diskussion zur modernen Wirtschafts- und Sozialordnung *(Johannes Reissner)*

Ahmad, A.: Islamic Modernism in India and Pakistan 1857–1964, London/Bombay/Karachi, 1967.
Durán, Kh.: Die politische Rolle des Islams im Vorderen Orient, Einführung und Dokumentation, Hamburg, 1979 (Dokumentations-Leitstelle Moderner Orient, Aktueller Informationsdienst, Sondernummer 4).
Ghaussy, A. G.: Das Wirtschaftsdenken im Islam, Bern/Stuttgart, 1986 (Beiträge zur Wirtschaftspolitik, 42).
Hanna, S. A. u. *G. H. Gardner:* Arab Socialism, a Documentary Survey, Leiden, 1969.
Kotb, S.: Social Justice in Islam, aus dem Arabischen übersetzt von J. D. Hardie, New York, ²1970.
Müller, H.: Marktwirtschaft und Islam. Ökonomische Entwicklungskonzepte in der islamischen Welt unter besonderer Berücksichtigung Algeriens und Ägyptens. Baden-Baden, 2002 (Leipziger Schriften zur Gesellschaftswissenschaft, Bd. 9).
Nienhaus, V.: Islam und moderne Wirtschaft. Positionen, Probleme und Perspektiven, Graz/Wien/Köln, 1982.
Nienhaus, V.: Kulturelle Prägungen und wirtschaftspolitisches Handeln im Nahen Osten. In: *Th. Eger* (Hrsg.): Kulturelle Prägungen wirtschaftlicher Institutionen und wirtschaftspolitischer Reformen, Berlin, 2002, S. 125–146.
Pawelka, P.: Entwicklung und Globalisierung – Der Imperialismus des 21. Jahrhunderts. In: *Landeszentrale für politische Bildung Baden-Württemberg* (Hrsg.): Der Bürger im Staat (Islam und Globalisierung), 53 (2003) 2/3, 84–95.
Reissner, J.: Ideologie und Politik der Muslimbrüder Syriens, 1947–1952, Freiburg, 1980 (Islamkundliche Untersuchungen, 55).
Siddiqi, M. N.: Contemporary Literature on Islamic Economics, Leicester, 1978 (Research Report, 1, The Islamic Foundation, Leicester).
Ule, W.: Der arabische Sozialismus und der zeitgenössische Islam, Opladen, 1969 (Schriften des Deutschen Orient-Instituts).

III. Tendenzen der Rechtsentwicklung
(Hans-Georg Ebert)

Bälz, K.: Versicherungsvertragsrecht in den arabischen Staaten, Karlsruhe, 1997.

Coulson, N.J.: A History of Islamic Law, Edinburgh, 1964.

Coulson, N.J.: Succession in the Muslim Family, Cambridge, 1971.

Dilger, K.: Das Schweigen des Gesetzgebers als Mittel der Rechtsfortbildung im Bereich des islamischen Rechts. In: Die islamische Welt zwischen Mittelalter und Neuzeit. Festschrift für H.R. Roemer zum 65. Geburtstag. Hrsg. von *U. Haarmann* und *P. Bachmann*, Beirut/Wiesbaden, 1979, 81–93.

Ders.: Quellen und Schrifttum des Strafrechts. Hrsg. von *H.-H. Jescheck* und *K. Löffler*, Bd. II: Außereuropäische Staaten, Lfg. 2: Asien/Nordafrika, München, 1976.

Ebert, H.-G.: Das Erbrecht arabischer Länder, Leipziger Beiträge zur Orientforschung 14, Frankfurt am Main (etc.), 2004.

Ders.: Die Interdependenz von Staat, Verfassung und Islam im Nahen und Mittleren Osten in der Gegenwart, Frankfurt am Main (etc.), 1991.

Ders.: Das Personalstatut arabischer Länder. Problemfelder, Methoden, Perspektiven, Leipziger Beiträge zur Orientforschung 7, Frankfurt am Main (etc.), 1996.

El Baradie, A.: Gottes-Recht und Menschenrecht. Grundlagenprobleme der islamischen Strafrechtslehre, Baden-Baden, 1983.

Elwan, O.: Gesetzgebung und Rechtsprechung. In: Der Nahe und Mittlere Osten. Politik, Gesellschaft, Wirtschaft, Kultur. Hrsg. von *U. Steinbach* und *R. Robert* unter redaktioneller Mitarbeit von M. Schmidt-Dumont. 1: Grundlagen, Strukturen und Problemfelder, Opladen, 1988, 221–254.

Fyzee, A. A. A.: Outlines of Muhammadan Law, Delhi (etc.), 1974.

Grabau, Fr.-R.: Der Gesellschaftsvertrag im klassischen Islamrecht und das geltende Gesellschaftsrecht der islamischen Staaten. In: Zeitschrift für Vergleichende Rechtswissenschaft 89 (1990) 330–357.

Johansen, B.: Contingency in a Sacred Law. Legal and Ethical Norms in the Muslim Fiqh, Studies in Islamic Law and Society, Volume 7, Leiden (etc.), 1998.

Juynboll, Th. W.: Handbuch des islamischen Gesetzes, Leipzig, 1910.

Kemper, M., M. Reinkowski (Hrsg.): Rechtspluralismus in der Islamischen Welt. Gewohnheitsrecht zwischen Staat und Gesellschaft, Berlin/New York, 2005.

Krawietz, B.: Hierarchie der Rechtsquellen im tradierten sunnitischen Islam, Berlin, 2002.

Krüger, H.: An Introduction to Commercial Law in the States of the Arab Peninsula. In: Recht und Steuern international, Köln, Bundesagentur für Außenwirtschaft, Oktober 2003, 52–66.

Ders.: Arabische Staaten. Gesetzesübersichten. Internationales und ausländisches Wirtschafts- und Steuerrecht, Köln, Bundesstelle für Außenhandelsinformation, 1999.

Ders.: Überblick über das Zivilrecht der Staaten des ägyptischen Rechtskreises. In: Recht van de Islam 14 (1997) 67–131.

Ders.: Zum Geltungsbereich der osmanischen Mejelle. In: Liber amicorum Gerhard Kegel, München, 2002, 43–63.

Liebesny, H.J.: The Law of the Near and Middle East. Readings, Cases and Materials, Albany, 1975.

Motzki, H.: Die Anfänge der islamischen Jurisprudenz bis zur Mitte des 2./8. Jahrhunderts, Abhandlungen für die Kunde des Morgenlandes Bd. L,2, Stuttgart, 1991.

Nagel, T.: Das islamische Recht. Eine Einführung, Westhofen, 2001.

Rohe, M.: Der Islam – Alltagskonflikte und Lösungen. Rechtliche Perspektiven, Freiburg/Basel/Wien, 2001.

Schacht, J.: An Introduction to Islamic Law, Oxford, 1964.

Spies, O., Pritsch, E.: Klassisches Islamisches Recht. In: Handbuch der Orientalistik, Ergänzungsband III: Orientalisches Recht, Leiden/Köln, 1964, 224–343.

Tellenbach, S.: Strafgesetze der Islamischen Republik Iran, Sammlung außerdeutscher Strafgesetzbücher in deutscher Übersetzung Nr. 106, Berlin/New York, 1996.

Dies.: Übersichtsbericht Arabische Staaten. In: Schwangerschaftsabbruch im internationalen Vergleich. Rechtliche Regelungen – Soziale Rahmenbedingungen – Empirische Grunddaten. Teil 2: Außereuropa. Hrsg. von *A. Eser* und *H.-G. Koch,* Baden-Baden, 1989, 1119–1186.

Tworuschka, M.: Die Rolle des Islams in den arabischen Staatsverfassungen, Walldorf, 1976.

Yassari, N.: Überblick über das iranische Scheidungsrecht. In: Zeitschrift für das gesamte Familienrecht 16 (2002) 1088–1094.

IV. Die Stellung des Islams und des islamischen Rechts in ausgewählten Staaten

1. Türkei *(Ursula Spuler-Stegemann)*

Ağaoğulları, M. A.: L'Islam dans la vie politique de la Turquie, Ankara, 1982 (Publication de la Faculté Politique de l'Université d'Ankara, 517).

Berkes, N.: The Development of Secularism in Turkey, Montreal, 1964.

Binswanger, K.: Türkei. In: *Ende, W.* u. *U. Steinbach* (Hrsg.): Der Islam in der Gegenwart, München, [3]1991, 212–220.

Blaschke, J. u. *M. van Bruinessen* (Hrsg.): Jahrbuch zur Geschichte und Gesellschaft des Vorderen und Mittleren Ostens 1984. Thema: Islam und Politik in der Türkei, Berlin, 1984.

Bruinessen, M. van: Agha, Scheich und Staat. Politik und Gesellschaft Kurdistans. Beiträge zur Vergleichenden Sozialforschung, Berlin, 1989.

Çekin, A.: Stellung der Imame. Eine vergleichende Rollenanalyse der Imame in der Türkei und in Deutschland. Dissertation. Ohne Druckort (vermutlich Tübingen), ohne Jahr (2004).

Engin, I./Franz, E.: Aleviler/Alewiten (Deutsches Orient-Institut Mitteilungen), 3 Bde., Hamburg, 2000–2001.

Gottschlich, J.: Die Türkei auf dem Weg nach Europa. Ein Land im Aufbruch, Berlin, 2004.

Heper, M.: The State, Religion and Pluralism: The Turkish Case in Comparative Perspective. In: British Journal of Middle Eastern Studies 8 (1991) 1, 38–51.

Hoffmann, J.: Aufstieg und Wandel des politischen Islam in der Türkei (Nahoststudien 5), Berlin, 2003.

Jacob, X.: Der Islam in der Türkei seit September 1980. In: CIBEDO (Frankfurt am Main) 1988, 1.

Jäschke, G.: Der Islam in der neuen Türkei. Eine rechtsgeschichtliche Untersuchung. In: Die Welt des Islams, Neue Serie, 1 (1951), 5–174.

Kappert, P.: Atatürks Erben. In: *Rotter, G.* (Hrsg.): Die Welten des Islam. Neunundzwanzig Vorschläge, das Unvertraute zu verstehen, Frankfurt am Main, 1993, 123–129.

Körner, F.: Revisionist Koran Hermeneutics in Contemporary Turkish University Theology. Rethinking Islam, Würzburg, 2005 (MISK – Mitteilungen zur Sozial- und Kulturgeschichte der islamischen Welt Bd. 15).

Kreiser, K.: Notes sur le présent et le passé des ordres mystiques en Turquie. In: *Popovic, A.* u. *G. Veinstein* (Hrsg.): Les ordres mystiques dans l'Islam, Paris, 1986, 49–61 (Recherches d'histoire et de sciences sociales, 13).

Ders.: Kleines Türkei-Lexikon, München, 1991.

Lewis, B.: The Emergence of Modern Turkey, London (etc.), ²1968.

Mardin, Ş.: Turkey, Islam and Westernization. In: *Caldarola, C.* (ed.): Religion and Societies. Asia and the Middle East, Berlin (etc.), 1982, 171–198.

Ders.: Religion and Politics in Modern Turkey. In: *Piscatori, J. P.* (ed.): Islam in the Political Process, Cambridge, ²1984, 138–159.

Oehring, O.: Die Türkei im Spannungsfeld extremer Ideologien (1973–1980). Eine Untersuchung der politischen Verhältnisse, Berlin, 1984 (Islamkundliche Untersuchungen, 102).

Ders.: Zur Lage der Menschenrechte in der Türkei – Laizismus = Menschenrechte? missio Aachen, 2. ergänzte Aufl. 2002.

Rumpf, Ch.: Laizismus und Religionsfreiheit in der Türkei: Rechtliche Grundlagen und gesellschaftliche Praxis, Ebenhausen, 1987 (Stiftung Wissenschaft und Politik).

Saribay, A. Y.: Der Einfluß der Religion auf die türkische Gesellschaft und ihre Rolle im politischen Leben. In: *Özak, H. J.* u. *Y. Dağyeli* (Hrsg.): Die Türkei im Umbruch, Frankfurt am Main, 1989, 88–112.

Schüler, H.: Re-Islamisierung: Der Fall Türkei. In: Zeitschrift für Türkeistudien 2 (1989), 63–93.

Seufert, G./Chr. Kubaseck: Die Türkei. Politik. Geschichte. Kultur, München, 2004.

Shaw, S. J.: History of the Ottoman Empire and Modern Turkey, volume 1: Empire, of the Gazis. The Rise and Decline of the Ottoman Empire 1280–1808, Cambridge (etc.), ⁷1988.

Ders. u. *E. K. Shaw:* History of the Ottoman Empire and Modern Turkey, Volume II: Reform, Revolution, and Republic: The Rise of Modern Turkey, 1808–1975, Cambridge (etc.), 1977.

Spuler-Stegemann, U.: Der Islam in der Türkei. In: *Grothusen, K.-D.* (Hrsg.): Türkei, Südosteuropa-Handbuch, Band IV, Göttingen, 1985, 591–612.

Steinbach, U.: Die Türkei im 20. Jahrhundert. Schwieriger Partner Europas, Bergisch-Gladbach, 1996.

Tapper, R. (ed.): Islam in Modern Turkey. Religion, Politics and Literature in a Secular State, London/New York, 1991.

Toprak, B.: The State, Politics and Religion in Turkey. In: *Heper, M.* u. *A. Evin* (eds.): State, Democracy, and the Military. Turkey in the 1980s, Berlin/New York, 1988, 119–136.

Vorhoff, K.: Zwischen Glaube, Nation und neuer Gemeinschaft: Alevitische Identität in der Türkei der Gegenwart, Berlin, 1995 (Islamkundliche Untersuchungen, 184).

Wedel, H.: Der türkische Weg zwischen Laizismus und Islam, Opladen, 1991 (Studien und Arbeiten des Zentrums für Türkeistudien, 6).

Yavuz, H. M.: Die Renaissance des religiösen Bewusstseins in der Türkei: Nur-Studienzirkel. In: *N. Göle* u. *L. Ammann* (Hrsg.): Islam in Sicht. Der Auftritt von Muslimen im öffentlichen Raum, Bielefeld, 2004, 121–146.

Yerasimos, S./G. Seufert/K. Vorhoff (Hrsg.): Civil Society in the Grip of Nationalism. Studies on Political Culture in Contemporary Turkey, Istanbul, 2000.

Zürcher, E. J.: Turkey. A Modern History, London/New York, 1993.

2. Iran *(Udo Steinbach)*

Abrahamian, E.: Iran between Two Revolutions, Princeton, N.J., 1982.
Ders.: Khomeinism. Politics and Ideology in Contemporary Iran, Princeton, N.J., 1994.
Ajatollah Chomeini: Der islamische Staat. Aus dem Persischen übersetzt und herausgegeben von *Hassan, N.* u. *Itscherenska, I.*, Berlin, 1983.
Akhavi, Sh.: Religion and Politics in Contemporary Iran. Clergy-State Relations in the Pahlavi Period, Albany, 1980.
Bakhash, Sh.: The Reign of the Ayatollahs. Iran and the Islamic Revolution, New York, 1984.
Berliner Institut für Vergleichende Sozialforschung (Hrsg.): Religion und Politik in Iran. mardom nameh, Frankfurt am Main, 1981.
Boroujerdi, M.: Iranian Intellectuals and the West. The Tormented Triumph of Nativism, Syracuse/New York, 1996.
Brumberg, D.: Reinventing Khomeini. The Struggle for Reforms in Iran, Chicago, 2001.
Buchta, W.: Who Rules Iran? The Structure of Power in the Islamic Republic, Washington, 2000.
Ders.: Die iranische Schia und die islamische Einheit 1979–1998, Hamburg, 1997.
Clawson, P. et al.: Iran Under Khatami: A Political, Economic and Military Assessment, Washington, 1998.
Ebert, H.-G./Fürtig, H./Müller, H. G. (Hrsg.): Die Islamische Republik Iran, Köln, 1987.
Ehteshami, A. u. *Varasteh, M.* (eds.): Iran and the International Community, London/New York, 1991.
Encyclopaedia Iranica, english edition, edited by *E. Yarshater,* volume 1 ff., London/Boston/Henley, 1985 ff.
Farsoun, S.K. u. *Mashayekhi, M.* (eds.): Iran. Political Culture in the Islamic Republic, London/New York, 1992.
Fischer, M. M. J.: Iran. From Religious Dispute to Revolution, Cambridge/Mass. und London, 1980.
Göbel, K.-H.: Moderne schiitische Politik und Staatsidee, Opladen, 1984.
Gronke, M.: Geschichte Irans: von der Islamisierung bis zur Gegenwart, München, 2003.
Hairi, A. H.: Shiism and Constitutionalism in Iran, Leiden, 1977.
Halm, H.: Der schiitische Islam. Von der Religion zur Revolution, München, 1994.
Hourcade, B.: Iran. Nouvelles identités d'une république, Paris, 2002.
Hunter, Sh. T.: Iran after Khomeini, New York (etc.), 1992.
Karsh, E. (ed.): The Iran-Iraq War. Impact and Implications, London, 1987.
Katzman, K.: The Warriors of Islam: Iran's Revolutionary Guard, Boulder, Col., 1993.
Keddie, N. R. u. *Hooglund, E.* (eds.): The Iranian Revolution and the Islamic Republic, Syracuse/New York, 1986.
Khomeini, R.: Islam and Revolution. Writings and Declarations of Imam Khomeini, übersetzt und mit Anmerkungen versehen von H. Algar, Berkeley, 1981.
Kramer, M. (ed.): Shiʿism, Resistance and Revolution, London, 1987.
Mackey, S.: The Iranians. Persia, Islam and the Soul of a Nation, Harmondsworth/Middlesex, 1996.
Menashri, D.: Iran. A Decade of War and Revolution, New York/London, 1990.
Ders.: Revolution of the Crossroads: Iran's Domestic Politics and Regional Ambitions, Washington, 1997.
Ders. (ed.): The Iranian Revolution and the Muslim World, Boulder/San Francisco/Oxford, 1992.
Moin, B.: Khomeini. Life of the Ayatollah, London, 1999.

Mottahedeh, R.: Der Mantel des Propheten oder Das Leben eines persischen Mullah zwischen Religion und Politik, München, 1987.
Naficy, M.: Klerus, Basar und die iranische Revolution, Hamburg, 1993.
Nahost Jahrbuch 1987ff., herausgegeben vom *Deutschen Orient-Institut (T. Koszinowski* u. *H. Mattes)*, Opladen, 1987ff. (Mit einem Kapitel «Iran» und iranbezogenen Themen.)
Rahnema, A. u. *Nomani, F.*: The Secular Miracle. Religion, Politics and Economic Policy in Iran, London/Princeton, N. J., 1990.
Richard, Y.: Die Geschichte der Schia in Iran. Grundlagen einer Religion, Berlin, 1983.
Roy, O.: The Failure of Political Islam, Cambridge, Mass., 1992.
Schirazi, A.: The constitution of Iran. Politics and the State in the Islamic Republic, London/New York, 1997.
Tellenbach, S.: Untersuchungen zur Verfassung der Islamischen Republik Iran vom 15. November 1979, Berlin, 1985.
The Cambridge History of Iran. From Nader Shah to the Islamic Republic, volume 7, edited by P. Avery/G. Hambly/Ch. Melville, Cambridge, 1991.

3. Afghanistan (Abbas Poya)

Adamec, L. W.: Dictionary of Afghan wars, revolutions and insurgencies, Landham, Md./ London, 1996.
Clements, F. A.: Conflict in Afghanistan. A Historical Encyclopedia, Santa Barbara, Calif., 2003.
Dupree, L.: Afghanistan, Princeton, 1980.
Durán, Kh.: Afghanistan. In: *W. Ende u. U. Steinbach* (Hrsg.): Der Islam in der Gegenwart, München, [3]1984, 236–248.
Einzmann, H.: Religiöses Volksbrauchtum in Afghanistan. Islamische Heiligenverehrung und Wallfahrtswesen im Raum Kabul, Wiesbaden, 1977.
Ghaussy, A. Gh.: Afghanistan. In: *W. Ende u. U. Steinbach* (Hrsg.): Der Islam in der Gegenwart, München, [4]1996, 264–278.
Glatzer, B.: War and Boundaries in Afghanistan: Significance and Relativity of Local and Social Boundaries. In: WI 41 (2001) 379–399.
Glatzer, B.: Afghanistan, London, 2002.
Grevemeyer, J.-H./Maiwand-Grevemeyer, T.: Afghanistan: Presse und Widerstand, Göttingen, 1988.
Heine, P.: Terror in Allahs Namen: extremistische Kräfte im Islam, Freiburg, 2001.
Kraus, W. (Hrsg.): Afghanistan. Natur, Geschichte und Kultur, Staat, Gesellschaft und Wirtschaft, Tübingen/Basel, 1972.
Löwenstein, W. (Hrsg.): Beiträge zur zeitgenössischen Afghanistanforschung, Bochum, 1997.
Moltmann, G.: Staats- und Verfassungsentwicklung Afghanistans. In: *M. D. Ahmad/ E. Franz/M. Weidenhiller* (Hrsg.): Afghanistan seit dem Sturz der Monarchie: Dokumentation zur Politik, Wirtschaft und Bevölkerung, Hamburg, 1981.
Mousavi, S. A.: The Hazaras of Afghanistan. An Historical, Cultural, Economical and Political Study, New York, 1997.
Olesen, A.: Islam and Politics in Afghanistan, Richmond, Surrey, 1995.
Pohly, M./Durán, Kh./Gleissner, B.: Nach den Taliban: Afghanistan zwischen internationalen Machtinteressen und demokratischer Erneuerung, München, 2002.
Pohly, M.: Krieg und Widerstand in Afghanistan. Ursachen, Verlauf und Folgen seit 1978, Berlin, 1991.

Poya, A.: Perspektiven zivilgesellschaftlicher Strukturen in Afghanistan – ethische Neutralität, ethnische Parität und Frauenrechte in der Verfassung der Islamischen Republik Afghanistan. In: Orient 44 (2003) 367–384.
Rasanayagam, A.: Afghanistan: a modern history, monarchy, despotism or democracy? The Problems of governance in the Muslim tradition, London, 2003.
Rashid, A.: Taliban: the story of the Afghan warlords, including a new foreword following the terrorist attacks of 11 September, London, 2001.
Schetter, C./Wieland-Karimi, A.: Afghanistan in Geschichte und Gegenwart. Beiträge zur Afghanistanforschung, Frankfurt am Main, 1999.
Schetter, C.: Ethnizität und ethnische Konflikte in Afghanistan, Berlin, 2003.
Schetter, C.: Kleine Geschichte Afghanistans, München, 2004.
Schimmel, A.: Der Islam im indischen Subkontinent, Darmstadt, 1983.
Spuler, B.: Afghanistans Geschichte und Verwaltung in früh-islamischer Zeit. In: Gesammelte Aufsätze, Leiden 1980, 305–313.
Tanner, S.: Afghanistan: a military history from Alexander the Great to the fall of the Taliban, New York, 2002.
Upasak, Ch. S.: History of Buddhism in Afghanistan, Sarnath, 1990.
Wieland-Karimi, A.: Die Taliban. In: *Citha Maass/Johannes Reissner* (Hrsg.): Afghanistan und Zentralasien. Entwicklungsdynamik, Konflikte und Konfliktpotentiale, Ebenhausen, 1998.
Yarshater, E. (ed.): Encyclopaedia Iranica, vol. I, London (etc.) 1985, Artikel «Afghanistan», 486–566.

4. Rußland, islamische Republiken des Kaukasus und Zentralasiens *(Rainer Freitag-Wirminghaus)*

Akiner, S.: The Formation of Kazakh Identity, London, 1995.
Dies.: Tajikistan: Disintegration or Reconciliation?, London, 2001.
Dies.: Islamic Peoples of the Soviet Union, London, 1983.
Allworth, E. (ed.): Central Asia: A Century of Russian Rule, New York, 1967.
Ders.: The Modern Uzbeks, Stanford, 1990.
Baldauf, I.: Schriftreform und Schriftwechsel bei den muslimischen Rußland- und Sowjettürken (1850–1937). Ein Symptom ideengeschichtlicher und kulturpolitischer Entwicklungen, Budapest, 1993.
Barthold, W.: Turkestan down to the Mongol Invasion, London, 1958.
Ders.: Zwölf Vorlesungen über die Geschichte der Türken in Mittelasien, Darmstadt, [2]1996.
Bennigsen, A./Lemercier-Quelquejay, Ch.: L'Islam en union soviétique, Paris, 1968.
Bennigsen, A./Wimbush, S. E.: Mystics and Commissars. Sufism in the Soviet Union, Berkeley, 1985.
Dies.: Muslims of the Soviet Empire. A Guide, London, 1985.
Carlisle, S.: Uzbekistan under Russian Rule: Communism, Nationalism and Islam in Central Asia, London, 1995.
Central Asia: Islam and the State, ICG Asia Report No. 59, 10 July 2003, Osh/Brussels.
Central Asia and the Caucasus, Journal of Social and Political Studies, Lulea (Sweden).
Central Asian Survey, Society for Central Asian Studies, Abingdon.
Dudoignon, S. A./Komatsu, H. (eds.): Islam in Politics in Russia and Central Asia, London, New York, Bahrain, 2001.
Halbach, U.: Islam und islamistische Bewegungen in Zentralasien. In: Aus Politik und Zeitgeschichte, B 3–4/2002.

Ders.: Russlands muslimische Ethnien und Nachbarn. In: Aus Politik und Zeitgeschichte, B 16–17/2003, 39–46.
Ders.: Rußlands Welten des Islam, SWP- Studie, Berlin, 2003.
Hayit, B.: Sowjetrussische Orientpolitik am Beispiel Turkestans, Köln/Berlin, 1992.
Ders.: Basmatschi. Nationaler Kampf Turkestans in den Jahren 1917 bis 1934, Köln, 1992.
Is Radical Islam Inevitable in Central Asia? Priorities for Engagement, International Crisis Group (ICG), Asia Report No. 72, Osh/Brussels, 2003.
Kappeler, A./Simon, G. u. a. (Hrsg.) : Die Muslime in der Sowjetunion und in Jugoslawien. Identität – Politik – Widerstand, Köln, 1989.
Kemper, M.: Islam und Herrschaft in Daghestan. Khanate – Bünde – Ǧihād-Staat, Wiesbaden, 2004.
Ders.: Sufis und Gelehrte in Tatarien und Baschkirien, 1789–1889. Der islamische Diskurs unter russischer Herrschaft, Berlin, 1998.
Malashenko, A./Olcott, M. B. (eds.): Islam na postsovetskom prostranstve: vzglyad izvnutri, Moskau, 2001.
Motika, R.: Das Religionsrecht in Aserbaidschan. In: *Lienemann, W./Reuter, H.-R.* (Hrsg.): Das Recht der Religionsgemeinschaften in Mittel-, Ost- und Südosteuropa, Baden-Baden, 2005, 75–103.
Ders.: Entwicklungstendenzen des Islams in Tatarstan, Pera-Blätter (Orient-Institut, Istanbul), Nr. 19, 2004.
Motika, R./Kemper, M./Reichmuth, S. (Hrsg.): Islamic Education in the Soviet Union and Its Successor States, London, 2005.
Naumkin, V.: Militant Islam in Central Asia: The Case of the Islamic Movement of Uzbekistan, Berkeley Program in Soviet and Post-Soviet Studies, Paper 2003.
Ders. (ed.): State, Religion and Society in Central Asia, Reading, 1995.
Noack, C.: Muslimischer Nationalismus im Russischen Reich. Nationsbildung und Nationalbewegung bei Tataren und Baschkiren, 1861–1917, Stuttgart, 2000.
Poliakov, S. P.: Everyday Islam. Religion and Tradition in Rural Central Asia, London, 1992.
Radical Islam in Central Asia: Responding to Hizb ut-Tahrir, ICG Asia Report No. 58, Osh/Brussels, 2003.
Rashid, A.: Heiliger Krieg am Hindukusch. Der Kampf um Macht und Glauben in Zentralasien, München, 2002.
Ro'i, Y.: Islam in the Soviet Union. From the Second World War to Gorbachev, London, 2000.
Ders. (ed.): Muslim Eurasia. Conflicting Legacies, London, 1995.
Roy, O.: The New Central Asia. The Creation of Nations, London, New York, 2000.
Rumer, B.: Soviet Central Asia, London, 1989.
Strasser, A./Haas, S./Mangott, G./Heuberger, V. (eds.): Zentralasien und Islam, Deutsches Orient-Institut Hamburg, Mitteilungen Band 63/2003.
Swietochowski, T.: Azerbaijan: The Hidden Faces of Islam, World Policy Journal, Volume XIX, No. 3, Fall 2002.

5. Volksrepublik China *(Thomas Heberer)*

Allès, E.: Muslim Religious Education in China. In: China Perspectives 45 (2003) 21–29.
Aubin, F.: Islam. In: *Staiger, B./Friedrich, S./Schütte,H.-W.* (Hrsg.): Das Große China-Lexikon, Darmstadt, 2003, 349–352.
Benson, L.: The Ili Rebellion. The Moslem Challenge to Chinese Authority in Xinjiang 1944–1949, Armonk/London/Sharpe, 1990.

Bovingdon, G.: Heteronomy and Its Discontents, «Minzu Regional Autonomy» in Xinjiang. In: *Rossabi, M.* (ed.): Governing China's Multiethnic Frontiers, Seattle/London, 2004, 117–154.
Bush, R. C.: Religion in Communist China, Nashville, New York/Abingdon, 1970.
Castets, R.: The Uyghurs in Xinjiang: The Malaise Grows. In: China Perspectives 49 (2003) 34–48.
Chang, H. Y.: Muslim Minorities in China: A Historical Note. In: Minority Affairs III 2 (1981) 30–34.
Dillon, M.: Hui Muslims in China, London, 1997.
Ders.: Xinjiang – China's muslim far north west, London et al., 2004.
Fogden, S.: Writing Insecurity: The PRC's Push to Modernize China and the Politics of Uyghur Identity. In: Issues & Studies 3 (2003) 33–74.
Gillette, M. B.: Urban Chinese Muslims, Stanford, 2000.
Gladney, D. C.: Muslim Tombs and Ethnic Folklore: Charters for Hui Identity. In: The Journal of Asian Studies 3 (1987) 495–532.
Ders.: The Hui, Islam, and the State: A Sufi Community in China's Northwest Corner. In: *Gross, J.* (ed.): Muslims in Central Asia. Expression of Identity and Change, Durham/London, 1992, 89–111.
Ders.: Salman Rushdie in China. Religion, Ethnicity, and State Definition in the People's Republic. In: *Keyes, C. F./Kendall, L./Hardacre, H.* (eds.): Asian Visions of Authority. Religion and the Modern States of East and Southeast Asia, Honolulu, 1994, 255–278.
Ders.: Muslim Chinese, Cambridge/Mass. u. London, [2]1996.
Ders.: Islam in China: Accomodation or Separatism. In: The China Quarterly, June (2003) 451–467
Hartmann, M.: Vom chinesischen Islam. In: Die Welt des Islams, Bd. 1, Heft 3–4, (1913) 178–210.
Heberer, Th.: Some Considerations on China's Minorities in the 21 st Century: Conflict or Conciliation, Duisburg Working Papers on East Asian Studies, 31/2000.
Ders.: Die Nationalitätenfrage am Beginn des 21. Jhdts. Konfliktursachen, ethnische Reaktionen, Lösungsansätze und Konfliktprävention. In: *Schubert, G.* (Hrsg.): China – Konturen einer Übergangsgesellschaft auf dem Weg in das 21. Jahrhundert, Hamburg, 2001, 81–134.
Heuer-Vogel, Daniela: Die Politisierung ethnischer Identitäten im internationalen Staatensystem: Muslime unter chinesischer Herrschaft, Frankfurt am Main u. a., 2000.
Hoppe, T.: Die ethnischen Gruppen Xinjiangs: Kulturunterschiede und interethnische Beziehungen, Hamburg, 1995.
Israeli, R.: Muslims in China. Islam's Incompatibility with the Chinese Order. In: *Israeli, R./Johns, A.* (ed.): Islam in Asia, vol. 2, Jerusalem, 1984, 275–304.
Ders.: A New Wave of Muslim Revivalism in Mainland China. In: Issues & Studies 3 (March) (1997) 21–41.
Iwamura, S.: The Structure of Moslem Society in Inner Mongolia. In: The Far Eastern Quarterly 1 (1948) 34–44.
Kim, Hodong: Holy War in China. The Muslim Rebellion and State in Chinese Central Asia 1864–1877, Stanford 2004.
Lindbeck, J. M. H.: Communism, Islam and Nationalism in China. In: The Review of Politics October (1950) 473–488.
Lipman, J. N.: Patchwork Society, Network Society. A Study of Sino-Muslim Communities. In: *Israeli, R./Johns, A.* (ed.): Islam in Asia, vol. 2, Jerusalem, 1984, 246–274.
Ders.: Familiar Strangers: A History of Muslims in Northwest China, Seattle, 1997.
Mackerras, C.: Xinjiang and the causes of separatism. In: Central Asian Survey 3 (2001).

MacInnis, D. E.: Religion in China Today, Policy and Practice, Maryknoll, 1989.
Mees, I.: Die Hui – Eine moslemische Minderheit in China. Assimilationsprozesse und politische Rolle vor 1949, München, 1984.
Newby, L. J.: ‹The Pure and True Religion› in China. In: Third World Quarterly 2 (1988) 923–947.
Pillsbury, B. L. K.: Muslim History in China: A 1300 Year Chronology. In: Minority Affairs III 2 (1981a) 10–29.
Ders.: The Muslim Population of China: Clarifying the Questions of Size and Ethnicity. In: Minority Affairs III 2 (1981b) 35–58.
Rudelson, J. J.: Oasis Identities: Uyghur Nationalism Along China's Silk Road, New York, 1997.
Song, Q.: Islamische Kultur und China. In: China Heute 6 (1992) 168–171.
Staiger, B.: Xinjiang erläßt Bestimmungen über religiöse Aktivitäten und religiöses Personal. In: China Heute 1 (1991) 12–14.
Starr, F. S. (ed.): Xinjiang. China's Muslim borderland, Armonk/London, 2003.
Wacker, G.: Xinjiang und die VR China. Zentrifugale und zentripetale Tendenzen in Chinas Nordwest-Region. Berichte des Bundesinstituts für ostwissenschaftliche und internationale Studien 3 (1995).
Wang, J.: Einheit in Vielfalt. Wiederaufleben des Islam im heutigen China. In: China Heute 7 (2003) 227–234.
Winchester, M.: Inside Story China. Bejing vs. Islam, Internet-Version :
http://www.pathfinder.com/@@V=a=R...Y/Asiaweek/current/issue/is1.html, 1997.
Yee, H. S.: Ethnic Relations in Xinjiang: A Survey of Uyghur-Han Relations. In: China Perspectives 36 (2003) 431–452.
Zhao, Y.: Pivot or Periphery. Xinjiang's Regional Development and Chinese Central Asian Relations at the Century's End, Miami, Florida, 1997.
Ziemann, H.: Die Beziehungen Sinkiangs (Ostturkestan) zu China und der UdSSR 1917–45, Bochum, 1984.

6. Indien *(Munir D. Ahmed)*

Ahmad, A.: An Intellectual History of Islam in India, Edinburgh, 1969.
Ders.: Studies in Islamic Culture in the Indian Environment, Oxford, 1964.
Ahmad, I. (ed.): Ritual and Religion among Muslims in India, Delhi, 1981.
Ali, A. A.: The emergence of feminism among Indian Muslim women: 1920–1947, Oxford, 2000.
Faridi, F.R. (ed.): Aspects of Islamic economics and the economy of Indian Muslims, New Delhi, 1993.
Baljon, J. M. S.: The Reforms and Religious Ideas of Sayyid Ahmad Khan, Leiden, 1949, Reprint 1970.
Chand, T.: The Influence of Islam on Indian Culture, Allahabad, 1946.
Cole, J. R. I.: Roots of North Indian Shiʿism in Iran and Iraq. Religion and State in Awadh 1722–1859, Berkeley, 1988.
Dar, B. A.: Religious Thought of Sayyid Ahmad Khan, Lahore, 1957.
Fyzee, A. A. A.: Outlines of Mohammadan Law, New Delhi/London, 1974.
Gopal, R.: Islam, Hindutva and Congress quest: A study in conflicting ideologies, New Delhi, 1998.
Hardy, P.: The Muslims of British India, Cambridge, 1972.
Hasan, Mushirul: Legacy of a divided nation: India's Muslims since independence, Delhi, 1997.

Hollister, J. N.: The Shi'a of India, London, 1986.
Husain, S. A.: The Destiny of Indian Muslims, London, 1965.
Ikram, S. M.: Muslim Civilization in India, ed. by *A. T Embree,* New York, 1964.
Imam, Z. (ed.): Muslims in India, New Delhi, 1975.
Jeffery, P.: Muslimische Frauen in Indien, Berlin, 1985.
Khan, Maulana W.: Indian Muslims: The Need for a Positive Outlook, New Delhi, 1994.
Lal, K. S.: Return to Roots: Emancipation of Indian Muslims, New Delhi, 2002.
Malik, H.: Moslem Nationalism in India and Pakistan, Washington, D. C., 1963.
Mandelbaum, D. G.: Women's Seclusion and Men's Honor: Sex Roles in North India, Bangladesh and Pakistan, Tucson, 1988.
May, Lini S.: The Evolution of Indo-Muslim Thought after 1857, Lahore, 1970.
Mujib, M.: The Indian Muslims, London, 1967.
Narain, H.: The Ayodhya temple-mosque dispute: Focus on Muslim sources, Delhi, 1993.
Preler, H. M.: Informal Initiation among Hindus and Muslims. In: Initiation, 1965, 87–95 (Studies in the History of Religions, Supplement to Numen X).
Qadri, A. J. (ed.): Intra-societal Tension and National Integration (Hindu-Muslim-conflict, India), New Delhi, 1988.
Riexinger, M.: Sanā'ullāh Amritsarī (1868–1948) und die Ahl-i-Ḥadīs im Punjab unter britischer Herrschaft, Würzburg, 2004.
Schwerin, K. von: Der Islam in Indien. In: Indien. Kultur, Geschichte, Politik, Wirtschaft, Umwelt. Hrsg. von D. Rothermund, München, 1995, 167–185.
Schimmel, A.: Islam in the Indian Subcontinent. In: Handbuch der Orientalistik. Abt. II: Indien, hrsg. von *B. Spuler,* Leiden, 1980.
Dies.: Der Islam im indischen Subkontinent, Darmstadt, 1983.
Smith, W. C.: Modern Islam in India. A Social Analysis, Lahore, 1946.
Troll, C. W.: Sayyid Ahmad Khan. A Reinterpretation of Muslim Theology, New Delhi, 1978.
Van der Veer, P.: Religious nationalism: Hindus and Muslims in India, Berkeley, 1994.

7. Pakistan *(Khálid Durán* und *Munir D. Ahmed)*

Abbott, F.: Islam and Pakistan, New York, 1968.
Abdulla, A.: The Historical Background of Pakistan and its People, Karachi, 1973.
Abou-Zahab, M., O. Roy: Islamic networks: The Afghan-Pakistan connection, London, 2003.
Ahmad, A.: Islamic Modernism in India and Pakistan 1857–1964, London/Oxford, 1967.
Ders.: An Intellectual History of Islam in India, Edinburgh, 1969.
Ders.: Studies in Islamic Culture in the Indian Environment, Oxford, 1964
Ahmad, A. S. (ed.): Pakistan in the Social Sciences' Perspective, Karachi, 1990.
Ders.: Pakistan Society: Islam, Ethnicity and Leadership in South Asia, Karachi, 1986.
Ders.: Religion and Politics in Muslim Society. Order and Conflict in Pakistan, Cambridge, New York, 1983.
Ahmad, I.: The Concept of an Islamic State. An analysis of the ideological controversy in Pakistan, London, 1987.
Ahmad, M.: Class, Power and Religion. Some Aspects of Islamic Fundamentalism in Pakistan, Chicago, 1980.
Ders.: The crescent and the sword: Islam, the military and political legitimacy, 1977–1985. In: The Middle East Journal. 50 (1996), 372–386.

Ahmad, S.: Islam and Pakistani Peasants. In: *Ahmad, A.* (ed.): Contributions to Asian Studies, Leiden, 1971, 92–104.
Ahmed, M. D.: Religion and Society in Pakistan. In: Orient 17/4 (1976), 123–151.
Ders.: Pakistan: The Dream of an Islamic State. In: *Caldarola, C.* (ed.): Religions and Societies, Asia and the Middle East, Amsterdam, 1982, 261–288.
Ansari, S.: «Pākistān». In: The Encyclopaedia of Islam (EI²), volume VIII, Fasc. 133–134 (1993), 240–244.
Binder, L.: Religion and Politics in Pakistan, Berkeley, 1963.
Fuller, G. E.: Islamic fundamentalism in Pakistan: Its character and prospects, Santa Monica, 1991.
Gaborieau, M.: Rôles politiques de l'Islam au Pakistan. In: *Carré, O.* (ed.): L'Islam et l'état dans le monde d'aujourd'hui, Paris, 1982, 189–203.
Hayes, L.: Politics in Pakistan. The Struggle for Legitimacy, Boulder, 1984.
Hussain, A.: Elite Politics in an Ideological State. The Case of Pakistan, Folkestone, 1979.
Iqbal, A.: Islamisation of Pakistan, Lahore, 1986.
Larson, W. F.: Islamic ideology and fundamentalism in Pakistan: Climate for conversion to Christianity?, Lanham, 1998.
Malik, H.: Moslem Nationalism in India and Pakistan, Washington, D. C., 1963.
Malik, J.: Colonization of Islam: Dissolution of traditional institutions in Pakistan, New Delhi, 1996.
Malik, S. J.: Islamisierung in Pakistan 1977–1984. Untersuchungen zur Auflösung autochthoner Strukturen, Wiesbaden, 1989.
Mayne, P.: Saints of Sind, London, 1956.
Nasr, S. V. R.: Islamic Leviathan: Islam and the making of state power, Oxford, 2001.
Ders.: Islamic Opposition in the political process: Lessons from Pakistan. In: *J. Esposito* (ed.): Political Islam, Boulder, 1997, 135–156.
Ders.: Democracy and Islamic revivalism. In: Political Science Quarterly 110 (1995), 261, 285.
Pal, I. D.: Women and Islam in Pakistan. In: Middle Eastern Studies 26 (1990), 449–464.
Qureshi, I. H.: The Muslim Community of the Indo-Pakistan Subcontinent (710–1947). A Brief Historical Analysis, Den Haag, 1962.
Ders.: Ulema in Politics. A Study Relating to the Political Activity of the Ulema in the South-Asian Sub-Continent from 1556–1947, Karachi, 1972.
Reetz, D.: Keeping busy on the path of Allah. The self-organisation (intizam) of the Tablighi Jamaʿat. In: Oriente Moderno, N. S. 23 (2004), 295–305.
Salim, A.: Pakistan of Jinnah: The hidden face, Lahore, 1993.
Shah, N. M. (ed.): Pakistani Women. A Socio-economic and Demographic Profile, Islamabad, 1986.
Shirazi, N. Sh.: System of Zakat in Pakistan: An appraisal, Lahore, 1996.
Weiss, A. M. (ed.): Islamic Reassertion in Pakistan. The Application of Islamic Law in a Modern State, Syracuse, 1986.

8. Bangladesh *(Hans Harder)*

Ahmed, M. D.: Bangladesh. In: *Ende, W.* und *U. Steinbach* (Hrsg.): Der Islam in der Gegenwart, München ⁴1996, 359–366.
Ahmed, R.: The Bengal Muslims 1871–1906: A Quest for Identity, Delhi, 1981.
Ahmed, R. (Hrsg.): Understanding the Bengal Muslims: Interpretative Essays, Delhi, 2001.

Cashin, D.: The Ocean of Love: Middle Bengali Sufi Literature and the Fakirs of Bengal, Stockholm, Association of Oriental Studies, 1995.
Das, R. P.: Das Verhältnis zwischen Islam und Bangladesh. In: *Conrad, D.* u. *W.-P. Zingel* (Hrsg.): Bangladesh, Stuttgart, 1994, 7–14.
Eaton, R. M.: The Rise of Islam and the Bengal Frontier, 1204–1760, Berkeley/Los Angeles/London, 1993.
Gardner, K.: Global Migrants, Local Lives. Travel and Transformation in Rural Bangladesh, Oxford, 1995.
Jahangir, B. K.: Problematics of Nationalism in Bangladesh, Dhaka, 1992.
Maitra, J.: Muslim Politics in Bengal 1855–1906: Collaboration and Confrontation, Calcutta, 1984.
Maniruzzaman, T.: The Bangladesh Revolution and its Aftermath, Dhaka, 1980.
O'Donell, C. P.: Bangladesh. Biography of a Muslim Nation, Boulder/Colorado, 1984.
Razia Akter Banu, U. A. B.: Islam in Bangladesh, Leiden/New York/Köln, 1991.
Roy, A.: Islam in South Asia. A Regional Perspective, New Delhi, 1996.
Roy, A.: The Islamic Syncretistic Tradition in Bengal, Princeton, 1983.
Siegfried, R.: Bengalens Elfter Kalif. Untersuchungen zur Naqšbandiyya Muǧaddidiyya in Bangladesh, Würzburg, 2001.
Trottier, A.-H.: Fakir. La quête d'un Bâul musulman, Paris, 2000.
Weiß, C.: Islam und Gesellschaft in Bangladesh. In: *Schreiner, K. H.* (Hrsg.): Islam in Asien, Bad Honnef, 2001, 70–85.

9. Südostasien *(Olaf Schumann)*

Abdullah, T., Sh. Siddique (eds.): Islam and Society in Southeast Asia, Singapore, 1986.
Abdul Rahman, T.: Viewpoints, Kuala Lumpur, 1978.
Ders. et al. (eds.): Contemporary Issues on Malaysian Religions, Kuala Lumpur, 1984.
Ahmat, Sh., Sh. Siddique (eds.): Muslim Society, Higher Education and Development in Southeast Asia, Singapore, 1987.
Anwar, Z.: Islamic Revivalism in Malaysia: Dawah among the Students, Petaling Jaya, 1987.
al-Attas, S. N.: Some Aspects of Sufism as Understood and Practised Among the Malays, Singapore, 1963.
Benda, H. J.: The Crescent and the Rising Sun, Bandung/The Hague, 1958.
Bianco, L. (Hrsg.): Das moderne Asien, Frankfurt am Main, 1969 (Fischer Weltgeschichte 33).
Boland, B. J.: The Struggle of Islam in Modern Indonesia, 's Gravenhage, 1971 (Verh. van het Koninkl. Inst. voor Taal-, Land- en Volkenkunde 59).
Brown, D. E.: Brunei: The Structure and History of a Bornean Malay Sultanate, II, Brunei, 1970, 2 (Monograph of the Brunei Museum Journal).
Dahm, B.: Sukarnos Kampf um Indonesiens Unabhängigkeit, Frankfurt am Main/Berlin, 1966 (Schriften des Instituts für Asienkunde in Hamburg 18).
Dengel, H. H.: Darul-Islam. Kartosuwirjos Kampf um einen islamischen Staat Indonesien, Wiesbaden, 1986 (Beiträge zur Südasien-Forschung 106).
Dijk, C. van: Rebellion under the Banner of Islam. The Darul Islam in Indonesia, 's Gravenhage, 1981 (Verh. van het Konink. Inst. voor Taal-, Land- en Volkenkunde 94).
Djamour, J.: The Muslim Matrimonial Court in Singapore, London, 1966.
Draguhn, W. (Hrsg.): Der Einfluß des Islams auf Politik, Wirtschaft und Gesellschaft in Südostasien, Hamburg, 1983 (Mitteilungen des Instituts für Asienkunde 133).
Fatimi, S. Q.: Islām Comes to Malaya, Singapore, 1963.
Forbes, A. D. W. (ed.): The Muslims of Thailand, 2 volumes, Gaya (Bihar, India), 1988f.

Funston, J.: Malay Politics in Malaysia: A Study of UMNO and PAS, Kuala Lumpur, 1980.

Gowing, P. G.: Christen und Moslems in Ostasien. In: Evangelische Mission, 1978, Hamburg, 1978, 38–63.

Ders.: Muslim Filipinos – Heritage and Horizon, Quezon City, ²1979.

Gowing, P. G., R. D. McAmis (eds.): The Muslim Filipinos: Their History, Society and Contemporary Problems, Manila, 1974.

Grossmann, B. (Hrsg.): Studien zur Entwicklung in Süd- und Ostasien, Neue Folge, Teil 4: Malaysia, Frankfurt am Main, 1966 (Schriften des Instituts für Asienkunde in Hamburg 19).

Ders. (ed.): Southeast Asia in the Modern World, Wiesbaden, 1972 (Schriften des Instituts für Asienkunde in Hamburg 33).

Hall, D. G. E.: A History of South-East Asia, London, ³1968.

Hooker, M. B. (ed.): Islam in South-East Asia, Leiden, 1983.

Hund, B. (Bearb.): Bumiputra-Politik in Malaysia, Hamburg, 1981 (Aktueller Informationsdienst Asien und Südpazifik, Beiheft 6).

Israeli, R. (ed.): The Crescent in the East. Islam in Asia Major, London/Riverdale, 1989.

Jocano, F. L. (ed.): Filipino Muslims. Their Social Institutions and Cultural Achievements, Quezon City, 1983.

Kartodirdjo, S.: The Peasants' Revolt of Banten, 's-Gravenhage, 1966 (Verh. van het Koninkl. Inst. voor Taal-, Land- en Volkenkunde 50).

Ders.: Protest Movements in Rural Java. A Study of Agrarian Unrest in the Nineteenth and Early Twentieth Centuries, Singapore/Kuala Lumpur/Jakarta, 1973.

Kitingan, J. G. u. *M. J. Ongkili:* Sabah 25 Years Later: 1963–1988, Kota Kinabalu, 1989.

Kraus, W. (Hrsg.): Islamische mystische Bruderschaften im heutigen Indonesien, Hamburg, 1990 (Mitteilungen des Instituts für Asienkunde 183).

Lacar, L. Q.: The Emerging Role of Muslim Women in a Rapidly Changing Society. The Philippine Case. In: Journal Institute of Muslim Minority Affairs 13 (January 1992), London, 1, 80–98.

Larousse, W.: A Local Church Living for Dialogue: Muslim-Christian Relations in Mindanao-Sulu (Philippines) 1965–2000, Roma, 2001 (Interreligious and Intercultural Investigations, Vol. 4).

Lee, R. L. M.: The Globalization of Religious Markets. International Innovations, Malaysian Consumption. In: Sojourn 8 (February 1993), Singapore, 1, 35–61.

Lev, D.: Islamic Courts in Indonesia. A Study in the Political Bases of Legal Institutions, Berkeley/Los Angeles/London, 1972.

Li, T.: Malays in Singapore. Culture, Economy, and Ideology, Singapore, 1989 (East Asian Social Science Monographs).

Lim Kit Siang: Malaysia: Crisis of Identity, Kuala Lumpur, 1986.

Magnis-Suseno, F.: Neue Schwingen für Garuda. Indonesien zwischen Tradition und Moderne, München, 1989.

Ders.: Javanische Weisheit und Ethik. Studien zu einer östlichen Moral, München/Wien, 1981.

Majul, C. A.: Muslims in the Philippines, Quezon City, ²1973.

Ders.: The Contemporary Muslim Movement in the Philippines, Berkeley, 1985.

Man, W. K. Che: Muslim Separatism. The Moros of Southern Philippines and the Malays of Southern Thailand, Singapore, 1990 (Southeast Asian Social Science Monographs).

Ders.: The Thai Government and Islamic Institutions in the Four Southern Muslim Provinces of Thailand. In: Sojourn 5 (August 1990), Singapore, 2, 255–282.

Means, G. P.: Malaysian Politics: The Second Generation, Singapore, 1991 (South East Asian Social Science Monographs).
Mohamad, Mahathir b.: The Malay Dilemma, Singapore, [4]1979.
Ders.: The Challenge, Petaling Jaya, [3]1989.
Mutalib, H.: Islam and Ethnicity in Malay Politics, Singapore, 1987 (South-East Asian Social Science Monographs).
Ders.: Islam in Malaysia. From Revivalism to Islamic State, Singapore, 1993.
Muzaffar, Ch.: Islamic Resurgence in Malaysia, Petaling Jaya, 1987.
Ders.: Challenges and Choices in Malaysian Politics and Society, Penang, 1989.
Nasution, H.: Der islamische Staat – ein indonesisches Konzept. In: *Italiaander, R.* (Hrsg.): Indonesiens verantwortliche Gesellschaft, Erlangen, 1976, 107–121.
Noer, D.: The Modernist Muslim Movement in Indonesia 1900–1942, Singapore/Kuala Lumpur, 1973.
Ongkili, J. P.: Modernization in East Malaysia 1960–1970, Kuala Lumpur/Singapore, 1972.
Ders.: Nation-building in Malaysia 1946–1974, Singapore, 1985.
Pitsuwan, S.: Islam di Muangthai. Nasionalisme Melayu Masyarakat Patani, Jakarta, 1989 (Original: Islam and Malay nationalism: a case study of the Malay Muslims in Southern Thailand, Dissertation, Harvard University, USA).
Ranjit Singh, D. S.: Brunei 1839–1983. The Problems of Political Survival, Singapore, 1991.
Rothermund, D. (ed.): Islam in Southern Asia. A Survey of Current Research, Wiesbaden, 1975 (Beiträge zur Südasien-Forschung, 16).
Santa Maria, L.: L'Indonesia negli anni 70. In: Oriente Moderno, Nuova Serie, Anno X (1991), prima parte: 103–161, seconda parte: 393–462.
Schumann, O.: Islam und Politik in Indonesien. In: Evangelische Mission 1978, Hamburg, 1978, 64–80.
Ders.: Christians and Muslims in Search of Common Ground in Malaysia. In: Islam and Christian-Muslim Relations 2 (1991) 242–268.
Ders.: Staat und Gesellschaft im heutigen Indonesien. In: Die Welt des Islams 33 (1993) 182–218.
Suffian, T. M. u.a. (eds.): The Constitution of Malaysia: Its Developments 1957–1977, Kuala Lumpur, [3]1979.
Syukri, I.: History of the Malay Kingdom of Patani. Translated by Conner Bailey and John N. Miksic, Athens, Ohio, 1984 (Southeast Asia Series 68).
Teeuw, A., D. K. Wyatt: Hikayat Patani. The Story of Patani, 2 volumes, The Hague, 1970 (Bibliotheca Indonesia 5).
Tregonning, K. G.: A History of Modern Malaya, London, 1964.
Trinidade, F. A., H. P. *Lee:* The Constitution of Malaysia: Further Perspectives and Developments. Essay in Honour of Tun Mohamad Suffian, Singapore, 1986.
Turnbull, C.: A History of Malaysia, Singapore/Brunei/Sydney, 1989.
Wawer, W.: Muslime und Christen in der Republik Indonesia, Wiesbaden, 1974 (Beiträge zur Südasien-Forschung 7).
Wertheim, W. F.: Indonesian Society in Transition, The Hague, [2]1969.
Weyland, P.: International Muslim Networks and Islam in Singapore. In: Sojourn 5 (August 1990), Singapore, 2, 219–254.
Yegar, M.: The Muslims of Burma. A Study of a Minority Group, Wiesbaden, 1972 (Schriftenreihe des Südasien-Instituts der Universität Heidelberg).

10. Maghreb *(Franz Kogelmann)*

Bonner, M., Reif, M., Tessler, M. (eds.): Islam, Democracy and the State in Algeria. Lessons for the Western Mediterranean and Beyond, London, 2005.
Camau, M., Geisser, V.: Le Syndrome autoritaire. Politique en Tunisie de Bourguiba à Ben Ali, Paris, 2003.
Chaarani, A.: La mouvance islamiste au Maroc. Du 11 septembre 2001 aux attentats de Casablanca du 16 mai 2003, Paris, 2004.
Clausen, U. (Hrsg.): Mauretanien. Eine Einführung. Deutsches Orient-Institut, Mitteilungen Bd. 50, Hamburg, 1994.
Dies. (Hrsg.): Demokratisierung in Mauretanien. Einführung und Dokumente. Deutsches Orient-Institut, Allgemeiner Informationsdienst moderner Orient: Sondernummer 13, Hamburg, 1993.
Faath, S.: Herrschaft und Konflikt in Tunesien. Zur politischen Entwicklung der Ära Bourguiba, Hamburg, 1989.
Ferrié, J.-N.: La religion de la vie quotidienne chez les Marocains musulmans, Paris, 2004.
Hasel, Th.: Machtkonflikt in Algerien, Berlin, 2002.
Martinez, L.: La guerre civile en Algérie, Paris, 1999.
Moussaoui, A. (Hrsg.): Espace et sacré au Sahara, Paris, 2002.
Müller, H.: Marktwirtschaft und Islam. Ökonomische Entwicklungskonzepte in der islamischen Welt unter besonderer Berücksichtigung Algeriens und Ägyptens, Baden-Baden, 2002.
Sidaoui, R.: Fis, armée, GIA. Vainqueurs et vaincus: perspectives, Paris, 2001.
Tamimi, A. S.: Rachid Ghannouchi: a democrat within Islamism, Oxford etc., 2001.
Tozy, M.: Monarchie et Islam politique au Maroc, Paris, 1999.
Traoré, A.: L'islam en Mauretanie. In: *D. G. Lavroff* (ed.): Introduction à la Mauritanie, Paris, 1979, 155–166.
Vermeren, P.: Le Maroc en transition, Paris, 2001.
Volpi, F.: Islam and democracy: The failure of dialogue in Algeria, London, 2003.
Waletzki, St.: Ehe und Ehescheidung in Tunesien. Zur Stellung der Frau in Recht und Gesellschaft, Berlin, 2001.
Weide, H.: Schariarechtliche Tendenzen in der Verfassungsgeschichte Mauretaniens, Deutsches Orient-Institut, Mitteilungen Bd. 58, Hamburg, 2000.
Wöhler-Khalfallah, Kh. K.: Der islamische Fundamentalismus, der Islam und die Demokratie. Algerien und Tunesien: Das Scheitern postkolonialer «Entwicklungsmodelle» und das Streben nach einem ethischen Leitfaden für Politik und Gesellschaft, Wiesbaden, 2004.

11. Die unabhängigen Staaten Schwarzafrikas *(Jamil M. Abun-Nasr* und *Roman Loimeier)*

Abun-Nasr, J. M. (Hrsg.): Muslime in Nigeria. Religion und Gesellschaft im Wandel seit den 50er Jahren, Hamburg, 1993.
Adeleye, R. A.: The Sokoto Caliphate in the Nineteenth Century. In: *Ajayi, J. F. A., Crowder, M.* (eds.): History of West Africa, Bd. 2, London, 1974, 57–92.
Anderson, J. N. D.: Islamic Law in Africa, London, 1978.
Armah, Ayi Kwei: Two Thousand Seasons, London, 1973.
Bates, M.: Social Engineering, Multi-Racialism and the Rise of TANU: The Trust Territory of Tanganyika. In: *Low, D. A., Smith, A.* (eds.): History of East Africa, Bd. 3, Oxford, 1976, 168–169.

Behrman, L.: Muslim Brotherhoods and Politics in Senegal, Cambridge, Mass., 1970.
Bosaller, A., und *Loimeier, R.:* Radical Muslim Women and Male Politics in Nigeria. In: *Reh, M.*, *Ludwar-Ene, G.* (eds.): Gender and Identity in Africa, Münster, 1995, 61–70.
Brenner, L.: Controlling Knowledge. Religion, Power and Schooling in a West African Muslim Society, Bloomington, 2001.
Clayton, A.: The Zanzibar Revolution and its Aftermath, Hamden, 1981.
Cruise O'Brien, D. B.: The Mourides of Senegal, Oxford, 1971.
Delval, R.: Les Musulmans au Togo, Paris, 1980, 207–228.
Faath, S.: Algerien: Gesellschaftliche Strukturen und politische Reformen zu Beginn der neunziger Jahre, Hamburg, 1990.
Fage, J. D.: A History of Africa, New York, 1979.
Froelich, J. C.: Les Musulmans d'Afrique Noire, Paris, 1962.
Günther, U.: Lesarten des Islam in Südafrika. Herausforderungen im Kontext des soziopolitischen Umbruchprozesses von Apartheid zur Demokratie. In: Afrika Spectrum 37/2 (2002) 159–174.
Harrison, C.: France and Islam in West Africa 1860–1960, Cambridge, 1988.
Hock, K.: Der Islam-Komplex. Zur Wahrnehmung des Islams und der christlich-islamischen Beziehungen in Nordnigeria während der Militärherrschaft Babangidas, Hamburg, 1996.
Holt, P. M.: The Mahdist State in the Sudan, 1881–1898, Oxford, 1958.
Hopkins, J. F. P. und *N. Levtzion:* Corpus of Early Arabic Sources for West African History, Cambridge, 1981, 281–304.
Kaba, L.: The Wahhabīya, Islamic Reform and Politics in French West Africa, Evanston, 1974.
Kane, O.: Muslim Modernity in Postcolonial Nigeria. A Study of the Society for the Removal of Innovation and Reinstatement of Tradition, Leiden, 2003.
Klein, M.: Islam and Imperialism in Senegal, Sine-Saloum, 1847–1914, Stanford, 1968.
Lacunza Balda, J.: Translations of the Quran into Swahili, and Contemporary Islamic Revival in East Africa. In: *Westerlund, D.*, *Evers-Rosander, E.* (eds.): African Islam and Islam in Africa, London, 1997, 95–126.
Lewis, I. M.: A Modern History of Somalia, Boulder, 1988.
Loimeier, R.: Islamic Reform and Political Change in Northern Nigeria, Evanston, 1997.
Ders.: Säkularer Staat und islamische Gesellschaft. Die Beziehungen zwischen Staat, Sufi-Bruderschaften und islamischer Reformbewegung in Senegal im 20. Jahrhundert, Hamburg, 2001.
Ders.: Gibt es einen afrikanischen Islam? Die Muslime in Afrika zwischen lokalen Lehrtraditionen und translokalen Rechtleitungsansprüchen. In: Afrika Spectrum 37/2 (2002) 175–188.
Ders.: Patterns and Peculiarities of Islamic Reform in Africa. In: Journal of Religion in Africa 33/3 (2003) 237–262.
Ludwig, F.: Church and State in Tanzania. Aspects of a Changing Relationship, 1961–1994, Leiden, 1996.
Mattes, H.: Algerien. In: wuqūf, Bd. 6, Hamburg, 1992.
Monteil, V.: L'Islam noir: une religion à la conquête de l'Afrique, Paris, ^{3}1980.
Mrina, B. F. und *Matoke, W. T.:* Mapambano ya ukombozi Zanzibar, Dar es-Salam, 1980.
Müller, H.: Zur Lage der Muslime im nachkolonialen Ostafrika. Überblick und Bibliographie, Würzburg, 2000.
Peters, R.: Islamic Criminal Law in Nigeria, Ibadan, 2003.
Pouwels, R., *Levtzion, N.:* The History of Islam in Africa, Oxford, 2000.

Ranger, T.: The Invention of Tradition in Colonial Africa. In: *Hobsbawm, E., Ranger, T.* (eds.): The Invention of Tradition, Cambridge, 1983, 211–262.
Rivière, C.: Guinea – the Mobilization of a People, Ithaca/London, 1977.
Sheriff, A., E. Ferguson (eds.): Zanzibar under colonial rule, London, 1991.
Skinner, E. P.: African Urban Life: The Transformation of Ouagadougou, Princeton, 1974.
Villalon, L. A.: Islamic Society and State Power in Senegal. Disciples and Citizens in Fatick, Cambridge, 1995.
Wegemund, R.: Die Rassenunruhen in Senegal und Mauretanien 1989. In: Afrika Spectrum 89 (1989) 255–274.
Westerlund, D.: Ahmed Deedat's Theology of Religion: Apologetics through Polemics. In: Journal of Religion in Africa 33/3 (2003) 263–279.

12. Die Islamisierung des subsaharischen Afrika *(Hans Müller)*

Blanckmeister, E. B.: Dīn wa dawla. Islam, Politik und Ethnizität im Hausaland und Adamawa, Emsdetten, 1989.
Clarke, P. B.: West Africa and Islam. A study of religious development from the 8th to the 20th century, London, 1982.
Cuoq, J. M.: Les Musulmans en Afrique, Paris, 1975.
Ders.: Recueil des sources arabes concernant l'Afrique occidentale du VIIIe au XVIe siècle (Bilād as-Sūdān), Paris, 1975, Réimpression 1985.
Ders.: L'Islam en Éthiopie des origines au XVIe siècle, Paris, 1981.
Ders.: Histoire de l'islamisation de l'Afrique de l'ouest des origines à la fin du 16e siècle, Paris, 1984, Réimpression 1985.
Ders.: Islamisation de la Nubie chrétienne, VIIe – XVIe siècle, Paris, 1986.
Forstner, M.: Der Islam in der westafrikanischen Sahel-Zone: Erscheinungsbild – Geschichte – Wirkung. In: Zeitschrift für Missionswissenschaft und Religionswissenschaft 71 (1987) 25–84 und 97–120.
Froelich, J. C.: Les Musulmans d'Afrique noire, Paris, 1962.
Haron, M.: Muslims in South Africa: An annotated bibliography, Cape Town, 1997.
Hiskett, M.: The Development of Islam in West Africa, London/New York, 1984.
Ders.: The Course of Islam in Africa, Edinburgh, 1994.
Hopkins, J. F. P. und *N. Levtzion* (eds.): Corpus of Early Arabic Sources for Western African History, Cambridge, 1981.
Insoll, T.: The Archaeology of Islam in Sub-Saharan Africa, Cambridge, 2003.
Kritzeck, J. und *W. H. Lewis* (eds.): Islam in Africa, New York u.a., 1969.
Levtzion, N. und *R. L. Pouwels* (eds.): The History of Islam in Africa, Athens u.a., 2000.
Lewis, I. M. (ed.): Islam in Tropical Africa, London, ²1980.
Monteil, V.: L'Islam noir: Une religion à la conquête de l'Afrique, 4., überarbeitete Aufl., Paris, 1986.
Moreau, R. L.: Africains musulmans. Des communautés en mouvement, Paris/Abidjan, 1982.
Müller, H.: Zur Lage der Muslime im nachkolonialen Ostafrika. Überblick und Bibliographie, Würzburg, 2000.
Nicolas, G.: Dynamique de l'Islam au sud du Sahara, Paris, 1981.
Ofori, P. E.: Islam in Africa South of the Sahara. A select bibliographic guide, Nendeln, 1977.
Otayek, R. (ed.) : Le radicalisme islamique au sud du Sahara. Daʿwa, arabisation et critique de l'Occident, Paris/Talence, 1993.
Pouwels, R. L.: Horn and Crescent. Cultural change and traditional Islam on the East African coast, 800–1900, Cambridge, 1987.

Reusch, R.: Der Islam in Ost-Afrika, mit besonderer Berücksichtigung der muhammedanischen Geheim-Orden, Leipzig, 1930.
Rosander, E. E. und *D. Westerlund* (eds.): African Islam and Islam in Africa. Encounters between Sufis and Islamists, London, 1997.
Trimingham, J. S.: Islam in the Sudan, London, 1949, Reprint 1965 u. 1983.
Ders.: Islam in Ethiopia, London, 1952, Reprint 1965 u. 1976.
Ders.: Islam in West Africa, London, 1959, Reprint 1961–1978.
Ders.: A History of Islam in West Africa, London, 1962, Reprint 1963–1982.
Ders.: Islam in East Africa, London, 1964, Reprint 1971 u. 1980.
Ders.: The Influence of Islam upon Africa, London, 1968, [2]1980.
Willis, J. R. (ed.): Studies in West African Islamic History. Vol. I: The Cultivators of Islam, London, 1979.
Zoghby, S. M. (ed.): Islam in Sub-Saharan Africa. A partially annotated guide, Washington, 1978.

13. Horn von Afrika (Hans Müller)

Africa South of the Sahara, ed. Europa Publications Limited, London, [1]1971, [32]2003.
Afrika Jahrbuch 1987ff., hrsg. vom *Institut für Afrika-Kunde*, Opladen, 1988ff.
Alwan, D. A. und *Y. Mibrathu*: Historical Dictionary of Djibouti, Lanham (Md)/London, 2000.
Braukämper, U.: Islamic History and Culture in Southern Ethiopia. Collected Essays, Hamburg, 2002.
Cuoq, J. M.: Les Musulmans en Afrique, Paris, 1975.
Dilger, K.: Die Rolle des islamischen Rechts im ostafrikanischen Raum. Ein Beitrag zur Rechtsentwicklung in Somalia, in der Volksrepublik Jemen und in Äthiopien. In: Jahrbuch für Afrikanisches Recht 2 (1981) 3–42.
Erlich, H.: The Cross and the River. Ethiopia, Egypt and the Nile, London, 2002.
Haberland, E. und *H. Straube*: Nordostafrika: In: *H. Baumann* (Hrsg.): Die Völker Afrikas und ihre traditionellen Kulturen. Teil II: Ost-, West- und Nordafrika, Wiesbaden, 1979, 69–156.
Helander, B.: Somalia. In: *D. Westerlund* und *I. Svanberg* (eds.): Islam outside the Arab World, Richmond, 1999.
Killion, T.: Historical Dictionary of Eritrea, Lanham (Md)/London, 1998.
Laitin, D. D. und *S. S. Samatar*: Somalia. Nation in Search of a State, Boulder/London, 1987.
Lewis, I. M.: Peoples of the Horn of Africa. Somali, Afar and Saho, London, 1955, Reprinted with Supplementary Bibliography 1969.
Ders.: Sufism in Somaliland: A Study in Tribal Islam. In: Bulletin of the School of Oriental and African Studies (BSOAS), vol. XVII, London, 1955, 581–602; vol. XVIII, 1956, 145–160.
Ders.: A Modern History of Somalia. Nation and State in the Horn of Africa, London/New York, 1980.
Metz, H. C. (ed.): Somalia: A Country Study, Washington, [4]1993.
Mohamed-Abdi, M.: Un multipartisme non démocratique. La montée des intégrismes musulmans en Somalie. In: *F. Constantin* et *Chr. Coulon* (eds.): Religion et transition démocratique en Afrique, Paris, 1997, 163–185.
Mukhtar, M.H.: Historical Dictionary of Somalia, new edition, Lanham (Md)/Oxford, 2003.
Nelson, H.D. und *I. Kaplan* (eds.): Ethiopia: A Country Study, Washington, [3]1981.

Paulitschke, Ph.: Ethnographie Nordost-Afrikas. Band 1: Die materielle Cultur der Danākil, Galla und Somāl, Berlin, 1893; Band 2: Die geistige Cultur der Danākil, Galla und Somāl, Berlin, 1896.
Prouty, C. und *E. Rosenfeld*: Historical Dictionary of Ethiopia and Eritrea, Metuchen (N.J.)/London, ²1994.
Trimingham, J. S.: Islam in Ethiopia, London, 1952, Reprint 1965 u. 1976.

14. Libyen (Hanspeter Mattes)

Ayoub, M. M.: Islam and the Third Universal Theory. The Religious Thought of Muʿammar al-Qadhdhafi, London, 1987.
Evans-Pritchard, E. E.: The Sanusi of Cyrenaica, Oxford, ¹1949.
Hager, E.: Volksmacht und Islam: eine terminologie- und ideologieanalytische Untersuchung zum Politik- und Religionsverständnis bei Muʿammar al-Qaddafi, Berlin, 1985.
Kooij, C.: Islam in Qadhafi's Libya. Religion and Politics in a Developing Country, Amsterdam, 1980.
Mattes, H.: Islam und Staatsaufbau. Das theoretische Konzept und das Beispiel der Sozialistischen Libyschen Arabischen Volksǧamāhīriyya, Heidelberg, 1982.
Ders.: Die innere und äußere Mission Libyens. Historisch-politischer Kontext, innere Struktur, regionale Ausprägung am Beispiel Afrikas, Mainz/München, 1986.
Ders.: Qaddafi und die islamistische Opposition in Libyen. Zum Verlauf eines Konflikts, Hamburg, 1995 (Deutsches Orient-Institut, Mitteilung 51).
Mayer, A. E.: A Survey of Islamifying Trends in Libyan Law since 1969. In: Society for Libyan Studies: Seventh Annual Report, London, 1975–1976, 53–55.
Dies.: Islamic Resurgence or New Prophethood: the Role of Islam in Qadhdhāfī's Ideology. In: *Dessouki, H.* (ed.): Islamic Resurgence in the Arab World, New York, 1982, 196–220.
Scarcia Amoretti, B.: Libyan Loneliness in Facing the World: the Challenge of Islam? In: *Dawisha, A.* (ed.): Islam in Foreign Policy, Cambridge, 1983, 54–67.
Ziadeh, N. A.: Sanusiyah. A Study of a Revivalist Movement in Islam, Leiden, 1968.

15. Ägypten (Alexander Flores)

Anawati, G. u. *M. Borrmans:* Tendances et courants de l'Islam arabe contemporain, volume 1: Égypte et Afrique du Nord, München/Mainz, 1982.
Al-Ashmawy, M. S.: L'islamisme contre l'islam, Paris/Kairo, 1989.
Büttner, F., u. *J. Klostermeier:* Ägypten, München, 1991.
Carré, O. u. *G. Michaud:* Les frères musulmans (1928–1982), Paris, 1983.
Crecelius, D.: The Course of Secularization in Modern Egypt. In: *Esposito, J. L.* (ed.): Islam and Development, Syracuse, 1980, 49–70.
Damir-Geilsdorf, S.: Herrschaft und Gesellschaft. Der islamistische Wegbereiter Sayyid Quṭb und seine Rezeption, Würzburg, 2003.
Eccel, A. Ch.: Egypt, Islam and Social Change. Al-Azhar in Conflict and Accomodation, Berlin, 1984.
Forstner, M.: Auf dem legalen Weg zur Macht? Zur politischen Entwicklung der Muslimbruderschaft Ägyptens. In: Orient 29 (1988) 386–422.
Hopwood, D.: Egypt. Politics and Society 1945–1984, Boston, ³1985.
Jansen, J. J. G.: The Neglected Duty. The Creed of Sadat's Assassins and Islamic Resurgence in the Middle East, New York/London, 1986.
Kepel, G.: Le prophète et pharaon, Paris, 1984; in deutscher Übersetzung unter dem Titel: Der Prophet und der Pharao, München/Zürich, 1995.

Kogelmann, F.: Die Islamisten Ägyptens in der Regierungszeit von Anwar as-Sādāt (1970–1981), Berlin, 1994.
Krämer, G.: Ägypten unter Mubarak: Identität und nationales Interesse, Baden-Baden, 1986.
Dies.: Gottes Staat als Republik. Reflexionen zeitgenössischer Muslime zu Islam, Menschenrechten und Demokratie, Baden-Baden, 1999.
Lemke, W.-D.: Maḥmūd Shaltūt (1893–1963) und die Reform der Azhar. Untersuchungen zu Erneuerungsbestrebungen im ägyptischen Erziehungssystem, Frankfurt am Main, 1980.
Lüders, M. (Hrsg.): Der Islam im Aufbruch? Perspektiven der arabischen Welt, München/Zürich, 1992.
Mitchell, R. P.: The Society of the Muslim Brothers, London, 1969.
Pawelka, P.: Herrschaft und Entwicklung im Nahen Osten: Ägypten, Heidelberg, 1985.
Reuter, B.: Gelebte Religion. Religiöse Praxis junger Islamistinnen in Kairo, Würzburg, 1999.
Schamp, H. (Hrsg.): Ägypten. Das alte Kulturland am Nil auf dem Weg in die Zukunft, Tübingen, 1977.
Schulze, R.: Islamischer Internationalismus im 20. Jahrhundert, Leiden, 1990.
Sivan, E.: Radical Islam. Medieval Theology and Modern Politics, New Haven/London, 1985.
Vatikiotis, P. J.: The History of Egypt, London, ²1980.
Zakariya, E.: Laïcité ou islamisme. Les arabes à l'heure du choix, Paris/Kairo, 1991.

16. Sudan *(Hanspeter Mattes)*

Abdelsalam, S. E.: A Study of Contemporary Sudanese Muslim Saints' Legends in Sociocultural Contexts, Ann Arbor/Michigan, 1983.
Affendi, A. el-: Turabi's Revolution. Islam and Power in Sudan, London, 1991.
Bashier, Z.: Islamic Movement in the Sudan: Issues and Challenges, Leicester, 1987.
Burr, J. M. u. *Collins, R. O.:* Revolutionary Sudan. Hasan al-Turabi and the Islamist State, 1989–2000, Leiden, 2003.
Daly, M. W. (ed.): Al Mahjdhubiyya and al Mikashfiyya: Two Sufi Tariqas in the Sudan, Khartum, 1985.
Faath, S. u. *H. Mattes* (Hrsg.): Sudan, Hamburg, 1993 (Wuqūf. Beiträge zur Entwicklung von Staat und Gesellschaft in Nordafrika, 7–8).
Fluehr-Lobban, C.: Islamic Law and Society in the Sudan, London, 1987.
Grandin, N.: Al-Sayyid Muhammad al-Hasan al-Mīrghanī (Soudan). In: Islam et Sociétés au Sud du Sahara, Paris 3 (1989) 107–118.
Karrar, A. S.: The Sufi Brotherhoods in the Sudan, London, 1992.
Köndgen, O.: Das islamisierte Strafrecht des Sudan. Von seiner Einführung 1983 bis Juli 1992, Hamburg, 1992.
Na'im, A. A. an-: Mahmud Muhammad Taha and the Crisis in Islamic Law Reform: Implications for Interreligious Relations. In: *Swidler, L.* (ed.): Muslims in Dialogue, Lampeter, 1992, 59–86.
Osman, A. A. M.: The Political and Ideological Development of the Muslim Brotherhood in Sudan, 1945–1986, Betchworth (BRITS), 1989.
Taha, M. M.: The Second Message of Islam, New York, 1987.
Trimingham, J. S.: Islam in the Sudan, London, ¹1949, ⁴1965

17. Israel und die Besetzten Gebiete *(Thomas Philipp)*

Abu-ʿAmr, Z.: Hamas: A Historical and Political Background. In: Journal of Palestine Studies 22 (summer 1993) 4/88, 5–19, 122–134.
Ders.: Islamic Fundamentalism in the Westbank and Gaza, Bloomington, 1994.
Berger, E.: Peace for Palestine: First Lost Opportunity, Gainesville, Florida, 1993.
Cobban, H.: The PLO and the Intifada. In: Middle East Journal 44 (spring 1990) 2, 207–233.
Elias, A. S.: Wer wirft den letzten Stein? Der lange Weg zum Frieden im Nahen Osten, Düsseldorf, 1993.
Flores, A.: Intifada. Aufstand der Palästinenser, Berlin, 1988.
Heilberg, M., u. *G. Ovensen* et al.: Palestinian Society in Gaza, West Bank and Arab Jerusalem: a Survey of Living Conditions, Oslo, 1993.
Höpp, G.: Religion im Konflikt. Gibt es eine islamische Lösung für Palästina? In: *Robbe, M.,* u. *D. Senghaas* (Hrsg.): Die Welt nach dem Ost-West-Konflikt. Geschichte und Prognosen, Berlin, 1990, 249–265.
Ders.: Gibt es immer noch eine islamische Lösung für Palästina? In: asien, afrika, lateinamerika 19 (1991) 4, 614–621.
Israeli, R.: Muslim Fundamentalism in Israel, London, 1993.
Kaufman, E. et al. (eds.): Democracy, Peace and the Israeli-Palestinian Conflict, London, 1993.
Kristianasen Levitt, W.: De l'islamisme radical à la logique nationaliste. In: Le Monde Diplomatique, Mai, 1993.
Dies.: Hamas se prépare à la nouvelle donne. In: Le Monde Diplomatique, Februar, 1994.
Dies.: Islamistes palestiniens, la nouvelle génération. In: Le Monde Diplomatique, Juni, 1995.
Landau, D.: Piety and Power: the World of Jewish Fundamentalism, London, 1993.
Landau, J. M.: The Arab Minority in Israel, 1967–1991. Political Aspects, Oxford, 1993.
Lange, M.: Religiöser Fundamentalismus und parlamentarische Demokratie in Israel. In: KAS (Konrad-Adenauer-Stiftung)-Auslandsinformationen 7 (September 1991) 916–925.
Legrain, J.-F.: Islamistes et lutte nationale palestinienne dans les territoires occupés par Israël. In: Revue française de Science Politique 36 (April 1986) II, 227–247.
Ders.: Le pouvoir en Cisjordanie: Un combat à quatre. In: Bulletin du Centre d'Études et de Documentation Economique, Juridique et Sociale (CEDEJ), Kairo, 23 (1988) 149–182.
Ders.: Les islamistes palestiniens à l'épreuve du soulèvement. In: Maghreb-Machrek 121 (Juli/September 1988) 5–42.
Ders.: The Islamic Movement and the Intifada. In: *Nassar, J. R., R. Heacock* (eds.): Intifada. Palestine at the Crossroads, New York etc., 1990, 175–189.
Ders. u. *P. Chenard:* Les voix du soulèvement palestinien, CEDEJ, Kairo, 1991.
Mayer, T.: Pro-Iranian Fundamentalism in Gaza. In: *Sivan, E., M. Friedmann* (eds.): Religious Radicalism and Politics in the Middle East, Albany/New York, 1990, 143–155.
Mishal, Sh. u. *A. Sela:* The Palestinian Hamas, New York, 2000, 44–48.
Qleibo, A. H.: Wenn Berge verschwinden. Die Palästinenser im Schatten der israelischen Besatzung, Heidelberg, 1993.
Rotter, G. u. *Sch. Fathi:* Nahostlexikon, Heidelberg, 2001.
Sahliyeh, E. F.: The West Bank and the Gaza Strip. In: *Hunter, S. T.* (ed.): The Politics of Islamic Revivalism, Bloomington/Indiana, 1988, 88–100.
Schmid, C.: Der Israel-Palästina-Konflikt und die Bedeutung des Vorderen Orients als sicherheitspolitische Region nach dem Ost-West-Konflikt, Baden-Baden, 1993.

Shadid, M. K.: The Muslim Brotherhood Movement in the West Bank and Gaza. In: Third World Quarterly 10 (April 1988) 2, 658–682.
Sicherman, H.: Palestinian Autonomy, Self-government and Peace, Washington, D.C.; Boulder/Colorado, 1993.
Stein, K. W.: The Intifada and the Uprising of 1936–1939. A Comparison of the Palestinian Arab Communities. In: *Freedman, R. O.* (ed.): The Intifada, Miami/Florida, 1991, 3–36.
Steinberg, M.: The PLO and Palestinian Islamic Fundamentalism. In: The Jerusalem Quarterly 52 (autumn 1989) 37–54.
Sunderbrink, U.: Die PLO in der Krise? Genese, Strukturmerkmale und Politikmuster der Palästinensischen Befreiungsorganisation und deren Herausforderung durch den politischen Islam in der Intifada, Münster, 1993.

18. Syrien *(Andreas Christmann)*

Böttcher, A.: Syrische Religionspolitik unter Asad, Freiburg, 1998.
Christmann, A.: An Invented Piety? Subduing Ramadan in Syrian State Media. In: *Armando Salvatore* (ed.): Muslim Traditions and Modern Techniques of Power, Yearbook of the Sociology of Islam 3, Hamburg, 2001, 243–263.
Jong, F. de: The Naqshbandīya in Egypt and Syria. Aspects of its History, and Observations Concerning its Present-day Condition. In: *M. Gaborieau, A. Popovic* and *T. Zarcone* (eds.): Naqshbandīs. Historical Developments and Present Situation of a Muslim Mystical Order, Istanbul/Paris, 1990, 589–602.
Reissner, J.: Ideologie und Politik der Muslimbrüder Syriens. Von den Wahlen 1947 bis zum Verbot unter Adīb ash-Shīshaklī 1952, Freiburg, 1980.
Voss, G.: ʿAlawīya oder Nusairīya? Schiitische Machtelite und sunnitische Opposition in der Syrischen Arabischen Republik, Hamburg, 1987.
Wedeen, L.: Ambiguities of Domination: Politics, Rhetoric and Symbols in Contemporary Syria, Chicago, 1999.

19. Irak *(Henner Fürtig)*

Aziz, T. M.: The Islamic political theory of Muhammad Baqir al-Sadr of Iraq, Ann Arbor/Mich., 1993.
Bahjat, S.: Die politische Entwicklung der Kurden im Irak von 1975 bis 1993 unter besonderer Berücksichtigung von Saddam Husseins Kurdenpolitik, Berlin, 2001.
Batatu, H.: The Old Social Classes and the Revolutionary Movements of Iraq: a Study of Iraq's Old Landed and Commercial Classes and of its Communists, Baʿthists, and Free Officers, Princeton, 1978.
Buchta, W.: Schiiten, Kreuzlingen/München, 2004.
Cole, J.: The United States and Shiʿite Religious Factions in Post-Baʿthist Iraq. In: The Middle East Journal 57 (2003, 4) 544–566.
Gunter, M. M.: The Kurdish predicament in Iraq. A political analysis, New York, 1999.
Ibrahim, F.: Konfessionalismus und Politik in der arabischen Welt: Die Schiiten im Irak, Münster, 1997.
Iraq's Shiites under occupation, International Crisis Group, Amman/Brussels, 2003.
Jabar, F. A.: Ayatollahs, Sufis and Ideologues: State, religion and social movements in Iraq, London, 2002.
Kehl-Bodrogi, K. (Hrsg.): Syncretistic religious communities in the Near East, Leiden, 1997.
Mallat, C.: The renewal of Islamic law: Muhammad Baqer as-Sadr, Najaf and the Shiʿi International, Cambridge, 1993.

Mufti, M.: Sovereign creations: pan-Arabism and political order in Syria and Iraq, Ithaca/London, 1996.

Nakash, Y.: The Shiʿis of Iraq, Princeton, 1994.

Rahe, J.-U.: Irakische Schiiten im Londoner Exil. Eine Bestandsaufnahme ihrer Organisationen und Untersuchung ihrer Selbstdarstellung,1991–1994, Würzburg, 1996.

Sluglett, P./Farouk-Sluglett, M.: Der Irak seit 1958. Von der Revolution zur Diktatur, Frankfurt/M., 1991.

Soeterik, R.: The Islamic Movement of Iraq (1958–1980), Amsterdam, 1991.

Tripp, C.: A History of Iraq, Cambridge, 2000.

Wiley, J. N.: The Islamic movement of Iraqi Shiʿas, Boulder, 1992.

20. Jordanien *(Renate Dieterich)*

Dieterich, R.: To raise one's tongue against His Majesty – Islamist critique and its response in Jordan: the case of Laith Shubeilat. In: *L. Edzard/C. Szyska* (Hrsg.): Encounters of words and texts, Hildesheim/Zürich/New York, 1997, 159–176.

Engelleder, D.: Die islamistische Bewegung in Jordanien und Palästina 1945–1989, Wiesbaden, 2002.

Hourani, H.: Islamic movements in Jordan, Amman, 1997.

Messara, A.: La régulation étatique de la religion dans le monde arabe: le cas de la Jordanie. In: Social Compass 40 (1993, Nr. 4) 581–588.

Robinson, G.: Can Islamists be democrats? The case of Jordan. In: Middle East Journal 51 (1997) 373–387.

Welchman, L.: The development of Islamic family law in the legal system of Jordan. In: International and Comparative Law Quarterly 37 (1988, Teil 4) 868–886.

Wiktorowicz, Q.: The management of Islamic activism. Salafis, the Muslim Brotherhood, and state power in Jordan, New York, 2001.

21. Libanon *(Axel Havemann)*

Abu-Izzeddin, N. M.: The Druzes. A New Study of Their History, Faith and Society, Leiden, 1984.

Ajami, F.: The Vanished Imam. Musa al Sadr and the Shia of Lebanon, Ithaca/London, 1986.

de Bar, L.-H.: Les communautés confessionelles du Liban, Paris, 1983.

Betts, R. B.: The Druze, New Haven/London, 1988.

Firro, K. M.: A History of the Druzes, Leiden/New York/Köln (Handbuch der Orientalistik, 1. Abteilung: Der Nahe und der Mittlere Osten, Ergänzungsband IX), 1992.

Ders.: Inventing Lebanon. Nationalism and the State under the Mandate, London/New York, 2003.

Goria, W. R.: Sovereignty and Leadership in Lebanon 1943–1976, London, 1985.

Halawi, M.: A Lebanon Defied. Musa al-Sadr and the Shiʿa Community, Boulder/San Francisco/Oxford, 1992.

Hanf, Th.: Erziehungswesen in Gesellschaft und Politik des Libanon, Bielefeld, 1969.

Ders.: Koexistenz im Krieg. Staatszerfall und Entstehen einer Nation im Libanon, Baden-Baden, 1990.

Havemann, A.: Geschichte und Geschichtsschreibung im Libanon des 19. und 20. Jahrhunderts. Formen und Funktionen des historischen Selbstverständnisses, Beirut/Würzburg, 2002.

Johnson, M.: Class and Client in Beirut. The Sunni Muslim Community and the Lebanese State 1840–1985, London, 1986.
Kewenig, W.: Die Koexistenz der Religionsgemeinschaften im Libanon, Berlin, 1965.
Norton, A. R.: Amal and the Shiʿa. Struggle for the Soul of Lebanon, Austin, 1987.
Perthes, V.: Der Libanon nach dem Bürgerkrieg. Von Ta'if zum gesellschaftlichen Konsens?, Baden-Baden, 1994.
Rosiny, S.: Islamismus bei den Schiiten im Libanon. Religion im Übergang von Tradition zur Moderne, Berlin, 1996.
Salibi, K. S.: The Modern History of Lebanon, London, 1965.
Ders.: A House of Many Mansions. The History of Lebanon Reconsidered, London, 1988.
Schenk, B.: Kamāl Ǧunbulāṭ. Das arabisch-islamische Erbe und die Rolle der Drusen in seiner Konzeption der libanesischen Geschichte, Berlin, 1994.
Dies.: Tendenzen und Entwicklungen in der modernen drusischen Gemeinschaft des Libanon. Versuche einer historischen, politischen und religiösen Standortbestimmung, Berlin, 2002.
Shehadi, N. u. *D. H. Mills* (eds.): Lebanon, a History of Conflict and Consensus, London, 1988.

22. Saudi-Arabien *(Guido Steinberg)*

Buchan, J.: The Return of the Ikhwan, 1979. In: *Holden, David/ Jones, Richard* (eds.): The House of Saud. The Rise and Rule of the Most Powerful Dynasty in the Arab World, London, 1981, 511–526.
Ende, W.: Religion, Politik und Literatur in Saudi-Arabien. Der geistesgeschichtliche Hintergrund der heutigen religiösen und kulturpolitischen Situation, I–IV. In: Orient I: 22 (1981) 3, 377–390; II: 23 (1982) 1, 21–35; III: 23 (1982) 3, 378–393; IV: 23 (1982) 4, 524–539.
Fandy, M.: Saudi Arabia and the Politics of Dissent, London, 1999.
Glosemeyer, I.: Saudi-Arabien: Wandel ohne Wechsel? In: *Perthes, V.* (Hrsg.): Elitenwandel in der arabischen Welt und Iran, Berlin, 2002, 172–188.
Habib, J. S.: Ibn Sa'uds Warriors of Islam. The Ikhwan of Najd and Their Role in the Creation of the Sa'udi Kingdom, 1910–1930, Leiden, 1978.
Okruhlik, G.: Islamism and Reform in Saudi Arabia. In: Current History, January 2002, 22–28.
Peskes, E.: Muḥammad b. ʿAbdalwahhāb (1703–92) im Widerstreit. Untersuchungen zur Rekonstruktion der Frühgeschichte der Wahhabiya, Beirut, 1993.
Al-Rasheed, M.: A History of Saudi Arabia, Cambridge, 2002.
Reissner, J.: Saudi-Arabien und die kleineren Golfstaaten. In: *Ende, W./Steinbach, U.* (Hrsg.): Der Islam in der Gegenwart, München, [4]1996, 531–543.
Schulze, R.: Islamischer Internationalismus im 20. Jahrhundert. Untersuchungen zur Geschichte der Islamischen Weltliga, Leiden, 1990.
Steinberg, G.: Religion und Staat in Saudi-Arabien. Die wahhabitischen Gelehrten (1902–1953), Würzburg, 2002.
Ders.: The Shiites in the Eastern Province of Saudi Arabia (al-Ahsa') 1913–1953. In: *Brunner, R./W. Ende* (Hrsg.): The Twelver Shia in Modern Times. Religious Culture & Political History, Leiden (u. a.), 2001, 236–254.
Teitelbaum, J.: Holier than Thou. Saudi Arabia's Islamic Opposition, Washington, 2000.
Vogel, F. E.: Islamic Law and Legal System: Studies of Saudi Arabia, Leiden, 2000.
Winder, R. B.: Saudi Arabia in the Nineteenth Century, London (u. a.), 1965.

23. Kleinere Golfstaaten *(Christian Koch)*

Bierschenk, T.: Weltmarkt, Stammesgesellschaften und Staatsformation in Südostarabien (Sultanat Oman), Saarbrücken, 1984.
Byman, D. u. *J. Green*: Political Violence and Stability in the States of the Northern Persian Gulf, Santa Monica, 1999.
Crystal, J.: Oil and Politics in the Gulf: Rulers and Merchants in Kuwait and Qatar, New York, 1990.
Heard-Bey, F.: From Trucial States to United Arab Emirates, London, 1996.
Herb, M.: All in the Family: Absolutism, Revolution and Democracy in the Middle Eastern Monarchies, New York, 1999.
Kostiner, J. (ed.): Middle East Monarchies: The Challenge of Modernity, Boulder, 2000.
Meinel, U.: Die Intifada im Ölscheichtum Bahrain. Hintergründe des Aufbegehrens von 1994–98, Münster, 2003.
al-Naqeeb, Kh. H.: Society and state in the Gulf and Arab Peninsula: a different perspective, London, 1990.
Pawelka, P. u. *Wehling, H.-G.* (Hrsg.): Der Vordere Orient an der Schwelle des 21. Jahrhunderts, Opladen/Wiesbaden, 1999.
Steinbach, U. (Hrsg.): Arabien: Mehr als Erdöl und Konflikte, Opladen, 1992.
Wirth, E.: Irak und seine Nachbarn. In: Die Golfregion in der Weltpolitik, Stuttgart/Berlin/Köln, 1991.
Zahlan, R. S.: The Making of the Modern Gulf States, London, 1989.

24. Jemen *(Iris Glosemeyer)*

Al-Saidi, A. K.: Die Oppositionsbewegung im Jemen zur Zeit Imam Yahyas und der Putsch von 1948, Studien zum Modernen Islamischen Orient 2, Berlin, 1981.
Daum, W. (Hrsg.): Jemen. 3000 Jahre Kunst und Kultur des glücklichen Arabien, Innsbruck/Frankfurt am Main, 1987.
Douglas, L.: The Free Yemeni Movement 1935–1962, Beirut, 1987.
Dresch, P.: Tribes, Government, and History in Yemen, Oxford, 1989.
Glosemeyer, I.: Politische Akteure in der Republik Jemen, Hamburg, 2001.
Lackner, H.: P. D. R. Yemen, Outpost of Socialist Development in Arabia, London, 1985.
Leveau, R., F. Mermier und *U. Steinbach* (Hrsg.): Le Yémen contemporain, Paris, 1997.
Peterson, J. E.: Yemen. The Search for a Modern State, London/Canberra, 1982.
Weir, S.: A Tribal Order: Politics and Law in the Mountains of Yemen, London (im Druck).
Wenner, M. W.: Modern Yemen, Baltimore, 1967.
Würth, A.: Ash-Sharīʿa fī Bāb al-Yaman: Recht, Richter und Rechtspraxis an der familienrechtlichen Kammer des Gerichtes Süd-Sanaa (Republik Jemen) 1983–1995, Berlin, 2000.

V. Der Islam in der Diaspora: Europa und Amerika

1. Westeuropa/2. Frankreich, Großbritannien, Niederlande, Deutschland *(Nico Landman)*

Abdullah, M. S.: Geschichte des Islams in Deutschland, Graz/Wien/Köln, 1981.

Ders.: Muslims in Germany. In: *Sardar, Z., S. Z. Abedin* (eds.): Muslim Minorities in the West, London, 1995, 67–77.

Allievi, S.: Islam and Society: Public Space and Integration, the Media. In: *B. Maréchal, S. Allievi, F. Dassetto, J. S. Nielsen* (eds.): Muslims in the Enlarged Europe; Religion and Society, Leiden, 2003, 289–329.

Allievi, S. u. *J. S. Nielsen* (eds.): Muslim networks and transnational communities in and across Europe, Leiden, 2003.

Andézian, S.: Migrant Muslim women in France. In: *Gerholm, T., Y. G. Lithman* (eds.): The New Islamic Presence in Western Europe, London, 1988, 196–204.

Ansari, H.: The History of Muslims in Britain, from 1800 to the Present, London, 2004.

Azimi, A. u. *M. Brückner:* Muslim Communities in German Webspace, o. O., 2003. (http://www.ped.gu.se/learnit/diaspora/docs/Azimi_Bruckner.doc).

Binswanger, K. u. *F. Sipahioğlu:* Türkisch-islamische Vereine als Faktor deutsch-türkischer Koexistenz, Benediktbeuren, 1988.

Boyer, A.: L'islam en France, Paris, 1998.

Bundeszentrale für politische Bildung (Hrsg.): Muslime in Europa. (Aus Politik und Zeitgeschichte, Heft 20/2005). Im Internet unter: http://www.bpb.de/publikationen.apuz

Canatan, K., C. H. Oudijk et al.: De maatschappelijke rol van de Rotterdamse moskeeën, Rotterdam, 2003.

Canatan, K., M. Popovic et al.: Maatschappelijk actief in moskeeverband. Een verkennend onderzoek naar de maatschappelijke activiteiten van het vrijwilligerswerk binnen moskeeorganisaties en het gemeentelijk beleid ten aanzien van moskeeorganisaties, 's-Hertogenbosch/Utrecht, 2005.

Cesari, J.: Muslim Minorities in Europe: The Silent Revolution. In: *J. L. Esposito, F. Burgat* (eds.): Modernizing Islam: Religion in the Public Sphere in Europe and the Middle East, London, 2003, 251–269.

Clark, P.: Van fantasie naar geloof: islamitische invloeden op de openbare ruimte in Groot-Brittanië. In: *Douwes, D.* (ed.): Naar een Europese Islam? Essays, Amsterdam, 2001, 163–186.

Dassetto, F.: La construction de l'islam européen: approche socio-anthropologique, Paris, 1996.

Feindt-Riggers, N. u. *U. Steinbach:* Islamische Organisationen in Deutschland: eine aktuelle Bestandsaufnahme und Analyse, Hamburg, 1997.

Goldberg, A.: Islam in Germany. In: *S. T. Hunter* (ed.): Islam, Europe's Second Religion, Westport, Connecticut, 2002, 29–50.

Haut Conseil à l'Intégration: L'Islam dans la République, 2000.

Heimbach, M.: Die Entwicklung der islamischen Gemeinschaft in Deutschland seit 1961, Berlin, 2001.

Höpp, G. u. *G. Jonker:* In fremder Erde: Zur Geschichte und Gegenwart der islamischen Bestattung in Deutschland, Berlin, 1996.

Hussain, D.: The Holy Grail of Muslims in Western Europe: representation and their relationship with the state. In: *J. L. Esposito,* u. *F. Burgat* (eds.): Modernizing Islam: religion in the public sphere in Europe and the Middle East, London, 2003, 215–250.

Johansen, B.: Staat, Recht und Religion im sunnitischen Islam – Können Muslime einen religionsneutralen Staat akzeptieren? In: *M. Pye, R. Stegerhoff* (Hrsg.): Religion in fremder Kultur: Religion als Minderheit in Europa und Asien, Saarbrücken-Scheidt, 1987, 12–81.

Jonker, G.: Religiosität und Partizipation der zweiten Generation – Frauen in Berliner Moscheen. In: *R. Klein-Hessling, S. Nökel, K. Werner* (Hrsg.): Der neue Islam der Frauen. Weibliche Lebenspraxis in der globalisierten Moderne – Fallstudien aus Afrika, Asien und Europa, Bielefeld, 1999, 106–123.

Dies.: Eine Wellenlänge zu Gott. Der Verband der Islamischen Kulturzentren in Europa, Bielefeld, 2002.

Kepel, G.: A l'ouest d'Allah, Paris, 1994.

Khedimellah, M.: Aesthetics and Poetics of Apostolic Islam in France. In: ISIM Newsletter 11/2 (2002) 20–21.

Khosrokhavar, F.: Terrorism in Europe. In: ISIM Newsletter 14 (2004) 11.

Kroissenbrunner, S.: Islam in Austria. In: *S. T. Hunter* (ed.): Islam, Europe's Second Religion, Westport, Connecticut, 2002, 141–156.

Landman, N.: Van mat tot minaret. De institutionalisering van de islam in Nederland, Amsterdam, 1992.

Lemmen, Th.: Islamische Organisationen in Deutschland, Bonn, 2000.

Lopez Garcia, B., A. Planet Contreras: Islam in Spain. In: *S. T. Hunter* (ed.): Islam, Europe's Second Religion, Westport, Connecticut, 2002, 157–174.

Malik, J. (ed.): Muslims in Europe: From the Margins to the Centre, Münster, 2004.

Manço, U. u. *M. Renaerts:* Lente institutionnalisation de l'islam et persistance d'inégalités face aux autres cultes reconnus. In: *U. Manço* (ed.): Voix et voies musulmanes en Belgique, Bruxelles, 2000, 83–106.

Maréchal, B.: Institutionalisation of Islam and Representative Organisations for Dealing with European States. In: *B. Maréchal, S. Allievi, F. Dassetto, J. S. Nielsen* (eds.): Muslims in the Enlarged Europe; Religion and Society, Leiden, 2003, 151–182.

Dies.: Islam and Society: public space and integration, the economic dimension. In: *B. Maréchal, S. Allievi, F. Dassetto, J. S. Nielsen* (eds.): Muslims in the Enlarged Europe; Religion and Society, Leiden, 2003, 415–448.

Dies. (ed.): L'islam et les musulmans dans l'Europe élargie: radioscopie, Louvain-la-Neuve, 2002.

Masud, M. Kh.: Islamic Law and Muslim Minorities. In: ISIM Newsletter 11 (2002) 17.

Matar, N.: Islam in Britain, 1558–1685, Cambridge etc., 1998.

Modood, T.: De plaats van de moslims in het Britse seculier multiculturalisme. In: *D. Douwes* (ed.): Naar een Europese Islam? Essays, Amsterdam, 2001, 51–76.

Oebbecke, J. (Hrsg.): Muslimische Gemeinschaften im deutschen Recht, Frankfurt a. M. (etc.), 2003.

Ramadan, T.: Etre Musulman Européen – Etude des Sources Islamique à la Lumière du Contexte Européen, Lyon, 1999.

Rath, J., R. Penninx et al.: Nederland en zijn islam: een ontzuilende samenleving reageert op het ontstaan van een geloofsgemeenschap, Amsterdam, 1996.

Rex, J.: Islam in the United Kingdom. In: *S. T. Hunter* (ed.): Islam, Europe's Second Religion, Westport, Connecticut, 2002, 51–76.

Roald, A. S.: Women in Islam: the Western experience, London/New York, 2001.

Rohe, M.: Islam und deutsche Rechtsordnung. Möglichkeiten und Grenzen der Bildung islamischer Religionsgemeinschaften in Deutschland. In: Der Bürger im Staat 51/4 (2001) 233–240.

Ders.: Shariʿa in Europe. In: Die Welt des Islams 44 (2004) 321–431.

Roy, O.: Vers un Islam européen, Paris, 1999.
Ders.: L'islam mondialisé, Paris, 2002.
Schiffauer, W.: Die Migranten aus Subay. Türken in Deutschland: eine Ethnographie, Stuttgart, 1991.
Ders.: Die Gottesmänner. Türkische Islamisten in Deutschland. Frankfurt a. M., 2000.
Seidel, E., C. Dantschke et al.: Politik im Namen Allahs. Der Islamismus – eine Herausforderung für Europa, [2]2001.
Seufert, Günter: Die Türkisch-Islamische Union (DITIB) der türkischen Religionsbehörde: Zwischen Integration und Isolation. In: *G. Seufert, J. Waardenburg* (eds.): Turkish Islam and Europe: Europe and christianity as reflected in Turkish Muslim discourse & Turkish Muslim life in the diaspora. Stuttgart, 1999, 261–294.
Spuler-Stegemann, U.: Muslime in Deutschland: Nebeneinander oder Miteinander?, Freiburg/Basel/Wien, 1998. (Neuauflage 2002 unter dem Titel: Muslime in Deutschland: Informationen und Klärungen, Freiburg/Basel/Wien).
Dies.: Muslime in Deutschland: Organisationen und Gruppierungen. In: Der Bürger im Staat, 51/4 (2001) 221–225.
Sunier, Th.: Disconnecting Religion and Ethnicity: Young Turkish Muslims in the Netherlands. In: *Th. Sunier, G. Baumann* (eds.): Post-Migration Ethnicity, Amsterdam, 1995, 58–77.
Tezcan, L.: Inszenierungen kollektiver Identität, Artikulationen des politischen Islam, beobachtet auf den Massenversammlungen der türkisch-islamistischen Gruppe Milli Görüş. In: Soziale Welt 53 (2002) 301–322.
Ders.: Das Islamische in den Studien zu Muslimen in Deutschland. In: Zeitschrift für Soziologie 32/3 (2003) 237–261.
Vertovec, S., u. *R. Alisdair* (eds.): Muslim European youth reproducing ethnicity, religion, culture. Research in ethnic relations series, Aldershot etc., 1998.
Werbner, P.: Public Spaces, Political Voices: Gender, Feminism and Aspects of British Muslim Participation in the Public Sphere. In: *Shadid, W. A. R., P. S. van Koningsveld* (eds.): Political Participation and Identities of Muslims in Non-Muslim States, Kampen, 1996, 53–70.
Dies.: The place which is diaspora: citizenship, religion and gender in the making of chaordic transnationalism. In: Journal of Ethnic and Migration Studies 28 (2002) 119–133.

3. Südost- und Osteuropa *(Hermann Kandler)*

Asmussen, J.: «Wir waren wie Brüder». Zusammenleben und Konfliktentstehung in ethnisch gemischten Dörfern auf Zypern, Münster/Hamburg/London, 2003.
Axt, H.-J. u. *Brey, H.* (eds.): Cyprus and the European Union. New Chances for Solving an Old Conflict? In: Südosteuropa aktuell 23 (1997) 247–255.
Axt, H.-J.: Zypern: der Annan-Friedensplan und sein Scheitern. In: Südosteuropa-Mitteilungen 44 (2004) 48–66.
Calic, M.-J.: Kosovo: Krieg oder Konfliktlösung? In: Südosteuropa-Mitteilungen 38 (1998) 112–123.
Calotychos, V. (ed.): Cyprus and its people. Nation, Identity, and Experience in an Unimaginable Community, 1955–1997, Boulder, 1998.
Glenny, M.: The Balkans: Nationalism, War & the Great Powers, 1804–1999, East Rutherford, 2001.
Goffman, D. (ed.): The Ottoman Empire and Early Modern Europe, Cambridge, 2002.
Kandler, H.: Die anatolische «Bruchlinie». Chance für ein neues Fremdbewusstsein bei Türken und Griechen. In: Orient 41 (2000) 65–82.

Ders.: Sadık Ahmet (1947–1995) – politischer «Spaltpilz» Griechisch-Thrakiens. In: Orient 39 (1998) 285–307.
Malcolm, N.: Bosnia. A Short History, New York, 1996.
Nonneman, G., T. Niblock u. *B. Szajkowski:* Muslim communities in the New Europe, Reading, 1997.
Poulton, H.: The Balkans, London, 1994.
Seewann, G. (Hrsg.): Minderheiten als Konfliktpotential in Ostmittel- und Südosteuropa, München, 1995.
Steindorff, L.: Von der Konfession zur Nation: Die Muslime in Bosnien-Herzegowina. In: Südosteuropa-Mitteilungen 37 (1997) 251–264.
Ders.: Der lange Weg zum Kosovo-Krieg. In: Südosteuropa-Mitteilungen 37 (1997) 193–206.
Suttner, E. C.: Das religiöse Moment in seiner Bedeutung für Gesellschaft, Nationsbildung und Kultur Südosteuropas. In: Südosteuropa-Mitteilungen 37 (1997) 1–9.
Todorova, M.: Die Erfindung des Balkans. Europas bequemes Vorurteil, Darmstadt, 1999.
Troebst, St.: Die albanische Frage – Entwicklungsszenarien und Steuerungsinstrumente. In: Südosteuropa-Mitteilungen 40 (2000) 124–137.
Ders.: Kommunizierende Röhren: Makedonien, die Albanische Frage und der Kosovo-Konflikt. In: Südosteuropa-Mitteilungen 39 (1999) 215–229.
Voss, Ch.: Der albanisch-makedonische Konflikt in der Republik Makedonien in zeitgeschichtlicher Perspektive. In: Südosteuropa-Mitteilungen 41 (2001) 271–281.

4. Amerika *(Monika Wohlrab-Sahr)*

Essien-Udom, E. U.: Black Nationalism. A Search for an Identity in America, Chicago, 1962.
Haddad, Y. Y.: A Century of Islam in America. The Muslim World Today, Occasional Paper Nr. 4, Washington, 1986.
Haddad, Y. Y., und *Esposito, J. L.* (eds.): Muslims on the Americanization Path?, Atlanta, Ga., 1998.
Köszegi, M. A., und *Melton, J. G.* (eds.): Islam in North America: A Sourcebook, New York/ London, 1992.
Malcolm X (with the assistance of *A. Haley*): The Autobiography of Malcolm X, New York, [12]1966.
McCloud, A. B.: African American Islam, New York, 1995.
Melton, J. G.: Encyclopedia of American Religions, Detroit/Washington/London, [3]1993.
Moses, W. J.: Black Messiahs and Uncle Toms. Social and Literary Manipulations of a Religious Myth, University Park, Pennsylvania, [2]1993.
Muhammad, E.: Message to the Blackman in America, Chicago, Muhammad Mosque of Islam No. 2, 1965.
Schmidt, G.: Islam in Urban America, Philadelphia, 2004.
Wohlrab-Sahr, M.: Konversion zum Islam in Deutschland und den USA, Frankfurt/M., 1999.

VI. Die innerislamische Diskussion zu Säkularismus, Demokratie und Menschenrechten *(Alexander Flores)*

al-Ashmawy, M. S.: L'islamisme contre l'islam, Paris/Kairo, 1989.
an-Naʿim, A. A.: Toward an Islamic Reform, Kairo, 1992.
Bielefeldt, H.: «Schwächlicher Werterelativismus»? In: *K. Hafez* (Hrsg.): Der Islam und der Westen, Frankfurt/M., 1997, 56–66.
Ferjani, M.-Ch.: Islamisme, laïcité, et droits de l'homme, Paris, 1991.
Flores, A.: Die säkulare Dimension. In: Entwicklungspolitische Korrespondenz 5–6, 1987.
Ders.: Rutschpartie in den Gottesstaat? In: *Rossig, W. E.,* u. *Prätsch, J.* (Hrsg.): Festschrift Prof. Dr. Detlef Schumacher, Bremen, 2003, 69–84.
Ders.: Säkularismus und Islam in Ägypten. In: *Wunsch, C.* (Hrsg.): XXV. Deutscher Orientalistentag, Vorträge, München 8.–13. 4. 1991 (ZDMG-Suppl. 10), Stuttgart, 1994, 174–182.
Ders.: Secularism, Integralism, and Political Islam. In: *Beinin, J.,* u. *Stork, J.* (eds.): Political Islam. Essays from Middle East Report, Berkeley/Los Angeles, 1997, 83–94.
Islam und Säkularismus – Protokoll einer Diskussion. In: *Rasoul, F.:* Kultureller Dialog und Gewalt, Wien, 1991, 139–201.
Khoury, P.: L'Islam et l'Occident. Islam et Sécularité, Neckarhausen, 1998.
Krämer, G.: Gottes Staat als Republik. Reflexionen zeitgenössischer Muslime zu Islam, Menschenrechten und Demokratie, Baden-Baden, 1999.
Müller, L.: Islam und Menschenrechte. Sunnitische Muslime zwischen Islamismus, Säkularismus und Modernismus, Hamburg, 1996.
Schölch, A.: Säkularistische Traditionen im Vorderen Orient. In: Jahrbuch 1985/86 des Wissenschaftskollegs zu Berlin, Berlin, 1987, 191–201.
Schulze, R.: Integration der Menschenrechtskonzeption in die islamische Ideologie. In: *Otto, I.,* u. *Schmidt-Dumont, M.:* Menschenrechte im Vorderen Orient. Eine Auswahlbibliographie, Hamburg, 1991, vii–xxiii.
Ders.: Islam als politischer Faktor. In: Entwicklungspolitische Korrespondenz 5–6, 1987.
Steppat, F.: Der Muslim und die Obrigkeit. In: *Ders.:* Islam als Partner. Islamkundliche Aufsätze 1944–1996, Beirut, Orient-Institut, 2001, 109–127.
Trautner, B. J.: The Clash *Within* Civilizations: Islam and the Accomodation of Plurality, Bremen, 1999.
Zakariya, F.: Laïcité ou islamisme. Les Arabes à l'heure du choix, Paris/Kairo, 1991.

VII. Die Situation von Frauen in islamischen Ländern *(Wiebke Walther)*

Abadan-Unat, N. (Hrsg.): Die Frau in der türkischen Gesellschaft. Frauenforschung aus der Türkei, Frankfurt/M., 1985.
AlMonajjed, M.: Women in Saudi Arabia Today, Houndmills (etc.), 1997.
Amirpur, K.: Gott ist mit den Furchtlosen. Schirin Ebadi und der Kampf um die Zukunft Irans, Freiburg, 2003.
Badran, M.: Feminists, Islam and Nation. Gender and the Making of Modern Egypt, Princeton, N. J., 1995.
Baron, B.: The Women's Awakening in Egypt. Culture, Society, and the Press, New Haven/London, 1994.

Beck, L. u. *N. R. Keddie* (eds.): Women in the Muslim World, Cambridge, Mass./London, 1978.
Davis, F.: The Ottoman Lady, New York/Westport, 1986.
Donohue, J. u. *L. Tramontini*: Crosshatching in Global Culture. A Dictionary of Modern Arabic Writers. Bd. 1, 2, Beirut/Würzburg, 2004.
Ebert, H.-G.: Das Personalstatut arabischer Länder, Frankfurt/M.(etc.), 1996.
Fernea, E. W.: In Search of Islamic Feminisms, New York (etc.), 1998.
Haeri, S.: Law of Desire. Temporary Marriage in Iran, London, 1989.
Hijab, N.: Womanpower. The Arab Debate on Women at Work, Cambridge (etc.), 1988.
Jabbra, J. G. u. *N. W. Jabbra* (eds.): Women and Development in the Middle East and North Africa, Leiden (etc.), 1992.
Joseph, S. (ed.): Intimate Selving in Arab Families. Gender, Self, and Identity, Syracuse, 1999.
Kandiyoti, D. (ed.): Gendering the Middle East, London/New York, 1996.
Dies. (ed.): Women, Islam, and the State, London/New York, 1991.
Kuske, S.: Reislamisierung und Familienrecht in Algerien, Berlin, 1996.
Milani, F.: Veils and Words. The Emerging Voices of Iranian Women Writers, London/New York, 1992.
Mir-Husseini, Z.: Islam and Gender in the Muslim World. The Religious Debate in Contemporary Iran, Princeton, N. J., 1999.
Moghadam, V. (ed.): Gender and National Identity, London/New Jersey, 1994.
Moghissi, H.: Feminism and Islamic Fundamentalism. The Limits of Postmodern Analysis, London/New York, 1999.
Mutahhari, M.: The Rights of Women in Islam, Teheran, 1981.
Naggar, M. u. *Kh. al-Maaly*: Lexikon moderner arabischer Autoren, Heidelberg, 2004.
Nashat, G.: Women and Revolution in Iran, Boulder, Col., 1983.
Neusel, A./S. Tekeli/M. Akkent (Hrsg.): Aufstand im Haus der Frauen. Frauenforschung aus der Türkei, Berlin, 1991.
Poya, M.: Women, Work and Islamism. Ideology and Resistance in Islam, London/New York, 1999.
Sanasarian, E.: The Women's Rights Movement in Iran, New York, 1982.
Schirrmacher, C. u. *U. Spuler-Stegemann*: Frauen und die Scharia. Die Menschenrechte im Islam, Kreuzlingen/München, 2004.
Shaarawy, H.: Harem Years. The Memoirs of an Egyptian Feminist. Translated, edited and introduced by M. Badran, London, 1986.
Shahidian, H.: Women in Iran: Gender Politics in Islamic Republic, Westport, Conn., 2002.
Ders: Women in Iran. Emerging Voices in the Women's Movement. Westport, Conn., 2002.
Sullivan, E. L.: Women in Egyptian Public Life, Cairo, 1986.
Tellenbach, S.: Einführung in das türkische Strafrecht, Freiburg i. Br., 2003.
Dies.: Strafgesetze der Islamischen Republik Iran, übersetzt und eingeleitet, Berlin, 1996.
Walther, W.: Die Frau im Islam. In: *Antes, P.* et al.: Der Islam. Religion – Ethik – Politik, Stuttgart (etc.), 1991, 98ff.
Dies.: Die Frau im Islam, 3. überarb. Aufl., Leipzig, 1997.
Webb, G. (ed.): Windows of Faith. Muslim Women Scholar Activists in North America, Syracuse, 2000.
Yamani, M.(ed.): Feminism and Islam. Legal and Literary Perspectives, London, 1996.
Yazbeck Haddad Y. u. *J. L Esposito.* (eds.): Islam, Gender, and Social Change, New York/Oxford, 1998.
Zaidān, J.: Maṣādir al-adab an-nisāʾī fī l-ʿālam al-ʿarabī, Beirut, 1999. (Engl. Nebentitel: Bibliography of Women's Literature in the Modern Arab World).

VIII. Islamistische Gruppen und Bewegungen
(Guido Steinberg und *Jan-Peter Hartung)*

Arjomand, S. A.: The Turban for the Crown: The Islamic Revolution in Iran, New York (u.a.), 1988.

Ayubi, N. N.: Political Islam. Religion and Politics in the Arab World, London (u.a.), 1991.

Damir-Geilsdorf, S.: Herrschaft und Gesellschaft. Der islamistische Wegbereiter Sayyid Quṭb und seine Rezeption, Würzburg, 2003.

El Affendi, A.: Turabi's Revolution. Islam and Power in Sudan, London, 1991.

Hartung, J.-P.: Reinterpretation von Tradition und der Paradigmenwechsel der Moderne. Abūl-Aʿlā Maudūdī und die Jamāʿat-i Islāmī. In: *Reetz, D.* (Hrsg.): Sendungsbewußtsein und Eigennutz: Zu Motivation und Selbstverständnis islamischer Mobilisierung, Berlin, 2001, 107–126.

Kepel, G.: Der Prophet und der Pharao. Das Beispiel Ägypten: Die Entwicklung des muslimischen Extremismus, München (u.a.), 1995.

Ders.: Das Schwarzbuch des Dschihad. Aufstieg und Niedergang des Islamismus, München (u.a.), 2002.

Krämer, G.: Politischer Islam. Studienbrief der Fernuniversität/Gesamthochschule in Hagen, Hagen, 1994.

Dies.: Gottes Staat als Republik. Reflexionen zeitgenössischer Muslime zu Islam, Menschenrechten und Demokratie, Baden-Baden, 1999.

Lia, B.: The Society of the Muslim Brothers in Egypt: The Rise of an Islamic Mass Movement 1928–1942, Reading, 1998.

Lobmeyer, H. G.: Islamismus und sozialer Konflikt in Syrien, Berlin, 1990.

Lübben, I., u. *F. Issam:* Ein neuer islamischer Parteienpluralismus in Ägypten? – Ḥizb al-Wasaṭ, Ḥizb al-Sharīʿa und Ḥizb al-Iṣlāḥ als Beispiele. In: Orient 41/2 (2000) 229–281.

Metcalf, B. D.: Islamic Revivalism in British India: Deoband, 1860–1900, Princeton, 1982.

Mitchell, R. P.: The Society of the Muslim Brothers, New York (u.a.), (Reprint) 1993.

Nasr, S. V. R.: The Vanguard of the Islamic Revolution. The Jamaʿat-i Islami of Pakistan, Berkeley, 1994.

Ders.: Mawdudi and the Making of Islamic Revivalism, New York, 1996.

Pirzada, S. A. S.: The Politics of the Jamiat Ulema-i-Islam Pakistan: 1971–1977, Oxford (u.a.), 2000.

Rashid, A.: Taliban. Islam, Oil and the New Great Game in Central Asia, London (u.a.), 2000.

Reetz, D. (Hrsg.): Sendungsbewußtsein oder Eigennutz. Zu Motivation und Selbstverständnis islamischer Mobilisierung, Berlin, 2001.

Reissner, J.: Ideologie und Politik der Muslimbrüder Syriens. Von den Wahlen 1947 bis zum Verbot unter Adīb aš-Šīšaklī 1952, Freiburg, 1980.

Riexinger, M.: Sanāʾullāh Amritsarī (1868–1948) und die Ahl-i-Ḥadīs im Punjab unter britischer Herrschaft, Würzburg, 2004.

Rosiny, S.: Islamismus bei den Schiiten im Libanon, Berlin, 1996.

Roy, O.: L'échec de l'Islam politique, Paris, 1992.

Schulze, R.: Islamischer Internationalismus im 20. Jahrhundert. Untersuchungen zur Geschichte der Islamischen Weltliga, Leiden (u.a.), 1990.

Sikand, Y.: The Origins and Development of the Tablighi-Jamaʿat (1920–2000): A Cross-country Comparative Study, New Delhi, 2002.
Sivan, E.: Radical Islam. Medieval Theology and Modern Politics, New Haven (u. a.), enlarged edition 1990.

IX. Die mystischen Bruderschaften und der Volksislam *(Frederick De Jong)*

Akhmisse, M.: Médicine, Magie et Sorcellerie au Maroc, Casablanca, 1985.
Bannerth, E.: Islamische Wallfahrtsstätten Kairos, Kairo, 1973 (Schriften des österreichischen Kulturinstituts Kairo, 2).
Blackman, W. S.: The Fellāhīn of Upper Egypt, London, 1927.
Curtiss, S. I.: Ursemitische Religion im Volksleben des heutigen Orients, Leipzig, 1903.
De Jong, F.: Turuq and Turuq-Opposition in the 20th-Century Egypt. In: Proceedings of the VIth Congress of Arabic and Islamic Studies, Stockholm, 1975, 84–95 (Filologisk-filosofiska serien, 15).
Ders.: Cairene Ziyāra-Days. A Contribution to the Study of Saint Veneration in Islam. In: Die Welt des Islams 17 (1976–1977) 26–43.
Ders.: The Sufi Orders in Nineteenth- and Twentieth-Century Palestine. In: Studia Islamica 58 (1983) 191–223.
Dermenghem, E.: Le culte des saints dans l'Islam maghrébin, Paris, 1954.
Donaldson, B. A.: The Wild Rue, London, 1938.
Einzmann, H.: Religiöses Volksbrauchtum in Afghanistan. Islamische Heiligenverehrung und Wallfahrtswesen im Raum Kabul, Wiesbaden, 1977 (Beiträge zur Südasien-Forschung).
Fodor, A.: Types of Shīʿite Amulets from Iraq. In: *De Jong, F.* (ed.): Shīʿa Islam, Sects and Sufism. Historical dimensions, religious practice and methodological considerations, Utrecht, 1982, 118–143.
Goldziher, I.: Muhammedanische Studien, 2 Bände, Halle, 1889–1890.
Horten, M.: Die religiöse Gedankenwelt des Volkes im heutigen Islam, 2 Teile, Halle, 1917–1918.
Kriss, R. u. *H. Kriss-Heinrich:* Volksglaube im Bereich des Islam. Band 1: Wallfahrtswesen und Heiligenverehrung. Band 2: Amulette, Zauberformeln und Beschwörungen, Wiesbaden, 1960–1962.
Loeffler, R.: Islam in Practice. Religious Beliefs in a Persian Village, Albany, 1988.
Reysoo, F.: Pélegrinages au Maroc. Fête, politique et échange dans l'islam populaire, Neuchâtel/Paris, 1991.
Schimmel, A.: Und Muhammad ist Sein Prophet. Die Verehrung der Propheten in der islamischen Frömmigkeit, Düsseldorf/Köln, 1981.
Seligmann, S.: Der böse Blick und Verwandtes. Ein Beitrag zur Geschichte des Aberglaubens aller Zeiten und Völker, 2 Bände, Berlin, 1910.
Trimingham, J. S.: Islam in the Sudan, London, ^{1}1949, ^{4}1965.
Ders.: The Sufi Orders in Islam, Oxford, 1971.
Wallis Budge, E. A.: Amulets and Superstitions, New York, ^{2}1978.
Winkler, H. A.: Siegel und Charaktere in der muhammedanischen Zauberei, Berlin/Leipzig, 1930.
Ders.: Bauern zwischen Wasser und Wüste. Volkskundliches aus dem Dorfe Kimān in Oberägypten, Stuttgart, 1934.

Ders.: Die reitenden Geister der Toten. Eine Studie über die Besessenheit des ʿAbd al-Rādī und über Gespenster und Dämonen, Heilige und Verzückte, Totenkult und Priestertum in einem oberägyptischen Dorfe, Stuttgart, 1936.
Zbinden, E.: Die Djinn des Islam und der altorientalische Geisterglaube, Bern/Stuttgart, 1953.

X. Sekten und Sondergruppen *(Werner Schmucker)*

Ahmadiyya-Mission des Islams Zürich und Hamburg (Hrsg.): Der Heilige Qur-ān. Arabisch-Deutsch. Versehen mit einer ausführlichen Einführung, Wiesbaden, [1]1954.
Ben-Dor, G.: The Druses of Israel, Jerusalem, 1979.
Chase, T.: Die Bahaioffenbarung, Stuttgart, 1925.
Guys, H.: La nation druse, son histoire, sa religion et ses moeurs, Paris, 1863, und Amsterdam, 1979.
Hodgson, M.: The Order of Assasins, 's-Gravenhage, 1955.
Holley, H. (ed.): Bahāʾi Scriptures. Selections from the Utterances of Bahāʾuʾllāh and ʿAbduʾl-Bahāʾ, New York, 1923/28.
Houtsma, M. Th.: Artikel «Aḥmedīya». In: Enzyklopaedie des Islām (EI[1]), Band 1, Leiden/Leipzig, 1913, 218.
Iqbal, M.: Islam and Ahmadism, Lahore, 1936.
Lewicki, T.: Artikel «Al-Ibāḍiyya». In: The Encyclopaedia of Islam (EI[2]), volume III, Leiden/London, 1971, 648–660 (mit Literaturangaben).
Lewis, B.: The Origins of Ismāʿīlism, Cambridge, 1940/1975.
Menzel, Th.: Artikel «Yazīdī». In: Enzyklopaedie des Islām (EI[1]), Band IV, Leiden/Leipzig, 1934, 1260–1267.
Minorsky, V.: Artikel «Ahl-i Ḥaḳḳ». In: The Encyclopaedia of Islam (EI[2]), volume 1, Leiden/London, 1960, 260–263.
Müller, K. E.: Kulturhistorische Studien zur Genese pseudo-islamischer Sektengebilde in Vorderasien, Wiesbaden, 1967.
Rabb, M.: The Divine Art of Living. From the Writings of ʿAbduʾl-Bahāʾ, New York, 1926.
Schaefer, U.: Der Bahāʾī in der modernen Welt, Hofheim-Langenhain, 1978.
Schmucker, W.: Krise und Erneuerung im libanesischen Drusentum, Bonn, 1979.
Smith, W. C.: Artikel «Aḥmadiyya». In: The Encyclopaedia of Islam (EI[2]), volume I, Leiden/London, 1960, 301–303.
Walter, H. A.: The Ahmadiya Movement, Calcutta/London, 1918.
Wolff, Ph.: Die Drusen und ihre Vorläufer, Leipzig, 1845.

XI. Der Islam und die nichtislamischen Minderheiten *(Johanna Pink)*

Breuer, R.: «Fürchte dich nicht, kleine Herde!» Leben und Überleben der Christen in der arabischen Welt. In: *Brunner, R., M. Gronke, J. P. Laut u. U. Rebstock* (Hrsg.): Islamstudien ohne Ende. Festschrift für Werner Ende zum 65. Geburtstag, Würzburg, 2002, 49–58.
Courbage, Y. u. *P. Fargues*: Christians and Jews under Islam, London/New York, 1997.
Fattal, A.: Le statut légal des Non-Musulmans en pays d'Islam, Beirut, 1958.
Khoury, A. T.: Toleranz im Islam, München, 1980.

Ders.: Christen unterm Halbmond: Religiöse Minderheiten unter der Herrschaft des Islams, Freiburg, 1994.
Khuri, F. I.: Imams and Emirs: State, Religion and Sects in Islam, London, 1990.
Krämer, G.: Minderheit, Millet, Nation? Die jüdische Minderheit in Ägypten (1914–1952), Wiesbaden, 1982 (Studien zum Minderheitenproblem im Islam, 7); überarbeitete englische Fassung: The Jews in Modern Egypt, 1914–1952, Seattle, 1989.
Dies.: Minorities in Muslim Societies. In: *Esposito, J. L.* (Hrsg.): The Oxford Encyclopedia of the Modern Islamic World, Bd. 3, Oxford, 1995, 108–111.
Lewis, B.: Die Juden in der islamischen Welt, München, 1987.
Noth, A.: Möglichkeiten und Grenzen islamischer Toleranz. In: Saeculum 29 (1978) 190–204.
Pink, J.: Neue Religionsgemeinschaften in Ägypten: Minderheiten im Spannungsfeld von Glaubensfreiheit, öffentlicher Ordnung und Islam, Würzburg, 2003.
Sanasarian, E.: Religious Minorities in Iran, Cambridge, 2000.
Stillman, N. A.: The Jews of Arab Lands in Modern Times, Philadelphia, 1991.

XII. Internationale islamische Organisationen *(Johannes Reissner)*

Bouteiller, G. de: Après Taef 1981: La Nation Islamique? In: Défense Nationale (April 1981) 97–105.
Gibb, H. A. R.: The Islamic Congress at Jerusalem in December 1931, in: Survey of International Affairs 1934, London, 1935, 99–109.
Hartmann, R.: Zum Gedanken des «Kongresses» in den Reformbestrebungen des islamischen Orients. In: Die Welt des Islams 23 (1941) 122–132.
Kramer, M. S.: Islam Assembled. The Advent of the Muslim Congresses, New York, 1986.
Ders.: An Introduction to World Islamic Conferences, Tel Aviv, 1978 (The Shiloah Center for Middle Eastern and African Studies, Occasional Papers, 63).
Kupferschmidt, U. M.: The General Muslim Congress of 1931 in Jerusalem. In: Asian and African Studies 12 (Jerusalem 1978) 123–157.
Nahost Jahrbuch 1987ff., herausgegeben vom *Deutschen Orient-Institut (Koszinowski, T. u. H. Mattes)*, Opladen, 1988ff.
Schöne, E.: Islamische Solidarität: Geschichte, Politik, Ideologie der Organisation der Islamischen Konferenz (OIC) 1969–1981, Berlin, 1997 (Islamkundliche Untersuchungen Band 214).
Schulze, R.: Islamischer Internationalismus im 20. Jahrhundert, Leiden/New York/Köln 1990.
Sékaly, A.: Les deux Congrès généraux de 1926: Le Congrès du Khalifat (Le Caire, 13–19 mai 1926) et le Congrès du monde musulman (La Mecque, 7. juin – 5. juillet 1926). In: Revue du monde musulman 64 (1926); umfaßt den ganzen Band.

Dritter Teil
Islamische Kultur und Zivilisation in der Gegenwart

I. Orientalistik und Orientalismus *(Reinhard Schulze)*

Arkoun, M.: La perception arabe de l'Europe. In: Awraq X, Madrid, (1989) 25–39.
Behdad, A.: Orientalist tourism. In: L'orientalisme. Interrogations, Peuples méditerranéens 50 (1990) 41–58.
Ders.: The discursive formation of orientalism. In: L'orientalisme. Interrogations, Peuples méditerranéens 50 (1990) 163–170.
Bourel, D.: Die deutsche Orientalistik im 18. Jahrhundert. Von der Mission zur Wissenschaft. In: Historische Kritik und biblischer Kanon in der deutschen Aufklärung, Wiesbaden, 1988, 113–126 (Wolfenbüttler Forschungen, 41).
Büttner, F.: Situation, structure and functions of contemporary Oriental Studies in the Federal Republic of Germany – spiritual imperialism or bridge of intercultural communication? In: *D. Bielenstein* (Hrsg.): Europe's future in the Arab view: Dimensions of a new political cooperation in the mediterranean region, Saarbrücken, 1981, 71–86.
Charnay, J.-P.: Méthodologie et Islamologie. In: Studia Islamica 54 (1981) 183–196.
Colpe, C.: Historische and theologische Gründe für die abendländische Angst vor dem Islam. In: *D. Kiesel* (Hrsg.): Fremdheit und Angst: Beiträge zum Verhältnis von Christentum und Islam, Frankfurt a. M., 1988, 31–55.
Daniel, N.: Edward Said and the Orientalist. In: MIDEO 15 (1982) 211–222.
Djait, H.: Europe and Islam; Cultures and Modernity. Berkeley, 1985.
Ess, J. van: From Wellhausen to Becker: The emergence of Kulturgeschichte in Islamic Studies. In: *M. H. Kerr*: Islamic Studies: A Tradition and its Problems, Malibu, 1980, 27–51 (7th Giorgio Levi Della Vida Biennial Conference).
Falkenstein, A.: Denkschrift zur Lage der Orientalistik, Wiesbaden, 1960.
Grandguillaume, G.: Le langage de l'orientalisme. In: L'orientalisme. Interrogations, Peuples méditerranéens 50 (1990) 171–176.
Grossir, Claudine: L'Islam des Romantiques. Tome I: 1811–1840, du refus à la tentation, Paris, 1984.
Hanafi, H.: De l'orientalisme à l'occidentalisme. In: L'orientalisme. Interrogations, Peuples méditerranéens 50 (1990) 115–120.
Hentsch, T.: L'Orient imaginaire – vision politique de l'Est méditerranéen, Paris, 1988.
Kusnecova, N. A.: Iz istorii sovetskogo vostokovedenija, 1917–1967, Moskau, 1970.
Laurens, H.: La Bibliothèque Orientale de Barthélemy d'Herbelot: Aux sources de l'orientalisme, Paris 1978. [Publications du département d'islamologie de l'Université de Paris Sorbonne (Paris IV), 6].
Ders.: Les origines intellectuelles de l' expédition de l' Égypte. L'Orientalisme islamisant en France (1698–1798), Paris, 1987.
Monroe, J. T.: Islam and the Arabs in Spanish scholarship (16th century to the present), Leiden, 1970.
Nagel, T.: Gedanken über die europäische Islamforschung und ihr Echo im Orient. In: Zeitschrift für Missionskunde und Religionswissenschaft 62 (1987) 21–39.
Nieuwenhuijze, C. A. O. van: Oriental Studies as Intercultural Studies. In: Orient 22 (1981) 113–120.
Orientalisches Seminar der Universität Tübingen: Deutsche Orientalistik am Beispiel Tü-

bingens. Arabistische und islamkundliche Studien, red. *Gernot Rotter,* Tübingen, Basel, 1974.

Owen, R.: Studying Islamic History. In: Journal of Interdisciplinary History 4 (1973) 187–198.

Reig, D.: Homo orientaliste: la langue arabe en France depuis le XIXe siècle, Paris, 1988.

Rodinson, M.: La fascination de l' Islam, Paris, 1981 (dt. Übers. Die Faszination des Islam, München, 1985).

Roemer, H. R.: Spezialisierung, Integration und Innovation in der deutschen Orientalistik. In: Die Welt des Islams 28 (1988) 475–495.

Roussillon, A.: Le débat sur l'orientalisme dans le champ intellectuel arabe: L'aporie des sciences sociales. In: L'orientalisme. Interrogations, Peuples méditerranéens 50 (1990) 7–40.

Said, E. W.: Covering Islam. How the Media and the Experts determine how we see the rest of the World, New York, 1981.

Ders.: Orientalism reconsidered. In: Race and Class 27 (1985) no. 2, 1–15.

Sivan, E.: Orientalism, Islam and Cultural Revolution. In: The Jerusalem Quarterly 5 (1977) 84–94.

Ders.: Edward Said and his Arab Reviewers. In: The Jerusalem Quarterly 35 (1985) 11–23.

Steinbach, U.: Neuere Entwicklungen in der deutschen gegenwartsbezogenen Islamwissenschaft. In: *R. Italiaander* (Hrsg.): Die Herausforderung des Islam, Göttingen, 1987, 260–272.

Steppat, F.: Der Beitrag der deutschen Orientalistik zum Verständnis des Islam. In: Zeitschrift für Kulturaustausch 35 (1985) 386–390.

Stover, D.: Orientalism and the otherness of Islam. In: Studies in Religion 17 (1988) 287 ff.

Thomson, A.: Barbary and Enlightenment. European Attitudes towards the Maghreb in the 18th Century, Leiden, 1987.

Turner, B. S.: Marx and the End of Orientalism, London, 1978.

Waardenburg, J. D. J.: Mustashriḳūn. In: The Encyclopaedia of Islam, new ed., Vol. VII, Leiden, 1993, 735–753.

II. Islam und kulturelle Selbstbehauptung *(Rotraud Wielandt)*

Abdel-Malek, A.: La pensée politique arabe contemporaine, Paris, 1970, darin besonders die Abschnitte: Histoire et temps présent (47–62) und La reconquête de l'identité (131–164).

Arkoun, M.: L'identité islamique. In: *Arkoun, M.* u. *L. Gardet:* L'Islam hier – demain, Paris, 1978, 199–218.

Binder, L.: Islamic Liberalism: a Critique of Development Ideologies, Chicago, 1988.

Bliss, F.: Islam, Entwicklung und kulturelle Identität. Importierte Neuerungen in der islamischen Welt und die Suche nach einer «islamischen» Antwort. In: E+Z – Entwicklung und Zusammenarbeit 27 (1986) 8/9, 20–22.

Boullata, I.: Trends and Issues in Contemporary Arab Thought, Albany, N. Y., 1990.

Cooper, J. et al. (eds.): Islam and Modernity: Muslim Intellectuals Respond, London, 1998.

Djait, H.: La crise de la culture islamique, Paris, 2004.

Gaebel, M.: Von der Kritik des arabischen Denkens zum panarabischen Aufbruch. Das philosophische und politische Denken Muḥammad ʿĀbid al-Ǧābirīs, Berlin, 1995.

Gershoni, I.: Reconstructing Tradition – Islam, Modernity and National Identity in

Egyptian Intellectual Discourse 1930–1952. In: Tel Aviver Jahrbuch für deutsche Geschichte 30 (2002), 155–212.
Gottstein, K. (ed.): Islamic Cultural Identity and Scientific-Technological Development, Baden-Baden, 1986.
Haarmann, U.: Die «Persönlichkeit Ägyptens»: das moderne Ägypten auf der Suche nach seiner kulturellen Identität. In: Zeitschrift für Missionswissenschaft und Religionswissenschaft 62 (1987), 101–122.
Hoffmann, G.: «at-turāth» und «al-muʿāṣara» in der Diskussion arabischer Intellektueller der Gegenwart. In: asien afrika lateinamerika, Sonderheft 2 (1990), 50–54 (= Orientalistische Philologie und Linguistik, hrsg. von W. Reuschel).
Laroui, A.: La crise des intellectuels arabes, Paris, 1974.
Ders.: L'idéologie arabe contemporaine, Paris, ²1970
Maher, M.: Umrisse einer neuen Kulturphilosophie in Ägypten seit dem 19. Jahrhundert. In: *Havemann, A.* u. *B. Johansen* (Hrsg.): Gegenwart als Geschichte, Leiden, 1988, 309–318 (Islamwissenschaftliche Studien. Fritz Steppat zum fünfundsechzigsten Geburtstag).
Scheffold, M.: Authentisch arabisch und dennoch modern? Zaki Nagib Mahmuds kulturtheoretische Essayistik als Beitrag zum euro-arabischen Dialog, Berlin, 1996.
Thompson, M. J. (ed.): Islam and the West: Critical Perspectives on Modernity, Lanham, 2003.

III. Der Islam und lokale Traditionen – synkretistische Ideen und Praktiken

1. Der Begriff des Synkretismus *(Olaf Schumann)*

Berner, U.: Heuristisches Modell der Synkretismusforschung (Stand 1977). In: *Wiefner, G.* (Hrsg.): Synkretismusforschung – Theorie und Praxis, Wiesbaden, 1978, 11–26 (Veröffentlichungen des Sonderforschungsbereichs Orientalistik an der Georg-August-Universität Göttingen, Reihe: Grundlagen und Ergebnisse, 1).
Colpe, C.: Die Vereinbarkeit historischer und struktureller Bestimmungen des Synkretismus. In: *Ders.:* Theologie, Ideologie, Religionswissenschaft, München, 1980, 162–185.
Geertz, C.: Islam Observed. Religious Development in Morocco and Indonesia, New Haven/London, 1968.
Lanczkowwski, G.: Begegnung und Wandel der Religionen, Düsseldorf/Köln, 1971.

2. Das Fallbeispiel Indonesien *(Lode Frank Brakel)*

van Akkeren, Ph.: Een gedrocht en toch de volmaakte mens (A monster yet the perfect man), 's Gravenhage, 1951. [Enthält den Sērat Gaṭoloco]
Bechert, H. (ed.): Buddhism in Ceylon and Studies on Religions Syncretism in Buddhist Countries, Göttingen, 1978 (Symposium zur Buddhismusforschung, 1).
Benda, H. J.: The Crescent and the Rising Sun, Indonesian Islam under the Japanese Occupation 1942–1945, The Hague, 1958.
Boland, B. J.: The Struggle of Islam in Modern Indonesia, The Hague, 1971 (Verhandelingen van het Koninklijk Instituut voor Taal-, Land- en Volkenkunde, 59).
Bonneff, M.: Le renouveau d'un rituel royal, les *Garebeg* Ç Yogyakarta. In: Archipel 9 (1974), 119–147.

Damais, L.-C.: Études javanaises: Les tombes musulmans datés de Tralaya. In: BEFEO 48 (1956), 353–415.
Deliar Noer: The Modernist Muslim Movement in Indonesia 1900–1942, London, 1973.
Doorenbos, J.: De Geschriften van Hamzah Pansoeri, Leiden, 1933.
Drewes, G. W. J.: The Struggle between Javanism and Islam as Illustrated by the Serat Dermagandul. In: B. K. I. 122 (1966), 309–366.
Ders.: Javanese Poems Dealing with or Attributed to the Saint of Bonair. In: B. K. I. 124 (1968), 209–241.
Ders.: New Light on the Coming of Islam to Indonesia? In: B. K. I. 124 (1968), 433–460.
Ders.: Further Data Concerning ʿAbd aṣ-Ṣamad al-Palimbānī. In: B. K. I. 132 (1976), 267–292.
Ders.: An Early Javanese Code of Muslim Ethics, The Hague, 1978 (Bibliotheca Indonesica, 18).
Ensink, J.: Śiva-Buddhism in Java and Bali. In: *Bechert, H.* (ed.): Buddhism in Ceylon…, 1978, 178–199.
Ferrand, G.: Relation de Voyages et Textes Géographiques Arabes, Persans et Turks relatifs à l'Extrême-Orient du VIIe au XVIIIe Siècle, 2 Bände, Paris, 1913.
Geertz, C.: The Religion of Java, Glencoe Illinois, 1960. [Eine interessante ethnologische Darstellung, welche aber kritische Lektüre erfordert.]
Ders.: Islam Observed. Religious Development in Morocco and Indonesia, New Haven, 1968.
Hamonic, G.: Travestissement et bisexualité chez les *bissu* des Pays Bugis. In: Archipel 10 (1975), 121–135.
Hidding, K. A. H.: Tweerlei Geestesstructuren, Solo, 1936.
Ders.: Besprechung von: P. J. Zoetmulder: Panthéisme en monisme in de Javaansche Soeloeklitteratuur. In: Djawa 16 (1936), 222–226.
Juynboll, Th. W.: Handleiding tot de kennis van de Mohammedaansche Wet, Leiden, ⁴1930.
Kähler, H.: Die Kultur des Islams in Indonesien und Malaysia. In: Handbuch der Kulturgeschichte, Zweite Abteilung: Die Kultur des Islams, Frankfurt am Main. 1971, 333–437.
Kraemer, H.: De Wortelen van het Synkretisme, 's Gravenhage, 1937.
van der Leeuw, G.: Phänomenologie der Religion, Tübingen, ²1956.
Naguib al-Attas, S.: The Mysticism of Ḥamzah Fanṣūrī, Kuala Lumpur, 1972.
Noorduyn, J.: De islamisering van Makasar. In: B. K. I. 112 (1956), 247–266.
Pigeaud, Th. G. Th.: Java in the 14th Century, IV, The Hague, 1962. [Eine Darstellung der altjavanischen Gesellschaft anhand der einschlägigen historischen Quellen, mit einer Fülle vergleichenden Materials.]
Rickleffs, M. C.: Islamization in Java, an Overview and Some Philosophical Considerations (unveröffentlichtes Papier), 1976.
Skeat, W. W.: Malay Magic, New York, ²1967.
Snouck Hurgronje, C.: The Achehnese, 2 Bände, Leiden, 1906. [Bisher unübertroffene Darstellung einer traditionellen indonesischen Gesellschaft.]
Stöhr, W. u. *P. Zoetmulder:* Die Religionen Indonesiens, Stuttgart, Berlin, Köln, Mainz, 1965.
Winstedt, R. O.: The Malay Magician being Shaman, Saiva and Sufi, London, revised edition, 1961.
Zoetmulder, P.: Lets omtrent de naam Serat Tjentini. In: Het Triwindoegedenkboek Mangkoenagoro VII (1939), 82–86.
Ders.: Een merkwaardige passage in de onuitgegeven Tjentini. In: Djawa 21 (1941), 73–84.
Ders.: Bekroonde Vertaling «Sērat Weḍatama». In: Djawa 21 (1941), 182–198.

IV. Ein islamischer Sprachraum? Islamische Idiome in den Sprachen muslimischer Völker *(Otto Jastrow)*

Abraham, R. C.: The Language of the Haussa People, London, 1959.
Atsız, B. u. *H. J. Kissling:* Sammlung türkischer Redensarten, Wiesbaden, 1974.
Bailey, T. G.: Teach Yourself Urdu, London, 1950.
Chehabi, I.: Deutsch-persischer Sprachführer, Wiesbaden, 1965.
Erwin, W. M.: A Basic Course in Iraqi Arabic, Washington, D. C., 1969.
Ferguson, C. A.: Root-Echo Responses in Syrian Arabic Politeness Formulas. In: *Stuart, D. G.* (ed.): Linguistic Studies in Memory of Richard Slade Harrell, Washington, D. C., 1967, 37–45.
Fischer, A.: Vergöttlichung und Tabuisierung der Namen Muhammads bei den Muslimen. In: *Hartmann, R.* u. *H. Scheel* (Hrsg.): Beiträge zur Arabistik, Semitistik und Islamwissenschaft, Leipzig, 1944, 307–339.
Fischer, W. u. *O. Jastrow* (Hrsg.): Handbuch der arabischen Dialekte, Wiesbaden, 1980.
Harrell, R. S.: A Basic Course in Moroccan Arabic, Washington, D. C., 1965.
Harrell, R. S. u. *Tewfik, L. Y.* u. *Selim, G. O.:* Lessons in Colloquial Egyptian Arabic, Washington, D. C., ²1963.
Jungraithmayr, H. u. *W. J. Möhlig:* Einführung in die Hausa-Sprache, Berlin, ²1981.
Kähler, H.: Grammatik der Bahasa Indonésia, Wiesbaden, 1956.
Lambton, A. K. S.: Persian Grammar, Cambridge, ⁴1961.
Dies.: Persian Vocabulary, Cambridge, 1954.
Lewis, G.: The Ottoman Legacy in Language. In: *Brown, L. C.* (ed.): Imperial Legacy, New York, 1966, 214–223.
Ders.: The Turkish Language Reform: A Catastrophic Success, Oxford, 1999.
Penzl, H.: A Grammar of Pashto, Washington, D. C., 1955.
Perron, D. V.: Teach Yourself Swahili, London, 1957.
Piamenta, M.: Islam in Everyday Arabic Speech, Leiden, 1979.
Polomé, E. C.: Swahili Language Handbook, Washington, D. C., 1967.
Qafisheh, H. A.: A Basic Course in Gulf Arabic, Tucson/Arizona, ³1977.
Spies, O. u. *E. Bannerth:* Lehrbuch der Hindūstānī-Sprache, Leipzig, 1945.
Steuerwald, K.: Untersuchungen zur türkischen Sprache der Gegenwart, Band I–III, Berlin, 1963–1966.
Tarbiat, G. A.: Gespräche des täglichen Lebens in persischer und deutscher Sprache, Teheran, o. J.
Thackston, W. M.: An Introduction to Persian, Bethesda/Maryland, 1993.
Wexler, P.: Problems in Monitoring the Diffusion of Arabic into West and Central African Languages. In: ZDMG 130 (1980) 522–556.
Wild, S.: Arabische Eigennamen. In: *Gätje, H.* u. *W. Fischer* (Hrsg.): Grundriß der arabischen Philologie, Band I, Wiesbaden, 1982, 154–164.

V. Der Islam im Spiegel zeitgenössischer Literatur islamischer Völker *(Johann Christoph Bürgel)*

[Genannt werden ausschließlich Bücher, alle Artikel sind in den Anmerkungen angegeben.]

Alavi, B.: Geschichte und Entwicklung der modernen persischen Literatur, Berlin (Ost), 1964.

Anthologie de la littérature arabe contemporaine, Paris, 1964–1967. volume 1: Le roman et la nouvelle, par Raoul et Laura Makarius; volume 2: Les essais, par Anouar Abdel-Malek; volume 3: La poésie, par Luc Norin et Edouard Taraby.

Badawi, M. M.: A Critical Introduction to Modern Arabic Poetry, Cambridge, 1975.

Ders. (ed.): Modern Arabic Literature, Cambridge, 1992 (The Cambridge History of Arabic Literature).

Behzad, F., J. C. Bürgel u. *G. Herrmann* (Hrsg.): Moderne Erzähler der Welt – Iran, Tübingen/Basel, 1978.

Brockelmann, C.: Geschichte der arabischen Litteratur, Dritter Supplementband, Leiden, 1942.

Buchreihe Geistige Begegnung. Die Pforte des Glücks und andere türkische Erzählungen. Der Tod des Wasserträgers (Ägyptische Erzählungen). In der Palmweinschenke (Pakistanische Erzählungen), Tübingen, Bad Herrenalb, 1963, 1966.

Erkundungen. 17 arabische Erzähler, Berlin (Ost), 1971.

Kamshad, H.: Modern Persian Prose Literature, Cambridge, 1966.

Khoury, M.: Poetry and the Making of Modern Egypt, Leiden, 1971 (Studies in Arabic Literature-Supplements to the Journal of Arabic Literature 1).

Landau, J. M.: Arabische Literaturgeschichte der neuesten Zeit. 20. Jahrhundert (Zweiter Teil von Arabische Literaturgeschichte, dargestellt von *Gibb, H. A. R.* u. *J. M. Landau*), Zürich, Stuttgart, 1968.

Lewis, B.: The Emergence of Modern Turkey, London, ²1968.

Manzalaoui, M. (ed.): Arabic Writing Today. The Short Story, American Research Center in Egypt, Kairo, 1968.

Moayyad, H. (ed.): Stories from Iran. A Chicago Anthology 1921–1991, Washington, D. C., 1991.

Sadiq, M.: A History of Urdu Literature, London, 1964.

Yavuz, K.: Der Islam in Werken moderner türkischer Schriftsteller, Freiburg im Breisgau, 1974 (Islamkundliche Untersuchungen, 26).

VI. Zeitgenössische Malerei und Graphik in der islamischen Welt *(Peter Heine)*

al-Azzawi, D.: The Influence of Calligraphy on Contemporary Arab Arts, London, 1980.

Encyclopaedia of Islam (EI, 2. Aufl.), Art. «Khaṭṭ», vol. IV, Leiden, 1978, und «Taṣwīr», vol. X, 2000.

Faath, S., Mattes, H. et al.: Muhammad az-Zwawi. Ein libyscher Karikaturist, Scheessel, 1984.

Goody, J. (Hrsg.): Literalität in traditionellen Gesellschaften, Frankfurt, 1981.

Gosciniak, H.-T. (Hrsg.): Kleine Geschichte der islamischen Kunst, Köln, 1991.

Heine, P.: Malerei. In: *Steinbach, U.* und *R. Robert* (Hrsg.): Der Nahe und Mittlere Osten, Bd. I, Opladen, 1988, 617–624.
Heyberger, B., und *S. Naef* (Hrsg.): La multiplication des images en pays d'Islam, Würzburg, 2003.
Ipşiroğlu, M. S.: Das Bild im Koran. Ein Verbot und seine Folgen, Wien, 1971.
Khatibi, A., und *M. Sijelmassi:* Die Kunst der islamischen Kalligraphie, Köln, 1977.
Knopp, H.-G. und *J. Odenthal* (eds.): DisOrientation. Contemporary Arab Artists from the Middle East. Literature, Films, Performance, Music, Theatre, Visual Arts, Berlin, 2003.
Kühnel, E.: Die Arabeske, Wiesbaden, 1949.
Naef, S.: Y a-t-il une question de l'image en Islam ?, Genf, 2004.
Sijelmassi, M.: L'art contemporain au Maroc, Paris, 1989.
Sourdel-Thomine, J., und *B. Spuler:* Die Kunst des Islam, Berlin, 1973 (Propyläen Kunstgeschichte).

VII. «Islamische» Architektur und darstellende Kunst der Gegenwart *(Mohamed Scharabi)*

Azzam, O. A.: The Development of Urban and Rural Housing in Egypt, Dissertation, ETH Zürich, 1962.
Bianca, S.: Hofhaus und Paradiesgarten. Architektur und Lebensformen in der islamischen Welt, München, 1991.
Bonine, M. E. et al.(eds.): The Middle Eastern City and Islamic Urbanism. An Annotated Bibliography of Western Literature, Bonn, 1994.
Ettinghausen, R.: Arabische Malerei, Genf, Stuttgart, 1979.
Fathy, H.: Architecture for the Poor, Chicago, London, 1973.
Hillenbrand, R.: Islamic Architecture. Form, Function and Meaning, Edinburgh, 1994.
Kultermann, U.: Architekten der Dritten Welt. Bauen zwischen Tradition und Neubeginn, Köln, 1980.
Naef, S.: A la recherche d'une modernité arabe. L'évolution des arts plastiques en Egypte, au Liban et en Irak, Genf, 1996.
Nippa, A.: Haus und Familie in arabischen Ländern. Vom Mittelalter bis zur Gegenwart, München, 1991.
Scharabi, M.: Der Bazar. Das traditionelle Stadtzentrum im Nahen Osten und seine Handelseinrichtungen, Tübingen, 1985.
Ders.: Kairo. Stadt und Architektur im Zeitalter des europäischen Kolonialismus, Tübingen, 1989.
Ders.: Industrie und Industriebau in Ägypten. Eine Einführung in die Geschichte der Industrie im Nahen Osten, Tübingen, Berlin, 1992.
Serageldin, I.: Architecture of the Contemporary Mosque, London, 1996.
Talbot Rice, D.: Islamic Painting, Edinburgh, 1971.
Wirth, E.: Die orientalische Stadt im islamischen Vorderasien und Nordafrika, 2 Bände, 3. Aufl. Mainz, 2002.

Erläuterungen zu Umschrift und Aussprache

Das arabische Alphabet und seine Umschrift

ا	ā		ط	ṭ	
ب	b		ظ	ẓ	
ت	t		ع	ʿ	
ث	th	(osmanisch-türkisch s̱)	غ	gh	(osmanisch-türkisch ğ)
ج	j	(osmanisch-türkisch c)	ف	f	
ح	ḥ		ق	q	
خ	kh		ك	k	
د	d		ل	l	
ذ	dh	(osmanisch-türkisch ẕ)	م	m	
ر	r		ن	n	
ز	z		ه	h	
س	s		و	w od. ū	(persisch/ osmanisch-türkisch v)
ش	sh	(osmanisch-türkisch ş)			
ص	ṣ		ى	ī od. y	
ض	ḍ	(persisch/ osmanisch-türkisch ż)	ء	ʾ	

Sonderzeichen im Persischen und Osmanisch-Türkischen

پ	p		ژ	ž	
چ	č	(persisch) bzw. ç (osmanisch-türkisch)	گ	g	

In türkischen Wörtern werden, der Aussprache folgend und in Anlehnung an die moderne Orthographie der Lateinschrift, arab. ḍ als ẓ, ḏ als ẕ, ṯ als s̱, w als v transkribiert. Die moderne Lateinschrift des Türkischen (seit 1928) hat ferner c für ğ, ğ für ġ (velarer Reibelaut, stimmhaft), ş für š, ç für č und ı (ohne Punkt) für das «dumpfe» i. Auch entfallen hier die übrigen, nur für die Unterscheidung arabischer Laute in Betracht kommenden Sonderzeichen.

In einigen wenigen Fällen, in denen arabische Namen und Worte in ihrer Dialekt-Aussprache wiedergegeben werden (so in dem Beitrag von Jastrow), sind leicht modifizierte Umschriften verwendet worden.

Bei Namen und Worten arabischer Herkunft, die in schwarzafrikanische Sprachen, ins Malaische etc. eingedrungen sind, sind in der Regel die hocharabischen Entsprechungen nicht angegeben worden.

Bei Personennamen, die im Westen in einer mehr oder weniger vereinfachten, z. T. verstümmelten Form verwendet werden (s. dazu den Beitrag von Jastrow), sowie bei entsprechenden arabischen, persischen (etc.) Termini wird in Klammern hinter der im Westen eingebürgerten Form die vollständige, der im vorliegenden Buch benutzten Umschrift entsprechende Schreibung hinzugefügt, also: Nasser (ʿAbd an-Nāṣir), Kaaba (Kaʿba).

Zur Aussprache

ā/ī/ū	Strich über dem Vokal = Längezeichen
ṯ (s̱)	Stimmloser interdentaler Reibelaut, wie in engl. «three»
j (c)	Stimmhafter präpalataler Verschluß-Reibelaut, wie in «Dschungel», in Ägypten als g gesprochen
ḥ	Stimmloser pharyngaler Reibelaut, von h deutlich unterschieden, wie letzteres ebenfalls nie Dehnungszeichen!
kh	Stimmloser velarer Reibelaut, wie in «Bach»
r	Stets Zungen-r!
dh (ẕ)	Stimmhafter interdentaler Reibelaut, wie in engl. «there»
z	Stimmhafter präpalataler Reibelaut, wie in «Sand»
sh (ş)	Stimmloser präpalataler Zischlaut, wie in «Schande»
ṣ	Emphatisches s
ḍ (ż)	Emphatisches d, pers./türk. stimmhaftes s wie in «Sand»
ṭ	Emphatisches t
ẓ	Emphatisches z
ʿ	Sogenanntes «ʿAin», stimmhafter pharyngaler Reibelaut
gh (ğ)	Stimmhafter velarer Reibelaut, Zäpfchen-r wie in (hochdeutsch) «Rinde»
q	Stimmloser velarer Verschlußlaut, am hinteren Gaumen gebildetes k (nicht qu bzw. kw!)
h	Immer konsonantischer Hauchlaut, nicht Dehnungszeichen! Klar unterschieden von ḥ und kh
y	Wie deutsches j
ʾ	Stimmloser laryngaler Verschlußlaut, fester Stimmabsatz wie in «ʾunter», «beʾenden»
č (ç)	tsch wie in «Kutsche»
ž	Wie in französ. «Journal»

Die Autorinnen und Autoren

Abun-Nasr, Jamil M., geb. 1932, Studium der Geschichte des Mittleren Ostens in Beirut und der Orientalistik in Oxford, seit 1979 Professor für Islamwissenschaft unter besonderer Berücksichtigung Afrikas an der Universität Bayreuth. Veröffentlichungen u. a.: «The Tijaniyya, a Sufi Order in the Modern World» (1965); «A History of the Maghrib» (1987).

Ahmed, Munir D., geb. 1934, Studium der Islam-, Politik-, und Vergleichenden Erziehungswissenschaft in Lahore und Hamburg, Dr. phil., 1967–1999 wiss. Mitarbeiter am Deutschen Orient-Institut und Lehrbeauftragter an der Universität Hamburg. Zahlreiche Veröffentlichungen zu sozio-kulturellen Entwicklungen des Vorderen Orients sowie mehrere Erzählungsbände auf Urdu. Zuletzt erschienen: «Dhalte saaye – Aapbiti» (Autobiographie, 2005) sowie «Agha Babur sey murasalat» (Briefwechsel mit dem Urdu-Schriftsteller Agha Babur, 2005).

Brakel, Lode Frank, 1941–1980, Studium der semitischen sowie der austronesischen Sprachen und Literaturen, zuletzt Geschäftsführender Direktor des Seminars für Indonesische und Südseesprachen an der Universität Hamburg. Veröffentlichungen u. a.: «The Hikayat Muhammad Hanafiyyah» (1975); «The Story of Muhammad Hanafiyyah» (1977).

Bürgel, Johann Christoph, geb. 1931, Studium der Islamwissenschaft an den Universitäten Frankfurt a. M., Bonn, Göttingen und Ankara, 1970–1995 Professor für Islamwissenschaft an der Universität Bern. Veröffentlichungen u. a.: «Die Hofkorrespondenz ʿAdud ad-Daulas und ihr Verhältnis zu anderen historischen Quellen der frühen Buyiden» (1965); «Hafis: Gedichte aus dem Diwan» (2. Aufl. 1977); «Moderne Erzähler der Welt – Iran» (Mithg., 1978); «Dschalaluddin Rumi: Gedichte aus dem Diwan» (2003); «Nizami: Chosrou und Schirin» (1980), «Iqbal und Europa» (Hg., 1980); «Steppe im Staubkorn. Texte aus der Urdu-Dichtung Muhammad Iqbals» (1982); «Der Islam im Spiegel zeitgenössischer Literatur der islamischen Welt» (1985); «Allmacht und Mächtigkeit. Religion und Welt im Islam» (1991); «Nizami: Das Alexanderbuch» (1991); «Nizami: Die Abenteuer des Königs Bahram und seiner sieben Prinzessinnen» (1997); «Im Sog oder Anselms Gesänge. Deutsche Ghaselen» (2003).

Busse, Heribert, geb. 1926, Studium der Klassischen Philologie, Islamkunde, Geschichte und Erdkunde in Mainz und London, 1965 Habilitation für das Fach Islamkunde, bis zur Emeritierung 1991 Professor und Direktor des Seminars für Orientalistik in Kiel. Veröffentlichungen u. a.: «Die arabischen Inschriften im und am Felsendom in Jerusalem» (in: Das Heilige Land 109, 1977); «Die theologischen Beziehungen des Islams zu Judentum und Christentum» (²1991); «Die Versuchung Muhammads. Die ‹Satanischen Verse› in der islamischen Koranexegese» (in: Festgabe für H.-R. Singer, hg. von M. Forstner, 1991); «Geschichte und Bedeutung der Kaaba im Licht der Bibel» (in: Zion – Ort der Begegnung, 1993).

Christmann, Andreas, geb. 1965, Studium der Islamwissenschaft, Arabistik und Religionsgeschichte in Leipzig und Leeds, 1999 Promotion, seit 1999 Lecturer of Contemporary

Islam an der Universität von Manchester, dort Mitherausgeber des «Journal of Semitic Studies». Veröffentlichungen zum modernen Islam in Syrien, insbesondere zu Werken des kurdischen Gelehrten Muhammad Saʿid Ramadan al-Buti (1998, 2003, 2005) und des Intellektuellen Mohamad Shahrour (2003, 2005), sowie zu Aspekten des Funktionswandels religiöser Rituale und ihrer Präsentation in syrischen Massenmedien (1999, 2001, 2006).

Dieterich, Renate, geb. 1963, Studium der Islamwissenschaft, Politologie und Geographie in Bonn, seit 1989 mehrere Forschungsaufenthalte in Jordanien, 1998 Promotion, 1999–2004 wiss. Mitarbeiterin am Orientalischen Seminar der Universität Bonn. Veröffentlichungen u. a.: «Transformation oder Stagnation? Die jordanische Demokratisierungspolitik seit 1989» (1999); «Türkische Literatur in deutscher Sprache. Dokumentation einer Recherche» (2001); «Zum Verhältnis von Staat und Religion in der Türkei und im Iran» (in: Islam und Homosexualität, hg. von M. Bochow, R. Marbach, 2003); «Gefährliche Gratwanderung: Jordaniens prekäre Lage angesichts von Wirtschaftskrise, Irakkonflikt und Palästinaproblem» (2004).

Ebert, Hans-Georg, geb. 1953, Studium der Arabistik und Rechtswissenschaft in Leipzig, 1982 Promotion, 1990 Habilitation, seit 1998 Professor für Islamisches Recht an der Universität Leipzig. Herausgeber der «Leipziger Beiträge zur Orientforschung», Vorstandsmitglied der «Gesellschaft für arabisches und islamisches Recht». Veröffentlichungen u. a.: «Die Interdependenz von Staat, Verfassung und Islam im Nahen und Mittleren Osten in der Gegenwart» (1991); «Das Personalstatut arabischer Länder» (1996); «Das Erbrecht arabischer Länder» (2004).

Ende, Werner, geb. 1937, Studium der Arabistik und Islamwissenschaft sowie Geschichte und Soziologie in Halle, Hamburg und Kairo, 1983–2002 Professor für Islamwissenschaft an der Universität Freiburg. Herausgeber der Reihe «Freiburger Islamstudien», Mitherausgeber der Fachzeitschrift «Die Welt des Islams» und anderer Periodika. Veröffentlichungen u. a.: «Arabische Nation und islamische Geschichte» (1977); «The Nakhāwila, a Shiite Community in Medina» (1997); «The Twelver Shia in Modern Times» (Mithg., 2001).

Flores, Alexander, geb. 1948, Studium der Soziologie, Arabistik und Islamwissenschaft in Münster, 1993 Habilitation, seit 1995 Professor für «Wirtschaftssprache Arabisch» an der Hochschule Bremen. Veröffentlichungen u. a.: «Nationalismus und Sozialismus im arabischen Osten» (1980); «The Palestinians in the Israeli-Arab Conflict» (1984); «Intifada. Aufstand der Palästinenser» (2. Aufl. 1989); «Die arabische Welt. Ein kleines Sachlexikon» (2003).

Freitag-Wirminghaus, Rainer, geb. 1948, Studium der Islamwissenschaft, Turkologie, Ethnologie, Politik- und Erziehungswissenschaft, 1986/87 Referent am Orient-Institut der Deutschen Morgenländischen Gesellschaft in Beirut, seit 1989 Forschungsprojekte am Deutschen Orient-Institut, Hamburg. Veröffentlichungen u. a.: «Südkaukasien und die Erdöl-Problematik am Kaspischen Meer» (in: Brennpunkt Südkaukasus, hg. von G. Mangott, 1999); «Turkey's Political Role in Central Asia and the Struggle for New Energy Resources» (in: Turkey as a Political and Economic Factor in Europe and Central Asia, hg. von W. Gumpel, 1999); «Aserbaidschan und die Türkei» (in: Armenien. Geschichte und Gegenwart, 1998); «Geopolitik am Kaspischen Meer. Der Kampf um neue Energieressourcen» (1998).

Fürtig, Henner, geb. 1953, Studium der Arabistik und Geschichte in Leipzig, 1983 Promotion, 1988 Habilitation, 1976–1993 Assistent/Oberassistent an der Universität Leipzig, 1993 Mitarbeiter, ab 1996 Forschungsgruppenleiter am Zentrum Moderner Orient in Berlin, seit 2002 Mitarbeiter am Deutschen Orient-Institut, Hamburg. Neueste Veröffentlichungen u.a.: «Iran's Rivalry with Saudi Arabia between the Gulf Wars» (2002); «Die irakische Opposition und der 11. September» (2002); «Kleine Geschichte des Irak» (2003); «Der Irakkrieg: Katalysator für Demokratisierung in Nahost?» (2003); «Iraq: How Severe is the Threat?» (in: Iraq: Threat and Response, hg. von G. Beestermöller, D. Little, 2003).

Glosemeyer, Iris, geb. 1964, Studium der Politikwissenschaft, Islamwissenschaft und Geschichte in Münster, Hamburg und Berlin, Promotion 2000, seit 1993 freie Mitarbeiterin bei deutschen und internationalen Organisationen, Institutionen und Instituten, 2001–2005 Stipendiatin der Stiftung Wissenschaft und Politik, Berlin. Veröffentlichungen u.a.: «Liberalisierung und Demokratisierung in der Republik Jemen 1990–1994» (1995); «Politische Akteure in der Republik Jemen» (2001); «Jemen. Staatsbildung mit Hindernissen» (in: States at Risk, hg. von U. Schneckener, 2004); «Saudi Arabia: Dynamism Uncovered» (in: Arab Elites, hg. von V. Perthes, 2004).

Harder, Hans, geb. 1966, Studium der Indologie in Hamburg, Heidelberg und Halle-Wittenberg, Dozent für Bengali, Hindi und moderne südasiatische Literaturen an der Martin-Luther-Universität Halle-Wittenberg, Dr. phil. Veröffentlichungen u.a.: «Die mystische Säge. Gedichte aus dem Bengalischen» (Hg. und Übersetzer mit C. Weiß, 1999); «Der verrückte Gofur spricht. Mystische Lieder aus Ostbengalen» (2004); «Bankimchandra Chattopadhyay's Srimadbhagabadgita: Translation and Analysis» (2001); «Looking at the Coloniser. Cross-Cultural Perceptions in Central Asia and the Caucasus, Bengal, and Related Areas» (Hg. mit B. Eschment, 2004).

Hartung, Jan-Peter, geb. 1969, Studium der Indologie, Zentralasienwissenschaften und Philosophie in Leipzig, 2003 Promotion, wiss. Mitarbeiter am Lehrstuhl für Islamwissenschaft der Universität Erfurt. Veröffentlichung u.a.: «Viele Wege und ein Ziel. Leben und Wirken von Sayyid Abū l-Ḥasan ʿAlī al-Ḥasanī Nadwī, 1913–1999» (2004).

Havemann, Axel, geb. 1949, Studium der Islamwissenschaft, Iranistik und Byzantinistik in Berlin, 1983 Promotion, 2001 Habilitation, 1976–1981 und 1985–1991 wiss. Assistent/ Hochschulassistent an der Freien Universität Berlin, 1981–1985 wiss. Mitarbeiter an der Universität des Saarlandes, seit 2001 Privatdozent. Veröffentlichungen u.a.: «Riʾāsa und qaḍāʾ. Institutionen als Ausdruck wechselnder Kräfteverhältnisse in syrischen Städten vom 10. bis zum 12. Jahrhundert» (1975); «Rurale Bewegungen im Libanongebirge des 19. Jahrhunderts» (1983); «Geschichte und Geschichtsschreibung im Libanon des 19. und 20. Jahrhunderts» (2002).

Heberer, Thomas, geb. 1947, Studium der Ethnologie, Politikwissenschaft und Sinologie in Frankfurt a.M., Göttingen, Mainz und Heidelberg, 1977 Promotion, 1989 Habilitation (Politikwissenschaft), 1991–1992 Professor für Wirtschaftssinologie an der Universität Bremen, 1992–1998 Professor für Politikwissenschaft an der Universität Trier, seit 1998 Professor für Politikwissenschaft an der Universität Duisburg-Essen. Veröffentlichungen u.a.: «Private Entrepreneurs in China and Vietnam. Social and Political Functioning of Strategic Groups» (2003); «Why Ideas Matter: Ideen und Diskurse in der Politik Chinas, Japans, Malaysias» (mit C. Derichs und N. Sausmikat, 2004); «Rural China. Economic and Social Change in the Late Twentieth Century» (mit Fan Jie, W. Taubmann, 2005); «Power of Ideas. Intellectual Input and Political Change in East and Southeast Asia» (mit

C. Derichs, 2005); «Ethnic Entrepreneurs in Southwest China: Nuosu (Yi) Entrepreneurs and their Impact on Social Change in Liangshan Prefecture» (2005).

Heine, Peter, geb. 1944, Studium der Islamwissenschaft, Philosophie, Ethnologie in Münster und Bagdad, 1978 Habilitation, jetzt Professor für Islamwissenschaft des nichtarabischen Raumes an der Humboldt-Universität zu Berlin. Veröffentlichungen u. a.: «Konflikt der Kulturen oder Feindbild Islam» (1996); «Halbmond über deutschen Dächern. Muslimisches Leben in unserem Land» (1997); «Der Islam auf dem Weg in das 21. Jahrhundert» (1998); «Handbuch Recht und Kultur des Islams in der deutschen Gesellschaft» (mit A. T. Khoury, J. Oebbecke, 2000); «Allah und der Rest der Welt. Die politische Zukunft des Islams» (2000); «Terror im Namen Allahs. Extremistische Kräfte im Islam» (2001).

Jastrow, Otto, geb. 1942, Studium der Semitistik, Islamwissenschaft, Phonetik und Phonologie in Saarbrücken und Tübingen, der Turkologie in Istanbul, der Arabistik in Beirut, 1967 Promotion, 1974 Habilitation, 1971–1980 wiss. Assistent an der Universität Erlangen-Nürnberg, 1980–1990 Professor ebendort, 1990–1996 Professor für Semitistik an der Universität Heidelberg, seit 1996 Professor für Orientalische Philologie an der Universität Erlangen-Nürnberg, Herausgeber der «Zeitschrift für arabische Linguistik» (mit W. Arnold) sowie Alleinherausgeber der Schriftenreihen «Semitica Viva» und «Semitica Viva – Series Didactica». Zahlreiche Feldforschungen im Vorderen Orient und darauf basierende Veröffentlichungen, u. a.: «Handbuch der arabischen Dialekte» (Hg., 1980); «Die mesopotamisch-arabischen qeltu-Dialekte» (2 Bde., 1978, 1981); «Der arabische Dialekt der Juden von ʿAqra und Arbil» (1990); «Lehrbuch der Turoyo-Sprache» (1992); «Lehrgang für die arabische Schriftsprache der Gegenwart» (mit W. Fischer, 5. Aufl. 1996); «Arabische Texte aus Kinderib» (2003).

de Jong, Frederick, geb. 1944, Studium der Arabistik, Islamwissenschaft, Soziologie und Ethnologie in Leiden und Kairo, seit 1987 Professor für Islamische Sprachen und Kulturen an der Universität Utrecht. Veröffentlichungen u.a.: «Turuq and Turuq-linked Institutions in Nineteenth Century Egypt» (1978); «Names, Religious Denomination and Ethnicity of Settlements in Western Thrace» (1980); «Shīʿa Islam, Sects and Sufism. Historical dimensions, religious practice and methodological considerations» (Hg., 1992); «Islamic Mysticism Contested. Thirteen Centuries of Controversies and Polemics» (Hg. mit B. Radtke, 1999); «Sufi Orders in Ottoman and Post-Ottoman Egypt and the Middle East» (2000).

Kandler, Hermann, geb. 1963, Studium der Islamkunde, islamischen Philologie und Geographie in Mainz, 1993 Promotion in Islamkunde, 2001 Habilitation, 1998 EU-Professur in Komotini, wiss. Mitarbeiter des Seminars für Orientkunde in Mainz. Veröffentlichungen u. a.: «Die Bedeutung der Siebenschläfer (Ashāb al-kahf) im Islam» (1994); «Die Bedeutung des Mercator-Atlas für die islamisch-geographische Literatur» (1995); «Sadık Ahmet (1947–1995) – politischer ‹Spaltpilz› Griechisch-Thrakiens» (1998); «Die anatolische ‹Bruchlinie›» (2000).

Koch, Christian, geb. 1965, Studium der Politischen Wissenschaften in South Carolina, Washington und Erlangen-Nürnberg, ab 1995 für mehrere Jahre Leiter der Abteilung für Strategische Studien am Emirates Center for Strategic Studies and Research in Abu Dhabi (Vereinigte Arabische Emirate), derzeit am Gulf Research Center der Vereinigten Arabischen Emirate in Dubai.

Kogelmann, Franz, geb. 1965, Studium der Islamwissenschaft, Ethnologie und Geschichte Afrikas in Bayreuth, Dr. phil., 1992–1996 wiss. Mitarbeiter des Sonderforschungsbereichs «Identität in Afrika» der Universität Bayreuth, 2000–2004 wiss. Mitarbeiter am Deutschen Orient-Institut, Hamburg, seit 2005 wiss. Mitarbeiter des Sonderforschungsbereichs «Lokales Handeln in Afrika im Kontext globaler Einflüsse», ab 2006 Leiter des Projektes «Sharia Debates and Their Perception by Christians and Muslims in Selected African Countries». Veröffentlichungen u. a.: «Die Islamisten Ägyptens in der Regierungszeit von Anwar as-Sadat, 1970–1981» (1994); «Islamische fromme Stiftungen und Staat» (1999); «Comparative Perspectives on Shari'ah in Nigeria» (mit P. Ostien, J. M. Nasir, 2005).

Landman, Nico, geb. 1958, Studium der Theologie, Religionswissenschaft und Arabistik in Utrecht und Amsterdam, 1992 Promotion, seit 1993 Dozent am Orientalischen Institut der Universität Utrecht. Veröffentlichung u.a.: «Van mat tot minaret. De institutionalisering van de islam in Nederland» (1992).

Roman Loimeier, geb. 1957, Studium der Islamwissenschaft, Religionswissenschaft, Ethnologie und Geschichte Afrikas in Freiburg, London und Bayreuth, 2000–2005 Leitung eines Forschungsprojektes an der Universität Bayreuth zum Thema «Islamische Bildung in Ostafrika». Veröffentlichungen u. a.: «Islamic Reform and Political Change in Northern Nigeria» (1997); «Säkularer Staat und islamische Gesellschaft. Die Beziehungen zwischen Staat, Sufi-Bruderschaften und islamischer Reformbewegung in Senegal im 20. Jahrhundert» (2001).

Mattes, Hanspeter, geb. 1951, Studium der Volkswirtschaft, Politischen Wissenschaft und Entwicklungsökonomie in Heidelberg, 1976–1978 Arabisch-Studium in Tunesien, 1982 Promotion (Politische Wissenschaft), seit 1983 wiss. Mitarbeiter am Deutschen Orient-Institut, Hamburg, Herausgeber des «Nahost-Jahrbuches» (seit 1987) sowie der wiss. Reihe «Wuqûf. Beiträge zur Entwicklung von Staat und Gesellschaft in Nordafrika» (mit S. Faath). Veröffentlichung u. a.: «Tradition vs. Moderne. Die ambivalente Rolle staatlicher Religionspolitik in Nordafrika, Nah- und Mittelost» (2005).

Müller, Hans, geb. 1927, Studium der Volkswirtschaft, Islamkunde, Ethnologie und Soziologie in Mainz, München und Heidelberg, Diplom-Volkswirt, Dr. phil. habil., bis zur Pensionierung 1992 Akademischer Direktor und apl. Professor für Islamwissenschaft an der Universität Freiburg. Veröffentlichungen zur persischen Geschichte, islamischen Wirtschafts- und Sozialgeschichte, türkischen Literatur, arabischen, persischen und türkischen Sprachdidaktik, zu den literarischen Ost-West-Beziehungen sowie zum Islam in Schwarzafrika.

Nienhaus, Volker, geb. 1951, Studium der Wirtschaftswissenschaft in Bochum, 1985 Habilitation, 1990–2004 Professor für Wirtschaftspolitik an der Ruhr-Universität Bochum, seit 2004 Präsident der Universität Marburg. Arbeitsgebiete: Ordnungs- und Strukturpolitik, Außenwirtschafts- und Europäische Wirtschaftspolitik, Entwicklungspolitik, islamische Wirtschaft und Wirtschaft islamischer Länder.

Peters, Rudolph, geb. 1943, Studium der Rechts- und Islamwissenschaft in Amsterdam und Leiden, 1979 Habilitation, seit 1991 Professor für islamisches Recht und Recht des Nahen Ostens an der Universität von Amsterdam. Veröffentlichungen u. a.: «Jihad in Mediaeval and Modern Islam» (1977); «Islam and Colonialism: the Doctrine of Jihad in Modern History» (1979).

Philipp, Thomas, geb. 1941, Studium der Arabistik, Soziologie und Modernen Arabischen Geschichte in Berlin, Jerusalem und Los Angeles, seit 1988 Professor für Politik und Zeitgeschichte des Nahen Ostens an der Universität Erlangen-Nürnberg. Veröffentlichungen u. a.: «Al-Jabarti's History of Egypt» (mit G. Schwald, 1994); «The Mamluks in Egyptian Society and Politics» (Hg. mit U. Haarmann, 1998); «The Syrian Land. Infrastructures and Communication: Processes of Integration and Separation in Bilad al-Sham from the 18th Century to the Mandatory Period» (Hg. mit B. Schäbler, 1998).

Pink, Johanna, geb. 1974, Studium der Islamwissenschaft und Rechtswissenschaft in Erlangen und Bonn, 2002 Promotion, 2002–2004 Postdoktorandin in einem Tübinger Graduiertenkolleg und Lehrbeauftragte am Orientalischen Seminar der Universität Tübingen, seit 2004 Forschungsstipendium der Deutschen Forschungsgemeinschaft. Veröffentlichung u. a.: «Neue Religionsgemeinschaften in Ägypten» (2003).

Poya, Abbas, geb. 1967, Studium der Islamwissenschaft, Politikwissenschaft und Vergleichenden Religionswissenschaft in Hamburg und Damaskus, Dr. phil., 2002–2004 Lehrbeauftragter an der Universität Hamburg, 2003 Forschungsaufenthalt an der Academy of Sciences of Afghanistan, seit 2004 wiss. Assistent am Orientalischen Seminar der Universität Freiburg. Veröffentlichungen u.a.: «Anerkennung des Iǧtihād – Legitimation der Toleranz. Möglichkeiten innerer und äußerer Toleranz im Islam am Beispiel der Iǧtihād-Diskussion» (2003); «Perspektiven zivilgesellschaftlicher Strukturen in Afghanistan – ethische Neutralität, ethnische Parität und Frauenrechte in der Verfassung der Islamischen Republik Afghanistan» (in: Orient 44, 2003).

Radtke, Bernd, geb. 1944, Studium der Islamwissenschaft, Semitistik, Psychologie und Slavistik in Hamburg und Basel, 1985 Habilitation, seit 1992 Dozent für Arabisch und Persisch an der Rijksuniversiteit Utrecht. Veröffentlichungen u.a.: «Weltgeschichte und Weltbeschreibung im mittelalterlichen Islam» (1992); «Drei Schriften des Theosophen von Tirmidh» (1992–1996); «The Exoteric Aḥmad Ibn Idrīs. A Sufi's Critique of the Madhāhib and the Wahhābīs» (mit J. O'Kane, K. S. Vikør und R. S. O'Fahey, 1999); «Neue kritische Gänge. Zu Stand und Aufgaben der Sufikforschung» (2005).

Reissner, Johannes, geb. 1947, Studium der Islamwissenschaft, Philosophie und Religionswissenschaft in Berlin und Wien, 1978 Promotion, seit 1982 wiss. Mitarbeiter der Stiftung Wissenschaft und Politik in Berlin. Veröffentlichungen u. a.: «Ideologie und Politik der Muslimbrüder Syriens, 1947–1952» (1980); «Europe's ‹Critical Dialogue› with Iran» (in: Honey and Vinegar, hg. von R. N. Haass und M. L. O'Sullivan, 2000).

Scharabi, Mohamed, geb. 1938, Studium der Architektur und Philosophie in Berlin, 1967 Dr.-Ing., 1981 Habilitation, ab 1988 Professor für Baugeschichte und Grundlagen des Entwerfens an der Technischen Universität Darmstadt, beteiligt an der Planung mehrerer Großsiedlungen, Kultur- und Geschäftszentren in Ägypten, Kuwait, Saudi-Arabien und im Sudan. Veröffentlichungen u. a.: «Zur deutschen Architektur des Expressionismus» (1981); «Der Bazar – Das traditionelle Stadtzentrum in Nahen Osten und seine Handelsbeziehungen» (1985); «Kairo – Stadt und Architektur im Zeitalter des europäischen Kolonialismus» (1989); «Industrie und Industriebauten in Ägypten» (1992); «Architekturgeschichte des 19. Jahrhunderts» (1993).

Schmucker, Werner, geb. 1940, Studium der Islamwissenschaften, Mongolistik, Vergleichenden Religionswissenschaft in Bonn, seit 1983 Professor für Islamische Sprachen des

Nahen Ostens an der Universität Bonn. Veröffentlichungen u. a.: «Die maltesischen Gefangenschaftserinnerungen eines türkischen Kadi aus dem Jahre 1599» (1970); «Untersuchungen zu einigen wichtigen bodenrechtlichen Konsequenzen der arabischen Eroberungsbewegung» (1972); «Krise und Erneuerung im libanesischen Drusentum» (1979).

Schulze, Reinhard, geb. 1953, Studium der Orientalistik/Islamwissenschaft, Semitistik, Linguistik und Romanistik in Bonn, 1987 Habilitation, seit 1992 Professor für Islamwissenschaft und Arabistik an der Universität Bamberg, seit 1995 an der Universität Bern. Veröffentlichungen u. a.: «Rebellion der ägyptischen Fallahin 1919» (1981); «Islamischer Internationalismus im 20. Jahrhundert» (1990); «Geschichte der islamischen Welt im 20. Jahrhundert» (3. Aufl. 2003); «Das Böse in der islamischen Tradition» (in: Das Böse in den Weltreligionen, hg. von J. Laube, 2003); «‹Talibanisierung› der islamischen Welt? Der Islamismus und der Irak-Krieg» (in: Der Irak, hg. von K. Hafez und B. Schäbler, 2003); «Islamismus im Kontext der Globalisierung» (in: Religion, Kultur und Politik im Vorderen Orient, hg. von P. Pawelka, L. Richter-Bernburg, 2004); «Islamische Solidaritätsnetzwerke» (in: Transnationale Solidarität, hg. von J. Beckert u.a., 2004).

Schumann, Olaf H., geb. 1938, Studium der Evangelischen Theologie in Kiel, Tübingen und Basel, der Islamwissenschaft in Tübingen und Kairo, 1966–1968 Deutsch-Lektor an der Universität Asiut/Ägypten, 1970–1981 wiss. Mitarbeiter am Rat der Kirchen in Jakarta/Indonesien, 1981–2004 Professor für Religions- und Missionswissenschaft an der Universität Hamburg, 1989–1992 Gastprofessor an der Theologischen Hochschule Jakarta/Indonesien. Veröffentlichungen u. a.: «Der Christus der Muslime» (2. Aufl. 1988); «Dialog antar umat Beragama» (2 Bde., 1980, 1982); «Pemikiran Keagamaan dalam Tantangan» (2. Aufl. 1998); «Hinaus aus der Festung» (1997); «Selbstverständnis und Fremdwahrnehmung» (1999); «Zentrale Texte des Glaubens» (2002); «Menghadapi Tantagan, memperjuangkan Kerukunan» (2004).

Spielhaus, Riem, geb. 1974, Studium der Islamwissenschaften und Afrikanistik in Berlin, 2002–2003 Referentin für den Themenbereich Islam im Arbeitsstab der Beauftragten der Bundesregierung für Integration, Migration und Flüchtlinge, seit 2002 wiss. Mitarbeiterin an der Humboldt-Universität zu Berlin. Veröffentlichungen u. a.: «Moscheenräume, Räume für Frauen?» (in: Moscheen und islamisches Leben in Berlin, hg. von G. Jonker, A. Kapphan, 1999); «Kooperationen zwischen muslimischen Organisationen und staatlichen Institutionen: Hindernisse und Chancen» (in: Muslimische Philanthropie und Bürgerschaftliches Engagement, hg. von P. Heine, A. Syed, 2004).

Spuler-Stegemann, Ursula, geb. 1939, Studium der Orientalistik, Vergleichenden Religionswissenschaft, Neueren Deutschen Literatur und Semitistik, Dr. phil., seit 1995 Honorarprofessorin für Religionsgeschichte an der Universität Marburg. Veröffentlichungen u. a.: «Muslime in Deutschland. Informationen und Klärungen» (3. Aufl. 2002); «Feindbild Christentum im Islam. Eine Bestandsaufnahme» (Hg., 2003).

Steinbach, Udo, geb. 1943, Studium der Orientalistik und Klassischen Philologie in Freiburg und Basel, Dr. phil., seit 1976 Direktor des Deutschen Orient-Instituts, Hamburg. Zahlreiche Veröffentlichungen zu Politik und Gesellschaft im Nahen und Mittleren Osten (mit Schwerpunkt Türkei), zur Stellung des Nahen Ostens in der internationalen Politik sowie zum Islam in Deutschland, u. a.: «Politisches Lexikon Nahost/Nordafrika» (Hg. mit R. Hofmeier, M. Schönborn, 3. Aufl. 1994); «Geschichte der Türkei» (3. Aufl. 2003); «Zentralasien – Geschichte, Politik, Wirtschaft. Ein Lexikon» (Hg. mit M.-C. von Gumppenberg, 2004).

Steinberg, Guido, geb. 1968, Studium der Geschichte, Islamwissenschaft und Politikwissenschaft in Köln, Bonn und Damaskus, 2000 Promotion, 2001 wiss. Koordinator des Interdisziplinären Zentrums «Gesellschaftsgeschichte des Vorderen Orients» an der Freien Universität, 2002–2005 Terrorismusreferent im Bundeskanzleramt, seit 2005 wiss. Mitarbeiter der Stiftung Wissenschaft und Politik in Berlin, Lehrbeauftragter am Otto-Suhr-Institut für Politikwissenschaft der Freien Universität Berlin. Veröffentlichungen u.a.: «Religion und Staat in Saudi-Arabien. Die wahhabitischen Gelehrten (1902–1953)» (2002); «Saudi-Arabien. Politik, Geschichte, Religion» (2004); «Der nahe und der ferne Feind. Die Netzwerke des islamistischen Terrorismus» (2005).

Walther, Wiebke, geb. 1935, Studium der Orientalistik in Halle, 1966 Promotion, 1980 Habilitation, 1989–1991 Gastprofessorin an der Ain-Shams-Universität Kairo, seit 1999 apl. Professorin an der Universität Tübingen. Veröffentlichungen u. a.: «Die Frau im Islam» (1980); «Erkundungen. 28 Erzähler aus dem Irak» (Hg./Übers. 1986); «Tausendundeine Nacht. Eine Einführung» (1987); «The Beginnings of the Realistic School of Narrative Prose in Iraq» (in: Quaderni di Studi Arabi 18, 2000); «The Arabian Nights in Modern Arabic Literature» (in: The Arabian Nights Encyclopedia, hg. von U. Marzolph, R. v. Leeuwen, 2004); «Kleine Geschichte der arabischen Literatur» (2004).

Wielandt, Rotraud, geb. 1944, Studium der Islamkunde, Turkologie, Vergleichenden Religionswissenschaft und Philosophie in München, Tübingen und Istanbul, 1982 Habilitation, seit 1985 Professorin für Islamkunde und Arabistik an der Universität Bamberg. Veröffentlichungen u. a.: «Offenbarung und Geschichte im Denken moderner Muslime» (1971); «Das Bild der Europäer in der modernen arabischen Erzähl- und Theaterliteratur» (1980); «Das erzählerische Frühwerk Mahmud Taymurs» (1983); Wurzeln der Schwierigkeit innerislamischen Gesprächs über neue hermeneutische Zugänge zum Korantext, in S. Wild (Hg.), The Qur'an as Text (1996).

Wohlrab-Sahr, Monika, geb. 1957, Studium der Evangelischen Theologie, Soziologie, Politikwissenschaften und Philosophie in Erlangen und Marburg, 1991 Promotion (Soziologie), 1999 Habilitation, 1985–1988, 1990–1992 wiss. Mitarbeiterin an der Universität Marburg, 1992–1999 wiss. Assistentin am Institut für Bildungssoziologie der Freien Universität Berlin, seit 1999 Professorin für Religionssoziologie an der Universität Leipzig. Veröffentlichungen u. a.: «Konversion zum Islam in Deutschland und den USA» (1999); «Religiöse Konversion» (Hg. mit H. Knoblauch, V. Krech, 1998); «Atheismus und religiöse Indifferenz» (Hg. mit C. Gärtner, D. Pollack, 2003).

Personenregister

Halbfette Seitenzahlen verweisen auf ausführlichere Erklärungen zu einem Namen oder einer Sache.

Sachregister

Halbfette Seitenzahlen verweisen auf ausführlichere Erklärungen zu einem Namen oder einer Sache.

Sozialordnung, S.-lehre des Islams 151–157, 159, 161f, 531
Sozialismus (*ishtirākīya*) 49, 86, **152–153**, 260, 364, 376, 440, 443, 458f 463f, 510, 513, 555, 559
– Arabischer S. 458, 493
– islam. S. **154–156**, 157, 159ff, 358, 422f, 673
– Islamische Sozialistische Front (*al-Jabha al-ishtirākīya al-islāmīya*) 154
– Jemen 554f, 557, 559
– Libyen 473, 673
– Wissenschaftlicher S. 458f
Sozialistische Fortschrittliche Partei →Partei
Sozialistischer Realismus 831f
Speisegesetze →Reinheit, rituelle
Srpska Demokratska Stranka →Partei
Staat, Staaten islamische(r)
– Aufgaben u. Dienstleistungen (*al-khidmā al-ʿāmma*) 160
– Leitung des Staatswesens: Anforderungen, Kriterien 56, 58f
– Medina als Keimzelle 27f, 30f
– Staatskunst **831–832**
– Staat u. Religion: Einheit bzw. Trennung 27, 206, 248, 304f, 376, 473, **568–569**, 626, 628
– Gründungsversuche 99, 126 312
– Sanūsīya 101, 103
Staatsislam, «offizieller Islam» (*al-islām ar-rasmī*) 513–513
Staatskasse (*bait al-māl*) 159f
Staatsreligion
– Christentum im Röm. Reich (Theodosius I.) 21
– Indonesien: Verzicht 372, 785
– Islam 206f, 275, 288, 294, 358, 364, 421, 456f, 458, 521, 543, 633, 779
– Schia in Persien 41, 47, 141, 205, 246, 249
– Türkei: Nichtverankerung 205, 207, 234, 237
– Syrien: Nichtverankerung 510
– Zoroastrismus 21f
Staatssicherheitsgericht in Jordanien 524
Stabilization Force in Bosnia and Herzegovina (SFOR) 603
Städtebau 837–841, 854, 856
Stasi-Kommission 573f
Steinigung 209, 211, 258, 546, 661
Steuern (*ḍarā'ib*) 28, 34, 160, 252, 785
– Almosen-St. →*zakāt*
– Grund-St. (*kharādj*) →Grundsteuer
– Kopf-St. (*jizya*) →Kopfsteuer
Stiftungen, fromme; Stiftungswesen →*waqf*
Strafrecht →Recht, Gesetz
Straftatbestand, Delikt
– *diya* 210–213, 258f, 661, 674, 716
– *ḥadd* 208–214, 428, 476, 482, 493, 661
– *qiṣāṣ* 210–213, 258
– *taʿzīr* 210f, 213, 258, 544
Stranka Demokratske Akcije →Partei
Strukturanpassungsprogramm (Jemen, ca. 1995) 558
Subbanu-Assoziation 433ff, 437
subḥa «Rosenkranz» 97
Substratreligionen des Islams 129, 133
Sudanese People's Liberation Movement (SPLM) 497
Südarabische Föderation (gegr. 1959) 555
Südsudankonflikt 496f
ṣūfī, ṣūfīya, ṣūf, taṣawwuf, Sufi, Sufismus →auch Bruderschaften →auch Mystik 47, 54, 63, 67ff, 88, 278, 281f, 284, 287ff, 292ff, 302, 353, **366–367**, 368, 470, 514, 594, 613, 720f, 724, 816
– Ägypten: *ṣūfī*-Rat, «organisierte Mystik» 708ff
– China 307f, 310f, 313, 318
– Neusufik (Neo-Sufism) 69, 353
– Schwarzafrika 433–438, 440
– Sudan 489f
Sufi settlers (Bengalen) 365
Suhrawardīya →Bruderschaften
sukuk (arab. *ṣukūk*) «Schatzwechsel» 169, 174f, 191f, 197
Sulaihiden (südarab. Dynastie, 1047–1138) 43
Süleymanlı, Süleymancı 236, 242, 584, 590, 595
Sultan (*sulṭān* «Herrschaft»), Sultanat
– Abschaffung (1923) 123, 232
– afrikan. Sultanate (Fundsch, Sokoto, Sansibar u.a.) 438, 441ff, 453, 462, 467, 489
– jemenit. Sultanate 551

Geographisches Register

Halbfette Seitenzahlen verweisen auf ausführlichere Erklärungen zu einem Namen oder einer Sache.